**Wörterbuch
für
Green Line**

**Englisch - Deutsch
Deutsch - Englisch**

Neubearbeitung 2008

Ernst Klett Sprachen
Stuttgart

# PONS Wörterbuch für Green Line
## Englisch – Deutsch/Deutsch – Englisch

**Illustrationen:** Sepp Buchegger

**Bildtafeln:** Ulrike Eisenbraun, Zeynep Kathmann

**Landkarten:** Klett-Perthes, Justus Perthes Verlag, Gotha

Bearbeitet auf der Basis des Express Wörterbuches Englisch, ISBN 978-3-12-517026-1

**Warenzeichen, Marken und gewerbliche Schutzrechte**
Wörter, die unseres Wissens eingetragene Warenzeichen oder Marken oder sonstige gewerbliche Schutzrechte darstellen, sind als solche – soweit bekannt – gekennzeichnet. Die jeweiligen Berechtigten sind und bleiben Eigentümer dieser Rechte.
Es ist jedoch zu beachten, dass weder das Vorhandensein noch das Fehlen derartiger Kennzeichnungen die Rechtslage hinsichtlich dieser gewerblichen Schutzrechte berührt.

1. Auflage 2008   (1,01 – 2008)

© Ernst Klett Sprachen GmbH, Stuttgart 2008
Alle Rechte vorbehalten

Internet: www.pons.de
E-Mail: info@pons.de

Projektleitung: Helen Blocksidge

Sprachdatenverarbeitung: Andreas Lang, conTEXT AG
für Informatik und Kommunikation, Zürich
Einbandentwurf: Schmidt & Dupont, Stuttgart
Logoentwurf: Erwin Poell, Heidelberg
Logoüberarbeitung: Sabine Redlin, Ludwigsburg
Satz: Dörr + Schiller, Stuttgart
Druck: Druckerei C.H. Beck, Nördlingen
Printed in Germany

ISBN: 978-3-12-517679-9

# Inhaltsverzeichnis

| | |
|---|---|
| **5** | Wie wird das Wörterbuch benutzt? |
| **17–538** | **Wörterbuchteil Englisch-Deutsch** |
| | **Mittelteil** |
| **541** | Englische Minigrammatik |
| **586** | Englische unregelmäßige Verben |
| **589** | Die wichtigsten englisch-deutschen Abkürzungen |
| **595** | Die wichtigsten deutsch-englischen Abkürzungen |
| **602** | Zahlwörter |
| **606** | Britische und amerikanische Maße und Gewichte |
| **608** | Temperaturumrechnung |
| **609** | Häufige englische Vornamen für Mädchen und Jungen |

**Bildseiten**

| | |
|---|---|
| Modern Communication | Moderne Kommunikation |
| My Desk | Mein Schreibtisch |
| Kitchen Appliances | Küchengeräte |
| Crockery, Cutlery and Utensils | Geschirr, Besteck und Utensilien |
| Fruit | Obst |
| Vegetables | Gemüse |
| Clothes | Kleidung |
| Accessories | Accessoires |
| Visual Aids and Appliances | Optische Hilfsmittel und Geräte |
| Sports Equipment | Sportartikel |
| Musical Instruments | Musikinstrumente |
| Pets | Haustiere |

| | |
|---|---|
| **613–1066** | **Wörterbuchteil Deutsch-Englisch** |
| **1067** | Bildquellen |

**Landkarten**

| | |
|---|---|
| British Isles | Britische Inseln |
| The English-Speaking World | Die Englischsprachige Welt |
| Canada | Kanada |
| United States of America | Vereinigte Staaten von Amerika |
| Australia and New Zealand | Australien und Neuseeland |
| Germany | Deutschland |
| Austria | Österreich |
| Switzerland | Die Schweiz |

**5**

# Wie wird das Wörterbuch benutzt?

## ▶ Die Stichwörter

Das Wörterbuch führt nicht nur „normale" Wörter als Stichwörter auf, sondern auch:

- Abkürzungen
- Eigennamen
- Mehrwortausdrücke, also aus mehreren Wörtern zusammengesetzte Begriffe.

> **CET** [ˌsiːiːˈtiː] *Abkürzung von* **Central European Time** die MEZ
>
> **Dan·ube** [ˈdænjuːb] die Donau
>
> **give-and-take** [ˌgɪvənˈteɪk] das gegenseitige Entgegenkommen, die Kompromissbereitschaft

> der **ICE** *Abkürzung von* **Intercity Express** high-speed train
>
> **Köln** Cologne [kəˈləʊn]
>
> die **Mund-zu-Mund-Beatmung** mouth-to-mouth resuscitation [rɪˌsʌsɪˈteɪʃ°n]

## Stichwörter verschiedener Wortarten

Stichwörter, die gleich geschrieben werden, aber nicht die selbe Wortarten sind, erhalten jeweils einen eigenen Eintrag. Wo nötig sind die gleich geschriebenen Stichwörter mit einer hochgestellten arabischen Ziffer markiert, um sie zu unterscheiden.

> **fork** [fɔːk] ❶ die Gabel ❷ *von Straße:* die Gabelung; (*eine der zwei Straßen*) die Abzweigung
>
> to **fork** [fɔːk] **to fork left** *Straße, Person, Auto:* nach links abbiegen

> **Euro·pean**[1] [ˌjʊərəˈpɪən] europäisch
>
> **Euro·pean**[2] [ˌjʊərəˈpɪən] der Europäer/die Europäerin

> **kehren**[1] ❶ (*drehen, wenden*) to turn ❷ **jemandem/einer Sache den Rücken kehren** to turn one's back on someone/something
>
> **kehren**[2] (*fegen*) to sweep

**Wie wird das Wörterbuch benutzt?**

Adjektiv und Adverb werden jedoch immer zusammen in einem Eintrag behandelt. Die unterschiedlichen Anwendungen kannst du an den Beispielen erkennen.

> **enough**[1] [ɪˈnʌf] ● genug, genügend; **is there enough cake?** ist genügend Torte da?; **there's enough room** es gibt Platz genug ● **this meat isn't cooked enough** das Fleisch ist nicht richtig durch ▶ WENDUNGEN: **good enough!** sehr gut!; **surprisingly enough** überraschenderweise

> **dicht** ● *Haar, Hecke:* thick; *Laub:* dense ● **dicht gefolgt von** closely followed by ● **dicht besiedelt** densely populated ▶ WEN-DUNGEN: **du bist wohl nicht ganz dicht!** you must be daft!

Gleich geschriebene Wörter der gleichen Wortart, die aber eine sehr unterschiedliche Bedeutung haben, sind ebenfalls mit je einem Eintrag mit hochgestellter Ziffer aufgeführt.

> to **graze**[1] [greɪz] *Kuh:* grasen, weiden
>
> to **graze**[2] [greɪz] ● [auf]schürfen *Knie usw.* ● streifen *Auto*

> der **Strauß**[1] (*Blumenstrauß*) bunch of flowers *plural*
>
> der **Strauß**[2] (*Laufvogel*) ostrich

## Wichtige Wörter

Im englisch-deutschen Teil des Wörterbuchs findest du viele Stichwörter, die blau unterlegt sind. Dies ist die Kennzeichnung für Wörter, die oft gebraucht werden. Die Markierung soll eine Anregung für dich sein, dir die betreffenden Wörter besonders gut einzuprägen.

> to **paint** [peɪnt] malen; **to paint a picture** ein Bild malen; anstreichen *Wand;* lackieren *Auto, Tür*
>
> **round**[1] [raʊnd] <rounder, roundest> ● rund ● *Figur:* rundlich ● **round figure** [*oder* **number**] die runde Zahl
>
> **tree** [tri:] der Baum

## Silbentrennung

Die Silbentrennung ist im englischen Stichwort angegeben. Jede Trennung ist durch einen Punkt markiert.

> **driv·en** [ˈdrɪvn] *3. Form von* **drive**
>
> **driv·er** [ˈdraɪvəʳ] der Fahrer/die Fahrerin, der Chauffeur/die Chauffeurin
>
> **driv·er's li·cense** ⓤⓢⓐ der Führerschein

## Die alphabetische Anordnung

Bindestriche, Punkte und Leerstellen im Wort zählen nicht als Buchstaben; sie werden bei der alphabetischen Anordnung nicht berücksichtigt.

> **an·kle** ['æŋkl] der Fußknöchel; **to sprain one's ankle** sich den Fuß verstauchen
>
> **an·kle-deep** knöcheltief, bis zum Knöchel
>
> **an·kle sock** das Söckchen
>
> **broom·stick** ['bru:mstɪk] der Besenstiel
>
> **Bros.** *plural Abkürzung von* **brothers** Gebr.
>
> **broth** [brɒθ] die [Fleisch]brühe

Eingeklammerte Buchstaben werden bei der alphabetischen Anordnung berücksichtigt. Die Klammern bedeuten, dass es das Wort auch ohne den betreffenden Buchstaben gibt.

> **tar·tan** ['tɑːtn] das Schottenmuster
>
> **tar·tar(e) sauce** ['tɑːtə$^r$ sɔːs] die Remouladensoße
>
> **task** [tɑːsk] ① die Aufgabe ② **to take someone to task** jemanden zurechtweisen (**for/about** wegen)
>
> der **Bayer,** die **Bayerin** Bavarian
>
> **bay(e)risch** Bavarian
>
> **Bayern** Bavaria

Von vielen Substantiven, die eine Tätigkeit oder – im weitesten Sinne – eine Verhaltensweise bezeichnen, gibt es eine männliche und eine weibliche Form. Dasselbe gilt auch für Berufsbezeichnungen. Beide Formen findest du an ihrer alphabetisch richtigen Stelle.

> **sports·man** ['spɔːtsmən] <*plural* sportsmen> der Sportler
>
> **sports·man·ship** ['spɔːtsmənʃɪp] die Sportlichkeit, die sportliche Haltung
>
> **sports shop** das Sportgeschäft
>
> **sports·wear** ['spɔːtsweə$^r$] die Sportkleidung
>
> **sports·wom·an** ['spɔːtswumən, *plural* 'spɔːtswɪmɪn] <*plural* sportswomen> die Sportlerin
>
> der **Gatte** husband ['hʌzbənd]
>
> das **Gatter** trellis
>
> die **Gattin** wife

**Wie wird das Wörterbuch benutzt?**

## Amerikanische Schreibvarianten

Im englisch-deutschen Teil findest du die amerikanische Schreibweise eines Wortes an der alphabetisch richtigen Stelle.

> **med·al·ist** (USA) der Medaillengewinner/die Medaillengewinnerin
> **me·dal·lion** [mɪˈdæliən] das Medaillon
> **med·al·list** [ˈmedəlɪst] der Medaillengewinner/die Medaillengewinnerin

Kommen die britische und die amerikanische Schreibweise alphabetisch hintereinander, wird die britische Schreibweise immer zuerst aufgeführt.

> **cata·logue** [ˈkætəlɒg], (USA) **cata·log** der Katalog, das Verzeichnis

## Phrasal Verbs

Feste Verbindungen von Verb und Adverb bzw. Präposition, so genannte *Phrasal Verbs*, stehen am Ende des Eintrags für das Grundverb in einer eigenen, alphabetischen Liste. Damit du das gesuchte *Phrasal Verb* leichter findest, ist jeder *Phrasal-Verb*-Eintrag mit einer Raute markiert. Die alphabetische Reihenfolge geht erst nach dem letzten *Phrasal Verb* wieder normal weiter. Der Begriff *asking price* kommt also erst nach *to ask over* (und nicht nach *to ask around*).

> to **ask** [ɑːsk] ❶ fragen; …
> ◆to **ask after** to ask **after someone** sich nach jemandem erkundigen
> ◆to **ask around** herumfragen
> ◆to **ask out** to ask someone out for **dinner** jemanden ins Restaurant einladen; **I'd like to ask her out** ich würde gern mit ihr ausgehen
> ◆to **ask over** to ask someone over [*oder* **round**] jemanden [zu sich] einladen
> **ask·ing price** der Verkaufspreis

## Unregelmäßige Wortformen

Im englisch-deutschen Teil werden unregelmäßige Plural-, Verb- und Steigerungsformen in spitzen Klammern angegeben.

> **bad** [bæd] <worse, worst> ❶ schlecht; …
> to **run** [rʌn] <ran, run> ❶ laufen, rennen; …
> **wom·an** [ˈwʊmən, *plural* ˈwɪmɪn] <*plural* women> die Frau

Die unregelmäßigen Formen erhalten an ihrer alphabetisch richtigen Stelle zusätzlich einen eigenen Eintrag.

> **ran** [ræn] *2. Form von* **run**
> **wom·en** [ˈwɪmɪn] *Pluralform von* **woman**
> **worse**[1] [wɜːs] *Komparativ von* **bad, badly** ❶ schlechter, übler; …

**Wie wird das Wörterbuch benutzt?**

Dies gilt aber nicht für zusammengesetzte Wörter (z. B. head<u>scarf</u>, under<u>go</u>). Aus Platzgründen haben deren Pluralformen keinen eigenen Eintrag.

## ▶ Wie sind die Einträge aufgebaut?

### Angabe von „to"

Im englisch-deutschen Teil des Wörterbuchs steht vor Verben die Angabe „to" in kleinen Buchstaben. Daran erkennst du, dass es sich bei dem Stichwort um ein Verb in der Grundform handelt.

> **show·er** ['ʃaʊəʳ] ● der [Regen]schauer, der Schneeschauer …
>
> to **show·er** ['ʃaʊəʳ] ● sich duschen …

### Angabe des Geschlechts

Im deutsch-englischen Teil des Wörterbuchs steht vor Substantiven in kleinen Buchstaben der bestimmte Artikel. Daran erkennst du, ob das Wort männlich, weiblich oder sächlich ist.

> der **Mittagsschlaf** afternoon nap
>
> die **Mittagszeit** lunch time
>
> der **Mittäter,** die **Mittäterin** accomplice [əˈkʌmplɪs]

### Angabe der Aussprache

Im englisch-deutschen Teil des Wörterbuchs ist die Aussprache in eckigen Klammern angegeben.

> **ab·bey** ['æbɪ] die Abtei
>
> to **ab·bre·vi·ate** [əˈbriːvieɪt] abkürzen
>
> **ab·bre·via·tion** [əˌbriːvɪˈeɪʃn] die Abkürzung

In der deutsch-englischen Hälfte ist die Aussprache nur dann angegeben, wenn das Wort aus einer fremden Sprache stammt und nicht nach den im Deutschen üblichen Regeln ausgesprochen wird.

> der **Camcorder** ['kamkɔrdɐ] camcorder
>
> der **Camion** [kaˈmjɔ̃] Ⓒⓗ heavy goods vehicle ['viːɪkl]

Bei schwierig auszusprechenden Wörtern, kannst du auch im deutsch-englischen Teil des Wörterbuchs die englische Aussprache der Wörter nachschauen.

> die **Bombe** bomb [bɒm]
>
> die **Kleidung** clothes [kləʊ(ð)z] ⚠ plural, clothing ['kləʊðɪŋ] ⚠ kein Plural

Ganz vorn und ganz hinten im Wörterbuch befinden sich ausklappbare Seiten mit einer Übersicht über die phonetischen Zeichen. Auf diese Weise musst du nicht blättern, sondern hast die Phonetikzeichen beim Nachschlagen immer vor Augen.

Zur Bezeichnung der englischen Aussprache wurden die Lautschriftzeichen des IPA (International Phonetic Alphabet) verwendet.

**Wie wird das Wörterbuch benutzt?**

## Arabische Ziffern

Viele Wörter haben mehr als nur eine Bedeutung oder Verwendungsart und folglich auch verschiedene Übersetzungen. Die arabischen Ziffern ❶, ❷, ❸, ❹, usw. zeigen die unterschiedlichen Bedeutungen und Verwendungsarten des Stichworts an. Wenn die Ziffern allein den Unterschied nicht deutlich machen, steht hinter der Ziffer, schräg gedruckt und in Klammern, ein so genannter Bedeutungshinweis.

> **ac·ces·so·ry** [ək'sesərɪ] ❶ (*Person*) der/die Mitschuldige ❷ (*Gerät*) das/der Zubehör

## Präpositionale Ergänzungen

Wird ein Wort oft mit bestimmten Präpositionen zusammen benutzt, so sind diese in Klammern angegeben.

> to **medi·tate** ['medɪteɪt] nachdenken (**on/ upon** über), meditieren

> **protestieren** to protest [prəʊ'test] (**gegen** against)

Entstehen aus präpositionalen Ergänzungen komplizierte Satzkonstruktionen, so gibt es in der Regel zusätzlich ein Beispiel, dass dir zeigt, wie du die Konstruktion anwenden musst.

## Beispiele

Die in fetter Schrift gedruckten Anwendungsbeispiele sollen es dir ermöglichen, die einzelnen englischen Wörter im richtigen sprachlichen Zusammenhang zu gebrauchen. Es werden drei verschiedene Arten von Anwendungsbeispielen gegeben.

- Satzmuster

> **per·mis·sion** [pə'mɪʃn] die Genehmigung, …
> **to give permission** eine Erlaubnis erteilen;
> **to give someone permission to do something** jemandem erlauben, etwas zu tun; **to grant someone permission to speak** jemandem das Wort erteilen

> die **Rücksicht** consideration; **mit Rücksicht auf jemanden** out of consideration for someone; **keine Rücksicht auf jemanden nehmen** to show no consideration for someone

**11**               Wie wird das Wörterbuch benutzt?

- Feste Wortverbindungen

> to **take** [teɪk] <took, taken> ... to **take part in** teilnehmen an to **take place** stattfinden to **take someone's place** an jemandes Stelle treten to **take interest in** Interesse haben an to **take responsibility for something** die Verantwortung für etwas übernehmen to **be taken ill** krank werden ...

> **abbrechen** ... **die Schule abbrechen** to drop out of school ...
> **einhalten** ... **eine Frist/einen Termin einhalten** to meet a deadline ['dedlaɪn] **den Kurs einhalten** to stay on course ...

- Vollständige Formulierungen und Beispielsätze

> to **de·prive** [dɪ'praɪv] ... **prisoners are deprived of their freedom** den Gefangenen wird die Freiheit entzogen; **the baby was depriving its parents of sleep** das Baby brachte seine Eltern um den Schlaf

> das **Klima** climate ['klaɪmət]; **in Süditalien herrscht warmes Klima** the climate is warm in Southern Italy (*übertragen*) atmosphere ['ætməsfɪə]; **im Büro herrscht ein schlechtes Klima** there's a bad atmosphere in the office

## Wendungsblock

„▶WENDUNGEN:" zeigt dir an, dass ein Block von festen Wendungen folgt. Dies sind meist bildhafte Redewendungen, die mit der eigentlichen Bedeutung des Stichworts oft nicht mehr viel zu tun haben.

> **dog** [dɒg] der Hund ▶WENDUNGEN: **he's [as] sick as a dog** ihm ist hundeelend; **to go to the dogs** vor die Hunde gehen; **to fight like cat and dog** sich wie Hund und Katze vertragen; **to be as happy as** [*oder* **be like**] **a dog with two tails** sich wie verrückt freuen; **let sleeping dogs lie** schlafende Hunde soll man nicht wecken

> der **Mond** moon ▶WENDUNGEN: **sie lebt hinter dem Mond** she's out of touch

# Wie wird das Wörterbuch benutzt?

## Mehrere gleichbedeutende Übersetzungen

Viele Wörter haben mehrere, gleichbedeutende Übersetzungen. Diese erkennst du daran, dass sie, nur durch ein Komma getrennt, hintereinander stehen.

> **sil·ly** ['sɪlɪ] dumm, albern

> **radeln** to bike, to pedal

## Kontextabhängige Übersetzungen

Diese Übersetzungen gelten nur dann, wenn sie zusammen mit bestimmten Wörtern – den so genannten Kontextpartnern – verwendet werden. Diese Kontextpartner stehen in kleiner, schräger Schrift entweder vor oder hinter der Übersetzung.

- Bei Verben stehen typische Subjekte des Verbs oder des verbalen Ausdrucks *vor* der Übersetzung.

> to **gur·gle** ['gɜːgl] ❶ *Baby:* glucksen ❷ *Wasser:* plätschern

> **funkeln** to sparkle; *Edelstein:* to glitter; *Augen:* to gleam; (*vor Zorn*) to flash; *Stern:* to twinkle

- Typische direkte Objekte des Verbs stehen *nach* der Übersetzung.

> to **look over** ❶ sich ansehen *Haus* ❷ durchsehen *Text* ❸ mustern *Person*

> **aufpumpen** to inflate *Luftballon;* to pump up *Reifen, Ball*

- Bei Adjektiven stehen Substantive, die häufig zusammen mit dem Adjektiv vorkommen, *vor* der Übersetzung.

> **ad·ven·tur·ous** [əd'ventʃərəs] ❶ *Reise:* abenteuerlich ❷ *Person:* abenteuerlustig

> **herrschend** ❶ *Klasse, Partei:* ruling; *König:* reigning ❷ *Meinung:* prevailing ❸ (*augenblicklich*) present; *Mode, Trend:* current

- Bei Substantiven stehen typische Genitivanschlüsse *vor* der Übersetzung.

> **col·lapse** [kə'læps] ❶ *von Gebäude:* der Einsturz ❷ (*auch übertragen*) *eines Menschen:* der Zusammenbruch; *eines Plans:* das Scheitern; *von Preisen:* der Sturz

> die **Krone** ❶ *eines Königs:* crown ❷ *auf Zahn:* cap, crown ❸ *eines Baums:* top, crown …

## Übersetzungen mit einem Entsprechungszeichen

Manchmal gibt es für ein Stichwort oder eine Wendung keine genaue Übersetzung in der anderen Sprache. Wenn in diesen Fällen jedoch eine Übersetzung existiert, die ungefähr zutrifft, wird sie mit dem Zeichen ≈ als nicht hundertprozentige Entsprechung angegeben.

> **GCSE** *Abkürzung von* **General Certificate of Secondary Education** (*Schulabschluss*) ≈ die mittlere Reife

> der **Sandkuchen** ≈ Madeira cake

## Umschreibungen anstelle von Übersetzungen

Wenn gar keine Übersetzung möglich ist, wird die Bedeutung des Stichworts oder der Wendung in schräger Schrift erklärt oder umschrieben.

> **jun·ior col·lege** ⓊⓈⒶ *College für die beiden ersten Studienjahre*
> **jun·ior high school** ⓊⓈⒶ *Schule, die das 8. und 9. Schuljahr umfasst*

> der **Rosenmontag** *Monday before Shrove Tuesday, climax of the German carnival celebrations*

## ▶ Grammatische Hinweise

Das *Express Wörterbuch Englisch* von PONS verzichtet bewusst auf grammatische Angaben wie z. B. *adj* bei Adjektiven, oder *vi* bei intransitiven Verben.

Dennoch sind die Einträge mit wichtigen grammatischen Hinweisen versehen, die dir den korrekten und sicheren Umgang mit der Fremdsprache ermöglichen. Diese Hinweise sind ausgeschrieben, so dass sie leicht verständlich sind.

> **a** [ə, *betont* eɪ], *vor Vokalen* **an** [ən, *betont* æn] ➊ *unbestimmter Artikel* ein, eine, ein; **she's a teacher** sie ist Lehrerin ➋ pro; **five pounds an hour** fünf Pfund pro [*oder* die] Stunde; **once a week** einmal in der Woche ➌ **half an hour** eine halbe Stunde; **many a student ...** manch ein [*oder* mancher] Student ... ➍ **as a professional, ...** als Profi, ...

Das Warndreieck ⚠ macht dich auf besondere Fehlerquellen aufmerksam, die du so vermeiden kannst. Mit ihrer Hilfe kannst du die Fremdsprache besser verstehen und lernen.

> **news** [njuːz] ⚠ *nur mit Singular verwendet* ➊ die Nachricht; **the news is bad** es gibt schlechte Nachrichten; ...

> die **Rohkost** raw fruit and vegetables ⚠ *plural*

# Wie wird das Wörterbuch benutzt?

## ▶ Sprachgebrauch

Wenn ein Stichwort, eine Wendung oder auch ein einzelner Beispielsatz nicht standardsprachlich – also stilistisch nicht neutral – ist, wird dies grundsätzlich in runden Klammern angegeben.

| | |
|---|---|
| *abwertend* | bezeichnet einen abwertenden Sprachgebrauch. Der Sprecher drückt damit seine abschätzige Haltung aus, z. B. *small-minded – engstirnig; tart – Schlampe* |
| *gehoben* | bezeichnet gehobenen Sprachgebrauch, sowohl in der gesprochenen wie der geschriebenen Sprache, z. B. *cease – aufhören; public house – Wirtshaus* |
| *übertragen* | bezeichnet übertragenen Sprachgebrauch. Das Wort oder die Wendung dient – in einem übertragenen Sinn – als Bild für das, was man ausdrücken will: *clash – Disharmonie; colourful – lebendig* |
| *umgangsspr* | bezeichnet umgangssprachlichen Sprachgebrauch, wie er zwischen Familienmitgliedern und Freunden in zwangsloser Unterhaltung und in privaten Briefen verwendet wird, z. B. *fiddly – knifflig; hopping mad – fuchsteufelswild* |
| *slang* | bezeichnet stark umgangssprachlichen, saloppen Sprachgebrauch oder Wörter, die als vulgär gelten und daher tabu sind: *jerk – Trottel; piss-up – Besäufnis* |

## ▶ Regionale Angaben

Regionale Sprachvarianten erkennst du an den ovalen Länderkennzeichen. Im Allgemeinen ist die Grundsprache das britische Englisch. Wenn jedoch ein englisches Stichwort, die Bedeutung eines Wortes oder eine Redewendung nur im britischen Englisch gebraucht wird, so steht dort das Länderkennzeichen GB.

> **post·box** GB der Briefkasten

Für Varianten, die nur im amerikanischen Englisch vorkommen, wird das Länderkennzeichen USA benutzt.

> **air·plane** ['eəpleɪn] USA das Flugzeug

Im deutsch-englischen Teil des Wörterbuchs sind auch das Schweizerdeutsch CH und das österreichische Deutsch A berücksichtigt.

> der **Paradeiser** A tomato [təˈmɑːtəʊ]
> **parkieren** CH to park

## ▶ Die Infokästen

 = Land und Leute

In den Infokästen mit dem Titel *Land und Leute* findest du Informationen zu den verschiedensten landeskundlichen Themen. Im Idealfall beantworten diese Infokästen nicht nur bereits vorhandene Fragen, sondern bewirken auch, dass du weitere Fragen zu Land und Leuten stellst.

> Jeder kennt die berühmteste Straße in New York City: den **Broadway**. Es ist eine sehr breite und lange Hauptverkehrsstraße. An dieser Straße befindet sich das berühmte Theaterviertel mit dem gleichen Namen. Broadway steht für das große amerikanische Theater, und fast alle wichtigen Theaterstücke wurden hier gespielt. Theaterstücke, die nicht in diesem Viertel gezeigt werden, sind oft experimentelle oder billige Produktionen und werden als „off-Broadway plays" bezeichnet.

## Wie wird das Wörterbuch benutzt?

 = **Vorsicht!**

Die Infokästen, die mit dem V gekennzeichnet sind, warnen dich vor häufigen Fehlerquellen. Sie befassen sich mit der kontextabhängigen Wortauswahl:

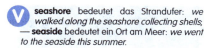

Sie warnen auch vor Besonderheiten in der Schreibung:

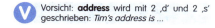

 = **Grammatik**

Die Grammatikkästen beinhalten zusätzliche Informationen zur englischen Grammatik:

> Die verneinte Form von **had** ist **had not** oder kurz **hadn't**: You **hadn't told** him, **had** you?

> Richtiges Konjugieren von **pay**: pay, paid, paid — *David paid $5 for the book; have you paid for the tickets?*

**F** = **Falscher Freund**

Manche englische und deutsche Wörter sind so ähnlich, dass du fast davon ausgehen könntest, dass sie die gleiche Bedeutung haben. Manchmal ist das jedoch nicht der Fall. Diese Infokästen warnen vor den so genannten „falschen Freunden" und helfen dir, Fehler zu vermeiden.

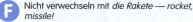

# Wie wird das Wörterbuch benutzt?

Überall im Wörterbuch stehen ABC-Kästen mit nützlichen Satzbausteinen und Floskeln sowie interessanten Wortfeldern mit Wortschätzen, die du aus deinem Englischunterricht kennst. Du findest sie bei den folgenden Stichwörtern:

**Englisch-Deutsch**
describe
go
move
preposition
present

**Deutsch-Englisch**
bringen
kein
machen
Präposition
Pronomen
Verb
wie

## USEFUL PHRASES

Diese Kästen helfen dir, die richtige Formulierung in bestimmten Alltagssituationen zu finden. Sie sind bei diesen Stichwörtern zu finden:

**Englisch-Deutsch**
advice
apologize
argument
discussion
emergency
feeling
help
museum
polite
telephone

**Deutsch-Englisch**
einkaufen
Familie
Gastfamilie
Großstadt
Hilfe
Projekt
Sommer
Streit
telefonieren
Urlaub
Weg

# A

**A** <*plural* A's *oder* As>, **a** [eɪ] <*plural* a's> ❶ (*auch Musiknote*) a, das A ❷ (*Schulnote*) die Eins ▶ WENDUNGEN: **from A to Z** von A bis Z

**a** [ə, *betont* eɪ], *vor Vokalen* **an** [ən, *betont* æn] ❶ *unbestimmter Artikel* ein, eine, ein; **she's a teacher** sie ist Lehrerin ❷ pro; **five pounds an hour** fünf Pfund pro [*oder* die] Stunde; **once a week** einmal in der Woche ❸ **half an hour** eine halbe Stunde; **many a student ...** manch ein [*oder* mancher] Student ... ❹ **as a professional, ...** als Profi, ...

**A4** [ˌeɪˈfɔːʳ] *kein Plural* [DIN-]A4

**aback** [əˈbæk] **to be taken aback** erstaunt sein

**aba·cus** [ˈæbəkəs] <*plural* abacuses> der Abakus

to **aban·don** [əˈbændən] ❶ verlassen *Mensch, Haus;* aussetzen *Baby;* im Stich lassen *Familie;* stehen lassen *Auto;* **abandon ship!** alle Mann von Bord! ❷ aufgeben *Hoffnung, Projekt;* **play** [*oder* **the game**] **was abandoned** das Spiel wurde abgebrochen

**aban·doned** [əˈbændənd] *Kind:* ausgesetzt; *Auto:* stehen gelassen; *Gebäude:* leer stehend

**ab·at·toir** [ˈæbətwaːʳ] der Schlachthof

**ab·bey** [ˈæbɪ] die Abtei

to **ab·bre·vi·ate** [əˈbriːvieɪt] abkürzen

**ab·bre·via·tion** [əˌbriːvɪˈeɪʃn] die Abkürzung

to **ab·di·cate** [ˈæbdɪkeɪt] abdanken

**ab·do·men** [ˈæbdəmən, æbˈdəʊ-] *in der Medizin:* der Unterleib; *in der Zoologie:* der Hinterleib

**ab·domi·nal** [æbˈdɒmɪnᵊl] Unterleibs-

to **ab·duct** [əbˈdʌkt] entführen

**ab·duc·tion** [əbˈdʌkʃᵊn] die Entführung

**abil·ity** [əˈbɪlətɪ] ❶ die Fähigkeit; **to have the ability to do something** etwas können; **to the best of one's ability** nach besten Kräften ❷ (*Talent*) die Begabung; **she has little artistic ability** sie ist künstlerisch nicht sehr begabt

**able** [ˈeɪbl] ❶ (*kompetent*) fähig, tüchtig; **to be able to** können, in der Lage sein zu ❷ (*talentiert*) begabt

**able-bodied** [ˌeɪblˈbɒdɪd] gesund; *Soldat:* [wehr]tauglich

**ab·nor·mal** [æbˈnɔːmᵊl] anormal; *Wetter:* ungewöhnlich

**ab·nor·mal·ity** [ˌæbnɔːˈmælətɪ] ❶ (*in der Medizin*) die Anomalie ❷ *kein Plural* (*Ungewöhnlichkeit*) die Abnormität; *einer Lage:* die Außergewöhnlichkeit

**aboard** [əˈbɔːd] **all aboard!** alles einsteigen!

to **abol·ish** [əˈbɒlɪʃ] abschaffen

**abo·li·tion** [əbəˈlɪʃn] die Abschaffung

**abomi·nable** [əˈbɒmɪnəbl] furchtbar

**Abo·rigi·ne** [ˌæbəˈrɪdʒɪnɪ] der/die Ureinwohner/Ureinwohnerin Australiens

> **L** Die **Aboriginal Flag** wurde zum ersten Mal bei der Demonstration zum „Aboriginal Day" 1971 von dem Designer der Flagge, dem Künstler Harold Thomas, gehisst. Der schwarze, obere Teil soll das Volk der Aborigines darstellen, der rote Teil darunter symbolisiert die Erde und der gelbe Kreis in der Mitte ist die Sonne.

to **abort** [əˈbɔːt] ❶ eine Fehlgeburt haben ❷ abtreiben *Embryo* ❸ abbrechen *Schwangerschaft, Einsatz*

**abor·tion** [əˈbɔːʃn] ❶ die Fehlgeburt ❷ der Schwangerschaftsabbruch, die Abtreibung

**about** [əˈbaʊt] ❶ (*bezüglich*) *Thema:* von; *Buch:* über; *Sache:* in Bezug auf, betreffend; *Grund:* wegen; **what do you know about him?** was wissen Sie über ihn?; **a book about architecture** ein Buch über Architektur; **what's the film about?** wovon handelt der Film?; **what's this all about?** um was geht es hier? ❷ in, an; **the worst thing about my job is the commuting** das Schlimmste bei meinem Job ist das Pendeln ❸ **how about a coke?** wie wäre es mit einer Cola?; **what about going to the cinema this evening?** wie wäre es mit Kino heute Abend? ❹ *räumlich* herum, umher; **he walked about the room** er lief im Zimmer umher; **round about** ringsum ❺ (*nicht weit von*) **the fields about the house** die Felder um das Haus herum ❻ *örtlich* da; **there's no one about** es ist niemand da; **after a long illness, she's up and about** nach einer langen Krankheit ist sie wieder auf den Beinen; **there's a lot of flu about at the moment** die Grippe geht zurzeit um ❼ *zeitlich* um, gegen; [at] **about five o'clock** gegen fünf Uhr ❽ **it's just about to snow** es wird jeden Augenblick schneien; **he was about to leave the house** er wollte gerade aus dem Haus gehen ❾ (*umgangsspr*) ungefähr; **she was about 30** sie war um die 30; **that's about right** das kommt so ungefähr hin; **it's about six metres long** es ist zirka sechs Meter lang; **just about enough** gerade noch genug; **about my size** etwa meine Größe

**above¹** [ə'bʌv] ❶ über, oberhalb; **above sea level** über dem Meeresspiegel ❷ oben; **from above** von oben; **as [mentioned] above** wie oben erwähnt ❸ (*in Rang, Bedeutung, Stellung*) höher; **she's a year above me in school** sie ist in der Klasse über mir ❹ mehr als; **above average** überdurchschnittlich; **persons aged 16 and above** Personen im Alter von 16 und älter ▸ WENDUNGEN: **above all** vor allem; **over and above** obendrein; **he is above it** er steht darüber; **it is above me** das ist mir zu hoch

**above²** [ə'bʌv] obig, oben erwähnt

**above board** (*umgangsspr*) einwandfrei; **it's all above board!** es ist alles korrekt!

**abra·sive** [ə'breɪsɪv] ❶ abreibend; **abrasive cleaner** das Scheuermittel ❷ *Person:* aggressiv; *Kritik:* harsch; *Tonfall:* scharf

**abroad** [ə'brɔːd] im/ins Ausland; **from abroad** aus dem Ausland

**ab·rupt** [ə'brʌpt] ❶ plötzlich, abrupt ❷ *Verhalten:* schroff, barsch

**ab·seil·ing** ['æbseɪlɪŋ] *kein Plural* (*beim Klettern*) das Abseilen

**ab·sence** ['æbsəns] ❶ *einer Person:* die Abwesenheit (**from** von); (*von der Arbeit*) das Fernbleiben; **on leave of absence** auf Urlaub ❷ (*von einer Sache*) das Fehlen, Nichtvorhandensein ▸ WENDUNGEN: **absence makes the heart grow fonder** Abwesenheit verstärkt die Zuneigung

**ab·sent** ['æbsənt] abwesend, fehlend

**ab·sen·tee** [,æbsən'tiː] der/die Abwesende

**absent-minded** [,æbsənt'maɪndɪd] zerstreut, geistesabwesend

**ab·so·lute** ['æbsəluːt] absolut

**ab·so·lute·ly** ['æbsəluːtlɪ, *allein stehend* ,æbsə'luːtlɪ] ❶ **absolutely nothing** absolut nichts ❷ **absolutely mad** völlig [*oder* vollkommen] verrückt ❸ **absolutely!** (*umgangsspr*) genau!, aber sicher!

**ab·so·lu·tion** [,æbsə'luːʃªn] *kein Plural* die Absolution

to **ab·sorb** [əb'sɔːb] ❶ aufsaugen *Flüssigkeit* ❷ (*übertragen*) verdauen, aufnehmen

**ab·sorbed** [əb'sɔːbd] (*übertragen*) vertieft

**ab·sorb·ent** [əb'zɔːbənt] absorptionsfähig; *Watte, Papier:* saugfähig

**ab·sorb·ing** [əb'zɔːbɪŋ] fesselnd

**ab·sorp·tion** [əb'zɔːpʃªn] *kein Plural* ❶ die Aufnahme ❷ (*Konzentration*) die Versunkenheit

**ab·stract¹** ['æbstrækt] abstrakt; **abstract noun** das Abstraktum

**ab·stract²** ['æbstrækt] die Zusammenfassung; **the abstract** (*verallgemeinerte Form*) das Abstrakte

**ab·surd** [əb'sɜːd] absurd, unsinnig

**ab·surd·ity** [əb'zɜːdəti] die Absurdität; **the absurdity of the situation** das Absurde an der Situation

**abun·dance** [ə'bʌndən(t)s] *kein Plural* die Fülle; **in abundance** in Hülle und Fülle

**abun·dant** [ə'bʌndənt] ❶ reich (**in** an), üppig ❷ reichlich versehen (**with** mit)

to **abuse** [ə'bjuːz] ❶ missbrauchen, quälen *Person, Tier* ❷ (*beleidigen*) beschimpfen *Person* ❸ missbrauchen *Macht, Vertrauen*

**abuse** [ə'bjuːs] ❶ der Missbrauch (**of** von), der Missstand ❷ (*Beleidigung*) die Beschimpfung

**abu·sive** [ə'bjuːsɪv] beleidigend; **abusive language** die Schimpfworte

**abys·mal** [ə'bɪzmªl] entsetzlich

**aca·dem·ic¹** [,ækə'demɪk] ❶ akademisch ❷ wissenschaftlich, geistig ❸ **that is academic** das ist nicht direkt relevant

**aca·dem·ic²** [,ækə'demɪk] der Akademiker/ die Akademikerin

**acad·emy** [ə'kædəmɪ] die Akademie; **riding academy** die Reitschule; **academy of music** die Musikhochschule

to **ac·cel·er·ate** [ək'seləreɪt] ❶ [sich] beschleunigen, schneller werden ❷ *Autofahrer:* Gas geben

**ac·cel·era·tion** [ək,selə'reɪʃn] die Beschleunigung

**ac·cel·era·tor** [ək'seləreɪtəʳ] (*am Auto*) das Gaspedal

**ac·cent** ['æksənt] der Akzent

to **ac·cen·tu·ate** [ək'sentʃueɪt] betonen

to **ac·cept** [ək'sept] ❶ annehmen, akzeptieren ❷ (*übertragen*) einverstanden sein, glauben; **to accept a fact/reality** eine Tatsache/die Realität anerkennen [*oder* gelten lassen]

**ac·cept·able** [ək'septəbl] ❶ annehmbar ❷ angenehm, zufrieden stellend

**ac·cept·ance** [ək'septəns] ❶ die Annahme, die Entgegennahme ❷ die Zustimmung, die Einwilligung

**ac·cess** ['ækses] ❶ der Zutritt (**to** zu) ❷ **access road** die Zufahrt[sstraße] ❸ **internet access** der Internetzugriff

to **ac·cess** ['ækses] **to access data** auf Daten zugreifen

**ac·ces·sibil·ity** [ək,sesə'bɪləti] *kein Plural* die Zugänglichkeit

**ac·ces·sible** [ək'sesəbl] zugänglich, erreichbar (**to** für)

**ac·ces·so·ry** [ək'sesərɪ] ❶ (*Person*) der/die

Mitschuldige ② (*Gerät*) das/der Zubehör

**ac·ci·dent** ['æksɪdənt] ❶ der Zufall; **by accident** zufällig ② das Unglück, der Unfall; **in an accident** bei einem Unfall; **to be accident-prone** zu Unfällen neigen

**ac·ci·den·tal** [ˌæksɪˈdentl] zufällig, versehentlich

to **ac·cli·ma·tize** [əˈklaɪmətaɪz] sich akklimatisieren (**to** an); sich gewöhnen *an eine neue Umgebung*

to **ac·com·mo·date** [əˈkɒmədeɪt] ❶ unterbringen *Gäste* ② (*helfen*) entgegenkommen

**ac·com·mo·da·tion** [əˌkɒməˈdeɪʃn] die Unterkunft, das Fremdenzimmer

to **ac·com·pa·ny** [əˈkʌmpənɪ] (*auch musikalisch*) begleiten (**on** auf)

**ac·com·plice** [əˈkʌmplɪs] der Komplize/die Komplizin

to **ac·com·plish** [əˈkʌmplɪʃ] schaffen; erreichen *Ziel;* erledigen *Aufgabe*

**ac·com·plished** [əˈkʌmplɪʃt] ❶ (*auch übertragen*) vollendet ② kultiviert, vielseitig

**ac·com·plish·ment** [əˈkʌmplɪʃmənt] ❶ *kein Plural einer Aufgabe:* die Vollendung; *eines Ziels:* das Erreichen ② *meist plural* (*Geschick*) die Fähigkeit

**ac·cord** ❶ das Abkommen ② **with one accord** einstimmig ❸ **of one's own accord** von sich aus, von selbst

**ac·cord·ance** [əˈkɔːdəns] **in accordance with** entsprechend, gemäß

**ac·cord·ing·ly** [əˈkɔːdɪŋlɪ] dementsprechend, danach

**ac·cord·ing to** [əˈkɔːdɪŋ] laut, nach; **according to schedule** fahrplanmäßig, zeitplanmäßig

**ac·count** [əˈkaʊnt] ❶ das Konto (**with** bei) ② der Bericht; **to give an account of something** über etwas Bericht erstatten, über etwas Rechenschaft ablegen; **she gave a full account of the affair** sie hat ausführlich über die Sache berichtet ❸ **accounts** *plural* (*in der Wirtschaft*) die [Geschäfts]bücher; **to settle accounts with someone** (*auch übertragen*) mit jemandem abrechnen ❹ **on account of** wegen, auf Grund; **not on any account, on no account** auf keinen Fall ❺ **to take into account** in Betracht ziehen, berücksichtigen ❻ **to do something on one's own account** etwas auf eigene Faust tun

to **ac·count** [əˈkaʊnt] ❶ **to account for something** etwas erklären, über etwas Rechenschaft ablegen; **how do you account for that?** wie erklären Sie [sich] das?; **that**

**accounts for it** das ist die Erklärung dafür; **there's no accounting for tastes** über Geschmack lässt sich streiten ② **young people account for a big percentage of our customers** junge Leute machen einen großen Prozentsatz unserer Kunden aus

**ac·count·able** [əˈkaʊntəbl] verantwortlich (**for** für, **to** gegenüber)

**ac·count·an·cy** [əˈkaʊntənsɪ] die Buchhaltung

**ac·count·ant** [əˈkaʊntənt] ❶ der Steuerberater/die Steuerberaterin ② der Buchhalter/die Buchhalterin

to **ac·cu·mu·late** [əˈkjuːmjʊleɪt] [sich] ansammeln

**ac·cu·mu·la·tion** [əˌkjuːmjəˈleɪʃⁿn] die Ansammlung

**ac·cu·ra·cy** ['ækjərəsɪ] die Genauigkeit

**ac·cu·rate** ['ækjərət] genau

**ac·cu·sa·tion** [ˌækjuːˈzeɪʃn] ❶ die Anklage ② der Vorwurf

**ac·cu·sa·tive** [əˈkjuːzətɪv] der Akkusativ

to **ac·cuse** [əˈkjuːz] ❶ anklagen, beschuldigen; **to accuse someone of a crime** jemanden eines Verbrechens beschuldigen ② vorwerfen; **the teacher accused me of having copied my homework** die Lehrerin warf mir vor, meine Hausaufgaben abgeschrieben zu haben

**ac·cused** [əˈkjuːzd] der/die Angeklagte

**ac·cus·tomed** [əˈkʌstəmd] **to be accustomed** gewohnt sein (**to** an); **to get accustomed** sich gewöhnen (**to** an)

**ace**¹ [eɪs] (*Spielkarte; beim Tennis*) das Ass; **the ace of spades** das Pikass; **to play/serve an ace** ein Ass spielen/schlagen

**ace**² [eɪs] (*umgangsspr*) **she's an ace volleyball player** sie ist eine erstklassige Volleyballspielerin; **ace!** spitze!

**ache** [eɪk] der Schmerz; **aches and pains** die Schmerzen

to **ache** [eɪk] **my foot aches** mein Fuß tut mir weh; **I ache all over** mir tut alles weh

to **achieve** [əˈtʃiːv] zu Stande bringen, verwirklichen; erreichen *Ziel;* erzielen *Erfolg*

**achieve·ment** [əˈtʃiːvmənt] ❶ die Vollendung, die Ausführung ② die Leistung, die Errungenschaft

**acid**¹ ['æsɪd] sauer; **acid rain** der saure Regen

**acid**² ['æsɪd] ❶ die Säure ② (*Droge*) das Acid

**acid house** *kein Plural* das Acid House

**acid·ic** [əˈsɪdɪk] sauer, säurehaltig

**acid·ity** [əˈsɪdətɪ] der Säuregehalt

**acid test** die Säureprobe; (*übertragen*) die Feuerprobe

**acknowledge – active**

to **ac·knowl·edge** [əkˈnɒlɪdʒ] ❶ anerkennen; **she's acknowledged to be an excellent pianist** sie gilt als eine exzellente Pianistin ❷ **the government has acknowledged that unemployment figures have not fallen** die Regierung hat zugegeben, dass die Arbeitslosenzahl nicht zurückgegangen ist ❸ (*danken*) sich erkenntlich zeigen ❹ **she didn't even acknowledge them!** sie hat sie gar nicht begrüßt!; **you should acknowledge his greeting** du solltest seine Begrüßung erwidern ❺ **to acknowledge the receipt of a letter** den Empfang eines Briefes bestätigen

**ac·knowl·edg(e)·ment** [əkˈnɒlɪdʒmənt] ❶ *von Macht:* die Anerkennung; *von Verantwortlichkeit:* das Bekenntnis; *eines Fehlers, von Schuld:* das Eingeständnis ❷ **acknowledgement of a letter** die Empfangsbestätigung eines Briefes ❸ Dank; **in acknowledgement of** zum Zeichen der Anerkennung für ❹ **acknowledgements** die Danksagung

to **ac·quaint** [əˈkweɪnt] **to acquaint someone with someone** jemanden mit jemandem bekannt machen; **to acquaint someone with something** jemanden mit etwas vertraut machen; **are you acquainted with this software?** sind Sie mit dieser Software vertraut?

**ac·quaint·ance** [əˈkweɪntəns] ❶ der/die Bekannte ❷ **to make someone's acquaintance** jemandes Bekanntschaft machen

to **ac·quire** [əˈkwaɪəʳ] ❶ erwerben ❷ sich aneignen *Kenntnisse;* **to acquire a taste for something** Geschmack an etwas finden ❸ **it's an acquired taste** es ist gewöhnungsbedürftig

**ac·qui·si·tion** [ˌækwɪˈzɪʃᵊn] ❶ (*Kauf*) die Anschaffung ❷ *kein Plural* (*das Kaufen*) der Erwerb

to **ac·quit** [əˈkwɪt] <acquitted, acquitted> freisprechen

**ac·quit·tal** [əˈkwɪtᵊl] der Freispruch

**ac·ro·bat** [ˈækrəbæt] der Akrobat/die Akrobatin

**ac·ro·bat·ic** [ˌækrəˈbætɪk] akrobatisch

**across¹** [əˈkrɒs] ❶ (quer) über *die Straße* ❷ (quer) durch *die Stadt;* **right across** quer durch ❸ auf der anderen Seite *der Straße;* **to live across the street** gegenüber wohnen; **just across** gerade gegenüber ❹ über *die Grenze* ❺ **across the board** pauschal

**across²** [əˈkrɒs] ❶ **to come across** herüberkommen ❷ **to come across someone** je-

mandem begegnen, auf jemanden stoßen; **to come across something** auf eine Sache stoßen ❸ **to come across as [being] nervous** nervös wirken ❹ **to get something across to someone** jemandem etwas klarmachen ❺ **to put across** verständlich machen ❻ **to swim across** herüber-/hinüberschwimmen ❼ **ten metres across** zehn Meter breit

**acryl·ic** [əˈkrɪlɪk] ❶ *kein Plural* das Acryl ❷ die Acrylfarbe

**act** [ækt] ❶ die Handlung, die Tat; **in the act of going** gerade dabei zu gehen; **act of God** höhere Gewalt ❷ (*im Theater*) der Akt, der Aufzug ❸ **Act [of Parliament]** das Gesetz ❹ **the Acts [of the Apostles]** die Apostelgeschichte ❺ **don't put on an act!** (*umgangsspr*) spiel doch kein Theater! ▸ WENDUNGEN: **caught in the act** auf frischer Tat ertappt; **get your act together!** reiß dich zusammen!; **to get in on the act** mit von der Partie sein

to **act** [ækt] ❶ spielen *eine Rolle;* **don't act the innocent with me!** spiel mir hier nicht den Unschuldigen! ❷ sich benehmen, sich verhalten; **stop acting like an idiot** hör auf, dich wie ein Idiot aufzuführen! ❸ handeln, tun, tätig werden (**as als**); **to act for/on behalf of someone** für jemanden/in jemandes Namen handeln; **you must act quickly** Sie müssen schnell reagieren ❹ **to act on someone's advice** jemandes Ratschlag folgen ❺ **to act on something/someone** auf etwas/jemanden einwirken, etwas/jemanden beeinflussen

◆to **act out** ❶ (*erleben*) ausleben ❷ (*vorführen*) nachspielen

◆to **act up** ❶ Theater machen; *Kind:* ungezogen sein ❷ *Gegenstand:* Ärger machen; *Rechner:* verrückt spielen

**act·ing¹** [ˈæktɪŋ] stellvertretend, geschäftsführend

**act·ing²** [ˈæktɪŋ] die Schauspielkunst

**ac·tion** [ˈækʃn] ❶ das Handeln, die Tat; **to take action** Schritte unternehmen, Maßnahmen ergreifen; **to put a plan into action** einen Plan in die Tat umsetzen ❷ die Klage, der Prozess ❸ der Kampf, die Kampfhandlung; **killed in action** gefallen ❹ *eines Romans:* die Handlung ❺ (*auch im Film*) die Action; **where's the action?** (*slang*) wo geht's ab? ❻ **in/out of action** in/außer Betrieb

**ac·tion-packed** *Buch, Roman:* spannend

**ac·tion re·play** die Wiederholung

**ac·tive** [ˈæktɪv] ❶ aktiv, lebhaft; **to take an active part in something** an etwas regen

**20**

Anteil nehmen ❷ *Vulkan:* tätig

**ac·tiv·ist** ['æktɪvɪst] der Aktivist/die Aktivistin

**ac·tiv·ity** [æk'tɪvətɪ] die Tätigkeit, die Aktivität

**ac·tor** ['æktəʳ] der Schauspieler

**ac·tress** ['æktrɪs] <*plural* actresses> die Schauspielerin

**ac·tual** ['æktʊəl] wirklich, tatsächlich [vorhanden], eigentlich

**F** Nicht verwechseln mit *aktuell — topical!*

**ac·tu·al·ly** ['æktʊlɪ] ❶ eigentlich, übrigens ❷ tatsächlich, wirklich

**ac·tu·ary** ['æktʃʊəri] (*im Finanzwesen*) der Versicherungsmathematiker/die Versicherungsmathematikerin, der Aktuar/die Aktuarin

**acu·punc·ture** ['ækjʊpʌŋ(k)tʃəʳ] *kein Plural* die Akupunktur

**acute** [ə'kjuːt] ❶ *Situation, Krankheit:* akut ❷ *Sinne:* scharf ❸ *Winkel:* spitz

**ad** [æd] (*umgangsspr*) ❶ die [Zeitungs]anzeige, das Inserat, die Annonce ❷ die Reklame, die Werbung

**AD** *Abkürzung von* **anno Domini** n. Chr.

to **adapt** [ə'dæpt] ❶ anpassen (**to** an) ❷ bearbeiten *Roman*

**adapt·abil·ity** [ə,dæptə'bɪlətɪ] *kein Plural* die Anpassungsfähigkeit

**adapt·able** [ə'dæptəbl] anpassungsfähig (**to** an)

**ad·ap·ta·tion** [,ædæp'teɪʃn] ❶ die Anpassung (**to** an) ❷ *eines Textes:* die Bearbeitung

**adapt·er, adap·tor** [ə'dæptəʳ] ❶ (*Gerät*) der Adapter; **universal adaptor plug** der Mehrfachstecker ❷ (*Person*) der Bearbeiter/die Bearbeiterin

to **add** [æd] ❶ hinzufügen (**to** zu) ❷ **to add to something** zu etwas beitragen, etwas vermehren *Probleme* ❸ **to add up** zusammenzählen, addieren; **her account of the affair doesn't add up** (*übertragen*) ihre Version der Sache reimt sich nicht; **to add up to** sich belaufen auf

**ad·dict** ['ædɪkt] der/die Süchtige, der/die Abhängige

**ad·dict·ed** [ə'dɪktɪd] süchtig; **addicted to drugs** rauschgiftsüchtig

**ad·dic·tion** [ə'dɪkʃn] die Sucht

**ad·di·tion** [ə'dɪʃn] ❶ die Beigabe, die Zugabe ❷ der Zusatz ❸ (*in der Mathematik*) die Addition ❹ *zur Familie:* der Zuwachs ❺ **in addition** außerdem [noch], dazu; **in addition to** [zusätzlich] zu

**ad·di·tion·al** [ə'dɪʃənl] zusätzlich, ergänzend;

**additional charge** der Preiszuschlag

**ad·di·tive** ['ædɪtɪv] *zu Lebensmittel:* der Zusatz

**add-on** ['ædɒn] das Zusatzgerät; **add-ons** das Zubehör

to **ad·dress** [ə'dres] ❶ adressieren *Brief* ❷ anreden *Person;* eine Ansprache halten an *Publikum* ❸ richten *Anfrage, Frage* (**to** an)

**ad·dress** [ə'dres] <*plural* addresses> ❶ die Anrede, die Ansprache ❷ die Anschrift, die Adresse

**ad·dress book** das Adressbuch

**ad·dressee** [,ædre'siː] der Empfänger/die Empfängerin, der Adressat/die Adressatin

**ad·dress la·bel** der Adress[en]aufkleber

**ad·equate** ['ædɪkwət] ❶ ausreichend (**to** für) ❷ (*knapp genügend*) hinreichend ❸ (*passend*) angemessen

**ad·he·sive**[1] [əd'hiːsɪv] klebend, haftend; **adhesive plaster** das Heftpflaster; **adhesive tape** der Kleb[e]streifen

**ad·he·sive**[2] [əd'hiːsɪv] der Klebstoff

**ad·ja·cent** [ə'dʒeɪsᵊnt] angrenzend

**ad·jec·tive** ['ædʒɪktɪv] das Adjektiv, das Eigenschaftswort

to **ad·journ** [ə'dʒɜːn] vertagen (**for** um); **shall we adjourn to the bar?** (*humorvoll*) sollen wir in der Bar weitermachen?

to **ad·just** [ə'dʒʌst] ❶ anpassen, abstimmen (**to** auf); [richtig] einstellen *Gerät;* **to adjust [oneself] to something** sich einer Sache anpassen, sich auf eine Sache einstellen ❷ berichtigen *Rechnung*

**ad·just·able** [ə'dʒʌstəbl] regulierbar, verstellbar

**ad·just·ment** [ə'dʒʌstmənt] ❶ die Anpassung, die Angleichung ❷ *von Gerät:* die Einstellung, die Regulierung

**ad·min** ['ædmɪn] *kurz für* **administration** die Verwaltung

to **ad·min·is·ter** [əd'mɪnɪstəʳ] ❶ verwalten *Amt* ❷ verabreichen *Medizin;* spenden, geben *Sakramente* ❸ **to administer justice** Recht sprechen

**ad·min·is·tra·tion** [əd,mɪnɪ'streɪʃn] ❶ die Verwaltung, die Amtsführung ❷ die Regierung, die Amtszeit ❸ *von Medizin:* das Eingeben ❹ *von Sakrament:* das Spenden ❺ *von Eid:* die Abnahme ❻ **administration of justice** die Rechtspflege

**ad·min·is·tra·tive** [əd'mɪnɪstrətɪv] administrativ

**ad·min·is·tra·tor** [əd'mɪnɪstreɪtəʳ] der Verwalter/die Verwalterin, der Leiter/die Leiterin

**ad·mi·rable** ['ædmərəbl] bewundernswert,

vortrefflich

**ad·mi·ral** ['ædmərəl] der Admiral/die Admiralin

**ad·mi·ra·tion** [ˌædmə'reɪʃn] die Bewunderung (**of/for** für)

to **ad·mire** [əd'maɪər] bewundern (**for** wegen)

**ad·mir·er** [əd'mɪərər] der Bewunderer/die Bewunderin

**ad·mis·sion** [əd'mɪʃn] ❶ der Zutritt, der Einlass; **to gain admission to** Zutritt erhalten zu; **no admission!** Zutritt verboten! ❷ der Eintritt, der Eintrittspreis; **admission free** Eintritt frei ❸ das Eingeständnis, das Zugeständnis; **admission of guilt** das Schuldbekenntnis; **by his own admission** wie er selbst zugibt

to **ad·mit** [əd'mɪt] <admitted, admitted> ❶ zugeben, eingestehen ❷ hereinlassen (**into** in), aufnehmen (**to** in); **this ticket admits two children** diese Entrittskarte ist für zwei Kinder; **to be admitted to hospital** ins Krankenhaus eingeliefert werden ❸ (*für gültig erklären*) gestatten, erlauben

**ad·mit·tance** [əd'mɪtns] der Einlass, der Zutritt; **no admittance!** Zutritt verboten!; **no unauthorised admittance** kein Zutritt für Unbefugte

**ad·mit·ted·ly** [əd'mɪtɪdlɪ] zugegebenermaßen

**ado·les·cence** [ˌædə'lesns] die Jugend, die Pubertät

**ado·les·cent**[1] [ˌædə'lesnt] jugendlich

**ado·les·cent**[2] [ˌædə'lesnt] der/die Jugendliche

to **adopt** [ə'dɒpt] ❶ adoptieren *Kind* ❷ billigen *Bericht* ❸ einnehmen *Einstellung, Haltung* ❹ übernehmen *Sitte* ❺ **adopted country** die Wahlheimat ❻ **she has been adopted as a candidate by the Green Party** sie ist als Kandidatin für die Grünen übernommen worden

**adop·tion** [ə'dɒpʃn] ❶ die Adoption ❷ die Annahme

**ador·able** [ˌə'dɔːrəbl] ❶ liebenswert ❷ reizend, entzückend

**ado·ra·tion** [ˌædə'reɪʃn] *kein Plural* die Verehrung; (*von Mariä*) die Anbetung

to **adore** [ə'dɔːr] ❶ anbeten, verehren ❷ (*umgangsspr*) sehr gernhaben

**ador·ing** [ə'dɔːrɪŋ] liebend; (*selbstlos*) hingebungsvoll; *Mutter, Vater:* liebevoll

**adrena·lin(e)** [ə'drenəlɪn] *kein Plural* das Adrenalin

**Adri·at·ic** [ˌeɪdrɪ'ætɪk] **the Adriatic [Sea]** die Adria

**adult**[1] ['ædʌlt] ❶ *Person:* erwachsen; **adult film** Film nur für Erwachsene ❷ *Tier:* ausgewachsen

**adult**[2] ['ædʌlt] ❶ der/die Erwachsene ❷ das ausgewachsene Tier

**adul·tery** [ə'dʌltərɪ] der Ehebruch

to **ad·vance** [əd'vɑːns] ❶ vorrücken; **he advanced towards me** er kam auf mich zu ❷ Fortschritte machen ❸ vorschießen, vorstrecken *Geld*

**ad·vance** [əd'vɑːns] ❶ das Vorrücken ❷ **to make advances** (*übertragen*) Annäherungsversuche machen ❸ der Fortschritt ❹ **any advance on $1000?** wer bietet mehr als $1000? ❺ der Vorschuss, die Vorauszahlung, das Darlehen ❻ **in advance** im Voraus; **to order in advance** vorbestellen

**ad·vanced** [əd'vɑːnst] fortgeschritten

**ad·van·tage** [əd'vɑːntɪdʒ] der Vorteil; **to someone's advantage** zu jemandes Gunsten; **to have an advantage over someone** jemandem gegenüber im Vorteil sein; **to take advantage of** ausnutzen; **to turn to advantage** Vorteil [*oder* Nutzen] ziehen aus

**ad·ven·ture** [əd'ventʃər] das Abenteuer; **adventure playground** der Abenteuerspielplatz

**ad·ven·tur·ous** [əd'ventʃərəs] ❶ *Reise:* abenteuerlich ❷ *Person:* abenteuerlustig

**ad·verb** ['ædvɜːb] das Adverb, das Umstandswort

**ad·verse** ['ædvɜːs] ungünstig; *Kritik, Wirkung:* negativ; *Umstände:* widrig

**ad·ver·sity** [əd'vɜːsəti] *kein Plural* die Not; **in adversity** in der Not

**ad·vert** ['ædvɜːt] ⓖⒷ (*umgangsspr*) ❶ die [Zeitungs]anzeige, das Inserat, die Annonce ❷ die Reklame, die Werbung

to **ad·ver·tise** ['ædvətaɪz] ❶ annoncieren, inserieren ❷ Reklame machen, Werbung betreiben ❸ **to advertise for** inserieren für, durch eine Zeitungsanzeige suchen

**ad·ver·tise·ment** [əd'vɜːtɪsmənt] ❶ die [Zeitungs]anzeige, das Inserat, die Annonce ❷ die Reklame, die Werbung; **TV advertisement** die Fernsehreklame

**ad·ver·tis·er** ['ædvətaɪzər] der/die Werbungtreibende; (*in einer Zeitung*) der Inserent/die Inserentin

**ad·ver·tis·ing** ['ædvəˌtaɪzɪŋ] die Werbung, die Reklame

**ad·vice** [əd'vaɪs] ⚠ *kein Plural und kein ,a' oder ,an'* der Rat[schlag]; **a piece [*oder* bit] of advice** ein Rat; **to act on someone's advice** jemandes Rat befolgen; **to ask**

**USEFUL PHRASES**

It always helps to check each other's work and to give each other **advice** on how to do things differently.

| | |
|---|---|
| It would be better if you … | I know what you mean. |
| You should … | I'll change that. |
| I don't understand this sentence. | But I think it's OK as it is. |
| If I were you, I would … | I'll think about what you said. |
| Could you write …? | That's a good idea. |
| How about …? | I think I'll do that. Thanks! |

someone's **advice** jemanden um Rat fragen
**ad·vis·able** [əd'vaɪzəbl] ratsam, empfehlenswert
to **ad·vise** [əd'vaɪz] raten, empfehlen; **to be well advised** gut beraten sein
**ad·vis·er**, **ad·vis·or** [əd'vaɪzəʳ] der Berater/die Beraterin
to **ad·vo·cate** ['ædvəkeɪt] befürworten
**ad·vo·cate** ['ædvəkət, -keɪt] der Befürworter/die Befürworterin; (*vor Gericht*) der [Rechts]anwalt/die [Rechts]anwältin
**Aegean** [iː'dʒiːən] **the Aegean [Sea]** die Ägäis
**aer·ial¹** ['eərɪəl] **①** Luft-; **aerial view** das Luftbild **②** *Kabel:* oberirdisch
**aer·ial²** ['eərɪəl] **GB** die Antenne
**aero·bics** [eə'rəʊbɪks] *kein Plural* das Aerobic
**aero·dy·nam·ics** [ˌeərə(ʊ)daɪ'næmɪks] die Aerodynamik
**aero·plane** ['eərəpleɪn] das Flugzeug
**aero·sol** ['eərəsɒl] die Sprühdose
**aes·thet·ics** [iːs'θetɪks] *kein Plural* die Ästhetik
**af·fair** [ə'feəʳ] **①** die Angelegenheit, die Sache **②** [love] **affair** das Verhältnis **③** die Affäre, der Skandal **④** **foreign affairs** die auswärtigen Angelegenheiten; **Secretary of State for Foreign Affairs** der Außenminister/die Außenministerin
to **af·fect** [ə'fekt] **①** beeinflussen, in Mitleidenschaft ziehen *Menschen* **②** *Krankheit:* angreifen, befallen **③** **to affect someone [deeply]** einen [tiefen] Eindruck auf jemanden machen
**af·fect·ed** [ə'fektɪd] geziert, affektiert
**af·fec·tion** [ə'fekʃn] die [Zu]neigung, die Liebe (**for/towards** zu)
**af·fec·tion·ate** [ə'fekʃənət] **①** liebevoll, herzlich **②** **yours affectionately** herzlichst Dein[e]
to **af·fili·ate** [ə'fɪlieɪt] **to be affiliated with something** mit etwas assoziiert sein

**af·fili·ate** [ə'fɪliət] die Tochtergesellschaft; (*Niederlassung*) die Zweigfirma
**af·firma·tive¹** [ə'fɜːmətɪv] bejahend
**af·firma·tive²** [ə'fɜːmətɪv] **to answer in the affirmative** mit „Ja" antworten
to **af·fix** [ə'fɪks, 'æfɪks] befestigen; aufkleben *Briefmarke;* (*mit einer Klammer*) anheften
to **af·flict** [ə'flɪkt] plagen; **he is afflicted with severe rheumatism** er leidet an schwerem Rheumatismus
**af·flu·ent** ['æfluənt] reich (**in** an); **affluent society** die Wohlstandsgesellschaft
to **af·ford** [ə'fɔːd] sich erlauben, sich leisten; **I can't afford it** ich kann es mir nicht leisten
**af·ford·able** [ə'fɔːdəbl] leicht erschwinglich
**afloat** [ə'fləʊt] **to keep/stay afloat** (*auch übertragen*) über Wasser bleiben
**afore·men·tioned** [ə'fɔː'men(t)ʃ⁰nd], **afore·said** [ə'fɔːsed] oben erwähnt
**afraid** [ə'freɪd] **①** **to be afraid** [sich] fürchten, Angst haben (**of** vor) **②** **I'm afraid I have to go** ich muss leider gehen; **don't be afraid to …** scheuen Sie sich nicht zu …
**Af·rica** ['æfrɪkə] Afrika
**Af·ri·can¹** ['æfrɪkən] der Afrikaner/die Afrikanerin
**Af·ri·can²** ['æfrɪkən] afrikanisch
**af·ter** ['ɑːftəʳ] **①** (*räumlich*) hinter, nach **②** (*zeitlich*) nach; **day after day** Tag für Tag; **the day after tomorrow** übermorgen; **time after time** immer wieder; **after hours** nach Geschäftsschluss; **after that** danach, nachher **③** nachdem; **after studying all evening, she decided to go out** nachdem sie den ganzen Abend gelernt hatte, beschloss sie auszugehen **④** hinterher, danach, nachher; **shortly after** kurz danach; **for days after** noch Tage danach **⑤** (*in einer Reihenfolge*) hinter; **one after another** einer nach dem anderen **⑥** (*als Grund*) auf Grund von, infolge **⑦** **after all** schließlich, letzten Endes **⑧** (*als Gegensatz*) trotz

**after·life** *kein Plural* das Leben nach dem Tod

**after·math** [-mɑːθ] *kein Plural* die Folgen; **in the aftermath of something** infolge einer Sache

**after·noon** [ˌɑːftəˈnuːn] der Nachmittag; **during the afternoon** im Laufe des Nachmittags; **in the afternoon[s]** nachmittags, am Nachmittag; **at four in the afternoon** um vier Uhr nachmittags; **this afternoon** heute Nachmittag; **good afternoon!** guten Tag!

**after·noon tea** *kein Plural* ⓖⓑ der Nachmittagstee

**af·ters** [ˈɑːftəz] *kein Plural* ⓖⓑ der Nachtisch

**after·shock** [ˈɑːftəʃɒk] das Nachbeben

**after·thought** [ˈɑːftəθɔːt] die nachträgliche Überlegung

**after·wards** [ˈɑːftəwədz] danach, später

**again** [əˈgen] wieder, noch einmal, nochmals; **as much again** noch einmal so viel; **never again** nie wieder, nie mehr; **now and again** dann und wann; **over and over again, time and time again, again and again** immer wieder; **you can say that again!** (*übertragen*) das kannst du aber laut sagen!

**against** [əˈgenst] gegen; **to be for or against something** für oder gegen etwas sein; **I'm not against it** ich habe nichts dagegen

**age** [eɪdʒ] ❶ das Alter; **at the age of** im Alter von; **over age** über der Altersgrenze; **under age** minderjährig; **to come of age** volljährig werden; **come on, act your age!** komm schon, sei nicht so kindisch!; **to feel one's age** sich alt fühlen ❷ das Zeitalter, die Epoche; **the Ice Age** die Eiszeit; **the Middle Ages** das Mittelalter; **in this day and age** heutzutage ❸ (*umgangsspr*) **for ages** ewig lang; **to be [*oder* take] ages** ewig brauchen

to **age** [eɪdʒ] alt werden [lassen], altern

**age brack·et** die Altersgruppe, die Altersklasse

**aged¹** [eɪdʒd] im Alter von

**aged²** [ˈeɪdʒɪd] **the aged** die alten Leute

**age-group** die Altersgruppe

**age·ing** [ˈeɪdʒɪŋ] *Mensch:* alternd; *Maschine:* veraltend

**age·ism** [ˈeɪdʒɪzm] die Diskriminierung auf Grund des Alters

**age lim·it** die Altersgrenze

**agen·cy** [ˈeɪdʒənsɪ] die Agentur, die Vertretung; **government agency** die Behörde, die Dienststelle; **travel agency** das Reisebüro

**agen·da** [əˈdʒendə] die Tagesordnung; **to be on the agenda** auf der Tagesordnung stehen; **item on the agenda** der Tagesord-

nungspunkt

**agent** [ˈeɪdʒənt] ❶ (*Substanz*) das Mittel, das Agens; (*Chemikalie*) der Wirkstoff ❷ (*Person*) der Vertreter/die Vertreterin; *eines Künstlers:* der Agent/die Agentin; **travel agent** der Reisebürokaufmann/die Reisebürokauffrau ❸ (*Spion*) der Agent/die Agentin

to **ag·gra·vate** [ˈægrəveɪt] ❶ verschlimmern *Situation, Verletzung* ❷ ärgern, reizen *Person*

**ag·gra·vat·ing** [ˈægrəveɪtɪŋ] ärgerlich, lästig

**ag·gra·va·tion** [ˌægrəˈveɪʃn] der Ärger

**ag·gre·gate¹** [ˈægrɪgət] ❶ die Gesamtmenge ❷ (*im Sport*) das Gesamtergebnis

**ag·gre·gate²** [ˈægrɪgeɪt] Gesamt-

**ag·gres·sion** [əˈgreʃn] die Aggression, der Angriff

**ag·gres·sive** [əˈgresɪv] aggressiv, angriffslustig

**ag·gres·sor** [əˈgresəʳ] der Angreifer/die Angreiferin

**ag·gro** [ˈægrəʊ] *kein Plural* ⓖⓑ (*slang*) ❶ der Ärger; **the general aggro of life** die normalen Alltagsprobleme ❷ (*Ärger, Streit*) der Zoff

**ag·ile** [ˈædʒaɪl] beweglich, wendig

**ag·il·ity** [əˈdʒɪləti] *kein Plural* die Flinkheit; (*mental*) die geistige Beweglichkeit

**ag·ing** ⓤⓢⓐ *Mensch:* alternd; *Maschine:* veraltend

**agi·ta·tion** [ˌædʒɪˈteɪʃn] die Erregung

**ago** [əˈgəʊ] vor; **three months ago** vor drei Monaten; **that's a long time ago** das ist schon lange her; [**just**] **a moment ago** eben noch; **not long ago** vor kurzem, unlängst; **a while ago** vor einer Weile; **how long ago?** wie lange ist es her?

**ago·niz·ing** [ˈægənaɪzɪŋ] qualvoll

**ago·ny** [ˈægənɪ] die Qual; **to bend over in agony** sich vor Schmerzen krümmen

**agrar·ian** [əˈgreərɪən] landwirtschaftlich, agrarisch, Agrar-

to **agree** [əˈgriː] ❶ (*Erlaubnis geben*) einverstanden sein (**to** mit), einwilligen (**to** in), übereinstimmen (**with** mit) ❷ (*einer Meinung sein*) sich einigen, einig sein (**on** über); **I couldn't agree more** ich bin ganz deiner Meinung; **we'll just have to agree to differ** wir müssen uns halt darauf einigen, dass wir nicht einer Meinung sind; **we couldn't agree on how to do the experiment** wir konnten uns nicht darüber einigen, wie man das Experiment durchführt ❸ **that steak didn't agree with me** das Steak ist mir nicht gut bekommen

**agree·ment** [əˈgriːmənt] ❶ die Vereinbarung, die Übereinkunft; **to come to/reach an agreement with someone** sich mit jemandem einigen ❷ die Zustimmung, das Einverständnis ❸ der Vertrag, das Abkommen

**ag·ri·cul·ture** ['ægrɪkʌltʃəʳ] die Landwirtschaft

**aground** [ə'graʊnd] **to run aground** auf Grund laufen

**ah** [ɑː] (*einleuchtend*) ach so!; (*freudig*) ah!; (*mitfühlend*) oh!

**aha** [ɑː'hɑː] (*einleuchtend*) aha!; (*freudig*) haha!

**ahead** [ə'hed] vor, voran, voraus; **ahead of** vor; **full speed ahead** volle Kraft voraus; **ahead of time** vorzeitig; **to be ahead of someone** jemandem voraus sein; **to be ahead of one's time** seiner Zeit voraus sein; **Frankfurt is one hour ahead of London** die Frankfurter Ortszeit liegt eine Stunde vor der in London; **to get ahead** vorwärtskommen; **to go ahead** vorangehen, vorausgehen, weitermachen, fortfahren; **go ahead and tell her** sag's ihr doch; **straight ahead** geradeaus; **way ahead** weit voraus

**ahoy** [ə'hɔɪ] ahoi!

**AI** [ˌeɪ'aɪ] *kein Plural Abkürzung von* **artificial intelligence** die künstliche Intelligenz

to **aid** [eɪd] **to aid someone** jemandem helfen

**aid** [eɪd] ❶ die Hilfe; **to come/go to someone's aid** jemandem helfen, jemandem zu Hilfe kommen; **to give first aid** erste Hilfe leisten ❷ die Unterstützung; **in aid of the local children's home** zu Gunsten des örtlichen Kinderheims ❸ **what was that in aid of?** (*umgangsspr*) was soll denn das?

**aid con·voy** der Hilfskonvoi

**Aids, AIDS** [eɪdz] *Abkürzung von* **Acquired Immune Deficiency Syndrome** Aids, die Immunschwächekrankheit

**ail·ing** ['eɪlɪŋ] kränkelnd

to **aim** [eɪm] ❶ zielen (**at** auf/nach) ❷ richten *Waffe, Fernglas, Kamera* (**at** auf) ❸ (*übertragen*) **this programme is aimed at young people** dieses Programm ist für Jugendliche gedacht; **what are you aiming at?** worauf willst du hinaus? ❹ **to aim at doing** [*oder* **to do**] **something** beabsichtigen, etwas zu tun

**aim** [eɪm] ❶ das Ziel; **to take aim at** zielen auf ❷ (*übertragen*) der Zweck, die Absicht

**ain't** [eɪnt] ❶ (*slang*) *Kurzform von* **am not, is not, are not: he ain't here** er ist nicht hier ❷ (*slang*) *Kurzform von* **has not, have not: I ain't told him yet** ich habe es ihm noch nicht gesagt; **you ain't seen nothing**

**yet!** das war nichts! warte mal ab!

**air** [eəʳ] ❶ die Luft; **in the open air** unter freiem Himmel; **to get/take some air** frische Luft schnappen ❷ **to be on** [**the**] **air** *Sendung:* senden ❸ **by air** auf dem Luftweg, mit Luftpost, mit dem Flugzeug ▸ WENDUNGEN: **to be up in the air** in der Schwebe sein; **to clear the air** die Luft reinigen; **to put on** [*oder* **give oneself**] **airs** sich wichtigmachen

to **air** [eəʳ] lüften

**air am·bu·lance** der Rettungshubschrauber

**air bed** ['eəˌbed] die Luftmatratze

**air·borne** ❶ (*schwebend*) in der Luft befindlich; *Virus:* durch die Luft übertragen ❷ (*fliegend*) **to be airborne** in der Luft sein; **to get airborne** *Flugzeug:* abheben; *Vogel:* losfliegen

**air·brushed** (*übertragen*) geschönt

**air bub·ble** die Luftblase

**air-con·di·tioned** ['eəkən'dɪʃnd] klimatisiert

**air con·di·tion·ing** ['eəkən'dɪʃnɪŋ] die Klimaanlage

**air·craft** ['eəkrɑːft] <*plural* aircraft> das Flugzeug

**air·craft car·ri·er** der Flugzeugträger

**air·field** ['eəfiːld] der Flugplatz

**air force** die Luftwaffe

**air hostess** die Stewardess

**air·ing** ['eərɪŋ] ❶ das [Durch]lüften, das Auslüften ❷ (*bekannt machen*) **to give something an airing** etwas an die Öffentlichkeit bringen

**air·ing cup·board** ⓖⒷ der [Wäsche]trockenschrank

**air·line** ['eəlaɪn] die Fluglinie, die Fluggesellschaft

**air·mail** ['eəmeɪl] die Luftpost

**air·plane** ['eəpleɪn] ⓊⓈⒶ das Flugzeug

**air pol·lut·ant** der Luftschadstoff

**air pol·lu·tion** die Luftverschmutzung

**air·port** ['eəpɔːt] der Flughafen

**air qual·ity** die Luftqualität

**air raid** der Luftangriff

**air·sick** ['eəsɪk] luftkrank

**air·space** *kein Plural* der Luftraum

**air stew·ard** der Flugbegleiter

**air stew·ard·ess** die Flugbegleiterin

**air tick·et** der Flugschein

**air·tight** ['eətaɪt] luftdicht

**air traf·fic con·trol·ler** der Fluglotse/die Fluglotsin

**aisle** [aɪl] ❶ *im Flugzeug, Kino:* der Gang ❷ *einer Kirche:* das Seitenschiff

**ajar** [ə'dʒɑːʳ] halboffen, angelehnt

**alarm** [əˈlɑːm] ❶ der Alarm; **alarm signal** das Alarmsignal; **to give the alarm** Alarm schlagen ❷ die Beunruhigung, die Besorgnis

to **alarm** [əˈlɑːm] beunruhigen, erschrecken

**alarm clock** der Wecker

**alarm·ing** [əˈlɑːmɪŋ] beunruhigend, alarmierend

**al·bum** [ˈælbəm] das Album

**al·co·hol** [ˈælkəhɒl] der Alkohol

**al·co·hol·ic**[1] [ˌælkəˈhɒlɪk] alkoholisch

**al·co·hol·ic**[2] [ˌælkəˈhɒlɪk] der Alkoholiker/die Alkoholikerin

**ale** [eɪl] das Ale

**alert**[1] [əˈlɜːt] ❶ lebhaft, aufgeweckt ❷ wachsam

**alert**[2] [əˈlɜːt] ❶ der Alarm, das Alarmsignal ❷ **to be on the alert** auf der Hut sein

to **alert** [əˈlɜːt] ❶ alarmieren *Feuerwehr* ❷ **to alert someone to something** jemanden vor einer Sache warnen

**A lev·el** *meist plural* ⓖⓑ ≈ das Abitur; **what A Levels are you taking?** in welchen Fächern machst du deine A Levels?

> **L** Das **A level** (*Advanced level*) ist eine Abschlussprüfung, die Schüler der 12. Klasse in England, Wales und Nordirland ablegen. Die Prüfung besteht aus zwei Teilen, dem *AS* und dem *A2*. Die meisten Schüler wählen drei Prüfungsfächer, aber es ist auch möglich, jeweils nur ein Fach zu nehmen. Mit den bestandenen **A levels** können die Schulabgänger dann an einer Universität studieren.

**al·ge·bra** [ˈældʒɪbrə] die Algebra

**al·go·rithm** [ˈælgərɪðəm] der Algorithmus

**ali·as**[1] [ˈeɪlɪəs] sonst [... genannt], alias

**ali·as**[2] [ˈeɪlɪəs] der Deckname

**ali·bi** [ˈælɪbaɪ] das Alibi

**Alice band** [ˈælɪs-] ⓖⓑ das Haarband

**al·ien**[1] [ˈeɪlɪən] ❶ (*politisch*) der Ausländer/die Ausländerin ❷ das außerirdische Wesen

**al·ien**[2] [ˈeɪlɪən] ❶ außerirdisch ❷ ausländisch ❸ fremd; **killing living beings is alien to this religion** das Töten von Lebewesen liegt dieser Religion fern

to **al·ien·ate** [ˈeɪlɪəneɪt] befremden; **to feel alienated from someone** sich jemandem entfremdet fühlen

**al·iena·tion** [ˌeɪlɪəˈneɪʃn] ❶ die Entfremdung ❷ *im Theater:* die Verfremdung, der Verfremdungseffekt

**alight** [əˈlaɪt] ❶ **to be alight** brennen, in Flammen stehen; **to set alight** in Brand setzen [*oder* stecken]; **to keep alight** nicht ausgehen lassen ❷ (*übertragen*) **his face was alight with anticipation** sein Gesicht strahlte vor Vorfreude

to **alight** [əˈlaɪt] ❶ aussteigen (**from** aus) ❷ *Vogel:* landen

◆to **alight on** (*übertragen*) **to alight on something** auf etwas stoßen

**align·ment** [əˈlaɪnmənt] das Ausrichten; **the wheels are out of alignment** die Spur ist falsch eingestellt

**alike** [əˈlaɪk] ❶ ähnlich; **they look very alike** sie ähneln sich sehr ❷ gleich; **they are all alike** sie sind alle gleich ❸ in gleicher Weise, ohne Unterschied; **to treat all men alike** alle Menschen gleich behandeln

**ali·men·ta·ry ca·nal** [ˌælɪˌmentˈərɪkə'-] der Verdauungstrakt

**A-lister** [ˈeɪlɪstəʳ] der Promi, der Publikumsliebling

**alive** [əˈlaɪv] ❶ lebend[ig]; **is she still alive?** lebt sie noch?; **to keep alive** am Leben erhalten; **alive and kicking** (*umgangsspr*) gesund und munter ❷ **to be alive to something** sich einer Sache bewusst sein ❸ **to be alive with something** von etwas wimmeln

**al·ka·line** [ˈælkəlaɪn] alkalisch

**all**[1] [ɔːl] ❶ *mit Plural* alle; **they took all [that] I had** sie nahmen alles was ich hatte; **all the children** alle Kinder; **all my friends** alle meine Freunde; **all of them** sie alle; **all of five minutes** ganze fünf Minuten ❷ *mit Singular* ganze(r, s); **all the butter** die ganze Butter; **all London** ganz London; **all day/ night long** den ganzen Tag/die ganze Nacht hindurch; **all of it** alles; **all of Germany** ganz Deutschland ❸ *mit Possessivpronomen* all; **all my life** mein ganzes Leben [lang]; **for all her beauty** trotz [all] ihrer Schönheit ❹ **for all that** trotz allem

**all**[2] [ɔːl] ❶ *mit Superlativen* **richest of all** am reichsten; **I like that best of all** das mag ich am meisten ❷ **to be all ears** ganz Ohr sein ❸ *mit Adjektiven* ganz; **all alone** ganz allein; **all dirty** ganz schmutzig ❹ **all round** rundum ❺ **all the same** trotzdem; **not as stupid as all that** gar nicht so dumm ❻ **I'm all for it** ich bin ganz dafür; **our plans are all set** unsere Pläne stehen fest

**all**[3] [ɔːl] ❶ alles; **above all** vor allem, vor allen Dingen; **after all** trotzdem, schließlich [und endlich]; **all in all** alles in allem, im Ganzen genommen; **all but** beinahe, fast; **all at once** plötzlich; **all the same** trotzdem; **all of a sudden** auf einmal; **all over [the place]** überall; **all over the world** in der ganzen Welt; **to tremble all over** am ganzen Körper zittern; **all the time** die ganze Zeit; **all told** alles zusammengenommen, alles in allem; **at all** überhaupt; **for all that** trotzdem; **from all over** von überall her; **in all** insgesamt; **not at all** keineswegs, überhaupt nicht; **not at all!** keine Ursache!; **once and for all** ein für alle Mal; **if that's all there is to it** wenn's weiter nichts ist; **that's all I needed** das hat mir gerade noch gefehlt; **it's all very well for you to talk** du kannst gut reden ❷ (*im Sport*) **two all** zwei zu zwei, zwei beide ❸ **to give one's all** alles geben; **he isn't all there** er ist nicht ganz dicht; **all's well that ends well** Ende gut, alles gut

**all-clear** [ˌɔːlˈklɪə<sup>r</sup>] die Entwarnung; **to give the all-clear** Entwarnung geben

to **al·le·ga·tion** [ˌælɪˈɡeɪʃn] die Behauptung

to **al·lege** [əˈledʒ] behaupten

**al·leged** [əˈledʒd] angeblich

**al·leg·ed·ly** [əˈledʒɪdlɪ] angeblich

**al·le·giance** [əˈliːdʒ<sup>ə</sup>n(t)s] die Loyalität; **oath of allegiance** der Fahneneid; **to pledge allegiance to someone** jemandem Treue schwören

**al·le·gori·cal** [ˌælɪˈɡɒrɪkl] allegorisch

**al·le·go·ry** [ˈælɪɡərɪ] die Allegorie

**al·le·luia**[1] [ˌælɪˈluːjə] halleluja

**al·le·luia**[2] [ˌælɪˈluːjə] das Halleluja

**al·ler·gic** [əˈlɜːdʒɪk] (*auch übertragen*) allergisch (**to** gegen)

**al·ler·gy** [ˈælədʒɪ] die Allergie

to **al·le·vi·ate** [əˈliːvɪeɪt] abbauen *Angst;* lindern *Schmerz;* verringern *Stress*

**al·ley** [ˈælɪ] ❶ die Gasse ❷ **blind alley** die Sackgasse; (*übertragen*) die ausweglose Lage ❸ **bowling alley** die Kegelbahn ❹ **that's just up his alley** das ist genau seine Sache

**al·li·ance** [əˈlaɪəns] das Bündnis

**al·lied** [ˈælaɪd] verbündet, alliiert; **the Allied forces** die Alliierten

**al·li·ga·tor** [ˈælɪɡeɪtə<sup>r</sup>] ❶ der Alligator ❷ **see you later, alligator** (*umgangsspr*) bis später

**all-in** [ˌɔːlˈɪn] ❶ einschließlich, gesamt ❷ **I'm all-in** (*umgangsspr*) ich bin völlig erledigt

**al·lit·era·tion** [əˌlɪtəˈreɪʃ<sup>ə</sup>n] *kein Plural* die Alliteration, der Stabreim

to **al·lo·cate** [ˈæləkeɪt] zuteilen, zuweisen

**al·lo·ca·tion** [ˌæləˈkeɪʃn] die Zuteilung, die Zuweisung

to **al·lot** [əˈlɒt] <allotted, allotted> zuteilen

**al·lot·ment** [əˈlɒtmənt] ❶ die Zuteilung ❷ (GB) die Parzelle, der Schrebergarten

**all-out** [ˌɔːlˈaʊt] total; **to make an all-out attempt to do something** alles daranset-

zen, etwas zu tun

to **al·low** [əˈlaʊ] ❶ erlauben, gestatten; **are you allowed to smoke at home?** darfst du zu Hause rauchen? ❷ **to allow oneself something** sich etwas gönnen [*oder* erlauben] ❸ bewilligen, anerkennen ❹ **to allow for something** etwas berücksichtigen [*oder* in Betracht ziehen] ❺ **to allow past** vorbeilassen; **to allow through** durchlassen

**al·low·ance** [əˈlaʊəns] ❶ der Zuschuss; (*staatlich*) die Beihilfe, die Unterstützung; **family allowance** die Familienzulage; **tax allowance** der Steuerfreibetrag ❷ (USA) das Taschengeld; **her parents give her a monthly clothing allowance** ihre Eltern geben ihr monatlich Geld für Kleidung ❸ (*technisch*) die Toleranz ❹ **to make allowance[s] for something** etwas berücksichtigen

**all-pur·pose** Allzweck-

**all right** [ˌɔːlˈraɪt] ❶ in Ordnung, okay; **are you feeling all right?** fehlt Ihnen etwas?; **that's all right** schon gut, gern geschehen ❷ **it was all right** es war ganz gut ❸ **she was angry all right** sie war vielleicht sauer ❹ **is that all right with you?** ist Ihnen das recht?

**all-round** Allround-

**all-time** Rekord-, unübertroffen; **all-time high/low** der Höchst-/Tiefststand

**al·lur·ing** [əˈljʊə<sup>r</sup>ɪŋ] anziehend

**all-weath·er** Allwetter-

**ally** [ˈælaɪ] ❶ der Bundesgenosse/die Bundesgenossin, der/die Verbündete ❷ (*historisch*) **the Allies** die Alliierten

**al·mighty**[1] [ɔːlˈmaɪtɪ] allmächtig

**al·mighty**[2] [ɔːlˈmaɪtɪ] **the Almighty** der Allmächtige

**al·mond** [ˈaːmənd] ❶ die Mandel, ❷ der Mandelbaum

**al·most** [ˈɔːlməʊst] fast, beinahe

**aloe vera** [ˌæləʊˈvɪərə] die Aloe Vera

**alone** [əˈləʊn] ❶ allein ❷ **leave it alone!** lassen Sie es bleiben!; **leave me alone!** lass mich in Ruhe! ❸ **let alone ...** geschweige denn ...

**along**[1] [əˈlɒŋ] entlang; **go along here** gehen Sie in dieser Richtung; **the houses along this side of the street** die Häuser auf dieser Straßenseite

**along**[2] [əˈlɒŋ] ❶ weiter; **to move along** weitergehen ❷ **she'll be along in a minute** sie wird gleich hier sein ❸ **to bring/take someone/something along** jemanden/etwas mitbringen/mitnehmen ❹ **along with**

**alongside – America**  28

zusammen mit ⑤ **to get along well** sich gut verstehen (**with** mit); (*mit Arbeit*) gut vorankommen; **how are you getting along?** wie geht es Ihnen denn? ⑥ **all along** schon immer; **all along he's been lying to us** er hat uns die ganze Zeit belogen

**along·side** [ə,lɒŋ'saɪd] [da]neben

**aloof** [ə'lu:f] unnahbar, zurückhaltend; **to remain aloof** sich abseitshalten

**aloud** [ə'laʊd] laut; **to read aloud** vorlesen

**al·pha·bet** ['ælfəbet] das Alphabet

**al·pha·beti·cal** [,ælfə'betɪkl] alphabetisch

**al·pine** ['ælpaɪn] alpin

**Alps** [ælps] *plural* **the Alps** die Alpen

**al Qae·da, al-Qai·da** [æl'kʌaɪdə, ,alkɑː'iːdə] *kein Plural, ohne Artikel* al Qaida

**al·ready** [ɔːl'redɪ] schon, bereits

**Al·sa·tian** [æl'seɪʃn] 🇬🇧 der Schäferhund

**also** ['ɔːlsəʊ] auch, ebenfalls

**al·tar** ['ɔːltər] der Altar

**al·ter** ['ɔːltər] ① [ab]ändern, umändern, verändern ② sich [ver]ändern

**al·tera·tion** [,ɔːltə'reɪʃn] ① die Änderung; **subject to alteration** Änderungen vorbehalten ② *an Gebäude:* der Umbau

**al·ter·nate** [ɔːl'tɜːnət] abwechselnd; **on alternate days** jeden zweiten Tag

to **al·ter·nate** ['ɔːltəneɪt] abwechseln lassen, [sich] abwechseln (**with** mit)

**al·ter·nat·ing** ['ɔːltəneɪtɪŋ] wechselnd; **alternating current** der Wechselstrom

**al·ter·na·tive**[1] [ɔːl'tɜːnətɪv] alternativ; **alternative route** die Ausweichstrecke; **alternative suggestion** der Gegenvorschlag

**al·ter·na·tive**[2] [ɔːl'tɜːnətɪv] die Alternative; **there is no alternative** es gibt keine andere Möglichkeit; **I had no alternative** es blieb mir keine andere Wahl

**al·ter·na·tive·ly** [ɔːl'tɜːnətɪvlɪ] statt dessen

**al·ter·na·tor** ['ɔːltəneɪtər] ① der Wechselstromgenerator ② *am Auto:* die Lichtmaschine

**al·though** [ɔːl'ðəʊ] obgleich, obwohl

**al·ti·tude** ['æltɪtjuːd] die Höhe; **at high/low altitude** in großer/niedriger Höhe

**alto** ['æltəʊ] <*plural* altos> der Alt

**al·to·geth·er** [,ɔːltə'geðər] ① gänzlich, ganz und gar, völlig ② alles in allem, insgesamt, im Ganzen; **what she said is not altogether correct** was sie gesagt hat, ist nicht ganz richtig

**alu·min·ium** [,æljə'mɪnɪəm], 🇺🇸 **alu·mi·num** [ə'luːmɪnəm] *kein Plural* das Aluminium

**al·ways** ['ɔːlweɪz] immer, ständig; **as always** wie immer; **the customer is always right**

der Kunde ist König; **he's always been shy** er war schon immer schüchtern

**am** [əm, *betont* æm] **I am** ich bin; **am I to understand that ...** soll das bedeuten, dass ...

**a.m.** *Abkürzung von* **ante meridiem** vormittags; **your appointment is at 7.30 a.m.** ihr Termin ist um 7.30 Uhr

**ama·teur** ['æmətər] ① der Amateur/die Amateurin ② (*als Kritik*) der Dilettant/die Dilettantin

**ama·teur·ish** ['æmət³rɪʃ] (*abwertend*) dilettantisch

to **amaze** [ə'meɪz] verblüffen, sehr überraschen; **to be amazed at** [*oder* **by**] erstaunt sein über

**amaze·ment** [ə'meɪzmənt] die Verblüffung, die Verwunderung

**amaz·ing** [ə'meɪzɪŋ] erstaunlich

**Ama·zon** ['æməzən] ① (*Fluss*) der Amazonas ② (*Kriegerin*) die Amazone; (*übertragen*) das Mannweib

**am·bas·sa·dor** [æm'bæsədər] der Botschafter/die Botschafterin

**am·ber** ['æmbər] ① der Bernstein ② (*Verkehrsampel*) das Gelb

**am·bi·dex·trous** [,æmbɪ'dekstrəs] beidhändig

**am·bi·gu·ity** [,æmbɪ'gjuːətɪ] die Mehrdeutigkeit, die Zweideutigkeit

**am·bigu·ous** [æm'bɪgjʊəs] mehrdeutig, zweideutig

**am·bi·tion** [æm'bɪʃn] der Ehrgeiz

**am·bi·tious** [æm'bɪʃəs] ehrgeizig

**am·bu·lance** ['æmbjʊləns] der Krankenwagen

**am·bush** ['æmbʊʃ] der Hinterhalt; **to lie in ambush** im Hinterhalt liegen

to **am·bush** ['æmbʊʃ] aus dem Hinterhalt überfallen

**amen** [,ɑː'men, ,eɪ-] Amen; **amen to that!** Gott sei's gedankt!

to **amend** [ə'mend] [ab]ändern

**amend·ment** [ə'men(d)mənt] die Änderung; **the fifth amendment** 🇺🇸 der Fünfte Zusatzartikel [zur Verfassung]

**amen·ity** [ə'miːnətɪ] ① die öffentliche Einrichtung; **close to all amenities** in günstiger Lage ② **with all amenities** mit allem Komfort

**Ameri·ca** [ə'merɪkə] Amerika

Ⓛ Am 12. Oktober 1492 entdeckte Kolumbus Amerika. Seit 1971 wird dieser Tag, der **Columbus Day**, in den USA immer am zweiten Montag im Oktober gefeiert.

**Ameri·can**[1] [əˈmerɪkən] der Amerikaner/die Amerikanerin
**Ameri·can**[2] [əˈmerɪkən] amerikanisch

> **L** Der amerikanische **football** ist ganz anders als der europäische Fußball, der in den USA **soccer** genannt wird. Der Ball hat zwei spitze Enden und wird nicht nur getreten, sondern auch geworfen. Jede Halbzeit fängt mit einem **kickoff** an, d.h. ein Spieler tritt den Ball, und seine Mitspieler versuchen, den Ball mit den Händen zu fangen, um damit zum Tor zu rennen. Die Gegenseite stoppt den Spieler mit dem Ball durch **tackling**, wobei man ihn mit den Armen festhält und zu Boden reißt.

**Ameri·can·ism** [əˈmerɪkənɪzəm] der amerikanische Ausdruck, der Amerikanismus
**ami·able** [ˈeɪmiəbl] freundlich
**ami·cable** [ˈæmɪkəbl] freundlich
**amid** [əˈmɪd], **amidst** [əˈmɪdst] mitten unter, inmitten
**amiss** [əˈmɪs] **there's something amiss** etwas stimmt nicht; **to take something amiss** etwas übel nehmen
**am·mo·nia** [əˈməʊniə] das Ammoniak
**am·mu·ni·tion** [ˌæmjʊˈnɪʃn] die Munition
**am·ne·sia** [æmˈniːziə] die Amnesie
**am·nes·ty** [ˈæmnəsti] die Amnestie
**among** [əˈmʌŋ], **amongst** [əˈmʌŋst] unter, zwischen; **among other things** unter anderem; **they agreed among themselves** sie stimmten miteinander überein; **settle that among yourselves!** machen Sie das unter sich aus!
**amo·rous** [ˈæmərəs] amourös, verliebt
**amount** [əˈmaʊnt] ❶ der Betrag, die Summe; **large amounts of money** die beträchtlichen Geldsummen ❷ die Menge; **any amount of** beliebig viel
to **amount** [əˈmaʊnt] ❶ **to amount to something** Betrag: sich auf etwas belaufen, etwas betragen [oder ausmachen] ❷ **to amount to something** etwas bedeuten; Sache: auf etwas hinauslaufen; **to amount to nothing** belanglos sein
**am·phibi·ous** [æmˈfɪbiəs] amphibisch
**am·pli·fi·er** [ˈæmplɪfaɪəʳ] der Verstärker
to **am·pli·fy** [ˈæmplɪfaɪ] verstärken
to **am·pu·tate** [ˈæmpjʊteɪt] amputieren
to **amuse** [əˈmjuːz] ❶ belustigen, amüsieren; **to be amused at** [oder by] **something** sich über etwas amüsieren ❷ **what's the best way to keep a group of young children amused?** wie unterhält man am besten eine Gruppe Kleinkinder?; **he can amuse himself with the newspaper for a while** er

kann sich mit der Zeitung eine Weile beschäftigen; **she amused herself by counting the tiles along the wall** sie hat sich die Zeit vertrieben, indem sie die Fliesen an der Wand gezählt hat
**amuse·ment** [əˈmjuːzmənt] ❶ die Belustigung, das Vergnügen (**at** über) ❷ die Unterhaltung, der Zeitvertreib
**amuse·ment ar·cade** die Spielhalle
**amus·ing** [əˈmjuːzɪŋ] amüsant, lustig
**an** [ən, betont æn] unbestimmter Artikel ❶ vor Vokalen **an egg** ein Ei; **a European** ein Europäer ❷ vor einem stillen ‚h‘ **an hour** eine Stunde; **a house** ein Haus
**anaemic** [əˈniːmɪk] blutarm; **he's very anaemic** er leidet unter Eisenmangel
**an·aes·thet·ic** [ˌænɪsˈθetɪk] das Betäubungsmittel
to **anaes·the·tize** [əˈniːsθətaɪz] ⒼⒷ betäuben
**ana·gram** [ˈænəgræm] das Anagramm
**anal·ogy** [əˈnælədʒɪ] die Analogie
to **ana·lyse** [ˈænəlaɪz] ❶ analysieren ❷ (übertragen) untersuchen; auswerten Bericht
**analy·sis** [əˈnæləsɪs, plural əˈnæləsiːz] <plural analyses> ❶ die Analyse ❷ die Untersuchung, die Auswertung ❸ die Psychoanalyse
**ana·lyst** [ˈænəlɪst] der Analytiker/die Analytikerin
to **ana·lyze** ⓊⓈⒶ ❶ analysieren ❷ (übertragen) untersuchen; auswerten Bericht
**an·ar·chist** [ˈænəkɪst] der Anarchist/die Anarchistin
**an·ar·chy** [ˈænəkɪ] die Anarchie
**ana·tomi·cal** [ˌænəˈtɒmɪkᵊl] anatomisch
**anato·my** [əˈnætəmɪ] ❶ die Anatomie ❷ (übertragen) der Aufbau
**an·ces·tor** [ˈænsestəʳ] der Vorfahr/die Vorfahrin
**an·ces·tral** [ænˈsestrəl] **ancestral home** der Stammsitz
**an·chor** [ˈæŋkəʳ] der Anker; **at anchor** vor Anker; **to cast** [oder **drop**] **anchor** Anker werfen; **to weigh anchor** den Anker lichten
to **an·chor** [ˈæŋkəʳ] ❶ (auch übertragen) **to anchor something** etwas verankern ❷ **they anchored in a bay surrounded by green hills** sie ankerten in einer Bucht umgeben von grünen Hügeln
**an·chor·man** [ˈæŋkəmæn] <plural anchormen> (im Fernsehen) der Moderator
**an·chor·woman** [ˈæŋkəwʊmən, plural ˈæŋkəwɪmɪn] <plural anchorwomen> (im Fernsehen) die Moderatorin
**an·cho·vy** [ˈæntʃəvi] die An[s]chovis, die Sardelle

**ancient – another**

**an·cient** ['eɪnʃənt] ❶ alt, antik ❷ (*humorvoll*) uralt

**and** [ən, ənd, *betont* ænd] und; **better and better** immer besser; **for days and days** tagelang; **years and years** jahrelang; **nice and warm** schön warm; **and so on** und so weiter; **try and do it!** versuch's doch mal!; **to wait and see** abwarten

**AND gate** das UND-Gatter

**An·dor·ra** [æn'dɔːrə] Andorra

**anemic** [ə'niːmɪk] ⓊⓈ blutarm

**an·es·thet·ic** [ˌænɪs'θetɪk] ⓊⓈ das Betäubungsmittel

to **an·es·the·tize** ⓊⓈ betäuben

**an·gel** ['eɪndʒl] (*auch übertragen*) der Engel

**an·ger** ['æŋgəʳ] der Ärger, der Zorn; (*stärker*) die Wut (**at** über); **in [a moment of] anger** im Zorn

to **an·ger** ['æŋgəʳ] wütend machen, [ver]ärgern

**an·gle** ['æŋgl] ❶ der Winkel; **at an angle** schräg; **at an angle of 45°** in einem Winkel von 45°; **at right angles to** im rechten Winkel zu ❷ (*übertragen*) der Standpunkt, die Position; **to consider something from all angles** etwas von allen Seiten betrachten

to **an·gle** ['æŋgl] ausrichten, einstellen

**an·gler** ['æŋgləʳ] der Angler/die Anglerin

**An·gli·can**¹ ['æŋglɪkən] der Anglikaner/die Anglikanerin

**An·gli·can**² ['æŋglɪkən] anglikanisch

**An·gli·can Church** *kein Plural* die anglikanische Kirche

to **an·gli·cize** ['æŋglɪsaɪz] anglisieren

**an·gling** ['æŋglɪŋ] das Angeln

**An·glo** [ˌæŋgləʊ] Anglo-, englisch-

**An·glo·phile** ['æŋglə(ʊ)faɪl] der Englandliebhaber/die Englandliebhaberin

**Anglo-Saxon**¹ [ˌæŋgləʊ'sæksən] der Angelsachse/die Angelsächsin

**Anglo-Saxon**² [ˌæŋgləʊ'sæksən] angelsächsisch

**an·gry** ['æŋgrɪ] ❶ ärgerlich, zornig; **to be angry at something** über etwas verärgert sein, sich über etwas ärgern; **to be angry with someone** auf jemanden böse sein, sich über jemanden ärgern; **what are you angry about?** worüber ärgerst du dich? ❷ *Wunde:* entzündet ❸ (*übertragen*) *Meer:* aufgewühlt

**an·guish** ['æŋgwɪʃ] *kein Plural* die Qual; **to cause someone anguish** jemandem Leid zufügen

**an·gu·lar** ['æŋgjʊləʳ] kantig; (*dünn*) knochig

**ani·mal** ['ænɪml] (*auch übertragen*) das Tier

**ani·mate** ['ænɪmət] belebt

to **ani·mate** ['ænɪmeɪt] beleben

**ani·mat·ed** ['ænɪmeɪtɪd] ❶ lebhaft, rege, angeregt ❷ **animated cartoon** der Zeichentrickfilm

**ani·ma·tion** [ˌænɪ'meɪʃᵊn] ❶ (*Temperament*) die Lebhaftigkeit ❷ (*Film*) die Animation

**ani·mos·ity** [ˌænɪ'mɒsətɪ] die Feindseligkeit, die starke Abneigung (**against** gegen, **between** zwischen)

**ani·seed** ['ænɪsiːd] der Anis[samen]

**an·kle** ['æŋkl] der Fußknöchel; **to sprain one's ankle** sich den Fuß verstauchen

**an·kle-deep** knöcheltief, bis zum Knöchel

**an·kle sock** das Söckchen

**an·klet** ['æŋklɪt] das Fußkettchen

to **an·ni·hi·late** [ə'naɪəleɪt] ❶ vernichten, auslöschen ❷ (*übertragen*) am Boden zerstören

**an·ni·hi·la·tion** [əˌnaɪɪ'leɪʃᵊn] die Vernichtung

**an·ni·ver·sa·ry** [ˌænɪ'vɜːsərɪ] der Jahrestag; **wedding anniversary** der Hochzeitstag

to **an·nounce** [ə'naʊns] ❶ bekannt geben, ankündigen ❷ *im Radio:* ansagen ❸ *über Lautsprecher:* durchsagen ❹ *in der Zeitung:* anzeigen

**an·nounce·ment** [ə'naʊnsmənt] ❶ die Bekanntgabe, die Ankündigung ❷ *im Radio:* die Ansage ❸ *über Lautsprecher:* die Durchsage ❹ *in der Zeitung:* die Anzeige

**an·nounc·er** [ə'naʊnsəʳ] der Ansager/die Ansagerin

to **an·noy** [ə'nɔɪ] ärgern; **to be annoyed** sich ärgern; **he's very annoyed with you for taking the car without asking him** er hat sich über dich aufgeregt, weil du das Auto genommen hast, ohne ihn zu fragen; **to get annoyed** sich aufregen

**an·noy·ance** [ə'nɔɪəns] ❶ der Ärger ❷ die Belästigung, die Plage

**an·noy·ing** [ə'nɔɪɪŋ] lästig, ärgerlich; **the annoying thing is, [that] I can't do anything about it!** das Ärgerliche daran ist, dass ich gar nichts dagegen machen kann!

**an·nual**¹ ['ænjʊəl] jährlich, im Jahr; **annual general meeting** die Jahreshauptversammlung

**an·nual**² ['ænjʊəl] ❶ das Jahrbuch ❷ die einjährige Pflanze

**an·nu·al·ly** ['ænjʊəlɪ] jährlich, im Jahr

**ano·nym·ity** [ˌænə'nɪmətɪ] die Anonymität

**anony·mous** [ə'nɒnɪməs] anonym

**ano·rak** ['ænəræk] der Anorak

**ano·rexia** [ˌænə'reksɪə], **ano·rexia ner·vo·sa** [-nɜːˈvəʊzə] *kein Plural* die Magersucht

**an·other**¹ [ə'nʌðəʳ] ❶ noch eine(r, s), ein weiterer, eine weitere, ein weiteres; **these cakes are delicious, have another** diese

Kuchen sind köstlich, nimm dir noch einen; **shall we have another drink?** sollen wir noch was trinken?; **come and see me again in another week** kommen Sie in einer Woche nochmal; **after that, she didn't say another word** danach hat sie nichts mehr gesagt ❷ ein anderer, eine andere, ein anderes; **at another time** zu einer anderen Zeit

**an·other²** [ə'nʌðəʳ] ❶ **one thing leads to another** eines ergibt sich aus dem anderen; **one way or another** so oder so ❷ **one another** einander, sich; **they love one another** sie lieben sich

**an·swer** ['ɑːnsəʳ] ❶ die Antwort; **I did phone but there was no answer** ich habe angerufen, aber es hat sich niemand gemeldet; **in answer to** als Antwort auf ❷ *eines Problems:* die Lösung

to **an·swer** ['ɑːnsəʳ] ❶ **to answer someone** jemandem antworten; **answer your aunt when she asks you a question!** antworte deiner Tante, wenn sie dich was fragt! ❷ beantworten, antworten auf *Frage, Brief* ❸ **to answer the door** die Tür öffnen ❹ **to answer the telephone** ans Telefon gehen ❺ entsprechen *Beschreibung, Zweck;* erfüllen *Hoffnung, Wunsch* ❻ **to answer an accusation** zu einer Beschuldigung Stellung nehmen ❼ **to answer a prayer** ein Gebet erhören

◆to **answer back** widersprechen, frech sein; **don't answer back!** keine Widerrede!; **to answer someone back** jemandem widersprechen, jemandem eine freche Antwort geben

◆to **answer for** verantwortlich sein für, verantworten; **to answer for someone/something** für jemanden/etwas die Verantwortung übernehmen; **he has a lot to answer for** er hat einiges auf dem Gewissen

◆to **answer to** ❶ **to answer to someone for something** jemandem für etwas Rechenschaft schuldig sein ❷ **to answer to the controls** auf die Steuerung ansprechen ❸ **to answer to the name of ...** auf den Namen ... hören ❹ **to answer to a description** einer Beschreibung entsprechen

**an·swer·able** ['ɑːnsərəbl] **to be answerable to someone** jemandem gegenüber verantwortlich sein

**an·swer·ing ma·chine** ['ɑːnsərɪŋ mə'ʃiːn], **an·swer·phone** ['ɑːnsərˌfəʊn] der Anrufbeantworter

**ant** [ænt] die Ameise

**an·tago·nis·tic** [ænˌtægə'nɪstɪk] **to be antagonistic toward[s] someone** jemandem gegenüber feindselig eingestellt sein

to **an·tago·nize** [æn'tægənaɪz] **to antagonize someone** jemanden zu seinem Gegner machen

**Ant·arc·tic** [æn'tɑːktɪk] **the Antarctic** die Antarktis; **the Antarctic Circle** der Südpolarkreis; **the Antarctic Ocean** das Südpolarmeer, der südliche Ozean

**Ant·arc·ti·ca** [æn'tɑːktɪkə] die Antarktis

**ant·eater** ['æntˌiːtəʳ] der Ameisenbär

**ante·lope** ['æntɪləʊp] <*plural* antelopes *oder* antelope> die Antilope

**ante·na·tal** [ˌæntɪ'neɪtl] vor der Geburt; **antenatal clinic** die Klinik für werdende Mütter

**an·ten·na** [æn'tenə, *plural* æn'teniː] ❶ <*plural* antennae> *von Insekten:* der Fühler ❷ <*plural* antennas> (*Radio, TV*) die Antenne

**an·ten·nae** [æn'teniː] *Pluralform von* **antenna**

**an·them** ['ænθəm] die Hymne

**ant·hill** ['ænthɪl] der Ameisenhaufen

**an·thrax** ['æn(t)θræks] *kein Plural* der Milzbrand, der Anthrax

**anti** ['æntɪ] gegen; **she's always so anti!** sie ist immer kontra!

**anti·air·craft** [ˌæntɪ'eəkrɑːft] Flugabwehr-; **anti-aircraft gun** die Flak

**anti·bi·ot·ic** [ˌæntɪbaɪ'ɒtɪk] das Antibiotikum

**anti·body** der Antikörper

to **an·tici·pate** [æn'tɪsɪpeɪt] ❶ erwarten; **to anticipate trouble** mit Ärger rechnen ❷ (*zeitlich*) vorwegnehmen, zuvorkommen ❸ vorhersehen, voraussehen

**an·tici·pa·tion** [ænˌtɪsɪ'peɪʃn] ❶ die Erwartung; **the best thing about Christmas is the anticipation** das Beste an Weihnachten ist die Vorfreude ❷ **in anticipation of something** in Erwartung einer Sache

**anti·cli·max** [ˌæntɪ'klaɪmæks] die Enttäuschung, die Antiklimax

**anti·clock·wise** [ˌæntɪ'klɒkwaɪz] entgegen dem Uhrzeigersinn

**anti·cy·clone** [ˌæntɪ'saɪkləʊn] das Hochdruckgebiet

**anti·dote** ['æntɪdəʊt] das Gegenmittel, das Gegengift (**against/for** gegen)

**anti·freeze** ['æntɪfriːz] das Frostschutzmittel

**anti·per·spi·rant** [ˌæntɪ'pɜːspərənt] das Deodorant

**anti·quat·ed** ['æntɪkweɪtɪd] antiquiert

**an·tique¹** [æn'tiːk] die Antiquität; **antique**

**dealer** der Antiquitätenhändler/die Antiquitätenhändlerin

**an·tique²** [æn'tiːk] antik

**an·tiq·ui·ty** [æn'tɪkwətɪ] ❶ das Altertum ❷ **antiquities** die Altertümer

**anti-rac·ist** [ˌæntɪreɪsɪst] antirassistisch

**anti-Se·mite** der Antisemit/die Antisemitin

**anti-Se·mit·ic** [ˌæntɪsɪ'mɪtɪk] antisemitisch

**anti-Se·mi·tism** der Antisemitismus

**anti-sep·tic¹** [ˌæntɪ'septɪk] antiseptisch, keimtötend

**anti-sep·tic²** [ˌæntɪ'septɪk] das Antiseptikum

**anti-so·cial** [ˌæntɪ'səʊʃl] ❶ *Mensch:* unsozial, ungesellig ❷ *Verhalten:* asozial

**an·ti-spam** [ˌæntɪ'spæm] Antispam-

**anti-war** Antikriegs-

**ant·ler** ['æntlər] die Geweihsprosse; **a pair of antlers** ein Geweih

**anxi·ety** [æŋ'zaɪətɪ] ❶ die Besorgnis, die Angst (**for/about** um), das Angstgefühl; **with anxiety** angstvoll, besorgt ❷ der [dringende] Wunsch, das Verlangen (**for** nach)

**anx·ious** ['æŋkʃəs] ❶ besorgt, beunruhigt (**about** wegen) ❷ begierig (**for** nach), gespannt (**for** auf); **he seems very anxious to leave early** er scheint sehr bestrebt zu sein, früh nach Hause zu gehen ❸ **anxious situation** die beängstigende Situation; **an anxious time** eine Zeit des Bangens

**any¹** ['enɪ] ❶ *in Frage- und Bedingungssätzen, in verneinenden Sätzen* **have you any other questions?** haben Sie sonst noch Fragen?; **do you have any money with you?** haben Sie Geld bei sich?; **if it's any help** [at all] wenn das irgendwie hilft; **do you have any idea how much this costs?** hast du eine Ahnung was das hier kostet?; **not any** kein[e] ❷ (*egal welche*) irgendein[e]; **take any CD you fancy** suche dir irgendeine CD aus; **which colour would you like? — any will do** welche Farbe möchtest du? — es ist egal, ich nehme irgendeine ❸ jede(r, s) beliebige; **come at any time** kommen Sie zu jeder [beliebigen] Zeit; **do it any way you like** mach es wie du willst ❹ **in any case** auf jeden Fall; **at any rate** in jedem Fall ❺ **if any** wenn überhaupt

**any²** ['enɪ] ❶ *mit Steigerungsformen* noch; **any more?** noch mehr? ❷ **it hasn't got any colder** es ist nicht kälter geworden; **they couldn't wait any longer** sie konnten nicht länger warten; **she didn't feel any better after his visit** sie fühlte sich nach seinem Besuch auch nicht besser

**any·body** ['enɪbɒdɪ] ❶ irgendjemand; **is**

**anybody ill?** ist jemand krank?; **isn't there anybody who wants to go into town?** möchte denn niemand in die Stadt?; **if anybody** wenn [überhaupt] jemand; **if anybody interrupts me again, there'll be trouble!** wenn mich nochmal jemand unterbricht, gibt es Ärger! ❷ jeder [beliebige]; **anybody can do that** jeder kann das ❸ **anybody else** irgendein anderer; **does anybody else want another cup of coffee?** will noch jemand noch eine Tasse Kaffee? ❹ **not anybody** niemand; (*einzelne Person*) keine(r, s) ▸ WENDUNGEN: **it's anybody's guess** das weiß keiner; **anybody who's anybody** jeder, der etwas auf sich hält

**any·how** ['enɪhaʊ] ❶ jedenfalls, trotzdem; **anyhow, you can try** du kannst es trotzdem versuchen; **he did it anyhow** er tat es doch ❷ irgendwie; **he does his work anyhow** er erledigt seine Arbeit mehr schlecht als recht; **she threw her things just anyhow into the cupboard** sie warf ihre Sachen ohne jegliche Ordnung in den Schrank

**any·one** ['enɪwʌn] ❶ irgendjemand; **is anyone ill?** ist jemand krank?; **isn't there anyone who wants to go into town?** möchte denn niemand in die Stadt?; **if anyone** wenn [überhaupt] jemand; **if anyone interrupts me again, there'll be trouble!** wenn mich nochmal jemand unterbricht, gibt es Ärger! ❷ jeder [beliebige]; **anyone can do that** jeder kann das ❸ **anyone else** irgendein anderer; **does anyone else want another cup of coffee?** will noch jemand noch eine Tasse Kaffee? ❹ **not anyone** niemand; (*einzelne Person*) keine(r, s) ▸ WENDUNGEN: **it's anyone guess** das weiß keiner; **anyone who's anyone** jeder, der etwas auf sich hält

**any·thing** ['enɪθɪŋ] ❶ irgendetwas, jedes beliebige, alles; **is there anything new?** gibt's was Neues?; **is there anything left over?** ist noch was übrig?; **there isn't anything to eat!** es gibt nichts zu essen!; **she didn't say anything** sie hat nichts gesagt; **scarcely anything** fast nichts, kaum etwas; **take anything you like** nimm dir was dir gefällt; **I would do anything [and everything] to help her** ich würde alles tun, um ihr zu helfen ❷ **he's even more pedantic today, if anything, than he used to be** er ist heute womöglich [*oder* eher] noch pedantischer als damals ❸ **I wouldn't do it for anything** ich würde es um keinen Preis tun ❹ **anything but** alles andere als; **did you have a good time? — anything but** habt

| USEFUL PHRASES |
| --- |

Use these phrases to **apologize** to someone.

I'm terribly/really sorry.
I didn't mean to be rude.
I apologize for …

Never mind./No problem.
Don't worry.
Be more careful next time.

ihr euch gut amüsiert? — von wegen! **⑤ is there anything else I can do for you?** gibt es noch etwas, das ich für Sie tun kann?; **here's your salami, anything else?** hier ist die Salami, sonst noch etwas? **⑥ the price is anything between 10 and 20 dollars** der Preis liegt irgendwo zwischen 10 und 20 Dollar **⑦ it isn't anything like him** das sieht ihm überhaupt nicht ähnlich; **it's not worth anything like that** es ist bei weitem nicht so viel wert

**any·way** ['enɪweɪ] sowieso, trotzdem; **I didn't want to go anyway** ich wollte sowieso nicht gehen; **I did it anyway** ich tat es trotzdem; **anyway, to cut a long story short, …** auf jeden Fall [*oder* jedenfalls], um es kurz zu machen, …

**any·where** ['enɪweəʳ] **①** irgendwo, wo … auch [immer], überall [hin]; **are you going anywhere tomorrow?** gehen Sie morgen irgendwohin?; **anywhere you go** wohin Sie auch gehen; **he'll never get anywhere** er kommt nie auf einen grünen Zweig; **that won't get you anywhere** damit erreichen Sie gar nichts; **and don't go anywhere near that dog next door!** und geh nicht in die Nähe vom dem Hund nebenan!; **if anywhere** wenn überhaupt [irgendwo]; **not anywhere** nirgendwo[hin], nirgends **②** **it isn't anywhere near as nice** es ist bei weitem nicht so schön, es ist nicht annähernd so schön; **it isn't anywhere near the truth** es kommt der Wahrheit nicht im geringsten nah

**apart** [ə'pɑːt] **①** auseinander; **to take apart** auseinandernehmen, zerlegen; **it just fell apart in my hands!** es ist mir in den Händen einfach auseinandergefallen!; **to tell apart** auseinanderhalten können **②** (*über-tragen*) **the critics just took the play apart** die Kritiker haben das Stück einfach verrissen **③** getrennt; **to live apart** getrennt leben **④** **apart from** abgesehen von, außer **⑤** zur Seite, abseits (**from** von); **to set apart** beiseitelegen; **to stand apart** beiseitestehen; **joking apart!** Spaß beiseite!

**apart·heid** [ə'pɑːtheɪt] die Apartheid
**apart·ment** [ə'pɑːtmənt] ⓤⓢⓐ die Wohnung,

das Apartment
**apa·thet·ic** [ˌæpə'θetɪk] apathisch, teilnahmslos
**apa·thy** ['æpəθɪ] die Apathie, die Teilnahmslosigkeit (**about** gegenüber)
**ape** [eɪp] der Affe
to **ape** [eɪp] nachäffen
**ap·er·ture** ['æpətʃəʳ] **①** die Öffnung **②** von *Photoapparat:* die Blende
**apolo·get·ic** [əˌpɒlə'dʒetɪk] **she was apologetic about the room** sie hat sich für das Zimmer [mehrmals] entschuldigt; **stop being so apologetic!** hör auf, dich dauernd zu entschuldigen!; **we wrote an apologetic letter about the mistake** wir haben einen Brief geschrieben, in dem wir uns für den Fehler entschuldigt haben
**apolo·geti·cal·ly** [əˌpɒlə'dʒetɪklɪ] entschuldigend; **to smile apologetically** zaghaft lächeln
to **apolo·gize** [ə'pɒlədʒaɪz] sich entschuldigen; **you should apologize to her for your behaviour** du solltest dich bei ihr für dein Benehmen entschuldigen; **we apologize for the delay in sending the order** für die Verzögerung bei der Lieferung der Waren möchten wir uns entschuldigen
**apo·logy** [ə'pɒlədʒɪ] **①** die Entschuldigung; **to accept someone's apology** jemandem verzeihen; **please accept our apologies** wir bitten um Entschuldigung; **to make one's apologies** sich entschuldigen; **to offer someone an apology** jemanden um Verzeihung bitten; **I owe you an apology** ich muss mich bei Ihnen entschuldigen **②** **an apology for a …** ein armseliges Exemplar eines/einer …
**apos·tle** [ə'pɒsl] der Apostel
**apos·tro·phe** [ə'pɒstrəfɪ] der Apostroph
to **ap·pal** [ə'pɔːl], ⓤⓢⓐ to **ap·pall** entsetzen; **to be appalled** entsetzt sein
**ap·pal·ling** [ə'pɔːlɪŋ] entsetzlich, schrecklich
**ap·pal·ling·ly** [ə'pɔːlɪŋlɪ] schockierend; (*grausam*) schrecklich
**ap·pa·ra·tus** [ˌæpə'reɪtəs] der Apparat, das Gerät
**ap·par·ent** [ə'pærənt] **①** offenbar, offensicht-

**apparently – appreciate**     **34**

lich ② scheinbar

**ap·par·ent·ly** [ə'pærəntlɪ] anscheinend

**ap·peal** [ə'piːl] ① die dringende Bitte (**for** um), der Aufruf, der Appell ② (*übertragen*) die Anziehungskraft ③ (*vor Gericht*) der Einspruch, die Berufung

to **ap·peal** [ə'piːl] ① sich wenden, appellieren (**to** an) ② (*übertragen*) zusagen, Anklang finden (**to** bei); **I don't think this music will appeal to them** ich glaube nicht, dass diese Musik ihnen gefallen wird ③ *vor Gericht:* Berufung einlegen (**against** gegen)

**ap·peal·ing** [ə'piːlɪŋ] ① *Blick:* flehentlich ② (*verlockend*) reizvoll, ansprechend

**ap·peal·ing·ly** [ə'piːlɪŋli] ① reizvoll ② flehend

to **ap·pear** [ə'pɪəʳ] ① erscheinen, auftauchen; **to appear in court** vor Gericht erscheinen ② scheinen, den Anschein haben; **everything appears to be in order** alles scheint soweit in Ordnung zu sein ③ *Zeitung:* erscheinen, veröffentlicht werden; *Buch:* herauskommen ④ (*im Theater*) auftreten

**ap·pear·ance** [ə'pɪərəns] ① das Erscheinen, das Auftauchen; *von Schauspieler:* der Auftritt; **to make an appearance** sich zeigen ② das Aussehen; **neat appearance** das gepflegte Äußere ③ **appearances** *plural* der Anschein, der Schein; **appearances can deceive** der Schein trügt; **to** [*oder* **from**] **all appearances** allem Anschein nach; **to judge by appearances** nach dem Äußeren urteilen; **to keep up appearances** den äußeren Schein wahren

**ap·pen·di·ces** [ə'pendɪsiːz] *Pluralform von* **appendix**

**ap·pen·di·ci·tis** [ə,pendɪ'saɪtɪs] die Blinddarmentzündung

**ap·pen·dix** [ə'pendɪks] <*plural* appendices *oder* appendixes> ① der Anhang, der Zusatz (**to** zu) ② (*medizinisch*) der Blinddarm

**ap·pe·tite** ['æpɪtaɪt] ① der Appetit; **she's got a huge appetite** sie kann aber viel essen ② (*übertragen*) die Lust (**for** auf), das Verlangen (**for** nach)

**ap·pe·tiz·er** ['æpɪtaɪzəʳ] ① (*Essen*) der Appetithappen ② (*Getränk*) der Aperitif

**ap·pe·tiz·ing** ['æpɪtaɪzɪŋ] appetitlich

to **ap·plaud** [ə'plɔːd] Beifall klatschen, applaudieren

**ap·plause** [ə'plɔːz] der Beifall, der Applaus

**ap·ple** ['æpl] der Apfel ▶ WENDUNGEN: **the apple of someone's eye** jemandes Liebling; **the Big Apple** (*umgangsspr*) New York

**ap·ple juice** der Apfelsaft

**ap·ple or·chard** der [Obst]garten mit Apfelbäumen

**ap·ple pie** der gedeckte Apfelkuchen

**ap·ple sauce** das Apfelmus

**ap·ple tree** der Apfelbaum

**ap·pli·ance** [ə'plaɪəns] das Gerät, der Apparat

**ap·pli·cable** ['æplɪkəbl] zutreffend, anwendbar (**to** auf)

**ap·pli·cant** ['æplɪkənt] ① (*für Arbeitsstelle*) der Bewerber/die Bewerberin (**for** für) ② (*für Kredit*) der Antragsteller/die Antragstellerin

**ap·pli·ca·tion** [,æplɪ'keɪʃn] ① die Anwendung; **the application of computer technology** der Einsatz von Computertechnologie ② der Antrag (**for** auf), das Gesuch; **an application** einen Antrag [*oder* eine Anmeldung] einreichen (**with** bei) ③ (*für Arbeitsplatz*) die Bewerbung (**for** um); **letter of application** das Bewerbungsschreiben; **application form** das Bewerbungsformular, das Antragsformular ④ *von Salbe:* das Auftragen; **for external application only** nur zur äußerlichen Anwendung ⑤ der Fleiß, der Eifer (**in** bei)

**ap·plied** [ə'plaɪd] angewandt

to **ap·ply** [ə'plaɪ] ① anwenden (**to** auf); benutzen, verwenden *Mittel* ② auftragen *Farbe, Salbe;* auflegen *Pflaster* ③ betätigen *Bremse* ④ sich beziehen, zutreffen (**to** auf), gelten (**to** für) ⑤ sich wenden (**to** an); **for more information, apply to the owner** Näheres beim Eigentümer ⑥ **to apply oneself** sich anstrengen ⑦ sich bewerben; **I am writing to apply for the position advertised** hiermit möchte ich mich für die ausgeschriebene Stelle bewerben ⑧ **to apply for permission** eine Genehmigung beantragen

to **ap·point** [ə'pɔɪnt] ① *als Korrespondent, Lehrer:* einstellen ② *zu einem Amt:* ernennen ③ verabreden, vereinbaren *Zeit, Ort*

**ap·point·ed** [ə'pɔɪntɪd] ernannt

**ap·point·ment** [ə'pɔɪntmənt] ① die Ernennung, die Bestellung ② *bei einer Firma:* die Stelle, die Anstellung ③ der Termin, die Verabredung; **doctor's/dentist's appointment** Termin beim Arzt/Zahnarzt; **consultations by appointment** Sprechstunden nach Vereinbarung

**ap·point·ment book** der Terminkalender

to **ap·pre·ci·ate** [ə'priːʃɪeɪt] ① **to appreciate something** etwas schätzen, für etwas dankbar sein; **I would appreciate it, if ...** es wäre mir lieb, wenn ... ② gut verstehen, gut begreifen; **I quite appreciate that ...** ich verstehe ganz gut, dass ... ③ anerkennen

**4** *Aktien:* im Wert steigen

**ap·pre·cia·tion** [əˌpriːʃɪˈeɪʃn] **1** die Einschätzung **2** die Würdigung, das Verständnis (**of** für) **3** der Dank, die Anerkennung **4** *von Wertpapier, Eigentum:* der Wertzuwachs

**ap·pre·cia·tive** [əˈpriːʃɪətɪv] **1** verständnisvoll (**of** für) **2** dankbar

**ap·pre·hen·sion** [ˌæprɪˈhenʃn] die Besorgnis

**ap·pre·hen·sive** [ˌæprɪˈhensɪv] besorgt (**for** um, **of** wegen); **she's rather apprehensive about the exams** sie macht sich über die Prüfungen Gedanken

**ap·pren·tice** [əˈprentɪs] der/die Auszubildende

to **ap·proach** [əˈprəʊtʃ] **1** sich nähern **2** sich wenden, herantreten **3** zugehen auf; **slowly the lion approached us** langsam kam der Löwe auf uns zu; **she's approaching 40** sie geht auf die 40 zu **4** **to approach a problem** an ein Problem herangehen

**ap·proach** [əˈprəʊtʃ] **1** das Herannahen, die Annäherung; **to make approaches to someone** Annäherungsversuche bei jemandem machen **2** (*auch übertragen*) der Zugang; **approach road** die Zufahrt, die Zufahrtsstraße **3** (*übertragen*) der Weg, die Methode (**to** zu), die Einstellung (**to** zu) **4** der Landeanflug

**ap·proach·able** [əˈprəʊtʃəbl] *Person:* umgänglich

**ap·pro·pri·ate** [əˈprəʊprɪət] passend, geeignet (**to/for** für); *Bemerkung:* angebracht; **the appropriate council office** das zuständige Verwaltungsbüro

to **ap·pro·pri·ate** [əˈprəʊprɪeɪt] sich aneignen

**ap·prov·al** [əˈpruːvl] die Zustimmung, die Billigung, die Genehmigung (**of** für/zu); **on approval** zur Ansicht, auf Probe; **does it meet with your approval?** hat es Ihre Zustimmung?

to **ap·prove** [əˈpruːv] **1** billigen, genehmigen; **to approve of something** einer Sache zustimmen, mit etwas einverstanden sein, etwas billigen **2** **she approved of my cake** sie mochte meinen Kuchen

**ap·prov·ing·ly** [əˈpruːvɪŋlɪ] anerkennend

**ap·proxi·mate** [əˈprɒksɪmət] annähernd, ungefähr

**ap·proxi·mate·ly** [əˈprɒksɪmətlɪ] ungefähr, etwa

**apri·cot** [ˈeɪprɪkɒt] die Aprikose

**April** [ˈeɪprəl] **1** der April; **in April** im April; **on 15th April, on April 15** 🇺🇸 am 15. April; **at the beginning of April** Anfang April; **at the end of April** Ende April

**2** **April fool!** April, April!

**apron** [ˈeɪprən] die Schürze

**apt** [æpt] **1** passend; *Bemerkung:* treffend **2** **to be apt to do something** dazu neigen, etwas zu tun

**APT** [ˌeɪpiːˈtiː] *Abkürzung von* **advanced passenger train** der Hochgeschwindigkeitszug

**ap·ti·tude** [ˈæptɪtjuːd] **1** die Eignung; **aptitude test** die Eignungsprüfung **2** die Begabung (**for** für)

**aqua·plan·ing** (*im Straßenverkehr*) das Aquaplaning

**aquar·ium** [əˈkweərɪəm, *plural* -riə] <*plural* aquariums *oder* aquaria> das Aquarium

**Aquar·ius** [əˈkweərɪəs] (*Sternzeichen*) der Wassermann

**aqua·ro·bics** [ˌækwəˈrəʊbɪks] *plural* das Aquarobic

**aquat·ic** [əˈkwætɪk] im Wasser lebend, Wasser-

**aque·duct** [ˈækwɪdʌkt] der/das Aquädukt

**Arab**[1] [ˈærəb] der Araber/die Araberin

**Arab**[2] [ˈærəb] arabisch

**Ara·bian** [əˈreɪbɪən] arabisch; **the Arabian Nights** Tausendundeine Nacht

**Ara·bic**[1] [ˈærəbɪk] das Arabische, die arabische Sprache

**Ara·bic**[2] [ˈærəbɪk] arabisch

**ar·able** [ˈærəbl] bebaubar, Acker-

**ar·bi·trary** [ˈɑːbɪtrərɪ] willkürlich

**ar·bi·tra·tion** [ˌɑːbɪˈtreɪʃn] die Schlichtung; **to go to arbitration** einen Schlichter einschalten

**L** Am **Arbor Day** werden in den USA traditionsgemäß Bäume gepflanzt. In einigen Bundesstaaten ist dieser Tag sogar ein gesetzlicher Feiertag.

**arc** [ɑːk] der Bogen

**ar·cade** [ɑːˈkeɪd] die Arkade, der Bogengang; **amusement arcade** die Spielhalle; **shopping arcade** die Einkaufspassage

**arch** [ɑːtʃ] **1** *von Gebäude:* der Bogen **2** **arch of the foot** der Fußrücken, der Spann

to **arch** [ɑːtʃ] **1** [sich] wölben **2** **the cat arched its back** die Katze machte einen Buckel

**ar·chae·olo·gist** [ˌɑːkɪˈɒlədʒɪst] der Archäologe/die Archäologin

**ar·chae·ol·ogy** [ˌɑːkɪˈɒlədʒɪ] die Archäologie

**arch·angel** [ˈɑːkeɪndʒəl] der Erzengel

**arch·bishop** [ˌɑːtʃˈbɪʃəp] der Erzbischof

**ar·che·olo·gist** 🇺🇸 der Archäologe/die Archäologin

**ar·che·ol·ogy** 🇺🇸 die Archäologie

**archer – armed**

---

### USEFUL PHRASES

Take part in a discussion and present your **arguments** with these phrases.

Well, it's true that …, but …

As you can see, …

I think it's quite clear that …

I see what you mean, but …

Yes, but don't forget that …

It's obvious that …

Now, I'm sure you will agree that …

You may be right, but in my opinion, …

I'm afraid I don't agree.

I'd like to make another point.

---

**arch·er** ['ɑːtʃəʳ] der Bogenschütze/die Bogenschützin

**ar·chery** ['ɑːtʃərɪ] das Bogenschießen

**archi·tect** ['ɑːkɪtekt] der Architekt/die Architektin, der Baumeister/die Baumeisterin

**archi·tec·ture** ['ɑːkɪtektʃəʳ] die Baukunst, die Architektur

**ar·chives** ['ɑːkaɪvz] *plural* das Archiv

**arch·way** ['ɑːtʃweɪ] der Bogengang, der Torbogen

**arc·tic** ['ɑːktɪk] arktisch, Polar-

**Arc·tic** ['ɑːktɪk] **the Arctic** die Arktis

**Arc·tic Circle** der Polarkreis

**Arc·tic Ocean** das Nordpolarmeer

**are** [əʳ, *betont* ɑːʳ] **we are** wir sind; **you are** du bist, ihr seid, Sie sind; **they are** sie sind; **are you OK?** ist alles in Ordnung?

**area** ['eərɪə] ❶ (*auch übertragen*) das Gebiet, der Bereich; **postal area** der Postbezirk; **area of responsibility** der Verantwortungsbereich ❷ die Grundfläche, die Bodenfläche, der Flächeninhalt ❸ (*beim Fußball*) [**penalty**] **area** der Strafraum

**area code** die Vorwahl

**arena** [əˈriːnə] (*auch übertragen*) die Arena

**aren't** [ɑːʳnt] *Kurzform von* **are not, am not**: **we aren't in the phonebook** wir sind [*oder*stehen] nicht im Telefonbuch; **I'm late, aren't I?** ich habe mich verspätet, oder?; **you are coming, aren't you?** du kommst doch mit, oder?; **aren't you coming** [**too**]? kommst du nicht mit?

**ar·gu·ably** ['ɑːgjuːəblɪ] **he's arguably the best** er ist wohl der Beste

to **ar·gue** ['ɑːgjuː] ❶ diskutieren, sich auseinandersetzen; **she argued against rebuilding the road** sie hat sich gegen den Umbau der Straße ausgesprochen ❷ sich streiten (**about** über) ❸ ausführen, darlegen *Gesichtspunkt*; **to argue that** behaupten, dass

**ar·gu·ment** ['ɑːgjʊmənt] ❶ die Auseinandersetzung; **he doesn't want an argument with you** er will nicht mit Ihnen streiten; **to have an argument** sich streiten ❷ (*Begrün-*

*dung*) das Argument

**ar·gu·men·ta·tive** [ˌɑːgjʊˈmentətɪv] *Person:* streitsüchtig

**arid** ['ærɪd] trocken, dürr, wasserarm

**Aries** ['eəriːz] (*Sternzeichen*) der Widder

to **arise** [əˈraɪz] <arose, arisen> ❶ entstehen (**from/out of** aus) ❷ *Schwierigkeiten:* sich zeigen, sich ergeben; *Problem:* aufkommen

**arisen** [əˈrɪzn] *3. Form von* **arise**

**ar·is·to·cra·cy** [ˌærɪˈstɒkrəsɪ] die Aristokratie

**aris·to·crat** ['ærɪstəkræt] der Aristokrat/die Aristokratin

**arith·me·tic** [əˈrɪθmətɪk] die Arithmetik, das Rechnen

**ark** [ɑːk] die Arche; **Noah's ark** die Arche Noah

**arm** [ɑːm] ❶ der Arm; **to take someone's arm** sich bei jemandem am Arm festhalten; **to fall into each other's arms** sich in die Arme fallen; **they slept in each other's arms** sie schliefen eng umschlungen; **to hold** [*oder*keep] **someone at arm's length** (*übertragen*) sich jemanden vom Leibe halten; **at/beyond arm's reach** (*auch übertragen*) auf Armeslänge/außer Reichweite; **with open arms** (*auch übertragen*) mit offenen Armen; **arm in arm** Arm in Arm, untergehakt ❷ *von Kleidung:* der Ärmel ❸ *von Stuhl:* die Armlehne ▸ WENDUNGEN: **a list as long as your arm** eine ellenlange Liste; **that car cost us an arm and a leg!** das Auto hat uns ein Vermögen gekostet!

to **arm** [ɑːm] sich bewaffnen; **arming our military forces will cost too much** unsere Streitkräfte aufzurüsten wird zuviel kosten

**ar·ma·da** [ɑːˈmɑːdə] die Kriegsflotte

**ar·ma·ment** ['ɑːməmənt] ❶ *meist plural* die Waffen ❷ *kein Plural* die Bewaffnung

**arm candy** gutaussehende(r) Begleiter(in) zum Vorzeigen bei gesellschaftlichen Anlässen

**arm·chair** ['ɑːmˌtʃeəʳ] der Sessel, der Lehnstuhl

**armed** [ɑːmd] bewaffnet; **armed forces** die

Streitkräfte

**arm·ful** ['ɑːmfʊl] **with an armful of flowers** mit einem Arm voll Blumen

**arm·hole** das Armloch

**ar·mour** ['ɑːməʳ], ⓤ **ar·mor** ❶ der Panzer, die Panzerung ❷ (*historisch*) die Rüstung; **suit of armour** der Harnisch

**ar·moured** ['ɑːməd], ⓤ **ar·mored** gepanzert; **armoured vehicle** das Panzerfahrzeug

**arm·pit** ['ɑːmpɪt] die Achselhöhle

**arm·rest** ['ɑːmrest] die Armlehne

**arms** [ɑːmz] *plural* ❶ die Waffen; **to take up arms** zu den Waffen greifen; **arms control** die Rüstungskontrolle; **arms race** der Rüstungswettlauf; **arms reduction** der Rüstungsabbau ❷ **coat of arms** das Wappen ▶ WENDUNGEN: **to be up in arms about something** über etwas empört sein

**army** ['ɑːmɪ] ❶ die Armee, das Heer; **army headquarters** das Armeeoberkommando; **to be in the army** beim Militär sein; **to join the army** zum Militär gehen ❷ (*übertragen*) die Menge, das Heer

**A-road** ['eɪrəʊd] die Straße erster Ordnung, die Bundesstraße

**aro·ma** [ə'rəʊmə] der Duft

**aroma·thera·py** [ə,rəʊmə'θerəpi] die Aromatherapie

**aro·mat·ic** [,ɑrə(ʊ)'mætɪk] aromatisch

**arose** [ə'rəʊz] *2. Form von* **arise**

**around** [ə'raʊnd] ❶ ringsherum, rundherum; **all around** auf allen Seiten, überall, um ... herum, ringsum; **the young couple had their arms around each other** das junge Paar hielt sich umschlungen; **she had her arm around his neck** sie hatte ihren Arm um ihn gelegt ❷ (*umgangsspr*) in der Nähe; **is he around?** ist er da? ❸ **he's been around!** der kennt sich aus! ❹ **I really must get around to sorting those files** ich muss endlich mal die Ordner aussortieren ❺ **to have a look around** sich umsehen; **we've been all around the place** wir sind überall herumgelaufen; **somewhere around here** irgendwo hier ❻ ungefähr, etwa; **it's around £5** es ist ungefähr [*oder* um die] £5

to **arouse** [ə'raʊz] ❶ [auf]wecken ❷ erregen, erwecken *Interesse, Verdacht*

to **ar·range** [ə'reɪndʒ] ❶ [an]ordnen, aufstellen ❷ verabreden, arrangieren; **we've arranged to meet this evening** wir haben uns für heute Abend verabredet; **they arranged for her to be picked up at midnight** sie haben dafür gesorgt, dass sie um

Mitternacht abgeholt wird; **I've arranged for him to see the doctor** ich habe veranlasst, dass er zum Arzt geht; **have you got anything arranged for the weekend?** hast du am Wochenende etwas vor?; **as arranged** wie abgesprochen; **arrange it so that ...** richten Sie es so ein, dass ... ❸ (*organisieren*) **I'll arrange the music for the party** ich werde mich um die Musik für die Party kümmern ❹ umsetzen, bearbeiten *Musikstück*

**ar·range·ment** [ə'reɪndʒmənt] ❶ die Anordnung, die Gruppierung ❷ **to make arrangements** Vorkehrungen treffen ❸ die Abmachung, die Vereinbarung; **by arrangement** nach Vereinbarung; **to come to an arrangement** zu einer Einigung kommen ❹ *eines Musikstücks:* die Bearbeitung

to **ar·rest** [ə'rest] festnehmen, verhaften

**ar·rest** [ə'rest] die Verhaftung, die Festnahme; **police have made several arrests** die Polizei hat einige Leute festgenommen; **to be under arrest** verhaftet sein

**ar·ri·val** [ə'raɪvl] ❶ die Ankunft, das Eintreffen; *von Waren:* der Eingang; **on arrival** bei Ankunft; **arrivals and departures** Ankunft/Abfahrt, Ankunft/Abflug; **arrivals board** die Ankunftstafel ❷ (*Person*) der Ankömmling; (*im Hotel*) der neue Gast

to **ar·rive** [ə'raɪv] ❶ ankommen (**at/in** in), eintreffen; **to arrive home** nach Hause kommen ❷ (*übertragen*) **the committee has arrived at a decision** der Ausschuss ist zu einer Entscheidung gekommen ❸ Erfolg haben; **after very positive reviews, he felt that he'd arrived** nach sehr positiver Kritik hatte er den Eindruck, sich etabliert zu haben

**ar·ro·gance** ['ærəgəns] die Arroganz, der Hochmut

**ar·ro·gant** ['ærəgənt] arrogant, überheblich

**ar·row** ['ærəʊ] der Pfeil

**arse** [ɑːs] (*slang*) der Arsch

**arse·hole** ['ɑːshəʊl] (*slang*) das Arschloch

**ar·son** ['ɑːsn] die Brandstiftung

**art** [ɑːt] ❶ die Kunst; **work of art** das Kunstwerk; **arts and crafts** *plural* das Kunstgewerbe ❷ (*übertragen*) die Kunstfertigkeit, die Geschicklichkeit ❸ **he's an arts student** er studiert Geisteswissenschaften

**ar·tery** ['ɑːtərɪ] ❶ (*medizinisch*) die Arterie, die Schlagader ❷ (*übertragen*) die Verkehrsader

**art gal·lery** die Kunsthalle, die Galerie

**ar·thrit·ic** [ɑː'θrɪtɪk] arthritisch

**ar·thri·tis** [ɑːˈθraɪtɪs] die Gelenkentzündung, die Arthritis

**ar·ti·choke** [ˈɑːtɪtʃəʊk] die Artischocke

**ar·ti·cle** [ˈɑːtɪkl] ❶ der Artikel, der Gegenstand; **the finished article** das Endprodukt ❷ der Aufsatz; **newspaper article** der Zeitungsartikel ❸ (*in der Grammatik*) der Artikel, das Geschlechtswort ❹ (*im Gesetz*) der Artikel, der Paragraf ❺ **the genuine article** das Wahre

**ar·ticu·late** [ɑːˈtɪkjʊlət] ❶ *Person:* redegewandt ❷ *Bericht:* klar, deutlich ❸ (*biologisch*) gegliedert

to **ar·ticu·late** [ɑːˈtɪkjʊleɪt] artikulieren, deutlich aussprechen

**ar·ticu·lat·ed** [ɑːˈtɪkjʊleɪtɪd] **articulated bus** der Gelenkbus; **articulated lorry** der Sattelschlepper

**ar·ti·fi·cial** [ˌɑːtɪˈfɪʃl] ❶ künstlich; **artificial ice** das Kunsteis; **artificial insemination** die künstliche Befruchtung; **artificial intelligence** die künstliche Intelligenz; **artificial leather** das Kunstleder; **artificial leg** die Beinprothese ❷ *Lächeln:* gekünstelt, unecht

**art·ist** [ˈɑːtɪst] ❶ der Künstler/die Künstlerin ❷ (*übertragen*) der Könner/die Könnerin

**ar·tiste** [ɑːˈtiːst] der Artist/die Artistin

**ar·tis·tic** [ɑːˈtɪstɪk] ❶ künstlerisch, geschmackvoll ❷ kunstverständig; **she's very artistic** sie ist künstlerisch begabt

**art·work** *kein Plural* die Illustrationen

**arty** [ˈɑːtɪ] (*umgangsspr*) gewollt künstlerisch

**as¹** [əz, *betont* æz] ❶ **as ... as** ebenso ... wie; **not as** [*oder* **so**] **... as** nicht so ... wie; **he's as tall as I am** er ist genauso groß wie ich ❷ **as long as they don't make a noise, they can stay** solange sie keinen Krach machen, können sie bleiben ❸ **as much ... as** ebenso viel[e] ... wie, bis zu ... ❹ **as far as** bis [zu], so viel, so weit ❺ **as well** auch; **as well as** sowie, dazu, [und] außerdem ❻ **we haven't had an answer as yet** bis jetzt [*oder* bisher] haben wir noch keine Antwort bekommen ❼ **I thought as much** das dachte ich mir doch

**as²** [əz, *betont* æz] ❶ da, weil; **he had to stop as his phonecard had run out** er musste aufhören, da [*oder* weil] seine Telefonkarte abgelaufen war ❷ als, während; **he cooked as she talked** er kochte während [*oder* als] sie redete ❸ [in der Art] wie, genauso wie, wie, als, als [ob]; **he spoke to me as he would to a child** er sprach mit mir wie mit einem Kind ❹ **as it were** sozusagen, gleichsam ❺ **as if** [*oder* **though**] als ob

❻ **as ... so** wie ..., so ❼ **as soon as** sobald [als], sowie ❽ **she's late, as usual** sie hat sich verspätet, wie immer ❾ **everything stands as it was** alles bleibt beim Alten ❿ **we'll discuss that as and when the problem arises** das werden wir dann besprechen, wenn das Problem auftaucht

**as³** [əz, *betont* æz] ❶ als, in der Eigenschaft als; **as for** [*oder* **to**] was ... anbetrifft, hinsichtlich ❷ **as to whether** ob ❸ **so as to** um zu; **so as to be sure** um sicher zu sein

**ASAP** [ˌeɪeɪesˈpiː] *Abkürzung von* **as soon as possible** baldmöglichst

**as·bes·tos** [æsˈbestɒs] der Asbest

to **as·cend** [əˈsend] ❶ aufsteigen, ansteigen; **to ascend something** etwas besteigen [*oder* ersteigen]; **to ascend the stairs** die Treppe hochgehen; **to ascend the throne** den Thron besteigen ❷ *Ton:* steigen ❸ (*übertragen*) aufsteigen

**as·cent** [əˈsent] der Aufstieg

**ash¹** [æʃ] ❶ die Asche ❷ **ashes** die Asche, die sterblichen Überreste

**ash²** [æʃ] die Esche, das Eschenholz

**ashamed** [əˈʃeɪmd] **to be ashamed** sich schämen; **he was ashamed of his flat** er schämte sich wegen seiner Wohnung; **she was too ashamed to ask for help** sie schämte sich zu sehr, um Hilfe zu bitten; **you ought to be ashamed of yourself** du solltest dich schämen; **I'm ashamed to say that I didn't tell them** ich muss leider gestehen, dass ich es ihnen nicht erzählt habe

**ashore** [əˈʃɔːʳ] **to go ashore** an Land gehen

**ash·tray** der Aschenbecher

**Ash Wednes·day** der Aschermittwoch

**Asia** [ˈeɪʃə] Asien

**Asian¹** [ˈeɪʃn] asiatisch

**Asian²** [ˈeɪʃn] der Asiat/die Asiatin

**aside** [əˈsaɪd] ❶ beiseite, zur Seite; **to put** [*oder* **set**] **aside** auf die Seite legen, beiseitelegen; *Waren, Geld:* zurücklegen; **to stand** [*oder* **step**] **aside** zur Seite gehen ❷ **aside from** abgesehen von, außer, [**all**] **joking aside!** Spaß beiseite!

to **ask** [ɑːsk] ❶ fragen; **does anyone want to ask a question?** will jemand etwas fragen [*oder* eine Frage stellen]?; **we asked someone the time** wir haben jemanden nach der Zeit gefragt; **ask me another!** (*umgangsspr*) frag mich was Leichteres!; **I ask you!** ich muss schon sagen! ❷ sich erkundigen (**about/after/for** nach), sich informieren (**about** über) ❸ einladen; **shall we ask them round to supper?** sollen wir sie zum

Abendessen bei uns einladen?; **has he asked you out yet?** hat er dich schon um eine Verabredung gebeten? ④ bitten; **ask your mum for more pocket money!** frag deine Mutter, ob du mehr Taschengeld haben kannst!; **to ask someone's advice** jemanden um Rat fragen; **can I ask you a favour?** kann ich Sie um einen Gefallen bitten?; **she asked him not to smoke in the flat** sie bat ihn, in der Wohnung nicht zu rauchen; **to ask for permission** um Erlaubnis bitten ⑤ **he certainly asks a lot of his students** er verlangt aber viel von seinen Studenten ⑥ **he said it was mine for the asking** er sagte, ich könnte es gerne haben ⑦ **to ask for trouble** Schwierigkeiten heraufbeschwören; **he's just asking for it** er fordert Ärger geradezu heraus; **you asked for it!** (*umgangsspr*) du hast es so gewollt! ⑧ verlangen *Preis;* **how much is he asking?** wie viel will er dafür haben?

◆ to **ask after** to ask after someone sich nach jemandem erkundigen

◆ to **ask around** herumfragen

◆ to **ask out** to ask someone out for dinner jemanden ins Restaurant einladen; **I'd like to ask her out** ich würde gern mit ihr ausgehen

◆ to **ask over** to ask someone over [*oder* round] jemanden [zu sich] einladen

**ask·ing price** der Verkaufspreis

**asleep** [əˈsliːp] schlafend; **to be asleep** schlafen; **to fall asleep** einschlafen

**as·para·gus** [əˈspærəgəs] der Spargel

**as·pect** [ˈæspekt] der Aspekt; **apart from the financial aspect, the project looks very good** abgesehen von der finanziellen Seite, sieht das Projekt sehr gut aus

to **as·pire** [əˈspaɪər] **to aspire to something** etwas anstreben

**as·pi·rin** [ˈæspərɪn] das Aspirin

**as·pir·ing** [əˈspaɪərɪŋ] aufstrebend

**ass¹** [æs] <*plural* asses> ① der Esel ② (*übertragen*) **to make an ass of oneself** sich lächerlich machen

**ass²** [æs] <*plural* asses> ⓊⓈⒶ (*slang*) der Arsch; **this film kicks ass!** dieser Film ist saustark!

to **as·sas·si·nate** [əˈsæsɪneɪt] ermorden

**as·sas·si·na·tion** [əˌsæsɪˈneɪʃn] die Ermordung, das Attentat; **the assassination of Kennedy** das Attentat auf Kennedy

**as·sault** [əˈsɔːlt] ① der Angriff, der Überfall (**upon** auf) ② (*rechtlich*) der tätliche Angriff

to **as·sault** [əˈsɔːlt] ① angreifen, überfallen

② (*rechtlich*) angreifen, sich vergehen an

to **as·sem·ble** [əˈsembl] ① sich versammeln ② **to assemble something** etwas montieren, zusammensetzen

**as·sem·bly** [əˈsemblɪ] ① die Versammlung ② ⒼⒷ (*in der Schule*) *meist tägliche Zusammenkunft von Schülern und Lehrern zur Morgenandacht;* **assembly hall** die Aula ③ (*politisch*) die gesetzgebende Körperschaft ④ (*technisch*) die Montage, das Zusammensetzen; **assembly line** das Fließband, das Montageband

to **as·sent** [əˈsent] zustimmen

**as·sent** [əˈsent] die Zustimmung

to **as·sert** [əˈsɜːt] ① behaupten, geltend machen ② **to assert oneself** sich durchsetzen

**as·ser·tion** [əˈsɜːʃn] ① die Behauptung ② *von Recht:* die Geltendmachung

**as·ser·tive** [əˈsɜːtɪv] bestimmt

to **as·sess** [əˈses] ① **to assess someone/something** jemanden/etwas bewerten; **we'll have the house assessed** wir werden das Haus schätzen lassen; **the value was assessed at $500** der Wert wurde auf $500 festgesetzt ② (*übertragen*) einschätzen

**as·sess·ment** [əˈsesmənt] ① die Feststellung, die Festsetzung ② die Abschätzung, die Einschätzung ③ die Bemessung, die Veranlagung

**as·set** [ˈæset] ① (*übertragen*) der Vorteil, das Plus; **he's a real asset to the department** er ist ein Riesengewinn für die Abteilung ② (*finanziell*) die Aktivposten; **assets** *plural* das Vermögen

**ass·hole** [ˈæsˌhəʊl] ⓊⓈⒶ (*slang*) das Arschloch

**as·sign·ment** [əˈsaɪnmənt] die Aufgabe, der Auftrag; **homework assignment** die Hausaufgabe; **on assignment** im Auftrag, im Einsatz

to **as·simi·late** [əˈsɪmɪleɪt] ① sich eingliedern ② **to assimilate new members** neue Mitglieder integrieren

to **as·sist** [əˈsɪst] ① helfen ② mitwirken; **he can assist in the preparations** er kann bei den Vorbereitungen mitwirken; **he assisted at the opening ceremony** er hat bei der Eröffnungsfeier mitgeholfen

**as·sist·ance** [əˈsɪstəns] die Hilfe

**as·sis·tant¹** [əˈsɪstənt] der Assistent/die Assistentin, der Mitarbeiter/die Mitarbeiterin; *im Laden:* der Verkäufer/die Verkäuferin

**as·sis·tant²** [əˈsɪstənt] stellvertretend

**as·so·ci·ate¹** [əˈsəʊʃɪət] ① der Mitarbeiter/die Mitarbeiterin ② (*in der Wirtschaft*) der Partner/die Partnerin, der Teilhaber/die Teilhaberin

**associate – at**

**as·so·ci·ate²** [ə'səʊʃɪət] verbündet, beigeordnet; **associate professor** (USA) der außerordentliche Professor/die außerordentliche Professorin

to **as·so·ci·ate** [ə'səʊʃɪeɪt] ❶ zuordnen, in Zusammenhang bringen ❷ **to associate with someone** mit jemandem verkehren; **he never did associate with us very much** er war nie besonders mit uns befreundet; **I cannot associate myself with these remarks** diesen Bemerkungen kann ich mich nicht anschließen

**as·so·cia·tion** [ə,səʊsɪ'eɪʃn] ❶ der Verband, der Verein ❷ der Umgang, der Verkehr (**with** mit); **his association with the underworld** seine Beziehungen zur Unterwelt ❸ die Gedankenverbindung, die Assoziation ❹ **association football** der Fußball, der Soccer

**as·sort·ed** [ə'sɔːtɪd] gemischt

**as·sort·ment** [ə'sɔːtmənt] die Auswahl, das Sortiment

to **as·sume** [ə'sjuːm] ❶ voraussetzen, annehmen; **assuming that it is true** angenommen, es stimmt; **we cannot just assume that he's guilty** wir können nicht einfach davon ausgehen, dass er schuldig ist ❷ **to assume a name** einen Namen annehmen; **assumed name** der Deckname ❸ **to assume office** ein Amt antreten; **to assume power** sich Macht anmaßen; **to assume responsibility** Verantwortung übernehmen

**as·sumed** [ə'sjuːmd] **under an assumed name** unter einem Decknamen

**as·sump·tion** [ə'sʌmpʃn] ❶ von Amt, Verantwortung: die Annahme, die Übernahme ❷ die Annahme, die Voraussetzung; **on the assumption that ...** in der Annahme, dass ...

**as·sur·ance** [ə'ʃʊərəns] ❶ die Zusicherung; **she gave me her assurance that ...** sie versicherte mir, dass ... ❷ die Selbstsicherheit ❸ (in der Wirtschaft) die Versicherung; **life assurance** die Lebensversicherung

to **as·sure** [ə'ʃʊəʳ] ❶ versichern; **he assured her of his loyalty to the team** er hat ihr seine Loyalität zu der Mannschaft beteuert ❷ **a rise in interest rates is assured** eine Zinserhöhung ist garantiert [oder sicher] ❸ beruhigen; **I just want to assure myself that everything's turned off before I go out** bevor ich weggehe, will ich mich nur vergewissern, dass alles ausgeschaltet ist ❹ (GB) (in der Wirtschaft) **to assure one's life** eine Lebensversicherung abschließen

**as·sur·ed·ly** [ə'ʃʊəʳɪdlɪ] selbstsicher

**as·ter·isk** ['æstərɪsk] das Sternchen

**as·ter·oid** ['æstʳɔɪd] der Asteroid

**asth·ma** ['æsθmə] das Asthma

**asth·mat·ic¹** [æsθ'mætɪk] der Asthmatiker/die Asthmatikerin

**asth·mat·ic²** [æsθ'mætɪk] asthmatisch

to **aston·ish** [ə'stɒnɪʃ] in Erstaunen versetzen, überraschen; **to be astonished** erstaunt sein, überrascht sein (**at** über)

**aston·ish·ing** [ə'stɒnɪʃɪŋ] erstaunlich

**aston·ish·ment** [ə'stɒnɪʃmənt] das Erstaunen, die Verwunderung (**at** über)

to **astound** [ə'staʊnd] verblüffen

**astride** [ə'straɪd] **astride a horse** rittlings auf einem Pferd

**as·trolo·ger** [ə'strɒlədʒəʳ] der Astrologe/die Astrologin

**as·trol·ogy** [ə'strɒlədʒɪ] die Astrologie

**as·tro·naut** ['æstrənɔːt] der Astronaut/die Astronautin

**as·trono·mer** [ə'strɒnəməʳ] der Astronom/die Astronomin

**as·tro·nomi·cal** [,æstrə'nɒmɪkl] (auch übertragen) astronomisch

**as·trono·my** [ə'strɒnəmɪ] die Astronomie

**as·tute** [ə'stjuːt] schlau, scharfsinnig

**asy·lum** [ə'saɪləm] ❶ das Asyl; **to apply for asylum** Asyl beantragen; **to ask for asylum** um Asyl bitten; **asylum seeker** der Asylbewerber/die Asylbewerberin ❷ das Heim; **mental asylum** die Nervenheilanstalt

**at** [ət] ❶ (örtlich) in, bei, an, auf, zu; **at church** in der Kirche; **at the next corner** an der nächsten Ecke; **at the dentist's** beim Zahnarzt; **at a distance** in einiger Entfernung; **at home** zu Hause; **at the office** im Büro; **at school** in der Schule; **at the station** auf dem Bahnhof; **at work** bei der Arbeit; **he's at work** er ist im Büro ❷ **at sign** (Internet) der Klammeraffe ❸ **at the sight of** beim Anblick; **at the sight of her, he screamed** als er sie sah, schrie er [vor Schock] ❹ (Art und Weise) in, zu; **to be at a loss** in Verlegenheit sein; **at his request** auf seine Bitte [hin] ❺ (zeitlich) um, in, zu; **at midnight** um Mitternacht; **at night** in der Nacht; **at noon** mittags; **at the age of** im Alter von; **at Christmas** zu Weihnachten ❻ (Zustand) in; **at peace** im Frieden; **at rest** in Ruhe; **I feel at ease** mir ist wohl zu Mute ❼ (Richtung) nach, gegen, zu, an, auf; **to aim at** zielen auf; **to arrive at a decision** zu einer Entscheidung kommen; **to be astonished at** erstaunt sein über; **he is mad at me** er ist wütend auf mich ❽ (bei Zahlenangaben) zu;

**he drove at 150kph** er ist mit 150km/h gefahren; **bidding opened at $500,000** das erste Gebot war $500,000 ❺ **at all** überhaupt; **not at all** gar nicht, durchaus nicht; **not at all!** gern geschehen!; **at best** bestenfalls; **at first** zuerst; **at last** endlich; **at least** mindestens, wenigstens; **at most** höchstens; |**all**| **at once** sofort, auf einmal

**ate** [et, eɪt] 2. *Form von* **eat**

**athe·ist** ['eɪθɪɪst] der Atheist/die Atheistin

**ath·lete** ['æθliːt] der Athlet/die Athletin, der Leichtathlet/die Leichtathletin, der Sportler/die Sportlerin

**ath·let·ic** [æθ'letɪk] sportlich, athletisch

**ath·let·ics** [æθ'letɪks] *mit Singular oder Plural* die Leichtathletik

**At·lan·tic¹** [ət'læntɪk] der Atlantische Ozean, der Atlantik

**At·lan·tic²** [ət'læntɪk] atlantisch; **on the Atlantic coast** an der Atlantikküste

**at·las** ['ætləs] der Atlas

**at·mos·phere** ['ætməsfɪəʳ] (*auch übertragen*) die Atmosphäre

**at·mos·pher·ic** [ˌætməs'ferɪk] ❶ atmosphärisch; **atmospheric pollution** die Luftverschmutzung ❷ (*übertragen*) stimmungsvoll

**atom** ['ætəm] ❶ das Atom ❷ (*übertragen*) die winzige Kleinigkeit; **not an atom of common sense** kein Fünkchen Verstand

**atom bomb** die Atombombe

**atom·ic** [ə'tɒmɪk] atomar, Atom-; **atomic weight** das Atomgewicht

**atro·cious** [ə'trəʊʃəs] ❶ grausam ❷ (*umgangsspr*) abscheulich, scheußlich

**atroc·ity** [ə'trɒsətɪ] ❶ die Grausamkeit ❷ die Gräueltat

to **at·tach** [ə'tætʃ] ❶ anheften, befestigen (**to** an); (*einem Schriftstück*) beifügen ❷ beilegen, beimessen *Bedeutung;* **to attach value to** Wert legen auf ❸ (*übertragen*) **she's attached herself to a very odd group** sie hat sich einer sehr merkwürdigen Gruppe angeschlossen ❹ **she's very attached to her cats** sie hängt sehr an ihren Katzen

**at·tach·ment** [ə'tætʃmənt] ❶ die Befestigung, die Beifügung ❷ die Beilage, die Anlage; *einer E-Mail:* die Anlage ❸ (*übertragen*) die Zuneigung ❹ (*technisch*) das Zusatzgerät

to **at·tack** [ə'tæk] ❶ (*auch in der Chemie*) angreifen ❷ anpacken, in Angriff nehmen *Aufgabe* ❸ *Krankheit:* befallen

**at·tack** [ə'tæk] ❶ der Angriff (**on** auf/gegen) ❷ *von Krankheit:* der Anfall

to **at·tain** [ə'teɪn] erreichen

**at·tain·able** [ə'teɪnəbl] erreichbar

**at·tain·ment** [ə'teɪnmənt] ❶ die Leistung ❷ *kein Plural* das Erreichen

to **at·tempt** [ə'tempt] versuchen

**at·tempt** [ə'tempt] ❶ der Versuch; **to make another attempt** es nochmals versuchen ❷ **to make an attempt on someone's life** einen Anschlag [*oder* ein Attentat] auf jemanden verüben

to **at·tend** [ə'tend] ❶ anwesend [*oder* zugegen] sein; **to attend a funeral/a meeting** einer Beerdigung/einer Versammlung beiwohnen; **to attend a lecture** eine Vorlesung hören [*oder* besuchen]; **to attend school** die Schule besuchen ❷ betreuen, pflegen; *Arzt:* behandeln ❸ sich kümmern; **to attend to something** sich mit etwas befassen, sich um etwas kümmern; **to attend to a customer** einen Kunden bedienen; **to attend to one's duties** seine Pflicht erfüllen; **to attend to an order** einen Auftrag ausführen ❹ **the Queen was attended by Prince Charles** die Königin wurde von Prinz Charles begleitet

**at·tend·ance** [ə'tendəns] ❶ die Anwesenheit; **attendance at school** der Schulbesuch; **attendance list** [*oder* **book**] die Anwesenheitsliste ❷ die Teilnehmerschaft (**at** bei), die Beteiligung (**at** bei/an); **the attendance at the meeting was poor** die Versammlung war schwach besucht

**at·tend·ant** [ə'tendənt] ❶ der Wärter/die Wärterin, der Aufseher/die Aufseherin ❷ der Begleiter/die Begleiterin ❸ der/die Anwesende; **she's a regular attendant at church** sie geht regelmäßig in die Kirche

**at·ten·tion** [ə'tenʃn] ❶ die Aufmerksamkeit; **to call** [*oder* **draw**] **someone's attention to something** jemanden auf etwas hinweisen; **to pay attention** Acht geben, aufpassen; **to pay attention to someone** jemandem aufmerksam zuhören, jemandem Beachtung schenken; **to pay attention to something** etwas beachten, auf etwas achten; **for the attention of** zu Händen von ❷ (*militärisch*) die Habachtstellung; **to stand to attention** stillstehen; **attention!** stillgestanden! ❸ **attention, please! here is an announcement!** Achtung! Hier ist eine Durchsage!

**at·ten·tive** [ə'tentɪv] ❶ aufmerksam (**to** auf) ❷ zuvorkommend, gefällig (**to** gegenüber)

**at·tic** ['ætɪk] der Dachboden, der Speicher; **in the attic** auf dem Dachboden

**at·ti·tude** ['ætɪtjuːd] die Haltung, die Einstellung (**towards** gegenüber)

**at·tor·ney** [ə'tɜːnɪ] ❶ der/die Bevollmächtigte

**attract – automatic**

② ⓊⓈⒶ der Rechtsanwalt/die Rechtsanwältin

to **at·tract** [əˈtrækt] ① (*auch übertragen*) anziehen ② erregen, auf sich lenken *Aufmerksamkeit;* **without attracting attention** unauffällig ③ (*übertragen*) reizen, anlocken

**at·trac·tion** [əˈtrækʃn] ① (*auch in der Physik*) die Anziehung ② der Reiz, der Zauber ③ (*Unterhaltung*) die Attraktion, die Zugnummer

**at·trac·tive** [əˈtræktɪv] ① anziehend ② (*übertragen*) *Person:* attraktiv; *Idee:* verlockend

**auc·tion** [ˈɔːkʃn] die Auktion, die [öffentliche] Versteigerung

to **auc·tion** [ˈɔːkʃn] **to auction something off** etwas versteigern

**audible** [ˈɔːdəbl] hörbar, vernehmlich

**audi·ence** [ˈɔːdɪəns] ① das Publikum, die Zuhörerschaft; *von TV:* die Zuschauer; *von Radio:* die Hörer; *von Büchern:* die Leser, der Leserkreis ② *beim Papst:* die Audienz

**audio** [ˈɔːdɪəʊ] Audio-; **audio book** das Hörbuch; **audio cassette** die [Hör]kassette; **audio frequency** die Tonfrequenz, die Hörfrequenz; **audio tape** das Tonband

**audit** [ˈɔːdɪt] die Rechnungsprüfung

to **audit** [ˈɔːdɪt] [amtlich] prüfen

**audi·tion** [ɔːˈdɪʃn] das Vorsingen, das Vorspielen, das Vorsprechen, das Vortanzen

to **audi·tion** [ɔːˈdɪʃn] vorsingen, vorspielen, vorsprechen, vortanzen [lassen]; **they're auditioning for the new film** sie suchen Schauspieler für den neuen Film

**audi·tor** [ˈɔːdɪtəʳ] der Rechnungsprüfer/die Rechnungsprüferin

**audi·to·rium** [ˌɔːdɪˈtɔːrɪəm, *plural* -riə] <*plural* auditoriums *oder* auditoria> der Zuschauerraum

**August** [ˈɔːɡəst] der August; **in August** im August; **on 15th August, on August 15** ⓊⓈⒶ am 15. August; **at the beginning of August** Anfang August; **at the end of August** Ende August

**aunt** [ɑːnt] die Tante

**aural** [ˈɔːrəl] Ohr-

**Aus·sie**[1] [ˈɒzi] (*slang*) der Australier/die Australierin

**Aus·sie**[2] [ˈɒzi] (*slang*) australisch

**Aus·tralia** [ɒˈstreɪlɪə] Australien

Ⓛ In Australien ist der 26. Januar ein nationaler Feiertag. Er heißt **Australia Day** und man gedenkt der Gründung der ersten britischen Siedlung 1788 in Sydney Cove. Für die Ureinwohner, die Aborigines, ist es dagegen der Tag der Besetzung ihres Landes durch die Briten.

**Aus·tral·ian**[1] [ɒˈstreɪlɪən] der Australier/die Australierin

**Aus·tral·ian**[2] [ɒˈstreɪlɪən] australisch

**Aus·tria** [ˈɒstrɪə] Österreich

**Aus·trian**[1] [ˈɒstrɪən] der Österreicher/die Österreicherin

**Aus·trian**[2] [ˈɒstrɪən] österreichisch

**authen·tic** [ɔːˈθentɪk] authentisch, echt

**au·then·tic·ity** [ˌɔːθenˈtɪsəti] die Echtheit

**author** [ˈɔːθəʳ] ① der Autor/die Autorin, der Verfasser/die Verfasserin, der Schriftsteller/die Schriftstellerin ② (*übertragen*) der Urheber/die Urheberin

**authori·tar·ian** [ɔːˌθɒrɪˈteərɪən] autoritär; **she has a very authoritarian manner** sie hat eine sehr gebieterische Art

**authori·ta·tive** [ɔːˈθɒrɪtətɪv] ① Respekt einflößend ② *Quelle:* maßgebend

**author·ity** [ɔːˈθɒrəti] ① die Befugnis, die Vollmacht; **to have [the] authority to do something** befugt [*oder* ermächtigt] sein, etwas zu tun; **without authority** unbefugt, unberechtigt; **parental authority** die elterliche Gewalt ② **the authorities** die Verantwortlichen [*oder* Behörden]; **local authority** ⒼⒷ die örtliche Behörde, die Kommunalverwaltung; **to apply to the proper authority** sich an die zuständige Stelle wenden ③ das Ansehen, die Autorität ④ (*Person*) die Autorität; **she's an authority on butterflies** sie ist eine Expertin für Schmetterlinge; **he's regarded as an authority in this field** er gilt als Experte auf diesem Gebiet ⑤ die Quelle; **I have it on good authority that we're having chips for supper!** (*humorvoll*) ich weiß aus zuverlässiger Quelle, dass es Pommes zum Abendessen gibt

**authori·za·tion** [ˌɔːθəraɪˈzeɪʃ°n] die Genehmigung

to **author·ize** [ˈɔːθəraɪz] ① bevollmächtigen, ermächtigen; **to authorize someone** jemandem die Befugnis erteilen ② genehmigen, bewilligen; **to be authorized** befugt [*oder* autorisiert] sein (**to** zu)

**auto·bi·og·ra·phy** [ˌɔːtəbaɪˈɒɡrəfi] die Autobiografie

**auto·cue**® [ˈɔːtə(ʊ)kjuː] ⒼⒷ der Teleprompter®

**auto·graph** [ˈɔːtəɡrɑːf] das Autogramm

**auto·mat·ed** [ˈɔːtəmeɪtɪd] automatisiert

**auto·mat·ed tell·er ma·chine** ⓊⓈⒶ der Geldautomat

**auto·mat·ic**[1] [ˌɔːtəˈmætɪk] ① automatisch, selbsttätig; **automatic rewind** *von Kamera, Video:* die Rückspulautomatik ② (*übertragen*) mechanisch

**auto·mat·ic**[2] [ˌɔːtəˈmætɪk] ① die Maschinen-

waffe ❷ der Automatikwagen
**auto·mo·bile** [ˈɔːtəməbiːl] das Auto[mobil]
**auto·mo·tive** [ˌɔːtəˈməʊtɪv] Auto-
**autono·mous** [ɔːˈtɒnəməs] autonom
**auto·pi·lot** [ˈɔːtəʊpaɪlət] der Autopilot; **to be on autopilot** mit Autopilot fliegen
**autumn** [ˈɔːtəm] (*auch übertragen*) der Herbst; **in autumn** im Herbst
**autum·nal** [ɔːˈtʌmnəl] herbstlich
**aux·ilia·ry** [ɔːgˈzɪlɪərɪ] Hilfs-, zusätzlich; **auxiliary verb** das Hilfszeitwort
**avail** [əˈveɪl] **of** [*oder* **to**] **no avail** vergebens
**avail·able** [əˈveɪləbl] ❶ verfügbar; **she won't be available at 4pm** sie steht nach 16 Uhr nicht mehr zur Verfügung; **to make something available to someone** jemandem etwas zur Verfügung stellen; **by all available means** mit allen verfügbaren Mitteln ❷ (*in der Wirtschaft*) lieferbar, erhältlich; **no longer available** *Buch:* vergriffen; *Ware:* nicht mehr lieferbar
**ava·lanche** [ˈævəlɑːnʃ] (*auch übertragen*) die Lawine
**Av(e).** *Abkürzung von* **avenue** Ave.
to **avenge** [əˈvendʒ] rächen
**av·enue** [ˈævənjuː] ❶ die Allee ❷ (*übertragen*) der Weg
**av·er·age¹** [ˈævərɪdʒ] der Durchschnitt; **on** [**an**] **average** durchschnittlich, im Durchschnitt; **to be above/below** [**the**] **average** über/unter dem Durchschnitt liegen; **law of averages** das Wahrscheinlichkeitsgesetz
**av·er·age²** [ˈævərɪdʒ] durchschnittlich, Durchschnitts-; **of average height** mittelgroß
to **av·er·age** [ˈævərɪdʒ] ❶ average [out] im Durchschnitt betragen; **over the year the number of visitors averages out at about 2000 a week** im Jahr beträgt die Besucherzahl im Durchschnitt ungefähr 2000 pro Woche ❷ im Durchschnitt ausmachen ❸ he averages about $1200 a month er verdient um die $1200 monatlich
**aver·sion** [əˈvɜːʃn] die Abneigung, die Aversion (**to** gegen)
to **avert** [əˈvɜːt] ❶ abwenden *Blick, Gedanken* (**from** von) ❷ verhindern *Katastrophe*
**avia·tion** [ˌeɪvɪˈeɪʃn] die Luftfahrt
**avid** [ˈævɪd] begeistert
**avo·ca·do** [ˌævəˈkɑːdəʊ] <*plural* avocados *oder* avocadoes> die Avocado
to **avoid** [əˈvɔɪd] vermeiden; **he always manages to avoid helping with the housework** er schafft es immer wieder, bei der Hausarbeit nicht dabei zu sein; **I managed**

**to avoid hitting the other car** es gelang mir, dem anderen Auto auszuweichen; **try to avoid mentioning the subject** versuch es, das Thema zu meiden; **to avoid someone** jemanden meiden [*oder* aus dem Wege gehen], jemandem ausweichen
**avoid·able** [əˈvɔɪdəbl] vermeidbar
**avoid·ance** [əˈvɔɪdən(t)s] die Vermeidung; *von Steuern:* die Umgehung
to **await** [əˈweɪt] erwarten, warten auf
to **awake** [əˈweɪk] <awoke *oder* USA *auch* awaked, awoken *oder* USA *auch* awaked> ❶ aufwachen; **they awoke at 6 this morning** sie sind um 6 heute Morgen wach geworden ❷ (*übertragen*) **the photo had awoken old memories** das Foto hatte alte Erinnerungen erweckt
**awake** [əˈweɪk] ❶ wach, munter; **to be awake** wach sein; **wide awake** hellwach ❷ (*übertragen*) **you must be awake to the dangers of the situation** du musst dir der Gefahr der Situation bewusst sein
**award** [əˈwɔːd] der Preis, die Auszeichnung
to **award** [əˈwɔːd] ❶ zuerkennen, zusprechen ❷ verleihen *Preis*
**award-win·ning** [əˈwɔːdwɪnɪŋ] preisgekrönt
**aware** [əˈweəʳ] bewusst; **I'm aware of that** ich bin mir dessen bewusst; **not that I'm aware of** nicht, dass ich wüsste
**aware·ness** [əˈweənɪs] das Bewusstsein
**away** [əˈweɪ] ❶ weg, fort; **to go away** weggehen; **to take away** wegnehmen; **go away!** geh weg! ❷ entfernt, abseits; **far away** weit weg ❸ abwesend; **away on business** geschäftlich unterwegs ❹ **far and away** bei weitem; **right** [*oder* **straight**] **away** auf der Stelle, sofort; **to do away with** abschaffen, beseitigen; **to give** [**something**] **away** [etwas] verschenken; **don't give away our secret!** verrate unser Geheimnis nicht!; **to give oneself away** sich verraten; **to work away** unablässig arbeiten
**away match** das Auswärtsspiel
**awe-in·spir·ing** [ˈɔːɪnˌspaɪərɪŋ] beeindruckend
**awe·some** [ˈɔːsəm] Ehrfurcht gebietend; **what did you think of it? - awesome!** (*slang*) wie war's? - Geil!
**awe·struck** [ˈɔːˌstrʌk] [von Ehrfurcht] ergriffen
**aw·ful** [ˈɔːfl] ❶ furchtbar ❷ (*umgangsspr*) scheußlich
**aw·ful·ly** [ˈɔːflɪ] furchtbar
**awk·ward** [ˈɔːkwəd] ❶ *Person:* unbeholfen, ungeschickt ❷ *Gegenstand:* unhandlich

**3** *Situation:* peinlich, unangenehm **4** *Frage:* schwierig, peinlich **5** *Zeitpunkt:* ungünstig; **he's at that awkward age** er ist jetzt in dem schwierigen Alter

**awn·ing** ['ɔ:nɪŋ] **1** die Plane **2** die Markise

**awoke** [ə'wəʊk] *2. Form von* **awake**

**awok·en** [ə'wəʊkən] *3. Form von* **awake**

**axe** [æks], ⊕ **ax** die Axt, das Beil ▸ WENDUNGEN: **to get the axe** (*umgangsspr*) *Person:* entlassen werden; *Projekt:* gestrichen werden; **to have an axe to grind** persönliche Interessen verfolgen

to **axe** [æks], ⊕ to **ax** (*übertragen*) radikal kürzen [*oder* abbauen]

**axis** ['æksɪs, *plural* 'æksi:z] <*plural* axes> die Achse

**axle** ['æksl] die Achse, die Radachse

**aye** [aɪ] (*im Parlament*) die Jastimme; **the ayes have it** die Mehrzahl ist dafür

**Azer·bai·jan** [ˌæzəbaɪ'dʒɑ:n] *kein Plural* Aserbaidschan

# B

**B** <*plural* B's *oder* Bs>, **b** [bi:] <*plural* b's> **1** B, b **2** (*Musiknote*) H, h **3** (*Schulnote*) gut **4** **b. 1987** geboren 1987

to **bab·ble** ['bæbl] **1** stammeln, lallen; **stop babbling like an idiot!** hör auf, Schwachsinn zu reden!; **they've been babbling away all morning** sie haben den ganzen Vormittag gequasselt **2** *Wasser:* murmeln, plätschern

**babe** [beɪb] **1** das Kind; **as innocent as a newborn babe** unschuldig wie ein neugeborenes Kind **2** (*umgangsspr*) **hey, babe!** hey, Süße!

**ba·boon** [bə'bu:n] der Pavian

**baby** ['beɪbɪ] **1** das Baby, der Säugling; **to [be going to] have a baby** ein Kind bekommen; **stop being such a baby** hör auf, dich wie ein kleines Kind zu benehmen **2** (*umgangsspr*) Schätzchen ▸ WENDUNGEN: **to be left holding the baby** die Sache am Hals haben

**baby car·riage** ⊕ der Kinderwagen

**baby-mind·er** ⊕ die Tagesmutter; (*beruflich*) der Kinderpfleger/die Kinderpflegerin

**baby·sit·ter** der Babysitter/die Babysitterin

**baby·sit·ting** das Babysitting, das Babysitten

**bach·elor** ['bætʃələ'] der Junggeselle

**back¹** [bæk] **1** (*auch übertragen*) der Rücken; **back of a book** der Buchrücken; **back of the hand** der Handrücken; **back to back** Rücken an Rücken; **it happened when my back was turned** (*übertragen*) es geschah, als ich anderweitig beschäftigt war; **behind someone's back** (*auch übertragen*) hinter jemandes Rücken; **with one's back to the wall** (*übertragen*) in der Klemme **2** **back to front** verkehrt herum **3** **at the back of** hinter **4** (*im Auto*) der Rücksitz; **you can get in the back and I'll get in the front** steig du hinten ein und ich setze mich nach vorne **5** *einer Münze, Seite:* die Rückseite; **the back of the chair** die Rückenlehne **6** (*beim Fußball*) der Verteidiger/die Verteidigerin ▸ WENDUNGEN: **to be glad to see the back of someone** froh sein, dass jemand weg ist; **I wish they'd get off my back!** ich wünsche, sie würden mich in Ruhe lassen; **to get someone's back up** jemanden auf die Palme bringen; **to know something like the back of one's hand** etwas wie die eigene Westentasche kennen; **to put one's back into something** sich in eine Sache hineinknien; **she lives at the back of beyond** sie lebt mitten in der Walachei

**back²** [bæk] **1** rückwärtig, Hinter- **2** *Betrag:* rückständig **3** *Ort, Straße:* abgelegen, fern

**back³** [bæk] **1** rückwärts, zurück (**from** von), hinten; **back and forth** hin und her; **did you get your sweater back?** hast du deinen Pullover zurückbekommen?; **I've just had a letter back from the bank** ich habe eben ein Antwortschreiben von der Bank bekommen **2** **5 years back** vor fünf Jahren **3** **to answer back** frech antworten, widersprechen **4** **to go back on one's word** sein Versprechen nicht halten; **stand** [*oder* **keep**] **back!** zurück[bleiben]!

to **back** [bæk] **1** unterstützen **2** **to back someone up** jemandem den Rücken decken, jemandem beistehen **3** zurückfahren *Auto;* **you'll have to back [the car] into that space** du wirst in die Parklücke zurücksetzen müssen **4** **to back a horse/a winner** (*auch übertragen*) auf ein Pferd/einen Gewinner setzen

◆ to **back away** zurückweichen

◆ to **back down** klein beigeben

◆ to **back onto** hinten angrenzen an

◆ to **back out** einen Rückzieher machen

◆ to **back up** **1** zurückfahren *Auto* **2** unterstützen, beistehen *Person;* bestätigen *Geschichte;* untermauern *Theorie* **3** sichern

*Daten*
**back·ache** *kein Plural* die Rückenschmerzen
**back·bench·er** [ˌbæk'bentʃə] ⒼⒷ der/die Abgeordnete (*ohne Position in der Regierung*)
**back·bone** ['bækbəʊn] (*auch übertragen*) das Rückgrat
to **back·comb** toupieren *Haar*
**back door** [ˌbæk'dɔːʳ] (*auch übertragen*) die Hintertür
**back·er** ['bækə] der Förderer/die Förderin; *von Projekt:* der Geldgeber
to **back·fire** [ˌbæk'faɪəʳ] ❶ *Auto:* knallen ❷ (*übertragen*) *Plan:* schiefgehen; *Sache:* ins Auge gehen
**back·ground** ['bækgraʊnd] ❶ der Hintergrund; (*auch übertragen*) die Umwelt, das Milieu ❷ (*übertragen*) die berufliche Erfahrung, die Ausbildung, die Vorbildung ❸ *eines Falls:* die Zusammenhänge
**back·hand** ['bækhænd] (*beim Tennis*) die Rückhand
**back·hand·ed** ['bækhændɪd] **backhanded compliment** zweischneidiges Kompliment
**back·hand·er** ['bækhændəʳ] das Schmiergeld
**back·ing** ['bækɪŋ] ❶ die Unterstützung ❷ (*in der Musik*) die Begleitung ❸ (*Material*) die Rückenverstärkung
**back·lash** ['bæklæʃ] die Gegenreaktion
**back·log** ['bæklɒg] die Rückstände
**back·pack** ['bækpæk] der Rucksack
to **back·pack** ['bækpæk] mit dem Rucksack [ver]reisen
**back·pack·er** der Rucksacktourist/die Rucksacktouristin
**back pay** die Nachzahlung; **I've got three months' back pay due!** mir stehen noch drei Monatsgehälter zu!
**back seat** [bæk'siːt] der Rücksitz; **to take a back seat** (*übertragen*) sich zurückhalten; **back seat driver** der besserwisserische Beifahrer/die besserwisserische Beifahrerin
**back·side** ['bæksaɪd] (*umgangsspr*) der Hintern
**back·stage** [bæk'steɪdʒ] hinter der Bühne
**back street** ['bæk striːt] die Seitenstraße
**back·stroke** ['bækstrəʊk] das Rückenschwimmen
**back·up** ['bækʌp] ❶ die Unterstützung ❷ (*Computer*) die Sicherung
**back·ward** ['bækwəd] ❶ rückwärtig, rückwärtsgerichtet ❷ *Kind:* zurückgeblieben ❸ *Land:* rückständig
**back·wards** ['bækwədz] rückwärts, zurück; **backwards and forwards** hin und her; **to**

**know something backwards** etwas in- und auswendig kennen
**back·yard** [ˌbæk'jɑːd] der Hinterhof
**ba·con** ['beɪkən] der [durchwachsene] Speck
**bac·te·ria** [bæk'tɪərɪə] *plural* die Bakterien
**bad** [bæd] <worse, worst> ❶ schlecht; **in a bad mood** schlecht gelaunt; **a bad business** eine üble Sache ❷ *Geruch:* übel ❸ *Hund, Kind:* böse, schlimm ❹ *Sturz:* böse ❺ *Verletzung:* schlimm ❻ *Erkältung, Fehler, Unfall:* schwer ❼ *Lebensmittel:* verdorben; *Ei:* faul; **to go bad** schlecht werden, verderben ❽ (*slang*) toll, geil ❾ **from bad to worse** immer schlimmer; **not [half] bad** (*umgangsspr*) gar nicht so übel; **he feels very bad about it** es tut ihm sehr leid; **that is too bad!** das ist zu dumm!; **bad luck** Pech
**badge** [bædʒ] das Abzeichen, der Button
**badg·er** ['bædʒəʳ] der Dachs
to **badg·er** ['bædʒəʳ] plagen
**bad·ly** ['bædlɪ] <worse, worst> ❶ schlecht, schlimm ❷ arg, dringend; **to want badly** dringend brauchen [*oder* benötigen] ❸ **to come off badly** schlecht wegkommen; **to be badly off** finanziell schlecht dran sein ❹ **badly beaten** vernichtend geschlagen
**bad·min·ton** ['bædmɪntən] der Federball, das Badminton
**bad-tem·pered** (*Neigung*) leicht aufbrausend; (*Zustand*) schlecht gelaunt
to **baf·fle** ['bæfl] verblüffen, verwirren; **I am completely baffled** ich stehe vor einem Rätsel
**baf·fling** ['bæflɪŋ] verwirrend
**bag** [bæg] ❶ die Tasche, die Handtasche ❷ (*aus Papier, Plastik*) die Tüte ❸ (*zum Zuziehen*) der Beutel ❹ **a bag of cement** ein Sack Zement ❺ **bags** *plural* das Gepäck ❻ **bags of** (*umgangsspr*) jede Menge ▶ WENDUNGEN: **to let the cat out of the bag** die Katze aus dem Sack lassen; **old bag** (*umgangsspr*) die alte Schachtel
**bag·gage** ['bægɪdʒ] das Reisegepäck
**bag·gage car** der Gepäckwagen
**bag·gage cart** ⓊⓈⒶ der Kofferkuli
**bag·gage check** die Gepäckkontrolle
**bag·gage check-in count·er** der Abfertigungsschalter, der Abflugschalter
**bag·gage claim** die Gepäckausgabe
**bag·gage rack** die Gepäckablage
**bag·gage room** die Gepäckaufbewahrung
**bag·gage trol·ley** der Kofferkuli
**bag·gy** ['bægɪ] ❶ schlabberig *umgangsspr* ❷ (*unförmig*) ausgebeult
**bag·pipes** ['bægpaɪps] *plural* der Dudelsack

**bail** [beɪl] die Bürgschaft, die Kaution; **out on bail** durch Kaution auf freiem Fuß

to **bail** [beɪl] ❶ **to bail someone out** jemanden gegen Bürgschaft freibekommen; (*übertragen*) jemanden retten ❷ schöpfen *Wasser*

to **bait** [beɪt] ❶ mit einem Köder versehen ❷ quälen *Menschen, Tier*

**bait** [beɪt] (*auch übertragen*) der Köder; **to rise to** [*oder* **take**] **the bait** (*übertragen*) anbeißen

to **bake** [beɪk] ❶ backen *Kuchen, Brot;* **baked apple** der Bratapfel; **baked beans** die gebackenen Bohnen in Tomatensoße; **baked potato** die Ofenkartoffel ❷ (*durch Hitze*) härten, dörren; brennen *Ziegel* ❸ (*übertragen*) braten; **I'm baking!** ich komme fast um vor Hitze!

**bak·er** ['beɪkə'] der Bäcker/die Bäckerin

**bak·ery** ['beɪkərɪ] die Bäckerei

**bak·ing¹** ['beɪkɪŋ] das Backen, das Brennen

**bak·ing²** ['beɪkɪŋ] glühend heiß

**bak·ing pow·der** *kein Plural* das Backpulver

**bal·ance** ['bæləns] ❶ die Waage ❷ das Gleichgewicht; **to catch someone off balance** (*auch übertragen*) jemanden aus dem Gleichgewicht werfen; **to be [thrown] off balance** (*auch übertragen*) das Gleichgewicht verloren haben ❸ die [innere] Ausgeglichenheit, der Gleichmut ❹ *von Wirtschaftsbüchern:* die Bilanz; *vom Konto:* der Kontostand ▸ WENDUNGEN: **in the balance** in der Schwebe; **on balance** alles in allem; **to strike a balance between ...** den Mittelweg finden zwischen ...

to **bal·ance** ['bæləns] ❶ balancieren (**on** auf) ❷ das Gleichgewicht halten ❸ ausgleichen; **to balance the books** die Bücher bilanzieren ❹ (*übertragen*) **to balance something** etwas abwägen (**against/by/with** gegen)

**bal·anced** ['bælənst] *Person:* ausgeglichen

**bal·co·ny** ['bælkənɪ] der Balkon

**bald** [bɔːld] ❶ *Kopf:* kahl; **he's bald** er hat eine Glatze; **you're going bald on top!** du bekommst eine Glatze! ❷ *Reifen:* abgefahren

**bald-head·ed** glatzköpfig; **a bald-headed man** ein Glatzkopf

**bale** [beɪl] *Heu:* der Ballen

**Bal·kans** ['bɔːlkənz] *plural* **the Balkans** der Balkan

**ball¹** [bɔːl] ❶ der Ball; **to keep one's eye on the ball** den Ball im Auge behalten; (*übertragen*) etwas im Auge behalten ❷ (*beim Billard*) die Kugel ❸ (*aus Kordel, Wolle*) das/der Knäuel ❹ **the ball of one's foot/hand** der Fußballen/Handballen ❺ **balls** *plural*

(*slang*) die Eier ❻ **balls!** (*slang*) Quatsch!, Scheiße! ▸ WENDUNGEN: **on the ball** auf Draht; **to keep the ball rolling** das Gespräch in Gang halten; **to set the ball rolling** den Stein ins Rollen bringen; **to play ball** mitmachen; **the ball is in his court** jetzt ist er am Zug

**ball²** [bɔːl] der [Tanz]ball

**bal·let** ['bæleɪ] das Ballett

**bal·let danc·er** der Balletttänzer/die Balletttänzerin

**bal·lis·tic** [bə'lɪstɪk] ballistisch ▸ WENDUNGEN: **to go ballistic** (*umgangsspr*) an die Decke gehen, in die Luft gehen

**bal·loon** [bə'luːn] ❶ der Ballon ❷ die Sprechblase

**bal·lot** ['bælət] die Abstimmung; **secret ballot** die geheime Wahl; **ballot box** die Wahlurne; **ballot paper** der Wahlzettel, der Stimmzettel

to **bal·lot** ['bælət] [geheim] abstimmen (**for** über); **the union balloted its members** die Gewerkschaft hat ihre Mitglieder abstimmen lassen

**ball·point** ['bɔːlpɔɪnt], **ball·point pen** [ˌbɔːlpɔɪnt'pen] der Kugelschreiber

**ball·room** ['bɔːlrʊm] der Ballsaal, der Tanzsaal; **ballroom dancing** der Gesellschaftstanz

**balls** ['bɔːlz] *plural* (*slang*) die Eier

**balls-up** ⓖⒷ (*slang*) der Scheiß

**ba·lo·ney** [bə'ləʊnɪ] *kein Plural* ❶ ⓤⓈⒶ ≈ die Fleischwurst ❷ (*umgangsspr*) der Quatsch

**bam·boo** [bæm'buː] ❶ das Bambusrohr ❷ der Bambus

to **ban** [bæn] <banned, banned> ❶ verbieten ❷ sperren *Spieler*

**ban** [bæn] das Verbot; **to put a ban on something** etwas mit einem Verbot belegen; **to lift a ban** ein Verbot aufheben

**ba·nal** [bə'nɑːl] banal

**ba·na·na** [bə'nɑːnə] ❶ die Banane ❷ **to go bananas** verrückt werden

**band** [bænd] ❶ das Band ❷ die [Musik]kapelle, die Band ❸ *von Farbe:* der Streifen ❹ *von Räubern:* die Bande

to **band** [bænd] zusammenbinden; **to band together** sich zusammenschließen

**band·age** ['bændɪdʒ] die Bandage, die Binde, der Verband

to **band·age** ['bændɪdʒ] verbinden, bandagieren

**bandit** ['bændɪt] der Bandit/die Banditin

**band·stand** ['bændstænd] der Musikpavillon

**band·wagon** ['bændwægən] ▸ WENDUNGEN: **to climb** [*oder* **jump**] **on the bandwagon**

**bang – bargain**

sich dranhängen, auf den fahrenden Zug auf-
springen

**bang¹** [bæŋ] ❶ der [heftige] Schlag ❷ der [lau-
te] Knall ❸ (*übertragen*) **to go off with a
bang** ein Bombenerfolg sein

**bang²** [bæŋ] ❶ heftig, mit lautem Knall; **to
go bang** knallen ❷ peng!

to **bang** [bæŋ] ❶ knallen (**against** gegen); **I
banged my knee on the step** ich bin mit
dem Knie gegen die Treppe geknallt; **he
banged his fist on the table** er schlug mit
der Faust auf den Tisch; **she banged the
phone down** sie knallte den Hörer auf die
Gabel ❷ **to bang the door** die Tür zuschla-
gen [*oder* zuknallen]; **the door banged
behind him** die Tür knallte laut hinter ihm
zu

◆ to **bang about** Krach machen

**ban·gle** ['bæŋgl] der Armreif, der Armring

**bangs** [bæŋz] *plural* (*Frisur*) der Pony

**ban·is·ter** ['bænɪstər] das Treppengeländer

**bank¹** [bæŋk] ❶ die Bank ❷ **blood bank** die
Blutbank

**bank²** [bæŋk] ❶ *eines Flusses, Sees:* das Ufer
❷ (*Abhang*) die Böschung ❸ *von Sand,
Wolken:* die Bank

to **bank** [bæŋk] **bank money** Geld auf die Bank
bringen, Geld einzahlen; **where do you
bank?** wo haben Sie Ihr Bankkonto?; **I bank
with Lloyds** ich habe ein Konto bei Lloyds

◆ to **bank on** sich verlassen auf, zählen auf

◆ to **bank up** ❶ aufhäufen ❷ *Schnee:* sich
anhäufen ❸ *Wolken:* sich auftürmen

**bank ac·count** ['bæŋkəkaʊnt] das Bankkonto

**bank bal·ance** der Kontostand

**bank card** die Scheckkarte

**bank charges** *plural* die Bankgebühren

**bank code num·ber** die Bankleitzahl

**bank holi·day** ⒼⒷ der [gesetzliche] Feiertag;
ⓊⓈⒶ der Bankfeiertag

**bank·ing** ['bæŋkɪŋ] ❶ das Bankwesen ❷ *von
Flugzeug:* die Schräglage ❸ *einer Rennbahn:*
die Überhöhung

**bank man·ag·er** der Bankdirektor/die Bank-
direktorin

**bank·note** die Banknote

**bank rob·bery** der Banküberfall

**bank·rupt** ['bæŋkrʌpt] bankrott, zahlungsun-
fähig; **to go** [*oder* **become**] **bankrupt** bank-
rottgehen, in Konkurs gehen

**bank·rupt·cy** ['bæŋkrʌp(t)si] *kein Plural* der
Konkurs

**bank sort code** ⒼⒷ die Bankleitzahl

**bank state·ment** [bæŋksteɪtmənt] der Kon-
toauszug

**bank trans·fer** die Überweisung

**ban·ner** ['bænər] ❶ das Banner, die Fahne
❷ das Spruchband, das Transparent

**ban·ner ad·vert** (*im Internet*) die Bannerwer-
bung

**bap·tism** ['bæptɪzəm] (*auch übertragen*) die
Taufe; **baptism of fire** die Feuertaufe

**Bap·tist** ['bæptɪst] der Baptist/die Baptistin

to **bap·tize** [bæp'taɪz] taufen

**bar¹** [bɑːr] ❶ die Stange ❷ *von Schokolade:* die
Tafel ❸ *von Gold:* der Barren ❹ **a bar of
soap** ein Stück Seife ❺ **behind bars** (*im
Gefängnis*) hinter Gittern ❻ (*übertragen*)
das Hindernis (**to** für), die Schranke ❼ (*in der
Musik*) der Taktstrich ❽ (*gerichtlich*) **to be
called to the Bar** als Anwalt/Anwältin
zugelassen werden ❾ (*Kneipe*) die Bar
❿ (*Tresen*) die Theke

**bar²** [bɑːr] abgesehen von, außer; **bar none**
ohne Ausnahme; **bar one** außer einem

to **bar** [bɑːr] <barred, barred> ❶ verriegeln,
zusperren *Tür, Fenster* ❷ [ver]sperren *Weg*
❸ **to bar someone from doing something**
jemandem verbieten [*oder* untersagen], et-
was zu tun, jemanden daran hindern, etwas
zu tun; **he's been barred from the club** er
hat Klubverbot

**bar·be·cue** ['bɑːbɪkjuː] ❶ der Grill ❷ das
Grillfleisch ❸ die Grillparty

to **bar·be·cue** ['bɑːbɪkjuː] auf dem Rost braten,
grillen

**barbed** [bɑːbd] **barbed wire** der Stachel-
draht

**bar·ber** ['bɑːbər] der [Herren]friseur

**bar chart** ['bɑː tʃɑːt] das Balkendiagramm

**bar code** der Strichcode, der Balkencode

**bare** [beər] ❶ nackt, bloß; **with one's bare
hands** mit den bloßen Händen ❷ *Baum,
Wand:* kahl ❸ *Raum:* unmöbliert, leer
❹ *Boden:* nackt ❺ (*übertragen*) unverhüllt,
offen; **the bare facts** die nackten Tatsachen

to **bare** [beər] entblößen; **the dog bared its
teeth** der Hund bleckte [*oder* fletschte] die
Zähne

**bare·foot** [ˌbeə'fʊt], **bare·foot·ed** [ˌbeə'fʊ-
tɪd] barfuß

**bare·ly** ['beəlɪ] kaum

**bar·gain** ['bɑːgɪn] ❶ günstiges Angebot, Ge-
legenheitskauf; **it's a bargain at that price!**
zu dem Preis ist das geschenkt!; **it's a bar-
gain** es ist sehr günstig; **to drive a hard bar-
gain** (*auch übertragen*) hart handeln ❷ (*Ab-
machung*) **it's a bargain!** abgemacht!
❸ (*übertragen*) **into the bargain** oben-
drein, noch dazu

**bargain – bat**

to **bar·gain** ['baːgɪn] ❶ handeln (**for** um) ❷ (*übertragen*) **he got more than he bargained for** da hat er sich ganz schön was eingebrockt ❸ **to bargain on someone/something** auf jemanden/etwas zählen

**bar·gain sale** der Ausverkauf

**barge** [baːdʒ] der Lastkahn, der Schleppkahn

to **barge** [baːdʒ] (*umgangsspr*) **to barge in** dazwischenplatzen, sich einmischen; **to barge into** hineinrennen in, hineinplatzen in

**bar·hop·ping** *kein Plural* 🇺🇸 die Kneipentour

**bark**[1] [baːk] *eines Baums:* die Rinde, die Borke

**bark**[2] [baːk] das Bellen ▶ WENDUNGEN: **his bark is worse than his bite** Hunde, die bellen, beißen nicht

to **bark** [baːk] ❶ *Hund:* bellen ❷ *Mensch:* anfahren; **to bark at someone** jemanden anbellen ▶ WENDUNGEN: **you're barking up the wrong tree** du bist auf dem Holzweg

**bar·ley** ['baːlɪ] die Gerste

**bar·maid** ['baːmeɪd] die Bardame, die Bedienung

**bar·man** ['baːmən] <*plural* barmen> der Barmann, der Barkeeper

**barn** [baːn] die Scheune, die Scheuer; 🇺🇸 der Stall

**barn owl** die Schleiereule

**bar·racks** ['bærəks] die Kaserne

**bar·rel** ['bærəl] ❶ das Fass ❷ das [Kanonen]rohr, der [Gewehr]lauf ❸ (*Maßeinheit für Öl*) das Barrel ❹ (*übertragen*) **he's a barrel of laughs** er ist ein richtiger Spaßvogel; **her job is not exactly a barrel of laughs** ihr Job macht ihr nicht gerade viel Spaß; **to have someone over a barrel** jemanden in der Zange haben

**bar·ren** ['bærən] unfruchtbar

**bar·ri·cade** [ˌbærɪˈkeɪd] die Barrikade

to **bar·ri·cade** [ˌbærɪˈkeɪd] verbarrikadieren

**bar·ri·er** ['bærɪəʳ] ❶ die Schranke, die Sperre, die Barriere ❷ (*übertragen*) die Barriere, das Hindernis (**to** für)

**bar·ring** ['baːrɪŋ] außer, ausgenommen; **barring accidents** falls nichts passiert

**bar·ris·ter** ['bærɪstəʳ] der Barrister, der Rechtsanwalt/die Rechtsanwältin (*vor einem höheren Gericht zugelassen*)

**base**[1] [beɪs] ❶ (*auch in der Mathematik*) die Basis, die Grundlinie, die Grundfläche, die Grundzahl ❷ *von Lampe, Mikroskop, Mauer:* der Fuß ❸ *von Schrank, Statue:* der Sockel ❹ Grund[lage], die Basis, der Ausgangspunkt ❺ (*beim Militär*) die Basis, der Stützpunkt ❻ (*beim Sport*) das Mal, die Standlinie ❼ (*in*

*der Chemie*) die Base

**base**[2] [beɪs] **base metal** das unedle Metall

to **base** [beɪs] ❶ basieren, gründen (**on** auf); **to be based on** sich stützen auf ❷ **the company is based in Frankfurt** die Firma hat ihren Hauptsitz in Frankfurt

**base·ball** ['beɪsbɔːl] der Baseball

> **L** Für die Amerikaner ist **baseball** *der* Nationalsport. In meist riesigen Stadien treten zwei Mannschaften gegeneinander an, wobei immer eine Mannschaft **up** ist. Der **pitcher** (Werfer) der einen Mannschaft wirft den Ball, während der Spieler der anderen Mannschaft versucht, den Ball mit seinem Schläger zu treffen und ihn so weit wie möglich wegzuschlagen. Er versucht dann **runs** (Punkte) zu machen indem er nach Möglichkeit die vier **bases** (Platten) an den Ecken eines Quadrats erreicht, bevor die Gegenseite den Ball unter Kontrolle bekommt.

**base·ment** ['beɪsmənt] das Kellergeschoss; (*im Kaufhaus*) das Untergeschoss

**bases** ['beɪsiːz] *Pluralform von* **basis**

**bash** [bæʃ] <*plural* bashes> ❶ der heftige Schlag ❷ **have a bash!** (*umgangsspr*) probier mal!

to **bash** [bæʃ] (*umgangsspr*) heftig schlagen
◆ to **bash on** (🇬🇧) (*umgangsspr*) **to bash on [with something]** [mit etwas] weitermachen
◆ to **bash out** **to bash out a report** schnell mal einen Bericht zusammenschreiben; **to bash out a tune on the piano** ein bisschen auf dem Klavier herumklimpern

**bash·ful** ['bæʃfʊl] schüchtern

**ba·sic** ['beɪsɪk] ❶ Grund-, grundlegend ❷ grundsätzlich [wichtig], fundamental ❸ *Kenntnisse, Einrichtungen:* elementar

**ba·si·cal·ly** ['beɪsɪklɪ] im Grunde

**ba·sic sala·ry** der Grundlohn

**ba·sic vo·cabu·lary** der Grundwortschatz

**ba·sin** ['beɪsn] ❶ die Schale ❷ das Waschbecken, die Schüssel

**ba·sis** ['beɪsɪs] <*plural* bases> ❶ die Basis, die Grundlage; **on a regular basis** regelmäßig; **we work on the basis of 'the customer is always right'** wir arbeiten nach dem Prinzip ,der Kunde ist König' ❷ der Grundbestandteil

**bas·ket** ['baːskɪt] der Korb

**bas·ket·ball** der Basketball

**bass** [beɪs] der Bass

**bas·soon** [bəˈsuːn] das Fagott

**bas·tard** ['baːstəd] ❶ das uneheliche Kind, der Bastard ❷ (*slang*) der Schweinehund, der Scheißkerl; **poor bastard** armes Schwein

**bat**[1] [bæt] die Fledermaus ▶ WENDUNGEN: **blind**

**as a bat** stockblind; **old bat** (*umgangsspr*) die alte Hexe; **like a bat out of hell** wie eine Furie

**bat²** [bæt] das Schlagholz, der Schläger ▸ WEN-DUNGEN: **off one's own bat** auf eigene Faust

to **bat¹** [bæt] <batted, batted> [mit dem Schlagholz] schlagen

to **bat²** [bæt] **don't bat your eyelashes at him like that!** hör auf, ihm schöne Augen zu machen!; **without batting an eyelid** ohne mit der Wimper zu zucken

**batch** [bætʃ] <*plural* batches> der Stoß, der Stapel

**bat·ed** ['beɪtɪd] **with bated breath** mit angehaltenem Atem, voller Spannung

**bath** [bɑːθ] ❶ (*auch in der Chemie*) das Bad; **to have** [*oder* take] **a bath** ein Bad nehmen ❷ die Badewanne ❸ **baths** *plural* das Bad, die Badeanstalt, das Hallenbad

to **bath** [bɑːθ] ❶ [sich] baden ❷ **to bath a baby** ein Baby baden

to **bathe** [beɪð] ❶ [sich] baden ❷ **to bathe one's eyes** ein Augenbad machen

**bath·ing** ['beɪðɪŋ] das Baden

**bath·ing cap** die Badekappe, die Bademütze

**bath·ing cos·tume** der Badeanzug

**bath·ing trunks** *plural* die Badehose

**bath·robe** ['bɑːrəʊb] der Bademantel

**bath·room** ['bɑːθruːm] ❶ das Badezimmer ❷ (USA) **where's the bathroom?** wo ist die Toilette?

**bath tow·el** das Badetuch

**bath·tub** ['bɑːθtʌb] die Badewanne

**ba·ton** ['bætən] ❶ (*Sport*) der [Staffel]stab ❷ (*Musik*) der Taktstock ❸ *der Polizei:* der Schlagstock

**bats·man** ['bætsmən] <*plural* batsmen> der Schlagmann

to **bat·ter** ['bætər] ❶ verprügeln, zusammenschlagen; **he was battered to death** er wurde zu Tode geprügelt ❷ **to batter down** niederschlagen; **to batter in** einschlagen ❸ trommeln; **to batter at the door** gegen die Tür hämmern

**bat·ter** ['bætər] ❶ (*beim Kricket*) der Schlagmann ❷ der Teig (*zum Frittieren*) ❸ der Pfannkuchenteig

**bat·tered** ['bætəd] *Auto, Hut:* verbeult

**bat·tery** ['bætərɪ] die Batterie

**bat·tery charg·er** das Ladegerät

**bat·tery hen** das Batteriehuhn

**bat·tery-op·er·at·ed**, **bat·tery-pow·ered** batteriebetrieben

**bat·tle** ['bætl] ❶ die Schlacht (**against** gegen, **of** bei), das Gefecht (**for** um) ❷ (*übertragen*)

der Kampf (**for** um); **the battle against cancer** der Kampf gegen Krebs; **I'm going to do battle with my physics homework** ich muss mich jetzt mit den Physikhausaufgaben rumschlagen; **that is half the battle** damit ist schon viel gewonnen

to **bat·tle** ['bætl] kämpfen (**against** gegen, **for** um, **with** mit)

**bat·tle·field** ['bætlfiːld], **bat·tle·ground** ['bætlgraʊnd] das Schlachtfeld

**bat·tle·ship** ['bætlʃɪp] das Schlachtschiff

**bat·ty** ['bætɪ] (*umgangsspr*) bekloppt

**Ba·varia** [bə'veərɪə] *kein Plural* Bayern

**Ba·var·ian¹** [bə'veərɪən] bay[e]risch

**Ba·var·ian²** [bə'veərɪən] ❶ der Bayer/die Bayerin ❷ *kein Plural* (*Dialekt*) Bay[e]risch

to **bawl** [bɔːl] brüllen; grölen *Lied;* (*vor Ärger*) schreien

**bay** [beɪ] ❶ die Bucht; **the Bay of Bengal** der Golf von Bengalen; **Hudson Bay** Hudsonbai ❷ **to hold** [*oder* keep] **someone/ something at bay** jemanden/etwas in Schach halten

to **bay** [beɪ] bellen; **to bay at someone/something** jemanden/etwas anbellen

**bayo·net** [beɪənɪt] das Bajonett

**bay win·dow** das Erkerfenster

**ba·zaar** [bəzɑː] der Basar

**BBC** [ˌbiːbiːˈsiː] *Abkürzung von* **British Broadcasting Corporation** die BBC (*britische Rundfunkgesellschaft*)

**BC** [ˌbiːˈsiː] *Abkürzung von* **before Christ** v. Chr.

to **be** [biː] <was *oder* were, been> ❶ sein; **I'm her sister** ich bin ihre Schwester; **she's a teacher** sie ist Lehrerin; **that's me** so bin ich ❷ (*Zustand*) sein, sich fühlen; **how are you?** wie geht es dir/Ihnen?; **I'm OK** mir geht es gut; **I'm hot** mir ist warm ❸ herrschen; **there was a terrible atmosphere** es herrschte eine schreckliche Stimmung ❹ (*beruflich*) werden; **what do you want to be?** was willst du mal werden?; **I want to be a lawyer** ich möchte Anwalt werden ❺ sein, sich befinden; **where's the toilet?** wo ist die Toilette?; **there's a good restaurant nearby** es gibt ein gutes Restaurant in der Nähe ❻ geschehen, sich ereignen; **when's the party?** wann findet die Party statt?; **when is our exam?** wann ist unsere Prüfung? ❼ gehören; **whose bag is this?** wem gehört diese Tasche?; **it's mine** es gehört mir ❽ betragen, kosten; **how much is that?** wie viel macht das? ❾ (*dürfen, sollen*) **tell them they are to register first**

**beach – beautician**

sag ihnen, sie müssen [*oder* sollen] sich zuerst anmelden; **you are not to go out without telling us!** du darfst nicht rausgehen, ohne es uns vorher zu sagen! **🔟** *zur Bildung der Verlaufsform:* + *-ing* **what are you doing?** was machst du da?; **I'm doing my homework** ich mache meine Hausaufgaben **⓫** *zur Bildung des Passivs* werden; **he was made redundant** er wurde arbeitslos; **the house was built in 1872** das Haus wurde 1872 erbaut **⓬** **his wife-to-be** seine Zukünftige **⓭** **here you are!** bitte schön! **⓮** **how is it that ...?** wie kommt es, dass ...? **⓯** **be that as it may!** wie dem auch sei! **⓰** **let it be!** lass es sein!

**beach** [biːtʃ] <*plural* beaches> der Strand; **on the beach** am Strand

> **L** Da Australien eine Insel ist, wird es von **beaches** (Stränden) umgeben. An vielen Stränden gibt es rote und gelbe Fahnen - als Zeichen dafür, dass sie von Rettungsschwimmern überwacht werden. Manche Strände haben auch Netze, um die Schwimmer vor Haien oder **stingers** (Quallen) zu schützen. Stingers sind besonders giftige Quallen. Wird man von ihren Brennfäden berührt, muss die Wunde mit Essig ausgewaschen und wie ein Schlangenbiss versorgt werden. An den nordaustralischen Stränden und den Ufern von Flüssen weisen Warnschilder auf eine weitere Gefahr hin: Krokodile!

**beach holi·day** der Strandurlaub
**bead** [biːd] **❶** die Perle **❷** der Tropfen
**beak** [biːk] der Schnabel
**beak·er** ['biːkəʳ] der Becher
**beam** [biːm] **❶** der Balken **❷** **beam of light** der [Licht]strahl; **your headlights were on full beam** Ihre Scheinwerfer waren aufgeblendet ▶ WENDUNGEN: **to be way off beam** völlig auf dem Holzweg sein
to **beam** [biːm] **to beam with joy** vor Freude strahlen
**bean** [biːn] die Bohne ▶ WENDUNGEN: **to spill the beans** nicht dichthalten; **full of beans** voller Übermut
**bear** [beəʳ] der Bär
to **bear** [beəʳ] <bore, borne *oder* USA *auch* born> **❶** tragen *Last, Namen, Waffe, Zeichen* **❷** tragen, [hervor]bringen *Frucht* **❸** [ein]bringen, eintragen *Zinsen, Geld* **❹** (*übertragen*) vertragen, aushalten; **I can't bear it!** das halte ich nicht aus!; **I can't bear her!** ich kann sie nicht ausstehen [*oder* leiden] **❺** **it doesn't bear thinking about** der Gedanke allein ist zu schrecklich **❻** **to bear to the right** sich rechts halten **❼** **to bear some-**

**one a grudge** jemandem grollen, jemandem böse sein **❽** **to bear someone/something in mind** jemanden/etwas berücksichtigen
◆ to **bear down** sich stürzen, losgehen (**on** auf)
◆ to **bear off** wegtragen
◆ to **bear up** sich tapfer zeigen, standhaft bleiben; **he's bearing up well after his accident** ihm geht's ganz gut nach seinem Unfall
◆ to **bear with** Geduld haben mit
**bear·able** ['beərəbl] erträglich
**beard** [bɪəd] der Bart
**bear·ing** ['beərɪŋ] **❶** **to lose one's bearings** (*auch übertragen*) die Orientierung verlieren; **to take one's bearings** sich orientieren **❷** **to have a bearing upon** [*oder* on] von Bedeutung sein für, Einfluss haben auf **❸** (*technisch*) [Kugel]lager
**beast** [biːst] **❶** das [wilde] Tier **❷** (*übertragen*) das Biest
**beast·ly** ['-lɪ] gemein, scheußlich
**beat¹** [biːt] **❶** der Schlag **❷** der Takt **❸** *eines Polizisten:* die Runde, das Revier
**beat²** [biːt] (*umgangsspr*) **I'm beat** ich bin fertig; **dead beat** völlig erledigt, total kaputt
to **beat³** [biːt] <beat, beaten> **❶** schlagen *Tier, Mensch;* [ver]prügeln *Mensch* **❷** klopfen *Teppich* **❸** schlagen *Eier, Takt* **❹** (*beim Sport, Militär*) schlagen, besiegen; **it beats me** das ist mir ein Rätsel; **she beat me to the bill** beim Bezahlen kam sie mir zuvor **❺** **you can't beat ...** es gibt nichts besseres als ..., es geht nichts über ... **❻** *Herz:* pochen **❼** *Regen:* peitschen **❽** **beat it!** hau ab! ▶ WENDUNGEN: **to beat about the bush** wie die Katze um den heißen Brei herumschleichen, um den heißen Brei herumreden; **to beat a retreat** das Weite suchen
◆ to **beat back** zurückschlagen
◆ to **beat down** **❶** einschlagen *Tür* **❷** drücken, herunterhandeln *Preis* **❸** *Sonne:* herunterbrennen **❹** *Regen:* niederprasseln
◆ to **beat off** abwehren, zurückschlagen
◆ to **beat up** verdreschen, zusammenschlagen
**beat·en** ['biːtn] **❶** geschlagen **❷** *Weg:* ausgetreten **❸** (*besiegt*) geschlagen **❹** **off the beaten track** (*übertragen*) weit abgelegen
**beat·ing** ['biːtɪŋ] **❶** die Prügel; **to give someone a good beating** jemandem eine ordentliche Tracht Prügel verpassen **❷** (*umgangsspr*) die Niederlage
**beau·ti·cian** [bjuːˈtɪʃn] der Kosmetiker/die Kosmetikerin

**beau·ti·ful** ['bjuːtɪfl] *Sache, Frau:* schön, wunderschön; *Landschaft auch:* herrlich, wundervoll

**beau·ty** ['bjuːtɪ] ❶ die Schönheit ❷ das Prachtexemplar ❸ **Sleeping Beauty** das Dornröschen

**beau·ty spot** ❶ der Schönheitsfleck ❷ (*auf dem Land*) das schöne Fleckchen [Erde]; **local beauty spot** das Nahausflugsziel

**bea·ver** ['biːvəʳ] ❶ der Biber ❷ (*übertragen*) **eager beaver** der Streber/die Streberin, der Enthusiast/die Enthusiastin

to **bea·ver** ['biːvəʳ] **to beaver away at something** etwas eifrig bearbeiten

**be·came** [bɪˈkeɪm] *2. Form von* **become**

**be·cause** [bɪˈkɒz] ❶ weil, da ❷ **because of** wegen; **because of her/him** ihretwegen/seinetwegen

to **beck·on** ['bekən] [zu]winken; **she beckoned the waiter over** sie winkte den Kellner zu sich; **he beckoned to the waiting student to follow him** er gab dem wartenden Studenten ein Zeichen, dass er ihm folgen sollte

to **be·come** [bɪˈkʌm] <became, become> ❶ werden; **what has become of your old school friends?** was ist aus deinen alten Schulfreunden geworden?; **to become accustomed to someone/something** sich an jemanden/etwas gewöhnen ❷ **that colour becomes you** die Farbe steht dir [gut]

**F** Nicht verwechseln mit *bekommen — to get!*

**bed** [bed] ❶ das Bett; **in bed** im Bett; **to get into bed** sich ins Bett legen; **to get out of bed** aufstehen; **to get out of bed on the wrong side** (*übertragen*) mit dem falschen Fuß aufstehen; **to go to bed** zu [*oder* ins] Bett gehen; **to put to bed** zu Bett bringen; **double bed** das Doppelbett; **to go to bed with someone** (*umgangsspr*) mit jemandem schlafen ❷ das [Blumen]beet ❸ **river bed** das Flussbett

**bed and break·fast** das Zimmer mit Frühstück

**bed·clothes** [bedkləʊ(ð)z] *plural,* **bed·ding** ['bedɪŋ] das Bettzeug, die Bettwäsche

**bed·room** ['bedruːm] das Schlafzimmer

**bed·side rug** der Bettvorleger

**bed·side table** ['bed,saɪd teɪbl] der Nachttisch

**bed·sit** ['bed,sɪt], **bed·sit·ter** [,bed'sɪtəʳ] das Wohn-Schlaf-Zimmer, das möblierte Zimmer

**bed·spread** ['bedspred] die Tagesdecke

**bed·time** ['bedtaɪm] die Schlafenszeit; **it's bedtime** es ist Zeit, ins Bett zu gehen

**bee** [biː] die Biene ▸ WENDUNGEN: **to have a bee in one's bonnet** einen Fimmel haben

**beech** [biːtʃ] die Buche, das Buchenholz

**beef** [biːf] das Rindfleisch

**bee·hive** ['biːhaɪv] der Bienenstock

**beekeep·er** ['biː,kiːpəʳ] der Imker/die Imkerin, der Bienenzüchter/die Bienenzüchterin

**bee·line** ['biː,laɪn] **to make a beeline for something** schnurstracks auf etwas zugehen

**been** [biːn] *3. Form von* **be**

**beer** [bɪəʳ] das Bier

**bee·tle** ['biːtl] der Käfer

**beet·root** ['biːtruːt] die rote Bete

**be·fore¹** [bɪˈfɔːʳ] ❶ (*zeitlich*) vor; **the day before yesterday** vorgestern; **before long** bald ❷ **business before pleasure** erst die Arbeit, dann das Vergnügen ❸ (*räumlich*) vor; **before my [very] eyes** vor meinen Augen

**be·fore²** [bɪˈfɔːʳ] früher, vorher, zuvor; **the day before** am Tag vorher; **long before** lange vorher, viel früher; **have you been to America before?** waren Sie schon einmal in Amerika?

**be·fore³** [bɪˈfɔːʳ] bevor, ehe; **before you ask, ...** ehe du fragst, ...

**before·hand** [bɪˈfɔːʳhænd] im Voraus, schon vorher

to **beg** [beg] <begged, begged> ❶ betteln (**for** um) ❷ bitten [um] ❸ **I beg your pardon?** wie bitte?; **I beg your pardon!** Verzeihung! ❹ **I beg you not to do that!** ich flehe Sie an, tun Sie es nicht!

**be·gan** [bɪˈgæn] *2. Form von* **begin**

**beg·gar** ['begəʳ] ❶ der Bettler/die Bettlerin ❷ (*umgangsspr*) das Bürschchen, der Kerl, das Kerlchen; **he's a cheeky little beggar** er ist rotzfrech; **you jammy beggar!** (*slang*) du Glückspilz!

to **be·gin** [bɪˈgɪn] <began, begun> ❶ beginnen, anfangen; **to begin again** [wieder] von vorn anfangen; **to begin with** erstens, zunächst; **he began by saying ...** zuerst sagte er ... ❷ **I couldn't even begin to understand what she was on about** ich hatte nicht die leiseste Ahnung wovon sie redete ❸ **to begin school** in die Schule kommen; **to begin work** mit der Arbeit beginnen

**be·gin·ner** [bɪˈgɪnəʳ] der Anfänger/die Anfängerin

**be·gin·ning** [bɪˈgɪnɪŋ] ❶ der Beginn, der Anfang; **in the beginning was the Word** am Anfang war das Wort; **this is the beginning**

**begun – belt**

of the end (*auch übertragen*) das ist der Anfang vom Ende ❷ der Ausgangspunkt, der Ursprung; **at the very beginning** ganz am Anfang; **from the [very] beginning** von Anfang an; **from beginning to end** von Anfang bis Ende; **in the beginning** anfangs, am Anfang

**be·gun** [bɪ'gʌn] *3. Form von* **begin**

**be·half** [bɪ'hɑːf] **on behalf of** für, im Namen von

to **be·have** [bɪ'heɪv] sich betragen, sich [gut] benehmen; **he doesn't know how to behave** er weiß sich nicht zu benehmen; **behave yourself!** benimm dich!

**be·hav·iour** [bɪ'heɪvɪəʳ], ⓊⓈⒶ **be·hav·ior** das Benehmen, das Verhalten, das Verhalten (**to/towards** gegenüber); **to be on one's best behaviour** sich von seiner besten Seite zeigen

**be·hind**[1] [bɪ'haɪnd] ❶ hinter; **he has someone behind him** es steht jemand hinter ihm; **one behind the other** hintereinander ❷ **who's behind that scheme?** wer steckt hinter dem Plan?

**be·hind**[2] [bɪ'haɪnd] [nach] hinten, dahinter; **to be behind in** [*oder* **with**] **something** mit einer Sache im Rückstand [*oder* Verzug] sein; **to fall** [*oder* **lag**] **behind** zurückbleiben

**be·hind**[3] [bɪ'haɪnd] (*umgangsspr*) der Hintern

**be·ing**[1] ['biːɪŋ] *-ing Form von* **be**: **being an expert on the subject, ...** da er ein Experte auf dem Gebiet war, ...; **this being so, ...** da dies [nun einmal] so ist, ...

**be·ing**[2] ['biːɪŋ] ❶ das Dasein, die Existenz ❷ das Lebewesen, das Geschöpf; **human being** der Mensch ❸ **for the time being** einstweilen, vorläufig ❹ **to come into being** entstehen

**Be·la·rus** [belə'ruːs] Weißrussland

**be·lat·ed** [bɪ'leɪtɪd] verspätet

**Bel·gian**[1] ['beldʒən] der Belgier/die Belgierin

**Bel·gian**[2] ['beldʒən] belgisch

**Bel·gium** ['beldʒəm] Belgien

**be·lief** [bɪ'liːf] ❶ der Glaube[n] (**in** an), das Vertrauen (**in** zu); **beyond** [*oder* **past**] **all belief** unglaublich ❷ (*religiös*) der Glaube[n] ❸ die Überzeugung; **to the best of one's belief** nach bestem Wissen und Gewissen

**be·liev·able** [bɪ'liːvəbl] glaubwürdig

to **be·lieve** [bɪ'liːv] ❶ glauben (**in** an); **they believe it's a ghost** sie halten es für ein Geist; **I believe so/not** ich glaube ja/nein; **believe it or not** ob du es glaubst oder nicht ❷ **to believe in** Vertrauen haben zu ❸ **would you believe it!** hätten Sie das für

möglich gehalten!

**bell** [bel] ❶ die Glocke, die Schelle, die Klingel; **to answer the bell** die Tür öffnen; **was that the bell?** hat es geklingelt [*oder* geläutet]? ❷ (*Telefon*) **to give someone a bell** ⒼⒷ (*umgangsspr*) jemanden anrufen ❸ **this rings a bell** (*übertragen*) das kommt mir bekannt vor ▸ WENDUNGEN: **to be saved by the bell** gerade noch mal davonkommen

to **bel·low** ['beləʊ] brüllen

**bel·low** ['beləʊ] **he gave a bellow of rage** er brüllte vor Wut

**bel·ly** ['belɪ] ❶ der Bauch ❷ der Magen

**bel·ly·ache** ['belɪˌeɪk] die Bauchschmerzen, das Bauchweh

to **bel·ly·ache** ['belɪˌeɪk] (*umgangsspr*) mächtig jammern, klagen

**bel·ly bar** der Nabelstecker

**bel·ly but·ton** (*umgangsspr*) der Bauchnabel

**bel·ly·danc·er** die Bauchtänzerin

**bel·ly land·ing** die Bauchlandung

to **be·long** [bɪ'lɒŋ] ❶ gehören; **it belongs to him** es gehört ihm ❷ **to belong to a club** einem Klub/Verein angehören ❸ **to belong somewhere** hergehören; **that doesn't belong there!** das gehört nicht dahin!; **I belong here** hier ist mein Zuhause; **where does that belong?** wohin gehört das?

**be·long·ings** [bɪ'lɒŋɪŋz] *plural* das Eigentum, die Habe, die Sachen

**Be·lo·rus·sian**[1] [ˌbelə(ʊ)'rʌʃən] weißrussisch

**Be·lo·rus·sian**[2] [ˌbelə(ʊ)'rʌʃən] ❶ der Weißrusse/die Weißrussin ❷ *kein Plural* (*Sprache*) das Weißrussisch

**be·low**[1] [bɪ'ləʊ] unter, unterhalb; **below him** unter seiner Würde; **below ground** unter der Erde

**be·low**[2] [bɪ'ləʊ] [nach] unten, hinunter; **see below** siehe unten; **to go below** unter Deck gehen

**belt** [belt] ❶ der Gürtel; **to tighten one's belt** (*auch übertragen*) den Gürtel enger schnallen ❷ (*bes. beim Sport*) die Gürtellinie; **below the belt** unter der Gürtellinie; (*übertragen*) unfair ❸ die Zone, das [Anbau]gebiet; **green belt** *einer Stadt:* der Grüngürtel ❹ **safety belt** der Sicherheitsgurt; **fasten your seat belts!** anschnallen! ❺ (*technisch*) der Riemen ❻ (*umgangsspr*) der Schlag; **he gave the machine a good belt and it started working again** er schlug einmal kräftig auf den Automaten drauf, dann ging er wieder ❼ **she's got ten years' experience under her belt** sie hat zehn Jahre Erfahrung hinter sich to **belt** [belt] (*umgangsspr*) ❶ eilen; **he belted along the corridor** er raste den Gang entlang ❷ **to belt someone/something** jemanden/etwas schlagen [*oder* hauen]

◆ to **belt out** (*umgangsspr*) schmettern; **she belted out the national anthem on the piano** sie hämmerte die Nationalhymne auf dem Klavier

◆ to **belt up** ❶ sich anschnallen ❷ (*slang*) die Klappe halten

**bench** [bentʃ] <*plural* benches> ❶ die [Sitz]bank ❷ die Werkbank ❸ (*beim Sport*) **to be on the bench** auf der Reservebank sein ❹ das Richteramt, das Gericht; **to be on the bench** Richter sein

**bend** [bend] ❶ die Biegung, die Kurve ❷ **round the bend** (*umgangsspr*) verrückt; **he's driving me round the bend** er macht mich wahnsinnig

to **bend** [bend] <bent, bent> ❶ biegen, beugen, krümmen; **please do not bend** bitte nicht knicken; **to bend something out of shape** etwas verbiegen ❷ (*übertragen*) **to bend the law** das Gesetz beugen ❸ sich biegen, sich krümmen; *Fluss, Straße, Bahn:* eine Biegung machen

◆ to **bend back** [sich] zurückbiegen

◆ to **bend down** sich bücken

◆ to **bend over** sich vorbeugen; **to bend over backwards for someone** (*übertragen*) sich die Beine für jemanden ausreißen

**be·neath** [bɪˈniːθ] ❶ unter, unterhalb ❷ **that's beneath him** das ist unter seiner Würde

**ben·efi·cial** [ˌbenɪˈfɪʃl] ❶ nützlich ❷ wohltuend

**ben·efit** [ˈbenɪfɪt] ❶ die Wohltat, die Gunst, die Hilfe ❷ der Nutzen, der Vorteil; **for the benefit of** zum Nutzen von; **for the public benefit** im öffentlichen Interesse ❸ (*finanziell*) die Unterstützung, die Beihilfe; **sickness benefit** das Krankengeld; **unemployment benefit** das Arbeitslosengeld ❹ Benefizveranstaltung; (*im Theater*) die Benefizvorstellung; **benefit concert** das Benefizkonzert; **benefit match** das Benefizspiel

to **ben·efit** [ˈbenɪfɪt] gut tun, nützen; **who will benefit from** [*oder* **by**] **this scheme?** wem wird der Plan nützen?, wer wird Nutzen aus diesem Plan ziehen?; **they benefited a great deal from their stay in Canada** sie haben von ihrem Aufenthalt in Kanada viel profitiert

**bent¹** [bent] *2. und 3. Form von* **bend**

**bent²** [bent] **to be bent on doing some-**

**thing** entschlossen sein, etwas zu tun

**be·reave·ment** [bɪˈriːvmənt] der Trauerfall

**Ber·mu·da** [bəˈmjuːdə] die Bermudas, die Bermudainseln

**Ber·mu·da shorts** [bəˌmjuːdəˈʃɔːts] *plural* die Bermudas

**ber·ry** [ˈberɪ] die Beere

**ber·serk** [bəˈsɜːk] **to go berserk** wild werden

**berth** [bɜːθ] ❶ *im Schiff:* die Koje; *im Zug:* der Schlafwagenplatz ❷ **to give someone a wide berth** jemandem aus dem Weg gehen

**be·side** [bɪˈsaɪd] ❶ (*örtlich*) neben ❷ (*übertragen*) neben, verglichen mit ❸ **to be beside oneself** außer sich sein ❹ **that is beside the point** [*oder* **question**] das hat nichts mit der Sache zu tun

**be·sides¹** [bɪˈsaɪdz] außer, abgesehen von

**be·sides²** [bɪˈsaɪdz] außerdem; **besides being a mother, she's also a doctor** sie ist Mutter und auch Ärztin

**best¹** [best] *Superlativ von* **good** ❶ beste(r, s) ❷ **the best part of something** das meiste [*oder* der größte Teil] von etwas

**best²** [best] *Superlativ von* **well** ❶ am besten, am meisten ❷ **to like best** am liebsten mögen ❸ **as best you can** so gut du kannst ❹ **you had best ...** am besten ..., du solltest ...

**best³** [best] **the best** der, die, das Beste ▸ WENDUNGEN: **to make the best of it** das Beste aus der Sache machen; **at best** bestenfalls; **to do one's best** sein Bestes, Möglichstes tun; **all the best!** alles Gute!

**best-sell·er** [ˈbestseləʳ] der Bestseller

to **bet** [bet] <bet *oder* betted, bet *oder* betted> ❶ wetten; **he bet me five pounds** er wettete mit mir um fünf Pfund; **I bet you** [**ten pounds**] **that ...** ich wette mit dir [zehn Pfund], dass ... ❷ **you bet!** (*umgangsspr*) aber sicher!

**bet** [bet] ❶ die Wette; **to make a bet** [**on something**] eine Wette [auf etwas] abschließen ❷ der Wetteinsatz ❸ **that's your best bet!** das wäre die beste Möglichkeit ❹ **it's a safe bet** das steht so gut wie fest

to **be·tray** [bɪˈtreɪ] ❶ verraten (**to** an); **to betray someone/oneself** jemanden/sich verraten ❷ missbrauchen *Vertrauen*

**bet·ter** [ˈbetəʳ] *Komparativ von* **good** ❶ besser; **she's better than him** sie ist besser als er ❷ **I am getting better now** es geht mir [gesundheitlich] wieder besser ❸ **the better part** [*oder* **half**] **of** der größere Teil, mehr als die Hälfte

**bet·ter²** ['betər] *Komparativ von* **well** ❶ besser ❷ **I know better** da lasse ich mir nichts vormachen ❸ **he thought better of it** er überlegte es sich noch einmal ❹ **you had better go** du tätest besser daran, jetzt zu gehen; **you had better not!** das will ich dir nicht geraten haben!

**bet·ter³** ['betər] ❶ **the better** der, die, das Bessere; **to change for the better** sich zum Besseren wenden ❷ **to get the better of someone** jemanden übertreffen ❸ **all the better, so much the better** umso besser

to **bet·ter** ['betər] [ver]bessern, übertreffen; **to better oneself** sich [beruflich] verbessern, vorwärtskommen

**be·tween** [bɪ'twiːn] ❶ *räumlich, zeitlich* zwischen ❷ **in between** dazwischen ❸ zwischen, unter; **the money was divided between the three children** das Geld wurde unter den drei Kindern aufgeteilt ❹ **they have twenty pounds between them** sie haben zusammen zwanzig Pfund ▸ WENDUNGEN: **between you and me** unter uns [gesagt]

to **be·ware** [bɪ'weər] **beware what you say!** gib Acht auf das, was du sagst!; **beware of the dog!** Achtung, bissiger Hund!

to **be·wil·der** [bɪ'wɪldər] verwirren, verblüffen

**be·wil·dered** [bɪ'wɪldəd] verwirrt

**be·wil·der·ing** [bɪ'wɪldˀrɪŋ] verwirrend

**be·wil·der·ment** [bɪ'wɪldəmənt] die Verwirrung

**be·yond** [bɪ'jɒnd] ❶ (*auch übertragen*) jenseits, über ... hinaus ❷ *örtlich* nach, hinter ❸ *zeitlich* länger als, später als ❹ **beyond belief** unglaublich ▸ WENDUNGEN: **to be beyond someone** jemanden übertreffen; **that is beyond me** das geht über meinen Verstand

**bi-** [baɪ] ❶ (*zweimal*) **biweekly/biyearly** zweimal wöchentlich/jährlich; (*jede zweite*) **biweekly/biyearly** vierzehntägig/halbjährlich ❷ (*mit zwei*) zwei-

**bias** ['baɪəs] (*übertragen*) ❶ die Neigung, der Hang (**towards** zu), die Vorliebe (**towards** für) ❷ das Vorurteil

**bias(s)ed** ['baɪəst] ❶ voreingenommen (**against** gegen) ❷ (*im Gericht*) befangen

**Bi·ble** ['baɪbl] die Bibel

**bib·li·og·ra·phy** [ˌbɪblɪ'ɒgrəfɪ] die Bibliografie

to **bick·er** ['bɪkər] [sich] zanken (**about/over** um)

**bick·er·ing** ['bɪkˀrɪŋ] *kein Plural* das Gezänk

**bi·cy·cle** ['baɪsɪkl] das Fahrrad; **to ride a bicycle** Rad fahren

**bi·cy·cle lane** der Fahrradweg

to **bid¹** [bɪd] <bid, bid> bieten (**for** für)

to **bid²** [bɪd] <bidden, bid *oder* bade, bid *oder* bidden> ❶ **to bid someone farewell** jemandem Lebewohl sagen ❷ **to bid someone [to] do something** jemandem etwas tun heißen

**bid** [bɪd] ❶ (*in einer Auktion*) das Gebot ❷ (*bei einer Ausschreibung*) das Preisangebot ❸ der Versuch

**big** [bɪg] <bigger, biggest> ❶ groß; *Kleidung:* breit, weit; *Mahlzeit:* reichlich ❷ kräftig gebaut, groß und kräftig ❸ (*erwachsen*) groß; **when I'm big ...** wenn ich groß bin ... ❹ **a big decision** eine wichtige Entscheidung ❺ **I'm a big eater** ich esse gern und viel ❻ **to talk big** (*umgangsspr*) große Töne spucken

**big bang** der Urknall

**big-bucks** Ⓤ (*umgangsspr*) teuer

**Big Easy** **the Big Easy** New Orleans

**big·ot·ed** ['bɪgətɪd] fanatisch

**big shot** ['bɪgʃɒt] (*umgangsspr*) der Bonze

**bike** [baɪk] (*umgangsspr*) das Rad; **by bike** mit dem Rad

**bike lane** der Radweg

**bike shed** Ⓖ der Fahrradschuppen

**bi·ki·ni** [bɪ'kiːnɪ] der Bikini

**bil·berry** ['bɪlbərɪ] die Heidelbeere, die Blaubeere

**bi·lin·gual** [baɪ'lɪŋgwəl] zweisprachig

**bill¹** [bɪl] der Schnabel

**bill²** [bɪl] ❶ die Rechnung; **the bill, please!** bitte zahlen! ❷ das Plakat; **post no bills!** Plakate ankleben verboten! ❸ die Gesetzvorlage, der Gesetzentwurf; **to pass a bill** ein Gesetz verabschieden ❹ Ⓤ **dollar bill** die $1 Banknote, der Geldschein

to **bill³** [bɪl] **to bill someone for something** jemandem etwas in Rechnung stellen

**bill·board** ['bɪlbɔːd] die Reklametafel

**bill·fold** ['bɪlfəʊld] Ⓤ die Brieftasche

**bil·liards** ['bɪlɪədz] das Billard[spiel]

**bil·lion** ['bɪlɪən] die Milliarde

**bi·month·ly** zweimal im Monat; (*jeden zweiten Monat*) zweimonatlich

**bin** [bɪn] ❶ der Behälter ❷ Ⓖ der Mülleimer

to **bind** [baɪnd] <bound, bound> ❶ binden (**to/on** an) ❷ verbinden *Wunde* ❸ (*beim Kochen*) binden *Soße* ❹ (*übertragen*) binden, verpflichten; **to bind oneself to something** sich zu etwas verpflichten ❺ *Zement:* fest [*oder* hart] werden

◆ to **bind together** zusammenbinden

◆ to **bind up** verbinden *Wunde*

**bind·er** ['baɪndəʳ] der Hefter, die Mappe
**bind·ing¹** ['baɪndɪŋ] bindend, verbindlich (**on** für)
**bind·ing²** ['baɪndɪŋ] *von Skiern:* die Bindung
**bin·ocu·lars** [bɪ'nɒkjʊləz] [**pair of**] **binoculars** das Fernglas
**bio-attack** der Bioangriff
**bio·chem·is·try** [,baɪəʊ'kemɪstrɪ] die Biochemie
**bio·de·fence**, ⓤⓢⓐ **bio·de·fense** die Gegenwehr gegen Biowaffen
**bio·de·grad·able** [,baɪəʊdɪ'greɪdəbl] biologisch abbaubar
**bio·di·ver·sity** die Artenvielfalt
**bi·og·ra·phy** [baɪ'ɒgrəfɪ] die Biografie, die Lebensbeschreibung
**bio·logi·cal** [,baɪə'lɒdʒɪkl] biologisch
**bi·olo·gist** [baɪ'ɒlədʒɪst] der Biologe/die Biologin
**bi·ol·ogy** [baɪ'ɒlədʒɪ] die Biologie
**bio·phys·ics** ⚠ *singular* die Biophysik
**bio·rhythm** ['baɪərɪðəm] der Biorhythmus
**bio·ter·ror·ist** der Bioterrorist/die Bioterroristin
**birch** [bɜːtʃ] <*plural* birches> die Birke
**bird** [bɜːd] ❶ der Vogel; **bird of prey** der Raubvogel ❷ (*slang*) die Puppe, die Biene ❸ **early bird** der Frühaufsteher/die Frühaufsteherin
**bird·cage** der Vogelkäfig
**bird's-eye view** [,bɜːdzaɪ'vjuː] die Vogelperspektive
**bird's nest** das Vogelnest
**bird ta·ble** ⒼⒷ der Futterplatz (*für Vögel*)
**birth** [bɜːθ] ❶ die Geburt; **from his birth** von Geburt an; **to give birth to** zur Welt bringen; (*übertragen*) ins Leben rufen; **date of birth** das Geburtsdatum; **place of birth** der Geburtsort ❷ die Abstammung, die Herkunft; **he's Canadian by birth** er ist gebürtiger Kanadier ❸ (*übertragen*) die Entstehung
**birth cer·tifi·cate** die Geburtsurkunde
**birth con·trol** die Geburtenkontrolle; **birth control pill** die Antibabypille
**birth·day** ['bɜːθdeɪ] der Geburtstag
**birth·day par·ty** die Geburtstagsfeier, die Geburtstagsparty
**birth·day pres·ent** das Geburtstagsgeschenk
**birth·mark** das Muttermal
**birth·place** der Geburtsort
**birth rate** die Geburtenziffer
**bis·cuit** ['bɪskɪt] der Keks; ⓤⓢⓐ das Brötchen
**bish·op** ['bɪʃəp] ❶ der Bischof ❷ (*beim Schach*) der Läufer
**bit¹** [bɪt] ❶ das Stückchen; **a bit at a time, bit**

**by bit** Stück für Stück, schrittweise ❷ **a bit** ein bisschen, ein Weilchen; **he's a bit better** es geht ihm etwas besser ❸ **not a bit** kein bisschen, nicht im Geringsten ❹ **to do one's bit** seine Pflicht tun
**bit²** [bɪt] ❶ (*bei Pferden*) das Gebiss ❷ der Bohrer ❸ **to take the bit between one's teeth** (*übertragen*) sich ins Zeug legen
**bit³** [bɪt] (*Computer*) das Bit
**bit⁴** [bɪt] *2. Form von* **bite**
**bite** [baɪt] ❶ der Biss; **in two bites** in zwei Bissen ❷ die Bisswunde, der Stich ❸ **a bite to eat** ein kleiner Happen [*oder* Imbiss]
to **bite** [baɪt] <bit, bitten> ❶ beißen; **to bite one's nails** an den Nägeln kauen ❷ *Insekt:* stechen ❸ [hinein]beißen (**into/at** in), zubeißen ❹ *Fisch:* anbeißen
♦ to **bite off** abbeißen
**bite-sized** mundgerecht
**bit·ing** ['-ɪŋ] ❶ *Wind, Kälte:* schneidend ❷ *Worte:* scharf, beißend
**bit·ten** ['bɪtn] *3. Form von* **bite**
**bit·ter¹** ['bɪtəʳ] ❶ bitter ❷ (*übertragen*) hart, schwer; *Nachricht, Tatsache:* traurig ❸ *Kritik:* scharf ❹ *Wind:* eisig, rau; *Kälte:* streng ❺ **to the bitter end** bis zum bitteren Ende
**bit·ter²** ['bɪtəʳ] das dunkle Bier
**bit·ter·ly** ['bɪtəli] bitter; **bitterly cold** bitterkalt; **bitterly disappointed** schwer enttäuscht
**bi·zarre** [bɪ'zɑːʳ] bizarr
to **blab** [blæb] <blabbed, blabbed> (*umgangsspr*) plaudern; **to blab somebody's name** jemandes Namen ausplaudern
**black¹** [blæk] ❶ schwarz ❷ (*übertragen*) *Zukunft:* dunkel, düster ❸ *Hautfarbe:* dunkel[häutig] ❹ **to have something down in black and white** etwas schwarz auf weiß haben
**black²** [blæk] ❶ das Schwarz, die schwarze Farbe ❷ (*Person*) der/die Schwarze ❸ **in the black** in den schwarzen Zahlen
♦ to **black out** ❶ ohnmächtig werden ❷ verdunkeln *Zimmer*
**black and white** ❶ (*niedergeschrieben*) [**down**] **in black and white** schwarz auf weiß ❷ (*nicht farbig*) schwarzweiß ❸ (*offensichtlich*) sehr einfach [*oder* klar]
**black·berry** ['blækbərɪ] die Brombeere
**black·bird** ['blækbɜːd] die Amsel
**black·board** ['blækbɔːd] die Wandtafel
**black·cur·rant** [,blæk'kʌrənt] die schwarze Johannisbeere
to **black·en** ['blækən] ❶ schwarz machen, schwärzen ❷ schwarz [*oder* dunkel] werden

**black eye – blind**

**3** (*übertragen*) anschwärzen, schlecht sprechen von

**black eye** [ˌblæk'aɪ] das blaue Auge

**black·head** ['blækhed] der Mitesser

**black ice** [ˌblæk'aɪs] das Glatteis

**black·mail** ['blækmeɪl] die Erpressung

to **black·mail** ['blækmeɪl] erpressen

**black mark** der Tadel; (*in der Schule*) der Eintrag

**black mar·ket** der Schwarzmarkt

**black·ness** ['blæknəs] *kein Plural* die Schwärze

**black·out** ['blækaʊt] **1** der Stromausfall **2** die Bewusstlosigkeit **3** **news blackout** die Nachrichtensperre

**black pud·ding** die Blutwurst

**Black Sea** das Schwarze Meer

**black sheep** (*übertragen*) das schwarze Schaf

**black·smith** ['blæksmɪθ] der [Huf]schmied

**blad·der** ['blædə'] die Blase

**blade** [bleɪd] **1** die Klinge **2** *eines Ruders, einer Säge:* das Blatt; *eines Propellers:* der Flügel **3** **blade of grass** der Grashalm

to **blame** [bleɪm] **1** die Schuld geben; **to blame someone for something** jemandem an etwas die Schuld geben, jemanden für etwas verantwortlich machen **2** Vorwürfe machen; **to blame something on someone** jemandem wegen etwas Vorwürfe machen, jemandem etwas vorwerfen

**blame** [bleɪm] die Schuld; **to bear the blame** Schuld haben; **to lay the blame for something on someone** jemandem die Schuld an etwas geben; **to take the blame for something** die Schuld für etwas auf sich nehmen

**blame·less** ['bleɪmlɪs] schuldlos

**bland** [blænd] **1** *Antwort:* nichts sagend **2** *Geschmack:* fad

**blank¹** [blæŋk] **1** leer, unbeschrieben; **blank space** der freie Raum, die frei gelassene Stelle **2** **blank cheque** der Blankoscheck **3** *Gesicht:* ausdruckslos **4** **to look blank** verblüfft [*oder* verdutzt] aussehen

**blank²** [blæŋk] **1** (*auf Formular*) die leere Stelle, der freie Raum **2** (*in der Lotterie*) die Niete; **to draw a blank** eine Niete ziehen **3** die Platzpatrone

**blank car·tridge** die Platzpatrone

**blan·ket¹** ['blæŋkɪt] die Decke ▶ WENDUNGEN: **wet blanket** das Weichei *umgangsspr*

**blan·ket²** ['blæŋkɪt] allgemein, umfassend

to **blan·ket³** ['blæŋkɪt] zudecken, einhüllen

**blas·phe·my** ['blæsfəmi] *kein Plural* die Blasphemie

**blast¹** [blɑːst] **1** der Windstoß **2** der Knall, die Explosion **3** **at full blast** auf vollen Touren

**blast²** [blɑːst] (*slang*) **blast** [it]! verflucht!

to **blast** [blɑːst] sprengen

**blast·ed** ['blɑːstɪd] (*slang*) verflixt, verdammt

**blast-off** ['blɑːstɒf] der [Raketen]start

**blaze** [bleɪz] **1** die [lodernde] Flamme, die Glut **2** das Feuer, der Brand **3** der helle Schein

to **blaze** [bleɪz] *Sonne:* brennen; *Feuer:* lodern

**blaz·er** ['bleɪzə'] der Blazer

**blaz·ing** ['bleɪzɪŋ] **1** brennend, lodernd; **blazing hot** glühend heiß **2** (*übertragen*) *Augen:* funkelnd

**bleach** [bliːtʃ] <*plural* bleaches> das Bleichmittel

to **bleach** [bliːtʃ] bleichen

**bleak** [bliːk] **1** *Landschaft:* kahl, öde **2** *Wetter:* kalt, rau **3** (*übertragen*) *Aussichten:* trostlos, trübe

to **bleat** [bliːt] *Schaf:* blöken; *Ziege:* meckern

**bled** [bled] *2. und 3. Form von* **bleed**

to **bleed** [bliːd] <bled, bled> bluten (**from** von); **to bleed to death** verbluten

**bleed·ing¹** ['bliːdɪŋ] die Blutung

**bleed·ing²** ['bliːdɪŋ] (*slang*) verdammt

to **bleep** [bliːp] piepsen; anpiepsen *Arzt*

**bleep·er** ['blɪːpə'] der Piepser

**blem·ish** ['blemɪʃ] <*plural* blemishes> **1** der Fehler, der Mangel, der Makel **2** der Hautfleck

to **blend** [blend] **1** mischen *Tee, Kaffee, Tabak* **2** sich [ver]mischen (**with** mit) **3** *Farben:* harmonieren (**with** mit)

**blend** [blend] die Mischung

**blend·er** [blendə'] der Mixer

to **bless** [bles] <blessed, blessed> **1** segnen **2** **bless you!** Gesundheit!

**bless·ed** ['blesɪd] **1** gesegnet, selig, glücklich; **to be blessed with** gesegnet sein mit **2** heilig, selig **3** (*slang*) verflixt

**bless·ing** ['-ɪŋ] der Segen ▶ WENDUNGEN: **a blessing in disguise** Glück im Unglück

**blew** [bluː] *2. Form von* **blow**

**bli·mey** ['blaɪmi] (*slang*) verdammt!

**blind¹** [blaɪnd] **1** (*auch übertragen*) blind; **to be blind in one eye** auf einem Auge blind sein; **blind panic** die wilde Panik **2** (*übertragen*) uneinsichtig, verständnislos (**to** gegenüber) **3** *Kurve:* unübersichtlich

**blind²** [blaɪnd] **1** der Rollladen, das Rollo **2** **the blind** die Blinden

to **blind** [blaɪnd] **1** blind machen, blenden (**to**

für) ❷ (*übertragen*) verblenden

to **blind·fold** ['blaɪndfəʊld] **to blindfold someone** jemandem die Augen verbinden

**blind·fold** ['blaɪndfəʊld] die Augenbinde

**blind·ness** ['blaɪndnəs] *kein Plural* die Blindheit

**blind spot** ❶ (*im Auge*) der blinde Fleck ❷ *vom Auto:* der tote Winkel ❸ (*übertragen*) der schwache Punkt

**bling-bling** ['blɪŋblɪŋ] (*umgangsspr*) der Klunker

to **blink** [blɪŋk] ❶ blinzeln; **to blink one's eyes** mit den Augen zwinkern ❷ *Licht, Stern:* flimmern; *Licht:* blinken

**F** Nicht verwechseln mit *blinken — to indicate* (beim Fahren)!

**blink·ing** ['blɪŋkɪŋ] ⓖⒷ (*umgangsspr*) verflixt

**bliss·ful** ['blɪsfəl] glückselig

**blis·ter** ['blɪstəʳ] die Blase

to **blis·ter** ['blɪstəʳ] ❶ *Haut:* Blasen bekommen ❷ *Farbe:* Blasen werfen

**bliz·zard** ['blɪzəd] der Schneesturm

**blob** [blɒb] der Tropfen, der Klecks

**block** [blɒk] ❶ (*aus Holz*) der Klotz; (*aus Stein*) der [Fels]block ❷ (*zum Spielen*) das Bauklötzchen ❸ der Wohnblock, der Häuserblock; **block of flats** der Wohnblock ❹ (*übertragen*) der Block, die Gruppe

to **block** [blɒk] ❶ blockieren; [ver]sperren *Weg* ❷ verstopfen *Rohr* ❸ stoppen *Ball*

♦ to **block off** [ver]sperren

♦ to **block out** ❶ unterdrücken; verdrängen *Gefühle, Gedanken;* ausschalten *Lärm, Schmerzen* ❷ **to block out the light** das Licht nicht durchlassen [*oder* abhalten]

♦ to **block up** ❶ verstopfen; **my nose is all blocked up** meine Nase ist total verstopft ❷ versperren *Weg*

**block·age** ['blɒkɪdʒ] die Verstopfung, die Blockade

**block·bust·er** der Bestseller; (*Film*) der Kassenschlager

**block let·ters** *plural* die Blockschrift

**blog** [blɒg] (*im Internet*) das Blog, das Internettagebuch

**blog·ging** ['blɒgɪŋ] *kein Plural, ohne Artikel* (*im Internet*) das Blogging (*das Schreiben von Internet-Tagebüchern*)

**blog-o-sphere** ['blɒgə(ʊ)sfɪəʳ] (*im Internet*) die Blogwelt

**bloke** [bləʊk] (*slang*) der Kerl, der Bursche

**blond** [blɒnd] *Mann:* blond

**blonde**[1] [blɒnd] *Frau:* blond

**blonde**[2] [blɒnd] die Blondine

**blood** [blʌd] das Blut ▸ WENDUNGEN: **in cold blood** kaltblütig; **it made my blood boil** ich kochte vor Wut

**blood clot** das Blutgerinnsel

**blood do·nor** der Blutspender/die Blutspenderin

**blood group** die Blutgruppe

**blood or·ange** die Blutorange

**blood pres·sure** der Blutdruck

**blood prod·uct** das Blutprodukt

**blood·shed** ['blʌdʃed] das Blutvergießen

**blood·shot** ['blʌdʃɒt] blutunterlaufen

**blood·stained** blutbefleckt

**blood·stream** der Blutkreislauf

**blood test** der Bluttest

**blood·thirsty** blutrünstig

**blood transfusion** die [Blut]transfusion

**blood ves·sel** das Blutgefäß

**bloody** ['blʌdɪ] ❶ blutig, blutend ❷ (*slang*) verdammt, verflucht; **he's bloody good!** er ist verdammt gut!

**bloody-mind·ed** stur

**bloom** [bluːm] die Blüte *auch übertragen;* **in** [**full**] **bloom** in [voller] Blüte

to **bloom** [bluːm] (*auch übertragen*) blühen

**blos·som** ['blɒsəm] die Blüte; **in blossom** in [voller] Blüte

to **blos·som** ['blɒsəm] ❶ [auf]blühen ❷ (*übertragen*) erblühen, sich entfalten (**into** zu)

**blot** [blɒt] ❶ der Fleck, der Klecks ❷ (*übertragen*) der Makel, der Schandfleck

**blotchy** ['blɒtʃɪ] fleckig

**blot·ting** ['blɒtɪŋ] **blotting pad** die Schreibunterlage; **blotting paper** das Löschpapier

**blouse** [blaʊz] die Bluse

**blow** [bləʊ] der Schlag, der Stoß; **without striking a blow** ohne jede Gewalt ▸ WENDUNGEN: **to come to blows** sich in die Haare geraten

to **blow** [bləʊ] <blew, blown> ❶ *Wind:* wehen, blasen ❷ (*im Wind*) wegfliegen ❸ pusten; blasen *heißes Getränk* ❹ *Sicherung:* durchbrennen ❺ blasen *Instrument* ❻ **to blow one's nose** sich die Nase putzen ❼ **to blow the horn** hupen ❽ **blow it!** (*umgangsspr*) verdammt noch mal!

♦ to **blow away** ❶ (*im Wind*) wegfliegen ❷ wegwehen ❸ (*slang*) abknallen *Mensch*

♦ to **blow down** *Sturm:* umwehen

♦ to **blow off** ❶ (*im Wind*) wegfliegen ❷ wegwehen

♦ to **blow out** ❶ *Reifen:* platzen ❷ ausblasen *Streichholz*

♦ to **blow over** umstürzen; *Gewitter:* sich legen; (*übertragen*) *Unruhen, Streit:* sich beru-

**blow up – bob** 58

higen; **the tent was blown over** das Zelt wurde vom Wind umgeworfen
◆ to **blow up** ❶ aufblasen, aufpumpen *Luftballon, Luftmatratze* ❷ sprengen, in die Luft jagen *Gebäude* ❸ vergrößern *Foto* ❹ (*auch übertragen*) *Person:* explodieren
to **blow-dry** ['bləʊˌdraɪ] föhnen
**blow·er** ['bləʊəʳ] ❶ der Bläser ❷ das Gebläse
**blown** [bləʊn] *3. Form von* **blow**
**blow-out** ['bləʊaʊt] ❶ *einer Sicherung:* das Durchbrennen ❷ *eines Autos:* die Reifenpanne ❸ (*slang*) die Schlemmerei
**blue¹** [bluː] ❶ blau; **dark blue** dunkelblau; **light blue** hellblau ❷ (*übertragen*) trübsinnig, schwermütig ❸ *Witz:* unanständig, zweideutig; **blue movie** der Pornofilm ▶ WENDUNGEN: **once in a blue moon** alle Jubeljahre [einmal]

> **L** **Blue Peter** ist eine Kindersendung, die 1958 zum ersten Mal gesendet wurde und jetzt dreimal pro Woche im Fernsehen gezeigt wird. Auf dem Programm stehen Abenteuer in der Natur, Bastelstunden, Tierpflege und andere praktische Dinge; Wettbewerbe und Sammlungen für gute Zwecke werden außerdem organisiert. Die Sendung möchte den Kindern vor allem soziale Verantwortung näher bringen.

**blue²** [bluː] ❶ das Blau, die blaue Farbe ❷ **blues** *plural* der Trübsinn, die Schwermut; **to have the blues** Trübsal blasen ▶ WENDUNGEN: **out of the blue** aus heiterem Himmel, unerwartet
**blue·berry** ['bluːbərɪ] die Blaubeere, die Heidelbeere
**blue·bot·tle** die Schmeißfliege
**blue cheese** der Blauschimmelkäse
**blue whale** der Blauwal
to **bluff** [blʌf] bluffen
**bluff** [blʌf] der Bluff; **I'd call his bluff** ich würde ihn auf die Probe stellen
**bluff·er's guide** [blʌfəz'gaɪd] der Ratgeber für Bluffer
**blu·ish** ['bluːɪʃ] bläulich
to **blun·der** ['blʌndəʳ] einen Bock schießen, sich blamieren
**blun·der** ['blʌndəʳ] der [dumme] Fehler, der Schnitzer
**blunt** [blʌnt] ❶ stumpf ❷ *Art:* geradeheraus, unverblümt
to **blunt** [blʌnt] ❶ stumpf machen ❷ (*übertragen*) abstumpfen
**blunt·ly** ['blʌntlɪ] freiheraus, unverblümt
to **blur** [blɜːʳ] <blurred, blurred> ❶ verwischen, verschmieren *Schrift* ❷ unscharf

[*oder* verschwommen] werden *Bild*
**blur** [blɜːʳ] das undeutliche [*oder* verschwommene] Bild, der Fleck
**blurb** [blɜːb] (*im Buch*) der Klappentext
**blurred** [blɜːd] verschwommen, unscharf
to **blurt** [blɜːt] **to blurt something out** mit einer Sache herausplatzen
to **blush** [blʌʃ] erröten, [scham]rot werden (**with** vor)
**BNP** [ˌbiːen'piː] *Abkürzung von* **British National Party** Britische Nationalpartei (*rechtsradikal*)
**board** [bɔːd] ❶ das Brett, die Diele ❷ die [Anschlag]tafel, die Wandtafel; **bulletin board** (USA) das schwarze Brett ❸ das Spielbrett ❹ die Kost, die Verpflegung ❺ der Ausschuss, die Kommission; **school board** die Schulbehörde ❻ Bord; **on board** an Bord; **to go on board ship** an Bord gehen ❼ die Pappe
to **board** [bɔːd] ❶ verschalen, dielen ❷ an Bord gehen *Schiff, Flugzeug* ❸ (GB) Internatsschüler/Internatsschülerin sein
**board·er** ['bɔːdəʳ] (GB) der Internatsschüler/die Internatsschülerin
**board·ing** ['bɔːdɪŋ] die Unterbringung in einem Internat
**board·ing card** die Bordkarte
**board·ing fees** *plural* die Internatsgebühren
**board·ing house** die Pension
**board·ing ken·nels** *plural* die Tierpension
**board·ing pass** (USA) die Bordkarte
**board·ing school** das Internat
**board meet·ing** die Vorstandssitzung
**board·room** der Sitzungssaal
**board·walk** (*am Strand*) die hölzerne Uferpromenade

> **L** An der amerikanischen Ostküste gibt es bei Atlantic City eine breite Uferpromenade, den **Boardwalk**. Sie verbindet Strand, Hotels, Restaurants, Läden, Theater, Kinos, usw. Jedes Jahr im September findet im Convention Center auf dem Boardwalk die *Miss America Pageant* (Wahl der Miss America) statt.

to **boast** [bəʊst] ❶ prahlen (**of**/**about** mit) ❷ sich rühmen
**boast·ful** ['bəʊstfl] prahlerisch
**boat** [bəʊt] ❶ das Boot ❷ das Schiff ▶ WENDUNGEN: **in the same boat** im gleichen Boot
**boating** ['bəʊtɪŋ] *kein Plural* das Bootfahren; **boating lake** der See mit Wassersportmöglichkeiten
**boat trip** die Bootsfahrt
to **bob** [bɒb] <bobbed, bobbed> **to bob up and down on the water** auf dem Wasser schaukeln

**bob** [bɒb] der Bubikopf

**bob·ble hat** ['bɒbl‚hæt] die Bommelmütze

**bob·by** ['bɒbɪ] ⓖⓑ (umgangsspr) der Polizist/die Polizistin

**bob·sled** ['bɒbsled], **bob·sleigh** ['bɒbsleɪ] der Bob

**body** ['bɒdɪ] ❶ der Körper, der Leib ❷ der Rumpf ❸ **dead body** die Leiche, der Leichnam ❹ (umgangsspr) die Person, der Mensch ❺ das Gremium, das Organ ❻ der Komplex, das Material, die Masse ❼ (am Auto) die Karosserie ❽ (Physik) der Körper

**body·guard** ['bɒdɪgɑːd] der Leibwächter/die Leibwächterin

**body im·age** die Körperwahrnehmung

**body jew·el·lery** der Körperschmuck

**body lo·tion** die Körperlotion

**bog** [bɒg] ❶ der Sumpf, der Morast, das Moor ❷ ⓖⓑ (umgangsspr) das Klo

◆ to **bog down** to be bogged down feststecken; (übertragen) sich festgefahren haben, sich festfahren

**bo·gey** ['bəʊgi] ❶ ⓖⓑ (slang) der Popel ❷ (beim Golf) das Bogey

**bog·gy** ['bɒgɪ] sumpfig

to **boil** [bɔɪl] ❶ kochen, sieden ❷ **to be on the boil** kochen; **to come to the boil** zu kochen anfangen; **to bring something to the boil** etwas aufkochen lassen ❸ (übertragen: vor Wut) kochen, schäumen (with vor); **to make someone's blood boil** jemanden rasend machen

◆ to **boil away** ❶ verkochen, verdampfen ❷ weiterkochen

◆ to **boil down** ❶ dickflüssig werden ❷ **to boil something down** etwas einkochen ▶ WENDUNGEN: **to boil down to something** auf etwas hinauslaufen

◆ to **boil over** ❶ überkochen ❷ (übertragen) sich zuspitzen; Mensch: explodieren

◆ to **boil up** ❶ aufkochen ❷ (übertragen) Wut: sich steigern

**boil·er** ['bɔɪləʳ] der Warmwasserbereiter, der Boiler

**boil·ing** ['bɔɪlɪŋ] ❶ kochend, siedend; **boil·ing-point** (auch übertragen) der Siedepunkt ❷ **boiling hot** (umgangsspr) Wetter: glühend heiß; Essen: kochend heiß

**bois·ter·ous** ['bɔɪstərəs] ❶ Person: ausgelassen ❷ Party: wild

**bold** [bəʊld] ❶ kühn, tapfer ❷ dreist; **as bold as brass** frech wie Oskar ❸ Farbe: kräftig; Muster: auffällig; Stil: ausdrucksvoll ❹ Druck: fett

**Bol·ly·wood** [bɒliwʊd] Bollywood (in Bom-

bay angesiedelte Unterhaltungsfilmindustrie)

**bolt** [bəʊlt] ❶ der [Tür]riegel ❷ der Bolzen ▶ WENDUNGEN: **a bolt from the blue** ein Blitz aus heiterem Himmel; **to make a bolt for it** Fersengeld geben

to **bolt** [bəʊlt] ❶ davonstürzen, abhauen ❷ Pferd: durchgehen ❸ verriegeln Tür ❹ zuschrauben Deckel ❺ **to bolt [down]** hinunterschlingen Essen ❻ **bolt upright** kerzengerade; **to sit bolt upright** kerzengerade sitzen

**bomb** [bɒm] die Bombe ▶ WENDUNGEN: **to go like a bomb** (slang) ein Bombenerfolg sein; **to cost a bomb** (slang) ein Heidengeld kosten

to **bomb** [bɒm] ❶ bombardieren ❷ ⓤⓢⓐ (umgangsspr) durchfallen

**bomb cra·ter** ['bɒm‚kreɪtəʳ] der Bombenkrater

**bomb·er** ['bɒməʳ] ❶ der Bomber, das Bombenflugzeug ❷ der Bombenattentäter/die Bombenattentäterin

**bomb·ing** ['bɒmɪŋ] der Bombenabwurf

**bomb·proof** bombensicher

**bomb·shell** ['bɒmʃel] ❶ die Bombe ❷ (übertragen) die Überraschung; **the news came like a bombshell** die Nachricht schlug ein wie eine Bombe

**bone** [bəʊn] ❶ der Knochen ❷ von Fisch: die Gräte ▶ WENDUNGEN: **to the bone** bis auf die Knochen; **frozen to the bone** völlig durchgefroren; **to be nothing but skin and bones** nur noch Haut und Knochen sein; **to have a bone to pick with someone** mit jemandem ein Hühnchen zu rupfen haben; **bone dry, as dry as a bone** knochentrocken

to **bone** [bəʊn] entbeinen Fleisch; entgräten Fisch

**bone den·sity** die Knochendichte

**bone frac·ture** der Knochenbruch

**bone idle** (slang) stinkfaul

**bone·yard** ['bəʊnjɑːd] (slang) der Friedhof

**bon·fire** ['bɒnfaɪəʳ] das Freudenfeuer, Feuer im Freien

**bon·net** ['bɒnɪt] ❶ die Haube ❷ von Auto: die Motorhaube

**bo·nus** ['bəʊnəs] der Bonus, die Gratifikation

**bony** ['bəʊnɪ] ❶ voller Knochen; Fisch: voller Gräten ❷ knöchern ❸ knochendürr

**boo** [buː] der Buhruf

to **boo** [buː] ❶ buhen ❷ **to boo someone** jemanden auspfeifen/ausbuhen

**boob** [buːb] (umgangsspr) ❶ der Schnitzer, der Fehler ❷ Brust

to **boob** [buːb] (umgangsspr) einen Schnitzer machen

**boo·by prize** der Trostpreis

**book** [bʊk] ❶ das Buch ❷ das Heft; **book of stamps** das Briefmarkenheft; **book of tickets** das Fahrscheinheft ❸ **book of matches** das [Streichholz]heftchen ▸ WENDUNGEN: **to be in someone's bad/good books** bei jemandem schlecht/gut angeschrieben sein; **in my book** meines Wissens nach

to **book** [bʊk] ❶ buchen ❷ aufschreiben *Verwarnung* ❸ [vor]bestellen *Platz, Karte;* **to be fully booked** ausgebucht sein; *Hotel:* voll belegt [*oder* ausgebucht] sein

◆to **book in** ❶ sich eintragen, absteigen (**at** in) ❷ eintragen; **to book someone into a hotel** jemandem ein Hotelzimmer reservieren lassen

◆to **book up** buchen; **to be booked up** ausgebucht sein, ausverkauft sein

**book·case** ['bʊkkeɪs] der Bücherschrank

**bookie** ['bʊki] (*umgangsspr*) *kurz für* **book·maker** der Buchmacher/die Buchmacherin, die Wettannahme

**book·ing** ['bʊkɪŋ] die Buchung, die Bestellung, die Reservierung

**book·ing of·fice** der Fahrkartenschalter, die Vorverkaufsstelle

**book·keep·ing** ['bʊk ˌkiːpɪŋ] die Buchhaltung, die Buchführung

**book·mak·er** ['bʊkˌmeɪkə<sup>r</sup>] der Buchmacher/die Buchmacherin

**book·mark** ['bʊkmaːk] das Lesezeichen

**book re·view** die Buchbesprechung

**book re·view·er** der Buchkritiker/die Buchkritikerin

**book·seller** ['bʊkˌselə<sup>r</sup>] der Buchhändler/die Buchhändlerin

**book·shelf** < *plural* bookshelves> das Bücherregal, das Bücherbord

**book·shop** die Buchhandlung

**book·stall** ['bʊkstɔːl] der Bücherstand

**book·store** ['bʊkstɔː<sup>r</sup>] (USA) die Buchhandlung

**book to·ken** der Büchergutschein

**boom** [buːm] ❶ das Brausen, das Donnern ❷ der Boom, der Aufschwung, die Hochkonjunktur

to **boom** [buːm] ❶ brausen, hallen, dröhnen ❷ einen Aufschwung nehmen, in die Höhe schnellen; **to be booming** florieren, boomen

◆to **boom out** dröhnen

to **boost** [buːst] ❶ in die Höhe treiben *Preise* ❷ ankurbeln ❸ verstärken *Strom, Leistung*

**boost** [buːst] ❶ der Auftrieb; **to give somebody/something a boost** jemandem/einer Sache Auftrieb geben ❷ *von Strom, Leistung:* die Verstärkung

**boost·er seat** (*im Auto*) der Kindersitz

**boot** [buːt] ❶ der Stiefel ❷ (GB) der Kofferraum ▸ WENDUNGEN: **to give someone the boot** (*slang*) jemanden rausschmeißen; **the boot is on the other foot** es ist gerade andersherum

to **boot** [buːt] ❶ **to boot something** einer Sache einen Fußtritt geben; **to boot the ball** den Ball kicken ❷ hochladen *Computer*

◆to **boot out** (*umgangsspr*) rausschmeißen

**booth** [buːð] die [Markt]bude; **polling booth** die [Wahl]kabine; [**tele**]**phone booth** die Telefonzelle

**boot·lace** ['buːtleɪs] der Schnürsenkel

to **boot·leg** ['buːtleg] schwarz herstellen, schwarz verkaufen

**boot·lick·er** ['buːtlɪkə<sup>r</sup>] der Speichellecker/die Speichelleckerin

to **booze** [buːz] (*umgangsspr*) saufen

**booze** [buːz] (*umgangsspr*) ❶ der Alkohol ❷ **booze-up** (*slang*) die Sauferei

**booz·er** ['buːzə<sup>r</sup>] (*umgangsspr*) ❶ der Säufer/die Säuferin ❷ die Kneipe

**bor·der** ['bɔːdə<sup>r</sup>] ❶ der Rand ❷ die Grenze ❸ (*im Garten*) die Rabatte

to **bor·der** ['bɔːdə<sup>r</sup>] begrenzen, einfassen

◆to **border on** (*auch übertragen*) grenzen an

**bor·der·ing** ['bɔːd<sup>ə</sup>rɪŋ] angrenzend

**bor·der·line**<sup>1</sup> ['bɔːd<sup>ə</sup>laɪn] *meist singular* die Grenze

**bor·der·line**<sup>2</sup> ['bɔːd<sup>ə</sup>laɪn] Grenz-; **border-line case** der Grenzfall

to **bore**<sup>1</sup> [bɔː<sup>r</sup>] bohren

to **bore**<sup>2</sup> [bɔː<sup>r</sup>] langweilen; **to bore someone to death** jemanden zu Tode langweilen; **to be bored** sich langweilen

**bore**<sup>1</sup> [bɔː<sup>r</sup>] der langweilige Mensch, der Langweiler

**bore**<sup>2</sup> [bɔː<sup>r</sup>] *2. Form von* **bear**

**bore·dom** ['bɔːdəm] die Langeweile

**bor·ing** ['bɔːrɪŋ] langweilig

**born** [bɔːn] geboren; **to be born** geboren werden; (*übertragen*) entstehen; **where were you born?** wo sind Sie geboren?; **he was born in 1988** er ist 1988 geboren; **he was born blind** er ist von Geburt blind

**borne** [bɔːn] *3. Form von* **bear**

**bor·ough** ['bʌrə] der Bezirk, die Stadtgemeinde

to **bor·row** ['bɒrəʊ] borgen, leihen (**from** von)

**bos·om** ['bʊzəm] (*auch übertragen*) der Busen

**boss** [bɒs] (*umgangsspr*) der Boss, der Chef

to **boss** [bɒs] **to boss about** [*oder* **around**] herumkommandieren

**bossy** ['bɒsɪ] (*umgangsspr*) herrisch, rechthaberisch

**bo·tani·cal** [bə'tænɪkl] botanisch

**bota·nist** ['bɒtənɪst] der Botaniker/die Botanikerin

**bota·ny** ['bɒtənɪ] die Botanik, die Pflanzenkunde

**botch** [bɒtʃ] der Pfusch; **to make a botch of something** etwas verpfuschen

**both¹** [bəʊθ] beide, beides; **we can both go** wir beide können gehen; **both** [the] **brothers** beide Brüder; **on both sides** auf beiden Seiten

**both²** [bəʊθ] **both ... and** sowohl ... als auch

to **both·er** ['bɒðə'] ❶ **to bother someone** jemandem lästig sein, jemanden belästigen [*oder* ärgern] ❷ aufregen, aus der Ruhe bringen ❸ sich Sorgen machen (**about** um), sich kümmern (**about** um) ▸ WENDUNGEN: **don't bother!** bemühen Sie sich nicht!; **I can't be bothered!** ich habe keine Lust!

**both·er¹** ['bɒðə'] ❶ der Ärger, die Schwierigkeiten ❷ die Mühe ❸ die Plage

**both·er²** ['bɒðə'] **bother** [it]! verflixt!

**both·era·tion** [ˌbɒðə'reɪʃ°n] verflixt!

**Bo·tox**® ['bəʊtɒks] das Botox

**bot·tle** ['bɒtl] die Flasche

to **bot·tle** ['bɒtl] in Flaschen füllen

◆ to **bottle up** (*übertragen*) in sich hineinfressen

**bot·tle bank** der Altglascontainer

**bottled** ['bɒt|d] in Flaschen abgefüllt; **bottled beer** das Flaschenbier

to **bot·tle-feed** **to bottle-feed a baby** ein Baby mit der Flasche füttern

**bottle-feeding** *kein Plural* die Fütterung mit der Flasche

**bot·tle·neck** ['bɒtlnek] (*auch übertragen*) der Engpass

**bot·tom¹** ['bɒtəm] ❶ *auch eines Gewässers:* der Boden, der Grund ❷ das untere Ende, der Fuß; **from top to bottom** von oben bis unten ❸ der Schiffsboden ❹ (*übertragen*) die Grundlage, der Kern, die Ursache ▸ WENDUNGEN: **at bottom** im Grunde; **from the bottom of my heart** aus tiefstem Herzen; **to get to the bottom of something** einer Sache auf den Grund gehen

**bot·tom²** ['bɒtəm] unterste(r, s), niedrigste(r, s)

**bought** [bɔːt] *2. und 3. Form von* **buy**

**boul·der** ['bəʊldə'] der Felsblock

to **bounce** [baʊns] ❶ *Ball:* aufprallen ❷ springen ❸ aufprallen lassen *Ball* ❹ (*umgangsspr*) *Scheck:* platzen

◆ to **bounce back** (*übertragen*) sich nicht unterkriegen lassen

◆ to **bounce off** (*auch übertragen*) abprallen [von]

**bounc·er** ['baʊnsə'] (*umgangsspr*) der Rausschmeißer

to **bound** [baʊnd] springen

**bound¹** [baʊnd] **to be bound for** auf dem Weg sein nach, gehen nach; **homeward bound** auf der Heimreise [*oder* Heimfahrt]

**bound²** [baʊnd] **bound hand and foot** an Hand und Fuß gefesselt; **to be bound to do something** etwas bestimmt tun; **it was bound to happen** das musste so kommen

**bound³** [baʊnd] *2. und 3. Form von* **bind**

**bounda·ry** ['baʊndrɪ] die Grenze, die Trennungslinie

**bounds** [baʊnd] **out of bounds** Betreten verboten; (*übertragen*) tabu; **within the bounds** innerhalb der Grenzen

**bout** [baʊt] ❶ *von Grippe:* der Anfall ❷ (*beim Boxen*) der Kampf

**bow¹** [bəʊ] ❶ die Schleife ❷ (*Waffe*) der Bogen ❸ *von Geige:* der Bogen

**bow²** [baʊ] der Bug

**bow³** [baʊ] die Verbeugung

to **bow** [baʊ] ❶ sich verbeugen ❷ **to bow one's head** den Kopf senken

◆ to **bow down** ❶ sich verbeugen ❷ (*gehorchen*) **to bow down to someone** sich jemandem fügen

◆ to **bow out** sich verabschieden

**bowl¹** [bəʊl] die Schüssel, die Schale

**bowl²** [bəʊl] ❶ die [schwere] Holzkugel ❷ **bowls** *Kugelspiel auf dem Rasen*

to **bowl** [bəʊl] ❶ werfen *Ball;* schieben, rollen *Kugel* ❷ Bowling spielen

◆ to **bowl over** umwerfen, umstoßen; (*übertragen*) aus dem Konzept bringen; **to be bowled over** sprachlos sein

**bow-leg·ged** [ˌbəʊ'legd] o-beinig

**bowl·er¹** ['bəʊlə'] (*Kricket*) der Ballmann, der Werfer

**bowl·er²** ['bəʊlə'] (*Hut*) die Melone

**bowl·ing** ['bəʊlɪŋ] ❶ das Bowlingspiel ❷ (*Kricket*) das Werfen des Balles

**bowl·ing al·ley** die Kegelbahn

**bowl·ing green** der Rasenplatz für Bowling

**bow tie** die Fliege

**bow-wow** [ˌbaʊ'waʊ] wauwau!

**box** [bɒks] ❶ die Schachtel ❷ die Kiste, der Karton ❸ die Dose, die Büchse ❹ (*im Theater*) die Loge

to **box** [bɒks] ❶ in eine Schachtel packen ❷ boxen ❸ **to box someone's ears** jemanden

ohrfeigen
- to **box in** einklemmen; (*auch übertragen*) einengen
- to **box up** [in Kartons] einpacken
**box·er** ['bɒksə'] der Boxer/die Boxerin
**box·ing** ['bɒksɪŋ] das Boxen, der Boxsport
**Box·ing Day** der zweite Weihnachtsfeiertag

> **L** In früheren Zeiten war es in Großbritannien üblich, dass die Lehrlinge nach dem ersten Weihnachtstag mit „boxes" (Schachteln) Trinkgelder bei den Kunden ihrer Meister einsammelten. Auch das Weihnachtsgeld für die Angestellten wurde als „Christmas box" bezeichnet. Deshalb heißt der 26. Dezember noch heute **Boxing Day**. In Irland heißt der 26. Dezember dagegen „St Stephen's Day".

**box·ing gloves** *plural* die Boxhandschuhe
**box·ing match** der Boxkampf
**box·ing ring** der Boxring
**box junc·tion** *markierter Kreuzungsbereich, der bei Stau nicht befahren werden darf*
**box num·ber** ['bɒksnʌmbə'] **1** die Chiffre[nummer] **2** das Postfach
**box of·fice** die Theaterkasse
**boy** [bɔɪ] der Junge ▸ WENDUNGEN: **my boy!** (*umgangsspr*) mein Lieber!; **old boy!** (*umgangsspr*) alter Junge!; **oh, boy!** Junge! Junge!
**boy band** die Boygroup
**boy·friend** ['bɔɪfrend] der Freund
**boy scout** der Pfadfinder
**bozo** ['bəʊzəʊ] ⓤⓢⓐ (*slang*) der dumme Kerl
**bra** [brɑː] der Büstenhalter, der BH
**brace** [breɪs] **1** die Zahnspange **2** die Strebe, die Stütze **3** **braces** *plural,* **pair of braces** ⓖⓑ der Hosenträger
- to **brace** [breɪs] **to brace oneself for something** sich auf eine Sache gefasst machen
**brace·let** ['breɪslɪt] das Armband
**brack·et** ['brækɪt] **1** der Träger, die Konsole **2** die Klammer; **in brackets** in Klammern **3** (*übertragen*) **tax/income bracket** die Steuer-/Einkommensklasse
- to **brack·et** ['brækɪt] einklammern
- to **brag** [bræg] <bragged, bragged> prahlen (**of/about** mit)
**Braille** [breɪl] *kein Plural* die Blindenschrift
**brain** [breɪn] **1** das Gehirn **2** *meist plural* (*übertragen*) der Verstand, die Intelligenz; **to rack one's brain[s]** sich den Kopf zerbrechen
**brain teas·er** das Rätsel
**brain·wash·ing** ['breɪnwɒʃɪŋ] die Gehirnwäsche
**brain·wave** ['breɪnweɪv] der Geistesblitz

**brainy** ['breɪnɪ] klug
**brake** [breɪk] die Bremse; **to put on the brakes** die Bremsen betätigen, bremsen
- to **brake** [breɪk] <broke, broken> bremsen
**brak·ing** ['breɪkɪŋ] *kein Plural* das Bremsen
**brak·ing dis·tance** der Bremsweg
**bran** [bræn] die Kleie
**branch** [brɑːntʃ] **1** der Zweig, der Ast **2** der Nebenfluss, der [Fluss]arm **3** *von Straße, Bahn:* die Abzweigung, die Nebenstrecke **4** (*übertragen*) der Zweig, der Abschnitt **5** *einer Firma:* die Branche, der Zweig
- to **branch off** *Straße:* abzweigen; *Auto:* abbiegen
- to **branch out** seine Aktivitäten ausdehnen; **to branch out on one's own** sich selbstständig machen
**branch of·fice** die Filiale
**brand** [brænd] **1** die Marke, das Warenzeichen **2** das Brandmal
**brand-new** [,brænd'njuː] [funkel]nagelneu
**bran·dy** ['brændɪ] der Weinbrand
**brash** [bræʃ] dreist
**brass** [brɑːs] **1** das Messing **2** (*im Orchester*) **the brass** die Blechbläser **3** (*slang*) das Geld, der Zaster
**brass band** die Blaskapelle
**bras·siere** ['bræsɪə'] der Büstenhalter
**brat** [bræt] (*abwertend*) das Gör, die Göre
**brave** [breɪv] tapfer, mutig
- to **brave** [breɪv] **to brave something** einer Sache mutig entgegentreten [*oder* trotzen]; **to brave it out** mutig die Stirn bieten
**brav·ery** ['breɪvərɪ] die Tapferkeit, der Wagemut
**brawl** [brɔːl] die Schlägerei
- to **brawl** [brɔːl] sich zanken, sich streiten
- to **bray** [breɪ] *Esel:* iahen
**bread** [bred] das Brot; **a loaf of bread** ein [Laib] Brot; **a slice of bread** eine Scheibe Brot ▸ WENDUNGEN: **to earn one's bread** sein Brot verdienen; **to know which side one's bread is buttered** wissen, wo zu holen ist
**bread and but·ter** **1** das Butterbrot **2** (*umgangsspr*) der Lebensunterhalt
**bread bin** ['bredbɪn] der Brotkasten
**bread·crumb** ['bredkrʌm] **1** die Brotkrume **2** **breadcrumbs** *plural* das Paniermehl
**bread·mak·er** der Brotbackautomat
**breadth** ['bretθ] **1** die Breite **2** die Weite
**bread·win·ner** ['bred,wɪnə'] der Ernährer/die Ernährerin
**break** [breɪk] **1** der Bruch **2** die Lücke, der Riss, die Spalte **3** die Unterbrechung, die Pau-

se, der Urlaub; **without a break** ununterbrochen ④ (*in Schrift und Druck*) der Absatz ⑤ Wechsel, Umschwung; **at break of day** bei Tagesanbruch ▶ WENDUNGEN: **give us a break!** (*umgangsspr*) halt mal die Luft an!; **bad break** Pech

to **break** [breɪk] <broke, broken> ① zerbrechen, zerreißen; **to be broken** kaputt sein, ruiniert sein ② ruinieren, zu Grunde richten ③ einschlagen *Fensterscheibe* ④ (*übertragen*) übertreten *Gesetz;* nicht halten *sein Wort, Versprechen;* nicht einhalten *Verabredung* ⑤ auflösen *Verlobung* ⑥ unterbrechen, abbrechen *Reise, Urlaub* ⑦ mitteilen, eröffnen; (*umgangsspr*) beibringen; **to break the news to someone** jemandem etwas eröffnen ⑧ *Tag:* anbrechen, beginnen; *Unwetter:* hereinbrechen ⑨ *Wetter:* sich ändern, umschlagen

◆to **break away** ① abbrechen ② sich losreißen, sich lossagen (**from** von)

◆to **break down** ① aufhören zu funktionieren, kaputtgehen; *Auto:* eine Panne haben ② abbrechen, scheitern ③ (*übertragen*) brechen *Widerstand* ④ (*übertragen*) versagen, ausfallen; *Mensch:* zusammenbrechen

◆to **break in** ① einbrechen ② unterbrechen

◆to **break into** ① einbrechen in ② plötzlich beginnen mit ③ anbrechen *Geld*

◆to **break loose** ① losbrechen, abbrechen ② ausbrechen

◆to **break off** ① abbrechen ② (*übertragen*) aufheben, lösen *Verlobung* ③ (*in einer Rede*) aufhören, abbrechen

◆to **break out** ① *Gefangener, Feuer, Krieg:* ausbrechen ② **to break out in a rash** einen Ausschlag bekommen

◆to **break through** durchstoßen, durchbrechen

◆to **break up** ① aufbrechen ② auseinandernehmen ③ (*übertragen*) abbrechen *Veranstaltung;* [sich] auflösen *Versammlung* ④ unterteilen (**into** in), aufgliedern ⑤ in Stücke gehen, zerbrechen ⑥ *Schule:* aufhören; **when do you break up?** wann habt ihr Ferien?

**break·able** ['breɪkəbl] zerbrechlich

**break·age** ['breɪkɪdʒ] ① der Bruch, die Bruchstelle ② der Bruchschaden

**break·away** ['breɪkəweɪ] die Absplitterung

**break·danc·ing** ['breɪkdɑːn(t)sɪŋ] der Breakdance

**break·down** ['breɪkdaʊn] ① das Versagen, der Ausfall, die [Betriebs]störung; *von Auto:* die Panne ② (*übertragen*) das Versagen, das

Scheitern ③ der Nervenzusammenbruch

**break·down lor·ry** GB der Abschleppwagen

**break·down ser·vice** der Pannendienst

**break·fast** ['brekfəst] das Frühstück; **to have breakfast** frühstücken

to **break·fast** ['brekfəst] frühstücken

**break·neck** ['breɪknek] **at breakneck speed** mit halsbrecherischer Geschwindigkeit

**break·through** ['breɪkθruː] der Durchbruch

**break·up** ['breɪkʌp] ① das Aufbrechen, das Zerbrechen, das Zerreißen ② (*auch übertragen*) der Zerfall, die Auflösung ③ der Zusammenbruch ④ *einer Ehe:* die Zerrüttung; (*zwischen Freunden*) der Bruch

**breast** [brest] die Brust; (*auch übertragen*) der Busen

to **breast·feed** ['brestfiːd] <breastfed, breastfed> stillen *Säugling;* **breast-fed child** das Brustkind

**breast·stroke** ['breststrəʊk] das Brustschwimmen

**breath** [breθ] ① der Atem; **out of breath** außer Atem; **to catch one's breath** verschnaufen; **to take a deep breath** tief Luft holen; **bad breath** der Mundgeruch ② **to go out for a breath of air** frische Luft schnappen gehen; **breath of wind** der Windhauch ▶ WENDUNGEN: **below** [*oder* **under**] **one's breath** leise, flüsternd

to **breatha·lyse** ['breθəlaɪz], USA to **breathalyze** **to breathalyse someone** jemanden pusten lassen

to **breathe** [briːð] ① atmen ② **to breathe again** [*oder* **freely**] (*übertragen*) aufatmen ③ (*übertragen*) flüstern; **don't breathe a word about ...** verrate kein Wort über ...

◆to **breathe in** einatmen

**breath·er** ['briːðəʳ] die Atempause, die Verschnaufpause; **to take a breather** verschnaufen

**breath·ing** ['briːðɪŋ] die Atmung

**breath·ing space** die Atempause, die Ruhepause

**breath·less** ['breθlɪs] außer Atem, atemlos

**breath·tak·ing** ['breθteɪkɪŋ] atemberaubend

**bred** [bred] *2. und 3. Form von* **breed**

to **breed** [briːd] <bred, bred> ① sich fortpflanzen, sich vermehren; **I was born and bred in England** ich bin in England geboren und aufgewachsen ② Junge bekommen ③ züchten *Vieh* ④ (*übertragen*) hervorbringen, erzeugen, die Ursache sein

**breed** [briːd] die Zucht, die Rasse, die Art

**breed·ing** ['briːdɪŋ] ① die Fortpflanzung, das

**breeze – Britain**    64

Brüten ❷ *von Vieh:* die Zucht ❸ (*übertragen*) die Erziehung ❹ das Benehmen, die Bildung

**breeze** [bri:z] die Brise

◆ to **breeze in** fröhlich hereinschneien

to **brew** [bru:] ❶ brauen *Bier* ❷ zubereiten *Getränk* ❸ *Tee:* ziehen ❹ (*übertragen*) *Gewitter, Böses:* sich zusammenbrauen, im Anzug sein, in der Luft liegen

**brew·ery** ['bruərɪ] die Brauerei

**bribe** [braɪb] das Schmiergeld, das Bestechungsgeld

to **bribe** [braɪb] bestechen

**brib·ery** ['braɪbərɪ] die Bestechung; **open to bribery** bestechlich; **not open to bribery** unbestechlich

**brick** [brɪk] ❶ der Ziegel, der Backstein ❷ (*Spielzeug*) der Bauklotz

◆ to **brick in**, to **brick up** zumauern, vermauern

**brick·lay·er** ['brɪkˌleɪəʳ] der Maurer/die Maurerin

**bride** ['braɪd] die Braut

**bride·groom** ['braɪdgrʊm] der Bräutigam

**brides·maid** ['braɪdzmeɪd] die Brautjungfer

**bridge** [brɪdʒ] ❶ die Brücke ❷ die Kommandobrücke ❸ der Nasenrücken ❹ (*Zahnprothese*) die Brücke ❺ (*Kartenspiel*) das Bridge

to **bridge** [brɪdʒ] ❶ eine Brücke schlagen [*oder* bauen] über ❷ (*übertragen*) überbrücken

**bri·dle** ['braɪdl] das Zaumzeug

to **bri·dle** ['braɪdl] sich entrüstet wehren (**at** gegen)

**bri·dle-path**, **bri·dle·way** der Reitweg

**brief** [bri:f] ❶ kurz ❷ kurz gefasst, knapp; **in brief** in Kürze, kurz; **to be brief** sich kurz fassen

to **brief** [bri:f] ❶ **to brief someone** jemandem einen Auftrag geben ❷ einweisen, instruieren

**brief·case** ['bri:fkeɪs] die Aktentasche, die Aktenmappe

**brief·ly** ['bri:flɪ] kurz, in Kürze, mit wenigen Worten

**bright** [braɪt] ❶ leuchtend, strahlend, hell ❷ *Wetter:* heiter, klar ❸ glücklich, freudig ❹ aufgeweckt, gescheit

**F**   Nicht verwechseln mit *breit — broad, wide!*

to **bright·en** ['braɪtn], to **bright·en up** ['braɪtn ʌp] ❶ aufhellen, [auf]polieren ❷ aufheitern, aufmuntern ❸ *Himmel:* sich aufhellen ❹ *Gesicht:* aufleuchten

**brill** [brɪl] (*umgangsspr*) prima, toll, Spitze!

**bril·liant** ['brɪlɪənt] ❶ hell leuchtend ❷ (*übertragen*) glänzend, brillant; *Mensch:* geistreich ❸ **that's brilliant!** das ist fantastisch!; (*ironisch*) na, super [*oder* toll]!

**brim** [brɪm] ❶ *von Gefäß:* der Rand; **full to the brim** randvoll ❷ *von Hut:* die Krempe

**brim·ful** [ˌbrɪm'fʊl] randvoll; **he is brimful of ideas** er steckt voller Ideen

to **bring** [brɪŋ] <brought, brought> ❶ [mit]bringen, herbringen ❷ einbringen *Gewinn;* erzielen *Preis* ❸ **to bring someone to do something** jemanden dazu bringen [*oder* bewegen], etwas zu tun ❹ **to bring to bear** anwenden (**on** auf), anbringen (**on** bei), geltend machen ▸ WENDUNGEN: **to bring to an end** beenden; **to bring to light** ans Licht bringen; **to bring into play** ins Spiel bringen, ins Feld führen

◆ to **bring about** verursachen

◆ to **bring along** mitbringen

◆ to **bring back** ❶ ins Gedächtnis rufen ❷ zurückbringen *Gegenstand*

◆ to **bring down** ❶ herunterbringen, herunterholen ❷ herabsetzen *Preis*

◆ to **bring forward** ❶ vorbringen ❷ vorverlegen ❸ zur Sprache bringen

◆ to **bring in** ❶ (*finanziell*) einbringen ❷ hereinbringen ❸ einführen ❹ einbringen *Gesetzesvorlage*

◆ to **bring off** ❶ retten, wegbringen ❷ zu Stande [*oder* zu Wege] bringen

◆ to **bring on** ❶ verursachen, bewirken ❷ (*Theater*) auftreten lassen ❸ fördern, weiterbringen

◆ to **bring out** ❶ klar [*oder* deutlich] machen ❷ herausbringen *Buch* ❸ auf den Markt bringen *Ware* ❹ **to bring someone out of himself** jemandem die Hemmungen nehmen ❺ **to bring someone out in spots** bei jemandem einen Ausschlag verursachen

◆ to **bring over** herbeibringen

◆ to **bring round** ❶ wieder zu Bewusstsein bringen ❷ umstimmen ❸ bringen (**to** auf)

◆ to **bring up** ❶ aufziehen, erziehen ❷ zur Sprache bringen ❸ erbrechen ❹ **to bring up the rear** als Letzter kommen

**brink** [brɪŋk] (*auch übertragen*) der Rand; **on the brink of disaster** am Rande des Abgrunds

**brisk** [brɪsk] ❶ lebhaft, munter ❷ *Schritte:* rasch, flott ❸ *Wind:* frisch

**bris·tle** ['brɪsl] die [Bart]stoppel; *eines Tieres:* die Borste

to **bris·tle** ['brɪsl] sich sträuben

**Brit·ain** ['brɪtn] Großbritannien

**Das Königreich** England, das Königreich Schottland und das Fürstentum Wales bilden zusammen **Great Britain** (Großbritannien). Great Britain und Nordirland wiederum bilden zusammen das **United Kingdom** (Vereinigte Königreich). Der geographische Begriff **British Isles** (Britische Inseln) bezieht sich auf das Vereinigte Königreich mit zahlreichen Inseln (wie z.B. die Hebriden, die Orkneyinseln, die Shetlandinseln, die Insel Man, die Scilly Inseln, die Kanalinseln) und Irland (Eire).

**Brit·ish¹** ['brɪtɪʃ] britisch
**Brit·ish²** ['brɪtɪʃ] **the British** die Briten
**Brit·ish Broad·cast·ing Cor·po·ra·tion** *kein Plural, mit Singular oder Plural* die BBC (*britische Rundfunkgesellschaft*)
**Brit·ish Na·tion·al Par·ty** Britische Nationalpartei (*rechtsradikal*)
**Brit·on** ['brɪtn] der Brite/die Britin
**Brit·ta·ny** ['brɪtᵊni] die Bretagne
**broad** [brɔːd] ❶ breit, weit ❷ allgemein, umfassend ❸ grob, vage ❹ großzügig, tolerant ❺ klar, unmissverständlich; **broad hint** der deutliche Wink ❻ *Dialekt:* breit ❼ **broad daylight** das helle Tageslicht
**B-road** ['biːrəʊd] ⒼⒷ ≈ die Landstraße
**broad bean** die dicke Bohne
**broad·cast** ['brɔːdkɑːst] die Rundfunkübertragung, die Fernsehübertragung
to **broad·cast** ['brɔːdkɑːst] <broadcast, broadcast> ❶ (*Radio, TV*) senden, übertragen ❷ im Rundfunk übertragen, im Fernsehen senden ❸ (*umgangsspr*) an die große Glocke hängen, ausposaunen
**broad·cast·ing** ['brɔːdkɑːstɪŋ] die Rundfunkübertragung, die Fernsehübertragung
to **broad·en** ['brɔːdn] ❶ breiter werden ❷ verbreitern; **to broaden one's horizons** seinen Horizont erweitern
**broad·ly** ['brɔːdlɪ] ❶ allgemein; **broadly speaking** ganz allgemein gesehen ❷ (*klar*) deutlich
**broad·mind·ed** [ˌbrɔːd'maɪndɪd] tolerant

Jeder kennt die berühmteste Straße in New York City: den **Broadway**. Es ist eine sehr breite und lange Hauptverkehrsstraße. An dieser Straße befindet sich das berühmte Theaterviertel mit dem gleichen Namen. Broadway steht für das große amerikanische Theater, und fast alle wichtigen Theaterstücke wurden hier gespielt. Theaterstücke, die nicht in diesem Viertel gezeigt werden, sind oft experimentelle oder billige Produktionen und werden als „off-Broadway plays" bezeichnet.

**broc·co·li** ['brɒkəlɪ] der Brokkoli
**bro·chure** ['brəʊʃəʳ] die Broschüre
**broke¹** [brəʊk] *2. Form von* **break**

**broke²** [brəʊk] (*slang*) abgebrannt, pleite
**bro·ken¹** ['brəʊkn] *3. Form von* **break**
**bro·ken²** ['brəʊkn] ❶ kaputt, gebrochen, zerbrochen ❷ *Gesundheit:* zerrüttet ❸ **broken English** gebrochenes Englisch; **broken sleep** der unterbrochene Schlaf
**bro·ken-down** *Maschine:* nicht betriebsfähig/gebrauchsfähig
**bro·ken-heart·ed** mit gebrochenem Herzen, untröstlich
**brol·ly** ['brɒlɪ] ⒼⒷ (*umgangsspr*) der Schirm
**bronze¹** [brɒnz] die Bronze
**bronze²** [brɒnz] bronzen, bronzefarben
**Bronze Age** die Bronzezeit
**brooch** [brəʊtʃ] <*plural* brooches> die Brosche
**brood** [bruːd] (*auch abwertend*) die Brut
to **brood** [bruːd] (*auch übertragen*) brüten (**on/over** über)
**broody** ['bruːdɪ] (*auch übertragen*) brütend
**brook** [brʊk] der Bach
**broom** [bruːm] der Besen
**broom·stick** ['bruːmstɪk] der Besenstiel
**Bros.** *plural* Abkürzung von **brothers** Gebr.
**broth** [brɒθ] die [Fleisch]brühe
**broth·er** ['brʌðəʳ] (*auch übertragen*) der Bruder; **brother[s] and sister[s]** die Geschwister
**broth·er-in-law** ['brʌðərɪnlɔː] <*plural* brothers-in-law> der Schwager
**brought** [brɔːt] *2. und 3. Form von* **bring**
**brown¹** [braʊn] braun
**brown²** [braʊn] das Braun
to **brown** [braʊn] ❶ bräunen; anbraten *Fleisch* ❷ braun werden
**brown bread** das Mischbrot, das Graubrot
**brown·field brownfield site** aus gewerblichen Brachflächen hervorgegangenes Bauland
**brown pa·per** ['braʊn'peɪpəʳ] das Packpapier
**brown rice** der Naturreis
to **browse** [braʊz] (*übertragen*) sich umsehen; (*in Büchern*) [herum]schmökern; **to browse the Internet** im Internet surfen
**brows·er** ['braʊzəʳ] der Browser
**bruise** [bruːz] der Bluterguss, der blaue Fleck
to **bruise** [bruːz] **to bruise oneself** einen blauen Fleck bekommen
**brush** [brʌʃ] <*plural* brushes> ❶ die Bürste ❷ der Pinsel ❸ der Besen
to **brush** [brʌʃ] ❶ bürsten; **to brush one's teeth** sich die Zähne putzen ❷ fegen, kehren *Boden* ❸ streifen *Körperteil*
◆ to **brush aside** zur Seite schieben, abtun
◆ to **brush away** abbürsten
◆ to **brush off** ❶ abbürsten ❷ (*umgangsspr*)

**brush up – bull** 66

abblitzen lassen
◆to **brush up** ❶ aufkehren ❷ (*übertragen*) auffrischen
**brush-off** ['brʌʃɒf] **to give someone the brush-off** (*umgangsspr*) jemandem eine Abfuhr erteilen
**Brus·sels** ['brʌslz] Brüssel
**Brus·sels sprout** der Rosenkohl
**bru·tal** ['bru:tl] roh, brutal
**brute** [bru:t] **by brute force** mit roher Gewalt
**BSE** *Abkürzung von* **bovine spongiform encephalopathy** BSE
**bub·ble** ['bʌbl] die [Luft]blase, die Seifenblase
to **bub·ble** ['bʌbl] sprudeln, blubbern
◆to **bubble over** überfließen, übersprudeln
**bub·ble bath** das Schaumbad
**bub·ble gum** der/das Kaugummi
**bub·bly**¹ ['bʌblɪ] ❶ sprudelnd ❷ quirlig
**bub·bly**² ['bʌblɪ] (*umgangsspr*) der Schampus
**buck** [bʌk] Ⓤ (*slang*) der Dollar ▸ WENDUNGEN: **to pass the buck** die Verantwortung abschieben (**to** auf)
◆to **buck up** (*umgangsspr*) ❶ sich beeilen ❷ sich zusammenreißen ▸ WENDUNGEN: **to buck someone up** jemandem Dampf machen, jemanden aufmuntern
**buck·et** ['bʌkɪt] der Eimer, der Kübel ▸ WENDUNGEN: **to kick the bucket** (*slang*) ins Gras beißen
**buck·et·ful** ['bʌkɪtfʊl] der Eimer voll

🇱 Der **Buckingham Palace** in London ist der Hauptwohnsitz der britischen Königin, Elizabeth II. Der Palast hat über 600 Räume und wurde von 1821 bis 1830 für König George IV. gebaut.

**buck·le** ['bʌkl] die Schnalle, die Spange
to **buck·le** ['bʌkl] ❶ zuschnallen; **buckle your seatbelts** schnallt euch an ❷ sich werfen, sich verziehen
◆to **buckle down to buckle down to something** etwas ernsthaft in Angriff nehmen
◆to **buckle in** anschnallen
◆to **buckle up** sich anschnallen
**Buck's Fizz** [bʌks'fɪz] Orangensaft mit Sekt [*oder* Champagner]
**bud** [bʌd] die Knospe ▸ WENDUNGEN: **to nip in the bud** im Keim ersticken
**bud·ding** [bʌdɪŋ] (*übertragen*) angehend
**bud·dy** ['bʌdɪ] Ⓤ (*umgangsspr*) der Kumpel
to **budge** [bʌdʒ] ❶ sich von der Stelle rühren; **budge up!** rutsch mal rüber! ❷ sich bewegen

**budg·eri·gar** ['bʌdʒərɪgaːʳ] der Wellensittich
**budg·et** ['bʌdʒɪt] der Etat, das Budget
to **budg·et** ['bʌdʒɪt] **to budget for something** etwas im Haushaltsplan vorsehen
**buf·fa·lo** ['bʌfələʊ] <*plural* buffalo *oder* buffaloes> der Büffel, der Bison
**buff·er** ['bʌfəʳ] der Puffer
**buf·fet** ['bʊfeɪ] das Büfett; **cold buffet** das kalte Büfett
**buf·fet car** Ⓖ🅑 der Speisewagen
**bug** [bʌg] ❶ die Wanze ❷ (*allgemein*) das Insekt; Ⓤ der Käfer ❸ (*umgangsspr*) der Bazillus ❹ (*Abhörgerät*) die Wanze
to **bug** [bʌg] <bugged, bugged> ❶ eine Wanze einbauen in ❷ (*umgangsspr*) ärgern
**bug·ger** ['bʌgəʳ] (*slang*) der Kerl, der Bursche; (*als Schimpfwort*) der Scheißkerl
◆to **bugger off** (*slang*) abhauen
◆to **bugger up** (*slang*) versauen
**bug·gy** ['bʌgɪ] ❶ der Buggy ❷ Ⓤ🅑 der Kinderwagen
**build** [bɪld] der Körperbau, die Figur
to **build** [bɪld] <built, built> ❶ bauen ❷ aufbauen, erbauen, errichten
◆to **build in** einbauen, einplanen
◆to **build on** anbauen
◆to **build up** ❶ aufbauen, aufbessern ❷ steigern, erhöhen ❸ bebauen ❹ sich verdichten
**build·er** ['bɪldəʳ] ❶ der Bauarbeiter/die Bauarbeiterin ❷ der Bauherr/die Bauherrin
**build·ing** ['bɪldɪŋ] ❶ das Bauwerk, das Gebäude ❷ der Bau, das Bauen
**build·ing site** die Baustelle
**build·ing so·ci·ety** die Bausparkasse
**build-up** ['bɪldʌp] ❶ die Reklame, die Propaganda ❷ die Steigerung ❸ **a build-up of traffic** eine Verkehrsverdichtung
**built** [bɪlt] *2. und 3. Form von* **build**
**built-in** ['bɪlt'ɪn] eingebaut
**built-up** ['bɪltʌp] **built-up area** das bebaute Gelände, die geschlossene Ortschaft
**bulb** [bʌlb] ❶ die [Blumen]zwiebel, die Knolle ❷ die [Glüh]birne
**bulge** [bʌldʒ] die Ausbuchtung, die Beule
to **bulge** [bʌldʒ] anschwellen, sich wölben
**bulg·ing** [bʌldʒɪŋ] ❶ prall gefüllt ❷ **bulging eyes** die Glotzaugen
**bulk** [bʌlk] ❶ die Masse, die Größe; **to buy in bulk** en gros kaufen ❷ der Hauptteil, die Mehrzahl; **the bulk of the text** der größte Teil des Textes
**bulky** ['bʌlkɪ] ❶ umfangreich, massig ❷ unhandlich, sperrig
**bull** [bʊl] der Stier, der Bulle ▸ WENDUNGEN:

**like a bull in a china shop** wie ein Elefant im Porzellanladen; **to take the bull by the horns** den Stier bei den Hörnern packen

**bull·dog** ['bʊldɒg] die Bulldogge

to **bull·doze** ['bʊldəʊz] planieren

**bull·doz·er** ['bʊldəʊzəʳ] die Planierraupe, der Bulldozer

**bul·let** ['bʊlɪt] die Gewehrkugel, das Geschoss

**bul·letin board** (USA) das schwarze Brett

**bul·let·proof** kugelsicher

**bull·fight** ['bʊlfaɪt] der Stierkampf

**bull·shit** (*slang*) die Scheiße; **bullshit!** Quatsch!

**bul·ly** ['bʊlɪ] der Tyrann; (*in der Schule*) der Rabauke

to **bul·ly** ['bʊlɪ] einschüchtern, schikanieren

**bum¹** [bʌm] (*umgangsspr*) der Hintern

**bum²** [bʌm] (*slang*) der Penner

◆ to **bum around** (*slang*) rumgammeln

**bum·ble·bee** ['bʌmblbiː] die Hummel

**bump** [bʌmp] ❶ der Stoß, der Puff, der Bums ❷ **bump on the head** die Beule am Kopf ❸ (*in der Straße*) die Unebenheit

to **bump** [bʌmp] ❶ **to bump something** gegen etwas stoßen, etwas rammen ❷ auffahren ❸ anstoßen (**against** gegen, **into** an) ❹ rumpeln, holpern

◆ to **bump off** (*slang*) um die Ecke bringen

**bump·er** ['bʌmpəʳ] die Stoßstange

**bumper-to-bumper** Haube an Haube

**bumpy** ['bʌmpɪ] holp[e]rig

**bun** [bʌn] ❶ (GB) das süße Brötchen ❷ der [Haar]knoten

**bunch** [bʌntʃ] <*plural* bunches> ❶ das Büschel, das Bündel ❷ **bunch of flowers** der Blumenstrauß; **bunch of grapes** die Weintraube; **bunch of keys** der Schlüsselbund ❸ (*umgangsspr*) der Haufen; **a bunch of people** eine Menschengruppe

to **bunch** [bʌntʃ] ❶ **to bunch together** zusammenfassen ❷ sich bauschen

**bun·dle** ['bʌndl] (*auch übertragen*) das Bündel, das Paket

to **bun·dle** ['bʌndl] ❶ [zusammen]bündeln, zusammenbinden ❷ [unordentlich] hineinstopfen (**into** in) ❸ verfrachten *Menschen* ❹ **to bundle away/off/out** [schnell] weg-/fort-/hinausbefördern ❺ **to bundle someone off to bed** jemanden ins Bett packen

**bun·gee jump·ing** *kein Plural* das Bungeespringen

to **bun·gle** ['bʌŋgl] [ver]pfuschen, stümpern

**bunk** [bʌŋk] die Koje

**bunk bed** das Etagenbett, das Stockbett

**bun·ny** ['bʌnɪ] (*umgangsspr*) das Kaninchen

---

Ⓛ Das **Bunyip** ist ein australisches Monster, das angeblich in Sümpfen, Lagunen und Wasserlöchern haust. Dieses Fabelwesen tauchte ungefähr zur gleichen Zeit erstmals in den Erzählungen der Aborigines auf, als die europäischen Siedler Rinder nach Australien brachten. Wissenschaftler vermuten deshalb, dass die Aborigines sich vor dem Gebrüll der unbekannten Rinder, die sich im Schlamm von Wasserlöchern aufhielten, fürchteten. So soll die Vorstellung vom Sumpfmonster, dem Bunyip, entstanden sein.

to **bur·ble** ['bɜːbl] plappern; *Wasser:* plätschern

◆ to **burble away** drauflos plappern

◆ to **burble on** drauflos quasseln

**bur·den** ['bɜːdn] (*auch übertragen*) die Last

to **bur·den** ['bɜːdn] (*auch übertragen*) belasten

**bu·reau** ['bjʊərəʊ] <*plural* bureaux *oder* USA *auch* bureaus> **information bureau** die Auskunft

**bu·reaux** *Pluralform von* **bureau**

**bur·ger** ['bɜːgəʳ] der Hamburger

**bur·glar** ['bɜːgləʳ] der Einbrecher/die Einbrecherin

**bur·glar·proof** einbruchsicher

**bur·gla·ry** ['bɜːglərɪ] der Einbruch, der Einbruchsdiebstahl

to **bur·gle** ['bɜːgl] einbrechen in; **we were burgled** bei uns wurde eingebrochen

**bur·ly** ['bɜːli] kräftig [gebaut]

**burn** [bɜːn] die Brandwunde, die Verbrennung

to **burn** [bɜːn] <burnt *oder* burned, burnt *oder* burned> ❶ verbrennen ❷ anzünden, in Brand stecken; **to burn a hole in something** ein Loch in eine Sache brennen ❸ verfeuern *Kohle;* brennen *Ziegel* ❹ sich verbrennen *den Mund, die Finger* ❺ anbrennen [lassen] *Essen* ❻ *Hitze:* versengen, ausdörren ❼ brennen, in Flammen stehen ❽ *Licht:* brennen, eingeschaltet sein ❾ (*übertragen*) darauf brennen (**to** zu) ❿ (*vor Wut*) kochen, schäumen

◆ to **burn down** abbrennen, niederbrennen

◆ to **burn out** ❶ völlig ausbrennen/verbrennen, ausgehen ❷ *Sicherung:* durchbrennen

◆ to **burn up** ❶ verbrennen ❷ (*übertragen*) verzehren ❸ auflodern ❹ verglühen

**burn·ing** ['bɜːnɪŋ] ❶ (*auch übertragen*) brennend, glühend; **burning hot** glühend heiß ❷ (*übertragen*) leidenschaftlich, feurig

**burn·out** ❶ *kein Plural* die Erschöpfung ❷ (USA) (*abwertend*) der ausgebrannte Mensch

**burnt¹** [bɜːnt] *2. und 3. Form von* **burn**

**burnt²** [bɜːnt] verbrannt; **to have a burnt taste** angebrannt schmecken

**burp – butter up**     **68**

to **burp** [bɜːp] (*umgangsspr*) rülpsen

**bur·row** ['bʌrəʊ] der Bau

to **bur·row** ['bʌrəʊ] ❶ sich einwühlen, graben ❷ (*übertragen*) sich vergraben (**into** in)

**burst** [bɜːst] ❶ (*im Rohr*) der Bruch ❷ die Explosion ❸ (*übertragen*) der Ausbruch, der Anfall; **burst of applause** der Beifallssturm

to **burst** [bɜːst] <burst, burst> ❶ bersten, [zer]platzen, explodieren ❷ *Knospe:* aufbrechen; *Sturm:* ausbrechen ❸ (*auch übertragen*) bersten, platzen (**with** vor); **to be bursting with health** vor Gesundheit strotzen; **to burst into tears** in Tränen ausbrechen ❹ **to burst open** aufbrechen ❺ **to be bursting to do something** darauf brennen, etwas zu tun ❻ sprengen; **the river burst its banks** der Fluss trat über die Ufer

◆to **burst in** ❶ (*ins Zimmer*) hineinstürzen ❷ (*in ein Gespräch*) dazwischenplatzen

◆to **burst out** ausrufen, [plötzlich] schreien; **to burst out crying/laughing** in Tränen/ Lachen ausbrechen

to **bury** ['berɪ] ❶ begraben, beerdigen ❷ eingraben, vergraben ❸ verbergen ▸ WENDUNGEN: **to bury oneself in one's books** sich in seinen Büchern vergraben

**bus** [bʌs] <*plural* buses *oder* 🇺🇸 busses> ❶ Bus; **to go by bus** mit dem Bus fahren ❷ (*umgangsspr: Auto, Flugzeug*) die Kiste ▸ WENDUNGEN: **to miss the bus** (*umgangsspr*) den Anschluss verpassen

**bus driv·er** der Busfahrer/die Busfahrerin

**bush** [bʊʃ] <*plural* bushes> ❶ der Busch, der Strauch, das Gebüsch ❷ (*in Afrika*) der Busch ▸ WENDUNGEN: **to beat about the bush** (*übertragen*) wie die Katze um den heißen Brei herumschleichen

**bushy** ['bʊʃɪ] buschig

**busi·ly** ['bɪzɪlɪ] geschäftig, eifrig

**busi·ness** ['bɪznɪs] <*plural* businesses> ❶ der Handel, das Gewerbe; **on business** geschäftlich ❷ Unternehmen, der gewerbliche Betrieb ❸ die Aufgabe, die Angelegenheit ❹ **to get down to business** zur Sache kommen; **mind your own business!** kümmern Sie sich um Ihre eigenen Angelegenheiten!; **that's none of your business!** das geht Sie nichts an!; **to have no business to** kein Recht haben zu; **to mean business** es ernst meinen

**busi·ness ad·dress** die Geschäftsadresse

**busi·ness card** die Visitenkarte

**busi·ness hours** die Geschäftszeit, die Geschäftszeiten

**busi·ness·like** ['bɪznɪslaɪk] ❶ geschäftstüch-

tig ❷ praktisch [veranlagt], gewandt

**busi·ness·man** ['bɪznɪsmæn] <*plural* businessmen> der Geschäftsmann

**busi·ness trip** die Geschäftsreise

**busi·ness·wom·an** ['bɪznɪswʊmən, *plural* 'bɪznɪswɪmɪn] <*plural* businesswomen> die Geschäftsfrau

**busk·er** ['bʌskəʳ] der Straßenmusikant/die Straßenmusikantin

**bus lane** die Busspur

**bus ser·vice** die Busverbindung

**bus sta·tion** der Busbahnhof

**bus stop** die Bushaltestelle

**bust**[1] [bʌst] ❶ der Busen ❷ (*in der Kunst*) die Büste

**bust**[2] [bʌst] (*umgangsspr*) ❶ kaputt ❷ **to go bust** pleitegehen

to **bust** [bʌst] <bust *oder* 🇺🇸 busted, bust *oder* 🇺🇸 busted> (*umgangsspr*) ❶ kaputt machen ❷ kaputtgehen ❸ 🇺🇸 eine Razzia durchführen

to **bus·tle** ['bʌsl] **to bustle about** sehr geschäftig tun

**bus·tle** ['bʌsl] die Geschäftigkeit, die Eile

**bust-up** ['bʌstʌp] (*slang*) der Krach, der Streit

**busy** ['bɪzɪ] ❶ beschäftigt; **to be busy doing something** gerade etwas tun ❷ bewegt, belebt ❸ *Straße:* verkehrsreich, belebt; *Tag:* voll ausgefüllt; *Mensch:* ausgelastet ❹ *Telefon:* besetzt

to **busy** ['bɪzɪ] **to busy oneself** sich beschäftigen (**with** mit)

**but**[1] [bʌt] ❶ aber, dennoch, [je]doch ❷ sondern ❸ *nach Verneinung* **not only ... but also** nicht nur ..., sondern auch ❹ als; **I had no alternative but to go** es blieb mir nichts anderes übrig als zu gehen

**but**[2] [bʌt] außer; **anything but** nichts weniger als; **nothing but** nichts als; **the last but one** der Vorletzte; **all but one** alle bis auf einen

**but**[3] [bʌt] **but for** ohne; **but for my friends and family** wenn es meine Freunde und Familie nicht gegeben hätte

**butch·er** ['bʊtʃəʳ] der Metzger/die Metzgerin, der Fleischer/die Fleischerin; **butcher's shop** die Fleischerei, die Metzgerei

**butt** [bʌt] der Zigarettenstummel

◆to **butt in** (*umgangsspr*) sich einmischen

◆to **butt into** (*umgangsspr*) **to butt into the conversation** dazwischenplatzen

**but·ter** ['bʌtəʳ] die Butter

to **but·ter** ['bʌtəʳ] mit Butter bestreichen

◆to **butter up** **to butter someone up** jemandem schmeicheln

**but·ter dish** die Butterdose
**but·ter·fly** ['bʌtəflaɪ] ① der Schmetterling
② (*Schwimmstil*) der Schmetterlingsstil, der
Delphinstil
**but·tock** ['bʌtək] ① die Hinterbacke ② *meist
plural* das Hinterteil, das Gesäß
**but·ton** ['bʌtn] ① der Knopf; **to press the
button** auf den Knopf drücken ② **button
mushroom** der junge Champignon
to **but·ton** ['bʌtn] ① zuknöpfen ② **button your
lip!** (*slang*) halt den Mund!
◆ to **button up** [zu]knöpfen
to **buy** [baɪ] <bought, bought> ① kaufen, er-
werben, erstehen; **to buy at an auction** er-
steigern ② lösen *Fahrkarte* ③ (*übertragen*)
erkaufen (**with** mit) ④ (*übertragen*) akzep-
tieren, glauben
◆ to **buy back** zurückkaufen
◆ to **buy off** (*umgangsspr*) bestechen, kaufen
◆ to **buy out** auszahlen, aufkaufen
◆ to **buy up** aufkaufen
**buy·er** ['baɪəʳ] ① der Käufer/die Käuferin, der
Abnehmer/die Abnehmerin ② der Einkäu-
fer/die Einkäuferin
**buzz** [bʌz] das Summen, das Brummen; **to
give someone a buzz** (*umgangsspr*) jeman-
den anrufen
to **buzz** [bʌz] ① summen, surren ② *Straße,
Stadt:* lebendig sein ③ Ⓤ (*umgangsspr*) an-
rufen
◆ to **buzz off** (*slang*) abhauen
**buzz·er** ['bʌzəʳ] der Summer
**by**¹ [baɪ] ① *örtlich* bei, an, neben; **by the sea**
an der See; **sit by me** setz dich zu mir ② *ört-
lich* an ... vorbei; **we came by your house
yesterday** wir sind gestern an deinem Haus
vorbeigekommen ③ *zeitlich* während, in,
an; **by day** bei [*oder* am] Tage, tagsüber
④ *zeitlich* vor, bis [zu]; **by tomorrow** bis
morgen; **by now** bisher, bis jetzt; **by then**
bis dahin ⑤ (*je*) **by the day** am Tag, täglich,
pro Tag; **by the pound** pfundweise ⑥ von,
durch, mit; **a tragedy by Shakespeare** eine
Tragödie von Shakespeare; **by car/train/
bus/plane** mit dem Wagen/Zug/Bus/Flug-
zeug ⑦ nach, von; **by name** dem Namen
nach; **by the name of** unter dem Namen;
**by nature** von Natur [aus] ⑧ **what do you
mean by that?** was meinen Sie damit? was
wollen Sie damit sagen? ⑨ (*nacheinander*)
**little by little** nach und nach; **one by one**
einer nach dem andern; **step by step** Schritt
für Schritt ▸ WENDUNGEN: [**all**] **by oneself**
[ganz] allein, ohne Hilfe; **by chance** zufällig;
**by the way** [*oder* by[e]] übrigens

**by**² [baɪ] ① *räumlich* vorbei; **I can't get by**
ich kann [*oder* komme] nicht vorbei ② *zeit-
lich* **in days gone by** in früherer Zeit ▸ WEN-
DUNGEN: **to stand by** in der Nähe sein, bereit
sein; **to put** [*oder* lay] **by** auf die Seite legen,
sparen; **by and by** nach und nach; **by and
large** im Großen und Ganzen
**bye** [baɪ], **bye-bye** ['baɪbaɪ] (*umgangsspr*)
tschüs[s]!
**by-elec·tion** Ⓖ die Nachwahl
**by·pass** ['baɪpɑːs] ① die Umgehungsstraße
② (*bei Herzoperation*) der Bypass
**by-prod·uct** ['baɪprɒdʌkt] das Nebenprodukt

# C

**C** <*plural* C's *oder* Cs>, **c** [siː] <*plural* c's>
① (*auch Musik*) C, c ② (*Schulnote*) befrie-
digend
**c.** *Abkürzung von* **circa** ca.
**cab** [kæb] ① **taxi-cab** die Taxe, das Taxi; **to
go by cab** mit der Taxe fahren ② (*im Kran*)
der Führerstand ③ (*im Lastkraftwagen*) das
Führerhaus
**cab·bage** ['kæbɪdʒ] der Kohl
**cab·by** ['kæbi] (*umgangsspr*) der Taxifahrer/
die Taxifahrerin
**cab·in** ['kæbɪn] ① die Hütte ② das Wochen-
endhaus ③ die Kabine, die Kajüte ④ (*im Flug-
zeug*) das Cockpit

Ⓕ Nicht verwechseln mit *die [Umkleide]kabine
— changing room!*

**cab·in cruis·er** das Motorboot mit Kabine
**cabi·net** ['kæbɪnɪt] ① der Glasschrank, die Vi-
trine ② der Schrank, der Kasten ③ *von Radio:
Gehäuse* ④ **the Cabinet** (*in der Politik*) das
Kabinett
**ca·ble** ['keɪbl] ① das Tau, das Drahtseil ② das
Telegramm ③ das Kabel, die Leitung ④ (*um-
gangsspr*) das Kabel[fernsehen]
to **ca·ble** ['keɪbl] kabeln
**ca·ble car** die Seilbahn
**ca·ble net·work** das Kabelnetz
**ca·ble tele·vi·sion** das Kabelfernsehen
**cab-rank** ['kæbræŋk], **cab-stand** ['kæb-
stænd] der Taxistand, der Taxenstand
to **cack·le** ['kækl] gackern; (*übertragen*) plap-
pern, kichern
**cac·tus** ['kæktəs] <*plural* cactuses *oder*

cacti> der Kaktus

to **cadge** [kædʒ] schnorren

**Cae·sar·ean** [sɪ'zeərɪən] **Caesarean** [**section**] der Kaiserschnitt

**café** ['kæfeɪ] ❶ das Café ❷ das Restaurant

**caf·eteria** [ˌkæfɪ'tɪərɪə] das Selbstbedienungsrestaurant, die Cafeteria

**caf·fein(e)** ['kæfiːn] das Koffein

**cage** [keɪdʒ] ❶ der Käfig ❷ (*Aufzug*) die Kabine ❸ (*im Bergbau*) der Förderkorb

**cag·ey** ['keɪdʒɪ] ❶ (*umgangsspr*) zurückhaltend ❷ ⓊⓈⒶ gerissen

**ca·goule** [kə'guːl] ⒼⒷ die Regenjacke [mit Kapuze]

**cake** [keɪk] der Kuchen ► WENDUNGEN: **to be a piece of cake** (*umgangsspr*) kinderleicht sein

**cal·cium** ['kælsɪəm] das Kalzium

to **cal·cu·late** ['kælkjʊleɪt] ❶ berechnen ❷ (*übertragen*) schätzen, kalkulieren ❸ ⓊⓈⒶ annehmen, meinen

**cal·cu·lat·ed** ['kælkjʊleɪtɪd] berechnet, absichtlich; **to take a calculated risk** ein kalkulierbares Risiko eingehen

**cal·cu·lat·ing** ['kælkjʊleɪtɪŋ] berechnend, überlegt

**cal·cu·la·tion** [ˌkælkjʊ'leɪʃn] die Kalkulation, die [Be]rechnung

**cal·cu·la·tor** ['kælkjʊleɪtəʳ] der Taschenrechner

**cal·en·dar** ['kælɪndəʳ] der Kalender

**calf** [kɑːf, *plural* kɑːvz] <*plural* calves> ❶ das Kalb ❷ die Wade

**Cali·for·nia** [ˌkælɪ'fɔːnɪə] Kalifornien

**call** [kɔːl] ❶ der Ruf; **to call for help** der Hilferuf ❷ der Anruf; **to give someone a call** jemanden anrufen ❸ (*für Flug*) der Aufruf ❹ die Anfrage (**for** nach), die Nachfrage (**for** nach); **there's not much call for mosquito nets here** Moskitonetze sind hier kaum nötig ❺ der [kurze] Besuch ❻ *meist verneint* der Anlass (**for/to** zu), die Veranlassung (**for/to** zu); **he had no call to treat you like that** er hatte keinen Grund, dich so zu behandeln ❼ **at call** bereit, verfügbar; **on call** auf Abruf, in Bereitschaft

to **call** [kɔːl] ❶ rufen; (*telefonisch*) anrufen; aufrufen *Namen;* **to call someone names** jemanden beschimpfen [*oder* ausschimpfen] ❷ holen, rufen *Arzt, Taxe* ❸ wecken ❹ nennen, bezeichnen; **to be called after someone** nach jemandem heißen [*oder* genannt werden] ❺ betrachten, ansehen als, halten für ❻ (*in ein Amt*) berufen ❼ einberufen *Versammlung* ❽ einlegen *Pause* ❾ kurz besu-

chen ► WENDUNGEN: **to call attention to** aufmerksam machen auf; **to call it a day** Feierabend machen; **to call to mind** sich erinnern an; **to call to order** zur Ordnung rufen; **to call into question** in Frage stellen

♦to **call at** ❶ vorbeigehen, vorbeischauen ❷ **to call at a port** einen Hafen anlaufen; **to call at a town/railway station** in einer Stadt/einem Bahnhof halten

♦to **call back** zurückrufen

♦to **call for** ❶ fragen nach, ausrufen lassen *Person* ❷ ⒼⒷ abholen *Person* ❸ benötigen, erfordern; **this calls for a celebration!** das muss unbedingt gefeiert werden! ❹ **to be called for** *Paket, Brief:* postlagernd

♦to **call in** ❶ hereinrufen *Person* ❷ holen, zuziehen *Arzt* ❸ vorsprechen (**on** bei)

♦to **call off** ❶ abrufen, wegrufen ❷ absagen, abblasen *Veranstaltung*

♦to **call on** ❶ aufsuchen, besuchen; **call on me at home/in my office** besuchen Sie mich zu Hause/in meinem Büro ❷ sich wenden an ❸ **to call on someone to do something** jemanden auffordern, etwas zu tun

♦to **call out** ❶ rufen, schreien ❷ [auf]rufen *Namen* ❸ ausrufen *Haltestelle* ❹ alarmieren *Feuerwehr* ❺ zum Streiken auffordern

♦to **call up** ❶ anrufen ❷ ins Gedächtnis rufen ❸ (*übertragen*) hervorrufen, wachrufen ❹ einberufen *Truppen*

**call-box** ['kɔːlbɒks] die Telefonzelle

**call di·ver·sion** *kein Plural* die Rufumleitung

**call·er** ['kɔːləʳ] ❶ der Besucher/die Besucherin ❷ der Anrufer/die Anruferin

**call·ing** ['kɔːlɪŋ] (*innerer Auftrag*) die Berufung

**call·ing card** ⓊⓈⒶ ❶ die Telefon[kredit]karte ❷ die Visitenkarte

**call wait·ing** *kein Plural* das Anklopfen

**calm¹** [kɑːm] ❶ die Ruhe, die Stille ❷ die Windstille, die Flaute ❸ (*übertragen*) die [innere] Ruhe

**calm²** [kɑːm] ❶ ruhig ❷ [wind]still ❸ (*übertragen*) ruhig, friedlich

to **calm** [kɑːm] beruhigen; **to calm down** sich beruhigen; *Wind:* abflauen

**calo·rie** ['kælərɪ] die Kalorie

**calves** [kɑːvz] Pluralform von **calf**

**cam·cord·er** ['kæmˌkɔːdəʳ] der Camcorder

**came** [keɪm] 2. *Form von* **come**

**cam·el** ['kæml] das Kamel

**cam·era** ['kæmərə] die Kamera, der Fotoapparat

**cam·era dock** das Camera Dock

**cam·era-phone** ['kæm³rəfəʊn] das Foto-Handy

**camp** [kæmp] das [Zelt]lager, der Lagerplatz

to **camp** [kæmp] lagern, kampieren

◆ to **camp out** zelten

**cam·paign** [kæm'peɪn] ❶ der Feldzug; (*übertragen*) die Kampagne, die Aktion ❷ (*politisch*) der Wahlkampf

to **cam·paign** [kæm'peɪn] (*übertragen*) sich einsetzen (**for** für)

**camp·er** ['kæmpə'] ❶ (*Person*) der Camper/die Camperin ❷ (*Auto*) der Campingbus, das Wohnmobil

**camp·fire** das Lagerfeuer

**camp·ing** ['kæmpɪŋ] das Zelten, das Camping; **to go camping** zelten [gehen]

**camp·ing ground** ['kæmpɪŋgraʊnd] der Campingplatz, der Zeltplatz

**camp·ing van** ['kæmpɪŋvæn] das Wohnmobil

**camp·site** ['kæmpsait] der Campingplatz, der Zeltplatz

**cam·pus** ['kæmpəs] das Universitätsgelände, der Campus

**can**¹ [kæn] ❶ die Kanne, der Behälter ❷ die Dose, die Büchse ❸ ⓤⓢⓐ der Mülleimer

**can**² [kən, *betont* kæn] <could, could> ❶ können; **I can't do it** ich kann es nicht tun; **I could have kissed her** ich hätte sie küssen können ❷ dürfen; **you can't go** du darfst nicht gehen; **can** [*oder* **could**] **I look at it?** darf ich es mir ansehen?

to **can** [kæn] ❶ einmachen ❷ ⓤⓢⓐ (*slang*) aufhören mit

**Cana·da** ['kænədə] Kanada

🇱 Am 1. Juli feiern die Kanadier ihren Nationalfeiertag, den **Confederation Day** oder **Canada Day**.

**ca·nal** [kə'næl] der Kanal

to **can·cel** ['kænsl] <cancelled *oder* ⓤⓢⓐ canceled, cancelled *oder* ⓤⓢⓐ canceled> ❶ [aus]streichen, durchstreichen, ungültig machen ❷ entwerten *Briefmarke, Fahrschein* ❸ rückgängig machen; stornieren *Auftrag* ❹ absagen *Veranstaltung*

**can·cel·la·tion** [ˌkænsə'leɪʃn] ❶ die Streichung ❷ die Entwertung ❸ die Absage ❹ die Kündigung ❺ die Annullierung; *von Auftrag:* die Stornierung

**can·cer** ['kænsə'] (*Krankheit*) der Krebs

🇱 Australien hat die höchste Erkrankungsrate an **skin cancer** (Hautkrebs) auf der Welt. Deshalb gibt es viele Vorbeugungsprogramme, die den sonnenliebenden Australiern die Ge-

fahren von zu viel Sonnenbestrahlung bewusst machen sollen. Jedes Schulkind muss im Freien einen Sonnenhut tragen, und man bringt ihnen den Spruch bei: „to slip, slop, slap". Das bedeutet, man soll ein Hemd anziehen (to slip), Sonnencreme auftragen (to slop) und einen Sonnenhut aufsetzen (to slap).

**Can·cer** ['kænsə'] (*Sternzeichen*) der Krebs

**can·cer·ous** ['kæn(t)s³rəs] krebsartig

**can·did** ['kændɪd] ❶ aufrichtig, ehrlich ❷ freimütig ❸ *Fotografie:* unbemerkt aufgenommen

**can·di·date** ['kændɪdət] der Kandidat/die Kandidatin, der Bewerber/die Bewerberin

**can·dle** ['kændl] die Kerze; **to light a candle** eine Kerze anzünden

**can·dle·light** das Kerzenlicht

**can·dle·stick** der Kerzenhalter, der Leuchter

**can·dy** ['kændɪ] ❶ **sugar-candy** der Kandis[zucker] ❷ ⓤⓢⓐ das Bonbon ❸ ⚠ *kein Plural* ⓤⓢⓐ die Süßigkeiten

**can·dy·floss** ['kændɪˌflɒs] ⓖⓑ die Zuckerwatte

**cane** [keɪn] der [Spazier]stock, der Rohrstock

to **cane** [keɪn] [ver]prügeln

**cane chair** der Rohrstuhl

**cane sug·ar** der Rohrzucker

**canned** [kænd] ❶ eingemacht, Büchsen-, Dosen-; **canned meat** das Büchsenfleisch; **canned milk** die Büchsenmilch ❷ (*slang*) besoffen ❸ **canned music** (*umgangsspr*) die Musikberieselung

**can·non** ['kænən] die Kanone, das Geschütz

**can·not** ['kænɒt] *verneinte Form von* **can**: **she cannot swim** sie kann nicht schwimmen; **you cannot park here** hier dürfen Sie nicht parken

**ca·noe** [kə'nuː] das Kanu, das Paddelboot

to **ca·noe** [kə'nuː] Kanu fahren, paddeln

**ca·noe·ing** [kə'nuːɪŋ] das Kanufahren

**ca·noe·ist** [kə'nuːɪst] der Kanufahrer/die Kanufahrerin

**can open·er** ['kænˌəʊpənə'] der Büchsenöffner, der Dosenöffner

**can't** [kɑːnt] *Kurzform von* **cannot**

**can·teen** [kæn'tiːn] die Kantine

**can·vas** ['kænvəs] ❶ das Segeltuch ❷ die Zeltleinwand ❸ (*für Malerei*) die Leinwand

to **can·vass** ['kænvəs] ❶ werben *Kunden, Wähler* ❷ einen Wahlfeldzug führen ❸ werben (**for** für), sich um Aufträge bemühen

**can·yon** ['kænjən] die Schlucht

**cap** [kæp] ❶ die Mütze, die Kappe, die Haube ❷ der Aufsatz, der Deckel ❸ *einer Flasche:* der Verschluss

**cap – careful** 72

to **cap** [kæp] <capped, capped> ❶ bedecken ❷ (*übertragen*) übertreffen

**ca·pable** ['keɪpəbl] ❶ fähig, tüchtig ❷ befähigt, geeignet ❸ (*abwertend*) fähig (**of** zu); **he is capable of anything** er ist zu allem fähig ❹ **to be capable of walking** im Stande sein zu gehen, gehen können

**ca·pac·ity** [kə'pæsətɪ] ❶ der Inhalt, das Volumen ❷ die Fassungskraft, das Fassungsvermögen; **filled to capacity** (*Theater*) voll [besetzt] ❸ (*übertragen*) der Umfang ❹ die Fähigkeit, das Vermögen ❺ die Leistungsfähigkeit ❻ die Funktion; **in my capacity as** in meiner Eigenschaft als

**cape**[1] [keɪp] der Umhang, das Cape

**cape**[2] [keɪp] das Kap; **Cape Horn** Kap Horn; **Cape of Good Hope** Kap der guten Hoffnung

**capi·tal**[1] ['kæpɪtl] ❶ das Kapital, das Vermögen ❷ die Hauptstadt ❸ der Großbuchstabe

**capi·tal**[2] ['kæpɪtl] ❶ **capital letter** der Großbuchstabe ❷ **capital punishment** die Todesstrafe ❸ **capital crime** das Kapitalverbrechen ❹ **capital investment** die Kapitalanlage

**capi·tal·ism** ['kæpɪtəlɪzəm] der Kapitalismus

**capi·tal·ist**[1] ['kæpɪtəlɪst] der Kapitalist/die Kapitalistin

**capi·tal·ist**[2] ['kæpɪtəlɪst] kapitalistisch

**Cap·ri·corn** ['kæprɪkɔ:n] (*Sternzeichen*) der Steinbock

to **cap·size** [kæp'saɪz] kentern [lassen]

**cap·sule** ['kæpsju:l] die Kapsel

**cap·tain** ['kæptɪn] ❶ (*in der Armee*) der Hauptmann ❷ (*eines Schiffs*: der Kapitän ❸ der Flugzeugführer, der Flugzeugkapitän ❹ (*im Sport*) der Kapitän, der Mannschaftsführer/die Mannschaftsführerin

to **cap·tain** ['kæptɪn] **to captain a team** eine Mannschaft führen

**cap·tion** ['kæpʃn] die Bilderklärung, die Bildunterschrift

**cap·tive**[1] ['kæptɪv] gefangen; **to hold/take captive** gefangen halten/nehmen

**cap·tive**[2] ['kæptɪv] der/die Gefangene

**cap·tiv·ity** [kæp'tɪvətɪ] die Gefangenschaft, die Haft

**cap·ture** ['kæptʃəʳ] ❶ die Gefangennahme ❷ die Eroberung

to **cap·ture** ['kæptʃəʳ] ❶ gefangen nehmen ❷ einfangen *Tier, Augenblick* ❸ einnehmen, erobern *Stadt*; kapern *Schiff* ❹ erbeuten *Preis, Stimmen* ❺ an sich reißen *Aufmerksamkeit*

**car** [kɑ:ʳ] ❶ der Wagen, das Auto[mobil]; **by**

**car** mit dem Wagen/Auto; **to drive a car** einen Wagen/ein Auto fahren ❷ der Straßenbahnwagen; ⓊⓢⒶ der Eisenbahnwagen, der Waggon

**cara·van** ['kærəvæn] ⒼⒷ der Wohnwagen

**car bomb** ['kɑ:bɒm] die Autobombe

**car·bon·at·ed** ['kɑ:bəneɪtɪd] mit Kohlensäure

**car·bon di·ox·ide** das Kohlendioxid

**car·bon mon·ox·ide** das Kohlenmonoxyd

**car-boot sale** ['kɑ:bu:t,seɪl] *privater Flohmarkt, bei dem der Kofferraum als Verkaufsfläche dient*

**car·cino·gen·ic** [ˌkɑ:sɪnə(ʊ)'dʒenɪk] Krebs erregend

**card** [kɑ:d] ❶ die Karte; **game of cards** das Kartenspiel ❷ die Pappe ❸ **on the cards** wahrscheinlich, möglich

**card·board** ['kɑ:dbɔ:d] die Pappe

**card·board box** die Pappschachtel, der Pappkarton

**car deck** ['kɑ:ˌdek] das Autodeck

**car·di·ac** ['kɑ:diæk] Herz-

**car·di·gan** ['kɑ:dɪgən] die Strickjacke

**car·di·nal num·ber** die Kardinalzahl

**card in·dex** die Kartei

**car·dio** ['kɑ:rdioʊ] ⓊⓢⒶ (*umgangsspr*) *kurz für* **cardiovascular** Kardio-

**car door** die Autotür

**card·phone** ['kɑ:dfəʊn] das Kartentelefon

**card ta·ble** der Kartenspieltisch

**care** [keəʳ] ❶ die Sorgfalt, die Achtsamkeit; **to take care** vorsichtig sein, aufpassen; **take care!** mach's gut! ❷ **to take care of something** etwas erledigen, etwas aufbewahren ❸ **to take care of oneself** sich pflegen ❹ (*für Garten*) die Pflege; (*für Auto*) die Wartung ❺ (*für einen Menschen*) die Fürsorge ❻ die Obhut; **in** [*oder* **under**] **someone's care** in jemandes Obhut

to **care** [keəʳ] ❶ sich sorgen (**about** über) ❷ *fragend und verneint* gernhaben, mögen, Interesse haben an; **I don't care** das ist mir egal; (*neutraler*) das macht mir nichts aus ❸ *fragend* **would you care to go for a walk?** würden Sie gerne spazieren gehen?

◆to **care for** ❶ sich kümmern um; **to be cared for** versorgt sein ❷ Interesse haben an, Lust haben zu; **I don't much care for chocolate** ich mache mir nicht viel aus Schokolade

**ca·reer** [kə'rɪəʳ] ❶ die Laufbahn, die Karriere ❷ der Beruf

**care·free** ['keəfri:] ohne Sorgen, sorglos

**care·ful** ['keəfl] sorgfältig, achtsam, sorgsam;

**to be careful** vorsichtig sein, aufpassen; **be careful!** sei vorsichtig!

**care·less** ['keəlɪs] ❶ *Person, Arbeit:* nachlässig ❷ unachtsam ❸ *Handlung, Bemerkung:* gedankenlos

**care·less·ness** ['keəlɪsnɪs] ❶ die Unachtsamkeit, die Nachlässigkeit ❷ die Sorglosigkeit

**care·tak·er** ['keə,teɪkəʳ] ❶ der Hausmeister/ die Hausmeisterin ❷ **caretaker government** die Interimsregierung

**car fer·ry** die Autofähre

**car·go** ['kɑːgəʊ] <*plural* cargos *oder* cargoes> die Fracht, die [Schiffs]ladung

**car·go air·craft, car·go plane** das Transportflugzeug

**car hire** ['kɑː,haɪəʳ] die Autovermietung

**car in·sur·ance** ['kɑːɪnʃʊərəns] die Kraftfahrzeugversicherung, die Autoversicherung

**car·ni·val** ['kɑːnɪvl] ❶ der Karneval, der Fasching ❷ der Rummel, das Volksfest

🅻 Im Westen Londons findet im August auf den Straßen der **Notting Hill Carnival** statt. Den Höhepunkt bildet ein großer Umzug mit exotischen Kostümen und kunstvoll dekorierten Wagen. Begleitet wird das Ganze von lauter Livemusik, die größtenteils karibischen Ursprungs ist — entsprechend der multikulturellen Bevölkerung Londons und Großbritanniens.

**car·nivo·rous** [kɑːˈnɪvərəs] Fleisch fressend

**car·ol** ['kærəl] das Weihnachtslied

**car·ol sing·er** der Sternsinger/die Sternsingerin

**car·ol-sing·ing** *kein Plural* das Weihnachtssingen

**car own·er** der Autobesitzer/die Autobesitzerin

**car park** ['kɑːpɑːk] der Parkplatz, das Parkhaus

**car·pen·ter** ['kɑːpəntəʳ] der Zimmermann, der Tischler/die Tischlerin

**car·pen·try** ['kɑːpəntrɪ] ❶ das Zimmerhandwerk ❷ die Zimmerarbeit

**car·pet** ['kɑːpɪt] der Teppich, der Läufer

to **car·pet** ['kɑːpɪt] mit einem Teppich [*oder* einem Läufer] belegen

**car·riage** ['kærɪdʒ] ❶ der Wagen, die Kutsche ❷🅶🅱 der Eisenbahnwagen

**car·riage·way** ['kærɪdʒˈweɪ] die Fahrbahn

**car·ri·er** ['kærɪəʳ] der [Last]träger, der Gepäckträger, der Austräger

**car·ri·er·bag** die Tragetasche

**car·rot** ['kærət] die Mohrrübe, die Karotte

to **car·ry** ['kærɪ] ❶ tragen ❷ überbringen *Nachricht* ❸ befördern *Güter* ❹ [bei sich] haben,

[mit sich] führen [*oder* tragen] ❺ halten, stützen; aushalten *Gewicht, Last* ❻🇺🇸 führen *Ware* ❼ drucken, bringen *Nachrichten in Zeitungen* ❽ *Stimme:* zu hören sein

◆ to **carry along**, to **carry away** ❶ wegtragen ❷ (*übertragen*) mitreißen, begeistern

◆ to **carry forward** übertragen *Zwischensumme*

◆ to **carry off** ❶ wegschleppen, entführen ❷ gewinnen *Preis*

◆ to **carry on** ❶ fortsetzen, weiterführen ❷ betreiben *Geschäft* ❸ weitermachen (**with** mit) ❹ (*umgangsspr*) sich aufregen, Theater machen (**about** wegen) ❺ unaufhörlich reden

◆ to **carry out** ausführen, durchführen; halten *Versprechen;* wahrmachen *Drohung*

◆ to **carry over** ❶ verschieben *Termin* ❷ vortragen *Zwischensumme*

◆ to **carry through** ❶ durchbringen *Vorschlag* ❷ (*beenden*) durchführen

**cart** [kɑːt] der Karren, der [zweirädrige] Wagen

▶ WENDUNGEN: **to put the cart before the horse** (*übertragen*) das Pferd am Schwanz aufzäumen

◆ to **cart away**, to **cart off** abtransportieren, wegbringen

**car·ton** ['kɑːtn] der Karton, die Pappschachtel; (*für Milch*) die Tüte; (*für Zigaretten*) die Stange

**car·toon** [kɑːˈtuːn] ❶ der Cartoon ❷ der Zeichentrickfilm ❸ die Trickzeichnung, das Trickbild

**car·tridge** ['kɑːtrɪdʒ] ❶ (*für Gewehr, Füllhalter*) die Patrone ❷ (*für Fotografie*) die Kassette ❸ (*für Plattenspieler*) der Tonabnehmer

**cart·wheel** ['kɑːtwiːl] das Wagenrad; **to do** [*oder* **turn**] **a cartwheel** Rad schlagen

to **carve** [kɑːv] ❶ schnitzen, meißeln ❷ [ein]ritzen, [ein]schneiden *Name* ❸ aufschneiden, tranchieren *Fleisch*

◆ to **carve out** (*übertragen*) erkämpfen, erarbeiten

◆ to **carve up** einteilen, in Stücke schneiden

**carv·ing** [kɑːvɪŋ] die Schnitzerei

**carv·ing-knife** das Tranchiermesser

**car·wash** ['kɑːwɒʃ] ❶ die Autowäsche ❷ (*Vorrichtung*) die Autowaschanlage

**case**[1] [keɪs] ❶ der Fall; [**just**] **in case** im Falle; für den Fall, dass; **in case of** im Fall; **in any case** auf jeden Fall ❷ (*Linguistik*) der Fall, der Kasus ❸ (*juristisch*) der Fall, der Prozess

**case**[2] [keɪs] ❶ die Schachtel, der Kasten ❷ (*für Brille usw.*) das Etui, das Futteral ❸ **pillowcase** der Kopfkissenbezug ❹ (*für*

**cash – category**      **74**

*Akten usw.*) die Tasche, die Mappe; **brief-case** die Aktentasche

**cash** [kæʃ] ❶ das Bargeld ❷ (*Zahlung*) die Barzahlung; **for cash, cash down** gegen [*oder* in] bar

to **cash** [kæʃ] ❶ einwechseln; einlösen *Scheck* ❷ [ein]kassieren, einziehen

◆ to **cash in** einlösen; **to cash in on** profitieren von, nach Kräften ausnutzen

**cash card** ⒼⒷ die Geldautomatenkarte

**cash desk** die Kasse

**cash dis·pens·er** [ˈkæʃˌdiˈspensə] der Geldautomat

**cash·ier** [kæˈʃɪəʳ] der Kassierer/die Kassiererin

**cash pay·ment** [ˈkæʃˌpeɪmənt] die Barzahlung

**cash point** der Geldautomat

**cash reg·is·ter** die Registrierkasse

**cas·ing** [ˈkeɪsɪŋ] die Hülle

**Cas·pian Sea** [ˌkæspiənˈsiː] das Kaspische Meer

**cas·se·role** [ˈkæsərəʊl] die Kasserolle, der Schmortopf

**cas·sette** [kəˈset] die Kassette

**cas·sette re·cord·er** der Kassettenrecorder

**cast** [kɑst] ❶ (*beim Angeln*) die Wurfweite, das Auswerfen ❷ **plaster cast** der Gipsverband ❸ (*Schauspieler*) die [Rollen]besetzung, das Ensemble

to **cast** [kɑst] <cast, cast> ❶ werfen; auswerfen *Netze, Angel* ❷ formen, gestalten ❸ einteilen *Schauspieler* (**for** für); besetzen *Rolle* (**to** mit) ▶ WENDUNGEN: **to cast an eye** [*oder* **a glance**] **at something** einen Blick auf etwas werfen; **to cast a vote** eine [Wahl]stimme abgeben ❺ gießen *Gips, Metall*

◆ to **cast aside** wegwerfen; (*übertragen*) fallen lassen *Person*

◆ to **cast off** in See stechen

◆ to **cast out** hinauswerfen, vertreiben

**cast·er sug·ar** ⒼⒷ der Streuzucker

**cast·ing** [ˈkɑːstɪŋ] ❶ der Guss ❷ (*im Theater*) das Vorsprechen, das Casting ❸ (*bei einer Wahl*) die Stimmabgabe

**cast·ing vote** die entscheidende Stimme

**cas·tle** [ˈkɑːsl] ❶ die Burg, das Schloss ❷ (*Schach*) der Turm

**cast-off** [ˌkɑːstˈɒf] **cast-offs** die abgelegten Kleider

**cas·ual** [ˈkæʒʊəl] ❶ *Begegnung:* zufällig, unerwartet; *Bemerkung:* beiläufig ❷ *Bekanntschaft:* flüchtig ❸ zwanglos; **casual wear** die Freizeitkleidung ❹ *Art, Geste:* lässig

**cas·ual·ty** [ˈkæʒʊəltɪ] ❶ der Un[glücks]fall; **casualty** [**ward**] (*im Krankenhaus*) die Un-

fallstation ❷ der/die Verunglückte, der/die Verletzte; (*im Krieg*) der/die Gefallene

**cas·ual work** die Gelegenheitsarbeit

**cas·ual work·er** der Gelegenheitsarbeiter/die Gelegenheitsarbeiterin

**cat** [kæt] die Katze ▶ WENDUNGEN: **to let the cat out of the bag** (*übertragen*) die Katze aus dem Sack lassen; **it's raining cats and dogs** es regnet in Strömen

**cata·logue** [ˈkætəlɒg], ⓊⓈⒶ **cata·log** der Katalog, das Verzeichnis

to **cata·logue** [ˈkætəlɒg], ⓊⓈⒶ to **cata·log** katalogisieren

**cata·lyst** [ˈkætəlɪst] der Katalysator

**cata·lyt·ic con·vert·er** [ˌkætəlɪtɪk kənˈvɜːtə] der Katalysator

**ca·tas·tro·phe** [kəˈtæstrəfɪ] die Katastrophe

**cata·stroph·ic** [ˌkætəˈstrɒfɪk] katastrophal

**catch** [kætʃ] <*plural* catches> ❶ *vom Ball:* das Fangen ❷ (*auch übertragen*) der Fang, die Beute ❸ (*Sport*) der Fangball; (*Kinderspiel*) das Fangen ❹ *einer Brosche:* der Verschluss ❺ (*übertragen*) der Haken, der Nachteil

to **catch** [kætʃ] <caught, caught> ❶ fangen ❷ auffangen *Flüssigkeit;* einfangen *Tier* ❸ einholen *Person* ❹ [fest]halten; einklemmen *Finger* ❺ [noch] erreichen, erwischen *Zug, Bus* ❻ ertappen, erwischen (**at** bei); **to catch someone in the act** [*oder* **red-handed**] jemanden auf frischer Tat ertappen ❼ hängen bleiben; **my coat got caught on a nail** ich bin mit meinem Mantel an einem Nagel hängen geblieben ❽ sich holen, sich zuziehen *Krankheit;* **to catch** [**a**] **cold** sich einen Schnupfen holen ❾ mitkriegen, hören *Gesprochenes* ❿ **to catch fire** Feuer fangen ▶ WENDUNGEN: **to catch someone's eye** jemandes Blick [*oder* Aufmerksamkeit] auf sich ziehen

◆ to **catch on** ❶ begreifen, verstehen ❷ Anklang finden

◆ to **catch out** (*übertragen*) ertappen, erwischen

◆ to **catch up** ❶ aufholen; **to catch up with someone** jemanden einholen ❷ **to catch up on** [*oder* **with**] **one's work** die Arbeit aufholen ❸ **to be caught up in something** in eine Sache verwickelt sein

**catch·er** [ˈkætʃəʳ] (*auch im Sport*) der Fänger/die Fängerin

**catch·ing** [ˈkætʃɪŋ] ansteckend

**catch ques·tion** die Fangfrage

**catch·up** [ˈkætʃəp] ⓊⓈⒶ der/das Ketschup

**catchy** [ˈkætʃɪ] *Melodie:* eingängig

**cat·ego·ry** [ˈkætɪgərɪ] die Kategorie, die Klasse

**cater – centimeter**

to **ca·ter** [ˈkeɪtəʳ] Speisen und Getränke liefern ◆ to **cater for** sorgen für; befriedigen *Bedürfnisse*

**ca·ter·ing** [ˈkeɪtərɪŋ] die Versorgung mit Speisen und Getränken, der Partyservice

**cat·er·pil·lar** [ˈkætəpɪləʳ] die Raupe

**ca·thedral** [kəˈθiːdrəl] die Kathedrale, der Dom

**Catho·lic¹** [ˈkæθəlɪk] katholisch

**Catho·lic²** [ˈkæθəlɪk] der Katholik/die Katholikin

**Ca·tholi·cism** [kəˈθɒləsɪzəm] der Katholizismus

**cat·tery** [ˈkætəri] ❶ (*Tierheim*) das Katzenheim ❷ (*Zucht*) die Katzenzucht

**cat·tle** [ˈkætl] das Rind[vieh]; **10 [head of] cattle** 10 Stück Rindvieh

**cat·ty** [ˈkætɪ] (*übertragen*) boshaft

**caught** [kɔːt] *2. und 3. Form von* **catch**

**cau·li·flow·er** [ˈkɒlɪflaʊəʳ] der Blumenkohl

**cause** [kɔːz] ❶ die Ursache ❷ die Veranlassung, der Grund (**for** zu); **to be the cause of something** Anlass zu etwas sein ❸ die Sache, die Angelegenheit

to **cause** [kɔːz] ❶ verursachen; anrichten *Schaden* ❷ veranlassen ❸ hervorrufen *Überraschung*

**'cause** [kəz] (*slang*) *kurz für* **because** weil, da

**cau·tion** [ˈkɔːʃn] ❶ die Vorsicht, die Bedachtsamkeit ❷ die Verwarnung

to **cau·tion** [ˈkɔːʃn] ❶ warnen (**against** vor) ❷ verwarnen

**cau·tious** [ˈkɔːʃəs] vorsichtig, umsichtig

**cave** [keɪv] die Höhle

**cave·man** <*plural* cavemen> der Höhlenmensch

**cave paint·ing** die Höhlenmalerei

**cav·ern** [ˈkævən] die [große] Höhle

**cav·ity** [ˈkævɪtɪ] (*im Zahn*) das Loch

**CCTV** [ˌsiːsiːtiːˈviː] *Abkürzung von* **closed-circuit television** die Überwachungskamera

**CD** [ˌsiːˈdiː] *Abkürzung von* **compact disc** die CD

**CD play·er** der CD-Spieler

**CD-ROM** [ˌsiːdiːˈrɒm] *Abkürzung von* **compact disc read-only memory** die CD-ROM

**CD-ROM play·er** [ˌsiːdiːˈrɒmˌpleɪəʳ] das CD-ROM-Laufwerk

to **cease** [siːs] (*gehoben*) ❶ aufhören ❷ einstellen, aufhören mit

**cease·fire** die Waffenruhe

**ceil·ing** [ˈsiːlɪŋ] ❶ die [Zimmer]decke ❷ (*finanziell*) die oberste Grenze, der Höchstpreis

**ce·leb** [səˈleb] *kurz für* **celebrity** der Promi

to **cel·ebrate** [ˈselɪbreɪt] ❶ (*kirchlich*) zelebrieren ❷ feiern

**cel·ebrat·ed** [ˈselɪbreɪtɪd] gefeiert, berühmt (**for** für/wegen)

**cel·ebra·tion** [ˌselɪˈbreɪʃn] die Feier

**ce·leb·rity** [sɪˈlebrətɪ] der/die Prominente

**cel·ery** [ˈselərɪ] der Stangensellerie

**cell** [sel] die Zelle

**cel·lar** [ˈseləʳ] der Keller

**cel·list** [ˈtʃelɪst] der Cellist/die Cellistin

**cel·lo** [ˈtʃeləʊ] <*plural* cellos> das Cello

**cel·lo·phane®** [ˈseləfeɪn] das Cellophan®

**cell·phone** [ˈselˌfəʊn] ⓊⓈⒶ (*umgangsspr*) das Handy

**cel·lu·lar¹** [ˈseljələʳ] zellular

**cel·lu·lar²** [ˈseljələʳ] ⓊⓈⒶ das Handy

**cel·lu·lar phone** [ˌseljʊləˈfəʊn] ⓊⓈⒶ das Handy

**Celts** [kelts, selts] *plural* die Kelten

Ⓛ Als die Römer vor rund 2000 Jahren Britannien besetzten, war es von den **Celts** (Kelten) bewohnt. Nachdem die Römer wieder abgezogen waren, wanderten von Dänemark und Germanien aus die Angles (Angeln) und Saxons (Sachsen) im Süden Britanniens ein. Die Kelten blieben jedoch in Wales und Cornwall, und ihre Sprache wird noch heute in Wales gesprochen. In der Zwischenzeit ließ sich auf der Insel Man und im Westen Schottlands ein anderer Keltenstamm aus Irland nieder, so dass dort eine Form des „Irish Gaelic" (Gälisch) gesprochen wird.

**ce·ment** [sɪˈment] ❶ der Zement ❷ der Kitt, das Bindemittel ❸ (*übertragen*) das Band

to **ce·ment** [sɪˈment] ❶ [aus]zementieren ❷ (*übertragen*) festigen

**ce·ment mix·er** die Betonmischmaschine

**cem·etery** [ˈsemətrɪ] der Friedhof

**cen·sor** [ˈsensəʳ] der Zensor

to **cen·sor** [ˈsensəʳ] zensieren, prüfen

**cent** [sent] der Cent

**cen·te·nary** [senˈtiːnərɪ], ⓊⓈⒶ **cen·ten·nial** [senˈtenɪəl] die Hundertjahrfeier, das hundertjährige Jubiläum

**cen·ter** ⓊⓈⒶ ❶ der Mittelpunkt, das Zentrum; **center of gravity** [*oder* **mass**] der Schwerpunkt ❷ die Zentrale, die Zentralstelle ❸ der Sitz, der Herd

to **cen·ter** ⓊⓈⒶ ❶ zentrieren ❷ sich konzentrieren (**on** auf) ❸ (*Sport*) zur Mitte abspielen

**cen·ti·grade** [ˈsentɪgreɪd] Celsius; **degree centigrade** der Grad Celsius

**cen·ti·gram**, Ⓖⓑ **cen·ti·gramme** [ˈsentɪgræm] das Zentigramm

**cen·ti·me·tre** [ˈsentɪˌmiːtəʳ], ⓊⓈⒶ **cen·ti·me·ter** das/der Zentimeter

**central – chancellor**

**cen·tral**[1] ['sentrəl] ❶ in der Mitte gelegen, zentral ❷ Haupt-

**cen·tral**[2] ['sentrəl] ⓤⓢⓐ die Zentrale, die Vermittlung

**cen·tral heat·ing** die Zentralheizung

**cen·tral lock·ing** die Zentralverriegelung

**cen·tral res·er·va·tion** (*auf Autobahn*) der Mittelstreifen, der Grünstreifen

**cen·tral sta·tion** der Hauptbahnhof

**cen·tre** ['sentər] ❶ der Mittelpunkt, das Zentrum; **centre of gravity** [*oder* **mass**] der Schwerpunkt ❷ die Zentrale, die Zentralstelle ❸ der Sitz, der Herd ❹ (*Fußball*) **centre forward** der Mittelstürmer/die Mittelstürmerin

to **cen·tre** ['sentər] ❶ zentrieren ❷ sich konzentrieren (**on** auf) ❸ (*Sport*) zur Mitte abspielen

◆ to **centre around** to centre around somebody/something sich um jemanden/etwas drehen

◆ to **centre on** to centre on somebody/something sich auf jemanden/etwas konzentrieren

**cen·tu·ry** ['sentʃərɪ] das Jahrhundert

**CEO** [ˌsiːiːˈəʊ] *Abkürzung von* **chief executive officer** der Generaldirektor/die Generaldirektorin

**ce·ram·ic** [səˈræmɪk] keramisch

**ce·ram·ics** [sɪˈræmɪks] ❶ die Keramik ❷ die Töpferwaren

**ce·real** ['sɪərɪəl] ❶ **cereals** das Getreide ❷ (*Cornflakes, Müsli usw.*) die Getreideflocken, die Frühstückszerealien

**ce·real bar** der Müsliriegel

**cer·emo·nial** [ˌserɪˈməʊnɪəl] ❶ zeremoniell, feierlich ❷ förmlich

**cer·emo·ny** ['serɪmənɪ] ❶ die Zeremonie ❷ die Förmlichkeit; **no ceremony, please!** bitte keine Umstände!

**cer·tain** ['sɜːtn] ❶ bestimmt, sicher; **for certain** bestimmt, [ganz] sicher; **to make certain** sich vergewissern ❷ **to be certain of something** überzeugt sein von etwas, sich einer Sache sicher sein; **to be certain, that** ... überzeugt [*oder* sich sicher] sein, dass ... ❸ **a certain John Jones** ein gewisser John Jones; **under certain circumstances** unter bestimmten Umständen

**cer·tain·ly** ['sɜːtnlɪ] ❶ sicher[lich], gewiss; **I certainly won't do it** ich tue es bestimmt nicht ❷ (*als Antwort*) aber sicher!

**cer·tain·ty** ['sɜːtntɪ] ❶ die Gewissheit, die Sicherheit ❷ die unbestrittene Tatsache

**cer·tifi·cate** [səˈtɪfɪkət] ❶ das Zeugnis ❷ *vom Arzt:* die Bescheinigung, das Attest

to **cer·ti·fy** ['sɜːtɪfaɪ] ❶ bestätigen, bescheinigen; **this is to certify** hiermit wird bescheinigt ❷ beurkunden

**CET** [ˌsiːiːˈtiː] *Abkürzung von* **Central European Time** die MEZ

**CFC** [ˌsiːefˈsiː] *Abkürzung von* **chlorofluorocarbon** das FCKW

**CFC-free** FCKW-frei

**chain** [tʃeɪn] ❶ (*auch übertragen*) die Kette ❷ die Schmuckkette, die Halskette ❸ **chains** Ketten, Fesseln; **in chains** in Ketten

to **chain** [tʃeɪn] [an]ketten, fesseln (**to** an)

◆ to **chain up** anketten, an die Kette legen

**chain-smok·er** der Kettenraucher/die Kettenraucherin

**chair** [tʃeər] ❶ der Stuhl, der Sessel; **take a chair** Platz nehmen ❷ (*übertragen*) der Lehrstuhl ❸ der/die Vorsitzende, der Vorsitz

to **chair** [tʃeər] den Vorsitz führen bei

**chair·lift** der Sessellift

**chair·man** ['tʃeəmən] <*plural* chairmen> der Vorsitzende; **to act as chairman** den Vorsitz führen

**chair·per·son** der/die Vorsitzende

**chair·wom·an** ['tʃeəwʊmən, *plural* 'tʃeəwɪmɪn] <*plural* chairwomen> die Vorsitzende

**chalk** [tʃɔːk] die Kreide

**chal·lenge** ['tʃælɪndʒ] ❶ die Herausforderung ❷ die schwierige Aufgabe, das Problem

to **chal·lenge** ['tʃælɪndʒ] ❶ herausfordern ❷ fordern, beanspruchen, verlangen ❸ in Frage stellen ❹ *Aufgabe:* reizen

**chal·leng·ing** ['tʃælɪndʒɪŋ] ❶ herausfordernd ❷ schwierig

**champ** [tʃæmp] (*umgangsspr*) der Meister/die Meisterin

**cham·pagne** [ʃæmˈpeɪn] der Champagner

**cham·pi·on**[1] ['tʃæmpɪən] (*Sport*) der Meister/die Meisterin

**cham·pi·on**[2] ['tʃæmpɪən] Meister-, Preis-

**cham·pi·on·ship** ['tʃæmpɪənʃɪp] die Meisterschaft

**chance**[1] [tʃɑːns] ❶ der Zufall; **by chance** zufällig, durch Zufall ❷ die Möglichkeit, die Chance ❸ die Aussicht, die Gelegenheit; **to give someone a chance** jemandem eine Chance geben; **not a chance!** keine Spur! ❹ das Wagnis, das Risiko; **to take a chance** es darauf ankommen lassen

**chance**[2] [tʃɑːns] zufällig

to **chance** [tʃɑːns] **to chance it** es riskieren, wagen

◆ to **chance on**, to **chance upon** stoßen auf, zufällig finden

**chan·cel·lor** ['tʃɑːnsələr] der Kanzler/die

Kanzlerin; **Chancellor of the Exchequer** **GB** der Schatzkanzler/die Schatzkanzlerin

**change** ['tʃeɪndʒ] ❶ die Änderung, die Veränderung; **change of address** die Anschriftenänderung ❷ der Wechsel; **change in the weather** der Wetterwechsel, der Wetterumschwung ❸ die Abwechslung; **for a change** zur Abwechslung ❹ das Wechselgeld; **can you give me change for a pound?** können Sie mir ein Pfund wechseln?; **small change** das Kleingeld

to **change** ['tʃeɪndʒ] ❶ [ver]ändern (**into** zu) ❷ tauschen; umtauschen *Ware;* [um]wechseln *Geld* ❸ frisch überziehen *Bett;* anziehen *andere Kleider* ❹ umschalten *Sender* ❺ umsteigen *Zug, Bus* ❻ wickeln *Baby* ❼ **to change hands** den Besitzer wechseln ❽ **to change one's mind** sich eines anderen besinnen, seine Meinung ändern ❾ sich [ver]ändern, anders werden; **to change for the better/worse** sich verbessern/sich verschlechtern ❿ (*technisch*) austauschen *Teile* ⓫ (*Auto*) **to change [gear]** schalten

◆ to **change into** ❶ umwandeln in, verwandeln in ❷ sich verwandeln in ❸ anziehen *Kleidung*

◆ to **change over** ❶ die Stellung wechseln ❷ **to change over to** übergehen zu, sich umstellen auf *neues System*

**change·able** ['tʃeɪndʒəbl] ❶ veränderlich ❷ wankelmütig

**change ma·chine** der [Geld]wechselautomat

**change-over** ['tʃeɪndʒəʊvəʳ] die Umstellung, die Umschaltung, der Übergang, der Wechsel

**chang·ing cu·bi·cle** ['tʃeɪndʒɪŋ kjuːbɪkəl] die Umkleidekabine

**chang·ing room** ['tʃeɪndʒɪŋ ruːm] der Umkleideraum

**chan·nel** ['tʃænl] ❶ der Kanal; **the [English] Channel** der Ärmelkanal ❷ die Rinne, der Graben ❸ (*Radio, TV*) der Kanal ❹ (*übertragen*) der Weg, die Verbindung, die Vermittlung

**Chan·nel Tun·nel** der [Ärmel]kanaltunnel

**chant** [tʃɑːnt] der Sprechgesang

**cha·os** ['keɪɒs] das Chaos

**cha·ot·ic** [keɪ'ɒtɪk] chaotisch, wirr

**chap** [tʃæp] (*umgangsspr*) der Kerl, der Bursche

**chap·el** ['tʃæpl] (*kirchlich*) die Kapelle

**chapped** [tʃæpt] *Lippen:* aufgesprungen; *Haut:* spröde

**chap·ter** ['tʃæptəʳ] das Kapitel

**char·ac·ter** ['kærəktəʳ] ❶ der Charakter, die Verhaltensweise ❷ die Persönlichkeit, die

Person ❸ (*Theater*) die Rolle ❹ das Schriftzeichen

**char·ac·ter·is·tic**[1] [ˌkærəktə'rɪstɪk] charakteristisch, typisch (**of** für)

**char·ac·ter·is·tic**[2] [ˌkærəktə'rɪstɪk] das Kennzeichen, das Merkmal

**charge** [tʃɑːdʒ] ❶ *oft plural* die Kosten, der Preis; **there's no charge** es kostet nichts, Eintritt frei; **free of charge** gratis, kostenlos ❷ die Gebühr, die Taxe ❸ die Verantwortung; **to be in charge of something** die Aufsicht über [*oder* die Verantwortung für] etwas haben; **to have charge of something** für etwas verantwortlich sein; **to take charge of something** für etwas die Verantwortung übernehmen; **the person in charge** die verantwortliche Person ❹ die [Polizei]aufsicht, die Obhut ❺ der Schützling, das Mündel ❻ der Anklage[punkt]; **to bring a charge against someone** jemanden anklagen ❼ (*militärisch*) das Angriffssignal, der Sturm ❽ (*elektrisch*) die Ladung

to **charge** [tʃɑːdʒ] ❶ fordern, verlangen *Preis;* berechnen für *eine Ware, Arbeit;* **to charge too much** zu viel berechnen ❷ belasten mit *Abnehmer* ❸ anvertrauen, beauftragen; **to charge someone with something** jemanden mit etwas beauftragen ❹ (*Anweisungen geben*) **to charge someone** jemanden anweisen ❺ zur Last legen, beschuldigen; **to charge someone with something** jemandem etwas vorwerfen ❻ anstürmen; (*im Sport*) [an]rempeln; **to charge [at] someone** jemanden angreifen, sich auf jemanden stürzen ❼ laden *Schusswaffe;* aufladen *Batterie*

**charge·able** ['tʃɑːdʒəbl] ❶ strafbar, anrechenbar ❷ **GB** **chargeable income** die zu versteuernden Einkünfte

**charge card** die [Kunden]kreditkarte

**charged** geladen

**charg·er** ['tʃɑːdʒəʳ] das Ladegerät

**char·ity** ['tʃærətɪ] (*Organisation*) der Wohltätigkeitsverein, die karitative Organisation

**char·ity shop** **GB** *Laden, in dem gespendete, meist gebrauchte Waren verkauft werden, um Geld für wohltätige Zwecke zu sammeln*

**charm** [tʃɑːm] ❶ das Amulett ❷ der Zauber, der Charme

to **charm** [tʃɑːm] ❶ verzaubern ❷ bezaubern, entzücken; **to charm something out of someone** jemandem etwas entlocken

**charm·ing** [tʃɑːmɪŋ] bezaubernd, charmant; **charming!** (*ironisch*) [wie] reizend!

**chart** [tʃɑːt] ❶ die grafische Darstellung, das Diagramm ❷ die Seekarte ❸ die Tabelle

**④ charts** die Hitparade

to **chart** [tʃɑːt] **①** in einer Karte darstellen **②** entwerfen, skizzieren

**char·ter flight** ['tʃɑːtəʳ flaɪt] der Charterflug

**chase** [tʃeɪs] **①** die Verfolgung **②** die Jagd

to **chase** [tʃeɪs] **①** verfolgen, [nach]jagen **②** hetzen

◆ to **chase about** herumrennen

◆ to **chase after** nachjagen, hinterherrennen

◆ to **chase away** wegjagen, verjagen, vertreiben

**chat** [tʃæt] **①** das Geplauder **②** (*im Internet*) der Chat

to **chat** [tʃæt] <chatted, chatted> plaudern, sich unterhalten

◆ to **chat up** to chat someone up (*umgangsspr*) jemanden anquatschen [*oder* anbaggern]

to **chat·ter** ['tʃætəʳ] **①** *Menschen:* schnattern, plappern **②** *Zähne:* klappern

**chat·ter** ['tʃætəʳ] das Geschnatter, das Geplapper

**chat·ter-box** ['tʃætəʳˌbɒks] das Plappermaul

**chat·ty** ['tʃætɪ] **①** redselig, geschwätzig **②** familiär, formlos

**cheap** [tʃiːp] **①** billig, preiswert; **dirt cheap** (*umgangsspr*) spottbillig; **on the cheap** sehr billig; **to get off cheap** billig davonkommen **②** verbilligt **③** minderwertig, schlecht **④** *Stil:* kitschig **⑤** schäbig, gemein; **to feel cheap** sich schäbig vorkommen

**cheap·ly** ['tʃiːpli] billig

to **cheat** [tʃiːt] **①** betrügen (of/out of um); **to cheat someone out of something** jemanden um etwas bringen [*oder* betrügen] **②** mogeln, betrügen

**cheat** [tʃiːt] **①** der Betrug, der Schwindel **②** der Betrüger/die Betrügerin, der Schwindler/die Schwindlerin

**check** [tʃek] **①** die [Nach]prüfung, die Überprüfung, die Kontrolle, die Probe, der [prüfende] Vergleich **②** Ⓤ (*Zeichen*) der Haken **③** (*beim Schachspiel*) das Schach; **to be in check** im Schach stehen; **to hold** [*oder* **keep**] **in check** (*auch übertragen*) in Schach halten **④** das Hindernis, der Widerstand; **to act as a check on** hemmend [*oder* nachteilig] wirken auf **⑤** (*Muster*) das Karo[muster], der karierte Stoff **⑥** Ⓤ der Scheck **⑦** Ⓤ (*im Restaurant*) die Rechnung **⑧** Ⓤ der Gepäckschein, die Garderobenmarke

to **check** [tʃek] **①** hindern, zurückhalten, unterbinden; **to check something** etwas zum Stillstand bringen, einer Sache Einhalt gebieten **②** eindämmen, hemmen; (*technisch*) drosseln **③** prüfen, kontrollieren, vergleichen (**by** mit) **④** anstreichen, markieren, abhaken *Punkt, Antwort* **⑤** abgeben, aufgeben *Gepäck;* an der Garderobe abgeben *Hut* **⑥** to **check someone** jemandem Schach bieten **⑦** übereinstimmen

◆ to **check in** *Hotelgäste:* sich eintragen, ankommen; *Flugpassagiere:* einchecken

◆ to **check off** abhaken, ankreuzen, [nach]zählen

◆ to **check out** **①** *Hotelgäste:* die Rechnung bezahlen und abreisen; abholen *Gepäck* **②** sich erkundigen nach, überprüfen; **check it out!** schau es dir mal an!

◆ to **check through** **①** durchsehen, durchgehen **②** durchchecken *Gepäck*

◆ to **check up** to check up on something etwas im Einzelnen nachprüfen [*oder* genau vergleichen]

**check·book** ['tʃekˌbʊk] Ⓤ das Scheckheft

**check-in** ['tʃekɪn] (*Abfertigung vor dem Flug*) das Einchecken

**check-in desk** ['tʃekɪnˌdesk] der Abfertigungsschalter

**check-in time** die Eincheckzeit

**check·list** ['tʃekˌlɪst] die Kontrollliste

**check·mate** ['tʃekmeɪt] das Schachmatt

to **check·mate** ['tʃekmeɪt] matt setzen

**check·out** (*im Supermarkt*) die Kasse

**check·point** ['tʃekpɔɪnt] die Überwachungsstelle, die Kontrollstelle

**check·room** Ⓤ **①** die Gepäckaufbewahrung, der Gepäckschalter **②** (*im Hotel*) der Gepäckraum

**check·up** ['tʃekʌp] **①** die genaue Prüfung, die Kontrolle **②** (*medizinisch*) die gründliche Untersuchung **③** (*technisch*) die Nachuntersuchung

**cheek** [tʃiːk] **①** die Backe, die Wange **②** (*umgangsspr*) die Unverschämtheit, die Frechheit

▸ WENDUNGEN: **he said that tongue in cheek** das hat er nicht ernst gemeint

**cheeky** ['tʃiːkɪ] (*umgangsspr*) frech, unverschämt

**cheer** [tʃɪəʳ] **①** das Hoch, der Hurraruf; **to give someone a cheer** jemanden hochleben lassen; **three cheers** ein dreifaches Hoch (**for** für) **②** der Jubel, der Beifall **③** **cheers!** prost!

to **cheer** [tʃɪəʳ] **①** to cheer someone jemandem zujubeln, jemandem laut Beifall zollen **②** to cheer at the news sich über die Nachricht freuen, über die Nachricht jubeln

◆to **cheer up** ❶ to cheer someone [up] jemanden aufmuntern ❷ bessere Laune bekommen, Mut fassen; **cheer up!** Kopf hoch!
**cheer·ful** ['tʃɪəfʊl] ❶ fröhlich ❷ gut aufgelegt, aufgeräumt ❸ erfreulich, angenehm ❹ gefällig, entgegenkommend
**cheer·ful·ness** ['tʃɪəfᵊlnəs] *kein Plural* die Fröhlichkeit
**cheer·ing**¹ *kein Plural* der Jubel
**cheer·ing**² jubelnd
**cheerio** [ˌtʃɪərɪ'əʊ] (*umgangsspr*) tschüs[s]!, mach's gut!
**cheer·less** ['tʃɪələs] düster, trüb; *Dasein:* freudlos
**cheery** ['tʃɪərɪ] heiter
**cheese** [tʃiːz] der Käse
**cheese·cake** der Käsekuchen
**cheesed-off** [ˌtʃiːzd'ɒf] (*umgangsspr*) angeödet
**cheesy** ['tʃiːzɪ] ❶ käsig ❷ (*umgangsspr*) übel riechend; **cheesy feet** die Käsefüße ❸ (*umgangsspr*) **cheesy grin** das Zahnpastalächeln
**chee·tah** ['tʃiːtə] der Gepard
**chef** [ʃef] der Küchenchef/die Küchenchefin, der Koch/die Köchin

chef

F Nicht verwechseln mit *der Chef — the boss!*

**chemi·cal**¹ ['kemɪkl] die Chemikalie
**chemi·cal**² ['kemɪkl] chemisch
**chem·ist** ['kemɪst] ❶ der Chemiker/die Chemikerin ❷ ⒼⒷ der Drogist/die Drogistin; **dispensing chemist** der Apotheker/die Apothekerin, **chemist's** [**shop**] die Drogerie, die Apotheke
**chem·is·try** ['kemɪstrɪ] die Chemie
**chem·is·try set** der Chemiekasten
**cheque** [tʃek] der Scheck; **to cash a cheque** einen Scheck einlösen; **to make out a cheque for £100** einen Scheck über £100 ausstellen; **crossed cheque** der Verrechnungsscheck; **traveller's cheque** der Reisescheck
**cheque ac·count** ⒼⒷ das Girokonto, das Scheckkonto
**cheque book** das Scheckbuch
**cheque card** die Scheckkarte
**cher·ry** ['tʃerɪ] ❶ die Kirsche ❷ der Kirschbaum
**cher·ry blos·som** die Kirschblüte
**cher·ry bran·dy** der Kirschlikör
**cher·ry stone** der Kirschkern
**chess** [tʃes] das Schach
**chess·board** das Schachbrett
**chess·man** <*plural* chessmen>, **chess piece** die Schachfigur
**chest** [tʃest] ❶ die Kiste, der Kasten, die Truhe ❷ **chest of drawers** die Kommode ❸ der Brustkasten; **that's a load off my chest** (*übertragen*) da fällt mir ein Stein vom Herzen
**chest·nut**¹ ['tʃesnʌt] ❶ die Kastanie ❷ der Kastanienbaum
**chest·nut**² ['tʃesnʌt] kastanienbraun
**chesty** ['tʃestɪ] (*umgangsspr*) erkältet; *Husten:* rau, tief
to **chew** [tʃuː] kauen; **to chew one's nails** an den Nägeln kauen
**chew·ing-gum** ['tʃuːɪŋgʌm] der Kaugummi
**chick** [tʃɪk] das Küken, der junge Vogel
**chick·en** ['tʃɪkɪn] ❶ das Huhn, das Hähnchen, das Hühnchen ❷ (*slang*) der Feigling
◆to **chicken out** to chicken out of [doing] something vor etwas kneifen
**chick·en·pox** die Windpocken
**chief**¹ [tʃiːf] <*plural* chiefs> ❶ der Chef/die Chefin, das Oberhaupt ❷ *eines Stammes:* der Häuptling
**chief**² [tʃiːf] führend, leitend
**chief·ly** ['tʃiːflɪ] hauptsächlich, besonders
**child** [tʃaɪld] <*plural* children> das Kind
**child abuse** ['tʃaɪldəbjuːs] die Kindesmisshandlung
**child·birth** ['tʃaɪldbɜːθ] die Geburt, die Entbindung
**child·hood** ['tʃaɪldhʊd] die Kindheit
**child·ish** ['tʃaɪldɪʃ] kindisch
**child·less** ['tʃaɪldlɪs] kinderlos
**child·like** ['tʃaɪlaɪk] kindlich
**child mind·er** die Tagesmutter
**child·proof** kindersicher
**chil·dren** ['tʃɪldrən] *Pluralform von* **child** die Kinder; **children's allowance** die Kinderzulage

**child's play** das Kinderspiel
**chili** ['tʃɪlɪ] <*plural* chilies> (USA) die Peperoni; (*Gewürz*) der Chili
**chill** [tʃɪl] ① der Frost, die Kälte ② das Kältegefühl, das Frösteln ③ die Erkältung ④ (*übertragen*) die abgekühlte Atmosphäre
to **chill** [tʃɪl] kühlen
**chil·li** ['tʃɪlɪ] <*plural* chillies> die Peperoni; (*Gewürz*) der Chili
to **chill out** [,tʃɪl'aʊt] (*slang*) sich entspannen
**chil·ly** ['tʃɪlɪ] ① frostig, fröstelnd, kühl; **to feel chilly** frösteln ② (*übertragen*) kühl
to **chime** [tʃaɪm] ① *Glocken:* läuten ② *Uhr:* schlagen
  ◆ to **chime in** sich einschalten
**chim·ney** ['tʃɪmnɪ] der Schornstein
**chim·ney pot** der Schornsteinaufsatz
**chim·ney stack** der Fabrikschornstein
**chim·ney-sweep(er)** ['tʃɪmnɪ,swiːpəʳ] der Schornsteinfeger/die Schornsteinfegerin
**chim·pan·zee** [,tʃɪmpæn'ziː] der Schimpanse
**chin** [tʃɪn] das Kinn; **chin up!** Kopf hoch!
**chi·na** ['tʃaɪnə] das Porzellan
**Chi·na** ['tʃaɪnə] China
**Chi·nese**[1] [tʃaɪ'niːz] chinesisch
**Chi·nese**[2] [tʃaɪ'niːz] <*plural* Chinese> ① der Chinese/die Chinesin ② Chinesisch, das Chinesische
**Chi·nese res·tau·rant** das Chinarestaurant
**chin·wag** ['tʃɪnwæg] (*umgangsspr*) der Schwatz
**chip** [tʃɪp] ① der Splitter, der Span, die Scherbe ② (*an Porzellan, Glas*) die lädierte Stelle ③ **chips** (GB) die Pommes frites; (USA) die ⚠ Kartoffelchips ④ (*Computer*) der Chip ▶ WENDUNGEN: **he has a chip on his shoulder** er fühlt sich ständig angegriffen

**chips**

Nicht verwechseln mit *die Chips — crisps!*

  ◆ to **chip away to chip away at something** an etwas nagen
  ◆ to **chip in** (*umgangsspr*) ① mithelfen; beisteuern *Geld* ② (GB) dazwischenreden
**chipped** ['tʃɪpt] *Porzellan, Glas:* angestoßen, angeschlagen
**chip·py** ['tʃɪpɪ] (GB) (*umgangsspr*) die Pommesbude
**chit-chat** ['tʃɪtʃæt] *kein Plural* (*umgangsspr*) das Geplauder; **idle chit-chat** das leere Gerede
**choc-ice** ['tʃɒk,aɪs] das Eis mit Schokoladenüberzug
**chock-a-block** [,tʃɒkə'blɒk] (*umgangsspr*) gerammelt [*oder* gedrängt] voll (**with** von)
**choco·late** ['tʃɒklət] ① die Schokolade; **bar of chocolate** die Tafel Schokolade; **chocolate bar** der Schoko[laden]riegel ② die Praline
**choco·late crisp·ies** [tʃɒkˡlət'krɪspɪz] *plural* das Schokoplätzchen
**choice**[1] ['tʃɔɪs] die Auswahl; **by choice** vorzugsweise; **to make a choice** eine Auswahl treffen; **I have no choice** es bleibt mir nichts anderes übrig
**choice**[2] ['tʃɔɪs] vorzüglich, ausgezeichnet, [aus]gewählt, ausgesucht
**choir** ['kwaɪəʳ] der Chor
**choke** [tʃəʊk] (*am Auto*) der Choke
to **choke** [tʃəʊk] ① **to choke someone** jemanden erwürgen [*oder* ersticken] ② (*technisch*) abdrosseln ③ ersticken, keine Luft bekommen, würgen
  ◆ to **choke back to choke back the tears** die Tränen unterdrücken [*oder* herunterschlucken]
  ◆ to **choke up** ① verstopfen ② ersticken
**chok·er** ['tʃəʊkəʳ] der Halsreif
**cho·les·ter·ol** [kə'lestərɒl] das Cholesterin
to **choose** [tʃuːz] <chose, chosen> ① [aus]wählen, aussuchen ② vorziehen, lieber wollen, sich entscheiden für; **to have to choose between** die Wahl haben zwischen
**choosey** ['tʃuːzɪ] (*umgangsspr*) wählerisch
**chop** [tʃɒp] ① der Hieb, der Schnitt, der Schlag ② das Kotelett ▶ WENDUNGEN: **to get the chop** (*slang*) rausgeschmissen werden
to **chop** [tʃɒp] <chopped, chopped> ① [zer]hacken; spalten *Holz* ② hacken, hauen, schlagen (**at** nach)
  ◆ to **chop down** umhacken, umlegen; fällen *Baum*
  ◆ to **chop off** abhacken, abschneiden, abhauen
  ◆ to **chop up** zerkleinern

**chop-chop** (*umgangsspr*) hopphopp
**chop·per** ['tʃɒpə<sup>r</sup>] ❶ das Hackmesser ❷ (*umgangsspr*) der Helikopter
**chop·ping block** ['tʃɒpɪŋblɒk] der Hackklotz, der Block
**chop·ping board** ['tʃɒpɪŋbɔːd] das Hackbrett
**chop·sticks** ['tʃɒpstɪks] *plural* die Essstäbchen
**chord** ['kɔːd] (*Musik*) der Akkord ▸ WENDUNGEN: **to strike a chord with someone** jemanden berühren; **to strike the right chord** den richtigen Ton treffen
**chore** [tʃɔː<sup>r</sup>] ❶ die unangenehme Arbeit ❷ *meist plural* die Hausarbeit
**cho·rus** ['kɔːrəs] <*plural* choruses> ❶ der Chor ❷ *von Lied:* der Refrain
**chose** [tʃəʊz] 2. *Form von* **choose**
**cho·sen** ['tʃəʊzn] 3. *Form von* **choose**
**Christ** [kraɪst] ❶ Christus ❷ **Christ!** (*slang*) Herrgott!
to **chris·ten** ['krɪsn] taufen
**chris·ten·ing** ['krɪsnɪŋ] die Taufe
**Chris·tian**[1] ['krɪstʃən] christlich
**Chris·tian**[2] ['krɪstʃən] der Christ/die Christin
**Chris·ti·an·ity** [ˌkrɪstɪ'ænətɪ] das Christentum
**Chris·tian name** der Vorname
**Christ·mas** ['krɪsməs] <*plural* Christmases> Weihnachten; **at Christmas** an Weihnachten; **merry Christmas!** frohe Weihnachten!; **Father Christmas** der Weihnachtsmann
**Christ·mas carol** das Weihnachtslied
**Christ·mas Day** der 1. Weihnachtstag (*25. Dez.*)
**Christ·mas Eve** der Heilige Abend (*24. Dez.*)
**Christ·mas pud·ding** der Plumpudding
**Christ·mas tree** der Weihnachtsbaum, der Christbaum
**chron·ic** ['krɒnɪk] ❶ (*medizinisch*) chronisch ❷ (*slang*) widerlich
**chrono·logi·cal** [ˌkrɒnə'lɒdʒɪkl] chronologisch; **in chronological order** in zeitlicher Folge
**chub·by** ['tʃʌbɪ] pausbäckig
to **chuck** [tʃʌk] (*umgangsspr*) schmeißen
 ◆to **chuck away** (*umgangsspr*) ❶ wegwerfen *Sachen* ❷ verpassen, versäumen *Gelegenheit*
 ◆to **chuck in** (*umgangsspr*) aufgeben
 ◆to **chuck out** (*umgangsspr*) hinauswerfen
 ◆to **chuck up** (*umgangsspr*) kotzen *umgangsspr,* sich übergeben
to **chuck·le** ['tʃʌkl] kichern; **to chuckle to oneself** in sich hineinlachen
**chuffed** [tʃʌft] ⒼⒷ (*umgangsspr*) froh
**chug** [tʃʌg] das Tuckern

to **chug** [tʃʌg] <chugged, chugged> tuckern
 ◆to **chug along** (*umgangsspr*) sich dahinschleppen
**chum** [tʃʌm] der Kamerad; (*umgangsspr*) der Kumpel
**chump** [tʃʌmp] (*umgangsspr*) der Trottel
**chunk** [tʃʌŋk] der Brocken, der Klumpen
**chunky** ['tʃʌŋkɪ] (*umgangsspr*) ❶ *Mensch:* untersetzt ❷ *Pullover:* dick
**Chun·nel** ['tʃʌnl] ⒼⒷ (*umgangsspr*) der Kanaltunnel

Ⓛ **Chunnel** ist eine Zusammensetzung aus **Channel** und **tunnel** und bezeichnet den Tunnel unterhalb des Ärmelkanals, der Großbritannien und Frankreich verbindet.

**church** [tʃɜːtʃ] <*plural* churches> die Kirche; **at** [*oder* **in**] **church** in der Kirche, beim Gottesdienst; **to go to church** in die Kirche gehen, den Gottesdienst besuchen
**church·goer** ['tʃɜːtʃˌgəʊə<sup>r</sup>] der Kirchgänger/die Kirchgängerin
**church·yard** [ˌtʃɜːtʃ'jɑːd] der Kirchhof
**chute** [ʃuːt] ❶ die Rutsche, die Rutschbahn ❷ (*umgangsspr*) der Fallschirm
**ci·der** ['saɪdə<sup>r</sup>] der Apfelwein, der Most
**ci·gar** [sɪ'gɑː<sup>r</sup>] die Zigarre
**ciga·rette** [ˌsɪgə'ret] die Zigarette
**ciga·rette butt, ciga·rette end** der Zigarettenstummel; (*umgangsspr*) die Kippe
**Cinderella** [ˌsɪndə'relə] das Aschenbrödel, das Aschenputtel
**cin·ema** ['sɪnəmə] das Kino
**ci·pher code** ['saɪfə<sup>r</sup> kəʊd] der Chiffrierschlüssel
**cir·cle** ['sɜːkl] ❶ der Kreis; **full circle** rundherum, im Kreise ❷ **circle of friends** der Freundeskreis, der Bekanntenkreis ❸ (*im Theater*) der Rang
to **cir·cle** ['sɜːkl] ❶ umkreisen, sich bewegen um, umfahren, umgeben ❷ sich im Kreis bewegen; *Vogel, Flugzeug:* kreisen; **to circle round something** um etwas fahren [*oder* segeln] [*oder* fliegen]
**cir·cuit** ['sɜːkɪt] ❶ die Runde (**of** um), die Rundreise ❷ (*Sport*) die Rennbahn, die Turnierrunde ❸ (*elektrisch*) der Stromkreis, die Schaltung; **short circuit** der Kurzschluss
**cir·cuit board** das Schaltbrett
**cir·cuit train·ing** das Zirkeltraining
**cir·cu·lar** ['sɜːkjʊlə<sup>r</sup>] kreisförmig, rund
**cir·cu·lar** das Rundschreiben
**cir·cu·lar saw** die Kreissäge
to **cir·cu·late** ['sɜːkjʊleɪt] ❶ *auch Blut:* zirkulieren, umlaufen ❷ die Runde machen ❸ in

**circulation – clasp**

Umlauf setzen

**cir·cu·la·tion** [ˌsɜːkjʊˈleɪʃn] ❶ die [Blut]zirkulation, der Kreislauf ❷ *einer Zeitung:* die Verbreitung, die Auflage[nhöhe], die Auflagenziffer; **with a wide circulation** mit hoher Auflage ❸ der Geldumlauf; **to put into circulation** in Umlauf setzen, in Verkehr bringen; **to withdraw from circulation** außer Kurs setzen

**cir·cu·la·tory** [ˌsɜːkjəˈleɪtᵊri] Kreislauf-

**cir·cum·stance** [ˈsɜːkəmstəns] ❶ *meist plural* die Umstände; **under the circumstances** unter diesen Umständen; **under no circumstances** auf keinen Fall; **that depends on the circumstances** das kommt darauf an ❷ circumstances die Verhältnisse; **in difficult circumstances** in finanziellen Schwierigkeiten

**cir·cus** [ˈsɜːkəs] ❶ der Zirkus ❷ ⒼⒷ der Platz (*z.B. Piccadilly Circus*)

**citi·zen** [ˈsɪtɪzn] ❶ der Bürger/die Bürgerin ❷ der/die Staatsangehörige

**cit·ric acid** die Zitronensäure

**cit·rus** [ˈsɪtrəs] <*plural* citrus *oder* citruses> das Zitrusgewächs; **citrus fruit** die Zitrusfrucht

**city** [ˈsɪti] ❶ die [Groß]stadt; **capital city** die Hauptstadt ❷ das Zentrum, das Geschäftsviertel

🄻 In den USA tragen viele **cities** (Großstädte) Spitznamen. So nennt man New York „Gotham" oder auch „The Big Apple". Los Angeles wird „The Big Orange" genannt oder „The City of the Angels". Chicago heißt „The Windy City". „The City of Brotherly Love" ist Philadelphia. Denver heißt wegen seiner Höhenlage „The Mile-High City" und Detroit wird in Bezug auf die Autoindustrie „Motor City" genannt.

**city hall** das Rathaus

**civ·il** [ˈsɪvl] ❶ [staats]bürgerlich ❷ zivil[rechtlich] ❸ zivil, bürgerlich ❹ höflich, gesittet

**civ·il court** das Zivilgericht

**ci·vil·ian¹** [sɪˈvɪlɪən] der Zivilist/die Zivilistin

**ci·vil·ian²** [sɪˈvɪlɪən] Zivil-

**civi·li·za·tion** [ˌsɪvəlaɪˈzeɪʃn] die Zivilisation, die Kultur

**civ·il mar·riage** [ˈsɪvl ˈmærɪdʒ] die standesamtliche Trauung

**civ·il rights** die Bürgerrechte, die bürgerlichen Ehrenrechte

**civ·il serv·ant** der Beamter/die Beamtin

**civ·il ser·vice** der Staatsdienst

**civ·il war** der Bürgerkrieg

**claim** [kleɪm] ❶ der Anspruch, das Anrecht

(**to** auf) ❷ die Forderung ❸ die Behauptung; **to make claims about something** Behauptungen über etwas aufstellen

to **claim** [kleɪm] ❶ Anspruch erheben auf ❷ beantragen; beanspruchen *Unterstützung* ❸ behaupten ❹ **to claim attention** Aufmerksamkeit erfordern ❺ **to claim for something** sich etwas erstatten lassen

to **clam·ber** [ˈklæmbəʳ] [mühsam] klettern

**clam·my** [ˈklæmɪ] feucht[kalt]; **clammy hands** klamme Hände

**clamp** [klæmp] die Klammer, die Zwinge; (*für Auto*) die Parkkralle

to **clamp** [klæmp] [ver]klammern, festklemmen; **to clamp a car** ein Auto mit einer Parkkralle festsetzen

◆to **clamp down** to clamp down on something gegen etwas scharf vorgehen

**clang** [klæŋ] *von Metall:* das Klirren; *von Glocken:* das Läuten

to **clang** [klæŋ] *Schwert, Metallgegenstand:* klirren; *Glocke:* läuten

to **clap** [klæp] <clapped, clapped> ❶ klatschen; **to clap one's hands** in die Hände klatschen ❷ (*auch übertragen*) **to clap someone on the shoulder** jemandem [freundschaftlich] auf die Schulter klopfen ❸ **to clap eyes on someone** jemanden erblicken

**clap** [klæp] ❶ der [laute] Schlag; **clap of thunder** der Donnerschlag ❷ das [Hände]klatschen, der Beifall ❸ (*auch übertragen*) **to give someone a clap on the back** jemandem auf die Schulter klopfen

**clapped-out** [ˈklæptaʊt] ⒼⒷ (*umgangsspr*) klapprig

**clap·per** [ˈklæpəʳ] der [Glocken]klöppel

**clap·trap** [ˈklæptræp] *kein Plural* (*abwertend umgangsspr*) der Unsinn

to **clari·fy** [ˈklærɪfaɪ] klären; **to clarify a statement** eine Äußerung näher erläutern

**clar·ity** [ˈklærətɪ] die Klarheit

to **clash** [klæʃ] ❶ zusammenstoßen; **students clashed with police** es kam zu Zusammenstößen zwischen Studenten und der Polizei ❷ sich streiten, im Widerspruch stehen (**with** zu); *Persönlichkeit, Stil:* nicht zusammenpassen (**with** mit); *Farben:* sich beißen ❸ *Termine:* sich überschneiden

**clash** [klæʃ] <*plural* clashes> ❶ der Zusammenprall, der Zusammenstoß ❷ (*übertragen*) die Disharmonie; **a clash of opinions** eine Meinungsverschiedenheit ❸ *von Interessen:* die Kollision

to **clasp** [klɑːsp] ❶ umklammern; **to clasp**

**someone in one's arms** jemanden in die Arme schließen; **to clasp someone's hand** jemandem die Hand drücken ② *Schnalle:* befestigen, zuschnappen lassen

**clasp** [klɑːsp] ① der Verschluss ② die Umklammerung

**class** [klɑːs] <*plural* classes> ① die Klasse; **first/second class ticket** Fahrschein erster/zweiter Klasse ② **in a class of its own** von besonderer Qualität, einzigartig ③ **to have class** Stil haben ④ die [Gesellschafts]klasse ⑤ die [Unterrichts]stunde; **evening class** der Abendkurs ⑥ (USA) **class of '99** Jahrgang '99

**L** Obwohl es in Nordamerika nur eine Gesamtschule gibt, haben die besten Schüler und Schülerinnen die Möglichkeit, besondere Kurse zu belegen, die **regents classes, honors classes** oder **college prep classes** heißen. Solche Kurse bieten entweder Fächer wie Latein oder höhere Mathematik an, die normalerweise nur an der Universität angeboten werden. Manchmal werden diese Kurse auch an der Universität anerkannt.

to **class** [klɑːs] einordnen, in Gruppen einteilen

**clas·sic**[1] ['klæsɪk] klassisch

**clas·sic**[2] ['klæsɪk] der Klassiker

**clas·si·cal** ['klæsɪkl] klassisch

**clas·sics** ['klæsɪks] *plural* die Altphilologie

**clas·si·fied** ['klæsɪfaɪd] **classified ad**[**vertisement**] die Kleinanzeige

to **clas·si·fy** ['klæsɪfaɪ] klassifizieren, einteilen

**class·mate** ['klɑːsmeɪt] der Klassenkamerad/ die Klassenkameradin

**class·room** ['klɑːsrʊm] das Klassenzimmer

**classy** ['klɑːsɪ] (*umgangsspr*) stilvoll, Nobel-; **she's a classy lady** die Frau hat Klasse

**clat·ter** ['klætəʳ] das Klappern

to **clat·ter** ['klætəʳ] klappern; **to clatter something** mit etwas klappern

**clause** [klɔːz] ① der Satz; **main clause** der Hauptsatz; **subordinate clause** der Nebensatz ② (*juristisch*) die Klausel

**claw** [klɔː] ① die Kralle, die Klaue, die [Krebs]schere ② (*übertragen*) **to get one's claws into someone** auf jemandem herumhacken

to **claw** [klɔː] ① **to claw something** etwas zerkratzen ② **to claw at something** nach etwas greifen

**clay** [kleɪ] der Lehm, der Ton

**clean** [kliːn] ① sauber, rein; **to keep clean** sauber halten ② neu, unbenutzt; **to make a clean start** (*übertragen*) noch einmal neu anfangen ③ (*übertragen*) makellos, unbe-

fleckt; **to have clean hands** eine reine Weste haben ④ *Bruch, Schnitt:* sauber; *Linien:* klar ⑤ anständig; **clean joke** der salonfähige Witz ⑥ **I clean forgot** das habe ich glatt[weg] vergessen ⑦ (*übertragen umgangsspr*) **to come clean** auspacken *umgangsspr*

to **clean** [kliːn] ① reinigen, säubern, putzen ② **to clean one's hands/teeth** sich die Hände waschen/die Zähne putzen

◆ to **clean down** **to clean something down** etwas abwaschen

◆ to **clean out** gründlich sauber machen; ausmisten *Stall*

◆ to **clean up** ① **to clean something up** etwas aufwischen, gründlich putzen ② aufräumen

**clean·er** ['kliːnəʳ] ① die Putzhilfe ② der Reiniger, das Reinigungsmittel ③ (*Geschäft*) **dry-cleaner's** die Reinigung

**clean·ing** [kliːnɪŋ] die Reinigung, die Säuberung

**clean·ing lady, clean·ing wom·an** die Putzfrau

**clean·ly** ['klenlɪ] sauber

to **cleanse** [klenz] reinigen

**clean-shav·en** glatt rasiert

**cleans·ing cream** die Reinigungscreme

**cleans·ing tis·sue** das Kosmetiktuch

**clean-up** die Reinigung

**clear** [klɪəʳ] ① klar, rein; *Himmel:* wolkenlos ② *Foto:* scharf; *Abbild:* deutlich ③ verständlich; **clear instructions** die eindeutigen Anweisungen; **to make oneself clear** sich klar [*oder* verständlich] machen ④ **clear majority** die klare Mehrheit; **clear profit** der Reingewinn ⑤ *Weg, Straße:* frei; **to keep something clear** etwas freihalten ⑥ (*übertragen*) **to keep a clear head** einen kühlen Kopf bewahren; **a clear conscience** ein reines Gewissen ⑦ **all clear!** Gefahr vorbei!; **keep clear!** Vorsicht!

to **clear** [klɪəʳ] ① wegräumen, säubern; freimachen *Straße;* roden *Wald;* **to clear the table** den Tisch abräumen ② leeren *Briefkasten* ③ freisprechen (**of** von) ④ freigeben, genehmigen lassen; **the plane was cleared for take-off** das Flugzeug wurde zum Start freigegeben ⑤ **to clear one's throat** sich räuspern ⑥ *Wetter:* aufklaren; *Nebel:* sich auflösen

◆ to **clear away** ① **to clear something away** etwas abräumen [*oder* wegräumen] ② *Nebel:* sich auflösen

◆ to **clear off** ① begleichen *Schulden* ② (*um-*

*gangsspr*) **clear off!** hau ab!

◆to **clear out** ❶ **to clear something out** etwas ausräumen ❷ (*umgangsspr*) sich aus dem Staub machen

◆to **clear up** ❶ **to clear something up** etwas aufräumen ❷ **to clear up a misunderstanding** ein Missverständnis klären ❸ *Wetter:* aufklaren

**clear·ance** ['klɪərᵊn(t)s] *kein Plural* ❶ die Beseitigung ❷ der Spielraum ❸ *einer Schuld:* die Tilgung

**clear·ance sale** der Räumungsverkauf

**clear·ing** ['klɪərɪŋ] die Lichtung

**clear·ly** ['klɪəlɪ] ❶ klar [und deutlich] ❷ offensichtlich; **it's clearly the case** das ist eindeutig der Fall

**clef** [klef] der [Noten]schlüssel

**clem·en·tine** ['klemᵊntiːn] die Klementine

to **clench** [klentʃ] zusammenpressen; ballen *Faust;* zusammenbeißen *Zähne*

**cler·gy** ['klɜːdʒɪ] der Klerus, die Geistlichkeit

**cleri·cal** ['klerɪkl] ❶ (*in der Kirche*) geistlich, klerikal ❷ Schreib-

**cleri·cal er·ror** der Schreibfehler

**cleri·cal work** die Büroarbeit

**clerk** [klɑːk] der/die Büroangestellte

**clev·er** ['klevəʳ] ❶ klug, gescheit ❷ schlau, clever ❸ geschickt (**at** in); **to be clever at something** Geschick bei etwas haben ❹ *Gerät, Maschine:* raffiniert

**clev·er clogs, clev·er dick** (*umgangsspr*) der Besserwisser/die Besserwisserin

**clev·er·ness** ['klevəʳnɪs] ❶ die Klugheit ❷ die Geschicktheit ❸ die Raffinesse

**cliché** ['kliːʃeɪ] das Klischee

**click** [klɪk] das Klicken

to **click** [klɪk] ❶ klicken ❷ *Tür, Schloss:* zuschnappen ❸ (*umgangsspr*) **it's clicked!** ich hab's! ❹ (*umgangsspr*) funken; **to click with someone** mit jemandem gleich prima auskommen ❺ **to click one's tongue** mit der Zunge schnalzen

**cli·ent** ['klaɪənt] ❶ der Klient/die Klientin; *von Rechtsanwalt:* der Mandant/die Mandantin ❷ der Kunde/die Kundin

**cliff** [klɪf] die Klippe

**cli·mate** ['klaɪmɪt] ❶ das Klima ❷ (*übertragen*) die Stimmung, die Atmosphäre

**cli·mate change** *kein Plural* die Klimaveränderung

**cli·mate change levy** ⒼⒷ die Klimaschutzabgabe (*Abgabe auf den Stromverbrauch im nicht-privaten Sektor*)

**cli·max** ['klaɪmæks] ❶ der Höhepunkt ❷ der Orgasmus

to **cli·max** ['klaɪmæks] seinen Höhepunkt erreichen

**climb** [klaɪm] ❶ der Aufstieg ❷ **the walk was quite a climb** der Spaziergang war eine richtige Kletterpartie

to **climb** [klaɪm] ❶ **to climb a mountain** einen Berg besteigen [*oder* erklimmen] ❷ *Leiter, Stufen:* hinaufsteigen ❸ klettern; **to climb the tree** auf den Baum klettern ❹ *Straße:* ansteigen ❺ **to climb into/out of the car** in/aus dem Wagen steigen

◆to **climb down** ❶ hinab-/hinunterklettern ❷ (*übertragen*) nachgeben

**climb·er** ['klaɪməʳ] der Kletterer/die Kletterin, der Bergsteiger/die Bergsteigerin

**climb·ing** ['klaɪmɪŋ] das Klettern, das Bergsteigen

**clinch** [klɪntʃ] (*im Boxen*) der Clinch

to **cling** [klɪŋ] <clung, clung> ❶ *Mensch, Tier:* sich klammern (**to** an); **to cling together** [fest] zusammenhalten ❷ haften; *Staub:* sich absetzen

**cling·film** ['klɪŋfɪlm] die Frischhaltefolie

**clin·ic** ['klɪnɪk] die Klinik

**clini·cal** ['klɪnɪkl] klinisch

to **clink** [klɪŋk] klirren, klimpern

**clip** [klɪp] ❶ **paper clip** die Büroklammer; **hair clip** die Haarklammer ❷ **clip round the ear** die Ohrfeige

to **clip** [klɪp] <clipped, clipped> ❶ festklammern; **the pages were clipped together** die Seiten waren zusammengeheftet ❷ schneiden *Haar, Fingernägel;* scheren *Schaf;* knipsen *Fahrschein* ❸ **to clip someone's ear** jemandem eins hinter die Ohren geben

**clip·board** ['klɪpbɔːd] das Klemmbrett

**cloak** [kləʊk] der Umhang, der [weite] Mantel

**cloak·room** ['kləʊkrʊm] ❶ die Garderobe ❷ ⒼⒷ die Gäste-Toilette

**clob·ber** ['klɒbəʳ] (*umgangsspr*) der Kram, die Klamotten

**clock** [klɒk] die Uhr; **it's ten o'clock** es ist 10 Uhr; **round the clock** rund um die Uhr

◆to **clock in** einstempeln

◆to **clock out** ausstempeln

◆to **clock up** ❶ zurücklegen *Entfernung* ❷ erreichen *Geschwindigkeit*

**clock ra·dio** der Radiowecker

**clock tow·er** der Uhrenturm

**clock·work** ['klɒkwɜːk] das Uhrwerk ▸ WENDUNGEN: **like clockwork** wie am Schnürchen

**clog** [klɒg] der Holzschuh

to **clog** [klɒg] <clogged, clogged> ❶ **to be clogged up** verstopft sein ❷ verstopfen, blockiert werden

**clone** [kləʊn] der Klon

to **clone** [kləʊn] klonen

**close¹** [kləʊs] ① (örtlich) dicht, nahe; **close by** in der Nähe; **close to** dicht, nahe bei; **close to the sea** nahe am Meer; **close to the ground** dicht am Boden ② **she's close to tears** sie ist den Tränen nahe ③ (zeitlich) nahe [bevorstehend]; **close on 9 [o'clock]** kurz vor 9 [Uhr] ④ **he is a close friend of mine** er ist ein enger Freund von mir ⑤ Spiel, Ergebnis: knapp ⑥ sorgfältig; **after close consideration** nach reiflicher Überlegung ⑦ **pay close attention!** jetzt gut aufpassen!

**close²** [kləʊz] Abschluss, Ende; **to bring to a close** zu Ende bringen; **to draw to close** zu Ende gehen

**close³** [kləʊs] (in Straßennamen) der Hof

to **close** [kləʊz] ① schließen, zumachen ② sperren Straße; stilllegen Betrieb, Fabrik ③ abschließen; schließen Rede ④ **to close one's eyes** (übertragen) die Augen verschließen (**to** vor) ⑤ Wunde: sich schließen

◆to **close down** ① Betrieb: stilllegen ② Geschäft: schließen

◆to **close in** Dunkelheit: hereinbrechen; **to close in on somebody/something** sich jemandem/etwas nähern

◆to **close off** **to close something off** etwas abriegeln, etwas absperren

◆to **close up** ① **to close something up** etwas [ver]sperren, etwas blockieren ② zusammenrücken

**closed** [kləʊzd] ① geschlossen, gesperrt ② **the subject is closed** das Thema ist erledigt; **road closed!** Straße gesperrt!

**close-down** ['kləʊzdaʊn] die Betriebsstilllegung

**close-knit** eng verbunden

**close·ly** [ˌkləʊslɪ] ① dicht, eng ② genau

**close-up** die Nahaufnahme

**clos·ing** ['kləʊzɪŋ] die Schließung, die Stilllegung

**clos·ing date** der Einsendeschluss

**clos·ing down** die Schließung

**clos·ing-down sale** der Räumungsverkauf

**clos·ing time** ① der Geschäftsschluss, der Ladenschluss ② die Polizeistunde

**clo·sure** ['kləʊʒəʳ] das Verschließen, die Schließung

**clot** [klɒt] [blood] clot das [Blut]gerinnsel

to **clot** [klɒt] <clotted, clotted> gerinnen

**cloth** [klɒθ] ① das Tuch, der Stoff ② **zum Putzen** das Tuch, der Lappen

to **clothe** [kləʊð] ① **to clothe someone** jeman-

den kleiden ② **to clothe something** (übertragen) etwas [ein]hüllen

**clothes** [kləʊ(ð)z] plural die Kleider, die Kleidung; **to put on/take off one's clothes** sich anziehen/ausziehen

**clothes hang·er** der Kleiderbügel

**clothes horse** der Wäscheständer

**clothes line** die Wäscheleine

**clothes peg** die Wäscheklammer

**cloth·ing** ['kləʊðɪŋ] die Kleidung

**cloud** [klaʊd] ① die Wolke; **cloud of dust** die Staubwolke ② (übertragen) der Schatten, die Drohung ▸ WENDUNGEN: **to be on cloud nine** im siebten Himmel sein

to **cloud** [klaʊd] ① Himmel: verhängen ② (übertragen) trüben; **this problem is clouding our future** dieses Problem wirft einen Schatten auf unsere Zukunft

◆to **cloud over**, to **cloud up** Himmel: [sich] bewölken

**cloud·burst** der Wolkenbruch

**cloud·ed** ['klaʊdɪd] ① bewölkt, bedeckt ② (übertragen) trübe

**cloud·less** ['klaʊdlɪs] wolkenlos, ungetrübt

**cloudy** ['klaʊdɪ] ① Himmel: wolkig, bewölkt ② Wetter, Flüssigkeit: trübe

**clout** [klaʊt] der Schlag; (umgangsspr) **to give someone a clout** jemandem eine runterhauen; **to give something a clout** auf etwas schlagen

to **clout** [klaʊt] (umgangsspr) **to clout someone** jemandem eine schmieren; **to clout something** auf etwas schlagen

**clown** [klaʊn] ① der Clown ② der Tölpel

to **clown about**, to **clown around** (übertragen) den Clown spielen

**club** [klʌb] ① der Klub, der Verein ② die Keule, der Knüppel ③ der Schläger ④ **clubs** ⚠ plural (auf Spielkarten) das Kreuz; **the six of clubs** die Kreuzsechs ⑤ (übertragen) **join the club!** ach, du auch!

to **club** [klʌb] <clubbed, clubbed> ① **to club someone/something** auf jemanden/etwas einknüppeln ② **to club together** sich zusammentun

**club·bing** ['klʌbɪŋ] kein Plural **to go clubbing** in die Disco gehen

**club·house** das Klubhaus

**clue** [kluː] der Anhaltspunkt, der Schlüssel (**to** zu); **he hasn't a clue** er hat keine Ahnung

◆to **clue up** **to clue someone up** [on something] jemanden [über etwas] informieren

**clue·less** ['kluːlɪs] (umgangsspr) ahnungslos

**clump** [klʌmp] ① der Erdklumpen ② der

**clumsy – coffee bar**

Holzklotz **3** die Baumgruppe

**clum·sy** ['klʌmzɪ] **1** schwerfällig; *Mensch, Bewegung:* unbeholfen **2** unelegant; *Ausdrucksweise:* ungeschickt **3** taktlos; *Art:* plump

**clung** [klʌŋ] *2. und 3. Form von* **cling**

**clus·ter** ['klʌstəʳ] *von Trauben, Beeren:* die Traube; *von Locken:* das Büschel
◆ to **cluster around** sich scharen um

**clutch** [klʌtʃ] **1** der feste Griff **2** (*übertragen*) **to fall into someone's clutches** jemandem in die Hände fallen **3** (*am Auto*) die Kupplung

to **clutch** [klʌtʃ] **1** **to clutch someone/something** jemanden/etwas [er]greifen, jemanden/etwas umklammern **2** greifen, schnappen (**at** nach) ► WENDUNGEN: **to clutch at straws** sich an einen Strohhalm klammern

**clut·ter** ['klʌtəʳ] der Wirrwarr, die Unordnung

**coach** [kəʊtʃ] **1** die Kutsche **2** der [Eisenbahn]wagen **3** der Reisebus **4** (*Sport*) der Trainer/die Trainerin

to **coach** [kəʊtʃ] **1** **to coach someone** jemanden aufs Examen vorbereiten **2** **to coach someone** jemanden trainieren

**coach·ing** ['kəʊtʃɪŋ] *kein Plural* das Training

**coal** [kəʊl] die Kohle ► WENDUNGEN: **to haul someone over the coals** jemandem die Leviten lesen

**coal-fired** kohlebeheizt

**coa·li·tion** [ˌkəʊə'lɪʃn] die Koalition

**coal mine** ['kəʊlmaɪn] das Kohlenbergwerk, die Zeche

**coal miner** der Bergmann

**coal min·ing** der Kohle[n]bergbau

**coal pit** ['kəʊlpɪt] das Kohlenbergwerk, die Zeche

**coarse** [kɔːs] **1** *Struktur, Haut:* grob **2** *Mensch, Art:* ungehobelt, primitiv; **coarse joke** der derbe Witz

**coast** [kəʊst] die Küste, das Meeresufer; **on the coast** an der Küste ► WENDUNGEN: **the coast is clear** (*übertragen*) die Luft ist rein

**coast·al** ['kəʊstl] Küsten-

**coast·er** ['kəʊstəʳ] der Untersetzer

**coast-guard** die Küstenwache

**coast·line** die Küstenlinie

**coat** [kəʊt] **1** der Mantel **2** *eines Tiers:* das Fell, der Pelz **3** **coat of paint** der Anstrich

to **coat** [kəʊt] **1** bestreichen **2** überziehen, beschichten

**coat·ed** ['kəʊtɪd] **1** überzogen **2** bedeckt (**with** mit) **3** beschichtet

**coat hang·er** der Kleiderbügel

**coat·ing** ['kəʊtɪŋ] **1** der Überzug, die [äußere]

Schicht **2** der Anstrich

to **coax** [kəʊks] **to coax someone** jemanden überreden ► WENDUNGEN: **to coax something out of someone** jemandem etwas abschmeicheln

**cob**[1] [kɒb] *kurz für* **corncob** der Kolben

**cob**[2] [kɒb] **GB** der Laib

**cob·ble** ['kɒbl] der Kopfstein; **the street was cobbled** die Straße hatte Kopfsteinpflaster

**cob·bler** ['kɒbləʳ] der Flickschuster ► WENDUNGEN: **a load of old cobblers** (*umgangsspr*) ein Haufen Mist

**cob·web** ['kɒbweb] das Spinngewebe

**co-citi·zen** [kəʊ'sɪtɪzⁿn] der/die verantwortungsbewusste Mitbürger/Mitbürgerin

**cock** [kɒk] **1** der Hahn **2** das [Vogel]männchen **3** (*slang*) der Pimmel

**cock-a-doodle-doo** [ˌkɒkəduːdl'duː] das Kikeriki

**cock·er·el** ['kɒkərəl] der junge Hahn

**cock·er span·iel** der Cockerspaniel

**cock·pit** ['kɒkpɪt] das Cockpit, die Kanzel

**cock·tail** ['kɒkteɪl] der Cocktail

**cock-up** ['kɒkʌp] (*slang*) der Schlamassel; **what a cock-up!** so ein Mist!

**cocky** ['kɒkɪ] (*umgangsspr*) keck, frech

**co·coa** ['kəʊkəʊ] das Kakao[pulver]

**coco·nut** ['kəʊkənʌt] die Kokosnuss

**coco·nut milk** die Kokosmilch

**coco·nut shy** **GB** die Wurfbude

**cod** [kɒd] <*plural* cod> der Kabeljau, der Dorsch

**code** [kəʊd] die Chiffre, der Code

to **code** [kəʊd] **to put something into code** etwas verschlüsseln, etwas chiffrieren

**code name** der Deckname

**code num·ber** die Kennnummer

**code word** das Kennwort

to **codi·fy** ['kəʊdɪfaɪ] kodifizieren

**cod·ing** ['kəʊdɪŋ] die Kodierung

**co-ed** ['kəʊed] *kurz für* **co-educational**: **co-ed school** die gemischte Schule

**co-edu·ca·tion** [ˌkəʊedʒuː'keɪʃⁿn] *kein Plural* die Koedukation

**co-edu·ca·tion·al** [ˌkəʊˌedʒʊ'keɪʃnl] **co-educational school** die gemischte Schule

to **co-erce** [kəʊ'ɜːs] **to coerce someone** jemanden zwingen (**into** zu); **to coerce someone into doing something** jemanden nötigen, etwas zu tun

to **co-ex·ist** [ˌkəʊɪg'zɪst] gleichzeitig [*oder* zusammen] [vorhanden] sein, nebeneinander bestehen (**with** mit)

**cof·fee** ['kɒfɪ] der Kaffee

**cof·fee bar** das [kleine] Café

**cof·fee bean** die Kaffeebohne
**cof·fee break** die Kaffeepause
**cof·fee cup** die Kaffeetasse
**cof·fee grind·er** die Kaffeemühle
**cof·fee ma·chine** die Kaffeemaschine
**cof·fee pot** die Kaffeekanne
**cof·fee shop** das Café
**cof·fin** ['kɒfɪn] der Sarg ▶ WENDUNGEN: **to drive a nail into someone's coffin** jemandes Untergang sein
**cog** [kɒg] der [Rad]zahn ▶ WENDUNGEN: **to be [just] a cog in the machine** [nur] ein Rädchen im Getriebe sein
**cog·nac** ['kɒnjæk] der Kognak
to **co·hab·it** [kəʊ'hæbɪt] ehelich zusammenwohnen
**co·habi·ta·tion** [ˌkəʊhæbɪ'teɪʃn] ❶ das eheliche Zusammenwohnen ❷ der Beischlaf
**co·her·ent** ['kəʊ'hɪərənt] ❶ zusammenhängend ❷ *Ausdrucksweise:* klar und verständlich ❸ *Argument:* stimmig
**co·he·sive** [kəʊ'hiːsɪv] ❶ kohäsiv ❷ *Einheit:* geschlossen ❸ *Argument:* stimmig
**coil** [kɔɪl] ❶ **coil of rope/wire** aufgerolltes Seil/Rolle Draht ❷ (*Empfängnisverhütung*) die Spirale ❸ die Windung
to **coil** [kɔɪl] ❶ **to coil something [up]** etwas [auf]wickeln ❷ sich winden, sich zusammenrollen
**coin** [kɔɪn] ❶ die Münze ❷ (*übertragen*) **the other side of the coin** die Kehrseite der Medaille

> Die Münzen in den USA haben besondere Namen. Ein **US dollar** hat 100 cents und eine Ein-Cent-Münze heißt **penny**. Die Fünf-Cent-Münze heißt **nickel**. Eine Zehn-Cent-Münze wird **dime** genannt. Die 25-Cent-Münze ist ein **quarter** (Vierteldollar). Es gibt dann noch **half dollar** und **dollar coins**.

to **coin** [kɔɪn] prägen *Geld* ▶ WENDUNGEN: **to coin a phrase, ... ...,** um mich mal so auszudrücken
**coin-box tele·phone** der Münzfernsprecher
to **co·in·cide** [ˌkəʊɪn'saɪd] ❶ (*räumlich*) sich decken ❷ (*zeitlich*) zusammenfallen ❸ (*übertragen*) übereinstimmen (**with** mit)
**co·in·ci·dence** [kəʊ'ɪnsɪdəns] ❶ das Zusammentreffen ❷ der Zufall; **what a coincidence!** was für ein Zufall!
**co·in·ci·dent·al** [kəʊˌɪnsɪ'dentl] zufällig
**Coke**® [kəʊk] *kurz für* **Coca Cola** das/die Cola *umgangsspr*
**cold¹** [kəʊld] ❶ kalt; **to be [*oder* feel] cold** frieren; **I am cold** mir ist kalt ❷ (*über-*

*tragen*) kühl; **to be cold to someone** kühl zu jemandem sein ▶ WENDUNGEN: **to give someone the cold shoulder** jemandem die kalte Schulter zeigen
**cold²** [kəʊld] ❶ die Kälte; **shivering with cold** zitternd vor Kälte ❷ die Erkältung; **to catch [a] cold** sich erkälten ❸ (*übertragen*) **to be left out in the cold** links liegen gelassen werden
**cold-blood·ed** [ˌkəʊld'blʌdɪd] kaltblütig
**cold-heart·ed** [ˌkəʊld'hɑːtɪd] gefühllos, herzlos, kaltherzig
**cole·slaw** ['kəʊlslɔː] *kein Plural* der Krautsalat
**col·ey** ['kəʊli] <*plural* coley> 🇬🇧 der Seelachs
to **col·labo·rate** [kə'læbəreɪt] ❶ zusammenarbeiten (**with** mit) ❷ (*mit dem Feind*) kollaborieren
**col·labo·ra·tion** [kəˌlæbə'reɪʃn] ❶ die Zusammenarbeit ❷ (*mit dem Feind*) die Kollaboration
**col·labo·ra·tor** [kə'læbəreɪtər] ❶ der Mitarbeiter/die Mitarbeiterin ❷ (*mit dem Feind*) der Kollaborateur/die Kollaborateurin
**col·lapse** [kə'læps] ❶ *von Gebäude:* der Einsturz ❷ (*auch übertragen*) *eines Menschen:* der Zusammenbruch; *eines Plans:* das Scheitern; *von Preisen:* der Sturz
to **col·lapse** [kə'læps] ❶ *Gebäude:* zusammenstürzen, einstürzen; *Gestell, Mensch:* zusammenbrechen ❷ *Plan:* scheitern; *Preis, Kurs:* einbrechen
**col·laps·ible** [kə'læpsəbl] zusammenklappbar; **collapsible chair** der Klappstuhl
**col·lar** ['kɒlər] ❶ der Kragen ❷ das [Hunde]halsband
to **col·lar** ['kɒlər] **to collar someone** (*auch übertragen*) jemanden beim Kragen nehmen, jemanden schnappen
**col·lar bone** das Schlüsselbein
**col·league** ['kɒliːg] der Kollege/die Kollegin
to **col·lect** [kə'lekt] ❶ **to collect something** etwas [ein]sammeln, etwas zusammentragen ❷ **to collect someone/something** jemanden/etwas abholen ❸ sammeln *Briefmarken, Münzen* ❹ **to collect one's thoughts** seine Gedanken sammeln ❺ *Staub, Arbeit:* sich [an]sammeln; *Menschen:* sich versammeln ❻ eintreiben *Steuer, Schuld*
**col·lect** ['kɒlekt] 🇺🇸 **to call collect** ein R-Gespräch führen
**col·lect call** 🇺🇸 das R-Gespräch
**col·lect·ed** [kə'lektɪd] (*übertragen*) gefasst
**col·lec·tion** [kə'lekʃn] ❶ die [An]sammlung, das Sammeln ❷ die Abholung, die [Briefkasten]leerung ❸ *von Steuer:* das Eintreiben

**4** die [Geld]sammlung, die Spendensammlung

**col·lec·tive** [kəˈlektɪv] **1** gemeinsam, kollektiv **2 collective bargaining** die Tarifverhandlungen

**col·lec·tor** [kəˈlektəʳ] der Sammler/die Sammlerin

**col·lege** [ˈkɒlɪdʒ] **1** das College **2** die [kleinere] Universität, die Akademie, die [Fach]hochschule **3** das Universitätsgebäude, das Schulgebäude

> **L** In Großbritannien ist ein **sixth-form college** ein College für 16-18-jährige Schüler, die oft von Schulen kommen, an denen es keine **sixth form** (12.-13. Klasse) gibt. An dem College können sie dann ihre **A levels** (etwa: Abitur) machen.

to **col·lide** [kəˈlaɪd] zusammenstoßen, zusammenprallen (**with** mit)

**col·li·sion** [kəˈlɪʒn] der Zusammenstoß, der Zusammenprall

**col·lo·quial** [kəˈləʊkwɪəl] umgangssprachlich

**co·logne** [kəˈləʊn] *kein Plural* das Kölnischwasser

**Co·logne** [kəˈləʊn] Köln

**co·lon** [ˈkəʊlən] der Doppelpunkt

**colo·nel** [ˈkɜːnl] der Oberst

to **colo·nize** [ˈkɒlənaɪz] kolonisieren, besiedeln

**colo·ny** [ˈkɒlənɪ] die Kolonie, die [An]siedlung

**col·our** [ˈkʌləʳ], ⓊⓈⒶ **color** **1** die Farbe; **what colour is it?** was für eine Farbe hat es?; **to change colour** die Farbe ändern **2** die Gesichtsfarbe; **to be off colour** (*umgangsspr*) sich nicht wohl fühlen **3** die Hautfarbe

to **col·our** [ˈkʌləʳ], ⓊⓈⒶ to **color** **1 to colour something** etwas Farbe geben, etwas malen **2** sich [ver]färben, erröten

**col·our-blind**, ⓊⓈⒶ **col·or-blind** farbenblind

**col·oured** [ˈkʌləd], ⓊⓈⒶ **col·ored** farbig; **col·oured pencil** der Farbstift

**col·our·fast** [ˈkʌləʳfaːst], ⓊⓈⒶ **col·or·fast** farbecht

**col·our·ful** [ˈkʌləfl], ⓊⓈⒶ **col·or·ful** **1** farbenreich, farbenprächtig **2** (*übertragen*) bunt, lebendig

**col·our·ing** [ˈkʌlərɪŋ], ⓊⓈⒶ **col·oring** **1** die Färbung, der Farbton **2** die Gesichtsfarbe, der Teint **3 food colouring** der Lebensmittelfarbstoff

**col·our·less** [ˈkʌləlɪs], ⓊⓈⒶ **col·or·less** (*auch übertragen*) farblos

**col·our tele·vi·sion**, ⓊⓈⒶ **col·or tele·vi·sion** das Farbfernsehen

**col·umn** [ˈkɒləm] **1** (*auch übertragen*) die Säule; **column of figures** die Zahlenreihe

**2** die Spalte, die Kolumne; **gossip column** die Klatschspalte

**comb** [kəʊm] der Kamm

to **comb** [kəʊm] **1 to comb someone's/ one's hair** jemandem/sich die Haare kämmen; striegeln *Pferd* **2** (*übertragen*) durchkämmen, durchsuchen *Gelände*

**com·bat** [ˈkɒmbæt] der Kampf, das Gefecht

to **com·bat** [ˈkɒmbæt] <combated *oder* com­batted, combated *oder* combatted> **1** kämpfen **2 to combat something** etwas bekämpfen

**com·bi·na·tion** [ˌkɒmbɪˈneɪʃn] **1** die Kombination, die Zusammensetzung **2 combi·nation lock** das Kombinationsschloss

to **com·bine** [kəmˈbaɪn] <combined, com­bined> **1 to combine something** etwas kombinieren, etwas verbinden **2** sich verbinden, sich vereinigen (**with** mit)

**com·bined** [kəmˈbaɪnd] kombiniert

to **come** [kʌm] <came, come> **1** kommen; **come here!** komm [mal] her!; **to come and** [*oder* to] **see someone** jemanden besuchen; **to come home** heimkommen, nach Hause kommen **2** erreichen, gelangen (**to** zu) **3** werden; **to come true** sich verwirklichen, in Erfüllung gehen **4 come what may!** komme, was [da] wolle! ▶ WENDUNGEN: **I don't know whether I'm coming or going** ich weiß nicht, wo mir der Kopf steht; **to come home to someone** jemandem einleuchten; **come!** hör mal! hör zu!; **how come?** wieso?

◆ to **come about** sich ereignen

◆ to **come across** **1** herüberkommen **2 to come across someone** jemanden [zufällig] treffen **3** verstanden werden; *Rede:* gut ankommen

◆ to **come along** **1** mitkommen, mitgehen; **come along with me!** komm mal mit! **2** *Gelegenheit:* sich zufällig ergeben **3** (*übertragen*) **how's the patient coming along?** wie macht sich der Patient?; *Arbeit:* vorangehen

◆ to **come apart** auseinanderfallen

◆ to **come around**, to **come round** **1** [zufällig] vorbeikommen, gelegentlich wiederkommen **2** nachgeben, einlenken; **to come around to a way of thinking** sich einer Auffassung anschließen

◆ to **come at** **to come at someone** auf jemanden losgehen; **the ball was coming straight at me** der Ball kam genau auf mich zu

◆ to **come away** **1** weggehen **2** *Farbe,*

*Papier:* abgehen

♦to **come back** ❶ zurückkommen, zurückkehren ❷ **I'll come back to that question later** auf die Frage werde ich später zurückkommen ❸ **it all came back to me** es fiel mir plötzlich wieder ein ❹ **to come back into fashion** wieder modern sein

♦to **come by** ❶ **to come by something** etwas kriegen ❷ vorbeikommen

♦to **come down** ❶ herunterkommen, heruntergehen (**to** bis) ❷ *Preis:* sinken ❸ *Tradition:* überliefert werden ❹ *Baum:* [ein]stürzen; *Schnee, Regen:* fallen ❺ (*übertragen: sozial*) [ab]sinken; **they've come down in the world** sie haben einen Abstieg erlebt ▸ WENDUNGEN: **to come down with influenza** sich die Grippe geholt haben; **to come down in favour of someone** jemanden unterstützen

♦to **come forward** vortreten, sich freiwillig melden

♦to **come from** ❶ kommen von ❷ **to come from something** *Schmerz, Problem:* von etwas verursacht werden ❸ abstammen von; **where do you come from?** von wo kommst du her?

♦to **come in** ❶ hereinkommen, näher treten; **come in!** herein! ❷ ankommen, eintreffen; *Zug:* einfahren ❸ *Nachricht:* eintreffen ❹ (*Sport*) **to come in second** Zweite(r) werden ❺ **to come in handy** [*oder* **useful**] nützlich sein ❻ **where do I come in?** und was ist mit mir?

♦to **come into** ❶ erben ❷ **to come into sight** in Sicht kommen, auftauchen ❸ **to come into fashion** [*oder* **style**] Mode werden ▸ WENDUNGEN: **to come into one's own** zeigen, was in einem steckt; **to come into being** entstehen

♦to **come of** **nothing came of it** es ist nichts daraus geworden

♦to **come off** ❶ herunterfallen von; *Knopf:* abgehen ❷ sich ereignen, stattfinden ❸ *Versuch:* gelingen ▸ WENDUNGEN: **come off it!** nun mach aber mal halblang!

♦to **come on** ❶ **come on!** komm schon! ❷ anfangen; *Dunkelheit:* hereinbrechen ❸ *Schauspieler:* auftreten

♦to **come out** ❶ herauskommen ❷ *Fleck:* herausgehen ❸ **to come out of something** aus etwas hervorgehen ❹ *Zeitung, Druckschrift:* erscheinen, herauskommen ❺ **to come out against** sich erklären gegen ❻ **to come out [on strike]** streiken ❼ **to come out with the truth** mit der Wahrheit heraus-

rücken

♦to **come over** ❶ herüberkommen ❷ (*übertragen*) **what's come over you?** was ist in dich gefahren?

♦to **come round** ❶ zu Besuch vorbeikommen ❷ wieder zu sich kommen ❸ **to come round to doing something** dazu kommen, etwas zu tun ❹ **she came round to my way of thinking** sie hat sich meiner Denkweise angeschlossen

♦to **come through** ❶ durchkommen ❷ überstehen *Krise*

♦to **come to** ❶ dazu kommen, führen zu; **that will come to nothing** das führt zu nichts; **to come to a standstill** zum Stillstand kommen; **to come to an end** zu Ende kommen, aufhören ❷ [wieder] zu sich kommen ❸ **to come to a decision** zu einer Entscheidung kommen; *Person:* sich entscheiden; **to come to an agreement** zu einer Vereinbarung gelangen

♦to **come under** ❶ fallen unter ❷ (*übertragen*) **to come under someone's influence** unter jemandes Einfluss geraten

♦to **come up** ❶ hochkommen, nach oben kommen, heraufkommen; *Sonne, Mond:* aufgehen ❷ *Frage, Thema:* aufkommen ❸ **to come up against** stoßen auf *Problem* ❹ **to come up to** reichen bis zu; **the water came up to his ankles** das Wasser reichte ihm bis zu den Knöcheln ❺ **to come up for sale** zum Verkauf kommen ❻ **to come up with a suggestion** vorschlagen ▸ WENDUNGEN: **something has come up** es ist etwas dazwischengekommen

♦to **come upon** ❶ *Schlaf:* **to come upon someone** jemanden überfallen ❷ **to come upon someone/something** auf jemanden/etwas stoßen

**come·back** ['kʌmbæk] (*im Theater, Film*) das Comeback; **to make a comeback** ein Comeback machen

**co·median** [kə'miːdɪən] der Komiker/die Komikerin

**come·down** ['kʌmdaʊn] *kein Plural* (*umgangsspr*) ❶ die Enttäuschung ❷ *in Wertschätzung:* der Abstieg

**com·edy** ['kɒmədɪ] ❶ das Lustspiel, die Komödie ❷ die komische Geschichte

**come-on** ['kʌmɒn] ❶ das Lockmittel ❷ die Einladung, die Aufforderung

**com·et** ['kɒmɪt] der Komet

**com·fort** ['kʌmfət] ❶ der Trost, die Beruhigung (**to** für) ❷ der Komfort, die Behaglichkeit; **to live in comfort** in angenehmen Ver-

**comfort – commit**

hältnissen leben

to **com·fort** ['kʌmfət] **to comfort someone** jemanden trösten, jemanden beruhigen

**com·fort·able** ['kʌmftəbl] ❶ bequem, gemütlich ❷ komfortabel, gut eingerichtet ❸ *Einkommen:* ausreichend ❹ *Patient:* ohne Beschwerden ❺ **to feel comfortable** sich wohl fühlen; **to make yourself comfortable!** machen Sie sich's bequem!

**com·fort·ably** ['kʌm(p)ftəbli] ❶ bequem ❷ **comfortably operated** leicht [*oder* komfortabel] bedienbar ❸ **they are comfortably off** es geht ihnen [finanziell] gut; **to live comfortably** sorgenfrei leben

**com·fort·ing** ['kʌmfətɪŋ] tröstlich

**com·fy** ['kʌmfɪ] (*umgangsspr*) behaglich

**com·ic¹** ['kɒmɪk] ❶ komisch ❷ spaßig, lustig

**com·ic²** ['kɒmɪk] ❶ der Komiker/die Komikerin ❷ das Comicheft

**comi·cal** ['kɒmɪkl] ❶ amüsant, lustig ❷ drollig, komisch

**com·ic book** das Comicheft

**com·ic strip** der Comic[strip]

**com·ing¹** ['kʌmɪŋ] kommend, [zu]künftig; **in the coming week/month** kommende Woche/kommenden Monat

**com·ing²** ['kʌmɪŋ] **coming!** [ich] komme gleich! ▸ WENDUNGEN: **coming of age** das Mündigwerden

**com·ma** ['kɒmə] das Komma

**com·mand** [kə'mɑːnd] ❶ der Befehl; **at your command** zu Ihrer Verfügung ❷ die Befehlsgewalt; **under someone's command** unter jemandes Befehl ❸ die Führung ❹ **to have a good command of English** gut Englisch können ❺ die Herrschaft (**of** über)

to **com·mand** [kə'mɑːnd] ❶ **to command someone to do something** jemandem befehlen, etwas zu tun ❷ kommandieren, befehligen ❸ verfügen über *Gelder, Wortschatz* ❹ **to command someone's respect** jemandem Achtung einflößen ❺ **to command a high price** hoch im Preis stehen

**com·mand·er** [kə'mɑːndə'] der Kommandant/die Kommandantin, der Befehlshaber/die Befehlshaberin

**com·mand·ing** [kə'mɑːndɪŋ] ❶ kommandierend, befehlshabend ❷ (*übertragen*) gebieterisch

**com·mand·ment** [kə'mɑːndmənt] das Gebot; **the Ten Commandments** die Zehn Gebote

to **com·memo·rate** [kə'meməreɪt] **to commemorate someone/something** jemandes/einer Sache gedenken

to **com·mence** [kə'mens] anfangen; **to commence doing something** beginnen, etwas zu tun

to **com·mend** [kə'mend] **to commend someone** jemanden loben (**on** wegen)

**com·mend·able** [kə'mendəbl] empfehlenswert, lobenswert

**com·ment** ['kɒment] ❶ die Bemerkung (**on** über); **to make a comment** eine Bemerkung machen ❷ der Kommentar, die Stellungnahme; **no comment!** kein Kommentar! ❸ die Anmerkung

to **com·ment** ['kɒment] ❶ **to comment on something** etwas kommentieren ❷ seine Meinung äußern (**on** über)

**com·men·tary** ['kɒməntrɪ] ❶ der Kommentar (**on** zu) ❷ **running** [*oder* **live**] **commentary** die Live-Reportage

to **com·men·tate** ['kɒmənteɪt] kommentieren

**com·men·ta·tor** ['kɒmənteɪtə'] der Kommentator/die Kommentatorin

**com·merce** ['kɒmɜːs] der Handel

**com·mer·cial¹** [kə'mɜːʃl] (*Radio, TV*) der Werbespot

**com·mer·cial²** [kə'mɜːʃl] ❶ kaufmännisch, kommerziell, Handels-; **commercial interests** die Geschäftsinteressen ❷ **commercial television** das kommerzielle Fernsehen, das Privatfernsehen ❸ (*abwertend*) *Musik, Film:* kommerziell

**com·mis·sion** [kə'mɪʃn] ❶ Auftrag; **by commission** im Auftrag; **to carry out a commission** einen Auftrag ausführen ❷ Ausschuss; **commission of enquiry** die Untersuchungskommission; **European Commission** die Europäische Kommission ❸ *von Waren:* die Bestellung; *von Kunstwerk:* der Auftrag ❹ (*beim Verkauf*) die Provision

to **com·mis·sion** [kə'mɪʃn] ❶ **to commission someone to do something** jemanden beauftragen, etwas zu tun ❷ **to commission someone** (*beim Militär*) jemanden [zum Offizier] befördern

**com·mis·sion·er** [kə'mɪʃ³nə'] der/die Beauftragte; **police commissioner** der Polizeipräsident/die Polizeipräsidentin

to **com·mit** [kə'mɪt] <committed, committed> ❶ begehen *Ehebruch, Verbrechen, Mord* ❷ **to commit someone for trial** jemanden einem Gericht überstellen; **to have someone committed to an asylum** jemanden in eine Anstalt einweisen lassen ❸ **to commit something** etwas festlegen (**to** auf) ❹ sich festlegen; **to commit oneself to do** [*oder* **doing**] **something** sich verpflichten, etwas

90

zu tun

**com·mit·ment** [kə'mɪtmənt] ❶ die Verpflichtung; **family commitments** die familiären Verpflichtungen ❷ das Engagement

**com·mit·ted** [kə'mɪtɪd] engagiert; **she's a committed Christian** sie ist eine überzeugte Christin

**com·mit·tee** [kə'mɪtɪ] der Ausschuss, das Komitee

**com·mon¹** ['kɒmən] <commoner *oder* more common, commonest *oder* most common> ❶ gemein[sam]; **common interests** die gemeinsamen Interessen ❷ allgemein; *Tiere, Vögel, Sitten:* weit verbreitet; **to be common practice** allgemein üblich sein; **it is common knowledge that...** es ist allgemein bekannt, dass... ❸ gewöhnlich; **the common people** die einfachen Leute ❹ ordinär, niedrig

**com·mon²** ['kɒmən] **to have something in common [with someone]** etwas [mit jemandem] gemein haben; **to have interests in common** gemeinsame Interessen haben

**com·mon land** das Gemeindeland

**com·mon·ly** ['kɒmənlɪ] gewöhnlich, im Allgemeinen

**com·mon·place** ['kɒmənpleɪs] alltäglich, uninteressant

**com·mon room** der Gemeinschaftsraum

**Com·mons** ['kɒmənz] *mit Singular oder Plural* **the Commons** das Unterhaus

**com·mon sense** der gesunde Menschenverstand

**Com·mon·wealth** ['kɒmənwelθ] **the Commonwealth** das Commonwealth

**Ⓛ** Das **Commonwealth of Nations** (früher **British Commonwealth**) ist eine freiwillige Organisation unabhängiger Staaten, die sich nach und nach aus dem alten **British Empire** entwickelt hat. 1931 wurde es offiziell mit dem **Statute of Westminster** gegründet. Zu diesem Zeitpunkt waren Kanada, Australien, Südafrika und Neuseeland bereits selbstverwaltet und waren zusammen mit dem Vereinigten Königreich die ersten Mitglieder. Die meisten der anderen früher von Großbritannien regierten Länder haben sich mit ihrer Unabhängigkeit entschieden, dem **Commonwealth** beizutreten. Heutzutage verbindet die Organisation in erster Linie die kulturelle und wirtschaftliche Zusammenarbeit. Die Staatsoberhäupter der **Commonwealth**-Länder treffen sich zweimal im Jahr.

**com·mu·nal** ['kɒmjʊnl] ❶ kommunal, gemeindeeigen ❷ öffentlich ❸ **communal liv**ing das Gemeinschaftsleben; **communal kitchen** die Gemeinschaftsküche

to **com·mu·ni·cate** [kə'mju:nɪkeɪt] ❶ **to communicate something** etwas mitteilen; übermitteln *Nachrichten;* vermitteln *Gefühl* ❷ übertragen *Krankheit* (**to** auf) ❸ in Verbindung stehen (**with** mit), sich besprechen (**with** mit)

**com·mu·ni·ca·tion** [kə‚mju:nɪ'keɪʃn] ❶ die Verständigung, die Kommunikation; *von Ideen, Information:* die Vermittlung ❷ (*Brief, Nachricht*) die Mitteilung (**to** an) ❸ *von Krankheit:* die Übertragung ❹ die Verbindung; **to be in communication with someone** mit jemandem in Verbindung stehen ❺ **means of communication** das Kommunikationsmittel ❻ **[tele]communications** das Fernmeldewesen

**com·mun·ism** ['kɒmjʊnɪzəm] der Kommunismus

**com·mun·ist¹** ['kɒmjʊnɪst] der Kommunist/die Kommunistin

**com·mun·ist²** ['kɒmjʊnɪst] kommunistisch

**com·mu·nity** [kə'mju:nətɪ] ❶ die Gemeinschaft ❷ **the community** die Allgemeinheit

**com·mu·nity cen·tre** das Gemeindehaus, das Gemeindezentrum

**com·mu·nity home** das Erziehungsheim

to **com·mute** [kə'mju:t] pendeln

**com·mut·er** [kɒ'mju:təʳ] der Pendler/die Pendlerin

**com·pact¹** ['kɒmpækt] ❶ **powder compact** die Puderdose ❷ Ⓤ der Kompaktwagen

**com·pact²** [kəm'pækt] ❶ kompakt ❷ *Masse:* fest

to **com·pact** [kəm'pækt] fest zusammenpressen

**com·pact disc, com·pact disk** [‚kəmpækt 'dɪsk] die Compactdisc, die CD; **compact disc** [*oder* **CD**] **player** der CD-Spieler

**com·pan·ion** [kəm'pænɪən] ❶ der Begleiter/die Begleiterin, der Gefährte/die Gefährtin; **travelling companion** der Reisebegleiter/die Reisebegleiterin ❷ der Freund/die Freundin, der Kamerad/die Kameradin ❸ der Gesellschafter/die Gesellschafterin, der Betreuer/die Betreuerin

**com·pa·ny** ['kʌmpənɪ] ❶ die Gesellschaft, die Begleitung; **to keep someone company** jemandem Gesellschaft leisten; **to be good/bad/poor company** ein guter/schlechter Gesellschafter sein ❷ die Gäste; **we're expecting company** wir erwarten Besuch ❸ die Handelsgesellschaft, die Firma, das Unternehmen ❹ die Schauspieltruppe ❺ (*Militär*) die Kompanie ► WENDUNGEN: **two's com-**

**comparable – complete**

**pany, three's a crowd** zu zweit ist es gemütlich, ein Dritter stört nur

**com·pa·rable** ['kɒmpərəbl] vergleichbar (**to**/**with** mit)

**com·para·tive**[1] [kəm'pærətɪv] ❶ vergleichend ❷ relativ

**com·para·tive**[2] [kəm'pærətɪv] der Komparativ

**com·para·tive·ly** [kəm'pærətɪvlɪ] vergleichsweise, verhältnismäßig

to **com·pare** [kəm'peə'] ❶ vergleichen (**with**/**to** mit) ❷ gleichsetzen, auf eine Stufe stellen (**to** mit) ❸ sich vergleichen [lassen] (**with** mit)

**com·pari·son** [kəm'pærɪsn] der Vergleich (**to**/**with** mit); **by**/**in comparison** vergleichsweise; **in comparison with** im Vergleich zu; **there is no comparison between them** sie lassen sich nicht vergleichen

**com·part·ment** [kəm'pɑːtmənt] ❶ im Schrank, Kühlschrank: das Fach ❷ im Zug: das Abteil

**com·pass** ['kʌmpəs] <plural compasses> ❶ der Kompass; **to take a compass reading** den Kompass lesen ❷ **compasses** △ plural, **a pair of compasses** ein Zirkel

**com·pas·sion** [kəm'pæʃn] das Mitleid, das Mitgefühl; **to have compassion for someone** Mitleid mit jemandem haben

**com·pas·sion·ate** [kəm'pæʃənət] mitleid[s]voll, mitfühlend

**com·pat·ible** [kəm'pætəbl] ❶ vereinbar, verträglich (**with** mit) ❷ passend; Menschen: zueinander passend ❸ Geräte: kompatibel

to **com·pel** [kəm'pel] <compelled, compelled> **to compel someone to do something** jemanden [dazu] zwingen, etwas zu tun

**com·pel·ling** [kəm'pelɪŋ] ❶ zwingend ❷ (übertragen) verlockend, unwiderstehlich

to **com·pen·sate** ['kɒmpənseɪt] ❶ **to compensate someone for something** jemandem etwas ersetzen, jemanden für etwas entschädigen ❷ ersetzen, vergüten Schaden; **she was awarded £1,000 to compensate the damage** sie erhielt £1,000 Schadenausgleich ❸ **to compensate for something** etwas ausgleichen [oder kompensieren]

**com·pen·sa·tion** [ˌkɒmpən'seɪʃn] ❶ die Entschädigung, der Ersatz; **as compensation for** als Ersatz [oder Entschädigung] für ❷ ⓤⓢⓐ die Bezahlung, die Entlohnung, der Lohn, das Gehalt

to **com·pete** [kəm'piːt] ❶ konkurrieren (**for** um); **to compete against**/**with each other**

miteinander konkurrieren, sich gegenseitig Konkurrenz machen ❷ (im Sport) teilnehmen; **to compete for the gold medal** um die Goldmedaille kämpfen; **to compete against**/**with someone** gegen jemanden antreten, kämpfen

**com·pe·tent** ['kɒmpɪtənt] ❶ fähig, befähigt; [not] **competent to do something** [nicht] kompetent, etwas zu tun; Service, Antwort: angemessen ❷ (juristisch) zuständig

**com·pe·ti·tion** [ˌkɒmpə'tɪʃn] ❶ der Wettbewerb, der Wettkampf; **chess competition** der Schachwettbewerb; in Zeitungen: das Preisausschreiben ❷ die Konkurrenz (**for** um); **to be in competition with** im Wettbewerb stehen mit; **keen competition** der scharfe Wettbewerb, die harte Konkurrenz

**com·peti·tive** [kəm'petətɪv] ❶ Wettbewerbs-, Konkurrenz-; **competitive spirit** der Wettbewerbsgeist, der Konkurrenzgeist, der Kampfgeist; **competitive sport** der Leistungssport ❷ konkurrenzfähig

**com·peti·tive·ness** [kəm'petətɪvnəs] die Wettbewerbsfähigkeit

**com·peti·tor** [kəm'petɪtə'] ❶ der Mitbewerber/die Mitbewerberin ❷ der Konkurrent/die Konkurrentin ❸ der Wettkämpfer/die Wettkämpferin; **to be a competitor** teilnehmen

to **com·pile** [kəm'paɪl] ❶ zusammentragen Material ❷ zusammenstellen Liste

**com·pla·cent** [kəm'pleɪsnt] selbstzufrieden, selbstgefällig

to **com·plain** [kəm'pleɪn] ❶ **to complain of something** Krankheit, Schmerzen: über etwas klagen ❷ sich beschweren (**about** über); **stop complaining!** beklag dich nicht dauernd!, hör auf zu jammern!

**com·plaint** [kəm'pleɪnt] ❶ die Klage, die Beschwerde; **she has no cause for complaint** sie kann sich nicht beklagen; **to make a complaint against** [oder about] **someone** sich über jemanden beschweren ❷ die Beschwerde, die Krankheit; **to have a heart complaint** ein Herzleiden haben

**com·ple·ment** ['kɒmplɪmənt] die Ergänzung

to **com·ple·ment** ['kɒmplɪment] ergänzen, vervollständigen

**com·ple·men·tary** [ˌkɒmplɪ'mentrɪ] Ergänzungs-, sich ergänzend; **complementary colours** die Komplementärfarben

**com·plete** [kəm'pliːt] ❶ vollständig, ganz; **the complete works of Shakespeare** die gesammelten Werke Shakespeares ❷ völlig; **a complete fool** ein Vollidiot; **complete**

**and utter** total ❸ vollendet, fertig ❹ **complete with** mitsamt, komplett mit

to **com·plete** [kəm'pliːt] ❶ beenden, abschließen; **to complete a job** eine Arbeit fertig stellen ❷ vervollständigen ❸ ausfüllen *Formular*

**com·plete·ly** [kəm'pliːtlɪ] ganz [und gar], vollkommen; **he's completely wrong** er irrt sich gewaltig

**com·ple·tion** [kəm'pliːʃn] ❶ der Abschluss; *eines Projekts, einer Arbeit:* die Fertigstellung; **on completion of** bei Beendigung; **on completion of the course you get a certificate** nach Abschluss des Kurses erhalten Sie eine Urkunde; **the work is nearing completion** die Arbeit steht [kurz] vor dem Abschluss ❷ *eines Formulars:* das Ausfüllen

**com·plex** ['kɒmpleks] komplex; *Frage, Idee:* vielschichtig; *Problem, System:* kompliziert

**com·plex·ion** [kəm'plekʃn] ❶ der Teint, die Gesichtsfarbe ❷ (*übertragen*) der Aspekt; **that puts a completely different complexion on things** so sehen die Dinge ganz anders aus

**com·plex·ity** [kəm'pleksətɪ] die Komplexität, die Kompliziertheit

to **com·pli·cate** ['kɒmplɪkeɪt] komplizieren, [noch] komplizierter machen

**com·pli·cat·ed** ['kɒmplɪkeɪtɪd] kompliziert, verwickelt

**com·pli·ca·tion** [ˌkɒmplɪ'keɪʃn] die Komplikation

**com·pli·ment** ['kɒmplɪmənt] ❶ das Kompliment; **to pay someone a compliment** jemandem ein Kompliment machen; [**give**] **my compliments to the chef** mein Lob [*oder* Kompliment] dem Koch ❷ **compliments** ⚠ *plural* die Grüße; **with the compliments of the management** mit den besten Empfehlungen der Geschäftsleitung

to **com·pli·ment** ['kɒmplɪment] **to compliment something** wegen [*oder* zu] etwas ein Kompliment machen; **to compliment someone on something** jemandem Komplimente wegen [*oder* zu] etwas machen

**com·pli·men·tary** [ˌkɒmplɪ'mentrɪ] ❶ Ehren-, Gratis-; **complimentary ticket** die Freikarte, die Ehrenkarte ❷ schmeichelhaft

to **com·ply** [kəm'plaɪ] einwilligen; **to comply with something** etwas erfüllen; **to comply with instructions/a request** den Anordnungen/einer Bitte nachkommen

**com·po·nent** [kəm'pəʊnənt] der Bestandteil

to **com·pose** [kəm'pəʊz] ❶ komponieren *Musik;* aufsetzen, abfassen *Brief;* verfassen

*Rede, Gedicht* ❷ bilden; **to be composed of** bestehen aus ❸ sammeln *Gedanken;* **to compose oneself** sich beruhigen, sich fassen

**com·posed** [kəm'pəʊzd] gefasst, gelassen

**com·pos·er** [kəm'pəʊzəʳ] der Komponist/die Komponistin

**com·po·si·tion** [ˌkɒmpə'zɪʃn] ❶ *von Musik:* die Komposition; *eines Briefs:* das Aufsetzen; *eines Gedichts:* das Verfassen ❷ die Zusammensetzung, die Bildung ❸ der [Schul]aufsatz

**com·po·sure** [kəm'pəʊʒəʳ] die Fassung, die [Gemüts]ruhe

**com·pound¹** ['kɒmpaʊnd] ❶ zusammengesetzt, aus einzelnen Teilen bestehend ❷ (*in der Mathematik*) **compound fraction** der Doppelbruch ❸ (*von Knochen*) **compound fracture** der komplizierte Bruch

**com·pound²** ['kɒmpaʊnd] die Zusammensetzung

to **com·pound** [kəm'paʊnd] verschlimmern *Schwierigkeiten, Verletzung*

to **com·pre·hend** [ˌkɒmprɪ'hend] verstehen, einsehen

**com·pre·hen·sible** [ˌkɒmprɪ'hensəbl] verständlich, begreiflich

**com·pre·hen·sion** [ˌkɒmprɪ'henʃn] ❶ das Verstehen, das Begreifen; **beyond comprehension** unbegreiflich ❷ das Verständnis (**of** für)

**com·pre·hen·sive** [ˌkɒmprɪ'hensɪv] *Angebot, Sammlung:* umfassend

> 🅛 In Großbritannien heißt eine Gesamtschule für 11- bis 18-jährige Schüler **comprehensive school**. Diese Gesamtschulen wurden in den sechziger Jahren eingeführt, um das selektive System von **grammar schools** (Gymnasien) und **secondary modern schools** abzulösen. Somit sollten allen Kindern die gleichen Möglichkeiten gewährleistet werden. **Grammar schools** gibt es weiterhin, jedoch sind die meisten staatlichen Schulen in Großbritannien **comprehensive schools**.

to **com·press** [kəm'pres] zusammendrücken, [zusammen]pressen

to **com·prise** [kəm'praɪz] umfassen, bestehen aus

**com·pro·mise** ['kɒmprəmaɪz] der/das Kompromiss

to **com·pro·mise** ['kɒmprəmaɪz] ❶ einen Kompromiss schließen; **to compromise with someone over something** mit jemandem einen Kompromiss über etwas schließen ❷ **to compromise someone/something** jemanden/etwas kompromittieren; **to com-**

**promise one's reputation** seinem guten Ruf schaden
**com·pul·sion** [kəm'pʌlʃn] der Zwang
**com·pul·sive** [kəm'pʌlsɪv] Zwangs-, zwingend
**com·pul·so·ry** [kəm'pʌlsərɪ] obligatorisch; **compulsory subject** das Pflichtfach
to **com·pute** [kəm'pju:t] berechnen, errechnen
**com·put·er** [kəm'pju:tər] der Computer, der Rechner
**com·put·er-aid·ed**, **com·put·er-as·sist·ed** computergestützt
**com·put·er game** das Computerspiel
**com·put·er graph·ics** plural die Computergrafik
to **com·put·er·ize** [kəm'pju:təraɪz] auf Computer umstellen Firma, Methode; in einen Computer eingeben Daten
**com·put·er net·work** das Computernetzwerk
**com·put·er pro·gram·mer** der Programmierer/die Programmiererin
**com·put·er sci·ence** die Informatik
**com·put·er sci·en·tist** der Informatiker/die Informatikerin
**com·put·er vi·rus** das Computervirus
to **con** [kɒn] <conned, conned> (umgangsspr) **to con someone** jemanden übers Ohr hauen
**con** [kɒn] ① der Schwindel, der Betrug ② **pros and cons** Für und Wider; **to weigh up the pros and cons** Pro und Kontra abwägen
to **con·ceal** [kən'si:l] verstecken, verbergen (**from** vor)
to **con·cede** [kən'si:d] ① **to concede that...** einräumen/zugeben, dass... ② zugestehen; **to concede a point** in einem Punkt nachgeben; **to concede victory** sich geschlagen geben ③ abtreten Recht, Land
**con·ceit·ed** [kən'si:tɪd] eingebildet
**con·ceiv·able** [kən'si:vəbl] denkbar, vorstellbar
to **con·ceive** [kən'si:v] ① schwanger werden ② (übertragen) **to conceive of something** sich etwas vorstellen
to **con·cen·trate** ['kɒnsəntreɪt] ① sich konzentrieren (**upon/on** auf); **to concentrate all one's energies on something** sich ganz auf etwas konzentrieren ② **to concentrate on doing something** sich darauf konzentrieren, etwas zu tun
**con·cen·trate** ['kɒnsəntreɪt] das Konzentrat
**con·cen·trat·ed** ['kɒn(t)səntreɪtɪd] konzentriert
**con·cen·tra·tion** [ˌkɒnsn'treɪʃn] die Konzen-

tration; **lacking in concentration** unkonzentriert
**con·cept** ['kɒnsept] der Begriff, die Vorstellung

 Nicht verwechseln mit das Konzept — (für Aufsatz) rough copy!

to **con·cern** [kən'sɜ:n] ① **it concerns...** es handelt von...; **the essay concerns love** in diesem Aufsatz geht es um die Liebe ② **to concern someone/something** jemanden/etwas betreffen [oder angehen]; **to whom it may concern** (im Brief) an die zuständige Stelle; **as concerns ...** was ... betrifft ③ **it concerns me** es beunruhigt mich
**con·cern** [kən'sɜ:n] ① das Geschäft, das Unternehmen ② die Angelegenheit, die Sache; **that is no concern of yours** das geht Sie nichts an ③ die Sorge, die Besorgnis (**over** wegen); **with deep concern** sehr besorgt
**con·cerned** [kən'sɜ:nd] ① beteiligt (**in/with** an); **all concerned** alle Beteiligten; **the people concerned** die Betroffenen; **as far as I am concerned** was mich angeht, von mir aus ② besorgt (**about/at** wegen); **I was concerned at the news** die Nachricht beunruhigte mich
**con·cerning** [kən'sɜ:nɪŋ] bezüglich, in Bezug auf
**con·cert** ['kɒnsət] ① das Konzert; **concert hall** der Konzertsaal ② (übertragen) **to work in concert with** zusammenarbeiten mit
**con·cert·ed** [kən'sɜ:tɪd] gemeinsam, konzertiert
**con·ces·sion** [kən'seʃn] ① die [behördliche] Konzession ② das Zugeständnis; **to make concessions to someone** jemandem Zugeständnisse machen
**con·cise** [kən'saɪs] kurz [und bündig], knapp; **to be concise** sich knapp fassen
to **con·clude** [kən'klu:d] ① beenden, schließen Meeting, Rede; abschließen Vertrag ② schließen, folgern (**from** aus); **what did you conclude?** was haben Sie daraus gefolgert? ③ Geschichte, Film: enden, aufhören
**con·clud·ing** [kən'klu:dɪŋ] abschließend, Schluss-
**con·clu·sion** [kən'klu:ʒn] ① der Schluss; **in conclusion** schließlich, zum Abschluss ② eines Vertrags: der Abschluss ③ die Schlussfolgerung, die Folgerung; **to draw the conclusion from** den Schluss, die Folgerung ziehen aus; **to come to a conclusion** zu einem Ergebnis kommen

**con·clu·sive** [kənˈkluːsɪv] ① endgültig ② *Beweis:* eindeutig, schlüssig

**con·crete**[1] [ˈkɒnkriːt] ① Beton- ② (*übertragen*) real, konkret

**con·crete**[2] [ˈkɒnkriːt] der Beton; **concrete mixer** die Betonmischmaschine

**con·cur·rent** [kənˈkʌrənt] ① gleichzeitig, zusammentreffend ② übereinstimmend

**con·cus·sion** [kənˈkʌʃn] die Gehirnerschütterung

to **con·demn** [kənˈdem] ① **to condemn someone** jemanden verurteilen, verdammen ② (*juristisch*) verurteilen (**to** zu); **to condemn someone to death** jemanden zum Tode verurteilen

**con·dem·na·tion** [ˌkɒndemˈneɪʃn] die Verdammung, die Verurteilung

**con·den·sa·tion** [ˌkɒndenˈseɪʃn] ① die Kondensation ② das Kondensat ③ das Kondenswasser

to **con·dense** [kɒnˈdens] ① (*wissenschaftlich*) kondensieren ② **condensed milk** die Kondensmilch, die Büchsenmilch ③ (*übertragen*) zusammenfassen *Bericht, Rede*

to **con·de·scend** [ˌkɒndɪˈsend] sich herablassen; **to condescend to do something** sich dazu herablassen, etwas zu tun

**con·de·scend·ing** [ˌkɒndɪˈsendɪŋ] herablassend

**con·di·tion** [kənˈdɪʃn] ① die Bedingung (**of** für), die Voraussetzung (**of** für); **on condition that ...** unter der Voraussetzung, dass ...; **on** [*oder* **under**] **no condition** unter keinen Umständen, auf keinen Fall ② der Zustand; **in good condition** in gutem Zustand, gut erhalten; **out of condition** in schlechtem Zustand ③ (*Mensch*) **to be in good condition** gut in Form sein; **to be in/out of condition** eine gute/keine Kondition haben; **to have a heart condition** ein Herzleiden haben ④ **conditions** die Zustände, die Verhältnisse; **living/working conditions** die Wohn-/Arbeitsbedingungen

to **con·di·tion** [kənˈdɪʃn] gewöhnen (**to** an)

**con·di·tion·al** [kənˈdɪʃənl] ① bedingt (**on** durch), abhängig (**on** von) ② (*Grammatik*) konditional, Konditional-; **conditional clause** der Konditionalsatz, der Bedingungssatz

**con·di·tion·al·ly** [kənˈdɪʃᵊnᵊli] unter Vorbehalt

**con·di·tioned** [kənˈdɪʃᵊnd] konditioniert; *Verhalten:* anerzogen

**con·di·tion·er** [kənˈdɪʃənəʳ] die Spülung

**con·dom** [ˈkɒndəm] das Kondom

---

to **con·duct** [kənˈdʌkt] ① leiten; führen *Gespräch, Geschäft* ② dirigieren *Orchester, Chor* ③ leiten *Strom* ④ **to conduct oneself** sich betragen, sich benehmen

**con·duct** [ˈkɒndʌkt] ① *eines Unternehmens:* die Führung, die Leitung ② *eines Menschen:* das Verhalten, das Betragen

**con·duc·tor** [kənˈdʌktəʳ] ① *von Orchester, Chor:* der Dirigent/die Dirigentin ② **bus/tram conductor** der Schaffner/die Schaffnerin ③ ⓤⓈⒶ der Zugführer/die Zugführerin ④ (*Physik*) der Leiter; **lightning conductor** der Blitzableiter

**cone** [kəʊn] ① der Kegel; **traffic cone** der Kegel ② **ice-cream cone** die Eistüte ③ der [Tannen]zapfen

**con·fec·tion·ery** [kənˈfekʃnəri] die Süßwaren

**con·fed·era·tion** [kənˌfedəreɪʃᵊn] *mit Singular oder Plural von Nationen:* der Bund; *von Firmen:* der Verband

> Ⓛ Der **Confederation Day** oder **Canada Day** ist der Nationalfeiertag Kanadas, der am 1. Juli gefeiert wird.

to **con·fer** [kənˈfɜːʳ] <conferred, conferred> ① **to confer a title on** [*oder* **upon**] **someone** jemandem einen Titel verleihen ② **to confer with someone** sich mit jemandem beraten

**con·fer·ence** [ˈkɒnfərəns] ① die Tagung, die Konferenz ② die Besprechung, die Unterredung; **to be in conference** bei einer Besprechung sein

**con·fer·ence call** die Konferenzschaltung

to **con·fess** [kənˈfes] ① **to confess to something** etwas bekennen [*oder* gestehen]; **to confess one's feelings to someone** jemandem seine Gefühle gestehen ② seine Schuld [*oder* seinen Fehler] eingestehen ③ **I must confess** ich muss zugeben ④ (*in der Kirche*) beichten

**con·fes·sion** [kənˈfeʃn] ① das Bekenntnis, das Geständnis; **I have a confession to make** ich muss dir etwas gestehen ② (*in der Kirche*) die Beichte ③ (*Religionszugehörigkeit*) das Bekenntnis, die Konfession

to **con·fide** [kənˈfaɪd] **to confide something to someone** jemandem etwas anvertrauen; **to confide in someone** sich jemandem anvertrauen

**con·fi·dence** [ˈkɒnfɪdəns] ① das Vertrauen (**in** zu); **to take someone into one's confidence** jemanden ins Vertrauen ziehen ② [self-]**confidence** die Selbstsicherheit ③ die vertrauliche Mitteilung; **in strict con-**

**fidence** streng vertraulich

**con·fi·dent** ['kɒnfɪdənt] ❶ überzeugt (**of** von), sicher, zuversichtlich (**of** dass) ❷ selbstsicher

**con·fi·den·tial** [ˌkɒnfɪ'denʃl] *Mitteilung:* vertraulich

**con·fi·den·tial·ly** [ˌkɒnfɪ'denʃəlɪ] im Vertrauen

to **con·fig·ure** [kən'fɪɡəʳ] konfigurieren

to **con·fine** [kən'faɪn] ❶ **to confine someone/ something to something** jemanden/etwas auf etwas beschränken; **to confine oneself to doing something** sich darauf beschränken, etwas zu tun ❷ einsperren, gefangen halten (**in/to** in); **to be confined to one's bed** ans Bett gefesselt sein

**con·fine·ment** [kən'faɪnmənt] ❶ die Gefangenschaft; *in ein Krankenhaus:* die Einweisung ❷ (*bei Geburt*) die Entbindung

to **con·firm** [kən'fɜːm] ❶ **to confirm something** etwas bestätigen; **to confirm one's suspicions** in seinem Verdacht bestätigt sehen ❷ **to confirm someone** jemanden konfirmieren, jemanden firmen

**con·fir·ma·tion** [ˌkɒnfə'meɪʃn] ❶ die Bestätigung ❷ die Konfirmation, die Firmung

**con·firmed** [kən'fɜːmd] überzeugt; **confirmed bachelor** der eingefleischte Junggeselle

to **con·fis·cate** ['kɒnfɪskeɪt] beschlagnahmen

**con·flict** ['kɒnflɪkt] der Konflikt, der Widerstreit; **to be in conflict with someone/ something** im Widerspruch zu jemandem/ etwas stehen; **conflict of interests** der Interessenkonflikt

to **con·flict** [kən'flɪkt] kollidieren (**with** mit), im Widerspruch stehen (**with** zu); **their statements conflicted with each other** ihre Aussagen standen im Widerspruch zueinander

**con·flict·ing** [kən'flɪktɪŋ] *Gefühle:* widersprüchlich

to **con·form** [kən'fɔːm] ❶ übereinstimmen (**to** mit); **to not conform to the regulations** den Vorschriften nicht entsprechen ❷ sich anpassen (**to** an)

to **con·front** [kən'frʌnt] ❶ **to confront someone with something** jemanden mit etwas konfrontieren ❷ **to confront someone/ something** jemandem/einer Sache entgegentreten

to **con·fuse** [kən'fjuːz] ❶ durcheinanderbringen; **to confuse the issue** den Sachverhalt unklar machen ❷ **to confuse someone with someone** jemanden mit jemandem

**con·fused** [kən'fjuːzd] ❶ *Mensch:* verwirrt ❷ *Lage:* verworren, unklar

**con·fus·ing** [kən'fjuːzɪŋ] verwirrend

**con·fu·sion** [kən'fjuːʒn] ❶ die Verwirrung, das Durcheinander; **to throw everything into confusion** alles durcheinanderbringen ❷ (*Emotionen*) die Verwirrtheit ❸ (*zwischen zwei Sachen*) die Verwechs[e]lung ❹ die Verlegenheit

**con·gen·ial** [kən'dʒiːnɪəl] *Mensch, Stimmung:* angenehm

**con·gest·ed** [kən'dʒestɪd] ❶ *Straße:* verstopft ❷ *Stadtviertel:* sehr dicht besiedelt ❸ *Nase:* verstopft

**con·ges·tion** [kən'dʒestʃən] *kein Plural* ❶ die Überfüllung ❷ (*Verkehr*) der Stau

**con·ges·tion charge** die City-Maut

to **con·gratu·late** [kən'ɡrætʃʊleɪt] **to congratulate someone** jemandem Glück wünschen, jemandem gratulieren (**on** zu)

**con·gratu·la·tion** [kənˌɡrætʃʊ'leɪʃn] der Glückwunsch, die Gratulation; **congratulations on passing the exam!** ich gratuliere zum bestandenen Examen!

to **con·gre·gate** ['kɒŋɡrɪɡeɪt] zusammenkommen, sich versammeln (**round** um)

**con·gre·ga·tion** [ˌkɒŋɡrɪ'ɡeɪʃn] die [Kirchen]gemeinde

**con·gress** ['kɒŋɡres] der Kongress, die Tagung; **Congress** 🇺🇸 der Kongress

**Con·gress·man** ['kɒŋɡresmən] <*plural* congressmen> der Kongressabgeordnete

**Con·gress·wom·an** ['kɒŋɡreswʊmən, *plural* 'kɒŋɡreswɪmɪn] <*plural* congresswomen> die Kongressabgeordnete

**coni·cal** ['kɒnɪkl] konisch, kegelförmig

**co·ni·fer** ['kɒnɪfəʳ] der Nadelbaum

**co·nif·er·ous** [kə'nɪfərəs] Nadel-; **coniferous tree** der Nadelbaum

to **con·ju·gate** ['kɒndʒʊɡeɪt] konjugiert werden; **to conjugate a verb** ein Verb konjugieren

**con·junc·tion** [kən'dʒʌŋkʃn] ❶ die Verbindung; **in conjunction with someone/ something** in Verbindung mit jemandem/ etwas ❷ (*Grammatik*) das Bindewort

**con·junc·ti·vi·tis** [kənˌdʒʌŋktɪ'vaɪtɪs] die Bindehautentzündung

to **con·jure** ['kʌndʒəʳ] zaubern

◆ to **conjure up** hervorzaubern; (*übertragen*) heraufbeschwören, beschwören *Geister*

**con·jur·er** ['kʌndʒərəʳ] der Zauberkünstler/ die Zauberkünstlerin, der Zauberer/die Zauberin

**con·jur·ing** ['kʌndʒərɪŋ] das Zaubern, die Zauberei

**con·jur·ing trick** das Zauberkunststück

**con·juror** ['kʌndʒərə'] der Zauberkünstler/die Zauberkünstlerin, der Zauberer/die Zauberin

**conk·er** ['kɒŋkə'] die Rosskastanie

to **conk out** (*umgangsspr*) ① versagen; *Auto:* stehen bleiben ② *Mensch:* umkippen, sterben

**con·man** ['kɒnmæn] <*plural* conmen> der Schwindler, der Hochstapler

to **con·nect** [kə'nekt] ① **to connect someone/ something** jemanden/etwas verbinden (**with** mit); anschließen *Telefon* (**with** an); **I'll connect you** ich verbinde ② **to connect something** etwas koppeln, kuppeln (**with** mit), etwas anschalten/einschalten ③ (*übertragen*) in Verbindung bringen; **these things are connected in my mind** diese Dinge gehören für mich zusammen; **to be connected with** in Verbindung stehen mit ④ in Verbindung stehen (**with** mit) ⑤ *Zug:* Anschluss haben (**with** an)

**con·nect·ed** [kə'nektɪd] ① verbunden ② *Mensch:* verwandt ③ (*übertragen*) zusammenhängend, logisch aufgebaut

**con·nect·ing** [kə'nektɪŋ] **connecting flight** der Anschlussflug

**con·nec·tion** [kə'nekʃn] ① die Verbindung ② (*Telefon, Zug*) der Anschluss; **to miss/ catch a connection** einen Anschluss verpassen/erreichen ③ der Zusammenhang; **in connection with** im Zusammenhang mit, in Bezug auf ④ **connection|s|** Beziehungen (**with** zu)

**con·nec·tiv·i·ty** [,kɒnek'tɪvəti] die Netzwerkfähigkeit

to **con·quer** ['kɒŋkə'] ① erobern *Land;* besiegen *Gegner* ② bewältigen, überwinden *Schwierigkeiten;* bezwingen *Neugier, Schmerz*

**con·science** ['kɒnʃəns] das Gewissen; **to have something on one's conscience** etwas auf dem Gewissen haben; **to have a clear/guilty conscience** ein gutes/ schlechtes Gewissen haben

**con·sci·en·tious** [,kɒnʃɪ'enʃəs] gewissenhaft

**con·sci·en·tious ob·jec·tor** der Kriegsdienstverweigerer/die Kriegsdienstverweigerin, der Wehrdienstverweigerer/die Wehrdienstverweigerin

**con·scious** ['kɒnʃəs] ① bewusst; **to be conscious of something** sich einer Sache bewusst sein ② absichtlich; *Entscheidung, Tat:* vorsätzlich ③ **he is [fully] conscious** er ist bei [vollem] Bewusstsein

**con·scious·ness** ['kɒnʃəsnɪs] ① das Bewusstsein; **to lose/regain consciousness** das Bewusstsein verlieren/wiedererlangen ② das Wissen (**of** um)

**con·scrip·tion** [kən'skrɪpʃn] ① die Einberufung ② die Wehrpflicht

**con·secu·tive** [kən'sekjʊtɪv] aufeinanderfolgend, fortlaufend; **on three consecutive days** drei Tage hintereinander

to **con·sent** [kən'sent] einwilligen (**to** in), einverstanden sein (**to** mit)

**con·sent** [kən'sent] die Einwilligung (**to** in), das Einverständnis (**to** zu); **to give one's consent to something** seine Zustimmung zu etwas erteilen

**con·se·quence** ['kɒnsɪkwəns] ① die Konsequenz, das Ergebnis; **in consequence** folglich; **in consequence of** infolge; **to be the consequence of something** die Folge einer Sache sein ② die Bedeutung, die Wichtigkeit; **of consequence** bedeutend, wichtig (**to** für); **of no consequence** unwichtig, unbedeutend

**con·se·quent·ly** ['kɒnsɪkwəntlɪ] folglich

**con·ser·va·tion** [,kɒnsə'veɪʃn] ① die Erhaltung ② der Umweltschutz, der Naturschutz; **conservation area** das Naturschutzgebiet, unter Denkmalschutz stehendes Gebiet

**con·serva·tive** [kən'sɜ:vətɪv] ① konservativ, vorsichtig, zurückhaltend ② **the Conservative Party** ⑱ die Konservative Partei

**Con·serva·tive** [kən'sɜ:vətɪv] ⑱ (*in der Politik*) der/die Konservative

**con·serva·tory** [kən'sɜ:vətrɪ] ① der Wintergarten ② ⑭ das Konservatorium

to **con·serve** [kən'sɜ:v] ① erhalten, bewahren, konservieren ② sparen *Kräfte*

to **con·sid·er** [kən'sɪdə'] ① betrachten, erwägen; **she's considering her position** sie zieht ihre Stelle in Erwägung ② überlegen, prüfen *Idee, Angebot;* **I'll have to consider it** ich muss mir das überlegen ③ berücksichtigen, bedenken *Kosten, Schwierigkeiten;* **all things considered** wenn man alles in Betracht zieht ④ betrachten als; **I consider him to be a friend** ich halte ihn für einen Freund ⑤ denken an; **consider Anne** denken Sie an Anne ⑥ **I consider that...** ich bin der Auffassung, dass...

**con·sid·er·able** [kən'sɪdərəbl] beachtlich, beträchtlich

**con·sid·er·ate** [kən'sɪdərət] rücksichtsvoll, aufmerksam (**to/towards** gegenüber)

**con·sid·era·tion** [kən,sɪdə'reɪʃn] ① die Überlegung; **I'll give it my consideration** ich

**considered – contact** 98

werde es mir überlegen ❷ die Rücksicht (**for/of** auf); **out of consideration for** mit Rücksicht auf ❸ **to take something into consideration** etwas in Betracht ziehen [*oder* berücksichtigen]; **in consideration of** im Hinblick auf, mit Rücksicht auf ❹ **of no consideration** [**at all**] [völlig] belanglos [*oder* unerheblich]

**con·sid·ered** [kən'sɪdəd] überlegt

**con·sid·er·ing** [kən'sɪdərɪŋ] ❶ in Anbetracht; **considering that...** wenn man bedenkt, dass... ❷ **... considering** wenn man... bedenkt ❸ **yes it is, considering** ja, eigentlich schon

to **con·sist** [kən'sɪst] **to consist of** bestehen aus; **to consist in** bestehen in

**con·sist·en·cy** [kən'sɪstənsɪ] ❶ *von Meinung:* die Übereinstimmung, die Folgerichtigkeit ❷ *einer Masse:* die Dichte, die Konsistenz

**con·sist·ent** [kən'sɪstənt] ❶ *Meinung:* übereinstimmend (**with** mit) ❷ *Qualität, Leistung:* beständig, gleich bleibend ❸ **to be consistent about something** konsequent in etwas sein

**con·so·la·tion** [ˌkɒnsə'leɪʃn] der Trost; **consolation prize** der Trostpreis

to **con·sole** [kən'səʊl] **to console someone** jemanden trösten

**con·sole** ['kɒn,səʊl] (*im Musikstudio*) das Schaltpult

to **con·soli·date** [kən'sɒlɪdeɪt] ❶ **to consolidate something** etwas stärken [*oder* festigen] ❷ sich zusammenschließen

**con·soli·da·tion** [kən'sɒlɪdeɪʃn] ❶ die Festigung ❷ *von Firmen:* der Zusammenschluss

**con·so·nant** ['kɒnsənənt] der Konsonant

**con·spicu·ous** [kɒns'pɪkjʊəs] auffallend; **to be conspicuous by one's absence** durch Abwesenheit glänzen

**con·spira·cy** [ˌkɒns'pɪrəsɪ] die Verschwörung, das Komplott

**con·sta·ble** ['kʌnstəbl] der Polizist/die Polizistin

**con·stant** ['kɒnstənt] ❶ ständig, ununterbrochen ❷ gleich bleibend; **constant temperature** die konstante Temperatur ❸ **constant companion** der treue Gefährte/die treue Gefährtin

**con·stant·ly** ['kɒnstəntlɪ] [be]ständig, unaufhörlich

**con·sti·tu·tion** [ˌkɒnstɪ'tjuːʃn] ❶ die Verfassung, das Grundgesetz, die Satzung ❷ die Zusammensetzung, die Struktur ❸ die Gesundheit, die Konstitution ❹ *eines Komitees:* die Einrichtung

**con·sti·tu·tion·al** [ˌkɒnstɪ'tjuːʃənl] ❶ Verfassungs-; *Regierung, Vorgang:* verfassungsmäßig; **it's not constitutional** das ist verfassungswidrig ❷ (*in der Medizin*) konstitutionell

to **con·strain** [kən'streɪn] zwingen

to **con·strict** [kən'strɪkt] ❶ **to constrict something** etwas einengen ❷ beschränken *Aktivitäten, Lebensstil* ❸ *Muskel:* zusammenziehen

to **con·struct** [kən'strʌkt] ❶ aufbauen; erbauen *Gebäude* ❷ (*übertragen*) aufbauen; entwickeln *Theorie*

**con·struc·tion** [kən'strʌkʃn] ❶ das Gebäude, der Bau, das Bauwerk ❷ der Bau; **construction work** die Bauarbeiten; **to be under** [*oder* **in course of**] **construction** im Bau sein ❸ **sentence construction** die Satzstellung

**con·struc·tive** [kən'strʌktɪv] konstruktiv

**con·sul** ['kɒnsl] der Konsul

**con·sulate** ['kɒnsjʊlət] das Konsulat

to **con·sult** [kən'sʌlt] ❶ **to consult someone** jemanden um Rat fragen [*oder* zu Rate ziehen]; **to consult a doctor** einen Arzt zu Rate ziehen ❷ nachschlagen in *Buch, Liste* ❸ sich beraten; **to consult with someone about something** sich mit jemandem über etwas beraten

**con·sult·ant** [kən'sʌltənt] ❶ der Berater/die Beraterin ❷ der Facharzt/die Fachärztin

**con·sult·ing** [kən'sʌltɪŋ] beratend; **consulting room** das Sprechzimmer

to **con·sume** [kən'sjuːm] ❶ konsumieren; verzehren *Nahrung* ❷ aufbrauchen; verbrauchen *Geld, Kraft;* in Anspruch nehmen *Zeit;* **to be consumed with desire/jealousy** von Begierde/Eifersucht verzehrt werden ❸ zerstören, vernichten; verzehren *Feuer*

**con·sum·er** [kən'sjuːməʳ] der Verbraucher/die Verbraucherin; **consumer protection** der Verbraucherschutz

**con·sump·tion** [kən'sʌmpʃn] der Verbrauch, der Konsum (**of** an); **fuel consumption** der Brennstoffverbrauch

**con·tact** ['kɒntækt] ❶ der Kontakt, die Berührung; **to make contact** sich berühren ❷ (*Strom*) Kontakt; **to make/break a contact** einen Kontakt herstellen/unterbrechen ❸ (*übertragen*) die Verbindung (**with** zu), die Beziehung (**with** zu); **to be in contact with someone** mit jemandem in Verbindung stehen; **I'll get in contact** ich melde mich ❹ die Kontaktperson

to **con·tact** ['kɒntækt] **to contact someone** sich mit jemandem in Verbindung setzen, sich an jemanden wenden; **to try to contact someone** versuchen, jemanden zu erreichen

**con·tact lens** die Kontaktlinse

**con·ta·gious** [kənˈteɪdʒəs] (*auch übertragen*) ansteckend

to **con·tain** [kənˈteɪn] ❶ **to contain something** etwas enthalten ❷ **to contain something** etwas [um]fassen (*oder* einschließen) ❸ beherrschen, zügeln *Gefühl;* **she could hardly contain herself** sie konnte sich kaum beherrschen ❹ in Grenzen halten *Krankheit*

**con·tain·er** [kənˈteɪnər] ❶ der Behälter, das Gefäß ❷ der Container

to **con·tami·nate** [kənˈtæmɪneɪt] ❶ verschmutzen, verunreinigen ❷ (*radioaktiv*) verseuchen

**con·tami·na·tion** [kənˌtæmɪˈneɪʃn] ❶ die Verschmutzung, die Verunreinigung ❷ die Verseuchung

to **con·tem·plate** [ˈkɒntempleɪt] ❶ betrachten ❷ **to contemplate something** über etwas nachdenken ❸ **to contemplate doing something** daran denken, etwas zu tun

**con·tem·pla·tion** [ˌkɒntemˈpleɪʃn] ❶ die Betrachtung ❷ das Nachdenken (**of** über)

**con·tem·po·rary¹** [kənˈtemprərɪ] ❶ gleichzeitig; *Literatur, Autor:* zeitgenössisch ❷ modern; **contemporary art** die moderne Kunst

**con·tem·po·rary²** [kənˈtemprərɪ] der Zeitgenosse/die Zeitgenossin, der Altersgenosse/die Altersgenossin

**con·tempt** [kənˈtempt] ❶ die Verachtung ❷ **contempt of court** die Missachtung des Gerichts

to **con·tend** [kənˈtend] ❶ (*im Wettbewerb*) kämpfen (**for** um) ❷ **to contend that...** behaupten, dass...

◆ to **contend with** fertig werden mit *Schwierigkeiten, Umständen;* **to have a lot to contend with** viel um die Ohren haben

**con·tent¹** [ˈkɒntent] ❶ **contents** ⚠ *plural* der Inhalt; **table of contents** das Inhaltsverzeichnis ❷ *einer Substanz:* der Gehalt

**con·tent²** [kənˈtent] zufrieden (**with** mit); **to be content to do something** bereit sein, etwas zu tun

to **con·tent** [kənˈtent] **to content oneself with something** mit etwas zufrieden sein, sich mit etwas begnügen

**con·tent·ed** [kənˈtentɪd] zufrieden (**with** mit)

**con·ten·tious** [kənˈten(t)ʃəs] umstritten

**con·tent·ment** [kənˈtentmənt] die Zufriedenheit

to **con·test** [kənˈtest] ❶ bestreiten *Behauptung;* anfechten *Wahl* ❷ kämpfen um (**against** gegen); **to contest a seat** um einen Wahlkreis kämpfen

**con·test** [ˈkɒntest] ❶ der Kampf, der Streit ❷ der Wettkampf, der Wettstreit (**for** um)

**con·test·ant** [kənˈtestənt] ❶ der [Wettkampf]teilnehmer/die [Wettkampf]teilnehmerin ❷ der [Mit]bewerber/die [Mit]bewerberin

**con·text** [ˈkɒntekst] der Zusammenhang, der Kontext; **in/out of context** im/ohne Kontext; **in this context** in diesem Zusammenhang

**con·ti·nent** [ˈkɒntɪnənt] das Festland, der Kontinent; **the Continent** Kontinentaleuropa

**con·ti·nent·al** [ˌkɒntɪˈnentl] kontinental, europäisch

**con·tin·ual** [kənˈtɪnjʊəl] ständig, unaufhörlich

**con·tin·ual·ly** [kənˈtɪnjʊəlɪ] immer wieder, ohne Unterbrechung

**con·tinu·ation** [kənˌtɪnjʊˈeɪʃn] ❶ die Fortsetzung, die Weiterführung ❷ die Fortdauer, der Fortbestand

to **con·tinue** [kənˈtɪnjuː] ❶ fortsetzen; weitermachen mit *Tätigkeit;* **to continue to read** weiterlesen; **to be continued** Fortsetzung folgt; **continued on p.12** weiter auf Seite 12; **to continue to do something** etwas weiterhin tun ❷ nicht aufhören, andauern; **the sunny weather continued** es blieb weiterhin sonnig; **to continue with something** mit etwas fortfahren ❸ weiterhin sein, sich weiterhin befinden; **to continue in office** im Amt verbleiben; **to continue in power** an der Macht bleiben ❹ **to continue on** [**one's way**] weiterfahren, weiterreisen

**con·tinu·ous** [kənˈtɪnjʊəs] ❶ ununterbrochen, ständig ❷ kontinuierlich ❸ (*Grammatik*) **continuous form** die Verlaufsform

**con·tour** [ˈkɒntʊər] die Kontur

**contra·cep·tion** [ˌkɒntrəˈsepʃn] die Empfängnisverhütung

**contra·cep·tive¹** [ˌkɒntrəˈseptɪv] empfängnisverhütend

**contra·cep·tive²** [ˌkɒntrəˈseptɪv] das Verhütungsmittel

**con·tract** [ˈkɒntrækt] der Vertrag, das Abkommen; **to enter into** [*oder* **make**] **a contract** einen Vertrag abschließen

to **con·tract** [kənˈtrækt] ❶ *Muskel:* [sich] zusammenziehen; *Pupillen:* sich verengen ❷ sich zuziehen *Krankheit;* **to contract something from someone** sich bei jemandem mit etwas anstecken ❸ **to contract to do something** sich vertraglich verpflichten, etwas zu tun

**con·trac·tion** [kənˈtrækʃn] ❶ die Zusammenziehung; *von Pupille:* die Verengung ❷ (*bei Geburt*) die Wehe ❸ die Erkrankung (**of** an)

to **contra·dict** [ˌkɒntrəˈdɪkt] ❶ **to contradict someone** jemandem widersprechen ❷ **to contradict someone/something** zu jemandem/zu einer Sache im Widerspruch stehen

**contra·dic·tion** [ˌkɒntrəˈdɪkʃn] der Widerspruch, die Widerrede

**contra·dic·tory** [ˌkɒntrəˈdɪktərɪ] [sich] widersprechend, widerspruchsvoll

**con·tra·ry**[1] [ˈkɒntrərɪ] ❶ entgegengesetzt; **contrary to** im Gegensatz zu; **contrary to nature** wider die Natur; **contrary to expectations** wider Erwarten ❷ *Mensch:* widerspenstig

**con·tra·ry**[2] [ˈkɒntrərɪ] das Gegenteil (**to** von); **on the contrary** im Gegenteil

to **contrast** [kənˈtrɑːst] ❶ *Farbe, Stil:* sich [stark] abheben (**with** von), abstechen (**with** von/gegen) ❷ im Gegensatz stehen (**with** zu) ❸ **to contrast something with something** etwas mit etwas vergleichen, etwas einer Sache gegenüberstellen

**contrast** [ˈkɒntrɑːst] der Gegensatz (**to** zu), der Kontrast; **she's such a contrast to her brother** sie ist ganz anders als ihr Bruder; **in contrast to/with** im Gegensatz zu

to **con·trib·ute** [kənˈtrɪbjuːt] ❶ beitragen, mitwirken (**to** bei) ❷ spenden; **to contribute to charity** für die Wohlfahrt spenden ❸ **to contribute to a newspaper** für eine Zeitung schreiben

**con·tri·bu·tion** [ˌkɒntrɪˈbjuːʃn] ❶ der Beitrag (**to** zu) ❷ die Spende

**con·tribu·tor** [kənˈtrɪbjutəʳ] ❶ der Spender/die Spenderin ❷ der Mitarbeiter/die Mitarbeiterin

**con·tribu·tory** [kənˈtrɪbjutərɪ] **a contributory factor** ein Faktor, der zu etwas beiträgt

to **con·trol** [kənˈtrəʊl] <controlled, controlled> ❶ beherrschen, Kontrolle haben über; zügeln, mäßigen *Zorn;* **to control oneself** sich beherrschen ❷ leiten, führen *Geschäft;* regeln *Verkehr* ❸ beaufsichtigen, überwachen *Arbeit;* regulieren *Temperatur*

**con·trol** [kənˈtrəʊl] ❶ die Herrschaft, die Kontrolle (**of** über); **to lose control of** [*oder* **over**] die Kontrolle verlieren über; **to gain control over, to get control of** die Herrschaft gewinnen über; **to bring** [*oder* **get**] **under control** unter Kontrolle bringen ❷ *von Gefühlen:* die Beherrschung; **to lose control** [**of oneself**] die Selbstbeherrschung verlieren ❸ die Aufsicht (**of/over** über); *einer Arbeit:* die Überwachung ❹ *eines Geräts:* der Regler, der Schalter

**con·trol desk** das Schaltpult, das Regiepult

**con·trolled** [kənˈtrəʊld] kontrolliert

**con·trol·ler** [kənˈtrəʊləʳ] ❶ der Leiter/die Leiterin ❷ **air-traffic controller** der Fluglotse/die Fluglotsin

**con·trol pan·el** die Schalttafel; *eines Autos:* das Armaturenbrett

**con·trol tow·er** der Kontrollturm

**con·tro·ver·sial** [ˌkɒntrəˈvɜːʃl] strittig, umstritten; **to be highly controversial** stark umstritten sein

**con·tro·ver·sy** [ˈkɒntrəvɜːsɪ, kənˈtrɒvəsɪ] die Kontroverse, der Streit

**con·veni·ence** [kənˈviːnɪəns] ❶ die Bequemlichkeit, die Annehmlichkeit; **convenience foods** die Fertiggerichte ❷ die Annehmlichkeit, der Komfort; **at your earliest convenience** möglichst bald; **at your** [**own**] **convenience** wenn es Ihnen recht ist [*oder* passt] ❸ **public convenience** die öffentliche Toilette

**con·veni·ent** [kənˈviːnɪənt] ❶ praktisch, bequem ❷ (*zeitlich*) **when it is convenient for you** wenn es Ihnen recht ist

**con·vent** [ˈkɒnvənt] das Nonnenkloster

**con·ven·tion** [kənˈvenʃn] ❶ die Sitte, der Brauch ❷ die Versammlung, der Kongress; ⓤⓈⒶ der Parteitag ❸ (*politisch*) das Abkommen, der Vertrag

**con·ven·tion·al** [kənˈvenʃənl] ❶ konventionell ❷ üblich, herkömmlich; (*abwertend*) unoriginell

to **con·verge** [kənˈvɜːdʒ] ❶ (*Mathematik*) konvergieren ❷ *Straßen:* zusammenlaufen ❸ (*übertragen*) *Meinungen:* sich einander annähern

**con·ver·sa·tion** [ˌkɒnvəˈseɪʃn] das Gespräch, die Unterhaltung; **to have a conversation with someone** mit jemandem ein Gespräch führen; **in conversation with** im Gespräch mit

to **con·verse** [kənˈvɜːs] sprechen, sich unterhalten (**with** mit, **on** über)

**con·ver·sion** [kənˈvɜːʃn] ❶ die Umwandlung (**from** von, **into** in) ❷ *von Gebäude:* der Umbau ❸ *von Fahrzeug:* die Umrüstung ❹ *bei Zahlen:* die Umrechnung; **conversion table**

die Umrechnungstabelle ❺ *von Person:* die Bekehrung

to **con·vert** [kən'vɜːt] ❶ verwandeln, umwandeln (**into** in) ❷ umbauen *Haus;* umrüsten *Fahrzeug;* umstellen *Vorrichtung* ❸ (*bei Zahlen*) umrechnen ❹ (*Glaube*) **to convert someone** [**to something**] jemanden [zu etwas] bekehren

**con·vert·ible** [kən'vɜːtəbl] (*Auto*) das Kabrio[lett]

**con·vex** ['kɒnveks] konvex

to **con·vey** [kən'veɪ] ❶ befördern, transportieren *Waren* ❷ vermitteln; übermitteln, überbringen *Nachricht, Grüße*

**con·vey·or belt** [kən'veɪə'belt] das Förderband

**con·vict** ['kɒnvɪkt] der Sträfling, der/die Strafgefangene

to **con·vict** [kən'vɪkt] ❶ verurteilen; **to convict someone of murder** jemanden wegen Mordes verurteilen ❷ überführen; **to convict someone** [**of a crime**] jemanden [eines Verbrechens] überführen

**con·vic·tion** [kən'vɪkʃn] ❶ die Überführung, die Verurteilung; **to have a previous conviction** vorbestraft sein (**for** wegen) ❷ die Überzeugung; **moral conviction** die moralische Gesinnung

to **con·vince** [kən'vɪns] **to convince someone** jemanden überzeugen (**of** von)

**con·vinc·ing** [kən'vɪnsɪŋ] überzeugend

**cook** [kʊk] der Koch/die Köchin

to **cook** [kʊk] ❶ zubereiten, braten, backen; **a cooked meal** eine warme Mahlzeit ❷ (*übertragen*) **to cook the books** die Konten frisieren ❸ (*übertragen*) **what's cooking?** USA (*umgangsspr*) was gibt's Neues?

**cook**

F  Nicht verwechseln mit *kochen — to boil!*

**cook·book** ['kʊkbʊk] USA das Kochbuch
**cook·er** ['kʊkə'] der Kocher, der Herd
**cook·ery** ['kʊkəri] das Kochen, die Kochkunst
**cook·ery book** das Kochbuch
**cookie** ['kʊki] ❶ USA der Keks, das Plätzchen ❷ (*übertragen*) **that's the way the cookie crumbles** so ist das nun mal
**cook·ing** ['kʊkɪŋ] das Kochen; **French cooking** die französische Küche
**cool**[1] [kuːl] ❶ kühl, frisch; **to store in a cool place** kühl aufbewahren ❷ *Mensch:* kühl, zurückhaltend; **to keep cool** Ruhe bewahren; **to keep a cool head** einen kühlen Kopf behalten ❸ (*übertragen umgangsspr*) prima, klasse ❹ (*umgangsspr*) **a cool £50,000** runde [*oder* glatte] £50,000
**cool**[2] [kuːl] ❶ die Kühle ❷ (*übertragen umgangsspr*) **to blow** [*oder* **lose**] **one's cool** die Nerven verlieren
to **cool** [kuːl] ❶ abkühlen [lassen] ❷ **cool it!** (*umgangsspr*) nun mach mal halblang! ❸ *Leidenschaft:* abkühlen; **their relationship has cooled** [**down/off**] ihre Beziehung ist abgekühlt
**cool-head·ed** [ˌkuːl'hedɪd] besonnen
**cool·ing** ['kuːlɪŋ] [ab]kühlend
**cool·ness** ['kuːlnɪs] ❶ die Kühle ❷ (*übertragen*) die Kaltblütigkeit
**co-op** ['kəʊˌɒp] GB ❶ die Genossenschaft ❷ (*Laden*) der Konsum
to **co·op·er·ate** [kəʊ'ɒpəreɪt] ❶ mitarbeiten, mitwirken (**in** an) ❷ **to cooperate** [**with each other**] kooperieren, zusammenarbeiten
**co·opera·tion** [kəʊˌɒpə'reɪʃn] die Kooperation, die Zusammenarbeit; **in cooperation with** in Zusammenarbeit mit
**co·opera·tive**[1] [kəʊ'ɒpərətɪv] ❶ hilfsbereit, kooperativ ❷ genossenschaftlich
**co·opera·tive**[2] [kəʊ'ɒpərətɪv] die Genossenschaft, die Kooperative
**co·or·di·nate** [ˌkəʊ'ɔːdɪnət] die Koordinate
to **co·or·di·nate** [ˌkəʊ'ɔːdɪneɪt] koordinieren, aufeinander abstimmen
**co·or·di·na·tion** [kəʊˌɔːdɪ'neɪʃn] die Koordination, die Koordinierung
**cop** [kɒp] (*umgangsspr*) ❶ (*Polizist*) der Bulle ❷ **it's not much cop** GB es ist nichts Besonderes
to **cop** [kɒp] <copped, copped> (*umgangsspr*) **to cop it** Prügel einfangen
to **cope** [kəʊp] zurechtkommen; **to cope with someone/something** mit jemandem/etwas fertig werden
**copi·er** ['kɒpɪə'] der Kopierer, das Kopiergerät

**co-pilot – correspondence** 102

**co·pi·lot** [ˌkəʊˈpaɪlət] der Kopilot/die Kopilotin

**cop·per** [ˈkɒpəʳ] ❶ das Kupfer ❷ (*umgangsspr: Polizist*) der Bulle

to **copu·late** [ˈkɒpjəleɪt] kopulieren

**copu·la·tion** [ˌkɒpjəˈleɪʃᵊn] *kein Plural* die Kopulation

**copy** [ˈkɒpɪ] ❶ *eines Kunstwerks:* die Nachbildung ❷ die Kopie, die Abschrift; *von Foto:* der Abzug ❸ die Durchschrift, der Durchschlag ❹ der Werbetext ❺ *eines Buchs:* das Exemplar ❻ (*Presse*) der Stoff, der Artikel

to **copy** [ˈkɒpɪ] ❶ nachahmen, nachmachen ❷ (*schreiben*) **to copy something [down]** etwas abschreiben; **to copy something out** etwas abschreiben/ins Reine schreiben ❸ kopieren; abziehen *Foto*

**copy·cat** (*umgangsspr*) der Nachahmer/die Nachahmerin

**copy·ing ma·chine** das Kopiergerät

**copy·ing pa·per** das Kopierpapier

**copy read·er** der Manuskriptbearbeiter/die Manuskriptbearbeiterin; (*für eine Zeitung*) der Redakteur/die Redakteurin; (*bei einem Verlag*) der Lektor/die Lektorin

**copy·right** [ˈkɒpɪraɪt] das Urheberrecht, das Verlagsrecht

to **copy·right** [ˈkɒpɪraɪt] urheberrechtlich schützen

**cor·al** [ˈkɒrəl] die Koralle

**cord** [kɔːd] ❶ die Leine, die Kordel; (*Elektrokabel*) die Schnur ❷ **umbilical cord** die Nabelschnur ❸ [**pair of**] **cords** die Kordhose

**cord·less** drahtlos, schnurlos

**cor·don** [ˈkɔːdn] die Postenkette, der Kordon

**cor·du·roy** [ˈkɔːdərɔɪ] Cord-

**core** [kɔːʳ] ❶ *eines Apfels, einer Birne:* das Kerngehäuse ❷ (*übertragen*) der Kern; **to the core** bis ins Mark

to **core** [kɔːʳ] entkernen *Apfel, Birne*

**core sub·ject** das Pflichtfach

**core time** die Kernarbeitszeit

**cork¹** [kɔːk] ❶ (*Material*) der Kork ❷ (*Stöpsel*) der Korken

**cork²** [kɔːk] **to cork [up] a bottle** eine Flasche verkorken [*oder* zukorken]

**cork·screw** [ˈkɔːkskruː] der Korkenzieher

**corn** [kɔːn] das Korn, das Getreide; [**sweet**]**corn** der Mais

**F** Nicht verwechseln mit *das Korn — seed, grain!*

**corn·cob** der Maiskolben

**cor·ner** [ˈkɔːnəʳ] ❶ die Ecke; *von Auge, Mund:* der Winkel; **just round the corner** gleich um die Ecke ❷ die Kurve ❸ (*Plätzchen*) der Winkel, die Ecke ▸ WENDUNGEN: **tight corner** die Klemme, die schwierige Lage; **to turn the corner** es überstehen, über den Berg kommen

to **cor·ner** [ˈkɔːnəʳ] ❶ **to corner someone** (*übertragen*) jemanden in die Enge treiben ❷ *Fahrzeug:* die Kurve nehmen

**cor·nered** in die Enge getrieben

**cor·ner kick** der Eckball

**corn·field** ⒼⒷ das Getreidefeld; ⓊⓈⒶ das Maisfeld

**corn·flakes** [ˈkɔːnfleɪks] *plural* die Cornflakes

**corn·flour** *kein Plural* ⒼⒷ die Maisstärke

**corn·flow·er** die Kornblume

**Cor·nish¹** [ˈkɔːnɪʃ] aus Cornwall

**Cor·nish²** [ˈkɔːnɪʃ] **the Cornish** *plural* die Bewohner von Cornwall

**Cor·nish pas·ty** ⒼⒷ *Pastete aus Blätterteig mit Fleisch- und Kartoffelfüllung*

**Corn·wall** [ˈkɔːnwɔːl] Cornwall

**corny** [ˈkɔːnɪ] (*umgangsspr*) kitschig, abgedroschen; *Witz:* doof

**coro·nary** [ˈkɒrənrɪ] der Herzinfarkt

**coro·na·tion** [ˌkɒrəˈneɪʃn] die Krönung

**cor·po·ral¹** [ˈkɔːpərəl] körperlich; **corporal punishment** die körperliche Züchtigung

**cor·po·ral²** [ˈkɔːpərəl] der Unteroffizier

**cor·po·rate** [ˈkɔːpərət] ❶ gemeinschaftlich; **corporate action** das gemeinsame Vorgehen ❷ (*Wirtschaft*) gesellschaftlich, korporativ

**cor·po·ra·tion** [ˌkɔːpəˈreɪʃn] ❶ die Gemeinde, die Stadt ❷ (*Unternehmen*) die Kapitalgesellschaft; ⓊⓈⒶ die Aktiengesellschaft

**corpse** [kɔːps] die Leiche, der Leichnam

**cor·rect** [kəˈrekt] ❶ richtig, korrekt; **that's correct** das stimmt ❷ *Antwort:* zutreffend ❸ *Verhalten:* einwandfrei; *Kleidung:* vorschriftsmäßig, korrekt

to **cor·rect** [kəˈrekt] verbessern, korrigieren, berichtigen

**cor·rec·tion** [kəˈrekʃn] die Berichtigung, die Korrektur

**cor·rec·tion flu·id** *kein Plural* die Korrekturflüssigkeit

**cor·rect·ly** [kəˈrektli] korrekt, richtig

to **cor·re·spond** [ˌkɒrɪˈspɒnd] ❶ entsprechen, sich entsprechen; **to correspond with** [*oder* **to**] **something** mit etwas übereinstimmen ❷ **to correspond with someone** mit jemandem in Briefwechsel stehen [*oder* korrespondieren]

**cor·re·spond·ence** [ˌkɒrɪˈspɒndəns] ❶ die Übereinstimmung (**with** mit) ❷ der Schriftverkehr, der Briefwechsel; **to be in corre-**

**spondence with** korrespondieren mit ❸ die Briefe; (*in der Zeitung*) die Leserbriefe

**cor·re·spond·ent** [ˌkɒrɪ'spɒndənt] ❶ der Briefpartner/die Briefpartnerin ❷ (*Zeitung*) der Korrespondent/die Korrespondentin, der Berichterstatter/die Berichterstatterin; **foreign correspondent** der Auslandskorrespondent/die Auslandskorrespondentin

**cor·re·spond·ing** [ˌkɒrɪ'spɒndɪŋ] entsprechend

**cor·ri·dor** ['kɒrɪdɔːʳ] der Gang, der Korridor

**cor·ro·sion** [kə'rəʊʒn] die Korrosion

**cor·ro·sive** [kə'rəʊsɪv] zerfressend, zersetzend

**cor·ru·gat·ed** ['kɒrəgeɪtɪd] gewellt; **corrugated iron** das Wellblech

**cor·rupt** [kə'rʌpt] bestechlich, korrupt; **morally corrupt** moralisch verdorben, unehrenhaft

to **cor·rupt** [kə'rʌpt] **to corrupt someone** jemanden verderben [*oder* korrumpieren]

**cor·rup·tion** [kə'rʌpʃn] ❶ die Bestechung, die Korruption ❷ die Käuflichkeit

**cos¹** [kɒz] *Abkürzung von* **cosine** cos

**cos²** [kəz, kɒz] ⒼⒷ (*umgangsspr*) *Abkürzung von* **because** weil

**co·sine** ['kəʊsaɪn] der Kosinus

**co·si·ness** ['kəʊzɪnɪs] die Gemütlichkeit

**cos·met·ic** [kɒz'metɪk] kosmetisch; **cosmetic surgery** die Schönheitschirurgie

**cos·met·ics** [kɒz'metɪks] *plural* die Kosmetika

to **cost** [kɒst] <cost, cost> ❶ kosten; **to cost someone something** jemanden etwas kosten; **how much does it cost?** wie viel kostet es?; **to cost an arm and a leg** [*oder* **a small fortune**] (*übertragen*) sehr teuer sein ❷ (*übertragen*) [er]fordern *Zeit, Mühe;* **that will cost him dearly** das wird ihn teuer zu stehen kommen ❸ einbringen, machen *Schaden, Ärger*

**cost** [kɒst] ❶ der Preis, die Kosten; **cost of living** die Lebenshaltungskosten; **cost of petrol** die Benzinpreise; **without cost** kostenlos, gratis; **to bear** [*oder* **pay**] **the cost** die Kosten tragen ❷ **costs** *plural* die Ausgaben ❸ (*übertragen*) der Preis; **to one's cost** zu seinem Nachteil; **at the cost of** auf Kosten von; **at all** [*oder* **any**] **costs** um jeden Preis

**co·star** [ˌkəʊ'stɑːʳ] der zweite Hauptdarsteller/die zweite Hauptdarstellerin

**cost·ly** ['kɒstlɪ] kostspielig, teuer

**cos·tume** ['kɒstjuːm] ❶ die Tracht; **national costume** die Nationaltracht ❷ [theatrical] **costume** das Kostüm ❸ **costume-jewel[le]ry** der Modeschmuck

**cosy¹** ['kəʊzɪ] gemütlich, behaglich

**cosy²** ['kəʊzɪ] **tea-cosy** der Teewärmer; **egg-cosy** der Eierwärmer

**cot** [kɒt] ❶ ⒼⒷ das Kinderbett ❷ ⓊⓈⒶ das Klappbett, das Feldbett

**cot·tage** ['kɒtɪdʒ] das kleine Haus, das Häuschen, das Ferienhaus

**cot·tage cheese** der Hüttenkäse

**cot·ton¹** ['kɒtn] ❶ die Baumwolle ❷ **cotton [yarn]** das Baumwollgarn; **cotton [fabric]** der Baumwollstoff

**cot·ton²** ['kɒtn] Baumwoll-
  ◆to **cotton on** (*umgangsspr*) etwas kapieren; **he's a bit slow in cottoning on** er ist etwas begriffsstutzig

**cot·ton bud** ⒼⒷ das Wattestäbchen

**cot·ton wool** ❶ ⒼⒷ die Watte ❷ ⓊⓈⒶ die Rohbaumwolle

**couch** [kaʊtʃ] <*plural* couches> die Couch, das Liegesofa

**cou·chette** [kuː'ʃet] der Liegewagenplatz

**couch po·ta·to** (*umgangsspr*) der Fernsehglotzer/die Fernsehglotzerin

**cough** [kɒf] der Husten

to **cough** [kɒf] husten
  ◆to **cough up** ❶ aushusten ❷ (*umgangsspr*) herausrücken *Geld, mit der Wahrheit*

**cough medi·cine, cough mix·ture** der Hustensaft

**cough sweet** das/der Hustenbonbon

**could** [kʊd] ❶ 3. *Form von* **can** ❷ *konditional, fragend* könnte; **could you open the window?** könntest du das Fenster aufmachen?

**couldn't** ['kʊdᵊnt] *Kurzform von* **could not** →**can**

**coun·cil** ['kaʊnsl] ❶ der Rat, die Ratsversammlung ❷ der Stadtrat

**coun·cil es·tate** ⒼⒷ die Siedlung des sozialen Wohnungsbaus

**coun·cil flat, coun·cil house** ⒼⒷ die Sozialwohnung

**coun·sel** ['kaʊnsl] ❶ die Beratung, der Rat[schlag] ❷ der [Rechts]anwalt/die Anwältin

to **coun·sel** ['kaʊnsl] <counselled *oder* ⓊⓈⒶ counseled, counselled *oder* ⓊⓈⒶ counseled> beraten, raten; **to counsel someone to do something** jemandem raten [*oder* empfehlen], etwas zu tun

**coun·sel·ling¹** ['kaʊn(t)sᵊlɪŋ], ⓊⓈⒶ **coun·sel·ing** *kein Plural* die psychologische Betreuung; **to be in counselling** in Therapie sein

**coun·sel·ling²** ['kaʊn(t)sᵊlɪŋ], ⓊⓈⒶ **coun·sel·ing** Beratungs-

**counsellor – course** | **104**

**coun·sel·lor** [ˈkaʊn(t)sələr], (USA) **coun·se·lor** ❶ der Berater/die Beraterin ❷ (USA) der Anwalt, die Anwältin

**count**[1] [kaʊnt] der Graf

**count**[2] [kaʊnt] ❶ die Zählung, die Berechnung; **to keep count of something** etwas [mit]zählen; **to lose count** sich verzählen; (*übertragen*) den Überblick verlieren ❷ (*juristisch*) der Anklagepunkt; **on all counts** in jeder Beziehung

to **count** [kaʊnt] ❶ zählen; **he can count to three** er kann bis drei zählen ❷ nachzählen *Wechselgeld;* **to count the pennies** (*übertragen*) jeden Pfennig umdrehen ❸ [mit]zählen; **not counting ...** abgesehen von ...; **not counting the others** die anderen nicht mitgerechnet ❹ ins Gewicht fallen, wichtig sein; **money counts** Geld zählt; **that doesn't count** das macht nichts, das gilt nicht ❺ **counting from now on** von jetzt an ❻ betrachten; **to count someone as a friend** jemanden als Freund ansehen; **to count oneself lucky** sich glücklich schätzen können

◆to **count against** to count against someone gegen jemanden sprechen

◆to **count down** ❶ den Countdown durchführen ❷ rückwärtszählen

◆to **count in** mitrechnen, einschließen; **count me in!** ich mache mit!

◆to **count on** to count on someone sich auf jemanden verlassen

◆to **count out** ❶ to count someone/something out mit jemandem/etwas nicht rechnen ❷ abzählen, zusammenzählen *Geldstücke* ❸ (*beim Boxen*) **to count someone out** jemanden auszählen

◆to **count up** zusammenzählen

**count·down** [ˈkaʊntdaʊn] der/das Countdown

**count·er**[1] [ˈkaʊntər] ❶ der Ladentisch, die Theke; (*bei der Bank, Post*) der Schalter; **at the counter** an der Theke ❷ der Zähler, der Zählapparat ❸ **sold over the counter** *Medikament:* rezeptfrei ► WENDUNGEN: **under the counter** unter dem Ladentisch, heimlich

**count·er**[2] [ˈkaʊntər] entgegengesetzt, entgegen; **counter to something** entgegen etwas

to **count·er** [ˈkaʊntər] ❶ antworten auf; **to counter someone** jemandem kontern ❷ kontern

to **coun·ter·act** [ˌkɑːʊntərˈækt] entgegenwirken

**coun·ter·at·tack** [ˈkɑːʊntərətæk] der Gegenangriff

to **coun·ter·at·tack** [ˈkɑːʊntərətæk] einen Ge-

genangriff machen

**coun·ter·clock·wise** [ˌkaʊntə ˈklɒkwaɪz] (USA) gegen den Uhrzeigersinn

**coun·ter·feit** [ˈkaʊntəfɪt] gefälscht, falsch

**coun·ter·foil** GB der [Kontroll]abschnitt

**coun·ter·meas·ure** [ˈkaʊntəmeʒər] die Gegenmaßnahme

**coun·ter·part** [ˈkaʊntəpɑːt] ❶ das Gegenstück (**of** zu) ❷ das Gegenüber

**coun·ter·pro·duc·tive** [ˌkaʊntəprəˈdʌktɪv] kontraproduktiv

**coun·tess** [ˈkaʊntɪs] <*plural* countesses> die Gräfin

**count·less** [ˈkaʊntlɪs] zahllos, unzählig

**coun·try** [ˈkʌntrɪ] ❶ das Land; **the country** das Land, die Nation; **from all over the country** aus allen Teilen des Landes; **to go to the country** GB Neuwahlen ausschreiben; **country of origin** das Herkunftsland, das Ursprungsland ❷ (*nicht in der Stadt*) der Land[strich]; **he lives in the country** er lebt auf dem Land

**coun·try·side** [ˈkʌntrɪsaɪd] ❶ die Landschaft, die Gegend ❷ (*nicht in der Stadt*) das Land; **in the country** auf dem Lande

**coun·ty** [ˈkaʊntɪ] ❶ GB die Grafschaft, der Landkreis ❷ (USA) der Regierungsbezirk eines US-Staates [*oder* Verwaltungsbezirk]

**coun·ty coun·cil** mit *Singular oder Plural* GB der Grafschaftsrat

**coun·ty court** mit *Singular oder Plural* ≈ das Amtsgericht

**coun·ty town** GB die Bezirkshauptstadt

**coupe** [ˈkuːpeɪ] das Coupé

**cou·ple** [ˈkʌpl] ❶ zwei, ein paar; **a couple of days** zwei Tage, ein paar Tage ❷ das Paar; **married couple** das Ehepaar

**cou·pon** [ˈkuːpɒn] ❶ der Gutschein ❷ der Wettschein ❸ der Kupon; **reply coupon** der Antwortschein

**cour·age** [ˈkʌrɪdʒ] der Mut, die Tapferkeit; **to lose courage** den Mut verlieren; **to pluck up courage** sich ein Herz fassen

**cou·ra·geous** [kəˈreɪdʒəs] mutig, tapfer

**cour·gette** [kʊəˈʒet] die Zucchini

**cou·ri·er** [ˈkʊrɪər] der Kurier/die Kurierin, der Bote/die Botin

**course** [kɔːs] ❶ der Kurs, der Lehrgang; **French course** der Französischkurs[us] ❷ (*zeitlich*) der Verlauf; **in the course of time** im Laufe der Zeit ❸ *eines Schiffes, Flugzeugs:* der Kurs; **to set course for something** (*auch übertragen*) etwas ansteuern ❹ *einer Linie, Straße:* der Lauf ❺ (*Sport*) die Strecke, die Bahn ❻ (*Mahlzeit*) der Gang

**7** (*Hergang*) der Verlauf; **the course of events** der Lauf der Dinge **8** (*übertragen*) der Weg; **what course is open to him?** welche Möglichkeiten hat er? **9** **of course** natürlich, selbstverständlich, gewiss, sicher

**court** [kɔːt] **1** das Gericht, der Gerichtshof; **in court** vor, bei Gericht; **to bring to court** vor Gericht bringen **2** (*Sport*) das Spielfeld; **tennis court** der Tennisplatz **3** der [Fürsten]hof, der Hofstaat; **at court** bei Hof **4** der Hof, der Lichthof

to **court** [kɔːt] **to court someone** jemandem den Hof machen, jemanden umwerben

**cour·tesy** [ˈkɜːtəsɪ] **1** die Höflichkeit, die Freundlichkeit **2** **by courtesy of** mit freundlicher Genehmigung von

**court hear·ing** die [Gerichts]verhandlung

**court house** das Gerichtsgebäude

**court room** der Gerichtssaal

**court·yard** [ˈkɔːtjɑːd] der Hof

**cous·in** [ˈkʌzn] der Cousin/die Cousine

**cov·er** [ˈkʌvər] **1** *von Topf:* der Deckel **2** *von Bett, Sofa:* die Decke; *von Kissen, Bettdecke:* der Überzug; *von Heft:* die [Schutz]hülle **3** *von Buch:* der Einband; **from cover to cover** von der ersten bis zur letzten Seite **4** der Schutz, die Zuflucht; (*auch militärisch*) die Deckung; **to take cover** in Deckung gehen **5** der Versicherungsschutz; **to take out cover against fire** eine Feuerversicherung abschließen

to **cov·er** [ˈkʌvər] **1** bedecken; (*mit einer Decke*) zudecken; **to cover one's head** den Kopf bedecken; **the mountain was covered with** [*oder* **in**] **snow** der Berg war mit Schnee bedeckt; **she covered her face with her hands** sie verbarg das Gesicht in den Händen **2** (*mit Versicherung*) **to cover oneself against something** sich gegen etwas versichern **3** **to cover someone** (*auch beim Sport*) jemanden decken; **to cover one's tracks** seine Spuren verwischen **4** (*in den Medien*) **to cover something** über etwas berichten **5** abdecken, behandeln *Aspekt, Thema*

⬦to **cover for** **can you cover for me?** kannst du für mich einspringen?

⬦to **cover up** **1** **cover up — it's getting cold!** zieht euch warm an — es wird kalt! **2** (*übertragen*) verheimlichen; **to cover up a mistake** einen Fehler vertuschen **3** **to cover up for someone** jemanden decken

**cov·er·age** [ˈkʌvərɪdʒ] **1** (*durch die Medien*) die Berichterstattung (**of** über) **2** (*durch Versicherung*) die Deckung

**cov·er charge** [ˈkʌvətʃɑːdʒ] die Kosten für ein Gedeck

**cov·ered** [ˈkʌvəd] bedeckt, überdacht

**cov·er·ing** [ˈkʌvərɪŋ] **1** die Decke, die Hülle **2** **floor covering** der Bodenbelag

**cov·er note** **1** ⒼⒷ (*in Versicherungswesen*) die vorläufige Deckungskarte **2** ⓊⓈⒶ das Begleitschreiben

**cov·er sto·ry** die Titelgeschichte

**cov·er-up** [ˈkʌvərʌp] die Verschleierung, die Vertuschung

**cow** [kaʊ] **1** die Kuh **2** (*übertragen*) **to wait till the cows come home** warten bis man schwarz wird

**cow·ard** [ˈkaʊəd] der Feigling

**cow·ard·ly** [ˈkaʊədlɪ] feige

**cow·boy** [ˈkaʊbɔɪ] **1** der Cowboy **2** (*übertragen umgangsspr*) der Gauner, der Schwindler

**cow·pat** ⒼⒷ der Kuhfladen

**cow·shed** [ˈkaʊʃed] der Kuhstall

**cozy** [ˈkəʊzɪ] ⓊⓈⒶ gemütlich, behaglich

**CPU** [ˌsiːpiːˈjuː] *Abkürzung von* **central processing unit** die CPU

**crab** [kræb] die Krabbe, der Krebs

**crack** [kræk] **1** der Sprung, der Riss; (*im Boden*) der Spalt, die Ritze **2** (*Geräusch*) der Knall, der Krach; **a crack of thunder** ein Donnerschlag **3** (*umgangsspr*) der Versuch; **to have a crack at something** etwas versuchen **4** (*umgangsspr*) der Witz, der Spaß; **he made cracks about computer freaks** er hat Witze über Computerfreaks gemacht **5** (*Droge*) der Crack ▸ WENDUNGEN: **at the crack of dawn** bei Tagesanbruch, im Morgengrauen; **to give someone a fair crack of the whip** jemandem eine Chance geben

to **crack** [kræk] **1** *Fläche:* rissig werden; *Glas:* springen, einen Sprung bekommen **2** *Zweige:* knacken, krachen; *Waffen:* knallen **3** *Stimme:* versagen **4** **get cracking!** los! voran! **5** *Vase, Teller:* knacken *Nuss, Problem* **7** **to crack a whip** mit einer Peitsche knallen **8** **he cracked his head on the pavement** (*umgangsspr*) er knallte mit dem Kopf aufs Pflaster ▸ WENDUNGEN: **to crack a code** (*umgangsspr*) einen Kode knacken; **to crack a joke** (*umgangsspr*) einen Witz reißen

⬦to **crack down** **to crack down on crime** gegen Kriminalität hart vorgehen

⬦to **crack up** **1** zerbrechen **2** (*umgangsspr*) durchdrehen, einen Nervenzusammenbruch haben

**crack·down** **a crackdown on drug abuse**

**cracked – creation**

ein scharfes Vorgehen gegen Drogenmiss-brauch

**cracked** [krækt] ❶ gesprungen, rissig ❷ (*umgangsspr*) verrückt

**crack·er** ['krækə'] ❶ der Knallkörper, der Feu-erwerkskörper; **Christmas cracker** der/das Knallbonbon ❷ der [salzige] Keks

**crack·ers** ['krækəz] (*umgangsspr*) verrückt

to **crack·le** ['krækl] knistern, rascheln

**crack·ling** ['kræklɪŋ] das Knistern, das Ra-scheln

**cra·dle** ['kreɪdl] (*auch übertragen*) die Wiege; **right from the cradle** von klein auf; **from the cradle to the grave** von der Wiege bis zur Bahre

to **cra·dle** ['kreɪdl] wiegen; **to cradle to sleep** in den Schlaf wiegen

**craft** [krɑːft] ❶ das Handwerk, das Kunstge-werbe ❷ <*plural* craft> das Boot

**F** Nicht verwechseln mit *die Kraft — strength, force, power!*

**crafts·man** ['krɑːftsmən] <*plural* craftsmen> der Handwerker

**crafts·per·son** ['krɑːfts,pɜːsən] <craftspeo-ple> der Handwerker/die Handwerkerin

**crafty** ['krɑːftɪ] schlau

to **cram** [kræm] <crammed, crammed> ❶ voll stopfen, voll packen; **she crammed the books into her bag** sie stopfte die Bücher in ihre Tasche; **her bag was crammed with books** ihre Tasche war mit Büchern voll ge-stopft ❷ *Leute:* hineinzwängen ❸ (*umgangs-spr*) pauken, büffeln

**cram·ming** ['kræmɪŋ] das Büffeln

**cramp** ['kræmp] der Krampf

**crane** [kreɪn] ❶ der Kranich ❷ der Kran

**crank** ['kræŋk] ❶ der/die Verrückte ❷ *einer Maschine:* die Kurbel

◆to **crank up** (*auch humorvoll*) ankurbeln *Motor*

**cranky** ['kræŋkɪ] (*umgangsspr*) verschroben

**crap¹** [kræp] *meist singular* (*slang*) die Schei-ße

**crap²** [kræp] (*slang*) mies

**crap·py** ['kræpɪ] (*slang*) Scheiß-

to **crash** [kræʃ] ❶ *Flugzeug, Computer:* abstür-zen ❷ krachen; **to crash into something** gegen etwas krachen [*oder* knallen] ❸ **to crash a car** einen Unfall [mit dem Auto] ha-ben; **the car crashed into the wall** das Au-to knallte gegen die Wand; **to crash a plane** ein Flugzeug zum Absturz bringen, eine Bruchlandung machen ❹ *Firma:* Pleite ma-chen; *Börse:* zusammenbrechen

**crash** [kræʃ] <*plural* crashes> ❶ das Krachen, der Krach; **with a crash** mit einem Krach ❷ der Unfall; *eines Flugzeugs:* der Absturz; **a car crash** ein Autounfall, ein Zusammenstoß ❸ *von Computer:* der Programmabsturz, der Systemabsturz ❹ *einer Firma:* der Zusammen-bruch; (*an der Börse*) der Crash

**crash bar·ri·er** die Leitplanke

**crash course** der Intensivkurs

**crash diet** die radikale Abmagerungskur, die Crashdiät

**crash hel·met** der Sturzhelm

to **crash-land** [,kræʃ'lænd] bruchlanden

**crash-land·ing** [,kræʃ'lændɪŋ] die Bruchlan-dung

**crate** [kreɪt] die Kiste

**cra·ter** ['kreɪtə'] der Krater

to **crawl** [krɔːl] ❶ (*auch übertragen*) kriechen (**to** vor); *Kind:* krabbeln ❷ wimmeln (**with** von) ❸ *Haut:* kribbeln ❹ (*Schwimmen*) kraulen ❺ *Auto:* im Schneckentempo fahren

**crawl** [krɔːl] ❶ das Kriechen ❷ *Auto:* **to go at a crawl** im Schneckentempo fahren

**crawl·er** ['krɔːlə'] ❶ das Krabbelkind ❷ (*ab-wertend umgangsspr*) der Kriecher/die Krie-cherin

**crawl·er lane** (*umgangsspr*) die Kriechspur

**cray·on** ['kreɪən] der Zeichenstift, der Pastell-stift

**craze** [kreɪz] die Manie, die fixe Idee; **the latest craze** der letzte Schrei

**crazy** ['kreɪzɪ] ❶ verrückt (**with** vor, **about** nach); **to drive [*oder* send] someone crazy** jemanden wahnsinnig machen; **to go crazy** verrückt werden ❷ versessen (**about** auf), wild (**about** nach)

to **creak** [kriːk] *Holz:* knarren; *Tür:* quietschen

**cream¹** [kriːm] ❶ die Sahne, der Rahm ❷ die Creme ❸ die Hautcreme ❹ (*übertragen*) **the cream** die Besten, die Elite

**cream²** [kriːm] cremefarben

to **cream** [kriːm] ❶ schaumig rühren *Eier, Butter* ❷ pürieren *Kartoffeln* ❸ eincremen *Haut*

**cream cheese** der Frischkäse

**creamy** ['kriːmɪ] ❶ cremefarben ❷ *Kuchen:* cremig

**crease** [kriːs] die Falte; *im Hut:* der Kniff

to **crease** [kriːs] zerknittern

to **cre·ate** [kriː'eɪt] ❶ [er]schaffen, ins Leben ru-fen ❷ verursachen; **to create difficulties** Schwierigkeiten machen ❸ **to create [a fuss]** Theater/Tamtam machen (**about** um)

**crea·tion** [kriː'eɪʃn] ❶ die [Er]schaffung ❷ das Werk, die Kreation, die Modeschöpfung ❸ *von Verwirrung, Lärm:* die Verursachung

**4 the Creation** die Schöpfung

**crea·tive** [kri:'eɪtɪv] kreativ, schöpferisch

**crea·tor** [kri:'eɪtəʳ] der Schöpfer/die Schöpferin

**crea·ture** ['kri:tʃəʳ] das Geschöpf, die Kreatur; **living creature** das Lebewesen

**crèche** [kreɪʃ] der Kinderhort

**cre·den·tials** [krɪ'denʃlz] *plural* 1 die Referenzen 2 die [Ausweis]papiere

**cred·ibil·ity** [ˌkredɪ'bɪlətɪ] die Glaubwürdigkeit

**cred·it** ['kredɪt] 1 (*auf Bankkonto*) das Guthaben, das Haben 2 (*Wirtschaft*) der Kredit; **on credit** auf Kredit 3 die Anerkennung; **to take the credit for something** die Lorbeeren für etwas ernten; **to give someone credit for something** jemandem etwas zutrauen/zuschreiben, jemandem etwas zugute halten 4 die Ehre; **to someone's credit** zu jemandes Ehre; **to do** [*oder* **be a**] **credit to someone/something** jemandem/etwas Ehre machen; **credit where credit is due** Ehre, wem Ehre gebührt

to **cred·it** ['kredɪt] 1 **to credit someone/something** jemandem/etwas glauben; **I wouldn't have credited it!** das hätte ich nicht gedacht! 2 **to credit someone with something** jemandem etwas zutrauen 3 (*finanziell*) gutschreiben; **to credit £50 to someone** jemandem £50 gutschreiben

**cred·it card** die Kreditkarte

**cred·it lim·it** die Kredit[höchst]grenze

**cred·it note** 🆖 die Gutschrift

**cred·itwor·thy** kreditwürdig

**creep** [kri:p] 1 **he's a real creep** (*umgangsspr*) er ist ein widerlicher Typ 2 **it gave me the creeps** dabei lief es mir eiskalt den Rücken runter

to **creep** [kri:p] <crept, crept> 1 (*auch übertragen*) schleichen, kriechen 2 **it makes my flesh creep** da bekomme ich eine Gänsehaut

◆ to **creep in** sich hineinschleichen; *Problem, Fehler:* sich einschleichen

◆ to **creep up** 1 *Preise:* [an]steigen 2 *Person:* **to creep up** [**on somebody**] sich [an jemanden] anschleichen

**creepy** ['kri:pi] (*umgangsspr*) grus[e]lig, schaurig

to **cre·mate** [krɪ'meɪt] einäschern *Leiche*

**cre·ma·tion** [krɪ'meɪʃn] die Einäscherung

**crema·to·rium** [ˌkremə'tɔːrɪəm] <*plural* crematoriums *oder* crematoria>, **crema·tory** ['kri:mətɔːri] 🇺🇸 das Krematorium

**crept** [krept] *2. und 3. Form von* **creep**

**cres·cent** ['kreznt] die Mondsichel, der Halbmond

**crest** [krest] 1 *von Hühnern:* der Kamm 2 das Wappen 3 **crest of a hill** der Bergkamm, der Bergrücken

**Creutzfeldt-Jakob dis·ease** [ˌkrɔɪtsfelt-'jækɒb-] das Creutzfeldt-Jakob-Syndrom

**crew** [kru:] *mit Singular oder Plural* 1 *von Schiff:* die Besatzung, die Mannschaft 2 (*Sport*) die Mannschaft

**crew cut** der Bürstenschnitt

**crib** [krɪb] 1 die Krippe 2 🇺🇸 das Kinderbett 3 (*umgangsspr*) der Spickzettel

to **crib** [krɪb] <cribbed, cribbed> abschreiben, spicken

**crick·et** ['krɪkɪt] 1 die Grille 2 (*Sport*) das Kricket

**crime** [kraɪm] 1 das Verbrechen 2 (*übertragen*) die Sünde, die Schande

**crimi·nal¹** ['krɪmɪnl] 1 verbrecherisch, kriminell, strafbar 2 (*übertragen umgangsspr*) schändlich

**crimi·nal²** ['krɪmɪnl] der Verbrecher/die Verbrecherin

**crim·son** ['krɪmzn] purpurrot, blutrot

to **crin·kle** ['krɪŋkl] [zer]knittern; *Kleid, Papier:* knittern

**crin·kle** ['krɪŋkl] die [Knitter]falte

**crip·ple** ['krɪpl] der Krüppel

to **crip·ple** ['krɪpl] 1 **to cripple someone** jemanden zum Krüppel machen 2 (*übertragen*) lahmlegen

**cri·ses** ['kraɪsiːz] *Pluralform von* **crisis**

**cri·sis** ['kraɪsɪs] <*plural* crises> die Krise

**crisp¹** [krɪsp] 1 *Gebäck:* knusprig; *Obst, Gemüse:* knackig 2 *Luft:* frisch 3 *Bemerkung:* knapp; *Art:* forsch

**crisp²** [krɪsp] 🆖 der Kartoffelchip

**crisp·bread** das Knäckebrot

**crispy** ['krɪspi] knusp[e]rig

**crit·ic** ['krɪtɪk] der Kritiker/die Kritikerin

**criti·cal** ['krɪtɪkl] 1 kritisch, bedenklich 2 *Augenblick:* entscheidend

**criti·cism** ['krɪtɪsɪzəm] die Kritik (**of** an/über)

to **criti·cize** ['krɪtɪsaɪz] 1 **to criticize someone** jemanden kritisieren (**for** wegen) 2 **to criticize something** sich kritisch über etwas äußern

to **croak** [krəʊk] 1 *Frosch:* quaken 2 *Rabe, Person:* krächzen

**crock·ery** ['krɒkərɪ] das Geschirr

**croco·dile** ['krɒkədaɪl] das Krokodil

**crook** [krʊk] 1 (*umgangsspr*) der Schwindler, der Gauner 2 **crook of one's arm** die Armbeuge

**crooked – cruise** 108

**crook·ed** [ˈkrʊkɪd] ❶ gekrümmt, schief ❷ *Weg:* krumm ❸ betrügerisch

**crop** [krɒp] ❶ die Feldfrüchte, das Getreide; **to bring the crop[s] in** die Ernte einbringen ❷ der Ertrag; **a good crop of apples** eine gute Apfelernte
◆ **to crop up** auftauchen

**crop top** das bauchfreie Top

**cross**[1] [krɒs] ❶ das Kreuz; **the sign of the Cross** das Kreuzzeichen ❷ (*übertragen*) **to have one's cross to bear** sein Kreuz tragen müssen

**cross**[2] [krɒs] sauer, böse

to **cross** [krɒs] ❶ kreuzen, überqueren; **to cross the road** über die Straße gehen; **the bridge crosses the river** die Brücke führt über den Fluss ❷ **to cross one's arms** die Arme verschränken; **to cross one's legs** die Beine übereinanderschlagen; **I'll keep my fingers crossed!** (*übertragen*) ich drücke dir die Daumen! ❸ sich bekreuzigen; **cross your heart!** Hand aufs Herz! ❹ (*mit Stift*) ankreuzen ❺ durchkreuzen, vereiteln *Plan* ❻ **it crossed my mind that ...** es ist mir eingefallen, dass ... ▸ WENDUNGEN: **don't cross your bridges until you come to them** lass die Probleme auf dich zukommen
◆ **to cross off**, to **cross out** to **cross something off** etwas streichen; (*übertragen*) etwas abhaken

**cross·bar** die Querlatte; *im Fußball:* die Torlatte

**cross-channel** Kanal-

**cross-coun·try** [ˌkrɒsˈkʌntrɪ] ❶ **cross-country skiing** der Skilanglauf ❷ querfeldein

**cross-ex·ami·na·tion** das Kreuzverhör

to **cross-ex·am·ine** to **cross-examine someone** jemanden ins Kreuzverhör nehmen

**cross-eyed** [ˈkrɒsaɪd] schielend; **to be cross-eyed** schielen

**cross·fire** *kein Plural* das Kreuzfeuer; (*übertragen*) **to be caught in the crossfire** ins Kreuzfeuer geraten

**cross-gen·era·tion·al** [ˌkrɒsdʒenəˈreɪʃ ͤnͤl] für alle Altersgruppen; **will it have cross-generational appeal?** wird es alle Altersgruppen ansprechen?

**cross·ing** [ˈkrɒsɪŋ] ❶ die Überquerung; (*mit einem Schiff*) die Überfahrt ❷ *einer Straße, Bahn:* die Kreuzung; (*für Fußgänger*) der Übergang

**cross-legged** [ˌkrɒsˈlegd, -ˈlegɪd] mit gekreuzten Beinen; **to sit cross-legged** im Schneidersitz [da]sitzen

**cross·over** ❶ der Übergang; (*Fahrplan*) die

Gleisverbindung ❷ (*Stil*) der [Stil]mix

**cross-ref·er·ence** der Verweis

**cross·roads** [ˈkrɒsrəʊdz] <*plural* crossroads> ❶ die Wegkreuzung, die Straßenkreuzung ❷ (*übertragen*) der Scheideweg

**cross·walk** (USA) der Fußgängerüberweg

**cross·word** [ˈkrɒswɜːd], **cross·word puz·zle** [ˈkrɒswɜːd pʌzl] das Kreuzworträtsel

**crotch·et** [ˈkrɒtʃɪt] die Viertelnote

to **crouch** [kraʊtʃ] to **crouch [down]** kauern, sich [nieder]kauern

**crow** [krəʊ] die Krähe

to **crow** [krəʊ] ❶ *Hahn, Baby:* krähen ❷ jubeln (**over** über) ❸ (*abwertend*) **stop crowing about it!** hör auf damit anzugeben!

**crowd** [kraʊd] ❶ die [Menschen]menge, die Menschenmasse; (*Sport*) die Zuschauermenge ❷ das Gedränge, das Gewühl ❸ **to go with the crowd** mit der Herde laufen

to **crowd** [kraʊd] ❶ *Menschen:* sich drängen; **to be crowded with** wimmeln von; **to crowd round something** sich um etwas herumdrängen; **they crowded into the tent** sie drängten sich in das Zelt ❷ *die Straße, einen Platz:* bevölkern

**crowd·ed** [kraʊdɪd] gedrängt, überfüllt (**with** von); **crowded to capacity** bis auf den letzten Platz gefüllt

**crown** [kraʊn] ❶ die Krone; **the Crown** der König, die Königin ❷ der Siegerkranz ❸ die [Zahn]krone

to **crown** [kraʊn] ❶ **to crown someone** jemanden krönen; **to crown someone king/queen** jemanden zum König/zur Königin krönen ❷ mit einer Krone versehen *Zahn* ❸ (*übertragen*) **to crown it all** um der Sache die Krone aufzusetzen

**crown jew·els** *plural* die Kronjuwelen

**crown prince** der Kronprinz

**cru·cial** [ˈkruːʃl] entscheidend; **at the crucial moment** im entscheidenden Augenblick

**cru·ci·fix** [ˌkruːsɪˈfɪks] das Kruzifix

**cru·ci·fix·ion** [ˌkruːsɪˈfɪkʃn] die Kreuzigung

to **cru·ci·fy** [ˈkruːsɪfaɪ] **to crucify someone** jemanden kreuzigen; (*übertragen*) jemanden fertigmachen

**crude** [kruːd] ❶ roh ❷ *Mensch:* grob, ungehobelt ❸ *Witz, Bemerkung:* geschmacklos

**cru·el** [krʊəl] ❶ grausam; *Mensch auch:* herzlos (**to** gegen) ❷ *Entscheidung, Umstände:* unbarmherzig

**cru·el·ty** [ˈkrʊəltɪ] die Grausamkeit; **cruelty to animals** die Tierquälerei

to **cruise** [kruːz] ❶ eine Kreuzfahrt machen, kreuzen ❷ *Auto:* mit Reisegeschwindigkeit fahren

**cruise** [kru:z] die Kreuzfahrt, die Schiffsreise

**cruis·ing** ['kru:zɪŋ] Ⓤ das Herumfahren

**crumb** [krʌm] ❶ der Krümel, die Krume ❷ (*übertragen*) **a crumb of** ein bisschen ..., ein wenig ...

to **crum·ble** ['krʌmbl] ❶ *Brot, Gebäck:* zerkrümeln, zerbröckeln ❷ *Gebäude:* zerfallen, verfallen

**crum·bly** ['krʌmbli] krümelig; *Gestein:* bröck[e]lig

**crum·my** ['krʌmi] (*umgangsspr*) mies

to **crum·ple** ['krʌmpl] ❶ zerknittern *Kleid;* eindrücken *Auto* ❷ (*umgangsspr*) **to crumple [up]** *Mensch:* zusammenbrechen

to **crunch** [krʌntʃ] ❶ knabbern *Nüsse, Äpfel* ❷ *Schnee, Kies:* knirschen

**crunch** [krʌntʃ] ❶ das Krachen ❷ (*umgangsspr*) **when it comes to the crunch** wenn es darauf ankommt

**crush** [krʌʃ] ❶ das Gedränge ❷ (*umgangsspr*) die Schwärmerei; **to have a crush on someone** (*umgangsspr*) in jemanden verknallt sein

to **crush** [krʌʃ] ❶ zerdrücken, zerquetschen ❷ zerstoßen *Eis* ❸ zerknittern *Kleid* ❹ (*übertragen*) zerstören; vernichten *Feind;* unterdrücken *Menschen;* zunichtemachen *Hoffnung*

◆to **crush up** zusammenquetschen; zerstoßen *Gewürze*

**crush·ing** ['krʌʃɪŋ] niederschmetternd; **crushing blow** ein vernichtender Schlag

**crust** [krʌst] die [Brot]kruste, die Rinde

**crusty** ['krʌsti] *Brot:* knusprig

**crutch** [krʌtʃ] (*auch übertragen*) die Krücke; **to be on crutches** an Krücken gehen

**cry** [kraɪ] ❶ der Schrei, der Ruf; **cry for help** der Hilfeschrei ❷ das Weinen, das Heulen; **to have a good cry** sich ausweinen

to **cry** [kraɪ] ❶ schreien, rufen; **to cry for help** nach Hilfe schreien ❷ weinen, heulen; **to cry one's eyes [oder heart] out** sich die Augen aus dem Kopf weinen

◆to **cry out** ❶ aufschreien; **to cry out for help** nach Hilfe schreien ❷ **it's crying out for ...** es schreit nach ...

**cry·ing**[1] ['kraɪɪŋ] (*übertragen*) dringend; **it is a crying shame** es ist eine wahre Schande

**cry·ing**[2] ['kraɪɪŋ] das Weinen, das Schreien

**crys·tal** ['krɪstl] der Kristall

**cub** [kʌb] ❶ *eines Raubtiers:* das Junge ❷ (*Pfadfinder*) der Wölfling

**cube** [kju:b] ❶ der Würfel; **ice cube** der Eiswürfel; **sugar cube** der Zuckerwürfel, das Stück Würfelzucker ❷ (*Mathematik*) die Kubikzahl; **cube root** die Kubikwurzel

to **cube** [kju:b] ❶ würfeln, in Würfel schneiden *Fleisch, Kartoffeln* ❷ (*Mathematik*) in die dritte Potenz erheben

**cub·ic** ['kju:bɪk] Kubik-; **cubic metre** das Kubikmeter

**cu·bi·cle** ['kju:bɪkl] die Kabine

**cuckoo** ['kʊku:] der Kuckuck

**cuckoo clock** die Kuckucksuhr

**cu·cum·ber** ['kju:kʌmbəʳ] die [Salat]gurke

to **cud·dle** ['kʌdl] ❶ liebkosen; **to cuddle someone** mit jemandem schmusen ❷ schmusen

**cud·dle** ['kʌdl] die Umarmung; **to give someone a cuddle** jemanden umarmen, mit jemandem schmusen

**cue** [kju:] ❶ der Wink, der Hinweis; (*Theater*) das Stichwort; (*Musik*) der Einsatz ❷ der Billardstock, das Queue ▸WENDUNGEN: **to take one's cue from someone** sich nach jemandem richten

**cuff** [kʌf] ❶ die Manschette ❷ Ⓤ der Hosenaufschlag ❸ **cuffs** *plural* die Handschellen ▸WENDUNGEN: **off the cuff** aus dem Stegreif

to **cuff** [kʌf] **to cuff someone** jemanden ohrfeigen

**cuff-link** ['kʌflɪŋk] der Manschettenknopf

**cul-de-sac** ['kʌldəsæk] <*plural* cul-de-sacs *oder* culs-de-sac> (*auch übertragen*) die Sackgasse

**cul·prit** ['kʌlprɪt] der/die Schuldige; (*humorvoll*) der Missetäter/die Missetäterin

to **cul·ti·vate** ['kʌltɪveɪt] ❶ bestellen *Feld* ❷ anbauen *Getreide, Obst* ❸ (*übertragen*) kultivieren, pflegen *Freundschaft;* entwickeln *Fähigkeit*

**cul·tur·al** ['kʌltʃərəl] kulturell

**cul·ture** ['kʌltʃəʳ] ❶ die Kultur, die Bildung; **culture shock** der Kulturschock ❷ (*Biologie*) die [Bakterien]kultur

**cul·tured** ['kʌltʃəd] ❶ gebildet, kultiviert ❷ gezüchtet; **cultured pearl** die Zuchtperle

**cu·mu·la·tive** ['kju:mjələtɪv] kumulativ; **cumulative total** der Gesamtbetrag

**cun·ning** ['kʌnɪŋ] schlau, listig; (*umgangsspr*) gerissen

**cup** [kʌp] ❶ die Tasse ❷ (*Sport, Wettbewerb*) der Pokal ❸ **that's not my cup of tea** (*umgangsspr*) das ist nicht gerade mein Fall

**cup·board** ['kʌbəd] der Schrank

**cup fi·nal** das Pokalendspiel, das Cupfinale

**cup·pa** ['kʌpə] (*umgangsspr*) **a cuppa** eine Tasse Tee

**cup tie** das Pokalspiel

**cup win·ner** der Pokalsieger/die Pokalsiegerin

**cur·able** ['kjʊərəbl] heilbar

to **curb** [kɜːb] zügeln; senken *Ausgaben;* bremsen *Inflation*

**curb** [kɜːb] ❶ die Beschränkung; **to keep a curb on something** etwas im Zaum halten; **to put a curb on something** etwas zügeln ❷ USA der Randstein

**curd cheese** [ˌkɜːdˈ-] *kein Plural* GB der Quark

**cure** ['kjʊəʳ] ❶ die Heilung, der Heilungsprozess, das Heilmittel, das Heilverfahren; (*übertragen*) das Mittel (**for** gegen); **there is no cure for that** es gibt kein Mittel dagegen ❷ die Kur, die Behandlung; **to take a cure at a spa** zur Kur gehen

to **cure** ['kjʊəʳ] ❶ heilen ❷ (*übertragen*) **to cure something** einer Sache abhelfen ❸ pökeln, einsalzen, räuchern *Lebensmittel*

**cur·few** ['kɜːfjuː] die Ausgangssperre, das Ausgehverbot

**cu·ri·os·ity** [ˌkjʊərɪˈɒsətɪ] ❶ die Neugier[de], der Wissensdurst ❷ die Seltenheit, die Rarität

**cu·ri·ous** ['kjʊərɪəs] ❶ neugierig, wissbegierig ❷ seltsam, eigenartig ❸ (*umgangsspr*) komisch

**curl** [kɜːl] (*im Haar*) die Locke

to **curl** [kɜːl] ❶ **to curl one's hair** die Haare in Locken legen; **to curl one's lip** die Lippen kräuseln ❷ *Haare:* sich locken, sich kräuseln
◆ to **curl up** ❶ **to curl up** *Insekt, Blatt:* [sich] zusammenrollen ❷ **to curl up laughing** Tränen lachen

**curl·er** ['kɜːləʳ] der Lockenwickler

**curly** ['kɜːlɪ] *Haar:* lockig, wellig; *Salat, Blatt:* kraus

**cur·rant** ['kʌrənt] die Korinthe

**cur·ren·cy** ['kʌrənsɪ] die Währung; **foreign currency** die Devisen

**cur·rent**[1] ['kʌrənt] ❶ *Monat, Jahr:* laufend; *Noten, Münzen:* im Umlauf befindlich; *Idee, Meinung:* verbreitet ❷ aktuell; **current affairs** *plural* die Tagespolitik

**cur·rent**[2] ['kʌrənt] ❶ (*Fluss, Luft*) die Strömung; **air current** der Luftzug; **to swim with/against the current** (*auch übertragen*) mit dem/gegen den Strom schwimmen ❷ (*Elektrizität*) der Strom

**cur·rent ac·count** das Girokonto

**cur·rent·ly** ['kʌrʳntlɪ] zur Zeit

**cur·ricu·lum** [kəˈrɪkjʊləm, *plural* kəˈrɪkjʊlə] <*plural* curricula> der Studienplan, der Lehrplan

**cur·ricu·lum vi·tae** [kəˈrɪkjʊləm ˈviːtaɪ] <*plural* curriculum vitaes *oder* curricula vitae> der Lebenslauf

**cur·ry** ['kʌrɪ] der/das Curry; **curry powder** das Currypulver

**curse** [kɜːs] ❶ der Fluch; **to be under a curse** unter einem Fluch stehen ❷ die Verwünschung, der Fluch

to **curse** [kɜːs] ❶ verfluchen, verdammen ❷ fluchen ❸ **cursed with noisy neighbours** mit lauten Nachbarn gestraft

**cur·sor** ['kɜːsəʳ] der Cursor

**cur·tain** ['kɜːtn] ❶ die Gardine, der Vorhang; **to draw the curtains** die Vorhänge zuziehen/aufziehen ❷ (*im Theater*) **the curtain rises/falls** der Vorhang geht auf/fällt

**curve** [kɜːv] ❶ (*auch Mathematik*) die Kurve ❷ (*von Fluss*) die Biegung, die Krümmung

to **curve** [kɜːv] sich krümmen; *Straße, Fluss:* eine Biegung machen

**cush·ion** ['kʊʃn] das Kissen, das Polster

to **cush·ion** ['kʊʃn] ❶ (*übertragen*) schützen ❷ [ab]federn, abfangen *Fall, Stoß*

**cushy** ['kʊʃɪ] (*abwertend umgangsspr*) bequem; *Job:* ruhig

**cus·tard** ['kʌstəd] die Vanillesoße

**cus·to·dy** ['kʌstədɪ] ❶ (*für ein Kind*) das Sorgerecht ❷ die Haft; **to take someone into custody** jemanden verhaften ❸ die Obhut, die Verwahrung

**cus·tom** ['kʌstəm] ❶ die Sitte, der Brauch ❷ die Angewohnheit; **as was his custom** wie er es gewohnt war ❸ die Kundschaft, der Kundenkreis

**cus·tom·ary** ['kʌstəmʳrɪ] üblich

**cus·tom·er** ['kʌstəməʳ] ❶ der Kunde/die Kundin; **regular customer** der Stammkunde/die Stammkundin ❷ **a queer customer** (*umgangsspr*) ein komischer Kauz

**cus·tom·er ser·vice** *meist plural* der Kundendienst

**cus·toms** ['kʌstəmz] *plural* der Zoll; **to clear customs** den Zoll passieren

**cus·toms clear·ance** die Zollabfertigung

**cus·toms dec·la·ra·tion** die Zollerklärung

**cus·toms of·fic·er** der Zollbeamter/die Zollbeamtin

**cut**[1] [kʌt] ❶ der Schnitt; **she had a cut on her forehead** sie hatte eine Schnittwunde auf der Stirn ❷ (*beim Frisör*) der Haarschnitt; **to cut and blow-dry** Waschen, Schneiden, Fönen ❸ **cut of meat** das [Fleisch]stück; **cold cuts** der Aufschnitt ❹ *von Gehalt, Leistungen:* die Kürzung; **cut in prices** die Preissenkung ► WENDUNGEN: **she's a cut above the rest** sie ist den anderen um einiges überlegen

**cut²** [kʌt] **①** geschnitten; **cut flowers** die Schnittblumen **②** (*übertragen*) reduziert, gekürzt; **cut-price goods** Waren zu herabgesetzten Preisen

to **cut** [kʌt] <cut, cut> **①** schneiden; *Wind auch:* pfeifen (**through** durch); **she cut her finger** sie hat sich in den Finger geschnitten; **to have one's hair cut** sich die Haare schneiden lassen; **to cut something in two** [*oder* **in half**] etwas halbieren; **to cut something to pieces** etwas zerstückeln [*oder* in Stücke schneiden] **②** mähen *Gras* **③** hacken, spalten *Holz* **④** zuschneiden *Stoff;* schneiden *Film;* **cut!** Schnitt! **⑤** abheben *Karten* **⑥** kürzen *Gehalt;* herabsetzen, reduzieren *Preise* **⑦** (*umgangsspr*) **to cut school** die Schule schwänzen **⑧** (*slang*) Schluss machen, aufhören mit **⑨** **to cut a tooth** zahnen ▸ WENDUNGEN: **to cut corners** einsparen (**on** bei); **he cut me dead** er hat mich wie Luft behandelt; **to cut and run** (*umgangsspr*) abhauen
◆ to **cut across** **the street** über die Straße laufen, die Straße überqueren ▸ WENDUNGEN: **to cut across someone** jemandem widersprechen
◆ to **cut away** wegschneiden, abschneiden
◆ to **cut back** **①** kürzen *Lohn;* **we'll have to cut back on our spending** wir müssen unsere Ausgaben einschränken **②** zurückschneiden, beschneiden *Baum, Hecke*
◆ to **cut down** **①** fällen *Baum* **②** verringern, kürzen *Ausgaben;* **to cut the costs down** die Kosten senken; **to cut down on the work** bei der Arbeit kürzer treten; **you should cut down on smoking** du solltest weniger rauchen ▸ WENDUNGEN: **to cut someone down to size** jemanden auf seinen Platz verweisen
◆ to **cut in** **①** unterbrechen; **don't cut in on me!** unterbrich mich nicht! **②** *Autofahrer:* nach dem Überholen zu rasch einbiegen; **to cut in in front of someone** jemanden schneiden **③** *Maschine:* sich einschalten
◆ to **cut into** **①** anschneiden *Torte, Braten* **②** sich einschalten in *Gespräch* **③** (*übertragen*) angreifen *Reserven*
◆ to **cut off** **①** abschneiden, abhauen, abtrennen **②** abschneiden *Weg;* **to be cut off by the snow** durch den Schnee abgeschnitten sein **③** unterbrechen *Telefongespräch;* **he was cut off in the middle of a sentence** er wurde mitten im Satz unterbrochen **④** abstellen *Gas, Strom* **⑤** **to cut someone off** jemanden enterben
◆ to **cut out** **①** ausschneiden; **she cut the picture out** sie schnitt das Bild aus **②** (*übertragen*) streichen, weglassen, auslassen; **to cut out drinking/smoking** das Trinken/Rauchen aufgeben; **cut it out!** hör auf damit!; **to cut out the boring part** den langweiligen Teil weglassen **③** zuschneiden *Stoff* **④** *Motor:* aussetzen ▸ WENDUNGEN: **to be cut out for something** für etwas geschaffen sein; **to have one's work cut out** alle Hände voll zu tun haben
◆ to **cut short** **①** abkürzen, unterbrechen *Weg* **②** plötzlich beenden *Reise, Urlaub*
◆ to **cut up** **①** zerschneiden *Essen, Papier;* zerlegen *Fleisch* **②** **she was very cut up about the situation** die Situation hat sie sehr mitgenommen

**cut·back** ['kʌtbæk] *von Personal:* die Kürzung, die Verminderung; *von Ausgaben:* die Einschränkung

**cute** [kju:t] <cuter, cutest> (USA) (*umgangsspr*) süß, niedlich; *Person:* hübsch

**cut-glass** (*übertragen*) *Aussprache, Stimme:* kristallklar

**cut·lery** ['kʌtlərɪ] das Besteck

**cut·let** ['kʌtlɪt] **①** das Schnitzel; (*aus Hackfleisch*) das Hacksteak **②** (*vegetarisch*) der Bratling

**cut-price at cut-price** zu Schleuderpreisen

**cut-rate** verbilligt

**cut-throat** mörderisch, gnadenlos

**cut·ting¹** ['kʌtɪŋ] **①** (GB) der [Zeitungs]ausschnitt **②** *von Pflanzen:* der Ableger

**cut·ting²** ['kʌtɪŋ] **①** *Kälte, Wind:* schneidend **②** (*übertragen*) *Bemerkung:* beißend, verletzend ▸ WENDUNGEN: **to be at the cutting edge of something** in etwas führend sein

**cuz** [kəz] (USA) (*slang*) *kurz für* **because** weil

**CV** [si:'vi:] *Abkürzung von* **curriculum vitae** der Lebenslauf

**cy·ber-** ['saɪbə] Cyber-, Internet-

**cy·ber·beg·ging** *kein Plural, ohne Artikel* das Betteln im Internet

**cy·ber·cafe** ['saɪbəkæfeɪ] das Internetcafé

**cy·ber·pet** ['saɪbəpet] das virtuelle Haustier

**cy·cle** ['saɪkl] **①** der Kreislauf, der Zyklus **②** die Periode **③** (*umgangsspr*) das Fahrrad

to **cy·cle** ['saɪkl] Rad fahren, radeln

**cy·cling** ['saɪklɪŋ] das Radfahren; **cycling shorts** die Radlerhose

**cy·clist** ['saɪklɪst] der Radfahrer/die Radfahrerin

**cyl·in·der** ['sɪlɪndə'] der Zylinder

**cym·bal** ['sɪmbᵊl] *meist plural* der Beckenteller; **cymbals** die Becken

**Czech¹** [tʃek] tschechisch

**Czech² [tʃek] ❶** (*Person*) der Tscheche/die Tschechin **❷** (*Sprache*) Tschechisch, das Tschechische

**Czecho·slo·va·kia** [ˌtʃekə(ʊ)slə(ʊ)'vækiə] *kein Plural* (*historisch*) die Tschechoslowakei

**Czech Re·pub·lic** die Tschechische Republik

# D

**D** <*plural* D's *oder* Ds>, **d** [diː] <*plural* d's> **❶** D, d **❷** (*Schulnote*) ausreichend

to **dab** [dæb] <dabbed, dabbed> **❶** leicht berühren **❷** he dabbed the wound with a cloth er betupfte die Wunde mit einem Tuch

**dab** [dæb] a dab of ice cream/sauce ein bisschen Eis/Soße

**dachs·hund** ['dæksᵊnd] der Dackel, der Dachshund

**dad** ['dæd] (*umgangsspr*) der Papa, der Papi; my dad's a computer specialist mein Vater ist EDV-Spezialist

**dad·dy** ['dædi] der Papi, der Papa

**daf·fo·dil** ['dæfədɪl] die Narzisse, die Osterglocke

**daft** [dɑːft] (*umgangsspr*) dumm, blöd; don't be daft! red kein dummes Zeug!

**dag·ger** ['dægəʳ] der Dolch ▸ WENDUNGEN: to look daggers at someone jemanden mit Blicken durchbohren

**dai·ly¹** ['deɪli] täglich

**dai·ly²** ['deɪli] (*Zeitung*) die Tageszeitung

**dairy** ['deərɪ] **❶** (*Fabrik*) die Molkerei **❷** (*Geschäft*) das Milchgeschäft

**dairy cat·tle** *plural* das Milchvieh

**dairy pro·duce** die Milchprodukte

**dai·sy** ['deɪzi] das Gänseblümchen ▸ WENDUNGEN: to push up the daisies (*slang*) die Radieschen von unten angucken; as fresh as a daisy taufrisch

**dam** [dæm] der Staudamm, die Talsperre ♦ to **dam up ❶** stauen *Fluss* **❷** (*übertragen*) aufstauen

**dam·age** ['dæmɪdʒ] **❶** der Schaden **❷** damages ⚠ *plural* der Schadenersatz; to sue for damages auf Schadenersatz klagen ▸ WENDUNGEN: what's the damage? (*umgangsspr*) was kostet der Spaß?

to **dam·age** ['dæmɪdʒ] beschädigen *Gegenstand*; schaden *Ruf, Gesundheit*; smoking

damages your health das Rauchen schadet der Gesundheit

to **damn** [dæm] **❶** to damn something etwas verurteilen; verreißen *Buch, Film* **❷** to damn someone jemanden verdammen

**damn¹** [dæm] I don't give a damn das ist mir piepegal; he doesn't give a damn er schert sich den Teufel [darum]

**damn²** [dæm] (*slang*) verdammt; damn! verdammt!; damn fool der Vollidiot; the damn thing won't work! das verfluchte Ding funktioniert nicht!

**dam·na·tion** [dæm'neɪʃn] die Verdammung

**damned** [dæmd] **❶** (*umgangsspr*) verdammt **❷** you're damned right! (*umgangsspr*) da hast du völlig recht!

**damp¹** [dæmp] feucht

**damp²** [dæmp] die Feuchtigkeit

to **damp** [dæmp] anfeuchten, befeuchten

to **damp·en** ['dæmpən] **❶** to dampen a cloth ein Tuch anfeuchten **❷** drosseln, dämpfen *Begeisterung*

to **dance** [dɑːns] **❶** tanzen; would you like to dance [with me]? möchtest du [mit mir] tanzen? **❷** hüpfen; to dance for [*oder* with] joy vor Freude tanzen

**dance** [dɑːns] **❶** der Tanz **❷** there's a dance on at the town hall this evening heute Abend findet eine Tanzveranstaltung in der Stadthalle statt

**danc·er** ['dɑːnsəʳ] der Tänzer/die Tänzerin

**danc·ing** [dɑːnsɪŋ] das Tanzen

**dan·de·lion** ['dændɪlaɪən] der Löwenzahn

**dan·druff** ['dændrʌf] die Schuppen

**Dane** [deɪn] der Däne/die Dänin

**dan·ger** ['deɪndʒəʳ] die Gefahr (to für); caution, danger! Achtung, Lebensgefahr!; in danger in Gefahr; out of danger außer Gefahr; to be a danger to someone eine Gefahr für jemanden darstellen; to be in danger of losing Gefahr laufen zu verlieren

**dan·ger·ous** ['deɪndʒərəs] gefährlich; it's too dangerous to cross the road here es ist zu gefährlich, hier über die Straße zu gehen

**dan·ger zone** die Gefahrenzone

to **dan·gle** ['dæŋgl] **❶** baumeln **❷** baumeln lassen **❸** (*übertragen*) to dangle something in front of someone jemandem etwas in Aussicht stellen

**Dan·ish¹** ['deɪnɪʃ] dänisch

**Dan·ish²** ['deɪnɪʃ] Dänisch, das Dänische

**Dan·ish pas·try** das Blätterteiggebäck

**Dan·ube** ['dænjuːb] die Donau

to **dare** [deəʳ] **❶** es wagen, sich trauen; don't

**you dare!** untersteh dich!; **how dare you behave like that!** wie wagst du es, dich so zu benehmen!; **we wouldn't have dared to do that** wir hätten es nicht gewagt, so etwas zu tun ❷ herausfordern; **go on, I dare you to do it!** na los, mach schon! sei kein Feigling! ❸ **I dare say** [*oder* **daresay**] ich könnte mir denken, vermutlich

**dare** [deə\*] die Herausforderung; **to do something for a dare** etwas als Mutprobe tun

**dar·ing**[1] ['deərɪŋ] ❶ *Tat:* kühn, gewagt; *Mensch:* kühn ❷ *Kleidung:* gewagt

**dar·ing**[2] ['deərɪŋ] der Wagemut

**dark**[1] [dɑːk] ❶ dunkel, finster; **be home before it gets dark** sei vor Einbruch der Dunkelheit zu Hause ❷ *Farbe, Haut, Haare:* dunkel; **dark blue** dunkelblau ❸ (*von Laune*) mutlos, niedergeschlagen ❹ *Gedanke:* finster; *Stimmung, Aussichten:* düster; **he gave her a dark look** er sah sie finster an ❺ (*übertragen*) verborgen, versteckt; **to be a dark horse** ein stilles Wasser sein

**dark**[2] [dɑːk] ❶ (*Nacht*) die Dunkelheit, die Finsternis; **before dark** vor Einbruch der Dunkelheit; **after dark** nach Einbruch der Dunkelheit ❷ (*übertragen*) das Dunkel; **to be in the dark about something** keine Ahnung von etwas haben

to **dark·en** ['dɑːkən] ❶ dunkel machen *Farbe* ❷ verdunkeln, abdunkeln *Raum* ❸ *Himmel:* dunkel werden

**dark·ly** ['dɑːkli] ❶ finster ❷ traurig

**dark·ness** ['dɑːknəs] ❶ die Dunkelheit, die Finsternis; **the hall was in complete darkness** im Saal war es stockdunkel ❷ (*übertragen*) die Düsterkeit

**dar·ling** ['dɑːlɪŋ] der Liebling, der Schatz

to **darn** [dɑːn] stopfen

**darn** [dɑːn] (*umgangsspr*) **darn** [**it**]! verflixt noch mal!; **a darn sight younger** ein ganzes Stück jünger

to **dart** [dɑːt] sausen, flitzen; *Fisch, Zunge:* schnellen

**dart** [dɑːt] ❶ der Sprung, der Satz; **he made a dart for the door** er machte einen Satz Richtung Tür ❷ der Pfeil ❸ **darts** △ *mit Singular* Darts

to **dash** [dæʃ] ❶ sausen; **she dashed out of the house** sie stürzte aus dem Haus; **sorry, I must dash!** es tut mir leid, aber ich habe es eilig! ❷ **to dash off a letter/essay** einen Brief/Aufsatz in aller Eile kritzeln ❸ schlagen, prallen; **the boat was dashed against the rocks** das Boot zerschlug an den Felsen;

**to dash something to pieces** etwas zerschmettern ❹ (*übertragen*) **to dash someone's hopes** jemandes Hoffnungen zunichtemachen

**dash** [dæʃ] <*plural* dashes> ❶ **to make a dash** losstürzen; **she made a dash for the door** sie stürzte zur Tür; **he made a dash for the exit** er raste Richtung Ausgang ❷ etwas, ein bisschen; **a dash of lemon juice** ein Schuss Zitronensaft ❸ der Gedankenstrich ❹ (*Morsealphabet*) der Strich

**dash·board** ['dæʃbɔːd] das Armaturenbrett

**dash·ing** ['dæʃɪŋ] schneidig

**data** ['deɪtə] *plural* die Daten, die Angaben

**data·base** die Datenbank

**data pro·cess·ing** die Datenverarbeitung

**date**[1] [deɪt] ❶ das Datum; **what date will he arrive?** wann kommt er an?; **what is the date today?** welches Datum [*oder* den Wievielten] haben wir heute?; **date of birth** das Geburtsdatum; **to date** bis heute ❷ der Termin, der Zeitpunkt; **have you set a date for the wedding?** habt ihr euch einen Termin für die Hochzeit ausgesucht? ❸ (*umgangsspr*) die Verabredung; **to have a date** verabredet sein; **to make a date** sich verabreden ❹ **out of date** *Mode:* altmodisch; **this bread is out of date** das Haltbarkeitsdatum ist bei diesem Brot bereits abgelaufen ❺ **up-to-date** auf dem neuesten Stand, aktuell

**date**[2] ['deɪt] die Dattel

to **date** [deɪt] ❶ datieren *Dokumente* ❷ **the problem dates back to last year** das Problem fing im letzten Jahr an; **these pots date back to Roman times** diese Töpfe stammen aus der Römerzeit ❸ (*umgangsspr*) **to date someone** mit jemandem ausgehen

**dat·ed** ['deɪtɪd] altmodisch

**dat·ing agency** ['deɪtɪŋ-] die Partnervermittlungsagentur

**da·tive**[1] ['deɪtɪv] *kein Plural* **the dative** der Dativ

**da·tive**[2] ['deɪtɪv] **the dative case** der Dativ

**daugh·ter** ['dɔːtə\*] die Tochter

**daugh·ter-in-law** ['dɔːtərɪnlɔː] <*plural* daughters-in-law> die Schwiegertochter

**dawn** [dɔːn] ❶ die [Morgen]dämmerung, der Tagesanbruch; **at dawn** bei Tagesanbruch; **from dawn to dusk** von früh bis spät ❷ (*übertragen*) der Beginn; **at the dawn of a new era** an der Schwelle zu einer neuen Ära

to **dawn** [dɔːn] ❶ dämmern; **the day dawned bright and cold** der Tag fing sonnig aber kalt an ❷ (*übertragen*) *Idee:* aufkommen; *Zeitalter:* beginnen, anbrechen ❸ **it dawned on me what he had meant** es dämmerte mir, was er gemeint hatte; **hasn't it dawned on him yet what's going on?** sieht er denn immer noch nicht, was los ist?

**day** [deɪ] ❶ der Tag; **what day of the week is it?** welchen Wochentag haben wir?; **every day** jeden Tag, täglich; **the day after tomorrow** übermorgen; **the day before yesterday** vorgestern; **the other day** kürzlich, neulich; **I saw her the day before I arrived here** ich sah sie am Tag bevor ich hier angekommen bin; **day of arrival** der Ankunftstag; [**three times**] **a day** [dreimal] täglich; **all day** den ganzen Tag; **by day** am Tag[e], bei Tage; **at this time of day** zu dieser Stunde; **from day to day** von Tag zu Tag; **day after** [*oder* **by**] **day** Tag für Tag; **day in, day out** tagein, tagaus; **have a nice day!** einen schönen Tag! ❷ [**in**] **those days** damals; **these days** heute, heutzutage; **one day** eines Tages, einmal; **one of these days** eines Tages; **the present day** die Gegenwart; **up to this day** bis heute ► WENDUNGEN: **to call it a day** Feierabend [*oder* Schluss] machen; **that'll be the day!** das möchte ich sehen!; **those were the days** das waren noch Zeiten; **it's not my day today!** heute ist nicht mein Tag!; **from day one** vom Anfang an; **at the end of the day, he just doesn't care!** ihm ist es letztendlich egal!; **that idea has had its day** die Idee ist schon Schnee von gestern [*oder* überholt]

**day·break** der Tagesanbruch

**day·light** ['deɪlaɪt] das Tageslicht; **in broad daylight** am helllichten Tage ► WENDUNGEN: **that's daylight robbery!** das ist der reine Wucher!

**day nurse·ry** die Kindertagesstätte

**day re·turn** die [Tages]rückfahrkarte

**day shift** die Tagschicht

**day·time** der Tag; **during** [*oder* **in**] **the day·time** bei Tage

**day trip** der Tagesausflug

**daze** [deɪz] **in a daze** ganz benommen

**dazed** [deɪzd] **she was dazed by the news** sie war durch die Nachricht wie benommen

to **daz·zle** ['dæzl] blenden

**daz·zled** geblendet; (*übertragen*) überwältigt

**dead¹** [ded] ❶ tot, verstorben; **to shoot someone dead** jemanden erschießen; **to strike someone dead** jemanden erschlagen ❷ *Materie:* unbelebt ❸ *Glieder:* taub, abgestorben ❹ *Sprache:* tot ❺ *Maschine:* nicht in

Betrieb ❻ *Stadt:* wie ausgestorben; *Geschäft:* flau ❼ *Schlaf:* tief ❽ *Feuer:* aus; *Streichholz:* abgebrannt ❾ (*elektrisch*) spannungslos; **to go dead** *Telefon:* ausfallen ► WENDUNGEN: **to come to a dead stop** völlig zum Stillstand kommen; **he's dead from the neck up** (*umgangsspr*) er ist strohdumm; **I'm dead on my feet!** (*umgangsspr*) ich bin fertig!; **he's dead to the world** er ist in tiefem Schlaf; **I wouldn't be seen dead in that place** (*umgangsspr*) mich kriegst du nicht dahin; **those days are dead and gone** die Zeiten sind vorbei; **their affair is dead and buried** ihre Affäre ist längst vorbei; **as dead as a dodo** [*oder* **doornail**] mausetot; **over my dead body!** nur über meine Leiche!

**dead²** [ded] (*umgangsspr*) völlig; **dead tired** todmüde; **dead drunk** (*umgangsspr*) stockbesoffen; **to be dead against something** völlig gegen etwas sein; **dead on target** genau ins Ziel; **you're dead right there!** da hast du vollkommen Recht!; **she was dead lucky** sie hat wahnsinnig Glück gehabt

**dead³** [ded] ❶ **the dead** die Toten; **it's enough to wake the dead!** damit könnte man die Toten wecken! ❷ **in the dead of night** mitten in der Nacht; **in the dead of winter** mitten im Winter

**dead cen·tre** der Mittelpunkt

**dead end** [ˌded'end] die Sackgasse; **to come to a dead end** (*übertragen*) in eine Sackgasse geraten

**dead-end** ['dedend] **dead-end street** die Sackgasse; **a dead-end job** ein Arbeitsplatz ohne Aufstiegsmöglichkeit

**dead·line** ['dedlaɪn] der letzte Termin, der Einsendeschluss; **to fix** [*oder* **set**] **a deadline** eine Frist setzen; **to meet the deadline** den Termin einhalten

**dead·lock** ['dedlɒk] der völlige Stillstand; **to come to** [*oder* **reach**] **a deadlock** sich festfahren

**dead·ly** ['dedlɪ] ❶ tödlich; **deadly sin** die Todsünde ❷ (*umgangsspr*) todlangweilig

**deaf¹** [def] taub (**to** für/gegenüber); **to be deaf in one ear** auf einem Ohr taub sein; **deaf and dumb** taubstumm ► WENDUNGEN: **to turn a deaf ear to something** von etwas nichts hören wollen; **her request fell on deaf ears** ihre Bitte fand kein Gehör; **to be as deaf as a post** stocktaub sein

**deaf²** [def] **the deaf** die Tauben

**deaf-aid** das Hörgerät

to **deaf·en** ['defn] taub machen

**deaf·en·ing** ['defnɪŋ] ohrenbetäubend

**deaf-mute** der/die Taubstumme

**deaf·ness** ['defnɪs] die Taubheit

**deal** [di:l] ① das Abkommen; **to do a deal** zu einer Abmachung kommen; **to make a deal** ein Abkommen treffen; **is it a deal?** sind wir im Geschäft?; **it's a deal!** abgemacht!; **a square deal** ein faires Geschäft ② (*übertragen*) **a raw** [*oder* **rough**] **deal** eine ungerechte Behandlung ③ das [Karten]geben; **who's deal is it?** wer gibt?; **it's your deal** du bist dran mit Geben ④ **big deal!** (*umgangsspr*) na und? ⑤ die Menge; **a good** [*oder* **a great**] **deal of people** eine Menge Leute; **she saw him a good deal** sie hat ihn ziemlich oft gesehen; **he's a good deal better than I am** er ist um einiges besser als ich

to **deal** [di:l] <dealt, dealt> ① **to deal [out] cards** die Karten geben ② **to deal someone a heavy blow** (*auch übertragen*) jemandem einen Schlag versetzen

◆ to **deal in** ① **they deal in used cars** sie handeln mit Gebrauchtwagen ② (*Karten spielen*) **can you deal me in?** kann ich auch mitspielen?

◆ to **deal out** ① geben *Karten* ② verteilen *Spende*

◆ to **deal with** ① umgehen mit ② verhandeln mit; **they deal with a lot of Asian companies** sie machen mit vielen asiatischen Unternehmen Geschäfte ③ sich kümmern um; **can you deal with this problem for me?** kannst du dich für mich um dieses Problem kümmern? ④ **to deal with someone** mit jemandem fertig werden; **to deal with life at university** mit dem Universitätsleben zurechtkommen ⑤ handeln von; **the film deals with the American civil war** in dem Film geht es um den amerikanischen Bürgerkrieg

**deal·er** ['di:lə ʳ] ① der Händler/die Händlerin (**in** für); **she's an antique dealer** sie handelt mit Antiquitäten ② Ⓤ (*Börse*) der Makler/die Maklerin ③ der Kartengeber/die Kartengeberin

**dealt** [delt] *2. und 3. Form von* **deal**

**dean** [di:n] (*an Universitäten*) der Dekan/die Dekanin

**dear**¹ [dɪə ʳ] ① lieb, teuer ② (*in der Briefanrede*) Liebe(r), Sehr geehrte(r); **Dear Mr Smith,** Sehr geehrter Herr Smith, ③ kostspielig, teuer

**dear**² [dɪə ʳ] ① der Liebling, der Schatz; **give it to me, there's a dear** gib es mir, sei so lieb

Ⓛ In den USA werden die Namen von Schülern und Studenten, die besonders gute Noten bekommen haben, in Schul- oder Universitätszeitungen und manchmal auch in Tageszeitungen veröffentlicht. Diese Liste nennt man an Universitäten die **dean's list** und an Schulen **honor roll**. Schüler oder Studenten, die in diesen Listen stehen, werden bei der Bewerbung um einen Studienplatz an Universitäten oder bei der Arbeitssuche von Firmen oft bevorzugt.

Ⓓ

② **oh, dear!** oje!, ach du liebe Zeit!

**dear·ly** [dɪə ʳlɪ] ① **dearly love to do something** etwas liebend gern tun ② **I love him dearly** ich liebe ihn von ganzem Herzen ③ teuer

**death** [deθ] ① der Tod; **to die a natural/ violent death** eines natürlichen/gewaltsamen Todes sterben; **to put someone to death** jemanden hinrichten; **at death's door** an der Schwelle des Todes; **to burn/ freeze/starve to death** verbrennen/erfrieren/verhungern ② der Todesfall ③ (*übertragen*) das Ende, die Vernichtung; **to die a death** zu Ende kommen ▶ WENDUNGEN: **it's a matter of life and death!** es geht um Leben und Tod!; **he'll be the death of me yet** bringt mich noch ins Grab; **you'll catch your death of cold with no coat!** du wirst dir ohne Mantel den Tod holen!; **he looks like death warmed up** [*oder* Ⓤ **over**] er sieht aus wie eine Leiche; **a fate worse than death** ein schlimmes Schicksal

**death·bed** das Totenbett

**death cer·ti·fi·cate** die Sterbeurkunde

**death·ly** tödlich

**death pen·al·ty** die Todesstrafe

**death row** Ⓤ **to be on death row** in der Todeszelle sitzen

**death threat** die Morddrohung

**de·bat·able** [dɪ'beɪtəbl] *Frage:* umstritten, strittig

**de·bate** [dɪ'beɪt] die Debatte, die Diskussion; **to be open to debate** ein strittiger Punkt sein

to **de·bate** [dɪ'beɪt] **to debate something** über etwas diskutieren [*oder* debattieren]

to **deb·it** ['debɪt] belasten; **to debit someone's account** jemandes Konto belasten

**debt** [det] die Schuld; **do you have any debts?** sind Sie schuldenfrei?; **out of debt** schuldenfrei; **to be in debt** verschuldet sein; **to run** [*oder* **get**] **into debt** Schulden machen; **to pay off a debt** eine Schuld abzahlen; **to be in someone's debt** jemandem et-

**decade – dedicate**

was schulden

**dec·ade** ['dekeɪd] das Jahrzehnt, die Dekade

**de·caf** ['diːkæf] (*umgangsspr*) der koffeinfreie Kaffee

**de·caf·fein·at·ed** [ˌdiːˈkæfɪneɪtɪd] *Kaffee:* koffeinfrei, entkoffeiniert

**de·cath·lon** [dɪˈkæθlən] der Zehnkampf

to **de·cay** [dɪˈkeɪ] ❶ sich zersetzen; *Essen:* schlecht werden; *Zahn:* verfaulen; *Leiche:* verwesen ❷ (*übertragen*) *Person:* verblühen; *Schönheit:* vergehen ❸ *Reich, Zivilisation:* untergehen

**de·cay** [dɪˈkeɪ] ❶ die Zersetzung; *von Gebäude:* der Zerfall; **tooth decay** die Zahnfäule, das Karies ❷ der Niedergang, der Verfall

**de·ceased**[1] [dɪˈsiːst] verstorben

**de·ceased**[2] [dɪˈsiːst] <*plural* deceased> **the deceased** der/die Verstorbene, die Verstorbenen

to **de·ceive** [dɪˈsiːv] ❶ täuschen, irreführen *Person;* **I don't want to deceive her** ich will sie nicht hintergehen ❷ *Worte, Geste:* trügen, einen falschen Eindruck erwecken

**De·cem·ber** [dɪˈsembəʳ] der Dezember; **in December** im Dezember; **on 15th December, on December 15** ⓊⓈⒶ am 15. Dezember; **at the beginning of December** Anfang Dezember; **at the end of December** Ende Dezember

**de·cent** ['diːsnt] ❶ anständig ❷ (*umgangsspr*) ganz nett, [ganz] ordentlich, annehmbar

**de·cep·tive** [dɪˈseptɪv] täuschend

to **de·cide** [dɪˈsaɪd] ❶ beschließen, sich entscheiden (**between** zwischen); **to decide on** sich entscheiden für; **to decide in favour of something** zugunsten von etwas entscheiden; **she's decided against having a party** sie hat beschlossen, keine Party zu geben ❷ entscheiden; **you decide!** entscheide du!

**de·cid·ing** [dɪˈsaɪdɪŋ] entscheidend

**deci·mal** ['desɪml] die Dezimalzahl; **decimal fraction** der Dezimalbruch; **decimal point** das Komma

**de·ci·sion** [dɪˈsɪʒn] ❶ die Entscheidung (**over** über); **to make a decision** eine Entscheidung treffen; **to arrive at** [*oder* **come to**] **a decision** zu einer Entscheidung kommen ❷ der Entschluss; (*von Komitee*) der Beschluss

**de·ci·sive** [dɪˈsaɪsɪv] ❶ entscheidend, ausschlaggebend (**for** für) ❷ entschieden, entschlossen; *Person:* entschlussfreudig

**deck** [dek] ❶ das Deck; **on deck** auf Deck ❷ **a deck of cards** ein Spiel Karten ❸ **tape-**

**deck** das Tapedeck ❹ **sun deck** ⓊⓈⒶ der Balkon [zur Sonnenseite] ▸ WENDUNGEN: **to clear the decks** klar Schiff machen; **not playing with a full deck** ⓊⓈⒶ nicht richtig ticken

**deck chair** der Liegestuhl

**dec·la·ra·tion** [ˌdekləˈreɪʃn] ❶ die Erklärung, die Aussage; **to give** [*oder* **make**] **a declaration** eine Erklärung abgeben ❷ (*Zoll*) die Deklaration

to **de·clare** [dɪˈkleəʳ] ❶ erklären, bekannt geben; **to declare war** [**on someone**] [jemandem] den Krieg erklären; **I declare this meeting closed** ich erkläre die Sitzung für geschlossen ❷ angeben, deklarieren *Waren;* **have you anything to declare?** haben Sie etwas zu verzollen?

**de·clared** [dɪˈkleəd] erklärt; **declared value** der angemeldete Wert

**de·clen·sion** [dɪˈklen(t)ʃn] der Fall

to **de·cline** [dɪˈklaɪn] ❶ schlechter werden; **in declining health** bei schlechter werdender Gesundheit ❷ nachlassen, abnehmen, geringer werden ❸ *Preise:* zurückgehen, sinken, fallen ❹ **to decline** [**someone's offer**] [jemandes Angebot] ablehnen

**de·cline** [dɪˈklaɪn] ❶ der Rückgang; **decline of the birth rate** der Geburtrückgang; **to be on the decline** abnehmen ❷ *von Reich:* der Untergang ❸ *von Gesundheit:* die Schwächung

to **de·con·tami·nate** [ˌdiːkənˈtæmɪneɪt] entgiften, entseuchen

**de·con·tami·na·tion** [ˌdiːkənˌtæmɪˈneɪʃn] die Entseuchung, die Entgiftung

to **deco·rate** ['dekəreɪt] ❶ dekorieren, schmücken, verzieren ❷ streichen, tapezieren *Wände, Zimmer* ❸ (*mit einem Orden*) auszeichnen (**with** mit)

**deco·ra·tion** [ˌdekəˈreɪʃn] ❶ die Verzierung, die Dekoration ❷ *von Person:* die Auszeichnung, der Orden

**deco·ra·tor** ['dekəreɪtəʳ] der Maler/die Malerin, der Tapezierer/die Tapeziererin, der Dekorateur/die Dekorateurin; **interior decorator** der Raumausstatter/die Raumausstatterin

to **de·crease** [dɪˈkriːs] ❶ abnehmen; *Menge:* abnehmen, zurückgehen ❷ *Preis, Wert:* sich verringern [*oder* reduzieren]

**de·crease** ['diːkriːs] der Rückgang; *von Gewicht usw.:* die Abnahme, die Verringerung (**in** an); **on the decrease** im Abnehmen; **decrease in population** der Bevölkerungsrückgang

to **de·di·cate** ['dedɪkeɪt] ❶ **to dedicate a**

**book/a building to someone** jemandem ein Buch/ein Gebäude widmen; **to dedicate one's life to something** sein Leben einer Sache widmen; **this song is dedicated to Peter** dieses Lied ist für Peter ② **to dedicate a church** eine Kirche weihen

**de·di·cat·ed** ['dedɪkeɪtɪd] ① (*begeistert*) **she was a dedicated teacher** sie war eine engagierte Lehrerin ② hingebungsvoll; **she was dedicated to her father** sie hing sehr an ihrem Vater

to **de·duct** [dɪ'dʌkt] abziehen (**from** von); einbehalten *Betrag*

**de·duct·ible** [dɪ'dʌktəbl] absetzbar

**de·duc·tion** [dɪ'dʌkʃn] ① der Abzug ② *vom Preis:* der Rabatt, der Nachlass ③ die Schlussfolgerung

**deed** [di:d] ① die Tat ② (*juristisch*) die Übertragungsurkunde

**dee·jay** ['di:dʒeɪ] der Discjockey, der Diskjockey

**deep** [di:p] ① tief; **a two-metre deep trench** ein zwei Meter tiefer Graben; **she stood knee-deep in mud** sie stand bis zum Knie im Matsch ② (*extrem*) **deep sleep** der Tiefschlaf; **deep green** dunkelgrün; **to take a deep breath** tief einatmen; **he was deep in thought** er war in Gedanken versunken; **deep in debt** hoch verschuldet ③ tiefsinnig, tiefgründig ④ (*übertragen*) schwer verständlich ▶ WENDUNGEN: **to be in deep water** (*umgangsspr*) in der Tinte sitzen; **to go off the deep end** aufbrausen; **still waters run deep** stille Wasser sind tief

**deep-condi·tion·ing** *Shampoo:* mit pflegender Tiefenwirkung

**deep-freeze** [ˌdi:p'fri:z] der Tiefkühlschrank, die Tiefkühltruhe

**deep-froz·en** [ˌdi:p'frəʊzn] tiefgefroren; **deep-frozen food** die Tiefkühlkost

to **deep-fry** frittieren

**deep·ly** ['di:plɪ] tief, zutiefst; **breathe deeply** atme tief ein; **she was deeply hurt by his remark** sie war durch seine Bemerkung schwer verletzt

**deep space** der äußere Weltraum

**deer** [dɪəʳ] <*plural* deer> der Hirsch, das Reh; **red deer** das Rotwild

to **de·feat** [dɪ'fi:t] ① (*im Krieg, Sport*) **to defeat someone** jemanden schlagen ② ablehnen *Vorschlag* ③ vereiteln, zunichtemachen *Plan*

**de·feat** [dɪ'fi:t] die Niederlage; **to suffer a defeat** eine Niederlage erleiden; **to admit defeat** eine Niederlage gestehen

**de·fect** ['di:fekt] der Fehler, der Defekt (**in** an)

to **de·fect** [dɪ'fekt] **to defect to the enemy** zum Feind übergehen, überlaufen

**de·fec·tive** [dɪ'fektɪv] fehlerhaft, defekt

**de·fence** [dɪ'fens] ① (*auch im Sport*) die Verteidigung; **in someone's defence** zu jemandes Verteidigung; **to come to someone's defence** jemanden verteidigen; **to speak** [*oder* say] **in someone's defence** für jemanden sprechen, jemanden verteidigen ② (*gegen Krankheit*) der Schutz ③ die Befestigung, die Schutzmaßnahme ④ (*juristisch*) die Verteidigung

**de·fence·less** [dɪ'fensləs] schutzlos

to **de·fend** [dɪ'fend] ① (*auch juristisch*) **to defend someone** jemanden verteidigen (**against** gegen) ② rechtfertigen *Handeln, Politik* ③ verteidigen *Titel*

**de·fend·ant** [dɪ'fendənt] der/die Angeklagte

**de·fend·er** [dɪ'fendəʳ] der Beschützer/die Beschützerin; (*im Sport*) der Verteidiger/die Verteidigerin

**de·fense** ⓤⓈⒶ ① (*auch im Sport*) die Verteidigung; **in someone's defense** zu jemandes Verteidigung; **to come to someone's defense** jemanden verteidigen; **to speak** [*oder* say] **in someone's defense** für jemanden sprechen, jemanden verteidigen ② (*gegen Krankheit*) der Schutz ③ die Befestigung, die Schutzmaßnahme ④ (*juristisch*) die Verteidigung

**de·fense·less** ⓤⓈⒶ schutzlos

**de·fen·sive**[1] [dɪ'fensɪv] ① **defensive measures** die Schutzmaßnahmen; **defensive weapon** die Verteidigungswaffe ② **to be defensive** sich rechtfertigen

**de·fen·sive**[2] [dɪ'fensɪv] die Defensive; **on the defensive** in der Defensive

to **de·fer** [dɪ'fɜ:ʳ] <deferred, deferred> verschieben; **to defer to somebody/something** (*gehoben*) sich jemandem/etwas beugen

**de·fer·ment** [dɪ'fɜ:mənt], **de·fer·ral** [dɪ'fɜ:rəl] der Aufschub; *Sitzung, Verhandlung:* die Vertagung

**de·fi·ant** [dɪ'faɪənt] aufsässig; *Antwort:* trotzig

to **de·fine** [dɪ'faɪn] ① näher bestimmen, festlegen ② definieren *Wort* ③ **to be clearly defined** sich klar abzeichnen

**defi·nite** ['defɪnət] ① bestimmt, sicher; **it's definite that...** es ist sicher, dass...; **for a definite period** für eine bestimmte Zeit ② *Plan:* fest ③ *Aussage:* klar, deutlich, unmissverständlich ④ **definite article** der bestimmte Artikel

**defi·nite·ly** ['defɪnətlɪ] sicherlich, zweifellos; **are you going to accept? - definitely!**

wirst du akzeptieren? - na klar!

**defi·ni·tion** [ˌdefɪˈnɪʃn] ❶ die Definition ❷ die scharfe Abgrenzung, die Festlegung ❸ die Bildschärfe, die Tonschärfe

to **de·flect** [dɪˈflekt] ablenken; abfälschen *Ball;* **to deflect off something** von etwas abprallen; **to deflect someone from doing something** jemanden davon abbringen, etwas zu tun

**de·flec·tion** [dɪˈflekʃ°n] die Ablenkung

to **de·frost** [ˌdiːˈfrɒst] ❶ auftauen *Lebensmittel;* abtauen *Tiefkühltruhe* ❷ enteisen *Windschutzscheibe*

to **de·fuse** [diːˈfjuːz] (*auch übertragen*) entschärfen

to **defy** [dɪˈfaɪ] **to defy someone/something** [sich] jemandem/etwas widersetzen, jemandem/etwas trotzen; **to defy convention** sich der Konvention widersetzen; **it defies belief!** es spottet jedem Verstand!

**de·gree** [dɪˈgriː] ❶ der Grad; **it's 25 degrees Celsius** es ist 25 Grad Celsius; **drop five degrees** um fünf Grad fallen ❷ (*Landeskunde*) **degree of latitude** der Breitengrad; **degree of longitude** der Längengrad ❸ das Maß; **by degrees** nach und nach, allmählich; **to a certain degree** bis zu einem gewissen Grad; **to some degree** einigermaßen; **to such a degree** in solchem Maße, dermaßen ❹ **to get one's degree** seinen Universitätsabschluss machen; **he has a degree in Geography** er ist Diplomgeograph; **to study for a degree** studieren ❺ **first degree murder** der Mord; **second degree murder** der Totschlag

**de·gree course** *Studiengang, der mit einem „bachelor's degree" abschließt*

**de·hy·drat·ed** [ˌdiːhaɪˈdreɪtɪd] Trocken-, pulverisiert; *Körper:* ausgetrocknet

to **de·ice** [ˌdiːˈaɪs] enteisen *Windschutzscheibe*

**de·ject·ed** [dɪˈdʒektɪd] bedrückt, niedergeschlagen

**de·jec·tion** [dɪˈdʒekʃ°n] *kein Plural* die Niedergeschlagenheit

to **de·lay** [dɪˈleɪ] ❶ verschieben; aufschieben *Ankunft, Abfahrt;* **to delay doing something** etwas verschieben; aufschieben, etwas zu tun; **he delayed writing the letter** er schob den Brief auf; **don't delay!** verlieren Sie keine Zeit! ❷ **to delay someone** jemanden aufhalten ❸ **to be delayed** Verspätung haben *Zug, Flug*

**de·lay** [dɪˈleɪ] ❶ die Verzögerung; **without delay** sofort, unverzüglich ❷ *von Zug:* die Verspätung; **a two-hour delay** eine zweistündige Verspätung

to **del·egate** [ˈdelɪgət] ❶ delegieren (**to** an) ❷ erteilen *Vollmacht*

**del·egate** [ˈdelɪgət] der/die Delegierte, der bevollmächtigte Vertreter/die bevollmächtigte Vertreterin

**del·ega·tion** [ˌdelɪˈgeɪʃn] die Abordnung, die Delegation

to **de·lete** [dɪˈliːt] ❶ streichen (**from** aus) ❷ löschen *Daten*

**de·lete key** die Löschtaste

**de·le·tion** [dɪˈliːʃ°n] ❶ die Löschung; *einer Datei:* das Löschen ❷ (*von Posten*) die Streichung; **to make a deletion** etwas streichen

**deli** [ˈdelɪ] (*umgangsspr*) das Delikatessengeschäft, das Delikatessgeschäft, der Feinschmeckerladen

to **de·lib·er·ate** [dɪˈlɪbəreɪt] ❶ **to deliberate on something** über etwas nachdenken ❷ **to deliberate a matter** sich über einen Fall beraten

**de·lib·er·ate** [dɪˈlɪbərət] ❶ bewusst, absichtlich ❷ [wohl] überlegt, bedächtig

**de·lib·era·tion** [dɪˌlɪbəˈreɪʃn] ❶ die Überlegung; **after due deliberation** nach reiflicher Überlegung ❷ die Beratungen (**on** über)

**deli·ca·cy** [ˈdelɪkəsɪ] ❶ die Feinheit, die Zartheit ❷ *der Gesundheit:* die Anfälligkeit ❸ (*Takt*) das Zartgefühl, das Feingefühl; **of great delicacy** heikel, schwierig ❹ (*Essen*) die Delikatesse

**deli·cate** [ˈdelɪkət] ❶ fein, zart, empfindlich ❷ *Gesundheit:* empfindlich, anfällig ❸ *Situation:* heikel, schwierig ❹ (*übertragen*) feinfühlig, zartfühlend ❺ *Essen:* delikat

**deli·ca·tes·sen** [ˌdelɪkəˈtesn] das Delikatessengeschäft, das Delikatessgeschäft

**de·li·cious** [dɪˈlɪʃəs] *Essen:* köstlich, lecker

to **de·light** [dɪˈlaɪt] **to delight someone** jemanden erfreuen; **someone delights in doing something** es macht jemandem Spaß, etwas zu tun

**de·light** [dɪˈlaɪt] die Freude, das Vergnügen; **to my delight** zu meiner Freude; **to take delight in doing something** Freude [*oder* Spaß] daran haben, etwas zu tun

**de·light·ful** [dɪˈlaɪtfl] entzückend, reizend, bezaubernd

**de·liri·ous** [dɪˈlɪrɪəs] ❶ im Delirium ❷ **to be delirious with joy/rage** außer sich vor Freude/Wut sein

**de·liri·ous·ly** [dɪˈlɪrɪəslɪ] ❶ im Delirium ❷ (*sehr*) wahnsinnig

to **de·liv·er** [dɪˈlɪvəʳ] ❶ [ab]liefern, ausliefern *Ware;* austragen, zustellen *Post;* **delivered free** frei Haus ❷ halten *Rede, Vortrag* ❸ verkünden *Urteil* ④ zur Welt bringen *Baby* ⑤ werfen *Ball* ⑥ versetzen *Schlag* ⑦ **to deliver someone from something** jemanden von etwas befreien ▸ WENDUNGEN: **but can he deliver the goods?** aber kann er das tun, was er verspricht?

**de·liv·ery** [dɪ'lɪvərɪ] ① die [Aus]lieferung; *von Post:* die Zustellung; **on delivery** bei Lieferung; **to take delivery of** in Empfang nehmen; **cash on delivery** per Nachnahme ② (*medizinisch*) die Entbindung; **delivery room** der Kreißsaal

**de·liv·ery ser·vice** der Zustelldienst

**de·liv·ery van** der Lieferwagen

to **de·lude** [dɪ'luːd] **to delude someone** jemanden täuschen [*oder* irreführen]; **to delude someone into thinking something** jemanden dazu verleiten, etwas zu glauben; **to delude oneself** sich etwas vormachen

**del·uge** ['deljuːdʒ] ① die Überschwemmung ② **the Deluge** die Sintflut ③ (*übertragen*) die Flut, der Schwall

to **del·uge** ['deljuːdʒ] (*auch übertragen*) überfluten, überschwemmen *Land*

**de luxe** [dɪ'lʌks] Luxus-

to **de·mand** [dɪ'mɑːnd] ① *Person:* fordern, verlangen; **he demanded to see his lawyer** er verlangte nach seinem Rechtsanwalt ② *Sache:* erfordern, verlangen

**de·mand** [dɪ'mɑːnd] ① die Forderung, das Verlangen (**for** nach); **to be in great demand** sehr gefragt sein; **on demand** auf Verlangen ② (*Geschäft, Industrie*) der Bedarf, die Nachfrage (**for** nach)

**dem·erara** [demə'reərə], **dem·erara sug·ar** *kein Plural* der braune Zucker, der Farinzucker

**demi-** ['demɪ] halb-

**demo**[1] ['deməʊ] <*plural* demos> (*umgangsspr*) die Demo

**demo**[2] ['deməʊ] (*umgangsspr*) Demo-

**de·moc·ra·cy** [dɪ'mɒkrəsɪ] die Demokratie

**demo·crat** ['deməkræt] der Demokrat/die Demokratin

**demo·crat·ic** [ˌdemə'krætɪk] demokratisch

**de·mog·ra·phy** [dɪ'mɒɡrəfɪ] *kein Plural* die Demographie

to **de·mol·ish** [dɪ'mɒlɪʃ] ① abbrechen, niederreißen *Gebäude* ② zunichtemachen *Hoffnung*

**demo·li·tion** [ˌdemə'lɪʃn] der Abbruch

**de·mon** ['diːmən] der Dämon

to **dem·on·strate** ['demənstreɪt] ① vorführen, demonstrieren *Gerät, Vorrichtung* ② beweisen, nachweisen; (*mit Experimenten*) zeigen ③ (*politisch*) demonstrieren ④ zeigen *Gefühle*

**dem·on·stra·tion** [ˌdemən'streɪʃn] ① der Beweis, die Beweisführung; *von Gerät:* die Vorführung; **to give a demonstration of something** etwas demonstrieren ② (*politisch*) die Kundgebung, die Demonstration; **to hold a demonstration** eine Demonstration veranstalten ③ *von Gefühlen:* der Ausdruck

**dem·on·stra·tor** ['demənstreɪtər] (*politisch*) der Demonstrant/die Demonstrantin

to **de·mor·al·ize** [dɪ'mɒrəlaɪz] **to demoralize someone** jemanden demoralisieren, entmutigen

to **de·mote** [dɪ'məʊt] zurückstufen; degradieren *Soldat*

**den** [den] ① *eines Tieres:* die Höhle ② die [Räuber]höhle; **den of iniquity** die Lasterhöhle ③ (*umgangsspr*) die Bude

**de·ni·al** [dɪ'naɪəl] **to give an official denial [to something]** [etwas] offiziell dementieren

**den·im** ['denɪm] ① der Jeansstoff ② **denims** *plural* die Jeans

**Den·mark** ['denmɑːk] Dänemark

**de·nomi·na·tor** [dɪ'nɒmɪneɪtər] der Nenner; **[lowest] common denominator** der [kleinste] gemeinsame Nenner

to **de·nounce** [dɪ'naʊns] ① **to denounce someone/something** jemanden/etwas heftig kritisieren [*oder* anprangern] ② **to denounce someone as a spy** jemanden beschuldigen, ein Spion zu sein

**dense** [dens] <denser, densest> ① dicht, eng ② (*übertragen*) schwer von Begriff

**dense·ly** [denslɪ] dicht; **a densely populated town** eine dicht bevölkerte Stadt

**den·sity** ['densətɪ] ① die Dichte; **density of traffic** die Verkehrsdichte; **population density** die Bevölkerungsdichte ② (*Computer*) **single/double density disk** die Diskette mit einfacher/doppelter Schreibdichte

**dent** [dent] ① die Beule, die Delle ② **that'll make a dent in our holiday money** das wird ein Loch in unsere Urlaubskasse reißen

to **dent** [dent] ① eindrücken, einbeulen ② (*übertragen*) **to dent someone's self-esteem** jemandes Selbstachtung verletzen

**den·tal** ['dentl] Zahn-; **dental floss** die Zahnseide

**den·tist** ['dentɪst] der Zahnarzt/die Zahnärztin; **at the dentist['s]** beim Zahnarzt

**den·tis·try** ['dentɪstrɪ] *kein Plural* die Zahnmedizin

**den·tures** ['den(t)ʃəz] *plural* die [Zahn]prothese

to **deny** [dɪ'naɪ] ❶ bestreiten *Aussage;* (*vor Gericht*) leugnen ❷ verweigern, abschlagen *Wunsch;* **to deny a request** eine Bitte abschlagen ❸ **to deny oneself** sich kasteien

**de·odor·ant**[1] [diː'əʊdərənt] desodorierend; **deodorant spray** das Deospray

**de·odor·ant**[2] [diː'əʊdərənt] das Deo, das Deodorant; **roll-on deodorant** der Deoroller

to **de·part**[1] [dɪ'pɑːt] ❶ abreisen, abfahren, wegfahren; *Flugzeug:* abfliegen; **to be ready to depart** startbereit sein ❷ (*übertragen*) abgehen, abweichen (**from** von)

**de·part·ed**[1] [dɪ'pɑːtɪd] verstorben

**de·part·ed**[2] [dɪ'pɑːtɪd] <*plural* departed> **the departed** der/die Verstorbene, die Verstorbenen

**de·part·ment** [dɪ'pɑːtmənt] ❶ *von Laden, Firma:* die Abteilung ❷ das Amt; *von Regierung:* das Ministerium ❸ (*an einer Universität*) das Institut

**de·part·men·tal** [ˌdɪpɑː'məntəl] (*an einer Universität*) Instituts-; (*in einer Firma*) Abteilungs-; (*in der Verwaltung*) Amts-

**de·part·ment store** das Warenhaus, das Kaufhaus

**de·par·ture** [dɪ'pɑːtʃər] ❶ die Abreise, die Abfahrt, der Abflug; **he made a hasty departure** er ging in Eile weg ❷ **departures** ⚠ *plural* Abfahrt, Abflug ❸ das Abweichen (**from** von); **this song is a departure from their normal style** dieses Lied weicht von ihrem normalen Stil ab

**de·par·ture gate** der Flugsteig, das Gate

**de·par·ture lounge** die Abflughalle

**de·par·ture time** die Abfahrtszeit, die Abflugzeit

to **de·pend** [dɪ'pend] ❶ abhängen, abhängig sein (**on** von); **that** [*oder* **it all**] **depends** das kommt drauf an, je nachdem; **depending on the weather, we want to go for a picnic on Sunday** wenn das Wetter es erlaubt, wollen wir am Sonntag ein Picknick machen ❷ sich verlassen (**on/upon** auf); **depend upon it!** verlassen Sie sich darauf!

**de·pend·able** [dɪ'pendəbl] zuverlässig

**de·pend·ant** [dɪ'pendənt] der/die Angehörige

**de·pend·ent** [dɪ'pendənt] abhängig (**on** von); **to be dependent on** abhängen von, abhängig sein von

to **de·pict** [dɪ'pɪkt] ❶ abbilden *Landschaft, Person* ❷ schildern, beschreiben *Ort, Zeitalter*

**de·pic·tion** [dɪ'pɪkʃ°n] die Darstellung

**de·plet·ed** [dɪ'pliːtɪd] [erheblich] verringert *Ressourcen*

**de·plor·able** [dɪ'plɔːrəbl] beklagenswert; *Lage:* erbärmlich

to **de·plore** [dɪ'plɔːʳ] ❶ (*missbilligen*) verurteilen ❷ (*bedauern*) beklagen

to **de·ploy** [dɪ'plɔɪ] einsetzen *Kraft, Maschine;* stationieren *Raketen*

to **de·port** [dɪ'pɔːt] ausweisen, abschieben, deportieren *Immigrant*

**de·por·ta·tion** [ˌdiːpɔː'teɪʃn] die Deportation, die Abschiebung

**de·por·tee** [ˌdiːpɔː'tiː] der/die Ausgewiesene, der/die Deportierte

to **de·pose** [dɪ'pəʊz] absetzen *Regierung* (**from** von)

to **de·pos·it** [dɪ'pɒzɪt] ❶ hinlegen, hinstellen; absetzen *Mitfahrer* ❷ **to deposit money in a bank account** Geld auf ein Konto einzahlen ❸ (*geologisch*) ablagern (**on** auf)

**de·pos·it** [dɪ'pɒzɪt] ❶ (*in Bank*) das Guthaben; **to make a deposit** etwas einzahlen ❷ die Sicherheit, die Kaution; **to leave** [*oder* **pay**] **a deposit** eine Anzahlung machen ❸ *von Kalk usw.:* die Ablagerung

**de·pos·it ac·count** das Sparkonto

to **de·pre·ci·ate** ['dɪpriːʃɪeɪt] entwerten; *Währung:* an Wert verlieren

**de·pre·cia·tion** [ˌdɪpriːʃɪ'eɪʃ°n] *kein Plural* die Wertminderung; *einer Währung:* die Entwertung

to **de·press** [dɪ'pres] **to depress someone** jemanden deprimieren, jemanden bedrücken

**de·pressed** [dɪ'prest] ❶ *Person:* deprimiert, niedergeschlagen ❷ (*wirtschaftlich*) flau, Not leidend; **depressed area** die heruntergewirtschaftete Region

**de·press·ing** [dɪ'presɪŋ] deprimierend

**de·pres·sion** [dɪ'preʃn] ❶ (*in der Medizin*) die Depression ❷ die Vertiefung, die Senke, die Mulde ❸ (*in der Wirtschaft*) die Flaute, die Krise; **the Depression** die Weltwirtschaftskrise ❹ (*in der Meteorologie*) das Tief, das Tiefdruckgebiet

to **de·prive** [dɪ'praɪv] **to deprive someone of something** jemandem etwas entziehen; **prisoners are deprived of their freedom** den Gefangenen wird die Freiheit entzogen; **the baby was depriving its parents of sleep** das Baby brachte seine Eltern um den Schlaf

**de·prived** [dɪ'praɪvd] sozial benachteiligt

**depth** [depθ] ❶ die Tiefe; **at a depth of** in einer Tiefe von ❷ (*übertragen*) die Kraft, die Tiefe; **to get out of one's depth** den Boden

## Describing people · A B C

| ☺ | | ☹ | |
|---|---|---|---|
| brave | *tapfer; mutig* | alone | *allein* |
| brilliant | *fantastisch* | angry | *zornig, wütend* |
| careful | *vorsichtig* | awful | *schrecklich* |
| clever | *schlau, klug* | bad | *schlecht* |
| cool | *cool; klasse* | boring | *langweilig* |
| excited | *aufgeregt* | dangerous | *gefährlich* |
| famous | *berühmt, bekannt* | difficult | *schwierig* |
| funny | *lustig; komisch* | gruesome | *grausig, schaurig* |
| good | *gut* | nervous | *nervös* |
| great | *großartig, toll* | odd | *merkwürdig, seltsam* |
| happy | *glücklich; fröhlich* | scary | *unheimlich, gruselig* |
| important | *wichtig* | silly | *dumm; albern* |
| nice | *nett; schön* | spooky | *gespenstisch, gruselig* |
| popular | *beliebt, populär* | unhappy | *unglücklich* |
| | | wicked | *spitze; böse* |

unter den Füßen verlieren; **depths** die Tiefen; **in the depths of despair** in tiefster Verzweiflung ❸ **in depth** eingehend, intensiv

**depu·ty** ['depjʊtɪ] ❶ der Stellvertreter/die Stellvertreterin ❷ (*politisch*) der/die Delegierte

**de·rail·ment** [dɪ'reɪlmənt] die Entgleisung; (*übertragen*) *einer Verhandlung:* das Scheitern

to **de·regu·late** [di:'regjuːleɪt] deregulieren

**der·elict** ['derəlɪkt] verfallen, herleiten, verlassen

to **de·rive** [dɪ'raɪv] ❶ **where does the town derive its name from?** woher kommt der Name der Stadt?; **to derive benefit/profit from** Nutzen/Vorteile ziehen aus ❷ **someone derives pleasure from doing something** etwas bereitet jemandem Vergnügen ❸ ableiten, herleiten (**from** von)

**de·roga·tory** [dɪ'rɒgətrɪ] abfällig *Bemerkung*

to **de·scend** [dɪ'send] ❶ herabsteigen, hinabsteigen; hinuntergehen, heruntergehen *Treppe;* **the lift descended slowly** der Aufzug fuhr langsam nach unten ❷ herfallen (**on/upon** über); **my parents-in-law are descending on us at Christmas** meine Schwiegereltern wollen uns an Weihnachten überfallen

♦ to **descend from** ❶ *Person:* abstammen von ❷ *Eigentum:* übergehen [*oder* vererbt werden] auf; *Brauch:* stammen von

**de·scend·ant** [dɪ'sendənt] der Nachkomme, der Abkömmling

**de·scent** [dɪ'sent] ❶ *von Person:* der Abstieg ❷ die Abstammung, die Herkunft; **she's of Russian descent** sie ist russischer Abstammung ❸ der Überfall (**on/upon** auf)

to **de·scribe** [dɪ'skraɪb] ❶ beschreiben, schildern, darstellen ❷ **to describe oneself** sich bezeichnen (**as** als) ❸ beschreiben *Kreis*

**de·scrip·tion** [dɪ'skrɪpʃn] ❶ die Beschreibung, die Schilderung; **beyond description** unbeschreiblich; **to answer to a description** einer Beschreibung entsprechen ❷ die Bezeichnung ❸ (*umgangsspr*) die Art, die Sorte; **of every description** jeder Art

**de·scrip·tive** [dɪ'skrɪptɪv] beschreibend; *Statistik:* deskriptiv

to **de·sert** [dɪ'zɜːt] ❶ verlassen, im Stich lassen *Familie usw.;* **deserted street** die verlassene Straße ❷ (*militärisch*) desertieren

**de·sert** ['dezət] ❶ die Wüste ❷ (*übertragen*) die Einöde

**des·ert is·land** ['dezət aɪlənd] die einsame Insel

**de·serts** [dɪ'zɜːts] *plural* **to get one's [just] deserts** das bekommen, was man verdient

to **de·serve** [dɪ'zɜːv] ❶ verdienen; **he deserves to be punished** er hat seine Strafe verdient ❷ (*übertragen*) **to deserve a medal** einen Orden verdienen

**de·serv·ing** [dɪ'zɜːvɪŋ] verdienstvoll; **deserving cause** die gute Sache

**design – detainee**

**de·sign** [dɪˈzaɪn] ❶ der Entwurf, der Plan ❷ (*in der Mode*) das Muster ❸ das Design, die Konstruktion; **at the design stage** in der Entwurfsphase ❹ **by design** mit Absicht, absichtlich ❺ **to have designs on someone/ something** es auf jemanden/etwas abgesehen haben

to **de·sign** [dɪˈzaɪn] ❶ planen ❷ entwerfen, konstruieren *Maschine usw.* ❸ **this language course is designed for beginners** dieser Sprachkurs ist für Anfänger bestimmt; **it's not designed to be used like that!** dafür ist es nicht vorgesehen!

**de·sign·er** [dɪˈzaɪnəʳ] ❶ der Designer/die Designerin ❷ der Konstrukteur/die Konstrukteurin ❸ (*beim Theater*) **stage designer** der Bühnenbildner/die Bühnenbildnerin

**de·sir·able** [dɪˈzaɪərəbl] ❶ wünschenswert, begehrenswert, erstrebenswert ❷ *Haus:* reizvoll, attraktiv; *Person:* begehrenswert

to **de·sire** [dɪˈzaɪəʳ] ❶ **to desire something** sich etwas wünschen ❷ begehren, verlangen nach *Person* ❸ **it leaves much to be desired** das lässt viel zu wünschen übrig

**de·sire** [dɪˈzaɪəʳ] ❶ der Wunsch, die Sehnsucht (**for** nach) ❷ das Verlangen, das Begehren (**for** nach)

**de·sired** erwünscht

**desk** [desk] ❶ der Schreibtisch ❷ die Rezeption; (*im Hotel*) der Empfang; **to ask at the information desk** sich bei der Auskunft erkundigen ❸ (*Presse*) das Ressort

**desk lamp** die Schreibtischlampe

**deso·late** [ˈdesᵊlət] trostlos; *Stimmung:* niedergeschlagen

to **des·pair** [dɪˈspeəʳ] verzweifeln (**of** an); **to despair of something** alle Hoffnung auf etwas aufgeben; **she despaired of ever seeing him alive again** sie hat die Hoffnung aufgegeben, ihn jemals lebendig wieder zu sehen

**des·pair** [dɪˈspeəʳ] die Verzweiflung, die Hoffnungslosigkeit; **in despair** verzweifelt; **she was driven to despair** sie war verzweifelt

**des·pair·ing** [dɪˈspeərɪŋ] verzweifelt

**des·per·ate** [ˈdespərət] ❶ *Person:* verzweifelt ❷ *Lage:* hoffnungslos, ausweglos ❸ (*übertragen*) extrem; **to be in desperate need of something** etwas dringend benötigen ❹ **I'm desperate to go to** [*oder* **desperate for**] **the loo!** (*umgangsspr*) ich muss unbedingt aufs Klo!

**des·pera·tion** [ˌdespəˈreɪʃn] **in desperation** aus Verzweiflung; **to drive someone to desperation** jemanden zur Verzweiflung

bringen

to **des·pise** [dɪˈspaɪz] **to despise someone/ something** jemanden verachten/etwas verschmähen

**de·spite** [dɪˈspaɪt] trotz

**de·spond·ent** [dɪˈspɒndənt] niedergeschlagen

**des·sert** [dɪˈzɜːt] der Nachtisch, das Dessert

**des·sert·spoon** der Dessertlöffel; (*großer*) der Esslöffel

**des·ti·na·tion** [ˌdestɪˈneɪʃn] *von Waren:* der Bestimmungsort; *von Personen:* das Reiseziel; *mit dem Zug:* der Zielort

to **des·tine** [ˈdestɪn] **to be destined to do something** dazu bestimmt sein, etwas zu tun; **it was destined to happen** es sollte so kommen

**des·tined** [ˈdestɪnd] ❶ (*Zweck*) **destined for somebody/something** bestimmt für jemanden/etwas ❷ (*Schicksal*) **destined for somebody/something** vorherbestimmt für jemanden/etwas; **destined to fail** zum Scheitern verurteilt ❸ (*humorvoll: geplant*) vorherbestimmt

**des·ti·ny** [ˈdestɪnɪ] das Schicksal

**des·ti·tute¹** [ˈdestɪtjuːt] mittellos

**des·ti·tute²** [ˈdestɪtjuːt] **the destitute** *plural* die Bedürftigen

to **de·stress** [ˌdiːˈstres] Stress abbauen

to **de·stroy** [dɪˈstrɔɪ] ❶ zerstören; kaputtmachen *Gegenstand;* vernichten *Dokumente, Ernte* ❷ einschläfern *Tier* ❸ (*übertragen*) zunichtemachen *Hoffnungen, Chancen*

**de·struct·ible** [dɪˈstrʌktəbl] zerstörbar

**de·struc·tion** [dɪˈstrʌkʃn] ❶ die Zerstörung, die Vernichtung ❷ (*übertragen*) die Verwüstung

**de·struc·tive** [dɪˈstrʌktɪv] zerstörerisch, destruktiv

to **de·tach** [dɪˈtætʃ] abnehmen; abtrennen *Dokument, Papier* (**from** von)

**de·tach·able** [dɪˈtætʃəbl] abnehmbar

**de·tached** [dɪˈtætʃt] ❶ *Meinung:* unvoreingenommen ❷ *Person:* kühl ❸ **detached house** das frei stehende Haus

**de·tail** [ˈdiːteɪl] das Detail, die Einzelheit; **in detail** im Einzelnen, im Detail; **in every detail** Punkt für Punkt; **to go into details** auf Einzelheiten eingehen

**de·tailed** [ˈdiːteɪld] ausführlich, detailliert

to **de·tain** [dɪˈteɪn] **to detain someone/something** jemanden/etwas zurückhalten [*oder* aufhalten]; (*juristisch*) jemanden festnehmen, jemanden in Haft nehmen

**de·tainee** [ˌdiːteɪˈniː] der Häftling

to **de·tect** [dɪ'tekt] bemerken; aufdecken *Fehler, Irrtum;* feststellen *Strahlung;* wahrnehmen *Bewegung*

**de·tect·able** [dɪ'tektəbļ] feststellbar; *Änderung:* wahrnehmbar

**de·tec·tion** [dɪ'tekʃn] ❶ die Aufdeckung, die Entdeckung, die Feststellung ❷ *von Polizei:* die Ermittlung; **to escape detection** nicht gefasst werden

**de·tec·tive** [dɪ'tektɪv] der Kriminalbeamter/die Kriminalbeamtin, der Detektiv/die Detektivin

**de·tec·tive nov·el** der Kriminalroman

**de·ten·tion** [dɪ'tenʃn] ❶ (*juristisch*) die Haft, der Gewahrsam ❷ (*in der Schule*) das Nachsitzen

**de·ten·tion cen·tre** ⒼⒷ, **de·ten·tion home** ⓊⓈⒶ die Jugendstrafanstalt

to **de·ter** [dɪ'tɜːʳ] <deterred, deterred> verhindern; **to deter someone** jemanden abschrecken

**de·ter·gent** [dɪ'tɜːdʒənt] das Reinigungsmittel; (*für Wäsche*) das Waschmittel; (*für Geschirr*) das Spülmittel

to **de·terio·rate** [dɪ'tɪəriʳreɪt] ❶ *Verkaufszahlen:* zurückgehen ❷ *Immobilien:* verfallen

**de·ter·mi·na·tion** [dɪˌtɜːmɪ'neɪʃn] ❶ die Entschlossenheit ❷ die Bestimmung (**of** von), die Festlegung

to **de·ter·mine** [dɪ'tɜːmɪn] ❶ beschließen ❷ festlegen, festsetzen *Preis, Datum, Zeit* ❸ bestimmen, entscheiden

**de·ter·mined** [dɪ'tɜːmɪnd] entschlossen; **he is determined to go** er ist [fest] entschlossen hinzugehen

**de·ter·rent**[1] [dɪ'terʳnt] die Abschreckung, das Abschreckungsmittel

**de·ter·rent**[2] [dɪ'terʳnt] abschreckend

to **de·test** [dɪ'test] verabscheuen, hassen

**de·test·able** [dɪ'testəbļ] abscheulich, scheußlich

to **deto·nate** ['detəneɪt] zünden, detonieren; explodieren lassen *Bombe*

**deto·na·tion** [ˌdetə'neɪʃn] die Zündung, die Detonation

**de·tour** ['diːtʊəʳ] die Umleitung; **to make a detour** einen Umweg machen

to **de·tour** ['diːtʊəʳ] einen Umweg machen

**de·tox** ['diːtɒks] <*plural* detoxes> *kurz für* **detoxification** der Entzug

**de·tox** ['diːtɒks] *kurz für* **detoxify** Entzug machen

**de·toxi·fi·ca·tion** [diːˌtɒksɪfɪ'keɪʃʳn] *kein Plural* ❶ die Entgiftung ❷ (*Behandlung*) der Entzug

**de·toxi·fi·ca·tion cen·tre** die Entziehungsanstalt

**de·toxi·fi·ca·tion pro·gramme** die Entziehungskur

to **de·toxi·fy** [ˌdiː'tɒksɪfaɪ] entgiften

**det·ri·men·tal** [ˌdetrɪ'mentʳl] schädlich

**deuce** [djuːs] (*Tennis*) der Einstand

to **de·value** [ˌdiː'væljuː] abwerten

to **dev·as·tate** ['devəsteɪt] ❶ verwüsten *Stadt, Land* ❷ **she was devastated by the news** sie war von den Nachrichten zutiefst geschockt

**dev·as·tat·ing** ['devəsteɪtɪŋ] ❶ verheerend, vernichtend ❷ (*umgangsspr*) umwerfend

**dev·as·ta·tion** [ˌdevə'steɪʃn] die Verwüstung

to **de·vel·op** [dɪ'veləp] ❶ sich entwickeln (**from** aus, **into** zu); entwickeln *Film* ❷ entfalten, ausweiten *Idee* ❸ bekommen *Krankheit* ❹ *Talent:* sich entfalten ❺ entstehen; **the software has developed a fault** bei der Software ist ein Defekt aufgetreten ❻ ⓊⓈⒶ sich herausstellen, sich zeigen; **it developed that ...** es stellte sich heraus, dass...

**de·vel·op·ing** [dɪ'veləpɪŋ] **developing country** das Entwicklungsland

**de·vel·op·ment** [dɪ'veləpmənt] die Entwicklung; **development aid** die Entwicklungshilfe

to **de·vi·ate** ['diːvɪeɪt] abweichen, abkommen (**from** von)

**de·vice** [dɪ'vaɪs] das Gerät, die Vorrichtung ▶ WENDUNGEN: **to leave someone to his own devices** jemanden sich selbst überlassen

**dev·il** ['devļ] ❶ der Teufel ❷ (*umgangsspr*) der Teufelskerl; **lucky devil** der Glückspilz ❸ (*übertragen*) **like the devil** wie ein Verrückter; **to run like the devil** wie ein geölter Blitz sausen; **to work like the devil** wie ein Pferd schuften; **go to the devil!** geh zum Teufel!; **there'll be the devil to pay** das dicke Ende kommt noch

**dev·il·ish** ['devʳlɪʃ] teuflisch; *Lage:* verteufelt; **devilish job** die Heidenarbeit

**de·vi·ous** ['diːvɪəs] ❶ verschlagen; *Plan:* krumm ❷ *Weg:* gewunden; **to take a devious route** einen Umweg fahren

to **de·vise** [dɪ'vaɪz] sich ausdenken; schmieden *Plan*

**de·void** [dɪ'vɔɪd] **to be devoid of something** ohne etwas sein

**de·vo·lu·tion** [ˌdiːvə'luːʃʳn] *kein Plural* die Dezentralisierung

to **de·vote** [dɪ'vəʊt] widmen *Leben, Energie;* **she devoted most of her time to her family** sie widmete ihre Zeit fast ausschließ-

**devoted – diet**     **124**

**L** **Devolution** heißt in Großbritannien ein Prozess der Verteilung der zentralen Staatsgewalt an Teile des Landes. Das **Scottish Parliament**, die **Northern Ireland Assembly** und die **Welsh Assembly** haben in regionalen Angelegenheiten alle Befugnisse. Nur England hat kein eigenes Parlament. Das **Parliament of the United Kingdom** in London ist die oberste gesetzgebende Gewalt für alle Teile des Landes, aber es kümmert sich auch um die Belange von England und bestimmt die Außenpolitik, die Verteidigungs- und Wirtschaftspolitik.

lich ihrer Familie

**de·vot·ed** [dɪ'vəʊtɪd] ❶ treu; **he was devoted to his dog** er hing sehr an seinem Hund ❷ *Eltern:* hingebungsvoll, aufopfernd

**de·vo·tion** [dɪ'vəʊʃn] die Hingabe (**to** an), die Ergebenheit (**to** gegenüber)

to **de·vour** [dɪ'vaʊəʳ] verschlingen *Essen, Buch*

**de·vout** [dɪ'vaʊt] ❶ fromm, religiös ❷ aufrichtig, echt

**dew** [djuː] der Tau

**dia·be·tes** [ˌdaɪə'biːtɪz] ⚠ *mit Singular* der Diabetes

**dia·bet·ic**[1] [ˌdaɪə'betɪk] der Diabetiker/die Diabetikerin

**dia·bet·ic**[2] [ˌdaɪə'betɪk] zuckerkrank

**dia·bol·ic** [ˌdaɪə'bɒlɪk], **dia·bol·ical** [ˌdaɪə'bɒlɪkl] ❶ teuflisch ❷ (*umgangsspr*) widerlich, abscheulich

to **di·ag·nose** ['daɪəgnəʊz] diagnostizieren *Krankheit*

**di·ag·no·sis** [ˌdaɪəg'nəʊsɪs, *plural* daɪəg'nəʊsiːz] <*plural* diagnoses> die Diagnose

**di·ago·nal** [daɪ'ægənl] diagonal

**dia·gram** ['daɪəgræm] die grafische Darstellung; (*Mathematik*) das Diagramm

**dial** ['daɪəl] ❶ (*Telefon*) die Wählscheibe ❷ (*Radio, TV*) die [Einstell]skala ❸ (*Uhr*) das Zifferblatt

to **dial** ['daɪəl] <dialled *oder* (USA) dialed, dialled *oder* (USA) dialed> wählen; **dial direct** durchwählen

**dia·lect** ['daɪəlekt] der Dialekt, die Mundart

**dial·ling** ['daɪəlɪŋ] *kein Plural* das Wählen

**dial·ling code** ['daɪəlɪŋkəʊd] die Vorwahlnummer

**dial·ling tone** ['daɪəlɪŋtəʊn] das Amtszeichen, der Wählton

**dia·logue** ['daɪəlɒg], (USA) **dia·log** der Dialog

**di·am·eter** [daɪ'æmɪtəʳ] der Durchmesser; **to be one metre in diameter** einen Durchmesser von einem Meter haben

**dia·mond** ['daɪəmənd] ❶ der Diamant;

**rough diamond** der Rohdiamant ❷ (*Form*) der Rhombus ❸ (*Spielkarten*) das Karo ❹ (*Baseball*) das Innenfeld

**dia·mond wed·ding** die diamantene Hochzeit

**dia·per** ['daɪpəʳ] (USA) die Windel

**di·ar·rhoea** [ˌdaɪə'rɪə], (USA) **di·ar·rhea** der Durchfall

**dia·ry** ['daɪərɪ] ❶ das Tagebuch ❷ der Terminkalender

**dice** [daɪs] <*plural* dice> ❶ der Würfel; **to play dice** Würfel spielen ❷ **no dice!** (USA) (*umgangsspr*) keine Chance!

to **dice** [daɪs] in Würfel schneiden ▶ WENDUNGEN: **to dice with death** mit dem Tod[e] spielen

to **dic·tate** [dɪk'teɪt] ❶ diktieren *Brief* ❷ **to dictate to someone** jemandem Vorschriften machen

**dic·ta·tion** [dɪk'teɪʃn] (*in der Schule, im Büro*) das Diktat; **to write a dictation** ein Diktat machen; **to take a dictation** ein Diktat aufnehmen

**dic·ta·tor** [dɪk'teɪtəʳ] der Diktator/die Diktatorin

**dic·ta·tor·ship** [dɪk'teɪtəʃɪp] die Diktatur

**dic·tion·ary** ['dɪkʃənrɪ] das Wörterbuch

**did** [dɪd] *2. Form von* **do**

**didn't** [dɪdnt] *Kurzform von* **did not**

to **die** [daɪ] <died, died> ❶ sterben (**of** an); (*im Krieg*) fallen; **to die of hunger** verhungern; **to be dying** im Sterben liegen; **to die a natural/violent death** eines natürlichen/gewaltsamen Todes sterben ❷ *Liebe:* vergehen, erlöschen ❸ *Sitte:* aussterben, untergehen ▶ WENDUNGEN: **to be dying to do something** darauf brennen, etwas zu tun; **I nearly died of shame!** ich habe mich zu Tode geschämt!; **to die laughing** sich kaputtlachen

◆to **die away** nachlassen; *Wind, Lärm, Ärger:* sich legen

◆to **die down** ❶ *Sturm, Wind:* nachlassen; **the fire died down** das Feuer brannte herunter ❷ *Lärm:* schwächer werden ❸ *Aufregung:* sich legen

◆to **die out** aussterben

**die·back** ['daɪbæk] das Baumsterben, das Waldsterben

**die·sel** ['diːzl] ❶ **diesel [engine]** der Dieselmotor ❷ der Dieselkraftstoff

**diet** ['daɪət] ❶ die Nahrung ❷ die Diät; **to go on a diet** eine Diät machen; **to keep to a strict diet** streng Diät halten; **to put someone on a diet** jemandem eine Diät verordnen; **he is on a diet** er ist auf Diät, er macht eine Abmagerungskur

**to diet** ['daɪət] nach einer Diät leben; (*zum Abnehmen*) eine Abmagerungskur machen

**di·etary** ['daɪətºri] Ernährungs-, Ess-; (*kontrolliert*) Diät-

**di·etary fi·bre** die Ballaststoffe

**to dif·fer** ['dɪfəʳ] ① (*in Aussehen, Wesen*) verschieden sein, sich unterscheiden ② verschieden, entgegengesetzter Meinung sein; **we differ on this point** in diesem Punkt sind wir verschiedener Meinung; **to agree to differ** verschiedene Meinungen zugestehen; **I beg to differ** Verzeihung, da bin ich anderer Ansicht

**dif·fer·ence** ['dɪfrəns] ① der Unterschied (**between** zwischen); **difference in age** der Altersunterschied; **it was a party with a difference!** die Party war mal etwas ganz anders; **does it make any difference if ...?** macht es was aus, wenn ...? ② *von Preis, Summe:* die Differenz; **to pay the difference** den Rest bezahlen; **to split the difference** sich auf halbem Wege einigen ③ **differences [of opinion]** die Meinungsverschiedenheiten ④ **what's the difference?** (*umgangsspr*) was macht das schon?; [**it's the**] **same difference!** (*umgangsspr*) es ist dasselbe!; **it makes no difference to me, whether ...** es ist mir egal, ob ...

**dif·fer·ent** ['dɪfrənt] ① andere(r, s), anders (**from/to/than** als); **that's a different matter!** das ist etwas anderes!; **let's do something completely different** lass uns etwas ganz anderes machen ② verschieden, unterschiedlich; **in what way are they different?** wie unterscheiden sie sich?

**to dif·fer·en·ti·ate** [ˌdɪfəˈren(t)ʃieɪt] unterscheiden

**dif·fi·cult** ['dɪfɪkəlt] ① schwer, schwierig; *Lage:* heikel; **it's difficult to know whether he's right** es ist schwer zu sagen, ob er Recht hat ② *Person:* schwierig

**dif·fi·cul·ty** ['dɪfɪkəltɪ] ① die Schwierigkeit; **she had difficulty in understanding him** sie hatte Schwierigkeiten, ihn zu verstehen; **with difficulty** mit Mühe ② **to be in difficulties** Schwierigkeiten haben; **to get into difficulties** in Schwierigkeiten geraten

**dif·fu·sion** [dɪˈfjuːʒºn] *kein Plural* ① die Verbreitung; *von Ideen:* die Ausbreitung ② (*in der Chemie, Physik*) die Diffusion

**dig** [dɪg] ① der Stoß; **to give someone a dig in the ribs** jemanden in die Rippen stoßen ② (*übertragen*) der Seitenhieb; **she's always making digs at his clothes** sie macht ständig spitze Bemerkungen über seine Kleidung ③ (*in der Archäologie*) die Ausgrabung

**to dig** [dɪg] <dug, dug> ① ausgraben; graben *Loch* ② ausheben *Graben* ③ (*slang*) **to dig someone/something** jemanden/etwas stark finden ▸ WENDUNGEN: **to dig one's own grave** sein eigenes Grab schaufeln

◆**to dig around** (*umgangsspr*) **to dig around for a book/pen** nach einem Buch/einem Kugelschreiber herumsuchen

◆**to dig for to dig for gold** nach Gold graben

◆**to dig in** ① (*beim Essen*) zugreifen ② (*militärisch*) sich eingraben ▸ WENDUNGEN: **to dig one's heels in** sich auf die Hinterbeine stellen

◆**to dig into** ① **to dig into something** in etwas wühlen ② (*umgangsspr*) herfallen über *Essen* ▸ WENDUNGEN: **he's just digging himself into a hole** er gräbt sich selbst eine Grube

◆**to dig out** ① **to dig something out** etwas ausgraben ② (*umgangsspr*) **have you dug out that photo yet?** hast du das Foto schon gefunden?

◆**to dig up** ① aufwühlen, umgraben *Erde, Garten* ② (*übertragen*) ausgraben *Vergangenheit*

**to di·gest** [dɪˈdʒest, daɪˈdʒest] ① **to digest food** Essen verdauen ② (*übertragen*) geistig verarbeiten *Idee, Nachrichten*

**di·gest·ible** [dɪˈdʒestəbl] verdaulich

**di·ges·tion** [dɪˈdʒestʃən] die Verdauung

**dig·ger** ['dɪgəʳ] ① der Gräber/die Gräberin ② (*Archäologe*) der Ausgräber/die Ausgräberin ③ (*Maschine*) der Bagger

**digi·cam** ['dɪdʒɪkæm] *kurz für* **digital camera** die Digitalkamera

**dig·it** ['dɪdʒɪt] ① der Finger, die Zehe ② (*mathematisch*) die Ziffer

**digi·tal** ['dɪdʒɪtl] digital; **digital camera** die Digitalkamera; **digital radio** das Digitalradio; **digital technology** die Digitaltechnik; **digital watch** die Digitaluhr

**to digi·tal·ize** ['dɪdʒɪtºlaɪz] digitalisieren

**dig·ni·fied** ['dɪgnɪfaɪd] würdevoll

**dig·ni·ty** ['dɪgnətɪ] die Würde; **beneath someone's dignity** unter jemandes Würde

**to di·gress** [daɪˈgres] abschweifen

**di·gres·sion** [daɪˈgreʃºn] die Abschweifung, der Exkurs

**dike** [daɪk] ① der [Wasser]graben ② der Deich, der Damm

**di·lapi·da·ted** [dɪˈlæpɪdeɪtɪd] heruntergekommen; *Gebäude:* verfallen

**to di·late** [daɪˈleɪt] erweitern; *Pupille:* sich weiten

**dili·gent** ['dɪlɪdʒənt] ❶ fleißig ❷ sorgfältig, gewissenhaft

to **di·lute** [daɪ'luːt] ❶ verdünnen (**with** mit) ❷ (*übertragen*) abschwächen, mildern *Effekt*

**di·lu·tion** [daɪ'luːʃən] ❶ *kein Plural* das Verdünnen ❷ (*Flüssigkeit*) die Verdünnung

**dim** [dɪm] ❶ *Licht:* schwach, dunkel ❷ *Farbe:* trüb, matt ❸ *Umrisse:* undeutlich, verschwommen ❹ *Erinnerung:* blass, verschwommen ❺ (*umgangsspr*) schwer von Begriff ❻ **to take a dim view of something** nicht viel von etwas halten

to **dim** [dɪm] <dimmed, dimmed> ❶ *Licht:* schwächer werden; **to dim the lights** das Licht ausgehen lassen; **to dim the headlights** abblenden ❷ verdunkeln *Raum* ❸ *Gefühl:* nachlassen

**di·men·sion** [dɪ'menʃn, daɪ'menʃn] ❶ (*auch mathematisch*) die Dimension ❷ die Abmessung ❸ **dimensions** *plural* die Ausmaße

to **di·min·ish** [dɪ'mɪnɪʃ] ❶ nachlassen; *Zahl:* sich verringern, sich vermindern; verringern, vermindern *Zahl* ❷ *Einfluss, Effekt:* abnehmen (**in** an)

**di·minu·tive**[1] [dɪ'mɪnjətɪv] die Verkleinerungsform

**di·minu·tive**[2] [dɪ'mɪnjətɪv] winzig; (*in den Sprachwissenschaften*) diminutiv

**dim·mer** ['dɪmər] ❶ der Dimmer ❷ Ⓤ der Abblendschalter, die Abblendvorrichtung

**dim·wit·ted** dusselig

**din** [dɪn] *kein Plural* der Lärm; **the din of the traffic** der Verkehrslärm

to **dine** [daɪn] speisen; **to dine out** auswärts speisen

**din·er** ['daɪnər] ❶ der/die Speisende ❷ (*im Zug*) der Speisewagen ❸ Ⓤ das Diner

**din·ghy** ['dɪŋgɪ] das Ding[h]i

**din·gy** ['dɪndʒɪ] schmuddelig

**din·ing car** ['daɪnɪŋkaːr] der Speisewagen

**din·ing room** ['daɪnɪŋruːm] das Esszimmer, das Speisezimmer

**din·ing ta·ble** ['daɪnɪŋteɪbl] der Esstisch

**din·ner** ['dɪnər] die Hauptmahlzeit, das Mittagessen, das Abendessen; **after dinner** nach dem Essen; **at dinner** beim Essen; **to be having one's dinner** zu Abend/Mittag essen; **to ask someone to dinner** jemanden zum Essen einladen; **dinner is served!** bitte zu Tisch!

**din·ner jack·et** der Smoking

**din·ner lady** Ⓖ *servierende Aufseherin an Schulen*

**din·ner par·ty** die Abendgesellschaft

**din·ner ta·ble** die Tafel

**din·ner time** die Mittagessenszeit, die Abendessenszeit; **it's dinner time!** Zeit zum Essen!

**di·no·saur** ['daɪnəsɔːr] der Dinosaurier

**dip**[1] [dɪp] (*Soße*) der Dip

**dip**[2] [dɪp] **to go for** [*oder* **take**] **a dip** baden gehen

to **dip** [dɪp] <dipped, dipped> ❶ [ein]tauchen, [ein]tunken (**in** in) ❷ abblenden *Scheinwerfer* ❸ **the sun dipped below the horizon** die Sonne verschwand [*oder* senkte sich] hinter dem Horizont

◆ to **dip into** ❶ **to dip into something** in etwas greifen ❷ **to dip into one's savings** seine Ersparnisse angreifen ❸ **to dip into a book** einen kurzen Blick in ein Buch werfen ❹ **to dip one's toe[s] into something** (*übertragen*) seine Fühler nach etwas ausstrecken

**di·plo·ma** [dɪ'pləʊmə] das Diplom (**in** in)

**di·plo·ma·cy** [dɪ'pləʊməsɪ] die Diplomatie

**dip·lo·mat** ['dɪpləmæt] der Diplomat/die Diplomatin

**dip·lo·mat·ic** [ˌdɪplə'mætɪk] diplomatisch

**dip·lo·mati·cal·ly** [ˌdɪplə'mætɪkli] diplomatisch

**dip·py** ['dɪpi] (*slang*) verrückt

**dip·stick** der [Öl]messstab

**di·rect** [dɪ'rekt] ❶ direkt ❷ unmittelbar ❸ *Zug:* durchgehend, direkt; **direct flight** Direktflug ❹ *Bemerkung:* offen, deutlich

to **di·rect** [dɪ'rekt, daɪ'rekt] ❶ richten (**towards** auf); **those words were directed at you** die Worte richteten sich an dich; **could you direct me to the station, please?** könnten Sie mir bitte sagen, wo der Bahnhof ist? ❷ leiten *Organisation* ❸ Regie führen bei *Film* ❹ regeln *Verkehr* ❺ befehlen; **the magistrate directed him to pay his debts** der Richter wies ihn an, seine Schulden zu begleichen ❻ adressieren, schicken *Brief* (**to** an) ❼ dirigieren, leiten *Orchester* ❽ (*ärztlich*) **as directed** wie verordnet

**di·rect deb·it** *kein Plural* Ⓖ die Einzugsermächtigung

**di·rect hit** der Volltreffer

**di·rec·tion** [dɪ'rekʃn] ❶ die Richtung; **sense of direction** der Orientierungssinn ❷ die Leitung, die Führung; **under the direction of** unter [der] Leitung von ❸ (*Theater, Film*) die Regie ❹ **directions** ⚠ *plural* die Wegbeschreibung; **directions for use** die Gebrauchsanweisung; **to follow the directions** der Gebrauchsanweisung/Wegbeschreibung folgen

**di·rec·tive** [dɪˈrektɪv] die Anweisung

**di·rect·ly** [dɪˈrektlɪ] ① direkt, unmittelbar ② sofort, gleich ③ sobald wie

**di·rec·tor** [dɪˈrektəʳ] ① der Direktor/die Direktorin, der Leiter/die Leiterin; **board of directors** der Verwaltungsrat, der Vorstand; **director general** der Generaldirektor/die Generaldirektorin ② (*Theater, Film*) der Regisseur/die Regisseurin

**di·rec·tory** [dɪˈrektərɪ] ① das Adressbuch, das Verzeichnis ② **telephone directory** das Telefonbuch

**di·rec·tory en·quiries** *plural* die Telefonauskunft

**dirt** [dɜːt] der Schmutz, der Dreck *auch übertragen;* **to treat someone like dirt** jemanden wie Dreck behandeln

**dirt-cheap** [ˌdɜːtˈtʃiːp] spottbillig

**dirty**[1] [ˈdɜːtɪ] ① schmutzig, verschmutzt; **dirty work** die Schmutzarbeit ② *Witz:* unflätig, zotig ③ *Trick:* niederträchtig, gemein ④ stürmisch, windig; **dirty weather** das Dreckwetter ▸ WENDUNGEN: **to give someone a dirty look** jemandem einen bösen Blick zuwerfen; **to play a dirty trick on someone** jemandem einen üblen Streich spielen

**dirty**[2] [ˈdɜːtɪ] ▸ WENDUNGEN: **to do the dirty on someone** jemanden reinlegen

to **dirty** [ˈdɜːtɪ] schmutzig machen, verschmutzen

**dis·abil·ity** [ˌdɪsəˈbɪlətɪ] die Behinderung

**dis·abled**[1] [dɪsˈeɪbld] *Person:* behindert; **disabled person** der/die Behinderte

**dis·abled**[2] [dɪsˈeɪbld] **the disabled** die Behinderten

**dis·ad·vant·age** [ˌdɪsədˈvɑːntɪdʒ] der Nachteil; **at a disadvantage** im Nachteil; **to someone's disadvantage** zu jemandes Nachteil; **to put someone at a disadvantage** jemanden benachteiligen

**dis·af·fect·ed** [ˌdɪsəˈfektɪd] ① entfremdet ② unzufrieden

to **dis·agree** [ˌdɪsəˈɡriː] ① nicht übereinstimmen (**with** mit), nicht einverstanden sein ② eine Meinungsverschiedenheit haben ③ *Essen, Klima, Erlebnis:* schlecht bekommen; **fish disagrees with her** Fisch bekommt ihr nicht

**dis·agree·able** [ˌdɪsəˈɡriːəbl] ① unangenehm, widerwärtig ② *Person:* unsympathisch

**dis·agree·ment** [ˌdɪsəˈɡriːmənt] ① der Streit, die Meinungsverschiedenheit ② die Unstimmigkeit, die Uneinigkeit

to **dis·al·low** [ˌdɪsəˈlaʊ] nicht erlauben; (*im*

*Sport*) nicht anerkennen; annullieren *Tor;* abweisen *Klage*

to **dis·ap·pear** [ˌdɪsəˈpɪəʳ] verschwinden (**from** von/aus)

**dis·ap·pear·ance** [ˌdɪsəˈpɪərəns] das Verschwinden

to **dis·ap·point** [ˌdɪsəˈpɔɪnt] ① **to disappoint someone** jemanden enttäuschen ② durchkreuzen, zunichtemachen *Absicht, Plan*

**dis·ap·point·ed** [ˌdɪsəˈpɔɪntɪd] enttäuscht; **she was very disappointed with** [*oder* **in**] **you** sie war von dir sehr enttäuscht

**dis·ap·point·ing** [ˌdɪsəˈpɔɪntɪŋ] enttäuschend

**dis·ap·point·ment** [ˌdɪsəˈpɔɪntmənt] die Enttäuschung

to **dis·ap·prove** [ˌdɪsəˈpruːv] dagegen sein; **to disapprove** [*oder* **be disapproving**] **of someone/something** jemanden ablehnen/etwas missbilligen

**dis·ar·ray** [ˌdɪsəˈreɪ] *kein Plural* die Unordnung; **her hair was in disarray** ihr Haar war [ganz] zerzaust

**dis·as·ter** [dɪˈzɑːstəʳ] ① die Katastrophe; **disaster area** das Katastrophengebiet; **disaster film** der Katastrophenfilm ② (*übertragen*) das Fiasko

**dis·as·trous** [dɪˈzɑːstrəs] katastrophal, verheerend

**dis·be·lief** [ˌdɪsəmbɒdɪˈliːf] *kein Plural* der Unglaube; **in disbelief** ungläubig

**disc** [dɪsk] ① die Scheibe ② (*Computer*) die Diskette; **hard disk** die Festplatte ③ (*am Rückgrat*) die Bandscheibe ④ die CD

to **dis·card** [dɪˈskɑːd] wegwerfen; ablegen *Mantel, Hut*

**dis·card** [ˈdɪskɑːd] der Ausschuss

**dis·charge** [dɪsˈtʃɑːdʒ] ① entlassen *Patienten;* **she discharged herself from hospital** sie hat das Krankenhaus auf eigene Verantwortung verlassen ② abfeuern *Schuss* ③ ausströmen lassen *Gas* ④ freisprechen *Angeklagte*

**dis·ci·ple** [dɪˈsaɪpl] der Jünger/die Jüngerin

**dis·ci·pli·nary** [ˌdɪsəˈplɪnərɪ] Disziplinar-; **disciplinary problems** die Disziplinprobleme

**dis·ci·pline** [ˈdɪsɪplɪn] ① die Disziplin; (*Strafmaßnahme*) die disziplinarische Maßnahme; **to keep** [*oder* **maintain**] **discipline** die Disziplin aufrechterhalten ② (*Universität*) das Lehrfach

to **dis·ci·pline** [ˈdɪsɪplɪn] **to discipline someone** jemanden disziplinieren, jemanden bestrafen

**disc jock·ey** [ˈdɪskdʒɒkɪ] der Discjockey, der

**disclose – disgrace** **128**

---

**USEFUL PHRASES**

Do you agree or not? These phrases are useful for a **discussion**.

| | |
|---|---|
| I agree. | I don't agree. |
| You're right. | Sorry, but you're wrong. |
| Exactly! | Don't be silly! |
| That's what I think, too. | Rubbish! |
| That's true. | I don't think that's true. |

---

Diskjockey

to **dis·close** [dɪsˈkləʊz] ① enthüllen ② bekannt machen, mitteilen *Information*

**dis·clo·sure** [dɪsˈkləʊʒəʳ] die Enthüllung, die Mitteilung

**dis·co** [ˈdɪskəʊ] <*plural* discos> die Disko

**dis·com·fort** [dɪsˈkʌm(p)fət] *kein Plural* ① die Beschwerden ② das Unbehagen

to **dis·con·cert** [ˌdɪskənˈsɜːt] beunruhigen

to **dis·con·nect** [ˌdɪskəˈnekt] ① *Verbindung:* trennen (**from** von); (*technisch*) auskuppeln ② ausschalten, abschalten *Elektrizität* ③ abstellen *Telefon, Wasser*

**dis·con·nect·ed** [ˌdɪskəˈnektɪd] ① unzusammenhängend; **she seemed disconnected from reality** sie schien von der Realität abgeschnitten ② abgeschaltet, abgestellt

to **dis·con·tinue** [ˌdɪskənˈtɪnjuː] ① aufgeben; abbrechen *Behandlung* ② aufgeben *Geschäft;* **discontinued line** die ausgelaufene Serie ③ einstellen *Klage*

**dis·co·theque** [ˈdɪskətek] die Diskothek

**dis·count** [ˈdɪskaʊnt] der Nachlass, der Rabatt (**on** auf); **at a discount** mit Rabatt; **discount for cash** der/das Skonto bei Barzahlung

to **dis·count** [dɪsˈkaʊnt] (*übertragen*) unberücksichtigt lassen *Meinung;* widerlegen *Beweis*

to **dis·cour·age** [dɪsˈkʌrɪdʒ] ① **to discourage someone** jemanden entmutigen [*oder* mutlos machen]; **to become discouraged** den Mut verlieren ② **to discourage someone from doing something** jemanden davon abhalten, etwas zu tun; **he tried to discourage her from going to the film** er versuchte sie davon abzubringen, in den Film zu gehen

**dis·cour·ag·ing** [dɪsˈkʌrɪdʒɪŋ] entmutigend

**dis·cour·teous** [dɪsˈkɜːtiəs] unhöflich

to **dis·cov·er** [dɪsˈkʌvəʳ] entdecken, finden; (*nach Suche*) ausfindig machen

**dis·cov·ery** [dɪsˈkʌvəri] die Entdeckung

**Dis·cov·ery Day** *Feiertag in Neufundland und Labrador*

to **dis·cred·it** [dɪsˈkredɪt] ① in Verruf bringen, diskreditieren ② unglaubwürdig machen

**dis·cred·it** [dɪsˈkredɪt] *kein Plural* der Misskredit

**dis·creet** [dɪsˈkriːt] diskret, rücksichtsvoll

**dis·crep·an·cy** [dɪsˈkrepᵊn(t)si] die Diskrepanz

**dis·cre·tion** [dɪsˈkreʃn] ① die Diskretion ② das Ermessen; **to leave something to someone's discretion** etwas in jemandes Ermessen stellen

to **dis·crimi·nate** [dɪsˈkrɪmɪneɪt] ① unterscheiden (**from** von, **between** zwischen) ② **to discriminate in favour of someone** jemanden bevorzugen [*oder* begünstigen]; **to discriminate against someone** jemanden diskriminieren [*oder* benachteiligen]

**dis·crimi·nat·ing** [dɪsˈkrɪmɪneɪtɪŋ] kritisch; *Gaumen:* fein

**dis·crimi·na·tion** [dɪˌskrɪmɪˈneɪʃn] ① die Unterscheidung ② die Diskriminierung; **racial discrimination** die Rassendiskriminierung

**dis·crimi·na·tory** [dɪsˈkrɪmɪnətᵊri] diskriminierend

**dis·cus** [ˈdɪskəs] <*plural* discuses> der Diskus

to **dis·cuss** [dɪsˈkʌs] diskutieren, besprechen

**dis·cus·sion** [dɪsˈkʌʃn] ① die Diskussion; **to be under discussion** zur Diskussion stehen; **after much discussion** nach langen Diskussionen ② die Besprechung, die Beratung

**dis·cus throw·er** der Diskuswerfer/die Diskuswerferin

**dis·dain·ful** [dɪsˈdeɪnfᵊl] verächtlich

**dis·ease** [dɪˈziːz] die Krankheit; **contagious disease** die ansteckende Krankheit

**dis·eased** [dɪˈziːzd] krank

to **dis·em·bark** [ˌdɪsɪmˈbɑːk] von Bord gehen, ausschiffen

to **dis·en·tan·gle** [ˌdɪsɪnˈtæŋgl] entwirren; **to disentangle oneself** sich befreien

**dis·grace** [dɪsˈgreɪs] ① die Ungnade ② die Schande (**to** für); **to bring disgrace on someone** jemandem Schande machen; **to be in disgrace** in Ungnade sein

to **dis·grace** [dɪsˈgreɪs] ① **to disgrace some-**

**one** Schande über jemanden bringen; **to be disgraced** blamiert sein ② **to disgrace oneself** sich blamieren

**dis·grace·ful** [dɪsˈgreɪsfl] schändlich, skandalös

**dis·grun·tled** [dɪsˈgrʌntld] **disgruntled** verstimmt (**with** über)

to **dis·guise** [dɪsˈgaɪz] ① **to disguise oneself** sich verkleiden (**as** als); verstellen *Stimme;* tarnen *Gegenstand* ② verbergen *Irrtum*

**dis·guise** [dɪsˈgaɪz] die Verkleidung, die Verstellung; **in disguise** verkleidet, maskiert

**dis·gust** [dɪsˈgʌst] der Ekel (**at** vor)

to **dis·gust** [dɪsˈgʌst] ① **to disgust someone** jemanden ekeln, jemanden anwidern ② **to be disgusted with someone** über jemanden empört sein

**dis·gust·ing** [dɪsˈgʌstɪŋ] ekelhaft, widerlich

**dish** [dɪʃ] <*plural* dishes> ① die Schüssel, die Schale ② das Gericht, die Speise; **dish of the day** das Tagesgericht ③ **dishes** ⚠ *plural* das Geschirr; **to do the dishes** das Geschirr spülen ④ **satellite dish** die Satellitenschüssel

◆ to **dish out** ① **to dish out food** das Essen austeilen ② (*umgangsspr*) **you shouldn't dish it out if you can't take it** du solltest es nicht austeilen wenn du es nicht wegstecken kannst

◆ to **dish up to dish up food** das Essen servieren

**dish·cloth** [ˈdɪʃklɒθ] ① das Spültuch ② das Geschirrtuch

to **dis·heart·en** [dɪsˈhɑːtᵊn] entmutigen

**dis·hon·est** [dɪsˈɒnɪst] unehrlich

**dis·hon·es·ty** [dɪsˈɒnɪstɪ] die Unehrlichkeit

**dis·hon·our** [dɪsˈɒnᵊr], ⓊⓈⒶ **dis·hon·or** die Schande, die Unehre

to **dis·hon·our** [dɪsˈɒnᵊr], ⓊⓈⒶ to **dis·hon·or** entehren; nicht einhalten *Versprechen*

**dish·rag** ⓊⓈⒶ ① das Spültuch ② das Geschirrtuch

**dish·wash·er** die Geschirrspülmaschine

**dishy** [ˈdɪʃi] ⒼⒷ (*slang*) sexy

**dis·il·lu·sioned** [dɪsɪˈluːʒᵊnd] desillusioniert

**dis·in·clined** [ˌdɪsɪnˈklaɪnd] abgeneigt

**dis·in·fect·ant** [ˌdɪsɪnˈfektᵊnt] das Desinfektionsmittel

to **dis·in·te·grate** [dɪsˈɪntɪgreɪt] auflösen, zersetzen, zerfallen

**dis·in·ter·est·ed** [dɪsˈɪntrəstɪd] ① desinteressiert ② unparteiisch, unvoreingenommen

**disk** [dɪsk] ⓊⓈⒶ ① die Scheibe ② (*Computer*) die Diskette; **hard disk** die Festplatte ③ (*Rückgrat*) die Bandscheibe ④ die CD

**disk drive** das Diskettenlaufwerk

**disk·ette** [dɪsˈkæt] die Diskette

**disk op·er·at·ing sys·tem** das Plattenbetriebssystem

to **dis·like** [dɪsˈlaɪk] **to dislike somebody/ something** jemanden/etwas nicht mögen; **to dislike doing something** etwas ungern tun

**dis·like** [dɪsˈlaɪk] die Abneigung, der Widerwille (**of/for** gegen); **to take a dislike to something** eine Abneigung gegen etwas entwickeln

to **dis·lo·cate** [ˈdɪsləkeɪt] ausrenken, verrenken; **she's got a dislocated shoulder** sie hat sich die Schulter verrenkt

to **dis·lodge** [dɪˈslɒdʒ] lösen; verdrängen *Person*

**dis·loy·al** [dɪsˈlɔɪəl] treulos; **he's disloyal to his friends** er ist seinen Freunden gegenüber nicht loyal

**dis·loy·al·ty** [dɪˈslɔɪəlti] *kein Plural* die Illoyalität

**dis·mal** [ˈdɪzməl] düster; *Landschaft:* trostlos

to **dis·man·tle** [dɪsˈmæntl] zerlegen, demontieren *Möbelstück usw.*

**dis·may** [dɪsˈmeɪ] die Bestürzung; **in dismay** bestürzt

to **dis·miss** [dɪsˈmɪs] ① entlassen *Angestellten* ② abtun *Thema;* verwerfen *These* ③ abweisen *Klage*

**dis·miss·al** [dɪsˈmɪsl] ① die Entlassung, die Kündigung ② *eines Themas:* das Abtun; *einer These:* die Ablehnung ③ *einer Klage:* die Abweisung

to **dis·mount** [ˌdɪsˈmaʊnt] (*vom Fahrrad, Pferd*) absteigen

**dis·obedi·ence** [ˌdɪsəˈbiːdjəns] der Ungehorsam

**dis·obedi·ent** [ˌdɪsəˈbiːdjənt] ungehorsam

to **dis·obey** [ˌdɪsəˈbeɪ] ① **to disobey someone** jemandem nicht gehorchen ② **to disobey an order** sich einem Befehl widersetzen

**dis·or·der** [dɪsˈɔːdᵊr] die Unordnung, das Durcheinander; **in disorder** durcheinander

**dis·or·der·ed** [dɪsˈɔːdəd] unordentlich; *Gesundheit:* gestört

**dis·or·der·ly** [dɪsˈɔːdəli] ① unordentlich, unaufgeräumt ② *Menge:* aufrührerisch ③ *Benehmen:* undiszipliniert

**dis·or·gan·ized** [dɪsˈɔːgənaɪzd] schlecht organisiert

**dis·ori·ent·ed** desorientiert

to **dis·own** [dɪsˈəʊn] verleugnen; (*humorvoll*) nicht mehr kennen

**dis·pas·sion·ate** [dɪˈspæʃᵊnət] objektiv

to **dis·patch** [dɪˈspætʃ] ① abschicken, absenden, aufgeben *Brief, Paket* ② schnell erledi-

**dispatch – dissatisfied** 130

gen *Aufgabe* ❸ töten *Person, Tier*

**dis·patch** [dɪ'spætʃ] <*plural* dispatches>
❶ die Absendung; **dispatch [department|**
der Versand, die Versandabteilung ❷ (*von
einem Journalisten*) der Bericht

to **dis·pel** [dɪ'spel] <dispelled, dispelled> ver-
treiben, zerstreuen *Befürchtung;* unterdrü-
cken *Gefühl, Erinnerung*

**dis·pen·sable** [dɪ'spensəbl] entbehrlich

to **dis·pense** [dɪ'spens] ❶ austeilen, verteilen
❷ zubereiten, ausgeben *Arznei* ❸ **to dis-
pense with something** auf etwas verzich-
ten

**dis·pens·er** [dɪ'spensəʳ] (*Automat*) der Spen-
der; **cash dispenser** der Geldautomat

**dis·pens·ing chem·ist** [dɪ,spen(t)sɪŋ'-] **GB**
der Apotheker/die Apothekerin

**dis·pens·ing ma·chine** der Automat

**dis·pens·ing op·ti·cian** **GB** der Optiker/die
Optikerin

to **dis·perse** [dɪ'spɜːs] ❶ auflösen; zerstreuen
*Menschenmenge;* verteilen *Flugblätter*
❷ *Menge:* auseinandergehen

**dis·pir·it·ed** [dɪ'spɪrɪtɪd] mutlos, niederge-
drückt

to **dis·place** [dɪs'pleɪs] ❶ ersetzen *Angestellten,
Politiker* ❷ versetzen, verschieben *Gegen-
stand* ❸ vertreiben; **displaced person** der/
die Vertriebene

to **dis·play** [dɪ'spleɪ] ❶ [offen] zeigen, zur Schau
stellen, ausstellen *Waren, Bilder* ❷ demons-
trieren *Macht* ❸ *Computer:* anzeigen

**dis·play** [dɪ'spleɪ] ❶ die Ausstellung; **to be
on display** ausgestellt sein ❷ (*Geschäft*) die
Auslage ❸ *vom Computer:* Display, die Anzei-
ge ❹ die Zurschaustellung; **to make a dis-
play of one's feelings** seine Gefühle zur
Schau stellen

**dis·play window** das Schaufenster

to **dis·please** [dɪs'pliːz] ❶ **to displease some-
one** jemandem missfallen ❷ verstimmen,
verärgern; **to be displeased with some-
one** über jemanden verärgert sein

**dis·pleas·ure** [dɪs'pleʒəʳ] *kein Plural* das
Missfallen

**dis·pos·able** [dɪ'spəʊzəbl] ❶ wegwerfbar,
Einweg-; **disposable nappy** die Wegwerf-
windel ❷ verfügbar; **disposable income**
das verfügbare Einkommen

**dis·pos·al** [dɪ'spəʊzl] ❶ die Beseitigung, die
Entsorgung; **waste-disposal unit** der Müll-
schlucker ❷ **to be at someone's disposal**
jemandem zur Verfügung stehen

to **dis·pose** [dɪ'spəʊz] **to dispose someone
to[wards] something** jemanden zu etwas

bewegen

◆to **dis·pose of** ❶ beseitigen, entsorgen *Müll*
❷ erledigen *Frage, Problem*

**dis·posed** [dɪ'spəʊzd] **to be disposed to do
something** geneigt sein, etwas zu tun

to **dis·pos·sess** [,dɪspə'zes] enteignen

**dis·pro·por·tion·ate** [,dɪsprə'pɔː.ʃənət] **to be
disproportionate to something** in keinem
Verhältnis zu etwas stehen

to **dis·prove** [,dɪs'pruːv] widerlegen *Beweis, The-
orie*

**dis·put·able** [dɪ'spjuːtəbl] anfechtbar, zwei-
felhaft

to **dis·pute** [dɪ'spjuːt] ❶ streiten (**with/against**
mit, **on/about** über); **to dispute some-
thing** sich über etwas streiten ❷ bestreiten,
anfechten *Rechtsanspruch*

**dis·pute** ['dɪspjuːt, dɪ'spjuːt] ❶ die Mei-
nungsverschiedenheit, der Streit ❷ **indus-
trial** [*oder* **wage**] **dispute** der Tarifkonflikt
❸ **beyond** [*oder* **past**] **dispute** unbestritten;
**without dispute** zweifellos; **in dispute**
strittig, fraglich; **to settle a dispute** einen
Streit beilegen

**dis·quali·fi·ca·tion** [dɪs,kwɒlɪfɪ'keɪʃn] ❶ die
Disqualifizierung ❷ (*Sport*) der Ausschluss

to **dis·quali·fy** [dɪs'kwɒlɪfaɪ] ❶ disqualifizieren,
ausschließen *Spieler* (**from** von) ❷ **to dis-
qualify someone from driving** jemandem
den Führerschein entziehen

to **dis·re·gard** [,dɪsrɪ'ɡɑːd] ❶ nicht beachten,
ignorieren *Rat, Verwarnung* ❷ missachten
*Gefahr*

**dis·re·gard** [,dɪsrɪ'ɡɑːd] ❶ die Nichtbeach-
tung ❷ die Missachtung ❸ die Geringschät-
zung; **she showed a total disregard for
his feelings** ihr waren seine Gefühle völlig
egal

**dis·re·pair** [,dɪsrɪ'peəʳ] *kein Plural* die Baufäl-
ligkeit; **to fall into disrepair** verfallen

**dis·repu·table** [dɪs'repjʊtəbl] verrufen, an-
rüchig

**dis·re·pute** [,dɪsrɪ'pjuːt] der schlechte Ruf; **to
fall into disrepute** in Verruf kommen

**dis·re·spect** [,dɪsrɪ'spekt] die Respektlosigkeit
(**to** gegenüber)

**dis·re·spect·ful** [,dɪsrɪ'spektfʊl] respektlos

to **dis·rupt** [dɪs'rʌpt] unterbrechen; stören
*Klasse, Sitzung*

**dis·rup·tion** [dɪs'rʌpʃn] die Störung, die Unter-
brechung

**dis·rup·tive** [dɪs'rʌptɪv] störend

**dis·sat·is·fac·tion** [,dɪs,sætɪs'fækʃn] die Unzu-
friedenheit (**with** mit)

**dis·sat·is·fied** [dɪs'sætɪsfaɪd] unzufrieden

(**with** mit)

to **dis·sect** [dɪ'sekt] ❶ sezieren *Leiche* ❷ zergliedern *Text;* **stop dissecting everything I say!** hör auf, alles was ich sage, auf die Goldwaage zu legen!

**dis·sec·tion** [dɪ'sekʃ⁰n, daɪ-] *kein Plural* die Zerlegung; *einer Leiche:* die Sektion

to **dis·sent** [dɪ'sent] anderer Ansicht sein (**from** als)

**dis·sent** [dɪ'sent] die Ablehnung

**dis·simi·lar** [dɪs'sɪmɪlə'] unterschiedlich

to **dis·solve** [dɪ'zɒlv] ❶ auflösen *Tablette;* **it dissolves in water** es löst sich im Wasser auf ❷ scheiden *Ehe* ❸ auflösen *Parlament;* aufheben *Versammlung* ► WENDUNGEN: **to dissolve into thin air** sich in nichts auflösen; **to dissolve into tears** in Tränen zerfließen

to **dis·suade** [dɪ'sweɪd] abbringen

**dis·tance** ['dɪstəns] ❶ die Entfernung, die Distanz; **at** [*oder* **from**] **a distance** von fern, von weitem; **at some distance** in einiger Entfernung; **in the distance** in der Ferne; **it's within walking distance** es ist zu Fuß erreichbar ❷ die Strecke; **to cover a distance** eine Strecke zurücklegen ❸ der Abstand; **to keep one's distance** Abstand halten; **to keep someone at a distance** jemanden auf Distanz halten

**dis·tant** ['dɪstənt] ❶ weit entfernt, fern; **in the distant future** in ferner Zukunft ❷ *Verwandte(r):* weitläufig, entfernt ❸ (*übertragen*) zurückhaltend

**dis·tant·ly** ['dɪstəntlɪ] **distantly related** entfernt verwandt

**dis·taste·ful** [dɪ'steɪstf⁰l] abscheulich

**dis·till·ery** [dɪ'stɪlərɪ] die Whiskybrennerei, die Branntweinbrennerei

**dis·tinct** [dɪ'stɪŋkt] ❶ *Eigenschaft:* deutlich, klar, ausgeprägt ❷ verschieden; **as distinct from** im Unterschied zu ❸ (*übertragen*) eigen, individuell

**dis·tinc·tion** [dɪ'stɪŋkʃn] ❶ die Unterscheidung, der Unterschied; **to draw a distinction between** einen Unterschied machen zwischen ❷ die Auszeichnung; **of distinction** ausgezeichnet, von Rang

**dis·tinc·tive** [dɪ'stɪŋktɪv] charakteristisch, unverwechselbar

to **dis·tin·guish** [dɪ'stɪŋgwɪʃ] ❶ erkennen ❷ **to distinguish between people/things** zwischen Personen/Dingen unterscheiden ❸ **to distinguish blue from green** Blau und Grün auseinanderhalten, Blau von Grün unterscheiden ❹ **to distinguish oneself** sich auszeichnen, sich hervortun

**dis·tin·guish·able** [dɪ'stɪŋgwɪʃəbl] unterscheidbar; **to be clearly distinguishable** leicht zu unterscheiden sein

**dis·tin·guished** [dɪ'stɪŋgwɪʃt] ❶ von hohem Rang, hervorragend ❷ vornehm

to **dis·tort** [dɪ'stɔːt] verzerren; (*übertragen*) verdrehen *Wahrheit*

**dis·tor·tion** [dɪ'stɔːʃⁿn] die Verzerrung; *eines Gesichts:* die Entstellung; (*übertragen*) die Verdrehung

to **dis·tract** [dɪ'strækt] ablenken; **don't distract her from her work** lenk sie bitte nicht von der Arbeit ab

**dis·tract·ed** [dɪ'stræktɪd] besorgt, beunruhigt; **she was distracted with worry about her missing son** sie war außer sich vor Sorge über ihren vermissten Sohn

**dis·trac·tion** [dɪ'strækʃn] ❶ die Unaufmerksamkeit; **she had an air of distraction about her** sie schien ziemlich unaufmerksam ❷ die Ablenkung, die Störung ❸ **distractions** *plural* die Zerstreuung ❹ **she loved him to distraction** sie hat ihn wahnsinnig geliebt; **to drive someone to distraction** jemanden wahnsinnig machen

**dis·tress** [dɪ'stres] ❶ der Kummer, die Verzweiflung; **to be in great distress** sehr leiden ❷ das Elend, die Not; **a plane in distress** ein Flugzeug in Not

**dis·tressed** [dɪ'strest] ❶ (*traurig*) bekümmert ❷ (*geschockt*) erschüttert ❸ **to be distressed** in Not sein

**dis·tress·ing** [dɪ'stresɪŋ] ❶ erschreckend ❷ *Erinnerung:* schmerzlich

to **dis·tri·bute** [dɪ'strɪbjuːt] ❶ verteilen, austeilen (**to** an, **among** unter) ❷ vertreiben *Waren*

**dis·tri·bu·tion** [ˌdɪstrɪ'bjuːʃn] ❶ die Verteilung, die Zuteilung ❷ (*geschäftlich*) der Vertrieb

**dis·trict** ['dɪstrɪkt] ❶ (*von Land*) das Gebiet, das Land, der Landstrich ❷ (*von Stadt*) das Viertel ❸ der [Verwaltungs]bezirk

**dis·trict at·tor·ney** (USA) der Bezirksanwalt/die Bezirksanwältin

**dis·trict coun·cil** (GB) das Bezirksamt

**dis·trust** [dɪs'trʌst] das Misstrauen (**of/towards** gegen)

to **dis·trust** [dɪs'trʌst] **to distrust someone** jemandem misstrauen

to **dis·turb** [dɪ'stɜːb] ❶ **to disturb someone/something** jemanden/etwas stören, jemanden/etwas unterbrechen; **do not disturb!** bitte nicht stören!; **sorry to disturb you, but ...** entschuldigen Sie bitte die Störung,

**disturbance – DJ**

aber ... ② beunruhigen; **he was disturbed by what she said** was sie gesagt hat, hat ihn beunruhigt

**dis·turb·ance** [dɪˈstɜːbəns] ① die Störung; **to cause a disturbance** eine Ruhestörung verursachen ② **disturbances** *plural* die Unruhen

**dis·turbed** [dɪˈstɜːbd] ① beunruhigt ② *Verhalten:* gestört; **to be [mentally] disturbed** [geistig] gestört sein

**dis·turb·ing** [dɪˈstɜːbɪŋ] beunruhigend

**dis·use** [dɪsˈjuːs] **to fall into disuse** außer Gebrauch kommen

**dis·used** [dɪsˈjuːzd] ungenutzt; *Gebäude:* leer stehend; *Lager:* stillgelegt

**ditch** [dɪtʃ] <*plural* ditches> der Graben

to **ditch** [dɪtʃ] ① (*umgangsspr*) abservieren *Person;* wegschmeißen *Gegenstand* ② **he's ditched his wife** er hat seine Frau sitzen lassen

**dith·er** [ˈdɪðəʳ] *kein Plural* **in a dither** ganz aufgeregt

to **dith·er** [ˈdɪðəʳ] schwanken

**dit·to** [ˈdɪtəʊ] genauso, ebenso; **I'd like a cup of tea — ditto** ich möchte eine Tasse Tee — ich auch

**dive** [daɪv] ① der Kopfsprung ② der Tauchgang ③ (*von Flugzeug*) der Sturzflug ④ (*umgangsspr*) die Spelunke ⑤ (*umgangsspr*) **to make a dive for something** sich auf etwas stürzen

to **dive** [daɪv] <dived *oder* Ⓤ dove, dived *oder* Ⓤ dove> ① einen Kopfsprung machen (**into** in) ② tauchen (**into** in) ③ (*übertragen*) **he dived into the crowd** er verschwand plötzlich in der Menge
 ◆ to **dive in** hineinspringen
 ◆ to **dive into** ① **she dived into her bag to find her address book** sie fischte in ihrer Tasche nach ihrem Adressbuch ② **to dive into bed** sich ins Bett fallenlassen; **to dive into a pub** in eine Kneipe stürzen

**div·er** [ˈdaɪvəʳ] der Taucher/die Taucherin, der Turmspringer/die Turmspringerin, der Kunstspringer/die Kunstspringerin

to **di·verge** [daɪˈvɜːdʒ] auseinandergehen; **to diverge from something** von etwas abweichen

**di·verse** [daɪˈvɜːs] verschieden[artig]

**di·ver·sion** [daɪˈvɜːʃn] ① die Umleitung ② (*übertragen*) die Ablenkung; **to create a diversion** ablenken

**di·ver·sity** [daɪˈvɜːsətɪ] die Vielfalt

to **di·vert** [daɪˈvɜːt] ① umleiten *Verkehr;* **the plane has diverted** das Flugzeug wurde

umgeleitet ② ablenken; **he tried to divert her from the topic** er versuchte, sie vom Thema abzulenken

**di·vert·ing** [daɪˈvɜːtɪŋ] unterhaltsam

**di·vide** [dɪˈvaɪd] (*zwischen Gruppen, Menschen*) die Kluft

to **di·vide** [dɪˈvaɪd] ① sich teilen, sich gliedern; **to divide something** etwas teilen (**into** in); **to divide in half** halbieren; **to be divided into** sich gliedern in ② aufteilen, verteilen *Geld* ③ **she divided the class into three groups** sie teilte die Klasse in drei Gruppen ein ④ (*mathematisch*) dividieren; **you can't divide 25 by 3** 25 lässt sich nicht durch 3 dividieren ⑤ (*übertragen*) entzweien *Familie, Partei;* **to be divided over something** über etwas verschiedener Meinung sein
 ◆ to **divide off** [ab]teilen
 ◆ to **divide out** **to divide something out** etwas aufteilen (**among** unter)
 ◆ to **divide up** ① **to divide up a cake** einen Kuchen aufteilen; **the flat is divided up into three rooms** die Wohnung ist in drei Zimmer aufgeteilt ② **the pupils divided up into groups of three** die Schüler teilten sich in Dreiergruppen ein

**di·vid·ed** [dɪˈvaɪdɪd] uneinig

**div·ing** [ˈdaɪvɪŋ] das Tauchen; (*von Brett*) das Kunstspringen

**div·ing board** [ˈdaɪvɪŋbɔːd] das Sprungbrett

**div·ing suit** [ˈdaɪvɪŋsjuːt] der Taucheranzug

**di·vi·sible** [dɪˈvɪzəbl] teilbar

**di·vi·sion** [dɪˈvɪʒn] ① die Teilung, die [Ein]teilung, die Verteilung; **division of labour** die Arbeitsteilung ② (*mathematisch*) die Division ③ (*in einer Firma*) die Abteilung ④ (*Fußball*) die Liga ⑤ (*Armee*) die Division

**di·vorce** [dɪˈvɔːs] die [Ehe]scheidung; **to file for divorce** die Scheidung einreichen; **divorce proceedings** der Scheidungsprozess

to **di·vorce** [dɪˈvɔːs] **divorced from** geschieden von; **to get divorced** sich scheiden lassen; **he divorced his wife** er ließ sich von seiner Frau scheiden

**di·vor·cee** [dɪˌvɔːˈsiː] der/die Geschiedene

**DIY** *Abkürzung von* **do-it-yourself** das Heimwerken; **DIY shop** der Baumarkt

**diz·zy** [ˈdɪzɪ] ① schwind[e]lig; **dizzy spell** der Schwindelanfall; **someone feels dizzy** jemandem wird schwindlig ② *Höhe:* Schwindel erregend ③ **dizzy with joy** verrückt vor Freude

**DJ** [ˌdiːˈdʒeɪ] *Abkürzung von* **disc jockey** der DJ

**DNA** *Abkürzung von* **desoxyribonucleic acid** DNS

**do** [du:] <*plural* dos> ❶ (*umgangsspr*) die Veranstaltung, die Fete ❷ die Sitte; **the dos and don'ts** was man tun und nicht tun sollte

to **do** [du:] <does, did, done> ❶ tun, machen; **what are you doing now?** was machst du nun? ❷ (*ausführen*) **to do the housework** die Hausarbeit machen; **to do the shopping** einkaufen gehen; **what can I do for you?** was kann ich für Sie tun?; **what do you want me to do?** und was soll ich tun? ❸ durchnehmen, behandeln *Themen* ❹ lösen *Rätsel* ❺ (*richten*) **to do one's hair** sich frisieren; **to do one's nails** sich die Nägel lackieren; **I will do you next, sir** Sie kommen als Nächster dran ❻ (*vollenden*) **the work's done now** die Arbeit ist gemacht ❼ (*umgangsspr*) besuchen *Museum, Sehenswürdigkeiten* ❽ fahren, machen *Geschwindigkeit, Entfernung;* **I do twenty lengths of the pool every morning** ich schwimme zwanzig Bahnen jeden Morgen ❾ machen, kochen, vorbereiten *Essen;* **we don't do meals for small children** wir haben kein Essen für kleine Kinder ❿ handeln; **he did right** er hat richtig gehandelt ⓫ vorankommen; **to do well/badly at school** gut/schlecht in der Schule sein ⓬ **how are you doing?** wie geht es Ihnen?; **the business is doing well** das Geschäft geht gut ⓭ gehen; **that will never do!** das geht nicht!; **nothing doing** nichts zu machen; **it just isn't done!** das gehört sich nicht! ⓮ reichen; **one packet of pasta will do for the four of us** eine Packung Nudeln wird für uns vier reichen; **I'm not very hungry, a salad will do me** ich habe nicht viel Hunger, ein Salat würde mir genügen; **that'll do!** jetzt reicht's aber! ⓯ **it's nothing to do with him** das hat nichts mit ihm zu tun; **he wants nothing to do with her** er will mit ihr nichts zu tun haben ⓰ *zur Bildung von Fragen* **do you understand?** verstehen Sie?; *zur Bildung von verneinten Sätzen;* **I do not** [*oder* **don't**] **understand** ich verstehe nicht ⓱ *zur Betonung* **do stop the noise!** hör mit dem Lärm auf!; **but I do like it** aber es gefällt mir wirklich ⓲ *um die Wiederholung des Verbs zu vermeiden* **you speak better Italian than I do** Sie sprechen besser Italienisch als ich ⓳ *zur Bestätigung* **he lives in London, doesn't he?** er lebt doch in London?; **you don't know him, do you?** Sie kennen ihn nicht, oder? ⓴ *um bei Antworten das Verb zu ersetzen* **they speak English — do they really?** sie sprechen Englisch — wirklich?; **may I come in? — yes, do!** darf ich hereinkommen? — ja, bitte! ▸ WENDUNGEN: **to do one's nut** (*umgangsspr*) ausflippen; **you've been done!** (*umgangsspr*) du bist reingelegt worden; **he's absolutely done [in]!** er ist völlig geschafft!

◆to **do away with** ❶ abschaffen, vernichten ❷ (*umgangsspr*) umbringen, aus dem Wege räumen *Person*

◆to **do by** **to do well/badly by someone** jemanden gut/schlecht behandeln

◆to **do down** (*umgangsspr*) **to do someone/something down** jemanden/etwas schlechtmachen

◆to **do for** ❶ fertigmachen *Person;* **he's done for** er ist erledigt ❷ **that dress does nothing for her** das Kleid steht ihr überhaupt nicht

◆to **do in** ❶ (*slang*) **to do someone in** jemanden um die Ecke bringen ❷ (*umgangsspr*) **to be done in** fertig, geschafft sein ❸ (*umgangsspr*) **you'll do your back in lifting that** du wirst deinem Rücken schaden, wenn du das hebst

◆to **do out** ❶ aufräumen, putzen *Zimmer* ❷ **her bedroom is done out in pink** ihr Schlafzimmer ist ganz in Pink gehalten ❸ **to do someone out of his job** jemanden um eine Stelle bringen

◆to **do over** (*slang*) **to do someone over** jemanden zusammenschlagen

◆to **do up** ❶ **to do a zip up** einen Reißverschluss zumachen ❷ zusammenpacken *Waren* ❸ (*umgangsspr*) neu herrichten *Zimmer* ❹ **to do oneself up** sich zurechtmachen

◆to **do with** ❶ brauchen; **I could do with a cup of tea** ich könnte eine Tasse Tee vertragen; **I can't be doing with this noise** ich kann diesen Lärm nicht ertragen ❷ **what has that got to do with it?** was hat das damit zu tun? ❸ **she didn't know what to do with herself** sie wusste nichts mit sich anzufangen

◆to **do without** ❶ **to do without something** ohne etwas auskommen; **I can't do without my tea in the morning** auf meine Tasse Tee kann ich morgens nicht verzichten ❷ (*umgangsspr*) **I can do without his criticism** ich kann auf seine Kritik verzichten

**doc** [dɒk] (*umgangsspr*) *kurz für* **doctor** der Arzt/die Ärztin

**dock – domino**     **134**

**dock** [dɒk] ❶ das Dock, der Kai ❷ **docks** ⚠ *plural* der Hafen ❸ (*juristisch*) **to stand** [*oder* **be**] **in the dock** auf der Anklagebank sitzen

to **dock** [dɒk] *Schiff:* anlegen

**dock·yard** ['dɒkjɑːd] die Werft

**Doc Martens** [ˌdɒk'mɑːtɪnz] *plural* die Doc Martens

**doc·tor** ['dɒktə'] ❶ der Arzt/die Ärztin, der Doktor/die Doktorin; **to go to the doctor** zum Arzt gehen ❷ (*Person mit akademischem Grad*) der Doktor/die Doktorin

to **doc·tor** ['dɒktə'] ❶ (*übertragen*) frisieren *Bilanzen;* verfälschen *Dokumente* ❷ **to doctor someone's drink** jemandem etwas ins Getränk mischen ❸ (*umgangsspr*) kastrieren *Tier*

**doc·tor·ate** ['dɒktərət] der Doktorgrad

**docu·ment** ['dɒkjʊmənt] die Urkunde, das Dokument

to **docu·ment** ['dɒkjʊmənt] dokumentieren; **his life is well documented** sein Leben ist gut belegt

**docu·men·tary** [ˌdɒkjʊ'mentərɪ] der Dokumentarfilm

**docu·soap** ['dɒkjuːsəʊp] die Doku-Soap

to **dod·der** ['dɒdə'] (*umgangsspr*) wacklig gehen

to **dodge** [dɒdʒ] ausweichen *Schlag, Ball, Frage;* sich drücken vor *Arbeit;* umgehen *Steuer;* **he dodged out of sight** er verschwand blitzschnell

**Dodg·em**® ['dɒdʒəm], **Dodg·em car**® der Autoskooter

**dodgy** ['dɒdʒɪ] (*umgangsspr*) ❶ *Knie, Rücken:* schwach ❷ *Situation:* verzwickt ❸ *Maschine:* nicht einwandfrei

**dodo** ['dəʊdəʊ] <*plural* dodos *oder* dodoes> der Dodo ▸ WENDUNGEN: **as dead as a dodo** völlig überholt

**doer** ['duːə'] der Macher

**does** [dʌz] *3. Person singular Präsens von* **do**

**doesn't** ['dʌznt] *Kurzform von* **does not**

**dog** [dɒg] der Hund ▸ WENDUNGEN: **he's** [**as**] **sick as a dog** ihm ist hundeelend; **to go to the dogs** vor die Hunde gehen; **to fight like cat and dog** sich wie Hund und Katze vertragen; **to be as happy as** [*oder* **be like**] **a dog with two tails** sich wie verrückt freuen; **let sleeping dogs lie** schlafende Hunde soll man nicht wecken

to **dog** [dɒg] <dogged, dogged> verfolgen *Person;* **to be dogged by bad luck** vom Pech verfolgt werden

**dog bis·cuit** der Hundekuchen

**dog col·lar** ❶ das Hundehalsband ❷ (*umgangsspr*) der Halskragen [eines Geistlichen]

**dog-eared** ['dɒgˌɪərd] *Buch:* mit Eselsohren

**dog·gy bag could I have a doggy bag for the rest of my pizza?** könnten Sie mir den Rest der Pizza einpacken?

**dog·gy pad·dle** *hundeartige Schwimmbewegungen*

**dog·house** ❶ die Hundehütte ❷ (*übertragen*) **to be in the doghouse** in Ungnade sein

**do-good·er** der Weltverbesserer/die Weltverbesserin

**dog-tired** [ˌdɒg'taɪəd] hundemüde

**dog walk·er** der Hundeausführer/die Hundeausführerin

**doi·ly** ['dɔɪli] das Zierdeckchen, das Platzdeckchen

**do·ing** ['duːɪŋ] das Tun; **this is your doing** das ist dein Werk; **it was none of my doing** ich hatte nichts damit zu tun

**do-it-your·self**[1] ['duːɪtjɔː'self] das Heimwerken

**do-it-your·self**[2] ['duːɪtjɔː'self] Bastler-, Hobby-

**dole** [dəʊl] (*umgangsspr*) das Arbeitslosengeld, die Stütze *umgangsspr;* **to go** [*oder* **be**] **on the dole** stempeln gehen

**doll** [dɒl] die Puppe; **doll's house** das Puppenhaus

**dol·lar** ['dɒlə'] der Dollar

**dol·lar store** 🇺🇸 der Ramschladen

**dol·lop** ['dɒləp] der Klacks

**dol·ly** ['dɒlɪ] (*Kindersprache*) das Püppchen

**dol·phin** ['dɒlfɪn] der Delphin

**dome** [dəʊm] die Kuppel

**do·mes·tic** [də'mestɪk] ❶ häuslich; **domestic appliance** das Haushaltsgerät; **domestic science** die Hauswirtschaftslehre; **domestic violence** die Gewalt in der Familie ❷ (*politisch, wirtschaftlich*) Innen-, Binnen-; **domestic flight** der Inlandsflug; **domestic policy** die Innenpolitik ❸ **domestic animals** die Haustiere

**domi·nant** ['dɒmɪnənt] [be]herrschend, bestimmend; *Farbe, Kultur:* vorherrschend

to **domi·nate** ['dɒmɪneɪt] dominieren; **to dominate someone/something** jemanden/etwas beherrschen

**Domi·ni·ca** [ˌdɒmɪ'niːkə] Dominica

**Do·mini·can Re·pub·lic** die Dominikanische Republik

**domi·no** ['dɒmɪnəʊ] <*plural* dominoes> ❶ (*Spielstein*) der Dominostein ❷ (*Spiel*) **dominoes** das Dominospiel to **do·nate** [dəʊ'neɪt] spenden *Organe;* spenden, stiften *Geld*

**do·na·tion** [dəʊ'neɪʃn] die Spende, die Stiftung

**done**[1] [dʌn] *3. Form von* **do**

**done**[2] [dʌn] ❶ **once the work is done, you can go** wenn die Arbeit getan [*oder* erledigt] ist, könnt ihr gehen ❷ *Essen:* fertig, gar ❸ (*umgangsspr*) **I'm done [in]** ich bin erschöpft [*oder* kaputt]

**don·key** ['dɒŋkɪ] der Esel ▶ WENDUNGEN: **donkey's years** eine Ewigkeit

**don·key-work** die Dreckarbeit

**do·nor** ['dəʊnəʳ] der Spender/die Spenderin

**don't** [dəʊnt] *Kurzform von* **do not**

**do·nut** USA der glasierte Donut

**doo·dah** ['duːdɑː] GB (*umgangsspr*) das Dings[bums], das Dingsda

to **doo·dle** ['duːdl] vor sich hinkritzeln

**doo·dle** ['duːdl] das Gekritzel

**doom**[1] [duːm] das Verhängnis, das Schicksal

**doom**[2] [duːm] **to be doomed** verloren sein; **to be doomed to fail** zum Scheitern verurteilt sein

**dooms·day** der Jüngste Tag; **until doomsday** noch eine Ewigkeit

**door** [dɔːʳ] ['dɔːʳ] die Tür, der Eingang; **to live two doors away** zwei Häuser weiter wohnen; **next door** nebenan; **out of doors** draußen; **who's that at the door?** wer ist an der Tür?; **I'll show you to the door** ich begleite Sie hinaus ▶ WENDUNGEN: **to show someone the door** jemanden vor die Tür setzen; **to close the door on something** etwas unmöglich machen; **to open the door to other possibilities** anderen Möglichkeiten Tür und Tor öffnen; **when one door closes, another opens** wenn eine Tür zugeht, geht eine andere auf

**door·bell** ['dɔːbel] die Türklingel

**door·knob** die Türklinke, der Türgriff

**door·man** der Portier

**door·mat** ❶ die Fußmatte ❷ (*übertragen: Person*) der Waschlappen

**door·step** ['dɔːstep] die Türstufe

**door·way** ['dɔːweɪ] ❶ der Eingang ❷ (*übertragen*) der Weg

**dope** [dəʊp] (*umgangsspr*) ❶ das Marihuana; (*Rauschgift allgemein*) der Stoff ❷ (*Person*) der Trottel

to **dope** [dəʊp] ❶ dopen *Pferde, Sportler* ❷ **to dope a drink** einem Getränk ein Betäubungsmittel beimischen

**dopey** ['dəʊpi] ❶ benebelt ❷ (*abwertend*) blöd

**dorm** [dɔːm] *kurz für* **dormitory** der Schlafsaal

**dor·mi·tory** ['dɔːmɪtrɪ] ❶ der Schlafsaal ❷ USA das [Studenten]wohnheim

**DOS** [dɒs] *kein Plural, ohne Artikel Abkürzung von* **disk operating system** das DOS

**dos·age** ['dəʊsɪdʒ] die Dosis, die Dosierung

**dose** [dəʊs] die Dosis; **in small doses** in kleinen Mengen ▶ WENDUNGEN: **like a dose of salts** in null Komma nichts

to **doss** [dɒs] GB (*umgangsspr*) pennen

◆ to **doss around** (*slang*) **he just dosses around** er hängt einfach herum

◆ to **doss down** (*slang*) **you can doss down on our floor** du kannst bei uns auf dem Boden pennen

**doss·er** ['dɒsəʳ] GB (*abwertend slang*) ❶ der Penner/die Pennerin ❷ der Faulenzer/die Faulenzerin

**doss·house** GB (*slang*) die Penne

**dot** [dɒt] ❶ der Punkt, das Pünktchen ❷ **on the dot** auf die Minute

to **dot** [dɒt] <dotted, dotted> ❶ punktieren; **to sign on the dotted line** unterschreiben ❷ (*übertragen*) übersäen (**with** mit) ▶ WENDUNGEN: **to dot one's i's and cross one's t's** peinlich genau sein

**dot·ing** ['dəʊtɪŋ] vernarrt

**dou·ble**[1] ['dʌbl] ❶ doppelt, zweifach; **to see double** doppelt sehen; **he's double your age** er ist doppelt so alt wie du ❷ Doppel-; **double murder** der Doppelmord ❸ **to bend double** sich krümmen ❹ (*übertragen*) zweideutig, scheinheilig; **to have a double meaning** doppeldeutig sein; **to lead a double life** ein Doppelleben führen

**dou·ble**[2] ['dʌbl] ❶ [das] Doppelte, [das] Zweifache ❷ das Ebenbild, der Doppelgänger/die Doppelgängerin ❸ (*Theater, Film*) das Double ❹ (*Tennis*) das Doppel[spiel] ❺ **double or quits** doppelt oder nichts ❻ **at the double** im Laufschritt

to **dou·ble** ['dʌbl] ❶ sich verdoppeln; **to double something** etwas verdoppeln ❷ (*Theater, Film*) **to double for someone** jemandes Double sein ❸ (*Kartenspiel*) verdoppeln

◆ to **double back** kehrtmachen, zurückgehen

◆ to **double up** ❶ **to double up with laughter** sich vor Lachen krümmen ❷ **to double up with someone** sich mit jemandem teilen *Zimmer;* gemeinsam benutzen *Gegenstand*

**dou·ble-bar·relled**, USA **dou·ble-bar·reled**

**①** *Gewehr:* doppelläufig **②** **USA** zweideutig **③** **GB** **double-barrelled name** der Doppelname

**dou·ble bass** der Kontrabass

**dou·ble bed** das Doppelbett

**dou·ble-breast·ed** zweireihig; **double-breasted suit** der Zweireiher

to **dou·ble-check** doppelt prüfen

to **dou·ble-cross** **to double-cross someone** mit jemandem ein Doppelspiel treiben

**dou·ble-deck·er** [dʌbl'dekər] der Doppeldecker

**dou·ble Dutch** *kein Plural* **①** (*umgangsspr*) das Kauderwelsch **②** **USA** das Seilhüpfen mit zwei Seilen

**dou·ble-edged** (*übertragen* *auch*) zweischneidig

**dou·ble-glaz·ing** das Doppelfenster

**dou·ble-joint·ed** äußerst gelenkig

to **dou·ble-park** in der zweiten Reihe parken

**dou·bles** ['dʌblz] *mit Singular oder Plural* (*Sport*) das Doppel

**dou·ble time** *kein Plural* **①** **to be paid double time** den doppelten Stundenlohn erhalten **②** der Laufschritt

**doubt** [daʊt] der Zweifel (**about** an); **when in doubt** im Zweifelsfall; **to cast doubt on something** etwas in Zweifel ziehen; **without** [a] **doubt** ohne Zweifel; **beyond** [all] **doubt** ohne [jeden] Zweifel; **to have no doubt about something** etwas nicht bezweifeln

to **doubt** [daʊt] bezweifeln; **I doubt whether he will come** ich bezweifle, dass er kommen wird; **she doubted him** sie zweifelte an ihm

**doubt·er** ['daʊtər] der Zweifler/die Zweiflerin, der Skeptiker/die Skeptikerin

**doubt·ful** ['daʊtfl] **①** unsicher, zweifelhaft, ungewiss; **to be doubtful about something** an etwas zweifeln; **to look doubtful** skeptisch aussehen **②** *Charakter:* zweifelhaft, zwielichtig

**doubt·less** ['daʊtlɪs] ohne Zweifel, zweifellos

**dough** [dəʊ] **①** der Teig **②** (*slang*) die Knete, die Moneten

**dough·nut** ['dəʊnʌt] der Berliner

**dove**[1] [dʌv] die Taube

**dove**[2] [doʊv] **USA** *2. Form von* **dive**

**down**[1] [daʊn] die Daunen, der Flaum

**down**[2] [daʊn] **downs** ⚠ *plural* das Hügelland

**down**[3] [daʊn] herunter, hinunter, nach unten; **head down** mit dem Kopf nach unten; **up and down** auf und ab; **to fall down** he-

runterfallen; **to go down the hill** den Berg hinuntergehen; **he was walking down the street** er ging die Straße entlang; **he lives down the street** er wohnt ein Stückchen weiter die Straße runter; **she's down the shops** (*slang*) sie ist einkaufen gegangen; **let's go down the pub** (*umgangsspr*) lasst uns in die Kneipe gehen

**down**[4] [daʊn] **①** nach unten **②** (*statische Position*) unten; **down there** da unten; **the sun is down** die Sonne ist untergegangen; **he can't keep anything down** er behält nichts bei sich **③** (*an einem anderen Punkt*) **on the way down from London** auf dem Weg von London hierher; **down South** im Süden **④** (*Computer*) ausgefallen **⑤** (*im Volumen, in der Menge*) **the price of fruit is down** die Obstpreise sind gefallen **⑥** (*in der Stärke*) **the wind died down** der Wind legte sich; **the fire burnt down** das Feuer ist ausgegangen; **the tyres are down** die Reifen sind platt; **to be worn down** abgetragen sein **⑦** **to write something down** etwas aufschreiben; **to get something down** etwas notieren **⑧** (*angemeldet*) **to be down for the next race** für das nächste Rennen gemeldet sein; **he put me down to do the washing-up** er hat mich zum Spülen eingeteilt **⑨** **he's down with flu** er liegt mit Grippe im Bett ▸ WENDUNGEN: **to be down on someone** es auf jemanden abgesehen haben; **to be down in the mouth** niedergeschlagen sein; **ups and downs** gute und schlechte Zeiten

to **down** [daʊn] **①** **to down tools** die Arbeit niederlegen **②** **to down a glass of beer** ein Glas Bier runterkippen

**down-and-out**[1] heruntergekommen

**down-and-out**[2] der Penner/die Pennerin

**down·cast** niedergeschlagen; *Augen:* gesenkt

**down·fall** ['daʊnfɔːl] **①** der Sturz, der Fall **②** (*übertragen*) der Ruin, der Untergang

to **down·grade** herunterstufen; degradieren *Soldat*

**down·grade** **①** die Degradierung **②** **USA** das Gefälle

**down·heart·ed** niedergeschlagen

**down·hill** [ˌdaʊn'hɪl] bergab, abwärts; **to go downhill** bergab gehen; (*übertragen*) auf dem absteigenden Ast sein

to **down·load** herunterladen, downloaden *Programm, Daten*

**down pay·ment** die Anzahlung; **to make** [*oder* put] **a down payment on something** eine Anzahlung für etwas leisten

**down·pour** ['daʊnpɔːʳ] der Platzregen

**down·right** ['daʊnraɪt] ① *Lüge:* glatt ② *Lügner:* ausgesprochen ③ **she was downright rude** sie war ausgesprochen unverschämt

**down·stairs**[1] [,daʊn'steəz] die Treppe hinunter; **your slippers are downstairs** deine Pantoffeln sind unten

**down·stairs**[2] [,daʊn'steəz] Parterre-; **the downstairs rooms** die unteren Zimmer

**down·stairs**[3] [,daʊn'steəz] das Parterre

**down·stream** [,daʊn'striːm] stromabwärts

**down-to-earth** nüchtern

**down·town**[1] ['daʊntaʊn] ⓤ **to go downtown** in die Innenstadt gehen; **to live downtown** im Zentrum wohnen

**down·town**[2] ['daʊntaʊn] **downtown LA** die Innenstadt von LA

**down·turn** der Rückgang; **economic downturn** der Konjunkturabschwung

**down un·der** [daʊn'ʌndəʳ] (*umgangsspr*) Australien und Neuseeland

**down·ward** ['daʊnwəd] ① nach unten; **to lie face downward** [*oder* **downwards**] mit dem Gesicht nach unten liegen ② (*übertragen*) abwärts, bergab; **downward trend** der Abwärtstrend

**doz.** *Abkürzung von* **dozen** Dtzd.

**doze** [dəʊz] das Nickerchen

to **doze** [dəʊz] [vor sich hin] dösen
◆to **doze off** einnicken

**doz·en** ['dʌzn] das Dutzend; **dozens of times** x-mal, tausendmal

**dozy** ['dəʊzi] ① schläfrig ② ⓖⓑ (*umgangsspr*) dumm; **dozy idiot** der Trottel

**drab** [dræb] <drabber, drabbest> trist; *Farben:* trüb

**draft** ⓤ ① der [Luft]zug, die Zugluft; **there's a draft in here** hier zieht's ② **drafts** ⚠ *mit Singular* ⓖⓑ das Damespiel ③ **draft beer** das Bier vom Fass, das Fassbier

**draft** [drɑːft] die Skizze, der Entwurf

to **draft** [drɑːft] ① skizzieren, entwerfen *Plan, Vertrag* ② ⓤ einziehen *Wehrpflichtige* ③ **to draft someone in to do something** jemanden beauftragen, etwas zu tun

**drafty** ⓤ zugig; **it's drafty in here** hier zieht es

**drag** [dræg] ① der Luftwiderstand ② (*slang*) *einer Zigarette:* der Zug ③ (*umgangsspr*) **to be in drag** *Mann:* Frauenkleidung tragen; **drag queen** die Tunte ④ **what a drag!** (*umgangsspr*) Mann, ist das langweilig!; so'n Mist!

to **drag** [dræg] <dragged, dragged> ① schlep-

pen; **to drag one's feet** [mit den Füßen] schlurfen; **he dragged himself into work** er schleppte sich zur Arbeit; **the exhaust pipe's dragging on the ground** der Auspuff schleift auf dem Boden ② (*Computer*) [mit der Maus] ziehen ③ *Zeit:* sich hinziehen, sich in die Länge ziehen ④ **to drag a river** den Fluss mit einem Schleppnetz absuchen ⑤ **to drag on a cigarette** an einer Zigarette ziehen ► WENDUNGEN: **to drag one's heels** etwas schleifen lassen; **to drag someone's name through the mud** jemanden/jemandes guten Namen in den Schmutz ziehen
◆to **drag away** ① **I had to drag her away from the shop** ich musste sie von dem Laden wegzerren ② **to drag one's eyes away from the television** die Augen vom Fernsehen losreißen
◆to **drag behind** hinterherhinken
◆to **drag down to drag something down** etwas herunterziehen
◆to **drag in to drag something in** etwas hineinziehen
◆to **drag on** sich in die Länge ziehen, sich hinschleppen
◆to **drag out** in die Länge ziehen
◆to **drag up** ausgraben *Vergangenheit*

**drag·on** ['drægən] der Drache

**drag·on·fly** ['drægənflaɪ] die Libelle

**drain** [dreɪn] ① das Rohr, das Abflussrohr ② **drains** ⚠ *plural* die Kanalisation ③ (*übertragen*) die Belastung ► WENDUNGEN: **to go down the drain** vor die Hunde gehen; **to throw money down the drain** das Geld zum Fenster hinauswerfen

to **drain** [dreɪn] ① ablaufen; ableiten *Wasser* ② entwässern, trockenlegen *Land* ③ abtropfen lassen *Gemüse, Nudeln*
◆to **drain away** ① *Wasser:* ablaufen ② (*übertragen*) *Geld:* dahinschwinden
◆to **drain off** ① abgießen ② abtropfen lassen *Geschirr, Gemüse*

**drain·ing board** ['dreɪnɪŋ-] das Abtropfbrett

**drain·pipe** das Regenrohr; (*in der Kanalisation*) das Abflussrohr

**dra·ma** ['drɑːmə] das Drama

**dra·mat·ic** [drə'mætɪk] ① dramatisch ② schauspielerisch

**drank** [dræŋk] *2. Form von* **drink**

**dras·tic** ['dræstɪk] drastisch; *Veränderung:* radikal

**draught** [drɑːft] ① der [Luft]zug, die Zugluft; **there's a draught in here** hier zieht's ② **draughts** ⚠ *mit Singular* ⓖⓑ das Damespiel ③ **draught beer** das Bier vom Fass, das

**draughty – dress up**

Fassbier

**draughty** ['drɑ:ftɪ] zugig

**draw** [drɔ:] ❶ (*Lotterie*) die Ziehung; **it's the luck of the draw** (*übertragen*) man muss es nehmen wie es kommt ❷ (*beim Sport*) das Unentschieden; **to end in a draw** unentschieden ausgehen ▶ WENDUNGEN: **to be slow on the draw** schwer von Begriff sein; **to be quick on the draw** schlagfertig sein

to **draw** [drɔ:] <drew, drawn> ❶ zeichnen, malen *Bild* ❷ ziehen (**from** aus); **to draw the curtains** die Vorhänge zuziehen; **to draw someone into something** jemanden in etwas hineinziehen ❸ erregen *Interesse* ❹ anlocken *Menge;* **to be drawn to someone** sich zu jemandem hingezogen fühlen ❺ **to draw breath** einatmen; **to draw a deep breath** tief Luft holen; **she drew deeply on her cigarette** sie zog tief an ihrer Zigarette ❻ (*Los*) **to draw first prize** den ersten Preis gewinnen; **Germany's been drawn against England in the World Cup** Deutschland muss gegen England in der Weltmeisterschaft spielen ❼ (*Sport*) unentschieden spielen ❽ **to draw money from** Geld abheben *Bank, Konto* ❾ **to draw to a close** dem Ende zugehen; **to draw nearer** näher kommen ❿ **to draw comfort from something** sich mit etwas trösten ▶ WENDUNGEN: **to draw the line at something** bei etwas die Grenze ziehen

◆ to **draw apart** sich lösen

◆ to **draw aside** **to draw someone aside** jemanden beiseitenehmen

◆ to **draw away** ❶ losfahren ❷ *Läufer:* davonziehen ❸ *Person:* sich entfernen ❹ weglocken

◆ to **draw in** ❶ *Zug:* einfahren ❷ *Tage:* kürzer werden ❸ einziehen *Luft* ❹ **to be drawn into an argument** in eine Auseinandersetzung hineingezogen werden

◆ to **draw off** ablassen *Flüssigkeit*

◆ to **draw on** ❶ sich stützen auf *Information* ❷ ziehen *Zigarette* ❸ **as time drew on** mit der Zeit

◆ to **draw out** ❶ herausziehen ❷ in die Länge ziehen *Sitzung* ❸ *Zug:* abfahren ❹ *Tage:* länger werden

◆ to **draw up** ❶ *Auto:* anhalten ❷ entwerfen, ausarbeiten *Plan, Vertrag;* aufsetzen *Testament;* aufstellen *Liste* ❸ **draw up a chair** hol dir einen Stuhl ❹ **to draw oneself up** sich aufrichten

**draw·back** ['drɔ:bæk] der Nachteil

**draw·er¹** ['drɔ:r] die Schublade

**draw·er²** ['drɔ:ər] ❶ der Zeichner/die Zeichnerin ❷ (*im Bankwesen*) der Aussteller/die Ausstellerin

**draw·ing** ['drɔ:ɪŋ] die Zeichnung

**draw·ing board** **to go back to the drawing board** wieder von vorne anfangen

**draw·ing pin** ⑬ die Reißzwecke

**draw·ing room** das Wohnzimmer

**drawn** [drɔ:n] *3. Form von* **draw**

**draw·string** das Zugband

**draw·string pants** *plural* die Tunnelzughose

to **dread** [dred] **to dread something** sich vor etwas [sehr] fürchten; **to dread doing something** [große] Angst haben, etwas zu tun

**dread** [dred] *kein Plural* die Furcht; **to live in dread of something** in [ständiger] Angst vor etwas leben; **to fill someone with dread** jemanden mit Angst und Schrecken erfüllen

**dread·ful** ['dredfəl] furchtbar, schrecklich

**dread·ful·ly** ['dredfəlɪ] sehr, schrecklich

**dream** [dri:m] ❶ der Traum; **to have a bad dream** schlecht träumen; **to have a dream about something** von etwas träumen; **he walks around in a dream** er lebt in einer Traumwelt ❷ (*übertragen*) der Traum, das Gedicht, das Wunder; **he was a real dream** (*umgangsspr*) er war ein richtiger Traummann; **we had a dream holiday** wir hatten einen Traumurlaub; **it went like a dream** (*umgangsspr*) es lief wie am Schnürchen; **it was beyond her wildest dreams** das hätte sie sich nicht träumen lassen

to **dream** [dri:m] <dreamed *oder* dreamt, dreamed *oder* dreamt> träumen; **to dream something** [von] etwas träumen

◆ to **dream up** sich einfallen lassen *Idee*

**dreamt** [dremt] *2. und 3. Form von* **dream**

**dreary** ['drɪəri] trostlos; *Tag:* trüb; *Rede:* eintönig

to **drench** [drentʃ] **to be drenched to the skin** bis auf die Haut durchnässt sein

**dress** [dres] <*plural* dresses> ❶ das Kleid ❷ **evening dress** die Abendkleidung; **national dress** die Nationalkleidung

to **dress** [dres] ❶ sich anziehen, sich kleiden; anziehen *Kind;* **he's always well dressed** er ist immer gut gekleidet; **dressed to kill** (*übertragen*) todschick aufgemacht ❷ mit Kleidung versorgen *Person, Familie* ❸ dekorieren *Schaufenster* ❹ verbinden *Wunde* ❺ herrichten, vorbereiten *Essen* ❻ anmachen *Salat*

◆ to **dress up** ❶ sich fein machen ❷ sich

verkleiden ③ (*übertragen*) ausschmücken, interessant machen *Thema, Idee;* frisieren *Tatsachen*

**dress·ing** ['dresɪŋ] ❶ der Verband ❷ [**salad**] **dressing** die Salatsoße, das Dressing

**dress·ing-down** [ˌdresɪŋ'daʊn] (*umgangs-spr*) **to give someone a [good] dressing-down** jemandem eine Standpauke halten

**dress·ing gown** der Morgenrock

**dress·ing ta·ble** die Frisierkommode

**dress·mak·ing** *kein Plural* die Damen-schneiderei

**dress re·hears·al** die Generalprobe

**drew** [druː] *2. Form von* **draw**

to **drib·ble** ['drɪbl] ❶ träufeln *Soße, Dressing* ❷ *Baby, Person:* sabbern ❸ (*im Sport*) dribbeln

**drib·ble** ['drɪbl] ❶ das Tröpfchen ❷ (*im Sport*) das Dribbling

**dried¹** [draɪd] *2. und 3. Form von* **dry**

**dried²** [draɪd] getrocknet; **dried fruit** das Dörrobst, das Backobst; **dried milk** das Milchpulver

**dried-up** ausgetrocknet

**dri·er** ['draɪəʳ] der Wäschetrockner; **spin drier** die Wäscheschleuder

**drift** [drɪft] die [Schnee]verwehung

to **drift** [drɪft] ❶ getrieben werden, verweht werden ❷ **to drift [off-course]** vom Kurs abweichen ❸ (*übertragen*) **to drift [along]** sich treiben lassen, planlos/ziellos umher-wandern; **to let things drift** die Dinge laufen lassen

◆ to **drift apart** *Ehepaar:* sich auseinanderleben

◆ to **drift in** hereinschneien

◆ to **drift off** ❶ **to drift off to sleep** einschlafen ❷ (*umgangsspr*) sich verkrümeln

**drill** [drɪl] der Bohrer

to **drill** [drɪl] bohren (**for** nach); bohren *Loch*

**drill·ing rig** (*auf dem Land*) der Bohrturm; (*im Meer*) die Bohrinsel

**drink** [drɪŋk] das Getränk; **to have a drink** ein Gläschen trinken; **to have a drink prob-lem** ein Problem mit Alkohol haben

to **drink** [drɪŋk] <drank, drunk> ❶ trinken; **to drink to someone's health** auf jemandes Gesundheit trinken; **to drink to some-one/something** auf jemanden/etwas trinken; **you shouldn't drink and drive** man sollte nicht Alkohol trinken und dann Auto fahren ❷ *Tier:* saufen ❸ (*umgangsspr*) **I'll drink to that!** jawohl!, der Meinung bin ich auch! ▶ WENDUNGEN: **to drink someone under the table** jemanden unter den Tisch

trinken

◆ to **drink in** (*übertragen*) begierig aufneh-men *Worte, Atmosphäre*

◆ to **drink up** austrinken

**drink-driv·ing** *kein Plural* ⒼⒷ die Trunkenheit am Steuer

**drink·er** ['drɪŋkəʳ] der Trinker/die Trinkerin

**drink·ing** ['drɪŋkɪŋ] *kein Plural* das Trinken; **this water is not for drinking** das ist kein Trinkwasser; **drinking and driving is dan-gerous** Alkohol am Steuer ist gefährlich

**drink·ing foun·tain** der Trinkwasserbrunnen

**Ⓛ** Ein **drinking fountain** ist ein kleines Becken, aus dem man Wasser trinken kann. Man drückt auf einen Knopf oder tritt auf einen Fuß-schalter, um einen kleinen Wasserstrahl zu erzeugen. **Drinking fountains** findet man besonders häufig in Nordamerika und Austra-lien z.B. an Schulen, in öffentlichen Gebäuden und manchmal auch in Supermärkten.

**drink·ing wa·ter** das Trinkwasser

to **drip** [drɪp] <dripped, dripped> ❶ tropfen, tröpfeln (**from** von) ❷ (*übertragen*) triefen (**with** von)

**drip** [drɪp] ❶ der Tropfen, das Tröpfeln ❷ das Tropfgeräusch ❸ (*in der Medizin*) der Tropf

**drip·ping¹** ['drɪpɪŋ] klatschnass; **dripping wet** klatschnass; **to be dripping** tropfen; (*humorvoll*) **to be dripping with some-thing** *Schmuck:* über und über mit etwas behängt sein

**drip·ping²** ['drɪpɪŋ] das Schmalz

**drive** [draɪv] ❶ die Fahrt; **to go for a drive** ein bisschen [raus]fahren ❷ **drive[way]** die Einfahrt, die Ausfahrt; **she left the car in the drive** sie parkte das Auto in der Einfahrt ❸ (*Computer*) [**disk**] **drive** das Laufwerk ❹ *von Maschine:* der Antrieb, das Triebwerk ❺ (*im Sport*) der heftige Schlag, der Stoß ❻ (*psychologisch*) der Trieb, der Schwung, der Unternehmungsgeist; **she's certainly got a lot of drive** sie hat jedenfalls viel Ener-gie [*oder* Tatkraft] ❼ die Kampagne, die Akti-on

to **drive** [draɪv] <drove, driven> ❶ *Auto, Fahrer:* fahren; **can you drive?** kannst du fahren? [*oder* hast du einen Führerschein?]; **I drove to Cologne yesterday** gestern bin ich mit dem Auto nach Köln gefahren; **she drove him home** sie hat ihn nach Hause ge-fahren; **to drive into a tree** gegen einen Baum fahren ❷ (*zwingen*) treiben; **she drove him to it** sie trieb ihn dazu; **she was driven by greed** Habgier hat sie ange-trieben; **you shouldn't drive yourself too**

**hard** du sollst dich nicht so hart herannehmen; **to drive someone to suicide** jemanden in den Selbstmord treiben; **to drive someone out of their home** jemanden aus seinem Haus [*oder* seiner Wohnung] vertreiben ❸ **to drive something somewhere** etwas irgendwohin treiben ❹ antreiben *Maschine* ❺ treiben *Tier* ❻ einrammen *Pfahl;* einschlagen *Nagel* ▶ WENDUNGEN: **to drive a hard bargain** harte Forderungen stellen; **to drive something home to someone** jemandem etwas einbläuen; **to drive someone up the wall** [*oder* round the bend] jemanden wahnsinnig machen

◆to **drive against** *Schnee, Regen, Wind:* peitschen; **the wind drove the rain against their faces** der Wind peitschte ihnen den Regen ins Gesicht

◆to **drive at** what are you driving at? worauf wollen Sie hinaus?

◆to **drive off** ❶ wegfahren ❷ wegjagen

◆to **drive out** ❶ hinausjagen *Tiere;* (*übertragen*) austreiben ❷ (*mit dem Auto*) hinausfahren, herausfahren

◆to **drive up** ❶ **we drove up to the hotel entrance** wir sind zum Hoteleingang vorgefahren; **they drove from Munich up to Hamburg** sie sind von München nach Hamburg gefahren ❷ hochtreiben *Kosten*

**drive-in** das Autokino

**driv·en** ['drɪvn] *3. Form von* **drive**

**driv·er** ['draɪvəʳ] der Fahrer/die Fahrerin, der Chauffeur/die Chauffeurin

**driv·er's li·cense** Ⓤ der Führerschein

**driv·ing¹** ['draɪvɪŋ] ❶ treibend ❷ heftig, stark; **driving rain** der peitschende Regen

**driv·ing²** ['draɪvɪŋ] das Fahren; **drunken driving** die Trunkenheit am Steuer

**driv·ing ban** der Führerscheinentzug

**driv·ing force** *kein Plural* die treibende Kraft

**driv·ing in·struc·tor** der Fahrlehrer/die Fahrlehrerin

**driv·ing les·son** die Fahrstunde

**driv·ing li·cence** Ⓖ der Führerschein

**driv·ing test** die Fahrprüfung

to **driz·zle** ['drɪzl] nieseln

**driz·zle** ['drɪzl] der Sprühregen

to **droop** [dru:p] schlaff herunterhängen; *Blumen:* die Köpfe hängen lassen; *Person:* schlapp sein

**drop** [drɒp] ❶ der Tropfen; **drop of rain** der Regentropfen; **drop of blood** der Blutstropfen ❷ **a drop more** noch ein bisschen; **would you like another drop of wine?** möchtest du noch einen Schluck Wein?

❸ das Sinken, das Fallen; *von Land:* der Abfall, der Absturz ❹ *von Menge, Qualität:* der Rückgang; **drop in temperature** der Temperaturrückgang, der Temperatursturz ▶ WENDUNGEN: **he's had a drop too much** er hat zu tief ins Glas geschaut; **a drop in the ocean** [*oder* **bucket**] ein Tropfen auf den heißen Stein; **at the drop of a hat** auf der Stelle

to **drop** [drɒp] <dropped, dropped> ❶ fallen, herunterfallen; **to drop something** etwas fallen lassen; **to drop anchor/bombs** Anker werfen/Bomben abwerfen ❷ **I dropped everything and rushed to the hospital** ich ließ alles stehen und liegen und eilte zum Krankenhaus ❸ fallen lassen *Freund, Freundin;* **she was dropped from the team** sie wurde aus der Mannschaft genommen ❹ hineingeraten (**into** in); **you really dropped me in it!** (*übertragen*) da hast du mich ganz schön reingeritten! ❺ hinfallen, umfallen, zusammenbrechen, tot umfallen; **he nearly dropped with exhaustion** er fiel vor Erschöpfung fast tot um ❻ schwächer werden, nachlassen; *Wind:* abflauen; *Temperatur:* fallen, sinken ❼ niederlegen *Arbeit* ❽ absetzen *Fahrgast* ❾ auslassen *Buchstaben, Wort* ❿ **to let drop a remark** eine Bemerkung fallen lassen; **he let drop the news that he was leaving** er hat so nebenbei erwähnt, dass er vor hat, wegzugehen; **to drop a hint** eine Andeutung machen ⓫ **to drop a line to someone** jemandem ein paar Zeilen schreiben ▶ WENDUNGEN: **to drop a brick** [*oder* **a clanger**] (*umgangsspr*) ins Fettnäpfchen treten

◆to **drop across** (*umgangsspr*) vorbeikommen

◆to **drop behind** zurückbleiben [hinter]

◆to **drop by,** to **drop in** besuchen; **he dropped in** [*oder* **by**] **for a chat** er kam auf ein Schwätzchen vorbei

◆to **drop off** ❶ herunterfallen; *Blätter:* abfallen ❷ **to drop something off** etwas abgeben (**at** bei); **to drop someone off** jemanden aussteigen lassen ❸ einnicken ❹ *Interesse:* nachlassen; *Geschäft:* zurückgehen

◆to **drop out** ❶ nicht mehr teilnehmen (**of** an); **he dropped out of university** er hat sein Studium abgebrochen ❷ [aus der Gesellschaft] aussteigen ❸ (*im Sport, Wettbewerb*) ausscheiden

◆to **drop round** vorbeischauen

**drop-in cen·tre** Ⓖ die Beratungsstelle

**drop·out** ['drɒpaʊt] ❶ der Aussteiger/die Aussteigerin, der Studienabbrecher/die Stu dienabbrecherin ❷ (*abwertend*) der/die Asoziale

**drop·pings** ['drɒpɪŋz] *plural* der Kot; *vom Pferd:* die Pferdeäpfel

**drought** [draʊt] die Trockenheit, die Dürre[periode], die Dürrezeit

**drove** [drəʊv] *2. Form von* **drive**

to **drown** [draʊn] ❶ ertrinken; **to drown someone/something** jemanden/etwas ertränken; **to drown one's sorrows** (*übertragen*) seine Sorgen ertränken ❷ (*übertragen*) übertönen *Geräusch;* ersticken *Gefühl*

**drown·ing** das Ertrinken

**drowsy** ['draʊzɪ] ❶ schläfrig ❷ einschläfernd

**drug** [drʌg] ❶ das Medikament ❷ die Droge, das Rauschgift; **to be on drugs** drogensüchtig sein; **I don't do drugs** (*umgangsspr*) ich nehme keine Drogen

to **drug** [drʌg] <drugged, drugged> ❶ **to drug somebody's drink/food** jemandes Getränk/Essen etwas untermischen ❷ **to drug someone** jemanden betäuben [*oder* narkotisieren]

**drug abuse** der Drogenmissbrauch

**drug ad·dict** der/die Drogensüchtige, der/die Rauschgiftsüchtige

**drug ad·dic·tion** die Drogenabhängigkeit

**drug·gist** ['drʌgɪst] (USA) der Apotheker/die Apothekerin

**drug push·er** der Drogenhändler/die Drogenhändlerin

**drum** [drʌm] ❶ die Trommel ❷ **drums** ⚠ *plural* das Schlagzeug

to **drum** [drʌm] <drummed, drummed> ❶ trommeln; **to drum one's fingers on the table** mit den Fingern auf dem Tisch trommeln ❷ einhämmern; **how can I drum it into him that he can't do that?** wie kann ich ihm einhämmern, dass er so was nicht machen darf?

◆to **drum up** auftreiben *Kunden, Unterstützung;* zusammentrommeln *Interesse;* **to drum up business** die Werbetrommel rühren

**drum·mer** ['drʌməʳ] der Trommler/die Trommlerin, der Schlagzeuger/die Schlagzeugerin

**drum·stick** ['drʌmstɪk] ❶ der Trommelstock ❷ *vom Geflügel:* die Keule

**drunk¹** [drʌŋk] *3. Form von* **drink**

**drunk²** [drʌŋk] ❶ betrunken; **to get drunk** sich betrinken ❷ (*übertragen*) trunken (**with** vor)

**drunk³** [drʌŋk] der/die Betrunkene, der Säufer/die Säuferin

**drunk·ard** ['drʌŋkəd] cer Trinker/die Trinkerin

**drunk·en** ['drʌŋkən] betrunken

**dry** [draɪ] ❶ *Boden, Wetter, Humor:* trocken; *Holz:* dürr; *Wein:* herb, trocken; **"keep dry"** „vor Feuchtigkeit schützen"; **there wasn't a dry eye in the house** (*übertragen*) da blieb kein Auge trocken ❷ (*übertragen*) trocken, langweilig; **as dry as dust** pulvertrocken

to **dry** [draɪ] <dried, dried> trocken werden; trocknen *Haare;* abtrocknen *Geschirr;* **to dry one's eyes/hands** sich die Tränen abwischen/sich die Hände abtrocknen

◆to **dry out** austrocknen

◆to **dry up** ❶ abtrocknen; *Fluss:* austrocknen ❷ *Ideen:* versiegen

**dry-clean·er's** (*Geschäft*) die chemische Reinigung

**dry·er** ['draɪəʳ] der Wäschetrockner; **spin dryer** die Wäscheschleuder

**dry ice** *kein Plural* das Trockeneis

**dry·ing-up** ['draɪɪŋʌp] **you wash and I'll do the drying-up** du kannst spülen, und ich trockne ab

**dry land** *kein Plural* das Festland

**DSL** [ˌdiːesˈel] *Abkürzung von* **digital subscriber line** DSL

**dual** ['djuːəl] zweifach, doppelt

**dual car·riage·way** (GB) cie vierspurige Straße, die Schnellstraße

to **dub** [dʌb] <dubbed, dubɔed> synchronisieren *Film*

**dub·bing** ['dʌbɪŋ] die Synchronisation

**du·bi·ous** ['djuːbɪəs] ❶ zweifelhaft, fraglich ❷ verdächtig ❸ ungewiss *Zukunft, Ergebnis* ❹ unsicher, im Zweifel (**of/about** über)

**duch·ess** ['dʌtʃɪs] <*plural* duchesses> die Herzogin

**duck** [dʌk] die Ente ▶ WENDUNGEN: **to be like water off a duck's back** an jemandem einfach abprallen

to **duck** [dʌk] ❶ sich ducken; **to duck one's head** den Kopf schnell einziehen ❷ **to duck someone** jemanden [kurz] untertauchen

**ducky** ['dʌki] <*plural* duckies> (GB) (*umgangsspr*) das Schätzchen

**due¹** [djuː] ❶ (*erwartet*) **when is the train due?** wann soll der Zug ankommen?; **she's due back tomorrow** sie kommt morgen zurück [*oder* wir erwarten sie morgen]; **when is she due?** wann soll das Baby kommen?, wann ist es soweit? ❷ *Geld, Miete:* fällig, zahlbar ❸ **the car's due for a service** das Auto muss demnächst zur Inspektion; **she's due for a promotion** sie ist mit einer Beför-

**due – dwell** 142

derung an der Reihe ❹ **due to** auf Grund von, wegen, zurückzuführen auf; **there will be long delays due to bad weather** auf Grund schlechten Wetters kommt es zu längeren Wartezeiten; **it's due to her that ...** es ist ihr zu verdanken, dass ... ❺ **he never received the recognition due to him** die ihm gebührende Anerkennung hat er nie bekommen ❻ **due east** Richtung Ost ❼ **after due consideration** nach reiflicher Überlegung; **in due course** zur rechten Zeit; **with due care** mit der nötigen Vorsicht

**due²** [dju:] ❶ **it's her due** es steht ihr zu; **to give him his due ...** aber das muss man ihm lassen ... ❷ **dues** △ *plural* die Abgaben, die Gebühren, der [Mitglieds]beitrag

**dug** [dʌg] *2. und 3. Form von* **dig**

**duke** [dju:k] der Herzog

**dull** [dʌl] ❶ *Licht:* trüb, matt ❷ *Wetter:* grau ❸ langweilig; **as dull as ditch water** sterbenslangweilig ❹ *Person:* schwerfällig, langsam ❺ *Schmerz:* dumpf

to **dull** [dʌl] ❶ lindern *Schmerz* ❷ abstumpfen *Sinne, Verstand*

**dumb** [dʌm] ❶ stumm ❷ schweigend, sprachlos (**with** vor); **to be struck dumb** sprachlos sein ❸ doof

**dumb·struck** sprachlos

**dum·my** ['dʌmɪ] ❶ die Attrappe, die Schaufensterpuppe; (*von Buch*) der Dummy ❷ 🇬🇧 (*für Baby*) der Schnuller ❸ 🇺🇸 (*abwertend*) der Dummkopf

**dump** [dʌmp] ❶ die Müllhalde, die Müllkippe ❷ (*abwertend umgangsspr*) das Dreckloch ▸ WENDUNGEN: **to be down in the dumps** (*umgangsspr*) niedergeschlagen sein

to **dump** [dʌmp] ❶ (*unordentlich*) hinschmeißen; [hin]werfen, abladen *Abfall* ❷ ausladen, auskippen *Last* ❸ (*umgangsspr*) **to dump someone** mit jemandem Schluss machen *Freund, Freundin*

**dump·ing** ['dʌmpɪŋ] ❶ (*wirtschaftlich*) das Dumping ❷ *von Abfall:* das Abladen; **"no dumping!"** „Schutt abladen verboten!"

**dump·ling** ['dʌmplɪŋ] der Knödel, der Kloß

**dune** [dju:n] die Düne

**dun·ga·rees** [ˌdʌŋɡə'ri:z] *plural* die Latzhosen

**dun·geon** ['dʌndʒən] das Verlies

to **dunk** [dʌŋk] [ein]tunken

**du·pli·cate¹** ['dju:plɪkət] doppelt, zweifach; **duplicate key** der Zweitschlüssel

**du·pli·cate²** ['dju:plɪkət] das Duplikat, die Kopie

to **du·pli·cate** ['dju:plɪkeɪt] kopieren, vervielfäl-

tigen

**du·rable** ['djʊərəbl] dauerhaft, haltbar; *Stoff, Material:* widerstandsfähig

**du·ra·tion** [djʊ'reɪʃn] die Dauer, die Laufzeit

**dur·ing** ['djʊərɪŋ] während

**dusk** [dʌsk] die Abenddämmerung; **at dusk** bei Einbruch der Dunkelheit

**dust** [dʌst] der Staub; **to give something a dust** etwas abstauben ▸ WENDUNGEN: **when the dust settles** wenn die Wogen sich geglättet haben; **you couldn't see him for dust** der hat sich aber schnell aus dem Staub gemacht

to **dust** [dʌst] ❶ Staub wischen; **to dust something** [**down** [*oder* **off**]] etwas abstauben ❷ **the cake was dusted with icing sugar** der Kuchen wurde mit Puderzucker bestäubt ▸ WENDUNGEN: **it's all done and dusted** es ist fertig

**dust·bin** ['dʌstbɪn] 🇬🇧 die Mülltonne

**dust·cart** 🇬🇧 der Müllwagen

**dust cov·er** der Schonbezug; *eines Geräts:* die Abdeckhaube; *eines Buches:* der Schutzumschlag

**dust·er** ['dʌstər] das Staubtuch

**dust jack·et** der Schutzumschlag

**dust·man** ['dʌstmən] <*plural* dustmen> der Müllarbeiter

**dust mite** die Hausmilbe

**dust·pan** die Kehrschaufel

**dusty** ['dʌstɪ] staubig, verstaubt

**Dutch¹** [dʌtʃ] holländisch, niederländisch ▸ WENDUNGEN: **to go Dutch** getrennte Kasse machen; **Dutch courage** der angetrunkene Mut

**Dutch²** [dʌtʃ] ❶ Niederländisch, das Niederländische ❷ **the Dutch** die Niederländer

**duty** ['dju:tɪ] ❶ die Pflicht (**to** gegenüber) ❷ die Aufgabe, die Obliegenheit; **to be off duty** nicht im Dienst sein, dienstfrei haben; **to be on duty** Dienst haben ❸ der Zoll

**duty-free** zollfrei

**du·vet** ['dju:veɪ, 'du:-] die Steppdecke, die Daunendecke

**DVD** [ˌdi:vi:'di:] *Abkürzung von* **digital versatile disc** die DVD

**DVD play·er** der DVD-Player

**dwarf** [dwɔ:f, *plural* dwɔ:vz] <*plural* dwarves> der Zwerg/die Zwergin

to **dwarf** [dwɔ:f] **to dwarf someone/something** jemanden/etwas klein erscheinen lassen

**dwarves** [dwɔ:vz] *Pluralform von* **dwarf**

to **dwell** [dwel] <dwelt *oder* dwelled, dwelt *oder* dwelled> wohnen, leben

**dwelt** [dwelt] *2. und 3. Form von* **dwell**

to **dwin·dle** ['dwɪndl] *Hoffnung, Gewinn:* schwinden; **to dwindle away to nothing** dahinschwinden

**dye** [daɪ] der Farbstoff

to **dye** [daɪ] färben

**dy·ing** ['daɪɪŋ] ❶ sterbend ❷ *Rasse:* aussterbend ❸ *Zivilisation:* untergehend

**dyke** [daɪk] ❶ der [Wasser]graben ❷ der Deich, der Damm

**dy·nam·ic** [daɪ'næmɪk] dynamisch

**dy·na·mite** ['daɪnəmaɪt] das Dynamit

# E

**E** <*plural* E's *oder* Es>, **e** [iː] <*plural* e's> ❶ E, e ❷ (*Schulnote*) mangelhaft

**each** [iːtʃ] ❶ jede(r, s); **each [and every] one** jede(r, s) Einzelne; **each of you** jede(r) von euch ❷ **each other** einander, sich [gegenseitig]; **we help each other** wir helfen uns gegenseitig, wir helfen einander; **with each other** miteinander; **to shake hands with each other** sich die Hand geben ❸ je; **$3 each** $3 pro Stuck

**eager** ['iːgəʳ] <more eager, most eager> ❶ eifrig ❷ begierig (**for** nach), versessen (**about** auf); **she's very eager to see you again** sie wartet sehnsüchtig darauf, dich wieder zu sehen; **he's very eager to leave early** er will früh los; **she's very eager to please** sie ist bemüht, alles richtig zu machen

**eager·ness** ['iːgəʳnəs] der Eifer, die Ungeduld

**eagle** ['iːgl] der Adler

**eagle-eyed** scharfsichtig; **to be eagle-eyed** Adleraugen haben

**ear** [ɪəʳ] ❶ das Ohr ❷ das Gehör (**for** für); **to play by ear** nach Gehör spielen ▸ WENDUNGEN: **to be all ears** ganz Ohr sein; **to fall on deaf ears** auf taube Ohren stoßen; **when I say anything it goes in one ear and out the other** wenn ich rede, stellt er die Ohren auf Durchzug; **to be out on one's ear** (*umgangssprr*) plötzlich seinen Job los sein [*oder* auf der Straße sitzen]; **to have one's ear to the ground** [*oder* **keep one's ears open**] Augen und Ohren offen halten; **his ears must be burning** ihm müssen die Ohren klingen; **to prick up one's ears** die Ohren spitzen; **to play it by ear** es auf sich zukom-

men lassen; **to be up to one's ears in debt/problems/work** bis über die Ohren in Schulden/Problemen/Arbeit stecken

**ear·ache** ['ɪəreɪk] die Ohrenschmerzen

**ear·drum** das Trommelfell

**ear in·fec·tion** die Ohrenentzündung

**earl** [ɜːl] 🇬🇧 der Graf

**ear·lobe** ['ɪələʊb] das Ohrläppchen

**ear·ly** ['ɜːlɪ] ❶ früh, frühzeitig; **you're early!** du bist aber früh!; **very early on** zu sehr früher Zeit; **from an early age** von klein auf; **in her early days** in ihrer Jugend; **as early as May** schon im Mai; **in early summer** im Frühsommer; **in the early hours** in den frühen Morgenstunden; **early next month** Anfang nächsten Monats ❷ **at your earliest convenience** so bald wie möglich ❸ **early closing [day]** der halbe Geschäftstag; **early morning call** der telefonische Weckruf; **early retirement** die vorzeitige Pensionierung, der vorgezogene Ruhestand ▸ WENDUNGEN: **early bird** der Frühaufsteher/die Frühaufsteherin; **the early bird catches the worm** Morgenstund hat Gold im Mund

to **earn** [ɜːn] ❶ verdienen *Geld, Einkommen;* [sich] erwerben *Respekt;* **her last book earned her praise and recognition** ihr letztes Buch hat ihr Lob und Anerkennung eingebracht ❷ bringen *Zinsen*

**ear·nest¹** ['ɜːnɪst] ernst

**ear·nest²** ['ɜːnɪst] **she began to work in earnest** sie fing an, ernsthaft zu arbeiten; **she spoke in earnest** sie hat es ernst gemeint

**earn·ings** ['ɜːnɪŋz] *plural* das Einkommen, die Einkünfte

**ear·phones** ['ɪəfəʊnz] *plural* der Kopfhörer

**ear·piece** der Hörer

**ear·plug** *meist plural* der Ohrenstöpsel

**ear·ring** ['ɪərɪŋ] der Ohrring

**ear·shot** *kein Plural* **within earshot** in Hörweite; **out of earshot** außer Hörweite

**earth** [ɜːθ] ❶ **the earth** [*oder* **Earth**] die Erde; **it didn't cost the earth** es hat nicht die Welt gekostet; **why on earth ...?** warum in aller Welt ...?; **on earth** auf der Erde, auf Erden ❷ der [Erd]boden, die Erde ▸ WENDUNGEN: **to be down to earth** mit beiden Füßen fest auf der Erde stehen, praktisch sein; **to come down to earth** auf den Boden der Tatsachen zurückkehren; **to move heaven and earth** Himmel und Hölle in Bewegung setzen

to **earth** [ɜːθ] erden *Kabel, Stecker*

**earth·ly** ['ɜːθli] ❶ irdisch ❷ (*umgangssprr*) möglich; **to not have an earthly chance**

**earthquake – ecological** 144

nicht die geringste Chance haben

**earth·quake** ['ɜ:θkweɪk] das Erdbeben

**ease** [i:z] ❶ **at ease** entspannt; **with ease** mit Leichtigkeit, mühelos; **to be [ill] at ease** sich [nicht] wohl fühlen; **to put [oder set] someone at ease** jemandem die Befangenheit nehmen ❷ (*militärisch*) **[stand] at ease!** rührt euch!

to **ease** [i:z] ❶ erleichtern *Arbeit;* **to ease someone of a burden** jemanden von einer Last befreien ❷ lindern *Schmerz, Sorge;* **it eased my mind to know she was home** es beruhigte mich zu wissen, dass sie zu Hause war ❸ **she eased [herself] into the chair** sie setzte sich vorsichtig hin; **he eased the car into second gear** er legte behutsam den zweiten Gang ein

◆ to **ease off** ❶ *Regen, Belastung:* nachlassen ❷ **to ease off [at work]** [auf der Arbeit] kürzer treten

◆ to **ease up** ❶ sich verlangsamen; **ease up, you're going too fast!** langsam! du fährst zu schnell! ❷ sich entspannen; **when the project's finished we can ease up** wenn das Projekt abgeschlossen ist, haben wir wieder Luft

**easi·ly** ['i:zəlɪ] ❶ leicht, mühelos ❷ zweifellos, bestimmt

**east¹** ['i:st] ❶ der Osten; **in the east** im Osten; **the sun rises in the east** die Sonne geht im Osten auf ❷ **the East** (*die Staaten Osteuropas bzw. Asiens*) der Osten

**east²** ['i:st] ❶ östlich ❷ nach Osten; **to travel east** Richtung Osten fahren ❸ **east of Paris** östlich von Paris

**East·er** ['i:stər] Ostern; **at Easter** an Ostern; **happy Easter!** frohe Ostern!

**East·er Day** der Ostersonntag

**East·er egg [chocolate] Easter egg** das Osterei, das Schokoei

**East·er holi·days** *plural* die Osterferien

**east·er·ly¹** ['i:stəlɪ] östlich, nach/von Osten

**east·er·ly²** ['i:stəlɪ] der Ostwind

**East·er Mon·day** der Ostermontag

**east·ern** ['i:stən] östlich; **Eastern Germany** die neuen Bundesländer

**East·er Sun·day** der Ostersonntag

**East Ger·ma·ny** [‚i:st'dʒɜ:mənɪ] ❶ Ostdeutschland ❷ (*historisch*) DDR

**eastward¹** ['i:stwəd] östlich

**eastward²** ['i:stwəd] ostwärts, nach Osten

**eastwards** ['i:stwədz] ostwärts, nach Osten

**easy** ['i:zɪ] ❶ leicht, mühelos; **easy to clean/use** leicht zu reinigen/nutzen; **it's easy for you to talk** du hast gut reden;

**easier said than done!** leichter gesagt als getan! ❷ **easy [does it]!** [immer] sachte!; **to take things easy** sich schonen; **take it easy!** immer mit der Ruhe! ❸ bequem, angenehm; *Stimmung:* zwanglos; **easy on the eye/ear** angenehm zu sehen/zu hören ❹ *Geld:* leicht verdient ❺ **I'm easy** (*umgangsspr*) mir ist es eigentlich egal ❻ **to go easy on [oder with] something** mit etwas sparsam umgehen; **to go easy on someone** jemanden nicht zu streng behandeln

**easy-go·ing** unkompliziert

**easy-peasy** [‚i:zi'pi:zi] ⓖⒷ (*umgangsspr*) babyleicht *umgangsspr*

to **eat** [i:t] <ate, eaten> essen; *Tier:* fressen; **to eat lunch/dinner** zu Mittag/Abend essen; **to eat in/out** zu Hause essen/essen gehen

▶ WENDUNGEN: **what's eating you?** (*umgangsspr*) was hast du denn?; **I could eat a horse!** ich habe einen Bärenhunger!; **to eat one's words** das Gesagte zurücknehmen; **to eat humble pie** klein beigeben; **to eat someone out of house and home** jemandem die Haare vom Kopf fressen; **he had them eating out of his hand** sie fraßen ihm aus der Hand; **I'll eat my hat!** ich fresse einen Besen!; **to eat one's heart out** sich in Kummer verzehren

◆ to **eat up** ❶ aufessen; **eat up your food** du sollst aufessen ❷ (*auch übertragen*) verbrauchen; **the accident ate up our savings** der Unfall hat unsere Ersparnisse aufgefressen; **he's eaten up with jealousy** er vergeht vor Eifersucht

**eat·en** ['i:tn] *3. Form von* **eat**

**eat·ery** ['i:tʰri] die Kantine, das Restaurant

**eat·ing dis·or·der** die Essstörung

**eats** *plural* (*umgangsspr*) die Snacks, das Häppchen

**echo** ['ekəʊ] <*plural* echoes> das Echo; (*übertragen*) der Anklang

to **echo** ['ekəʊ] ❶ widerhallen (**with** von) ❷ zurückwerfen *Schall* ❸ (*übertragen*) wiederholen *Wörter*

**eclipse** [ɪ'klɪps] **eclipse of the sun** die Sonnenfinsternis; **eclipse of the moon** die Mondfinsternis

to **eclipse** [ɪ'klɪps] ❶ verfinstern *Sonne, Mond* ❷ (*übertragen*) in den Schatten stellen *Erfolg, Mensch*

**eco-con·scious** umweltbewusst

**eco-friend·ly** umweltfreundlich

**eco·logi·cal** [‚i:kə'lɒdʒɪkl] ökologisch, Öko-; **ecological disaster** die Umweltkatastrophe; **ecologically friendly [oder sound]** umweltfreundlich

**eco·logi·cal·ly** [ˌiːkəˈlɒdʒɪk²li] ökologisch; **ecologically friendly** umweltfreundlich; **ecologically harmful** umweltschädlich

**ecolo·gist** [iːˈkɒlədʒɪst] der Ökologe/die Ökologin

**ecol·ogy** [iːˈkɒlədʒɪ] die Ökologie

**ecol·ogy move·ment** die Umweltbewegung

**eco·nom·ic** [ˌiːkəˈnɒmɪk] ❶ ökonomisch, wirtschaftlich, Wirtschafts-; **economic adviser** der Wirtschaftsberater/die Wirtschaftsberaterin; **economic agreement** das Handelsabkommen, das Wirtschaftsabkommen; **economic aid** die Wirtschaftshilfe; **economic growth** das Wirtschaftswachstum; **economic policy** die Wirtschaftspolitik; **economic situation** die Wirtschaftslage ❷ **Economic and Monetary Union** die Wirtschafts- und Währungsunion

**eco·nomi·cal** [ˌiːkəˈnɒmɪkl] wirtschaftlich, sparsam; **she's rather economical with the truth** sie nimmt es mit der Wahrheit nicht so genau

**eco·nom·ics** [ˌiːkəˈnɒmɪks] *plural* ❶ ⚠ *mit Singular* die Wirtschaftswissenschaften, die Volkswirtschaft[slehre] ❷ ⚠ *plural* die Wirtschaftlichkeit

**econo·mist** [ɪˈkɒnəmɪst] der Wirtschaftswissenschaftler/die Wirtschaftswissenschaftlerin, der Volkswirt/die Volkswirtin

to **econo·mize** [ɪˈkɒnəmaɪz] **to economize on something** mit etwas sparsam sein

**econo·my** [ɪˈkɒnəmɪ] ❶ die Wirtschaft; **state of the economy** die Wirtschaftslage, die Konjunkturlage ❷ die Wirtschaftlichkeit, die Sparsamkeit ❸ die Sparmaßnahme, die Einsparung; **to make economies** sparen ❹ **economy class** die Touristenklasse, die Economyklasse; **economy price** der Sparpreis; **economy size** die Sparpackung

**eco·sys·tem** [ˈiːkəʊˌsɪstəm] das Ökosystem

**ec·sta·sy** [ˈekstəsɪ] ❶ die Verzückung, die Ekstase ❷ (*Droge*) die Ecstasy

**Eden** [ˈiːd²n] *kein Plural* das Eden; **garden of Eden** Garten Eden

**edge** [edʒ] ❶ *von Klinge:* die Schneide ❷ *von Tisch:* die Kante ❸ der Rand; *von See, Fluss:* das Ufer; **at the edge of** am Rande ▶ WENDUNGEN: **to be on edge** nervös sein; **to have the edge on someone** (*umgangsspr*) jemandem gegenüber im Vorteil sein; **to set someone's teeth on edge** jemanden aufregen

to **edge** [edʒ] ❶ säumen *Straße;* besetzen *Kleidung;* **the path is edged with stones** der Weg ist mit Steinen eingefasst ❷ sich schie-

ben; **to edge one's way through a crowd** sich durch eine Menschenmenge drängen

◆to **edge away** sich davonschleichen; **to edge away from someone** (*übertragen*) von jemandem abrücken

◆to **edge forward** sich vorschieben, vorrücken

**edgy** [ˈedʒi] nervös

**ed·ible** [ˈedɪbl] essbar, genießbar

to **edit** [ˈedɪt] ❶ herausgeben *Buch* ❷ redigieren *Zeitung, Text* ❸ schneiden *Film* ❹ editieren; aufbereiten *Daten*

**edi·tion** [ɪˈdɪʃn] ❶ (*Buch*) die Ausgabe ❷ die Auflage; **morning/evening edition** die Morgenausgabe/Abendausgabe

**edi·tor** [ˈedɪtəʳ] ❶ der Herausgeber/die Herausgeberin ❷ der Redakteur/die Redakteurin ❸ (*Computer*) der Editor ❹ (*Film*) der Cutter/die Cutterin

**edi·to·rial**[1] [ˌedɪˈtɔːrɪəl] **editorial assistant** der Redaktionsassistent/die Redaktionsassistentin

**edi·to·rial**[2] [ˌedɪˈtɔːrɪəl] (*Zeitung*) der Leitartikel

to **edu·cate** [ˈedʒʊkeɪt] **to educate someone** jemanden erziehen; **she was educated in Richmond** sie ging in Richmond zur Schule

**edu·cat·ed** [ˈedʒʊkeɪtɪd] gebildet; **to make an educated guess** eine begründete Vermutung äußern

**edu·ca·tion** [ˌedʒʊˈkeɪʃn] ❶ (*an Schule, Uni usw.*) die Ausbildung ❷ (*Prozess*) die Erziehung ❸ (*kulturelles Wissen*) die Bildung ❹ (*Fachgebiet*) die Erziehungswissenschaft, die Pädagogik

**edu·ca·tion·al** [ˌedʒʊˈkeɪʃ²n²l] Bildungs-, pädagogisch; **educational background** der schulische Werdegang; **educational film** der Lehrfilm; **educational psychology** die Schulpsychologie; **educational qualifications** die schulischen Qualifikationen

**eel** [iːl] der Aal

**eerie** [ˈɪərɪ] <eerier, eeriest> schaurig, gespenstisch

**ef·fect** [ɪˈfekt] ❶ die Wirkung (**on** auf); **the effect of this is that ...** dies hat zur Folge, dass ...; **with effect from ...** mit Wirkung vom ...; **to come into** [*oder* **take**] **effect** (*auch Gesetz*) in Kraft treten; **to put something into effect** etwas in Kraft setzen; **of no effect** wirkungslos; **to this effect** zu diesem Zweck; **words to that effect** etwas in diesem Sinne ❷ der Eindruck, der Effekt; **he only did it for effect** er hat es nur getan, um Eindruck zu machen ❸ **in effect** in Wirk-

**effective – eldest** 146

**ef·fec·tive** [ɪˈfektɪv] ❶ wirksam; **to become effective** *Gesetz:* in Kraft treten ❷ wirkungsvoll, eindrucksvoll ❸ tatsächlich, effektiv

**ef·fi·cien·cy** [ɪˈfɪʃnsɪ] (*von Person, Betrieb*) die Leistungsfähigkeit, die Effizienz, die Produktivität

**ef·fi·cient** [ɪˈfɪʃnt] *Person, Betrieb:* leistungsfähig, effizient

**ef·fort** [ˈefət] ❶ die Anstrengung, die Mühe, die Bemühung; **to make an effort** sich anstrengen [*oder* bemühen]; **without effort** mühelos; **it's worth the effort** die Mühe lohnt sich; **to make every effort** sich alle Mühe geben; **to make no effort** keine Mühe scheuen ❷ der Versuch; **one last effort** ein letzter Versuch

**ef·fort·less** [ˈefətləs] mühelos

**egg** [eg] ❶ das Ei; **boiled/scrambled/fried egg** das gekochte Ei/Rührei/Spiegelei ❷ (*biologisch*) das Ei, die Eizelle ▸ WENDUNGEN: **to have egg on one's face** (*umgangsspr*) dumm dastehen; **to put all one's eggs in one basket** alles auf eine Karte setzen

◆**to egg on** **to egg someone on** jemanden anstacheln

**egg cup** der Eierbecher

**egg·shell** die Eierschale

**egg tim·er** die Eieruhr

**egg yolk** das Eigelb

**e-gift** [ˈiːgɪft] das Internet-Geschenk

**ego** [ˈiːgəʊ] das Ego

**ego·ist** [ˈegəʊɪst] der Egoist/die Egoistin

**ego·is·tic** [ˌegəʊˈɪstɪk] egoistisch

**to ego surf** ego-surfen (*im Internet den eigenen Namen eingeben*)

**ego surf·ing** *kein Plural, ohne Artikel* das Ego-Surfen (*Eingabe des eigenen Namens im Internet*)

**ego·tist** [ˈegəʊɪst] der Egotist/die Egotistin

**Egypt** [ˈiːdʒɪpt] Ägypten

**Egyp·tian¹** [ɪˈdʒɪpʃn] ägyptisch

**Egyp·tian²** [ɪˈdʒɪpʃn] der Ägypter/die Ägypterin

**eh** [eɪ] (*umgangsspr*) **eh?** (*Verwirrung ausdrücken*) was?, hä?; (*nach Antwort fragen*) nicht [wahr]?

**Eiffel Tow·er** [ˌaɪfəlˈtaʊəʳ] **the Eiffel Tower** der Eiffelturm

**eight¹** [eɪt] acht; **a quarter to eight** viertel vor acht

**eight²** [eɪt] die Acht; **the eight of hearts** die Herzacht

**eight·een¹** [ˌeɪˈtiːn] achtzehn

**eight·een²** [ˌeɪˈtiːn] die Achtzehn

**eight·eenth¹** [ˌeɪˈtiːnθ] achtzehnte(r, s)

**eight·eenth²** [ˌeɪˈtiːnθ] ❶ (*Datum*) **the eighteenth** der Achtzehnte ❷ (*Bruchzahl*) das Achtzehntel

**eighth¹** [eɪtθ] achte(r, s)

**eighth²** [eɪtθ] ❶ (*Datum*) **the eighth** der Achte ❷ (*Bruchzahl*) das Achtel

**eight-hour** achtstündig; **eight-hour day** der Achtstundentag

**eighti·eth¹** [ˈeɪtɪəθ] achtzigste(r, s)

**eighti·eth²** [ˈeɪtɪəθ] ❶ Achtzigste(r, s) ❷ (*Bruchteil*) das Achtzigstel

**eighty¹** [ˈeɪtɪ] achtzig

**eighty²** [ˈeɪtɪ] ❶ die Achtzig ❷ **in the eighties** in den Achtzigern; **she must be in her eighties** sie muss in den Achtzigern sein

**Eire** [ˈeərə] (*gälischer Name*) Irland

**either¹** [ˈaɪðəʳ] jede(r, s), beide(s); **on either side** auf jeder Seite, auf beiden Seiten; **take either of the books** nimm irgendeins der Bücher

**either²** [ˈaɪðəʳ] **either ... or** entweder ... oder

**either³** [ˈaɪðəʳ] ❶ *mit Verneinung* auch nicht; **I won't go either** ich gehe auch nicht; **I don't either** ich auch nicht; **I haven't seen either** ich habe keinen von beiden gesehen ❷ eine(r, s) von beiden; **is either of you interested?** ist einer von euch beiden daran interessiert?

**to eject** [ɪˈdʒekt] ❶ hinauswerfen *Person* (**from** aus) ❷ *Pilot:* den Schleudersitz betätigen

**elabo·rate** [ɪˈlæbərət] kompliziert; *Handarbeit:* kunstvoll [gearbeitet]

**to elabo·rate** [ɪˈlæbəreɪt] ins Detail gehen; **to elaborate on something** etwas näher ausführen

**elas·tic¹** [ɪˈlæstɪk] ❶ dehnbar, biegsam ❷ elastisch ❸ **elastic band** das Gummiband

**elas·tic²** [ɪˈlæstɪk] das Gummiband

**el·bow** [ˈelbəʊ] der Ellbogen ▸ WENDUNGEN: **to be up to one's elbows in something** (*umgangsspr*) bis über beide Ohren in etwas stecken

**to el·bow** [ˈelbəʊ] **she elbowed her way through the crowd** sie bahnte sich einen Weg durch die Menge; **to elbow someone out of the way** jemanden zur Seite drängen

**el·bow room** die Bewegungsfreiheit, der Spielraum

**el·der¹** [ˈeldəʳ] ältere(r, s)

**el·der²** [ˈeldəʳ] der/die Ältere

**el·der·ly¹** [ˈeldəlɪ] ältere(r, s)

**el·der·ly²** [ˈeldəlɪ] **the elderly** die älteren Menschen

**eld·est¹** [ˈeldɪst] älteste(r, s)

**eld·est²** ['eldɪst] **the eldest** der/die Älteste
to **elect** [ɪ'lekt] wählen; **to elect a president** jemanden zum Präsidenten wählen
**elec·tion** [ɪ'lekʃn] die Wahl; **to hold an election** eine Wahl durchführen; **to stand for election** kandidieren
**elec·tion cam·paign** der Wahlkampf
**elec·tion day** der Wahltag
**elec·tion de·feat** die Wahlniederlage
**elec·tion·eer·ing** [ɪ,lekʃə'nɪərɪŋ] *kein Plural* (*abwertend*) die Wahlpropaganda
**elec·tion mani·fes·to** das Wahlprogramm
**elec·tion post·er** das Wahlplakat
**elec·tion re·sults** *plural* das Wahlergebnis
**elec·tion speech** die Wahlrede
**elec·tor·al** [ɪ'lektᵊrᵊl] Wahl-
**elec·tor·ate** [ɪ'lektərət] die Wähler, die Wählerschaft
**elec·tric** [ɪ'lektrɪk] ① *Strom, Rasierapparat:* elektrisch; **electric light bulb** die Glühbirne; **electric cooker/motor** der Elektroherd/Elektromotor; **electric fire** der Heizstrahler; **electric shock** der Stromschlag ② (*übertragen*) elektrisierend
**elec·tri·cal** [ɪ'lektrɪkl] elektrisch; **electrical appliances** die Elektrogeräte; **electrical engineering** die Elektrotechnik
**elec·tri·cian** [ɪ,lek'trɪʃn] der Elektriker/die Elektrikerin
**elec·tric·ity** [ɪ,lek'trɪsətɪ] die Elektrizität, der Strom; **electricity meter** der Stromzähler
**elec·tro·mag·net** der Elektromagnet
**elec·tro·mag·net·ic** elektromagnetisch
**elec·tron** [ɪ'lektrɒn] das Elektron
**elec·tron·ic** [ɪ,lek'trɒnɪk] elektronisch; **electronic mail** die elektronische Post
**elec·tron·ics** [ɪ,lek'trɒniks] *plural* die Elektronik
**el·egant** ['elɪgənt] elegant
**el·ement** ['elɪmənt] ① der Bestandteil; **there was an element of surprise in her voice** sie klang etwas überrascht; **an element of truth** ein Fünkchen Wahrheit ② (*mathematisch, chemisch*) das Element ③ **the elements** die Elemente; **to be out in the elements** dem Wetter ausgesetzt sein ④ **the elements of science/philosophy** die Grundlagen [*oder* Grundbegriffe] der Wissenschaft/Philosophie ▶ WENDUNGEN: **in one's element** in seinem Element; **to be out of one's element** fehl am Platz sein
**el·emen·ta·ry** [,elɪ'mentərɪ] ① elementar, einführend; **elementary course** der Anfängerkurs ② **elementary school** Ⓤ️Ⓢ️Ⓐ️ die Grundschule ③ einfach; **elementary mis-**

**take** der grobe Fehler
**el·ephant** ['elɪfənt] der Elefant
**el·evat·ed** ['elɪveɪtɪd] erhöht; **elevated road** die Hochstraße
**el·eva·tor** ['elɪveɪtəʳ] Ⓤ️Ⓢ️Ⓐ️ der Aufzug, der Fahrstuhl
**elev·en¹** [ɪ'levn] elf; **a quarter to eleven** viertel vor elf
**elev·en²** [ɪ'levn] die Elf
**elev·enth¹** [ɪ'levnθ] elfte(r, s)
**elev·enth²** [ɪ'levnθ] ① (*Datum*) **the eleventh** der Elfte ② (*Bruchzahl*) das Elftel
**eli·gible** ['elɪdʒəbl] ① [teilnahme]berechtigt (**for** für), geeignet; **to be eligible** in Frage kommen ② **an eligible bachelor** ein begehrter Junggeselle
to **elimi·nate** [ɪ'lɪmɪneɪt] ① beseitigen *Fehler;* ausräumen *Zweifel* ② ausschließen *Möglichkeit* ③ ausschalten, eliminieren *Feind, Gegner*
**elo·quence** ['eləkwən(t)s] die Sprachgewandtheit, die Wortgewandtheit
**El Sal·va·dor** [,el'sælvədɔːʳ] El Salvador
**else** [els] ① (*zusätzlich*) sonst noch; **anybody/anything else?** sonst noch jemand/etwas?; **nobody else** sonst niemand; **nothing else** nichts weiter; **what else?** was noch?, was sonst?; **who else?** wer sonst?; **no one else** sonst [*oder* weiter] niemand ② (*stattdessen*) andere(r, s); **what else could I have done?** was hätte ich sonst tun können?; **everybody else** alle anderen; **anybody** [*oder* **somebody**] **else** jemand anders; **nobody else** niemand anders; **everything else** alles andere; **nothing else** nichts anderes; **something** [*oder* **anything**] **else** etwas anderes; **somewhere else** woanders, woandershin ③ **or else** sonst, andernfalls; **do it or else!** (*umgangsspr*) tu, was ich sage, sonst gibt's was!
**else·where** [,els'weəʳ] ① anderswo, sonst wo, woanders ② anderswohin
**email** ['iːmeɪl] die E-Mail
**email ad·dress** die E-Mail-Adresse
to **em·bark** [ɪm'bɑːk] ① an Bord gehen ② abreisen, abfahren (**for** nach) ③ (*übertragen*) anfangen; **to embark [up]on a new project** mit einem neuen Projekt anfangen
to **em·bar·rass** [ɪm'bærəs] to **embarrass someone** jemanden in Verlegenheit bringen
**em·bar·rassed** [ɪm'bærəst] verlegen
**em·bar·rass·ing** [ɪm'bærəsɪŋ] peinlich, unangenehm
**em·bar·rass·ment** [ɪm'bærəsmənt] die Verlegenheit; **to be an embarrassment to**

**embassy – employment** 148

## USEFUL PHRASES

When you make an **emergency** call it is important to give clear information. With these phrases you can get help quickly.

The police/fire/ambulance service, please!

My name is … and I'm calling from …

There has been an accident./I've just seen an accident.

There's a fire/a burglar in/at …

A man/woman/child … is hurt/trapped.

It looks really bad/dangerous/…

Sorry, I don't know/can't tell you that.

**someone** jemanden blamieren

**em·bas·sy** ['embəsɪ] die Botschaft

to **em·bed** [ɪm'bed] <embedded, embedded> einlassen, einbetten; (*übertragen*) verankern

**em·bed·ded** (*übertragen auch*) eingebettet

**em·bers** ['embəʳz] *plural* die Glut

**em·blem** ['əmbləm] das Emblem

to **em·brace** [ɪm'breɪs] ❶ **to embrace someone** jemanden umarmen ❷ ergreifen *Gelegenheit, Beruf* ❸ annehmen *Glauben, Angebot* ❹ hegen *Hoffnung* ❺ (*übertragen*) enthalten; umfassen *Themen*

**em·brace** [ɪm'breɪs] die Umarmung

to **em·broi·der** [ɪm'brɔɪdəʳ, em'-] ❶ sticken ❷ sticken *Muster;* besticken *Stoff*

**em·bryo** ['embrɪəʊ] <*plural* embryos> der Embryo

**em·er·ald¹** ['emərəld] der Smaragd

**em·er·ald²** ['emərəld] smaragdgrün

to **emerge** [ɪ'mɜːdʒ] ❶ auftauchen; **we emerged from the underground station** wir kamen aus der U-Bahn-Station; *Wasser:* heraustreten ❷ *Problem, Idee:* entstehen (**from/out of** aus) ❸ (*übertragen*) sich herausstellen, bekannt werden

**emer·gen·cy** [ɪ'mɜːdʒənsɪ] ❶ der Notfall, die Notlage; **in an** [*oder* **in case of**] **emergency** im Notfall, im Ernstfall; **state of emergency** der Notstand; **to declare a state of emergency** den Ausnahmezustand ausrufen ❷ **emergency aid** die Soforthilfe; **emergency brake** die Notbremse; **emergency call** der Notruf; **emergency exit** der Notausgang; **emergency room** die Notaufnahme; **to make an emergency landing** notlanden; **emergency service** der Notdienst; **emergency stop** die Vollbremsung

**emerg·ing** *Problem:* auftauchend; *Markt:* aufstrebend

**emi·grant** ['emɪgrənt] der Auswanderer/die Auswanderin, der Emigrant/die Emigrantin

to **emi·grate** ['emɪgreɪt] auswandern, emigrieren (**from** aus, **to** nach)

**emi·gra·tion** [ˌemɪ'greɪʃn] die Auswanderung, die Emigration

**emi·nent** ['emɪnənt] bedeutend; *Person:* angesehen, berühmt

**emis·sion** [mɪʃn] ❶ (*Physik*) die Emission, die Ausstrahlung; *von Wärme, Schall:* die Abgabe ❷ das Ausströmen, der Austritt; *von Flüssigkeit:* der Ausfluss

to **emit** [ɪ'mɪt] <emitted, emitted> ausstrahlen *Licht;* abgeben *Geräusch;* ausstoßen *Rauch*

**emo·ti·con** [ɪ'məʊtɪkɒn] das Emoticon

**emo·tion** [ɪ'məʊʃn] das Gefühl, die Emotion

**emo·tion·al** [ɪ'məʊʃənl] ❶ *Rede:* gefühlvoll ❷ *Person:* empfindsam, gefühlbetont

**em·per·or** ['empərəʳ] der Kaiser

**em·pha·sis** ['emfəsɪs] <*plural* emphases> die Betonung (**on** auf); **to put** [*oder* **lay**] **emphasis on something** die Betonung auf etwas legen

to **em·pha·size** ['emfəsaɪz] nachdrücklich betonen, hervorheben, unterstreichen

**em·phat·ic** [ɪm'fætɪk, em'-] nachdrücklich; *Ablehnung:* entschieden

**em·pire** ['empaɪəʳ] ❶ das Reich ❷ (*übertragen*) das Imperium

to **em·ploy** [ɪm'plɔɪ] ❶ **to employ someone** jemanden beschäftigen [*oder* einstellen]; **to be employed part-time** Teilzeit beschäftigt sein ❷ **to employ something** etwas benutzen [*oder* anwenden]

**em·ployee** [ˌɪmplɔɪ'iː] der Arbeitnehmer/die Arbeitnehmerin, der/die Angestellte; **the employees** die Belegschaft

**em·ploy·er** [ɪm'plɔɪəʳ] der Arbeitgeber/die Arbeitgeberin

**em·ploy·ment** [ɪm'plɔɪmənt] ❶ die Beschäftigung, die Arbeit, das Arbeitsverhältnis; **out of employment** arbeitslos; **full-time employment** die Ganztagsbeschäftigung

**②employment agency** [*oder* **bureau**] die Arbeitsvermittlung **③** *von Gerät, Methode:* die Verwendung

**em·press** ['emprɪs] <*plural* empresses> die Kaiserin

**empties** ['emptiz] *plural* das Leergut

**emp·ti·ness** ['emptɪnɪs] die Leere

**emp·ty** ['emptɪ] leer; *Haus:* leer stehend; **on an empty stomach** auf nüchternen Magen; **to feel empty** sich innerlich leer fühlen

to **emp·ty** ['emptɪ] leeren (**into** in); **to empty something** etwas ausleeren [*oder* entleeren]

**emp·ty-hand·ed** [ˌemptɪ'hændɪd] mit leeren Händen

**emu** ['iːmjuː] <*plural* emu *oder* emus> der Emu

to **emu·late** ['emjəleɪt] nacheifern

**emul·sion** [ɪ'mʌlʃᵊn] **①** die Emulsion **②** GB die Dispersionsfarbe

to **en·able** [ɪ'neɪbl] **①** **to enable something** etwas ermöglichen, möglich machen; **the security key enabled him to open the safe** mit dem Sicherheitsschlüssel konnte er den Safe öffnen **②** berechtigen, ermächtigen *Person*

to **en·case** [ɪn'keɪs] einschließen; **a diamond encased in gold** ein in Gold gefasster Diamant; **to be encased in plaster** eingegipst sein

to **en·cash** [ɪn'kæʃ] GB einlösen *Scheck*

to **en·chant** [ɪn'tʃɑːnt] entzücken; **to be enchanted** entzückt sein (**by**/**with** über)

**en·chant·ing** [ɪn'tʃɑːntɪŋ] bezaubernd, entzückend

to **en·cir·cle** [ɪn'sɜːkl] **①** umgeben; umschließen *Garten, Stadt* **②** einkreisen *Buchstabe, Wort*

to **en·close** [ɪn'kləʊz] **①** umgeben, einschließen (**in** in) **②** beilegen; **I enclose a price list** als Anlage schicke ich Ihnen eine Preisliste

**en·closed** [ɪn'kləʊzd] **please find enclosed ...** beiliegend erhalten Sie ...

**en·clo·sure** [ɪn'kləʊʒəʳ] **①** das Gehege **②** (*mit Brief*) die Anlage

to **en·code** [ɪn'kəʊd] verschlüsseln

to **en·com·pass** [ɪn'kʌmpəs] umfassen

**en·core** ['ɒŋkɔːʳ] die Zugabe

to **en·coun·ter** [ɪn'kaʊntəʳ] **①** **to encounter someone** jemanden [unerwartet] treffen **②** stoßen auf *Schwierigkeiten*

**en·coun·ter** [ɪn'kaʊntəʳ] **①** die Begegnung **②** das Gefecht

to **en·cour·age** [ɪn'kʌrɪdʒ] **①** **to encourage someone** jemanden ermutigen; **don't encourage him to do that!** ermuntere ihn nicht noch dazu, so was zu tun! **②** bestär-

ken, unterstützen; **he encouraged her in her attempts to buy a boat** er unterstützte ihre Bemühungen, ein Boot zu kaufen **③** begünstigen, fördern *Verkäufe* **④** **I was encouraged by the news** die Nachricht hat mir neuen Mut gegeben

**en·cour·age·ment** [ɪn'kʌrɪdʒmənt] **①** die Ermutigung **②** (*von Vorhaben*) die Unterstützung, die Bestärkung

**en·cour·ag·ing** [ɪn'kʌrɪdʒɪŋ] ermutigend, viel versprechend

**en·cy·clo·p(a)e·dia** [ɪnˌsaɪklə'piːdɪə] die Enzyklopädie

**end** [end] **①** *von Zeitperiode, Ereignis:* das Ende, der Schluss; **end of the month** das Monatsende; **at the end of February** Ende Februar; **end-of-summer sale** der Sommerschlussverkauf; **in the end** am Ende, schließlich; **without end** endlos; **to be at an end** zu Ende sein; **to come to an end** zu Ende gehen; **to put an end to something** einer Sache ein Ende setzen; **there is no end of problems** es gibt unendlich viele Probleme; **there is no end to it** es nimmt kein Ende **②** der Zweck, das Ziel, die Absicht; **to this end** zu diesem Zweck; **the end justifies the means** (*übertragen*) der Zweck heiligt die Mittel **③** das Ergebnis, die Folge, die Konsequenz ▶ WENDUNGEN: **at the end of the day** wenn alles vorbei ist; **to come to a bad** [*oder* **sticky**] **end** ein böses Ende nehmen; **to go off the deep end** wütend werden; **to make ends meet** gerade [mit seinem Geld] auskommen; **to be at a loose end** (*umgangsspr*) nichts [Besonderes] vorhaben; **I've still got a few loose ends to clear up** ich habe noch einige Kleinigkeiten zu erledigen; **to stand on end** *Haare:* zu Berge stehen, sich sträuben; **to reach the end of one's tether** [endgültig] die Geduld verlieren; **to be on the receiving end of something** etwas einstecken müssen

to **end** [end] enden, zu Ende sein; **to end in disaster** in einer Katastrophe enden; **to end something** etwas beenden

◆to **end up** enden; **she ended up as the company president** sie wurde schließlich Präsidentin der Firma; **to end up doing something** schließlich etwas tun; **he always ends up doing the washing-up** am Ende bleibt das Abspülen immer an ihm hängen; **to end up in prison** im Gefängnis landen

to **en·dan·ger** [ɪn'deɪndʒəʳ] gefährden

**en·dan·gered spe·cies** vom Aussterben bedrohte Art

to **en·deav·our** [ɪn'devə'], ⓤ to **en·deav·or** to **endeavour to do something** sich bemühen [*oder* sich anstrengen], etwas zu tun

**end·ing** ['endɪŋ] das Ende, der Ausgang

**end·less** ['endlɪs] ❶ endlos, ohne Ende ❷ unendlich

**en·dor·phin** [en'dɔːfɪn] das Endorphin; **endorphin rush** die Endorphinausschüttung

to **en·dorse** [ɪn'dɔːs] unterstützen; indossieren *Scheck*

**en·dorse·ment** [ɪn'dɔːsmənt] ❶ die Billigung ❷ *eines Schecks:* das Indossament ❸ ⓖⓑ der Strafvermerk (*im Führerschein*)

**end prod·uct** das Endprodukt

**en·dur·ance** [ɪn'djuərəns] die Ausdauer, das Durchhaltevermögen; **past** [*oder* **beyond**] **endurance** nicht auszuhalten, unerträglich; **endurance test** die Belastungsprobe

to **en·dure** [ɪn'djuə'] ❶ ertragen, aushalten; **I can't endure these meetings** ich kann diese Sitzungen nicht ausstehen; **to endure pain** Schmerz erleiden ❷ fortdauern, durchhalten

**end user** ❶ der Endverbraucher/die Endverbraucherin ❷ *von Software:* der Anwender/die Anwenderin

**ENE** *Abkürzung von* **east-north-east** ONO

**en·emy** ['enəmɪ] der Feind; **to make an enemy of someone** sich jemanden zum Feind machen; **he is his own worst enemy** er schadet sich selbst am meisten

**en·er·get·ic** [,enə'dʒetɪk] ❶ *Person:* energiegeladen ❷ *Unterstützung:* tatkräftig ❸ *Einsatz:* energisch

**en·er·gy** ['enədʒɪ] die Energie; **to have no energy** *Person:* keine Kraft haben

**en·er·gy re·sources** *plural* die Energieressourcen

**en·er·gy-sav·ing** das Energiesparen

**en·er·gy-sav·ing** Energie sparend

to **en·force** [ɪn'fɔːs] durchsetzen *Gesetz, Anspruch*

to **en·gage** [ɪn'geɪdʒ] ❶ **to engage someone** jemanden einstellen; **to engage a band** eine Band engagieren ❷ **to engage someone in conversation** jemanden in ein Gespräch verwickeln ❸ (*Auto*) **to engage the clutch** einkuppeln; **to engage third gear** den dritten Gang einlegen

**en·gaged** [ɪn'geɪdʒd] ❶ verlobt; **to get engaged to someone** sich mit jemandem verloben; **we are engaged to be married** wir sind verlobt ❷ *Person:* beschäftigt; **to be engaged in doing something** damit be-

schäftigt sein, etwas zu tun ❸ *Toilette, Telefon:* besetzt; **engaged tone** das Besetztzeichen

**en·gage·ment** [ɪn'geɪdʒmənt] ❶ die Verlobung (**to** mit) ❷ der Termin; **a dinner engagement** eine Verabredung zum Essen; **I have an engagement** ich bin verabredet ❸ *von Künstler:* das Engagement

**en·gage·ment book**, **en·gage·ment dia·ry** der Terminkalender

**en·gage·ment ring** der Verlobungsring

**en·gag·ing** [ɪn'geɪdʒɪŋ] bezaubernd; *Wesen:* einnehmend

**en·gine** ['endʒɪn] ❶ der Motor; **to start/stop the engine** den Motor anlassen/abstellen; **engine trouble** die Motorstörung; **petrol engine** der Benzinmotor ❷ *von Schiff:* die Maschine ❸ *von Zug:* die Lokomotive; **engine driver** der Lokführer/die Lokführerin

**en·gi·neer** [,endʒɪ'nɪə'] ❶ (*mit Hochschulabschluss*) der Ingenieur/die Ingenieurin; **civil engineer** der Bauingenieur/die Bauingenieurin; **mechanical engineer** der Maschinenbauingenieur/die Maschinenbauingenieurin ❷ der Techniker/die Technikerin ❸ ⓤ der Lokführer/die Lokführerin

**en·gi·neer·ing** [,endʒɪ'nɪərɪŋ] das Ingenieurwesen; **mechanical engineering** der Maschinenbau; **civil engineering** der Hochund Tiefbau; **electrical engineering** die Elektrotechnik

**Eng·land** ['ɪŋglənd] England

**Eng·lish**[1] ['ɪŋglɪʃ] englisch; **the English Channel** der Ärmelkanal; **he's English** er ist Engländer

**Eng·lish**[2] ['ɪŋglɪʃ] ❶ (*Sprache*) Englisch, das Englische; **in English** auf Englisch; **his English is good** er spricht ein gutes Englisch; **the Queen's** [*oder* **the King's**] **English** das hochsprachliche Englisch ❷ **the English** die Engländer ❸ **in plain English** schlicht und einfach [ausgedrückt]; (*übertragen*) unverblümt

**Eng·lish·man** ['ɪŋglɪʃmən] <*plural* Englishmen> der Engländer

**English speak·er** der/die Englischsprachige

**English-speak·ing** englischsprachig

**Eng·lish·wom·an** ['ɪŋglɪʃ,wʊmən], *plural* 'ɪŋglɪʃwɪmɪn] <*plural* Englishwomen> die Engländerin

to **en·joy** [ɪn'dʒɔɪ] ❶ **she enjoys dancing and swimming** sie tanzt und schwimmt gern; **he enjoys music** er mag Musik; **she enjoyed the film** der Film hat ihr gut gefallen ❷ **to enjoy oneself** sich gut unterhalten, sich amüsieren; **enjoy yourselves at the party!** viel Spaß auf der Party! ❸ **how are you enjoying London?** wie gefällt es Ihnen in London?; **they enjoyed seeing you again** sie haben sich gefreut, euch wiederzusehen ❹ **are you enjoying your meal?** schmeckt Ihnen das Essen?; **enjoy your meal!** guten Appetit! ❺ genießen *Recht, Vorteil*

**en·joy·able** [ɪnˈdʒɔɪəbl] *Abend, Empfindung:* angenehm; *Buch, Film:* unterhaltsam

**en·joy·ment** [ɪnˈdʒɔɪmənt] die Freude, der Spaß (**of** an)

to **en·large** [ɪnˈlɑːdʒ] ❶ vergrößern *Foto* ❷ erweitern *Wissen*

**en·large·ment** [ɪnˈlɑːdʒmənt] die Erweiterung; *auch Foto:* die Vergrößerung

to **en·list** [ɪnˈlɪst] sich melden; anwerben *Rekruten;* **to enlist in the army** in die Armee eintreten

**enor·mous** [ɪˈnɔːməs] ❶ *Menge, Tier:* riesig, enorm ❷ *Unterschied, Kraft:* gewaltig; *Problem:* ungeheuer

**enough¹** [ɪˈnʌf] ❶ genug, genügend; **is there enough cake?** ist genügend Torte da?; **there's enough room** es gibt Platz genug ❷ **this meat isn't cooked enough** das Fleisch ist nicht richtig durch ► WENDUNGEN: **good enough!** sehr gut!; **surprisingly enough** überraschenderweise

**enough²** [ɪˈnʌf] ❶ genug; **to have enough** genug haben; **we've got enough to live on** es reicht uns zum Leben; **I had enough to do** ich hatte genug [*oder* alle Hände voll] zu tun; **I've had enough [of your cheek]**! jetzt reicht's mir aber [mit deiner Frechheit]! ❷ (*beim Essen*) **that's enough, thanks** danke, das reicht; **I've had enough, thank you!** danke, ich bin satt! ► WENDUNGEN: **enough is enough!** mal muss es auch genug sein!; **enough said!** mehr braucht man dazu nicht zu sagen!

to **en·quire** [ɪnˈkwaɪəʳ] ❶ sich erkundigen (**about/after** nach), fragen (**about** nach) ❷ **to enquire into a matter** eine Angelegenheit untersuchen

**en·quiry** [ɪnˈkwaɪərɪ] ❶ die Anfrage (**about** über); **on enquiry** auf Anfrage ❷ *meist plural* die Erkundigung; **to make enquiries [about something]** [über etwas] Erkundigungen einziehen ❸ (*polizeilich*) die Untersuchung; **to hold an enquiry into something** eine Untersuchung über etwas durchführen ❹ **enquiries** △ *plural* die Auskunft

**en·raged** [ɪnˈreɪdʒd] wütend, aufgebracht,

entrüstet (**at/by** über)

to **en·rol** [ɪnˈrəʊl], ⓤⓢⒶ to **en·roll** <enrolled, enrolled> ❶ (*für einen Kurs*) sich einschreiben; (*an der Uni*) sich immatrikulieren; **to enrol someone on** [*oder* **for**] **a course** jemanden für einen Kurs einschreiben ❷ (*in einem Verein*) Mitglied werden; **to enrol members** Mitglieder anwerben

**en·rol·ment** [ɪnˈrəʊl-], ⓤⓢⒶ **en·roll·ment** die Einschreibung; (*für einen Kurs*) die Anmeldung

**en route** [ˌɒnˈruːt] auf dem Weg (**to/for** nach/zu)

**en suite** [ˌɒnˈswiːt] **all rooms are en suite** alle Zimmer haben [ein] Bad; **en suite bathroom** das angeschlossene Badezimmer

to **en·sure** [ɪnˈʃʊəʳ] ❶ gewährleisten, sicherstellen; **please ensure that the doors are locked** bitte sorgen Sie dafür, dass die Türen abgeschlossen sind ❷ **to ensure success** Erfolg garantieren

to **en·tail** [ɪnˈteɪl] mit sich bringen

to **en·tan·gle** [ɪnˈtæŋgl] **to get entangled in something** sich in etwas verfangen; (*übertragen*) sich in etwas verwickeln

to **en·ter** [ˈentəʳ] ❶ hineingehen; (*von innen gesehen*) hereinkommen; **enter!** herein!; **to enter a building/room** ein Gebäude/einen Raum betreten ❷ **to enter university** auf die Universität gehen; **to enter teaching** den Lehrberuf ergreifen ❸ **to enter a competition** an einem Wettbewerb teilnehmen; **to enter for an examination** sich einer Prüfung unterziehen ❹ (*in Land*) einreisen ❺ **to enter one's name for something** sich für etwas einschreiben [*oder* eintragen] ❻ eingeben *Daten* ❼ **it never entered my head!** das ist mir nie in den Sinn gekommen! ❽ (*im Theaterstück*) **enter Orpheus** Orpheus tritt auf

◆ to **enter into** ❶ sich einlassen auf; teilnehmen an *Debatte, Wettbewerb* ❷ **to enter into discussion[s]** sich an Diskussionen beteiligen ❸ **to enter into an agreement** eine Vereinbarung treffen ❹ **to enter into correspondence** in [einen] Briefwechsel treten (**with** mit) ❺ eingehen *Partnerschaft, Ehe* ❻ **the money doesn't enter into it at all** das Geld hat damit gar nichts zu tun

**en·ter key** die Entertaste, die Eingabetaste

**en·ter·prise** [ˈentəpraɪz] ❶ (*Vorhaben*) das Unternehmen ❷ (*Geschäft*) das Unternehmen; **free enterprise** das freie Unternehmertum ❸ *von Person:* der Unternehmungsgeist

**enterprising – epidemic** 152

**en·ter·pris·ing** ['entəpraɪzɪŋ] unternehmungslustig, einfallsreich

to **en·ter·tain** [,entə'teɪn] ❶ **to entertain someone** jemanden unterhalten ❷ **to entertain someone** jemanden bewirten; **to entertain someone to dinner** jemanden zum Essen einladen; **they entertain a great deal** sie haben sehr oft Gäste ❸ **to entertain a suspicion** einen Verdacht hegen; **to entertain the view** die Ansicht haben [*oder* vertreten]; **to entertain a suggestion** einen Vorschlag in Erwägung ziehen

**en·ter·tain·ing** [,entə'teɪnɪŋ] unterhaltend, unterhaltsam

**en·ter·tain·ment** [,entə'teɪnmənt] ❶ die Unterhaltung, das Vergnügen ❷ (*öffentliche Darbietung*) die Unterhaltungsshow ❸ *von Gästen:* die Bewirtung

**en·thu·si·asm** [ɪn'θjuːzɪæzəm] die Begeisterung, der Enthusiasmus (**for** für)

**en·thu·si·as·tic** [ɪn,θjuːzɪ'æstɪk] begeistert (**about** von)

**en·tic·ing** [ɪn'taɪsɪŋ] verlockend, verführerisch

**en·tire** [ɪn'taɪəʳ] ganz; **the entire week** die ganze Woche; **the entire country** das gesamte Land

**en·tire·ly** [ɪn'taɪəʳlɪ] gänzlich; **entirely different** grundverschieden

**en·ti·tled** [ɪn'taɪtld] ❶ **to be entitled to something** Anspruch haben auf etwas; **to be entitled to a pension/to vote** pensionsberechtigt/stimmberechtigt sein ❷ **to be entitled to do something** das Recht haben, etwas zu tun

**en·trance** ['entrəns] ❶ der Eingang, die Eingangstür ❷ (*für Fahrzeug*) die Einfahrt ❸ (*am Theater*) der Auftritt; **to make one's entrance** auftreten ❹ das Eintrittsgeld ❺ der Eintritt; **entrance is by ticket only** man kommt nur mit einer Eintrittskarte hinein ❻ **no entrance!** Zutritt verboten!; **no entrance except on business** Unbefugten ist der Zutritt verboten ❼ **to gain entrance to a university** die Zulassung zu einer Universität erhalten; **entrance exam** die Aufnahmeprüfung

**en·trance ex·ami·na·tion** ['entrəns ɪg,zæmɪ'neɪʃn] die Aufnahmeprüfung

**en·trance fee** ❶ das Eintrittsgeld ❷ (*in Verein*) die Aufnahmegebühr, die Einschreib[e]gebühr

**en·trance form** das Anmeldeformular

**en·trance hall** die Vorhalle, der Hausflur

**en·trance re·quire·ment** die Aufnahmebe-

dingung

**en·trant** ['entrənt] der Teilnehmer/die Teilnehmerin

**en·trée** ['ãː(n)treɪ] ❶ ⓖⒷ die Vorspeise ❷ ⓤⓈⒶ das Hauptgericht

**en·tre·pre·neur** [,ɒntrəprə'nɜːʳ] der Unternehmer/die Unternehmerin

**en·tre·pre·neur·ship** [,ɒntrəprə'nɜːrʃɪp] das Unternehmertum

to **en·trust** [ɪn'trʌst] **to entrust something to someone** jemandem etwas anvertrauen; **to entrust a task to someone** [*oder* **someone with a task**] jemanden mit einer Aufgabe betrauen

**en·try** ['entrɪ] ❶ der Eintritt (**to** in); **to gain entry** Einlass finden ❷ (*Tür*) der Eingang, die Eingangstür ❸ (*für Fahrzeug*) die Einfahrt ❹ die Eingangshalle, der Flur ❺ (*in ein Land*) die Einreise ❻ (*im Telefonbuch*) der Eintrag (**in** in); (*im Lexikon*) das Stichwort ❼ **no entry!** (*auf einer Tür*) Zutritt verboten!; (*auf der Straße*) keine Einfahrt!

**en·try fee** ❶ das Eintrittsgeld ❷ (*für Wettbewerb*) die Teilnahmegebühr

**en·try form** ❶ das Anmeldeformular ❷ (*für Wettbewerb*) der Teilnahmeschein

**en·try·phone** ['entrɪfəʊn] die Türsprechanlage, die Wechselsprechanlage

**en·try test** der Zulassungstest

to **en·vel·op** [ɪn'veləp] ❶ [ein]hüllen, einwickeln (**in** in) ❷ (*übertragen*) **the house was enveloped in flames** das Haus war ganz von Flammen umgeben

**en·velope** ['envələʊp] ❶ der [Brief]umschlag ❷ die Hülle

**en·vi·able** ['envɪəbl] beneidenswert

**en·vi·ous** ['envɪəs] neidisch (**of** auf)

**en·vi·ron·ment** [ɪn'vaɪərənmənt] ❶ (*Natur*) die Umwelt ❷ die Umgebung ❸ (*soziale Umstände*) das Milieu; **working environment** die Arbeitswelt

**en·vi·ron·men·tal** [ɪn,vaɪərən'mentl] Umwelt-; **environmental pollution** die Umweltverschmutzung

**envy** ['envɪ] der Neid (**of** auf), die Missgunst; **his house was the envy of all his friends** alle seine Freunde beneideten ihn um sein Haus

to **envy** ['envɪ] **to envy someone something** jemanden um etwas beneiden, jemandem etwas neiden

**en·zyme** ['enzaɪm] das Enzym

**epi·cen·tre** ['epɪsentəʳ], ⓤⓈⒶ **epi·cen·ter** das Epizentrum

**epi·dem·ic** [,epɪ'demɪk] (*auch übertragen*)

die Epidemie, die Seuche

**epi·logue** ['epɪlɒg], ⓤⓢⓐ **epi·log** der Epilog

**epi·sode** ['epɪsəʊd] die Episode; *von Serie:* die Folge

**equal**[1] ['iːkwəl] ❶ gleich; **equal in height** gleich hoch; (*in Qualität*) gleichwertig; **to be equal in size to something** ebenso groß wie etwas sein; **they are of equal value** sie haben den gleichen Wert ❷ *Person:* **she is equal to him** sie ist ihm ebenbürtig; (*politisch gleich*) sie ist ihm gleichberechtigt; **equal opportunities for women** Gleichberechtigung der Frauen; **to be on equal terms with someone** mit jemandem auf gleicher Stufe stehen ❸ **to be equal to a task/an occasion** einer Aufgabe/Situation gewachsen sein; **to be equal to doing something** im Stande sein, etwas zu tun ❹ **in equal parts** zu gleichen Teilen

**equal**[2] ['iːkwəl] ❶ der/die Gleichgestellte ❷ **my equals** *plural* meinesgleichen; **he has no equal** er ist einsame Spitze ❸ **to be the equal of something** einer Sache gleich sein; **to be someone's equal** jemandem gleich sein

to **equal** ['iːkwəl] <equalled, equalled> ❶ **to equal someone/something** jemandem/einer Sache gleichen [*oder* gleichkommen] ❷ **three times two equals six** drei mal zwei ist [gleich] sechs

**equali·ty** [ɪ'kwɒlətɪ] ❶ die Gleichheit ❷ **equality of women** die Gleichberechtigung der Frauen

to **equal·ize** ['iːkwəlaɪz] ❶ **to equalise** angleichen ❷ (*bei Fußball usw.*) ausgleichen; **the equalizing goal** das Ausgleichstor

**equal·iz·er** ['iːkwəlaɪzəʳ] (*Sport*) der Ausgleich, das Ausgleichstor

**equal·ly** ['iːkwəlɪ] ❶ gleich ❷ ebenso; **they're equally tall** sie sind genauso hoch ❸ **to distribute something equally** etwas gleichmäßig verteilen

**equal op·por·tu·nities** die Chancengleichheit

**equal(s) sign** (*Mathematik*) das Gleichheitszeichen

**equa·tion** [ɪ'kweɪʒn] die Gleichung

**equa·tor** [ɪ'kweɪtəʳ] der Äquator

**equa·to·rial** [ˌekwə'tɔːrɪəl] äquatorial

**equi·lat·eral** [ˌiːkwɪ'lætᵊrᵊl] gleichseitig

to **equip** [ɪ'kwɪp] <equipped, equipped> ❶ **to equip someone/something** jemanden/etwas ausrüsten ❷ ausstatten. *Zimmer* ❸ **fully equipped** komplett ausgerüstet [*oder* ausgestattet]

**equip·ment** [ɪ'kwɪpmənt] ❶ *von Schiff usw.:*

die Ausrüstung ❷ *von Küche usw.:* die Ausstattung; *von Labor:* die Einrichtung ❸ **climbing equipment** die Bergsteigerausrüstung; **diving equipment** die Taucherausrüstung

**equiva·lent**[1] [ɪ'kwɪvᵊlənt] äquivalent, entsprechend; **to be equivalent to something** etwas entsprechen

**equiva·lent**[2] [ɪ'kwɪvᵊlənt] das Äquivalent, die Entsprechung

**er** [ɜːʳ], **erm** (*umgangsspr*) äh[m] *umgangsspr*

**era** ['ɪərə] die Ära, das Zeitalter

to **eradi·cate** [ɪ'rædɪkeɪt] ausrotten, völlig vernichten

to **erase** [ɪ'reɪz] ❶ **to erase a mistake/writing** einen Fehler/Geschriebenes ausradieren ❷ löschen *Daten* ❸ (*übertragen*) auslöschen (**from** aus)

**eras·er** [ɪ'reɪzəʳ] der Radiergummi

**erect** [ɪ'rekt] aufrecht, aufgerichtet; **with head erect** erhobenen Hauptes

to **erect** [ɪ'rekt] ❶ aufrichten ❷ aufbauen; errichten *Gebäude;* aufstellen *Zelt*

to **erode** [ɪ'rəʊd] ❶ zerfressen, zernagen ❷ *Meer:* auswaschen

**ero·sion** [ɪ'rəʊʒn] ❶ die Erosion ❷ (*übertragen*) der langsame Verlust (**of** an)

**erot·ic** [ɪ'rɒtɪk] erotisch

**eroti·cism** [ɪ'rɒtɪsɪzm] die Erotik

**er·rat·ic** [ɪ'rætɪk] ❶ *Person:* unberechenbar ❷ *Denken:* sprunghaft ❸ *Arbeit:* ungleichmäßig

**er·ror** ['erəʳ] ❶ der Fehler; **free from error** fehlerfrei, fehlerlos ❷ der Irrtum, das Versehen; **to be in error** im Irrtum sein; **error of judgement** die Fehleinschätzung

**er·ror mes·sage** die Fehlermeldung

to **erupt** [ɪ'rʌpt] ❶ *Vulkan, Streit, Krieg:* ausbrechen ❷ *Pickel, Ausschlag:* sich ausbreiten ❸ *Person:* explodieren

**erup·tion** [ɪ'rʌpʃn] ❶ *von Vulkan, Streit, Krieg:* der Ausbruch ❷ der [Haut]ausschlag

to **es·ca·late** ['eskəleɪt] ❶ *Preise, Kosten:* ansteigen ❷ *Krieg:* sich ausweiten ❸ **to escalate something** etwas eskalieren lassen; **to escalate prices** die Preise sprunghaft steigen lassen

**es·ca·la·tor** ['eskəleɪtəʳ] die Rolltreppe

to **es·cape** [ɪ'skeɪp] ❶ entfliehen, flüchten (**from** aus); (*mit Erfolg*) entkommen; *Vögel:* entfliegen; (*aus Gefängnis, Käfig*) ausbrechen ❷ *Flüssigkeit:* auslaufen; *Gas:* ausströmen (**from** aus) ❸ **to escape danger/punishment** einer Gefahr/Strafe entgehen; **he escaped alive** [*oder* **with his life**] er ist mit dem Leben davongekommen; **to escape an**

**enemy** einem Feind entkommen; **to escape death** dem Tode entgehen ④ **to escape notice** unbemerkt bleiben ⑤ **his name escapes me** sein Name ist mir entfallen

**es·cape** [ɪ'skeɪp] ① die Flucht; (*aus Gefängnis*) der Ausbruch ② das Entkommen, die Rettung (**from** von); **to have a narrow escape** mit knapper Not entkommen ③ *von Gas:* das Ausströmen ④ **escape attempt** der Fluchtversuch ⑤ **escape chute** die Notrutsche

**es·cort** ['eskɔːt] ① der Begleiter/die Begleiterin ② (*Bewacher*) der Geleitschutz, die Eskorte

to **es·cort** [ɪ'skɔːt] ① begleiten ② eskortieren, Geleitschutz geben

**ESE** *Abkürzung von* **east-south-east** OSO

**es·pe·cial·ly** [ɪ'speʃəlɪ] [ganz] besonders, vor allem

**es·pio·nage** ['espɪənɑːʒ] die Spionage

**es·say** ['eseɪ] der/das Essay; (*in der Schule*) der Aufsatz

**es·sence** ['esns] ① *von Fleisch, Pflanzen:* die Essenz ② *von Theorie:* das Wesentliche; **in essence** im Wesentlichen

**es·sen·tial** [ɪ'senʃl] ① wesentlich, grundlegend (**to** für); **essential difference** der wesentliche Unterschied ② unentbehrlich; *Nahrungsmittel:* [lebens]notwendig (**to** für)

**es·sen·tial·ly** [ɪ'senʃəlɪ] im Wesentlichen, in der Hauptsache

**es·sen·tials** [ɪ'senʃl] *plural* **the essentials** das Notwendigste; **the bare essentials** das Allernötigste

to **es·tab·lish** [ɪ'stæblɪʃ] ① eröffnen *Geschäft* ② einführen *Regelung* ③ aufnehmen *Verbindung* ④ herstellen *Ordnung* ⑤ stiften *Frieden* ⑥ sich verschaffen *Autorität* ⑦ bilden *Regierung* ⑧ aufstellen *Rekord* ⑨ nachweisen *Theorie* ⑩ beweisen, nachweisen *Schuld, Tatbestand* ⑪ glaubhaft machen *Anspruch* ⑫ sich etablieren; **to establish one's reputation** sich einen Namen machen

**es·tab·lished** [ɪ'stæblɪʃt, es'-] ① fest; **it is established practice ...** es ist üblich, ... ② *Identität:* nachgewiesen ③ *Firma:* gegründet

**es·tab·lish·ment** [ɪ'stæblɪʃmənt] ① (*Eröffnung*) *von Firma:* die Gründung; *von Regierung:* die Bildung ② *von Beweis:* die Feststellung ③ das Unternehmen, die Firma ④ 🇬🇧 (*Gesellschaft*) das Establishment

**es·tate** [ɪ'steɪt] ① der Besitz, das Eigentum, das Vermögen ② der Grundbesitz, der Landbesitz ③ das Landgut ④ 🇬🇧 **housing estate** die Wohnsiedlung ⑤ **industrial estate** das Industriegebiet

**es·tate agent** der Immobilienmakler/die Immobilienmaklerin

**es·tate car** der Kombi[wagen]

**es·thet·ics** 🇺🇸 die Ästhetik

to **es·ti·mate** ['estɪmeɪt] ① schätzen; abschätzen, einschätzen *Entfernung, Zahl* ② **to estimate the costs** die Kosten veranschlagen

**es·ti·mate** ['estɪmət] ① die [Ab]schätzung, die Bewertung ② der Kostenvoranschlag ③ **at a rough estimate** grob geschätzt

**es·ti·mat·ed** ['estɪmeɪtɪd] geschätzt; (*prognostiziert*) voraussichtlich; **estimated figure** die Schätzung

**es·ti·ma·tion** [ˌestɪ'meɪʃn] ① die Beurteilung ② die Ansicht, die Meinung; **in my estimation** meiner Ansicht nach ③ die Hochschätzung, die Achtung; **to go up/down in someone's estimation** in jemandes Achtung steigen/sinken

**Es·to·nia** [es'təʊnɪə] Estland

**Es·to·nian¹** [es'təʊnɪən] ① (*Sprache*) Estnisch, das Estnische ② (*Person*) der Este/die Estin

**Es·to·nian²** [es'təʊnɪən] estnisch

**es·tu·ary** ['estʃʊərɪ] die Mündung

**e-tail** ['iːteɪl] *kein Plural* der Internet-Handel

**e-tail·er** ['iːteɪlə] der Internethändler/die Internethändlerin

**etc.** *Abkürzung von* **et cetera** usw., und so weiter

**et cet·era** [ɪt'setˀrə] und so weiter

to **etch** [etʃ] ätzen; **to be etched on somebody's memory** in jemandes Gedächtnis eingebrannt sein

**eter·nal** [ɪ'tɜːnl] ewig

**eter·nal·ly** [ɪ'tɜːnəlɪ] ① für immer ② (*umgangsspr*) ununterbrochen

**eter·nity** [ɪ'tɜːnətɪ] (*auch übertragen*) die Ewigkeit

**ethi·cal** ['eθɪkl] moralisch, ethisch

**eth·ics** ['eθɪks] *plural* die Ethik, die Moral

**eth·nic** ['eθnɪk] ethnisch; **ethnic minority** die ethnische Minderheit

**EU** [ˌiː'juː] *Abkürzung von* **European Union** die EU

**Eucha·rist** ['juːkˀrɪst] *kein Plural* die Eucharistie

**EUR** *kurz für* **Euro** EUR

**euro** ['jʊərəʊ] der Euro

**euro·cent** der Eurocent

**Euro·cheque** ['jʊrətʃek] der Eurocheque; **Eurocheque card** die Eurochequekarte, die EC-Karte

**euro coins** *plural* die Euromünzen

**Euro·cur·ren·cy** die Euro-Währung

**Euro·land** *kein Plural* (*umgangsspr*) die Euro-zone

**Europe** ['jʊərəp] Europa; **the Council of Europe** der Europarat

**Euro·pean**[1] [ˌjʊərəˈpɪən] europäisch

**Euro·pean**[2] [ˌjʊərəˈpɪən] der Europäer/die Europäerin

**Euro·pean Cen·tral Bank** die Europäische Zentralbank

**Euro·pean Cham·pi·on·ship** die Europameis-terschaft

**Euro·pean Com·mis·sion** die Europäische Kommission

**Euro·pean Com·mu·nity** *kein Plural* **the European Community** die Europäische Ge-meinschaft

**Euro·pean Coun·cil** Europäischer Rat, der Rat der Europäischen Union

**Euro·pean Court of Jus·tice** der Europäische Gerichtshof

**Euro·pean Par·lia·ment** das Europaparla-ment, das Europäische Parlament

**Euro·pean Un·ion** die Europäische Union

**Euro·vi·sion** ['jʊərəʊvɪʒᵊn] *kein Plural* die Eu-rovision

**Euro·zone** die Euro-Zone, die Euroländer

to **evacu·ate** [ɪˈvækjʊeɪt] ❶ **to evacuate a house** ein Haus räumen ❷ evakuieren *Bevölkerung*

**evacu·ation** [ɪˌvækjʊˈeɪʃn] ❶ die Räumung ❷ die Evakuierung

**evac·uee** [ɪˌvækjuˈiː] der/die Evakuierte

to **evade** [ɪˈveɪd] ausweichen; sich entziehen *Arbeit*

to **evalu·ate** [ɪˈvæljʊeɪt] ❶ [ab]schätzen *Wert, Kosten;* **to evaluate something at £1,000** etwas auf £1,000 taxieren ❷ auswerten *Ergebnis* ❸ beurteilen *Chance*

**evalu·ation** [ɪˌvæljʊˈeɪʃn] ❶ die Abschätzung ❷ die Wertberechnung, die Bewertung ❸ *von Daten:* die Auswertung

**evan·geli·cal** [ˌiːvænˈdʒelɪkl] evangelisch

to **evapo·rate** [ɪˈvæpəreɪt] ❶ verdampfen ❷ **evaporated milk** die Dosenmilch, die Kondensmilch ❸ *Alkohol:* sich verflüchtigen ❹ (*übertragen*) *Hoffnung:* [dahin]schwinden, vergehen

**eva·sion** [ɪˈveɪʒn] ❶ *von Problem:* das Umge-hen, das Vermeiden ❷ *von Steuer:* die Hinter-ziehung

**eva·sive** [ɪˈveɪsɪv] ausweichend; **he is so evasive** er weicht dauernd aus

**eve** [iːv] der Vorabend; **on the eve of** am Tage vor

**even** ['iːvn] ❶ *Fläche:* eben; *Oberfläche:* glatt ❷ (*in Größe*) gleich [groß]; (*in Form*) gleich-förmig ❸ *Atmung, Geschwindigkeit:* gleich-mäßig; *Zähne:* regelmäßig ❹ *Zahl:* gerade; **odd or even** gerade oder ungerade ❺ **to make something even** etwas ebnen [*oder* glätten] ❻ **to be even with someone** mit jemandem quitt sein; **to break even** sein Geld wieder herausbekommen, kostende-ckend arbeiten; **to get even** [**with some-one**] [mit jemandem] abrechnen ❼ sogar, selbst; **he cleaned everything, even the tiles!** er hat alles geputzt, sogar die Fliesen! ❽ sogar, noch; **that's even better** das ist so-gar [noch] besser ❾ (*als Betonung*) **he left without even saying goodbye** er ist gegan-gen und hat sich noch nicht einmal verab-schiedet; **not even she knows** nicht einmal sie weiß es; **even if you were a millionaire** selbst wenn du ein Millionär wärst ❿ **even though** obwohl ⓫ **even so** trotzdem ⓬ **even if** sogar wenn

◆to **even out** ❶ *Straße, Fläche:* eben werden ❷ *Preise:* sich einpendeln ❸ ausgleichen ❹ glätten; eben machen *Fläche* ❺ gleichmä-ßig verteilen *Reichtum*

◆to **even up** ❶ ausgleichen *Unterschiede* ❷ aufrunden *Summe;* bezahlen *Schulden*

**eve·ning** ['iːvnɪŋ] der Abend; **in the evening** abends, am Abend; **on Sunday evening** am Sonntagabend; **one evening** eines Abends; **this/yesterday/tomorrow evening** heu-te/gestern/morgen Abend

**eve·ning class** die Abendschule, der Abend-kurs

**eve·ning dress** ❶ das Abendkleid ❷ der Abendanzug

**eve·ning pa·per** die Abendzeitung

**eve·ning per·for·mance** die Abendvorstel-lung

**eve·ning prayer** das Abendgebet

**eve·ning ser·vice** der Abendgottesdienst

**even·ly** ['iːvᵊnli] ❶ **to say something evenly** etwas in einem ruhigen Ton erklären ❷ **to be evenly matched** einander eben-bürtig sein

**event** [ɪˈvent] ❶ das Ereignis, die Veranstal-tung ❷ das Geschehnis, der Fall; **in the event of illness** im Falle einer Krankheit; **at all events** auf alle Fälle; **in any event** jeden-falls, sowieso ❸ (*im Sport*) der Wettkampf, die Disziplin

**even-tem·pered** ausgeglichen

**event·ful** [ɪˈventfl] ereignisreich

**even·tual** [ɪˈventʃʊəl] **the affair led to her**

**eventual resignation** die Angelegenheit führte schließlich zu ihrem Rücktritt

**even·tu·al·ity** [ɪ͵ventʃuˈæləti] die Eventualität; **in that eventuality** in diesem Fall

**even·tu·al·ly** [ɪˈventʃuəlɪ] letzt[end]lich, letztlich, schließlich

**F** Nicht verwechseln mit *eventuell — possible, possibly!*

**ever** [ˈevəʳ] ❶ je, jemals; **have you ever been to Scotland?** bist du schon einmal in Schottland gewesen?; **his best performance ever** seine beste Vorstellung überhaupt; **it's worse than ever** es ist schlimmer als je zuvor; **hardly ever** fast nie; **it hardly ever snows here** hier schneit es so gut wie nie; **not ever** noch nie; **never ever** nie im Leben ❷ immer; **for ever [and ever]** für alle Zeiten, für immer; **the young think they will live for ever** junge Menschen glauben, sie werden ewig leben; **as ever** immer ❸ **ever since** seitdem ❹ (*umgangsspr: als Betonung*) **ever so kind** unheimlich nett; **thanks ever so much!** tausend Dank!; **I'm ever so sorry!** es tut mir sehr leid! ❺ (*als Betonung*) **what ever/where ever/ who ever ... ?** was/wo/wer ... bloß?; **what ever shall we do?** was sollen wir bloß machen?

**every** [ˈevrɪ] ❶ jede(r, s), alle; **every day** jeden Tag; **every other day** jeden zweiten Tag; **every other week** alle vierzehn Tage; **every time** jedes Mal; **every now and then** [*oder* **again**] ab und zu, von Zeit zu Zeit ❷ **each and every one** jede(r, s) einzelne; **every one of them** sie alle ohne Ausnahme; **he has every reason** er hat allen Grund; **in every way** in jeder Hinsicht; **I wish you every happiness** ich wünsche dir alles Gute ❸ **she's every bit as funny as her sister** sie ist genauso witzig wie ihre Schwester; **every bit as much** genauso viel

**every·body** [ˈevrɪbɒdɪ] jeder, alle; **everybody is ready** alle sind bereit; **everybody knows that!** das weiß doch jeder!; **everybody else** alle anderen [*oder* übrigen]

**every·day** [ˈevrɪdeɪ] alltäglich, gewöhnlich; **in everyday life** im Alltag

**every·one** [ˈevrɪwʌn] jeder, alle; **everyone is ready** alle sind bereit; **everyone knows that!** das weiß doch jeder!

**every·thing** [ˈevrɪθɪŋ] ❶ alles; **she is everything to him** sie ist sein Ein und Alles; **money is everything to him** Geld ist für ihn das Wichtigste ❷ **everything new** alles

Neue ❸ **everything else** alles andere ❹ **everything OK?** alles klar?

**every·where¹** [ˈevrɪweəʳ] **everywhere in London** überall in London

**every·where²** [ˈevrɪweəʳ] ❶ überall ❷ **everywhere you look ...** wohin du auch schaust ...

to **evict** [ɪˈvɪkt] kündigen *Mieter;* rausschmeißen *Störer*

**evi·dence** [ˈevɪdəns] ❶ der Beweis, das Beweismaterial, das Beweisstück; **for lack of evidence** aus Mangel an Beweisen ❷ *von Zeugen:* die Zeugenaussage; **to give evidence** eine Aussage machen ❸ der Anhaltspunkt, der Nachweis ❹ **in evidence** deutlich sichtbar, offenkundig; **to be in evidence** auffallen; **pollution is very much in evidence** die Umweltverschmutzung ist nicht zu übersehen

**evi·dent** [ˈevɪdənt] offenkundig, augenscheinlich

**evil¹** [ˈiːvl] ❶ *Charakter:* schlecht, böse ❷ *Geruch:* übel, schlimm ❸ *Beispiel:* schlecht, übel

**evil²** [ˈiːvl] das Böse, das Übel; **to wish someone evil** jemandem Böses wünschen; **to deliver us from evil** erlöse uns von dem Bösen; **the lesser evil** das kleinere Übel

to **evoke** [ɪˈvəʊk] hervorrufen *Antwort, Bewunderung;* **to evoke happy memories** glückliche Erinnerungen wachrufen

**evo·lu·tion** [͵iːvəˈluːʃn] ❶ die Entwicklung ❷ die Evolution; **theory of evolution** die Evolutionstheorie

to **evolve** [ɪˈvɒlv] [sich] entwickeln

**ewe** [juː] das Mutterschaf

**ex¹** [eks] (*ehemalig*) **his ex-wife** seine Exfrau

**ex²** [eks] <*plural* **exes**> (*umgangsspr: ehemalige(r) Ehemann/Ehefrau*) der Exmann/ die Exfrau; (*ehemalige(r) Freund/Freundin*) der Exfreund/die Exfreundin; **he's my ex** das ist mein Exfreund

**ex·act** [ɪgˈzækt] ❶ genau, exakt; **the exact opposite** genau das Gegenteil ❷ **exact fare** das passende Fahrgeld

**ex·act·ing** [ɪgˈzæktɪŋ] anspruchsvoll; **she is [very] exacting** sie verlangt viel

**ex·act·ly** [ɪgˈzæktlɪ] ❶ genau; **when exactly did she go?** wann genau ging sie?; **not exactly sure** nicht ganz sicher; **exactly!** ganz genau! ❷ **at six o'clock exactly** Punkt sechs Uhr ❸ (*humorvoll*) **not exactly friendly** nicht gerade freundlich

to **ex·ag·ger·ate** [ɪgˈzædʒəreɪt] übertreiben

**ex·ag·ger·at·ed** [ɪgˈzædʒəreɪtɪd] übertrieben

**ex·ag·gera·tion** [ɪg,zædʒəˈreɪʃn] die Übertreibung

**exam** [ɪgˈzæm] die Prüfung

**ex·ami·na·tion** [ɪg,zæmɪˈneɪʃn] ❶ die Prüfung, das Examen (**in** in); **examination paper** die [schriftliche] Prüfungsarbeit; **examination question** die Prüfungsfrage ❷ (*medizinisch*) die Untersuchung ❸ (*im Gericht*) die Vernehmung ❹ [**up**]**on examination** bei näherer [*oder* eingehender] Prüfung; **to be under examination** geprüft [*oder* untersucht] werden

to **ex·am·ine** [ɪgˈzæmɪn] ❶ untersuchen ❷ (*im Gericht*) verhören, vernehmen

**ex·ami·nee** [ɪg,zæmɪˈniː] der Examenskandidat/die Examenskandidatin

**ex·am·in·er** [ɪgˈzæmɪnəʳ] der Prüfer/die Prüferin

**ex·am·in·ing board** der Prüfungsausschuss

**ex·am·ple** [ɪgˈzɑːmpl] ❶ das Beispiel (**of** für); **for example** zum Beispiel; **to take something as an example** etwas als Beispiel nehmen ❷ **to give** [*oder* **set**] **an example** mit gutem Beispiel vorangehen; **to be a good example to someone** jemandem ein gutes Vorbild sein ❸ **to make an example of someone** ein Exempel an jemandem statuieren

**ex·as·per·at·ing** [ɪgˈzæsp°reɪtɪŋ] ärgerlich

**ex·as·pera·tion** [ɪg,zæspəˈreɪʃ°n] *kein Plural* die Verzweiflung; **in exasperation** verärgert

to **ex·ca·vate** [ˈekskəveɪt] ❶ ausheben *Loch;* ausgraben *Ruinen* ❷ *Archäologe:* Ausgrabungen machen

**ex·ca·va·tion** [,ekskəˈveɪʃ°n] das Ausheben; (*in der Archäologie*) die Ausgrabung

to **ex·ceed** [ɪkˈsiːd] ❶ überschreiten ❷ *Kosten, Anzahl:* übersteigen ❸ **to exceed someone's expectations** jemandes Erwartungen übertreffen

**ex·ceed·ing·ly** [ɪkˈsiːdɪŋli] äußerst

to **ex·cel** [ɪkˈsel] <excelled, excelled> ❶ übertreffen, überragen (**in** in) ❷ **to excel oneself** sich selbst übertreffen ❸ sich auszeichnen (**as** als)

**ex·cel·lence** [ˈeksələns] ❶ die Vorzüglichkeit ❷ die hervorragende Leistung (**at/in** in)

**ex·cel·lent** [ˈeksələnt] ausgezeichnet, hervorragend

to **ex·cept** [ɪkˈsept] **to except someone/something** jemanden/etwas ausnehmen [*oder* ausschließen] (**from** aus)

**ex·cept** [ɪkˈsept] ❶ außer, ausgenommen; **the museum is open daily except Mon-**days außer montags ist das Museum täglich geöffnet ❷ **except for** bis auf, mit Ausnahme; **the twins are identical except that one has a birthmark** die Zwillinge gleichen sich, außer dass einer ein Muttermal hat ❸ (*umgangsspr*) doch, jedoch

**ex·cep·tion** [ɪkˈsepʃn] ❶ die Ausnahme (**to** von); **as an** [*oder* **by way of**] **exception** ausnahmsweise; **with the exception of those people** mit Ausnahme dieser Leute; **with certain exceptions** mit bestimmten Ausnahmen; **without exception** ausnahmslos; **to be an exception** eine Ausnahme bilden; **exceptions prove the rule** Ausnahmen bestätigen die Regel ❷ der Anstoß; **to take exception** [**to something**] [an etwas] Anstoß nehmen, etwas beanstanden

**ex·cep·tion·al** [ɪkˈsepʃənl] außergewöhnlich; **exceptional case** der Ausnahmefall

**ex·cep·tion·al·ly** [ɪkˈsepʃnəlɪ] außergewöhnlich, ungewöhnlich

**ex·cerpt** [ˈeksɜːpt] der Auszug, das Exzerpt (**from** aus)

**ex·cess** [ɪkˈses] <*plural* excesses> ❶ das Übermaß (**of** an); **in excess of a million** über eine Million; **to be in excess of** hinausgehen über ❷ **excesses** *plural* die Exzesse, die Ausschweifungen

**ex·cess bag·gage** das Übergepäck

**ex·cess charge** die zusätzliche Gebühr; (*Post*) das Nachporto

**ex·ces·sive** [ɪkˈsesɪv] übermäßig, übertrieben

**ex·cess lug·gage** *kein Plural* das Übergepäck

to **ex·change** [ɪksˈtʃeɪndʒ] ❶ tauschen (**with** mit); **to exchange addresses** Adressen austauschen ❷ **to exchange money** Geld wechseln (**for** gegen) ❸ **to exchange blows** sich schlagen ❹ **to exchange words** einen Wortwechsel haben

**ex·change** [ɪksˈtʃeɪndʒ] ❶ der Tausch; *von Gefangenen, Studenten:* der Austausch; *von Geld, Waren:* der Umtausch; **in exchange for** im Tausch gegen, als Ersatz für ❷ (*für Waren*) das Tauschgeschäft; (*für Geld*) die Wechselstube ❸ [**telephone**] **exchange** die [Telefon]zentrale, das Fernamt ❹ **rate of exchange** der Wechselkurs ❺ **exchange of letters** der Briefwechsel; **exchange of views** der Meinungsaustausch

**ex·change rate** der Wechselkurs

**ex·change stu·dent** der Austauschstudent/die Austauschstudentin

**ex·cheq·uer** [ɪksˈtʃekəʳ] **the Chancellor of the Exchequer** der Finanzminister/die Finanzministerin

**excise – exercise**     **158**

**ex·cise** ['eksaɪz] **excise** [duty] die Verbrauchssteuer

**ex·cit·able** [ɪk'saɪtəbl] leicht erregbar

to **ex·cite** [ɪk'saɪt] ❶ aufregen; **she was excited by the news** die Nachricht hat sie sehr aufgeregt ❷ begeistern; **she became very excited by the idea** die Idee begeisterte sie ❸ **to excite interest** Interesse wecken ❹ **to excite someone** jemanden erregen

**ex·cit·ed** [ɪk'saɪtɪd] ❶ aufgeregt; **to get excited** sich aufregen (**over** über) ❷ begeistert

**ex·cite·ment** [ɪk'saɪtmənt] ❶ die Aufregung ❷ die Begeisterung

**ex·cit·ing** [ɪk'saɪtɪŋ] aufregend, spannend

to **ex·claim** [ɪk'skleɪm] [aus]rufen; **she exclaimed that I was wrong** sie rief, dass ich mich geirrt hatte

**ex·cla·ma·tion** [,eksklə'meɪʃn] der Ausruf; **exclamation mark** [oder Ⓤ point] das Ausrufezeichen

to **ex·clude** [ɪk'sklu:d] ausschließen (**from** aus)

**ex·clud·ing** [ɪk'sklu:dɪŋ] nicht inbegriffen, ausgenommen

**ex·clu·sion** [ɪks'klu:ʒən, eks-] der Ausschluss

**ex·clu·sive** [ɪk'sklu:sɪv] ❶ **the theories are mutually exclusive** die Theorien schließen sich gegenseitig aus ❷ Kleidung: vornehm, elegant; Verein: exklusiv ❸ Macht: alleinig; **exclusive interview** das Exklusivinterview ❹ (umgangsspr) Laden: teuer

**ex·clu·sive·ly** [ɪks'klu:sɪvli, eks-] ausschließlich

**ex·cru·ci·at·ing** [ɪk'skru:ʃɪeɪtɪŋ, ek-] schmerzhaft; (übertragen) qualvoll; **excruciating pain** fürchterliche Schmerzen

**ex·cur·sion** [ɪk'skɜ:ʃn] ❶ der Ausflug; **to go on an excursion** einen Ausflug machen ❷ die Rundfahrt, die Rundreise

**ex·cus·able** [ɪk'skju:zəbl, ek-] verzeihlich, entschuldbar

to **ex·cuse** [ɪk'skju:z] ❶ **to excuse someone's behaviour** jemandes Benehmen entschuldigen; **to excuse someone** jemandem verzeihen; **to excuse someone for being late** jemandes Zuspätkommen entschuldigen ❷ **excuse me!** entschuldigen Sie!; **excuse me, what did you say?** Verzeihung, was haben Sie gesagt? ❸ (befreien) **to excuse someone from something** jemandem etwas erlassen ❹ **to excuse oneself** sich entschuldigen; **she excused herself from the meeting** sie entschuldigte sich und verließ das Meeting ❺ Ⓤ **excuse me?** wie bitte?

**ex·cuse** [ɪk'skju:s] ❶ die Entschuldigung ❷ **to make an excuse** sich entschuldigen (**to** bei); **to make excuses for someone** jemanden entschuldigen ❸ die Ausrede; **excuses, excuses!** nichts als Ausreden!

**ex·di·rec·tory** [,eksdɪ'rektərɪ] nicht im Telefonbuch eingetragen

to **ex·ecute** ['eksɪkju:t] ❶ ausführen Arbeit; durchführen, erledigen Auftrag ❷ hinrichten

**ex·ecu·tion** [,eksɪ'kju:ʃn] ❶ von Arbeit: die Ausführung; von Auftrag, Plan: die Durchführung; **in the execution of one's duty** in Erfüllung seiner Pflicht ❷ von Urteil: die Vollstreckung ❸ die Hinrichtung

**ex·ecu·tive¹** [ɪg'zekjʊtɪv] ❶ Ausschuss, Macht: ausführend, exekutiv ❷ geschäftsführend; Stellung: leitend

**ex·ecu·tive²** [ɪg'zekjʊtɪv] ❶ (Regierung) die Exekutive ❷ (Wirtschaft) der Geschäftsführer/die Geschäftsführerin, der/die leitende Angestellte; **top executive** die Spitzenkraft

to **ex·empt** [ɪg'zempt] **to exempt someone** jemanden befreien [oder freistellen] (**from** von)

**ex·empt** [ɪg'zempt] befreit, ausgenommen (**from** von); **exempt from charges** spesenfrei, kostenfrei; **exempt from duty** gebührenfrei, abgabenfrei; **exempt from postage** portofrei; **exempt from taxation** steuerfrei, von den Steuern befreit

**ex·emp·tion** [ɪg'zempʃn] ❶ die Befreiung, die Freistellung (**from** von) ❷ der Steuerfreibetrag; **exemption from taxation** die Steuerfreiheit; **exemption from duty** die Gebührenfreiheit, die Abgabenfreiheit ❸ **exemption from liability** der Haftungsausschluss

**ex·er·cise** ['eksəsaɪz] ❶ (Aufgabe) die Übung; (in der Schule) die [Schul]aufgabe ❷ (körperlich) die Bewegung; **I need to take more exercise** ich sollte mehr Sport machen; **stomach exercises** die Bauchübungen ❸ (militärisch) die Übung ❹ der Gebrauch; von Autorität: die Ausübung

to **ex·er·cise** ['eksəsaɪz] ❶ **to exercise the body** den Körper trainieren ❷ **to exercise the mind** die geistigen Fähigkeiten herausfordern ❸ **to exercise a dog** einen Hund spazieren führen; **to exercise a horse** ein Pferd bewegen ❹ **to exercise troops** die Truppen exerzieren ❺ **to exercise caution** Vorsicht walten lassen; **to exercise influence/power** Einfluss/Macht ausüben; **to exercise patience** Geduld aufbringen ❻ sich üben (**in** in), sich Bewegung verschaffen; **I don't exercise regularly** ich treibe nicht regelmäßig Sport

**ex·er·cise book** das Heft

to **ex·ert** [ɪgˈzɜːt, eg-] ❶ ausüben *Kontrolle* ❷ **to exert oneself** sich anstrengen

**ex·er·tion** [ɪgˈzɜːʃn] ❶ die Anstrengung ❷ *von Kraft:* die Anwendung; *von Druck:* die Ausübung; *von Einfluss:* die Aufbietung

to **ex·hale** [eksˈheɪl] ausatmen

to **ex·haust** [ɪgˈzɔːst] ❶ ermüden ❷ (*aufbrauchen*) **her patience is exhausted** ihre Geduld ist erschöpft; **to exhaust a topic** ein Thema erschöpfen[d behandeln]

**ex·haust** [ɪgˈzɔːst] ❶ **exhaust [pipe]** der Auspuff, das Auspuffrohr ❷ **exhaust [fumes]** die Abgase

**ex·haust·ed** [ɪgˈzɔːstɪd] erschöpft

**ex·haust·ing** [ɪgˈzɔːstɪŋ] ❶ *Bewegung, Person:* anstrengend, ermüdend ❷ *Aufgabe:* mühsam

**ex·haus·tion** [ɪgˈzɔːstʃn] die Erschöpfung

**ex·haus·tive** [ɪgˈzɔːstɪv, eg-] erschöpfend; *Liste:* vollständig

**ex·haust pipe** das Auspuffrohr

**ex·haust sys·tem** die Abgasanlage; *von Auto:* der Auspuff

to **ex·hi·b·it** [ɪgˈzɪbɪt] ❶ vorzeigen ❷ ausstellen *Bilder* ❸ auslegen *Waren* ❹ vorzeigen, vorlegen *Papiere* ❺ ausstellen, eine Ausstellung machen

**ex·hi·b·it** [ɪgˈzɪbɪt] ❶ (*im Museum*) das Ausstellungsstück, der Ausstellungsgegenstand ❷ (*im Gericht*) das Beweisstück

**ex·hi·bi·tion** [ˌeksɪˈbɪʃn] ❶ *von Bildern:* die Ausstellung; *von Waren:* die Auslage ❷ *von Methode:* die Vorführung ❸ **to put on an exhibition** eine Ausstellung veranstalten; **exhibition hall** die Ausstellungshalle; **exhibition of paintings** die Gemäldeausstellung ❹ **to make an exhibition of oneself** sich lächerlich machen

**ex·hi·bi·tor** [ɪgˈzɪbɪtəʳ] der Aussteller/die Ausstellerin

**ex·hila·rat·ing** [ɪgˈzɪləreɪtɪŋ] erhebend

**ex·hila·ra·tion** [ɪgˈzɪləreɪʃn] das erhebende Gefühl

**ex·husband** der Exmann

**ex·ile** [ˈeksaɪl] ❶ die Verbannung, das Exil; **to live in exile** im Exil leben ❷ (*Person*) der/die Verbannte

to **ex·ile** [ˈeksaɪl] verbannen (**from** aus)

to **ex·ist** [ɪgˈzɪst] ❶ existieren ❷ *Brauch, Zweifel:* bestehen ❸ **to exist on something** von etwas leben ❹ **do fairies exist?** gibt es Feen?

**ex·ist·ence** [ɪgˈzɪstəns] ❶ das Dasein, die Existenz ❷ *einer Person:* das Leben, die Le-

bensweise, das Vorhandensein ❸ **to be in existence** bestehen; **to bring** [*oder* **call**] **into existence** ins Leben rufen; **to come into existence** [plötzlich] auftreten; **to remain in existence** weiter bestehen

**ex·ist·ing** [ɪgˈsɪstɪŋ, eg-] existierend, bestehend; *Regeln:* gegenwärtig

**exit** [ˈeksɪt] ❶ (*aus einem Gebäude*) der Ausgang ❷ (*im Theater*) der Abgang ❸ (*für Fahrzeug*) die Ausfahrt ❹ (*aus einem Land*) die Ausreise

to **exit** [ˈeksɪt] ❶ hinausgehen ❷ (*Bühnenanweisung*) abgehen; **exit the queen** die Königin ab ❸ (*im Computer*) **to exit a program** ein Programm beenden

**exit visa** das Ausreisevisum

**ex·or·bi·tant** [ɪgˈzɔːbɪtənt] übertrieben, maßlos; **exorbitant price** der Wucherpreis

**ex·ot·ic** [ɪgˈzɒtɪk] fremdartig, exotisch

to **ex·pand** [ɪkˈspænd] ❶ ausbreiten, [aus]dehnen ❷ vergrößern *Einfluss, Erfahrung* ❸ erweitern *Aktivitäten, Wissen* (**into** zu) ❹ **to expand the economy** das Wirtschaftswachstum fördern ❺ **to expand [with heat]** sich ausdehnen [durch Hitze] ❻ *Horizont, Wissen:* sich erweitern [*oder* verbreitern] ❼ *Herstellung:* zunehmen ❽ **to expand on a topic** sich über ein Thema näher auslassen

**ex·pand·able** [ɪkˈspændəbl] ❶ ausdehnbar ❷ *Computer:* aufrüstbar

**ex·pan·sion** [ɪkˈspænʃn] ❶ *von Gas:* die Ausdehnung ❷ *von Wissen, Gebäude:* die Erweiterung ❸ *von Wirtschaft:* die Expansion

**ex·pat·ri·ate**[1] [eksˈpætrɪət] im Ausland lebend

**ex·pat·ri·ate**[2] [eksˈpætrɪət] im Ausland Lebende

to **ex·pect** [ɪkˈspekt] ❶ erwarten; **she's expecting you tonight** sie erwartet dich heute Abend ❷ **to expect something of someone** etwas von jemandem erwarten ❸ **to expect someone to do something** von jemandem erwarten, dass er etwas tut; (*befürchten*) damit rechnen, dass jemand etwas tut; **I expected as much!** das habe ich erwartet!; **I can't be expected to do everything!** man kann nicht von mir erwarten, dass ich alles mache! ❹ meinen, vermuten; **I expect you'd like to see her** ich nehme an, dass du sie sehen möchtest ❺ **I expect so!** ich glaube schon! ❻ (*umgangsspr: schwanger sein*) **she's expecting** sie ist in anderen Umständen

**ex·pec·tan·cy** [ɪkˈspektənsɪ] die Erwartung; **life expectancy** die Lebenserwartung

**expectant – exploit**     **160**

**ex·pec·tant** [ɪk'spektənt] ❶ [er]wartend ❷ **expectant mother** die werdende Mutter

**ex·pec·ta·tion** [ˌekspek'teɪʃn] ❶ **in expectation of something** in Erwartung einer Sache ❷ **expectations** *plural* die Erwartung, die Aussicht; **against** [*oder* **contrary to**] **all expectation[s]** wider Erwarten; **beyond expectation[s]** über Erwarten; **to meet** [*oder* **come up to**] **someone's expectations** jemandes Erwartungen entsprechen; **to fall short of someone's expectations** jemandes Erwartungen nicht entsprechen

**ex·pe·di·tion** [ˌekspɪ'dɪʃn] ❶ die Expedition, die Forschungsreise ❷ (*militärisch*) der Feldzug ❸ **to go on a shopping expedition** eine Einkaufstour machen

to **ex·pel** [ɪk'spel] <expelled, expelled> ❶ **to expel someone** jemanden ausweisen; (*mit Gewalt*) jemanden vertreiben ❷ **he was expelled from school** er wurde von der Schule verwiesen ❸ **to expel someone from a club** jemanden aus einem Verein ausschließen; **to expel someone from a country** jemanden aus einem Land ausweisen ❹ ausstoßen *Gas, Flüssigkeit*

**ex·pen·di·ture** [ɪk'spendɪtʃər] ❶ *von Geld:* die Ausgaben (**on** für) ❷ *von Energie, Zeit:* der Aufwand (**of** an)

**ex·pense** [ɪk'spens] ❶ die Kosten; **at one's own expense** auf eigene Kosten; **at little/great expense** mit geringen/hohen Kosten; **to go to great expense** sich in Unkosten stürzen; **to spare no expense** keine Kosten scheuen ❷ **expenses** *plural* die Auslagen, die Spesen ❸ (*übertragen*) **at someone's expense** auf jemandes Kosten

**ex·pense ac·count** das Spesenkonto

**ex·pen·sive** [ɪk'spensɪv] kostspielig, teuer

**ex·peri·ence** [ɪk'spɪərɪəns] ❶ die Erfahrung (**of** von); **from experience** aus Erfahrung; **to gain experience** Erfahrungen sammeln; **to have [a] wide experience** über umfangreiche Erfahrungen verfügen; **to learn by experience** aus der Erfahrung lernen ❷ (*Geschehen*) das Erlebnis; **an unforgettable experience** ein unvergessliches Erlebnis ❸ *von Fachgebiet:* die Sachkenntnis (**in** von) ❹ **practical experience** die Praxis, die praktischen Kenntnisse

to **ex·peri·ence** [ɪk'spɪərɪəns] ❶ erleben ❷ durchmachen *Krankheit* ❸ erleiden *Verluste* ❹ erfahren *Enttäuschung* ❺ stoßen [auf] *Schwierigkeiten*

**ex·peri·enced** [ɪk'spɪərɪənst] ❶ erfahren; (*in einem Fachgebiet*) sachkundig ❷ *Augen,*

*Ohr:* geschult

**ex·peri·ment** [ɪk'sperɪmənt] ❶ der Versuch, das Experiment (**on** an, **with** mit) ❷ **to do an experiment** ein Experiment machen

to **ex·peri·ment** [ɪk'sperɪmənt] Versuche anstellen, experimentieren (**on** an, **with** mit)

**ex·peri·men·tal** [ɪkˌsperɪ'mentəl, ek,-] ❶ experimentell ❷ (*für Versuchszwecke*) Versuchs-; **on an experimental basis** versuchsweise

**ex·pert¹** ['ekspɜːt] ❶ sachkundig, sachverständig ❷ geübt, geschickt (**in/at** in, **with** an)

**ex·pert²** ['ekspɜːt] ❶ der Experte/die Expertin; **to be an expert in a field** Fachmann [*oder* Fachfrau] auf einem Gebiet sein ❷ (*im Recht*) der/die Sachverständige, der Gutachter/die Gutachterin

**ex·pert ad·vice** der fachmännische Rat

to **ex·pire** [ɪk'spaɪər] *Amtszeit:* enden; *Vertrag:* auslaufen; *Pass:* ablaufen

**ex·pi·ry** [ɪk'spaɪərɪ] der Ablauf

**ex·pi·ry date** der Ablauftermin, das Verfallsdatum

to **ex·plain** [ɪk'spleɪn] ❶ **to explain something [to someone]** [jemandem] etwas erklären ❷ erläutern *Bild, Gedanken* ❸ begründen *Entscheidung* ❹ **to explain something away** etwas rechtfertigen ❺ **that explains everything** damit wird alles klar ❻ **to explain oneself** sich rechtfertigen

**ex·pla·na·tion** [ˌeksplə'neɪʃn] ❶ die Erklärung ❷ *von Bild, Gedanken:* die Erläuterung ❸ *von Entscheidung:* die Begründung (**of** für); *von Tat:* die Rechtfertigung

**ex·plana·tory** [ɪk'splænətrɪ] ❶ erklärend ❷ **explanatory remark** die erläuternde Bemerkung

**ex·plic·it** [ɪk'splɪsɪt] ❶ *Aussage, Warnung:* eindeutig, klar ❷ *Sprache, Filmszene:* ausdrücklich, unverhüllt

to **ex·plode** [ɪk'spləʊd] ❶ *Bombe:* explodieren, [zer]platzen ❷ **to explode with laughter** in Gelächter ausbrechen ❸ **to explode with fury** vor Wut platzen ❹ **the population has exploded** die Bevölkerung hat sich explosionsartig vermehrt ❺ **to explode a bomb/mine** eine Bombe/Mine sprengen ❻ (*übertragen*) **to explode a myth** einen Mythos zerstören

**ex·ploit** ['eksplɔɪt] die Heldentat

to **ex·ploit** [ɪks'plɔɪt] ❶ (*verwerten*) nutzen *Mittel;* abbauen *Bergwerk* ❷ (*abwertend*) ausbeuten *Arbeiter;* ausnutzen *Freund, Unwissenheit*

**ex·ploi·ta·tion** [ˌeksplɔɪˈteɪʃn] ❶ (*Verwertung*) die Nutzung; *von Erzen:* der Abbau ❷ (*abwertend*) *von Arbeiter:* die Ausbeutung; *von Freund, Unwissenheit:* die Ausnutzung

**ex·plo·ra·tion** [ˌekspləˈreɪʃn] ❶ *von unbekanntem Land:* die Erforschung ❷ (*auch medizinisch*) die Untersuchung

**ex·plora·tory** [ɪkˈsplɒrətᵊri, ek-] ❶ Forschungs-; *Bohren, Brunnen:* Probe- ❷ (*übertragen*) **exploratory talks** die Sondierungsgespräche

to **ex·plore** [ɪkˈsplɔːʳ] ❶ erforschen ❷ (*auch medizinisch*) untersuchen

**ex·plor·er** [ɪkˈsplɔːrəʳ] der/die Forschungsreisende

**ex·plo·sion** [ɪkˈspləʊʒn] ❶ *von Bombe:* die Explosion ❷ (*übertragen*) der sprunghafte Anstieg ❸ (*vor Wut*) der Ausbruch; **explosion of laughter** der Lachanfall ❹ **population explosion** die Bevölkerungsexplosion

**ex·plo·sive**¹ [ɪkˈspləʊsɪv] ❶ explosiv ❷ (*übertragen*) jähzornig; *Temperament:* aufbrausend ❸ **an explosive situation** eine brisante Situation

**ex·plo·sive**² [ɪkˈspləʊsɪv] der Sprengstoff

to **ex·port** [ɪkˈspɔːt] ausführen, exportieren

**ex·port** [ˈekspɔːt] ❶ die Ausfuhr; *von Waren:* der Export ❷ **exports** *plural* die Ausfuhrgüter

to **ex·pose** [ɪkˈspəʊz] ❶ freilegen; entblößen *Körperteil* ❷ **to expose something to the weather** etwas dem Wetter aussetzen; **to expose someone to a danger** jemanden einer Gefahr aussetzen ❸ (*übertragen*) aufdecken *Plan, Missstand, Skandal* ❹ (*übertragen*) **to expose someone as a liar** jemanden als Lügner bloßstellen [*oder* entlarven] ❺ belichten *Negativ*

**ex·posed** [ɪkˈspəʊzd] ❶ ungeschützt; **exposed to the weather** dem Wetter ausgesetzt ❷ (*auch übertragen*) exponiert ❸ *Teile:* sichtbar ❹ *Negativ:* belichtet

**ex·po·sure** [ɪkˈspəʊʒəʳ] ❶ das Aussetzen; **exposure to the rain** dem Regen Ausgesetztsein ❷ **to die of exposure** *Person:* erfrieren ❸ (*übertragen*) die Bloßstellung; *von Verbrecher:* die Entlarvung ❹ (*beim Fotografieren*) die Belichtung[szeit]; **exposure meter** der Belichtungsmesser; **time exposure** die Zeitaufnahme ❺ **media exposure** die Publicity

to **ex·press** [ɪkˈspres] ❶ ausdrücken; zum Ausdruck bringen *Dank, Liebe;* äußern *Meinung;* **to express oneself** sich ausdrücken [*oder*

verständlich machen] ❷ **it expresses the meaning** es gibt den Sinn wieder

**ex·press**¹ [ɪkˈspres] ❶ *Wunsch, Befehl:* ausdrücklich ❷ *Brief, Paket:* Eil-, Schnell-, Express-

**ex·press**² [ɪkˈspres] ❶ der Eilbote; **to send a parcel by express** ein Paket als Schnellsendung schicken ❷ **express** [**train**] der Schnellzug

**ex·pres·sion** [ɪkˈspreʃn] ❶ (*Redewendung*) der Ausdruck ❷ (*mit Worten*) die Äußerung, der Ausdruck ❸ **the expression on her face** ihr Gesichtsausdruck

**ex·pres·sion·less** [ɪkˈspreʃənlɪs] ausdruckslos

**ex·pres·sive** [ɪkˈspresɪv, ek-] ausdrucksvoll; *Stimme:* ausdrucksstark; **to be expressive of something** etwas ausdrücken

**ex·press·ly** [ɪkˈspreslɪ] ausdrücklich

**ex·press·way** [ɪkˈspreswei] ⓊⓈⒶ die Autobahn

**ex·pul·sion** [ɪkˈspʌlʃn] ❶ *von Volk:* die Vertreibung (**from** aus) ❷ (*aus einem Land*) die Ausweisung ❸ (*aus Schule, Verein*) der Ausschluss (**from** aus/von)

**ex·quis·ite** [ˈekskwɪzɪt] fein [gearbeitet]

to **ex·tend** [ɪkˈstend] ❶ ausstrecken *Hand, Bein;* ausbreiten *Flügel* ❷ (*räumlich*) vergrößern; ausbauen *Geschäft, Gebäude;* anbauen [an] *Haus;* [aus]dehnen *Grenze* ❸ (*zeitlich*) verlängern; ausdehnen *Besuch;* verlängern lassen *Visum* ❹ *Grundstück:* sich erstrecken (**beyond** über, **to** bis)

**ex·tend·ed** [ɪkˈstendɪd] verlängert

**ex·ten·sion** [ɪkˈstenʃn] ❶ (*auch zeitlich*) die Verlängerung; **extension to a deadline** die Fristverlängerung; **could I have a week's extension for my essay?** könnte ich den Aufsatz eine Woche später einreichen? ❷ *von Gebäude:* der Erweiterungsbau; *von Haus:* der Anbau ❸ *von Firma:* die Vergrößerung ❹ *von Telefon:* der [Neben]anschluss, der Apparat; (*österreichisch*) die Klappe

**ex·ten·sion cable**, **ex·ten·sion cord** das Verlängerungskabel, die Verlängerungsschnur

**ex·ten·sive** [ɪkˈstensɪv] ❶ ausgedehnt ❷ (*übertragen*) umfassend ❸ **extensive knowledge** umfangreiches Wissen ❹ **to make extensive use of ...** ... viel benutzen

**ex·tent** [ɪkˈstent] ❶ *von Gebäude, Fläche:* die Ausdehnung, die Größe ❷ *von Wissen, Macht:* der Umfang ❸ *von Schaden:* das Ausmaß ❹ **to a certain extent** bis zu einem gewissen Grad; **to the full extent** in vollem Umfang; **to a great extent** in hohem Maße; **to some extent** bis zu einem gewissen Grad; **to what extent is he responsible**

**exterior – eyebrow**

for **this problem?** inwieweit ist er für dieses Problem verantwortlich?; **it rained to such an extent that ...** es regnete so sehr, dass ...

**ex·te·ri·or**[1] [ɪk'stɪərɪəʳ] äußere(r, s), Außen-

**ex·te·ri·or**[2] [ɪk'stɪərɪəʳ] ❶ *von Gebäude:* das Äußere, die Außenseite ❷ *von Person:* der [äußere] Schein

to **ex·ter·mi·nate** [ɪk'stɜːmɪneɪt] ❶ (*auch übertragen*) ausrotten ❷ vertilgen *Ungeziefer*

**ex·ter·nal** [ɪk'stɜːnl] ❶ äußere(r, s) ❷ *Prüfung, Kandidat:* extern ❸ *Medizin:* **for external use only** nur äußerlich anzuwenden

**ex·tinct** [ɪk'stɪŋkt] ❶ *Vulkan:* erloschen ❷ *Tier, Pflanze:* ausgestorben; **to become extinct** aussterben

**ex·tinc·tion** [ɪk'stɪŋkʃn] *von Tier:* das Aussterben, die Ausrottung; **extinction of species** der Artenschwund

to **ex·tin·guish** [ɪk'stɪŋgwɪʃ] ❶ [aus]löschen *Feuer;* ausschalten *Licht* ❷ vernichten *Hoffnung*

**ex·tor·tion** [ɪk'stɔːʃn] die Erpressung

**ex·tor·tion·ate** [ɪk'stɔːʃənət] erpresserisch, wucherisch

**ex·tra**[1] ['ekstrə] ❶ zusätzlich; **drinks are extra** die Getränke kosten extra; **to charge something extra** etwas gesondert berechnen; **extra charge** der Aufschlag, der Zuschlag; **we need an extra chair** wir brauchen noch einen Stuhl ❷ übrig, Reserve-; **a few extra books** ein paar Bücher mehr; **these copies are extra** diese Exemplare sind übrig ❸ extra, besonders; **please be extra quiet** sei bitte besonders leise

**ex·tra**[2] ['ekstrə] ❶ (*für Arbeiter usw.*) die Sonderleistung ❷ (*bei Autos*) das Extra, die Sonderausstattung ❸ (*auf Rechnung*) der Zuschlag ❹ (*im Film, Theater*) der Statist/die Statistin ❺ **extras** *plural* die Nebenausgaben, die Nebeneinnahmen

to **ex·tract** [ɪk'strækt] ❶ [her]ausziehen, herausnehmen (**from** aus) ❷ ziehen *Zahn* ❸ auspressen *Saft* ❹ (*übertragen*) entlocken *Information;* **to extract a promise from someone** jemandem ein Versprechen abpressen; **to extract a confession from someone** von jemandem ein Geständnis erpressen

**ex·tract** ['ekstrækt] *von Buch, Film:* der Auszug

**ex·trac·tion** [ɪk'strækʃn] ❶ das Herausziehen ❷ das Zahnziehen ❸ *von Metall:* die Gewinnung ❹ (*übertragen*) *von Informationen:* das Herauslocken ❺ die Herkunft; **she's of foreign extraction** sie ist ausländischer Abstammung

**extra·cur·ricu·lar** [ˌekstrəkə'rɪkjʊləʳ] außer-

halb des Lehrplans

**extra·mari·tal** [ˌekstrə'mærɪtl] außerehelich

**extraor·di·nary** [ɪk'strɔːdnrɪ] ❶ außerordentlich, außergewöhnlich ❷ merkwürdig; **how extraordinary!** wie seltsam! ❸ **an extraordinary meeting** eine Sondersitzung

**ex·tra time** ['ekstrətaɪm] (*im Sport*) die Verlängerung

**ex·trava·gant** [ɪk'strævəgənt] ❶ verschwenderisch; **she's very extravagant with money** sie gibt das Geld mit vollen Händen aus ❷ **an extravagant lifestyle** ein aufwendiger Lebensstil

**ex·treme** [ɪk'striːm] ❶ äußerste(r, s); **on the extreme left of the picture** ganz links im Bild; **in the extreme north** im äußersten Norden ❷ *Gefahr:* höchste(r, s); *Armut, Wichtigkeit:* größte(r, s) ❸ (*politisch*) extrem, radikal; **extreme right-wing views** die rechtsextremen Ansichten

**ex·treme** [ɪk'striːm] das Extrem, das Äußerste; **in the extreme** im höchsten Grade; **to go to extremes** bis zum Äußersten gehen; **to go from one extreme to the other** von einem Extrem ins andere fallen

**ex·treme·ly** [ɪk'striːmlɪ] äußerst, höchst

**extro·vert·ed** ['ekstrəvɜːtɪd] extravertiert

**ex·wife** die Exfrau

**eye** [aɪ] ❶ das Auge; **to be up to one's eyes in work** (*übertragen*) bis über die Ohren in Arbeit stecken; **to keep an eye on something** etwas im Auge behalten; **to close one's eyes to something** etwas nicht sehen wollen; **to cry one's eyes out** sich die Augen ausweinen ❷ der Blick; **his eye fell on her book** sein Blick fiel auf ihr Buch; **under the very eyes of someone** direkt unter jemandes Augen; **to catch someone's eye** jemandes Aufmerksamkeit auf sich lenken; **with an eye to something** in der Hoffnung auf etwas, in der Absicht zu etwas; **to make eyes at someone** jemandem verliebte Blicke zuwerfen ❸ (*übertragen*) **in someone's eyes** nach jemandes Ansicht; **to see eye to eye with someone** mit jemandem einer Meinung sein ❹ *von Kartoffel:* das Auge; (*auf Feder*) das Pfauenauge; *von Nadel:* das Öhr, die Öse ❺ **eye of a storm** [windstilles] Zentrum eines Sturmes

to **eye** [aɪ] <eyed, eyed> mustern, anstarren

**eye·ball** der Augapfel ▸ WENDUNGEN: **drugged up to the eyeballs** (*slang*) total breit *slang,* bekifft *slang*

**eye·brow** ['aɪbraʊ] ❶ die Augenbraue; **eyebrow pencil** der Augenbrauenstift ❷ to

**raise one's eyebrows** die Stirn runzeln (**at** über)

**eye con·tact** *kein Plural* **to make eye contact [with somebody]** Blickkontakt [mit jemandem] aufnehmen

**eye drops** *plural* die Augentropfen

**eye·lash** ['aɪlæʃ] die Wimper

**eye·lid** ['aɪlɪd] das Augenlid

**eye·lin·er** ['aɪlaɪnəʳ] der Eyeliner, der Lidstrich

**eye-open·er to be an eye-opener for someone** jemandem die Augen öffnen; (*überraschend*) alarmierend für jemanden sein

**eye-open·ing** aufschlussreich, erhellend

**eye·shad·ow** ['aɪʃædəʊ] der Lidschatten

**eye·sight** ['aɪsaɪt] **to have bad/good eyesight** schlecht/gut sehen

**eye·sore** der Schandfleck

**eye·wit·ness** der Augenzeuge

**e-zine** ['iːziːn] das Internet-Magazin

# F

**F** <*plural* F's *oder* Fs>, **f** [ef] <*plural* f's> ① (*auch bei Musik*) F, f ② (USA) (*Schulnote*) ungenügend

**fab·ric** ['fæbrɪk] ① der Stoff, das Gewebe ② *von Gesellschaft usw.:* die Struktur, das Gefüge

**fabric**

Nicht verwechseln mit *die Fabrik* — *factory*!

**fabu·lous** ['fæbjʊləs] ① sagenhaft, legendär; **fabulous beast** das Fabeltier ② (*übertragen*) fantastisch

**face** [feɪs] ① das Gesicht; **face to face** Auge in Auge; **to come face to face with someone** jemanden treffen; **to look someone in the face** jemanden ansehen ② (*übertragen*) **to have the face to do something** die Stirn haben, etwas zu tun ③ der Gesichtsausdruck; **to pull a face** das Gesicht verziehen ④ das Ansehen; **to save one's face** (*übertragen*) das Gesicht wahren ⑤ **in the face of danger/difficulty** angesichts der Gefahr/Schwierigkeit ⑥ *von Uhr:* das Zifferblatt ⑦ **to disappear off the face of the earth** spurlos verschwinden

**to face** [feɪs] ① **to face [someone]** [jemandem] gegenüberstehen ② **their house faces ours** ihr Haus liegt unserem gegenüber; **the window faces the garden** das Fenster geht zum Garten hinaus; **the room faces north** der Raum liegt nach Norden ③ (*übertragen*) entgegentreten; **to face bankruptcy** vor dem Bankrott stehen; **to be faced with something** sich einer Sache gegenübersehen; **to face danger** sich der Gefahr stellen; **to face the facts** den Tatsachen ins Auge blicken; **to face the music** die Suppe auslöffeln; **I can't face doing the washing-up** ich bringe es einfach nicht über mich abzuwaschen ④ **please face the front!** wende dich bitte nach vorne!; **to face forwards** (*im Zug usw.*) in Fahrtrichtung sitzen

◆ to **face up** ① nach oben zeigen ② **to face up to something** etwas ins Auge sehen; **to face up to the facts** den Tatsachen ins Auge sehen ③ **to face up to responsibility** die Verantwortung auf sich nehmen

**face-cloth** der Waschlappen

**face-cream** die Gesichtscreme

**face value** ['feɪsvæljuː] ① *von Banknote usw.:* der Nennwert ② (*übertragen*) **to take something at face value** etwas für bare Münze nehmen

**fa·cil·ity** [fəˈsɪlətɪ] ① *meist plural* die Einrichtung; **cooking facilities** die Kochgelegenheit; **shopping facilities** die Einkaufsmöglichkeiten ② *von Person:* die Fähigkeit ③ *von Gerät:* die Funktion

**fac·sim·i·le ma·chine** das Faxgerät

**fact** [fækt] ① die Tatsache, der Fakt; **facts and figures** Fakten und Zahlen; **fact and fiction** Dichtung und Wahrheit ② **as a matter of fact** eigentlich; **in fact** in Wirklichkeit ③ **to stick to the facts** sachlich bleiben ④ **it's a fact of life** es ist eine Tatsache; **tell him about the facts of life** (*umgangssprachlich*) kläre ihn [sexuell] auf

**fact-finding – fall** 164

**fact·find·ing** [ˈfæktfaɪndɪŋ] *Fahrt, Reise:* Erkundungs-; **fact-finding mission** die Erkundungsmission

**fac·tor** [ˈfæktəʳ] der Faktor; **to be a contributing factor in something** zu etwas beitragen; **two is a factor of six** sechs ist durch zwei teilbar

**fac·to·ry** [ˈfæktərɪ] die Fabrik[anlage], das Werk

**fac·tual** [ˈfæktʃʊəl] sachlich

**fa·cul·ty** [ˈfækltɪ] **1** (*an der Uni*) die Fakultät **2** Ⓤ der Lehrkörper **3** **mental faculties** ⚠ *plural* das geistige Vermögen

**fad** [fæd] (*umgangsspr*) die Modeerscheinung

to **fade** [feɪd] **1** *Farben:* verblassen, verbleichen **2** *Blume:* [ver]welken **3** (*übertragen*) **to fade** [**away**] schwächer werden, verblassen; *Laut:* verklingen

♦ to **fade away** *Mut, Hoffnung:* schwinden; *Erinnerungen:* verblassen; *Schönheit:* verblühen

♦ to **fade in** einblenden *Bild, Musik*

♦ to **fade out** ausblenden *Bild, Musik*

**fag** [fæg] Ⓖ (*slang*) die Kippe

to **fail** [feɪl] **1** versagen, keinen Erfolg haben; **I failed!** ich habe versagt!; **to fail in one's duty** seine Pflicht nicht tun; **to fail to do something** etwas nicht tun; **if all else fails** wenn alle Stricke reißen **2** *Plan:* misslingen; *Ehe:* scheitern; *Versuch:* fehlschlagen **3** *Geschäft:* eingehen **4** *Ernte:* schlecht ausfallen **5** (*im Examen*) durchfallen **6** *Gesundheit:* sich verschlechtern, schwächer werden **7** *Strom:* ausfallen; *Bremsen, Motor:* versagen

**fail** [feɪl] **1** **without fail** ganz bestimmt **2** **he got a fail in maths** in Mathematik ist er durchgefallen

**fail·ing¹** [ˈfeɪlɪŋ] die Schwäche

**fail·ing²** [ˈfeɪlɪŋ] **1** **failing eyesight** die Sehschwäche; **to be in failing health** eine angeschlagene Gesundheit haben; **in the failing light** in der Dämmerung **2** mangels; **failing that** ansonsten

**fail·ure** [ˈfeɪljəʳ] **1** der Misserfolg **2** *von Verhandlungen, Plan:* der Fehlschlag; *von Ehe:* das Scheitern **3** *von Radio, Strom:* der Ausfall; *von Motor:* das Versagen **4** (*Mensch*) der Versager/die Versagerin **5** die Niete **5** die Unterlassung; **failure to pay** das Nichtbezahlen

**faint¹** [feɪnt] **1** schwach, kraftlos **2** **he looked faint** er schien einer Ohnmacht nahe **3** *Hoffnung:* gering **4** *Geruch:* schwach; *Ton:* leise; *Spur:* undeutlich **5** **I haven't the faintest idea!** ich habe nicht die leiseste Ahnung!

**faint²** [feɪnt] die Ohnmacht

to **faint** [feɪnt] **to faint** ohnmächtig werden; **to faint with hunger** vor Hunger ohnmächtig werden

**fair¹** [feəʳ] **1** fair; **to be fair to someone** jemandem gegenüber gerecht sein; **fair enough!** na schön! **2** den Regeln entsprechend; **to play fair** fair spielen **3** **fair and square** offen und ehrlich **4** ziemlich; **a fair amount of work** ziemlich viel Arbeit **5** *Wetter:* schön, heiter, sonnig **6** *Haare:* blond, hell

**fair²** [feəʳ] **1** der [Jahr]markt **2** (*Ausstellung*) die Messe; **book fair** die Buchmesse

**fair·ground** [ˈfeəgraʊnd] der Rummelplatz

**fair·ly** [ˈfeəlɪ] **1** **it's fairly expensive** es ist ziemlich teuer **2** *behandeln:* gerecht **3** **to play fairly** fair spielen

**fair·ness** [ˈfeənɪs] die Gerechtigkeit, die Fairness; **in all fairness** [**to someone**] um fair [gegen jemanden] zu sein

**fairy** [ˈfeərɪ] die Fee

**fairy-tale** das Märchen

**faith** [feɪθ] **1** (*religiös*) der Glaube[n] (**in** an) **2** das Vertrauen; **to have faith in someone** jemandem vertrauen; **to lose faith in someone** das Vertrauen zu jemandem verlieren **3** **in good faith** in gutem Glauben; **in bad faith** in böser Absicht

**faith·ful** [ˈfeɪθfl] **1** **to be faithful to someone** jemandem treu sein **2** (*Abschrift*) genau

**faith·ful·ly** [ˈfeɪθfəlɪ] **1** treu **2** (*formeller Briefschluss*) **Yours faithfully** mit freundlichen Grüßen

to **fake** [feɪk] **1** fälschen *Unterschrift, Pass* **2** erfinden *Geschichte* **3** vortäuschen *Unfall, Interesse;* **he's just faking!** er tut nur so!

**fake** [feɪk] die Fälschung

**fall** [fɔːl] **1** *von Person:* der Fall, der Sturz; **my grandma had a fall** meine Oma ist gestürzt **2** *von Stadt:* die Einnahme, die Eroberung; *von Regierung:* der Sturz **3** **fall of rain** der Regenfall; **fall of snow** der Schneefall **4** *von Preisen:* das Sinken, das Fallen; *von Temperatur:* der Abfall **5** Ⓤ der Herbst; **in the fall** im Herbst **6** **falls** ⚠ *plural* der Wasserfall **7** **fall in the birth rate** der Geburtenrückgang; **fall in price** der Preisrückgang; **fall in prices** (*Börse*) der Kursrückgang

to **fall** [fɔːl] <fell, fallen> **1** *Person:* stürzen; **he fell** [**over**] er fiel hin **2** fallen, herabfallen, hinunterfallen **3** (*im Kampf*) fallen; **to fall** [**down**] **dead** tot umfallen ❹ **snow/rain is falling** es regnet/schneit ❺ *Blätter:* abfallen; *Federn, Haare:* ausfallen ❻ *Temperatur, Preise:* sinken, fallen ❼ *Nacht:* hereinbrechen ❽ *(übertragen)* **his face fell** er machte ein langes Gesicht ❾ **to fall asleep** einschlafen; **to fall ill** krank werden; **to fall silent** still werden; **to fall to pieces** *Plan, Verhältnis:* in die Brüche gehen

◆to **fall about** to fall about [laughing] sich kranklachen

◆to **fall away** abfallen

◆to **fall back on** zurückgreifen auf *Reserven*

◆to **fall behind** ❶ zurückbleiben ❷ *(mit Zahlungen)* in Verzug geraten (**with** mit)

◆to **fall down** ❶ *Person:* hinfallen; *Gegenstand:* herunterfallen ❷ hinunterfallen *Treppe* ❸ *(übertragen)* versagen, scheitern

◆to **fall for** *(umgangsspr)* ❶ **to fall for someone** sich in jemanden verknallen ❷ **to fall for a trick** auf einen Trick hereinfallen

◆to **fall in** ❶ *Gebäude, Dach:* einstürzen ❷ **to fall in love with someone** sich in jemanden verlieben

◆to **fall into** ❶ hineinfallen in ❷ **to fall in[to] three sections** sich in drei Teile gliedern; **to fall into a category** unter eine Kategorie fallen

◆to **fall in with** ❶ **to fall in with someone** sich jemandem anschließen ❷ **to fall in with a plan** bei einem Plan mitmachen

◆to **fall off** ❶ *Produktion:* zurückgehen ❷ *Gesundheit:* schwächer werden ❸ *Interesse:* nachlassen ❹ **to fall off a branch/table** von einem Ast/Tisch herunterfallen; **she fell off her horse** sie fiel von ihrem Pferd herunter

◆to **fall on** ❶ **to fall on one's enemy/prey** über seinen Feind/seine Beute herfallen ❷ *(übertragen)* **the responsibility fell on him** die Verantwortung fiel ihm zu ❸ **last year his birthday fell on a Saturday** letztes Jahr fiel sein Geburtstag auf einen Samstag

◆to **fall out** ❶ *Haar:* ausfallen ❷ **to fall out with someone** sich mit jemandem streiten

◆to **fall over** ❶ *Person:* hinfallen ❷ **to fall over something** über etwas fallen ❸ *(übertragen)* **to fall over backwards to do something** sich die größte Mühe geben, etwas zu tun

◆to **fall through** *(übertragen)* *Plan:* fehlschlagen, danebengehen

**fall·en** [ˈfɔːlən] ❶ *3. Form von* **fall** ❷ gefallen

**fall-out** [ˈfɔːlaʊt] der Fallout, der radioaktive Niederschlag

**false** [fɔːls] falsch

**false alarm** *(auch übertragen)* der blinde Alarm

**false·hood** [ˈfɔːls(h)ʊd] die Unwahrheit

**false start** *(Sport)* der Fehlstart

**false teeth** *plural* die dritten Zähne, das [künstliche] Gebiss

to **fal·si·fy** [ˈfɔːlsɪfaɪ] **to falsify a document** ein Dokument [ver]fälschen

**fame** [feɪm] der Ruhm

**fa·mili·ar** [fəˈmɪljəʳ] ❶ *Anblick, Umgebung:* vertraut, gewohnt; **are you familiar with this type of machine?** kennen Sie sich mit solchen Geräten aus?; **to make oneself familiar with something** sich mit etwas vertraut machen ❷ *Person:* bekannt; **he looks familiar** er kommt mir bekannt vor ❸ vertraulich; **the tone of the meeting was fairly familiar** der Ton des Gespräches war ziemlich ungezwungen; **to be on familiar terms with someone** mit jemandem auf vertrautem Fuß stehen

**fami·ly** [ˈfæməlɪ] ❶ die Familie ❷ **the whole family is coming for Christmas!** die ganze Verwandtschaft kommt an Weihnachten! ❸ die Herkunft, die Abstammung ❹ **it runs in the family** das liegt in der Familie

**fami·ly allow·ance** das Kindergeld

**fami·ly doc·tor** der Hausarzt/die Hausärztin

**fami·ly name** der Familienname

**fami·ly plan·ning** die Familienplanung

**fami·ly tree** der Stammbaum

**fam·ine** [ˈfæmɪn] die Hungersnot

**fa·mous** [ˈfeɪməs] berühmt (**for** für/wegen)

**fa·mous·ly** [ˈfeɪməsli] bekanntermaßen; **to get on famously** *(umgangsspr)* sich blendend verstehen

**fan** [fæn] ❶ der Fächer ❷ der Ventilator ❸ *von Auto:* das Gebläse ❹ *(umgangsspr)* der Fan, der Verehrer/die Verehrerin

to **fan** [fæn] <fanned, fanned> ❶ **to fan someone/oneself** jemandem/sich zufächeln ❷ anfachen *Feuer;* entfachen *Leidenschaft*

**fa·nat·ic¹** [fəˈnætɪk] fanatisch

**fa·nat·ic²** [fəˈnætɪk] der Fanatiker/die Fanatikerin

**fa·nati·cal** [fəˈnætɪkəl] fanatisch

**fan belt** [ˈfænbelt] der Keilriemen

**fan club** [ˈfænklʌb] der Fanclub

**fan·cy¹** [ˈfænsɪ] ❶ **a passing fancy** nur so eine Laune; **to have a fancy for something** Lust zu etwas haben; **to take a fancy to something** an etwas Gefallen [*oder* Geschmack] finden; **to take [*oder* tickle]**

**fancy – fashion** 166

someone's **fancy** jemandem gefallen ② die Fantasie; **just a fancy** nur Einbildung

**fan·cy²** ['fænsɪ] ① kunstvoll, schick ② *Idee:* überspannt ③ **fancy prices** die gepfefferten Preise; **a big fancy car** ein toller Schlitten ④ USA Delikatess-

to **fan·cy** ['fænsɪ] ① sich vorstellen ② meinen, sich einbilden ③ **fancy that!** sieh mal einer an!; **fancy doing that!** so was zu tun!; **fancy him doing that!** nicht zu fassen, dass er das getan hat! ④ **fancy a cup of tea?** wie wäre es mit einer Tasse Tee?; **what do you fancy doing this evening?** worauf hättest du Lust heute Abend?; **I don't fancy living here!** hier zu wohnen, würde mir nicht gefallen! ⑤ (*umgangsspr*) **she fancies him** er hat's ihr angetan *umgangsspr* ⑥ **to fancy oneself** von sich eingenommen sein; **he fancies himself as a singer** er hält sich für einen Sänger

**fan·cy dress** das Maskenkostüm; **fancy-dress ball** der Kostümball

**fan·cy-free** ungebunden, frei

**fan mail** ['fænmeɪl] die Fanpost

**fan·tas·tic** [fæn'tæstɪk] ① (*umgangsspr*) toll ② fantastisch; *Geschichte:* unwahrscheinlich

**fan·ta·sy** ['fæntəsi] (*Vorstellungskraft*) die Fantasie

**fan·zine** ['fænziːn] das Fanmagazin

**far** [fɑːʳ] <farther *oder* further, farthest *oder* furthest> ① (*auch übertragen: räumlich*) weit, fern; **at the far end** am hinteren Ende; **the far end of the room** das andere Ende des Zimmers; **in the far distance** in weiter Ferne; **from far** von weitem; **far and near** überall, nah und fern; **far and wide** weit und breit; **how far have you got?** (*übertragen*) wie weit bist du gekommen?; **so far** so weit, bis hierher ② **the train goes as far as York** der Zug fährt bis nach York ③ **far away** weit entfernt; **does he live far away?** wohnt er weit weg?; **to see something from far away** etwas aus der Ferne sehen ④ (*zeitlich*) **far into the night** bis spät in die Nacht hinein; **as far back as 1900** schon 1900; **I've done three so far** ich habe bis jetzt drei gemacht ⑤ (*als Betonung*) **far too expensive** viel zu teuer; **far longer/better** weit[aus] länger/besser; **better by far** weitaus besser; **far and away** [*oder* by far] the **best** bei weitem das Beste; **so far so good** so weit, so gut ⑥ **in so far as** insofern; **as far as I know** soweit ich weiß; **as far as I am concerned** was mich betrifft ⑦ **is the film good? - far from it!** ist der Film gut? —

überhaupt nicht! ⑧ (*übertragen*) **to go far** es weit bringen; **that's going too far** das geht zu weit ⑨ **I wouldn't carry things too far** ich würde die Sache nicht auf die Spitze treiben

**far-away** ['fɑːrəweɪ] ① weit entfernt, abgelegen ② *Blick:* verträumt

**fare** [feəʳ] ① das Fahrgeld, der Fahrpreis; (*im Flugzeug*) der Flugpreis ② **any more fares, please?** noch jemand zugestiegen?; **have your fares ready!** Fahrgeld bereithalten!; **what's the fare?** was kostet die Fahrt? ③ **fare dodger** der Schwarzfahrer/die Schwarzfahrerin

**Far East** [,fɑː'riːst] der Ferne Osten

**fare·well** [,feə'wel] ① der Abschied ② **to make one's farewells** sich verabschieden

**fare zone** ['feəʳzəʊn] die Tarifzone

**far-fetched** [,fɑː'fetʃt] weit hergeholt

**farm** [fɑːm] der Bauernhof, der Gutshof, die Farm

to **farm** [fɑːm] ① **to farm the land** das Land bewirtschaften ② Landwirtschaft betreiben

**farm·er** ['fɑːməʳ] der Bauer/die Bäuerin, der Landwirt/die Landwirtin

**farm·hand** der Landarbeiter/die Landarbeiterin

**farm·house** das Bauernhaus

**farm·ing** ['fɑːmɪŋ] die Landwirtschaft, der Ackerbau

**farm·yard** ['fɑːmjɑːd] der Hof

**far-off** ['fɑːrɒf] [weit] entfernt

**far-reach·ing** [,fɑː'riːtʃɪŋ] weit reichend

**far-right** rechtsextrem

**far-sight·ed** [,fɑː'saɪtɪd] ① *Person:* weitsichtig ② (*übertragen*) weit blickend, vorausschauend

**fart** [fɑːt] (*slang*) der Furz

to **fart** [fɑːt] (*slang*) furzen

**far·ther** ['fɑːðəʳ] weiter entfernt, weiter [weg]

**far·thest** ['fɑːðɪst] entfernteste(r, s); **the farthest place** der am weitesten entfernte Ort

to **fas·ci·nate** ['fæsɪneɪt] **to fascinate someone** jemanden faszinieren [*oder* begeistern]; **the book fascinated me** das Buch hat mich gefesselt

**fas·ci·nat·ing** ['fæsɪneɪtɪŋ] faszinierend, spannend; *Buch:* fesselnd

**fas·ci·na·tion** [,fæsɪ'neɪʃn] die Faszination, der Zauber

**fas·cism** ['fæʃɪzəm] der Faschismus

**fas·cist¹** ['fæʃɪst] der Faschist/die Faschistin

**fas·cist²** ['fæʃɪst] faschistisch

**fash·ion** ['fæʃn] ① die Mode; **in fashion** in Mode, modern; **to come into fashion** Mode werden; **out of fashion** aus der Mode, unmodern; **to go out of fashion** unmodern werden ② die Sitte; **that was the fashion in those days** das war damals Brauch ③ Art und Weise; **to behave in a strange fashion** sich merkwürdig verhalten; **after** [*oder* **in**] **a fashion** in gewisser Weise; **in the usual fashion** wie üblich

**fash·ion·able** ['fæʃnəbl] modisch, schick

**fash·ion de·sign·er** der Modeschöpfer/die Modeschöpferin, der Designer/die Designerin

**fash·ion·ista** [fæʃⁿn'iːstə] der Modefreak; (*Designer*) der Modepapst/die Modepäpstin; (*Journalist*) der Trendjournalist/die Trendjournalistin

**fash·ion mod·el** das Model

**fash·ion show** die Modenschau

**fast¹** [fɑːst] ① schnell; **a fast car** ein schnelles Auto; **he runs very fast** er läuft sehr schnell ② **my watch is fast** meine Uhr geht vor ③ **fast food** der Imbiss, das Fastfood; **fast food restaurant** der Schnellimbiss ④ **fast lane** die Überholspur ⑤ **fast forward** (*Tonband*) der Schnellvorlauf; **fast rewind** (*Tonband*) der Schnellrücklauf ⑥ **to stick fast** festsitzen; **to be fast asleep** tief schlafen

**fast²** [fɑːst] ① das Fasten; **to break one's fast** das Fasten brechen ② die Fastenzeit

to **fast** [fɑːst] fasten

to **fas·ten** ['fɑːsn] ① befestigen, festmachen (**to an**) ② zumachen *Knopf* ③ **to fasten one's jacket** seine Jacke zumachen; **to fasten one's shoes** seine Schuhe binden ④ **to fasten one's seat-belt** sich anschnallen ⑤ sich schließen [*oder* zumachen] lassen
◆ to **fasten up** to **fasten up a jacket** eine Jacke zumachen

**fas·ten·er** ['fɑːsnəʳ] **zip fastener** der Reißverschluss

**fat¹** [fæt] <fatter, fattest> ① fett, dick; **to get fat** dick werden ② *Gewinn:* üppig, satt; *Scheck:* dick ③ **a fat lot of good you are!** (*humorvoll*) du bist ja 'ne schöne Hilfe!

**fat²** [fæt] das Fett

**fa·tal** ['feɪtl] ① *Irrtum:* verhängnisvoll, fatal (**to** für) ② *Unfall:* tödlich

**fa·tal·ity** [fə'tæləti] der Todesfall

**fa·tal·ly** ['feɪtəli] tödlich

**fat cat** (*umgangsspr*) der Bonze

**fate** [feɪt] das Schicksal, das Los

**fat·ed** ['feɪtɪd] vom Schicksal bestimmt

**fat·head** ['fæthed] der Dummkopf

**fa·ther** ['fɑːðəʳ] ① der Vater ② der Begründer ③ der Pfarrer; **Father** (*Gott*) Vater; (*Pfarrer*) Herr Pfarrer ④ **fathers** ⓤⓢⓐ die Väter, die Vor-

fahren

to **fa·ther** ['fɑːðə] **to father a child** ein Kind zeugen

**Fa·ther Christ·mas** der Weihnachtsmann

**fa·ther·hood** ['fɑːðəhʊd] die Vaterschaft

**fa·ther-in-law** ['fɑːðərɪnlɔː] <*plural* fathers-in-law> der Schwiegervater

**fa·ther·less** ['fɑːðəlɪs] vaterlos

**fa·ther·ly** ['fɑːðəli] väterlich

**Fa·ther's Day** der Vatertag

to **fat·ten** ['fætn] **to fatten an animal** ein Tier mästen

**fat·ten·ing** ['fætnɪŋ] dick machend; **fattening foods** die Dickmacher

**fat·ty** ['fæti] *Essen:* fett[ig], fetthaltig

**fau·cet** ['fɔːsɪt] ⓤⓢⓐ der [Wasser]hahn

**fault** [fɔːlt] ① der Fehler, der Mangel ② *von Maschine:* der Defekt ③ **it isn't my fault** es ist nicht meine Schuld; **through no fault of mine** ohne mein Verschulden; **the fault lies with him** die Schuld liegt bei ihm ④ *von Erdkruste:* die Verwerfung ⑤ (*Tennis*) der Fehler ⑥ **to be at fault** im Irrtum sein ⑦ **to find fault with something** etwas an etwas auszusetzen haben

**fault·less** ['fɔːltlɪs] untadelig; *Englisch:* fehlerfrei; *Aussehen:* tadellos

**faulty** ['fɔːlti] fehlerhaft, mangelhaft; *Maschine:* defekt

**fa·vour** ['feɪvəʳ], ⓤⓢⓐ **fa·vor** ① der Gefallen, die Gefälligkeit; **to ask a favour of someone** jemanden um einen Gefallen bitten; **to do someone a favour** jemandem einen Gefallen tun; **as a favour to him** ihm zuliebe ② die Gunst, das Wohlwollen; **to fall out of favour** in Ungnade fallen; **to be out of favour** nicht mehr beliebt sein ③ **to be in favour of something** für etwas sein

to **fa·vour** ['feɪvəʳ], ⓤⓢⓐ to **fa·vor** ① für gut halten, bevorzugen ② **to favour someone** jemanden begünstigen

**fa·vour·able** ['feɪvərəbl], ⓤⓢⓐ **fa·vor·able** ① günstig, vorteilhaft (**to** für) ② *Antwort, Eindruck:* positiv

**fa·vour·ite¹** ['feɪvərɪt], ⓤⓢⓐ **fa·vor·ite** ① der Liebling ② (*bei Sport*) der Favorit/die Favoritin

**fa·vour·ite²** ['feɪvərɪt], ⓤⓢⓐ **fa·vor·ite** Lieblings-; **favourite food** das Lieblingsessen

to **fax** [fæks] fernkopieren, [tele]faxen

**fax** [fæks] <*plural* faxes> ① (*Gerät*) das [Tele]fax ② das Fax, die Fernkopie

**fax ma·chine** das Telefax[gerät]

**fear** [fɪəʳ] ① die Angst, die Furcht; **fear of flying** die Flugangst; **fear of heights** die Höhen-

**fear – feel**

angst ❷ die Sorge, die Befürchtung; **she talked quietly for fear of waking the child** sie sprach leise, um das Kind nicht aufzuwecken ❸ **make the same mistake again? no fear!** denselben Fehler noch mal machen? keine Sorge!

to **fear** [frəʳ] ❶ [sich] fürchten, Angst haben; **to fear for someone/something** um jemanden/etwas fürchten ❷ befürchten ❸ **to fear God** vor Gott Ehrfurcht haben

**fear·ful** ['frəfl] ❶ ängstlich (**of** vor) ❷ **to be fearful for one's life** um sein Leben fürchten

**fear·less** furchtlos

**fea·sible** ['fi:zəbl] ❶ machbar, realisierbar; *Plan, Vorschlag:* durchführbar ❷ *Ausrede:* glaubhaft, plausibel

**feast** [fi:st] ❶ (*religiös*) das Fest ❷ das Festmahl, das Festessen, das Bankett

**feat** [fi:t] ❶ die Heldentat ❷ die [Meister]leistung; **feat of engineering** die technische Großtat

**feath·er** ['feðəʳ] ❶ die Feder; **as light as a feather** federleicht ❷ **feathers** ⚠ *plural* das Gefieder ▶ WENDUNGEN: **a feather in one's cap** etwas, auf das man stolz sein kann

**fea·ture** ['fi:tʃəʳ] ❶ das Kennzeichen, das Merkmal ❷ *von Raum, Gebäude:* die Besonderheit; **to make a feature of something** etwas besonders hervorheben ❸ (*im Fernsehen*) der Dokumentarbericht, das Feature ❹ (*in Zeitung*) der Sonderbericht ❺ **a feature of his style is ...** sein Stil ist durch ... gekennzeichnet

to **fea·ture** ['fi:tʃəʳ] ❶ (*in der Presse*) **to feature a story** eine Geschichte bringen ❷ **a film featuring someone** ein Film mit jemandem in der Hauptrolle ❸ (*auch im Theaterstück*) **to feature in a play** eine bedeutende Rolle in einem Stück spielen

**fea·ture film** der Spielfilm

**Feb·ru·ary** ['febrʊərɪ] der Februar; **in February** im Februar; **on 15th February, on February 15** ⓊⓈⒶ am 15. Februar; **at the beginning of February** Anfang Februar; **at the end of February** Ende Februar

**fed** [fed] *2. und 3. Form von* **feed**

**fed·er·al** ['fedərəl] ❶ bundesstaatlich, föderativ ❷ ⓊⓈⒶ **federal state** der Staat; **Federal Bureau of Investigation, FBI** das Bundeskriminalamt ❸ **the Federal Republic of Germany** die Bundesrepublik Deutschland

**fed·era·tion** [ˌfedəˈreɪʃn] ❶ (*politisch*) der Zusammenschluss; *von Staaten:* das Bündnis ❷ (*sportlich*) die Föderation, der Verband

**fed up** [ˌfedˈʌp] **I'm fed up!** ich habe die Nase voll!; **I'm fed up with it** es hängt mir zum Hals heraus

**fee** [fi:] ❶ die Gebühr; **on payment of a small fee** gegen eine geringe Gebühr ❷ *von Arzt, Künstler:* das Honorar ❸ *von Schauspieler:* die Gage ❹ *von Verwalter:* die Bezüge ❺ **school fees** das Schulgeld

**fee·ble** ['fi:bl] <feebler, feeblest> ❶ schwach ❷ *Stimme:* matt ❸ *Versuch:* zaghaft

**fee·ble-mind·ed** ['fi:blˈmaɪndɪd] dümmlich

**feed** [fi:d] ❶ *eines Babys:* die Mahlzeit, das Essen ❷ *eines Tieres:* das Futter

to **feed** [fi:d] <fed, fed> ❶ **to feed someone** jemanden verpflegen; **to feed the family** die Familie ernähren ❷ **to feed an animal** einem Tier zu fressen geben; **to feed a baby** ein Baby füttern; (*an der Brust*) ein Baby stillen ❸ versorgen *Maschine* ❹ **to feed a meter** Geld in einen Münzzähler einwerfen ❺ **to feed someone with information** jemanden mit Informationen versorgen ❻ **to feed oneself** sich selbst verpflegen ❼ *Tier:* fressen

♦ to **feed in** **to feed in data** Daten eingeben

♦ to **feed off**, to **feed on** **to feed off** [*oder* **on**] **something** sich von etwas ernähren

♦ to **feed up** **to feed an animal up** ein Tier mästen; **are you trying to feed me up?** (*humorvoll*) willst du mich mästen?

**feed·back** ['fi:dbæk] ❶ (*Reaktion*) das Feedback, die Rückmeldung; **feedback information** die Rückinformation ❷ (*in Lautsprecheranlage*) die Rückkopplung

**feed·ing bot·tle** ['fi:dɪŋˌbɒtl] das Babyfläschchen

**feel** [fi:l] ❶ **to have a rubbery/silky feel** sich gummiartig/seidig anfühlen ❷ (*übertragen*) **to have a feel for something** ein Gefühl für etwas haben

to **feel** [fi:l] <felt, felt> ❶ fühlen, befühlen ❷ empfinden *Eifersucht, Mitleid, Gefühl;* **to feel the sun on one's skin** die Sonne auf der Haut spüren; **to feel the cold/heat** unter der Kälte/Hitze leiden ❸ glauben; **she felt it necessary ...** sie hielt es für notwendig...; **how do you feel about him?** was halten Sie von ihm?; **what do you feel about it?** was halten Sie davon?; **I feel as if I've seen him before** mir ist, als ob ich ihn schon mal gesehen hätte ❹ (*übertragen*) **feel one's way** sich vortasten ❺ sich fühlen; **to feel well** sich wohl fühlen; **I'm feeling much better** es geht mir viel besser; **to feel hungry** hungrig sein; **I feel hot** mir ist heiß

**169**  feel about – fetus

## USEFUL PHRASES

With these phrases you can express positive and negative **feelings**.

☺

I'm sure …

The best thing to do is …

Just try (not) to …

Don't worry about …

The first time is always …

☹

I wish I hadn't agreed to …

I'm too scared to …

I'm worried that …

It would be awful if …

When I think about it, I feel …

**6** sich anfühlen; **it feels hard** es fühlt sich hart an; **it feels like leather** es fühlt sich an wie Leder **7** **to feel like something** Lust auf etwas haben; **I feel like an ice-cream** ich hätte jetzt Lust auf ein Eis; **I feel like going for a walk** ich habe Lust, spazieren zu gehen
◆ to **feel about** umhertasten
◆ to **feel for** **to feel for someone** mit jemandem Mitleid haben
**feel·ing** ['fiːlɪŋ] **1** die Empfindung, das Gefühl **2** **I have a feeling that …** ich habe das Gefühl, dass … **3** die Meinung, die Ansicht; **the general feeling was that…** man war allgemein der Ansicht, dass… **4** **feelings** die Gefühle; **I hope you haven't any hard feelings** ich hoffe, Sie sind [mir] nicht böse; **to hurt someone's feelings** jemanden verletzen
**feet** [fiːt] *Pluralform von* **foot**
**fell** [fel] *2. Form von* **fall**
to **fell** [fel] **to fell a tree** einen Baum fällen
**fel·low** ['feləʊ] der Bursche, der Kerl; **old fellow** der alte Knabe
**fel·low mem·ber** der Klubkamerad/die Klubkameradin; *einer Partei:* der Parteigenosse/die Parteigenossin
**fel·low pas·sen·ger** der/die Mitreisende
**fel·low stu·dent** der Kommilitone/die Kommilitonin
**fel·low work·er** der Kollege/die Kollegin
**felt**[1] [felt] *2. und 3. Form von* **feel**
**felt**[2] [felt] der Filz
**felt-tip** (**pen**) der Filzschreiber, der Filzstift
**fe·male**[1] ['fiːmeɪl] weiblich
**fe·male**[2] ['fiːmeɪl] **1** *von Tieren:* das Weibchen **2** (*abwertend*) das Weib
**fem·i·nine** ['femənɪn] feminin, weiblich
**fem·i·nist**[1] ['femɪnɪst] feministisch, Frauen-
**fem·i·nist**[2] ['femɪnɪst] der Feminist/die Feministin, der Frauenrechtler/die Frauenrechtlerin
**fence** [fens] **1** der Zaun **2** (*für Pferde*) das

Hindernis **3** (*umgangsspr*) der Hehler **4** (*übertragen*) **to sit on the fence** neutral bleiben
to **fence** [fens] **1** umzäunen; **to fence an animal in** ein Tier einzäunen; **the area was fenced off** das Gebiet war abgesperrt **2** fechten
**fenc·er** ['fensər] der Fechter/die Fechterin
**fenc·ing** ['fensɪŋ] **1** der Zaun, die Umzäunung **2** das Fechten
to **fend** [fend] **to fend for oneself** für sich selbst sorgen; **to fend off the enemy** den Feind abwehren; **to fend off an attack** einen Angriff abwehren
**fe·ro·cious** [fəˈrəʊʃəs] *Person, Tier:* wild; *Stimme:* grimmig; *Schlag, Streit:* heftig
**fer·ry** ['ferɪ] die Fähre
to **fer·ry** ['ferɪ] **1** [mit der Fähre] übersetzen **2** transportieren *Güter*
**fer·ry·boat** die Fähre
**fer·ry·man** <*plural* ferrymen> der Fährmann
**fer·tile** ['fɜːtaɪl] **1** *Land:* fruchtbar, ertragreich **2** (*übertragen*) reich (**of/in** an)
**fer·til·i·ty** [fəˈtɪlətɪ] die Fruchtbarkeit
to **fer·ti·lize** ['fɜːtəlaɪz] **1** düngen *Acker* **2** befruchten *Tier, Pflanze*
**fer·ti·liz·er** ['fɜːtəlaɪzər] der Dünger
**fes·ti·val** ['festɪvl] **1** das Fest **2** (*kulturell*) die Festspiele; **the Edinburgh Festival** das Edinburgh Festival; **music festival** die Musikfestspiele
**fes·tive** ['festɪv] festlich; **festive mood** die Feststimmung
**fes·tiv·i·ty** [fesˈtɪvətɪ] **festivities** *plural* die Feierlichkeiten
to **fetch** [fetʃ] **1** holen, bringen; **he fetched her from the station** er holte sie vom Bahnhof ab **2** **his car fetched $1,000 at auction** sein Auto brachte $1000 bei der Versteigerung
**fetch·ing** ['fetʃɪŋ] (*umgangsspr*) bezaubernd
**fête** [feɪt] das [Garten]fest
**fe·tus** ['fiːtəs] (USA) der Fötus, der Fetus

**fe·ver** ['fi:və'] ❶ das Fieber ❷ (*übertragen*) die Erregung; **to be at fever pitch** in höchster Erregung sein

**fe·ver·ish** ['fi:vərɪʃ] ❶ fiebernd ❷ (*übertragen*) fieberhaft

**few** [fju:] ❶ wenige; **few people** wenige Leute ❷ **a few people** ein paar Leute; **a few times** ein paar Mal; **quite a few** ziemlich viele ❸ **every few days** alle paar Tage ❹ **few and far between** dünn gesät

**few·er** ['fju:ə'] weniger; **no fewer than ...** nicht weniger als ...

**few·est** ['fju:ɪst] [**the**] **fewest** die Wenigsten

**fi·an·cé** [fɪ'ɒnseɪ] der Verlobte

**fi·an·cée** [fɪ'ɒnseɪ] die Verlobte

**fib** [fɪb] (*umgangsspr*) die Schwindelei; **to tell a fib** flunkern

to **fib** [fɪb] <fibbed, fibbed> flunkern, schwindeln

**fib·ber** ['fɪbə'] der Flunkerer

**fi·bre** ['faɪbə'], ⓤ **fi·ber** ❶ (*bei Pflanzen usw.*) die Faser ❷ [**dietary**] **fibre** die Ballaststoffe; **glass fibre** die Glasfiber, die Glasfaser ❸ (*übertragen*) **moral fibre** die Charakterstärke

**fi·bre·glass** ['faɪbəglɑ:s], ⓤ **fi·ber·glass** das Fiberglas

**fi·bre op·tic ca·ble** ['faɪbə'ɒptɪk'keɪbl] das Glasfaserkabel

**fic·tion** ['fɪkʃn] ❶ die Erfindung, die Fiktion ❷ die Erzähllitratur, die Prosaliteratur

**fic·tion·al** ['fɪkʃənl] erfunden, erdichtet

**fic·ti·tious** [fɪk'tɪʃəs] ❶ *Geschichte:* [frei] erfunden; *Figur:* fiktiv ❷ falsch

**fid·dle** ['fɪdl] ❶ die Fiedel, die Geige ❷ (*umgangsspr*) die Schiebung ❸ **to be fit as a fiddle** gesund und munter sein

to **fid·dle** ['fɪdl] ❶ geigen ❷ (*umgangsspr*) **to fiddle the books** die Bücher frisieren
♦to **fiddle about** herumspielen, herumfummeln

**fid·dly** ['fɪdlɪ] (*umgangsspr*) knifflig

**fidg·et** ['fɪdʒɪt] (*umgangsspr*) der Zappelphilipp

to **fidg·et** ['fɪdʒɪt] nervös sein, zappeln

**fidg·ety** ['fɪdʒɪtɪ] zappelig, nervös

**field** [fi:ld] ❶ das Feld, der Acker; (*mit Tieren*) die Weide; **to work in the fields** auf dem Feld arbeiten ❷ (*Sport*) das Feld; **playing field** der Sportplatz ❸ (*militärisch*) das Feld; **field of battle** das Schlachtfeld ❹ (*übertragen*) das [Fach]gebiet, der Bereich, der Sektor; **in this field** auf diesem Gebiet, in diesem Bereich ❺ **field of vision** das Blickfeld, das Gesichtsfeld

to **field** [fi:ld] ❶ (*Kricket, Baseball*) **to field the ball** den Ball auffangen und zurückwerfen ❷ als Fänger spielen

**field·er** ['fi:ldə'] der Feldspieler/die Feldspielerin

**field events** *plural* die Sprung- und Wurfdisziplinen

**field mouse** <*plural* field mice> die Feldmaus

**field sports** *plural* der Sport im Freien (*besonders Jagen und Fischen*)

**field trip** (*Schule*) die Exkursion

**field·work** ['fi:ldwɜ:k] ❶ die Arbeit im Gelände ❷ *von Wissenschaftler:* die Feldforschung

**fierce** [fɪəs] ❶ *Erscheinung:* wild ❷ *Blick:* böse ❸ *Hund:* scharf ❹ *Kampf:* heftig ❺ *Konkurrenz:* erbittert

**fiery** ['faɪərɪ] ❶ feurig, glühend, heiß ❷ (*übertragen*) erregt, aufwühlend; **to have a fiery temper** ein Hitzkopf sein

**fif·teen¹** [ˌfɪf'ti:n] fünfzehn

**fif·teen²** [ˌfɪf'ti:n] die Fünfzehn

**fif·teenth¹** [fɪf'ti:nθ] fünfzehnte(r, s)

**fif·teenth²** [fɪf'ti:nθ] ❶ (*Datum*) **the fifteenth** der Fünfzehnte ❷ (*Bruchzahl*) das Fünfzehntel

**fifth¹** [fɪfθ] fünfte(r, s)

**fifth²** [fɪfθ] ❶ (*Datum*) **the fifth** der Fünfte ❷ (*Bruchzahl*) das Fünftel

**fif·ti·eth¹** ['fɪftɪəθ] fünfzigste(r, s)

**fif·ti·eth²** ['fɪftɪəθ] ❶ Fünfzigste(r, s) ❷ (*Bruchzahl*) das Fünfzigstel

**fif·ty¹** ['fɪftɪ] ❶ fünfzig ❷ **to go fifty-fifty with someone** mit jemandem halbe-halbe machen

**fif·ty²** ['fɪftɪ] ❶ die Fünfzig ❷ **in the fifties** in den Fünfzigern; **she must be in her fifties** sie muss in den Fünfzigern sein

**fig** [fɪg] die Feige

**fight** [faɪt] ❶ (*auch übertragen*) der Kampf, das Gefecht; **to have a fight with someone** sich mit jemandem schlagen; **to put up a fight** sich zur Wehr setzen ❷ die Kampfkraft, der Kampfgeist

to **fight** [faɪt] <fought, fought> ❶ kämpfen (**for** um); **to fight someone/something** gegen jemanden/etwas [oder mit jemandem/etwas] kämpfen, jemanden/etwas bekämpfen ❷ (*mit Worten*) sich streiten ❸ (*mit den Fäusten*) sich prügeln ❹ **to fight for one's life** um sein Leben kämpfen; **to fight shy of something** einer Sache aus dem Weg gehen ❺ **to fight a campaign** eine Kampagne führen; **to fight a losing battle** (*übertragen*) auf verlorenem Posten stehen
♦to **fight back** zurückschlagen, sich wehren

**◆ to fight off** abwehren
**◆ to fight on** weiterkämpfen
**fight·er** ['faɪtər] ➊ der Kämpfer/die Kämpferin ➋ das Jagdflugzeug ➌ der Boxer
**fight·ing¹** ['faɪtɪŋ] der Kampf, das Gefecht
**fight·ing²** ['faɪtɪŋ] **fighting spirit** der Kampfgeist; **he's got a fighting chance** er hat eine reelle Chance
**fig·ura·tive** ['fɪɡjərətɪv] bildlich, übertragen
**fig·ure** ['fɪɡər] ➊ die Zahl, die Ziffer; *von Geld:* die Summe; **to be good at figures** gut rechnen können; **a five-figure number** eine fünfstellige Zahl ➋ (*geometrisch*) die Form ➌ (*Körper*) die Gestalt, die Figur; **she has a good figure** sie hat eine gute Figur ➍ die Persönlichkeit; **figure of fun** die Witzfigur; **a public figure** eine Persönlichkeit des öffentlichen Lebens
to **fig·ure** ['fɪɡər] ➊ (USA) meinen; **I figured he'd be late** ich dachte, er würde zu spät kommen ➋ (*umgangsspr*) **that figures!** das hätte ich mir denken können!
**◆ to figure out** ➊ **to figure something out** etwas ausrechnen ➋ **to figure out a problem** ein Problem verstehen ➌ **to figure someone out** jemanden verstehen
**fig·ure-skat·ing** ['fɪɡər 'skeɪtɪŋ] der Eiskunstlauf
**Fi·ji** ['fiːdʒiː] **the Fiji Islands** die Fidschiinseln
**file** [faɪl] ➊ der Aktenhefter, der Aktenordner ➋ **to keep a file on someone** eine Akte über jemanden führen ➌ (*Informatik*) die Datei ➍ **on file** aktenkundig; **to put something on file** etwas zu den Akten nehmen ➎ die Feile ➏ die Reihe; **in single file** im Gänsemarsch
to **file** [faɪl] ➊ **to file something [away]** etwas zu den Akten legen [*oder* ablegen] ➋ **to file a report** einen Bericht einsenden ➌ (*im Gericht*) einreichen *Antrag;* **to file a suit** Klage erheben ➍ feilen *Fingernägel*
**◆ to file in** hereinmarschieren
**◆ to file out** hinausgehen
**file name** (*Informatik*) der Dateiname
**fil·ing** ['faɪlɪŋ] ➊ *von Akten:* das Ablegen, das Abheften ➋ *von Antrag:* die Einreichung
**fil·ing cabi·net** der Aktenschrank
to **fill** [fɪl] ➊ füllen; **light filled the room** Licht strömte in das Zimmer ➋ zustopfen *Loch;* stopfen *Pfeife;* plombieren *Zahn* ➌ **filled with admiration** von Bewunderung erfüllt; **the thought filled him with anger** der Gedanke erfüllte ihn mit Zorn ➍ **the position is already filled** die Stelle ist schon besetzt ➎ voll werden, sich füllen

**◆ to fill in** ➊ **to fill in a hole** ein Loch auffüllen ➋ **to fill in a form** ein Formular ausfüllen; **please fill in your name** bitte setzen Sie Ihren Namen ein ➌ **to fill in for someone** für jemanden einspringen ➍ **to fill someone in on something** jemanden über etwas ins Bild setzen
**◆ to fill out** ➊ sich blähen, dicker werden ➋ ausfüllen *Formular*
**◆ to fill up** ➊ **to fill something up** etwas voll füllen ➋ **to fill up a car** voll tanken ➌ sich füllen, voll werden
**fil·let** ['fɪlɪt] das Filet; **fillet steak** das Filetsteak
to **fil·let** ['fɪlɪt] filetieren *Fleisch, Fisch*
**fill·ing¹** ['fɪlɪŋ] ➊ (*für Zahn*) die Plombe, die Füllung ➋ (*für Brot*) der Belag
**fill·ing²** ['fɪlɪŋ] *Essen:* sättigend
**fill·ing sta·tion** die Tankstelle
**film** [fɪlm] ➊ (*dünner Belag*) die Schicht, der Film ➋ (*für Fotoapparat, im Kino*) der Film; **to make** [*oder* **shoot**] **a film** einen Film drehen
to **film** [fɪlm] ➊ [ver]filmen ➋ sich verfilmen lassen
**film cam·era** die Filmkamera
**film speed** die Lichtempfindlichkeit
**film star** der Filmstar
**film stu·dio** das Filmatelier, das Filmstudio
**fil·ter** ['fɪltər] der/das Filter
to **fil·ter** ['fɪltər] filtern
**◆ to filter in** ➊ langsam eindringen, einsickern ➋ *Auto:* sich einordnen
**◆ to filter out** ➊ herausfiltern ➋ langsam herausgehen
**◆ to filter through** durchsickern
**fil·ter lane** (GB) die Abbiegespur
**fil·ter pa·per** das Filterpapier
**fil·ter tip** ➊ der/das Filter, das Filtermundstück ➋ die Filterzigarette
**filthy** ['fɪlθɪ] ➊ schmutzig, dreckig ➋ (*übertragen*) unanständig, schweinisch ➌ (*umgangsspr*) **filthy rich** stinkreich *umgangsspr*
**fin** [fɪn] die Flosse
**fi·nal¹** ['faɪnl] ➊ letzte(r, s); **final word** das letzte Wort; **final score** der Schlussstand; **final whistle** der Schlusspfiff ➋ *Resultat, Ziel:* End- ➌ *Urteil, Entscheidung:* endgültig
**fi·nal²** ['faɪnl] ➊ die Abschlussprüfung ➋ (*im Sport*) das Endspiel, das Finale
**fi·nal·ist** ['faɪnəlɪst] (*im Sport*) der Finalist/die Finalistin
to **fi·nal·ize** ['faɪnəlaɪz] **to finalize a plan** einen Plan endgültig festlegen; **to finalize a deal** ein Geschäft zum Abschluss bringen
**fi·nal·ly** ['faɪnəlɪ] ➊ (*nach langem Warten*)

**finance – finish** 172

schließlich; **and finally he was ready!** und endlich war er fertig! ❷ (*zeitlich*) zum Schluss; **firstly, ... secondly,... and finally ...** erstens, ... zweitens, ... und zuletzt ...

**fi·nance** ['faɪnæns] ❶ das Finanzwesen ❷ **finances** die Finanzen

to **fi·nance** ['faɪnæns] finanzieren

**fi·nan·cial** [faɪ'nænʃl] finanziell; **financial adviser** der Finanzberater/die Finanzberaterin; **financial assistance** die Finanzhilfe; **the financial year** das Rechnungsjahr

**find** [faɪnd] der Fund

to **find** [faɪnd] <found, found> ❶ finden; (*unerwartet*) entdecken ❷ (*besorgen*) **to find something for someone** jemandem etwas besorgen; **did you find what you wanted?** hast du bekommen, was du wolltest? ❸ **it has been found that...** es hat sich herausgestellt, dass... ❹ (*bemerken*) **you'll find that he's lying** du wirst feststellen, dass er lügt ❺ (*halten für*) **she found all the questions easy** sie fand alle Fragen leicht ❻ (*übertragen*) **to find one's feet** sich zurechtfinden; **to find one's voice** [*oder* **tongue**] die Sprache wiederfinden ❼ (*auch übertragen*) **to find one's way** seinen Weg finden ❽ **to find fault with something** etwas an etwas auszusetzen haben ❾ **he found himself in hospital** er fand sich im Krankenhaus wieder; **she found herself unable to work** sie sah sich außer Stande zu arbeiten ❿ (*im Gericht*) **to find someone guilty** jemanden für schuldig befinden; **to find for the accused** den Angeklagten freisprechen

◆ to **find out** ❶ herausfinden; **you'll have to find out!** du wirst es herausfinden müssen! ❷ erwischen *Person* ❸ dahinter kommen

**find·ing** ['faɪndɪŋ] ❶ **findings** ⚠ *plural* das Ergebnis; (*medizinisch*) der Befund ❷ *von Gericht:* das Urteil

**fine¹** [faɪn] ❶ fein; *Wetter:* schön; **one fine day** eines schönen Tages ❷ *Sportler, Künstler:* ausgezeichnet, hervorragend ❸ prächtig; **fine clothes** feine Kleider ❹ *Material:* fein, zart ❺ **fine words** schöne Worte ❻ *Werkzeug:* genau; *Nadel, Pinsel:* fein, spitz; *Spitze:* scharf; **to chop something up fine** etwas klein zerhacken ❼ **fine dust** der feine Staub; **fine rain** der Nieselregen ❽ gesund; **I'm feeling fine** mir geht's bestens; **how are you? — fine, thanks!** wie geht's? — gut, danke! ❾ **that's fine!** das ist prima!; **everything's fine** alles ist in Ordnung; **that will suit me fine** das passt mir gut ❿ (*um-*

gangsspr) prima

**fine²** [faɪn] das Bußgeld, die Geldstrafe

to **fine** [faɪn] mit einer Geldstrafe belegen

**fine art** *kein Plural,* **fine arts** *plural* die schönen Künste

**fine-tooth(ed) comb** der fein gezahnte Kamm ▶ WENDUNGEN: **to examine something with a fine-toothed comb** etwas sorgfältig unter die Lupe nehmen *umgangsspr*

**fin·ger** ['fɪŋgə'] ❶ der Finger; **to cut one's finger** sich in den Finger schneiden; **I didn't lay a finger on you!** ich habe dich gar nicht berührt!; **if they lay a finger on her ...** wenn sie ihr nur ein Haar krümmen ... ❷ **to burn one's fingers** (*auch übertragen*) sich die Finger verbrennen ❸ (*übertragen*) **to let something slip through one's fingers** sich etwas entgehen lassen; **to twist someone around one's [little] finger** jemanden um den kleinen Finger wickeln

**fin·ger·nail** der Fingernagel

**fin·ger·print** ['fɪŋgəprɪnt] der Fingerabdruck

**fin·ger·tip** ['fɪŋgətɪp] die Fingerspitze ▶ WENDUNGEN: **to have something at one's fingertips** etwas parat haben

**fin·ish** ['fɪnɪʃ] ❶ das Ende, der Schluss; **it would be the finish of him as a politician** das würde das Ende seiner Karriere als Politiker bedeuten ❷ (*Endpunkt eines Rennens*) Ziel; (*Endphase eines Rennens*) der Endkampf, der Endspurt ❸ der Schliff; (*bei Waren*) die Verarbeitung, die Vollendung ❹ **paint with a matt finish** der Mattlack; **paint with a gloss finish** der Hochglanzlack ❺ (*übertragen*) **to be in at the finish** das Ende miterleben; **to fight to the finish** bis zu einer Entscheidung kämpfen

to **fin·ish** ['fɪnɪʃ] ❶ beenden ❷ **to finish [off]** erledigen, vollenden *Arbeit;* auslesen *Buch* ❸ **to finish doing something** aufhören, etwas zu tun; **to have finished doing something** mit etwas fertig sein; **to finish writing** fertig schreiben; **have you finished?** bist du fertig?; **finish your drink** trink aus ❹ fertig stellen; **to finish something [off]** einer Sache den letzten Schliff geben ❺ (*auch übertragen*) umbringen; **another illness like that would finish him [off]** noch so eine Krankheit würde das Ende für ihn bedeuten; **that last call just about finished me [off]** der letzte Besuch hat mich aber fertiggemacht ❻ zu Ende sein, fertig sein, aufhören; **when does the concert finish?** wann ist das Konzert aus? ❼ (*beim Rennen*) das Ziel erreichen ❽ vervollkommnen; **it finished** [**off**] **the evening perfectly** es hat dem Abend den letzten Schliff gegeben ⑨ **to finish by doing something** zum Schluss etwas tun

◆ to **finish off** ① aufhören, Schluss machen ② **to finish something off** etwas fertig machen ③ aufessen *Essen* ④ den Gnadenschuss geben *Tier* ⑤ (*auch übertragen*) **to finish someone off** jemandem den Rest geben

◆ to **finish up** ① he finished up in third place er landete auf dem dritten Platz ② **to finish up with a brandy/song** zum Abschluss einen Brandy trinken/ein Lied singen ③ aufessen *Essen;* austrinken *Getränk*

◆ to **finish with** ① **have you finished with the paper?** brauchst du die Zeitung noch?; **to finish with a book** ein Buch auslesen ② (*übertragen*) **to finish with someone** mit jemandem fertig sein [*oder* nichts mehr zu tun haben wollen]; **to finish with a girlfriend/boyfriend** mit einem Freund/einer Freundin Schluss machen

**fin·ished** ['fɪnɪʃt] ① **he's finished** er ist fertig ② *Person:* erledigt *umgangsspr* ③ *Holz, Metall:* fertig bearbeitet ④ *Erscheinung:* vollendet ⑤ **finished product** das Fertigprodukt

**fin·ish·ing line** ['fɪnɪʃɪŋˌlaɪn] die Ziellinie

**fin·ish·ing post** ['fɪnɪʃɪŋˌpəʊst] der Zielpfosten

**fi·nite** ['faɪnaɪt] begrenzt; **a finite number** eine endliche Zahl

**fir** [fɜːʳ] die Tanne, die Fichte

**fir-cone** der Tannenzapfen

**fire** ['faɪəʳ] ① das Feuer; **danger of fire** die Brandgefahr; **to catch fire** Feuer fangen ② (*von Gebäude, Wald*) der Brand; **to be on fire** in Flammen stehen; **to set fire to a house, to set a house on fire** ein Haus in Brand stecken ③ das Kaminfeuer ④ (*militärisch*) das Feuer; **to come under fire** unter Beschuss geraten ⑤ **to play with fire** (*auch übertragen*) mit dem Feuer spielen

to **fire** ['faɪəʳ] ① (*umgangsspr*) feuern *umgangsspr,* entlassen ② befeuern *Ofen* ③ brennen *Ziegel* ④ abfeuern *Feuerwaffe, Geschoss* ⑤ *Waffe:* feuern, schießen

◆ to **fire away** (*umgangsspr*) losschießen

◆ to **fire off** **to fire off a gun** ein Gewehr abfeuern

**fire alarm** ['faɪərəˌlaːm] ① der Feueralarm ② (*Gerät*) der Feuermelder

**fire·arm** die Feuerwaffe, die Schusswaffe

**fire bri·gade** die Feuerwehr

**fire·crack·er** der Knallkörper

**fire de·part·ment** (USA) die Feuerwehr

**fire en·gine** das Feuerwehrauto

**fire es·cape** die Feuertreppe, die Feuerleiter

**fire ex·tin·guish·er** der Feuerlöscher

**fire·fight·er** der Feuerwehrmann

**fire haz·ard** die Brandgefahr

**fire house** (USA) die Feuerwache

**fire·man** ['faɪəmən] <*plural* firemen> der Feuerwehrmann

**fire·place** ['faɪəpleɪs] der Kamin

**fire·proof** feuerfest, feuersicher

**fire·side** ['faɪəsaɪd] Platz um den Kamin; **by the fireside** am Kamin

**fire·wom·an** ['faɪəwʊmən, *plural* 'faɪəwɪmɪn] <firewomen> *plural* die Feuerwehrfrau

**fire·wood** ['faɪəwʊd] das Brennholz

**fire·work** ① der Feuerwerkskörper ② **fireworks** das Feuerwerk

**firm**[1] [fɜːm] ① fest, stabil ② *Freundschaft:* beständig, dauerhaft ③ *Basis:* sicher ④ *Angebot:* bindend ⑤ **to stand firm on something** fest bei etwas bleiben

**firm**[2] [fɜːm] die Firma, das Unternehmen

**firm·ness** [fɜːmnəs] die Festigkeit

**first**[1] [fɜːst] ① erste(r, s); **first novel** der Erstlingsroman; **for the first time** zum ersten Mal; **in first place** (*beim Rennen*) an erster Stelle; **he was first to arrive** er kam als Erster an; **first thing every morning** gleich morgens früh ② zuerst, als Erste(r, s); **to come in first** das Rennen gewinnen; **Ladies first!** den Damen der Vortritt!; **first come, first served** wer zuerst kommt, mahlt zuerst ③ als Erstes, zunächst; **first of all, I'm going to unpack** zuallererst werde ich auspacken ④ zum ersten Mal; **when did you first meet him?** wann hast du ihn das erste Mal getroffen? ⑤ zuerst; **I must finish this first** ich muss das erst fertig machen ⑥ (*übertragen*) **at first hand** aus erster Hand; **at first sight** auf den ersten Blick ⑦ **first things first** eins nach dem anderen; **to not know the first thing about something** keinen blassen Schimmer von etwas haben

**first**[2] [fɜːst] ① **the first** der/die/das Erste; **he was the first to arrive** er kam als Erster an ② (GB) (*Note an der Uni*) die Eins ③ (*im Fahrzeug*) der erste Gang ④ **the first of July** der erste Juli ⑤ **at first** zuerst, zunächst; **from first to last** von Anfang bis Ende

**first aid** die erste Hilfe; **first aid box** der Verbandskasten

**first-class** [ˌfɜːstˈklɑːs] ① erstklassig; **first-class compartment** das Abteil erster Klasse ② (GB) **first-class stamp** die Briefmarke für

Eilpost

**first·ly** [ˈfɜːstlɪ] erstens

**first name** [ˈfɜːst ˈneɪm] der Vorname; **to be on first name terms** sich duzen

**first night** (*am Theater*) die Erstaufführung

**first-rate** [ˌfɜːstˈreɪt] ❶ erstrangig, erstklassig ❷ (*umgangsspr*) prima, großartig

**fish** [fɪʃ] <*plural* fish *oder* fishes> ❶ der Fisch; **fish and chips** frittierter Fisch und Pommes frites ❷ **to drink like a fish** saufen wie ein Loch *umgangsspr;* **to feel like a fish out of water** sich fehl am Platz vorkommen

to **fish** [fɪʃ] ❶ fischen ❷ angeln (**for** nach) ❸ **she fished in her bag for her lipstick** sie kramte in ihrer Handtasche nach ihrem Lippenstift

**fish·bone** [ˈfɪʃbəʊn] die Fischgräte

**fish·cake** [ˈfɪʃkeɪk] die Fischfrikadelle

**fish·er·man** [ˈfɪʃəmən] <*plural* fishermen> der Fischer, der Angler

**fish fin·ger** [ˌfɪʃˈfɪŋɡəʳ] das Fischstäbchen

**fish·ing** [ˈfɪʃɪŋ] das Fischen, das Angeln

**fish·ing line** die Angelschnur

**fish·ing rod** die Angelrute

**fish·monger** [ˈfɪʃmʌŋɡəʳ] Ⓖⓑ der Fischhändler/die Fischhändlerin

**fish·pond** der Fischteich

**fishy** [ˈfɪʃɪ] ❶ *Geruch, Geschmack:* fischartig ❷ (*umgangsspr*) verdächtig, faul

**fist** [fɪst] die Faust

**fit¹** [fɪt] ❶ (*medizinisch*) der Anfall; **fit of coughing** der Hustenanfall ❷ **fit of anger** der Wutanfall ❸ (*umgangsspr*) **by** [*oder* **in**] **fits and starts** stoßweise; **to give someone a fit** (*umgangsspr*) jemandem einen Schrecken einjagen ❹ *von Kleidungsstück:* die Passform; **it's a good fit** es sitzt gut

**fit²** [fɪt] <fitter, fittest> ❶ *Person:* gesund, in Form; **to keep fit** in Form bleiben ❷ geeignet; **this coat isn't fit for use** diesen Mantel kann man nicht mehr anziehen ❸ **fit to drink** trinkbar; **fit for a position** für eine Stelle geeignet; **fit for work** arbeitsfähig ❹ angebracht; **to see fit to do something** es für richtig halten, etwas zu tun

to **fit** [fɪt] <fitted *oder* Ⓤⓢⓐ fit, fitted *oder* Ⓤⓢⓐ fit> ❶ **the lid fits the jar** der Deckel passt auf den Topf; **the key fits the lock** der Schlüssel passt in das Schloss ❷ *Kleidung:* passen, sitzen ❸ montieren, einbauen *Schloss;* einsetzen *Scheibe, Tür* ❹ **the facts fit the description** die Tatsachen entsprechen der Beschreibung

◆ to **fit in** ❶ **to fit something in** etwas unterbringen ❷ **to fit someone in** jemandem ei-

nen Termin geben; **to fit a visit in** einen Besuch einschieben; **I can fit you in on Monday** am Montag hätte ich Zeit für Sie ❸ einbauen *Scheibe usw.* ❹ **she doesn't fit in with her colleagues** sie passt nicht zu ihren Kollegen ❺ in Einklang [*oder* Übereinstimmung] sein (**with** mit)

◆ to **fit out** ausrüsten, ausstatten

◆ to **fit together** zusammenpassen

◆ to **fit up** ❶ ausrüsten *Person* (**with** mit) ❷ montieren *Maschine*

**fit·ness** [ˈfɪtnɪs] die Fitness, die Kondition

**fit·ted** [ˈfɪtɪd] ❶ eingerichtet, ausgestattet (**with** mit) ❷ *Hemd, Kleid:* tailliert ❸ **fitted carpet** der Teppichboden; **fitted kitchen** die Einbauküche; **fitted sheet** das Spannbetttuch

**fit·ting** [ˈfɪtɪŋ] angebracht, geeignet

**five** [faɪv] fünf; **a quarter to five** viertel vor fünf

**five** [faɪv] die Fünf; **the five of hearts** die Herzfünf

**fiv·er** [ˈfaɪvəʳ] (*umgangsspr*) die Fünfpfundnote

**fix** [fɪks] ❶ (*umgangsspr*) **to be in a fix** in der Klemme sein ❷ (*slang*) *Drogen:* der Fix

to **fix** [fɪks] ❶ *mit Schrauben usw.:* festmachen, befestigen (**to** an) ❷ aufhängen *Bild* ❸ **to fix one's eyes on something** den Blick auf etwas heften ❹ fesseln *Aufmerksamkeit;* **to fix something in one's mind** sich etwas fest einprägen ❺ festsetzen, festlegen *Preis* (**at** auf) ❻ abmachen; **nothing has been fixed yet** es ist noch nichts Endgültiges ausgemacht; **to fix a date** ein Treffen vereinbaren ❼ ansetzen *Besprechung* ❽ (*umgangsspr*) in Ordnung bringen; **to fix the radio** das Radio reparieren ❾ (*umgangsspr*) manipulieren *Rennen, Kampf* ❿ **to fix the blame on someone** die Schuld auf jemanden schieben ⓫ **I'll fix him!** dem werde ich's schon zeigen! ⓬ **to fix one's hair** sich frisieren ⓭ machen *Essen, Kaffee*

◆ to **fix on** **to fix on an idea** sich auf einen Gedanken konzentrieren

◆ to **fix up** ❶ anbringen ❷ arrangieren, festmachen *Termin, Urlaub* ❸ **to fix someone up for the night** jemanden für die Nacht unterbringen ❹ **to fix someone up with something** jemandem etwas besorgen

**fixed** [fɪkst] ❶ fest ❷ *Idee:* fix ❸ *Lächeln:* starr

**fix·ture** [ˈfɪkstʃəʳ] ❶ **fixtures** ⚠ *plural* die Ausstattung, das unbewegliche Inventar ❷ (*Sport*) das Spiel

to **fizz** [fɪz] (*Geräusch*) zischen; *Getränk:* sprudeln, moussieren

**fizz** [fɪz] ❶ das Zischen ❷ *von Getränk:* der Sprudel

to **fiz·zle** ['fɪzl] zischen

**fizzy** ['fɪzɪ] sprudelnd; **fizzy drinks** die kohlensäurehaltigen Getränke

**flab·by** ['flæbɪ] ❶ *Körperteil:* schlaff ❷ (*übertragen*) saft- und kraftlos

**flag** [flæg] die Fahne; *von Staat, Schiff:* die Flagge

**flag·pole** ['flægpəʊl] die Fahnenstange

**fla·grant** ['fleɪɡrənt] ❶ *Verbrechen:* himmelschreiend, empörend ❷ *Verstoß:* skandalös, eklatant

**flair** [fleəʳ] das Gespür, das Fingerspitzengefühl; **to have a flair for something** eine Nase für etwas haben

**flake** [fleɪk] *Schnee, Farbe, Seife:* die Flocke

to **flake** [fleɪk] ❶ **to flake [away** [*oder* **off**]] *Farbe:* abblättern ❷ *Haut:* sich schuppen
◆ to **flake out** (*umgangsspr*) abschlaffen

**flaky** ['fleɪkɪ] ❶ flockig; *Haut:* schuppig; *Farbe, Verputz:* bröck[e]lig; **flaky pastry** der Blätterteig ❷ ⓊⓢⒶ (*slang*) verrückt

**flame** [fleɪm] die Flamme; **to be in flames** in Flammen stehen; **to burst into flames** in Flammen aufgehen

to **flame** [fleɪm] lodern, brennen; **to flame up** auflodern

**flam·ing** ['fleɪmɪŋ] ❶ lodernd, brennend ❷ (*umgangsspr*) **he's flaming mad** er kocht vor Wut ❸ (*umgangsspr*) verdammt *umgangsspr*

**flam·mable** ['flæməbl] leicht brennbar

**flan** [flæn] ❶ (*süß*) die Torte ❷ (*pikant*) die Quiche

**Flan·ders** ['flɑːndəz] Flandern

**flan·nel** ['flænl] ❶ der Waschlappen ❷ **flannels** △ *plural* die Flanellhose ❸ der Flanell

**flap** [flæp] ❶ die Klappe; (*am Briefumschlag*) die Lasche ❷ **flap of skin** der Hautlappen ❸ (*umgangsspr*) **to get into a flap** in helle Aufregung geraten

to **flap** [flæp] <flapped, flapped> ❶ *Flügel:* schlagen; *Fahne, Segel:* flattern; **to flap its wings** mit den Flügeln schlagen; **to flap away** davonfliegen ❷ (*umgangsspr*) **stop flapping** [**about**]! reg dich ab! ❸ **his ears were flapping** er spitzte die Ohren

to **flare** [fleəʳ] ❶ [auf]flackern ❷ (*übertragen*) aufbrausen; **tempers flared** die Gemüter erhitzten sich
◆ to **flare up** ❶ (*auch übertragen*) aufflammen; *Krankheit:* [wieder] ausbrechen ❷ aufbrausen

to **flash** [flæʃ] ❶ aufleuchten, aufblitzen ❷ [auf]blitzen, funkeln; **her eyes flashed with anger** ihre Augen blitzten vor Zorn; **the lightning flashed** es blitzte ❸ (*übertragen*) sausen, flitzen; **to flash in and out** rein und raus flitzen; **a smile flashed across his face** ein Lächeln huschte über sein Gesicht ❹ **to flash by** vorbeisausen; **the time flashed past** die Zeit verflog im Nu; **the idea flashed through my mind** der Gedanke schoss mir durch den Kopf ❺ (*im Buch, Film*) **to flash back** zurückblenden ❻ **to flash one's headlights at someone** jemanden anblinken

**flash** [flæʃ] <*plural* flashes> ❶ das Aufblinken, das Blitzen ❷ *am Fotoapparat:* der Blitz, das Blitzlicht ❸ **flash of lightning** der Blitz; **a flash of wit** [*oder* **genius**] ein Geistesblitz ❹ **a flash in the pan** ein Strohfeuer ❺ **in a flash** im Nu; **as quick as a flash** blitzschnell

**flash·back** ['flæʃbæk] (*im Buch, Film*) die Rückblende

**flash·bulb** die Blitzbirne

**flash flood** die flutartige Überschwemmung

**flash·gun** ['flæʃɡʌn] das Blitzlichtgerät

**flash·light** ['flæʃlaɪt] ❶ (*für Signale*) das Blinklicht ❷ ⓊⓢⒶ die Taschenlampe ❸ (*beim Fotografieren*) das Blitzlicht

**flash·point** ['flæʃpɔɪnt] der Flammpunkt

**flashy** ['flæʃɪ] auffallend, auffällig

**flask** [flɑːsk] ❶ (*im Labor*) der Glaskolben ❷ die Thermosflasche ❸ (*für Schnaps*) der Flachmann

**flat¹** [flæt] <flatter, flattest> ❶ *Fläche:* flach, eben; *Reifen:* platt ❷ *Batterie:* leer ❸ *Getränk:* schal, abgestanden ❹ (*übertragen*) *Stimmung:* fade ❺ **flat rate of pay** der Pauschallohn ❻ *Note:* erniedrigt; (*beim Singen*) zu tief; **to sing flat** zu tief singen ❼ *Ablehnung:* kategorisch; **he told me flat that ...** er sagte mir klipp und klar, dass ... ❽ **flat broke** (*umgangsspr*) total pleite ❾ **flat out** total erledigt; **to work flat out** auf Hochtouren arbeiten

**flat²** [flæt] ❶ (*Musik*) das Erniedrigungszeichen ❷ die Reifenpanne ❸ ⒼⒷ die Wohnung

**flat-foot·ed** [flæt'fʊtɪd] plattfüßig

**flat-pack** **flat-pack furniture** Möbel zur Selbstmontage [*oder* im Flachkarton]

to **flat·ten** ['flætn] ❶ platt drücken ❷ dem Erdboden gleichmachen *Stadt*

to **flat·ter** ['flætəʳ] ❶ schmeicheln; **to feel flattered** sich geschmeichelt fühlen ❷ **to**

**flattering – flop** 176

**flatter oneself that ...** sich einbilden, dass ...

**flat·ter·ing** ['flætərɪŋ] schmeichelhaft

**flat·tery** ['flætərɪ] die Schmeichelei

**fla·vour** ['fleɪvəʳ], ⓊⓈⒶ **fla·vor** ❶ der Geschmack, das Aroma ❷ (*übertragen*) der Beigeschmack

**fla·vour·ing**, ⓊⓈⒶ **fla·vor·ing** das Aroma

**flea** [fliː] der Floh

**flea mar·ket** der Flohmarkt

**fled** [fled] *2. und 3. Form von* **flee**

to **flee** [fliː] <fled, fled> ❶ fliehen, flüchten (**from** vor) ❷ **to flee someone/something** vor jemandem/aus etwas fliehen

**fleet** [fliːt] ❶ *Schiffe:* die Flotte ❷ **fleet [of cars [**oder **lorries]]** der Fuhrpark

**fleet·ing** ['fliːtɪŋ] flüchtig, vergänglich; **fleeting visit** die Stippvisite

**flesh** [fleʃ] das Fleisch; **flesh and blood** Fleisch und Blut; **more than flesh and blood can stand** mehr als ein Mensch ertragen kann

**flew** [fluː] *2. Form von* **fly**

to **flex** [fleks] ❶ beugen; [an]spannen *Muskeln;* **to flex one's muscles** (*übertragen*) seine Muskeln spielen lassen ❷ sich beugen; *Muskeln:* sich [an]spannen

**flex** [fleks] <*plural* flexes> das Kabel

**flex·ible** ['fleksəbl] ❶ biegsam, elastisch ❷ (*übertragen*) anpassungsfähig, flexibel

**flexi·time** ['fleksɪtaɪm] die gleitende Arbeitszeit, die Gleitzeit

**flick** [flɪk] ❶ der [kurze] Schlag ❷ ⒼⒷ (*umgangsspr*) **the flicks** *plural* das Kino

to **flick** [flɪk] ❶ **to flick somebody** jemandem einen [leichten] Schlag versetzen ❷ schnalzen mit *Peitsche;* **to flick channels** durch die Kanäle zappen; **to flick the light switch on/off** das Licht an-/ausknipsen

Ⓕ Nicht verwechseln mit *flicken — to mend!*

◆to **flick through** (*umgangsspr*) [schnell] durchblättern

to **flick·er** ['flɪkə] ❶ flattern ❷ *Flamme:* flackern, zucken

**flick·er** ['flɪkə] ❶ *von Flamme:* das Flackern ❷ **flicker of hope** der Hoffnungsschimmer

**fli·er** ['flaɪə] ❶ der Flieger/die Fliegerin ❷ der Senkrechtstarter *umgangsspr* ❸ (*Reklamezettel*) der Flyer, der Handzettel

**flight** [flaɪt] ❶ der Flug, das Fliegen; **in flight** im Flug ❷ die Flugstrecke ❸ **flight of stairs** die Treppe ❹ die Flucht; **to put to flight** in die Flucht schlagen

**flight at·tend·ant** der Flugbegleiter/die Flugbegleiterin

**flight deck** ['flaɪtdek] das Flugdeck

**flight num·ber** die Flugnummer

**flim·sy** ['flɪmzɪ] ❶ dünn, nicht stabil ❷ *Ausrede:* fadenscheinig

to **fling** [flɪŋ] <flung, flung> ❶ schleudern; **to fling back one's head** den Kopf zurückwerfen ❷ **to fling something at someone** jemandem etwas an den Kopf werfen

◆to **fling off** abwerfen, abschütteln

◆to **fling open** aufreißen *Tür;* **to fling the window open** das Fenster aufstoßen

◆to **fling out** hinauswerfen

to **flip** [flɪp] <flipped, flipped> ❶ **to flip something [over]** etwas wenden ❷ (*umgangsspr*) ausflippen

**flip-flop** ['flɪpflɒp] (*umgangsspr*) die Zehensandale, die Badeschlappe

**flip·per** ['flɪpə] ❶ (*Tier*) die Flosse ❷ (*beim Taucher*) die [Schwimm]flosse

to **flirt** [flɜːt] (*auch übertragen*) flirten; **to flirt with danger** mit der Gefahr spielen

**flirt** [flɜːt] **he is such a flirt** er kann das Flirten nicht lassen

to **float** [fləʊt] ❶ schwimmen, treiben; (*in Luft*) schweben ❷ (*übertragen*) **to float an idea** eine Idee zur Debatte stellen; **to float something on the market** etwas auf den Markt bringen

◆to **float off** wegtreiben; (*in die Luft*) davonschweben

**flock** [flɒk] ❶ *von Schafen, auch religiös:* die Herde ❷ *von Vögeln:* der Schwarm ❸ *von Personen:* die Schar, der Haufen

to **flock** [flɒk] in Scharen kommen

**flood** [flʌd] ❶ das Hochwasser, die Überschwemmung; **the Flood** die Sintflut ❷ **flood tide** (*Ebbe*) die Flut ❸ (*übertragen*) die Flut, der Schwall; **flood of tears** der Tränenstrom

to **flood** [flʌd] ❶ überschwemmen, überfluten; **the cellar was flooded [out]** der Keller stand unter Wasser ❷ (*übertragen*) überschütten (**with** mit); **to flood the market** den Markt überschwemmen ❸ *Fluss:* über die Ufer treten

◆to **flood in** hereinstürmen, hineinströmen

**flood·light** ['flʌdlaɪt] der Scheinwerfer, das Scheinwerferlicht, das Flutlicht

**floor** [flɔːʳ] ❶ der Fußboden ❷ der Tanzboden ❸ **first floor** ⒼⒷ der erste Stock; ⓊⓈⒶ das Erdgeschoss

**floor·board** ['flɔːbɔːd] die Diele

to **flop** [flɒp] <flopped, flopped> ❶ fallen, sich

**floor**

**F** Nicht verwechseln mit *der Flur — hall!*

fallenlassen ❷ *Theaterstück usw.:* nicht ankommen ❸ **to flop down on the bed** sich auf das Bett fallen lassen
**flop** [flɒp] (*umgangsspr*) der Reinfall, der Misserfolg
**flop·py** ['flɒpɪ] ❶ schlaff, schlapp ❷ **floppy disk** die Floppy Disk, die Diskette
**Flori·da** ['flɒrɪdə] Florida
**flo·rist** ['flɒrɪst] der Blumenhändler/die Blumenhändlerin; **florist's shop** der Blumenladen
**flour** ['flaʊəʳ] das Mehl
to **flour·ish** ['flʌrɪʃ] blühen; (*Geschäft auch*) florieren
**flour·ish·ing** ['flʌrɪʃɪŋ] blühend, florierend
to **flow** [fləʊ] ❶ *Fluss:* fließen, strömen; **to flow in** hereinströmen; **the river flows into the lake** der Fluss mündet in den See ❷ *Gas:* strömen ❸ *Tränen:* rinnen ❹ (*übertragen*) **to flow freely** in Strömen fließen
**flow** [fləʊ] ❶ (*auch übertragen*) der Strom, der Fluss; **flow of traffic** der Verkehrsstrom ❷ **flow of information** der Informationsfluss; **flow of words** der Redefluss
**flow·chart** das Flussdiagramm
**flow·er** ['flaʊəʳ] die Blume, die Blüte; **in flower** in Blüte
to **flow·er** ['flaʊəʳ] blühen
**flow·er ar·range·ment** das Blumengesteck
**flow·er·bed** ['flaʊəbed] das Blumenbeet
**flow·er·pot** ['flaʊəpɒt] der Blumentopf
**flown** [fləʊn] *3. Form von* **fly**
**flu** [fluː] (*umgangsspr*) die Grippe
**flu·ent** ['fluːənt] ❶ *Stil:* flüssig ❷ *Redner:* gewandt ❸ **to speak fluent English** fließend Englisch sprechen

**fluffy** ['flʌfɪ] flaumig
**flu·id¹** ['fluːɪd] ❶ flüssig ❷ (*übertragen*) veränderlich, ungewiss; *Situation:* unklar
**flu·id²** ['fluːɪd] die Flüssigkeit
**flung** [flʌŋ] *2. und 3. Form von* **fling**
to **flunk** [flʌŋk] (*umgangsspr: in einer Prüfung*) durchfallen
**flur·ry** ['flʌrɪ] ❶ **snow flurry** das Schneegestöber ❷ (*übertragen*) die Unruhe; **in a flurry of excitement** in großer Aufregung
to **flush** [flʌʃ] ❶ **to flush the toilet** spülen ❷ *Person:* rot werden
**flushed** ['flʌʃt] rot, gerötet
to **flus·ter** ['flʌstəʳ] nervös machen
**flus·ter** ['flʌstəʳ] *kein Plural* **to be/get in a fluster** nervös sein/werden
**flute** [fluːt] die Querflöte
to **flut·ter** ['flʌtəʳ] ❶ *Motte, Fahne:* flattern ❷ **to flutter something** mit etwas flattern; **to flutter one's eyelashes** mit den Wimpern klimpern
**flut·ter** ['flʌtəʳ] ❶ das Flattern ❷ *Person:* **in a flutter** in heller Aufregung ❸ 🇬🇧 (*umgangsspr*) **to have a flutter** ein paar Scheinchen riskieren *umgangsspr*
**fly** [flaɪ] ❶ die Fliege ❷ **flies** ⚠ *plural* der Hosenschlitz
to **fly** [flaɪ] <flew, flown> ❶ fliegen; **to fly an aeroplane** ein Flugzeug fliegen; **to fly British Airways** mit British Airways fliegen; **to fly into Glasgow** in Glasgow landen ❷ **to fly a kite** einen Drachen steigen lassen ❸ **the door flew open** die Tür flog auf ❹ *Zeit:* vergehen ❺ **she flew past him in a great hurry** sie sauste eilig an ihm vorbei ❻ *Fahne:* wehen; **they're flying the skull and crossbones!** sie lassen die Totenkopfflagge wehen! ❼ (*übertragen*) **rumours are flying about him** es gehen Gerüchte über ihn um ❽ **to fly into a rage** einen Wutanfall bekommen; **to fly at someone** auf jemanden losgehen

♦ to **fly away** wegfliegen; *Flugzeug:* abfliegen
♦ to **fly in** einfliegen; **she's flying in from New York** sie kommt mit dem Flugzeug aus New York

♦ to **fly off** *Flugzeug:* abfliegen; *Vogel, Insekt, Hut:* wegfliegen; **she flew off to India** sie flog nach Indien

♦ to **fly out** ausfliegen; **he's flying out to Australia** er fliegt nach Australien
**fly·er** ['flaɪəʳ] ❶ der Flieger/die Fliegerin ❷ der Flyer, der Handzettel
**fly·ing¹** ['flaɪɪŋ] das Fliegen
**fly·ing²** ['flaɪɪŋ] ❶ fliegend; **two hours' fly-**

**flying saucer – fool** **178**

ing time zwei Flugstunden ② (*übertragen*) **to pass with flying colours** glänzend abschneiden

Ⓛ Ein **flying doctor** ist in Australien ein Arzt, der mit seinem Flugzeug abgelegene ländliche Gebiete versorgt. Es kommt häufig vor, dass ein flying doctor über Funk Medikamente verschreibt. Die flying doctors versorgen auf diese Art rund zwei Drittel der Bevölkerung Australiens.

**fly·ing sauc·er** die fliegende Untertasse

**fly·ing start** der fliegende Start; **he's got off to a flying start** er hatte einen glänzenden Start

**fly·ing vis·it** die Stippvisite

**fly·over** ['flaɪəʊvəʳ] **GB** (*Straße*) die Überführung

**foam** [fəʊm] der Schaum

to **foam** [fəʊm] *Meer, Person:* schäumen (**with** vor); **to be foaming at the mouth** vor Wut schäumen

**fo·cal** ['fəʊkl] **focal point** der Brennpunkt

**fo·ci** ['fəʊkaɪ] *Pluralform von* **focus**

**fo·cus** ['fəʊkəs, *plural* 'fəʊsaɪ] <*plural* focuses, foci> ① (*auch übertragen*) der Brennpunkt ② (*beim Fotografieren*) die Brennweite; **in/out of focus** scharf/unscharf eingestellt; **to bring into focus** scharf einstellen ③ (*übertragen*) **to see things in focus** die Dinge sehen, wie sie sind ④ (*übertragen*) der Mittelpunkt; **to be the focus of attention** im Mittelpunkt stehen

to **fo·cus** ['fəʊkəs] <focussed, focussed *oder* focused, focused> einstellen; (*übertragen*) konzentrieren (**on** auf)

**foe·tus** ['fiːtəs] der Fetus

**fog** [fɒg] der Nebel

**fog·gy** ['fɒgɪ] ① neb[e]lig ② (*übertragen*) unklar ③ (*übertragen*) **I haven't the foggiest [idea]** ich habe überhaupt keine Ahnung

to **foil** [fɔɪl] **to foil someone [in something]** jemandem [bei einer Sache] einen Strich durch die Rechnung machen; **to foil a plan** einen Plan durchkreuzen

**foil** [fɔɪl] die Folie; **aluminium foil** die Alufolie

**fold** [fəʊld] die Falte

to **fold** [fəʊld] ① zusammenfalten; zusammenlegen *Wäsche;* zusammenklappen *Klappstuhl* ② **to fold one's arms** die Arme verschränken; **to fold one's hands** die Hände falten ③ **to fold someone in one's arms** jemanden in die Arme schließen ④ (*umgangsspr*) *Geschäft:* eingehen

◆to **fold up** zusammenklappen *Stuhl*

**fold·er** ['fəʊldəʳ] ① der Schnellhefter, der

Aktendeckel ② das Merkblatt

**fold·ing** ['fəʊldɪŋ] zusammenklappbar

**folk** [fəʊk] ⚠ *plural* ① die Leute ② **my folks** (*umgangsspr*) meine Leute ③ (*umgangsspr*) **a lot of folk think ...** viele denken ...

**folk mu·sic** die Volksmusik

**folk song** das Volkslied

to **fol·low** ['fɒləʊ] ① **please follow me** bitte folgen Sie mir, mir nach! ② (*zeitlich*) **the programme follows the news** die Sendung schließt sich an die Nachrichten an ③ **he's being followed** er wird verfolgt; **to have someone followed** jemanden verfolgen lassen ④ (*auch übertragen*) folgen *Weg, Trend;* befolgen *Regel, Rat* ⑤ ausüben, nachgehen *Beruf* ⑥ mitmachen, folgen *Mode* ⑦ verfolgen *Serie* ⑧ **do you follow me?** können Sie mir folgen? ⑨ [er]folgen, sich ergeben (**from** aus) ⑩ **as follows** wie folgt; **it follows that ...** daraus folgt [*oder* ergibt sich], dass ...

◆to **follow on** *Person:* nachkommen; *Tatsache:* sich ergeben (**from** aus)

◆to **follow through** zu Ende führen

◆to **follow up** ① weiterverfolgen ② nachgehen *Hinweis* ③ fortsetzen, ausbauen *Erfolg*

**fol·low·er** ['fɒləʊəʳ] ① der Anhänger/die Anhängerin ② (*abwertend*) der Mitläufer/die Mitläuferin

**fol·low·ing¹** ['fɒləʊɪŋ] folgend; **the following day** am darauf folgenden Tag; **following wind** (*auch übertragen*) der Rückenwind

**fol·low·ing²** ['fɒləʊɪŋ] ① die Anhängerschaft ② **he said the following** er sagte Folgendes

**fol·low-up¹** die Fortsetzung (**to** von)

**fol·low-up²** Folge-; **follow-up treatment** die Nachbehandlung

**fond** [fɒnd] ① *Blick:* liebevoll; **fondest regards** mit lieben Grüßen ② **to be fond of someone/something** jemanden/etwas mögen [*oder* gern haben]; **to be fond of doing something** etwas gern tun

**food** [fuːd] ① die Nahrung, das Essen; (*für Tiere*) das Futter ② das Nahrungsmittel; (*im Laden*) das Lebensmittel ③ (*übertragen*) **food for thought** Stoff zum Nachdenken

**food chain** die Nahrungskette

**food in·tol·er·ance** die Lebensmittelunverträglichkeit

**food poi·son·ing** die Lebensmittelvergiftung

**food pro·ces·sor** die Küchenmaschine

**fool¹** [fuːl] ① der Dummkopf, der Narr ② **to make a fool of oneself** sich lächerlich machen; **to make a fool of someone** jemanden zum Narren machen; **April Fool!** April,

April!

**fool²** [fuːl] (USA) (*umgangsspr*) dumm, doof *umgangsspr*

to **fool** [fuːl] **to fool someone** jemanden reinlegen, mit jemandem seinen Spaß haben
♦ to **fool about**, to **fool around** herumblödeln, herumalbern; **stop fooling about!** lass den Blödsinn!

**fool·ish** ['fuːlɪʃ] dumm, töricht

**fool·ish·ly** ['fuːlɪʃli] töricht

**fool·proof** ['fuːlpruːf] *Gerät:* narrensicher, idiotensicher; *Plan:* todsicher

**foot** [fʊt] <*plural* feet> ❶ der Fuß; **on foot** zu Fuß; **to get to one's feet** aufstehen; **to set foot on** [*oder* **in**] **something** etwas betreten ❷ *von Bett:* das Fußende ❸ (*Längenmaß*) der Fuß (*30,48 cm*) ▸ WENDUNGEN: **to be** [**back**] **on one's feet** (*nach einer Krankheit*) wieder auf den Beinen sein; **to stand on one's own two feet** auf eigenen Füßen stehen; **to put one's foot down** im Machtwort sprechen; **to put one's foot in it** ins Fettnäpfchen treten; **to find one's feet** sich eingewöhnen

to **foot** [fʊt] ▸ WENDUNGEN: **to foot the bill** (*umgangsspr*) für die Rechnung aufkommen

**foot·ball** ['fʊtbɔːl] ❶ der Fußball ❷ der amerikanische Fußball, der Football

**L** Der beliebteste Zuschauersport Australiens ist der **Australian Rules Football**. Auf einem großen, ovalen Feld treten zwei Mannschaften mit je 18 Spielern an. Nach den Australian Football Rules ist das Tackling (Angreifen) mit dem ganzen Körper erlaubt. Und da die Spieler keine Schutzkleidung tragen, ist es eine sehr harte Sportart.

**foot·ball hoo·li·gan** der Fußballrowdy

**foot·bridge** ['fʊtbrɪdʒ] die Fußgängerbrücke

**foot·ing** ['fʊtɪŋ] ❶ der Stand; **to lose one's footing** den Halt verlieren ❷ (*übertragen*) die Grundlage, die Basis ❸ **to be on a friendly footing with someone** mit jemandem auf freundschaftlichem Fuß[e] stehen

**foot·path** ['fʊtpɑːθ] der Fußweg, der Gehweg

**foot·print** ['fʊtprɪnt] der Fußabdruck

**foot·rest** die Fußstütze

**foot·step** ['fʊtstep] ❶ der Schritt, der Tritt ❷ **to follow in someone's footsteps** (*auch übertragen*) in jemandes Fußstapfen treten

**for** [fɔːʳ] ❶ (*räumlich*) **the train for Glasgow** der Zug nach Glasgow; **we walked for two miles** wir sind zwei Meilen weit gelaufen ❷ (*zeitlich*) **he's been working there for six months** er arbeitet seit sechs Monaten dort; **I'm going to be here for three weeks** ich bin für drei Wochen hier

❸ (*Zweck*) **for example** zum Beispiel; **what's this box for?** wozu dient dieser Kasten?; **to go for a walk** spazieren gehen; **to take someone for a ride in the car** jemanden im Auto spazieren fahren; **to phone for an ambulance** nach einem Krankenwagen telefonieren; **to work for a living** für den Lebensunterhalt arbeiten; **prescription for something** Rezept gegen etwas ❹ (*Grund*) aus; **for this reason** aus diesem Grund; **to shout for joy** vor Freude jauchzen; **well-known for his work** bekannt wegen seiner Arbeit ❺ **to have something for breakfast/dessert** etwas zum Frühstück/Nachtisch essen ❻ (*betreffend*) **anxious for someone** um jemanden besorgt; **as for him** was ihn betrifft ❼ bestimmt; **a letter for you** ein Brief für dich; **it's not for me to say** es steht mir nicht an, mich dazu zu äußern ❽ (*dafür*) **are you for or against it?** sind Sie dafür oder dagegen? ❾ trotz; **for all her money, she's never happy** trotz all ihres Geldes ist sie nie zufrieden; **for all that** trotzdem ❿ (*im Wert von*) **a cheque for £200** ein Scheck in Höhe von 200 Pfund ⓫ (*im Austausch*) **to pay £2 for a ticket** zwei Pfund für eine Karte zahlen; **how much did you pay for that?** wie viel hast du dafür bezahlt? ⓬ **to hope for news** auf Nachrichten hoffen; **to wait for someone** auf jemanden warten ⓭ **a weakness for chocolate** eine Schwäche für Schokolade; **a talent for languages** eine Begabung für Sprachen ⓮ **for this to be possible** damit dies möglich wird; **the best would be for you to go** das Beste wäre, wenn Sie gingen ⓯ (*umgangsspr*) **he is in for it!** er ist dran!

**for·bad(e)** [fəˈbæd] *2. Form von* **forbid**

to **for·bid** [fəˈbɪd] <forbad *oder* forbade, forbidden> ❶ **I forbid you to do that again!** ich verbiete dir, so was noch mal zu tun! ❷ (*auf einem Schild*) **use of mobile phones forbidden** das Benutzen von Mobiltelefonen ist untersagt ❸ **God forbid!** Gott bewahre!

**for·bid·den** [fəˈbɪdn] *3. Form von* **forbid**

**for·bid·ding** [fəˈbɪdɪŋ] ❶ bedrohlich; *Landschaft:* unfreundlich ❷ (*übertragen*) *Aussicht:* grauenhaft

**force** [fɔːs] ❶ die Stärke; **in force** in voller Stärke ❷ (*übertragen*) die Kraft; **force of character** die Charakterstärke; **force of gravity** die Schwerkraft ❸ die Gewalt, der Zwang, der Druck; **by force** mit Gewalt; **to resort to** [*oder* **use**] **force** Gewalt anwen-

den **④** *Gesetz:* **to come into/be in force**
rechtskräftig werden/sein **⑤** **the forces** die
Streitkräfte **⑥** **to join forces** sich zusam-
mentun

to **force** [fɔːs] **①** drängen; **don't force him [to
do it]**! zwinge ihn nicht dazu[, so etwas zu
tun]!; **I was forced to do it** ich musste es
tun **②** **to force one's way in** sich mit Ge-
walt Zutritt verschaffen **③** **to force some-
thing open** etwas aufbrechen **④** **you can't
force things** das lässt sich nicht übers Knie
brechen
  ◆ to **force down** drücken *Preise, Gehälter,
Inflationsrate*
  ◆ to **force off** gewaltsam abmachen
  ◆ to **force on** **to force something on some-
one** jemandem etwas aufdrängen
  ◆ to **force up** hoch treiben *Priese, Gehälter,
Inflationsrate*
  ◆ to **force upon** **the task was forced upon
them** die Aufgabe wurde ihnen aufge-
zwungen

**forced** [fɔːst] **①** erzwungen **②** *Lächeln:* ge-
zwungen **③** **forced landing** die Notlandung
**force·ful** ['fɔːsfl] *Person, Maßnahme:* kraftvoll,
energisch; *Persönlichkeit:* stark; *Worte:* ein-
dringlich
**for·cibly** ['fɔːsəblɪ] zwangsweise, gewaltsam
**fore·arm** ['fɔːrɑːm] der Unterarm
to **fore·cast** ['fɔːkɑːst] <forecast *oder* fore-
casted, forecast *oder* forecasted> vorherse-
hen; vorhersagen *Wetter*

**Ⓖ** Richtiges Konjugieren von **forecast**: fore-
cast, forecast, forecast — *the weatherman
forecast thunderstorms; Thunderstorms had
been forecast.*

**fore·cast** ['fɔːkɑːst] **①** die Voraussage; (*wirt-
schaftlich*) die Prognose **②** **weather fore-
cast** die Wettervorhersage
**fore·court** ['fɔːkɔːt] der Vorhof
**fore·fin·ger** ['fɔːfɪŋgə] der Zeigefinger
**fore·front** *kein Plural* **at the forefront** an der
Spitze
to **fore·go** <forewent, foregone> verzichten auf
**fore·gone** [fɔː'gɒn] *3. Form von* **forego**
**fore·ground** ['fɔːgraʊnd] **in the foreground**
im Vordergrund
**fore·hand** ['fɔːhænd] (*Tennis*) die Vorhand
**fore·head** ['fɒrɪd] die Stirn
**for·eign** ['fɒrən] **①** fremd, nicht dazugehörig
**②** auswärtig, ausländisch **③** **foreign travel**
die Reisen ins Ausland
**for·eign affairs** *plural* die Außenpolitik
**for·eign cor·re·spond·ent** der Auslandskor-

respondent/die Auslandskorrespondentin
**for·eign cur·ren·cy** die Devisen, die Fremd-
währung
**for·eign·er** ['fɒrənə] der Ausländer/die Aus-
länderin
**for·eign ex·change** die Devisen
**for·eign lan·guage** die Fremdsprache
**For·eign Of·fice** (*in GB*) das Außenministeri-
um
**for·eign poli·cy** die Außenpolitik
**For·eign Sec·re·tary** (*in GB*) der Außenminis-
ter/die Außenministerin
**fore·man** ['fɔːmən] <*plural* foremen> der
Vorarbeiter, der Polier
**fore·most** ['fɔːməʊst] führend; **first and
foremost** zuallererst
**fore·name** ['fɔːneɪm] der Vorname
**fore·saw** [fɔː'sɔː] *2. Form von* **foresee**
to **fore·see** [fɔː'siː] <foresaw, foreseen> **to fore-
see a problem** ein Problem vorhersehen; **to
foresee a result** ein Ergebnis voraussehen
**fore·see·able** [fɔː'siːəbl] **in the foreseeable
future** in absehbarer Zeit
**fore·seen** [fɔː'siːn] *3. Form von* **foresee**
**fore·sight** ['fɔːsaɪt] die Voraussicht, die Weit-
sicht
**for·est** ['fɒrɪst] der Wald, der Forst
**for·est·er** ['fɒrɪstə] der Förster/die Försterin
**for·est·ry** ['fɒrɪstrɪ] die Forstwirtschaft
**fore·taste** ['fɔːteɪst] der Vorgeschmack
**for·ever** [fə'revə] **①** für immer **②** (*abwer-
tend*) ständig; **she's forever complaining!**
sie ist immer am Meckern! *umgangsspr*
to **fore·warn** [fɔː'wɔːn] vorwarnen ▶ WENDUN-
GEN: **forewarned is forearmed** bist du
gewarnt, bist du gewappnet
**fore·went** [fɔː'went] *2. Form von* **forego**
**fore·wom·an** ['fɔːwʊmən, *plural* 'fɔːwɪmɪn]
<*plural* forewomen> die Vorarbeiterin
**fore·word** ['fɔːwɜːd] das Vorwort
**for·gave** [fə'geɪv] *2. Form von* **forgive**
to **forge** [fɔːdʒ] **to forge a banknote** eine Bank-
note fälschen
**forg·ery** ['fɔːdʒərɪ] *von Bild, Banknote:* die Fäl-
schung
to **for·get** [fə'get] <forgot, forgotten> **①** ver-
gessen; **to forget about doing something**
vergessen, etwas zu tun; **did you buy any
milk? — sorry, I forgot** hast du Milch
gekauft? — tut mir leid, ich habe es verges-
sen **②** **to forget how to ride a bicycle** das
Radfahren verlernen **③** **to forget oneself**
sich vergessen, aus der Rolle fallen
**for·get·ful** [fə'getfl] vergesslich
to **for·give** [fə'gɪv] <forgave, forgiven> verge-

ben, verzeihen; **can you forgive me?** kannst du mir verzeihen?; **Lord, forgive us our sins** O Herr, verzeih uns unsere Sünden
**for·giv·en** [fəˈgɪvən] *3. Form von* **forgive**
**for·giv·ing** [fəˈgɪvɪŋ] versöhnlich
to **for·go** [fɔːˈgəʊ] <forwent, forgone> verzichten auf
**for·gone** [fɔːˈgɒn] *3. Form von* **forgo**
**for·got** [fəˈgɒt] *2. Form von* **forget**
**for·got·ten** [fəˈgɒtn] *3. Form von* **forget**
**fork** [fɔːk] ❶ die Gabel ❷ *von Straße:* die Gabelung; (*eine der zwei Straßen*) die Abzweigung
to **fork** [fɔːk] **to fork left** *Straße, Person, Auto:* nach links abbiegen
**forked** [fɔːkt] gegabelt; *Zunge:* gespalten; **forked lightning** der Linienblitz
**fork-lift truck** der Gabelstapler
**form** [fɔːm] ❶ (*Art*) die Form; **form of government** die Regierungsform; **in book form** als Buch ❷ die Gestalt, die Figur; **to take form** die Gestalt annehmen; **in human form** in menschlicher Gestalt ❸ das Formblatt, der Vordruck; **to fill in a form** ein Formular ausfüllen ❹ (*Kondition*) die Form, die [körperliche] Verfassung; **to be in good form** in guter Verfassung sein; **to be out of form** nicht in Form sein ❺ GB die Schulklasse
to **form** [fɔːm] ❶ bilden ❷ formen, gestalten *Pressform;* (*übertragen*) formen *Charakter* ❸ **to form a judg[e]ment/an opinion** sich ein Urteil/eine Meinung bilden ❹ sich bilden, sich entwickeln; **the idea formed in her mind** ihre Idee nahm Gestalt an ❺ entwickeln *Idee* ❻ gewinnen *Eindruck*
**for·mal** [ˈfɔːml] ❶ *Einladung, Person:* formell, förmlich ❷ offiziell ❸ **to make a formal apology** sich in aller Form entschuldigen ❹ **formal dress** die Gesellschaftskleidung
**for·mal·ity** [fɔːˈmælətɪ] ❶ *von Zeremonie:* die Förmlichkeit ❷ die Formalität, die Formsache; **it's a mere formality** es ist eine reine Formsache; **as a formality** der [bloßen] Form wegen
to **for·mal·ize** [ˈfɔːməlaɪz] formalisieren
**for·mat** [ˈfɔːmæt] *von Buch:* das Format, die Aufmachung
to **for·mat** [ˈfɔːmæt] <formatted, formatted> **to format a disk** eine Diskette formatieren
**for·ma·tion** [fɔːˈmeɪʃn] ❶ die Bildung; *von Gegenstand:* die Gestalt, die Gestaltung ❷ die Struktur; *von Netzwerk, Organisation:* der Aufbau ❸ *von Gesellschaft:* die Gründung
**for·mat·ting** die Formatierung
**for·mer¹** [ˈfɔːməʳ] ❶ früher, ehemalig; **in former times** früher ❷ erstere(r, s), erstgenannte(r, s); **the former..., the latter...,** der erstere ..., der letztere ...,
**for·mer²** [ˈfɔːməʳ] **the former** der/die/das Erstere
**for·mer·ly** [ˈfɔːməlɪ] früher, ehemals
**for·mi·dable** [ˈfɔːmɪdəbl] ❶ schwierig ❷ kolossal
**for·mu·la** [ˈfɔːmjʊlə, *plural* ˈfɔːmjʊliː] <*plural* formulas, formulae> die Formel

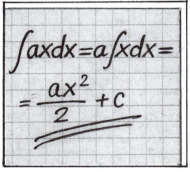

formula

Nicht verwechseln mit *das Formular — form!*

**for·mu·lae** [ˈfɔːmjʊliː] *Pluralform von* **formula**
to **for·sake** [fəˈseɪk] <forsook, forsaken> aufgeben *Ziel;* verlassen *Familie, Eigentum*
**for·sak·en¹** [fəˈseɪkən] *3. Form von* **forsake**
**for·sak·en²** [fəˈseɪkən] verwahrlost
**for·sook** [fəˈsʊk] *2. Form von* **forsake**
**fort** [fɔːt] ❶ das Fort ❷ **to hold the fort** (*übertragen*) die Stellung halten
**forth** [fɔːθ] **... and so forth** ... und so weiter; **back and forth** hin und her
**forth·com·ing** [ˌfɔːθˈkʌmɪŋ] ❶ [unmittelbar] bevorstehend ❷ *Film:* in Kürze anlaufend; **forthcoming books** die Neuerscheinungen ❸ (*übertragen*) *Person:* mitteilsam
**forth·right** [ˈfɔːθraɪt] ❶ *Person:* offen, aufrichtig ❷ *Antwort:* unverblümt
**for·ti·eth¹** [ˈfɔːtɪəθ] vierzigste(r, s)
**for·ti·eth²** [ˈfɔːtɪəθ] ❶ Vierzigste(r, s) ❷ (*Bruchzahl*) das Vierzigstel
to **for·ti·fy** [ˈfɔːtɪfaɪ] ❶ (*übertragen*) bestärken, bekräftigen ❷ **to fortify a town** eine Stadt befestigen
**fort·night** [ˈfɔːtnaɪt] vierzehn Tage, zwei Wochen; **for a fortnight** für vierzehn Tage; **today/tomorrow/next Monday fortnight**

**fortnightly – fragile**

heute/morgen/Montag in zwei Wochen

**fort·night·ly** ['fɔːtnaɪtlɪ] ① vierzehntägig, halbmonatlich ② **the magazine appears fortnightly** die Zeitschrift erscheint alle 14 Tage

**for·tu·nate** ['fɔːtʃənət] **he was fortunate in having ...** er hatte das Glück, .... zu haben; **it was fortunate that ...** es war ein Glück, dass ...

**for·tu·nate·ly** ['fɔːtʃənətlɪ] glücklicherweise

**for·tune** ['fɔːtʃuːn] ① das Schicksal; **to have one's fortune told** sich die Zukunft vorhersagen lassen ② der Wohlstand, der Reichtum; **to make a fortune** ein Vermögen verdienen ③ **by good fortune** glücklicherweise

**for·tune tell·er** der Wahrsager/die Wahrsagerin

**for·tune-tell·ing** die Wahrsagerei

**for·ty¹** ['fɔːtɪ] ① vierzig ② (*übertragen*) **to have forty winks** (*umgangsspr*) ein Nickerchen machen

**for·ty²** ['fɔːtɪ] ① die Vierzig ② **in the forties** in den Vierzigern; **she must be in her forties** sie muss in den Vierzigern sein

**for·ward¹** ['fɔːwəd] ① **forward[s]** vorwärts, nach vorn; **to step forward** vortreten; **to come forward** sich melden ② **from that** [*oder* **this**] **time forwards** seitdem ③ **to bring a meeting forward** eine Sitzung vorverlegen ④ voraus; **forward planning** die Vorausplanung ⑤ *Person:* dreist ⑥ **forward gear** der Vorwärtsgang

**for·ward²** ['fɔːwəd] (*im Sport*) der Stürmer/die Stürmerin

to **for·ward** ['fɔːwəd] ① befördern, schicken *Waren* ② nachschicken *Brief;* **please forward!** bitte nachsenden!

**for·ward·ing** ['fɔːwədɪŋ] **forwarding address** die Nachsendeanschrift

**for·ward-look·ing** ['fɔːwəd,lʊkɪŋ] fortschrittlich, vorausblickend

**for·wards** ['fɔːwədz] vorwärts; **as she moved forwards ...** als sie nach vorne trat ...

**for·went** [fɔː'went] *2. Form von* **forgo**

to **fos·ter** ['fɒstəʳ] ① **to foster a child** ein Kind in Pflege nehmen ② (*übertragen*) fördern, begünstigen

**fos·ter broth·er** der Pflegebruder

**fos·ter child** das Pflegekind

**fos·ter fa·ther** der Pflegevater

**fos·ter home** die Pflegefamilie

**fos·ter moth·er** die Pflegemutter

**fos·ter sis·ter** die Pflegeschwester

**fought** [fɔːt] *2. und 3. Form von* **fight**

**foul¹** [faʊl] ① *Geruch:* übel ② *Person, Verhalten:* gemein, fies ③ *Wetter:* schlecht ④ *Sprache:* anstößig, gemein ⑤ (*Sport*) **foul play** das Foulspiel ⑥ **the police suspect foul play** die Polizei geht von einem Gewaltverbrechen aus

**foul²** [faʊl] (*im Sport*) das Foul

to **foul** [faʊl] ① beschmutzen; verpesten *Luft* ② (*im Sport*) foulen ③ **to foul one's own nest** (*übertragen*) das eigene Nest beschmutzen

**foul-mouthed** ['faʊlmaʊðd] unflätig, vulgär

to **found¹** [faʊnd] ① gründen *Schule usw.* ② begründen *Argument, Theorie*

**found²** [faʊnd] *2. und 3. Form von* **find**

**foun·da·tion** [faʊn'deɪʃn] ① *von Schule, Firma:* die Gründung ② (*wohltätig*) die Stiftung ③ **foundations** ⚠ *plural* die Grundmauer, das Fundament ④ (*übertragen*) *von Theorie usw.:* die Grundlage, die Basis

**foun·da·tion course** der Grundkurs

**foun·da·tion sub·ject** ⑧ das Pflichtfach

**found·er** ['faʊndəʳ] der Gründer/die Gründerin, der Stifter/die Stifterin

**foun·tain** ['faʊntɪn] ① der Springbrunnen, die Fontäne ② **drinking fountain** der Trinkwasserbrunnen

**foun·tain pen** der Füller, der Füllfederhalter

**four¹** [fɔːʳ] vier; **a quarter to four** viertel vor vier

**four²** [fɔːʳ] ① die Vier; **the four of spades** die Pikvier ② **on all fours** auf allen vieren

**four-door car** ['fɔːʳdɔːʳ kɑː] das viertürige Auto

**four·teen¹** [,fɔː'tiːn] vierzehn

**four·teen²** [,fɔː'tiːn] die Vierzehn

**four·teenth¹** [,fɔː'tiːnθ] vierzehnte(r, s)

**four·teenth²** [,fɔː'tiːnθ] ① (*Datum*) **the fourteenth** der Vierzehnte ② (*Bruchzahl*) das Vierzehntel

**fourth¹** [fɔːθ] vierte(r, s)

**fourth²** [fɔːθ] ① (*Datum*) **the fourth** der Vierte ② (*Bruchzahl*) das Viertel

**four-wheel drive** der Allradantrieb, der Vierradantrieb

**fox** [fɒks] der Fuchs

**foy·er** ['fɔɪeɪ] (*im Theater*) das Foyer, die Empfangshalle

**frac·tion** ['frækʃn] ① (*übertragen*) der Bruchteil ② (*Mathematik*) der Bruch

**frac·ture¹** ['fræktʃəʳ] ① der Bruch ② die Fraktur; **fracture of the skull** der Schädelbruch

to **frac·ture²** ['fræktʃəʳ] brechen; **to fracture one's leg** sich das Bein brechen

**frag·ile** ['frædʒaɪl] ① zerbrechlich; **fragile -**

**handle with care!** Vorsicht zerbrechlich!
② *Gesundheit:* anfällig ③ *Person:* gebrechlich

**frag·ment** ['frægmənt] das Bruchstück; *von Porzellan:* die Scherbe; *von Kunstwerk:* das Fragment

**fra·grance** ['freɪgrəns] der Duft

**fra·grant** ['freɪgrənt] wohlriechend

to **frame¹** [freɪm] ① rahmen; einrahmen *Gesicht;* **to frame a picture** ein Bild rahmen ② (*formulieren*) ausarbeiten *Plan, Methode;* entwerfen *Gesetz, Politik* ③ (*umgangsspr*) **to frame someone** jemanden fälschlicherweise bezichtigen

**frame²** [freɪm] ① *von Bild, Fahrrad:* der Rahmen; *von Bett, Brille:* das Gestell ② *von Person, Tier:* der Körperbau, die Figur, die Gestalt ③ **frame of reference** das Bezugssystem ④ **good frame of mind** die gute Laune; **bad frame of mind** die schlechte Laune ⑤ *von Film:* die Einzelaufnahme

**frame-up** ['freɪmʌp] (*umgangsspr*) das/der Komplott, die Machenschaften

**frame·work** das Gerüst, das Gestell; (*übertragen*) der Rahmen

**France** [frɑːns] Frankreich

**frank¹** [fræŋk] ① freimütig, offen ② *Meinung:* ehrlich, aufrichtig; **to be frank** aufrichtig gesagt, offen gestanden

to **frank²** [fræŋk] **to frank a letter** einen Brief frankieren

**frank·furt·er** ['fræŋkfɜːtər] das Frankfurter Würstchen

**frank·ly** [fræŋklɪ] **frankly, I can't stand her** offen gesagt, kann ich sie nicht leiden

**fran·tic** ['fræntɪk] ① verzweifelt ② *Person, Tier:* rasend; **to go frantic** außer sich geraten; **to be frantic with pain** vor Schmerz fast wahnsinnig sein ③ **to drive someone frantic** jemanden zur Verzweiflung treiben

**fraud** [frɔːd] ① der Betrug, der Schwindel ② (*Person*) der Betrüger/die Betrügerin

**fraudu·lent** ['frɔːdjʊlənt] betrügerisch

to **fray** [freɪ] ausfransen; (*übertragen*) anspannen

**fray** [freɪ] die Auseinandersetzung; **to enter** [*oder* **join**] **the fray** sich einmischen

to **freak** [friːk] **to freak** [**out**] (*slang*) ausflippen

**freck·le** ['frekl] die Sommersprosse

**free¹** [friː] ① frei; **free of something** frei von etwas; **free from pain** schmerzfrei ② **to get free** sich befreien; **to set someone free** jemanden freilassen ③ ungehindert, zwanglos; **you're free to choose** die Wahl steht Ihnen frei; **please feel free to ask!** bitte, fragen Sie ruhig!; **free and easy** ungezwungen;

**can I borrow your dictionary? — feel free!** kann ich dein Wörterbuch benutzen? — klar doch! ④ kostenlos, gratis; **free delivery** der freie Versand; **free sample** die Gratisprobe; **admission free** Eintritt frei; **to get something free** etwas umsonst kriegen *umgangsspr* ⑤ *Platz, Zimmer:* frei, nicht besetzt ⑥ *Bewegung:* ungezwungen ⑦ **to have one's hands free** freie Hand haben ⑧ (*übertragen*) **to give someone a free hand** jemandem freie Hand lassen

to **free²** [friː] <freed, freed> ① freilassen *Tier, Mensch;* (*übertragen*) befreien ② lösen *Schraube;* losmachen *Propeller*
  ◆ **to free up** freimachen

**free·bie** ['friːbɪ] (*umgangsspr*) das Werbegeschenk

**free·dom** ['friːdəm] ① die Freiheit ② *einer Person:* die Unabhängigkeit, die Ungebundenheit ③ **freedom of the press** die Pressefreiheit; **freedom of religion** die Religionsfreiheit

**free en·ter·prise** [ˌfriːˈentəpraɪz] die freie Marktwirtschaft

**free kick** (*im Fußball*) der Freistoß

**free·lance¹** ['friːlɑːns] der Freiberufler/die Freiberuflerin, der/die Freischaffende

to **free·lance²** ['friːlɑːns] freiberuflich tätig sein

**free·ly** ['friːlɪ] ① reichlich, großzügig ② **to travel freely** ungehindert reisen ③ **to speak freely** offen sprechen

**free-range** *Huhn:* frei laufend; **free-range egg** das Freilandei

**free speech** die Redefreiheit

**free·style** ['friːstaɪl] (*Sport*) der Freistil

**free·way** ['friːweɪ] (USA) die [gebührenfreie] Autobahn

to **free·wheel** (*mit Fahrrad*) im Freilauf fahren

**free will** der freie Wille; **to do something of one's own free will** etwas aus freien Stücken tun

**freeze** [friːz] ① der Frost, die Frostperiode ② **wage freeze** der Lohnstopp; **price freeze** der Preisstopp

to **freeze** [friːz] <froze, frozen> ① frieren ② **it's freezing** es ist bitter kalt; **I'm freezing** mir ist eiskalt; **to freeze to death** erfrieren ③ *Wasser:* [ge]frieren; *Wasserleitung:* einfrieren ④ einfrieren; **this dish is easy to freeze** dieses Gericht lässt sich gut einfrieren ⑤ (*übertragen*) **to freeze wages** die Löhne einfrieren ⑥ (*übertragen*) erstarren
  ◆ to **freeze over** *Teich:* zufrieren
  ◆ to **freeze up** *Rohr:* zufrieren; *Windschutz-*

*scheibe:* vereisen

**freez·er** ['fri:zər] die Tiefkühltruhe, der Gefrierschrank

**freez·ing**[1] ['fri:zɪŋ] eisig, eiskalt

**freez·ing**[2] ['fri:zɪŋ] das Einfrieren; **below freezing** unter dem Gefrierpunkt

**freight** [freɪt] das Frachtgut

**freight car** (USA) (*im Zug*) der Güterwagen

**freight·er** ['freɪtər] ❶ das Frachtschiff, der Frachter ❷ das Transportflugzeug

**freight train** der Güterzug

**French**[1] [frentʃ] französisch; **he is French** er ist Franzose

**French**[2] [frentʃ] ❶ Französisch, das Französische ❷ **the French** die Franzosen

**French dress·ing** das Salatdressing, die Vinaigrette

**French fried po·ta·toes** *plural,* **French fries** *plural* die Pommes frites

**French horn** das Waldhorn

**French·man** ['frentʃmən] <*plural* Frenchmen> der Franzose

**French win·dow** die Verandatür, die Balkontür

**French·wom·an** ['frentʃwumən, *plural* 'frentʃwimɪn] <*plural* Frenchwomen> die Französin

**fre·quen·cy** ['fri:kwənsɪ] ❶ die Häufigkeit ❷ *von Sender:* die Frequenz

**fre·quent** ['fri:kwent] häufig; *Theaterbesucher usw.:* eifrig

**fre·quent·ly** ['fri:kwentli] oft, häufig

**fresh** [freʃ] ❶ frisch; **in the fresh air** an der frischen Luft ❷ kühl, erfrischend ❸ **to make a fresh start** neu anfangen ❹ **fresh water** das Süßwasser ❺ **fresh from the oven** ofenfrisch

to **fresh·en** ['freʃn] *Wind:* auffrischen
◆ to **freshen up** sich frisch machen

**fric·tion** ['frɪkʃn] ❶ die Reibung ❷ (*übertragen*) die Reibungen, die Spannungen

**Fri·day** ['fraɪdɪ] der Freitag; **on Friday** am Freitag; **on Fridays** freitags; **Good Friday** der Karfreitag

**fridge** [frɪdʒ] (GB) (*umgangsspr*) der Kühlschrank

**fried** [fraɪd] gebraten; **fried chicken** das Brathähnchen

**fried egg** das Spiegelei

**friend** [frend] ❶ der Freund/die Freundin ❷ der/die Bekannte ❸ **to be friends with someone** △ *plural* mit jemandem befreundet sein; **to be great friends** △ *plural* eng miteinander befreundet sein; **to make friends with someone** △ *plural* sich mit jemandem anfreunden

**friend·ly** ['frendlɪ] ❶ freundschaftlich ❷ freundlich, angenehm ❸ **to be on friendly terms with someone** mit jemandem auf freundschaftlichem Fuß stehen

**friend·ship** ['frendʃɪp] die Freundschaft

**fright** [fraɪt] der Schreck[en]; **to give someone a fright** jemanden erschrecken; **to take fright** erschrecken

to **fright·en** ['fraɪtn] ❶ erschrecken ❷ *Drohung:* jemandem Angst machen, jemanden ängstigen ❸ **to be frightened of something** vor etwas Angst haben; **to be frightened by something** vor etwas erschrecken; **in a frightened voice** mit angsterfüllter Stimme
◆ to **frighten away** to **frighten someone away** jemanden abschrecken

**fright·en·ing** ['fraɪtᵊnɪŋ] schrecklich

**fright·ful** ['fraɪtfl] schrecklich, fürchterlich

**fringe** [frɪndʒ] ❶ (*übertragen*) der Rand ❷ *von Frisur:* der Pony ❸ *von Teppich:* die Fransen

**fringe group** *mit Singular oder Plural* die Randgruppe

to **frisk** [frɪsk] ❶ *junge Tiere:* herumtollen ❷ **to frisk someone** jemanden durchsuchen

**frivo·lous** ['frɪvələs] ❶ frivol ❷ *Mensch:* leichtfertig, leichtsinnig

**friz·zy** ['frɪzɪ] *Haar:* kraus, gekräuselt

**fro** [frəʊ] **to and fro** hin und her

**frock** [frɒk] das Kleid

**frog** [frɒg] ❶ der Frosch ❷ **to have a frog in one's throat** (*übertragen*) einen Frosch im Hals haben

**from** [frɒm] ❶ (*Ausgangspunkt*) von, aus; **the train from London** der Zug aus London; **to drink from a glass** aus einem Glas trinken; **from inside** von innen; **from beneath something** unter etwas hervor; **from among the trees** zwischen den Bäumen hervor; **from house to house** von Haus zu Haus; **to go from bad to worse** immer schlimmer werden ❷ (*zeitlich*) seit, von ... an; **from his childhood** von Kindheit an; **from time to time** von Zeit zu Zeit ❸ (*Entfernung*) von ... weg; **their house is 10 km from the city centre** ihr Haus ist 10 km vom Stadtzentrum entfernt ❹ (*weg*) **to go away from home** von zu Hause weggehen; **to escape from prison** aus dem Gefängnis entkommen ❺ **to steal something from someone** jemandem etwas stehlen ❻ (*Herkunft*) **where are you from?** wo sind Sie her? ❼ (*Quellenangabe*) **translated from the English** aus dem Englischen übersetzt; **quotations from Shakespeare** Zitate nach

Shakespeare ❽ (*unterste Grenze angebend*) ab; **from the age of 18** ab 18 Jahren; **dresses from £20 upwards** Kleider von zwanzig Pfund aufwärts ❾ (*Grund*) wegen, infolge; **weak from hunger** schwach vor Hunger; **from experience** aus Erfahrung; **from what I heard** nach dem, was ich gehört habe ❿ **to judge from appearances** nach dem Äußeren urteilen; **to prevent someone from doing something** jemanden daran hindern, etwas zu tun

**front**[1] [frʌnt] ❶ die Vorderseite, die Front ❷ *von Gebäude:* die Vorderfront, die Fassade ❸ (*militärisch*) die Front ❹ (*am Meer*) die Strandpromenade ❺ **in front** vorne; **in front of someone** vor jemandem ❻ **to sit in the front of the car** im Auto vorne sitzen; **at the front of the procession** an der Spitze des Umzugs ❼ (*Wetter*) **cold front** die Kaltluftfront

**front**[2] [frʌnt] ❶ vorderste(r, s), erste(r, s) ❷ **front brake** die Vorderbremse; **front garden** der Vorgarten ❸ **to move up front** nach vorne rücken

**front bench** [ˌfrʌnt'bentʃ] ⒼⒷ die Regierungsbank

**front door** die Haustür

**front-end** ❶ Vorder- ❷ *Programm, Computer:* Frontend- ❸ (*umgangsspr*) *Zahlung:* Voraus-

**fron·tier** ['frʌntɪəʳ] die Grenze, die Landesgrenze, das Grenzgebiet

**front line** die Frontlinie; (*übertragen*) die vorderste Front

**front page** *von Zeitung:* die Titelseite

**front run·ner** (*übertragen*) der Spitzenreiter/die Spitzenreiterin

**front-wheel drive** der Vorderradantrieb

**frost** [frɒst] ❶ der Frost, der Raureif ❷ (*übertragen*) die Kühle, die Kälte

**frost·ed** ['frɒstɪd] **frosted glass** das Milchglas

**frosty** ['frɒstɪ] frostig, eisig

**frothy** ['frɒθɪ] schaumig, schäumend

to **frown** [fraʊn] ❶ die Stirn runzeln (**at** über) ❷ **to frown on something** etwas missbilligen

**frown** [fraʊn] das Stirnrunzeln

**froze** [frəʊz] *2. Form von* **freeze**

**froz·en**[1] ['frəʊzn] *3. Form von* **freeze**

**froz·en**[2] ['frəʊzn] ❶ *Fluss:* [zu]gefroren ❷ *Körper:* erfroren; **I'm frozen** (*übertragen*) mir ist es eiskalt ❸ **frozen foods** die Tiefkühlkost; **frozen meat** das Gefrierfleisch ❹ *Löhne:* eingefroren

**fruit** [fruːt] ❶ die Frucht, das Obst ❷ (*übertragen*) *Projekt, Plan:* **to bear fruit** Früchte

tragen ❸ **the fruits of the earth** die Früchte des Feldes

**fruit·cake** der Kuchen mit Trockenobst

**fruit·er·er** ['fruːtərəʳ] ⒼⒷ der Obsthändler/die Obsthändlerin

**fruit·ful** ['fruːtfl] fruchtbar, ertragreich

**frui·tion** [fruˈɪʃn] *kein Plural* die Verwirklichung; **to come to** [*oder* **reach**] **fruition** verwirklicht werden

**fruit·less** ['fruːtlɪs] (*übertragen*) fruchtlos, ergebnislos; *Versuch:* nutzlos

**fruit ma·chine** ⒼⒷ der Spielautomat

**fruit sal·ad** der Obstsalat

**fruity** ['fruːtɪ] *Geschmack:* fruchtartig, fruchtig

to **frus·trate** [frʌˈstreɪt] ❶ zunichtemachen *Hoffnungen* ❷ durchkreuzen *Pläne* ❸ **to frustrate someone** jemanden frustrieren

**frus·trat·ed** [frʌˈstreɪtɪd] frustriert

**frus·tra·tion** [frʌˈstreɪʃn] ❶ *von Hoffnungen, Plänen:* die Zerschlagung ❷ *von Person:* die Frustration

to **fry** [fraɪ] braten

**fry·ing-pan** ['fraɪŋpæn] die Bratpfanne ▸ WENDUNGEN: **out of the frying-pan into the fire** vom Regen in die Traufe

**fry-up** ⒼⒷ (*umgangsspr*) das Pfannengericht

**ft** *Abkürzung von* **feet, foot** ft

**F2F** *Abkürzung von* **face-to-face** persönlich

to **fuck** [fʌk] (*slang*) ❶ ficken ❷ **to fuck about** verarschen ❸ **fuck off!** verpiss dich!

**fuck-up** *kein Plural* (*slang*) die Scheiße

**fuel** ['fjuːəl] ❶ das Heizmaterial, das Brennmaterial, der Brennstoff ❷ (*für Auto*) der Kraftstoff, das Benzin ❸ (*übertragen*) **to add fuel to the fire** Öl ins Feuer gießen

**fuel cell** der Brennstoffzelle

**fuel-cell car** das brennstoffzellenangetriebene Auto

**fuel con·sump·tion** der Benzinverbrauch

**fuel gauge** die Tankuhr

to **ful·fil** [fʊlˈfɪl], Ⓤ︀Ⓢ︀Ⓐ︀ to **ful·fill** <fulfilled, fulfilled> ❶ erfüllen *Wunsch* ❷ ausführen *Aufgabe, Befehl* ❸ einlösen *Versprechen* ❹ einhalten *Verpflichtung*

**ful·fil·ment** [fʊlˈfɪlmənt], Ⓤ︀Ⓢ︀Ⓐ︀ **ful·fill·ment** *kein Plural* die Erfüllung

**full**[1] [fʊl] ❶ (*gefüllt*) voll; **the bucket is full of water** der Eimer ist voll Wasser; **full to overflowing** bis zum Überlaufen voll ❷ **the bus was full** der Bus war voll besetzt; **the city was full of people** in der Stadt wimmelte es von Menschen ❸ (*vollständig*) voll; **a full day** ein ganzer Tag; *Bericht:* umfassend; **the full details** alle Einzelheiten ❹ *Figur:* füllig ❺ **full house** (*im Theater*) ausver-

**full – fuse**

kauft ⑥ **full up** voll besetzt ⑦ **I'm full up** ich bin satt ⑧ **at full speed** in voller Fahrt; **in full bloom** in voller Blüte; **in full daylight** am helllichten Tag ⑨ **to be in full swing** in vollem Gange sein ⑩ **to come to a full stop** plötzlich stehen bleiben

**full²** [fʊl] **in full** ganz, vollständig; **to write one's name in full** seinen Namen ausschreiben; **to the full** vollständig

**full-back** ['fʊlbæk] (*im Sport*) der Verteidiger/die Verteidigerin

**full-bodied** [ˌfʊl'bɒdɪd] *Wein:* würzig, schwer

**full-cream milk** [ˌfʊl'kriːm mɪlk] die Vollmilch

**full-grown** [ˌfʊl'grəʊn] voll ausgewachsen

**full-length** [ˌfʊl'leŋθ] ① *Film:* abendfüllend ② *Porträt:* lebensgroß

**full moon** der Vollmond

**full-page** ganzseitig

**full stop** der Punkt

**full time** (*im Sport*) der Abpfiff

**full-time** ganztägig; **to work full-time** ganztags arbeiten

**ful·ly** ['fʊlɪ] ① völlig, ganz ② **fully qualified** voll qualifiziert

to **fum·ble** ['fʌmbl̩] ① **to fumble [around [*oder* about]] with something** an etwas herumfingern; **to fumble for something** nach etwas tasten ② **to fumble [the ball]** den Ball fallen lassen

to **fume** [fjuːm] (*übertragen*) wütend sein (**about/over** über)

**fumes** [fjuːmz] *plural* der Rauch, der Dampf; *von Auto:* die Abgase

**fun** [fʌn] ① der Spaß; **dancing is fun** Tanzen macht Spaß; **for fun** zum Spaß; **to have fun** Spaß haben; **have fun!** viel Spaß!; **he is great fun** man hat mit ihm viel zu lachen ② **to make fun of someone**, **to poke fun at someone** sich über jemanden lustig machen

**func·tion** ['fʌŋkʃn̩] ① *von Gerät usw.:* die Funktion ② *von Person:* die Aufgaben, die Pflichten ③ die Veranstaltung; (*offiziell*) die Feier

to **func·tion** ['fʌŋkʃ] ① *Maschine, System:* funktionieren, laufen ② *Herz:* arbeiten ③ **to function as** fungieren als

**func·tion·al** ['fʌŋkʃənl] ① funktionsfähig ② (*nützlich, praktisch*) funktionell, zweckmäßig

**fund** [fʌnd] ① der Vorrat, der Schatz ② (*von Geld*) der Fonds ③ **funds** die Gelder, die Geldmittel; **to raise funds** die Mittel aufbringen

to **fund** [fʌnd] finanzieren

**fun·da·men·tal** [ˌfʌndə'mentl̩] grundlegend (**to** für)

**fun·da·men·tal·ly** [ˌfʌndə'mentəlɪ] ① im Wesentlichen ② **fundamentally important** von grundlegender Bedeutung

**fu·ner·al** ['fjuːnərəl] ① die Beerdigung, das Begräbnis ② **that's his funeral** (*übertragen*) das ist sein Problem

**fun·er·al par·lour** das Bestattungsunternehmen

**fun·fair** ['fʌnfeəʳ] der Rummelplatz

**fun·gi** ['fʌŋgaɪ] *Pluralform von* **fungus**

**fun·gus** ['fʌŋgəs], *plural* **'fʌŋgaɪ** <*plural* fungi> der Pilz

**fun·lov·ing** ['fʌnˌlʌvɪŋ] lebenslustig

**fun·nel** ['fʌnl̩] ① der Trichter ② *von Schiff:* der Schornstein

to **fun·nel** ['fʌnl̩] <funnelled, funnelled> schleusen *Flüssigkeit, Energie*

**fun·ny** ['fʌnɪ] ① *Person, Witz:* lustig, komisch ② seltsam, merkwürdig

**fun·ny bone** (*umgangsspr*) der Musikantenknochen

**fur** [fɜːʳ] das Fell; (*als Mantel*) der Pelz

**fu·ri·ous** ['fjʊərɪəs] wütend; **she was furious with him** sie war zornig auf ihn; **to be furious about something** über etwas wütend sein

to **fur·nish** ['fɜːnɪʃ] ① einrichten *Haus;* **furnished room** das möblierte Zimmer ② liefern, geben *Informationen*

**fur·ni·ture** ['fɜːnɪtʃəʳ] die Möbel; **a piece of furniture** ein Möbelstück

**fur·ni·ture van** ⒼⒷ der Möbelwagen

**fur·ry** ['fɜːrɪ] Pelz-; *Stoff:* haarig; *Zunge:* belegt, pelzig

**fur·ther** ['fɜːðəʳ] *Komparativ von* **far** ① (*räumlich, zeitlich*) weiter; **till further notice** bis auf weiteres; **further on** weiter; **further back** weiter zurück, früher; **to get further and further away** sich immer weiter entfernen ② (*übertragen*) weiter, ferner ③ **further education** die Weiterbildung, die Fortbildung

**fur·ther·more** [ˌfɜːðə'mɔːʳ] ferner

**fur·thest** ['fɜːðɪst] *Superlativ von* **far** weiteste(r, s), entfernteste(r, s); **the furthest way round** den längsten Weg

**fury** ['fjʊərɪ] ① die Wut, die Raserei ② **to be in a fury** wütend sein; **to fly into a fury** in Wut geraten

to **fuse** [fjuːz] durchbrennen; **to fuse the lights** die Sicherung durchbrennen lassen

**fuse** [fjuːz] ① die Sicherung; **to blow a fuse**

eine Sicherung durchbrennen lassen; (*über-tragen*) aufbrausen ② *von Bombe:* der Zünder; *von Feuerwerkskörper:* die Zündschnur

**fuse box** der Sicherungskasten

**fuss** [fʌs] der Wirbel, die Aufregung; **to make** [*oder* **kick up**] **a fuss** ein Theater aufführen; **don't make a fuss!** stell dich nicht so an!

**fussy** ['fʌsɪ] kleinlich, pingelig; **to be fussy about food** sehr eigen sein, was das Essen angeht; **he's not fussy** er ist nicht wählerisch

**fu·tile** ['fju:taɪl] vergeblich, nutzlos

**fu·ture¹** ['fju:tʃəʳ] künftig, zukünftig; **future generations** die kommenden Generationen; **future prospects** die Zukunftsaussichten

**fu·ture²** ['fju:tʃəʳ] ① die Zukunft; **in the near future** in naher Zukunft ② (*in der Grammatik*) die Zukunft, das Futur

to **fuze** [fju:z] (USA) durchbrennen; **to fuze the lights** die Sicherung durchbrennen lassen

**fuze** [fju:z] (USA) ① die Sicherung; **to blow a fuse** eine Sicherung durchbrennen lassen; (*übertragen*) aufbrausen ② *von Bombe:* der Zünder; *von Feuerwerkskörper:* die Zündschnur

**fuzz** [fʌz] (*slang: Polizei*) die Bullen

**fuzzy** ['fʌzɪ] ① *Bild:* unklar ② *Haar:* kraus

# G

**G** <*plural* G's *oder* Gs>, **g** [dʒi:] <*plural* g's> G, g

**gadg·et** ['gædʒɪt] (*umgangsspr*) ① das Gerät, der Apparat ② das Dingsda

**gage** [geɪdʒ] (USA) ① das Messgerät; **petrol gage** die Benzinuhr; **pressure gage** der Druckmesser; **temperature gage** der Temperaturanzeiger ② **narrow gage** die Schmalspur; **standard gage** die Normalspur

**F** Nicht verwechseln mit *die Gage — fee!*

to **gage** [geɪdʒ] (USA) ① messen ② beurteilen, abschätzen

**gai·ly** ['geɪlɪ] fröhlich

**gain** [geɪn] ① der Gewinn, der Vorteil ② die Steigerung, die Zunahme; **gain in weight** die Gewichtszunahme

to **gain** [geɪn] ① gewinnen; **to gain the upper hand** die Oberhand gewinnen ② erwerben

*Ruf, Wissen* ③ erlangen *Freiheit* ④ erreichen *Ziel* ⑤ **to gain a footing** [festen] Fuß fassen ⑥ **to gain ground** (*übertragen*) Fortschritte machen, sich durchsetzen ⑦ **to gain speed** schneller werden ⑧ **to gain weight** zunehmen ⑨ einen Vorteil erlangen (**on** über)

**gala** ['gɑːlə] ① das Fest, die Festlichkeit; **swimming gala** das Schwimmfest ② (*im Theater usw.*) die Galaveranstaltung

**gal·axy** ['gæləksɪ] die Galaxie, das Sternsystem

**gale** [geɪl] ① der Sturm; **gale-force wind** der stürmische Wind ② **gales of laughter** das schallende Gelächter

**gale warn·ing** die Sturmwarnung

**gal·lery** ['gælərɪ] ① (*für Kunst*) die Galerie ② *von Theater:* der oberste Rang, die Galerie ③ *von Kirche:* die Empore, die Galerie

**gal·lon** ['gælən] die Gallone (*4,55 l, Am 3,79 l*)

**gal·lop** ['gæləp] der Galopp; **at a gallop** im Galopp

to **gal·lop** ['gæləp] ① galoppieren ② (*übertragen*) **galloping inflation** die galoppierende Inflation

to **gam·ble** ['gæmbl] ① [um Geld] spielen ② (*übertragen*) riskieren, wagen; **to gamble with something** etwas aufs Spiel setzen ③ (*an der Börse*) spekulieren ④ **to gamble away** verspielen

**gam·ble** ['gæmbl] das gewagte Spiel, das Risiko

**gam·bler** ['gæmbləʳ] der Spieler/die Spielerin; (*an der Börse*) der Spekulant/die Spekulantin

**gam·bling** ['gæmblɪŋ] das Spielen; (*auf Pferde, Hunde*) das Wetten; **gambling debts** die Spielschulden; **gambling machine** der Spielautomat

**game¹** [geɪm] ① das Spiel ② (*Sport*) das Spiel; **the Olympic Games** die Olympischen Spiele ③ **a game of chess/tennis** eine Partie Schach/Tennis ④ **games** △ *plural* (*Schulfach*) Sport ⑤ **what's his game?** (*umgangsspr*) was hat er vor? ⑥ (*Kochen, Jagd*) das Wild[bret] ▶ WENDUNGEN: **to play the game** sich an die Spielregeln halten; **the game is up** das Spiel ist aus; **two can play at that game** wie du mir, so ich dir

**game²** [geɪm] mutig; **to be game** mitmachen; **to be game for anything** für alles zu haben sein; **to be game to do something** bereit sein, etwas zu tun

**gam·mon** ['gæmən] *kein Plural* (GB) der leicht geräucherte Schinken

**gang** [gæŋ] ❶ *von Arbeitern:* die Kolonne, die Rotte ❷ *von Gefangenen:* der Trupp ❸ *von Verbrechern:* die Bande
◆to **gang up** sich zusammentun; **to gang up on someone** auf jemanden losgehen, sich gegen jemanden verschwören
**gan·gly** ['gæŋgli] <ganglier, gangliest> schlaksig
**gang·ster** ['gæŋstə<sup>r</sup>] der Gangster
**gang·way** ['gæŋweɪ] ❶ *von Flugzeug, Schiff:* die Gangway ❷ (*zwischen Sitzreihen*) der Gang
**gaol** [dʒeɪl] das Gefängnis; **in gaol** im Gefängnis
**gap** [gæp] ❶ die Lücke; **to bridge** [*oder* fill] **a gap** eine Lücke schließen ❷ der Abstand; **the gap between the cars** der Abstand zwischen den Autos
to **gape** [geɪp] ❶ **to gape at someone** jemanden anstarren ❷ **to gape open** aufklaffen
**gap·ing** *Wunde:* klaffend; *Loch:* gähnend
**gap·per** ['gæpə<sup>r</sup>] *jemand, der ein Jahr Auszeit nimmt, (oft zwischen Schule und Studienantritt)*
**gap year** *ein freies Jahr, oft zwischen Schule und Studienantritt*
**gar·age** ['gæraːʒ] ❶ (*zum Parken*) die Garage ❷ (*zum Tanken*) die Tankstelle ❸ (*für Reparaturen*) die Werkstatt
**gar·bage** ['gaːbɪdʒ] ❶ der Abfall, der Müll ❷ (*übertragen*) der Schund, der Unsinn
**gar·bage can** ⓤⓢⓐ der Mülleimer, die Mülltonne
**gar·bage chute** der Müllschlucker
**gar·bage col·lec·tor** ⓤⓢⓐ der Müllmann, der Müllwerker
**gar·bage dis·pos·er** der Müllschlucker
**gar·bage dump** ⓤⓢⓐ die Mülldeponie
**gar·bage truck** ⓤⓢⓐ das Müllauto
**gar·den** ['gaːdn] ❶ der Garten ❷ **gardens** die Anlagen, der Park ▶ WENDUNGEN: **to lead someone up the garden path** (*umgangsspr*) jemanden an der Nase herumführen
to **gar·den** ['gaːdn] im Garten arbeiten
**gar·den·er** ['gaːdnə<sup>r</sup>] der Gärtner/die Gärtnerin
**gar·den·ing** ['gaːdnɪŋ] die Gartenarbeit; **Dad's doing the gardening** Papa arbeitet im Garten
**gar·den par·ty** das Gartenfest, die Gartenparty
**gar·lic** ['gaːlɪk] der Knoblauch
**gar·ment** ['gaːmənt] das Kleidungsstück
**gas** [gæs] <*plural* gases *oder* gasses> ❶ das Gas; **to turn on/off the gas** den Gashahn

aufdrehen/zudrehen ❷ ⓤⓢⓐ das Benzin ❸ **to step on the gas** (*umgangsspr*) Gas geben
to **gas** [gæs] <gassed, gassed> ❶ **to gas someone/an animal** jemanden/ein Tier vergasen ❷ (*slang*) faseln
**gas cook·er** der Gaskocher, der Gasherd
**gas·eous** ['gæsiəs] gasförmig
**gas fire** der Gasofen
to **gash** [gæʃ] aufschlitzen; sich aufreißen *Arm, Bein;* sich aufschlagen *Kopf, Knie, Ellbogen*
**gash** [gæʃ] <*plural* gashes> der [tiefe] Schlitz; (*Verletzung*) die [tiefe] Schnittwunde
**gas heat·ing** ['gæshiːtɪŋ] die Gasheizung
**gas·man** ['gæsmæn] <*plural* gasmen> ⓖⓑ (*umgangsspr*) der Gasableser
**gas·mask** die Gasmaske
**gas me·ter** der Gaszähler, die Gasuhr
**gaso·line** ['gæsəliːn] ⓤⓢⓐ das Benzin
to **gasp** [gaːsp] ❶ keuchen, nach Luft schnappen; **I gasped in surprise** mir stockte der Atem vor Überraschung ❷ mühsam hervorbringen *Worte*
**gasp** [gaːsp] das Keuchen, das schwere Atmen; **to give a gasp of surprise** vor Überraschung nach Luft schnappen
**gas pipe** ['gæspaɪp] das Gasrohr, die Gasleitung
**gas pump** ['gæspʌmp] ⓤⓢⓐ die Zapfsäule
**gas ring** ⓖⓑ der Gaskocher
**gas sta·tion** ['gæssteɪʃn] ⓤⓢⓐ die Tankstelle
**gas stove** der Gasherd
**gas·tro·en·teri·tis** [ˌgæstrəʊentəˈraɪtɪs] der Magen-Darm-Katar[h]
**gas·works** ['gæswɜːks] das Gaswerk
**gate** [geɪt] ❶ das Tor (**to** zu) ❷ (*in Bahnhöfen*) die Sperre ❸ (*in Flughäfen*) der Flugsteig, das Gate ❹ (*im Sportstadion*) die Besucherzahl ❺ (*Eintrittsgelder*) die Gesamteinnahmen
to **gate·crash** ['geɪtkræʃ] ungebeten erscheinen (**in** bei)
**gate·crash·er** ['geɪtkræʃə<sup>r</sup>] der ungebetene Gast
**gate·post** der Torpfosten ▶ WENDUNGEN: **between you, me and the gatepost** in strengstem Vertrauen, unter uns gesagt
**gate·way** ['geɪtweɪ] das Tor (**to** zu)
to **gath·er** ['gæðə<sup>r</sup>] ❶ sammeln; **to gather information** Erkundigungen einziehen ❷ einbringen *Ernte* ❸ pflücken *Blumen* ❹ schließen (**from** aus); **as far as I can gather** soweit ich weiß ❺ zunehmen an *Geschwindigkeit, Kraft* ❻ *Menschen:* sich versammeln, zusammenkommen ❼ *Wolken:* sich zusammenziehen

**gath·er·ing** ['gæðərɪŋ] die Versammlung

**gauge** [geɪdʒ] ❶ das Messgerät; **petrol gauge** die Benzinuhr; **pressure gauge** der Druckmesser; **temperature gauge** der Temperaturanzeiger ❷ **narrow gauge** die Schmalspur; **standard gauge** die Normalspur

to **gauge** [geɪdʒ] ❶ messen ❷ (*übertragen*) beurteilen, |ab|schätzen

**gave** [geɪv] *2. Form von* **give**

to **gawk** [gɔːk] (*umgangsspr*) glotzen; **to gawk at somebody/something** jemanden/etwas anglotzen

**gawky** ['gɔːki] <gawkier, gawkiest> ❶ schlaksig ❷ linkisch, unbeholfen

to **gawp** [gɔːp] ⒼⒷ (*umgangsspr*) glotzen; **to gawp at somebody** jemanden anglotzen

**gawp** [gɔːp] ⒼⒷ (*umgangsspr*) der lange Blick

**gay¹** [geɪ] ❶ lustig, vergnügt, fröhlich ❷ (*homosexuell*) schwul

**gay²** [geɪ] der Schwule

to **gaze** [geɪz] starren, glotzen (**at/on/upon** auf)

**gaze** [geɪz] der starre Blick

**GB** [dʒiː'biː] *Abkürzung von* **Great Britain** GB

**GCSE** *Abkürzung von* **General Certificate of Secondary Education** (*Schulabschluss*) ≈ die mittlere Reife

> **L** Das **GCSE**, das früher **O level (Ordinary level)** hieß, ist die Prüfung, die Schüler im Alter von 16 Jahren in England, Wales und Nordirland ablegen. Es ist möglich, jeweils nur ein Fach zu wählen, aber die meisten Schüler versuchen die Prüfung in sieben oder acht Fächern abzulegen. In Schottland heißt diese Prüfung **Standard Grade**.

**Gdns** *Abkürzung von* **Gardens** *bei Adressenangaben, z.B.:* 25 Egerton Gdns

**GDR** [ˌdʒiːdiːˈɑːʳ] (*historisch*) *Abkürzung von* **German Democratic Republic**: **the GDR** die DDR

**gear** [gɪəʳ] ❶ der Gang; **to change** [*oder* ⓊⓈⒶ **shift**] **into first gear** den ersten Gang einlegen; **to change** [*oder* ⓊⓈⒶ **shift**] **gear** schalten; **first** [*oder* **bottom**] **gear** der erste Gang; **top gear** der höchste Gang; **reverse gear** der Rückwärtsgang ❷ (*in Maschinerie*) das Getriebe ❸ (*am Fahrrad*) die Gangschaltung, die Übersetzung ❹ das Gerät, die Ausrüstung; (*umgangsspr*) die Sachen, das Zeug ❺ (*umgangsspr: Kleidung*) die Klamotten, die Sachen ❻ **landing gear** das Fahrgestell

**gear·box** ['gɪəbɒks] das Getriebe

**gear stick**, ⓊⓈⒶ **gear·shift** der Schaltknüppel, der Schalthebel

**geese** [giːs] *Pluralform von* **goose**

**Geiger count·er** ['gaɪgə,-] der Geigerzähler

**gem** [dʒem] ❶ der [geschliffene] Edelstein ❷ (*übertragen*) die Perle, das Prachtstück

**Gemi·ni** ['dʒemɪni] (*Sternbild*) die Zwillinge

**gen·der** ['dʒendəʳ] das Geschlecht

**gene** [dʒiːn] das Gen

**gen·er·al¹** ['dʒenrəl] ❶ allgemein; **as a general rule**, **in general** im Allgemeinen ❷ (*weit verbreitet*) üblich, gewöhnlich, normal ❸ (*nicht exakt*) unbestimmt, allgemein gehalten

**gen·er·al²** ['dʒenrəl] der General

**gen·er·al an·aes·thet·ic** die Vollnarkose

**Gen·er·al As·sem·bly** die UNO-Vollversammlung

**gen·er·al de·liv·ery** ⓊⓈⒶ postlagernd

**gen·er·al di·rec·tor** der Generaldirektor/die Generaldirektorin

**gen·er·al elec·tion** die Parlamentswahlen

to **gen·er·al·ize** ['dʒenərəlaɪz] verallgemeinern

**gen·er·al·ly** ['dʒenrəli] im Allgemeinen, allgemein

**gen·er·al man·ag·er** der Generaldirektor/die Generaldirektorin

**Gen·er·al Post Of·fice the General Post Office** die Hauptpost

**gen·er·al prac·ti·tion·er** der Arzt für Allgemeinmedizin/die Ärztin für Allgemeinmedizin

**gen·er·al store** ⓊⓈⒶ der Gemischtwarenladen

**gen·er·al strike** der Generalstreik

**gen·er·al view** *kein Plural* **the general view** die allgemein verbreitete Meinung

to **gen·er·ate** ['dʒenəreɪt] ❶ erzeugen *Energie* ❷ (*übertragen*) verursachen

**gen·era·tion** [ˌdʒenəˈreɪʃn] ❶ die Generation ❷ *von Energie:* die Erzeugung

**gen·era·tor** ['dʒenəreɪtəʳ] der Generator

**gen·er·ous** ['dʒenərəs] ❶ großzügig; *Person:* freigebig ❷ *Portion:* reichlich

**gene thera·py** *meist singular* die Gentherapie

**ge·net·ic** [dʒɪˈnetɪk] genetisch; **genetic engineering** die Gentechnologie; **genetic research** die Genforschung

**gen·et·ics** [dʒɪˈnetɪks] die Genetik

**Ge·neva** [dʒəˈniːvə] Genf

**Ge·neva Con·ven·tion** ['dʒəniːvə-] **the Geneva Convention** die Genfer Konvention

**genii** ['dʒiːnɪaɪ] *Pluralform von* **genius**

**geni·ta·lia** [ˌdʒenɪˈteɪlɪə] *plural*, **geni·tals**

**genitive – get**

['dʒenɪtˀlz] *plural* die Geschlechtsorgane, die Genitalien

**geni·tive** ['dʒenətɪv] der Genitiv

**ge·ni·us** ['dʒiːnɪəs, *plural* 'dʒiːnɪaɪ] <*plural* geniuses, genii> ❶ (*Person*) das Genie, genialer Mensch ❷ (*Fähigkeit*) der Genius

**geno·cide** ['dʒenəsaɪd] der Völkermord

**gent** [dʒent] ❶ (*umgangsspr*) der Gentleman ❷ **the Gents** △ *singular* die Herrentoilette

**gen·tle** ['dʒentl] ❶ *Abhang:* sanft ❷ *Art, Wesen:* sanft ❸ *Shampoo:* mild ❹ *Übung:* leicht ❺ *Berührung:* zart; *Brise:* leicht

**gen·tle·man** ['dʒentlmən] <*plural* gentlemen> ❶ (*Mann*) der Herr; [**Ladies and**] **Gentlemen!** meine [Damen und] Herren! ❷ (*Ehrenmann*) der Gentleman

**gen·tle·ness** ['dʒentlnəs] *kein Plural* die Sanftheit

**genu·ine** ['dʒenjʊɪn] ❶ (*authentisch*) echt ❷ *Gefühl, Person:* aufrichtig

**ge·og·ra·pher** [dʒɪ'ɒɡrəfəʳ] der Geograph/ die Geographin

**geo·graph·ic(al)** [ˌdʒiːə(ʊ)'ɡræfɪk(ˀl)] geographisch

**ge·og·ra·phy** [dʒɪ'ɒɡrəfɪ] die Erdkunde, die Geographie

**geo·logi·cal** [ˌdʒiːə(ʊ)'lɒdʒɪkˀl] geologisch

**ge·olo·gist** [dʒɪ'ɒlədʒɪst] der Geologe/die Geologin

**ge·ol·ogy** [dʒɪ'ɒlədʒɪ] die Geologie

**geo·met·ric(al)** [ˌdʒiːə(ʊ)'metrɪk(ˀl)] geometrisch

**ge·om·etry** [dʒɪ'ɒmətrɪ] die Geometrie

**germ** [dʒɜːm] der Keim

**Ger·man¹** ['dʒɜːmən] ❶ deutsch; **I am German** ich bin Deutsche(r); **a German teacher** ein deutscher Lehrer/eine deutsche Lehrerin ❷ **my German teacher** mein Deutschlehrer/meine Deutschlehrerin

**Ger·man²** ['dʒɜːmən] ❶ (*Sprache*) Deutsch, das Deutsche; **to say something in German** etwas auf Deutsch sagen; **I don't speak German** ich spreche kein Deutsch; **do you speak German?** sprechen Sie Deutsch?; **translated into German** ins Deutsche übersetzt ❷ (*Person*) der/die Deutsche

**Ger·man·ic** [dʒə'mænɪk] [indo]germanisch

**Ger·man mea·sles** *plural* die Röteln

**Ger·man shep·herd** Ⓤ der deutsche Schäferhund

**Ger·ma·ny** ['dʒɜːmənɪ] Deutschland; **the Federal Republic of Germany** die Bundesrepublik Deutschland

**germ-free** keimfrei, steril

to **ger·mi·nate** ['dʒɜːmɪneɪt] ❶ keimen ❷ zum Keimen bringen

**ger·mi·na·tion** [ˌdʒɜːmɪ'neɪʃˀn] *kein Plural* das Keimen

**germ war·fare** der Bakterienkrieg

**ger·und** ['dʒerˀnd] das Gerundium

**ges·ta·tion** [dʒes'teɪʃˀn] *kein Plural* die Schwangerschaft; *von Tieren:* die Trächtigkeit; (*übertragen*) das Reifwerden

to **ges·ticu·late** [dʒes'tɪkjəleɪt] gestikulieren

**ges·ture** ['dʒestʃəʳ] die Geste

to **get** [get] <*got oder* Ⓤ gotten, got *oder* Ⓤ gotten> ❶ (*empfangen*) bekommen, kriegen *Geld, Geschenk, Krankheit;* empfangen, reinkriegen *Sender;* erhalten *Eindruck* ❷ (*holen*) besorgen, beschaffen; **to get something for someone** jemandem etwas besorgen; **what can I get you?** was kann ich Ihnen anbieten?; **can I get you a drink?** möchten Sie etwas trinken?; **we need to get some milk** wir müssen Milch kaufen ❸ (*werden*) **it's getting warmer** es wird wärmer ❹ kommen; **when did you get there?** wann bist du angekommen?; **how do I get to the station?** wie komme ich zum Bahnhof?; **Amundsen got to the South Pole before Scott** Amundsen erreichte den Südpol vor Scott ❺ (*fangen*) fassen, schnappen; **to get hold of someone** jemanden zu fassen kriegen ❻ verstehen, begreifen; **get it?** alles klar?; **I get it** ich verstehe schon; **I've got it!** ich hab's! ❼ veranlassen, überreden; **to get someone to do something** jemanden dazu bewegen, etwas zu machen; **to get one's hair cut** sich die Haare schneiden lassen; **to get something going** etwas in Gang bringen [*oder* setzen]; **to get someone talking** jemanden zum Reden bringen ❽ (*umgangsspr*) **to get someone** jemanden kriegen; **I'll get him for that!** dem werde ich es besorgen!; **to get someone at it** (*verwirren*) jemanden drankriegen ❾ **to have got** haben; **I've got a headache/boat** ich habe Kopfschmerzen/ ein Boot; **I've got the wrong number** ich habe mich verwählt ❿ **to have got to do something** etwas tun müssen; **I've got to go/say** ich muss gehen/sagen ⓫ **to get the better of someone** jemanden kleinkriegen ⓬ **to get to know something** etwas erfahren [*oder* in Erfahrung bringen]; **to get to know someone** jemanden kennen lernen ⓭ **to get married** sich verheiraten; **they got married in June** sie haben im Juni geheiratet ⓮ **to get there** (*umgangsspr*) sein Ziel erreichen; **we'll get there in the end** wir werden es schon schaffen ⑮ **to get one's own way** seinen Kopf durchsetzen

◆ to **get about** ① *Person:* [viel] herumkommen ② *Nachricht:* sich verbreiten

◆ to **get across** ① hinüberkommen ② **to get someone/something across** jemanden/ etwas hinüberbringen ③ (*übertragen*) verständlich machen *Idee;* gut rüberbringen *Witz* ④ (*übertragen*) sich verständlich machen ⑤ *Witz:* ankommen

◆ to **get ahead** ① vorwärtskommen, vorankommen ② **to get ahead of someone** jemanden überholen

◆ to **get along** ① vorankommen (**with** mit); **how are you getting along?** wie kommen Sie zurecht? ② **to get along with someone** mit jemandem auskommen, sich mit jemandem vertragen

◆ to **get around** ① *Person:* [viel] herumkommen ② *Nachricht:* sich verbreiten ③ **to get around to doing something** dazu kommen, etwas zu tun

◆ to **get at** ① **to get at someone** (*slang*) jemanden beeinflussen, auf jemandem herumhacken; **stop getting at me!** lass mich endlich in Ruhe! ② **to get at something** an etwas herankommen, etwas herausfinden ③ **what are you getting at?** worauf willst du hinaus?

◆ to **get away** ① wegbringen; **get him away from me!** schaff ihn mir vom Leib! ② *Person:* davonkommen, sich aus dem Staube machen; **to get away from someone** von jemandem loskommen; **get away from me!** hau bloß ab! ③ **to get away with something** sich etwas erlauben können ④ **get away!** (*umgangsspr*) sag bloß!

◆ to **get back** ① zurückbekommen; **can I get my CDs back please?** Ⓤ kann ich bitte meine CDs zurückhaben? ② *Person:* zurückkommen; **she got back home late** sie kam spät nach Hause ③ **to get back at someone** (*umgangsspr*) es jemandem heimzahlen

◆ to **get behind** ① **to get behind someone** jemanden unterstützen ② **to get behind with one's work** mit seiner Arbeit in Rückstand kommen

◆ to **get by** ① (*passieren*) vorbeikommen ② (*umgangsspr*) durchkommen; **I can just about get by in Italian** mein Italienisch reicht gerade, um mich zu verständigen ③ auskommen (**on** mit); **it's hard to get by on my pension** es ist schwer, mit meiner Rente auszukommen

◆ to **get down** ① **to get somebody/something down** jemanden/etwas hinunterbringen ② schlucken *Tablette* ③ (*übertragen*) deprimieren; **this bad weather is getting me down** das schlechte Wetter macht mir zu schaffen ④ *Person:* hinuntersteigen (**from** von) ⑤ **to get down to something** sich auf etwas konzentrieren; **let's get down to business** lass uns zur Sache kommen

◆ to **get in** ① hineinbringen; **to get the washing in** die Wäsche reinholen ② einbringen *Ernte* ③ (*in Disco, Verein*) hineinkommen ④ *Zug, Flug:* ankommen ⑤ **to get in with a bad crowd** in schlechte Gesellschaft geraten ⑥ **to get in on something** (*übertragen*) bei etwas einsteigen

◆ to **get into** ① einsteigen in *Auto* ② annehmen *Gewohnheit* ③ **he got into Oxford University** er wurde von der Universität Oxford angenommen ④ kommen, gelangen; **to get into a situation** in eine Situation geraten; **to get into a temper** wütend werden ⑤ **what's got into him?** was ist nur in ihn gefahren?

◆ to **get off** ① absteigen von *Fahrrad, Pferd* ② aussteigen aus *Bus, Zug* ③ **to get something off** ausziehen *Kleidung;* entfernen *Fleck* ④ **to get off with a fine** mit einer Geldstrafe davonkommen ⑤ **when do you get off work?** wann hast du Feierabend? ⑥ **to get a day off** einen Tag freibekommen ⑦ **to get off with someone** (*slang*) jemanden aufreißen *slang*

◆ to **get on** ① anziehen *Kleidung* ② aufsitzen; aufsteigen auf *Fahrrad, Pferd* ③ einsteigen in *einen Bus, Zug* ④ **to get on with one's work** mit der Arbeit weitermachen ⑤ **how did you get on?** wie ist es dir ergangen?; **to get on in the world** es zu etwas bringen ⑥ **I get on well with Nancy** ich verstehe mich gut mit Nancy, Nancy und ich kommen gut miteinander aus

◆ to **get out** ① herauskommen; **open the door — I can't get out!** öffne die Tür — ich komme nicht raus! ② (*aus einem Fahrzeug*) aussteigen ③ *Geheimnis:* herauskommen

◆ to **get out of** ① verlassen *Zimmer;* aussteigen aus *Fahrzeug* ② entlassen werden aus *Gefängnis* ③ **get out of my sight!** verschwinde! ④ **get that out of your head!** schlagen Sie sich das aus dem Kopf!

◆ to **get over** hinwegkommen über

◆ to **get round** ① umgehen *Gesetz, Schwierigkeit* ② herumkriegen *Person* ③ **as soon as**

**I get round to it** sobald ich dazu komme
♦ to **get straight** ① in Ordnung bringen ② **let me get this straight** lass mich das klarstellen
♦ to **get through** ① (*am Telefon*) **to get through to someone/to Germany** zu jemandem/nach Deutschland durchkommen ② **to get through to someone** zu jemandem durchdringen; **I can't get it through to him** ich kann es ihm nicht klarmachen ③ **we'll get through somehow** wir werden schon irgendwie durchkommen ④ *Person, Nachricht:* durchkommen ⑤ **to get through to the final** in die Endrunde kommen
♦ to **get together** ① *Personen:* zusammenkommen, sich treffen; **let's get together sometime** wir könnten uns doch mal wieder treffen ② zusammenbringen *Leute* ③ **to get one's things together** seine Sachen zusammenpacken
♦ to **get up** aufstehen; **can you get Mum up — breakfast is ready!** kannst du [die] Mama wecken — das Frühstück ist fertig!
♦ to **get up to** ① (*erreichen*) gelangen bis ② anstellen; **what have you been getting up to?** was hast du so getrieben?
**get·away** ['getəweɪ] das Entkommen
**get·away car** der Fluchtwagen
**get·togeth·er** ['getə'geðəʳ] die Zusammenkunft, das gemütliche Beisammensein
**ghast·ly** ['gɑ:stlɪ] ① *Unfall, Verletzungen:* entsetzlich ② *Fehler:* schrecklich ③ *Wetter:* grässlich
**gher·kin** ['gɜ:kɪn] die Essiggurke, die Gewürzgurke
**ghet·to** ['getəʊ] <*plural* ghettos *oder* ghettoes> das G[h]etto
**ghost** [gəʊst] ① der Geist, das Gespenst ② **to give up the ghost** den Geist aufgeben
**ghost·ly** ['gəʊstlɪ] geisterhaft; (*unheimlich*) gespenstisch
**ghost sto·ry** die Gespenstergeschichte
**GI** [ˌdʒi:'aɪ] (*umgangsspr*) der GI
**gi·ant¹** ['dʒaɪənt] der Riese
**gi·ant²** ['dʒaɪənt] riesig; **a giant packet** ein Riesenpaket
**Gi·bral·tar** [dʒɪ'brɒltəʳ] *kein Plural* Gibraltar
**gid·di·ly** ['gɪdɪlɪ] ① benommen ② leichtfertig
**gid·di·ness** ['gɪdɪnəs] *kein Plural* das Schwindelgefühl
**gid·dy** ['gɪdɪ] schwind[e]lig; **I feel giddy** mir ist schwindlig
**gift** [gɪft] ① das Geschenk ② (*übertragen*) die Begabung, das Talent (**for** zu)

# gift

**F** Nicht verwechseln mit *das Gift — poison!*

**gift·ed** ['gɪftɪd] begabt, talentiert
**gift shop** der Geschenkartikelladen
**gift to·ken**, **gift vouch·er** der Geschenkgutschein
**gig** [gɪg] der Gig
**gi·gan·tic** [dʒaɪ'gæntɪk] riesig; *Appetit:* gewaltig
to **gig·gle** ['gɪgl] kichern
**gig·gle** ['gɪgl] das Kichern, das Gekicher; **to do something for a giggle** etwas zum Spaß tun
**gim·mick** ['gɪmɪk] ① der Trick ② die Attraktion
**gim·micky** ['gɪmɪkɪ] marktschreierisch
**gin** [dʒɪn] der Gin; **gin and tonic** der Gin Tonic
**gin·ger¹** ['dʒɪndʒəʳ] der Ingwer
**gin·ger²** ['dʒɪndʒəʳ] ① *Geschmack:* Ingwer- ② *Haare:* rotblond
**gin·ger·bread** *kein Plural* der Lebkuchen
**gin·ger-haired** dunkelblond
**gin·ger·ly** ['dʒɪndʒəlɪ] behutsam
**gin·ger nut** ⓖⓑ, **gin·ger snap** ⓤⓢⓐ der Ingwerkeks
**gip·sy** ['dʒɪpsɪ] der Zigeuner/die Zigeunerin
**gi·raffe** [dʒɪ'rɑ:f] die Giraffe
**girl** [gɜ:l] ① das Mädchen ② **my youngest girl** meine jüngste Tochter
**girl·friend** ['gɜ:lfrend] die Freundin
**Girl Guide** ⓖⓑ die Pfadfinderin
**girl·hood** ['gɜ:lhʊd] *kein Plural* die Mädchenjahre
**girlie** ['gɜ:lɪ], **girl·ish** ['gɜ:lɪʃ] mädchenhaft
**giro ac·count** das Girokonto
**gist** [dʒɪst] **the gist** das Wesentliche; **to get the gist of something** den Sinn von etwas verstehen

**G** Richtiges Konjugieren von **give**: give, gave, given — *Dave gave Jenny his phone number; Have you given him the car key?; I was given a present*

to **give** [gɪv] <gave, given> ❶ (*allgemein*) geben ❷ schenken *Geschenk;* geben *Spende;* spenden *Blut* ❸ von sich geben *Geräusch;* **she gave a loud cry** sie stieß einen lauten Schrei aus ❹ geben; angeben *Grund;* aufführen *Beispiel;* erstatten *Bericht* ❺ **he's given us a lot of homework** er hat uns eine Menge Hausaufgaben aufgegeben ❻ **to give someone a good game** jemandem ein gutes Spiel liefern ❼ **to give someone the right to do something** jemandem das Recht einräumen, etwas zu tun ❽ **to give birth** *Frau:* entbinden; *Tier:* jungen, werfen ❾ *Material:* nachgeben; *Schnur:* reißen; *Kraft, Stimme:* versagen ❿ **to give it to someone** (*umgangsspr*) jemandem die Meinung sagen; **give her my regards** bestellen Sie ihr Grüße von mir ⓫ **I don't give a damn** (*umgangsspr*) ich scher mich den Teufel darum *umgangsspr* ⓬ (*umgangsspr*) **what gives?** was gibt's?

◆to **give away** ❶ weggeben, verschenken ❷ verpassen *Gelegenheit* ❸ verraten *Geheimnis;* **to give oneself away** sich verraten ❹ **to give away one's daughter** seine Tochter zum Altar führen

◆to **give back** zurückgeben

◆to **give in** ❶ einreichen *Aufsatz;* abgeben *Paket* ❷ *Person:* nachgeben; **don't give in to his threats** gehe nicht auf seine Drohungen ein

◆to **give off** ❶ abgeben *Wärme* ❷ ausstrahlen *Licht* ❸ ausströmen *Geruch*

◆to **give out** ❶ **to give something out** etwas austeilen [*oder* verteilen] ❷ zu Ende gehen *Geduld, Kraft, Vorräte*

◆to **give over** ❶ **to give something over** [to somebody] [jemandem] etwas übergeben ❷ **to be given over to something** für etwas beansprucht werden; **to give oneself over to something** sich etwas ganz hingeben ❸ ⒢ᴮ (*umgangsspr*) aufhören; **they've doubled your salary? give over!** sie haben wirklich dein Gehalt verdoppelt?!

◆to **give up** ❶ **I don't give up that easily** so leicht werfe ich die Flinte nicht ins Korn; **to give up smoking** das Rauchen aufgeben ❷ **I give up on you!** du bist ein hoffnungsloser Fall! ❸ **to give up one's share** auf seinen Anteil verzichten ❹ **to give oneself up** sich stellen

**give-and-take** [ˌgɪvən'teɪk] das gegenseitige Entgegenkommen, die Kompromissbereitschaft

**give-away** ['gɪvəweɪ] ❶ **it was a real give-away** es verriet alles ❷ die Gratisprobe; **give-away price** der Schleuderpreis

**giv·en**[1] ['gɪvn] 3. Form von **give**

**giv·en**[2] ['gɪvn] ❶ gegeben ❷ **at the given time** zur festgesetzten Zeit; **at a given point in time** zu einem festgesetzten Zeitpunkt ❸ **to be given to doing something** die Gewohnheit haben, etwas zu tun ❹ **given that ...** vorausgesetzt [*oder* angenommen], dass ... ❺ [if] **given the chance** sofern sich die Möglichkeit ergibt ❻ **given name** der Vorname

**giv·er** ['gɪvəʳ] der Geber/die Geberin

**gla·cial** ['gleɪsiəl] ❶ glazial; **glacial lake** der Gletschersee ❷ (*übertragen*) eisig

**glaci·er** ['glæsɪəʳ] der Gletscher

**glad** [glæd] <gladder, gladdest> ❶ *Person:* froh (**about** über); **I am so glad** das freut mich; **she was glad to find somewhere to sit down** sie war froh, dass sie sich endlich setzen konnte ❷ **glad to meet you!** sehr angenehm! ❸ **I'd be glad to!** aber gern!; **I'd be glad to help you** ich helfe Ihnen gern ❹ **to be glad of something** für etwas dankbar sein

**glad·ly** ['glædlɪ] gern[e]

**glam·or·ous** ['glæmᵊrəs] glamourös

**glance** [glɑːns] der [flüchtige] Blick; **at a glance** auf einen Blick; **to give someone a glance** jemandem einen Blick zuwerfen

**F** Nicht verwechseln mit *der Glanz — shine!*

to **glance** [glɑːns] schauen, blicken; **to glance at someone/something** jemanden/etwas kurz ansehen; **to glance over something** etwas überfliegen; **to glance round** sich umsehen

**F** Nicht verwechseln mit *glänzen — to shine!*

to **glare** [gleəʳ] ❶ *Licht:* grell scheinen ❷ **to glare at someone** jemanden [wütend] anstarren

**glare** [gleəʳ] ❶ das grelle Licht ❷ der wütende, starre Blick

**glar·ing** ['gleərɪŋ] ❶ blendend hell; *Licht:* grell ❷ *Irrtum:* eklatant; **a glaring error** ein grober Fehler

**glass** [glɑːs] ❶ das Glas ❷ **glasses** △ *plural,* [a pair of] **glasses** [eine] Brille; **where are my glasses?** wo ist meine Brille?

**glass fibre – go** 194

**glass fi·bre** die Glasfaser
**glass·house** das Gewächshaus
to **glaze** [gleɪz] glasieren *Kuchen;* verglasen *Fenster;* **to glaze [over]** *Augen:* glasig werden
**glaze** [gleɪz] die Glasur
**gla·zi·er** ['gleɪziəʳ] der Glaser/die Glaserin
to **gleam** [gli:m] schimmern
**gleam** [gli:m] der Schimmer
**glee** [gli:] *kein Plural* das Entzücken
**glee·ful** ['gli:fᵊl] ausgelassen
to **glide** [glaɪd] ❶ *Segelflugzeug:* gleiten, schweben ❷ *Person:* [segel]fliegen
**glid·er** ['glaɪdəʳ] das Segelflugzeug
**glid·er pi·lot** der Segelflieger/die Segelfliegerin
**glid·ing** ['glaɪdɪŋ] das Segelfliegen
to **glim·mer** ['glɪməʳ] ❶ *Feuer:* glimmen ❷ *Licht:* schimmern
**glim·mer** ['glɪməʳ] ❶ das Glimmen ❷ **glimmer of light** der Lichtschimmer; **glimmer of hope** der Hoffnungsschimmer
**glimpse** [glɪmps] der kurze Blick; **to catch a glimpse of something** etwas flüchtig zu sehen bekommen
to **glimpse** [glɪmps] im Vorübergehen sehen
to **glint** [glɪnt] glitzern
**glint** [glɪnt] das Glitzern
to **glis·ten** ['glɪsᵊn] glitzern, glänzen
to **glit·ter** ['glɪtəʳ] glitzern, funkeln
**glit·ter** ['glɪtəʳ] ❶ das Glitzern, das Funkeln ❷ (*übertragen*) die Pracht
**glit·ter·ing** ['glɪtərɪŋ] ❶ glitzernd ❷ (*übertragen*) glänzend
**glitzy** ['glɪtsi] <glitzier, glitziest> glanzvoll
to **gloat** [gləʊt] sich hämisch freuen (**over** über), sich weiden (**over** an)
**glob·al** ['gləʊbl] ❶ global, weltweit; **global warming** der globale Temperaturanstieg ❷ **looking at the global view ...** global gesehen ...
**glob·ali·za·tion** [ˌgləʊbᵊlaɪˈzeɪʃᵊn] *kein Plural* die Globalisierung
**globe** [gləʊb] ❶ (*Form*) die Kugel ❷ (*Welt*) der Erdball, der Globus ❸ (*Karte*) der Globus
**globe·trot·ter** der Weltenbummler/die Weltenbummlerin
**gloom** [glu:m] ❶ das Dunkel, die Dunkelheit ❷ (*übertragen*) die Traurigkeit, die Schwermut; **an atmosphere of gloom** eine düstere [*oder* gedrückte] Stimmung
**gloomy** ['glu:mɪ] düster, trüb[e], trübselig
**glo·ri·ous** ['glɔ:rɪəs] ❶ *Sieg:* ruhmreich ❷ *Wetter:* herrlich ❸ *Anblick:* prächtig
**glo·ry** ['glɔ:rɪ] ❶ (*Berühmtheit*) der Ruhm ❷ (*Schönheit*) die Herrlichkeit, die Pracht
**gloss paint** der Glanzlack

**glossy¹** ['glɒsɪ] ❶ glänzend ❷ **glossy paper** das Glanzpapier; **glossy magazine** das Hochglanzmagazin
**glossy²** ['glɒsɪ] das [Hochglanz]magazin
**glove** [glʌv] der Handschuh; **boxing glove** der Boxhandschuh; **rubber glove** der Gummihandschuh; **to fit like a glove** wie angegossen sitzen
**glove com·part·ment** das Handschuhfach
to **glow** [gləʊ] ❶ glühen ❷ *Gesicht:* leuchten (**with** vor)
**glow** [gləʊ] ❶ die Glut ❷ **her cheeks had a healthy glow** ihre Wangen hatten eine gesunde Farbe
to **glow·er** ['glaʊəʳ] verärgert aussehen; **to glower at somebody** jemanden zornig anstarren
**glow·er** ['glaʊəʳ] der finstere Blick
**glu·cose** ['glu:kəʊs] der Traubenzucker
**glue** [glu:] der Klebstoff, der Leim
to **glue** [glu:] ❶ leimen, kleben (**on** auf, **to** an) ❷ (*übertragen*) **to be glued to someone** jemandem nicht von der Seite weichen; **his eyes were glued to the screen** er sah wie gebannt auf den Bildschirm; **as if glued to the spot** wie angewurzelt
**glue stick** der Klebestift
**glum** [glʌm] <glummer, glummest> niedergeschlagen; *Gesicht:* mürrisch
**GM¹** [ˌdʒi:ˈem] Ⓖ*Ⓑ* *Abkürzung von* **grant-maintained** *Schule:* öffentlich bezuschusst
**GM²** [ˌdʒi:ˈem] *Abkürzung von* **general manager** der Hauptgeschäftsführer/die Hauptgeschäftsführerin
**GM³** [ˌdʒi:ˈem] *Abkürzung von* **genetically modified** gentechnisch behandelt
**GMO** [ˌdʒi:emˈəʊ] *Abkürzung von* **genetically modified organism** der gentechnisch veränderte Organismus
**gnash·ers** ['næʃəz] *plural* Ⓖ*Ⓑ* (*umgangsspr*) die Kauwerkzeuge
to **gnaw** [nɔ:] nagen (**at/on** an)
**gnaw·ing¹** ['nɔ:ɪŋ] nagend
**gnaw·ing²** ['nɔ:ɪŋ] *kein Plural* das Nagen
**go** [gəʊ] <*plural* goes> ❶ der Versuch; **to have a go at something** etwas versuchen; **let me have a go** lass mich mal ❷ (*Tatkraft*) der Schwung ❸ **[always] on the go** [immer] auf Trab

Ⓖ Richtiges Konjugieren von **go**: go, went, gone — *Mr Lee went to the same school as his son; My pen has gone; Lucy has been gone for an hour.*

to **go** [gəʊ] <goes, went, gone> ❶ gehen; **who**

## to go and to get  A B C

| to go to bed | ins Bett gehen | Get out of here! | Verschwindet! |
| Go away! | Geh weg! | to get lost | sich verirren |
| to go shopping | einkaufen gehen | to get up | aufstehen |
| to go on | weitermachen | to get to school | zur Schule kommen |

goes there? wer da?; **to go to see some-one** jemanden besuchen ❷ *Fahrzeug:* fahren, reisen; *Flugzeug:* fliegen; **to go by car/train** mit dem Auto/Zug fahren; **to go by air** fliegen ❸ *Maschine:* in Betrieb sein, funktionieren; **to keep the engine going** den Motor laufen lassen ❹ *Straße:* führen (**to** nach) ❺ **first prize went to the red team** der erste Preis ging an die rote Mannschaft ❻ *Party, Prüfung, Tag:* verlaufen; **how did the exam go? — it went all right, thanks** wie war die Prüfung? — sie war ganz o.k., danke ❼ *Zeit:* vergehen, verstreichen ❽ werden; **to go grey** grau werden; **to go blind/mad** blind/verrückt werden; **to go bad** schlecht werden, verderben; **to go wrong** schiefgehen ❾ **the rumour goes that ...** es geht das Gerücht, dass ... ❿ *Gegenstand:* kommen, gehören; **where do you want it to go?** wo soll es hin? ⓫ (*aufbrechen*) weggehen; **I must be going now** ich muss jetzt gehen, ich gehe jetzt ⓬ **where did my pen go?** wohin ist mein Stift verschwunden?, wo ist mein Stift? ⓭ (*nachlassen*) *Material, Maschine:* kaputtgehen; *Augen, Gesundheit:* schlechter werden; *Bremsen:* versagen ⓮ (*Geräusche nachahmen*) **a gorilla goes like this** ein Gorilla macht so ⓯ (*zur Futurbildung*) werden, wollen; **I am going to write soon** ich werde bald schreiben; **he was going to do it** er wollte es machen ⓰ *mit der -ing Form* gehen; **to go swimming/shopping** schwimmen/einkaufen gehen ► WENDUNGEN: **it's no go** da ist nichts zu machen; **there you go!** bitte schön!; **to go into effect** in Kraft treten; **to go to pieces** durchdrehen; **to go unnoticed** unbemerkt bleiben; **as things go** wie es nun mal so ist; **let go!** los!; **go easy!** übernimm dich nicht!; **ready, steady, go!** Achtung — fertig — los!

◆ to **go about** ❶ herumgehen ❷ *Segelboot:* wenden ❸ *Gerücht, Krankheit:* umgehen

◆ to **go after** ❶ **to go after someone** jemandem nachgehen [*oder* nachlaufen] ❷ (*übertragen*) anstreben; sich bemühen um *Job*

◆ to **go against** ❶ widerstreben *Prinzipien*

❷ **the case went against him** es wurde gegen ihn entschieden

◆ to **go ahead** ❶ **to go ahead of someone** jemandem vorausgehen; **you go ahead, I'll catch you up later** geh voraus, ich komme gleich nach ❷ **to go ahead with something** etwas durchführen ❸ vorangehen; **the meeting went ahead without him** die Besprechung fand ohne ihn statt ❹ (*übertragen*) **go ahead!** nur zu!

◆ to **go along** ❶ **to go along with someone** jemanden begleiten, mit jemandem mitgehen ❷ **I'm happy to go along with whatever you decide** ich schließe mich gerne dem an, was ihr entscheidet

◆ to **go around** ❶ herumgehen ❷ **there's enough bread to go around** es ist genug Brot für alle da

◆ to **go at** ❶ **to go at someone** auf jemanden losgehen ❷ **to go at something** etwas anpacken

◆ to **go away** ❶ weggehen, verreisen ❷ *Schmerzen:* weggehen; *Fleck:* herausgehen

◆ to **go back** ❶ zurückgehen, zurückfahren ❷ (*zeitlich*) sich zurückführen lassen (**to** auf) ❸ **to go back on one's word** sein Wort brechen ❹ **the clocks go back an hour tomorrow** die Uhren werden morgen um eine Stunde zurückgestellt

◆ to **go beyond** hinausgehen über

◆ to **go by** ❶ *Gelegenheit, Person:* vorbeigehen ❷ *Zeit:* vergehen ❸ **to go by an example/the clock** sich nach einem Beispiel/der Uhr richten; **to go by the rules** sich an die Regeln halten

◆ to **go down** ❶ hinuntergehen *Treppe usw.* ❷ *Schiff, Sonne:* untergehen ❸ *Fieber, Preise:* sinken, fallen ❹ **to go down well/badly** gut/schlecht ankommen ❺ **to go down with flu** die Grippe bekommen ❻ **to go down in history** in die Geschichte eingehen

◆ to **go for** ❶ **I'm going for an ice-cream** ich gehe mir ein Eis holen ❷ **to go for a drive/walk** ausfahren/einen Spaziergang machen ❸ **that goes for you too** das gilt auch für dich ❹ **to go for someone** (*um-*

*gangsspr*) auf jemanden losgehen ❺ (*Sport*) **to go for gold** nach Gold streben

◆to **go in** hineingehen

◆to **go in for** ❶ sich interessieren für, Spaß haben an ❷ teilnehmen an *Prüfung*

◆to **go into** ❶ untersuchen; sich befassen mit *Fach, Thema* ❷ **I won't go into detail now** ich werde jetzt keine Einzelheiten nennen ❸ **to go into politics** in die Politik gehen ❹ **to go into hospital** ins Krankenhaus gehen ❺ **to go into a tree** gegen einen Baum fahren

◆to **go off** ❶ weggehen; **he just went off without saying goodbye** er ging einfach, ohne sich zu verabschieden ❷ *Gewehr:* losgehen; *Bombe:* explodieren ❸ **to go off to sleep** einschlafen ❹ *Lebensmittel:* schlecht werden ❺ **to go off well/badly** auf Zustimmung/Ablehnung stoßen ❻ (*umgangsspr*) **to go off one's head** den Verstand verlieren

◆to **go on** ❶ weitermachen, fortfahren (**with**); **to go on talking** weiterreden; **he went on and on about it** er hat unentwegt davon geredet; **this can't go on any longer** das kann nicht mehr so weitergehen ❷ **what's going on here?** was geht hier vor?, was ist hier los? ❸ **to go on at someone** auf jemandem herumhacken ❹ **to go on to do something** etwas als Nächstes tun; **she went on to become ...** sie wurde schließlich noch ...; **he went on to say that ...** weiterhin sagte er, dass ... ❺ **to go on to the next item** zum nächsten Punkt übergehen ❻ **to be going on** [*for*] **fifty** auf die Fünfzig zugehen ❼ **go on, tell me what happened** komm schon, erzähl mir, was passiert ist

◆to **go out** ❶ hinausgehen; **he went out to get some milk** er ist hinausgegangen, um Milch zu holen ❷ (*zum Vergnügen*) ausgehen ❸ *Feuer, Licht:* ausgehen ❹ *Flut:* zurückgehen, ablaufen ❺ **to go out of fashion** aus der Mode kommen ❻ **to go out of one's way to do something** sich große Mühe geben, etwas zu tun ❼ **to go out to work** arbeiten gehen ❽ **to go out with someone** mit jemandem gehen; **are you going out with anyone?** hast du einen festen Freund/eine feste Freundin?

◆to **go over** ❶ hinübergehen (**to** zu) ❷ (*wechseln*) übergehen (**to** zu) ❸ **could you go over my homework please?** könntest du bitte meine Hausaufgaben durchsehen?; **to go over the figures** nachrechnen ❹ **let's go over that again** lasst uns das

noch einmal durchgehen

◆to **go through** ❶ durchgehen; durchsehen *Post, Text* ❷ durchsuchen *Koffer* ❸ *Straße:* durchführen ❹ *Gesuch, Gesetz:* durchgehen, angenommen werden ❺ durchmachen *schwierige Situation, Scheidung* ❻ **to go through with something** etwas zu Ende führen [*oder* vollenden]

◆to **go together** ❶ zusammenpassen; **pink and orange don't go very well together** rosa und orange passen nicht so gut zusammen ❷ (USA) (*umgangsspr*) *Liebespaar:* miteinander gehen

◆to **go under** ❶ *Schiff:* untergehen, sinken; **to go under water** unter Wasser tauchen ❷ (*übertragen*) *Geschäft:* zugrunde gehen, eingehen

◆to **go up** ❶ hinaufgehen *Treppe;* hinaufsteigen *Leiter* ❷ *Preis:* steigen ❸ **to go up in flames/in smoke** in Flammen/in Rauch aufgehen ❹ **to go up to someone** auf jemanden zugehen

◆to **go with** ❶ (USA) (*als Freund*[*in*]) gehen mit ❷ **that top goes well with your trousers** das Oberteil passt gut zu deiner Hose ❸ **long hours go with the job** in diesem Job sind Überstunden erforderlich

◆to **go without** ❶ **to go without food** nichts essen; **to go without sleep** ohne Schlaf auskommen; **I'll have to go without it** darauf werde ich verzichten müssen ❷ **that goes without saying** das versteht sich von selbst

**go-ahead** ['gəʊəhed] **to give someone the go-ahead** jemandem grünes Licht geben

**goal** [gəʊl] ❶ das Tor; **to score a goal** ein Tor schießen; **to win by three goals to one** 3 : 1 gewinnen; **to keep** [*oder* **play in**] **goal** Torwart sein; **goal area** der Torraum ❷ (*übertragen*) das Ziel

**goalie** ['gəʊlɪ] (*umgangsspr*), **goal·keep·er** der Torwart/die Torwartin, der Torhüter/die Torhüterin

**goal kick** der Abstoß

**goal line** die Torlinie

**goal-ori·ent·ed** zielorientiert

**goal·post** der Torpfosten

**goat** [gəʊt] die Ziege

**goatee** [gəʊ'tiː] der Spitzbart

**gob** [gɒb] (GB) (*slang*) das Maul; **shut your gob!** halts Maul!

to **gob·ble** ['gɒbl] ❶ *Truthahn:* kollern ❷ (*umgangsspr*) [hinunter]schlingen

**go-between** ['gəʊbɪtwiːn] der Vermittler/die Vermittlerin

**gob·lin** ['gɒblɪn] der Kobold

**go-cart** (USA) der Gokart

**god** [gɒd] der Gott; **God** Gott; **God willing** so Gott will; **God forbid** Gott bewahre; **God knows who** weiß der Himmel, wer; **for God's sake!** (erbost) mein Gott!; **thank God!** Gott sei Dank!

**god-aw·ful** (umgangsspr) beschissen

**god·child** ['gɒdtʃaɪld] <plural godchildren> das Patenkind

**god·damned** gottverdammt

**god·daugh·ter** ['gɒd,dɔːtər] die Patentochter

**god·dess** ['gɒdɪs] <plural goddesses> die Göttin

**god·fa·ther** ['gɒd,fɑːðər] der Pate

**god-fear·ing** gottesfürchtig

**god-for·sak·en** gottverlassen

**god·moth·er** ['gɒd,mʌðər] die Patin

**god·par·ent** ['gɒd,peərənt] der Pate/die Patin

**god·send** (umgangsspr) das Gottesgeschenk

**god·son** ['gɒdsʌn] der Patensohn

**goes** [gəʊz] 3. Person singular Präsens von **go**

**go-get·ter** der Tatmensch

to **gog·gle** ['gɒgl] glotzen umgangsspr, starren; **to goggle at someone** jemanden anglotzen

**gog·gle-box** (slang) die Glotze umgangsspr

**gog·gle-eyed** (umgangsspr) mit Kulleraugen

**gog·gles** ['gɒglz] die Schutzbrille; (zum Schwimmen) die Schwimmbrille, die Taucherbrille

**go·ing** ['gəʊɪŋ] ① Maschine: in Gang, funktionierend; **to set something going** etwas in Gang bringen ② vorhanden, erhältlich; **these seats were the best ones going** diese Plätze sind die besten, die noch übrig waren; **I'll take any job going** ich nehme jede Arbeit an ③ Preis: gängig; Satz: üblich ④ gut gehend; Unternehmen: gesund ⑤ **to get going** (umgangsspr) in Gang kommen ⑥ **going! going! gone!** zum Ersten! zum Zweiten! zum Dritten!

**go·ing price** ① der Marktwert ② der aktuelle Preis

**go·ings-on** [,gəʊɪŋz'ɒn] plural **such goings-on** derartige Vorfälle

**go-kart** ['gəʊkɑːt] der Gokart

**gold¹** [gəʊld] das Gold ▶ WENDUNGEN: **to be as good as gold** ganz brav sein

**gold²** [gəʊld] golden, Gold-

**gold coin** die Goldmünze

**gold·en** ['gəʊldən] ① golden; **golden wedding** goldene Hochzeit ② (übertragen) Gelegenheit: einmalig

**gold·fish** ['gəʊldfɪʃ] der Goldfisch

**gold med·al** die Goldmedaille

**gold mine** ['gəʊldmaɪn] die Goldgrube

**golf** [gɒlf] das Golf

**golf ball** der Golfball

**golf club** ① der Golfschläger ② (Verein) der Golfklub

**golf course** der Golfplatz

**golf·er** ['gɒlfər] der Golfspieler/die Golfspielerin, der Golfer/die Golferin

**gone¹** [gɒn] 3. Form von **go**

**gone²** [gɒn] ① |it's |just| gone six o'clock es ist |gerade| sechs Uhr durch ② **to be gone on someone** (slang) in jemanden verknallt sein ③ **all gone** alles, alles leer; **the milk is all gone** die Milch ist alle

**gon·er** ['gɒnər] (umgangsspr) **to be a goner** es nicht mehr lange machen

**goo** [guː] kein Plural (umgangsspr) die Schmiere

**good¹** [gʊd] <better, best> ① gut; **to have good looks** gut aussehen; **to have a good time** sich gut unterhalten; **good morning/evening!** guten Morgen/Abend!; **good to see you** schön, dich zu sehen; **good for you!** gut so! bravo!; **that's a good one!** das ist ein guter Witz; wer's glaubt wird selig!; **no good** nichts wert, unbrauchbar ② Angebot, Gelegenheit: günstig ③ Arbeiter: tüchtig ④ begabt; **to be good at figures** gut im Rechnen sein ⑤ (wohlerzogen) artig, brav ⑥ freundlich; **would you be so good as |oder be good enough| to give me a hand?** würden Sie so freundlich sein und mir helfen?; **that's good of you** das ist lieb |oder nett| von dir ⑦ erfreulich; **it is good to hear that ...** es ist erfreulich zu hören, dass ...; **it would be good if ...** es wäre erfreulich, wenn ... ⑧ gültig; **this ticket is good for one year** diese Fahrkarte ist ein Jahr gültig ⑨ **a good deal** ziemlich viel, eine Menge; **a good many** ziemlich viele, eine Menge; **a good half** gut die Hälfte; **a good hour** eine gute Stunde ⑩ **all in good time** alles zu seiner Zeit ⑪ **as good as** so gut wie; **as good |oder well| as could be expected** so gut wie zu erwarten war; **as good as gold** sehr brav; **he as good as accused me of lying** er hat mich praktisch als Lügner bezeichnet ⑫ **for good** für immer, endgültig ⑬ **to make good** (nachholen) wieder gutmachen; **to make good the damage** für den Schaden aufkommen ⑭ **what good is it?** hat es Sinn |oder einen Zweck|? ⑮ **too much of a good thing** zu viel des Guten

**good – gradual**

**16** **good fortune** das Glück **17** **good nature** die Gutmütigkeit **18** **to feel good** sich wohl fühlen **19** **that's not good enough** so geht das nicht

**good²** [gʊd] **1** das Gute; **good and evil** Gut und Böse **2** das Wohl; **the common good** das allgemeine Wohl; **for your own good** zu deinem Besten **3** der Nutzen; **what's the good of …?** was nützt …?

**good·bye** [ˌgʊd'baɪ], USA **good·by 1** das Lebewohl; **to say goodbye to someone** jemandem auf Wiedersehen sagen; **to say one's goodbyes** sich verabschieden **2** **Goodbye!** auf Wiedersehen!; (am Telefon) auf Wiederhören!

**good-for-noth·ing¹** der Taugenichts
**good-for-noth·ing²** nichtsnutzig
**Good Fri·day** der Karfreitag
**good-hu·moured** [ˌgʊd'hjuːməd], USA
**good-hu·mored 1** fröhlich **2** gutmütig
**good-look·ing** [ˌgʊd'lʊkɪŋ] gut aussehend
**good looks** plural das gute Aussehen
**good-na·tured** [ˌgʊd'neɪtʃəd] gutmütig
**good·ness** ['gʊdnɪs] **1** die Güte **2** von Nahrungsmitteln: der Nährwert **3** **goodness gracious!, goodness me!** [ach] du meine Güte!; **for goodness' sake!** um Himmels willen!

**goods** [gʊdz] plural die Güter, die Waren; **goods train** der Güterzug
**good-sized** [recht] groß
**good-tem·pered** gutmütig
**goody** ['gʊdɪ] (umgangsspr) **1** (Held[in]) der/die Gute **2** **goodies** die Süßigkeiten, die Leckereien

**goody-two-shoes** (abwertend umgangsspr) der Tugendbold
**goo-ey** ['guːi] <gooier, gooiest> (umgangsspr) klebrig; Roman, Lied: schmalzig
**goof** [guːf] USA (umgangsspr) der Patzer
**◆to** **goof up** USA (umgangsspr) **1** vermasseln **2** Mist bauen umgangsspr
to **goof** [guːf] USA (umgangsspr) Mist bauen umgangsspr

**goose** [guːs] <plural geese> die Gans
**goose·ber·ry** ['gʊzbərɪ] die Stachelbeere
**goose-pim·ples** plural die Gänsehaut
**gorge** [gɔːdʒ] die Schlucht, die Klamm
**gor·geous** ['gɔːdʒəs] **1** prächtig, prachtvoll **2** (umgangsspr) sagenhaft, großartig
**go·ril·la** [gə'rɪlə] der Gorilla
**gory** ['gɔːrɪ] blutig, blutrünstig
**gos·pel** ['gɒspl] **1** das Evangelium; **the Gospel according to St Luke** das Evangelium nach Lukas; **St Luke's Gospel** das Lukas-

evangelium **2** (Musik) der/das Gospel
**gos·sip** ['gɒsɪp] **1** (Wörter) der Klatsch **2** (Person) die Klatschbase
to **gos·sip** ['gɒsɪp] klatschen, tratschen
**gos·sip col·umn** die Klatschspalte
**got** [gɒt] 2. und 3. Form von **get**
**got·ten** ['gɒtən] USA 3. Form von **get**
to **gov·ern** ['gʌvn] **1** regieren Land, Volk **2** verwalten; leiten Kolonie, Provinz **3** Vorschriften: bestimmen **4** **to be governed by** geregelt werden durch
**gov·ern·ing** ['gʌvənɪŋ] regierend; **governing body** der Vorstand; **self-governing** autonom
**gov·ern·ment** ['gʌvənmənt] **1** die Regierung **2** (System) die Regierungsform
**gov·ern·ment spokes·per·son** der Regierungssprecher/die Regierungssprecherin
**GP** [dʒiː'piː] Abkürzung von **General Practitioner** der Arzt für Allgemeinmedizin/die Ärztin für Allgemeinmedizin
to **grab** [græb] <grabbed, grabbed> **1** **to grab someone/something** jemanden/etwas packen, sich jemanden/etwas schnappen **2** **to grab at something** nach etwas greifen
**grab** [græb] **to make a grab at something** nach etwas greifen
**grace** [greɪs] **1** **to do something with good/bad grace** etwas anstandslos/widerwillig tun **2** **to say grace** das Tischgebet sprechen ▶ WENDUNGEN: **to give someone a day's grace** jemandem einen Tag Aufschub gewähren
**gra·cious** ['greɪʃəs] [good] **gracious!, gracious me!** ach du liebe Güte!
**grade** [greɪd] **1** (in der Schule) die Note, die Zensur **2** USA die Schulklasse **3** **grade school** USA die Grundschule **4** (Niveau) die Stufe **5** (Rang) der Grad **6** von Waren: die Güteklasse, die Qualität **7** **grade crossing** USA der schienengleiche Bahnübergang

> **L** Das übliche Notensystem der USA, das **grading system**, verwendet die Buchstaben: A, B, C, D, E und F, wobei das E oft fehlt. A ist die beste Note und F (= **Fail**) bedeutet durchgefallen. Großbritannien verwendet die Buchstaben A bis E; hier bedeutet ein E durchgefallen. Die Buchstaben können auch mit einem Plus oder Minus versehen werden. Wer eine A+ erhält, hat wirklich eine Superleistung erbracht.

to **grade** [greɪd] **1** USA (in der Schule) zensieren **2** einstufen **3** (nach Größe, Qualität) sortieren
**grad·ual** ['grædʒʊəl] **1** allmählich **2** Steigung: sanft

198

**grad·ual·ly** ['grædʒʊlɪ] allmählich

**gradu·ate** ['grædʒʊət] ① der Universitätsabsolvent/die Universitätsabsolventin ② ⓤⓈⓐ der Schulabsolvent/die Schulabsolventin

to **gradu·ate** ['grædʒʊeɪt] ① einen Hochschulabschluss machen; **he graduated in 2005** er hat 2005 das Examen gemacht; **she graduated from Bristol** sie hat Ihren Hochschulabschluss an der Universität Bristol gemacht ② ⓤⓈⓐ die Schulabschlussprüfung bestehen

**gradu·at·ed** ['grædʒʊeɪtɪd] *Gebühren:* gestaffelt

**gradua·tion** [ˌgrædʒʊˈeɪʃn] ① der Universitätsabschluss, der Lehrgangsabschluss; ⓤⓈⓐ der Schulabschluss ② **I'm going to India after graduation** nach meinem Examen gehe ich nach Indien ③ **graduation day** *Tag, an dem das Hochschulabschlusszeugnis feierlich überreicht wird*

**grain** [greɪn] ① (*allgemein*) das Getreide, das Korn ② *von Holz:* die Maserung ▸ WENDUNGEN: **not a grain of truth** kein Körnchen Wahrheit

**gram** [græm] das Gramm

**gram·mar** ['græməʳ] die Grammatik; **his grammar is awful** er ist in Grammatik ganz schlecht

**gram·mar book** die Grammatik

**gram·mar school** das Gymnasium

**gram·mati·cal** [grəˈmætɪkəl] grammatisch, grammatikalisch

**gramme** ⓖⒷ das Gramm

**gran** [græn] (*umgangsspr*) die Oma

**grana·ry bread** ['grænərɪ ləʊf] das Mehrkornbrot

**grand**[1] [grænd] ① groß; *Person:* bedeutend ② prächtig; *Gebäude, Zeremonie:* prachtvoll ③ (*umgangsspr*) großartig, fantastisch

**grand**[2] [grænd] ① **grand piano** der Flügel ② <*plural* grand> (*umgangsspr*) tausend Pfund; ⓤⓈⓐ tausend Dollar

**grand·child** ['græntʃaɪld] <*plural* grandchildren> das Enkelkind

**grand·dad, gran·dad** ['grændæd] der Opa

**grand·daugh·ter** ['græn,dɔ:təʳ] die Enkelin

**grand·fa·ther** ['grænd,fɑːðəʳ] der Großvater

**grand·fa·ther clock** die Standuhr

**grand jury** *mit Singular oder Plural* ⓤⓈⓐ die Anklagejury

**grand·ma** ['grænmɑ:] die Oma

**grand·moth·er** ['græn,mʌðəʳ] die Großmutter

**grand·pa** ['grænpɑ:] der Opa

**grand·par·ents** ['græn,peərənts] *plural* die Großeltern

**grand pia·no** der Flügel

**grand·son** ['grænsʌn] der Enkel

**grand·stand** die Haupttribüne

**grand sum, grand to·tal** die Gesamtsumme

**gran·ite** ['grænɪt] *kein Plural* der Granit

**gran·nie, gran·ny** ['grænɪ] <*plural* grannies> (*umgangsspr*) die Oma, die Omi

to **grant** [grɑ:nt] ① gewähren; erfüllen *Wunsch, Bitte* ② erteilen *Erlaubnis* ③ **to take something for granted** etwas als selbstverständlich voraussetzen

**grant** [grɑ:nt] das Stipendium; **grant-aided** gefördert, subventioniert

**granu·lat·ed** ['grænjʊleɪtɪd] **granulated sugar** der Kristallzucker

**grape** [greɪp] die Weintraube; **a bunch of grapes** eine Traube

**grape·fruit** ['greɪpfru:t] <*plural* grapefruit *oder* grapefruits> die Grapefruit, die Pampelmuse

**grape juice** der Traubensaft

**grape·vine** der Weinstock, die Weinrebe ▸ WENDUNGEN: **I heard it on the grapevine** es ist mir zu Ohren gekommen

**graph** [grɑ:f] die grafische Darstellung, der Graph; **graph paper** das Millimeterpapier

**graph·ic** ['græfɪk] ① grafisch; **graphic art[s]** die Grafik ② *Darstellung:* anschaulich

**graph·ics** ['græfɪks] *plural* die Grafik

**graph·ics card** die Grafikkarte

to **grasp** [grɑ:sp] ① [er]greifen, fassen, packen; **to grasp at something** nach etwas greifen ② (*übertragen*) begreifen, verstehen

**grasp** [grɑ:sp] ① der Griff ② (*übertragen*) das Verständnis; **to have a good grasp of something** etwas sehr gut beherrschen ③ **within someone's grasp** für jemanden zum Greifen nahe

**grass** [grɑ:s] <*plural* grasses> ① das Gras ② der Rasen; **keep off the grass!** Betreten des Rasens verboten! ③ (*slang*) der Spitzel ④ (*slang: Marihuana*) das Gras *slang*

**grass·hop·per** ['grɑ:shɒpəʳ] die Heuschrecke

**grass snake** die Ringelnatter

to **grate** [greɪt] ① reiben *Käse* ② raspeln *Gemüse* ③ **to grate one's teeth** mit den Zähnen knirschen ④ *Tür:* knirschen

**grate** [greɪt] der Rost

**grate·ful** ['greɪtfl] dankbar

**grati·tude** ['grætɪtju:d] die Dankbarkeit (**to** gegenüber); **in gratitude for** aus Dankbarkeit für

**gra·tu·ity** [grəˈtju:ətɪ] das Trinkgeld; **no gratuities!** kein Trinkgeld!

**grave – grief**

**grave¹** [greɪv] ernst, ernsthaft
**grave²** [greɪv] das Grab
**grav·el** ['grævl] der Kies
**grav·el pit** die Kiesgrube
**grave·stone** ['greɪvstəʊn] der Grabstein
**grave·yard** ['greɪvjɑːd] der Friedhof
**grav·ity** ['grævətɪ] ❶ *von Situation:* der Ernst ❷ die Gravitation, die Schwerkraft; **specific gravity** das spezifische Gewicht
**gra·vy** ['greɪvɪ] die Bratensoße
**gra·vy boat** die Soßenschüssel
**gray** ⓤⓈⒶ grau
to **graze¹** [greɪz] *Kuh:* grasen, weiden
to **graze²** [greɪz] ❶ [auf]schürfen *Knie usw.* ❷ streifen *Auto*
**graze** [greɪz] die Schramme, die Schürfwunde
**grease** [griːs] das Fett, das Schmierfett
**grease·proof pa·per** das Butterbrotpapier
**greasy** ['griːsɪ] ❶ *Haar:* fettig; *Essen:* fett ❷ *Maschinerie:* schmierig ❸ *Straße:* glitschig ❹ (*übertragen*) *Person:* schmierig
**great** [greɪt] ❶ *Leistung:* hervorragend ❸ *Freund:* sehr gut ❹ (*umgangsspr*) **to be great at something** [ganz] groß in etwas sein ❺ (*umgangsspr*) großartig, prima, spitze *umgangsspr* ❻ **a great deal** eine [ganze] Menge, viel; **a great many** sehr viele
**great-aunt** die Großtante
**Great Brit·ain** Großbritannien
**Great·er Lon·don** ['greɪtə 'lʌndən] Groß-London
**great-grand·child** <*plural* great-grand-children> der Urenkel/die Urenkelin
**great-grand·daugh·ter** die Urenkelin
**great-grand·fa·ther** der Urgroßvater
**great-grand·moth·er** die Urgroßmutter
**great-grand·par·ents** *plural* die Urgroßeltern
**great-grand·son** der Urenkel
**great·ly** ['greɪtlɪ] sehr; **greatly admired/**

> **Great Britain** besteht aus dem Königreich England, dem Königreich Schottland und dem Fürstentum Wales. Zusammen mit Nordirland bilden diese Länder das **United Kingdom** (= Vereinigte Königreich). Der geographische Begriff **British Isles** (= Britische Inseln) bezieht sich auf das Vereinigte Königreich mit zahlreichen Inseln (wie z.B. die Hebriden, die Orkneyinseln, die Shetlandinseln, die Insel Man, die Kanalinseln) und Irland (Eire). König Edward I von England annektierte 1282 Wales und gab es 1301 seinem eigenen Sohn als **Prince of Wales**. König James VI von Schottland erbte 1603 als James I die englische Krone, und 1707 wurden die Parlamente der beiden Königreiche vereint.

**influenced** stark bewundert/beeinflusst; **greatly improved** bedeutend verbessert
**great·ness** ['greɪtnɪs] die Größe, die Bedeutung
**great-un·cle** der Großonkel
**Gre·cian** ['griːʃən] griechisch
**Greece** [griːs] Griechenland
**greed** [griːd], **greedi·ness** ['griːdɪnɪs] die Gier (**for** nach)
**greedy** ['griːdɪ] ❶ gierig (**for** nach); **to be greedy for something** auf etwas begierig sein, nach etwas gieren ❷ (*beim Essen*) gefräßig
**Greek¹** [griːk] griechisch
**Greek²** [griːk] ❶ (*Person*) der Grieche/die Griechin ❷ (*Sprache*) Griechisch, das Griechische
**green¹** [griːn] grün; **he was green with envy** er platzte vor Neid
**green²** [griːn] ❶ das Grün ❷ die Grünfläche, der Rasen; **village green** der Dorfanger, der Dorfplatz ❸ **greens** das grüne Gemüse
**green belt** der Grüngürtel
**green card** ❶ ⒼⒷ die internationale Grüne Versicherungskarte ❷ ⓤⓈⒶ die Greencard (*Aufenthaltserlaubnis mit Arbeitsgenehmigung*)
**green·ery** ['griːnərɪ] *kein Plural* das Grün
**green·gro·cer** ['griːn,grəʊsəʳ] der Obst- und Gemüsehändler/die Obst- und Gemüsehändlerin
**green·house** ['griːnhaʊs] das Gewächshaus, das Treibhaus
**green·house ef·fect** der Treibhauseffekt
**green is·sue** die Umweltfrage
**green pep·per** [,griːn'pepəʳ] die grüne Paprikaschote
to **greet** [griːt] grüßen, begrüßen; **to greet someone with flowers** jemanden mit Blumen empfangen
**greet·ing** ['griːtɪŋ] die Begrüßung, der Gruß; **greeting[s] card** die Glückwunschkarte; **birthday greetings** Glückwünsche zum Geburtstag
**gre·nade** [grɪ'neɪd] die [Hand]granate
**grew** [gruː] *2. Form von* **grow**
**grey¹** [greɪ] ❶ grau ❷ *Person:* grauhaarig; **to turn grey** grau werden
**grey²** [greɪ] ❶ das Grau ❷ (*Pferd*) der Grauschimmel
**grey·hound** ['greɪhaʊnd] der Windhund
**grid** [grɪd] ❶ das Gitter ❷ (*beim Autorennen*) der Start[platz]
**grief** [griːf] ❶ der Kummer, das Leid, die Trauer ❷ **to come to grief** zu Schaden kommen;

*Plan:* scheitern

to **grieve** [griːv] trauern (**for** um)

**grill** [grɪl] ❶ (*Gerät*) der Grill ❷ (*Restaurant*) der Grillroom, das Grillrestaurant

to **grill** [grɪl] ❶ grillen ❷ (*übertragen*) in die Mangel nehmen *Person*

**grim** [grɪm] ❶ grimmig ❷ *Nachricht:* abschreckend; *Anblick:* abstoßend ❸ *Kampf:* verbissen

to **grin** [grɪn] grinsen; **I had to grin and bear it** ich musste gute Miene zum bösen Spiel machen

**grin** [grɪn] das Grinsen; **wipe that grin off your face!** hör auf zu grinsen!

to **grind** [graɪnd] <ground, ground> ❶ mahlen; **to grind something to dust** etwas zu Staub zermahlen ❷ **to grind one's teeth** mit den Zähnen knirschen

**G** Richtiges Konjugieren von **grind**: grind, ground, ground — *She ground the pepper in a pepper mill; The coffee has been finely ground.*

to **grind down** (*übertragen*) **to grind someone down** jemanden zermürben

**grind·stone** ['graɪndstəʊn] der Schleifstein ▶ WENDUNGEN: **to keep one's nose to the grindstone** (*übertragen*) schuften; (*für die Schule*) büffeln

**grip** [grɪp] ❶ (*am Seil, auf der Straße*) der Griff, der Halt; **to lose one's grip** den Halt verlieren ❷ *von Reifen:* die Griffigkeit ❸ das Haarklemmchen ❹ die Reisetasche ❺ (*übertragen*) die Herrschaft (**on** über) ❻ (*übertragen*) **to lose one's grip on the situation** die Situation nicht mehr unter Kontrolle haben; **to get to grips with** (*übertragen*) in den Griff bekommen; **to get a grip on oneself** (*übertragen*) sich wieder fangen

to **grip** [grɪp] <gripped, gripped> ❶ [er]greifen, packen ❷ fesseln *Publikum*

**grip·ping** ['grɪpɪŋ] spannend; *Buch:* fesselnd

**gris·tle** ['grɪsl] *kein Plural* der Knorpel

**grit** [grɪt] (*für Straßen*) der Streusand

to **grit** [grɪt] <gritted, gritted> ❶ mit Sand [*oder* Kies] bestreuen ❷ **to grit one's teeth** die Zähne zusammenbeißen

**griz·zly¹** ['grɪzli] <grizzlier, grizzliest> Ⓖ️🅱️ quengelig

**griz·zly²** ['grɪzli] <*plural* grizzlies> der Grizzlybär/die Grizzlybärin

to **groan** [grəʊn] stöhnen (**with** vor)

**groan** [grəʊn] das Stöhnen

**gro·cer** ['grəʊsəʳ] der Lebensmittelhändler/die Lebensmittelhändlerin

**gro·cery** ['grəʊsəri] ❶ das Lebensmittelge-

schäft ❷ **groceries** das Lebensmittel

**grog·gy** ['grɒgɪ] ❶ wack[e]lig auf den Beinen ❷ (*umgangsspr*) groggy *umgangsspr*

**groin** [grɔɪn] die Leiste, die Leistengegend

**groom** [gruːm] der Bräutigam

to **groom** [gruːm] ❶ striegeln *Pferd* ❷ *Menschen:* sich pflegen; **well groomed** gepflegt ❸ **to groom someone for something** jemanden für etwas vorbereiten

**groove** [gruːv] die Rille

**groovy** ['gruːvi] <groovier, grooviest> (*slang*) klasse *umgangsspr*

to **grope** [grəʊp] ❶ **to grope about** herumtasten; **to grope for something** nach etwas tasten; **to grope one's way** sich tastend seinen Weg suchen ❷ (*umgangsspr*) befummeln *umgangsspr*

**grope** [grəʊp] (*umgangsspr*) das Befummeln *umgangsspr*

**gross** [grəʊs] ❶ dick, fett; *Figur:* feist ❷ grob, ordinär; *Benehmen:* unanständig ❸ schwer; *Fehler:* grob ❹ krass *slang; Angelegenheit:* ungeheuer[lich] ❺ **gross income** der Bruttoverdienst; **gross profit** der Bruttogewinn

**gross·ly** ['grəʊsli] extrem

**grot·ty** ['grɒti] (*slang*) mies *umgangsspr*

to **grouch** [graʊtʃ] [herum]nörgeln (**about** an)

**grouch** [graʊtʃ] <*plural* grouches> ❶ der Griesgram ❷ die Beschwerde

**grouchy** ['graʊtʃi] <grouchier, grouchiest> griesgrämig

**ground¹** [graʊnd] *2. und 3. Form von* **grind**

**ground²** [graʊnd] ❶ der Boden; **above/below ground** über/unter der Erde; **to work above/below ground** über/unter Tage arbeiten ❷ **to cover a lot of ground** eine große Strecke zurücklegen; (*übertragen*) viel umfassen ❸ (*Motiv, Anlass*) der Grund (**for** für/zu); **grounds for divorce** der Scheidungsgrund; **ground for suspicion** das Verdachtsmoment; **on the grounds of** aufgrund, wegen ❹ **grounds** die Anlagen, das Gelände ❺ **down to the ground** (*umgangsspr*) voll und ganz ❻ **to gain ground** (*übertragen*) um sich greifen, an Boden gewinnen; **to lose ground** an Boden verlieren ❼ **to get off the ground** (*übertragen*) einen guten Anfang machen ❽ **to give ground** nachgeben, weichen; **to hold [*oder* stand] one's ground** seinen Platz behaupten [*oder* Mann stehen] ❾ **to keep one's feet on the ground** mit den Füßen auf festem Boden bleiben ❿ **that suits me down to the ground** genau das wollte ich, das passt mir ausgezeichnet

**ground – guarantee** 202

to **ground³** [graʊnd] ❶ **to be grounded** Stubenarrest haben ❷ **to be well grounded in something** in etwas gute Vorkenntnisse haben

**ground crew** *mit Singular oder Plural* das Bodenpersonal

**ground floor** das Erdgeschoss

**ground frost** der Bodenfrost

> **L** In den USA heißt der 2. Februar **Groundhog Day**. An diesem Tag kommt das **groundhog** [Waldmurmeltier] angeblich aus seinem Erdloch, wo es seinen Winterschlaf gehalten hat. Sieht es seinen Schatten, so dauert der Winter nach dem Volksglauben noch sechs Wochen und das groundhog geht wieder in sein Loch. Aber wenn es bewölkt ist und es seinen Schatten nicht sieht, bleibt es draußen, weil der Frühling kommt.

**ground·ing** ['graʊndɪŋ] die Grundkenntnisse; **to give someone a grounding in German** jemandem die Grundlagen des Deutschen beibringen

**ground·less** ['graʊndlɪs] grundlos, unbegründet

**ground·sheet** ['graʊndʃiːt] der Zeltboden, die Bodenplane

**grounds·man** <*plural* groundsmen> ⒼⒷ der Platzwart

**ground staff** das Bodenpersonal

**ground·work** ['graʊndwɜːk] die Vorarbeiten

**group** [gruːp] ❶ die Gruppe ❷ die Unternehmensgruppe, der Konzern

**group book·ing** die Gruppenbuchung

**group prac·tice** ['gruːp,præktɪs] die Gemeinschaftspraxis

**group thera·py** *kein Plural* die Gruppentherapie

**group tick·et** der Sammelfahrschein

to **grow** [grəʊ] <grew, grown> ❶ wachsen; **to let one's hair grow** sich die Haare wachsen lassen; **to grow a beard** sich einen Bart wachsen lassen ❷ (*übertragen*) zunehmen *Lärm* ❸ werden (**into** zu); **she's growing very thin** sie wird immer dünner ❹ züchten *Blumen;* anbauen *Gemüse, Getreide* ❺ **to grow on someone** jemandem ans Herz wachsen

> **G** Richtiges Konjugieren von **grow**: grow, grew, grown — *She grew roses in her garden; You have grown tall since I last saw you.*

◆ to **grow away from** sich entfremden von
◆ to **grow into** ❶ heranwachsen [*oder* werden] zu ❷ hineinwachsen in *Kleidung*
◆ to **grow out** to grow out of one's clothes aus seiner Kleidung herauswachsen; **he's grown out of playing such games** er ist für solche Spiele [schon] zu alt

◆ to **grow up** ❶ aufwachsen; **I grew up in Scotland** ich bin in Schottland aufgewachsen ❷ (*übertragen*) erwachsen werden; **grow up!** sei nicht kindisch!

◆ to **grow worse** sich verschlimmern

**grow·ing pains** *plural* ❶ die Wachstumsschmerzen ❷ (*übertragen*) die Anfangsschwierigkeiten

**growl** [graʊl] das Knurren

to **growl** [graʊl] knurren; **to growl at someone** jemanden anknurren

**grown¹** [grəʊn] *3. Form von* **grow**

**grown²** [grəʊn] **fully grown** ausgewachsen

**grown-up¹** ['grəʊnʌp] erwachsen

**grown-up²** ['grəʊnʌp] der/die Erwachsene

**growth** [grəʊθ] ❶ das Wachstum ❷ (*übertragen*) die Zunahme, der Zuwachs (**in** an) ❸ (*am Körper*) die Geschwulst, das Gewächs

**grub** [grʌb] ❶ die Larve ❷ *kein Plural* (*umgangsspr*) die Fressalien *umgangsspr*; **grub['s] up!** Essen fassen!; **pub grub** das Kneipenessen

**grub·by** ['grʌbi] <grubbier, grubbiest> (*umgangsspr*) schmudd[e]lig; *Hände:* schmutzig

to **grudge** [grʌdʒ] ❶ missgönnen; **I don't grudge you that** das gönne ich dir wirklich ❷ **to grudge doing something** etwas ungern [*oder* widerwillig] tun ❸ **I grudge the time** es ist mir leid um die Zeit

**grudge** [grʌdʒ] der Groll; **to have a grudge against someone** einen Groll auf jemanden haben; **to bear someone a grudge** jemandem etwas nachtragen

**grudg·ing·ly** ['grʌdʒɪŋli] [nur] ungern [*oder* widerwillig]

**gru·el·ling** ['grʊəlɪŋ], ⒰ⓈⒶ **gru·el·ing** aufreibend, zermürbend

**grue·some** ['gruːsəm] grausig, schauerlich

**gruff** [grʌf] barsch

to **grum·ble** ['grʌmbl] murren (**at/about/over** über)

**grum·ble** ['grʌmbl] das Murren

**grump** [grʌmp] (*umgangsspr*) der Griesgram

**grumpy** ['grʌmpi] mürrisch

to **grunt** [grʌnt] ❶ *Schwein:* grunzen ❷ *Mensch:* ächzen ❸ **to grunt something** (*undeutlich äußern*) etwas grunzen

**gua·rana** [gwaːˈraːnə] das Guarana

**guar·an·tee** [ˌgærənˈtiː] ❶ (*für Produkt*) die Garantie, die Gewährleistung ❷ (*für Schulden*) die Bürgschaft

to **guar·an·tee** [ˌgærənˈtiː] ❶ garantieren, gewährleisten; **he cannot guarantee that** dafür kann er nicht garantieren ②bürgen [*oder* Bürgschaft leisten] für

**guar·an·teed** [ˌɡærᵊn'tiːd] garantiert

**guar·an·tor** [ˌɡærᵊn'tɔːʳ] ①der Garant/die Garantin ②der Bürge/die Bürgin

**guard** [ɡɑːd] ①die Wache; **to stand** [*oder* **keep**] **guard** Wache stehen ②die Wachsamkeit; **to be on/off one's guard** auf/nicht auf der Hut sein ③(*Gruppe*) die Wache, die Wachmannschaft; (*einzelne Person*) der Wachmann, der Posten ④der [Gefangenen]wärter/die [Gefangenen]wärterin ⑤der Schaffner/die Schaffnerin; (USA) der Bahnwärter/die Bahnwärterin

to **guard** [ɡɑːd] ①bewachen ②behüten, beschützen (**from/against** vor)

◆to **guard against** ①sich in Acht nehmen vor, sich hüten vor *Gefahr* ②vorbeugen *Krankheit, Missverständnis* ③verhüten *Unfall*

**guard dog** der Wachhund

**guard·ian** [ˈɡɑːdɪən] ①der Hüter/die Hüterin, der Wächter/die Wächterin; **guardian angel** der Schutzengel ②*eines Minderjährigen:* der Vormund

**guard·ian·ship** [ˈɡɑːdɪənʃɪp] *kein Plural* ①die Vormundschaft ②die Obhut

**Gua·te·ma·la** [ˌɡwɑːtəˈmɑːlə] Guatemala

**Guern·sey** [ˈɡɜːnzɪ] [**the island of**] **Guernsey** Guernsey

**gue(r)·ril·la** [ɡəˈrɪlə] der Guerilla, der Guerillakämpfer/die Guerillakämpferin

to **guess** [ɡes] ①raten; **guess what?** rate mal!; (*richtig*) erraten ②schätzen, vermuten; **I guess it's about four o'clock** ich schätze, es ist ungefähr vier Uhr ③(*umgangsspr*) annehmen, glauben; **are you coming? — I guess so** kommst du mit? — ich denke schon

**guess** [ɡes] <*plural* guesses> ①die Schätzung ②**at a guess** schätzungsweise ③**to make a guess at something** etwas raten; **have a guess!** rate mal!; **I'll give you three guesses** dreimal darfst du raten ④**your guess is as good as mine** ich weiß so wenig wie Sie

**guess·work** die Vermutung

**guest** [ɡest] ①der Gast ②**be my guest!** bitte sehr!

**guest·house** die Pension, das Gästehaus

**guest room** das Gästezimmer, das Fremdenzimmer

**guest work·er** der Gastarbeiter/die Gastarbeiterin

**guid·ance** [ˈɡaɪdns] ①(*Anleitung*) die Füh-

rung, die Leitung; **under someone's guidance** unter jemandes Leitung ②(*Rat*) die Beratung; **spiritual guidance** der geistige Rat; **vocational guidance** die Berufsberatung; **to pray for guidance** um Erleuchtung beten

**guide** [ɡaɪd] ①(*Person*) der Fremdenführer/die Fremdenführerin ②(*Buch*) der Reiseführer ③das Handbuch (**to** über), die Einführung (**to** in) ④(*Hinweis*) der Anhaltspunkt (**to** für) ⑤(GB) die Pfadfinderin

to **guide** [ɡaɪd] ①führen *Menschen* ②leiten, lenken *Diskussion*

**guide·book** der Reiseführer

**guid·ed** [ˈɡaɪdɪd] ①**guided tour** die Führung ②**guided missile** das ferngelenkte Geschoss

**guide dog** der Blindenhund

**guide·line** die Richtlinie

**guid·ing prin·ci·ple** die Richtschnur

**guild** [ɡɪld] die Gilde, die Zunft, die Innung

**guil·lo·tine** [ˈɡɪlətiːn] das Fallbeil, die Guillotine

**guilt** [ɡɪlt] die Schuld; **to admit one's guilt** sich schuldig bekennen

**guilty** [ˈɡɪltɪ] schuldig; *Blick:* schuldbewusst; **to feel guilty** ein schlechtes Gewissen haben; **to plead guilty** sich schuldig bekennen

**guilty con·science** das schlechte Gewissen

**Guin·ean¹** [ˈɡɪnɪən] guineisch

**Guin·ean²** [ˈɡɪnɪən] der Guineer/die Guineerin

**guin·ea·pig** [ˈɡɪnɪ-pɪɡ] ①das Meerschweinchen ②(*übertragen*) das Versuchskaninchen

**gui·tar** [ɡɪˈtɑːʳ] die Gitarre

**gui·tar·ist** [ɡɪˈtɑːrɪst] der Gitarrist/die Gitarristin

**gulf** [ɡʌlf] ①der Meerbusen, der Golf; **the Golf Stream** der Golfstrom; **the Persian Golf** der Persische Golf; **the Golf War** der Golfkrieg ②die Kluft

**gull** [ɡʌl] die Möwe

**gul·lible** [ˈɡʌləbl] leichtgläubig

to **gulp** [ɡʌlp] ①hinunterschlingen *Essen* ②hinunterstürzen *Getränk* ③**to gulp back tears** Tränen hinunterschlucken ④(*vor Überraschung*) schlucken

**gulp** [ɡʌlp] der [große] Schluck

**gum¹** [ɡʌm] *meist plural* das Zahnfleisch

**gum²** [ɡʌm] (USA) der Kaugummi

**gun** [ɡʌn] ①die Schusswaffe, die Pistole; **to carry a gun** bewaffnet sein; **to draw** [*oder* **pull**] **a gun on someone** jemanden mit der Waffe bedrohen ②das Geschütz, die Kanone ③(*Sport*) die Startpistole; **to jump the gun** einen Frühstart machen; (*übertragen*) vorei-

**gun down – haemophilia**

lig sein ▶ WENDUNGEN: **to stick to one's guns** durchhalten, bei der Stange bleiben
◆ to **gun down** erschießen, niederschießen
**gun·fight** die Schießerei
**gun·fire** die Schüsse
**gun·man** ['gʌnmən] <plural gunmen> der/die Bewaffnete
**gun·pow·der** ['gʌnˌpaʊdə'] das Schießpulver
**gun·shot** ['gʌnʃɒt] ❶ der Schuss; **gunshot wound** die Schusswunde ❷ **within/out of gunshot** in/außer Schussweite
to **gur·gle** ['gɜːgl] ❶ Baby: glucksen ❷ Wasser: plätschern
to **gush** [gʌʃ] ❶ herausschießen, strömen (**from** aus) ❷ (übertragen: überschwänglich reden) schwärmen (**over** von)
**gush·ing** ['gʌʃɪŋ] schwärmerisch
**gust** [gʌst] der Windstoß, die Bö
**gusty** ['gʌstɪ] böig, stürmisch
**gut** [gʌt] <better, best> ❶ der Darm ❷ **guts** (umgangsspr) die Eingeweide ❸ **to hate someone's guts** (umgangsspr) jemanden nicht ausstehen können; **to work one's guts out** (umgangsspr) wie verrückt schuften umgangsspr; **gut reaction** die gefühlsmäßige Reaktion ❹ **to have guts** (umgangsspr) Mumm [oder Mut] haben
**gut·less** ['gʌtləs] (umgangsspr) feige
**gut·sy** ['gʌtsɪ] <gutsier, gutsiest> mutig
**gut·ter** ['gʌtə'] ❶ die Dachrinne ❷ der Rinnstein, die Gosse
**gut·ter press** die Skandalpresse
**guy** [gaɪ] ❶ (umgangsspr) der Kerl, der Typ umgangsspr ❷ GB Guy Fawkes verkörpernde Puppe, die in der Guy Fawkes Night auf einem Scheiterhaufen verbrannt wird

**L** Guy Fawkes gehörte der katholischen Verschwörung von 1605 an, die als der **Gunpowder Plot** [Schießpulver-Komplott] bekannt wurde. Sie versuchte, das englische **Houses of Parliament** [Parlamentsgebäude] zusammen mit König James I und allen seinen Ministern in die Luft zu sprengen. Guy Fawkes wurde geschnappt, als er am 5. November im Keller Sprengstoff auslegte. Er wurde daraufhin gefoltert, vor Gericht gestellt und dann gehängt. Dieses Ereignis wird immer noch am 5. November mit **bonfire parties** gefeiert, bei denen eine Stoffpuppe, die man als einen **guy** bezeichnet, auf einem Scheiterhaufen verbrannt wird. Außerdem gibt es noch ein großes Feuerwerk.

to **guz·zle** ['gʌzl] (umgangsspr) ❶ in sich hineinstopfen Essen; in sich hineinkippen Getränk ❷ schlingen
**gym** [dʒɪm] (umgangsspr) ❶ (in der Schule) die Turnhalle; (im Hotel) der Fitnessraum ❷ (Club) das Fitnessstudio ❸ (Schulfach) Turnen, die Turnstunde; **gym shoes** die Turnschuhe
**gym-goer** (umgangsspr) der/die Besucher/Besucherin eines Fitnesscenters
**gym·na·sia** [dʒɪmˈneɪziə] Pluralform von **gymnasium**
**gym·na·sium** [dʒɪmˈneɪziəm] <plural gymnasiums oder gymnasia> die Turnhalle
**gym·nast** ['dʒɪmnæst] der Turner/die Turnerin
**gym·nas·tics** [dʒɪmˈnæstɪks] ⚠ mit Singular ❶ das Turnen ❷ (Leibesübungen) die Gymnastik
**gym shoes** plural die Turnschuhe
**gym shorts** plural die Turnhose
**gyp·sy** ['dʒɪpsɪ] der Zigeuner/die Zigeunerin

# H

H <plural H's oder Hs>, h [eɪtʃ] <plural h's> H, h
**hab·it** ['hæbɪt] die Angewohnheit; **from** [oder **out of**] **habit** aus Gewohnheit; **to be in the habit of doing something** die Angewohnheit haben, etwas zu tun; **to get into/out of the habit of doing something** sich etwas angewöhnen/abgewöhnen
**hab·it·able** ['hæbɪtəbl] bewohnbar
**ha·bitu·al** [həˈbɪtjʊəl] ❶ ständig ❷ gewohnt ❸ gewohnheitsmäßig; **habitual smoker** der Gewohnheitsraucher/die Gewohnheitsraucherin
to **hack** [hæk] ❶ zerhacken; **to hack to pieces** in Stücke hacken ❷ (Computer) hacken
**hack** [hæk] (abwertend) der Schreiberling
**hack·er** ['hækə'] (Computer) der Hacker/die Hackerin
**hack·saw** die Bügelsäge
**had** [həd, betont hæd] 2. und 3. Form von **have**

 Die verneinte Form von **had** ist **had not** oder kurz **hadn't**: You **hadn't** told him, **had** you?

**had·dock** ['hædək] <plural haddock> der Schellfisch
**hadn't** ['hædnt] Kurzform von **had not**
**haemo·philia** [ˌhiːməˈfɪliə] kein Plural die Bluterkrankheit, die Hämophilie

**haemo·phili·ac** [ˌhiːməʊˈfɪlɪæk] der Bluter/
die Bluterin

**haem·or·rhage** [ˈhemərɪdʒ] die [schwere]
Blutung, der Blutsturz

to **haem·or·rhage** [ˈhemərɪdʒ] stark bluten

**haem·or·rhoids** [ˈhemɔrɪdz] *plural* die
Hämorrhoiden

**hag** [hæg] die Hexe

to **hag·gle** [ˈhægl] feilschen (**about/over** um)

**hail** [heɪl] der Hagel

to **hail** [heɪl] ❶ hageln ❷ **to hail someone**
jemandem zurufen; **to hail a taxi** ein Taxi
rufen

**hail·stone** das Hagelkorn

**hair** [heəʳ] ❶ das Haar ❷ die Haare; **to do
one's hair** sich frisieren; **to have one's hair
cut** sich die Haare schneiden lassen ❸ (*am
Körper*) die Behaarung ▶ WENDUNGEN: **by a
hair's breadth** um Haaresbreite; **to let one's
hair down** aus sich herausgehen; **to split
hairs** Haarspalterei treiben; **his hair stood
on end** die Haare standen ihm zu Berge

**hair·brush** [ˈheəbrʌʃ] die Haarbürste

**hair·care** die Haarpflege

**hair con·di·tion·er** die Pflegespülung

**hair curl·er** der Lockenwickler

**hair·cut** [ˈheəkʌt] der Haarschnitt; **to have a
haircut** sich die Haare schneiden lassen

**hair·do** [ˈheəduː] <*plural* hairdos> die Frisur

**hair·dress·er** [ˈheəˌdresəʳ] der Friseur/die Fri-
seurin, die Friseuse

**hair·dress·ing sa·lon** der Frisiersalon

**hair dri·er, hair dry·er** [ˈheədraɪəʳ] der Föhn;
(*Heißluftgerät*) die Trockenhaube

**hair gel** das Haargel

**hair·grip** die Haarklammer

**hair·line** der Haaransatz

**hair·line crack** der Haarriss

**hair·net** [ˈheənet] das Haarnetz

**hair·piece** [ˈheəpiːs] das Haarteil, das Toupet

**hair·pin** [ˈheəpɪn] die Haarnadel

**hair·pin bend** die Haarnadelkurve

**hair·rais·ing** [ˈheəreɪzɪŋ] haarsträubend

**hair re·mov·er** [ˈheərɪˌmuːvəʳ] das Haarent-
fernungsmittel

**hair re·stor·er** [ˈheərɪˌstɔːrəʳ] das Haarwuchs-
mittel

**hair rol·ler** der Lockenwickler

**hair·slide** die Haarspange

**hair·split·ting** [ˈheəsplɪtɪŋ] die Haarspalterei,
die Wortklauberei

**hair·spray** [ˈheəspreɪ] das Haarspray

**hair·style** [ˈheəstaɪl] die Frisur

**hairy** [ˈheərɪ] ❶ behaart, haarig ❷ (*über-
tragen*) haarsträubend; *Situation:* haarig

**half¹** [haːf, *plural* ˈhaːvz] <*plural* halves>
❶ die Hälfte; **to cut in half** [*oder* in|to]
**halves**] halbieren ❷ **to go halves with
someone in** [*oder* on] **something** bei et-
was halbe-halbe mit jemandem machen
❸ (*Sport*) die Halbzeit

**half²** [haːf] ❶ halb; **half an hour** eine halbe
Stunde; **at** [*oder* for] **half the price** zum
halben Preis ❷ zur Hälfte; **it's half fin-
ished/full** es ist zur Hälfte fertig/voll; **half
as long/much** halb so lang/viel ❸ **half
past three** halb vier ❹ fast; **half finished**
fast fertig; **half asleep** halb im Schlaf ▶ WEN-
DUNGEN: **too good by half** viel zu gut

**half·back** (*Fußball*) der Läufer/die Läuferin,
(*Rugby*) der Halbspieler/die Halbspielerin

**half-baked** (*umgangsspr*) unausgereift

**half-broth·er** der Halbbruder

**half-emp·ty** halb leer

**half fare** der halbe Fahrpreis

**half-full** halb voll

**half-heart·ed** [ˌhaːfˈhaːtɪd] halbherzig; *Dar-
stellung:* ohne Schwung

**half-price** der halbe Preis; **at half-price** zum
halben Preis

**half-sister** die Halbschwester

**half-time** [ˌhaːfˈtaɪm] (*Sport*) die Halbzeit; **at
half-time** bei Halbzeit

**half·way** ❶ auf halbem Weg; **halfway
between London and Manchester** auf
halbem Wege zwischen London und Man-
chester ❷ **halfway point** die Mitte; **we're
well over the halfway mark** wir haben gut
die Hälfte geschafft ❸ **to be halfway
through a book** die Hälfte eines Buchs
gelesen haben ❹ **to meet someone half-
way** (*übertragen*) jemandem [auf halbem
Wege] entgegenkommen

**hall** [hɔːl] ❶ (*großer Raum*) die Halle, der Saal
❷ (*Eingangshalle*) die Diele, der Flur ❸ **hall
[of residence]** das Wohnheim ❹ (*Gutshaus*)
der Herrensitz

**Hal·low·een** [ˌhæləʊˈwiːn] Halloween

**ⓛ** **Halloween** ist am 31. Oktober, dem Tag vor
**All Saints' Day** oder **All Hallows** [Allerheili-
gen] und wird seit alters her mit Geistern und
Hexen in Verbindung gebracht. In Schottland
und Irland basteln Kinder **turnip lanterns**
[Rübenlaternen] [in England Kürbislaternen]
und gehen **guising** [d.h. sie verkleiden sich mit
**disguises** und gehen von Haus zu Haus und
erhalten für ihr Singen oder Aufsagen von
Gedichten Geld]. In England und den USA ver-
kleiden sich Kinder an diesem Abend und
gehen mit einem Sack in der Hand von Tür zu
Tür. Wenn die Bewohner ihre Haustür aufma-

## hallucinate – handcuffs

chen, rufen die Kinder **Trick or treat!**': man soll ihnen einen **treat** [Süßigkeiten] geben, oder man bekommt einen **trick** [Streich] gespielt. Heutzutage sind die Streiche nicht mehr üblich, denn die Kinder gehen nur noch zu den Häusern, bei denen die Außenbeleuchtung als Willkommensgruß eingeschaltet ist.

to **hal·lu·ci·nate** [həˈluːsɪneɪt] halluzinieren

**hal·lu·ci·na·tion** [həˌluːsɪˈneɪʃən] die Halluzination

**hal·lu·cino·gen·ic** [həˌluːsɪnə(ʊ)ˈdʒenɪk] halluzinogen

**halo** [ˈheɪləʊ] <*plural* halos *oder* haloes> der Heiligenschein

**halo·gen bulb** die Halogenglühbirne

**halt** [hɔːlt] **call a halt to something** einer Sache ein Ende machen; **to come to a halt** anhalten, stehen bleiben; *Fahrzeug auch:* zum Stillstand kommen; **halt sign** das Stoppschild

to **halve** [haːv] ❶ halbieren ❷ (*zeitlich*) um die Hälfte verkürzen ❸ **to halve something with someone** etwas mit jemandem teilen

**halves** [haːvz] *Pluralform von* **half**

**ham** [hæm] der Schinken

**ham·burg·er** [ˈhæmbɜːɡə] die flache Frikadelle; (*in Brötchen*) der Hamburger

**ham·mer** [ˈhæmə] ❶ der Hammer ❷ **throwing the hammer** (*Sport*) das Hammerwerfen

to **ham·mer** [ˈhæmə] ❶ hämmern, schlagen; **to hammer at the door** gegen die Tür hämmern ❷ (*übertragen*) **to hammer something into someone['s head]** jemandem etwas einhämmern [*oder* einbläuen] ❸ (*übertragen*) besiegen, schlagen; **we were hammered 6-0** wir wurden [mit] 6-0 abgefertigt
♦to **hammer in** ❶ einschlagen *Nagel* ❷ (*übertragen: nachdrücklich sagen*) einhämmern; **alright, you don't have to hammer it in!** schon gut, du brauchst es nicht hundertmal zu sagen!
♦to **hammer out** ❶ ausklopfen *Delle* ❷ (*übertragen*) ausarbeiten *Vereinbarung*

**ham·mock** [ˈhæmək] die Hängematte

**ham·ster** [ˈhæmstə] der Hamster

**ham·string** [ˈhæmstrɪŋ] ❶ *von Mensch:* die Kniesehne ❷ *von Tier:* die Achillessehne

**hand** [hænd] ❶ die Hand; **keep your hands off that!** lass die Finger davon!; **hands off!** Hände weg!; **hands up!** Hände hoch!; **to shake someone's hand** [*oder* **hands with someone**] jemandem die Hand drücken [*oder* geben] ❷ (*an einer Uhr*) der Zeiger ❸ der Beifall, der Applaus; **to give someone a big hand** jemandem großen Applaus ge-

ben ❹ (*beim Kartenspiel*) das Blatt; **to show one's hand** seine Karten aufdecken ❺ der Arbeiter; (*auf einem Schiff*) das Besatzungsmitglied; **all hands** die ganze Mannschaft ❻ **at hand** zur Hand, greifbar, in Reichweite; (*zeitlich*) in greifbarer Nähe ❼ **at first/second hand** aus erster/zweiter Hand ❽ **in hand** (*verfügbar*) bei der Hand; (*zu erledigen*) in Bearbeitung; (*unter Kontrolle*) im Griff; **to take in hand** in die Hand [*oder* in Angriff] nehmen ❾ **on hand** in Reichweite; *Waren:* auf Lager, vorrätig ❿ **on the one hand ..., [but] on the other [hand]** ... einerseits ..., andererseits ..., auf der einen Seite ..., auf der anderen Seite ... ⓫ **to get out of hand** außer Kontrolle geraten ⓬ **to lend** [*oder* **give**] **someone a hand** jemandem helfen [*oder* behilflich sein]; **can you give me a hand with this suitcase?** kannst du mir mit dem Koffer helfen? ⓭ (*übertragen*) **to change hands** in andere Hände übergehen; **to get the upper hand** die Oberhand gewinnen; **to have something on one's hands** etwas am Hals haben; **to play into someone's hands** jemandem in die Hände spielen; **to win hands down** leichtes Spiel haben; **the matter is out of my hands** ich kann in der Sache nichts mehr tun

to **hand** [hænd] **to hand something to someone** jemandem etwas geben [*oder* reichen]
▶ WENDUNGEN: **you've got to hand it to her** (*umgangsspr*) man muss es ihr lassen
♦to **hand around** herumreichen
♦to **hand back** zurückgeben
♦to **hand down** ❶ hinunterreichen, hinuntergeben *Gegenstand* ❷ (*übertragen*) überliefern *Tradition* ❸ (*übertragen*) vererben *Erbstück*
♦to **hand in** ❶ abgeben *Arbeit, Aufsatz* ❷ einreichen *Gesuch*
♦to **hand on** weitergeben (**to** an)
♦to **hand out** ❶ austeilen, verteilen *Sache, Arbeit* ❷ geben *Rat* ❸ verhängen *Strafe*
♦to **hand over** ❶ hergeben *Geld, Waffen* ❷ (*übertragen*) übergeben *Amt, Macht*
♦to **hand round** herumreichen; austeilen *Prüfungsbögen*

**hand·bag** [ˈhændbæg] die Handtasche

**hand·book** [ˈhændbʊk] ❶ das Handbuch ❷ (*für Touristen*) der Reiseführer

**hand·brake** [ˈhændbreɪk] die Handbremse

to **hand·cuff** [ˈhændkʌf] **to handcuff someone** jemandem Handschellen anlegen

**handcuffs** [ˈhændkʌfs] *plural* die Handschellen

**hand·ful** ['hændfʊl] ❶ Hand voll; **a handful of peanuts** eine Hand voll Erdnüsse ❷ **a handful of people** ein paar Leute ❸ **the children are a real handful** die Kinder halten einen ganz schön in Trab

**hand·gre·nade** die Handgranate

**handi·cap** ['hændɪkæp] das Handikap

to **handi·cap** ['hændɪkæp] <handicapped, handicapped> ❶ behindern, benachteiligen ❷ **mentally/physically handicapped** geistig/körperlich behindert; **handicapped people** die Behinderten

**hand·ker·chief** ['hæŋkətʃɪf] das Taschentuch

**han·dle** ['hændl] ❶ der Griff, der Handgriff ❷ *von Besen, Kamm, Topf:* der Stiel ❸ *von Korb, Tasse:* der Henkel ❹ *von Pumpe:* der Schwengel ▸ WENDUNGEN: **to fly off the handle** (*umgangsspr*) aufbrausen, wütend werden

to **han·dle** ['hændl] ❶ anfassen; **glass! handle with care!** Vorsicht, Glas! ❷ umgehen mit, sich befassen mit *Sache;* behandeln *Menschen;* **how should we handle this problem?** wie sollen wir dieses Problem angehen?; **I don't know how to handle him** ich weiß nicht, wie ich mit ihm umgehen soll ❸ erledigen *Geschäft, Korrespondenz* ❹ **the car handles well** das Auto fährt sich gut

**han·dle·bars** ['hændlbaːz] *plural* die Lenkstange

**han·dling** ['hændlɪŋ] *kein Plural* ❶ das Berühren ❷ die Handhabung; (*einer Person*) die Behandlung; (*einer Maschine*) der Umgang (**of** mit) ❸ *von Auto:* das Fahrverhalten

**han·dling charge, han·dling fee** die Bearbeitungsgebühr

**hand lug·gage** das Handgepäck

**hand·made** [ˌhænd'meɪd] handgearbeitet

**hand·op·er·at·ed** handbetrieben

**hand·out** ❶ das Almosen; **government handout** die staatliche Unterstützung ❷ das Flugblatt; (*in der Schule*) das Arbeitsblatt

**hand·picked** [ˌhænd'pɪkt] handverlesen

**hand·rail** ['hændreɪl] das Geländer

**hand·shake** ['hændʃeɪk] der Händedruck

**hand·some** ['hænsəm] ❶ *Mensch:* gut aussehend ❷ ansehnlich; *Preis, Summe:* beträchtlich

**hands-on** [ˌhændz'ɒn] praxisorientiert

**hand·spring** der Handstandüberschlag

**hand·stand** ['hændstænd] der Handstand

**hand·writ·ing** ['hændˌraɪtɪŋ] die Handschrift

**hand·writ·ten** [ˌhænd'rɪtn] handgeschrieben

**handy** ['hændɪ] ❶ praktisch, handlich; **to come in handy** sich als nützlich erweisen ❷ **to keep something handy** etwas griffbereit halten ❸ **the house is handy for the station** das Haus liegt günstig zum Bahnhof

**handy·man** <*plural* handymen> der Heimwerker

**hang** [hæŋ] **to get the hang of something** (*umgangsspr*) etwas herauskriegen

to **hang¹** [hæŋ] <hanged, hanged> hängen, aufhängen; **to hang oneself** sich erhängen

to **hang²** [hæŋ] <hung, hung> ❶ *Mantel, Bild:* hängen (**from/on** an); **hang your coats on a hanger** hängt eure Jacken auf einen Kleiderbügel ❷ einhängen *Tür* (**on** in) ❸ ankleben *Tapete* ❹ **to hang one's head** den Kopf hängen lassen ❺ *Verbrecher:* gehängt werden ▸ WENDUNGEN: **hang in there!** halte durch!

**Ⓖ** Richtiges Konjugieren von **hang**: hang, hung, hung — *Paul hung up his coat; Have you all hung your coats up?*

◆to **hang about, hang around** ❶ sich herumtreiben [*oder* herumdrücken]; **they hung around the mall all afternoon** sie hingen den ganzen Nachmittag im Einkaufszentrum herum ❷ (*umgangsspr*) warten; **hang about!** warte [*oder* Moment] mal! ▸ WENDUNGEN: **he doesn't hang about** (*umgangsspr*) er ist ganz schön schnell

◆to **hang back** zögern, sich zurückhalten

◆to **hang behind** hinterhertrödeln

◆to **hang on** ❶ **to hang on to something** sich an etwas festhalten; (*übertragen*) etwas behalten ❷ durchhalten; **to hang on to the finish** bis zum Ziel durchhalten ❸ warten; **hang on a minute, I'll see what I can find** warte mal kurz, ich sehe nach, was ich finden kann; **hang on [a minute]!** Moment mal! ❹ (*am Telefon*) am Apparat bleiben

◆to **hang out** ❶ *Zunge:* heraushängen ❷ aufhängen *Wäsche* ❸ (*umgangsspr*) herumhängen *umgangsspr;* **he hangs out at the mall** er hängt gerne im Einkaufszentrum rum; **she hangs out with her friends after school** nach der Schule trifft sie sich mit ihren Freunden

◆to **hang together** *Argument:* schlüssig sein

◆to **hang up** ❶ aufhängen ❷ auflegen *Hörer;* **he hung up on me** er legte einfach auf

**hang·er** ['hæŋəʳ] der Kleiderbügel

**hang-glid·ing** ['hæŋglaɪdɪŋ] das Drachenfliegen

**hang·over** ['hæŋˌəʊvəʳ] (*nach Alkoholkonsum*) der Kater

**hang-up** ['hæŋʌp] (*umgangsspr*) der Komplex, der Fimmel

**hankie, hanky** ['hæŋkɪ] (*umgangsspr*) das Taschentuch

to **hap·pen** ['hæpən] ❶ sich ereignen, geschehen; **the party never happened** die Party fand nie statt; **to happen to someone** jemandem zustoßen ❷ **to happen to do** zufällig tun; **I happened to bump into Amy yesterday** ich habe gestern zufällig Amy getroffen; **he happened to be there** er war zufällig[erweise] dort ❸ **to happen [up]on someone/something** zufällig auf jemanden/etwas stoßen ❹ **how does it happen that ...?** wie kommt es, dass ...?

**hap·pi·ly** ['hæpɪlɪ] ❶ glücklich; **to smile happily** glücklich lächeln; **happily married** glücklich verheiratet ❷ glücklicherweise; **happily, no one got hurt** zum Glück wurde niemand verletzt

**hap·pi·ness** ['hæpɪnɪs] das Glück

**hap·py** ['hæpɪ] ❶ glücklich; **to feel happy about something** über etwas erfreut sein ❷ zufrieden (**about/with** mit) ❸ **happy birthday!** herzlichen Glückwunsch zum Geburtstag!; **happy Christmas!** frohe Weihnachten!; **happy New Year!** ein gutes [*oder* glückliches] neues Jahr!

**har·bour** ['hɑːbəʳ], 🇺🇸 **har·bor** der Hafen

**hard** [hɑːd] ❶ *Gelee, Zement:* hart, fest; *Droge, Wasser:* hart ❷ *Schlag, Tritt, Stoß:* kräftig; *Regen:* stark, heftig ❸ *Arbeit:* anstrengend, hart; **to work hard** hart arbeiten; **to try hard** sich große Mühe geben; **a hard fight** ein schwerer Kampf ❹ schwer; *Problem:* schwierig; **to do something the hard way** nicht den einfachen Weg wählen; **he is hard to get on with** es ist nicht leicht, mit ihm auszukommen; **hard to believe** kaum zu glauben; **hard to please** nicht leicht zufrieden zu stellen ❺ hart; *Situation:* drückend ❻ *Mensch:* hart[herzig], streng; **to be hard [up]on someone** mit jemandem streng sein ❼ **hard drink/liquor** die scharfen Sachen; **hard drinker** der Säufer/die Säuferin ❽ **the hard facts** die harten Tatsachen ❾ **hard luck!** Pech [gehabt]! ❿ (*regnen, schneien*) stark ⓫ (*schlagen*) heftig, kräftig ⓬ **she's taking it hard** sie nimmt es schwer ▸ WENDUNGEN: **hard up** knapp bei Kasse

**hard·back** ['hɑːdbæk] die gebundene Ausgabe

**hard-boiled** [ˌhɑːd'bɔɪld] hart gekocht

**hard copy** der Ausdruck

**hard cur·ren·cy** die harte Währung

**hard disk** (*Computer*) die Festplatte

**hard drug** *meist plural* die harte Droge

**hard-earned** ehrlich verdient; *Geld:* hart verdient

to **hard·en** ['hɑːdn] ❶ härten *Metall* ❷ *Butter, Wachs:* hart werden ❸ (*übertragen*) **to become hardened to** sich gewöhnen an ❹ **hardened criminal** der Gewohnheitsverbrecher/die Gewohnheitsverbrecherin

**hard feel·ings** [ˌhɑːd'fiːlɪŋz] *plural* **no hard feelings** nichts für ungut

**hard-heart·ed** [ˌhɑːd'hɑːtɪd] hartherzig

**hard-hit** schwer getroffen

**hard·ly** ['hɑːdlɪ] kaum, fast nicht; **hardly any** fast kein; **hardly ever** kaum je[mals], fast nie

**hard·ship** ['hɑːdʃɪp] die Not

**hard shoul·der** [ˌhɑːd'ʃəʊldəʳ] 🇬🇧 *von Autobahn:* der Randstreifen, der Seitenstreifen

**hard tar·get** das harte Ziel

**hard-wear·ing** [ˌhɑːd'weərɪŋ] strapazierfähig

**hard-work·ing** [ˌhɑːd'wɜːkɪŋ] fleißig

**hare** [heəʳ] der Hase

**harm** [hɑːm] der Schaden; **to do harm** Schaden anrichten; **to do someone harm** jemanden verletzen, jemandem schaden; **to mean no harm** es nicht böse meinen; **there's no harm in trying** ein Versuch kann nicht schaden

to **harm** [hɑːm] schaden; **it won't harm you to try** es wird dir sicher nicht schaden, es zu versuchen

**harm·ful** ['hɑːmfl] schädlich

**harm·less** ['hɑːmlɪs] harmlos, unschädlich

**harsh** [hɑːʃ] ❶ *Klima:* rau ❷ *Licht:* grell ❸ *Stimme:* schrill ❹ *Strafe:* hart; **don't be too harsh on** [*oder* **with**] **them** sei nicht zu streng mit ihnen

**har·vest** ['hɑːvɪst] die Ernte; **bad harvest** die Missernte

to **har·vest** ['hɑːvɪst] ernten

**har·vest fes·ti·val** das Erntedankfest

**has** [həz, *betont* hæz] 3. *Person singular Präsens von* **have**

**hash** [hæʃ] (*umgangsspr*) **to make a hash of something** etwas vermasseln

**hasn't** ['hæznt] *Kurzform von* **has not**

to **has·sle** ['hæsl] ärgern, belästigen

**has·sle** ['hæsl] (*umgangsspr*) der Ärger, die Mühe; **it's such a hassle** das ist so mühsam

**haste** [heɪst] die Hast, die Eile ▸ WENDUNGEN: **more haste, less speed** eile mit Weile

**has·ty** ['heɪstɪ] ❶ eilig, schnell ❷ *Entscheidung, Reaktion:* hastig, voreilig

**hat** [hæt] ❶ der Hut ❷ **to take one's hat off**

**to someone** vor jemandem den Hut abnehmen ▸ WENDUNGEN: **I'll eat my hat if ...** ich fresse einen Besen, wenn ... *umgangsspr*

to **hatch** *Vogel:* ausschlüpfen

**hatch** [hætʃ] <*plural* hatches> ❶ die Luke ❷ (*im Esszimmer*) die Durchreiche ▸ WENDUNGEN: **down the hatch!** (*umgangsspr*) hoch die Tassen!, runter damit!

**hatch·back** ['hætʃbæk] das Schrägheckmodell

to **hate** [heɪt] ❶ hassen, nicht ausstehen können ❷ **to hate doing** [*oder* **to do**] **something** etwas ungern [*oder* nicht gern] tun; **I hate to say it, but ...** ich sage es ungern, aber ...

**hate** [heɪt] ❶ der Hass (**for** auf) ❷ **traffic jams are my pet hate** ich hasse es wie die Pest, im Verkehr stecken zu bleiben

**hate·ful** ['heɪtfᵊl] ❶ *Blick:* hasserfüllt; (*gehässig*) gemein ❷ abscheulich; *Person:* unausstehlich; **hateful remarks** die hässlichen Bemerkungen

**ha·tred** ['heɪtrɪd] der Hass (**of** auf/gegen)

**haul** [hɔːl] ❶ der [Fisch]fang ❷ (*übertragen*) die Beute ❸ der Transportweg, die Strecke; **short haul** der kurze Weg; **long haul** der weite Weg

to **haul** [hɔːl] ziehen, schleppen

◆ to **haul up** hochziehen; (*mit Mühe*) hochschleppen

to **haunt** [hɔːnt] *Gespenst:* umgehen in

**haunt·ed** [hɔːntəd] ❶ **haunted house** das Spukhaus, das Haus, in dem es spukt ❷ **a haunted look** ein gequälter Blick

to **have** [həv, *betont* hæv] <has, had, had> ❶ *zur Bildung der Vergangenheit* haben; *besonders bei Verben der Bewegung* sein; **he has seen** er hat gesehen; **they have gone** sie sind gegangen; **how long have you been here?** seit wann lebst [*oder* wohnst] du hier?; **have you been waiting long?** hast du schon lange gewartet?; **he has been living there** er hat da gewohnt; **have you finished?** bist du/sind Sie fertig?; **having said that, ...** obwohl ich das gesagt habe, ...; **you have taken it, haven't you?** du hast das doch genommen, oder?; **you haven't taken it, have you?** du hast es doch nicht genommen, oder? ❷ *modal, mit Infinitiv* müssen; **you have to do it** du musst das machen; **I don't have to if I don't want to** wenn ich nicht will, muss ich es nicht machen; **you had better go** du gehst jetzt besser; **what would you have me do?** was soll[te] ich denn machen?

to **have** [həv, *betont* hæv] <has, had, had> ❶ haben; **to have got** ⒼⒷ haben; **a cat has four legs** eine Katze hat vier Beine; **I have** [*oder umgangsspr* **I've got**] **a red car** ich habe ein rotes Auto; **do you have** [*oder* **have you got**] **any children?** haben Sie Kinder?; **you can have it if you like** wenn du willst, kannst du es haben; **if you have time** wenn du Zeit hast; **have you got a light?** hast du mal Feuer? ❷ **I have a cold** ich bin erkältet; **I have a headache** ich habe Kopfschmerzen ❸ bekommen, erhalten, kriegen *umgangsspr;* **to have an injection** eine Spritze bekommen; **she's having** [*oder* **going to have**] **a baby** sie bekommt [*oder* kriegt] ein Kind; **I had a letter/[phone]call from John** ich habe einen Brief/Anruf von John bekommen ❹ *mit Substantiven* **to have a bath/shower/wash** ein Bad nehmen/[sich] duschen/sich waschen; **to have a game** ein Spiel machen; **to have a game of chess** Schach spielen; **have a look at this** sieh dir das mal an; **to have a swim** schwimmen, baden; **to have a walk** spazieren gehen ❺ haben; **have fun!**, **have a good time!** viel Spaß!; **did you have a good holiday?** hattet ihr einen schönen Urlaub? ❻ (*zu sich nehmen*) **to have breakfast** frühstücken; **to have lunch/dinner** zu Mittag/Abend essen; **to have people round for dinner** Leute zum Essen dahaben; **to have a cigarette** eine Zigarette rauchen; **have a biscuit!** nimm ein Plätzchen!; **I haven't had a drink for ages!** ich habe schon lange nichts mehr getrunken!; **I'll have the lasagne** ich nehme die Lasagne ❼ [zu]lassen, gestatten; **I'm not having that!** das lasse ich mir nicht bieten!; **I won't have pets in the kitchen** ich dulde keine Tiere in der Küche ❽ **to have something done** etwas machen lassen; **we had the flat renovated** wir haben die Wohnung renovieren lassen ❾ (*als Gast haben*) **thank you for having me** vielen Dank für Ihre Gastfreundschaft ❿ **to have to do with someone/something** mit jemandem/etwas zu tun haben ⓫ **I have** [*oder umgangsspr* **I've got**] **it!** ich hab's! ▸ WENDUNGEN: **have had it** (*umgangsspr*) die Nase voll haben (**with** von); **let him have it!** (*umgangsspr*) gib's ihm!; **he's had it** er ist erledigt; **to have it in for someone** jemanden auf dem Kieker haben; **you've been had!** (*umgangsspr*) da hat man dich über's Ohr gehauen!; **to have it off with someone** (*slang*) mit jemandem schlafen

◆ to **have around** ❶ zu Besuch haben ❷ **it's good to have you around** es ist gut, dich in der Nähe zu haben

◆to **have back** zurückbekommen

◆to **have in** ❶ **we're having somebody in to fix the floor** es kommt jemand, der den Boden repariert ❷(*umgangsspr*) **to have |got| it in one** das Zeug[s] zu etwas haben ❸(*umgangsspr*) **to have |got| it in for somebody** jemanden auf dem Kieker haben

◆to **have off** ⒼⒷ (*slang*) **to have it off |with somebody|** es mit jemandem treiben *umgangsspr*

◆to **have on** ❶ anhaben *Kleider, Licht, Radio* ❷ **to have something on one** etwas bei [*oder* an] sich haben ❸ vorhaben; **have you got anything on tomorrow?** hast du morgen etwas vor? ❹(*slang*) auf den Arm nehmen *umgangsspr;* **you're having me on!** du ziehst mich auf!

◆to **have out** **to have a tooth out** sich einen Zahn ziehen lassen; **to have one's tonsils out** sich die Mandeln herausnehmen lassen

◆to **have over** **to have someone over** jemanden zu Besuch haben; **we should have them over for a drink** wir sollten sie auf einen Drink einladen

**haven't** ['hævnt] *Kurzform von* **have not**

**hawk** [hɔːk] ❶ der Habicht, der Falke ❷(*Politiker*) der Falke

**hay** [heɪ] das Heu ▸ WENDUNGEN: **to make hay while the sun shines** das Eisen schmieden, solange es heiß ist

**hay fe·ver** der Heuschnupfen

**hay·stack** ['heɪstæk] der Heuhaufen

**hay·wire** (*umgangsspr*) **to go haywire** verrückt spielen

**haz·ard** ['hæzəd] ❶ die Gefahr, das Risiko ❷ **hazard warning lights** *von Auto:* die Warnlichtanlage

**haz·ard·ous** ['hæzədəs] ❶ gefährlich; **hazardous to one's health** gesundheitsgefährdend ❷ riskant

**haze** [heɪz] der Dunst[schleier]

**ha·zel·nut** ['heɪzlnʌt] die Haselnuss

**hazy** ['heɪzɪ] ❶ *Wetter:* dunstig, diesig ❷ *Umriss:* verschwommen, unklar ❸ *Erinnerung:* vage

**he¹** [hiː] er

**he²** [hiː] (*bei Tieren*) das Männchen; **a he** ein Er, **the baby is a he** das Baby ist ein Junge

**head¹** [hed] ❶ der Kopf; **to shake one's head** den Kopf schütteln (**at** über); **my head is spinning** (*übertragen*) mir dreht sich alles; **a** [*oder* **per**] **head** pro Kopf; **head first** kopfüber ❷(*übertragen*) der Kopf, der Verstand; **to lose one's head** den Kopf verlieren; **to be off** [*oder* **out of**] **one's head** aus dem Häuschen sein, den Verstand verloren haben; **to put something out of one's head** sich etwas aus dem Kopf schlagen; **to take it into one's head** sich etwas in den Kopf setzen; **to have a head for business** einen guten Geschäftssinn haben; **to have a head for figures** mathematisch begabt sein; **to have a head for heights** schwindelfrei sein; **to have a poor head for something** keine Begabung haben für etwas ❸ der Leiter/die Leiterin; (*umgangsspr*) *von Schule:* der Schulleiter/die Schulleiterin; *von Familie, Kirche:* das Oberhaupt; **head of department** der Abteilungsleiter/die Abteilungsleiterin; **head of government** der Regierungschef/die Regierungschefin; **head of state** das Staatsoberhaupt ❹ die führende Stellung, die Spitze; **at the head of the queue** an der Spitze der Schlange ❺ *von Tal, Treppe:* der oberste Teil, das obere Ende; *von Bett, Tisch:* der Kopf, das Kopfende; *von Brief, Hammer, Nagel:* der Kopf; *von Fluss:* die Quelle ❻ *von Bier:* die Blume, der Schaum, die Schaumkrone ❼ *von Salat, Münze:* der Kopf; **heads or tails?** Kopf oder Zahl? ❽(*übertragen*) der Höhepunkt, die Krise; **to bring to a head** zur Entscheidung bringen; **to come to a head** sich zuspitzen, zum Krach kommen ▸ WENDUNGEN: **to go to someone's head** *Alkohol, Erfolg:* jemandem zu Kopf steigen; **to go over someone's head** über jemandes Kopf hinweg handeln; **to laugh one's head off** sich fast totlachen; **to talk one's head off** sich dumm und dämlich reden; **to turn someone's head** jemandem den Kopf verdrehen; **to be head over heels in love** bis über beide Ohren verliebt sein; **to be unable to make head or tail of something** nicht schlau werden aus einer Sache

**head²** [hed] Haupt-, Ober-; **head office** das Hauptbüro, die Zentrale; **head waiter** der Oberkellner

to **head** [hed] ❶ anführen *Prozession, Tabelle* ❷ führen, leiten *Organisation* ❸ köpfen *Ball* ❹ sich bewegen, fahren; **where are you headed?** wo wollen Sie hin?; **the car was heading straight towards** [*oder* **for**] **him** das Auto kam direkt auf ihn zu; **to head home** nach Hause gehen

◆to **head back** zurückgehen, zurückfahren

◆to **head for** ❶ **to head for the coast** in Richtung Küste fahren; **to head for home** sich auf den Heimweg machen ❷ **you're**

**heading for trouble** du bist auf dem besten Weg, dich in Schwierigkeiten zu bringen

◆to **head off** ❶to **head someone off** jemanden abfangen ❷(*übertragen*) abwenden *Streik, Streit* ❸to **head off home** nach Hause fahren

**head·ache** ['hedeɪk] ❶das Kopfweh, die Kopfschmerzen; **to have a bad headache** schlimme Kopfschmerzen haben ❷(*umgangsspr*) das Problem; **that boy's a real headache** der Junge ist ein echter Problemfall

**head·band** ['hedbænd] das Stirnband

**head·first** ['hed'fɜːst] kopfüber, mit dem Kopf voran

**head·ing** ['hedɪŋ] (*Titel*) die Überschrift

**head·lamp** ['hedlæmp], **head·light** ['hedlaɪt] der Scheinwerfer

**head·line** ['hedlaɪn] die Schlagzeile

**head·mas·ter** [,hed'mɑːstəʳ] der Rektor, der Schulleiter

**head·mis·tress** [,hed'mɪstrɪs] die Rektorin, die Schulleiterin

**head of·fice** die Zentrale

**head-on** [,hed'ɒn] ❶**head-on collision** der Frontalzusammenstoß; **to collide head-on** frontal zusammenstoßen ❷(*übertragen*) **to confront** [*oder* **meet**] [*oder* **tackle**] **someone/something head-on** jemanden/etwas direkt konfrontieren

**head·phones** ['hedfəʊnz] ⚠ *plural* der Kopfhörer

**head·quar·ters** [,hed'kwɔːtəz] *plural, oft mit Singular* ❶*von Militär:* das Hauptquartier; **police headquarters** die Polizeidirektion ❷*von Unternehmen:* die Zentrale, die Hauptgeschäftsstelle; **party headquarters** die Parteizentrale

**head·rest** ['hedrest] die Kopfstütze

**head·room** ['hedrʊm] ❶die lichte Höhe ❷(*im Auto*) der Kopfraum

**head·scarf** [,hedskɑːf, *plural* ,hedskɑːvz] <*plural* headscarves> das Kopftuch

**head·set** das Headset

**head start** der Vorsprung

**head wait·er** der Oberkellner

**head·way** *kein Plural* **to make headway** [gut] vorankommen

to **heal** [hiːl] ❶heilen ❷*Wunde:* heilen; **to heal up** verheilen

**heal·ing**[1] ['hiːlɪŋ] heilsam

**heal·ing**[2] ['hiːlɪŋ] *kein Plural* die Heilung; *von Schnittwunden:* das Verheilen

**health** [helθ] ❶die Gesundheit, der Gesundheitszustand; **to be in poor health** kränklich sein ❷to **drink** [to] **someone's health** auf jemandes Wohl trinken; **good** [*oder* **your**] **health!** zum Wohl!

**health cen·tre** das Ärztezentrum

**health cer·ti·fi·cate** das ärztliche Attest

**health club** das Fitnesscenter

**health food shop** der Naturkostladen, der Bioladen, das Reformhaus

**health in·sur·ance** die Krankenversicherung

**Health Ser·vice** (GB) das Gesundheitswesen

**health vis·i·tor** (GB) der/die Krankenpfleger/Krankenpflegerin der Sozialstation

**healthy** ['helθɪ] gesund

**heap** [hiːp] ❶der Haufen; **in heaps** in Haufen, haufenweise ❷**heaps of** (*umgangsspr*) jede Menge, massig *umgangsspr*

to **hear** [hɪəʳ] <heard, heard> ❶hören (**about/from/of** von) ❷erfahren; **to hear something about someone/something** etwas über jemanden/etwas erfahren; **to hear of something by chance** von einer Sache durch Zufall erfahren ❸anhören; **you could hear the relief in his voice** man hörte ihm die Erleichterung an ❹[an]hören *Gesuch* ❺*Richter:* verhandeln *Fall* ❻to **hear someone out** jemanden ausreden lassen ❼**let me hear from you** lassen Sie von sich hören; **to wait to hear from someone** auf Bescheid von jemandem warten ❽**he won't hear of it** er will davon nichts wissen ▸ WENDUNGEN: **hear! hear!** bravo!, richtig!; (*bei einer Debatte*) hört! hört!

**G** Richtiges Konjugieren von **hear**: hear, heard, heard — *Yes, I heard what you said; Have you heard the good news yet?*

**V** **hear - listen to**: *to hear something* heißt *etwas hören* = mit den Ohren wahrnehmen; *to listen to something* heißt *etwas zuhören* = aufmerksam hören: *Sorry, I can't **hear** you; Peter is **listening** to the radio.*

**heard** [hɜːd] *2. und 3. Form von* **hear**

**hear·ing** ['hɪərɪŋ] ❶das Gehör; **sense of hearing** der Gehörsinn; **hard of hearing** schwerhörig; **his hearing is poor** er hört schlecht ❷**within/out of hearing** in/außer Hörweite ❸(*politisch*) das Hearing, die Anhörung ❹(*zivilrechtlich*) die Verhandlung

**hear·ing-aid** das Hörgerät

**heart** [hɑːt] ❶das Herz ❷(*übertragen*) **with all one's heart** von ganzem Herzen; **to have a heart** ein Herz haben, Verständnis haben; **I didn't have the heart to tell him** ich brachte es nicht übers Herz, es ihm zu sagen; **to set one's heart on something** sein

Herz an etwas hängen ❸ der Mut; **to take heart** Mut fassen; **don't lose heart!** verlier den Mut nicht!; **my heart sank** mein Mut sank ❹ das Wesentliche, der Kern; **to get to the heart of something** einer Sache auf den Grund kommen; **at heart** im Innersten, im Grunde genommen ❺ **hearts** (*auf Spielkarten*) das Herz ❻ **by heart** auswendig

**heart at·tack** der Herzanfall, der Herzinfarkt

**heart·break·ing** ['hɑːtbreɪkɪŋ] herzzerreißend

**heart·bro·ken** ['hɑːtˌbrəʊkən] untröstlich

**heart·burn** ['hɑːtbɜːn] das Sodbrennen

to **heart·en** ['hɑːtən] ermutigen

**heart·en·ing** ['hɑːtənɪŋ] ermutigend

**heart·felt** tief empfunden; (*ernsthaft*) aufrichtig

**heart-rend·ing** herzzerreißend

**heart-to-heart** [ganz] offen

**heart-to-heart to have a heart-to-heart** sich aussprechen

**heart-warm·ing** herzerfreuend

**heat** [hiːt] ❶ die Hitze ❷ (*Physik*) die Wärme ❸ (*übertragen*) die Erregung; **in the heat of the moment** in der Hitze [*oder* im Eifer] des Gefechts ❹ (*Sport*) der Vorlauf, die Vorrunde; **dead heat** das unentschiedene Rennen ❺ **in** [*oder* **on**] **heat** brünstig, läufig

to **heat** [hiːt] ❶ heizen *Raum* ❷ beheizen *Schwimmbad* ❸ erhitzen *Flüssigkeit*

◆ to **heat up** aufwärmen, warm machen *Essen*

**heat·ed** ['hiːtɪd] ❶ *Raum:* geheizt; *Schwimmbad:* beheizt ❷ (*übertragen*) *Diskussion:* hitzig, erregt; **to get heated** sich erhitzen

**heat·er** ['hiːtər] ❶ der Ofen ❷ (*im Auto*) die Heizung ❸ (*für Wasser*) der Boiler

**heath·er** ['heðər] die Heide, das Heidekraut, die Erika

**heat·ing** ['hiːtɪŋ] die Heizung

**heat·proof** hitzebeständig

**heat rash** der Hitzeausschlag

**heat-re·sist·ant, heat-re·sist·ing** hitzebeständig; *Auflaufform, Geschirr:* feuerfest

**heat·wave** ['hiːtweɪv] die Hitzewelle

**heav·en** ['hevn] der Himmel; **in heaven** im Himmel ▸ WENDUNGEN: **for heaven's sake!** um Himmels [*oder* Gottes] Willen!; **good heavens!** du meine Güte!; **thank heavens!** Gott sei Dank!

**heavi·ly** ['hevɪli] ❶ (*sehr*) stark; **heavily armed/guarded** schwer bewaffnet/bewacht; **to sleep heavily** tief schlafen; **to rain/snow heavily** stark regnen/schneien ❷ (*massig*) schwer; **heavily built** kräftig ge-

baut ❸ (*mühevoll*) schwer

**heavy** ['hevɪ] ❶ (*nicht leicht*) schwer; *Mantel:* dick; **heavy artillery** die schwere Artillerie; **heavy industry** die Schwerindustrie ❷ *Kampf, Schaden, Schlag, Strafe, Sturm:* schwer; *Wolken:* dicht ❸ *Raucher, Wind:* stark; *Regen, Schlag:* heftig; **heavy traffic** das starke Verkehrsaufkommen ❹ *Geldstrafe, Schulden, Verluste:* hoch ❺ *Druck, Kritik:* massiv; **with heavy sarcasm** mit beißendem Sarkasmus ❻ *Speise:* schwer ❼ *Boden:* schwer ❽ **this book is heavy going** das Buch liest sich schwer ❾ **with a heavy heart** schweren Herzens

**heavy-hand·ed** ungeschickt

**heavy-weight** ['hevɪweɪt] das Schwergewicht; (*Person auch*) der Schwergewichtler/ die Schwergewichtlerin

**he'd** [hiːd] *Kurzform von* **he had; he would**

**hedge** [hedʒ] die Hecke

**hedge·hog** ['hedʒhɒg] der Igel

**hedge·row** die Hecke

to **heed** [hiːd] beachten

**heed** [hiːd] *kein Plural, ohne Artikel* die Beachtung; **to pay [no] heed to something** auf etwas [nicht] achten

**heel** [hiːl] ❶ die Ferse; **to be at** [*oder* **on**] **someone's heels** jemandem auf den Fersen sein ❷ *von Schuh:* der Absatz ❸ **down at heel** schäbig, heruntergekommen ❹ **heel!** (*Hundebefehl*) [bei] Fuß!

**hefty** ['hefti] <heftier, heftiest> ❶ kräftig ❷ mächtig; **hefty workload** die hohe Arbeitsbelastung ❸ *Kritik:* deutlich; *Strafe:* saftig *umgangsspr*

**height** [haɪt] ❶ die Höhe; **what's the height of Everest?** wie hoch ist der Mount Everest?; **to be five metres in height** fünf Meter hoch sein ❷ die [Körper]größe; **what height are you?** wie groß bist du? ❸ (*übertragen*) der Höhepunkt; **height of fashion** die neueste Mode ❹ **to be afraid of heights** nicht schwindelfrei sein

**heir** [eər] der Erbe; **heir to the throne** der Thronfolger/die Thronfolgerin

**heir·ess** ['eərɪs] <*plural* heiresses> die Erbin

**heir·loom** ['eəluːm] das Erbstück

**held** [held] *2. und 3. Form von* **hold**

**heli·cop·ter** ['helɪkɒptər] der Hubschrauber, der Helikopter

**heli·pad** ['helɪpæd] der Hubschrauberlandeplatz

**heli·port** ['helɪpɔːt] der Heliport, der Hubschrauberlandeplatz

**hell** [hel] ❶ die Hölle ❷ (*umgangsspr*) [oh,]

## USEFUL PHRASES

Use these phrases to **help** someone.

Can I help?

Shall I …?

Just take your time.

That's very kind/nice of you, thanks.

Could you … for me?

You've been a great help.

---

**hell!** verdammt [noch mal]!; **go to hell!** scher dich zum Teufel!; **what the hell are you doing here?** was zum Teufel machen Sie denn hier? ❸ (*umgangsspr*) **a hell of a noise** ein Höllenlärm; **a hell of a lot of money** wahnsinnig viel Geld ❹ (*umgangsspr*) **for the hell of it** nur zum Spaß ❺ (*umgangsspr*) **like hell!** nie im Leben!; **it hurts like hell** es tut höllisch weh; **to run/work like hell** wie der Teufel rennen/arbeiten ❻ (*umgangsspr*) **to give someone hell** jemandem die Hölle heißmachen

**he'll** [hiːl] *Kurzform von* **he will; he shall**

**hell·ish** ['helɪʃ] ❶ höllisch; *Kälte, Hitze:* mörderisch ❷ GB (*umgangsspr*) **hellish cold** verdammt kalt

**hel·lo** [hə'ləʊ] hallo!; **say hello to your mother** grüß deine Mutter von mir

**hel·met** ['helmɪt] der Helm; **crash helmet** der Sturzhelm

**help** [help] die Hilfe; **thanks for all your help** vielen Dank für all deine Hilfe; **you've been a great help** du warst eine große Hilfe; **a great help you were!** (*ironisch*) du warst vielleicht eine schöne Hilfe!; **to give someone some help** [**with something**] jemandem [bei etwas] helfen

to **help** [help] ❶ helfen; **to help someone** [**with something**] jemandem [bei etwas] helfen [*oder* behilflich sein]; **can I help you?** kann ich Ihnen behilflich sein?; (*im Geschäft*) womit kann ich Ihnen dienen?; **how is that going to help anyone?** wem sollte das nützen?, für wen sollte das gut sein?; **to help oneself** sich selbst helfen, (*bei Tisch*) sich bedienen; **help yourself!** bedienen Sie sich!; **to help oneself to potatoes** sich Kartoffeln nehmen ❷ **I can't help it** ich kann nichts dafür [*oder* daran ändern]; **that can't be helped** das lässt sich nicht ändern; **I couldn't help laughing** ich musste einfach lachen ▸ WENDUNGEN: **so help me God!** so wahr mir Gott helfe!

◆ to **help out** ❶ aushelfen ❷ **to help someone out** [**with something**] jemandem [mit etwas] helfen

**help·er** ['helpər] der Helfer/die Helferin

**help·ful** ['helpfl] ❶ *Person:* hilfsbereit ❷ *Sache:* hilfreich, nützlich

**help·ing¹** ['helpɪŋ] die Portion; **to take a second helping** sich noch einmal nehmen

**help·ing²** ['helpɪŋ] **to give someone a helping hand** jemandem helfen

**help·less** ['helplɪs] hilflos

**hem** [hem] der Saum

**hemo·philia** *kein Plural* USA die Bluterkrankheit, die Hämophilie

**hemo·philiac** USA der/die Hämophile

to **hem·or·rhage** USA bluten

**hem·or·rhoids** *plural* USA die Hämorrhoiden

**hen** [hen] die Henne, das Huhn

**hence** [hen(t)s] ❶ von jetzt an; **four weeks hence** in vier Wochen ❷ daher

**hen·house** der Hühnerstall

**hen night** ['hennaɪt] *Frauenparty für die Braut vor der Hochzeit*

**her¹** [hɜːr] ❶ sie; **he loves her** er liebt sie; **it's her** sie ist es ❷ ihr; **he gave her a ring** er gab ihr einen Ring ❸ **with her children around her** mit ihren Kindern um sich

**her²** [hɜːr] ihr; **her mother** ihre Mutter

**herb** [hɜːb] ❶ (*zum Kochen*) das Kraut, das Küchenkraut ❷ (*in der Medizin*) das Heilkraut

**herb·al** ['hɜːbəl] Kräuter-

**her·bivo·rous** [hɜː'bɪvərəs] Pflanzen fressend

**herd** [hɜːd] die Herde, das Rudel

**here** [hɪər] ❶ hier ❷ **come here!** komm her!; **come here, please** kommen Sie bitte [hier]her ❸ **look here!** sieh [*oder* schau] mal [her]! ❹ **here he comes!** da kommt er [ja]! ❺ **here you are!** (*bei der Übergabe von etwas*) bitte schön!; (*wenn man jemanden gefunden hat*) ach, hier bist du! ❻ **here we are!** (*bei Ankunft*) hier sind wir!, da wären wir! ❼ **here goes!** dann mal los! ❽ **here we go again!** es geht schon wieder los! ❾ **here's to Peter!** auf Peters Wohl! ▸ WENDUNGEN: **here and there** hier und da, hier[hin] und dort[hin]; **here, there and everywhere** überall

**hero** ['hɪərəʊ] <*plural* heroes> der Held

**he·ro·ic¹** [hɪ'rəʊɪk] ❶ heldenhaft; *Versuch:* kühn; **heroic deed** die Heldentat ❷ heroisch

**he·ro·ic²** [hɪˈrəʊɪk] **heroics** *plural* die Heldentaten

**hero·in** [ˈherəʊɪn] das Heroin

**hero·in ad·dict** der/die Heroinsüchtige

**hero·ine** [ˈherəʊɪn] die Heldin

**hero·ism** [ˈherəʊɪzᵊm] *kein Plural* das Heldentum; **act of heroism** die heldenhafte Tat

**her·on** [ˈherən] der Reiher

**her·ring** [ˈherɪŋ] <*plural* herring *oder* herrings> der Hering ▶ WENDUNGEN: **red herring** das Ablenkungsmanöver; **that's a red herring** das führt vom Thema weg

**hers** [hɜːz] ihre(r, s); **a friend of hers** einer ihrer Freunde, ein Freund von ihr; **the book is hers** das Buch gehört ihr

**her·self** [hɜːˈself] ❶ sich ❷ (*betont*) [sie] selbst; **she herself said it** sie hat es selbst gesagt; **she'll do it herself** sie macht das selbst ❸ **all by herself** ganz allein, ohne [fremde] Hilfe ❹ **she's not herself today** sie ist heute nicht wie sonst

**he's** [hiːz] *Kurzform von* **he is; he has**

**hesi·tant** [ˈhezɪtənt] zögernd; **hesitant speech** stockende Rede

**hesi·tant·ly** [ˈhezɪtəntlɪ] zögerlich

to **hesi·tate** [ˈhezɪteɪt] ❶ zögern; **to hesitate to do something** Bedenken haben, etwas zu tun ❷ (*beim Sprechen*) stocken

**hesi·ta·tion** [ˌhezɪˈteɪʃn] das Zögern; **without a moment's hesitation** ohne einen Augenblick zu zögern; **to have no hesitation in doing something** keine Bedenken haben, etwas zu tun

**hetero·sex·ual¹** [ˌhetᵊrə(ʊ)ˈsekʃuᵊl] heterosexuell

**hetero·sex·ual²** [ˌhetᵊrə(ʊ)ˈsekʃuᵊl] der/die Heterosexuelle

**hexa·gon** [ˈheksəgən] das Sechseck

**hex·ago·nal** [heksˈægənl] sechseckig

**hey** [heɪ] (*umgangsspr*) he! *umgangsspr*

**hi** [haɪ] hi! hallo!

to **hi·ber·nate** [ˈhaɪbəneɪt] Winterschlaf halten

**hi·ber·na·tion** [ˌhaɪbəˈneɪʃn] der Winterschlaf

**hic·cup** [ˈhɪkʌp] der Schluckauf; **to have the hiccups** Schluckauf haben

to **hic·cup** [ˈhɪkʌp] den Schluckauf haben

**hid** [hɪd] *2. und 3. Form von* **hide**

**hid·den¹** [ˈhɪdn] *3. Form von* **hide**

**hid·den²** [ˈhɪdn] verborgen, versteckt

to **hide** [haɪd] <hid, hidden> ❶ verstecken (**from** vor); **to hide from someone** sich vor jemandem verstecken ❷ verbergen *Gefühle* (**from** vor) ❸ verheimlichen *Wahrheit* (**from** vor)

**G** Richtiges Konjugieren von **hide**: hide, hid, hidden: — *Sandra hid in the loft; Where have you hidden your report?*

◆ to **hide away** [sich] verstecken

**hide-and-seek** [ˌhaɪdnˈsiːk] das Versteckspiel; **to play** [at] **hide-and-seek** Versteck spielen

**hide·away** (*auch übertragen umgangsspr*) das Versteck

**hide·ous** [ˈhɪdɪəs] scheußlich

**hide·out** [ˈhaɪdaʊt] das Versteck, der Schlupfwinkel, der Unterschlupf

**hid·ing¹** [ˈhaɪdɪŋ] **to go into hiding** untertauchen; **to be in hiding** sich versteckt halten

**hid·ing²** [ˈhaɪdɪŋ] (*umgangsspr*) ❶ die Tracht Prügel; **to give someone a good hiding** jemandem eine ordentliche Tracht Prügel verpassen ❷ (*übertragen: Sport*) die Schlappe; **to get a real hiding** sich eine schwere Abfuhr holen

**hi-fi** [ˌhaɪˈfaɪ] das Hi-Fi-Gerät, die Hi-Fi-Anlage

**high¹** [haɪ] ❶ hoch; **a high building** ein hohes Gebäude; **high prices** die hohen Preise ❷ (*slang: von Drogen*) high *slang* ❸ **high society** die vornehme Gesellschaft ❹ **in high spirits** in guter Laune; **feelings were running high** es herrschte eine gereizte Stimmung ❺ **it's high time** es ist höchste Zeit ▶ WENDUNGEN: **to search high and low** überall suchen

**high²** [haɪ] ❶ der Höchststand, der Rekord, die Rekordhöhe ❷ (*Wetterlage*) das Hoch, das Hochdruckgebiet ❸ (*slang*) **to be on a high** (*auch von Drogen*) high sein *slang*

**high beam** das Fernlicht

**high-chair** [ˈhaɪtʃeə] (*für Kinder*) der Hochstuhl

**high court** das oberste Gericht

**Higher Grade, Highers** *plural* ≈ das Abitur (*Prüfung für die Hochschulreife*)

**L** In Schottland ist die **Higher Grade** eine Prüfung, die Schüler in ihrem fünften Schuljahr ablegen (ein Jahr nach der **GCSE**). Es ist möglich, nur in einem Fach geprüft zu werden, aber die meisten Schüler versuchen, ungefähr fünf **Highers** abzulegen.

**high-fly·er, high-flier** [ˌhaɪˈflaɪə] (*übertragen*) der Senkrechtstarter, der/die Hochbegabte

**high fre·quen·cy** die Hochfrequenz

**high-hand·ed** selbstherrlich

**high heels** *plural* die hohen Absätze

**high jump** der Hochsprung

**High·land dress** die schottische Tracht

**high·lands** [ˈhaɪləndz] *plural* das Hochland

**high·light** ['haɪlaɪt] ❶ (*übertragen*) der Höhepunkt; **to show the highlights of the match** die Höhepunkte des Spiels übertragen ❷ (*im Haar*) die Strähne

to **high·light** ['haɪlaɪt] ❶ **the sentence was highlighted in yellow** der Satz war gelb markiert ❷ (*übertragen*) **to highlight a problem** ein Problem hervorheben

**high·light·er** ['haɪlaɪtəʳ] der Leuchtstift, der Markierstift

**high·ly** ['haɪlɪ] ❶ **highly critical** äußerst kritisch; **highly inflammable** leicht entzündlich; **highly sensitive** hoch empfindlich; **highly spiced** stark gewürzt; **highly strung** überreizt, nervös ❷ **to speak highly of someone** von jemandem in den höchsten Tönen reden; **to think highly of someone** große Stücke auf jemanden halten

**high·ness** ['haɪnɪs] **His/Your [Royal] Highness** Seine/Eure [Königliche] Hoheit

**high point** der Höhepunkt

**high-pres·sure** Hochdruck-; **high-pressure area** das Hochdruckgebiet

**high-rank·ing** <higher-ranking, highest-ranking> hochrangig

**high-rise build·ing** das Hochhaus

**high-risk** <higher-risk, highest-risk> hochriskant; **to be in a high-risk category** einer Risikokategorie angehören

**L** In den USA haben die Schüler der **High School** und des **College** bestimmte Bezeichnungen. In der 9. Klasse heißen sie **Freshmen**, Schüler der 10. Klasse heißen **Sophomores**, in der 11. Klasse heißen sie **Juniors** und in der 12. Klasse werden sie **Seniors** genannt.

**high school** 🇺🇸 die weiterführende Schule

**high sea·son** die Hochsaison

**high-speed train** der Hochgeschwindigkeitszug

**high-spir·it·ed** ausgelassen; *Pferd:* temperamentvoll

**high spir·its** *plural* die gehobene Stimmung

**high street** die Hauptstraße

**high tea** der Tee mit Imbiss

**high-tech** Hightech-

**high tech·nol·ogy** die Spitzentechnologie

**high tide** die Flut

**high·way** ['haɪweɪ] ❶ 🇬🇧 die Hauptstraße, die Landstraße ❷ 🇺🇸 die Fernstraße; **Highway Code** die Straßenverkehrsordnung

to **hi·jack** ['haɪdʒæk] ❶ entführen *Flugzeug* ❷ überfallen *Fahrzeug*

**hi·jack** ['haɪdʒæk] die Flugzeugentführung

**hi·jack·er** ['haɪdʒækəʳ] der Flugzeugentführer/die Flugzeugentführerin

**hi·jack·ing** ['haɪdʒækɪŋ] *kein Plural* die Entführung

**hike** [haɪk] die Wanderung

to **hike** [haɪk] wandern

**hik·er** ['haɪkəʳ] der Wanderer/die Wanderin

**hik·ing** ['haɪkɪŋ] das Wandern

**hill** [hɪl] der Hügel; (*höher*) der Berg ▶ WENDUNGEN: **to be over the hill** (*umgangsspr*) seine beste Zeit hinter sich haben

**hill·side** der Hang

**hill·top** die Hügelkuppe

**hill-walk·ing** *kein Plural* 🇬🇧 das Bergwandern

**hilly** ['hɪlɪ] hüg[e]lig, bergig

**him¹** [hɪm] ❶ ihn; **she loves him** sie liebt ihn; **it's him** er ist es ❷ ihm; **she gave him a book** sie gab ihm ein Buch

**him²** [hɪm] sich; **with his pupils around him** mit seinen Schülern um sich

**Hima·la·yas** [ˌhɪməˈleɪjəz] *plural* **the Himalayas** der Himalaya

**him·self** [hɪmˈself] ❶ sich ❷ (*betont*) [er] selbst; **he himself said it** er hat es selbst gesagt; **he'll do it himself** er macht es selbst ❸ **all by himself** ganz allein, ohne [fremde] Hilfe ❹ **he's not himself today** er ist heute nicht wie sonst

**hin·drance** ['hɪndrən(t)s] die Behinderung; **you're more of a hindrance than a help** du störst mehr, als dass du hilfst

**hind·sight** ['haɪndsaɪt] **with hindsight** im Nachhinein

**hinge** [hɪndʒ] die Türangel, das Scharnier

**hint** [hɪnt] der Hinweis, der Wink, die Andeutung; **to drop a hint** eine Bemerkung fallen lassen; **to take a hint** es sich gesagt sein lassen; **a big hint** ein Wink mit dem Zaunpfahl

to **hint** [hɪnt] hinweisen (**at** auf)

**hip** [hɪp] die Hüfte; **hip pocket** die Gesäßtasche

**hip flask** der Flachmann

**hip·po** ['hɪpəʊ] <*plural* hippos> (*umgangsspr*) das Nilpferd

**hip·po·pota·mi** [ˌhɪpəˈpɒtəmaɪ] *Pluralform von* **hippopotamus**

**hip·po·pota·mus** [ˌhɪpəˈpɒtəməs] <*plural* hippopotamuses, hippopotami> das Flusspferd, das Nilpferd

**hip·py** ['hɪpi] <*plural* hippies> der Hippie

**hire** ['haɪəʳ] **for hire** zu vermieten; *Taxi:* frei

to **hire** ['haɪəʳ] ❶ mieten *Auto;* leihen *Anzug;* **hire[d] car** der Mietwagen ❷ engagieren *Anwalt* ❸ einstellen *Arbeitskraft*

◆ to **hire out** vermieten

**hire pur·chase** to buy something on hire purchase etwas auf Raten [oder Abzahlung] kaufen

**his¹** [hɪz] sein(e, r); **a friend of his** einer seiner Freunde, ein Freund von ihm; **the book is his** das Buch gehört ihm

**his²** [hɪz] sein; **his trousers** seine Hose; **he cut his hand** er hat sich in die Hand geschnitten

to **hiss** [hɪs] zischen; *Katze:* fauchen

**his·tor·ic** [hɪ'stɒrɪk] historisch

**his·tori·cal** [hɪ'stɒrɪkl] historisch, geschichtlich; **historical novel** historischer Roman

**his·tory** ['hɪstri] ❶ die Geschichte; **ancient history** die alte Geschichte; **medi(a)eval history** die mittlere Geschichte; **modern history** die neuere Geschichte; **history of art** die Kunstgeschichte; **to make history** Geschichte machen ❷ *von Krankheit:* die Vorgeschichte

**hit** [hɪt] ❶ der Schlag ❷ *(genau aufs Ziel)* der Treffer ❸ *(übertragen)* der Erfolg, der Knüller; *(Lied)* der Schlager, der Hit ❹ **to be a hit with someone** bei jemandem gut ankommen ❺ *(im Internet)* der Hit

to **hit** [hɪt] <hit, hit> ❶ schlagen; **to hit someone in the stomach/on the head** jemanden in den Bauch/auf den Kopf schlagen; **to hit one's head against something** mit dem Kopf gegen etwas schlagen [oder stoßen], mit dem Kopf auf etwas aufschlagen ❷ *Auto:* auffahren; **the car hit the tree** das Auto fuhr [oder prallte] gegen den Baum ❸ treffen; **I've been hit!** ich bin getroffen!; **the ball hit me in the face/on the leg** der Ball traf mich im Gesicht/am Bein; **to be hit by lightning** vom Blitz getroffen werden; **to hit the nail on the head** *(übertragen)* den Nagel auf den Kopf treffen ❹ erreichen; **to hit an all-time high** eine Rekordhöhe erreichen ▸ WENDUNGEN: **to hit the rush hour** in den Stoßverkehr geraten; **to hit the road** *(umgangsspr)* aufbrechen; **to hit the sack** *(umgangsspr)* sich in die Falle hauen

**G** Richtiges Konjugieren von **hit**: hit, hit, hit — *Kevin hit his head against a lamppost; Bart was hit by a stone.*

◆to **hit back** zurückschlagen

◆to **hit off** ▸ WENDUNGEN: **to hit it off with someone** sich mit jemandem gut verstehen

◆to **hit on** to hit on something auf etwas kommen

◆to **hit out** to hit out at someone auf jemanden losschlagen; *(übertragen)* jemanden

angreifen

◆to **hit upon** to hit upon something auf etwas kommen

**hit-and-run** [ˌhɪtən'rʌn] hit-and-run accident der Unfall mit Fahrerflucht

to **hitch** [hɪtʃ] ❶ he hitched across Europe er fuhr per Anhalter [oder trampte] durch Europa ❷ **to hitch a lift** [oder USA **ride**] per Anhalter fahren ▸ WENDUNGEN: **to get hitched** *(umgangsspr)* heiraten

**hitch** [hɪtʃ] <plural hitches> die Schwierigkeit, der Haken; **without a hitch** reibungslos, glatt; **technical hitch** das technische Versagen

**hitch·er** ['hɪtʃər] der Anhalter/die Anhalterin, der Tramper/die Tramperin

to **hitch·hike** ['hɪtʃhaɪk] per Anhalter fahren, trampen

**hitch·hik·er** ['hɪtʃhaɪkər] der Anhalter/die Anhalterin, der Tramper/die Tramperin

**hitch·hik·ing** ['hɪtʃhaɪkɪŋ] das Trampen

**HIV** [ˌeɪtʃaɪ'viː] *Abkürzung von* **human immunodeficiency virus** HIV

**hive** [haɪv] der Bienenstock, der Bienenkorb

**hoard** [hɔːd] der Vorrat

to **hoard** [hɔːd] horten, hamstern

**hoar frost** *kein Plural* der Raureif

**hoarse** [hɔːs] rau, heiser

**hoax** [həʊks] ❶ *(Falschmeldung)* der Schwindel, die Ente; **hoax call** der blinde Alarm; **hoax story** die Zeitungsente ❷ *(Scherz)* der Streich, der Ulk; **to play a hoax on someone** jemandem einen Streich spielen

**hob** [hɒb] das Kochfeld

to **hob·ble** ['hɒbl] humpeln

**hob·by** ['hɒbɪ] das Hobby, das Steckenpferd

**hock·ey** ['hɒkɪ] ❶ das Hockey; **ice hockey** das Eishockey ❷ USA das Eishockey

**hock·ey stick** der Hockeyschläger

**hog** [hɒg] ❶ das Mastschwein ❷ *(slang)* das Schwein; **road hog** der rücksichtslose Fahrer/die rücksichtslose Fahrerin

to **hog** [hɒg] <hogged, hogged> *(umgangsspr)* ❶ to hog something etwas an sich reißen ❷ für sich in Anspruch nehmen; **to hog the road** in der Mitte der Straße fahren; **stop hogging the bathroom!** andere wollen auch mal ins Bad!

**L** **Hogmanay** sagt man in Schottland und Nordengland für **New Year's Eve** (Silvester), den 31. Dezember. Die Schotten sind dafür bekannt, Hogmanay besonders ausgelassen zu feiern. In den letzten Jahren ist es Brauch geworden, dass Tausende von Leuten im Zentrum Edinburghs zusammenkommen, wo dann auf den Straßen eine große Silvesterparty mit Bands und Feuerwerk stattfindet. Das Wort Hogmanay stammt aus Nordfrankreich: hoginané und bedeutet ursprünglich etwa: *bitte ein Geschenk zum neuen Jahr.*

to **hoist** [hɔɪst] aufziehen, hochziehen; hissen *Flagge, Segel*

**hold** [həʊld] **1** der Griff; **to catch/get/take hold of something** etwas fassen/packen/ergreifen; **to get a hold of oneself** sich in den Griff bekommen; **to keep hold of something** etwas festhalten; **to let go one's hold** [*oder* **lose hold**] **of something** etwas loslassen **2** (*beim Bergsteigen*) der Halt; **to miss one's hold** fehlgreifen **3** (*übertragen*) die Gewalt, die Macht; **to have a hold on someone** starken Einfluss auf jemanden haben **4** *von Schiff:* der Laderaum

to **hold** [həʊld] <held, held> **1** [fest]halten; **to hold hands** sich an der Hand halten; *Liebespaar:* Händchen halten **2** tragen; *Seil:* halten, nicht reißen; **I don't think the bridge will hold our weight** ich glaube nicht, dass die Brücke uns trägt; **he can't hold his drink** er verträgt nichts; **to hold water** wasserdicht sein **3** besitzen *Aktien* **4** innehaben, ausüben; **to hold office** an der Macht [*oder* im Amt] sein; **to hold the record for the high jump** den Rekord im Hochsprung halten **5** abhalten *Versammlung;* führen *Gespräch* **6** *Raum, Gefäß:* enthalten, fassen; **the bus holds 36 people** der Bus ist für 36 Personen vorgesehen **7** vertreten *Ansicht, Meinung* **8** **to hold someone's attention** jemandes Aufmerksamkeit fesseln; **to hold one's breath** den Atem anhalten **9** **to hold the line** am Apparat bleiben ► WENDUNGEN: **there's no holding him** er ist nicht zu halten; **hold it!** halt!

**G** Richtiges Konjugieren von **hold**: hold, held, held — *Jane held the puppy in her arms; He was held by the police for questioning.*

◆to **hold against** to **hold something against someone** jemandem etwas verübeln

◆to **hold back 1** to **hold something back** etwas zurückhalten; verschweigen *Wahrheit* **2** to **hold someone back from doing something** jemanden [daran] hindern, etwas zu tun **3** to **hold back from doing something** zögern, etwas zu tun

◆to **hold down 1** to **hold something down** etwas niedrig halten **2** (*übertragen*) unterdrücken *Volk* **3** to **hold a job down**

sich in einer Stelle halten

◆to **hold off 1** abwehren **2** verschieben *Termin* **3** warten; **the rain held off all day** es hat den ganzen Tag nicht geregnet

◆to **hold on 1** [sich] festhalten (**to** an) **2** (*übertragen*) durchhalten **3** (*umgangsspr*) warten; **hold on!** einen Moment!; (*beim Telefonieren*) bleiben Sie am Apparat!

◆to **hold onto 1** festhalten **2** behalten

◆to **hold out 1** sich halten, aushalten **2** *Vorräte:* reichen **3** **to hold out for something** auf etwas bestehen **4** **to hold out one's hand** die Hand ausstrecken; **to hold out one's arms** die Arme ausbreiten

◆to **hold over** vertagen (**until** auf)

◆to **hold together** zusammenhalten

◆to **hold up 1** aufrecht halten, stützen; **the tree is holding the fence up** der Baum stützt den Zaun; **we stood on either side of him to hold him up** wir stützten ihn von beiden Seiten, um ihn aufrecht zu halten **2** to **hold up one's hand** die Hand [hoch]heben **3** to **hold something up to the light** etwas gegen das Licht halten **4** to **hold someone/something up as an example** (*übertragen*) jemanden/etwas als Beispiel hinstellen **5** (*verlangsamen*) aufhalten, verzögern; **to be held up** aufgehalten werden

**hold·all** ['həʊldɔːl] die Reisetasche

**hold·er** ['həʊldəʳ] **1** der Inhaber/die Inhaberin **2** (*Sport*) **the cup holders** die Pokalverteidiger **3** (*Gegenstand*) der Halter; **cigarette holder** die Zigarettenspitze; **pen holder** der Federhalter

**hold-up** ['həʊldʌp] **1** die Verzögerung **2** (*im Verkehr*) die Behinderung, der Stau, die Stockung **3** der [bewaffnete] Raubüberfall

**hold-ups** *plural* die halterlosen Strümpfe

**hole** [həʊl] **1** das Loch **2** **to pick holes in something** (*übertragen*) an etwas herumkritisieren **3** *von Fuchs, Kaninchen:* der Bau **4** (*umgangsspr: Elendsquartier*) das Loch; (*Ort*) das Kaff **5** (*umgangsspr*) **to be in a hole** in der Patsche [*oder* Klemme] sitzen

to **hole** [həʊl] in ein Loch spielen *Ball*

◆to **hole up** (*umgangsspr*) sich verkriechen

**holi·day** ['hɒlədeɪ] **1** der [arbeits]freie Tag **2** [**public**] **holiday** der [gesetzliche] Feiertag; **bank holiday** 🇬🇧 der [gesetzliche] Feiertag **3** **holidays** der Urlaub, die Ferien; **the school holidays** die Schulferien; **on holiday** in Urlaub, in den Ferien; **to be on holiday** im Urlaub sein, Ferien haben; **to go on**

**holiday** in Urlaub gehen [oder fahren]; **to take a holiday** Urlaub nehmen

**holi·day camp** das Ferienlager

**holi·day course** **GB** der Ferienkurs

**holi·day en·ti·tle·ment** **GB** der Urlaubsanspruch

**holi·day house** das Ferienhaus

**holi·day·mak·er** der Feriengast, der Urlauber/die Urlauberin

**holi·day re·sort** der Ferienort

**holi·ness** ['həʊlɪnəs] *kein Plural* die Heiligkeit

**Hol·land** ['hɒlənd] Holland

**hol·low** ['hɒləʊ] hohl

**hol·ly** ['hɒlɪ] die Stechpalme

**holo·gram** ['hɒləgræm] das Hologramm

**holy** ['həʊlɪ] heilig

**Holy Com·mun·ion** die heilige Kommunion

**Holy Fa·ther the Holy Father** der Heilige Vater

**home¹** [həʊm] ❶ das Heim, das Haus, die Wohnung; **at home** daheim, zu Hause; **away from home** von zu Hause weg; **his home is in Vienna** er ist in Wien zu Hause ❷ die Heimat; **Hamburg has become his second home** ihm ist Hamburg zur zweiten Heimat geworden ❸ (*Anstalt*) das Heim; **old people's home** das Altenheim ❹ **the home of the mountain gorilla** die Heimat der Berggorillas ❺ **at home and abroad** im In- und Ausland ❻ **to be/feel at home** (*übertragen*) zu Hause sein/sich zu Hause fühlen; **to make oneself at home** es sich bequem machen ▶ WENDUNGEN: **home sweet home** trautes Heim

**home²** [həʊm] ❶ heim, nach Hause; **to go home** nach Hause gehen, heimgehen; **to drive someone home** jemanden [mit dem Auto] nach Hause bringen; **to see someone home** jemanden nach Hause begleiten ❷ daheim, zu Hause; **I must be home before midnight** ich muss vor Mitternacht zu Hause sein ❸ **to bring something home to someone** jemandem etwas klarmachen ❹ **to drive home** einschlagen *Nagel* ▶ WENDUNGEN: **nothing to write home about** nichts Besonderes

**home ad·dress** die Privatanschrift

**home af·fairs** *plural* **GB** die inneren Angelegenheiten; **home affairs correspondent** der/die Korrespondent/Korrespondentin für Innenpolitik

**L** **Homecoming** ist in den USA ein wichtiges Fest an der High School und an der Universität. An diesem Tag kommt die Footballmannschaft zu einem Heimspiel „nach Hause". Es gibt eine Riesenparty, und eine beliebte Schülerin bzw. Studentin wird zur **homecoming queen** gekürt.

**home cook·ing** die Hausmannskost

**home eco·nom·ics** die Hauswirtschaft[slehre]

**home-grown** [,həʊm'grəʊn] selbst gezogen; **home-grown produce** das einheimische Erzeugnis

**home help** die Haushaltshilfe

**home·land** ['həʊmlænd] die Heimat, das Heimatland

**home·less** ['həʊmlɪs] obdachlos

**home-made** [,həʊm'meɪd] selbst gemacht

**Home Of·fice** ['həʊm,ɒfɪs] **GB** das Innenministerium

**homeo·path** ['həʊmɪə(ʊ)pæθ] der Homöopath/die Homöopathin

**homeo·path·ic** ['həʊmɪə(ʊ)pæθɪk] homöopathisch

**home page** die Homepage

**Home Sec·re·tary** **GB** der Innenminister/die Innenministerin

**home·sick** ['həʊmsɪk] **to be homesick** Heimweh haben

**home straight, home stretch** (*auch übertragen*) die Zielgerade

**home team** die Heimmannschaft

**home town** die Heimatstadt

**home truth** die bittere Wahrheit

**home·ward** ['həʊmwəd] heimwärts, nach Hause; **homeward journey** die Heimreise

**home·work** ['həʊmwɜːk] die Hausaufgaben; **to do one's homework** seine Hausaufgaben machen; (*übertragen*) sich mit der Materie vertraut machen

**homi·cide** ['hɒmɪsaɪd] ❶ *kein Plural* der Mord ❷ der Mordfall; **homicide rate** die Mordrate; **homicide squad** die Mordkommission

**homoeopa·thy** [,həʊmɪ'ɒpəθɪ] die Homöopathie

**Homo sa·pi·ens** [,həʊməʊ'sæpiənz] *kein Plural* der Homo sapiens

**homo·sex·ual¹** [,hɒmə'sekʃʊəl] homosexuell

**homo·sex·ual²** [,hɒmə'sekʃʊəl] der/die Homosexuelle

**Hon·du·ras** [hɒn'djʊərəs] Honduras

**hon·est** ['ɒnɪst] ehrlich, aufrichtig

**hon·est·ly** ['ɒnɪstlɪ] ❶ ehrlich; **to tell you honestly** offen gestanden ❷ (*tatsächlich*) wirklich; **honestly!** ehrlich!; (*verärgert*) also wirklich!

**hon·es·ty** ['ɒnɪstɪ] die Ehrlichkeit, die Aufrichtigkeit; **in all honesty** ganz ehrlich

**hon·ey** ['hʌnɪ] ❶ der Honig ❷ **USA** (*umgangs-*

*spr*) der Schatz, der Liebling

**hon·ey·bee** die Honigbiene

**hon·ey·comb** die Honigwabe; (*aus Wachs*) die Bienenwabe; **honeycomb pattern** das Wabenmuster

**hon·ey·moon** [ˈhʌnɪmuːn] die Flitterwochen; **to go on honeymoon** seine Hochzeitsreise machen

> **L** Von 1842 bis 1997 war **Hong Kong** (Hongkong) eine britische Kronkolonie. Auf Kantonesisch bedeutet der Name „würziger" (Hong) „Hafen" (Kong), weil es früher ein Handelshafen für Gewürze und Weihrauch war. Es besteht aus der Hongkong-Insel, **Kowloon** (neun Drachen) und den **New Territories** auf dem chinesischen Festland sowie anderen umliegenden Inseln. Hongkong wird häufig auch „Perle des Orients" genannt und ist heute ein bedeutendes Wirtschafts- und Finanzzentrum.

**hon·or·ary** [ˈɒnərərɪ] ehrenamtlich, Ehren-

**hon·our** [ˈɒnəʳ], ⓊⓈⒶ **hon·or** die Ehre; **guest of honour** der Ehrengast; **word of honour** das Ehrenwort

to **hon·our** [ˈɒnəʳ], ⓊⓈⒶ to **hon·or** ehren

**hon·our·able** [ˈɒnᵊrəbl], ⓊⓈⒶ **hon·or·able** ❶ ehrenhaft; *Berufung:* ehrenvoll ❷ ⒼⒷ **the honourable member for Bristol West** der Herr Abgeordnete für West-Bristol

**hon·ours de·gree** ≈ das Staatsexamen

**hon·ours list** ⒼⒷ die Liste der verliehenen Titel

**hons** *kurz für* **honours** *höherer akademischer Grad*

**hood** [hʊd] ❶ die Kapuze ❷ *von Auto:* das Verdeck ❸ ⒰ⓈⒶ die Motorhaube

**hoodie**, **hoody** [ˈhʊdɪ] <*plural* hoodies> die Kapuzenjacke, das Kapuzenshirt

**hoof** [huːf] <*plural* hoofs, hooves> der Huf

**hook** [hʊk] ❶ der Haken, der Kleiderhaken ❷ **fish-hook** der Angelhaken ❸ (*beim Boxen*) der Haken ❹ **to leave the phone off the hook** nicht auflegen ▸ WENDUNGEN: **he's off the hook** (*slang*) er ist aus dem Schneider

to **hook** [hʊk] ❶ mit [einem] Haken befestigen (**to** an); festhaken *Tür* ❷ angeln *Fisch* ❸ (*umgangsspr*) **to get/be hooked on something** von etwas abhängig werden/sein; **she's hooked on jazz** sie steht auf Jazz

◆to **hook up** ❶ zuhaken *Kleidungsstück;* **this dress hooks up at the back** dieses Kleid wird hinten mit Haken zugemacht ❷ zusammenschalten *Sender* ❸ ankoppeln *Anhänger*

**hooked** [hʊkt] ❶ hakenförmig; **hooked nose** die Hakennase ❷ abhängig; **hooked**

**on drugs** drogenabhängig ❸ **to be hooked** total begeistert sein; **she's hooked on jazz** sie ist völlig besessen von Jazz

**hook·er** [ˈhʊkəʳ] ⒰ⓈⒶ (*slang*) die Nutte

**hooky** [ˈhʊkɪ] **to play hooky** ⒰ⓈⒶ die Schule schwänzen

**hoo·li·gan** [ˈhuːlɪgən] der Hooligan, der Rowdy

**hoo·ray** [hʊˈreɪ] hurra

to **hoot** [huːt] ❶ **to hoot [with laughter]** johlen, sich kaputtlachen ❷ *Eule:* schreien ❸ *Fahrzeug:* hupen

**hoot** [huːt] ❶ **hoots of laughter** das Gejohle ❷ *von Eule:* der Ruf, der Schrei ❸ *von Auto:* das Hupen; *von Sirene:* das Heulen ▸ WENDUNGEN: **I don't give a hoot!** (*umgangsspr*) das ist mir völlig egal!; **that was a hoot!** (*umgangsspr*) das war zum Schreien komisch!

**hoot·er** [ˈhuːtəʳ] ❶ die Sirene ❷ *von Auto:* die Hupe

to **Hoo·ver**® [ˈhuːvəʳ] ⒼⒷ staubsaugen; saugen *Teppich*

**Hoover**® [ˈhuːvəʳ] ⒼⒷ der Staubsauger

**hooves** [huːvz] *Pluralform von* **hoof**

**hop** [hɒp] ❶ der Sprung ❷ (*umgangsspr*) der kurze Flug ❸ **to catch someone on the hop** (*umgangsspr*) jemanden unvorbereitet erwischen [*oder* treffen]

to **hop** [hɒp] <hopped, hopped> ❶ hüpfen; **to hop over something** über etwas springen ❷ **hop it!** hau ab!

◆to **hop about**, to **hop around** umherhüpfen, herumhopsen

◆to **hop in** ❶ hineinhüpfen ❷ (*umgangsspr*) einsteigen; **to hop into the car** sich ins Auto schwingen

◆to **hop out** ❶ heraushüpfen ❷ (*umgangsspr*) aussteigen; **to hop out of bed** aus dem Bett springen

**hope** [həʊp] die Hoffnung (**of** auf); **there's no hope of winning** es besteht keine Hoffnung, dass wir gewinnen; **past** [*oder* **beyond**] **hope** hoffnungslos; **to hold out a hope** Hoffnung haben; **to live in hope of something** auf etwas hoffen; **what a hope!** schön wär's!; **to raise someone's hopes** jemandem Hoffnung machen

to **hope** [həʊp] ❶ hoffen (**for** auf); **I hope you're right** hoffentlich hast du Recht; **I hope so/not!** hoffentlich/hoffentlich nicht! ❷ **he hopes to go to Brazil** er hofft, nach Brasilien reisen zu können

**hope·ful** [ˈhəʊpfl] hoffnungsvoll; *Situation:* viel versprechend; **to be hopeful** sich Hoffnungen machen, hoffen

**hope·ful·ly** ['həʊfəlɪ] ❶ hoffnungsvoll ❷ **will you be on time? — hopefully** kommst du rechtzeitig? — hoffentlich

**hope·less** ['həʊplɪs] ❶ hoffnungslos ❷ **she's hopeless at drawing** sie kann überhaupt nicht zeichnen ❸ **he's a hopeless case** er ist ein hoffnungsloser Fall

**hope·less·ly** ['həʊplɪslɪ] hoffnungslos

**hop·ping mad** ['hɒpɪŋ 'mæd] (*umgangsspr*) fuchsteufelswild

**ho·ri·zon** [hə'raɪzn] (*auch übertragen*) der Horizont

**ho·ri·zon·tal** [ˌhɒrɪ'zɒntl] horizontal, waagerecht

**hor·mone** ['hɔːməʊn] das Hormon

**horn** [hɔːn] ❶ *von Tier:* das Horn ❷ die Sirene; *von Auto:* die Hupe; **to blow** [*oder* **sound**] **the horn** hupen ❸ (*Musik*) das Horn ▶ WENDUNGEN: **to be caught on the horns of a dilemma** in einer Zwickmühle sitzen

**hor·net** ['hɔːnɪt] die Hornisse ▶ WENDUNGEN: **to stir up a hornet's nest** in ein Wespennest stechen

**horo·scope** ['hɒrəskəʊp] das Horoskop

**hor·ren·dous** [hɒ'rendəs] ❶ *Verbrechen:* entsetzlich ❷ *Preise, Lüge:* horrend

**hor·ri·ble** ['hɒrəbl] ❶ schrecklich, furchtbar, entsetzlich ❷ unfreundlich

**hor·rid** ['hɒrɪd] abscheulich, ekelhaft

**hor·ri·fic** [hə'rɪfɪk] schrecklich

to **hor·ri·fy** ['hɒrɪfaɪ] ❶ **to horrify someone** jemandem einen Schrecken einjagen ❷ entsetzen *Person;* **to be horrified** schockiert sein (**at/by** von)

**hor·ror** ['hɒrər] ❶ der Schrecken, das Entsetzen; **a scene of horror** ein Bild des Grauens ❷ der Abscheu, der Ekel (**of** vor); **snakes give me the horrors** vor Schlangen habe ich eine panische Angst ❸ **horror film** der Horrorfilm

**hor·ror-strick·en** ['hɒrəstrɪkn], **hor·ror-struck** ['hɒrəstrʌk] von Entsetzen gepackt

**hors d'œuvre** [ɔː'dɜːvr] <*plural* hors d'œuvre *oder* hors d'œuvres> das Hors d'œuvre, die Vorspeise

**horse** [hɔːs] das Pferd ▶ WENDUNGEN: **straight from the horse's mouth** direkt von der Quelle; **wild horses would not drag me there** dahin würden mich keine zehn Pferde bringen; **to back the wrong horse** aufs falsche Pferd setzen; **to eat like a horse** fressen wie ein Scheunendrescher *umgangsspr;* **to put the cart before the horse** das Pferd beim Schwanz aufzäumen; **a dark horse** ein unbeschriebenes Blatt

◆to **horse about,** to **horse around** herumalbern

**horse·back** ['hɔːsbæk] **on horseback** zu Pferde

**horse·box** <*plural* horseboxes>, (USA) **horse·car** der Pferdetransporter

**horse-chest·nut** die Rosskastanie

**horse·play** der grobe Unfug

**horse·pow·er** ['hɔːspaʊər] <*plural* horsepower> die Pferdestärke

**horse race** das Pferderennen

**horse rac·ing** ❶ der Pferderennsport ❷ das Pferderennen

Ⓛ Der **Melbourne Cup** (Pokal), der immer am ersten Dienstag im November stattfindet, ist Australiens beliebtestes Pferderennen. Da an diesem Tag fast alle das Rennen im Fernsehen oder Radio verfolgen, kommt in diesen paar Minuten in Australien alles zum Stillstand. Es werden Millionen von Dollar auf die Pferde gewettet. Außerdem ziehen sich viele Leute festlich an, und mittags gibt es dann überall Hähnchen und Sekt.

**horse·shoe** ['hɔːsʃuː] das Hufeisen

to **hose** [həʊz] **to hose something** [**down**] etwas abspritzen

**hose** [həʊz] der [Gummi]schlauch

**hos·pice** ['hɒspɪs] das Pflegeheim für unheilbar Kranke

**hos·pi·table** [hɒ'spɪtəbl] *Hotel, Klima:* gastlich; *Person:* gastfreundlich

**hos·pi·tal** ['hɒspɪtl] die Klinik, das Krankenhaus

**hos·pi·tal·ity** [ˌhɒspɪ'tælətɪ] die Gastlichkeit; *von Person:* die Gastfreundschaft

to **hos·pi·tal·ize** ['hɒspɪtlaɪz] **to hospitalize someone** jemanden in ein Krankenhaus einliefern

**host** [həʊst] ❶ der Gastgeber (**to** für) ❷ (*Tier*) der Wirt, das Wirtstier ❸ (*beim TV*) der Showmaster ❹ **a host of ...** eine Unzahl von ..., sehr viele ...

to **host** [həʊst] **our club hosted the tournament** unser Verein war Gastgeber bei dem Turnier

**hos·tage** ['hɒstɪdʒ] die Geisel; **to take someone hostage** jemanden als Geisel nehmen

**host coun·try** ['həʊstˌkʌntrɪ] das Gastland

**host·el** ['hɒstl] das Wohnheim; **youth hostel** die Jugendherberge

**host·ess** ['həʊstɪs] <*plural* hostesses> ❶ die Gastgeberin ❷ die Empfangsdame, die Hostess ❸ die Stewardess

**host fami·ly** die Gastfamilie

**hos·tile** ['hɒstaɪl] ❶ feindlich ❷ *Person,*

*Atmosphäre:* feindselig (**to** gegen)

**hos·til·i·ty** [hɒˈstɪlətɪ] ❶ die Feindschaft (**to/towards/against** gegen) ❷ **hostilities** die Feindseligkeiten

**hot** [hɒt] <hotter, hottest> ❶ heiß; *Wasser, Mahlzeit:* warm; **I'm hot** mir ist heiß; **hot and bothered** [so ziemlich] durch den Wind ❷ *Speise:* stark gewürzt, scharf ❸ *Kampf:* heiß, heftig; *Spur:* heiß; **I'm hot on his trail** ich bin ihm dicht auf den Fersen ❹ (*slang: gestohlen*) heiß ▶ WENDUNGEN: **to blow hot and cold** nicht wissen, was man will; **to get hot under the collar** vor Wut kochen; **to get into hot water** in Teufels Küche kommen; **it's too hot to handle** das ist ein heißes Eisen

**hot-air bal·loon** der Heißluftballon

**hot dog** (*Wurst*) das Wiener Würstchen; (*im Brötchen*) der Hotdog

**ho·tel** [həʊˈtel] das Hotel

**ho·tel ac·com·mo·da·tion** ❶ *kein Plural* das Hotelzimmer ❷ ⓤⓢⓐ **hotel accommodations** *plural* die Hotelunterkunft

**ho·tel bill** die Hotelrechnung

**ho·tel reg·is·ter** das Gästebuch

**hot·head** der Hitzkopf

**hot-head·ed** [ˌhɒtˈhedɪd] hitzköpfig, unbeherrscht

**hot·house** das Treibhaus

**hot·plate** [ˈhɒtpleɪt] die Kochplatte, die Warmhalteplatte

**hot-tem·pered** heißblütig

**hot-wa·ter bot·tle** die Bettflasche, die Wärmflasche

**hound** [haʊnd] der Jagdhund

to **hound** [haʊnd] **to hound someone** jemanden [beständig] hetzen

**hour** [ˈaʊəʳ] ❶ die Stunde; **by the hour** stundenweise; **for hours** stundenlang; **every hour on the hour** jeweils zur vollen Stunde; **the small hours** die frühen Morgenstunden ❷ die Zeit, der Zeitpunkt; **rush hour** die Stoßzeit; **working hours** die Dienststunden, die Arbeitszeit; **opening hours** die Geschäftszeiten; *von Arzt:* die Sprechstunde; **after hours** nach Geschäftsschluss; *von Kneipe:* nach der Polizeistunde; *von Arzt:* außerhalb der Sprechstunde; **at all hours** zu jeder Tages- und Nachtzeit ▶ WENDUNGEN: **at the eleventh hour** in letzter Minute

**hour hand** der Stundenzeiger

**hour·ly** [ˈaʊəlɪ] stündlich; **hourly wage** der Stundenlohn

**house** [haʊs] ❶ das Haus; **at my house** bei mir zu Hause; **to keep house** [for someone] [jemandem] den Haushalt führen ❷ die Dynastie ❸ (*im Theater*) die Vorstellung, das Publikum ❹ (*an einer Universität*) das College; (*an einem Internat*) das Wohngebäude ❺ das Parlament; **Lower House** das Unterhaus; **Upper House** das Oberhaus; **the House of Commons/Lords** ⓖⒷ das Unterhaus/Oberhaus; **the Houses of Parliament** ⓖⒷ das Parlamentsgebäude; **the House of Representatives** ⓤⓢⓐ das Repräsentantenhaus ❻ **on the house** auf Kosten des Hauses ▶ WENDUNGEN: **to get on like a house on fire** bestens miteinander auskommen; **to bring the house down** großen Beifall ernten

to **house** [ˈhaʊz] ❶ **to house someone** jemanden beherbergen ❷ unterbringen *Gegenstände, Waren*

**house·boat** das Hausboot

**house doc·tor** der Wohnberater/die Wohnberaterin (*in einer Fernsehserie, bei der es um Verbesserungen oder Reparaturen am Haus geht*)

**house·hold** [ˈhaʊshəʊld] ❶ der Haushalt ❷ **it's a household name** [*oder* **word**] das ist ein Begriff

**house·hold·er** der Hauseigentümer/die Hauseigentümerin

**house hus·band** der Hausmann

**house·keep·er** [ˈhaʊsˌkiːpəʳ] die Haushälterin

**house·keep·ing** [ˈhaʊsˌkiːpɪŋ] ❶ die Führung eines Haushalts ❷ das Haushalten; **housekeeping money** das Haushaltsgeld

**house·plant** die Zimmerpflanze

**house rules** ⚠ *plural* die Hausordnung

**house-trained** [ˈhaʊstreɪnd] *Tier:* stubenrein

**house-warm·ing** [ˈhaʊsˌwɔːmɪŋ] das Einzugsfest

**house·wife** [ˈhaʊswaɪf] <*plural* housewives> die Hausfrau

**house·work** [ˈhaʊswɜːk] die Hausarbeit

**hous·ing** [ˈhaʊzɪŋ] ❶ die Wohnungen ❷ die Wohnungsbeschaffung ❸ *von Waren:* die Lagerung ❹ die Unterkunft

**hous·ing ben·efit** die Wohnbeihilfe, das Wohngeld

**hous·ing con·di·tions** *plural* die Wohnbedingungen

**hous·ing de·vel·op·ment** ⓤⓢⓐ, **hous·ing es·tate** ⓖⒷ die Wohnsiedlung

**hous·ing short·age** der Wohnraummangel

**HOV** [ˌeɪtʃəʊˈviː] ⓤⓢⓐ *Abkürzung von* **high occupancy vehicle** Fahrzeug mit mindestens zwei Insassen

**hov·er** [ˈhɒvəʳ] ❶ schweben (**over** über) ❷ sich herumtreiben (**about/near** in der

**hovercraft – hunch**

Nähe von) ❸ (*übertragen*) schwanken

**hov·er·craft** ['hɒvəkrɑːft] das Luftkissenfahrzeug, das Hovercraft

**hov·er·port** ['hɒvəpɔːt] der Hafen für Luftkissenfahrzeuge

**how** [haʊ] ❶ wie, wieso; **how about ...?** wie wäre es mit ...?; **how come ...?** wie kommt es ...?; **how many?** wie viele?; **how much?** wie viel?; **how are you?** wie geht's?; **how do you do?** guten Morgen/Tag/Abend ❷ **to learn how to do something** etwas lernen ❸ (*umgangsspr*) **and how!** und wie!

**how·ever¹** [haʊ'evər] wie auch immer; **however big/intelligent** wie groß/intelligent auch immer

**how·ever²** [haʊ'evər] jedoch, aber, trotzdem

**howl** [haʊl] das Geheul

to **howl** [haʊl] ❶ *Tier, Wind:* heulen ❷ **to howl with laughter/pain** vor Lachen/Schmerzen schreien ❸ (*weinen*) brüllen

◆ to **howl down** to howl someone down jemanden niederbrüllen

**howl·er** ['haʊlər] (*umgangsspr*) der Schnitzer, der dumme Fehler

**HP, hp** [ˌeɪtʃ'piː] ❶ *Abkürzung von* **hire purchase** mit Ratenzahlung ❷ *Abkürzung von* **horse power** *von Motor:* PS

**HTML** *Abkürzung von* **hypertext mark-up language** HTML

**hub** [hʌb] ❶ *von Rad:* die Nabe ❷ (*übertragen*) der Mittelpunkt

**hub·cap** ['hʌbkæp] die Radkappe

**hud·dle** ['hʌdl] die dicht gedrängte Gruppe

to **hud·dle** ['hʌdl] ❶ sich drängen [*oder* drücken] ❷ sich schmiegen (**to** an); **to huddle together** sich aneinanderschmiegen

◆ to **huddle down** sich hinkuscheln

◆ to **huddle up** sich zusammenkauern

to **huff** [hʌf] **huff and puff** schnaufen und keuchen

**huff** [hʌf] (*umgangsspr*) **to go into a huff** schmollen; **to go off in a huff** beleidigt abziehen

to **hug** [hʌg] <hugged, hugged> ❶ umarmen; **to hug someone** jemanden [an sich] drücken ❷ sich dicht halten an; **the boat hugged the shore** das Boot fuhr dicht an der Küste entlang ❸ *Kleidungsstück:* eng anliegen an

**hug** [hʌg] die Umarmung

**huge** [hjuːdʒ] riesig, ungeheuer; *Interesse, Verbesserung:* gewaltig

**huge·ly** [hjuːdʒlɪ] ungeheuer

**hul·lo** [hə'ləʊ] hallo! nanu!

to **hum** [hʌm] <hummed, hummed> ❶ sum-

men *Lied;* **who's humming to themselves?** wer summt vor sich hin? ❷ dröhnen (**with** vor) ❸ **hum and haw** herumdrucksen

**hum** [hʌm] das Summen; *von Maschine:* das Brummen

**hu·man¹** ['hjuːmən] ❶ menschlich; **I'm only human!** ich bin auch nur ein Mensch! ❷ **human error** menschliches Versagen; **human rights** die Menschenrechte

**hu·man²** ['hjuːmən] **human [being]** der Mensch

**hu·mane** [hjuː'meɪn] menschlich, human

**hu·mani·tar·ian** [hjuːˌmænɪ'teərɪən] menschenfreundlich, humanitär

**hu·man·ity** [hjuː'mænətɪ] ❶ die Menschheit ❷ die Menschlichkeit ❸ **the humanities** die Geisteswissenschaften

**hu·man·ly** ['hjuːmənlɪ] **humanly possible** menschenmöglich

**hum·ble** ['hʌmbl] <humbler, humblest> ❶ *Person:* demütig, bescheiden ❷ *Rang:* einfach ❸ *Haus:* einfach, bescheiden ▶ WENDUNGEN: **to eat humble pie** zurückstecken, klein beigeben

to **hum·ble** ['hʌmbl] **to humble someone** jemanden demütigen

**hu·mid** ['hjuːmɪd] feucht

**hu·midi·fi·er** [hjuː'mɪdɪfaɪər] der Verdunster, die Luftbefeuchtungsanlage

**hu·mid·ity** [hjuː'mɪdətɪ] die Feuchtigkeit

to **hu·mili·ate** [hjuː'mɪlɪeɪt] **to humiliate someone** jemanden demütigen

**hu·milia·tion** [hjuːˌmɪlɪ'eɪʃn] die Demütigung

**hu·mil·ity** [hjuː'mɪlətɪ] die Demut, die Bescheidenheit

**hu·mor·ous** ['hjuːmərəs] amüsant, komisch; *Person:* humorvoll

**hu·mour** ['hjuːmər], ⓤⓢⓐ **hu·mor sense of humour** der Humor

to **hu·mour** ['hjuːmər], ⓤⓢⓐ to **hu·mor to humour someone** jemandem gegenüber nachgeben, jemandem den Willen lassen

**hump** [hʌmp] ❶ *von Kamel:* der Höcker ❷ *von Mensch:* der Buckel ❸ der Hügel ❹ (*umgangsspr*) **to get the hump** beleidigt sein

to **hump** [hʌmp] (*umgangsspr*) **to hump something** etwas schleppen

**hu·mus** ['hjuːməs] *kein Plural* der Humus

to **hunch** [hʌntʃ] **to hunch one's back** einen Buckel machen; **to hunch one's shoulders** die Schultern hochziehen

**hunch** [hʌntʃ] <*plural* hunches> (*umgangsspr*) die Ahnung, die Vorahnung; **to have a hunch** eine Ahnung haben

**hunch·back** ['hʌntʃbæk] ❶ der Buckel ❷ der/die Bucklige; **to be a hunchback** bucklig sein, einen Buckel haben

**hun·dred¹** ['hʌndrəd] hundert

**hun·dred²** ['hʌndrəd] die Hundert; **a hundred** hundert; **one hundred** einhundert; **hundreds of ...** Hunderte von ...

**hun·dredth¹** ['hʌndrədθ] hundertste(r, s)

**hun·dredth²** ['hʌndrədθ] ❶ Hundertste(r, s) ❷ (*Bruchteil*) das Hundertstel

**hung** [hʌŋ] *2. und 3. Form von* **hang**

**Hun·gar·ian¹** [hʌŋ'geərɪən] ungarisch

**Hun·gar·ian²** [hʌŋ'geərɪən] ❶ (*Person*) der Ungar/die Ungarin ❷ (*Sprache*) Ungarisch, das Ungarische

**Hun·ga·ry** ['hʌŋgərɪ] Ungarn

**hun·ger** ['hʌŋgər] ❶ der Hunger ❷ (*übertragen*) das Verlangen (**for/after** nach); **to die of hunger** verhungern, vor Hunger sterben; **hunger strike** der Hungerstreik

to **hun·ger** ['hʌŋgər] sich sehnen, [heftig] verlangen (**for/after** nach)

**hun·gry** ['hʌŋgrɪ] ❶ hungrig; **to be hungry** Hunger haben, hungrig sein ❷ (*übertragen*) verlangend, [be]gierig (**for** nach)

**hunk** [hʌŋk] ❶ *von Brot:* das dicke Stück, der Ranken ❷ [**gorgeous**] **hunk** (*umgangsspr*) der geile Typ

**hunt** [hʌnt] ❶ die Jagd, die Fuchsjagd ❷ (*übertragen*) die Jagd, die Suche (**for** nach)

to **hunt** [hʌnt] ❶ jagen; **to hunt animals** Jagd auf Tiere machen; **to go hunting** auf die Jagd gehen ❷ [eifrig] suchen *Gegenstand, Verbrecher*

◆ to **hunt down** **to hunt someone down** jemanden zur Strecke bringen

◆ to **hunt out** **to hunt something out** etwas ausfindig machen

◆ to **hunt up** ausfindig machen

**hunt·er** ['hʌntər] ❶ der Jäger ❷ das Jagdpferd

**hunt·ing** ['hʌntɪŋ] ❶ das Jagen, die Jagd ❷ die Suche

**hunt·ing-sea·son** die Jagdzeit

**hur·dle** ['hɜːdl] ❶ die Hürde ❷ (*Sport*) **hurdles** ⚠ *mit Singular* der Hürdenlauf ❸ (*übertragen*) das Hindernis, die Hürde

**hur·dler** ['hɜːdlər] der Hürdenläufer/die Hürdenläuferin

to **hurl** [hɜːl] **to hurl something** etwas schleudern

**hur·rah** [hə'rɑː], **hur·ray** [hə'reɪ] hurra; **hurray for the Queen!** ein Hoch der Königin!

**hur·ri·cane** ['hʌrɪkən] der Wirbelsturm; (*auch übertragen*) der Orkan

**hur·ri·cane warn·ing** die Sturmwarnung

**hur·ried** ['hʌrɪd] ❶ hastig, eilig ❷ übereilt

**hur·ry** ['hʌrɪ] ❶ die Eile, die Hast; **in a hurry** in [großer] Eile; **he was in a hurry to leave early** er hatte es sehr eilig, frühzeitig zu gehen; **to be in no hurry to do something** es nicht eilig haben, etwas zu tun; **there is no hurry** damit hat's keine Eile; **why [all] this hurry?** warum diese Eile? ❷ die Übereilung

to **hur·ry** ['hʌrɪ] ❶ sich beeilen; **don't hurry!** immer mit der Ruhe! ❷ **stop hurrying me!** hör auf, mich zu drängen!

◆ to **hurry along** ❶ sich beeilen ❷ drängen; **to hurry someone along** jemanden zur Eile antreiben [*oder* vorantreiben]

◆ to **hurry away**, to **hurry off** ❶ forteilen ❷ schnell wegbringen

◆ to **hurry on** ❶ schnell weitergehen ❷ weiterreden, weiterlesen ❸ **to hurry someone/something on** jemanden/etwas antreiben

◆ to **hurry up** ❶ sich beeilen; **hurry up!** beeil dich! ❷ **hurry something up** etwas vorantreiben

to **hurt** [hɜːt] <hurt, hurt> ❶ weh tun; **you're hurting me!** du tust mir weh! ❷ (*seelisch*) verletzen, kränken; **her remarks hurt him badly** ihre Bemerkungen haben ihn sehr verletzt; **to feel hurt** sich gekränkt [*oder* verletzt] fühlen; **to hurt someone's feelings** jemanden kränken [*oder* verletzen] ❸ **the affair hurt the school's reputation** die Affäre hat dem Ruf der Schule geschadet ❹ **that won't hurt!** das schadet nichts!

**hurt** [hɜːt] ❶ der Schmerz ❷ (*seelisch*) die Verletzung ❸ der Schaden

**hurt·ful** ['hɜːtfl] ❶ verletzend ❷ schädlich, nachteilig (**to** für)

to **hur·tle** ['hɜːtl] rasen

**hus·band** ['hʌzbənd] der Ehemann, der Mann; **husband and wife** die Eheleute

**hush** [hʌʃ] ❶ die Stille ❷ **hush!** still! Ruhe [da]!

◆ to **hush up** vertuschen *Skandal*

**hush-hush** [,hʌʃ'hʌʃ] (*umgangsspr*) streng geheim

**husky¹** ['hʌskɪ] *Stimme:* rau

**husky²** ['hʌskɪ] der Husky, der Schlittenhund

**hus·tle** ['hʌsl] das Gedränge, die Hetze; **hustle and bustle** das rege Treiben, die Betriebsamkeit

to **hus·tle** ['hʌsl] ❶ **to hustle someone** jemanden drängen (**into** zu) ❷ **stop hustling me!** hör auf, mich zu hetzen!

**hus·tler** ['hʌslər] ❶ ⓊⓈⒶ das Strichmädchen, der Strichjunge ❷ ⓊⓈⒶ (*umgangsspr*) der Gau-

**hut – idea**

ner

**hut** [hʌt] die Hütte, die Baracke

**hutch** [hʌtʃ] der [Kaninchen]stall

**hydro·elec·tric** [ˌhaɪdrəʊˈlektrɪk] hydroelektrisch; **hydroelectric power station** das Wasserkraftwerk

**hydro·gen** [ˈhaɪdrədʒən] der Wasserstoff

**hy·giene** [ˈhaɪdʒiːn] die Gesundheitspflege, die Hygiene; **personal hygiene** die Körperpflege

**hy·gien·ic** [haɪˈdʒiːnɪk] hygienisch

**hymn** [hɪm] die Hymne, das Loblied

**hymn·book** [ˈhɪmbʊk] das Gesangbuch

**hype** [haɪp] die [reißerische] Publicity

**hy·per** [ˈhaɪpəʳ] (umgangsspr) aufgedreht; **to go hyper** ausrasten

**hyper·mar·ket** [ˈhaɪpəmɑːkɪt] **GB** der Großmarkt, der Verbrauchermarkt

**hyper·text** [ˌhaɪpəˈtekst] der Hypertext

**hy·phen** [ˈhaɪfn] ❶ der Bindestrich ❷ der Trennungsstrich, der Trennstrich

to **hy·phen·ate** [ˈhaɪfəneɪt] **to hyphenate a word** ein Wort mit einem Bindestrich schreiben

**hyp·no·sis** [hɪpˈnəʊsɪs] kein Plural die Hypnose; **to be under hypnosis** sich in Hypnose befinden

**hyp·no·thera·py** [ˌhɪpnə(ʊ)ˈθerəpi] kein Plural die Hypnotherapie

**hyp·no·tist** [ˈhɪpnətɪst] der Hypnotiseur/die Hypnotiseurin

to **hyp·no·tize** [ˈhɪpnətaɪz] hypnotisieren

**hypo·crite** [ˈhɪpəkrɪt] der Heuchler/die Heuchlerin, der/die Scheinheilige

**hy·pote·nuse** [ˌhaɪˈpɒtənjuːz] die Hypotenuse

**hypo·theti·cal** [ˌhaɪpə(ʊ)ˈθetɪkəl] hypothetisch

**hys·ter·ec·to·my** [ˌhɪstəˈrektəmi] die Hysterektomie

**hys·ter·ic** [hɪˈsterɪk] hysterisch

**hys·teri·cal** [hɪˈsterɪkl] ❶ hysterisch ❷ (umgangsspr) irrsinnig komisch

**hys·ter·ics** [hɪˈsterɪks] plural **to go into hysterics** einen hysterischen Anfall bekommen; **to be in hysterics** (umgangsspr) sich totlachen

**I**

**I** <plural I's oder Is>, **i** [aɪ] <plural i's> I, i

**I** [aɪ] ich

**ice** [aɪs] ❶ das Eis ❷ das Speiseeis ▸ WENDUNGEN: **to be skating on thin ice** sich aufs Glatteis begeben; **to break the ice** das Eis brechen; **to cut no ice** keine Wirkung haben; **to put a plan on ice** einen Plan auf Eis legen

to **ice** [aɪs] glasieren Kuchen

◆ to **ice over**, to **ice up** Fenster, Auto: zufrieren, vereisen

**Ice Age** die Eiszeit

**ice·berg** [ˈaɪsbɜːɡ] der Eisberg

**ice·break·er** der Eisbrecher; (übertragen) Spiele zur Auflockerung der Atmosphäre

**ice cap** die Eiskappe (an den Polen)

**ice-cold** eiskalt

**ice-cream** das Eis, die Eiscreme

**ice cube** [ˈaɪskjuːb] der Eiswürfel

**iced** [aɪst] ❶ eisgekühlt; **iced coffee** der Eiskaffee ❷ Kuchen: glasiert

**ice hock·ey** das Eishockey

**ice lol·ly** [ˌaɪsˈlɒli] **GB** das Eis am Stil

**ice pack** der Eisbeutel

**ice rink** [ˈaɪsrɪŋk] die Schlittschuhbahn

to **ice-skate** [ˈaɪsˌkeɪt] Schlittschuh laufen

**ice-skate** [ˈaɪsˌkeɪt] der Schlittschuh

**ice-skat·ing** [ˈaɪskeɪtɪŋ] der Eislauf, das Schlittschuhlaufen

**ici·cle** [ˈaɪsɪkl] der Eiszapfen

**ici·ness** [ˈaɪsɪnəs] kein Plural ❶ die Vereisung ❷ die klirrende Kälte

**ic·ing** [ˈaɪsɪŋ] ❶ der Zuckerguss, die Glasur ❷ die Vereisung ▸ WENDUNGEN: **the icing on the cake** das Tüpfelchen auf dem i

**ic·ing sug·ar** der Puderzucker

**icon** [ˈaɪkɒn] ❶ (religiös) die Ikone ❷ (Computer) das Ikon

**icy** [ˈaɪsi] ❶ Wetter: eisig [kalt] ❷ Straße: vereist ❸ Stimmung: eisig

**I'd** [aɪd] Kurzform von **I had**; **I would**

**ID** [ˌaɪˈdiː] kein Plural Abkürzung von **identification** ❶ (umgangsspr) der Personalausweis ❷ die Kennzahl

**ID card** [aɪˈdiːˌkɑːd] der Personalausweis

**idea** [aɪˈdɪə] ❶ der Gedanke, die Idee; **good idea!** gute Idee!; **what an idea!** was für eine Idee! ❷ die Vorstellung; **to get ideas into one's head** sich [trügerischen] Hoffnungen hingeben ❸ die Ahnung; **I have an idea that...** mir ist [so], als ob...; **I have no idea** ich habe keine Ahnung; **I haven't the faint-**

**est** [*oder* **slightest**] **idea** ich habe nicht die leiseste [*oder* geringste] Ahnung ④ **that's the idea** so ist's richtig

**ideal¹** [aɪ'dɪəl] ideal, vorbildlich

**ideal²** [aɪ'dɪəl] das Ideal

**iden·ti·cal** [aɪ'dentɪkl] identisch, völlig gleich; **identical twins** die eineiigen Zwillinge

**iden·ti·fi·able** [aɪ'dentɪˌfaɪəbl] erkennbar, identifizierbar

**iden·ti·fi·ca·tion** [aɪˌdentɪfɪ'keɪʃn] ① die Identifizierung ② (*Dokument*) die Ausweispapiere

**iden·ti·fi·ca·tion pa·pers** *plural* die Ausweispapiere

**iden·ti·fi·ca·tion pa·rade** ⓖⓑ *Gegenüberstellung, um einen Täter zu identifizieren*

to **iden·ti·fy** [aɪ'dentɪfaɪ] ① identifizieren *Leiche, Verbrecher* ② wiedererkennen *Gegenstand* ③ **to identify oneself** sich ausweisen; **to identify oneself with someone** sich mit jemandem identifizieren

**iden·ti·ty** [aɪ'dentətɪ] ① die Identität ② die Gleichheit, die Übereinstimmung ③ **to prove one's identity** sich ausweisen

**iden·ti·ty card** der Ausweis, der Personalausweis

**idiom** ['ɪdɪəm] ① die idiomatische Redewendung ② die Sprache, die Ausdrucksweise

**idio·mat·ic** [ˌɪdɪə'mætɪk] idiomatisch

**idi·ot** ['ɪdɪət] (*umgangsspr*) der Idiot, der Dummkopf

**idi·ot·ic** [ˌɪdɪ'ɒtɪk] blöd[sinnig], idiotisch

**idle** ['aɪdl] ① *Person:* faul, träge ② (*nicht arbeitend*) untätig; (*im Arbeitsverhältnis*) unbeschäftigt ③ *Motor, Gerät:* nicht in Betrieb; **to stand idle** stillstehen ④ *Worte:* leer, nutzlos, vergeblich ⑤ **his money is lying idle** sein Geld arbeitet nicht ⑥ **idle fear** die unbegründete Angst

to **idle** ['aɪdl] *Motor, Gerät:* leerlaufen

◆ to **idle about** faulenzen

◆ to **idle away** vertun, vertrödeln *Zeit*

**if¹** [ɪf] ① wenn, falls; **if it rains tomorrow ...** für den Fall, dass es morgen regnet ...; **if I were you ...** an deiner Stelle ... ② ob; **I wonder if he'll come** ich bin gespannt, ob er kommt ③ **as if** als ob [*oder* wenn]; **as if by chance** wie zufällig; **if ever** wenn jemals; **if so** wenn ja; **if not** falls nicht; **and if ...!** und ob ...!; **even if** auch wenn; **if only she'd told me!** wenn sie mir das nur gesagt hätte!

**if²** [ɪf] **ifs and buts** das Wenn und Aber

**if·fy** ['ɪfɪ] (*umgangsspr*) *Sache:* fraglich, zwei-

felhaft

**ig·loo** ['ɪglu:] der/das Iglu

to **ig·nite** [ɪg'naɪt] ① sich entzünden ② anzünden *Brennstoff*

**ig·ni·tion** [ɪg'nɪʃ°n] ① (*im Auto*) die Zündung ② *kein Plural* (*Vorgang*) das Entzünden

**ig·ni·tion key** der Zündschlüssel

**ig·ni·tion switch** der Zündschalter

**ig·no·rance** ['ɪgnərəns] ① die Unwissenheit, die Ignoranz; **ignorance** [**of the law**] **is no excuse** Unkenntnis schützt vor Strafe nicht ② der Mangel an Bildung

**ig·no·rant** ['ɪgnərənt] ① unwissend ② nicht informiert; **to be ignorant of something** etwas nicht wissen ③ unkultiviert

**ig·no·rant·ly** ['ɪgn°r°ntlɪ] unwissentlich

to **ig·nore** [ɪg'nɔːʳ] ignorieren, nicht beachten; nicht befolgen *Befehl, Rat*

**ill¹** [ɪl] ① krank; **to fall** [*oder* **be taken**] **ill** erkranken (**with** an), krank werden; **to feel ill** sich unwohl fühlen ② schlecht; **ill effects** die schädlichen Wirkungen; **ill feeling** das böse Blut; **ill humour** die schlechte Laune ► WENDUNGEN: **it's an ill wind that does nobody any good** des einen Leid, des anderen Freud

**ill²** [ɪl] das Übel, das Böse; **to speak/think ill of someone** Schlechtes über jemanden sagen/denken

**I'll** [aɪl] *Kurzform von* **I will; I shall**

**ill-ad·vised** [ˌɪləd'vaɪzd] unklug; **to be ill-advised** schlecht beraten sein

**il·legal** [ɪ'liːgl] unerlaubt, ungesetzlich, illegal

**il·leg·ible** [ɪ'ledʒəbl] unleserlich

**il·le·giti·mate** [ˌɪlɪ'dʒɪtɪmət] ① *Kind:* unehelich ② (*juristisch*) unrechtmäßig

**ill-in·formed** ['ɪlɪnˌfɔːmd] schlecht informiert

**il·lit·er·ate¹** [ɪ'lɪtərət] des Schreibens und Lesens unkundig

**il·lit·er·ate²** [ɪ'lɪtərət] der Analphabet/die Analphabetin

**ill-judged** unüberlegt, verfehlt

**ill-man·nered** [ˌɪl'mænəd] unhöflich, schlecht erzogen

**ill·ness** ['ɪlnɪs] die Krankheit

**il·logi·cal** [ɪ'lɒdʒɪkl] unlogisch

**ill-tem·pered** [ˌɪl'tempəd] schlecht gelaunt; (*ständig*) launisch

**ill-timed** [ˌɪl'taɪmd] ungelegen; *Bemerkung:* unpassend

to **il·lu·mi·nate** [ɪ'luːmɪneɪt] ① beleuchten; *Mond, Sonne:* erleuchten ② illuminieren *Handschrift* ③ (*übertragen*) erhellen *Frage* ④ **illuminated display** die Leuchtanzeige

**il·lu·mi·nat·ing** [ɪ'luːmɪneɪtɪŋ] (*übertragen*) aufschlussreich

**illumination – immunize**

**il·lu·mi·na·tion** [ɪˌluːmɪˈneɪʃn] ❶ die Beleuchtung ❷ **illuminations** △ *plural* die Festbeleuchtung ❸ die Erleuchtung

**il·lu·sion** [ɪˈluːʒn] ❶ die Illusion, die trügerische Hoffnung; **to have no illusions about someone/something** sich von jemandem/etwas keine falschen Vorstellungen machen; **to be under the illusion that ...** sich einbilden, dass ... ❷ die Sinnestäuschung

to **il·lus·trate** [ˈɪləstreɪt] ❶ [bildlich] darstellen ❷ illustrieren *Buch* ❸ (*übertragen*) erklären, anschaulicher machen *Sache*

**il·lus·tra·tion** [ˌɪləˈstreɪʃn] ❶ die Erklärung; **by way of illustration** als Beispiel ❷ die Abbildung ❸ die Illustration

**I'm** [aɪm] *Kurzform von* **I am**

**im·age** [ˈɪmɪdʒ] ❶ das Bild ❷ das Abbild; **he's the spitting image of his sister** er ist das Ebenbild seiner Schwester ❸ die Vorstellung ❹ das Image; **to improve one's image** sein Image aufbessern

**im·age·ry** [ˈɪmɪdʒərɪ] die Metaphorik

**im·agi·na·ble** [ɪˈmædʒɪnəbl] vorstellbar; **everything imaginable** alles Erdenkliche

**im·agi·nary** [ɪˈmædʒɪnərɪ] unwirklich, imaginär

**im·agi·na·tion** [ɪˌmædʒɪˈneɪʃn] ❶ die Fantasie ❷ die Einbildung

**im·agi·na·tive** [ɪˈmædʒɪnətɪv] fantasievoll, einfallsreich

to **im·ag·ine** [ɪˈmædʒɪn] ❶ sich ausdenken [*oder* vorstellen] ❷ glauben; **just imagine!** denken Sie nur [mal]!; **I imagine so** ich glaube schon

**im·ag·ing** *kein Plural* die digitale Bildverarbeitung

**im·bal·ance** [ˌɪmˈbæləns] die Unausgeglichenheit

**im·becile¹** [ˈɪmbəsiːl] schwachsinnig

**im·becile²** [ˈɪmbəsiːl] der/die Schwachsinnige

**IMF** [ˌaɪemˈef] *Abkürzung von* **International Monetary Fund** IWF, der Internationale Währungsfonds

to **imi·tate** [ˈɪmɪteɪt] ❶ nachahmen, imitieren ❷ kopieren *Bild, Stil*; fälschen *Unterschrift*

**imi·ta·tion¹** [ˌɪmɪˈteɪʃn] ❶ die Nachahmung; **in imitation of** nach dem Vorbild von ❷ die Imitation

**imi·ta·tion²** [ˌɪmɪˈteɪʃn] falsch; **imitation leather** das Kunstleder

**im·macu·late** [ɪˈmækjʊlət] ❶ fleckenlos ❷ untadelig

**im·ma·ture** [ˌɪməˈtjʊəʳ] ❶ unreif, unentwickelt ❷ *Ideen:* unausgegoren

**im·ma·tur·ity** [ˌɪməˈtjʊərəti] *kein Plural* die Unreife

**im·meas·ur·able** [ɪˈmeʒərəbl] unermesslich, unmessbar

**im·media·cy** [ɪˈmiːdɪəsɪ] die Unmittelbarkeit

**im·medi·ate** [ɪˈmiːdɪət] ❶ unmittelbar, direkt ❷ (*am nächsten*) **in immediate future** in nächster Zukunft; **our immediate neighbours** unsere nächsten Nachbarn ❸ *Antwort:* umgehend

**im·medi·ate·ly** [ɪˈmiːdɪətlɪ] ❶ direkt, unmittelbar ❷ sofort; **immediately after/before** unmittelbar danach/davor

**im·mense** [ɪˈmens] ungeheuer [groß], immens

to **im·merse** [ɪˈmɜːs] ❶ eintauchen, versenken; **to be immersed in water** bis zum Hals im Wasser sein ❷ (*übertragen*) sich stürzen (**in** in); **to be immersed in one's work** in seine Arbeit vertieft sein

**im·mer·sion heat·er** ❶ Ⓖ der Heißwasserspeicher ❷ der Tauchsieder

**im·mi·grant¹** [ˈɪmɪɡrənt] **immigrant worker** der ausländische Arbeitnehmer/die ausländische Arbeitnehmerin

**im·mi·grant²** [ˈɪmɪɡrənt] der Einwanderer/die Einwanderin

to **im·mi·grate** [ˈɪmɪɡreɪt] einwandern (**into** nach)

**im·mi·gra·tion** [ˌɪmɪˈɡreɪʃn] ❶ die Einwanderung ❷ die Einwanderungskontrolle

**im·mi·nent** [ˈɪmɪnənt] nahe bevorstehend; **to be imminent** nahe bevorstehen

to **im·mo·bi·lize** [ɪˈməʊbəlaɪz] ❶ lahmlegen *Verkehr* ❷ festlegen *Geld* ❸ bewegungsunfähig machen *Armee* ❹ stilllegen *Auto, Motor*

**im·mor·al** [ɪˈmɒrəl] unmoralisch; **immoral person** der unmoralische [*oder* sittenlose] Mensch; **immoral behaviour** das unmoralische Benehmen

**im·mor·tal** [ɪˈmɔːtl] ❶ unsterblich ❷ *Ruhm:* unvergänglich

**im·mor·tal·ity** [ˌɪmɔːˈtæləti] ❶ die Unsterblichkeit ❷ die Unvergänglichkeit

**im·mov·able** [ɪˈmuːvəbl] ❶ unbeweglich ❷ (*übertragen*) unüberwindlich ❸ *Glaube:* fest, unerschütterlich

**im·mune** [ɪˈmjuːn] ❶ immun (**against/to** gegen); **immune system** das Immunsystem ❷ (*übertragen*) sicher (**from** vor)

**im·mu·nity** [ɪˈmjuːnəti] ❶ die Immunität ❷ (*juristisch*) die Straffreiheit; **diplomatic immunity** die diplomatische Immunität ❸ (*übertragen*) die Unempfindlichkeit, die Sicherheit

to **im·mu·nize** [ˈɪmjʊnaɪz] **to immunize**

**someone** jemanden immunisieren (**against** gegen)

**im·pact** ['ɪmpækt] ❶ der Aufprall; *von Bombe:* der Einschlag ❷ (*übertragen*) die Auswirkung, die Wirkung; **to make an impact on someone/something** Eindruck auf jemanden/etwas machen

**im·par·tial** [ɪm'pɑːʃl] unparteiisch, vorurteilslos

**im·par·tial·ity** [ˌɪmˌpɑːʃɪ'æləti] die Unparteilichkeit

**im·pass·able** [ɪm'pɑːsəbl] unpassierbar

**im·pas·sioned** [ɪm'pæʃnd] leidenschaftlich

**im·pas·sive** [ɪm'pæsɪv] gelassen

**im·pa·tience** [ɪm'peɪʃns] ❶ die Ungeduld ❷ die Unduldsamkeit (**of** gegen)

**im·pa·tient** [ɪm'peɪʃnt] ❶ ungeduldig ❷ unduldsam (**of** gegen)

to **im·pede** [ɪm'piːd] behindern *Erfolg, Verkehr*

**im·pera·tive** [ɪm'perətɪv] ❶ *Mensch, Art:* gebieterisch ❷ unbedingt erforderlich; *Wunsch:* dringend

**im·per·cep·tible** [ˌɪmpə'septəbl] ❶ nicht wahrnehmbar ❷ unmerklich

**im·per·fect** [ɪm'pɜːfɪkt] ❶ unvollständig, unvollkommen ❷ mangelhaft ❸ *Wettbewerb:* ungleich

**im·per·fec·tion** [ˌɪmpə'fekʃn] ❶ der Mangel ❷ die Unvollkommenheit

**im·perial** [ɪm'pɪəriəl] ❶ Reichs-, kaiserlich ❷ (*des British Empire*) Empire- ❸ *Maße:* britisch

**im·per·son·al** [ˌɪm'pɜːsənl] unpersönlich, sachlich

to **im·per·son·ate** [ɪm'pɜːsəneɪt] ❶ **to impersonate someone** sich als jemand ausgeben ❷ nachahmen *berühmte Leute*

**im·per·ti·nence** [ɪm'pɜːtɪnən(t)s] *kein Plural* die Unverschämtheit, die Frechheit

**im·per·ti·nent** [ɪm'pɜːtɪnənt] unverschämt

**im·petu·ous** [ɪm'petʃuəs] ❶ stürmisch; *Person:* ungestüm ❷ *Entscheidung:* übereilt

**im·petus** ['ɪmpɪtəs] ❶ die Wucht, der Schwung ❷ (*übertragen*) der Impuls

to **im·plant** [ɪm'plɑːnt] (*medizinisch*) **to implant something in someone** jemandem etwas einpflanzen

**im·plant** [ɪm'plɑːnt] das Implantat

**im·plaus·ible** [ɪm'plɔːzɪbl] unglaubwürdig

**im·ple·ment** ['ɪmplɪmənt] das Gerät, das Werkzeug

to **im·ple·ment** [ɪmplɪ'ment] ❶ ausführen, durchführen *Plan* ❷ erfüllen *Vertrag* ❸ vollziehen *Gesetz*

to **im·pli·cate** ['ɪmplɪkeɪt] **to implicate some-**

**one in something** jemanden in etwas verwickeln

**im·pli·ca·tion** [ˌɪmplɪ'keɪʃn] ❶ die Verwicklung ❷ die Implikation; **by implication** implizit ❸ *von Gesetzen:* die Auswirkung

**im·plic·it** [ɪm'plɪsɪt] ❶ stillschweigend, implizit ❷ *Drohung:* indirekt, unausgesprochen ❸ *Gehorsam:* unbedingt

**im·plic·it·ly** [ɪm'plɪsɪtlɪ] ❶ implizit ❷ völlig, bedingungslos

to **im·plore** [ɪm'plɔːʳ] **to implore someone** jemanden anflehen (**for** um); **"please", he implored** „bitte", flehte er

**im·plor·ing** [ɪm'plɔːrɪŋ] flehend

to **im·ply** [ɪm'plaɪ] ❶ **to imply something** etwas implizieren; **what are you implying?** was wollen Sie damit sagen? ❷ **to imply something** auf etwas schließen lassen ❸ **to imply something** etwas bedeuten [*oder* mit sich bringen]

**im·po·lite** [ˌɪmpə'laɪt] unhöflich

**im·po·lite·ness** [ˌɪmpə'laɪtnɪs] die Unhöflichkeit

to **im·port** [ɪm'pɔːt] einführen, importieren *Waren* (**into/in** nach)

**im·port** ['ɪmpɔːt] ❶ die Einfuhr, der Import ❷ **imports** die Importe ❸ (*übertragen*) die Bedeutung, der Sinn

**im·por·tance** [ɪm'pɔːtns] ❶ die Wichtigkeit ❷ der Grund, die Bedeutung; **of no importance** bedeutungslos, belanglos; **she attached no importance to their remarks** sie maß ihren Bemerkungen keine Bedeutung bei

**im·por·tant** [ɪm'pɔːtnt] ❶ wichtig (**to** für) ❷ einflussreich

**im·por·tant·ly** [ɪm'pɔːtntlɪ] ❶ wichtigtuerisch ❷ entscheidend

**im·port·er** ['ɪmpɔːtəʳ] der Importeur/die Importeurin; (*Land*) die Importnation

to **im·pose** [ɪm'pəʊz] ❶ erheben *Steuer* (**on** auf) ❷ **to impose conditions on someone** jemandem Bedingungen auferlegen [*oder* aufzwingen] ❸ **he didn't want to impose on them** er wollte ihnen nicht zur Last fallen

**im·pos·ing** [ɪm'pəʊzɪŋ] ❶ imposant ❷ imponierend

**im·po·si·tion** [ˌɪmpə'zɪʃn] ❶ die Zumutung ❷ die Auferlegung; *von Steuern:* die Erhebung

**im·pos·sibil·ity** [ɪmˌpɒsə'bɪlətɪ] die Unmöglichkeit

**im·pos·sible** [ɪm'pɒsəbl] ❶ unmöglich ❷ (*umgangsspr*) unausstehlich, unerträglich

**im·post·or** [ɪm'pɒstəʳ] der Betrüger/die Betrügerin, der Hochstapler/die Hochstaplerin

**im·po·tence** ['ɪmpətəns] ❶ die Schwäche, die Machtlosigkeit ❷ (*sexuell*) die Impotenz
**im·po·tent** ['ɪmpətənt] ❶ schwach, unfähig ❷ (*sexuell*) impotent
to **im·pound** [ɪm'paʊnd] beschlagnahmen, in Verwahrung nehmen *Waren*
to **im·pov·er·ish** [ɪm'pɒvərɪʃ] verarmen lassen *Mensch;* **to be impoverished** verarmt sein
**im·prac·ti·cable** [ɪm'præktɪkəbl] impraktikabel; *Plan:* nicht anwendbar
**im·prac·ti·cal** [ɪm'præktɪkl] unpraktisch
**im·pre·cise** [ˌɪmprɪ'saɪs] ungenau
**im·preg·nable** [ɪm'pregnəbl] uneinnehmbar
to **im·preg·nate** ['ɪmpregneɪt] ❶ befruchten *Frau, Tier* ❷ tränken *Tuch, Stoff* (**with** mit)
to **im·press** [ɪm'pres] ❶ eindrücken *Muster* (**on** auf) ❷ beeindrucken *Person;* **the painting impressed her enormously** sie war von dem Gemälde sehr beeindruckt ❸ **to impress something on someone** jemandem etwas einschärfen
**im·pres·sion** [ɪm'preʃn] ❶ die Prägung, der Abdruck ❷ (*übertragen*) der Eindruck; **to give the impression** den Eindruck erwecken; **to be under the impression** den Eindruck haben ❸ **to do an impression of someone** jemanden imitieren
**im·pres·sion·able** [ɪm'preʃənəbl] leicht zu beeindrucken
**im·pres·sive** [ɪm'presɪv] eindrucksvoll
to **im·print** [ɪm'prɪnt] ❶ aufdrücken *Stempel, Muster* (**on** auf) ❷ **something is imprinted on** [*oder* **in**] **someone's memory** etwas hat sich jemandem eingeprägt
**im·print** [ɪm'prɪnt] der Abdruck, der Aufdruck
to **im·pris·on** [ɪm'prɪzn] **to imprison someone** jemanden inhaftieren
**im·pris·on·ment** [ɪm'prɪznmənt] die Inhaftierung, die Gefangenschaft; **to sentence someone to one year's imprisonment** jemanden zu einem Jahr Gefängnis verurteilen; **life imprisonment** die lebenslängliche Freiheitsstrafe
**im·prob·abil·ity** [ɪmˌprɒbə'bɪlətɪ] die Unwahrscheinlichkeit
**im·prob·able** [ɪm'prɒbəbl] unwahrscheinlich
**im·prop·er** [ɪm'prɒpəʳ] ❶ unpassend, unangebracht (**to** für) ❷ unsachgemäß ❸ *Verhalten:* unanständig
to **im·prove** [ɪm'pruːv] ❶ sich bessern; **to improve something** etwas verbessern ❷ ausbauen *Beziehungen* ❸ verfeinern *Essen* ❹ *Wetter:* schöner werden ❺ *Produktion:* sich erhöhen ❻ **to improve on** [*oder*

**upon**] **something** etwas überbieten *Angebot*
**im·prove·ment** [ɪm'pruːvmənt] ❶ die Verbesserung; **to make improvements** Verbesserungen erzielen; **to carry out improvements on a house** Ausbesserungsarbeiten an einem Haus vornehmen ❷ *von Absatz:* die Steigerung; *von Gehalt:* die Aufbesserung; *von Preisen:* das Anziehen ❸ der Fortschritt (**on**/**over** gegenüber)
**im·provi·sa·tion** [ˌɪmprəvaɪ'zeɪʃn] die Improvisation, das Improvisieren
to **im·pro·vise** ['ɪmprəvaɪz] improvisieren
**im·pru·dent** [ɪm'pruːdnt] unklug, unüberlegt
**im·pu·dence** ['ɪmpjʊdəns] die Unverschämtheit, die Frechheit
**im·pu·dent** ['ɪmpjʊdənt] unverschämt, frech
**im·pulse** ['ɪmpʌls] ❶ der Anstoß, der Impuls; **to act on impulse** impulsiv handeln ❷ (*psychologisch*) der Drang
**im·pul·sive** [ɪm'pʌlsɪv] impulsiv, spontan
**im·pun·ity** [ɪm'pjuːnətɪ] **with impunity** straflos
**im·pure** [ɪm'pjʊəʳ] ❶ unrein ❷ *Motiv:* unsauber ❸ *Essen:* verunreinigt
**im·pur·ity** [ɪm'pjʊərətɪ] ❶ die Unreinheit ❷ *von Wasser:* die Verschmutzung
**in¹** [ɪn] ❶ *räumlich* in; **in the house** im Hause; **in the street** auf der Straße; **sitting in the window** am Fenster sitzend; **in bed** im Bett; **the train is in** der Zug ist angekommen ❷ *zeitlich* in, während; **in 2006** 2006; **in July** im Juli; **in the morning**/**afternoon**/**evening** morgens/nachmittags/abends; **in the beginning** am Anfang; **in time** rechtzeitig; **in a week** in einer Woche ❸ (*Art, Zustand*) **to speak in a loud voice** laut [*oder* mit lauter Stimme] sprechen; **to speak in German** Deutsch reden; **in this way** so; **in anger** im Zorn; **in black** in Schwarz gekleidet; **to write in ink** mit Tinte schreiben ❹ (*Ausmaß*) **in part** teilweise ❺ (*betreffend*) **a rise in prices** ein Preisanstieg
**in²** [ɪn] ❶ daheim, zu Hause; **is Michael in?** ist Michael da? ❷ (*modisch, aktuell*) **green is in** Grün ist in; **strawberries are in now** es ist Erdbeerzeit ► WENDUNGEN: **to be in for something** etwas zu erwarten [*oder* zu befürchten] haben; **now you are in for it!** jetzt bist du dran!; **to be in on something** an einer Sache beteiligt sein, über etwas Bescheid wissen; **to be in with someone** mit jemandem auf gutem Fuße stehen
**in·abil·ity** [ˌɪnə'bɪlətɪ] die Unfähigkeit; **inability to pay** die Zahlungsunfähigkeit

**in·ac·ces·sible** [ˌɪnækˈsesəbl] (*auch übertragen*) unzugänglich (**to** für)

**in·ac·cu·rate** [ɪnˈækjərət] unrichtig, ungenau

**in·ac·tion** [ɪnˈækʃn] die Untätigkeit, das Nichtstun

**in·ac·tive** [ɪnˈæktɪv] ❶ untätig ❷ *Mensch:* müßig ❸ *Geld:* brachliegend ❹ *Vulkan:* erloschen

**in·ad·equate** [ɪnˈædɪkwət] ❶ unzulänglich; **he feels inadequate for the task** er fühlt sich der Aufgabe nicht gewachsen ❷ *Mittel:* unzureichend ❸ unangemessen ❹ nicht geeignet

**in·ad·ver·tent** [ˌɪnədˈvɜːtənt] unbeabsichtigt, ungewollt

**in·ad·vis·able** [ˌɪnədˈvaɪzəbl] unratsam, nicht zu empfehlen

**in·ani·mate** [ɪnˈænɪmət] ❶ leblos ❷ *Natur:* unbelebt

**in·ap·pli·cable** [ɪnˈæplɪkəbl] nicht anwendbar (**to** auf)

**in·ap·pro·pri·ate** [ˌɪnəˈprəʊprɪət] ❶ unangemessen, unangebracht ❷ ungelegen; *Zeit:* unpassend

**in·ar·ticu·late** [ˌɪnɑːˈtɪkjʊlət] undeutlich; **he is very inarticulate** er kann sich nur schlecht ausdrücken

**in·as·much** [ˌɪnəzˈmʌtʃ] **inasmuch as** da, weil

**in·at·ten·tive** [ˌɪnəˈtentɪv] unaufmerksam (**to** gegenüber)

**in·audible** [ɪnˈɔːdəbl] unhörbar

**in·augu·ra·tion** [ɪˌnɔːgjʊˈreɪʃn] ❶ die Amtseinführung ❷ die Einweihung, die Eröffnung

**in·aus·pi·cious** [ˌɪnɔːˈspɪʃəs] Unheil verheißend

**in·born** [ˌɪnˈbɔːn] angeboren

**in·box** der Posteingangsordner

**in·built** [ˈɪnbɪlt] ❶ eingebaut ❷ instinktiv, angeboren

**in·cal·cu·lable** [ɪnˈkælkjʊləbl] ❶ *Betrag:* unschätzbar, unabsehbar ❷ (*mathematisch*) nicht berechenbar

**in·ca·pable** [ɪnˈkeɪpəbl] ❶ unfähig, nicht im Stande [*oder* in der Lage]; **to be incapable of doing something** unfähig sein, etwas zu tun; **incapable of working** arbeitsunfähig ❷ untauglich, ungeeignet (**of** für)

**in·ca·pac·ity** [ˌɪnkəˈpæsətɪ] ❶ die Unfähigkeit ❷ (*juristisch*) die mangelnde Berechtigung

**in·cen·di·ary** [ɪnˈsendɪərɪ] ❶ aufrührerisch ❷ Brand-; **incendiary bomb** die Brandbombe

**in·cense** [ˈɪnsens] der Weihrauch

to **in·cense** [ɪnˈsens] **to incense someone** je-

manden erbosen

**in·cen·tive** [ɪnˈsentɪv] der [finanzielle] Anreiz (**to** zu)

**in·cen·tive scheme** das leistungsabhängige Schema

**in·ces·sant** [ɪnˈsesnt] unablässig, unaufhörlich

**inch** [ɪntʃ] <*plural* inches> ❶ der Zoll (= 2,54 cm) ❷ ein bisschen, [ein] wenig; **inch by inch** Zentimeter um Zentimeter; **the car missed me by inches** das Auto hat mich um Haaresbreite verfehlt ► WENDUNGEN: **he came within an inch of his life** sein Leben stand auf des Messers Schneide

♦ to **inch along**, to **inch forward inch something forward** etwas zentimeterweise bewegen; **she inched her way along the window ledge** sie bewegte sich langsam am Fenstersims entlang

**in·ci·dence** [ˈɪnsɪdəns] ❶ das Vorkommen ❷ die Häufigkeit; **a high incidence of crime** eine hohe Verbrechensquote

**in·ci·dent** [ˈɪnsɪdənt] ❶ der Vorfall, das Ereignis ❷ der Zwischenfall

**in·ci·den·tal** [ˌɪnsɪˈdentl] ❶ nebensächlich ❷ verbunden (**to** mit) ❸ zufällig ❹ **incidental music** die Begleitmusik

**in·ci·den·tal·ly** [ˌɪnsɪˈdentlɪ] übrigens, nebenbei gesagt

to **in·cin·er·ate** [ɪnˈsɪnəreɪt] einäschern, verbrennen *Müll*

**in·cin·era·tor** [ɪnˈsɪnəreɪtəʳ] (*für Müll*) die Verbrennungsanlage

**in·ci·sion** [ɪnˈsɪʒn] der Einschnitt

**in·ci·sive** [ɪnˈsaɪsɪv] ❶ *Verstand:* scharf ❷ *Bemerkung:* beißend, scharfsinnig

to **in·cite** [ɪnˈsaɪt] aufwiegeln *Massen;* **to incite someone to violence** jemanden zu Gewalttätigkeiten aufhetzen

**in·cli·na·tion** [ˌɪnklɪˈneɪʃn] ❶ der Hang; *von Dach:* die Neigung ❷ (*übertragen*) die Vorliebe (**for** für) ❸ das Gefälle

**in·clined** [ɪnˈklaɪnd] ❶ geneigt; **to be inclined to do something** Lust haben [*oder* dazu neigen], etwas zu tun; **I am inclined to think that ...** ich neige zu der Ansicht, dass ... ❷ **to be well inclined towards someone** jemandem gewogen sein

to **in·clude** [ɪnˈkluːd] ❶ to include something etwas einschließen (**in** in); **breakfast is included in the price** das Frühstück ist im Preis enthalten ❷ **the panel includes two students** zu dem Rateteam gehören zwei Studenten; **the children included** einschließlich der Kinder ❸ **his name isn't**

**including – indecisiveness** | **230**

**included on the list** sein Name steht nicht auf der Liste

**in·clud·ing** [ɪnˈkluːdɪŋ] einschließlich, inklusive

**in·clu·sion** [ɪnˈkluːʒn] die Einbeziehung (**in** in)

**in·clu·sive** [ɪnˈkluːsɪv] einschließlich, inklusive; **to be inclusive of something** etwas einschließen; **Monday to Friday inclusive** von Montag bis einschließlich Freitag

**in·co·her·ent** [ˌɪnkəʊˈhɪərənt] ❶ zusammenhanglos ❷ *Rede:* wirr

**in·come** [ˈɪŋkʌm] das Einkommen, die Einkünfte (**from** aus)

**in·come sup·port** die Sozialhilfe

**in·come tax** die Einkommensteuer, die Lohnsteuer; **income tax return** die Einkommensteuererklärung, die Lohnsteuererklärung

**in·com·ing** [ˈɪnˌkʌmɪŋ] ❶ *Zug:* einfahrend; *Schiff:* einlaufend ❷ **incoming tide** die Flut ❸ hereinkommend; *Mieter, Regierung:* neu

**in·com·pa·rable** [ɪnˈkɒmprəbl] nicht vergleichbar (**to/with** mit), unvergleichlich

**in·com·pat·ible** [ˌɪnkəmˈpætəbl] unvereinbar (**with** mit); **to be incompatible** nicht zusammenpassen

**in·com·pe·tent** [ɪnˈkɒmpɪtənt] ❶ unfähig, untauglich ❷ (*juristisch*) unzuständig (**to** für)

**in·com·plete** [ˌɪnkəmˈpliːt] unvollständig

**in·com·pre·hen·sible** [ˌɪnˌkɒmprɪˈhensəbl] unbegreiflich; *Sprache, Theorie:* unverständlich

**in·com·pre·hen·sibly** [ˌɪnˌkɒmprɪˈhen(t)·səbli] unverständlicherweise, unbegreiflicherweise

**in·com·pre·hen·sion** [ˌɪnˌkɒmprɪˈhen(t)ʃ°n] *kein Plural* das Unverständnis, die Verständnislosigkeit

**in·con·ceiv·able** [ˌɪnkənˈsiːvəbl] ❶ unvorstellbar ❷ unfassbar

**in·con·clu·sive** [ˌɪnkənˈkluːsɪv] ergebnislos; *Beweis:* nicht schlüssig

**in·con·sequen·tial** [ɪnˌkɒnsɪˈkwenʃl] belanglos

**F** Nicht verwechseln mit *inkonsequent — inconsistent!*

**in·con·sid·er·ate** [ˌɪnkənˈsɪdərət] ❶ unaufmerksam ❷ rücksichtslos

**in·con·sist·ent** [ˌɪnkənˈsɪstənt] ❶ widersprüchlich ❷ *Arbeit:* unbeständig ❸ **her behaviour is inconsistent with her beliefs** ihr Verhalten stimmt mit ihren Ansichten nicht überein

**in·con·sol·able** [ˌɪnkənˈsəʊləbl] untröstlich

**in·con·spicu·ous** [ˌɪnkənˈspɪkjʊəs] unauffällig, unscheinbar

**in·con·ven·ience** [ˌɪnkənˈviːnɪəns] die Unannehmlichkeit; **to put someone to great inconvenience** jemandem große Umstände bereiten

to **in·con·ven·ience** [ˌɪnkənˈviːnɪəns] **to inconvenience someone** jemandem Umstände bereiten

**in·con·ven·ient** [ˌɪnkənˈviːnɪənt] unbequem; *Zeit:* unpassend; *Lage:* ungünstig; *Design:* unpraktisch

**in·cor·rect** [ˌɪnkəˈrekt] ❶ falsch, unrichtig ❷ unkorrekt

**in·cor·rupt·ible** [ˌɪnkəˈrʌptəbl] unbestechlich

to **in·crease** [ɪnˈkriːs] ❶ zunehmen; **to increase in size/price** größer/teurer werden ❷ **to increase something** etwas vergrößern (**to** auf); etwas erhöhen *Preis, Temperatur* ❸ verstärken *Bemühung* ❹ vermehren *Besitz*

**in·crease** [ˈɪnkriːs] ❶ die Vergrößerung ❷ *von Preis, Kosten:* die Erhöhung (**on** gegenüber); **increase in value** die Wertsteigerung ❸ die Zunahme, der Zuwachs; **to be on the increase** ständig zunehmen; **increase in population** die Bevölkerungszunahme

**in·creas·ing** [ˈɪnkriːsɪŋ] zunehmend, steigend

**in·cred·ible** [ɪnˈkredəbl] ❶ unglaubhaft ❷ unglaublich

to **in·crimi·nate** [ɪnˈkrɪmɪneɪt] **to incriminate someone** jemanden belasten

**in·cuba·tion pe·ri·od** die Inkubationszeit

to **in·cur** [ɪnˈkɜːʳ] <incurred, incurred> sich zuziehen; **to incur debts** Schulden machen; **to incur a loss** einen Verlust erleiden

**in·cur·able** [ɪnˈkjʊərəbl] unheilbar; (*übertragen*) unverbesserlich

**in·debt·ed** [ɪnˈdetɪd] (*übertragen*) **to be indebted to someone** [**for something**] jemandem [für etwas] zu Dank verpflichtet sein

**in·de·cent** [ɪnˈdiːsnt] ❶ unsittlich ❷ anstößig, unanständig; **indecent assault** der sexuelle Übergriff

**in·de·ci·pher·able** [ˌɪndɪˈsaɪfrəbl] nicht zu entziffern

**in·de·ci·sion** [ˌɪndɪˈsɪʒn] die Unentschlossenheit

**in·de·ci·sive** [ˌɪndɪˈsaɪsɪv] ❶ unentschlossen ❷ nichts entscheidend; *Diskussion:* ergebnislos

**in·de·ci·sive·ness** [ˌɪndɪˈsaɪsɪvnəs] *kein Plu-*

*ral* die Unschlüssigkeit

**in·de·clin·able** [ˌɪndɪˈkleɪnəbl] undeklinierbar

**in·deed** [ɪnˈdiːd] ❶ in der Tat, tatsächlich; **thank you very much indeed!** vielen herzlichen Dank!; **are you pleased? — yes, indeed!** bist du zufrieden? — oh ja, sehr sogar! ❷ **indeed** wirklich; **if indeed ...** falls ... wirklich

**in·de·fen·sible** [ˌɪndɪˈfensəbl] ❶ unhaltbar ❷ (*übertragen*) *Benehmen:* unentschuldbar

**in·de·fin·able** [ˌɪndɪˈfaɪnəbl] unbestimmbar, undefinierbar

**in·defi·nite** [ɪnˈdefɪnət] ❶ unbegrenzt, unbestimmt ❷ (*übertragen*) unklar

**in·del·ible** [ɪnˈdeləbl] (*auch übertragen*) nicht zu entfernen, unauslöschlich; **indelible ink** die Wäschetinte; **indelible pencil** der Kopierstift

**in·de·pend·ence** [ˌɪndɪˈpendəns] ❶ die Unabhängigkeit (**from** von) ❷ **Independence Day** ⓤⓢⓐ der Unabhängigkeitstag (*Jahrestag vom 4. Juli 1776*)

**ⓛ** Am 4. Juli 1776 erklärten die amerikanischen Kolonien ihre Unabhängigkeit von Großbritannien. Der **Fourth of July** oder **Independence Day** ist deshalb der höchste amerikanische Feiertag. Man gedenkt jedes Jahr am 4. Juli der „Declaration of Independence" (Unabhängigkeitserklärung). An diesem Tag unternimmt man Picknicks, trifft sich zu Familienfeiern, und es finden professionelle Baseballspiele statt. Abends gibt es dann überall ein großes Feuerwerk.

**in·de·pend·ent¹** [ˌɪndɪˈpendənt] ❶ unabhängig (**of** von), selbstständig ❷ (*politisch*) parteilos ❸ **Independent Television**, **ITV** *kommerzielle britische Fernsehanstalt*

**in·de·pend·ent²** [ˌɪndɪˈpendənt] ❶ der/die Unabhängige ❷ (*politisch*) der/die Parteilose

**in-depth** [ˈɪndepθ] *Studie:* eingehend; *Suche:* gründlich

**in·de·scrib·able** [ˌɪndɪˈskraɪbəbl] unbeschreiblich

**in·de·struct·ible** [ˌɪndɪˈstrʌktəbl] unzerstörbar

**in·dex** [ˈɪndeks] ❶ <*plural* indexes> das Register, der Index; **index of sources** das Quellenverzeichnis ❷ <*plural* indices> das Hinweiszeichen ❸ <*plural* indices> (*mathematisch*) der Exponent

**in·dex fin·ger** der Zeigefinger

to **in·di·cate** [ˈɪndɪkeɪt] ❶ anzeigen *Temperatur* ❷ **to indicate something** auf etwas hinweisen; andeuten, zum Ausdruck bringen

*Gefühle* ❸ *Maschine:* anzeigen ❹ *Auto:* blinken

**in·di·ca·tion** [ˌɪndɪˈkeɪʃn] ❶ *von Gerät:* die Anzeige ❷ der Hinweis (**of** auf), das Anzeichen (**of** für); **she gave no indication of her feelings** sie hat überhaupt nicht erkennen lassen, wie sie sich fühlte; **there is every indication that ...** alles weist darauf hin, dass ...

**in·dica·tive** [ɪnˈdɪkətɪv] bezeichnend (**of** für); **to be indicative of something** ein Hinweis für etwas sein

**in·di·ca·tor** [ˈɪndɪkeɪtəʳ] ❶ der Anzeiger ❷ (*Chemie, Betriebswirtschaft*) der Indikator ❸ *von Auto:* der Fahrtrichtungsanzeiger, der Blinker ❹ (*übertragen*) das Anzeichen

**in·di·ces** [ˈɪndɪsiːz] *Pluralform von* **index**

to **in·dict** [ɪnˈdaɪt] **to indict someone** jemanden anklagen (**for** wegen)

**In·dies** [ˈɪndiz] *plural* (*historisch*) **the Indies** der indische Subkontinent

**in·dif·fer·ence** [ɪnˈdɪfrəns] die Gleichgültigkeit (**to/towards** gegen), die Interesselosigkeit

**in·dif·fer·ent** [ɪnˈdɪfrənt] ❶ gleichgültig (**to/towards** gegenüber) ❷ *Beobachter:* unbeteiligt ❸ mittelmäßig, durchschnittlich

**in·dig·enous** [ɪnˈdɪdʒɪnəs] einheimisch; *Bevölkerung:* eingeboren; **indigenous to Europe** in Europa heimisch

**in·di·gest·ible** [ˌɪndɪˈdʒəstəbl] (*auch übertragen*) unverdaulich

**in·diges·tion** [ˌɪndɪˈdʒəstʃən] die Magenverstimmung

**in·dig·nant** [ɪnˈdɪgnənt] entrüstet, empört (**at/about** über)

**in·dig·na·tion** [ˌɪndɪgˈneɪʃn] die Entrüstung, die Empörung (**at/about/over** über)

**in·dig·nity** [ɪnˈdɪgnɪti] die Demütigung

**in·di·rect** [ˌɪndɪˈrekt] ❶ indirekt, mittelbar ❷ **by indirect means** auf Umwegen

**in·dis·ci·pline** [ɪnˈdɪsɪplɪn] der Mangel an Disziplin

**in·dis·creet** [ˌɪndɪˈskriːt] indiskret; *Benehmen:* taktlos

**in·dis·cre·tion** [ˌɪndɪˈskreʃn] die Indiskretion, die Taktlosigkeit

**in·dis·crimi·nate** [ˌɪndɪˈskrɪmɪnət] ❶ kritiklos ❷ wahllos, willkürlich

**in·dis·pen·sable** [ˌɪndɪˈspensəbl] unbedingt notwendig, unentbehrlich (**to** für)

**in·dis·tinct** [ˌɪndɪˈstɪŋkt] ❶ undeutlich, verschwommen ❷ *Geräusch:* schwach

**in·dis·tin·guish·able** [ˌɪndɪˈstɪŋgwɪʃəbl] ❶ nicht zu unterscheiden ❷ nicht erkennbar

**in·di·vid·ual¹** [ˌɪndɪˈvɪdʒʊəl] ❶ *Portion:* einzeln ❷ **individual cases** die Einzelfälle ❸ persönlich ❹ individuell; *Geschmack:* eigen

**in·di·vid·ual²** [ˌɪndɪˈvɪdʒʊəl] ❶ der/die Einzelne ❷ das Individuum

**in·di·vidu·al·ism** [ˌɪndɪˈvɪdʒʊəlɪzəm] der Individualismus

**in·di·vidu·al·ist** [ˌɪndɪˈvɪdʒʊəlɪst] der Individualist/die Individualistin

**in·di·vis·ible** [ˌɪndɪˈvɪzəbl] unteilbar

**in·door** [ˈɪndɔːʳ] Innen-, Haus-; **indoor aerial** die Zimmerantenne; **indoor swimming-pool** das Hallenbad

**in·doors** [ɪnˈdɔːz] im Hause; **to go indoors** nach drinnen gehen

to **in·duce** [ɪnˈdjuːs] ❶ **to induce someone to do something** jemanden dazu veranlassen, etwas zu tun ❷ herbeiführen *Reaktion, Schlaf* ❸ einleiten *Geburt* ❹ (*in der Physik*) induzieren

**in·duc·tion course** der Einführungskurs

to **in·dulge** [ɪnˈdʌldʒ] ❶ **to indulge someone [in something]** jemandem [in etwas] nachgeben; verwöhnen *Kind* ❷ **to indulge a wish/ desire** einem Wunsch/Verlangen nachgeben ❸ **to indulge in something** sich etwas gönnen, in etwas schwelgen

**in·dul·gent** [ɪnˈdʌldʒənt] nachsichtig, nachgiebig (**to** gegen)

**in·dus·trial** [ɪnˈdʌstrɪəl] ❶ gewerblich, industriell ❷ Betriebs-; **industrial action** die Streikmaßnahmen; **industrial dispute** der Tarifkonflikt; **industrial estate** das Industriegelände, der Industriepark; **industrial injury** der Arbeitsunfall; **industrial relations** die Arbeitgeber-Arbeitnehmer-Beziehungen; **Industrial Revolution** die industrielle Revolution; **industrial tribunal** das Arbeitsgericht; **industrial waste** der Industriemüll

**in·dus·tri·al·ist** [ɪnˈdʌstrɪəlɪst] der/die Industrielle

**in·dus·tri·ali·za·tion** [ɪnˌdʌstrɪəlaɪˈzeɪʃn] die Industrialisierung

to **in·dus·tri·al·ize** [ɪnˈdʌstrɪəlaɪz] industrialisieren *Gebiet, Landschaft;* **industrialized country** das Industrieland

**in·dus·tri·ous** [ɪnˈdʌstrɪəs] fleißig

**in·dus·try** [ˈɪndəstrɪ] ❶ die Industrie, der Industriezweig; **automobile industry** die Kraftfahrzeugindustrie; **heavy industry** die Schwerindustrie; **light industry** die Leichtindustrie; **hotel industry** das Hotelgewerbe; **tourist industry** die Touristik ❷ der Fleiß

**in·ed·ible** [ɪnˈedəbl] ungenießbar

**in·ef·fec·tive** [ˌɪnɪˈfektɪv] ❶ unwirksam, wirkungslos ❷ *Person:* untauglich, unfähig

**in·ef·fec·tual** [ˌɪnɪˈfektʃʊəl] ineffektiv

**in·ef·fi·cient** [ˌɪnɪˈfɪʃnt] ❶ *Person:* unfähig, inkompetent ❷ *Maschine:* unwirtschaftlich ❸ *Betrieb:* unrationell

**in·eli·gible** [ɪnˈelɪdʒəbl] ❶ ungeeignet, nicht qualifiziert; **she's ineligible for the position** sie kommt für die Position nicht in Frage ❷ (*für Leistungen*) nicht berechtigt

**in·ept** [ɪˈnept] ❶ unfähig, untauglich (**at** für) ❷ *Bemerkung:* unangebracht

**in·equal·ity** [ˌɪnɪˈkwɒlətɪ] die Ungleichheit

**in·es·cap·able** [ˌɪnɪˈskeɪpəbl] unentrinnbar, unvermeidbar

**in·evi·table** [ɪnˈevɪtəbl] unvermeidbar, zwangsläufig

**in·ex·act** [ˌɪnɪgˈzækt] ungenau

**in·ex·cus·able** [ˌɪnɪkˈskjuːzəbl] unentschuldbar, unverzeihlich

**in·ex·haust·ible** [ˌɪnɪgˈzɔːstəbl] unerschöpflich

**in·ex·pen·sive** [ˌɪnɪkˈspensɪv] billig, preiswert

**in·ex·pe·ri·enced** [ˌɪnɪkˈspɪərɪənst] unerfahren

**in·ex·pli·cable** [ˌɪnɪkˈsplɪkəbl] unerklärlich, unfasslich

**in·fal·libil·ity** [ɪnˌfæləˈbɪlətɪ] *kein Plural* die Unfehlbarkeit

**in·fal·lible** [ɪnˈfæləbl] ❶ unfehlbar ❷ *Methode:* zuverlässig

**in·fal·libly** [ɪnˈfæləblɪ] ❶ fehlerfrei ❷ immer

**in·fa·mous** [ˈɪnfəməs] ❶ berüchtigt ❷ schändlich, niederträchtig

**in·fan·cy** [ˈɪnfənsɪ] ❶ die frühe Kindheit ❷ die Minderjährigkeit ❸ (*übertragen*) die Anfänge; **flying was still in its infancy** die Fliegerei steckte noch in den Kinderschuhen

**in·fant** [ˈɪnfənt] ❶ das Kleinkind, der Säugling; **infant mortality** die Säuglingssterblichkeit ❷ (*juristisch*) der/die Minderjährige

**in·fan·tile** [ˈɪnfəntaɪl] ❶ kindisch, infantil ❷ (*medizinisch*) Kinder-

**in·fan·try** [ˈɪnfəntrɪ] die Infanterie

**in·fatu·at·ed** [ɪnˈfætʃʊeɪtɪd] verknallt *umgangsspr;* **to be infatuated with someone** in jemanden vernarrt sein

to **in·fect** [ɪnˈfekt] ❶ **to infect someone** jemanden infizieren (**with** mit); **the wound became infected** die Wunde hat sich entzündet ❷ verseuchen *Wasser* ❸ (*übertragen*) anstecken *Person, Stimmung;* **to become [oder get] infected by a spirit of**

**optimism** von Optimismus angesteckt werden

**in·fec·tion** [ɪnˈfekʃn] ① die Infektion; **throat infection** die Halsentzündung ② *von Wasser:* die Verseuchung; **spread of infection** die Durchseuchung

**in·fec·tious** [ɪnˈfekʃəs] (*auch übertragen*) ansteckend, infektiös; **infectious disease** die Infektionskrankheit

to **in·fer** [ɪnˈfɜːʳ] <inferred, inferred> ① **to infer something** etwas [schluss]folgern (**from** aus) ② andeuten *Idee*

**in·fer·ence** [ˈɪnfərəns] die Folgerung, der Schluss

**in·fe·ri·or**[1] [ɪnˈfɪərɪəʳ] ① (*im Beruf usw.*) **to be inferior to someone** jemandem untergeordnet sein ② *Qualität:* geringer (**to** als), geringwertiger (**to** als); **to be inferior to something** schlechter als etwas sein ③ *Person:* unterlegen; **to feel inferior** Minderwertigkeitsgefühle haben

**in·fe·ri·or**[2] [ɪnˈfɪərɪəʳ] der/die Untergebene

**in·fe·ri·or·ity** [ɪnˌfɪrɪˈɒrətɪ] die Minderwertigkeit; *von Person:* die Unterlegenheit

**in·fe·ri·or·ity com·plex** der Minderwertigkeitskomplex

**in·fer·no** [ɪnˈfɜːnəʊ] ① das flammende Inferno ② (*Hölle*) das Inferno

**in·fer·tile** [ɪnˈfɜːtaɪl] unfruchtbar

**in·fer·til·ity** [ˌɪnfəˈtɪlətɪ] die Unfruchtbarkeit

to **in·fest** [ɪnˈfest] **to be infested with rats** mit Ratten verseucht sein

**in·fes·ta·tion** [ˌɪnfesˈteɪʃᵊn] ① *kein Plural* (*Zustand*) die Verseuchung ② (*durch Schädlinge*) der Befall (**of** durch); **infestation of rats** die Rattenplage

**in·fi·del·ity** [ˌɪnfɪˈdelətɪ] die Untreue

**in·fight·ing** [ˈɪnfaɪtɪŋ] *kein Plural* der interne Machtkampf

to **in·fil·trate** [ˈɪnfɪltreɪt] ① *Truppen:* infiltrieren; (*politisch*) sich einschleusen (**into** in); unterwandern *Organisation* ② *Flüssigkeit:* einsickern in

**in·fi·nite** [ˈɪnfɪnət] ① unendlich, unbegrenzt ② *Vergnügen:* grenzenlos

**in·fini·tesi·mal** [ˌɪnfɪnɪˈtesɪml] unendlich klein

**in·fini·tive**[1] [ɪnˈfɪnɪtɪv] der Infinitiv; **to be in the infinitive** im Infinitiv stehen

**in·fini·tive**[2] [ɪnˈfɪnɪtɪv] Infinitiv-; **infinitive form** die Grundform, der Infinitiv

**in·fin·ity** [ɪnˈfɪnətɪ] ① die Unendlichkeit ② (*mathematisch*) das Unendliche

**in·firm** [ɪnˈfɜːm] schwach, gebrechlich

**in·fir·mary** [ɪnˈfɜːmərɪ] ① das Krankenhaus ② (*in Schulen*) das Krankenzimmer

to **in·flame** [ɪnˈfleɪm] ① *Wunde:* sich entzünden ② **he was inflamed with enthusiasm** er war voller Begeisterung

**in·flam·mable** [ɪnˈflæməbl] ① leicht entzündbar, feuergefährlich ② (*übertragen*) explosiv

**in·flam·ma·tion** [ˌɪnfləˈmeɪʃn] die Entzündung

**in·flam·ma·tory** [ɪnˈflæmətrɪ] (*übertragen*) aufreizend, aufrührerisch

**in·flat·able** [ɪnˈfleɪtəbl] aufblasbar; *Boot:* Schlauch-

to **in·flate** [ɪnˈfleɪt] ① aufblasen, aufpumpen ② in die Höhe treiben *Preise;* **to inflate the economy** Inflationspolitik betreiben ③ (*übertragen*) **to be inflated with pride** vor Stolz geschwellt sein

**in·flat·ed** [ɪnˈfleɪtɪd] ① aufgebläht ② *Preise:* inflationär ③ (*übertragen*) geschwollen

**in·fla·tion** [ɪnˈfleɪʃn] ① das Aufblasen, das Aufpumpen ② die Inflation; **inflation rate** die Inflationsrate

**in·fla·tion·ary** [ɪnˈfleɪʃnrɪ] inflationär, inflationistisch

**in·flex·ible** [ɪnˈfleksəbl] ① steif, starr ② (*übertragen*) unnachgiebig, starr

to **in·flict** [ɪnˈflɪkt] ① zufügen *Schmerz* ② **to inflict a punishment on someone** jemandem eine Strafe auferlegen; **to inflict oneself [oder one's company] on someone** sich jemandem aufdrängen

**in·flight** Bord-, während des Fluges

**in·flu·ence** [ˈɪnfluəns] der Einfluss (**over** auf); **to be a good influence [on someone]** einen guten Einfluss [auf jemanden] haben; **to bring one's influence to bear on someone** seinen Einfluss bei jemandem geltend machen; **he used his influence to get her the job** er hat seine Beziehungen benutzt, um die Stelle für sie zu bekommen; **under the influence [of alcohol]** unter Alkoholeinfluss

to **in·flu·ence** [ˈɪnfluəns] **to influence someone/something** jemanden/etwas beeinflussen

**in·flu·en·tial** [ˌɪnfluˈenʃl] einflussreich

**in·flu·en·za** [ˌɪnfluˈenzə] die Grippe

**in·flux** [ˈɪnflʌks] der Einfluss, der Zustrom, die Zufuhr; **influx of visitors** der Besucherstrom

**info** [ˈɪnfəʊ] *kein Plural* (*umgangsspr*) *kurz für* **information** die Information

to **in·form** [ɪnˈfɔːm] ① **to inform someone** jemanden informieren (**about** über); **I'm pleased to inform you that ...** ich freue mich, Ihnen mitteilen zu können, dass...; **to be informed of the situation** von der Situation in Kenntnis gesetzt werden; **to keep someone informed** jemanden auf dem Laufenden halten ❷ **to inform against someone** jemanden anzeigen [*oder* denunzieren]

**in·for·mal** [ɪn'fɔːml] ❶ informell, inoffiziell ❷ *Party:* zwanglos

**in·form·ant** [ɪn'fɔːmənt] der Gewährsmann, der Informant/die Informantin

**in·for·ma·tion** [ˌɪnfə'meɪʃn] die Information; **a piece of information** eine Auskunft; **for your information** zur Kenntnisnahme; **to get information about someone/something** sich über jemanden/etwas informieren; **lack of information** das Informationsdefizit

**in·for·ma·tion sci·ence** *meist plural* die Informatik

**in·for·ma·tion super·high·way** (*Computer*) die Datenautobahn

**in·for·ma·tion tech·nol·ogy** die Informationstechnologie

**in·forma·tive** [ɪn'fɔːmətɪv] belehrend, informativ; *Dokument:* aufschlussreich

**in·form·er** [ɪn'fɔːmə'] der Denunziant/die Denunziantin, der Spitzel

**infra·red** [ˌɪnfrə'red] infrarot

**in·fre·quent** [ɪn'friːkwənt] gelegentlich

to **in·fringe** [ɪn'frɪndʒ] verstoßen gegen *Gesetz;* **to infringe upon someone's rights** in jemandes Rechte eingreifen

to **in·furi·ate** [ɪn'fjʊərɪeɪt] **to infuriate someone** jemanden wütend machen

**in·gen·ious** [ɪn'dʒiːnɪəs] ❶ scharfsinnig; *Methode, Idee:* genial ❷ erfinderisch

**in·grained** [ɪn'greɪnd] ❶ (*übertragen*) [fest] eingewurzelt, eingefleischt ❷ *Schmutz:* tief sitzend

**in·grati·tude** [ɪn'grætɪtjuːd] der Undank, die Undankbarkeit

**in·gre·di·ent** [ɪn'griːdɪənt] ❶ (*im Essen*) die Zutat ❷ der Bestandteil, die Ingredienz

**in·grow·ing** ['ɪngrəʊɪŋ] **ingrowing toenail** der eingewachsene Zehennagel

to **in·hab·it** [ɪn'hæbɪt] **to inhabit a place** einen Ort bewohnen

**in·hab·it·able** [ɪn'hæbɪtəbl] bewohnbar

**in·hab·it·ant** [ɪn'hæbɪtənt] der Bewohner/die Bewohnerin, der Einwohner/die Einwohnerin

to **in·hale** [ɪn'heɪl] einatmen; inhalieren *Zigarettenrauch*

**in·hal·er** [ɪn'heɪlə'] der Inhalationsapparat

to **in·her·it** [ɪn'herɪt] erben

**in·her·it·ance** [ɪn'herɪtəns] die Erbschaft, das Erbe; **to come into an inheritance** eine Erbschaft machen

**in·hi·bi·tion** [ˌɪnɪ'bɪʃn] die Hemmung

**in·hos·pi·table** [ˌɪnhɒ'spɪtəbl] ❶ ungastlich ❷ *Gegend:* unwirtlich

**in-house** ['ɪnhaʊs] [betriebs]intern, innerbetrieblich

**in·hu·man** [ɪn'hjuːmən] unmenschlich

**in·hu·mane** [ˌɪnhjuː'meɪn] inhuman, menschenunwürdig

**ini·tial**[1] [ɪ'nɪʃl] anfänglich; **initial letter** der Anfangsbuchstabe

**ini·tial**[2] [ɪ'nɪʃl] die Initiale

to **ini·tial**[3] [ɪ'nɪʃl] abzeichnen *Dokument;* paraphieren *Vertrag*

**ini·tial·ly** [ɪ'nɪʃəlɪ] anfangs, am Anfang

**ini·tia·tion** [ɪˌnɪʃɪ'eɪʃn] ❶ die Einführung, die Einweihung (**into** in); **initiation ceremony** die Initiationszeremonie ❷ die Eröffnung

**ini·tia·tive** [ɪ'nɪʃətɪv] die Initiative; **on one's own initiative** aus eigenem Antrieb; **to take the initiative** die Initiative ergreifen

**ini·tia·tor** [ɪ'nɪʃɪəɪtə'] der Urheber/die Urheberin, der Initiator/die Initiatorin

to **in·ject** [ɪn'dʒekt] ❶ einspritzen (**into** in); **to inject someone with something** jemandem etwas injizieren ❷ einwerfen, dazwischenwerfen *Bemerkung*

**in·jec·tion** [ɪn'dʒekʃn] die Injektion, die Spritze; **engine with fuel injection** der Einspritzmotor; **injection of money** die Finanzspritze

**in·junc·tion** [ɪn'dʒʌŋkʃn] die Anordnung, die gerichtliche Verfügung

to **in·jure** ['ɪndʒə'] **to injure someone** (*auch übertragen*) jemanden verletzen

**in·ju·ry** ['ɪndʒərɪ] ❶ die Verletzung (**to** an) ❷ (*auch übertragen*) **to do someone an injury** jemanden verletzen

**in·ju·ry time** *kein Plural* ⓖⒷ die Nachspielzeit

**in·jus·tice** [ɪn'dʒʌstɪs] ❶ die Ungerechtigkeit ❷ das Unrecht; **to do someone an injustice** jemandem Unrecht tun

**ink** [ɪŋk] ❶ die Tinte; **to write in ink** mit Tinte schreiben ❷ die Tusche ❸ die Stempelfarbe ❹ **printer's ink** die Druckerschwärze

**ink bot·tle** das Tintenfass

**ink-jet print·er** der Tintenstrahldrucker

**ink·ling** ['ɪŋklɪŋ] **to have no inkling of something** von etwas keine Ahnung haben

**in·land** ['ɪnlənd] ❶ Binnen- ❷ inländisch, Inland[s]- ❸ landeinwärts; **to live inland** im Landesinneren leben

**In·land Rev·enue** ⓖⒷ das Finanzamt

**in-laws** ['ɪnlɔːz] *plural* (*umgangsspr*) ❶ der/die angeheiratete Verwandte ❷ die Schwiegereltern

**in·let** ['ɪnlet] ❶ der Meeresarm, der Flussarm ❷ die Öffnung ❸ (*technisch*) die Zuleitung

**in·liner** ['ɪnlaɪnə], **in-line skate** *meist plural* der Inliner, der Inline-Skate

**in-line skat·ing** *kein Plural* das Inlineskaten, das Inlineskating

**in·mate** ['ɪnmeɪt] der Insasse/die Insassin

**inn** [ɪn] der Gasthof, das Wirtshaus

**in·ner** ['ɪnə'] ❶ innere(r, s), Innen- ❷ (*übertragen*) innere(r, s), verborgene(r, s) ❸ **inner circle of friends** der engste Freundeskreis

**in·ner·most** ['ɪnəməʊst] innerste(r, s), geheimste(r, s)

**in·ner tube** *Reifen:* der Schlauch

**in·nings** ['ɪnɪŋz] *mit Singular oder Plural* (*beim Kricket*) der Durchgang

**inn·keep·er** der Gastwirt/die Gastwirtin

**in·no·cence** ['ɪnəsns] die Unschuld

**in·no·cent** ['ɪnəsnt] ❶ unschuldig (**of** an) ❷ naiv, ahnungslos

to **in·no·vate** ['ɪnəveɪt] Neuerungen einführen

**in·no·va·tion** [ˌɪnə'veɪʃn] ❶ die Innovation ❷ die Neuerung

**in·nu·en·do** [ˌɪnju'endəʊ] <*plural* innuendoes *oder* innuendos> die versteckte Andeutung

**in·nu·mer·ate** [ɪ'njuːmərət] **to be innumerate** nicht rechnen können

to **in·ocu·late** [ɪ'nɒkjʊleɪt] **to inoculate someone** jemanden impfen (**against** gegen)

**in·ocu·la·tion** [ɪˌnɒkjʊ'leɪʃn] die Impfung

**in·of·fen·sive** [ˌɪnə'fensɪv] harmlos

**in·op·er·able** [ɪn'ɒpərəbl] ❶ (*medizinisch*) nicht operierbar ❷ *Plan:* nicht durchführbar

**in·op·era·tive** [ɪn'ɒpərətɪv] ❶ außer Kraft, ungültig ❷ *Maschine:* außer Betrieb

**in·pa·tient** ['ɪnpeɪʃnt] der stationär behandelte Patient/die stationär behandelte Patientin

**in·put** ['ɪnpʊt] ❶ (*technisch*) die Energiezufuhr ❷ (*Computer*) der Input ❸ (*betriebswirtschaftlich*) die Investition ❹ der Arbeitsaufwand

**in·put data** *mit Singular oder Plural* die Eingabedaten

**in·quest** ['ɪnkwest] die gerichtliche Untersuchung

to **in·quire** [ɪn'kwaɪə'] **to inquire about** [*oder* **after**] **something** sich nach etwas erkundigen, nach etwas fragen; **to inquire into something** etwas untersuchen

**in·quiry** [ɪn'kwaɪərɪ] ❶ die Anfrage (**about** über); **on inquiry** auf Anfrage ❷ die Erkundigung (**about** über); **to make inquiries** [**about someone**] Erkundigungen [über jemanden] einziehen, Nachforschungen [über jemanden] anstellen; **to give someone an inquiring look** jemanden fragend anblicken ❸ die Untersuchung; **to hold an inquiry into something** eine Untersuchung über etwas durchführen

**in·quisi·tive** [ɪn'kwɪzətɪv] wissbegierig, neugierig

**in·sane** [ɪn'seɪn] ❶ geisteskrank ❷ wahnsinnig

**in·sani·tary** [ɪn'sænɪtrɪ] unhygienisch

**in·san·ity** [ɪn'sænətɪ] ❶ die Geisteskrankheit ❷ (*übertragen*) der Wahnsinn

**in·scrip·tion** [ɪn'skrɪpʃn] ❶ die Inschrift; *von Münze:* die Aufschrift ❷ *von Buch:* die Widmung

**in·sect** ['ɪnsekt] das Insekt; **insect bite** der Insektenstich; **insect repellent** das Insektenschutzmittel

**in·sec·ti·cide** [ɪn'sektɪsaɪd] das Insektenvernichtungsmittel

**in·se·cure** [ˌɪnsɪ'kjʊə'] ❶ unsicher ❷ *Gebäude:* nicht sicher

**in·sen·sible** [ɪn'sensɪbl] ❶ bewusstlos ❷ unempfindlich; **he's insensible to the cold** er empfindet keine Kälte

**in·sen·si·tive** [ɪn'sensətɪv] ❶ *Person, Benehmen:* gefühllos (**to** gegen) ❷ (*physisch*) unempfindlich ❸ unempfänglich

**in·sepa·rable** [ɪn'seprəbl] untrennbar; *Freunde, Zwillinge:* unzertrennlich

to **in·sert** [ɪn'sɜːt] **to insert something** hineinstecken [*oder* einsetzen] (**in** in); etwas einwerfen *Münze;* etwas einfügen *Wort, Satz*

**in·sert** ['ɪnsɜːt] ❶ (*in Zeitschrift*) die Beilage; (*in Kleidungsstück*) die Einlage ❷ (*Anzeige*) das Inserat

**in·ser·vice** ['ɪnsɜːvɪs] **in-service training** die innerbetriebliche Fortbildung

**in·side¹** [ɪn'saɪd] ❶ das Innere, die Innenseite ❷ (*umgangsspr*) die Eingeweide ❸ **the wind blew her umbrella inside out** der Wind hat ihren Schirm umgestülpt; **to turn something inside out** etwas auf den Kopf stellen; **to know something inside out** etwas in- und auswendig kennen

**in·side²** ['ɪnsaɪd] innere(r, s), Innen-; **inside lane** [*oder* **track**] die Innenbahn

**in·side³** ['ɪnsaɪd] innen, im Innern, drinnen; **come inside out of the rain!** kommen Sie herein, aus dem Regen raus! ▸ WENDUNGEN: **to be inside** (*slang*) [im Gefängnis] sitzen

**inside – instruction** 236

**in·side⁴** ['ɪnsaɪd] ❶ in; **here inside the house** hier drinnen im Haus; **to go inside the house** ins Haus gehen ❷ **inside an hour** innerhalb einer Stunde

**in·sid·er** [ɪn'saɪdəʳ] der Insider, der/die Eingeweihte; **insider dealing** [*oder* **trading**] der Insiderhandel

**in·sight** ['ɪnsaɪt] ❶ das Verständnis ❷ der Einblick; **to gain an insight into something** einen Einblick in etwas bekommen

**in·sig·nifi·cant** [ˌɪnsɪɡ'nɪfɪkənt] ❶ bedeutungslos ❷ *Summe, Unterschied:* geringfügig

**in·sin·cere** [ˌɪnsɪn'sɪəʳ] unaufrichtig; *Ausdruck:* falsch

to **in·sist** [ɪn'sɪst] bestehen (**on/upon** auf); **if you insist** wenn Sie darauf bestehen; **to insist on a point** auf einem Punkt beharren; **to insist on doing something** darauf bestehen, etwas zu tun

**in·sist·ence** [ɪn'sɪstəns] das Bestehen (**on** auf); **I did it at her insistence** ich tat es auf ihr Drängen hin

**in·sist·ent** [ɪn'sɪstənt] ❶ beharrlich; *Person:* hartnäckig; **to be insistent that ...** darauf bestehen, dass ...; **he was most insistent** er ließ nicht locker ❷ *Forderung, Ton:* nachdrücklich, penetrant

**in·so·far** [ˌɪnsə'fɑːʳ] **insofar as** soweit

**in·sole** ['ɪnsəʊl] die Einlegesohle

**in·so·lent** ['ɪnsələnt] unverschämt, frech

**in·sol·uble** [ɪn'sɒljʊbl] ❶ *Substanz:* unauflöslich, unlöslich ❷ *Problem:* unlösbar

**in·som·nia** [ɪn'sɒmnɪə] die Schlaflosigkeit

to **in·spect** [ɪn'spekt] ❶ kontrollieren, prüfen ❷ inspizieren *Räumlichkeiten*

**in·spec·tion** [ɪn'spekʃn] ❶ die Prüfung, die Kontrolle ❷ (*militärisch*) die Inspektion

**in·spec·tor** [ɪn'spektəʳ] ❶ der Kontrolleur/die Kontrolleurin, der Prüfungsbeamter/die Prüfungsbeamtin, der Aufsichtsbeamter/die Aufsichtsbeamtin ❷ der Inspektor/die Inspektorin; **inspector** [**of police**] der Polizeikommissar/die Polizeikommissarin

**in·spi·ra·tion** [ˌɪnspə'reɪʃn] die Eingebung, die Inspiration

to **in·spire** [ɪn'spaɪəʳ] ❶ **to inspire someone** jemanden inspirieren ❷ wecken, hervorrufen *Gefühl*

**in·sta·bil·ity** [ˌɪnstə'bɪlətɪ] die Instabilität; (*geistig*) die Labilität

to **in·stall**, to **in·stal** [ɪn'stɔːl] <installed, installed> ❶ aufstellen *Maschinen;* installieren *Heizung, Wassersystem;* einbauen *Badezimmer, Küche;* verlegen *Kabel, Rohre;* anschließen *Telefon, Waschmaschine;* installie-

ren *Software* ❷ **to install oneself** sich installieren; (*in einem Haus*) sich einrichten; **to install someone in an office** jemanden in ein Amt einsetzen

**in·stal·la·tion** [ˌɪnstə'leɪʃn] ❶ die Amtseinsetzung ❷ *von Heizung:* die Installation; *von Badezimmer, Küche:* der Einbau ❸ die Anlage

**in·stal·ment** [ɪn'stɔːlmənt], USA **in·stall·ment** ❶ die Ratenzahlung, die Teilzahlung; **to pay by** [*oder* **in**] **instalments** in Raten zahlen; **monthly instalments** die Monatsraten ❷ *von Roman:* die Fortsetzung; *von Film:* die Folge; **to appear in instalments** in Fortsetzungen erscheinen

**in·stance** ['ɪnstəns] ❶ das Beispiel; **for instance** zum Beispiel ❷ der Fall; **in this instance** in diesem Fall ❸ **in the first instance** zuerst

**in·stant¹** ['ɪnstənt] ❶ unmittelbar; **an instant success** ein sofortiger Erfolg ❷ *Suppe, Getränk:* Instant-, Tüten-; **instant coffee** der Pulverkaffee, der Instantkaffee

**in·stant²** ['ɪnstənt] der Augenblick, der Moment; **at this instant** in diesem Augenblick; **in an instant** im Nu

**in·stant·ly** ['ɪnstəntlɪ] sofort, augenblicklich

**in·stead¹** [ɪn'sted] stattdessen

**in·stead²** [ɪn'sted] **instead of something** anstelle einer Sache; **instead of going to work** statt zur Arbeit zu gehen

to **in·sti·gate** ['ɪnstɪɡeɪt] anstiften; initiieren *Idee, Reform*

to **in·stil** [ɪn'stɪl], USA to **in·still** <instilled, instilled> (*übertragen*) **to instil knowledge into someone** jemandem Wissen beibringen; **to instil fear into somebody** jemandem Angst einflößen

**in·stinct** ['ɪnstɪŋkt] der Instinkt; **by** [*oder* **from**] **instinct** instinktiv

**in·stinc·tive** [ɪn'stɪŋktɪv] instinktiv

to **in·sti·tute** ['ɪnstɪtjuːt] einführen *Brauch, Reform;* einleiten *Suche, Verfahren*

**in·sti·tute** ['ɪnstɪtjuːt] das Institut

**in·sti·tu·tion** [ˌɪnstɪ'tjuːʃn] ❶ das Institut, die Anstalt ❷ *von Reform:* die Einführung ❸ (*übertragen*) **to become an institution** zur Institution werden

to **in·struct** [ɪn'strʌkt] ❶ belehren; unterrichten *Klasse* ❷ **to instruct someone** jemandem Anweisung geben ❸ unterrichten, informieren *Person*

**in·struc·tion** [ɪn'strʌkʃn] ❶ der Unterricht, die Schulung ❷ die Instruktion, die Anweisung; **instructions for use** die Gebrauchsanweisung; **according to instructions** auftragsgemäß, weisungsgemäß

**in·struc·tion book** die Gebrauchsanweisung

**in·struc·tion leaf·let** der Beipackzettel

**in·struc·tive** [ɪnˈstrʌktɪv] instruktiv

**in·struc·tor** [ɪnˈstrʌktər] ① der Lehrer/die Lehrerin, der Ausbilder/die Ausbilderin; **driving instructor** der Fahrlehrer/die Fahrlehrerin ② ⓤⓢⓐ der Dozent/die Dozentin

**in·stru·ment** [ˈɪnstrʊmənt] ① das Werkzeug, das Instrument ② das [Musik]instrument ③ (übertragen: Person) das Werkzeug

**in·stru·men·tal** [ˌɪnstrʊˈmentl] ① förderlich; **to be instrumental in something** bei etwas behilflich sein ② (Musik) instrumental, Instrumental-

**in·stru·ment board**, **in·stru·ment pan·el** das Instrumentenbrett

**in·suf·fi·cient** [ˌɪnsəˈfɪʃnt] ① ungenügend ② unzulänglich

**in·su·lar** [ˈɪnsjʊlər] ① insular, Insel- ② (übertragen) engstirnig

**in·su·lar·ity** [ˌɪnsjʊˈlærətɪ] (übertragen) die Engstirnigkeit

to **in·su·late** [ˈɪnsjʊleɪt] ① isolieren (**from** von) ② isolieren Kabel, Haus (**from/against** gegen)

**in·su·lat·ing** [ˈɪnsjʊleɪtɪŋ] **insulating tape** das Isolierband

**in·su·la·tion** [ˌɪnsjʊˈleɪʃn] (elektrisch) die Isolierung, das Isoliermaterial

**in·sult** [ˈɪnsʌlt] die Beleidigung

to **in·sult** [ɪnˈsʌlt] **to insult someone** jemanden beleidigen

**in·sur·ance** [ɪnˈʃʊərəns] ① die Versicherung; **to take out an insurance policy** eine Versicherung abschließen ② die Versicherungssumme

**in·sur·ance poli·cy** die Versicherungspolice

to **in·sure** [ɪnˈʃʊər] **to insure a building [against fire]** ein Gebäude [gegen Feuer] versichern

**in·sured** [ɪnˈʃʊəd] versichert

**in·sur·er** [ɪnˈʃʊərər] der Versicherer

**in·tact** [ɪnˈtækt] unversehrt, intakt

**in·take** [ˈɪnteɪk] ① (in Schule) die Aufnahme; (beim Militär) die Rekrutierung ② von Wasser, Strom: die Aufnahme ③ das Zuflussrohr ④ **intake of breath** das Atemholen ⑤ **food intake** die Nahrungsaufnahme

**in·te·ger** [ˈɪntɪdʒər] die ganze Zahl

**in·te·gral** [ˈɪntɪgrəl] ① wesentlich ② vollständig, ganz

**in·te·grat·ed** [ˈɪntɪgreɪtɪd] ① einheitlich, ein Ganzes bildend ② Gesellschaft, Schule: ohne Rassentrennung

**in·tel·lect** [ˈɪntəlekt] ① der Verstand, der Intellekt ② (Mensch) der große Geist

**in·tel·lec·tual¹** [ˌɪntəˈlektʃʊəl] intellektuell

**in·tel·lec·tual²** [ˌɪntəˈlektʃʊəl] der/die Intellektuelle

**in·tel·li·gence** [ɪnˈtelɪdʒəns] ① die Intelligenz ② die Nachricht, die Auskunft ③ der Nachrichtendienst; **military intelligence** der militärische Geheimdienst

**in·tel·li·gence ser·vice** der Nachrichtendienst

**in·tel·li·gence test** der Intelligenztest

**in·tel·li·gent** [ɪnˈtelɪdʒənt] intelligent, klug

to **in·tend** [ɪnˈtend] ① beabsichtigen; **he didn't intend me to hear that** er wollte nicht, dass ich das höre ② **to intend to do something** fest vorhaben, etwas zu tun; **what do you intend doing today?** was haben Sie heute vor?; **he intends to win** er hat fest vor zu gewinnen ③ **what did you intend by that joke?** was wolltest du mit diesem Witz sagen?

**in·tend·ed¹** [ɪnˈtendɪd] beabsichtigt, geplant

**in·tend·ed²** [ɪnˈtendɪd] **his intended** seine zukünftige Ehefrau

**in·tense** [ɪnˈtens] Emotionen: äußerst groß; Angst, Freude: intensiv; Schmerz: heftig; Diskussion: lebhaft; Person: ernsthaft

to **in·ten·si·fy** [ɪnˈtensɪfaɪ] ① Regen: sich verstärken; Kampf: sich verschärfen ② intensivieren Suche; vertiefen Beziehung

**in·ten·sity** [ɪnˈtensətɪ] die Intensität

**in·ten·sive** [ɪnˈtensɪv] ① intensiv ② **intensive care** die Intensivpflege; **intensive course** der Intensivkurs

**in·tent¹** [ɪnˈtent] ① Blick: durchdringend ② **to be intent on doing something** fest entschlossen sein, etwas zu tun

**in·tent²** [ɪnˈtent] die Absicht; **to all intents and purposes** in jeder Hinsicht; **with intent** mit der Absicht (**to** zu)

**in·ten·tion** [ɪnˈtenʃn] die Absicht, das Vorhaben; **with the best of intentions** in der besten Absicht

**in·ten·tion·al** [ɪnˈtenʃənl] absichtlich, vorsätzlich

**inter·ac·tive** [ˌɪntəræktɪv] interaktiv

to **inter·cept** [ˌɪntəˈsept] **to intercept someone/something** jemanden/etwas abfangen

**inter·cep·tion** [ˌɪntəˈsepʃn] das Abfangen

**inter·change** [ˈɪntətʃeɪndʒ] von Straßen: die Kreuzung; **motorway interchange** das Autobahnkreuz

**inter·change·able** [ˌɪntəˈtʃeɪndʒəbl] austauschbar, auswechselbar

**inter·city** [ˌɪntəˈsɪtɪ] **intercity train** der Intercityzug, der IC

**inter·com** ['ɪntəkɒm] die Gegensprechanlage

**inter·course** ['ɪntəkɔːs] **sexual intercourse** der Geschlechtsverkehr

**in·ter·est** ['ɪntrəst] ① das Interesse (**in** für/ an); **to take an interest in someone** sich für jemanden interessieren; **this is of no interest to me** das interessiert mich nicht; **just out of interest** nur interessehalber ② **in your own interests** in deinem eigenen Interesse; **of public interest** von öffentlichem Interesse ③ (*Finanzwesen*) die Zinsen; **rate of interest** der Zinssatz; **to pay interest on something** etwas verzinsen; **interest-free** zinslos ④ die Bedeutung; **of great interest** von großer Wichtigkeit

to **in·ter·est** ['ɪntrəst] **to interest someone** jemanden interessieren

**in·ter·est·ed** ['ɪntrəstɪd] interessiert; **to be interested in sport/music** sich für Sport/ Musik interessieren; **I'm interested to hear what he says** ich höre mir gerne an, was er zu sagen hat

**in·ter·est·ing** ['ɪntrəstɪŋ] interessant, fesselnd

to **inter·fere** [ˌɪntə'fɪər] ① sich einmischen (**in** in) ② **to interfere with something** etwas beeinträchtigen ③ stören *Radio, Fernseher*

**inter·fer·ence** [ˌɪntə'fɪərəns] ① die Einmischung ② (*im Radio, Fernseher*) die Störung

**in·te·ri·or**¹ [ɪn'tɪərɪər] Innen-, Binnen-

**in·te·ri·or**² [ɪn'tɪərɪər] ① *von Gebäude:* das Innere; (*in der Kunst*) das Interieur ② *von Land:* das Landesinnere ③ ⓤⓈⒶ **the Department of the Interior** das Innenministerium; **Interior Minister** der Innenminister/die Innenministerin

**in·te·ri·or de·sign·er** der Innenarchitekt/die Innenarchitektin

**inter·mar·riage** [ˌɪntə'mærɪdʒ] *kein Plural* die Mischehen

**inter·medi·ate** [ˌɪntə'miːdɪət] ① Zwischen- ② (*Schule*) **intermediate** [**level**] die Mittelstufe

to **inter·min·gle** [ˌɪntə'mɪŋgl] sich vermischen

**inter·mis·sion** [ˌɪntə'mɪʃn] die Unterbrechung, die Pause

**in·ter·nal** [ɪn'tɜːnl] ① innere(r, s) ② (*in einem Land*) innere(r, s); **internal affairs** die inneren Angelegenheiten; **internal trade** der Binnenhandel ③ (*in einer Firma*) betriebsinterne(r, s) ④ **Internal Revenue Service, IRS** ⓤⓈⒶ das Finanzamt

**in·ter·nal·ly** [ɪn'tɜːnəlɪ] (*medizinisch*) **not to be taken internally** nur zur äußerlichen Anwendung; **to bleed internally** eine

innere Blutung haben

**inter·na·tion·al**¹ [ˌɪntə'næʃnəl] international; **international call** das Auslandsgespräch; **international date line** die Datumsgrenze; **international law** das Völkerrecht; **International Monetary Fund** der Internationale Währungsfonds; **IMF** der IWF

**inter·na·tion·al**² [ˌɪntə'næʃnəl] ① (*beim Sport*) das Länderspiel ② der Nationalspieler/die Nationalspielerin

**Inter·net** ['ɪntənet] das Internet

**Inter·net bank·ing** *kein Plural* das Internetbanking

**Inter·net-based learn·ing** das Online-Lernen

**Inter·net search en·gine** die Internet-Suchmaschine

**inter·play** ['ɪntəpleɪ] das Wechselspiel

**Inter·pol** ['ɪntəpɒl] die Interpol

to **in·ter·pret** [ɪn'tɜːprɪt] ① interpretieren ② dolmetschen *Fremdsprache*

**in·ter·pret·er** [ɪn'tɜːprɪtər] der Dolmetscher/ die Dolmetscherin

**Inter-Rail**® ['ɪntəreɪl] das Interrail; **Inter-Rail**® **ticket** die Interrailkarte

**inter·re·lat·ed** [ˌɪntərɪ'leɪtɪd] zusammenhängend; *Probleme:* miteinander zusammenhängend

**inter·re·la·tion** [ˌɪntərɪ'leɪʃn], **inter·re·la·tion·ship** [ˌɪntərɪ'leɪʃnʃɪp] die Wechselbeziehung, der Zusammenhang

to **in·ter·ro·gate** [ɪn'terəgeɪt] **to interrogate someone** jemanden verhören; jemanden vernehmen *Zeugen*

**in·ter·ro·ga·tion** [ɪnˌterə'geɪʃn] das Verhör

**in·ter·ro·ga·tive**¹ [ˌɪntə'rɒgətɪv] das Interrogativ

**in·ter·ro·ga·tive**² [ˌɪntə'rɒgətɪv] interrogativ, Frage-

to **in·ter·rupt** [ˌɪntə'rʌpt] ① unterbrechen ② **you're always interrupting her!** du fällst ihr immer ins Wort ③ stören, behindern *Arbeit*

**in·ter·rup·tion** [ˌɪntə'rʌpʃn] die Unterbrechung; **without interruption** ununterbrochen

**inter·sec·tion** [ˌɪntə'sekʃn] ① (*mathematisch*) der Schnittpunkt ② *von Straße, Bahn:* die Kreuzung; *von Autobahn:* das Kreuz

**in·ter·val** ['ɪntəvl] ① der Zwischenraum, der Abstand; **at intervals** in Abständen ② (*auch im Theater*) die Pause ③ **sunny intervals** die Aufheiterungen

to **inter·vene** [ˌɪntə'viːn] ① eingreifen (**in** in) ② (*politisch*) intervenieren ③ einschreiten; **her attempt to intervene between them**

**failed** ihr Versuch, zwischen den beiden zu vermitteln, ist fehlgeschlagen ④ **if fate had not intervened** wenn das Schicksal nicht dazwischengekommen wäre

**inter·ven·ing** [ˌɪntəˈviːnɪŋ] dazwischenliegend

**inter·ven·tion** [ˌɪntəˈvenʃn] ① das Eingreifen ② (*politisch*) die Intervention

**inter·view** [ˈɪntəvjuː] ① das Vorstellungsgespräch ② das Interview, die Befragung

to **inter·view** [ˈɪntəvjuː] ① (*bei einer Bewerbung*) **to interview someone** ein Vorstellungsgespräch mit jemandem führen ② interviewen *Politiker, Filmstar*

**inter·viewee** [ˌɪntəvjuˈiː] ① (*bei einer Bewerbung*) der Kandidat/die Kandidatin ② (*im TV, Radio*) der/die Interviewte

**inter·view·er** [ˈɪntəvjuːəʳ] der Interviewer/die Interviewerin

**in·tes·tine** [ɪnˈtestɪn] ① **intestines** ⚠ *plural* der Darm ② **large intestine** der Dickdarm; **small intestine** der Dünndarm

**in·ti·mate** [ˈɪntɪmət] ① *Freund:* vertraut; (*sexuell*) intim ② *Problem:* persönlich; *Gefühl:* privat ③ *Wissen:* gründlich

to **in·timi·date** [ɪnˈtɪmɪdeɪt] **to intimidate someone** jemanden einschüchtern [*oder* unter Druck setzen]

**in·timi·da·tion** [ɪnˌtɪmɪˈdeɪʃn] die Einschüchterung

**into** [ˈɪntʊ] ① *räumlich* in; **to go into the house** ins Haus gehen; **to walk into the door** gegen die Tür laufen ② (*umgangsspr*) **he's into jazz** er steht auf Jazz ③ (*mathematisch*) **three into six goes twice** sechs durch drei gibt zwei ④ *zeitlich* **to work late into the night** bis tief in die Nacht arbeiten ⑤ **to translate into French** ins Französische übersetzen

**in·tol·er·able** [ɪnˈtɒlərəbl] unerträglich

**in·tol·er·ant** [ɪnˈtɒlərənt] intolerant (**of** gegenüber)

**in·toxi·cat·ing** [ɪnˈtɒksɪkeɪtɪŋ] berauschend

**in·toxi·ca·tion** [ɪnˌtɒksɪˈkeɪʃn] die Trunkenheit, der Rausch

**in·tran·si·tive¹** [ɪnˈtræn(t)sətɪv] intransitiv

**in·tran·si·tive²** [ɪnˈtræn(t)sətɪv] das Intransitivum

**in·tray** [ˈɪntreɪ] die Ablage für Eingänge

**in·tri·cate** [ˈɪntrɪkət] kompliziert, schwierig

**in·trigue** [ˈɪntriːg] die Intrige

**in·tri·guing** [ɪnˈtriːgɪŋ] sehr spannend, höchst interessant

to **intro·duce** [ˌɪntrəˈdjuːs] ① vorstellen *Personen;* **she introduced herself to the**

**director** sie hat sich der Direktorin vorgestellt; **can I introduce you to my partner?** darf ich dich mit meinem Partner bekannt machen? ② einführen *Ware, Tier, Pflanze* ③ einführen *Neuerung, Brauch* ④ zur Sprache bringen *Thema* ⑤ hineinstecken *Schlüssel, Rohr*

**intro·duc·tion** [ˌɪntrəˈdʌkʃn] ① *von Neuheit:* die Einführung ② *von Personen:* die Vorstellung ③ *von Buch, Musikstück:* die Einleitung

**intro·duc·tory** [ˌɪntrəˈdʌktəri] **introductory offer** das Einführungsangebot

to **in·trude** [ɪnˈtruːd] **am I intruding?** störe ich?; **to intrude on someone** jemanden stören; **to intrude on someone's privacy** in jemandes Privatsphäre eindringen

**in·trud·er** [ɪnˈtruːdəʳ] der Eindringling

**in·tru·sion** [ɪnˈtruːʒn] ① die Störung ② das Aufdrängen

**in·tru·sive** [ɪnˈtruːsɪv] aufdringlich

**in·tui·tion** [ˌɪntjuˈɪʃn] ① die Intuition; **to know something by intuition** etwas intuitiv wissen ② die Vorahnung

**in·tui·tive** [ɪnˈtjuːɪtɪv] intuitiv

to **in·vade** [ɪnˈveɪd] ① **to invade a country** in ein Land einmarschieren ② (*übertragen*) *Kinder, Touristen:* überschwemmen ③ **to invade someone's privacy** in jemandes Privatsphäre eindringen

**in·vad·er** [ɪnˈveɪdəʳ] der Eindringling

**in·va·lid¹** [ˈɪnvəlɪd] der/die Invalide, der/die Körperbehinderte

**in·va·lid²** [ˈɪnvəlɪd] krank, invalide

**in·va·lid³** [ɪnˈvælɪd] *Vertrag, Pass, Fahrkarte:* ungültig; *Annahme:* nicht zulässig

**in·vali·da·tion** [ɪnˌvælɪˈdeɪʃn] *kein Plural* die Ungültigkeitserklärung; *von rechtlichem Verhältnis:* die Nichtigkeitsurteil

**in·valu·able** [ɪnˈvæljʊəbl] unschätzbar

**in·vari·able** [ɪnˈveəriəbl] unveränderlich, ständig

**in·va·sion** [ɪnˈveɪʒn] ① die Invasion (**of** in); (*militärisch*) der Einmarsch ② die Störung

to **in·vent** [ɪnˈvent] erfinden

**in·ven·tion** [ɪnˈvenʃn] die Erfindung

**in·ven·tive** [ɪnˈventɪv] erfinderisch, einfallsreich

**in·ven·tor** [ɪnˈventəʳ] der Erfinder/die Erfinderin

**in·ven·tory** [ˈɪnvəntri] das Inventar, die Bestandsaufnahme; **to take inventory** Inventur machen

**in·verse¹** [ɪnˈvɜːs] umgekehrt, entgegengesetzt

**in·verse²** [ˈɪnvɜːs] das Gegenteil

**invert – iron out**

to **in·vert** [ɪn'vɜːt] ❶ **to invert something** etwas auf den Kopf stellen [*oder* umkehren] ❷ **inverted commas** das Anführungszeichen

to **in·vest** [ɪn'vest] ❶ anlegen, investieren *Geld* ❷ investieren *Zeit, Mühe* ❸ **to invest someone with a position/title/medal** jemandem ein Amt/einen Titel/einen Orden verleihen

to **in·ves·ti·gate** [ɪn'vestɪgeɪt] ❶ Ermittlungen anstellen; untersuchen *Verbrechen;* **to investigate a case** in einem Fall ermitteln ❷ überprüfen *Forderung* ❸ nachforschen

**in·ves·ti·ga·tion** [ɪnˌvestɪ'geɪʃn] ❶ die Ermittlung, die Untersuchung; **he's under investigation** gegen ihn wird ermittelt ❷ die Forschung

**in·ves·ti·ga·tor** [ɪn'vestɪgeɪtəʳ] der Ermittlungsbeamter/die Ermittlungsbeamtin, der Ermittler/die Ermittlerin

**in·vest·ment** [ɪn'vestmənt] die Anlage, die Investition; **to make an investment** investieren

**in·vest·ment trust** die Investmentgesellschaft

**in·ves·tor** [ɪn'vestəʳ] der Investor/die Investorin, der Kapitalanleger/die Kapitalanlegerin

to **in·vigi·late** [ɪn'vɪdʒɪleɪt] (*bei einer Prüfung*) Aufsicht führen

**in·vigi·la·tor** [ɪn'vɪdʒɪleɪtəʳ] (*bei einer Prüfung*) die Aufsichtsperson

**in·vig·or·at·ing** [ɪn'vɪgəreɪtɪŋ] erfrischend

**in·vin·cible** [ɪn'vɪnsəbl] unbesiegbar

**in·vis·ible** [ɪn'vɪzəbl] unsichtbar, nicht wahrnehmbar (**to** für)

**in·vi·ta·tion** [ˌɪnvɪ'teɪʃn] die Einladung

to **in·vite** [ɪn'vaɪt] ❶ **to invite someone** [**to a party/restaurant**] jemanden [zu einer Party/in ein Restaurant] einladen ❷ **to invite someone to do something** jemanden auffordern, etwas zu tun ❸ bitten um *Fragen, Spende* ❹ herausfordern *Kritik*

**in·vit·ing** [ɪn'vaɪtɪŋ] verlockend, einladend

**in·voice** ['ɪnvɔɪs] die Rechnung, die Faktura

to **in·voice** ['ɪnvɔɪs] **to invoice someone** jemandem eine Rechnung schicken; **to be invoiced for something** eine Rechnung für etwas erhalten

**in·vol·un·tary** [ɪn'vɒləntrɪ] ❶ *Bewegung:* unwillkürlich ❷ unbeabsichtigt, ungewollt

to **in·volve** [ɪn'vɒlv] ❶ **to involve someone/something** jemanden/etwas einbeziehen; **to involve someone in a quarrel** jemanden in einen Streit verwickeln ❷ **to be involved in a project** an einem Projekt mitarbeiten ❸ **to get involved with someone** sich mit jemandem einlassen; (*sexuell*) eine Affäre mit jemandem anfangen ❹ **what does your job involve?** worin besteht Ihre Arbeit? ❺ **it would involve a lot of work** das würde viel Arbeit mit sich bringen ❻ **this involves all of you** das geht euch alle an; **those involved** die Betroffenen

**in·volved** [ɪn'vɒlvd] ❶ verwickelt; (*politisch*) engagiert ❷ *Geschichte, Plan:* kompliziert

**in·ward** ['ɪnwəd] ❶ innere(r, s); *Lächeln:* innerliche(r, s) ❷ *Kurve:* nach innen gehend

**in·ward·ly** ['ɪnwədlɪ] innerlich

**in·wards** ['ɪnwədz] einwärts; **the door opens inwards** die Tür geht nach innen auf

**IOU** [ˌaɪəʊ'juː] *Abkürzung von* **I-owe-you** der Schuldschein

**IQ** [ˌaɪ'kjuː] *Abkürzung von* **intelligence quotient** der IQ, der Intelligenzquotient

**IRA** [ˌaɪər'eɪ] *Abkürzung von* **Irish Republican Army** die IRA, die Irisch-Republikanische Armee

**Ire·land** ['aɪələnd] Irland; **Northern Ireland** Nordirland; **Republic of Ireland** die Republik Irland

ⓛ Während der nördliche Teil Irlands zum Vereinigten Königreich gehört, ist der größte Teil der irischen Insel ein unabhängiger Staat, die **Irish Republic** oder **Republic of Ireland** (Republik Irland). Mit dem „Anglo-Irish Treaty" (anglo-irisches Abkommen) von 1921 erhielt Irland den dominion status innerhalb des Commonwealth als der **Irish Free State**. 1949 trat Irland jedoch aus dem Commonwealth aus und ist seit 1973 Mitglied der EU.

**Irish¹** ['aɪərɪʃ] irisch

**Irish²** ['aɪərɪʃ] ❶ (*Sprache*) Irisch, das Irische ❷ (*Personen*) **the Irish** die Iren

**Irish·man** ['aɪərɪʃmən] <*plural* Irishmen> der Ire

**Irish·wom·an** ['aɪərɪʃwʊmən, *plural* 'aɪərɪʃwɪmɪn] <*plural* Irishwomen> die Irin

**iris rec·og·ni·tion** die Iriserkennung (*zur Identifizierung einer Person*)

**iron¹** ['aɪən] ❶ das Eisen ❷ (*für Kleider*) das Bügeleisen ❸ **in irons** in Ketten [*oder* Fesseln] ❹ (*beim Golf*) das Eisen ▸ WENDUNGEN: **to rule with a rod of iron** mit eiserner Faust regieren; **to strike while the iron is hot** das Eisen schmieden, solange es heiß ist

**iron²** ['aɪən] ❶ eisern ❷ (*übertragen*) eisern, streng

to **iron** ['aɪən] bügeln *Kleider*

◆ to **iron out** (*übertragen*) ausbügeln *Schwierigkeiten*

**Iron Age** die Eisenzeit

**Iron Cur·tain** (*historisch*) **the Iron Curtain** der Eiserne Vorhang

**iron·ic** [aɪˈrɒnɪk], **iron·ic·al** [aɪˈrɒnɪkəl] ❶ ironisch; *Lächeln:* spöttisch ❷ (*übertragen*) paradox

**iron·ing** [ˈaɪənɪŋ] **to do the ironing** bügeln

**iron·ing board** das Bügelbrett

**iro·ny** [ˈaɪərənɪ] die Ironie

**ir·ra·tion·al** [ɪˈræʃənl] unvernünftig, irrational

**ir·regu·lar** [ɪˈregjʊləʳ] ❶ unregelmäßig ❷ uneben, ungleichmäßig ❸ unvorschriftsmäßig

**ir·rel·evance** [ɪˈreləvᵊn(t)s], **ir·rel·evan·cy** [ɪˈreləvᵊn(t)si] die Bedeutungslosigkeit, die Irrelevanz

**ir·rel·evant** [ɪˈreləvᵊnt] belanglos, irrelevant

**ir·repa·rable** [ɪˈrepərəbl] nicht wieder gutzumachen, irreparabel

**ir·re·place·able** [ˌɪrɪˈpleɪsəbl] unersetzlich

**ir·re·sist·ible** [ˌɪrɪˈzɪstəbl] unwiderstehlich

**ir·re·spec·tive** [ˌɪrɪˈspektɪv] **irrespective of something** ohne Rücksicht auf etwas

**ir·re·spon·sible** [ˌɪrɪˈspɒnsəbl] unverantwortlich; *Person:* verantwortungslos

**ir·rev·er·ent** [ɪˈrevᵊrᵊnt] respektlos

**ir·re·vers·ible** [ˌɪrɪˈvɜ:səbl] nicht umkehrbar

**ir·ri·ga·tion** [ˌɪrɪˈgeɪʃᵊn] *kein Plural* die Bewässerung

**ir·ri·table** [ˈɪrɪtəbl] reizbar, gereizt

**ir·ri·tant** [ˈɪrɪtᵊnt] ❶ der Reizstoff ❷ das Ärgernis

to **ir·ri·tate** [ˈɪrɪteɪt] ❶ **to irritate someone** jemanden ärgern [*oder* irritieren]; **to be irritated by someone/something** sich über jemanden/etwas ärgern ❷ (*medizinisch*) reizen

**ir·ri·ta·tion** [ˌɪrɪˈteɪʃᵊn] ❶ der Ärger, die Verärgerung (**at**/**against** über) ❷ (*medizinisch*) die Reizung

**is** [ɪz] *3. Person singular Präsens von* **be**

**ISDN** *Abkürzung von* **integrated services digital network** ISDN

**Is·lam** [ɪzˈlɑ:m] der Islam

**Is·lam·ic** [ɪzˈlæmɪk] islamisch

**Is·lamo·pho·bia** [ˌɪzlɑ:məˈfəʊbɪə] *kein Plural* der Anti-Islamismus

**is·land** [ˈaɪlənd] die Insel

**is·land·er** [ˈaɪləndəʳ] der Inselbewohner/die Inselbewohnerin

**Isle of Wight** [ˈwaɪt] die Isle of Wight

**isn't** [ˈɪznt] *Kurzform von* **is not**

to **iso·late** [ˈaɪsəleɪt] (*auch technisch*) **to isolate someone/something** jemanden/etwas isolieren (**from** von); **to isolate oneself** sich isolieren [*oder* abkapseln]

**iso·lat·ed** [ˈaɪsəleɪtɪd] ❶ isoliert, abgeschnitten; **isolated house** das einsame [*oder* abgelegene] Haus ❷ einzeln; **isolated case** der Einzelfall

**iso·la·tion** [ˌaɪsəˈleɪʃn] ❶ die Absonderung, die Isolierung ❷ die Isoliertheit, die Abgeschnittenheit

**iso·la·tion ward** die Isolierstation

**isos·celes tri·an·gle** [aɪˈsɒsli:zˌtraɪæŋgl] das gleichschenklige Dreieck

**is·sue** [ˈɪʃu:] ❶ die Frage; **at issue** zur Debatte stehend, strittig; **to become an issue** zum Problem werden; **to take issue with someone over something** jemandem in etwas widersprechen; **to make an issue of something** etwas aufbauschen ❷ die Ausgabe, die Lieferung; *von Banknoten, Zeitschrift:* die Ausgabe; *von Aktien:* die Emission ❸ **date of issue** der Ausgabetag; **place of issue** der Ausstellungsort ❹ das Ergebnis; **to force the issue** eine Entscheidung erzwingen

to **is·sue** [ˈɪʃu:] ❶ **to issue something to someone** etwas an jemanden ausgeben; jemandem etwas ausstellen *Dokument;* **the issuing authorities** die ausstellende Behörde; **to issue someone with a visa** jemandem ein Visum ausstellen ❷ herausgeben *Bücher* ❸ (*auch übertragen*) *Fluss:* [her]ausfließen; *Personen:* herausströmen (**from** aus)

**it** [ɪt] ❶ *je nach Geschlecht* (*vorher Genanntes*) er, sie, es, ihn, sie, es, ihm, ihr, ihm ❷ *Geschlecht unbekannt* (*vorher Genanntes*) es; **do you see the tree? he's behind/in front of/beside it** siehst du den Baum? er ist dahinter/davor/daneben ❸ **who is it? — it's me** wer ist da? — ich bin's; **what is it?** was ist das? ❹ **it's raining** es regnet; **it's 12 o'clock** es ist 12 Uhr ❺ **that's it!** ja, genau!; **that's it! I'm going home!** Feierabend! ich gehe nach Hause!; **that's it! I've had enough!** so, das war's! mir reicht's!

**IT** [ˌaɪˈti:] *Abkürzung von* **information technology** IT

**Ital·ian¹** [ɪˈtæljən] italienisch

**Ital·ian²** [ɪˈtæljən] ❶ der Italiener/die Italienerin ❷ Italienisch, das Italienische

**ital·ic¹** [ɪˈtælɪk] kursiv

**ital·ic²** [ɪˈtælɪk] **in italics** in Kursivschrift

**Ita·ly** [ˈɪtəlɪ] Italien

to **itch** [ɪtʃ] jucken; **my back itches** mir juckt der Rücken ► WENDUNGEN: **to itch to do something** darauf brennen, etwas zu tun

**itch** [ɪtʃ] <*plural* itches> ❶ das Jucken, der Juckreiz ❷ (*übertragen*) **I have an itch to**

**do something** es reizt mich, etwas zu tun
**itchy** ['ɪtʃɪ] juckend ▸ WENDUNGEN: **to have itchy feet** von der Reiselust gepackt sein
**item** ['aɪtəm] ➊ das Ding, der Gegenstand; (*im Laden*) der Artikel ➋ (*auf einer Rechnung*) die Buchung, der Posten; (*auf einer Liste, Agenda*) der Punkt ➌ **item** [**of news**] die Nachricht; **a short news item** eine Kurzmeldung ➍ **are those two an item?** (*umgangsspr*) haben die beiden etwas miteinander?
**itin·er·ary** [aɪ'tɪnərərɪ] ➊ die Reiseroute ➋ die Reisebeschreibung
**it'll** ['ɪtl] *Kurzform von* **it will; it shall**
**its** [ɪts] seine(r, s)
**it's** [ɪts] *Kurzform von* **it is; it has**
**it·self** [ɪt'self] ➊ sich; **look at the cat washing itself!** guck mal, wie die Katze sich putzt! ➋ (*betont*) selbst; **do it yourself!** tu es doch selbst! ➌ **by itself** allein, von selbst; **in itself, it's not a problem** an sich ist das kein Problem
**ITV** [ˌaɪti:'vi:] *kein Plural, ohne Artikel* 🇬🇧 *Abkürzung von* **Independent Television** *englisches Privatfernsehen*
**I've** [aɪv] *Kurzform von* **I have**
**ivo·ry** ['aɪvərɪ] das Elfenbein
**Ivo·ry Coast the Ivory Coast** die Elfenbeinküste
**ivo·ry tow·er** ➊ der weltabgeschiedene Ort, der Elfenbeinturm; **to live in an ivory tower** im Elfenbeinturm leben ➋ die Weltabgeschiedenheit
**ivy** ['aɪvɪ] der Efeu

# J

**J** *<plural* J's *oder* Js>, **j** ['dʒeɪ] *<plural* j's> J, j
to **jab** [dʒæb] *<jabbed, jabbed>* ➊ **to jab something** etwas stoßen (**into** in); **to jab someone with a knife** jemanden mit einem Messer stechen ➋ **she jabbed her finger** sie hat sich in den Finger gestochen
**jab** [dʒæb] ➊ der Stich, der [kurze] Stoß ➋ (*beim Boxen*) die [kurze] Gerade ➌ (*umgangsspr*) **to have a jab** eine Spritze bekommen
**jack** [dʒæk] ➊ (*für Auto*) der Wagenheber ➋ (*im Kartenspiel*) der Bube
◆ to **jack in** (*umgangsspr*) **to jack some-**

**thing in** etwas hinschmeißen
◆ to **jack up** aufbocken *Auto*
**jack·et** ['dʒækɪt] ➊ die Jacke; (*von Anzug*) das Jackett ➋ **life jacket** die Schwimmweste ➌ *Buch:* der Schutzumschlag, die Hülle ➍ (*für Boiler*) der Mantel ➎ **potatoes in their jackets** in der Schale gebackene Kartoffeln, die gebackenen Kartoffeln
**jack·et po·ta·to** in der Schale gebackene Kartoffel, die gebackene Kartoffel
**jack-in-the-box** ['dʒækɪnðəbɒks] (*Spielzeug*) der Springteufel
**jack·pot** ['dʒækpɒt] *Lotto:* der Jackpot, der Haupttreffer; **to hit the jackpot** den Jackpot knacken; (*übertragen*) das große Los ziehen
**ja·cuz·zi®** [dʒə'ku:zɪ] der Whirlpool
**jag·ged** ['dʒægɪd, 'dʒægɪ] ➊ zackig, gezahnt ➋ *Küste:* zerklüftet
**jail** [dʒeɪl] das Gefängnis; **in jail** im Gefängnis
**jail·break** der Ausbruch aus dem Gefängnis
**jail·er** ['dʒeɪlə'] der Gefängnisaufseher/die Gefängnisaufseherin
**jail·house** 🇺🇸 das Gefängnis
to **jam** [dʒæm] *<jammed, jammed>* ➊ einklemmen *Finger* ➋ **he managed to jam everything into the suitcase** er konnte alles in den Koffer hineinstopfen ➌ *Gegenstand:* festklemmen; *Maschine, Gerät:* klemmen ➍ stören *Übertragung* ➎ **to jam on the brakes** voll auf die Bremsen treten
**jam** [dʒæm] ➊ die Marmelade, die Konfitüre ➋ **traffic jam** der Stau; **paper jam** der Papierstau ➌ (*technisch*) die Verklemmung ▸ WENDUNGEN: **to be in a jam** (*umgangsspr*) in einer schwierigen Lage sein
**jam-jar** ['dʒæmdʒɑ:'] das Marmelade[n]glas
**jam-packed** [ˌdʒæm'pækt] (*umgangsspr*) proppenvoll
**Janu·ary** ['dʒænjʊərɪ] der Januar; **in January** im Januar; **on 15th January, on January 15** 🇺🇸 am 15. Januar; **at the beginning of January** Anfang Januar; **at the end of January** Ende Januar
**Ja·pan** [dʒə'pæn] Japan
**Japa·nese[1]** [ˌdʒæpə'ni:z] *<plural* Japanese> ➊ (*Person*) der Japaner/die Japanerin ➋ *kein Plural* (*Sprache*) Japanisch
**Japa·nese[2]** [ˌdʒæpə'ni:z] japanisch
**jar** [dʒɑ:'] ➊ *Marmelade:* das Glas ➋ **to have a jar** (*umgangsspr*) ein Bierchen trinken
**Java** ➊ (*indonesische Insel*) Java ➋ (*Programmiersprache*) die Java
**jave·lin** ['dʒævlɪn] der Speer; (*Sportart*) das Speerwerfen
**jaw** [dʒɔ:] ➊ der Kiefer ➋ **jaws** ⚠ *plural Tier:*

das Maul, der Rachen

**jazz** [dʒæz] ❶ der Jazz ❷ **and all that jazz** (*umgangsspr*) und der ganze Kram

to **jazz up to jazz something up** etwas aufmotzen

**jazz·y** ['dʒæzɪ] ❶ jazzartig ❷ *Kleid:* poppig

**JCB®** [ˌdʒeɪsiː'biː] **GB** der [Erdräum]bagger

**jeal·ous** ['dʒeləs] eifersüchtig (**of** auf)

**jeal·ousy** ['dʒeləsɪ] die Eifersucht (**of** auf)

**jeans** [dʒiːnz] △ *plural* die Jeans

**jeep** [dʒiːp] der Jeep

to **jeer** [dʒɪəʳ] ausbuhen, spotten (**at** über)

**jeer** [dʒɪəʳ] die höhnische Bemerkung

**jel·ly** ['dʒelɪ] ❶ der/das Gelee ❷ **to have legs like jelly** Pudding in den Knien haben

**jel·ly baby GB** das Fruchtgummi (*in Form eines Babys*)

**jel·ly bean** das [bohnenförmige] Geleebonbon

**jel·ly·fish** die Qualle

**jeop·ardy** ['dʒepədɪ] die Gefahr; **to put something in jeopardy** etwas gefährden

to **jerk** [dʒɜːk] ❶ heftig ziehen an *Seil* ❷ *Körperteil:* zucken, zusammenzucken ❸ **the car jerked to a stop** das Auto blieb ruckartig stehen

**jerk** [dʒɜːk] ❶ der Ruck; **with a jerk** mit einem Ruck ❷ *von Körperteil:* das Zusammenzucken, die Zuckung ❸ (*slang*) der Trottel

**jer·sey** ['dʒɜːzɪ] ❶ der Pullover ❷ (*für Sport*) das Trikot

**Jesus** ['dʒiːzəs], **Jesus Christ** [ˌdʒiːzəs'kraɪst] *kein Plural, ohne Artikel* Jesus Christus

to **jet** [dʒet] <jetted, jetted> (*umgangsspr*) jetten

**jet** [dʒet] ❶ *von Flüssigkeit:* der Strahl ❷ die Düse ❸ das Düsenflugzeug

**jet en·gine** ['dʒet͜ˌendʒɪn] das Düsentriebwerk

**jet fight·er** der Düsenjäger

**jet·foil** ['dʒetfɔɪl] das Tragflügelboot

**jet lag** ['dʒetlæg] der Jetlag

**jet plane** das Düsenflugzeug

**jet-pro·pelled** [ˌdʒetprə'peld] mit Düsenantrieb

**jet set** ['dʒetset] der Jetset

**jet·ty** ['dʒetɪ] ❶ der Hafendamm, die Mole ❷ die Landungsbrücke

**Jew** [dʒuː] der Jude/die Jüdin

**jew·el** ['dʒuːəl] ❶ der Edelstein; (*auch übertragen*) das Juwel ❷ **jewels** △ *plural* der Schmuck

**je·wel·ler** ['dʒuːələʳ], **USA je·wel·er** der Juwelier

**je·wel·lery** ['dʒuːəlrɪ], **USA je·wel·ry** die Juwelen, der Schmuck

**Jew·ess** ['dʒuːes] <*plural* jewesses> die Jüdin

**Jew·ish** ['dʒuːɪʃ] jüdisch

**jif·fy** ['dʒɪfɪ] (*umgangsspr*) **in a jiffy** im Nu; **just a jiffy!** einen Augenblick bitte!

**Jif·fy bag®** die gepolsterte Versandtasche

**jig·saw** ['dʒɪgsɔː] ❶ jigsaw [**puzzle**] das Puzzle ❷ die Stichsäge

**ji·had·ist** [dʒɪ'hɑːdɪst] Jihad-

to **jin·gle** ['dʒɪŋgl] ❶ *Schlüssel, Münzen, Schmuck:* klimpern; *kleine Glöckchen:* bimmeln ❷ klimpern mit *Schlüssel, Münzen*

**jin·gle** ['dʒɪŋgl] ❶ *von Schlüsseln, Münzen, Schmuck:* das Klimpern; *von Glöckchen:* das Bimmeln ❷ (*im Radio*) der Jingle

**job** [dʒɒb] ❶ die Arbeit; **to do a job for someone** für jemanden etwas erledigen; **to do a good/bad job** seine Sache gut/ schlecht machen; **to do odd jobs** Gelegenheitsarbeiten verrichten; **out of a job** arbeitslos ❷ die Stelle, der Job ❸ (*zu erfüllen*) die Aufgabe; **he's only doing his job** er tut nur seine Pflicht ❹ (*umgangsspr*) **it's quite a job!** es ist eine schwierige Sache! ❺ (*slang: Straftat*) das Ding ▸ WENDUNGEN: **just the job** genau das Richtige; **that should do the job** das müsste hinhauen; **I had a job doing it** es war nicht leicht; **to make the best of a bad job** das Beste aus etwas machen

**job ad·ver·tise·ment** die Stellenausschreibung

**job ap·pli·ca·tion** die Stellenbewerbung

**job·cen·tre GB** ≈ die Agentur für Arbeit (*für Arbeitsvermittlung, Durchführung arbeitsmarktpolitischer Maßnahmen und Gewährung von Lohnersatzleistungen zuständig*)

**job crea·tion scheme** die Arbeitsbeschaffungsmaßnahme

**job cuts** *plural* der Stellenabbau

**job de·scrip·tion** die Stellenbeschreibung

**job hunt** die Stellensuche

**job inter·view** das Vorstellungsgespräch

**job·less** ['dʒɒblɪs] arbeitslos

**job mar·ket** der Arbeitsmarkt

**job·seek·er** ['dʒɒbˌsiːkəʳ] der/die Arbeitssuchende

**job shar·ing** die Arbeitsplatzteilung, das Jobsharing

**job ti·tle** die Berufsbezeichnung

**jock·ey** ['dʒɒkɪ] der Jockei, der Jockey, der Rennreiter/die Rennreiterin

**jog** [dʒɒg] **to go for a jog** joggen gehen

to **jog** [dʒɒg] <jogged, jogged> ❶ laufen gehen, joggen ❷ **to jog someone's memory** jemandes Gedächtnis nachhelfen

◆ to **jog along**, to **jog on** sich fortschleppen

**jogger – joy**

**jog·ger** [ˈdʒɒgəʳ] der Läufer/die Läuferin, der Jogger/die Joggerin

**jog·ging** [ˈdʒɒgɪŋ] Jogging; **to go jogging** joggen

**john** [dʒɒn] ⓤⓈⒶ (*slang*) das Klo

**John** [dʒɒn] **John the Baptist** Johannes der Täufer

**john·ny**, **john·nie** [ˈdʒɒnɪ] ❶ der Kerl, der Bursche ❷ (*slang*) das Kondom, der Pariser

**join** [dʒɔɪn] die Verbindungsstelle, die Fuge, die Naht

to **join** [dʒɔɪn] ❶ **to join something** etwas verbinden (**to**/**onto** mit) ❷ **to join someone** sich zu jemandem gesellen, sich jemandem anschließen; **come and join us!** setzt dich doch zu uns!, komm mit uns!; **to join a club** in einen Verein eintreten; **to join a company** anfangen, für eine Firma zu arbeiten; **to join forces with someone** sich mit jemandem zusammenschließen, mit jemandem zusammenarbeiten; **to join hands with someone** sich an den Händen fassen; (*übertragen*) mit jemandem gemeinsame Sache machen ❸ *Fluss:* sich vereinigen, münden in; *Straße:* zusammenlaufen; *Land:* angrenzen (**to** an) ❹ einstimmen (**in** in); **everybody join in the chorus!** alle im Chor!

◆to **join in** mitmachen (**with** bei)

◆to **join on** ❶ **to join something on** etwas verbinden ❷ **our garden joins onto theirs** unser Garten grenzt an ihren

◆to **join up** ❶ (*beim Militär*) einrücken ❷ miteinander verbinden

**join·er** [ˈdʒɔɪnəʳ] der Tischler/die Tischlerin, der Schreiner/die Schreinerin

**joint¹** [dʒɔɪnt] ❶ (*anatomisch*) das Gelenk; **out of joint** ausgerenkt; (*übertragen*) aus den Fugen ❷ die Keule; **lamb joint** die Lammkeule; **the Sunday joint** der Sonntagsbraten ❸ die Naht, die Fuge ❹ (*umgangsspr*) die Kneipe, die Spielhölle ❺ (*umgangsspr: Marihuana*) der Joint ▶ WENDUNGEN: **to put someone's nose out of joint** jemanden vor den Kopf stoßen

**joint²** [dʒɔɪnt] gemeinsam, gemeinschaftlich; **to take joint action** gemeinsam vorgehen

**joint ac·count** das Gemeinschaftskonto

**joint·ed** [ˈdʒɔɪntəd] gegliedert

**joint ef·fort** die Gemeinschaftsarbeit

**joint·ly** [ˈdʒɔɪntlɪ] gemeinsam, zusammen

**joint own·er** der Miteigentümer/die Miteigentümerin

**joint ven·ture** das Joint Venture

**joke** [dʒəʊk] ❶ der Spaß, der Scherz; **a practical joke** ein Streich; **it's no joke** das ist kein Scherz; **to carry the joke too far** den Spaß zu weit treiben; **to make a joke of something** etwas ins Lächerliche ziehen, einen Witz aus etwas machen; **to play a joke on someone** jemandem einen Streich spielen; **he can't take a joke** er versteht keinen Spaß; **I don't see the joke** was soll daran lustig sein?; **the joke was on him** er war der Narr ❷ **to tell a joke** einen Witz erzählen; **it's a standing joke** die ganze Welt lacht darüber

to **joke** [dʒəʊk] Witze machen, scherzen; **you must be joking!** das kann doch wohl nicht dein Ernst sein!; **I was only joking** ich habe das nicht ernst gemeint

**jok·er** [ˈdʒəʊkəʳ] ❶ der Witzbold ❷ (*umgangsspr*) der Kerl, der Bursche ❸ (*im Kartenspiel*) der Joker

**jok·ing¹** [ˈdʒəʊkɪŋ] scherzhaft

**jok·ing²** [ˈdʒəʊkɪŋ] *kein Plural* das Scherzen; **joking apart** Spaß beiseite

**jok·ing·ly** [ˈdʒəʊkɪŋli] im Scherz

**jol·ly** [ˈdʒɒlɪ] ❶ fröhlich, lustig ❷ (*umgangsspr*) mächtig, sehr; **it was a jolly good evening** es war ein prima Abend; **you can jolly well do it yourself!** du kannst es verdammt noch mal selber tun! ❸ **Jolly Roger** die Piratenflagge

to **jolt** [dʒəʊlt] ❶ **to jolt something** etwas [durch]rütteln ❷ (*übertragen*) **to jolt someone** jemanden erschüttern; **to jolt someone into action** jemanden auf Trab bringen ❸ *Auto, Traktor:* holpern

**jolt** [dʒəʊlt] ❶ der plötzliche Stoß ❷ der Schock

to **jos·tle** [ˈdʒɒsl] drängeln; **to jostle someone** jemanden anrempeln

**jot** [dʒɒt] **not a jot** kein Fünkchen

◆to **jot down** **to jot something down** [sich] etwas kurz notieren

**jot·ter** [ˈdʒɒtəʳ], **jot·ter pad** ⒼⒷ der Notizblock

**jot·tings** [ˈdʒɒtɪŋz] *plural* die Notizen

**jour·nal** [ˈdʒɜːnl] ❶ das Tagebuch ❷ das Journal ❸ die Zeitschrift

**jour·nal·ism** [ˈdʒɜːnlɪzəm] der Journalismus

**jour·nal·ist** [ˈdʒɜːnlɪst] der Journalist/die Journalistin

**jour·ney** [ˈdʒɜːnɪ] die Reise; **to break one's journey** die Reise unterbrechen; **to go on a journey** eine [lange] Reise antreten; **a day's journey** eine Tagesreise

**joy** [dʒɔɪ] ❶ die Freude (**in**/**of** an, **at** über); **to wish someone joy** jemandem viel Vergnügen wünschen; **to dance for** [*oder* **with**] **joy**

vor Freude tanzen; **to their great joy** zu ihrer großen Freude ❷ **I didn't have any joy** (*umgangsspr*) ich hatte keinen Erfolg

**joy·ful** ['dʒɔɪfl] ❶ voller Freude ❷ freudig, froh, glücklich

**joy·less** ['dʒɔɪlɪs] freudlos, traurig

**joy·ous** ['dʒɔɪəs] freudig, froh

**joy·ride** *Fahrt in einem gestohlenen Auto*

**joy·stick** ❶ der Steuerknüppel ❷ (*für den Computer*) der Steuerknüppel, der Joystick

**JP** *Abkürzung von* **Justice of the Peace** der Friedensrichter/die Friedensrichterin

**ju·bi·lant** ['dʒuːbɪlənt] überglücklich, frohlockend

**ju·bi·la·tion** [ˌdʒuːbɪ'leɪʃn] der Jubel

**ju·bi·lee** ['dʒuːbɪliː] das Jubiläum; **silver jubilee** das 25-jährige Jubiläum; **diamond jubilee** das 60-jährige Jubiläum

**judge** [dʒʌdʒ] ❶ der Richter/die Richterin (**of** über) ❷ der Schiedsrichter/die Schiedsrichterin, der Preisrichter/die Preisrichterin ❸ der Kenner/die Kennerin; **to be no judge of something** sich in etwas nicht auskennen; **he's the best judge of that** er kennt sich am besten damit aus

to **judge** [dʒʌdʒ] ❶ (*in einem Gerichtsfall*) richten; **to judge a case** einen Fall verhandeln, die Verhandlung über einen Fall führen ❷ (*in einem Wettbewerb*) die Entscheidung treffen ❸ urteilen; **to judge someone/something** jemanden/etwas beurteilen; **as far as I can judge** soweit ich das beurteilen kann; **judging by the size, it weighs very little** gemessen an der Größe, wiegt es sehr wenig ❹ [ab]schätzen *Situation* ❺ **to judge someone to be something** jemanden für etwas halten, jemanden als etwas ansehen

**judge·ment** ['dʒʌdʒmənt] ❶ das Urteil (**on** über); **to pass judgement** ein Urteil fällen (**on** über); **to sit in judgement** (*auch übertragen*) zu Gericht sitzen (**on** über) ❷ der Richterspruch ❸ (*übertragen*) die Meinung; **in my judgement** meines Erachtens ❹ der gesunde Menschenverstand; **against one's better judgement** gegen die eigene Überzeugung

**ju·di·cial** [dʒuː'dɪʃl] richterlich; **judicial inquiry** die gerichtliche Untersuchung

**ju·di·ci·ary** [dʒuː'dɪʃərɪ] **the judiciary** die Richterschaft

**ju·di·cious** [dʒuː'dɪʃəs] klug

**judo** ['dʒuːdəʊ] Judo

**jug** [dʒʌɡ] der Krug, die Kanne

**jug·ger·naut** ['dʒʌɡənɔːt] Ⓖ der Schwerlaster

to **jug·gle** ['dʒʌɡl] (*auch übertragen*) jonglieren

**jug·gler** ['dʒʌɡlər] der Jongleur/die Jongleurin

**Ju·go·slav**[1] ['juːɡə(ʊ)slɑːv] (*historisch*) jugoslawisch

**Ju·go·slav**[2] ['juːɡə(ʊ)slɑːv] (*historisch*) der Jugoslawe, die Jugoslawin

**Ju·go·sla·via** [juːɡə(ʊ)'slɑːvɪə] (*historisch*) Jugoslawien

**juice** [dʒuːs] ❶ der Saft; **juice extractor** der Entsafter ❷ (*umgangsspr*) das Benzin ❸ (*umgangsspr: Elektrizität*) der Strom, der Saft

**juicy** ['dʒuːsɪ] ❶ saftig ❷ *Geschichte, Skandal:* pikant ❸ Gewinn bringend

**juke·box** ['dʒuːkbɒks] der Musikautomat

**July** [dʒuː'laɪ] der Juli; **in July** im Juli; **on 15th July, on July 15** Ⓤ am 15. Juli; **at the beginning of July** Anfang Juli; **at the end of July** Ende Juli

**jum·ble** ['dʒʌmbl] der Mischmasch, das Durcheinander

◆to **jumble up to jumble something up** etwas [ver]mischen; (*übertragen*) etwas durcheinanderbringen

**jum·ble sale** ❶ der Trödelmarkt ❷ der Wohltätigkeitsbasar

**jum·bo** ['dʒʌmbəʊ] riesig; **jumbo jet** der Jumbo [Jet]

**jump** [dʒʌmp] ❶ der Sprung; **high jump** der Hochsprung; **long jump** der Weitsprung; **triple jump** der Dreisprung ❷ *von Körper:* die Zuckung ❸ *von Preisen:* das plötzliche Ansteigen ❹ der Gedankensprung

to **jump** [dʒʌmp] ❶ springen; **to jump something** über etwas springen ❷ *Person:* zusammenzucken ❸ *Preise:* in die Höhe schnellen ❹ *Gerät:* überspringen; **to jump the rails** *Zug:* entgleisen ❺ **jump to it!** (*umgangsspr*) mach schon! ❻ **to jump to conclusions** voreilige Schlüsse ziehen ▶ WENDUNGEN: **to jump bail** untertauchen (*während man auf Kaution frei ist*); **to jump ship** ohne Erlaubnis abheuern; **to jump the gun** vorher anfangen; (*beim Sport*) einen Frühstart machen; **to jump the queue** sich vordrängeln

◆to **jump about** herumhüpfen

◆to **jump at** sich stürzen auf; **he jumped at the chance** er hat die Gelegenheit beim Schopf gepackt

◆to **jump down** hinabspringen, hinunterspringen (**from** von) ▶ WENDUNGEN: **to jump down someone's throat** (*umgangsspr*) jemanden anfahren [*oder* anschnauzen]

◆to **jump in** ❶ hineinspringen *Wasser* ❷ hineinsteigen *Auto, Zug*

**jump off – justify**

◆to **jump off** herabspringen; **to jump off something** von etwas springen

◆to **jump on** ❶ aufspringen; **to jump on [to] one's bicycle** sich aufs Fahrrad schwingen ❷ **to jump on someone** jemanden anfahren ▸ WENDUNGEN: **to jump on the bandwagon** auf den fahrenden Zug aufspringen

◆to **jump out** hinausspringen; aussteigen *Auto, Zug*

◆to **jump up** aufspringen, hochspringen

**jumped-up** ['dʒʌmptʌp] (*umgangsspr*) eingebildet, hochnäsig

**jump·er** ['dʒʌmpə'] ❶ der Springer/die Springerin; **high jumper** der Hochspringer/die Hochspringerin; **long jumper** der Weitspringer/die Weitspringerin ❷ ⓖⒷ der Pullover

**jump·ing jack** ['dʒʌmpɪŋ'dʒæk] der Knallfrosch

**jump leads** ['dʒʌmp,li:dz] *plural* das Starthilfekabel

**jump suit** der Overall

**jumpy** ['dʒʌmpɪ] (*umgangsspr*) nervös, schreckhaft

**junc·tion** ['dʒʌŋkʃn] ❶ der Verbindungspunkt, der Schnittpunkt ❷ **road junction** die [Straßen]kreuzung, der [Verkehrs]knotenpunkt ❸ der Eisenbahnknoten[punkt] ❹ (*Elektrizität*) die Anschlussstelle

**June** [dʒuːn] der Juni; **in June** im Juni; **on 15th June, on June 15** ⓤⓈⒶ am 15. Juni; **at the beginning of June** Anfang Juni; **at the end of June** Ende Juni

**jun·gle** ['dʒʌŋgl] der Dschungel, der Urwald

**jun·ior[1]** ['dʒuːnɪə'] ❶ jünger ❷ von geringerem Dienstalter, von niedrigerem Rang (**to** als) ❸ (*nach einem Namen*) **Smith Junior** Smith Junior

**jun·ior[2]** ['dʒuːnɪə'] ❶ der/die Jüngere; **to be someone's junior** jünger als jemand sein; **he's her junior by two years** er ist zwei Jahre jünger als sie ❷ der/die Rangniedrigere ❸ ⓤⓈⒶ der/die Schüler/Schülerin im 3. Schuljahr ❹ ⓤⓈⒶ der/die Student/Studentin im 3. Studienjahr

**jun·ior col·lege** ⓤⓈⒶ *College für die beiden ersten Studienjahre*

**jun·ior high school** ⓤⓈⒶ *Schule, die das 8. und 9. Schuljahr umfasst*

**jun·ior school** ⓖⒷ die Grundschule

**junk** [dʒʌŋk] ❶ der Abfall, das Gerümpel ❷ der Ramsch

**junk food** [,dʒʌŋk'fu:d] die minderwertige Kost

**junkie** ['dʒʌŋkɪ] (*umgangsspr*) der/die Rauschgiftsüchtige, der Junkie

**junk mail** ['dʒʌŋmeɪl] die [unerwünschte] Reklamesendung

**junk shop** der Trödelladen

**junk·yard** ['dʒʌŋkjɑ:d] der Schrottplatz

**ju·ror** ['dʒʊərə'] der/die Geschworene, der Schöffe/die Schöffin

**jury** ['dʒʊərɪ] ❶ [die] Geschworenen, [die] Schöffen ❷ die Jury; **trial by jury** die Schwurgerichtsverhandlung; **to do jury service** Schöffe/Schöffin sein

**just[1]** [dʒʌst] ❶ *Strafe:* gerecht; *Person:* redlich ❷ rechtmäßig ❸ *Zorn:* berechtigt ❹ *Maß:* recht

**just[2]** [dʒʌst] ❶ genau; **just as good/bad/interesting** genauso gut/schlecht/interessant; **just as well** auch gut; **that's just it!** darum geht es ja gerade!; **just so** ganz richtig, genauso ❷ gerade; **just as he arrived the phone rang** gerade als er ankam, hat das Telefon geklingelt; **just then** gerade in diesem Augenblick; **only just** gerade noch; **he [only] just made it** er hat es gerade noch [*oder* mit knapper Not] geschafft; **just now** gerade [so] eben; **just after/before** direkt nach/vor; **it's just after/before 10** es ist kurz nach/vor 10 Uhr ❸ **just enough** gerade genug; **I've just about had enough of this** mir reicht's langsam; **just about** beinahe, ungefähr ❹ (*umgangsspr*) ganz, einfach; **just like that** einfach so; **that's just crazy!** das ist einfach verrückt!; **"he wouldn't do it!" — "wouldn't he just!"** „er würde es nicht tun!" — „und ob!" ❺ **just a moment!** einen Augenblick! ❻ **just tell me!** sag doch mal! ❼ **just in case** für alle Fälle, für den Fall, dass ❽ **just the same** trotzdem

**just[3]** [dʒʌst] **the just** die Gerechten ▸ WENDUNGEN: **to sleep the sleep of the just** den Schlaf der Gerechten schlafen

**jus·tice** ['dʒʌstɪs] ❶ die Gerechtigkeit; **to do someone/something justice** jemandem/etwas gerecht werden ❷ das Recht; **to administer** [*oder* **dispense**] **justice** Recht sprechen; **court of justice** das Gericht, der Gerichtshof ❸ der Richter/die Richterin; **Justice of the Peace** der Friedensrichter/die Friedensrichterin

**jus·ti·fi·able** [,dʒʌstɪ'faɪəbl] zu rechtfertigen, vertretbar

**jus·ti·fi·ca·tion** [,dʒʌstɪfɪ'keɪʃn] die Rechtfertigung; **in justification** zur Rechtfertigung (**of** von)

to **jus·ti·fy** ['dʒʌstɪfaɪ] rechtfertigen (**to** vor); **they'd be justified in complaining** sie sollten sich ruhig beschweren ▸ WENDUNGEN:

**the end justifies the means** der Zweck heiligt die Mittel

**just·ly** [ˈdʒʌstlɪ] verdientermaßen, gerechterweise

**ju·venile¹** [ˈdʒuːvənaɪl] **①** jugendlich, jung **②** unreif

**ju·venile²** [ˈdʒuːvənaɪl] der/die Jugendliche

**ju·venile court** das Jugendgericht

**ju·venile crime, ju·venile de·lin·quen·cy** die Jugendkriminalität

**ju·venile de·lin·quent** der jugendliche Straftäter/die jugendliche Straftäterin


# K

**K** <*plural* K's *oder* Ks>, **k** [keɪ] <*plural* k's> K, k

**ka·mi·ka·ze at·tack** der Kamikazeangriff

**kan·ga·roo** [ˌkæŋɡəˈruː] das Känguru

**ka·rao·ke** [ˌkæriˈəʊki] *kein Plural* das Karaoke

**ka·ra·te** [kəˈrɑːtɪ] Karate

**ka·ra·te chop** der Karateschlag

**kay·ak** [ˈkaɪæk] der Kajak

**KB** [ˌkeɪˈbiː] *Abkürzung von* **kilobyte** KB, kByte

**ke·bab** [kəˈbæb] der Kebab

**keel** [kiːl] der Kiel ▶ WENDUNGEN: **to be on an even keel** ausgeglichen sein

◆ to **keel over** kentern; (*übertragen*) umkippen

**keen** [kiːn] **①** *Interesse:* lebhaft, stark; *Person:* stark interessiert (**on** an); **she is keen on riding** sie ist eine leidenschaftliche Reiterin; **I am not very keen on meeting him** ich bin nicht besonders scharf darauf, ihn kennen zu lernen **②** *Augen, Messer, Verstand:* scharf **③** *Wind:* schneidend **④** *Kälte:* durchdringend, streng **⑤** *Schmerz:* stechend, heftig **⑥** *Appetit:* stark, groß **⑦** *Wettstreit:* heftig

**keep** [kiːp] **①** die Unterhaltskosten; **to earn one's keep** seinen Lebensunterhalt verdienen **②** **for keeps** (*umgangsspr*) für immer

to **keep** [kiːp] <kept, kept> **①** behalten; **to keep something under control** etwas in Schranken halten; **to keep something in mind** etwas im Auge behalten; **to keep a promise** ein Versprechen halten; **can you keep a secret?** kannst du etwas für dich behalten?; **to keep something from someone** etwas vor jemandem verheimlichen; **to**

**keep something in [good] repair** etwas in gutem Zustand [er]halten; **to keep silent** Stillschweigen bewahren; **to keep someone in suspense** jemanden in der Schwebe lassen; **to keep watch** aufpassen **②** **to keep [to the] left** sich links halten; *Auto:* links fahren **③** einhalten, befolgen *Gesetz, Regeln* **④** aufbewahren *Waren;* **to keep cool** kühl aufbewahren; *Lebensmittel:* sich halten **⑤** unterhalten *Haus, Familie;* **to keep house** haushalten **⑥** halten *Vieh* **⑦** beschäftigen *Personal* **⑧** führen *Waren, Tagebuch* **⑨** feiern *Jahrestag* **⑩** betreiben *Hotel* **⑪** (*im Geschäft*) **do you keep tablecloths?** haben Sie Tischdecken? **⑫** aufhalten, abhalten *Person* (**from** von); **don't let me keep you** lass dich [von mir] nicht aufhalten; **what kept you?** wo warst du denn so lange?; **to keep someone waiting** jemanden warten lassen **⑬** **to keep hold of something** etwas festhalten; **to keep one's seat** sitzen bleiben **⑭** **to keep calm** [*oder* **quiet**] ruhig bleiben; **to keep one's temper** ruhig bleiben **⑮** **to keep doing something** etwas weiterhin tun, etwas dauernd tun; **keep going!** gehen Sie weiter!; (*übertragen*) machen Sie weiter!; **keep smiling!** Kopf hoch!; **keep talking!** reden Sie weiter! **⑯** **to keep someone company** jemandem Gesellschaft leisten **⑰** **to keep [good] time** *Uhr:* richtig gehen; *Person:* Takt halten **⑱** **to keep track of something** sich etwas merken **⑲** **keep your hands off!** nehmen Sie Ihre Hände weg! **⑳** **how is he keeping?** wie geht es ihm?; **to keep fit** fit bleiben **㉑** **that can keep** das kann warten ▶ WENDUNGEN: **to keep one's head** die Ruhe bewahren

◆ to **keep ahead** vorne bleiben; **to keep ahead of the others** in Führung bleiben

◆ to **keep at** **to keep at something** mit etwas weitermachen; **keep at it!** nicht aufgeben!

◆ to **keep away** **①** wegbleiben **②** **to keep someone/something away** jemanden/etwas fernhalten (**from** von); **he can't keep away from it** er kann die Finger nicht davon lassen

◆ to **keep back** **①** zurückbleiben **②** **to keep something back** etwas zurückhalten; zurückbehalten *Geld* **③** verschweigen, zurückhalten *Informationen* **④** **to keep someone back** jemanden aufhalten

◆ to **keep down** **①** unten lassen; einziehen *Kopf;* **keep your voice down!** rede nicht so laut! **②** einschränken *Ausgaben;* niedrig halten *Steuern, Preise* ❸ (*übertragen*) unterdrücken *Person* ❹ bei sich behalten *Essen*

◆to **keep from** to keep from doing something etwas unterlassen, etwas vermeiden

◆to **keep in** ❶ to keep someone in jemanden am Ausgehen hindern; **to keep a pupil in** einen Schüler nachsitzen lassen ❷ zügeln *Gefühle* ❸ to keep in with someone die Beziehung zu jemandem pflegen; **to keep in with a customer** einen Kundenkontakt pflegen ❹ einziehen *Bauch*

◆to **keep off** ❶ to keep off something von etwas wegbleiben [*oder* fernbleiben]; **keep off!** betreten verboten!; **keep off the grass!** betreten des Rasens verboten! ❷ to keep someone off something jemanden von etwas abhalten

◆to **keep on** ❶ aufbehalten *Hut;* anbehalten *Kleidung* ❷ weiterbeschäftigen *Person* ❸ keep on with your work arbeite doch weiter; **he keeps on calling me** er ruft mich immer wieder an; **she kept on sneezing** sie konnte nicht aufhören zu niesen; **to keep on at someone** jemanden nicht in Ruhe lassen; **to keep on about something** dauernd von etwas reden; **to keep on talking** weiterreden (**about** über) ❹ to keep on down this road (*mit dem Auto*) diese Straße immer weiterfahren; (*zu Fuß*) diese Straße immer weitergehen; **to keep straight on** immer geradeaus gehen [*oder* fahren]

◆to **keep out** ❶ to keep someone/something out jemanden/etwas nicht hereinlassen; abhalten *Kälte* ❷ sich fernhalten (**of** von); **keep out!** Eintritt verboten! ❸ to keep out of danger Gefahr meiden

◆to **keep to** ❶ to keep to the rules/a diet sich an die Regeln/eine Diät halten ❷ to keep to the path auf dem Weg bleiben; **to keep to the left** sich links halten, links fahren ❸ to keep oneself to oneself für sich bleiben

◆to **keep together** ❶ to keep something together etwas zusammenhalten ❷ zusammenbleiben

◆to **keep up** ❶ fortfahren mit, weitermachen [mit] *gute Arbeit, Leistung;* **keep it up!** nur so weiter! nicht nachgeben!; **I hope this weather keeps up** hoffentlich hält das Wetter an ❷ festhalten an; aufrecht halten *Gewohnheit, Brauch;* aufrechterhalten *Standard, Bemühungen, Freundschaft* ❸ halten *Tempo* ❹ to keep up with someone (*auch übertragen*) mit jemandem Schritt halten; (*mit Bekanntschaft*) mit jemandem Kontakt

halten; **to keep up with the news** auf dem Laufenden bleiben; **he talked so fast, I couldn't keep up** er sprach so schnell, dass ich kaum mitkam ❺ fortführen *Geschäft* ❻ unterhalten *Haus;* in Stand halten *Straße* ❼ to keep one's spirits up den Kopf nicht hängen lassen; **to keep up appearances** den Schein wahren ❽ to keep someone up jemanden vom Schlafengehen abhalten ▶ WENDUNGEN: **to keep up with the Joneses** mit den anderen gleichziehen

**keep·er** ['kiːpə'] ❶ [game]keeper der Wildhüter ❷ zookeeper der Tierwärter/die Tierwärterin ❸ [goal]keeper der Torwart

**keep-fit** *kein Plural* das Fitnesstraining

**keep·ing** ['kiːpɪŋ] ❶ in keeping with in Übereinstimmung mit, in Einklang mit ❷ for safe keeping zur sicheren Aufbewahrung

**keg beer** ⓖⒷ das Bier vom Fass, das Fassbier

**ken·nel** ['kenl] ❶ die Hundehütte ❷ kennels ⚠ *plural* der Hundezwinger; **boarding kennels** die Hundepension

**kept** [kept] *2. und 3. Form von* **keep**

**kerb** [kɜːb] die Bordkante

**ketch·up** ['ketʃəp] der/das Ketchup

**ket·tle** ['ketl] der Kessel; **to put the kettle on** Teewasser/Kaffeewasser aufsetzen ▶ WENDUNGEN: **a pretty kettle of fish!** eine schöne Bescherung!; **that's a different kettle of fish** [altogether] das ist ja etwas ganz anderes!

**key**[1] [kiː] ❶ der Schlüssel ❷ (*übertragen*) die Lösung (**of** für) ❸ *von Klavier, Schreibmaschine:* die Taste ❹ *eines Blasinstruments:* die Klappe ❺ (*in der Musik*) die Tonart; **to sing off key** falsch singen ❻ die Zeichenerklärung

**key**[2] [kiː] wichtigste(r, s); **key man** die Schlüsselfigur; **key point** der springende Punkt; **key position** die Schlüsselposition

◆to **key in** eingeben *Daten*

◆to **key up** ❶ to be keyed up aufgedreht sein ❷ to key someone up for something jemanden auf etwas einstimmen

**key·board** ['kiːbɔːd] die Klaviatur; *von Computer:* die Tastatur

**key·board in·stru·ment** das Tasteninstrument

**key·board·ist** der Keyboardspieler/die Keyboardspielerin

**key·hole** ['kiːhəʊl] das Schlüsselloch

**key mon·ey** die Kaution

**key·note ad·dress**, **key·note speech** die programmatische Rede, das Grundsatzreferat

**key·pad** ['kiːpæd] das Tastenfeld

**key per·son·nel** ⚠ *singular* der/die leitende Angestellte

**key ring** der Schlüsselring

**kick** [kɪk] ❶ der Fußtritt, der Stoß ❷ (*beim Fußball*) der Schuss ❸ **to get a big kick out of something** (*umgangsspr*) viel Spaß an etwas haben; **to do something for kicks** (*umgangsspr*) etwas zum Spaß tun; **to live for kicks** (*umgangsspr*) nur zu seinem Vergnügen leben

to **kick** ❶ treten; *Pferd:* ausschlagen; *Baby:* strampeln; **to kick someone** jemandem einen Tritt geben ❷ kicken *Fußball;* schießen *Tor* ❸ (*umgangsspr*) **to kick a habit** etwas aufgeben; **to kick heroin** vom Heroin runterkommen ❹ **I could have kicked myself** (*umgangsspr*) ich hätte mich selber in den Hintern treten können

◆to **kick about** ❶ **to kick an animal/someone about** ein Tier/jemanden schlecht behandeln ❷ herumkicken *Ball* ❸ herumbummeln

◆to **kick against to kick against something** gegen etwas treten

◆to **kick around** ❶ **to kick an animal/someone around** ein Tier/jemanden schlecht behandeln ❷ herumkicken *Ball* ❸ herumbummeln, herumliegen

◆to **kick at to kick at something** gegen etwas treten

◆to **kick away to kick something away** etwas wegstoßen

◆to **kick back** (*umgangsspr*) ❶ (*mit dem Fuß*) zurücktreten ❷ zurückschießen *Ball*

◆to **kick in to kick something in** etwas eintreten; **to kick someone's teeth in** jemandem die Zähne einschlagen

◆to **kick off** ❶ wegschleudern; (*beim Fußball*) anspielen ❷ (*umgangsspr*) beginnen

◆to **kick out** (*umgangsspr*) ❶ **to kick someone/something out** jemanden/etwas rauswerfen ❷ (*beim Fußball*) ins Aus schießen ❸ *Pferd:* ausschlagen; *Person:* um sich treten

◆to **kick up to kick up a fuss** [*oder* **row**] (*übertragen*) Krach schlagen

**kick-off** [ˈkɪkɒf] ❶ (*beim Fußball*) der Anstoß, das Anspiel ❷ (*umgangsspr*) der Anfang ❸ **for a kick-off** zunächst [einmal]

**kid** [kɪd] (*umgangsspr*) ❶ das Kind; **when you were a kid** als du klein warst; **that's kid's stuff** das ist etwas für kleine Kinder, das ist kinderleicht; **listen, kid** hör mal zu, Kleiner ❷ **kid sister** die jüngere Schwester; **kid brother** der jüngere Bruder

to **kid** [kɪd] <kidded, kidded> (*umgangsspr*) Spaß machen; **don't kid yourself** mach dir

doch nichts vor

to **kid·nap** [ˈkɪdnæp] <kidnapped, kidnapped> **to kidnap someone** jemanden entführen

**kid·nap·per** [ˈkɪdnæpəʳ] der Kidnapper/die Kidnapperin, der Entführer/die Entführerin

**kid·nap·ping** [ˈkɪdnæpɪŋ] die Entführung, der Menschenraub

**kid·ney** [ˈkɪdnɪ] die Niere

**kid·ney do·nor** der Nierenspender/die Nierenspenderin

**kid·ney fail·ure** das Nierenversagen

**kid·ney ma·chine** die künstliche Niere

to **kill** [kɪl] ❶ **to kill someone** jemanden töten; (*absichtlich*) jemanden umbringen; (*durch Schläge*) jemanden totschlagen; **smoking can kill you** das Rauchen kann tödliche Folgen haben ❷ **to be killed in action** (*militärisch*) im Kampf fallen ❸ schlachten, erlegen *Tier* ❹ abtöten *Bakterien, Schmerz* ❺ abwürgen *Motor;* anhalten, zum Stehen bringen *Maschine;* **to kill the light** das Licht ausschalten ❻ **to kill time** Zeit totschlagen ▶ WENDUNGEN: **to dress to kill** sich herausputzen; **to kill two birds with one stone** zwei Fliegen mit einer Klappe schlagen; **my feet are killing me** meine Füße tun mir [wahnsinnig] weh; **to kill oneself laughing** sich totlachen

◆to **kill off** vernichten *Feind;* abschlachten *Tiere*

**kill** [kɪl] *eines Tieres:* die Beute ▶ WENDUNGEN: **to be in at the kill** am Schluss dabei sein

**kill·er** [ˈkɪləʳ] ❶ der Mörder/die Mörderin ❷ **it's a real killer** (*umgangsspr*) das ist der glatte Mord

**kill·er in·stinct** der Tötungsinstinkt; (*übertragen*) **to have the killer instinct** bereit sein, über Leichen zu gehen

**kill·er whale** der Schwertwal, der Killerwal

**kill·ing**[1] [ˈkɪlɪŋ] ❶ tödlich ❷ (*übertragen*) mörderisch, ermüdend

**kill·ing**[2] [ˈkɪlɪŋ] ❶ das Töten, der Mord ❷ *eines Tieres:* das Abschlachten ▶ WENDUNGEN: **to make a killing** (*umgangsspr*) viel auf einmal verdienen, einen Reibach machen

**kilo** [ˈkiːləʊ] <*plural* kilos> das Kilo

**kilo·byte** [ˈkɪləbaɪt] das Kilobyte

**kilo·gram**, ⒼⒷ **kilo·gramme** [ˈkɪləgræm] das Kilogramm

**kilo·me·tre** [ˈkɪləmiːtəʳ], ⓊⓈⒶ **kilo·me·ter** der Kilometer

**kilt** [kɪlt] der Kilt, der Schottenrock

**kin** [kɪn] die Verwandtschaft; **the next of kin** die nächsten Angehörigen

**kind**[1] [kaɪnd] ❶ die Art; **a kind of toy** eine

**kind – kneel** **250**

**L** Zu besonderen Anlässen, wie z.B. Hochzeiten, tragen viele Schotten noch heute einen **Kilt** (Schottenrock). Dieser Kilt oder **Highland dress** stammt aus dem 16.Jh. und bestand damals aus einem einzigen Stück Stoff. Im 17.Jh. wurden daraus zwei getrennte Kleidungsstücke: der Kilt und das **Plaid** (Umhängetuch aus Wolle). Aus dieser Zeit stammt auch der **Sporran**, ein Beutel, der am Gürtel hängt. Erst im 18.Jh. wurden die unterschiedlichen **Tartans** (Schottenmuster) für einzelne **Clans** (Familien) entworfen.

Art Spielzeug; **this kind of thing** so etwas; **something of the kind** so etwas Ähnliches ❷ die Sorte, die Klasse; **what kind of bird is it?** was für ein Vogel ist das?; **I am not that kind of person** so bin ich nicht; **they are two of a kind** sie sind vom gleichen Schlag; **the same kind** von derselben Sorte ❸ (*umgangsspr*) **it was kind of funny/stupid** es war irgendwie witzig/doof

**F** Nicht verwechseln mit *das Kind — child!*

**kind²** [kaɪnd] freundlich, nett; **to be kind to someone** nett zu jemandem sein; **kind to animals** tierlieb
**kind-heart-ed** [ˌkaɪndˈhɑːtɪd] gutmütig, gütig
**kind·ly** [ˈkaɪndlɪ] ❶ gütig, freundlich; **to take kindly to someone** jemanden lieb gewinnen ❷ nett, liebenswürdig ❸ **he very kindly helped us** er hat uns liebenswürdigerweise geholfen; **to thank someone kindly** jemandem herzlich danken ❹ gefälligst; **kindly put it back** bitte seien Sie so freundlich und stellen Sie es zurück
**kind·ness** [ˈkaɪndnɪs] <*plural* kindnesses> ❶ die Freundlichkeit, die Liebenswürdigkeit ❷ die Gefälligkeit
**king** [kɪŋ] der König
**king·dom** [ˈkɪŋdəm] das Königreich; **the animal/vegetable kingdom** das Tierreich/Pflanzenreich; **kingdom of heaven** das Himmelreich; **the United Kingdom** das Vereinigte Königreich
**king·fish·er** [ˈkɪŋˌfɪʃəʳ] der Eisvogel
**king-size** [ˈkɪŋsaɪz] (*umgangsspr*) besonders groß
**kink** [kɪŋk] ❶ der Knick ❷ (*im Haar*) die Kräuselung, die Welle
**kinky** [ˈkɪŋkɪ] (*umgangsspr: sexuell!*) abartig
**ki·osk** [ˈkiːɒsk] der Kiosk, die Bude; **telephone kiosk** ⒼⒷ die Telefonzelle
**kip** [kɪp] (*umgangsspr*) das Schläfchen; **to get some [oder have a] kip** (*umgangsspr*) eine

Runde pennen
to **kip** [kɪp] (*umgangsspr*) schlafen
**kip·per** [ˈkɪpəʳ] der Räucherhering
to **kiss** [kɪs] **to kiss someone/something** jemanden/etwas küssen
**kiss** [kɪs] <*plural* kisses> der Kuss; **kiss of life** die Mund-zu-Mund-Beatmung
**kiss-proof** kussecht
**kit** [kɪt] ❶ (*auch militärisch*) die Ausrüstung; **sports kit** das Sportzeug ❷ (*umgangsspr*) der Satz ❸ das Handwerkszeug; **repair kit** der Reparatursatz ❹ **first-aid kit** das Verbandzeug
⬦to **kit out**, to **kit up** [kɪt] **to kit someone out** jemanden ausrüsten; ausstaffieren *Zimmer*
**kitch·en** [ˈkɪtʃɪn] die Küche
**kitch·en·ette** [ˌkɪtʃɪˈnet] die Kochnische
**kitch·en foil** die Alufolie
**kitch·en knife** das Küchenmesser
**kitch·en pa·per** *kein Plural* das Küchenpapier
**kitch·en sink** ❶ die Spüle, der [Küchen]ausguss ❷ (*übertragen*) **he arrived here with everything but the kitchen sink** er kam mit Sack und Pack an
**kitch·en ta·ble** der Küchentisch
**kitch·en tow·el** ❶ *kein Plural* das Küchenpapier ❷ ⓊⓈⒶ das Geschirrtuch
**kitch·en unit** der Küchenschrank
**kite** [kaɪt] ❶ (*Vogel*) der Milan ❷ der Drachen; **to fly a kite** einen Drachen steigen lassen; (*übertragen*) einen Versuchsballon steigen lassen
**Kite mark** ⒼⒷ das [amtliche] Qualitätssiegel
**kit·ten** [ˈkɪtn] ❶ das Kätzchen ❷ (*umgangsspr*) **to have kittens** Zustände kriegen
**kit·ty** [ˈkɪtɪ] ❶ das Kätzchen ❷ die gemeinsame Kasse
**kJ** *Abkürzung von* **kilojoule** kJ
**Kleen·ex®** [ˈkliːneks] das Tempotaschentuch®
**km/h** *Abkürzung von* **kilometres per hour** km/h
**knack** [næk] ❶ der Kniff, der Trick; **there's a knack to it** man muss den Dreh kennen ❷ **it has the knack of stopping at the wrong moment** es neigt dazu, im falschen Moment anzuhalten
**knack·ered** [ˈnækəd] (*umgangsspr*) geschafft, todmüde
**knee** [niː] ❶ das Knie; **on one's knees** auf den Knien; (*übertragen*) kniefällig ❷ **kneejerk reaction** (*übertragen*) die spontane Abwehrreaktion
**knee·cap** [ˈniːˌkæp] die Kniescheibe
to **kneel** [niːl] <knelt, knelt> **kneel [down]** [nie-

der|knien

**knee sock** der Kniestrumpf

**knees-up** (GB) (*umgangsspr*) die [ausgelassene] Party

**knelt** [nelt] *2. und 3. Form von* **kneel**

**knew** [njuː] *2. Form von* **know**

**knick·ers** ['nɪkəz] *plural* (*umgangsspr*) der [Damen]schlüpfer ▶ WENDUNGEN: **to get one's knickers in a twist** (*umgangsspr*) sich aufregen, durchdrehen

**knife** [naɪf, *plural* naɪvz] <*plural* knives> das Messer; **knives and forks** das Besteck

to **knife** [naɪf] **to knife someone/something** jemanden/etwas erstechen

**knif·ing** ['naɪfɪŋ] die Messerstecherei

**knight** [naɪt] ❶ der Ritter ❷ (*beim Schach*) der Springer

to **knight** [naɪt] **to knight someone** jemanden zum Ritter schlagen

**knight·hood** ['naɪthʊd] die Ritterwürde, der Ritterstand

to **knit** [nɪt] <knit *oder* knitted, knit *oder* knitted> ❶ stricken ❷ **to knit one's brow** die Stirn runzeln ❸ (*übertragen*) *Knochen:* zusammenwachsen

**knit·ting** [nɪtɪŋ] ❶ die Strickarbeit, das Strickzeug ❷ das Stricken

**knit·ting-nee·dle** die Stricknadel

**knit·wear** ['nɪtweəʳ] die Strickwaren, die Strickkleidung

**knob** [nɒb] ❶ der Griff, der Knopf, der Knauf ❷ die Beule ❸ **a knob of butter** ein Stückchen Butter

**knock** [nɒk] ❶ der Schlag, der Stoß ❷ das Klopfen ❸ (*umgangsspr*) der Tiefschlag, die Kritik; **to take a knock** (*übertragen*) erschüttert werden, einen schweren finanziellen Verlust erleiden

to **knock** [nɒk] ❶ **to knock someone/something** jemanden/etwas stoßen [*oder* schlagen] (**on/against** gegen) ❷ klopfen; **to knock at the door** an die Tür klopfen ▶ WENDUNGEN: **don't knock it!** (*umgangsspr*) mecker nicht darüber! **that knocks you sideways** (*umgangsspr*) das haut dich um

◆ to **knock about**, to **knock around** ❶ *Person:* sich herumtreiben; **to knock about** [*oder* **around**] **with someone** sich mit jemandem herumtreiben ❷ *Gegenstand:* herumliegen ❸ **to knock someone/an animal about** [*oder* **around**] jemanden/ein Tier schlagen [*oder* verprügeln]

◆ to **knock back** (*umgangsspr*) ❶ hinunterstürzen *Getränk* ❷ **it'll knock you back a bit** es wird dich was kosten ❸ **it knocked**

**me back** es hat mich ganz schön überrascht

◆ to **knock down** ❶ **to knock someone down** jemanden umstoßen; (*mit Fahrzeug*) jemanden umfahren ❷ **to knock something down** etwas umstürzen; abbrechen *Gebäude* ❸ herabsetzen *Preis*

◆ to **knock into** ❶ **I can't seem to knock it into her head** ich kann es ihr nicht einbläuen ❷ **to knock something into shape** etwas in Form bringen

◆ to **knock off** ❶ **to knock off** [**work**] (*umgangsspr*) Feierabend machen ❷ abschlagen *Gegenstand* ❸ (*umgangsspr*) **to knock ten pounds off** [**the price**] zehn Pfund vom Preis nachlassen ❹ (*umgangsspr*) **it was knocked off** es ist geklaut ❺ (*umgangsspr*) erledigen *Person*

◆ to **knock out** ❶ ausklopfen *Pfeife* ❷ (*beim Boxen*) k.o. schlagen ❸ (*umgangsspr*) **I was really knocked out by the news** ich war von der Nachricht verblüfft

◆ to **knock over** ❶ **to knock something over** etwas umwerfen ❷ umfahren *Person*

◆ to **knock together** ❶ **to knock a meal together** ein Essen zaubern ❷ zusammenzimmern *Hütte* ❸ **his knees were knocking together** ihm schlotterten die Knie ▶ WENDUNGEN: **I'll knock their heads together!** ich werde die beiden schütteln!

◆ to **knock up** ❶ hochschlagen *Ball* ❷ (GB) erzielen *Punktzahl* ❸ zusammenzimmern *Hütte* ❹ rasch zubereiten *Essen* ❺ (GB) wecken *Person* ❻ (*slang*) **he knocked her up** er hat ihr ein Kind angehängt

**knock·er** ['nɒkəʳ] der Türklopfer

**knock·ing-off time** *kein Plural* der Feierabend

**knock·out** ['nɒkaʊt] ❶ **knock-out blow** der K.o.-Schlag ❷ (*übertragen*) die vernichtende Niederlage ❸ (*umgangsspr*) der Pfundskerl, das Pfundsweib ❹ die Ausscheidung[srunde]

**knot** [nɒt] ❶ der Knoten; **to tie/untie a knot** einen Knoten machen/aufmachen ❷ (*im Holz*) der Ast ▶ WENDUNGEN: **to tie oneself** [**up**] **in knots** in Schwierigkeiten geraten

to **knot** [nɒt] <knotted, knotted> ❶ sich verknoten; **to knot something** in etwas [einen] Knoten machen ❷ (*umgangsspr*) **get knotted!** lass mich in Ruh!

to **know** [nəʊ] <knew, known> ❶ wissen (**about** über); **I should have known better** ich hätte es besser wissen müssen; **not that I know of** nicht, dass ich wüsste; **to know the difference between right and wrong** Gut und Böse unterschieden können ❷ kennen *Person;* **I don't know her** ich kenne sie nicht; **to get to know someone** jemanden kennen lernen; **do you know each other?** haben Sie sich schon kennen gelernt?; **she's known to the police** sie ist der Polizei bekannt; **to make oneself known** sich bekannt machen ❸ **to know someone by his/her voice/walk** jemanden an der Stimme/am Gang erkennen ❹ können *Sprache;* sich auskennen mit *Gerät;* **do you know anything about car engines?** verstehst du etwas von Automotoren?; **to know how to do something** es verstehen, etwas zu tun ❺ erfahren *Furcht, Zorn;* herausfinden *Methode* ❻ **to come to be known** bekannt werden ❼ **to let someone know** jemanden wissen lassen, jemandem Bescheid geben ❽ **to know different** es besser wissen; **to know what's what** wissen, wie es in der Welt zugeht

**know** [nəʊ] **to be in the know** im Bilde sein
**know-all** ['nəʊɔːl] der Besserwisser/die Besserwisserin; **don't be such a know-all!** sei nicht so besserwisserisch!
**know-how** ['nəʊhaʊ] das Fachwissen; (*technisch*) das Know-how
**know·ing** ['nəʊɪŋ] **a knowing look/smile** ein viel sagender Blick/viel sagendes Lächeln
**know·ing·ly** ['nəʊɪŋli] ❶ viel sagend ❷ bewusst
**know-it-all** ['nəʊɪtɔːl] ⓤⓢⓐ der Besserwisser/die Besserwisserin
**knowl·edge** ['nɒlɪdʒ] ❶ die Kenntnisse (**of** in); **knowledge of English** die Englischkenntnisse ❷ das Wissen, die Kenntnis; **to [the best of] my knowledge** soviel ich weiß; **without my knowledge** ohne mein Wissen
**knowl·edg(e)·able** ['nɒlɪdʒəbl] kenntnisreich, bewandert (**about** in)
**known**[1] [nəʊn] *3. Form von* **know**
**known**[2] [nəʊn] bekannt, anerkannt
**knuck·le** ['nʌkl] ❶ der Knöchel ❷ (*Fleisch*) die Haxe ▶ WENDUNGEN: **to give someone a rap on the knuckles** jemandem auf die Finger klopfen; **near the knuckle** an der Grenze zum Anstößigen
**kohl** [kəʊl] *kein Plural* das Kajal
**Ko·ran** [kəˈrɑːn] der Koran
**kph** *Abkürzung von* **kilometres per hour** km/h

# L

**L** <*plural* L's *oder* Ls>, **l** [el] <*plural* l's> L, l
**LA** [ˌelˈeɪ] *Abkürzung von* **Los Angeles** Los Angeles
**lab** [læb] (*umgangsspr*) das Labor; **language lab** das Sprachlabor
**la·bel** ['leɪbl] ❶ das Schildchen, das Etikett ❷ die Plattenfirma; (*auf CD, Schallplatte*) das Label ❸ (*übertragen*) das Etikett
to **la·bel** ['leɪbl] <labelled *oder* ⓤⓢⓐ labeled, labelled *oder* ⓤⓢⓐ labeled> ❶ etikettieren *Ware* ❷ (*übertragen*) bezeichnen *Person, Tier;* **to label someone as something** jemanden als etwas etikettieren
**la·bor** ⓤⓢⓐ ❶ die Arbeit; **to do something as a labor of love** etwas aus Liebe zur Sache tun ❷ die Arbeitskräfte ❸ **to be in labor** Wehen haben

**F** Nicht verwechseln mit *das Labor — laboratory!*

to **la·bor** ⓤⓢⓐ ❶ arbeiten (**at** an) ❷ sich [ab]mühen (**for** für)

**L** In den USA wird der Tag der Arbeit, der **Labor Day**, nicht am 1. Mai, sondern am ersten Montag im September gefeiert und ist überall ein gesetzlicher Feiertag.

**la·bora·tory** [ləˈbɒrətrɪ] das Labor[atorium]
**la·bora·tory as·sis·tant** der Laborant/die Laborantin
**la·bor·er** ⓤⓢⓐ der Arbeiter/die Arbeiterin
**la·bo·ri·ous** [ləˈbɔːriəs] ❶ mühsam ❷ umständlich
**la·bour** ['leɪbəʳ] ❶ die Arbeit; **to do something as a labour of love** etwas aus Liebe zur Sache tun ❷ die Arbeitskräfte ❸ **to be in labour** Wehen haben ❹ **Labour** ⓖⓑ (*politisch*) die Labour Party
to **la·bour** ['leɪbəʳ] ❶ arbeiten (**at** an) ❷ sich [ab]mühen (**for** für)
**la·bour camp** das Arbeitslager
**la·bour·er** ['leɪbərəʳ] der Arbeiter/die Arbeiterin
**la·bour pains** *plural* die Wehen
**La·bour Par·ty** *kein Plural* ⓖⓑ **the Labour Party** die Labour Party
**la·bour re·la·tions** *plural* das Arbeitgeber-Arbeitnehmerverhältnis
**la·bour-sav·ing** arbeitssparend
**la·bour ward** der Kreißsaal
**lace** [leɪs] ❶ (*für Schuh*) der Schnürsenkel, der Senkel ❷ *kein Plural* (*Textil*) die Spitze

**labour**

F Nicht verwechseln mit *das Labor — laboratory*!

◆ to **lace up** schnüren *Schuhe*
**lace-ups** ['leɪsʌps] *plural* die Schnürschuhe
**lack** [læk] der Mangel (**of** an); **for lack of love/money** aus Mangel an Liebe/Geld

F Nicht verwechseln mit *der Lack — varnish*!

to **lack** [læk] fehlen; **to lack something** etwas nicht haben; **he lacks talent** ihm fehlt es an Talent; **you lack confidence** Ihnen fehlt das Selbstvertrauen; **they lack for nothing** es fehlt ihnen an nichts; **we lack the money for it** uns fehlt das Geld dazu
**lack·ing** ['lækɪŋ] fehlend; **to be lacking** fehlen; **she's lacking in confidence** ihr fehlt das Selbstvertrauen
**lad** [læd] ❶ der Junge ❷ der Typ; **the lads** (*umgangsspr*) die Jungs
**lad·der** ['lædə'] ❶ die Leiter ❷ GB die Laufmasche ❸ (*übertragen*) die Stufenleiter, der Weg
to **lad·der** ['lædə'] GB *Strumpfhosen:* Laufmaschen bekommen
**lad·dish** ['lædɪʃ] GB (*abwertend*) jungenhaft, spitzbübisch
**lad·en** ['leɪdən] beladen
**la·dle** ['leɪdl] ❶ der Schöpflöffel ❷ die Kelle
to **la·dle** ['leɪdl] schöpfen *Suppe, Eintopf*
◆ to **ladle out** ❶ **to ladle out the soup** die Suppe austeilen ❷ (*übertragen*) verschwenderisch verteilen
**lady** ['leɪdɪ] ❶ die Dame ❷ (*Adelsprädikat*) **Lady** die Lady ❸ **Ladies and Gentlemen** meine Damen und Herren ❹ **Ladies** die Damen[toilette]
**lady·bird** ['leɪdɪbɜːd] GB der Marienkäfer
**lady·bug** ['leɪdɪbʌg] USA der Marienkäfer

**lag** [læg] ❶ der Rückstand ❷ das Zurückbleiben; **time lag** der Zeitabstand
to **lag** [læg] <lagged, lagged> zurückbleiben; **sales are lagging** der Verkauf läuft schleppend; **to lag behind [somebody/something]** [hinter jemandem/etwas] zurückbleiben
**la·ger** ['lɑːgə'] das helle Bier
**la·ger lout** der [alkoholisierte] Randalierer
**lag·ging** ['lægɪŋ] *kein Plural* die Isolierung
**laid** [leɪd] 2. und 3. Form von **lay**
**laid-off** [ˌleɪd'ɒf] [vorübergehend] arbeitslos
**lain** [leɪn] 3. Form von **lie**
**lake** [leɪk] der See
**lamb** [læm] ❶ das Lamm ❷ **lamb** ⚠ *kein Plural* das Lammfleisch
**lamb chop** das Lammkotelett
**lambs·wool** ['læmzwʊl] die Lammwolle
**lame** [leɪm] ❶ lahm (**in** auf) ❷ (*übertragen*) schwach, nicht überzeugend; **lame excuse** die faule Ausrede
**la·ment** [lə'ment] das Klagelied (**for** über)
to **la·ment** [lə'ment] **to lament something** über etwas klagen; **to lament somebody** um jemanden trauern; **to lament over something** etwas beklagen
**la·men·ta·ble** [lə'mentəbl] beklagenswert; *Versuch:* erbärmlich
**lamp** [læmp] die Lampe, die Laterne
**lamp·post** ['læmppəʊst] der Laternenpfahl
**lamp·shade** ['læmpʃeɪd] der Lampenschirm
**land** [lænd] ❶ das Land, das Festland; **by land** auf dem Landweg; **on land** auf dem Boden ❷ (*Acker, Wald*) das Land, Grund und Boden ❸ das Land, der Staat ❹ der Landbesitz, der Grundbesitz ▶ WENDUNGEN: **to see how the land lies** sehen, wie die Dinge liegen
to **land** [lænd] ❶ landen *Flugzeug;* anlegen *Schiff* ❷ *Flugpassagiere, Waren:* landen; *Schiffspassagiere:* an Land gehen; **they landed in Genoa** sie gingen in Genoa an Land ❸ (*umgangsspr*) bekommen *Stelle, Geschäftsabkommen* ❹ (*umgangsspr*) verpassen, versetzen *Schlag* ▶ WENDUNGEN: **to land on one's feet** auf die Füße fallen; **to land oneself in trouble** [*oder* **hot water**] in Ärger hineingeraten
**land·ing** ['lændɪŋ] ❶ das Landen, die Landung; **to make a safe landing** glücklich landen; **emergency landing** die Notlandung ❷ *von Fracht:* das Löschen ❸ (*im Haus*) der Treppenabsatz, der Treppenflur
**land·ing gear** das Fahrgestell
**land·ing strip** die Landebahn

**land·lady – last-minute** 254

**land·lady** ['læn,leɪdɪ] ❶ *von Wohnung, Haus:* die Vermieterin; *von Grund:* die Grundbesitzerin ❷ *von Hotel, Gaststätte:* die Wirtin

**land·locked** ['lændlɒkt] *Land:* ohne Zugang zum Meer; *Bucht, Hafen:* vom Land eingeschlossen

**land·lord** ['lænlɔ:d] ❶ *von Wohnung, Haus:* der Vermieter, der Hauseigentümer; *von Grundstück:* der Grundbesitzer ❷ *von Hotel, Gaststätte:* der Gastwirt

**land·mark** ['lændmɑ:k] ❶ der Grenzstein ❷ das Seezeichen ❸ (*übertragen*) der Markstein

**land·own·er** ['lænd,əʊnəʳ] der Grundbesitzer/die Grundbesitzerin, der Gutsbesitzer/die Gutsbesitzerin

**land·scape** ['lændskeɪp] die Landschaft

**land·scape paint·er** der Landschaftsmaler/die Landschaftsmalerin

**land·slide** ['lændslaɪd] ❶ der Erdrutsch ❷ (*übertragen: in der Politik*) der überwältigende [Wahl]sieg, der Erdrutschsieg

**lane** [leɪn] ❶ (*in der Stadt*) die Gasse ❷ (*auf dem Land*) die schmale Landstraße ❸ (*im Sport*) die [Renn]bahn ❹ (*auf der Straße*) die Spur; **get in lane!** bitte einordnen! ❺ **shipping lanes** die Schifffahrtswege

**lan·guage** ['læŋgwɪdʒ] ❶ die Sprache ❷ die Ausdrucksweise, die Redeweise; **bad language** die unanständigen Ausdrücke

**lanky** ['læŋkɪ] schlaksig

**lan·tern** ['læntən] die Laterne

**lap¹** [læp] der Schoß

**lap²** [læp] (*im Sport*) die Runde; **lap of honour** die Ehrenrunde

to **lap¹** [læp] <lapped, lapped> (*im Sport*) überrunden

to **lap²** [læp] <lapped, lapped> ❶ *Tier:* schlecken ❷ *Wasser:* plätschern (**at**/**against** an)
  ◆to **lap up** [auf]lecken

**lap belt** der Beckengurt

**la·pel** [lə'pel] das Revers

**lapse** [læps] ❶ das Versehen, der Fehler, der Irrtum ❷ *von Zeit:* die Zeitspanne, der Zeitraum

to **lapse** [læps] ❶ *Zeit:* vergehen, verstreichen ❷ (*juristisch*) verfallen, erlöschen, hinfällig werden ❸ (*in Koma, Schweigen*) verfallen (**into** in)

**lapsed** [læpst] ❶ (*juristisch*) verfallen ❷ (*Religion*) vom Glauben abgefallen

**lap·top** ['æptɒp] der Laptop

**larch** [lɑ:tʃ] <*plural* larches> die Lärche

**lard** [lɑ:d] das Schmalz

**lar·der** ['lɑ:dəʳ] die Speisekammer, der Vorratsschrank

**lardy** ['lɑ:dɪ] <lardier, lardiest> (*abwertend umgangsspr*) fett

**large** [lɑ:dʒ] ❶ groß ❷ **at large** auf freiem Fuß ❸ **by and large** im Großen und Ganzen

**large·ly** ['lɑ:dʒlɪ] größtenteils

**large-scale** ['lɑ:dʒskeɪl] in großem Maßstab, groß angelegt, Groß-

**lark¹** [lɑ:k] die Lerche

**lark²** [lɑ:k] der Spaß, der Ulk, der Scherz; **for a lark** zum Spaß
  ◆to **lark about** herumalbern

**la·ser** ['leɪzəʳ] der Laser

**la·ser beam** der Laserstrahl

**la·ser print·er** der Laserdrucker

**la·ser show** der Lasershow

**la·ser sur·gery** die Laserchirurgie

**lash** [læʃ] <*plural* lashes> die Augenwimper
  ◆to **lash about**, to **lash around** [wild] um sich schlagen
  ◆to **lash down** ❶ to **lash something down** etwas festbinden ❷ *Regen:* niederprasseln
  ◆to **lash out** ❶ *Mensch:* [wild] um sich schlagen; **to lash out at someone** nach jemandem schlagen ❷ *Pferd:* ausschlagen ❸ (*übertragen*) ausfallend werden (**at** gegen)

**last¹** [lɑ:st] ❶ letzte(r, s); **last night** gestern Abend, letzte Nacht; **last week** letzte Woche, in der letzten [*oder* vorigen] Woche ❷ **for the last time** zum letzten Mal ❸ **last but one** vorletzte(r, s); **the week before last** vorletzte Woche ❹ **that's the last thing I should do** das wäre das Letzte, was ich täte ❺ **the Last Supper** das Abendmahl ❻ **last but not least** nicht zuletzt ❼ zuletzt, zum Schluss, am Ende; **to come last** letzte(r) sein ❽ das letzte Mal, zuletzt; **when did you last see him?** wann hast du ihn das letzte Mal gesehen? ❾ **last of all** zuallerletzt

**last²** [lɑ:st] ❶ **the last** der/die/das Letzte ❷ **at last** schließlich, endlich, zuletzt; **at long last** zu guter Letzt, schließlich ❸ **to the last** bis zum Letzten [*oder* Äußersten]

to **last** [lɑ:st] ❶ andauern, anhalten ❷ aushalten; **how long did you last [out]?** wie lange hast du es ausgehalten? ❸ [aus]reichen; **while stocks last** solange Vorrat reicht ❹ **the coat has lasted me five years** ich habe den Mantel schon fünf Jahre

**last·ing** ['lɑ:stɪŋ] ❶ *Beziehung, Friede:* dauerhaft ❷ *Eindruck, Wirkung:* nachhaltig

**last·ly** ['lɑ:stlɪ] zuletzt, schließlich

**last-min·ute** [,lɑ:st'mɪnɪt] allerletzte(r, s);

**we've had a last-minute change of plan** wir haben unsere Pläne in letzter Minute geändert

**last name** der Nachname

**latch** [lætʃ] ❶ der Riegel ❷ **on the latch** *Tür:* nur eingeklinkt

**late** [leɪt] <later, latest> ❶ spät ❷ verspätet, zu spät; **to be late for something** zu etwas zu spät kommen; **to make someone late** jemanden aufhalten, jemanden zu spät kommen lassen ❸ [jüngst] verstorben; **the late John Smith** der verstorbene John Smith ❹ **as late as last week** erst [*oder* noch] letzte Woche ❺ **of late** [erst] kürzlich ❻ **to keep late hours** lange aufbleiben ❼ **late show** die Spätvorstellung ❽ **late starter** (*übertragen*) der Spätzünder

**late·com·er** ['leɪtˌkʌmər] der/die Spätkommende, der Nachzügler/die Nachzüglerin

**late·ly** ['leɪtlɪ] in letzter Zeit, neuerdings

**lat·er** ['leɪtər] *Komparativ von* **late** später; **one day later** einen Tag darauf; **later on** später; **sooner or later** früher oder später; **see you later!** bis später! bis nachher!

**lat·est**[1] ['leɪtɪst] *Superlativ von* **late** ❶ späteste(r, s); **when is the latest flight out in the evening?** wann ist abends der letzte Abflug? ❷ neueste(r, s); **the latest fashion** die neueste Mode ❸ letzte(r, s); **the latest news** die letzten Neuigkeiten

**lat·est**[2] ['leɪtɪst] **the latest** das Allerneueste; **at the latest** spätestens

**Lat·in**[1] ['lætɪn] ❶ lateinisch ❷ *Temperament:* südländisch

**Lat·in**[2] ['lætɪn] Latein, das Lateinische

**lati·tude** ['lætɪtjuːd] die Breite

**lat·ter** ['lætər] ❶ zweite(r, s) ❷ spätere(r, s); **in the latter part of the year** in der zweiten Jahreshälfte ❸ **the latter** der/die/das Letztere

**laugh** [lɑːf] ❶ das Lachen, das Gelächter; **with a laugh** lachend ❷ der Spaß; **to do something for a laugh** etwas aus Spaß machen

to **laugh** [lɑːf] ❶ lachen (**at** über) ❷ (*höhnisch*) **to laugh at someone** jemanden auslachen; **to laugh in someone's face** jemandem ins Gesicht lachen

◆to **laugh away** loslachen

◆to **laugh off** sich lachend hinwegsetzen über

**laugh·able** [lɑːfəbl] lächerlich, lachhaft

**laugh·ing**[1] [lɑːfɪŋ] ❶ lachend; **it's no laughing matter** das ist nicht zum Lachen ❷ **to make a laughing stock of someone** je-

manden lächerlich machen

**laugh·ing**[2] [lɑːfɪŋ] das Lachen

**laugh·ing gas** [ˈlɑːfɪŋ-] *kein Plural* das Lachgas

**laugh·ing stock** **to be a laughing stock** die Zielscheibe des Spotts sein

**laugh·ter** [ˈlɑːftər] das Gelächter

**launch** [lɔːntʃ] ❶ *eines Schiffes:* der Stapellauf ❷ *einer Rakete, eines Torpedos:* der Abschuss ❸ *eines Raumschiffs:* der Start ❹ *einer Firma:* die Gründung ❺ *eines Produkts:* die Einführung

to **launch** [lɔːntʃ] ❶ vom Stapel lassen *Schiff* ❷ aussetzen *Boot* ❸ abschießen *Rakete, Torpedo* ❹ starten *Raumschiff* ❺ gründen *Firma* ❻ lancieren *Film* ❼ herausbringen *Buch* ❽ einführen, auf den Markt bringen *Produkt* ❾ **to launch an attack** zum Angriff übergehen

◆to **launch into** **to launch into something** sich [begeistert] in etwas stürzen; **to launch into a verbal attack** eine Schimpfkanonade loslassen

◆to **launch out** anfangen, beginnen

**launch pad** ❶ die Startrampe, die Abschussrampe ❷ (*übertragen*) das Sprungbrett

**laun·d(e)rette** [lɔːnˈdret], (USA) **laun·dro·mat**® [ˈlɔːndroʊmæt] der Waschsalon

**laun·dry** [ˈlɔːndrɪ] ❶ (*Geschäft*) die Wäscherei ❷ (*schmutzige Kleidung*) die Wäsche

**laun·dry bas·ket**, (USA) **laun·dry ham·per** der Wäschekorb

**laun·dry ser·vice** der Wäscheservice

**lava·tory** [ˈlævətrɪ] die Toilette

**lava·tory seat** (GB) der Toilettensitz

**law** [lɔː] ❶ das Gesetz, das Recht; **according to law** nach dem Gesetz, gesetzmäßig; **by law** von Rechts wegen; **to become law** Gesetzeskraft erlangen; **international law** das Völkerrecht; **maintenance of law and order** Aufrechterhaltung der öffentlichen Sicherheit; **law of supply and demand** Gesetz von Angebot und Nachfrage ❷ (*Studienfach*) Jura, Rechtswissenschaft; **to read law** Rechtswissenschaft studieren ❸ (*im Sport*) die Spielregel ❹ (*umgangsspr*) die Polizei; **I'll get the law on you!** ich werde die Polizei holen!

**law-abid·ing** [ˈlɔːəˌbaɪdɪŋ] gesetzestreu

**law court** der Gerichtshof

**law en·force·ment** der Gesetzesvollzug

**law·ful** [ˈlɔːfl] rechtmäßig, legitim

**lawn** [lɔːn] der Rasen

**lawn·mow·er** [ˈlɔːnˌməʊər] der Rasenmäher

**lawn ten·nis** das Rasentennis

**law school** ['lɔːˌskuːl] (USA) juristische Fakultät

**law stu·dent** der Jurastudent/die Jurastudentin

**law·suit** ['lɔːˌs(j)uːt] der Rechtsstreit, der [Zivil]prozess

**law·yer** ['lɔːjəʳ] ① der Rechtsanwalt/die Rechtsanwältin ② (*allgemein*) der Jurist/die Juristin

**laxa·tive** ['læksətɪv] das Abführmittel

**lay** [leɪ] *2. Form von* **lie**

to **lay** [leɪ] <laid, laid> ① (*allgemein*) legen *auch Eier* ② verlegen *Kabel, Rohr* ③ niederlegen *Kranz* ④ **to lay the table** den Tisch decken ⑤ **to lay the blame on someone** jemandem die Schuld zuschieben

◆ to **lay aside** beiseitelegen; (*übertragen*) auf Eis legen *Projekt, Arbeit;* beilegen *Meinungsverschiedenheiten;* beiseitelegen *Ersparnisse*

◆ to **lay back** ① zurücklegen *Kopf* ② anlegen *Ohren*

◆ to **lay down** ① hinlegen; **to lay down one's arms** die Waffen niederlegen ② [ein]lagern, einkellern *Wein* ③ festlegen *Bedingungen, Regeln* ④ festsetzen *Preise* ⑤ hinterlegen *Kaution* ⑥ **to lay down the law to someone** jemandem Vorschriften machen

◆ to **lay into** (*umgangsspr*) verdreschen, fertigmachen

◆ to **lay off** ① [vorübergehend] entlassen ② (*umgangsspr*) aufhören; **lay off me!** lass mich in Ruhe!

◆ to **lay on** ① auftragen *Farbe* ② (*übertragen*) sorgen für *Essen, Unterhaltung* ③ veranstalten *Ausflug* ④ einsetzen *Busse* ⑤ anschließen *Wasser, Elektrizität*

◆ to **lay out** ① auslegen, ausbreiten ② zurechtlegen *Kleider* ③ aufbahren *Leiche* ④ anlegen, gestalten *Garten* ⑤ aufteilen *Gebäude* ⑥ gestalten *Buch* ⑦ ausgeben *Geld*

◆ to **lay up** **to be laid up [in bed] with flu** wegen Grippe das Bett hüten [müssen]

**lay·about** ['leɪəˌbaʊt] (GB) der Faulenzer/die Faulenzerin

**lay-by** ['leɪbaɪ] (GB) die Parkbucht

**lay·er** ['leɪəʳ] die Schicht, die Lage; **to arrange in layers** schichtweise anordnen

**lay·ered** ['leɪəd] Stufen-, Schicht-

**lay-off** ['leɪɒf] die [vorübergehende] Entlassung

**lay·out** ['leɪaʊt] ① *eines Büros, Gartens:* die Anlage, die Anordnung ② *eines Buchs, einer Zeitschrift:* das Lay-out

**lazi·ness** ['leɪzɪnɪs] die Faulheit, die Trägheit

**lazy** ['leɪzɪ] ① faul, träge ② **we spent a lazy afternoon by the river** wir verbrachten einen gemütlichen Nachmittag am Fluss

**lead¹** [led] ① das Blei ② (*in Bleistift*) die [Blei]mine

**lead²** [liːd] ① (*erste Stelle*) die Führung; **to be in the lead** führen, an der Spitze sein; **he has a lead of two metres** [*oder* **a two-metre lead**] er hat einen Vorsprung von zwei Metern [*oder* er hat zwei Meter Vorsprung]; **to take the lead** die Führung übernehmen ② Beispiel; **to follow someone's lead, to take one's lead from someone** jemandes Beispiel folgen ③ der Anhaltspunkt, der Hinweis; **the police have a lead** die Polizei hat eine Spur ④ (*im Theater, Film*) die Hauptrolle; (*Person*) der Hauptdarsteller/die Hauptdarstellerin ⑤ die [Hunde]leine; **to keep on a/the lead** an der Leine führen ⑥ (*elektrisch*) die Leitung, der Leitungsdraht, das Kabel ⑦ (*beim Kartenspiel*) **it's my lead** ich spiele aus

to **lead** [liːd] <led, led> ① vorangehen, leiten; **to lead the way** vorangehen; (*übertragen*) führend sein ② [hin]führen, bringen; **this road leads to the coast** diese Straße führt zur Küste; **she led us to the rebel leader** sie führte uns zu dem Rebellenanführer; **what will it lead to?** wohin soll das führen?; **to lead nowhere** zu nichts führen; **to lead to trouble** zu Schwierigkeiten führen; **low inflation leads to greater prosperity** niedrige Inflation führt zu größerem Wohlstand ③ anführen *Abordnung, Revolution;* leiten *Mannschaft, Orchester;* **to lead a party** Parteivorsitzender/Parteivorsitzende sein ④ (*im Sport*) führen, an der Spitze stehen, in Führung sein; **he was leading [the race] until the final bend** er war bis zur letzten Kurve in Führung ⑤ **to lead someone to do something** jemanden veranlassen, etwas zu tun; **I was led to believe that ...** ich hatte Grund zu der Annahme, dass ...; **it leads me to think** es lässt mich meinen ⑥ (*beim Kartenspiel*) ausspielen; **to lead a diamond** Karo ausspielen

◆ to **lead along** führen

◆ to **lead aside** beiseitenehmen

◆ to **lead astray** auf Abwege führen

◆ to **lead away** ① wegführen ② abführen *Gefangene*

◆ to **lead back** zurückführen

◆ to **lead off** ① abführen *Gefangene* ② *Straße:* abgehen

◆ to **lead on** ① **lead on!** geh vor! ② **to lead**

**someone on** jemanden hinters Licht führen
◆ to **lead to** zur Folge haben

◆ to **lead up** hinführen (**to** zu); **what's this all leading up to?** was soll das Ganze?; **the events which led up to the strike** die Ereignisse, die zum Streik führten; **to lead up to a climax** dem Höhepunkt zutreiben

**lead·ed** ['ledəd] verbleit, bleihaltig *Kraftstoff*

**lead·er** ['liːdəʳ] ❶ der Führer/die Führerin ❷ *einer Expedition:* der Leiter/die Leiterin ❸ *einer Partei:* der/die Vorsitzende ❹ *einer Bande:* der Anführer/die Anführerin ❺ (*in einer Zeitung*) der Leitartikel ❻ (*im Sport*) **to overtake the leader** den Ersten/die Erste überholen; **to catch up with the leaders** zu der/die Spitze heranarbeiten ❼ (*im Orchester*) der Konzertmeister/die Konzertmeisterin, der erste Geiger/die erste Geigerin

**lead·er·ship** ['liːdəʳʃɪp] die Führung, die Leitung

**lead-free** ['ledfriː] *Kraftstoff:* unverbleit, bleifrei

**leading** ['liːdɪŋ] ❶ führend ❷ (*im Rennen*) führend, an der Spitze

**lead·ing ar·ti·cle** der Leitartikel

**lead·ing ques·tion** die Suggestivfrage

**lead pen·cil** [led'-] der Bleistift

**lead sing·er** ['liːdˌsɪŋəʳ] der Leadsänger/die Leadsängerin

**lead sto·ry** [liːd'-] der Aufmacher

**lead-up** ['liːdʌp] die Vorbereitungsphase

**leaf** [liːf, *plural* liːvz] <*plural* leaves> ❶ *einer Pflanze:* das Blatt; **to come into leaf** grün werden, ausschlagen ❷ *eines Buchs:* das Blatt ❸ *von Tisch:* die Platte ▶ WENDUNGEN: **to take a leaf out of someone's book** jemandes Beispiel folgen, sich ein Beispiel an jemandem nehmen; **to turn over a new leaf** einen neuen Anfang machen

**leaf·let** ['liːflɪt] ❶ (*mit Werbung*) der Handzettel, der Reklamezettel ❷ (*mit Information*) das Merkblatt; (*politisch auch*) das Flugblatt

**leafy** ['liːfi] ❶ <leafier, leafiest> belaubt ❷ Blatt-, blattartig

**league** [liːg] ❶ der Bund, das Bündnis; **League of Nations** der Völkerbund ❷ (*im Sport*) die Liga; **the league leaders** der Tabellenführer; **they are not in the same league** (*übertragen*) sie sind nicht gleichwertig

to **leak** [liːk] ❶ undicht sein ❷ *Wasserhahn:* tropfen ❸ *Flüssigkeit:* durchsickern, auslaufen ❹ **to leak something** etwas durchlas-

sen; **the pipe is leaking oil** die Leitung leckt Öl ❺ (*übertragen*) **to leak details to the press** Einzelheiten an die Presse durchsickern lassen

**leak** [liːk] ❶ das Leck, die undichte Stelle; **to spring a leak** ein Leck bekommen, undicht werden ❷ (*übertragen*) **there's been a leak to the press** der Presse sind Informationen zugespielt worden

**leaky** ['liːkɪ] leck, undicht

**lean** [liːn] ❶ *Fleisch, Ernte:* mager ❷ *Person:* hager

to **lean** [liːn] <leant *oder* leaned, leant *oder* leaned> ❶ sich neigen ❷ *Person:* sich [an]lehnen (**against** gegen/an) ❸ **to lean the ladder against the wall** die Leiter an die Wand lehnen

◆ to **lean back** sich zurücklehnen

◆ to **lean forward** sich vorbeugen

◆ to **lean on** ❶ **she leant her head on his shoulder** sie lehnte ihren Kopf an seine Schulter ❷ **don't lean your elbows on the table!** nimm die Ellbogen vom Tisch! ❸ **to lean on someone** sich auf jemanden verlassen [*oder* stützen]

◆ to **lean out** sich hinauslehnen; **don't lean out of the window!** nicht hinauslehnen!

◆ to **lean over** ❶ sich neigen ❷ **to lean something over** etwas schräg stellen ❸ *Person:* sich vorbeugen; **I leant over his shoulder** ich beugte mich über seine Schulter ❹ **to lean over backward[s]** (*umgangsspr*) sich mächtig anstrengen

◆ to **lean towards** **to lean towards something** (*übertragen*) zu etwas hinneigen

**lean·ing** ['liːnɪŋ] schief, schräg; **the Leaning Tower of Pisa** der Schiefe Turm von Pisa

**leant** [lent] *2. und 3. Form von* **lean**

**leap** [liːp] der Sprung; **a leap in the dark** (*übertragen*) ein Sprung ins Ungewisse; **by leaps and bounds** sprunghaft

to **leap** [liːp] <leapt *oder* leaped, leapt *oder* leaped> ❶ springen ❷ *Herz:* hüpfen ❸ **the hare leapt over the ditch** der Hase sprang über den Graben

◆ to **leap at** sich stürzen auf; **to leap at an opportunity** eine Gelegenheit [beim Schopf] ergreifen

◆ to **leap out** ❶ hinausspringen ❷ (*übertragen*) ins Auge springen

◆ to **leap up** ❶ hochspringen ❷ *Preise:* in die Höhe schnellen

**leapt** [lept] *2. und 3. Form von* **leap**

**leap year** das Schaltjahr

to **learn** [lɜːn] <learnt *oder* learned, learnt *oder*

learned> ❶ [er]lernen; **to learn something by heart** etwas auswendig lernen ❷ erfahren, hören (**from** von)

**learned¹** [lɜːnd] angelernt

**learned²** [ˈlɜːnɪd] gelehrt

**learn·er** [ˈlɜːnəʳ] ❶ der Anfänger/die Anfängerin ❷ *von Sprachen:* der/die Lernende, der Lerner/die Lernerin ❸ (*im Auto*) der Fahrschüler/die Fahrschülerin ❹ **to be a slow learner** [nur] langsam lernen, sich schwertun

**learn·ing** [ˈlɜːnɪŋ] *kein Plural* ❶ das Lernen ❷ die Bildung

**learn·ing dis·abil·ity** die Lernbehinderung

**learnt** [lɜːnt] *2. und 3. Form von* **learn**

**lease·hold·er** [ˈliːshəʊldəʳ] der Pächter/die Pächterin

**leash** [liːʃ] die [Hunde]leine; **to keep on a/the leash** an der Leine führen

**least¹** [liːst] ❶ kleinste(r, s), geringste(r, s), wenigste(r, s); **at least** wenigstens; **last but not least** zuletzt ❷ am wenigsten; **least of all** am allerwenigsten

**least²** [liːst] ❶ **the least** der/die/das Kleinste [*oder* Geringste] ❷ **not in the least** nicht im Geringsten; **to say the least** gelinde gesagt

**leath·er** [ˈleðəʳ] das Leder; **leather jacket** die Lederjacke

**leath·ery** [ˈleðʳi] ❶ led[e]rig ❷ (*abwertend*) *Fleisch:* zäh

**leave** [liːv] ❶ der Urlaub; **on leave** auf Urlaub; **to go on leave** in Urlaub gehen ❷ der Abschied; **to take one's leave** Abschied nehmen (**of** von)

to **leave** [liːv] <left, left> ❶ fortgehen, weggehen, fortfahren ❷ verlassen; **to leave school** die Schule verlassen; (*frühzeitig*) von der Schule abgehen; **to leave home** von zu Hause weggehen; **to leave one's job** seine Stelle aufgeben ❸ *Person:* abreisen; *Fahrzeug:* abfahren; *Flugzeug:* abfliegen; **he's leaving in the morning for Australia** morgen früh reist er nach Australien ab ❹ lassen; **she left her cat with her neighbours** sie hat ihre Katze bei den Nachbarn gelassen; **he left his room in a dreadful state** er hinterließ sein Zimmer in einem furchtbaren Zustand; **to leave open** offen lassen; **to leave someone alone** jemanden in Ruhe lassen; **to leave someone in the lurch** jemanden im Ungewissen lassen; **to leave it at that** es dabei bewenden lassen; **let's leave this for now** lassen wir das jetzt ❺ hinterlassen *Erbe, Nachricht* ❻ liegen lassen, stehen lassen; **to leave the watch [lying] on the table** die Uhr auf dem Tisch liegen lassen; **to leave clothes lying around** Kleider herumliegen lassen; **to leave one's dinner** sein Abendessen stehen lassen ❼ **to leave some [of it] for me** lass mir etwas [davon] übrig; **to be left** übrig bleiben, übrig sein; **all he has left** alles, was er noch hat ❽ **to leave it up to someone** es jemandem überlassen ❾ **nothing was left for him but to go** da konnte er nur noch gehen

◆to **leave behind** ❶ zurücklassen ❷ (*aus Versehen*) stehen lassen, liegen lassen ❸ **to leave the competition behind** die Konkurrenz hinter sich lassen

◆to **leave off** ❶ aufhören ❷ aufgeben *Tätigkeit* ❸ nicht anziehen *Kleidungsstück*

◆to **leave on** ❶ anbehalten *Mantel* ❷ anlassen *Radio, Licht*

◆to **leave out** ❶ (*übersehen*) auslassen ❷ draußen lassen ❸ **the books were left out on the table** die Bücher wurden auf dem Tisch gelassen

◆to **leave over** ❶ übrig lassen; **to be left over** übrig [geblieben] sein ❷ verschieben

**leaves** [liːvz] *Pluralform von* **leaf**

**leav·ing par·ty** die Abschiedsparty

**lec·ture** [ˈlektʃəʳ] ❶ die Vorlesung, der Vortrag; **to give [someone] a lecture on something** [jemandem] eine Vorlesung [*oder* einen Vortrag] über etwas halten ❷ die Strafpredigt

to **lec·ture** [ˈlektʃəʳ] ❶ eine Vorlesung [*oder* einen Vortrag] halten; **to lecture [someone] on something** [jemandem] über etwas eine Vorlesung [*oder* einen Vortrag] halten ❷ (*abkanzeln*) **to lecture someone** jemandem eine Strafpredigt halten

**lec·ture notes** *plural* die Vorlesungsmitschrift

**lec·tur·er** [ˈlektʃərəʳ] ❶ der/die Vortragende, der Redner/die Rednerin ❷ (*an einer Hochschule*) der/die Lehrbeauftragte, der Dozent/die Dozentin

**lec·ture room, lec·ture thea·tre** der Vortragssaal, der Hörsaal

**led** [led] *2. und 3. Form von* **lead**

**ledge** [ledʒ] der [Fels]vorsprung

**leek** [liːk] der Lauch, der Porree

**left¹** [left] ❶ linke(r, s) ❷ [nach] links; **to turn left** links abbiegen

**left²** [left] ❶ die linke Seite; **on the left** links; **to the left [of]** nach links, links [von]; **keep to the left** links fahren [*oder* gehen] ❷ (*politisch*) **the left** die Linke

**left³** [left] *2. und 3. Form von* **leave**

**left-hand** [ˈlefthænd] linke(r, s); **left-hand**

**drive** die Linkssteuerung; **to take the left-hand turn** links abbiegen

**left·hand·ed** [ˌleftˈhændɪd] **①** linkshändig **②** *Werkzeug:* für Linkshänder

**left·hand·er** der Linkshänder/die Linkshänderin

**left·lug·gage** [ˌleftˈlʌɡɪdʒ] **left·luggage office** die Gepäckaufbewahrung

**left·overs** [ˈleftˌəʊvəz] *plural* **①** die Essensreste **②** die Reste, das Überbleibsel

**left wing** [ˌleftˈwɪŋ] der linke Flügel

**left·wing** [ˈleftwɪŋ] links stehend

**left·wing·er** [ˈleftwɪŋəʳ] der Anhänger der Linken

**leg** [leg] **①** das Bein; **to give someone a leg up** jemandem aufhelfen; (*übertragen*) jemandem unter die Arme greifen; **to stretch one's legs** sich die Beine vertreten **②** die Keule; **leg of lamb** die Lammkeule **③** *von Reise, Rennen:* die Strecke, die Etappe **④** (*im Sport*) **first leg** das Hinspiel; **second leg** das Rückspiel ▶ WENDUNGEN: **to pull someone's leg** (*umgangsspr*) jemanden auf den Arm nehmen

**le·gal** [ˈliːgl] **①** (*einem Gesetz entsprechend*) gesetzlich, rechtlich, legal **②** (*dem Recht nach*) gesetzmäßig, rechtmäßig **③** (*die Rechtswissenschaft betreffend*) juristisch; **to take legal action** den Rechtsweg beschreiten, prozessieren; **legal advice** die Rechtsberatung; **legal aid** die Rechtshilfe

**le·gal·ity** [liːˈgæləti] **①** *kein Plural* die Legalität, die Gesetzmäßigkeit **②** **legalities** *plural* die gesetzlichen Bestimmungen

to **le·gal·ize** [ˈliːgəlaɪz] legalisieren

**le·gal·ly** [ˈliːgəli] **①** legal, gesetzlich **②** **legally married** rechtmäßig verheiratet; **legally speaking** vom rechtlichen Standpunkt aus; **legally valid** rechtsgültig

**leg·end** [ˈledʒənd] die Legende

**leg·end·ary** [ˈledʒəndᵊri] **①** sagenhaft; (*berühmt*) legendär

**leg·gings** [ˈleginz] *plural* die Leggings

**leg·gy** [ˈlegi] <leggier, leggiest> **①** langbeinig, mit langen Beinen **②** (*unbeholfen*) staksig

**leg·ible** [ˈledʒəbl] lesbar, leserlich

**le·giti·mate** [lɪˈdʒɪtɪmət] **①** rechtmäßig, gesetzmäßig, legitim **②** *Kind:* ehelich

**leg·less** [ˈlegləs] Ⓖ (*slang*) sternhagelvoll *umgangsspr*

**leg·room** [ˈlegrʊm] die Beinfreiheit, der Platz für die Beine

**lei·sure** [ˈleʒəʳ] **①** die Freizeit **②** **to do something at leisure** etwas in [aller] Ruhe [oder

mit Muße] tun **③** **at one's leisure** wenn man Zeit hat, wenn es einem passt

**lei·sure cen·tre, lei·sure com·plex** das Freizeitzentrum

**lei·sure·ly** [ˈleʒəli] **①** gemächlich **②** ohne Eile

**lei·sure wear** die Freizeitkleidung

**lem·on¹** [ˈlemən] **①** die Zitrone **②** (*Baum*) der Zitronenbaum **③** (*übertragen*) die Niete

Ⓕ Nicht verwechseln mit *die Limone — lime!*

**lem·on²** [ˈlemən] zitronengelb

**lem·on·ade** [ˌleməˈneɪd] die Limonade

**lem·on juice** der Zitronensaft

**lem·on peel, lem·on rind** die Zitronenschale

**lem·on squash** Ⓖ **①** *kein Plural* der Zitronensirup **②** das Zitronensaftgetränk

**lem·on squeez·er** die Zitronenpresse

**lem·on tea** der Tee mit Zitrone

to **lend** [lend] <lent, lent> **①** [aus]leihen, verleihen **②** **to lend a [helping] hand** behilflich sein

**lend·er** [ˈlendəʳ] der Verleiher/die Verleiherin

**lend·ing** [ˈlendɪŋ] *kein Plural* das Leihen

**length** [leŋθ] **①** die Länge; **full length** der Länge nach; **three feet in length** drei Fuß lang **②** *zeitlich* die Dauer **③** (*im Sport*) die Länge; **to win by a length** um eine Länge gewinnen **④** **to go to any length** vor nichts zurückschrecken; **to go to great lengths** sehr weit gehen, alles Erdenkliche tun **⑤** **to keep someone at arm's length** (*übertragen*) Abstand zu jemandem wahren, jemanden auf Distanz halten

to **length·en** [ˈleŋθən] **①** länger werden **②** **to lengthen something** etwas verlängern

**length·ways** [ˈleŋθweɪz], **length·wise** [ˈleŋθwaɪz] der Länge nach

**lengthy** [ˈleŋθi] **①** ziemlich lang **②** (*abwertend*) weitschweifig

**le·ni·ent** [ˈliːnɪənt] mild, nachsichtig

**lens** [lenz] <*plural* lenses> **①** die Linse **②** *von Brille:* das Glas **③** *von Kamera:* das Objektiv

**lent** [lent] *2. und 3. Form von* **lend**

**Lent** [lent] die Fastenzeit

**len·til** [ˈlentl] die Linse

**Leo** [ˈliːəʊ] (*Sternbild*) der Löwe

**leop·ard** [ˈlepəd] der Leopard

**leo·tard** [ˈliːətɑːd] der Gymnastikanzug, das Trikot

**lep·re·chaun** [ˈleprəkɔːn] der Kobold

**les·bian¹** [ˈlezbɪən] lesbisch

**les·bian²** [ˈlezbɪən] die Lesbierin

**less** [les] **①** kleiner, geringer, weniger; **you should work more and talk less** du soll-

**lessen – level** **260**

test mehr arbeiten und weniger reden ❷ weniger, in geringerem Maße; **none the less** nichtsdestoweniger; **I had less money than I thought** ich hatte weniger Geld als ich dachte ❸ (*abzüglich*) weniger; **less than ...** weniger als ... ❹ **what is five less three?** was macht fünf minus drei?

to **less·en** ['lesn] ❶ weniger werden; *Wind:* abnehmen, nachlassen ❷ verringern, vermindern *Risiko, Schmerz*

**less·er** ['lesə'] kleiner, geringer; **to a lesser extent** in geringerem Maße; **the lesser crime** das weniger schlimme Verbrechen

**les·son** ['lesn] ❶ die Lehrstunde, die Unterrichtsstunde; **lessons** der Unterricht; **to give lessons** Unterricht geben, unterrichten; **to have a driving lesson** eine Fahrstunde bekommen; **to have** [*oder* **take**] **driving lessons** Fahrunterricht nehmen ❷ (*Übung*) die Lektion ❸ die Lehre; **to teach someone a lesson** jemandem eine Lehre erteilen; **let this be a lesson to you!** lass dir das eine Lehre sein!

**let** [let] (*beim Tennis*) das Netz, der Netzaufschlag

to **let** [let] <let, let> ❶ lassen; **to let someone do something** jemanden etwas tun lassen; **we cannot let that happen** wir dürfen nicht zulassen, dass das passiert; **let me help you** kann ich Ihnen helfen? ❷ *Absicht und Intention* **let's go!** gehen wir!; **let's talk it over** lass uns darüber reden; **let us pray** lasset uns beten ❸ **to let someone/something go** [*oder* **let go of someone/something**] jemanden/etwas loslassen ❹ **to let someone go** [*oder* **leave**] jemanden gehen lassen ❺ **to let something go** (*vernachlässigen*) etwas herunterkommen lassen *Haus* ❻ **to let oneself go** (*ungehemmt*) sich gehen lassen; (*ungepflegt*) sich vernachlässigen ❼ (*belassen*) **to let it go at that** es dabei bewenden lassen; **to let be** in Ruhe lassen ❽ **to let someone into a secret** jemanden in ein Geheimnis einweihen ❾ **to let someone know** jemandem Bescheid sagen ❿ **let us suppose ...** nehmen wir an ... ⓫ **..., let alone ...** ..., geschweige denn ... ⓬ vermieten; **to let!** zu vermieten!

◆ to **let by** vorbeilassen

◆ to **let down** ❶ herunterlassen ❷ (*enttäuschen*) im Stich lassen ❸ die Luft herauslassen aus *Reifen* ▶ WENDUNGEN: **to let one's hair down** (*übertragen*) aus sich herausgehen

◆ to **let in** ❶ hineinlassen, hereinlassen

❷ durchlassen *Wasser* ❸ **to let someone in on something** jemanden in etwas einweihen ❹ **to let oneself into the house** die Haustür aufschließen

◆ to **let off** ❶ abbrennen *Feuerwerk;* abfeuern *Gewehr;* hochgehen lassen *Bombe* ❷ ablassen *Dampf* ❸ **to let someone off** jemanden aussteigen [*oder* absteigen] lassen, jemanden absetzen ❹ **to let someone off something** jemandem etwas erlassen; **to let someone off with a warning** jemanden mit einer Verwarnung davonkommen lassen ❺ (*slang*) einen fahren lassen

◆ to **let on** (*umgangsspr*) **to not let on** sich nichts anmerken lassen

◆ to **let out** ❶ herauslassen, hinauslassen ❷ auslaufen lassen *Flüssigkeit* ❸ auslassen *Saum* ❹ **to let someone out** jemanden aussteigen lassen, jemanden absetzen ❺ entlassen *Gefangenen* ❻ **to let out a flat** eine Wohnung vermieten ❼ ausplaudern, verraten *Geheimnis* ❽ ausstoßen *Schrei* ▶ WENDUNGEN: **to let the cat out of the bag** die Katze aus dem Sack lassen; **that lets him out of it** da kommt er schon mal nicht in Frage

**let-down** ['letdaʊn] (*umgangsspr*) die Enttäuschung

**le·thal** ['li:θl] tödlich

**le·thar·gic** [lə'θɑːdʒɪk] lethargisch

**let·ter** ['letə'] ❶ der Buchstabe; **capital letter** der Großbuchstabe; **to the letter** genau nach Vorschrift ❷ der Brief, das Schreiben (**to** an); **by letter** brieflich; **letter of application** das Bewerbungsschreiben; **letter of thanks** [*oder* **thank-you letter**] das Dankschreiben; **letter to the editor** der Leserbrief

**let·ter·box** ⓖⓑ der Briefkasten

**let·ter·head** ❶ der Briefkopf ❷ *kein Plural* das Geschäfts-/Firmenbriefpapier

**let·ter·ing** ['letərɪŋ] die Beschriftung

**let·tuce** ['letɪs] der Kopfsalat

**lev·el**[1] ['levl] ❶ die Höhe; **on a level** auf gleicher Höhe (**with** mit); **at eye level** in Augenhöhe ❷ **sea level** der Meeresspiegel; **water level** der Pegel, der Wasserstand ❸ das Niveau, der Stand; **on a high/low level** auf hohem/niedrigem Niveau; **level of performance** das Leistungsniveau ❹ (*in Gebäude*) die Etage, das Geschoss ❺ der Anteil; **alcohol level** [*oder* **level of alcohol**] der Alkoholspiegel; **high level of radiation** das hohe Strahlungsniveau

**lev·el**[2] ['levl] ❶ *Boden:* eben; *Land:* flach; *Regal:* waagerecht ❷ gleich hoch; **to be level with something** so hoch sein wie etwas ❸ **the two riders were level** die zwei Reiter waren auf gleicher Höhe ❹ (*übertragen*) von gleicher Bedeutung, gleich[wertig], gleich gut

to **lev·el** ['levl] <levelled *oder* Ⓤ leveled, levelled *oder* Ⓤ leveled> ❶ planieren, [ein]ebnen *Boden* ❷ einreißen *Gebäude* ❸ dem Erdboden gleichmachen *Stadt*
◆ to **level off**, to **level out** ❶ *Gelände:* eben, flach werden ❷ *Flugzeug:* sich fangen, horizontal fliegen ❸ (*übertragen*) sich einpendeln, ausgleichen ❹ **to level something off** [*oder* **out**] etwas einebnen, planieren
◆ to **level up** erhöhen, nach oben ausgleichen

**lev·el cross·ing** [,levl'krɒsɪŋ] Ⓖ der Bahnübergang

**lev·el-head·ed** [,levl'hedɪd] ausgeglichen, besonnen

**lev·er** ['liːvəʳ] ❶ der Hebel ❷ (*Werkzeug*) die Brechstange ❸ (*übertragen*) das Druckmittel

to **lev·er** ['liːvəʳ] mit einer Brechstange, einem Hebel heben

**lia·bil·ity** [,laɪə'bɪlətɪ] ❶ (*Verantwortung*) die Haftung ❷ (*Last*) die Belastung ❸ die Pflicht; **to have a tax liability of £2000** £2000 Steuern zahlen müssen ❹ (*für Infektion, Krankheit*) die Anfälligkeit (**to** für) ❺ **liabilities** (*Schulden*) die Verbindlichkeiten, die Passiva

**lia·ble** ['laɪəbl] ❶ haftbar (**for** für); **to be liable for something** für etwas haften; **liable for damages/tax** schadenersatzpflichtig/steuerpflichtig ❷ **to be liable to do something** dazu neigen, etwas zu tun; **he is liable to change his mind** es kann durchaus sein, dass er es sich anders überlegt; **it's liable to happen** das ist durchaus möglich

**liar** ['laɪəʳ] der Lügner/die Lügnerin

**lib** [lɪb] **women's lib** (*umgangsspr*) die Frauenbewegung

**li·bel** ['laɪbl] die [schriftliche] Verleumdung

to **li·bel** ['laɪbl] <libelled *oder* Ⓤ libeled, libelled *oder* Ⓤ libeled> [schriftlich] verleumden

**li·bel·lous** ['laɪbələs], Ⓤ **li·bel·ous** verleumderisch

**lib·er·al¹** ['lɪbərəl] ❶ freigiebig, großzügig (**of** mit) ❷ liberal, aufgeschlossen ❸ (*politisch*) liberal

**lib·er·al²** ['lɪbərəl] der/die Liberale

to **lib·er·ate** ['lɪbəreɪt] befreien (**from** von)

**lib·era·tion** [,lɪbə'reɪʃn] ❶ die Befreiung ❷ **women's liberation** [**movement**] die Frauenbewegung

**lib·er·ty** ['lɪbətɪ] ❶ die Freiheit; **at liberty** frei, auf freiem Fuß ❷ **to be at liberty to do something** (*übertragen*) etwas tun dürfen ❸ **to take the liberty of doing** [*oder* **to do**] **something** sich die Freiheit nehmen, etwas zu tun ❹ **to take liberties with someone** sich jemandem gegenüber Freiheiten herausnehmen

**Li·bra** ['liːbrə] (*Sternbild*) die Waage

**li·brar·ian** [laɪ'breərɪən] der Bibliothekar/die Bibliothekarin

**li·brary** ['laɪbrərɪ] die Bibliothek, die Bücherei; **reference library** die Präsenzbibliothek

**li·cence** ['laɪsns], Ⓤ **li·cense** ❶ die Genehmigung, die Konzession, die Lizenz; **under licence** mit Erlaubnis, Genehmigung; **requiring** [*oder* **subject to**] **a licence** genehmigungspflichtig, konzessionspflichtig ❷ **driving licence** Ⓖ der Führerschein; **gun licence** der Waffenschein; **hunting licence** der Jagdschein ❸ **TV licence** die Fernsehgenehmigung ❹ **dog licence** die Hundemarke

to **li·cense** ['laɪsəns] ❶ **to be licensed to do something** die Genehmigung haben, etwas zu tun ❷ eine Lizenz [*oder* eine Konzession] erteilen ❸ **to license a car** Kraftfahrzeugsteuer bezahlen

**li·censed** ['laɪsnst] konzessioniert; **fully licensed** mit voller Schankerlaubnis

to **lick** [lɪk] ❶ lecken; **to lick one's lips** (*auch übertragen*) sich die Lippen lecken ❷ **to lick into shape** (*umgangsspr*) auf Hochglanz, in Form bringen ▶ WENDUNGEN: **to lick someone's boots** (*übertragen*) vor jemandem kriechen

**lid** [lɪd] ❶ der Deckel ❷ *von Auge:* das Lid ❸ (*übertragen*) **to take the lid off something** etwas enthüllen

**lie¹** [laɪ] ❶ die Lage ❷ **the lie of the land** (*übertragen*) die Lage der Dinge, die Sachlage

**lie²** [laɪ] ❶ die Lüge; **to tell a lie** lügen

to **lie¹** [laɪ] ❶ lügen; **to lie to someone** jemanden anlügen; **to lie through one's teeth** lügen wie gedruckt ❷ **to lie oneself** [*oder* **one's way**] **out of trouble** sich aus den Schwierigkeiten herauslügen

to **lie²** [laɪ] <lay, lain> ❶ liegen; **to lie in bed** im Bett liegen; **to lie dead** tot daliegen; **to lie still** still daliegen; **to lie dying** im Sterben liegen ❷ **the city lies near the equator** die Stadt liegt in der Nähe des Äquators ❸ **to lie at anchor** vor Anker liegen ❹ **she's lying third at the moment** sie liegt momentan an dritter Stelle ❺ **the prob-**

**lem lies in the fact that ...** das Problem besteht darin, dass ... ❻ **to take something lying down** (*übertragen*) etwas wortlos schlucken

◆to **lie about** herumliegen

◆to **lie around** ❶ herumliegen ❷ herumgammeln *umgangsspr*

◆to **lie back** ❶ sich zurücklegen, sich zurücklehnen ❷ (*übertragen: nichts tun*) sich ausruhen

◆to **lie behind** ❶ *Grund:* **to lie behind something** etwas zugrunde liegen ❷ *Vergangenheit:* **to lie behind [somebody]** hinter jemandem liegen

◆to **lie down** sich hinlegen

◆to **lie in** [morgens] lang im Bett bleiben

**lie-down** [ˌlaɪˈdaʊn] ⒼⒷ **to have a lie-down** sich kurz hinlegen, ein Nickerchen machen

**lie-in** [ˌlaɪˈɪn] **to have a lie-in** [sich] ausschlafen

**lieu·ten·ant** [lefˈtenənt] der Leutnant; ⒼⒷ (*in der Armee*) der Oberleutnant; (*in der Marine*) der Kapitänleutnant

**life** [laɪf, *plural* laɪvz] <*plural* lives> ❶ das Leben; **to take someone's/one's own life** jemanden umbringen/sich das Leben nehmen; **he had the time of his life** er amüsierte sich bestens; **family life** das Familienleben; **this is a matter of life and death** hier geht es um Leben und Tod; **not on your life!** todsicher nicht! ❷ die Lebenszeit; **for life** auf Lebenszeit, lebenslänglich ❸ die Lebensgeschichte, die Biografie; **he's writing a life of Princess Diana** er schreibt eine Biografie über Prinzessin Diana ❹ die Lebensweise; **miners have a hard life** Bergarbeiter haben eine schwere Existenz ❺ *einer Maschine:* die Lebensdauer ❻ (*Lebenskraft*) der Schwung; **to come to life** in Schwung kommen; **full of life** voller Leben, sehr lebendig

**life-belt** [ˈlaɪfbelt] der Rettungsring

**life-boat** [ˈlaɪfbəʊt] das Rettungsboot

**life cy·cle** der Lebenszyklus

**life draw·ing** die Aktzeichnung

**life ex·pec·tan·cy** die Lebenserwartung

**life form** das Lebewesen

**life-guard** [ˈlaɪfgɑːd] ❶ der Rettungsschwimmer/die Rettungsschwimmerin ❷ (*im Schwimmbad*) der Bademeister/die Bademeisterin

**life im·pris·on·ment** die lebenslängliche Freiheitsstrafe

**life in·sur·ance** die Lebensversicherung

**life jack·et** die Schwimmweste

**life·less** [ˈlaɪflɪs] ❶ leblos, unbelebt ❷ (*über-*

*tragen*) matt, flau, trüb

**life-like** [ˈlaɪflaɪk] echt, naturgetreu

**life-long** lebenslang

**life raft** das Rettungsfloß

**life·sav·er** ❶ der Lebensretter/die Lebensretterin, der Rettungsschwimmer/die Rettungsschwimmerin ❷ (*übertragen*) der rettende Engel

**life sen·tence** die lebenslängliche Freiheitsstrafe

**life-size(d)** [ˈlaɪfsaɪz(d)] lebensgroß, in Lebensgröße

**life·span** *einer Person:* die Lebenserwartung; *einer Sache:* die Lebensdauer

**life·style** der Lebensstil

**life sup·port sys·tem** die lebenserhaltenden Apparate

**life-threat·en·ing** *Krankheit:* lebensbedrohend; *Situation:* lebensgefährlich

**life·time** [ˈlaɪftaɪm] die Lebenszeit; **in** [*oder* **during**] **someone's lifetime** zu jemandes Lebzeiten; **the chance of a lifetime** die Chance meines/deines Lebens; **once in a lifetime** einmal im Leben; **a once-in-a-lifetime opportunity** eine einmalige Gelegenheit

**lift** [lɪft] ❶ ⒼⒷ der Aufzug, der Fahrstuhl, der Lift ❷ die Mitfahrgelegenheit; **to give someone a lift** jemanden mitnehmen, jemanden mitfahren lassen; **do you want a lift?** willst du mitfahren?, kann ich dich mitnehmen? ❸ der Auftrieb; **to give someone a lift** jemandem Auftrieb geben, jemanden aufmuntern ❹ (*technisch*) der Hub; **in one lift** in einem Hub

to **lift** [lɪft] ❶ [auf]heben, in die Höhe heben ❷ ziehen, lüften *Hut* ❸ liften *Gesicht, Busen* ❹ aufheben *Sperre* ❺ (*umgangsspr*) klauen ❻ **to not lift a finger** (*übertragen*) keinen Finger rühren [*oder* krümmen] ❼ *Rakete, Flugzeug:* abheben ❽ *Nebel:* sich auflösen, sich heben

◆to **lift down** herunterheben

◆to **lift off** abheben

◆to **lift up** hochheben

**lift-off** [ˈlɪftɒf] *von Rakete:* das Abheben, der Start; **to have lift-off** abheben

**light¹** [laɪt] ❶ das Licht, die Helligkeit ❷ (*Lichtquelle*) das Licht, die Beleuchtung ❸ (*am Auto*) **lights** die Lichter, die Scheinwerfer ❹ **lights** (*umgangsspr*) die Ampel; **to turn right at the lights** an der Ampel rechts abbiegen ❺ (*für Zigarette*) das Feuer; **have you got a light?** haben Sie Feuer? ❻ **in the light of** angesichts, im Hinblick auf ▶WEN-

DUNGEN: **to bring to light** an den Tag [*oder* ans Licht] bringen; **to come to light** an den Tag kommen; **to shed** [*oder* **throw**] **light on something** Licht in etwas bringen; **to see something/someone in a new light** etwas/jemanden in ganz neuem Licht sehen

**light²** [laɪt] ❶ *auch Essen, Musik:* leicht; **as light as a feather** federleicht ❷ *Erde:* locker ❸ *Farbe:* hell; **light blue** hellblau ❹ **light reading** die Unterhaltungslektüre ❺ **to make light of something** etwas nicht ernst nehmen ❻ **to travel light** mit wenig [*oder* leichtem] Gepäck reisen

to **light** [laɪt] <lit *oder* lighted, lit *oder* lighted> ❶ anzünden *Feuer* ❷ (*mit Scheinwerfern*) anstrahlen, beleuchten, erleuchten; befeuern *Flugplatz* ❸ **to light someone's way** jemandem leuchten

◆ to **light up** ❶ aufleuchten ❷ anzünden *Zigarette, Pfeife* ❸ beleuchten, erhellen *Himmel, Zimmer* ❹ anmachen *Lampe*

**light bulb** ['laɪtbʌlb] die Glühbirne

to **light·en¹** ['laɪtn] ❶ (*auch übertragen*) heller machen, aufhellen ❷ hell werden, sich aufhellen

to **light·en²** ['laɪtn] leichter machen; **to lighten someone's burden** [*oder* **load**] jemandem etwas abnehmen

**light·er** ['laɪtər] das Feuerzeug

**light·head·ed** ❶ benommen ❷ schwind[e]lig

**light·heart·ed** [ˌlaɪt'hɑːtɪd] sorglos, unbeschwert

**light·house** ['laɪthaʊs] der Leuchtturm

**light·ing** ['laɪtɪŋ] die Beleuchtung; **emergency lighting** die Notbeleuchtung; **lighting-equipment** die Beleuchtungsanlage

**light·ly** ['laɪtlɪ] ❶ leicht ❷ **to get off lightly** glimpflich davonkommen ❸ **to treat something** [**too**] **lightly** etwas nicht ernst [genug] nehmen

**light·ning** ['laɪtnɪŋ] der Blitz; **flash of lightning** der Blitz, der Blitzschlag; **to be struck by lightning** vom Blitz getroffen werden; **like lightning** wie der Blitz; **with lightning speed** blitzschnell

**light·ning con·duc·tor**, ⓤⓢⒶ **light·ning rod** (*auch übertragen*) der Blitzableiter

**light·weight¹** ❶ *kein Plural* (*Sportkategorie*) das Leichtgewicht ❷ (*Boxer*) der Leichtgewichtler/die Leichtgewichtlerin ❸ (*umgangsspr*) das Leichtgewicht; (*abwertend*) der Schwächling

**light·weight²** ❶ leicht ❷ trivial ❸ (*abwertend*) bedeutungslos

**light year** ['laɪtjɜːʳ, -jɪəʳ] das Lichtjahr

**lik·able** ['laɪkəbl] ⓤⓢⒶ liebenswert, sympathisch

**like¹** [laɪk] ❶ ähnlich, wie; **to be like someone** wie jemand sein, jemandem ähnlich sein; **they are very like each other** sie sehen sich sehr ähnlich ❷ **what is he like?** was ist er für ein Mensch?; **what is it like?** wie ist es? wie sieht es aus? ❸ **it was like him to do that** das sieht ihm ähnlich; **that's not like her** das ist nicht ihre Art ❹ **something like that** so etwas Ähnliches ❺ **there is nothing like ...** es geht nichts über ... ❻ **I don't feel like work**[**ing**] **today** ich bin heute nicht zum Arbeiten aufgelegt ❼ **it looks like rain**[**ing**] es sieht nach Regen aus ❽ **like mad** wie verrückt ❾ (*slang*) **she's, like, really nice** sie ist irgendwie echt nett

**like²** [laɪk] die Vorliebe; **she knows his likes and dislikes** sie weiß, was er mag und was er nicht mag; **the likes of you** (*umgangsspr*) Leute wie Sie, ihresgleichen

to **like** [laɪk] ❶ mögen, gernhaben; **I like it** das gefällt mir, das mag ich; **he likes classical music** er mag klassische Musik; **how do you like Stuttgart/the book?** wie gefällt dir Stuttgart/das Buch? ❷ wollen, gerne mögen; **would you like a cup of tea?** möchten Sie eine Tasse Tee?; **I should like a little bit more time** ich hätte gerne etwas mehr Zeit; **I should like to know** ich wüsste gern

**like·able** ['laɪkəbl] liebenswert, sympathisch

**like·li·hood** ['laɪklɪhʊd] die Wahrscheinlichkeit; **in all likelihood** höchstwahrscheinlich

**like·ly¹** ['laɪklɪ] <likelier, likeliest> ❶ wahrscheinlich; **he is likely to come** es ist wahrscheinlich, dass er kommt; **it's likely to cause problems** das wird wahrscheinlich Probleme mit sich bringen; **the likely outcome** das voraussichtliche Resultat ❷ *Geschichte:* glaubhaft; **a likely story!** das soll mal einer glauben!

**like·ly²** ['laɪklɪ] **as likely as not** höchstwahrscheinlich; **not likely** schwerlich, kaum; **very** [*oder* **most**] **likely** höchstwahrscheinlich, sehr wahrscheinlich; **that's more likely** das ist eher möglich

**like-mind·ed** gleich gesinnt

to **lik·en** ['laɪkən] **to liken somebody/something to somebody/something** jemanden/etwas mit jemandem/etwas vergleichen

**like·wise** ['laɪkwaɪz] ebenfalls, gleichfalls; **to do likewise** es genauso machen

**lik·ing** ['laɪkɪŋ] die Vorliebe; **to have a liking**

**lilac – lip**     **264**

**for** mögen; **to someone's liking** nach jemandes Geschmack

**li·lac** ['laɪlək] ❶ (*Pflanze*) der Flieder ❷ (*Farbe*) Lila

**lily** ['lɪlɪ] die Lilie; **water lily** die Seerose

**limb** [lɪm] das Glied

**lime** [laɪm] ❶ (*Frucht*) die Limone ❷ (*Laubbaum*) die Linde

**lim·it** ['lɪmɪt] ❶ die Grenze, die Beschränkung; **within limits** in Grenzen; **without limit** unbegrenzt, unbeschränkt; **speed limit** die Geschwindigkeitsbegrenzung ❷ (*kommerziell*) das Limit, die Preisgrenze ❸ **time limit** die Frist ▸ WENDUNGEN: **that's the limit !** (*umgangsspr*) das ist doch die Höhe!; **you're the limit!** das ist unerhört [von Ihnen]!; **off limits!** Zutritt verboten!

to **lim·it** ['lɪmɪt] ❶ begrenzen, beschränken, einschränken ❷ limitieren *Preis*

**lim·it·ed** ['lɪmɪtɪd] ❶ begrenzt ❷ (*kommerziell*) beschränkt (**to** auf); **limited [liability] company** Gesellschaft mit beschränkter Haftung

**limo** ['lɪməʊ] (*umgangsspr*) *kurz für* **limousine** die [Luxus]limousine

to **limp** [lɪmp] hinken

**limp¹** [lɪmp] das Hinken; **to walk with a limp** hinken, humpeln

**limp²** [lɪmp] ❶ schlaff ❷ *Blumen:* welk

**line** [laɪn] ❶ (*Schnur, Seil*) die Leine ❷ **fishing line** die Angelschnur ❸ **telephone line** die Telefonleitung; **bad line** die schlechte Verbindung; **to hold the line** am Apparat bleiben; **line engaged!** (GB), **line busy!** (USA) besetzt! ❹ (*Markierung*) die Linie, der Strich ❺ (*beim Sport*) die Grenzlinie ❻ (*in der Hand*) die Handlinie; (*auf der Stirn*) die Falte, die Runzel ❼ (*Bahnlinie*) das Gleis, die Strecke ❽ (USA) die Menschenschlange; **to stand in line** anstehen, Schlange stehen, sich anstellen (**for** um) ❾ die Reihe; **a line of houses** eine Häuserreihe; **a line of trees** eine Baumreihe; **to keep in line** in Reih und Glied bleiben ❿ (*Reihe von Wörtern*) die Zeile, der Vers; **to drop someone a line** jemandem ein paar Zeilen schreiben; **to forget one's lines** (*auf der Bühne*) seinen Text vergessen; **to read between the lines** (*übertragen*) zwischen den Zeilen lesen ⓫ (*Familie*) die Linie; **he comes from a long line of actors** er stammt aus einer alten Schauspielerfamilie ⓬ (*Verlauf*) die Richtung ⓭ (*Beschäftigung*) die Branche, das Fachgebiet, das Interessengebiet; **line of business** der Geschäftszweig; **that's not in my line**

das liegt mir nicht ⓮ (*kommerziell*) der Artikel, die Kollektion, die Linie ⓯ (*militärisch*) die Linie; **front line** die Front[linie] ⓰ **in line with** auf einer Linie mit; (*übertragen*) in Einklang mit ⓱ **to be in line for a job** eine Stelle wahrscheinlich bekommen ▸ WENDUNGEN: **to bring someone into line** jemanden in seine Schranken weisen; **to come** [*oder* **fall**] **into line** sich anschließen, sich einfügen (**with** in); (*umgangsspr*) mitmachen (**with** mit); (*umgangsspr*) nicht aus der Reihe tanzen; **to step out of line** aus der Reihe tanzen; **to draw the line at** eine Grenze ziehen bei; **to reach the end of the line** das bittere Ende erreichen

to **line¹** [laɪn] ❶ füttern *Kleidungsstück* ❷ (*technisch*) auskleiden ▸ WENDUNGEN: **to line one's pockets** in die eigene Tasche wirtschaften

to **line²** [laɪn] ❶ lin[i]ieren *Papier* ❷ entlang stehen an, säumen; **lined with trees** Baum bestanden

◆ to **line up** ❶ aufstellen ❷ *Personen:* sich aufstellen; (USA) Schlange stehen; **to be lined up** anstehen ❸ (*planen*) sorgen für, organisieren ❹ Stellung beziehen (**against** gegen), sich zusammentun (**with** mit)

**lin·en** ['lɪnɪn] ❶ (*Material*) das Leinen ❷ (*Bettwäsche, Tischwäsche*) die Wäsche

**lin·er** ['laɪnə'] ❶ der Einsatz; [**dust**|**bin** [*oder* (USA) **garbage can**] **liner** der Müllsack ❷ (*Schiff*) der Liniendampfer; **ocean liner** der Ozeandampfer

**line-up** ['laɪnʌp] (*auch Sport*) die Aufstellung

**lin·gua fran·ca** [ˌlɪŋgwəˈfræŋkə] (*Sprache*) die Verkehrssprache

**lin·guist** ['lɪŋgwɪst] der Linguist/die Linguistin, der Sprachwissenschaftler/die Sprachwissenschaftlerin; **to be a good linguist** sprachbegabt sein

**lin·ing** ['laɪnɪŋ] ❶ das Futter, der Futterstoff ❷ (*technisch*) die Auskleidung

**link** [lɪŋk] ❶ das [Ketten]glied ❷ (*übertragen*) das Bindeglied, die Verbindung

to **link** [lɪŋk] verbinden; **to link arms** sich unterhaken; **to link hands** sich an den Händen fassen

**link-up** ['lɪŋkʌp] ❶ die Verbindung ❷ *von Raumschiff:* die Koppelung, das Koppelungsmanöver

**lion** ['laɪən] der Löwe

**li·on·ess** [laɪəˈnes] <*plural* lionesses> die Löwin

**lion's share** der Löwenanteil

**lip** [lɪp] ❶ die Lippe; **to keep a stiff upper**

**lip** *(übertragen)* die Ohren steifhalten ❷ *eines Gefäßes:* der Rand ❸ *(umgangsspr)* **none of your lip!** sei nicht unverschämt!
**lip balm** die Lippenpflege
**lip gloss** das Lipgloss, der Lippenglanzstift
**lip·lin·er** ['lɪp,laɪnəʳ] der Lippenkonturenstift
to **lip-read** ['lɪpriːd] vom Mund [*oder* von den Lippen] ablesen
**lip salve** Lippenpomade
**lip ser·vice** *kein Plural (abwertend)* das Lippenbekenntnis
**lip·stick** ['lɪpstɪk] der Lippenstift
**li·queur** [lɪ'kjʊəʳ] der Likör
**liq·uid**¹ ['lɪkwɪd] *(auch finanziell)* flüssig
**liq·uid**² ['lɪkwɪd] die Flüssigkeit
**liq·ui·da·tion** [,lɪkwɪ'deɪʃ°n] *einer Firma:* Auflösung; *von Schulden:* die Tilgung; **to go into liquidation** in Liquidation gehen
**li·quid crys·tal tele·vi·sion** der Fernseher mit LCD-Flachbildschirm
to **liq·uid·ize** ['lɪkwɪdaɪz] im Mixer pürieren
**liq·uid·iz·er** ['lɪkwɪdaɪzəʳ] der Mixer
**li·quid soap** *kein Plural* die Flüssigseife
**liq·uor** ['lɪkəʳ] ⓤ der Alkohol
**Lis·bon** ['lɪzbən] Lissabon
to **lisp** [lɪsp] **to [speak with a] lisp** lispeln
**list** [lɪst] die Liste, das Verzeichnis, die Aufstellung; **list of applicants** die Bewerberliste; **list of members** das Mitgliederverzeichnis; **shopping list** der Einkaufszettel; **to be on a list** auf einer Liste stehen; **to draw up** [*oder* **make out**] **a list** eine Liste aufstellen; **to put on a list** auf eine Liste setzen

 Nicht verwechseln mit *die List — cunning!*

to **list** [lɪst] ❶ in eine Liste eintragen, auflisten; *(verbal)* aufzählen ❷ aufführen *Posten* ❸ **listed building** ⓖⓑ Gebäude unter Denkmalschutz
to **list·en** ['lɪsn] hören, horchen (**to** auf); **to listen for something** auf etwas horchen; **to listen to someone** jemandem zuhören; **don't listen to him!** hören Sie nicht auf ihn!; **she wouldn't listen to him** sie wollte nicht auf ihn hören; **to listen to the radio** Radio hören
♦ to **listen in** ❶ **to listen in to** [*oder* **on**] **a conversation** ein Gespräch mithören ❷ **to listen in to a program[me]** ein Programm hören
**list·en·er** ['lɪsnəʳ] ❶ der Zuhörer/die Zuhörerin; **to be a good listener** gut zuhören können ❷ *von Radio:* der Hörer/die Hörerin
**lit** [lɪt] *2. und 3. Form von* **light**

**li·ter** ['liːtəʳ] ⓤ der/das Liter
**lit·era·cy** ['lɪtərəsɪ] die Lese- und Schreibfertigkeit
**lit·er·al** ['lɪtərəl] ❶ wörtlich ❷ buchstäblich, im wahrsten Sinne des Wortes ❸ *(umgangsspr)* **fifteen years of literal hell** fünfzehn Jahre lang die reinste Hölle
**lit·er·al·ly** ['lɪtərəlɪ] ❶ *(wortgetreu)* wörtlich; **to take something literally** etwas wörtlich nehmen ❷ *(wirklich)* buchstäblich; **he had lost literally everything** er hatte buchstäblich alles verloren
**lit·er·ary** ['lɪtərərɪ] Literatur-
**lit·er·ate** ['lɪtərət] des Lesens und Schreibens kundig
**lit·era·ture** ['lɪtrətʃəʳ] die Literatur
**Lithua·nia** [,lɪθju'eɪnɪə] Litauen
**Lithua·nian**¹ [,lɪθju'eɪnɪən] ❶ der Litauer/die Litauerin ❷ *kein Plural* Litauisch
**Lithua·nian**² [,lɪθju'eɪnɪən] litauisch
**li·tre** ['liːtəʳ] ⓖⓑ der/das Liter
**lit·ter** ['lɪtəʳ] ❶ der Abfall; **do not throw litter!** bitte keine Abfälle zurücklassen ❷ *(neugeborene Tiere)* der Wurf ❸ *(für Tiere)* die Streu, das Stroh
to **lit·ter** ['lɪtəʳ] verstreuen; **to be littered with something** mit etwas übersät sein
**lit·tle**¹ ['lɪtl] <smaller, smallest> ❶ klein ❷ **of little interest/value** von geringem Interesse/Wert ❸ **in a little while** in kurzer Zeit, bald; **a little while ago** vor kurzem ❹ wenig; **to have little chance/money/time** kaum eine Chance/wenig Geld/Zeit haben; **I know little Spanish and even less Portuguese** ich spreche [nur] wenig Spanisch und noch weniger Portugiesisch; **I go there very little** ich gehe sehr selten dorthin
**lit·tle**² ['lɪtl] ❶ **the little I know of him** das Wenige, was ich von ihm weiß ❷ **a little** ein [klein] wenig, ein bisschen; **after a little** nach einer Weile; **for a little** für ein Weilchen; **not a little** nicht wenig ❸ **little by little** nach und nach, allmählich
**live** [laɪv] ❶ *(am Leben)* lebend, lebendig; **a real live dog** ein echter Hund ❷ *Thema:* aktuell ❸ *Kohlen:* glühend ❹ *Geschoss:* scharf ❺ *Kabel:* Strom führend ❻ **live broadcast** die Livesendung ❼ **to broadcast live** direkt [*oder* live] übertragen
to **live** [lɪv] ❶ leben; **to live and let live** leben und leben lassen; **to live for something** für etwas leben ❷ *Patient:* am Leben bleiben, überleben ❸ wohnen (**with** bei, **at** in); **where do you live?** wo wohnen Sie?; **to live with someone** mit jemandem zusam-

menleben

◆to **live down** I'll never live that down das werde ich noch lange zu hören kriegen

◆to **live in** im Hause wohnen; *Student:* im Wohnheim wohnen

◆to **live off** to live off one's **parents** auf Kosten seiner Eltern leben

◆to **live on** ❶ *Erinnerung:* weiterleben ❷ leben von; **to live on** [a diet of] **fish** sich von Fisch ernähren ❸ **to live on** one's **reputation** (*übertragen*) von seinem Ruf zehren

◆to **live out** to live out ⟳ one's **life** sein Leben verbringen

◆to **live through** überstehen; **to live through an experience** eine Erfahrung durchmachen

◆to **live together** zusammenleben

◆to **live up to** he has a lot to live up to an ihn werden hohe Erwartungen gestellt

**live·ly** ['laɪvlɪ] ❶ lebhaft, lebendig ❷ *Beschreibung:* lebendig ❸ (*umgangsspr*) aufregend; **to make things lively for someone** jemandem zu schaffen machen

to **liven up** ['laɪvn 'ʌp] ❶ *Person:* aufleben ❷ *Dinge:* in Stimmung kommen ❸ **to liven a place up** Leben in die Bude bringen

**liv·er** ['lɪvəʳ] die Leber

**lives** [laɪvz] *Pluralform von* **life**

**liv·id** ['lɪvɪd] wütend

**liv·ing**[1] ['lɪvɪŋ] ❶ lebend; **within living memory** seit Menschengedenken ❷ **living conditions** die Lebensbedingungen, die Wohnverhältnisse

**liv·ing**[2] ['lɪvɪŋ] ❶ der Lebensunterhalt; **to make a living as an artist/out of painting** sein Auskommen als Künstler/durch Malerei haben ❷ das Leben; **standard of living** der Lebensstandard ❸ **the living** die Lebenden

**liv·ing quar·ters** *plural* der Wohnbereich; (*von Soldaten*) das Quartier

**liv·ing room** das Wohnzimmer

**liz·ard** ['lɪzəd] die Eidechse

**lla·ma** ['lɑːmə] das Lama

**load** [ləʊd] ❶ (*Fracht*) die Ladung, die Fuhre ❷ *einer Achse:* die Belastung, die Traglast ❸ (*übertragen*) die Last, die Bürde; **that's a load off my mind** damit fällt mir ein Stein vom Herzen ❹ **a load of nonsense** [*oder* **rubbish**]! (*umgangsspr*) Quatsch! Blödsinn! ❺ **loads of ...** jede Menge ...

to **load** [ləʊd] ❶ laden ❷ beladen *Transportmittel;* verladen *Ladung* ❸ laden *Feuerwaffe* ❹ einen Film einlegen in *Fotoapparat*

◆to **load up** [be]laden

**load·ed** ['ləʊdɪd] ❶ beladen; **loaded to capacity** voll beladen ❷ *Gewehr:* geladen ❸ *Würfel:* präpariert ❹ **he's loaded** (*umgangsspr*) er hat Geld wie Heu ❺ **loaded question** die Fangfrage

**loaf** [ləʊf, *plural* 'ləʊvz] <*plural* loaves> ❶ der Laib, das Brot ❷ **meat loaf** der Hackbraten ❸ **use your loaf!** (*slang*) streng deinen Grips an!

**loan** [ləʊn] ❶ (*finanziell*) das Darlehen, die Anleihe ❷ die Leihgabe; **as a loan** als Leihgabe; **on loan** leihweise, ausgeliehen; **to have something on loan** etwas geliehen haben; **to give someone the loan of something** jemandem etwas [aus]leihen

to **loan** [ləʊn] [aus]leihen, verleihen (**to** an)

**loaves** [ləʊvz] *Pluralform von* **loaf**

**lob·by** ['lɒbɪ] ❶ *eines Hotels:* die Eingangshalle ❷ (*im Parlament*) die Lobby, die Wandelhalle ❸ (*übertragen*) die Lobby, die Interessengruppe

to **lob·by** ['lɒbɪ] beeinflussen *Abgeordnete*

**lob·ster** ['lɒbstəʳ] der Hummer

**lo·cal**[1] ['ləʊkl] ❶ örtlich, lokal, ortsansässig, hiesig; **local authority** die Ortsbehörde, die Kommunalverwaltung; **local call** das Ortsgespräch; **local elections** die Kommunalwahlen; **local government** die Gemeindeverwaltung, die Kommunalverwaltung; **local news** die Lokalnachrichten; **local opinion** die Meinung vor Ort; **local paper** die Lokalzeitung; **local people** der/die Ortsansässige; **local time** die Ortszeit ❷ **local anaesthetic** die örtliche Betäubung, die Lokalanästhesie

**lo·cal**[2] ['ləʊkl] ❶ der/die Ortsansässige ❷ (*umgangsspr*) die Stammkneipe

to **lo·cate** [ləʊ'keɪt] ❶ (*finden*) ausfindig machen ❷ (*platzieren*) errichten; einrichten *Firma, Gebäude* ❸ **to be located** liegen, sich befinden

**lo·ca·tion** [ləʊ'keɪʃn] ❶ die Lage, der Standort ❷ (*Tat*) die Ortsbestimmung, die Lagebestimmung ❸ *von Film:* der Drehort; **to be on location** bei Außenaufnahmen sein

**loch** [lɒk, lɒx] (*in Schottland*) der See, der Meeresarm

**L** Das **Loch Ness Monster** ist ein riesiges, unbekanntes Wesen das angeblich in den Gewässern des Loch Ness im Nordosten Schottlands lebt. Es soll eine Art Wasserdinosaurier mit einem langen wellenförmigen Schwanz sein. Einige Leute behaupten, das Ungeheuer gesehen zu haben, obwohl es bis heute keinen wirklich ernst zu nehmenden Nachweis dafür gibt. Geschichten darüber gibt es schon seit dem 6. Jh.

**lock** [lɒk] ❶ *von Tür:* das Schloss ❷ (*technisch*) der Verschluss, die Sperre ❸ (*in Fluss, Kanal*) die Schleuse

to **lock** [lɒk] ❶ abschließen, zuschließen ❷ **to lock someone in a room** jemanden in ein[em] Zimmer einschließen [*oder* einsperren] ❸ *Räder:* blockieren
 ◆to **lock away** ❶ wegschließen *Sache* ❷ einsperren *Person*
 ◆to **lock in** einschließen, einsperren
 ◆to **lock out** aussperren
 ◆to **lock up** ❶ abschließen *Sache* ❷ wegschließen *Wertsachen* ❸ einsperren *Person* ❹ fest anlegen *Kapital*

**lock·er** ['lɒkəʳ] das Schließfach; **locker room** der Umkleideraum

**lock·smith** ['lɒksmɪθ] der Schlosser/die Schlosserin

**lodge** [lɒdʒ] ❶ (*Sport*) die Hütte, das Pförtnerhaus ❷ *von Freimaurern:* die Loge ❸ *von Biber:* der Bau

to **lodge** [lɒdʒ] ❶ einlegen *Beschwerde* ❷ **to lodge with someone** bei jemandem zur Untermiete wohnen ❸ *Kugel:* stecken bleiben

**lodg·er** ['lɒdʒəʳ] der Untermieter/die Untermieterin

**lodg·ing** ['lɒdʒɪŋ] ❶ **board and lodging** Kost und Logis ❷ **lodgings** das möblierte Zimmer, die möblierte Wohnung; **to live in lodgings** möbliert wohnen

**lodg·ing house** Ⓖ die Pension

**loft** [lɒft] der Dachboden; **loft conversion** der Dachausbau

**log** [lɒg] ❶ der [Holz]klotz, der Block; (*für Feuer*) das Holzscheit ❷ **to sleep like a log** wie ein Murmeltier schlafen

**log cab·in** [ˌlɒg'kæbɪn] das Blockhaus

**log fire** das Holzfeuer

**log·ic** ['lɒdʒɪk] die Logik

**logi·cal** ['lɒdʒɪkl] logisch

**logo** ['lɒgəʊ] das Logo

**loin** [lɔɪn] die Lende

to **loi·ter** ['lɔɪtəʳ] herumlungern

**lol·li·pop** ['lɒlɪpɒp] der Lutscher

**lol·ly** ['lɒlɪ] ❶ (*umgangsspr*) der Lutscher ❷ **ice[d] lolly** Eis am Stiel ❸ (*slang*) das Geld

**lone** [ləʊn] einsam

**lone·li·ness** ['ləʊnlɪnɪs] die Einsamkeit

**lone·ly** ['ləʊnlɪ] einsam

**lon·er** ['ləʊnəʳ] der Einzelgänger/die Einzelgängerin

**long¹** [lɒŋ] ❶ lang ❷ **it's a long way to Scotland** bis nach Schottland ist es sehr weit

❸ **I haven't seen him for a long time** ich habe ihn seit langem nicht mehr gesehen ❹ **all night long** die ganze Nacht ❺ **to take a long time** viel Zeit brauchen/nehmen ❻ **in the long run** auf die Dauer ❼ **don't be long!** beeil dich!

**long²** [lɒŋ] ❶ **as** [*oder* **so**] **long as** solange ❷ **at the longest** höchstens, längstens ❸ **before long** in Kürze ❹ **no longer** nicht mehr ❺ **long after** lange nachher, viel später; **long before** lange vorher, viel früher ❻ **long ago** vor langer Zeit ❼ **have you been waiting long?** warten Sie schon lange? ❽ **so long!** (*umgangsspr*) bis später!

to **long** [lɒŋ] sich sehnen (**for** nach)

**long-dis·tance** long-distance call das Ferngespräch; **long-distance flight** der Langstreckenflug; **long-distance lorry driver** der Fernfahrer/die Fernfahrerin

**long-haired** [ˌlɒŋ'heəd] langhaarig

**long-haul flight** der Langstreckenflug

**long·ing¹** ['lɒŋɪŋ] die Sehnsucht, das Verlangen (**for** nach)

**long·ing²** ['lɒŋɪŋ] sehnsüchtig

**lon·gi·tude** ['lɒŋgɪtjuːd] die [geographische] Länge

**long jump** der Weitsprung

**long-life milk** ['lɒŋlaɪf] die H-Milch

**long-lived** langlebig

**long-lost** lang verloren geglaubt; *Person:* lang vermisst geglaubt

**long-range** ❶ *Rakete:* Langstrecken- ❷ langfristig; **long-range forecast** die Langzeitprognose

**long shot** **to be a long shot** ziemlich aussichtslos sein; [**not**] **by a long shot** (*umgangsspr*) bei weitem [nicht]

**long-sight·ed** [ˌlɒŋ'saɪtɪd] weitsichtig

**long-stand·ing** seit langem bestehend; *Freundschaft, Beziehung:* langjährig

**long-suf·fer·ing** langmütig

**long-term** langfristig; **long-term damage** der Spätschaden; **long-term effect** die Langzeitwirkung; **long-term unemployed** [**person**] der/die Langzeitarbeitslose, der/die Dauerarbeitslose

**long va·ca·tion** die großen Ferien, die Sommersemesterferien

**long wave** (*Radio*) die Langwelle

**long·ways** der Länge nach, längs

**long-wind·ed** [ˌlɒŋ'wɪndɪd] langatmig

**loo** [luː] Ⓖ (*umgangsspr*) das Klo

**look** [lʊk] ❶ der Blick; **to have a look at something** [sich] etwas ansehen, einen Blick auf etwas werfen; **to give someone a dirty**

**look** jemandem einen vernichtenden Blick zuwerfen ❷ **the look on his face** sein Gesichtsausdruck ❸ **looks** das Aussehen; **good looks** das gute Aussehen ❹ **I don't like the look of it** es gefällt mir nicht

to **look** [lʊk] ❶ sehen, schauen, gucken; **to look someone in the eye** jemandem [gerade] in die Augen sehen ❷ **to look at someone/something** jemanden/etwas ansehen [*oder* anschauen] ❸ Acht geben, aufpassen; **look what you're doing!** pass auf, was du machst! ❹ (*suchen*) nachsehen; **to look and see** nachsehen ❺ gehen nach; **this window looks south** dieses Fenster geht nach Süden; **the front of the house looks towards the river** die Vorderseite des Hauses liegt zum Fluss hin ❻ aussehen; **it looks like rain** es sieht nach Regen aus ❼ **look sharp!** dalli, dalli! ❽ **look here!** sieh her!, hör mal gut zu! ❾ **he looks his age** man sieht ihm sein Alter an

◆to **look about** sich umsehen, sich umschauen (**for** nach)

◆to **look after** sich kümmern um, aufpassen auf

◆to **look ahead** ❶ nach vorne sehen ❷ (*übertragen*) die Zukunft planen, vorausschauen

◆to **look around** sich umsehen (**for** nach)

◆to **look at** ❶ ansehen; **look at those birds!** sieh dir diese Vögel an!; **to look at one's watch** auf seine Uhr schauen ❷ sich ansehen, überprüfen *Bücher, Unterlagen* ❸ (*überlegen*) betrachten; **I look at things differently now, after my accident** nach meinem Unfall sehe ich viele Dinge anders ❹ (*umgangsspr*) rechnen mit; **he's looking at three years for a second offence** weil es seine zweite Straftat ist, muss er mit drei Jahren rechnen

◆to **look away** wegsehen

◆to **look back** ❶ sich umsehen ❷ **to look back on** [*oder* **to**] **something** (*übertragen*) auf etwas zurückblicken; **looking back, ...** zurückblickend ... ❸ **since changing jobs he's never looked back** (*übertragen*) seitdem er die Stelle gewechselt hat, geht es mit ihm ständig bergauf

◆to **look down** heruntersehen, hinuntersehen

◆to **look down on** hochmütig herabsehen auf

◆to **look for** suchen [nach]; **who are you looking for?** wen suchen Sie?

◆to **look forward** ❶ nach vorne sehen ❷ **to look forward to something** sich auf etwas freuen

◆to **look in** ❶ hineinsehen, hereinsehen ❷ **to look in on someone** bei jemandem vorbeikommen/vorbeischauen

◆to **look into** untersuchen, nachgehen

◆to **look on** ❶ zusehen ❷ **to look [up]on someone as/with ...** jemanden als/mit ... ansehen [*oder* betrachten]

◆to **look out** ❶ hinaussehen, heraussehen; **to look out of the window** aus dem Fenster sehen ❷ aufpassen, Acht geben (**for** auf); **look out!** aufpassen! Achtung! Vorsicht! ❸ hinaussehen, hinausgehen (**on** auf); **the house looks out over the valley** vom Haus hat man einen Blick ins Tal ❹ **to look something/someone out** sich etwas/jemanden aussuchen ❺ **to look out for something/someone** Ausschau nach etwas/jemanden halten

◆to **look over** ❶ sich ansehen *Haus* ❷ durchsehen *Text* ❸ mustern *Person*

◆to **look round** sich umsehen

◆to **look through** ❶ **to look through the window** aus dem Fenster schauen; **to look through the telescope** durch das Fernrohr gucken ❷ durchsehen *Text* ❸ **to look straight through someone** durch jemanden hindurchsehen

◆to **look to** ❶ **to look to something** sich um etwas kümmern; **to look to one's motives** seine Motive [genau] prüfen ❷ **to look to somebody** auf jemanden bauen

◆to **look up** ❶ aufblicken, aufsehen (**at** zu) ❷ **to look up to someone** (*übertragen*) zu jemandem aufsehen ❸ *Lage:* besser werden; **things are looking up** es geht bergauf ❹ nachschlagen *Wort* ❺ **to look someone up** (*umgangsspr*) jemanden besuchen ❻ **to look someone up and down** jemanden von Kopf bis Fuß mustern

**look·alike** [ˈlʊkəˌlaɪk] der Doppelgänger/die Doppelgängerin

**look·out** [ˈlʊkˌaʊt] ❶ (*Platz*) der Ausguck ❷ (*Person*) die Wache ❸ **to be on the lookout for** Ausschau halten nach ❹ **that's his lookout** (*umgangsspr*) das ist seine Sache; **that's not my lookout** das geht mich nichts an

**loony**[1] [ˈluːni] <*plural* loonies> (*umgangsspr*) der/die Irre

**loony**[2] [ˈluːni] <loonier, looniest> (*umgangsspr*) verrückt

**loop** [luːp] ❶ die Schlinge, die Schleife ❷ *von Flugzeug:* das/der Looping; **to loop the loop** einen Looping fliegen

**loop·hole** ['luːphəʊl] **a loophole in the law** eine Gesetzeslücke

**loose¹** [luːs] ❶ *Tier:* lose, frei ❷ *Ware:* lose ❸ *Knopf, Zahn:* lose, locker; **loose connection** der Wackelkontakt ❹ *Kleidung:* weit ❺ *Boden:* locker, aufgelockert ❻ *Bedeutung:* ungenau ❼ *Übersetzung:* frei ❽ *Lebenswandel:* locker ❾ **to be at a loose end** nichts mit sich anzufangen wissen ❿ **loose change** das Kleingeld ⓫ **to break loose** sich losreißen ⓬ **to come** [*oder* **work**] **loose** *Knopf, Knoten, Schraube:* sich lockern

**loose²** [luːs] **to be on the loose** frei herumlaufen

**loose·ly** ['luːslɪ] locker, lose; **loosely speaking** grob gesagt

to **loos·en** ['luːsn] ❶ lösen, lockern ❷ sich lösen, sich lockern ❸ **to loosen up** Lockerungsübungen machen; (*übertragen*) lockerer werden

**loot** [luːt] die Beute

to **loot** [luːt] plündern

**loot·ing** ['luːtɪŋ] die Plünderung

**lop·sid·ed** schief; (*übertragen*) einseitig

**lord** [lɔːd] ❶ der Herr (**of** über) ❷ ⒼⒷ der Lord; **the House of Lords** das britische Oberhaus ❸ [**Our**] **Lord** der Herr; **the Lord's Prayer** das Vaterunser ❹ **Lord only knows where ...** weiß der Himmel wo ...

**Lord May·or** der Oberbürgermeister

**lor·ry** ['lɒrɪ] ⒼⒷ der Lastkraftwagen, der Lkw, der Laster; **lorry driver** der Lastwagenfahrer/ die Lastwagenfahrerin, der Lkw-Fahrer/die Lkw-Fahrerin

to **lose** [luːz] <lost, lost> ❶ verlieren, einbüßen ❷ versäumen *Gelegenheit* ❸ abschütteln *Verfolger* ❹ vergessen *Gelerntes* ❺ *Uhr:* nachgehen ❻ **to lose someone something** jemanden um etwas bringen, jemanden etwas kosten ❼ **to be lost** verloren sein, verschwunden sein, sich verlaufen haben; **I'm lost** ich habe mich verlaufen; (*übertragen*) ich verstehe nichts mehr ❽ **the child got lost** das Kind hatte sich verirrt; **get lost!** verschwinde! hau ab! ❾ **to lose oneself in a book** sich in einem Buch verlieren, ganz in einem Buch aufgehen ❿ **to lose one's head** (*übertragen*) den Kopf verlieren; **to lose one's temper** die Beherrschung verlieren ⓫ **to lose one's life** ums Leben kommen ⓬ **to lose sight of** aus den Augen verlieren ⓭ **to lose one's way** sich verirren, sich verlaufen ⓮ **to lose weight** abnehmen ◆ to **lose out** verlieren, unterliegen; **to lose out on a deal** große Verluste bei einem Ge-

schäft erleiden

**los·er** ['luːzər] der Verlierer/die Verliererin

**loss** [lɒs] <*plural* losses> ❶ der Verlust ❷ **loss of appetite** die Appetitlosigkeit; **loss of blood** der Blutverlust; **loss of confidence** der Vertrauensverlust; **loss of earnings** der Ertragsausfall; **loss of life** die Verluste an Menschenleben; **loss of time** der Zeitverlust; **loss in weight** der Gewichtsverlust ❸ **to be at a loss how to do something** nicht wissen, wie man etwas anfangen soll; **to be at a loss for words** um Worte verlegen sein ❹ **to be a dead loss** nutzlos, unbrauchbar sein ❺ **to sell at a loss** mit Verlust verkaufen

**loss-mak·ing loss-making business** der Verlustbetrieb

**lost¹** [lɒst] *2. und 3. Form von* **lose**

**lost²** [lɒst] ❶ verloren ❷ verirrt ▸ WENDUNGEN: **to be lost upon someone** auf jemanden keinen Eindruck machen; **to be lost in thought** in Gedanken versunken sein; **a lost cause** eine aussichtslose Sache

**lost prop·er·ty** *kein Plural* ❶ die Fundsachen ❷ ⒼⒷ das Fundbüro

**lost-prop·er·ty of·fice** das Fundbüro

**lot** [lɒt] ❶ (*Schicksal*) das Los ❷ (*bei Verlosung*) das Los; **to draw lots for something** um etwas losen ❸ (*Land*) die Parzelle; **parking lot** der Parkplatz ❹ (*umgangsspr*) der Haufen; **you lot** ihr [alle] ❺ (*bei Auktion*) das Los ❻ **a lot of, lots of** viele, eine Menge ❼ **a lot** viel; **a lot better** viel besser; **I liked it a lot** es war sehr gut; **to have lots** [*oder* **a lot**] **to do** viel zu tun haben ❽ **the lot** alles, das Ganze

**lo·tion** ['ləʊʃᵊn] *kein Plural* die Lotion; **suntan lotion** das Sonnenöl, die Sonnencreme

**lotta** ['lɒtə] (*umgangsspr*) *kurz für* **lot of** eine Menge

**lot·tery** ['lɒtərɪ] ❶ die Lotterie ❷ (*übertragen*) das Glücksspiel

**loud** [laʊd] ❶ laut ❷ (*übertragen*) *Farbe:* grell, schreiend; *Kleider:* auffällig ❸ **to say something out loud** etwas laut sagen

**loud mouth** (*umgangsspr*) das Großmaul

**loud·speak·er** [ˌlaʊdˈspiːkər] der Lautsprecher, die Box

**lounge** [laʊndʒ] ❶ *im Hotel:* der Gesellschaftsraum ❷ *im Flughafen:* der Warteraum; **departure lounge** die Abflughalle ❸ *im Haus:* das Wohnzimmer

◆ to **lounge about**, to **lounge around** [laʊndʒ] ❶ herumsitzen, herumstehen ❷ faulenzen

**lounge bar** die [vornehme] Bar

**lounge suit** ⒼⒷ der Straßenanzug

**lousy** [ˈlaʊzɪ] (*umgangsspr*) ❶ *Bezahlung, Streich, Wetter:* lausig, mies ❷ **to feel lousy** sich elend fühlen ❸ **to be lousy at history/cooking** eine Niete in Geschichte/ein miserabler Koch [*oder* eine miserable Köchin] sein ❹ **lousy with** (*slang*) voll von, übersät mit

**lout** [laʊt] der Lümmel, der Flegel

**lout·ish** [ˈlaʊtɪʃ] (*umgangsspr*) rüpelhaft

**love** [lʌv] ❶ die Liebe (**for/of** zu); **love of adventure** die Abenteuerlust; **love of cooking/life** die Freude am Kochen/Leben; **for the love of someone** jemandem zuliebe ❷ **to be in love with someone** in jemanden verliebt sein; **to fall in love with someone/something** sich in jemanden/eine Sache verlieben ❸ **to make love to someone** mit jemandem schlafen ❹ (*Briefschluss*) [**with**] **love from ...** liebe Grüße von ... ❺ (*Grüße*) **to send one's love to someone** jemanden grüßen lassen; **to give him my love** grüßen Sie ihn von mir ❻ (*Anrede*) Liebling, Schatz; **can I help you, love?** (*umgangsspr: im Geschäft*) was darf's denn sein? ❼ (*Tennis*) **fifteen love** fünfzehn null ▸ WENDUNGEN: **for the love of God!** um Himmels willen!; **not for love nor money** nicht für Geld und gute Worte; **there's no love lost between them** sie können sich nicht ausstehen

to **love** [lʌv] ❶ lieben, lieb haben ❷ (*übertragen*) [gern] mögen; **to love to do something** etwas gern tun; **I'd love to go** ich würde [liebend] gern gehen

**love·able** [ˈlʌvəbl] liebenswert

**love let·ter** der Liebesbrief

**love life** das Liebesleben

**love·ly** [ˈlʌvlɪ] ❶ [wunder]schön, herrlich ❷ (*umgangsspr*) toll, großartig; **lovely and warm** schön warm

**lov·er** [ˈlʌvə*r*] ❶ der Liebhaber/die Liebhaberin, der/die Geliebte; **they are lovers** sie sind ein Liebespaar ❷ (*übertragen*) der Liebhaber/die Liebhaberin, der Freund/die Freundin; **lover of horses** der Pferdeliebhaber/die Pferdeliebhaberin; **to be a lover of good wine** einen guten Tropfen lieben

**love·sick** [ˈlʌvsɪk] **to be lovesick** Liebeskummer haben

**love song** das Liebeslied

**love sto·ry** die Liebesgeschichte

**lov·ing** [ˈlʌvɪŋ] ❶ *Person:* liebend ❷ *Blick:* liebevoll

**low**¹ [ləʊ] ❶ niedrig ❷ *Stimme, Ton, Verbeugung:* tief; **in a low voice** leise ❸ *Land:* tief liegend ❹ *Wolke:* tief hängend ❺ *Bluse, Kleid:* tief ausgeschnitten ❻ (*übertragen*) schwach, kraftlos, energiearm; **to be in low health** bei schlechter Gesundheit sein ❼ **to be in low spirits** in gedrückter Stimmung sein, niedergeschlagen sein ❽ *Intelligenz, Sichtweite, Wert:* gering ❾ *Herkunft, Rang:* niedrig, nieder ❿ *Trick:* niederträchtig, gemein ⓫ **to have a low opinion of someone** nicht viel von jemandem halten ⓬ *Puls:* schwach ⓭ knapp; **we are a bit low on petrol** unser Benzin ist ein bisschen knapp; **our supplies are running low** unsere Vorräte gehen allmählich zur Neige; **low on funds** (*umgangsspr*) knapp bei Kasse ⓮ **to lie low** (*übertragen*) sich versteckt halten

**low**² [ləʊ] ❶ das Tief, das Tiefdruckgebiet ❷ (*übertragen*) der Tiefpunkt, der Tiefstand; **to hit** [*oder* **reach**] **a new/an all-time low** einen neuen/absoluten Tiefstand erreichen

**low-calo·rie** kalorienarm

**low-cut** [ləʊˈkʌt] tief ausgeschnitten

**low·er** [ˈləʊə*r*] ❶ niedriger; **lower jaw** der Unterkiefer ❷ tiefer [gelegen]; **lower down** weiter unten

to **low·er** [ˈləʊə*r*] ❶ hinunterlassen, herunterlassen; **to lower oneself into a chair** sich in einen Sessel [hinein]fallen lassen ❷ niederschlagen *Augen* ❸ senken *Blick, Stimme* ❹ herabsetzen, senken *Preis* ❺ herunterschrauben *Niveau* ❻ ausfahren *Fahrwerk*

**low·er case in lower case** in Kleinbuchstaben

**low-key** unauffällig, zurückhaltend; **to keep something low-key** vermeiden, dass etwas Aufsehen erregt

**low-main·te·nance** pflegeleicht

**low-pres·sure area** das Tiefdruckgebiet

**low pro·file to keep a low profile** (*übertragen*) sich im Hintergrund halten

**low-rise low-rise trousers** auf den Hüften sitzende Hose

**low sea·son** die Nebensaison, die Zwischensaison

**low tide** die Ebbe

**low wa·ter** das Niedrigwasser, die Ebbe

**loy·al** [ˈlɔɪəl] treu, loyal

**loy·al·ty** [ˈlɔɪəltɪ] die Treue, die Loyalität

to **lu·bri·cate** [ˈluːbrɪkeɪt] schmieren

**luck** [lʌk] ❶ das Glück; **good luck** das Glück; **bad luck** das Pech, das Unglück; **good luck!** viel Glück!; **for luck** als Glückbringer; **to be in luck** Glück haben; **to be out of luck** kein Glück haben; **worse luck** unglücklicherweise, leider; **to be down on one's luck** (*umgangsspr*) Pech haben; **to try one's luck** sein Glück versuchen; **just my luck!, tough luck!** (*umgangsspr*) so ein Pech! ❷ der Zufall, das Schicksal; **as luck would have it** wie es der Zufall wollte

**luck·i·ly** ['lʌkɪlɪ] glücklicherweise; **luckily for him** zu seinem Glück

**lucky** ['lʌkɪ] **to be lucky** Glück haben; **that's lucky** das ist ein Glück; **to have a lucky escape** glücklich davonkommen; **lucky shot** der Glückstreffer; **to count oneself lucky** sich glücklich schätzen; **I should be so lucky** das möchte ich mal erleben; **lucky you!** du Glückliche(r)!

**lug·gage** ['lʌgɪdʒ] (GB) das [Reise]gepäck; **hand luggage** das Handgepäck; **luggage rack** die Gepäckablage

**luke·warm** [ˌluːk'wɔːm] ❶ *Flüssigkeit:* lauwarm ❷ (*übertragen*) *Beifall:* lau, gleichgültig ❸ (*übertragen*) *Unterstützung:* halbherzig

**lul·la·by** ['lʌləbaɪ] das Wiegenlied

to **lum·ber** ['lʌmbə'] **to lumber someone with something/someone** jemandem etwas/jemanden aufhalsen

**lu·mi·nous** ['luːmɪnəs] leuchtend, Leucht-

**lump** [lʌmp] ❶ der Klumpen ❷ (*im Körper*) die Beule; (*krebsartig*) der Knoten ❸ **a lump of sugar** ein Stück Zucker ❹ **lump of wood** der Holzklotz ❺ **to have a lump in one's throat** einen Kloß im Hals haben

**lump sum** der Pauschalbetrag

**lumpy** ['lʌmpi] <lumpier, lumpiest> *Flüssigkeit:* klumpig; *Figur:* plump; *Person:* pummelig

**lu·na·cy** ['luːnəsi] *kein Plural* (*auch übertragen*) der Wahnsinn

**lu·nar** ['luːnə'] **lunar module** die Mondfähre

**lu·na·tic¹** ['luːnətɪk] blödsinnig, verrückt

**lu·na·tic²** ['luːnətɪk] der/die Wahnsinnige

**lunch** [lʌntʃ] <*plural* lunches> das Mittagessen; **to have lunch** zu Mittag essen

**lunch break** die Mittagspause

**lunch·eon** ['lʌn(t)ʃən] das Mittagessen

**lunch·eon meat** das Frühstücksfleisch

**lunch·eon vouch·er** der Essensbon, die Essensmarke

**lunch hour** die Mittagspause

**lunch·time** ['lʌntʃtaɪm] der Mittag, die Mittagszeit

**lung** [lʌŋ] die Lunge; **her right lung** ihr rechter Lungenflügel; **he has weak lungs** er hat eine schwache Lunge ▶ WENDUNGEN: **at the top of his lungs** aus vollem Halse

**lung can·cer** der Lungenkrebs

**lurch** [lɜːtʃ] <*plural* lurches> ❶ der Ruck; **to give a lurch** rucken ❷ **to leave in the lurch** im Stich lassen

to **lurch** [lɜːtʃ] rucken

to **lure** [lʊə'] [an]locken; **to lure somebody away from something** jemanden von etwas weglocken

**lure** [lʊə'] ❶ *kein Plural* der Reiz ❷ (*auch übertragen*) der Köder

to **lurk** [lɜːk] lauern

**lust** [lʌst] ❶ die Gier; **lust for power** die Machtgier ❷ (*sexuell*) die Begierde (**for** nach)

**lus·trous** ['lʌstrəs] glänzend, strahlend; *Haar:* glänzend, schimmernd; *Lächeln:* strahlend

**Lux·em·bourg** ['lʌksəmbɜːg] Luxemburg

**Lux·em·bourg·er** ['lʌksəmbɜːgə'] der Luxemburger/die Luxemburgerin

**luxu·ry** ['lʌkʃəri] ❶ der Luxus; **to lead a life of luxury** ein Luxusleben führen ❷ der Luxusgegenstand; **luxury goods** die Luxusgüter

**ly·ing¹** ['laɪɪŋ] lügnerisch, unaufrichtig

**ly·ing²** ['laɪɪŋ] das Lügen; **that would be lying** das wäre gelogen

**lyr·ic¹** ['lɪrɪk] lyrisch

**lyr·ic²** ['lɪrɪk] ❶ das lyrische Gedicht ❷ **lyrics** *plural* der [Lied]text

# M

**M** <*plural* M's *oder* Ms>, **m** [em] <*plural* m's> M, m

**ma** [mɑː] (*umgangsspr*) die Mama, die Mutti

**mac** [mæk] (*umgangsspr*) *kurz für* **mackintosh** der Regenmantel

**maca·ro·ni** [ˌmækə'rəʊni] die Makkaroni

**maca·roon** [ˌmækə'ruːn] die Makrone

**ma·chine** [mə'ʃiːn] ❶ die Maschine ❷ *für Zigaretten:* der Automat ❸ der Apparat; **the party machine** der Parteiapparat

**ma·chine-gun** das Maschinengewehr, MG

**ma·chin·ery** [mə'ʃiːnəri] ❶ die Maschinerie, die Maschinen ❷ (*übertragen*) der Apparat

**macke·rel** ['mækrəl] die Makrele

**mack·in·tosh** ['mækɪntɒʃ] der Regenmantel

**macro-** ['mækrəʊ] makro-, Makro-

**macro·eco·nom·ics** [ˌmækrə(ʊ)iːkə'nɒmɪks] △ *mit Singular* die Makroökonomie

**mad** [mæd] <madder, maddest> ❶ wahnsinnig, verrückt; **to go mad** verrückt werden; **to drive someone mad** jemanden wahnsinnig machen; **like mad** wie verrückt ❷ **to be mad at someone** auf jemanden böse sein; **to be mad about** [*oder* at] **something** über etwas wütend sein ❸ **to be mad about** [*oder* on] **something** auf etwas versessen sein; **to be mad keen on someone/something** ganz scharf auf jemanden/etwas sein

**mad·am** ['mædəm] die gnädige Frau

**mad·cap** ['mædkæp] verrückt; *Idee:* ausgeflippt

**mad cow dis·ease** [mæd'kaʊdɪziːz] der Rinderwahnsinn, BSE

to **mad·den** ['mædən] ❶ verrückt machen; **to madden somebody** jemanden um den Verstand bringen ❷ (*übertragen*) **to madden somebody** jemanden maßlos ärgern

**mad·den·ing** ['mædənɪŋ] äußerst ärgerlich, unerträglich; **it is maddening** es ist zum Verrücktwerden

**made** [meɪd] *2. und 3. Form von* **make**

**made-to-meas·ure** [meɪdtə'meʒəʳ] maßgeschneidert; **made-to-measure suit** der Maßanzug

**made-up** ['meɪdʌp] ❶ *Geschichte:* erfunden ❷ *Gesicht:* geschminkt

**mad·house** (*umgangsspr*) die Irrenanstalt

**mad·ly** ['mædlɪ] ❶ wie verrückt ❷ (*umgangsspr*) wahnsinnig; **it's madly exciting** es ist unglaublich aufregend

**mad·man** ['mædmən] <*plural* madmen> der/die Irre, der/die Verrückte

**mad·ness** ['mædnɪs] der Wahnsinn

**ma·fia** ['mæfiə] *mit Singular oder Plural* die Mafia

**mag** [mæg] *kurz für* **magazine** (*umgangsspr*) die Zeitschrift, das Magazin

**maga·zine** [ˌmægə'ziːn] ❶ die Zeitschrift, das Magazin ❷ *im Gewehr:* das Magazin

**mag·ic¹** ['mædʒɪk] ❶ die Magie, die Zauberei ❷ (*übertragen*) der Zauber; **as if by magic** wie durch ein Wunder

**mag·ic²** ['mædʒɪk] Zauber-, magisch

**magi·cal** ['mædʒɪkəl] magisch, Zauber-; (*außergewöhnlich*) zauberhaft

**mag·ic car·pet** der fliegende Teppich

**ma·gi·cian** [mə'dʒɪʃn] ❶ (*literarisch*) der Magier/die Magierin ❷ (*Künstler*) der Zauberer/die Zauberin

**mag·is·trate** ['mædʒɪstreɪt] der Friedensrichter/die Friedensrichterin

**mag·lev** ['mæglev] *kein Plural kurz für* **magnetic levitation** das magnetische Schweben; **maglev train** die Magnet[schwebe]bahn

**mag·net** ['mægnɪt] (*auch übertragen*) der Magnet

**mag·net·ic** [mæg'netɪk] ❶ magnetisch; **magnetic field** das Magnetfeld ❷ (*übertragen*) faszinierend

**mag·net·ism** ['mægnətɪzᵊm] *kein Plural* der Magnetismus; (*übertragen*) die magnetischen Kräfte

**mag·nifi·cent** [mæg'nɪfɪsnt] prächtig, prunkvoll, großartig

to **mag·ni·fy** ['mægnɪfaɪ] vergrößern; **magnifying glass** das Vergrößerungsglas, die Lupe

**mag·pie** ['mægpaɪ] die Elster

**ma·hoga·ny** [mə'hɒgᵊni] ❶ der Mahagonibaum ❷ *kein Plural* das Mahagoni[holz]

**maid** [meɪd] das Dienstmädchen, die Hausangestellte

**maid·en name** der Mädchenname

**mail** [meɪl] die Post; **to send by** [*oder* via] **air mail** mit Luftpost verschicken

to **mail** [meɪl] mit der Post [ver]senden, abschicken, aufgeben

**mail·bag** der Postsack

**mail·box** ['meɪlbɒks] ❶ (USA) der Briefkasten ❷ *im Computer, Handy:* die Mailbox

**mail·ing list** die Anschriftenliste

**mail·man** ['meɪlmæn] <*plural* mailmen> (USA) der Briefträger

**mail-or·der cata·logue** der Versandhauskatalog

**mail·shot** die Briefwerbeaktion

**main¹** [meɪn] Haupt-; **main thing** die Hauptsache

**main²** [meɪn] ❶ die Hauptleitung ❷ **mains** das Versorgungsnetz, das Stromnetz; **to turn the electricity off at the mains** den Strom am Hauptschalter abschalten; **to turn the gas/water off at the mains** den Haupthahn [für das Gas/Wasser] abstellen ❸ **in the main** im Großen und Ganzen

**main course** das Hauptgericht

**main·frame** ['meɪnfreɪm] der Großrechner, der Zentralrechner

**main·land** ['meɪnlænd] das Festland

**main·line** ['meɪnlaɪn] die Hauptstrecke

**main·ly** ['meɪnlɪ] hauptsächlich, in erster Linie

**main road** die Hauptverkehrsstraße

**main·sail** ['meɪnseɪl] das Großsegel

**main·stream¹** *kein Plural* die Hauptströmung; **the mainstream** (*übertragen*) der Mainstream

**main·stream²** kommerziell

to **main·tain** [meɪn'teɪn] ❶ aufrechterhalten, beibehalten ❷ warten *Maschine* ❸ in Stand halten *Gebäude* ❹ unterhalten *Beziehungen, Familie, Straße* ❺ halten, behaupten *Stellung* ❻ (*mit Worten*) behaupten, vertreten

**main·te·nance** ['meɪntənəns] ❶ die Aufrechterhaltung, die Beibehaltung ❷ *einer Maschine:* die Instandhaltung, die Wartung ❸ *einer Familie:* der Unterhalt

**mai·son·(n)ette** [ˌmeɪzⁿn'et] die Maison-[n]ette

**maize** [meɪz] **GB** der Mais

**maj·es·ty** ['mædʒəstɪ] die Majestät

**ma·jor**[1] ['meɪdʒəʳ] ❶ größer, Haupt-, bedeutend(er); **major road** die Hauptverkehrsstraße ❷ (*in der Musik*) Dur; **A flat major** das As-Dur

**ma·jor**[2] ['meɪdʒəʳ] ❶ der Major ❷ **USA** das Hauptfach

to **ma·jor** ['meɪdʒəʳ] **USA** **to major in something** etwas als Hauptfach studieren

**ma·jor·ity** [mə'dʒɒrətɪ] ❶ die Mehrheit; **majority decision** der Mehrheitsbeschluss; **majority [share]holding** die Mehrheitsbeteiligung; **to be in a majority** in der Mehrzahl sein; **the majority of cases** die Mehrzahl der Fälle; **a two-thirds majority** eine Zweidrittelmehrheit; [**by**] **a majority of votes** [mit] Stimmenmehrheit ❷ (*juristisch*) die Volljährigkeit, die Mündigkeit; **to attain one's** [*oder* **reach the age of**] **majority** volljährig, mündig werden

**make** [meɪk] die Marke, das Fabrikat

to **make** [meɪk] <made, made> ❶ machen *Bemerkung, Fehler, Vorschlag;* treffen *Entscheidung;* halten *Rede;* geben *Versprechen* ❷ anfertigen *Kleidung* ❸ (*industriell*) herstellen (**from/of** aus); **made in Germany** in Deutschland hergestellt ❹ **to make bread/a cake** Brot/einen Kuchen backen ❺ [zu]bereiten *Mahlzeit, Tee* ❻ ausdenken, formulieren *Plan* ❼ ergeben *Summe;* **1 plus 1 makes 2** 1 und 1 ist 2 ❽ erwerben, verdienen *Geld;* einstreichen, einstecken *Gewinn;* gewinnen *Spiel;* erleiden *Verlust* ❾ noch erreichen *Zug* ❿ + *Adjektiv* (*Zustand*) **to make someone happy** jemanden glücklich machen; **to make oneself comfortable** es sich bequem machen; **to make oneself useful** sich nützlich machen; **to make oneself heard** sich Gehör verschaffen ⓫ **he was made Foreign Secretary** er wurde zum Außenminister ernannt ⓬ **to make someone a present of something** jemandem etwas schenken ⓭ + *Infinitiv* **to make someone do something** jemanden dazu bringen, etwas zu tun; **to make someone laugh** je-

manden zum Lachen bringen; **to make someone understand** jemandem etwas verständlich machen; **to make oneself do something** sich dazu zwingen, etwas zu tun ⓮ **it makes no difference to me** es ist mir gleich ⓯ **to make it with someone** (*umgangsspr*) mit jemandem schlafen ⓰ **we've made it!** wir haben es geschafft! ⓱ **what time do you make it?** wie spät hast du es?

♦ to **make for** ❶ zulaufen auf; *Menschenmenge:* zuströmen auf ❷ führen zu; den Grund legen für *gute Beziehungen*

♦ to **make of** halten von; **what do you make of him?** was hältst du von ihm?

♦ to **make off** sich aus dem Staub machen (**with** mit)

♦ to **make out** ❶ (*verstehen*) herausbekommen, entziffern ❷ aufstellen *Liste* ❸ ausfüllen *Formular* ❹ ausstellen *Rechnung, Scheck* ❺ behaupten; **it's not as bad as it's made out to be** es ist nicht so schlimm wie behauptet wird ❻ **to make out a case for something** für etwas argumentieren ❼ **to make someone out to be clever** jemanden als klug hinstellen; **to make out that ...** es so hinstellen, als ob ... ❽ auskommen, zurechtkommen (**with** mit)

♦ to **make over** ❶ umbauen *Haus* ❷ übertragen, vermachen *Eigentum*

♦ to **make up** ❶ erfinden, sich ausdenken *Ausrede;* **it was all made up** es war alles nur erfunden ❷ schminken *Gesicht* ❸ zusammenstellen *Liste* ❹ **to make up one's mind** sich entschließen

♦ to **make up for** ❶ ausgleichen ❷ wettmachen (**with** durch); **to make up for the loss of someone/lack of something** jemanden/etwas ersetzen; **to make up for lost time** verlorene Zeit wieder aufholen

**mak·er** ['meɪkəʳ] ❶ der Hersteller ❷ **our Maker** unser Schöpfer

**make-up** ['meɪkʌp] ❶ das Make-up, die Schminke; (*im Theater*) die Maske ❷ *einer Mannschaft:* die Zusammenstellung ❸ (*Charakter*) die Veranlagung

**make-up art·ist** der Visagist/die Visagistin

**mak·ing** ['meɪkɪŋ] ❶ die Herstellung, die Fabrikation ❷ **he has the makings of a first-class tennis player** er hat das Zeug zu einem erstklassigen Tennisspieler; **this has the makings of a full-blown crisis** das bietet alle Voraussetzungen für eine ausgewachsene Krise

**ma·laria** [mə'leərɪə] die Malaria

**male**[1] [meɪl] ❶ männlich ❷ Männer-

**male – manner** **274**

**male²** [meɪl] ❶ (*Mensch*) der Mann ❷ (*Tier*) das Männchen

to **mal·func·tion** [ˌmælˈfʌŋ(k)ʃən] nicht funktionieren; (*versagen*) ausfallen

**mal·func·tion** [ˌmælˈfʌŋ(k)ʃən] der Ausfall; *Leber, Niere:* die Funktionsstörung

**ma·li·cious** [məˈlɪʃəs] böswillig

**ma·lig·nant** [məˈlɪgnənt] bösartig

**mall** [mɔːl] das Einkaufszentrum

**mal·nu·tri·tion** [ˌmælnjuːˈtrɪʃn] die Unterernährung

**mal·prac·tice** [ˌmælˈpræktɪs] *kein Plural* das Berufsvergehen, das [berufliche] Vergehen

**malt** [mɔːlt] das Malz

**Mal·ta** [mɔːltə] Malta

> **L** Seit einigen Jahren ist **Malta** als ein „English language learning centre" (Sprachzentrum für Englisch) bekannt. Vor allem Jugendliche aus ganz Europa besuchen Malta, um an renommierten Schulen Englisch zu lernen. Meistens wohnen die Schüler bei maltesischen Familien. Die „Republic of Malta" (Republik Malta), ein Staat im zentralen Mittelmeer, war von 1814 bis 1947 britische Kronkolonie und ein wichtiger britischer Flottenstützpunkt.

**mam·mal** [ˈmæml] das Säugetier

**mam·moth¹** [ˈmæməθ] das Mammut

**mam·moth²** [ˈmæməθ] gewaltig, kolossal

**man** [mæn, *plural* men] <*plural* men> ❶ der Mann; **a man of the world** ein Mann von Welt; **to make a man out of someone** einen Mann aus jemandem machen; **no man** niemand; **any man** jeder; **to a man** bis auf den letzten Mann; **he is not a man to ...** er ist nicht der Typ, der ...; **the man in the street** der Mann auf der Straße ❷ *ohne Artikel* der Mensch; **man evolved from the apes** der Mensch stammt vom Affen ab; **Stone Age man** der Steinzeitmensch ❸ (*beim Schach*) die Figur; (*beim Damespiel*) der Stein ❹ **man, that's wicked!** (*slang*) Mensch, das ist ja geil!

> **F** Nicht verwechseln mit *der [Ehe]mann — husband!*

to **man** [mæn] ❶ bemannen *Schiff* ❷ besetzen *Festung* ❸ bedienen *Telefon*

to **man·age** [ˈmænɪdʒ] ❶ leiten *Betrieb* ❷ verwalten *Geld, Grundstück* ❸ managen *Künstler, Sportler* ❹ zurechtkommen mit *Kinder* ❺ bewältigen, schaffen *Aufgabe;* **he managed it very well** er hat das sehr gut gemacht; **to manage to do something** es schaffen, etwas zu tun ❻ **can you manage another slice of cake?** kannst du noch ein Stück Kuchen vertragen? ❼ **to manage**

**without something** ohne etwas auskommen

**man·age·ment** [ˈmænɪdʒmənt] ❶ die Leitung, die Führung, die Verwaltung ❷ (*Personal*) das Management, die Unternehmensleitung, die Betriebsleitung

**man·ag·er** [ˈmænɪdʒə] ❶ *einer Firma:* der Geschäftsführer/die Geschäftsführerin, der Manager/die Managerin ❷ *einer Abteilung:* der Abteilungsleiter/die Abteilungsleiterin; *einer Filiale:* der Filialleiter/die Filialleiterin; **sales manager** der Verkaufsleiter/die Verkaufsleiterin ❸ *eines Künstlers, Sportlers:* der Manager/die Managerin ❹ *eines Theaters:* der Intendant/die Intendantin ❺ *eines Gutes:* der Verwalter/die Verwalterin

**man·ag·er·ess** [ˌmænɪdʒəˈres] <*plural* manageresses> die Geschäftsführerin, die Managerin

**man·ag·ing di·rec·tor** [ˈmænɪdʒɪŋdɪˈrektə] der Geschäftsführer/die Geschäftsführerin

**man·da·rin** [ˈmændərɪn] die Mandarine

**ma·neu·ver** [məˈnuːvə] ❶ **maneuvers** das Manöver, die Truppenübung ❷ (*übertragen*) der Schachzug, die List

to **ma·neu·ver** [məˈnuːvə] (USA) manövrieren; **to maneuver someone into doing something** jemanden dazu bringen, etwas zu tun

to **man·gle** [ˈmæŋgl] zerstören

**man·gle** [ˈmæŋgl] ❶ (GB) die [Wäsche]mangel ❷ (USA) die [Heiß]mangel

**man·go** [ˈmæŋgəʊ] die Mango

**man·hole** der Einstieg, der Einstiegsschacht

**man·hunt** die Fahndung, die Verbrecherjagd

**ma·ni·ac** [ˈmeɪnɪæk] der/die Wahnsinnige; **football maniac** der Fußballfanatiker/die Fußballfanatikerin

**mani·fes·to** [ˌmænɪˈfestəʊ] <*plural* manifestos *oder* manifestoes> das Manifest

to **ma·nip·u·late** [məˈnɪpjʊleɪt] ❶ (*auch übertragen*) manipulieren ❷ frisieren *Daten*

**ma·nip·u·la·tion** [məˌnɪpjʊˈleɪʃn] die Manipulation

**man·kind** [ˌmænˈkaɪnd] die Menschheit

**man·ly** [ˈmænlɪ] männlich

**man·made** [ˈmænmeɪd] künstlich [hergestellt]

**manned** [mænd] ❶ *Raumschiff:* bemannt ❷ *Posten:* besetzt

**man·ner** [ˈmænə] ❶ die Art, die Weise; **in this manner** auf diese Art und Weise ❷ **manners** das Benehmen, die Manieren, die Umgangsformen; **he has no manners** er hat keine Manieren; **it's bad manners** es schickt sich nicht ❸ **manners** *einer Gesell-*

*schaft:* die Sitten ④ **all manner of** jede Art ⑤ **in a manner of speaking** sozusagen

**man·ner·ism** ['mænərɪzəm] die Eigenart

**ma·noeu·vre** [mə'nu:vəʳ] ① **manoeuvres** das Manöver, die Truppenübung ② *(übertragen)* der Schachzug, die List

to **ma·noeu·vre** [mə'nu:vəʳ] manövrieren; **to manoeuvre someone into doing something** jemanden dazu bringen, etwas zu tun

**man·or** ['mænəʳ] das Landgut; **manor house** das Herrenhaus

**man·pow·er** ['mænpaʊəʳ] das Arbeitspotential, die Arbeitskräfte

**man·sion** ['mæn(t)ʃən] ① die Villa ② das Herrenhaus

**man·slaugh·ter** ['mænslɔ:təʳ] der Totschlag

**man·tel·piece** ['mæntlpi:s] der/das Kaminsims

**manu·al¹** ['mænjʊəl] manuell; **manual labour** die körperliche Arbeit; **manual labourer** der Schwerarbeiter/die Schwerarbeiterin; **manual work** die manuelle Tätigkeit; **manual worker** der Arbeiter/die Arbeiterin; **manual transmission** das Schaltgetriebe

**manu·al²** ['mænjʊəl] das Handbuch

**manu·al·ly** ['mænjuəli] manuell

**manu·fac·ture** [ˌmænjʊ'fæktʃəʳ] die Herstellung, die Fertigung; **products of foreign manufacture** die ausländischen Erzeugnisse

to **manu·fac·ture** [ˌmænjʊ'fæktʃəʳ] ① herstellen, fertigen ② *(übertragen)* erfinden *Ausrede*

**manu·fac·tur·er** [ˌmænjʊ'fæktʃərəʳ] der Hersteller, der Fabrikant

**manu·fac·tur·ing¹** [ˌmænjə'fæktʃərɪŋ] Herstellungs-, Produktions-; **manufacturing industry** die verarbeitende Industrie

**manu·fac·tur·ing²** [ˌmænjə'fæktʃərɪŋ] *kein Plural* die Fertigung

**ma·nure** [mə'njʊəʳ] der Dünger

**manu·script** ['mænjəskrɪpt] das Manuskript; *(handgeschrieben auch)* die Handschrift

**many** ['menɪ] <more, most> viele; **as many** ebenso viele; **as many again** noch mal so viele; **as many as 100** sage und schreibe 100; **a good** [*oder* **great**] **many** sehr viele; **there's one too many** einer ist zu viel; **he's had one too many** er hat einen über den Durst getrunken; **many a time** so manches Mal

**many-sid·ed** vielseitig; *(komplex)* vielschichtig

**map** [mæp] ① die Landkarte ② der Stadtplan

**mara·thon** ['mærəθən] ① *(Sport)* der Mara-

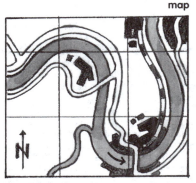

map

Nicht verwechseln mit *die Mappe — briefcase, (Hefter) folder!*

thonlauf ② *(übertragen)* der Marathon

**mar·ble** ['mɑ:bl] ① *(Gestein)* der Marmor ② *(Spielzeug)* die Murmel, der Klicker *umgangsspr*

**mar·bled** ['mɑ:bld] marmoriert

**March** [mɑ:tʃ] März; **in March** im März; **on 15th March, on March 15** (USA) am 15. März; **at the beginning of March** Anfang März; **at the end of March** Ende März

to **march** [mɑ:tʃ] ① marschieren; **march in** einmarschieren; **march out** abmarschieren; **march past someone** an jemandem vorbeimarschieren ② **march someone off** jemanden abführen

**march** [mɑ:tʃ] <*plural* marches> der Marsch; **on the march** auf dem Marsch

Ähnlich wie bei uns Karneval oder Fasching, feiert man in einigen Gegenden der USA **Mardi Gras**. Es hat seinen Ursprung in der Zeit, als New Orleans noch eine französische Kolonie war. Aber auch in Biloxi/Mississippi und Mobile/Alabama wird Mardi Gras gefeiert. Die „krewes" (Karnevalsvereine) in New Orleans veranstalten während der Saison viele Parties und Bälle und am Faschingsdienstag einen großen Umzug.

**mar·ga·rine** [ˌmɑ:dʒə'ri:n] die Margarine

**marge** [mɑ:dʒ] *kurz für* **margarine** *(umgangsspr)* die Margarine

**mar·gin** ['mɑ:dʒɪn] ① der Rand; **in the margin** am Rande ② *(übertragen)* der Spielraum; **margin of error** der Fehlerspielraum; **by a narrow margin** knapp ③ *(kommerziell)* die Gewinnspanne, die Marge

**mar·gin·al·ly** ['mɑ:dʒɪnəli] geringfügig; **marginally better** etwas besser

**ma·ri·na** [məˈriːnə] der Jachthafen
to **mari·nate** [ˈmærɪneɪt] marinieren
**ma·rine**[1] [məˈriːn] See-, Meer[es]-; **marine biology** die Meeresbiologie
**ma·rine**[2] [məˈriːn] der Marineinfanterist; **the Marines** die Marineinfanterie
**mari·tal** [ˈmærɪtᵊl] ehelich, Ehe-
**mari·tal sta·tus** der Familienstand
**mark**[1] [maːk] (*Währungseinheit*) die Mark
**mark**[2] [maːk] ❶ die Spur; (*auf Kleidung, Teppich*) der Fleck; **to make** [oder **leave**] **a mark on something** einen Fleck auf etwas machen [oder hinterlassen] ❷ das Zeichen; **distinguishing marks** die besonderen Kennzeichen [oder Merkmale] ❸ der Stempel ❹ (*in der Schule*) die Note, die Zensur; **good marks** die guten Noten ❺ die Markierung; **high-tide** [oder **high-water**] **mark** die Hochwassermarke ▶ WENDUNGEN: **to be quick off the mark** blitzschnell handeln; **to be wide of the mark** danebentreffen; **on your marks, get set, go!** auf die Plätze, fertig, los!; **to leave one's mark on something** einer Sache seinen Stempel aufdrücken
to **mark** [maːk] ❶ Flecken machen auf *Teppich, Kleidung* ❷ kennzeichnen, markieren; **mark something in red** etwas rot anstreichen; **his death marked the end of an era** mit seinem Tod ging eine Ära zu Ende ❸ benoten, zensieren *Prüfungsaufgabe;* **to mark something wrong** etwas als Fehler anstreichen ❹ (*im Sport*) decken, markieren *Gegenspieler* ❺ **mark my words** eins kann ich dir sagen
 ◆to **mark down** ❶ (*schriftlich*) notieren ❷ herabsetzen *Preise*
 ◆to **mark off** abgrenzen
 ◆to **mark out** abstecken; markieren *Spielfeld*
 ◆to **mark up** heraufsetzen *Preise*
**mark·down** ❶ die Preissenkung; (*an der Börse*) der Kursabschlag ❷ das Sonderangebot
**marked** [maːkt] ❶ deutlich, ausgeprägt; (*hervorspringend*) auffallend, markant; *Verbesserung:* deutlich ❷ *Geldscheine:* markiert, gekennzeichnet
**mark·er** [ˈmaːkər] ❶ *einer Prüfung:* der Korrektor/die Korrektorin ❷ (*im Sport*) der Bewacher/die Bewacherin; *eines Gegenspielers:* der Beschatter/die Beschatterin
**mark·er pen** der Textmarker, der Markierstift
**mar·ket** [ˈmaːkɪt] ❶ der Markt; **at the market** auf dem Markt; **to go to** [the] **market** zum Markt gehen; **to be on the market** auf dem Markt sein; **to put on the market** auf den Markt bringen ❷ das Absatzgebiet, der Absatzmarkt; **to find a ready market** guten Absatz finden ❸ die Börse; **to play the market** spekulieren
to **mar·ket** [ˈmaːkɪt] vertreiben
**mar·ket·ing** [ˈmaːkɪtɪŋ] das Marketing
**mar·ket place** der Marktplatz
**mar·ket re·search** die Marktforschung
**mar·ket town** ⓖⓑ der Marktort
**mar·ket trad·er** der Markthändler/die Markthändlerin
**mark·ing** [ˈmaːkɪŋ] ❶ das Kennzeichen, die Markierung ❷ *von Fell:* die Zeichnung ❸ (*in der Schule*) die Korrektur ❹ (*im Sport*) das Decken, die Deckung
**mark·up** [ˈmaːkʌp] der [Kalkulations]aufschlag
**mar·ma·lade** [ˈmaːməleɪd] die Marmelade aus Zitrusfrüchten

 Nicht verwechseln mit *die Marmelade* — *jam!*

**mar·quee** [maːˈkiː] das Festzelt
**mar·riage** [ˈmærɪdʒ] ❶ (*Zustand*) die Ehe ❷ (*Zeremonie*) die Heirat, die Hochzeit (**to** mit)
**mar·riage cer·emo·ny** die Trauung
**mar·riage cer·tifi·cate** die Heiratsurkunde
**mar·riage guid·ance** ⓖⓑ die Eheberatung; **marriage guidance office** die Eheberatungsstelle
**mar·ried** [ˈmærɪd] verheiratet (**to** mit); **to get married** [sich ver]heiraten; **married couple** das Ehepaar
to **mar·ry** [ˈmærɪ] ❶ **to marry someone, to get married to someone** jemanden heiraten, sich mit jemandem verheiraten ❷ *Pfarrer:* trauen
**marsh** [maːʃ] <*plural* marshes> der Sumpf, die Marsch, das Marschland
**marshy** [ˈmaːʃi] <marshier, marshiest> sumpfig
**mar·tyr** [ˈmaːtər] der Märtyrer/die Märtyrerin
**mar·vel** [ˈmaːvᵊl] das Wunder
**mar·vel·lous** [ˈmaːvləs], ⓤⓢⓐ **mar·vel·ous** wunderbar, fantastisch
**mas·cara** [mæˈskaːrə] die Mascara, die Wimperntusche
**mas·cu·line** [ˈmæskjʊlɪn] männlich
**mash** [mæʃ] ❶ der Brei ❷ (*umgangsspr*) der Kartoffelbrei
to **mash** [mæʃ] [zer]stampfen; **mashed potatoes** der Kartoffelbrei
**mask** [maːsk] die Maske
**maso·chist** [ˈmæsəkɪst] der Masochist/die

Masochistin

**mass**[1] [mæs] (*Gottesdienst*) die Messe; **to go to mass** zur Messe gehen; **to hear mass** die Messe feiern; **to say mass** die Messe lesen

**mass**[2] [mæs] ❶ die Masse ❷ *von Menschen:* die Menge ❸ **the masses** die Masse ❹ (*umgangsspr*) **masses of** massenhaft, massig; **we have masses of time** wir haben jede Menge Zeit

**mas·sa·cre** ['mæsəkə[r]] das Massaker

to **mas·sa·cre** ['mæsəkə[r]] niedermetzeln, massakrieren

**mas·sage** ['mæsɑːʒ] die Massage

to **mas·sage** ['mæsɑːʒ] massieren

**mas·sive** ['mæsɪv] ❶ massiv, wuchtig ❷ *Aufgabe:* gewaltig ❸ *Schulden:* enorm, riesig ❹ *Herzanfall:* massiv

**mass me·dia** [ˌmæsˈmiːdɪə] *plural* die Massenmedien

**mass meet·ing** die Massenversammlung; (*organisiert auch*) die Massenveranstaltung

**mass mur·der·er** der Massenmörder/die Massenmörderin

to **mass-pro·duce** serienmäßig herstellen

**mass pro·duc·tion** die Massenproduktion

**mass un·em·ploy·ment** *kein Plural* die Massenarbeitslosigkeit

**mast** [mɑːst] der Mast

**mas·ter** ['mɑːstə[r]] ❶ der Herr; **to be master of the situation** Herr der Lage sein, die Situation im Griff haben ❷ der Meister; **master craftsman** der Handwerksmeister ❸ der Lehrer

to **mas·ter** ['mɑːstə[r]] ❶ unter Kontrolle bringen ❷ bewältigen *Aufgabe* ❸ beherrschen *Fähigkeit*

**mas·ter bed·room** das große Schlafzimmer

**mas·ter copy** das Original

**mas·ter key** der Hauptschlüssel

**mas·ter·ly** ['mɑːstəli] meisterhaft, Meister-

**mas·ter·mind** ['mɑːstəmaɪnd] der führende Kopf

to **mas·ter·mind** ['mɑːstəmaɪnd] geschickt lenken

**Mas·ter of Arts** Magister der philosophischen Fakultät

**Mas·ter of Sci·ence to be a Master of Science** ≈ ein Diplom in einer Naturwissenschaft haben

**mas·ter·piece** ['mɑːstəpiːs] das Meisterwerk, das Meisterstück

**mas·ter switch** der Hauptschalter

**mat** [mæt] ❶ die Matte; **door mat** der Türvorleger ❷ (*auf Tisch*) der Untersetzer

**match**[1] [mætʃ] <*plural* matches> ❶ (*im Sport*) der Wettkampf, der/das Match; **a boxing match** ein Boxkampf ❷ **to be a match for someone** sich mit jemandem messen können, jemandem gewachsen sein; **to meet one's match** seinen Meister finden ❸ **to be a good match** gut zusammenpassen ❹ die Heirat; **to make a good match** eine gute Partie machen

**match**[2] [mætʃ] das Streichholz, das Zündholz

to **match** [mætʃ] ❶ zusammenpassen, passen (**with** zu); **it doesn't match** das passt nicht zusammen ❷ **to be matched against someone** gegen jemanden antreten; **to be well-matched** [*oder* **equally matched**] sich ebenbürtig sein, gleichwertig sein ❸ **no one can match him in geography** niemand kann ihm in Geographie das Wasser reichen

**match·box** die Streichschachtel, die Zündholzschachtel

**match·ing** ['mætʃɪŋ] [zusammen]passend

**match point** der Matchball

**match·stick** ['mætʃˌstɪk] das Streichholz

**match·wood** *kein Plural* das Kleinholz

**mate**[1] [meɪt] ❶ der Freund/die Freundin, der Kamerad/die Kameradin; **listen, mate!** jetzt hör mal, Freundchen! ❷ **builder's mate** der Baugehilfe ❸ **flatmate** der Mitbewohner/die Mitbewohnerin ❹ **schoolmate** der Schulfreund/die Schulfreundin ❺ **workmate** der Arbeitskollege/die Arbeitskollegin, der Kumpel ❻ (*bei Tieren*) das Männchen, das Weibchen ❼ (*auf dem Schiff*) der Maat

**mate**[2] [meɪt] (*beim Schach*) das Matt

to **mate** [meɪt] sich paaren

**ma·terial** [məˈtɪərɪəl] das Material, der Stoff; **building materials** die Baustoffe; **raw materials** die Rohstoffe; **writing materials** das Schreibzeug

**ma·ter·nal** [məˈtɜːnl] mütterlich; **maternal grandfather** Großvater mütterlicherseits; **maternal instincts** die Mutterinstinkte

**ma·ter·nity** [məˈtɜːnətɪ] die Mutterschaft

**ma·ter·nity dress** das Umstandskleid

**ma·ter·nity leave** der Mutterschaftsurlaub

**ma·ter·nity ward** die Entbindungsstation

**matey** ['meɪti] ⓖⓑ (*umgangsspr*) der Kumpel

**math** [mæθ] ⓤⓢⓐ (*umgangsspr*) Mathe

**math·emati·cal** [ˌmæθəˈmætɪkl] mathematisch

**math·ema·ti·cian** [ˌmæθəməˈtɪʃn] der Mathematiker/die Mathematikerin

**math·emat·ics** [ˌmæθəˈmætɪks] △ *mit Singular* die Mathematik

**maths** [mæθs] △ *mit Singular* ⓖⓑ (*umgangsspr*) Mathe

**mati·nee** ['mætɪneɪ] die Matinee

**mat·ri·mo·ny** ['mætrɪmənɪ] *kein Plural* die Ehe

**matt, matte** [mæt] matt

**mat·ted** ['mætɪd] verflochten; *Haar:* verfilzt

**mat·ter** ['mætə'] ❶ (*in der Physik*) die Materie, der Stoff ❷ die Sache, die Angelegenheit; **business matters** die geschäftlichen Angelegenheiten; **the matter in hand** die vorliegende Angelegenheit; **as matters stand** wie die Dinge liegen; **to make matters worse** zu allem Unglück; **it's no laughing matter** das ist nicht zum Lachen; **it's a matter of life and death** es geht um Leben und Tod; **a matter of taste** [eine] Geschmackssache; **a matter of time** eine Frage der Zeit ❸ **for that matter**, **as a matter of fact** eigentlich ❹ **that's quite another matter** das ist etwas ganz anderes ❺ **no matter what he does** ganz gleich [*oder* einerlei] was er tut ❻ **no matter!** macht nichts! ❼ **what's the matter** [with you]? was ist [denn] [mit dir] los? ❽ **printed matter** die Drucksache

to **mat·ter** ['mætə'] von Bedeutung (**to** für); **it doesn't matter** es macht nichts; **it doesn't matter to me what you do** es ist mir egal, was du machst; **what does it matter?** was macht das [schon]?

**mat·ter-of-fact** [ˌmætərəv'fækt] sachlich, nüchtern

**mat·tress** ['mætrɪs] <*plural* mattresses> die Matratze

**ma·ture** [mə'tjʊə'] ❶ *Person:* reif; *Kind:* vernünftig ❷ *Käse:* reif ❸ *Pflanze:* ausgewachsen

to **ma·ture** [mə'tjʊə'] reifen [lassen]

**ma·tur·ity** [mə'tjʊərətɪ] die Reife; **to reach maturity** erwachsen werden

**mauve** [məʊv] malvenfarben

**maxi·ma** ['mæksɪmə] *Pluralform von* **maximum**

**maxi·mum¹** ['mæksɪməm, *plural* 'mæksɪmə] <*plural* maximums, maxima> das Maximum

**maxi·mum²** ['mæksɪməm] Höchst-, maximal

**may** [meɪ] <**might**> ❶ können; **it may** [*oder* **might**] **rain** es könnte regnen; **it may be that …** vielleicht …; **you may be right** Sie könnten Recht haben; **we may** [*oder* **might**] **as well go** ich glaube, wir können gehen ❷ dürfen; **may I go now?** darf ich jetzt gehen?; **may I have the pleasure of the next dance?** darf ich Sie zum nächsten Tanz auffordern? ❸ **may you both be happy!** ich wünsche euch beiden viel Glück; **may the best man win!** auf dass der Beste gewinnt!

**May** [meɪ] ❶ der Mai; **in May** im Mai; **on 15th May**, **on May 15** ⓊⓈⒶ am 15. Mai; **at the beginning of May** Anfang Mai; **at the end of May** Ende Mai ❷ **May Day** der 1. Mai, der Maifeiertag

**may·be** ['meɪbiː] vielleicht

**mayor** [meə'] der Bürgermeister

**mayor·ess** [meə'res] <*plural* mayoresses> ❶ die Bürgermeisterin ❷ die Ehefrau des Bürgermeisters

**may·pole** ['meɪpəʊl] der Maibaum

**maze** [meɪz] ❶ der Irrgarten, das Labyrinth ❷ (*übertragen*) der Wirrwarr, das Gewirr

**MB** [ˌem'biː] *Abkürzung von* **megabyte** MB

**MD** [ˌem'diː] *Abkürzung von* **managing director** der geschäftsführende Direktor/die geschäftsführende Direktorin

**me** [miː] ❶ mich; **he likes me** er mag mich; **she is taller than me** sie ist größer als ich ❷ mir; **give me my pen back!** gib mir meinen Stift zurück! ❸ (*umgangsspr*) ich; **it's me** ich bin's

**mead·ow** ['medəʊ] die Wiese

**mea·gre** ['miːgə'], ⓊⓈⒶ **mea·ger** mager, dürftig, kärglich

**meal** [miːl] die Mahlzeit, das Essen; **to go for a meal** essen gehen

**meal·time** die Essenszeit

to **mean** [miːn] <**meant, meant**> ❶ meinen; **he means no harm** er meint es nicht böse; **to mean well by someone** es gut mit jemandem meinen ❷ vorhaben, beabsichtigen; **to mean to do something** etwas tun wollen; **to be meant for someone** für jemanden bestimmt sein ❸ ernst meinen; **I'll call the police - I mean it!** ich werde die Polizei anrufen - ich meine es ernst! ❹ sagen wollen (**by** mit); **what do you mean by that?** was willst du damit sagen?; **I meant it as a joke** das sollte ein Witz sein ❺ *Wort:* bedeuten

**mean¹** [miːn] ❶ (*mit Geld*) geizig, knauserig ❷ *Verhalten:* gemein ❸ *Aussehen:* schäbig, armselig ❹ ⓊⓈⒶ (*umgangsspr*) spitze; **she's a mean swimmer** sie ist eine spitze Schwimmerin

**mean²** [miːn] das Mittel

**mean³** [miːn] durchschnittlich; **mean value** der Mittelwert; **the mean daytime temperature** die durchschnittliche Tagestemperatur

**mean·ing** ['miːnɪŋ] der Sinn, die Bedeutung; **what's the meaning of …?** was heißt …?; **to mistake someone's meaning** jemanden missverstehen; **do you get my meaning?** haben Sie mich verstanden?

Nicht verwechseln mit *die Meinung — opinion!*

**mean·ing·ful** ['mi:nɪŋfl] bedeutungsvoll, sinnvoll

**mean·ing·less** ['mi:nɪŋlɪs] bedeutungslos, sinnlos

**means** [mi:nz] <*plural* means> ❶ △ *singular* die Möglichkeit, das Mittel; **there is no means of doing it** es ist unmöglich, das zu tun; **by means of something** durch etwas, mittels einer Sache; **by this means** dadurch; **by some means or other** auf irgendeine Art und Weise; **by no means** keineswegs ❷ *im Plural* das Mittel, die Gelder; **a man of means** ein vermögender Mann; **to live beyond one's means** über seine Verhältnisse leben

**meant** [ment] *2. und 3. Form von* **mean**

**mean·time** ['mi:ntaɪm] inzwischen; **in the meantime** in der Zwischenzeit

**mean·while** ['mi:nwaɪl] inzwischen, unterdessen

**mea·sles** ['mi:zlz] △ *mit Singular* die Masern

**meas·ure** ['meʒəʳ] ❶ das Maß, die Maßeinheit ❷ (*übertragen*) der Maßstab; **it gave us some measure of the problem** es gab uns einen Begriff von dem Problem; **there's a measure of truth in what he says** an dem, was er sagt, ist etwas Wahres dran ❸ die Menge; **in some measure** in gewisser Hinsicht; **to a large measure** in hohem Maße ❹ die Maßnahme; **to take measures to do something** Maßnahmen ergreifen, um etwas zu tun

to **meas·ure** ['meʒəʳ] ❶ messen; **to measure someone** bei jemandem Maß nehmen ❷ abmessen *Länge* ❸ ausmessen *Raum* ❹ vermessen *Land*

**meas·ured** ['meʒəd] gemäßigt; *Stimme, Ton:* bedächtig; *Antwort:* wohl überlegt

**meas·ure·ment** ['meʒəmənt] ❶ (*Vorgang*) die Messung ❷ **measurements** *plural* die Maße; **to take someone's measurements** bei jemandem Maß nehmen

**meas·ur·ing cyl·in·der** der Messzylinder

**meas·ur·ing equip·ment** △ *kein Plural* die Messgeräte

**meas·ur·ing jug** ⓖⓑ der Messbecher

**meas·ur·ing spoon** der Messlöffel

**meas·ur·ing tape** ['meʒərɪŋ,teɪp] das Maßband, das Bandmaß

**meat** [mi:t] ❶ das Fleisch; **cold meat** der kalte Braten ❷ (*übertragen*) der Inhalt, die Substanz

**meat·ball** ['mi:tbɔ:l] das Fleischklößchen

**meat-eat·er** der Fleischfresser

**meat grind·er** ⓤⓢⓐ der Fleischwolf

**meat·loaf** ['mi:tləʊf] der Hackbraten

**meat prod·ucts** *plural* die Fleischwaren

**Mec·ca** ['mekə] das Mekka; (*übertragen*) **a Mecca of bookshops** ein Mekka der Buchläden

**me·chan·ic** [mɪ'kænɪk] der Mechaniker/die Mechanikerin

**me·chani·cal** [mɪ'kænɪkl] mechanisch; **mechanical engineering** der Maschinenbau

**med·al** ['medl] ❶ (*im Sport*) die Medaille ❷ (*für Verdienste*) der Orden

**med·al·ist** ⓤⓢⓐ der Medaillengewinner/die Medaillengewinnerin

**me·dal·lion** [mɪ'dæliən] das Medaillon

**med·al·list** ['medəlɪst] der Medaillengewinner/die Medaillengewinnerin

to **med·dle** ['medl] sich einmischen (**in** in); **to meddle with something** sich mit etwas abgeben

**me·dia** ['mi:diə] *Pluralform von* **medium** die Medien

**me·dia cov·er·age** die Berichterstattung durch die Medien

**me·di·aeval** mittelalterlich

**me·di·a·tor** ['mi:dieɪtəʳ] der Vermittler/die Vermittlerin, der Schlichter/die Schlichterin

**med·ic** ['medɪk] (*umgangsspr*) der Mediziner/die Medizinerin

**medi·cal**[1] ['medɪkl] medizinisch, ärztlich; **medical card** die Krankenversicherungskarte; **medical certificate** das ärztliche Attest; **medical examination** die ärztliche Untersuchung; **medical history** die Krankengeschichte; **medical insurance** die Krankenversicherung

**medi·cal**[2] ['medɪkl] die ärztliche Untersuchung

**medi·ca·tion** [,medɪ'keɪʃn] die Medikamente

**medi·cine** ['medsn] ❶ (*Wissenschaft*) die Medizin, die Heilkunde; **to practise medicine** den Arztberuf ausüben ❷ (*Medikament*) die Arznei ❸ (*übertragen*) **to give someone a taste of his own medicine** es jemandem mit gleicher Münze heimzahlen

**me·di·eval** [,medɪ'i:vl] mittelalterlich

to **medi·tate** ['medɪteɪt] nachdenken (**on**/**upon** über), meditieren

**Medi·ter·ra·nean** [,medɪtə'reɪniən] das Mittelmeer; **the Mediterranean climate** das Mittelmeerklima

**me·dium**[1] ['mi:diəm] <*plural* mediums *oder*

**medium – mental**

media> ❶ *kein Plural* die Mitte; **the happy medium** der goldene Mittelweg ❷ <*plural* media> das Medium; **through the medium of the press** durch die Presse; **advertising medium** der Werbeträger ❸ <*plural* mediums> (*Spiritualist*) das Medium

**me·dium²** ['mi:dɪəm] ❶ mittlere(r, s), mittel; **of medium height** mittelgroß ❷ *Steak:* medium, halb durch; **medium-rare** rosa, englisch

**me·dium term** in the medium term mittelfristig; **growth over the medium term** das mittelfristige Wachstum

**me·dium wave** (*im Radio*) die Mittelwelle

to **meet** [mi:t] <met, met> ❶ treffen, [sich] begegnen, sich treffen [mit]; **to arrange to meet someone** sich mit jemandem verabreden ❷ bekannt werden mit, kennen lernen; **have you two met before?** kennen Sie sich schon?; **pleased to meet you!** sehr angenehm! ❸ abholen; **I'll meet your train** ich hole dich vom Zug ab ❹ (*im Sport*) treffen auf *Gegner;* **the two teams met in the next round** in der nächsten Runde treffen die zwei Mannschaften aufeinander ❺ **to meet someone half-way** (*übertragen*) jemandem auf halbem Weg entgegenkommen ❻ erfüllen *Erwartung* ❼ stoßen auf *Widerstand* ❽ **to meet the deadline** den Termin einhalten ❾ **to meet a demand** einer Forderung entsprechen, eine Nachfrage befriedigen ❿ **to meet an obligation** einer Verpflichtung nachkommen ⓫ **their eyes met** ihre Blicke trafen sich ⓬ *Fluss:* münden in, sich vereinigen [mit] ⓭ *Gesellschaft:* sich versammeln, tagen

◆to **meet with** ❶ stoßen auf *Widerstand* ❷ erleiden *Unfall* ❸ 🇺🇸 treffen *Mensch*

**meet·ing** ['mi:tɪŋ] ❶ das Treffen, die Begegnung ❷ (*offiziell*) die Besprechung, die Sitzung, die Versammlung ❸ (*im Sport*) die Veranstaltung

**meet·ing place** der Treffpunkt

**mega·phone** das Megafon

**mela·no·ma** [ˌmeləˈnəʊmə] das Melanom

**melo·dy** ['melədɪ] die Melodie

**mel·on** ['melən] die Melone

to **melt** [melt] ❶ *Schnee, Teer:* schmelzen ❷ *Butter:* zergehen ❸ **his heart melted** (*übertragen*) er ließ sich erweichen ❹ **to melt something** etw schmelzen; **the sun melted the snow** der Schnee schmolz in der Sonne ❺ **to melt butter in a pan** Butter in einem Topf zerlassen

◆to **melt away** ❶ *Schnee:* wegschmelzen

❷ *Gefühle:* verfliegen ❸ *Menschenmenge, Nebel:* sich auflösen

◆to **melt down** ❶ einschmelzen *Metall* ❷ *Reaktorkern:* schmelzen

**melt·ing pot** (*auch übertragen*) der Schmelztiegel; **cultural melting pot** der Schmelztiegel der Kulturen

**mem·ber** ['membə'] ❶ das Mitglied; **member of the family** das Familienmitglied, der/die Familienangehörige ❷ **Member of Parliament** (*in GB*) der/die Abgeordnete des Unterhauses; (*in BRD*) der/die Bundestagsabgeordnete ❸ **member of staff** (*in Betrieb*) der Mitarbeiter/die Mitarbeiterin; (*in Schule*) der Kollege/die Kollegin ❹ **member states** [*oder* **countries**] die Mitgliedsstaaten

**mem·ber·ship** ['membəˈʃɪp] ❶ die Mitgliedschaft (**of** in) ❷ die Mitgliederzahl; **to have a membership of 300** 300 Mitglieder haben

**mem·ber·ship card** der Mitgliedsausweis

**memo** ['meməʊ] <*plural* memos> die Notiz, die Mitteilung

**memo pad** der Notizblock

**memo·rable** ['memərəbl] ❶ *Ereignis:* denkwürdig ❷ *Film:* unvergesslich

**me·mo·rial** [mɪˈmɔːrɪəl] das Denkmal, die Gedenkstätte

> 🇱 Am **Memorial Day**, am letzten Montag im Mai, gedenken die Amerikaner der Gefallenen aller US-Kriege. Außer in einigen Südstaaten, ist dieser Tag ein gesetzlicher Feiertag.

to **memo·rize** ['meməraɪz] sich einprägen, auswendig lernen

**memo·ry** ['memərɪ] ❶ (*Erinnerungsvermögen*) das Gedächtnis; **from memory** aus dem Kopf; **to the best of my memory** soweit ich mich erinnern kann; **within living memory** seit Menschengedenken ❷ die Erinnerung (**of** an) ❸ *von Computer:* der Speicher ❹ **in memory of** zur Erinnerung an

**memo·ry lane** *kein Plural* ▸ WENDUNGEN: **to take a stroll down memory lane** in Erinnerungen schwelgen

**memo·ry span** die Gedächtnisspanne

**men** [men] *Pluralform von* **man**

**men·ac·ing** ['menɪsɪŋ] drohend

**men·ac·ing·ly** ['menɪsɪŋli] drohend

to **mend** [mend] ❶ ausbessern, reparieren ❷ flicken *Kleidung* ❸ **to mend one's ways** sich bessern ❹ *Knochen:* verheilen

**men's room** ['menzˌruːm] 🇺🇸 die Herrentoilette

**men·tal** ['mentl] geistig, seelisch; **mental**

**age** der geistige Entwicklungsstand; **mental arithmetic** das Kopfrechnen; **mental breakdown** der Nervenzusammenbruch; **mental health** der Geisteszustand; **mental hospital** die Nervenklinik; **mental illness** die Geisteskrankheit

**men·tal·ly** ['mentəlɪ] geistig; **mentally disabled** geistig behindert

**men·tion** ['menʃn] die Erwähnung; **to get a mention** erwähnt werden

to **men·tion** ['menʃn] erwähnen; **not to mention, without mentioning** abgesehen von, ganz zu schweigen von; **don't mention it!** keine Ursache! gern geschehen!; **that's not worth mentioning** das ist nicht der Rede wert

**menu** ['menju:] ❶ (*im Restaurant*) die Speisekarte ❷ (*am Bildschirm*) das Menü

**MEP** [ˌemiːˈpiː] ⑱ *Abkürzung von* **Member of the European Parliament** der/die Abgeordnete zum Europäischen Parlament

**mer·chant** ['mɜ:tʃənt] der [Groß]kaufmann; **wine merchant** der Weinhändler/die Weinhändlerin

**mer·chant bank** die Handelsbank

**mer·chant navy** die Handelsmarine

**mer·cury** ['mɜ:kjʊrɪ] das Quecksilber

**Mer·cury** ['mɜ:kjʊrɪ] der Merkur

**mer·cy** ['mɜ:sɪ] die Gnade, das Erbarmen; **to be at the mercy of someone** jemandem ausgeliefert sein; **at the mercy of the elements** dem Spiel der Elemente preisgegeben; **to beg for mercy** um Gnade bitten; **to show someone mercy** Erbarmen mit jemandem haben; **without mercy** erbarmungslos, mitleidlos

**mere** [mɪəʳ] bloß, nichts als, rein; **she's a mere child** sie ist bloß ein Kind; **the merest hint of something** die kleinste Andeutung von etwas; **the mere thought of it** allein der Gedanke daran

**mere·ly** ['mɪəlɪ] bloß, nur, lediglich

to **merge** [mɜ:dʒ] ❶ *Farben:* ineinander übergehen ❷ **to merge into the background** mit dem Hintergrund verschmelzen ❸ *Straßen:* ineinander einmünden, zusammenlaufen ❹ *Firmen:* fusionieren, [sich] zusammenschließen

**mer·ger** ['mɜ:dʒəʳ] die Fusion, der Zusammenschluss

**mer·it** ['merɪt] ❶ *kein Plural* das Verdienst ❷ die gute Eigenschaft, der Vorzug ❸ **on its own merits** für sich betrachtet

to **mer·it** ['merɪt] verdienen

**mer·ry** ['merɪ] ❶ fröhlich, heiter, lustig, ver-

gnügt; **Merry Christmas!** fröhliche Weihnachten! ❷ (*umgangsspr*) beschwipst

**mer·ry-go-round** ['merɪɡəʊˌraʊnd] das Karussell

**mess** [mes] <*plural* messes> ❶ die Unordnung, das Durcheinander; **to be in a mess** unordentlich sein, ein Durcheinander sein; **to make a mess of something** etwas durcheinanderbringen; (*übertragen*) etwas verpfuschen ❷ der Schmutz, der Dreck; **who's going to clean the mess on the stove?** wer putzt die Schweinerei auf dem Ofen weg? ❸ schwierige Lage, Schlamassel; **to get into a mess** in Schwierigkeiten geraten

◆to **mess about, mess around** ❶ herumpfuschen (**with** an); **to mess about with computers** an Computern herumspielen/herumbasteln; **he likes messing about in boats** es macht ihm Spaß, mit dem Boot herumzugondeln ❷ **to mess someone about** [*oder* **around**] mit jemandem nach Belieben umspringen; **stop messing me about!** hör auf, mich an der Nase herumzuführen! ❸ herumalbern; **will you stop messing about!** hör endlich mit dem Blödsinn auf!

◆to **mess up** ❶ in Unordnung bringen ❷ (*übertragen*) verpfuschen, vermasseln

**mes·sage** ['mesɪdʒ] ❶ die Mitteilung, die Nachricht; **to take a message to someone** jemandem eine Nachricht überbringen; **to send a message to someone** jemanden benachrichtigen ❷ *eines Films, Romans:* die Aussage, die Botschaft ❸ **I get the message** (*slang*) [Ich hab] schon kapiert

**mes·sen·ger** ['mesɪndʒəʳ] der Bote/die Botin

**mess-up** ['mesʌp] das Durcheinander

**messy** ['mesɪ] ❶ unordentlich ❷ schmutzig, dreckig ❸ (*übertragen*) *Situation:* vertrackt

**met** [met] *2. und 3. Form von* **meet**

**met·al** ['metl] das Metall

**me·tal·lic** [mɪˈtælɪk] metallisch

**meta·phor** ['metəfəʳ] die Metapher

**meta·phor·ic(al)** [ˌmetəˈfɒrɪk(əl)] metaphorisch

**me·teor·ol·ogy** [ˌmiːtɪəˈrɒlədʒɪ] die Meteorologie

**me·ter¹** ['miːtəʳ] der Zähler; **gas-meter** die Gasuhr; **parking-meter** die Parkuhr

**me·ter²** ['miːtəʳ] ⑱ der Meter

**meth·od** ['meθəd] die Methode, das Verfahren; **method of payment** die Zahlungsweise

**me·thodi·cal** [məˈθɒdɪkəl] ❶ methodisch, systematisch ❷ sorgfältig

**me·tre** ['miːtər] ❶ der Meter ❷ (*in Gedicht*) das Versmaß
**met·ric** ['metrɪk] metrisch; **the metric system** das metrische System
**met·ro·po·lis** [mə'trɒpəlɪs] ❶ die Metropole ❷ die Hauptstadt
**met·ro·poli·tan** [,metrə'pɒlɪtən] ❶ weltstädtisch ❷ hauptstädtisch
**Met·ro·poli·tan Po·lice** *kein Plural* GB **the Metropolitan Police** die Londoner Polizei
**mice** [maɪs] *Pluralform von* **mouse**
**mickey** ['mɪkɪ] **to take the mickey [out of someone/something]** (*umgangsspr*) jemanden auf den Arm nehmen, jemanden/etwas durch den Kakao ziehen
**micro** ['maɪkrə(ʊ)] (*umgangsspr*) *kurz für* **microcomputer** der Mikrocomputer
**micro·bi·ol·ogy** [,maɪkrəʊbaɪ'ɒlədʒɪ] die Mikrobiologie
**micro·chip** ['maɪkrəʊ,tʃɪp] das Mikrochip
**micro·phone** ['maɪkrəfəʊn] das Mikrofon
**micro·pro·ces·sor** [,maɪkrə'prəʊsesər] der Mikroprozessor
**micro·scope** ['maɪkrəskəʊp] das Mikroskop
**micro·scop·ic** [,maɪkrə'skɒpɪk] ❶ (*umgangsspr*) winzig; **to look at something in microscopic detail** etwas haargenau prüfen ❷ *Algen:* mikroskopisch klein
**micro·wave** ['maɪkrəʊweɪv] die Mikrowelle, der Mikrowellenherd
to **micro·wave** ['maɪkrəʊweɪv] in der Mikrowelle erwärmen
**mid** [mɪd] Mittel-; **in mid-morning** mitten am Vormittag; **from mid-May to mid-June** von Mitte Mai bis Mitte Juni; **in mid-air** in der Luft; **she's in her mid-twenties** sie ist Mitte zwanzig; **in the mid-nineties** Mitte der neunziger Jahre
**mid·day** [,mɪd'deɪ] der Mittag; **at midday** mittags; **midday meal** die Mittagsmahlzeit
**mid·dle¹** ['mɪdl] ❶ die Mitte, der mittlere Teil; **in the middle of the night** mitten in der Nacht; **to be in the middle of doing something** mitten drin sein, etwas zu tun; **down the middle** in der Mitte ❷ *von Obst:* [das] Innere ❸ *von Körper:* die Taille

 Nicht verwechseln mit *das Mittel* — **means**!

**mid·dle²** ['mɪdl] mittlere(r, s), Mittel-
**mid·dle-aged** [,mɪdl'eɪdʒd] in den mittleren Jahren, mittleren Alters
**Mid·dle Ages** *plural* das Mittelalter
**mid·dle-class** [,mɪdl'klɑːs] bürgerlich
**mid·dle class** der Mittelstand

**Mid·dle East** der Nahe Osten
**mid·dle name** der zweite Vorname
**mid·dle-of-the-road** gemäßigt; (*abwertend:* *langweilig*) mittelmäßig, anspruchslos
**mid·field** das Mittelfeld
**midge** [mɪdʒ] die Mücke
**midg·et¹** ['mɪdʒɪt] der Liliputaner/die Liliputanerin; (*Kind*) der Knirps *umgangsspr,* der Zwerg *humorvoll*
**midg·et²** ['mɪdʒɪt] winzige(r, s), Mini-
**mid·night** ['mɪdnaɪt] die Mitternacht; **at midnight** um Mitternacht; **midnight sun** die Mitternachtssonne
**mid·sum·mer** [,mɪd'sʌmər] der Hochsommer; **Midsummer Day** der Johannistag, die Sommersonnenwende
**mid·term¹** *kein Plural* (*in der Politik*) die Halbzeit der Amtsperiode; (*in der Schule*) das Schulhalbjahr; (*an der Universität*) die Semesterhälfte
**mid·term²** mitten im Trimester, mitten im Schulhalbjahr; **midterm elections** die Zwischenwahlen
**mid·way** [,mɪd'weɪ] auf halbem Weg[e] (**between** zwischen)
**mid·wife** ['mɪdwaɪf, *plural* 'mɪdwaɪvz] <*plural* midwives> die Hebamme
**mid·win·ter** [,mɪd'wɪntər] die Mitte des Winters, der tiefe Winter
**might¹** [maɪt] **it might rain** es könnte regnen; **you might be right** Sie könnten Recht haben; **we might as well go** ich glaube, wir können gehen; **might I open the window?** dürfte ich wohl das Fenster öffnen?
**might²** [maɪt] die Macht; **with all one's might** mit aller Kraft
**mighty** ['maɪtɪ] mächtig, gewaltig
**mi·graine** ['miːɡreɪn] die Migräne
**mike** [maɪk] (*umgangsspr*) das Mikrofon
**mild** [maɪld] ❶ *Geschmack:* leicht, mild ❷ *Klima:* mild ❸ *Tadel:* leicht, sanft
**mild·ly** ['maɪldlɪ] leicht, milde; **to put it mildly** gelinde gesagt
**mile** [maɪl] ❶ die Meile (*1,61 km*); **miles and miles** meilenweit; **a 30-mile journey** eine Fahrt von 30 Meilen; **to walk for miles** meilenweit gehen ❷ (*übertragen*) **to be miles away** mit den Gedanken ganz woanders sein; **to feel miles better** sich erheblich besser fühlen; **to miss/win by miles** meilenweit verfehlen/haushoch gewinnen
**mile·age** ['maɪlɪdʒ] *kein Plural* ❶ der Kraftstoffverbrauch; **he gets bad/good mileage from his car** sein Auto verbraucht viel/wenig Kraftstoff ❷ der Meilenstand

**mili·tary**[1] ['mɪlɪtrɪ] militärisch; **military police** die Militärpolizei; **military service** der Militärdienst, der Wehrdienst

**mili·tary**[2] ['mɪlɪtrɪ] **the military** das Militär

**milk** [mɪlk] die Milch

to **milk** [mɪlk] melken

**milk choco·late** die [Voll]milchschokolade

**milk·man** ['mɪlkmən] <plural milkmen> der Milchmann

**milk pow·der** kein Plural das Milchpulver

**milk-shake** ['mɪlkʃeɪk] der Milchshake

**milk tooth** ['mɪlktu:θ] <plural milk teeth> der Milchzahn

**milky** ['mɪlki] <milkier, milkiest> ❶ **milky coffee** der Milchkaffee ❷ Glas, Wasser: milchig

**Milky Way** ['mɪlkɪ,weɪ] die Milchstraße

**mill** [mɪl] die Mühle

**mil·len·nia** [mɪ'lenɪə] Pluralform von **millennium**

**mil·len·nial** [mɪ'lenɪəl] tausendjährig; **millennial celebrations** die Tausendjahrfeiern

**mil·len·nium** [mɪ'lenɪəm, plural mɪ'lenɪə] <plural millennia> das Jahrtausend; **at the turn of the millennium** um die Jahrtausendwende

> **L** **London Eye** ist der umgangssprachliche Name für das **Millennium Wheel** (Riesenrad), das von British Airways am Südufer der Themse in London errichtet wurde, um den Jahreswechsel 1999/2000 zu feiern. Es besitzt 32 getrennte Abteile, die einen während einer 30-minütigen Fahrt in 135 m Höhe bringen. Von oben kann man dann fast 40 km weit sehen. Im Riesenrad können bis zu 800 Fahrgäste mitfahren.

**mil·le·pede** ['mɪlɪpi:d] der Tausendfüßler

**mil·ler** ['mɪlə'] der Müller

**mil·li·gram** ['mɪlɪɡræm], ⒼⒷ **mil·li·gramme** ['mɪlɪɡræm] das Milligramm

**mil·li·li·tre** ['mɪlɪ,li:tə'], ⓊⓈⒶ **mil·li·li·ter** der Milliliter

**mil·lion** ['mɪlɪən] die Million; **two million people** zwei Millionen Menschen

**mil·lion·aire** [,mɪlɪə'neə'] der Millionär/die Millionärin

**mil·lionth**[1] ['mɪljən(t)θ] millionste(r, s)

**mil·lionth**[2] ['mɪljən(t)θ] das Millionstel

**mil·li·pede** ['mɪlɪpi:d] der Tausendfüßler

to **mime** [maɪm] **to mime something** etwas pantomimisch darstellen

to **mince** [mɪns] hacken

**mince** [mɪns] ⒼⒷ das Hackfleisch

**mince·meat** ❶ Gebäckfüllung aus Trockenfrüchten ❷ **to make mincemeat of some-** one Hackfleisch aus jemandem machen

**mince pie** die gefüllte [süße] Pastete

> **L** In Großbritannien isst man zu Weihnachten **mince pies**, kleine, runde Gebäckstückchen, die mit **mincemeat** (einer Mischung aus Rosinen, Sultaninen, Zitronat, Äpfeln und Gewürzen) gefüllt sind.

**minc·er** ['mɪnsə'] der Fleischwolf

**mind** [maɪnd] ❶ (Intellekt) der Geist, der Verstand; **to be out of one's mind** den Verstand verloren haben, von Sinnen sein; **it's all in the mind** das ist alles nur Einbildung ❷ die Denkweise; **frame of mind** die seelische Verfassung; **state of mind** der Geisteszustand ❸ die Gedanken; **to have one's mind on other things** mit den Gedanken woanders sein; **to keep one's mind on** achten, aufpassen auf; **to take one's mind off** nicht mehr denken an, sich nicht mehr kümmern um; **that'll take your mind off things** das wird Sie auf andere Gedanken bringen ❹ (Erinnerung) das Gedächtnis; **to bear** [oder **keep**] **something in mind** etwas nicht vergessen; **it went right out of my mind** ich habe es total vergessen; **to put someone in mind of something** jemanden an etwas erinnern ❺ (Neigung) die Absicht, der Wille, der Wunsch; **to have in mind to do something** vorhaben, etwas zu tun; **to have half a mind to do something** gute Lust haben, etwas zu tun; **to set one's mind on something** sich etwas in den Kopf setzen ❻ die Meinung, die Ansicht; **to my mind** meiner Meinung nach; **to change one's mind** seine Meinung ändern; **to know one's own mind** wissen, was man will; **to be in two minds** nicht wissen, was man will; **to make up one's mind** zu einem Entschluss kommen; **to give someone a piece of one's mind** jemandem [gründlich] die Meinung sagen; **to speak one's mind** offen seine Meinung sagen ❼ (Mensch) der Geist, der Kopf; **he was one of the finest minds of his generation** er zählte zu den größten Geistern seiner Generation

to **mind** [maɪnd] ❶ achten, aufpassen auf; **mind what you're doing!** pass doch auf!; **mind your temper** nimm dich zusammen; **mind the step!** Vorsicht Stufe!; **mind the dog!** Warnung vor dem Hund! ❷ sich kümmern um; **mind your own business!** kümmern Sie sich um Ihre [eigenen] Angelegenheiten! ❸ etwas haben gegen; **do you mind my smoking?** macht es Ihnen etwas aus,

**mindless – miscarriage** 284

wenn ich rauche?; **would you mind open-ing the window?** würden Sie bitte das Fenster öffnen?; **no one seemed to mind** niemand schien etwas dagegen zu haben; **... if you don't mind my asking** ... wenn ich fragen darf; **I don't mind the cold** die Kälte macht mir nichts aus ❹ **mind you** allerdings ❺ **never mind** macht nichts, ist doch egal, mach dir nichts draus; **never mind about that now!** vergiss das jetzt mal!

**mind·less** [ˈmaɪn(d)ləs] sinnlos; *Gewalt, Eifersucht:* blind; *Arbeit, Gerede:* geistlos

**mine¹** [maɪn] meine(r, s); **mine is better** meine(r, s) ist besser; **this is mine** das gehört mir; **a friend of mine** einer meiner Freunde, ein Freund von mir

**mine²** [maɪn] ❶ das Bergwerk, die Grube, die Zeche ❷ (*übertragen*) die Quelle, die Fundgrube (**of** an); **mine of information** die Informationsquelle ❸ (*Sprengkörper*) die Mine

to **mine** [maɪn] ❶ Bergbau treiben, graben (**for** nach) ❷ abbauen, schürfen *Bodenschätze* ❸ fördern *Kohle* ❹ (*mit Minen versehen*) verminen

**mine·field** [ˈmaɪnfiːld] (*auch übertragen*) das Minenfeld

**min·er** [ˈmaɪnəʳ] der Bergmann, der Kumpel

**min·er·al** [ˈmɪnrəl] das Mineral

**min·er·al wa·ter** *kein Plural* das Mineralwasser; **carbonated mineral water** das kohlensäurehaltige Mineralwasser; **still mineral water** das stille Mineralwasser

**min·estro·ne** [ˌmɪnɪˈstrəʊni], **min·estro·ne soup** *kein Plural* die Minestrone

to **min·gle** [ˈmɪŋgl] ❶ mischen ❷ sich untereinander vermischen; **to mingle with the guests** sich unter die Gäste mischen

**mini·bus** [ˈmɪnɪbʌs] der Kleinbus, der Minibus

**mini·cab** [ˈmɪnɪkæb] das Kleintaxi

**mini·mal** [ˈmɪnɪml] minimal

to **mini·mize** [ˈmɪnɪmaɪz] ❶ auf ein Minimum beschränken, minimieren ❷ schlechtmachen; **to minimize somebody's concerns** jemandes Sorgen herunterspielen

**mini·mum** [ˈmɪnɪməm] <*plural* minimums *oder* minima> das Minimum; **reduce to a minimum** auf ein Minimum reduzieren; **minimum temperature** die Tiefsttemperatur; **minimum wage** der Mindestlohn

**min·ing** [ˈmaɪnɪŋ] der Bergbau; **open-cast mining** der Tagebau

**mini·skirt** [ˈmɪnɪskɜːt] der Minirock

**min·is·ter** [ˈmɪnɪstəʳ] ❶ (*politisch*) der Minister/die Ministerin ❷ (*religiös*) der Pfarrer/die Pfarrerin, der Pastor/die Pastorin

**min·is·try** [ˈmɪnɪstri] (*politisch*) das Ministerium; **Ministry of the Environment** das Umweltministerium

**mi·nor¹** [ˈmaɪnəʳ] ❶ kleiner, unbedeutend, unwichtig; **a minor role** eine Nebenrolle ❷ *Verletzung:* leicht ❸ *Planet:* klein ❹ (*in der Musik*) Moll-; **C Minor** c-Moll

**mi·nor²** [ˈmaɪnəʳ] ❶ (*Person*) der/die Minderjährige ❷ Ⓤ (*an Universität*) das Nebenfach

**mi·nor·ity** [maɪˈnɒrəti] die Minderheit; **to be in a minority** in der Minderheit sein; **minority government** die Minderheitsregierung

**mint** [mɪnt] ❶ (*Pflanze*) die Minze; **mint sauce** die Minzsoße ❷ (*Bonbon*) das Pfefferminz[bonbon]

**mi·nus¹** [ˈmaɪnəs] weniger, minus; **minus 10 degrees centigrade** minus 10 Grad Celsius

**mi·nus²** [ˈmaɪnəs] minus; **what is 57 minus 39?** was ist 57 minus 39?

**mi·nus³** [ˈmaɪnəs] <*plural* minuses> das Minuszeichen

**min·ute¹** [ˈmɪnɪt] ❶ die Minute; **minute hand** der Minutenzeiger ❷ (*übertragen*) der Augenblick; **at this very minute** gerade jetzt; **in a minute** sofort; **any minute** jeden Augenblick; **at the last minute** in letzter Minute; **to the minute** genau, pünktlich; **just a minute!** Moment [*oder* Augenblick] mal!; **have you got a minute?** hast du mal einen Moment Zeit? ❸ **minutes** das Protokoll; **to take the minutes** das Protokoll führen

**min·ute²** [maˈnjuːt] ❶ winzig ❷ *Untersuchung:* minuziös, ganz genau

**mira·cle** [ˈmɪrəkl] das Wunder; **to work miracles** Wunder wirken; **by some miracle** wie durch ein Wunder

**mi·racu·lous** [mɪˈrækjʊləs] wunderbar

**mir·ror** [ˈmɪrəʳ] der Spiegel

**mir·ror im·age** das Spiegelbild

to **mis·be·have** [ˌmɪsbɪˈheɪv] sich schlecht benehmen

**mis·be·hav·iour** [ˌmɪsbɪˈheɪvɪəʳ], Ⓤ **mis·be·hav·ior** das schlechte Benehmen

**misc.** *kurz für* **miscellaneous** verschiedene(r, s)

to **mis·cal·cu·late** [ˌmɪsˈkælkjʊleɪt] ❶ sich verrechnen ❷ **to miscalculate something** etwas falsch berechnen; (*übertragen*) etwas falsch einschätzen

**mis·cal·cu·la·tion** [ˌmɪsˌkælkjʊˈleɪʃn] ❶ der Rechenfehler, der Kalkulationsfehler ❷ (*übertragen*) die Fehleinschätzung

**mis·car·riage** [ˌmɪsˈkærɪdʒ] ❶ die Fehlgeburt

**2** **miscarriage of justice** der Justizirrtum

to **mis·car·ry** [ˌmɪsˈkærɪ] eine Fehlgeburt haben

**mis·chief** [ˈmɪstʃɪf] **1** der Unfug, der Unsinn; **to make mischief** Unfrieden stiften; **he's up to some mischief** er führt etwas im Schilde; **to keep out of mischief** keinen Unfug machen **2** das Unheil, der Schaden; **to do oneself/someone a mischief** sich/jemandem etwas antun

to **mis·count** [ˌmɪsˈkaʊnt] **1** sich verrechnen, sich verzählen **2** **to miscount something** etwas falsch zählen

**mi·ser** [ˈmaɪzəʳ] der Geizhals

**mis·er·able** [ˈmɪzrəbl] **1** unglücklich; **to feel miserable** sich elend [oder miserabel] fühlen; **to make life miserable for someone** jemandem das Leben schwer machen **2** *Behausung, Leben:* armselig, elend, erbärmlich, jämmerlich **3** *Versager, Schuft:* elend **4** *Entlohnung:* armselig, kläglich **5** *Existenz, Wetter:* trist

**mis·er·ably** [ˈmɪzərəblɪ] **1** *leben, murmeln:* unglücklich **2** *spielen:* erbärmlich **3** *bezahlen:* miserabel, mies **4** *versagen:* jämmerlich, kläglich

**mis·ery** [ˈmɪzərɪ] **1** das Elend; **a life of misery** ein erbärmliches Leben; **to make someone's life a misery** jemandem das Leben zur Qual machen; **to put an animal out of its misery** ein Tier von seinen Qualen erlösen **2** **to put someone out of his misery** (*übertragen*) jemanden nicht länger auf die Folter spannen

**mis·fit** [ˈmɪsfɪt] der Außenseiter/die Außenseiterin

**mis·for·tune** [mɪsˈfɔːtʃuːn] *kein Plural* das Pech, das Unglück

**mis·guid·ed** [ˌmɪsˈɡaɪdɪd] **1** *Mensch:* töricht **2** *Meinung:* irrig **3** *Freundlichkeit:* unangebracht

**mis·hap** [ˈmɪshæp] das Missgeschick; **a slight mishap** eine [kleine] Panne; **without mishap** ohne Zwischenfälle

to **mis·hear** [ˌmɪsˈhɪəʳ] <misheard, misheard> **1** sich verhören **2** **to mishear something/someone** etwas/jemanden falsch verstehen

to **mis·in·form** [ˌmɪsɪnˈfɔːm] falsch informieren

to **mis·judge** [ˌmɪsˈdʒʌdʒ] falsch beurteilen, falsch einschätzen

to **mis·lead** [ˌmɪsˈliːd] <misled, misled> irreführen, täuschen

**mis·lead·ing** [mɪˈsliːdɪŋ] irreführend

to **mis·place** [mɪˈspleɪs] verlegen

**mis·print** [ˈmɪsprɪnt] der Druckfehler

to **mis·pro·nounce** [ˌmɪsprəˈnaʊn(t)s] falsch aussprechen

to **mis·read** [ˌmɪsˈriːd] <misread, misread> **1** falsch lesen **2** (*übertragen*) missverstehen, missdeuten

to **mis·rep·re·sent** [ˌmɪsreprɪˈzent] falsch darstellen; **she was misrepresented as an extremist** sie wurde als Extremistin hingestellt; **to misrepresent facts** Tatsachen entstellen; (*vor Gericht*) falsche Tatsachen vorspiegeln

**miss¹** [mɪs] **1** **Miss Jones** Frau/Fräulein Jones **2** **Miss!** (*zur Bedienung*) Fräulein!; (*zur Lehrerin*) Frau ...!

**miss²** [mɪs] <plural misses> **1** der Fehlschuss, Fehlschlag **2** **to give something a miss** sich etwas schenken

to **miss** [mɪs] **1** verfehlen *Ziel;* **missed** [me]! nicht getroffen! **2** verpassen; versäumen *Gelegenheit, Zug* **3** übersehen, überhören **4** nicht mitbekommen; **I missed that** das ist mir entgangen **5** vermeiden; **if we leave now we'll miss the traffic** wenn wir jetzt losfahren, kommen wir nicht in den Hauptverkehr; **we narrowly missed having an accident** wir hätten um ein Haar einen Unfall gehabt **6** noch ausweichen können *Hindernis* **7** vermissen, [sehr] entbehren; **I miss you** du fehlst mir **8** nicht bekommen *Preis* **9** *Ball, Schuss:* danebengehen

◆ to **miss out** **1** zu kurz kommen; **to miss out on something** etwas verpassen **2** **to miss something out** etwas auslassen, weglassen; (*aus Versehen*) etwas übersehen

**mis·sile** [ˈmɪsaɪl] **1** (*per Hand*) das [Wurf]geschoss **2** (*per Antrieb*) die Rakete

**mis·sing** [ˈmɪsɪŋ] **1** fehlend, vermisst; **to be missing** fehlen, vermisst werden; **missing person** der/die Vermisste **2** *Gegenstand:* verschwunden, fehlend

**mis·sion** [ˈmɪʃn] die Mission

to **mis·spell** [ˌmɪsˈspel] <misspelt *oder* ⓊⓈⒶ misspelled>, misspelt *oder* ⓊⓈⒶ misspelled> falsch schreiben

**mist** [mɪst] der Nebel, der Dunst

◆ to **mist over**, to **mist up** [sich] beschlagen

to **mis·take** [mɪˈsteɪk] <mistook, mistaken> **1** verwechseln (**for** mit); **there's no mistaking her writing** ihre Schrift ist unverkennbar **2** falsch verstehen, missverstehen **3** **to be mistaken** sich irren, sich täuschen

**mis·take** [mɪˈsteɪk] **1** der Fehler; **to make a mistake** einen Fehler machen, sich irren **2** der Irrtum, das Missverständnis; **by mistake** irrtümlich, versehentlich, aus Verse-

**mist**

**F** Nicht verwechseln mit *der Mist — dung!*

hen; **there's no mistake about it!** Irrtum ausgeschlossen!

**mis·tak·en**[1] [mɪ'steɪkən] *3. Form von* **mistake**

**mis·tak·en**[2] [mɪ'steɪkən] ❶ **to be mistaken** sich irren; **to be mistaken about** [*oder* **in**] **something** sich in einer Sache täuschen ❷ **mistaken idea** die falsche Vorstellung; **a case of mistaken identity** eine Verwechslung

**Mis·ter** ['mɪstə] ❶ Herr ❷ **listen to me, Mister** hören Sie mal zu

**mis·tle·toe** ['mɪsltəʊ] der Mistelzweig

**mis·took** [mɪ'stʊk] *2. Form von* **mistake**

to **mis·treat** [ˌmɪs'triːt] schlecht behandeln

**mis·tress** ['mɪstrɪs] <*plural* mistresses> ❶ die Geliebte ❷ die Herrin, die Hausherrin ❸ die Lehrerin

to **mis·trust** [ˌmɪs'trʌst] **to mistrust someone/ something** jemandem/einer Sache misstrauen

**mis·trust** [ˌmɪs'trʌst] das Misstrauen (**of** gegen)

**misty** ['mɪsti] ❶ neblig, dunstig ❷ (*übertragen*) verschwommen, unklar

to **mis·un·der·stand** [ˌmɪsˌʌndə'stænd] <misunderstood, misunderstood> missverstehen, falsch verstehen

**mis·un·der·stand·ing** [ˌmɪsˌʌndə'stændɪŋ] das Missverständnis

**mit·ten** ['mɪtn] der Fausthandschuh

**mix** [mɪks] die Mischung

to **mix** [mɪks] ❶ [ver]mischen, [ver]mengen ❷ verrühren *Zutaten;* anrühren *Teig* ❸ (*übertragen*) verbinden; **to mix business with pleasure** das Angenehme mit dem Nützlichen verbinden, sich mischen lassen, sich vermischen; **oil and water do not mix** Öl und Wasser lassen sich nicht mischen ❺ (*übertragen*) zusammenpassen; **oil and water don't mix** das ist ein Gegensatz wie Feuer und Wasser ❻ **to mix well** kontaktfreudig [*oder* gesellig] sein

◆ to **mix up** ❶ vermischen; verrühren *Zutaten* ❷ durcheinander bringen; **to mix someone up with someone [else]** jemanden mit jemandem verwechseln ❸ **to mix someone up in something** jemanden in etwas hineinziehen; **to be mixed up in something** in etwas verwickelt sein

**mixed** [mɪkst] ❶ gemischt; **to have mixed feelings about someone** jemandem gegenüber gemischte Gefühle haben; **mixed doubles** das gemischte Doppel; **mixed marriage** die Mischehe; **mixed reaction** die unterschiedliche Reaktion ❷ **mixed-up** durcheinander, konfus

**mix·er** ['mɪksə] ❶ der Mixer ❷ die [Beton]mischmaschine ❸ (*für Musik*) der Toningenieur, das Mischpult

**mix·ture** ['mɪkstʃə] die Mischung, das Gemisch

**mix-up** ['mɪksʌp] ❶ das Durcheinander ❷ das Missverständnis

**mm** *Abkürzung von* **millimetre** mm

**MMS** [ˌemem'es] *Abkürzung von* **Multimedia Messaging Service** die MMS

to **moan** [məʊn] ❶ stöhnen, ächzen ❷ (*umgangsspr*) meckern

**mo·bile**[1] ['məʊbaɪl] ❶ das Mobile ❷ (*umgangsspr*) das Handy, das Mobiltelefon

**mo·bile**[2] ['məʊbaɪl] ❶ beweglich, mobil ❷ fahrbar; **mobile library** der Bücherbus, die Fahrbücherei; **mobile home** der Wohnwagen

**mo·bile mes·sage** die Textnachricht

**mock**[1] [mɒk] ❶ nachgemacht, Schein-; **mock leather** das Lederimitat ❷ *Prüfung*: Probe-, simuliert

**mock**[2] [mɒk] ⓖⓑ (*umgangsspr*) das Probeexamen

to **mock** [mɒk] spotten, höhnen; **to mock somebody** sich über jemanden lustig machen, jemanden verspotten

**mod·al** ['məʊdəl] **modal verb** das Modalverb

**mod cons** [ˌmɒd'kɒnz] *Abkürzung von* **modern conveniences: with all mod cons** mit allem Komfort

**mod·el** ['mɒdl] ❶ das Modell ❷ das Model[l], das Mannequin, der Dressman ❸ *eines Autos:* der Typ, das Modell ❹ (*übertragen*) das Muster, das Vorbild

to **mod·el** ['mɒdl] <modelled *oder* (USA) modeled, modelled *oder* (USA) modeled> ❶ **to model something on something** etwas als Vorlage [*oder* Muster] für eine Sache benützen ❷ **to model oneself on someone** sich jemanden zum Vorbild nehmen ❸ (*in Ton*) modellieren, formen ❹ vorführen *Kleider* ❺ als Model/Dressman arbeiten, Modell stehen

**mo·dem** ['məʊdem] das Modem

**mod·er·ate**[1] ['mɒdərət] ❶ *politische Einstellung:* gemäßigt ❷ *Appetit:* mäßig; *Trinken:* maßvoll; **moderate demands** die maßvollen Forderungen ❸ *Preis, Summe:* vernünftig, angemessen ❹ *Erfolg:* mittelmäßig, bescheiden

**mod·er·ate**[2] ['mɒdərət] (*Politiker*) der/die Gemäßigte

to **mod·er·ate** ['mɒdəreɪt] ❶ **to moderate one's demands** seine Forderungen einschränken ❷ mildern *Effekt, Kritik* ❸ *Sturm, Wind:* nachlassen

**mod·ern** ['mɒdn] ❶ modern, neuzeitlich; **in modern times** in der heutigen Zeit ❷ **modern languages** die modernen Fremdsprachen

to **mod·ern·ize** ['mɒdənaɪz] modernisieren

**mod·est** ['mɒdɪst] ❶ *Charakter, Haus, Kleidung:* bescheiden ❷ *Lebensweise:* genügsam ❸ *Forderung:* maßvoll; *Preis:* mäßig

**mod·es·ty** ['mɒdɪstɪ] die Bescheidenheit

**modi·fi·ca·tion** [ˌmɒdɪfɪ'keɪʃn] die Abänderung, die Abwandlung, die Modifikation

**modu·lar** ['mɒdjələ<sup>r</sup>] modular, Modul-, Baukasten-; **modular system** das Kursmodulsystem

**mod·ule** ['mɒdjuːl] ❶ *Raumfahrt:* die Raumkapsel; **lunar module** die Mondlandefähre ❷ (*in der Informatik*) der Modul ❸ (*in der Schule*) die Unterrichtseinheit

**moist** [mɔɪst] feucht, nass (**with** von)

to **mois·ten** ['mɔɪsn] **to moisten a cloth** ein Tuch anfeuchten

**mois·ture** ['mɔɪstʃə<sup>r</sup>] die Feuchtigkeit

**mois·tur·iz·er** ['mɔɪstʃəraɪzə<sup>r</sup>] die Feuchtigkeitscreme

**mo·lar** ['məʊlə<sup>r</sup>] der Backenzahn

**mold**[1] (USA) die [Guss]form

**mold**[2] (USA) der Schimmel, der Schimmelpilz

to **mold** [məʊld] (USA) (*auch übertragen*) formen (**into** zu)

**moldy** (USA) schimmelig, verschimmelt

**mole**[1] [məʊl] das Muttermal, der Leberfleck

**mole**[2] [məʊl] der Maulwurf

**mo·lecu·lar** [mə'lekjʊlə<sup>r</sup>] **molecular biol-**

**ogy** die Molekularbiologie

**mole·hill** ['məʊlhɪl] der Maulwurfshügel, der Maulwurfshaufen ▸ WENDUNGEN: **to make a mountain out of a molehill** aus einer Mücke einen Elefanten machen

**mol·ten** ['məʊltən] *Lava:* geschmolzen

**mo·ment** ['məʊmənt] ❶ der Augenblick, der Moment; **at the moment** im Augenblick, momentan; **at any moment** jederzeit, jeden Augenblick; **at the last moment** im letzten Augenblick; **in a moment** im Nu; **I'll be back in a few moments!** ich bin sofort zurück!; **please wait a moment!** warten Sie bitte einen Augenblick! ❷ **the man of the moment** der rechte Mann zur rechten Zeit; **moment of truth** der Augenblick der Wahrheit

**mo·men·tari·ly** ['məʊməntrəlɪ] ❶ einen Augenblick [lang] ❷ (USA) in wenigen Minuten

**mo·men·tary** ['məʊməntrɪ] flüchtig, von kurzer Dauer

**mo·men·tous** [mə'mentəs] *Entscheidung, Ereignis:* bedeutsam

**mo·men·tum** [mə'mentəm] ❶ der Impuls ❷ (*übertragen*) der Schwung, die Wucht ❸ **to gain momentum** *Kampagne, Idee:* an Boden gewinnen

**mon·arch** ['mɒnək] der Monarch/die Monarchin, der Herrscher/die Herrscherin

**mon·ar·chy** ['mɒnəkɪ] die Monarchie

**mon·as·tery** ['mɒnəstrɪ] das [Mönchs]kloster

**Mon·day** ['mʌndɪ] der Montag; **on Monday** am Montag; **on Mondays** montags

**mon·etary** ['mʌnɪtrɪ] **monetary policy** die Währungspolitik

**mon·ey** ['mʌnɪ] ❶ das Geld; **to lose/make money** Geld verlieren/verdienen; **to spend money** Geld ausgeben; **to get one's money's worth** etwas für sein Geld bekommen ❷ **to have money to burn** Geld wie Heu haben

**mon·ey·box** die Sparbüchse

**mon·ey or·der** die Postanweisung

**mon·ey-spin·ner** der Verkaufsschlager

**moni·tor** ['mɒnɪtə<sup>r</sup>] ❶ (*Schüler/Schülerin*) der Klassensprecher/die Klassensprecherin ❷ *von Computer, Fernseher:* der Monitor ❸ *von Überwachungsanlage:* der Kontrollschirm

to **moni·tor** ['mɒnɪtə<sup>r</sup>] ❶ beobachten *Bewegung, Wetter;* abhören *Sendung* ❷ kontrollieren *Kosten*

**monk** [mʌŋk] der Mönch

**mon·key** ['mʌŋkɪ] ❶ der Affe ❷ (*Kind*) der Strolch, der Schlingel ❸ **to make a monkey**

**monkey about – more**

**out of someone** jemanden verulken
◆ to **monkey about**, to **monkey around** herumalbern

**monk·fish** <*plural* monkfish *oder* monkfishes> der Seeteufel

to **mo·nopo·lize** [məˈnɒpəlaɪz] ❶ monopolisieren, beherrschen ❷ (*übertragen*) an sich reißen, in Beschlag nehmen

**mo·nopo·ly** [məˈnɒpəlɪ] ❶ das Monopol ❷ **to have the monopoly on something** das Monopol auf etwas Haben; (*übertragen*) etwas für sich gepachtet haben

**mono·rail** [ˈmɒnəʊreɪl] die Einschienenbahn

**mo·noto·nous** [məˈnɒtənəs] eintönig, monoton

**mo·noto·ny** [məˈnɒtənɪ] die Eintönigkeit, die Monotonie

**mon·soon** [mɒnˈsuːn] der Monsun

**mon·ster**[1] [ˈmɒnstəʳ] ❶ (*Fabelwesen*) das Ungeheuer, das Monster ❷ (*riesiges Ding*) das Monstrum

**mon·ster**[2] [ˈmɒnstəʳ] Riesen-, Monster-

**mon·strous** [ˈmɒnstrəs] scheußlich; *Tat, Verbrechen:* schrecklich, furchtbar, abscheulich

**month** [mʌnθ] ❶ der Monat; **at the end of the month** am Monatsende; **by the month** monatlich; **every two months** alle zwei Monate; **once/twice a month** einmal/zweimal im Monat ❷ **one month's salary** ein Monatsgehalt

**month·ly**[1] [ˈmʌnθlɪ] monatlich, Monats-

**month·ly**[2] [ˈmʌnθlɪ] ❶ jeden Monat ❷ **twice monthly** zweimal pro Monat

**month·ly**[3] [ˈmʌnθlɪ] die Monatszeitschrift

**monu·ment** [ˈmɒnjʊmənt] das [Bau]denkmal, das Monument (**to** für)

**monu·men·tal** [ˌmɒnjʊˈmentl] (*übertragen*) riesig, gewaltig, enorm

to **moo** [muː] *Kuh:* muhen

**mood** [muːd] ❶ die Stimmung ❷ die Laune; **bad mood** die schlechte Laune; **good mood** die gute Laune; **to be in a mood** schlecht aufgelegt sein; **he's in a good mood** er ist gut gelaunt; **to be in the mood for dancing** zum Tanzen aufgelegt sein

**moody** [ˈmuːdɪ] ❶ launisch, launenhaft ❷ schlecht gelaunt

**moon** [muːn] der Mond; **full moon** der Vollmond; **half-moon** der Halbmond; **new moon** der Neumond ▸ WENDUNGEN: **to be over the moon** überglücklich sein; **once in a blue moon** alle Jubeljahre einmal

**moon·light** [ˈmuːnlaɪt] der Mondschein, das Mondlicht

to **moon·light** [ˈmuːnlaɪt] <moonlighted,

moonlighted> (*umgangsspr*) schwarzarbeiten

**moon·lit** [ˈmuːnlɪt] mondbeschienen, mondhell; **moonlit night** die Mondnacht

**moor** [mʊəʳ] das Hochmoor; **moorland** die Heide, das Heideland

to **moor** [mʊəʳ] vertäuen, festmachen *Schiff*

**moor·ing** [ˈmɔːrɪŋ] ❶ der Anlegeplatz, der Liegeplatz ❷ (*Seile*) **moorings** die Vertäuung

**moose** [muːs] <*plural* moose> der Elch

**mop** [mɒp] ❶ der Mopp ❷ (*übertragen*) der Wuschelkopf

to **mop** [mɒp] <mopped, mopped> ❶ **to mop the floor** den Fußboden wischen; **to mop up** [feucht] aufwischen ❷ **to mop one's face** sich den Schweiß vom Gesicht wischen

**mo·ped** [ˈməʊped] das Moped

**mor·al**[1] [ˈmɒrəl] ❶ *Pflicht, Wert:* sittlich, moralisch ❷ *Person:* tugendhaft ❸ **moral support** die moralische Unterstützung; **to have a moral right to something** jedes Recht auf etwas haben

**mor·al**[2] [ˈmɒrəl] ❶ *einer Geschichte:* die Moral; **to draw a moral from something** eine Lehre aus etwas ziehen ❷ **morals** die Moral

**mo·rale** [məˈrɑːl] *von Mannschaft, Person:* die Moral, die Stimmung; **high morale** die gute Moral; **low morale** die schlechte Moral

**mo·ral·ity** [məˈrælətɪ] ❶ *von Gesellschaft, Person:* die Moralität ❷ (*Wertesystem*) die Moral, die Ethik

to **mor·al·ize** [ˈmɒrəlaɪz] moralisieren (**on** über)

**more**[1] [mɔːʳ] <most> mehr, noch mehr; **more people live in the city than in the country** mehr Menschen wohnen in der Großstadt als auf dem Land; **no more money** kein Geld mehr; **would you like some more tea?** möchtest du noch [etwas] Tee?; **one more day** noch ein Tag; **a few more friends** noch ein paar Freunde

**more**[2] [mɔːʳ] <most> ❶ *zur Bildung von Steigerungsformen* **more beautiful** schöner; **more and more expensive** immer teurer; **to like something more** etwas lieber mögen; **no more than ten people** nicht mehr als zehn Leute ❷ **more and more** immer mehr; **once more** noch einmal; **never more** nie mehr; **not any more** nicht mehr ❸ **more or less** mehr oder weniger

**more**[3] [mɔːʳ] <most> ❶ **a little more** etwas mehr; **no more** nichts mehr; **some more** noch etwas; **even more** noch mehr ❷ **what more do you want?** was willst du denn noch? ❸ **all the more** umso mehr; **all the more so because ...** umso mehr, weil ...

**more·over** [mɔːˈrəʊvəʳ] überdies, zudem, außerdem

**morgue** [mɔːg] das Leichenschauhaus

**morn·ing¹** [ˈmɔːnɪŋ] ❶ der Morgen; **good morning!** guten Morgen!; **from morning till night** von früh bis spät; **in the morning** am Morgen, morgens, vormittags; **early in the morning** in der Frühe; **at 8 in the morning** um 8 Uhr morgens; **this morning** heute Morgen; **Friday morning** Freitag früh; **the morning after** am nächsten Tag ❷ (*vor zwölf*) der Vormittag

**morn·ing²** [ˈmɔːnɪŋ] Morgen-, morgendlich

**morn·ing-af·ter pill** [ˌmɔːnɪŋˈɑːftəʳ] die Pille danach

**morn·ing pa·per** die Morgenzeitung

**morn·ing sick·ness** das [Schwangerschafts]erbrechen

**mor·phine** [ˈmɔːfiːn] das Morphium

**Morse** [mɔːs] **Morse code** das Morsezeichen

**mor·tal¹** [ˈmɔːtl] ❶ *Mensch:* sterblich ❷ *Verletzung:* tödlich ❸ **mortal sin** die Todsünde

**mor·tal²** [ˈmɔːtl] der/die Sterbliche

**mor·tal·ity** [mɔːˈtælətɪ] ❶ die Sterblichkeit ❷ (*Todesfälle*) die Sterblichkeit, die Sterblichkeitsziffer ❸ **mortality rate** die Sterbeziffer

to **mort·gage** [ˈmɔːgɪdʒ] die Hypothek (**on** auf)

to **mort·gage** [ˈmɔːgɪdʒ] **to mortgage a house** ein Haus mit einer Hypothek belasten

**mor·tu·ary** [ˈmɔːtʃərɪ] die Leichenhalle

**mo·sa·ic** [məʊˈzeɪɪk] das Mosaik, die Mosaikarbeit

**Mos·cow** [ˈmɒskəʊ] Moskau

**Mos·lem¹** [ˈmɒzləm] der Moslem/die Moslemin

**Mos·lem²** [ˈmɒzləm] mohammedanisch, muslimisch

**mosque** [mɒsk] die Moschee

**mos·qui·to** [məˈskiːtəʊ] <*plural* mosquitoes *oder* mosquitos> die Stechmücke, der Moskito

**mos·qui·to bite** der Mückenstich

**mos·qui·to net** das Moskitonetz

**moss** [mɒs] <*plural* mosses> das Moos

**mossy** [ˈmɒsɪ] ❶ moosig ❷ moosbedeckt, bemoost

**most¹** [məʊst] <*many*> (*Menge*) meiste(r, s), größte(r, s); **most people** die meisten Leute; **for the most part** größtenteils

**most²** [məʊst] <*many*> ❶ (*Rang*) am meisten; **he likes that the most** das gefällt ihm am meisten; **most of all** am allermeisten ❷ *zur Bildung von Superlativen* **the most**

beautiful ... der/die/das schönste ... ❸ **most likely** höchstwahrscheinlich

**most³** [məʊst] <*many*> ❶ das meiste, die meisten; **most of his friends** die meisten seiner Freunde; **most of the time** die meiste Zeit; **he spent most of his holiday on the beach** er verbrachte den größten Teil seines Urlaubs am Strand ❷ **to make the most of something** etwas voll ausnützen; **to make the most of oneself** das Beste aus sich machen

**most·ly** [ˈməʊstlɪ] ❶ hauptsächlich, zum größten Teil ❷ *zeitlich* meist, meistens

**MOT** [ˌeməʊˈtiː] ❶ *Abkürzung von* **Ministry of Transport** das Verkehrsministerium ❷ **MOT** [**test**] TÜV

**mo·tel** [məʊˈtel] das Motel

**moth** [mɒθ] die Motte

**moth·ball** ❶ die Mottenkugel ❷ **to put clothes in mothballs** Kleider einmotten

**moth-eat·en** [ˈmɒθˌiːtn] ❶ mottenzerfressen ❷ (*übertragen*) abgenutzt, veraltet

**moth·er** [ˈmʌðəʳ] ❶ die Mutter; **a mother of three** eine Mutter von drei Kindern ❷ **Mother's Day** der Muttertag

to **moth·er** [ˈmʌðəʳ] ❶ aufziehen, großziehen *Kind* ❷ bemuttern *Person*

**moth·er·hood** [ˈmʌðəhʊd] die Mutterschaft

**moth·er-in-law** [ˈmʌðərɪnlɔː] <*plural* mothers-in-law> die Schwiegermutter

**moth·er·ly** [ˈmʌðəlɪ] mütterlich

**moth·er tongue** die Muttersprache

**moth·proof** [ˈmɒθˌpruːf] mottenfest

**mo·tion** [ˈməʊʃn] ❶ die Bewegung; **to be in motion** sich bewegen, laufen; **to put** [*oder* **set**] **something in motion** etwas in Gang bringen [*oder* setzen] ❷ der Wink, das Zeichen ❸ **to go through the motions** den Anschein erwecken, etwas mechanisch tun

to **mo·tion** [ˈməʊʃn] ❶ **to motion to someone to do something** jemandem bedeuten, etwas zu tun ❷ **to motion someone in** jemanden hereinwinken

**mo·tion·less** [ˈməʊʃnlɪs] bewegungslos, reglos

**mo·tion pic·ture** der Film

to **mo·ti·vate** [ˈməʊtɪveɪt] **to motivate someone** jemanden motivieren

**mo·ti·va·tion** [ˌməʊtɪˈveɪʃn] die Motivation

**mo·tive** [ˈməʊtɪv] das Motiv, der Beweggrund (**for** zu)

**mo·tor¹** [ˈməʊtəʳ] der Motor

**mo·tor²** [ˈməʊtəʳ] ❶ Motor- ❷ **the motor industry** die Automobilindustrie

to **mo·tor** [ˈməʊtəʳ] ❶ Auto fahren ❷ ⒼⒷ (*um-*

*gangsspr*) schnell vorankommen

**mo·tor·bike** das Motorrad

**mo·tor·boat** das Motorboot

**mo·tor·car** das Auto, das Automobil, der Kraftwagen

**mo·tor·cy·cle** das Motorrad, das Kraftrad

**mo·tor·cy·cling** das Motorradfahren

**mo·tor·cy·clist** der Motorradfahrer/die Motorradfahrerin

**mo·tor·driv·en** mit Motorantrieb

**mo·tor·ing**[1] ['məʊtərɪŋ] ❶ Auto- ❷ **motoring offence** der Verkehrsverstoß

**mo·tor·ing**[2] ['məʊtərɪŋ] das Autofahren

**mo·tor·ist** ['məʊtərɪst] der Autofahrer/die Autofahrerin

**mo·tor rac·ing** der Autorennsport

**mo·tor scoot·er** der Motorroller

**mo·tor ve·hi·cle** das Kraftfahrzeug, Kfz

**mo·tor·way** ['məʊtəweɪ] Ⓖ Ⓑ die Autobahn

**mot·to** ['mɒtəʊ] <*plural* mottos *oder* mottoes> das Motto, der Wahlspruch

**mould**[1] [məʊld] die [Guss]form

**mould**[2] [məʊld] der Schimmel, der Schimmelpilz

to **mould** [məʊld] (*auch übertragen*) formen (**into** zu)

**mouldy** ['məʊldɪ] mod[e]rig, schimm[e]lig, verschimmelt; **to go mouldy** verschimmeln

**mound** [maʊnd] ❶ der Erdhügel ❷ **a mound of books** ein Haufen Bücher

**mount**[1] [maʊnt] **Mount Everest** der Mount Everest; **Mount Vesuvius** der Vesuv

**mount**[2] [maʊnt] ❶ das Reittier ❷ *von Bild, Foto:* der Rahmen ❸ *von Edelstein:* die Fassung

to **mount** [maʊnt] ❶ hinaufsteigen *Treppe;* steigen auf *Plattform, Reittier* ❷ rahmen *Bild;* einfassen *Edelstein* ❸ inszenieren *Stück;* organisieren *Ausstellung usw.* ❹ **to mount up** sich häufen

**moun·tain** ['maʊntɪn] ❶ (*auch übertragen*) der Berg ❷ **mountains** das Gebirge; **in the mountains** im Gebirge

**moun·tain bike** das Mountainbike

**moun·tain chain** die Bergkette

**moun·tain·eer** [ˌmaʊntɪ'nɪəʳ] der Bergsteiger/die Bergsteigerin

**moun·tain·eer·ing** [ˌmaʊntɪ'nɪərɪŋ] das Bergsteigen

**moun·tain·ous** ['maʊntɪnəs] ❶ bergig, gebirgig ❷ (*übertragen*) riesenhaft, ungeheuer

**moun·tain range** der Gebirgszug

to **mourn** [mɔːn] trauern; **to mourn someone** jemanden betrauern; **to mourn for** [*oder* over] **someone** um jemanden trauern

**mourn·er** ['mɔːnəʳ] der/die Trauernde

**mourn·ing** ['mɔːnɪŋ] ❶ das Trauern ❷ **to be in mourning for someone** um jemanden trauern ❸ **to be dressed in mourning** Trauer tragen

**mouse** [maʊs] <*plural* mice> ❶ (*Tier, auch von Computer*) die Maus ❷ (*übertragen: Person*) der Angsthase

**mouse hole** das Mauseloch

**mouse mat**, Ⓤ**ⓈⒶ mouse pad** das Mauspad

**mouse·trap** die Mausefalle

**mous·tache** [mə'stɑːʃ] der Schnurrbart

**mouth** [maʊθ] ❶ der Mund; **to keep one's mouth shut** den Mund halten; **shut your mouth!** (*slang*) halt den Mund! ❷ *von Tier:* das Maul ❸ *von Tunnel:* der Eingang ❹ *von Fluss:* die Mündung ▶ WENDUNGEN: **by word of mouth** mündlich; **to put something into someone's mouth** jemandem etwas in den Mund legen; **down in the mouth** niedergeschlagen, betrübt

to **mouth** [maʊð] lautlos sagen

**mouth·ful** ['maʊθfʊl] ❶ *von Essen:* Mund voll, der Bissen, der Happen; *von Getränk:* der Schluck ❷ (*umgangsspr*) der Zungenbrecher

**mouth or·gan** die Mundharmonika

**mouth·piece** ['maʊθpiːs] ❶ *von Blasinstrument:* das Mundstück ❷ (*übertragen*) das Sprachrohr

**mouth-to-mouth re·sus·ci·ta·tion** die Mund-zu-Mund-Beatmung

**mouth·wash** das Mundwasser

**mouth-wa·ter·ing** lecker, appetitlich

**move** [muːv] ❶ die Bewegung; **to be on the move** in Bewegung sein, auf Achse sein ❷ (*in neues Haus*) der Umzug ❸ (*bei Brettspielen*) der Zug; **it's my move!** ich bin dran! ❹ der Schritt; *von Regierung usw.:* die Maßnahme; **to make the first move** den ersten Schritt machen; **to make a move to do something** Anstalten machen, etwas zu tun ❺ **to get a move on** sich beeilen

to **move** [muːv] ❶ sich bewegen; **to move something** etwas bewegen, aus dem Weg räumen; **to move something to a different place** etwas an einen anderen Platz stellen; **don't move!** keine Bewegung!; **keep moving** nicht stehen bleiben; **to move closer to something** sich einer Sache nähern ❷ bewegen, rühren *Körperteil;* wegziehen *Hand* ❸ transportieren *Güter;* vertreiben *Vieh* ❹ **to move someone** jemanden rühren, bewegen; **to be moved** gerührt sein; **to move someone to tears** jemanden zu Tränen rühren ❺ umziehen (**to** nach); **to move house**

## Moving  A B C

| | | | |
|---|---|---|---|
| to act | spielen | to return | zurückkommen |
| to bring | (her)bringen, mitbringen | to ride | reiten; fahren |
| to carry | tragen | to run | rennen, laufen |
| to chase | verfolgen; jagen; hinterherrennen | to run away | wegrennen, weglaufen |
| to come | kommen | to sail | segeln |
| to dance | tanzen | to skateboard | Skateboard fahren |
| to follow | folgen | to stand | stehen |
| to fly | fliegen | to stop | anhalten |
| to get up | aufstehen | to swim | schwimmen |
| to go | gehen | to surf | surfen |
| to jog | joggen | to take | (weg)bringen |
| to leave | wegfahren, abfahren; verlassen | to take the dog for a walk | den Hund ausführen |
| to move | (sich) bewegen | to travel | reisen |
| to play | spielen | to walk | gehen, laufen |
| to push | schieben, stoßen | | |

umziehen ⑥ (auf einem Brettspiel) einen Zug machen ⑦ (übertragen) Maßnahmen ergreifen

◆ to **move about** sich hin und her bewegen; **to move something about** etwas umstellen, umräumen

◆ to **move along** ① to move a car along einen Wagen vorfahren ② Platz machen; **move along, please!** fahren/gehen Sie bitte weiter! ③ to move a project along ein Projekt vorantreiben

◆ to **move away** ① abgehen, abfahren; **to move something away** etwas wegräumen, etwas wegfahren ② aus dem Weg gehen; (aus einem Ort) wegziehen (**from** aus)

◆ to **move back** ① to move something back etwas zurückstellen ② zurückweichen ③ (zu einem Ort) sich zurückziehen

◆ to **move down** nach hinten aufrücken; **to move something down** etwas nach unten stellen

◆ to **move forward** vorrücken, sich vorwärtsbewegen; **to move something forward** etwas vorgehen lassen, etwas vorziehen

◆ to **move in** ① to move something in etwas hineinstellen ② (in ein Haus) einziehen; **to move in with someone** mit jemandem zusammenziehen ③ sich nähern; Polizei, Truppen: anrücken

◆ to **move off** ① to move someone off je-

manden wegschicken ② sich in Bewegung setzen ③ Auto usw.: abfahren

◆ to **move on** ① to move someone/something on jemanden/etwas zum Weitergehen/Weiterfahren auffordern ② weitergehen, weiterfahren ③ (beim Reden) weitermachen

◆ to **move out** Person: ausziehen

◆ to **move over** ① to move something over etwas herüberschieben ② zur Seite rücken

◆ to **move up** ① to move something up etwas nach oben stellen ② Aktienpreise: steigen ③ befördert werden; **to move someone up** jemanden befördern

**move·ment** ['muːvmənt] ① die Bewegung ② der Trend, die Entwicklung ③ (politisch usw.) die [Massen]bewegung ④ von Symphonie: der Satz

**movie** ['muːvɪ] (USA) der Film; **to go to the movies** ins Kino gehen

**movie cam·era** die Filmkamera

**movie·goer** ['muːvɪgəʊəʳ] (USA) (umgangsspr) der Kinogänger/die Kinogängerin

**movie star** der Filmstar

**mov·ing** ['muːvɪŋ] ① beweglich ② (übertragen) rührend, bewegend

to **mow** [məʊ] <mowed, mown oder mowed> ① mähen Rasen ② to mow someone down (übertragen) jemanden niedermähen,

**mower – multiple** 292

jemanden niedermetzeln

**mow·er** ['məʊəʳ] ❶ der Mäher ❷ die Mähmaschine, der Rasenmäher

**mown** [məʊn] *3. Form von* **mow**

**MP** [ˌem'piː] *Abkürzung von* **Member of Parliament** der/die [Parlaments]abgeordnete

**MP3** [ˌempiːˈθriː] *Abkürzung von* **MPEG-Audio-Layer-3** MP3

**MP3 play·er** der MP3-Player

**mph** [ˌempiːˈeɪtʃ] *Abkürzung von* **miles per hour** Meilen pro Stunde

**Mr** ['mɪstəʳ] *(Anredeform)* Herr

**Mrs** ['mɪsɪz] *(Anredeform für eine verheiratete Frau)* Frau

**Ms** [məz] *(Anredeform für alle Frauen)* Frau

**much¹** [mʌtʃ] <more, most> ❶ viel; **how much is this watch?** wie viel kostet diese Uhr?; **that much** so viel; **the work is too much for him** die Arbeit ist für ihn zu viel; **three times as much** dreimal so viel; **as much as you want** so viel du willst; **as much again** noch einmal so viel; **so much** so viel; **too much** zu viel, zu sehr ❷ **it's a bit much!** es ist ein bisschen zu viel; **she's not much of a reader** sie ist keine große Leserin

**much²** [mʌtʃ] <more, most> ❶ **I don't care much** es ist mir ziemlich egal; **they don't go out much** sie gehen nicht viel aus; **I don't think much of him** ich halte nicht viel von ihm; **she's made much of her success** sie hat viel Wind um ihren Erfolg gemacht ❷ **much better** viel besser; **much more expensive** viel teurer ❸ **much to my astonishment** zu meinem großen Erstaunen; **much as I would like to come ...** so gerne ich mitkommen würde, ... ❹ **thank you very much!** vielen Dank!

**muck** [mʌk] *kein Plural* 🇬🇧 der Dreck *umgangsspr;* *(Abfall)* der Müll; [**to be**] **common as muck** *(umgangsspr)* furchtbar ordinär [sein] *abwertend*

◆ to **muck about** ❶ *(slang)* herumalbern, herumblödeln ❷ **to muck someone about** jemanden hinhalten; *(slang)* jemanden verarschen

◆ to **muck out** ausmisten *umgangsspr*

◆ to **muck up** ❶ **to muck one's clothes up** seine Kleider dreckig machen ❷ *(übertragen)* **to muck something up** etwas vermasseln

**muck-up** ['mʌkʌp] *(umgangsspr)* das Durcheinander, die Katastrophe

**mucky** ['mʌkɪ] ❶ schmutzig, dreckig ❷ *Boden:* matschig

**mud** [mʌd] ❶ der Schlamm, der Matsch ❷ **to sling** [*oder* **throw**] **mud at someone** *(übertragen)* jemanden mit Dreck bewerfen, verleumden ▸ WENDUNGEN: **as clear as mud** so klar wie Kloßbrühe

to **mud·dle** ['mʌdl] ❶ **to muddle something** [**up**] etwas durcheinanderbringen ❷ **to muddle someone/something** [**up**] *(übertragen)* jemanden/etwas verwechseln ❸ **she's a bit muddled** sie ist ein bisschen verwirrt ❹ **to muddle along** vor sich hin wursteln; **to muddle through** sich durchwursteln

**mud·dle** ['mʌdl] ❶ das Durcheinander; **to make a muddle of something** etwas völlig durcheinanderbringen ❷ *(übertragen)* die Verwirrung; **to be in a muddle** ganz verwirrt sein

**mud·dy** ['mʌdɪ] ❶ schmutzig, schlammig ❷ *(übertragen)* verworren

to **mud·dy** ['mʌdɪ] **to muddy one's shoes** seine Schuhe schmutzig machen

**mud·guard** ['mʌdgɑːd] *von Fahrrad:* das Schutzblech

**mud·pack** *(fürs Gesicht)* die Schlammpackung

**mues·li** ['mjuːzli] *kein Plural* das Müsli

**mug** [mʌg] ❶ der Becher; *für Bier:* der Krug; **a mug of tea** ein Becher Tee ❷ *(slang: Person)* der Trottel ❸ *(umgangsspr)* die Visage, die Fresse *slang*

to **mug** [mʌg] <mugged, mugged> ❶ **to mug someone** jemanden überfallen und berauben ❷ **to mug something up** [*oder* **up on something**] *(umgangsspr)* etwas pauken

**mug·ger** ['mʌgəʳ] der Straßenräuber/die Straßenräuberin

**mug·gy** ['mʌgɪ] schwül, drückend

**mule** [mjuːl] der Maulesel, das Maultier

to **mull** [mʌl] **to mull something over** sich etwas durch den Kopf gehen lassen

**multi·col·oured** [ˌmʌltiˈkʌləd], 🇺🇸 **multi·col·ored** mehrfarbig

**multi·lin·gual** [ˌmʌltɪˈlɪŋgwəl] mehrsprachig

**multi·me·dia¹** *kein Plural* die Multimedia

**multi·me·dia²** multimedial

**multi·mil·lion·aire** [ˌmʌltɪmɪljəˈneəʳ] der Multimillionär/die Multimillionärin

**multi·na·tion·al¹** [ˌmʌltɪˈnæʃnəl] multinational

**multi·na·tion·al²** [ˌmʌltɪˈnæʃnəl] der multinationale Konzern

**multi·ple¹** ['mʌltɪpl] ❶ vielfach, mehrfach ❷ **multiple choice** das Multiple-Choice-Verfahren

**USEFUL PHRASES**

You might want to ask a lot of questions when you visit a **museum**.

How much are the tickets?

Are there special prices for pupils/schools …?

Where can I get souvenirs/a brochure …?

Can you show/tell me the way to …, please?

May I take a photo of …/ask a question about …?

Are we allowed to use mobile phones/eat in …?

---

**multi·ple²** ['mʌltɪpl] (*Zahl*) [das] Vielfache

**multi·pli·ca·tion** [,mʌltɪplɪ'keɪʃn] ❶ die Vervielfachung, die Vermehrung ❷ *von Zahlen:* die Multiplikation

to **multi·ply** ['mʌltɪplaɪ] ❶ vervielfältigen *Chancen* ❷ multiplizieren; **2 multiplied by 3 is 6** 2 mal 3 ist 6 ❸ *Tiere:* sich vermehren

**multipur·pose** [,mʌltɪ'pɜːpəs] Mehrzweck-

**multi·sto·rey**, Ⓤ **multi·sto·ry** mehrgeschossig; **multi-storey car park** das Parkhaus

**multi·task·ing** das Ausführen mehrerer Programme, das Multitasking

**multi·tude** ['mʌltɪtjuːd] die Menge; **a multitude of people** eine Schar von Menschen

**mum** [mʌm] (*umgangsspr*) die Mutti, die Mama

to **mum·ble** ['mʌmbl] [vor sich hin] murmeln

**mum·my** ['mʌmɪ] (*umgangsspr*) die Mutti, die Mama

**mumps** [mʌmps] ⚠ *singular* der Mumps

to **munch** [mʌntʃ] mampfen *Essen*

**Mu·nich** ['mjuːnɪk] München

**mu·ral** ['mjʊərəl] das Wandgemälde, die Wandmalerei

**mur·der** ['mɜːdər] ❶ der Mord (**of** an), die Ermordung ❷ **to commit [a] murder** einen Mord begehen; **to be accused of murder** unter Mordanklage stehen ▶ WENDUNGEN: **to get away with murder** sich alles erlauben können

to **mur·der** ['mɜːdər] ❶ **to murder someone** jemanden [er]morden [*oder* umbringen] ❷ (*übertragen*) verhunzen, verderben *Lied usw.*

**mur·der·er** ['mɜːdərər] der Mörder

**mur·der·ess** ['mɜːdərɪs] die Mörderin

**mur·der·ous** ['mɜːdərəs] ❶ mörderisch ❷ blutdürstig

**murky** ['mɜːkɪ] ❶ trübe, dunkel ❷ *Foto:* unscharf ❸ *Charakter:* finster

**mur·mur** ['mɜːmər] ❶ das Murmeln; *von Wasser:* das Rauschen ❷ (*Widerstand*) das Murren; **without a murmur** ohne zu murren

to **mur·mur** ['mɜːmər] ❶ [vor sich hin] murmeln ❷ murren (**about/against** gegen)

**mus·cle** ['mʌsl] ❶ der Muskel; **to pull a muscle** sich eine Muskelzerrung zuziehen ❷ **to move a muscle** sich rühren

◆to **muscle in** sich [rücksichtslos] einmischen; **to muscle in on a party** sich in eine Party [mit aller Gewalt] hineindrängeln

**mus·cu·lar** ['mʌskjʊlər] muskulös, kräftig, stark

**mu·seum** [mjuː'zɪəm] das Museum

**mush·room** ['mʌʃrʊm] der [essbare] Pilz

**mu·sic** ['mjuːzɪk] ❶ die Musik; **background music** die musikalische Untermalung; **to set something to music** etwas vertonen ❷ die Noten ❸ **to face the music** (*umgangsspr*) für etwas geradestehen

**mu·si·cal¹** ['mjuːzɪkl] ❶ *Person, Unterhaltung:* musikalisch ❷ **musical box** die Spieldose; **musical instrument** das Musikinstrument ❸ **to play musical chairs** die Reise nach Jerusalem spielen

**mu·si·cal²** ['mjuːzɪkl] das Musical

**mu·sic box** Ⓤ die Spieldose

**mu·si·cian** [mjuː'zɪʃn] der Musiker/die Musikerin

**mu·sic stand** ['mjuːzɪk,stænd] der Notenständer

**Mus·lim¹** ['mʊzlɪm] der Moslem/die Moslemin

**Mus·lim²** ['mʊzlɪm] mohammedanisch, muslimisch

**mus·sel** ['mʌsl] die [Mies]muschel

**must¹** [mʌst] ❶ müssen; **you must go** Sie müssen gehen; **must I?** ja, wirklich?, muss das sein? ❷ **must not** nicht dürfen; **you mustn't do that** Sie dürfen das nicht tun ❸ **you must be hungry** Sie haben doch bestimmt Hunger; **I must have lost it** ich muss es wohl verloren haben ❹ **you must be joking!** das soll wohl ein Witz sein!

**must²** [mʌst] **it's a must!** das ist ein Muss!

**mus·tache** [ˈmʌstæʃ] (USA) der Schnurrbart
**mus·tard** [ˈmʌstəd] der Senf
**must-have** (*umgangsspr*) unentbehrlich
**mustn't** [ˈmʌsnt] *Kurzform von* **must not**
**mu·ti·ny** [ˈmjuːtɪnɪ] die Meuterei
to **mu·ti·ny** [ˈmjuːtɪnɪ] meutern
to **mut·ter** [ˈmʌtəˀ] ❶ murmeln ❷ (*sich be-klagen*) murren (**at**/**about** über)
**mut·ter** [ˈmʌtəˀ] das Gemurmel
**mut·ton** [ˈmʌtn] das Hammelfleisch
**mu·tu·al** [ˈmjuːtʃʊəl] ❶ *Interesse:* gemein-sam; *Respekt:* gegenseitig, wechselseitig; *Vor-stand:* beiderseitig ❷ **by mutual consent** in beiderseitigem Einverständnis; **the feeling is mutual** das beruht auf Gegenseitigkeit
**muz·zle** [ˈmʌzl] ❶ *eines Tiers:* das Maul ❷ *für Hund:* der Maulkorb ❸ *von Gewehr:* die Mün-dung
to **muz·zle** [ˈmʌzl] ❶ **to muzzle a dog** einem Hund einen Maulkorb anlegen ❷ (*über-tragen*) mundtot machen *Presse*
**my**[1] [maɪ] mein; **this is my car** das ist mein Auto; **it's a room of my own** es ist mein eigenes Zimmer
**my**[2] [maɪ] **my!** ach du Schreck!
**my·self** [maɪˈself] ❶ mich, mir; **I hurt myself** ich habe mir wehgetan; **I said to myself** ich sagte mir ❷ *betont* [ich] selbst; **I said so myself** das habe ich auch gesagt; [all] **by myself** [ganz] allein, ohne Hilfe; **I'll do it myself** das mache ich selbst ❸ **I'm not myself today** ich bin heute nicht ganz auf der Höhe
**mys·teri·ous** [mɪˈstɪərɪəs] *Fremder, Verhalten:* geheimnisvoll; *Vorfall:* rätselhaft, mysteriös
**mys·tery** [ˈmɪstərɪ] das Geheimnis; **it's a mystery to me** es ist mir ein Rätsel
**myth** [mɪθ] ❶ der Mythos ❷ (*übertragen*) die Fabel, die Fiktion
**mythi·cal** [ˈmɪθɪkl] ❶ mythisch ❷ (*über-tragen*) fiktiv, erfunden
**my·thol·ogy** [mɪˈθɒlədʒɪ] die Mythologie

# N

**N** <*plural* N's *oder* Ns>, **n** [en] <*plural* n's> N, n
to **nab** [næb] <nabbed, nabbed> (*umgangs-spr*) ❶ klauen ❷ schnappen *Dieb*
**naff** [næf] ❶ (*slang*) ätzend ❷ **naff off!**

verschwinde!
to **nag** [næg] <nagged, nagged> nörgeln; **to nag someone** an jemandem [dauernd] he-rumnörgeln; **to nag someone to do some-thing** jemandem die Hölle heißmachen, da-mit er etwas tut
**nag** [næg] (*altes Pferd*) der Klepper, die Mäh-re
**nag·ging** [ˈnægɪn] ❶ *Person:* nörgelnd ❷ *Schmerz:* bohrend
**nail** [neɪl] *von Finger, aus Metall:* der Nagel; **to bite one's nails** an den Nägeln kauen; **to hammer a nail into something** einen Na-gel in etwas schlagen ▸ WENDUNGEN: **to hit the nail on the head** den Nagel auf den Kopf treffen
to **nail** [neɪl] ❶ **to nail something to the wall** etwas an die Wand nageln; **to nail some-thing up** etwas annageln/zunageln ❷ **to nail someone down** (*übertragen*) jeman-den festnageln (**to** auf)
**nail-bit·ing**[1] *kein Plural* das Nägelkauen
**nail-bit·ing**[2] spannungsgeladen
**nail clip·pers** *plural* der Nagelknipser
**nail file** die Nagelfeile
**nail pol·ish** der Nagellack
**nail scis·sors** *plural* die Nagelschere
**nail var·nish** (GB) der Nagellack
**na·ive, na·ïve** [naɪˈiːv] naiv
**na·ive·ty, na·ïve·ty** [naɪˈiːvətɪ] die Naivität
**na·ked** [ˈneɪkɪd] ❶ (*auch übertragen*) nackt; **to strip naked** sich nackt ausziehen ❷ **with the naked eye** mit bloßem Auge; **the naked truth** die reine Wahrheit
**name** [neɪm] ❶ der Name; **what's your name?** wie heißen Sie?; **to know someone by name** jemanden dem Namen nach ken-nen; **in name only** nur dem Namen nach; **under the name of ...** unter dem Namen ... ❷ **to put one's name down for some-thing** für etwas kandidieren, sich zu etwas anmelden ❸ der Ruf; **to get a bad name** in Verruf kommen; **to have a good name** ei-nen guten Ruf haben; **to have a name for** bekannt sein für; **to make a name for one-self** sich einen Namen machen ❹ **in the name of love** im Namen der Liebe; **the name of the game** der Zweck, das Wesent-liche der Sache ❺ **to call someone names** jemanden beschimpfen
to **name** [neɪm] ❶ **to name someone Tom** je-manden Tom [be]nennen; **a woman named Linda** eine Frau namens Linda; **to name a child after someone** ein Kind nach jeman-dem nennen ❷ **to name someone direc-**

**tor** jemanden zum Direktor ernennen ③ **to name a date** ein Datum festsetzen; **name the capital of Scotland** nenne die Hauptstadt von Schottland; **name your price** nennen Sie Ihren Preis

**name·ly** ['neɪmlɪ] nämlich

**name·plate** ['neɪmpleɪt] das Namensschild

**nan** [næn] (*umgangsspr*) die Oma, die Omi

**nan·ny** ['nænɪ] ① das Kindermädchen ② (*umgangsspr*) die Oma, die Omi

**nap** [næp] das Schläfchen, das Nickerchen; **to take a nap** ein Nickerchen machen

**nap·kin** ['næpkɪn] die Serviette

**nap·py** ['næpɪ] ⓖⓑ die Windel

**nar·cot·ic¹** [nɑːˈkɒtɪk] narkotisch, betäubend

**nar·cot·ic²** [nɑːˈkɒtɪk] das Rauschgift

to **nar·rate** [nəˈreɪt] **to narrate a story** eine Geschichte erzählen

**nar·ra·tor** [nəˈreɪtə] der Erzähler/die Erzählerin

**nar·row** ['nærəʊ] ① *Straße:* eng, schmal ② *Ideen:* engstirnig, beschränkt ③ *Mehrheit, Sieg:* knapp; **to have a narrow escape** mit knapper Not davonkommen

to **nar·row** ['nærəʊ] ① *Fluss, Straße:* sich verengen, enger/schmaler werden ② **with narrowed eyes** mit zusammengekniffenen Augen ③ **to narrow the possibilities down** die Möglichkeiten begrenzen

**nar·row boat** das Kanalboot

**nar·row·ly** ['nærəʊlɪ] beinahe, fast, mit knapper Not; **he narrowly escaped drowning** er wäre fast ertrunken

**nar·row-mind·ed** [ˌnærəʊˈmaɪndɪd] engstirnig

**nas·ty** ['nɑːstɪ] ① *Geschmack, Geruch:* ekelhaft ② *Überraschung:* böse, unangenehm ③ *Wetter:* abscheulich ④ *Person:* gemein; **he turned nasty** er wurde unangenehm; **he has a nasty temper** mit ihm ist nicht gut Kirschen essen ⑤ *Bemerkung:* gehässig, übel ⑥ *Krankheit:* schwer ⑦ *Film:* anstößig, ekelhaft

**na·tion** ['neɪʃn] die Nation; **to address the nation** zum Volk sprechen

**na·tion·al¹** ['næʃnəl] ① national; **national anthem** die Nationalhymne; **national assembly** die Nationalversammlung; **national costume** die Volkstracht; **national park** der Nationalpark ② staatlich; **national currency** die Landeswährung; **national debt** die Staatsschuld; **national insurance** die Sozialversicherung; **national security** die Staatssicherheit; **national service** der Wehrdienst, der Militärdienst ③ **National Guard**

ⓤⓢⓐ die Nationalgarde ④ **National Health Service, NHS** ⓖⓑ der staatliche Gesundheitsdienst

**na·tion·al²** ['næʃnəl] der/die Staatsangehörige

**Na·tion·al Front** ⓖⓑ **the National Front** *rechtsradikale Partei*

**na·tion·al·ity** [ˌnæʃəˈnælɪtɪ] die Staatsangehörigkeit, die Nationalität

**na·tion·wide** [ˌneɪʃnˈwaɪd] landesweit

**na·tive¹** ['neɪtɪv] ① Heimat-, Mutter-; **native country** das Vaterland; **native language** die Muttersprache; **the native inhabitants** die Einheimischen; **native speaker** der Muttersprachler/die Muttersprachlerin ② gebürtig; (*bei Naturvölkern*) eingeboren; **she's a native American** sie ist amerikanische Ureinwohnerin ③ *Pflanze, Tier:* einheimisch

**na·tive²** ['neɪtɪv] ① der/die Einheimische, der/die Eingeborene; **a native of Germany** ein gebürtiger Deutscher, eine gebürtige Deutsche ② der Ureinwohner/die Ureinwohnerin

**Na·tiv·ity** [nəˈtɪvətɪ] **the Nativity** die Geburt Christi; **Nativity play** das Krippenspiel

**NATO** ['neɪtəʊ] *Abkürzung von* **North Atlantic Treaty Organization** die NATO

to **nat·ter** ['nætə] (*umgangsspr*) schwätzen

**nat·ter** ['nætə] (*umgangsspr*) der Schwatz; **to have a natter** schwätzen

**natu·ral¹** ['nætʃrəl] ① natürlich; **to die a natural death** eines natürlichen Todes sterben; **in its natural state** im Naturzustand ② *Rechte:* naturgegeben ③ *Fähigkeit:* angeboren; **he's a natural orator** er ist ein geborener Redner ④ *Art, Benehmen:* natürlich ⑤ *Eltern:* leiblich

**natu·ral²** ['nætʃrəl] (*Mensch*) das Naturtalent

**natu·ral child·birth** *kein Plural* die natürliche Geburt

**natu·ral gas** *kein Plural* das Erdgas

**natu·ral his·to·ry** *kein Plural* die Naturgeschichte; (*in der Schule*) die Naturkunde

**natu·ral·ly** ['nætʃrəlɪ] ① von Natur aus; **something comes naturally to someone** etwas fällt jemandem leicht ② **naturally!** natürlich!

**natu·ral re·sources** *plural* die Bodenschätze

**natu·ral sci·ence, natu·ral sci·ences** *plural* die Naturwissenschaft

**natu·ral se·lec·tion** die natürliche Auslese

**na·ture** ['neɪtʃə] ① die Natur; **against nature** gegen die Natur; **from nature** nach der Natur ② *eines Menschen:* das Wesen, die Natur; **she's a placid child by nature** sie ist von Natur aus ein ruhiges Kind; **it's not in**

**my nature** es entspricht nicht meiner Art; **human nature** die menschliche Natur ❸ die Art; **things of this nature** Derartiges; **it's in the nature of things** das liegt in der Natur der Sache

**na·ture con·ser·va·tion** *kein Plural* der Naturschutz

**na·ture lov·er** der Naturfreund/die Naturfreundin

**na·ture re·serve** das Naturschutzgebiet

**na·ture study** *kein Plural* die Naturkunde

**na·ture trail** der Naturlehrpfad

**naught** [nɔ:t] ❶ *kein Plural* das Nichts ❷ ⓤⓢⒶ die Null

**naugh·ty** ['nɔ:tɪ] ❶ unartig, ungezogen, frech ❷ *Wort:* unanständig

**nau·ti·cal** ['nɔ:tɪkl] nautisch

**na·val** ['neɪvl] See-, Marine-

**na·vel** ['neɪvᵊl] der Nabel

to **navi·gate** ['nævɪgeɪt] ❶ navigieren; **to navigate an aeroplane/ship** ein Schiff/Flugzeug navigieren ❷ befahren, befliegen *Strecke*

**navi·ga·tor** ['nævɪgeɪtᵊr] ❶ der Navigator/die Navigatorin ❷ (*im Auto*) der Beifahrer/die Beifahrerin

**navy** ['neɪvɪ] ❶ die [Kriegs]marine ❷ **navy blue** marineblau

**NB** [en'bi:] *Abkürzung von* **nota bene** NB

**near¹** [nɪər] ❶ *räumlich, zeitlich* nahe ❷ *Verwandte:* nah; *Freund, Freundin:* vertraut ❸ beinahe, fast; **that was a near miss** [*oder* **thing**] das war knapp

**near²** [nɪər] ❶ *räumlich* nahe; **near at hand** zur Hand; **to come nearer** näher kommen ❷ *zeitlich* nahe; **in the near future** in nächster Zukunft ❸ **near to tears** den Tränen nahe; **it's nowhere near enough** das ist bei weitem nicht genug

**near³** [nɪər] ❶ *räumlich* nahe an, in der Nähe von; **it's nearest to the door** es ist der Tür am nächsten; **she lives near the hospital** sie wohnt in der Nähe vom Krankenhaus ❷ *zeitlich* gegen; *Ereignis:* kurz bevorstehend; **near 7 o'clock** kurz vor 7 Uhr; **near the beginning/end of a film** zu Anfang/gegen Ende eines Films ❸ **near to death** dem Tode nahe

to **near** [nɪər] **to near something** sich einer Sache nähern; **the project is nearing completion** das Projekt ist beinahe fertig gestellt

**near·by¹** ['nɪəbaɪ] in der Nähe

**near·by²** ['nɪəbaɪ] *Stadt, Straße:* nahe gelegen

**Near East** der Nahe Osten

**near·ly** ['nɪəlɪ] fast, beinahe; **not nearly**

[auch] nicht annähernd

**near miss** der Beinahezusammenstoß

**near-sight·ed** [,nɪə'saɪtɪd] kurzsichtig

**neat** [ni:t] ❶ *Mensch, Zimmer:* ordentlich, sauber; *Haar:* gepflegt ❷ *Äußerung:* kurz und bündig, treffend ❸ *Arbeit:* gelungen; *Stil:* gewandt ❹ *alkoholisches Getränk:* pur, unverdünnt ❺ ⓤⓢⒶ prima, tadellos

**neat·ly** ['ni:tlɪ] ordentlich

**nec·es·sari·ly** ['nesəsərɪlɪ, ,nesə'serɪlɪ] notwendigerweise, unbedingt

**nec·es·sary** ['nesəsərɪ] ❶ notwendig, nötig, erforderlich (**to/for** für); **it's necessary to stay here** man muss hierbleiben; **it isn't necessary for him to come** es ist nicht nötig, dass er mitkommt; **if necessary** wenn nötig ❷ *Ergebnis, Folge:* unausweichlich

**ne·ces·sity** [nɪ'sesətɪ] ❶ die Notwendigkeit, die Unerlässlichkeit, die Unumgänglichkeit; **the necessities of life** das Lebensnotwendige ❷ **of** [*oder* **by**] **necessity** notwendigerweise ❸ die Not; **in case of necessity** im Notfall; **necessity is the mother of invention** Not macht erfinderisch

**neck** [nek] ❶ *auch von Flasche:* der Hals ❷ *von Kleidung:* der Ausschnitt ❸ **to break one's neck to do something** (*übertragen*) sich das Genick brechen, etwas zu tun; **to risk one's neck** (*übertragen*) Kopf und Kragen riskieren; **to save one's neck** (*übertragen*) seinen Hals aus der Schlinge ziehen; **to win by a neck** (*übertragen*) um eine Kopflänge gewinnen; **to be up to one's neck in work** (*übertragen*) bis über die Ohren in Arbeit stecken; **to get it in the neck** (*slang*) eins aufs Dach kriegen; **to stick one's neck out** (*slang*) Kopf und Kragen riskieren ❹ (*bei Rennen*) **to be neck and neck** Kopf an Kopf liegen

to **neck** [nek] (*slang*) knutschen

**neck·lace** ['neklɪs] die Halskette

**neck·line** ['neklaɪn] *von Kleid:* der Ausschnitt; **with a low neckline** tief ausgeschnitten

**neck·tie** ['nektaɪ] die Krawatte, der Schlips

**née** [neɪ] geborene

**need** [ni:d] ❶ das Bedürfnis (**of** nach), der Bedarf (**of** an); **she has no need of a car** sie braucht kein Auto; **my needs are few** ich stelle nur geringe Ansprüche ❷ die Notwendigkeit; **there is no need for you to come** du brauchst nicht zu kommen; **there is no need to worry** es besteht kein Grund zur Sorge; **in need of repair** reparaturbedürftig sein; **if need be** nötigenfalls ❸ die Not[lage], die Bedürftigkeit, die Armut; **in case of need**

notfalls; **in times of need** in Zeiten der Not; **to be in great need** große Not leiden

to **need** [niːd] ❶ **to need something** etwas nötig haben, etwas brauchen ❷ **to need to do something** etwas tun müssen; **the ironing needs doing** [*oder* **to be done**] es muss gebügelt werden ❸ brauchen, müssen; **you don't need to go** du brauchst nicht zu gehen; **you needn't have waited** du hättest nicht zu warten brauchen ❹ **he needs no introduction** er benötigt keine spezielle Einführung

**nee·dle** ['niːdl] die Nadel; **to look for a needle in a haystack** eine Stecknadel im Heuhaufen suchen

to **nee·dle** ['niːdl] (*umgangsspr*) **to needle someone** jemanden ärgern, sticheln

**need·less** ['niːdlɪs] ❶ unnötig, überflüssig ❷ **needless to say** selbstverständlich

**need·less·ly** ['niːdləsli] unnötig[erweise]

**needy** ['niːdɪ] bedürftig, Not leidend

**ne·ga·tion** [nɪˈɡeɪʃªn] *kein Plural* die Verneinung

**nega·tive**[1] ['neɡətɪv] ❶ negativ ❷ *Antwort:* verneinend

**nega·tive**[2] ['neɡətɪv] ❶ die Verneinung; **to answer in the negative** eine verneinende Antwort geben, mit Nein antworten ❷ *Foto:* das Negativ

to **ne·glect** [nɪˈɡlekt] ❶ **to neglect someone** jemanden vernachlässigen ❷ versäumen, unterlassen *Gelegenheit;* **to neglect to tell someone something** es versäumen, jemandem etwas zu sagen

**ne·glect** [nɪˈɡlekt] ❶ die Vernachlässigung; **the garden is in a state of neglect** der Garten ist ganz verwahrlost ❷ *von Gelegenheit:* das Versäumnis ❸ (*Verbrechen*) die Nachlässigkeit

**ne·glect·ful** [nɪˈɡlektfl] nachlässig (**of** gegenüber)

**neg·li·gent** ['neɡlɪdʒənt] nachlässig, unachtsam (**of** gegen)

**neg·li·gible** ['neɡlɪdʒəbl] *Summe:* geringfügig, unerheblich

to **ne·go·tiate** [nɪˈɡəʊʃɪeɪt] verhandeln, unterhandeln (**for/about** um/wegen); **to negotiate a contract** einen Vertrag aushandeln

**ne·go·tia·tion** [nɪˌɡəʊʃɪˈeɪʃn] die Verhandlung; *von Vertrag:* die Aushandlung; **to enter into negotiations with someone** mit jemandem in Verhandlungen [ein]treten

**ne·go·tia·tor** [nɪˈɡəʊʃɪeɪtəʳ] der Unterhändler/die Unterhändlerin

to **neigh** [neɪ] *Pferd:* wiehern

**neigh** [neɪ] *von Pferd:* das Wiehern

**neigh·bour** ['neɪbəʳ], ⓤⓢⓐ **neigh·bor** der Nachbar/die Nachbarin

**neigh·bour·hood** ['neɪbəʳhʊd], ⓤⓢⓐ **neigh·bor·hood** ❶ die Nachbarschaft ❷ *in Stadt, Gegend:* das Viertel, die Wohngegend ❸ **the price is in the neighbourhood of £200** es kostet so um die £200

**neigh·bour·ing** ['neɪbərɪŋ], ⓤⓢⓐ **neigh·bor·ing** benachbart, angrenzend

**neigh·bour·ly** ['neɪbəˈlɪ], ⓤⓢⓐ **neigh·bor·ly** [gut]nachbarlich, freundschaftlich

**nei·ther** ['niːðəʳ] ❶ keine(r, s); **neither of you** keiner von euch beiden; **neither of the children** keines der Kinder; **in neither case** in keinem Fall ❷ **neither … nor** weder … noch ❸ **me neither!** ich auch nicht!

**neon** ['niɒn] *kein Plural* das Neon; **neon lamp** die Neonlampe; **neon sign** die Leuchtreklame

**neo-Nazi**[1] [ˌniːəʊˈnɑːtsɪ] neonazistisch

**neo-Nazi**[2] [ˌniːəʊˈnɑːtsɪ] der Neonazi

**neph·ew** ['nevjuː] der Neffe

**nerve** [nɜːv] ❶ (*körperlich*) der Nerv ❷ (*geistig*) **to be all** [*oder* **a bundle of**] **nerves** ein Nervenbündel sein; **to suffer from nerves** nervös sein ❸ der Mut; **to have the nerve to do something** sich trauen, etwas zu tun; **to lose one's nerve** die Nerven/den Mut verlieren ❹ die Frechheit, die Unverschämtheit; **what a nerve!** so ein Frechheit! ❺ **to get on someone's nerves** (*umgangsspr*) jemandem auf die Nerven gehen

**nerv·ous** ['nɜːvəs] ❶ (*geistig, körperlich*) Nerven-, nervös; **nervous breakdown** der Nervenzusammenbruch; **nervous system** das Nervensystem ❷ nervös, aufgeregt; **to feel nervous** nervös sein; **I am nervous about him** mir ist bange um ihn ❸ **to be** [*oder* **feel**] **a nervous wreck** völlig mit den Nerven fertig sein

**nerv·ous·ness** ['nɜːvəsnɪs] die Nervosität

**nervy** ['nɜːvɪ] (*umgangsspr*) nervös, aufgeregt

**nest** [nest] das [Vogel]nest

to **nest** [nest] *Vögel:* nisten

**nest egg** ['nesteɡ] (*übertragen*) der Notpfennig, der Notgroschen

**nest·ing box** ['nestɪŋbɒks] der Nistkasten

**net** [net] ❶ das Netz ❷ (*Textil*) das Netzgewebe ❸ **the Net** das Internet

**net(t)** [net] **net profit** der Reingewinn, der Nettoertrag

**net·ball** ['netbɔːl] (*Sportart*) Korbball

**Net-based** netzbasiert

**net cur·tain** die Tüllgardine

**Neth·er·lands** ['neðələndz] ⚠ *plural* **the Netherlands** die Niederlande

**neti·quette** ['netɪket] (*im Internet*) die Netikette

**Net·speak** der Internet-Jargon

**net·ting** ['netɪŋ] das Netzwerk, das Geflecht; **wire netting** der Maschendraht

**net·tle** ['netl] die Nessel

**net·work** ['netwɜ:k] ❶ (*elektrisch*) das Netzwerk ❷ *von Straßen usw.:* das Netz ❸ *Rundfunk, TV:* das Sendenetz

**net·work·er** der Networker/die Networkerin

**net·work·ing** ['net̩wɜ:kɪŋ] *kein Plural* ❶ das Kontaktknüpfen ❷ *von Rechnern:* das Vernetzen

**neu·ro·sur·geon** [ˌnjʊərəʊˈsɜ:dʒ°n] der Neurochirurg/die Neurochirurgin

**neu·ro·sur·gery** [ˌnjʊərəʊˈsɜ:dʒ°ri] *kein Plural* die Neurochirurgie

**neu·rot·ic¹** [njʊəˈrɒtɪk] neurotisch

**neu·rot·ic²** [njʊəˈrɒtɪk] der Neurotiker/die Neurotikerin

to **neu·ter** ['nju:təʳ] kastrieren *Tier*

**neu·tral¹** ['nju:trəl] neutral

**neu·tral²** ['nju:trəl] ❶ der/die Neutrale ❷ (*im Auto*) der Leerlauf; **to be in neutral** im Leerlauf sein

**neu·tral·ity** [nju:ˈtrælətɪ] die Neutralität

**nev·er** ['nevəʳ] ❶ nie, niemals; **I have never seen him before** ich habe ihn noch nie gesehen; **never before** noch nie; **he never even apologised** er hat sich noch nicht einmal entschuldigt ❷ **that will never do!** das geht ganz und gar nicht; **well I never [did]!** nein, so was!; **never mind!** macht nichts!

**nev·er-end·ing** [ˌnevərˈendɪŋ] endlos, unaufhörlich

**nev·er·the·less** [ˌnevəðəˈles] nichtsdestoweniger, trotzdem

**new** [nju:] ❶ neu; *Mode:* modern, neu; *Ort:* unbekannt ❷ **that's nothing new** das ist nichts Neues; **to be as good as new** so gut wie neu sein

**new·com·er** ['nju:ˌkʌməʳ] (*in Stadt*) der Neuankömmling; (*in Beruf*) der Neuling

**new·ish** ['nju:ɪʃ] ziemlich neu

**new·ly** ['nju:lɪ] ❶ frisch, neu; **newly made bed** das frisch gemachte Bett ❷ **newly married** frisch verheiratet

**news** [nju:z] ⚠ *nur mit Singular verwendet* ❶ die Nachricht; **the news is bad** es gibt schlechte Nachrichten; **a piece of news** eine Neuigkeit [*oder* Nachricht]; **to break the news to someone** jemandem die schlimme Nachricht überbringen; **what's the news?**

was gibt's Neues?; **that's news to me** das ist mir neu; **I've had no news from him for a long time** ich habe lange nichts von ihm gehört ❷ *TV, Radio:* die Nachrichten; **news in brief** die Kurznachrichten

**news agen·cy** die Nachrichtenagentur

**news·agent** ['nju:zˌeɪdʒənt] ⒼⒷ der Zeitschriftenhändler/die Zeitschriftenhändlerin

**news·flash** ['nju:zflæʃ] die Kurzmeldung

**news item** die Nachricht

**news·let·ter** ['nju:zˌletəʳ] das Rundschreiben

**news·pa·per** ['nju:speɪpəʳ] die Zeitung; **newspaper report** der Zeitungsbericht

**news·read·er** ['nju:zri:dəʳ] der Nachrichtensprecher/die Nachrichtensprecherin

**news·reel** ['nju:zri:l] die Wochenschau

**news·room** ['nju:zrʊm] die Nachrichtenredaktion

**news·stand** der Zeitungsstand, der Zeitungskiosk

**news·wor·thy** ['nju:zˌwɜ:ðɪ] berichtenswert

**New Year** [ˌnju:ˈjɜ:ʳ, -ˈjɪəʳ] das neue Jahr; **New Year's Day** der Neujahr[stag]; **New Year's Eve** der Silvesterabend; **a Happy New Year!** ein glückliches neues Jahr!

**New Zea·land** [ˌnju:ˈsɪlænd] Neuseeland

**next¹** [nekst] ❶ *zeitlich* nächste(r, s); **next time I see him** wenn ich ihn das nächste Mal sehe; **this time next week** nächste Woche um diese Zeit; **the year after next** übernächstes Jahr ❷ *räumlich* nächste(r, s); **in the next room** im nächsten Raum; **next to someone** neben jemandem; **next to the skin** direkt auf der Haut ❸ (*Reihenfolge*) it's my turn next ich komme als Nächste(r) dran; **the next best** der/die/das Nächstbeste; **what shall we do next?** was sollen wir als Nächstes machen? ❹ **next to impossible** nahezu unmöglich

**next²** [nekst] nächste(r); **next please!** der Nächste bitte!

**next door** [ˌneks'dɔ:ʳ] nebenan; **they live next door to us** sie wohnen direkt neben uns

**next-door** the house next-door das Nebenhaus; **they are our next-door neighbours** sie wohnen direkt neben uns

**next of kin** die nächsten Verwandten

**NHS** [ˌenaɪtʃ'es] ⒼⒷ *Abkürzung von* **National Health Service** der staatliche Gesundheitsdienst

**Ni·aga·ra Falls** [naɪˌægərəˈfɔ:lz] *plural* **the Niagara Falls** die Niagarafälle

**nib** [nɪb] die Feder[spitze]

to **nib·ble** ['nɪbl] knabbern (**at** an)

**nice** [naɪs] ❶ angenehm; **did you have a nice time?** haben Sie sich gut unterhalten?; **how nice to see you!** schön Sie zu sehen! ❷ *Person:* nett, sympathisch; **nice-looking** gut aussehend ❸ *Essen:* gut, lecker; *Geruch:* fein, gut ❹ **it's nice and warm** es ist angenehm warm; **to take it nice and easy** überanstrengen Sie sich nicht; **come nice and early!** komm schön früh!

**nice·ly** ['naɪslɪ] ❶ angenehm, nett ❷ gut; **the plan is going nicely** der Plan läuft wie geschmiert; **that will do nicely!** das reicht vollauf!

**ni·cety** ['naɪsətɪ] ❶ **niceties** die Feinheiten, die Details ❷ **social niceties** die gesellschaftlichen Feinheiten

**niche** [nɪtʃ, niːʃ] ❶ (*in einer Wand*) die Nische ❷ (*übertragen*) das Plätzchen (**for** für)

**nick**[1] [nɪk] ❶ (*in einer Fläche*) die Kerbe ❷ **in the nick of time** gerade noch rechtzeitig

**nick**[2] [nɪk] (*slang*) der Knast, das Kittchen

to **nick**[1] [nɪk] **to nick one's chin** sich am Kinn schneiden

to **nick**[2] [nɪk] (*slang*) klauen

**nick·el** ['nɪkl] ❶ (*Metall*) das Nickel ❷ Ⓤ das Fünfcentstück

**nick·name** ['nɪkneɪm] der Spitzname

to **nick·name** ['nɪkneɪm] **to nickname someone** jemandem einen Spitznamen geben

**nico·tine** ['nɪkətiːn] das Nikotin

**niece** [niːs] die Nichte

**nif·ty** ['nɪftɪ] (*slang*) ❶ schick, fesch, smart ❷ *Werkzeug:* geschickt gemacht, raffiniert

**Ni·geria** [naɪ'dʒɪərɪə] Nigeria

**Ni·gerian**[1] [naɪ'dʒɪərɪən] nigerianisch

**Ni·gerian**[2] [naɪ'dʒɪərɪən] der Nigerianer/die Nigerianerin

to **nig·gle** ['nɪgl] ❶ herumkritisieren (**about** an) ❷ **to niggle someone** jemanden plagen, quälen

**nig·gling** ['nɪglɪŋ] ❶ überkritisch, pingelig ❷ *Zweifel:* nagend, bohrend

**nig·gly** ['nɪglɪ] nörglerisch; *Argumente:* pingelig

**night** [naɪt] ❶ die Nacht; (*vor dem Schlafengehen*) der [späte] Abend; **all night [long]** die ganze Nacht [über]; **at night** abends; (*nach dem Schlafengehen*) bei Nacht, nachts; **during the night** während der Nacht; **late at night** spät am Abend, spät abends; **by night** bei Nacht, in der Nacht, nachts; **last night** gestern Abend; **the night before last** vorgestern Abend; **night and day** Tag und Nacht; **to stay the night** die Nacht verbringen (**at** in, **with** bei) ❷ die Dunkelheit, die

Finsternis ❸ (*im Theater*) die Vorstellung, die Aufführung; **first night** die Erstaufführung, die Premiere, die Eröffnungsvorstellung ❹ **to have a night out** ausgehen, einen freien Abend haben

**night blind·ness** die Nachtblindheit

**night·cap** ['naɪtkæp] ❶ die Nachtmütze ❷ (*umgangsspr*) der Schlummertrunk

**night·club** ['naɪtklʌb] das Nachtlokal, der Nachtklub

**night cream** die Nachtcreme

**night·dress** ['naɪtdres] das Nachthemd

**night·fall** ['naɪtfɔːl] **at nightfall** beim Einbruch der Dunkelheit

**night·gown** das Nachthemd

**nightie** ['naɪtɪ] (*umgangsspr*) das Nachthemd

**night·in·gale** ['naɪtɪŋgeɪl] die Nachtigall

**night life** ['naɪtlaɪf] das Nachtleben

**night·light** das Nachtlicht

**night·long** ['naɪtlɒŋ] die Nacht hindurch, nächtelang

**night·ly**[1] ['naɪtlɪ] nächtlich, allnächtlich, abendlich

**night·ly**[2] ['naɪtlɪ] jeden Abend, jede Nacht

**night·mare** ['naɪtmeəʳ] der Albtraum

**night·mar·ish** ['naɪtmeərɪʃ] beklemmend, albtraumhaft

**night-nurse** die Nachtschwester

**night owl** (*Person*) die Nachteule

**night-por·ter** der Nachtportier

**night safe** der Nachtsafe

**night school** die Abendschule

**night shift** die Nachtschicht; **to be on night shift** Nachtschicht haben

**night·shirt** ['naɪtʃɜːt] das [Herren]nachthemd

**night·spot** ['naɪtspɒt] das Nachtlokal

**night stick** Ⓤ der Schlagstock

**night stor·age heat·er** der Nachtspeicherofen

**night-time** die Nachtzeit; **at night-time** nachts

**night-watch** die Nachtwache

**night-watch·man** <*plural* night-watchmen> der Nachtwächter

**ni·hil·ism** ['naɪɪlɪzəm] der Nihilismus

**ni·hil·ist** ['naɪɪlɪst] der Nihilist/die Nihilistin

**ni·hil·is·tic** [ˌnaɪɪ'lɪstɪk] nihilistisch

**nil** [nɪl] die Null; **two [goals to] nil** zwei zu null

**Nile** [naɪl] **the [river] Nile** der Nil

**nim·ble** ['nɪmbl] ❶ wendig, behände, flink (**at/in** bei); **nimble-footed** leichtfüßig ❷ [geistig] gewandt; **nimble-witted** schlagfertig

**NIMBY** <*plural* NIMBIES>, **nim·by** ['nɪmbɪ]

**nine – nobody**

<*plural* nimbies> *Abkürzung von* **not in my back yard** *Person, die sich gegen umstrittene Bauvorhaben in der eigenen Nachbarschaft stellt, aber nichts dagegen hat, wenn diese woanders realisiert werden*

**nine¹** [naɪn] ❶ neun; **a quarter to nine** viertel vor neun ❷ **nine months** das Dreivierteljahr

**nine²** [naɪn] ❶ die Neun; **the nine of hearts** die Herzneun ❷ **dressed up to the nines** (*umgangsspr*) geschniegelt und gebügelt

**9-11, 9/11** [naɪn'lev⁰n] *kein Plural, ohne Artikel* der 11. September (*Terrorangriffe am 11.9.2001 auf das World Trade Center in New York und das Pentagon in Washington*)

**nine·teen¹** [ˌnaɪn'tiːn] ❶ neunzehn ❷ **to talk nineteen to the dozen** wie ein Wasserfall reden

**nine·teen²** [ˌnaɪn'tiːn] die Neunzehn

**nine·teenth¹** [ˌnaɪn'tiːnθ] neunzehnte(r, s)

**nine·teenth²** [ˌnaɪn'tiːnθ] ❶ (*Datum*) **the nineteenth** der Neunzehnte ❷ (*Bruchzahl*) das Neunzehntel

**nine·ti·eth¹** ['naɪntɪəθ] neunzigste(r, s)

**nine·ti·eth²** ['naɪntɪəθ] ❶ Neunzigste(r, s) ❷ (*Bruchteil*) das Neunzigstel

**nine·ty¹** ['naɪntɪ] neunzig

**nine·ty²** ['naɪntɪ] ❶ die Neunzig ❷ **in the nineties** in den Neunzigern; **she must be in her nineties** sie muss in den Neunzigern sein

**ninth¹** [naɪnθ] neunte(r, s)

**ninth²** [naɪnθ] ❶ (*Datum*) **the ninth** der Neunte ❷ (*Bruchzahl*) das Neuntel

**nip¹** [nɪp] *von Getränk:* das Schlückchen

**nip²** [nɪp] ❶ der Kniff; (*mit Zähnen*) der Biss ❷ **there's a nip in the air** es ist ganz frisch ❸ **it was nip and tuck** (USA) das war knapp

to **nip** [nɪp] <nipped, nipped> ❶ zwicken; **to nip oneself** sich in den Finger kneifen ❷ *Frost, Kälte:* schneiden ❸ **to nip something in the bud** (*übertragen*) etwas im Keim ersticken ❹ (*umgangsspr*) flitzen

◆to **nip along** (*umgangsspr*) dahinsausen, sich beeilen

◆to **nip in** (*umgangsspr*) auf einen Sprung vorbeikommen

◆to **nip off to nip off a bud** eine Knospe abkneifen [*oder* abzwicken]

◆to **nip out** hinaussausen

**nip·ple** ['nɪpl] ❶ die Brustwarze ❷ (*an Saugflasche*) der Sauger

**nip·py** ['nɪpɪ] (*umgangsspr*) ❶ *Wetter:* frisch, kühl ❷ fix, flink

**nit** [nɪt] ❶ (*Ei einer Laus*) die Nisse ❷ (*umgangsspr*) der Blödmann

**nit-pick·ing** ['nɪtpɪkɪŋ] kleinlich, pingelig

**nit·picky** ['nɪtpɪki] (*umgangsspr*) pedantisch

**ni·trate** ['naɪtreɪt] das Nitrat

**ni·tric** ['naɪtrɪk] salpetersauer; **nitric acid** die Salpetersäure

**ni·trite** ['naɪtraɪt] das Nitrit

**ni·tro·gen** ['naɪtrədʒən] der Stickstoff

**nit·ty-grit·ty** [ˌnɪtɪ'grɪtɪ] **to get down to the nitty-gritty** zur Sache kommen

**nit·wit** ['nɪtwɪt] (*umgangsspr*) der Dummkopf

**NNE** *Abkürzung von* **north-northeast** NNO

**NNW** *Abkürzung von* **north-northwest** NNW

**no¹** [nəʊ] ❶ nein; **the answer is no!** die Antwort ist Nein! ❷ nicht; **no later than last week** erst letzte Woche ❸ kein; **I have no more money** ich habe kein Geld mehr; **a person of no intelligence** ein Mensch ohne jede Intelligenz; **it's no use** das hat keinen Zweck; **no smoking!** Rauchen verboten!; **there's no saying when/if ...** man kann nie wissen, wann/ob ...; **there's no denying it** es lässt sich nicht leugnen; **in no time** im Nu; **there is no such thing** so etwas gibt es nicht

**no²** [nəʊ] <*plural* noes *oder* nos> ❶ das Nein ❷ die Neinstimme; **the noes have it** die Mehrheit ist dagegen

**no.** <*plural* nos> *Abkürzung von* **number** Nr.

to **nob·ble** ['nɒbl] (GB) (*slang*) ❶ bestechen ❷ ruinieren

**Nobel prize** [nəʊˌbel'praɪz] der Nobelpreis; **Nobel prize winner** der Nobelpreisträger/ die Nobelpreisträgerin

**no·bil·ity** [nəʊ'bɪlətɪ] ❶ der Hochadel ❷ (*Eigenschaft*) der Adel, das Edle

**no·ble¹** ['nəʊbl] ❶ adlig ❷ (*übertragen*) edel, hochherzig ❸ *Monument:* stattlich, prächtig, prachtvoll

**F** Nicht verwechseln mit *nobel — generous!*

**no·ble²** ['nəʊbl] der/die Adlige

**no·ble·man** ['nəʊblmən] <*plural* noblemen> der Adlige

**no·ble-mind·ed** [ˌnəʊbl'maɪndɪd] edel, vornehm

**no·bly** ['nəʊblɪ] ❶ vornehm ❷ nobel, edelmütig

**no·body¹** ['nəʊbədɪ] niemand, keiner; **we saw nobody we knew** wir sahen niemanden, den wir kannten

**no·body²** ['nəʊbədɪ] <*plural* nobodies>

(*umgangsspr*) der Niemand, die Null

**no-claims bo·nus** ⓖⓑ, **no-claims dis·count** ⓖⓑ der Schadenfreiheitsrabatt

**no-con·fi·dence vote** das Misstrauensvotum

**noc·tur·nal** [nɒk'tɜ:nl] nächtlich

to **nod** [nɒd] <nodded, nodded> ❶ nicken, wippen; **to nod one's head** mit dem Kopf nicken; **to nod to someone** jemandem zunicken ❷ **to nod in agreement** zustimmend nicken

**nod** [nɒd] ❶ das Nicken, das Zunicken; **to give someone a nod** jemandem zunicken ❷ **the land of Nod** das Land der Träume

**nod·ding** ['nɒdɪŋ] nickend

**node** [nəʊd] der Knoten; *zwischen Computernetzwerken:* die Schnittstelle

**noes** [nəʊz] *Pluralform von* **no**

**no-go area** [nəʊgəʊ'eərɪə] das Sperrgebiet

**no-hop·er** [ˌnəʊ'həʊpəʳ] (*umgangsspr*) die Niete

**noise** [nɔɪz] ❶ das Geräusch; (*unangenehm*) der Lärm, das Geschrei; **to make a noise** Krach machen; **to make a lot of noise about something** viel Geschrei um etwas machen ❷ **a big noise** (*slang*) ein großes Tier

**noise bar·ri·er** die Lärmschutzwand

**noise·less** ['nɔɪzlɪs] ❶ geräuschlos ❷ *Schritt:* lautlos

**noise pol·lu·tion** die Lärmbelästigung

**noise pre·ven·tion** der Lärmschutz

**noisy** ['nɔɪzɪ] ❶ geräuschvoll, laut, lärmend ❷ *Debatte:* lebhaft, turbulent

**no·mad** ['nəʊmæd] der Nomade

**no·mad·ic** [nəʊ'mædɪk] nomadisch, wandernd, unstet

**no-man's-land** ['nəʊmænzlænd] das Niemandsland

**no·men·cla·ture** [nə'menklətʃəʳ] die Nomenklatur

**nomi·nal** ['nɒmɪnl] ❶ nominell ❷ **nominal amount** der Nennbetrag; **nominal income** das Nominaleinkommen; **nominal value** der Nennwert

**nomi·nal·ly** ['nɒmɪnəlɪ] nominell

to **nomi·nate** ['nɒmɪneɪt] ❶ **to nominate someone** jemanden ernennen ❷ **to nominate someone for an election** jemanden für eine Wahl nominieren

**nomi·na·tion** [ˌnɒmɪ'neɪʃn] ❶ die Ernennung (**to** zu) ❷ (*für eine Wahl*) die Nominierung, der Kandidatenvorschlag

**nomi·na·tive**[1] ['nɒmɪnətɪv] **the nominative** der Nominativ

**nomi·na·tive**[2] ['nɒmɪnətɪv] Nominativ-; **to**

**be in the nominative case** im Nominativ stehen

**nomi·nee** [ˌnɒmɪ'ni:] der Kandidat/die Kandidatin

**non-** [ˌnɒn] nicht-

**non-al·co·hol·ic** alkoholfrei

**non-at·tend·ance** die Nichtteilnahme

**non-cha·lant** ['nɒnʃələnt] lässig, nonchalant

**non-com·bat·ant** (*militärisch*) der Nichtkämpfer

**non-com·bust·ible** nicht brennbar

**non-com·mis·sioned of·fic·er** der Unteroffizier

**non-com·mit·tal** [ˌnɒnkə'mɪtəl] zurückhaltend, unverbindlich

**non-com·pli·ance** **non-compliance with something** Nichtbefolgung [*oder* Nichteinhaltung] einer Sache

**non·con·form·ist**[1] [ˌnɒnkən'fɔ:mɪst] der Nonkonformist/die Nonkonformistin

**non·con·form·ist**[2] [ˌnɒnkən'fɔ:mɪst] nonkonformistisch

**non·con·form·ity** [ˌnɒnkən'fɔ:mətɪ] die Nichteinhaltung, das Nichtkonformgehen (**with** mit)

**non-co·op·era·tion** [ˌnɒnkəʊɒpə'reɪʃn] die unkooperative Haltung

**non-de·script** [ˌnɒndɪskrɪpt] ❶ *Geschmack:* unbestimmbar ❷ *Erscheinung:* unauffällig

**none** [nʌn] ❶ keine(r, s), keine; **none at all** kein Einziger; **the new arrival was none other than ...** der Neuankömmling war kein anderer als ...; **none of that!** lass das! Schluss damit!; **that's none of your business** das geht dich nichts an ❷ **to be none the wiser** nicht klüger sein als zuvor; **none the less** nichtsdestoweniger, trotzdem; **none too soon** gerade noch zur rechten Zeit; **I'm none too sure** ich bin durchaus nicht sicher; **it's none too warm** es ist keineswegs zu warm

**non·en·tity** [nɒ'nentətɪ] (*Mensch*) die Nullität, die unbedeutende Figur

**non-es·sen·tial** [nɒnɪ'senʃl] unwesentlich, unnötig, nicht lebenswichtig

**none·the·less** [ˌnʌnðə'les] nichtsdestoweniger, trotzdem

**non-event** (*umgangsspr*) der Reinfall, die Pleite

**non-ex·ist·ence** das Nichtvorhandensein

**non-ex·ist·ent** nicht existierend

**non-fic·tion**[1] [ˌnɒn'fɪkʃn] die Sachbücher

**non-fic·tion**[2] [ˌnɒn'fɪkʃn] Sachbuch-

**non-flam·mable** nicht brennbar, nicht entflammbar

**non-infectious – Northern Ireland** 302

**non·in·fec·tious** nicht ansteckend

**non-iron** *Kleider:* bügelfrei

**non-mem·ber coun·try** (*der EU*) das Drittland

**non-ne·go·tiable** *Preis, Vertrag:* nicht übertragbar

**no-non·sense** sachlich, nüchtern

to **non-plus** [ˌnɒnˈplʌs] <nonplussed, nonplussed> **to nonplus someone** jemanden verblüffen; **to be nonplussed** verdutzt sein

**non-pol·lut·ing** [ˌnɒnpəˈluːtɪŋ] umweltfreundlich

**non-pro·duc·tive** unproduktiv

**non-prof·it-mak·ing** *Organisation:* nicht auf Gewinn ausgerichtet, gemeinnützig

**non-pro·lif·era·tion trea·ty** der Atomsperrvertrag

**non-re·fund·able** [ˌnɒnrɪˈfʌndəbl] nicht erstattungsfähig

**non-re·new·able re·sources** *plural* die nicht erneuerbaren Energien

**non-resi·dent**[1] [ˌnɒnˈrezɪdənt] nicht [orts]ansässig

**non-resi·dent**[2] [ˌnɒnˈrezɪdənt] ❶ der/die Nichtortsansässige ❷ (*im Hotel*) der nicht im Haus wohnende Gast

**non-re·turn·able** [ˌnɒnrɪˈtɜːnəbl] Einweg-

**non-sched·uled** außerplanmäßig

**non·sense** [ˈnɒnsns] der Unsinn, der Quatsch, das dumme Zeug; **to make [a] nonsense of something** etwas ad absurdum führen; **to stand no nonsense** keine Dummheiten dulden; **no more of your nonsense!** Schluss mit dem Unsinn!

**non·sen·si·cal** [nɒnˈsensɪkl] unsinnig, blödsinnig

**non-shrink** [nɒnˈʃrɪŋk] *Kleider:* nicht einlaufend

**non-slip** rutschfest

**non-smok·er** der Nichtraucher/die Nichtraucherin

**non-start·er** ❶ (*Mensch*) die Niete ❷ (*Idee*) der Blindgänger

**non-stick** [ˌnɒnˈstɪk] *Bratpfanne:* antihaftbeschichtet

**non-stop** durchgehend, ohne Unterbrechung, Nonstop-; **non-stop flight** der Nonstopflug; **non-stop train** der durchgehende Zug; **to fly non-stop** nonstop fliegen

**non-swim·mer** [ˌnɒnˈswɪmər] der Nichtschwimmer/die Nichtschwimmerin

**non-tax·able** [ˌnɒnˈtæksəble] steuerfrei, nicht steuerpflichtig

**non-tox·ic** [ˌnɒnˈtɒksɪk] ungiftig

**non-ver·bal** [ˌnɒnˈvɜːbl] nonverbal

**non-vio·lent** [ˌnɒnˈvaɪələnt] gewaltlos

**noo·dle** [ˈnuːdl] die Nudel

**nook** [nʊk] die Zimmerecke; **in every nook and cranny** in jedem Winkel

**noon** [nuːn] der Mittag; **at noon** um zwölf Uhr mittags

**no one** [ˈnəʊwʌn] niemand, keiner; **we saw no one we knew** wir sahen niemanden, den wir kannten

**noose** [nuːs] die Schlaufe, die Schlinge; **to put one's head in the noose** (*übertragen*) den Kopf in die Schlinge stecken

**nope** [nəʊp] (*slang*) nein

**nor** [nɔːr] ❶ noch; **neither ... nor** weder ... noch ❷ **nor ... ...** auch nicht; **nor I** [*oder* **me**] ich auch nicht

**Nor·dic** [ˈnɔːdɪk] nordisch

**norm** [nɔːm] die Richtschnur, die Norm

**nor·mal** [ˈnɔːml] ❶ normal, üblich ❷ **his temperature is above normal** er hat erhöhte Temperatur

**nor·mal·ity** [nɔːˈmælətɪ] die Normalität; **our life has returned to normality** unser Leben hat sich wieder normalisiert

to **nor·mal·ize** [ˈnɔːməlaɪz] normalisieren

**nor·mal·ly** [ˈnɔːməlɪ] normalerweise, gewöhnlich

**Nor·man**[1] [ˈnɔːmən] normannisch; **the Norman Conquest** der normannische Eroberungszug

**Nor·man**[2] [ˈnɔːmən] der Normanne, die Normannin

**north**[1] [nɔːθ] ❶ der Norden; **in the north** im Norden; **to the north of the country** im Norden des Landes; **the house faces north** das Haus liegt nach Norden ❷ **the North-South divide** das Nord-Süd-Gefälle

**north**[2] [nɔːθ] ❶ nördlich ❷ nach Norden; **to travel north** Richtung Norden fahren ❸ **north of London** nördlich von London

**North Ameri·ca** Nordamerika

**north·east**[1] [ˌnɔːθˈiːst] der Nordost[en]

**north·east**[2] [ˌnɔːθˈiːst] nordöstlich

**north·east·ern** [ˌnɔːθˈiːstən] nordöstlich

**nor·ther·ly**[1] [ˈnɔːðəlɪ] nördlich

**nor·ther·ly**[2] [ˈnɔːðəlɪ] nach [*oder* von] Norden

**north·ern** [ˈnɔːðən] nördlich; **the Northern Lights** das Nordlicht

**north·ern·er** [ˈnɔːðənər] ❶ der Nordländer/die Nordländerin ❷ (GB) der Nordengländer/die Nordengländerin ❸ (USA) der Nordstaatler/die Nordstaatlerin

**North·ern Ire·land** Nordirland

**Northern Ireland** (Nordirland), auch **Ulster** genannt, ist Teil des **United Kingdom** (Vereinigtes Königreich). Die neue „Northern Ireland Assembly" (das Parlament) wurde am 25. Juni 1998 gegründet und hat 108 Abgeordnete. Es kann in regionalen Angelegenheiten Gesetze erlassen.

**north·ern·most** ['nɔːðənməʊst] nördlichste(r, s)

**North Pole** ['nɔːθpəʊl] der Nordpol

**North Sea** die Nordsee

**north·ward** ['nɔːθwəd] nach Norden, Nord-; **northward direction** die nördliche Richtung

**north·west**[1] [ˌnɔːθ'west] der Nordwest[en]

**north·west**[2] [ˌnɔːθ'west] nordwestlich

**north·west·er·ly** [ˌnɔːθ'westəlɪ] nordwestlich

**Nor·way** ['nɔːweɪ] Norwegen

**Nor·we·gian**[1] [nɔː'wiːdʒən] norwegisch

**Nor·we·gian**[2] [nɔː'wiːdʒən] ❶ der Norweger/die Norwegerin ❷ (*Sprache*) Norwegisch, das Norwegische

**nose** [nəʊz] ❶ die Nase; **to blow one's nose** sich die Nase putzen; **to hold one's nose** sich die Nase zuhalten; **the tip of one's nose** die Nasenspitze ❷ der Geruch, der Geruchssinn, die Nase (**for** für) ❸ (*Vorderteil eines Schiffs usw.*) die Nase ❹ **to cut off one's nose to spite one's face** (*übertragen*) sich ins eigene Fleisch schneiden; **to do something right under someone's nose** etwas direkt vor jemandes Augen tun; **follow your nose** immer der Nase nach; **to get up someone's nose** (*slang*) jemandem auf den Keks gehen; **to look down one's nose at someone** auf jemanden herabsehen; **to pay through the nose** einen zu hohen Preis bezahlen; **to put someone's nose out of joint** (*übertragen*) jemanden vor den Kopf stoßen; **to stick one's nose into something** (*übertragen*) seine Nase in etwas stecken; **to turn up one's nose at something** die Nase über etwas rümpfen

to **nose** [nəʊz] ❶ **to nose one's way forward** sich vorsichtig seinen Weg vorwärtsbahnen ❷ **to nose into someone's affairs** seine Nase in jemandes Angelegenheiten stecken

◆ to **nose about** herumschnüffeln

◆ to **nose out** ❶ **to nose something out** etwas aufspüren, etwas ausschnüffeln ❷ *Auto:* sich vorschieben

**nose·bag** ['nəʊzbæg] der Futtersack

**nose·bleed** ['nəʊzbliːd] das Nasenbluten

**nose·dive** ['nəʊzdaɪv] der Sturzflug

to **nose·dive** ['nəʊzdaɪv] einen Sturzflug machen; **to nosedive off something** vornüber von etwas stürzen

**nose job** ['nəʊzdʒɒb] (*slang*) die Nasenkorrektur

**nose ring** der Nasenring

**nosey** ['nəʊzɪ] (*umgangsspr*) neugierig

**nosh** [nɒʃ] (*slang*) das Futter; **let's have a quick nosh** lass uns schnell einen Happen essen

**nosh-up** ['nɒʃʌp] (*slang*) das Fressgelage

**nos·tal·gia** [nɒ'stældʒə] die Nostalgie

**nos·tal·gic** [nɒ'stældʒɪk] nostalgisch

**nos·tril** ['nɒstrəl] das Nasenloch; (*bei Pferd*) die Nüster

**nosy** ['nəʊzɪ] (*umgangsspr*) neugierig

**nosy par·ker** (*umgangsspr*) der Schnüffler/die Schnüfflerin

**not** [nɒt] ❶ nicht; **she is not a teacher** sie ist keine Lehrerin; **he warned me not to be late** er ermahnte mich, nicht zu spät zu kommen ❷ **not a bit** kein bisschen; **not any more** nicht mehr; **not yet** noch nicht; **not any more** nicht mehr; **not in the least** nicht im Geringsten; **not so** nein ❸ **I'm afraid not** ich fürchte nicht; **you are coming, are you not?** [*oder* **aren't you?**] Sie kommen doch, oder?; **you haven't forgotten, have you? — certainly not!** du hast es nicht vergessen, oder? — gewiss nicht!; **are you tired? — not at all** sind Sie müde? — überhaupt nicht; **thanks a lot! — not at all!** vielen Dank! — keine Ursache!

**no·table** ['nəʊtəbl] ❶ *Erfolg:* bemerkenswert ❷ *Mensch:* bedeutend ❸ *Unterschied:* beträchtlich, beachtlich

**no·tab·ly** ['nəʊtəblɪ] insbesondere, hauptsächlich

**no·ta·ry** ['nəʊtərɪ] der Notar/die Notarin

**no·ta·tion** [nəʊ'teɪʃn] ❶ das Zeichen; **system of notation** das Zeichensystem ❷ (*in der Musik*) die Notenschrift

**notch** [nɒtʃ] <*plural* notches> die Kerbe; (*im Gürtel*) das Loch; **to make a notch in something** etwas einkerben

to **notch** [nɒtʃ] **to notch up points** Punkte erzielen; **to notch up success** Erfolg verzeichnen können

**note** [nəʊt] ❶ die Notiz; **to make a note of something** sich etwas aufschreiben; **to speak without notes** frei sprechen; **to take note of something** etwas zur Kenntnis nehmen; **to take notes** sich Notizen machen (**of** über) ❷ der Brief, die kurze Mitteilung; **to send someone a note** jemandem ein paar

Zeilen schicken ❸ (*auf Buchseite*) die Anmerkung, der Vermerk, die Fußnote ❹ (*in der Musik*) die Note, der Ton ❺ (*Geld*) **[bank] note** die Banknote, der Schein ❻ **to strike the right/wrong note** (*übertragen*) den richtigen/falschen Ton treffen

to **note** [nəʊt] ❶ **to note something** etwas bemerken/beachten, etwas zur Kenntnis nehmen ❷ **to note something down** etwas notieren, aufschreiben

**note·book** ['nəʊtbʊk] ❶ das Notizbuch ❷ (*Computer*) das Notebook ❸ Ⓤ das Übungsheft

**not·ed** ['nəʊtɪd] berühmt (**for** wegen)

**note·pad** ['nəʊtpæd] der Notizblock

**note·paper** ['nəʊtˌpeɪpəʳ] das Schreibpapier, das Briefpapier

**note·wor·thy** ['nəʊtˌwɜːðɪ] bemerkenswert, beachtenswert

**not-for-prof·it** *Unternehmen, Organisation:* nicht auf Gewinn ausgerichtet

**noth·ing¹** ['nʌθɪŋ] das Nichts; (*Mensch*) der Niemand

**noth·ing²** [nʌθɪŋ] ❶ nichts; **to eat/say nothing** nichts essen/sagen; **five feet nothing** genau 5 Fuß; **she got the dress for nothing** sie bekam das Kleid umsonst; **he has nothing on** (*nackt*) er hat nichts an; (*ohne Verabredungen*) er hat nichts vor; **that's nothing!** das ist gar nichts! ❷ **little or nothing** wenig oder [gar] nichts; **next to nothing** fast nichts; **nothing else** sonst nichts; **nothing more, nothing less** nicht mehr, nicht weniger; **nothing much** nicht viel; **nothing new** nichts Neues ❸ **it's nothing less than stupidity** es ist reine Dummheit; **the idea came to nothing** aus der Idee wurde nichts; **to have nothing to do with something** nichts mit etwas zu tun haben; **to make nothing of something** sich nichts aus etwas machen; **to say nothing of something** ganz von etwas zu schweigen; **there is nothing to it** es ist kinderleicht; **there was nothing for it but to run away** es gab keine andere Möglichkeit als wegzulaufen; **to think nothing of something** nichts von etwas halten

**noth·ing·ness** ['nʌθɪŋnɪs] das Nichts

**no·tice** ['nəʊtɪs] ❶ (*Information*) die Benachrichtigung, die Mitteilung; (*in Zeitung*) die Anzeige; **to give someone notice of something** jemanden von etwas benachrichtigen ❷ (*Zettel*) die Bekanntmachung; (*am schwarzen Brett*) der Anschlag ❸ die Beachtung; **to bring something to someone's**

**notice** jemandem etwas zur Kenntnis bringen; **to take notice of something** etwas beachten [*oder* zur Kenntnis nehmen]; **to take no notice of someone** jemanden ignorieren; **to make someone sit up and take notice** jemanden aufhorchen lassen ❹ die Kündigung; **to give someone notice** jemandem kündigen; **to hand in one's notice** kündigen; **a month's notice** eine einmonatige Kündigungsfrist ❺ die Frist; **at a moment's notice** sofort, jederzeit; **at short notice** kurzfristig; **at a week's notice** innerhalb einer Woche; **until further notice** bis auf weiteres

Ⓕ Nicht verwechseln mit *die Notiz — (Vermerk) note!*

to **no·tice** ['nəʊtɪs] bemerken

**no·tice·able** ['nəʊtɪsəbl] ❶ erkennbar, wahrnehmbar ❷ *Verbesserung:* merklich

**no·tice-board** das Anschlagbrett, das schwarze Brett

**no·ti·fi·able** ['nəʊtɪfaɪəbl] meldepflichtig, anzeigepflichtig

**no·ti·fi·ca·tion** [ˌnəʊtɪfɪˈkeɪʃn] ❶ die Benachrichtigung, die Mitteilung ❷ *eines Verlustes:* die Meldung, die Anzeige

to **no·ti·fy** ['nəʊtɪfaɪ] **to notify someone of something** jemanden von etwas benachrichtigen, jemandem etwas mitteilen; **to be notified of something** über etwas informiert werden, von etwas benachrichtigt werden

**no·tion** ['nəʊʃn] ❶ die Idee, die Vorstellung; **to give someone notions** jemanden auf Ideen bringen ❷ die Ahnung; **to have no notion of something** von etwas keine Ahnung haben

**no·to·ri·ety** [ˌnəʊtəˈraɪətɪ] die traurige Berühmtheit

**no·to·ri·ous** [nəʊˈtɔːrɪəs] *Mensch, Tatsache:* berühmt, berüchtigt; *Lügner:* notorisch; **to be notorious for something** für etwas berüchtigt sein

**not·with·stand·ing** [ˌnɒtwɪθˈstændɪŋ] ❶ trotz, ungeachtet ❷ trotzdem, dennoch ❸ **notwithstanding that** obgleich, obwohl

**nou·gat** ['nuːgɑː] das Nugat, das Nougat

**nought** [nɔːt] (*Ziffer*) die Null

**noun** [naʊn] das Hauptwort, das Substantiv

to **nour·ish** ['nʌrɪʃ] ❶ [er]nähren *Mensch* (**on/with** von); *Essen:* nahrhaft sein ❷ (*übertragen*) nähren, hegen *Hoffnungen*

**nour·ish·ing** ['nʌrɪʃɪŋ] *Essen:* nahrhaft

**nour·ish·ment** ['nʌrɪʃmənt] die Nahrung

**nov·el**[1] ['nɒvl] *Idee:* neu[artig]

**nov·el**[2] ['nɒvl] der Roman

**nov·el·ist** ['nɒvəlɪst] der Romanschriftsteller/ die Romanschriftstellerin

**nov·el·ty** ['nɒvltɪ] ❶ die Neuheit ❷ **it's a novelty** es ist etwas Neues ❸ **novelties** der Krimskrams

**No·vem·ber** [nəʊ'vembəʳ] der November; **in November** im November; **on 15th November, on November 15** (USA) am 15. November; **at the beginning of November** Anfang November; **at the end of November** Ende November

**nov·ice** ['nɒvɪs] ❶ (*Mönch, Nonne*) der Novize, die Novizin ❷ (*übertragen*) der Anfänger/die Anfängerin, der Neuling

**now** [naʊ] ❶ jetzt, nun; (*in der Gegenwart*) heute, heutzutage; **just now** gerade eben ❷ **before now** bis jetzt, schon früher; **for now** im Moment, vorläufig; **from now on** von nun an; **from now until then** bis dahin; **up to** [*oder* **till**] **now** bis jetzt; **now and then** [*oder* **again**] ab und zu, von Zeit zu Zeit, gelegentlich ❸ gleich, sofort; **I'll do it right now** ich mache es jetzt gleich; **it's now or never** jetzt oder nie ❹ (*beim Reden*) **well now, tell me what's wrong!** also, sag mir was los ist!; **now then** also jetzt, na; **bye for now!** bis bald!

**nowa·days** ['naʊədeɪz] heute, heutzutage

**no·where** ['nəʊweəʳ] ❶ nirgends, nirgendwo, nirgendwohin; **to appear from nowhere** [wie] aus dem Nichts auftauchen ❷ **to get nowhere** zu nichts, auf keinen grünen Zweig kommen

**nowt** [naʊt] (*umgangsspr*) nix, nichts

**nox·ious** ['nɒkʃəs] giftig, schädlich

**noz·zle** ['nɒzl] die Düse

**nu·ance** ['njuːɑːns] die Nuance, die Schattierung

**nu·clear** ['njuːklɪəʳ] **nuclear energy** die Atomenergie, die Kernenergie; **nuclear-free** atomwaffenfrei; **nuclear physics** die Kernphysik; **nuclear power** die Kernkraft; **a nuclear power** (*Land*) eine Atommacht; **nuclear weapon** die Atomwaffe, die Nuklearwaffe

**nu·clei** ['njuːklaɪ] *Pluralform von* **nucleus**

**nu·cleus** ['njuːklɪəs, *plural* 'njuːklaɪ] <*plural* nuclei> der Kern

**nude**[1] [njuːd] nackt, unbekleidet

**nude**[2] [njuːd] ❶ (*Kunst*) das Aktmodell; **to paint a nude** einen Akt malen ❷ **in the nude** nackt

to **nudge** [nʌdʒ] ❶ stoßen; **to nudge someone** jemanden anstoßen ❷ **to nudge someone's memory** jemandes Gedächtnis nachhelfen

**nudge** [nʌdʒ] der kleine Stoß

**nud·ism** ['njuːdɪzəm] der Nudismus, die Freikörperkultur

**nud·ist** ['njuːdɪst] der Anhänger der Freikörperkultur, die Anhängerin der Freikörperkultur

**nud·ist beach** der FKK-Strand, der Nacktbadestrand

**nu·dity** ['njuːdətɪ] die Nacktheit

**nug·get** ['nʌgɪt] **gold nugget** der [Gold]klumpen

**nui·sance** ['njuːsns] ❶ (*Person*) die Plage, die Nervensäge; **to make a nuisance of oneself** lästig werden ❷ (*Geschehen*) das Ärgernis, der Missstand; **public nuisance** das öffentliche Ärgernis; **what a nuisance!** wie ärgerlich!

to **nuke** [nuːk, njuːk] (*umgangsspr*) **to nuke something** eine Atombombe auf etwas [ab]werfen

**null** [nʌl] **null and void** null und nichtig

**numb** [nʌm] ❶ taub, empfindungslos, gefühllos; **fingers numb with cold** Finger, die vor Kälte taub sind ❷ (*übertragen*) betäubt

to **numb** [nʌm] **to numb the pain** den Schmerz betäuben

**num·ber** ['nʌmbəʳ] ❶ die Zahl, die Ziffer; **even numbers** die geraden Zahlen; **odd numbers** die ungeraden Zahlen ❷ die Anzahl; **a number of problems** eine Anzahl von Problemen; **on a number of occasions** des Öfteren; **in equal numbers** ebenso viel; **ten in number** zehn an der Zahl; **they were few in number** es waren nur wenige; **many in number** zahlreich; **a fair number of times** ziemlich oft ❸ *von Haus, Telefon usw.:* die Nummer ❹ *einer Zeitschrift:* die Nummer, die Ausgabe ❺ **numbers** das Rechnen ❻ **to look after** [*oder* **take care of**] **number one** (*umgangsspr*) an sich selbst denken; **my number's up** (*umgangsspr*) meine Tage sind gezählt

to **num·ber** ['nʌmbəʳ] ❶ zählen *Betrag;* **the prisoners numbered 12** sie waren insgesamt 12 Gefangene ❷ nummerieren *Seiten, Plätze* ❸ **to number among the best** zu den Besten zählen ❹ **his days are numbered** seine Tage sind gezählt

**num·ber·ing** ['nʌmbəʳɪŋ] *kein Plural* die Nummerierung

**num·ber plate** das Nummernschild

**numb·ness** ['nʌmnɪs] die Taubheit

**nu·mera·cy** ['njuːmᵊrəsɪ] *kein Plural* das

Rechnen
**nu·mer·al** ['nju:mərəl] die Ziffer; **Arabic numerals** die arabischen Ziffern; **Roman numerals** die römischen Ziffern
**nu·mer·ate** ['nju:m³rət] rechenfähig
**nu·meri·cal** [nju:'merɪkl] numerisch, zahlenmäßig; **to put in numerical order** numerisch ordnen
**nu·mer·ous** ['nju:mərəs] zahlreich
**num·skull** ['nʌmskʌl] der Dummkopf
**nun** [nʌn] die Nonne
**nun·nery** ['nʌnərɪ] das Nonnenkloster
**nurse** [nɜːs] ❶ die Krankenschwester ❷ **male nurse** der Krankenpfleger
to **nurse** [nɜːs] ❶ **to nurse a baby** ein Baby stillen ❷ **to nurse someone** jemanden pflegen; **to nurse someone back to health** jemanden gesund pflegen ❸ behandeln, kurieren *Krankheit;* **to nurse a cold** eine Erkältung auskurieren
**nurse·ry** ['nɜːsərɪ] ❶ die Kindertagesstätte ❷ (*im Haus*) das Kinderzimmer ❸ (*für Pflanzen*) die Baumschule
**nurse·ry rhyme** der Kindervers
**nurse·ry school** der Kindergarten; **nursery school teacher** der Erzieher/die Erzieherin
**nurs·ing**[1] ['nɜːsɪŋ] (*Beruf*) die Krankenpflege
**nurs·ing**[2] ['nɜːsɪŋ] Pflege-, pflegerisch; **nursing home** das Pflegeheim; **nursing staff** das Pflegepersonal
**nur·ture** ['nɜːtʃər] die Erziehung, die Aufzucht
to **nur·ture** ['nɜːtʃər] **to nurture someone** [**on something**] jemanden [mit etwas] aufziehen
**nut** [nʌt] ❶ (*Frucht*) die Nuss ❷ (*aus Metall*) die [Schrauben]mutter ❸ (*übertragen*) **this problem is a hard** [*oder* **tough**] **nut to crack** dieses Problem ist eine harte Nuss ❹ (*slang: Kopf*) die Birne; **to be off one's nut** (*slang*) nicht ganz bei Trost sein; **to be nuts about something** verrückt nach etwas sein ❺ (*slang: verrückter Mensch*) der Spinner/die Spinnerin ❻ **nuts** (*slang: Hoden*) die Eier
**nut·crack·er** der Nussknacker
**nut·house** (*slang*) die Klapsmühle
**nut·meg** ['nʌtmeg] die Muskatnuss
**nu·tri·ent** ['nju:trɪənt] der Nährstoff
**nu·tri·tion** [nju:'trɪʃn] die Ernährung
**nu·tri·tion·al** [nju:'trɪʃ³n³l] Ernährungs-; **nutritional supplement** die Nahrungsergänzung; **nutritional value** der Nährwert
**nu·tri·tion·ist** [nju:'trɪʃ³nɪst] der Ernährungswissenschaftler/die Ernährungswissenschaftlerin
**nu·tri·tious** [nju:'trɪʃəs] nahrhaft

**nuts** [nʌts] (*slang*) ❶ **to be nuts** spinnen; **to go nuts** durchdrehen ❷ **to be nuts about someone** von jemandem ganz hingerissen sein
**nut·shell** ['nʌtʃel] ❶ die Nussschale ❷ **to put it** [*oder* **the matter**] **in a nutshell** kurz gesagt
**nut·ty** ['nʌtɪ] ❶ *Essen, Geschmack:* nussig ❷ (*slang*) bekloppt, plemplem
**nuz·zle** ['nʌzl] **to nuzzle up against** [*oder* **up to**] **someone** sich an jemanden schmiegen
**ny·lon** ['naɪlɒn] das Nylon
**nymph** [nɪmf] die Nymphe
**nym·pho·ma·ni·ac** [ˌnɪmfə'meɪnɪæk] die Nymphomanin

**O** <*plural* O's *oder* Os>, **o** [əʊ] <*plural* o's>
❶ O, o ❷ (*bei Telefonnummern*) die Null
**oak** [əʊk] die Eiche, das Eichenholz
**OAP** [ˌəʊeɪ'pi:] *Abkürzung von* **old-age pensioner** der Rentner/die Rentnerin
**oar** [ɔːʳ] das Ruder, der Riemen; **to put** [*oder* **stick**] **one's oar in** (*übertragen*) sich einmischen
**oa·sis** [əʊ'eɪsɪs, *plural* əʊ'eɪsiːz] <*plural* oases> (*auch übertragen*) die Oase
**oat** [əʊt] der Hafer; **oats** die Haferflocken
**oath** [əʊθ] der Schwur, der Eid; **to swear** [*oder* **take**] **an oath** [einen Eid] schwören; **to be under oath** unter Eid stehen
**obedi·ence** [ə'biːdɪəns] der Gehorsam
**obedi·ent** [ə'biːdɪənt] gehorsam, folgsam; **to be obedient** [**to someone**] [jemandem] gehorchen [*oder* folgen]
to **obey** [ə'beɪ] ❶ gehorchen, folgen; **to obey someone** jemandem gehorchen [*oder* folgen] ❷ sich halten an, befolgen *Regeln*
**object** ['ɒbdʒɪkt] ❶ (*Ding*) der Gegenstand ❷ (*Ziel*) der Zweck
to **object** [əb'dʒekt] ❶ dagegen sein, Einwände haben ❷ **to object to something** etwas ablehnen; **do you object to my smoking?** stört es Sie, wenn ich rauche?
**ob·jec·tion** [əb'dʒekʃn] der Einwand (**to** gegen); (*auch vor Gericht*) der Einspruch; **I have no objection to his going away** ich habe nichts dagegen, dass er weggeht; **are**

**there any objections?** erhebt jemand Einspruch?; **to raise** [*oder* **make**] **an objection** einen Einwand erheben

**ob·jec·tive**[1] [əb'dʒektɪv] ① objektiv, sachlich ② wirklich, real

**ob·jec·tive**[2] [əb'dʒektɪv] das Ziel

**ob·jec·tor** [əb'dʒektəʳ] der Gegner/die Gegnerin

**ob·li·ga·tion** [ˌɒblɪ'geɪʃn] die Verpflichtung, die Pflicht; **to be under an/no obligation to do something** verpflichtet/nicht verpflichtet sein, etwas zu tun; **there's no obligation to buy** es besteht kein Kaufzwang

to **oblige** [ə'blaɪdʒ] ① **to oblige someone to do something** jemanden zwingen, etwas zu tun; **you are not obliged to answer** Sie müssen nicht antworten ② **to oblige someone** jemandem gefällig sein, jemandem entgegenkommen; **she is always ready to oblige** sie ist immer sehr gefällig; **much obliged!** herzlichen Dank!; **I am much obliged to you for this!** ich bin Ihnen dafür sehr verbunden

**ob·long**[1] ['ɒblɒŋ] rechteckig

**ob·long**[2] ['ɒblɒŋ] das Rechteck

**ob·scene** [əb'siːn] unanständig, obszön, unzüchtig

**ob·scure** [əb'skjʊəʳ] ① undeutlich ② *Hinweis:* unklar; *Text:* schwer verständlich; **for some obscure reason** aus einem unerfindlichen Grund ③ *Dichter, Herkunft, Ort:* unbekannt, obskur

to **ob·scure** [əb'skjʊəʳ] verdecken, verbergen

**ob·ser·vant** [əb'zɜːvənt] aufmerksam, wachsam

**ob·ser·va·tion** [ˌɒbzə'veɪʃn] ① die Beobachtung, das Beobachten; **to keep someone under observation** jemanden unter Beobachtung halten ② **powers of observation** die Beobachtungsgabe ③ die Bemerkung, die Äußerung (**on** über)

**ob·ser·va·tory** [əb'zɜːvətrɪ] die Sternwarte, das Observatorium

to **ob·serve** [əb'zɜːv] ① zusehen, beobachten; **to observe someone/something** jemanden/etwas beobachten [*oder* wahrnehmen]; (*polizeilich*) jemanden/etwas überwachen ② beachten, befolgen *Vorschrift* ③ einhalten; feiern *Feiertag* ④ bemerken, feststellen

**ob·serv·er** [əb'zɜːvəʳ] ① der Zuschauer/die Zuschauerin ② (*polizeilich usw.*) der Beobachter/die Beobachterin

to **ob·sess** [əb'ses] **to be obsessed by** [*oder* **with**] **someone/something** von jemandem/etwas besessen sein; **women obsess**

**him** er ist von Frauen besessen

**ob·sessed** [əb'sest] **to be obsessed with something/somebody** von etwas/jemandem besessen sein

**ob·ses·sion** [əb'seʃn] ① die Besessenheit (**with** von) ② die fixe Idee, die fixe Manie

**ob·ses·sive** [əb'sesɪv] zwanghaft

**ob·so·lete** ['ɒbsəliːt] veraltet, überholt

**ob·sta·cle** ['ɒbstəkl] ① (*auch übertragen*) das Hindernis (**to** für); **to be an obstacle to something** einer Sache entgegenstehen ② (*übertragen*) **to put obstacles in someone's way** jemandem Steine in den Weg legen

**ob·sta·cle race** das Hindernisrennen

**ob·sti·nate** ['ɒbstɪnət] hartnäckig, starrsinnig

to **ob·struct** [əb'strʌkt] ① **to obstruct something** etwas [ver]sperren, blockieren; **to obstruct traffic** den Verkehr behindern; **to obstruct someone's view** jemandem die Sicht versperren ② (*übertragen*) **to obstruct someone** jemanden [be]hindern; **to obstruct progress** den Fortschritt aufhalten

**ob·struc·tion** [əb'strʌkʃn] ① das Versperren; *einer Straße:* die Verstopfung ② *von Fortschritt, Plan:* die Behinderung (**to** für)

**ob·struc·tive** [əb'strʌktɪv] obstruktiv, behindernd

to **ob·tain** [əb'teɪn] ① erhalten, erlangen, bekommen; **to obtain something for someone** jemandem etwas verschaffen ② erzielen *Preis, Resultat* ③ erwerben *akademischen Grad, Wissen*

**ob·tain·able** [əb'teɪnəbl] erhältlich

**ob·tru·sive** [əb'truːsɪv] aufdringlich, penetrant

**ob·tuse** [əb'tjuːs] ① *Winkel:* stumpf ② *Mensch:* begriffsstutzig

**ob·vi·ous** ['ɒbvɪəs] ① offenbar, offensichtlich, augenfällig; **it's obvious** das liegt auf der Hand ② *Unterschied:* offenkundig ③ *Lösung:* einleuchtend, naheliegend

**ob·vi·ous·ly** ['ɒbvɪəsli] offensichtlich; **he was obviously very upset** er war sichtlich sehr aufgebracht

**oc·ca·sion** [ə'keɪʒn] ① (*Zeitpunkt*) die Gelegenheit, der Anlass; **on occasion** gelegentlich; **on that occasion** damals; **on several occasions** mehrmals ② (*Fest usw.*) das Ereignis; **to celebrate the occasion** zur Feier des Tages; **on the occasion of your marriage** anlässlich Ihrer Hochzeit ③ (*günstiger Moment*) die Gelegenheit, die Möglichkeit; **he took the occasion to make a speech** er hat die Gelegenheit ergriffen, um eine Rede zu halten ❹ **should the occasion arise** nötigenfalls

**oc·ca·sion·al** [əˈkeɪʒənl] gelegentlich, hin und wieder

**oc·ca·sion·al·ly** [əˈkeɪʒənəlɪ] gelegentlich, ab und zu

**oc·cu·pant** [ˈɒkjʊpənt] ❶ der Bewohner/die Bewohnerin ❷ *einer Stelle:* der Inhaber/die Inhaberin ❸ *eines Autos:* der Insasse/die Insassin

**oc·cu·pa·tion** [ˌɒkjʊˈpeɪʃn] ❶ der Beruf, die Tätigkeit ❷ (*Betätigung, Hobby usw.*) die Beschäftigung ❸ *eines Landes, einer Stadt:* die Besetzung

**oc·cu·pa·tion·al** [ˌɒkjʊˈpeɪʃənl] ❶ beruflich; **occupational hazard** das Berufsrisiko ❷ **occupational therapy** die Beschäftigungstherapie

**oc·cu·pi·er** [ˈɒkjʊpaɪəʳ] *von Haus:* der Bewohner/die Bewohnerin

to **oc·cu·py** [ˈɒkjʊpaɪ] ❶ bewohnen; belegen *Zimmer* ❷ (*militärisch, polizeilich*) besetzen *Gebäude, Stadt* ❸ **this seat is occupied** dieser Platz ist besetzt ❹ innehaben *Stellung* ❺ einnehmen *Raum* ❻ in Anspruch nehmen *Zeit* ❼ **to occupy someone, to keep someone occupied** jemanden beschäftigen; **to occupy oneself** sich beschäftigen

to **oc·cur** [əˈkɜːʳ] <occurred, occurred> ❶ vorkommen; *Unfall, Vorfall:* sich ereignen, geschehen; *Problem:* sich ergeben ❷ **to occur to someone** jemandem einfallen, in den Sinn kommen; **it occurs to me that he may be right** ich habe den Eindruck, er könnte Recht haben; **did it ever occur to you that …?** hast du eigentlich je daran gedacht, dass …?

**oc·cur·rence** [əˈkʌrəns] ❶ (*Begebenheit*) das Ereignis, das Vorkommnis; **an everyday occurrence** ein alltägliches Ereignis ❷ *von Pflanzen, Tieren, usw.:* das Vorkommen

**ocean** [ˈəʊʃn] der Ozean, das Meer

**o'clock** [əˈklɒk] **it's 2 o'clock** es ist 2 Uhr

**oc·ta·gon** [ˈɒktəgən] das Achteck

**Oc·to·ber** [ɒkˈtəʊbəʳ] der Oktober; **in October** im Oktober; **on 15th October, on October 15** ⓊⓈⒶ am 15. Oktober; **at the beginning of October** Anfang Oktober; **at the end of October** Ende Oktober

**oc·to·pus** [ˈɒktəpəs] <plural octopuses *oder* octopi> der Tintenfisch, der Krake

**odd** [ɒd] ❶ **odd number** die ung[e]rade Zahl ❷ *Schuh, Socke:* einzeln; **odd one** [*oder* **man**] **out** das fünfte Rad am Wagen ❸ *Ereignis, Mensch:* merkwürdig, seltsam ❹ gele-

gentlich, zeitweilig; **at odd times** hin und wieder, dann und wann; **odd-job man** der Gelegenheitsarbeiter ❺ *Geld, Zeit:* übrig ❻ **I've lived here for thirty-odd years** ich habe so um die dreißig [Jahre] hier gelebt

**odd·ly** [ˈɒdlɪ] eigenartig, sonderbar, merkwürdig; **oddly enough** seltsamerweise

**odds** [ɒdz] *plural* ❶ (*beim Wetten*) die Gewinnchancen; **the odds are 2 to 1** die Chancen stehen 2 zu 1 ❷ **the odds are against us** alles spricht gegen uns; **the odds are in his favour** der Vorteil ist auf seiner Seite ❸ **to pay over the odds** einiges mehr bezahlen ❹ **it makes no odds** es spielt keine Rolle ❺ **to be at odds with someone over something** mit jemandem in etwas nicht einig sein ❻ **odds and ends** das Überbleibsel, der Krimskrams, der Kram

**odds-on** [ˌɒdzˈɒn] **he's odds-on to win** er ist klarer Favorit

**odour** [ˈəʊdəʳ], ⓊⓈⒶ **odor** der Geruch; **sweet odour** der Duft

**odour·less** [ˈəʊdələs], ⓊⓈⒶ **odor·less** geruchlos

**of** [əv, *betont* ɒv] ❶ *Besitzverhältnis* von; **a friend of mine** ein Freund von mir; **the works of Shakespeare** Shakespeares Werk ❷ *örtlich* **the city of Birmingham** die Stadt Birmingham; **north of London** nördlich von London; **the Battle of Hastings** die Schlacht von [*oder* bei] Hastings ❸ *zeitlich* **your letter of 10th June** Ihr Brief vom 10. Juni; **today of all days** ausgerechnet heute; **of late** seit neuestem; **of old** einst, ehemals; **a quarter of six** ⓊⓈⒶ Viertel vor sechs ❹ *Angabe des Grundes/der Ursache* **to die of hunger** verhungern; **to be proud of something** stolz auf etwas sein; **what has become of him?** was ist aus ihm geworden? ❺ *Angabe des Geruchs/Materials* **it smells of leather** es riecht nach Leder; **a table made of wood** ein Holztisch ❻ *Angabe der Beschäftigung/Qualität* **doctor of medicine** Doktor der Medizin; **man of courage** der mutige Mensch; **of no importance** bedeutungslos; **she has a fear of the dark** sie fürchtet sich vor der Dunkelheit; **love of money** die Liebe zum Geld; **you of all people ought to know** gerade Sie sollten das wissen ❼ *mit Quantität* **the five of us** wir fünf; **many of them came** viele kamen; **one of the best** einer der Besten; **a glass of wine** ein Glas Wein; **a pound of oranges** ein Pfund Orangen

**off** [ɒf] ❶ *Entfernung* abgelegen von; **far off**

weit weg; **the inn was two miles off the main road** der Gasthof lag zwei Meilen von der Hauptstraße entfernt; **the town is five miles off** die Stadt ist fünf Meilen entfernt ❷ *Angabe eines Weggangs* fort, weg; **he's gone off** er ist weggegangen; **off with him!** fort mit ihm!; **it's time I was off** es ist Zeit, dass ich gehe ❸ *Angabe einer Bewegung* **to fall off a ladder** von einer Leiter fallen; **to get off the bus** aus dem Bus aussteigen ❹ *zeitlich* **how are we off for time?** wie viel Zeit haben wir noch?; **it rained off and on** es regnete ab und an; **the holidays are not far off** es ist noch nicht mehr lang bis zu den Ferien ❺ *(bei der Arbeit, in der Schule)* frei; **to get a day off** einen Tag freibekommen; **to be off sick** wegen Krankheit fehlen ❻ *Gerät, Licht usw.:* aus; **to turn** [*oder* **switch**] **the light off** das Licht ausschalten ❼ *Deckel:* nicht drauf; **to get the lid off** den Deckel abbekommen ❽ **she borrowed money off her father** sie lieh sich von ihrem Vater Geld ❾ *(umgangsspr)* **to be off one's food** keinen Appetit haben; **he's off drugs now** er ist jetzt von den Drogen runter ❿ *Speisen:* verdorben, schlecht; *Milch:* sauer ⓫ **I'm afraid the veal is off now** das Kalbfleisch ist leider ausgegangen ⓬ *Spiel, Streik:* abgesagt; **the party is off** die Party fällt aus ⓭ **to be badly/well off** nicht gut/gut gestellt sein ⓮ **that's a bit off!** das ist ein dicker Hund!

**off-cen·tre** [ˌɒfˈsentəʳ], ⓤⓢⓐ **off-cen·ter** nicht in der Mitte, asymmetrisch

**off-chance** [ˈɒftʃɑːns] **I came on the off-chance of seeing him** ich kam in der Hoffnung, ihn [vielleicht] zu sehen

**off-col·our** [ˌɒfˈkʌləʳ], ⓤⓢⓐ **off-col·or** unwohl

**of·fence** [əˈfens] ❶ *(vor dem Gericht)* die Straftat, das Vergehen (**against** gegen); **to commit an offence** sich strafbar machen ❷ die Kränkung, die Beleidigung; **to cause** [*oder* **give**] **offence to someone** jemanden kränken; **to take offence at something** wegen etwas gekränkt sein, an etwas Anstoß nehmen ❸ *(beim Sport)* der Angriff

to **of·fend** [əˈfend] beleidigend sein; **to offend someone** jemanden beleidigen, verletzen, bei jemandem Anstoß erregen

**of·fend·er** [əˈfendəʳ] der Täter/die Täterin, der Verkehrssünder/die Verkehrssünderin

**of·fense** ⓤⓢⓐ ❶ die Straftat, das Vergehen; **to commit an offense** sich strafbar machen ❷ die Kränkung, die Beleidigung; **to take offense at something** wegen etwas gekränkt sein, an etwas Anstoß nehmen

❸ *(beim Sport)* der Angriff

**of·fen·sive[1]** [əˈfensɪv] ❶ offensiv, Angriffs-; **offensive weapon** die Angriffswaffe, die Offensivwaffe ❷ *Geruch:* unangenehm, widerlich ❸ *Film:* anstößig ❹ *Benehmen:* beleidigend, kränkend

**of·fen·sive[2]** [əˈfensɪv] der Angriff, die Offensive; **on the offensive** in der Offensive

to **of·fer** [ˈɒfəʳ] ❶ anbieten; **to offer to do something** anbieten etwas zu tun; **to offer to help** seine Hilfe anbieten ❷ **to offer an explanation** eine Erklärung geben; **to offer an opinion** sich äußern; [an]bieten *Rat* ❸ aussetzen *Belohnung, Preis, Summe* ❹ **to offer resistance** Widerstand leisten ❺ **Scotland has a lot to offer** Schottland hat eine Menge zu bieten

**of·fer** [ˈɒfəʳ] ❶ das Angebot; **to make an offer of something to someone** jemandem etwas anbieten; **to accept/turn down** [*oder* **decline**] **an offer** ein Angebot annehmen/ablehnen ❷ *(Waren)* on offer [zum Verkauf] angeboten, im Sonderangebot; **the house is under offer** für das Haus liegt ein Kaufangebot vor

**off·hand[1]** [ˌɒfˈhænd] so ohne weiteres, auf Anhieb; **I don't know offhand** das weiß ich nicht auswendig

**off·hand[2]** [ˌɒfˈhænd] *Person:* lässig; *Benehmen:* gleichgültig

**of·fice** [ˈɒfɪs] ❶ das Büro; **at the office** im Büro ❷ das Amt; **to hold office** im Amt sein; **to take office** das Amt antreten; *(von Partei)* die Regierung übernehmen ❸ **Home Office** ⓖⓑ das Innenministerium

**of·fice block** das Bürohaus, der Bürokomplex

**of·fice build·ing** das Bürogebäude

**of·fice equip·ment** die Büroausstattung

**of·fice hours** *plural* die Dienstzeit, die Geschäftszeit, die Öffnungszeiten

**of·fic·er** [ˈɒfɪsəʳ] ❶ *(militärisch)* der Offizier ❷ *(polizeilich)* der Beamter/die Beamtin

**of·fice staff** das Büropersonal

**of·fice sup·plies** *plural* der Bürobedarf

**of·fice work·er** der/die Büroangestellte

**of·fi·cial[1]** [əˈfɪʃl] amtlich, dienstlich, offiziell; **official statement** die amtliche Verlautbarung

**of·fi·cial[2]** [əˈfɪʃl] ❶ der Beamter/die Beamtin ❷ *von Verein:* der Funktionär/die Funktionärin

**of·fi·cial·ly** [əˈfɪʃəlɪ] offiziell

**off-li·cence** [ˈɒflaɪsns] ⓖⓑ die Wein- und Spirituosenhandlung

**off-peak** [ˈɒfpiːk] **off-peak charges** der ver-

**off-putting – on** **310**

billigte Tarif; **during off-peak hours** außerhalb der Stoßzeiten

**off-put·ting** [ˌɒfˈpʊtɪŋ] (*umgangsspr*) wenig einladend; *Person, Verhalten:* abstoßend

**off-sea·son** [ˈɒfsiːzn] die Nebensaison

**off·shore** [ˌɒfˈʃɔːʳ] ❶ von der Küste weg; **to sail offshore** vor der Küste segeln ❷ küstennah, Küsten-; **offshore wind** der Landwind

**off·side¹** [ˌɒfˈsaɪd] ❶ (*beim Sport*) im Abseits; **to be offside** abseitsstehen ❷ *im Auto:* auf der Fahrerseite

**off·side²** [ˌɒfˈsaɪd] *von Auto:* die Fahrerseite

**off·side rule** die Abseitsregel

**off-white** [ˌɒfˈwaɪt] gebrochen weiß

**of·ten** [ˈɒfn] oft, häufig; **we often go there** wir gehen häufig dahin; **as often as not** [*oder* **more often than not**] meistens; **every so often** öfters, von Zeit zu Zeit; **how often?** wie oft?

**oh** [əʊ] oh! ach!; **oh well** na ja!; **oh dear!** o je!; **oh yes?** ach ja?

**OHP** [ˌəʊeɪtʃˈpiː] *Abkürzung von* **overhead projector** der Overheadprojektor

**oil** [ɔɪl] ❶ das Öl ❷ das Erdöl, das Petroleum ❸ **oils** die Ölfarbe, das Ölgemälde

to **oil** [ɔɪl] [ein]ölen, schmieren

**oil change** (*von Auto*) der Ölwechsel

**oil com·pa·ny** der Ölkonzern

**oil con·sump·tion** *kein Plural* der Ölverbrauch

**oil-fired** ölbeheizt; **oil-fired heating system** die Ölheizung

**oil in·dus·try** die Ölindustrie

**oil paint·ing** ❶ (*Bild*) das Ölgemälde ❷ (*Beschäftigung*) die Ölmalerei

**oil pipe·line** die Ölpipeline

**oil plat·form** die Ölplattform

**oil-pro·duc·ing** Öl fördernd; **oil-producing country** das Ölförderland

**oil pro·duc·tion** *kein Plural* die [Erd]ölförderung

**oil rig** der Bohrturm, die Bohrinsel

**oil·skin oilskins** das Ölzeug

**oil slick** der Ölteppich, die Öllache

**oil tank·er** der Öltanker, das Tankschiff

**oil well** die Ölquelle

**oily** [ˈɔɪlɪ] ❶ (*auch übertragen*) ölig ❷ *Finger:* voller Öl; *Haar, Haut:* fettig

**oink** [ɔɪŋk] (*umgangsspr*) grunz

**oint·ment** [ˈɔɪntmənt] die Salbe

**OK¹, okay** [ˌəʊˈkeɪ] ❶ okay! einverstanden! in Ordnung! ❷ in Ordnung, okay; **that's okay with me** das ist mir recht; **to be okay for money** genug Geld haben ❸ gut; **he's doing OK** er macht seine Sache gut

**OK², okay** [ˌəʊˈkeɪ] die Zustimmung; **I gave the plan my OK** ich gab dem Plan mein Okay

to **OK**, to **okay** [ˌəʊˈkeɪ] gutheißen, billigen *Plan*

**old** [əʊld] ❶ alt; **old people** die alten Leute; **he's forty years old** er ist 40; **a seven-year-old girl** eine Siebenjährige; **an old friend of his** ein alter Freund von ihm ❷ früher, ehemalig; **in the old days** früher; **his old school** seine ehemalige Schule ▸ WENDUNGEN: **to be an old hand** ein alter Hase sein; **any old thing** irgendwas

**old age** das Alter; **to reach old age** ein hohes Alter erreichen; **old-age pension** die Altersrente; **old age pensioner, OAP** der Rentner/die Rentnerin

**old-fash·ioned** [ˌəʊldˈfæʃnd] altmodisch

**old peo·ple's home** das Altersheim

**old-style** im alten Stil

**ol·ive¹** [ˈɒlɪv] ❶ die Olive; **olive tree** der Olivenbaum ❷ *Farbe:* das Olivgrün

**ol·ive²** [ˈɒlɪv] olivgrün

**ol·ive oil** [ˈɒlɪvˌɔɪl] das Olivenöl

**Olym·pic** [əˈlɪmpɪk] olympisch; **the Olympic Games** die Olympischen Spiele; **Olympic stadium** das Olympiastadion

**ome·lette** [ˈɒmlɪt], ⓊⓈⒶ **omelet** das Omelett, der Eierkuchen

to **omit** [əˈmɪt] <omitted, omitted> ❶ auslassen (**from** aus) ❷ **to omit doing** [*oder* **to do**] **something** unterlassen [*oder* versäumen], etwas zu tun

**on** [ɒn] ❶ *räumlich* auf, an; **on the table** auf dem Tisch; **pictures on the wall** Bilder an der Wand; **on the right/left** rechts/links; **a house on the coast** ein Haus am Meer ❷ *zeitlich* an; **on Sunday** am Sonntag; **on the evening of May the first** am Abend des ersten Mai; **on the dot** auf die Minute genau; **from that day on** von diesem Tag an ❸ (*mit Transportmittel*) **to go on the train** mit dem Zug fahren; **on foot** zu Fuß; **on a bicycle** mit dem Fahrrad ❹ (*mit Thema*) über; **a lecture on Shakespeare** ein Vortrag über Shakespeare ❺ (*Mittel*) **to live on one's income** von seinem Einkommen leben; **to live on bread** sich von Brot ernähren ❻ bei; **on my arrival** bei meiner Ankunft; **on request** auf Wunsch; **on receiving his letter** auf seinen Brief hin ❼ (*mit Beschäftigung, Arbeit usw.*) **to work on a project** an einem Projekt arbeiten; **he is on the committee** er gehört dem Ausschuss an; **to be on duty** im Dienst sein ❽ (*mit Instrumenten*) **to play on the violin** auf der

Geige spielen ❾ (*mit Geld*) **this is on me** das geht auf meine Kosten; **he has no money on him** er hat kein Geld bei sich ❿ **to have nothing on** nichts anhaben, nackt sein; **I have nothing on tonight** ich habe heute Abend nichts vor; **I put a hat on** ich setzte einen Hut auf; **to keep on talking** immer weiterreden ⓫ **on and on** ununterbrochen, andauernd; **to be on at someone** (*umgangsspr*) dauernd auf jemandem herumhacken; **what's he on about?** wovon redet er nun schon wieder? ⓬ *Gerät, Licht:* an; **to be on** an sein ⓭ **on the radio** im Radio; **who's on tonight?** wer spielt heute Abend?; **what's on in town?** was läuft in der Stadt? ⓮ **it's just not on** das gibt es einfach nicht

**once** [wʌns] ❶ (*zahlenmäßig*) einmal; **once a week** einmal in der Woche; **once more** noch einmal; **once and for all** ein für allemal; **once or twice** ein- oder zweimal ❷ (*vergangen*) früher einst, einst; **once upon a time there was ...** es war einmal ... ❸ **at once** sofort, auf einmal; **all at once** ganz plötzlich ❹ wenn, als

**on·com·ing** [ˈɒnkʌmɪŋ] **oncoming traffic** der Gegenverkehr

**one**[1] [wʌn] ❶ (*Zahl*) ein, eine, ein; **the baby is one [year old]** das Kind ist ein Jahr [alt]; **it is one o'clock** es ist ein Uhr; **one hundred pounds** hundert Pfund ❷ (*unbestimmt*) **one morning** eines Morgens; **one day next week** nächste Woche einmal ❸ (*einzig*) **my one hope** meine einzige Hoffnung; **my one thought was ...** mein einziger Gedanke war ... ❹ (*ohne Unterschied*) **they are one and the same person** das ist ein und dieselbe Person; **it is all one** das ist einerlei ❺ (*einig sein*) **we are one on the subject** wir sind uns in dieser Sache einig

**one**[2] [wʌn] ❶ eine(r, s); **she is one of us** sie ist eine von uns; **the one who ...** derjenige, der ...; **a bigger one** ein größerer; **no one of these people** keiner dieser Leute; **any one** irgendeine(r, s); **every one** jede(r, s); **this one** diese(r, s); **the little ones** die Kleinen; **I'm not one to go out often** ich bin nicht der Typ, der oft ausgeht; **they came one and all** sie kamen alle; **one by one** einzeln; **one after the other** einer nach dem anderen ❷ *unpersönlich* **to wash one's face** sich das Gesicht waschen

**one**[3] [wʌn] die Eins; **in ones and twos** in kleinen Gruppen

**one-piece** [ˌwʌnˈpiːs] einteilig; **one-piece**

swimsuit der Einteiler

**one·self** [wʌnˈself] ❶ sich; **to cut oneself** sich schneiden ❷ *betont* [man] selbst; **by oneself** ganz allein, ohne Hilfe; **if one doesn't do everything oneself** wenn man nicht alles selbst macht ❸ **to be oneself** sich so geben, wie man ist; **to come to oneself** wieder zu sich kommen, sich fassen

**one-way** [ˈwʌnweɪ] **one-way street** die Einbahnstraße; **one-way ticket** die einfache Fahrkarte

**on·go·ing** [ˈɒngəʊɪŋ] *Problem:* laufend; *Situation:* andauernd; *Suche:* im Gang befindlich

**on·ion** [ˈʌnɪən] die Zwiebel

**on·line** [ˌɒnˈlaɪn] online; **online gaming** das Online-Spiel

**on·line gam·ing** das Online-Spiel

**on·look·er** [ˈɒnlʊkəʳ] der Zuschauer/die Zuschauerin

**only** [ˈəʊnlɪ] ❶ einzige(r, s); **he's an only child** er ist ein Einzelkind; **the only thing** das Einzige; **her only answer was a shrug** ihre Antwort bestand nur aus einem Achselzucken; **my one and only hope** meine einzige Hoffnung ❷ nur; **only last week** erst letzte Woche; **if only** wenn doch nur; **not only ... but also** nicht nur ... sondern auch; **if only that hadn't happened** wenn das bloß nicht passiert wäre; **only just** eben erst ❸ **I'd love to go, only I'm busy** ich würde gern hingehen, aber ich habe so viel zu tun

**o.n.o.** [ˌəʊenˈəʊ] *Abkürzung von* **or near(est) offer** oder gegen Höchstgebot, die Verhandlungsbasis, VB

**on·side** [ˈɒnsaɪd] (*beim Sport*) nicht im Abseits

**onto** [ˈɒntʊ] ❶ auf ❷ **to be onto someone** jemandem auf die Schliche kommen

**on·ward** [ˈɒnwəd] ❶ **onward|s** voran, vorwärts, weiter; **from today onwards** von heute an ❷ nach vorn [gerichtet]

**open**[1] [ˈəʊpən] ❶ *Augen, Buch, Fenster:* offen; **to keep the door open** die Tür offen lassen; **a shirt open at the neck** ein am Hals offenes Hemd ❷ *Bank, Geschäft:* geöffnet; **open** geöffnet; **open on Sundays** Sonntags geöffnet; **open to the public** der Öffentlichkeit zugänglich; **to declare something open** etwas einweihen [*oder* eröffnen] ❸ *Blick:* frei, offen; *Charakter:* offen, aufrichtig; **to be open to advice** Ratschlägen zugänglich sein ❹ *Feuer, Gelände:* offen; **in the open air** im Freien; **road open to traffic** Durchfahrt frei ❺ *Frage:* offen, ungeklärt; **an open secret** ein offenes Geheimnis; **to**

**open – opposing**

leave something open (*übertragen*) etwas offenlassen; **to have an open mind on something** einer Sache aufgeschlossen gegenüberstehen ❻ **in open court** in öffentlicher Verhandlung ❼ **to be open to attack** Angriffen ausgesetzt sein

**open²** ['əʊpən] ❶ **in the open** im Freien ❷ **to come out into the open** (*übertragen*) Farbe bekennen; **to force something out into the open** etwas zur Sprache bringen

to **open** ['əʊpən] ❶ *Fenster, Tür:* sich öffnen, aufgehen ❷ öffnen, aufmachen *Mund;* aufschlagen *Buch, Zeitung* ❸ *Laden:* öffnen, aufmachen; **doors open at 6 o'clock** Einlass ab 18 Uhr; eröffnen *Ausstellung, Konto* ❹ (*übertragen*) beginnen (**with** mit); eröffnen, beginnen *Debatte, Diskussion* ❺ **to open one's heart to someone** jemandem sein Herz ausschütten ❻ *Zimmer:* führen (**into/onto** in)

◆to **open out** ❶ *Landschaft:* sich verbreitern ❷ *Karte:* sich ausfalten lassen; **to open out a map** eine Karte auseinanderfalten

◆to **open up** ❶ *Knospe:* sich öffnen; **to open up parcel** ein Paket aufmachen ❷ aufschließen *Tür;* **the door opened up** die Tür ging auf ❸ *Firma:* sich niederlassen ❹ erschließen *Gebiet;* eröffnen *Geschäft* ❺ (*übertragen*) *Person:* gesprächiger werden

**open-air** [ˌəʊpnˈeəʳ] im Freien; **open-air swimming pool** das Freibad; **open-air theatre** das Freilichttheater

**open-end·ed** [ˌəʊpnˈendɪd] (*übertragen*) offen, zeitlich nicht begrenzt; **open-ended discussion** die Endlosdiskussion

**open·er** ['əʊpənəʳ] ❶ **bottle-opener** der Flaschenöffner; **tin-opener** [*oder* 🇺🇸 **can-opener**] der Büchsenöffner ❷ **for openers** für den Anfang

**open·ing¹** ['əʊpənɪŋ] ❶ *von Loch usw.:* die Öffnung ❷ *von Ausstellung usw.:* die Eröffnung ❸ der Beginn, der Anfang ❹ *von Paket:* das Aufmachen ❺ die Möglichkeit, die Chance ❻ (*Arbeit*) die freie Stelle

**open·ing²** ['əʊpənɪŋ] erste(r, s), Eröffnungs-
**open·ing bal·ance** die Eröffnungsbilanz
**open·ing bid** das Eröffnungsgebot
**open·ing hours** *plural* die Öffnungszeiten
**open·ing night** die Eröffnungsvorstellung
**open·ing time** die Öffnungszeit
**open·ly** ['əʊpənlɪ] ❶ **to speak openly** offen reden ❷ öffentlich
**open-mind·ed** [ˌəʊpnˈmaɪndɪd] aufgeschlossen
**open sand·wich** das belegte Brot

**Open Uni·ver·sity** 🇬🇧 die Fernuniversität
**op·era** ['ɒprə] die Oper; **to go to the opera** in die Oper gehen
to **op·er·ate** ['ɒpəreɪt] ❶ *Maschine:* in Betrieb, in Gang sein; *Bus, Zug:* verkehren ❷ **to operate a machine** eine Maschine bedienen ❸ **the radio operates on batteries** das Radio funktioniert mit Batterien ❹ **to operate on someone** jemanden operieren; **to be operated on** operiert werden ❺ betreiben, führen *Geschäft* ❻ (*militärisch*) operieren
**op·er·at·ing** ['ɒpəreɪtɪŋ] ❶ Betriebs- ❷ (*medizinisch*) Operations-
**op·era·tion** [ˌɒpəˈreɪʃn] ❶ *von Maschine:* der Gang, der Lauf; **to be in/out of operation** in/außer Betrieb sein ❷ (*medizinisch*) die Operation; **to have an operation** operiert werden (**for** wegen) ❸ (*militärisch*) die Operation ❹ **the law comes into operation soon** das Gesetz wird bald in Kraft treten
**op·era·tion·al** [ˌɒpəˈreɪʃənl] *Maschine:* betriebsbereit
**op·era·tive** ['ɒpərətɪv] in Betrieb; *Gesetz:* wirksam; *Behandlung:* operativ; **to become operative** in Kraft treten
**op·era·tor** ['ɒpəreɪtəʳ] ❶ (*am Telefon*) die Vermittlung ❷ der Maschinenarbeiter/die Maschinenarbeiterin, der Operator/die Operatorin ❸ **a clever** [*oder* **smooth**] **operator** (*umgangsspr*) ein raffinierter Kerl
**opin·ion** [əˈpɪnɪən] die Meinung, die Ansicht (**about/on** zu); **in my opinion** meiner Ansicht nach; **in the opinion of most people** nach Ansicht der meisten Menschen; **it's a matter of opinion** das ist Ansichtssache; **to have a good opinion of someone** eine gute Meinung von jemanden haben; **public opinion** die öffentliche Meinung
**opin·ion poll** die Meinungsumfrage
**op·po·nent** [əˈpəʊnənt] der Gegner/die Gegnerin, der Gegenspieler/die Gegenspielerin
**op·por·tu·ni·ty** [ˌɒpəˈtjuːnɪtɪ] die Gelegenheit; **at the first opportunity** bei der erstbesten Gelegenheit; **to take the opportunity to do** [*oder* **of doing**] **something** die Gelegenheit nutzen, etwas zu tun
to **op·pose** [əˈpəʊz] ❶ **to oppose something** sich einer Sache widersetzen; **to oppose a plan** einen Plan ablehnen ❷ (*bei Wahl*) **to oppose someone** gegen jemanden kandidieren
**op·posed** [əˈpəʊzd] ❶ dagegen ❷ **to be opposed to something** gegen etwas sein ❸ **as opposed to** im Gegensatz zu
**op·pos·ing** [əˈpəʊzɪŋ] ❶ gegnerisch; **oppos-**

**ing team** die Gegenmannschaft ❷ *Ansichten usw.:* entgegengesetzt

**op·po·site¹** ['ɒpəzɪt] ❶ *Richtung:* entgegengesetzt; *Seite:* gegenüberliegend ❷ gegenüber; **they live opposite the theatre** sie wohnen gegenüber dem Theater; **they sat opposite** sie saßen uns/sich gegenüber; **opposite one another** einander [*oder* sich] gegenüber ❸ (*übertragen*) entgegengesetzt; **the opposite sex** das andere Geschlecht

**op·po·site²** ['ɒpəzɪt] das Gegenteil, der Gegensatz; **quite the opposite!** ganz im Gegenteil!

**op·po·si·tion** [ˌɒpə'zɪʃn] ❶ der Gegensatz (**to** zu) ❷ der Widerstand, die Opposition; **without opposition** widerstandslos ❸ Ⓖ⒝ (*politisch*) **the Opposition** die Opposition

**op·ti·cal** ['ɒptɪkl] optisch; **optical fibre** die Glasfaser; **optical illusion** die optische Täuschung

**op·ti·cian** [ɒp'tɪʃn] der Optiker/die Optikerin

**op·ti·mism** ['ɒptɪmɪzəm] der Optimismus

**op·ti·mist** ['ɒptɪmɪst] der Optimist/die Optimistin

**op·ti·mis·tic** [ˌɒptɪ'mɪstɪk] optimistisch

**op·ti·mum¹** ['ɒptɪməm] optimal

**op·ti·mum²** ['ɒptɪməm] <*plural* optima *oder* optimums> das Optimum

**op·tion** ['ɒpʃn] ❶ die Wahl, die Möglichkeit; **I have little/no option** mir bleibt kaum eine/keine andere Wahl; **she had no option but to leave** ihr blieb nichts anderes übrig als zu gehen; **to leave one's options open** sich alle Möglichkeiten offenlassen ❷ (*an Schule, Uni*) das Wahlfach

**op·tion·al** ['ɒpʃənl] freiwillig, wahlfrei, fakultativ; **optional extras** die Extras

**or** [ɔːʳ] ❶ oder; **a minute or two** ein paar Minuten; **he could not read or write** er konnte weder lesen noch schreiben ❷ **either … or** entweder … oder; **whether … or not** ob … oder; **or else** sonst, andernfalls; **or even** oder sogar; **or rather** oder vielmehr

**oral¹** ['ɔːrəl] ❶ mündlich ❷ (*medizinisch*) oral

**oral²** ['ɔːrəl] (*umgangsspr*) die mündliche Prüfung

**or·ange¹** ['ɒrɪndʒ] ❶ (*Frucht*) die Apfelsine, die Orange ❷ (*Farbe*) das Orange

**or·ange²** ['ɒrɪndʒ] orange[farben]

**or·ange·ade** [ˌɒrɪndʒ'eɪd] die Orangeade

**or·ange juice** der Orangensaft

**or·ange peel** die Orangenschale

**or·bit** ['ɔːbɪt] ❶ *von Planeten usw.:* die Kreisbahn, die Umlaufbahn, die Planetenbahn, der Orbit; **to put a satellite into orbit** einen Satelliten in die Umlaufbahn schießen ❷ (*übertragen*) der Machtbereich, die Einflusssphäre

to **or·bit** ['ɔːbɪt] kreisen; **to orbit the Earth** die Erde umkreisen

**or·chard** ['ɔːtʃəd] der Obstgarten; (*kommerziell*) die Obstplantage

**or·ches·tra** ['ɔːkɪstrə] das Orchester

**or·ches·tral** [ɔː'kestrəl] Orchester-, orchestral

**or·ches·tra pit** der Orchestergraben

**or·chid** ['ɔːkɪd] die Orchidee

**or·deal** [ɔː'diːl] die Tortur, die Qual

**or·der** ['ɔːdəʳ] ❶ die Ordnung, die Anordnung, die Reihenfolge; **in alphabetical order** in alphabetischer Reihenfolge; **word order** die Wortstellung; **in order of preference** in der bevorzugten Reihenfolge; **to put something in order** etwas ordnen ❷ (*geordneter Zustand*) die Ordnung; **to be out of order** *Maschine:* nicht funktionieren, außer Betrieb sein; **her passport is in order** ihr Pass ist in Ordnung; **to put one's affairs in order** Ordnung in seine Angelegenheiten bringen; **to keep order** Ordnung wahren ❸ (*im Restaurant*) die Bestellung; **last orders, please!** (*in einer Kneipe*) letzte Runde bitte! ❹ *von Waren:* der Auftrag, die Bestellung, die Order; **made to order** auf Bestellung angefertigt ❺ (*militärisch*) das Kommando, der Befehl; **to be under orders to do something** Instruktionen haben, etwas zu tun; **until further orders** bis auf weiteren Befehl ❻ *von Gericht:* die Verfügung; **law and order** Recht und Ordnung ❼ **in order to do something** um etwas zu tun; **in order that …** damit …

to **or·der** ['ɔːdəʳ] ❶ (*im Geschäft, Restaurant*) bestellen; **are you ready to order?** darf ich Ihre Bestellung aufnehmen? ❷ **to order someone to do something** jemanden anweisen, etwas zu tun; (*militärisch*) jemandem befehlen, etwas zu tun; **the doctor ordered me to stay in bed** der Arzt verordnete mir Bettruhe ❸ ordnen *Bücher, Dokumente usw.* ❹ **to order someone about** jemanden herumkommandieren

**or·der form** das Bestellformular

**or·der·ly¹** ['ɔːdəlɪ] ❶ ordentlich, geordnet, systematisch ❷ *Leben:* geregelt ❸ *Gruppe:* gesittet, friedlich

**or·der·ly²** ['ɔːdəlɪ] **medical orderly** der Pfleger/die Pflegerin, der Sanitäter/die Sanitäterin

**or·di·nal** ['ɔːdɪnl], **or·di·nal num·ber** die

Ordnungszahl

**or·di·nari·ly** [ˈɔːdʲnˀrˀli] gewöhnlich, normalerweise

**or·di·nary**[1] [ˈɔːdɪnɪ] ❶ gewöhnlich, normal; **in the ordinary way** unter gewöhnlichen Umständen; **ordinary use** der normale Gebrauch ❷ durchschnittlich, alltäglich ❸ **ordinary people** die einfachen Leute

**F** Nicht verwechseln mit *ordinär — vulgar!*

**or·di·nary**[2] [ˈɔːdɪnɪ] **nothing out of the ordinary** nichts Außergewöhnliches

**ord·nance** [ˈɔːdnəns] **Ordnance Survey map** die amtliche topographische Karte

**or·gan** [ˈɔːgən] ❶ (*körperlich*) das Organ ❷ (*übertragen*) das Sprachrohr; *einer Partei:* das Organ ❸ (*Instrument*) die Orgel

**or·gan do·nor** der Organspender/die Organspenderin

**or·gan·ic** [ɔːˈgænɪk] organisch; **organic farming** die biologisch-dynamische Landwirtschaft; **organic waste** der organische Abfall, der Biomüll

**or·gan·ism** [ˈɔːgənɪzəm] der Organismus

**or·gan·ist** [ˈɔːgənɪst] (*in der Musik*) der Organist/die Organistin

**or·gani·za·tion** [ˌɔːgənaɪˈzeɪʃn] ❶ die Organisation, die Einteilung ❷ der Aufbau, die Struktur, die Bildung, die Gliederung, die Planung ❸ die Organisation, das Unternehmen

**or·gani·za·tion·al** [ˌɔːgˀnaɪˈzeɪʃˀnˀl] organisatorisch

to **or·gan·ize** [ˈɔːgənaɪz] ❶ organisieren ❷ einteilen *Arbeit, Zeit;* planen *Leben* ❸ organisieren *Treffen*

**or·gan·ized** [ˈɔːgənaɪzd] ❶ organisiert, geregelt; **he isn't very organized** bei ihm geht alles drunter und drüber ❷ **organized crime** das organisierte Verbrechen

**or·gasm** [ˈɔːgæzˀm] der Orgasmus

**ori·en·tal** [ˌɔːrɪˈentl] *Kultur, Land:* östlich; **oriental studies** die Orientalistik

to **ori·en·tate** [ˈɔːrɪenteɪt] (*übertragen*) ausrichten (**to/towards** auf)

**ori·en·ta·tion** [ˌɔːrɪənˈteɪʃn] die Orientierung; (*auch übertragen*) die Ausrichtung

**ori·en·teer·ing** [ˌɔːrɪənˈtɪərɪŋ] *kein Plural* der Orientierungslauf

**ori·gin** [ˈɒrɪdʒɪn] ❶ der Ursprung, die Herkunft, die Abstammung; **country of origin** das Ursprungsland, das Herkunftsland; **place of origin** der Ursprungsort; **proof of origin** der Herkunftsnachweis ❷ *der Welt:* die Entstehung ❸ **the problem has its origin in** the lack of resources das Problem geht auf den Mangel an Mitteln zurück

**origi·nal**[1] [əˈrɪdʒənl] ❶ ursprünglich, anfänglich; **original sin** die Erbsünde; **original i‑nhabitants** die Ureinwohner ❷ *Gemälde:* original ❸ *Idee:* originell

**origi·nal**[2] [əˈrɪdʒənl] ❶ das Original, die Vorlage ❷ (*Mensch*) das Original

**origi·nal·ity** [əˌrɪdʒəˈnælɪtɪ] die Originalität

**origi·nal·ly** [əˈrɪdʒənəlɪ] ❶ ursprünglich, anfänglich; **he originally comes from Ireland** er stammt ursprünglich aus Irland ❷ originell

to **origi·nate** [əˈrɪdʒɪneɪt] ❶ entstehen, entspringen; **to originate from a country** aus einem Land stammen ❷ **the idea originated from him** die Idee stammte von ihm ❸ hervorbringen, erfinden

**or·na·ment** [ˈɔːnəmənt] der Schmuck, die Verzierung, das Dekor, die Dekoration

**or·na·men·tal** [ˌɔːnəˈmentl] dekorativ, Zier‑, schmückend; **ornamental object** der Ziergegenstand

**or·ni·thol·ogy** [ˌɔːnɪˈθɒlədʒɪ] die Vogelkunde, die Ornithologie

**or·phan** [ˈɔːfn] die Waise, das Waisenkind; **to be orphaned** zur Waise werden

**or·phan·age** [ˈɔːfnɪdʒ] das Waisenhaus

**ortho·don·tist** [ˌɔːθə(ʊ)ˈdɒntɪst] der Kieferorthopäde, die Kieferorthopädin

**Os·car** [ˈɒskəˈ] der Oscar; **Oscar winner** der Oscar-Preisträger/die Oscar-Preisträgerin

**os·trich** [ˈɒstrɪtʃ] (*Vogel*) der Strauß

**oth·er** [ˈʌðəˈ] ❶ andere(r, s); **the others** die anderen; **other people** andere Leute ❷ **one other thing** noch eins; **are there any others there?** sind sonst noch welche da?; **do you have any other questions?** haben Sie sonst noch Fragen?; **in other words** mit anderen Worten ❸ **each other** einander, sich; **they kissed each other** sie küssten sich ❹ **the other day** neulich; **some other time** ein andermal, ein anderes Mal; **every other** jede(r, s) zweite ❺ **somehow/someone/sometime/somewhere or other** irgendwie/irgendjemand/irgendwann/irgendwo ❻ anders; **there is no other way** es geht nicht anders; **other than** anders als; **anyone other than you** [*oder* **yourself**] jeder außer dir

**oth·er·wise** [ˈʌðəwaɪz] ❶ anders; **to think otherwise** anderer Meinung sein ❷ **he was otherwise engaged** er war anderweitig beschäftigt ❸ **she must study even harder, otherwise she'll fail** sie muss noch fleißiger lernen, sonst wird sie durchfallen; **he's got a cold, but otherwise he's OK** er hat eine Erkältung, aber ansonsten geht es ihm nicht schlecht

**OTT** [ˌəʊtiˈtiː] *Abkürzung von* **over the top** übertrieben

**ouch** [aʊtʃ] au! autsch!

**ought** [ɔːt] ❶ **I ought to go** ich sollte hingehen; **he ought to have come** er hätte kommen sollen ❷ *vorschlagend* **you ought to see that film** den Film sollten Sie sehen ❸ (*wahrscheinlich*) **he ought to win the race** er müsste [eigentlich] das Rennen gewinnen

**ounce** [aʊns] (*Gewicht*) die Unze (= *28,35 g*)

**our** [ˈaʊəʳ] ❶ unser ❷ (*im Gebet*) **Our Father** das Vaterunser

**ours** [ˈaʊəz] unsere(r, s), der/die/das Unsere; **this house is ours** das ist unser Haus; **that is ours** das gehört uns; **a friend of ours** ein Freund von uns, einer unserer Freunde

**our·selves** [aʊəˈselvz] ❶ uns ❷ *betont* [wir] selbst; [**all**] **by ourselves** [ganz] allein, ohne Hilfe; **we did it ourselves** wir haben es selbst gemacht

**out** [aʊt] ❶ *Richtung* hinaus, heraus, aus; **out!** raus!; **to go out** hinausgehen; **he went out** [**of**] **the door** er ging zur Tür hinaus; **to go out of the country** außer Landes gehen; **to look out of the window** aus dem Fenster sehen; **to throw someone out** jemanden hinauswerfen ❷ *Position* außen, draußen; **I'm afraid she's out** leider ist sie nicht zu Hause; **he lives out in the country** er lebt draußen auf dem Land; **he likes to be out and about** er ist gern unterwegs ❸ (*übertragen*) **the sun is out** die Sonne scheint; **the secret is out** das Geheimnis ist bekannt geworden; **out with it!** heraus mit der Sprache!; **before the day is out** vor Ende des Tages ❹ *Gerät:* abgestellt; *Feuer, Licht:* aus ❺ *Buch:* heraus, erschienen ❻ (*nicht richtig*) **I am out in my calculations** ich liege mit meinen Berechnungen daneben; **my watch is five minutes out** meine Uhr geht fünf Minuten falsch ❼ **we have run out of cheese** der Käse ist uns ausgegangen; **I'm out of money** ich habe kein Geld ❽ **out of curiosity** aus Neugier; **out of date** überholt, veraltet; *Kleider:* altmodisch; **made out of wood** aus Holz gemacht; **out of sight** außer Sicht; **two out of three Americans** zwei von drei Amerikanern ❾ **to have it out with someone** (*umgangsspr*) etwas mit jemandem ausdiskutieren; **they are out for**

**trouble** sie suchen Streit

**out** [aʊt] **the ins and outs** alle Einzelheiten

**out·board** [ˈaʊtbɔːd] der Außenbordmotor

**out·break** [ˈaʊtbreɪk] *von Krieg, Seuche:* der Ausbruch

**out·burst** [ˈaʊtbɜːst] *von Zorn usw.:* der Ausbruch

to **out·class** [ˌaʊtˈklɑːs] **to outclass someone** jemandem überlegen sein

**out·come** [ˈaʊtkʌm] das Ergebnis, das Resultat

**out·cry** [ˈaʊtkraɪ] der Aufschrei, die Protestwelle (**against** gegen)

**out·dat·ed** [aʊtˈdeɪtɪd] veraltet, überholt

to **out·do** [aʊtˈduː] <outdid, outdone> **to outdo someone in something** jemanden an etwas übertreffen

**out·door** [ˈaʊtdɔːʳ] **outdoor clothes** die warme Kleidung; **outdoor games** Spiele im Freien; **outdoor** [**swimming**] **pool** das Freibad

**out·doors** [ˌaʊtˈdɔːz] draußen, im Freien; **to go outdoors** nach draußen gehen

**out·er** [ˈaʊtəʳ] äußere(r, s), Außen-; **outer garments** die Oberbekleidung; **outer space** der tiefe Weltraum

**out·er·most** [ˈaʊtəməʊst] äußerste(r, s)

**out·fit** [ˈaʊtfɪt] die Kleidung

**out·go·ing** [ˌaʊtˈgəʊɪŋ] ❶ (*übertragen*) *Mensch:* gesellig, kontaktfreudig ❷ *Beamte:* scheidend ❸ **outgoing flight** der Abflug; **outgoing tide** die Ebbe

**out·go·ings** [ˈaʊtˌgəʊɪŋz] *plural* Ⓖ🅑 die Ausgaben

to **out·grow** [ˌaʊtˈgrəʊ] <outgrew, outgrown> ❶ **to outgrow someone** jemandem über den Kopf wachsen ❷ herauswachsen aus *Kleider* ❸ **to outgrow a habit** einer Gewohnheit entwachsen

**out·ing** [ˈaʊtɪŋ] der Ausflug; **to go for** [*oder* **on**] **an outing** einen Ausflug machen

**out·law** [ˈaʊtlɔː] der/die Vogelfreie

to **out·law** [ˈaʊtlɔː] ❶ **to outlaw someone** jemanden ächten, jemanden für vogelfrei erklären ❷ für ungesetzlich erklären *Zeitung*

**out·let** [ˈaʊtlet] ❶ *für Flüssigkeit:* der Abfluss; *für Gas, Rauch:* der Abzug ❷ (*übertragen*) *für Gefühle:* das Ventil ❸ *von Fabrik:* die Verkaufsstelle

**out·line** [ˈaʊtlaɪn] ❶ der Umriss, die Silhouette; **to draw something in outline** etwas im Umriss zeichnen ❷ (*übertragen*) *von Plan usw.:* der Grundriss, der Abriss; *von Aufsatz usw.:* der Entwurf; **in outline** in groben Zügen

to **out·line** [ˈaʊtlaɪn] ❶ **to outline something**

**outlive – over** 316

die Umrisse einer Sache zeichnen ❷ (*übertragen*) **to outline a plan** einen Plan skizzieren [*oder* umreißen]

to **out·live** [ˌaʊt'lɪv] **to outlive someone** jemanden überleben [*oder* überdauern]

**out·look** ['aʊtlʊk] ❶ der Ausblick, die Aussicht (**over/onto** auf) ❷ (*übertragen*) die Ansicht, die Auffassung, der Standpunkt; **his outlook** [up]on life seine Einstellung zum Leben ❸ **the weather outlook** die Wetteraussichten

to **out·num·ber** [ˌaʊt'nʌmbəʳ] **to outnumber someone** jemandem zahlenmäßig überlegen sein; **we were outnumbered 4 to 1** die anderen waren viermal so viele wie wir

**out-of-date** [ˌaʊtəv'deɪt] veraltet; *Stil:* unmodern, altmodisch; *Karte:* ungültig

**out-of-the-way** [ˌaʊtəvðə'weɪ] abgelegen, einsam

**out-of-work** [ˌaʊtəv'wɜːk] arbeitslos

**out·pa·tient** ['aʊtpeɪʃnt] der/die Kranke in ambulanter Behandlung; **outpatients' [department]** die Ambulanz

to **out·play** [ˌaʊt'pleɪ] **to outplay someone** besser als jemand spielen

**out·put** ['aʊtpʊt] ❶ *einer Maschine:* der Ausstoß, der Ertrag, die Leistung ❷ (*wirtschaftlich*) die Jahresproduktion, der Output ❸ *von Daten:* die Ausgabe

**out·rage** ['aʊtreɪdʒ] ❶ (*Verbrechen usw.*) die Schandtat ❷ (*öffentliche Reaktion*) die Empörung, die Entrüstung

to **out·rage** [ˌaʊt'reɪdʒ] ❶ **to outrage someone** jemanden beleidigen ❷ **to be outraged by something** über etwas empört sein

**out·ra·geous** [aʊt'reɪdʒəs] ❶ *Verbrechen:* abscheulich, verabscheuungswürdig ❷ *Verhalten:* empörend, unerhört, unverschämt ❸ *Kleider:* ausgefallen, unmöglich

**out·right** ['aʊtraɪt] ❶ ausgemacht; *Lüge:* glatt; *Unsinn:* total ❷ **they were killed outright** sie waren auf der Stelle tot ❸ **to admit something outright** etwas ohne Umschweife zugeben

**out·set** ['aʊtset] der Beginn, der Anfang; **at the outset** am Anfang; **from the outset** von Anfang an

to **out·shine** [ˌaʊt'ʃaɪn] <outshone *oder* outshined, outshone *oder* outshined> **to outshine someone** jemanden in den Schatten stellen

**out·side¹** [ˌaʊt'saɪd] die Außenseite

**out·side²** ['aʊtsaɪd] ❶ Außen-, äußere(r, s); **the outside world** die Außenwelt ❷ **an outside chance** eine kleine Chance ❸ drau-

ßen; **to go outside** nach draußen gehen; **outside the town** außerhalb der Stadt; **the car outside the house** das Auto vor dem Haus

**out·sid·er** [ˌaʊt'saɪdəʳ] der Außenseiter/die Außenseiterin

**out·skirts** ['aʊtskɜːts] *plural* die Außengebiete; **on the outskirts of Glasgow** am Stadtrand von Glasgow

**out·stand·ing** [ˌaʊt'stændɪŋ] ❶ hervorragend; **of outstanding ability** außerordentlich begabt; **of outstanding importance** von höchster Bedeutung ❷ *Merkmal:* hervorstechend ❸ **a lot of work is still outstanding** viel Arbeit ist noch unerledigt ❹ **outstanding debts** die Außenstände

**out·stretched** [ˌaʊt'stretʃt] ausgestreckt

**out·tray** die Ablage für Ausgänge

**out·ward** ['aʊtwəd] ❶ äußerlich; *Erscheinung:* äußere(r, s) ❷ **outward journey** die Hinfahrt ❸ **open outward[s]** nach außen aufgehen

**out·ward·ly** ['aʊtwədlɪ] nach außen hin

**out·wards** ['aʊtwədz] nach außen

**oven** ['ʌvn] der Backofen

**oven cloth** ['ʌvnklɒθ] der Topflappen

**oven glove**, 🇺🇸 **oven mitt** der Topfhandschuh

**oven·proof** ['ʌvnpruːf] hitzebeständig, feuerfest

**oven-ready** ['ʌvnredɪ] *Gericht:* bratfertig

**over** ['əʊvəʳ] ❶ *mit Bewegung, Richtung* hinüber, herüber; **they swam over to us** sie schwammen zu uns herüber ❷ *räumlich* über; **the bridge over the river** die Brücke über den Fluss; **to spread a cloth over the table** ein Tischtuch auf den Tisch legen; **over there** da drüben; **she is over here** sie ist hier; **I am aching all over** mir tut alles weh ❸ **to turn over the page** die Seite umblättern ❹ (*zu Ende*) **the rain is over** der Regen hat aufgehört ❺ übrig; **there is a lot of meat left over** es ist viel Fleisch übrig ❻ (*mehr*) **children of 14 and over** Kinder ab 14; **he spoke for over an hour** er sprach über eine Stunde ❼ (*mehrmals*) **she read it twice over** sie hat es zweimal gelesen; **over and over again** immer und immer wieder ❽ *zeitlich* während, in; **to stay over the weekend** über das Wochenende bleiben; **over the summer** den Sommer über ❾ **to come over tonight** kommen Sie heute Abend vorbei; **he is famous all over the world** er ist in der ganzen Welt berühmt; **they talked over a cup of tea** sie unterhielten sich bei einer Tasse Tee; **I heard it over the radio** ich habe es im Radio gehört

**over·all**[1] [ˌəʊvərˈɔːl] **1** gesamt, insgesamt; **overall majority** die absolute Mehrheit; **overall situation** die Gesamtlage; **overall it cost £18** die Gesamtkosten betrugen 18 Pfund **2** im Großen und Ganzen; *Verbesserung, Wirkung:* allgemein

**over·all**[2] [ˈəʊvərɔːl] **overalls** der Overall, der Arbeitsanzug

**over·board** [ˈəʊvəbɔːd] über Bord

to **over·book** [ˌəʊvəˈbʊk] **to overbook a flight/hotel** einen Flug/ein Hotel überbuchen

**over·cast** [ˌəʊvəˈkɑːst] *Himmel:* bedeckt, bewölkt

to **over·charge** [ˌəʊvəˈtʃɑːdʒ] **to overcharge someone for something** jemandem für etwas zu viel berechnen

**over·coat** der Mantel

to **over·come** [ˌəʊvəˈkʌm] <overcame, overcome> **1** überwältigen, bezwingen *Feind* **2** überwinden, meistern *Angewohnheit* **3** **he was overcome by grief** der Schmerz übermannte ihn

**over·crowd·ed** [ˌəʊvəˈkraʊdɪd] **1** (*mit Menschen*) überfüllt, übervölkert **2** (*mit Sachen*) überladen

to **over·do** [ˌəʊvəˈduː] <overdid, overdone> **1** **to overdo something** etwas übertreiben **2** verkochen, verbrennen *Essen*

**over·done** [ˌəʊvəˈdʌn] **1** übertrieben **2** *Essen:* verkocht, verbrannt

**over·dose** [ˈəʊvədəʊs] die Überdosis

**over·draft** [ˈəʊvədrɑːft] die Kontoüberziehung

to **over·draw** <overdrew, overdrawn> [sein Konto] überziehen

**over·drawn** *3. Form von* **overdraw**

**over·drew** *2. Form von* **overdraw**

**over·due** [ˌəʊvəˈdjuː] überfällig

to **over·es·ti·mate** [ˌəʊvərˈestɪmeɪt] überschätzen *Kosten usw.*

**over·ex·cit·ed** [ˌəʊvərɪkˈsaɪtɪd] überreizt

to **over·flow** [ˌəʊvəˈfləʊ] **1** *Bad, Topf:* überlaufen; **a river overflowing its banks** ein Fluss, der über die Ufer tritt **2** (*übertragen*) überfließen; **the room is full to overflowing with people** der Raum ist von Menschen überfüllt

**over·grown** überwuchert

**over·hang** [ˈəʊvəhæŋ] <overhung, overhung> der Überhang; (*Maschinenteil*) der vorspringende Teil

to **over·hang** [ˌəʊvəˈhæŋ] <overhung, over-

hung> **to overhang something** über etwas hinausragen, über etwas hervorstehen

**over·head**[1] [ˌəʊvəˈhed] oben, am Himmel, in der Luft

**over·head**[2] [ˈəʊvəhed] **overhead lighting** die Deckenbeleuchtung; **overhead projector** der Overheadprojektor, der Tageslichtprojektor

**over·heads** [ˈəʊvəhed] *plural von Geschäft:* die Gemeinkosten, die allgemeinen Unkosten

to **over·hear** [ˌəʊvəˈhɪər] <overheard, overheard> **to overhear a conversation** ein Gespräch zufällig [mit]hören

> **F** Nicht verwechseln mit *überhören* — *to ignore!*

to **over·heat** [ˌəʊvəˈhiːt] überhitzen

**over·hung** *2. und 3. Form von* **overhang**

**over·joyed** [ˌəʊvəˈdʒɔɪd] überglücklich

to **over·lap** [ˌəʊvəˈlæp] <overlapped, overlapped> **1** überlappen; *Fläche, Dachziegel:* sich überlappen **2** **the holiday overlaps with school time** der Urlaub überschneidet sich mit der Schulzeit

**over·lap** [ˈəʊvəlæp] die Überschneidung, die Überlappung

**over·leaf** [ˌəʊvəˈliːf] umseitig

**over·load** [ˈəʊvələʊd] (*Last*) die Überbelastung; (*in Stromkreis*) die Überlastung; (*in Transportmittel*) das Übergewicht

to **over·load** [ˌəʊvəˈləʊd] überladen *Fahrzeug;* überlasten *Stromkreis*

to **over·look** [ˌəʊvəˈlʊk] **1** *Fenster:* überblicken **2** übersehen *Fehler;* (*versäumen*) vergessen **3** (*ignorieren*) **to overlook something** über etwas hinwegsehen

**over·night**[1] [ˌəʊvəˈnaɪt] über Nacht; **to stay overnight with someone** bei jemandem übernachten

**over·night**[2] [ˈəʊvənaɪt] **1** Nacht-; **overnight bag** die Reisetasche **2** (*übertragen*) ganz plötzlich; **to be an overnight success** über Nacht Erfolg haben

**over·pass** USA die Überführung

**over·popu·lat·ed** [ˌəʊvəˌpɒpjʊleɪtɪd] übervölkert

to **over·pow·er** [ˌəʊvəˈpaʊər] **to overpower someone** jemanden überwältigen [*oder* übermannen]

**over·pow·er·ing** [ˌəʊvəˈpaʊərɪŋ] **1** überwältigend **2** *Parfüm:* aufdringlich

**over·ran** *2. Form von* **overrun**

to **over·re·act** [ˌəʊvərɪˈækt] überreagieren

**over·re·ac·tion** [ˌəʊvərɪˈækʃən] die Überreaktion

**over·rid·ing**[1] vorrangig
**over·rid·ing**[2] *kein Plural* das Fahren über das Fahrziel hinaus
to **over·run** <overran, overrun> ❶ überrollen; **to overrun a country** in ein Land einfallen ❷ überziehen *Termin;* überschreiten *Budget*
**over·seas** [ˌəʊvəˈsiːz] ❶ überseeisch, in Übersee ❷ **to go overseas** nach Übersee gehen
to **over·shad·ow** überschatten; (*übertragen*) in den Schatten stellen
**over·sight** das Versehen

 Nicht verwechseln mit *die Übersicht — overall view!*

to **over·sleep** [ˌəʊvəˈsliːp] <overslept, overslept> verschlafen
to **over·spend** <overspent, overspent> zuviel [Geld] ausgeben; **to overspend on a budget** ein Budget überschreiten
**over·spent** *2. und 3. Form von* **overspend**
to **over·step** [ˌəʊvəˈstep] <overstepped, overstepped> (*übertragen*) **to overstep the mark** zu weit gehen
to **over·take** [ˌəʊvəˈteɪk] <overtook, overtaken> ❶ GB überholen ❷ (*übertragen*) **to be overtaken by fear** von Furcht übermannt sein
**over·taken** [ˌəʊvəˈteɪkn] *3. Form von* **overtake**
**over·threw** [ˌəʊvəˈθruː] *2. Form von* **overthrow**
to **over·throw** [ˌəʊvəˈθrəʊ] <overthrew, overthrown> ❶ **to overthrow a government** eine Regierung stürzen ❷ umstoßen *Pläne*
**over·thrown** [ˌəʊvəˈθrəʊn] *3. Form von* **overthrow**
**over·time** [ˈəʊvətaɪm] die Überstunden; **to be on** [*oder* **do**] **overtime** Überstunden machen; **to work overtime** Überstunden machen
**over·took** [ˌəʊvəˈtʊk] *2. Form von* **overtake**
to **over·turn** [ˌəʊvəˈtɜːn] ❶ *Auto, Gegenstand:* umkippen; *Boot:* kentern; **to overturn something** etwas umwerfen [*oder* umstoßen] [*oder* umstürzen] ❷ stürzen *Regierung*
**over·view** [ˈəʊvəvjuː] der Überblick
**over·weight** [ˌəʊvəˈweɪt] zu schwer; **he is overweight** er hat Übergewicht
**over·whelm·ing** [ˌəʊvəˈwelmɪŋ] überwältigend; **an overwhelming majority** eine erdrückende Mehrheit
to **over·work** [ˌəʊvəˈwɜːk] ❶ sich überarbeiten ❷ überstrapazieren
to **owe** [əʊ] ❶ **to owe someone money** jemandem Geld schulden; **how much do I owe you?** was bin ich schuldig? ❷ **I owe my life to him** ich verdanke ihm mein Leben
**ow·ing** [ˈəʊɪŋ] ❶ unbezahlt; **how much is still owing?** wie viel steht noch aus? ❷ **owing to** wegen, infolge; **owing to the circumstances** umständehalber
**owl** [aʊl] die Eule
**own** [əʊn] ❶ eigen; **his own car** sein eigenes Auto; **that's my own** das ist mein eigenes; **I have money of my own** ich habe selbst Geld ❷ **get one's own back on someone** es jemandem heimzahlen ❸ **all on one's own** ganz allein, selbst
to **own** [əʊn] besitzen, haben; **who owns that car?** wem gehört dieses Auto?
◆ to **own up to** **to own up to something** etwas zugeben
**own·er** [ˈəʊnə] ❶ der Besitzer/die Besitzerin, der Eigentümer/die Eigentümerin ❷ *einer Firma, eines Kontos:* der Inhaber/die Inhaberin ❸ **at owner's risk** auf eigene Gefahr
**own·er·ship** [ˈəʊnəʃɪp] der Besitz; **under new ownership** unter neuer Leitung
**ox** [ɒks] <*plural* oxen> der Ochse
**oxen** [ˈɒksən] *Pluralform von* **ox**
to **oxi·dize** [ˈɒksɪdaɪz] oxidieren
**oxy·gen** [ˈɒksɪdʒən] der Sauerstoff
**oxy·gen cyl·in·der** die Sauerstoffflasche
**oxy·gen mask** die Sauerstoffmaske
**oys·ter** [ˈɔɪstə] ❶ die Auster ❷ **the world's his oyster** die ganze Welt liegt ihm zu Füßen
**oz** <*plural* oz> *Abkürzung von* **ounce** die Unze (= *28,35 g*)
**Oz** [ɒz] GB (*umgangsspr*) Australien
**ozone lay·er** die Ozonschicht

# P

**P** <*plural* P's *oder* Ps>, **p** [piː] <*plural* p's> P, p
**PA** [ˌpiːˈeɪ] *Abkürzung von* **personal assistant** der persönliche Assistent/die persönliche Assistentin, der Chefsekretär/die Chefsekretärin
**pa** [pɑː] (*umgangsspr*) der Papa
**p.a.** [ˌpiːˈeɪ] *Abkürzung von* **per annum** pro Jahr
**pace** [peɪs] ❶ der Schritt; **to keep pace**

**with someone** mit jemandem Schritt halten ❷ *von Pferd:* der Gang, die Gangart ❸ das Tempo; **to set the pace** das Tempo angeben; (*übertragen*) den Ton angeben

to **pace** [peɪs] ❶ **to pace up and down** auf- und abgehen ❷ (*bei Rennen usw.*) **to pace someone** für jemanden das Tempo angeben

**pace·mak·er** ['peɪsˌmeɪkəʳ] (*im Sport, in der Medizin*) der Schrittmacher

**Pa·cif·ic** [pəˈsɪfɪk] [der] Pazifik; **a Pacific island** eine Insel im Pazifik

**paci·fist¹** ['pæsɪfɪst] pazifistisch

**paci·fist²** ['pæsɪfɪst] der Pazifist/die Pazifistin

**pack** [pæk] ❶ das Bündel ❷ (USA) *von Zigaretten:* die Schachtel ❸ *von Wölfen:* das Rudel; *von Jagdhunden:* die Meute ❹ [**back**]**pack** der Rucksack ❺ **a pack of cards** ein Kartenspiel; **a pack of thieves** eine Diebesbande ❻ **a pack of lies** lauter Lügen

to **pack** [pæk] ❶ [seine Sachen] packen; packen *Koffer;* **that won't pack into one case** das passt nicht in einen Koffer ❷ *Menschen:* sich drängen; füllen *Raum;* **to be packed out** gerammelt voll sein ❸ **to pack something in plastic** etwas in Plastik verpacken ❹ **to send someone packing** jemanden davonjagen

◆to **pack away** to pack something away etwas wegpacken [*oder* wegräumen]

◆to **pack in** ❶ to pack something in etwas einpacken; hineinpferchen *Menschen* ❷ (GB) (*umgangsspr*) **to pack a job in** eine Stelle hinschmeißen; **pack it in!** hör auf!

◆to **pack off** to pack someone/something off jemanden/etwas [weg]schicken

◆to **pack up** ❶ to pack something up etwas verpacken ❷ zusammenpacken *Sachen* ❸ (*umgangsspr*) *Motor:* stehen bleiben

**pack·age** ['pækɪdʒ] (*auch übertragen*) das Paket

**pack·age deal** das Pauschalangebot

**pack·age holi·day**, **pack·age tour** die Pauschalreise

**pack·ag·ing** ['pækɪdʒɪŋ] die Verpackung

**pack·et** ['pækɪt] ❶ das Paket, das Päckchen ❷ *von Zigaretten:* die Packung ❸ **to make a packet** (GB) (*umgangsspr*) eine Stange Geld verdienen; **to cost a packet** (*umgangsspr*) ein Heidengeld kosten

**pack·ing** ['pækɪŋ] ❶ **to do one's packing** (*umgangsspr*) packen ❷ das Packmaterial

**pack·ing case** die Kiste, der Umzugskarton

**pad** [pæd] ❶ das Kissen, das Polster ❷ *von Tier:* der [Fuß]ballen ❸ **writing pad** der Schreibblock ❹ (*für Sport*) der Beinschützer

❺ (*slang*) die Wohnung, die Bude

to **pad** [pæd] <padded, padded> [aus]polstern, wattieren

◆to **pad out** (*übertragen*) **to pad an essay out** einen Aufsatz auswalzen (**with** durch)

**pad·ded** ['pædɪd] *Jacke:* wattiert, gepolstert

**pad·ding** ['pædɪŋ] ❶ die Polsterung, die Wattierung ❷ das Polstermaterial ❸ (*übertragen*) der Füller

**pad·dle** ['pædl] ❶ das Paddel ❷ die Schaufel, das Schaufelrad; **to go for a paddle** im Wasser planschen gehen

to **pad·dle** ['pædl] ❶ paddeln ❷ im Wasser planschen

**pad·dling pool** ['pædlɪŋˌpuːl] das Planschbecken

**pad·lock** ['pædlɒk] das Vorhängeschloss

to **pad·lock** ['pædlɒk] mit einem Vorhängeschloss verschließen

**pae·dia·tri·cian** [ˌpiːdɪəˈtrɪʃn] der Kinderarzt/die Kinderärztin

**pae·di·at·rics** [ˌpiːdɪˈætrɪks] △ *singular* die Kinderheilkunde

**page¹** [peɪdʒ] das Blatt; *von Buch:* die Seite

**page²** [peɪdʒ] der [Hotel]page, der Boy

to **page** [peɪdʒ] (*mit Piepser*) **to page someone** jemanden anpiepen

**page lay·out** der Seitenlayout

**pag·er** ['peɪdʒəʳ] der Piepser

**paid¹** [peɪd] *2. und 3. Form von* **pay**

**paid²** [peɪd] ❶ bezahlt; **paid holidays** der bezahlte Urlaub ❷ (GB) (*umgangsspr*) **to put paid to something** etwas zunichtemachen

**pain** [peɪn] ❶ (*körperlich*) die Schmerzen; **to be in/feel pain** Schmerzen haben/empfinden; **I have a pain in my knee** mein Knie tut weh; **to be a pain [in the neck]** (*umgangsspr*) jemandem auf den Wecker gehen ❷ (*seelisch*) der Kummer, die Qualen ❸ **to be at pains to do something** sehr darauf bedacht sein, etwas zu tun; sich große Mühe geben, etwas zu tun; **to take pains over something** sich mit etwas [große] Mühe geben

**pain·ful** ['peɪnfl] ❶ schmerzhaft, schmerzend; **to be painful** wehtun ❷ (*übertragen*) peinlich, unangenehm

**pain·kill·er** das schmerzstillende Mittel

**pain·less** ['peɪnlɪs] ❶ schmerzlos ❷ mühelos

to **paint** [peɪnt] malen; **to paint a picture** ein Bild malen; anstreichen *Wand;* lackieren *Auto, Tür*

**paint** [peɪnt] ❶ die Farbe, der Anstrich ❷ (*für Auto*) der Lack ❸ **wet paint!** frisch gestrichen!

**paint·box** der Malkasten

**paint·brush** ['peɪntbrʌʃ] der Pinsel

**paint·er** ['peɪntər] ❶ der Maler/die Malerin ❷ **[house] painter** der Anstreicher/die Anstreicherin

**paint·ing** ['peɪntɪŋ] ❶ das Malen; (*von Haus usw.*) das Anstreichen ❷ (*Kunst*) die Malerei ❸ (*Kunstwerk*) das Bild, das Gemälde

**pair** [peər] ❶ das Paar; **in pairs** paarweise ❷ **a pair of gloves/shoes** ein Paar Handschuhe/Schuhe; **a pair of scissors/tongs/trousers** eine Schere/Zange/Hose ❸ (*Tiere, Spielkarten*) das Pärchen

◆**to pair off** ❶ Paare bilden; **to pair things off** Dinge in Zweiergruppen anordnen ❷ verkuppeln *Menschen*

**pa·jam·as** [pə'dʒɑːməz] ⚠ *plural* 🇺🇸 der Schlafanzug, der Pyjama

**Pa·ki·stan** [ˌpɑːkɪˈstɑːn] Pakistan

**Pa·ki·stani**[1] [ˌpɑːkɪˈstɑːnɪ] pakistanisch

**Pa·ki·stani**[2] [ˌpɑːkɪˈstɑːnɪ] der/die Pakistani, der Pakistaner/die Pakistanerin

**pal** [pæl] (*slang*) der Kumpel

**pal·ace** ['pælɪs] der Palast

**pale** [peɪl] ❶ bleich, blass; **to turn pale** blass [*oder* bleich] werden; erbleichen ❷ **pale blue** blassblau ❸ *Licht:* schwach ❹ (*übertragen*) schwach, matt, farblos

to **pale** [peɪl] ❶ erbleichen, erblassen ❷ (*übertragen*) verblassen (**before/beside** neben)

**pale·ness** ['peɪlnɪs] die Blässe

**Pal·es·tine** ['pælɪstaɪn] Palästina

**Pal·es·tin·ian**[1] [ˌpæləˈstɪnɪən] palästinensisch

**Pal·es·tin·ian**[2] [ˌpæləˈstɪnɪən] der Palästinenser/die Palästinenserin

**palm**[1] [pɑːm] (*Baum*) die Palme

**palm**[2] [pɑːm] ❶ (*Körperteil*) der Handteller, die Handfläche; **to read someone's palm** jemandem aus der Hand lesen ❷ *von Handschuh:* die Innenfläche ❸ **to grease someone's palm** jemanden bestechen

◆**palm off to palm something off on[to] someone** jemandem etwas andrehen

**palm·top** der Palmtop

**palm tree** die Palme

to **pam·per** ['pæmpər] verwöhnen, verhätscheln

**pam·phlet** ['pæmflɪt] die Broschüre, das Flugblatt

**pan** [pæn] ❶ (*zum Kochen*) die Pfanne, der Kochtopf ❷ (*zum Wiegen*) die Waagschale ❸ *von Toilette:* das Becken

◆**to pan out** sich entwickeln; **it all panned out well** alles hat gut geklappt

**Pana·ma** [ˌpænəˈmɑː] Panama; **Panama Canal** der Panamakanal

**pan·cake** ['pænkeɪk] der Pfannkuchen; **Pancake Day** der Fastnachtsdienstag

**ⓛ** Der **Pancake Day** oder **Shrove Tuesday** (Fastnachtsdienstag) ist der Tag vor dem **Ash Wednesday** (Aschermittwoch). Man isst Pfannkuchen, weil es früher üblich war, noch alle Eier im Haus aufzubrauchen, bevor die Fastenzeit (Lent) begann.

**pan·da** ['pændə] der Panda

**p and p** [ˌpiːənˈpiː] →**postage and packing** Porto und Verpackung

**pane** [peɪn] die Fensterscheibe

**pan·el** ['pænl] ❶ (*aus Glas, Holz*) die Platte; (*aus Holz*) die Tafel ❷ (*bei Radioprogramm usw.*) das Podium ❸ der Ausschuss, die Kommission; **panel of experts** der Sachverständigenausschuss ❹ *von Maschine:* die Schalttafel

**pan·el dis·cus·sion** die Podiumsdiskussion

**pan·el game** das Ratespiel

**pan·ic** ['pænɪk] die Panik, der panische Schreck[en]; **to get into a panic about something** wegen etwas in panische Angst geraten

to **pan·ic** ['pænɪk] <panicked, panicked> in Panik geraten; **to panic someone** jemandem einen Schreck einjagen; **don't panic!** keine Panik!

**pan·ic-strick·en** ['pænɪkˌstrɪkən] in panischem Schrecken

**pan·sy** ['pænzɪ] das Stiefmütterchen

to **pant** [pænt] *Person:* keuchen; *Hund:* hecheln; **to pant for breath** nach Luft schnappen

**pan·ther** ['pænθər] der Panther

**panties** ['pæntɪz] *plural* **[pair of] panties** der Schlüpfer; (*für Kinder*) das Höschen

**pan·to·mime** ['pæntəmaɪm] ❶ (*in Großbritannien*) die Weihnachtsaufführung ❷ (*übertragen*) das Theater

**pan·try** ['pæntrɪ] die Vorratskammer, die Speisekammer

**pants** [pænts] *plural* ❶ 🇺🇸 die Hose ❷ 🇬🇧 die Unterhose

**pan·ty·hose** 🇺🇸 die Strumpfhose

**panty lin·er** die Slipeinlage

**pa·pal** ['peɪpl] päpstlich

**pa·per** ['peɪpər] ❶ das Papier; **a piece of paper** ein Blatt Papier ❷ die Zeitung; **to do a paper round** Zeitungen austragen ❸ (*akademischer Bericht*) das Paper, das Referat (**on** über) ❹ **examination paper** die Prüfungsarbeit ❺ **papers** (*Ausweis usw.*) die Papiere ❻ **papers** (*im Büro*) die Akten, die

Papiere ⑦ **on paper** auf dem Papier; (*übertragen*) in der Theorie

to **pa·per** ['peɪpə'] tapezieren

◆to **paper over** ① überkleben ② **to paper over the cracks of something** (*übertragen*) etwas übertünchen

**pa·per·back** ['peɪpəbæk] das Taschenbuch

**pa·per bag** die Tüte

**pa·per boy** der Zeitungsjunge

**pa·per case** das Papierbackförmchen

**pa·per chain** die Girlande

**pa·per clip** die Büroklammer

**pa·per cup** der Pappbecher

**pa·per feed** *von Drucker:* der Papiereinzug

**pa·per girl** die Zeitungsausträgerin

**pa·per mill** die Papierfabrik

**pa·per plate** der Pappteller

**pa·per round** Ⓖ🅑, **pa·per route** Ⓤ🅢🅐 die Zeitungszustellung; **to have a paper route** Zeitungen austragen

**pa·per-thin** hauchdünn

**pa·per tis·sue** das Kosmetiktuch

**pa·per·work** ['peɪpəwɜːk] die Schreibarbeit

**pap·ri·ka** ['pæprɪkə, pə'priːkə] (*Gewürz*) der Paprika

**para·chute** ['pærəʃuːt] der Fallschirm

to **para·chute** ['pærəʃuːt] abspringen

**para·chute jump** der Fallschirmabsprung

**pa·rade** [pə'reɪd] ① *von Truppen:* die Parade; **parade ground** der Exerzierplatz, der Paradeplatz ② (*bei Festlichkeiten*) der Aufzug, der Festzug, die Prozession ③ (*gegen eine Sache*) die Demonstration ④ (*am Meer*) die Promenade ⑤ (*übertragen*) die Zurschaustellung

to **pa·rade** [pə'reɪd] ① aufmarschieren lassen *Truppen;* **the soldiers paraded through the streets** die Soldaten marschierten durch die Straßen ② (*übertragen*) sich zur Schau stellen; **she paraded up and down with the hat on** den Hut auf dem Kopf stolzierte sie auf und ab ③ *Demonstranten:* ziehen (**through** durch)

**para·dise** ['pærədaɪs] das Paradies

**para·glid·ing** ['pærəˌɡlaɪdɪŋ] *kein Plural* das Gleitschirmfliegen

**para·graph** ['pærəɡrɑːf] ① der Absatz, der Abschnitt ② der [kurze] Zeitungsartikel

**Para·guay** ['pærəɡwaɪ] Paraguay

**Para·guay·an**[1] [ˌpærə'ɡwaɪən] paraguayisch

**Para·guay·an**[2] [ˌpærə'ɡwaɪən] der Paraguayer/die Paraguayerin

**par·al·lel**[1] ['pærəlel] ① parallel (**with/to** mit) ② (*übertragen*) **parallel to something** einer Sache entsprechend

**par·al·lel**[2] ['pærəlel] ① (*auch übertragen*) die Parallele (**to** zu) ② (*übertragen*) die Entsprechung; **to draw a parallel between** eine Parallele ziehen zwischen

**par·al·lel bars** *plural* (*Gymnastik*) der Barren

**Para·lym·pic Games, Para·lym·pics** [ˌpærə'lɪmpɪks] *plural* **the Paralympics** die Paralympischen Spiele

to **para·lyse** ['pærəlaɪz] ① lähmen ② lahm legen *Verkehr* ③ (*übertragen*) zum Erliegen bringen, unwirksam machen; **paralysed with fear** starr vor Schrecken

**pa·raly·ses** [pə'ræləsiːz] *Pluralform von* **pa·ralysis**

**pa·raly·sis** [pə'ræləsɪs] <*plural* paralyses> die Lähmung

**para·lyt·ic**[1] [ˌpærə'lɪtɪk] ① paralytisch, gelähmt ② (*umgangssprachlich*) volltrunken

**para·lyt·ic**[2] [ˌpærə'lɪtɪk] der/die Gelähmte, der Paralytiker/die Paralytikerin

to **para·lyze** ['pærəlaɪz] Ⓤ🅢🅐 ① lähmen ② lahmlegen *Verkehr* ③ (*übertragen*) zum Erliegen bringen, unwirksam machen; **paralysed with fear** starr vor Schrecken

**para·med·ic** [ˌpærə'medɪk] der Sanitäter/die Sanitäterin

**para·mili·tary** [ˌpærə'mɪlɪtrɪ] paramilitärisch

**para·noid** ['pærənɔɪd] paranoid

**para·phrase** ['pærəfreɪz] die Umschreibung

to **para·phrase** ['pærəfreɪz] umschreiben

**para·site** ['pærəsaɪt] der Schmarotzer; (*auch übertragen*) der Parasit

**para·troop·er** ['pærətruːpə'] der Fallschirmjäger/die Fallschirmjägerin

**para·troops** ['pærətruːps] *plural* die Fallschirmtruppen, die Luftlandetruppen

to **par·boil** ['pɑːbɔɪl] kurz vorkochen *Lebensmittel*

**par·cel** ['pɑːsl] ① das Paket, das Päckchen ② **parcel of land** die Landparzelle

**par·cel de·liv·ery** die Paketzustellung

**par·cel of·fice** der Paketschalter

**par·cel post** die Paketpost; **to send by parcel** als Postpaket schicken

to **par·don** ['pɑːdn] ① (*juristisch*) begnadigen ② **to pardon [someone]** [jemandem] vergeben [*oder* verzeihen] ③ **pardon me!** Entschuldigung!; **pardon me?** Ⓤ🅢🅐 wie bitte?

**par·don** ['pɑːdn] ① die Verzeihung, die Vergebung ② (*juristisch*) die Begnadigung ③ **I beg your pardon!** Entschuldigung!; **I beg your pardon?** wie bitte?

**par·ent** ['peərənt] ① der Elternteil ② **parents** die Eltern; **parents-in-law** die Schwiegereltern

**pa·ren·tal** [pəˈrentᵊl] elterlich, Eltern-; **parental control** die Beaufsichtigung durch die Eltern; **parental leave** der Erziehungsurlaub

**par·ent com·pa·ny** die Muttergesellschaft

**par·ent·hood** [ˈpeərᵊnthʊd] *kein Plural* die Elternschaft

**par·ish** [ˈpærɪʃ] ❶ die [Pfarr]gemeinde, die Kirchengemeinde ❷ **civil parish** die [Land]gemeinde

**park** [pɑːk] ❶ der Park; **a theme park** ein Freizeitpark ❷ **a national park** ein Nationalpark ❸ ⓊⓈⒶ der Sportplatz

to **park** [pɑːk] ❶ abstellen; parken *Auto;* abstellen *Fahrrad* ❷ (*umgangsspr*) abstellen *Sachen;* **to park oneself** (*umgangsspr*) sich platzieren

**park-and-ride** das Park-and-ride-System

**park·ing** [ˈpɑːkɪŋ] ❶ das Parken; **no parking** Parken verboten ❷ (*Platz*) die Parkplätze

**park·ing area** der Parkplatz

**park·ing bay** die Parkbucht

**park·ing disc** die Parkscheibe

**park·ing light** ⓊⓈⒶ das Standlicht

**park·ing lot** der Parkplatz

**park·ing me·ter** die Parkuhr

**park·ing space** die Parklücke

**park·ing tick·et** der Strafzettel (*für falsches Parken*)

**park keep·er** [ˈpɑːk kiːpəʳ] der Parkwächter/ die Parkwächterin

**park·way** [ˈpɑːkweɪ] ⓊⓈⒶ die Allee

**parky** [ˈpɑːkɪ] ⒼⒷ (*umgangsspr*) kühl

**par·lia·ment** [ˈpɑːləmənt] das Parlament; **to enter** [*oder* **go into**] **Parliament** ins Parlament gewählt werden; **to stand for Parliament** für das Unterhaus kandidieren; **Member of Parliament** das Parlamentsmitglied

**par·lia·men·tary** [ˌpɑːləˈmentrɪ] **parliamentary elections** die Parlamentswahl; **parliamentary party** die Fraktion

**paro·dy** [ˈpærədɪ] ❶ *einer Person:* die Parodie, die Persiflage (**of** auf) ❷ (*schwache Nachahmung*) der Abklatsch; **the trial was a parody of justice** der Prozess war eine Farce

to **paro·dy** [ˈpærədɪ] parodieren

**pa·role** [pəˈrəʊl] **on parole** auf Bewährung

to **pa·role** [pəˈrəʊl] auf Bewährung entlassen

**par·rot** [ˈpærət] ❶ der Papagei ❷ **to repeat something parrot-fashion** etwas wie ein Papagei wiederholen

**pars·ley** [ˈpɑːslɪ] die Petersilie

**pars·nip** [ˈpɑːsnɪp] die Pastinake

**part¹** [pɑːt] ❶ der Teil; **part of the body** der/ das Körperteil; **I lost part of it** ich habe einen Teil davon verloren ❷ (*technisch*) der Teil, der Bauteil ❸ *einer Serie:* die Folge, die Fortsetzung ❹ (*beim Theater, im Film*) die Rolle; **to play** [*oder* **take**] **a part** (*auch übertragen*) eine Rolle spielen ❺ (*Musik*) die Stimme, die Partie ❻ die Seite, die Partei; **to take someone's part** für jemanden [*oder* jemandes] Partei ergreifen; **for my part** meinerseits, was mich betrifft; **on the part of** vonseiten, seitens ❼ (*Region*) **which part of Austria is he from?** von wo in Österreich kommt er?; **in these parts** in dieser Gegend, hierzulande ❽ **for the most part** meist[ens], größtenteils, meistenteils ❾ **in parts** teilweise, teils, zum Teil, teil-; **in equal parts** zu gleichen Teilen ❿ **part of speech** die Wortart ⓫ **to take part** teilnehmen, sich beteiligen (**in** an) ⓬ **to take in part exchange** in Zahlung nehmen ▸ WENDUNGEN: **the nice part of it is** das Nette daran ist; **to take something in good part** etwas nicht übel nehmen; **to be part and parcel of something** von etwas ein wesentlicher Bestandteil sein

**part²** [pɑːt] teils, teilweise; **she's part English, part German** sie ist halb Engländerin und halb Deutsche

to **part** [pɑːt] ❶ teilen; scheiteln *Haar* ❷ trennen (**from** von) ❸ *Personen, Paar:* sich trennen (**with** von); **till death us do part** bis dass der Tod uns scheidet; **to part as friends** in Freundschaft auseinander gehen ❹ *Lippen, Vorhang:* sich öffnen

**par·tial** [ˈpɑːʃl] ❶ teilweise; **partial success** der Teilerfolg ❷ (*nicht objektiv*) voreingenommen, parteiisch

**par·tial·ly** [ˈpɑːʃəlɪ] teilweise

**par·tici·pant** [pɑːˈtɪsɪpənt] der Teilnehmer/ die Teilnehmerin

to **par·tici·pate** [pɑːˈtɪsɪpeɪt] teilnehmen, sich beteiligen (**in** an)

**par·tici·pa·tion** [pɑːˌtɪsɪˈpeɪʃn] die Mitwirkung, die Teilnahme (**in** an), die Beteiligung

**par·ti·ci·ple** [ˈpɑːtɪsɪpl] das Partizip

**par·ti·cle** [ˈpɑːtɪkl] ❶ *Staub:* das Teilchen ❷ (*übertragen*) die Spur ❸ (*Grammatik*) die Partikel

**par·ticu·lar** [pəˈtɪkjʊləʳ] ❶ besondere(r, s); bestimmt *Grund;* **in particular** insbesondere; **nothing in particular** nichts Besonderes ❷ *Mensch:* eigen, wählerisch, [über]genau ❸ **she's very particular about cleanliness** sie nimmt es mit der Sauberkeit sehr genau

**par·ticu·lar·ly** [pəˈtɪkjʊləlɪ] im Besonderen, insbesondere

**par·ticu·lars** [pə'tɪkjʊləʳs] *plural* ① Näheres, die Details, die Einzelheiten (**about-/of** über); **without giving particulars** ohne nähere Angaben [zu machen]; **without going into particulars** ohne auf Einzelheiten einzugehen; **with full particulars** in allen Einzelheiten ② die Personalien

**part·ing**[1] ['paːtɪŋ] der Abschied

**part·ing**[2] ['paːtɪŋ] ⓰ der Scheitel; **side parting** der Seitenscheitel; **middle parting** der Mittelscheitel

**part·ing shot** die letzte Bemerkung

**par·ti·tion** [paː'tɪʃn] ① die Teilung ② die Aufteilung ③ (*in einem Haus*) die Trennwand, der Raumteiler

to **par·ti·tion** [paː'tɪʃn] teilen; **to partition something off** etwas abtrennen

**part·ly** ['paːtlɪ] teilweise, zum Teil; **partly eaten** halbgegessen; **it was partly his fault** es war zum Teil seine Schuld

**part·ner** ['paːtnəʳ] ① der Partner/die Partnerin ② (*im Geschäft*) der Partner/die Partnerin, der Teilhaber/die Teilhaberin (**in** an), der Gesellschafter/die Gesellschafterin

to **part·ner** ['paːtnəʳ] **to partner someone** jemandes Partner/Partnerin sein

**part·ner·ship** ['paːtnəʃɪp] *kein Plural* die Partnerschaft

**part·time** [ˌpaːt'taɪm] Teilzeit-; **part-time job** die Teilzeitbeschäftigung; **part-time work** die Teilzeitarbeit; **to do part-time work** einer Teilzeitarbeit nachgehen; **part-time worker** die Teilzeitkraft; **he is only part-time** er arbeitet nur Teilzeit

**par·ty** ['paːtɪ] ① (*politisch*) die Partei; **parliamentary party** die Fraktion ② (*Feier*) die Party; **at the party** auf der Party; **to have a party** eine Party feiern; **to go to a party** auf eine Party gehen; **we're having a dinner party tonight** wir haben heute Abend Gäste zum Abendessen ③ **a party of five** eine Gruppe von fünf Personen ④ **the party concerned** der/die Beteiligte, der/die Betroffene ⑤ **to be a party to something** an etwas beteiligt sein, bei etwas mitmachen

**par·ty·goer** ['paːtɪˌgəʊəʳ] der Partygänger/die Partygängerin

**par·ty head·quar·ters** die Parteizentrale

**par·ty line** ① (*Telefon*) der Gemeinschaftsanschluss ② (*politisch*) die Parteilinie; **to follow the party line** linientreu sein

**par·ty po·liti·cal broad·cast** die parteipolitische Sendung

**par·ty poli·tics** *mit Singular oder Plural* die Parteipolitik

**par·ty pop·per** ⓰ der Partyknaller

**pash·mi·na** [pæʃ'miːnə] der Pashminaschal

**pass** [paːs] <*plural* passes> ① der Ausweis; (*beim Militär*) der Passierschein ② **he got a pass in maths** er hat die Matheprüfung bestanden ③ (*beim Sport*) der Pass ④ (*im Gebirge*) der Pass ⑤ **to make a pass at someone** bei jemandem Annäherungsversuche machen

to **pass** [paːs] ① *Person:* vorbeigehen; *Fahrzeug:* vorbeifahren (**by** an); **to pass through the crowd** durch die Menge hindurchgehen; **to let someone pass** jemanden vorbeilassen ② (*geben*) herumreichen *Snack;* **can you pass me the butter please?** kannst du mir bitte die Butter reichen? ③ **don't worry, it'll pass** keine Angst, das geht vorbei ④ *Zeit:* vergehen, verstreichen; **to pass the time** die Zeit verbringen ⑤ bestehen *Prüfung;* mitmachen, absolvieren *Lehrgang* ⑥ verabschieden *Gesetz* ⑦ **to pass for something** als etwas gelten ⑧ (*im Kartenspiel*) passen ⑨ (*Sport*) den Ball weitergeben; **to pass the ball to someone** jemandem den Ball zuspielen ⑩ **to let something pass** *Ereignis, Bemerkung:* etwas durchgehen lassen; **to pass unnoticed** nicht bemerkt werden

◆ to **pass away** ① (*sterben*) *Mensch, Tier:* entschlafen, hinscheiden ② **to pass away the time** die Zeit verbringen

◆ to **pass by** ① vorbeigehen; *Fahrzeug:* vorbeifahren; **he passed by the shops** er ging an den Läden vorbei ② *Zeit:* vergehen

◆ to **pass down** weitergeben *Tradition, Brauch* (**to** an)

◆ to **pass off to pass oneself off as** sich ausgeben als; **she could pass herself off as an English girl** man könnte sie gut für eine Engländerin halten

◆ to **pass on** ① weitersagen *Geheimnis, Information* ② weitergeben *Krankheit* ③ weiterreichen; **could you pass the papers on to the next row?** könntest du die Papiere an die nächste Reihe weitergeben?

◆ to **pass out** das Bewusstsein verlieren, in Ohnmacht fallen

◆ to **pass through** ① **I'm just passing through** ich bin nur auf der Durchreise ② **you'll pass through London** Sie werden durch London fahren

**pas·sage** ['pæsɪdʒ] ① die Durchfahrt, die Durchreise ② (*mit Schiff*) die Seefahrt; **to book one's passage** einen Schiffsplatz belegen (**for** nach) ③ **right of passage**

**passageway – patch**

das Durchgangsrecht, das Durchfahrtsrecht ④ (*in einem Gebäude*) der [Durch]gang, der Korridor; (*zwischen Gebäuden*) die Gasse, der Weg ⑤ die Textstelle ⑥ (*Musik*) die Passage, das Stück ⑦ *eines Gesetzes:* die Verabschiedung, die Annahme

**pas·sage·way** ['pæsɪdʒweɪ] der Durchgang, die Passage

**pass·book** ['pɑːsbʊk] das Sparbuch

**pas·sen·ger** ['pæsɪndʒəʳ] der/die Reisende; (*im Bus, Taxi*) der Fahrgast; (*auf einem Schiff*) der Passagier; (*im Flugzeug*) der Fluggast, der Passagier; (*im Auto*) der Mitfahrer/die Mitfahrerin, der Beifahrer/die Beifahrerin

**pas·sen·ger list** die Passagierliste

**pas·sen·ger train** der Personenzug

**pass·er·by** [ˌpɑːsəˈbaɪ] <*plural* passers-by> der Passant/die Passantin

**pass·ing**[1] ['pɑːsɪŋ] ① vorübergehend; *Fahrzeug:* vorbeifahrend; *Wolken:* vorüberziehend ② (*übertragen*) flüchtig, kurz, beiläufig; *Jahre:* vergehend; **passing remark** die flüchtige Bemerkung

**pass·ing**[2] ['pɑːsɪŋ] ① das Vorübergehen ② (*beim Autofahren*) das Überholen ③ *einer Prüfung:* das Bestehen ④ *eines Gesetzes:* die Annahme, die Verabschiedung ⑤ das Hinscheiden, das Ableben ⑥ **she remarked in passing that he was late** sie bemerkte beiläufig [*oder* nebenbei], dass er zu spät gekommen war

**pass·ing place** die Ausweichstelle

**pas·sion** ['pæʃn] ① die Leidenschaft, die Leidenschaftlichkeit; **fit of passion** Anfall von Leidenschaft ② die Begeisterung, die Vorliebe (**for** für), das heftige Verlangen (**for** nach) ③ **in a fit of passion she broke the window** in einem Wutanfall hat sie das Fenster kaputtgemacht

**pas·sion·ate** ['pæʃənət] leidenschaftlich

**pas·sive**[1] ['pæsɪv] das Passiv

**pas·sive**[2] ['pæsɪv] ① passiv; **passive smoking** das Passivrauchen ② (*Grammatik*) **passive voice** das Passiv

**pass key** ['pɑːs kiː] der Hauptschlüssel

**pass mark** die Mindestpunktzahl (*zum Bestehen einer Klausur*)

**pass·port** ['pɑːspɔːt] ① der Reisepass ② (*übertragen*) der Weg, der Schlüssel (**to** zu)

**pass·port con·trol** die Passkontrolle

**pass·port hold·er** der Passinhaber/die Passinhaberin

**pass·word** ['pɑːswɜːd] ① (*Internet*) das Passwort ② das Kennwort

**past**[1] [pɑːst] ① *räumlich* vorüber, vorbei; **to walk/drive/run past something** an etwas vorbeigehen/vorbeifahren/vorbeilaufen; **the supermarket is past the post office** der Supermarkt ist hinter [*oder* nach] der Post ② *zeitlich* **that's past history** das ist längst vorbei; **what's past is past** was vorbei ist, ist vorbei; **in the past week** letzte [*oder* vergangene] Woche; **ten past three** zehn nach drei; **half past three** halb vier; **past forty** über vierzig ③ (*Grammatik*) **past tense** die Vergangenheit; **past perfect** das Plusquamperfekt ▶ WENDUNGEN: **I'm past caring** das ist mir jetzt egal; **to be past something** für etwas zu alt sein; **I'm past that** ich bin darüber weg; **he is [getting] past it** er bringt es nicht mehr; **this machine is getting past it** die Maschine taugt langsam nichts mehr; **I wouldn't put it past him** (*umgangsspr*) das würde ich ihm zutrauen

**past**[2] [pɑːst] die Vergangenheit; **in the past** früher, in der Vergangenheit; **to be a thing of the past** der Vergangenheit angehören

**pas·ta** ['pæstə] die Teigwaren, die Pasta

**paste** [peɪst] ① der Brotaufstrich; **anchovy paste** die Sardellenpaste ② der Kleister ③ **make a paste of flour and water** machen Sie einen [flüssigen] Teig aus Mehl und Wasser

to **paste** [peɪst] ① zukleben, zukleistern (**with** mit) ② kleben (**on** auf); **to paste the two pieces together** kleben Sie die zwei Teile zusammen

to **pas·teur·ize** ['pæstʃəraɪz] pasteurisieren, keimfrei machen

**pas·try** ['peɪstrɪ] ① der Kuchenteig ② das Backwerk, das Gebäck; **Danish pastry** das Teilchen

**pas·ture land** ['pɑːstʃəʳ lænd] das Weideland

**pasty**[1] ['peɪstɪ] *Gesicht:* bleich, blass, käsig

**pasty**[2] ['pæstɪ] **GB** die Pastete (*mit Fleisch und Kartoffeln*)

**pat** [pæt] der leichte Schlag, der Klaps; **give yourself a pat on the back** klopf dir auf die Schulter

to **pat** [pæt] <patted, patted> ① tätscheln; festklopfen *Erde, Sand* ② **to pat something dry** etwas trockentupfen ③ **to pat someone on the back** jemandem auf die Schulter klopfen; **she patted her hair down** sie drückte sich die Haare zurecht

**patch** [pætʃ] <*plural* patches> ① (*zum Reparieren*) der Flicken ② die [Augen]klappe ③ der Fleck, die Stelle; *von Land:* das Stück; (*im Garten*) das Beet; **icy patches** stellenweise Glatteis ❹ (*zeitlich*) die Phase; **to go through a bad patch** eine schlechte Phase durchmachen; **to hit** [*oder* **strike**] **a bad patch** eine Pechsträhne haben ❺ (*umgangsspr*) *von Polizist, Prostituierter:* das Revier ▶ WENDUNGEN: **it's not a patch on our old car** es ist kein Vergleich zu unserem alten Auto

to **patch** [pætʃ] flicken
  ◆to **patch up** ❶ zusammenflicken *Kleidungsstück* ❷ beilegen *Streit;* **to patch up a relationship** eine Beziehung kitten; **I don't want to patch things up again** ich möchte das nicht wieder so hinbiegen

**patchy** ['pætʃɪ] ❶ *Qualität, Arbeit:* unregelmäßig, ungleichmäßig ❷ *Kenntnisse:* lückenhaft ❸ *Stoff:* gefleckt ❹ **there will be patchy showers** es gibt hin und wieder Regen

**pâté** ['pæteɪ] die Pastete

**pa·tent** ['peɪtənt] das Patent; **to take out a patent on something** etwas patentieren lassen

to **pa·tent** ['peɪtənt] patentieren lassen

**pa·ter·nal** [pə'tɜːnl] väterlich; **my paternal aunt** meine Tante väterlicherseits

**pa·ter·nity leave** der Vaterschaftsurlaub

**pa·ter·nity suit** die Vaterschaftsklage

**path** [pɑːθ] ❶ der Pfad, der Weg ❷ (*astrologisch*) die Bahn ❸ (*übertragen*) der Weg; **to cross someone's path** jemanden zufällig treffen

**pa·thet·ic** [pə'θetɪk] ❶ Mitleid erweckend, ergreifend, erschütternd ❷ armselig, jämmerlich, unzureichend; **that's really pathetic!** das ist ja zum Heulen!

**F** Nicht verwechseln mit *pathetisch — emotive!*

**path·way** ['pɑːθweɪ] der Pfad, der Weg

**pa·tience** ['peɪʃns] ❶ die Geduld; **to lose one's patience** die Geduld verlieren; **I have no patience with him!** ich habe keine Geduld mehr mit ihm! ❷ (*Kartenspiel*) die Patience; **to play patience** eine Patience legen

**pa·tient**[1] ['peɪʃnt] ❶ geduldig ❷ beharrlich, ausdauernd

**pa·tient**[2] ['peɪʃnt] der Patient/die Patientin, der/die Kranke

**pa·tio** ['pætɪəʊ] <*plural* patios> ❶ der Innenhof ❷ (*am Haus*) die Terrasse

**pat·ri·ot·ic** [ˌpætrɪ'ɒtɪk, ˌpeɪtrɪ'ɒtɪk] patriotisch

**pa·trol** [pə'trəʊl] ❶ *von Polizei:* die Streife, die Runde; **on patrol** auf Streife ❷ *von Militär:* die Patrouille; **on patrol** auf Patrouille

to **pa·trol** [pə'trəʊl] <patrolled, patrolled> *Po-*

*lizist:* auf Streife sein; *Wächter:* die Runde machen; *Soldat:* [ab]patrouillieren

to **pat·ron·ize** ['pætrənaɪz] ❶ (*abwertend*) gönnerhaft behandeln ❷ fördern *Wohltätigkeit, Verein*

**pat·ron·iz·ing** ['pætrənaɪzɪŋ] gönnerhaft, herablassend

to **pat·ter** ['pætər] ❶ *Füße:* trappeln, trippeln ❷ *Regen:* plätschern

**pat·ter** ['pætər] ❶ *von Füßen:* das Getrappel ❷ *von Regen:* das Plätschern ❸ das Gerede, die Sprüche; **sales patter** die Verkaufssprüche

**pat·tern** ['pætn] ❶ (*auf Papier, Stoff*) das Muster ❷ **paper pattern** das Schnittmuster ❸ (*übertragen*) das Vorbild, das Muster ❹ *von Verhalten:* das Schema

**paunch** [pɔːntʃ] <*plural* paunches> der dicke Bauch, der Fettwanst

**pause** [pɔːz] die Pause; **without a pause** ununterbrochen

to **pause** [pɔːz] ❶ (*während einer Aktivität*) stehen bleiben, anhalten, innehalten ❷ (*zum Entspannen*) eine Pause machen; **to pause for breath** eine Atempause machen ❸ **to pause for thought** eine Denkpause einlegen; **to make someone pause** jemanden zum Überlegen bringen

to **pave** [peɪv] ❶ pflastern ❷ (*übertragen*) **to pave the way for the newcomers** den Neulingen den Weg ebnen

**pave·ment** ['peɪvmənt] ❶ USA die Fahrbahn ❷ GB der Bürgersteig, der Gehweg, das Trottoir

**pave·ment art·ist** der Pflastermaler/die Pflastermalerin

**pa·vil·ion** [pə'vɪlɪən] ❶ der Pavillon ❷ (*Sport*) das Klubhaus ❸ das große Zelt

**pav·ing stone** GB der Pflasterstein

**paw** [pɔː] ❶ die Pfote, die Tatze ❷ (*umgangsspr*) die Pfote, die Hand

to **paw** [pɔː] ❶ berühren ❷ (*umgangsspr*) betatschen

**pawn** [pɔːn] ❶ (*beim Schach*) der Bauer ❷ (*übertragen*) die Schachfigur, das Werkzeug ❸ das Pfand, das Pfandstück; **in pawn** verpfändet; **to put in pawn** verpfänden

to **pawn** [pɔːn] verpfänden, versetzen

**pawn·bro·ker** ['pɔːnˌbrəʊkər] der Pfandleiher/die Pfandleiherin

**pawn·bro·ker's shop**, **pawn·shop** ['pɔːnʃɒp] das Leihhaus

**pawn tick·et** der Pfandschein

**pay** [peɪ] die Bezahlung, der Lohn, das Gehalt; **without pay** unbezahlt, ehrenamtlich; **to be**

**pay – peal**

in someone's pay in jemandes Dienst sein; **I get less pay in my new job** ich habe mich in meinem neuen Job finanziell verschlechtert

to **pay** [peɪ] <paid, paid> ❶ zahlen, bezahlen; **to pay one's way** seinen Anteil bezahlen; **to pay on account** auf Rechnung bezahlen; **to pay as you go** immer gleich bezahlen; **to pay through the nose** Wucherpreise bezahlen; **to pay by credit card** mit Kreditkarte bezahlen ❷ begleichen *Rechnung, Schulden* ❸ tragen, erstatten *Kosten* ❹ Gewinn abwerfen ❺ (*übertragen*) sich lohnen für, sich auszahlen für; **it doesn't pay him to work** es lohnt sich nicht für ihn zu arbeiten; **that doesn't pay** das lohnt sich nicht ❻ **to pay someone a visit** [*oder* **call**] jemanden besuchen, jemandem einen Besuch abstatten; **to pay attention** aufpassen ❼ büßen (**for** für)

◆to **pay back** ❶ zurückzahlen ❷ (*übertragen*) **to pay someone back** es jemandem heimzahlen

◆to **pay in** einzahlen

◆to **pay off** ❶ abbezahlen, tilgen *Schulden* ❷ zurückzahlen *Darlehen* ❸ befriedigen *Gläubiger* ❹ auszahlen *Arbeiter* ❺ sich rentieren [*oder* lohnen]

◆to **pay up** [voll] bezahlen

**pay·able** ['peɪəbl] zahlbar, fällig; **payable in advance** im Voraus zahlbar; **to make a cheque payable to someone** einen Scheck auf jemanden ausstellen

**pay cheque**, ⓊⓈⒶ **pay check** der Gehaltsscheck, der Lohnscheck

**pay day** der Zahltag

**pay desk** die Kasse

**payee** [peɪ'iː] der Zahlungsempfänger/die Zahlungsempfängerin

**pay·ing** ['peɪɪŋ] ❶ **paying guest** der zahlende Gast ❷ (*bei der Bank*) **paying-in slip** der Einzahlungsbeleg

**pay·ment** ['peɪmənt] ❶ die Zahlung, die Bezahlung; **on payment of** bei Bezahlung von; **in payment of** als Bezahlung für; **payment by** [*oder* **in**] **instalments** die Ratenzahlung; **terms of payment** die Zahlungsbedingungen ❷ *von Schulden:* die Rückzahlung

**pay pack·et** die Lohntüte

**pay phone** der Münzfernsprecher

**pay rise** die Gehaltserhöhung, die Lohnerhöhung

**pay·roll** **to be on the payroll** angestellt [*oder* beschäftigt] sein; **payroll deductions** die Lohnabzüge, die Gehaltsabzüge

**pay round** die Tarifrunde

**pay·slip** der Gehaltsstreifen, der Lohnstreifen

**pay TV** das Pay-TV

**PC** [pi:'si:] ❶ *Abkürzung von* **personal computer** der PC ❷ ⒼⒷ *Abkürzung von* **Police Constable** der Polizeibeamter/die Polizeibeamtin

**PE** [pi:'iː] (*in der Schule*) *Abkürzung von* **physical education** der Sport

**pea** [pi:] die Erbse

**peace** [pi:s] ❶ der Friede[n]; **to be at peace** in Frieden leben (**with** mit); **to make peace** Frieden schließen; **to make one's peace with** sich versöhnen [*oder* vertragen] mit ❷ (*gesetzlich*) Ruhe [und Ordnung]; **breach of the peace** die Ruhestörung; **to keep the peace** die öffentliche Sicherheit und Ordnung wahren ❸ (*übertragen*) die Ruhe, die Stille; **peace and quiet** Ruhe und Frieden; **to give someone no peace** jemanden nicht in Ruhe lassen; **to hold** [*oder* **keep**] **one's peace** sich ruhig verhalten, still sein; **to leave someone in peace** jemanden in Ruhe lassen

**peace·ful** ['pi:sfəl] ❶ friedlich ❷ *Schlaf, Zeit:* ruhig; *Tod:* sanft

**peacekeep·ing**[1] ['pi:ski:pɪŋ] Friedens-; **peace-keeping force** die Friedenstruppe

**peacekeep·ing**[2] ['pi:ski:pɪŋ] die Friedenserhaltung

**peace move·ment** die Friedensbewegung

**peace ne·go·tia·tions** *plural* die Friedensverhandlungen

**peace of·fer**, **peace of·fer·ing** das Friedensangebot

**peace set·tle·ment** das Friedensabkommen

**peace trea·ty** der Friedensvertrag

**peach** [pi:tʃ] <*plural* peaches> ❶ der Pfirsich, der Pfirsichbaum ❷ (*Farbe*) der Pfirsichton ❸ (*übertragen*) **a peach of an idea** eine tolle Idee; **a peach of a hat** ein todschicker Hut

**pea·cock** ['pi:kɒk] der Pfau; **peacock-blue** pfauenblau

**peak** [pi:k] ❶ die Spitze ❷ *eines Berges:* der Gipfel ❸ der Mützenschirm ❹ (*übertragen*) *der Konjunktur:* Höchst-, der Höhepunkt; **peak value** der Höchstwert

to **peak** [pi:k] einen Höchststand erreichen

**peak hours** *plural von Verkehr:* die Hauptverkehrszeit; *vom Stromnetz:* die Spitzenzeit; **during peak hours** während der Stoßzeit

**peak sea·son** die Hochsaison

**peal** [pi:l] das Dröhnen; **peal of bells** das Glockengeläut[e]

to **peal** [pi:l] *Donner:* dröhnen; *Glocken:* läuten

**pea·nut** ['piːnʌt] ❶ die Erdnuss ❷ **peanuts** (*umgangsspr*) die lächerliche Kleinigkeit; **the pay is peanuts** die Bezahlung ist miserabel

**pea·nut but·ter** die Erdnussbutter

**pear** [peəʳ] die Birne

**pearl** [pɜːl] die Perle

**pear tree** [peəʳ triː] der Birnbaum

**peas·ant** ['peznt] der Bauer / die Bäuerin

**peb·ble** ['pebl] der Kieselstein

to **peck** [pek] ❶ hacken *Loch,* picken (**at** nach) ❷ aufpicken *Futter* ❸ (*umgangsspr*) flüchtig küssen ❹ (*umgangsspr*) herumnaschen (**at** an)

**peck** [pek] ❶ der [Schnabel]hieb ❷ der flüchtige Kuss

**peck·ish** ['pekɪʃ] ⒼⒷ (*umgangsspr*) hungrig

**pe·cu·liar** [pɪ'kjuːlɪəʳ] ❶ sonderbar, eigenartig, seltsam ❷ eigen, eigentümlich; **to be peculiar to someone** typisch für jemanden sein

**ped·al** ['pedl] ❶ das Pedal ❷ (*am Musikinstrument*) der Pedalton

to **ped·al** ['pedl] <pedalled *oder* ⓊⓈⒶ pedaled, pedalled *oder* ⓊⓈⒶ pedaled> ❶ das Pedal bedienen ❷ **to pedal a bicycle up the hill** mit dem Fahrrad den Berg hinaufstrampeln

**ped·al bin** der Treteimer

**ped·al boat**, **peda·lo** ['pedᵊləʊ] <*plural* pedalos> das Tretboot

**pe·des·trian**[1] [pɪ'destrɪən] **pedestrian crossing** der Fußgängerüberweg; **pedestrian precinct** die Fußgängerzone

**pe·des·trian**[2] [pɪ'destrɪən] der Fußgänger / die Fußgängerin

**pe·dia·tri·cian** [ˌpiːdɪə'trɪʃn] ⓊⓈⒶ der Kinderarzt / die Kinderärztin

**pe·di·at·rics** △ *singular* ⓊⓈⒶ die Kinderheilkunde

**pedi·gree**[1] ['pedigriː] der Stammbaum

**pedi·gree**[2] ['pedigriː] reinrassig, mit Stammbaum

**pedi·gree dog** der Rassehund

to **pee** [piː] (*umgangsspr*) **to go for** [*oder* **have a**] **pee** pinkeln

**peek** [piːk] der flüchtige Blick

to **peek** [piːk] gucken *umgangsspr;* **to peek into something** in etwas hineinspähen

**peel** [piːl] die Schale

to **peel** [piːl] ❶ schälen, die Haut abziehen ❷ sich häuten, sich abschälen; **the paintwork is peeling** die Farbe geht [*oder* blättert] ab

◆ to **peel away** ❶ sich lösen ❷ abziehen *Tapete;* abschälen *Rinde;* abstreifen *Einband*

◆ to **peel back** abziehen

◆ to **peel off** abziehen, abschälen, abstreifen

**peel·er** ['piːləʳ] der Schäler

**peel·ings** ['piːlɪŋz] *plural* die Schalen

to **peep** [piːp] ❶ [verstohlen] gucken (**at** nach) ❷ allmählich sichtbar werden, zum Vorschein kommen ❸ *Vogel, Tier:* piepen, piepsen

**peep** [piːp] ❶ der flüchtige Blick, der heimliche Blick; **to take a peep at something** verstohlen nach etwas schauen ❷ (*Geräusch*) das Piepen ❸ (*slang*) **I couldn't get a peep out of him** ich konnte keinen Ton aus ihm rauskriegen

to **peer** [pɪəʳ] starren, angestrengt schauen, blicken (**at** auf, **into** in, **for** nach)

**peg** [peg] ❶ (*aus Holz*) der Stift; (*für Zelt*) der Hering; (*beim Bergsteigen*) der Haken ❷ ⒼⒷ die Wäscheklammer ❸ **off-the-peg** von der Stange ▸ WENDUNGEN: **to take someone down a peg or two** jemanden demütigen; **to be a square peg in a round hole** am falschen Platz sein

◆ to **peg out** ❶ abgrenzen, abstecken ❷ **to peg out the washing** die Wäsche aufhängen ❸ (*umgangsspr*) *Mensch:* abkratzen; *Maschine:* den Geist aufgeben

**pe·jo·ra·tive**[1] [pɪ'dʒɒrətɪv] abwertend

**pe·jo·ra·tive**[2] [pɪ'dʒɒrətɪv] der abwertende Ausdruck

**peli·can** ['pelɪkən] der Pelikan

to **pelt** [pelt] ❶ werfen; **they pelted him with mud** sie bewarfen ihn mit Matsch ❷ **the rain pelted [down] on the roof** der Regen trommelte [*oder* prasselte] auf das Dach; **it was pelting with rain** es schüttete; **pelting rain** der Platzregen

**pelt** [pelt] **at full pelt** mit voller Geschwindigkeit

**pen** [pen] ❶ der Füllfederhalter, der Füller ❷ der Kugelschreiber ❸ (*für Tiere*) der Pferch

◆ to **pen up** einsperren

**pen·al·ty** ['penltɪ] ❶ die Strafe; **on** [*oder* **under**] **penalty of** bei Androhung einer Strafe von ❷ die Geldstrafe ❸ (*übertragen*) der Nachteil ❹ (*Sport*) der Strafpunkt; (*beim Fußball*) der Elfmeter ❺ (*übertragen*) **to pay the penalty** die Folgen tragen

**pen·al·ty area** (*Fußball*) der Strafraum

**pen·al·ty box** (*Eishockey*) die Strafbank

**pen·al·ty clause** die Strafklausel

**pen·al·ty kick** (*Fußball*) der Elfmeter

**pence** [pens] ⒼⒷ (*Währungseinheit*) die Pence

**pen·cil** ['pensl] der Bleistift; **to write in pen-**

**cil** mit Bleistift schreiben

◆to **pencil in** ❶ mit einem Bleistift markieren ❷ (*übertragen*) vorläufig notieren *Termin*

**pen·cil case** das Federmäppchen

**pen·cil sharp·en·er** der Bleistiftspitzer

**pen·dant** ['pendənt] der Anhänger

to **pen·etrate** ['penɪtreɪt] ❶ *Armee:* vordringen, eindringen in ❷ *Strahlen:* durchdringen, durchstoßen ❸ (*übertragen*) infiltrieren *Organisation*

**pen·etrat·ing** ['penɪtreɪtɪŋ] ❶ *Kälte:* durchdringend ❷ *Auge:* scharf ❸ (*übertragen*) scharfsinnig

**pen·friend** ['penfrend] der Brieffreund/die Brieffreundin

**pen·guin** ['peŋgwɪn] der Pinguin

**pen·hold·er** ['pen,həʊldəʳ] der Federhalter

**peni·cil·lin** [ˌpenɪ'sɪlɪn] das Penizillin

**pen·in·su·la** [pə'nɪnsjʊlə] die Halbinsel

**pe·nis** ['piːnɪs] <*plural* penises *oder* penes> der Penis

**pen·knife** ['pennaɪf, *plural* 'pennaɪvz] <*plural* penknives> das Taschenmesser

**pen·ni·less** ['penɪlɪs] völlig mittellos

**pen·ny** ['penɪ, *plural* 'peniːz] <*plural* pennies, pence> der Penny; **a pretty penny** eine schöne Stange Geld ▸ WENDUNGEN: **the penny dropped** der Groschen ist gefallen; **in for a penny, in for a pound** wer A sagt, muss auch B sagen; **a penny for your thoughts** woran denkst du gerade?; **to spend a penny** (*umgangsspr*) mal verschwinden

**pen·pal** ['penpæl] der Brieffreund/die Brieffreundin

**pen·sion** ['penʃn] die Altersrente, die Pension; **to be entitled to a pension** rentenberechtigt [*oder* pensionsberechtigt] sein; **to draw a pension** eine Rente beziehen; **to retire on a pension** in Rente gehen; **disability pension** die Erwerbsunfähigkeitsrente

◆to **pension off** ❶ pensionieren, auf Rente setzen ❷ vorzeitig in Rente schicken ❸ (*übertragen*) ausrangieren

**pen·sion con·tri·bu·tion** der Rentenversicherungsbeitrag

**pen·sion en·ti·tle·ment** der Rentenanspruch

**pen·sion·er** ['penʃənəʳ] der Pensionär/die Pensionärin, der Rentenempfänger/die Rentenempfängerin, der Rentner/die Rentnerin

**pen·sion fund** der Rentenfonds

**pen·sion scheme** die Rentenversicherung; **the company's pension scheme** die betriebliche Altersversorgung

**pen·ta·gon** ['pentəgən] ❶ (*Form*) das Fünf-

eck, das Pentagon ❷ **the Pentagon** ⓊⓈⒶ das Pentagon

**pen·tath·lon** [pen'tæθlən] der Fünfkampf

**pent-up** [ˌpent'ʌp] ❶ *Mensch:* geladen, innerlich angespannt ❷ *Gefühl:* unterdrückt, angestaut; *Atmosphäre:* geladen

**pe·nul·ti·mate** [pen'ʌltɪmət] vorletzte(r, s)

**peo·ple** ['piːpl] ⚠ *plural* ❶ die Leute, die Menschen ❷ **how many people are there in Germany?** wie viele Einwohner hat Deutschland?; **local people** der/die Einheimische ❸ **the common people** das gemeine Volk ❹ *mit Possessivpronomen* **my people** meine Familie [*oder* Leute] ❺ **people say** man sagt ❻ **you! of all people!** ausgerechnet du! ❼ **the peoples of the world** die Völker der Erde

**pep·per** ['pepəʳ] ❶ der Pfeffer ❷ **green/red pepper** der grüne/rote Paprika

to **pep·per** ['pepəʳ] ❶ pfeffern ❷ **to pepper someone with bullets** jemanden mit Kugeln durchsieben; **to be peppered with mistakes** vor Fehlern strotzen

**pep·per mill** die Pfeffermühle

**pep·per·mint** ['pepəmɪnt] ❶ die Pfefferminze ❷ (*Bonbon*) das Pfefferminz

**pep·per pot** der Pfefferstreuer

**pep talk** (*umgangsspr*) die aufmunternden Worte; **to give someone a pep talk** mit jemandem ein Motivationsgespräch führen

**per** [pɜːʳ] pro, je, für; [as] **per account** laut Rechnung; **per annum** pro Jahr; **per hour** in der Stunde; **50 km per hour** 50 Stundenkilometer; **as per sample** gemäß dem Muster; **as per usual** (*umgangsspr*) wie gewöhnlich

**per·cent¹** [pə'sent] ⓊⓈⒶ das Prozent

**per·cent²** [pə'sent] ⓊⓈⒶ **25/50 percent** 25-/50-prozentig; **I'm 100 percent sure that ...** ich bin mir hundertprozentig sicher, dass ...

**per·cent·age point** der Prozentpunkt

**per·cep·tion** [pə'sepʃn] die Wahrnehmung

**per·cep·tive** [pə'septɪv] ❶ einfühlsam; **that's very perceptive of you** das hast du sehr scharf beobachtet ❷ *Auge:* scharf; *Nase, Ohr:* fein

**perch** [pɜːtʃ] <*plural* perches> ❶ die Vogelstange, die Hühnerstange ❷ (*umgangsspr*) der Sitzplatz; **take a perch** setz dich doch ❸ (*Fisch*) der Barsch

to **perch** [pɜːtʃ] ❶ sich setzen (**on** auf); **to be perched on** sitzen [*oder* hocken] auf ❷ thronen ❸ [hoch hinauf]stellen; **she perched her bag on the shelf** sie stellte ihre Tasche auf das Regal

**per·cus·sion** [pə'kʌʃn] **percussion instruments** die Schlaginstrumente

**per·cus·sion·ist** [pə'kʌʃnɪst] der Schlagzeuger/die Schlagzeugerin

**per·fect** ['pɜːfɪkt] ❶ vollendet, vollkommen ❷ *Leistung:* tadellos, fehlerlos ❸ vollständig, völlig, gänzlich; **perfect strangers** die wildfremden Menschen; **he is a perfect stranger to me** er ist mir völlig unbekannt ❹ **practice makes perfect** Übung macht den Meister

to **per·fect** [pə'fekt] vervollkommnen

**per·fec·tion** [pə'fekʃn] ❶ die Vervollkommnung ❷ die Vollkommenheit

**per·fect·ly** ['pɜːfɪktlɪ] ❶ vollkommen, völlig, durchaus, absolut ❷ tadellos ❸ (*umgangsspr*) **perfectly awful** ganz furchtbar

to **per·form** [pə'fɔːm] ❶ ausführen *Aufgabe;* **how did he perform?** wie war er? ❷ durchführen *Operation* ❸ vollziehen *Zeremonie* ❹ *Künstler:* auftreten, spielen; aufführen, spielen *Stück, Konzert;* vortragen *Solo, Duett;* spielen *Rolle;* vorführen *Kunststück;* vollbringen *Wunder* ❺ vornehmen *Handlung* ❻ erfüllen *Pflicht, Versprechen* ❼ **to perform a duty** einer Verpflichtung nachkommen ❽ (*technisch*) *Maschine, Gerät:* funktionieren; **this car performs well** dieses Auto ist sehr leistungsstark

**per·for·mance** [pə'fɔːməns] ❶ die Leistung ❷ (*technisch*) das Funktionieren, die Leistung, die Effizienz ❸ (*im Theater*) die Aufführung, die Vorstellung; (*im Kino*) die Vorstellung; **afternoon performance** die Nachmittagsvorstellung; **evening performance** die Abendvorstellung ❹ *einer Rolle:* die Darstellung ❺ (*umgangsspr*) der Umstand, das Theater, das schlechte Benehmen

**per·form·er** [pə'fɔːmər] der Künstler/die Künstlerin, der/die Ausführende

**per·fume** ['pɜːfjuːm] der Duft, das Parfüm

**per·haps** [pə'hæps] vielleicht, eventuell

**per·il** ['perəl] ❶ die Gefahr; **to be in peril** in Gefahr sein ❷ das Risiko

**peri·lous** ['perələs] gefährlich

**pe·ri·od** ['pɪərɪəd] ❶ die Periode, der Zeitraum, die Dauer; **for a period of** für die Dauer von; **within a period of** innerhalb einer Frist von; **period of office** die Amtszeit ❷ (*historisch*) die Epoche ❸ [**menstrual**] **period** die Periode; **I've got my period** ich habe meine Tage ❹ (USA) (*Satzzeichen*) der Punkt ❺ die Unterrichtsstunde ❻ (*slang*) Schluss!, [und damit] basta!

**pe·ri·odi·cal** [ˌpɪərɪ'ɒdɪk(l)] die Zeitschrift, das Magazin

to **per·ish** ['perɪʃ] ❶ zu Grunde gehen, umkommen (**by** durch, **of/with** an) ❷ *Waren:* verderben

**per·ish·able** ['perɪʃəbl] *Ware:* verderblich, nicht haltbar

**per·ish·ing** ['perɪʃɪŋ] ❶ **perishing** [**cold**] sehr kalt ❷ **this perishing machine** dieses verflixte Gerät

**per·jury** ['pɜːdʒərɪ] der Meineid; **to commit perjury** einen Meineid leisten

**perk** [pɜːk] (GB) die Vergünstigung

♦ to **perk up** ❶ aufleben, munter [*oder* lebhaft] werden ❷ *Börse:* fester tendieren

**perm** [pɜːm] die Dauerwelle

to **perm** [pɜːm] **to have one's hair permed** sich Dauerwellen machen lassen

**per·ma·nent** ['pɜːmənənt] ❶ ständig, beständig, dauerhaft ❷ auf Lebenszeit; **permanent appointment** die feste Anstellung; **permanent position** [*oder* **post**] die Lebensstellung, die Dauerstellung ❸ **permanent residence** der feste Wohnsitz ❹ **permanent staff** das Stammpersonal

**per·mis·sion** [pə'mɪʃn] die Genehmigung, die Erlaubnis; **by special permission** mit besonderer Genehmigung; **without permission** unbefugt, unerlaubt; **to ask someone's** [*oder* **someone for**] **permission** jemanden um Erlaubnis bitten; **to give permission** eine Erlaubnis erteilen; **to give someone permission to do something** jemandem erlauben, etwas zu tun; **to grant someone permission to speak** jemandem das Wort erteilen

to **per·mit** [pə'mɪt] <permitted, permitted> ❶ erlauben, gestatten, zulassen, dulden; **to permit someone to do something** jemandem erlauben, etwas zu tun; **am I permitted to go?** darf ich gehen? ❷ **weather permitting** wenn das Wetter mitmacht

**per·mit** ['pɜːmɪt] ❶ die Genehmigung, die Bewilligung, die Konzession (**to** für) ❷ **residence permit** die Aufenthaltsgenehmigung, die Aufenthaltserlaubnis ❸ **hunting permit** der Jagdschein; **fishing permit** der Angelschein

**per·pen·dicu·lar¹** [ˌpɜːpən'dɪkjʊlər] senkrecht (**to** zu); *Klippe:* senkrecht abfallend

**per·pen·dicu·lar²** [ˌpɜːpən'dɪkjʊlər] die Senkrechte, das Lot

**per·pet·ual** [pə'petjʊəl] dauernd, ständig; **perpetual motion** [**machine**] das Perpetuum mobile

to **per·se·cute** ['pɜːsɪkjuːt] ❶ verfolgen; **to be**

**persecuted** Verfolgungen ausgesetzt sein ② belästigen, plagen (**with** mit)

**per·se·cu·tion** [ˌpɜːsɪˈkjuːʃn] die Verfolgung, die Belästigung

to **per·se·vere** [ˌpɜːsɪˈvɪəʳ] durchhalten, nicht aufgeben

**Per·sia** [ˈpɜːʃə] Persien

to **per·sist** [pəˈsɪst] ① **she persisted that she was right** sie beharrte [oder bestand] darauf, Recht zu haben ② nicht nachgeben, nicht aufhören; **he persisted in bothering her** er hörte nicht auf, sie zu belästigen ③ **if the pain persists ...** falls der Schmerz anhält ...

**per·sis·tent** [pəˈsɪstənt] ① Mensch: beharrlich, unnachgiebig ② [an]dauernd, beständig

**per·son** [ˈpɜːsn] <plural people> der Mensch, die Person; **in person** in Person, persönlich; **there is no such person** so jemanden gibt es nicht; **on** [oder about] **one's person** bei sich; **per person** pro Person

**per·son·al** [ˈpɜːs(ə)nl] persönlich; (auf einem Brief) privat; Daten: personenbezogen; **personal affair** [oder **business**] die Privatangelegenheit; **to get** [oder **become**] **personal** persönlich werden

**per·son·al as·sis·tant** der persönliche Assistent/die persönliche Assistentin, der Chefsekretär/die Chefsekretärin

**per·son·al col·umn** die Familienanzeigen

**per·son·al com·put·er** der Personal Computer

**per·son·al iden·ti·fi·ca·tion num·ber** die persönliche Geheimzahl

**per·son·al·ity** [ˌpɜːsəˈnælətɪ] die Persönlichkeit; **personality cult** der Personenkult

**per·son·al·ly** [ˈpɜːsnəlɪ] persönlich

**per·son·al or·gan·iz·er** der Terminplaner

**per·son·nel** [ˌpɜːsəˈnel] das Personal, die Belegschaft; (im Flugzeug, Schiff) die Besatzung

**per·son·nel de·part·ment** die Personalabteilung

**per·son·nel di·rec·tor, per·son·nel man·ag·er** der Personalchef/die Personalchefin

**per·spec·tive** [pəˈspektɪv] ① (in der Kunst) die Perspektive ② (übertragen) der Standpunkt, der Blick; **to get something out of perspective** etwas verzerrt sehen; **to see something in perspective** etwas mit Abstand betrachten

to **per·spire** [pəˈspaɪəʳ] schwitzen

to **per·suade** [pəˈsweɪd] ① überreden ② verleiten, dazu bringen; **I was persuaded into leaving the company** ich wurde dazu verleitet, die Firma zu verlassen ③ überzeugen; **to be persuaded of** überzeugt sein von

**per·sua·sion** [pəˈsweɪʒn] ① die Überredung ② die Überzeugung; **powers of persuasion** die Überzeugungskraft ③ der Glaube

**per·sua·sive** [pəˈsweɪsɪv] überzeugend

**Peru** [pəˈruː] Peru

**Peru·vian**[1] [pəˈruːvɪən] peruanisch

**Peru·vian**[2] [pəˈruːvɪən] der Peruaner/die Peruanerin

**per·verse** [pəˈvɜːs] ① Gedanke, Benehmen: pervers, widernatürlich ② Mensch: eigensinnig, störrisch

**per·ver·sion** [pəˈvɜːʃn] ① (sexuell) die Perversion ② der Wahrheit: die Verzerrung, die Verdrehung; **perversion of justice** die Rechtsbeugung

to **per·vert** [pəˈvɜːt] ① verdrehen Tatsache ② verderben, pervertieren Menschen ③ **to pervert the course of justice** das Recht beugen

**per·vert** [ˈpɜːvɜːt] der perverse Mensch

**pes·si·mism** [ˈpesɪmɪzəm] der Pessimismus

**pes·si·mist** [ˈpesɪmɪst] der Pessimist/die Pessimistin

**pes·si·mis·tic** [ˌpesɪˈmɪstɪk] pessimistisch

**pest** [pest] ① (umgangsspr: Mensch) die Nervensäge, die Plage ② der Schädling

**pest con·trol** die Schädlingsbekämpfung

to **pes·ter** [ˈpestəʳ] belästigen, plagen (**with** mit)

**pes·ti·cide** [ˈpestɪsaɪd] das Schädlingsbekämpfungsmittel

**pet**[1] [pet] ① das Haustier ② der Liebling

**pet**[2] [pet] Lieblings-; **pet name** der Kosename; **that's my pet hate** das ist mir ein Gräuel; **pet shop** die Tierhandlung; **pet subject** das Lieblingsthema

to **pet** [pet] <petted, petted> ① streicheln, verwöhnen ② (umgangsspr) fummeln, Petting machen

**pet·al** [ˈpetl] ① das Blütenblatt ② (umgangsspr) das Schätzchen

to **peter out** [ˈpiːtəʳ] nachlassen, allmählich zu Ende gehen

**pe·ti·tion** [pɪˈtɪʃn] ① die Bittschrift, die Eingabe, das Gesuch, die Petition ② die Unterschriftenliste ③ (vor Gericht) der Antrag (**for** auf); **to file a petition** einen Antrag einreichen; **to petition for divorce** die Scheidungsklage; **to petition for mercy** das Gnadengesuch

**pet·rol** [ˈpetrəl] ⑬ das Benzin; **to fill up with petrol** auftanken

**F** Nicht verwechseln mit das Petroleum — paraffin!

**pet·rol can** der Benzinkanister

**pet·rol com·pa·ny** die Erdölgesellschaft

**pet·rol con·sump·tion** *kein Plural* 🇬🇧 der Benzinverbrauch

**pet·rol en·gine** der Benzinmotor

**pe·tro·leum** [pɪˈtrəʊlɪəm] das Erdöl, das Mineralöl; **petroleum-exporting countries** die Erdöl exportierenden Länder; **petroleum jelly** die Vaseline

**pet·rol gauge** die Benzinuhr, die Benzinanzeige

**pet·rol pump** ❶ (*im Auto*) die Benzinpumpe ❷ (*an der Tankstelle*) die Zapfsäule

**pet·rol sta·tion** die Tankstelle

**pet·rol tank** 🇬🇧 der Benzintank

**pet·ti·coat** [ˈpetɪkəʊt] der Unterrock

**pet·ty** [ˈpetɪ] ❶ *Problem, Einzelheit:* klein, geringfügig, unbedeutend, nebensächlich ❷ **petty cash** die [Porto]kasse, die Handkasse ❸ *Person:* kleinlich, engstirnig

**pew** [pju:] ❶ der Kirchenstuhl ❷ **take a pew!** (*umgangsspr*) pflanz dich!

**phan·tom** [ˈfæntəm] ❶ das Phantom, das Gespenst, der Geist ❷ das Hirngespinst, das Trugbild

**phar·ma·cist** [ˈfɑ:məsɪst] 🇺🇸 der Apotheker/die Apothekerin

**phar·ma·cy** [ˈfɑ:məsɪ] ❶ die Pharmazie ❷ die Apotheke

**phase** [feɪz] ❶ die Phase, das Stadium, der Abschnitt; **she's just going through a phase** das ist nur so eine Phase bei ihr ❷ (*technisch*) die Phase

◆ to **phase in** stufenweise einführen

◆ to **phase out** ❶ allmählich abbauen ❷ (*Produktion*) auslaufen lassen

**PhD** [ˌpi:eɪtʃˈdi:] ❶ (*akademischer Grad*) Dr. phil. ❷ die Doktorarbeit; **to do one's PhD** seinen Doktor machen, promovieren

**pheas·ant** [ˈfeznt] der Fasan

**phe·nom·ena** [fɪˈnɒmɪnə] *Pluralform von* **phenomenon**

**phe·nom·enal** [fɪˈnɒmɪnl] außergewöhnlich, außerordentlich, phänomenal

**phe·nom·enon** [fɪˈnɒmɪnən, *plural* fɪˈnɒmɪnə] <*plural* phenomena> das Phänomen

**phi·loso·pher** [fɪˈlɒsəfə] der Philosoph/die Philosophin

**philo·soph·ic(al)** [ˌfɪləˈsɒfɪk(l)] philosophisch

to **phi·loso·phize** [fɪˈlɒsəfaɪz] philosophieren

**phi·loso·phy** [fɪˈlɒsəfɪ] ❶ die Philosophie; **natural philosophy** die Naturwissenschaft; **philosophy of history** die Geschichtsphilosophie ❷ **philosophy of life** die Lebensanschauung, die Weltanschauung

**pho·bia** [ˈfəʊbɪə] die Phobie

**phone** [fəʊn] das Telefon

to **phone** [fəʊn] telefonieren, anrufen

◆ to **phone back** zurückrufen

◆ to **phone in** ❶ anrufen; **to phone in ill** sich telefonisch krank melden ❷ telefonisch durchgeben

◆ to **phone up** anrufen

**phone booth** 🇺🇸 die Telefonzelle

**phone call** ❶ das Telefongespräch ❷ der Anruf

**phone·card** [ˈfəʊnkɑ:d] die Telefonkarte

**phone-in** [ˈfəʊnɪn] die Hörersendung

**phone num·ber** die Telefonnummer

**pho·net·ic** [fəˈnetɪk] phonetisch; **phonetic script** die Lautschrift

**pho·ney** [ˈfəʊnɪ] (*umgangsspr*) unecht, falsch

**phos·pho·res·cent** [ˌfɒsfəˈresnt] phosphoreszierend

**phos·pho·rus** [ˈfɒsfərəs] der Phosphor

**pho·to** [ˈfəʊtəʊ] <*plural* photos> das Foto, die Fotografie

**pho·to·copi·er** [ˈfəʊtəʊˌkɒpɪə] das Fotokopiergerät, der Fotokopierer

**pho·to·copy** [ˈfəʊtəʊˌkɒpɪ] die Fotokopie

to **pho·to·copy** [ˈfəʊtəʊˌkɒpɪ] fotokopieren

**pho·to fin·ish** das Fotofinish

**pho·to·graph** [ˈfəʊtəgrɑ:f] die Fotografie; **to take a photograph** eine Aufnahme machen

**photograph**

🄵 Nicht verwechseln mit *der Fotograf — photographer!*

to **pho·to·graph** [ˈfəʊtəgrɑ:f] fotografieren

**pho·to·graph al·bum** das Fotoalbum

**pho·tog·ra·pher** [fəˈtɒgrəfə] der Fotograf/die Fotografin

**pho·to·graph·ic** [ˌfəʊtəˈgræfɪk] fotografisch; **photographic equipment** die Fotoausrüstung

**pho·tog·ra·phy** [fəˈtɒgrəfɪ] die Fotografie

**pho·to·jour·nal·ism** [ˌfəʊtəʊˈdʒɜ:nlɪzəm] der

photometer – pick up

Fotojournalismus

**pho·tom·e·ter** [fəʊ'tɒmɪtəʳ] der Belichtungsmesser

**pho·to·mon·tage** ['fəʊtəʊmɒn'tɑːʒ] die Fotomontage

**pho·to op·por·tu·ni·ty** [ˌfəʊtəʊɒpə'tjuːnətɪ] der Fototermin

**pho·to re·port·er** ['fəʊtəʊrɪˌpɔːtəʳ] der Bildberichterstatter/die Bildberichterstatterin

**pho·to·shoot** der Fototermin

**pho·to·syn·the·sis** kein Plural die Photosynthese

**phras·al** ['freɪzᵊl] Satz-; **phrasal verb** das Phrasal Verb (Grundverb mit präpositionaler oder adverbialer Ergänzung)

**phrase** [freɪz] ❶ der Ausdruck, die Redewendung; **to coin a phrase** (humorvoll) um mich mal so auszudrücken ❷ der Satzteil, die Wortgruppe ❸ (Musik) die Phrase

to **phrase** [freɪz] ❶ in Worte kleiden, zum Ausdruck bringen ❷ phrasieren Musik

**phrase-book** ['freɪzbʊk] der Sprachführer

**physi·cal**[1] ['fɪzɪkl] ❶ physisch ❷ körperlich; **physical appearance** die äußere Erscheinung; **physical condition** der Gesundheitszustand; **physical education** der Sportunterricht; **physical fitness** die Tauglichkeit; **physical training** die Leibesübungen ❸ Untersuchung: ärztlich ❹ **physical science[s]** die Naturwissenschaften

**physi·cal**[2] ['fɪzɪkl] die ärztliche Untersuchung

**phy·si·cian** [fɪ'zɪʃn] der Arzt/die Ärztin

**F** Nicht verwechseln mit der Physiker — physicist!

**physi·cist** ['fɪzɪsɪst] der Physiker/die Physikerin

**phys·ics** ['fɪzɪks] ⚠ singular die Physik

**physio** ['fɪziəʊ] <plural physios> 🇬🇧 ❶ (umgangsspr) kurz für **physiotherapist** der Physiotherapeut/die Physiotherapeutin ❷ kein Plural kurz für **physiotherapy** die Physiotherapie

**physio·thera·pist** [ˌfɪziəʊ'θerəpɪst] der Krankengymnast/die Krankengymnastin, der Physiotherapeut/die Physiotherapeutin

**physio·thera·py** [ˌfɪziəʊ'θerəpɪ] die Krankengymnastik, die Physiotherapie

**phy·sique** [fɪ'ziːk] der Körperbau, die Konstitution

**pia·nist** ['pɪənɪst] der Pianist/die Pianistin, der Klavierspieler/die Klavierspielerin

**pi·ano** ['pjɑːnəʊ] <plural pianos> das Klavier; **to play the piano** Klavier spielen; **grand piano** der Flügel; **piano lesson** die Klavierstunde; **piano teacher** der Klavierlehrer/die Klavierlehrerin

**pick** [pɪk] ❶ die Auswahl, die Auslese; **the pick of the bunch** das Beste [von allem]; **to have [oder take] one's pick** seine Wahl treffen; **to have first pick** die erste Wahl haben; **he was our pick** 🇺🇸 wir haben ihn gewählt ❷ die Spitzhacke, die Haue ❸ (Musik) das Plektrum

to **pick** [pɪk] ❶ auswählen; aufstellen Mannschaft; **you do pick them!** du gerätst auch immer an den Falschen!; **to pick one's words carefully** seine Worte mit Bedacht wählen; **to pick one's way [oder steps]** vorsichtig gehen, sich durchschlängeln; **to pick and choose** sich den/die/das Beste herauspicken ❷ zupfen an; kratzen an Pickel, Haut ❸ bohren Loch; (mit dem Schnabel) [auf]hacken ❹ pflücken Obst, Blumen; lesen Trauben ❺ Vogel: [auf]picken ❻ **to pick a lock** ein Schloss knacken ❼ **to pick one's nose** in der Nase bohren; **to pick one's teeth** in den Zähnen stochern ▶ WENDUNGEN: **to pick a fight [oder quarrel]** einen Streit vom Zaun brechen; **to have a bone to pick with someone** mit jemandem ein Hühnchen zu rupfen haben; **to pick someone's pockets** Taschendieb: jemanden bestehlen; **to pick holes in something** etwas bemäkeln; **to pick holes in a theory** eine Theorie auseinander nehmen; **to pick something to pieces** etwas verreißen; **to pick someone's brains** jemanden [mit Fragen] löchern

◆ to **pick at** ❶ herummeckern an ❷ **to pick at one's food** im Essen herumstochern

◆ to **pick off** ❶ abpflücken; wegzupfen Blätter ❷ abschießen Mensch, Tier

◆ to **pick on** ❶ aussuchen, auswählen ❷ (umgangsspr) herumhacken auf; **why pick on me?** warum gerade ich?

◆ to **pick out** ❶ heraussuchen, auswählen ❷ (übertragen) auslesen Schlechtes ❸ ausmachen, entdecken ❹ **to pick out a tune** eine Melodie anschlagen

◆ to **pick over** [genau] überprüfen, durchsehen

◆ to **pick up** ❶ aufpicken, aufheben, auflesen ❷ **to pick up the bill** die Rechnung bezahlen ❸ mitnehmen Fahrgast; **can you pick me up from school?** kannst du mich von der Schule abholen? ❹ finden, sammeln, zusammenbringen ❺ erstehen Schnäppchen ❻ herausfinden, herausbringen, in Erfahrung bringen; verstehen, erfassen Information ❼ sich aneignen Kenntnisse ❽ (umgangsspr) zufällig kennen lernen; **where on earth did you pick her up?** wo hast du denn die aufgelesen? ❾ empfangen *Radiosendung* ❿ bergen, retten ⓫ sich erholen, wieder zu Kräften kommen ⓬ *Kurse:* anziehen, sich festigen ⓭ **to pick up speed** an Geschwindigkeit gewinnen ⓮ **I'll pick up on that later** ich werde später darauf zurückkommen

**pick·et** ['pɪkɪt] der Streikposten

to **pick·et** ['pɪkɪt] ❶ durch Streikposten absperren, Streikposten aufstellen ❷ als Streikposten stehen

**pick·et·ing** ['pɪkɪtɪŋ] *kein Plural* das Aufstellen von Streikposten

**pick·et line** die Streikpostenkette

**pick·le** ['pɪkl] ❶ die Marinade, die Salzlake ❷ **[mixed] pickles** *plural* das süßsauer eingelegte Gemüse, die Mixed Pickles ❸ (*umgangsspr*) die schöne Bescherung; **to get into a pickle** in eine unangenehme Lage [*oder* Verlegenheit] geraten

**pickles**

🄵 Nicht verwechseln mit *der Pickel — spot!*

to **pick·le** ['pɪkl] einlegen *Gurken, Zwiebeln*

**pick·led** [pɪkld] ❶ gepökelt, eingemacht ❷ (*slang*) besoffen

**pick·pock·et** ['pɪkpɒkɪt] der Taschendieb/die Taschendiebin; **beware of pickpockets!** vor Taschendieben wird gewarnt!

**pick-up** ['pɪkʌp] **pick-up point** der Treffpunkt, die Haltestelle

**pic·nic** ['pɪknɪk] das Picknick

to **pic·nic** ['pɪknɪk] <picnicked, picnicked> ein Picknick veranstalten, picknicken

**pic·nick·er** ['pɪknɪkər] *jemand, der ein Picknick macht*

**pic·ture** ['pɪktʃər] ❶ das Bild, das Gemälde ❷ (*Foto*) die Aufnahme; **to take a picture of** fotografieren, aufnehmen ❸ **to go to the pictures** ins Kino gehen; **how was the picture?** wie war der Film? ❹ (*übertragen: schöne Verkörperung*) **she looked a picture** (*umgangsspr*) sie sah bildhübsch aus; **as pretty as a picture** bildschön; **to look the picture of health** wie das blühende Leben aussehen ❺ die Vorstellung, die Darstellung, die Beschreibung ❻ **to be in the picture** im Bilde sein; **to put someone in the picture** jemanden ins Bild setzen; **get the picture?** [haben Sie] verstanden?

to **pic·ture** ['pɪktʃər] ❶ abbilden, malen, zeichnen ❷ (*übertragen*) schildern, beschreiben ❸ (*übertragen*) sich vorstellen; **picture us on a deserted beach ...** stell dir vor, wir sind an einem einsamen Strand ...

**pic·ture book** das Bilderbuch, der Bildband

**pic·ture frame** der Bilderrahmen

**pic·ture mes·sag·ing** das Picture Messaging

**pic·ture post·card** die Ansichtskarte

**pie** [paɪ] ❶ die Pastete; **meat pie** die Fleischpastete ❷ **apple pie** der gedeckte Apfelkuchen ▶ WENDUNGEN: **as easy as pie** (*umgangsspr*) kinderleicht; **as sweet as pie** unheimlich freundlich; **to eat humble pie** klein beigeben; **to have a finger in the pie** die Hand im Spiel haben; **pie in the sky** die Luftschlösser

**piece** [piːs] ❶ das Stück; **piece of chocolate** das Stück Schokolade; **piece by piece** Stück für Stück; **piece of evidence** das Beweisstück; **a piece of land** ein Grundstück; **a piece of music** ein Musikstück ❷ **a piece of news** eine Neuigkeit; **a fine piece of work** eine saubere Arbeit ❸ (*in einem Buch*) der Abschnitt, die Stelle ❹ *eines Service, Sets:* das Einzelteil ❺ **in pieces** entzwei, kaputt ❻ **in one piece** (*umgangsspr*) unbeschädigt; *Person:* unverletzt ❼ **to pieces** in Stücke, kaputt; **to fall to pieces** auseinander fallen; **to go to pieces** (*umgangsspr*) *Person:* durchdrehen; **to take to pieces** (*auch übertragen*) zerlegen, auseinander nehmen; **to tear to pieces** (*auch übertragen*) zerreißen, zerpflücken ❽ (*Brettspiel*) der Stein; (*beim Schach*) die Figur ❾ (*Musik, Theater*) das Stück ❿ **piece in the paper** der Zeitungsartikel ⓫ **a piece of advice** ein Rat ▶ WENDUNGEN: **a nasty piece of work** (*umgangsspr*) eine üble Person; **to give someone a piece of one's mind** (*umgangsspr*) jemandem gehörig die Meinung sagen; **to say one's piece** seine Meinung sagen; **to pull to pieces** zerpflücken *Argument;* bekritteln *Person;* **it was a piece of**

**piece together – pine**

cake (*umgangsspr*) es war ein Kinderspiel
♦to **piece together** zusammenstückeln; (*übertragen*) sich zusammenreimen; zusammenfügen *Beweise*
**piece rate** der Akkordlohn
**piece·work** *kein Plural* die Akkordarbeit
**piece·work·er** der Akkordarbeiter/die Akkordarbeiterin
**pie chart** das Kreisdiagramm
**pier** [pɪəʳ] der Landungssteg, der Pier
to **pierce** [pɪəs] ❶ eindringen in ❷ *Dolch, Messer:* durchbohren ❸ *Schall, Licht:* durchdringen ❹ (*übertragen*) durchdringen
**pierc·ing** [pɪəsɪŋ] ❶ *Geräusch:* durchdringend; *Schrei:* gellend ❷ *Kälte:* schneidend; *Blick:* stechend, durchdringend
**pig** [pɪɡ] ❶ das Schwein ❷ (*umgangsspr*) das Schwein ▸ WENDUNGEN: **to make a pig of oneself** fressen wie ein Scheunendrescher; **to make a pig's ear of something** etwas vermasseln; **and pigs might fly** es geschehen noch Wunder
♦to **pig out** (*umgangsspr*) sich den Bauch vollschlagen
**pi·geon** [ˈpɪdʒɪn] die Taube
**pi·geon·hole** [ˈpɪdʒɪnhəʊl] (*im Büro*) das Fach
**pig·gy·back** [ˈpɪɡɪ bæk] huckepack
**pig·gy bank** das Sparschweinchen
**pig-head·ed** [ˌpɪɡˈhedɪd] verbohrt, halsstarrig
**pig·let** [ˈpɪɡlɪt] das Ferkel, das Schweinchen
**pig·sty** [ˈpɪɡstaɪ] (*auch übertragen*) der Schweinestall
**pig·tail** [ˈpɪɡteɪl] der Zopf
**Pi·la·tes** [ˈpɪlaːteɪz] *kein Plural* das Pilates
**pile** [paɪl] ❶ der Haufen, der Stoß, der Stapel; **to put in a pile** stapeln, auf einen Haufen legen ❷ (*umgangsspr*) der [große] Haufen, die Menge, die Masse; **piles of food** Berge von Essen
to **pile** [paɪl] stapeln
♦to **pile in** (*umgangsspr*) *Menschen:* hereinströmen, hineindrängen
♦to **pile on** (*umgangsspr*) **to pile it on** dick auftragen
♦to **pile up** ❶ sich anhäufen, stapeln; *Schnee, Arbeit:* sich türmen; *Schulden:* anhäufen ❷ *Autos:* aufeinander auffahren
**piles** [paɪlz] *plural* die Hämorrhoiden
**pile-up** [ˈpaɪlʌp] die Massenkarambolage
**pil·grim·age** [ˈpɪlɡrɪmɪdʒ] die Pilgerfahrt, die Wallfahrt (**to** nach); **to go on a pilgrimage** auf Pilgerfahrt gehen
**pill** [pɪl] die Pille, die Tablette; **to be on the**

pill (*umgangsspr*) die Pille nehmen
**pil·lar** [ˈpɪləʳ] die Säule
**pil·lar-box** ⒼⒷ der Briefkasten
**pil·low** [ˈpɪləʊ] das Kopfkissen
**pil·low-case** der Kopfkissenbezug
**pi·lot** [ˈpaɪlət] ❶ der Lotse/die Lotsin ❷ der Pilot/die Pilotin ❸ (*Radio, TV*) die Probesendung
to **pi·lot** [ˈpaɪlət] ❶ lotsen *Schiff* ❷ fliegen *Flugzeug* ❸ (*übertragen*) führen, lenken, durchbringen
**pi·lot boat** das Lotsenboot
**pi·lot light** die Zündflamme
**pi·lot scheme** das Pilotprojekt
**pi·lot's li·cence**, ⓊⓈⒶ **pi·lot's li·cense** der Flugschein, der Pilotenschein
**pi·lot study** die Pilotstudie
to **pilot-test to pilot-test something** eine erste Testreihe von etwas durchführen
**pilot-test·ing** *kein Plural* die Durchführung einer ersten Testreihe
**pimp** [pɪmp] der Zuhälter
**pim·ple** [ˈpɪmpl] der Pickel, die Pustel
**PIN** [pɪn] *Abkürzung von* **personal identification number** die PIN-Nummer, die persönliche Geheimzahl
**pin** [pɪn] ❶ die Stecknadel ❷ die Reißzwecke ❸ die Anstecknadel, die Brosche ❹ (*technisch*) der Stift, der Dorn, der Bolzen ❺ (*elektrisch*) der Pol ❻ (*beim Bowling*) der Kegel ❼ **my feet have [got] pins and needles** mir sind die Füße eingeschlafen
to **pin** [pɪn] <pinned, pinned> ❶ festmachen, anstecken, [an]heften (**to** an); **he was pinned to the wall** er wurde an die Wand gedrückt ❷ (*umgangsspr*) **to pin the blame on someone** jemandem die Schuld zuschieben ▸ WENDUNGEN: **to pin one's hopes on** seine Hoffnung setzen auf; **to pin back one's ears** die Ohren spitzen
♦to **pin down** (*übertragen*) festnageln, festlegen
♦to **pin together** zusammenheften
♦to **pin up** anheften; hochstecken *Haare;* stecken *Saum*
**pin·ball ma·chine** [ˈpɪnbɔːlməˈʃiːn] der Flipper
to **pinch** [pɪntʃ] ❶ kneifen, zwicken ❷ *Schuhe:* drücken ❸ (*umgangsspr*) klauen, stibitzen
**pinch** [pɪntʃ] <*plural* pinches> ❶ das Kneifen, der Kniff ❷ **a pinch of salt** eine Prise Salz ▸ WENDUNGEN: **at** [*oder* **in**] **a pinch** zur Not; **if it comes to the pinch** notfalls; **to feel the pinch** knapp bei Kasse sein
**pine** [paɪn] ❶ die Kiefer, die Föhre ❷ die Pinie

to **pine** [paɪn] sich sehnen (**for/after** nach)

**pine·ap·ple** ['paɪnæpl] die Ananas

**pine cone** ['paɪnkəʊn] der Kiefernzapfen, der Fichtenzapfen

**pine nee·dle** die Kiefernnadel, die Fichtennadel

**pine wood** ① der Kiefernwald ② das Kiefernholz

**ping-pong** ['pɪŋpɒŋ] (*umgangsspr*) das Tischtennis

**pink**¹ [pɪŋk] ① (*Farbe*) das Rosa; **bright pink** das Pink ② (*Blume*) die Nelke

**pink**² [pɪŋk] rosa, rosig

**pin·point** ['pɪnpɔɪnt] der Punkt; **a pinpoint of light** ein Lichtpunkt

to **pin·point** ['pɪnpɔɪnt] ① markieren *Ziel* ② (*übertragen*) genau festlegen

**pin·stripe** (*Textil*) der Nadelstreifen; **pinstripe suit** der Nadelstreifenanzug

**pint** [paɪnt] das Pint (*0,568 l*)

**pio·neer** [ˌpaɪə'nɪəʳ] ① der Pionier/die Pionierin ② (*übertragen*) der Vorkämpfer/die Vorkämpferin, der Bahnbrecher/die Bahnbrecherin

to **pio·neer** [ˌpaɪə'nɪəʳ] ① vorbereiten *einen Weg* ② (*übertragen*) Pionierarbeit leisten, den Weg bahnen

**pi·ous** ['paɪəs] fromm, gottesfürchtig; **pious hope** der fromme Wunsch; **pious words** die frommen Sprüche

**pip** [pɪp] ① *von Obst*: der Kern ② (*Radio*) der Kurzton; **the pips** *plural* das Zeitzeichen ③ (*Radar*) die Echoanzeige

to **pip** [pɪp] <pipped, pipped> **to be pipped at the post** kurz vor Schluss besiegt werden

**pipe** [paɪp] ① (*zum Rauchen*) die Pfeife ② (*Musik*) die Flöte, die Orgelpfeife; **to play the pipes** *plural* den Dudelsack spielen ③ das Rohr, die Leitung ▶ WENDUNGEN: **put that in your pipe and smoke it** das kannst du dir an den Hut stecken

◆ to **pipe down** (*umgangsspr*) das Maul halten, kleinlaut werden

◆ to **pipe up** loslegen, zu sprechen anfangen, sich bemerkbar machen

**pipe clean·er** ['paɪpkliːnəʳ] der Pfeifenreiniger

**pipe dream** (*umgangsspr*) der Wunschtraum, das Luftschloss

**pipe-fit·ter** ['paɪpfɪtəʳ] der Klempner/die Klempnerin

**pipe·line** ['paɪplaɪn] die Pipeline, die Rohrleitung ▶ WENDUNGEN: **in the pipeline** in Vorbereitung

**pip·er** ['paɪpəʳ] der Flötenspieler/die Flöten-

spielerin, der Pfeifer/die Pfeiferin, der Dudelsackbläser/die Dudelsackbläserin

**pip·ing** ['paɪpɪŋ] ① schrill, piepsend ② **piping hot** siedend heiß

**pi·ra·cy** ['paɪərəsɪ] ① die Piraterie, die Seeräuberei ② (*übertragen*) der Raubdruck, die Raubpressung

**pi·rate** ['paɪərət] ① der Seeräuber, der Pirat ② das Piratenschiff ③ **pirate radio** der Piratensender ④ **pirate copy** der Raubdruck

**Pi·sces** ['paɪsiːz] <*plural* Pisces> *plural* (*Sternzeichen*) die Fische

**piss** [pɪs] (*slang*) ① die Pisse, der Urin; **to go for a piss** pissen gehen ② **to take the piss out of someone** jemanden verarschen; **piss artist** (*slang*) der Säufer/die Säuferin

to **piss** [pɪs] (*slang*) ① pissen ② **it's pissing it down** [**with rain**] es regnet in Strömen

◆ to **piss about**, to **piss around** (*slang*) herummachen

**pissed** [pɪst] ① (*slang*) besoffen, blau, voll ② (*USA*) (*slang*) stinksauer

**piss-up** ['pɪsʌp] (*slang*) das Besäufnis

**pis·ta·chio** [pɪ'staːʃɪəʊ] <*plural* pistachios> die Pistazie

**piste** [piːst] die Piste

**pis·tol** ['pɪstl] die Pistole

**pis·tol shot** ['pɪstl] der Pistolenschuss

**pis·ton** ['pɪstən] der Kolben

**pit** [pɪt] ① (*Bergbau*) die Grube, die Zeche ② (*in der Werkstatt*) die Grube ③ (*beim Autorennen*) die Box ④ (*übertragen*) **the pits** das Letzte ⑤ (*GB*) (*im Theater*) der Orchestergraben ⑥ (*USA*) (*im Obst*) der Stein

**pitch** [pɪtʃ] <*plural* pitches> ① der Wurf, der Stoß ② der Platz; **football pitch** der Fußballplatz; **caravan pitch** der Stellplatz für einen Wohnwagen; **tent pitch** der Zeltplatz ③ (*Musik*) die Tonhöhe; **perfect pitch** das absolute Gehör

to **pitch** [pɪtʃ] ① aufschlagen *Zelt* ② werfen, schleudern; aufladen *Heu* ③ **don't pitch your hopes too high!** schraube deine Hoffnungen nicht zu hoch!

◆ to **pitch in** ① hineinwerfen ② (*umgangsspr*) einspringen; **to pitch in together** zusammen anpacken

**pitch-black** pechschwarz

**pitch-dark** stockfinster

**pitch dark·ness** *kein Plural* die völlige Dunkelheit

**pitched** [pɪtʃt] **pitched battle** der offene Kampf

**pitch·er**¹ ['pɪtʃəʳ] der Werfer

**pitch·er**² ['pɪtʃəʳ] die Kanne, der Krug

**pitchfork – plan**                                    **336**

**pitch·fork** ['pɪtʃfɔ:k] die Heugabel, die Mistgabel

**pit·fall** ['pɪtfɔ:l] die Falle

**pith** [pɪθ] *einer Orange, Grapefruit:* die weiße Haut

**piti·ful** ['pɪtɪfl] ❶ *Person, Zustand:* bemitleidenswert ❷ *Blick:* Mitleid erregend ❸ *Ausrede:* erbärmlich, jämmerlich

**piti·less** ['pɪtɪlɪs] ❶ mitleid[s]los, erbarmungslos ❷ unbarmherzig

**pit·ta** ['pɪtə], **pit·ta bread** *kein Plural* das Pittabrot

**pity** ['pɪtɪ] ❶ das Mitleid; **out of pity** aus Mitleid; **to have** [*oder* **take**] **pity on** Mitleid haben mit ❷ **what a pity!** wie schade!; **it's a pity that ...** es ist schade, dass ...; **the pity is that ...** es ist ein Jammer, dass ...; **for pity's sake!** um Himmels willen!; **more's the pity** (*umgangsspr*) leider

to **pity** ['pɪtɪ] bemitleiden, bedauern; **I pity you** Sie tun mir leid

**piz·za** ['pi:tsə] die Pizza

**piz·za place** die Pizzeria

**plac·ard** ['plæka:d] das Plakat, das Transparent

**place** [pleɪs] ❶ der Platz, der Ort, die Stelle; **place of birth** der Geburtsort; **place of origin** der Ursprungsort, der Herkunftsort, der Heimatort; **place of residence** der Wohnort; **all over the place** überall, an allen Orten; **from place to place** von Ort zu Ort; **from this place** ab hier; **in places** stellenweise; **in all places** überall; **no place** (usa) (*umgangsspr*) nirgendwo ❷ der [Sitz]platz ❸ **in place** am richtigen Platz; **out of place** nicht am [rechten] Platz; (*übertragen*) fehl am Platz, unangebracht ❹ (*Sport*) der Platz ❺ (*übertragen: in einer Ordnung, Reihenfolge*) die Stelle, der Platz; **in the first place** in erster Linie ❻ **to be someone's place to do something** jemandes Sache/Aufgabe sein, etwas zu tun; **to put someone in his place** jemanden in seine Schranken verweisen; **to take someone's place** jemandes Stelle einnehmen, an jemandes Stelle treten ❼ (*im Beruf*) die Stelle, die Anstellung; **place of work** der Arbeitsplatz; **to hold a place** eine Stellung haben ❽ **in place of someone** an jemandes Stelle, stellvertretend für jemanden ❾ **my place or yours?** zu mir oder zu dir?; **at my place** bei mir ❿ (*übertragen*) **to go places** seinen/ihren Weg machen ⓫ (*übertragen*) **to know one's place** wissen, was sich für einen ziemt ⓬ **to lay** [*oder* **set**] **a place for someone** ein Gedeck für je-

manden auflegen ⓭ **to take place** stattfinden

to **place** [pleɪs] ❶ setzen, stellen, legen; **she placed the vase on the table** sie stellte die Vase auf den Tisch; **we were well placed to see the match** wir hatten einen Platz, von dem aus wir das Spiel gut sehen konnten ❷ setzen, aufgeben *Anzeige* ❸ **he placed the matter in the hands of a lawyer** er übergab die Sache einem Rechtsanwalt ❹ **to place trust in someone** Vertrauen in jemanden setzen ❺ **to place an order** einen Auftrag erteilen, eine Bestellung aufgeben ❻ (*übertragen*) einordnen; **to be placed** liegen; **he was placed second** er wurde Zweiter ❼ **I can't place him** ich weiß nicht, woher ich ihn kenne, ich kann ihn nicht einordnen ❽ **how are you placed for money?** wie sieht es mit deinen Finanzen aus?; **we are better placed now** wir stehen jetzt besser da ❾ **to place emphasis on something** etwas betonen ❿ **to place a strain on someone** jemanden belasten

**place card** ['pleɪs,ka:d] die Tischkarte

**place mat** das Set

**place name** ['pleɪs,neɪm] der Ortsname

**plague** [pleɪg] ❶ die Seuche, die Pest ❷ die Plage

to **plague** [pleɪg] plagen

**plaice** [pleɪs] <*plural* plaice> die Scholle

**plain**[1] [pleɪn] ❶ einfach; *Kleidung:* einfach, schlicht; **in plain clothes** *Polizist, Soldat:* in Zivil ❷ *Farbe:* uni, einfarbig ❸ **plain chocolate** die Bitterschokolade ❹ (*unmissverständlich*) *Frage, Antwort:* klar; *Wahrheit:* rein; *Aussage:* deutlich; **in plain English** geradeheraus; **to be plain** [*oder* **use plain language**] **with someone** jemandem offen seine Meinung sagen; **to make something plain** [**to someone**] [jemandem] etwas deutlich machen [*oder* zu verstehen geben] ❺ *Aussehen:* nicht überwältigend, alltäglich; **she was very plain** sie war nicht sonderlich hübsch ❻ **to be plain sailing** ganz einfach sein

**plain**[2] [pleɪn] die Ebene

**plain·ly** ['pleɪnlɪ] ❶ einfach, klar; **to put it plainly** um es klar auszudrücken ❷ offensichtlich

**plain-spo·ken** [,pleɪn'spəʊkən] freimütig, offen

**plait** [plæt] die Flechte, der Zopf

to **plait** [plæt] flechten

**plan** [plæn] ❶ der Plan, der Entwurf ❷ (*übertragen*) das Vorhaben, das Projekt; **to go**

**according to plan** planmäßig verlaufen; **five-year plan** der Fünfjahresplan, der Fünfjahrplan; **to change one's plans** umdisponieren

to **plan** [plæn] <planned, planned> ❶ planen; **to plan for something** etwas einplanen; **to plan on something** mit etwas rechnen, etwas vorhaben ❷ entwerfen, skizzieren ❸ planen, vorhaben, beabsichtigen; **planned economy** die Planwirtschaft
◆ to **plan out** ausarbeiten, vorplanen

**plane¹** [pleɪn] das Flugzeug; **to go by plane** fliegen

**plane²** [pleɪn] ❶ die Ebene ❷ (*übertragen*) das Niveau, die Ebene, die Stufe; **on the same plane** auf der gleichen Ebene (**as** wie)

**plane³** [pleɪn] der Hobel

**plane⁴** [pleɪn] flach, eben

to **plane** [pleɪn] hobeln, glätten, planieren

**plane crash** der Flugzeugabsturz

**plan·et** ['plænɪt] der Planet

**plan·etar·ium** [ˌplænɪ'teərɪəm] <*plural* planetariums *oder* planetaria> das Planetarium

**plank** [plæŋk] das Brett

**plan·ner** ['plænə<sup>r</sup>] der Planer/die Planerin

**plan·ning** ['plænɪŋ] die Planung; **family planning** die Geburtenkontrolle; **town** [*oder* **city**] **planning** die Städteplanung; **planning permission** die Baugenehmigung

**plant** [plɑːnt] ❶ die Pflanze ❷ die Fabrik, das Werk; **power plant** das Kraftwerk

to **plant** [plɑːnt] ❶ pflanzen ❷ bepflanzen *Gelände* ❸ **who planted that idea in your head?** wer hat dir denn diesen Floh ins Ohr gesetzt? ❹ (*slang*) verpassen, versetzen *Schlag* ❺ (*slang*) verstecken *Diebesgut* ❻ **to plant a bomb** eine Bombe legen ❼ **to plant oneself in a chair** sich in einen Stuhl fallen lassen

**plan·ta·tion** [plæn'teɪʃn] ❶ die Plantage ❷ (*im Wald*) die Schonung

**plaque¹** [plɑːk, plæk] die Gedenktafel

**plaque²** [plɑːk, plæk] der Zahnbelag

**plas·ter** ['plɑːstə<sup>r</sup>] ❶ (*Baumaterial*) der Putz, der Bewurf ❷ **plaster** [**of Paris**] der Gips ❸ 🇬🇧 (*für Wunden*) das Pflaster

to **plas·ter** ['plɑːstə<sup>r</sup>] ❶ verputzen, gipsen ❷ bepflastern, bekleben

**plas·ter·board** ['plɑːstəbɔːd] die Gipsplatte

**plas·ter cast** ❶ (*Kunst*) der Gipsabguss ❷ (*medizinisch*) der Gipsverband

**plas·tered** ['plɑːstəd] (*umgangsspr*) besoffen

**plas·ter·er** ['plɑːstərə<sup>r</sup>] der Gipser/die Gipserin, der Stuckateur/die Stuckateurin

**plas·tic¹** ['plæstɪk] ❶ Plastik-, aus Plastik

❷ formbar, knetbar, plastisch

**plas·tic²** ['plæstɪk] das Plastik, der Kunststoff

**plas·tic bag** der Plastikbeutel, die Plastiktüte

**plas·tic bul·let** das Plastikgeschoss

**plas·tic ex·plo·sive** der Plastiksprengstoff

**Plas·ti·cine**® ['plæstɪsiːn] die Knetmasse

**plas·tic money** das Plastikgeld

**plas·tic sur·gery** die plastische Chirurgie, die kosmetische Operation

**plate** [pleɪt] ❶ (*für Essen*) der Teller, die Platte; **hot plate** die Wärmeplatte ❷ (*auch technisch*) die Platte ❸ der Überzug; **gold plate** die Vergoldung; **silver plate** die Versilberung ❹ **door** [*oder* **name**] **plate** das Türschild; **number** [*oder* **licence**] **plate** (*Auto*) das Nummernschild ▶ WENDUNGEN: **to hand someone something on a plate** jemandem etwas auf einem Tablett servieren

**plat·ed** ['pleɪtɪd] **chromium-plated** verchromt; **gold-plated** vergoldet

**plate·ful** ['pleɪtfʊl] der Teller [voll]

**plate glass** das Flachglas

**plate rack** der Geschirrständer

**plat·form** ['plætfɔːm] ❶ das Podium, die Plattform ❷ (*im Bahnhof*) der Bahnsteig, das Gleis

**plati·num** ['plætɪnəm] das Platin

**play** [pleɪ] ❶ das Spiel ❷ (*Sport*) **to abandon play** das Spiel abbrechen; *Ball*:; **out of play** im Aus; **fair play** die Fairness ❸ **at play** beim Spiel ❹ **in play** im Spaß, als Scherz ❺ das Theaterspiel, das Theaterstück ❻ die Bewegungsfreiheit, der Spielraum ▶ WENDUNGEN: **to bring into play** ins Spiel bringen; **to come into play** in Tätigkeit treten

to **play** [pleɪ] ❶ **to play** [a game] spielen; **they didn't play their best team** sie haben ihre beste Mannschaft nicht eingesetzt; **they're playing Manchester United** sie spielen gegen Manchester United; ausspielen *Karte* ❷ (*Theater, Musik*) spielen; **to play the piano** Klavier spielen ❸ **to play for money** um Geld spielen; **to play for time** Zeit rausschinden wollen ❹ **to play a joke on someone** jemandem einen Streich spielen; **to play a** [**dirty**] **trick on someone** jemanden hereinlegen; **to play the fool** herumalbern ❺ **to play with the idea** mit dem Gedanken spielen; **the company won't play ball with that idea** die Firma wird bei der Idee nicht mitspielen ❻ (*technisch*) Spielraum haben ▶ WENDUNGEN: **what are you playing at?** was soll das?; **to play** [**it**] **safe** auf Nummer sicher gehen

◆ to **play about** spielen, herumspielen

◆ to **play along** ❶ mitspielen ❷ **to play**

**someone along** jemanden hinters Licht führen

◆to **play around** spielen, herumspielen

◆to **play at** ❶ spielen ❷**what do you think you're playing at?** was soll denn das?

◆to **play down** herunterspielen

◆to **play off she's trying to play them off against each other** sie versucht sie gegeneinander auszuspielen

◆to **play on** ❶ weiterspielen ❷**he's playing on her generosity** er nutzt ihre Großzügigkeit aus

◆to **play up** ❶ (*Musik*) lauter spielen ❷ (*umgangsspr*) *Kind:* Ärger machen ❸**to play up to someone** jemandem schöntun ❹ **to play something up** etwas hochspielen

**play·back** ['pleɪbæk] die Wiedergabe, das Playback

**play·boy** der Playboy

**play·er** ['pleɪəʳ] ❶ der Spieler/die Spielerin ❷ der Schauspieler/die Schauspielerin

**play·fel·low** ['pleɪfeləʊ] der Spielkamerad/die Spielkameradin

**play·ful** ['pleɪfl] ❶ *Kind:* verspielt ❷ *Bemerkung:* spaßig, spaßhaft

**play·ground** ['pleɪgraʊnd] ❶ der Spielplatz ❷ der Schulhof ❸ (*übertragen*) der Tummelplatz

**play·group** ['pleɪgruːp] die Spielgruppe

**play·ing card** ['pleɪɪŋ'kɑːd] die Spielkarte

**play·ing field** ['pleɪɪŋ'fiːld] der Sportplatz

**play·mate** ['pleɪmeɪt] der Spielkamerad/die Spielkameradin

**play·off** ['pleɪɒf] das Entscheidungsspiel

**play·pen** der Laufstall

**play·room** ['pleɪrʊm] das Spielzimmer

**play·school** ['pleɪskuːl] der Kindergarten

**play·time** ['pleɪtaɪm] (*in der Schule*) die Pause

**play·wright** ['pleɪraɪt] der Bühnenschriftsteller/die Bühnenschriftstellerin, der Dramatiker/die Dramatikerin

**plc** [ˌpiːelˈsiː] *Abkürzung von* **public limited company** ≈ die AG

to **plead** [pliːd] <pleaded, pleaded *oder* USA *auch* pled, pled> ❶ bitten (**for** um); **to plead with someone to do something** jemanden [inständig] bitten, etwas zu tun ❷ (*vor Gericht*) das Plädoyer halten; **to plead guilty/not guilty** sich schuldig/nicht schuldig bekennen; **to plead someone's case** jemanden vertreten; **to plead the case for the defence** die Verteidigung vertreten ❸ **to plead for something** für etwas plädieren ❹ **to plead the case for something**

sich für etwas einsetzen

**pleas·ant** ['pleznt] ❶ *Erfahrung:* angenehm, erfreulich ❷ *Mensch:* umgänglich, liebenswürdig

to **please** [pliːz] ❶ gefallen, angenehm sein ❷ zufrieden stellen; **to please his parents** seinen Eltern zuliebe; **you can't please everybody** man kann es nicht allen recht machen; **he is hard to please** man kann es ihm schwer recht machen ❸ eine Freude machen ❹ **I'm pleased to help** ich helfe gern ❺ **as you please** [*oder* **please yourself**] wie du willst; **to do as one pleases** tun, was man will

**please** [pliːz] bitte; **please do!** bitte sehr!; **more potatoes? — please** noch Kartoffeln? – gern; **may I ...? — please do** darf ich ...? – selbstverständlich

**pleased** ['pliːzd] ❶ erfreut; **to be pleased about something** sich über etwas freuen; **pleased to meet you!** angenehm!, freut mich! ❷ zufrieden; **to be pleased with** [*oder* **about**] **something** mit etwas zufrieden sein; **to be pleased with oneself** (*auch abwertend*) selbstgefällig sein

**pleas·ing** ['pliːzɪŋ] angenehm; **to be pleasing to the ear/eye** hübsch klingen/aussehen

**pleas·ur·able** ['pleʒʳəbl] angenehm

**pleas·ure** ['pleʒəʳ] ❶ das Vergnügen, die Freude; **for pleasure** zum Vergnügen; **with pleasure** mit Vergnügen; **to give great pleasure** großes Vergnügen machen; **to have the pleasure of doing something** das Vergnügen haben, etwas zu tun; **to take pleasure in** Gefallen finden an; **it gives me no pleasure** es ist für mich kein Vergnügen; **may I have the pleasure of the next dance?** darf ich Sie um den nächsten Tanz bitten? ❷ **thank you – my pleasure** danke – gern geschehen

**pleas·ure boat** der Vergnügungsdampfer

**pleat** [pliːt] die Falte

**pleb** [pleb] *meist plural* ⓖⓑ (*abwertend umgangsspr*) *kurz für* **plebeian** der Prolet/die Proletin; **the plebs** der Mob

**pledge** [pledʒ] das Versprechen, die Zusicherung; **to make a pledge** versprechen, zusichern

to **pledge** [pledʒ] **to pledge one's word** sein Ehrenwort geben

**plen·ti·ful** ['plentɪfl, 'plentɪfʊl] reichlich, im Überfluss

**plen·ty**[1] ['plentɪ] der Reichtum, die Fülle; **plenty of** eine Menge ..., reichlich ..., sehr viel …; **plenty more** viel mehr; **in plenty** in Hülle und Fülle, in rauen Mengen

**plen·ty²** ['plentɪ] Ⓤ ① reichlich, im Überfluss ② (*umgangsspr*) **it's plenty big enough** es ist wirklich groß genug

**pli·ers** ['plaɪəz] *plural* die Kneifzange

**plight** [plaɪt] die schwierige Lage, die Not

**plim·soll** ['plɪmsəl] der Turnschuh

to **plod** [plɒd] <plodded, plodded> ① (*umgangsspr*) stapfen; **to plod along the road** sich die Straße entlang schleppen ② (*umgangsspr*) **to plod away at work** schuften

**plod·ding** ['plɒdɪŋ] schwerfällig

**plonk** [plɒŋk] Ⓖ🅑 (*abwertend*) der billige Wein, der Fusel

to **plonk** [plɒŋk] ① **to plonk something down** etwas hinknallen ② **to plonk oneself down** sich hinschmeißen; **to plonk oneself down in a chair** sich in einen Sessel fallen lassen

**plonk·er** ['plɒŋkər] Ⓖ🅑 (*slang*) der Blödmann *umgangsspr*

**plop¹** [plɒp] der Platsch[er]; **it fell into the water with a plop** es platschte ins Wasser

**plop²** [plɒp] platschend

to **plop** [plɒp] <plopped, plopped> platschen *umgangsspr*

**plot¹** [plɒt] ① das Stück Land, das Gartenbeet; **building plot** das Grundstück, die Parzelle ② Ⓤ🅢🅐 der Grundriss, der Plan

**plot²** [plɒt] die Verschwörung

to **plot¹** [plɒt] <plotted, plotted> ① feststellen *Position, Kurs* ② aufzeichnen *Kurve;* (*in einer Karte*) einzeichnen

to **plot²** [plɒt] <plotted, plotted> sich verschwören (**against** gegen)

**plot·ter** ['plɒtər] ① der Verschwörer/die Verschwörerin ② (*Computer*) der Plotter

**plough** [plaʊ], Ⓤ🅢🅐 **plow** der Pflug

to **plough** [plaʊ], Ⓤ🅢🅐 to **plow** ① pflügen; ziehen *Furche* ② bahnen *Weg*

◆ to **plough through** durchpflügen *Wasser;* sich kämpfen durch *Schnee;* **to plough [one's way] through a book** sich durch ein Buch durchkämpfen

◆ to **plough up** umpflügen

to **pluck** [plʌk] ① rupfen *Geflügel* ② zupfen *Augenbrauen* ③ zerren, zupfen, ziehen (**at** an)

◆ to **pluck up** **to pluck up courage** Mut fassen

**plucky** ['plʌkɪ] mutig, kühn

**plug** [plʌg] ① der Stöpsel ② (*elektrisch*) der Stecker; (*umgangsspr*) die Steckdose ③ (*Auto*) die Zündkerze ④ (*Werbung*) **to**

**give something a plug** für etwas Schleichwerbung machen ▶ WENDUNGEN: **to pull the plug on someone** (*umgangsspr*) jemanden im Stich lassen

to **plug** [plʌg] <plugged, plugged> ① **to plug [up]** zustopfen; plombieren, füllen *Zahn;* zustopfen *Ohren* ② stecken (**into** in) ③ (*umgangsspr*) Reklame machen für

◆ to **plug away at** (*umgangsspr*) schuften an

◆ to **plug in** einstecken, anschließen *Gerät*

**plug·hole** ['plʌghəʊl] der Abfluss

**plug-in** (*Internet*) das Plug-in

**plum¹** [plʌm] ① die Pflaume, die Zwetsch[g]e ② das Pflaumenblau

**plum²** [plʌm] (*umgangsspr*) **he got a plum job** er hat eine tolle Stelle bekommen

**plumb·er** ['plʌmər] der Klempner/die Klempnerin, der Installateur/die Installateurin

**plumb·ing** ['plʌmɪŋ] ① die Klempnerarbeit ② die Leitungen ③ die sanitären Anlagen

to **plum·met** ['plʌmɪt] ① senkrecht hinunterfallen, [ab]stürzen ② (*übertragen*) **prices have plummeted** die Preise sind stark gefallen

**plump** [plʌmp] ① rundlich, mollig ② gut gefüttert *Tier*

◆ to **plump down** ① plumpsen, fallen lassen; **to plump oneself down into a chair** sich auf einen Stuhl fallen lassen ② schmeißen, knallen

to **plunge** [plʌndʒ] ① tauchen, tunken ② stürzen (**in**/**into** in) ③ **the room was plunged into darkness** das Zimmer lag plötzlich im Dunkeln ④ *Hang:* steil abfallen; *Straße:* steil hinabführen ⑤ *Preise:* fallen ⑥ *Kleid:* **to have a plunging neckline** tief blicken lassen

**plunge** [plʌndʒ] **to take the plunge** sich zu einem Entschluss durchringen

**plunge pool** kleiner Swimmingpool; (*in Sauna*) das Tauchbecken

**plu·per·fect** ['pluːˌpɜːfɪkt] das Plusquamperfekt

**plu·ral** ['plʊərəl] der Plural, die Mehrzahl

**plus¹** [plʌs] plus, und

**plus²** [plʌs] <*plural* pluses *oder plural* plusses> ① das Plus, das Mehr ② **plus-sign** das Pluszeichen

**plush** [plʌʃ] (*umgangsspr*) ① luxuriös ② plüschig

**plus-size** *Person:* übergroß; *Kleidung:* in Übergrößen

**plu·to·nium** [pluːˈtəʊnɪəm] das Plutonium

**ply·wood** ['plaɪwʊd] das Sperrholz

**p.m.** [piːˈem] *Abkürzung von* **post me-**

**ridiem** nachmittags; **at 3 pm** um 15 Uhr

**PM** [piːˈem] *Abkürzung von* **Prime Minister** der Premierminister/die Premierministerin

**pneu·mat·ic** [njuːˈmætɪk] **pneumatic drill** der Pressluftbohrer

**pneu·mo·nia** [njuːˈməʊnɪə] die Lungenentzündung

to **poach** [pəʊtʃ] ❶ pochieren *Ei;* **poached eggs** die verlorenen Eier ❷ unberechtigt jagen *Wild,* wildern

**poach·er**[1] [ˈpəʊtʃəʳ] der Dünster; **egg poacher** der Eierkocher

**poach·er**[2] [ˈpəʊtʃəʳ] der Wilderer

**poach·ing** [ˈpəʊtʃɪŋ] *kein Plural* die Wilderei; (*übertragen*) das Wegnehmen

**PO Box** [ˌpiːˈə ʊbɒks] *Abkürzung von* **post office box** das Postfach

**pock·et** [ˈpɒkɪt] ❶ die Tasche ❷ (*Billard*) das Loch ▸ WENDUNGEN: **to be in pocket** reicher sein; **to be out of pocket** ärmer sein

to **pock·et** [ˈpɒkɪt] ❶ in die Tasche stecken, einstecken ❷ sich aneignen

**pock·et·book** ❶ das Notizbuch ❷ (USA) die Brieftasche ❸ (USA) das Handtäschchen

**pock·et·cam** *kurz für* **pocket camera** die Pocketkamera

**pock·etknife** <pocket-knives> *plural* das Taschenmesser

**pock·et mon·ey** das Taschengeld

**pock·mark** die Pockennarbe

**pod** [pɒd] die Schote, die Hülse

**po·dia** [ˈpəʊdɪə] *Pluralform von* **podium**

**po·dium** [ˈpəʊdɪəm] <*plural* podia> das Podest

**poem** [ˈpəʊɪm] das Gedicht

**poet** [ˈpəʊɪt] der Dichter/die Dichterin, der Poet/die Poetin

**poet lau·reate** [ˌpəʊɪt ˈlɒrɪət] <*plural* poets laureate> der Hofdichter/die Hofdichterin

**po·et·ry** [ˈpəʊɪtrɪ] ❶ die Dichtung, die Poesie ❷ die Gedichte

**point** [pɔɪnt] ❶ (*Note, Bewertung*) der Punkt; **he won on points** (*beim Boxen*) er hat nach Punkten gewonnen ❷ *von Messer usw.:* die Spitze, das spitze Ende ❸ (*auf einem Kompass*) der Strich, der Grad ❹ (*Dezimalpunkt*) das Komma; **three point two, 3.2** drei Komma zwei, 3,2 ❺ (*genauer Ort*) die Stelle, der Platz; **at this point** (*auch übertragen*) an dieser Stelle ❻ der Zeitpunkt, der Moment, der Augenblick; **to be on the point of doing something** im Begriff sein, etwas zu tun ❼ der Grad; **up to a certain point** bis zu einem gewissen Grad ❽ die Einzelheit, das Detail; **let's go through the plan point by point** lass uns den Plan Punkt für Punkt durchgehen ❾ (*eines Arguments*) der Punkt; **the point is ...** der springende Punkt ist ...; **that's beside the point** das ist irrelevant [*oder* nicht der Punkt], das gehört nicht zur Sache ❿ **not to put too fine a point on it** rundheraus gesagt ⓫ (*das, worum es geht*) **that's just** [*oder* **exactly**] **the point!** genau das ist es [eben]!; **to come** [*oder* **get**] **to the point** zur Sache kommen; **to get away from the point** vom Thema abschweifen; **to keep to the point** bei der Sache bleiben; **to get the point** (*umgangsspr*) verstehen, kapieren; **you just don't get the point** du kapierst einfach nicht, worum es geht; **to miss the point** nicht verstehen, worum es wirklich geht; *von einer Geschichte:* die Pointe nicht kapieren ⓬ **he's got a point** er hat nicht so unrecht; **to make one's point** seinen Standpunkt klar machen; **I don't see your point** ich weiß nicht, worauf Sie hinauswollen ⓭ **point of view** die Ansicht, der Standpunkt ⓮ (*übertragen*) die besondere Eigenschaft, der Vorzug; **strong point** die Stärke ⓯ der Sinn, der Zweck; **I see no point in doing that** ich halte es für sinnlos, das zu tun; **there is no point in that** das hat keinen Sinn; **that's the whole point** genau das ist Sinn und Zweck der ganzen Sache; **what's the point?** wozu? ⓰ (*übertragen*) **to make a point of something** auf etwas bestehen [*oder* Wert legen]; **to make a point of doing something** darauf achten, etwas zu tun

to **point** [pɔɪnt] ❶ zeigen (**at** auf) ❷ richten *Waffe* (**at** auf) ❸ hinweisen (**to** auf)

◆ to **point out** ❶ zeigen auf ❷ hinweisen auf *Tatsache;* **we'll have to point out to them that ...** wir müssen sie darauf aufmerksam machen, dass ...

◆ to **point to**, to **point towards** (*übertragen*) hinweisen auf

◆ to **point up** ❶ hervorheben ❷ zeigen

**point-blank** [ˌpɔɪntˈblæŋk] ❶ direkt; **he was shot at point-blank range** er wurde aus kürzester Entfernung erschossen ❷ (*übertragen*) geradeheraus, unverblümt; **she refused point-blank** sie hat es glattweg abgelehnt

**point·ed** [ˈpɔɪntɪd] ❶ spitz ❷ (*übertragen*) scharf, beißend, treffend

**point·er** [ˈpɔɪntəʳ] ❶ der Zeiger, der Zeigestock ❷ der Vorstehhund ❸ (*umgangsspr*) der Tipp, der Wink

**point·less** [ˈpɔɪntlɪs] ❶ bedeutungslos ❷ sinnlos, zwecklos

**poi·son** ['pɔɪzn] (*auch übertragen*) das Gift

to **poi·son** ['pɔɪzn] ❶ vergiften ❷ (*übertragen*) verderben; **to poison someone's mind against** jemanden aufhetzen gegen

**poi·son·ous** ['pɔɪzənəs] ❶ giftig, Gift- ❷ (*übertragen*) zersetzend, verderblich

**poke** [pəʊk] ❶ der Stoß; **give him a poke** schubs ihn doch an ❷ **to take a poke at someone** jemandem einen Schlag versetzen

to **poke** [pəʊk] ❶ [an]stoßen; **to poke someone in the ribs** jemandem einen Rippenstoß versetzen ❷ bohren *ein Loch* ❸ stochern (**at in**) ❹ herausstehen ▶ WENDUNGEN: **to poke fun at someone** sich über jemanden lustig machen; **to poke one's nose into** seine Nase stecken in

◆to **poke about**, to **poke around** (*umgangsspr*) herumstöbern, herumwühlen (**in in**)

**pok·er¹** ['pəʊkəʳ] der Feuerhaken

**pok·er²** ['pəʊkəʳ] (*Spiel*) das Poker

**poky** ['pəʊkɪ] *Räumlichkeit:* eng

**Po·land** ['pəʊlənd] Polen

**po·lar** ['pəʊləʳ] polar

**po·lar bear** der Eisbär

**po·lar lights** [ˌpəʊləˈlaɪts] *plural* das Nordlicht

**Pole** [pəʊl] der Pole/die Polin

**pole** [pəʊl] ❶ der Pfahl, der Pfosten, der Mast ❷ (*Sport*) der Stab, der Skistock ❸ (*Geographie, Elektrizität*) der Pol ❹ **they are poles apart** zwischen ihnen liegen Welten

**pole star** ['pəʊlˌstɑːʳ] der Polarstern

**pole vault** ['pəʊl vɔːlt] der Stabhochsprung

**pole-vault·er** ['pəʊl vɔːltəʳ] der Stabhochspringer/die Stabhochspringerin

**po·lice** [pəˈliːs] die Polizei

**F** Nicht verwechseln mit *die Police — insurance policy!*

to **po·lice** [pəˈliːs] polizeilich überwachen

**po·lice car** das Polizeiauto, der Streifenwagen

**po·lice con·sta·ble** ⒼⒷ der Polizeiwachtmeister/die Polizeiwachtmeisterin

**po·lice dog** der Polizeihund

**po·lice es·cort** die Polizeibegleitung

**po·lice force** die Polizei

**po·lice·man** [pəˈliːsmən] <*plural* policemen> der Polizist

**po·lice of·fic·er** der Polizeibeamter/die Polizeibeamtin

**po·lice pa·trol** die Polizeistreife

**po·lice raid** die Razzia

**po·lice sta·tion** das Polizeirevier, die Wache

**po·lice·wom·an** <*plural* policewomen> die

Polizistin

**poli·cy** ['pɒləsɪ] ❶ die Politik; **foreign policy** die Auslandspolitik ❷ **policies** die politischen Maßnahmen ❸ (*übertragen*) der Grundsatz, das Ziel; **his policy is to ...** es ist sein Prinzip, zu ... ❹ **insurance policy** die Versicherungspolice; **to take out an insurance policy** eine Versicherung abschließen

**poli·cy hold·er** der Versicherungsnehmer/die Versicherungsnehmerin

**po·lio** [ˌpəʊlɪəʊ], **po·lio·my·eli·tis** [ˌpəʊlɪəʊˌmaɪəˈlaɪtɪs] die Kinderlähmung

**Po·lish¹** ['pəʊlɪʃ] polnisch; **he's Polish** er ist Pole

**Po·lish²** ['pəʊlɪʃ] (*Sprache*) Polnisch, das Polnische

**pol·ish** ['pɒlɪʃ] ❶ die Politur, die Schuhcreme, die Schuhwichse ❷ (*übertragen*) die Eleganz, die Verfeinerung; (*umgangsspr*) der Schliff

to **pol·ish** ['pɒlɪʃ] ❶ polieren ❷ bohnern, schmirgeln

◆to **polish off** (*umgangsspr*) schnell erledigen; verputzen *Essen;* hinunterschütten *Getränk*

◆to **polish up** (*umgangsspr*) aufpolieren, aufmöbeln; auffrischen *Kenntnisse*

**pol·ished** ['pɒlɪʃt] ❶ poliert, glänzend ❷ (*übertragen*) fein, elegant, makellos, tadellos; *Sprache:* geschliffen

**po·lite** [pəˈlaɪt] höflich

**po·lite·ness** [pəˈlaɪtnɪs] die Höflichkeit

**po·liti·cal** [pəˈlɪtɪkl] politisch

**po·liti·cal cor·rect·ness** *kein Plural* die politische Korrektheit

**po·liti·cal·ly cor·rect** politisch korrekt

**poli·ti·cian** [ˌpɒlɪˈtɪʃn] der Politiker/die Politikerin

**poli·tics** ['pɒlɪtɪks] ❶ *plural* [die] Politik, die politischen Ansichten; ⓊⓈⒶ die Taktik; **to talk politics** politisieren; **engaged in politics** politisch tätig ❷ ⚠ *mit Singular* (*Fach*) die Politik; **I think politics is important** ich halte Politik für wichtig

**poll** [pəʊl] ❶ die Umfrage, die Erhebung; **to conduct a public opinion poll** eine öffentliche Meinungsumfrage durchführen ❷ (*politisch*) die Wahl, die Abstimmung; **to be defeated at the polls** eine Wahlniederlage erleiden; **to go to the polls** zur Wahl gehen

to **poll** [pəʊl] ❶ befragen ❷ bei der Wahl abschneiden

**pol·len** ['pɒlən] der Blütenstaub, der Pollen

**pol·len count** die Pollenflugdichte

**poll·ing booth** [ˈpəʊlɪŋ buːð] die Wahlkabine

**polling card – pop**                                                                 **342**

---

### USEFUL PHRASES

How to be casual (with friends) and how to be polite (with adults).

| Being casual | Being polite |
| --- | --- |
| Hey, what's up? | Nice to meet you. |
| Sorry, what did you say? | I'm sorry, could you repeat that, please? |
| Hi, is Brian there? | Hi, could I speak to Brian, please? |
| If you want something to drink, just help yourself! | Would you like something to drink? |
| Hey, could you give me a hand? | Excuse me, could you help me, please? |
| Can't you just be quiet for a minute?! | Please be quiet for a moment. |

---

**poll·ing card** der Wahlausweis

**poll·ing day** der Wahltag

**poll·ing sta·tion** das Wahllokal

**pol·lu·tant** [pəˈluːtənt] der Schadstoff

to **pol·lute** [pəˈluːt] ❶ verunreinigen, verschmutzen ❷ (*sittlich*) verderben

**pol·lut·er** [pəˈluːtəʳ] der Umweltverschmutzer

**pol·lu·tion** [pəˈluːʃn] die Verschmutzung, die Verunreinigung, die Schadstoffbelastung; **environmental pollution** die Umweltverschmutzung

**polo** [ˈpəʊləʊ] das Polo; **game of polo**, **polo game** das Polospiel

**polo neck**, **polo-neck sweat·er** der Rollkragenpullover

**polo shirt** das Polohemd

**Poly·nesia** [ˌpɒlɪˈniːzɪə] Polynesien

**poly·sty·rene** [ˌpɒlɪˈstaɪriːn] das Styropor

**poly·tech·nic** [ˌpɒlɪˈteknɪk] das Polytechnikum, die Fachhochschule

**poly·thene**[1] [ˈpɒlɪθiːn] *kein Plural* ⒼⒷ das Polyäthylen

**poly·thene**[2] [ˈpɒlɪθiːn] ⒼⒷ Polyäthylen-; **polythene bag** die Plastiktüte

**poly·un·satu·rates** [ˌpɒlɪʌnˈsætʃəreɪts] *plural* die mehrfach ungesättigten Fettsäuren

**pomp** [pɒmp] der Pomp

**pomp·ous** [ˈpɒmpəs] wichtigtuerisch, aufgeblasen

**pond** [pɒnd] der Teich

to **pon·der** [ˈpɒndəʳ] nachdenken (**on** über), sich überlegen

**pon·der·ous** [ˈpɒndərəs] ❶ schwer, unhandlich ❷ (*übertragen*) schwerfällig, langweilig

**pong** [pɒŋ] ⒼⒷ (*umgangsspr*) der unangenehme Geruch

to **pong** [pɒŋ] ⒼⒷ (*umgangsspr*) stinken

**pony** [ˈpəʊnɪ] das Pony

**pony·tail** (*Frisur*) der Pferdeschwanz

**poo·dle** [ˈpuːdl] der Pudel

**pooh** [puː] (*umgangsspr*) igitt!

**pool** [puːl] ❶ der Teich ❷ die Pfütze, die Lache ❸ **swimming pool** das Schwimmbecken ❹ die gemeinsame Kasse ❺ das Poolbillard ❻ **pools** das/der Toto ❼ (*Geschäft*) das Kartell, der Pool, die Interessengemeinschaft ❽ **car pool** die Fahrgemeinschaft

to **pool** [puːl] ❶ zusammenlegen ❷ *Flüssigkeit:* sich stauen

**pooped** [puːpt] ⓊⓈⒶ (*umgangsspr*) erledigt; **I'm pooped!** bin ich geschafft!

**poor**[1] [pʊəʳ] ❶ arm; **as poor as a church mouse** so arm wie eine Kirchenmaus ❷ *Zeugnis, Arbeit:* schlecht ❸ *Ernte, Ergebnis:* mager ❹ *Boden:* dürftig ❺ bedauernswert, arm; **poor you!** du Ärmster! ❻ **that is** [a] **poor consolation** das ist ein schwacher Trost ❼ **to have a poor opinion of someone** nicht viel von jemandem halten

**poor**[2] [pʊəʳ] **the poor** ⚠ *plural* die Armen

**poor·ly** [ˈpʊəlɪ] ❶ (*übertragen*) schlecht, mangelhaft, dürftig; **to think poorly of someone** nicht viel von jemandem halten; **they did poorly in the examination** sie haben im Examen schlecht abgeschnitten ❷ (*umgangsspr*) kränklich; **to feel poorly** sich schlecht fühlen

**pop** [pɒp] ❶ die Popmusik ❷ *einer Sektflasche:* der Knall ❸ (*umgangsspr*) die Brause; ⓊⓈⒶ die Limo

to **pop** [pɒp] <popped, popped> ❶ knallen ❷ [zer]springen, platzen ❸ zum Platzen bringen ❹ **his eyes almost popped out of his head** ihm fielen beinahe die Augen aus ❺ (*umgangsspr*) **to pop one's head round the corner** den Kopf um die Ecke stecken; **to pop a hat on** einen Hut aufsetzen ❻ (*umgangsspr*) **to pop round** [to] **the shops** schnell einkaufen gehen ❼ (*umgangsspr*) **to pop the question** einen Heiratsantrag machen

◆to **pop in** to pop in on someone bei jemanden auf einen Sprung vorbeikommen; **to pop in for a coffee** auf einen Kaffee vorbeikommen

◆to **pop off** (*umgangsspr*) ❶ weggehen ❷ abkratzen, sterben

◆to **pop out** ❶ herausspringen ❷ (*weggehen*) kurz weg sein; **to pop out for something** schnell etwas besorgen

◆to **pop up** ❶ hochfahren, auffahren ❷ plötzlich auftauchen

**pop con·cert** ['pɒp,kɒnsət] das Popkonzert
**pop·corn** ['pɒpkɔːn] das Popcorn
**Pope** [pəʊp] der Papst
**pop group** ['pɒpgruːp] die Popgruppe
**pop·lar** ['pɒplə$^r$] die Pappel
**pop mu·sic** ['pɒp'mjuːzik] die Popmusik
**pop·per** ['pɒpə$^r$] ⓖⒷ (*umgangsspr*) der Druckknopf
**pop·pet** ['pɒpɪt] das Schätzchen
**pop·py** ['pɒpɪ] die Mohnblume
**Pop·py Day** (*am 11. November*) ≈ der Volkstrauertag
**pop·py seeds** *plural* der Mohn
**pop sing·er** ['pɒpsɪŋə$^r$] der Popsänger/die Popsängerin
**pop song** der Popsong
**pop star** der Popstar
**popu·lar** ['pɒpjʊlə$^r$] ❶ beliebt, populär (**with** bei); **to be very popular** sehr gefragt sein; **to make oneself popular** sich beliebt machen (**with** bei) ❷ weit verbreitet; **by popular request** auf allgemeinen Wunsch
**popu·lar·ity** [,pɒpjʊ'lærətɪ] die Popularität, die Beliebtheit (**with** bei)
**popu·la·tion** [,pɒpjʊ'leɪʃn] ❶ die Bevölkerung; **civil[ian] population** die Zivilbevölkerung; **rural population** die Landbevölkerung; **urban population** die Stadtbevölkerung ❷ die Einwohnerschaft, die Einwohnerzahl; **fall in population** die Bevölkerungsabnahme; **increase in population** die Bevölkerungszunahme
**popu·la·tion den·sity** die Bevölkerungsdichte
**porce·lain** ['pɔːsəlɪn] das Porzellan
**porch** [pɔːtʃ] <*plural* porches> der Vorbau, die Veranda
**por·cu·pine** ['pɔːkjʊpaɪn] das Stachelschwein
**pore** [pɔː$^r$] die Pore

◆to **pore over** [nach]sinnen über, grübeln über ❷ **to pore over a book** in ein Buch vertieft sein

**pork** [pɔːk] das Schweinefleisch
**pork chop** das Schweinskotelett
**pork pie** die Schweinefleischpastete

**porn** [pɔːn] (*umgangsspr*) die Pornografie
**por·no·graph·ic** [pɔːnə'græfɪk] pornografisch
**por·nog·ra·phy** [pɔː'nɒgrəfɪ] die Pornografie
**po·rous** ['pɔːrəs] durchlässig, porös
**por·poise** ['pɔːpəs] der Tümmler
**por·ridge** ['pɒrɪdʒ] der Haferbrei
**por·ridge oats** *plural* die Haferflocken
**port**[1] [pɔːt] ❶ der Hafen; **to come into** [*oder* **reach**] **port** in den Hafen einlaufen; **to leave port** auslaufen ❷ die Hafenstadt ❸ *eines Schiffs:* das Backbord
**port**[2] [pɔːt] der Portwein
**port·able**[1] ['pɔːtəbl] tragbar
**port·able**[2] ['pɔːtəbl] (*Fernseher*) das Portable
**por·ter** ['pɔːtə$^r$] ❶ (*im Hotel*) der Portier, der Gepäckträger ❷ⓊⓈⒶ der Schlafwagenschaffner/die Schlafwagenschaffnerin ❸ der Pförtner/die Pförtnerin, der Portier; **porter's lodge** die Pförtnerloge
**port·fo·lio** [pɔːt'fəʊlɪəʊ] <*plural* portfolios> ❶ die Mappe ❷ der Bestand an Wertpapieren
**por·tion** ['pɔːʃn] ❶ der Teil (**of** an) ❷ *einer Karte:* der Abschnitt ❸ *von Essen:* die Portion
**port·ly** ['pɔːtlɪ] korpulent
**por·trait** ['pɔːtrɪt] das Porträt; **to have one's portrait painted** sich porträtieren lassen
**por·trait·ist** ['pɔːtrɪtɪst], **por·trait paint·er** der Porträtmaler/die Porträtmalerin
to **por·tray** [pɔː'treɪ] ❶ malen ❷ (*übertragen*) schildern, beschreiben ❸ (*Theater*) darstellen
**por·tray·al** [pɔː'treɪəl] ❶ (*übertragen*) die Schilderung, die Beschreibung ❷ (*Theater*) die Darstellung
**Por·tu·gal** ['pɔːtjʊgəl] Portugal
**Por·tu·guese**[1] [,pɔːtjʊ'giːz] portugiesisch
**Por·tu·guese**[2] [,pɔːtjʊ'giːz] ❶ <*plural* Portuguese> der Portugiese/die Portugiesin ❷ *kein Plural* Portugiesisch, das Portugiesische
**pose** [pəʊz] ❶ die Haltung ❷ (*gekünstelt*) die Pose
to **pose** [pəʊz] ❶ *Person:* Modell stehen ❷ **that will pose a problem** das wird ein Problem werden; **to pose a threat** eine Bedrohung darstellen

◆to **pose as** to pose as someone sich als jemand ausgeben

**pos·er** ['pəʊzə$^r$] ❶ die schwierige Frage, das schwierige Problem ❷ der affektierte Mensch, der Angeber/die Angeberin
**posh** [pɒʃ] (*umgangsspr*) piekfein, vornehm; **what a posh car!** was für ein toller Wagen!
**po·si·tion** [pə'zɪʃn] ❶ der Platz, die Stelle, der

**position – poster**

Standort, die Lage; **in/out of position** am rechten/falschen Platz ❷ (*übertragen*) die Situation, die Lage; **in a difficult/an awkward position** in einer schwierigen/unbequemen Lage; **to be in a position to do something** in der Lage sein, etwas zu tun; **to place in a difficult position** in eine schwierige Lage bringen; **legal position** die Rechtslage ❸ (*übertragen*) die Haltung, die Stellung, die Position; **to take up a position** Stellung beziehen ❹ der Standpunkt ❺ (*Sport*) der Platz ❻ die gesellschaftliche Stellung ❼ (*Arbeit*) die Stelle, die Stellung (**with** bei); **to hold** [*oder* **occupy**] **a position** eine Stelle haben; **permanent position** die feste Stelle

to **po·si·tion** [pə'zɪʃn] aufstellen; **he positioned himself where he could see** er stellte sich so, dass er gut sehen konnte

**posi·tive** ['pɒzətɪv] ❶ positiv ❷ *Einstellung:* positiv, bejahend; *Kritik:* konstruktiv; **positive thinking** die positive Einstellung, das positive Denken ❸ *Mensch, Auftreten, Ton:* bestimmt, streng; *Antwort:* definitiv ❹ **are you positive?** bist du ganz sicher? ❺ **it's a positive miracle** es ist ein wahres Wunder

**posi·tive·ly** ['pɒzətɪvlɪ] absolut, ohne jeden Zweifel, ganz sicher; **to state positively that ...** eindeutig erklären, dass ...

to **pos·sess** [pə'zes] ❶ besitzen ❷ **to be possessed by** ergriffen [*oder* besessen] sein von, [ganz] eingenommen sein von; **what possessed you to do that?** was ist in Sie gefahren, so etwas zu tun?

**pos·ses·sion** [pə'zeʃn] ❶ der Besitz; **to be in possession of** im Besitz sein von; **to have something in one's possession** etwas in Besitz haben; **to come into possession** in den Besitz [*oder* Genuss] kommen; **to take possession of** Besitz ergreifen von, in Besitz nehmen ❷ das Eigentum ❸ **possessions** der Besitz, die Habe

**pos·ses·sive** [pə'zesɪv] ❶ **to be possessive** sein Besitzrecht stark betonen, besitzergreifend sein ❷ **possessive pronoun** das Possessivpronomen, das besitzanzeigende Fürwort

**pos·sibil·ity** [ˌpɒsə'bɪlətɪ] ❶ die Möglichkeit; **possibility of doing something** die Möglichkeit, etwas zu tun ❷ (*umgangsspr*) **she's a possibility** sie kommt schon in Frage

**pos·sible** ['pɒsəbl] ❶ möglich; **would it be possible for me to see him?** dürfte ich zu ihm?; **as early/as soon as possible** so früh/so bald wie möglich; **if** [**it is**] **possible** wenn möglich; **they did everything possible** sie haben alles Menschenmögliche getan ❷ denkbar, geeignet ❸ (*umgangsspr*) annehmbar

**pos·sibly** ['pɒsəblɪ] ❶ möglicherweise, eventuell; **if I possibly can** wenn ich irgend kann; **I cannot possibly come** ich kann unmöglich kommen; **how could he possibly have been so stupid?** wie konnte er so dumm sein? ❷ vielleicht

**post** [pəʊst] ❶ der Pfosten, der Pfahl, der Mast ❷ die Stelle; (*auch beim Militär*) der Posten ❸ 🇬🇧 die Post; **by post** mit der Post; **by return of post** postwendend; **by the same post** mit gleicher Post; **by today's post** mit der heutigen Post; **by separate post** mit getrennter Post; **is there any post for me?** ist Post für mich da?; **letter/parcel post** Brief-/Paketpost

to **post** [pəʊst] ❶ in den Briefkasten werfen, auf die Post bringen *Brief* ❷ aufgeben, abschicken, absenden *Brief* ❸ **to post a notice** durch Aushang bekannt geben ❹ **she was posted to London** sie wurde nach London versetzt

**post-9-11** ['pəʊstnaɪnɪˌlevⁿn], **post-Sept. 11** ['pəʊstsepˌtembⁿrɪˌlevⁿn] nach dem 11. September (*bezieht sich auf die Zeit nach dem 11. September 2001, nach den Terroranschlägen auf New York und Washington*)

**post·age** ['pəʊstɪdʒ] das Porto, die Postgebühr; **what is the postage on a letter to China?** wie viel kostet ein Brief nach China?; **postage and packing** Porto und Verpackung

**post·age paid** portofrei

**post·age stamp** die Briefmarke, das Postwertzeichen

**post·al** ['pəʊstl] Post-, postalisch; **postal address** die Postanschrift; **postal charge** die Postgebühr; **postal code** die Postleitzahl; **postal district** der Postbezirk; **postal order** 🇬🇧 die Postanweisung; **postal vote** die Briefwahl

**post·bag** 🇬🇧 der Postsack; (*Inhalt*) die Zuschriften

**post·box** 🇬🇧 der Briefkasten

**post·card** ['pəʊstkɑːd] die Postkarte; **picture postcard** die Ansichtskarte

**post·code** 🇬🇧 die Postleitzahl

to **post·date** [ˌpəʊst'deɪt] vordatieren *Scheck*

**post·ed** ['pəʊstɪd] **to keep someone posted** jemanden auf dem Laufenden halten

**post·er** ['pəʊstəʳ] das Plakat, das Poster

**poste res·tante[1]** ['pəʊst'rɑːnt] postlagernd

**poste res·tante[2]** ['pəʊst'rɑːnt] die Abteilung für postlagernde Sendungen

**post-free** [‚pəʊst'friː] portofrei, frankiert

**post·gradu·ate** [‚pəʊst'grædʒʊət] der/die Postgraduierte (*Hochschulabsolvent/Hochschulabsolventin, der/die ein Aufbaustudium macht*)

**post·man** ['pəʊstmən] <*plural* postmen> der Briefträger

**post·mark** ['pəʊstmɑːk] der Poststempel; **date as postmark** das Datum des Poststempels

**post-mor·tem** [‚pəʊst'mɔːtəm] ❶ die Autopsie, die Leichenöffnung ❷ (*übertragen*) die Überprüfung

**post of·fice** ['pəʊst‚ɒfɪs, ‚pɪː'əʊ] das Postamt; **the Post Office** die Post; **post office box** das Postfach

**post-paid** [‚pəʊst'peɪd] frankiert; **post-paid reply card** die frankierte Rückantwortkarte

to **post·pone** [pə'spəʊn] verlegen, verschieben *Termin*

**post·pone·ment** [pə'spəʊnmənt] die Verschiebung

**post·script** ['pəʊsskrɪp, ‚pɪː'es] die Nachschrift

**pos·ture** ['pɒstʃər] die Haltung

**post-war** ['pəʊstwɔː] Nachkriegs-

**pot** [pɒt] ❶ der Topf, die Kanne; **coffee pot** die Kaffeekanne; **chamber pot** der Nachttopf ❷ (*slang: Rauschgift*) das Gras ❸ **to go to pot** (*umgangsspr*) in die Brüche gehen, auf den Hund kommen

**po·ta·to** [pə'teɪtəʊ] <*plural* potatoes> die Kartoffel; **boiled potatoes** die Salzkartoffeln; **fried potatoes** die Bratkartoffeln, die Röstkartoffeln; **mashed potato[es]** der Kartoffelbrei; **sweet** [*oder* **Spanish**] **potato** die Batate; **jacket** [*oder* **baked**] **potatoes** die Ofenkartoffeln

**po·ta·to crisps**, Ⓤ **po·ta·to chips** *plural* die Kartoffelchips

**po·ta·to mash·er** der Kartoffelstampfer

**po·ta·to peel·er** der Kartoffelschäler

**po·tent** ['pəʊtnt] ❶ *alkoholisches Getränk:* stark ❷ *Argument:* überzeugend, zwingend

**po·ten·tial[1]** [pə'tenʃl] potenziell, möglich

**po·ten·tial[2]** [pə'tenʃl] das Potenzial; **to show potential** gute Anlagen haben (**as** zu)

**po·ten·tial·ly** [pə'tenʃəlɪ] möglicherweise, potenziell

**pot·hole** das Schlagloch

**pot·luck** [pɒt'lʌk] **to take potluck** mit dem vorliebnehmen, was es gerade gibt

**L** Ein **pot luck** ist in den USA eine Party, bei der jeder Gast einen Salat, ein Hauptgericht oder einen Nachtisch mitbringt. Man hofft, dass man ein richtiges Menü zusammen bekommt; es kann aber passieren, dass alle nur z.B. Nachtisch mitbringen.

**pot roast** ['pɒtrəʊst] der Schmorbraten

**pot·shot** **to take a potshot at someone** jemanden aufs Geratewohl anschießen

**pot·ted** ['pɒtɪd] Topf-; *Nahrungsmittel:* eingelegt

**pot·ter** ['pɒtər] der Töpfer/die Töpferin; **potter's wheel** die Töpferscheibe

◆to **potter about**, to **potter around** herumtrödeln, herumbummeln

**pot·tery** ['pɒtərɪ] ❶ die Töpferei ❷ die Töpferwaren

**pot·ty[1]** ['pɒtɪ] Ⓖ (*umgangsspr*) verrückt; **to be potty about something** ganz verrückt sein auf etwas; **you're driving me potty** du bringst mich um den Verstand

**pot·ty[2]** ['pɒtɪ] (*umgangsspr: für Kinder*) das Töpfchen

**pouch** [paʊtʃ] <*plural* pouches> ❶ (*auch eines Beuteltiers*) der Beutel ❷ **tobacco pouch** der Tabaksbeutel ❸ (*unter den Augen*) der Tränensack

**poul·try** ['pəʊltrɪ] das Geflügel

**poul·try farm** die Geflügelfarm

**poul·try farm·ing** die Hühnerzucht

to **pounce** losspringen, einen Satz machen; (*übertragen*) zuschlagen

◆to **pounce on** [paʊn(t)s] (*auch übertragen*) sich stürzen auf, herfallen über

**pound[1]** [paʊnd] ❶ das Pfund (*16 Unzen = 453,592 g*); **by the pound** pfundweise ❷ **pound sterling** das Pfund

**pound[2]** [paʊnd] das Tierasyl

to **pound** [paʊnd] ❶ [zer]stoßen, [zer]stampfen ❷ **she pounded on the door** sie trommelte an die Tür ❸ *Maschine:* stampfen ❹ *Herz:* pochen, heftig schlagen

**pound·ing** ['paʊndɪŋ] ❶ das Hämmern, das Stampfen ❷ das Dröhnen ► WENDUNGEN: **the team took a real pounding** die Mannschaft steckte eine schwere Niederlage ein

to **pour** [pɔːr] ❶ gießen, schütten; **could you pour the tea?** könntest du den Tee einschenken? ❷ (*auch übertragen*) **pouring rain** der strömende Regen; **it's pouring** es gießt in Strömen, es schüttet

◆to **pour in** hereinströmen, hineinströmen

◆to **pour out** ❶ *Menschen:* herausströmen ❷ ausgießen ❸ einschenken *Tee, Kaffee*

**pout – prattle**     **346**

4 ausschütten; **he poured his troubles out to me** er hat mir sein Leid geklagt

to **pout** [paʊt] schmollen

**pout** [paʊt] das Schmollen, der Schmollmund

**pov·er·ty** ['pɒvətɪ] die Armut; **to be reduced to poverty** verarmen sein

**pov·er·ty line to live below the poverty line** unter der Armutsgrenze leben

**pov·er·ty-strick·en** ['pɒvətɪˌstrɪkən] verarmt

**pow·der** ['paʊdə<sup>r</sup>] 1 der Puder 2 das Pulver

to **pow·der** ['paʊdə<sup>r</sup>] 1 pudern; **to powder one's nose** sich die Nase pudern; (*humorvoll*) zur Toilette gehen 2 bestreuen (**with mit**)

**pow·dered** ['paʊdəd] **powdered egg** das Eipulver; **powdered milk** das Milchpulver; **powdered sugar** (US) der Puderzucker, der Staubzucker

**pow·der room** die Damentoilette

**pow·der snow** der Pulverschnee

**pow·dery** ['paʊd<sup>ə</sup>rɪ] pulvrig

**pow·er** ['paʊə<sup>r</sup>] 1 die Kraft, die Stärke, die Wucht; (*übertragen*) die Überzeugungskraft 2 die Macht; **world power** die Weltmacht; **to be in power** an der Macht sein; **to be within/beyond someone's power** in/nicht in jemandes Macht liegen; **to be in someone's power** in jemandes Gewalt sein; **to do all in one's power** alles in seiner Macht Stehende tun; **the power of love** die Macht der Liebe 3 die Herrschaft (**over** über) 4 der Einfluss (**with** auf) 5 (*technisch*) die Kraft, die Energie, die Leistung, der Strom; **hydroelectric power** die Wasserkraft; **nuclear power** die Kernkraft; (*politisch*) die Atommacht; **source of power** die Kraftquelle, die Energiequelle; **solar power** die Solarenergie 6 (*mathematisch*) die Potenz 7 **it did me a power of good** es hat mir sehr gut getan 8 **his powers of hearing** sein Hörvermögen

**pow·er-as·sist·ed steer·ing** die Servolenkung

**pow·er·boat** das Rennboot

**pow·er brakes** *plural* die Servobremsen

**pow·er cable** das Starkstromkabel

**pow·er cut, pow·er fail·ure** der Stromausfall

**pow·er·ful** ['paʊəfl] 1 mächtig, stark, einflussreich 2 leistungsfähig, leistungsstark

**pow·er·ful·ly** ['paʊəfəlɪ] (*umgangsspr*) mächtig, gewaltig; **powerfully built** kräftig gebaut

**pow·er·less** ['paʊəlɪs] kraftlos, machtlos

**pow·er line** die Starkstromleitung, die Hochspannungsleitung

**pow·er pack** das Netzteil

**pow·er plant** das Kraftwerk

**pow·er point** die Energiequelle, die Steckdose

**pow·er sta·tion** das Kraftwerk; **nuclear power station** das Kernkraftwerk

**pow·er steer·ing** die Servolenkung

**PR** [piːˈɑː<sup>r</sup>] *Abkürzung von* **public relations** PR

**prac·ti·cable** ['præktɪkəbl] praktikabel, durchführbar, machbar

**prac·ti·cal** ['præktɪkl] 1 praktisch; *Mensch:* praktisch [veranlagt]; *Lösung, Idee:* praxisnah, praxisorientiert; **practical knowledge** das Erfahrungswissen 2 **practical joke** der Streich

**prac·ti·cal·ly** ['præktɪk(ə)lɪ] 1 in der Praxis 2 praktisch, so gut wie, nahezu; **it's practically the same** es ist fast dasselbe

**prac·tice** ['præktɪs] 1 die Gewohnheit, der Brauch; **to make it a practice to do/make a practice of doing something** es sich zur Gewohnheit machen, etwas zu tun 2 (*geschäftlich*) die Verfahrensweise, die Praxis; **business practices** die Geschäftspraktiken 3 *eines Arztes, eines Anwaltes:* die Praxis; **to be in practice** praktizieren 4 (*nicht Theorie*) die Praxis; **to put in[to] practice** in die Tat umsetzen 5 die Übung; **out of practice** aus der Übung; **practice makes perfect** Übung macht den Meister; (*Sport*) das Training 6 (*Theater, Musik*) die Probe

to **prac·tise** ['præktɪs], (US) to **prac·tice** 1 üben; proben *Lied, Stück* 2 praktisch tätig sein, praktizieren 3 ausüben *Beruf;* **to practise law** als Anwalt tätig sein; **to practise medicine** eine ärztliche Praxis haben 4 (*Sport*) trainieren

**prac·tised** ['præktɪst], (US) **prac·ticed** erfahren, routiniert

**prac·tis·ing** ['præktɪsɪŋ] *Arzt:* praktizierend; *Kommunist, Christ:* aktiv

to **praise** [preɪz] loben (**for** für)

**praise** [preɪz] 1 das Lob; **to sing someone's praises** jemanden in den Himmel loben 2 die Anerkennung 3 **praise be** Gott sei Dank!

**praise·wor·thy** ['preɪzˌwɜːðɪ] lobenswert

**pram** [præm] (GB) der Kinderwagen

**prank** [præŋk] der [üble] Streich; **to play a prank on someone** jemandem einen Streich spielen

**prat** [præt] (GB) (*slang*) der dumme Kerl

to **prat·tle** ['prætl] plappern; (*endlos*) labern *abwertend umgangsspr;* **to prattle away** ununterbrochen plappern

**prat·tle** ['prætl] *kein Plural* das Geplapper

to **prattle on** ['prætl] [daher]schwatzen, plappern

**prawn** [prɔːn] die Garnele

**prawn cock·tail** der Krabbencocktail

to **pray** [preɪ] ❶ beten (**to** zu, **for** um) ❷ flehen, flehentlich bitten (**for** um)

**prayer** [preəʳ] ❶ das Gebet; **to say one's prayers** sein Gebet verrichten; **the Lord's Prayer** das Vaterunser ❷ die Andacht

**prayer book** das Gebetbuch

**prayer meet·ing** die Betstunde

**prayer rug** der Gebetsteppich

**prayer wheel** die Gebetsmühle

**pray·ing man·tis** ['preɪɪŋ'mæntɪs] die Gottesanbeterin

**pre-9-11** ['priːˌnaɪnɪˌlevᵊn], **pre-Sept. 11** ['priːˌsepˌtembəʳˌlevᵊn] vor dem 11. September (*bezieht sich auf die Zeit vor dem 11. September 2001, nach den Terroranmgriffen auf New York und Washington*)

to **preach** [priːtʃ] ❶ predigen (**on**/**about** über); **to preach to someone** (*übertragen*) jemandem eine Predigt halten ❷ verfechten, sich einsetzen für ❸ **to preach caution** zur Vorsicht raten ❹ **to practise what you preach** fass dir [erst mal] an die eigene Nase

**preach·er** ['priːtʃəʳ] der Prediger/die Predigerin

to **pre·ar·range** [ˌpriːəˈreɪndʒ] vorher festlegen [*oder* bestimmen]

**pre·cari·ous** [prɪˈkeərɪəs] ❶ unsicher, ungewiss ❷ prekär, gefährlich

**pre·cau·tion** [prɪˈkɔːʃn] die Vorsichtsmaßnahme; **to take the precaution of doing something** etwas vorsichtshalber tun; **to take precautions** Vorsichtsmaßnahmen treffen, empfängnisverhütende Mittel nehmen

**pre·cau·tion·ary** [prɪˈkɔːʃ(ə)nərɪ] Vorsichts-, vorbeugend

to **pre·cede** [prɪˈsiːd] vorausgehen, vorangehen

**prec·edence** ['presɪdəns] ❶ der Vorrang, der Vortritt; **to have** [*oder* **take**] **precedence over** den Vorrang haben vor, rangieren vor ❷ **in order of precedence** der Rangordnung nach

**prec·edent** ['presɪdent] ❶ der Präzedenzfall ❷ **precedents** die früheren Fälle

**pre·ced·ing** [prɪˈsiːdɪŋ] vorhergehend

**pre·cinct** ['priːsɪŋkt] ❶ **shopping precinct** das Einkaufsviertel ❷ **pedestrian precinct** die Fußgängerzone ❸ der Bezirk; **precincts** das Gelände, die Umgebung

**pre·cious** ['preʃəs] ❶ wertvoll (**to** für), kost-

bar ❷ **precious metal** das Edelmetall; **precious stone** der Edelstein ❸ **precious few**/**little** (*umgangsspr*) herzlich wenige/wenig

**preci·pice** ['presɪpɪs] der Abgrund

**pre·cise** [prɪˈsaɪs] genau, exakt; **to be precise** genau gesagt; **at that precise moment** in dem Augenblick

**pre·cise·ly** [prɪˈsaɪslɪ] genau; **precisely!** genau!, so ist es!

**pre·ci·sion** [ˌprɪˈsɪʒn] die Genauigkeit

**pre·co·cious** [prɪˈkəʊʃəs] *Kind:* frühreif

**pre·co·cious·ness** [prɪˈkəʊʃəsnɪs], **pre·coc·ity** [prɪˈkɒsətɪ] die Frühreife

to **pre-cook** [ˌpriːˈkʊk] vorkochen

**preda·tor** ['predətəʳ] das Raubtier

**preda·tory** ['predətrɪ] räuberisch, Raub-

**pre·de·ces·sor** ['priːdɪsesəʳ] der Vorgänger/die Vorgängerin

**pre·des·ti·na·tion** [ˌpriːdestɪˈneɪʃn] die Vorherbestimmung, die Prädestination

**pre·dica·ment** [prɪˈdɪkəmənt] die missliche Lage; **to be in a predicament** in der Klemme sitzen

to **pre·dict** [prɪˈdɪkt] vorhersagen, prophezeien

**pre·dict·able** [prɪˈdɪktəbl] vorhersehbar

**pre·dic·tion** [prɪˈdɪkʃn] die Vorhersage, die Prognose

**pre·domi·nant** [prɪˈdɒmɪnənt] vorherrschend, überwiegend

to **pre·domi·nate** [prɪˈdɒmɪneɪt] ❶ überlegen sein, die Oberhand haben (**over** über) ❷ *Menge:* überwiegen (**over** vor)

**pre·fab** ['priːfæb] der Fertigbau

to **pre·fab·ri·cate** [ˌpriːˈfæbrɪkeɪt] vorfertigen

**pre·fab·ri·cat·ed house** [ˌpriːˈfæbrɪkeɪt haʊs] das Fertighaus

**pref·ace** ['prefɪs] das Vorwort

**pre·fect** ['priːfekt] 🇬🇧 der Vertrauensschüler/die Vertrauensschülerin

to **pre·fer** [prɪˈfɜːʳ] <preferred, preferred> vorziehen, bevorzugen; **he prefers red to white wine** Rotwein ist ihm lieber als Weißwein; **I'd rather go to the cinema than stay here** ich würde lieber ins Kino gehen als hierbleiben

**pref·er·able** ['prefrəbl] **to be preferable to** vorzuziehen sein; **that would be preferable to the original plan** das wäre besser als der ursprüngliche Plan

**pref·er·ably** ['prefrəblɪ] am liebsten

**pref·er·ence** ['prefrəns] die Vorliebe (**for** für); **by preference** vorzugsweise; **in preference to** lieber als; **to give preference to someone** jemandem den Vorzug geben; **to**

## Prepositions with nouns  🅐 🅑 🅒

Je nachdem, mit welcher Verbindung Präpositionen benutzt werden, können sie unterschiedliche Übersetzungen haben.

| **in** | | **on** | | **at** | |
|---|---|---|---|---|---|
| in April | *im April* | on Monday | *am Montag* | at 8 o'clock | *um 8 Uhr* |
| in the afternoon | *am Nachmittag* | on Mondays | *montags* | at night | *in der Nacht* |
| in London | *in London* | on 6th June | *am 6. Juni* | at the weekend | *am Wochenende* |
| in the street | *auf der Straße* | on the table | *auf dem Tisch* | at home | *zu Hause* |
| in English | *auf Englisch* | on holiday | *im Urlaub* | at the doctor's | *beim Arzt* |

**have a preference for** eine Vorliebe haben für

**pref·er·en·tial** [,prefə'renʃl] bevorzugt, bevorrechtigt; **preferential treatment** die bevorzugte Behandlung, die Bevorzugung

**pre·ferred** [prɪ'fɜːd] ❶ bevorzugt ❷ bevorrechtigt

**pre·fix** ['priːfɪks] <*plural* prefixes> ❶ (*Grammatik*) die Vorsilbe ❷ 🇺🇸 (*Telefon*) die Vorwahl

**preg·nan·cy** ['pregnənsɪ] ❶ (*einer Frau*) die Schwangerschaft ❷ (*eines Tiers*) die Trächtigkeit

**preg·nan·cy test** der Schwangerschaftstest

**preg·nant** ['pregnənt] ❶ schwanger; **she's eight months pregnant** sie ist im achten Monat [schwanger] ❷ *Tier:* trächtig ❸ (*übertragen*) bedeutungsvoll, gewichtig

to **pre·heat** [,priː'hiːt] vorheizen

**pre·his·tor·ic** [,priːhɪ'stɒrɪk] prähistorisch

**pre·his·to·ry** [,priː'hɪstrɪ] die Vorgeschichte, die Urgeschichte

to **pre·judge** [,priː'dʒʌdʒ] vorschnell verurteilen

**preju·dice** ['predʒʊdɪs] das Vorurteil, die vorgefasste Meinung (**against** gegen)

to **preju·dice** ['predʒʊdɪs] ❶ ungünstig beeinflussen ❷ sich nachteilig auswirken auf, Abbruch tun; **it prejudiced his chances** es schmälerte seine Chancen

**preju·diced** ['predʒʊdɪst] voreingenommen

**pre·limi·nary** [prɪ'lɪmɪnərɪ] ❶ einleitend ❷ vorbereitend ❸ vorläufig, einstweilig; **preliminary agreement** [*oder* **contract**] der Vorvertrag; **preliminary talks** die Vorbesprechungen; **preliminary draft** der Vorentwurf; **preliminary examination** die Aufnahmeprüfung; **preliminary investigation** die Voruntersuchung; **preliminary round** (*Sport*) die Vorrunde

**pre·limi·nary ex·ami·na·tions** *plural,* **pre·lims** [priː'lɪmz] *plural* (*nur in Schottland*) die Vorprüfung (*ca. sechs Monate vor der eigentlichen Prüfung zum 'Higher Grade'*)

**prel·ude** ['preljuːd] ❶ (*Musik*) das Vorspiel, das Präludium ❷ (*übertragen*) der Auftakt

**pre·mari·tal** [,priː'mærɪtl] vorehelich

**prema·ture** [premə'tjʊər] ❶ vorzeitig, zu früh ❷ (*übertragen*) voreilig; **premature baby** die Frühgeburt

**pre·medi·tat·ed** [,priː'medɪteɪtɪd] vorsätzlich, vorbedacht

**prem·ier**[1] ['premɪər] führend

**prem·ier**[2] ['premɪər] der Premierminister/die Premierministerin

**prem·ière** ['premɪeər] die Premiere

**Prem·ier League** (*Fußball*) **the Premier League** die Premier League, ≈ die erste Liga

**prem·ises** ['premɪs] das Gelände, das Gebäude, das Anwesen; **to escort someone off the premises** jemanden hinausbegleiten; **bank premises** das Bankgebäude; **factory premises** das Fabrikgebäude; **business premises** die Geschäftsräume

**pre·mium** ['priːmɪəm] ❶ (*Versicherung*) die Prämie ❷ der Zuschlag, der Bonus ❸ (*übertragen*) **to be at a premium** sehr geschätzt [*oder* gesucht] sein; **to put a premium on something** etwas hoch bewerten

**Pre·mium Bond** 🇬🇧 die Sparprämienanleihe

**pre·mium qual·ity** die erstklassige Qualität

**pre·oc·cu·pa·tion** [,priːɒkjʊ'peɪʃn] die [innere] Beschäftigung (**with** mit); **her preoccupation with the children** ihre ständige Sorge um die Kinder

**pre·oc·cu·pied** [prɪ'ɒkjʊpaɪd] gedankenverloren, geistesabwesend; **to be preoccupied with something** nur an etwas denken, mit etwas ganz beschäftigt sein

## Signalwörter für *simple present* und *present progressive*  **A** **B** **C**

Wenn du zwischen dem *simple present* und *present progressive* entscheiden musst, können dir die folgenden Signalwörter helfen:

| **Simple present** | **Present progressive** |
|---|---|
| always | at the moment |
| every day/week/… | (right) now |
| never | this morning/afternoon/… |
| often | today |
| on Mondays/Tuesdays/… | |
| sometimes | |
| usually | |

---

to **pre·oc·cu·py** [priː'ɒkjʊpaɪ] ausschließlich beschäftigen, ganz beherrschen

**prep** [prep] *kein Plural* (*umgangsspr*) ❶ die Vorbereitung ❷ **GB** die Hausaufgaben

**pre·paid** [ˌpriː'peɪd] [voraus]bezahlt; **postage prepaid** vorfrankiert, freigemacht

**pre·paid re·ply** die bezahlte Rückantwort

**prepa·ra·tion** [ˌprepə'reɪʃn] ❶ die Vorbereitung; **to make preparations** Vorbereitungen treffen (**for** für); **in preparation for** als Vorbereitung für ❷ (*Medikament*) das Präparat

**pre·para·tory** [prɪ'pærətrɪ] vorbereitend, einführend; **preparatory to something** um auf etwas vorzubereiten; **preparatory course** der Vorbereitungslehrgang; **preparatory work** die Vorarbeit

to **pre·pare** [prɪ'peəʳ] ❶ [sich] vorbereiten (**for** auf); **to prepare yourself for a shock** mach dich auf einen Schock gefasst ❷ zubereiten *Essen* ❸ aufstellen *Rechnung* ❹ aufsetzen, entwerfen *Vertrag* ❺ aufbereiten *Daten*

**pre·pared** [prɪ'peəd] ❶ bereit, fertig (**for** für); **be prepared!** allzeit bereit! ❷ vorbereitet, gefasst (**for** auf); **to be prepared for the worst** auf das Schlimmste gefasst sein ❸ **I'm not prepared to lend him money** ich denke nicht daran, ihm Geld zu leihen

to **pre·pay** [ˌpriː'peɪ] <prepaid, prepaid> ❶ im Voraus bezahlen, vorauszahlen ❷ freimachen, frankieren *Postsendung*

**prepo·si·tion** [prepə'zɪʃn] die Präposition

**prep school** (*umgangsspr*) ❶ **GB** vorbereitende Privatschule für die Aufnahme an einer "Public School" (höheren Privatschule) ❷ **USA** vorbereitende [Privat]schule für die Aufnahme an einem College

**pre·school** ['priːskuːl] vorschulisch, Vorschul-

to **pre·scribe** [prɪ'skraɪb] ❶ vorschreiben

❷ *Arzt:* verschreiben, verordnen

**pre·scrip·tion** [prɪ'skrɪpʃn] ❶ die Vorschrift, die Anordnung ❷ (*medizinisch*) das Rezept; **only available on prescription** rezeptpflichtig; **prescription charge** die Rezeptgebühr

**pres·ence** ['prezns] ❶ die Gegenwart, die Anwesenheit; **in the presence of** in Anwesenheit von; **presence of mind** die Geistesgegenwart; **military presence** die Militärpräsenz ❷ das Auftreten, das Benehmen

**pres·ent**[1] ['preznt] ❶ (*räumlich*) anwesend, zugegen, vorhanden; **all present** alle Anwesenden; **present company excepted** Anwesende ausgenommen ❷ (*räumlich und zeitlich*) gegenwärtig ❸ (*zeitlich*) augenblicklich, momentan; **at the present time** gegenwärtig; **up to the present time** bis zum heutigen Tage, bis heute; **in the present circumstances** unter den gegebenen Umständen; **present tense** das Präsens, die Gegenwart ❹ vorliegend, laufend; **in the present case** im vorliegenden Fall

**pres·ent**[2] ['preznt] das Geschenk

**pres·ent**[3] ['preznt] ❶ die Gegenwart; **at present** zurzeit, im Augenblick; **for the present** vorerst; **there's no time like the present** jetzt ist die beste Gelegenheit ❷ (*Grammatik*) die Gegenwart, das Präsens

to **pres·ent** [ˌprɪ'zent] ❶ übergeben, überreichen ❷ schenken; **they presented her with a watch** sie haben ihr eine Uhr geschenkt ❸ unterbreiten *Vorschlag* ❹ bieten *Anblick, Möglichkeit, Angriffsziel* ❺ (*Radio, TV*) präsentieren, moderieren; (*Theater*) zeigen ❻ (*gehoben*) **to present one's apologies** sich entschuldigen; **to present one's compliments to someone** jemandem Grüße ausrichten lassen ❼ **that pres-**

**presentable – pressurize** 350

ents us with a problem das stellt uns vor ein Problem ❽ erscheinen; to present oneself for an exam zur Prüfung erscheinen ❾ to present itself *Gelegenheit, Problem:* sich ergeben

**pre·sent·able** [prɪˈzentəbl] gesellschaftsfähig, ansehnlich, respektabel; **to be presentable** sich sehen lassen können

**pres·en·ta·tion** [ˌprezn̩ˈteɪʃn̩] ❶ (*Theater*) die Aufführung, die Darstellung ❷ die Überreichung, die Schenkung ❸ (*Rede*) die Präsentation; **to give a presentation** eine Präsentation machen ❹ **on presentation** gegen Vorzeigung

**pres·ent-day** [ˌprezn̩tˈdeɪ] gegenwärtig, heutig, zeitgenössisch, zeitgemäß, modern

**pres·ent·ly** [ˈprezn̩tlɪ] ❶ bald, in kurzem, in Kürze ❷ gegenwärtig

**pres·er·va·tion** [ˌprezəˈveɪʃn̩] ❶ die Erhaltung; **to be in a good state of preservation** gut erhalten sein ❷ die Konservierung, das Einmachen, das Einkochen

**pre·serva·tive** [prɪˈzɜːvətɪv] der Konservierungsstoff

to **pre·serve** [prɪˈzɜːv] ❶ bewahren, schützen (**from** vor) ❷ erhalten, in Stand halten ❸ konservieren; einmachen, einkochen *Nahrungsmittel* ❹ beibehalten, aufrechterhalten ❺ schützen *Wild, Wald*

**pre·serve** [prɪˈzɜːv] ❶ **preserves** [das] Eingemachte ❷ die Konfitüre

**pre·served** [prɪˈzɜːvd] ❶ konserviert ❷ **well preserved** gut erhalten

**presi·den·cy** [ˈprezɪdənsɪ] ❶ der Vorsitz ❷ das Amt eines Präsidenten ❸ 🇺🇸 die Präsidentschaft

**presi·dent** [ˈprezɪdənt] ❶ der/die Vorsitzende ❷ (*politisch*) der Präsident/die Präsidentin ❸ 🇺🇸 der Rektor/die Rektorin

**presi·den·tial** [ˌprezɪˈdenʃl] **presidential address** die Ansprache des Präsidenten; **presidential candidate** der Präsidentschaftskandidat/die Präsidentschaftskandidatin; **presidential election** die Präsidentenwahl

**Presi·dents' Day** *kein Plural* 🇺🇸 *amerikanischer Feiertag am dritten Montag im Februar zum Gedenken an die Geburtstage von Washington und Lincoln*

**press** [pres] ❶ der Druck ❷ der Andrang, das Gedränge ❸ die [Frucht]presse, die Ölpresse ❹ **printing press** die Druckpresse ❺ die Presse, die Zeitungen, das Zeitungswesen, das Pressewesen; **the gutter press** die Boulevardpresse; **to have a good/bad press** eine

gute/schlechte Presse haben, gut/schlecht aufgenommen [*oder* beurteilt] werden

to **press** [pres] ❶ [fest] drücken (**to** an) ❷ pressen; auspressen *Obst* ❸ plätten, bügeln ❹ aufdrängen; **I won't press the matter** ich möchte in dieser Sache nicht weiter drängen ❺ **to press hard** bedrängen ❻ **to be pressed for time** unter Zeitdruck stehen ❼ **to be hard pressed** unter großem Druck stehen

◆ to **press ahead** ❶ vorantreiben ❷ weitermachen

◆ to **press forward** weiterdrängen, sich beeilen

◆ to **press on** ❶ vorantreiben ❷ weitermachen ❸ aufdrucken

**press ag·en·cy** das Nachrichtenbüro, die Presseagentur

**press cam·paign** der Pressefeldzug, die Pressekampagne

**press card** der Presseausweis

**press clip·ping** der Zeitungsausschnitt

**press con·fer·ence** die Pressekonferenz

**press cov·er·age** die Presseberichterstattung

**press cut·ting** der Zeitungsausschnitt

to **press-gang** zwingen, drängen

**press·ing** [ˈpresɪŋ] dringend, eilig

**press of·fice** die Pressestelle

**press of·fic·er** der Pressereferent/die Pressereferentin

**press pho·tog·ra·pher** der Fotoreporter/die Fotoreporterin, der Pressefotograf/die Pressefotografin

**press re·lease** die Pressemitteilung

**press re·port** der Pressebericht, der Zeitungsbericht

**press stud** 🇬🇧 der Druckknopf

**press-up** [ˈpresʌp] der Liegestütz

**pres·sure** [ˈpreʃəʳ] ❶ der Druck; **atmospheric pressure** der Luftdruck; **blood pressure** der Blutdruck; **high pressure** der Hochdruck; **low pressure** der Tiefdruck; **tyre pressure** der Reifendruck ❷ (*übertragen*) der Druck, der Zwang; **under pressure** unter Druck; **he's under a lot of pressure at work** er hat viel Stress bei der Arbeit; **to put pressure on someone** jemanden unter Druck setzen; **pressure to succeed** der Erfolgsdruck

**pres·sure cook·er** der Schnellkochtopf

**pres·sure gauge** der Druckmesser, das Manometer

**pres·sure group** die Interessengruppe, die Pressuregroup

to **pres·sur·ize** [ˈpreʃəraɪz] ❶ (*übertragen*) unter Druck setzen, zwingen ❷ mit Druckausgleich ausstatten; **pressurized cabin** die Druckkabine; **pressurized water reactor** der Druckwasserreaktor

**pres·tige** [preˈstiːʒ] das Prestige

**pres·tig·ious** [preˈstɪdʒəs] renommiert; **to be prestigious** einen großen Prestigewert haben

**pre·sum·ably** [prɪˈzjuːməbli] vermutlich

to **pre·sume** [prɪˈzjuːm] ❶ annehmen, vermuten ❷ schließen (**from** aus) ❸ sich herausnehmen, sich anmaßen

**pre·sum·ing** [prɪˈzjuːmɪŋ] anmaßend

**pre·sump·tion** [prɪˈzʌmpʃn] ❶ die Vermutung; **on the presumption that ...** in der Annahme, dass ... ❷ die Anmaßung, die Unverschämtheit

**pre·sump·tuous** [prɪˈzʌmptjʊəs] überheblich, anmaßend, unverschämt

**pre·tence** [prɪˈtens], ⓤⓢⒶ **pre·tense** ❶ der Anspruch (**to** auf) ❷ der Anschein, die Vorspiegelung, die Ausrede, die Ausflucht; **under false pretences** unter Vorspiegelung falscher Tatsachen; **it's just a pretence** es ist nur gespielt; **to make a pretence of something** etwas vorschützen/vortäuschen; **devoid of all pretence** offen, aufrichtig

to **pre·tend** [prɪˈtend] ❶ vorgeben, vortäuschen; **to pretend [that]** so tun [als ob]; **he's just pretending** er tut nur so ❷ **to pretend to be** sich ausgeben als

**pre·ten·tious** [prɪˈtenʃəs] (*abwertend*) ❶ anmaßend, überheblich ❷ bombastisch

**pre·text** [ˈpriːtekst] der Vorwand; **under [oder on] the pretext of** unter dem Vorwand

**pret·ty** [ˈprɪtɪ] ❶ nett, hübsch; **to be sitting pretty** sein Schäfchen im Trockenen haben ❷ ziemlich, [ganz] ordentlich, ganz schön, beachtlich; **pretty bad** ziemlich mies; **pretty good** [gar] nicht [so] übel, ganz gut; **pretty much** so ziemlich; **he's doing pretty well** es geht ihm ganz gut; **a pretty penny** eine schöne Stange Geld; **I've pretty well finished** ich bin beinahe [oder fast] fertig ❸ **that's pretty much the same [thing]** das läuft so ziemlich auf eins hinaus

**pre·vail·ing** [prɪˈveɪlɪŋ] *Wind:* vorherrschend; *Wetter, Zustand:* derzeit herrschend; **under the prevailing circumstances** unter den gegebenen Umständen

to **pre·vent** [prɪˈvent] ❶ verhindern ❷ verhüten, vermeiden ❸ abhalten, zurückhalten; **how are you going to prevent her doing it?** wie willst du sie davon abhalten, das zu tun?

**pre·ven·tion** [prɪˈvenʃn] ❶ die Verhinderung, die Vermeidung ❷ die Vorbeugung, die Verhütung; **prevention is better than cure** Vorbeugen ist besser als Heilen; **prevention of accidents** die Unfallverhütung ❸ **Royal Society for the Prevention of Cruelty to Animals, RSPCA** ⒼⒷ der Tierschutzverein

**pre·ven·tive** [prɪˈventɪv] verhütend; **preventive medicine** die Gesundheitspflege, die vorbeugende Medizin, die Präventivmedizin

**pre·view** [ˈpriːvjuː] (*Theater*) die Probeaufführung; (*Ausstellung*) die Vorbesichtigung; (*Film*) die Vorschau, die Preview

**pre·vi·ous** [ˈpriːvɪəs] ❶ (*zeitlich*) vorausgehend, vorhergehend, früher; **on the previous day** am Vortag ❷ **previous to** vor; **without previous notice** ohne Vorankündigung

**pre·vi·ous con·vic·tion** die Vorstrafe; **to have [no] previous convictions** [nicht] vorbestraft sein

**pre·vi·ous ex·peri·ence** die Vorkenntnisse, die Vorbildung

**pre·vi·ous hold·er** der Vorbesitzer/die Vorbesitzerin

**pre·vi·ous·ly** [ˈpriːvɪəslɪ] früher, vorher

**pre·vi·ous month** der Vormonat

**pre·vi·ous speak·er** der Vorredner/die Vorrednerin

**pre·vi·ous year** das Vorjahr

**prey** [preɪ] die Beute; **bird of prey** der Raubvogel

to **prey** [preɪ] ❶ **to prey on birds** Beute machen auf Vögel ❷ (*übertragen*) lasten (**on/upon** auf), nagen, zehren (**on** an); **it is preying on my mind** es lastet mir auf der Seele

**price** [praɪs] ❶ der Preis; **at the price of** (*auch übertragen*) zum Preis von; **at halfprice** zum halben Preis; **at a low price** billig ❷ (*an der Börse*) der Kurs, die Notierung ❸ der Wert ❹ *einer Wette:* die Quote ❺ **at any price** (*übertragen*) um jeden Preis

to **price** [praɪs] ❶ einen Preis festsetzen für, bewerten ❷ mit einem Preis versehen, auszeichnen

**price con·trol** die Preiskontrolle

**price cut** die Preissenkung

**price la·bel** das Preisschild

**price·less** [ˈpraɪslɪs] ❶ unbezahlbar, unschätzbar, unvergleichlich ❷ ⒼⒷ (*umgangsspr*) amüsant

**price list** die Preisliste

**price rise** die Preiserhöhung

**price tag, price tick·et** das Preisschild

**pricey** [ˈpraɪsɪ] (*umgangsspr*) teuer

**prick – prior**

**prick** [prɪk] ❶ (*durch eine Nadel*) der Stich
❷ der stechende Schmerz ❸ (*slang*) der
Schwanz ❹ (*slang: Person*) das Arschloch
❺ (*übertragen*) **pricks of conscience** die
Gewissensbisse

to **prick** [prɪk] ❶ stechen ❷ sich stechen
❸ (*auch übertragen*) **to prick up one's
ears** die Ohren spitzen

**prick·le** ['prɪkl] ❶ der Stachel, der Dorn ❷ das
Prickeln

to **prick·le** ['prɪkl] ❶ stechen ❷ prickeln

**prick·ly** ['prɪklɪ] stach[e]lig; **prickly heat** das
Hitzebläschen

**pride**[1] [praɪd] ❶ der Stolz ❷ der Hochmut
❸ **pride of place** der erste Platz ❹ **she
takes a pride in her work** sie ist sehr stolz
auf ihre Arbeit ❺ **pride goes before a fall**
Hochmut kommt vor dem Fall

**pride**[2] [praɪd] *von Löwen:* das Rudel

to **pride** [praɪd] **to pride oneself [up]on** stolz
sein auf, sich viel einbilden auf

**priest** [priːst] ❶ der Priester/die Priesterin
❷ der Pfarrer/die Pfarrerin, der Pastor/die
Pastorin

**priest·hood** ['priːsomethingʊd] *kein Plural*
❶ das Priestertum ❷ (*Priester*) die Priester-
schaft

**pri·mari·ly** [praɪ'merᵊlɪ] vorwiegend, haupt-
sächlich

**pri·ma·ry**[1] ['praɪmərɪ] ❶ Haupt-, wesentlich;
**primary colour** die Grundfarbe; **primary
concern** die Hauptsorge; **of primary
importance** von größter Wichtigkeit ❷ Pri-
mär-, primär; **primary school** die Grund-
schule, die Elementarschule

**L** Staatliche Schulen für Kinder im Alter von 5
bis 11 Jahren heißen in Großbritannien **pri-
mary schools**. Anschließend besuchen die Kin-
der dann eine **secondary school**.

**pri·ma·ry**[2] ['praɪmərɪ] (USA) (*bei Wahlen*) die
Vorwahl

**prime**[1] [praɪm] ❶ wesentlich, Haupt-; **the
matter is of prime importance** die Sache
ist von höchster Wichtigkeit ❷ *Qualität:* erst-
klassig ❸ **prime number** die Primzahl

**prime**[2] [praɪm] die Blütezeit; **in one's prime**
in der Blüte des Lebens

to **prime** [praɪm] ❶ vorbereiten ❷ grundieren
*Malfläche* ❸ schussbereit machen *Geschütz;*
scharfmachen *Bombe*

**prime min·is·ter** der Premierminister/die Pre-
mierministerin, der Ministerpräsident/die
Ministerpräsidentin

**L** In der „Number 10 **Downing Street**" wohnt
der britische **Prime Minister** (Premierminis-
ter). Das Haus stammt aus dem 17. Jh. und
wurde von Sir George Downing gebaut. Der
Premierminister wohnt in einem oberen Stock-
werk, und im übrigen Gebäude befinden sich
die Regierungsbüros sowie die Sitzungsräume
des Kabinetts. Der **Chancellor of the Exche-
quer** (Finanzminister) wohnt im Haus nebenan,
in „Number 11"; außerdem gibt es in der
Downing Street noch weitere Regierungsge-
bäude.

**prime num·ber** die Primzahl

**prime time** die Hauptsendezeit

**primi·tive** ['prɪmɪtɪv] ❶ primitiv ❷ *Kunst:* na-
iv

**prim·rose** ['prɪmrəʊz] die Primel, die Schlüs-
selblume

**prince** [prɪns] ❶ (*Herrscher*) der Fürst ❷ (*in
Königsfamilie*) der Prinz; **Prince of Wales**
der Prinz von Wales; **Prince Charming**
(*übertragen*) der Märchenprinz

**prin·cess** [prɪn'ses] <*plural* princesses>
❶ (*Frau eines Fürsten*) die Fürstin ❷ (*in
Königsfamilie*) die Prinzessin

**prin·ci·pal**[1] ['prɪnsəpl] Haupt-, wichtig-
ste(r, s), bedeutendste(r, s)

**prin·ci·pal**[2] ['prɪnsəpl] ❶ *einer Schule:* der
Rektor/die Rektorin ❷ (*im Theater*) der
Hauptdarsteller/die Hauptdarstellerin

**prin·ci·ple** ['prɪnsəpl] der Grundsatz, das Prin-
zip; **in principle** im Prinzip, grundsätzlich;
**on principle** aus Prinzip, grundsätzlich; **as a
matter of principle** grundsätzlich, prinzipi-
ell

**print** [prɪnt] ❶ der Druck; **large print** der
Großdruck; **in big** [*oder* **large**] gedruckt
groß gedruckt; **in print** gedruckt; **out of print**
vergriffen ❷ [das] Gedruckte; **to read the
small print** das Kleingedruckte lesen
❸ (*Foto*) der Abzug ❹ (*Textil*) der bedruckte
Stoff, das Druckmuster ❺ *von Hand, Fuß:* der
Abdruck

to **print** [prɪnt] ❶ drucken *Dokument* ❷ bedru-
cken *Stoff* ❸ veröffentlichen *Roman, Artikel*
❹ in Druckschrift schreiben ❺ abziehen
*Foto*

**print·ed** ['prɪntɪd] gedruckt; **printed form**
der Vordruck, das Formular; **printed matter**
die Drucksache

**print·er** ['prɪntəʳ] ❶ (*Gerät*) der Drucker
❷ (*Werk*) die Druckerei

**print·ing** ['prɪntɪŋ] das Drucken

**print·out** ['prɪntaʊt] (*Computer*) der Aus-
druck

**pri·or** ['praɪəʳ] ❶ vorherig, früher; **prior**

**engagement** die frühere Verabredung ② **prior** zu vor; **prior to my arrival** vor meiner Ankunft; **prior to doing something** bevor man etwas tut/tat

**pri·or·ity** [praɪˈɒrəti] ① die Priorität, der Vorrang; **that's my top priority** das ist mir am wichtigsten; **to give priority to something** einer Sache Vorrang geben; **to have** [*oder* **take**] **priority** Vorrang haben ② (*im Straßenverkehr*) die Vorfahrt

**prism** [prɪzəm] das Prisma

**pris·on** [ˈprɪzn] das Gefängnis; **in prison** im Gefängnis; **to send someone to prison** jemanden ins Gefängnis stecken

**pris·on camp** das [Kriegs]gefangenenlager; (*politisch*) das Straflager

**pris·on cell** die Gefängniszelle

**pris·on·er** [ˈprɪznəʳ] der/die Gefangene, der Häftling; **to hold** [*oder* **keep**] **someone prisoner** jemanden gefangen halten; **to take someone prisoner** jemanden gefangen nehmen; **prisoner of war** der/die Kriegsgefangene

**pri·va·cy** [ˈprɪvəsɪ] ① die Privatsphäre, die Intimsphäre, das Privatleben; **invasion of privacy** der Einbruch in die Privatsphäre ② die Zurückgezogenheit; **there is no privacy here** man kann hier nichts unbeobachtet tun

**pri·vate¹** [ˈpraɪvɪt] ① privat, Privat-; **private conversation** das Privatgespräch; **private detective** [*oder* **eye**] der Privatdetektiv/die Privatdetektivin; **private life** das Privatleben; **private matter** die Privatsache, die Privatangelegenheit; **private property** das Privateigentum; **private school** die Privatschule; **private tuition** der Privatunterricht ② nicht öffentlich *Sitzung, Versammlung* ③ **private and confidential** streng vertraulich ④ **for private use** für den eigenen Gebrauch ⑤ **to keep something private** etwas geheim halten

**pri·vate²** [ˈpraɪvɪt] ① der [einfache] Soldat ② **in private** privat, unter vier Augen

**pri·vate·ly** [ˈpraɪvɪtlɪ] ① privat; **privately owned** in Privathand ② vertraulich; **to speak to someone privately** mit jemandem unter vier Augen sprechen

**pri·vati·za·tion** [ˌpraɪvətaɪˈzeɪʃn] die Privatisierung

to **pri·va·tize** [ˈpraɪvɪtaɪz] privatisieren

**privi·lege** [ˈprɪvəlɪdʒ] ① das Privileg, das Vorrecht ② die Ehre; **it was a privilege to meet her** es war eine besondere Ehre, sie kennen zu lernen

**privi·leged** [ˈprɪvəlɪdʒd] ① privilegiert, be-

vorrechtigt ② **to be privileged to do something** die Ehre haben, etwas zu tun

**prize¹** [praɪz] ① der Preis ② (*in der Lotterie*) der Gewinn ③ (*übertragen*) der Preis, der Lohn

**prize²** [praɪz] ① preisgekrönt; **prize bull** preisgekrönte Bulle ② Preis-; **prize money** das Preisgeld

**prize·win·ner** *einer Lotterie:* der Preisträger/die Preisträgerin, der Gewinner/die Gewinnerin

**pro¹** [prəʊ] <*plural* pros> (*umgangsspr*) der Profi

**pro²** [prəʊ] das Für; **the pros and cons** das Für und Wider

**pro-** [prəʊ] für, pro-; **pro-democracy** [*oder* **pro-democratic**] prodemokratisch

**prob·abil·ity** [ˌprɒbəˈbɪləti] die Wahrscheinlichkeit; **in all probability** aller Wahrscheinlichkeit nach

**prob·able** [ˈprɒbəbl] wahrscheinlich

**prob·ably** [ˈprɒbəbli] wahrscheinlich

**pro·ba·tion** [prəˈbeɪʃn] ① die Probe, die Probezeit; **on probation** auf Probe ② (*juristisch*) die Bewährung; **on probation** mit Bewährung; **probation officer** der Bewährungshelfer/die Bewährungshelferin

**probe** [prəʊb] ① (*technisch*) die Sonde ② (*juristisch*) die Untersuchung

to **probe** [prəʊb] sondieren, untersuchen

**prob·lem** [ˈprɒbləm] ① das Problem; **what's the problem?** (*umgangsspr*) wo fehlt's denn? ② (*mathematisch*) die Aufgabe

**pro·cedure** [prəˈsiːdʒəʳ] das Verfahren, das Vorgehen

to **pro·ceed** [prəˈsiːd] ① weitergehen; (*bei einer Reise*) weiterreisen; (*mit dem Auto*) weiterfahren ② (*mit einer Beschäftigung*) weitermachen, fortfahren (**with** mit) ③ schreiten; **to proceed to a vote** zur Abstimmung schreiten ④ anfangen, beginnen; **with that, it proceeded to rain** und schon fing es an zu regnen ⑤ übergehen; **to proceed to the next question** zur nächsten Frage übergehen ⑥ **to proceed against someone** gegen jemanden gerichtlich vorgehen, jemanden verklagen

**pro·ceed·ing** [prə(ʊ)ˈsiːdɪŋ] ① das Vorgehen; (*Art*) die Vorgehensweise ② (*vor Gericht*) **proceedings** *plural* das Verfahren; **to take legal proceedings against someone** gegen jemanden gerichtlich vorgehen ③ (*Event*) **proceedings** *plural* die Veranstaltung

**pro·ceeds** [ˈprəʊsiːdz] *plural* der Ertrag, der

**process – profit** 354

Erlös (**from** aus)

**pro·cess** ['prəʊses] <*plural* processes> ❶ der Prozess; **in process** im Gange; **in [the] process of** im Verlauf von ❷ das [Arbeits]verfahren ❸ (*juristisch*) das Verfahren, der Prozess

to **pro·cess** ['prəʊses] ❶ verarbeiten *Atommüll, Daten, Rohstoffe* ❷ konservieren *Nahrungsmittel;* **processed cheese, process cheese** (USA) der Schmelzkäse ❸ sterilisieren *Milch* ❹ entwickeln *Film* ❺ bearbeiten *Akte, Antrag* ❻ abfertigen *Menschen*

**pro·cess·ing** ['prəʊsesɪŋ] *kein Plural eines Antrags:* die Bearbeitung; *eines Rohstoffs:* die [Weiter]verarbeitung; (*mit Rechner*) die Verarbeitung

**pro·ces·sion** [prə'seʃn] ❶ (*religiös*) die Prozession ❷ (*festlich*) der [feierliche] Umzug, der [Fest]zug; **funeral procession** der Trauerzug

to **pro·claim** [prə'kleɪm] erklären; **to proclaim someone king** jemanden zum König ausrufen

to **prod** [prɒd] <prodded, prodded> ❶ stoßen, knuffen; **to prod something with something** mit etwas in etwas stechen ❷ (*übertragen*) **to prod someone into doing something** jemanden zu etwas antreiben [*oder* anspornen]; **to prod someone into action** jemandem einen Stoß geben [*oder* versetzen]

**prod** [prɒd] ❶ der Stoß ❷ (*übertragen*) der Anstoß

to **pro·duce** [prə'dju:s] ❶ produzieren, herstellen, erzeugen ❷ fördern *Kohle, Erdöl* ❸ schreiben *Buch, Artikel;* schaffen *Kunstwerk* ❹ abwerfen *Ertrag* ❺ vorzeigen, vorweisen, vorlegen *Papiere;* beibringen *Zeugen;* erbringen, führen *Nachweis;* anführen *Gründe* ❻ tragen *Früchte;* liefern *Ernte* ❼ (*verursachen*) bewirken, hervorrufen ❽ inszenieren *Theaterstück;* produzieren *Film*

**pro·duce** ['prɒdju:s] das Erzeugnis, das Produkt

**pro·duc·er** [prə'dju:sə'] ❶ der Erzeuger; *von Waren:* der Hersteller ❷ *eines Theaterstücks:* der Regisseur/die Regisseurin; *eines Films:* der Produzent/die Produzentin; *eines Hörspiels:* der Sendeleiter/die Sendeleiterin

**prod·uct** ['prɒdʌkt] ❶ das Produkt, das Erzeugnis ❷ (*übertragen*) das Produkt, das Ergebnis ❸ (*kommerziell*) das Fabrikat, die Ware; **food products** die Nahrungsmittel

**pro·duc·tion** [prə'dʌkʃn] ❶ die Erzeugung, die Herstellung, die Produktion, die Fertigung; **to go into production** die Produktion auf-

nehmen ❷ (*Bergbau*) die Förderung ❸ (*im Theater*) die Aufführung, die Inszenierung ❹ *von Film:* die Produktion ❺ *eines Dokuments:* die Vorlage, die Beibringung

**pro·duc·tion line** das Fließband, die Fertigungsstraße

**pro·duc·tive** [prə'dʌktɪv] ❶ produktiv ❷ *Boden:* ertragreich

**prod·uc·tiv·ity** [ˌprɒdʌk'tɪvəti] die Produktivität

to **pro·fess** [prə'fes] ❶ erklären; (*betonend*) beteuern ❷ **to profess something** sich zu etwas bekennen

**pro·fessed** [prə'fest] ❶ *Marxist:* erklärt ❷ angeblich

**pro·fes·sion** [prə'feʃn] ❶ der Beruf; **by profession** von Beruf ❷ der Berufsstand; **the legal/medical profession** die Anwaltschaft/Ärzteschaft

**pro·fes·sion·al¹** [prə'feʃnəl] ❶ beruflich, berufsmäßig; **professional musician** der Berufsmusiker/die Berufsmusikerin; **professional soldier** der Berufssoldat/die Berufssoldatin; **he does it on a professional basis** er macht das [haupt]beruflich; **to turn professional** Profi werden ❷ fachmännisch, professionell; **to take professional advice on something** einen Fachmann um etwas befragen ❸ **the professional classes** die gehobenen Berufe

**pro·fes·sion·al²** [prə'feʃnəl] ❶ der Profi ❷ der Berufssportler/die Berufssportlerin

**pro·fes·sor** [prə'fesə'] der Professor/die Professorin; **assistant professor** der Dozent/die Dozentin

**pro·fi·cien·cy** [prə'fɪʃnsi] die Tüchtigkeit, die Leistung; **certificate of proficiency** der Befähigungsnachweis; **cycling proficiency test** die Fahrradprüfung

**pro·fi·cient** [prə'fɪʃnt] fähig, gut; **to be proficient in a language** eine Sprache beherrschen

**pro·file** ['prəʊfaɪl] ❶ das Profil, die Seitenansicht; **in profile** im Profil ❷ (*Kurzbiografie*) das Porträt ❸ (*technisch*) der Längsschnitt, der Querschnitt ▸ WENDUNGEN: **to keep a low profile** (*übertragen*) sich zurückhalten

**prof·it** ['prɒfɪt] ❶ der Gewinn, der Profit; **to sell at a profit** mit Gewinn verkaufen; **to make a profit on something** bei etwas einen Gewinn erzielen; **clear** [*oder* **net**] **profit** der Reingewinn ❷ (*übertragen*) der Nutzen, der Gewinn

to **prof·it** ['prɒfɪt] profitieren (**by/from** von), Nutzen ziehen (**from/by** aus)

**prof·it·abil·ity** [ˌprɒfɪtəˈbɪlətɪ] die Rentabilität

**prof·it·able** [ˈprɒfɪtəbl̩] ❶ Gewinn bringend, rentabel; **to be profitable** sich rentieren ❷ (*übertragen*) lohnend, nützlich

**prof·it mar·gin** die Gewinnspanne

**prof·it-shar·ing** [ˈprɒfɪtˌʃeərɪŋ] die Gewinnbeteiligung

**pro·found** [prəˈfaʊnd] ❶ *Schlaf, Schweigen:* tief ❷ *Bemerkung, Gedanken:* tiefgründig, tief schürfend ❸ *Veränderung:* tief greifend

**pro·gram** [ˈprəʊgræm] ❶ (*Computer*) das Programm ❷ ⓊⓈⒶ das Programm; (*Radio, TV*) die Sendung

to **pro·gram** [ˈprəʊgræm] <programmed *oder* ⓊⓈⒶ programed, programmed *oder* ⓊⓈⒶ programed> programmieren *Computer*

**pro·gram·ma·ble** [prə(ʊ)ˈgræməbl̩] programmierbar

**pro·gramme** [ˈprəʊgræm] ❶ das Programm ❷ (*Radio, TV*) die Sendung

to **pro·gramme** [ˈprəʊgræm] ❶ programmieren ❷ (*übertragen*) vorprogrammieren

**pro·gram·mer** [ˈprəʊgræməʳ] der Programmierer/die Programmiererin

**pro·gram·ming** [ˈprəʊgræmɪŋ] *kein Plural einer Software:* das Programmieren; *von Rundfunk, Fernsehen:* die Programmgestaltung

**pro·gress** [ˈprəʊgres] ❶ der Fortschritt; **to make progress** Fortschritte machen, vorankommen ❷ (*Vorwärtsbewegung*) das Fortschreiten; **to make slow progress** langsam vorankommen ❸ **in progress** im Gange

to **pro·gress** [prəˈgres] ❶ vorrücken (**towards** gegen) ❷ Fortschritte machen ❸ *Zeit, Arbeit:* voranschreiten

**pro·gres·sive** [prəˈgresɪv] ❶ fortschreitend, zunehmend ❷ (*im Denken*) fortschrittlich, progressiv ❸ *Krankheit, Steuer:* progressiv

to **pro·hib·it** [prəˈhɪbɪt] ❶ verbieten; **to prohibit someone from doing something** jemandem verbieten, etwas zu tun ❷ verhindern; **to prohibit someone from doing something** jemanden daran hindern, etwas zu tun

**pro·hi·bi·tion** [ˌprəʊ(h)ɪˈbɪʃᵊn] ❶ das Verbot ❷ *kein Plural* das Verbieten

**pro·hibi·tive** [prəˈhɪbətɪv] ❶ verhindernd ❷ (*umgangsspr*) *Preis:* unerschwinglich

**proj·ect** [ˈprɒdʒekt] ❶ das Projekt, das Vorhaben ❷ (*in der Schule*) das Projekt

to **proj·ect** [prəˈdʒekt] ❶ projizieren ❷ planen ❸ hervorragen ❹ abschießen

**pro·jec·tion** [prəˈdʒekʃn] ❶ *eines Gebäudes:* der Vorsprung, die Auskragung ❷ *eines Bildes:* die Projektion ❸ *eines Films:* die Vor-

führung ❹ die Vorhersage, die Prognose; *von Statistik:* die Hochrechnung

**pro·jec·tor** [prəˈdʒektəʳ] der Projektor, das Vorführgerät

**pro·lif·ic** [prəˈlɪfɪk] ❶ fruchtbar ❷ (*übertragen*) produktiv

**pro·logue** [ˈprəʊlɒg], ⓊⓈⒶ **pro·log** ❶ der Prolog (**to** zu) ❷ (*übertragen*) der Auftakt; **to be the prologue to something** zu etwas den Auftakt bilden

to **pro·long** [prəˈlɒŋ] ❶ verlängern ❷ hinauszögern *Qual*

**prom** [prɒm] ❶ ⒼⒷ das Promenadenkonzert ❷ ⒼⒷ die Promenade ❸ ⓊⓈⒶ der Schülerball

Ⓛ **Proms** wird in Großbritannien als Abkürzung für **promenade concerts** gebraucht. Diese Konzerte finden im Sommer statt, und man kann dort sowohl sitzen als auch stehen oder herumspazieren. Hauptveranstaltungsort ist die Royal Albert Hall in London. Der Höhepunkt ist immer die „last night of the proms", bei der das Publikum mitsingt und Fahnen geschwenkt werden.

**prom·enade** [ˌprɒməˈnɑːd] die [Strand]promenade

**promi·nent** [ˈprɒmɪnənt] ❶ *Backenknochen:* vorstehend ❷ *Fels, Nase:* vorspringend ❸ *Kennzeichen:* auffällig ❹ (*übertragen*) [wohl] bekannt, prominent

**pro·mis·cu·ous** [prəˈmɪskjʊəs] (*abwertend*) promisk

**prom·ise** [ˈprɒmɪs] ❶ das Versprechen; **to make a promise** ein Versprechen geben ❷ die [feste] Aussicht, die Hoffnung (**of** auf); **to show great promise** zu großen Hoffnungen berechtigen, viel versprechend sein

to **prom·ise** [ˈprɒmɪs] ❶ versprechen; **to promise someone something, promise something to someone** jemandem etwas versprechen ❷ **to promise oneself something** sich etwas versprechen ❸ andeuten, hindeuten auf; **to promise well** viel versprechend sein

**prom·is·ing** [ˈprɒmɪsɪŋ] viel versprechend

to **pro·mote** [prəˈməʊt] ❶ (*beruflich*) befördern ❷ (*Sport*) **to be promoted** aufsteigen (**to** in) ❸ (*unterstützen*) fördern ❹ werben für *ein Produkt*

**pro·mo·tion** [prəˈməʊʃn] ❶ (*beruflich*) die Beförderung; **to get one's promotion** befördert werden; **promotion chances** [*oder* **prospects**] die Aufstiegschancen ❷ (*Sport*) der Aufstieg ❸ (*Unterstützung*) die Förderung ❹ (*kommerziell*) die Werbung, die Werbekampagne

**prompt – propose**

**prompt** [prɒmpt] ❶ *Handeln:* umgehend, sofortig, unverzüglich ❷ *Mensch:* pünktlich ❸ **at 9 o'clock prompt** Punkt neun Uhr, pünktlich um neun Uhr

to **prompt** [prɒmpt] ❶ veranlassen; **to prompt someone to do something** jemanden [dazu] veranlassen, etwas zu tun ❷ (*im Theater*) **to prompt someone** jemandem soufflieren ❸ wecken *Gefühle*

**prompt·ly** ['prɒmptlɪ] pünktlich; **to attend to something promptly** etwas umgehend erledigen; **to start promptly at eight** Punkt acht Uhr anfangen

**prone** [prəʊn] ❶ **to be prone to** neigen zu *Übertreibung;* anfällig sein für *Krankheiten* ❷ **to be prone to do something** dazu neigen, etwas zu tun

**prong** [prɒŋ] *einer Gabel:* die Zinke

**pro·noun** ['prəʊnaʊn] das Pronomen, das Fürwort

to **pro·nounce** [prə'naʊns] ❶ verkünden; (*feierlich*) erklären; **the jury pronounced him guilty** die Geschworenen erklärten ihn für schuldig ❷ aussprechen *Wort*

**pro·nounced** [prə'naʊnst] ❶ ausgesprochen ❷ *Akzent:* ausgeprägt; **to have a pronounced limp** stark hinken ❸ *Verbesserung:* deutlich

**pro·nun·cia·tion** [prəˌnʌnsɪ'eɪʃn] die Aussprache

**proof¹** [pru:f] der Beweis, der Nachweis; **by way of proof** als Beweis

**proof²** [pru:f] unempfindlich (**against** gegen); **to be proof against wind and weather** wetterfest sein; **to be proof against burglars** einbruchssicher sein

to **proof·read** ['pru:f,ri:d] <proofread, proofread> Korrektur lesen

**prop** [prɒp] ❶ (*auch übertragen*) die Stütze ❷ (*umgangsspr*) der Propeller ❸ **props** (*im Theater*) die Requisiten

to **prop** [prɒp] ❶ stützen ❷ **to prop something/oneself against something** etwas/ sich gegen [*oder* an] etwas lehnen

◆ to **prop up** stützen ▶ WENDUNGEN: **to prop up the bar** (*humorvoll*) an der Bar hängen

**propa·gan·da** [ˌprɒpə'gændə] die Propaganda

to **pro·pel** [prə'pel] <propelled, propelled> antreiben

**pro·pel·lant** [prə'pelənt] das Treibgas, das Treibmittel

**pro·pel·ler** [prə'pelər] der Propeller

**prop·er** ['prɒpər] ❶ richtig, passend, geeignet; **at the proper time** zur rechten Zeit;

**through the proper channels** auf dem Dienstweg ❷ (*umgangsspr*) echt, richtig; **a proper writer** ein echter Schriftsteller; **a proper thrashing** eine ordentliche Tracht Prügel ❸ (*umgangsspr*) anständig, gehörig; **that's not proper** das gehört sich nicht

**prop·er·ly** ['prɒpərlɪ] ❶ korrekt, richtig ❷ anständig, ordentlich ❸ **properly speaking** genau genommen, eigentlich, in Wirklichkeit

**prop·er name, prop·er noun** der Eigenname

**prop·er·ty** ['prɒpətɪ] ❶ das Eigentum, der Besitz; **private property** das Privateigentum; **public property** das Eigentum der öffentlichen Hand ❷ (*Land und Gebäude*) der Grundbesitz, der Landbesitz ❸ **get off my property** verlassen Sie mein Grundstück ❹ (*geschäftsbringend*) die Immobilien ❺ die Eigenschaft; **medicinal properties** die Heilkräfte

**prop·er·ty de·vel·op·er** der Bauträger

**proph·ecy** ['prɒfəsɪ] die Prophezeiung

to **proph·esy** ['prɒfɪsaɪ] prophezeien

**proph·et** ['prɒfɪt] der Prophet

**pro·por·tion** [prə'pɔːʃn] ❶ der Teil, der Anteil, die Quote; **only a small proportion of the voters** nur ein geringer Anteil der Wähler ❷ das Verhältnis; (*auch mathematisch*) die Proportion; **in proportion to** im Verhältnis zu; **out of all proportion to** in gar keinem Verhältnis zu; **a sense of proportion** ein Sinn für Proportionen; **to keep a sense of proportion** (*übertragen*) die Dinge im richtigen Licht sehen ❸ **proportions** die Dimensionen, die Proportionen

**pro·por·tion·al** [prə'pɔːʃənl] proportional (**to** zu); **to be proportional to something** einer Sache entsprechen; **proportional representation** das Verhältniswahlrecht

**pro·por·tioned** [prə'pɔːʃ°nd] **beautifully/ finely proportioned** ebenmäßig/anmutig proportioniert

**pro·po·sal** [prə'pəʊzl] ❶ der Vorschlag ❷ **proposal [of marriage]** der [Heirats]antrag

to **pro·pose** [prə'pəʊz] ❶ vorschlagen; **to propose something to someone** jemandem etwas vorschlagen; **to propose doing something** anregen, etwas zu tun ❷ beabsichtigen, vorhaben; **to propose to do something** beabsichtigen, etwas zu tun ❸ **to propose to someone** jemandem einen Heiratsantrag machen ❹ **to propose a toast to someone** einen Toast auf jemanden ausbringen ❺ (*im Parlament*) einbringen, stellen *Antrag*

**propo·si·tion** [ˌprɒpə'zɪʃn] **1** der Vorschlag **2** die Aussage; (*philosophisch*) der Satz **3** (*Unternehmen*) die Sache; **it will never be a commercial proposition** es wird nie ein lohnendes Geschäft sein

**pro·pri·etor** [prə'praɪətəʳ] der Besitzer/die Besitzerin, der [Geschäfts]inhaber/die [Geschäfts]inhaberin

**pro·pri·etress** [prə'praɪətrɪs] <*plural* proprietresses> die Besitzerin, die Inhaberin

**pro·pul·sion** [prə'pʌlʃn] der Antrieb; **jet propulsion** der Strahlantrieb, der Düsenantrieb

to **pro·scribe** [prə'skraɪb] verbieten

**prose** [prəʊz] die Prosa

to **pros·ecute** ['prɒsɪkjuːt] **1** **to prosecute someone [for something]** jemanden [wegen etwas] strafrechtlich verfolgen **2** *Anwalt:* die Anklage vertreten, als Kläger auftreten

**pros·ecut·ing** ['prɒsɪkjuːtɪŋ] **prosecuting counsel, prosecuting attorney** Ⓤ der Anklagevertreter/die Anklagevertreterin, der Staatsanwalt/die Staatsanwältin

**pros·ecu·tion** [ˌprɒsɪ'kjuːʃn] **1** die Strafverfolgung; **liable to prosecution** strafbar **2** **the prosecution** die Staatsanwaltschaft, die Anklagevertretung; **prosecution witness, witness for the prosecution** der Belastungszeuge/die Belastungszeugin

**pros·ecu·tor** ['prɒsɪkjuːtəʳ] der Kläger/die Klägerin; **public prosecutor** der Anklagevertreter/die Anklagevertreterin, der Staatsanwalt/die Staatsanwältin

**pros·pect** ['prɒspekt] die Aussicht; **in prospect** in Aussicht; **what are your prospects?** welche Aussichten haben Sie?; **to have no prospects** keine Zukunft haben

**pro·spec·tive** [prə'spektɪv] voraussichtlich, zukünftig; **prospective buyer** [*oder* **customer**] der Interessent/die Interessentin

**pro·spec·tus** [prə'spektəs] der Prospekt

to **pros·per** ['prɒspəʳ] **1** gedeihen, blühen **2** *Geschäft:* gut gehen **3** *Mensch:* Erfolg haben, Glück haben; **he is prospering** es geht ihm gut

**pros·per·ity** [prɒ'sperətɪ] der Wohlstand

**pros·per·ous** ['prɒspərəs] wohlhabend, gut gehend

**pros·ti·tute** ['prɒstɪtjuːt] der/die Prostituierte; **male prostitute** der Strichjunge

**pros·ti·tu·tion** [ˌprɒstɪ'tjuːʃn] die Prostitution

to **pro·tect** [prə'tekt] **1** [be]schützen, bewahren (**from** vor, **against** gegen); **to protect oneself** sich sichern (**against** gegen) **2** wahren *Interessen, Rechte*

**pro·tec·tion** [prə'tekʃn] **1** der Schutz (**from** vor); **protection of the environment** der Umweltschutz **2** *von Interessen, Rechten:* die Wahrung **3** **protection [money]** das Schutzgeld

**pro·tec·tion fac·tor** *von Sonnenöl:* der Lichtschutzfaktor, der Sonnenschutzfaktor

**pro·tec·tive** [prə'tektɪv] **1** schützend, Schutz-; **protective clothing** die Schutzkleidung **2** **to be protective towards someone** fürsorglich gegenüber jemandem sein

**pro·tec·tor** [prə'tektəʳ] **1** (*Person*) der Beschützer/die Beschützerin **2** (*Gegenstand*) der Schutz

**pro·tein** ['prəʊtiːn] das Protein; **proteins** die Eiweißstoffe

to **pro·test** [prə'test] **1** beteuern *Unschuld* **2** protestieren [gegen], sich verwahren (**against** gegen); **to protest to someone** bei jemandem Einspruch [*oder* Protest] erheben

**pro·test** ['prəʊtest] der Einspruch, der Protest (**against** gegen); **as a protest, in protest** aus Protest; **under protest** unter Protest; **without protest** widerspruchslos, vorbehaltlos

**Prot·es·tant¹** ['prɒtɪstənt] der Protestant/die Protestantin

**Prot·es·tant²** ['prɒtɪstənt] protestantisch

**pro·test·er** [prə'testəʳ] der/die Protestierende, der Demonstrant/die Demonstrantin

**pro·test march** der Protestmarsch

**pro·test vote** die Proteststimme

**pro·trac·tor** [prə'træktəʳ] der Winkelmesser

**pro·trud·ing** [prəʊ'truːdɪŋ] herausragend; *Kinn:* vorstehend; *Ohren:* abstehend

**proud** [praʊd] **1** stolz (**of** auf) **2** (*abwertend*) hochmütig

to **prove** [pruːv] <proved *oder* proven, proved *oder* proven> **1** beweisen, nachweisen, unter Beweis stellen; **to prove one's identity** sich ausweisen **2** beglaubigen *Testament* **3** **to prove oneself innocent** sich als unschuldig erweisen **4** **to prove [to be]** sich erweisen [*oder* herausstellen] als

**prov·en** ['pruːvn] *3. Form von* **prove**

**prov·erb** ['prɒvɜːb] das Sprichwort

to **pro·vide** [prə'vaɪd] **1** besorgen, sorgen für **2** heranschaffen, liefern **3** zur Verfügung stellen *Dienst;* bereitstellen *Geld* **4** **to provide someone with something** jemanden mit etwas versorgen/ausstatten/beliefern **5** **to provide for someone** jemanden versorgen **6** **to provide for the future** für die Zukunft vorsorgen **7** **the contract provides for an annual rent increase** der Ver-

**provided – publicity**

trag sieht eine jährliche Mieterhöhung vor
**pro·vid·ed** [prə'vaɪdɪd] **provided** [that] vorausgesetzt, [dass]
**pro·vid·er** [prə'vaɪdə'] ❶ *einer Familie:* der Ernährer/die Ernährerin ❷ (*Internet*) der Provider
**pro·vid·ing** [prə'vaɪdɪŋ] **providing** [that] vorausgesetzt, [dass]
**prov·ince** ['prɒvɪns] ❶ die Provinz ❷ **the provinces** die Provinz
**pro·vin·cial** [prə'vɪnʃl] ❶ Provinz- ❷ (*abwertend*) provinziell
**pro·vi·sion** [prə'vɪʒn] ❶ die Vorkehrung, die Vorsorge; **to make provision for** vorsorgen für, Vorsorge treffen für ❷ *von Material, Mitteln:* die Bereitstellung ❸ **provisions** Lebensmittel
**pro·vi·sion·al** [prə'vɪʒənl] vorläufig, provisorisch; **provisional driving licence** der vorläufige Führerschein für Fahrschüler
**pro·vi·so** [prə(ʊ)'vaɪzəʊ] die Auflage, die Bedingung; **with/on the proviso that ...** unter der Bedingung, dass ...
**provo·ca·tion** [ˌprɒvə'keɪʃn] die Herausforderung, die Provokation
**pro·voca·tive** [prə'vɒkətɪv] herausfordernd, provokativ
to **pro·voke** [prə'vəʊk] ❶ provozieren, [auf]reizen ❷ hervorrufen *Ärger, Kritik, Lächeln*
to **prowl** [praʊl] ❶ durchstreifen *Straßen* ❷ **to prowl about** [*oder* **around**] herumschleichen, herumstreichen
**prowl** [praʊl] **to be on the prowl** herumstreichen; **prowl car** Ⓤ der Streifenwagen
**prox·im·ity** [prɒk'sɪməti] *kein Plural* die Nähe
**pru·dent** ['pru:dnt] ❶ *Person:* umsichtig, besonnen ❷ *Verhalten:* klug, vernünftig
**prune** [pru:n] die Backpflaume
to **pry** [praɪ] neugierig sein
**PS** [ˌpiː'es] *Abkürzung von* **post scriptum** das PS
**psalm** [sɑ:m] der Psalm
**pseudo·nym** ['sju:dənɪm] das Pseudonym
**psy·chi·at·ric** [ˌsaɪkɪ'ætrɪk] psychiatrisch
**psy·chia·trist** [saɪ'kaɪətrɪst] der Psychiater/die Psychiaterin
**psy·chia·try** [saɪ'kaɪətrɪ] die Psychiatrie
**psy·chic** ['saɪkɪk] **you must be psychic** du kannst wohl Gedanken lesen
**psycho·ana·lyst** [ˌsaɪkəʊ'ænəlɪst] der Psychoanalytiker/die Psychoanalytikerin
**psycho·logi·cal** [ˌsaɪkə'lɒdʒɪkl] psychologisch
**psy·cholo·gist** [saɪ'kɒlədʒɪst] der Psychologe/die Psychologin

**psy·chol·ogy** [saɪ'kɒlədʒɪ] die Psychologie; **child psychology** die Kinderpsychologie
**psycho·path** ['saɪkəʊpæθ] der Psychopath/die Psychopathin
**psycho·path·ic** [ˌsaɪkə(ʊ)'pæθɪk] psychopathisch
**psycho·thera·pist** [ˌsaɪkə'θerəpɪst] der Psychotherapeut/die Psychotherapeutin
**psycho·thera·py** [ˌsaɪkəʊ'θerəpɪ] die Psychotherapie
**PT** [ˌpiː'tiː] *Abkürzung von* **physical training** (*in der Schule*) der Sport
**pt** *Abkürzung von* **pint** das Pint (*0,568 l*)
**PTA** [ˌpiːtiː'eɪ] *mit Singular oder Plural Abkürzung von* **parent-teacher association** die Eltern-Lehrer-Organisation
**PTO** [ˌpiːtiː'əʊ] *Abkürzung von* **please turn over** b.w.
**pub** [pʌb] die Kneipe, das Wirtshaus
**pu·ber·ty** ['pju:bətɪ] die Pubertät
**pub·lic¹** ['pʌblɪk] ❶ öffentlich ❷ allgemein bekannt; **to become public** bekannt werden
**pub·lic²** ['pʌblɪk] die Öffentlichkeit; **in public** öffentlich, in der Öffentlichkeit; **the cinema-going/the theatre-going public** das Filmpublikum/das Theaterpublikum
**pub·lic ad·dress sys·tem** die Lautsprecheranlage
**pub·li·can** ['pʌblɪkən] der Gastwirt/die Gastwirtin
**pub·lic ap·pear·ance** der öffentliche Auftritt
**pub·lic ap·point·ment** die öffentliche Bestellung
**pub·li·ca·tion** [ˌpʌblɪ'keɪʃn] die Publikation, die Veröffentlichung; **monthly publication** die Monatsschrift; **weekly publication** die Wochenschrift; **new publication** die Neuerscheinung; **publication date** das Erscheinungsdatum
**pub·lic com·pa·ny** die Aktiengesellschaft
**pub·lic con·veni·ence** die öffentliche Bedürfnisanstalt
**pub·lic health ser·vice** das [staatliche] Gesundheitssystem
**pub·lic holi·day** der gesetzliche Feiertag

Feiertage, die früher von der „Bank of England" als Urlaubstage gerechnet wurden, heißen **bank holidays**. Davon gab es ursprünglich 30; heute ist ein bank holiday ein **public holiday** (gesetzlicher Feiertag).

**pub·lic house** Ⓖ (*gehoben*) das Wirtshaus, das Gasthaus, die Gaststätte
**pub·lic·ity** [pʌb'lɪsətɪ] ❶ die Publizität, die Pu-

blicity ❷ die Werbung, die Reklame; **publicity campaign** die Werbeaktion, die Werbekampagne
to **pub·li·cize** ['pʌblɪsaɪz] ❶ bekannt machen ❷ werben für, Reklame machen für
**pub·lic li·brary** die öffentliche Bibliothek
**pub·lic lim·it·ed com·pa·ny** ≈ die Aktiengesellschaft
**pub·lic·ly** ['pʌblɪkli] ❶ öffentlich ❷ staatlich
**pub·lic opin·ion** die öffentliche Meinung
**pub·lic prop·er·ty** das Staatseigentum
**pub·lic pros·ecu·tor** der Staatsanwalt/die Staatsanwältin
**pub·lic re·la·tions** plural die Öffentlichkeitsarbeit, die Public Relations
**pub·lic school** ❶ GB die Privatschule ❷ USA die öffentliche, staatliche Schule

> **L** In Großbritannien ist eine **public school** eine Privatschule, oft ein Internat für Jungen ab 13 und für Mädchen ab 11 Jahren. Die meisten dieser Schulen stammen aus dem 19. Jh. Die ältesten Schulen begannen als **grammar schools** für arme Studenten, z.B. Winchester (im 14. Jh.), Eton (im 15. Jh.) und Harrow (im 16. Jh.) und werden heute meist von Kindern reicher Eltern besucht.

**pub·lic sec·tor** der öffentliche Sektor
**pub·lic ser·vice** ❶ der öffentliche Dienst ❷ kein Plural der Dienst an der Allgemeinheit
**pub·lic-spir·it·ed** von Gemeinsinn zeugend; **she's a very public-spirited person** sie hat viel Gemeinsinn
**pub·lic tele·phone** GB der öffentliche Fernsprecher
**pub·lic trans·port** die öffentlichen Verkehrsmittel
to **pub·lish** ['pʌblɪʃ] ❶ [öffentlich] bekannt geben, bekannt machen ❷ veröffentlichen, herausgeben Buch, Zeitschrift; publizieren, veröffentlichen Forschungsarbeit ❸ Verlag: verlegen
**pub·lish·er** ['pʌblɪʃər] ❶ der Verleger/die Verlegerin ❷ **publisher, publishers** plural der Verlag
**pub·lish·ing** ['pʌblɪʃɪŋ] das Verlagswesen; **publishing company** der Verlag, das Verlagshaus
**pud·ding** ['pʊdɪŋ] ❶ (süß) die Nachspeise, der Nachtisch ❷ (süß) der Pudding ❸ **black pudding** die Blutwurst
**pud·dle** ['pʌdl] die Pfütze
**puff** [pʌf] ❶ **puff of air** der Atemstoß; **puff of wind** der Windstoß ❷ (an einer Zigarette) der Zug ❸ (umgangsspr) die Puste; **to be out**

pudding

**F** Nicht verwechseln mit der Pudding — blancmange!

**of puff** außer Puste sein
to **puff** [pʌf] ❶ schnaufen, keuchen; Pferd: schnauben ❷ Raucher: paffen (**at** an)
 ◆ to **puff out** ❶ aufblähen; Federn: aufplustern ❷ GB erschöpfen
 ◆ to **puff up** ❶ Augen, Gesicht: anschwellen ❷ aufplustern Federn
**puff pas·try** der Blätterteig
**puf·fy** ['pʌfi] <puffier, puffiest> geschwollen
to **puke** [pju:k] (slang) kotzen
**pull** [pʊl] ❶ der Zug, der Ruck; **to give a pull** ziehen ❷ (auch übertragen) die Anziehungskraft ❸ einer Strömung: der Sog
to **pull** [pʊl] ❶ (zerren) ziehen; **to pull to the left** Auto: nach links ziehen ❷ (reißen) ziehen an Glocke, Seil; **to pull someone by the hair** jemanden an den Haaren ziehen ❸ ziehen Zahn; herausziehen Korken, Unkraut ❹ zapfen Bier ❺ zerren Muskel ❻ **to pull a face** (übertragen) das Gesicht verziehen ❼ **to pull to pieces** in Stücke reißen, zerreißen; (übertragen) kein gutes Haar lassen an ❽ **to pull for someone** USA jemanden unterstützen ❾ **the train pulled into the station** der Zug fuhr in den Bahnhof ein ▶ WENDUNGEN: **to pull a fast one on someone** jemanden hereinlegen; **to pull a job** ein Ding drehen; **to pull someone's leg** jemanden auf den Arm nehmen; **to pull strings** Beziehungen spielen lassen; **to pull one's weight** seinen Beitrag leisten
 ◆ to **pull about** herumzerren
 ◆ to **pull apart** ❶ auseinander ziehen ❷ trennen Streitende ❸ auseinander nehmen Apparat ❹ (übertragen) kein gutes Haar lassen an
 ◆ to **pull away** ❶ wegziehen ❷ Auto: anfah-

**pull back – puppet** 360

ren ❸ *Läufer:* sich absetzen
◆to **pull back** ❶ einen Rückzieher machen (**from** von); *Soldaten:* sich zurückziehen; zurückziehen *Streitkräfte* ❷ zurückschrecken
◆to **pull down** abreißen, demolieren *Gebäude*
◆to **pull in** ❶ einziehen *Krallen* ❷ (*übertragen*) anziehen *Zuschauer* ❸ (*umgangsspr*) verhaften ❹ *Zug:* einfahren ❺ *Auto:* anhalten
◆to **pull off** ❶ ausziehen *Kleider* ❷ [mit Erfolg] abwickeln; an Land ziehen *Geschäft, Auftrag*
◆to **pull out** ❶ [her]ausziehen ❷ ausziehen *Tisch* ❸ ziehen *Zahn* ❹ (*von Truppen*) abziehen ❺ *Zug:* abfahren ❻ *Auto:* ausscheren
◆to **pull over** ❶ *Fahrer, Wagen:* an die Seite fahren ❷ anhalten
◆to **pull through** ❶ [hin] durchziehen ❷ durchbringen *Kranken* ❸ *Kranker:* durchkommen
◆to **pull together** ❶ (*übertragen*) am gleichen Strang ziehen ❷ to **pull oneself together** (*übertragen*) sich zusammennehmen, sich zusammenreißen
◆to **pull up** ❶ hochziehen ❷ herausreißen *Unkraut* ❸ anhalten, zum Stehen bringen *Fahrzeug* ❹ zurechtweisen, korrigieren *Person* ❺ *Fahrzeug:* anhalten, stehen bleiben (**at** an/bei/vor)
**pul·ley** ['pʊli] der Flaschenzug
**pull-out** ['pʊlaʊt] ❶ *einer Zeitschrift:* der heraustrennbare Teil ❷ *von Truppen:* der Abzug
**pull·over** ['pʊləʊvəʳ] der Pullover
**pull-up** ['pʊlʌp] der Klimmzug
**pul·pit** ['pʊlpɪt] die Kanzel; **in the pulpit** auf der Kanzel
to **pul·sate** [pʌl'seɪt] pulsieren; *Gebäude, Lautsprecher:* vibrieren
**pulse** (*auch übertragen*) der Puls; **to feel** [*oder* take] **someone's pulse** jemandem den Puls fühlen
**pump** [pʌmp] die Pumpe
to **pump** [pʌmp] ❶ pumpen; **to pump dry** leer pumpen ❷ to **pump someone for information** jemanden aushorchen, Auskünfte aus jemandem herausholen
◆to **pump out** ❶ auspumpen, leer pumpen *Boot, Keller* ❷ ausstoßen *Abgase*
◆to **pump up** ❶ aufpumpen *Reifen* ❷ heraufpumpen *Öl*
**pump·kin** ['pʌmpkɪn] der Kürbis
**pun** [pʌn] das Wortspiel
to **punch** [pʌntʃ] ❶ lochen *Karte, Papier;* stan-

zen *Loch* ❷ to **punch someone/something** jemanden/etwas mit der Faust schlagen
**punch**[1] [pʌntʃ] <*plural* punches> ❶ der Locher, die Lochzange ❷ der Faustschlag ❸ (*übertragen*) der Pep, der Schwung
**punch**[2] [pʌntʃ] der Punsch
**Punch** [pʌntʃ] der Kasper, das Kasperle; **Punch-and-Judy show** das Kasper[le]theater
**punch-line** die Pointe
**punch-up** ['pʌntʃʌp] (*umgangsspr*) die Schlägerei
**punc·tu·al** ['pʌŋktʃʊəl] pünktlich
**punc·tu·al·ity** [ˌpʌŋktʃu'æləti] *kein Plural* die Pünktlichkeit
**punc·tua·tion** [ˌpʌŋktʃʊ'eɪʃn] die Interpunktion, die Zeichensetzung; **punctuation mark** das Satzzeichen
**punc·ture** ['pʌŋktʃəʳ] die [Reifen]panne
to **punc·ture** ['pʌŋktʃəʳ] ❶ durchstechen ❷ perforieren *Lunge* ❸ *Reifen:* ein Loch bekommen, platt werden
to **pun·ish** ['pʌnɪʃ] [be]strafen
**pun·ish·able** ['pʌnɪʃəbl] strafbar
**pun·ish·ing** ['pʌnɪʃɪŋ] *Zeitplan:* mörderisch, aufreibend
**pun·ish·ment** ['pʌnɪʃmənt] ❶ die Bestrafung ❷ die Strafe; **as a punishment** zur Strafe ❸ (*umgangsspr*) die schlechte Behandlung; **to take a lot of punishment** viel aushalten, stark strapaziert werden
**punk** [pʌŋk] ❶ (*Person*) der Punk, der Punker/die Punkerin ❷ (*Musik*) der Punk[rock]
**pun·net** ['pʌnɪt] das [Früchte]körbchen
**punt** [pʌnt] der Stechkahn
to **punt** [pʌnt] staken; **to go punting** Stechkahn fahren
**puny** ['pjuːni] <punier, puniest> (*abwertend*) schwächlich; (*übertragen*) schwach
**pup** [pʌp] (*junger Hund*) der Welpe; (*von Otter, Seehund*) das Junge; **to be in pup** trächtig sein
**pu·pil**[1] ['pjuːpl] der Schüler/die Schülerin

🅛 In Großbritannien tragen die meisten **pupils** eine Schuluniform. Der Unterricht dauert von 8.30 Uhr oder 9.00 Uhr bis etwa 15.30 Uhr. Deshalb essen die Schüler in der Schule zu Mittag. Entweder sie bringen ihre eigenen Lunchpakete mit, oder sie kaufen das Mittagessen, das von der Schule angeboten wird.

**pu·pil**[2] ['pjuːpl] (*im Auge*) die Pupille
**pup·pet** ['pʌpɪt] die [Hand]puppe; (*auch übertragen*) die Marionette; **puppet-show** das Puppenspiel

**pup·py** ['pʌpɪ] (*junger Hund*) der Welpe

to **pur·chase** ['pɜːtʃəs] [an]kaufen, erwerben

**pur·chase** ['pɜːtʃəs] der Kauf, die Anschaffung

**pur·chas·er** ['pɜːtʃəsəʳ] ❶ der Käufer/die Käuferin; (*laut Gesetz*) der Erwerber/die Erwerberin ❷ (*Agent*) der Einkäufer/die Einkäuferin

**pur·chas·ing** ['pɜːtʃəsɪŋ] *kein Plural* der Erwerb, das [Ein]kaufen; **purchasing department** die Einkaufsabteilung; **purchasing power** die Kaufkraft

**pure** [pjʊəʳ] ❶ rein ❷ (*übertragen*) *Unsinn, Wahnsinn:* hell, reinste(r, s)

**pu·rée** ['pjʊəreɪ] das Püree; **tomato purée** das Tomatenmark

to **pu·rée** ['pjʊəreɪ] <puréed, puréed> pürieren

**pure·ly** ['pjʊəlɪ] rein

to **pu·ri·fy** ['pjʊərɪfaɪ] reinigen

**pur·ity** ['pjʊərətɪ] die Reinheit

**pur·ple** ['pɜːpl] ❶ violett, lila ❷ *Gesicht:* hochrot

**pur·pose** ['pɜːpəs] ❶ die Absicht; **on purpose** absichtlich, mit Absicht ❷ der Zweck; **for that purpose** zu diesem Zweck, deswegen, deshalb; **for what purpose?** weshalb?; **for advertising purposes** zu Werbezwecken; **to serve no purpose** zwecklos sein; **sense of purpose** das Zielbewusstsein

**pur·pose-built** ['pɜːpəsˌbɪlt] speziell angefertigt, speziell gebaut

**pur·pose·ful** ['pɜːpəsfᵊl] ❶ zielstrebig ❷ entschlossen

**pur·pose·ly** ['pɜːpəsli] ❶ absichtlich, bewusst ❷ ausdrücklich, gezielt

to **purr** [pɜːʳ] ❶ *Katze:* schnurren ❷ *Motor:* surren

**purr** [pɜːʳ] ❶ *Katze:* das Schnurren ❷ *Motor:* das Surren

**purse** [pɜːs] ❶ ⓖⓑ der Geldbeutel, die Geldbörse, das Portemonnaie ❷ ⓤⓢⓐ die Handtasche

to **pur·sue** [pə'sjuː] ❶ verfolgen ❷ betreiben, nachgehen *Tätigkeit, Beruf*

**pur·su·er** [pə'sjuːəʳ] der Verfolger/die Verfolgerin

**pur·suit** [pə'sjuːt] ❶ die Verfolgung, die Jagd (**of** auf) ❷ (*übertragen*) das Streben (**of** nach); **in pursuit of pleasure** auf der Jagd nach Vergnügen

**pus** [pʌs] der Eiter

**push** [pʊʃ] <plural pushes> ❶ der Stoß, der Schubs; **my car won't start — can you give me a push?** mein Auto springt nicht an — kannst du mich anschieben? ❷ (*auch militärisch*) der Vorstoß (**for** auf) ❸ die Anstrengung; **a sales push** eine Verkaufskampagne ❹ **at a push** im Notfall ❺ **to get the push** (*umgangsspr*) *Arbeitnehmer(in)*: entlassen werden, rausfliegen; *Freund(in)*: den Laufpass bekommen; **to give someone the push** (*umgangsspr*) *Arbeitgeber(in)*: jemanden rausschmeißen; *Freund, Freundin:* jemandem den Laufpass geben

to **push** [pʊʃ] ❶ stoßen, schieben; **to push [start] a car** ein Auto anschieben ❷ drücken *Knopf, Tür* ❸ (*übertragen*) drängen, [an]treiben *Person;* **he pushed them to the limit** er trieb sie bis an ihre Grenzen; **to push for something** auf etwas drängen ❹ eifrig [*oder* energisch] betreiben *Angelegenheit* ❺ intensiv werben für, propagieren ❻ pushen, dealen *Drogen* ❼ *Mensch[enmenge]*: drängen, drängeln; **stop pushing!** hören Sie auf zu drängeln! ▸ WENDUNGEN: **to be pushed for time/money** in Zeitschwierigkeiten/in Geldnot sein; **don't push your luck!** treib's nicht zu weit!; **he's pushing forty** er geht auf die vierzig zu

◆ to **push along** ❶ **to push something along** etwas vorantreiben ❷ (*übertragen umgangsspr*) sich [wieder] auf die Socken machen

◆ to **push around** herumkommandieren, schlecht behandeln

◆ to **push aside** zur Seite schieben; (*mit Gewalt*) zur Seite stoßen; (*übertragen*) verdrängen *Problem*

◆ to **push away** wegstoßen, wegschieben

◆ to **push back** ❶ zurückschieben, zurückstoßen ❷ zurückdrängen *Menschen* ❸ **to push one's hair back** sich das Haar zurückstreichen

◆ to **push down** umstoßen; hinunterdrücken *Hebel*

◆ to **push forward** ❶ [ein großes Stück] voranbringen *Projekt* ❷ *Armee:* vorrücken ❸ **to push oneself forward** sich vordrängen ❹ (*nicht aufhören*) weitermachen; *Auto:* weiterfahren

◆ to **push in** (*in einer Schlange*) sich vordrängeln

◆ to **push off** ❶ wegdrücken *Deckel* ❷ abstoßen *Boot* ❸ (*umgangsspr*) abhauen; **push off!** hau ab!

◆ to **push on** **to push on with something** etwas vorantreiben

◆ to **push out** (*übertragen*) hinausdrängen

◆ to **push over** umstoßen

◆ to **push through** ❶ durchschieben, durchstoßen; **to push [one's way] through the**

**push up – put in**

**crowd** sich durch die Menge schieben [*oder* drängen] ❷ durchsetzen *Forderung* ❸ durchbringen, durchdrücken *Gesetz, Vorschlag*
◆to **push up** ❶ hinaufschieben ❷ (*übertragen*) hochtreiben *Preise*

**push·bike** 🇬🇧 (*umgangsspr*) das [Fahr]rad

**push·but·ton tele·phone** das Tastentelefon

**push·chair** [ˈpʊʃtʃeəʳ] 🇬🇧 (*für Kleinkinder*) der Sportwagen

**push·over** [ˈpʊʃəʊvəʳ] (*umgangsspr*) das Kinderspiel

**push·pin** [ˈpʊʃpɪn] 🇺🇸 die Reißzwecke

**push-start** to give someone a push-start jemanden anschieben

**push-up** [ˈpʊʃʌp] der Liegestütz

**pushy** [ˈpʊʃɪ] (*abwertend*) aufdringlich, penetrant

**puss** [pʊs], **pussy** [ˈpʊsɪ] die [Mieze]katze

to **put** [pʊt] <put, put> ❶ legen, setzen, stellen, tun; **to put a child to bed** ein Kind ins [*oder* zu] Bett bringen; **she put her head round the door** sie streckte den Kopf zur Tür herein; **to put health before wealth** Gesundheit über Reichtum stellen; **to put money into a business** Geld in ein Geschäft stecken ❷ stecken (**into** in); **to put one's hands in one's pockets** die Hände in die Taschen stecken ❸ (*übertragen*) bringen, versetzen; **to put someone in a bad mood** jemanden missmutig stimmen; **to put someone out of action** jemanden außer Gefecht setzen ❹ (*umsetzen*) **to put in order** in Ordnung bringen; **to put into practice** in die Praxis umsetzen; **to put right** verbessern, in Ordnung bringen; **to put an end to something** einer Sache ein Ende setzen; **to put a stop to something** mit etwas Schluss machen; **to put something to the vote** über etwas abstimmen lassen ❺ (*auferlegen*) **to put pressure on someone** auf jemanden Druck ausüben; **to put the blame on someone** jemandem die Schuld zuschieben ❻ (*ausdrücken, sagen*) **to put something into words** etwas in Worte fassen; **how shall I put it?** wie soll ich es sagen?; **to put it differently** es anders formulieren; **to put it mildly** gelinde gesagt; **to put something into French** etwas ins Französische übersetzen ❼ stellen *Frage;* unterbreiten *Vorschlag;* **to put it to someone** jemandem vorschlagen ... ❽ ansetzen, schätzen *Kosten* (**at** mit/ auf); **I would put the value of this painting at a million pounds** ich schätze dieses Gemälde auf eine Million Pfund ❾ schreiben; machen *Komma;* **to put something on a list** etwas auf eine Liste setzen; **to put a tick in the box** ein Häkchen in das Kästchen machen; **to put a cross against something** etwas ankreuzen; **to put something in writing** etwas schriftlich machen ❿ **to put something out of one's head** sich etwas aus dem Kopf schlagen ⓫ **to put to death** hinrichten ⓬ **to put the shot** die Kugel stoßen ⓭ (*umgangsspr*) **I wouldn't put it past him** ich traue es ihm zu ⓮ **to put to sea** in See stechen ⓯ **to stay put** sich nicht von der Stelle rühren

◆to **put about** verbreiten *Nachricht*

◆to **put across** to put something across [**to someone**] [jemandem] etwas verständlich machen

◆to **put aside** ❶ to put something aside [**for someone**] [für jemanden] etwas zurücklegen [*oder* aufheben] ❷ auf die Seite legen *Geld*

◆to **put away** ❶ weglegen, wegräumen, einräumen ❷ zurücklegen, sparen *Geld* ❸ einstellen *Auto* ❹ (*umgangsspr*) einsperren *Kriminellen* ❺ (*umgangsspr*) verdrücken *Essen*

◆to **put back** ❶ zurücklegen *an seinen Platz* ❷ zurückstellen *Uhr* ❸ verzögern; verschieben *Termin*

◆to **put by** zurücklegen, beiseitelegen *Geld*

◆to **put down** ❶ hinstellen, hinlegen; auflegen *Hörer;* **the book was so exciting I couldn't put it down** das Buch war so spannend, ich konnte es nicht weglegen; **you can put your hands down now** ihr könnt eure Hände jetzt runternehmen ❷ einschlagen *Antenne* ❸ niederschlagen *Aufstand* ❹ demütigen, herabsetzen ❺ einschläfern *Haustier* ❻ aufschreiben, notieren; **to put something down in writing** etwas schriftlich niederlegen ❼ **to put someone down for something** jemanden für etwas eintragen/ anmelden/vormerken ❽ **to put something down to someone** etwas jemandem zuschreiben ❾ halten (**as** für); **I put you down as a family man** ich habe dich als Familienvater eingeschätzt ❿ absetzen *Fahrgäste* ⓫ anzahlen; **to put down a deposit** eine Anzahlung machen ⓬ **von Flugzeug** landen, aufsetzen

◆to **put forward** ❶ to put someone forward jemanden vorschlagen ❷ unterbreiten, vorlegen *Vorschlag* ❸ vorbringen *Bitte* ❹ vorstellen *Uhr* ❺ vorverlegen *Termin*

◆to **put in** ❶ installieren, einbauen ❷ einsetzen *Glasscheibe* ❸ vorlegen, unterbreiten, einreichen *Antrag* ④ **to put in a claim** einen Anspruch stellen ⑤ verwenden, hineinstecken *Zeit* ⑥ einlegen *Extrastunde* ⑦ einwerfen *Bemerkung* ⑧ setzen *Anzeige, Geld* ⑨ **to put in at a port** einen Hafen anlaufen ⑩ **to put in for a job** sich um eine Stelle bewerben ⑪ **to put in an appearance** in Erscheinung treten ⑫ **to put in a good word for** ein gutes Wort einlegen für

◆to **put into** hineinstecken *Arbeit, Geld*

◆to **put off** ① **to put someone off** jemanden ablenken [*oder* abschrecken] ② **to put someone off doing something** jemanden davon abbringen, etwas zu tun ③ **to put someone off their food** jemandem den Appetit verderben ④ **to put someone off until** jemanden vertrösten auf ⑤ verschieben *Termin*

◆to **put on** ① anmachen *Licht* ② anziehen *Kleidung;* aufsetzen *Hut* ③ **to put 5p on a litre of petrol** den Benzinpreis um 5 Pence erhöhen ④ einsetzen *Sonderzug* ⑤ aufsetzen *Essen* ⑥ aufführen *Schauspiel;* veranstalten *Ausstellung* ⑦ heucheln, vorgeben; **it's all put on** es ist reine Schau; **to put on an act/show** eine Show abziehen ⑧ **to put on speed** schneller fahren, beschleunigen ⑨ **to put on weight/four pounds** zunehmen/vier Pfund zunehmen

◆to **put out** ① hinausbringen, hinausstellen *Abfall;* vor die Tür setzen *Katze* ② **to put the washing out** die Wäsche raushängen ③ ausstrecken *Hand* ④ ausrenken *Schulter* ⑤ ausmachen *Licht;* löschen *Feuer* ⑥ aussenden *Hilferuf* ⑦ vergeben, außer Haus geben *Arbeit* ⑧ **to be put out [by something]** [über etwas] verärgert sein ⑨ **to put someone/oneself out** jemandem/sich Umstände machen

◆to **put through** ① (*am Telefon*) **to put someone through [to someone]** jemanden [mit jemandem] verbinden ② **to put someone through something** jemanden etwas durchmachen lassen; **the course instructors really put us through it** die Kursleiter haben uns wirklich stark beansprucht

◆to **put together** ① (*an einem Ort*) zusammensetzen, zusammenlegen ② (*montieren*) zusammensetzen, zusammenbauen ③ **better than all the others put together** besser als alle anderen zusammen

◆to **put up** ① [hoch]heben *Hand* ② aufstellen *Zelt;* errichten, [auf]bauen *Bauwerk* ③ erhöhen *Preis* ④ aufbringen *Geld* ⑤ **to put up a fight/struggle** sich wehren, sich zur Wehr

setzen ⑥ **to put something up for sale** etwas zum Verkauf anbieten ⑦ **to put someone up** jemanden unterbringen [*oder* beherbergen] ⑧ **to put up with something** sich mit einer Sache abfinden; **I won't put up with it any longer!** das lasse ich mir nicht länger gefallen! ⑨ **to put someone up to something** jemanden zu etwas anstiften

◆to **put upon** to put upon someone jemanden ausnützen; **to feel put-upon** sich ausgenützt fühlen

to **putt** [pʌt] putten

**putt** [pʌt] der Putt

to **puz·zle** ['pʌzl] ① verblüffen; **just one thing puzzles me** nur eins ist mir rätselhaft ② rätseln, sich den Kopf zerbrechen (**about/over** über), knobeln (**over** an) ③ **to be puzzled about something** etwas nicht verstehen

**puz·zle** ['pʌzl] ① (*auch übertragen*) das Rätsel; **crossword puzzle** das Kreuzworträtsel ② das Geduldsspiel ③ das Puzzle

**puz·zled** ['pʌzld] verwirrt; *Gesicht:* ratlos

**puz·zling** ['pʌzlɪŋ] rätselhaft

**py·ja·mas** [pə'dʒɑːməz] *plural* der Schlafanzug, der Pyjama

**py·lon** ['paɪlɒn] der Mast

**pyra·mid** ['pɪrəmɪd] die Pyramide

**Pyr·enees** [pɪrə'niːz] *plural* die Pyrenäen

**Py·rex**® ['paɪreks] das Jenaer Glas®

**py·thon** ['paɪθn] die Pythonschlange

# Q

**Q** <*plural* Q's *oder* Qs>, **q** [kjuː] <*plural* q's> Q, q

to **quack** [kwæk] *Ente:* schnattern, quaken

**quad·rat·ic** [kwɒd'rætɪk] quadratisch

**quad·ri·lat·er·al** [ˌkwɒdrɪ'lætərəl] das Viereck

to **quad·ru·ple** ['kwɒdrʊpl] vervierfachen

**quad·ru·ple** ['kwɒdrʊpl] vierfach

**quaint** [kweɪnt] *Dorf:* malerisch, reizend, urig

to **quake** [kweɪk] ① *Erde:* beben ② *Person:* zittern (**with** vor)

**quake** [kweɪk] (*umgangsspr*) das Erdbeben

**quali·fi·ca·tion** [ˌkwɒlɪfɪ'keɪʃn] ① die Qualifikation, die Voraussetzung ② (*Sport*) die Qualifikation ③ die Einschränkung, der Vorbehalt; **without qualification** vorbehaltlos

**quali·fied** ['kwɒlɪfaɪd] ① ausgebildet, qualifiziert, graduiert, Diplom- ② berechtigt; **to be**

**qualify – question**

**qualified to vote** wahlberechtigt sein ❸ bedingt, nicht uneingeschränkt; **a qualified success** kein voller Erfolg

to **quali·fy** ['kwɒlɪfaɪ] ❶ berechtigen (**for** zu); **to qualify someone to do something** jemanden berechtigen, etwas zu tun ❷ einschränken *Kritik;* modifizieren *Feststellung, Meinung* ❸ seine Ausbildung abschließen, sich qualifizieren; **to qualify as a teacher** die Lehrbefähigung erhalten ❹ (*beim Sport*) sich qualifizieren ❺ in Frage kommen (**for** für); **to qualify for a government grant** die Voraussetzungen für eine staatliche Subvention erfüllen

**quali·fy·ing** ['kwɒlɪfaɪɪŋ] **qualifying examination** die Auswahlprüfung; **qualifying round** die Qualifikationsrunde

**qual·ity** ['kwɒlətɪ] ❶ die Qualität, die Güteklasse; **they vary in quality** sie sind qualitativ verschieden ❷ (*Merkmal*) die Eigenschaft

to **quan·ti·fy** ['kwɒntɪfaɪ] mengenmäßig messen

**quan·tity** ['kwɒntətɪ] ❶ die Quantität, die Menge ❷ (*in der Mathematik*) die Größe ❸ **in vast quantities** in Unmengen

**quan·tity sur·vey·or** der Baukostenkalkulator/die Baukostenkalkulatorin

**quar·an·tine** ['kwɒrəntiːn] die Quarantäne; **to put someone/an animal in quarantine** jemanden/ein Tier unter Quarantäne stellen

to **quar·an·tine** ['kwɒrəntiːn] unter Quarantäne stellen

**quar·rel** ['kwɒrəl] ❶ der Streit, die Auseinandersetzung; **they have had a quarrel** sie haben sich gestritten; **to start** [*oder* **pick**] **a quarrel** einen Streit anfangen ❷ der Einwand (**with** gegen); **I have no quarrel with him** ich habe nichts gegen ihn

to **quar·rel** ['kwɒrəl] <quarrelled *oder* ⓊⓈⒶ quarreled, quarrelled *oder* ⓊⓈⒶ quarreled> ❶ sich streiten (**with** mit, **about/over** über) ❷ etwas auszusetzen haben (**with** an); **I wouldn't quarrel with that** das würde ich nicht bestreiten

**quar·rel·some** ['kwɒrəlsəm] streitsüchtig

**quar·ry** ['kwɒrɪ] der Steinbruch

**quar·ter** ['kwɔːtəʳ] ❶ das Viertel; **to divide something into quarters** etwas in vier Teile teilen; **a quarter of a mile** eine Viertelmeile ❷ das Vierteljahr, das Quartal ❸ (*in Uhrzeiten*) **a quarter of an hour** eine Viertelstunde; **a quarter to seven** ⒼⒷ, **a quarter of seven** ⓊⓈⒶ Viertel vor sieben; **a quarter past seven** ⒼⒷ, **a quarter after seven** ⓊⓈⒶ Viertel nach sieben ❹ der Vierteldollar, das 25-Centstück ❺ **quarters** *plural* das Quar-

tier, die Unterkunft ❻ **the Arab quarter** das arabische Viertel

**quar·ter·fi·nal** ['kwɔːtəʳˌfaɪnəl] das Viertelfinale

**quar·ter·ly** ['kwɔːtəlɪ] vierteljährlich

**quar·tet, quar·tette** [kwɔː'tet] das Quartett

**quartz** [kwɔːts] der Quarz

**quartz clock** die Quarzuhr

**quartz watch** die Quarzuhr

to **qua·ver** ['kweɪvəʳ] *Stimme:* zittern

**qua·ver** ['kweɪvəʳ] (*in der Musik*) die Achtelnote

**quay** [kiː] der Kai

**quea·sy** ['kwiːzɪ] **I feel queasy** mir ist übel; **a queasy feeling** ein Gefühl der Übelkeit

**queen** [kwiːn] ❶ die Königin ❷ (*beim Schach, Kartenspiel*) die Dame; **the queen of spades** die Pikdame ❸ (*slang*) die Tunte

**queen bee** die Bienenkönigin

**queen moth·er** die Königinmutter

**Queen's Eng·lish** die englische Hochsprache

**queer**[1] [kwɪəʳ] ❶ eigenartig, komisch, seltsam, sonderbar ❷ (*umgangsspr*) unwohl; **I feel queer** mir ist nicht gut ❸ (*abwertend slang*) schwul

**queer**[2] [kwɪəʳ] (*abwertend slang*) der Schwule

to **quell** [kwel] ❶ [gewaltsam] unterdrücken; niederschlagen *Aufstand* ❷ (*übertragen*) **to quell one's anger** seinen Zorn zügeln; **to quell one's fear** seine Angst überwinden

to **quench** [kwentʃ] stillen *Durst*

**que·ry** ['kwɪərɪ] die Frage

to **que·ry** ['kwɪərɪ] ❶ in Frage stellen, bezweifeln; **I query whether ...** ich bezweifle, ob ... ❷ **to query something with someone** etwas mit jemandem abklären

**quest** [kwest] die Suche (**for** nach); **in quest of** auf der Suche nach; **quest for knowledge** der Wissensdrang

**ques·tion** ['kwestʃən] ❶ die Frage; **to ask someone a question** jemandem eine Frage stellen; **what a question!** was für eine Frage! ❷ der Zweifel; **beyond** [**all**] [*oder* **without** [**any**]] **question** ohne Frage, ohne [jeden] Zweifel; **to call something into question** etwas in Frage stellen; **there's no question of a strike** von einem Streik kann keine Rede sein; **that's out of the question** das kommt nicht in Frage ❸ die Frage, das Problem; **that's another question altogether** das ist etwas völlig anderes; **that's not the question** darum geht es nicht; **the matter in question** die fragliche Angelegenheit ❹ (*im Parlament*) die Anfrage

to **ques·tion** [ˈkwestʃən] ❶ befragen (**about** nach) ❷ *Polizei:* vernehmen, verhören ❸ *Prüfer:* prüfen ❹ bezweifeln, zweifeln an, in Frage stellen; **I question whether it's worth it** ich bezweifle, dass es der Mühe wert ist

**ques·tion·able** [ˈkwestʃənəbl] ❶ (*verdächtig*) fragwürdig ❷ (*zweifelhaft*) fraglich

**ques·tion·er** [ˈkwestʃənəʳ] der Fragesteller/ die Fragestellerin

**ques·tion·ing**[1] [ˈkwestʃənɪŋ] fragend

**ques·tion·ing**[2] [ˈkwestʃənɪŋ] das Verhör, die Vernehmung

**ques·tion mark** das Fragezeichen

**ques·tion·naire** [ˌkwestʃəˈneəʳ] der Fragebogen

**ques·tion time** die Zeit für Fragen, die Diskussionszeit; (*im Parlament*) die Fragestunde

**queue** [kjuː] die Schlange; **to form a queue** eine Schlange bilden; **to stand in a queue** Schlange stehen, anstehen; **to join the queue** sich hinten anstellen; **to jump the queue** sich vordrängeln

to **queue** [kjuː] **to queue** [up] sich anstellen, eine Schlange bilden; **we queued for an hour** wir haben eine Stunde angestanden

**quiche** [kiːʃ] <*plural* quiche> die Quiche

**quick** [kwɪk] ❶ schnell; **be quick!** schnell!; **be quick about it!** aber ein bisschen dalli!; **to be quick to do something** etwas ganz schnell tun; **what's the quickest way to the station?** wie komme ich am schnellsten zum Bahnhof?; **we had a quick meal** wir haben schnell etwas gegessen ❷ *Antwort:* prompt ❸ *Kuss:* flüchtig ❹ *Rede:* kurz ❺ *Verstand:* wach; **he is quick at figures** er kann schnell rechnen; **she's very quick** sie kapiert schnell ❻ **he is quick to anger** er wird leicht zornig

to **quick·en** [ˈkwɪkən] ❶ schneller werden; **to quicken something** etwas beschleunigen; **his pulse quickened** sein Pulsschlag erhöhte sich ❷ (*übertragen*) anregen; **to quicken somebody's curiosity/interest** jemandes Neugier/Interesse wecken

**quick·ly** [ˈkwɪklɪ] schnell

**quick·sand** [ˈkwɪksænd] der Treibsand

**quick-tem·pered** hitzköpfig

**quick-wit·ted** [ˌkwɪkˈwɪtɪd] geistesgegenwärtig; *Antwort:* schlagfertig

**quid** [kwɪd] <*plural* quid> 🇬🇧 (*umgangsspr: Geldsumme*) das Pfund

**qui·et**[1] [ˈkwaɪət] <quieter, quietest> ❶ ruhig, still; **be quiet!** Ruhe!; **to go quiet** still werden; **to keep quiet** still [*oder* leise] leise

sein ❷ *Fahrzeug, Musik, Schritte, Stimme:* leise ❸ *Abend:* geruhsam ❹ *Charakter:* sanft; *Mensch:* zurückhaltend ❺ *Markt:* flau; **business is quiet** das Geschäft ist ruhig ❻ **to keep quiet about something** über etwas Stillschweigen bewahren; **he kept the matter quiet** er behielt die Sache für sich

**qui·et**[2] [ˈkwaɪət] ❶ die Ruhe, die Stille ❷ **on the quiet** (*umgangsspr*) heimlich

to **qui·et·en** [ˈkwaɪətⁿn] ❶ sich beruhigen ❷ *Wind, Meer:* ruhiger werden ❸ beruhigen *Baby;* **to quieten someone's fears** jemands Ängste zerstreuen

◆ to **quieten down** ❶ leiser werden, sich beruhigen ❷ **to quieten someone down** jemanden beruhigen

**qui·et·ly** [ˈkwaɪətlɪ] leise, ruhig; **there I was, quietly minding my own business ...** da saß ich, ruhig vor mich hindenkend ...

**qui·et·ness** [ˈkwaɪətnɪs] die Stille, die Ruhe

**quilt** [kwɪlt] die Steppdecke, das Federbett

**quince** [kwɪns] die Quitte

**quin·tet(te)** [kwɪnˈtet] das Quintett

to **quin·tu·ple** [ˈkwɪntjuːpl] verfünffachen

**quin·tu·plet** [kwɪnˈtjuːplət] der Fünfling

**quirk** [kwɜːk] ❶ die Marotte ❷ die Merkwürdigkeit; **by some strange quirk of fate** durch eine [merkwürdige] Laune des Schicksals

to **quit** [kwɪt] <quitted, quit *oder* quitted> ❶ kündigen, aufgeben *Stelle;* **notice to quit** die Kündigung; **I've given her notice to quit** ich habe ihr gekündigt ❷ aufhören mit; **to quit doing something** aufhören, etwas zu tun; **to quit smoking** das Rauchen aufgeben ❸ (*umgangsspr*) verlassen *Stadt*

**F** Nicht verwechseln mit *quittieren* — *to give a receipt for!*

**quite** [kwaɪt] ❶ ganz, völlig; **quite wrong** völlig falsch; **you're being quite impossible** du bist völlig unmöglich; **I quite agree with you** ich stimme völlig mit Ihnen überein; **that's quite another matter** das ist doch etwas ganz anderes; **not quite** nicht ganz; **quite so!** genau! ❷ ziemlich; **quite likely** sehr wahrscheinlich; **quite a few people** ziemlich viele Leute ❸ wirklich; **she's quite a beauty** sie ist wirklich eine Schönheit; **it was quite a shock** es war ein ziemlicher Schock

**quits** [kwɪts] quitt; **to be quits with someone** mit jemandem quitt sein

to **quiv·er** [ˈkwɪvəʳ] zittern; **to quiver with rage** vor Wut beben

**quiv·er** ['kwɪvər] das Zittern
**quiz** [kwɪz] <*plural* quizzes> ❶ das Quiz ❷ 🇺🇸 (*in der Schule*) der kleine Test
to **quiz** [kwɪz] ❶ ausfragen (**about** über) ❷ 🇺🇸 abfragen, prüfen *Schüler*
**quiz show** das Quiz, die Quizsendung
**quo·ta** ['kwəʊtə] die Quote, das Kontingent
**quo·ta·tion** [kwəʊ'teɪʃn] ❶ das Zitat; **a quotation from Shakespeare** ein Shakespeare-Zitat ❷ (*finanziell*) der Kostenvoranschlag
**quo·ta·tion marks** *plural* das Anführungszeichen
to **quote** [kwəʊt] ❶ zitieren (**from** aus); **don't quote me on that** bitte wiederholen Sie das nicht; (*übertragen*) da bin ich mir nicht hundertprozentig sicher; **you can quote me on that** Sie können das ruhig wörtlich wiedergeben; (*übertragen*) dafür kann ich bürgen; **he was quoted as saying that …** er soll gesagt haben, dass … ❷ **to quote someone as an example** jemanden als Beispiel anführen ❸ nennen *Preis* ❹ (*an der Börse*) notieren (**at** mit); **the shares are quoted at …** die Aktien werden mit … notiert
**quote** [kwəʊt] (*umgangsspr*) ❶ das Zitat ❷ **quotes** das Anführungszeichen ❸ der Kostenvoranschlag

# R

**R** <*plural* R's *oder* Rs>, **r** [ɑːʳ] <*plural* r's> R, r; **the three R's** das Lesen, das Schreiben, das Rechnen
**rab·bi** ['ræbaɪ] der Rabbiner/die Rabbinerin, der Rabbi
**rab·bit** ['ræbɪt] das Kaninchen
**ra·bies** ['reɪbiːz] die Tollwut
to **race** [reɪs] ❶ **to race [against] someone** mit jemandem um die Wette laufen [*oder* schwimmen], gegen jemanden laufen [*oder* schwimmen] ❷ rasen, jagen, rennen; **to race about** herumrasen; **to race after someone** hinter jemandem herjagen
**race¹** [reɪs] ❶ das Rennen, der Wettlauf; (*beim Schwimmen*) das Wettschwimmen; **to have a race with someone** mit jemandem um die Wette laufen [*oder* schwimmen] ❷ (*übertragen*) **a race against time** ein Wettlauf mit der Zeit
**race²** [reɪs] die Rasse; **the human race** das Menschengeschlecht; **of mixed race** gemischtrassig
**race·course** die Rennbahn
**race·horse** das Rennpferd
**rac·er** ['reɪsər] ❶ der Läufer/die Läuferin, der Rennfahrer/die Rennfahrerin ❷ die Rennjacht, das Rennpferd, das Rennrad, der Rennwagen
**race re·la·tions** *plural* die Beziehungen zwischen den Rassen
**race riot** die Rassenunruhen
**ra·cial** ['reɪʃl] rassisch; **racial discrimination** die Rassendiskriminierung; **racial equality** die Rassengleichheit (*Gleichberechtigung verschiedener ethnischer Gruppen in einer Gesellschaft*)
**rac·ing¹** ['reɪsɪŋ] das Pferderennen, das Motorrennen
**rac·ing²** ['reɪsɪŋ] Renn-; **racing bicycle** das Rennrad; **racing car** der Rennwagen; **racing driver** der Rennfahrer/die Rennfahrerin
**rac·ism** ['reɪsɪzəm] der Rassismus
**rac·ist¹** ['reɪsɪst] der Rassist/die Rassistin
**rac·ist²** ['reɪsɪst] rassistisch
**rack** [ræk] ❶ (*für Toast, Zeitschriften*) der Ständer ❷ (*für Flaschen, Teller*) das Gestell ❸ (*für Werkzeug*) das Regal ❹ (*für Gepäck*) die Ablage ❺ (*auf Fahrrädern*) der Gepäckträger ❻ (*historisch*) die Folterbank
to **rack** [ræk] ❶ quälen, plagen; **to be racked with pain** von Schmerzen gequält werden ❷ **to rack one's brains** sich den Kopf zerbrechen
**rack·et¹** ['rækɪt] (*umgangsspr*) ❶ der Krach, der Lärm; **to make a racket** Krach schlagen ❷ die Schiebung, die Gaunerei; **drugs racket** das Drogengeschäft
**rack·et²** ['rækɪt] (*beim Sport*) der Schläger

**racket**

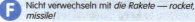
Nicht verwechseln mit *die Rakete* — rocket, missile!

**ra·dar** [ˈreɪdɑːʳ] der/das Radar; **radar trap** die Radarfalle

**ra·di·ant** [ˈreɪdɪənt] strahlend, leuchtend; **to be radiant with joy** vor Freude strahlen

to **ra·di·ate** [ˈreɪdɪeɪt] ausstrahlen *Licht, Wärme*

**ra·dia·tion** [ˌreɪdɪˈeɪʃn] ❶ *von Hitze:* die Ausstrahlung ❷ die [radioaktive] Strahlung; **radiation therapy** die Strahlenbehandlung

**ra·dia·tor** [ˈreɪdɪeɪtəʳ] ❶ der Heizkörper ❷ (*am Auto*) der Kühler; **radiator cap** der Kühlerverschluss

**radi·cal¹** [ˈrædɪkl] radikal

**radi·cal²** [ˈrædɪkl] der/die Radikale

**ra·dii** [ˈreɪdɪaɪ] *Pluralform von* **radius**

**ra·dio** [ˈreɪdɪəʊ] <*plural* radios> ❶ (*Medium*) der Rundfunk; (*privat*) der Funk; **to listen to the radio** Radio hören; **to hear something on the radio** etwas im Radio hören; **over the** [*oder* **by**] **radio** über [*oder* per] Funk ❷ (*Apparat*) das Radio, das Funkgerät

to **ra·dio** [ˈreɪdɪəʊ] funken, über Funk verständigen; **radio for help** per Funk einen Hilferuf durchgeben

**ra·dio·ac·tive** [ˌreɪdɪəʊˈæktɪv] radioaktiv; **radioactive waste** der radioaktive Müll

**ra·dio·ac·tiv·ity** [ˌreɪdɪəʊəkˈtɪvəti] die Radioaktivität

**ra·dio a·larm** [ˈreɪdɪəʊ əˈlɑːm] der Radiowecker

**ra·dio an·nounc·er** der Radiosprecher/die Radiosprecherin

**ra·dio broad·cast** die Rundfunksendung

**ra·dio cas·sette re·cord·er** der Radiorecorder

**ra·dio con·tact** der Funkkontakt

**ra·di·olo·gist** [ˌreɪdɪˈɒlədʒɪst] der Radiologe/die Radiologin

**ra·di·ol·ogy** [ˌreɪdɪˈɒlədʒi] *kein Plural* die Radiologie

**ra·dio play** das Hörspiel

**ra·dio pro·gramme** das Radioprogramm

**ra·dio show** die Radiosendung

**ra·dio sta·tion** die Rundfunkstation

**ra·dio-tele·phone** [ˌreɪdɪəʊˈtelɪfəʊn] das Funksprechgerät

**ra·dio tele·scope** das Radioteleskop

**ra·dio·thera·py** [ˌreɪdɪəʊˈθerəpɪ] die Röntgentherapie

**rad·ish** [ˈrædɪʃ] <*plural* radishes> der Rettich

**ra·dius** [ˈreɪdɪəs] <*plural* radii> ❶ (*in der Mathematik*) der Halbmesser, der Radius ❷ **within a two-mile radius** [*oder* **a radius of two miles**] in einem Umkreis von zwei Meilen ❸ (*Armknochen*) die Speiche

**RAF** [ˌɑːʳeɪˈef] *Abkürzung von* **Royal Air Force** die britische Luftwaffe

**raf·fle** [ˈræfl] die Tombola

to **raf·fle** [ˈræfl] verlosen

**raft** [rɑːft] das Floß

**rag** [ræg] der Lumpen, der Lappen, der Fetzen

**rage** [reɪdʒ] ❶ die Wut, der Zorn; **to be in a rage** wütend sein; **to fly into a rage** einen Wutanfall bekommen ❷ **to be all the rage** der letzte Schrei sein

to **rage** [reɪdʒ] ❶ *Sturm:* rasen, toben, wüten ❷ *Person:* wettern; **to rage against something** mit etwas hadern

**rag·ged** [ˈrægɪd] ❶ *Kleidung:* abgerissen, zerlumpt ❷ *Rand:* ausgefranst

**rag·ing** [ˈreɪdʒɪŋ] *Fluss:* reißend; *Brand:* lodernd; *Inferno:* flammend

**raid** [reɪd] ❶ der Überfall ❷ (*militärisch*) der Überraschungsangriff; **air raid** der Luftangriff ❸ *von Polizei:* die Razzia

to **raid** [reɪd] ❶ überfallen *Bank* ❷ *Polizei:* eine Razzia durchführen in ❸ (*humorvoll*) plündern *Kühlschrank*

**rail** [reɪl] ❶ *einer Treppe:* das Geländer ❷ *eines Schiffes:* die Reling ❸ (*für Gardinen*) die Schiene ❹ (*für Handtücher*) der Handtuchhalter ❺ (*für Züge*) die Schiene; **rails** *plural* die Gleise; **to go off the rails** entgleisen; (*übertragen*) auf die schiefe Bahn geraten, zu spinnen anfangen ❻ **to travel by rail** mit der Bahn fahren

**rail·card** (GB) die Bahnkarte

**rail·ing** [ˈreɪlɪŋ] *meist plural* ❶ *einer Treppe:* das Geländer ❷ *eines Schiffes:* die Reling ❸ der Zaun, das Gitter

**rail·road** [ˈreɪlrəʊd] (USA) die Eisenbahn

**rail strike** der Bahnstreik

**rail·way** [ˈreɪlweɪ] (GB) die Eisenbahn

**rail·way bridge** die Eisenbahnbrücke

**rail·way cross·ing** der Bahnübergang

**rail·way en·gine** die Lokomotive

**rail·way line** ❶ die Eisenbahnlinie ❷ die Eisenbahngleise

**rail·way sta·tion** der Bahnhof

**rail·way track** das Gleis

**rain** [reɪn] ❶ der Regen; **it looks like rain** es sieht nach Regen aus ❷ **the rains** die Regenzeit ❸ **to take a rain check** (USA) die Sache verschieben

to **rain** [reɪn] regnen; **it is raining** es regnet; **it's raining cats and dogs** (*umgangsspr*) es gießt wie aus Kübeln

◆ to **rain off** wegen Regen abgebrochen [*oder* abgesagt] werden

**rain·bow** [ˈreɪnbəʊ] der Regenbogen

**rain·coat** [ˈreɪnkəʊt] der Regenmantel

**rain·drop** ['reɪndrɒp] der Regentropfen

**rain·fall** ['reɪnfɔ:l] der Niederschlag

**rain for·est** der Regenwald

**rainy** ['reɪnɪ] *Tag:* regnerisch, verregnet; *Sommer:* regenreich; **the rainy season** die Regenzeit ▶WENDUNGEN: **to keep something for a rainy day** etwas für Notzeiten zurücklegen

to **raise** [reɪz] ❶ |hoch|heben, hochziehen ❷ heben *Glas;* **to raise one's glass to someone** jemandem zutrinken ❸ lichten *Anker* ❹ erhöhen *Mauer* ❺ erhöhen, anheben, heraufsetzen *Gehalt* ❻ schaffen, aufwerfen *Problem;* erheben *Einwand* ❼ aufziehen, großziehen *Kinder* ❽ erheben *Steuern* ❾ aufbringen, auftreiben *Geld* ❿ aufnehmen *Darlehen* ⓫ **to raise someone's hopes** jemandem Hoffnung[en] machen ⓬ **to raise a smile** ein Lächeln hervorrufen ⓭ **to raise one's voice** lauter sprechen

**raise** [reɪz] Ⓤ die Gehaltserhöhung, die Lohnerhöhung

**rai·sin** ['reɪzn] die Rosine

**rake** [reɪk] der Rechen, die Harke

to **rake** [reɪk] ❶ harken, rechen *Laub* ❷ schüren *Feuer*

 ◆ to **rake in** kassieren *Geld*

 ◆ to **rake up** zusammenharken ▶WENDUNGEN: **to rake up the past** in der Vergangenheit wühlen

to **ral·ly** ['rælɪ] ❶ versammeln, zusammenrufen *Truppen* ❷ *Leute:* sich versammeln; **to rally round** sich scharen um ❸ *Kranker:* Fortschritte machen ❹ *(wirtschaftlich)* anziehen, sich erholen ❺ **to go rallying** eine Rallye fahren

**ral·ly** ['rælɪ] ❶ die Versammlung; *(politisch)* die Kundgebung ❷ *(beim Tennis)* der Ballwechsel ❸ *(im Motorsport)* die Rallye ❹ *(wirtschaftlich)* der Aufschwung, die Erholung

**ral·ly driv·er** der Rallyefahrer/die Rallyefahrerin

**RAM** [ræm] *Abkürzung von* **random access memory** der/das RAM

**ram** [ræm] ❶ *(Tier)* der Widder ❷ *(Gerät)* die Ramme, der Rammbock

to **ram** [ræm] <rammed, rammed> ❶ rammen *Pfosten* ❷ *Auto:* rammen ▶WENDUNGEN: **to ram something down someone's throat** jemandem etwas eintrichtern

to **ram·ble** ['ræmbl] ❶ wandern, streifen ❷ **to ramble [on]** *(übertragen)* schwafeln

**ram·ble** ['ræmbl] die Wanderung, der Streifzug

**ram·bler** ['ræmblə'] der Wanderer/die Wanderin

**ram·bling**[1] ['ræmblɪŋ] ❶ *Rede:* weitschweifig, umständlich ❷ *Pflanze:* rankend ❸ *Gebäude:* weitläufig

**ram·bling**[2] ['ræmblɪŋ] ❶ das Wandern; **rambling club** der Wanderverein ❷ *(übertragen)* das Geschwafel

**ramp** [ræmp] ❶ die Rampe ❷ *(zum Flugzeug)* die Gangway ❸ *(auf der Straße)* die Bodenschwelle

**ram·page** [ræm'peɪdʒ] **to go on the rampage** randalieren

**ran** [ræn] *2. Form von* **run**

**ranch** [rɑ:ntʃ] <*plural* ranches> die Ranch

**ran·dom** ['rændəm] ❶ willkürlich, Zufalls-; **random sample** die Stichprobe ❷ **at random** aufs Geratewohl; **to hit out at random** ziellos um sich schlagen

**randy** ['rændɪ] *(umgangsspr)* scharf, geil

**rang** [ræŋ] *2. Form von* **ring**

to **range** [reɪndʒ] ❶ **to range from ... to ...** von ... bis ... gehen [*oder* reichen] ❷ **the conversation ranged over ...** die Unterhaltung kreiste um ... ❸ **the search ranged over the whole area** die Suche erstreckte sich auf das ganze Gebiet

**range** [reɪndʒ] ❶ der Aktionsradius ❷ die Reichweite; *einer Rakete, eines Gewehrs:* die Schussweite; **out of range** außer Hörweite/Reichweite/Schussweite; **range of vision** das Gesichtsfeld ❸ **at a range of** in einer Entfernung von; **at close/long range** aus kurzer/großer Entfernung ❹ die Skala, die Palette; **in this price range** in dieser Preislage; **a range of temperatures** die unterschiedlichen Temperaturen; **temperature range** der Temperaturbereich ❺ *an Waren:* das Angebot, die Auswahl, das Sortiment; **a wide range** eine große Auswahl, ein breites Spektrum; **a whole range of sizes** sämtliche Größen ❻ *eines Instruments:* der Tonumfang; *einer Stimme:* der Stimmumfang ❼ *(übertragen)* die Kompetenz, der Bereich ❽ [rifle] **range** der Schießstand ❾ der Kochherd, der Küchenherd ❿ **mountain range** die Bergkette

**rang·er** ['reɪndʒə'] ❶ der Förster/die Försterin ❷ Ⓤ der Ranger

**rank** [ræŋk] ❶ *(militärisch)* der Rang ❷ die [soziale] Stellung, der Stand, die Schicht ❸ die Reihe; *(militärisch)* das Glied; **the rank and file** die Mannschaft; *(übertragen) einer Partei:* die Basis; **taxi rank** der Taxistand

to **rank** [ræŋk] ❶ einreihen, einordnen, klassifizieren ❷ **to rank among** zählen zu; **to rank above someone** bedeutender sein als jemand, rangmäßig über jemandem stehen

**ran·som** ['rænsəm] das Lösegeld; **to hold someone to ransom** jemanden als Geisel festhalten; (*übertragen*) jemanden erpressen

to **rant** [rænt] Tiraden loslassen; **to rant and rave at someone** mit jemandem schimpfen

to **rap** [ræp] <rapped, rapped> klopfen (**at** an, **on** auf)

**rap**[1] [ræp] das Klopfen; **there was a rap at the door** es hat an der Tür geklopft; **to give someone a rap on** [*oder* **over**] **the knuckles** (*übertragen*) jemandem auf die Finger klopfen ▶ WENDUNGEN: **to take the rap** (*umgangsspr*) den Kopf hinhalten

**rap**[2] [ræp] (*Musik*) der Rap

**rape** [reɪp] die Vergewaltigung

to **rape** [reɪp] vergewaltigen

**rap·id** ['ræpɪd] ❶ schnell, rasch, rapide; **Rapid Reaction Force** die Schnelleingreiftruppe ❷ *Abstieg:* steil

**rap·ids** ['ræpɪdz] *plural* die Stromschnellen

**rap·ist** ['reɪpɪst] der Vergewaltiger

**rare** [reəʳ] ❶ selten, rar ❷ *Luft:* dünn ❸ *Fleisch:* roh; *Steak:* blutig, englisch

**rare·ly** ['reəlɪ] selten

**rar·ity** ['reərətɪ] die Seltenheit, die Rarität

**ras·cal** ['rɑːskl] (*humorvoll*) der Schlingel

**rash**[1] [ræʃ] unbesonnen, voreilig

**F** Nicht verwechseln mit *rasch — speedy, swift!*

**rash**[2] [ræʃ] <*plural* rashes> der [Haut]ausschlag

**rash·er** ['ræʃəʳ] **rasher** [**of bacon**] die Speckscheibe

**rasp·berry** ['rɑːzbrɪ] die Himbeere; **raspberry bush** der Himbeerstrauch

**rat** [ræt] ❶ die Ratte ❷ (*übertragen*) der Verräter; **to smell a rat** Lunte riechen

**rate** [reɪt] ❶ die Rate; **rate of inflation** die Inflationsrate; **pulse rate** der Puls; **unemployment rate** die Arbeitslosenquote ❷ (*Geschwindigkeit*) das Tempo; **at a great rate** in hohem Tempo ❸ (*finanziell*) der Satz, der Kurs; **rate of exchange** der Wechselkurs; **rate of interest** der Zinssatz; **rate of return** die Rendite, die Rentabilität ❹ **at any rate** auf jeden Fall

to **rate** [reɪt] ❶ einschätzen; **to rate someone highly** jemanden hoch einschätzen; **to rate someone among ...** jemanden zu ... zählen; **to rate someone as ...** jemanden für ... halten ❷ **something rates among** etwas zählt

zu; **something rates as** etwas gilt als

**ra·ther** ['rɑːðəʳ] ❶ lieber, eher; **I'd rather not** lieber nicht; **I would rather you came yourself** mir wäre es lieber, Sie kämen selbst; **rather than wait, he went away** er ging lieber, als dass er wartete ❷ **or rather** oder vielmehr, genauer gesagt ❸ ziemlich; **it's rather too difficult for me** es ist etwas zu schwierig für mich; **I rather think he's wrong** ich glaube fast, er hat Unrecht

**rat·ing** ['reɪtɪŋ] ❶ *kein Plural* die Einschätzung ❷ die Einstufung ❸ **ratings** *plural* die [Einschalt]quoten

**ra·tio** ['reɪʃɪəʊ] <*plural* ratios> das Verhältnis; **in the ratio of 2 to 3** im Verhältnis 2 zu 3

**ra·tion** ['ræʃn] die Ration

to **ra·tion** ['ræʃn] rationieren; **to ration out** zuteilen

**ra·tion·al** ['ræʃnəl] ❶ *Wesen:* vernunftbegabt, rational ❷ *Denken, Person:* vernünftig, rational

**F** Nicht verwechseln mit *rationell — efficient!*

**ra·tion·ali·za·tion** [,ræʃnəlaɪˈzeɪʃn] die Rationalisierung

to **ra·tion·al·ize** ['ræʃnəlaɪz] ❶ eine rationale Erklärung finden ❷ (*kommerziell*) rationalisieren

**ra·tion·ing** ['ræʃnɪŋ] die Rationierung

**rat race** der berufliche Existenzkampf

**rat·tle** ['rætl] die Rassel, die Klapper

to **rat·tle** ['rætl] ❶ *Fenster, Schlüssel:* klappern ❷ *Ketten:* rasseln, klirren ❸ **to rattle at the door** an der Tür rütteln ❹ *Fahrzeug:* **to rattle along** entlangrattern ❺ klappern mit *Geschirr, Schlüssel* ❻ rasseln mit *Kette* ❼ durcheinanderbringen *Mensch;* **the news rattled her** die Nachricht hat ihr einen Schock versetzt

◆ to **rattle off** herunterrasseln

◆ to **rattle on** quasseln

**rat·tle·snake** ['rætlsneɪk] die Klapperschlange

to **rave** [reɪv] ❶ *Kranker:* im Fieberwahn reden, fantasieren ❷ (*übertragen*) schwärmen (**about/over** von) ❸ wüten, toben ❹ **to rave against someone** gegen jemanden wettern

**rave**[1] [reɪv] der/das Rave

**rave**[2] [reɪv] *Kritik:* begeistert

**ra·ven** ['reɪvn] der Rabe

**rav·en·ous** ['rævᵊnəs] ausgehungert; *Beutetier:* räuberisch; *Appetit:* unbändig

**ra·vine** [rəˈviːn] die Schlucht

**rav·ing** ['reɪvɪŋ] **a raving lunatic** ein kom-

**raw – real** 370

pletter Idiot; **to be raving mad** vollkommen übergeschnappt sein

**raw** [rɔː] ❶ *Nahrung:* roh ❷ (*unverarbeitet*) roh; **raw material** der Rohstoff ❸ *Haut:* wund ❹ *Wetter:* rau, nasskalt ❺ (*übertragen*) *Rekrut:* unerfahren; *Anfänger:* blutig

**ray**[1] [reɪ] ❶ der [Licht]strahl ❷ (*übertragen*) der Schimmer; **ray of hope** der Hoffnungsschimmer

**ray**[2] [reɪ] (*Fisch*) der Rochen

**ra·zor** ['reɪzəʳ] der Rasierapparat, das Rasiermesser; **razor blade** die Rasierklinge

**RC** [ˌɑːʳˈsiː] *Abkürzung von* **Roman Catholic** r.-k., röm.-kath.

**RE** [ˌɑːʳˈiː] *Abkürzung von* **religious education** der Religionsunterricht

**re** [riː] mit Bezug auf, betreffend; **re: your letter of the 10th** Betreff: Ihr Schreiben vom 10.

**reach** [riːtʃ] <*plural* reaches> die Reichweite; **within someone's reach** in jemandes Reichweite; **within arm's reach** in greifbarer Nähe; **within easy reach of the sea** in unmittelbarer Nähe des Meers

to **reach** [riːtʃ] ❶ erreichen, ankommen; **to reach page 100** bis Seite 100 kommen ❷ erlangen *Perfektion* ❸ erzielen, gelangen zu *Einigung* ❹ reichen, gehen bis zu; **the lead won't reach the plug** das Kabel reicht nicht bis zum Stecker ❺ **to be able to reach something** an etwas heranreichen können ❻ *Gebiet:* sich erstrecken, gehen, reichen ❼ **to reach for something** nach etwas greifen

◆ to **reach down** ❶ hinunterreichen ❷ **to reach something down to someone** etwas jemandem herunterreichen

◆ to **reach out** die Hände ausstrecken; **to reach out for something** nach etwas greifen

◆ to **reach over** hinübergreifen

◆ to **reach up** hinaufgreifen

to **re·act** [rɪˈækt] reagieren (**to** auf); **to react against** negativ reagieren auf

**re·ac·tion** [rɪˈækʃn] die Reaktion (**to** auf, **against** gegen)

**re·ac·tor** [rɪˈæktəʳ] der Reaktor

**read**[1] [red] *2. und 3. Form von* **read**

**read**[2] [riːd] ❶ **to have a quiet read** ungestört [*oder* in Ruhe] lesen ❷ **to be a good read** sich gut lesen

to **read** [riːd] <read, read> ❶ lesen; **to read aloud** laut lesen; **to read to oneself** für sich lesen; **to read to someone** jemandem vorlesen ❷ **she's reading Philosophy at Cam-** **bridge** sie studiert Philosophie in Cambridge ❸ ablesen *Thermometer* ❹ **to read something into a text** etwas in einen Text hineinlesen [*oder* hineininterpretieren] ❺ *Messgerät:* anzeigen ❻ *Text:* lauten; **the message reads as follows** die Nachricht lautet wie folgt

◆ to **read off** ablesen

◆ to **read on** weiterlesen

◆ to **read out** vorlesen

◆ to **read over**, to **read through** durchlesen

◆ to **read up** sich informieren (**on** über)

**read·able** ['riːdəbl] ❶ lesbar, leserlich ❷ lesenswert

**read·er** ['riːdəʳ] ❶ der Leser/die Leserin ❷ (*Schulbuch*) das Lesebuch, die Fibel ❸ (*Maschine*) das Lesegerät

**read·er·ship** ['riːdəʳʃɪp] der Leserkreis, die Leserschaft

**readi·ly** ['redɪlɪ] ❶ bereitwillig; **she agreed readily enough on the phone to help** sie hat sich am Telefon umgehend bereit erklärt zu helfen ❷ gleich, sofort, ohne weiteres; **readily available** umgehend erhältlich

**readi·ness** ['redɪnɪs] die Bereitschaft; **to be [kept] in readiness** bereitgehalten werden; **her readiness to help** ihre Hilfsbereitschaft

**read·ing** ['riːdɪŋ] ❶ das Lesen ❷ die Lektüre; **reading matter** der Lesestoff ❸ (*auch im Parlament*) die Lesung; **poetry reading** die Dichterlesung ❹ die Interpretation, das Verständnis; **my reading of the situation is …** wie ich die Lage sehe … ❺ *eines Messgeräts, Zählers:* der Stand

**read·ing glasses** △ *plural* die Lesebrille

**read·ing lamp** die Leselampe

**read-only** *Datenzugriff:* Nur-Lese-; *Daten auch:* Fest-

**ready** ['redɪ] ❶ bereit, fertig; **ready to leave** abfahrbereit; **ready for anything** zu allem bereit; **are you ready to go?** sind Sie so weit?; **ready when you are!** ich bin fertig, bist du auch so weit?; **to get ready to do something** sich bereitmachen, etwas zu tun; **to get ready for something** sich auf etwas vorbereiten ❷ (*willens*) bereit (**to** zu); **ready to do something** bereit, etwas zu tun ❸ **to be ready with an excuse** eine Entschuldigung parat haben ❹ **ready, steady, go!** Achtung [auf die Plätze], fertig, los!

**ready cash** das Bargeld

**real** [rɪəl] ❶ *Freundschaft, Gefühle, Gold, Notfall:* echt; **it's not the real thing** das ist nicht das Wahre ❷ *Ereignis, Grund, Meinung, Welt, Wesen:* wirklich; **in real life** im wirklichen

Leben; **there's no real point in trying** es hat eigentlich keinen Zweck, es zu versuchen ❸ *Name, Vater:* richtig; **a real idiot** ein richtiger [*oder* kompletter] Idiot ❹ 🇺🇸 echt, wirklich; **real pretty** wirklich schön; **get real!** machen wir uns doch nichts vor! ❺ **for real** wirklich, echt, im Ernst

**real es·tate** ['rɪəl ɪˌsteɪt] die Immobilien

**re·al·ist** ['rɪəlɪst] der Realist

**re·al·is·tic** [ˌrɪə'lɪstɪk] ❶ realistisch ❷ *Preis:* reell

**re·al·ity** [rɪ'æləti] die Wirklichkeit, die Realität; **in reality** in Wirklichkeit; **to become [a] reality** sich verwirklichen

**re·al·ity se·ries** die Realityserie

**re·al·ity TV** das Realityfernsehen

**re·ali·za·tion** [ˌrɪəlaɪ'zeɪʃn] ❶ die Erkenntnis ❷ *eines Plans:* die Realisierung, die Verwirklichung

to **re·al·ize** ['rɪəlaɪz] ❶ erkennen, begreifen; **I realized what he meant** mir ist klar geworden, was er meinte; **I've just realized** das ist mir eben klar geworden; **I hadn't realized how late it was** ich hatte gar nicht gemerkt, wie spät es war; **he'll never realize** das wird er nie merken ❷ verwirklichen, realisieren *Plan*

**re·al·ly** ['rɪəli] wirklich, tatsächlich; **I really don't know what to think** ich weiß wirklich nicht, was ich davon halten soll; **I don't really think so** das glaube ich eigentlich nicht; **really and truly** wirklich; **I really must say …** ich muss schon sagen …; **really glad** richtig froh; **not really!** ach wirklich?; **really, Peter!** also wirklich, Peter!

to **re·ap·pear** [ˌriːə'pɪər] wieder erscheinen, wieder auftauchen

to **re·ap·ply** [ˌriːə'plaɪ] ❶ erneut bewerben ❷ erneut auftragen *Farbe*

**rear**[1] [rɪər] ❶ der hintere Teil; **at** [*oder* **in**] **the rear** hinten; **at** [*oder* **to**] **the rear of the house** hinter dem Haus; **from the rear** von hinten; **to bring up the rear** den Schluss bilden ❷ (*umgangsspr*) der Hintern

**rear**[2] [rɪər] hintere(r, s); **rear door** die hintere Tür; **rear light** das Rücklicht; **rear wheel** das Hinterrad; **rear window** die Heckscheibe

to **rear** [rɪər] ❶ großziehen, aufziehen *Familie, Tier* ❷ **to rear [up]** *Pferd:* sich aufbäumen

to **re·ar·range** [ˌriːə'reɪndʒ] ❶ umgruppieren, neu ordnen *Möbel* ❷ erneut vereinbaren *Termin*

**rear-view mir·ror** ['rɪəˌvjuː'mɪrər] der Rückspiegel

**rear-wheel drive** der Hinterradantrieb

**rea·son** ['riːzn] ❶ der Grund (**for** für); **the reason for my going** weshalb ich gehe; **the reason why** weswegen; **there is reason to believe that …** es gibt Grund zu der Annahme, dass …; **for that very reason** eben deswegen; **with good reason** mit gutem Grund; **without any reason** grundlos; **for no reason at all** ohne ersichtlichen Grund; **for no particular reason** ohne einen bestimmten Grund; **by reason of** wegen; **for what reason?** aus welchem Grund? ❷ der Verstand; **to lose one's reason** den Verstand verlieren ❸ die Vernunft; **to listen to reason** Vernunft annehmen; **to make someone see reason** jemanden zur Einsicht bringen; **that stands to reason** das ist logisch

to **rea·son** ['riːzn] ❶ logisch denken ❷ **to reason with someone** mit jemandem vernünftig reden ❸ **to reason something out** etwas durchdenken

**rea·son·able** ['riːznəbl] ❶ vernünftig; **a reasonable person** ein verständnisvoller Mensch ❷ *Preis:* angemessen, vernünftig ❸ *Zweifel:* berechtigt ❹ ordentlich, ganz gut; **with a reasonable amount of luck** mit einigem [*oder* einer Portion] Glück

**rea·son·ably** ['riːznəbli] ❶ vernünftig; **reasonably priced** preisgünstig, preiswert ❷ einigermaßen, ziemlich; **I'm reasonably well** mir geht's einigermaßen gut

**re·as·sur·ance** [ˌriːə'ʃʊərəns] ❶ die Beruhigung; **to give someone reassurance** jemanden beruhigen ❷ die Bestätigung; **despite her reassurances** trotz ihrer Versicherungen

to **re·as·sure** [ˌriːə'ʃʊər] ❶ beruhigen ❷ **to reassure someone of something** jemandem etwas versichern

**re·as·sur·ing** [ˌriːə'ʃʊərɪŋ] beruhigend

**re·bate** ['riːbeɪt] ❶ der Preisnachlass, der Rabatt ❷ die Rückvergütung, die Rückzahlung

**re·bel** ['rebl] der Rebell/die Rebellin

to **re·bel** [rɪ'bel] <rebelled, rebelled> rebellieren, sich auflehnen (**against** gegen)

**re·bel·lion** [rɪ'beljən] die Rebellion, der Aufstand

**re·bel·lious** [rɪ'beljəs] ❶ aufrührerisch, rebellisch ❷ *Kind:* rebellisch, widerspenstig

to **re·boot** [ˌriː'buːt] neu laden, rebooten *Computer*

to **re·bound** [rɪ'baʊnd] ❶ *Ball:* abprallen, zurückprallen ❷ (*übertragen*) zurückfallen ((**up**)**on** auf)

**re·bound** ['riːbaʊnd] ❶ der Abprall, der Rückprall ❷ (*übertragen*) der Rückschlag, der Umschwung

to **re·call** [rɪˈkɔːl] ❶ zurückrufen *Produkt* ❷ zurückfordern *Buch* ❸ abberufen *Botschafter* ❹ sich erinnern an

**re·cap** [ˈriːkæp] <recapped, recapped> *kurz für* **recapitulate** [kurz] zusammenfassen

**re·cap** [ˈriːkæp] *kurz für* **recapitulation** die [kurze] Zusammenfassung

to **re·cede** [rɪˈsiːd] zurückgehen

**re·ceipt** [rɪˈsiːt] ❶ der Empfang, der Erhalt, der Eingang ❷ die Empfangsbestätigung, die Quittung, der Beleg ❸ **receipts** die Einnahmen

**receipt**

🅕 Nicht verwechseln mit *das Rezept — prescription!*

to **re·ceive** [rɪˈsiːv] ❶ erhalten, bekommen, empfangen ❷ empfangen, aufnehmen *Besucher* ❸ erfahren *Ablehnung* ❹ gewinnen, bekommen *Eindruck* ❺ erleiden *Schock* ❻ **to receive stolen goods** Hehlerei begehen ❼ *Rundfunk, TV:* empfangen *Signal* ❽ (*beim Tennis*) rückschlagen, den Aufschlag nehmen

**re·ceiv·er** [rɪˈsiːvər] ❶ der Empfänger/die Empfängerin ❷ (*am Telefon*) der Hörer ❸ (*Radio*) der Empfänger ❹ (*beim Tennis*) der Rückschläger/die Rückschlägerin ❺ [official] **receiver** der Konkursverwalter/die Konkursverwalterin

**re·cent** [ˈriːsnt] ❶ neueste(r, s), letzte(r, s); **most recent** neueste(r, s); **in the recent past** in jüngerer Zeit; **in recent years** in den letzten Jahren ❷ *Erfindung:* neu

**re·cent·ly** [ˈriːsntli] ❶ neulich, kürzlich, vor kurzem; **until quite recently** bis vor kurzem; **as recently as** erst ❷ in letzter Zeit

**re·cep·tion** [rɪˈsepʃn] ❶ die Aufnahme, der Empfang; **to give someone a warm reception** jemanden herzlich empfangen ❷ (*zu einem offiziellen Anlass*) der Empfang ❸ (*Rundfunk, TV*) der Empfang ❹ (*im Hotel*) die Rezeption, der Empfang

**re·cep·tion class** die erste Grundschulklasse

**re·cep·tion desk** der Empfang, die Rezeption

**re·cep·tion·ist** [rɪˈsepʃnɪst] ❶ (*im Hotel*) der Empfangschef/die Empfangschefin ❷ (*im Büro*) der Empfangssekretär/die Empfangssekretärin ❸ (*beim Arzt*) die Sprechstundenhilfe

**re·ces·sion** [rɪˈseʃn] die Rezession

to **re·charge** [ˌriːˈtʃɑːdʒ] aufladen *Batterie*

**re·charge·able** [ˌriːˈtʃɑːdʒəbl] *Batterie:* aufladbar

**reci·pe** [ˈresəpɪ] das Rezept ▶ WENDUNGEN: **recipe for success** das Erfolgsrezept; **that's a recipe for disaster** das führt mit Sicherheit in die Katastrophe

**re·cipi·ent** [rɪˈsɪpɪənt] der Empfänger/die Empfängerin

**re·cit·al** [rɪˈsaɪtl] ❶ der Vortrag ❷ das Konzert

to **re·cite** [rɪˈsaɪt] ❶ vortragen, rezitieren ❷ (*übertragen*) aufzählen

**reck·less** [ˈrekləs] ❶ leichtsinnig ❷ *Fahrer:* rücksichtslos ❸ *Versuch:* gewagt

to **reck·on** [ˈrekən] ❶ ausrechnen, berechnen *Kosten* ❷ (*umgangsspr*) glauben, schätzen; **what do you reckon?** was meinen Sie?; **I reckon [that]** ... ich schätze mal, [dass] ... ❸ rechnen; **reckoning from tomorrow** ab morgen gerechnet

◆ to **reckon on** rechnen mit, zählen auf

◆ to **reckon up** ❶ zusammenrechnen *Kosten* ❷ **to reckon up with someone** mit jemandem abrechnen

◆ to **reckon with** rechnen mit

◆ to **reckon without** nicht rechnen mit

**reck·on·ing** [ˈrekənɪŋ] die Berechnung; **by my reckoning** nach meiner Rechnung; **to be out in one's reckoning** sich verrechnet haben; **the day of reckoning** der Tag der Abrechnung

to **re·claim** [rɪˈkleɪm] ❶ [wieder]gewinnen, urbar machen *Land* ❷ zurückfordern, zurückverlangen *Rechte* ❸ abholen *Gepäck*

🅕 Nicht verwechseln mit *reklamieren — to query, to make a complaint!*

to **re·cline** [rɪˈklaɪn] ❶ *Person:* sich zurücklehnen ❷ *Sitz:* sich [nach hinten] verstellen lassen ❸ zurückstellen, nach hinten verstellen *Sitz*

**re·clin·er**, **re·clin·ing seat** der Liegesitz, der

Ruhesitz

**rec·og·ni·tion** [ˌrekəg'nɪʃn] ❶ die Anerkennung; **in recognition of his achievements** in Anerkennung seiner Leistungen ❷ das Erkennen; **to change beyond** [*oder* **out of all**] **recognition** nicht wieder zu erkennen sein

**rec·og·niz·able** ['rekəgnaɪzəbl] erkennbar

to **rec·og·nize** ['rekəgnaɪz] ❶ [wieder] erkennen (**by** an) ❷ (*offiziell*) anerkennen ❸ einsehen *Fehler*

**rec·og·nized** ['rekəgnaɪzd] anerkannt

to **re·coil** [rɪ'kɔɪl] ❶ (*vor Angst*) zurückschrecken ❷ (*vor Ekel*) zurückschaudern ❸ *Gewehr:* zurückstoßen, einen Rückstoß haben

to **rec·ol·lect** [ˌrekə'lekt] sich erinnern [an]

**rec·ol·lec·tion** [ˌrekə'lekʃn] die Erinnerung (**of** an); **to the best of my recollection** soweit ich mich erinnern kann

to **rec·om·mend** [ˌrekə'mend] ❶ empfehlen (**as** als); **to recommend someone something** jemandem etwas empfehlen; **it is not to be recommended** es ist nicht zu empfehlen ❷ sprechen für; **the island has much/little to recommend it** es spricht viel/wenig für die Insel, die Insel ist sehr/nicht gerade empfehlenswert

**rec·om·mend·able** [ˌrekə'mendəbl] empfehlenswert

**rec·om·men·da·tion** [ˌrekəmen'deɪʃn] die Empfehlung; **on the recommendation of** auf Empfehlung von

to **rec·on·cile** ['rekənsaɪl] ❶ versöhnen, aussöhnen *Menschen;* **to become reconciled** [**with someone**] sich [mit jemandem] versöhnen; **to reconcile oneself to something** sich mit etwas abfinden ❷ beilegen, schlichten *Streit* ❸ in Einklang bringen *Ideen;* **how do you reconcile your love of fast cars with your views on fuel conservation?** wie lässt sich deine Vorliebe für schnelle Autos mit deinen Ansichten über das Benzinsparen vereinbaren?

**rec·on·cil·ia·tion** [ˌrekən,sɪlɪ'eɪʃn] ❶ die Versöhnung, die Aussöhnung (**between** zwischen, **with** mit) ❷ *eines Streits:* die Beilegung ❸ (*übertragen*) die Vereinbarung

**re·con·nais·sance** [rɪ'kɒnɪsns] die Aufklärung, die Erkundung

to **re·con·sid·er** [ˌriːkən'sɪdər] wieder in Betracht ziehen, nochmals erwägen, nachprüfen

to **re·con·struct** [ˌriːkən'strʌkt] ❶ wieder aufbauen; wieder herstellen *Wirtschaft, Regierung* ❷ rekonstruieren *Ereignisse, Verbrechen*

**re·con·struc·tion** [ˌriːkən'strʌkʃn] ❶ die Rekonstruktion ❷ der Wiederaufbau

to **re·cord** [rɪ'kɔːd] ❶ aufzeichnen, verzeichnen *Ereignisse* ❷ (*offiziell*) dokumentieren, eintragen; (*in das Protokoll*) protokollieren; **it's not recorded anywhere** das ist nirgends dokumentiert ❸ festhalten, niederschreiben *seine Gedanken* ❹ (*auf Tonband*) aufnehmen, aufzeichnen; **a recorded programme** eine Aufzeichnung

**rec·ord**[1] ['rekɔd] ❶ (*Rechenschaft*) die Aufzeichnung; **to keep a record of something** über etwas Buch führen; **photographic record** die Bilddokumentation ❷ *von Anwesenden:* die Liste ❸ (*offizieller Bericht*) das Protokoll; **it is on record that ...** es gibt Belege dafür, dass ...; **he's on record as having said ...** es ist belegt, dass er gesagt hat ...; **to put something on record** etwas schriftlich festhalten; **for the record** der Ordnung halber; **off the record** inoffiziell, ganz im Vertrauen ❹ (*Dokument*) die Unterlage; **medical records** das Krankenblatt ❺ **to have a** [**police** [*oder* **criminal**]] **record** vorbestraft sein ❻ die Vorgeschichte, die Leistungen; **to have an excellent record** ausgezeichnete Leistungen vorweisen können ❼ die Schallplatte; **to make a record** eine Schallplatte aufnehmen; **record label** das Plattenlabel; **record player** der Plattenspieler; **record token** der Plattengutschein ❽ (*im Sport*) der Rekord; **to beat** [*oder* **break**] **the record** den Rekord brechen; **to hold the record** den Rekord halten; **record holder** der Rekordhalter/die Rekordhalterin

**rec·ord**[2] [rɪ'kɔːd] Rekord-; **record losses** die Rekordverluste; **record profits** die Höchstgewinne; **record sales** die Spitzenumsätze

**rec·ord·break·ing** ['rekɔːd,breɪkɪŋ] **record-breaking result** das Rekordergebnis; **a record-breaking year** ein Rekordjahr

**re·cord·ed** [rɪ'kɔːdɪd] ❶ aufgezeichnet ❷ *Geschehen:* schriftlich belegt ❸ **by recorded delivery** per Einschreiben

**re·cord·er** [rɪ'kɔːdər] ❶ (*Messinstrument*) das Registriergerät ❷ (*Musikinstrument*) die Blockflöte ❸ **cassette recorder** der Kassettenrekorder; **tape recorder** das Tonbandgerät

**re·cord·ing** [rɪ'kɔːdɪŋ] ❶ *von Film:* die Aufzeichnung ❷ die Tonaufnahme; **recording studio** das Aufnahmestudio, das Tonstudio

to **re·count**[1] [rɪ'kaʊnt] erzählen, wiedergeben

to **re·count**[2] [ˌriː'kaʊnt] nachzählen

**re·count**[3] [ˌriː'kaʊnt] die Nachzählung

to **re·cov·er** [rɪ'kʌvər] ❶ sich erholen, wieder zu

**recovery – redness**     **374**

sich kommen ❷ (*wirtschaftlich*) sich wieder beleben ❸ wiederfinden *Verlorenes* ❹ wiedergewinnen *Selbstvertrauen;* **to recover one's sight** wieder sehen können ❺ wiedererlangen *Gesundheit;* **to recover consciousness** wieder zu Bewusstsein gelangen ❻ wiederbekommen *Vermögen* ❼ wieder gutmachen *Verlust* ❽ bergen *Wrack* ❾ decken, wieder einholen *Ausgaben* ❿ wieder aufholen *verlorene Zeit*

**re·cov·ery** [rɪˈkʌvərɪ] ❶ *von Verlorenem:* das Wiederfinden, die Wiedergewinnung ❷ *von Krankheit:* die Erholung, die Genesung; **to make a good recovery** sich gut erholen ❸ (*wirtschaftlich*) der konjunkturelle Aufschwung

**re·cov·ery ser·vice** der Abschleppdienst

**re·crea·tion** [ˌrekrɪˈeɪʃn] ❶ die Erholung, die Entspannung ❷ die Freizeitbeschäftigung, das Hobby

**rec·rea·tion·al** [ˌrekrɪˈeɪʃnl] Freizeit-

**rec·rea·tion·al ve·hi·cle** ⓊⓈⒶ das Wohnmobil

**rec·rea·tion cen·tre** das Freizeitzentrum

**rec·rea·tion ground** das Freizeitgelände

**rec·rea·tion room** ⓊⓈⒶ das Wohnzimmer

to **re·cruit** [rɪˈkruːt] ❶ rekrutieren *Soldaten* ❷ werben *Mitglieder* ❸ einstellen *Arbeitskräfte*

**re·cruit** [rɪˈkruːt] ❶ der Rekrut/die Rekrutin ❷ (*übertragen*) das neue Mitglied

**rec·tan·gle** [ˈrektæŋgl] das Rechteck

**rec·tan·gu·lar** [rekˈtæŋgjʊləʳ] rechteckig, rechtwinklig

**rec·tor** [ˈrektəʳ] ❶ der Pfarrer/die Pfarrerin, der Pastor/die Pastorin ❷ *von Schule, College:* der Direktor/die Direktorin ❸ *einer Universität:* der Rektor/die Rektorin

to **re·cur** [rɪˈkɜːʳ] <recurred, recurred> ❶ *Krankheit:* wiederkehren ❷ *Fehler:* sich wiederholen ❸ *Problem:* wieder auftreten ❹ *Frage:* sich wiederstellen ❺ *Idee:* wieder auftauchen

**re·cur·rence** [rɪˈkʌrᵊn(t)s] die Wiederholung, das erneute Auftreten

**re·cur·rent** [rɪˈkʌrənt], **re·cur·ring** [rɪˈkɜːrɪŋ] sich wiederholend; *Traum:* [ständig] wiederkehrend

to **re·cy·cle** [rɪˈsaɪkl] wiederverwerten, recyceln; **recycled paper** das Umweltpapier, das Recyclingpapier

**re·cy·cling** [rɪˈsaɪklɪŋ] die Wiederverwertung, das Recycling

**red¹** [red] <redder, reddest> rot; **red with anger** rot vor Zorn; **to be red** rot sein; **to go red** rot werden

**red²** [red] ❶ das Rot; **to be in the red** (*übertragen*) in den roten Zahlen sein ❷ (*umgangsspr*) der Rotwein; **a glass of house red** ein Glas roten Hauswein

**red car·pet to roll out the red carpet** den roten Teppich ausrollen

**Red Cres·cent** der Rote Halbmond

**Red Cross** das Rote Kreuz

**red·cur·rant** die [rote] Johannisbeere

**red deer** der Rothirsch, das Rotwild

to **red·den** [ˈredn] rot werden, sich röten

**red·dish** [ˈredɪʃ] rötlich

to **re·deco·rate** [ˌriːˈdekəreɪt] neu tapezieren, neu streichen

to **re·deem** [rɪˈdiːm] ❶ einlösen *Marken, Pfand* (**for** gegen) ❷ einhalten, erfüllen *Versprechen* ❸ tilgen, abtragen *Schulden* ❹ retten *Situation* ❺ wettmachen *Fehler* ❻ (*in der Religion*) erlösen

**Re·deem·er** [rɪˈdiːməʳ] der Erlöser, der Heiland

**re·deem·ing** [rɪˈdiːmɪŋ] ausgleichend; **he has absolutely no redeeming qualities** er hat aber auch gar nichts Gewinnendes an sich

**re·demp·tion** [rɪˈdempʃn] ❶ *von Marken, Pfand:* die Einlösung ❷ *von Schulden:* die Tilgung ❸ (*übertragen*) die Rettung; **beyond** [*oder* past] **redemption** nicht mehr zu retten, rettungslos ❹ (*in der Religion*) die Erlösung

to **re·de·vel·op** [ˌriːdɪˈveləp] sanieren

**re·de·vel·op·ment** [ˌriːdɪˈveləpmənt] die Sanierung

**red-haired** [ˌredˈheəʳd] rothaarig

**red-hand·ed** [ˌredˈhændɪd] ▸ WENDUNGEN: **to catch someone red-handed** jemanden auf frischer Tat ertappen

**red·head** [ˈredhed] der/die Rothaarige

**red-head·ed** rothaarig

**red her·ring** (*übertragen*) das Ablenkungsmanöver; **that's a red herring** das führt vom Thema ab

**red-hot** [ˌredˈhɒt] ❶ rot glühend, glühend heiß ❷ (*übertragen*) *Nachrichten:* brandaktuell

**Red In·dian** der Indianer/die Indianerin

to **re·di·rect** [ˌriːdɪˈrekt] ❶ umadressieren, nachsenden *Brief* ❷ umleiten *Anruf, Verkehr*

**red light** ❶ (*Verkehrsampel*) das Rotlicht; **to go** [*oder* drive] **through a red light** bei Rot über die Ampel fahren ❷ (*Warnsignal*) das rote Licht

**red-light dis·trict** das Rotlichtviertel

**red·ness** [ˈrednɪs] die Röte

to **re·do** [ˌriːˈduː] <redid, redone> neu machen

to **re·dou·ble** [rɪˈdʌbl] [sich] verdoppeln

**red pep·per** [ˌredˈpepəʳ] der rote Paprika

**Red Sea** [redˈsiː] das Rote Meer

**red tape** (*übertragen*) der Papierkrieg, der Behördenkram

to **re·duce** [rɪˈdjuːs] ❶ verringern, reduzieren ❷ verlangsamen *Tempo*; **to reduce speed** langsamer fahren ❸ senken, ermäßigen, herabsetzen *Preis* ❹ drosseln, reduzieren, abbauen *Produktion* ❺ kürzen *Lohn* ❻ einkochen lassen *Sauce* ❼ **to reduce [one's] weight, to reduce** (USA) abnehmen ❽ **to reduce a city to ruins** eine Stadt in Schutt und Asche legen ❾ **to reduce someone to tears** jemanden zum Weinen bringen

**re·duced** [rɪˈdjuːst] *Preis:* reduziert, heruntergesetzt; *Größe, Menge:* reduziert, verringert; *Risiko:* niedrig; *Gefängnisstrafe:* herabgesetzt

**re·duc·tion** [rɪˈdʌkʃn] ❶ die Verringerung, die Verminderung, die Herabsetzung, die Reduzierung ❷ **reduction in price[s]** die Preissenkung, die Preisermäßigung; **a reduction of £50** ein Preisnachlass von 50 Pfund ❸ **reduction in salary** die Gehaltskürzung ❹ **reduction in speed** die Verminderung der Geschwindigkeit ❺ **reduction in staff** der Personalabbau; **staff reductions** die Personalkürzungen

**re·dun·dan·cy** [rɪˈdʌndənsɪ] ❶ die Arbeitslosigkeit ❷ **redundancies** die Entlassungen

**re·dun·dan·cy pay·ment** die Abfindung

**re·dun·dant** [rɪˈdʌndənt] ❶ überflüssig, unnötig ❷ *Arbeiter:* arbeitslos; **to become** [*oder* **be made**] **redundant** den Arbeitsplatz verlieren

**reed** [riːd] das Schilf, das Riedgras

**reef** [riːf] das [Felsen]riff

**reel** [riːl] die Rolle, die Spule

to **reel** [riːl] ❶ aufspulen ❷ **to reel in** einrollen ❸ *Mensch:* schwanken, taumeln ▶ WENDUNGEN: **my head is reeling** in meinem Kopf dreht sich alles; **my brain was reeling with all the information** mir schwirrte der Kopf vor lauter Informationen

◆ to **reel off** (*übertragen*) herunterleiern

to **re·elect** [ˌriːɪˈlekt] wieder wählen

**re·en·try** [ˌriːˈentrɪ] ❶ (*in die Erdatmosphäre, Konzerthalle*) der Wiedereintritt ❷ (*ins Land*) die Wiedereinreise

**ref¹** [ref] →**reference**: **your**/**our ref** Ihr/unser Zeichen

**ref²** [ref] →**referee** der Schiri

**re·fec·tory** [rɪˈfektərɪ] die Mensa

to **re·fer** [rɪˈfɜːʳ] <referred, referred> ❶ **to refer something to someone** etwas an jemanden weiterleiten ❷ **to refer someone to someone/something** jemanden an jemanden/ auf eine Sache verweisen ❸ zurückschicken *Scheck* ❹ **to refer to someone/something** sich auf jemanden/etwas berufen [*oder* beziehen]; **to refer back to** sich beziehen auf; **the letter refers to you all** der Brief gilt euch allen ❺ nachschauen in, konsultieren *Buch*; **he referred to his notes** er hielt sich an seine Notizen

**ref·eree¹** [ˌrefəˈriː] ❶ der Schiedsrichter/die Schiedsrichterin ❷ (*beim Boxen*) der Ringrichter ❸ (*für Bewerbung*) die Referenz

to **ref·eree²** [ˌrefəˈriː] Schiedsrichter sein

**ref·er·ence** [ˈrefrəns] ❶ **to make a reference to something** etwas erwähnen ❷ die Referenz, das Zeugnis; **to give someone as a reference** jemanden als Referenz angeben ❸ (*im Buch*) der Verweis (**to** auf) ❹ (*im Brief*) das Zeichen ❺ **in** [*oder* **with**] **reference to** in Bezug auf, was ... anbetrifft; **without reference to** ohne Bezug auf, unabhängig von

**ref·er·ence book** das Nachschlagewerk

**ref·er·ence li·brary** die Präsenzbibliothek

**ref·er·ence num·ber** das Aktenzeichen

**ref·er·en·dum** [ˌrefəˈrendəm] <*plural* referendums *oder* referenda> der Volksentscheid, das Referendum

to **re·fill** [ˌriːˈfɪl] wiederfüllen, nachfüllen

**re·fill** [ˈriːfɪl] die Nachfüllpatrone; **refill [pack]** die Nachfüllpackung

to **re·fine** [rɪˈfaɪn] ❶ raffinieren *Zucker, Öl* ❷ (*übertragen*) verfeinern, kultivieren

**re·fined** [rɪˈfaɪnd] ❶ raffiniert ❷ (*übertragen*) kultiviert, fein

**re·fin·ery** [rɪˈfaɪnərɪ] die Raffinerie

to **re·flect** [rɪˈflekt] ❶ reflektieren, widerspiegeln, zurückwerfen; **the moon was reflected in the lake** der Mond spiegelte sich im See ❷ **to reflect well/badly [up]on someone/something** ein gutes/schlechtes Licht auf jemanden/etwas werfen ❸ nachdenken (**on/upon** über); **do you ever reflect that ...?** denken Sie je darüber nach, dass ...?

**re·flec·tion** [rɪˈflekʃn] ❶ die Reflexion, die [Wider]spiegelung ❷ das Spiegelbild; **to see one's reflection in a mirror** sich im Spiegel sehen ❸ das Nachdenken, die Betrachtung, die Überlegung (**on** über); **on reflection** wenn man sich das recht überlegt

**re·flec·tive** [rɪˈflektɪv] ❶ reflektierend

**reflector – register**

❷ nachdenklich, gedankenvoll

**re·flec·tor** [rɪˈflektəʳ] der Rückstrahler

**re·flex** [ˈriːfleks] <*plural* reflexes> der Reflex; **reflex action** die Reflexhandlung

**re·flex·ive** [rɪˈfleksɪv] rückbezüglich, reflexiv

**re·flex·olo·gist** [ˌriːflekˈsɒlədʒɪst] der Reflexologe, die Reflexologin

to **re·form** [rɪˈfɔːm] ❶ reformieren; verbessern *Welt* ❷ bessern *Menschen* ❸ sich bessern

**re·form** [rɪˈfɔːm] die Reform

**ref·or·ma·tion** [ˌrefəˈmeɪʃn] ❶ die Reformierung, die Besserung ❷ **the Reformation** (*kirchlich*) die Reformation

**re·form·er** [rɪˈfɔːməʳ] der Reformer/die Reformerin

to **re·fract** [rɪˈfrækt] brechen *Strahlen*

**re·frac·tion** [rɪˈfrækʃn] die Lichtbrechung

to **re·frain** [rɪˈfreɪn] **she refrained from comment** sie enthielt sich eines Kommentars; **please refrain from smoking** bitte unterlassen Sie das Rauchen

to **re·fresh** [rɪˈfreʃ] erfrischen, stärken; **to refresh oneself** eine Erfrischung zu sich nehmen; **to refresh one's memory** sein Gedächtnis auffrischen

**re·fresh·ing** [rɪˈfreʃɪŋ] erfrischend

**re·fresh·ment** [rɪˈfreʃmənt] die Erfrischung

to **re·frig·er·ate** [rɪˈfrɪdʒəreɪt] ❶ kühlen, **"refrigerate after opening"** „nach dem Öffnen kühl aufbewahren" ❷ tiefkühlen

**re·frig·era·tor** [rɪˈfrɪdʒəreɪtəʳ] der Kühlschrank

to **re·fuel** [ˌriːˈfjuːəl] <refuelled *oder* Ⓤ refueled, refuelled *oder* Ⓤ refueled> auftanken

**ref·uge** [ˈrefjuːdʒ] die Zuflucht (**from** vor); **to take refuge** Zuflucht nehmen (**in** in); **place of refuge** der Zufluchtsort

**refu·gee** [ˌrefjʊˈdʒiː] der Flüchtling; **refugee camp** das Flüchtlingslager

**re·fund** [rɪˈfʌnd] zurückzahlen, zurückerstatten, rückvergüten

**re·fund** [ˈriːfʌnd] die Rückvergütung, die [Rück]erstattung

**re·fus·al** [rɪˈfjuːzl] ❶ die Ablehnung; **to give someone first refusal of something** jemandem etwas als Erstem anbieten ❷ die Verweigerung; **to meet with** [a] **refusal** eine Absage erhalten; **refusal to do something** die Weigerung, etwas zu tun

to **re·fuse** [reˈfjuːz] ❶ ablehnen ❷ **to refuse someone something** jemandem etwas abschlagen; **to be refused something** etwas nicht bekommen ❸ verweigern *Antrag*; **to refuse food** die Nahrung verweigern ❹ **to**

**refuse to do something** sich weigern, etwas zu tun

**re·fuse** [ˈrefjuːs] der Müll, der Abfall; **refuse collection** die Müllabfuhr; **refuse collector** der Müllwerker; (*umgangsspr*) der Müllmann

**re·fut·able** [ˈrefjʊtəbl] widerlegbar, falsifizierbar

to **re·gain** [rɪˈgeɪn] zurückgewinnen; **to regain control of something** etwas wieder unter Kontrolle bringen; **to regain one's health** wieder gesund werden; **to regain consciousness** das Bewusstsein wieder erlangen, wieder zu sich kommen

**re·gal** [ˈriːgl] königlich

to **re·gard** [rɪˈgɑːd] ❶ betrachten; **to regard someone/something as something** jemanden/etwas für etwas halten; **to be regarded as ...** als ... angesehen werden; **to regard someone highly** jemanden sehr schätzen ❷ **as regards someone/something** was jemanden/etwas angeht [*oder* betrifft]

**re·gard** [rɪˈgɑːd] ❶ die Rücksicht (**for** auf); **to show little regard for someone** wenig Rücksichtnahme für jemanden zeigen ❷ die [Hoch]achtung, die Wertschätzung; **to hold someone in high regard** jemanden achten ❸ der Bezug, die Beziehung (**to** auf); **in this regard** in diesem Zusammenhang; **in** [*oder* **with**] **regard to** in Bezug auf ❹ **regards** ⚠ *plural* der Gruß; **to send someone one's regards** jemanden grüßen lassen; **give him my regards** grüßen Sie ihn von mir

**re·gard·ing** [rɪˈgɑːdɪŋ] in Bezug auf, bezüglich

**re·gard·less** [rɪˈgɑːdlɪs] ❶ **regardless of** ohne Rücksicht auf, ungeachtet ❷ trotzdem; **to carry on regardless** trotzdem weitermachen

**re·gion** [ˈriːdʒən] ❶ das Gebiet, die Region ❷ (*übertragen*) der Bereich; **in the region of** um, etwa

**re·gion·al** [ˈriːdʒənl] regional, Regional-

**reg·is·ter** [ˈredʒɪstəʳ] ❶ das Register ❷ (*im Hotel*) das Gästebuch ❸ (*in der Schule*) das Klassenbuch; **to take the register** die Namen aufrufen ❹ das Verzeichnis; **register of members** das Mitgliedsbuch, das Mitgliederverzeichnis; **electoral register** das Wählerverzeichnis; **register of births, deaths and marriages** das Personenstandsbuch

to **reg·is·ter** [ˈredʒɪstəʳ] ❶ registrieren, sich eintragen [lassen] ❷ anmelden *neuen Wohnsitz*; **to register with the police** sich polizeilich anmelden ③ *Messgerät:* registrieren ④ einschreiben *Brief* ⑤ *Student:* sich einschreiben; **to register for a course** einen Kurs belegen ⑥ (*übertragen*) registrieren; **it hasn't registered** [**with her**] [**yet**] sie hat das [noch] nicht registriert

**reg·is·tered** ['redʒɪstəd] **registered letter** das Einschreiben; **registered trademark** das eingetragene Warenzeichen

**reg·is·tra·tion** [ˌredʒɪ'streɪʃn] ① die Registrierung, der Eintrag, die Eintragung ② die Anmeldung, die Einschreibung ③ *eines Briefes:* das Einschreiben

**reg·is·tra·tion docu·ment** der Kraftfahrzeugbrief

**reg·is·tra·tion fee** die Anmeldegebühr; (*für Studenten*) die Einschreibegebühr

**reg·is·tra·tion num·ber** das polizeiliche Kennzeichen

**reg·is·try** ['redʒɪstri] <*plural* registries> ⓖⒷ das Standesamt; **business registry** das Handelsregister; **land registry** das Katasteramt

**reg·is·try of·fice** ['redʒɪstrɪˌɒfɪs] ⓖⒷ das Standesamt

to **re·gret** [rɪ'gret] <regretted, regretted> bedauern; **I regret to say that ...** ich muss Ihnen leider mitteilen, dass ...; **it is to be regretted that ...** es ist bedauerlich, dass ...; **you won't regret it** Sie werden es nicht bereuen

**re·gret** [rɪ'gret] das Bedauern (**at** über); **much to my regret** sehr zu meinem Bedauern; **to have no regrets** nichts bereuen

**re·gret·ful·ly** [rɪ'gretfəlɪ] bedauerlicherweise, mit Bedauern

**re·gret·table** [rɪ'gretəbl] bedauerlich

**regu·lar**[1] ['regjʊləʳ] ① (*auch grammatisch*) regelmäßig; **at regular intervals** in regelmäßigen [*oder* gleichmäßigen] Abständen ② *Atemzüge, Tempo:* gleichmäßig ③ *Anstellung, Einkommen:* fest, regulär ④ *Arbeit, Leben:* geregelt; **to keep regular hours** feste Zeiten haben ⑤ *Preis:* normal; **regular size** die Standardgröße ⑥ *Kunde:* Stamm-; **regular staff** das fest angestellte Personal, das Stammpersonal

**regu·lar**[2] ['regjʊləʳ] ① der Berufssoldat/die Berufssoldatin ② der Stammkunde/die Stammkundin

**regu·lar·ity** [ˌregjʊ'lærətɪ] die Regelmäßigkeit, die Gleichmäßigkeit

**regu·lar·ly** ['regjʊləʳlɪ] ① regelmäßig ② **to breathe regularly** gleichmäßig atmen

to **regu·late** ['regjʊleɪt] ① (*steuern*) regeln ② regulieren, einstellen *Maschine*

**regu·la·tion** [ˌregjʊ'leɪʃn] ① die Regelung, die Regulierung ② die Vorschrift; **according to regulations** laut Vorschrift; **safety regulations** die Sicherheitsvorschriften

**regu·la·tor** ['regjʊleɪtəʳ] ① (*technisch*) der Regler ② die Aufsicht führende Person

to **re·ha·bili·tate** [ˌriːə'bɪlɪteɪt] ① rehabilitieren ② eingliedern *Flüchtling*

**re·ha·bili·ta·tion** [ˌriːəˌbɪlɪ'teɪʃn] ① die Rehabilitation ② *eines Flüchtlings:* die Eingliederung in die Gesellschaft

**re·hears·al** [rɪ'hɜːsl] *eines Theaterstücks:* die Probe

to **re·hearse** [rɪ'hɜːs] proben *Theaterstück*

**reign** [reɪn] die Regentschaft, die Herrschaft; **in the reign of** während der Regierungszeit

to **reign** [reɪn] regieren, herrschen (**over** über)

to **re·im·burse** [ˌriːɪm'bɜːs] ① zurückerstatten, ersetzen *Kosten* ② entschädigen *Person;* **to reimburse someone for his expenses** jemandem seine Auslagen zurückerstatten ③ ersetzen *Verlust*

**rein** [reɪn] der Zügel ▶ WENDUNGEN: **to keep a tight rein on someone** bei jemandem die Zügel kurz halten; **to give free rein to someone/something** jemandem freie Hand geben/einer Sache freien Lauf lassen

**rein·deer** ['reɪndɪəʳ] <*plural* reindeer> das Rentier

to **re·in·force** [ˌriːɪn'fɔːs] ① verstärken; **reinforced concrete** der Stahlbeton ② stützen, bestätigen *Aussage*

**re·in·force·ment** [ˌriːɪn'fɔːsmənt] die Verstärkung

to **re·ject** [rɪ'dʒekt] ① ablehnen, ausschlagen, zurückweisen ② verwerfen *Plan* ③ durchfallen lassen *Kandidaten* ④ (*medizinisch*) nicht vertragen, abstoßen

**re·ject** ['riːdʒekt] der Ausschuss; **reject shop** der Laden für Ausschussware

**re·jec·tion** [rɪ'dʒekʃn] ① *eines Antrags, Bewerbers:* die Ablehnung, die Zurückweisung ② *einer Klage:* die Abweisung, das Verwerfen ③ (*medizinisch*) *eines verpflanzten Organs:* die Abstoßung

to **re·joice** [rɪ'dʒɔɪs] sich freuen (**at** an, **over** über)

**re·joic·ing** [rɪ'dʒɔɪsɪŋ] der Jubel

to **re·ju·venate** [rɪ'dʒuːvɪⁿneɪt] ① revitalisieren ② verjüngen; modernisieren *Fabrik, Stadtteil*

to **re·lapse** [rɪ'læps] ① *Kranker:* einen Rückfall haben ② **to relapse into crime** rückfällig werden

**re·lapse** [rɪ'læps] (*auch medizinisch*) der Rückfall

to **re·late** [rɪ'leɪt] ❶ erzählen *Geschichte;* **strange to relate** so unglaublich es klingt ❷ in Verbindung bringen (**to/with** mit) ❸ **to relate to something** mit etwas zusammenhängen ❹ **to relate to someone** eine Beziehung zu jemandem aufnehmen

**re·lat·ed** [rɪ'leɪtɪd] ❶ *Familie:* verwandt (**to** mit) ❷ (*verbunden*) zusammenhängend; **to be related to something** mit etwas zusammenhängen [*oder* verwandt sein]

**relat·ing** [rɪ'leɪtɪŋ] **relating to** zusammenhängend mit, bezüglich

**re·la·tion** [rɪ'leɪʃn] ❶ die Beziehung, das Verhältnis; **in relation to** in Bezug auf, im Verhältnis zu; **to bear no relation to** keinerlei Beziehung haben zu ❷ der/die Verwandte; **she's a relation of mine** sie ist mit mir verwandt ❸ **relations** die Beziehungen; **to break off relations with someone** die Beziehungen zu jemandem abbrechen

**re·la·tion·ship** [rɪ'leɪʃnʃɪp] die Beziehung, das Verhältnis; **to have a relationship with** eine Beziehung haben zu; **there is a proven relationship between smoking and lung cancer** es ist nachgewiesen, dass eine Verbindung zwischen Rauchen und Lungenkrebs besteht

**rela·tive¹** ['relətɪv] ❶ relativ; **relative to** sich beziehend auf ❷ **relative pronoun** das Relativpronomen

**rela·tive²** ['relətɪv] der/die Verwandte

**rela·tive·ly** ['relətɪvlɪ] verhältnismäßig

**rela·tiv·ity** [ˌrelə'tɪvətɪ] die Relativität; **theory of relativity** die Relativitätstheorie

to **re·lax** [rɪ'læks] ❶ lockern; **to relax one's grip** [*oder* **hold**] **on something** den Griff bei etwas lockern ❷ sich entspannen; entspannen *Muskeln* ❸ nachlassen *Aufmerksamkeit* ❹ sich beruhigen

**re·laxa·tion** [ˌriːlæk'seɪʃn] ❶ die Lockerung, die Entspannung ❷ die Entspannung, die Erholung

**re·lay** ['riːleɪ] ❶ **to work in relays** sich ablösen, schichtweise arbeiten ❷ (*Sport*) die Staffel, der Staffellauf

to **re·lay** ['riːleɪ] ❶ (*im Radio*) übertragen ❷ **to relay a message to someone** jemandem eine Nachricht weitergeben

to **re·lease** [rɪ'liːs] ❶ freilassen, befreien *Tier; Menschen;* **to release someone on bail** jemanden gegen Kaution freilassen ❷ *aus Gefängnis:* entlassen ❸ freigeben *Fußballspieler* ❹ *von Versprechen:* entbinden ❺ *von Schmerz:* erlösen, befreien ❻ lösen *Bremse* ❼ abwerfen *Bombe* ❽ herausbringen *Film*

❾ veröffentlichen *Nachricht* ❿ freisetzen *Hormone;* ablassen *Gas* ⓫ **to release one's hold on something** etwas loslassen

**re·lease** [rɪ'liːs] ❶ die Freilassung, die Befreiung; *aus Gefängnis:* die Entlassung ❷ *eines Fußballspielers:* die Freigabe ❸ *von Verbindlichkeiten:* die Entbindung ❹ *von Schmerzen:* die Erlösung ❺ *eines Films:* das Herausbringen, die Veröffentlichung; **on general release** in allen Kinos; **a new release** eine Neuerscheinung ❻ *einer Nachricht:* die Veröffentlichung ❼ *von Gas, Hormonen:* die Freisetzung

to **rel·egate** ['relɪgeɪt] ❶ (*herunterstufen*) degradieren ❷ (*beim Sport*) absteigen lassen; **to be relegated to the second division** in die zweite Liga absteigen

to **re·lent** [rɪ'lent] nachgeben

**re·lent·less** [rɪ'lentlɪs] erbarmungslos, unerbittlich

**rele·vant** ['reləvənt] ❶ relevant (**to** für) ❷ *Behörde:* zuständig ❸ *Frage, Untersuchung:* sachbezogen

**re·li·abil·ity** [rɪˌlaɪə'bɪlətɪ] ❶ die Zuverlässigkeit, die Verlässlichkeit ❷ *einer Firma:* die Seriosität

**re·li·able** [rɪ'laɪəbl] ❶ zuverlässig, verlässlich ❷ *Firma:* seriös, vertrauenswürdig

**re·li·ance** [rɪ'laɪəns] das Vertrauen (**on** auf)

**re·li·ant** [rɪ'laɪənt] ❶ **to be reliant [up]on someone/something** auf jemanden/etwas angewiesen sein

**re·lief¹** [rɪ'liːf] ❶ die Erleichterung (**from** von); **to bring someone relief [from pain]** jemandem Erleichterung verschaffen ❷ *von Eintönigkeit:* die Abwechslung ❸ die Hilfe, die Entlastung; **to send relief to someone** jemandem Hilfsgüter schicken ❹ *einer Wache:* die Ablösung

**re·lief²** [rɪ'liːf] (*in der Kunst*) das Relief; **relief map** die Reliefkarte

**re·lief road** die Entlastungsstraße

**re·lief work·er** der Katastrophenhelfer/die Katastrophenhelferin

to **re·lieve** [rɪ'liːv] ❶ **to relieve someone** jemanden erleichtern; **he was relieved to learn that ...** er war erleichtert, als er das hörte ... ❷ **to relieve someone of something** *von Last:* jemanden von etwas befreien; *von Kleidungsstück, Koffer:* jemandem etwas abnehmen ❸ mildern, schwächen *Angst;* lindern *Schmerz, Not;* **it helps to relieve headaches** das hilft gegen [*oder* bei] Kopfschmerzen ❹ abbauen *Spannung* ❺ ablösen *Wache* ❻ befreien *Stadt*

**re·li·gion** [rɪˈlɪdʒən] die Religion, der Glaube[n]

**re·li·gious** [rɪˈlɪdʒəs] ❶ religiös; **religious education** der Religionsunterricht; **religious leader** der Religionsführer/die Religionsführerin ❷ gläubig, fromm

**rel·ish** [ˈrelɪʃ] ❶ der Genuss, die Vorliebe; **to do something with relish** etwas mit Genuss tun ❷ (würzige Soße) das Relish

to **rel·ish** [ˈrelɪʃ] ❶ genießen ❷ **I don't relish doing that** das ist gar nicht nach meinem Geschmack

to **re·load** [ˌriːˈləʊd] nachladen Gewehr

**re·luc·tance** [rɪˈlʌktəns] die Abneigung, der Widerwillen; **to do something with reluctance** etwas widerwillig tun

**re·luc·tant** [rɪˈlʌktənt] unwillig, widerwillig; **he was reluctant to leave** er ging nur ungern

to **rely** [rɪˈlaɪ] **to rely on** sich verlassen [oder angewiesen sein] auf; **he can be relied on** man kann sich auf ihn verlassen

to **re·main** [rɪˈmeɪn] ❶ bleiben; **that remains to be seen** das wird sich zeigen; **to remain silent** weiterhin schweigen; **it remains the same** das bleibt sich gleich ❷ übrig bleiben; **much remains to be done** es bleibt noch viel zu tun; **nothing remains to be said** es gibt nichts mehr zu sagen

**re·main·ing** [rɪˈmeɪnɪŋ] übrig, restlich

**re·mains** [rɪˈmeɪnz] plural ❶ die Reste, die Überreste ❷ **Roman remains** die Relikte aus der Römerzeit

**re·mand** [rɪˈmɑːnd] **to be on remand** in Untersuchungshaft sein

**re·mand cen·tre** GB das Untersuchungsgefängnis für Jugendliche

to **re·mark** [rɪˈmɑːk] ❶ bemerken ❷ **to remark [up]on something** über eine Sache eine Bemerkung machen; **nobody remarked on it** niemand hat etwas dazu gesagt [oder hat sich dazu geäußert]

**re·mark** [rɪˈmɑːk] die Bemerkung

**re·mark·able** [rɪˈmɑːkəbl] bemerkenswert, beachtlich, außergewöhnlich

**rem·edy** [ˈremədɪ] ❶ das Heilmittel (for gegen) ❷ (übertragen) das Gegenmittel

to **re·mem·ber** [rɪˈmembər] ❶ sich erinnern [an]; **if I remember right[ly]** wenn ich mich recht erinnere; **I remember doing it** ich erinnere mich daran, dass ich es getan habe ❷ denken an; **to remember to do something** daran denken, etwas zu tun; **that's easy to remember** das kann man sich leicht merken

to **re·mind** [rɪˈmaɪnd] erinnern (**of** an); **to remind someone about something** jemanden an etwas erinnern; **to remind someone to do something** jemanden daran erinnern, etwas zu tun; **that reminds me!** dabei fällt mir etwas ein!

**re·mind·er** [rɪˈmaɪndər] ❶ die Gedächtnisstütze ❷ (kommerziell) die Mahnung, der Mahnbescheid

**re·mit·tance** [rɪˈmɪtns] die Überweisung (**to** an)

**re·morse** [rɪˈmɔːs] die Reue (**for/about** über); **without remorse** erbarmungslos

**re·mote** [rɪˈməʊt] <remoter, remotest> ❶ (auch übertragen) entfernt ❷ Dorf, Gebiet: abgelegen, entlegen; **in a remote spot** an einem abgelegenen Ort ❸ Vergangenheit, Zukunft: fern ❹ Art, Person: unnahbar, unzulänglich ❺ Chance: gering, winzig; **I haven't the remotest idea** ich habe nicht die geringste [oder leiseste] Ahnung ❻ Ähnlichkeit, Aussichten: schwach

**re·mote con·trol** ❶ die Fernsteuerung ❷ (für TV usw.) die Fernbedienung

**re·mote-con·trolled** ferngesteuert

**re·mov·al** [rɪˈmuːvl] ❶ die Entfernung, die Beseitigung ❷ (medizinisch) das Herausnehmen ❸ einer Beschränkung: die Aufhebung ❹ von Befürchtungen, Verdacht, Zweifel: die Zerstreuung ❺ GB der Umzug

**re·mov·al firm** die Möbelspedition

**re·mov·al van** der Möbelwagen

to **re·move** [rɪˈmuːv] ❶ entfernen ❷ beseitigen Spur ❸ forträumen, wegnehmen, wegschaffen Papiere; **to remove something from someone** jemandem etwas wegnehmen ❹ (technisch) ausbauen ❺ aufheben Steuern ❻ zerstreuen Zweifel ❼ ausziehen, ablegen Kleidung ❽ beseitigen Schwierigkeiten ❾ streichen Namen ❿ entlassen, absetzen Beamte ⓫ **to be far removed from ...** weit entfernt sein von ... ⓬ **a cousin once removed** ein Cousin ersten Grades

**re·mov·er** [rɪˈmuːvər] ❶ GB der Möbelpacker ❷ (für Flecken, Nagellack) der Entferner

**ren·dez·vous** [ˈrɒndɪvuː, plural ˈrɒndɪvuːz] <plural rendezvous> ❶ der Treffpunkt ❷ das Rendezvous, die Verabredung

to **ren·dez·vous** [ˈrɒndɪvuː] sich treffen (**with** mit)

to **re·new** [rɪˈnjuː] ❶ erneuern; **with renewed energy** mit frischer [oder neuer] Energie ❷ wieder aufnehmen Verhandlung ❸ erneuern, auffrischen Vorräte ❹ verlängern Vertrag; **to renew a library book** ein Buch ver-

## renewable – report

längern lassen

**re·new·able** [rɪˈnjuːəbl] ❶ *Energiequelle:* erneuerbar ❷ *Ausweis, Vertrag:* verlängerbar

**re·newed** [rɪˈnjuːd] erneuert; *Interesse:* wiedererwacht

to **reno·vate** [ˈrenəveɪt] renovieren

**reno·va·tion** [ˌrenəˈveɪʃn] die Renovierung

**rent** [rent] ❶ (*für Haus, Wohnung*) die Miete ❷ (*für Land*) die Pacht; **for rent** ⓤⓢⓐ *Haus:* zu vermieten; *Land:* zu verpachten

to **rent** [rent] ❶ mieten *Haus, Wohnung* ❷ pachten *Land, Geschäftsräume* ❸ **to rent [out]** vermieten, verpachten

**Ⓕ** Nicht verwechseln mit *[sich] rentieren — to be worth it!*

**rent·al** [ˈrentl] ❶ (*für Haus, Wohnung*) die Miete ❷ (*für Land, Geschäftsräume*) die Pacht

to **re·open** [ˌriːˈəʊpən] ❶ wieder öffnen ❷ wieder beginnen mit *Verhandlungen*

to **re·or·gan·ize** [riːˈɔːɡənaɪz] ❶ neu organisieren ❷ neu einteilen *Arbeit, Zeit*

**rep** [rep] →**representative** der Vertreter/die Vertreterin

**re·paid** [ˌriːˈpeɪd, rɪˈ-] *2. und 3. Form von* **repay**

to **re·pair** [rɪˈpeəʳ] ❶ ausbessern, reparieren ❷ (*übertragen*) wieder gutmachen

**re·pair** [rɪˈpeəʳ] ❶ die Ausbesserung, die Reparatur; **to be under repair** in Reparatur sein; **to put something in for repair** etwas zur Reparatur bringen; **beyond repair** nicht mehr zu reparieren; **to be in good repair** in gutem Zustand sein ❷ (*übertragen*) die Wiedergutmachung ❸ **repairs** die Instandsetzungsarbeiten; **closed for repairs** wegen Reparaturarbeiten geschlossen

**re·pair kit** das Flickzeug

**re·pair·man** [rɪˈpeəʳmən] <*plural* repairmen> der Handwerker

**re·pair shop** die Reparaturwerkstatt

to **re·pay** [rɪˈpeɪ] <repaid, repaid> ❶ zurückzahlen ❷ erstatten *Auslagen* ❸ abzahlen *Schuld* ❹ erwidern *Gefälligkeit, Besuch* ❺ vergelten *Unrecht*; **to repay someone for something** jemandem etwas vergelten ❻ belohnen *Mühe*

**re·pay·ment** [rɪˈpeɪmənt] ❶ die Rückzahlung, die Vergütung; **in repayment** als Rückzahlung ❷ (*übertragen*) der Lohn

to **re·peat** [rɪˈpiːt] ❶ wiederholen; **to repeat oneself** sich wiederholen; **repeat after me** sprecht mir nach ❷ **to repeat something to someone** jemandem etwas weitersagen

**re·peat** [rɪˈpiːt] die Wiederholung

**re·peat·ed** [rɪˈpiːtɪd] wiederholt

**re·peat·ed·ly** [rɪˈpiːtɪdlɪ] mehrmals

to **re·pel** [rɪˈpel] <repelled, repelled> ❶ zurückschlagen, zurückstoßen ❷ abwehren *Angriff, Insekt* ❸ abstoßen *Flüssigkeit* ❹ (*übertragen*) anwidern, abstoßen

**re·pel·lent**[1] [rɪˈpelənt] (*übertragen*) widerwärtig; **I find this idea repellent** diese Vorstellung ist mir zuwider

**re·pel·lent**[2] [rɪˈpelənt] **insect repellent** das Insektenschutzmittel

**rep·eti·tion** [ˌrepɪˈtɪʃn] die Wiederholung

**re·peti·tive** [rɪˈpetətɪv] sich wiederholend; (*abwertend*) eintönig

to **re·place** [rɪˈpleɪs] ❶ zurückstellen, zurücklegen, zurücksetzen; **to replace the receiver** den Hörer auflegen ❷ **to replace someone/something** jemanden/etwas ersetzen (**with** durch) ❸ (*erneuern*) austauschen *Teile;* auswechseln *Glühbirne*

**re·place·ment** [rɪˈpleɪsmənt] ❶ der Ersatz; **replacement part** das Ersatzteil ❷ (*Person auch*) die Vertretung

to **re·play** [ˌriːˈpleɪ] **to replay a match** ein Spiel wiederholen

**re·play** [ˈriːpleɪ] ❶ (*im Sport*) das Wiederholungsspiel ❷ (*TV*) die Wiederholung

to **re·ply** [rɪˈplaɪ] antworten, entgegnen, erwidern; **to reply to someone/something** jemandem/auf eine Sache antworten; **to reply to a letter** einen Brief beantworten

**re·ply** [rɪˈplaɪ] die Antwort, die Erwiderung; **in reply to your letter** in Beantwortung Ihres Briefes

**re·ply-paid** **reply-paid envelope** der Freiumschlag

to **re·port** [rɪˈpɔːt] ❶ berichten über; (*offiziell*) melden; **he is reported as having said ...** er soll gesagt haben ...; **to report someone missing** jemanden als vermisst melden; **to report someone sick** jemanden krankmelden ❷ melden *Verbrechen*; anzeigen *Person* (**for** wegen) ❸ sich melden (**to** bei); **to report for duty** sich zum Dienst melden; **to report sick** sich krankmelden ❹ **to report on** berichten [*oder* Bericht erstatten] über ❺ **to report back to someone** jemandem Bericht erstatten ❻ **to report to someone** jemandem unterstehen

**re·port** [rɪˈpɔːt] ❶ der Bericht (**on** über); **to give a report on something** einen Bericht über eine Sache erstatten; **an official report on something** ein Gutachten über eine Sache ❷ (*in den Medien*) die Reportage ❸ das

**380**

Gerücht; **there is a report that ...** es wird gesagt, dass ... ❹ das [Schul]zeugnis; **report card** Ⓤ🇸🇦 das [Schul]zeugnis

**re·port·ed** [rɪ'pɔːtɪd] gemeldet; **there has been a reported hijack in Tel Aviv** einer Meldung zufolge hat in Tel Aviv eine Entführung stattgefunden

**re·port·er** [rɪ'pɔːtəʳ] der Reporter/die Reporterin, der Berichterstatter/die Berichterstatterin

to **rep·re·sent** [ˌreprɪ'zent] ❶ (*stehen für*) darstellen ❷ (*juristisch*) vertreten

**rep·re·sen·ta·tive**[1] [ˌreprɪ'zentətɪv] repräsentativ (**of** für)

**rep·re·sen·ta·tive**[2] [ˌreprɪ'zentətɪv] ❶ (*kommerziell*) der Vertreter/die Vertreterin ❷ (*juristisch*) der/die Bevollmächtigte, der/die Beauftragte ❸ (*politisch*) der/die Abgeordnete

**re·pres·sion** [rɪ'preʃn] ❶ die Unterdrückung ❷ (*psychologisch*) die Verdrängung

**re·pres·sive** [rɪ'presɪv] repressiv; *Regime:* unterdrückerisch

**rep·ri·mand** ['reprɪmɑːnd] der Tadel, der Verweis

to **rep·ri·mand** ['reprɪmɑːnd] tadeln

to **re·print** [ˌriː'prɪnt] nachdrucken, neu auflegen

**re·print** ['riːprɪnt] die Neuauflage, der Nachdruck

**re·pris·al** [rɪ'praɪzᵊl] die Vergeltungsmaßnahme

to **re·proach** [rɪ'prəʊtʃ] **to reproach someone** jemandem Vorwürfe machen; **to reproach someone for a mistake** jemandem einen Fehler vorwerfen

**re·proach** [rɪ'prəʊtʃ] <*plural* reproaches> der Vorwurf; **to be above** [*oder* **beyond**] **reproach** über jeden Vorwurf erhaben sein; **look of reproach** der vorwurfsvolle Blick

**re·proach·ful** [rɪ'prəʊtʃfl] vorwurfsvoll

to **re·pro·cess** [ˌriː'prəʊses] wieder aufbereiten *Atommüll*

**re·pro·cess·ing plant** die Wiederaufbereitungsanlage

to **re·pro·duce** [ˌriːprə'djuːs] ❶ wiedergeben, reproduzieren ❷ (*biologisch*) sich fortpflanzen

**re·pro·duc·tion** [ˌriːprə'dʌkʃn] ❶ (*Prozess*) die Reproduktion, die Wiedergabe ❷ (*biologisch*) die Fortpflanzung ❸ (*Kopie*) die Reproduktion

**rep·tile** ['reptaɪl] das Reptil

**re·pub·lic** [rɪ'pʌblɪk] die Republik

**re·pub·lic·an**[1] [rɪ'pʌblɪkən] republikanisch

**re·pub·lic·an**[2] [rɪ'pʌblɪkən] der Republikaner/die Republikanerin

**re·pul·sion** [rɪ'pʌlʃᵊn] *kein Plural* ❶ der Abscheu, der Ekel ❷ (*elektromagnetisch*) die Abstoßung, die Repulsion

**re·pul·sive** [rɪ'pʌlsɪv] abstoßend, widerwärtig

**repu·ta·ble** ['repjətəbl] angesehen, achtbar

**repu·ta·tion** [ˌrepjʊ'teɪʃn] der Ruf, der Name; **to have a good reputation** großes Ansehen genießen; **he has a reputation for being a liar** er hat den Ruf, ein Lügner zu sein

**re·pute** [rɪ'pjuːt] *kein Plural* das Ansehen; **of repute** angesehen; **of ill/good repute** von zweifelhaftem/gutem Ruf

**re·put·ed** [rɪ'pjuːtɪd] ❶ angenommen ❷ **she is reputed to be ...** man sagt, dass sie ... sei; **to be reputed to be rich** als reich gelten

**re·quest** [rɪ'kwest] die Bitte, der Wunsch; **at someone's request** auf jemandes Bitte; **on** [*oder* **by**] **request** auf Wunsch; **to make a request for something** um etwas bitten

to **re·quest** [rɪ'kwest] bitten, ersuchen; **to request silence** um Ruhe bitten; **to request something from someone** jemanden um etwas bitten

**re·quest stop** Ⓖ🇧 (*für Bus*) die Bedarfshaltestelle

to **re·quire** [rɪ'kwaɪəʳ] ❶ brauchen, benötigen; **as required** nach Bedarf; **if required** falls notwendig; **when required** auf Wunsch ❷ erfordern *Arbeit, Sorgfalt* ❸ wünschen, mögen; **do you require anything else?** wünschen Sie außerdem noch etwas? ❹ verlangen; **to require someone to do something** von jemandem verlangen, dass er etwas tut; **to be required to do something** etwas tun müssen; **required reading** die Pflichtlektüre; **as required by law** den gesetzlichen Bestimmungen gemäß

**re·quire·ment** [rɪ'kwaɪəʳmənt] ❶ das Bedürfnis, der Bedarf; **to meet someone's requirements** jemandes Bedürfnisse erfüllen, jemandes Wünschen entsprechen ❷ das Erfordernis; **to fit the requirements** den Erfordernissen entsprechen

**re·sale** ['riːseɪl] **not for resale** nicht zum Weiterverkauf bestimmt

**re·sat** [ˌriː'sæt] *2. und 3. Form von* **resit**

to **res·cue** ['reskjuː] ❶ retten; **to rescue someone from drowning** jemanden vor dem Ertrinken retten ❷ befreien

**res·cue** ['reskjuː] ❶ die Rettung, die Hilfe; **to come to someone's rescue** jemandem zu Hilfe kommen ❷ die Befreiung

**res·cue op·era·tion** die Rettungsaktion

**re·search** [rɪ'sɜːtʃ] die Forschung (**into/on** über); **to do research** forschen; **a piece of**

**research – resort**

**research** eine Forschungsarbeit

to **re·search** [rɪ'sɜːtʃ] forschen, Forschung betreiben (**into** über); **to research** [**into**] **something** etwas erforschen [*oder* untersuchen]

**re·search·er** [rɪ'sɜːtʃər] der Forscher/die Forscherin

to **re·sem·ble** [rɪ'zembl] **to resemble someone/something** jemandem/etwas ähneln [*oder* ähnlich sehen]; **they resemble each other** sie ähneln [*oder* gleichen] sich [*oder* einander]

to **re·sent** [rɪ'zent] übel nehmen, sich ärgern über; **he resents my being here** er nimmt es mir übel, dass ich hier bin

**re·sent·ful** [rɪ'zentfl] **to be resentful of someone** auf jemanden ärgerlich sein; **to be resentful of something** etwas übel nehmen

**re·sent·ment** [rɪ'zentmənt] der Ärger, der Groll; **out of resentment at something** aus Groll über eine Sache; **to feel resentment towards someone** einen Groll auf jemanden haben

**res·er·va·tion** [,rezə'veɪʃn] ❶ der Vorbehalt; **with reservations** unter Vorbehalt; **without reservation** vorbehaltlos, ohne Vorbehalt ❷ die Reservierung; **to make a reservation at the hotel** ein Zimmer im Hotel reservieren ❸ das [Indianer]reservat ❹ **central reservation** ⒼⒷ der Mittelstreifen

to **re·serve** [rɪ'zɜːv] ❶ reservieren [lassen] *Buch, Tisch* ❷ aufsparen, aufheben; **to reserve judgement** sich mit seiner Meinung zurückhalten; **to reserve oneself for something** sich für etwas schonen

**re·serve** [rɪ'zɜːv] ❶ die Rücklage, die Reserve; (*kommerziell auch*) der Vorrat; **reserves of energy** die Kraftreserven; **to have/keep in reserve** in Reserve haben/halten ❷ der Vorbehalt; **without reserve** ohne Vorbehalt, vorbehaltlos ❸ das Reservat; **nature reserve** das Naturschutzgebiet ❹ (*kühles Verhalten*) die Reserve, die Zurückhaltung ❺ (*militärisch*) die Reserve; **the reserves** die Reservetruppen ❻ (*im Sport*) der Ersatzspieler/die Ersatzspielerin, der Reservespieler/die Reservespielerin; **to play in the reserves** bei der Reserve spielen

**re·served** [rɪ'zɜːvd] ❶ *Person:* zurückhaltend, reserviert ❷ *Tisch, Zimmer:* reserviert ❸ **all rights reserved** alle Rechte vorbehalten

**res·er·voir** ['rezəvwɑːr] das Reservoir, der Stausee

**re·shuf·fle** [,riː'ʃʌfl] die Umbildung; **Cabinet reshuffle** die Kabinettsumbildung

**resi·dence** ['rezɪdəns] ❶ der Wohnsitz ❷ *eines Staatsoberhauptes:* die Residenz ❸ der Aufenthalt; **residence permit** die Aufenthaltsgenehmigung; **place of residence** der Wohnort

**resi·dent**[1] ['rezɪdənt] wohnhaft, ansässig (**in** in)

**resi·dent**[2] ['rezɪdənt] ❶ *eines Hauses:* der Bewohner/die Bewohnerin ❷ *einer Stadt:* der Einwohner/die Einwohnerin; **local resident** der Anwohner/die Anwohnerin; **residents only** Anlieger frei ❸ der Hotelgast

**resi·den·tial** [,rezɪ'denʃl] Wohn-; **residential area** die Wohngegend; **residential course** der mehrtägige Kurs [mit Unterkunft]

to **re·sign** [rɪ'zaɪn] ❶ *Arbeitnehmer:* kündigen ❷ **to resign one's job** seine Stelle kündigen ❸ **to resign from a post** von einer Stellung zurücktreten ❹ **to resign oneself to a problem** sich mit einem Problem abfinden

**res·ig·na·tion** [,rezɪg'neɪʃn] ❶ der Rücktritt; **to hand in one's resignation** seinen Rücktritt einreichen ❷ die Amtsniederlegung ❸ die Kündigung ❹ (*übertragen*) die Resignation

**re·signed** [rɪ'zaɪnd] ❶ resigniert ❷ **to become resigned to a problem** sich mit einem Problem abfinden

**re·sili·ent** [rɪ'zɪliənt] ❶ elastisch, federnd ❷ (*übertragen*) unverwüstlich

to **re·sist** [rɪ'zɪst] ❶ **to resist a plan** sich einem Plan widersetzen ❷ **to resist an enemy** Widerstand gegen einen Feind leisten ❸ **to resist temptation** der Versuchung widerstehen

**re·sis·tance** [rɪ'zɪstəns] ❶ der Widerstand (**to** gegen); **to offer no resistance to someone** jemandem keinen Widerstand leisten; **to meet with resistance** auf Widerstand stoßen ❷ **resistance to heat** die Hitzebeständigkeit

**re·sis·tant** [rɪ'zɪstənt] widerstandsfähig (**to** gegen)

to **re·sit** [riː'sɪt] <resat, resat> **to resit an exam** eine Prüfung wiederholen

**reso·lu·tion** [,rezə'luːʃn] ❶ der Beschluss ❷ (*übertragen*) die Entschlossenheit, die Bestimmtheit ❸ **to make New Year's resolutions** gute Vorsätze fürs Neue Jahr fassen

to **re·sort** [rɪ'zɔːt] ❶ greifen (**to** zu) ❷ **to resort to alcohol** sich dem Alkohol zuwenden; **to resort to violence** Gewalt anwenden

**re·sort** [rɪ'zɔːt] ❶ [**holiday**] **resort** der Urlaubsort; **health resort** der Kurort; **seaside**

**382**

**resort** das Seebad ❷ die Rettung; **as a last resort** als letzter Ausweg

**re·sound·ing** [rɪˈzaʊndɪŋ] (*übertragen*) *Sieg:* gewaltig; *Erfolg:* durchschlagend

**re·source** [rɪˈsɔːs] ❶ **resources** *plural* die Mittel, die Ressourcen ❷ **financial resources** die Geldmittel; **mineral resources** die Bodenschätze ❸ **he's been left to his own resources** er ist sich selbst überlassen gewesen

**re·source·ful** [rɪˈsɔːsfl] *Person:* findig; *Plan:* einfallsreich

to **re·spect** [rɪˈspekt] ❶ **to respect someone** jemanden achten [*oder* respektieren] ❷ anerkennen *Fähigkeit*

**re·spect** [rɪˈspekt] ❶ die Achtung, der Respekt (**for** vor); **to command respect** Respekt abnötigen ❷ die Rücksicht (**for** auf); **to treat with respect** rücksichtsvoll behandeln; **out of respect for someone** aus Rücksicht auf jemanden ❸ **in some respects** in gewisser Hinsicht; **with respect to ...** was ... anbetrifft; **in many respects** in vieler Hinsicht; **in this respect** in dieser Hinsicht ❹ **give my respects to your wife** meine Empfehlung an Ihre Frau

**re·spect·able** [rɪˈspektəbl] ❶ *Mensch:* geachtet ❷ *Beschäftigung:* anständig ❸ *Summe:* beachtlich

**re·spect·ed** [rɪˈspektəd] angesehen

**re·spect·ful** [rɪˈspektfl] respektvoll (**towards** gegenüber)

**re·spect·ful·ly** [rɪˈspektfᵊli] respektvoll

**re·spect·ing** [rɪˈspektɪŋ] bezüglich

**re·spec·tive** [rɪˈspektɪv] jeweilig; **we took our respective glasses** jeder nahm sein Glas

**re·spec·tive·ly** [rɪˈspektɪvlɪ] beziehungsweise

**res·pi·ra·tor** [ˈrespəreɪtəʳ] das Atemgerät

to **re·spond** [rɪˈspɒnd] ❶ antworten (**to** auf) ❷ reagieren (**to** auf) ❸ **to respond to a call** einem Ruf folgen

**re·sponse** [rɪˈspɒns] ❶ die Antwort; **in response to your letter** in Beantwortung Ihres Schreibens ❷ die Reaktion (**to** auf) ❸ **to meet with little response** wenig Anklang finden

**re·spon·sibil·ity** [rɪˌspɒnsəˈbɪlətɪ] ❶ die Verantwortung (**for/of** für); **sense of responsibility** das Verantwortungsgefühl; **to accept** [*oder* **assume**] **the responsibility for something** die Verantwortung für etwas übernehmen ❷ **responsibilities** die Verpflichtung

**re·spon·sible** [rɪˈspɒnsəbl] ❶ verantwortlich

(**for** für) ❷ *Haltung:* verantwortungsvoll; *Person:* verantwortungsbewusst ❸ **to be responsible to someone for something** jemandem gegenüber für etwas verantwortlich sein; **to hold someone responsible for something** jemanden für etwas verantwortlich machen

**re·spon·sive** [rɪˈspɒnsɪv] aufgeschlossen; *Publikum:* mitgehend

to **rest** [rest] ❶ **to rest** [**oneself**] [sich] ausruhen; ausruhen *Augen;* **to be rested** ausgeruht sein ❷ (*bei der Arbeit usw.*) Pause machen ❸ **to have a good night's rest** sich ordentlich ausschlafen ❹ *Leiter:* lehnen (**on** an) ❺ stützen *Ellbogen;* **to rest one's head on the table** den Kopf auf den Tisch legen ❻ **to let a matter rest** eine Sache auf sich beruhen lassen

**rest**¹ [rest] ❶ die Ruhe[pause] ❷ *von Person:* die Rast, die Erholung; **to have** [*oder* **take**] **a rest** sich ausruhen ❸ (*bei der Arbeit usw.*) die Pause, die Unterbrechung ❹ **to put someone's mind at rest** jemanden beruhigen ❺ **to come to rest** zum Stillstand kommen, sich niederlassen

**rest**² [rest] ❶ **the rest** der Rest; **the rest of the money** das übrige Geld ❷ **and all the rest of it** und so weiter und so fort; **for the rest** im Übrigen

**res·tau·rant** [ˈrestrɒnt] das Restaurant, die Gaststätte

**res·tau·rant car** der Speisewagen

**rest-day** der Ruhetag

**rest·ful** [ˈrestfl] ❶ *Platz:* ruhig, friedlich ❷ *Beschäftigung:* erholsam

**rest home** das Altersheim

**rest·less** [ˈrestlɪs] ❶ rastlos ❷ *Person:* unruhig; **she had a restless night** sie konnte nicht schlafen

**res·to·ra·tion** [ˌrestəˈreɪʃn] ❶ *von Vertrauen, Gesundheit:* die Wiederherstellung ❷ *von Bauwerk:* die Restaurierung

to **re·store** [rɪˈstɔːʳ] ❶ wiederherstellen *Vertrauen, Gesundheit;* **restored to health** wiederhergestellt ❷ restaurieren *Gebäude* ❸ **to restore someone to power** jemanden wieder an die Macht bringen

to **re·strain** [rɪˈstreɪn] ❶ **to restrain someone from doing something** jemanden davon abhalten, etwas zu tun ❷ bändigen *Tier* ❸ unterdrücken *Gefühl* ❹ **to restrain oneself** sich beherrschen

**re·straint** [rɪˈstreɪnt] ❶ die Einschränkung ❷ *von Gefühlen:* die Beherrschung ❸ **without restraint** ungehemmt

R

**restrict – retreat**

to **re·strict** [rɪ'strɪkt] ❶ beschränken *Freiheit* ❷ begrenzen *Zeit* (**to** auf)

**re·strict·ed** [rɪ'strɪktɪd] ❶ eingeschränkt; *Zulassung:* begrenzt ❷ *Dokument:* geheim ❸ **restricted area** das Sperrgebiet; (*für Autos*) das Gebiet mit Geschwindigkeitsbegrenzung

**re·stric·tion** [rɪ'strɪkʃn] ❶ die Beschränkung, die Einschränkung ❷ **to place restrictions on something** etwas beschränken; **without restrictions** uneingeschränkt ❸ **speed restrictions** die Geschwindigkeitsbegrenzung, die Geschwindigkeitsbeschränkung

**re·stric·tive** [rɪ'strɪktɪv] restriktiv, einschränkend

**rest·room** ['restruːm] ⓊⓈⒶ die [öffentliche] Toilette

**re·struc·tur·ing** [ˌriː'strʌktʃərɪŋ] die Umstrukturierung

to **re·sult** [rɪ'zʌlt] ❶ sich ergeben, resultieren (**from** aus) ❷ **to result in something** zu etwas führen

**re·sult** [rɪ'zʌlt] ❶ das Ergebnis, das Resultat; **without result** ergebnislos ❷ die Folge; **to be the result of something** resultieren aus etwas ❸ **as a result of this** folglich; **as a result of my inquiry** auf meine Anfrage hin ❹ **to get results** Erfolge erzielen

to **re·sume** [rɪ'zjuːm] ❶ wieder aufnehmen *Arbeit* ❷ weitermachen mit *Tätigkeit* ❸ fortfahren mit *Erzählung* ❹ fortsetzen *Reise* ❺ wieder beginnen

**ré·su·mé** ['rezjuːmeɪ] ❶ das Resümee, die Zusammenfassung ❷ ⓊⓈⒶ der Lebenslauf

**re·sump·tion** [rɪ'zʌmpʃn] ❶ *von Arbeit:* die Wiederaufnahme, der Wiederbeginn ❷ *von Reise:* die Fortsetzung

**res·ur·rec·tion** [ˌrezə'rekʃn] **the Resurrection** die Auferstehung

**re·tail busi·ness** der Einzelhandel; (*Laden*) das Einzelhandelsgeschäft

**re·tail·er** ['riːteɪlər] der Einzelhändler/die Einzelhändlerin

**re·tail price** der Einzelhandelspreis

**re·tail trade** der Einzelhandel

to **re·tain** [rɪ'teɪn] ❶ bewahren *Eigenschaft, Fähigkeit;* zurückbehalten *Gelder* ❷ **to retain the facts** die Tatsachen [im Gedächtnis] behalten ❸ **to retain control of something** etwas weiterhin in der Gewalt [oder unter Kontrolle] haben

to **re·take** [ˌriː'teɪk] <retook, retaken> ❶ zurückerobern *Stadt usw.* ❷ wiederholen *Prüfung*

**re·take** ['riːteɪk] die Wiederholung, die Wiederholungsprüfung

**re·tak·en** [ˌriː'teɪkən] *3. Form von* **retake**

to **re·tali·ate** [rɪ'tælɪeɪt] ❶ Vergeltung üben, sich revanchieren, sich rächen (**on** an) ❷ **he retaliated by pointing out that ...** er konterte, indem er darauf hinwies, dass ...

**re·talia·tion** [rɪˌtælɪ'eɪʃn] die Vergeltung, der Vergeltungsschlag; **in retaliation for** als Vergeltung für

**re·tard** [rɪ'tɑːd] **mentally retarded** geistig zurückgeblieben

to **retch** [retʃ] würgen

to **re·tell** [ˌriː'tel] <retold, retold> nochmals erzählen

**re·ten·tive** [rɪ'tentɪv] *Gedächtnis:* aufnahmefähig

to **re·think** [ˌriː'θɪŋk] <rethought, rethought> **to rethink a plan** einen Plan überdenken

**re·think** [ˌriː'θɪŋk] **to have a rethink** etwas noch einmal überdenken

**re·thought** [ˌriː'θɔːt] *2. und 3. Form von* **rethink**

**reti·cent** ['retɪsnt] zurückhaltend; **to be reticent about something** in Bezug auf etwas nicht sehr gesprächig sein

to **re·tire** [rɪ'taɪər] ❶ in Rente gehen ❷ ausscheiden, zurücktreten (**from** aus)

**re·tir·ed** [rɪ'taɪəd] **a retired teacher** ein pensionierter Lehrer

**re·tire·ment** [rɪ'taɪəmənt] ❶ das Ausscheiden aus dem Arbeitsleben ❷ (*Periode*) der Ruhestand ❸ **to come out of retirement** wieder zurückkommen ❹ **to live in retirement** zurückgezogen leben

**re·tire·ment age** das Pensionsalter, das Rentenalter, die Altersgrenze

**re·tire·ment pay**, **re·tire·ment pen·sion** die Altersrente, die Pension

**re·tir·ing** [rɪ'taɪərɪŋ] ❶ *Charakter:* zurückhaltend, reserviert ❷ **retiring age** die Altersgrenze

**re·told** [ˌriː'təʊld] *2. und 3. Form von* **retell**

**re·took** [ˌriː'tʊk] *2. Form von* **retake**

to **re·trace** [riː'treɪs] **to retrace one's steps** den gleichen Weg zurückgehen

to **re·tract** [rɪ'trækt] ❶ **to retract an offer** ein Angebot zurückziehen ❷ zurücknehmen *Äußerung* ❸ einziehen, einfahren *Fahrgestell* ❹ einen Rückzieher machen ❺ *Krallen:* eingezogen werden

**re·tract·able** [rɪ'træktəbl] zurückziehbar, einziehbar

to **re·train** [riː'treɪn] **to retrain someone** jemanden umschulen

to **re·treat** [rɪ'triːt] ❶ (*auch militärisch*) der Rückzug; **to beat a retreat** den Rückzug antreten ② (*übertragen*) die Zuflucht, der Zufluchtsort

to **re·treat** [rɪ'triːt] ① den Rückzug antreten ② (*übertragen*) zurückweichen

**re·trial** [ˌriː'traɪəl] das Wiederaufnahmeverfahren

**ret·ri·bu·tion** [ˌretrɪ'bjuːʃn] die Vergeltung

**re·triev·al** [rɪ'triːvəl] ① *kein Plural* das Wiedererlangen ② *kein Plural* die Rettung ③ **data retrieval** der Datenabruf; **information retrieval** der Informationsabruf; (*nach Absturz*) das Retrieval

to **re·trieve** [rɪ'triːv] ① **to retrieve something** etwas zurückholen ② **to retrieve someone** jemanden bergen (**from** aus) ③ retten *Situation* ④ abfragen, abrufen, aufrufen *Daten usw.*

**re·triev·er** [rɪ'triːvəʳ] (*Hunderasse*) der Retriever

**retro·spect** ['retrəspekt] **in retrospect** rückblickend, im Nachhinein

**retro·spec·tive**[1] [ˌretrə'spektɪv] rückblickend

**retro·spec·tive**[2] [ˌretrə'spektɪv] *Film:* die Retrospektive

to **re·turn** [rɪ'tɜːn] ① zurückkommen; **to return home** wieder nach Hause gehen; **to return to school** wieder in die Schule gehen; **to return to one's hometown** in seine Heimatstadt zurückkehren ② *Fahrzeug:* zurückfahren ③ wiederkehren; *Krankheit:* wieder auftreten ④ **to return something** [**to someone**] [jemandem] etwas zurückgeben; (*mit der Post*) etwas zurückschicken ⑤ zurückweisen *Scheck* ⑥ erwidern *Gruß, Besuch* ⑦ **to return a blow** zurückschlagen

**re·turn** [rɪ'tɜːn] ① die Rückkehr, die Rückfahrt; **on my return** bei meiner Rückkehr; **return home** die Heimkehr; **return to school** der Schulbeginn ② **by return** [**of post**] postwendend ③ (*übertragen*) die Wiederkehr ④ *von Eigenschaft usw.:* die Rückgabe ⑤ **return ticket** die Rückfahrkarte ⑥ *von Ball:* der Rückschlag ⑦ **return to health** die Genesung ⑧ **returns** *plural* die Einkünfte ⑨ **in return** dafür; **in return for** für ⑩ **many happy returns** [**of the day**] herzlichen Glückwunsch zum Geburtstag ⑪ **tax return** die Steuererklärung

**re·turn ad·dress** der Absender

**re·turn fare** der Preis für Hin- und Rückfahrt

**re·turn flight** der Rückflug

**re·turn·ing of·fic·er** [rɪ'tɜːnɪŋ'ɒfɪsəʳ] der Wahlleiter/die Wahlleiterin

**re·turn jour·ney** die Rückreise

**re·turn match** das Rückspiel

**re·turn tick·et** die Rückfahrkarte, der Rückflugschein

**re·uni·fi·ca·tion** [riːˌjuːnɪfɪ'keɪʃn] die Wiedervereinigung

**re·union** [ˌriː'juːnɪən] ① die Zusammenkunft ② (*Feier*) das Treffen

to **re·unite** [ˌriːjuː'naɪt] ① **to reunite a family** eine Familie wieder zusammenbringen ② **to reunite a country** ein Land wiedervereinigen ③ wieder zusammenkommen

**re·us·able** [ˌriː'juːzəbl] wiederverwendbar

to **re·use** [ˌriː'juːz] wiederverwenden, wiederverwerten

to **rev** [rev] <revved, revved> (*umgangsspr*) **to rev an engine** einen Motor auf Touren bringen

to **re·veal** [rɪ'viːl] ① **to reveal something** etwas zum Vorschein bringen ② enthüllen, aufdecken *Tatsachen* ③ **to reveal one's identity** seine Identität preisgeben

**rev·ela·tion** [ˌrevə'leɪʃn] ① die Aufdeckung, die Enthüllung ② (*kirchlich*) die Offenbarung; **the Book of Revelation[s]** die Offenbarung

**rev·ell·er** ['revələʳ], (USA) **rev·el·er** der/die Feiernde

to **re·venge** [rɪ'vendʒ] ① **to revenge someone/something** jemanden/etwas rächen ② **to be revenged for something** sich für etwas rächen ③ **to revenge oneself on someone** sich an jemandem rächen

**re·venge** [rɪ'vendʒ] ① die Rache; **out of revenge** aus Rache; **in revenge for something** als Rache für etwas ② **to get one's revenge** sich rächen; **he took revenge on his brother** er rächte sich an seinem Bruder

**rev·enue** ['revənjuː] ① die Einkünfte, die Einnahmen ② **state revenue** die Staatseinkünfte, die öffentlichen Einnahmen ③ **Inland Revenue** (GB) das Finanzamt

**rev·er·ence** ['revərəns] ① die Ehrfurcht, die Verehrung (**for** für) ② **to treat something with reverence** etwas ehrfürchtig behandeln

**rev·er·end** ['revərənd] ① der Pastor, der Pfarrer ② (*als Titel*) **the Reverend Peter Jones** Hochwürden Peter Jones

**rev·er·ent** ['revərənt] ehrfürchtig

**re·verse**[1] [rɪ'vɜːs] ① umgekehrt (**to** zu); *Richtung:* entgegengesetzt ② **in reverse order** in umgekehrter Reihenfolge ③ **reversecharge call** das R-Gespräch

**re·verse**[2] [rɪ'vɜːs] ① das Gegenteil ② *von Münze:* die Rückseite, die Kehrseite ③ (*im Auto*) der Rückwärtsgang; **to go into**

**reverse** in den Rückwärtsgang schalten

to **re·verse** [rɪ'vɜːs] ❶ **to reverse something** etwas umkehren [*oder* umdrehen] ❷ wenden *Kleidungsstück* ❸ umstoßen *Entscheidung* ❹ **to reverse a car into the garage** rückwärts in die Garage fahren ❺ **to reverse the order of something** etwas herumdrehen ❻ **to reverse the charges** (*beim Telefonieren*) ein R-Gespräch führen ❼ sich rückwärtsbewegen

**re·ver·sible** [rɪ'vɜːsəbl] ❶ umkehrbar ❷ *Kleidungsstück:* beidseitig tragbar ❸ *Entscheidung:* umstoßbar

**re·view** [rɪ'vjuː] ❶ die Überprüfung; **to come under review** überprüft werden ❷ *von Vergangenheit:* der Rückblick (**of** auf) ❸ Ⓤ *von Schulstoff:* die Wiederholung ❹ *von Buch, Theaterstück, Konzert:* die Kritik, die Rezension ❺ die Zeitschrift

to **re·view** [rɪ'vjuː] ❶ **to review a policy** eine Politik überdenken ❷ **to review the past week** auf die vergangene Woche zurückblicken ❸ erneut überprüfen *Fall* ❹ besprechen, rezensieren *Buch*

**re·view·er** [rɪ'vjuːəʳ] der Rezensent/die Rezensentin, der Kritiker/die Kritikerin

to **re·vise** [rɪ'vaɪz] ❶ wiederholen *Lernstoff* ❷ überprüfen, revidieren *Text;* **revised edition** die überarbeitete Ausgabe ❸ überholen, revidieren *Meinung* ❹ **to revise for an exam** auf eine Prüfung lernen

**re·vi·sion** [rɪ'vɪʒn] ❶ *von Lernstoff:* die Wiederholung ❷ die Revision; *von Text:* die überarbeitete Ausgabe ❸ *von Meinung:* die Revision

to **re·vive** [rɪ'vaɪv] ❶ wieder zu sich kommen ❷ **to revive someone** jemanden wiederbeleben ❸ wieder erwecken *Interesse* ❹ wieder aufleben lassen *Brauch* ❺ wachrufen *Erinnerung*

**re·volt** [rɪ'vəʊlt] ❶ die Revolte, der Aufruhr, der Aufstand (**against** gegen) ❷ **to rise in revolt** [*oder* **break out in revolt**] sich erheben, einen Aufstand machen; **to be in revolt against** rebellieren gegen

to **re·volt** [rɪ'vəʊlt] ❶ revoltieren, rebellieren (**against** gegen) ❷ *Magen:* rebellieren ❸ **to revolt someone** jemanden anwidern

**re·volt·ing** [rɪ'vəʊltɪŋ] (*übertragen*) ekelhaft, widerlich; *Person auch:* abstoßend

**revo·lu·tion** [ˌrevə'luːʃn] (*auch übertragen*) die Revolution

**revo·lu·tion·ary¹** [ˌrevə'luːʃənrɪ] der Revolutionär/die Revolutionärin

**revo·lu·tion·ary²** [ˌrevə'luːʃənrɪ] revolutionär,

umstürzlerisch

to **revo·lu·tion·ize** [ˌrevə'luːʃnaɪz] **to revolutionize science** die Wissenschaft revolutionieren

to **re·volve** [rɪ'vɒlv] sich drehen; **to revolve on an axis／around the sun** sich um eine Achse/um die Sonne drehen

**re·volv·ing** [rɪ'vɒlvɪŋ] **revolving door** die Drehtür

**re·vul·sion** [rɪ'vʌlʃn] der Abscheu, der Ekel (**at** vor)

**re·ward** [rɪ'wɔːd] ❶ die Belohnung, das Entgelt ❷ **as a reward for** als Belohnung für; **reward offered for the return of ...** Finderlohn für ...

to **re·ward** [rɪ'wɔːd] **to reward someone** jemanden belohnen

**re·ward·ing** [rɪ'wɔːdɪŋ] lohnend, einträglich

to **re·wind** [ˌriː'waɪnd] <rewound, rewound> ❶ wieder aufwickeln ❷ wieder aufziehen *Uhr* ❸ zurückspulen *Film, Tonband*

**re·wound** [ˌriː'waʊnd] *2. und 3. Form von* rewind

**rhe·tori·cal** [rɪ'tɒrɪkl] rhetorisch

**rheu·ma·tism** ['ruːmətɪzəm] das Rheuma, der Rheumatismus

**Rhine** [raɪn] *kein Plural* **the Rhine** der Rhein

**rhi·no** ['raɪnəʊ] (*umgangsspr*) *kurz für* **rhinoceros** das Nashorn, das Rhinozeros

**rhi·noc·er·os** [raɪ'nɒsərəs] <*plural* rhinoceroses> das Nashorn, das Rhinozeros

**rhom·bus** ['rɒmbəs] <*plural* rhombuses *oder* rhombi> der Rhombus

**rhu·barb** ['ruːbɑːb] der Rhabarber

**rhyme** [raɪm] ❶ der Reim ❷ das Gedicht; **nursery rhyme** der Kinderreim ❸ **without rhyme or reason** ohne Sinn und Verstand

to **rhyme** [raɪm] [sich] reimen (**with** auf)

**rhythm** ['rɪðəm] der Rhythmus

**rhyth·mic(al)** ['rɪðmɪk(l)] rhythmisch

**rib** [rɪb] ❶ die Rippe; **rib cage** der Brustkorb ❷ **to dig** [*oder* **poke**] **someone in the ribs** jemanden in die Rippen stoßen

**rib·bon** ['rɪbən] ❶ das Band ❷ *von Schreibmaschine:* das Farbband ❸ **to tear something to ribbons** etwas zerfetzen; (*übertragen*) etwas verreißen

**rice** [raɪs] der Reis

**rice crisp·ies** [raɪs'krɪspiz] *plural* die Reis-Knusperflocken

**rice pud·ding** der Milchreis

**rich¹** [rɪtʃ] ❶ reich, wohlhabend ❷ *Stil:* prächtig, großartig ❸ *Essen, Wein:* schwer; **a rich diet** eine reichhaltige Kost ❹ *Erde:* fruchtbar; **rich in minerals** reich an Bodenschätzen ❺ *Farben:* satt ❻ *Stimme:* voll, klangreich ❼ (*übertragen*) köstlich

**rich²** [rɪtʃ] ❶ **the rich** △ *plural* die Reichen ❷ **riches** die Reichtümer

to **rid** [rɪd] <rid, rid> **to rid oneself of someone/something** sich jemanden/etwas vom Halse schaffen; **to be rid of someone/something** jemanden/etwas los sein; **he can't get rid of the suspicion** er wird den Verdacht nicht los

**rid·den¹** ['rɪdn] *3. Form von* **ride**

**rid·den²** ['rɪdn] **ridden by fears** angsterfüllt; **ridden by doubts** von Zweifeln geplagt

**rid·dle** ['rɪdl] das Rätsel

**ride** [raɪd] ❶ (*zu Pferd*) der Ritt; **to go for a ride** ausreiten ❷ (*mit dem Auto usw.*) die Fahrt; (*mit dem Fahrrad*) die Radfahrt ❸ **to give someone a ride** jemanden mitnehmen; **to go for a ride in the car** eine Autofahrt machen ❹ **to have a rough ride** (*übertragen*) viel durchmachen müssen; **to take someone for a ride** (*übertragen*) jemanden anschmieren

to **ride** [raɪd] <rode, ridden> ❶ reiten *Pferd* (**on** auf); **he rode his horse away** er ritt mit seinem Pferd weg ❷ fahren *Fahrrad* ❸ **to ride on a bus/in a train** in einem Bus/Zug fahren ❹ **to ride away** wegfahren, davonfahren

Ⓖ Richtiges Konjugieren von **ride**: ride, rode, ridden — *Have you ever ridden a pony?; Tessa rode ten miles on her bicycle.*

◆to **ride out** ❶ **to ride out the storm** (*auch übertragen*) den Sturm überstehen ❷ (*zu Pferd*) ausreiten

◆to **ride up** *Kleid:* rutschen

**rid·er** ['raɪdəʳ] ❶ *von Pferd:* der Reiter/die Reiterin ❷ *von Motorrad:* der Fahrer/die Fahrerin

**ridge** [rɪdʒ] ❶ *von Stoff:* die Rippe ❷ der Bergrücken, der Kamm, der Grat ❸ der [Dach]first ❹ *von Nase:* der Rücken

**ridi·cule** ['rɪdɪkjuːl] der Spott; **to lay oneself open to ridicule** sich lächerlich machen; **to hold someone up to ridicule** jemanden lächerlich machen

to **ridi·cule** ['rɪdɪkjuːl] **to ridicule someone** jemanden verspotten

**ri·dicu·lous** [rɪ'dɪkjʊləs] lächerlich

**rid·ing** ['raɪdɪŋ] das Reiten

**rid·ing crop** die Reitgerte

**rid·ing school** die Reitschule

**ri·fle** ['raɪfl] das Gewehr

**ri·fle range** der Schießstand

**rift** [rɪft] ❶ der Spalt ❷ (*übertragen*) der Riss

to **rig** [rɪg] <rigged, rigged> ❶ auftakeln *Schiff* ❷ (*übertragen*) manipulieren *Wahlen* ❸ **they rigged him out in a costume** sie staffierten ihn in ein Kostüm aus ❹ **to rig up a tent/an aerial** ein Zelt/eine Antenne aufbauen

**rig** [rɪg] ❶ *von Schiff:* die Takelage ❷ **oil rig** die Ölbohrinsel

**rig·ging** ['rɪgɪŋ] ❶ *von Schiff:* die Takelung ❷ (*übertragen*) *von Wahlergebnissen:* die Manipulation

**right¹** [raɪt] ❶ (*wahr, korrekt*) *Antwort, Zeit:* richtig; **right enough!** das stimmt!; **you're quite right** Sie haben ganz Recht; **to put someone right** jemanden berichtigen; **to do something the right way** etwas richtig machen; **on the right track** auf dem rechten [*oder* richtigen] Weg; **if I remember right** wenn ich mich recht erinnere; **to do something right** etwas richtig machen; **nothing is going right for me** bei mir klappt nichts ❷ (*moralisch gut*) recht, richtig; **it's only right** es ist nur recht und billig; **to do the right thing by someone** sich jemandem gegenüber anständig benehmen ❸ (*geeignet*) richtig; **the right man for the job** der rechte Mann für die Stelle ❹ (*in Ordnung*) richtig, korrekt; **to put** [*oder* **set**] **something right** etwas richtigstellen ❺ **to feel right** sich wohl fühlen; **to be as right as rain** kerngesund sein; **to be in one's right mind** bei klarem Verstand sein ❻ **right!** [*oder* **right-oh!**] gut, schön, okay ❼ genau; **right in front of you** direkt vor Ihnen; **right here** genau hier ❽ (*völlig*) ganz; **rotten right through** durch und durch verfault ❾ **right away** sofort, schnurstracks; **right off** auf Anhieb; **right now** in diesem Augenblick

**right²** [raɪt] ❶ (*nicht links*) rechte(r, s); **right hand** die rechte Hand; **right, left and centre** überall ❷ rechts; **turn right** biegen Sie rechts ab

**right³** [raɪt] ❶ das Recht; **to be in the right** im Recht sein; **to know right from wrong** Recht von Unrecht unterscheiden können; **to put something to rights** etwas in Ordnung bringen ❷ das Anrecht, der Anspruch; **to have a right to something** einen Anspruch auf etwas haben; **right to strike** das Streikrecht; **by what right?** mit welchem Recht?; **by rights** rechtmäßig, von Rechts wegen

**right⁴** [raɪt] ❶ die rechte Seite; **to drive on the right** rechts fahren; **to keep to the**

**R**

**right** sich rechts halten ❷ **the Right** (*politisch*) die Rechte ❸ **in one's own right** selber, selbst

to **right** [raɪt] ❶ **to right a boat/box** ein Boot/einen Kasten aufrichten ❷ **the problem should right itself** das Problem müsste sich von selbst lösen

**right an·gle** der rechte Winkel; **at right angles** rechtwinklig (**to** zu)

**right-an·gled** ['raɪtæŋgld] rechtwinklig

**right·ful** ['raɪtfl] ❶ rechtmäßig ❷ *Bestrafung:* gerecht

**right-hand** ['raɪthænd] rechte(r, s); **right-hand drive** die Rechtssteuerung; **to take the right-hand turn** rechts abbiegen; **he's my right-hand man** er ist meine rechte Hand

**right-hand·ed** [,raɪt'hændɪd] ❶ rechtshändig ❷ *Schlag:* mit der rechten Hand

**right-hand·er** [,raɪt'hændəʳ] ❶ der Rechtshänder/die Rechtshänderin ❷ (*Schlag*) die Rechte

**right·ly** ['raɪtlɪ] ❶ richtig; **rightly or wrongly** ob das nun richtig ist oder nicht; **I don't rightly know** ich weiß nicht genau ❷ mit [*oder* zu] Recht; **and rightly so** und zwar mit Recht

**right-mind·ed** [,raɪt'maɪndɪd] vernünftig

**right of way** das Wegerecht; *von Auto:* die Vorfahrt

**right wing** (*in der Politik, im Sport*) der rechte Flügel

**right-wing** (*politisch*) rechtsgerichtet; **right-wing extremism** der Rechtsextremismus

**rig·id** ['rɪdʒɪd] ❶ starr, steif; **rigid with fear** starr vor Angst ❷ (*übertragen*) unbeugsam, unnachgiebig ❸ *Disziplin:* streng ❹ *System:* starr

**rig·or·ous** ['rɪgərəs] ❶ *Maßnahmen:* rigoros ❷ *Disziplin:* streng, strikt ❸ *Test:* gründlich

**rim** [rɪm] *von Tasse usw.:* der Rand

**rind** [raɪnd] ❶ die [Käse]rinde ❷ *von Schinken:* die Schwarte ❸ *von Frucht:* die Schale

**ring¹** [rɪŋ] ❶ *von Glocken:* der Klang, das Läuten; *von Klingel:* das Klingeln; **there was a ring at the door** es hat geläutet ❷ der Anruf; **to give someone a ring** jemanden anrufen ❸ (*übertragen*) der Klang; **that has the ring of truth** das klingt glaubhaft

**ring²** [rɪŋ] ❶ der Ring; **to have rings round one's eyes** Ringe unter den Augen haben; **to stand in a ring** im Kreis stehen ❷ der [Box]ring; *von Zirkus:* die Manege ❸ (*Gruppe*) der Ring; (*wirtschaftlich*) das Kartell ❹ **to run rings round someone** jemanden in die Tasche stecken

to **ring** [rɪŋ] <rang, rung> ❶ *Glocke:* klingen, läuten; **the doorbell rang** es hat geläutet; **to ring for someone** nach jemandem läuten; **to ring the doorbell** an der Tür läuten ❷ *Worte:* tönen, schallen, erklingen; **to ring false/true** falsch/wahr klingen ❸ **my ears are ringing** mir klingen die Ohren ❹ (*telefonieren*) **to ring someone up** jemanden anrufen ❺ **that rings a bell** das kommt mir bekannt vor

**Ⓖ** Richtiges Konjugieren von **ring**: ring, rang, rung — *Peter rang the doorbell; has Mary rung yet?*

◆to **ring back** to ring [someone] back (*telefonisch*) jemanden zurückrufen

◆to **ring off** aufhängen, den Hörer auflegen

◆to **ring up** to ring someone up jemanden anrufen

**ring bind·er** ['rɪŋbaɪndəʳ] das Ringbuch, der Ringordner

**ring fin·ger** ['rɪŋfɪŋgəʳ] der Ringfinger

**ring·ing** ['rɪŋɪŋ] *Lachen:* schallend

**ring·ing tone** (*am Telefon*) das Freizeichen, das Rufzeichen

**ring·lead·er** ['rɪŋliːdəʳ] der Rädelsführer/die Rädelsführerin

**ring·let** ['rɪŋlɪt] die Ringellocke

**ring road** ['rɪŋrəʊd] die Ringstraße

**ring·side** ['rɪŋsaɪd] **at the ringside** am Ring; **to have a ringside seat** einen Logenplatz haben

**rink** [rɪŋk] die Eisbahn, die Rollschuhbahn

to **rinse** [rɪns] ❶ [ab]spülen, ausspülen; **to rinse one's hands** sich die Hände abspülen ❷ **to rinse something down** etwas abspülen ❸ **to rinse out the clothes** die Kleider auswaschen

**rinse** [rɪns] ❶ die Spülung ❷ (*Haarfarbe*) die Tönung

**riot** ['raɪət] ❶ der Aufstand, der Aufruhr; **riot squad** das Überfallkommando ❷ (*Tumult*) der Krawall ❸ **to run riot** randalieren; *Pflanzen:* wuchern ❹ **to be a riot** zum Schreien sein

to **riot** ['raɪət] randalieren

**ri·ot·er** ['raɪətəʳ] der Aufrührer/die Aufrührerin, der Unruhestifter/die Unruhestifterin

**riot gear** die Schutzausrüstung

**riot·ing** ['raɪətɪŋ] **rioting in the streets** die Straßenkrawalle

**rip** [rɪp] der Riss, der Schlitz

to **rip** [rɪp] <ripped, ripped> ❶ **to rip something** einen Riss in etwas machen, etwas zerreißen; **to rip a parcel open** ein Paket aufreißen ❷ *Stoff:* reißen ❸ **to let rip** loslegen
◆ to **rip down** herunterreißen
◆ to **rip off** ❶ abreißen ❷ (*umgangsspr*) **to rip someone off** jemanden neppen
◆ to **rip out** herausreißen
◆ to **rip up** zerreißen

to **rip·en** ['raɪpən] ❶ reifen ❷ **to ripen a pear** eine Birne reifen lassen

**rip-off** ['rɪpɒf] der Wucher, der Nepp, der Schwindel

to **rise** [raɪz] <rose, risen> ❶ sich erheben; *Rauch usw.:* aufsteigen ❷ *Preis:* ansteigen ❸ *Lift:* hochfahren, nach oben fahren ❹ *Vorhang:* sich heben ❺ *Mond:* aufgehen ❻ *Sturm:* aufkommen ❼ *Stimme:* höher werden ❽ *Gebäude:* entstehen ❾ *Hoffnung:* steigen, wachsen, zunehmen ❿ *Berg:* sich erheben ⓫ **to rise up** aufstehen; (*auch übertragen*) sich erheben ⓬ **to rise to the surface** an die Oberfläche kommen

**rise** [raɪz] ❶ *von Sonne:* der Aufgang; *von Vorhang:* das Aufgehen ❷ *von Preisen:* der Anstieg; *von Temperatur:* die Zunahme; **a rise in the population** ein Bevölkerungszuwachs ❸ (*Hügel*) die Erhebung, die Steigung ❹ [pay] **rise** die Gehaltserhöhung ❺ **crime is on the rise** die Verbrechensrate ist ansteigend ❻ **to give rise to speculation** Anlass zu Spekulation geben

**ris·en** ['rɪzn] *3. Form von* **rise**

**ris·er** ['raɪzəʳ] **early riser** der Frühaufsteher/die Frühaufsteherin; **late riser** der Spätaufsteher/die Spätaufsteherin

**ris·ing**[1] ['raɪzɪŋ] ❶ *Kosten, Temperatur:* steigend ❷ *Sonne:* aufgehend ❸ *Wind:* aufkommend ❹ *Wut:* wachsend ❺ **she's rising twelve** sie ist fast zwölf

**ris·ing**[2] ['raɪzɪŋ] der Aufstand

**risk** [rɪsk] ❶ die Gefahr; **at one's own risk** auf eigene Gefahr; **at the risk of his life** unter Einsatz seines Lebens; **children at risk** die gefährdeten Kinder; **to put someone at risk** jemanden gefährden ❷ das Risiko; **to take** [*oder* **run**] **a risk doing something** ein Risiko eingehen, etwas zu tun

to **risk** [rɪsk] riskieren; **to risk one's life** sein Leben aufs Spiel setzen

**risky** ['rɪskɪ] riskant, gewagt

**ri·val**[1] ['raɪvl] ❶ der Rivale/die Rivalin ❷ **business rival** der Konkurrent/die Konkurrentin

**ri·val**[2] ['raɪvl] konkurrierend

**ri·val·ry** ['raɪvlrɪ] die Rivalität; (*wirtschaftlich*)

die Konkurrenz

**riv·er** ['rɪvəʳ] ❶ der Fluss, der Strom ❷ **down river** flussabwärts; **up river** flussaufwärts

**riv·er bed** das Flussbett

**riv·er po·lice** die Wasserpolizei

**riv·er·side** ['rɪvəsaɪd] das Flussufer; **on the riverside** am Fluss

**riv·et·ing** ['rɪvətɪŋ] (*übertragen*) fesselnd

**RN** [ˌɑːʳˈen] *Abkürzung von* **Royal Navy** ⒼⒷ die Königliche Marine

**road** [rəʊd] ❶ die Straße; **is this the road to ...?** geht es hier nach ...?; **by road** *von Gütern:* per Spedition; *von Menschen:* mit dem Auto/Bus; **just across the road** gerade gegenüber ❷ **the car is off the road** das Auto hat eine Panne; **to be on the road** unterwegs sein; *von Theatergruppe usw.:* auf Tournee sein ❸ (*übertragen*) der Weg; **to be on the right road** auf dem richtigen Weg sein; **on the road to success** auf dem Weg zum Erfolg

**road ac·ci·dent** der Verkehrsunfall

**road·block** die Straßensperre

**road haul·age** die Spedition

**road hog** (*umgangsspr*) der Verkehrsrowdy

**road map** die Straßenkarte, die Autokarte

**road rage** die aggressive Fahrweise

**road safe·ty** die Verkehrssicherheit

**road·side** ['rəʊdsaɪd] der Straßenrand

**road sign** das Verkehrszeichen, das Straßenschild

**road sweep·er** der Straßenkehrer/die Straßenkehrerin

**road us·er** der Verkehrsteilnehmer/die Verkehrsteilnehmerin

**road·works** ['rəʊdwɜːks] *plural* die Straßenbauarbeiten

to **roam** [rəʊm] ❶ **to roam about** umherschweifen, herumwandern ❷ **to roam the streets** herumstreunen

to **roar** [rɔːʳ] ❶ *Tier, Mensch:* brüllen; **to roar with laughter** vor Lachen brüllen; **to roar at someone** jemanden anbrüllen ❷ *Feuer:* prasseln ❸ *Wind:* heulen ❹ *Wasser:* tosen ❺ *Donner:* toben ❻ *Gewehr:* donnern

**roar** [rɔːʳ] ❶ *von Löwe:* das Gebrüll ❷ *von Feuer:* das Prasseln ❸ *von Wind:* das Heulen ❹ *von Wasser:* das Tosen ❺ *von Sturm:* das Toben, das Heulen ❻ **roars of laughter** das brüllende Gelächter

**roar·ing** [ˈrɔːʳɪŋ] ❶ *Löwe:* brüllend (**with** vor) ❷ *Sturm, Wasser:* donnernd, tosend ❸ *Feuer:* prasselnd ❹ **a roaring success** ein durchschlagender Erfolg; **to do a roaring trade** ein Riesengeschäft machen

**to roast** [rəʊst] ❶ braten *Fleisch* ❷ rösten *Kaffee* ❸ (*übertragen umgangsspr*) *Mensch:* irrsinnig schwitzen, in der Sonne braten

**roast¹** [rəʊst] der Braten; **pork roast** der Schweinebraten

**roast²** [rəʊst] gebraten; **roast pork** der Schweinebraten

**roast beef** das Roastbeef

**roast chick·en** das Brathuhn

**roast·ing** glühend heiß

**to rob** [rɒb] <robbed, robbed> ❶ ausrauben *Bank* ❷ berauben *Person;* **she's been robbed** sie ist bestohlen worden; **to rob someone of something** jemanden einer Sache berauben, jemandem etwas wegnehmen

**rob·ber** ['rɒbəʳ] der Räuber/die Räuberin

**rob·bery** ['rɒbərɪ] der Raub; **bank robbery** der Bankraub

**robe** [rəʊb] ❶ die Robe; *von Richter usw.:* der Talar ❷ (USA) der Morgenmantel, der Bademantel

**rob·in** ['rɒbɪn], **rob·in red·breast** [‚rɒbɪn-'redbrest] das Rotkehlchen

**ro·bot** ['rəʊbɒt] der Roboter

**rock¹** [rɒk] ❶ das Gestein, der Fels[en] ❷ der Felsbrocken, der große Stein; **falling rocks** der Steinschlag; **as solid as a rock** massiv wie ein Fels; (*übertragen*) *Mensch:* unerschütterlich ❸ die Lutschstange, der Kandis ❹ **on the rocks** *Getränk:* mit Eiswürfeln; *Heirat:* kaputt

**rock²** [rɒk] **rock music** der Rock, die Rockmusik; **Rock 'n' Roll** der Rock 'n' Roll

**to rock** [rɒk] ❶ **to rock a baby** ein Kind wiegen; **to rock someone to sleep** jemanden in den Schlaf wiegen ❷ rütteln, erschüttern, ins Wanken bringen ❸ **to rock the boat** (*übertragen*) für Unruhe sorgen ❹ schaukeln ❺ schwanken; *Schiff:* schlingern ❻ *Musik:* rocken ❼ **to rock with laughter** sich schütteln vor Lachen

**rock band** *mit Singular oder Plural* die Rockband

**rock-bottom** [‚rɒk'bɒtəm] der Tiefpunkt, der Nullpunkt; **rock-bottom prices** die Tiefstpreise

**rock climb·er** der Bergsteiger/die Bergsteigerin

**rock climb·ing** das Klettern, der Klettersport

**rock·er** ['rɒkəʳ] ► WENDUNGEN: **to be** [*oder* **go**] **off one's rocker** (*umgangsspr*) übergeschnappt sein, überschnappen

**rock·ery** ['rɒkrɪ] der Steingarten

**rock·et** ['rɒkɪt] die Rakete

**to rock·et** ['rɒkɪt] *Preise:* rasch steigen, hochschnellen

**rock·fall** der Steinschlag

**rock·ing** ['rɒkɪŋ] schaukelnd

**rock·ing chair** der Schaukelstuhl

**rock·ing horse** das Schaukelpferd

**rock mu·sic** ['rɒk‚mjuːzɪk] die Rockmusik

**rock salt** das Steinsalz

**rock star** ['rɒkstaːʳ] der Rockstar

**rocky** ['rɒkɪ] felsig, steinig

**Rocky Moun·tains** *plural* **the Rocky Mountains** die Rocky Mountains

**rod** [rɒd] ❶ die Rute, die Gerte; **fishing rod** die Angelrute ❷ der Stab, die Stange

**rode** [rəʊd] *2. Form von* **ride**

**ro·dent** ['rəʊdnt] das Nagetier

**roe¹** [rəʊ] der [Fisch]rogen

**roe²** [rəʊ] **roe deer** das Reh

**rog·er** ['rɒdʒəʳ] (*beim Funkverkehr*) verstanden

**rogue** [rəʊg] der Schuft, der Schurke, der Strolch, der Schlingel

**role** [rəʊl] (*auch übertragen*) die Rolle; **leading role** die Hauptrolle; **title role** die Titelrolle

**role mod·el** das Rollenbild

**role play** das Rollenspiel

**role re·ver·sal** der Rollentausch

**roll** [rəʊl] ❶ *von Papier:* die Rolle ❷ *von Stoff:* der Ballen ❸ *von Banknoten:* das Bündel ❹ **bread roll** das Brötchen ❺ (*Bewegung*) das Rollen; **to do a roll** eine Rolle machen ❻ *von Donner:* das Rollen, das Brausen ❼ **a roll of film** eine Rolle Film ❽ **to be on a roll** eine Glückssträhne haben ❾ **roll of honour** die Ehrenliste; **to strike someone's name off the rolls** jemandes Namen von der Liste streichen

**to roll** [rəʊl] ❶ *auch Augen, Wogen:* rollen; **to roll down the hill** den Berg hinunterkugeln ❷ *Trommel:* wirbeln ❸ *Schiff:* schlingern ❹ *Donner:* grollen ❺ **he's rolling in money** er schwimmt im Geld ❻ **to roll something between one's fingers** etwas zwischen den Fingern drehen; drehen *Zigarette* ❼ ausrollen *Teig* ❽ **rolled oats** die Haferflocken ❾ **to roll one's r's** das R rollen

◆ **to roll back** ❶ zurückrollen *Teppich* ❷ **to roll back the years** die Uhr zurückdrehen

◆ **to roll by** ❶ *Auto:* vorbeirollen ❷ *Wolken:* vorbeiziehen ❸ *Jahre:* dahinziehen

◆ **to roll in** *Briefe, Geld, Ideen:* hereinströmen

◆ **to roll on** ❶ weiterrollen ❷ *Zeit:* verfliegen

◆ **to roll out** ❶ ausrollen *Teig* ❷ **to roll out the red carpet for someone** (*übertragen*) für jemanden den roten Teppich ausrollen

◆to **roll over** ❶ herumrollen ❷ *Fahrzeug:* umkippen ❸ *Person:* sich umdrehen; **to roll something over** etwas umdrehen

◆to **roll up** ❶ **to roll up a carpet** einen Teppich aufrollen/zusammenrollen ❷ hochkrempeln *Ärmel* ❸ kommen, erscheinen; **roll up! roll up!** treten Sie näher!

**roll bar** *von Auto:* der Überrollbügel

**roll call** ['rəʊlkɔːl] der Namensaufruf

**roll·er** ['rəʊləʳ] ❶ die Rolle, die Walze ❷ **pastry roller** das Nudelholz ❸ **hair roller** der Lockenwickler; **to put one's hair in rollers** sich die Haare aufdrehen ❹ (*Welle*) der Brecher

**roll·er blind** das Springrollo

**roll·er coast·er** die Achterbahn, die Berg-und-Tal-Bahn

**roll·er skate** ['rəʊlə skeɪt] der Rollschuh

to **roll·er-skate** ['rəʊləskeɪt] Rollschuh laufen

**roll·ing pin** das Nudelholz, die Teigrolle

**roll-neck** ['rəʊlnek] der Rollkragen

**ROM** [rɒm] *Abkürzung von* **Read Only Memory** der/das ROM

**Ro·man**[1] ['rəʊmən] römisch; **Roman numerals** die römischen Ziffern

**Ro·man**[2] ['rəʊmən] der Römer/die Römerin

**Ro·man Catho·lic**[1] römisch-katholisch

**Ro·man Catho·lic**[2] der Katholik/die Katholikin

**ro·mance**[1] [rəʊ'mæns] ❶ die Romanze ❷ die Liebesgeschichte, der Ritterroman, der Abenteuerroman, der Liebesroman ❸ (*übertragen*) die Romantik

**ro·mance**[2] [rəʊ'mæns] **Romance languages** die romanischen Sprachen

**Ro·ma·nia** [rə'meɪnɪə] Rumänien

**Ro·ma·nian**[1] [rə'meɪnɪən] rumänisch

**Ro·ma·nian**[2] [rə'meɪnɪən] ❶ der Rumäne/die Rumänin ❷ (*Sprache*) Rumänisch, das Rumänische

**ro·man·tic**[1] [rəʊ'mæntɪk] ❶ romantisch ❷ (*übertragen*) romantisch veranlagt

**ro·man·tic**[2] [rəʊ'mæntɪk] der Romantiker/die Romantikerin

**Rome** ['rəʊm] Rom

**roof** [ruːf] ❶ das Dach ❷ **the roof of the mouth** der Gaumen ❸ **to raise the roof** [etwas tun,] dass die Wände wackeln

**roof gar·den** der Dachgarten

**roof rack** *von Auto:* der Dachgepäckträger

**rook** [rʊk] ❶ die Saatkrähe ❷ (*beim Schach*) der Turm

**rookie** ['rʊkɪ] Ⓤ (*slang*) der Neuling, der Grünschnabel

**room** [ruːm] ❶ das Zimmer, der Raum; **rooms**

**to let** Zimmer zu vermieten; **room and board** die Unterkunft und Verpflegung ❷ der Platz; **there is room for two** es ist genügend Platz für zwei; **to make room for someone** jemandem Platz machen ❸ (*übertragen*) der Spielraum; **there is no room for doubt** es kann keinen Zweifel geben; **there is room for improvement** es ließe sich noch manches verbessern

**room·ful** [ruːmfʊl] **a roomful of people** ein Zimmer voll[er] Leute

**room·mate** der Zimmergenosse/die Zimmergenossin

**room ser·vice** der Zimmerservice

**roomy** ['ruːmɪ] geräumig

**roost·er** ['ruːstəʳ] der Hahn

**root** [ruːt] ❶ *von Pflanze, Haar, Zahn:* die Wurzel; **by the roots** mit der Wurzel; **to take root** Wurzeln schlagen ❷ (*übertragen*) die Grundlage, die Ursache; **the root of the matter** der Kern der Sache; **to get to the root of the problem** dem Problem auf den Grund gehen, das Problem bei den Wurzeln packen ❸ **to have no roots** nirgends zu Hause sein; **to put down roots in a country** in einem Land Fuß fassen

to **root** [ruːt] ❶ Wurzeln schlagen ❷ **the problem is deeply rooted** das Problem ist tief verwurzelt ❸ **to root something out** etwas mit der Wurzel ausreißen; (*übertragen*) etwas aufspüren

Ⓛ **Root beer** nennt man eine amerikanische Art Limonade mit verschiedenen Wurzelextrakten. Daraus kann man auch einen **root beer float** machen: man gibt Milchspeiseeis in das root beer und trinkt es mit einem Strohhalm.

**root veg·eta·ble** das Wurzelgemüse

**rope** [rəʊp] ❶ das Seil; *von Schiff:* das Tau ❷ **to know the ropes** sich auskennen; **to show someone the ropes** jemanden in alles einweihen

to **rope** [rəʊp] ❶ **to rope something** etwas verschnüren ❷ mit dem Lasso fangen *Tier* ❸ (*übertragen*) **to rope someone in** jemanden einspannen ❹ **to rope an area off** ein Gebiet mit einem Seil absperren

**rope lad·der** die Strickleiter

**ropey, ropy** ['rəʊpi] (*slang*) miserabel, mitgenommen; **I feel a bit ropey** mir geht's nicht so gut [*oder* nicht besonders]

**rose**[1] [rəʊz] 2. Form von **rise**

**rose**[2] [rəʊz] ❶ die Rose ❷ (*Farbe*) das Rosa

**rose**[3] [rəʊz] rosa[rot]

**rose·bud** die Rosenknospe

**rose·bush** der Rosenstrauch
**rose gar·den** der Rosengarten
**rose·hip** die Hagebutte
**rose·mary** ['rəʊzmərɪ] der Rosmarin
**ros·ter** ['rɒstəʳ] der Dienstplan
**rosy** ['rəʊzɪ] ❶ rosarot, rosig ❷ *Zukunft, Aussichten:* rosig
to **rot** [rɒt] <rotted, rotted> ❶ faulen; **to rot away** verfaulen, vermodern ❷ (*übertragen*) verkommen, verderben
**rot** [rɒt] ❶ die Fäulnis, der Moder ❷ **dry rot** die Trockenfäule
**rota** ['rəʊtə] ⓖⒷ der Dienstplan
**rota sys·tem** das Rotationsprinzip
to **ro·tate** [rəʊ'teɪt] ❶ [sich] drehen; **to rotate a wheel** ein Rad rotieren lassen ❷ (*übertragen*) [sich] turnusmäßig [ab]wechseln; **to rotate jobs** Aufgaben turnusmäßig erledigen; **to rotate crops** im Fruchtwechsel anbauen
**ro·ta·tion** [rəʊ'teɪʃn] ❶ die Umdrehung, die Rotation ❷ (*übertragen*) der turnusmäßige Wechsel; **by** [*oder* **in**] **rotation** abwechselnd, im Turnus
**rot·ten** ['rɒtn] ❶ *Zahn, Ei:* faul ❷ *Holz:* morsch ❸ *Früchte:* verdorben ❹ (*übertragen*) korrupt, verdorben ❺ *Wetter, Zustand:* mies ❻ **what rotten luck!** so ein Pech!
**rough¹** [rʌf] ❶ rau; *Gelände:* uneben; *Straße:* holprig; *See:* rau, stürmisch ❷ *Geschmack:* rau; *Wein:* sauer ❸ *Ton:* hart; *Worte:* grob, hart ❹ *Benehmen:* ungehobelt, roh; *Behandlung:* grob, hart; **to be rough with someone** grob mit jemandem umgehen ❺ *Sport:* hart ❻ *Rechnung:* grob, ungefähr ❼ *Entwurf, Manuskript:* roh; **rough book** (*in der Schule*) das Schmierheft; **rough copy** das Konzept; **rough paper** das Konzeptpapier ❽ **he had a rough time** (*umgangsspr*) er hat eine schlimme Zeit durchgemacht ❾ **she feels rough today** (*umgangsspr*) heute fühlt sie sich mies
**rough²** [rʌf] **to take the rough with the smooth** die Dinge nehmen, wie sie kommen
to **rough** [rʌf] ❶ **to rough it** primitiv leben ❷ **to rough out a plan** einen Plan grob entwerfen
◆ to **rough up** ❶ zerzausen *Haar* ❷ **to rough someone up** jemanden zusammenschlagen
**rough-and-tum·ble** die Balgerei, die Schlägerei
to **rough·en** ['rʌfn] ❶ **to roughen something** etwas uneben machen, etwas rau machen ❷ *Haut:* rau werden ❸ *Ton:* hart werden

**rough·ly** ['rʌflɪ] ❶ rau, grob, barsch ❷ ungefähr ❸ **roughly speaking** grob geschätzt
**round¹** [raʊnd] <rounder, roundest> ❶ rund ❷ *Figur:* rundlich ❸ **round figure** [*oder* **number**] die runde Zahl
**round²** [raʊnd] ❶ *von Verhandlungen:* die Runde; **round of talks** die Gesprächsrunde ❷ (*Rundgang*) *von Polizei:* die Runde; **the postman's making his rounds** der Briefträger macht seine Runde ❸ (*beim Sport, Spiel*) die Runde; **a round of golf** eine Runde Golf ❹ (*in der Musik*) der Kanon ❺ **a round of toast** eine Scheibe Toast ❻ **to pay for a round** [**of drinks**] eine Runde bezahlen ❼ **a round of applause** der Applaus ❽ **a round of ammunition** eine Ladung
**round³** [raʊnd] ❶ herum, ringsherum, rundherum; **all** [*oder* **right**] **round** ganz herum; **round and round** rundherum; **the long way round** der längere Weg ❷ **the other way round** umgekehrt ❸ **he'll be round at 2 o'clock** er wird um 2 Uhr da sein ❹ **for the second time round** zum zweiten Mal; **all** [**the**] **year round** das ganze Jahr über ❺ **taking things all round** [*oder* **taken all round**] insgesamt gesehen, wenn man alles zusammennimmt ❻ um ... herum; **round the table** um den Tisch; **all round the house** im ganzen Haus; **to go round a corner** um eine Kurve [*oder* Ecke] gehen; **to look round a house** sich ein Haus ansehen; **to show someone round a town** jemandem eine Stadt zeigen; **she's doing a tour round the world** sie macht eine Weltreise; **does he live round here?** wohnt er hier in der Nähe? ❼ ungefähr; **round** [**about**] **4 o'clock** ungefähr um 4 Uhr; **somewhere round £50** so um die 50 Pfund
to **round** [raʊnd] ❶ runden, rund machen *Lippen, Rücken* ❷ **to round the corner** um die Ecke biegen
◆ to **round down** abrunden *Preis*
◆ to **round off** ❶ abrunden *Preis, Zahl* ❷ beschließen *Mahlzeit*
◆ to **round up** ❶ zusammentrommeln *Leute;* hochnehmen *Verbrecher* ❷ zusammentreiben *Vieh* ❸ aufrunden *Preis, Zahl*
**round·about¹** ['raʊndəbaʊt] ❶ **roundabout route** der Umweg; **by roundabout means** auf Umwegen ❷ **what a roundabout way of doing things!** wie kann man nur so umständlich sein!
**round·about²** ['raʊndəbaʊt] ❶ das Karussell ❷ ⓖⒷ der Kreisverkehr, der Kreisel
**round-the-clock** rund um die Uhr

**round trip** die Rundreise; ⓤⓈⒶ die Hin- und Rückfahrt

**round-trip tick·et** ⓤⓈⒶ die Rückfahrkarte

**round-up** ['raʊndʌp] **a round-up of the news** eine Zusammenfassung der Nachrichten

**rous·ing** ['raʊzɪŋ] ① *Applaus:* stürmisch ② *Rede:* zündend, mitreißend ③ *Musik:* schwungvoll

**route** [ruːt] ① die Strecke, die Route ② **bus route** die Buslinie ③ **he has a paper route** ⓤⓈⒶ er trägt Zeitungen aus

**rou·tine¹** [ruːˈtiːn] die Routine; **as a matter of routine** routinemäßig

**rou·tine²** [ruːˈtiːn] ① Routine-, gewohnheitsmäßig; **routine search** die Routinedurchsuchung ② **it's routine procedure** es ist Routine ③ **routine duties** die täglichen Pflichten

**row¹** [rəʊ] die Reihe; **in rows** reihenweise; **to stand in a row** sich anstellen, in einer Reihe stehen

**row²** [rəʊ] die Ruderfahrt, die Ruderstrecke; **to go for a row** rudern gehen

**row³** [raʊ] ① der Lärm, der Krach ② der Streit; **to have a row with someone** mit jemandem Krach haben

to **row¹** [rəʊ] rudern; **to row someone across a river** jemanden einen Fluss hinüberrudern

to **row²** [raʊ] sich streiten

**row·boat** ['rəʊbəʊt] ⓤⓈⒶ das Ruderboot

**row·dy** ['raʊdɪ] laut, randalierend

**row·er** ['rəʊəʳ] der Ruderer/die Ruderin

**row·ing** ['rəʊɪŋ] das Rudern, der Rudersport

**row·ing boat** ['rəʊɪŋbəʊt] ⒼⒷ das Ruderboot

**row·ing club** der Ruderklub

**roy·al¹** ['rɔɪəl] königlich

**roy·al²** ['rɔɪəl] (*umgangsspr*) das Mitglied der königlichen Familie

**Roy·al Air Force** *kein Plural, mit Singular oder Plural* ⒼⒷ **the Royal Air Force** die Königliche Luftwaffe

**Roy·al High·ness His Royal Highness** Seine Königliche Hoheit; **Your Royal Highness** Eure Königliche Hoheit

**roy·al·ist** ['rɔɪəlɪst] der Royalist/die Royalistin

**Roy·al Navy** *kein Plural, mit Singular oder Plural* ⒼⒷ **the Royal Navy** die Königliche Marine

**roy·al·ty** ['rɔɪəltɪ] ① die Mitglieder des Königshauses ② **royalties** die Tantiemen

**RSPCA** [ˌɑːesˌpiːsiːˈeɪ] *kein Plural, mit Singular oder Plural* ⒼⒷ *Abkürzung von* **Royal Society for the Prevention of Cruelty to Animals** ≈ der Tierschutzverein

**RSVP** [ˌɑːesviːˈpiː] *Abkürzung von* **répondez**

s'il vous plaît u. A. w. g.

**rub** [rʌb] das Reiben; **to give something a rub** etwas reiben

to **rub** [rʌb] <rubbed, rubbed> ① reiben (**on/against** an); **to rub one's hands [together]** sich die Hände reiben ② **to rub oneself with a lotion** sich mit einer Lotion einreiben; **to rub something dry** etwas trockenreiben ③ **to rub shoulders with someone** mit jemandem in Berührung kommen

◆ to **rub down** ① **to rub something down** etwas abreiben ② striegeln *Pferd*

◆ to **rub in** ① einreiben *Salbe* ② **to rub it in** (*übertragen*) darauf herumreiten

◆ to **rub off** ① *Schmutz:* abgehen; **to rub dirt off** den Schmutz wegreiben ② *Farbe:* abreiben ③ **to rub off on someone** (*übertragen*) auf jemanden abfärben

◆ to **rub out to rub an error out** einen Fehler ausradieren

◆ to **rub up** ① **to rub something up** etwas blank reiben ② **to rub someone up the wrong way** (*übertragen*) bei jemandem anecken

**rub·ber** ['rʌbəʳ] ① der Gummi ② ⒼⒷ der Radiergummi ③ ⓤⓈⒶ (*umgangsspr*) das Kondom

**rub·ber ball** der Gummiball

**rub·ber band** das Gummiband

**rub·ber boots** *plural* die Gummistiefel

**rub·ber bul·let** das Gummigeschoss

**rub·ber glove** der Gummihandschuh

**rub·ber tree** der Kautschukbaum

**rub·bery** ['rʌbərɪ] gummiartig; *Fleisch:* zäh

**rub·bish** ['rʌbɪʃ] ① der Abfall, die Abfälle; **household rubbish** der Hausmüll ② (*übertragen*) der Blödsinn; **don't talk rubbish!** red keinen Quatsch!

**rub·bish bin** der Abfalleimer, der Mülleimer

**rub·bish chute** der Müllschlucker

**rub·bish col·lec·tion** die Müllabfuhr

**rub·bish con·tain·er** ⒼⒷ der Müllcontainer

**rub·bish dump** die Müllkippe

**rub·bish tip** die Müllkippe

**rub·bishy** ['rʌbɪʃɪ] wertlos; (*umgangsspr*) blödsinnig

**rub·ble** ['rʌbl] die Trümmer

**ru·bel·la** [ruːˈbelə] *kein Plural* die Röteln

**ruby¹** ['ruːbɪ] der Rubin

**ruby²** ['ruːbɪ] rubinrot

**ruck·sack** ['rʌksæk] der Rucksack

**rud·der** ['rʌdəʳ] das Ruder

**rud·der·less** ['rʌdəʳləs] ohne Ruder; (*übertragen*) führungslos

**rud·dy** ['rʌdɪ] *Gesichtsfarbe:* rot, gesund

**rude** [ruːd] ① *Person:* unhöflich, unver-

**rudimentary – run** 394

schämt, grob ❷ *Witz:* unanständig ❸ **it's rude to stare** man starrt andere Leute nicht an; **a rude awakening** ein böses Erwachen

**ru·di·men·ta·ry** [ˌruːdɪˈmentrɪ] elementar; **rudimentary knowledge** die Grundkenntnisse

to **ruf·fle** [ˈrʌfl] ❶ kräuseln; **the bird ruffled up its feathers** der Vogel plusterte sich auf ❷ zerzausen *Haare* ❸ **she's easily ruffled** man bringt sie leicht aus der Fassung

**rug** [rʌg] ❶ der Teppich; **bedside rug** der Bettvorleger ❷ die Wolldecke

**rug·by** [ˈrʌgbɪ] das Rugby

**rug·ged** [ˈrʌgɪd] ❶ *Grund:* felsig; *Landschaft:* rau ❷ *Fels:* zerklüftet ❸ *Gesicht:* markig

**ruin** [ˈruːɪn] ❶ *von Gebäude:* der Verfall; **to go** [*oder* **fall**] **to ruin** verfallen ❷ **ruins** *plural* die Ruinen, die Trümmer ❸ der Ruin; *von Hoffnung:* das Ende; **she's facing ruin** sie steht vor dem Ruin

to **ruin** [ˈruːɪn] ❶ verwüsten, zerstören *Gebäude, Leben* ❷ ruinieren *Ruf* ❸ verderben *Kind, Gesundheit* ❹ **to be ruined** (*finanziell*) ruiniert sein

**rule** [ruːl] ❶ die Regel; *von Spielen:* die Spielregel; **as a rule** in der Regel; **against the rules** regelwidrig; **to play by the rules** die Spielregeln einhalten; **to make it a rule to do something** es sich zur Regel machen, etwas zu tun ❷ (*Verwaltung*) die Vorschrift, die Bestimmung; **it's a rule that ...** es ist Vorschrift, dass ... ❸ die Herrschaft, die Regierungszeit; **the rule of law** die Rechtsstaatlichkeit

to **rule** [ruːl] ❶ *Monarch, Diktator:* regieren, herrschen über ❷ **he's ruled by jealousy** er wird von Eifersucht beherrscht ❸ *Gericht:* entscheiden; **to rule in favour of/against someone** zugunsten von jemandem/gegen jemanden entscheiden ❹ linieren *Papier*

◆ to **rule off** ausmessen; ziehen *Linie*

◆ to **rule out** ❶ **to rule out a mistake** einen Fehler ausschließen ❷ **to rule out an idea/a plan** eine Idee/einen Plan unmöglich machen

**rule·book** [ˈruːlbʊk] das Regelheft, das Vorschriftenbuch

**rul·er¹** [ˈruːləʳ] der Herrscher (**of** über)

**rul·er²** [ˈruːləʳ] das Lineal

**rul·ing¹** [ˈruːlɪŋ] ❶ *Meinung:* herrschend; *Charakterzug:* vorherrschend ❷ **the ruling class** die herrschende Klasse; **the ruling party** die Regierungspartei

**rul·ing²** [ˈruːlɪŋ] *von Gericht, Richter:* die Entscheidung

**rum** [rʌm] der Rum

**Ru·ma·nia** [ruˈmeɪnɪə] *kein Plural* Rumänien

**Ru·ma·nian¹** [rəˈmeɪnɪən] rumänisch

**Ru·ma·nian²** [rəˈmeɪnɪən] ❶ der Rumäne/die Rumänin ❷ (*Sprache*) Rumänisch, das Rumänische

to **rum·ble** [ˈrʌmbl] ❶ *Donner:* grollen ❷ *Magen:* knurren

**rum·ble** [ˈrʌmbl] *von Donner:* das Grollen; *von Magen:* das Knurren

**rum·bling** [ˈrʌmblɪŋ] *von Donner:* das Grollen; *von Magen:* das Knurren

**rum·my** [ˈrʌmɪ] (*Kartenspiel*) das Rommee

**ru·mour** [ˈruːməʳ], USA **ru·mor** das Gerücht (**of** über); **there is a rumour of war** es gehen Kriegsgerüchte um

to **ru·mour** [ˈruːməʳ] **it is rumoured that ...** es geht das Gerücht um, dass ..., man munkelt, dass ...

**rump** [rʌmp] **rump steak** das Rumpsteak

**run** [rʌn] ❶ (*auch im Sport*) der Lauf; **to break into a run** zu laufen anfangen; **to make a run for it** abhauen; **on the run** [**from the police**] auf der Flucht [vor der Polizei] ❷ (*mit Fahrzeug*) die Fahrt, der Ausflug; **to go for a run in the car** eine Spazierfahrt im Auto machen ❸ (*bekannte Straße*) die Strecke ❹ die Reihe, die Serie; **to have a long run** viele Aufführungen erleben; **a run of luck** eine Glückssträhne ❺ die Tendenz; **the ordinary run of things** der normale Gang der Dinge ❻ (*wirtschaftlich*) der Ansturm, der Run (**on** auf) ❼ (*für Tiere*) das Gehege ❽ **ski run** die Bahn ▸ WENDUNGEN: **he has had a good run for his money** er hat was für sein Geld bekommen; **to give someone the run of one's house** jemandem sein Haus überlassen; **in the short run** fürs Nächste; **in the long run** auf [die] Dauer

to **run** [rʌn] <ran, run> ❶ laufen, rennen; **he came running out** er kam herausgelaufen; **to run for the bus** zum Bus laufen; **she ran to help him** sie kam ihm schnell zu Hilfe ❷ (*Leistungssport*) laufen; **to run a race** ein Rennen laufen; **to run [in] the 100 metres** die 100 Meter laufen; **to run 2 km** 2 km laufen ❸ davonlaufen, wegrennen; **to run for one's life** um sein Leben rennen ❹ *Fahrzeug:* rollen, gleiten ❺ **he runs a car** er fährt ein Auto ❻ fahren, bringen *Personen;* **he ran her home** er brachte sie nach Hause ❼ *Verkehrsmittel:* verkehren; **it runs on wheels** es fährt auf Rädern; **the buses run once an hour** die Busse fahren stündlich; **all planes are running late** alle Flugzeuge haben Verspätung ❽ führen, leiten *Hotel;* **to run a company** ein Unternehmen leiten; **to run a store** ein Geschäft haben ❾ *Wasser:* laufen; *Augen:* tränen; **tears ran down her cheeks** Tränen liefen ihr übers Gesicht; **to run [water into] a bath** Wasser in die Badewanne einlaufen lassen ❿ *Farbe:* zerfließen, ineinanderfließen ⓫ *Strom, Gewässer:* fließen, strömen; **to run dry** austrocknen; **the river runs into the sea** der Fluss mündet ins Meer ⓬ *Straße:* führen, gehen; *Berge:* sich ziehen, sich erstrecken; **a wall runs round the garden** um den Garten führt eine Mauer ⓭ *(funktionieren)* Fabrik: arbeiten; *Geschäft, Maschine:* gehen, laufen, in Betrieb sein; betreiben *Maschine;* **the radio runs off the mains** das Radio läuft auf Netz ⓮ sich aufstellen lassen; aufstellen *Kandidaten;* **to run for President** für die Präsidentschaft kandidieren ⓯ *Worte:* lauten; **the wording ran as follows** es lautete folgendermaßen ⓰ *Neuigkeit:* umgehen; **a rumour ran through the school** ein Gerücht ging in der Schule um ⓱ **the affair has run its course** diese Sache ist jetzt zu Ende; **the idea ran through my head** der Gedanke ging mir durch den Kopf; **so the story runs** so heißt es; **to run down the list** die Liste durchgehen; **to run one's eye over a page** eine Seite überfliegen ⓲ **to run a film** einen Film zeigen ⓳ *Körper:* **to run with sweat** schweißüberströmt sein; **to run a fever** Fieber haben; **to run one's fingers through one's hair** sich mit den Fingern durch die Haare fahren ⓴ **a shiver ran down her spine** es lief ihr kalt den Rücken hinunter; **his blood ran cold** das Blut gefror ihm in den Adern ㉑ **it runs in the family** es liegt in der Familie ㉒ **to run someone off his feet** jemanden ständig auf Trab halten; **to run one's own life** sein eigenes Leben führen

Ⓖ Richtiges Konjugieren von **run**: run, ran, run — *Rupert ran to the door; Mrs Smith has run the shop for ten years.*

◆to **run about** herumlaufen, umherlaufen
◆to **run across** ❶ hinüberlaufen ❷ zufällig treffen *Leute*
◆to **run after** **to run after someone** jemandem hinterherlaufen
◆to **run against** *(politisch)* **to run against someone** jemandes Gegenkandidat sein
◆to **run along** *(umgangsspr)* **run along!** ab mit dir!
◆to **run around** herumrennen *umgangsspr;*
**to run around with somebody** sich mit jemandem herumtreiben *umgangsspr*
◆to **run away** wegrennen; **to run away from home** von zu Hause weglaufen
◆to **run back** zurücklaufen
◆to **run down** ❶ hinunterlaufen ❷ *Batterie:* leer werden ❸ **to run someone down** jemanden überfahren ❹ abbauen, auflösen *Lagerbestand* ❺ *(übertragen)* verringern *Firma usw.*
◆to **run in** ❶ hineinlaufen ❷ einfahren *Auto* ❸ *(umgangsspr)* hoppnehmen *Verbrecher*
◆to **run into** ❶ **to run into someone** jemanden zufällig treffen ❷ *Auto:* fahren gegen ❸ **to run into difficulties** Schwierigkeiten bekommen; **to run into danger** in Gefahr geraten
◆to **run off** ❶ weglaufen, wegrennen ❷ *Wasser:* ablassen ❸ zu Papier bringen *Brief*
◆to **run on** ❶ weiterlaufen, weiterrennen ❷ *Worte:* fortlaufend geschrieben sein; ohne Absatz gedruckt sein
◆to **run out** ❶ hinausgehen, herauslaufen ❷ *Ware:* ausgehen, zu Ende gehen ❸ *Bescheinigung:* ablaufen ❹ *Vorräte:* ausgehen
◆to **run over** ❶ kurz hinüberlaufen ❷ *Flüssigkeit:* überlaufen ❸ **to run someone over** jemanden überfahren
◆to **run through** ❶ **to run through the park** durch den Park laufen ❷ durchgehen *Text* ❸ durchspielen *Theaterstück*
◆to **run up** ❶ hinauflaufen, hinaufeilen ❷ **to run up a dress** ein Kleid schnell zusammennähen ❸ **to run up against difficulties** auf Schwierigkeiten stoßen ❹ machen *Schulden*
**run-around** ['rʌnə'raʊnd] *(umgangsspr)* **to give someone the run-around** jemanden an der Nase herumführen
**run·away**[1] ['rʌnəweɪ] der Ausreißer/die Ausreißerin
**run·away**[2] ['rʌnəweɪ] ❶ durchgebrannt, entlaufen ❷ *Inflation:* unkontrollierbar ❸ **to have a runaway victory** einen leichten Sieg haben
**run-down**[1] [ˌrʌn'daʊn] ❶ *Gebäude:* heruntergekommen ❷ *Person:* abgespannt
**run-down**[2] ['rʌndaʊn] die Zusammenfassung
**rung**[1] [rʌŋ] 3. *Form von* **ring**
**rung**[2] [rʌŋ] *von Leiter:* die Sprosse
**run-in** ['rʌn,ɪn] *(umgangsspr)* der Streit
**run·ner** ['rʌnə'] ❶ der Läufer/die Läuferin ❷ das Rennpferd ❸ der Bote/die Botin, der Laufbursche ❹ die [Schlitten]kufe ❺ **to do a runner** *(slang)* eine Fliege machen

**run·ner bean** die Stangenbohne
**run·ner-up** [ˌrʌnərˈʌp] <*plural* runners-up> (*im Rennen*) der/die Zweite
**run·ning¹** [ˈrʌnɪŋ] ❶ das Laufen, das Rennen; **running shoe** der Laufschuh ❷ *von Firma:* die Leitung, die Führung ❸ *von Maschine:* das Laufen ❹ **to make the running** das Rennen machen; **to be in the running** im Rennen liegen; **to be out of the running** aus dem Rennen sein
**run·ning²** [ˈrʌnɪŋ] ❶ *Wasser:* fließend ❷ *Erklärung:* fortlaufend ❸ **running jump** der Sprung mit Anlauf ❹ **4 days running** 4 Tage hintereinander ❺ **up and running** in Betrieb
**run·ning costs** *plural* die Betriebskosten
**run·ning joke** immer wiederkehrender Scherz
**run·ny** [ˈrʌnɪ] ❶ flüssig ❷ **I've got a runny nose** mir läuft die Nase ❸ *Augen:* wässrig
**run-off** ❶ die Stichwahl ❷ *bei Wettrennen, in der Leichtathletik:* der Entscheidungslauf
**run-through** [ˈrʌnθruː] *von Text:* das Durchgehen
**run-up** [ˈrʌnʌp] ❶ **to take a run-up** Anlauf nehmen ❷ **the run-up to an event** das Vorfeld eines Ereignisses
**run·way** [ˈrʌnweɪ] die Start- und Landebahn, die Runway
**ru·ral** [ˈrʊərəl] ländlich, Land-
**rush** [rʌʃ] ❶ **to make a rush for something** sich auf etwas stürzen ❷ der Ansturm (**for** auf/nach) ❸ die Eile; **to be in a rush** in Eile sein; **what's [all] the rush?** wozu diese Hast? ❹ **the Christmas rush** der Weihnachtsbetrieb; **a rush of orders** eine Flut von Aufträgen
to **rush** [rʌʃ] ❶ hasten, hetzen; **to rush to help** zu Hilfe eilen; **to be rushed** in Eile sein; **to be rushed off one's feet** dauernd auf Trab sein ❷ *Wasser:* schießen, stürzen; **the blood rushed to his face** das Blut schoss ihm ins Gesicht ❸ **to rush someone to hospital** jemanden schnell ins Krankenhaus bringen ❹ hastig machen *Arbeit* ❺ **to rush someone into a decision** jemanden zu einer schnellen Entscheidung treiben; **to rush someone into doing something** jemanden dazu treiben, etwas überstürzt zu tun
◆ to **rush at** **to rush at something** auf etwas losstürzen
◆ to **rush out** hinauseilen, hinausstürzen
◆ to **rush through** durchpeitschen *Gesetz*
◆ to **rush up** hinaufeilen
**rushes** [ˈrʌʃɪz] *plural* die erste Probekopie (*eines Films*)
**rush hour** [ˈrʌʃaʊə] die Hauptgeschäftszeit, die Hauptverkehrszeit, die Stoßzeit
**Rus·sia** [ˈrʌʃə] Russland
**Rus·sian¹** [ˈrʌʃn] ❶ der Russe/die Russin ❷ (*Sprache*) Russisch, das Russische
**Rus·sian²** [ˈrʌʃn] russisch
**rust** [rʌst] der Rost; **rust-proof** rostfrei
to **rust** [rʌst] ❶ rosten lassen *Auto usw.* ❷ rosten, einrosten
to **rus·tle** [ˈrʌsl] ❶ raschen; *Seide:* knistern; rascheln mit *Papieren* ❷ **to rustle up a meal** ein Essen improvisieren
**rus·tle** [ˈrʌsl] das Geraschel, das Knistern
**rus·tler** [ˈrʌslər]  (*umgangsspr*) der Viehdieb
**rusty** [ˈrʌstɪ] ❶ *Auto usw.:* rostig, verrostet ❷ **I'm a bit rusty** ich bin etwas aus der Übung; **my German is a bit rusty** mein Deutsch ist etwas eingerostet

> Nicht verwechseln mit *rüstig — sprightly!*

**rut** [rʌt] ❶ die Spur, die Furche ❷ (*übertragen*) der Trott; **to be [stuck] in a rut** im Trott sein
**ruth·less** [ˈruːθlɪs] rücksichtslos
**Rwan·da** [rʊˈændə] Ruanda
**Rwan·dan¹** [rʊˈændən] ruandisch
**Rwan·dan²** [rʊˈændən] der Ruander/die Ruanderin
**rye** [raɪ] ❶ der Roggen; **rye bread** das Roggenbrot ❷ (USA) der [Roggen]whiskey

# S

**S** <*plural* S's *oder* Ss>, **s** [es] <*plural* s's> S, s
**sabo·tage** [ˈsæbətɑːʒ] die Sabotage
to **sabo·tage** [ˈsæbətɑːʒ] **to sabotage a plan** einen Plan sabotieren
**sac·cha·rin** [ˈsækərɪn] der Süßstoff, das Saccharin
**sa·chet** [ˈsæʃeɪ] ❶ der Beutel ❷ *Puder:* das Päckchen ❸ *Shampoo:* das Briefchen
**sack** [sæk] ❶ der Sack ❷ (*umgangsspr*) **to get the sack** gefeuert werden; **to give someone the sack** jemanden entlassen, jemanden hinauswerfen ❸ **to hit the sack** (*slang*) sich in die Falle hauen
to **sack** [sæk] (*umgangsspr*) **to sack someone**

jemanden feuern

**sa·cred** ['seɪkrɪd] ① heilig ② *Musik:* geistlich ③ *Gebäude:* sakral

**sac·ri·fice** ['sækrɪfaɪs] ① (*auch übertragen*) das Opfer ② die Opfergabe; **to make sacrifices** Opfer bringen

to **sac·ri·fice** ['sækrɪfaɪs] **to sacrifice something** [**to someone**] [jemandem] etwas opfern

**sac·ri·lege** ['sækrɪlɪdʒ] das Sakrileg, der Frevel

**sac·ri·legious** [ˌsækrɪ'lɪdʒəs] frevelhaft; (*übertragen*) verwerflich

**sad** [sæd] <sadder, saddest> ① *Person:* traurig, betrübt (**about** über); **to feel sad** traurig sein ② *Verlust:* schmerzlich ③ *Fehler:* bedauerlich ④ *Farbe:* trist ⑤ *Ort:* düster

to **sad·den** ['sædn] **to sadden someone** jemanden betrüben

**sad·dle** ['sædl] *von Pferd, Fahrrad:* der Sattel

to **sad·dle** ['sædl] satteln *Pferd* ▶ WENDUNGEN: **to saddle someone with something** jemandem etwas aufhalsen; **to be saddled with something** etwas am Hals haben

**sa·dis·tic** [sə'dɪstɪk] sadistisch

**sad·ness** ['sædnəs] die Traurigkeit

**sae, SAE** [ˌeseɪ'iː] *Abkürzung von* **stamped addressed envelope** der frankierte Rückumschlag

**sa·fa·ri** [sə'fɑːrɪ] die Safari, die Großwildjagd; **to be on safari** eine Safari machen

**sa·fa·ri park** der Safaripark

**safe¹** [seɪf] der Safe, der Tresor, der Panzerschrank

**safe²** [seɪf] ① sicher, unverletzt; **to be safe** in Sicherheit sein; **safe and sound** gesund und wohlbehalten; **to be safe from someone** vor jemandem sicher sein ② ungefährlich; *Fahrer, Methode:* sicher, zuverlässig; **the beach is safe for bathing** an dem Strand kann man gefahrlos baden; **just to be safe** [*oder* **on the safe side**] um ganz sicher zu gehen ③ **to keep something safe** etwas sicher aufbewahren; **the secret is safe with her** bei ihr ist das Geheimnis sicher ④ *Politik:* vorsichtig, risikolos, realistisch ⑤ **it is safe to say** man kann ruhig sagen; **it is a safe guess** es ist so gut wie sicher ▶ WENDUNGEN: **to play** [**it**] **safe** auf Nummer sicher gehen; **better safe than sorry** Vorsicht ist besser als Nachsicht

**safe-de·pos·it box** der Banksafe, das Bankschließfach

**safe·guard** ['seɪfgɑːd] der Schutz; **as a safeguard against** zum Schutz gegen

to **safe·guard** ['seɪfgɑːd] schützen (**against**

vor); **to safeguard someone's interests** jemandes Interessen wahren

**safe-keep·ing** [ˌseɪf'kiːpɪŋ] die sichere Verwahrung [*oder* Aufbewahrung]

**safe sex** [seɪf'seks] der geschützte Geschlechtsverkehr

**safe·ty** ['seɪftɪ] die Sicherheit; **in a place of safety** an einem sicheren Ort; **there's safety in numbers** zu mehreren ist man sicherer

**safe·ty belt** der Sicherheitsgurt

**safe·ty catch** die Sicherung; **is the safety catch on?** ist die Waffe gesichert?

**safe·ty lock** das Sicherheitsschloss

**safe·ty mar·gin** der Sicherheitsspielraum

**safe·ty net** das Sicherheitsnetz

**safe·ty pin** die Sicherheitsnadel

**safe·ty regu·la·tion** die Sicherheitsvorschrift

to **sag** [sæg] <sagged, sagged> ① *Seil, Dach:* durchhängen ② *Schultern:* herabhängen ③ *Produktion:* zurückgehen ④ (*übertragen*) *Interesse:* nachlassen

**sag** [sæg] ① *von Seil, Dach:* das Durchhängen ② **the sag of his shoulders** seine herabhängenden Schultern

**Sag·it·ta·rius** [ˌsædʒɪ'teərɪəs] (*Sternzeichen*) Schütze

**said** [sed] *2. und 3. Form von* **say**

**sail** [seɪl] ① das Segel ② die Schifffahrt, die Seefahrt; **to set sail** abfahren, absegeln; **to go for a sail** segeln gehen

to **sail** [seɪl] ① segeln, fahren; segeln mit *Schiff* ② abfahren, auslaufen (**for** nach) ③ **to sail through an exam** eine Prüfung spielend schaffen

**sail·boat** (USA) das Segelboot

**sail·ing** ['seɪlɪŋ] ① das Segeln, der Segelsport ② *von Schiff:* die Abfahrt

**sail·ing boat** (GB) das Segelboot

**sail·or** ['seɪlə'] der Seemann, der Matrose; **to be a good sailor** seefest sein

**saint** [seɪnt, *vor Namen* snt] der/die Heilige; **Saint Anne** die heilige Anna

ⓛ Der **Saint Patrick's Day** am 17. März ist das Fest des Schutzpatrons Irlands. Er ist in den USA zwar kein gesetzlicher Feiertag, doch gibt es in manchen Städten Umzüge, und viele Leute tragen dann die Farbe Grün. Der größte und berühmteste Umzug findet in New York City statt.

**saint·ly** ['seɪntlɪ] heilig

**sake** [seɪk] ① **for my sake** meinetwegen ② **for goodness** [*oder* **heaven's**] **sake!** um Himmels willen! ③ **for the sake of peace and quiet** um des lieben Friedens willen; **... and all for the sake of a few pounds**

**salable – sanctity**     **398**

... und alles wegen ein paar Pfund

**sal·able** ['seɪləbl] 🇺🇸 verkäuflich, absatzfähig

**sal·ad** ['sæləd] der Salat; **fruit salad** der Obstsalat

**sal·ad bowl** die Salatschüssel

**sal·ad cream** die Salatmayonnaise

**sal·ad dress·ing** die Salatsoße, das Salatdressing

**sa·la·mi** [sə'lɑːmɪ] die Salami

**sala·ried** ['sælᵊriːd] bezahlt; **salaried employee** der Gehaltsempfänger/die Gehaltsempfängerin

**sala·ry** ['sælərɪ] das Gehalt

**sala·ry cut** die Gehaltskürzung

**sala·ry in·crease** die Gehaltserhöhung

**sale** [seɪl] ❶ der Verkauf; **for sale** zu verkaufen; **to put something up for sale** etwas zum Verkauf anbieten; **not for sale** nicht verkäuflich; **to be on sale** verkauft werden; **sale or return** Kauf mit Rückgaberecht ❷ (*im Laden*) der Ausverkauf, der Schlussverkauf; **to buy something in** [*oder* at] **the sales** etwas im Ausverkauf kaufen ❸ **sales** *plural* (*Verkaufszahlen*) der Absatz ❹ die Auktion

**sale·able** ['seɪləbl] verkäuflich, absatzfähig

**sale price** der Ausverkaufspreis

**sales as·sist·ant** ['seɪlzə‚sɪstənt] 🇬🇧 der Verkäufer/die Verkäuferin

**sales clerk** ['seɪlzklɑːrk] 🇺🇸 der Verkäufer/die Verkäuferin

**sales con·fer·ence** die Vertreterkonferenz

**sales de·part·ment** die Verkaufsabteilung

**sales ex·ecu·tive** der Vertriebsleiter/die Vertriebsleiterin

**sales in·voice** die Verkaufsrechnung

**sales·man** ['seɪlzmən, *plural* 'seɪlzmen] <*plural* salesmen> ❶ der Verkäufer ❷ der Handelsvertreter

**sales·per·son** der Verkäufer/die Verkäuferin

**sales re·ceipt** der Kassenbeleg

**sales·wom·an** ['seɪlzwʊmən, *plural* 'seɪlzwɪmɪn] <*plural* saleswomen> ❶ die Verkäuferin ❷ die Handelsvertreterin

**sa·li·va** [sə'laɪvə] der Speichel

**salm·on** ['sæmən] <*plural* salmon> ❶ der Lachs ❷ (*Farbe*) das Lachs[rosa]

**sal·mo·nel·la pois·on·ing** [‚sælmə'nelə'pɔɪzənɪŋ] die Salmonellenvergiftung

**sa·loon** [sə'luːn] ❶ der Saal ❷ 🇺🇸 der Saloon ❸ 🇬🇧 **saloon car** die Limousine

**sal·sa** ['sælsə] *kein Plural* ❶ die Salsasoße ❷ die Salsamusik

**salt¹** [sɔːlt] ❶ das Salz ❷ **to be worth one's salt** etwas taugen ❸ **to take something**

**with a pinch of salt** etwas nicht ganz wörtlich nehmen

**salt²** [sɔːlt] Salz-, gesalzen

to **salt** [sɔːlt] salzen *Essen*

**salt cel·lar** der Salzstreuer

**salt wa·ter** das Salzwasser

**salt-wa·ter** Meeres-, Salz-

**salty** ['sɔːltɪ] salzig

to **sa·lute** [sə'luːt] ❶ grüßen, begrüßen ❷ [militärisch] grüßen; **to salute someone** vor jemandem salutieren

**sa·lute** [sə'luːt] ❶ der Gruß, die Begrüßung ❷ (*militärisch*) der Salut[schuss]

**sal·vage** ['sælvɪdʒ] ❶ die Bergung ❷ das Bergungsgut

to **sal·vage** ['sælvɪdʒ] bergen (**from** aus)

**sal·va·tion** [sæl'veɪʃn] ❶ die Rettung ❷ (*kirchlich*) das Heil

**Sal·va·tion Army** die Heilsarmee

**salve** [sælv] die Salbe

**Sa·mari·tan** [sə'mærɪtᵊn] ❶ der barmherzige Mensch ❷ 🇬🇧 **the Samaritans** *plural* die Telefonseelsorge

**sam·ba** ['sæmbə] der/die Samba

**same** [seɪm] ❶ **the same** der, die, das Gleiche, derselbe, dieselbe, dasselbe; **they are all the same** sie sind alle gleich; **she's much the same** sie hat sich kaum verändert; **it's always the same** es ist immer das Gleiche; **it's not the same as before** es ist nicht wie früher; **it's all the same to me** es ist mir egal ❷ **it comes to the same** das kommt aufs Gleiche hinaus; **all** [*oder* just] **the same** trotzdem ❸ **it's the same thing** das ist das Gleiche; **at the same time** zur selben Zeit; **this same person** eben dieser Mensch; **in the same way** auf gleiche Weise, ebenso ❹ **same to you** ebenfalls, gleichfalls

**same·ness** ['seɪmnəs] *kein Plural* (*Äußeres*) die Gleichheit; (*Konsequenz*) die Gleichförmigkeit

**sam·ple** ['sɑːmpl] ❶ die Probe ❷ (*in der Statistik*) die Stichprobe, die Auswahl ❸ (*übertragen*) das Beispiel ❹ *von Waren:* das Muster

to **sam·ple** ['sɑːmpl] probieren, kosten *Wein*

**sam·pler** ['sɑːmplə'] der Sampler

**sana·to·rium** [‚sænə'tɔːriəm, *plural* -riə] <*plural* sanatoriums *oder* sanatoria> das Sanatorium

**sanc·tion** ['sæŋkʃn] ❶ die Zustimmung ❷ **economic sanctions** die wirtschaftlichen Sanktionen

to **sanc·tion** ['sæŋkʃn] sanktionieren

**sanc·tity** ['sæŋktətɪ] die Heiligkeit

**sanc·tu·ary** ['sæŋktʃʊərɪ] ❶ das Heiligtum ❷ (*übertragen*) die Zuflucht; **to seek sanctuary with someone** Zuflucht suchen bei jemandem ❸ **wildlife sanctuary** das Naturschutzgebiet

**sand** [sænd] ❶ der Sand ❷ **sands** ⚠ *plural* der Sandstrand

to **sand** [sænd] **to sand something down** etwas [ab]schmirgeln

**san·dal** ['sændl] die Sandale

**sand·bag** ['sændbæg] der Sandsack

**sand·bank** ['sændbæŋk], **sand·bar** ['sændbɑːʳ] die Sandbank

**sand·cas·tle** die Sandburg

**sand dune** die Sanddüne

**sand·pa·per** ['sændpeɪpəʳ] das Sandpapier, das Schmirgelpapier

**sand·pit** der Sandkasten

**sand·wich** ['sænwɪdʒ] <*plural* sandwiches> das Sandwich

to **sand·wich** ['sænwɪdʒ] einklemmen, einzwängen (**between** zwischen)

**sand·wich count·er** Ⓤ die Imbisshalle

**sand·wich course** Ⓖ *Ausbildungsgang, der Theorie und Praxis verbindet*

**sandy** ['sændɪ] ❶ sandig ❷ (*Farbe*) rötlich, rotblond

**sane** [seɪn] ❶ geistig gesund ❷ (*übertragen*) vernünftig, sinnvoll, gesund

**sang** [sæŋ] *2. Form von* **sing**

**sani·tary** ['sænɪtrɪ] ❶ hygienisch ❷ **sanitary towel** [*oder* Ⓤ **napkin**] die Damenbinde, die Monatsbinde

**sani·ta·tion** [ˌsænɪ'teɪʃn] die sanitären Anlagen

**san·ity** ['sænɪtɪ] ❶ die geistige Gesundheit ❷ (*übertragen*) die Vernünftigkeit

**sank** [sæŋk] *2. Form von* **sink**

**San·ta, San·ta Claus** [ˌsæntə'klɔːz] der Weihnachtsmann; (*am 6. Dezember*) der Nikolaus

**sap** [sæp] *von Pflanzen:* der Saft

**sap·ling** ['sæplɪŋ] der junge Baum

**sar·casm** ['sɑːkæzəm] der Sarkasmus

**sar·cas·tic** [sɑː'kæstɪk] sarkastisch

**sar·dine** [sɑː'diːn] die Sardine; **packed [in] like sardines** wie die Sardinen

**sar·ky** ['sɑːkɪ] <sarkier, sarkiest> Ⓖ (*umgangsspr*) sarkastisch

**SARS, Sars** [sɑːz] *kein Plural, ohne Artikel Abkürzung von* **severe acute respiratory syndrome** SARS

**sash**[1] [sæʃ] <*plural* sashes> die Schärpe

**sash**[2] [sæʃ] **sash window** das Schiebefenster

**sas·sy** ['sæsi] <sassier, sassiest> Ⓤ (*umgangsspr*) spritzig

**sat** [sæt] *2. und 3. Form von* **sit**

**Satan** ['seɪtən] der Satan

**satch·el** ['sætʃəl] der Schulranzen, die Schultasche

**sat·el·lite** ['sætəlaɪt] der Satellit

**sat·el·lite broad·cast·ing** das Satellitenfernsehen

**sat·el·lite dish** (*für Fernseher*) die Parabolantenne, die Satellitenschüssel *umgangsspr*

**sat·el·lite tele·vi·sion** das Satellitenfernsehen

**sat·el·lite town** die Trabantenstadt

**sat·in**[1] ['sætɪn] der Satin

**sat·in**[2] ['sætɪn] Satin-, samtig

**sat·ire** ['sætaɪəʳ] die Satire (**on** auf)

**sa·tiri·cal** [sə'tɪrɪkl] satirisch, spöttisch

to **sati·rize** ['sætəraɪz] satirisch darstellen

**sat·is·fac·tion** [ˌsætɪs'fækʃn] ❶ die Befriedigung; **to get satisfaction out of something** Befriedigung in etwas finden ❷ (*Zustand*) die Zufriedenheit (**at** mit); **to feel a sense of satisfaction at something** Genugtuung über etwas empfinden; **it is no satisfaction to me to know that ...** es ist kein Trost zu wissen, dass ... ❸ **to demand/obtain satisfaction from someone** Genugtuung von jemandem verlangen/erhalten ❹ *von Vertrag:* die Erfüllung

**sat·is·fac·tory** [ˌsætɪs'fæktərɪ] ❶ zufriedenstellend, befriedigend (**to** für); **your attitude is not satisfactory** Ihre Einstellung lässt zu wünschen übrig ❷ (*Schulnote*) ausreichend

**sat·is·fied** ['sætɪsfaɪd] zufrieden

to **sat·is·fy** ['sætɪsfaɪ] ❶ stillen *Hunger, Durst;* **to satisfy someone** (*mit Essen*) jemanden sättigen ❷ erfüllen, nachkommen *Bedingungen, Verpflichtungen;* genügen *Anforderungen* ❸ **to be satisfied with something** mit etwas zufrieden sein; **nothing satisfies him** er ist nie zufrieden ❹ **to satisfy oneself about something** sich von etwas überzeugen

**sat·is·fy·ing** ['sætɪsfaɪɪŋ] ❶ befriedigend ❷ sättigend

**sat·phone** ['sætfəʊn] *kurz für* **satellite phone** das Satellitentelefon

**sat·su·ma** [sæt'suːmə] die Satsuma

**satu·ra·tion point** [ˌsætʃə'reɪʃn pɔɪnt] der Sättigungspunkt, der Sättigungsgrad

**Sat·ur·day** ['sætədɪ] der Sonnabend, der Samstag; **on Saturday** am Sonnabend

**Sat·urn** ['sætən] der Saturn

**sauce** [sɔːs] die Soße, die Sauce

**sauce·boat** die Sauciere

**sauce·pan** ['sɔːspən] der Kochtopf

**sauc·er** ['sɔːsəʳ] ❶ die Untertasse ❷ **flying**

**saucy – say**

**saucer** die fliegende Untertasse

**saucy** ['sɔːsɪ] ❶ frech ❷ (*umgangsspr*) schick, kess

**Saudi**[1] ['saʊdɪ] der Saudi-Araber/die Saudi-Araberin

**Saudi**[2] ['saʊdɪ] saudisch, saudi-arabisch

**Saudi Ara·bia** [ˌsaʊdɪəˈreɪbɪə] Saudi-Arabien

**Saudi Ara·bian**[1] [ˌsaʊdɪ əˈreɪbɪən] der Saudi-Araber/die Saudi-Araberin

**Saudi Ara·bian**[2] [ˌsaʊdɪ əˈreɪbɪən] saudisch, saudi-arabisch

**sau·na** ['sɔːnə] die Sauna

**sau·sage** ['sɒsɪdʒ] die Wurst; **not a sausage** (*umgangsspr*) nicht die Bohne

**sau·sage dog** (*umgangsspr*) der Dackel

**sau·sage meat** die Wurstmasse

**sau·sage roll** das Würstchen im Schlafrock

**sav·age**[1] ['sævɪdʒ] ❶ wild ❷ *Kampf:* brutal ❸ *Tier:* gefährlich ❹ *Maßnahmen:* rigoros, drastisch, brutal ❺ **savage criticism** die schonungslose Kritik

**sav·age**[2] ['sævɪdʒ] der Barbar/die Barbarin

to **sav·age** ['sævɪdʒ] *Tier:* anfallen *Mensch*

**save** [seɪv] (*beim Sport*) die Parade

to **save** [seɪv] ❶ **to save someone** [**from something**] jemanden [vor etwas] retten; **to save someone's life** jemandem das Leben retten; **to save the day** jemandes Rettung sein ❷ sparen *Geld;* **to save for something** auf etwas sparen ❸ sparsam umgehen mit *Wasser, Mittel;* aufsparen *Kraft* ❹ sichern, abspeichern *Daten;* **to save something on disk** etwas auf einer Diskette abspeichern ❺ **to save oneself the trouble** sich die Mühe sparen ❻ **it saves me time** dabei spare ich Zeit ❻ **to save one's skin** (*übertragen*) mit heiler Haut davonkommen; **to save someone's bacon** (*umgangsspr*) jemandes Rettung sein

◆to **save up** ❶ sparen *Geld* ❷ aufheben, aufbewahren

**sav·er** ['seɪvə'] ❶ der Sparer/die Sparerin ❷ **it's a money-saver** es spart Geld

**sav·ing** ['seɪvɪŋ] ❶ **savings** die Ersparnisse, die Spareinlagen ❷ die Einsparung, die Ersparnis ❸ die Rettung

**sav·ings ac·count** ['seɪvɪŋzəˌkaʊnt] das Sparkonto

**sav·ings bank** die Sparkasse

**sav·ings book** das Sparbuch

**sav·iour** ['seɪvjə'], (USA) **sav·ior** der Retter/die Retterin; **the Saviour** der Erlöser

to **sa·vour** ['seɪvə'], (USA) to **sa·vor** ❶ kosten *Duft, Geschmack* ❷ **to savour the moment** den Augenblick genießen [*oder* auskosten]

**sa·voury** ['seɪvərɪ], (USA) **sa·vory** (*nicht süß*) pikant; **savoury biscuits** das Salzgebäck

**sa·voy** [sə'vɔɪ], **sa·voy cab·bage** der Wirsing

**saw**[1] [sɔː] die Säge

**saw**[2] [sɔː] *2. Form von* **see**

to **saw** [sɔː] <sawed, sawn *oder* (USA) sawed> ❶ sägen; **to saw something in two** etwas entzweisägen ❷ **sawn timber** das Schnittholz

◆to **saw down to saw a tree down** einen Baum absägen

◆to **saw off to saw something off** etwas absägen

◆to **saw up to saw wood up** Holz zersägen (**into**)

**saw·dust** ['sɔːdʌst] das Sägemehl

**sawn** [sɔːn] *3. Form von* **saw**

**Sax·on**[1] ['sæksn] sächsisch

**Sax·on**[2] ['sæksn] ❶ (*Mensch*) der Sachse/die Sächsin ❷ (*Sprache*) Sächsisch, das Sächsische

> **L** Bei den **Saxons** (Sachsen) handelt es sich um Bewohner des nördlichen Teils Germaniens, die zusammen mit den **Angles** (Angeln) im 5. und 6. Jh. im Süden Britanniens einfielen. Die Ortsnamen Wessex, Middlesex, Essex und Sussex weisen auf diese Besiedlung hin.

**Saxo·ny** ['sæksənɪ] Sachsen

**saxo·phone** ['sæksəfəʊn] das Saxophon

**sax·opho·nist** [sæk'sɒfənɪst] der Saxophonist/die Saxophonistin

to **say** [seɪ] <said, said> ❶ sagen; **he said something about going out** er hat etwas von Ausgehen gesagt; **she hasn't got much to say for herself** sie gibt nicht viel von sich; **he had nothing to say for himself** er hatte keine Entschuldigung; **that says a lot for him** das spricht für ihn; **she is said to be clever** sie soll klug sein; **what do you say?** was meinen Sie?; **it goes without saying that ...** es ist selbstverständlich, dass ...; es versteht sich von selbst, dass ...; **there's much to be said for his suggestion** sein Vorschlag hat viel für sich; (*vorschlagend*) **what would you say to a holiday?** wie wär's mit Urlaub? ❷ **to say goodbye to someone** sich von jemandem verabschieden ❸ aufsagen *Gedicht,* sprechen; aussprechen *Wort;* **it says in the papers that ...** in den Zeitungen steht, dass ...; **the weather forecast said that ...** es hieß im Wetterbericht, dass ..., laut Wetterbericht ... ❹ *Uhr:* zeigen; *Thermometer:* anzeigen ▶ WENDUNGEN: **no sooner said than done** gesagt, getan; **it's easier said than done** das ist leichter gesagt als getan; **well, I must say!** na, ich muss schon sagen!; **I should say so/not!** ich glaube schon/nicht!; **that is to say ...** das heißt ..., mit anderen Worten ...; **just say the word!** Sie brauchen bloß das Zeichen zu geben!; **you can say that again!** das kann man wohl sagen

**say** [seɪ] **let him have his say** lass ihn mal reden; **to have a say in something** bei etwas etwas zu sagen haben; **to have the last say** letztlich entscheiden, das letzte Wort haben

**say·ing** ['seɪɪŋ] die Redensart, das Sprichwort

**say-so** ['seɪsəʊ] (*slang*) das Wort; **on whose say-so?** wer hat das angeordnet?

**scab** [skæb] der Schorf, der Grind

**scaf·fold·ing** ['skæfəldɪŋ] das Baugerüst

to **scald** [skɔːld] **to scald someone** jemanden verbrühen

**scald·ing** ['skɔːldɪŋ] siedend, siedend heiß

**scale**[1] [skeɪl] ① die Skala, die Gradeinteilung ② (*übertragen*) das Ausmaß; **on a national scale** auf nationaler Ebene; **to plan on a large scale** in großem Rahmen planen ③ *von Musik:* die Tonleiter; **the scale of F** die F-Dur-Tonleiter ④ (*technisch*) der Maßstab; **to scale** maßstabgerecht; **on the scale of one to ten** im Maßstab eins zu zehn; **to be out of scale** nicht maßstabgerecht sein

**scale**[2] [skeɪl] *von Fisch usw.:* die Schuppe ▶ WENDUNGEN: **to take the scales from someone's eyes** jemandem die Augen öffnen

to **scale** [skeɪl] **to scale a wall** eine Mauer erklettern

◆to **scale down** ① verkleinern *Maß* ② (*übertragen*) verringern

◆to **scale up** ① vergrößern *Maß* ② erhöhen *Preise* ③ hochfahren *Produktion*

**scales** [skeɪlz] ⚠ *plural* die Waage; **a pair of scales** eine Waage

**scal·lop** ['skæləp] (*Essen*) die Jakobsmuschel; (*Tier*) die Kammmuschel

**scalp** [skælp] die Kopfhaut

**scaly** ['skeɪlɪ] schuppig

**scam** [skæm] (*slang*) der Betrug

to **scamp·er** ['skæmpəʳ] ① *Kind:* trippeln ② *Maus:* huschen

to **scan** [skæn] <scanned, scanned> ① absuchen *Gebiet* (**for** nach); überfliegen *Text,* flüchtig durchsehen ② einlesen, einscannen *Daten, Bilder* ③ *Gedicht:* das korrekte Versmaß haben

**scan** [skæn] ① (*durch Text*) die flüchtige Durchsicht ② (*Suche*) die Abtastung, der

Scan; **brain scan** die Computertomographie des Schädels; **ultrasound scan** die Ultraschalluntersuchung

**scan·dal** ['skændl] der Skandal

**Scan·di·na·via** [ˌskændɪ'neɪvɪə] Skandinavien

**Scan·di·na·vian**[1] [ˌskændɪ'neɪvɪən] skandinavisch

**Scan·di·na·vian**[2] [ˌskændɪ'neɪvɪən] der Skandinavier/die Skandinavierin

**scan·ner** ['skænəʳ] der Scanner, der Abtaster

**scan·ning** das Scannen

**scape·goat** ['skeɪpgəʊt] (*übertragen*) der Sündenbock

**scar** [skɑːʳ] ① die Narbe ② (*übertragen*) die Wunde, der Makel

to **scar** [skɑːʳ] <scarred, scarred> ① **to scar someone** bei jemandem Narben hinterlassen ② **he was scarred for life** (*übertragen*) er war fürs Leben gezeichnet

**scarce** [skeəs] ① *Pflanzensorte usw.:* selten, rar ② *Essen, Mittel:* knapp, nicht ausreichend vorhanden

**scarce·ly** ['skeəslɪ] kaum; **scarcely anybody** kaum jemand; **scarcely anything** fast nichts; **scarcely ever** kaum jemals

**scare** [skeəʳ] ① der Schreck[en]; **to give someone a scare** jemandem einen Schrecken einjagen ② die Panikstimmung; **to create a scare** Panik auslösen

to **scare** [skeəʳ] ① **to scare someone** jemandem einen Schrecken einjagen, jemandem Angst machen; (*plötzlich*) jemanden erschrecken ② **to be easily scared** sehr schreckhaft sein, sehr scheu sein; **I don't scare easily** ich bekomme nicht so schnell Angst; **I'm scared at the thought** der Gedanke macht mir Angst ③ **to be scared out of one's wits** Todesängste ausstehen

◆to **scare away** to scare someone away jemanden verscheuchen, jemanden verjagen

**scare·crow** ['skeəkrəʊ] die Vogelscheuche

**scared** [skeəd] verängstigt; **he's scared for her** er hat Angst um sie

**scarf** [skɑːf, *plural* skɑːvz] <*plural* scarves> der Schal; **silk scarf** das Seidentuch; **wool scarf** der Wollschal

**scar·let**[1] ['skɑːlət] das Scharlachrot

**scar·let**[2] ['skɑːlət] scharlachrot

**scar·let fe·ver** der Scharlach

to **scarp·er** ['skɑːpəʳ] GB (*umgangsspr*) abhauen

**scarves** [skɑːvz] *Pluralform von* **scarf**

**scary** ['skeərɪ] (*umgangsspr*) unheimlich, gruselig

**scat – school board**                                                402

**scat** [skæt] (*slang*) **scat!** verschwinde!

**scath·ing** ['skeɪðɪŋ] ❶ *Person, Humor:* bissig ❷ *Bemerkung:* schneidend ❸ *Kritik:* beißend, scharf

to **scat·ter** ['skætəʳ] ❶ *Menge:* sich zerstreuen; **to scatter a crowd** eine Menge zerstreuen ❷ **to scatter seeds [around]** Samen verstreuen ❸ *Dinge:* sich verteilen, sich auflösen

**scat·ter·brain** ['skætəbreɪn] der Schussel

**scat·ter-brained** ['skætəbreɪnd] zerstreut, fahrig

**scat·tered** ['skætəd] ❶ verstreut ❷ *Wolken, Regenschauer:* vereinzelt

**scat·ter·ing** ['skætərɪŋ] **a scattering of snow** ein bisschen Schnee

**scene** [si:n] ❶ der Schauplatz; **the scene of the crime** der Tatort ❷ *von Theater, Roman usw.:* der Ort der Handlung ❸ (*im Theater*) das Bühnenbild; **behind the scenes** hinter den Kulissen ❹ **to set the scene** den Rahmen abstecken ❺ (*übertragen*) die Szene; **drug scene** die Drogenszene; **to come on the scene** auftauchen, auf der Bildfläche erscheinen ❻ **to make a scene** eine Szene machen; **that's not my scene** (*slang*) das interessiert mich nicht ❼ (*Landschaft*) der Anblick

**scen·ery** ['si:nərɪ] ❶ (*im Theater*) das Bühnenbild ❷ die Landschaft

**scent** [sent] ❶ der Geruch, der Duft ❷ *GB* das Parfüm ❸ *von Tier:* die Witterung, die Fährte, die Spur; **to be on the scent** auf der Fährte sein; **to put [oder throw] someone off the scent** (*übertragen*) jemanden von der richtigen Fährte ablenken ❹ (*übertragen*) die Vorahnung

**scep·tic** ['skeptɪk] der Skeptiker/die Skeptikerin

**scep·ti·cal** ['skeptɪkl] skeptisch, zweifelnd

**sched·ule** ['ʃedju:l, 'skedʒʊl] ❶ das Programm, der Zeitplan ❷ *USA von Schüler:* der Stundenplan ❸ der Fahrplan, der Flugplan; **the train is behind schedule** der Zug hat Verspätung; **to be on schedule** pünktlich sein ❹ *USA* das Verzeichnis ❺ **according to schedule** planmäßig, nach Plan

to **sched·ule** ['ʃedju:l] ❶ planen; **this is not scheduled for this year** das steht für dieses Jahr nicht auf dem Programm ❷ **to schedule an appointment** einen Termin ansetzen ❸ **the plane is scheduled for ...** planmäßige Ankunft/der planmäßige Abflug ist ...

**sched·uled** ['ʃedju:ld] ❶ vorgesehen, geplant ❷ *Abflug, Ankunft:* planmäßig ❸ **scheduled flight** der Linienflug

**scheme** [ski:m] ❶ (*Plan*) das Programm, das Projekt ❷ das System; **pension scheme** die Rentenversicherung ❸ die Intrige ❹ **housing scheme** die Siedlung

> **F** Nicht verwechseln mit *das Schema — (Muster)* pattern!

to **scheme** [ski:m] ❶ Pläne schmieden ❷ (*gegen Person*) intrigieren

**schem·ing** ['ski:mɪŋ] raffiniert, durchtrieben, intrigant

**schizo·phre·nia** [ˌskɪtsəʊ'fri:nɪə] die Schizophrenie

**schizo·phren·ic¹** [ˌskɪtsəʊ'frenɪk] schizophren

**schizo·phren·ic²** [ˌskɪtsəʊ'frenɪk] der/die Schizophrene

**schol·ar** ['skɒləʳ] ❶ der/die Gelehrte ❷ der Student/die Studentin ❸ (*Student mit Stipendium*) der Stipendiat/die Stipendiatin

**schol·ar·ship** ['skɒləʃɪp] ❶ die Gelehrsamkeit ❷ das Stipendium; **to win a scholarship to ...** ein Stipendium für ... bekommen; **on a scholarship** mit einem Stipendium

**school¹** [sku:l] ❶ die Schule; **there is no school tomorrow** morgen ist schulfrei ❷ *USA* das College, die Universität ❸ **at school** in der Schule; *USA* im College, an der Universität; **to go to school** in die Schule gehen; *USA* ins College, zur Universität gehen; **to go to law/medical school** Jura/Medizin studieren ❹ **school of thought** die Lehrmeinung

> **L** In den riesigen und dünn besiedelten ländlichen Gegenden Australiens gehen die Kinder nicht zur Schule, sondern sie bekommen Unterricht in der **school of the air** per Funk. Ein Dutzend dieser Schulen deckt ein Gebiet von 2,5 Millionen km² ab und erreicht Hunderte von Kindern. Die Schüler bekommen ihre Unterrichtsmaterialien per Post zugeschickt und senden ihre erledigten Hausaufgaben zurück. Die Kinder sprechen über Funk mit ihren Lehrern und Klassenkameraden und werden meistens von ihren Eltern oder einer Hauslehrerin beaufsichtigt.

**school²** [sku:l] *von Fischen:* der Schwarm

to **school** [sku:l] ❶ **to school someone in something** jemanden in etwas unterrichten ❷ dressieren *Tier*

**school age** ['sku:leɪdʒ] das schulpflichtige Alter; **a child of school age** ein Kind im schulpflichtigen Alter

**school at·tend·ance** der Schulbesuch

**school bag** die Schultasche

**school board** *USA* die Schulaufsichtsbehörde

**school·book** das Schulbuch

**school·boy** ['skuːlbɔɪ] der Schuljunge, der Schüler

**school·child** ['skuːltʃaɪld, *plural* 'skuːltʃɪldrən] <*plural* schoolchildren> das Schulkind

**school-days** *plural* die Schulzeit

**school din·ner** das Schulessen

**school fees** *plural* die Schulgebühren

**school·girl** ['skuːlgɜːl] das Schulmädchen, die Schülerin

**school hall** die Aula

**school·ing** ['skuːlɪŋ] die Ausbildung, die Schulung; **compulsory schooling** die Schulpflicht

**school leav·er** ['skuːlliːvəʳ] der Schulabgänger/die Schulabgängerin

**school-leav·ing cer·tifi·cate** [ˌskuːlliːvɪŋsəˈtɪfɪkət] das Abgangszeugnis

**school maga·zine** die Schülerzeitung

**school·mate** der Schulkamerad/die Schulkameradin

**school re·port** das Zeugnis

**school·room** ['skuːlrʊm] das Klassenzimmer

**school·teach·er** der Lehrer/die Lehrerin

**school trip** die Klassenfahrt, der Klassenausflug

**sci·ence** ['saɪəns] ❶ die Wissenschaft; **natural science** die Naturwissenschaft; **social science** die Sozialwissenschaften ❷ (*übertragen*) die Kunst, die Lehre

**sci·ence fic·tion** die Sciencefiction

**sci·en·tif·ic** [ˌsaɪənˈtɪfɪk] wissenschaftlich

**sci·en·tist** ['saɪəntɪst] der [Natur]wissenschaftler/die [Natur]wissenschaftlerin

**scis·sors** ['sɪzəz] ⚠ *plural* die Schere; **a pair of scissors** eine Schere

to **scoff**¹ [skɒf] spotten; **to scoff at someone** sich über jemanden lustig machen

to **scoff**² [skɒf] **to scoff one's food** das Essen verschlingen

to **scold** [skəʊld] ❶ **to scold someone** jemanden ausschimpfen (**for** wegen) ❷ schelten, zanken, schimpfen

**scone** [skɒn] ⒼⒷ *brötchenartiges Gebäck, das mit Marmelade bestrichen zum Tee serviert wird*

**scoop** [skuːp] ❶ die Schaufel ❷ *von Eis:* die Kugel ❸ *für eine Zeitung:* der Knüller

to **scoop** [skuːp] schaufeln *Kohlen;* schöpfen *Schaum, Suppe*

◆ to **scoop out** to scoop something out etwas herausschaufeln (**of** aus); auslöffeln *Fruchtfleisch;* aushöhlen *Loch*

◆ to **scoop up** to scoop something up etwas aufschaufeln

to **scoot** [skuːt] (*umgangsspr*) abhauen, laufen, rennen

**scoot·er** ['skuːtəʳ] ❶ der [Tret]roller ❷ **motor scooter** der [Motor]roller

**scope** [skəʊp] ❶ *von Suche, Sitzung:* der Rahmen; **this idea is not within the scope of our discussion** diese Idee bleibt nicht im Rahmen unserer Diskussion ❷ der Kompetenzbereich; **that is beyond my scope** das übersteigt mein Fassungsvermögen ❸ die Entfaltungsmöglichkeit, der Spielraum; **there is scope for improvement** es könnte noch verbessert werden

to **scorch** [skɔːtʃ] ❶ versengen; **the sun scorched our faces** die Sonne brannte auf unsere Gesichter ❷ **the sun scorched down** die Sonne brannte herunter

**scorch·er** ['skɔːtʃəʳ] (*umgangsspr*) **yesterday was a scorcher** gestern war eine Knallhitze

**scorch·ing** ['skɔːtʃɪŋ] sengend, glühend heiß

**score** [skɔːʳ] ❶ (*im Sport*) der Punktestand, der Spielstand; **what's the score?** wie steht's?; **there was no score at half-time** zur Halbzeit stand es 0 : 0; **to keep** [the] **score** Punkte zählen ❷ (*Musik*) die Partitur; *von Filmen:* die Filmmusik ❸ (*übertragen*) die Zeche, die Rechnung ❹ **scores** *plural* **of ...** Dutzende von ...; **by the score** massenweise ▶ WENDUNGEN: **to know the score** wissen, was gespielt wird; **what's the score?** was bin ich schuldig?, wie sieht's aus?; **to pay off old scores** alte Schulden begleichen; **on that score** was das betrifft

to **score** [skɔːʳ] ❶ erzielen *Punkte;* **to score well/badly** gut/schlecht abschneiden ❷ **to score a goal** ein Tor schießen, einen Punkt erzielen ❸ (*umgangsspr*) sich Drogen beschaffen ▶ WENDUNGEN: **to score an advantage** im Vorteil sein; **to score a point off someone** auf jemandes Kosten glänzen; **to score a hit with someone** jemanden stark beeindrucken

**score·board** die Anzeigetafel

**score·card** das Spielprotokoll

**scor·er** ['skɔːrəʳ] ❶ der Torschütze/die Torschützin ❷ der Punktezähler/die Punktezählerin

**scor·ing** ['skɔːrɪŋ] ❶ das Erzielen eines Punktes ❷ (*im Fußball*) der Torschuss

**Scor·pio** ['skɔːpɪəʊ] (*Sternzeichen*) der Skorpion

**scor·pi·on** ['skɔːpɪən] der Skorpion

**Scot** [skɒt] der Schotte/die Schottin

**Scotch** [skɒtʃ] <*plural* scotches> (*Whisky*) der Scotch

**scot-free** [ˌskɒtˈfriː] **to get off scot-free** ungestraft davonkommen

**Scot·land** ['skɒtlənd] Schottland

**Scots**[1] [skɒts] schottisch

**Scots**[2] [skɒts] ① (*Dialekt*) Schottisch ② **the Scots** *plural* die Schotten

**Scots·man** [skɒtsmən] <*plural* Scotsmen> der Schotte

**Scots·wom·an** [skɒtswʊmən, *plural* skɒts-wɪmɪn] <*plural* Scotswomen> die Schottin

**Scot·tish**[1] ['skɒtɪʃ] schottisch

**Scot·tish**[2] ['skɒtɪʃ] ① (*Dialekt*) Schottisch, das Schottische ② **the Scottish** △ *plural* die Schotten

---

**L**  Seit 1999 haben die Schotten ihr eigenes **Scottish Parliament**, nachdem sie fast 300 Jahre darauf verzichten mussten. Bei einer Volksabstimmung am 11. September 1997 entschieden sich die meisten Schotten für diese Art größerer Selbstständigkeit gegenüber England. Das neue **Scottish Parliament** besteht aus 129 Abgeordneten und hat seinen Sitz in Edinburgh. Es darf Gesetze erlassen und auch Steuern erheben.

---

**scout** [skaʊt] ① **boy scout** der Pfadfinder ② **to have a scout about** [*oder* **around**] **for something** sich nach etwas umsehen

to **scout** [skaʊt] **to scout about** [*oder* **around**] sich umsehen (**for** nach)

**scout·mas·ter** ['skaʊtmɑːstər] der Pfadfinderführer

to **scowl** [skaʊl] finster blicken, ein böses Gesicht machen; **to scowl at someone** jemanden böse ansehen

**scowl** [skaʊl] der finstere Blick

to **scrab·ble** ['skræbl] **to scrabble about** herumsuchen, herumtasten

**scram** [skræm] **scram!** hau ab!

to **scram·ble** ['skræmbl] ① klettern, krabbeln ② sich balgen, sich reißen (**for** um) ③ verrühren *Eier;* **scrambled eggs** das Rührei, die Rühreier ④ chiffrieren, verschlüsseln *Kode*

**scram·ble** ['skræmbl] ① das Klettern ② das Gedränge, die Balgerei (**for** um)

**scrap**[1] [skræp] ① das Stück[chen]; **scrap of paper** der Papierfetzen ② **scraps** *plural* die Reste ③ **scrap metal** der Schrott ④ **not a scrap** kein bisschen; **not a scrap of evidence** nicht der geringste Beweis

**scrap**[2] [skræp] (*umgangsspr*) die Rauferei

to **scrap**[1] [skræp] <scrapped, scrapped> ① **to scrap a car** ein Auto verschrotten ② (*übertragen*) fallen lassen *Plan*

to **scrap**[2] [skræp] (*umgangsspr*) sich raufen (**with** mit)

**scrap·book** ['skræpbʊk] das Sammelalbum

**scrape** [skreɪp] ① das Kratzen, das Scharren ② (*Verletzung*) der Kratzer, die Schramme ③ (*übertragen*) die Klemme, die Patsche; **to get into a scrape** sich in die Nesseln setzen

to **scrape** [skreɪp] ① [ab]kratzen, abbürsten ② schrammen *Auto* ③ [wund] scheuern, aufschürfen *Knie* ④ abstreifen *Schuhe* ⑤ **to scrape the bottom of the barrel** (*übertragen*) den letzten Rest zusammenkratzen ⑥ **the chair scraped on the floor** der Stuhl kratzte auf dem Boden

◆to **scrape off to scrape rust off** Rost abkratzen

◆to **scrape through to scrape through an exam** mit Ach und Krach durch eine Prüfung kommen

◆to **scrape together** ① **to scrape money together** Geld zusammenkratzen ② **to scrape a living together** sich gerade so über Wasser halten

**scrap heap** ['skræphiːp] der Schrotthaufen

**scrap iron** ['skræpaɪən] das Alteisen

**scrap·py** ['skræpɪ] ① zusammengestückelt ② *Wissen:* lückenhaft

**scratch** [skrætʃ] <*plural* scratches> ① der Kratzer, die Schramme ② (*Geräusch*) das Kratzen, das Scharren ③ **to have a scratch** sich kratzen ④ **to start from scratch** ganz von vorne anfangen; **to be** [*oder* **come**] **up to scratch** die Erwartungen erfüllen; **to bring something up to scratch** etwas auf Vordermann bringen

to **scratch** [skrætʃ] ① kratzen; **to scratch something** etwas [zer]kratzen; **he scratched his name in the wood** er ritzte seinen Namen ins Holz ② **to scratch one's head** sich am Kopf kratzen; **to scratch oneself** sich kratzen; (*sich verletzen*) sich schrammen ③ **if you scratch my back, I'll scratch yours** eine Hand wäscht die andere

◆to **scratch out to scratch something out** etwas auskratzen

**scratch card** ['skrætʃkɑːd] die Rubbelkarte

**scratchy** ['skrætʃɪ] ① *Geräusch:* kratzend ② *Platte:* zerkratzt ③ *Pullover:* kratzig

to **scrawl** [skrɔːl] schmieren, kritzeln; **to scrawl a note on a piece of paper** eine Notiz auf ein Stück Papier kritzeln

**scrawl** [skrɔːl] das Gekritzel, die Kritzelei

to **scream** [skriːm] ① schreien; *Sirene:* heulen; **to scream for something** nach etwas schreien; **to scream at someone** jemanden anschreien ② **to scream with pain** vor Schmerzen schreien; **to scream with laughter** brüllen vor Lachen ③ **to scream**

**one's head off** sich die Lunge aus dem Leib schreien; **to scream oneself hoarse** sich heiser brüllen

**scream** [skri:m] ① der Schrei ② das Heulen ③ *von Bremsen:* das Kreischen ④ (*umgangsspr*) der ulkige Kerl ⑤ (*umgangsspr*) **to be a scream** zum Schreien sein

to **screech** [skri:tʃ] ① schreien ② *Affe, Kind:* kreischen ③ *Fahrzeug:* quietschen ④ **to screech with laughter** vor Lachen kreischen

**screech** [skri:tʃ] <*plural* screeches> ① der Schrei ② *von Bremsen:* das Kreischen

**screen** [skri:n] ① *von Fernseher:* der Bildschirm ② (*Möbelstück*) die Trennwand ③ (*übertragen*) der Schutz ④ (*im Kino*) die Leinwand

to **screen** [skri:n] ① abschirmen (**from** vor) ② **to screen one's eyes from the sun** seine Augen vor der Sonne schützen ③ **to screen a programme** ein Programm senden; **to screen a film** einen Film vorführen ④ (*medizinisch*) **to screen someone** jemanden untersuchen

◆ to **screen off** to screen something off etwas [mit einer Trennwand] abtrennen

**screen·ing** ['skri:nɪŋ] *von Film:* die Vorführung

**screen·shot** der Screenshot

**screw** [skru:] ① die Schraube ② (*slang*) der Gefängniswärter ③ **he's got a screw loose** (*umgangsspr*) bei dem ist eine Schraube locker; **to put the screws on someone** (*umgangsspr*) jemandem die Daumenschrauben anlegen

to **screw** [skru:] ① schrauben (**to** an, **onto** auf) ② **to screw one's head round** seinen Kopf herumdrehen ③ (*slang*) **to screw someone** jemanden bumsen

◆ to **screw down** anschrauben, festschrauben

◆ to **screw on** ① aufschrauben *Deckel* ② **to have one's head screwed on the right way** ein vernünftiger Mensch sein

◆ to **screw up** ① anziehen *Mutter* ② zusammenknüllen *Papier* ③ zusammenkneifen *Augen* ④ (*slang*) vermasseln *Plan* ⑤ (*slang*) **to screw someone up** jemanden aus der Bahn werfen

**screw·driv·er** der Schraubenzieher

**screwed** [skru:d] ① (*slang*) geliefert ② **screwed up** neurotisch; **to get screwed up about something** sich in etwas hineinsteigern

**screw top** der Schraubverschluss

to **scrib·ble** ['skrɪbl] kritzeln; **to scribble a note on a piece of paper** eine Notiz auf ein Stück Papier kritzeln

**scrib·ble** ['skrɪbl] das Gekritzel

**scrip·ture** ['skrɪptʃəʳ] **the [Holy] Scriptures** die Heilige Schrift

**script·writ·er** ['skrɪptraɪtəʳ] *von Film:* der Drehbuchautor/die Drehbuchautorin

to **scroll** [skrəʊl] (*am Computer*) blättern

**scroll** [skrəʊl] die Schriftrolle

**Scrooge** [skru:dʒ] der Geizhals

to **scrounge** [skraʊndʒ] (*umgangsspr*) schnorren, abstauben (**from** bei)

**scroung·er** ['skraʊndʒəʳ] (*umgangsspr*) der Schnorrer/die Schnorrerin

to **scrub** [skrʌb] <scrubbed, scrubbed> ① [ab]schrubben, scheuern ② putzen *Gemüse* ③ (*umgangsspr*) **to scrub a project** ein Projekt abblasen

**scrub** [skrʌb] das Schrubben; **to give something a good scrub** etwas gründlich scheuern

**scrub·bing-brush** ['skrʌbɪŋbrʌʃ] die Scheuerbürste

**scruff** [skrʌf] **to grab someone by the scruff of the neck** jemanden am Kragen packen

**scruffy** ['skrʌfɪ] (*umgangsspr*) *Mensch:* vergammelt, verlottert

**scrump·tious** ['skrʌmpʃəs] (*umgangsspr*) *Essen:* lecker

**scrunch** [skrʌntʃ] das Knirschen

to **scrunch** [skrʌntʃ] knirschen

to **scru·ti·nize** ['skru:tɪnaɪz] genau prüfen

**scu·ba div·ing** ['sku:bə 'daɪvɪŋ] das Sporttauchen

to **scuff** [skʌf] verschrammen, zerkratzen

to **scuf·fle** ['skʌfl] sich raufen

**scuf·fle** ['skʌfl] die Balgerei, das Handgemenge

to **sculpt** ['skʌlpt] formen, ausarbeiten

**sculp·ture** ['skʌlptʃəʳ] ① (*Kunstform*) die Bildhauerei ② die Skulptur

**scum** [skʌm] der Schaum, der Rand ▶ WENDUNGEN: **the scum of the earth** der Abschaum der Menschheit

to **scur·ry** ['skʌrɪ] **to scurry along** entlanghasten

to **scut·tle** ['skʌtl] ① schnell laufen, rennen ② *Tier:* hoppeln, krabbeln ③ **to scuttle off in a hurry** davonflitzen

to **scuttle away**, to **scuttle off** davoneilen

**sea** [si:] ① die See, das Meer; **heavy seas** die schwere See; **at sea** auf [hoher] See; **by sea** auf dem Seeweg; **to travel by sea** mit dem Schiff fahren; **to put to sea** in See stechen

**seafood – seating**

② (*übertragen*) die große Menge; **a sea of faces** ein Meer von Gesichtern ❸ **to be all at sea** (*übertragen*) keinen Durchblick [mehr] haben

**sea**

🇫 Nicht verwechseln mit *der See — lake*!

**sea·food** ['si:fu:d] die Meeresfrüchte
**sea·front** ['si:frʌnt] die Strandpromenade
**sea·gull** ['si:gʌl] die Seemöwe
**sea·horse** das Seepferdchen
**seal**¹ [si:l] ❶ (*für Dokument*) das Siegel ❷ (*für Rohr*) die Dichtung ❸ (*aus Metall*) die Plombe ❹ (*übertragen*) die Bekräftigung, die Bestätigung; **to give something one's seal of approval** seine Zustimmung zu etwas geben
**seal**² [si:l] der Seehund
to **seal** [si:l] ❶ **to seal a document** ein Dokument versiegeln ❷ zukleben *Brief*; **sealed envelope** der verschlossene Briefumschlag ❸ luftdicht verschließen *Kiste usw.;* abdichten *Rohr* ❹ (*übertragen*) bekräftigen, bestätigen ❺ **to seal someone's fate** jemandes Schicksal besiegeln
◆to **seal off** to seal something off etwas hermetisch abriegeln
◆to **seal up** abdichten *Rohr;* **to seal a letter up** einen Brief zukleben
**sea lion** ['si:ˌlaɪən] der Seelöwe
**seam** [si:m] der Saum, die Naht
**seamy** ['si:mɪ] **the seamy side of life** die Schattenseite des Lebens
**search** [sɜːtʃ] ❶ die Suche (**for** nach) ❷ *von Gebäude usw.:* die Durchsuchung ❸ **to go in search of someone** auf die Suche nach jemandem gehen
to **search** [sɜːtʃ] ❶ suchen (**for** nach); **to search someone/something** jemanden/etwas durchsuchen ❷ erforschen *Gewissen*

❸ **search me!** was weiß ich!
◆to **search out** to search something out etwas herausfinden; **to search someone out** jemanden aufspüren
**search·ing** ['-ɪŋ] ❶ *Blick:* prüfend, forschend ❷ *Frage:* bohrend
**search·light** ['sɜːtʃlaɪt] der Suchscheinwerfer
**search par·ty** die Rettungsmannschaft, die Bergungsmannschaft, die Suchmannschaft
**search war·rant** der Durchsuchungsbefehl
**sear·ing** ['sɪərɪŋ] ❶ *Hitze:* glühend ❷ *Schmerz:* scharf
**sea salt** das Meersalz
**sea·shell** die Muschel
**sea·shore** ['siːʃɔːʳ] der Strand; **on the seashore** am Strand

🅥 **seashore** bedeutet das Strandufer: *we walked along the seashore collecting shells*; — **seaside** bedeutet ein Ort am Meer: *we went to the seaside this summer*.

**sea·sick** ['siːsɪk] seekrank
**sea·sick·ness** ['siːsɪknɪs] die Seekrankheit
**sea·side** ['siːsaɪd] **at the seaside** am Meer; **to go to the seaside** ans Meer fahren
**sea·son** ['siːzn] ❶ die Jahreszeit ❷ die Saison; **holiday season** die Ferienzeit; **at the height of the season** in der Hochsaison ❸ **strawberries are in season** jetzt ist Erdbeerzeit
**sea·son·al** ['siːzənl] jahreszeitlich; **seasonal unemployment** die saisonbedingte Arbeitslosigkeit
**sea·son·ing** ['siːznɪŋ] (*auch übertragen*) die Würze
**sea·son tick·et** 🆖 ❶ die Dauerkarte ❷ (*Theater*) das Abonnement
**seat** [siːt] ❶ der Sitz, die Sitzgelegenheit; **to take a seat** einen Platz einnehmen; **driver's seat** der Fahrersitz ❷ (*im Theater*) der [Theater]platz ❸ (*im Parlament*) der Sitz; **to lose/win a seat** ein Mandat verlieren/gewinnen ❹ *von Stuhl:* die Sitzfläche; *von Hose:* der Hosenboden ❺ (*übertragen*) der Schauplatz
to **seat** [siːt] ❶ **to seat someone** jemanden setzen; **the bus seats 40 passengers** der Bus hat 40 Sitzplätze ❷ **to seat oneself** sich [hin]setzen; **please be seated** bitte nehmen Sie Platz; **to remain seated** sitzen bleiben
**seat belt** *von Auto, Flugzeug:* der Sicherheitsgurt; **to fasten one's seat belt** sich anschnallen
**-seat·er** ['siːtəʳ] *Auto, Sofa usw.:* **four-seater** der Viersitzer
**seat·ing** ['siːtɪŋ] die Sitzplätze

**seat·ing ar·range·ments** *plural* die Sitzordnung

**sea·wa·ter** das Seewasser

**sea·weed** ['si:wi:d] der Seetang

**sea·wor·thy** ['si:ˌwɜːðɪ] seetüchtig

**se·clud·ed** [sɪ'klu:dɪd] ❶ *Leben:* zurückgezogen ❷ *Haus:* abgelegen, einsam

**sec·ond**[1] ['sekənd] ❶ zweite(r, s); **every second house** jedes zweite Haus; **to be second** Zweite(r, s) sein; **the second of May** der zweite Mai; **in second place** an zweiter Stelle; **for the second time** zum zweiten Mal ❷ **in the second place** zweitens ❸ **to be second to none** unübertroffen sein; **to have second thoughts about something** sich etwas anders überlegen ❹ zweit-, an zweiter Stelle; **to come/lie second** an zweiter Stelle kommen/liegen

**sec·ond**[2] ['sekənd] ❶ *von Auto:* der zweite Gang; **to drive in second** im zweiten Gang fahren ❷ (*im Rennen usw.*) **to come a good second** einen guten zweiten Platz belegen ❸ (*Universitätsabschluss*) *mittlere Note bei der Abschlussprüfung* ❹ **seconds** die Waren zweiter Wahl ❺ (*beim Essen*) **can I have seconds?** kann ich noch etwas nachbekommen?

**sec·ond**[3] ['sekənd] ❶ die Sekunde ❷ **Moment** der Augenblick; **just a second!** einen Augenblick!; **at that very second** genau in dem Augenblick

**sec·ond·ary** ['sekəndrɪ] ❶ zweitrangig, untergeordnet, geringer ❷ *Schule:* höher, Sekundar-

**sec·ond·ary school** ⟨GB⟩ die höhere Schule (*für Schüler vom 11. bis zum 16./18. Lebensjahr*)

**sec·ond-best**[1] [ˌsekənd'best] zweitbeste(r, s); **to come off second-best** den Kürzeren ziehen

**sec·ond-best**[2] [ˌsekənd'best] Zweitbeste(r, s)

**sec·ond class** die zweite Klasse

**sec·ond-class** ❶ **to travel second class** zweiter Klasse reisen ❷ ⟨GB⟩ **to send something second class** etwas auf dem gewöhnlichen Postweg verschicken

**sec·ond cous·in** der Cousin zweiten Grades/die Cousine zweiten Grades

**sec·ond floor** **on the second floor** im zweiten [*oder* ⟨USA⟩ ersten] Stock

**sec·ond-hand** ❶ *Information:* aus zweiter Hand ❷ *Auto:* gebraucht ❸ *Kleider:* getragen ❹ *Buch:* antiquarisch

**sec·ond hand** der Sekundenzeiger

**sec·ond lan·guage** die erste Fremdsprache

**sec·ond·ly** ['sekəndlɪ] zweitens, an zweiter Stelle

**sec·ond-rate** zweitrangig, zweitklassig

**se·cre·cy** ['si:krəsɪ] die Geheimhaltung, die Verschwiegenheit; **in strict secrecy** ganz im Geheimen

**se·cret**[1] ['si:krɪt] ❶ geheim; **to keep something secret** etwas geheim halten ❷ *Bewunderer, Trinker:* heimlich ❸ **secret agent** der Geheimagent/die Geheimagentin

**se·cret**[2] ['si:krɪt] ❶ das Geheimnis; **in secret** im Geheimen ❷ **to be in on the secret** eingeweiht sein; **to keep a secret** ein Geheimnis bewahren; **to make no secret of something** kein Geheimnis aus etwas machen

> **F** Nicht verwechseln mit *das Sekret — secretion!*

**sec·re·tary** ['sekrətrɪ] ❶ der Sekretär/die Sekretärin ❷ (*in der Politik*) der Minister/die Ministerin; **Secretary-General** der Generalsekretär/die Generalsekretärin; **Secretary of State** ⟨GB⟩ der Minister/die Ministerin; ⟨USA⟩ der Außenminister/die Außenministerin

**se·cre·tive** ['si:krətɪv] ❶ *Charakter:* zurückhaltend, verschwiegen ❷ *Lächeln:* geheimnisvoll

**sect** [sekt] die Sekte

**sec·tion** ['sekʃn] ❶ das Teil ❷ *von Gebäude:* der Trakt ❸ *von Buch:* der Abschnitt ❹ *von Gesetz:* der Absatz, der Paragraph

**sec·tor** ['sektər] der Sektor

**se·cure** [sɪ'kjʊər] ❶ sicher; **to be secure against** [*oder* **from**] **something** vor etwas sicher sein; **to make something secure** etwas sichern ❷ *Existenz:* gesichert ❸ *Knoten:* fest ❹ *Person:* **to feel secure** sich sicher fühlen

to **se·cure** [sɪ'kjʊər] ❶ [ab]sichern; **to secure a boat** ein Boot festmachen ❷ **to secure something against fire** etwas vor Feuer schützen ❸ sich sichern; **to secure a good price** einen guten Preis erzielen

**se·cu·rity** [sɪ'kjʊərətɪ] die Sicherheit, der Schutz (**against/from** vor); **for security** zur Sicherheit

**Se·cu·rity Coun·cil** der Sicherheitsrat

**Se·cu·rity Force** die Friedenstruppe

**se·cu·rity guard** die Wache, der Wächter/die Wächterin

**se·da·tion** [sɪ'deɪʃn] **to put someone under sedation** jemandem Beruhigungsmittel geben

**seda·tive** ['sedətɪv] das Beruhigungsmittel

to **se·duce** [sɪ'dju:s] **to seduce someone** jemanden verführen; **to seduce someone into doing something** jemanden zu etwas verleiten

**se·duc·tion** [sɪˈdʌkʃn] die Verführung

**se·duc·tive** [sɪˈdʌktɪv] verführerisch; *Angebot:* verlockend

to **see** [siː] <saw, seen> ❶ sehen; **to see someone do something** sehen, wie jemand etwas macht; **I saw it happen** ich habe gesehen, wie es passiert ist; **as far as the eye can see** so weit das Auge reicht; **see for yourself!** sieh doch selbst!; **it's too late, [you] see** weißt du, es ist zu spät; **something is worth seeing** etwas ist sehenswert; **I must be seeing things!** ich sehe wohl Gespenster! ❷ **to see a film** einen Film ansehen ❸ **to see something in the newspaper** etwas in der Zeitung lesen; **see page 10** siehe Seite 10 ❹ **to see someone** jemanden sprechen (**about** wegen), jemanden besuchen; **to see a doctor** zum Arzt gehen; **she refused to see us** sie wollte uns nicht empfangen; **to see someone to the door** jemanden zur Tür bringen; **to see someone to the station** jemanden zum Bahnhof bringen; **be seeing you! see you later!** bis später! bis nachher!; **see you!** bis bald! ❺ sich vorstellen; **I can't see that working** ich kann mir kaum vorstellen, dass das klappt; **I can see it happening** ich sehe es kommen; **as far as I can see** so wie ich das sehe ❻ verstehen, erkennen; **I see what you mean** ich verstehe, was du meinst; **to make someone see something** jemandem etwas klarmachen; **I don't see how it works** es ist mir nicht klar, wie das funktioniert; **as I see it** so, wie ich es sehe ❼ **I can't see myself doing that** ich sehe mich nicht in der Lage das zu tun; **that remains to be seen** das wird sich zeigen ❽ **to live to see something** etwas miterleben ❾ **let me see** lass mich überlegen; **let's see** lassen Sie mich mal sehen

◆ to **see about to see about something** sich um etwas kümmern; **he came to see about the rent** er ist wegen der Miete gekommen; **I'll see about it** ich will mal sehen

◆ to **see in** ❶ hineinsehen ❷ **to see the New Year in** das Neue Jahr begrüßen

◆ to **see into to see into something** in etwas hineinsehen ❷ untersuchen, prüfen, nachgehen *Angelegenheit, Klage*

◆ to **see off** ❶ **to see someone off** jemanden verabschieden; **to see someone off at**

the station jemanden zum Bahnhof bringen ❷ **to see someone off** (*verjagen*) jemandem Beine machen

◆ to **see out to see someone out** jemanden hinausbegleiten; **to see oneself out** allein hinausfinden

◆ to **see through** ❶ **to see through someone** jemanden durchschauen ❷ zu Ende bringen *Arbeit* ❸ **to see someone through a bad time** jemandem über eine schwierige Zeit hinweghelfen

◆ to **see to** sich kümmern um; **to see to it that …** sieh zu, dass …

**seed** [siːd] ❶ *von Pflanzen:* der Same[n], das Samenkorn ❷ (*in der Landwirtschaft*) das Saatgut ❸ *von Obst:* der [Obst]kern ❹ (*übertragen*) der Keim; **to go [oder run] to seed** herunterkommen; **to sow the seeds of doubt** Zweifel säen

to **seed** [siːd] ❶ (*im Sport*) **to seed someone** jemanden setzen, platzieren ❷ Samen tragen

**seed·ling** [ˈsiːdlɪŋ] der Sämling

**seedy** [ˈsiːdɪ] ❶ *Charakter:* zweifelhaft, zwielichtig ❷ *Kleider:* schäbig, abgerissen ❸ *Stadtteil:* heruntergekommen

**see·ing**¹ [ˈsiːɪŋ] **seeing that …** da …

**see·ing**² [ˈsiːɪŋ] das Sehen; **seeing is believing** ich glaube, was ich sehe

to **seek** [siːk] <sought, sought> ❶ suchen ❷ erlangen wollen, streben nach *Amt, Posten* ❸ **to seek someone's advice** jemanden um Rat fragen ❹ **to seek to do something** danach trachten, etwas zu tun

◆ to **seek out** [siːk] <sought, sought> **to seek something out** etwas ausfindig machen; **to seek someone out** jemanden aufsuchen

to **seem** [siːm] ❶ [er]scheinen, vorkommen; **he seems [to be] honest** er scheint ein ehrlicher Mann zu sein; **he seems younger than he is** er wirkt jünger, als er ist; **things aren't always what they seem** vieles ist anders, als es scheint ❷ **so it seems** es sieht ganz so aus; **it seems as if** es sieht so aus, als ob

**seem·ing** [ˈsiːmɪŋ] scheinbar

**seem·ing·ly** [ˈsiːmɪŋlɪ] allem Anschein nach, anscheinend

**seen** [siːn] *3. Form von* **see**

to **seep** [siːp] *Wasser usw.:* **to seep [through]** durchsickern

◆ to **seep away** versickern

**see·saw** [ˈsiːsɔː] ❶ das Schaukelbrett, die Wippe ❷ (*übertragen*) das Hin und Her, das Auf und Ab

**see-through** ['siːθruː] durchsichtig

to **seg·re·gate** ['segrɪgeɪt] (*nach Rassen, Geschlechtern*) trennen; **segregated** getrennt

**seg·re·ga·tion** [,segrɪ'geɪʃn] **racial segregation** die Rassentrennung

to **seize** [siːz] ❶ packen, ergreifen; **to seize someone's arm** jemanden am Arm packen ❷ beschlagnahmen *Schmuggelware* ❸ fassen *Verbrecher* ❹ **to seize the chance** [*oder* **opportunity**] die Gelegenheit ergreifen; **to seize power** die Macht ergreifen

◆ to **seize up** *Bremsen:* sich festfressen

**sei·zure** ['siːʒər] ❶ (*medizinisch*) der Anfall ❷ *von Schmuggelware:* die Beschlagnahme ❸ *von Flugzeug, Gebäude:* die Übernahme

**sel·dom** ['seldəm] selten

to **se·lect** [sɪ'lekt] auswählen (**from** aus)

**se·lect** [sɪ'lekt] *Hotel usw.:* exklusiv, ausgewählt

**se·lec·tion** [sɪ'lekʃn] ❶ die Auswahl (**from** aus) ❷ **to make a selection** (*eine Sache*) eine Wahl treffen; (*mehrere Sachen*) eine Auswahl treffen ❸ **natural selection** die natürliche Auslese

**se·lec·tive** [sɪ'lektɪv] ❶ wählerisch, selektiv ❷ *Leser:* kritisch, anspruchsvoll ❸ *Schule:* Elite-

**self** [self, *plural* selvz] <*plural* selves> ❶ das Selbst; **one's other self** sein anderes Ich ❷ **he's his old self again** er ist wieder der Alte

**self-ad·dressed en·ve·lope** der Rückumschlag

**self-ad·he·sive la·bel** das Selbstklebeetikett

**self-as·ser·tive** selbstbewusst, anmaßend

**self-as·sured** [,selfə'ʃʊəd] selbstsicher

**self-aware·ness** die Selbsterfahrung

**self-ca·ter·ing** für Selbstversorger

**self-cen·tred** [,self'sentəd], ⓊⓈⒶ **self-centered** egozentrisch, ichbezogen

**self-com·pla·cent** selbstgefällig

**self-com·posed** ruhig, gelassen

**self-con·fessed** [selfkən'fest] erklärt

**self-con·fi·dence** das Selbstvertrauen

**self-con·scious** befangen, gehemmt

**self-con·tained** [,selfkən'teɪnd] ❶ *Wohnung:* separat ❷ *Person:* selbstgenügsam

**self-con·trol** die Selbstbeherrschung

**self-crit·i·cal** [,self'krɪtɪkl] selbstkritisch

**self-de·ceit**, **self-de·cep·tion** *kein Plural* der Selbstbetrug, die Selbsttäuschung

**self-de·feat·ing** [,selfdə'fiːtɪŋ] sinnlos, unsinnig

**self-de·fence**, ⓊⓈⒶ **self-de·fense** die Selbstverteidigung; **to kill somebody in self-defence** jemanden in Notwehr töten

to **self-de·struct** [,selfdɪ'strʌkt] sich selbst zerstören

**self-dis·ci·pline** die Selbstdisziplin

**self-em·ployed**[1] selbstständig; *Künstler:* freischaffend; *Journalist:* freiberuflich

**self-em·ployed**[2] **the self-employed** die Selbstständigen, die Freiberufler

**self-es·teem** die Selbstachtung

**self-ex·plana·tory something is self-explanatory** etwas erklärt sich von selbst

**self-ex·pres·sion** [,selfɪk'spreʃn] die Selbstdarstellung

**self-im·port·ant** eingebildet, selbstherrlich

**self-in·dul·gent** nachgiebig gegen sich selbst

**self-in·flict·ed** [,selfɪn'flɪktɪd] ❶ *Wunde:* selbst zugefügt ❷ *Strafe:* selbst auferlegt

**self-in·ter·est** der Eigennutz, das eigene Interesse

**self·ish** ['selfɪʃ] selbstsüchtig, egoistisch

**self·ish·ness** ['selfɪʃnɪs] die Selbstsucht, der Egoismus

**self·less** ['selflɪs] selbstlos

**self-pity** das Selbstmitleid

**self-por·trait** das Selbstporträt

**self-pos·sessed** selbstbeherrscht

**self-pre·ser·va·tion** die Selbsterhaltung

**self-re·li·ant** [,selfrɪ'laɪənt] selbstständig

**self-re·spect** die Selbstachtung

**self-re·spect·ing** [,selfrɪ'spektɪŋ] anständig; **no self-respecting person** niemand, der etwas auf sich hält

**self-right·eous** selbstgerecht

**self-sac·ri·fice** die Selbstaufopferung

**self-sat·is·fied** selbstzufrieden

**self-ser·vice** die Selbstbedienung; **self-service restaurant** das Selbstbedienungsrestaurant

**self-suf·fi·cient** ❶ *Person:* selbstständig ❷ *Land:* autark

**self-sup·port·ing** [,selfsə'pɔːtɪŋ] ❶ *Person:* finanziell unabhängig ❷ *Firma usw.:* sich selbst tragend

**self-taught** ['selftɔːt] autodidaktisch erlernt

**self-willed** [,self'wɪld] eigenwillig, eigensinnig

**self-wind·ing** [,self'waɪndɪŋ] Automatik-

to **sell** [sel] <sold, sold> ❶ verkaufen; **to sell something to someone** jemandem etwas [*oder* etwas an jemanden] verkaufen; **the shop sells shoes** in dem Laden gibt es Schuhe [zu kaufen]; **the book is selling well** das Buch verkauft sich gut ❷ kosten; **what are they selling at?** wie viel kosten sie? ❸ **to sell oneself** sich profilieren; (*im negativen Sinn*) sich verkaufen (**to** an) ❹ **to sell someone on something** jemanden von etwas überzeugen; **to be sold on someone** von jemandem begeistert sein ❺ **to sell one's soul to someone** jemandem seine Seele verschreiben; **to sell someone down the river** jemanden ganz schön verschaukeln

◆ to **sell off** to sell off goods/shares Waren/Aktien abstoßen

◆ to **sell out** ❶ ausverkaufen; **the show was sold out** die Show war ausverkauft; **we've sold out of tickets** die Karten sind ausverkauft ❷ **to sell someone out** jemanden verraten (**to** an) ❸ (*umgangsspr*) sich verkaufen (**to** an)

◆ to **sell up** they've sold up sie haben alles verkauft

**sell·able** ['seləbl] verkäuflich

**sell-by date** ['selbaɪˌdeɪt] das Frischhaltedatum, das Haltbarkeitsdatum

**sell·er** ['selə'] ❶ (*Person*) der Verkäufer/die Verkäuferin ❷ (*Ware*) **big seller** der Verkaufsschlager; **bad seller** der Ladenhüter

**sell·ing** ['selɪŋ] der Verkauf, das Verkaufen

**Sel·lo·tape**® ['seləteɪp] der Tesafilm®

**sell-out** ['selaʊt] ❶ (*Spiel, Show usw.*) **it was a sell-out** es war ausverkauft ❷ (*umgangsspr*) der faule Kompromiss

**selves** [selvz] *Pluralform von* **self**

**semi-** ['semɪ] halb-

**semi** →**semi-detached** (**house**) die Doppelhaushälfte

**semi·cir·cle** ['semɪˌsɜːkl] der Halbkreis

**semi·cir·cu·lar** [ˌsemɪˈsɜːkjʊlə'] halbkreisförmig

**semi·co·lon** [ˌsemɪˈkəʊlən] das Semikolon, der Strichpunkt

**semi·con·scious** halb bewusstlos

**semi-de·tached** [ˌsemɪdɪˈtætʃt] **semi-detached house** die Doppelhaushälfte

**semi·fi·nal** (*im Sport*) das Halbfinale, das Semifinalspiel

**semi·fi·nal·ist** der Teilnehmer am Halbfinale/die Teilnehmerin am Halbfinale

**semi·nar** ['semɪnɑː'] das Seminar

**semi-pre·cious** **semi-precious stone** der Halbedelstein

**semo·li·na** [ˌseməˈliːnə] der Grieß

**sen·ate** ['senɪt] der Senat

**sena·tor** ['senətə'] der Senator/die Senatorin

to **send** [send] <sent, sent> ❶ **to send someone for something** jemanden nach etwas schicken; **to send someone to prison** je-

manden ins Gefängnis stecken ❷ **to send something by post** etwas mit der Post schicken; **to send something by fax** etwas [tele]faxen; übersenden, versenden *Ware* ❸ **to send a rocket into space** eine Rakete in den Weltraum schießen; **the blow sent him sprawling** der Schlag schleuderte ihn zu Boden ❹ **send him my best wishes** grüßen Sie ihn von mir; **she sent to say that ...** sie ließ ausrichten, dass ...

◆ to **send after** to send someone after someone jemanden jemandem nachschicken

◆ to **send along** to send someone along jemanden hinschicken

◆ to **send away** ❶ to send someone away jemanden wegschicken [*oder* fortschicken] ❷ to send away for something etwas anfordern

◆ to **send back** to send someone/something back jemanden/etwas zurückschicken

◆ to **send down** ❶ fallen lassen; senken *Preise* ❷ verurteilen *Angeklagte* (**for** zu)

◆ to **send for** ❶ to send for someone jemanden kommen lassen; rufen *Polizei* ❷ anfordern *Katalog*

◆ to **send in** einschicken, einsenden *Brief*; einreichen *Bericht*; **to send one's name in** sich anmelden

◆ to **send off** ❶ to send something off etwas abschicken ❷ to send someone off jemanden verabschieden; wegschicken *Kinder* ❸ vom Platz verweisen *Spieler* ❹ to send off for something etwas bestellen [*oder* anfordern]

◆ to **send on** ❶ nachschicken *Brief* ❷ vorausschicken *Gepäck* ❸ aufs Feld schicken, einsetzen *Spieler*

◆ to **send out** ❶ to send someone out jemanden hinausschicken ❷ aussenden, abgeben *Strahlen*; ausstoßen *Rauch* ❸ verschicken *Prospekte*

◆ to **send out for** to send out for something etwas holen lassen; **to send someone out for something** jemanden nach etwas schicken

◆ to **send up** ❶ steigen lassen *Ballon* ❷ hochtreiben *Preise* ❸ ⓖⓑ (*umgangsspr*) **to send someone up** jemanden verulken

**send·er** ['sendə'] der Absender/die Absenderin; **return to sender** an Absender zurück

**send-off** ['sendɒf] der Abschied, die Verabschiedung; **to give someone a good send-off** jemanden ganz groß verabschieden

**send-up** ['sendʌp] GB (*umgangsspr*) die Verulkung
**Sen·egal** [ˌsenɪ'gɔːl] Senegal
**Sen·ega·lese**[1] [ˌsenɪgə'liːz] senegalesisch
**Sen·ega·lese**[2] [ˌsenɪgə'liːz] der Senegalese/die Senegalesin
**se·nile** ['siːnaɪl] senil, altersschwach
**sen·ior**[1] ['siːnɪəʳ] ① älter (**to** als); **senior citizens** die Senioren ② ranghöher; *Position:* höher, leitend; **he is senior to me** er ist mir übergeordnet; **senior manager** die obere Führungskraft ③ **senior school** [*oder* USA **senior high school**] die Oberstufe
**sen·ior**[2] ['siːnɪəʳ] ① der Senior/die Seniorin ② USA der/die Student/Studentin des letzten Studienjahres ③ **he is my senior** er ist älter als ich; (*im Beruf*) er ist mir übergeordnet
**sen·ior citi·zen** senior citizens die älteren Menschen, die Senioren
**sen·sa·tion**[1] [sen'seɪʃn] das Gefühl, die Empfindung, der Sinneseindruck; **a sensation of falling** das Gefühl zu fallen; **a sensation of hunger** ein Hungergefühl
**sen·sa·tion**[2] [sen'seɪʃn] ① (*Ereignis*) die Sensation ② (*Aufregung*) das Aufsehen; **to cause** [*oder* **create**] **a sensation** Aufsehen erregen
**sen·sa·tion·al** [sen'seɪʃnl] sensationell, Aufsehen erregend
**sense** [sens] ① **sense of sight** das Sehvermögen; **sense of hearing** der Gehörsinn; **sense of smell** der Geruchssinn; **sense of taste** der Geschmackssinn; **sense of touch** der Tastsinn ② **senses** der Verstand; **to frighten someone out of his senses** jemanden zu Tode erschrecken; **to bring someone to his senses** jemanden zur Vernunft bringen; **to come to one's senses** zur Vernunft kommen ③ **common sense** der gesunde Menschenverstand; **to have the sense to ...** so vernünftig sein und ...; **what's the sense of doing this?** welchen Sinn hat es denn, das zu tun?; **there is no sense in doing that** es ist zwecklos, das zu tun; **to talk sense** vernünftig reden; **to make someone see sense** jemanden zur Vernunft bringen ④ (*übertragen*) das Gefühl, der Sinn (**of** für); **sense of duty** das Pflichtbewusstsein; **to have a sense of one's own importance** sich selbst wichtig nehmen ⑤ der Sinn; *von Wort usw.:* die Bedeutung; **I can't make sense of it** ich kann mir darauf keinen Reim machen ⑥ **in a sense** in gewisser Hinsicht; **in every sense** in jeder Hinsicht
to **sense** [sens] spüren, empfinden, fühlen

**sense·less** ['senslɪs] ① *Mensch:* besinnungslos, bewusstlos ② *Handlung:* unvernünftig, unsinnig ③ *Diskussion:* sinnlos
**sen·sibil·ity** [ˌsensə'bɪlətɪ] ① *von Körper:* die Empfindlichkeit ② *von Gefühl:* die Empfindsamkeit ③ **sensibilities** das Zartgefühl
**sen·sible** ['sensəbl] vernünftig; **be sensible about it!** seien Sie vernünftig!

 Nicht verwechseln mit *sensibel — sensitive*!

**sen·sibly** ['sensəblɪ] vernünftig, vernünftigerweise
**sen·si·tive** ['sensətɪv] ① *Körperteil:* empfindlich; **sensitive to cold/heat** kälteempfindlich/wärmeempfindlich ② *Person:* **to be sensitive about something** empfindlich auf etwas reagieren ③ *Verständnis:* einfühlsam ④ (*übertragen*) *Thema usw.:* heikel
**sent** [sent] *3. Form von* **send**
**sen·tence**[1] ['sentəns] der Satz
**sen·tence**[2] ['sentəns] *von Gericht:* die Strafe; **under sentence of death** zum Tode verurteilt; **to pass sentence on someone** über jemanden das Urteil verkünden
to **sen·tence** ['sentəns] **to sentence someone** jemanden verurteilen (**to** zu)
**sen·ti·men·tal** [ˌsentɪ'mentl] ① empfindsam, gefühlsselig ② **for sentimental reasons** aus Sentimentalität
**sen·try** ['sentrɪ] der Wachposten, die Wache; **to be on sentry duty** auf Wache sein
**sen·try box** das Wachhäuschen
**sepa·rable** ['sepərəbl] trennbar
to **sepa·rate** ['sepəreɪt] ① **to separate something** etwas aufteilen (**into** in) ② **to separate people** Leute trennen (**from** von); *Ehepaar:* sich trennen
**sepa·rate** ['seprət] ① [ab]getrennt, gesondert (**from** von); **to go separate ways** eigene Wege gehen; **to keep separate** auseinander halten ② *Teil:* extra, einzeln ③ *Wohnung:* separat; *Zimmer:* getrennt ④ *Rechnung:* gesondert ⑤ **that is a separate question** das ist eine andere Frage; **on a separate occasion** bei einer anderen Gelegenheit
**sepa·rat·ed** ['sepəreɪtɪd] getrennt; *Ehepaar:* getrennt lebend
**sepa·rate·ly** ['sepərətlɪ] getrennt
**Sep·tem·ber** [sep'tembəʳ] der September; **in September** im September; **on 15th September, on September 15** USA am 15. September; **at the beginning of September** Anfang September; **at the end of September** Ende September

**septic – session**      **412**

**sep·tic** ['septɪk] septisch

**se·quel** ['si:kwəl] ❶ *von Roman, Film:* die Fortsetzung ❷ (*übertragen*) die Folge (**to** von)

**se·quence** ['si:kwəns] ❶ *von Ereignissen:* die Folge; **logical sequence** die logische Abfolge ❷ die Reihenfolge; *von Zahlen:* die Reihe; **in sequence** der Reihe nach ❸ *von Film:* die Szene, die Episode

**se·quin** ['si:kwɪn] die Paillette

**Serb** [sɜ:b] der Serbe/die Serbin

**Ser·bia** ['sɜ:bɪə] Serbien

**Ser·bian** ['sɜ:bɪən] serbisch

**Serbo-Croat** [ˌsɜ:bəʊ'krəʊæt] das Serbokroatisch

**ser·geant** ['sɑ:dʒənt] ❶ (*militärisch*) der Feldwebel ❷ der Polizeimeister/die Polizeimeisterin

**se·rial¹** ['sɪərɪəl] ❶ Serien-; **serial killer** der Serienmörder/die Serienmörderin ❷ **serial number** die fortlaufende Nummer, die Fabrikationsnummer

**se·rial²** ['sɪərɪəl] ❶ der Fortsetzungsroman ❷ (*im Radio, TV*) die Serie ❸ die periodisch erscheinende Zeitschrift

**se·ries** ['sɪəri:z] <*plural* series> ❶ die Serie ❷ **series of events** eine Folge von Ereignissen ❸ *von Zahlen:* die Reihe ❹ **TV series** die Fernsehserie

**se·ri·ous** ['sɪərɪəs] ❶ ernst, ernsthaft; **to be serious about doing something** etwas ernsthaft beabsichtigen; **I'm serious [about it]** ich meine das ernst ❷ *Interesse:* seriös ❸ *Frage, Zweifel:* ernsthaft ❹ *Verlust:* schwer, schlimm ❺ *Gefahr:* ernstlich; *Situation:* ernst, bedenklich; **it's getting serious** es wird ernst

> **F** Nicht verwechseln mit *seriös — (anständig)* respectable!

**se·ri·ous·ly** ['sɪərɪəslɪ] ❶ ernst, im Ernst ❷ *krank:* ernstlich; *verletzt:* schwer ❸ **to take someone seriously** jemanden ernst nehmen ❹ **seriously now!** jetzt mal ganz im Ernst!

**ser·mon** ['sɜ:mən] die Predigt

**ser·pent** ['sɜ:pənt] die Schlange

**serv·ant** ['sɜ:vənt] der Diener/die Dienerin

**serve** [sɜ:v] (*beim Tennis*) der Aufschlag

to **serve** [sɜ:v] ❶ **to serve someone/something** jemandem/etwas dienen; **to serve one's country** seinem Land dienen ❷ *Gegenstand:* sich verwenden lassen; **to serve as [*oder* for] something** als etwas dienen; **to serve its purpose** seinen Zweck erfüllen; **if my memory serves me right** wenn ich

mich recht erinnere ❸ (*zeitlich*) durchmachen, durchlaufen *Lehre;* verbüßen *Strafe* ❹ (*im Laden, Restaurant*) bedienen *Gast, Kunden;* einschenken *Wein;* **to serve someone with something** jemandem etwas servieren; **are you being served?** werden Sie schon bedient?; **dinner is served** das Essen ist aufgetragen ❺ **serves 4** für 4 Personen ❻ (*beim Tennis*) aufschlagen; **to serve an ace** ein Ass schlagen ❼ **it serves him right** es geschieht ihm ganz recht

◆**to serve up to serve up food** das Essen servieren

**serv·er** ['sɜ:vər] ❶ (*beim Tennis*) der Aufschläger/die Aufschlägerin ❷ (*Computer*) der Server ❸ **salad servers** das Salatbesteck

**ser·vice** ['sɜ:vɪs] ❶ der Dienst; **to do someone a service** jemandem einen Dienst erweisen; **to be of service** nützlich sein; **military service** der Militärdienst ❷ (*im Hotel usw.*) der Service, die Bedienung; **to be at someone's service** jemandem zur Verfügung stehen ❸ der Betrieb; **to be out of service** außer Betrieb sein; **to come into service** in Betrieb genommen werden ❹ **bus service** die Busverbindung; **telephone service** der Telefondienst; **medical service** die ärztliche Versorgung ❺ **services** *plural* die Dienstleistungen, das Versorgungsnetz ❻ *von Maschinen:* die Wartung; **to put one's car in for service** sein Auto zur Inspektion bringen ❼ (*beim Tennis*) der Aufschlag

to **ser·vice** ['sɜ:vɪs] warten *Auto, Maschine*

**ser·vice area** die Tankstelle und Raststätte

**ser·vice cen·tre**, ⓊⓈⒶ **ser·vice cen·ter** die Reparaturwerkstatt

**ser·vice charge** das Bedienungsgeld, die Bearbeitungsgebühr

**ser·vice con·tract** ❶ der Arbeitsvertrag ❷ die Garantie

**ser·vice de·part·ment** die Kundendienstabteilung

**ser·vice el·eva·tor** ⓊⓈⒶ der Lastenaufzug

**ser·vice en·trance** der Dienstboteneingang

**ser·vice lift** der Lastenaufzug

**ser·vice road** die Zufahrtsstraße

**ser·vice sta·tion** die Tankstelle [mit Reparaturwerkstatt]

**ser·vi·ette** [ˌsɜ:vɪ'et] die Serviette

**serv·ing** ['sɜ:vɪŋ] die Portion; **serving spoon** der Vorlegelöffel

**sesa·me** ['sesəmɪ] der Sesam

**ses·sion** ['seʃn] ❶ *von Parlament:* die Sitzung, die Sitzungsperiode, die Legislaturperiode; **to be in session** eine Sitzung abhalten, tagen

**2** *von Leuten:* das Treffen **3** (*beim Arzt usw.*) die Sitzung, die Behandlung **4** (*an Schule, Universität*) das Semester, das Studienjahr **5** **recording session** die Aufnahme

**set¹** [set] **1** fertig, bereit; **to be all set for something** für etwas gerüstet sein; **to be all set to do something** bereit sein, mit etwas anzufangen **2** *Zeit:* festgesetzt, bestimmt **3** **set book** die Pflichtlektüre; **set menu** die Tageskarte; **set phrase** der feststehende Ausdruck; **set price** der Fixpreis, der festgesetzte Preis **4** **to be set in one's ways** in seinen Gewohnheiten festgefahren sein; **to be dead set on something/on doing something** etwas auf Biegen und Brechen haben/tun wollen

**set²** [set] **1** der Satz; **set** [**of two**] das Paar; **tea set** das Teeservice; **set of books** die Buchreihe; **a set of teeth** ein Gebiss **2** (*Radio, Fernseher*) das Gerät, der Apparat **3** (*im Theater*) das Bühnenbild **4** die Reihe; **a whole set of questions** eine ganze Reihe Fragen **5** *von Menschen:* der Kreis **6** (*beim Tennis*) der Satz **7** *von Kleidung:* der Sitz, die Haltung **8** **shampoo and set** Waschen und Legen

to **set** [set] <set, set> **1** **to set the tray on the table** das Tablett auf den Tisch stellen **2** einstellen *Maschine, Gerät* (**at** auf); stellen *Uhr* (**to** auf) **3** **the book is set in Paris** das Buch spielt in Paris; **the house is set in the valley** das Haus liegt im Tal **4** festlegen *Ziel;* festsetzen *Termin, Preis* **5** (*in der Schule*) **Macbeth is set this year** Macbeth steht dieses Jahr auf dem Lehrplan **6** **to set someone a question** jemandem eine Frage stellen; **to set someone a problem** jemanden vor ein Problem stellen **7** **to set the table** den Tisch decken **8** **to set a guard on something** etwas bewachen lassen; **to set a dog on someone** einen Hund auf jemanden hetzen; **to set something going** etwas in Gang bringen; **to set someone free** jemanden freilassen; **to set something right** etwas in Ordnung bringen; **to set someone right** jemanden berichtigen **9** **to set a good example** ein gutes Beispiel geben **10** **to set something to music** etwas vertonen **11** *Sonne:* untergehen **12** *Zement:* hart werden; **to set stones in concrete** Steine einzementieren

**G** Richtiges Konjugieren von **set**: set, set, set — Ben set the table; the sun has set.

◆to **set about** to set about doing something sich daranmachen, etwas zu tun

◆to **set against** to set oneself against something sich einer Sache entgegenstellen

◆to **set apart** to set something apart etwas abheben (**from** von)

◆to **set aside** **1** beiseitelegen *Gegenstand, Geld* **2** einplanen *Zeit* **3** aufschieben *Pläne, Arbeit*

◆to **set back** **1** zurücksetzen *Haus* **2** verzögern, behindern *Plan, Fortschritt* **3** **it's set me back £100** es hat mich 100 Pfund gekostet

◆to **set down** **1** absetzen *Ladung;* aussteigen lassen *Passagier* **2** schriftlich niederlegen *Gedanken*

◆to **set in** **1** *Winter:* einsetzen **2** *Dunkelheit:* anbrechen

◆to **set off** **1** auslösen *Alarmanlage;* losgehen lassen *Feuerwerk* **2** führen zu *Reaktion* **3** *Person:* sich auf den Weg machen; *Bus, Zug usw.:* losfahren **4** **that set us all off laughing** das brachte uns alle zum Lachen

◆to **set on** to set on someone jemanden überfallen

◆to **set out** **1** ausbreiten *Ware* **2** darlegen *Gedanke* **3** *Person:* aufbrechen, sich auf den Weg machen **4** **to set out to do something** sich daranmachen, etwas zu tun

◆to **set to** loslegen, reinhauen; **to set to work** sich an die Arbeit machen

◆to **set up** **1** to set something up etwas aufstellen; errichten *Denkmal usw.* **2** eröffnen, gründen *Geschäft;* einrichten *Schule* **3** to set something up for someone etwas für jemanden vorbereiten; **to set someone up with something** jemanden mit etwas versorgen **4** aufstellen *Rekord, Zeit* **5** anstimmen *Protest* **6** **to set oneself up as a therapist** sich als Therapeut niederlassen; **to be set up for life** für sein ganzes Leben ausgesorgt haben; **to be well set up** sich gut stehen **7** **to set someone up** (*umgangsspr*) jemandem etwas anhängen

**set·back** ['setbæk] der Rückschlag

**set·square** (GB) das [Zeichen]dreieck

**set·tee** [se'ti:] das Sofa

**set·ting** ['setɪŋ] **1** *von Sonne:* der Untergang **2** (*übertragen*) der Rahmen; *von Roman usw.:* der Schauplatz **3** **place setting** das Gedeck

to **set·tle** ['setl] **1** sich niederlassen (**on** auf); **dust settled on the floor** der Staub setzte sich am Boden ab; **she settled comfortably in an armchair** sie machte es sich in einem Sessel bequem **2** (*im Haus*) sich eingewöhnen (**into** in); **to settle someone** jemanden unterbringen; **to settle into a habit** sich etwas angewöhnen ❸ besiedeln *Land* ❹ **to settle something** etwas entscheiden; klären *Problem;* sich einigen auf, aushandeln *Preis;* abschließen *Vertrag;* **to settle one's affairs** seine Angelegenheiten in Ordnung bringen; **that settles it!** damit wäre der Fall erledigt!; **I'll soon settle him** dem werd ich's geben ❺ bezahlen, begleichen *Rechnung* ❻ *Person:* sich beruhigen; versorgen *Baby* ❼ *Wetter:* beständig werden ❽ *Ablagerungen:* sich setzen

◆to **settle down** ❶ to settle down to watch TV es sich vor dem Fernseher gemütlich machen ❷ sich legen ❸ *Person:* sich beruhigen; **to settle the baby down to sleep** das Baby schlafen legen ❹ to settle down at school sich an der Schule eingewöhnen ❺ to [marry and] settle down [heiraten und] häuslich werden

◆to **settle for** to settle for something sich mit etwas zufriedengeben

◆to **settle in** sich einleben, sich eingewöhnen

◆to **settle on** to settle on a price sich auf einen Preis einigen

◆to **settle up** to settle up [with someone] [mit jemandem] abrechnen

◆to **settle upon** to settle upon a price sich auf einen Preis einigen

◆to **settle with** to settle with someone mit jemandem abrechnen; **to settle something with someone** sich mit jemandem auf etwas einigen

**set·tled** ['setld] ❶ *Wetter:* beständig ❷ *Meinung:* fest ❸ **to be settled** etabliert sein, festen Fuß gefasst haben, ruhiger sein; **to feel settled** sich wohl fühlen

**set·tle·ment** ['setlmənt] ❶ die Regelung; **to reach a settlement** sich einigen ❷ *von Streit:* die Beilegung, die Schlichtung ❸ *von Leuten:* die Siedlung

**set·tler** ['setlər] der Siedler/die Siedlerin

**set-to** [ˌset'tuː] (*umgangsspr*) der Krach, die Streiterei; **to have a set-to** sich in die Haare geraten

**set-up** ['setʌp] ❶ die Zustände, die Umstände; **what's the set-up here?** wie läuft das hier? ❷ die Organisation, das System ❸ (*slang*) das abgekartete Spiel

**sev·en**[1] ['sevn] sieben; **a quarter to seven** viertel vor sieben

**sev·en**[2] ['sevn] die Sieben; **the seven of hearts** die Herzsieben

**sev·en·fold** ['sevnfəʊld] siebenfach

**sev·en·teen**[1] [ˌsevn'tiːn] siebzehn

**sev·en·teen**[2] [ˌsevn'tiːn] die Siebzehn

**sev·en·teenth**[1] [ˌsevn'tiːnθ] siebzehnte(r, s)

**sev·en·teenth**[2] [ˌsevn'tiːnθ] ❶ (*Datum*) **the seventeenth** der Siebzehnte ❷ (*Bruchzahl*) das Siebzehntel

**sev·enth**[1] ['sevnθ] siebte(r, s)

**sev·enth**[2] ['sevnθ] ❶ (*Datum*) **the seventh** der Siebte ❷ (*Bruchzahl*) das Siebtel

**sev·en·ti·eth**[1] ['sevntɪəθ] siebzigste(r, s)

**sev·en·ti·eth**[2] ['sevntɪəθ] ❶ Siebzigste(r, s) ❷ (*Bruchzahl*) das Siebzigstel

**sev·en·ty**[1] ['sevntɪ] siebzig

**sev·en·ty**[2] ['sevntɪ] ❶ die Siebzig ❷ **the seventies** die Siebzigerjahre; **he's in his seventies** er ist [so] um die Siebzig

**sev·er·al** ['sevrəl] ❶ einige, mehrere, verschiedene; **several times** mehrere Male ❷ **several of us** einige von uns

**se·vere** [sɪ'vɪər] ❶ *Person:* streng ❷ *Kritik:* hart, scharf ❸ *Test:* schwer ❹ *Ausdruck:* ernst ❺ *Krankheit:* schwer, schlimm ❻ *Sturm:* stark, heftig; *Wetter:* rau

to **sew** [səʊ] <sewed, sewn *oder* sewed> ❶ nähen ❷ **to sew something on** etwas annähen

◆to **sew up** to sew something up etwas zunähen

**sew·age** ['sjuːɪdʒ] das Abwasser

**sew·er** ['sjuːər] der Abwasserkanal

**sew·ing** ['səʊɪŋ] ❶ das Nähen ❷ die Näharbeit

**sew·ing bas·ket** der Nähkorb

**sew·ing ma·chine** die Nähmaschine

**sewn** [səʊn] *3. Form von* sew

**sex**[1] [seks] <*plural* sexes> ❶ das Geschlecht; **of both sexes** beiderlei Geschlechts ❷ die Sexualität, der Sex; **to have sex with someone** Geschlechtsverkehr mit jemandem haben

**sex**[2] [seks] Geschlechts-, Sexual-

**sex ap·peal** ['seksəˌpiːl] der Sexappeal

**sex dis·crim·i·na·tion** die Diskriminierung auf Grund des Geschlechts

**sex edu·ca·tion** die Sexualerziehung, der Aufklärungsunterricht

**sex·ism** ['seksɪsm] der Sexismus

**sex·ist** ['seksɪst] sexistisch

**sex life** das Geschlechtsleben

**sex·ual** ['sekʃʊəl] ❶ sexuell, geschlechtlich ❷ **sexual harassment** die sexuelle Belästigung; **sexual intercourse** der Geschlechtsverkehr

**sex·ual·ity** [ˌsekʃʊ'ælətɪ] die Sexualität

**sex·ual·ly** ['sekʃʊəlɪ] ❶ sexuell ❷ **sexually**

**transmitted disease** die Geschlechtskrankheit

**sexy** ['seksɪ] (*umgangsspr*) sexy, aufreizend

**shab·by** ['ʃæbɪ] schäbig

**shack** [ʃæk] die Hütte, der Schuppen

**shade** [ʃeɪd] ❶ der Schatten; **to give shade** Schatten spenden ❷ (*von Lampe*) der [Lampen]schirm ❸ der Farbton ❹ die Nuance; **shades of meaning** die Bedeutungsnuancen; **a shade too much** eine Spur zu viel ❺ **to put someone in the shade** (*übertragen*) jemanden in den Schatten stellen ❻ **shades** △ *plural* (*umgangsspr*) die Sonnenbrille

to **shade** [ʃeɪd] **to shade something from the light** etwas gegen das Licht abschirmen

◆to **shade in to shade something in** etwas ausmalen

**shad·ing** ['ʃeɪdɪŋ] (*in der Kunst*) die Schattierung, die Schraffierung

**shad·ow** ['ʃædəʊ] ❶ (*auch übertragen*) der Schatten; **in the shadows** im Dunkeln; **to be in someone's shadow** (*übertragen*) in jemandes Schatten stehen ❷ **without a shadow of doubt** ohne den geringsten Zweifel ❸ **to be just a shadow of one's former self** nur noch ein Schatten seiner selbst sein

**shad·ow cabi·net** ⒼⒷ (*in der Politik*) das Schattenkabinett

**Shad·ow Chan·cel·lor** ⒼⒷ der/die Finanzminister/Finanzministerin des Schattenkabinetts

**shad·owy** ['ʃædəʊɪ] ❶ schattig ❷ (*übertragen*) unbestimmt, vage, verschwommen

**shady** ['ʃeɪdɪ] ❶ schattig, Schatten spendend ❷ (*übertragen*) *Geschäft:* zweifelhaft, anrüchig

**shaft** [ʃɑːft] ❶ *von Pfeil, Werkzeug usw.:* der Schaft ❷ *von Aufzug, im Bergbau:* der Schacht ❸ **shaft of light** der [Licht]strahl

to **shag** [ʃæg] (*slang*) bumsen

**shag·gy** ['ʃægɪ] ❶ zottig, struppig ❷ *Haare:* zottelig

**shake** [ʃeɪk] ❶ das Zittern, das Beben; **to give someone a good shake** jemanden kräftig schütteln ❷ **milk shake** der Milchshake ▶ WENDUNGEN: **in two shakes** (*umgangsspr*) in zwei Sekunden; **to be no great shakes** (*slang*) nicht umwerfend sein

to **shake** [ʃeɪk] <shook, shaken> ❶ schütteln; erschüttern *Gebäude* ❷ beben; **to shake with cold** vor Kälte zittern; **to shake with laughter** sich vor Lachen schütteln ❸ **to shake hands with someone** jemandem die

Hand geben; **to shake one's head** den Kopf schütteln; **to shake one's fist at someone** jemandem mit der Faust drohen ❹ **to shake someone** *Ereignis, Nachricht:* jemanden erschüttern; **they were badly shaken by the news** die Nachricht hatte sie sehr mitgenommen ❺ **to shake oneself free** sich losmachen

◆to **shake down** ⓊⓈⒶ ❶ **to shake something down** etwas durchsuchen ❷ (*slang*) **to shake someone down** jemanden ausquetschen

◆to **shake off** abschütteln

◆to **shake out** ausschütteln *Staubtuch, Teppich*

◆to **shake up** ❶ **to shake something up** etwas aufschütteln ❷ **she was badly shaken up by the accident** der Unfall hat ihr einen schweren Schock versetzt ❸ umkrempeln *Betrieb*

**shak·en** ['ʃeɪkn] *3. Form von* **shake**

**shake-up** ['ʃeɪkʌp] ❶ (*umgangsspr*) die Umstrukturierung ❷ **to give something a good shake-up** etwas total umkrempeln

**shaki·ly** ['ʃeɪkɪlɪ] wackelig, zitterig

**shak·ing** ['ʃeɪkɪŋ] das Zittern

**shaky** ['ʃeɪkɪ] ❶ *Hand:* zitterig; *Position:* wackelig ❷ *Beweis:* fragwürdig, unsicher ❸ **in rather shaky English** in ziemlich holprigem Englisch

**shall** [ʃæl] <should> ❶ werden; **I shall arrive tomorrow** ich werde morgen ankommen; **you shall pay for this!** dafür sollst du büßen! ❷ sollen; **what shall we do?** was sollen wir machen?, was machen wir?

Ⓖ Die Kurzform für **I shall** heißt **I'll**; für **we shall** — **we'll**; für **shall not** — **shan't**.

**shal·low** ['ʃæləʊ] ❶ flach; *Wasser auch:* seicht ❷ *Mensch, Unterhaltung:* oberflächlich

**sham¹** [ʃæm] (*übertragen*) vorgetäuscht

**sham²** [ʃæm] (*übertragen*) **it's just a sham** es ist nur Heuchelei

to **sham·ble** ['ʃæmbl] **to shamble along the road** die Straße entlangschlurfen

**sham·bles** ['ʃæmblz] *plural* **your room is a shambles** dein Zimmer ist ein einziger Saustall

**shame** [ʃeɪm] ❶ (*Ungnade*) die Schande; **to put someone to shame** jemanden Schande machen; **to my shame** zu meiner Schande; **shame on you!** du solltest dich schämen! ❷ (*Gefühl*) die Scham; **without shame** schamlos; **to hang one's head in shame** den Kopf vor Scham hängen lassen;

**shameful – she**                                                    **416**

**to blush with shame** vor Scham erröten ❸ **what a shame!** wie schade!

**shame·ful** [ˈʃeɪmfl] beschämend

**shame·less** [ˈʃeɪmlɪs] schamlos, unverschämt

to **sham·poo** [ʃæmˈpuː] schamponieren

**sham·poo** [ʃæmˈpuː] das Shampoo

**shan·dy** [ˈʃændɪ] ⒼⒷ (*Mischgetränk*) das Radler

**shan't** [ʃɑːnt] *Kurzform von* **shall not**

**shape** [ʃeɪp] ❶ die Gestalt, die Gestalt; **in the shape of a heart** in Form [*oder* Gestalt] eines Herzens; **in the shape of a circle** kreisförmig ❷ **to take shape** (*auch übertragen*) Gestalt annehmen ❸ **she likes chocolate in any shape or form** sie mag jede Art von Schokolade ❹ (*technisch*) die Form, das Modell, das Muster ❺ (*gesundheitlich*) der Zustand, die [gesundheitliche] Verfassung; **to be in great shape** glänzend in Form sein; **to be in bad shape** in schlechter Verfassung sein; **to be out of shape** (*körperlich*) nicht in Form sein

to **shape** [ʃeɪp] ❶ bearbeiten, formen *Holz, Ton* (**into** zu) ❷ (*übertragen*) formen, prägen *Charakter;* gestalten, bestimmen *Leben;* formen *Gesellschaft*

◆ to **shape up** sich entwickeln; **to be shaping up well** *Leistung, Projekt:* sich gut entwickeln, viel versprechend sein

**share** [ʃeəʳ] ❶ der Anteil, der Teil; **to do one's share of the housework** seinen Beitrag zur Hausarbeit leisten; **to have a share in something** an etwas beteiligt sein; **to take one's share of responsibility** seinen Teil der Verantwortung tragen; **let's go shares on the bill** (*umgangsspr*) lass uns die Rechnung teilen; **to have more than one's share of bad luck** ein Pechvogel sein ❷ (*in der Wirtschaft*) **to hold shares** Aktien haben; **to have a share in a business** einen Geschäftsanteil besitzen (**in** an)

to **share** [ʃeəʳ] [sich] teilen; **let's share a portion of chips** lass uns einen Teller Pommes teilen; **to share the same name** den gleichen Namen haben; **to share and share alike** brüderlich teilen

◆ to **share out** austeilen, verteilen

**shark** [ʃɑːk] ❶ der Hai[fisch] ❷ (*übertragen*) der Hai, der Wucherer

**sharp¹** [ʃɑːp] ❶ scharf; **at 3 o'clock sharp** um Punkt 3 Uhr; **to turn a sharp left** scharf nach links abbiegen ❷ *Nadel, Bleistift:* spitz ❸ *Kurve:* scharf ❹ *Abhang:* steil; **sharp rise in price** der steile Preisanstieg; **sharp fall in price** der steile Preissturz ❺ *Bild:* scharf um-

rissen, deutlich ❻ *Geruch:* beißend, stechend; *Geschmack:* scharf, herb ❼ *Schmerz:* heftig ❽ *Tonfall:* hart, streng ❾ *Bemerkung:* scharfsinnig; *Kritik:* scharf; **sharp wit** der scharfe Verstand; **that was pretty sharp of him** das war ziemlich clever von ihm ❿ (*übertragen*) **to keep a sharp eye on someone** jemanden scharf im Auge behalten; **be sharp about it!** mach ein bisschen schnell!

> **F** Nicht verwechseln mit *scharf — (gewürzt) hot, (streng) severe!*

**sharp²** [ʃɑːp] das Kreuz

to **sharp·en** [ˈʃɑːpən] ❶ schärfen; spitzen *Bleistift;* schleifen, wetzen *Axt, Messer* ❷ (*übertragen*) **a walk will sharpen your appetite** ein Spaziergang regt den Appetit an

**sharp·en·er** [ˈʃɑːpnəʳ] **pencil sharpener** der Bleistiftspitzer

**sharp-eyed** [ʃɑːpˈaɪd] scharfsichtig

**sharp-sight·ed** [ʃɑːpˈsaɪtɪd] scharfsichtig

**sharp-tongued** [ʃɑːpˈtʌŋd] scharfzüngig

**sharp-wit·ted** [ʃɑːpˈwɪtɪd] klug, gewitzt

to **shat·ter** [ˈʃætəʳ] ❶ zerschmettern, zerbrechen ❷ *Knochen:* zersplittern ❸ (*übertragen*) zerstören; **to shatter one's hopes** seine Hoffnungen zunichtemachen; **she was shattered by his death** sein Tod hat sie erschüttert ❹ (*umgangsspr*) **I'm/I feel shattered** ich bin kaputt

**shat·ter·ing** [ˈʃætərɪŋ] ❶ *Schlag, Explosion:* gewaltig; *Niederlage:* vernichtend ❷ (*übertragen*) *Schlag:* wuchtig ❸ (*umgangsspr*) *Neuigkeit, Unkenntnis, Offenheit:* erschütternd; *Erlebnis, Wirkung:* umwerfend ❹ **to have a shattering effect on something** sich verheerend auf etwas auswirken; **it must have been shattering for you** es muss entsetzlich für Sie gewesen sein

**shat·ter·proof** [ˈʃætəpruːf] *Glas:* splitterfrei

to **shave** [ʃeɪv] <shaved, shaved *oder* shaven> [sich] rasieren; **to shave something off** etwas abrasieren

**shave** [ʃeɪv] ❶ die Rasur ❷ **that was a close shave** das wäre um ein Haar schiefgegangen

**shav·en** [ˈʃeɪvn] **clean shaven** glatt rasiert

**shav·er** [ˈʃeɪvəʳ] der Rasierapparat

**shav·ing¹** [ˈʃeɪvɪŋ] Rasier-

**shav·ing²** [ˈʃeɪvɪŋ] *meist plural* der Hobelspan

**shav·ing cream** die Rasiercreme

**shav·ings** [ˈʃeɪvɪŋz] *plural* die Späne

**shawl** [ʃɔːl] das Schultertuch, der Umhang

**she** [ʃiː] ❶ sie ❷ **our dog is a she** unser Hund ist eine Sie

**shears** [ʃɪəz] *plural* [**pair of**] **shears** die Metallschere, die Gartenschere

to **shed** [ʃed] <shed, shed> ❶ vergießen *Tränen, Blut* ❷ **to shed light on something** Licht auf etwas werfen ❸ abwerfen *Blätter, Haut;* verlieren *Haar;* **to shed skin** sich häuten; **to shed a few kilos** ein paar Kilo abnehmen ❹ (*übertragen*) loswerden *Kummer, Sorge*

**shed** [ʃed] der Schuppen

**she'd** [ʃiːd] *Kurzform von* **she had; she would**

**sheep** [ʃiːp] <*plural* sheep> das Schaf ▶ WENDUNGEN: **a black/lost sheep** ein schwarzes/ verlorenes Schaf; **a wolf in sheep's clothing** ein Wolf im Schafspelz

**sheep·dog** [ˈʃiːpdɒg] der Schäferhund

**sheep·ish** [ˈʃiːpɪʃ] verlegen

**sheep·skin** [ˈʃiːpskɪn] das Schaffell

**sheer** [ʃɪəʳ] ❶ rein; **sheer silk** reine Seide ❷ (*übertragen*) bloß, rein; **it was sheer cheek** es war eine reine Unverschämtheit; **sheer madness** der helle Wahnsinn; **by sheer chance/coincidence** rein zufällig

**sheet** [ʃiːt] ❶ das Betttuch; [**as**] **white as a sheet** leichenblass ❷ **a sheet of paper** ein Blatt Papier; **attendance sheet** die Anwesenheitsliste ❸ *Glas:* die Scheibe; **sheet of ice** die Eisfläche; **sheet metal** das Blech

**sheet feed** (*Drucker*) der Einzelblatteinzug

**sheik(h)** [ʃeɪk] der Scheich

**shelf** [ʃelf, *plural* ʃelvz] <*plural* shelves> ❶ das Brett; **book shelf** das Bücherregal ❷ (*in der Erdkunde*) **continental shelf** der Kontinentalsockel ▶ WENDUNGEN: **to be left on the shelf** sitzen geblieben sein

**shell** [ʃel] ❶ die Schale; *von Erbsen:* die Hülse; *eines Weichtiers:* die Muschel; *einer Schnecke:* das Haus; *einer Schildkröte:* der Panzer ❷ *vom Auto:* die Karosserie ❸ *vom Schiff:* das Gerippe, der Rumpf ❹ (*Waffe*) die Granate ❺ (USA) die Patrone ▶ WENDUNGEN: **to come out of one's shell** aus sich herausgehen; **to retire into one's shell** sich in sein Schneckenhaus verkriechen

to **shell** [ʃel] ❶ schälen; enthülsen *Erbsen* ❷ mit Granaten beschießen *Ort, Soldaten*
◆ to **shell out** (*umgangsspr*) blechen, bezahlen

**she'll** [ʃiːl] *Kurzform von* **she will**

**shell·fish** [ˈʃelfɪʃ] <*plural* shellfish> das Schaltier

**shell·ing** [ˈʃelɪŋ] der Granatbeschuss

**shell-shocked** [ˈʃelʃɒkt] unter Kriegsneurose leidend; (*übertragen*) verstört

**shel·ter** [ˈʃeltəʳ] ❶ der Unterschlupf; **to give someone shelter** jemanden beherbergen; (*für Obdachlose*) das Obdach ❷ (*auch übertragen*) der Schutz; **under shelter** geschützt; **to take shelter** Schutz suchen (**from** vor) ❸ **bus shelter** das Wartehäuschen; **air-raid shelter** der [Luft]schutzraum

to **shel·ter** [ˈʃeltəʳ] ❶ **to shelter someone** jemanden beherbergen, jemandem Obdach gewähren ❷ **to shelter someone from something** jemanden vor etwas [be]schützen ❸ **they sheltered under the trees** sie suchten Schutz unter den Bäumen

**shel·tered** [ˈʃeltəd] **sheltered housing** das betreute Wohnen

**shelves** [ʃelvz] *Pluralform von* **shelf**

**sher·iff** [ˈʃerɪf] (USA) der Sheriff

**she's** [ʃiːz, ʃɪz] ❶ *Kurzform von* **she is** →**be** ❷ *Kurzform von* **she has** →**have**

**shield** [ʃiːld] der Schild; (*auch übertragen*) der Schutz

to **shield** [ʃiːld] schützen (**from** vor)

to **shift** [ʃɪft] ❶ schieben, bewegen ❷ (*übertragen*) [von sich] abwälzen *Schuld* (**on** auf); **to shift the responsibility onto someone** jemandem die Verantwortung zuschieben ❸ (*am Auto*) **to shift gear** schalten ❹ *Interessen:* sich verschieben, sich verlagern ❺ *Wind:* umspringen, sich drehen

**shift** [ʃɪft] ❶ (*übertragen*) die Veränderung, die Verlagerung ❷ (*Arbeit*) die Schicht; **to work in shifts** schichtweise arbeiten; **late shift** die Spätschicht; **night shift** die Nachtschicht

**shift key** die Umschalttaste, die Shifttaste

**shifty** [ˈʃɪftɪ] *Mensch:* durchtrieben, hinterhältig

**shin** [ʃɪn] **shin[bone]** das Schienbein
◆ to **shin up** hinaufklettern

to **shine** [ʃaɪn] <shone *oder* shined, shone *oder* shined> ❶ *Sonne:* scheinen ❷ *Lampe:* leuchten; **shine the torch over here** leuchte [mit der Taschenlampe] hierher; **their faces shone with happiness** sie strahlten vor Freude ❸ *Mond, Stern:* glänzen, funkeln ❹ (*übertragen*) glänzen, sich hervortun (**at** bei) ❺ putzen, wichsen *Schuh*

**shine** [ʃaɪn] ❶ der Schein, der Glanz ❷ die Politur ❸ (USA) das Schuhputzen ▶ WENDUNGEN: **to take the shine off something** einen Schatten auf etwas werfen; **to take a shine to someone** (*slang*) sich in jemanden vergucken; **I'll come, rain or shine** ich komme auf jeden Fall

**shin·er** ['ʃaɪnə'] (*slang*) das blaue Auge

**shin·gles** ['ʃɪŋglz] *plural* die Gürtelrose

**shin·ing** ['ʃaɪnɪŋ] ❶ glänzend, leuchtend ❷ *Beispiel:* glänzend

**shiny** ['ʃaɪnɪ] glänzend, [glatt] poliert; **to be shiny** *Stoff:* glänzen

**ship** [ʃɪp] das Schiff; **by ship** mit dem Schiff

to **ship** [ʃɪp] <shipped, shipped> verschiffen *Waren;* ⓤⓈⓐ [ver]senden, befördern, verladen
◆ to **ship out** versenden

**ship·ping com·pa·ny** die Reederei

**ship·shape** ['ʃɪpʃeɪp] aufgeräumt, sauber, ordentlich

**ship·wreck** ['ʃɪprek] der Schiffbruch

to **ship·wreck** ['ʃɪprek] ❶ Schiffbruch erleiden ❷ (*übertragen*) scheitern lassen, ruinieren

**ship·yard** ['ʃɪpjɑːd] die [Schiffs]werft

**shire** ['ʃaɪə'] ⒼⒷ die Grafschaft

to **shirk** [ʃɜːk] sich drücken [vor] *Arbeit, Verantwortung*

**shirk·er** ['ʃɜːkə'] der Drückeberger/die Drückebergerin

**shirt** [ʃɜːt] ❶ das Hemd ❷ (*für Damen*) die Hemdbluse ▸ WENDUNGEN: **keep your shirt on!** (*umgangsspr*) immer mit der Ruhe!; **to put one's shirt on something** alles auf etwas setzen

**shirt-sleeve** **in one's shirtsleeves** in Hemdsärmeln

**shirty** ['ʃɜːtɪ] (*umgangsspr*) [leicht] beleidigt, eingeschnappt

to **shit** [ʃɪt] <shit, shit *oder* shat> (*slang*) scheißen ▸ WENDUNGEN: **he's shitting bricks** (*umgangsspr*) er macht sich vor Angst in die Hose

**shit** [ʃɪt] (*umgangsspr*) ❶ die Scheiße ❷ (*übertragen: Blödsinn*) der Scheiß

**shit·ty** ['ʃɪtɪ] (*slang*) beschissen

to **shiv·er** ['ʃɪvə'] zittern

**shiv·er** ['ʃɪvə'] ❶ das Zittern, der Schauder; **a shiver went up and down her spine** es lief ihr kalt den Rücken hinunter ❷ **shivers** *plural* der Schüttelfrost, der Fieberschauer; **it gave me the shivers** mich überlief es kalt

**shiv·ery** ['ʃɪvərɪ] fröstelnd; **to feel shivery** frösteln

**shock** [ʃɒk] ❶ der Schock; **to be in** [**a state of**] **shock** unter Schock stehen; **it comes as a shock** das ist ein [großer] Schock; **to be a great shock for someone** für jemanden ein schwerer Schlag sein; **it gave him a nasty shock** das hat ihm einen bösen Schrecken eingejagt; **he'll be in for a shock** der wird sein blaues Wunder erleben ❷ der heftige Stoß, die Erschütterung ❸ der [elektrische] Schlag; (*medizinisch*) der Elektroschock

❹ (*beim Erdbeben*) der Erdstoß

to **shock** [ʃɒk] ❶ erschüttern, bestürzen; **she was deeply shocked by the news** die Nachricht war ein schwerer Schock für sie ❷ **the whole town was shocked by the scandal** über diesen Skandal war die ganze Stadt schockiert ❸ **to shock someone into doing something** jemandem einen solchen Schrecken einjagen, dass er etwas tut

**shock ab·sorb·er** ['ʃɒkæb,zɔːbə'] der Stoßdämpfer

**shock·ing** ['ʃɒkɪŋ] ❶ erschütternd ❷ schockierend ❸ (*umgangsspr*) schrecklich

**shock·proof** stoßfest

**shock wave** die Druckwelle; (*übertragen*) die Erschütterung

**shod·dy** ['ʃɒdɪ] schäbig, minderwertig; (*übertragen*) *Arbeit:* gepfuscht

**shoe** [ʃuː] ❶ der Schuh ❷ **horse shoe** das Hufeisen ▸ WENDUNGEN: **I wouldn't like to be in his shoes!** ich möchte nicht in seiner Haut stecken!; **to put oneself in someone's shoes** sich in jemandes Lage versetzen

**shoe·lace** ['ʃuːleɪs] der Schnürsenkel

**shoe pol·ish** das Schuhputzmittel

**shoe size** die Schuhgröße

**shoe·string** **to start on a shoestring** klein anfangen

**shone** [ʃɒn] *2. und 3. Form von* **shine**

to **shoo** [ʃuː] **to shoo** [**away** [*oder* **off**]] verscheuchen; **shoo!** sch!, fort!, weg!

**shook** [ʃʊk] *2. Form von* **shake**

**shoot¹** [ʃuːt] die Jagd

**shoot²** [ʃuːt] *von Pflanzen:* der Trieb, der Keim, der Schössling

to **shoot** [ʃuːt] <shot, shot> ❶ schießen; abfeuern *Waffe* ❷ (*verletzen*) anschießen *Mensch;* **he shot himself in the arm** er hat sich in den Arm geschossen; **he was shot in the arm** er wurde am Arm getroffen ❸ (*töten*) erschießen; **he was shot dead** er wurde erschossen ❹ **she shot a withering look at him** sie warf ihm einen bösen Blick zu; **to shoot a question at someone** an jemanden eine Frage richten ❺ (*Sport*) schießen *Tor;* **to shoot at the goal** auf das Tor schießen ❻ drehen *Film, Szene* ❼ **to shoot the lights** bei Rot über die Ampel fahren; **to shoot rapids** Stromschnellen durchfahren ❽ *Schmerz:* stechen ❾ **you'll get me shot** (*umgangsspr*) du bringst mich um Kopf und Kragen; **he should be shot** er ist reif für den Galgen

◆ to **shoot ahead** vorpreschen, sich an die

Spitze setzen

◆to **shoot by** to shoot by [someone/ something] [an jemandem/etwas] vorbeischießen

◆to **shoot off** ❶ abschießen *Waffe* ❷ (*umgangsspr*) **he shot off before I could tell him** er schoss davon, bevor ich es ihm sagen konnte ❸ (*umgangsspr*) **to shoot one's mouth off** das Maul aufreißen

◆to **shoot past** to shoot past [someone/ something] [an jemandem/etwas] vorbeischießen

◆to **shoot up** ❶ *Kind, Pflanze, Baum:* in die Höhe schießen, schnell wachsen; *Gebäude:* aus dem Boden schießen ❷ *Flammen:* herausschlagen (**from** aus) ❸ *Preise:* in die Höhe schnellen ❹ **the town was badly shot up during the war** die Stadt wurde während des Kriegs schwer beschossen

**shoot·ing** ['ʃuːtɪŋ] ❶ das Schießen; **the shooting of the president** die Erschießung des Präsidenten; (*militärisch*) das Feuer ❷ das Jagen, das Jagdrecht ❸ die Schießerei ❹ das Filmen, das Drehen

**shoot·ing star** die Sternschnuppe

**shop** [ʃɒp] ❶ der Laden, das Geschäft, die Verkaufsstelle; **to set up shop** ein Geschäft eröffnen; **baker's shop** der Bäckerladen, die Bäckerei; **fruit shop** das Obstgeschäft ❷ die Werkstatt, die Werkstätte, der Betrieb; **repair shop** die Reparaturwerkstatt ❸ **to talk shop** fachsimpeln

to **shop** [ʃɒp] <shopped, shopped> ❶ **to shop** [*oder* **go shopping**] einkaufen [gehen]; **to shop around** Preise und Qualität/Leistung vergleichen ❷ (*slang*) verpfeifen

**shopaholic** [ʃɒpə'hɒlɪk] der/die Kaufsüchtige

**shop as·sis·tant** der Verkäufer/die Verkäuferin

**shop·keep·er** ['ʃɒpkiːpər] der Ladenbesitzer/ die Ladenbesitzerin, der Geschäftsinhaber/ die Geschäftsinhaberin, der Einzelhändler/die Einzelhändlerin

**shop·lift·er** ['ʃɒplɪftər] der Ladendieb/die Ladendiebin

**shop·lift·ing** ['ʃɒplɪftɪŋ] der Ladendiebstahl

**shop·per** ['ʃɒpər] ❶ der Käufer/die Käuferin ❷ der Einkaufsroller

**shop·ping** ['ʃɒpɪŋ] der Einkauf, das Einkaufen; **to do one's shopping** Einkäufe [*oder* Besorgungen] machen; **window-shopping** der Schaufensterbummel

**shop·ping ar·cade** die Einkaufspassage

**shop·ping bag** die Einkaufstasche

**shop·ping cart** ⓊⓈⒶ der Einkaufswagen

**shop·ping cen·tre**, ⓊⓈⒶ **shop·ping cen·ter** das Einkaufszentrum, das Geschäftsviertel

**shop·ping list** der Einkaufszettel

**shop·ping mall** ⓊⓈⒶ das Einkaufszentrum (*überdacht*)

**shop·ping street** die Einkaufsstraße

**shop·ping trol·ley** der Einkaufswagen

**shop-soiled** ['ʃɒpsɔɪld] *Ware:* angestaubt

**shop win·dow** [ʃɒp'wɪndəʊ] (*auch übertragen*) das Schaufenster

**shore** [ʃɔːr] ❶ die Küste, der Küstenstreifen, das Küstengebiet; **off shore** auf See; **on shore** an Land ❷ *eines Flusses:* das Ufer ❸ der Strand

**shore·line** die Küstenlinie

**short¹** [ʃɔːt] ❶ (*räumlich*) kurz ❷ (*zeitlich*) kurz; **a short time ago** vor kurzem; **at short notice** kurzfristig; **in a short time** in kurzer Zeit; **I'll be back in a short while** ich bin bald wieder da; **time is getting short** es wird knapp; **in the short term** kurzfristig ❸ *Mensch:* klein ❹ knapp (**of** an); **we're getting short of butter** wir haben nicht mehr viel Butter; **to be in short supply** knapp sein; **to be short of money** knapp bei Kasse sein; **to go short of something** an etwas Mangel leiden ❺ (*übertragen*) kurz angebunden, barsch (**with** gegen); **to have a short temper** unbeherrscht sein ❻ **Liz is short for Elizabeth** Liz ist die Kurzform von Elizabeth ❼ **short and sweet** kurz und schmerzlos ❽ **in short** kurzum, kurz gesagt ❾ plötzlich, unerwartet; **to stop short** plötzlich anhalten [*oder* abbrechen]; (*beim Reden*) plötzlich innehalten ▶ WENDUNGEN: **short of breath** außer Atem, kurzatmig; **to stop short of [doing] something** vor etwas zurückschrecken; **to cut short** [vorzeitig] abbrechen *Rede, Reise;* **to be taken short** (*umgangsspr*) dringend [aufs Klo] müssen; **it was little short of murder!** es war beinahe Mord!

**short²** [ʃɔːt] ❶ (*Elektrizität*) der Kurzschluss ❷ (*Getränk*) der Kurze

to **short** [ʃɔːt] (*umgangsspr*) **the lamp has shorted** die Lampe hat einen Kurzschluss

**short·age** ['ʃɔːtɪdʒ] der Mangel, die Knappheit, die Verknappung (**of** an); **there is no shortage of money** es fehlt nicht an Geld

**short cir·cuit** [ʃɔːt'sɜːkɪt] der Kurzschluss

to **short-cir·cuit** [ʃɔːt'sɜːkɪt] ❶ *elektrisches Gerät:* einen Kurzschluss bekommen/verursachen ❷ (*übertragen*) abkürzen *Prozess, Vorgang*

**short·com·ings** ['ʃɔːtˌkʌmɪŋ] *plural* die Unzulänglichkeit; *eines Menschen:* die Schwächen

**short cut** ['ʃɔːtˌkʌt] ❶ die Abkürzung, der Schleichweg ❷ (*übertragen*) das abgekürzte Verfahren

to **short·en** ['ʃɔːtn] ❶ kürzen ❷ kürzer werden

**short·hand** ['ʃɔːthænd] die Kurzschrift, die Stenografie

**short·hand·ed** [ʃɔːt'hændɪd] **to be short-handed** zu wenig Arbeitskräfte haben

to **short-list** ['ʃɔːtlɪst] in die engere Auswahl ziehen

**short-list** ['ʃɔːtlɪst] die Auswahlliste

**short-lived** ['ʃɔːtlɪvd] kurzlebig

**short·ly** ['ʃɔːtlɪ] ❶ (*zeitlich*) in Kürze, bald; **shortly after** bald danach ❷ **she spoke shortly about the accident** sie sprach kurz über den Unfall ❸ (*im Umgang*) scharf, barsch

**short-range** Kurzstrecken-

**shorts** [ʃɔːts] *plural* die Shorts, die kurze Hose

**short-sight·ed** [ʃɔːt'saɪtɪd] (*auch übertragen*) kurzsichtig

**short-sleeved** [ʃɔːt'sliːvd] kurzärmelig

**short-staffed** [ʃɔːt'stɑːft] unterbesetzt

**short sto·ry** die Kurzgeschichte

**short-tem·pered** [ʃɔːt'tempəd] reizbar, leicht aufgebracht

**short-term** kurzfristig; **short-term memory** das Kurzzeitgedächtnis; *von Computer:* der Kurzzeitspeicher

**short wave** die Kurzwelle

**short-wind·ed** [ʃɔːt'wɪndɪd] außer Atem, kurzatmig

**shot**[1] [ʃɒt] 2. und 3. Form von **shoot**

**shot**[2] [ʃɒt] ❶ (*im Sport*) der Schuss; (*mit Ball*) der Wurf; (*beim Tennis, Golf*) der Schlag; **shot-putting** das Kugelstoßen; **to put the shot** die Kugel stoßen; **putting the shot** das Kugelstoßen ❷ (*übertragen*) der Versuch; **to have a shot at something** etwas probieren [*oder* versuchen] ❸ das Geschoss, der Schrot ❹ **he's a good shot** er ist ein guter Schütze; **good shot!** gut getroffen! ❺ (*Foto, Film*) die Aufnahme ❻ (*umgangsspr*) die Spritze, die Impfung; **to need a shot in the arm** (*übertragen*) etwas zum Aufputschen brauchen ❼ (*Alkohol*) der Schuss ▶ WENDUNGEN: **like a shot** sofort, wie der Blitz; **his question is a shot in the dark** er fragt aufs Geratewohl; **a big shot** (*umgangsspr*) ein hohes Tier; **not by a long shot** (*umgangsspr*) bei weitem nicht

**shot**[3] [ʃɒt] **to get shot of someone/something** jemanden/etwas loswerden

**shot·gun** ['ʃɒtgʌn] die Schrotflinte

**shot-put** das Kugelstoßen

**shot-put·ter** ['ʃɒtˌpʊtə'] der Kugelstoßer/die Kugelstoßerin

**should** [ʃʊd] ❶ (*Pflicht*) **he/we should do that** er sollte/wir sollten das tun; **I should have ...** ich hätte ... sollen; **I should think so** das will ich meinen; **how should I know?** wie soll ich das wissen? ❷ (*Vermutung*) **we should arrive soon** wir müssten bald da sein; **this should be enough for you** das müsste Ihnen eigentlich reichen ❸ (*Überraschung*) **who should be there but Manfred** und wer war da? ausgerechnet Manfred! ❹ (*Möglichkeit*) **if he should come** wenn er kommen sollte; **we should have been happy** wir wären glücklich gewesen; **I don't know why it shouldn't work out** ich weiß nicht, warum das nicht klappen sollte; **I shouldn't be surprised if it did** es würde mich nicht überraschen, wenn das so käme; **I shouldn't worry about it** darüber würde ich mir keine Sorgen machen ❺ (*Einschränkung*) **I shouldn't like to say** dazu möchte ich mich nicht äußern; **I should think there were about 50 people there** ich würde sagen, es waren etwa 50 Leute da; **I should say yes** (*gehoben*) ich würde sagen ja

> **G** Die Kurzform für **I should** heißt **I'd**; für **we should** — **we'd**; für **should not** — **shouldn't**.

**shoul·der** ['ʃəʊldə'] ❶ die Schulter; **shoulder to shoulder** Schulter an Schulter; **to shrug one's shoulders** mit den Schultern zucken; **to cry on someone's shoulder** sich bei jemandem ausweinen ❷ **hard shoulder** (*an Straße*) der Seitenstreifen, die Standspur ▶ WENDUNGEN: **to give someone the cold shoulder** jemandem die kalte Schulter zeigen; **to be head and shoulders above someone** jemanden beträchtlich überragen *übertragen,* viel tüchtiger sein als jemand; **to rub shoulders with** engen Umgang haben mit *Prominenten, Stars*

**shoul·der bag** die Umhängetasche

**shoul·der blade** das Schulterblatt

**shoul·der pad** das Schulterpolster

**shouldn't** ['ʃʊdᵊnt] *Kurzform von* **should not** →**should**

**shout** [ʃaʊt] ❶ der Schrei, der Ruf ❷ (*umgangsspr*) **whose shout is it?** wer zahlt die Runde?

to **shout** [ʃaʊt] schreien, rufen; **to shout for someone** nach jemandem rufen; **to shout**

**for joy** vor Freude jauchzen; **to shout for help** um Hilfe rufen; **to shout to someone** jemandem zurufen ▶ WENDUNGEN: **nothing to shout about** nichts Besonderes

◆to **shout at** to shout at someone jemanden anbrüllen

◆to **shout out** [aus]rufen

**shout·ing** ['ʃaʊtɪŋ] *kein Plural* das Schreien, das Geschrei

**shove** [ʃʌv] der Stoß, der Schubs; **to give someone a shove** jemanden schubsen [*oder* stoßen]

to **shove** [ʃʌv] (*umgangsspr*) ❶ schubsen ❷ **stop shoving!** hör auf zu drängeln!

◆to **shove off** ❶ vom Ufer abstoßen *Boot* ❷ (*umgangsspr*) abhauen

◆to **shove over** (*umgangsspr*) **shove over!** rutsch mal rüber!

**shov·el** ['ʃʌvl] die Schaufel, die Schippe

to **shov·el** ['ʃʌvl] <shovelled *oder* ⓊⓈⒶ shoveled, shovelled *oder* ⓊⓈⒶ shoveled> schaufeln

**show** [ʃəʊ] ❶ die Schau, die Darbietung; **on show** zur Besichtigung, ausgestellt ❷ die Ausstellung, die Messe; **motor show** die Autoausstellung ❸ die Schau, der falsche Schein; **for show** zum Schein, nur fürs Auge; **to make a show of doing something** Anstalten machen, etwas zu tun; **to put on a show** so tun als ob, heucheln ❹ (*im Theater*) die Aufführung, die Show ❺ (*im Radio, TV*) die Sendung; *eines Films:* die Vorführung ❻ ⓊⓈⒶ die Darlegung, der Nachweis ▶ WENDUNGEN: **let's get this show on the road** lass uns die Arbeit in Angriff nehmen; **to give the [whole] show away** alles verraten

to **show** [ʃəʊ] <showed, shown *oder* showed> ❶ zeigen, vorzeigen; **to show one's gratitude** sich dankbar zeigen; **to show one's cards** [*oder* **hand**] seine Karten aufdecken; **to show someone the way** jemandem den Weg zeigen; **we had nothing to show for it** wir hatten nichts vorzuweisen; **that showed him!** dem habe ich's aber gezeigt!; **it all goes to show that ...** das zeigt [*oder* beweist] ganz klar, dass ...; **to show willing** guten Willen zeigen ❷ zur Schau stellen, ausstellen ❸ erkennen lassen ❹ aufweisen, an den Tag legen ❺ **it shows [that] he was wrong!** es beweist, dass er Unrecht hatte! ❻ **to show someone the door** jemandem die Tür weisen ❼ **to show a film** einen Film zeigen

◆to **show around** herumführen

◆to **show in** hereinführen

◆to **show off** ❶ to show off [in front of someone] [vor jemandem] angeben ❷ **to show something off** mit etwas protzen (**to** vor) ❸ zur Geltung bringen, hervorheben *Vorteilhaftes*

◆to **show out** hinausführen, hinausbegleiten

◆to **show up** ❶ hinaufführen, hinaufbringen ❷ **that blue shows up your eyes** das Blau bringt deine Augen zur Geltung ❸ bloßstellen *Mensch* ❹ **I was surprised he showed up** ich war überrascht, dass er sich blicken ließ

**show·down** ['ʃəʊdaʊn] die Kraftprobe, die endgültige Auseinandersetzung

**show·er** ['ʃaʊəʳ] ❶ der [Regen]schauer, der Schneeschauer ❷ die Dusche; **to take** [*oder* **have**] **a shower** sich duschen ❸ **what a shower!** (*umgangsspr*) so ein Gesindel!

to **show·er** ['ʃaʊəʳ] ❶ sich duschen ❷ *Regen:* niederprasseln ❸ (*übertragen*) überschütten, überhäufen

**show·er gel** ['ʃaʊəʳˌdʒel] das Duschgel

**show·ery** ['ʃaʊərɪ] mit einzelnen Regenschauern

**show·ground** das Ausstellungsgelände, das Zirkusgelände

**show house** das Musterhaus

**show·ing-off** [ˌʃəʊɪŋ'ɒf] die Angeberei

**show jump·er** ❶ das Springpferd ❷ der Springreiter/die Springreiterin

**show-jump·ing** ['ʃəʊˌdʒʌmpɪŋ] das Springreiten

**shown** [ʃəʊn] 3. Form von **show**

**show-off** ['ʃəʊɒf] der Angeber/die Angeberin

**show·room** der Ausstellungsraum

**show trial** der Schauprozess

**showy** ['ʃəʊɪ] (*abwertend*) protzig, auffällig; *Zeremonie:* bombastisch; *Farbe:* grell, auffällig

**shrank** [ʃræŋk] 2. Form von **shrink**

**shred** [ʃred] ❶ der Fetzen, der/das [Papier]schnipsel ❷ (*übertragen*) die Spur, das Fünkchen ❸ **to tear to shreds** zerfetzen; (*übertragen*) verreißen

to **shred** [ʃred] <shredded, shredded> ❶ zerfetzen ❷ in Stücke reißen

**shred·der** ['ʃredəʳ] der Reißwolf

to **shriek** [ʃriːk] kreischen; **to shriek with laughter** vor Lachen schreien; **to shriek with pain** vor Schmerz aufschreien

**shriek** [ʃriːk] der [schrille, kurze] Schrei

**shrimp** [ʃrɪmp] der Shrimp, die Krabbe, die Garnele

to **shrink** [ʃrɪŋk] <shrank *oder* ⓊⓈⒶ shrunk, shrunk *oder* ⓊⓈⒶ shrunken> ❶ schrumpfen ❷ (*übertragen*) abnehmen, nachlassen ❸ **to shrink from doing something** etwas höchst ungern tun

**shrink** [ʃrɪŋk] (*umgangsspr*) der Psychiater/ die Psychiaterin

to **shriv·el** [ˈʃrɪvəl] <shrivelled *oder* ⓊⓈⒶ shriveled, shrivelled *oder* ⓊⓈⒶ shriveled> [zusammen]schrumpfen; *Obst:* schrumpeln; *Pflanzen:* welken; *Haut:* faltig werden

to **shrivel up** [ˈʃrɪvl ʌp] ❶ zusammenschrumpfen ❷ (*übertragen*) sich verkriechen, kleinlaut werden

**shrub** [ʃrʌb] der Strauch, der Busch, die Staude
**shrug** [ʃrʌg] das Achselzucken; **to give a shrug** mit den Achseln zucken

to **shrug** [ʃrʌg] <shrugged, shrugged> **to shrug one's shoulders** mit den Schultern zucken

◆to **shrug off** mit einem Achselzucken abtun
**shrunk** [ʃrʌŋk] *2. Form von* **shrink**

to **shud·der** [ˈʃʌdər] ❶ [er]schaudern (**at** bei) ❷ **to shudder with cold/fear** vor Kälte/ Angst schlottern [*oder* zittern]; **I shudder [at the thought]** mich schaudert bei dem Gedanken

**shud·der** [ˈʃʌdər] der Schauder

to **shuf·fle** [ˈʃʌfl] ❶ (*gehen*) schlurfen ❷ mischen *Karten*

to **shun** [ʃʊn] meiden

to **shush** [ʃʊʃ] **to shush someone up** jemanden zum Schweigen bringen; **will you shush!** (*umgangsspr*) jetzt halt die Klappe!; **shush!** psst!

**shut** [ʃʌt] ❶ geschlossen, zu; **we are shut** wir haben geschlossen ❷ **his mind is shut to anything unfamiliar** er verschließt sich gegenüber allem Fremden

to **shut** [ʃʌt] <shut, shut> ❶ schließen; *Fenster, Tür:* zugehen; *Geschäft, Fabrik:* geschlossen werden, schließen; **when do the shops shut?** wann schließen die Geschäfte? ❷ verriegeln *Tür, Fenster;* **to shut the door in someone's face** jemandem die Türe vor der Nase zuschlagen; **to shut one's ears to the truth** die Ohren vor der Wahrheit verschließen; **to shut one's eyes** die Augen zumachen; **to shut one's mouth** den Mund halten

◆to **shut away** wegschließen, einschließen; **to shut oneself away** sich einschließen; **to shut someone away** jemanden einsperren, jemanden isolieren

◆to **shut down** ❶ *Fabrik:* [vorübergehend] schließen, den Betrieb einstellen ❷ abschalten *Kraftwerk, Computer*

◆to **shut in** ❶ einschließen, einsperren ❷ **to shut one's finger in the door** sich den Fin-

ger in der Tür einklemmen

◆to **shut off** ❶ ausschließen (**from** von) ❷ ausschalten, zudrehen, abdrehen; abstellen *Motor* ❸ **to shut oneself off** sich absondern

◆to **shut out** ❶ ausschließen, aussperren ❷ (*übertragen*) ausschalten

◆to **shut up** ❶ verschließen, zuschließen; **to shut up shop** (*umgangsspr*) den Laden dicht machen ❷ zum Schweigen bringen, den Mund halten; **that'll shut her up** da wird sie nichts mehr sagen; **shut up!** halt die Klappe!

**shut·ter** [ˈʃʌtər] ❶ der Fensterladen ❷ *einer Kamera:* der Verschluss
**shut·tle** [ˈʃʌtl] der Shuttle, der Pendelzug
**shut·tle bus** der Shuttlebus
**shut·tle·cock** [-kɒk] der Federball
**shut·tle flight** der Shuttleflug
**shut·tle ser·vice** der Pendelverkehr
**shy** [ʃaɪ] schüchtern, scheu; **to be shy of** [*oder* **with**] **someone** jemandem gegenüber gehemmt sein; **to be shy of doing something** Hemmungen haben, etwas zu tun; **to make someone shy** jemanden verschüchtern; **don't be shy!** nur keine Hemmungen!

◆to **shy away** **to shy away from something** vor etwas zurückschrecken
**shy·ness** [ˈʃaɪnɪs] die Scheu, die Schüchternheit
**Sia·mese twins** *plural* die siamesischen Zwillinge

**sick** [sɪk] ❶ krank (**with** vor); **to be sick** krank sein; (*bei Übelkeit*) sich erbrechen; **to fall** [*oder* **be taken**] **sick** krank werden; **I feel sick** mir ist übel ❷ (*übertragen*) **to be sick [to death] of something** etwas satthaben; **I'm getting sick and tired of it** es hängt mir zum Hals heraus; **it makes me sick** das macht mich ganz krank ❸ (*umgangsspr*) *Witz:* geschmacklos, makaber; *Mensch:* abartig ❹ **I'm worried sick about it** ich bin darüber höchst beunruhigt
**sick bag** die Spucktüte
**sick bay** das Krankenrevier
**sick·en·ing** [ˈsɪkənɪŋ] ❶ Ekel erregend ❷ (*übertragen*) entsetzlich, widerlich, ekelhaft
**sick leave** [ˈsɪkliːv] **to be on sick leave** krankgeschrieben sein
**sick·ness** [ˈsɪknɪs] <*plural* sicknesses> ❶ die Krankheit ❷ die Übelkeit, das Erbrechen
**sick·ness ben·efit** das Krankengeld
**sick note** die Krankmeldung
**sick pay** der Lohn im Krankheitsfall

**side¹** [saɪd] ① die Seite; **side by side** Seite an Seite; **on every side** auf [*oder* von] allen Seiten; **on the right/wrong side of 50** unter/über 50 Jahre alt; **this side up!** Vorsicht, nicht stürzen!; **at the side of the road** am Straßenrand; **I've got a pain in my side** ich habe Seitenstechen ② der Rand; **on the side** (*umgangsspr*) nebenbei, nebenher; **to put on** [*oder* **to**] **one side** vorübergehend zurückstellen ③ (*übertragen*) die Seite, der Standpunkt; **to take sides** parteiisch sein, Partei ergreifen; **whose side are you on?** auf welcher Seite stehen Sie? ④ die Seite, die Partei, die Mannschaft ▸ WENDUNGEN: **to be on the safe side** um sicher zu gehen; **look on the bright side!** nimms leicht!; **to get on the wrong side of someone** es sich mit jemandem verderben; **it's on the big side** es ist ziemlich groß

**side²** [saɪd] Seiten-, Neben-

to **side** [saɪd] **to side with** Partei ergreifen für

**side·board** ['saɪdbɔːd] das Büfett, die Anrichte

**side dish** die Beilage

**side ef·fect** die Nebenwirkung

**side·line** ① der Nebenerwerb, die Nebenbeschäftigung ② (*im Sport*) die Seitenlinie; **to be on the sideline[s]** (*übertragen*) ein unbeteiligter Zuschauer sein

**side road** die Nebenstraße

**side sal·ad** der Beilagensalat

**side·step** ['saɪdstep] der Schritt zur Seite; (*beim Tanzen*) der Seitenschritt; (*übertragen*) das Ausweichmanöver

to **side·step** ['saɪdstep] <sidestepped, sidestepped> seitwärts ausweichen; (*übertragen*) ausweichen

**side street** die Nebenstraße

to **side·track** (*übertragen*) ablenken

**side·walk** ['saɪdwɔːk] ⓤⓢⓐ der Gehweg

**side·ways** ['saɪdweɪz] seitlich, seitwärts

**sieve** [sɪv] das Sieb

to **sift** [sɪft] ① sieben *Mehl* ② (*übertragen*) **to sift through something** etwas durchgehen

to **sigh** [saɪ] seufzen (**with** vor); **to sigh with relief** erleichtert aufatmen

**sigh** [saɪ] der Seufzer; **to heave a sigh of relief** einen Seufzer der Erleichterung ausstoßen

**sight** [saɪt] ① der Blick, der Anblick; **at first sight** auf den ersten Blick; **within sight** in Sicht; **in the sight of God** vor Gott; **out of sight** außer Sicht, weit weg; (*umgangsspr*) unerschwinglich; **to know by sight** vom Sehen [her] kennen; **to lose sight of some-**thing (*auch übertragen*) etwas aus den Augen verlieren ② das Sehvermögen; **long sight** die Weitsichtigkeit; **near sight** die Kurzsichtigkeit; **he has very good sight** er sieht sehr gut ③ **sights** *plural* die Sehenswürdigkeiten; **to see the sights of London** London besichtigen ④ **to lower one's sights** seine Ansprüche zurückschrauben; **to set one's sights too high** seine Ziele zu hoch stecken ⑤ (*übertragen*) **to be a sight** (*umgangsspr*) fürchterlich [*oder* verheerend] aussehen; **you're a sight for sore eyes!** schön, dich zu sehen!; **to be unable to bear the sight of someone** jemanden nicht ausstehen können

**sight·see·ing** ['saɪtˌsiːɪŋ] die Besichtigung von Sehenswürdigkeiten, das Sightseeing

**sight·see·ing tour** die Stadtrundfahrt

**sight·seer** ['saɪtˌsiːəʳ] der Tourist/die Touristin

**sign** [saɪn] ① das Zeichen, das Vorzeichen; **as a sign of good will** als Zeichen guten Willens; **there was no sign of it** es war keine Spur davon zu entdecken; **what sign are you?** welches Sternzeichen bist du?; **at the first sign of a cold** beim geringsten Anzeichen einer Erkältung ② das Schild; **road sign** der Wegweiser; **traffic sign** das Verkehrszeichen

to **sign** [saɪn] ① unterzeichnen, unterschreiben; **to sign one's name** unterschreiben; **to sign the guest book** sich ins Gästebuch eintragen; **to sign the register** sich eintragen; **to sign a picture** ein Bild signieren ② ein Zeichen geben, winken ③ (*im Fußball*) verpflichten *Spieler*

◆ to **sign away** (*übertragen*) abtreten

◆ to **sign in** sich einschreiben

◆ to **sign off** ① (*im Radio, TV*) das Programm beenden ② (*im Brief*) Schluss machen ③ (*am Computer*) sich abmelden

◆ to **sign on** ① sich verpflichten, sich melden; *Arbeitnehmer:* den Arbeitsvertrag unterschreiben; **to sign on [the dole]** sich arbeitslos melden, stempeln gehen; (*für einen Kurs*) sich einschreiben ② (*im Radio*) sich melden ③ (*am Computer*) sich anmelden

◆ to **sign out** ① sich abmelden ② [sich] austragen

◆ to **sign over** übertragen

◆ to **sign up** ① **to sign someone up** jemanden anstellen, jemanden verpflichten ② sich verpflichten; (*für einen Kurs*) [sich] einschreiben

**sig·nal** ['sɪgnəl] (*auch übertragen*) das Zeichen, der Wink, das Signal (**for** zu)

**signal – singing lesson**

to **sig·nal** ['sɪɡnəl] <signalled *oder* ⓤⓈⒶ signaled, signalled *oder* ⓤⓈⒶ signaled> ❶ [ein] Zeichen geben ❷ signalisieren, ankündigen ❸ **it signals her feelings** es ist ein Zeichen für ihre Gefühle

**sig·na·tory** ['sɪɡnətrɪ] der Unterzeichner/die Unterzeichnerin

**sig·na·ture** ['sɪɡnətʃər] ❶ die Unterschrift ❷ die Unterzeichnung

**sig·nifi·cance** [sɪɡ'nɪfɪkəns] die Bedeutung, die Wichtigkeit, die Tragweite

**sig·nifi·cant** [sɪɡ'nɪfɪkənt] ❶ bedeutungsvoll, wichtig (**for** für) ❷ *Blick:* viel sagend

to **sig·ni·fy** ['sɪɡnɪfaɪ] ❶ andeuten, anzeigen ❷ bedeuten

**sign lan·guage** ['saɪnˌlæŋɡwɪdʒ] die Zeichensprache

**sign·post** der Wegweiser

**si·lence** ['saɪləns] ❶ das Schweigen, die Stille ❷ das [Ver]schweigen, das Stillschweigen; **in silence** schweigend; **silence!** Ruhe!

to **si·lence** ['saɪləns] zum Schweigen bringen

**si·lent** ['saɪlənt] ❶ schweigend ❷ stumm; **silent movie** der Stummfilm ❸ schweigsam, still

**si·lent·ly** ['saɪləntlɪ] lautlos, schweigend

**sili·con** ['sɪlɪkən] das Silikon

**sili·con chip** die Siliziumscheibe

**silk** [sɪlk] die Seide, der Seidenstoff, das Seidengewand

**silk dress** das Seidenkleid

**silky** ['sɪlkɪ] ❶ seiden ❷ *Haar, Fell:* seidig; *Stimme:* samtig

**sill** [sɪl] die Fensterbank, das Sims

**sil·li·ness** ['sɪlɪnəs] *kein Plural* die Albernheit

**sil·ly** ['sɪlɪ] dumm, albern

**sil·ver¹** ['sɪlvər] ❶ das Silber ❷ das Silbergeld ❸ das [Tafel]silber, das Silbergeschirr

**sil·ver²** ['sɪlvər] silbern, silberhaltig, versilbert

**sil·ver foil** die Silberfolie, die Alufolie

**sil·ver ju·bi·lee** das 25-jährige Jubiläum

**sil·ver·ware** ['sɪlvəweər] das Silber[geschirr]

**sil·ver wedding** die silberne Hochzeit

**simi·lar** ['sɪmɪlər] [**in a**] **similar** [**way**] ähnlich, genauso

**simi·lar·ity** [ˌsɪmə'lærətɪ] die Ähnlichkeit, die Gleichartigkeit (**to** mit)

**simi·le** ['sɪmɪlɪ] das Gleichnis

to **sim·mer** ['sɪmər] ❶ sieden, köcheln ❷ (*übertragen*) **to simmer with rage** vor Zorn kochen

♦ to **simmer down** sich beruhigen

**sim·ple** ['sɪmpl] <simpler, simplest> ❶ einfach; **pure and simple** ganz einfach; **the simple fact** die bloße Tatsache ❷ *Prob-*

*lem, Aufgabe:* unkompliziert, leicht ❸ *Stil, Mensch:* schlicht ❹ *Wahrheit:* rein, nackt ❺ (*abwertend*) einfältig, dumm

**sim·ple-mind·ed** [ˌsɪmpl'maɪndɪd] einfältig, simpel

**sim·plic·ity** [sɪm'plɪsətɪ] **for the sake of simplicity** der Einfachheit halber

**sim·pli·fi·ca·tion** [ˌsɪmplɪfɪ'keɪʃn] die Vereinfachung

**sim·ply** ['sɪmplɪ] ❶ [ganz] einfach ❷ bloß, nur; **he's simply jealous** er ist nur eifersüchtig ❸ (*umgangsspr*) **simply wonderful/dreadful** einfach toll/grässlich

**simu·la·tion** [ˌsɪmjʊ'leɪʃn] ❶ die Vortäuschung, die Heuchelei ❷ (*in der Technik*) die Simulation

**sim·ul·ta·neous** [ˌsɪml'teɪnɪəs] gleichzeitig (**with** mit); *Gleichung, Dolmetschen:* Simultan-

**sin** [sɪn] ❶ die Sünde; **deadly** [*oder* **mortal**] **sin** die Todsünde; **original sin** die Erbsünde ❷ (*übertragen*) das Vergehen (**against** gegen), die Versündigung; **to live in sin** in wilder Ehe leben

to **sin** [sɪn] <sinned, sinned> sündigen (**against** gegen)

**since** [sɪns] ❶ seit[dem]; **he's been working here since last year** er arbeitet hier seit letztem Jahr ❷ **ever since** seither; **since when?** seit wann?; **have you seen him since?** hast du ihn seither gesehen? ❸ (*bei Begründung*) **since he's always late ...** da er immer zu spät kommt ... ❹ (*mittlerweile*) inzwischen; **but they've since become vegetarian** aber sie sind inzwischen Vegetarier geworden

**sin·cere** [sɪn'sɪər] ehrlich, aufrichtig

**sin·cere·ly** [sɪn'sɪəlɪ] aufrichtig, ehrlich; **Yours sincerely** mit freundlichen Grüßen

**sine** [saɪn] (*in der Mathematik*) der Sinus

to **sing** [sɪŋ] <sang *oder* ⓤⓈⒶ sung, sung> ❶ singen; **to sing someone to sleep** jemanden in den Schlaf singen; *Ohren:* klingen, dröhnen; *Wasserkessel:* summen, pfeifen ❷ (*übertragen*) **to sing someone's praises** ein Loblied auf jemanden singen

♦ to **sing along** mitsingen

♦ to **sing up** ⒼⒷ lauter singen

**Sin·ga·pore** [sɪŋə'pɔːr] Singapur

**sing·er** ['sɪŋər] der Sänger/die Sängerin

**sing·ing** ['sɪŋɪŋ] ❶ das Singen, der Gesang ❷ (*in den Ohren*) das Klingen ❸ *von Wasserkessel:* das Summen, das Pfeifen

**sing·ing les·son** die Singstunde, die Gesangstunde

**sin·gle¹** ['sɪŋgl] ① einzig; **not a single person said 'Hello'** kein Einziger begrüßte uns; **every single one** jeder [Einzelne] ② unverheiratet, allein stehend; **single parent** der/die Alleinerziehende ③ einfach; **single ticket to ...** eine einfache Fahrkarte nach ... ④ **single bed** das Einzelbett; **single bedroom** das Einzelzimmer; **single currency** die einheitliche Währung

**sin·gle²** ['sɪŋgl] ① die einfache Fahrkarte ② (*im Hotel*) das Einzelzimmer ③ (*Schallplatte*) die Single ④ (*Alleinstehende(r)*) der Single

◆ to **single out** aussondern (**from** aus)

**sin·gle·dom** ['sɪŋgldəm] (*humorvoll umgangsspr*) das Single-Dasein

**sin·gle-fig·ure** *Zahl:* einstellig

**sin·gle-hand·ed** [ˌsɪŋgl ˈhændɪd] ohne Hilfe, allein

**sin·gle·hood** ['sɪŋglhʊd] *kein Plural* ⓤⓢⓐ das Single-Dasein

**sin·gle-mind·ed** [ˌsɪŋglˈmaɪndɪd] zielstrebig, beharrlich

**sin·gle-par·ent fami·ly** die Einelternfamilie

**sin·gle-sex** nach Geschlechtern getrennt; **single-sex school [for boys/girls]** die reine Jungen-/Mädchenschule

**sin·gle-sex school** die reine Jungenschule, die reine Mädchenschule

**sin·gle tick·et** ['sɪŋglˌtɪkɪt] der Einzelfahrschein, die einfache Fahrkarte

**sin·gle·ton** ['sɪŋgltən] der Single

**sin·gu·lar¹** ['sɪŋgjʊləʳ] ① einzig ② außergewöhnlich, einzigartig

**sin·gu·lar²** ['sɪŋgjʊləʳ] der Singular, die Einzahl

**sink** [sɪŋk] der Ausguss, die Spüle

to **sink** [sɪŋk] <sank, sunk> ① sinken, untergehen ② *Preis:* sinken ③ versenken *Schiff* ④ (*übertragen*) *Gesundheit:* schwächer werden, nachlassen ⑤ **to sink into a chair/onto a bed** sich in einen Sessel/auf ein Bett fallen lassen; **to sink into a deep sleep** in einen tiefen Schlaf fallen; **to sink to the ground** zu Boden sinken ⑥ *Sonne:* untergehen ⑦ *Stimme:* sich senken ⑧ **to be left to sink or swim** ganz auf sich selbst gestellt sein ⑨ **my heart sank** ich wurde mutlos; **with sinking heart** verzagt ⑩ **sunk in thought** in Gedanken versunken

ⓖ Richtiges Konjugieren von **sink**: sink, sank, sunk — *the ship sank in the storm; the houseboat was sunk.*

◆ to **sink down** [zurück]sinken

◆ to **sink in** (*übertragen*) kapiert werden; **I hope it has finally sunk in** ich hoffe, der Groschen ist endlich gefallen

**sink·ing** ['sɪŋkɪŋ] *Gefühl:* flau, ungut

**sin·ner** ['sɪnəʳ] der Sünder/die Sünderin

to **sip** [sɪp] <sipped, sipped> schlürfen, nippen

**sip** [sɪp] das Schlückchen

**sir** [sɜːʳ] ① (*Anrede ohne Namen*) der Herr; **yes, sir** jawohl [mein Herr]; **Dear Sir or Madam** sehr geehrte Damen und Herren ② (*Titel*) der Sir

**si·ren** ['saɪərən] die Sirene

**sir·loin steak** das Lendensteak

**sis·sy¹** ['sɪsi] <*plural* sissies> (*abwertend umgangsspr*) der Waschlappen

**sis·sy²** ['sɪsi] <sissier, sissiest> (*abwertend umgangsspr*) verweichlicht

**sis·ter** ['sɪstəʳ] ① (*auch im Kloster*) die Schwester; **brothers and sisters** die Geschwister ② (*im Krankenhaus*) die [Ober]schwester

**sis·ter-in-law** ['sɪstərɪnlɔː] <*plural* sisters-in-law> die Schwägerin

to **sit** [sɪt] <sat, sat> ① sitzen, sich setzen; **to sit bolt upright** kerzengerade dasitzen; **to sit a child on a chair** ein Kind auf einen Stuhl setzen ② *Parlament, Gericht:* tagen; **to sit on a committee** einem Ausschuss angehören ③ sich befinden, stehen ④ (*technisch*) aufliegen ⑤ *Kleidungsstück:* sitzen (**on** bei) ⑥ ablegen *Prüfung* ⑦ (*übertragen*) liegen, ruhen (**on** auf) ▸ WENDUNGEN: **to sit on the fence** unentschlossen sein, neutral bleiben; **to be sitting pretty** (*umgangsspr*) gut dran sein; **to sit tight** sich nicht [von der Stelle] rühren

◆ to **sit about**, to **sit around** herumsitzen [und nichts tun]

◆ to **sit back** sich zurücklehnen; (*übertragen*) abwarten; **to sit back and relax** sich ausruhen

◆ to **sit down** sich [hin]setzen, Platz nehmen ▸ WENDUNGEN: **to take something sitting down** sich etwas gefallen lassen

◆ to **sit in to sit in for someone** jemanden vertreten

◆ to **sit on** ① sitzen bleiben ② sitzen in, Mitglied sein bei *Ausschuss* ③ hinauszögern *Entscheidung* ④ unterdrücken *Nachricht* ⑤ **to sit on someone** jemandem den Kopf zurechtrücken

◆ to **sit out** ① im Freien sitzen ② bis zum Ende ausharren, aussitzen ③ auslassen *Tanz*

◆ to **sit through** aussitzen, über sich ergehen lassen

◆ to **sit up** ① aufrecht sitzen, aufrichten; **to**

**sit up to table** sich an den Tisch setzen ② aufbleiben; **to sit up for someone** aufbleiben und auf jemanden warten; **to sit up with someone** bei jemandem wachen ③ (*übertragen*) **to sit up and take notice** hellhörig werden; **to make someone sit up** jemanden aufhorchen lassen

**sit·com** ['sɪtkɒm] (*umgangsspr*) die Situationskomödie

**site** [saɪt] ① die Lage, das Gelände ② der Standort; *einer Firma:* der Sitz ③ **building site** der Bauplatz, das Baugrundstück ④ **camping site** der Campingplatz

**sit-in** ['sɪtɪn] das Sit-in, die Sitzblockade

**sit·ting duck** (*übertragen*) die leichte Beute

**sit·ting-room** das Wohnzimmer

to **situ·ate** ['sɪtjueɪt] ① platzieren; anlegen *Flicken, Beet* ② im Zusammenhang sehen (**in** zu)

**situ·at·ed** ['sɪtʃʊeɪtɪd] **to be situated** liegen, gelegen sein

**situ·a·tion** [ˌsɪtʃʊ'eɪʃn] ① die Lage ② (*übertragen*) die Situation, die Umstände; **to be equal to the situation** der Situation gewachsen sein ③ **situations vacant** die Stellenangebote; **situations wanted** die Stellengesuche

**sit-up** ['sɪtʌp] der Sit-up (*Bauchmuskelübung*)

**six¹** [sɪks] ① sechs; **a quarter to six** viertel vor sechs ② **it's six of one and half a dozen of the other** das ist Jacke wie Hose

**six²** [sɪks] ① die Sechs; **the six of hearts** die Herzsechs ② **at sixes and sevens** durcheinander; **to knock someone for six** jemanden verblüffen

**six·teen¹** [sɪk'sti:n] sechzehn

**six·teen²** [sɪk'sti:n] die Sechzehn

**six·teenth¹** [sɪk'sti:nθ] sechzehnte(r, s)

**six·teenth²** [sɪk'sti:nθ] ① (*Datum*) **the sixteenth** der Sechzehnte ② (*Bruchzahl*) das Sechzehntel

**sixth¹** [sɪksθ] ① sechste(r, s) ② (*Schulklasse*) **sixth form** die Abschlussklasse ③ **sixth sense** der sechste Sinn

**sixth²** [sɪksθ] ① (*Datum*) **the sixth** der Sechste ② (*Bruchzahl*) das Sechstel

**six·ti·eth¹** ['sɪkstɪəθ] sechzigste(r, s)

**six·ti·eth²** ['sɪkstɪəθ] ① Sechzigste(r, s) ② (*Bruchzahl*) das Sechzigstel

**six·ty¹** ['sɪkstɪ] sechzig

**six·ty²** ['sɪkstɪ] ① die Sechzig ② **the sixties** die Sechzigerjahre; **to be in one's sixties** über sechzig sein

**siz·able** ['saɪzəbl] beträchtlich, ansehnlich

**size** [saɪz] ① die Größe, der Umfang ② von

*Kleidung:* die Größe ③ (*übertragen*) das Ausmaß, die Bedeutung ▶ WENDUNGEN: **that's about the size of it** (*umgangsspr*) so sieht die Sache aus; **to cut someone down to size** jemanden runterputzen

◆ to **size up** abschätzen

**size·able** ['saɪzəbl] beträchtlich, ansehnlich

**skate** [skeɪt] ① (*ice skate*) der Schlittschuh ② (*roller skate*) der Rollschuh ③ **to get one's skates on** (*übertragen*) sich beeilen

to **skate** [skeɪt] Schlittschuh/Rollschuh laufen ▶ WENDUNGEN: **to skate on thin ice** sich aufs Glatteis begeben; **to skate over something** über etwas geschickt hinweggehen

**skate·board** ['skeɪtbɔ:d] das Skateboard

**skate·board·er** ['skeɪtbɔ:dəʳ] der Skateboardfahrer/die Skateboardfahrerin

ⓛ Obwohl Kinder in den USA schon in den 30er Jahren Rollschuhräder auf Bretter festgenagelt und diese zum Fahren benutzt haben, wurde das **skateboard** zum ersten Mal in den frühen 60er Jahren in Kalifornien an Surfer verkauft. Damals wurde **skateboarding** auch **sidewalk-surfing** (Gehweg-Surfen) genannt. Fünfzehn Jahre später, nach der Erfindung von Rädern aus Polyurethan und den Kunststücken wie dem **ollie** (Springen), wurde Skateboarding zu einer beliebten Sportart.

**skat·er** ['skeɪtəʳ] der Schlittschuhläufer/die Schlittschuhläuferin, der Rollschuhläufer/die Rollschuhläuferin

**skat·ing rink** ['skeɪtɪŋrɪŋk] die Eisbahn, die Rollschuhbahn

**skel·eton** ['skelɪtn] ① das Skelett, das Gerippe ② *einer Idee:* der Umriss, der Entwurf ▶ WENDUNGEN: **a skeleton in the closet** eine Leiche im Keller

**skel·eton key** der Hauptschlüssel

**skel·eton staff** die Rumpfbelegschaft

**skep·tic** ['skeptɪk] (USA) der Skeptiker/die Skeptikerin

**skep·ti·cal** ['skeptɪkl] (USA) skeptisch, zweifelnd

**sketch** [sketʃ] <*plural* sketches> ① die Skizze ② (*im Theater*) der Sketch ③ der Entwurf

to **sketch** [sketʃ] skizzieren

**skew·er** ['skjʊəʳ] der Fleischspieß

**ski** [ski:] der Ski, der Schi

to **ski** [ski:] Ski fahren

**ski boot** der Skistiefel

**skid** [skɪd] das Schleudern; **to go into a skid** ins Schleudern kommen

to **skid** [skɪd] <skidded, skidded> rutschen, schleudern

**ski·er** ['ski:əʳ] der Skiläufer/die Skiläuferin, der

Skifahrer/die Skifahrerin

**ski gog·gles** *plural* die Skibrille

**ski·ing** ['skiːɪŋ] das Skifahren

**ski·ing holi·day** der Skiurlaub

**ski in·struc·tor** ['skiːɪnˌstrʌktəʳ] der Skilehrer/ die Skilehrerin

**ski jump** ❶ das Skispringen ❷ die Sprungschanze

**skil·ful** ['skɪlfl] geschickt, erfahren (**at** in)

**ski lift** ['skiːlɪft] der Skilift

**skill** [skɪl] ❶ das Geschick, die Geschicklichkeit ❷ (*im Beruf*) die Fähigkeit, die Fertigkeit (**in/at** in); **communication skills** die Kommunikationsfähigkeit

**skilled** [skɪld] **skilled worker** der Facharbeiter/die Facharbeiterin, der gelernte Arbeiter/ die gelernte Arbeiterin

**skill·ful** ['skɪlfl] ⒰ⓢⒶ geschickt, gewandt, tüchtig, erfahren (**at** in)

to **skim** [skɪm] <skimmed, skimmed> flüchtig lesen; **to skim through a book** ein Buch überfliegen

**skimmed milk** ['skɪmd'mɪlk], ⒰ⓢⒶ **skim-milk** [ˌskɪm'mɪlk] die Magermilch

**skin** [skɪn] ❶ die Haut ❷ *von einem Tier:* das Fell ❸ *von Obst, Gemüse:* die Schale ▶ WENDUNGEN: **to get under someone's skin** (*berühren*) jemandem unter die Haut gehen; (*aufregen*) jemandem auf die Nerven gehen; **by the skin of one's teeth** mit knapper Not; **to have a thick skin** ein dickes Fell haben; **to jump out of one's skin** erschrecken; **it's no skin off my nose** (*umgangssprⓔ*) das juckt mich nicht

**skin·care** *kein Plural* die Hautpflege

**skin div·ing** das Sporttauchen

**skin·head** ['skɪnhed] der Skinhead

**skin·ny** ['skɪnɪ] mager, knochig

to **skin·ny-dip** <skinny-dipped, skinny-dipped> (*umgangsspr*) **to go skinny-dipping** nackt baden

**skint** [skɪnt] ⒢Ⓑ (*umgangsspr*) **to be skint** pleite sein

**skin·tight** [skɪn'taɪt] hauteng

to **skip** [skɪp] <skipped, skipped> ❶ hüpfen, springen ❷ **to skip** [*oder* ⒰ⓢⒶ **skip rope**] seilspringen, seilhüpfen ❸ (*übertragen*) auslassen, überspringen *Abschnitt, Frage;* ausfallen lassen *Mahlzeit; Herzschlag:* aussetzen; **skip it!** vergiss es! ❹ schwänzen *Schule*

**skip** [skɪp] der Container

**ski pole** der Skistock

**skip·per** ['skɪpəʳ] ❶ der Kapitän ❷ (*Sport*) der Mannschaftsführer/die Mannschaftsführerin

**skip·ping-rope** ['skɪpɪŋrəʊp] das Springseil

**ski re·sort** der Wintersportort

**skirt** [skɜːt] der Rock

to **skirt** [skɜːt] **to skirt** [**around**] umfahren, umschiffen

**ski run** ['skiːrʌn] die Piste

**ski school** die Skischule

**ski slope** die Skipiste

**skit·tle** ['skɪtl] der Kegel; **skittles** (*Spiel*) das Kegeln; **to play skittles** kegeln

to **skive** [skaɪv] (*umgangsspr*) **to skive** [**off**] sich vor der Arbeit drücken, blaumachen; schwänzen *Schule*

**skiv·er** ['skaɪvəʳ] der Drückeberger/die Drückebergerin

**skull** [skʌl] ❶ der Schädel ❷ (*Symbol*) **the skull and crossbones** der Totenkopf

**sky** [skaɪ] der Himmel; **in the sky** am Himmel ▶ WENDUNGEN: **out of a clear** [**blue**] **sky** aus heiterem Himmel; **the sky's the limit** alles ist möglich

**sky blue** himmelblau

**sky·div·ing** ['skaɪˌdaɪvɪŋ] das Fallschirmspringen

**sky-high** *auch Preise:* himmelhoch; **to blow something sky-high** etwas in die Luft jagen; (*übertragen*) etwas völlig zunichte machen *Theorie*

to **sky·jack** entführen

**sky·jack** die Flugzeugentführung

**sky·light** das Oberlicht; *im Dach:* das Dachfenster

**sky·line** ['skaɪlaɪn] der Horizont, die Stadtsilhouette

**sky·scrap·er** ['skaɪskreɪpəʳ] der Wolkenkratzer

**slab** [slæb] ❶ (*aus Stein*) die Platte ❷ *von Käse, Kuchen, Schokolade:* das große Stück

**slack** [slæk] ❶ *Seil:* schlaff, locker ❷ *Zeit:* flau, ruhig; *Wirtschaft:* flau; *Geschäft:* stagnierend ❸ (*übertragen*) träge, nachlässig

to **slack·en** ['slækən] ❶ *Seil:* schlaffer [*oder* lockerer] werden, sich lockern ❷ *Geschwindigkeit:* **to slacken** [**off**] sich verlangsamen ❸ (*übertragen*) **to slacken** [**off**] abschwächen, verringern; **his work has slackened** [**off**] seine Arbeit hat nachgelassen

**slack·er** ['slækəʳ] der Bummelant/die Bummelantin

**slacks** [slæks] *plural* die Hose

**slag** [slæg] ❶ die Schlacke ❷ (*slang*) die Schlampe

to **slam** [slæm] <slammed, slammed> ❶ zuschlagen *Tür;* **to slam the door in someone's face** jemandem die Tür vor der Nase zuschlagen **②** **to slam on the brakes** voll auf die Bremsen treten

◆to **slam down** aufknallen *Telefonhörer*

**slam·mer** ['ʃlæmə'] (*slang*) der Knast

**slan·der** ['slɑːndə'] die Verleumdung, die üble Nachrede

to **slan·der** ['slɑːndə'] verleumden

**slan·der·ous** ['slɑːndərəs] verleumderisch

**slang** [slæŋ] der Slang, der Jargon

**slang·ing match** die gegenseitige Beschimpfung

to **slant** [slɑːnt] schräg sein, sich neigen

**slant** [slɑːnt] **①** die Schräge, die Neigung; **at a slant** schräg **②** (*übertragen*) der Blickwinkel, die Tendenz

**slant·ing** ['slɑːntɪŋ] schief, geneigt, schräg

**slap** [slæp] der Klaps, der Schlag; **to give someone a slap on the back** (*auch übertragen*) jemandem auf den Rücken klopfen; **a slap in the face** eine Ohrfeige; (*übertragen*) ein Schlag ins Gesicht

to **slap** [slæp] <slapped, slapped> schlagen, einen Klaps geben; **to slap someone on the back** (*auch übertragen*) jemandem auf den Rücken klopfen; **to slap someone's face** jemanden ohrfeigen

◆to **slap down** **①** to slap something down etwas hinknallen **②** to slap someone down jemanden zusammenstauchen

**slap·dash** ['slæpdæʃ] *Arbeit:* schlampig

**slap-up** ['slæpʌp] (*umgangsspr*) **a slap-up meal** (*umgangsspr*) ein Essen mit allem Drum und Dran

to **slash** [slæʃ] **①** aufschlitzen; **to slash one's wrists** sich die Pulsadern aufschneiden **②** (*übertragen*) [drastisch] kürzen, zusammenstreichen

**slash** [slæʃ] <*plural* slashes> **①** der Schnitt **②** der Schrägstrich **③** **to have a slash** (*slang*) pinkeln gehen

**slate** [sleɪt] **①** der Schiefer, die Schieferplatte **②** (*zum Schreiben*) die Schiefertafel **③** Ⓤ USA die Kandidatenliste ▶WENDUNGEN: **to put something on the slate** (*umgangsspr*) etwas anschreiben [lassen]; **to wipe the slate clean** reinen Tisch machen

to **slate** [sleɪt] (*umgangsspr*) scharf kritisieren, verreißen

to **slaugh·ter** ['slɔːtə'] **①** schlachten *Vieh* **②** niedermetzeln *Menschen* **③** (*beim Spiel*) haushoch schlagen

**Slav¹** [slɑːv] der Slawe/die Slawin

**Slav²** [slɑːv] slawisch

**slave** [sleɪv] der Sklave/die Sklavin

◆to **slave away** schuften, sich abplagen (at

mit)

**slav·ery** ['sleɪvərɪ] die Sklaverei

**Slav·ic** ['slɑːvɪk] slawisch

**sleaze** [sliːz] die Schweinerei

**sleazy** ['sliːzɪ] (*umgangsspr*) schweinisch

**sledge** [sledʒ], **sled** [sled] der Schlitten

**sledge·ham·mer** der Vorschlaghammer

**sleek** [sliːk] **①** *Haar, Fell:* glatt und glänzend **②** (*übertragen*) elegant **③** (*abwertend*) aalglatt

**sleep** [sliːp] der Schlaf; **to go to sleep** einschlafen; **to get some sleep** schlafen; **to get [oder have] a good night's sleep** sich richtig ausschlafen; **to walk in one's sleep** schlafwandeln; **to put someone to sleep** jemanden betäuben; **to put a dog to sleep** einen Hund einschläfern [lassen]

to **sleep** [sliːp] <slept, slept> **①** schlafen; **to sleep like a log [oder top]** wie ein Murmeltier [oder Stein] schlafen; **to sleep late** ausschlafen, lange schlafen; **to sleep rough** draußen schlafen; **he didn't sleep a wink** er hat kein Auge zugetan **②** to **sleep someone** jemandem Unterkunft bieten

◆to **sleep around** (*umgangsspr*) herumbumsen

◆to **sleep in** **①** ausschlafen **②** verschlafen

◆to **sleep off** to sleep it off einen Rausch ausschlafen

◆to **sleep on** **①** weiterschlafen **②** to sleep on a decision/an idea eine Entscheidung/eine Idee überschlafen

◆to **sleep over** *Kind:* bei einer Freundin/einem Freund übernachten

◆to **sleep through** weiterschlafen; **I must have slept through the alarm** ich muss den Wecker verschlafen haben

◆to **sleep together** miteinander schlafen; (*im selben Zimmer*) zusammen in einem Zimmer schlafen

**sleep·er** ['sliːpə'] **①** der Schlafwagen, der Platz im Schlafwagen **②** to be a good/bad sleeper gut/schlecht schlafen; **to be a heavy/light/sound sleeper** einen festen/leichten/gesunden Schlaf haben

**sleep·ing** ['sliːpɪŋ] schlafend; **Sleeping Beauty** das Dornröschen

**sleep·ing bag** der Schlafsack

**sleep·ing car** der Schlafwagen

**sleep·ing pill** die Schlaftablette

**sleep·ing po·lice·man** die Bodenschwelle

**sleep·ing tab·let** die Schlaftablette

**sleep·less** ['sliːpləs] schlaflos

**sleep·over** ['sliːpˌəʊvə'] **Mum, can I have a**

**sleepover?** Mutti, kann ich einige Freunde zum Übernachten einladen?

to **sleep·walk** schlafwandeln

**sleep·walk·er** der Schlafwandler/die Schlafwandlerin

**sleepy** ['sliːpɪ] ❶ schläfrig ❷ verschlafen ❸ (*übertragen*) *Stadt, Dorf:* still, ruhig, tot

**sleepy·head** (*umgangsspr*) die Schlafmütze

**sleet** [sliːt] der Schneeregen

to **sleet** [sliːt] **it was sleeting** es gab Schneeregen

**sleeve** [sliːv] ❶ der Ärmel ❷ die Schallplattenhülle ▶ WENDUNGEN: **to roll up one's sleeves** die Ärmel hochkrempeln, sich ernsthaft an die Arbeit machen; **to have something** [*oder* **a card**] **up one's sleeve** etwas auf Lager [*oder* in petto] haben

**sleeve·less** ['sliːvlɪs] ärmellos

**sleigh** [sleɪ] der [Pferde]schlitten

**slen·der** ['slendəʳ] ❶ schlank, schmal ❷ (*übertragen*) *Einkommen:* mager, dürftig; *Mittel:* knapp; **his chances of winning are extremely slender** seine Gewinnchancen sind minimal

**slept** [slept] *2. und 3. Form von* **sleep**

**slice** [slaɪs] ❶ *von Brot, Kuchen:* die Scheibe ❷ (*übertragen*) das Stück, der Anteil ❸ **cake slice** die [Torten]schaufel ❹ (*im Sport*) der Drall; **to put a slice on a ball** einen Ball anschneiden

to **slice** [slaɪs] ❶ in Scheiben schneiden ❷ anschneiden *Ball* ❸ **to slice through something** etwas durchschneiden

 ◆ to **slice off** abschneiden

 ◆ to **slice up** in Scheiben schneiden; aufschneiden *Brot;* aufteilen *Gewinn*

**sliced** [slaɪst] geschnitten, aufgeschnitten ▶ WENDUNGEN: **the best thing since sliced bread** (*umgangsspr*) eine Wucht, eine tolle Sache

**slick¹** [slɪk] ❶ *Oberfläche, Straße:* [spiegel]glatt ❷ *Haare:* geschniegelt ❸ (*umgangsspr*) *Idee:* raffiniert ❹ *Mensch:* aalglatt

**slick²** [slɪk] **oil slick** der Ölteppich

 ◆ to **slick back to slick back one's hair** (*mit Gel*) sich die Haare anklatschen

**slid** [slɪd] *2. und 3. Form von* **slide**

to **slide** [slaɪd] <slid, slid> ❶ gleiten, rutschen; **he slid into the room** er schlich in das Zimmer ❷ **he slid the drawer in** er schob die Schublade zu ❸ *Preise, Aktien:* absinken, nachgeben ❹ (*übertragen*) **to slide into bad habits** schlechte Angewohnheiten annehmen; **to let things slide** alles schleifen lassen

---

Ⓖ Richtiges Konjugieren von **slide**: slide, slid, slid — *he slid the glass towards me; the ring had slid down the side of the armchair.*

**slide** [slaɪd] ❶ die Rutschbahn, die Rutsche ❷ das Dia[positiv]; *von Mikroskop:* der Objektträger ❸ (*an einem Gerät*) der Schlitten, der Schieber ❹ ⒼⒷ die Haarspange

**slide pro·jec·tor** der Diaprojektor

**slide rule** der Rechenschieber

**slid·ing** [slaɪdɪŋ] gleitend; *Tür, Dach:* Schiebe-

**slight¹** [slaɪt] ❶ geringfügig, belanglos; *Erkältung:* leicht; *Unterschied:* klein ❷ *Eindruck:* oberflächlich ❸ **I haven't got the slightest** [**idea**] ich habe überhaupt keine Ahnung

**slight²** [slaɪt] ❶ die Kränkung ❷ **not in the slightest** nicht im Geringsten

**slight·ly** ['slaɪtlɪ] ein wenig, leicht

**slim** [slɪm] <slimmer, slimmest> ❶ *Mensch:* schlank ❷ *Chance:* gering[fügig], schwach

to **slim** [slɪm] abnehmen

**slimy** ['slaɪmɪ] (*auch übertragen*) schleimig

to **sling** [slɪŋ] <slung, slung> **to sling someone out** (*umgangsspr*) jemanden rausschmeißen; **to sling something out** (*umgangsspr*) etwas wegschmeißen

---

Ⓖ Richtiges Konjugieren von **sling**: sling, slung, slung — *Kate slung her jacket over her shoulder; her jacket was slung over her shoulder.*

**sling** [slɪŋ] ❶ (*Verband*) die Schlinge ❷ die Babytragetasche

**slip** [slɪp] ❶ das Ausgleiten, das Ausrutschen ❷ (*übertragen*) der Irrtum, das Versehen; **it was a slip of the tongue** ich habe mich versprochen; **slip of the pen** der Schreibfehler ❸ der Unterrock ❹ **to give someone the slip** jemandem entwischen ❺ **a** [**mere**] **slip of a boy/girl** ein schmächtiges Kerlchen/zartes Ding; **slip** [**of paper**] der Zettel

---

Ⓕ Nicht verwechseln mit *der Slip* — briefs!

---

to **slip** [slɪp] <slipped, slipped> ❶ ausgleiten, ausrutschen ❷ **to slip through the water** durch das Wasser gleiten ❸ (*auch übertragen*) **to slip through someone's fingers** jemandem durch die Finger schlüpfen, jemandem entgehen; **to let something slip through one's fingers** sich etwas entgehen lassen ❹ (*übertragen*) **I let it slip** das ist mir [so] herausgerutscht ❺ hineinstecken; **she quickly slipped the money into her bag** rasch steckte sie das Geld in ihre Tasche; **to slip someone money** jemandem Geld zustecken ❻ (*vergessen*) **to slip someone's**

**slip away – slow**

mind jemandem entfallen; **it's slipped my memory** ich habe es vergessen; **to slip someone's notice** jemandem entgehen **7** **to slip a disc** einen Bandscheibenschaden erleiden

◆to **slip away** **1** sich davonstehlen **2** entschlafen **3** *Zeit:* vergehen; *Chance:* schwinden

◆to **slip by** vorbeihuschen; *Jahre:* verfliegen; *Fehler, Irrtum:* durchgehen

◆to **slip down** herunterrutschen; **a cool beer slips down wonderfully easily** ein kühles Bier geht runter wie nichts

◆to **slip in** sich hereinschleichen; einbringen *Bemerkung*

◆to **slip into** **1** **slip into your coat** schlüpf mal in deinen Mantel **2** **to slip into a role** sich verwandeln **3** **to slip into bad habits** schlechte Gewohnheiten annehmen

◆to **slip off** **1** hinausschlüpfen aus *Kleidungsstück* **2** herunterrutschen; **it slipped off the table** es ist vom Tisch heruntergerutscht **3** sich davonmachen

◆to **slip on** anziehen; sich anstecken *Ring*

◆to **slip out** **1** kurz weggehen **2** *Wort:* herausrutschen

◆to **slip up** einen Fehler machen; **well, you certainly slipped up there!** da hast du dir aber einen groben Schnitzer geleistet!

**slip·per** ['slɪpəʳ] der Hausschuh, der Pantoffel

**slip·pery** ['slɪpərɪ] **1** schlüpfrig, glatt **2** (*übertragen*) unzuverlässig

**slip road** ['slɪprəʊd] (*auf der Autobahn*) die Auffahrt, die Ausfahrt

**slip·shod** ['slɪpʃɒd] (*übertragen*) schlampig

**slip-up** ['slɪpʌp] (*umgangsspr*) die Panne

to **slit** [slɪt] <slit, slit> [auf]schlitzen

**slit** [slɪt] der Schlitz

to **slith·er** ['slɪðəʳ] **1** rutschen **2** *Schlange:* kriechen

**sliv·er** ['slɪvəʳ] der Splitter

**slob** [slɒb] (*umgangsspr*) der Schmutzfink

to **slog** [slɒg] <slogged, slogged> (*umgangsspr*) schuften; **to slog away at something** sich mit etwas abrackern; **to slog through something** (*bei der Arbeit*) sich durch etwas kämpfen; (*beim Gehen*) durch etwas stapfen

**slog** [slɒg] (*umgangsspr*) [**hard**] **slog** (*bei Arbeit*) die Schufterei; (*beim Gehen*) der Fußmarsch

**slo·gan** ['sləʊgən] **1** der Wahlspruch, das Schlagwort **2** der Werbespruch

**slope** [sləʊp] **1** *von Berg:* der Hang, der Abhang, die Böschung; **on a slope** am Hang

**2** (*Dach, Straße*) die Neigung, das Gefälle, die Schräge **3** **ski slope** die Piste

to **slope** [sləʊp] sich neigen; **to slope away** [*oder* **down**] abfallen

◆to **slope off** (*umgangsspr*) davonschleichen

**slop·ing** ['sləʊpɪŋ] *Decke, Boden:* schräg; *Schultern:* hängend; *Garten:* am Hang [gelegen]

**slop·pi·ness** ['slɒpɪnəs] die Schlampigkeit, die Nachlässigkeit

**slop·py** ['slɒpɪ] **1** (*umgangsspr*) schlampig, nachlässig **2** (*umgangsspr*) sentimental

**slot** [slɒt] **1** der Schlitz, der [Münz]einwurf; **to put money in the slot** Geld einwerfen **2** (*umgangsspr: in einer Liste*) der Platz, die Lücke

◆to **slot in** hineinstecken; (*in Rahmen*) einpassen; dazwischenschieben *Termin*

◆to **slot together** *Teile:* zusammenpassen; **to slot something together** etwas ineinanderstecken

**slot ma·chine** ['slɒtməˌʃiːn] der [Waren]automat, der Spielautomat

**slot me·ter** der Münzzähler

to **slouch** [slaʊtʃ] sich lümmeln, herumhängen

**slouch** [slaʊtʃ] <*plural* slouches> **to have a** [**dreadful**] **slouch** eine schlechte Haltung haben

**Slo·vak**[1] ['sləʊvæk], **Slo·vak·ian** [sləʊ'væki-ən] **1** der Slowake/die Slowakin **2** *kein Plural* das Slowakisch

**Slo·vak**[2] ['sləʊvæk], **Slo·vak·ian** [sləʊ'væk-iən] slowakisch

**Slo·vakia** [slə(ʊ)'vækiə] *kein Plural* die Slowakei

**Slo·vene**[1] [slə(ʊ)'viːn] **1** der Slowene/die Slowenin **2** *kein Plural* das Slowenisch

**Slo·vene**[2] [slə(ʊ)'viːn] slowenisch

**Slo·venia** [slə(ʊ)'viːniə] *kein Plural* Slowenien

**Slo·ven·ian**[1] [slə(ʊ)'viːniən] **1** der Slowene/die Slowenin **2** *kein Plural* das Slowenisch

**Slo·ven·ian**[2] [slə(ʊ)'viːniən] slowenisch

**slow** [sləʊ] **1** langsam; **it's slow work** das geht langsam [voran]; **he is a slow worker/reader** er arbeitet/liest langsam; **to be slow to do something** sich bei etwas Zeit lassen; **not to be slow to do something** schnell dabei sein, etwas zu tun; **to go slow** langsam fahren; *Arbeiter:* einen Bummelstreik machen **2** *Börse:* flau **3** **slow off the mark** [*oder* **on the uptake**] schwer von Begriff; **he's slow in catching on** er hat eine lange Leitung **4** **to be slow** *Uhr:* nachgehen

## USEFUL PHRASES

**Small-talk:** What you can say in social situations with people you don't know (well).

Excuse me for asking, but are you from …

So where are you from?

Would you recommend seeing …?

Sounds interesting, I've always wanted to …

I just love …! I *must* see …

What a really cool … I love it!

The people here are very nice.

You're right about that.

I'm sorry, but I don't agree.

Well, they're trying hard, aren't they?

---

◆to **slow down** ❶ langsamer werden, verlangsamen; **slow down!** fahr [*oder* geh] langsamer! ❷ *Inflation:* abflauen ❸ drosseln *Motor*

**slow·coach** ['sləʊkəʊtʃ] die Schlafmütze

**slow·ly** ['sləʊlɪ] langsam

**slow-mo·tion** die Zeitlupe

**slow-mov·ing** [ˌsləʊ'muːvɪŋ] <slower-moving, slowest-moving> langsam vorankommend; *Verkehr:* kriechend; *Film, Roman:* langatmig

**slow train** ⒼⒷ der Bummelzug

**slow-wit·ted** [ˌsləʊ'wɪtɪd] begriffsstutzig

**slug·gish** ['slʌgɪʃ] ❶ träge, langsam ❷ *Wirtschaft:* schleppend, stagnierend

**sluice** [sluːs] die Schleuse

to **sluice** [sluːs] **to sluice something out/ down** etwas abwaschen/abspritzen

**slum** [slʌm] ❶ **slum[s** das Elendsviertel ❷ (*übertragen*) der Saustall

**slum clear·ance** die Beseitigung der Slums, die Stadtsanierung

**slum dwell·er** der Slumbewohner/die Slumbewohnerin

to **slump** [slʌmp] ❶ **to slump [down]** zusammensinken, zusammensacken ❷ (*übertragen*) *Preise, Absatz:* fallen, nachlassen ❸ **to slump into a chair** sich auf einen Stuhl fallen lassen

**slump** [slʌmp] der [Preis]sturz, der Kurssturz, der Konjunktureinbruch; **slump in prices** der Preisverfall; **slump in production** der Produktionsrückgang

**slung** [slʌŋ] 2. und 3. Form von **sling**

to **slur** [slɜː<sup>r</sup>] <slurred, slurred> undeutlich [aus]sprechen

**slur** [slɜː<sup>r</sup>] (*übertragen*) die Verunglimpfung; **to cast a slur on someone/something** jemanden/etwas verunglimpfen

to **slurp** [slɜːp] (*umgangsspr*) schlürfen

**slush** [slʌʃ] der Schneematsch, der Matsch

**slushy** ['slʌʃi] <slushier, slushiest> matschig; (*übertragen*) kitschig

**slut** [slʌt] ❶ die Schlampe ❷ das Flittchen

**sly** [slaɪ] ❶ schlau, verschlagen ❷ falsch, hinterhältig ❸ **on the sly** heimlich

to **smack** [smæk] ❶ [klatschend] schlagen; **to smack someone's bottom** jemandem den Hintern versohlen ❷ (*übertragen*) **to smack of** riechen nach

**smack**¹ [smæk] ❶ der Klaps, der Schlag ❷ (*umgangsspr: Kuss*) der Schmatz

**smack**² [smæk] **it's smack bang in front of you!** es ist direkt vor deiner Nase!

**smack·ing** ['smækɪŋ] die Tracht Prügel

**small**¹ [smɔːl] ❶ klein; **to feel small** sich klein vorkommen; (*übertragen*) sich schämen ❷ *Zahl, Menge:* klein, gering; *Vermögen:* bescheiden ❸ **in a small way** in bescheidenem Umfang

**small**² [smɔːl] ❶ **smalls** *plural* ⒼⒷ die Unterwäsche ❷ **the small of the back** das Kreuz

**small change** das Kleingeld, das Wechselgeld

**small-mind·ed** (*abwertend*) engstirnig

**small·pox** ['smɔːlpɒks] die Pocken

**small print** [das] Kleingedruckte

**small-scale** <smaller-scale, smallest-scale> **small-scale map** die Karte in einem kleinen Maßstab; **a small-scale operation** ein kleiner Betrieb

**smarmy** ['smɑːmɪ] (*umgangsspr*) glatt, kriecherisch

**smart** [smɑːt] ❶ *Aussehen:* schick, gepflegt ❷ *Mensch, Plan:* klug, gewitzt, raffiniert; (*abwertend*) neunmalklug; **he thinks it's smart to do that** er kommt sich dabei toll vor ❸ **to get smart** Ⓤ (*umgangsspr*) sich zusammenreißen; **to get smart with someone** (*umgangsspr*) jemandem frech kommen

to **smart** [smɑːt] *Wundestelle:* brennen

**smart alec(k)** ['smɑːtælɪk] der Besserwisser/die Besserwisserin

**smart arse**, Ⓤ **smart ass** (*abwertend slang*) der Klugscheißer/die Klugscheißerin

to **smarten up** ['smɑːtn] auffrischen, herausputzen, mehr Wert auf sein Äußeres legen; **to smarten oneself up** (*im Aussehen*) sich in

Schale werfen *umgangsspr;* (*im Benehmen*) sich zusammenreißen; **to smarten up one's act** sich ins Zeug legen *umgangsspr*

**smash** [smæʃ] <*plural* smashes> ❶ der heftige Schlag ❷ (*beim Tennis*) der Schmetterball ❸ der Knall ❹ der Zusammenstoß

to **smash** [smæʃ] ❶ zerschmettern, zerschlagen; **to smash something against the wall** etwas an der Wand zerschmettern; **to smash to bits** in tausend Stücke zerbrechen [*oder* zerschlagen]; **he's smashed [up] his car** er hat sein Auto zu Schrott gefahren ❷ zerbrechen ❸ einschlagen *Fenster* ❹ (*übertragen*) vernichtend schlagen, schwer treffen ❺ (*beim Tennis*) schmettern

◆ to **smash into** to smash into something gegen etwas prallen

◆ to **smash up** zertrümmern; zu Schrott fahren *Auto*

**smashed** [smæʃt] (*slang: betrunken*) völlig zu

**smash hit** der Bombenerfolg

**smash·ing** ['smæʃɪŋ] (*umgangsspr*) toll, fantastisch

**smat·ter·ing** ['smætərɪŋ] die oberflächliche Kenntnis; **he has a smattering of French** er kann ein paar Brocken Französisch

to **smear** [smɪəʳ] ❶ schmieren *Farbe, Creme* ❷ verschmieren *Fenster, Spiegel* ❸ einschmieren *Haut* ❹ verleumden

**smear** [smɪəʳ] ❶ **smear of blood** der Blutfleck; **smear of paint** der Farbfleck ❷ **smear campaign** die Schmutzkampagne, die Verleumdungskampagne ❸ **smear test** der Abstrich

**smell** [smel] ❶ der Geruch, der Duft ❷ (*abwertend*) der Gestank

to **smell** [smel] <smelled *oder* smelt, smelt *oder* smelled> ❶ riechen; **the flowers smell wonderful** die Blumen duften wunderbar ❷ stinken; **this room smells** dieses Zimmer stinkt; **her breath smells** sie hat Mundgeruch; **to smell to high heaven** zum Himmel stinken ❸ (*übertragen*) wittern; **to smell of** erinnern an ▸ WENDUNGEN: **to smell a rat** Lunte riechen

**G** Richtiges Konjugieren von **smell**: smell, smelt/ smelled, smelt/ smelled — *the red roses smelt beautiful; have you ever smelt the lovely perfume of oleander?*

◆ to **smell out** aufstöbern, aufspüren *Verschwörung*

**smelly** ['smelɪ] (*umgangsspr*) stinkend

**smelt** [smelt] *2. und 3. Form von* **smell**

to **smile** [smaɪl] lächeln; **to smile at someone** jemanden anlächeln; **to smile at something** über etwas lächeln ▸ WENDUNGEN: **keep smiling!** lass dich nicht unterkriegen!

**smile** [smaɪl] das Lächeln; **to give someone a smile** jemandem zulächeln; **come on, give me a smile!** nun lach doch mal; **to be all smiles** übers ganze Gesicht strahlen

**smil·ing** ['-ɪŋ] lächelnd

to **smirk** [smɜ:k] grinsen, hämisch lächeln

**smirk** [smɜ:k] das Grinsen

**smog** [smɒg] der Smog

**smog alert**, **smog warn·ing** der Smogalarm

**smoke** [sməʊk] ❶ der Rauch, der Qualm ❷ die Zigarette; **to have a smoke** eine rauchen ▸ WENDUNGEN: **to go up in smoke** in Rauch aufgehen, ergebnislos verlaufen

to **smoke** [sməʊk] ❶ rauchen, qualmen ❷ (*umgangsspr*) Haschisch rauchen ❸ räuchern *Schinken, Fisch*

◆ to **smoke out** ❶ ausräuchern ❷ (*umgangsspr*) verräuchern, einräuchern

**smoke bomb** die Rauchbombe

**smoked** [sməʊkt] geräuchert, Räucher-; **smoked salmon** der Räucherlachs; *Glas:* Rauch-

**smoke de·tec·tor** der Rauchmelder

**smoke·less** ['sməʊklɪs] *Zone:* rauchfrei

**smok·er** ['sməʊkəʳ] ❶ der Raucher/die Raucherin ❷ (*im Zug*) das Raucherabteil

**smoke-stained** ['sməʊksteɪnd] rauchgeschwärzt

**smok·ing** ['sməʊkɪŋ] das Rauchen; **no smoking!** Rauchen verboten!

**F** Nicht verwechseln mit *der Smoking — dinner-jacket!*

**smok·ing com·part·ment**, ⓊⓈⒶ **smok·ing car** das Raucherabteil

**smoky** ['sməʊkɪ] ❶ *Feuer:* qualmend ❷ *Raum:* rauchig, verräuchert ❸ rauchgeschwärzt

to **smol·der** ⓊⓈⒶ schwelen; **smoldering look** der glühende Blick

to **smooch** [smu:tʃ] (*umgangsspr*) schmusen, knutschen

**smooth** [smu:ð] ❶ *Oberfläche:* glatt, eben; *See:* ruhig ❷ *Haare:* weich ❸ *Überfahrt, Flug:* ruhig; *Start, Landung:* glatt, weich ❹ *Ablauf:* reibungslos, glatt ❺ *Stil:* flüssig, glatt; *Ton:* sanft; *Redeweise:* flüssig; (*abwertend*) glatt; **to have a smooth manner** [*oder* **tongue**] aalglatt sein ❻ (*abwertend*) *Benehmen, Verkäufer:* glatt, aalglatt ❼ (*umgangsspr*) gepflegt

to **smooth** [smuːð] **to smooth** [**away/out**] glätten; (*übertragen*) besänftigen
- ◆ to **smooth away** glätten
- ◆ to **smooth down** glatt streichen
- ◆ to **smooth over** geradebiegen, beschönigen

**smoothie, smoothy** ['smuːðɪ] (*umgangsspr*) der Lackaffe

to **smooth·er** ['smʌðəʳ] ❶ ersticken ❷ (*übertragen*) überschütten, überhäufen (**in/with** mit)

to **smoul·der** ['sməʊldəʳ] schwelen; **smouldering look** der glühende Blick

**SMS** [ˌesem'es] *Abkürzung von* **short message service**: **SMS messaging** das SMS-Messaging

**smudge** [smʌdʒ] der Schmutzfleck, der Klecks

to **smudge** [smʌdʒ] verschmieren

**smudge-proof** *Lippenstift:* kussecht; *Mascara:* wischfest

**smudgy** ['smʌdʒɪ] ❶ schmutzig, schmierig ❷ verwischt

**smug** [smʌg] <smugger, smuggest> ❶ selbstgefällig ❷ eingebildet, blasiert

to **smug·gle** ['smʌgl] schmuggeln

**smug·gling** ['smʌglɪŋ] der Schmuggel

**smut·ty** ['smʌtɪ] *Witz:* schmutzig; *Bemerkung:* unanständig

**snack** [snæk] der Imbiss, der Snack, die Kleinigkeit zu essen

**snack bar** die Imbissstube

**snacky** ['snæki] (*umgangsspr*) *Essen:* für zwischendurch

**snag** [snæg] (*übertragen*) die Schwierigkeit, der Haken; **to hit a snag** in Schwierigkeiten kommen; **there's a** [*oder* **one**] **snag** die Sache hat einen Haken

to **snag** [snæg] <snagged, snagged> aufreißen

**snail** [sneɪl] die Schnecke; **at a snail's pace** im Schneckentempo

**snail mail** die normale Post; **don't send it by snail mail, send an email** schicke es nicht per Post, schicke eine E-Mail

**snake** [sneɪk] die Schlange

to **snake** [sneɪk] *Autoschlange, Menschenschlange:* sich schlängeln, sich winden

**snake bite** der Schlangenbiss

**snap¹** [snæp] ❶ das Foto, der Schnappschuss ❷ **cold snap** der Kälteeinbruch

**snap²** [snæp] **snap decision** der plötzliche Entschluss; **snap vote** die Blitzabstimmung

to **snap** [snæp] <snapped, snapped> ❶ schnappen (**at** nach) ❷ zuschnappen; **to snap shut** *Tür, Schloss:* zuschlagen, zuschnappen ❸ [zer]springen, [zer]reißen ❹ **his patience snapped** er verlor die Geduld; **something snapped in me** da bin ich durchgedreht ❺ **to snap at someone** jemanden anfahren ❻ **snap to it!** zack, zack! ❼ knipsen *Foto* ❽ **to snap one's fingers** mit den Fingern schnippen
- ◆ to **snap away** ❶ wegschnappen, entreißen ❷ (*Fotos machen*) viel knipsen
- ◆ to **snap off** abreißen, abbrechen ▸ WENDUNGEN: **to snap someone's head off** jemanden anfahren
- ◆ to **snap out** ❶ brüllen ❷ **to snap out of something** sich zusammenreißen; **snap out of it!** genug damit! Kopf hoch!
- ◆ to **snap up** wegschnappen *Angebot*

**snap·py** ['snæpɪ] ❶ (*umgangsspr*) schnell, zackig, kurz und treffend; **make it snappy!** (*umgangsspr*) fix!, los, los! ❷ *Bemerkung:* bissig

to **snarl** [snɑːl] (*auch übertragen*) knurren; **to snarl at someone** jemanden anknurren; **to snarl out** knurrend sagen

**snarl** [snɑːl] das Knurren

to **snatch** [snætʃ] ❶ greifen, entreißen; **she snatched it out of my hand!** sie hat es mir aus der Hand gerissen!; **don't snatch!** (*zu einem Hund*) Aus!; **to snatch a kiss** [**from someone**] [jemandem] einen Kuss rauben ❷ **to snatch an opportunity** beim Schopf packen ❸ (*umgangsspr*) stehlen *Tasche usw.;* kidnappen *Mensch* ❹ **to snatch a meal** (*umgangsspr*) schnell etwas essen
- ◆ to **snatch at** **to snatch at something** nach etwas greifen, etwas schnappen
- ◆ to **snatch away** **to snatch something away from somebody** jemandem etwas entreißen
- ◆ to **snatch up** schnappen, an sich reißen

**snaz·zy** ['snæzi] <snazzier, snazziest> (*slang*) schick *umgangsspr*

**sneak** [sniːk] (*umgangsspr*) der Petzer, die Petzliese

to **sneak** [sniːk] <sneaked *oder* ⓤⓈⒶ snuck, sneaked *oder* ⓤⓈⒶ snuck> ❶ schleichen; **to sneak away** [*oder* **off**] davonschleichen, sich davonmachen; **to sneak out** sich herausschleichen (**of** aus); (*übertragen*) sich drücken (**of** vor) ❷ (*slang*) petzen; **to sneak on someone** jemanden verpetzen ❸ **to sneak a look at** einen heimlichen Blick werfen auf ❹ stibitzen, klauen
- ◆ to **sneak up** **to sneak up on someone/something** (*auch übertragen*) sich an je-

**sneakers – so** 434

manden/etwas heranschleichen

**sneak·ers** ['sniːkəz] *plural* die Turnschuhe

**sneak·ing** ['sniːkɪŋ] geheim; **to have a sneaking suspicion** einen heimlichen Verdacht hegen

**sneaky** ['sniːkɪ] heimtückisch

to **sneer** [snɪəʳ] ❶ höhnisch lächeln ❷ spotten (**at** über)

**sneer** [snɪəʳ] ❶ das spöttische Grinsen ❷ die spöttische Bemerkung

**sneer·ing** ['snɪərɪŋ] höhnisch, spöttisch

to **sneeze** [sniːz] ❶ niesen ❷ **it is not to be sneezed at** das ist nicht zu verachten

**sneeze** [sniːz] das Niesen

to **snick·er** ['snɪkəʳ] [gemein] kichern

**snide** [snaɪd] (*umgangsspr*) Bemerkung: abfällig, höhnisch

**sniff** [snɪf] ❶ das Schnüffeln; **to have a sniff at something** an etwas riechen ❷ (*übertragen*) das Naserümpfen

to **sniff** [snɪf] ❶ schniefen ❷ schnüffeln, schnuppern; **to sniff glue** schnüffeln ❸ (*übertragen*) wittern

◆ to **sniff at** ❶ schnüffeln an ❷ (*übertragen*) die Nase rümpfen über; **not to be sniffed at** (*umgangsspr*) nicht zu verachten

◆ to **sniff out** aufspüren; aufdecken *Komplott*

**sniff·er dog** der Spürhund

to **snif·fle** ['snɪfl] schniefen, schnüffeln

**snif·fle** ['snɪfl] ❶ das Schniefen ❷ **to have the sniffles** (*umgangsspr*) Schnupfen haben

to **snig·ger** ['snɪgəʳ] [gemein] kichern (**at/about** über)

to **snip** [snɪp] schnippen, [ab]schnippeln, schneiden; **to snip off** abschneiden

**snip** [snɪp] (*umgangsspr*) das Schnäppchen; **it's a snip at only 100 euros** für nur 100 Euro ist es sehr günstig

**snip·er** ['snaɪpəʳ] der Heckenschütze/die Heckenschützin

to **sniv·el** ['snɪvᵊl] <snivelled *oder* ⓤ sniveled, snivelled *oder* ⓤ sniveled> flennen *abwertend umgangsspr*

**snob·bish** ['snɒbɪʃ] großtuerisch, snobistisch

**snog** [snɒg] (*slang*) das Knutschen; **to have a snog with someone** mit jemandem knutschen

to **snog** [snɒg] <snogged, snogged> (*slang*) [rum]knutschen

to **snoop** [snuːp] (*umgangsspr*) schnüffeln; **to snoop on someone** jemanden ausspionieren

◆ to **snoop about**, to **snoop around** (*umgangsspr*) herumschnüffeln, herumspionieren

**snooty** ['snuːtɪ] (*umgangsspr*) hochnäsig

**snooze** [snuːz] (*umgangsspr*) das Nickerchen

to **snooze** [snuːz] (*umgangsspr*) dösen

to **snore** [snɔːʳ] schnarchen

to **snort** [snɔːt] schnauben

**snort** [snɔːt] das Schnauben, das Schnaufen

**snot** [snɒt] (*umgangsspr*) der Rotz

**snot·ty** ['snɒtɪ] (*umgangsspr*) ❶ rotzig ❷ (*übertragen*) frech, patzig

**snout** [snaʊt] die Schnauze

**snow** [snəʊ] der Schnee, der Schneefall

to **snow** [snəʊ] schneien; **we were snowed in** wir waren eingeschneit

◆ to **snow in** to be/get snowed in eingeschneit sein/werden

**snow·ball** ['snəʊbɔːl] ❶ der Schneeball; **snowball fight** die Schneeballschlacht; **to throw snowballs at someone** jemanden mit Schneebällen bewerfen ❷ **snowball effect** der Schneeballeffekt

**snow·board** ['snəʊbɔːd] das Snowboard

**snow chains** *plural* die Schneeketten

**snow·drift** die Schneewehe

**snow·fall** ['snəʊfɔːl] der Schneefall, die Schneemenge; **there was a heavy snowfall** es schneite stark

**snow·flake** ['snəʊfleɪk] die Schneeflocke

**snow·man** ['snəʊmæn] <*plural* snowmen> der Schneemann

**snow·storm** ['snəʊstɔːm] der Schneesturm

**snow tyre**, ⓤ **snow tire** der Winterreifen

**Snow White** das Schneewittchen

**snowy** ['snəʊɪ] ❶ verschneit; **snowy weather** das Schneewetter; **it was very snowy** es hat viel geschneit; **snowy mountains** die schneebedeckten Berge ❷ (*Farbe*) schneeweiß

to **snub** [snʌb] <snubbed, snubbed> schneiden, ignorieren

**snub** [snʌb] die Brüskierung

**snub-nosed** ['snʌbnəʊzd] stupsnasig

to **snuf·fle** ['snʌfl] ❶ schnüffeln ❷ (*wegen einer Erkältung*) schniefen ❸ (*laut*) schnaufen

**snug** [snʌg] behaglich, gemütlich

to **snug·gle** ['snʌgl] sich kuscheln, sich anschmiegen (**against** an)

◆ to **snuggle up** sich zusammenkuscheln, sich anschmiegen

**so** [səʊ] ❶ so, dermaßen, derart; **so late/long/many that ...** so spät/so lange/so viele, dass ...; **not so ... as** nicht so ... wie ❷ **I'm tired - so am I** ich bin müde - ich auch ❸ **thanks ever so much** vielen Dank! ❹ **so they say** so heißt es, man sagt so; **and so on** und so weiter; **is that so?** wirklich?;

**so I see** ich seh's, das sehe ich; **so to speak** sozusagen ⑤ **three weeks or so** drei Wochen oder so ⑥ **so far** bis jetzt, bisher; **so far, so good** so weit, so gut ⑦ **so long as** solange; **so long!** (*umgangsspr*) tschüss! ⑧ **I hope so** ich hoffe es; **I think so** glaube ich; **I told you so** ich sagte es doch ⑨ **so help me God!** so wahr mir Gott helfe! ⑩ deshalb; **it's raining so take your umbrella** es regnet, also nimm deinen Regenschirm mit ⑪ **we left a note so** [**that**] **they'd know where we are** wir haben einen Zettel hingelegt, so dass [*oder* damit] sie wissen, wo wir sind ⑫ **so that's that!** (*umgangsspr*) so, das wär's! ⑬ **so what?** (*umgangsspr*) na und?

to **soak** [səʊk] ① einweichen *Wäsche;* **soak the lentils overnight** die Linsen über Nacht einweichen lassen ② **you're soaked!** du bist patschnass!; **soaked in sweat** schweißgebadet ③ *Flüssigkeit:* eindringen

◆ to **soak in** ① einziehen ② (*übertragen*) **the news hasn't soaked in yet** er/sie hat die Nachricht noch nicht begriffen

◆ to **soak off** ① ablösen ② sich ablösen

◆ to **soak up** ① aufsaugen; genießen *Sonne* ② (*übertragen*) in sich aufnehmen

**soak·ing** ['-ɪŋ] **soaking** [**wet**] klatschnass

**so-and-so** ['səʊənsəʊ] Herr/Frau Soundso; **that old so-and-so!** dieser gemeine Kerl!

**soap** [səʊp] die Seife

to **soap** [səʊp] einseifen

**soap dis·pens·er** der Seifenspender

**soap op·era** die Seifenoper

**soap pow·der** das Seifenpulver

**soapy** ['səʊpi] <soapier, soapiest> seifig; **soapy water** das Seifenwasser

to **soar** [sɔːʳ] ① aufsteigen, sich in die Lüfte schwingen ② *Gebäude:* hochragen ③ *Preise:* in die Höhe schnellen; *Hoffnung:* steigen; *Stimmung:* sich heben

to **sob** [sɒb] <sobbed, sobbed> schluchzen; **to sob oneself to sleep** sich in den Schlaf weinen

◆ to **sob out** schluchzend erzählen; **to sob one's heart out** herzergreifend schluchzen

**so·ber** ['səʊbəʳ] ① (*ohne Alkohol*) nüchtern ② ruhig, besonnen ③ *Farbe:* schlicht

◆ to **sober up** ① nüchtern machen [*oder* werden] ② (*übertragen*) zur Vernunft bringen, vernünftig werden

**sob sto·ry** ['sɒbˌstɔːri] (*umgangsspr*) die rührselige Geschichte

**so-called** [ˌsəʊ'kɔːld] so genannt

**soc·cer** ['sɒkəʳ] der Fußball, das Fußballspiel

**so·cia·ble** ['səʊʃəbl] gesellig

**so·cial** ['səʊʃl] ① gesellschaftlich ② sozial; **social democrat** der Sozialdemokrat/die Sozialdemokratin; **social policy** die Sozialpolitik; **social science** die Sozialwissenschaften; **social security** die Sozialhilfe; **to be on social security** Sozialhilfe bekommen; **social services** (*staatlich*) die Sozialleistungen; **social studies** die Gemeinschaftskunde; **social worker** der Sozialarbeiter/die Sozialarbeiterin

**so·cial·ist**[1] ['səʊʃəlɪst] der Sozialist/die Sozialistin

**so·cial·ist**[2] ['səʊʃəlɪst] sozialistisch

to **so·cial·ize** ['səʊʃəlaɪz] ① verkehren (**with** mit) ② ein geselliges Leben führen

**so·ci·e·ty** [sə'saɪəti] ① **society** die Gesellschaft ② die Gesellschaft, der Verein, die Vereinigung ③ (*in der Wirtschaft*) die Gesellschaft, die Genossenschaft, der Verband; **building society** die Bausparkasse

**so·ci·ol·o·gy** [ˌsəʊsɪ'ɒlədʒɪ] die Soziologie

**sock** [sɒk] die Socke, der Kniestrumpf ▶ WENDUNGEN: **to pull one's socks up** (*umgangsspr*) sich am Riemen reißen; **put a sock in it!** 🇬🇧 sei doch still!

to **sock** [sɒk] (*umgangsspr*) schlagen, hauen

**sock·et** ['sɒkɪt] die Steckdose; (*für Birne*) die Fassung

**sod**[1] [sɒd] die Grassode, die Grasnarbe

**sod**[2] [sɒd] 🇬🇧 (*slang*) die Sau; **lucky sod** der Glückspilz; **poor sod** das arme Schwein

◆ to **sod off** 🇬🇧 (*slang*) **sod off!** zieh Leine!

**sod·den** ['sɒdən] durchnässt; *Erde:* durchweicht

**sod·ding** ['sɒdɪŋ] 🇬🇧 (*slang*) verdammt

**sofa** ['səʊfə] das Sofa

**sofa bed** die Bettcouch, das Schlafsofa

**soft** [sɒft] ① weich; **to get soft** weich werden, verweichlichen ② mild, sanft ③ *Farbe:* sanft ④ *Licht:* gedämpft ⑤ *Ton:* leise; *Stimme:* weich ⑥ **soft drink** das alkoholfreie Getränk; **soft drug** die weiche Droge ⑦ **to be soft on someone** in jemanden verliebt sein; **you're too soft on your children!** du gehst zu nachsichtig mit den Kindern um! ⑧ **soft toy** das Plüschtier ⑨ **to have a soft spot for** eine Schwäche haben für

**soft-boiled** [ˌsɒft'bɔɪld] (*auch übertragen*) weich gekocht

to **sof·ten** ['sɒfn] ① weich machen [*oder* werden]; enthärten *Wasser* ② dämpfen *Licht, Ton* ③ *Stimme:* sanft werden ④ **to soften the blow** (*übertragen*) den Schock mildern

◆ to **soften up** ① weich werden [*oder* ma-

**soft-hearted – some** 436

chen] ❷ *Mensch:* nachgiebig werden ❸ *Widerstand:* schwächen ❹ **to soften someone up** jemanden einschüchtern [*oder* gefügig machen]

**soft-heart·ed** [ˌsɒftˈhɑːtɪd] weichherzig, gutmütig

**softie** [ˈsɒftɪ] der weichliche Typ, der Softi

**soft·ly** [ˈsɒftlɪ] ❶ sanft ❷ leise, leicht

**soft·ness** [ˈsɒftnəs] *kein Plural* die Weichheit; *von Haut:* die Glätte; *von Haar:* die Seidigkeit; *von Farben:* die Zartheit

**soft·ware** [ˈsɒftweəʳ] die Software

**soft·ware pack·age** das Softwarepaket

**softy** [ˈsɒftɪ] der weichliche Typ, der Softi

**sog·gy** [ˈsɒgɪ] durchweicht, durchnässt

**soil** [sɔɪl] auf dem Boden, die Erde; **on German soil** auf deutschem [Grund und] Boden; **soil conservation** die Bodenerhaltung, der Bodenschutz

**so·lar** [ˈsəʊləʳ] Sonnen-, Solar·

**so·lar cell** die Solarzelle

**so·lar eclipse** die Sonnenfinsternis

**so·lar en·er·gy** die Sonnenenergie, die Solarenergie

**so·lar farm** die Solarfarm, die Sonnenfarm

**so·lar heat·ing** die Solarheizung

**so·lar pan·el** der Sonnenkollektor

**so·lar pow·er** die Sonnenkraft, die Solarkraft

**so·lar pow·er s·ta·tion** das Sonnenkraftwerk, das Solarkraftwerk

**so·lar sys·tem** das Sonnensystem

**sold** [səʊld] *2. und 3. Form von* **sell**

**sol·dier** [ˈsəʊldʒəʳ] ❶ der Soldat/die Soldatin ❷ (*übertragen*) der Kämpfer/die Kämpferin ◆**to soldier on** **to soldier on** verbissen weitermachen

**sold out** [ˌsəʊldˈaʊt] ausverkauft

**sole¹** [səʊl] die Sohle

**sole²** [səʊl] die Seezunge

**sole³** [səʊl] ❶ einzig ❷ *Verantwortung:* alleinig ❸ **for the sole purpose of ...** einzig und allein um ...

**sole·ly** [ˈsəʊlɪ] einzig und allein

**so·lemn** [ˈsɒləm] ❶ *Zeremonie:* feierlich, festlich ❷ *Stimmung:* ernst

**so·lici·tor** [səˈlɪsɪtəʳ] ❶ der Rechtsanwalt/die Rechtsanwältin ❷ ⓤⓢⓐ der Werber/die Werberin

**sol·id¹** [ˈsɒlɪd] ❶ *Körper:* fest; **to be frozen solid** fest zugefroren sein; **to be on solid ground** festen Boden unter den Füßen haben ❷ massiv ❸ *Bauweise:* solid ❹ (*übertragen*) *Grund:* triftig ❺ (*übertragen*) *Unterstützung:* zuverlässig, verlässlich ❻ (*übertragen*) **it rained for five hours solid** es hat ununterbrochen fünf Stunden lang geregnet

**sol·id²** [ˈsɒlɪd] ❶ (*in der Mathematik, Physik*) der Körper ❷ **solids** *plural* die feste Nahrung

**soli·dar·ity** [ˌsɒlɪˈdærətɪ] die Solidarität; **in solidarity with** aus Solidarität mit

to **so·lidi·fy** [səˈlɪdɪfaɪ] fest werden

**sol·id·ly** [ˈsɒlɪdlɪ] solide; *arbeiten:* ununterbrochen

**soli·tary** [ˈsɒlɪtrɪ] ❶ einsam; **solitary confinement** die Einzelhaft ❷ *Dorf usw.:* abgelegen ❸ *Bemerkung, Fehler:* einzig

**soli·tude** [ˈsɒlətjuːd] die Einsamkeit

**solo¹** [ˈsəʊləʊ] ❶ Solo- ❷ allein; *Musik spielen:* solo

**solo²** [ˈsəʊləʊ] <*plural* solos> das Solo

**solo·ist** [ˈsəʊləʊɪst] der Solist/die Solistin

**sol·uble** [ˈsɒljʊbl] löslich

**so·lu·tion** [səˈluːʃn] ❶ *von Problem, Aufgabe:* die Lösung ❷ (*chemisch*) die Lösung

to **solve** [sɒlv] ❶ lösen *Rätsel, Aufgabe* ❷ aufklären *Mord* ❸ beseitigen *Schwierigkeit*

**sol·vent¹** [ˈsɒlvənt] zahlungsfähig

**sol·vent²** [ˈsɒlvənt] das Lösungsmittel

**som·bre** [ˈsɒmbəʳ], ⓤⓢⓐ **som·ber** ❶ *Farbe:* düster, dunkel ❷ (*übertragen*) ernst

**some** [sʌm] ❶ einige, ein paar; **would you like some nuts?** möchten Sie gern ein paar Nüsse?; **some more tea?** noch etwas Tee?; **try some** probieren Sie doch mal; **would you like some?** möchten Sie welche?; **some more** noch ein paar, noch etwas ❷ *mit Singular* etwas, ein wenig; **I would like some butter on my toast** ich möchte etwas [*oder* ein wenig] Butter auf meinem Toast; **would you like some cheese?** möchten Sie etwas Käse? ❸ manche(r, s); **some people say** manche Leute sagen; **some were interested, others were bored** manche [Leute] fanden es interessant, andere hingegen langweilten sich; **some of them** einige von ihnen ❹ (*unbestimmt*) irgendein; **some woman phoned up** da hat irgend so eine Frau angerufen; **in some way or other** irgendwie; **some time before lunch** irgendwann vor dem Mittagessen; **some other time** ein andermal; **some time or other** irgendwann einmal; **some day** eines Tages ❺ *verstärkend* ziemlich; **that was some party!** was für ein Fest!; (*abwertend*) vielleicht [ein]; **some teacher you are!** du bist vielleicht ein Lehrer! ❻ **to some extent** in gewisser Weise ❼ **quite some time** ganz schön lange ❽ ungefähr; **some three hours** ungefähr drei Stunden; **some twenty of**

**them** etwa zwanzig von ihnen **9 for some time** [für] einige Zeit, eine Zeit lang; **some time ago** vor einiger Zeit

**G** **some — more — most:** *Susy ate some ice-cream, Andrew ate more and Jane ate most of all.*

**some·body** ['sʌmbədɪ] jemand, irgendjemand, irgendwer; **somebody else** jemand anders; **somebody or other** irgendjemand

**some·how** ['sʌmhaʊ] irgendwie; **somehow or other** irgendwie

**some·one** ['sʌmwʌn] jemand, irgendjemand, irgendwer; **someone else** jemand anders; **someone or other** irgendjemand

**some·place** ['sʌmpleɪs] USA irgendwo; **are you going someplace?** gehst du irgendwohin?

**som·er·sault** ['sʌməsɔːlt] der Purzelbaum, der Salto; **to turn a somersault** einen Purzelbaum schlagen

to **som·er·sault** ['sʌməsɔːlt] einen Salto machen; **the car somersaulted** das Auto überschlug sich

**some·thing** ['sʌmθɪŋ] **1** etwas; **something nice** etwas Nettes; **something or other** irgendetwas; **it was quite something, it was something else** USA das war toll **2 a little something** eine Kleinigkeit **3 or something like that** oder so

**some·time** ['sʌmtaɪm] irgendwann; **at sometime or other** irgendwann mal

**some·times** ['sʌmtaɪmz] manchmal, ab und zu

**V** **sometime** (= irgendwann) wird *ohne ein s* am Ende geschrieben: *We'll go on holiday sometime in August.* — **sometimes** (= manchmal) wird *mit einem s* am Ende geschrieben: *Sometimes James likes to sing very loudly.*

**some·what** ['sʌmwɒt] etwas, ein wenig

**some·where** ['sʌmweəʳ] **1 somewhere** [or other] irgendwo; **shall we go out somewhere this evening?** wollen wir heute Abend irgendwo hingehen?; **somewhere else** anderswo, irgendwo anders **2 to get somewhere** weiterkommen, Fortschritte machen **3 somewhere around forty** so um [die] vierzig

**son** [sʌn] der Sohn; **son of a bitch** USA (*slang*) der Scheißkerl

**song** [sɒŋ] **1** der Gesang; **to burst into song** ein Lied anstimmen **2** das Lied ▶ WENDUNGEN: **to make a song and dance about something** ein Theater wegen etwas machen

**song·book** das Liederbuch

**son-in-law** ['sʌnɪnlɔː] <*plural* sons-in-law> der Schwiegersohn

**soon** [suːn] **1** bald; **soon after his arrival** kurz nach seiner Ankunft; **soon afterwards** kurz danach; **as soon as** sobald, sowie; **as soon as possible** so bald wie möglich **2 how soon can you be here?** wann kannst du hier sein? **3** früh, zeitig; **it's too soon to say** es ist zu früh zu sagen

**soon·er** ['suːnəʳ] *Komparativ von* **soon 1** eher, früher; **sooner or later** früher oder später; **no sooner ... than** kaum ..., als; **no sooner said than done** gesagt, getan **2** lieber

**soot** [sʊt] der Ruß

**sooth·ing** ['suːðɪŋ] **1** *Klang:* beruhigend **2** *Salbe:* lindernd

**so·phis·ti·cat·ed** [sə'fɪstɪkeɪtɪd] [geistig] verfeinert; (*weltmännisch*) kultiviert; *Zuhörer, Leser:* niveauvoll; *Zivilisation:* hoch entwickelt

**sop·py** ['sɒpɪ] (*umgangsspr*) rührselig

**sore** [sɔːʳ] **1** schmerzhaft; **my knee is sore** mir tut das Knie weh **2** wund, entzündet; **to have a sore throat** Halsweh haben **3** USA (*umgangsspr*) beleidigt, verärgert **4** (*übertragen*) **a sore point** ein wunder Punkt

**sore·ly** ['sɔːlɪ] äußerst; **I was sorely tempted** ich kam stark in Versuchung

**sor·row** ['sɒrəʊ] **1** der Kummer (**at** über), das Leid (**for** um); (*über Tod*) die Trauer **2 to drown one's sorrows** seine Sorgen ertränken

**sor·ry** ['sɒrɪ] **1 sorry!** Verzeihung!; **I'm really sorry** es tut mir wirklich leid; **I am sorry to ...** es tut mir leid, zu [*oder* dass] ... **2 to look sorry for oneself** ein klägliches Bild abgeben **3 to feel sorry for someone** jemanden bedauern; **I feel sorry for you** Sie tun mir leid **4 do you have any brandy? – sorry!** haben Sie Weinbrand? – leider nicht!

**sort¹** [sɔːt] **1** die Sorte; **of all sorts** aller Art; **all sorts of things** alles Mögliche; **what sort of ...?** was für ein ...?; **nothing of the sort** nichts Derartiges, nichts dergleichen; **he's not the sort to do that** das ist nicht seine Art; **he's not my sort** er ist nicht mein Typ **2** *eines Autos:* die Marke **3 of sorts, of a sort** so was wie ... ▶ WENDUNGEN: **out of sorts** schlecht gelaunt; (*gesundheitlich*) nicht auf dem Posten; **not a bad sort** [gar] nicht so übel

**sort²** [sɔːt] **sort of** (*umgangsspr*) gewissermaßen, irgendwie; **I sort of knew that ...** ich habe es irgendwie gewusst, dass ...

to **sort** [sɔːt] **1** sortieren **2** (*umgangsspr*) klä-

**S**

ren *Situation;* lösen *Problem*

◆to **sort out** ❶ aussortieren ❷ (*übertragen*) in Ordnung bringen; lösen *Problem;* klären *Situation;* **it'll sort itself out** das wird sich schon von selbst erledigen; **to sort oneself out** zur Ruhe kommen; **to sort someone out** (*umgangsspr*) jemandem den Kopf waschen

**sort code** ≈ die Bankleitzahl

**SOS** [ˌesəʊˈes] das SOS

**so-so** [ˌsəʊˈsəʊ] so lala, so einigermaßen

**sought** [sɔːt] *2. und 3. Form von* **seek**

**sought-after** [ˈsɔːtˌaːftə] gefragt

**soul** [səʊl] ❶ (*auch übertragen*) die Seele; **not a soul** kein Mensch ❷ (*Musik*) der Soul ▸ WENDUNGEN: **to be the life and soul of the party** der Stimmungsmacher sein

**soul-de·stroy·ing** [ˈsəʊldɪˌstrɔɪɪŋ] geisttötend

**soul-search·ing** *kein Plural* die Prüfung des Gewissens

**sound¹** [saʊnd] ❶ *Mensch, Tier:* gesund; **sound as a bell** kerngesund ❷ *Gegenstand usw.:* einwandfrei, fehlerfrei ❸ *Grund:* stichhaltig, triftig ❹ *Charakterzug:* zuverlässig, vernünftig ❺ **sound advice** der gute Rat ❻ *Schlaf:* tief, fest; **to sleep soundly** tief schlafen; **sound asleep** fest eingeschlafen

**sound²** [saʊnd] ❶ das Geräusch; **to not make a sound** still sein; **within sound of** in Hörweite; **not a sound was heard** es war kein Ton zu hören; **sounds of laughter** das Gelächter ❷ (*Physik*) der Schall ❸ (*Musik*) der Klang; (*umgangsspr*) der Sound ❹ (*TV, Radio*) der Ton ❺ (*übertragen*) **I don't like the sound of it** das hört sich gar nicht gut an

to **sound** [saʊnd] ❶ ertönen, erklingen; **to sound the alarm** Alarm schlagen; **to sound the horn** hupen; **to sound a note of warning** warnen ❷ (*auch übertragen*) sich anhören, klingen; **that sounds fishy to me** das klingt nicht ganz geheuer; **she sounds angry** sie hört sich verärgert an; **he sounds like a nice person** er scheint ein netter Mensch zu sein ❸ *Arzt:* abhorchen, abklopfen *Patient*

◆to **sound off** (*umgangsspr*) **to sound off** viel reden (**about** über); **he's always sounding off** er ist immer schnell dabei, seine Meinung zu sagen

◆to **sound out** **to sound someone out** jemandem auf den Zahn fühlen

**sound ef·fects** *plural* die Toneffekte

**sound·proof** [ˈsaʊndpruːf] schalldicht

**soup** [suːp] die Suppe ▸ WENDUNGEN: **to be in**

**the soup** in der Tinte sitzen

**soup plate** der Suppenteller

**sour** [saʊəʳ] ❶ sauer, säuerlich; **to turn sour** *Milch:* sauer werden; (*übertragen*) sich verschlechtern ❷ (*übertragen*) verärgert, missmutig

**source** [sɔːs] ❶ (*auch übertragen*) die Quelle; **source of energy** die Energiequelle; **source of income** die Einkommensquelle ❷ (*übertragen*) der Ursprung, die Wurzel; **from official sources** aus amtlichen Quellen ❸ **source file** (*Computer*) die Ursprungsdatei

**sour cream** der Sauerrahm

**south¹** [saʊθ] ❶ der Süden; **in the south** im Süden; **to the south of the country** im Süden des Landes; **the house faces south** das Haus liegt nach Süden ❷ **the North-South divide** das Nord-Süd-Gefälle ❸ (*in den USA*) **the South** die Südstaaten

**south²** [saʊθ] ❶ südlich ❷ nach Süden; **to travel south** Richtung Süden fahren ❸ **south of** südlich von; **the South of France** Südfrankreich

**South Af·ri·ca** [ˌsaʊθˈæfrɪkə] Südafrika

**South Af·ri·can¹** südafrikanisch

**South Af·ri·can²** der Südafrikaner/die Südafrikanerin

**South Ameri·ca** [ˌsaʊθəˈmerɪkə] Südamerika

**South Ameri·can¹** [ˌsaʊθəˈmerɪkən] südamerikanisch

**South Ameri·can²** [ˌsaʊθəˈmerɪkən] der Südamerikaner/die Südamerikanerin

**south·bound** [ˈsaʊθbaʊnd] nach Süden fahrend [*oder* reisend]

**south-east¹** [ˌsaʊθˈiːst] südöstlich

**south-east²** [ˌsaʊθˈiːst] der Südosten

**south-east·er·ly¹** [ˌsaʊθˈiːstəlɪ] südöstlich, aus Südost

**south-east·er·ly²** [ˌsaʊθˈiːstəlɪ] der [starke] Südostwind

**south-east·ern** [ˌsaʊθˈiːstən] südöstlich, aus Südost

**south-east·wards** [ˌsaʊθˈiːstwədz] nach Südosten, südostwärts

**south·er·ly¹** [ˈsʌðəlɪ] südlich, nach Süden

**south·er·ly²** [ˈsʌðəlɪ] der Südwind

**south·ern** [ˈsʌðən] südlich, Süd-; **southern hemisphere** die Südhalbkugel

**South·ern Cross** das Kreuz des Südens

**south·ern·er** [ˈsʌðənəʳ] ❶ der/die Bewohner/Bewohnerin des Südens, der Südländer/die Südländerin ❷ (GB) der Südengländer/die Südengländerin ❸ (USA) der Südstaatler/die Südstaatlerin ❹ der/die Süddeutsche

**South Pole** der Südpol

**south·ward(s)** ['saʊθwəd(z)] südlich, nach Süden, südwärts

**south·west¹** [ˌsaʊθ'west] der Südwesten

**south·west²** [ˌsaʊθ'west] südwestlich, nach Südwest, südwestwärts

**south-west·er·ly¹** [ˌsaʊθ'westəlɪ] südwestlich, aus Südwest

**south-west·er·ly²** [ˌsaʊθ'westəlɪ] der [starke] Südwestwind

**south-west·ern** [ˌsaʊθ'westən] südwestlich, aus Südwest

**south-west·ward(s)** [ˌsaʊθ'westwəd(z)] nach Südwesten

**sou·ve·nir** [ˌsuːvə'nɪəʳ] das Andenken (**of** an)

**So·vi·et¹** ['səʊvɪət] (*historisch*) der Sowjetbürger/die Sowjetbürgerin; **the Soviets** die Sowjets

**So·vi·et²** ['səʊvɪət] sowjetisch; **Soviet citizen** der Sowjetbürger/die Sowjetbürgerin

**So·vi·et Un·ion** (*historisch*) die Sowjetunion

to **sow** [səʊ] <sowed, sown *oder* sowed> säen

**Ⓖ** Richtiges Konjugieren von **sow**: sow, sowed, sown — *the gardener sowed grass in the back garden; this field has been sown with rye.*

**sow** [saʊ] die Sau

**sown** [səʊn] *3. Form von* **sow**

**soya** ['sɔɪə], ⓊⓈⒶ **soy** [sɔɪ] die Soja

**soya bean** die Sojabohne

**soya sauce** die Sojasoße

**soz·zled** ['sɒzld] Ⓖ🅑 (*umgangsspr*) beschwipst

**spa** [spɑː] das Heilbad, der Kurort

**space** [speɪs] ❶ der Raum, der Platz; **to save/take up space** Platz sparen/einnehmen ❷ der Abstand; **parking space** die Parklücke; **blank space** die freie Stelle ❸ **[outer] space** der Weltraum ❹ **to stare into space** Löcher in die Luft starren ❺ **wide open spaces** das weite, offene Land ❻ **within the space of three hours** innerhalb von drei Stunden ❼ **air space** der Luftraum

**space bar** die Leertaste

**space cen·tre**, ⓊⓈⒶ **space cen·ter** das Weltraumzentrum

**space·craft** ['speɪsˌkrɑːft] <*plural* spacecraft> das Raumfahrzeug

**space flight** der Weltraumflug

**space·ship** ['speɪsʃɪp] das Raumschiff

**space shut·tle** die Raumfähre

**space sta·tion** die Weltraumstation

**space trav·el** *kein Plural* die Raumfahrt

**spac·ing** ['speɪsɪŋ] *kein Plural* die Abstände

**spa·cious** ['speɪʃəs] geräumig

**spade** [speɪd] ❶ der Spaten ❷ **spades** (*Kartenspiel*) das Pik; **Queen of Spades** die Pikdame ▸ WENDUNGEN: **to call a spade a spade** das Kind beim Namen nennen

**spade·work** die Vorarbeit, das Vorarbeiten

**spa·ghet·ti** [spə'getɪ] die Spaghetti

**Spain** [speɪn] Spanien

**Spam®** [spæm] *kein Plural* das Frühstücksfleisch

**spam** [spæm] *kein Plural* (*slang*) die Spammail, der Spam

**span** [spæn] die Spanne

to **span** [spæn] <spanned, spanned> ❶ *Brücke:* [über]spannen ❷ (*übertragen*) umfassen

**Span·iard** ['spænɪəd] der Spanier/die Spanierin

**Span·ish¹** ['spænɪʃ] spanisch

**Span·ish²** ['spænɪʃ] ❶ (*Sprache*) Spanisch, das Spanische ❷ **the Spanish** (*Menschen*) die Spanier

to **spank** [spæŋk] **I'll spank you** [*oder* **your bottom**]! ich werde dir den Hintern versohlen!

**spank·ing** ['spæŋkɪŋ] **at a spanking pace** mit großer Geschwindigkeit

**span·ner** ['spænəʳ] der Schraubenschlüssel

**spare¹** [speəʳ] ❶ übrig; **do you have a spare pen?** hast du einen Stift für mich?; **there are two spare seats** es sind zwei Plätze frei; **if you have a spare minute** wenn du mal eine Minute Zeit hast ❷ *Teil:* Ersatz-; **spare battery** die Reservebatterie; **spare tyre** (*Auto*) der Ersatzreifen; (*humorvoll: Bauch*) der Rettungsring ❸ **spare time** die Freizeit ❹ *Bett, Zimmer:* Gäste- ❺ **spare rib** das Rippchen ▸ WENDUNGEN: **to drive someone spare** (*umgangsspr*) jemanden wahnsinnig machen

**spare²** [speəʳ] ❶ (*technisch*) das Ersatzteil ❷ *von Auto:* der Ersatzreifen, das Ersatzteil

to **spare** [speəʳ] ❶ übrig haben; **to have something to spare** etwas übrig haben; **can you spare me five minutes?** hast du fünf Minuten Zeit für mich?; **can you spare me 5 euros?** kannst du mir 5 Euro leihen? ❷ entbehren; **I can't spare her/that** ich kann auf sie/das nicht verzichten, ich brauche sie/das unbedingt ❸ **they spared no expense** sie haben keine Kosten gescheut ❹ verschonen; **to spare someone's feelings** jemandes Gefühle schonen; **to spare oneself/someone something** sich/jemandem etwas ersparen

**Ⓢ**

**spark – specify** 440

**spark** [spɑːk] ❶ der Funke[n] ❷ (*übertragen*) das Fünkchen, die Spur; **a spark of interest/ life** ein Fünkchen Interesse/Leben ▶ WENDUNGEN: **sparks were flying** die Funken flogen; **a bright spark** (*umgangsspr*) ein Intelligenzbolzen

to **spark** [spɑːk] ❶ entzünden; **to spark [off] an explosion** eine Explosion auslösen ❷ (*übertragen*) auslösen

to **spar·kle** ['spɑːkl] ❶ funkeln, glitzern (**with** vor) ❷ *Flüssigkeit:* sprudeln, perlen, schäumen

**spar·kle** ['spɑːkl] das Funkeln, das Glitzern

**spar·kler** ['spɑːklər] die Wunderkerze

**spar·kling** ['spɑːklɪŋ] ❶ funkelnd, glitzernd ❷ *Wasser:* mit Kohlensäure; **sparkling wine** der Schaumwein ❸ (*übertragen*) *Laune:* sprühend

**spark plug** ['spɑːk‚plʌg] die Zündkerze

**spar·row** ['spærəʊ] der Spatz, der Sperling

**sparse** [spɑːs] ❶ [weit] verstreut; **sparsely populated** dünn besiedelt ❷ spärlich

**spat** [spæt] *2. und 3. Form von* **spit**

to **spat·ter** ['spætər] [be]spritzen (**with** mit)

**spat·ter** ['spætər] **a spatter of rain** ein paar Tropfen Regen

to **speak** [spiːk] <spoke, spoken> ❶ sprechen (**of** von, **on/about** über, **to** mit/zu, **for** für); **to speak down to someone** mit jemandem herablassend sprechen; **not to speak of** ganz zu schweigen von; **so to speak** sozusagen, gewissermaßen; **to speak well of someone** Gutes über jemanden sagen; **to speak one's mind** seine Meinung sagen ❷ reden (**of** von/über), sich äußern (**of** über) ❸ **to speak to a group** vor einer Gruppe eine Rede [*oder* einen Vortrag] halten ❹ (*am Telefon*) **speaking!** am Apparat! ❺ sprechen *Sprache* ▶ WENDUNGEN: **to speak volumes** Bände sprechen

◆ to **speak for** ❶ unterstützen *Vorschlag;* **to speak for someone** in jemandes Namen sprechen, sich für jemanden einsetzen ❷ **to speak for oneself** für sich selbst sprechen; **speaking for myself** was mich betrifft; **speak for yourself!** du vielleicht!; **that speaks for itself** das sagt alles ❸ **that speaks well for him** das spricht für ihn ❹ **to be spoken for** vergeben sein; **she's spoken for** sie ist in festen Händen

◆ to **speak out** ❶ laut reden ❷ (*übertragen*) seine Meinung sagen; **to speak out in favour of** sich einsetzen für; **to speak out against** sich äußern gegen

◆ to **speak up** ❶ lauter reden ❷ (*über*

*tragen*) seine Meinung sagen; **to speak up for someone/something** für jemanden/etwas eintreten

**speak·er** ['spiːkər] ❶ der Sprecher/die Sprecherin, der/die Vorsitzende, der Redner/die Rednerin ❷ der Lautsprecher ❸ **Speaker** ⒼⒷ der Parlamentspräsident/die Parlamentspräsidentin

**speak·ing** ['spiːkɪŋ] ❶ (*am Telefon*) speaking! am Apparat! ❷ **French-speaking** französischsprachig ❸ **generally speaking** im Großen und Ganzen; **strictly speaking** genau genommen

**spear** [spɪər] der Speer, der Spieß

to **spear** [spɪər] aufspießen

to **spear·head** an der Spitze stehen von

**spe·cial¹** ['speʃl] ❶ besondere(r, s) ❷ außergewöhnlich; **special case** der Sonderfall, der Spezialfall; **special offer** das Sonderangebot; **special [train]** der Sonderzug; **special edition** die Sonderausgabe ❸ **special delivery** die Eilzustellung ❹ **special effects** (*im Film*) die Tricks

**spe·cial²** ['speʃl] ❶ der Sonderzug ❷ (*im Fernsehen*) die Extrasendung ❸ ⓊⓈⒶ das Sonderangebot ❹ (*im Restaurant*) die Tagesspezialität

**spe·cial·ist¹** ['speʃəlɪst] Fach-

**spe·cial·ist²** ['speʃəlɪst] ❶ der Spezialist/die Spezialistin, der Fachmann/die Fachfrau ❷ der Facharzt/die Fachärztin; **heart specialist** der/die Facharzt/Fachärztin für Herzkrankheiten

**spe·ci·al·ity** [‚speʃɪˈæləti] die Spezialität

to **spe·cial·ize** ['speʃəlaɪz] sich spezialisieren (**in** in/auf)

**spe·cial·ly** ['speʃəlɪ] besonders, insbesondere

---

Ⓥ **specially** bedeutet **extra zu diesem Zweck**: *Lisa got the pink dress specially for the party;* — **especially** bedeutet **besonders**: *I like dogs, especially labradors.*

---

**spe·cial·ty** ['speʃəltɪ] ⓊⓈⒶ die Spezialität

**spe·cies** ['spiːʃiːz] <*plural* species> die Spezies

**spe·cif·ic** [spəˈsɪfɪk] ❶ spezifisch ❷ konkret; **to be specific** genau sein

**spe·cifi·cal·ly** [spəˈsɪfɪklɪ] **I specifically said not to do that!** ich habe ausdrücklich gesagt, dass ihr das nicht tun dürft!

**speci·fi·ca·tion** [‚spesɪfɪˈkeɪʃn] **specifications** das Leistungsverzeichnis, die technischen Daten

to **speci·fy** ['spesɪfaɪ] ❶ genau angeben ❷ vorschreiben; **for a specified purpose** für ei nen bestimmten Zweck

**speci·men** ['spesɪmɪn] ❶ das Exemplar, das Muster; **a beautiful specimen** ein Prachtexemplar; **specimen copy** das Belegexemplar ❷ *von Blut, Harn:* die Probe; **specimen signature** die Unterschriftsprobe

**speck** [spek] der Fleck, das Fleckchen; **a speck [of]** ein bisschen [...]; **speck of dust** das Staubkörnchen

**specs** [speks] *plural (umgangsspr)* die Brille

**spec·ta·cle** ['spektəkl] **spectacles** ⚠ *plural,* **pair of spectacles** die Brille

Ⓥ **spectacles** werden immer im Plural gebraucht: *where are my spectacles?* — **a pair of spectacles** wird aber im Singular verwendet: *this is Dad's pair of spectacles.*

**spec·ta·cle case** das Brillenetui

**spec·tac·u·lar** [spek'tækjʊləʳ] sensationell, atemberaubend

**spec·ta·tor** [spek'teɪtəʳ] der Zuschauer/die Zuschauerin

**spec·tra** ['spektrə] *Pluralform von* **spectrum**

**spec·trum** ['spektrəm, *plural* 'spektrə] *<plural* spectra> das Spektrum

**specu·la·tion** [ˌspekjʊ'leɪʃn] ❶ die Vermutung ❷ *(in der Wirtschaft)* die Spekulation

**sped** [sped] *2. und 3. Form von* **speed**

**speech** [spiːtʃ] *<plural* speeches> ❶ *(wie jemand spricht)* die Sprache, die Sprechweise; **power of speech** das Sprachvermögen ❷ die Rede; **to deliver [oder make] a speech** eine Rede halten (**on/about** über, **to** vor); **after-dinner speech** die Tischrede; **freedom of speech** die Redefreiheit

**speech day** die [Schul]schlussfeier

**speech de·fect** der Sprachfehler

**speech·less** ['spiːtʃlɪs] sprachlos (**with** vor)

**speed** [spiːd] ❶ die Geschwindigkeit, das Tempo; **at a speed of** mit einer Geschwindigkeit von; **at full [oder top] speed** mit Höchstgeschwindigkeit; **cruising speed** die Reisegeschwindigkeit ❷ *von Fahrrad:* der Gang ❸ *von Film:* die Empfindlichkeit ❹ *(slang: Droge)* das Speed

to **speed** [spiːd] *<speeded oder* sped, sped, speeded> ❶ zu schnell fahren ❷ jagen, sausen ❸ **the time sped by** die Zeit verging wie im Flug

Ⓖ Richtiges Konjugieren von **speed**: speed, sped/ speeded, sped/ speeded — *Tim sped along on his bike; the car had sped out of sight.*

◆to **speed up** ❶ schneller werden; *Auto:* beschleunigen ❷ antreiben *Mensch, Arbeit*

**speed·boat** ['spiːdbəʊt] das Rennboot

**speed bump** die Bodenschwelle

**speed dat·ing** *kein Plural, ohne Artikel* organisierte Partnersuche, wobei man mit jedem Kandidaten nur wenige Minuten spricht

**speed-dial but·ton** ['spiːdˌdaɪəlˌbʌtᵊn] die Kurzwahltaste

**speed·ing** ['spiːdɪŋ] das Überschreiten der zulässigen Höchstgeschwindigkeit

**speed lim·it** die Geschwindigkeitsbegrenzung, das Tempolimit

Ⓛ Auf allen Landstraßen und Autobahnen in Großbritannien beträgt das **speed limit** (Tempolimit) 70 mph (etwa 110 km/h). Innerhalb von Ortschaften darf man 30 mph (etwa 50 km/h) fahren. Und, wie jeder weiß, wird links gefahren!

**speedy** ['spiːdɪ] ❶ *Auto:* schnell ❷ *Antwort:* prompt

**spell** [spel] ❶ *(auch übertragen)* der Zauber, das Zauberwort; **to be under someone's spell** von jemandem verzaubert sein ❷ die [kurze] Zeit, die [Zeit]dauer, die Periode; **for a spell** eine Weile ❸ *(Wetter)* **cold spell** die Kältewelle; **hot spell** die Hitzewelle

to **spell** [spel] *<spelled oder* spelt, spelled *oder* spelt> ❶ buchstabieren; **he can't spell** er kann keine Rechtschreibung ❷ sich schreiben (**with** mit) ❸ *(übertragen)* bedeuten; **she spells trouble!** mit ihr gibt's immer Ärger!

◆to **spell out** ❶ [laut] buchstabieren, entziffern ❷ *(übertragen)* klarmachen; **shall I spell it out for you?** muss ich noch deutlicher werden?

**spell·bound** ['spelbaʊnd] verzaubert, hingerissen

**spell·check** ['spelˌtʃek] die Rechtschreibprüfung

**spell·er** ['speləʳ] **to be a bad speller** viele Rechtschreibfehler machen

**spell·ing** ['spelɪŋ] ❶ das Buchstabieren ❷ die Rechtschreibung

**spelt** [spelt] *2. und 3. Form von* **spell**

to **spend** [spend] *<spent, spent>* ❶ ausgeben *Geld;* **to spend money like water** das Geld mit beiden Händen ausgeben; verschwenden *Vermögen* ❷ verbringen *Zeit* ❸ **to spend a lot of effort on something** sich für etwas sehr anstrengen

Ⓕ Nicht verwechseln mit *spenden* — *to donate!*

**spend·ing mon·ey** ❶ das Taschengeld ❷ das verfügbare Geld

**spend·thrift** ['spend,θrɪft] der Verschwender/ die Verschwenderin

**spent**[1] [spent] *2. und 3. Form von* **spend**

**spent**[2] [spent] ❶ erschöpft, abgespannt ❷ (*technisch*) verbraucht

**sperm** [spɜːm] <*plural* sperm *oder* sperms> das Sperma

to **spew** [spjuː] **to spew** [**up**] (*slang*) kotzen

**sphere** [sfɪəʳ] ❶ (*mathematisch*) die Kugel ❷ der Lebensbereich, der Wirkungskreis; **sphere of influence** der Einflussbereich

**spheri·cal** ['sferɪkl] kugelförmig

**spice** [spaɪs] ❶ das Gewürz ❷ (*übertragen*) die Würze; **the spice of life** die Würze des Lebens

to **spice** [spaɪs] würzen (**with** mit)

**spicy** ['spaɪsɪ] ❶ [stark] gewürzt, scharf ❷ (*übertragen*) pikant

**spi·der** ['spaɪdəʳ] die Spinne

**spi·der's web, spi·der·web** das Spinnennetz

**spike** [spaɪk] ❶ die Spitze ❷ der große Nagel ❸ **spikes** die Rennschuhe, die Spikes

**spiky** ['spaɪkɪ] ❶ spitzig, stachelig ❷ (*übertragen*) empfindlich

to **spill** [spɪl] <spilled *oder* spilt, spilled *oder* spilt> ❶ verschütten ❷ *Flüssigkeit:* überlaufen ▸ WENDUNGEN: **to spill the beans** (*umgangsspr*) sich verplappern; **it's no use crying over spilt milk** es hat keinen Sinn, Vergangenem nachzuweinen

◆to **spill over** ❶ *Flüssigkeit:* überlaufen ❷ *Unruhen:* sich ausbreiten

**spilt** [spɪlt] *2. und 3. Form von* **spill**

**spin** [spɪn] ❶ **to go into a spin** ins Schleudern geraten ❷ *von Ball:* der Spin ▸ WENDUNGEN: **to go for a spin** (*umgangsspr*) mit dem Auto spazieren fahren; **to be in a flat spin** durchdrehen

to **spin** [spɪn] <span *oder* spun, spun> ❶ *Mensch, Spinne:* spinnen ❷ [schnell] drehen, herumwirbeln; **my head is spinning** mir dreht sich alles ❸ schleudern *Wäsche*

◆to **spin out** strecken *Geld;* in die Länge ziehen *Zeit;* ausspinnen *Geschichte*

◆to **spin round** sich [schnell] drehen, herumwirbeln

**spin·ach** ['spɪnɪdʒ] der Spinat

**spin-dri·er, spin-dry·er** [ˌspɪn'draɪəʳ] die Trockenschleuder

**spine** [spaɪn] ❶ *von Pflanze:* der Dorn ❷ *von Mensch, Tier:* das Rückgrat ❸ der [Buch]rücken

**spin·ster** ['spɪnstə] die alte Jungfer

**spiny** ['spaɪnɪ] stach[e]lig, dornig

**spi·ral**[1] ['spaɪərəl] spiralig, in Spiralen; **spiral**

**staircase** die Wendeltreppe

**spi·ral**[2] ['spaɪərəl] die Spirale

**spire** ['spaɪəʳ] die Turmspitze

**spir·it** ['spɪrɪt] ❶ der Geist ❷ **to have a lot of spirit** viel Mut beweisen, tatkräftig sein ❸ *einer Mannschaft, Party:* die Stimmung; **in high** [*oder* **great**] **spirits** in gehobener Stimmung, gut aufgelegt; **to keep up one's spirits** den Kopf nicht hängen lassen; **to enter into the spirit of something** sich an etwas anpassen ❹ (*in der Chemie*) der Spiritus ❺ **spirits** die Spirituosen ❻ **community spirit** der Gemeinschaftssinn ❼ **that's the spirit!** so ist's recht!

◆to **spirit away** wegzaubern

**spir·it·ed** ['spɪrɪtɪd] temperamentvoll; *Gespräch:* lebhaft

**spir·itu·al** ['spɪrɪtʃʊəl] ❶ geistig, innerlich ❷ (*in der Religion*) geistlich

**spit** [spɪt] der Speichel

to **spit** [spɪt] <spat *oder* spit, spat *oder* spit> ❶ spucken (**at/on** auf) ❷ (*übertragen*) herausspucken *Worte* ❸ *Katze:* fauchen ▸ WENDUNGEN: **to be the spitting image of someone** jemandem wie aus dem Gesicht geschnitten sein

Ⓖ Richtiges Konjugieren von **spit**: spit, spat, spat — *Tom spat out the cherry stones.*

◆to **spit out** ❶ ausspucken ❷ (*übertragen*) hervorstoßen *Worte;* **spit it out!** nun sag's schon!

**spite** [spaɪt] ❶ die Bosheit (**against** gegen); **from** [*oder* **out of**] **spite** aus Bosheit ❷ **in spite of** trotz; **in spite of the fact that ...** obgleich ..., obwohl ...

to **spite** [spaɪt] ärgern

**spite·ful** ['spaɪtfl] boshaft

**splash** [splæʃ] <*plural* splashes> ❶ das Spritzen; **he dived into the pool with a big splash** es platschte, als er in den Pool sprang ❷ *von Wellen:* das Plätschern ❸ **to add a splash of wine** einen Schuss Wein dazu tun ❹ **there are splashes of paint everywhere!** überall sind Farbspritzer! ▸ WENDUNGEN: **to make a splash** Furore machen, Aufsehen erregen

to **splash** [splæʃ] ❶ [ver]spritzen; **to splash something over someone** jemanden mit etwas bespritzen ❷ *Regen:* klatschen ❸ (*in der Presse*) groß rausbringen

◆to **splash about**, to **splash around** herumplatschen, herumplanschen ▸ WENDUNGEN: **to splash one's money about** [*oder* **around**] mit dem Geld um sich werfen

◆to **splash down** *Raumfähre, Raumsonde:* wassern

◆to **splash out** (*umgangsspr*) viel Geld ausgeben (**on** für)

to **splat·ter** ['splætə'] ❶ spritzen ❷ bespritzen

**splen·did** ['splendɪd] ❶ großartig, glanzvoll ❷ (*umgangsspr*) herrlich, ausgezeichnet

**splen·dour** ['splendə'], Ⓤ **splen·dor** *kein Plural* die Pracht

**splint** [splɪnt] die Schiene

to **splin·ter** ['splɪntə'] ❶ [zer]splittern ❷ (*übertragen*) sich spalten

**splin·ter** ['splɪntə'] der Splitter

**split**[1] [splɪt] ❶ der Spalt, der Riss ❷ (*übertragen*) die Entzweiung, die Spaltung ❸ **splits** ⚠ *plural* der Spagat ❹ **banana split** der Bananensplit

**split**[2] [splɪt] ❶ gespalten, aufgeteilt ❷ **in a split second** im Bruchteil einer Sekunde

to **split** [splɪt] <split, split> ❶ zerreißen, [sich] spalten; **to split into** aufteilen [in]; **to split open** aufplatzen ❷ *Paar:* **to split** [**up**] sich trennen ❸ aufteilen *Kosten* (**among** unter) ❹ (*in der Chemie, Physik*) spalten ▶ WENDUNGEN: **to split the difference** sich einen Differenzbetrag teilen; **to split hairs** Haarspalterei [be]treiben; **to split one's sides laughing** Tränen lachen; **my head is splitting** ich habe furchtbare Kopfschmerzen; **let's split!** (*umgangsspr*) hauen wir ab!

◆to **split off** abtrennen, sich lösen; (*übertragen*) sich trennen (**from** von)

◆to **split up** ❶ aufteilen; *Partei:* sich spalten ❷ beenden *Versammlung* ❸ *Paar:* sich [voneinander] trennen ❹ *Menge:* zerstreuen

**split·ting** ['splɪtɪŋ] ❶ **splitting headache** die starken Kopfschmerzen ❷ **ear-splitting** *Krach:* ohrenbetäubend

**split-up** ['splɪtʌp] der Bruch, die Trennung; *einer Partei:* die Spaltung

**splodge** [splɒdʒ], **splotch** [splɒtʃ] der Fleck, der Klecks

**splotchy** ['splɒtʃɪ] fleckig

to **splut·ter** ['splʌtə'] *Mensch:* prusten; *Motor:* stottern

to **spoil** [spɔɪl] <spoiled *oder* spoilt, spoiled *oder* spoilt> ❶ (*auch übertragen*) verderben; **to spoil someone's fun** jemandem die Freude verderben ❷ verwöhnen, verziehen *Kind;* **to be spoilt for choice** die Qual der Wahl haben

Ⓖ Richtiges Konjugieren von **spoil**: spoil, spoilt/ spoiled, spoilt/ spoiled — *His bad behaviour spoilt the party; our holiday was spoilt by the accident.*

**spoil·sport** der Spielverderber/die Spielverderberin, der Spaßverderber/die Spaßverderberin

**spoilt** [spɔɪlt] *2. und 3. Form von* **spoil**

**spoke** [spəʊk] *2. Form von* **speak**

**spok·en** ['spəʊkən] *3. Form von* **speak**

**spokes·per·son** ['spəʊkspɜːsn] <*plural* spokespeople> der Sprecher/die Sprecherin

**sponge** [spʌndʒ] ❶ der Schwamm ❷ ⒼⒷ (*Kuchen*) **sponge** [**cake**] der Biskuitkuchen

to **sponge** [spʌndʒ] ❶ [mit einem Schwamm] abwischen, abtupfen ❷ (*umgangsspr*) schnorren

◆to **sponge down** [ab]waschen

◆to **sponge off** ❶ abwischen ❷ **to sponge off someone** jemandem auf der Tasche liegen ❸ **can I sponge a cigarette off you?** kann ich eine Zigarette von dir schnorren?

**sponge bag** ⒼⒷ der Waschbeutel, der Kulturbeutel

**sponge cake** der Biskuitkuchen

**spong·er** ['spʌndʒə'] (*umgangsspr*) der Schmarotzer/die Schmarotzerin

**spon·sor** ['spɒnsə'] ❶ *von Verein, Wohltätigkeit:* der Förderer/die Förderin ❷ (*rechtlich*) der Bürge/die Bürgin ❸ (*in der Wirtschaft, Kultur*) der Geldgeber/die Geldgeberin, der Sponsor/die Sponsorin

to **spon·sor** ['spɒnsə'] ❶ fördern, unterstützen *Verein, Wohltätigkeit* ❷ bürgen für *Mensch* ❸ (*in der Wirtschaft, Kultur*) sponsern

**spon·ta·neous** [spɒn'teɪnɪəs] spontan, von sich aus

**spooky** ['spuːkɪ] (*umgangsspr*) gespensterhaft

**spoon** [spuːn] der Löffel

to **spoon-feed** ['spuːnfiːd] <spoon-fed, spoon-fed> mit dem Löffel füttern; (*übertragen*) **to spoon-feed somebody** jemandem alles vorkauen

**spoon·ful** ['spuːnfʊl] (*a spoonful of sugar*) ein Löffel Zucker

**sport** [spɔːt] ❶ der Sport, die Sportart; **to do sports** Sport treiben; **to be good at sport**[**s**] gut im Sport sein ❷ **sports** die Sportveranstaltung ❸ **to be a** [**good**] **sport** alles mitmachen

Ⓛ In den USA bezeichnet man ungewöhnliche Sportarten wie Bungee-Jumping, Skateboarding oder Snowboarding als **extreme sports** oder **alternative sports**. Auch Heliskiing, Cave-Diving, Wakeboarding und die Street-Luge gehören zu den **extreme sports** und sind in Mode, gerade weil sie als gefährlicher, schneller oder ausgefallener gelten als Sportarten wie z.B. Fußball oder Tennis.

**sporting – spring**

**sport·ing** ['spɔːtɪŋ] ❶ sportlich, Sports-; **sporting events** die Wettkämpfe ❷ fair; **to give someone a sporting chance** jemandem eine faire Chance geben

**sports arena** das Sportstadion

**sports bar** *Kneipe mit Fernseher für Sportübertragungen*

**sports bra** der Sport-BH

**sports car** ['spɔːtskɑːʳ] der Sportwagen, der Rennwagen

**sports coat** das Sportsakko

**sports com·men·ta·tor** der Sportkommentator/die Sportkommentatorin

**sports day** das [Schul]sportfest

**sports equip·ment** *kein Plural* die Sportausrüstung

**sports field, sports ground** der Sportplatz

**sports jack·et** das Sportsakko

**sports·man** ['spɔːtsmən] <*plural* sportsmen> der Sportler

**sports·man·ship** ['spɔːtsmənʃɪp] die Sportlichkeit, die sportliche Haltung

**sports shop** das Sportgeschäft

**sports·wear** ['spɔːtsweəʳ] die Sportkleidung

**sports·wom·an** ['spɔːtswʊmən, *plural* 'spɔːtswɪmɪn] <*plural* sportswomen> die Sportlerin

**sporty** ['spɔːtɪ] ❶ sportbegeistert, sportlich ❷ (*übertragen*) *Kleidung, Aussehen:* flott

**spot** [spɒt] ❶ der Tupfen, der Punkt ❷ (*übertragen*) der Makel ❸ der Pickel ❹ (*Standort*) der Platz, die Stelle; **a pleasant spot** ein schönes Fleckchen; **on the spot** an Ort und Stelle; **an on-the-spot report** ein Bericht vom Ort des Geschehens ❺ **a spot of** ein bisschen ► WENDUNGEN: **to be in a [tight] spot** in der Klemme sitzen; **to put someone in a spot** jemanden in Verlegenheit bringen

**to spot** [spɒt] <spotted, spotted> entdecken, sehen, ausmachen

> **F** Nicht verwechseln mit *spotten — to mock!*

**spot check** die Stichprobe

**spot·less** ['spɒtlɪs] ❶ tadellos ❷ *Ruf:* makellos, untadelig

**spot·light** ['spɒtlaɪt] ❶ der Scheinwerfer, das Scheinwerferlicht ❷ (*Lampe*) der Strahler ❸ (*übertragen*) **to be in the spotlight** im Rampenlicht stehen; **to turn the spotlight on someone** die Aufmerksamkeit auf jemanden lenken

**spot-on** [spɒt'ɒn] (*umgangsspr*) exakt, haarscharf richtig

**spot re·mov·er** der Fleckentferner

**spot·ted** ['spɒtɪd] gesprenkelt, getüpfelt

**spot·ty** ['spɒtɪ] pickelig

**spout** [spaʊt] ❶ *einer Kanne:* der Ausguss, der Schnabel ❷ *eines Wals:* das Atemloch ► WENDUNGEN: **up the spout** (*umgangsspr*) im Eimer

**to sprain** [spreɪn] verrenken, verstauchen; **to sprain one's ankle** sich den Fuß verstauchen

**sprain** [spreɪn] die Verrenkung, die Verstauchung

**sprang** [spræŋ] *2. Form von* **spring**

**to sprawl** [sprɔːl] ❶ der Länge nach hinfallen ❷ **to be sprawled over something** ausgestreckt auf etwas liegen

**sprawl·ing** ['sprɔːlɪŋ] ❶ *Stadt:* wild wuchernd ❷ *Körper:* ausgestreckt

**spray** [spreɪ] ❶ *von Wasser:* der/die Gischt, der Sprühnebel ❷ **spray can** die Sprühdose; **spray bottle** der Zerstäuber ❸ *für Haare:* der/das Spray

**to spray** [spreɪ] ❶ spritzen; **water sprayed all over the place** Wasser spritzte überallhin ❷ besprühen *Pflanzen* ❸ sprühen *Wasser* ❹ **we sprayed the fence** wir haben den Zaun spritzlackiert

**to spread** [spred] <spread, spread> ❶ ausbreiten; ausstrecken *Beine, Arme* ❷ bestreichen *Brot* ❸ verbreiten *Nachrichten, Tratsch* ❹ (*auch übertragen*) verteilen *Sand, Zahlungen, Risiko* ❺ **to spread a cloth on something** ein Tuch über etwas breiten ❻ sich erstrecken (**over/across** über); *Krankheit:* sich verbreiten; **the epidemic has spread to the next city** die Epidemie hat die nächste Stadt erreicht

> **G** Richtiges Konjugieren von **spread**: spread, spread, spread — *Kate spread jam on her piece of toast; the books were spread out on the floor.*

**spread** [spred] ❶ die Spannweite, die Flügelspanne ❷ *von Krankheiten:* die Verbreitung ❸ (*Größe*) die Ausbreitung, die Ausdehnung ❹ (*umgangsspr*) das Festessen ❺ der Brotaufstrich; **cheese spread** der Streichkäse ❻ **middle-age spread** der Altersspeck

**spread·sheet** ['spredʃiːt] die Tabellenkalkulation

**spree** [spriː] **shopping spree** der Großeinkauf

**spright·ly** ['spraɪtlɪ] munter, lebendig, lebhaft

**spring**[1] [sprɪŋ] der Frühling; **in spring** im Frühjahr

**spring**[2] [sprɪŋ] die Quelle

**spring³** [sprɪŋ] ❶ (*technisch*) die Feder ❷ die Elastizität

to **spring** [sprɪŋ] <sprang, sprung> ❶ springen; **to spring to one's feet** aufspringen; **to spring out of bed** aus dem Bett hüpfen ❷ **to spring to mind** einem einfallen

Ⓖ Richtiges Konjugieren von **spring**: spring, sprang, sprung — *the cat sprang onto the wall; mushrooms have sprung up overnight*

**spring bind·er** der Klemmhefter

**spring·board** das Sprungbrett

to **spring-clean** gründlich putzen, Frühjahrsputz machen

**spring on·ion** die Lauchzwiebel, die Frühlingszwiebel

**spring roll** die Frühlingsrolle

**springy** ['sprɪŋɪ] ❶ elastisch ❷ *Boden:* federnd

to **sprin·kle** ['sprɪŋkl] ❶ sprenkeln ❷ bestreuen *Kuchen* ❸ streuen *Salz*

**sprin·kle** ['sprɪŋkl] die Prise

**sprin·kler** ['sprɪŋklər] ❶ (*für den Garten*) der Sprinkler ❷ (*gegen Feuer*) die Sprinkleranlage

**sprin·kling** ['sprɪŋklɪŋ] ❶ ein paar Tropfen, die Prise ❷ (*übertragen*) der Anflug, die Spur

to **sprint** [sprɪnt] sprinten, rennen

**sprint** [sprɪnt] der Lauf, der Sprint

**sprint·er** ['sprɪntər] der Sprinter/die Sprinterin, der Kurzstreckenläufer/die Kurzstreckenläuferin

**spritz·er** ['sprɪtsər] die Schorle

to **sprout** [spraʊt] ❶ *Knospen:* sprießen ❷ *Saat:* keimen [lassen] ❸ treiben *Blätter, Knospen*

**sprout** [spraʊt] ❶ der Trieb ❷ **bean sprouts** die Sojasprossen; [**Brussels**] **sprouts** der Rosenkohl

**spruce¹** [spruːs] die Fichte

**spruce²** [spruːs] gepflegt

**sprung** [sprʌŋ] *3. Form von* **spring**

**spud** [spʌd] (*umgangsspr*) die Kartoffel

**spun** [spʌn] *2. und 3. Form von* **spin**

**spur** [spɜːr] ❶ **on the spur of the moment** ganz spontan ❷ (*beim Reiten*) der Sporn ❸ (*übertragen*) der Ansporn

to **spur** [spɜːr] <spurred, spurred> **to spur someone on to do something** jemanden zu etwas ermuntern [*oder* anspornen]

**spurt** [spɜːt] ❶ der Strahl ❷ (*auch übertragen*) der Spurt

to **sput·ter** ['spʌtər] *Mensch:* prusten

to **spy** [spaɪ] ❶ spionieren; **to spy on someone** jemanden bespitzeln ❷ **to spy out** ausfindig machen

**spy** [spaɪ] der Spion/die Spionin, der Spitzel

to **squab·ble** ['skwɒbl] (*über Kleinigkeit*) sich zanken

**squab·ble** ['skwɒbl] der Zank

**squad** [skwɒd] ❶ (*der Polizei*) das Kommando, das Dezernat ❷ (*im Sport*) der Kader

**squal·id** ['skwɒlɪd] ❶ schmutzig und verwahrlost ❷ *Dasein:* elend, erbärmlich

to **squan·der** ['skwɒndər] verschwenden, vergeuden *Geld, Zeit* (**on** an/für/mit); verschleudern *Vermögen;* nicht nutzen *Chance*

**square¹** [skweər] ❶ (*in der Mathematik*) das Quadrat; **the square of 3 is 9** die Quadratzahl von 3 ist 9 ❷ das Viereck, das Rechteck; **to cut into squares** in Rechtecke zuschneiden ❸ (*Muster*) das Karo ❹ (*in der Stadt*) der Platz ❺ Ⓤ︎ⓈⒶ der Block ▶ WENDUNGEN: **to go back to square one** noch einmal von vorne anfangen

**square²** [skweər] ❶ quadratisch, viereckig, vierkantig ❷ *Winkel:* recht ❸ *Klammer:* eckig ❹ (*Mathematik*) rechtwinklig, Quadrat-; **2 square metres** 2 Quadratmeter ❺ ehrlich, fair; **fair and square** offen und ehrlich

to **square** [skweər] ❶ **3 squared is 9** 3 hoch 2 ist 9 ❷ **it doesn't square** [**up**] es stimmt nicht überein

**squared pa·per** das Millimeterpapier

**square num·ber** die Quadratzahl

**square root** die Quadratwurzel

to **squash** [skwɒʃ] ❶ zerdrücken, zerquetschen ❷ **to squash in** sich einquetschen; **to squash someone in** jemanden einquetschen; **to be squashed together** eng zusammengepresst sein ❸ (*übertragen*) zum Schweigen bringen

**squash** [skwɒʃ] ❶ das Fruchtsaftgetränk, das Fruchtsaftkonzentrat ❷ die Menschenmenge, das Gedränge ❸ (*Sport*) das Squash

**squash court** die Squashhalle

**squash rack·et** der Squashschläger

**squashy** ['skwɒʃɪ] ❶ *Kissen:* weich ❷ *Obst, Gemüse:* matschig

to **squat** [skwɒt] <squatted, squatted> ❶ hocken, kauern ❷ **to squat down** sich hinhocken ❸ sich illegal ansiedeln; **to squat in a house** ein Haus besetzen

**squat** [skwɒt] ❶ die Hausbesetzung ❷ das besetzte Haus

**squat·ter** ['skwɒtər] der Hausbesetzer/die Hausbesetzerin

to **squeak** [skwiːk] ❶ *Tür usw.:* quietschen, knarren ❷ *Tier:* quieken

**squeak** [skwiːk] ❶ *von Tür:* das Quietschen ❷ *von Tier, Vogel:* das Piepsen, das Quieken

**squeal – stain** 446

to **squeal** [skwiːl] ❶ *Tier, Kind:* schreien, quieken; **to squeal with pain** vor Schmerz aufheulen ❷ *Bremsen:* kreischen ❸ (*umgangsspr*) jammern ❹ (*umgangsspr*) petzen; **to squeal on someone** jemanden verpfeifen
**squeal** [skwiːl] ❶ der Schrei ❷ *von Bremsen:* das Kreischen ❸ *von Tier:* das Quieken
**squeam·ish** ['skwiːmɪʃ] **I'm not squeamish** mir wird nicht so schnell übel, ich bin nicht so zimperlich
**squeeze** [skwiːz] ❶ das Drücken, das Pressen; **to give something a squeeze** etwas drücken ❷ das Gedränge; **it was a tight squeeze** es war fürchterlich eng ▸ WENDUNGEN: **to be in a tight squeeze** in der Klemme sein; **to put the squeeze on someone** jemandem die Daumenschrauben anlegen
to **squeeze** [skwiːz] ❶ drücken ❷ auspressen *Apfelsine;* ausdrücken *Tube, Schwamm* ❸ (*in Tür usw*) einquetschen ❹ [sich] zwängen (**into** in) ❺ **to squeeze someone dry** (*übertragen*) jemanden ausnehmen ❻ **to be squeezed to death** erdrückt werden ❼ **to squeeze past someone** sich an jemandem vorbeidrücken
  ◆to **squeeze out** ❶ auspressen *Früchte* ❷ ausdrücken *Schwamm, Tube*
**squeez·er** [skwiːzəʳ] (*für Saft*) die Presse
to **squelch** [skweltʃ] patschen *umgangsspr*
**squelch** [skweltʃ] <*plural* squelches> *meist singular* das Gepatsche *umgangsspr*
**squid** [skwɪd] der Tintenfisch
**squig·gle** ['skwɪɡl] der Schnörkel
to **squint** [skwɪnt] ❶ schielen (**at** nach) ❷ die Augen zusammenkneifen
**squint** [skwɪnt] ❶ das Schielen ❷ der Seitenblick
to **squirm** [skwɜːm] ❶ sich winden, sich krümmen ❷ **the idea makes me squirm** bei dem Gedanken wird mir regelrecht übel
**squir·rel** ['skwɪrəl] das Eichhörnchen
to **squirt** [skwɜːt] ❶ **water squirted everywhere** das Wasser spritzte überallhin ❷ bespritzen; **to squirt water at someone** jemanden mit Wasser bespritzen
**squirt** [skwɜːt] der Spritzer
**Sri Lan·ka** [ˌsriːˈlæŋkə] Sri Lanka
**Sri Lan·kan**[1] [ˌsriːˈlæŋkən] srilankisch
**Sri Lan·kan**[2] [ˌsriːˈlæŋkən] der Srilanker/die Srilankerin
**St** *Abkürzung von* **Saint** St., Sankt
**St.** *Abkürzung von* **street** Str., Straße
to **stab** [stæb] <stabbed, stabbed> ❶ stechen ❷ **to stab someone** jemanden niederstechen; **to stab someone to death** jemanden

erstechen; **to stab someone with a knife** jemanden mit einem Messerstich verletzen ▸ WENDUNGEN: **to stab someone in the back** jemandem in den Rücken fallen
**stab** [stæb] der Stich; **stab wound** die Stichwunde ▸ WENDUNGEN: **a stab in the back** ein Dolchstoß; **to have a stab at something** etwas versuchen
**stab·bing** ['stæbɪŋ] *Schmerz:* stechend
**sta·bil·ity** [stəˈbɪləti] die Stabilität
to **sta·bi·lize** ['steɪbəlaɪz] [sich] stabilisieren
**sta·ble**[1] ['steɪbl] <stabler, stablest> ❶ stabil *auch übertragen* ❷ *Charakter:* gefestigt
**sta·ble**[2] ['steɪbl] der Stall
**stack** [stæk] ❶ der Stapel, der Stoß ❷ **to have stacks of time** (*umgangsspr*) jede Menge Zeit haben
to **stack** [stæk] stapeln; **to stack up** aufstapeln
**sta·dium** ['steɪdɪəm] <*plural* stadiums *oder* stadia> das Stadion
**staff**[1] [stɑːf] ❶ das Personal, der Mitarbeiterstab; **to be on the staff** zum Personal gehören ❷ *einer Schule:* der Lehrkörper
**staff**[2] [stɑːf] der Stab, der Stock
**staff·room** das Lehrerzimmer
**stag** [stæɡ] der Hirsch
**stage** [steɪdʒ] ❶ (*im Theater*) die Bühne; **on stage** auf der Bühne; **to go on stage** die Bühne betreten; **to come off stage** von der Bühne abtreten ❷ (*in einer Halle*) das Podium ❸ *einer Entwicklung:* das Stadium, die Phase; **at this stage** zu diesem Zeitpunkt; **in the early stages** im Anfangsstadium ❹ (*auch übertragen*) die Etappe, der Abschnitt; **in** [*oder* **by**] **stages** etappenweise ❺ *einer Rakete:* die Stufe
to **stage** [steɪdʒ] ❶ auf die Bühne bringen, aufführen *Stück* ❷ (*übertragen*) inszenieren, arrangieren, veranstalten
**stage fright to suffer from stage fright** Lampenfieber haben
to **stag·ger** ['stæɡəʳ] ❶ *Nachrichten:* den Atem verschlagen; **she was staggered** es hat ihr den Atem verschlagen ❷ staffeln *Ferien* ❸ schwanken, wanken, taumeln, torkeln
**stag·ger·ing** ['stæɡərɪŋ] ❶ schwankend, wankend, torkelnd ❷ (*übertragen*) atemberaubend, umwerfend
**stag·nant** ['stæɡnənt] ❶ *Wasser:* stehend, abgestanden ❷ (*übertragen*) stagnierend
to **stag·nate** [stæɡˈneɪt] stagnieren
to **stain** [steɪn] ❶ beflecken ❷ färben; beizen *Holz* ❸ Flecken hinterlassen ❹ fleckig werden
**stain** [steɪn] ❶ der Fleck; **stain remover** der

Fleckenentferner ② (*übertragen*) der Schandfleck; **without a stain on his character** ohne Makel ③ der Farbstoff; (*für Holz*) die Beize

**stained** [steɪnd] **stained glass** die Glasmalerei

**stain·less** ['steɪnlɪs] **stainless steel** der Edelstahl; **"stainless steel"** „rostfrei"

**stair** [steəʳ] ① die [Treppen]stufe ② **stairs** die Treppe; **at the top of the stairs** oben auf der Treppe

**stair·case** die Treppe, das Treppenhaus

**stake** [steɪk] ① der Pfahl, der Pfosten, der Pflock ② der Scheiterhaufen ③ **to have a stake in something** einen Anteil an etwas haben ④ **to be at stake** auf dem Spiel stehen

**stale** [steɪl] ① *Brot:* altbacken ② *Wasser, Luft:* abgestanden, verbraucht

**stalk** [stɔːk] der Stängel, der Stiel, der Strunk

to **stalk** [stɔːk] ① jagen, sich anpirschen ② **to stalk someone** jemandem nachstellen

**stalk·er** *jemand, der jemanden ständig verfolgt und belästigt*

**stall** [stɔːl] ① (*im Stall*) die Box, die Bucht ② die Marktbude, der Verkaufsstand ③ **stalls** *plural* ⓖⒷ (*im Theater*) das Parkett

to **stall** [stɔːl] ① abwürgen *Motor* ② *Motor:* absaufen ③ (*übertragen*) aufschieben, hinhalten, vertrösten ④ Zeit schinden; **to stall for time** versuchen, Zeit zu gewinnen

**stall hold·er** ⓖⒷ der Markthändler/die Markthändlerin

**stami·na** ['stæmɪnə] das Stehvermögen, das Durchhaltevermögen

to **stam·mer** ['stæməʳ] ① stammeln ② stottern

**stam·mer** ['stæməʳ] das Stottern

**stamp** [stæmp] ① die Briefmarke ② die [Stempel]marke ③ (*Gerät*) der Stempel

to **stamp** [stæmp] ① stampfen, trampeln; **to stamp one's foot** mit dem Fuß aufstampfen; **to stamp the ground** auf den Boden stampfen ② frankieren *Brief;* **stamped addressed envelope** der frankierte Rückumschlag ③ abstempeln *Formular, Pass* ④ [auf]prägen
 ◆to **stamp out** ① austreten *Feuer* ② ausrotten *Verbrechen* ③ unterdrücken *Widerstand*

**stamp al·bum** das Briefmarkenalbum

**stam·pede** [stæm'piːd] ① *von Tieren:* die wilde Flucht ② *von Menschen:* der [Menschen]auflauf; (*auf etwas*) der Massenansturm

**stance** [stɑːn(t)s] die Haltung; (*übertragen*) der Standpunkt

**stand** [stænd] ① der [Verkaufs]stand ② Stän-

der; **hat stand** der Hutständer ③ (*für Taxis*) der Stand ④ (*Sport*) die Tribüne ⑤ ⓊⓈⒶ (*bei Gericht*) der Zeugenstand ⑥ (*übertragen*) der Standpunkt, die Einstellung; **to take** [*oder* **make**] **a stand** klar Stellung beziehen (**against** gegen)

to **stand** [stænd] <stood, stood> ① stehen; **she stood by the window** sie stand am Fenster; **to stand still** stillstehen ② aufstehen; **all stand!** [alles] aufstehen! ③ **to stand the pressure** *Objekt:* dem Druck standhalten; *Mensch:* dem Druck gewachsen sein ④ ertragen, aushalten *Lärm;* **I can't stand him** ich kann ihn nicht ausstehen ⑤ vertragen *Klima;* verkraften *Verlust* ⑥ *Angebot, Versprechen:* gelten ⑦ *Rekord:* stehen ⑧ *Thermometer:* stehen (**at** auf) ⑨ **to stand as a candidate** kandidieren ⑩ **as things stand** nach Lage der Dinge
 ◆to **stand about** herumstehen
 ◆to **stand aside** zur Seite treten
 ◆to **stand back** ① zurücktreten ② zurückstehen ③ (*übertragen*) Abstand nehmen
 ◆to **stand by** ① danebenstehen, herumstehen; **to stand by and do nothing** tatenlos zusehen ② sich bereithalten; **to stand by for further news** auf weitere Nachrichten warten ③ **to stand by a promise/someone** ein Versprechen/zu jemandem halten
 ◆to **stand down** ① verzichten, zurücktreten ② (*bei Gericht*) den Zeugenstand verlassen
 ◆to **stand for** ① stehen für ② hinnehmen, sich gefallen lassen ③ **to stand for election to something** für etwas kandidieren
 ◆to **stand in** einspringen (**for** für)
 ◆to **stand out** ① [her]vorstehen, vorragen ② (*in Kontrast*) hervorstechen, auffallen; **to stand out against something** sich von etwas abheben
 ◆to **stand over** **to stand over someone** jemandem auf die Finger sehen
 ◆to **stand up** ① aufstehen ② stehen ③ **to stand something up** etwas hinstellen ④ **to stand someone up** (*umgangsspr*) jemanden versetzen ⑤ **to stand up for someone** für jemanden eintreten ⑥ **to stand up to something** *Objekt:* einer Sache standhalten; *Mensch:* einer Sache gewachsen sein ⑦ **to stand up to someone** sich jemandem gegenüber behaupten

**stand·ard¹** ['stændəd] ① die Norm, der Maßstab; **above/below standard** über/unter der Norm; **to be up to standard** den Anforderungen genügen ② das Niveau; **of high/**

**standard – start**

low **standard** von hohem/niedrigem Niveau; **standard of living** der Lebensstandard ❸ **standards** die Wertvorstellungen

**stand·ard²** ['stændəd] üblich, Standard-, Normal-

to **stand·ard·ize** ['stændədaɪz] standardisieren; (*abgleichen*) vereinheitlichen; **to standardize on something** etwas zum Vorbild nehmen

**stand·ard lamp** ['stændədlæmp] die Stehlampe

**stand·by¹** ['stændbaɪ] ❶ der Ersatz, die Reserve ❷ **standby ticket** das Standby-Ticket ❸ **on standby** in Bereitschaft; **to be on 24-hour standby** 24 Stunden Bereitschaftsdienst haben

**stand·by²** ['stændbaɪ] ❶ Reserve-, Ersatz- ❷ *Ticket:* Standby-

**stand-in** ['stændɪn] ❶ der Ersatz, der Stellvertreter/die Stellvertreterin ❷ (*Film*) das Double

**stand·ing¹** ['stændɪŋ] ❶ stehend; **standing room only** nur Stehplätze; **standing ticket** die Stehplatzkarte ❷ aus dem Stand; **a standing start** ein Start aus dem Stand ❸ **it's a standing joke** es wird ständig darüber gewitzelt ❹ **standing order** der Dauerauftrag ❺ **standing ovation** die stehende Ovation

**stand·ing²** ['stændɪŋ] ❶ der Ruf, das Ansehen ❷ die Dauer; **of long standing** alt, langjährig, von langer Dauer

**stand·point** ['stændpɔɪnt] der Standpunkt

**stand·still** ['stændstɪl] ❶ der Stillstand ❷ **to be at a standstill** *Fahrzeug:* stehen; *Verkehr:* stillstehen; *Produktion:* ruhen ❸ **to come to a standstill** *Fahrzeug:* zum Stehen kommen; *Verkehr:* zum Stillstand kommen; *Produktion:* zum Erliegen kommen

**stand-up** ['stændʌp] ❶ **stand-up collar** der Stehkragen ❷ *Mahlzeit:* im Stehen ❸ **stand-up comedian** der Alleinunterhalter/die Alleinunterhalterin

**stank** [stæŋk] 2. *Form von* **stink**

**sta·ple** ['steɪpl] die Heftklammer

to **sta·ple** ['steɪpl] heften

**sta·pler** ['steɪplə'] der Hefter

**star¹** [stɑː'] ❶ der Stern ❷ (*Zeichen*) das Sternchen ❸ (*Person*) der Star ❹ **the Stars and Stripes** das Sternenbanner ▶ WENDUNGEN: **to thank one's lucky stars** von Glück sagen können

**star²** [stɑː'] Haupt-, Star-

to **star** [stɑː'] <starred, starred> **the film starred Tom Hanks** die Hauptrolle spielte

Tom Hanks; **starring ...** in der Hauptrolle ...; **Tom Hanks starred in ...** Tom Hanks spielte die Hauptrolle in ...

**star·board** ['stɑːbəd] das Steuerbord

**starch** ['stɑːtʃ] die Stärke

**star·dom** ['stɑːdəm] die Berühmtheit

to **stare** [steə'] ❶ starren; **to stare at someone in horror** jemanden entsetzt anstarren ❷ **the answer was staring us in the face** (*übertragen*) die Antwort lag klar auf der Hand

**stare** [steə'] der starre Blick; **to give someone a stare** jemanden anstarren

**star·ing** ['steərɪŋ] starrend; **with staring eyes** mit starrem Blick

**stark** [stɑːk] ❶ *Kontrast:* krass ❷ *Entsetzen, Wahrheit:* nackt ❸ *Licht:* grell ❹ völlig, gänzlich; **stark-naked** splitter[faser]nackt; **stark raving mad** (*umgangsspr*) total verrückt

**star-span·gled** ['stɑːspæŋgld] **the Star-Spangled Banner** (*in den USA*) das Sternenbanner

> Ⓛ Es gibt verschiedene Namen für die amerikanische Flagge. **The Stars and Stripes** bezieht sich auf die inzwischen 50 Sterne, die die heutigen US-Staaten symbolisieren, und die 13 Streifen für die ursprünglich 13 US-Staaten. Die patriotische Bezeichnung **Old Glory** stammt von dem Schiffskapitän William Driver. Der Titel der amerikanischen Nationalhymne, **The Star-spangled Banner**, bezieht sich auch auf die Flagge.

**star-stud·ded** [ˌstɑːˈstʌdɪd] mit zahlreichen Stars in den Hauptrollen

**start** [stɑːt] ❶ Beginn, Anfang; **at the start** am Anfang; **for a start** fürs Erste, zunächst einmal; **from the start** von Anfang an; **from start to finish** von Anfang bis Ende; **to give someone a good start in life** jemandem eine gute Starthilfe geben; **to make a start on something** mit etwas anfangen ❷ (*Sport*) der Start ❸ *einer Reise:* der Aufbruch; **to make an early start** frühzeitig aufbrechen ❹ **to wake with a start** aus dem Schlaf hochschrecken

to **start** [stɑːt] ❶ beginnen, anfangen; **to start something** mit etwas anfangen, etwas beginnen; **to get started** anfangen; **to start on a journey** sich auf eine Reise machen; **to start smoking** mit dem Rauchen anfangen; **to start talking** zu sprechen beginnen; **starting from ...** ab ... ❷ *Maschine, Motor:* anspringen, starten ❸ einschalten; starten *Auto;* anstellen *Maschine;* anlassen *Motor* ❹ *Gerücht:* in Umlauf kommen; in Umlauf setzen *Gerücht* **5** antreten *Reise, neue Stelle, Strafe* **6** starten *Rennen* **7** auslösen *Reaktion* **8** anzünden *Feuer* **9** gründen *Firma* **10** **to start work** anfangen zu arbeiten

◆ to **start back** sich auf den Rückweg machen

◆ to **start off** **1** anfangen, losgehen **2** *zu einer Reise:* aufbrechen **3** (*Sport*) starten **4** **to start something off** etwas anfangen **5** **to start someone off on something** jemanden zu etwas veranlassen **6** **to start off with ...** erstens ..., zunächst ...

◆ to **start out** **1** sich auf den Weg machen, aufbrechen **2** anfangen, beginnen; **to start out on a journey** sich auf eine Reise machen [*oder* begeben]

◆ to **start up** **1** *Motor:* anspringen; anlassen *Auto* **2** *Geräusch:* anfangen **3** gründen *Firma* **4** schließen *Freundschaft* **5** beginnen *Gespräch*

**start·er** ['stɑːtəʳ] **1** (*im Rennen*) der Teilnehmer/die Teilnehmerin **2** *eines Rennens:* der Starter/die Starterin **3** die Vorspeise **4** **for starters** (*slang*) für den Anfang

**start·ing** ['stɑːtɪŋ] Start-, Anfangs-; **starting grid** (*beim Autorennen*) der Startplatz; **starting gun** die Startpistole; **starting point** der Ausgangspunkt

to **star·tle** ['stɑːtl] erschrecken

**star·tling** ['stɑːtlɪŋ] erstaunlich, überraschend

**start-up** **1** (*von Firma*) die Neugründung; (*Firma*) das Start-up[-Unternehmen] **2** *von Motor:* der Start; *von Maschine auch:* die Inbetriebnahme; *von Rechner:* das Hochfahren

**star·va·tion** [stɑːˈveɪʃn] das Verhungern, der Hunger; **to die of starvation** verhungern

to **starve** [stɑːv] **1** verhungern, hungern; **to starve to death** verhungern; **to starve out** aushungern; **I'm starving!** (*umgangsspr*) ich sterbe vor Hunger! **2** **to starve someone of something** jemandem etwas vorenthalten

**state¹** [steɪt] der Zustand; **what a state of affairs!** was sind das für Zustände!; **state of the economy** die Wirtschaftslage

**state²** [steɪt] **1** (*politisch*) der Staat **2** **to get into a state [about something]** [wegen etwas] durchdrehen **3** **to lie in state** aufgebahrt sein **4** **the States** die Vereinigten Staaten

**state³** [steɪt] **1** staatlich, Staats- **2** bundesstaatlich

to **state** [steɪt] **1** darlegen, vortragen *Fakten* **2** angeben, nennen *Einzelheiten* **3** **to state that ...** feststellen, dass ...; **unless other-**

**wise stated** wenn nicht anders angegeben

**State De·part·ment** (*in den USA*) das Außenministerium

**state edu·ca·tion** *kein Plural* das staatliche Bildungswesen

**state·ment** ['steɪtmənt] **1** *von Fakten:* die Darstellung **2** die Feststellung; (*offiziell*) die Erklärung, die Stellungnahme; **to make a statement to the press** eine Presseerklärung abgeben **3** (*bei Polizei, vor Gericht*) die Aussage **4** der Kontoauszug

**state-of-the-art** ['steɪtəvði:ˌɑːt] technisch auf dem neusten Stand

**sta·tion** ['steɪʃn] **1** Bahnhof; **at the station** auf dem Bahnhof **2** die Station **3** (*Polizei*) die Wache **4** (*TV*) der Sender, die Sendestation

**sta·tion·ary** ['steɪʃənrɪ] stehend; **to be stationary** [still]stehen

**sta·tion·ery** ['steɪʃənrɪ] ⚠ *kein Plural* **1** das Briefpapier **2** die Schreibwaren

**V** **stationary** (mit 2 ‚a') bedeutet stehend, geparkt: *a stationary car;* **stationery** dagegen bedeutet Schreibwaren: *we need to order more stationery*

**sta·tion wag·on** (USA) der Kombiwagen

**sta·tis·tics** [stəˈtɪstɪks] ⚠ *plural* die Statistik

**statue** ['stætʃuː] die Statue, das Standbild

**Statue of Lib·er·ty the Statue of Liberty** die Freiheitsstatue

**sta·tus** ['steɪtəs] **1** die Stellung; **equal status** die Gleichstellung **2** der Status; **marital status** der Familienstand

**stay** [steɪ] der Aufenthalt

to **stay** [steɪ] **1** bleiben; **to stay for supper** zum Abendessen bleiben; **if it stays fine** wenn es schön bleibt; **to stay put** an Ort und Stelle bleiben **2** wohnen, übernachten; **to stay at a hotel** im Hotel wohnen; **to stay with someone** bei jemandem wohnen; **he came to stay** er ist zu Besuch gekommen

**F** Nicht verwechseln mit *stehen — to stand!*

◆ to **stay away** wegbleiben, sich fernhalten (**from** von)

◆ to **stay behind** zurückbleiben

◆ to **stay down** **1** unten bleiben **2** (*in der Schule*) eine Klasse wiederholen **3** *Preise:* stabil bleiben

◆ to **stay in** **1** zu Hause [*oder* daheim] bleiben **2** **to stay in [after school]** nachsitzen

◆ to **stay on** **1** *Hut, Deckel:* halten **2** *Licht:* anbleiben **3** noch bleiben, noch nicht fortgehen **4** **to stay on [at school]** [mit der Schule] weitermachen

◆to **stay out** ❶ draußen bleiben ❷ (*nicht nach Hause kommen/gehen*) wegbleiben ❸ **to stay out [on strike]** weiterstreiken ❹ **to stay out of something** sich aus etwas heraushalten

◆to **stay up** ❶ (*nicht zu Bett gehen*) aufbleiben ❷ *Zelt:* stehen bleiben ❸ *Bild:* hängen bleiben ❹ **his socks won't stay up** seine Socken rutschen ständig

**steadi·ly** ['stedɪlɪ] ❶ fest ❷ ständig ❸ *regnen:* ununterbrochen ❹ *steigen:* stetig

**steady** ['stedɪ] ❶ *Hand, Nerven:* ruhig; **to hold the ladder steady** halt die Leiter fest ❷ *Blick:* fest, unverwandt ❸ *Wind:* ständig ❹ *Zuwachs:* stetig ❺ *Job, Freund(in):* fest; **to go steady** einen festen Freund/eine feste Freundin haben ❻ *Tempo:* gleichmäßig ❼ **steady!** vorsichtig!

to **steady** ['stedɪ] ❶ beruhigen *Nerven, Pferd* ❷ festhalten *Leiter* ❸ wieder ins Gleichgewicht bringen *Boot* ❹ **to steady oneself** sich stabilisieren ❺ *Märkte:* sich festigen ❻ *Kurs:* sich behaupten ❼ *Preise:* sich stabilisieren

**steak** [steɪk] das Steak

to **steal** [stiːl] <stole, stolen> ❶ stehlen; **to steal something from someone** jemandem etwas stehlen ❷ **to steal away** sich wegstehlen; **to steal up on someone** sich an jemanden heranschleichen

**steam** [stiːm] ❶ der Dampf, der Dunst ❷ **full steam ahead!** volle Kraft voraus! ▶ WENDUNGEN: **to let off steam** Dampf ablassen; **to run out of steam** (*übertragen*) den Schwung verlieren

to **steam** [stiːm] ❶ *Essen, Schiff, Zug:* dampfen ❷ dämpfen *Essen*

◆to **steam up** ❶ *Scheibe:* beschlagen ❷ **to be all steamed up** ganz beschlagen sein; (*übertragen*) sich aufregen

**steam·er** ['stiːmə<sup>r</sup>] ❶ (*Schiff*) der Dampfer ❷ (*zum Kochen*) der Dünster

**steamy** ['stiːmi] <steamier, steamiest> ❶ dampfig ❷ (*umgangsspr*) heiß, scharf; *Liebesszene, Roman auch:* prickelnd

**steel** [stiːl] der Stahl

to **steel** [stiːl] **to steel oneself to do something** allen Mut zusammennehmen, um etwas zu tun

**steep** [stiːp] ❶ steil ❷ *Preisanstieg, Preissenkung:* stark ❸ (*umgangsspr*) *Preis:* gesalzen, unverschämt

**stee·ple** ['stiːpl] der Kirchturm

**stee·ple·chase** ['stiːpltʃeɪs] ❶ (*für Pferde*)

das Hindernisrennen ❷ (*in der Athletik*) der Hindernislauf

to **steer** [stɪə<sup>r</sup>] ❶ steuern, lenken; **to steer for something** etwas ansteuern, auf etwas zusteuern; **to steer due south** Kurs nach Süden halten ❷ **to steer clear of someone** jemandem aus dem Weg gehen; **to steer clear of something** etwas meiden

**steer·ing lock** das Lenkradschloss

**steer·ing wheel** das Lenkrad, das Steuerrad

**stem** [stem] ❶ *einer Pflanze, eines Glases:* der Stiel ❷ *eines Wortes:* der Stamm ❸ *von Getreide:* der Halm ❹ *einer Pfeife:* der Hals

to **stem** [stem] <stemmed, stemmed> ❶ aufhalten ❷ eindämmen *Flut* ❸ stillen *Blut* ❹ **to stem from something** von etwas kommen, von etwas herrühren, auf etwas zurückgehen

**step**¹ [step] ❶ der Schritt, der Tritt; **to take a step** einen Schritt machen; **to watch one's step** Acht geben, sich vorsehen; **it's only a few steps** es sind nur ein paar Schritte ❷ die Stufe; **steps** die Treppe; **mind the step!** Vorsicht, Stufe! ❸ **steps** *plural* die Stehleiter, die Trittleiter ❹ der Takt; **to be in step** im Gleichschritt sein, im Takt sein; **to be out of step** nicht im Tritt sein, nicht im Gleichklang sein ❺ (*übertragen*) die Stufe, der Abschnitt; **step by step** Schritt für Schritt ❻ (*übertragen*) die Maßnahme; **to take steps to do something** Maßnahmen ergreifen, um etwas zu tun; **to take legal steps** gerichtlich vorgehen

**step**² [step] *kurz für* **step aerobics** das Stepaerobic

to **step** [step] <stepped, stepped> ❶ **to step in something** in etwas treten; **to step into the bath** ins Bad steigen; **to step into the room** in das Zimmer eintreten; **to step on something** auf etwas treten; **to step on someone's foot** jemandem auf den Fuß treten; **to step onto the bus/plane/train** in den Bus/das Flugzeug/den Zug steigen; **to step onto the boat/platform** das Schiff/den Bahnsteig betreten; **to step onto the scales** sich auf die Waage stellen; **to step off the boat/scales** vom Schiff/von der Waage heruntergehen; **to step out of the bath/car** aus dem Bad/Auto steigen; **to step out in front of something** vor eine Sache treten; **to step over something** über etwas steigen; **to step over the line** über die Linie treten; **step this way, please!** bitte hier entlang!; **to step inside** hineintreten; **to step outside** hinaustreten ❷ **step on it!** mach mal ein bisschen schneller!, gib Gas!

◆to **step aside** Platz machen, zur Seite treten

◆to **step back** ❶ zurücktreten, zurückweichen ❷ **to step back from something** von etwas Abstand gewinnen

◆to **step down** ❶ hinabsteigen ❷ *von einem Amt:* zurücktreten

◆to **step in** ❶ eintreten ❷ (*übertragen*) eingreifen, einschreiten

◆to **step up** ❶ **to step up on[to] the stage** die Bühne betreten ❷ vortreten; **to step up to someone** auf jemanden zugehen ❸ intensivieren *Kampagne* ❹ steigern *Produktion* ❺ verschärfen *Sicherheitsmaßnahmen* ❻ **to step up the pressure on someone** den Druck auf jemanden verstärken

**step-** [step] Stief-; **stepsister** die Stiefschwester; **stepfather** der Stiefvater

**step·lad·der** ['step͵lædəʳ] die Stehleiter, die Trittleiter

**step·ping stone** ['stepɪŋstəʊn] ❶ der Trittstein ❷ (*übertragen*) das Sprungbrett

**ste·reo** ['steriəʊ] ❶ das Stereo; **in stereo** in Stereo ❷ (*Gerät*) die Stereoanlage

**ste·reo·type** ['steriə(ʊ)taɪp] das Stereotyp

**ster·ile** ['steraɪl] steril

to **steri·lize** ['sterəlaɪz] sterilisieren

**ster·ling** ['stɜːlɪŋ] **in [pounds] sterling** in Pfund Sterling

**stern**[1] [stɜːn] ❶ streng; **with a stern face** mit strenger Miene ❷ *Warnung:* ernst

**stern**[2] [stɜːn] *eines Bootes:* das Heck

to **stew** [stjuː] schmoren, dünsten

**stew** [stjuː] der Eintopf

**stewed** [stjuːd] ❶ **stewed apples** das Apfelkompott; **stewed meat** das geschmorte Fleisch ❷ (USA) (*umgangsspr*) besoffen

**stick** [stɪk] ❶ *von Baum:* der Zweig ❷ der [Spazier]stock ❸ (*Sport*) der Schläger ❹ *von Dynamit, Rhabarber, Sellerie:* die Stange ❺ *von Kreide:* das Stück ▶ WENDUNGEN: **to get hold of the wrong end of the stick** etwas falsch verstehen; **to take a lot of stick** (*umgangsspr*) viel einstecken müssen

to **stick** [stɪk] <stuck, stuck> ❶ kleben (**to** an); **to stick a stamp on an envelope** eine Briefmarke auf einen Umschlag kleben ❷ stecken; **she stuck a needle into her finger** sie stach sich mit einer Nadel in den Finger ❸ (*umgangsspr*) tun, stecken; **to stick one's hands in one's pockets** die Hände in die Taschen stecken; **to stick one's head out of the window** den Kopf aus dem Fenster strecken; **to stick one's**

**head round the door** den Kopf zur Tür reinstrecken [*oder* rausstrecken]; **stick it on the table!** stell's [*oder* leg's] auf den Tisch! ❹ (*umgangsspr*) aushalten, durchhalten; **I can't stick it any longer!** ich halte das nicht mehr aus! ❺ *Auto:* stecken bleiben ❻ **I'm stuck!** ich stecke fest!; (*mit einer Aufgabe*) ich komme nicht weiter! ❼ *Schublade, Tür:* klemmen ❽ **to stick in someone's mind** jemandem im Gedächtnis bleiben

**Ⓖ** Richtiges Konjugieren von **stick**: stick, stuck, stuck — *Harry stuck the stamp on the envelope; the car had got stuck in the mud.*

◆to **stick around** (*umgangsspr*) ❶ in der Nähe bleiben ❷ warten

◆to **stick at** ❶ bleiben an ❷ **to stick at nothing** vor nichts zurückschrecken

◆to **stick by** (*umgangsspr*) ❶ **to stick by someone** zu jemandem halten ❷ **to stick by one's word** zu seinem Wort stehen

◆to **stick down** ❶ ankleben; zukleben *Umschlag* ❷ (*umgangsspr*) aufschreiben ❸ (*umgangsspr*) abstellen; **just stick it down anywhere** stell [*oder* leg] es einfach irgendwohin

◆to **stick in** ❶ einkleben ❷ hineinstecken; **to stick something in something** etwas in etwas stecken

◆to **stick on** ❶ **to stick something on** etwas aufkleben ❷ (*umgangsspr*) **stick the kettle on!** kannst du das Wasser aufsetzen? ❸ kleben, haften; **it won't stick on!** es klebt nicht!

◆to **stick out** ❶ vorstehen ❷ *Ohren:* abstehen ❸ **there was a pair of legs sticking out from underneath the car** zwei Beine ragten unter dem Auto hervor ❹ (*übertragen*) auffallen ❺ ausstrecken *Hand;* **don't stick your tongue out at me!** streck mir ja nicht die Zunge raus! ❻ (*umgangsspr*) durchhalten

◆to **stick to** ❶ bleiben bei *einer Entscheidung, Meinung;* **to stick to one's principles** an seinen Grundsätzen festhalten; **to stick to a diet** eine Diät einhalten

◆to **stick together** ❶ zusammenkleben ❷ (*übertragen*) zusammenhalten

◆to **stick up** ❶ *Kragen:* hochstehen ❷ *Nagel:* herausstehen ❸ zukleben ❹ **to stick one's hand up** die Hand heben; **stick 'em up!** Hände hoch! ❺ (*umgangsspr*) anschlagen *Poster* ❻ (*umgangsspr*) aufschlagen *Zelt* ❼ (*umgangsspr*) überfallen *Bank*

◆to **stick up for** eintreten für; **to stick up**

**stick with – stomach**

**452**

**for oneself** sich behaupten
♦**to stick with** ❶ bei jemandem bleiben ❷ zu jemandem halten

**stick·er** ['stɪkəʳ] der Aufkleber, der Sticker

**stick·ing plaster** ['stɪkɪŋ,plɑ:stəʳ] das Heftpflaster

**sticky** ['stɪkɪ] ❶ klebrig ❷ *Wetter:* schwül, drückend ❸ *Farbe:* feucht ❹ *Haut:* verschwitzt ❺ *Problem:* schwierig ❻ *Situation:* heikel

**stiff** [stɪf] ❶ steif; **stiff with cold** steif gefroren; **the lock is stiff** das Schloss klemmt ❷ *Bürste:* hart ❸ *Teig:* fest ❹ *Kampf:* zäh, hart ❺ *Brise:* steif ❻ *Drink:* stark ❼ *Examen:* schwer, schwierig ❽ **that's a bit stiff** (*umgangsspr*) das ist ganz schön happig

to **stiff·en** ['stɪfn] ❶ steif machen ❷ stärken *Kragen* ❸ (*übertragen*) *Person:* ganz starr werden

to **sti·fle** ['staɪfl] ersticken; (*übertragen*) unterdrücken

**sti·fling** ['staɪflɪŋ] ❶ *Hitze:* drückend; **it's stifling in here** es ist zum Ersticken hier drin ❷ (*übertragen*) beengend

**still¹** [stɪl] ❶ still, ruhig; **to keep still** stillhalten; **to hold something still** etwas ruhig halten; **to be/stand still** stillstehen ❷ *Mineralwasser:* ohne Kohlensäure

**still²** [stɪl] ❶ [immer] noch, noch immer; **he is still busy** er ist noch beschäftigt; **it still hasn't come** es ist immer noch nicht gekommen; **I will still be here** ich werde noch da sein ❷ trotzdem; **still, she is my mother** sie ist trotz allem meine Mutter ❸ *mit Komparativ* noch; **still better** noch besser

**still·birth** die Totgeburt
**still·born** tot geboren

to **stimu·late** ['stɪmjʊleɪt] ❶ anregen, stimulieren ❷ beleben *Körper* ❸ reizen *Nerven* ❹ (*übertragen*) animieren, anspornen ❺ ankurbeln *Wirtschaft*

to **sting** [stɪŋ] <stung, stung> ❶ *Insekt:* stechen ❷ *Nessel, Qualle:* brennen; **the smoke made our eyes sting** der Rauch brannte uns in den Augen ❸ (*übertragen*) schmerzen; **to make a stinging remark** eine bissige Bemerkung machen

**sting** [stɪŋ] ❶ *eines Insekts:* der Stachel ❷ (*Verletzung durch Insekt*) der Stich; *von Nessel, Qualle:* die Quaddel ❸ der stechende Schmerz

**sting·ing net·tle** [,stɪŋɪŋ'netl] die Brennnessel
**stin·gy** ['stɪndʒɪ] ❶ *Person:* geizig, knauserig, knickerig ❷ *Portion:* schäbig

to **stink** [stɪŋk] <stank, stunk> ❶ stinken ❷ (*umgangsspr*) **the idea stinks** das ist eine miserable Idee

**stink** [stɪŋk] ❶ der Gestank (**of** nach) ❷ (*umgangsspr*) **to kick up a stink [about]** Stunk machen [wegen]

**stir** [stɜ:ʳ] **to give something a stir** etwas [um]rühren ▶WENDUNGEN: **to cause** [*oder* **create**] **a stir** Aufsehen erregen

to **stir** [stɜ:ʳ] <stirred, stirred> ❶ **to stir something** etwas [um]rühren ❷ bewegen, rühren *Glieder* ❸ (*übertragen*) anregen *Phantasie* ❹ sich regen, sich rühren
♦**to stir up** (*übertragen*) **to stir up hatred** Hass schüren; **to stir trouble** Unruhe stiften
**stir-fry** <*plural* stir-fries> die Chinapfanne

to **stir-fry** kurz anbraten

**stitch** [stɪtʃ] <*plural* stitches> ❶ (*beim Nähen, auch medizinisch*) der Stich; **to put stitches in a wound** eine Wunde nähen; **the cut needed stitches** die Wunde musste genäht werden; **she had her stitches taken out** ihr wurden die Fäden gezogen ❷ (*beim Stricken*) die Masche ❸ **to have a stitch** Seitenstechen haben ❹ **to be in stitches** (*umgangsspr*) sich schieflachen

to **stitch** [stɪtʃ] (*auch medizinisch*) nähen
♦**to stitch up** ❶ nähen, zunähen ❷ umnähen *Saum*

**stock¹** [stɒk] ❶ der Vorrat, der Bestand (**of** an); **to have something in stock** etwas vorrätig haben; **to be in/out of stock** vorrätig/nicht vorrätig sein; **to keep something in stock** etwas auf Vorrat haben ❷ der Viehbestand ❸ (*Essen*) die Brühe ❹ **stocks and shares** die Wertpapiere

**stock²** [stɒk] Standard-, Serien-

to **stock** [stɒk] ❶ führen *Waren* ❷ ausstatten *Laden* ❸ mit einem Viehbestand versehen
♦**to stock up** sich eindecken (**on/with** mit)
**stock·bro·ker** ['stɒk,brəʊkəʳ] der Börsenmakler/die Börsenmaklerin

**stock ex·change** die Börse
**stock·ing** ['stɒkɪŋ] der Strumpf
**stock mar·ket** die Börse
**stocky** ['stɒkɪ] stämmig, untersetzt
**stodgy** ['stɒdʒɪ] *Essen:* schwer, pappig
**stole** [stəʊl] *2. Form von* **steal**
**stol·en** ['stəʊlən] *3. Form von* **steal**
**stom·ach** ['stʌmək] ❶ der Magen, der Bauch; **to lie on one's stomach** auf dem Bauch liegen; **on an empty/a full stomach** mit leerem/vollem Magen; **on an empty stomach** auf nüchternen Magen ❷ (*übertragen*) die Lust (**for** auf), die Neigung (**for** zu)

to **stom·ach** ['stʌmək] vertragen, ausstehen
**stom·ach·ache** die Magenschmerzen
**stom·ach up·set** die Magenverstimmung
**stone** [stəʊn] <*plural* stone> ❶ der Stein ❷ ⒼⒷ (*Gewichtseinheit*) = *6,35 kg* ▶ WENDUNGEN: **a heart of stone** ein Herz aus Stein; **a stone's throw away from ...** nur einen Katzensprung von ... entfernt
**Stone Age** die Steinzeit
**stone-cold** eiskalt; **stone-cold sober** stocknüchtern *umgangsspr*
**stoned** [stəʊnd] ❶ *Oliven, Kirschen:* entsteint ❷ (*slang*) high ❸ (*slang*) besoffen
**stone deaf** stocktaub *umgangsspr*
**stony** ['stəʊnɪ] ❶ *Boden:* steinig ❷ *Substanz:* steinartig ❸ (*übertragen*) *Miene:* steinern; *Schweigen:* eisig
**stood** [stʊd] *2. und 3. Form von* **stand**
**stool** [stu:l] ❶ der Hocker, der Schemel ❷ (*medizinisch*) der Stuhl[gang]

**stool**

🄵 Nicht verwechseln mit *der Stuhl — chair!*

to **stoop** [stu:p] sich beugen; **to stoop down** sich bücken; **to stoop to somebody's level** (*übertragen*) sich auf jemandes Niveau herablassen
**stoop**¹ [stu:p] *meist singular* der krumme Rücken, der Buckel
**stoop**² [stu:p] ⓊⓈⒶ die offene Veranda
**stop** [stɒp] ❶ der Halt; **to be at a stop** stillstehen; **to bring something to a stop** etwas zum Stehen bringen; (*übertragen*) einer Sache ein Ende machen; **to come to a stop** anhalten; **to come to a dead stop** abrupt anhalten; **to put a stop to something** einer Sache einen Riegel vorschieben ❷ die Haltestelle; **bus stop** die Bushaltestelle ❸ Pause; **to have** [*oder* **make**] **a stop** Halt machen ❹ der Aufenthalt; **we had a 20 minute stop in Vienna** in Wien hatten wir 20 Minuten Aufenthalt ❺ die Zwischenlandung; **we're flying to Australia, with a stop in Singapore** wir fliegen nach Australien, mit einer Zwischenlandung in Singapur
to **stop** [stɒp] <stopped, stopped> ❶ anhalten, stoppen *Person, Fahrzeug*; **stop thief!** haltet den Dieb! ❷ abstellen *Maschine* ❸ zum Stehen bringen *Verkehr;* zum Stillstand bringen *Produktion* ❹ stillen, unterbinden *Blutung* ❺ beenden *Krieg, Spiel, Treffen, Versuch;* ein Ende machen *einem Gerücht* ❻ aufhalten *Fortschritt, Verbrecher* ❼ aufhören mit *Lärm, Unsinn;* **it has stopped raining** es hat aufgehört zu regnen; **to stop doing something** aufhören, etwas zu tun, etwas nicht mehr tun; **to stop smoking** mit dem Rauchen aufhören ❽ einstellen *Zahlung;* sperren *Scheck;* abbestellen *Zeitung* ❾ verhindern *Unfall, Verbrechen* ❿ abhalten; **to stop someone [from] doing something** jemanden davon abhalten, etwas zu tun; **don't let me stop you** ich will Sie nicht davon abhalten ⓫ **I couldn't stop myself** ich konnte mich nicht beherrschen ⓬ *Fahrzeug:* halten, stoppen ⓭ *Fußgänger, Uhr:* stehen bleiben; **to stop dead** plötzlich stehen bleiben ⓮ *Maschine:* nicht mehr laufen; *Herz:* aufhören zu schlagen ⓯ *Person:* Halt machen; **to stop at nothing** (*übertragen*) vor nichts Halt machen ⓰ *Schmerzen:* vergehen ⓱ (*umgangsspr*) bleiben (**at** in); **to stop for supper** zum Abendessen bleiben

🅥 **to stop to do something** bedeutet eine Pause machen, um etwas anderes zu tun: *we stopped to have tea;* — **to stop doing something** heißt mit etwas aufhören: *the pupils stopped talking when the teacher came into the classroom.*

◆ to **stop by** kurz vorbeikommen, hereinschauen
◆ to **stop in** (*umgangsspr*) zu Hause bleiben
◆ to **stop off** einen kurzen Halt machen, [unterwegs] kurz anhalten
◆ to **stop over** ❶ kurz Halt machen, Zwischenstation machen (**in** in) ❷ ⓊⓈⒶ übernachten
◆ to **stop up** ❶ zustopfen *Loch* ❷ (*umgangsspr*) aufbleiben; **we let the children stop up till midnight** die Kinder durften bis Mitternacht aufbleiben
**stop·over** ['stɒpəʊvəʳ] ❶ *einer Person:* die Zwischenstation, der Zwischenstopp ❷ *eines Flugzeugs:* die Zwischenlandung
**stop sign** das Stoppschild

**stopwatch – strain** 454

**stop·watch** ['stɒpwɒtʃ] die Stoppuhr

**stor·age** ['stɔːrɪdʒ] **①** die [Ein]lagerung **②** *von Dokumenten:* die Aufbewahrung **③** *von Daten, Elektrizität, Wasser:* die Speicherung **④** (*im Computer*) der Speicher

**stor·age space** der Stauraum; (*im Lager*) der Lagerraum

**store** [stɔːʳ] **①** der Vorrat (**of** an); **to have** [*oder* **keep**] **something in store** etwas lagern, etwas auf Lager haben **②** das Lager **③** das Kaufhaus, das Warenhaus **④** ⓤⓢⓐ der Laden **⑤** *im Computer:* der Speicher **⑥** **to be in store for someone** jemandem bevorstehen

to **store** [stɔːʳ] **①** lagern, aufbewahren **②** speichern *Wärme* **③** *im Computer:* abspeichern **④** **to store something up** einen Vorrat von etwas anlegen; (*übertragen*) anstauen *Ärger, Hass*

**store card** die Kundenkarte

**store de·tec·tive** der Kaufhausdetektiv/die Kaufhausdetektivin

**store·house** ⓤⓢⓐ das Kaufhaus, das Warenhaus

**store·room** der Lagerraum

**sto·rey** ['stɔːrɪ] das Stockwerk, die Etage; **on the second storey** im zweiten Stock; ⓤⓢⓐ im ersten Stock

**storm** [stɔːm] **①** (*mit starkem Wind*) der Sturm; (*mit Regen*) das Unwetter; (*mit Donner*) das Gewitter **②** (*übertragen*) *von Beschimpfungen:* die Flut; *von Beifall, Protest:* der Sturm; *von Schlägen, Wurfgeschossen:* der Hagel

to **storm** [stɔːm] stürmen

**stormy** ['stɔːmɪ] stürmisch

**sto·ry¹** ['stɔːrɪ] **①** die Geschichte, die Erzählung; **the story goes that ...** man erzählt sich, dass ...; **to cut a long story short** um es kurz zu machen; **to tell stories** (*umgangsspr*) Märchen erzählen **②** (*in der Presse*) der Artikel, die Story **③** die Handlung, die Story

**sto·ry²** ['stɔːrɪ] ⓤⓢⓐ das Stockwerk, die Etage; **on the second story** ⓤⓢⓐ im ersten Stock

**sto·ry·tell·er** (*in Roman*) der Erzähler/die Erzählerin

**stout¹** [staʊt] der Stout (*dunkles Bier*)

**stout²** [staʊt] **①** beleibt, korpulent **②** kräftig, stabil

**stove** [stəʊv] der Ofen, der Herd

**stow·away** ['stəʊəweɪ] der blinde Passagier

to **strag·gle** ['strægl] **①** *Häuser:* verstreut liegen **②** *Haare:* unordentlich hängen **③** *Pflanze:* wuchern **④** *Menschen:* **to straggle in** vereinzelt kommen

**strag·gler** ['stræglər] der Nachzügler/die Nachzüglerin

**straight¹** [streɪt] **①** gerade; *Hosen:* gerade geschnitten; *Haar:* glatt; **to pull something straight** etwas geradeziehen; **to stand/sit straight** gerade stehen/sitzen **②** *Pass, Schuss:* direkt **③** *Denken:* klar; **to think straight** klar denken **④** *Antwort:* offen, direkt, ehrlich; *Ablehnung:* ohne Umschweife; **to be straight with someone** offen und ehrlich zu jemandem sein; **to say something straight out** etwas offen [*oder* geradeheraus] sagen **⑤** *Drink:* pur, unverdünnt; **to drink something straight** etwas pur trinken **⑥** *Verhandlungen:* direkt **⑦** ununterbrochen; **to win in straight sets** ohne Satzverlust gewinnen; **to have five straight wins** fünfmal hintereinander gewinnen **⑧** (*umgangsspr*) *Mensch:* hetero **⑨** **straight A's** (*in der Schule*) glatte Einsen **⑩** direkt; **to look someone straight in the eye** jemandem direkt in die Augen sehen **⑪** sofort; **straight after that** sofort danach; **straight away** sofort; **to come straight to the point** sofort zur Sache kommen **⑫** **to look straight ahead** geradeaus sehen; **to drive straight on** geradeaus weiterfahren ▶ WENDUNGEN: **to keep a straight face** ernst bleiben, das Gesicht nicht verziehen; **to put someone straight about something** jemandem etwas klarmachen

**straight²** [streɪt] **the back/final straight** die Gegengerade/Zielgerade

**straight·away** [,streɪtə'weɪ] sofort, geradewegs

to **straight·en** ['streɪtn] **①** gerade machen **②** begradigen *Fluss, Straße* **③** glatt ziehen *Tuch* **④** gerade biegen *Draht* **⑤** gerade hängen *Bild* **⑥** (*übertragen*) in Ordnung bringen *Zimmer* **⑦** zurechtrücken *Krawatte* **⑧** *Pflanze, Straße:* gerade werden **⑨** *Haar:* glatt werden **⑩** *Person:* sich aufrichten

◆ to **straighten out** **①** gerade machen **②** gerade biegen *Draht* **③** (*übertragen*) klären, in Ordnung bringen

◆ to **straighten up** **①** gerade machen **②** gerade hängen *Bild* **③** (*übertragen*) in Ordnung bringen *Zimmer* **④** sich aufrichten

**straight·for·ward** [,streɪt'fɔːwəd] **①** *Person:* aufrichtig **②** *Blick:* offen, freimütig **③** *Problem:* einfach

**straight-out** [,streɪt'aʊt] (*umgangsspr*) unverblümt, offen, glatt

to **strain** [streɪn] **①** belasten *Freundschaft;* strapazieren *Geduld, Nerven* **②** zerren *Muskel* **③** [über]anstrengen, strapazieren *Augen, Rücken;* belasten *Herz* **④** **to strain one's**

**ears** angestrengt lauschen ⑤ **to strain one-self** sich anstrengen ⑥ [durch]seihen; **to strain the vegetables** das Gemüse abgießen ⑦ **to strain to do something** sich anstrengen [*oder* sich abmühen], etwas zu tun

**strain** [streɪn] ① (*technisch*) die Belastung; **the strain on a rope** die Seilspannung; **to put a strain on something** etwas belasten; **to take the strain off something** etwas entlasten ② (*seelisch*) die Belastung (**on** für); **to show signs of strain** Zeichen von Überlastung zeigen ③ (*medizinisch*) die Zerrung

**strained** [streɪnd] ① durchgesiebt; *Gemüse:* abgegossen ② *Muskel:* gezerrt; *Augen, Rücken:* überanstrengt ③ *Stil:* unnatürlich, gekünstelt ④ *Lächeln:* gezwungen ⑤ *Beziehungen:* angespannt

**strait** [streɪt] ① **the Straits of Dover** die Straße von Dover ② **to be in dire straits** in großen Nöten sein

to **strand** [strænd] **to be** [**left**] **stranded** auf dem Trockenen sitzen

**strand** [strænd] ① die [Haar]strähne ② der [Woll]faden

🅕 Nicht verwechseln mit *der Strand — beach!*

**strand·ed** [ˈstrændɪd] gestrandet; **to be stranded** (*übertragen*) festsitzen; (*mittellos*) auf dem Trockenen sitzen *humorvoll*

**strange** [streɪndʒ] ① seltsam, sonderbar, merkwürdig; **by a strange coincidence** durch einen merkwürdigen Zufall; **strange to say** so seltsam es klingen mag ② *Umgebung:* fremd

**strange·ly** [ˈstreɪndʒlɪ] seltsam, sonderbar, merkwürdig; **strangely enough** seltsamerweise

**strang·er** [ˈstreɪndʒəʳ] der/die Fremde; **I'm a stranger here** ich bin hier fremd; **hallo stranger!** (*umgangsspr*) hallo, lange nicht gesehen!

to **stran·gle** [ˈstræŋgl] ① erwürgen, erdrosseln ② (*übertragen*) abwürgen, ersticken; **the collar is strangling me** der Kragen schnürt mir den Hals zu

**strap** [stræp] ① der Riemen, der Gurt ② (*im Bus*) der Haltegriff, die Schlaufe ③ (*an Kleid*) der Träger ④ (*an Armbanduhr*) das [Arm]band

to **strap** [stræp] <strapped, strapped> ① festschnallen (**to** an); **to strap something onto something** etwas auf etwas schnallen; **to strap someone down** jemanden festschnallen; **to strap on one's watch** sich die Uhr umbinden ② **to strap** [**up**] bandagieren *Bein*

**strap·less** [ˈstræpləs] trägerlos

**strat·egy** [ˈstrætədʒɪ] die Strategie

**straw** [strɔ:] ① das Stroh ② der Strohhalm ③ der Trinkhalm ④ **it's the last straw!** das ist der Gipfel!

**straw·berry** [ˈstrɔːbrɪ] die Erdbeere

to **stray** [streɪ] ① sich verirren; **to stray from** [*oder* **off**] **a path** von einem Weg abkommen ② (*übertragen*) *Gedanken:* abschweifen

**streak** [striːk] ① der Streifen ② *von Licht:* der Strahl; **streak of lightning** der Blitz[strahl] ③ (*im Haar*) die Strähne ④ **a winning streak** eine Glückssträhne

to **streak** [striːk] ① streifen; **to be streaked** gestreift sein; **streaked with dirt** von Dreck verschmiert ② *Blitz:* zucken ③ flitzen; (*nackt*) blitzen

**streak·er** [ˈstriːkəʳ] der Blitzer/die Blitzerin

**streaky** [ˈstriːkɪ] ① *Fenster:* verschmiert ② **streaky bacon** der durchwachsene Speck

**stream** [striːm] ① der Bach ② *von Flüssigkeit, Luft, Menschen:* der Strom ③ die Strömung; **to go with**/**against the stream** mit dem/gegen den Strom schwimmen ④ *von Licht:* die Flut ⑤ *von Worten:* der Schwall ⑥ (*in der Schule*) die Leistungsgruppe

🅕 Nicht verwechseln mit *der Strom — current!*

to **stream** [striːm] ① strömen ② *Augen:* tränen ③ *Licht:* fluten ④ *Fahne:* wehen ⑤ in Leistungsgruppen einteilen *Schüler*

**stream·er** [ˈstriːməʳ] ① der Wimpel, das Banner ② (*aus Stoff*) das Band ③ (*aus Papier*) die Luftschlange

to **stream·line** [ˈstriːmlaɪn] (*übertragen*) rationalisieren

**stream·lined** [ˈstriːmlaɪnd] ① *Auto:* windschnittig ② (*übertragen*) rationalisiert, modernisiert

**street** [striːt] ① die Straße; **in the street, on the street** (USA) auf der Straße ② **it's right up my street** (*umgangsspr*) das ist genau mein Fall

🅥 **street** wird für Straßen mit Häusern und Geschäften in Städten und Dörfern gebraucht: *John met his friend in the street,* — **road** wird für Verkehrsstraßen außerhalb von Ortschaften gebraucht: *we were on the road to Edinburgh.*

**street·car** [ˈstriːtkɑːʳ] (USA) die Straßenbahn

**street cred, street cred·ibil·ity** (*umgangsspr*) das In-Sein, die Glaubwürdigkeit [innerhalb einer Gruppe]

**street lamp** die Straßenlaterne

**strength** [strenθ] ① die Kraft, die Stärke; **to recover one's strength** seine Kräfte wiedererlangen; **to save one's strength** mit seinen Kräften haushalten; **the strength of the dollar** die Stärke des Dollars; **strength of will** die Willensstärke ② *einer Konstruktion:* die Stabilität ③ *einer Meinung:* die Überzeugtheit ④ *eines Arguments:* die Überzeugungskraft ⑤ *einer Farbe:* die Intensität ⑥ **on the strength of something** auf Grund einer Sache ⑦ **to be at full strength** vollzählig sein

to **strength·en** ['strenθən] ① stärken ② (*übertragen*) bestärken; **to strengthen someone's determination** jemanden in seinem Entschluss bestärken ③ *Wind:* stärker werden

**strenu·ous** ['strenjʊəs] ① anstrengend ② *Bemühungen, Versuch:* unermüdlich, energisch ③ *Ablehnung:* hartnäckig ④ *Protest:* heftig

**stress** [stres] <*plural* stresses> ① der Stress, die Belastung; **to put someone under great stress** jemanden großen Belastungen aussetzen; **times of stress** die Krisenzeiten ② die Betonung; **to put the stress on something** etwas betonen ③ (*technisch*) die Belastung

to **stress** [stres] ① betonen, großen Wert legen auf ② betonen *Silbe* ③ (*technisch*) belasten

◆ to **stress out** (*umgangsspr*) **to be stressed out** völlig gestresst sein

**stressed** [strest] gestresst

**stress·ful** ['stresfʊl] anstrengend, stressig

**stretch** [stretʃ] <*plural* stretches> ① **to have a stretch** sich strecken, sich dehnen; **to give something a stretch** etwas dehnen ② *von Material:* die Elastizität, die Dehnbarkeit ③ *einer Straße, eines Flusses:* das Stück; *einer Reise:* der Abschnitt; **the stretch of coast between ...** das Stück Küste zwischen ... ④ (*zeitlich*) der Zeitraum; **at a stretch** ohne Unterbrechung; **for hours at a stretch** stundenlang ⑤ **to be at full stretch** bis zum Äußersten gedehnt sein, mit aller Kraft arbeiten

to **stretch** [stretʃ] ① strecken *Arm, Hand;* **to stretch one's legs** sich die Beine vertreten; **to stretch one's neck** den Hals recken ② dehnen *Gummiband;* **to become stretched** *Jeans:* ausleiern ③ ausbreiten *Decke, Flügel* ④ spannen *Seil;* **to stretch something tight** etwas straffen ⑤ voll ausnutzen *Reserven* ⑥ es nicht so genau nehmen mit *Gesetz, Wahrheit;* **to stretch a point** ein Auge zudrücken ⑦ *Person, Tier:* sich strecken, sich dehnen; **to stretch to reach**

**something** sich recken, um etwas zu erreichen ⑧ *Ebene, Zeit:* sich erstrecken (**to** bis (zu)) ⑨ *Essen, Geld:* reichen ⑩ **to stretch back to** zurückreichen bis

◆ to **stretch out** ① ausstrecken *Arm, Bein* ② ausbreiten *Decke, Flügel* ③ *Person:* sich ausstrecken ④ (*räumlich*) sich ausbreiten ⑤ (*zeitlich*) sich erstrecken

**stretch·er** ['stretʃə'] die Tragbahre

**strict** [strɪkt] ① streng, strikt; **in strict confidence** streng vertraulich ② *Katholik:* strenggläubig ③ *Neutralität:* absolut

**strict·ly** ['strɪktlɪ] ① streng ② genau; **strictly speaking** genau genommen

to **stride** [straɪd] <strode, stridden> schreiten; **to stride along** [*oder* out] ausschreiten

**stride** [straɪd] der Schritt

**strike** [straɪk] ① der Streik, der Ausstand; **to be on strike** streiken, im Ausstand sein; **to go on strike** in den Streik treten ② *von Gold, Öl:* der Fund ③ (*militärisch*) der Angriff

to **strike** [straɪk] <struck, struck> ① schlagen ② *Geschoss, Unglück:* treffen ③ anzünden *Streichholz* ④ *Schmerz:* durchzucken ⑤ *Person:* stoßen gegen; **to strike one's head against something** mit dem Kopf gegen etwas stoßen ⑥ *Auto:* fahren gegen ⑦ **the ship struck the rocks** das Schiff lief auf die Felsen auf ⑧ *Blitz:* einschlagen in *Baum;* treffen *Person;* **to be struck by lightning** vom Blitz getroffen werden ⑨ (*übertragen*) in den Sinn kommen; **that strikes me as a good idea** das kommt mir sehr vernünftig vor; **it strikes me that ...** ich habe den Eindruck, dass ...; mir fällt auf, dass ...; **a thought struck me** mir kam plötzlich ein Gedanke ⑩ beeindrucken; **how does it strike you?** wie finden Sie das? ⑪ stoßen auf *Öl* ⑫ **to be struck on someone** von jemandem beeindruckt sein ⑬ **to strike it rich** das große Geld machen ⑭ **to be struck off a list** von einer Liste gestrichen werden ⑮ (*militärisch*) zuschlagen, angreifen ⑯ *Panik:* ausbrechen ⑰ *Uhr:* schlagen ⑱ *Arbeiter:* streiken

Ⓖ Richtiges Konjugieren von **strike**: strike, struck, struck — *Fergus struck a match; the school was struck by lightning.*

◆ to **strike back** ① zurückschlagen ② (*übertragen*) sich wehren; **to strike back at someone** sich gegen jemanden zur Wehr setzen

◆ to **strike off** ① *Blitz:* abschlagen *Ast* ② *von einer Liste:* streichen

◆ to **strike out** ① [aus]streichen *Text* ② schlagen; **to strike out wildly** wild um sich schlagen ③ sich aufmachen, losziehen; **to strike out in a new direction** neue Wege gehen

◆ to **strike up** ① machen, anknüpfen *Bekanntschaft* ② anfangen *Gespräch* ③ anstimmen *Melodie*

**strik·er** ['straɪkəʳ] ① der/die Streikende ② (*Sport*) der Stürmer/die Stürmerin

**strik·ing** ['straɪkɪŋ] ① *Ähnlichkeit, Aussehen:* auffallend ② *Unterschied:* verblüffend ③ *Schönheit:* umwerfend ④ *Arbeiter:* streikend

**string** [strɪŋ] ① die Schnur, der Bindfaden ② *einer Bohne:* der Faden ③ **string of pearls** die Perlenschnur ④ (*übertragen*) die Serie, die Reihe; **a string of phone calls** eine Reihe von Telefonaten ⑤ (*Musik, Sport*) die Saite; **the strings** die Streichinstrumente ▸ WENDUNGEN: **to pull strings** Beziehungen spielen lassen; **to pull the strings** die Fäden ziehen; **without strings** ohne Bedingungen

to **string** [strɪŋ] <strung, strung> ① besaiten *Gitarre* ② bespannen *Tennisschläger*

◆ to **string along** ① to **string someone along** jemanden hinhalten ② sich anschließen

◆ to **string out** sich verteilen; **the runners were well strung out** das Feld folgte in weiten Abständen

to **strip** [strɪp] <stripped, stripped> ① ausziehen *Person* ② abziehen *Bett* ③ abkratzen *Farbe* ④ **to strip the wallpaper off the walls** die Tapete von den Wänden abziehen [*oder* entfernen] ⑤ abbeizen *Holzoberfläche* ⑥ ausräumen *Schrank* ⑦ (*übertragen*) **to strip someone of something** jemandem etwas rauben ⑧ (*technisch*) demontieren, auseinander nehmen *Maschine;* **to strip down** zerlegen ⑨ **stripped of its decorations, the Christmas tree looked rather forlorn** ohne den Schmuck sah der Weihnachtsbaum ziemlich traurig aus ⑩ **to strip off** ausziehen *Kleidung;* entfernen *Blätter, Dekorationen* ⑪ *Person:* **to strip [off]** sich ausziehen; (*beim Arzt*) sich freimachen; **to strip to the waist** den Oberkörper freimachen

**strip** [strɪp] ① der Streifen ② (*Sport*) der Trikot, der Dress

**stripe** [straɪp] der Streifen

**striped** [straɪpt] gestreift

**strip·per** ['strɪpəʳ] der Stripper/die Stripperin, der Stripteasetänzer/die Stripteasetänzerin

to **strive** [straɪv] <strove, striven> sich bemühen; **to strive to do something** bestrebt sein, etwas zu tun; **to strive for something** etwas anstreben; **to strive against something** gegen etwas kämpfen

**striv·en** ['strɪvən] *3. Form von* **strive**

**strode** [strəʊd] *2. Form von* **stride**

**stroke** [strəʊk] ① der Schlag, der Hieb; **at a** [*oder* **one**] **stroke** mit einem Schlag ② (*beim Kricket, Golf, Rudern, Tennis*) der Schlag; (*beim Schwimmen*) der Zug; **what's your best stroke?** in welchem Schwimmstil bist du am besten? ③ *eines Pinsels:* der Strich ④ (*übertragen*) der Schlag; **he doesn't do a stroke of work** er rührt keinen Finger ⑤ (*medizinisch*) der Schlaganfall; **to have a stroke** einen Schlaganfall bekommen ⑥ **a stroke of luck** ein Glücksfall ⑦ **to give someone a stroke** jemanden streicheln ⑧ **two-stroke engine** der Zweitaktmotor

to **stroke** [strəʊk] streicheln

to **stroll** [strəʊl] spazieren, bummeln; **to stroll along the road** die Straße entlangbummeln

**stroll** [strəʊl] der Spaziergang, der Bummel; **to take a stroll** einen Bummel machen

**strong** [strɒŋ] ① stark, kräftig ② *Wand:* stabil, solide ③ *Konstitution:* robust ④ *Charakter:* fest ⑤ *Einfluss:* groß, stark ⑥ *Argument:* überzeugend ⑦ *Protest:* energisch ⑧ (*zahlenmäßig*) stark ⑨ *Akzent, Parfüm:* stark ⑩ *Geruch:* stark, streng ⑪ *Farbe:* kräftig ⑫ *Lösung:* konzentriert ⑬ *Währung:* stark ⑭ **to have strong feelings about something** in Bezug auf etwas stark engagiert sein; **to have strong feelings for something** eine starke Bindung an etwas haben ⑮ **his strong point** seine Stärke; **he is strong in History** Geschichte ist seine Stärke ⑯ **a strong drink** ein harter Drink ⑰ **to be going strong** gut in Form sein, in Schwung sein

**strong·ly** ['strɒŋlɪ] ① *vermuten:* stark ② *scheinen, treten:* kräftig ③ *protestieren:* energisch ④ **to strongly believe that ...** fest daran glauben, dass ... ⑤ **I strongly advise you ...** ich möchte Ihnen dringendst raten ... ⑥ **strongly built** *Ding:* solide gebaut; *Person:* kräftig gebaut ⑦ **I feel very strongly about this** es liegt mir viel daran

**strong-mind·ed** [ˌstrɒŋ'maɪndɪd] willensstark

**strop·py** ['strɒpɪ] (*umgangsspr*) pampig

**strove** [strəʊv] *2. Form von* **strive**

**struck** [strʌk] *2. und 3. Form von* **strike**

**struc·ture** ['strʌktʃəʳ] ① die Struktur, der Aufbau, das Gefüge; **bone structure** der Knochenbau ❷ das Bauwerk, die Konstruktion, das Gebilde

to **struc·ture** ['strʌktʃər] ❶ strukturieren ❷ aufbauen, gliedern *Aufsatz*

to **strug·gle** ['strʌgl] ❶ kämpfen ❷ *(finanziell)* in Schwierigkeiten sein ❸ *(übertragen)* sich abmühen, sich quälen; **to struggle to do something** sich abmühen, etwas zu tun; **to struggle for air/words** nach Luft/Worten ringen; **to struggle to one's feet** sich [mühsam] aufrappeln; **to struggle along** sich durchschlagen

**strug·gle** ['strʌgl] der Kampf **(for** um); **to put up a struggle** sich wehren; **struggle for survival** der Überlebenskampf; **without a struggle** kampflos; **to have a hard struggle to do something** große Mühe haben, etwas zu tun

**strung** [strʌŋ] *2. und 3. Form von* **string**

**stub** [stʌb] ❶ *eines Bleistifts:* der Stummel ❷ *einer Zigarette:* die Kippe ❸ *eines Schecks:* der Abschnitt

to **stub** [stʌb] <stubbed, stubbed> ❶ **to stub one's toe** mit dem Zeh an etwas stoßen ❷ **to stub out a cigarette** eine Zigarette ausdrücken

**stub·born** ['stʌbən] ❶ stur, störrisch ❷ *Husten, Widerstand:* hartnäckig

**stuck**[1] [stʌk] *2. und 3. Form von* **stick**

**stuck**[2] [stʌk] ❶ **I'm stuck!** ich stecke fest!; *(mit einer Aufgabe)* ich komme nicht weiter! ❷ **the car got stuck** das Auto ist stecken geblieben ❸ **the door is stuck** die Tür klemmt ❹ **he was stuck at the airport without any money** er saß ohne Geld am Flughafen fest ❺ **I was stuck for an answer** ich wusste nicht, was ich sagen sollte ❻ **to get stuck into someone** jemanden richtig in die Mangel nehmen ❼ **to get stuck into something** etwas in Angriff nehmen ❽ **to be stuck with something** etwas am Hals haben

**stuck-up** [ˌstʌk'ʌp] *(umgangsspr)* hochnäsig

**stud**[1] [stʌd] *(Schmuck)* der [Ohr]stecker; **stud earring** der Ohrstecker

**stud**[2] [stʌd] *(Pferd)* der Zuchthengst

**stu·dent** ['stju:dnt] ❶ der Student/die Studentin ❷ (USA) der Schüler/die Schülerin

**stu·dio** ['stju:dɪəʊ] <*plural* studios> ❶ das Studio ❷ *eines Malers:* das Atelier

**stu·di·ous** ['stju:dɪəs] ❶ fleißig, eifrig ❷ lernbegierig

**study** ['stʌdɪ] ❶ das Studium, das Lernen; **during my studies** während meines Studiums ❷ die Studie **(of** über), die Untersuchung **(of** über); **to make a study of something** etwas untersuchen ❸ das Arbeitszimmer

to **study** ['stʌdɪ] ❶ studieren; *(in der Schule)* lernen; **to study for an exam** für eine Prüfung lernen; **to study under someone** bei jemandem studieren ❷ beobachten *Natur* ❸ sich befassen mit *Text*

**stuff** [stʌf] ❶ das Zeug; **green stuff** das Grünzeug ❷ *(umgangsspr)* der Kram, die Sachen; **books and stuff** Bücher und so; **and stuff like that** und so was ❸ *(slang: Drogen)* der Stoff ❹ **to know one's stuff** wissen, wovon man redet

to **stuff** [stʌf] ❶ voll stopfen *Behälter* ❷ zustopfen *Ohren* ❸ füllen *Gans, Kissen* ❹ **to stuff oneself** *(umgangsspr)* sich vollstopfen ❺ **to stuff something away** etwas wegstecken ❻ **to stuff something into an envelope** etwas in einen Umschlag stecken ❼ **to be stuffed up** verschnupft sein ❽ **stuff it!** *(umgangsspr)* Scheiß drauf! *slang;* **get stuffed!** *(umgangsspr)* du kannst mich mal! *slang*

**stuff·ing** ['stʌfɪŋ] ❶ *(Essen)* die Füllung ❷ das Polstermaterial; *von Kissen:* die Füllung

**stuffy** ['stʌfɪ] ❶ *Raum:* stickig, dumpf ❷ *(übertragen)* spießig, prüde

to **stum·ble** ['stʌmbl] stolpern; **to stumble against something** gegen etwas stoßen; **to stumble on something** über etwas stolpern; **to stumble on** [*oder* **across**] **something** *(übertragen)* auf etwas stoßen; **she stumbled through her speech** stockend hielt sie ihre Rede

**stump** [stʌmp] der Stumpf

to **stump** [stʌmp] ❶ **you've got me stumped** *(umgangsspr)* da bin ich überfragt ❷ stapfen; **to stump along** entlangstapfen ❸ **to stump up** *(umgangsspr)* blechen *umgangsspr*

to **stun** [stʌn] <stunned, stunned> ❶ betäuben ❷ *(übertragen)* aus der Fassung bringen

**stung** [stʌŋ] *2. und 3. Form von* **sting**

**stunk** [stʌŋk] *3. Form von* **stink**

**stunned** [stʌnd] ❶ betäubt, benommen ❷ *(übertragen)* fassungslos

**stun·ning** ['stʌnɪŋ] ❶ *Schlag:* wuchtig, betäubend ❷ *(umgangsspr)* prächtig, toll, blendend; **stunningly beautiful** umwerfend schön

**stu·pid** ['stju:pɪd] <stupider, stupidest> ❶ dumm ❷ blöd[e]; **don't be stupid** sei doch nicht blöd

**stu·pid·ity** [stju:'pɪdətɪ] die Dummheit

**stur·dy** ['stɜːdɪ] ❶ *Person, Pflanze:* kräftig, stämmig ❷ *Material:* kräftig, robust ❸ *Auto:* stabil

to **stut·ter** ['stʌtəʳ] stottern

**stut·ter** ['stʌtəʳ] das Stottern; **to have a stutter** stottern

**sty** [staɪ] der Schweinestall

**style** [staɪl] ❶ der Stil; **to do things in style** alles im großen Stil tun ❷ die Art; **that's not my style** das ist nicht meine Art

to **style** [staɪl] ❶ entwerfen, gestalten ❷ stylen *Frisur*

**styl·ish** ['staɪlɪʃ] ❶ modisch, elegant ❷ *Möbel:* stilvoll

**styl·ist** ['staɪlɪst] der Friseur/die Friseurin, die Friseuse

**sub** [sʌb] (*umgangsspr*) ❶ →**submarine** das U-Boot ❷ →**substitute** der Ersatzspieler/die Ersatzspielerin ❸ →**subscription** der Beitrag, das Abo

**sub·con·scious¹** [ˌsʌb'kɒnʃəs] unterbewusst

**sub·con·scious²** [ˌsʌb'kɒnʃəs] **the subconscious** das Unterbewusstsein

to **sub·due** [səb'dju:] ❶ besiegen, unterwerfen *Land, Rebellen* ❷ überwältigen *Gewalttäter* ❸ bändigen, zähmen *Tier*

**sub·dued** [səb'dju:d] ❶ *Licht, Stimme:* gedämpft ❷ **you seem rather subdued** du machst einen etwas niedergeschlagenen Eindruck

**sub·ject¹** ['sʌbdʒɪkt] ❶ anfällig (**to** für); **prices are subject to change without notice** Preisänderungen vorbehalten ❷ abhängig (**to** von); **subject to availability** solange Vorrat reicht; **the contract is subject to government approval** der Vertrag unterliegt staatlicher Genehmigung

**sub·ject²** ['sʌbdʒɪkt] ❶ das Thema; **to change the subject** das Thema wechseln; **on the subject of ...** zum Thema ... ❷ (*in Schule*) das Fach ❸ (*grammatisch*) das Subjekt ❹ der Gegenstand; **to be the subject of an investigation/much criticism** Gegenstand einer Untersuchung/heftiger Kritik sein; **subject of research** das Forschungsobjekt

**sub·ject³** ['sʌbdʒɪkt] der Staatsbürger/die Staatsbürgerin; *einer Monarchie:* der Untertan/die Untertanin

to **sub·ject** [səb'dʒekt] ❶ unterwerfen ❷ **to subject someone to something** jemanden einer Sache aussetzen; **to subject oneself to something** sich einer Sache unterziehen

**sub·jec·tive** [səb'dʒektɪv] subjektiv

**sub·junc·tive** [səb'dʒʌŋktɪv] der Konjunktiv

to **sub·let** <sublet, sublet> untervermieten

**sub·ma·rine** [ˌsʌbmə'ri:n] das Unterseeboot, das U-Boot

to **sub·merge** [səb'mɜːdʒ] ❶ untertauchen; **to submerge something in water** etwas in Wasser [ein]tauchen ❷ *Wasser:* überschwemmen, überfluten ❸ *Taucher, U-Boot:* tauchen

**sub·merged** [səb'mɜːdʒd] ❶ *Felsen:* unter Wasser ❷ *Wrack:* gesunken

**sub·mis·sion** [səb'mɪʃn] ❶ die Unterwerfung (**to** unter); **to force someone into submission** jemanden zwingen, sich zu ergeben; **to starve someone into submission** jemanden aushungern ❷ die Einreichung; **to make a submission to someone** jemandem eine Vorlage machen

**sub·mis·sive** [səb'mɪsɪv] gehorsam, unterwürfig

to **sub·mit** [səb'mɪt] <submitted, submitted> ❶ einreichen, einsenden *Antrag, Bewerbung;* **to submit something to someone** jemandem etwas vorlegen ❷ verweisen an; **to submit something to investigation** etwas einer Untersuchung unterziehen ❸ **to submit to someone/something** sich jemandem/etwas beugen ❹ (*Sport*) aufgeben ❺ **to submit oneself to something** sich einer Sache unterziehen

**sub·or·di·nate¹** [sə'bɔːdɪnət] untergeordnet; **subordinate clause** der Nebensatz

**sub·or·di·nate²** [sə'bɔːdɪnət] der/die Untergebene

to **sub·scribe** [səb'skraɪb] ❶ **to subscribe for shares** Aktien zeichnen ❷ **to subscribe to an appeal** sich an einer Spendenaktion beteiligen ❸ **to subscribe to a magazine** eine Zeitschrift abonnieren ❹ **to subscribe to the view that ...** sich der Meinung anschließen, dass ...

**sub·scrib·er** [səb'skraɪbəʳ] ❶ *einer Zeitschrift:* der Abonnent/die Abonnentin ❷ (*für einen Wohltätigkeitsverein*) der Spender/die Spenderin ❸ **telephone subscriber** der Fernsprechteilnehmer/die Fernsprechteilnehmerin ❹ *von Aktien:* der Zeichner/die Zeichnerin

**sub·scrip·tion** [səb'skrɪpʃn] ❶ das Abonnement; **to take out a subscription to something** etwas abonnieren ❷ der Mitgliedsbeitrag

**sub·se·quent** ['sʌbsɪkwənt] ❶ folgend ❷ (*zeitlich*) später

**sub·se·quent·ly** ['sʌbsɪkwəntlɪ] später, anschließend

**subside – suck under**

to **sub·side** [səb'saɪd] ❶ *Flut:* sinken ❷ *Boden, Haus:* sich senken

**sub·sidi·ary** [səb'sɪdɪərɪ] ❶ **subsidiary [company]** die Tochtergesellschaft ❷ **subsidiary subject** das Nebenfach

to **sub·si·dize** ['sʌbsɪdaɪz] ❶ subventionieren *Firma* ❷ finanziell unterstützen *Person*

**sub·si·dy** ['sʌbsədɪ] die Subvention, der Zuschuss

to **sub·sist** [səb'sɪst] ❶ existieren ❷ leben (**on** von)

**sub·stance** ['sʌbstəns] ❶ (*Materie*) die Substanz, der Stoff ❷ (*Gehalt*) die Substanz, der Kern

**sub·stan·tial** [səb'stænʃl] ❶ *Mahlzeit, Mensch:* kräftig ❷ *Gebäude:* solide ❸ *Beweis:* schlüssig ❹ *Grund:* stichhaltig ❺ *Einkommen:* beträchtlich, bedeutend; *Wissen:* umfangreich

**sub·stan·tial·ly** [səb'stænʃəlɪ] ❶ erheblich, beträchtlich, wesentlich ❷ im Wesentlichen

**sub·sti·tute** ['sʌbstɪtjuːt] ❶ der Ersatz, die Vertretung ❷ (*Sport*) der Ersatzspieler/die Ersatzspielerin

to **sub·sti·tute** ['sʌbstɪtjuːt] ❶ **to substitute something for something** etwas durch etwas ersetzen ❷ **to substitute for someone** jemanden vertreten ❸ **to substitute for something** etwas ersetzen

**sub·sti·tu·tion** [ˌsʌbstɪ'tjuːʃn] ❶ das Ersetzen ❷ (*Sport*) der Austausch

**sub·ti·tle** ['sʌbtaɪtl] der Untertitel

**sub·tle** ['sʌtl] <subtler, subtlest> ❶ *Aroma:* fein ❷ *Parfüm:* zart ❸ *Charme:* unaufdringlich ❹ *Humor:* hintersinnig ❺ *Bemerkung:* scharfsinnig ❻ *Unterschied:* subtil ❼ *Plan:* raffiniert

**sub·to·tal** ['sʌbˌtəʊtəl] die Zwischensumme

to **sub·tract** [səb'trækt] abziehen, subtrahieren (**from** von)

**sub·trac·tion** [səb'trækʃn] die Subtraktion

**sub·urb** ['sʌbɜːb] der Vorort; **in the suburbs** am Stadtrand

**sub·ur·ban** [sə'bɜːbən] ❶ vorstädtisch; **suburban theatre** das Vorstadttheater; **suburban traffic** der Vorort[s]verkehr ❷ (*abwertend*) kleinbürgerlich, spießig

**sub·ver·sive¹** [səb'vɜːsɪv] subversiv, umstürzlerisch, staatsgefährdend

**sub·ver·sive²** [səb'vɜːsɪv] der Umstürzler/die Umstürzlerin, das subversive Element

to **sub·vert** [sʌb'vɜːt] stürzen; untergraben *Grundsätze*

**sub·way** ['sʌbweɪ] ❶ die [Fußgänger]unterführung ❷ (🇺🇸) die Untergrundbahn, die U-Bahn

**sub·zero** [ˌsʌb'zɪərəʊ] unter Null, unter dem Gefrierpunkt

to **suc·ceed** [sək'siːd] ❶ erfolgreich sein, Erfolg haben; **I succeeded in doing it** es gelang mir, es zu tun ❷ *Plan:* gelingen ❸ nachfolgen; **to succeed to an estate** einen Besitz erben; **to succeed to the throne** die Thronfolge antreten ❹ **to succeed someone** jemandes Nachfolger/Nachfolgerin werden

**suc·ceed·ing** [sək'siːdɪŋ] aufeinanderfolgend, nachfolgend

**suc·cess** [sək'ses] <*plural* success> der Erfolg; **to make a success of something** mit etwas Erfolg haben; **without success** ohne Erfolg, erfolglos

**suc·cess·ful** [sək'sesfl] erfolgreich; **to be successful at everything** bei allem Erfolg haben; **to be entirely successful** ein voller Erfolg sein; **to be successful at** [*oder* **in**] **doing something** etwas mit Erfolg tun

**suc·ces·sion** [sək'seʃn] ❶ die Folge; **a succession of visitors** eine Reihe von Besuchern; **in succession** nacheinander, hintereinander; **in quick succession** in rascher Folge ❷ **in succession to someone** als jemandes Nachfolger/Nachfolgerin; **succession to the throne** die Thronfolge

**suc·ces·sive** [sək'sesɪv] aufeinanderfolgend

**suc·ces·sor** [sək'sesəʳ] ❶ *Person:* der Nachfolger/die Nachfolgerin (**to** für) ❷ *Produkt:* das Nachfolgemodell

**such¹** [sʌtʃ] ❶ solche(r, s); **such a book** so ein Buch; **such a thing** so etwas; **no such thing** nichts dergleichen; **in such a case** in einem solchen Fall; **men such as these** Männer wie diese; **she's such a beauty** sie ist solch eine Schönheit; **his behaviour was such that ...** sein Verhalten war so, dass ... ❷ so, solch; **it's such a long time ago** es ist so lange her

**such²** [sʌtʃ] **such was not my intention** das war nicht meine Absicht; **such is life!** so ist das Leben!; **as such** an sich; **such as it is** so, wie es nun mal ist

to **suck** [sʌk] ❶ saugen an *Brust, Trinkhalm* ❷ lutschen *Bonbon;* lutschen an *einem Eis;* **to suck one's thumb** am Daumen lutschen; **to suck one's dummy** am Schnuller nuckeln ❸ *Baby:* saugen, nuckeln

◆ to **suck down** hinunterziehen

◆ to **suck in** ❶ aufsaugen *Flüssigkeit, Staub* ❷ ansaugen *Luft;* einziehen *Backen*

◆ to **suck under** hinunterziehen, verschlingen

◆ to **suck up** ① aufsaugen ② **to suck up to someone** (*umgangsspr*) jemandem schöntun

**suck·er** ['sʌkəʳ] **to be a sucker for something** auf etwas hereinfallen; (*mögen*) eine Schwäche für etwas haben

**sud·den¹** ['sʌdn] plötzlich

**sud·den²** ['sʌdn] **all of a sudden** [ganz] plötzlich

**sud·den·ly** ['sʌdnlɪ] plötzlich

to **sue** [sjuː] ① **to sue someone for damages** jemanden auf Schadenersatz verklagen ② klagen; **to sue for divorce** die Scheidung einreichen; **to sue for peace** um Frieden bitten

**suede** [sweɪd] das Wildleder

to **suf·fer** ['sʌfəʳ] ① erleiden *Rückschlag, Schmerz, Verlust* ② leiden *Hunger, Not* ③ **to suffer from headaches/the heat** unter Kopfschmerzen/der Hitze leiden; **to suffer from rheumatism** an Rheuma leiden ④ **you'll suffer for that!** das wirst du büßen! ⑤ **to suffer the consequences** die Folgen tragen

**suf·fer·ing** ['sʌfərɪŋ] das Leiden

to **suf·fice** [səˈfaɪs] genügen, [aus]reichen; **suffice [it] to say that ...** es genügt [*oder* reicht] wohl, wenn ich sage, dass ...

**suf·fi·cient** [səˈfɪʃnt] genügend, genug, ausreichend, hinreichend; **to be sufficient** genügen, ausreichen, genug sein

**suf·fix** ['sʌfɪks] die Nachsilbe, das Suffix

to **suf·fo·cate** ['sʌfəkeɪt] ersticken

**suf·fo·cat·ing** ['sʌfəkeɪtɪŋ] erstickend; *Luft:* stickig; *Atmosphäre:* erdrückend

**sug·ar** ['ʃʊgəʳ] ① der Zucker; **sugar basin, sugar bowl** die Zuckerdose; **a sugar lump** ein Stück Würfelzucker ② (*umgangsspr*) der Liebling, das Schätzchen

**sug·ary** ['ʃʊgərɪ] ① süß ② (*übertragen*) zuckersüß, süßlich

to **sug·gest** [səˈdʒest] ① vorschlagen; **I suggest going** ich schlage vor, dass wir gehen ② vorbringen, nahelegen *Theorie;* **I suggest [to you] that ...** ich möchte [Ihnen] nahelegen, dass ... ③ andeuten, unterstellen; **what are you trying to suggest?** worauf wollen Sie hinaus?; **to suggest something to someone** jemandem etwas suggerieren ④ *Gedicht, Musik:* denken lassen an; *Farben:* andeuten

**sug·ges·tion** [səˈdʒestʃən] ① der Vorschlag; **following his suggestion** auf seinen Vorschlag hin; **at the suggestion of** auf Anregung von; **suggestion box** der Kummer-

kasten ② die Vermutung; **to make the suggestion that ...** die Vermutung äußern, dass ... ③ die Andeutung, die Anspielung; **there is no suggestion that ...** niemand unterstellt, dass ... ④ die Spur, der Anflug; **with a suggestion of irony** mit einer Spur von Ironie ⑤ der Eindruck, die Vorstellung; **in order to create a suggestion of depth** um den Eindruck von Tiefe zu erwecken

**sug·ges·tive** [səˈdʒestɪv] ① *Bemerkung:* zweideutig, anzüglich ② **to be suggestive of something** den Eindruck von etwas erwecken, auf etwas hindeuten

**sui·cide** ['sjuːɪsaɪd] der Selbstmord, der Suizid; **to commit suicide** Selbstmord begehen

**suit** [suːt] ① (*für Männer*) der Anzug; (*für Frauen*) das Kostüm; **suit of armour** die Rüstung ② (*juristisch*) der Prozess, das Verfahren ③ *von Karten:* die Farbe; **to follow suit** Farbe bedienen; (*übertragen*) jemandes Beispiel folgen

to **suit** [suːt] ① **to suit someone** *Termin:* jemandem passen; *Farbe, Frisur, Kleider:* jemandem gut stehen; **that suits me fine!** das passt mir gut! ② **to suit someone** *Klima:* jemandem bekommen ③ **to be suited to** geeignet sein für; **they are well suited [to each other]** sie passen gut zusammen ④ **suit yourself!** wie du willst!

**suit·able** ['suːtəbl] passend, geeignet, angemessen; **to be suitable for someone** *Termin:* jemandem passen; *Film, Stelle:* für jemanden geeignet sein; **she's not suitable for him** sie passt nicht zu ihm; **to be suitable for something** für etwas geeignet sein

**suit·case** ['suːtkeɪs] der Koffer

to **sulk** [sʌlk] schmollen, eingeschnappt sein

**sulky** ['sʌlkɪ] eingeschnappt, schmollend

**sul·len** ['sʌlən] verdrießlich, mürrisch

**sul·phu·ric** [sʌlˈfjʊərɪk] **sulphuric acid** die Schwefelsäure

**sul·tana** [sʌlˈtɑːnə] (*Rosinenart*) die Sultanine

**sul·try** ['sʌltrɪ] ① schwül ② (*übertragen*) sinnlich, erotisch

**sum** [sʌm] ① die [Geld]summe, der Betrag ② die Rechenaufgabe; **to do sums [in one's head]** [im Kopf] rechnen

◆ to **sum up** ① zusammenfassen ② einschätzen; **she summed me up at a glance** sie taxierte mich mit einem Blick

to **sum·ma·rize** ['sʌməraɪz] zusammenfassen

**sum·mary** ['sʌmərɪ] die Zusammenfassung

**sum·mer** ['sʌməʳ] der Sommer; **in [the] summer** im Sommer; **two summers ago**

**summertime – superlative**

vorletzten Sommer; **a summer's day** ein Sommertag; **summer holidays** [*oder* Ⓤ **vacations**] die Sommerferien

> Ⓛ Die **summer vacations** dauern in den USA zweieinhalb Monate — von Anfang Juni bis Mitte August. Ursprünglich waren die Ferien so lang, damit die Kinder auf einem Bauernhof oder einer Ranch arbeiten konnten. Um die Jahrhundertwende, als immer mehr Leute in die Städte zogen, wurden **summer camps** (Ferienlager), auf denen die Stadtkinder die Natur erleben konnten, immer beliebter. Heutzutage kann man ein Ferienlager für Musik, Baseball, Pferdereiten usw. besuchen.

**sum·mer·time** ['sʌmətaɪm] ❶ der Sommer ❷ die Sommerzeit

**sum·mit** ['sʌmɪt] ❶ der Gipfel ❷ die Gipfelkonferenz

to **sum·mon** ['sʌmən] ❶ (*juristisch*) vor Gericht laden ❷ **to summon someone to do something** jemanden auffordern, etwas zu tun ❸ **to summon up one's courage** seinen Mut zusammennehmen

**sum·mons** ['sʌmənz] <*plural* summonses> (*juristisch*) die Vorladung; **to take out a summons against someone** jemanden vorladen lassen

**sun** [sʌn] die Sonne

to **sun** [sʌn] **to sun oneself** sich sonnen

to **sun·bathe** ['sʌnbeɪð] sonnenbaden

**sun·bed** ['sʌnbed] die Sonnenbank

**sun·block** der Sonnenblocker

**sun·burn** ['sʌnbɜːn] der Sonnenbrand

**sun·burnt** ['sʌnbɜːnt] **to be/get sunburnt** einen Sonnenbrand haben/bekommen

**sun·cream** die Sonnenschutzcreme

**sun·dae** ['sʌndeɪ] der Eisbecher mit Früchten

**Sun·day** ['sʌndɪ] der Sonntag; **on Sunday** am Sonntag; **on Sundays** sonntags; **Sunday school** die Sonntagsschule

**sun·dial** ['sʌndaɪəl] die Sonnenuhr

**sun·down** ['sʌndaʊn] Ⓤ der Sonnenuntergang

**sun·dries** ['sʌndrɪz] *plural* (*Posten einer Rechnung*) Verschiedenes

**sun·dry** ['sʌndrɪ] verschiedene ▶ WENDUNGEN: **all and sundry** Hinz und Kunz

**sun·flow·er** ['sʌnˌflaʊəʳ] die Sonnenblume

**sung** [sʌŋ] *3. Form von* **sing**

**sun·glasses** ['sʌnˌglɑːsɪz] ⚠ *plural* die Sonnenbrille

**sun hat** der Sonnenhut

**sunk** [sʌŋk] *3. Form von* **sink**

**sunk·en** ['sʌŋkən] ❶ *Schiff:* versunken, untergegangen ❷ *Augen, Garten:* tief liegend

❸ *Wangen:* eingefallen

**sun·light** ['sʌnlaɪt] das Sonnenlicht; **in the sunlight** in der Sonne

**sun·lit** ['sʌnlɪt] von der Sonne beschienen

**sun·ny** ['sʌnɪ] ❶ sonnig ❷ (*übertragen*) heiter, freundlich

**sun·rise** ['sʌnraɪz] der Sonnenaufgang; **at sunrise** bei Sonnenaufgang

**sun·roof** das Schiebedach

**sun·room** der Wintergarten

**sun·set** ['sʌnset] der Sonnenuntergang; **at sunset** bei Sonnenuntergang

**sun·shade** ['sʌnʃeɪd] ❶ der Sonnenschirm ❷ Ⓤ die Markise

**sun·shine** ['sʌnʃaɪn] der Sonnenschein; **hours of sunshine** die Sonnenstunden

**sun·stroke** ['sʌnstrəʊk] der Sonnenstich

**sun·tan** ['sʌntæn] die Sonnenbräune; **suntan lotion** die Sonnenmilch; **suntan oil** das Sonnenöl

**sun·tanned** ['sʌntænd] braun gebrannt

**sun·up** ['sʌnʌp] Ⓤ der Sonnenaufgang

**sun vi·sor** das Sonnenschild

**su·per** ['suːpəʳ] (*umgangsspr*) super, klasse, prima

**su·perb** [suːˈpɜːb] ❶ großartig, prächtig ❷ *Qualität:* ausgezeichnet, hervorragend

**super·fi·cial** [ˌsuːpəˈfɪʃl] ❶ oberflächlich ❷ *Ähnlichkeit:* äußerlich

**super·flu·ous** [suːˈpɜːfluəs] überflüssig

**super·glue** ['suːpəgluː] der Sekundenkleber

**super·in·ten·dent** [ˌsuːpərɪnˈtendənt] ❶ die Aufsicht ❷ (*im Park*) der Parkwächter/die Parkwächterin ❸ (*bei der Polizei*) ≈ der Kommissar/die Kommissarin ❹ **superintendent of schools** der Schulrat/die Schulrätin ❺ Ⓤ der Hausverwalter/die Hausverwalterin

**su·peri·or**¹ [suːˈpɪərɪəʳ] ❶ *Qualität:* besser (**to** als) ❷ *Fähigkeit, Intelligenz:* überlegen; **to be superior to someone** jemandem überlegen sein ❸ *Arbeit, Hotel, Technik:* großartig, hervorragend ❹ (*im Rang*) höher; **to be superior to someone** jemandem übergeordnet sein; **superior officer** der/die Vorgesetzte ❺ *Kraft:* größer ❻ (*abwertend*) *Art:* überheblich

**su·peri·or**² [suːˈpɪərɪəʳ] ❶ der/die Vorgesetzte ❷ der/die Überlegene

**su·peri·or·ity** [suːˌpɪərɪˈɒrətɪ] ❶ *von Waren:* die bessere Qualität ❷ *von Fähigkeit:* die Überlegenheit ❸ *von Rang:* die höhere Stellung ❹ (*zahlenmäßig*) die Überlegenheit ❺ (*abwertend*) die Überheblichkeit

**super·la·tive** [suːˈpɜːlətɪv] der Superlativ

**super·mar·ket** ['su:pəmɑ:kɪt] der Supermarkt

**super·mar·ket trol·ley** der Einkaufswagen

**super·pow·er** [,su:pə'pauə<sup>r</sup>] die Weltmacht, die Großmacht

**super·sized** ['su:pəsaɪzd] gigantisch

**super·son·ic** [,su:pə'sɒnɪk] Überschall-

**super·star** ['su:pəstɑ:<sup>r</sup>] der Superstar

**super·sti·tious** [,su:pə'stɪʃəs] abergläubisch

**super·store** ['su:pəstɔ:<sup>r</sup>] der Verbrauchermarkt

to **super·vise** ['su:pəvaɪz] ① beaufsichtigen ② Aufsicht führen

**super·vi·sion** [,su:pə'vɪʒn] die Aufsicht, die Beaufsichtigung

**super·vi·sor** [,su:pə'vaɪzə<sup>r</sup>] ① der Aufseher/die Aufseherin, die Aufsicht[sperson] ② (in der Schule) der Fachbereichsleiter/die Fachbereichsleiterin, der Tutor/die Tutorin

**super·vi·sory** [,su:pə'vaɪzərɪ] beaufsichtigend, überwachend; **supervisory board** der Aufsichtsrat

**sup·per** ['sʌpə<sup>r</sup>] das Abendessen; **to have supper** zu Abend essen

**sup·ple** ['sʌpl] geschmeidig

**sup·ple·ment** ['sʌplɪmənt] ① die Ergänzung, der Zusatz (**to** zu) ② (im Buch) der Nachtrag, der Anhang; (extra) der Ergänzungsband ③ (zu einer Zeitung) die Beilage ④ (zu einem Preis) der Zuschlag

to **sup·ple·ment** ['sʌplɪment] ergänzen; **to supplement one's income** sein Einkommen aufbessern

**sup·ple·men·ta·ry** ['sʌpluraləment<sup>ə</sup>ri] ergänzend, zusätzlich, Zusatz-; (in der Mathematik) supplementär

**sup·pli·er** [sə'plaɪə<sup>r</sup>] der Lieferant/die Lieferantin, der Anbieter/die Anbieterin

to **sup·ply** [sə'plaɪ] ① sorgen für Getränke, Unterkunft ② liefern Beweis, Elektrizität, Waren ③ [zur Verfügung] stellen Arbeitskleidung, Schreibmaterial ④ beliefern Fabrik, Kunden ⑤ versorgen Stadt, System (**with** mit)

**sup·ply** [sə'plaɪ] ① die Versorgung; **electricity supply** die Stromversorgung ② die Lieferung (**to** an); **supply and demand** Angebot und Nachfrage ③ der Vorrat, der Proviant; **to be in short supply** knapp sein; **medical supplies** die Arzneimittel

**sup·ply teach·er** der Aushilfslehrer/die Aushilfslehrerin

to **sup·port** [sə'pɔ:t] ① [ab]stützen, tragen Gewicht ② (übertragen) unterstützen; **without his family to support him** ohne die Unterstützung seiner Familie ③ (über-

tragen) fördern Kunst ④ erhärten, untermauern Theorie ⑤ befürworten Antrag ⑥ **to support oneself** sich stützen (**on** auf), sich ernähren

**sup·port** [sə'pɔ:t] ① die Stütze; **to give support to someone** jemanden stützen; **to lean on someone for support** sich auf jemanden stützen ② (übertragen) die Unterstützung; **in support of** zur Unterstützung; **to depend on someone for financial support** von jemandem finanziell abhängig sein

**sup·port·er** [sə'pɔ:tə<sup>r</sup>] ① der Anhänger/die Anhängerin; einer Theorie auch: der Befürworter/die Befürworterin ② (Sport) der Fan

**sup·port·ing** [sə'pɔ:tɪŋ] **supporting programme** das Beiprogramm; **supporting role** die Nebenrolle

**sup·por·tive** [sə'pɔ:tɪv] **to be very supportive** [of someone] [jemandem] eine große Hilfe [oder Stütze] sein

to **sup·pose** [sə'pəʊz] ① annehmen; **let's suppose that ...** angenommen, dass ...; nehmen wir einmal an, dass... ② glauben, denken; **I suppose he'll do it** er wird es wohl [oder vermutlich] tun; **I don't suppose he'll do it** ich glaube kaum, dass er es tut; **I suppose so** ich glaube schon; **I don't suppose so** ich glaube kaum; **I suppose not** wohl kaum ③ in Passivkonstruktion sollen; **she is supposed to be intelligent** sie soll intelligent sein; **to be supposed to do something** etwas tun sollen; **you are not supposed to park here** hier dürfen Sie nicht parken; **what's that supposed to mean?** was soll das bedeuten? ④ **suppose we go now?** wie wär's, wenn wir jetzt gingen?

**sup·posed** [sə'pəʊzd] vermutet, angenommen

**sup·pos·ed·ly** [sə'pəʊzɪdlɪ] angeblich

**sup·pos·ing** [sə'pəʊzɪŋ] angenommen

to **sup·press** [sə'pres] unterdrücken

**su·prema·cy** [sʊ'preməsɪ] die Vormachtstellung; **air supremacy** die Luftherrschaft; **naval supremacy** die Seeherrschaft

**su·preme** [su:'pri:m] ① höchste(r, s), oberste(r, s); **Supreme Court** das oberste Gericht ② Mut, Gleichgültigkeit: größte(r, s), äußerste(r, s)

**sur·charge** ['sɜ:tʃɑ:dʒ] ① der Aufschlag, der Zuschlag, der Aufpreis ② das Nachporto, das Strafporto

**sure** [ʃʊə<sup>r</sup>] ① sicher; **he is sure to come** er kommt sicher; **are you sure you won't come?** wollen Sie wirklich nicht kommen?; **I'm sure I don't know** ich weiß es sicher

**surely – survival** **464**

nicht; **I'm not sure why/how** ich weiß nicht genau, warum/wie ❷ **to be sure of something** etwas sicher wissen; **to be sure of oneself** sich seiner Sache sicher sein, selbstsicher sein ❸ **to make sure** nachsehen, kontrollieren, sich vergewissern; **make sure you ...** achten Sie darauf, dass Sie ...; **be sure not to forget your book** vergessen Sie ja ihr Buch nicht ❹ **for sure** sicher, gewiss; **sure thing** ⓤⓢⓐ (*umgangsspr*) klar, sicher ❺ sicher, klar, gewiss; **sure enough** tatsächlich; **as sure as can be** todsicher

**sure·ly** ['ʃʊəlɪ] sicher[lich], gewiss; **he surely ought to know that** das müsste er doch wissen

**surf** [sɜ:f] die Brandung

to **surf** [sɜ:f] ❶ surfen; **to go surfing** surfen gehen ❷ **to surf the net** im Internet surfen

**sur·face** ['sɜ:fɪs] ❶ die Oberfläche; **on the surface** auf/an der Oberfläche; (*übertragen*) oberflächlich betrachtet, äußerlich, nach außen hin ❷ **road surface** der Straßenbelag, die Straßendecke

to **sur·face** ['sɜ:fɪs] ❶ mit einem Belag versehen, asphaltieren *Straße* ❷ *U-Boot:* auftauchen

**sur·face area** der Flächeninhalt

**sur·face mail** *Postsendung, die auf dem Land- bzw. Seeweg befördert wird*

**sur·face ten·sion** die Oberflächenspannung

**surf·board** ['sɜ:fbɔ:d] das Surfbrett

**surf·er** ['sɜ:fər] der Wellenreiter/die Wellenreiterin; (*auch im Internet*) der Surfer/die Surferin

**surf·ing** ['sɜ:fɪŋ] das Wellenreiten; (*auch im Internet*) das Surfen

**surge** [sɜ:dʒ] **surge of adrenalin** der Adrenalinstoß; **surge in demand** der Nachfrageschub; **surge of interest** das stark zunehmende Interesse

to **surge** [sɜ:dʒ] **the crowd surged forward** die Menschenmenge drängte sich vorwärts

**sur·geon** ['sɜ:dʒən] ❶ der Chirurg/die Chirurgin ❷ **dental surgeon** der Zahnarzt/die Zahnärztin

**sur·gery** ['sɜ:dʒərɪ] ❶ die Chirurgie; **to have surgery** operiert werden ❷ das Sprechzimmer; **dental surgery** die Zahnarztpraxis ❸ die Sprechstunde; **surgery hours** die Sprechstunden

**sur·ly** ['sɜ:lɪ] schlecht gelaunt, mürrisch

**sur·name** ['sɜ:neɪm] der Familienname, der Nachname

**sur·plus** ['sɜ:pləs] <*plural* surpluses> der Überschuss (**of** an)

to **sur·prise** [sə'praɪz] ❶ überraschen; **to be surprised** überrascht sein; **to be surprised at something** sich über etwas wundern; **I shouldn't be surprised** es würde mich nicht überraschen; **I'm surprised to see you here** ich bin erstaunt, Sie hier zu sehen; **nothing surprises me any more** ich wundere mich über nichts mehr; **I'm surprised at you!** Sie überraschen mich! ❷ [plötzlich] überfallen, überrumpeln *Feind*

**sur·prise** [sə'praɪz] ❶ die Überraschung; **to catch** [*oder* take] **by surprise** überraschen; **to give someone a surprise** jemandem eine Überraschung bereiten; **you'll get the surprise of your life** Sie werden Ihr blaues Wunder erleben; **surprise visit** der Überraschungsbesuch ❷ die Verwunderung (**at** über); [**much**] **to my surprise** zu meiner [großen] Überraschung ❸ **surprise, surprise!** (*ironisch*) was du nicht sagst!

**sur·pris·ing** [sə'praɪzɪŋ] erstaunlich, überraschend

**sur·pris·ing·ly** [sə'praɪzɪŋli] ❶ erstaunlich ❷ überraschenderweise

to **sur·ren·der** [sə'rendər] ❶ ausliefern; übergeben *Waffen* ❷ frühzeitig einlösen *Versicherungspolice* ❸ *Soldat:* kapitulieren, sich ergeben; **to surrender to the police** sich der Polizei ergeben [*oder* stellen] ❹ **to surrender oneself to something** sich einer Sache hingeben

**sur·ren·der** [sə'rendər] (*auch übertragen*) Kapitulation (**to** vor)

**sur·ro·gate** ['sʌrəgɪt] Ersatz-; **surrogate mother** die Leihmutter

to **sur·round** [sə'raʊnd] ❶ umgeben; **to be surrounded with** [*oder* **by**] umringt [*oder* umgeben] sein von ❷ (*auch militärisch*) einschließen, umzingeln, umstellen

**sur·round·ing** [sə'raʊndɪŋ] umliegend

**sur·round·ings** [sə'raʊndɪŋs] *plural* die Umgebung

**sur·veil·lance** [sɜ:'veɪləns] die Überwachung; **to be under surveillance** überwacht werden

to **sur·vey** [sə'veɪ] ❶ betrachten ❷ ein Gutachten erstellen über *Gebäude* ❸ vermessen *Land* ❹ befragen *Personen*

**sur·vey** ['sɜ:veɪ] ❶ der Überblick (**of** über) ❷ die Umfrage, die Untersuchung (**of/on** über) ❸ *von Land:* die Vermessung; (*Bericht*) das Vermessungsgutachten ❹ *eines Gebäudes:* das Gutachten

**sur·viv·al** [sə'vaɪvl] (*auch übertragen*) das Überleben; **in the event of survival** im Erlebensfall

to **sur·vive** [sə'vaɪv] ❶ überleben, am Leben bleiben ❷ überstehen *Katastrophe, Unfall* ❸ *Artefakt, Tradition:* erhalten bleiben

**sur·viv·ing** [sə'vaɪvɪŋ] noch lebend; (*übertragen*) [noch] vorhanden; *Verwandte:* hinterblieben

**sur·viv·or** [sə'vaɪvəʳ] der/die Überlebende

**sus·cep·ti·ble** [sə'septəbl] ❶ **to be susceptible to something** für etwas anfällig sein *Krankheiten, Verletzungen;* für etwas empfänglich sein *Schmeichelei* ❷ leicht beeinflussbar

**sus·pect**[1] ['sʌspekt] der/die Verdächtige

**sus·pect**[2] ['sʌspekt] verdächtig

to **sus·pect**[3] [sə'spekt] ❶ **to suspect someone of something** jemanden einer Sache verdächtigen; **to suspect someone of having done something** jemanden verdächtigen, etwas getan zu haben; **he is a suspected member** er steht im Verdacht, Mitglied zu sein ❷ vermuten *Betrug, Verschwörung* ❸ anzweifeln *Motiv* ❹ vermuten; **I suspected as much** das habe ich mir doch gedacht; **a suspected case of cholera** ein Fall, bei dem Choleraverdacht besteht

to **sus·pend** [sə'spend] ❶ [frei] [auf]hängen *Lampe* (**from** an) ❷ [zeitweilig] einstellen *Erscheinen, Zahlungen* ❸ aussetzen *Verhandlung, Urteil, Rechte;* **to be given a suspended sentence** seine Strafe zur Bewährung ausgesetzt bekommen ❹ einziehen *Genehmigung* ❺ suspendieren *Beamte* ❻ [zeitweilig] ausschließen *Schüler* ❼ sperren *Sportler*

**sus·pend·er** [sə'spendəʳ] ❶ ⒼⒷ der Strumpfhalter ❷ **suspenders** ⓊⓈⒶ die Hosenträger

**sus·pense** [sə'spens] die Spannung; **to wait in suspense** gespannt warten; **don't keep me in suspense any longer** spanne mich nicht länger auf die Folter

**sus·pen·sion** [sə'spenʃn] ❶ die [zeitweilige] Einstellung ❷ *von Verein:* der [zeitweilige] Ausschluss ❸ *von Sportler:* die Sperre ❹ *von Beamten:* die [vorläufige] Suspendierung ❺ (*technisch*) die Federung, die [Rad]aufhängung

**sus·pen·sion bridge** die Hängebrücke

**sus·pi·cion** [sə'spɪʃn] ❶ der Verdacht, der Argwohn (**of**/**about** gegen); **above suspicion** über jeden Verdacht erhaben; **on** [**the**] **suspicion of having done something** unter dem Verdacht, etwas getan zu haben; **to be under suspicion** unter Verdacht stehen ❷ (*übertragen*) die Andeutung, die Spur, der

Hauch (**of** von)

**sus·pi·cious** [sə'spɪʃəs] ❶ *Verhalten:* verdächtig ❷ **to be suspicious of someone** jemandem gegenüber misstrauisch sein; **to be suspicious of** [*oder* **about**] **something** etwas mit Skepsis betrachten

to **suss** [sʌs] ⒼⒷ (*umgangsspr*) herausbekommen; **I can't suss him out** bei ihm blicke ich nicht durch

to **sus·tain** [sə'steɪn] ❶ **to sustain damage** Schaden erleiden; beschädigt werden *Sache* ❷ aufrechterhalten

**sus·tain·able** [sə'steɪnəbl] ❶ haltbar; *Argument:* stichhaltig; **something is sustainable** etwas kann aufrechterhalten werden ❷ erhaltbar; *Ressourcen:* erneuerbar

**sus·tained** [sə'steɪnd] ❶ *Anstrengung:* ausdauernd ❷ *Beifall:* anhaltend

**sus·te·nance** ['sʌstɪnən(t)s] *kein Plural* ❶ die Nahrung ❷ der Nährwert

to **swag·ger** ['swægəʳ] stolzieren

**swal·low** ['swɒləʊ] die Schwalbe

to **swal·low** ['swɒləʊ] ❶ schlucken; (*aus Versehen*) verschlucken ❷ (*übertragen*) schlucken *Beleidigung;* überwinden *Stolz* ▶ WENDUNGEN: **that's hard to swallow** das kann man kaum glauben

◆ to **swallow up** (*übertragen*) *Nebel:* verschlingen; **I wish the ground would open and swallow me up** ich würde am liebsten in den Boden versinken

**swam** [swæm] *2. Form von* **swim**

**swamp** [swɒmp] der Sumpf

to **swamp** [swɒmp] (*auch übertragen*) überschwemmen

**swan** [swɒn] der Schwan

to **swap** [swɒp] <swapped, swapped> ❶ tauschen; **to swap something for something** etwas für etwas eintauschen; **to swap places with someone** mit jemandem [die Plätze] tauschen ❷ austauschen *Geschichten, Erinnerungen*

**swap** [swɒp] **to do a swap with someone** mit jemandem tauschen

**swarm** [swɔ:m] der Schwarm

to **swarm** [swɔ:m] ❶ *Bienen:* schwärmen ❷ **the place was swarming with ...** dort wimmelte es von ...

**swas·ti·ka** ['swɒstɪkə] das Hakenkreuz

to **sway** [sweɪ] ❶ schwanken ❷ *Bäume:* sich wiegen ❸ **to be easily swayed by someone**/**something** sich von jemandem/etwas leicht beeinflussen lassen

to **swear** [sweəʳ] <swore, sworn> ❶ fluchen; **to swear at someone** auf jemanden fluchen

**swear by – swim**

**466**

**2** schwören; **to swear on the Bible** auf die Bibel schwören **3** **I wouldn't like to swear to it** ich könnte es nicht beschwören

**G** Richtiges Konjugieren von **swear**: swear, swore, sworn — *the thief swore to tell the truth; I could have sworn I heard the bell ring*

◆to **swear by** schwören auf

◆to **swear in** vereidigen *Geschworenen, Zeugen*

**swear·ing** *kein Plural* das Fluchen

**swear word** das derbe Schimpfwort, der Fluch

to **sweat** [swet] **1** (*auch übertragen*) schwitzen (**with** vor) **2** (*umgangsspr*) schwer arbeiten

**sweat** [swet] **1** der Schweiß **2** (*umgangsspr*) die Plackerei **3** **no sweat!** (*umgangsspr*) kein Problem!

**sweat·er** ['swetə'] der Pullover

**sweat gland** die Schweißdrüse

**sweat·shirt** das Sweatshirt

**sweaty** ['swetɪ] verschwitzt; *Hände:* schweißig; **sweaty feet** die Schweißfüße

**swede** [swiːd] **GB** die Kohlrübe, die Steckrübe

**Swede** [swiːd] der Schwede/die Schwedin

**Swe·den** ['swiːdn] Schweden

**Swe·dish**[1] ['swiːdɪʃ] schwedisch

**Swe·dish**[2] ['swiːdɪʃ] Schwedisch, das Schwedische

**sweep** [swiːp] **1** **to give something a sweep** etwas kehren/fegen **2** der Schornsteinfeger/die Schornsteinfegerin

to **sweep** [swiːp] <swept, swept> **1** kehren, fegen **2** *Wind:* fegen über **3** **to sweep past someone** an jemandem vorbeirauschen ▶ WENDUNGEN: **to sweep the board** einen vollen Erfolg verbuchen; **to sweep under the carpet** unter den Teppich kehren

**G** Richtiges Konjugieren von **sweep**: sweep, swept, swept — *Laura swept the kitchen floor; the kitchen has been swept clean.*

◆to **sweep aside** **1** wegfegen **2** (*übertragen*) vom Tisch fegen

◆to **sweep away** **1** wegfegen **2** *Lawine:* wegreißen **3** *Flut:* wegschwemmen **4** (*übertragen*) fortraffen, abschaffen

◆to **sweep down** the mountains sweep down to the sea die Berge fallen in sanftem Bogen zum Meer ab

◆to **sweep off** **1** *Person:* davonrauschen **2** **to sweep something off something** etwas von etwas herunterfegen **3** **he was swept off to bed/into hospital** er wurde schnell ins Bett/Krankenhaus gebracht **4** (*auch übertragen*) **to be swept off one's**

feet umgehauen [*oder* mitgerissen] werden; **she swept him off his feet** sie hat ihm völlig den Kopf verdreht

◆to **sweep out** **1** *Person:* hinausrauschen **2** **to sweep something out** etwas ausfegen [*oder* auskehren]

◆to **sweep up** **1** *Person:* heransausen **2** *Straße:* im Bogen hinaufführen **3** zusammenfegen, zusammenkehren *Blätter* **4** hochstecken *Haare*

**sweep·er** ['swiːpə'] **1** der Straßenkehrer/die Straßenkehrerin **2** die Kehrmaschine **3** (*beim Fußball*) der Libero

**sweet**[1] [swiːt] **1** (*auch übertragen*) süß; **sweet dreams!** träum süß!, träum was Schönes! **2** lieb, freundlich (**to** gegenüber/zu); **that's very sweet of you** das ist sehr lieb von dir **3** (*umgangsspr*) reizend, goldig *Kind, Lächeln*

**sweet**[2] [swiːt] **1** die Süßigkeit **2** die Süßspeise, der Nachtisch **3** (*übertragen*) der Liebling **4** **sweets** die Süßigkeiten, die Bonbons

**sweet-and-sour** süßsauer

**sweet chest·nut** die Esskastanie

**sweet·corn** ['swiːtkɔːn] der Zuckermais

to **sweet·en** ['swiːtn] süßen, zuckern

**sweet·en·er** ['swiːtnə'] **1** der Süßstoff **2** (*slang*) das Bestechungsgeld

**sweet·heart** ['swiːthɑːt] der Schatz

**sweet·ness** ['swiːtnɪs] die Süßigkeit, die Süße

**sweet tooth** **to have a sweet tooth** (*umgangsspr*) gerne Süßes essen

to **swell** [swel] <swelled, swollen *oder* swelled> *Körperteil, Fluss:* anschwellen

**G** Richtiges Konjugieren von **swell**: swell, swelled swollen — *Katie's finger swelled up; the river has swollen with rain.*

**swell**[1] [swel] die Dünung

**swell**[2] [swel] **USA** (*umgangsspr*) prima, großartig

**swell·ing** ['swelɪŋ] die Schwellung

**swel·ter·ing** ['sweltrɪŋ] glühend heiß, schwül

**swept** [swept] *2. und 3. Form von* **sweep**

to **swerve** [swɜːv] **1** **to swerve to the right/left** nach rechts/links ausschwenken; **to swerve round something** einen Bogen um etwas machen **2** *Ball:* **to swerve in the air** in der Luft abdrehen

**swift** [swɪft] schnell, rasch, flink

to **swim** [swɪm] <swam, swum> **1** schwimmen **2** **to swim the Channel** den Ärmelkanal durchschwimmen **3** **my head is swimming** es schwimmt mir alles vor den Augen

**swim** [swɪm] **to have a swim** schwimmen;

**to go for a swim** schwimmen gehen

**swim·mer** ['swɪmə'] der Schwimmer/die Schwimmerin

**swim·ming** ['swɪmɪŋ] das Schwimmen; **I like swimming** ich schwimme gern

**swim·ming baths** das Schwimmbad, das Hallenbad

**swim·ming cap** die Bademütze

**swim·ming cos·tume** der Badeanzug

**swim·ming gala** der Schwimmwettkampf

**swim·ming pool** ❶ das Schwimmbecken, der Swimmingpool ❷ (*öffentlich*) das Schwimmbad ❸ (*drinnen*) das Hallenbad ❹ (*draußen*) das Freibad

**swim·ming trunks** *plural* die Badehose

**swim·suit** der Badeanzug

to **swin·dle** ['swɪndl] **to swindle someone out of something** jemanden um etwas betrügen

**swin·dle** ['swɪndl] der Schwindel, der Betrug

**swine** [swaɪn] <*plural* swine> das Schwein

**swing** [swɪŋ] ❶ (*für Kinder*) die Schaukel ❷ der Schwung, das Schwingen; *von Zeiger:* der Ausschlag ❸ (*beim Boxen*) der Schwinger; (*beim Golf*) der Schwung ❹ (*übertragen*) der Meinungsumschwung ❺ (*Rhythmus*) der Schwung; (*Musikart, Tanzart*) der Swing ► WENDUNGEN: **to get into the swing of things** in Fahrt kommen; **to be in full swing** voll im Gang sein

to **swing** [swɪŋ] <swang, swung> ❶ schwingen; **to swing to and fro** hin- und herschwingen ❷ schlenkern, baumeln, schaukeln ❸ sich schwingen; **he swung himself up onto his horse** er schwang sich auf sein Pferd ❹ (*übertragen*) Schwung haben, auf Zack sein ❺ **to swing into action** aktiv werden ❻ **to swing open** sich öffnen; **to swing shut** zuschlagen ❼ (*übertragen*) umstimmen *Person*

  ◆to **swing round** ❶ *Person:* sich [schnell] umdrehen, herumfahren ❷ *Auto, Boot, Kran:* herumschwenken ❸ *Zeiger:* ausschlagen ❹ (*übertragen*) *öffentliche Meinung:* umschwenken ❺ **to swing someone round** jemanden herumschleudern; (*übertragen*) jemanden umstimmen

  ◆to **swing to** *Tür:* zuschlagen

**swing door** die Pendeltür

**swipe** [swaɪp] der harte Schlag; **to take a swipe at someone** nach jemandem schlagen

to **swipe** [swaɪp] ❶ schlagen (**at** nach) ❷ (*umgangsspr*) mopsen, klauen ❸ durch ein elektronisches Lesegerät ziehen *Kreditkarte*

to **swirl** [swɜːl] wirbeln

**Swiss¹** [swɪs] Schweizer, schweizerisch; **Swiss franc** Schweizer Franken; **Swiss German** Schweizerdeutsch

**Swiss²** [swɪs] der Schweizer/die Schweizerin; **the Swiss** △ *plural* die Schweizer

**switch** [swɪtʃ] ❶ der Schalter ❷ (*übertragen*) der Wechsel; **to do** [*oder* **make**] **a switch** tauschen

to **switch** [swɪtʃ] ❶ wechseln, ändern ❷ umschalten *Gerät* (**to** auf) ❸ verlegen, umstellen *Produktion* ❹ lenken *Aufmerksamkeit* (**to** auf) ❺ (*umgangsspr*) tauschen, vertauschen ❻ *Person:* überwechseln (**to** zu)

  ◆to **switch back** zurückschalten (**to** auf)

  ◆to **switch off** ❶ ausschalten *Licht* ❷ abschalten *Gerät* ❸ abstellen *Gas, Wasser* ❹ (*übertragen*) *Person:* abschalten

  ◆to **switch on** ❶ anschalten, einschalten *Licht, Gerät* ❷ anstellen *Gas, Wasser* ❸ (*automatisch*) sich einschalten ❹ *Person:* **to be switched on** (*umgangsspr*) auf Draht sein

  ◆to **switch over** ❶ (*beim Fernsehen*) auf ein anderes Programm umschalten ❷ verlegen, umstellen *Produktion* (**to** auf) ❸ (*übertragen*) *Person:* überwechseln (**to** zu)

  ◆to **switch round** ❶ [ver]tauschen ❷ umstellen *Möbel*

**Swit·zer·land** ['swɪtsələnd] die Schweiz

to **swiv·el** ['swɪvl] sich drehen

**swiv·el chair** der Drehstuhl

**swol·len** ['swəʊlən] *3. Form von* **swell**

to **swoop** [swuːp] ❶ *Person:* sich stürzen (**on** auf) ❷ *Polizei:* eine Razzia machen (**on** in/ bei) ❸ **to swoop down** *Vogel:* herabstoßen (**on** auf)

**swoop** [swuːp] ❶ der Sturzflug ❷ (*übertragen*) die Razzia ❸ **at one** [**fell**] **swoop** mit einem Schlag

**sword** [sɔːd] das Schwert

**swore** [swɔː] *2. Form von* **swear**

**sworn** [swɔːn] *3. Form von* **swear**

to **swot** [swɒt] <swotted, swotted> ⒼⒷ (*umgangsspr*) ❶ ochsen, büffeln, pauken (**for** für) ❷ **to swot up on something** sich über etwas informieren

**swot** [swɒt] ⒼⒷ (*abwertend*) der Streber/die Streberin

**swum** [swʌm] *3. Form von* **swim**

**swung** [swʌŋ] *2. und 3. Form von* **swing**

**syl·la·ble** ['sɪləbl] die Silbe

**syl·la·bus** ['sɪləbəs] <*plural* syllabuses> der Lehrplan

**sym·bol** ['sɪmbl] das Sinnbild, das Symbol, das Zeichen (**of** für)

**sym·bol·ic** [sɪm'bɒlɪk] symbolisch (**of** für)

symbolize – tackle

to **sym·bol·ize** ['sɪmbəlaɪz] symbolisieren
**sym·met·ri·cal** [sɪ'metrɪkl] symmetrisch
**sym·me·try** ['sɪmətrɪ] die Symmetrie
**sym·pa·thet·ic** [ˌsɪmpə'θetɪk] ❶ mitfühlend ❷ verständnisvoll ❸ **to be sympathetic to new ideas** für neue Ideen empfänglich sein ❹ **a sympathetic ear** ein offenes Ohr

> F  Nicht verwechseln mit *sympathisch — pleasant, nice!*

to **sym·pa·thize** ['sɪmpəθaɪz] ❶ mitfühlen, Mitleid haben (**with** mit) ❷ Verständnis haben (**with** für) ❸ sympathisieren (**with** mit); **to sympathize with someone's views** jemandes Meinung teilen
**sym·pa·thy** ['sɪmpəθɪ] ❶ Mitleid, Mitgefühl (**for** mit); **to feel** [*oder* **have**] **sympathy for someone** mit jemandem Mitleid haben ❷ (*im Todesfall:*) das Beileid; **our deepest sympathies** unser aufrichtiges Beileid ❸ die Sympathie; **he used to have communist sympathies** er sympathisierte früher mit den Kommunisten; **to come out** [*oder* **strike**] **in sympathy** in Sympathiestreik treten

> F  Nicht verwechseln mit *die Sympathie — liking!*

**sym·pho·ny** ['sɪmfənɪ] die Sinfonie
**symp·tom** ['sɪmptəm] das Symptom, das Anzeichen (**of** für)
**syna·gogue** ['sɪnəgɒg] die Synagoge
to **syn·chro·nize** ['sɪŋkrənaɪz] **we'd better synchronize** [**our**] **watches** wir sollten Uhrenvergleich machen
**syno·nym** ['sɪnənɪm] das Synonym
**syn·op·sis** [sɪ'nɒpsɪs, *plural* -si:z] <*plural* synopses> die Zusammenfassung
**syn·thet·ic** [sɪn'θetɪk] ❶ synthetisch; **synthetic material** Kunststoff ❷ (*übertragen*) künstlich
**sy·ringe** [sɪ'rɪndʒ] die Spritze
**syr·up** ['sɪrəp] ❶ der Sirup ❷ **cough syrup** der Hustensaft
**sys·tem** ['sɪstəm] ❶ das System ❷ **railway system** das Eisenbahnnetz ❸ **I have to get it out of my system** ich muss irgendwie darüber hinwegkommen ❹ **all systems go!** jetzt aber voll ran!
**sys·tem·at·ic** [ˌsɪstə'mætɪk] systematisch

# T

**T** <*plural* T's *oder* Ts>, **t** [ti:] <*plural* t's> T, t
▶ WENDUNGEN: **to a T** ganz genau
**ta** [tɑː] (*umgangsspr*) danke
**tab** [tæb] ❶ die Lasche ❷ das Schildchen ❸ der [Karten]reiter ❹ 🇺🇸 (*umgangsspr*) die Rechnung; **to pick up the tab** [die Rechnung] bezahlen ❺ 🇺🇸 der Dosenring
**ta·ble** ['teɪbl] ❶ der Tisch; **at the table** am Tisch; **at table** bei Tisch; **to lay/clear the table** den Tisch decken/abräumen ❷ *Personen:* der Tisch, die [Tisch]runde ❸ die Tabelle; **table of contents** das Inhaltsverzeichnis; **multiplication tables** das Einmaleins ▶ WENDUNGEN: **to turn the tables** [**on someone**] [jemandem gegenüber] den Spieß umdrehen
**ta·ble·cloth** das Tischtuch
**ta·ble·spoon** ['teɪblspuːn] der Esslöffel
**tab·let** ['tæblɪt] die Tablette

**tablet**

> F  Nicht verwechseln mit *das Tablett — tray!*

**ta·ble ten·nis** das Tischtennis
**tab·loid** ['tæblɔɪd] (*kleinformatige*) die Boulevardzeitung
**ta·boo¹** [tə'buː] das Tabu; **to break a taboo** gegen ein Tabu verstoßen
**ta·boo²** [tə'buː] tabu, Tabu-; **taboo subject** das Tabuthema
**tack** [tæk] ❶ der kleine Nagel ❷ der Heftstich ❸ *eines Segelboots:* der [Kreuz]schlag
to **tack** [tæk] ❶ mit Stiften befestigen ❷ heften ❸ *Segelboot:* aufkreuzen, wenden
**tack·le** ['tækl] ❶ die Ausrüstung; **fishing tackle** das Angelsportgerät; (*umgangsspr*) das Angelzeug ❷ (*Sport*) der Angriff, das Tackling
to **tack·le** ['tækl] ❶ (*Sport*) angreifen ❷ ergrei-

fen, packen *Dieb* ③ anpacken, in Angriff nehmen *Problem, Arbeit* ④ **to tackle someone about** [*oder* **over**] **something** jemanden um etwas angehen

**tacky** ['tækɪ] ① klebrig ② (*umgangsspr*) schäbig, billig, geschmacklos

**tact·ful** ['tæktfl] taktvoll

**tac·tic** ['tæktɪk] die Taktik; **delaying tactics** die Verzögerungstaktik; **dubious tactics** die zweifelhaften Methoden

**tac·ti·cal** ['tæktɪkl] taktisch

**tac·ti·cian** [tæk'tɪʃn] der Taktiker/die Taktikerin

**tac·tics** ['tæktɪks] △ *plural* die Taktik

**tact·less** ['tæktlɪs] taktlos

**tad·pole** ['tædpəʊl] die Kaulquappe

**tag** [tæg] ① das Etikett, das Schild[chen]; **name tag** das Namensschild; **price tag** das Preisschild ② (*am Tier*) die Ohrmarke ③ (*Kinderspiel*) das Fangen

to **tag** [tæg] <tagged, tagged> ① etikettieren; auszeichnen *Waren* ② **to tag after someone** jemandem hinterherlaufen

◆ to **tag along** mitgehen, mitkommen

◆ to **tag on** [sich] anhängen (**to** an)

**tail** [teɪl] ① der Schwanz; **to wag its tail** *Hund:* mit dem Schwanz wedeln ② *eines Kometen:* der Schweif ③ **tails** *einer Münze:* die Zahlseite; **heads or tails?** Kopf oder Zahl? ④ **tails** der Frack

◆ to **tail back** *Verkehr:* sich stauen

◆ to **tail away** abnehmen, schwächer werden

**tail·back** ['teɪlbæk] *von Autos:* der Rückstau

**tail-light** *eines Autos:* das Rücklicht

**tai·lor** ['teɪlə'] der Schneider/die Schneiderin

**tai·lor-made** maßgeschneidert; **to have something tailor-made** [sich] etwas maßschneidern lassen

to **take** [teɪk] <took, taken> ① nehmen ② mitnehmen ③ **to take someone home** jemanden nach Hause bringen [*oder* begleiten] ④ machen *Foto, Prüfung, Reise, Spaziergang* ⑤ unterrichten *Klasse;* **Mr Marshall takes us for physics** in Physik haben wir Herrn Marshall ⑥ nehmen *Fach;* machen *Test;* ablegen *Prüfung* ⑦ einnehmen *Arznei* ⑧ messen *Temperatur* ⑨ **to take someone's picture** jemanden fotografieren ⑩ annehmen *Stelle* ⑪ vertragen *Alkohol* ⑫ (*verkraften*) fertig werden mit *Enttäuschung;* reagieren auf *Nachricht;* **I can't take it any more** ich kann nicht mehr; **I find that hard to take** es fällt mir schwer, das hinzunehmen [*oder* zu verkraften] [*oder* zu ertragen] ⑬ (*gramma-*

*tisch*) **'mit' takes the dative** nach ‚mit' steht der Dativ ⑭ (*einnehmen*) **to take a seat** sich setzen, Platz nehmen; **to take a deep breath** tief Atem holen ⑮ **to take a look at** einen Blick werfen auf ⑯ (*in Anspruch nehmen*) **to take someone's advice** jemandes Rat folgen; **to take legal advice** zum Rechtsanwalt [*oder* zur Rechtsberatung] gehen ⑰ **to take cover** Schutz suchen, in Deckung gehen ⑱ **to take note of something** von etwas Notiz nehmen, etwas notieren; **to take notice of** beachten, Notiz nehmen von ⑲ **to take a note of something** sich etwas notieren; **to take notes** sich Notizen machen ⑳ **to take turns** sich abwechseln ㉑ **to take to pieces** auseinander nehmen ㉒ **to take part in** teilnehmen an ㉓ **to take place** stattfinden ㉔ **to take someone's place** an jemandes Stelle treten ㉕ **to take interest in** Interesse haben an ㉖ **to take responsibility for something** die Verantwortung für etwas übernehmen ㉗ **to be taken ill** krank werden ㉘ (*benötigen*) **it takes 5 hours** man braucht 5 Stunden; **she takes a size five shoe** sie hat Schuhgröße 38; **that doesn't take much brains** dazu gehört nicht viel Verstand; **to take long** lange dauern ▸ WENDUNGEN: **take it from me!** glaube mir!; **take it or leave it** wie du willst

Ⓖ Richtiges Konjugieren von **take**: take, took, taken — *Kate took the books back to library; Tom has taken a shower.*

◆ to **take after** **to take after someone** nach jemandem geraten, jemandem ähnlich sein

◆ to **take along** mitnehmen

◆ to **take apart** auseinander nehmen

◆ to **take away** ① **to take something away from someone** jemandem etwas wegnehmen ② **to take someone away** jemanden wegbringen [*oder* abführen] ③ (*mathematisch*) abziehen ④ mitnehmen *Essen* ⑤ **to take away from something** etwas schmälern [*oder* mindern]

◆ to **take back** ① zurücknehmen ② zurückbringen *Ware*

◆ to **take down** ① herunternehmen ② herunterlassen, herunterziehen *Hose* ③ abnehmen *Gardinen, Plakat, Weihnachtsschmuck* ④ abbauen *Gerüst, Zelt* ⑤ aufschreiben, notieren *Nachricht*

◆ to **take for** halten für

◆ to **take in** ① einholen *Wäsche* ② [bei sich] aufnehmen *Person* ③ enger machen *Klei-*

**take off – talk out**     **470**

*dungsstück* ④ (*verstehen*) begreifen ⑤ täuschen, hereinlegen; **to be taken in by someone/something** auf jemanden/etwas hereinfallen

◆to **take off** ① ausziehen *Kleidung;* abnehmen *Hut* ② abnehmen *Telefonhörer, Deckel* ③ abziehen *Bettwäsche* ④ (*mathematisch*) abziehen, subtrahieren; (*vom Preis*) nachlassen ⑤ **to take someone off** jemanden nachmachen, nachäffen ⑥ **to take someone's mind off something** jemanden von etwas ablenken ⑦ **to take a day off** [sich] einen Tag freinehmen; **I'm taking Monday off** ich werde mir Montag freinehmen ⑧ *Person:* sich entfernen ⑨ *Flugzeug:* starten ⑩ *Springer:* abspringen

◆to **take on** ① einstellen *Arbeiter* ② annehmen *Arbeit* ③ auf sich nehmen *Verantwortung* ④ spielen [*oder* kämpfen] gegen, sich auseinander setzen mit ⑤ bekommen, annehmen *Farbe, Ausdruck*

◆to **take out** ① herausnehmen; ziehen *Zahn;* entfernen *Blinddarm* ② hinausbringen; herausfahren *Auto* ③ abheben *Geld* ④ abschließen *Versicherung;* **to take a patent out on something** etwas patentieren lassen ⑤ Ⓤ mitnehmen *Essen* ⑥ **to take someone out** mit jemandem ausgehen; **to take someone out for a meal** [*oder* **to a restaurant**] jemanden zum Essen einladen; **to take the dog out for a walk** den Hund ausführen ⑦ zerstören, töten; (*übertragen*) ausschalten ⑧ **to take it out of someone** jemanden mitnehmen [*oder umgangsspr* schlauchen] ⑨ **to take it out on someone** seinen Ärger an jemandem auslassen

◆to **take over** ① übernehmen *Geschäft, Amt* ② hinüberbringen *Person* ③ an die Macht kommen; (*umgangsspr*) das Heft an sich reißen ④ **to take over from someone** jemanden ablösen

◆to **take to** ① Gefallen finden an; sympathisch finden *Person* ② Zuflucht nehmen zu ③ **to take to doing something** anfangen, etwas zu tun

◆to **take up** ① aufnehmen, hochheben ② hinaufbringen ③ aufnehmen *Flüssigkeit* ④ in Anspruch nehmen *Zeit;* einnehmen *Platz* ⑤ übernehmen *Pflicht* ⑥ aufnehmen *Beschäftigung* ⑦ sich zulegen *Hobby;* **to take up pottery** anfangen zu töpfern ⑧ annehmen *Einladung;* aufnehmen *Kredit* ⑨ kürzer machen *Rock* ⑩ eingehen auf *Angelegenheit* ⑪ wieder aufnehmen *Thema;* aufgreifen *Gedanken, Thema* ⑫ fördern, sich einsetzen für

*Sache* ⑬ **I'll take you up on that** ich nehme Sie beim Wort ⑭ **to be taken up with** beschäftigt sein mit

◆to **take up with** sich anfreunden mit

**take·away** ['teɪkəweɪ] ① das Essen zum Mitnehmen ② die Imbissstube, das Restaurant für Außer-Haus-Verkauf

**take-home pay** ['teɪkhəʊm'peɪ] der Nettolohn

**tak·en** ['teɪkn] *3. Form von* **take**

**take-off** ['teɪkɒf] ① der Start, das Abheben ② (*Sport*) der Absprung ③ (*umgangsspr*) das Nachmachen, die Nachahmung; **to do a take-off of someone** jemanden nachmachen

**take-out** ['teɪkaʊt] Ⓤ (*slang*) das Fertiggericht zum Mitnehmen

**take·over** ['teɪk,əʊvə'] die Übernahme

**tak·ings** ['teɪkɪŋz] die Einnahmen

**tal·cum pow·der** *kein Plural* der Talkpuder

**tale** [teɪl] ① die Erzählung, die Geschichte ② **to tell tales** petzen

**tal·ent** ['tælənt] das Talent, die Begabung; **to have a talent for** begabt sein für

**tal·ent·ed** ['tæləntɪd] begabt

**Tali·ban** ['tælɪbæn] der Taliban; **the Taliban** die Taliban

**talk** [tɔːk] ① das Gespräch, die Unterhaltung; **could I have a talk with you?** könnte ich Sie mal sprechen? ② (*Diskussion*) die Aussprache, die Besprechung; **to hold talks** Gespräche führen ③ das Gerede, das Geschwätz; **there is talk of ...** es ist die Rede von ... ④ der Vortrag

to **talk** [tɔːk] ① sprechen, reden (**to** mit, **about** über, **of** von); **to be talked about** [*oder* **of**] ins Gerede kommen ② **talk to me!** sag doch was! ③ **to talk to oneself** Selbstgespräche führen ④ **talking of football** da wir gerade vom Fußball sprechen ⑤ **you can talk!** du hast gut reden! ⑥ sprechen *Sprache* ⑦ reden *Unsinn;* **to talk sense** vernünftig reden ⑧ **to talk politics/sport** über Politik/Sport reden ⑨ **to talk shop** fachsimpeln ⑩ **to talk someone into doing something** jemanden überreden, etwas zu tun; **to talk someone into something** jemandem etwas einreden; **to talk someone out of something** jemandem etwas ausreden

◆to **talk back** [scharf] erwidern [*oder* antworten], frech sein

◆to **talk down** **to talk down to someone** mit jemandem herablassend reden

◆to **talk out** ① **to talk someone out of**

**something** jemanden von etwas abbringen ② **to talk one's way out of something** sich aus etwas herausreden

◆to **talk over** bereden, besprechen

◆to **talk round** ① **to talk someone round** jemanden umstimmen ② **to talk round something** um etwas herumreden

◆to **talk through** ① **to talk something through** etwas diskutieren ② **to talk someone through something** etwas mit jemandem durchsprechen

**talka·tive** ['tɔːkətɪv] gesprächig, redselig

**talk·er** ['tɔːkəʳ] ① der Redner/die Rednerin ② (*abwertend*) der Schwätzer/die Schwätzerin

**talk·ing point** der Gesprächsgegenstand

**talk show** die Talkshow

**tall** [tɔːl] hoch; *Person, Tier:* groß

> **V** **tall** wird besonders für die Größe von Personen und schmalen, aufragenden Gegenständen gebraucht: *Tim is tall; the office is that tall building on the corner,* — **high** wird für sehr hohe Objekte gebraucht: *a high shelf/wall/mountain.*

**tam·bou·rine** [ˌtæmbəˈriːn] das Tamburin

**tame** [teɪm] ① zahm ② matt, fade, schal ③ langweilig, uninteressant

to **tame** [teɪm] zähmen

to **tam·per** ['tæmpəʳ] **to tamper with something** an etwas herummachen *umgangsspr;* (*in einer Angelegenheit*) sich [insgeheim] in etwas einmischen

to **tamper with** ['tæmpəʳ 'wɪð] sich zu schaffen machen an, herumpfuschen an

**tam·pon** ['tæmpən] der Tampon

**tan** [tæn] die [Sonnen]bräune

to **tan** [tæn] <tanned, tanned> braun werden

**tan·dem**[1] ['tændəm] ① (*Fahrrad*) das Tandem ② *von Zylindern, Antrieben:* die Reihe[nanordnung]

**tan·dem**[2] ['tændəm] **to ride tandem** Tandem fahren

**tang** [tæŋ] ① der penetrante Geruch ② der scharfe Geschmack

**tan·gent** ['tændʒənt] die Tangente

**tan·ge·rine** [ˌtændʒəˈriːn] die Mandarine

**tan·gible** ['tændʒəbl] ① fühlbar, greifbar ② (*übertragen*) *Beweis, Resultat:* greifbar

to **tan·gle** ['tæŋgl] ① verwirren ② **to get tangled** [up] sich verwickeln [*oder* verwirren]; (*übertragen*) verwickelt werden (**in** in)

**tan·gle** ['tæŋgl] ① das Gewirr ② (*übertragen*) der Wirrwarr, das Durcheinander

**tank** [tæŋk] ① der Tank, der Behälter ② der Tank, der Panzer

**tank·er** ['tæŋkəʳ] ① der Tanker, das Tankschiff ② das Tankerflugzeug ③ der Tankwagen ④ der Tanklastzug

**tanned** [tænd] ① *Person:* braun ② *Tierhäute:* gegerbt

**tan·ta·liz·ing** ['tæntəlaɪzɪŋ] verlockend

**tan·trum** ['tæntrəm] der Wutanfall

**Tan·zania** [ˌtænzəˈniə] Tansania

**Tan·za·nian** [ˌtænzəˈniən] tansanisch

**tap**[1] [tæp] ① der Hahn; **cold tap** der Kaltwasserhahn; **hot tap** der Warmwasserhahn; **tap water** das Leitungswasser ② **on tap** vom Fass; (*übertragen*) verfügbar

**tap**[2] [tæp] das Klopfen; **to give someone a tap on the shoulder** jemandem auf die Schulter klopfen; **there was a tap on** [*oder* **at**] **the window** es klopfte an das Fenster

to **tap**[1] [tæp] <tapped, tapped> ① anzapfen *Baum* ② anstechen, anzapfen *Fass* ③ abhören, anzapfen *Telefon* ④ erschließen *Markt, Ressourcen*

to **tap**[2] [tæp] <tapped, tapped> klopfen; **to tap someone on the shoulder** jemandem auf die Schulter klopfen [*oder* tippen]; **to tap one's foot** [ungeduldig] mit dem Fuß auf den Boden klopfen; **to tap one's foot in time to the music** mit dem Fuß den Takt schlagen

to **tap-dance** ['tæpdɑːns] steppen

**tap-dance** ['tæpdɑːns] der Stepptanz

**tape** [teɪp] ① das Band ② das Klebeband, der Klebestreifen ③ das Tonband, das Videoband ④ (*Sport*) das Zielband ⑤ **red tape** die Bürokratie, der Amtsschimmel *umgangsspr*

to **tape** [teɪp] ① mit einem Band befestigen ② mit einem Klebestreifen verkleben ③ auf Band aufnehmen

**tape meas·ure** das Bandmaß

to **tap·er** ['teɪpəʳ] spitz zulaufen, sich verjüngen

**tape re·cord·er** ['teɪprɪˈkɔːdəʳ] das Tonbandgerät

**tape re·cord·ing** ['teɪprɪˈkɔːdɪŋ] die Bandaufnahme

**tar** [tɑːʳ] der Teer

to **tar** [tɑːʳ] <tarred, tarred> teeren *Straße*

to **tar·get** ['tɑːgɪt] <targeted, targeted> zielen [*oder* richten] auf

**tar·get** ['tɑːgɪt] ① (*Sport*) die Schießscheibe, die Zielscheibe; **to be on/off target** treffen/danebengehen ② (*politisch, wirtschaftlich*) das Ziel; **sales target** das Verkaufsziel; **to be on target for something** auf eine Sache zusteuern

**tar·get·ed** (🇬🇧) *Kunde, Gruppe:* Ziel-; *Gewinn:* angestrebt; **to be targeted** als Zielgruppe ausgewählt werden; **places targeted by**

**tariff – teaching**

**472**

**terrorists** von Terroristen ins Visier genommene Orte

**tar·iff** ['tærɪf] die Preisliste

**tar·mac** ['tɑːmæk] ❶ der Asphalt, der Teermakadam ❷ (*am Flughafen*) das [asphaltierte] Rollfeld

to **tar·nish** ['tɑːnɪʃ] ❶ stumpf werden lassen *Metall* ❷ (*übertragen*) beflecken *Namen, Ruf* ❸ *Metall:* stumpf werden, anlaufen

**ta·rot** ['tærəʊ] das/der Tarot

**tart**[1] [tɑːt] ❶ *Geschmack:* scharf, herb, sauer ❷ (*übertragen*) *Bemerkung:* beißend, spitz

**tart**[2] [tɑːt] ❶ das Törtchen ❷ (*abwertend slang*) die Schlampe

**tar·tan** ['tɑːtn] das Schottenmuster

**tar·tar(e) sauce** ['tɑːtəʳ sɔːs] die Remouladensoße

**task** [tɑːsk] ❶ die Aufgabe ❷ **to take someone to task** jemanden zurechtweisen (**for/about** wegen)

**task force** die Sondereinheit

to **taste** [teɪst] ❶ kosten, versuchen *Speise* ❷ [ab]schmecken ❸ (*übertragen*) erfahren, erleben ❹ *Speise:* schmecken (**of** nach)

**taste** [teɪst] ❶ *einer Speise:* der Geschmack; **to have no taste** nach nichts schmecken ❷ (*übertragen*) der Geschmack; **in good taste** geschmackvoll; **in bad** [*oder* **poor**] **taste** geschmacklos; **to someone's taste** nach jemandes Geschmack; **taste in music** der musikalische Geschmack; **add salt to taste** salzen nach Belieben ❸ [**sense of**] **taste** der Geschmackssinn ❹ die Kostprobe; **have a taste - what do you think?** probieren Sie mal - was meinen Sie dazu? ❺ (*übertragen*) der Vorgeschmack; **a taste of things to come** ein Vorgeschmack dessen, was noch kommt ❻ **to have a taste for something** (*übertragen*) eine Vorliebe für etwas haben

**F** Nicht verwechseln mit *die Taste — key, button!*

**taste·ful** ['teɪstfˀl] geschmackvoll

**taste·less** ['teɪstlɪs] ❶ fade, nach nichts schmeckend ❷ (*übertragen*) geschmacklos

**tasty** ['teɪstɪ] ❶ wohlschmeckend ❷ (*slang*) interessant

**ta·ta** [təˈtɑː] *GB* (*umgangsspr*) tschüs

to **tat·too** [təˈtuː] tätowieren

**tat·too** [təˈtuː] die Tätowierung

**tat·ty** ['tætɪ] (*umgangsspr*) schäbig

**taught** [tɔːt] *2. und 3. Form von* **teach**

to **taunt** [tɔːnt] verspotten; **to taunt somebody about something** jemanden wegen einer Sache hänseln

**taunt** [tɔːnt] ❶ die spöttische Bemerkung ❷ die Hänselei

**Taurus** ['tɔːrəs] (*Sternzeichen*) der Stier

**taut** [tɔːt] ❶ *Seil:* gespannt, straff ❷ *Gesicht:* angespannt

**tav·ern** ['tævən] die Schenke

to **tax** [tæks] ❶ besteuern ❷ (*übertragen*) strapazieren *Geduld, Kräfte*

**tax** [tæks] <*plural* taxes> die Steuer, die Abgabe (**on** auf); **after tax** netto, nach Steuern; **before tax** brutto, vor Steuern; **exempt from** [*oder* **free of**] **tax** steuerfrei

**tax·able** ['tæksəbl] steuerpflichtig

**tax ad·vis·er** der Steuerberater/die Steuerberaterin

**taxa·tion** [tækˈseɪʃn] die Besteuerung

**tax disc** *GB* die Steuerplakette

**tax dodg·er** (*umgangsspr*) der Steuerhinterzieher/die Steuerhinterzieherin

**tax-free** steuerfrei

**taxi** ['tæksɪ] die Taxe, das Taxi

to **taxi** ['tæksɪ] *Flugzeug:* rollen; **to taxi to a standstill** ausrollen

**taxi-driv·er** der Taxifahrer/die Taxifahrerin

**taxi rank**, **taxi stand** der Taxistand

**tax·pay·er** ['tæks‚peɪəʳ] der Steuerzahler/die Steuerzahlerin

**tax re·turn** die Steuererklärung

**tax year** das Steuerjahr

**tea** [tiː] der Tee; **to have tea** Tee trinken; **to make** [**the**] **tea** Tee zubereiten; **a cup of tea** eine Tasse Tee; **three teas please** dreimal Tee bitte ▸ WENDUNGEN: **not my cup of tea** (*umgangsspr*) nicht mein Fall

**L** **Tea** trinkt man in Großbritannien gewöhnlich stark und mit frischer Milch und nach Belieben auch mit Zucker.

**tea bag** der Teebeutel

**tea break** die Teepause

to **teach** [tiːtʃ] <taught, taught> ❶ lehren, unterrichten ❷ **to teach someone to do something** jemandem etwas beibringen ❸ **this has taught him a lot** er hat viel daraus gelernt; **that'll teach you!** das wird dir eine Lehre sein!; **to teach someone a lesson** jemandem eine Lektion erteilen

**G** Richtiges Konjugieren von **teach**: teach, taught, taught — *Mrs King taught history in our school; Spanish was not taught in my school.*

**teach·er** ['tiːtʃəʳ] der Lehrer/die Lehrerin

**teach·ing** ['tiːtʃɪŋ] ❶ der Unterricht ❷ der Lehrberuf ❸ **teachings** die Lehren

**tea cloth** ['tiːklɒθ] das Geschirrtuch
**tea cosy** ['tiːkəʊzɪ] der Teewärmer
**tea·cup** ['tiːkʌp] die Teetasse; **a storm in a teacup** ein Sturm im Wasserglas
**tea leaf** ['tiːliːf] das Teeblatt
**team** [tiːm] ❶ (*Sport*) die Mannschaft, das Team ❷ die Arbeitsgruppe, das Team ❸ *von Ochsen, Pferden:* das Gespann
◆ to **team up** sich zusammentun (**with** mit)
**team-mate** der Mannschaftskamerad/die Mannschaftskameradin
**team spir·it** der Mannschaftsgeist, der Teamgeist
**team-work** die Gemeinschaftsarbeit, das Teamwork
**tea·pot** ['tiːpɒt] die Teekanne
**tear**[1] [tɪəʳ] die Träne; **in tears** in Tränen [aufgelöst]; **to burst into tears** in Tränen ausbrechen
**tear**[2] [teəʳ] der Riss
to **tear** [teəʳ] <tore, torn> ❶ to tear something etwas zerreißen ❷ to tear to pieces [*oder* bits] in Stücke reißen ❸ to tear a hole in something ein Loch in etwas reißen ❹ to tear something open etwas aufreißen; to tear here hier aufreißen [*oder* abtrennen] ❺ to tear one's fingernail sich einen Fingernagel einreißen ❻ [heraus]reißen (**from** aus), wegreißen (**from** von) ❼ to tear one's hair [**out**] sich die Haare raufen ❽ (*übertragen*) [auf]spalten, zersplittern; to be torn between two things zwischen zwei Dingen hin- und hergerissen sein ❾ *Material:* [zer]reißen ❿ *Muskel:* reißen ⓫ *Person:* rasen, sausen; to tear off losrasen; to tear past vorbeirasen

Ⓖ Richtiges Konjugieren von **tear**: tear, tore, torn — *Dave tore the paper into small pieces; this picture was torn out of a magazine.*

◆ to **tear along** he tore along the street er raste die Straße hinunter
◆ to **tear apart** ❶ auseinander reißen ❷ (*übertragen*) auseinander nehmen
◆ to **tear at** ❶ herumreißen an; to tear at somebody's heartstrings jemandem das Herz zerreißen ❷ (*umgangsspr*) sich hermachen über *Essen*
◆ to **tear away** ❶ losreißen, wegreißen ❷ *Person:* davonrasen
◆ to **tear down** ❶ abreißen *Haus* ❷ herunterreißen *Plakat* ❸ to tear down the street die Straße hinunterrasen
◆ to **tear into** heftig kritisieren
◆ to **tear off** ❶ abreißen ❷ sich vom Leib rei-

ßen *Kleider* ❸ *Person:* davonrasen
◆ to **tear open** aufreißen
◆ to **tear out** [her]ausreißen
◆ to **tear up** ❶ zerreißen *Papier* ❷ aufreißen *Straße*
**tear·away** ['teərəweɪ] der Schlingel
**tear·drop** die Träne
**tear·ful** ['tɪəfəl] ❶ *Person:* weinend ❷ *Abschied:* tränenreich, traurig ❸ *Gesicht:* tränenüberströmt
**tear-gas** das Tränengas
**tear-jerk·er** ['tɪə ˌdʒɜːkəʳ] (*umgangsspr*) der sentimentale Film, die Schnulze
**tea·room** ['tiːrʊm] die Teestube
to **tease** [tiːz] ❶ hänseln, necken (**about** wegen) ❷ ärgern, reizen *Tier* ❸ he gets teased at school er wird in der Schule gehänselt
**tea·spoon** ['tiːspuːn] der Teelöffel
**tea strain·er** das Teesieb
**teat** [tiːt] ❶ *eines Säugetiers:* die Zitze ❷ *einer Flasche:* der Sauger
**tea·time** ['tiːtaɪm] die Teestunde
**tea tow·el** das Geschirrtuch
**tech·ni·cal** ['teknɪkl] ❶ technisch ❷ fachlich, Fach-; **technical term** der Fachausdruck
**tech·ni·cian** [tek'nɪʃn] der Techniker/die Technikerin
**tech·nique** [tek'niːk] die Technik, das Verfahren
**tech·no** ['teknəʊ] *kein Plural* der/das Techno
**tech·no·logi·cal** [ˌteknə'lɒdʒɪkəl] technologisch
**tech·nol·ogy** [tek'nɒlədʒɪ] die Technologie, die Technik
**ted·dy bear** ['tedɪbeəʳ] der Teddybär
**tee** [tiː] (*in Golf*) die Abschlagstelle
◆ to **tee off** ❶ (*in Golf*) abschlagen ❷ (*umgangsspr*) beginnen
**teen** [tiːn] der Teenager
**teen·age(d)** ['tiːneɪdʒ(d)] jugendlich; **a teenage[d] girl** ein Mädchen im Teenageralter
**teen·ager** ['tiːneɪdʒəʳ] der Teenager, der/die Jugendliche
**teens** [tiːnz] *plural* **she is still in her teens** sie ist noch im Teenageralter
**tee·ny** ['tiːnɪ] <teenier, teeniest> (*umgangsspr*) klitzeklein; **a teeny weeny bit** (*humorvoll*) ein klein wenig
**tee-shirt** ['tiːʃɜːt] das T-Shirt
**teeth** [tiːθ] *Pluralform von* **tooth**
to **teethe** [tiːð] zahnen
**tee·to·tal** [tiː'təʊtl] abstinent
**tee·to·tal·ler** [ˌtiː'təʊtələʳ], Ⓤ **tee·to·tal·er** der Abstinenzler/die Abstinenzlerin

## USEFUL PHRASES

It can be more difficult to speak English on the **phone** than to talk to someone. These phrases will help you to ask for someone or to leave a message on an answerphone.

| | |
|---|---|
| Hello, this is ... | Hi, this is .... I'm just calling to say that ... |
| I'd like to speak to ... | I'd like .../I'm afraid .../Sorry ... |
| Could I leave a message, please? | Could you call me back, please? |
| Could you tell him/her that ..., please? | You can phone me at ... (+ phone number) |
| Could he/she call me back, please? | Hope to hear from you soon. |
| I'll give you my name and address. | Thanks, and bye. |

**tele·com·muni·ca·tions** ['telɪkə,mjuːnɪ'keɪ-ʃnz] △ *mit Singular* die Telekommunikation, das Fernmeldewesen

**tele·gram** ['telɪgræm] das Telegramm

**te·lepa·thy** [tɪ'lepəθɪ] die Telepathie, die Gedankenübertragung

**tele·phone** ['telɪfəʊn] das Telefon; **by telephone** telefonisch; **on the telephone** am Telefon; **where is Peter?** - **he's on the telephone** wo ist [*oder* was macht] Peter? - er telefoniert [gerade]; **to answer the telephone** ans Telefon gehen; **your mother is on the telephone** deine Mutter ist am Apparat; **he is wanted on the telephone** er wird am Telefon verlangt

to **tele·phone** ['telɪfəʊn] ❶ anrufen, telefonieren; **to telephone someone** jemanden anrufen ❷ telefonisch durchgeben *Nachricht*

**tele·phone book** das Telefonverzeichnis, das Telefonbuch

**tele·phone booth**, **tele·phone box** die Telefonzelle

**tele·phone call** der [Telefon]anruf, das Telefongespräch

**tele·phone con·ver·sa·tion** das Telefongespräch

**tele·phone di·rec·tory** das Telefonverzeichnis, das Telefonbuch

**tele·phone ex·change** die Fernsprechvermittlung

**tele·phone num·ber** die Telefonnummer, die Rufnummer

**tele·phone op·era·tor** ⓤⓈⒶ die Vermittlung

**te·lepho·nist** [tɪ'lefᵊnɪst] ⒼⒷ der Telefonist/die Telefonistin

**tele·pho·to lens** [,telɪ'fəʊtəʊ 'lens] das Teleobjektiv

**tele·sales** ['telɪseɪlz] *plural* das Telefonmarketing

**tele·scope** ['telɪskəʊp] das Teleskop, das Fernrohr

**tele·scop·ic** [,telɪ'skɒpɪk] ausziehbar; **tele-**

**scopic lens** das Teleobjektiv

to **tele·vise** ['telɪvaɪz] im Fernsehen übertragen; **televised debate** die Fernsehdebatte

**tele·vi·sion** ['telɪ,vɪʒn] ❶ das Fernsehen; **to watch television** fernsehen; **to be on television** im Fernsehen kommen; **to see something on television** etwas im Fernsehen sehen ❷ **television** [set] der Fernseher, der Fernsehapparat

**tele·vi·sion an·nounc·er** der Fernsehsprecher/die Fernsehsprecherin

**tele·vi·sion cam·era** die Fernsehkamera

**tele·vi·sion pro·gramme**, ⓤⓈⒶ **tele·vi·sion pro·gram** das Fernsehprogramm

**tele·vi·sion stu·dio** das Fernsehstudio

to **tell** [tel] <told, told> ❶ sagen *Adresse, Namen;* **to tell someone the time** jemandem sagen, wie spät es ist; **to tell the truth** die Wahrheit sagen; **to tell the truth** ehrlich gesagt; **I told you** ich habe es Ihnen doch gesagt; **you are telling me!** wem sagen Sie das! ❷ erzählen, berichten *Geschichte, Neuigkeit* (**of** von, **about** über), mitteilen; **to tell lies** lügen ❸ erkennen, feststellen; **I cannot tell who it is from this distance** aus dieser Entfernung kann ich nicht erkennen, wer es ist; **to tell in advance** voraussagen; **to tell the time** *Kind:* die Uhr kennen ❹ unterscheiden, auseinander halten; **it's difficult to tell them apart** sie auseinander zu halten ist schwierig, sie auseinander zu halten ❺ (*anweisen*) sagen; **to tell someone** [not] **to do something** jemandem sagen, dass er etwas [nicht] tun soll; **I thought I told you to go to bed** ich habe dir schon einmal gesagt, du sollst ins Bett gehen ❻ **all told** alles in allem ❼ **how can I tell?** wie soll ich das wissen?; **who can tell?** wer kann das sagen?, wer will das wissen?; **you never can tell** man kann nie wissen ❽ **to tell against someone/something** sich nachteilig für jemanden/auf eine Sache auswirken

◆to **tell apart** auseinander halten

◆to **tell off** ausschimpfen (**for** wegen)

◆to **tell on** to tell on someone jemanden verraten [*oder* verpetzen]

**tell·ing**[1] ['telɪŋ] ❶ *Argument:* schlagend; **with telling effect** mit durchschlagender Wirkung ❷ *Antwort:* aufschlussreich

**tell·ing**[2] ['telɪŋ] **there is no telling what may happen** man weiß nie, was [alles] passieren kann; **that would be telling** das verrate ich dir nicht

**tell·ing-off** ['telɪŋ'ɒf] <*plural* tellings-off> die Standpauke

**tell·tale**[1] ['telteɪl] der/die Petze

**tell·tale**[2] ['telteɪl] verräterisch

**tel·ly** ['telɪ] (*umgangsspr*) ❶ das Fernsehen ❷ der Fernseher

**temp** [temp] (*umgangsspr*) der Zeitarbeiter/die Zeitarbeiterin; **to work as a temp** als Aushilfskraft arbeiten

**tem·per** ['tempər] die Laune, die Stimmung; [bad] **temper** die Wut; **to be in a temper** wütend sein; **to get** [*oder* fly] **into a temper about** ärgerlich werden über; **to keep** [*oder* control] one's temper sich beherrschen; **to lose one's temper** die Geduld verlieren

**tem·pera·men·tal** [ˌtemprə'mentl] launisch

**tem·pera·ture** ['temprətʃər] die Temperatur; **to have** [*oder* run] **a temperature** Fieber haben; **to take someone's temperature** bei jemandem Fieber messen

**tem·pest** ['tempɪst] der Sturm

**tem·ple**[1] ['templ] (*Kultstätte*) der Tempel

**tem·ple**[2] ['templ] (*Kopfteil*) die Schläfe

**tem·po** ['tempəʊ] <*plural* tempos *oder* tempi> das Tempo

**tem·po·rari·ly** ['temprərəlɪ] vorübergehend

**tem·po·rary** ['temprərɪ] ❶ vorübergehend, zeitweilig; **temporary work** die Zeitarbeit ❷ *Konstruktion, Maßnahme:* provisorisch

to **tempt** [tempt] ❶ versuchen, verlocken; **to tempt someone into doing something** jemanden dazu verführen, etwas zu tun; **to be tempted to do something** versucht sein, etwas zu tun ❷ **to tempt fate** das Schicksal herausfordern

**temp·ta·tion** [temp'teɪʃn] die Versuchung; **to lead into temptation** in Versuchung führen

**tempt·ing** ['temptɪŋ] verführerisch; *Angebot:* verlockend

**ten**[1] [ten] zehn; **a quarter to ten** viertel vor zehn

**ten**[2] [ten] die Zehn; **the ten of spades** die Pikzehn

**ten·ant** ['tenənt] *von Land:* der Pächter/die Pächterin; *von Haus, Wohnung:* der Mieter/die Mieterin

to **tend** [tend] **he tends to come early** er kommt meistens früh

**ten·den·cy** ['tendənsɪ] (*übertragen*) der Hang, die Neigung, die Tendenz (**to/towards** zu); **to have a tendency to do something** dazu neigen, etwas zu tun

to **ten·der** ['tendər] **to tender exact fare** Fahrgeld abgezählt bereithalten

**ten·der** ['tendər] ❶ *Körperteil:* empfindlich ❷ *Fleisch:* zart ❸ *Blick, Zuwendung:* zärtlich, liebevoll

**ten·der·ness** ['tendənəs] *kein Plural* ❶ die Zärtlichkeit ❷ die [Schmerz]empfindlichkeit

**ten·don** ['tendən] die Sehne

**ten·fold** ['tenfəʊld] zehnfach

**ten·nis** ['tenɪs] das Tennis; **tennis ball** der Tennisball; **tennis court** der Tennisplatz; **tennis player** der Tennisspieler/die Tennisspielerin; **tennis racket** der Tennisschläger

**ten·or** ['tenər] der Tenor

**ten·pin bowl·ing** ['tenpɪn 'bəʊlɪŋ] das Bowling

**tense**[1] [tens] ❶ *Gesicht, Muskel, Stille:* angespannt ❷ *Lage:* gespannt ❸ *Person:* [über]nervös

**tense**[2] [tens] das Tempus, die Zeit[form]; **present tense** die Gegenwart; **past tense** die Vergangenheit; **future tense** die Zukunft

**ten·sion** ['tenʃn] ❶ (*technisch*) die Spannung; **high tension** die Hochspannung ❷ (*übertragen*) die Anspannung

**tent** [tent] Zelt; **tent peg** der Zeltpflock, der Hering; **tent pole** die Zeltstange

**ten·ta·cle** ['tentəkl] der Fangarm

**ten·ta·tive** ['tentətɪv] vorsichtig; *Bericht:* vorläufig

**tenth**[1] [tenθ] zehnte(r, s)

**tenth**[2] [tenθ] ❶ (*Datum*) **the tenth** der Zehnte ❷ (*Bruchzahl*) das Zehntel

**tep·id** ['tepɪd] lau[warm]

**term** [tɜːm] ❶ die Dauer, der Zeitraum; *eines Vertrags:* die Laufzeit; **in the long term** auf lange Sicht, langfristig; **in the short term** auf kurze Sicht, kurzfristig ❷ (*an Schule, Hochschule*) das Trimester, das Semester ❸ der Ausdruck, der Fachbegriff; **in terms of ...** was ... betrifft ❹ **terms** *plural* das Verhältnis, die Beziehung; **to be on good/bad terms with someone** zu jemandem ein gutes/schlechtes Verhältnis haben; **to come to terms with someone** sich mit jemandem einigen; **to come to terms with a situation** sich mit einer Situation abfinden; **we are**

**terminal – thankful**

**not on speaking terms** wir sprechen nicht miteinander ❺ **terms** *plural* die Bedingungen; **on easy terms** zu günstigen Bedingungen

**ter·mi·nal¹** ['tɜːmɪnl] unheilbar

**ter·mi·nal²** ['tɜːmɪnl] ❶ (*am Flughafen, Bahnhof, Kai*) der/das Terminal ❷ (*für* [*Reise*]*Busse, Züge*) die Endstation ❸ (*Computer*) der/das Terminal ❹ *einer Batterie:* der Pol

to **ter·mi·nate** ['tɜːmɪneɪt] ❶ beenden ❷ lösen *Vertrag* ❸ unterbrechen *Schwangerschaft* ❹ enden ❺ *Vertrag:* ablaufen

**ter·mi·nus** ['tɜːmɪnəs] <*plural* terminuses *oder* termini> die Endstation

**ter·race** ['terəs] ❶ die Terrasse ❷ die Häuserreihe ❸ **terraces** (*Sport*) die Ränge

**ter·raced house** ['terəst'haʊs] das Reihenhaus

**ter·ri·ble** ['terəbl] schrecklich, furchtbar, fürchterlich

**ter·ri·bly** ['terəblɪ] furchtbar, fürchterlich, schrecklich

**ter·rif·ic** [tə'rɪfɪk] ❶ *Idee, Party:* sagenhaft, toll ❷ *Kraft, Geschwindigkeit, Spaß:* unheimlich, enorm

to **ter·ri·fy** ['terɪfaɪ] **to terrify someone** jemandem schreckliche Angst einjagen, jemanden in Angst und Schrecken versetzen; **to be terrified** [**of something**] fürchterliche Angst [vor etwas] haben; **a terrified look** ein angsterfüllter Blick

**ter·ri·fy·ing** ['terɪfaɪɪŋ] erschreckend, grauenvoll

**ter·ri·tory** ['terɪtrɪ] ❶ das [Staats]gebiet, das Territorium ❷ *eines Tiers:* das Revier

**ter·ror** ['terəʳ] ❶ das Entsetzen, der Schreck[en]; **in terror** in panischer Angst ❷ (*politisch*) der Terror ❸ (*Person*) der Schrecken; (*Kind*) der Satansbraten

**ter·ror·ism** ['terərɪzəm] der Terrorismus; **act of terrorism** der Terrorakt

**ter·ror·ist** ['terərɪst] der Terrorist/die Terroristin

to **ter·ror·ize** ['terəraɪz] terrorisieren

**ter·tiary¹** ['tɜːʃərɪ] ❶ **tertiary education** die Hochschulbildung ❷ *Verbrennung:* dritten Grades ❸ (*Ära*) **Tertiary** Tertiär-

**ter·tiary²** ['tɜːʃrɪ] <*plural* tertiaries> das Tertiär

**test** [test] ❶ die Prüfung, die Klassenarbeit; **to take a test** eine Prüfung ablegen; **driving test** die Fahrprüfung; **written test** die schriftliche Prüfung; **to fail a test** eine Prüfung nicht bestehen ❷ Untersuchung; **blood test**

die Blutprobe; **urine test** die Urinprobe ❸ **to put to the test** auf die Probe stellen

to **test** [test] ❶ testen *Augen, Gehör, Intelligenz* ❷ untersuchen *Wasser;* **to test for something** auf etwas hin untersuchen ❸ erproben *Medikament* ❹ prüfen *Schüler*

**tes·ta·ment** ['testəmənt] das Testament

**test drive** die Probefahrt

**tes·ti·cle** ['testɪkl] der Hoden

to **tes·ti·fy** ['testɪfaɪ] ❶ **to testify to something** etwas bezeugen ❷ **to testify against someone** gegen jemanden aussagen; **to testify on someone's behalf** zu jemandes Gunsten aussagen; **to refuse to testify** die Aussage verweigern

**tes·ti·mo·ny** ['testɪmənɪ] die [Zeugen]aussage

**test·ing¹** ['testɪŋ] die [Über]prüfung, die Erprobung

**test·ing²** ['testɪŋ] hart, schwierig

**test tube** das Reagenzglas

**teta·nus** ['tetənəs] der Tetanus, der Wundstarrkrampf

**teth·er** ['teðəʳ] ▶ WENDUNGEN: **to be at the end of one's tether** am Ende seiner Kräfte [*oder* Geduld] sein

**Tex·an¹** ['teksən] der Texaner/die Texanerin

**Tex·an²** ['teksən] texanisch

**Tex·as** ['teksəs] Texas

**text** [tekst] der Text

**text·book** ['tekstbʊk] das Lehrbuch

**text·er** ['tekstəʳ] **she is an avid texter** sie schickt oft SMS

**tex·tile** ['tekstaɪl] ❶ der Stoff ❷ **textiles** die Textilien, die Textilwaren

to **text-mes·sage** ['tekst,mesɪdʒ] **to text-message somebody** jemandem eine SMS[-Nachricht] senden; **to text-message something** etwas per SMS schicken

**text-mes·sage** ['tekst,mesɪdʒ] der/die SMS

**Thai¹** [taɪ] ❶ der/die Thai, der Thailänder/die Thailänderin ❷ *kein Plural* (*Sprache*) das Thai

**Thai²** [taɪ] thailändisch

**Thai·land** ['taɪlænd] Thailand

**Thames** [temz] die Themse

**than** [ðən, ðæn] als

to **thank** [θæŋk] ❶ **to thank someone** [**for something**] jemandem [für etwas] danken, sich bei jemandem [für etwas] bedanken; **thank you** danke; **thank you very much** vielen Dank; **no, thank you** nein, danke ❷ **to have** [**only**] **oneself to thank for something** etwas sich selbst zuzuschreiben haben

**thank·ful** ['θæŋkfl] ❶ froh ❷ dankbar

**thank·ful·ly** ['θæŋkflɪ] glücklicherweise, zum Glück

**thank·less** [θæŋklɪs] undankbar

**thanks** [θæŋks] *plural* ❶ der Dank; **thanks very much** [*oder* **a lot**]! vielen Dank! ❷ **thanks to** dank; (*negativ*) wegen

**thanks·giv·ing** [ˌθæŋks'gɪvɪŋ] die Danksagung; **Thanksgiving Day** ⓤⓢⓐ Thanksgiving Day, ≈ das Erntedankfest

> **L** Einer der höchsten Feiertage in den USA ist **Thanksgiving** (Erntedank) und wird am vierten Donnerstag im November gefeiert. Man trifft sich mit seiner Familie zu einem Festessen, bei dem es traditionell **stuffed turkey** (gefüllten Truthahn), **cranberry sauce** (Preiselbeersoße), **sweet potato** (Süßkartoffeln) und **corn** (Mais) gibt. Der erste Thanksgiving Day wurde 1621 von den 'Pilgrims' in Plymouth Colony gefeiert. Sie hatten schwere Zeiten überlebt und wollten Gott dafür danken.

**thank you** ['θæŋkju:] das Dankeschön; **without even a thank you** ohne ein Wort des Dankes

**thank-you let·ter, thank-you note** der Dankesbrief

**that¹** [ðæt, ðət] <*plural* those> ❶ das; **what is that?** was ist das? ❷ (*hinweisend*) das da, jenes ❸ **to be not as stupid as that** nicht so dumm sein ❹ **like that** so ❺ **that's it!** das ist es!, richtig! ❻ **that's why ...** deshalb ... ❼ **after/before/over that** danach/davor/darüber

**that²** [ðæt, ðət] <*plural* those> ❶ der/die/das, jene(r, s); **that poor dog** der arme Hund; **what about that car of yours?** was ist mit deinem Auto? ❷ **I was that pleased** ich habe mich so gefreut

**that³** [ðæt, ðət] der/die/das; **everything/nothing that ...** alles/nichts, das ...; **the man that told me** der Mann, der mir erzählte; **the minute that he arrived** in dem Augenblick, als er ankam

**that⁴** [ðæt, ðət] dass; **I told you that I couldn't come** ich habe dir gesagt, dass ich nicht kommen kann

to **thatch** [θætʃ] mit Stroh decken; **thatched roof** das Strohdach

to **thaw** [θɔ:] ❶ [auf]tauen ❷ (*übertragen*) auftauen

**thaw** [θɔ:] (*auch übertragen*) das Tauwetter

**the** [ðə, *vor Vokal, betont* ði:] ❶ *bestimmter Artikel* der/die/das ❷ **the ... the ...** je ... desto ...; **the earlier the better** je eher, desto besser ❸ **all the better/worse** umso besser/schlimmer ❹ **to play the piano** Klavier spielen

**thea·tre** ['θɪətə'], ⓤⓢⓐ **thea·ter** ❶ das Theater, das Schauspielhaus; **to go to the theatre** ins Theater gehen ❷ **lecture theatre** der Hörsaal ❸ **operating theatre** der Operationssaal ❹ (*übertragen*) der Schauplatz

**thea·tre com·pa·ny** das [Theater]ensemble, die Schauspieltruppe

**thea·tre crit·ic** der Theaterkritiker/die Theaterkritikerin

**thea·tre-goer** ['θɪətəˌgəʊə'] der Theaterbesucher/die Theaterbesucherin

**the·at·ri·cal** [θɪ'ætrɪkᵊl] Theater-; (*übertragen*) theatralisch

**theft** [θeft] der Diebstahl

**their** [ðeə'] ihr; **everyone knows their duty** jeder kennt seine Pflicht

**theirs** [ðeəz] ihre(r, s), der/die/das Ihre [*oder* Ihrige]; **a friend of theirs** einer ihrer Freunde, ein Freund von ihnen; **it's theirs** es gehört ihnen

**them** [ðem, ðəm] ❶ sie; **can you give them to me?** gibst du sie mir? ❷ ihnen; **that's them** das sind sie; **with their children around them** mit ihren Kindern um sich

**theme** [θi:m] das Thema

**theme mu·sic** die Titelmusik

**theme park** der Themenpark

**them·selves** [ðəm'selvz] ❶ sich ❷ *betont* [sie] selbst; **they ... themselves** sie ... selbst; **to themselves** für sich [allein] ❸ [**all**] **by themselves** [ganz] allein, ohne Hilfe; **they'll do it themselves** sie machen es selbst

**then¹** [ðen] ❶ dann; **before then** zuvor; **by** [*oder* **until**] **then** bis dahin; [**every**] **now and then** dann und wann; **from then onwards** von da an; **what then?** was dann? ❷ damals, da; **I was better at maths then** damals war ich in Mathe besser ❸ außerdem, ferner; **then I'd like two pounds of carrots please** dann hätte ich noch gerne zwei Pfund Karotten bitte ❹ folglich; **so then I decided to stay** folglich beschloss ich zu bleiben

**then²** [ðen] damalig; **my then best friend Joan** meine damalige beste Freundin Joan

**the·ol·ogy** [θɪ'ɒlədʒɪ] die Theologie

**theo·reti·cal** [θɪə'retɪkl] theoretisch

**theo·ry** ['θɪərɪ] die Theorie; **in theory** theoretisch; **the theory of relativity** die Relativitätstheorie

**thera·peut·ic** [ˌθerə'pju:tɪk] therapeutisch

**thera·pist** ['θerəpɪst] der Therapeut/die Therapeutin

**thera·py** ['θerəpɪ] die Therapie, die Behand-

**there – think** **478**

lung

**there**[1] [ðeə[r]] ❶ dort, da, dorthin, dahin; **there you are!** da bist du ja!; **here and there** hier und da, gelegentlich; **over there** dort drüben ❷ **there is/are** es ist/sind, es gibt; **there is no one there** es ist niemand da ❸ **there you are!** da hast du's! ❹ **there and then** auf der Stelle

**there**[2] [ðeə[r]] nanu! na also! da haben wir es!; **there, that's enough** so, nun ist's aber genug!

**there·abouts** [ˈðeərəbaʊt(s)] in der Gegend, so etwa; **at 3 or thereabouts** so um 3 Uhr herum

**there·by** [ðeəˈbaɪ] dadurch

**there·fore** [ˈðeəfɔː[r]] ❶ deshalb, deswegen ❷ folglich, also

**ther·mal** [ˈθɜːml] **thermal baths** die Thermalbäder; **thermal underwear** die Thermowäsche

**ther·mom·eter** [θəˈmɒmɪtə[r]] das Thermometer

**Thermos**® [ˈθɜːmɒs], **Thermos**® **bot·tle** [ˈθɜːməsˈbɒtl], **Thermos**® **flask** [ˈθɜːməsˈflɑːsk] die Thermosflasche

**ther·mo·stat** [ˈθɜːməʊstæt] der Thermostat

**these** [ðiːz] *Pluralform von* **this**

**the·ses** [ˈθiːsiːz] *Pluralform von* **thesis**

**the·sis** [ˈθiːsɪs] <*plural* theses> ❶ die These, die Behauptung ❷ die Dissertation, die Doktorarbeit ❸ die Diplomarbeit

**they** [ðeɪ] ❶ sie; **they who** diejenigen, welche ❷ man, es; **they say that ...** man sagt, dass ...

**they'd** [ðeɪd] *Kurzform von* **they had; they would**

**they'll** [ðeɪl] *Kurzform von* **they shall; they will**

**they're** [ðeɪr] *Kurzform von* **they are**

**they've** [ðeɪv] *Kurzform von* **they have**

**thick**[1] [θɪk] ❶ dick ❷ *Nebel, Haar, Gestrüpp:* dicht ❸ *Flüssigkeit, Sahne:* dickflüssig ❹ *Luft:* schlecht ❺ *Akzent:* stark, breit ❻ (*umgangsspr*) dumm, stupide ❼ (*umgangsspr*) dick, eng befreundet ❽ **thick with** voller, voll von

**thick**[2] [θɪk] **in the thick of** mitten in; **through thick and thin** durch dick und dünn

to **thick·en** [ˈθɪkən] ❶ eindicken *Sauce* ❷ *Nebel:* sich verdichten, dichter werden

**thick·ness** [ˈθɪknɪs] ❶ die Dicke, die Stärke ❷ die Dichte ❸ die Dickflüssigkeit ❹ die Lage, die Schicht

**thick-skinned** [ˌθɪkˈskɪnd] (*übertragen*) dickfellig

**thief** [θiːf] <*plural* thieves> der Dieb/die Diebin; **stop thief!** haltet den Dieb!

**thieves** [ˈθiːvz] *Pluralform von* **thief**

**thiev·ing**[1] [ˈθiːvɪŋ] das Stehlen

**thiev·ing**[2] [ˈθiːvɪŋ] diebisch

**thigh** [θaɪ] der Oberschenkel

**thim·ble** [ˈθɪmbl] der Fingerhut

**thin** [θɪn] ❶ dünn ❷ mager, hager ❸ *Gesicht:* schmal ❹ *Publikum:* spärlich; **thinly populated** dünn besiedelt ❺ *Bier:* dünn, wässerig ❻ (*übertragen*) *Ausrede:* schwach, fadenscheinig

to **thin** [θɪn] <thinned, thinned> ❶ dünner machen ❷ verdünnen *Sauce* ❸ *Haare:* schütter werden ❹ *Nebel:* sich lichten ❺ *Menschenmenge:* sich verlaufen

◆ to **thin out** ❶ ausdünnen *Haare* ❷ lichten *Wald* ❸ vereinzeln *Pflanzen* ❹ *Menschenmenge:* kleiner werden

**thing** [θɪŋ] ❶ das Ding, die Sache, der Gegenstand ❷ (*umgangsspr*) das Ding, der Dingsda, der Dingsbums ❸ **things** die Sachen, die Kleider ▶ WENDUNGEN: **among other things** unter anderem; **to do one's own thing** (*umgangsspr*) sein Ding machen; **first thing** zuerst [*oder* zunächst] [einmal]; **first thing in the morning** morgens früh als Erstes; **first things first!** immer schön der Reihe nach!; **for one thing** einmal, vor allem; **just the thing** genau das Richtige; **no such thing** nichts dergleichen; **the real thing** das Richtige; **the very thing** genau das; **a thing like that** so etwas; **to have a thing about something** eine Schwäche [*oder* Vorliebe] haben für etwas; **he's got a thing about snakes** er kann Schlangen nicht ausstehen; (*fasziniert von*) er ist verrückt auf Schlangen; **it's a funny thing, but ...** es ist seltsam, aber ...; **that was a near thing!** das ist noch mal gut gegangen; **how are things?** wie geht's?; **I'm going to tell him a thing or two** dem werde ich was erzählen!; **there is no such thing** so was gibt es nicht; **the thing is ...** die Sache ist die, ...; **the nice thing about it** das Schöne daran; **another thing** noch etwas, etwas anderes; **things are going well** es läuft gut; **to think things over** sich die Sache überlegen; **you poor thing!** du Arme(r)!; **I must be seeing things!** ich sehe wohl nicht richtig!

**think** [θɪŋk] **to have a think about something** sich etwas überlegen, über etwas nachdenken

to **think** [θɪŋk] <thought, thought> ❶ denken; **who would have thought it!** wer hätte das gedacht! **2** glauben, meinen; **I think you had better do that** ich meine, du solltest das lieber tun; **do you think he'll manage?** glauben Sie, er schafft es?; **that's what you think!** das meinst du wohl!; **what do you think?** was meinen Sie [dazu]? **3** sich vorstellen, sich einbilden; **just think** stell dir mal vor **4** halten für, ansehen als; **you must think me rude** Sie müssen mich für unhöflich halten **5** **I should think not!** das will ich auch nicht hoffen! **6** denken; **to think aloud** laut denken; **I think so** ich denke schon **7** nachdenken; **I've been thinking** ich habe nachgedacht; **it makes you think** das stimmt einen nachdenklich; **let me think** lass mich überlegen; **he wasn't thinking** (*übertragen*) er hat geschlafen **8** **to think twice** [es] sich noch mal überlegen; **to act without thinking** unüberlegt handeln

**G** Richtiges Konjugieren von **think**: think, thought, thought — *I never thought Mike would come to the party; have you ever thought what might happen?*

◆ to **think about** **1** nachdenken über **2** sich überlegen; **to think about something** sich etwas überlegen [*oder* durch den Kopf gehen lassen] **3** **to think about doing something** vorhaben, etwas zu tun
◆ to **think ahead** vorausdenken
◆ to **think back** sich zurückversetzen (**to** in)
◆ to **think of** **1** denken an; **to think of doing something** daran denken [*oder* planen] [*oder* beabsichtigen], etwas zu tun; **we are thinking of moving to France** wir tragen uns mit dem Gedanken, nach Frankreich zu ziehen; **I'll think of something** ich werde mir etwas einfallen lassen; **to think better of something** sich etwas noch mal überlegen **2** sich vorstellen; **it's hard to think of a world without poverty** eine Welt, in der es keine Armut gibt, ist kaum vorstellbar **3** sich ausdenken *Idee, Lösung* **4** **to think highly** [*oder* **much**] **of** viel halten von; **what do you think of him/it?** was halten Sie von ihm/davon?; **to think nothing of something** von etwas nichts halten; **think nothing of it!** das ist nicht der Rede wert! **5** sich erinnern an, sich besinnen auf; **I can't think of her name** ich komme nicht auf ihren Namen, mir fällt ihr Name nicht ein
◆ to **think out** sich ausdenken, sich gut überlegen

◆ to **think over** sich überlegen, nachdenken [über]; **to think things over** die Lage überdenken
◆ to **think through** durchdenken
◆ to **think up** sich ausdenken
**think·er** ['θɪŋkə'] der Denker/die Denkerin
**think·ing** ['θɪŋkɪŋ] **to my** [**way of**] **thinking** meiner Meinung nach; **that's wishful thinking** das ist ein frommer Wunsch
**third¹** [θɜːd] dritte(r, s)
**third²** [θɜːd] **1** (*Datum*) **the third** der Dritte **2** (*Bruchzahl*) das Drittel **3** *von Auto:* der dritte Gang
**third·ly** ['θɜːdlɪ] drittens
**third-par·ty in·sur·ance** die Haftpflichtversicherung
**third-rate** [ˌθɜːd'reɪt] drittrangig, minderwertig
**Third World** **the Third World** die Dritte Welt
**thirst** [θɜːst] der Durst; **to die of thirst** verdursten; **thirst for knowledge** der Wissensdurst
**thirsty** ['θɜːstɪ] durstig ▶ WENDUNGEN: **thirsty for knowledge** begierig nach Wissen, wissbegierig
**thir·teen¹** [ˌθɜː'tiːn] dreizehn
**thir·teen²** [ˌθɜː'tiːn] die Dreizehn
**thir·teenth¹** [ˌθɜː'tiːnθ] dreizehnte(r, s)
**thir·teenth²** [ˌθɜː'tiːnθ] **1** (*Datum*) **the thirteenth** der Dreizehnte **2** (*Bruchzahl*) das Dreizehntel
**thir·ti·eth¹** ['θɜːtɪəθ] dreißigste(r, s)
**thir·ti·eth²** ['θɜːtɪəθ] **1** (*Datum*) **the thirtieth** der Dreißigste **2** (*Bruchzahl*) das Dreißigstel
**thir·ty¹** ['θɜːtɪ] dreißig
**thir·ty²** ['θɜːtɪ] **1** die Dreißig **2** **in the thirties** in den Dreißigern; **she must be in her thirties** sie muss in den Dreißigern sein
**this¹** [ðɪs] <*plural* these> **1** diese(r, s); **this one is smaller** diese(r, s) ist kleiner **2** **this morning/evening/night** heute Morgen/Abend/Nacht; **this time** diesmal; **this time last month** letzten Monat um diese Zeit; **these days** heutzutage; **what are you doing these days?** was machen Sie [so] in letzter Zeit? **3** **come here this minute!** komm sofort hierher!
**this²** [ðɪs] <*plural* these> **1** *substantivisch* dies, das; **what/who is this?** was/wer ist das?; **these are my friends** das sind meine Freunde; **this is to prove ...** hiermit wird bewiesen ...; **this and that** dieses und jenes; **this is Anna** [**speaking**] [hier ist] Anna **2** **it's like this** es ist so

**this – thrilling**

**this³** [ðɪs] so; **this late/much** so spät/viel

**this·tle** ['θɪsl] die Distel

**thorn** [θɔːn] der Dorn

**thorny** ['θɔːnɪ] ① dornig ② (*übertragen: schwierig*) heikel

**thor·ough** ['θʌrə, 'θʌrəʊ] ① *Untersuchung:* gründlich, genau ② *Nervensäge:* ausgemacht

**thor·ough·fare** ['θʌrəfeəʳ] **no thorough-fare!** keine Durchfahrt!

**thor·ough·ly** ['θʌrəʊlɪ] ① *untersuchen:* gründlich ② *durchnässt:* völlig; *erschöpft, verwöhnt:* total; *langweilig:* ausgesprochen; *beschämt:* zutiefst

**those** [ðəʊz] *Pluralform von* **that**

**though** [ðəʊ] ① obgleich, wenn auch; **as though** als ob; **even though** obwohl ② doch; **she did do it though** sie hat es aber doch getan

**thought¹** [θɔːt] *2. und 3. Form von* **think**

**thought²** [θɔːt] ① das [Nach]denken, die Überlegung; **after serious thought, on second thoughts** nach reiflicher Überlegung; **to have second thoughts about something** sich etwas noch einmal überlegen; **to give some thought to** nachdenken über; **to have no thought of doing something** nicht daran denken, etwas zu tun; **don't give it another thought** denken Sie gar nicht daran; [lost] **in thought** in Gedanken [versunken] ② der Gedanke; **I've had a sudden thought** mir ist gerade etwas eingefallen; **that's a thought** das ist eine gute Idee ③ die Rücksicht; **she has no thought for others** sie nimmt keine Rücksicht auf andere

**thought·ful** ['θɔːtfl] ① *Person:* nachdenklich ② *Bemerkung:* wohl überlegt ③ aufmerksam, rücksichtsvoll

**thought·less** ['θɔːtlɪs] ① gedankenlos, unbesonnen ② rücksichtslos (**of** gegen), unachtsam

**thought-out** [ˌθɔːt'aʊt] **a well thought-out plan** ein wohl durchdachter Plan

**thought-pro·vok·ing** [ˌθɔːtprə'vəʊkɪŋ] geistige Anstöße vermittelnd, anregend

**thou·sand¹** ['θaʊznd] tausend; **a thousand times** tausendmal

**thou·sand²** ['θaʊznd] das Tausend; **thousands of birds/pounds** Tausende von Vögeln/Pfund; **one thousand** eintausend

**thou·sandth¹** ['θaʊzntθ] tausendste(r, s)

**thou·sandth²** ['θaʊzntθ] ① das Tausendstel ② Tausendste(r, s)

to **thrash** [θræʃ] ① verprügeln, verdreschen ② (*umgangsspr*) [vernichtend] besiegen

◆ to **thrash about** um sich schlagen

◆ to **thrash out** ausdiskutieren

**thrash·ing** ['θræʃɪŋ] ① die Tracht Prügel ② (*übertragen*) **to give someone a thrashing** jemandem eine vernichtende Niederlage beibringen

**thread** [θred] ① (*auch übertragen*) der Faden ② *einer Schraube:* das Gewinde

to **thread** [θred] ① einfädeln *Nadel* ② aufreihen *Perlen* ③ **to thread one's way through** [**something**] sich [durch etwas] durchschlängeln [*oder* durchwinden]

**threat** [θret] ① die Drohung; **is that a threat?** soll das eine Drohung sein? ② die Bedrohung (**to** für), die Gefahr (**to** für); **there's a threat of rain** es sieht nach Regen aus

to **threat·en** ['θretn] ① **to threaten someone** [**with something**] jemandem [mit etwas] drohen, jemandem [etwas] androhen ② **to threaten someone with a knife** jemanden mit einem Messer bedrohen ③ **to threaten to do something** drohen, etwas zu tun ④ **the river threatened to burst its banks** der Fluss drohte, über die Ufer zu treten ⑤ **to be threatened with extinction** vom Aussterben bedroht sein

**threat·en·ing** ['θretᵊnɪŋ] ① (*feindlich*) drohend, Droh-; **threatening letter** der Drohbrief ② (*beängstigend*) bedrohlich; *Wolken:* dunkel

**three¹** [θriː] drei; **a quarter to three** viertel vor drei

**three²** [θriː] die Drei; **the three of spades** die Pikdrei

**three-di·men·sion·al** dreidimensional

**three·fold¹** dreifach

**three·fold²** **the threefold** das Dreifache

**three-part** ['θriːpɑːt], **three-piece** [ˌθriː'piːs] dreiteilig

**three-quar·ter(s)** [ˌθriː'kwɔːtəʳ(s)] dreiviertel; **three-quarters of an hour** eine Dreiviertelstunde

**thresh·old** ['θreʃhəʊld] (*auch übertragen*) die Schwelle

**threw** [θruː] *2. Form von* **throw**

to **thrill** [θrɪl] **to be thrilled about something** von etwas begeistert [*oder* hingerissen] sein; **to be thrilled to bits** vor Freude ganz aus dem Häuschen sein

**thrill** [θrɪl] der Nervenkitzel; **thrill of excitement/anticipation** die prickelnde Erregung/Vorfreude

**thrill·er** ['θrɪləʳ] der Reißer, der Krimi

**thrill·ing** ['θrɪlɪŋ] ① aufregend ② *Buch, Film:* spannend ③ *Ereignis:* packend

**thriv·ing** ['θraɪvɪŋ] blühend; *Geschäft:* florierend; *Gemeinde:* gut funktionierend

**throat** [θrəʊt] ❶ die Kehle, die Gurgel; **to grip someone by the throat** jemanden an der Gurgel packen ❷ der Rachen, der Schlund; **to clear one's throat** sich räuspern; **to have a sore throat** Halsschmerzen haben

to **throb** [θrɒb] <throbbed, throbbed> klopfen; *Herz, Puls:* pochen

**throne** [θrəʊn] der Thron

**throt·tle** ['θrɒtl] ❶ das Drosselventil ❷ **at full throttle** mit Vollgas

to **throt·tle** ['θrɒtl] ❶ erdrosseln ❷ (*übertragen*) unterdrücken
⬧ to **throttle back**, to **throttle down** ❶ drosseln ❷ Gas wegnehmen

**through**[1] [θruː] ❶ *räumlich* durch ❷ *zeitlich* über; **through the night** die Nacht über; **all through her life** ihr ganzes Leben lang; **Monday through Friday** von Montag bis [einschließlich] Freitag ❸ *kausal* durch, infolge, mit Hilfe; **through the post** mit der Post

**through**[2] [θruː] ❶ durch; **through and through** durch und durch, völlig; **wet through** patschnass ❷ **to carry through** zu Ende bringen ❸ **to get through** durchkommen ❹ **to put someone through to someone** jemanden mit jemandem verbinden

**through**[3] [θruː] ❶ fertig; **I'm through with him** der ist für mich gestorben ❷ *Zug:* durchgehend; **through traffic** der Durchgangsverkehr; **no through road** Durchfahrt verboten

**through·out**[1] [θruːˈaʊt] ❶ überall in; **throughout the world** in der ganzen Welt ❷ während; **throughout his stay** seinen ganzen Aufenthalt über; **throughout his life** sein ganzes Leben lang

**through·out**[2] [θruːˈaʊt] ❶ überall; **carpeted throughout** ganz mit Teppichboden ausgelegt ❷ die ganze Zeit [über]

**throw** [θrəʊ] der Wurf

to **throw** [θrəʊ] <threw, thrown> ❶ werfen (**at** nach); **to throw someone something** jemandem etwas zuwerfen ❷ *Pferd:* abwerfen ❸ (*umgangsspr*) **that's totally thrown me** das hat mich total verwirrt [*oder* aus der Fassung gebracht] ❹ **to throw dice** würfeln ❺ **to throw oneself at someone** (*übertragen*) sich jemandem an den Hals werfen

Ⓖ Richtiges Konjugieren von **throw**: throw, threw, thrown — *she threw the empty carton away; Tom was thrown off the horse.*

⬧ to **throw away** ❶ wegwerfen ❷ verschwenden *Geld* ❸ verpassen *Gelegenheit*

⬧ to **throw back** ❶ zurückwerfen ❷ **to be thrown back upon** angewiesen sein auf

⬧ to **throw down** ❶ hinunterwerfen ❷ wegwerfen *Waffen*

⬧ to **throw in** ❶ einwerfen *Ball, Bemerkung* ❷ [gratis] dazugeben; **with ... thrown in** mit ... als Zugabe

⬧ to **throw into** **to throw oneself into one's work** sich in die Arbeit stürzen

⬧ to **throw off** ❶ abwerfen *Kleider* ❷ ablegen *Verkleidung* ❸ losbekommen *Erkältung* ❹ von sich geben *Funken* ❺ abschütteln *Verfolger* ❻ **to throw someone off the scent** jemanden von der Spur ablenken

⬧ to **throw on** sich [schnell] überwerfen *Kleidungsstück*

⬧ to **throw open** ❶ aufstoßen *Tür* ❷ für die Öffentlichkeit freigeben *Gebäude*

⬧ to **throw out** ❶ hinauswerfen *Person* ❷ wegwerfen *Abfall* ❸ ablehnen, verwerfen *Gesetzesvorlage* ❹ äußern *Bemerkung, Gedanken* ❺ abgeben *Hitze* ❻ durcheinanderbringen *Berechnungen, Pläne*

⬧ to **throw together** ❶ zusammenwerfen *Zutaten* ❷ hinhauen; runterschreiben *Aufsatz, Artikel* ❸ zusammenbringen *Leute*

⬧ to **throw up** ❶ hochwerfen *Ball* ❷ hervorbringen *Führer, Ideen* ❸ aufgeben *Arbeit* ❹ sich entgehen lassen *Gelegenheit* ❺ erbrechen *Essen* ❻ sich übergeben

**throw·away** ['θrəʊəˌweɪ] ❶ *Flasche:* Wegwerf-, Einweg-; **throwaway paper cup** der Papierbecher zum Wegwerfen ❷ *Bemerkung:* beiläufig

**throw·er** ['θrəʊəʳ] der Werfer/die Werferin

**throw-in** ['θrəʊɪn] (*Sport*) der Einwurf

**throw·ing** ['θrəʊɪŋ] das Werfen; **throwing the hammer** das Hammerwerfen; **throwing the javelin** das Speerwerfen

**thrown** [θrəʊn] *3. Form von* **throw**

**thrush** [θrʌʃ] <*plural* thrushes> (*Singvogel*) die Drossel

to **thrust** [θrʌst] <thrust, thrust> ❶ [heftig] stoßen; **to thrust one's hands into one's pockets** die Hände in die Tasche stecken ❷ stecken *Nadel* (**into** in)

**thru·way** ['θruːweɪ] ⓊⓈⒶ die Schnellstraße

**thud** [θʌd] der [dumpfe] Schlag, das [dumpfe] Geräusch, der Bums

to **thud** [θʌd] <thudded, thudded> dumpf aufschlagen (**to** auf)

**thug** [θʌɡ] der Schläger[typ]

**thumb** [θʌm] der Daumen ▸ WENDUNGEN: **to be under someone's thumb** unter jemandes Fuchtel stehen; **to give something/ someone the thumbs up** einer Sache/jemandem grünes Licht geben

to **thumb** [θʌm] ❶ **to thumb a lift** [oder **ride**] (umgangsspr) per Anhalter fahren ❷ **to thumb through a book** ein Buch durchblättern; **a well-thumbed book** ein abgegriffenes Buch

**thumb in·dex** das Daumenregister

**thumb·nail** ['θʌmneɪl] der Daumennagel

**thumb·print** der Daumenabdruck

**thumb·tack** ⓤⓢⓐ die Heftzwecke, der Reißnagel

**thumb typ·ing** kein Plural Tippen auf einer winzigen Tastatur nur mit beiden Daumen

**thump** [θʌmp] der dumpfe Schlag, der Bums

to **thump** [θʌmp] ❶ schlagen ❷ dumpf aufschlagen ❸ Herz: heftig pochen (**with** vor)

**thun·der** ['θʌndər] ❶ der Donner ❷ (übertragen) das Getöse

to **thun·der** ['θʌndər] ❶ donnern ❷ to **thunder at someone** jemanden anbrüllen ❸ **to thunder something** etwas brüllen

**thun·der·clap** ['θʌndəklæp] der Donnerschlag

**thun·der·cloud** die Gewitterwolke

**thun·der·ing**[1] ['θʌndərɪŋ] kein Plural das Donnern

**thun·der·ing**[2] ['θʌndərɪŋ] Beifall: tosend; Schlag: enorm

**thun·der·ous** ['θʌndərəs] donnernd

**thun·der·storm** ['θʌndəstɔːm] das Gewitter

**thun·dery** ['θʌndəri] gewittrig

**Thurs·day** ['θɜːzdɪ] der Donnerstag; **on Thursday** am Donnerstag; **on Thursdays** donnerstags

**thus** [ðʌs] ❶ so, auf diese Weise ❷ folglich ❸ **thus far** so weit

**thyme** [taɪm] der Thymian

**Ti·bet** [tɪ'bet] Tibet

**tick** [tɪk] ❶ einer Uhr: das Ticken ❷ (Zeichen) das Häkchen ❸ (umgangsspr) der Augenblick; **in a tick** gleich, sofort ❹ (umgangsspr) der Kredit; **to buy on tick** auf Pump kaufen ❺ die Zecke

to **tick** [tɪk] ❶ Uhr: ticken ❷ abhaken Antwort ♦to **tick off** ❶ abhaken ❷ (umgangsspr) abkanzeln

**tick·et** ['tɪkɪt] ❶ die Karte, die Eintrittskarte ❷ die Fahrkarte, der Fahrschein ❸ die Flugkarte, das Ticket ❹ der [Gepäck]schein, der Parkschein ❺ **lottery ticket** das Lotterielos ❻ das Etikett, das Schildchen, der Preiszettel ❼ ⓤⓢⓐ die Kandidatenliste, das Wahlprogramm ❽ **parking ticket** der Strafzettel

**tick·et agen·cy** die Vorverkaufsstelle

**tick·et col·lec·tor** der Fahrkartenkontrolleur/ die Fahrkartenkontrolleurin, der Schaffner/ die Schaffnerin

**tick·et count·er** der Fahrkartenschalter

**tick·et hold·er** der Karteninhaber/die Karteninhaberin

**tick·et ma·chine** der Fahrscheinautomat

**tick·et of·fice** der Fahrkartenschalter

**tick·ing-off** ['tɪkɪŋ'ɒf] <plural tickings-off> (umgangsspr) der Anpfiff, der Anschnauzer

to **tick·le** ['tɪkl] kitzeln

**tick·lish** ['tɪklɪʃ] kitz[e]lig

**tid·al** ['taɪdl] **tidal energy** die Gezeitenenergie; **tidal river** der Tidefluss; **tidal wave** die Flutwelle

**tide** [taɪd] ❶ Ebbe und Flut, die Gezeiten; **the tide is** [**coming**] **in**/[**going**] **out** es ist Flut/ Ebbe; **ebb** [oder **low**] **tide** die Ebbe, das Niedrigwasser; **flood** [oder **high**] **tide** die Flut, das Hochwasser; **at high tide** bei Flut ❷ (übertragen) der Trend, die Strömung; **to go** [oder **swim**] **against the tide** gegen den Strom schwimmen

**tidy** ['taɪdɪ] ❶ ordentlich, sauber, aufgeräumt ❷ (umgangsspr) **a tidy sum** eine nette Summe

to **tidy** ['taɪdɪ] in Ordnung bringen; **to tidy up** aufräumen

**tie** [taɪ] ❶ die Krawatte, der Schlips ❷ das Band, die Schnur ❸ **ties** plural (übertragen) die Verbindungen ❹ (Sport) das Unentschieden; **family ties** die familiären Bindungen ❹ (Sport) das Unentschieden; **to end in a tie** unentschieden enden [oder ausgehen]

to **tie** [taɪ] <tied, tied> ❶ binden (**to** an) ❷ zusammenschnüren Paket ❸ **to tie a knot in something** einen Knoten in etwas machen ❹ (Sport) punktgleich sein (**with** mit), unentschieden spielen; **the match was tied** das Spiel war unentschieden ❺ **my hands are tied** (übertragen) mir sind die Hände gebunden

Ⓖ Richtiges Konjugieren von **tie**: tie, tied, tied — Lisa tied her pony to the fence; the old suitcase was tied with string.

♦to **tie back** zurückbinden

♦to **tie down** ❶ festbinden ❷ (übertragen) binden (**to** an); festlegen, festnageln Gesprächspartner; **he doesn't want to tie himself down** er möchte sich nicht binden [oder festlegen]; **a pet really ties you down** mit einem Haustier ist man angebunden

♦to **tie on** anbinden

♦to **tie up** ❶ verschnüren Paket; binden

*Schnürsenkel* ❷ anbinden *Tier;* fesseln *Gefangene;* festmachen *Boot* ❸ unter Dach und Fach bringen *Geschäft* ❹ fest anlegen *Kapital* ❺ beschäftigen *Menschen;* auslasten *Maschinen;* **I am tied up tomorrow** morgen bin ich beschäftigt ❻ **to be tied up with something** mit etwas zusammenhängen

**tier** [tɪəʳ] ❶ die [Sitz]reihe; (*im Theater*) der Rang ❷ (*übertragen*) die Stufe; **in tiers** stufenweise

**ti·ger** ['taɪgəʳ] der Tiger

**tight** [taɪt] ❶ *Deckel, Schraube:* fest [sitzend]; **the cork is too tight** der Korken sitzt zu fest ❷ *Umarmung:* fest ❸ *Kleidungsstück, Platz:* eng ❹ *Kontrolle:* streng ❺ *Seil, Haut:* straff ❻ *Zeit, Geld, Rennen:* knapp ❼ *Lage:* schwierig ❽ (*umgangsspr*) geizig ❾ (*umgangsspr*) blau, besoffen ❿ **airtight/watertight** luftdicht/wasserdicht ⓫ **to hold tight** fest halten ⓬ **to shut tight** fest zumachen ⓭ **to sit tight** sich nicht rühren ⓮ **sleep tight!** schlaf gut!

to **tight·en** ['taɪtn] ❶ anziehen *Schraube, Knoten* ❷ straffen *Seil* ❸ enger schnallen *Gürtel* ❹ verschärfen *Bestimmungen* ❺ *Seil:* sich straffen

**tight·rope** das Drahtseil; **to walk the tightrope** auf dem Drahtseil tanzen

**tights** [taɪts] ⚠ *plural* GB die Strumpfhose

**tile** [taɪl] ❶ der [Dach]ziegel ❷ die Kachel, die Fliese ❸ die [Kork]platte ❹ die [Teppich]fliese

to **tile** [taɪl] ❶ mit Fliesen belegen *Fußboden* ❷ mit Ziegeln decken *Dach* ❸ kacheln *Wand*

**till**¹ [tɪl] *zeitlich* bis [zu]; **not till** nicht vor, erst; **till now** bis jetzt; **till then** bis dahin; **till such time as** bis

**till**² [tɪl] die [Laden]kasse

**till·er** ['tɪləʳ] die [Ruder]pinne

to **tilt** [tɪlt] ❶ kippen ❷ schräg stellen, schief halten ❸ geneigt [*oder* schräg] sein

**tilt** [tɪlt] ❶ die Neigung ❷ [**at**] **full tilt** (*übertragen*) mit aller Gewalt

**tim·ber** ['tɪmbəʳ] ❶ das Bauholz, das Schnittholz, das Nutzholz ❷ der Balken ❸ der Nutzwald; **timber!** Baum fällt!

**time** [taɪm] ❶ die Zeit; **time is up** die Zeit ist [her]um [*oder* vorbei]; **time will tell** kommt Zeit, kommt Rat; **local time** die Ortszeit; **a matter of time** eine Frage der Zeit; **spare time** die Freizeit; **waste of time** die Zeitverschwendung; **time of arrival** die Ankunftszeit; **time of departure** die Abflugzeit, die Abfahrtszeit; **the time of day** die Tageszeit; **all the time** die ganze Zeit [über]; **at the same time** zur gleichen Zeit, gleichzeitig; **at that time** damals, zu der Zeit; **by that time** bis dahin, unterdessen; **in half the time** in der halben Zeit; **in no time** im Nu; **in time** rechtzeitig; **on time** pünktlich; **to do time** (*umgangsspr*) [im Gefängnis] sitzen; **to have no time to lose** keine Zeit zu verlieren haben; **to have a good time** sich gut unterhalten, sich amüsieren; **to make good time** aufholen, ein hohes Tempo haben; **to take time** Zeit erfordern; **take your time over it** lassen Sie sich Zeit dazu ❷ das Mal; **another time** ein andermal; **at times** manchmal, hin und wieder; **at all times** immer; **every time** jedes Mal; **for the time being** im Augenblick, zurzeit; **from time to time** von Zeit zu Zeit; **many times** [*oder* **a time**] oft[mals]; **next time** das nächste Mal; **once upon a time [there was]** ... es war einmal ...; **this time** diesmal; **three times** dreimal; **three times three is** [*oder* **equals**] **nine** drei mal drei ist neun ❸ **to ask someone the time** jemanden nach der Uhrzeit fragen; **what time do we eat?** um wie viel Uhr essen wir? ❹ der Takt; **to beat/keep time** den Takt schlagen/halten ❺ *meist plural* die Zeiten; **in Roman times** in der Römerzeit

 **in time** heißt rechtzeitig: *Ben arrived in time for lunch;* — **on time** heißt dagegen pünktlich: *please be on time for my party.*

to **time** [taɪm] ❶ **to time something well** den richtigen Zeitpunkt für etwas aussuchen; **you timed that beautifully** Sie haben genau den richtigen Augenblick gewählt ❷ (*mit einer Stoppuhr*) die Zeit stoppen [*oder* nehmen]; **time yourself to see how long it takes you** sehen Sie auf die Uhr, um herauszufinden, wie lange Sie brauchen ❸ messen *Geschwindigkeit* ❹ **well-timed** gut getimt *Ball*

**time bomb** die Zeitbombe
**time clock** die Stechuhr
**time-con·sum·ing** zeitintensiv
**time dif·fer·ence** der Zeitunterschied
**time·keep·er** ['taɪmˌkiːpəʳ] (*Sport*) der Zeitnehmer/die Zeitnehmerin
**time lim·it** die Zeitbeschränkung, die Frist; **to put a time limit on something** etwas befristen
**time·line** der Zeitstrahl
**time·ly** ['taɪmlɪ] rechtzeitig, zur rechten Zeit
**time-out** [ˌtaɪmˈaʊt] USA ❶ (*Sport*) die Auszeit ❷ (*übertragen*) die Pause
**tim·er** ['taɪməʳ] der Zeitmesser, die Schaltuhr
**time-sav·ing** ['taɪmˌseɪvɪŋ] zeitsparend

**timetable – to**

**time·ta·ble** ['taɪmˌteɪbl] ❶ der Fahrplan, der Flugplan ❷ der Stundenplan ❸ (*auf einem Kongress*) das Programm

**time zone** die Zeitzone

**tim·id** ['tɪmɪd] <timider, timidest> furchtsam, ängstlich

**tim·ing** ['taɪmɪŋ] ❶ das Timing; **that was perfect timing** das kommt gerade richtig ❷ die Zeitmessung

**tin** [tɪn] ❶ (*Metall*) das Zinn; (*raffiniert*) das Weißblech ❷ ⒼⒷ die Büchse, die Dose

**tin can** die Blechdose

**tin·foil** ['tɪnfɔɪl] das Stanniol, die Alufolie

to **tinge** [tɪndʒ] **tinged with** mit einer Spur von; **tinged with pink** leicht rosa getönt

**tinge** [tɪndʒ] **with a tinge of** mit einer Spur von

to **tin·gle** ['tɪŋgl] prickeln, kribbeln (**with** vor)

**tinned** [tɪnd] **tinned fruit** die Obstkonserven; **tinned meat** das Büchsenfleisch

**tin·ny** ['tɪnɪ] *Ton:* blechern

**tin-open·er** ['tɪnəʊpənə'] der Dosenöffner, der Büchsenöffner

**tin·sel** ['tɪnsl] Lametta

**tint** [tɪnt] ❶ die Färbung, die Tönung ❷ der Farbton

**tiny** ['taɪnɪ] winzig

**tip** [tɪp] ❶ *von Eisberg, Zunge:* die Spitze ❷ das Trinkgeld ❸ der Tipp, der Hinweis ❹ ⒼⒷ der Schuttabladeplatz, die Müllhalde; (*übertragen*) der Schweinestall ▸ WENDUNGEN: **it's on the tip of my tongue** es liegt mir auf der Zunge

to **tip** [tɪp] <tipped, tipped> ❶ **to tip someone** jemandem ein Trinkgeld geben ❷ tippen [*oder* wetten] [*oder* setzen] auf *Pferd* ❸ kippen, umkippen; schütten *Flüssigkeit, Sand;* **"no tipping"** „Schutt [*oder* Müll] abladen verboten"

◆ to **tip back** nach hinten kippen

◆ to **tip off** **to tip someone off** jemandem einen Tipp [*oder* Wink] geben

◆ to **tip out** ❶ auskippen; ausschütten *Flüssigkeit, Sand* ❷ herauskippen; *Flüssigkeit:* auslaufen; *Sand:* herausrutschen

◆ to **tip over** umkippen

◆ to **tip up** ❶ [um]kippen ❷ hochklappen *Sitz*

**tip-off** ['tɪpɒf] (*umgangsspr*) der Wink, der Tipp

**tip·sy** ['tɪpsɪ] angeheitert, beschwipst

to **tip·toe** ['tɪptəʊ] auf Zehenspitzen gehen

**tip·toe** ['tɪptəʊ] **on tiptoe** auf Zehenspitzen

to **tire** ['taɪə'] ❶ ermüden, müde machen; **to tire of doing something** müde werden, et-

was zu tun ❷ **to be tired out** völlig erschöpft sein

**tire** ['taɪə'] ⒰ⓈⒶ der Reifen

**tired** ['taɪəd] ❶ müde (**with** von) ❷ **tired out** erschöpft ❸ **to be tired of something** einer Sache überdrüssig sein; **I'm tired of it** ich habe es satt

**tired·ness** ['taɪədnɪs] die Müdigkeit

**tire·less** ['taɪəlɪs] unermüdlich

**tire·some** ['taɪəsəm] lästig, ärgerlich

**tir·ing** ['taɪrɪŋ] anstrengend, ermüdend

**tis·sue** ['tɪʃuː] ❶ (*Zellen*) das Gewebe ❷ das Papiertaschentuch ❸ **tissue paper** das Seidenpapier

**tit** [tɪt] ❶ (*Vogel*) die Meise ❷ (*slang: Brust*) die Titte

**ti·tle** ['taɪtl] ❶ *von Buch, Person:* der Titel ❷ *eines Kapitels:* die Überschrift ❸ (*juristisch*) der Rechtsanspruch (**to** auf)

**ti·tle-hold·er** (*Sport*) der Titelverteidiger/die Titelverteidigerin

**ti·tle page** die Titelseite

**ti·tle role** die Hauptrolle, die Titelrolle

to **tit·ter** ['tɪtə'] kichern

**tit·ter** ['tɪtə'] das Gekicher

**to¹** [tuː] ❶ (*Richtung*) zu; (*bei Ländern, Städten*) nach; **to go to school** zur Schule gehen; **to go to the theatre/cinema** ins Theater/Kino gehen; **to go to America/New York** nach Amerika/New York fahren [*oder* fliegen]; **to go to Switzerland** in die Schweiz; **to go to bed** ins [*oder* zu] Bett gehen; **come to me!** komm zu mir! ❷ (*Erstreckung*) bis; **children [up] to the age of 10** Kinder bis 10; [**from**] **30 to 40** 30 bis 40; **10 km to Stuttgart** 10 km nach Stuttgart; **to this day** bis auf den heutigen Tag ❸ *als Dativobjekt* **to give something to someone** jemandem etwas geben; **I said to myself** ich habe mir gesagt; **to sing to oneself** vor sich hin singen; **addressed to me** an mich adressiert ❹ (*Widmung*) an; (*Trinkspruch*) auf ❺ (*Nähe, Berührung*) an; **close to something** dicht an etwas; **to nail something to the wall** etwas an die Wand nageln ❻ (*Uhrzeit*) vor; **20 [minutes] to 3** 20 [Minuten] vor 3 ❼ (*Vergleich*) als; **superior to** besser als ❽ (*Beziehung*) zu; **3 goals to 1** 3 zu 1 Tore; **a majority of 5 to 1** eine Mehrheit von 5 zu 1 ❾ pro; **one litre to one person** ein Liter pro Person ▸ WENDUNGEN: **to my knowledge** meines Wissens; **to my surprise** zu meiner Überraschung; **to his taste** nach seinem Geschmack

**to²** [tuː] ❶ *zur Bildung des Infinitivs* zu; **to**

**go** gehen ❷ (*Vorhaben*) **I hope to succeed** ich hoffe, Erfolg zu haben; **I want you to do that** ich möchte, dass Sie das tun; **do you want to do that?** möchten Sie das tun? ❸ **to hear you talk one could think …** wenn man dich so reden hört, könnte man meinen …; **to tell the truth** um ehrlich zu sein ❹ **he is not the type to do that** es ist nicht seine Art, so etwas zu tun; **you'll be the first to hear it** Sie werden der Erste sein, der es erfährt ❺ **it's hard to say** es ist schwer zu sagen ❻ *anstelle des vorangegangenen Verbs* **does he want to?** will er denn?; **I would like to but I can't** ich würde ja gerne, aber ich kann nicht

**to³** [tu:] ❶ *Tür:* angelehnt ❷ **to and fro** hin und her, auf und ab

**toad** [təʊd] die Kröte

**toad-in-the-hole** [ˌtəʊdɪndə'həʊl] das Würstchen in Pfannkuchenteig

**toad·stool** ['təʊdstu:l] der [Gift]pilz

**toast** [təʊst] ❶ (*Brot*) der Toast ❷ der Trinkspruch, der Toast; **to propose a toast to someone** einen Toast auf jemanden ausbringen

to **toast** [təʊst] ❶ toasten, rösten ❷ **to toast someone** jemandem zutrinken

**toast·er** ['təʊstəʳ] der Toaster, der Brotröster

**toast rack** ['təʊstræk] der Toastständer

**to·bac·co** [tə'bækəʊ] der Tabak

**to·bac·co·nist** [tə'bækənɪst] **tobacconist's** [**shop**] der Tabakladen

**to-be** [tə'bi:] **my wife to-be** meine zukünftige Frau

**to·bog·gan** [tə'bɒɡən] der [Rodel]schlitten

to **to·bog·gan** [tə'bɒɡən] rodeln, Schlitten fahren

**to·bog·gan run** die Rodelbahn

**to·day** [tə'deɪ] ❶ heute; **a week today** heute in einer Woche; **a year ago today** heute vor einem Jahr; **today's paper** die Zeitung von heute ❷ **today's youth** die heutige Jugend; **the youth of today** die Jugend von heute

**tod·dler** ['tɒdləʳ] das Kleinkind

**toe** [təʊ] die Zehe ▸ WENDUNGEN: **to be on one's toes** auf Draht sein; **to step** [*oder* **tread**] **on someone's toes** jemandem zu nahetreten

**toe·nail** der Zehennagel, der Fußnagel

**tof·fee** ['tɒfɪ] der/das Karamellbonbon, das Toffee; **toffee apple** der kandierte Apfel

**tofu** ['təʊfu:] *kein Plural* der Tofu

**to·geth·er** [tə'ɡeðəʳ] ❶ zusammen (**with** mit) ❷ miteinander, gemeinsam ❸ zugleich,

zu gleicher Zeit ❹ **close together** nahe beieinander

**toi·let** ['tɔɪlɪt] die Toilette

**toi·let pa·per** das Toilettenpapier

**toi·let·ries** ['tɔɪlɪtrɪz] *plural* die Toilettenartikel; **toiletries bag** Ⓤ der Kulturbeutel

**toi·let roll** die Rolle Toilettenpapier

**to·ken¹** ['təʊkən] ❶ Schein-; **token charge** die nominelle Gebühr ❷ (*abwertend*) Proforma-; **a token offer** ein Pro-Forma-Angebot; **a token gesture** eine leere Geste

**to·ken²** ['təʊkən] ❶ das Zeichen; **as a token of our appreciation** zum [*oder* als] Zeichen unserer Dankbarkeit ❷ (*Geschenk*) das Andenken ❸ die [Wert]marke, der Gutschein, der Bon

**told** [təʊld] *2. und 3. Form von* **tell**

**tol·er·ance** ['tɒlərəns] die Toleranz (**of/towards** gegenüber)

**tol·er·ant** ['tɒlərənt] tolerant (**of/towards** gegen)

to **tol·er·ate** ['tɒləreɪt] ❶ dulden, zulassen ❷ ertragen, aushalten

**toll** [təʊl] ❶ das Brückengeld, das Wegegeld, die Maut, die Autobahngebühr ❷ Ⓤ die Fernsprechgebühr ❸ **it took a heavy toll of life** es hat viele Menschenleben gekostet; **the death toll** die Zahl der Opfer [*oder* Toten]

to **toll** [təʊl] läuten; **for whom the bell tolls** wem die Stunde schlägt

**toll call** Ⓤ das Ferngespräch

**toll-free** Ⓤ gebührenfrei

**toll road** die gebührenpflichtige Straße, die Mautstraße

**to·ma·to** [tə'mɑ:təʊ] <*plural* tomatoes> die Tomate

**to·ma·to juice** der Tomatensaft

**to·ma·to ketch·up** der/das [Tomaten]ketschup

**to·ma·to soup** die Tomatensuppe

**tomb** [tu:m] das Grab[mal]

**tom·boy** ['tɒmbɔɪ] (*Mädchen*) der Wildfang

**tomb·stone** ['tu:mstəʊn] der Grabstein

**tom·cat** ['tɒmkæt] der Kater

**to·mor·row** [tə'mɒrəʊ] morgen; **tomorrow morning/afternoon/night** morgen früh/Nachmittag/Abend; **tomorrow week** morgen in acht Tagen; **the day after tomorrow** übermorgen; **tomorrow's headlines** die Schlagzeilen von morgen [*oder* die morgigen Schlagzeilen]; **see you tomorrow!** bis morgen!; **this time tomorrow** morgen um diese Zeit

**ton** [tʌn] die Tonne ▸ WENDUNGEN: **tons of** eine Menge; **that/he weighs a ton** das/er ist

wahnsinnig schwer
**tone** [təʊn] ❶ der Ton, der Klang; **don't speak to me in that tone [of voice]** ich verbiete mir einen solchen Ton ❷ der Farbton ❸ (*Stimmung*) der Ton ❹ **to lower the tone of the conversation** das Niveau der Unterhaltung senken
♦ to **tone down** abmildern; abschwächen *Farbe, Klang*
**tone deaf** ohne musikalisches Gehör
**ton·er** ['təʊnə'] der Toner; **toner cartridge** die Tonerpatrone
**tongs** [tɒŋz] *plural* die Zange; **a pair of tongs** eine Zange
**tongue** [tʌŋ] ❶ die Zunge; **to stick one's tongue out at someone** jemandem die Zunge herausstrecken; **to hold one's tongue** den Mund halten ❷ die Sprache; **native tongue** die Muttersprache ▶ WENDUNGEN: **tongue in cheek** scherzhaft, ironisch
**tongue-tied** sprachlos; **to be tongue-tied with surprise** vor Überraschung kein Wort herausbekommen
**tongue-twist·er** ['tʌŋˌtwɪstə'] der Zungenbrecher
**ton·ic** ['tɒnɪk], **ton·ic wa·ter** ❶ das Tonic[water] ❷ **it was a real tonic** es hat mir richtig gut getan
**to·night** [təˈnaɪt] ❶ heute Abend; **see you tonight!** bis heute Abend!; **tonight's performance** die heutige Abendvorstellung ❷ heute Nacht; **tonight's weather** das Wetter heute Nacht
**ton·sil** ['tɒnsl] (*im Hals*) die Mandel
**ton·sil·li·tis** [ˌtɒnsɪˈlaɪtɪs] die Mandelentzündung
**too** [tu:] ❶ [gar] zu, allzu; **too bad** zu schade, bedauerlich; **too much** zu viel; (*umgangsspr*) toll; **it's too much for him** es geht über seine Kräfte ❷ auch; **me too** ich auch ❸ auch noch; **she not only passed the exam but got the top grade too** sie hat die Prüfung nicht nur bestanden, sondern auch noch die beste Note bekommen ❹ besonders; **none too happy [with]** nicht besonders zufrieden [mit]; **I'm not too sure** ich bin mir nicht ganz sicher
**took** [tʊk] 2. *Form von* **take**
**tool** [tu:l] (*auch übertragen*) das Werkzeug
**tool bag** die Werkzeugtasche
**tool·box**, **tool·chest** der Werkzeugkasten
**tool·kit** das Werkzeug, die Werkzeugausrüstung
**tool shed** ['tu:lʃed] der Geräteschuppen
**tooth** [tu:θ, *plural* ti:θ] <*plural* **teeth**> der Zahn; **to have a tooth out** [*oder*  **pulled**] sich einen Zahn ziehen lassen; **[set of] false teeth** das Gebiss ▶ WENDUNGEN: **to have a sweet tooth** gern naschen

> **teeth** ist die Pluralform von **a tooth**: *the lion has sharp teeth.*

**tooth·ache** ['tu:θeɪk] die Zahnschmerzen
**tooth·brush** ['tu:θbrʌʃ] die Zahnbürste

> Wenn einem Kind ein Milchzahn ausfällt, ist es in Großbritannien üblich, diesen Milchzahn unter das Kopfkissen zu legen. Die **Tooth Fairy** (Zahnfee) holt ihn dann in der Nacht und hinterlässt dafür eine Münze.

**tooth·paste** ['tu:θpeɪst] die Zahnpasta
**tooth·pick** ['tu:θpɪk] der Zahnstocher
**top¹** [tɒp] (*Spielzeug*) der Kreisel
**top²** [tɒp] ❶ der obere Teil, die Spitze ❷ *eines Baums:* der Wipfel ❸ *eines Bergs:* der Gipfel ❹ *einer Welle:* der Kamm ❺ *von Möhren:* das Kraut ❻ *eines Tischs, Betts:* das Kopfende ❼ *einer Straße:* das obere Ende ❽ (*Kleidungsstück*) das Top; *eines Kleids, Bikinis:* das Oberteil ❾ Oberfläche; *eines Schranks:* die obere Seite ❿ der Deckel, die Kappe, die [Flaschen]kapsel ⓫ (*übertragen*) der Gipfel, der Höhepunkt, die höchste Stellung ⓬ **at the top of one's voice** aus vollem Halse ⓭ **at the top of the list/page/table** oben auf der Liste/Seite/Tabelle; **at the top of the stairs/wall** oben auf der Treppe/an der Wand; **at the top of the hill/tree** oben auf dem Berg/Baum ⓮ **from top to bottom** von oben bis unten, von vorn bis hinten; **from top to toe** von Kopf bis Fuß ⓯ **in top [gear]** mit dem höchsten Gang ⓰ **on top** oben; (*übertragen*) obenauf ⓱ **on top of** auf, über; (*übertragen*) über ... hinaus; **it's getting on top of me** es wächst mir über den Kopf ⓲ **over the top** übertrieben ⓳ **top of the pops** der Spitzenreiter [in der Hitparade]
**top³** [tɒp] ❶ Schicht, Stockwerk: oberste(r, s) ❷ Äste, Auszeichnung, Preis, Priorität, Ton: höchste(r, s); **at top speed** mit Höchstgeschwindigkeit; *Maschine:* auf Hochtouren; *Person:* im Schnellverfahren ❸ *Noten, Schüler, Spieler:* beste(r, s); **top priority** die höchste Priorität; **top quality** die Spitzenqualität
to **top** [tɒp] <topped, topped> ❶ bedecken; **topped with cream** mit Sahne [obendrauf] ❷ an der Spitze stehen; **to top the bill** Star der Show sein; **to top the table** die Tabelle anführen ❸ übersteigen; **to top it all** zur

Krönung des Ganzen ④ **to top oneself** (*slang*) sich umbringen

◆to **top off** abrunden

◆to **top up** auffüllen

**top·coat** ['tɒpkəʊt] ① der Mantel ② die oberste Farbschicht

**top hat** der Zylinder

**top-heavy** kopflastig

**top·ic** ['tɒpɪk] das Thema

**topi·cal** ['tɒpɪkl] aktuell

**top·less** ['tɒplɪs] oben ohne, Oben-ohne-, topless

**top-lev·el** Spitzen-

**top·ping** ['tɒpɪŋ] **with a topping of cream** mit Sahne [*oder* einer Sahnehaube]

to **top·ple** ['tɒpl] ① umwerfen *Stapel* ② (*übertragen*) stürzen *Regierung* ③ *Stapel, Turm:* kippen ④ **to topple over** [um]fallen

**top pri·or·ity** die höchste Priorität

**top-se·cret** streng geheim

**top-up card** ['tɒpʌp] (*fürs Handy*) die Aufladekarte

**torch** [tɔːtʃ] <*plural* torches> ① ⑧ die Taschenlampe ② die Fackel

**torch·light** ['tɔːtʃlaɪt] ① das Licht der Taschenlampe ② der Fackelschein; **torchlight procession** der Fackelzug

**tore** [tɔːʳ] *2. Form von* **tear**

**tor·ment** ['tɔːment] die Qual

to **tor·ment** [tɔːˈment] quälen; **to be tormented by** [*oder* **with**] **something** von etwas gequält werden

**torn** [tɔːn] *3. Form von* **tear**

**tor·na·do** [tɔːˈneɪdəʊ] <*plural* tornadoes> der Wirbelsturm, der Tornado

**tor·pe·do** [tɔːˈpiːdəʊ] <*plural* torpedoes> der Torpedo

to **tor·pe·do** [tɔːˈpiːdəʊ] (*auch übertragen*) torpedieren

**tor·rent** ['tɒrənt] ① der Sturzbach ② (*übertragen*) der Strom, die Flut

**tor·ren·tial** [təˈrenʃl] *Regen:* wolkenbruchartig

**tor·toise** ['tɔːtəs] die [Land]schildkröte

**tor·ture** ['tɔːtʃəʳ] ① die Folter ② (*übertragen*) die Qual

to **tor·ture** ['tɔːtʃəʳ] ① foltern ② (*übertragen*) quälen

**Tory** ['tɔːrɪ] ⑧ (*politisch*) der/die Konservative, der Tory

**toss** [tɒs] <*plural* tosses> ① der Wurf; **toss of a coin** das Hochwerfen einer Münze ② das [Aus]losen; **to win/lose the toss** beim Losen gewinnen/verlieren

to **toss** [tɒs] ① werfen *Ball* ② hochwerfen *Münze* ③ [durch] Hochwerfen] wenden

*Pfannkuchen* ④ *Pferd:* abwerfen *Reiter* ⑤ anmachen *Salat* ⑥ **to toss one's head** den Kopf zurückwerfen ⑦ (*mit einer Münze*) **to toss for something** etwas auslosen; **to toss someone for something** mit jemandem um etwas losen ⑧ **to toss and turn** sich [unruhig] hin und her wälzen

◆to **toss about** ① *Person:* sich [unruhig] hin und her wälzen ② *Boot:* **to be tossed about** hin und her geworfen werden

◆to **toss away** wegwerfen

◆to **toss off** ⑧ (*slang*) sich einen runterholen

◆to **toss out** hinauswerfen

◆to **toss up** ① werfen, hochwerfen ② (*mit einer Münze*) losen (**for** um)

**to·tal¹** ['təʊtl] ① völlig; **total eclipse** die totale Finsternis; **total loss** der Totalverlust ② gesamt; **total amount** der Gesamtbetrag

**to·tal²** ['təʊtl] der Gesamtbetrag, die Gesamtmenge, die [End]summe; **in total** insgesamt; **what does the total come to?** wie hoch ist der Gesamtbetrag?

to **to·tal** ['təʊtl] <totalled *oder* ⑩ totaled, totalled *oder* ⑩ totaled> sich belaufen auf

**to·tali·tar·ian** [tə(ʊ)ˌtælɪˈteərɪən] totalitär

**to·tal·ly** ['təʊtəlɪ] völlig

to **tot·ter** ['tɒtəʳ] ① *Person:* [sch]wanken; *Baby:* tapsen ② (*übertragen*) schwanken

**touch** [tʌtʃ] ① die Berührung ② **sense of touch** der Tastsinn; **to be soft to the touch** sich weich anfühlen ③ **to be/keep in touch** in Verbindung stehen/bleiben (**with** mit); **keep in touch!** lass [wieder einmal] von dir hören!; **to be out of touch with** nicht mehr in Verbindung stehen mit ④ **a touch of irony** ein Anflug von Ironie; **a touch higher** eine Idee [*oder* ein bisschen] höher ⑤ **a personal touch** eine persönliche Note; **a subtle touch** ein raffinierter Einfall; **to lose one's touch** [**for something**] das Gefühl [für etwas] verlieren ⑥ (*beim Fußball, Rugby*) **in touch** im Aus

to **touch** [tʌtʃ] ① [sich] berühren, streifen ② anfassen; **don't touch it!** fass das nicht an! ③ (*emotional*) rühren; **deeply touched** tief gerührt ④ **to not touch** nicht anrühren *Alkohol* ⑤ (*übertragen*) erreichen, heranreichen an; **no one can touch him** niemand kann es mit ihm aufnehmen ⑥ (*übertragen*) **they can't touch me** sie können mir nichts anhaben

◆to **touch down** *Flugzeug:* aufsetzen, landen

◆to **touch off** (*auch übertragen*) auslösen

◆to **touch on** berühren, anschneiden, er-

**touch up – track**

wähnen *Thema*

◆to **touch up** ❶ auffrischen *Make-up* ❷ retuschieren *Foto* ❸ (*umgangsspr*) befummeln *Person*

◆to **touch upon** kurz berühren, streifen *Thema*

**touch·down** ['tʌtʃdaʊn] ❶ *eines Flugzeugs:* die Landung ❷ (*beim amerikanischen Fußball*) der Versuch; **to score a touchdown** einen Versuch erzielen

**touch·ing** ['tʌtʃɪŋ] rührend, ergreifend

**touchy** ['tʌtʃɪ] ❶ *Person:* empfindlich ❷ *Thema:* heikel, riskant

**tough** [tʌf] ❶ *Fleisch, Person:* zäh ❷ *Haltung, Konkurrenz:* hart ❸ *Material:* widerstandsfähig, robust ❹ schwierig, schwer; **to have a tough time** eine schwere Zeit durchmachen ❺ **it is really tough that ...** es ist wirklich hart, dass ...; **tough** [**luck**]! Pech!

to **tough·en** ['tʌfn] ❶ härten *Material* ❷ stählen, hart machen *Menschen* ❸ verschärfen *Disziplin, Gesetze* ❹ *Material:* hart werden ❺ *Fleisch:* zäh werden ❻ *Haltung:* sich verhärten

**tou·pee** ['tuːpeɪ] das Toupet

**tour** [tʊəʳ] ❶ die Tour (**of** durch), die Rundreise, die Rundfahrt; **to go on a tour of France** eine Reise durch Frankreich machen; **coach tour** die Busreise; **tour guide** der Reiseleiter/die Reiseleiterin; **tour operator** der Reiseveranstalter ❷ der Rundgang; **to make a tour of the building** einen Rundgang durchs Gebäude machen; **guided tour** die Führung; **tour guide** der Fremdenführer/die Fremdenführerin; **tour of inspection** die [Inspektions]runde ❸ (*Sport, Theater*) die Tournee; **on tour** auf Tournee

to **tour** [tʊəʳ] ❶ bereisen, reisen durch *Gegend* ❷ einen Rundgang machen durch; besichtigen *Gebäude, Stadt* ❸ (*Sport, Theater*) eine Tournee machen, auf Tournee sein

**tour·ism** ['tʊərɪzəm] der Fremdenverkehr, der Tourismus

**tour·ist** ['tʊərɪst] der Tourist/die Touristin; **tourist** [**information**] **office** das Fremdenverkehrsbüro; **tourist visa** das Touristenvisum

**tour·ist class** die Touristenklasse

**tour·ist guide** der Fremdenführer/die Fremdenführerin; (*Buch*) der Reiseführer

**tour·ist in·dus·try** die Tourismusindustrie

**tour·ist in·for·ma·tion of·fice, tour·ist of·fice** die Touristeninformation

**tour·na·ment** ['tɔːnəmənt] das Turnier

**tour op·era·tor** der Reiseveranstalter/die Rei-

severanstalterin

**tout** [taʊt] der Kartenschwarzhändler/die Kartenschwarzhändlerin

to **tow** [təʊ] ❶ ziehen *Anhänger, Wasserskiläufer* ❷ [ab]schleppen *Auto;* **to have/take in tow** im Schlepptau haben/ins Schlepptau nehmen; **can we give you a tow?** können wir Sie abschleppen?

**to·ward**(**s**) [təˈwɔːd(z)] ❶ auf ... zu, nach ... zu, in Richtung ...; **to work towards an agreement** auf eine Vereinbarung hinarbeiten ❷ gegenüber; **his attitude towards his father** seine Haltung seinem Vater gegenüber ❸ *zeitlich* gegen; **towards the end of the week** gegen Ende der Woche ❹ zu; **a contribution towards the costs** ein Beitrag zu den Kosten; **some coursework counts towards your final grade** ein Teil der Arbeiten geht in die Endnote ein

**tow bar** ['təʊbɑːʳ] die Anhängerkupplung

**tow·el** ['taʊəl] das Handtuch, das Badetuch

**tow·el·ling** ['taʊəlɪŋ], ⓊⓈⒶ **tow·el·ing** das/der Frottee

**tow·el rail**, ⓊⓈⒶ **tow·el rack** der Handtuchhalter

**tow·er** ['taʊəʳ] der Turm

◆to **tower above**, to **tower over** emporragen über, überragen

**tow·er block** das Hochhaus

**town** [taʊn] die Stadt; **in town** in der Stadt; **to be out of town** verreist sein; **to go to town** in die Stadt gehen/fahren; (*übertragen*) sich ins Zeug legen

**town cen·tre** das Stadtzentrum, die Stadtmitte

**town coun·cil** *mit Singular oder Plural* der Stadtrat

**town hall** das Rathaus

**town house** ❶ das Stadthaus ❷ ⓊⓈⒶ das Reihenhaus

**town plan·ning** *kein Plural* die Stadtplanung

**town twin·ning** *kein Plural* die Städtepartnerschaft

**tow truck** ⓊⓈⒶ der Abschleppwagen

**toy** [tɔɪ] das Spielzeug; **toy car** das Spielzeugauto; **toys** *plural* die Spielwaren

◆to **toy with** (*auch übertragen*) spielen mit

**toy·shop** die Spielwarenhandlung

**trace** [treɪs] die Spur; **without a trace** spurlos

to **trace** [treɪs] ❶ (*finden*) aufspüren, ausfindig machen ❷ **trace** [**back**] zurückverfolgen, zurückführen *Ereignisse* (**to** auf) ❸ (*nachzeichnen*) [durch]pausen

**trac·ing pa·per** das Pauspapier

**track** [træk] ❶ die Spur, die Fährte; **to be on the track of someone** jemandem auf der

Spur sein **②** der Pfad, der Weg **③** (*über-tragen*) die Bahn **④** (*Sport*) die Rennbahn **⑤** (*für Züge*) das Gleis, der Schienenstrang **⑥** das Musikstück, der Track ▸ WENDUNGEN: **to keep track of someone** jemanden im Auge behalten; **to keep track of something** etwas verfolgen; **to lose track of someone** jemanden aus den Augen verlieren

to **track** [træk] verfolgen
◆ to **track down** aufspüren, ausfindig machen
**track and field** die Leichtathletik
**track rec·ord** der Leistungsnachweis; **what's his track record?** was hat er vorzuweisen?
**track shoe** der Laufschuh, der Rennschuh, der Turnschuh
**track·suit** der Trainingsanzug, der Jogginganzug
**trac·tor** ['træktə<sup>r</sup>] der Traktor, die Zugmaschine
**trade** [treɪd] **①** das Gewerbe, das Handwerk; **by trade** von Beruf **②** (*kommerziell*) der Handel; **trade agreement** das Handelsabkommen; **trade route** der Handelsweg; **export trade** der Außenhandel **③** die Branche, das Gewerbe; **the building trade** das Baugewerbe; **the trade press** die Fachpresse
to **trade** [treɪd] **①** **to trade something for something** etwas für etwas eintauschen **②** **to trade in something** mit einer Sache handeln [*oder* Handel treiben]; **to trade with someone** mit jemandem Geschäfte machen
◆ to **trade in** in Zahlung geben
**trade fair** die [Fach]messe
**trade·mark** das Warenzeichen
**trade price** der Großhandelspreis
**trad·er** ['treɪdə<sup>r</sup>] der Händler/die Händlerin
**trade se·cret** das Betriebsgeheimnis
**trades·man** ['treɪdzmən] <*plural* tradesmen> der/die Gewerbetreibende, der Handwerker/die Handwerkerin; **tradesmen's entrance** der Lieferanteneingang
**trade un·ion** [ˌtreɪd'juːnjən] die Gewerkschaft
**trade un·ion·ist** der Gewerkschaft[l]er/die Gewerkschaft[l]erin
**trade wind** der Passatwind
**trad·ing** ['treɪdɪŋ] der Handel
**trad·ing es·tate** das Gewerbegebiet
**tra·di·tion** [trə'dɪʃn] die Tradition, der Brauch
**tra·di·tion·al** [trə'dɪʃənl] traditionell, herkömmlich, üblich
**traf·fic** ['træfɪk] **①** der Verkehr, der Flugver-

kehr, der Luftverkehr **②** der Handel (**in** mit)
to **traf·fic** ['træfɪk] <trafficked, trafficked> handeln; **to traffic in arms** Waffenhandel betreiben; **to traffic in drugs** mit Drogen handeln
**traf·fic cir·cle** (USA) der Kreisverkehr
**traf·fic is·land** **①** die Verkehrsinsel **②** (USA) der Mittelstreifen
**traf·fic jam** der Verkehrsstau
**traf·ficked** ['træfɪkt] *2. und 3. Form von* **traf·fic**
**traf·fick·er** ['træfɪkə<sup>r</sup>] der Händler/die Händlerin; **arms trafficker** der Waffenschieber/die Waffenschieberin; **drug trafficker** der Drogenhändler/die Drogenhändlerin, der Dealer/die Dealerin
**traf·fic lights** △ *plural* die Verkehrsampel
**traf·fic war·den** die Politesse, der Hilfspolizist/die Hilfspolizistin
**trag·edy** ['trædʒədɪ] die Tragödie
**trag·ic** ['trædʒɪk] tragisch
**trail** [treɪl] **①** die Spur; **trail of blood** die Blutspur; **trail of dust** die Staubwolke; **trail of smoke** die Rauchfahne *eines Meteors:* der Schweif **③** die Spur; *eines Tieres:* die Fährte; [**hot**] **on someone's trail** [dicht] auf jemandes Spur **④** der Pfad; **nature trail** der Naturlehrpfad
to **trail** [treɪl] **①** [ver]folgen *Mensch, Tier* **②** ziehen *Anhänger* **③** **she trailed her coat behind her** sie schleifte ihren Mantel hinter sich her **④** (*Sport*) [weit] zurückliegen; **to be trailing by two goals to nil** mit zwei zu null im Rückstand liegen [*oder* sein]
◆ to **trail away** verstummen
◆ to **trail behind** zurückbleiben; **to trail behind somebody** jemandem hinterherlaufen
**trail·er** ['treɪlə<sup>r</sup>] **①** der Anhänger, der Trailer **②** (USA) der Wohnwagen **③** die [Film]vorschau, der Trailer
**trail·er camp, trail·er park** (USA) der Campingplatz für Wohnwagen, die Wohnwagenkolonie
**train** [treɪn] **①** der Zug; **by train** mit dem Zug, mit der Bahn; **to board** [*oder* **get on**] **a train** in einen Zug einsteigen; **on the train** im Zug; **to change trains** umsteigen; **train driver** der Zugführer/die Zugführerin, der Lokführer/die Lokführerin **②** (*übertragen*) *von Ereignissen:* die Kette, die Folge; **train of thought** der Gedankengang **③** *eines Hochzeitskleids:* die Schleppe

**L** In den großen Weiten Australiens gibt es die **road trains**, große Lastwagen mit zwei oder drei Anhängern, die von Vieh bis Benzin alles

**train – translation**

transportieren. Road trains fahren nur in ländlichen Gebieten, wo es kaum Verkehr gibt. Überall in den nördlichen Regionen wurden für diese riesigen Viehtransporter **beef roads** (wörtlich: „Rindfleischstraßen") mit einer Länge von 10.000 km gebaut.

to **train** [treɪn] ❶ ausbilden, schulen *Menschen;* **to train someone as something** jemanden zu etwas ausbilden; **to train oneself to do something** sich dazu erziehen, etwas zu tun; **to train as a teacher** eine Lehrerausbildung machen, für das Lehramt studieren ❷ erziehen *Kind* ❸ einweisen, unterweisen *Auszubildende(n)*, *Anfänger* ❹ (*Sport*) trainieren ❺ schulen *Gehirn* ❻ abrichten, dressieren *Tier* ❼ richten *Gewehr Fernglas* (**on** auf) ❽ wachsen lassen, ziehen *Pflanze*

**train driv·er** der Lokführer/die Lokführerin

**trained** [treɪnd] ausgebildet; *Auge, Ohr:* geschult

**trainee** [treɪ'niː] der/die Auszubildende, der Azubi, der Praktikant/die Praktikantin; **he is a trainee** er befindet sich noch in der Ausbildung; **trainee teacher** der Referendar/die Referendarin

**trainee·ship** [ˌtreɪ'niːʃɪp] die Ausbildung

**train·er** ['treɪnəʳ] ❶ der Trainer/die Trainerin ❷ *von Tieren:* der Dresseur/die Dresseurin, der Dompteur/die Dompteurin ❸ der Turnschuh

**train·ing** ['treɪnɪŋ] ❶ die Schulung, die Ausbildung ❷ *von Tieren:* die Dressur ❸ (*Sport*) das Training; **in/out of training** in/aus der Übung

**train·ing course** der Vorbereitungskurs

**trait** [treɪ, treɪt] die Eigenschaft; **character trait** der Charakterzug; **genetic trait** das genetische Merkmal

**trai·tor** ['treɪtəʳ] der Verräter/die Verräterin (**to** an)

**tra·jec·tory** [trə'dʒektərɪ] die Flugbahn

**tram** [træm] die Straßenbahn; **to go by tram** mit der Straßenbahn fahren

**tram·line** ['træmlaɪn] ❶ die Straßenbahnlinie ❷ **tramlines** (*beim Tennis*) die Linien des Doppelspielfelds

**tramp** [træmp] der/die Wohnsitzlose, der Landstreicher/die Landstreicherin

🅕 Nicht verwechseln mit *der Tramper — hitchhiker!*

to **tram·ple** ['træmpl] stampfen, [zer]trampeln; **to trample someone underfoot** jemanden niedertrampeln; **to trample on someone** auf jemandem herumtrampeln

**tram·po·line** ['træmpəliːn] das Trampolin

**tran·quil** ['træŋkwɪl] ruhig, friedlich

**tran·quil·liz·er** ['træŋkwɪlaɪzəʳ], USA **tran·quil·iz·er** das Beruhigungsmittel, der Tranquilizer

to **trans·act** [træn'zækt] abwickeln, tätigen *Geschäfte*

**trans·ac·tion** [træn'zækʃn] ❶ (*Abwicklung*) der Abschluss, die Tätigung ❷ (*Resultat*) das Geschäft; (*finanziell*) die Transaktion

to **trans·fer** [træns'fɜː] <transferred, transferred> ❶ verlegen *Betrieb, Gefangene(n)* ❷ versetzen *Angestellte(n)*, *Arbeiter, Schüler* (**to** nach) ❸ (*Sport*) transferieren *Spieler* ❹ übertragen *Eigentum, Recht BED.....: Eigentum, Recht* (**to** auf) ❺ überweisen *Geld* (**to** auf) ❻ *Person:* überwechseln (**to** zu); (*Sport*) wechseln (**to** zu) ❼ (*auf Reisen*) umsteigen

**trans·fer** ['trænsfɜːʳ] ❶ *eines Betriebs:* die Verlegung ❷ *einer Person:* die Versetzung (**to** nach) ❸ (*juristisch*) die Übertragung (**to** auf) ❹ (*finanziell*) die Überweisung, der Transfer, die Umbuchung ❺ (*auf Reisen*) das Umsteigen; USA (*Fahrkarte*) die Umsteigefahrkarte ❻ (*Sport*) der Transfer, der Wechsel ❼ das Abziehbild

**trans·ferred charge call** das R-Gespräch

to **trans·form** [træns'fɔːm] verwandeln, umwandeln

**trans·for·ma·tion** [ˌtrænsfə'meɪʃn] die Verwandlung, die Umwandlung

**trans·form·er** [træns'fɔːməʳ] der Transformator

**trans·fu·sion** [træns'fjuːʒn] **blood transfusion** die Bluttransfusion; **blood transfusion service** der Blutspendedienst

**tran·sis·tor** [træn'zɪstəʳ] ❶ (*Elektronik*) der Transistor ❷ **transistor [radio]** das Kofferradio

**tran·sit** ['trænsɪt] **in transit** auf dem Transport, unterwegs; **transit camp** das Durchgangslager; **transit desk** der Transitschalter; **transit lounge** der Transitraum; **transit passenger** der/die Transitreisende; **transit visa** das Durchreisevisum, das Transitvisum

**tran·si·tion** [træn'zɪʃn] der Übergang; **period of transition** die Übergangszeit

**tran·si·tion·al** [træn'zɪʃənl] Übergangs-

**tran·si·tive** ['trænsətɪv] transitiv

to **trans·late** [trænz'leɪt] ❶ übersetzen; **to translate from English into German** aus dem Englischen ins Deutsche übersetzen ❷ sich übersetzen lassen ▸ WENDUNGEN: **to translate words into actions** Worte in die Tat umsetzen

**trans·la·tion** [trænz'leɪʃn] die Übersetzung

**trans·la·tor** [trænz'leɪtər] der Übersetzer/die Übersetzerin

**trans·lu·cent** [trænz'luːsᵊnt] lichtdurchlässig; *Logik, Prosa:* klar

**trans·mis·sion** [trænz' mɪʃn] ❶ *von Nachrichten:* die Übersendung, die Übermittlung ❷ (*biologisch, physikalisch*) die Übertragung; **transmission speed** die Datenübertragungsrate ❸ (*technisch*) die Transmission; (*im Auto*) das Getriebe ❹ (*Radio*) die Sendung

to **trans·mit** [trænz'mɪt] <transmitted, transmitted> ❶ übersenden, übermitteln *Nachricht* ❷ übertragen *Krankheit, Recht* ❸ leiten *Elektrizität, Wärme* ❹ senden *Programm*

**trans·par·en·cy** [træns'pærənsɪ] ❶ die Durchsichtigkeit, die Transparenz ❷ das Diapositiv ❸ die Overheadfolie

**trans·par·ent** [træns'pærənt] ❶ durchsichtig ❷ (*übertragen*) durchschaubar, offenkundig, offensichtlich

to **trans·plant** [træns'plɑːnt] ❶ umpflanzen *Pflanze* ❷ (*übertragen*) umsiedeln *Menschen* (**to** nach) ❸ (*medizinisch*) transplantieren, verpflanzen

**trans·plant** ['trɑːnsplɑːnt] ❶ (*Operation*) die Transplantation ❷ (*Organ*) das Transplantat

to **trans·port** [træn'spɔːt] befördern, transportieren

**trans·port** ['trænspɔːt] ❶ die Beförderung, der Transport ❷ das Beförderungsmittel; **public transport** die öffentlichen Verkehrsmittel

**trans·por·ta·tion** [ˌtrænspɔː'teɪʃn] ❶ die Beförderung, der Transport ❷ das Beförderungsmittel, das Verkehrsmittel

**trans·port café** (GB) die Fernfahrerraststätte

**trap** [træp] ❶ die Falle; **to set a trap for someone** jemandem eine Falle stellen; **to fall** [*oder* walk] **into a trap** in die Falle gehen ❷ (*slang*) die Schnauze; **shut your trap!** halt die Schnauze!

to **trap** [træp] <trapped, trapped> ❶ (*in einer Falle*) fangen *Tier* ❷ (*übertragen*) in die Falle locken *Menschen* ❸ **the miners were trapped** die Bergleute waren eingeschlossen

**trap·door** die Falltür

**tra·peze** [trə'piːz] (*Sport*) das Trapez

**tra·pezium** [trə'piːziəm, *plural* -ziə] <*plural* trapeziums *oder* trapezia>, (USA) **trap·ezoid** ['træpɪzɔɪd] das Trapez

**trap·per** ['træpər] der Trapper/die Trapperin

**trash** [træʃ] (USA) ❶ der Abfall ❷ (*umgangsspr*) der Schund, der Plunder ❸ (*abwertend*) das Gesindel

**trash can** (USA) der Abfalleimer

**trashy** ['træʃɪ] minderwertig, Schund-

**trau·ma** ['trɔːmə] <*plural* traumas *oder* traumata> das Trauma

**trau·mat·ic** [trɔː'mætɪk] traumatisch

to **trau·ma·tize** ['trɔːmətaɪz] **to be traumatized by something** durch etwas traumatisiert sein

to **trav·el** ['trævl] <travelled *oder* (USA) traveled, travelled *oder* (USA) traveled> ❶ reisen; **to travel round the world** eine Reise um die Welt machen ❷ fahren; **to travel 20 km** 20 km fahren ❸ *Licht, Schall:* sich ausbreiten, sich fortpflanzen ❹ bereisen *Land* ❺ zurücklegen, fahren *Strecke*

**trav·el** ['trævl] das Reisen

**trav·el agen·cy, trav·el bu·reau** das Reisebüro

**trav·el·ator** [ˌtrævə'leɪtər] der Rollsteg

**trav·el bag** die Reisetasche

**trav·el·card** ['trævlkɑːd] die Netzkarte, die Zeitkarte; **daily travelcard** die Tageskarte; **weekly travelcard** die Wochenkarte; **monthly travelcard** die Monatskarte

**trav·el clock** der Reisewecker

**trav·el cot** das Kinderreisebett

**trav·el·er** (USA) der/die Reisende; **traveler's check** der Reisescheck

**trav·el ex·penses** *plural* die Reisekosten

**trav·el·ing** (USA) das Reisen

**trav·el in·sur·ance** ['trævlɪn'ʃʊərens] die Reiseversicherung

**trav·el·ler** ['trævlər] der/die Reisende; **traveller's cheque** der Reisescheck, der Travellerscheck; **commercial traveller** der Vertreter/die Vertreterin

**trav·el·ling** ['trævlɪŋ] das Reisen

**trav·el·ling sales·man** der Vertreter/die Vertreterin

**trav·el-sick** ['trævlsɪk] reisekrank

**trav·el-sick·ness** ['trævlsɪknəs] die Reisekrankheit

**trawl·er** ['trɔːlər] der Fischdampfer, der Trawler

**tray** [treɪ] ❶ das Tablett ❷ **baking tray** das Backblech ❸ (*im Büro*) die Ablage, der Ablagekorb

**treach·er·ous** ['tretʃərəs] ❶ *Handlung:* verräterisch ❷ *Person:* treulos ❸ (*übertragen*) *Glatteis, Hang:* tückisch, gefährlich

**treach·ery** ['tretʃərɪ] der Verrat

**trea·cle** ['triːkl] der Zuckerrübensirup

**tread** [tred] ❶ der Tritt, der Schritt ❷ *eines Reifens:* das Profil

to **tread** [tred] <trod, trodden> ❶ treten (**on** auf); **to tread dirt into the carpet** Schmutz in den Teppich treten **②** **to tread carefully** vorsichtig auftreten; (*übertragen*) vorsichtig vorgehen

**G** Richtiges Konjugieren von **tread**: tread, trod, trodden — *Larry trod on Jenny's toes by mistake; they discovered a well-trodden path and followed it.*

◆ to **tread down**, to **tread in** festtreten *Erde, Krümel*

◆ to **tread out** austreten *Zigarette*

**trea·son** ['triːzn] der Verrat

**treas·ure** ['treʒəʳ] (*auch übertragen*) der Schatz

to **treas·ure** ['treʒəʳ] (*übertragen*) sehr schätzen

**treas·ure hunt** die Schatzsuche

**treas·ure map** die Schatzkarte

**treas·ur·er** ['treʒərəʳ] **①** *eines Vereins:* der Kassenwart/die Kassenwartin **②** *einer Partei, eines Klubs:* der Schatzmeister/die Schatzmeisterin **③** *einer Firma:* der Leiter der Finanzabteilung/die Leiterin der Finanzabteilung

**Treas·ury** ['treʒərɪ] das Finanzministerium, das Schatzamt

**Treas·ury Sec·re·tary** (*in den USA*) der Finanzminister/die Finanzministerin

to **treat** ['triːt] **①** behandeln *Person, Tier;* umgehen mit *Bücher* **②** (*medizinisch*) behandeln (**for** wegen, **with** mit) **③** ansehen, betrachten (**as** als); **to treat something as a joke** etwas als Witz nehmen **④** (*im Buch*) behandeln, sich befassen mit *Thema* **⑤** behandeln *Material;* klären *Abwasser* **⑥** freihalten; **to treat oneself to something** sich etwas gönnen; **to treat someone to something** jemandem etwas spendieren; **I am going to treat you** ich lade dich ein

**treat** ['triːt] **①** die besondere Freude, das besondere Vergnügen; **to give someone a treat** jemandem eine besondere Freude machen; **it's a real treat** das ist ein wahrer Genuss **②** **it's my treat** das geht auf meine Rechnung

**treat·ment** ['triːtmənt] die Behandlung (**for** wegen)

**trea·ty** ['triːtɪ] der Vertrag; **peace treaty** der Friedensvertrag

**tre·ble¹** ['trebl] **①** dreifach **②** dreimal

**tre·ble²** ['trebl] **①** das Dreifache **②** der Diskant, der Sopran; **treble clef** der Violinschlüssel; **treble recorder** die Altflöte

to **tre·ble** ['trebl] [sich] verdreifachen

**tree** [triː] der Baum

**tree·top** ['triːtɒp] der Baumwipfel

**tree trunk** der Baumstamm

**trek** [trek] die anstrengende Wanderung

to **trek** [trek] <trekked, trekked> eine anstrengende Wanderung machen

**trek·king** ['trekɪŋ] das Trekking

to **trem·ble** ['trembl] zittern (**with** vor)

**tre·men·dous** [trɪ'mendəs] **①** gewaltig, riesig **②** (*übertragen*) toll, hervorragend

**trem·or** ['treməʳ] das Zittern, das Beben

**trench** [trentʃ] <*plural* trenches> **①** der Graben **②** (*militärisch*) der Schützengraben

**trend** [trend] **①** der Trend, die Tendenz **②** die Mode, der Trend

**trend·set·ter** ['trend,setəʳ] der Trendsetter/die Trendsetterin

**trendy** ['trendɪ] modisch

to **tres·pass** ['trespəs] widerrechtlich betreten; **no trespassing!** Betreten verboten!

**tres·pass·er** ['trespəsəʳ] **trespassers will be prosecuted!** Betreten [bei Strafe] verboten!

**tri·al** ['traɪəl] **①** der Versuch, die Probe; **by trial and error** durch Ausprobieren; **on trial** auf [*oder* zur] Probe **②** (*juristisch*) das Gerichtsverfahren, die Gerichtsverhandlung; **to be on trial** angeklagt sein; **trial by jury** das Schwurgerichtsverfahren **③** (*übertragen*) die Unannehmlichkeit, die schwere Belastung, die Last

**tri·al pe·ri·od** die Probezeit

**tri·al run** die Generalprobe; *eines Autos:* die Probefahrt

**tri·an·gle** ['traɪæŋgl] **①** das Dreieck **②** (*Musikinstrument*) der Triangel

**tri·an·gu·lar** [traɪ'æŋgjʊləʳ] dreieckig

**tri·ath·lon** [traɪ'æθlɒn] das Triathlon

**trib·al** ['traɪbl] Stammes-

**tribe** [traɪb] der [Volks]stamm

**tribes·man** ['traɪbzmən] <*plural* tribesmen> der/die Stammesangehörige

**tri·bu·nal** [traɪ'bjuːnl] das Gericht, der Gerichtshof

**trib·une** ['trɪbjuːn] die Tribüne

**tribu·tary** ['trɪbjʊt(ə)rɪ] der Nebenfluss

**trib·ute** ['trɪbjuːt] der Tribut, das Zeichen der Hochachtung; **to pay [a] tribute to someone** jemandem Anerkennung zollen

**trick** [trɪk] **①** die List, der Trick **②** das Kunststück, der Trick; **card trick** das Kartenkunststück, der Kartentrick **③** der Streich; **to play a trick on someone** jemandem einen Streich spielen **④** die Eigenheit; **to have a trick of doing something** die Eigenheit haben, etwas zu tun **⑤** (*Kartenspiel*) der Stich **⑥** **trick of the light** die Augentäuschung **⑦** **how's tricks?** (*umgangsspr*) wie geht's?

to **trick** [trɪk] beschwindeln, betrügen, hereinlegen; **to trick someone into doing something** jemanden mit einem Trick [*oder* einer List] dazu bringen, etwas zu tun

to **trick·le** ['trɪkl] tröpfeln
- *to* **trickle away** langsam abfließen; (*übertragen*) versiegen

**trick·le** ['trɪkl] ❶ das Rinnsal ❷ (*übertragen*) **a steady trickle of visitors** ein langsamer aber stetiger Zustrom von Besuchern

**tricky** ['trɪkɪ] ❶ *Person, Plan:* gerissen, durchtrieben ❷ *Problem:* schwierig; *Situation:* kitzlig

**tri·cy·cle** ['traɪsɪkl] das Dreirad

**tri·er** ['traɪər] jemand, der sich Mühe gibt

**tri·fle** ['traɪfl] ❶ (*Nachspeise*) das Trifle (*geschichtetes Dessert aus in Alkohol eingeweichten Löffelbiskuits, Erdbeeren, Vanillepudding und Schlagsahne mit Schokoraspeln*) ❷ die Kleinigkeit, die Bagatelle ❸ **a trifle concerned** ein bisschen besorgt

**trig·ger** ['trɪgər] der Abzug; **to pull the trigger** abdrücken

to **trig·ger** ['trɪgər] **to trigger something [off]** etwas auslösen

**tril·lion** ['trɪljən] die Billion

**tril·ogy** ['trɪlədʒɪ] die Trilogie

to **trim** [trɪm] ❶ beschneiden *Hecke* ❷ stutzen *Bart* ❸ nachschneiden *Haare* ❹ (*schmücken*) besetzen *Kleid*

**trim**[1] [trɪm] ❶ **to give something a trim** etwas zurechtschneiden, etwas stutzen ❷ **in good trim** in gutem Zustand; (*umgangsspr*) in Form

**trim**[2] [trɪm] <trimmer, trimmest> gepflegt

**trim·ming** ['trɪmɪŋ] **with all the trimmings** (*übertragen*) mit allem Drum und Dran

**trio** ['triːəʊ] <*plural* trios> das Trio

**trip** [trɪp] ❶ die Reise, der Ausflug ❷ (*slang: Drogenrausch*) der Trip

to **trip** [trɪp] <tripped, tripped> ❶ stolpern; **to trip over something** über etwas stolpern ❷ **to trip someone [up]** jemandem ein Bein stellen, jemanden stolpern lassen
- *to* **trip over** stolpern über ▸ WENDUNGEN: **to trip over one's words** über seine Worte stolpern
- *to* **trip up** ❶ stolpern; (*übertragen*) einen Fehler machen ❷ **to trip someone up** jemandem ein Bein stellen, jemanden stolpern lassen; (*übertragen*) jemandem eine Falle stellen

**tri·ple** ['trɪpl] dreifach; **triple jump** der Dreisprung

to **tri·ple** ['trɪpl] [sich] verdreifachen

**tri·plet** ['trɪplɪt] *meist plural* der Drilling

**tri·pod** ['traɪpɒd] das Stativ

**tri·umph** ['traɪʌmf] der Triumph, der Sieg (**over** über)

to **tri·umph** ['traɪʌmf] triumphieren (**over** über)

**tri·um·phant** [traɪˈʌmfnt] triumphierend, siegreich

**triv·ial** ['trɪvɪəl] belanglos, unwichtig, trivial

**trod** [trɒd] *2. Form von* **tread**

**trod·den** ['trɒdn] *3. Form von* **tread**

**trol·ley** ['trɒlɪ] ❶ **luggage trolley** der Kofferkuli ❷ **shopping** [*oder* **supermarket**] **trolley** der Einkaufswagen ❸ **tea trolley** der Teewagen

**trom·bone** [trɒmˈbəʊn] die Posaune

**troop** [truːp] ❶ die Gruppe, die Schar ❷ **troops** die Truppen; **1000 troops** 1000 Soldaten

to **troop** [truːp] ❶ strömen; **to troop into** hineinströmen in; **to troop out of** scharenweise herauskommen aus; **to troop past something** an etwas vorbeiziehen ❷ **to troop the colours** eine Fahnenparade abhalten

**tro·phy** ['trəʊfɪ] die Trophäe

**trop·ic** ['trɒpɪk] **tropics** die Tropen; **Tropic of Cancer/Capricorn** Wendekreis des Krebses/des Steinbocks

**tropi·cal** ['trɒpɪkl] tropisch; **tropical disease** die Tropenkrankheit; **tropical rainforest** der tropische Regenwald

**trot** [trɒt] ❶ der Trab ❷ (*umgangsspr*) **three weeks on the trot** drei Wochen lang ❸ **trots** (*umgangsspr*) der Durchfall

to **trot** [trɒt] <trotted, trotted> *Pferd:* traben
- *to* **trot along** traben

**trot·ter** ['trɒtər] ❶ **trotters** *plural* die Schweinshaxen ❷ (*Pferd*) der Traber

to **trou·ble** ['trʌbl] ❶ beunruhigen, bedrücken, aufregen; **to be troubled about something** sich wegen etwas Sorgen machen ❷ belästigen, bemühen (**for** um); **I am sorry to trouble you** es tut mir leid, dass ich Sie stören muss; **to trouble to do something** sich bemühen, etwas zu tun ❸ **I shan't trouble with that** das werde ich mir ersparen

**trou·ble** ['trʌbl] ❶ die Schwierigkeiten, der Ärger, die Unannehmlichkeiten; **to ask** [*oder* **look**] **for trouble** sich Ärger einhandeln; **to be in trouble** in Schwierigkeiten sein; **to be a trouble to someone** jemandem Ärger machen; **to get into trouble** sich Unannehmlichkeiten einhandeln; **to get someone into trouble** jemanden in Schwierigkeiten bringen; **to have trouble with** Ärger [*oder* Scherereien] haben mit; **to make trouble** Ärger machen ❷ die Mühe, die

**troubled – try**     494

Umstände; |**it will be**| **no trouble** |**at all**| das ist nicht der Rede wert ❸ (*medizinisch*) das Leiden; **heart trouble** das Herzleiden ❹ **troubles** (*politisch*) die Unruhen ❺ **what's the trouble?** was ist los?; **the trouble is that ...** das Problem ist, dass ...

**trou·bled** ['trʌbld] besorgt; *Lage:* bedrängt

**trou·ble·mak·er** ['trʌbl‚meɪkəʳ] der Unruhestifter/die Unruhestifterin

**trou·ble·shoot·er** ['trʌbl‚ʃuːtəʳ] ❶ der Störungssucher/die Störungssucherin ❷ (*bei Auseinandersetzungen*) der Schlichter/die Schlichterin, der Vermittler/die Vermittlerin

**trou·ble·shoot·ing** *kein Plural* ❶ die Fehlerbeseitigung, die Störungsbeseitigung ❷ die Vermittlung

**trou·ble·some** ['trʌblsəm] lästig, schwierig

**trou·ble spot** der Krisenherd

**trough** [trɒf] ❶ der Trog; **drinking trough** der Wassertrog ❷ das Wellental ❸ (*meteorologisch*) der Trog

**trou·sers** ['traʊzəz] *plural* die Hose; **an old pair of trousers** eine alte Hose

**trou·ser suit** der Hosenanzug

**trout** [traʊt] die Forelle

**trout farm·ing** die Forellenzucht

**trow·el** ['traʊəl] die |Maurer|kelle

**tru·ant** ['truːənt] der Schulschwänzer/die Schulschwänzerin; **to play truant** |die Schule| schwänzen

**truce** [truːs] der Waffenstillstand

**truck** [trʌk] ❶ ⓤⓈⓐ der Lastwagen ❷ *eines Zuges:* der offene Güterwagen

to **truck** [trʌk] ⓤⓈⓐ ❶ transportieren ❷ Lastwagen fahren

**truck driv·er** ['trʌk‚draɪvəʳ], ⓤⓈⓐ **truck·er** ['trʌkəʳ] der Lastwagenfahrer/die Lastwagenfahrerin

to **trudge** [trʌdʒ] sich schleppen, stapfen (**through** durch)

**true** [truː] <truer, truest> ❶ wahr; |**it is**| **true** allerdings, zwar ❷ *Bericht, Beschreibung:* wahrheitsgemäß; *Kopie:* getreu ❸ *Gefühle:* wahr, echt; *Grund:* wirklich ❹ *Freund:* treu ❺ *Wand, Fläche:* gerade; *Kreis:* rund ❻ **to come true** Wirklichkeit werden; **to prove true** sich bewahrheiten

**truf·fle** ['trʌfl] die Trüffel

**tru·ly** ['truːlɪ] ❶ aufrichtig, wahrhaftig ❷ **Yours truly** Hochachtungsvoll

**trump** [trʌmp] der Trumpf, die Trumpfkarte

to **trump** [trʌmp] übertrumpfen

◆ to **trump up** erfinden *Beschuldigung*

**trum·pet** ['trʌmpɪt] die Trompete ▶ WENDUNGEN: **to blow one's own trumpet** sich selbst loben

**trum·pet·er** ['trʌmpɪtəʳ] der Trompeter/die Trompeterin

**trun·cheon** ['trʌntʃən] der |Gummi|knüppel

**trunk** [trʌŋk] ❶ der |Baum|stamm ❷ *eines Menschen:* der Rumpf ❸ *eines Elefanten:* der Rüssel ❹ der große Koffer ❺ ⓤⓈⓐ der Kofferraum ❻ **a pair of trunks** eine Badehose

**trust** [trʌst] ❶ das Vertrauen (**in** zu), das Zutrauen (**in** zu); **to put one's trust in someone** sein Vertrauen in jemanden setzen; **on trust** auf Treu und Glauben ❷ (*finanziell*) die Treuhand; **family trust** die Familienstiftung; **investment trust** die Investmentgesellschaft; **unit trust** der offene Investmentfonds ❸ ⓤⓈⓐ (*Monopol*) der Trust

to **trust** [trʌst] ❶ **to trust someone** jemandem vertrauen; **to trust in someone/something** auf jemanden/etwas vertrauen; **to trust someone with something** jemandem etwas anvertrauen; **to trust someone to do something** jemandem zutrauen, dass er/sie etwas tut, sich darauf verlassen, dass jemand etwas tut ❷ **to trust something** einer Sache trauen ❸ **trust you!** typisch! ❹ hoffen; **you are coming, I trust** Sie kommen doch hoffentlich

**trus·tee** [trʌs'tiː] der Treuhänder/die Treuhänderin, der Vermögensverwalter/die Vermögensverwalterin

**trust fund** der Treuhandfonds

**trust·ing** ['trʌstɪŋ] vertrauensvoll

**trust·wor·thy** ['trʌst‚wɜːðɪ] vertrauenswürdig

**trusty** ['trʌstɪ] <trustier, trustiest> (*humorvoll*) zuverlässig

**truth** [truːθ, *plural* truːðz] <*plural* truths> die Wahrheit; **in truth** in Wirklichkeit; **to tell the truth** ehrlich gesagt; **there is no truth in it** es ist nichts Wahres daran

**truth·ful** ['truːθfl] ehrlich

**try** [traɪ] der Versuch; **to give something a try** etwas versuchen; **have a try!** versuchen Sie es mal!; **it was a good try** das war gar nicht schlecht

to **try** [traɪ] ❶ versuchen; **just you try it!** unterseh dich!; **why don't you try him?** warum versuchst du es nicht mal mit ihm?; **I'll try** ich werde es versuchen; **try and come** versuch doch zu kommen ❷ probieren; **if that bolt doesn't fit, try a smaller one** wenn diese Schraube nicht passt, probier es mit einer kleineren; **try it and see what you think** probier mal, ob es dir schmeckt ❸ auf die Probe stellen *Geduld, Kraft, Mut* ❹ (*juristisch*) vor Gericht stellen *Menschen;* verhandeln *Fall;* **to be tried for murder** wegen

Mordes vor Gericht stehen

◆to **try for** sich bemühen um *Stelle*

◆to **try on** anprobieren *Kleidungsstück;* aufprobieren *Hut* ▶ WENDUNGEN: **she's trying it on** sie probiert, wie weit sie gehen kann, sie will nur provozieren; **to try it on with someone** jemanden provozieren; **don't try it on with me** komm mir bloß nicht so

◆to **try out** ausprobieren; **to try someone out** einen Versuch mit jemandem machen, jemandem eine Chance geben

**try·ing** [traɪɪŋ] anstrengend, mühsam

**tsar** [zɑːʳ] der Zar

**tsa·ri·na** [zɑːˈriːnə] die Zarin

**T-Shirt** [ˈtiːʃɜːt] das T-Shirt

**tsu·na·mi** [tsuˈnɑːmi] der Tsunami

**tub** [tʌb] ❶ der Kübel, der Zuber ❷ (*für Eiscreme, Margarine*) der Becher ❸ (*umgangsspr*) die [Bade]wanne

**tub·by** [ˈtʌbɪ] (*umgangsspr*) pummelig, rundlich

**tube** [tjuːb] ❶ das Rohr, der Schlauch ❷ (*für Zahnpasta*) die Tube ❸ (*in London*) die U-Bahn; **tube station** die U-Bahn-Station

**tu·ber·cu·lo·sis** [tjuːˌbɜːkjəˈləʊsɪs] *kein Plural* die Tuberkulose

to **tuck** [tʌk] stecken

◆to **tuck away** ❶ wegstecken ❷ (*umgangsspr*) wegputzen *Essen* ❸ **tucked away** versteckt *Haus*

◆to **tuck in** ❶ hineinstecken; **to tuck one's shirt in** das Hemd in die Hose stecken ❷ zudecken *Kind* ❸ (*umgangsspr: beim Essen*) zulangen

◆to **tuck up** ❶ hochkrempeln *Ärmel, Hose* ❷ anziehen *Beine* ❸ **to tuck up in bed** ins Bett stecken

**tuck shop** (*in einer Schule*) das Süßwarengeschäft

**Tues·day** [ˈtjuːzdɪ] der Dienstag; **on Tuesday** am Dienstag; **on Tuesdays** dienstags

**tuft** [tʌft] das Büschel

to **tug** [tʌg] <tugged, tugged> heftig ziehen; **he tugged [at] her sleeve** er zerrte an ihrem Ärmel; **she tugged [on] the rope** sie zerrte am Seil

**tug** [tʌg] ❶ **to give something a tug** an etwas ziehen; **he felt a tug on his sleeve** er spürte, wie ihn jemand am Ärmel zog; **he felt a tug on the line** er spürte, wie etwas an der Angel zog ❷ (*Boot*) der Schlepper ❸ **tug-of-war** das Tauziehen

**tui·tion** [tjuːˈɪʃn] der Unterricht

**tu·lip** [ˈtjuːlɪp] die Tulpe

**tum·ble** [ˈtʌmbl] der Sturz; **to have** [*oder*

**take] a tumble** stürzen, hinfallen

to **tum·ble** [ˈtʌmbl] ❶ stürzen, fallen (**off** von) ❷ *Preise:* fallen

◆to **tumble over** umfallen

**tum·ble·down** [ˈtʌmbldaʊn] baufällig

**tum·ble·drier**, **tum·ble dry·er** der Wäschetrockner

**tum·bler** [ˈtʌmbləʳ] ❶ das Becherglas ❷ der Wäschetrockner

**tum·my** [ˈtʌmɪ] (*umgangsspr*) der Bauch

**tum·my-ache** (*umgangsspr*) das Bauchweh

**tu·mour** [ˈtjuːməʳ], ⓊⓈⒶ **tu·mor** die Geschwulst, der Tumor

**tu·mul·tu·ous** [tjuːˈmʌltʃʊəs] *Beifall, Empfang:* stürmisch

**tuna** [ˈtjuːnə] der Thunfisch

**tune** [tjuːn] ❶ die Melodie ❷ **to sing in/out of tune** richtig/falsch singen; **to be in/out of tune** *Instrument:* richtig gestimmt/verstimmt sein

to **tune** [tjuːn] ❶ stimmen *Musikinstrument* ❷ einstellen *Radio* ❸ tunen *Motor*

◆to **tune in** ❶ einschalten *Radio* ❷ **to tune in to** einschalten *Programm, Sender*

◆to **tune up** [die Instrumente] stimmen

**tun·er** [ˈtjuːnəʳ] ❶ (*Radioempfänger*) der Tuner ❷ **piano tuner** der Klavierstimmer/die Klavierstimmerin

**tu·nic** [ˈtjuːnɪk] der Kittel; (*römisch*) die Tunika

**tun·ing fork** [ˈtjuːnɪŋ fɔːk] die Stimmgabel

**Tu·ni·sia** [tjuːˈnɪziə] Tunesien

**Tu·ni·sian¹** [tjuːˈnɪziən] der Tunesier/die Tunesierin

**Tu·ni·sian²** [tjuːˈnɪziən] tunesisch

**tun·nel** [ˈtʌnl] ❶ der Tunnel, die Unterführung; **Channel Tunnel** der Kanaltunnel ❷ (*beim Bergbau*) der Stollen ❸ *von Tieren:* der Bau

to **tun·nel** [ˈtʌnl] <tunnelled *oder* ⓊⓈⒶ tunneled, tunnelled *oder* ⓊⓈⒶ tunneled> einen Tunnel anlegen (**through** durch, **into** in); **to tunnel under** untertunneln

**tup·pence** [ˈtʌpᵊn(t)s] *kein Plural* ⒼⒷ (*umgangsspr*) zwei Pence; (*übertragen*) **to not give tuppence for something** keinen Pfifferling auf etwas geben *umgangsspr;* **to not matter tuppence** überhaupt keine Rolle spielen

**tur·bine** [ˈtɜːbaɪn] die Turbine

**tur·bo·charged** [ˈtɜːbəʊtʃɑːdʒəd] mit Turbolader

**tur·bo die·sel** der Turbodiesel

**tur·bo en·gine** der Turbomotor

**tur·bu·lence** [ˈtɜːbjʊləns] (*beim Fliegen*) die

Turbulenzen

**tur·bu·lent** ['tɜːbjələnt] turbulent; *Meer auch:* unruhig

**turd** [tɜːd] *(slang)* ❶ die Kacke, der Scheißhaufen ❷ der Scheißkerl

**turf** [tɜːf] <*plural* turfs *oder* turves> *von Sportplatz:* der Rasen

to **turf** [tɜːf] ❶ mit Rasen[stücken] bedecken ❷ **to turf out** *(slang)* rausschmeißen

**Turk** [tɜːk] der Türke/die Türkin

**tur·key** ['tɜːkɪ] der Truthahn

**Tur·key** ['tɜːkɪ] die Türkei

**Turk·ish¹** ['tɜːkɪʃ] türkisch

**Turk·ish²** ['tɜːkɪʃ] Türkisch, das Türkische

**Turk·ish de·light** *kein Plural* das Lokum (*geleeartiges, mit Puderzucker bestäubtes Konfekt*)

**turn** [tɜːn] ❶ die Drehung, die Umdrehung; **to give something a turn** etwas drehen ❷ die Wende; **to make a turn to the right** eine Rechtskurve machen, rechts einbiegen [*oder* abbiegen]; **the turn of the century** die Jahrhundertwende; **turn of the tide** der Gezeitenwechsel ❸ **by turns** abwechselnd; **in turn** der Reihe nach, abwechselnd; **out of turn** außer der Reihe; **it's your turn** du bist an der Reihe [*oder* dran]; **to miss a turn** einmal aussetzen; **to take turns at doing something** sich bei etwas abwechseln, etwas abwechselnd tun ❹ **to do someone a good turn** jemandem einen guten Dienst erweisen ❺ (*medizinisch*) der Anfall; **to give someone a turn** jemandem einen Schrecken einjagen

to **turn** [tɜːn] ❶ sich drehen; *Mensch auch:* sich umdrehen ❷ *Fahrer, Auto:* abbiegen, wenden; **to turn left/right** rechts/links abbiegen; **to turn the corner** um die Ecke biegen ❸ drehen *Lenkrad, Schlüssel;* drehen, wenden *Kopf;* umdrehen *Magen;* **to turn one's back on someone** jemandem den Rücken zeigen [*oder* zuwenden] ❹ wenden *Auto* ❺ umblättern *Seite* ❻ werden; **she has just turned 14** sie ist gerade 14 geworden; **it has turned two o'clock** es ist zwei Uhr vorbei ❼ (*in einen anderen Zustand*) sich verwandeln; **his hair turned grey** sein Haar wurde grau; **to turn traitor** zum Verräter werden ❽ *Wetter:* umschlagen ❾ **he didn't know which way to turn** er wusste nicht mehr aus noch ein

◆ to **turn against** ❶ **to turn someone against someone** jemanden gegen jemanden aufbringen ❷ **to turn against someone** sich gegen jemanden wenden ❸ **she turned**

his own arguments against him sie wendete seine eigenen Argumente gegen ihn

◆ to **turn away** ❶ **to turn someone away** jemanden wegschicken [*oder* abweisen] ❷ abwenden *Gesicht* ❸ **to turn away business** Aufträge ablehnen ❹ *Person:* sich abwenden

◆ to **turn back** ❶ **to turn someone back** jemanden zurückschicken [*oder* zurückweisen] ❷ zurückstellen *Uhr;* (*übertragen*) zurückdrehen ❸ zurückschlagen *Bettdecke;* umknicken *Buchseite* ❹ *Person:* umkehren, sich umdrehen ❺ (*im Buch*) zurückblättern

◆ to **turn down** ❶ zurückschlagen *Bettdecke;* umlegen *Kragen* ❷ herunterdrehen, klein stellen *Flamme;* leiser stellen *Radio* ❸ ablehnen, abschlagen *Angebot;* abweisen, zurückweisen *Person* ❹ **to turn down a street** in eine Straße einbiegen

◆ to **turn in** ❶ **to turn someone in** [**to the police**] jemanden [bei der Polizei] anzeigen; **to turn something in** etwas abgeben ❷ *Auto:* einbiegen ❸ (*umgangsspr*) *Person:* zu Bett gehen ❹ **her toes turn in when she walks** sie geht über den großen Onkel ❺ **to turn in on oneself** sich in sich selbst zurückziehen

◆ to **turn into** [sich] verwandeln in; **the witch turned the prince into a frog** die Hexe verzauberte den Prinz in einen Frosch

◆ to **turn off** ❶ abschalten *Strom;* abstellen *Wasser, Gas* ❷ ausschalten *Licht;* zudrehen *Wasserhahn* ❸ **to turn someone off** jemanden anwidern ❹ *von der Straße:* abbiegen

◆ to **turn on** ❶ anmachen *Licht;* einschalten *elektrisches Gerät* ❷ aufdrehen *Gas, Wasser(hahn)* ❸ richten auf *Blick, Gewehr;* **turn on someone** sich gegen jemanden wenden ❹ **to turn someone on** (*slang*) jemanden anturnen [*oder* scharfmachen]

◆ to **turn out** ❶ ausmachen *Licht* ❷ ausräumen *Schrank* ❸ stürzen *Kuchen* ❹ **to turn out one's pockets** seine Taschen umdrehen; **to turn something out** etwas nach außen kehren ❺ hinauswerfen *Person* ❻ produzieren, herstellen *Waren* ❼ *Person:* [heraus]kommen, erscheinen ❽ sich erweisen, sich herausstellen; **it turned out to be right** es stellte sich als richtig heraus; **it turned out to be a disaster** es erwies sich als ein großer Reinfall ❾ ausgehen, ausfallen; **the evening turned out fine** das Wetter wurde am Abend schön; **everything turned out all right in the end** alles endete gut; **how did it turn out?** wie ist es ausgegangen?

◆to **turn over** ① umdrehen ② umblättern *Seite* ③ **to turn someone/something over to the police** jemanden/etwas der Polizei übergeben [*oder* ausliefern] ④ umsetzen, verkaufen *Waren* ⑤ **to turn something over [in one's mind]** über etwas nachdenken ⑥ laufen lassen *Motor* ⑦ *Person:* sich umdrehen ⑧ *Gegenstand:* umkippen ⑨ *Motor:* laufen ⑩ (*im Buch*) umblättern; **please turn over** bitte wenden

◆to **turn round** ① drehen *Kopf* ② umdrehen *Stuhl* ③ sanieren, in die Gewinnzone bringen *Unternehmen* ④ *Person:* sich umdrehen, umkehren ⑤ **to turn round the corner** um die Ecke biegen ⑥ **the earth turns round the sun** die Erde dreht sich um die Sonne ⑦ **you can't just turn round and deny it** du kannst das nicht einfach abstreiten

◆to **turn to** **to turn to someone** sich an jemanden wenden; **to turn to something** sich einer Sache zuwenden

◆to **turn up** ① hochschlagen *Kragen;* hochkrempeln *Ärmel* ② höherstellen *Gas, Heizung;* lauter stellen *Radio;* aufdrehen *Lautstärke;* heller machen *Licht* ③ finden, entdecken, ausfindig machen ④ **to turn up one's nose at something** die Nase über etwas rümpfen ⑤ (*erscheinen*) auftauchen ⑥ sich ergeben; **something will** [*oder* **is sure to**] **turn up** irgend etwas wird sich [schon] finden ⑦ *Nase:* nach oben gebogen sein; **a turned-up nose** eine Himmelfahrtsnase

**turn·about** ['tɜːnəˌbaʊt], **turn·around** ['tɜːnəˌraʊnd] die Kehrtwendung

**turn·ing** ['tɜːnɪŋ] die Abzweigung

**turn·ing point** der Wendepunkt

**tur·nip** ['tɜːnɪp] die Rübe

**turn·off** ['tɜːnɒf] ① die Abzweigung; *von der Autobahn:* die Ausfahrt ② **it's a real turn-off** (*umgangsspr*) da vergeht einem doch alles

**turn·out** ['tɜːnaʊt] ① die [Wahl]beteiligung, die Besucherzahl ② **to give something a turnout** etwas entrümpeln

**turn·over** ['tɜːnˌəʊvəʳ] (*wirtschaftlich*) der Umsatz; *von Personal:* die Fluktuation

**turn·stile** ['tɜːnstaɪl] das Drehkreuz

**turn·ta·ble** der Plattenteller

**turn·up** ['tɜːnʌp] ① (GB) (*an Hosen*) der Aufschlag ② (*umgangsspr*) die Überraschung

**tur·quoise¹** ['tɜːkwɔɪz] (*Stein*) der Türkis; (*Farbe*) das Türkis

**tur·quoise²** ['tɜːkwɔɪz] türkis[farben]

**tur·ret** ['tʌrɪt] ① *eines Gebäudes:* das Türmchen ② *eines Panzers:* der Geschützturm

**tur·tle** ['tɜːtl] die [Wasser]schildkröte

**tusk** [tʌsk] *eines Elefanten:* der Stoßzahn; *eines Walrosses:* der Eckzahn; *eines Ebers:* der Hauer

**tu·tor** ['tjuːtəʳ] ① der Privatlehrer/die Privatlehrerin ② der Nachhilfelehrer/die Nachhilfelehrerin ③ (*an einer Universität*) der Tutor/die Tutorin

to **tu·tor** ['tjuːtəʳ] ① unterrichten ② Nachhilfeunterricht geben

**tu·to·rial** [tjuːˈtɔːrɪəl] das Kolloquium, die Seminarübung

**tux** [tʌks] <*plural* tuxes> (*umgangsspr*), **tux·edo** [tʌkˈsiːdəʊ] <*plural* tuxedos> (USA) der Smoking

**TV** [tiːˈviː] *Abkürzung von* **television** ① das Fernsehen; **on TV** im Fernsehen; **to watch TV** fernsehen ② (*Gerät*) der Fernseher

**TV guide** die Fernsehzeitschrift

**TV star** der Fernsehstar

**tweez·ers** ['twiːzəz] *plural* die Pinzette; **a pair of tweezers** eine Pinzette

**twelfth¹** [twelfθ] zwölfte(r, s)

**twelfth²** [twelfθ] ① (*Datum*) **the twelfth** der Zwölfte ② (*Bruchzahl*) das Zwölftel

**twelve¹** [twelv] zwölf; **a quarter to twelve** viertel vor zwölf

**twelve²** [twelv] die Zwölf

**twen·ti·eth¹** ['twentɪəθ] zwanzigste(r, s)

**twen·ti·eth²** ['twentɪəθ] ① (*Datum*) **the twentieth** der Zwanzigste ② (*Bruchzahl*) das Zwanzigstel

**twen·ty¹** ['twentɪ] zwanzig

**twen·ty²** ['twentɪ] ① die Zwanzig ② **in the twenties** in den Zwanzigern; **she must be in her twenties** sie muss in den Zwanzigern sein

**twice** [twaɪs] zweimal; **twice as much/many** doppelt [*oder* zweimal] so viel/so viele; **twice the amount** der doppelte Betrag

to **twid·dle** ['twɪdl] **to twiddle one's thumbs** Däumchen drehen

**twig** [twɪg] der [kleine] Zweig

**twi·light** ['twaɪlaɪt] die [Abend]dämmerung; **at twilight** in der Dämmerung

**twin¹** [twɪn] ① Zwillings-; **twin brother** der Zwillingsbruder; **twin sister** die Zwillingsschwester ② **twin beds** zwei Einzelbetten ③ **twin town** die Partnerstadt

**twin²** [twɪn] ① (*Person*) der Zwilling ② (*Gegenstand*) das Gegenstück, das Pendant

to **twin** [twɪn] <twinned, twinned> durch Partnerschaft verbinden; **Stafford is twinned with Dreieich** Dreieich und Stafford sind

Partnerstädte

**twin-en·gined** zweimotorig

**twinge** [twɪndʒ] der leichte Schmerz

to **twin·kle** ['twɪŋkl] funkeln, glitzern

**twin·kle** ['twɪŋkl] das Funkeln, das Glitzern; **with a twinkle in one's eyes** augenzwinkernd

**twin·kling** ['twɪŋklɪŋ] funkelnd

**twin·ning** ['twɪnɪŋ] **town twinning** die Städtepartnerschaft

to **twirl** [twɜːl] ① wirbeln (**around** über) ② zwirbeln Schnurrbart

**twist** [twɪst] ① die Drehung; **to give something a twist** etwas [herum]drehen, an etwas drehen ② einer Straße: die Kurve, die Biegung ③ (übertragen) einer Geschichte: die Wendung ④ (Tanz) der Twist

to **twist** [twɪst] ① drehen, wickeln (**around** um) ② verbiegen Metall ③ verrenken Körperteil; **to twist one's ankle** sich den Fuß vertreten; **to twist someone's arm** jemandem den Arm verdrehen ④ (übertragen) **you're twisting my words** du verdrehst mir die Worte im Mund ⑤ Fluss, Person: sich winden; **to twist and turn** sich drehen und winden ⑥ (tanzen) twisten
  ◆ to **twist off** ① abdrehen, abschrauben ② **the top twists off** der Deckel lässt sich abschrauben

**twist·ed** ['twɪstɪd] (gebogen) verdreht; (geschlängelt) verschlungen; (pervers) verdreht; **twisted ankle** der gezerrte Knöchel; **twisted mind** der verworrene Geist

**twist·er** ['twɪstə<sup>r</sup>] Ⓤ der Wirbelsturm

**twit** [twɪt] (umgangsspr) der Depp

to **twitch** [twɪtʃ] zucken

**twitch** [twɪtʃ] <plural twitches> das Zucken, die Zuckung; **to have a nervous twitch** nervöse Zuckungen haben

to **twit·ter** ['twɪtə<sup>r</sup>] zwitschern

**two**[1] [tuː] ① zwei; **a quarter to two** viertel vor zwei ② **the two families** die beiden Familien

**two**[2] [tuː] die Zwei; **the two of us** wir beide; **in twos** paarweise, zu zweit [oder zweien]; **in two** entzwei; **to break in two** in zwei Teile brechen; **to cut in two** halbieren; **in a day or two** in ein paar Tagen; **to put two and two together** zwei und zwei zusammenzählen; **that makes two of us** mir geht's genauso

**two-di·men·sion·al** zweidimensional; (abwertend) Charakter, Handlung: flach

**two-door**[1] zweitürig

**two-door**[2] das zweitürige Auto

**two-faced** [ˌtuːˈfeɪst] (übertragen) falsch, heuchlerisch

**two-fold** ['tuːfəʊld] zweifach, doppelt

**two-piece** der Bikini; (Anzug) der Zweiteiler

**two-seat·er** der Zweisitzer

**two·some** ['tuːsəm] das Paar; (Entertainer) das Duo; (Tanz) der Paartanz

**two-way** [ˌtuːˈweɪ] in beide Richtungen; **two-way traffic** der Gegenverkehr

**TXT** [tekst] kurz für **text** texten

**TXT mes·sag·ing** kein Plural kurz für **text messaging** das Versenden von SMS-Nachrichten

**ty·coon** [taɪˈkuːn] der Tycoon, der Magnat

**type** [taɪp] ① die Art, die Sorte; (Menschenart auch) der Typ; **this type of car** dieser Autotyp; **that type of behaviour** ein solches Benehmen; **she is not my type** sie ist nicht mein Typ; **he is not the type to do that** es ist nicht seine Art, so etwas zu tun ② die Type; **small type** die kleinen Buchstaben; **bold type** der Fettdruck

to **type** [taɪp] tippen, [mit der] Maschine schreiben
  ◆ to **type out** tippen
  ◆ to **type up** abtippen Bericht

**type-writ·er** ['taɪpˌraɪtə<sup>r</sup>] die Schreibmaschine

**type-writ·ten** maschine[n]geschrieben

**ty·phoon** [taɪˈfuːn] der Taifun

**typ·i·cal** ['tɪpɪkl] typisch (**of** für)

**typ·ing** ['taɪpɪŋ] **typing error** der Tippfehler; **typing speed** die Schreibgeschwindigkeit, die Anschläge pro Minute

**typ·ist** ['taɪpɪst] die Schreibkraft

**tyr·an·ny** ['tɪrᵊni] die Tyrannei

**ty·rant** ['taɪərənt] der Tyrann/die Tyrannin

**tyre** ['taɪə<sup>r</sup>] der Reifen; **flat tyre** der platte Reifen; **tyre pressure** der Reifendruck

**Ty·rol** [tɪˈrəʊl] **the Tyrol** Tirol

**tzar** [zɑː<sup>r</sup>] der Zar

# U

**U** <plural U's oder Us>, **u** [juː] <plural u's>
① U, u ② jugendfrei, der jugendfreie Film

**ud·der** ['ʌdə<sup>r</sup>] das Euter

**UEFA** [juːˈeɪfə] kein Plural, mit Singular oder Plural Abkürzung von **Union of European Football Associations** die UEFA

**UFO** ['juːfəʊ] Abkürzung von **unidentified**

**flying object** das Ufo, das UFO
**Ugan·da** [juːˈɡændə] Uganda
**Ugan·dan¹** [juːˈɡændən] der Ugander/die Uganderin
**Ugan·dan²** [juːˈɡændən] ugandisch
**ugh** [ʊɡ, ʊh] (*umgangsspr*) igitt!
**ugli·ness** [ˈʌɡlɪnɪs] die Hässlichkeit
**ugly** [ˈʌɡlɪ] hässlich
**UK** [ˌjuːˈkeɪ] *Abkürzung von* **United Kingdom** das Vereinigte Königreich
**Ukraine** [juːˈkreɪn] **the Ukraine** die Ukraine
**Ukrain·ian¹** [juːˈkreɪnɪən] ❶ der Ukrainer/die Ukrainerin ❷ *kein Plural* das Ukrainisch
**Ukrain·ian²** [juːˈkreɪnɪən] ukrainisch
**ul·cer** [ˈʌlsəʳ] das Geschwür
**Ul·ster** [ˈʌlstəʳ] Ulster
**ul·te·ri·or** [ʌlˈtɪərɪəʳ] **ulterior motive** der Hintergedanke
**ul·ti·ma·ta** [ˌʌltɪˈmeɪtə] *Pluralform von* **ultimatum**
**ul·ti·mate¹** [ˈʌltɪmət] ❶ (*unschlagbar*) beste(r, s) ❷ höchste(r, s) ❸ letzte(r, s); *Entscheidung auch:* endgültig; **the ultimate destination** das Endziel ❹ grundsätzlich; **the ultimate problem** das Grundproblem
**ul·ti·mate²** [ˈʌltɪmət] **the ultimate** das Nonplusultra
**ul·ti·mate·ly** [ˈʌltɪmətlɪ] schließlich, letzten Endes, im Grunde
**ul·ti·ma·tum** [ˌʌltɪˈmeɪtəm] <*plural* ultimatums *oder* ultimata> das Ultimatum (**to** an); **to deliver an ultimatum** ein Ultimatum stellen
**ultra-pre·cise** äußerst genau
**ultra-re·li·able** extrem zuverlässig
**ultra·sound** [ˈʌltrəsaʊnd] der Ultraschall
**ultra·vio·let** [ˌʌltrəˈvaɪələt] ultraviolett
**um·bili·cal** [ʌmˈbɪlɪkl] **umbilical cord** die Nabelschnur
**um·brel·la** [ʌmˈbrelə] der Regenschirm, der Sonnenschirm
**um·pire** [ˈʌmpaɪəʳ] der Schiedsrichter/die Schiedsrichterin
to **um·pire** [ˈʌmpaɪəʳ] ❶ als Schiedsrichter leiten *Spiel* ❷ Schiedsrichter sein
**ump·teen** [ˈʌmptiːn] (*umgangsspr*) zig; **umpteen times** x-mal
**ump·teenth** [ˈʌmptiːnθ] (*umgangsspr*) **for the umpteenth time** zum x-ten Mal
**UN** [juːˈen] *Abkürzung von* **United Nations** die UNO
**un·able** [ʌnˈeɪbl] **to be unable to do something** etwas nicht tun können, außer Stande sein, etwas zu tun; **unable to pay** zahlungsunfähig

**un·abridged** [ˌʌnəˈbrɪdʒd] *Text:* ungekürzt
**un·ac·cep·table** [ˌʌnəkˈseptəbl] unannehmbar (**to** für)
**un·ac·com·pa·nied** [ˌʌnəˈkʌmpənɪd] ohne Begleitung; **unaccompanied minor** das allein reisende Kind
**un·ac·count·able** [ˌʌnəˈkaʊntəbl] ❶ nicht verantwortlich ❷ unerklärlich
**un·ac·count·ed for** [ˌʌnəˈkaʊntɪdˌfɔːʳ] ❶ ungeklärt ❷ nicht erfasst; *Person:* vermisst
**un·ac·cus·tomed** [ˌʌnəˈkʌstəmd] ungewohnt; **to be unaccustomed to something** etwas nicht gewohnt sein
**un·ad·ven·tur·ous** [ˌʌnədˈventʃərəs] *Leben:* wenig abenteuerlich, ereignislos; *Mensch:* wenig unternehmungslustig
**un·af·fect·ed** [ˌʌnəˈfektɪd] ❶ nicht betroffen (**by** von) ❷ *Benehmen:* ungekünstelt, natürlich
**un·afraid** [ˌʌnəˈfreɪd] unerschrocken; **to be unafraid of somebody/something** vor jemandem/etwas keine Angst haben; **to be unafraid of doing something** keine Angst davor haben, etwas zu tun
**un·am·bigu·ous** [ˌʌnæmˈbɪɡjuəs] unzweideutig
**unani·mous** [juːˈnænɪməs] einstimmig, einmütig
**un·an·nounced** [ˌʌnəˈnaʊnst] ohne Ankündigung
**un·an·swered** [ˌʌnˈɑːnsəd] unbeantwortet
**un·ap·proach·able** [ˌʌnəˈprəʊtʃəbl] unzugänglich
**un·armed** [ʌnˈɑːmd] unbewaffnet
**un·asked** [ʌnˈɑːskt] ❶ ungefragt ❷ ungebeten; **unasked-for** unerwünscht
**un·as·sum·ing** [ˌʌnəˈsjuːmɪŋ] bescheiden
**un·at·tached** [ˌʌnəˈtætʃt] ❶ *Gegenstand:* unbefestigt ❷ *Person:* unabhängig, frei
**un·at·tain·able** [ˌʌnəˈteɪnəbl] unerreichbar
**un·at·trac·tive** [ˌʌnəˈtræktɪv] unschön, unattraktiv, unsympathisch
**un·author·ized** [ʌnˈɔːθəraɪzd] unbefugt, nicht ermächtigt; **no entry for unauthorized persons!** Zutritt für Unbefugte verboten!
**un·avail·able** [ˌʌnəˈveɪləbl] ❶ *Produkt:* nicht erhältlich ❷ *Person:* nicht zu erreichen
**un·avoid·able** [ˌʌnəˈvɔɪdəbl] ❶ unvermeidlich ❷ *Folgerung:* unausweichlich
**un·aware** [ˌʌnəˈweəʳ] nicht bewusst; **to be unaware of something** sich einer Sache nicht bewusst sein, etwas nicht bemerken
**un·awares** [ˌʌnəˈweəz] unerwartet; **to catch** [*oder* **take**] **someone unawares** jemanden

**unbearable – undercharge**

überraschen

**un·bear·able** [ˌʌnˈbeərəbl] unerträglich, unausstehlich

**un·beat·able** [ˌʌnˈbiːtəbl] unschlagbar, unbesiegbar

**un·beat·en** [ˌʌnˈbiːtn] ❶ ungeschlagen ❷ *Rekord:* ungebrochen

**un·be·liev·able** [ˌʌnbɪˈliːvəbl] unglaublich

**un·bi·as(s)ed** [ˌʌnˈbaɪəst] unvoreingenommen

to **un·bolt** [ʌnˈbəʊlt] entriegeln

**un·born** [ˌʌnˈbɔːn] ungeboren

**un·break·able** [ˌʌnˈbreɪkəbl] ❶ unzerbrechlich ❷ *Versprechen:* unverbrüchlich

**un·brok·en** [ˌʌnˈbrəʊkən] ❶ unbeschädigt, heil, ganz ❷ (*übertragen*) *Rekord:* ungebrochen; *Redefluss:* ununterbrochen

to **un·but·ton** [ˌʌnˈbʌtn] aufknöpfen

**un·called-for** [ˌʌnˈkɔːldfɔːʳ] unnötig; *Kritik:* ungerechtfertigt

**un·can·ny** [ˌʌnˈkænɪ] unheimlich

**un·cared-for** [ˌʌnˈkeədfɔːʳ] vernachlässigt

**un·ceas·ing** [ʌnˈsiːsɪŋ] unaufhörlich

**un·cer·tain** [ʌnˈsɜːtn] ❶ ungewiss ❷ *Wetter:* unbeständig

**un·cer·tain·ty** [ʌnˈsɜːtntɪ] die Ungewissheit, die Unsicherheit

**un·chal·lenged** [ˌʌnˈtʃælɪndʒd] unbestritten, unangefochten

**un·changed** [ˌʌnˈtʃeɪndʒd] unverändert

**un·char·ac·ter·is·tic** [ˌʌnkærəktəˈrɪs tɪk] uncharakteristisch, untypisch

**un·checked** [ˌʌnˈtʃekt] ❶ ungehindert ❷ ungeprüft, unkontrolliert

**un·claimed** [ˌʌnˈkleɪmd] ❶ *Brief, Gepäckstück, Preis:* nicht abgeholt ❷ *Sozialhilfe:* nicht beansprucht ❸ *Güter:* herrenlos

**un·cle** [ˈʌŋkl] der Onkel

**un·clear** [ˌʌnˈklɪəʳ] unklar; **to be unclear about something** sich über etwas nicht im Klaren sein

**un·com·fort·able** [ʌnˈkʌmftəbl] ❶ *Gegenstand:* unbequem ❷ *Person:* **to be** [*oder* **feel**] **uncomfortable** sich unbehaglich [*oder* nicht wohl] fühlen

**un·com·mon** [ʌnˈkɒmən] ungewöhnlich

**un·con·cerned** [ˌʌnkənˈsɜːnd] unbekümmert, gleichgültig

**un·con·di·tion·al** [ˌʌnkənˈdɪʃənl] bedingungslos, vorbehaltlos

**un·con·firmed** [ˌʌnkənˈfɜːmd] unbestätigt

**un·con·scious** [ʌnˈkɒnʃəs] ❶ bewusstlos, ohnmächtig ❷ **to be unconscious of something** sich einer Sache nicht bewusst sein ❸ unbewusst, unabsichtlich

**un·con·scious·ly** [ʌnˈkɒnʃəslɪ] unbewusst

**un·con·scious·ness** [ʌnˈkɒnʃəsnɪs] die Bewusstlosigkeit

**un·con·sti·tu·tion·al** [ˈʌnˌkɒnstɪˈtjuːʃənl] verfassungswidrig, satzungswidrig

**un·con·trol·lable** [ˌʌnkənˈtrəʊləbl] ❶ unkontrollierbar ❷ *Kind:* nicht zu bändigen ❸ *Drang:* unbezwingbar

**un·con·trolled** [ˌʌnkənˈtrəʊld] ❶ *Hunde, Kinder:* unbeaufsichtigt ❷ *Weinen:* hemmungslos

**un·con·vinced** [ˌʌnkənˈvɪnst] nicht überzeugt

**un·con·vinc·ing** [ˌʌnkənˈvɪnsɪŋ] nicht überzeugend

**un·cooked** [ˌʌnˈkʊkt] ungekocht, roh

**un·co·opera·tive** [ˌʌnkəʊˈɒpərətɪv] nicht entgegenkommend, wenig hilfsbereit

to **un·cork** [ˌʌnˈkɔːk] entkorken

to **un·cov·er** [ʌnˈkʌvəʳ] ❶ aufdecken ❷ (*übertragen*) enthüllen, aufdecken

**un·dam·aged** [ʌnˈdæmɪdʒd] unbeschädigt, unversehrt

**un·daunt·ed** [ʌnˈdɔːntɪd] unerschrocken; **to remain undaunted** unverzagt bleiben

**un·de·cid·ed** [ˌʌndɪˈsaɪdɪd] ❶ *Person:* unentschlossen, unschlüssig ❷ *Sache:* nicht entschieden

**un·de·liv·ered** [ˌʌndɪˈlɪvəd] *Post:* nicht zugestellt

**un·de·ni·able** [ˌʌndɪˈnaɪəbl] unbestritten; *Beweis:* eindeutig

**un·de·ni·ably** [ˌʌndɪˈnaɪəbli] unbestreitbar

**un·der¹** [ˈʌndəʳ] ❶ *räumlich* unter; [**from**] **under the bed** unter dem Bett [hervor]; **he crawled under the bed** er kroch unter das Bett ❷ *zeitlich, in Mengenangaben* **under an hour/twenty pounds** weniger als eine Stunde/zwanzig Pfund ❸ (*Zustand*) **under construction** im Bau [befindlich]; **under repair** in Reparatur ❹ **to be under the impression that ...** den Eindruck haben, dass ... ❺ **under the terms of the agreement** gemäß [*oder* nach] den Vertragsbestimmungen

**un·der²** [ˈʌndəʳ] darunter; **she lifted the blanket and crawled under** sie hob die Decke hoch und verkroch sich darunter

to **under·achieve** [ˌʌndərəˈtʃiːv] hinter den Erwartungen zurückbleiben

**un·der-age** [ˌʌndərˈeɪdʒ] minderjährig, von Minderjährigen

to **under·charge** [ˌʌndəˈtʃɑːdʒ] **to undercharge someone** jemandem zu wenig berechnen

**under·clothes** [ˈʌndəkləʊ(ð)z] die Unterwäsche
**under·coat** [ˈʌndəkəʊt] der Grundanstrich
**under·cov·er** [ˌʌndəˈkʌvəʳ] geheim
**under·cur·rent** die Unterströmung; (*übertragen*) der Unterton
to **under·cut** [ˌʌndəˈkʌt] <undercut, undercut> unterbieten
**under·de·vel·oped** [ˌʌndədɪˈveləpt] unterentwickelt
**under·dog** [ˈʌndədɒg] der/die Benachteiligte
**under·done** [ˌʌndəˈdʌn] nicht durchgebraten, blutig
to **under·es·ti·mate** [ˌʌndərˈestɪmeɪt] unterschätzen
**under·foot** unter den Füßen; **it was very muddy underfoot** der Weg war sehr schlammig
to **under·go** [ˌʌndəˈgəʊ] <underwent, undergone> ❶ durchmachen, erleben ❷ sich unterziehen [müssen] *Operation*
**under·gradu·ate** [ˌʌndəˈgrædʒʊət] der Student/die Studentin
**under·ground¹** [ˈʌndəgraʊnd] ❶ (GB) die Untergrundbahn, die U-Bahn; **to go [***oder* **travel] by underground** mit der U-Bahn fahren ❷ (*übertragen*) der Untergrund, die Untergrundbewegung
**under·ground²** [ˈʌndəgraʊnd] ❶ unterirdisch; **underground car park** die Tiefgarage ❷ (*übertragen: geheim*) Untergrund- ❸ **to lie/work underground** unter der Erde liegen/unter Tage arbeiten
**under·ground rail·way** die Untergrundbahn
**under·growth** [ˈʌndəgrəʊθ] das Gestrüpp, das Unterholz
**under·hand** (GB) hinterhältig; *Machenschaften:* betrügerisch
to **under·line** [ˌʌndəˈlaɪn] (*auch übertragen*) unterstreichen
**under·ly·ing** [ˌʌndəˈlaɪɪŋ] *Grund:* eigentlich; *Problem:* zu Grunde liegend; *Ehrlichkeit:* grundlegend
**under·manned** unterbesetzt
to **under·mine** [ˌʌndəˈmaɪn] ❶ (*auch übertragen*) unterminieren ❷ (*übertragen*) untergraben *Autorität, Ruf;* angreifen *Gesundheit*
**under·neath¹** [ˌʌndəˈniːθ] unter; [**from**] **underneath the bed** unter dem Bett [hervor]
**under·neath²** [ˌʌndəˈniːθ] darunter; **the grass snake slithered towards the stone and disappeared underneath [it]** die Ringelnatter schlängelte sich zum Stein hin und verschwand darunter

**under·neath³** [ˌʌndəˈniːθ] die Unterseite
**under·nour·ished** [ˌʌndəˈnʌrɪʃt] unterernährt
**under·paid** [ˌʌndəˈpeɪd] unterbezahlt
**under·pants** [ˈʌndəpænts] *plural* die Unterhose; **a pair of underpants** eine Unterhose
**under·pass** [ˈʌndəpɑːs] <*plural* underpasses> die Unterführung
**under·privi·leged¹** unterprivilegiert
**under·privi·leged²** **the underprivileged** *plural* die Unterprivilegierten
to **under·rate** unterschätzen
**under·signed** [ˈʌndəsaɪnd] <*plural* undersigned> **the undersigned** der/die Unterzeichnete
**under·staffed** [ˌʌndəˈstɑːft] unterbesetzt; **to be understaffed** an Personalmangel leiden
to **under·stand** [ˌʌndəˈstænd] <understood, understood> ❶ verstehen; **to understand one another** sich [gut] verstehen; **I cannot understand why he did that** ich begreife nicht, warum er das getan hat ❷ **I understand that ...** ich habe gehört, dass ...; **so I understand** wie ich höre ❸ **am I to understand that ...?** soll das heißen, dass ...?; **to give someone to understand that ...** jemandem zu verstehen geben, dass ... ❹ **to make oneself understood** sich verständlich machen; **it's understood** es ist selbstverständlich [*oder* versteht sich von selbst]; **is that understood?** ist das klar?; **understand?** verstanden?
**under·stand·able** [ˌʌndəˈstændəbl] verständlich
**under·stand·ing¹** [ˌʌndəˈstændɪŋ] ❶ das Verständnis (**of** für); **to show [some] understanding for someone** Verständnis für jemanden haben ❷ das Übereinkommen, die Verständigung; **to come to [***oder* **reach] an understanding** zu einer Verständigung kommen, sich einigen ❸ die Voraussetzung; **on the understanding that ...** unter der Voraussetzung, dass ...
**under·stand·ing²** [ˌʌndəˈstændɪŋ] verständnisvoll
**under·state·ment** [ˈʌndəsteɪtmənt] die Untertreibung, das Understatement
**under·stood** [ˌʌndəˈstʊd] *2. und 3. Form von* **understand**
to **under·take** [ˌʌndəˈteɪk] <undertook, undertaken> ❶ unternehmen *Arbeit, Reise* ❷ übernehmen *Aufgabe* ❸ auf sich nehmen *Pflicht* ❹ **to undertake to do something** sich verpflichten, etwas zu tun ❺ (*garantieren*) sich verbürgen

**undertaker – unfortunate** **502**

**under·tak·er** [ˈʌndəteɪkəʳ] der Beerdigungsunternehmer/die Beerdigungsunternehmerin, der Leichenbestatter/die Leichenbestatterin; **undertakers** das Beerdigungsinstitut

**F** Nicht verwechseln mit *der Unternehmer — employer!*

**under·tak·ing** [ˌʌndəˈteɪkɪŋ] ❶ das Unternehmen, das Projekt ❷ die Zusicherung; **to give an undertaking that ...** zusichern, dass ...; **to give an undertaking to do something** sich verpflichten, etwas zu tun ❸ das Beerdigungsgewerbe
**under·wa·ter** [ˈʌndəwɔːtəʳ] Unterwasser
**under·wear** [ˈʌndəweəʳ] die Unterwäsche
**under·weight** [ˈʌndəˈweɪt] untergewichtig; **he is several pounds underweight** er hat mehrere Pfund Untergewicht
**under·went** [ˌʌndəˈwent] *2. Form von* **undergo**
**under·world** die Unterwelt; (*nach dem Tod*) **the Underworld** die Unterwelt
**un·de·served** [ˌʌndɪˈzɜːvd] unverdient
**un·de·sir·able** [ˌʌndɪˈzaɪərəbl] unerwünscht
**un·de·tect·ed** [ˌʌndɪˈtektɪd] unentdeckt
**un·de·vel·oped** [ˌʌndɪˈveləpt] unausgereift; *Grundstück:* unerschlossen; *Wirtschaft:* unterentwickelt; *Foto:* nicht entwickelt
**un·did** [ʌnˈdɪd] *2. Form von* **undo**
**un·dies** [ˈʌndɪz] *plural* (*umgangsspr*) die Unterwäsche
**un·dis·ci·plined** [ʌnˈdɪsɪpluralɪnd] undiszipliniert
**un·di·vid·ed** [ˌʌndɪˈvaɪdɪd] ungeteilt
to **un·do** [ʌnˈduː] <undid, undone> ❶ aufmachen; lösen *Knoten;* öffnen *Paket* ❷ ungeschehen machen *Tat*
**un·done**[1] [ʌnˈdʌn] *3. Form von* **undo**
**un·done**[2] [ʌnˈdʌn] ❶ **with his shoelaces undone** mit offenen Schnürsenkeln; **to come undone** aufgehen ❷ *Aufgabe:* unerledigt; **to leave something undone** etwas liegen lassen
**un·doubt·ed** [ʌnˈdaʊtɪd] unzweifelhaft, unbestritten
**un·doubt·ed·ly** [ʌnˈdaʊtɪdlɪ] zweifellos
to **un·dress** [ʌnˈdres] [sich] ausziehen; **to get undressed** sich ausziehen
**un·dressed** [ʌnˈdrest] unbekleidet; **to get undressed** sich ausziehen
**un·ease** [ʌnˈiːz] das Unbehagen
**un·easi·ness** [ʌnˈiːzɪnəs] *kein Plural* das Unbehagen (**over/at** über)
**un·easy** [ʌnˈiːzɪ] ❶ unbehaglich; **I feel**

**uneasy about ...** mir ist wegen ... unbehaglich zu Mute ❷ *Schlaf:* unruhig ❸ *Frieden:* unsicher
**un·em·ployed** [ˌʌnɪmˈplɔɪd] arbeitslos, erwerbslos; **the unemployed** die Arbeitslosen
**un·em·ploy·ment** [ˌʌnɪmˈplɔɪmənt] die Arbeitslosigkeit; **unemployment benefit** das Arbeitslosengeld, die Arbeitslosenhilfe
**un·en·dur·able** [ˌʌnɪnˈdjuərəbl] unerträglich
**un·equal** [ʌnˈiːkwəl] ❶ *Maße:* unterschiedlich ❷ *Kampf:* ungleich ❸ *Verteilung:* unausgeglichen ❹ **to be unequal to a task** einer Aufgabe nicht gewachsen sein
**un·even** [ʌnˈiːvn] ❶ *Fläche:* uneben ❷ *Linie:* ungerade ❸ *Dicke:* ungleich ❹ *Atmung, Pulsschlag:* unregelmäßig ❺ *Verteilung:* ungleichmäßig ❻ *Charakter:* unausgeglichen ❼ *Zahl:* ungerade
**un·event·ful** [ˌʌnɪˈventfʊl] ereignislos
**un·ex·cep·tion·al** [ˌʌnɪkˈsepʃnəl] nicht außergewöhnlich
**un·ex·pect·ed** [ˌʌnɪkˈspektɪd] unerwartet
**un·ex·plored** [ˌʌnɪkˈsplɔːd] unerforscht
**un·fair** [ʌnˈfeəʳ] ❶ unfair, ungerecht[fertigt]; **to be unfair to someone** jemandem gegenüber unfair [*oder* ungerecht] sein ❷ (*unsportlich*) unfair ❸ *Wettbewerb:* unlauter
**un·faith·ful** [ʌnˈfeɪθfʊl] untreu; **to be unfaithful to someone** jemandem untreu sein
**un·fa·mil·iar** [ˌʌnfəˈmɪlɪəʳ] ❶ *Umgebung:* fremd, unbekannt ❷ *Tätigkeit:* ungewohnt ❸ **to be unfamiliar with something** etwas nicht kennen, mit etwas nicht vertraut sein
to **un·fas·ten** [ʌnˈfɑːsən] öffnen *Knopf, Gürtel;* abnehmen *Schmuck*
**un·fa·vour·able** [ʌnˈfeɪvrəbl], (USA) **un·fa·vor·able** ungünstig, unvorteilhaft (**for/to** für)
**un·filled** [ʌnˈfɪld] ❶ *Gefäß:* leer ❷ *Stelle:* frei, offen, unbesetzt
**un·fin·ished** [ʌnˈfɪnɪʃt] ❶ unvollendet ❷ *Geschäft:* unerledigt
**un·fit** [ʌnˈfɪt] ❶ unfähig; **unfit for work** arbeitsunfähig; **unfit to drive** fahruntüchtig ❷ ungeeignet; **unfit for human consumption** zum Verzehr nicht geeignet ❸ (*Sport*) nicht fit [*oder* in Form]
to **un·fold** [ʌnˈfəʊld] (*auch übertragen*) [sich] entfalten
**un·fore·see·able** [ˌʌnfɔːˈsiːəbl] unvorhersehbar
**un·fore·seen** [ˌʌnfɔːˈsiːn] unvorhergesehen
**un·for·get·table** [ˌʌnfəˈgetəbl] unvergesslich
**un·for·giv·able** [ˌʌnfəˈgɪvəbl] unverzeihlich
**un·for·tu·nate** [ʌnˈfɔːtʃʊnət] ❶ *Person:*

glücklos, unglücklich ② *Vorfall:* bedauerlich, unglücklich ③ *Zeit:* ungünstig ④ *Bemerkung:* unpassend

**un·for·tu·nate·ly** [ʌnˈfɔːtʃʊnətlɪ] leider, unglücklicherweise

**un·friend·ly** [ˌʌnˈfrendlɪ] unfreundlich (**to** zu)

**un·ful·filled** [ˌʌnfʊlˈfɪld] *Auftrag:* unvollendet; *Leben:* unausgefüllt

**un·fur·nished** [ˌʌnˈfɜːnɪʃt] unmöbliert

**un·grate·ful** [ʌnˈgreɪtfl] undankbar

**un·hap·pi·ness** [ʌnˈhæpɪnəs] *kein Plural* die Traurigkeit

**un·hap·py** [ʌnˈhæpɪ] ① (*traurig*) unglücklich ② nicht zufrieden (**about/with** mit); **to feel unhappy about something** nicht glücklich über etwas sein, ein ungutes Gefühl bei etwas haben

**un·harmed** [ʌnˈhɑːmd] unbeschädigt, unversehrt, wohlbehalten

**un·healthy** [ʌnˈhelθɪ] ① ungesund ② *Einfluss:* schädlich; *Angewohnheit:* schlecht

**un·heard** [ʌnˈhɜːd] ungehört

**un·heard-of** [ʌnˈhɜːdɒv] [völlig] unbekannt; **it used to be unheard-of for women to play football** es war früher unvorstellbar, dass Frauen Fußball spielten

**un·hesi·tat·ing** [ʌnˈhezɪteɪtɪŋ] unverzüglich

**un·hurt** [ʌnˈhɜːt] unverletzt

**uni** [ˈjuːnɪ] ⓖⓑ (*umgangsspr*) *kurz für* **university** die Uni

**uni·corn** [ˈjuːnɪkɔːn] das Einhorn

**un·iden·ti·fied** [ˌʌnaɪˈdentɪfaɪd] nicht identifiziert, unbekannt; **unidentified flying object** das unbekannte Flugobjekt

**uni·fi·ca·tion** [ˌjuːnɪfɪˈkeɪʃn] Vereinigung

**uni·form¹** [ˈjuːnɪfɔːm] ① einheitlich ② *Qualität, Temperatur:* gleich bleibend

**uni·form²** [ˈjuːnɪfɔːm] die Uniform

**uni·form·ity** [ˌjuːnɪˈfɔːmətɪ] *kein Plural* die Einheitlichkeit; (*abwertend*) die Eintönigkeit

to **uni·fy** [ˈjuːnɪfaɪ] ① [ver]einigen *Länder, Volk* ② vereinheitlichen *System*

**un·im·agi·nable** [ˌʌnɪˈmædʒnəbl] unvorstellbar

**un·in·hab·it·able** [ˌʌnɪnˈhæbɪtəbl] unbewohnbar

**un·in·hab·it·ed** unbewohnt

**un·in·hib·it·ed** [ˌʌnɪnˈhɪbɪtɪd] ungehemmt

**un·in·jured** [ˌʌnˈɪndʒəd] unverletzt

**un·in·tel·li·gible** [ˌʌnɪnˈtelɪdʒəbl] unverständlich

**un·in·ten·tion·al** [ˌʌnɪnˈtenʃənl] unabsichtlich, unbeabsichtigt

**un·in·ter·est·ed** [ʌnˈɪntrɪstɪd] uninteressiert (**in** an)

**un·in·ter·est·ing** [ʌnˈɪntrɪstɪŋ] uninteressant

**un·in·ter·rupt·ed** [ˌʌnɪntəˈrʌptɪd] ununterbrochen

**un·ion** [ˈjuːnɪən] ① die Vereinigung, der Zusammenschluss ② (*Staatenbund*) die Union ③ die Gewerkschaft

**Un·ion Jack** [ˈjuːnɪənˈdʒæk] die britische Nationalflagge

**unique** [juːˈniːk] einzigartig, einmalig

**uni·son** [ˈjuːnɪsn] **in unison** einstimmig

**unit** [ˈjuːnɪt] ① die Einheit, das Stück ② (*Möbelstück*) das Element ③ (*in einer Organisation*) die Abteilung ④ (*mathematisch*) der Einer

to **unite** [juːˈnaɪt] ① vereinigen, verbinden ② sich vereinigen, sich zusammenschließen; **to unite in doing something** etwas gemeinsam tun

**unit·ed** [juːˈnaɪtɪd] ① vereinigt, verbunden ② *Gruppe:* geschlossen ③ *Kräfte:* vereint

**Unit·ed Arab Emir·ates** *plural* **the United Arab Emirates** die Vereinigten Arabischen Emirate

**Unit·ed King·dom** das Vereinigte Königreich (*Großbritannien und Nordirland*)

**Unit·ed Na·tions** ⚠ *mit Singular* die Vereinten Nationen

**Unit·ed States, Unit·ed States of Ameri·ca** die Vereinigten Staaten [von Amerika]

**unity** [ˈjuːnətɪ] *kein Plural* die Einheit; (*Harmonie*) die Einigkeit

**uni·ver·sal** [ˌjuːnɪˈvɜːsl] allgemein, universal

**uni·verse** [ˈjuːnɪvɜːs] das Weltall, das Universum

**uni·ver·sity** [ˌjuːnɪˈvɜːsətɪ] die Universität; **to be at** [*oder* **go to**] **university** die Universität besuchen, studieren

**uni·ver·sity edu·ca·tion** die Hochschulbildung

**uni·ver·sity lec·ture** die Vorlesung

**uni·ver·sity lec·tur·er** der Hochschuldozent/ die Hochschuldozentin

**uni·ver·sity town** die Universitätsstadt

**un·just** [ʌnˈdʒʌst] ungerecht

**un·jus·ti·fi·able** [ʌnˌdʒʌstɪˈfaɪəbl] nicht zu rechtfertigen

**un·jus·ti·fied** [ʌnˈdʒʌstɪfaɪd] ① ungerechtfertigt ② *Text:* nicht ausgerichtet, im Flattersatz

**un·just·ly** [ʌnˈdʒʌstli] ungerecht; **to be unjustly condemned** zu Unrecht verurteilt werden

**un·kind** [ʌnˈkaɪnd] unfreundlich

**un·kind·ly** [ʌnˈkaɪndli] unfreundlich; **she speaks unkindly of him** sie hat für ihn kein gutes Wort übrig

**un·known** [ˌʌn'nəʊn] unbekannt

**un·law·ful** [ʌn'lɔːfʊl] rechtswidrig; *Besitz:* illegal

**un·lead·ed** [ʌn'ledɪd] bleifrei, unverbleit

**un·less** [ən'les] außer wenn, es sei denn; **unless otherwise agreed** soweit nichts Gegenteiliges vereinbart

**un·like** [ʌn'laɪk] ❶ **to be unlike someone/ something** jemandem/einer Sache nicht ähnlich sein; **she's very unlike her sister** sie ist ganz anders als ihre Schwester ❷ **it's very unlike her to lose her temper** das sieht ihr gar nicht ähnlich, dass sie ihre Beherrschung verliert ❸ **unlike you, I ...** im Gegensatz zu dir, ... ich

**un·like·ly** [ʌn'laɪklɪ] ❶ unwahrscheinlich; **they are unlikely to come to the party** es ist ziemlich sicher, dass sie nicht zur Party kommen ❷ *Geschichte:* unglaubwürdig

**un·lim·it·ed** [ʌn'lɪmɪtɪd] unbegrenzt

to **un·load** [ʌn'ləʊd] ❶ ausladen *Gepäck* ❷ entladen *Fahrzeug* ❸ löschen *Schiffsladung* ❹ (*übertragen*) abladen *Kinder, Probleme*

to **un·lock** [ʌn'lɒk] aufschließen

**un·locked** [ˌʌn'lɒkt] unverschlossen

**un·loved** [ʌn'lʌvd] ungeliebt

**un·lucky** [ʌn'lʌkɪ] **to be unlucky** *Person:* Pech haben; *Umstand:* Unglück bringen; **unlucky number** die Unglückszahl

**un·manned** ['ʌnmænd] unbemannt

**un·mar·ried** [ʌn'mærɪd] unverheiratet, ledig

**un·men·tion·able** [ʌn'men(t)ʃ°nəbl] unaussprechlich; **to be unmentionable** tabu sein

**un·men·tioned** [ʌn'men(t)ʃ°nd] unerwähnt

**un·mis·tak·able** [ˌʌnmɪ'steɪkəbl] unverkennbar

**un·moved** [ʌn'muːvd] ungerührt

**un·natu·ral** [ʌn'nætʃrəl] ❶ unnatürlich ❷ (*abnorm*) widernatürlich

**un·nec·es·sari·ly** [ʌnˌnesə'serɪlɪ] unnötigerweise; *kompliziert:* unnötig

**un·nec·es·sary** [ʌn'nesəsrɪ] unnötig

**un·no·ticed** [ʌn'nəʊtɪst] unbemerkt

**un·ob·tain·able** [ˌʌnəb'teɪnəbl] nicht erhältlich; **number unobtainable** kein Anschluss unter dieser Nummer

**un·oc·cu·pied** [ʌn'ɒkjəpaɪd] *Gebäude:* unbewohnt; (*von Soldaten*) nicht besetzt

**un·of·fi·cial** [ˌʌnə'fɪʃl] inoffiziell

**un·opened** [ʌn'əʊp°nd] ungeöffnet, [noch] verschlossen

to **un·pack** [ʌn'pæk] auspacken

**un·paid** [ˌʌn'peɪd] unbezahlt

**un·pleas·ant** [ʌn'pleznt] ❶ *Person:* unangenehm, unfreundlich ❷ *Bemerkung:* unfreundlich ❸ *Nachricht:* unerfreulich

**un·pleas·ant·ness** [ʌn'plez°ntnəs] die Unerfreulichkeit, die Gemeinheit; (*zwischen Menschen*) die Unstimmigkeiten, die Spannungen

to **un·plug** [ˌʌn'plʊg] <unplugged, unplugged> den Stecker herausziehen

**un·popu·lar** [ˌʌn'pɒpjʊləʳ] unbeliebt, unpopulär

**un·prec·edent·ed** [ʌn'presɪdentɪd] einmalig, beispiellos, noch nie da gewesen

**un·pre·dict·able** [ˌʌnprɪ'dɪktəbl] ❶ *Resultat:* unvorhersehbar ❷ *Person, Wetter:* unberechenbar

**un·pre·pared** [ˌʌnprɪ'peəd] unvorbereitet; **to be unprepared for something** (*auf Ereignis*) auf etwas nicht vorbereitet sein; (*auf Reaktion*) auf etwas nicht gefasst sein

**un·pro·fes·sion·al** [ˌʌnprə'feʃnl] ❶ *Verhalten:* berufswidrig ❷ *Arbeit:* unfachmännisch, stümperhaft

**un·prof·it·able** [ˌʌn'prɒfɪtəbl] unrentabel

**un·pro·tect·ed** [ˌʌnprə'tektɪd] schutzlos; *Gefangene:* unbewacht; *Sex:* ungeschützt

**un·pub·lished** [ʌn'pʌblɪʃt] unveröffentlicht

**un·quali·fied** [ʌn'kwɒlɪfaɪd] ❶ unqualifiziert, ungeeignet ❷ *Zustimmung:* uneingeschränkt ❸ *Erfolg:* voll

**un·ques·tion·able** [ʌn'kwestʃənəbl] unbestritten, fraglos

**un·ques·tion·ing** [ʌn'kwestʃnɪŋ] bedingungslos, blind

to **un·rav·el** [ʌn'rævl] <unravelled *oder* (USA) unraveled, unravelled *oder* (USA) unraveled> ❶ [sich] auftrennen, [sich] aufziehen ❷ entwirren *Fäden* ❸ (*übertragen*) lösen *Rätsel*

**un·read·able** [ʌn'riːdəbl] ❶ *Schrift:* unleserlich ❷ *Buch:* unlesbar

**un·real** [ʌn'rɪəl] ❶ unwirklich ❷ (*slang*) unglaublich

**un·re·al·is·tic** [ˌʌnˌrɪə'lɪstɪk] unrealistisch, realitätsfern

**un·rea·son·able** [ʌn'riːznəbl] ❶ unvernünftig ❷ *Ansprüche, Forderung:* übertrieben, unangemessen, unzumutbar

**un·re·li·able** [ˌʌnrɪ'laɪəbl] unzuverlässig

**un·re·peat·able** [ˌʌnrɪ'piːtəbl] nicht zu wiederholen

**un·re·served** [ˌʌnrɪ'zɜːvd] ❶ *Platz:* nicht reserviert ❷ *Zustimmung:* uneingeschränkt

**un·rest** [ʌn'rest] die Unruhen

**un·re·strict·ed** [ˌʌnrɪ'strɪktɪd] ❶ unbeschränkt, uneingeschränkt ❷ *Sicht:* frei

**un·re·ward·ing** [ˌʌnrɪ'wɔːdɪŋ] nicht lohnend, undankbar

**un·ripe** [ʌn'raɪp] unreif

**un·ri·valled** [ʌn'raɪvld], ⓤ **un·ri·valed** konkurrenzlos, unvergleichlich, einzigartig

to **un·roll** [ʌn'rəʊl] [sich] aufrollen

**un·ru·ly** [ʌn'ruːlɪ] ❶ *Person:* ungebärdig, wild ❷ *Haar:* widerspenstig

**un·safe** [ˌʌn'seɪf] ❶ nicht sicher, unsicher ❷ *Bau, Leitungen, Spielzeug:* gefährlich

**un·said** [ˌʌn'sed] unausgesprochen; **to leave something unsaid** etwas ungesagt lassen

**un·sat·is·fac·tory** ['ʌnˌsætɪs'fæktrɪ] unbefriedigend

**un·sat·is·fied** [ʌn'sætɪsfaɪd] ❶ unzufrieden; **to leave somebody/something unsatisfied** jemanden/etwas nicht befriedigen ❷ nicht überzeugt

**un·scru·pu·lous** [ʌn'skruːpjʊləs] skrupellos, gewissenlos

**un·seem·ly** [ʌn'siːmlɪ] unschicklich

**un·seen** [ʌn'siːn] ungesehen, unbemerkt

**un·self·ish** [ʌn'selfɪʃ] selbstlos, uneigennützig

to **un·set·tle** [ˌʌn'setl] durcheinanderbringen, beunruhigen, verunsichern

**un·set·tled** [ˌʌn'setld] ❶ *Gebiet:* unbesiedelt ❷ *Rechnung:* unbezahlt ❸ *Frage:* ungeklärt; *Zukunft:* ungewiss ❹ *Wetter, Markt, Verhältnisse:* unbeständig; *Leben:* unstet

**un·set·tling** [ʌn'setlɪŋ] beunruhigend; **to have the unsettling feeling that ...** das ungute Gefühl haben, dass ...

**un·shak·able** [ʌn'ʃeɪkəbl] unerschütterlich

**un·shav·en** [ˌʌn'ʃeɪvn] unrasiert

**un·sight·ly** [ʌn'saɪtlɪ] unansehnlich, hässlich

**un·signed** [ʌn'saɪnd] nicht unterzeichnet

**un·skilled** [ˌʌn'skɪld] ungelernt; **unskilled labour** [*oder* **workers**] die ungelernten Arbeitskräfte, die Hilfsarbeiter

**un·so·ciable** [ʌn'səʊʃəbl] ungesellig

**un·so·cial** [ʌn'səʊʃl] **to work unsocial hours** außerhalb der normalen Arbeitszeiten arbeiten

**un·speak·able** [ʌn'spiːkəbl] unbeschreiblich

**un·sta·ble** [ˌʌn'steɪbl] ❶ (*auch übertragen*) instabil ❷ *Person:* labil

**un·stuck** [ˌʌn'stʌk] **to come unstuck** sich lösen; (*übertragen*) *Plan:* schiefgehen; **we came unstuck** wir sind gescheitert

**un·suc·cess·ful** [ˌʌnsək'sesfl] erfolglos; *Versuch:* vergeblich; *Ergebnis:* nicht erfolgreich; **to be unsuccessful** keinen Erfolg haben

**un·suit·able** [ʌn'suːtəbl] unpassend, ungeeignet (**to/for** für)

**un·sure** [ʌn'ʃʊəʳ] unsicher

**un·sur·passed** [ˌʌnsə'pɑːst] unübertroffen, einzigartig

**un·sus·pect·ing** [ˌʌnsə'spektɪŋ] nichts ahnend

**un·sweet·ened** [ʌn'swiːtᵊnd] ungesüßt

**un·think·able** [ʌn'θɪŋkəbl] undenkbar, unvorstellbar

**un·tidi·ness** [ʌn'taɪdɪnəs] *kein Plural* die Unordnung; *von Person, Kleidung:* die Unordentlichkeit

**un·tidy** [ʌn'taɪdɪ] unordentlich

to **un·tie** [ˌʌn'taɪ] <untied, untied> ❶ lösen *Knoten* ❷ aufbinden *Schnürsenkel* ❸ aufschnüren *Paket* ❹ losbinden *Person, Tier*

**un·til** [ən'tɪl] ❶ bis [zu]; **until the end** bis zum Ende; **we waited until half past six** wir warteten bis halb sieben; **I laughed until tears rolled down my face** ich lachte, bis mir die Tränen kamen ❷ **not until** nicht vor, erst; **he didn't have a girlfriend until he was thirty-five** er hatte erst mit 35 eine Freundin

**un·time·ly** [ʌn'taɪmlɪ] ungelegen

**un·told** [ʌn'təʊld] ungesagt; (*äußerst viel*) unsagbar; *Schaden:* immens

**un·touched** [ˌʌn'tʌtʃt] ❶ unberührt ❷ (*unverletzt*) heil, intakt ❸ (*unbeeinflusst*) ungerührt

**un·treat·ed** [ʌn'triːtɪd] unbehandelt

**un·true** [ˌʌn'truː] unwahr, falsch; **that's untrue** das ist nicht wahr

**un·trust·wor·thy** [ˌʌn'trʌstˌwɜːðɪ] unzuverlässig

**un·truth·ful** [ʌn'truːθᵊl] unwahr; *Person:* unaufrichtig

**un·used**[1] [ʌn'juːzd] ❶ ungebraucht, unbenutzt ❷ *Kredit:* nicht beansprucht

**un·used**[2] [ʌn'juːst] **to be unused to something** etwas nicht gewöhnt sein; **to be unused to doing something** nicht gewohnt sein, etwas zu tun

**un·usual** [ʌn'juːʒl] ungewöhnlich

**un·usual·ly** [ʌn'juːʒᵊli] ungewöhnlich; **unusually for me, ...** ganz gegen meine Gewohnheit ...

**un·vary·ing** [ʌn'veərɪŋ] unveränderlich, gleich bleibend; *Landschaft:* eintönig

to **un·veil** [ʌn'veɪl] enthüllen *Gedenktafel, Plan*

**un·waged** **the unwaged** die Erwerbslosen

**un·well** [ʌn'wel] unwohl; **to feel** [*oder* **be**] **unwell** sich nicht wohl fühlen

**un·wieldy** [ʌn'wiːldɪ] unhandlich, sperrig

**un·will·ing** [ʌn'wɪlɪŋ] widerwillig; **to be unwilling to do something** nicht bereit sein, etwas zu tun, etwas nicht tun wollen

to **un·wind** [ˌʌn'waɪnd] <unwound, unwound> ❶ [sich] abwickeln ❷ (*umgangsspr*) abschalten, sich entspannen

**un·wise** [ʌnˈwaɪz] unklug

**un·wor·thy** [ʌnˈwɜːðɪ] unwürdig; **to be unworthy of something** einer Sache nicht würdig sein

**un·wound** [ʌnˈwaʊnd] *2. und 3. Form von* **unwind**

to **un·wrap** [ʌnˈræp] <unwrapped, un-wrapped> auswickeln, auspacken

**un·written** [ʌnˈrɪtn] ungeschrieben; **unwritten agreement** die mündliche Ver-einbarung, die stillschweigende Überein-kunft; **unwritten law** das ungeschriebene Gesetz

to **un·zip** [ʌnˈzɪp] <unzipped, unzipped> **to unzip a bag** den Reißverschluss einer Ta-sche öffnen

**up¹** [ʌp] ❶ *räumlich* oben, nach oben; **up here** hier oben; **up there** da oben; **up and down** auf und ab, hin und her; **up and up** immer höher ❷ *örtlich* **up in Scotland** oben in Schottland; **up to London** nach London ❸ *mit Verben der Bewegung* hinauf, hoch; **to jump up** aufspringen; **to look up** hochse-hen; **stand up!** steh auf! ❹ *(nicht im Bett)* auf; **to get up** aufstehen ❺ *Preise:* gestiegen ❻ **to be up** stehen; *Gerüst:* aufgestellt sein; *Bild, Mitteilung, Tapete, Vorhänge:* hängen ❼ aufwärts; **from $3 up** von $3 aufwärts, ab $3; **from the age of 18 up** ab 18 Jahren ❽ bis; **up to here/now/20 pounds** bis hier/jetzt/20 Pfund ❾ *(Sport)* in Führung; **England are 2-0 up** England führt zwei zu null ❿ zu Ende, vorüber, um; **time's up** die Zeit ist um; **it's all up with her** es ist aus mit ihr ⓫ **to be/feel up to something** einer Sa-che gewachsen sein/sich einer Sache ge-wachsen fühlen ⓬ **it's up to him to do that** es liegt an ihm, das zu tun ⓭ **to be up against problems** Schwierigkeiten haben; **I know what we're up against** ich weiß, was uns bevorsteht ⓮ **to lean something up against the wall** etwas an die Wand leh-nen ⓯ **what are you up to?** was machst du?, was hast du vor?; **he is up to some-thing** er führt irgendetwas im Schilde ⓰ **what's up?** *(umgangsspr)* was ist los?; **what's up with you?** was ist mit dir los? ⓱ **to be up for discussion** zur Diskussion stehen; **to be up for sale** zu verkaufen sein, zum Verkauf stehen; **to be up for trial** vor Gericht stehen ▸ WENDUNGEN: **things are looking up** es geht bergauf; **to be one up on someone** jemandem um einen Schritt voraus sein

**up²** [ʌp] ❶ hinauf, oben auf; **to go up the**

**hill** den Berg hinaufgehen; **to run up and down the stairs** die Treppe rauf und runter rennen; **further up the street** die Straße weiter rauf; **to row up the river** flussauf-wärts rudern ❷ **to travel up and down the country** durch das ganze Land [*oder* land-auf, landab] reisen

**up³** [ʌp] **ups and downs** Höhen und Tiefen

to **up** [ʌp] <upped, upped> *(umgangsspr)* ❶ erhöhen *Preis* ❷ ankurbeln *Produktion*

**up-and-com·ing** [ˈʌpənˈkʌmɪŋ] aufstrebend, im Aufstieg

**up·beat** [ˈʌpbiːt] *(umgangsspr)* fröhlich, opti-mistisch

**up·bring·ing** [ˈʌpbrɪŋɪŋ] die Erziehung

**up·com·ing** [ˈʌpˌkʌmɪŋ] ⓊⓈⒶ bevorstehend

to **up·date** [ʌpˈdeɪt] auf den neuesten Stand bringen, aktualisieren

**up·date** [ˈʌpˌdeɪt] die Aktualisierung

to **up·grade** [ʌpˈgreɪd] höher einstufen; beför-dern *Beschäftigte;* erweitern, nachrüsten *Computer;* aufstufen *Fluggast;* aufbessern, aufwerten *Image, Verdienst*

**up·heav·al** [ʌpˈhiːvəl] *kein Plural* der Aufruhr; **political upheaval** die politischen Umwäl-zungen

**up·held** [ʌpˈheld] *2. und 3. Form von* **uphold**

**up·hill** [ˈʌpˈhɪl] ❶ *Straße:* [an]steigend, berg-auf führend ❷ **uphill ski** der Bergski ❸ *(übertragen)* mühselig; **an uphill struggle** ein harter Kampf ❹ bergan, bergauf

to **up·hold** [ʌpˈhəʊld] <upheld, upheld> auf-rechterhalten; pflegen *Bräuche;* [achten und] wahren *Gesetz*

**up·hol·stery** [ʌpˈhəʊlstərɪ] die Polsterung; **upholstery fabric** der Möbelstoff

**up·keep** [ˈʌpkiːp] ❶ der Unterhalt ❷ die Un-terhaltungskosten

**upon** [əˈpɒn] ❶ *(gehoben)* auf ❷ **once upon a time ...** es war einmal ...

**up·per¹** [ˈʌpəʳ] höhe(r, s), obere(r, s); **upper deck** das Oberdeck; **upper lip** die Oberlippe; **the Upper House** das Oberhaus

**up·per²** [ˈʌpəʳ] *von Schuhwerk:* das Obermate-rial

**up·per class upper class[es** die Oberschicht

**up·per-class** der Oberschicht; **in upper-class circles** in den gehobenen Kreisen

**up·per·cut** der Kinnhaken

**up·per·most** [ˈʌpəʳməʊst] ❶ oberste(r, s), höchste(r, s) ❷ *(übertragen)* an der ersten Stelle; **to say what is uppermost in one's mind** sagen, was einem am wichtigsten ist

**up·right¹** [ˈʌpraɪt] ❶ aufrecht, senkrecht ❷ *(übertragen) Mensch:* aufrecht, ehrlich

**up·right²** ['ʌpraɪt] der Ständer, der Pfosten
**up·ris·ing** ['ʌpraɪzɪŋ] der Aufstand
**up·roar** ['ʌprɔːʳ] ❶ der Lärm, das Spektakel ❷ **there was [an] uproar at the suggestion** dieser Vorschlag löste Aufruhr aus
to **up·root** [ˌʌp'ruːt] entwurzeln
to **up·set** [ˌʌp'set] <upset, upset> ❶ umstoßen, umwerfen ❷ **to upset someone** *Ereignis, Tod:* jemanden bestürzen, mitnehmen ❸ verletzen; **to be upset by someone's behaviour/comments** verletzt sein durch jemandes Benehmen/Bemerkungen; **now you've upset him** *(auch humorvoll)* jetzt ist er beleidigt ❹ aufregen; **don't upset yourself** regen Sie sich nicht auf ❺ durcheinanderbringen *Pläne;* umstoßen *Theorie* ❻ verderben *Magen;* **fatty food upsets my stomach** fettes Essen vertrage ich nicht
**up·set¹** [ˌʌp'set] ❶ *Mensch:* mitgenommen, bestürzt, gekränkt; **I'd be upset if she did that** ich wäre traurig, wenn sie das täte ❷ *Magen:* verdorben
**up·set²** [ˈʌpset] ❶ **there was a big upset at the meeting** bei der Besprechung gab es große Aufregung ❷ **stomach upset** die Magenverstimmung
**up·side down** [ˌʌpsaɪd 'daʊn] verkehrt herum; **to turn something upside down** *(auch übertragen)* etwas auf den Kopf stellen
to **up·stage** **to upstage somebody** jemandem die Schau stehlen
**up·stairs¹** [ˌʌp'steəz] ❶ oben, im oberen Stock ❷ [die Treppe] hinauf, in den oberen Stock; **to go upstairs** nach oben gehen
**up·stairs²** [ˌʌp'steəz] das obere Stockwerk
**up·stream** [ˌʌp'striːm] flussaufwärts, stromaufwärts
**up·take** ['ʌpteɪk] **to be quick on the uptake** schnell begreifen; **to be slow on the uptake** schwer von Begriff sein
**up·tight** [ˌʌp'taɪt] *(umgangsspr)* ❶ verklemmt; **to be uptight about something** etwas eng sehen ❷ verärgert; **to get uptight about something** wegen etwas ausflippen
**up-to-date** [ˌʌptə'deɪt] ❶ auf dem neuesten Stand, hochaktuell; **to keep up-to-date** auf dem Laufenden bleiben; **to bring up-to-date** auf den neuesten Stand bringen, aktualisieren ❷ modern
**up-to-the-min·ute** ['ʌptədə'mɪnɪt] ❶ modernste(r, s) ❷ *Information:* auf dem neuesten Stand
**up·turn** [ˈʌptɜːn] *(übertragen)* der Aufschwung; **economic upturn** die Konjunkturbelebung

**up·turned** [ˈʌptɜːnd] nach oben gewendet; **upturned nose** die Stupsnase
**up·ward** ['ʌpwəd] ❶ *(auch übertragen)* Aufwärts-, nach oben; **upward mobility** die Aufstiegsmöglichkeiten; **upward slope** die Steigung ❷ *(auch übertragen)* **upward[s]** aufwärts ❸ **from $3 upwards** ab $3; **upwards of $3** mehr als $3
**up·ward·ly** ['ʌpwədli] nach oben, aufwärts; **upwardly mobile** aufstrebend und erfolgreich
**up·wards** ['ʌpwədz] *(auch übertragen)* aufwärts
**ura·ni·um** [jʊə'reɪniəm] *kein Plural* das Uran
**ur·ban** ['ɜːbən] städtisch; **urban renewal** die Stadtsanierung
**ur·bani·za·tion** [ˌɜːbənaɪ'zeɪʃn] die Verstädterung
**urge** [ɜːdʒ] ❶ das Verlangen, der Drang ❷ *(körperlich)* der Trieb
to **urge** [ɜːdʒ] ❶ **to urge someone to do something** jemanden drängen, etwas zu tun ❷ *(auch übertragen)* **to urge [on]** weitertreiben, vorantreiben
**ur·gen·cy** ['ɜːdʒənsɪ] die Dringlichkeit; **it's a matter of urgency** es ist dringend
**ur·gent** ['ɜːdʒənt] ❶ dringend, eilig; **to be urgent** eilen; **to be in urgent need of something** etwas dringend brauchen; **to give urgent attention to something** etwas vordringlich behandeln ❷ *Ton, Bitte:* dringlich; **to be urgent about something** etwas eindringlich betonen
**ur·gent·ly** ['ɜːdʒəntli] dringend
**uri·nal** ['jʊərɪnl] das Pissoir
**urine** ['jʊərɪn] der Urin, der Harn
**urn** [ɜːn] die Urne; **funeral urn** die Totenurne
**Uru·guay** ['jʊərəgwaɪ] Uruguay
**Uru·guay·an¹** [ˌjʊərə'gwaɪən] uruguayisch
**Uru·guay·an²** [ˌjʊərə'gwaɪən] der Uruguayer/die Uruguayerin
**us** [əs, *betont* ʌs] uns; **all/both of us** wir alle/beide; **it's us** wir sind es
**USA** [ˌjuː'es'eɪ] *Abkürzung von* **United States of America** die USA
**USB** [ˌjuː'es'biː] *Abkürzung von* **Universal Serial Bus** USB
**use** [juːs] ❶ die Verwendung, die Benutzung, der Gebrauch; *(juristisch)* die Nutznießung; **to be in use** in Betrieb sein; **to be out of use** nicht in Betrieb sein; **to come into use** in Gebrauch kommen; **to have the use of something** etwas benutzen können; **to have no use for something** etwas nicht gebrauchen können, für etwas keine Verwen-

**use – vacation**

dung haben; **direction[s] for use** die Gebrauchsanweisung ❷ *einer Methode, Fähigkeit, von Gewalt:* die Anwendung ❸ *eines Vorteils:* die Nutzung; *von Abfallprodukt:* die Verwertung ❹ **to be of use** von Nutzen sein; **what use is it?** wofür ist das denn gut?; **it's no use doing that!** es hat keinen Zweck, das zu tun!; **it's no use!** es hat keinen Zweck!; **what's the use?** was nützt das schon? ❺ **for the use of** für ❻ **can I be of any use?** kann ich irgendwie helfen?

to **use** [ju:z] ❶ benutzen, verwenden, gebrauchen; anwenden *Methode, Gewalt, Fähigkeit;* nehmen *Medikamente;* **how to use something** wie man mit etwas umgeht ❷ ausnutzen; nutzen *Vorteil;* verwerten *Abfall* ❸ (*abwertend*) ausnutzen; **I feel used** ich komme mir ausgenutzt vor ❹ **I could use a whisky** ich könnte einen Whisky vertragen; **I could use a few pounds** ich könnte ein paar Pfund [gut] gebrauchen ❺ *nur in der Vergangenheit* **he used to play tennis** früher spielte er [regelmäßig] Tennis; **I used to like it** früher mochte ich das; **things aren't what they used to be** es ist alles nicht mehr so wie früher; **he didn't use** [*oder* **used not**] **to smoke** er hat früher nicht geraucht

♦ to **use up** [ver]brauchen; **it's used up** es ist alle

**used**[1] [ju:zd] gebraucht; *Waren, Auto:* Gebraucht-; *Briefmarke:* gestempelt; *Handtuch usw.:* benutzt

**used**[2] [ju:st] **to be used to something** an etwas gewöhnt [*oder* etwas gewohnt] sein; **to get used to something** sich an etwas gewöhnen

**use·ful** ['ju:sfl] ❶ nützlich, brauchbar, praktisch ❷ (*umgangsspr*) fähig, tüchtig; **to prove [to be] useful** sich als nützlich erweisen; **to make oneself useful** sich nützlich machen; **to come in useful** gut zu gebrauchen sein

**use·ful·ness** ['ju:sflnɪs] die Nützlichkeit, die Brauchbarkeit

**use·less** ['ju:slɪs] ❶ nutzlos; **talking to him is useless** mit ihm zu reden ist zwecklos ❷ *Gegenstand:* unbrauchbar

**user** ['ju:zə$^r$] ❶ der Benutzer/die Benutzerin ❷ (*wirtschaftlich*) der Verbraucher/die Verbraucherin ❸ (*Computer*) der Anwender/die Anwenderin ❹ **road user** der Verkehrsteilnehmer/die Verkehrsteilnehmerin

**user-friend·ly** ['ju:zəˈfrendlɪ] benutzerfreundlich

**ush·er** ['ʌʃə$^r$] ❶ (*im Theater, Kino*) der Platz-

anweiser/die Platzanweiserin ❷ der Gerichtsdiener/die Gerichtsdienerin

**ush·er·ette** [ˌʌʃəˈret] (*im Theater, Kino*) die Platzanweiserin

**USSR** [ˌju:eses'ɑ:$^r$] *Abkürzung von* **Union of Soviet Socialist Republics**: **the USSR** die UdSSR

**usu·al** ['ju:ʒl] gewöhnlich, üblich; **as usual** wie gewöhnlich; **the usual** das Übliche, wie üblich

**usu·al·ly** ['ju:ʒəlɪ] gewöhnlich, im Allgemeinen

**util·ity** [ju:ˈtɪlətɪ] ❶ **public utility** der [öffentliche] Versorgungsbetrieb ❷ (*Informatik*) **utility program** das Dienstprogramm ❸ **utility room** der Abstellraum

to **uti·lize** ['ju:tɪlaɪz] verwenden, nutzen

**ut·most**[1] ['ʌtməʊst] ❶ größte(r, s), höchste(r, s); **with the utmost speed** so schnell wie möglich ❷ äußerste(r, s); **of the utmost importance** äußerst wichtig

**ut·most**[2] ['ʌtməʊst] ❶ das Beste; **to do one's utmost** sein Möglichstes tun ❷ das Äußerste

to **ut·ter** ['ʌtə$^r$] äußern, von sich geben; ausstoßen *Schrei*

**ut·ter** ['ʌtə$^r$] völlig, total; **what utter nonsense!** was für ein Unsinn!

**ut·ter·ly** ['ʌtəlɪ] völlig, total; **to despise someone utterly** jemanden zutiefst verachten; **utterly beautiful** umwerfend schön

**U-turn** ['ju:tɜ:n] (*auch übertragen*) die Kehrtwendung; **no U-turns!** Wenden verboten!

**UV** [ˌju:'vi:] *Abkürzung von* **ultraviolet** UV

**Uz·beki·stan** [ˌʌzˈbekɪstən] Usbekistan

**V** <*plural* V's *oder* Vs>, **v** [vi:] <*plural* v's> V, v

**vac** [væk] (*umgangsspr*) die Semesterferien

**va·can·cy** ['veɪkənsɪ] ❶ das freie Zimmer; (*im Hotel*) Zimmer frei ❷ (*Arbeit*) die offene Stelle ❸ **Vacancies** (*Zeitungsrubrik*) die Stellenangebote, der Stellenmarkt

**va·cant** ['veɪkənt] ❶ leer ❷ *Raum, Wohnung, Haus:* leer stehend, unbewohnt ❸ *Toilette, Zimmer, Platz:* frei ❹ *Stelle:* unbesetzt, frei ❺ (*übertragen*) geistesabwesend

to **va·cate** [vəˈkeɪt] räumen *Wohnung, Gebäude*

**va·ca·tion** [vəˈkeɪʃn] die Ferien, der Urlaub;

**on vacation** in Urlaub; **to take a vacation** Ferien machen, Urlaub nehmen; **summer vacation** die Sommerferien

to **vac·ci·nate** ['væksɪneɪt] impfen (**against** gegen)

**vac·ci·na·tion** [ˌvæksɪ'neɪʃn] die Impfung

**vac·cine** ['væksiːn] der Impfstoff

**vacuum** ['vækjʊəm, *plural* 'vækjʊə] <*plural* vacuums *oder* vacua> der [luft]leere Raum, das Vakuum

to **vacuum** ['vækjʊəm] staubsaugen

**vacuum bot·tle** die Thermosflasche®

**vacuum clean·er** der Staubsauger

**vacuum flask** die Thermosflasche®

**va·gi·na** [və'dʒaɪnə] die Scheide, die Vagina

**va·grant** ['veɪgrənt] der Landstreicher/die Landstreicherin

**vague** [veɪg] ❶ vage, verschwommen; **to have a vague understanding of physics** eine vage Vorstellung von Physik haben; **not the vaguest idea** nicht die leiseste Ahnung ❷ geistesabwesend

**vain** [veɪn] ❶ eitel, eingebildet ❷ *Versuch, Hoffnung:* vergeblich; **in vain** vergeblich

**val·en·tine** ['væləntaɪn] ❶ die Person, der man am Valentinstag einen Gruß schickt ❷ **valentine [card]** die Karte zum Valentinstag

**Val·en·tine's Day** der Valentinstag

**val·id** ['vælɪd] ❶ *Pass:* gültig; *Vertrag:* rechtskräftig; *Anspruch:* berechtigt; **valid for three months** drei Monate gültig; **valid until recalled** gültig bis auf Widerruf; **to become valid** gültig [*oder* rechtswirksam] werden; **to remain valid** Gültigkeit behalten ❷ *Grund:* stichhaltig, triftig; *Einwand:* berechtigt

**va·lid·ity** [və'lɪdəti] ❶ *Pass:* die Gültigkeit; *Vertrag:* die Rechtswirksamkeit ❷ *Grund, Einwand:* die Stichhaltigkeit

**val·ley** ['væli] das Tal

**valu·able**¹ ['væljʊəbl] wertvoll, kostbar

**valu·able**² ['væljʊəbl] **valuables** *plural* die Wertgegenstände, die Wertsachen

**valua·tion** [ˌvæljʊ'eɪʃn] die Schätzung

**value** ['væljuː] ❶ der Wert; **of no/little value** nichts/wenig wert; **to be good value** preiswert sein; **to the value of** im Wert von; **to go down in value** an Wert verlieren; **to get value for money** etwas für sein Geld bekommen ❷ **values** die sittlichen Werte ❸ (*mathematisch*) der Wert

to **value** ['væljuː] ❶ [ab]schätzen, bewerten *Haus, Eigentum* (**at** auf) ❷ (*übertragen*) [wert]schätzen *Arbeit, Mühe*

**value-add·ed tax** die Mehrwertsteuer

**valued** ['væljuːd] geschätzt

**value·less** ['væljuːlɪs] wertlos

**valve** [vælv] ❶ das Ventil; **safety valve** das Sicherheitsventil ❷ (*anatomisch*) die Klappe

**vam·pire** ['væmpaɪəʳ] der Vampir

**van** [væn] ⓖⓑ der Lieferwagen, der Kleintransporter

**van·dal** ['vændl] (*übertragen*) der Rowdy

**van·dal·ism** ['vændəlɪzəm] der Vandalismus

to **van·dal·ize** ['vændəlaɪz] mutwillig zerstören

**va·nil·la** [və'nɪlə] die Vanille

to **van·ish** ['vænɪʃ] verschwinden; *Angst, Sorgen:* sich legen; *Hoffnung:* schwinden; *Rasse, Kultur:* untergehen; **to vanish into thin air** sich in Luft auflösen

**van·ity** ['vænəti] die Eitelkeit

**van·ity bag, van·ity case** der Kosmetikkoffer

**van·tage point** ['vɑːntɪdʒ pɔɪnt] der [günstige] Aussichtspunkt

**va·por** ⓤⓢⓐ der Dampf; **water vapour** der Wasserdampf

**va·por·ous** ['veɪpʳrəs] dunstig, nebelhaft

**va·pour** ['veɪpəʳ] der Dampf; **water vapour** der Wasserdampf

**va·pour trail** der Kondensstreifen

**vari·able**¹ ['veərɪəbl] ❶ veränderlich, variabel ❷ (*technisch*) regulierbar, einstellbar ❸ (*übertragen*) *Wetter, Stimmung:* unbeständig

**vari·able**² ['veərɪəbl] (*mathematisch*) die Variable, die veränderliche Größe

**vari·ance** ['veərɪəns] **to be at variance with something** *Meinung, Ergebnis:* im Widerspruch zu etwas stehen; **to be at variance with someone** anderer Meinung als jemand sein

**vari·ant** ['veərɪənt] die Variante

**varia·tion** [ˌveərɪ'eɪʃn] ❶ die Veränderung, die Variation; *von Wetter, Aktienkurs:* die Schwankung; **variation in quality** die unterschiedliche Qualität ❷ (*Musik*) die Variation (**on** zu) ❸ (*auch biologisch*) die Variante

**var·ied** ['veərɪd] ❶ unterschiedlich ❷ *Leben:* abwechslungsreich ❸ *Arbeit, Stil:* vielseitig

**va·ri·ety** [və'raɪəti] ❶ die Vielfalt; **a variety of colours** die verschiedensten Farben; **for a variety of reasons** aus verschiedenen Gründen ❷ die Abwechslung; **to add** [*oder* **give**] **variety to something** Abwechslung in etwas bringen ❸ (*botanisch, zoologisch*) die Art, die Sorte; **twenty varieties of rose** zwanzig Sorten von Rosen ❹ die Spielart, die Variante ❺ (*Theater*) das Varietee ▸ WENDUNGEN: **variety is the spice of life** Abwechslung muss sein

**va·ri·ety show** ❶ (*Theater*) das Varietee ❷ (*TV, Radio*) die Unterhaltungssendung

**vari·ous** ['veərɪəs] ❶ verschiedene; **at various times** zu verschiedenen Zeiten; **for various reasons** aus verschiedenen Gründen ❷ (*umgangsspr*) mehrere

**var·nish** ['vɑːnɪʃ] <*plural* varnishes> Lack; **clear varnish** der Klarlack; **nail varnish** der Nagellack

to **var·nish** ['vɑːnɪʃ] lackieren

to **vary** ['veərɪ] ❶ variieren ❷ **opinions vary** die Meinungen gehen auseinander ❸ sich wandeln, sich [ver]ändern; **his income varies from month to month** sein Einkommen schwankt von Monat zu Monat

**vary·ing** ['veərɪɪŋ] *Beschaffenheit:* unterschiedlich; *Entwicklung:* variierend

**vase** [vɑːz] die [Blumen]vase

**vast** [vɑːst] ❶ *Größe:* riesig; *Fläche:* weit ❷ (*übertragen*) enorm; **vast amount of time/money** enorm viel Zeit/Geld; **vast majority** die überwiegende Mehrheit

**vast·ly** ['vɑːstlɪ] in hohem Maße

**VAT** [ˌviːeɪˈtiː] *Abkürzung von* **Value Added Tax** MwSt.

**Vati·can** ['vætɪkən] der Vatikan

**vault** [vɔːlt] ❶ die Stahlkammer, der Tresor[raum] ❷ **vaults** ⚠ *plural* der Keller, das Kellergewölbe ❸ (*Sport*) der Sprung

to **vault** [vɔːlt] springen (**over** über); **to vault something** etwas überspringen

**vault·ing horse** das Sprungpferd

**VCR** [ˌviːsiːˈɑːʳ] *Abkürzung von* **Video-Cassette Recorder** der Videorecorder

**VDU** [ˌviːdiːˈjuː] *Abkürzung von* **Visual Display Unit** das Datensichtgerät, das Bildschirmgerät

**veal** [viːl] das Kalbfleisch

**veal cut·let** das Kalbsschnitzel

to **veer** [vɪəʳ] *Auto:* **to veer [to the right]** [nach rechts] ausscheren

**veg** [vedʒ] (*umgangsspr*) das [gekochte] Gemüse

**ve·gan** ['viːgən] der Veganer/die Veganerin

**veg·eta·ble**[1] ['vedʒtəbl] das Gemüse ▶ WENDUNGEN: **to become a vegetable** nur noch dahinvegetieren

**veg·eta·ble**[2] ['vedʒtəbl] ❶ *Fett:* pflanzlich ❷ *Suppe, Gericht:* Gemüse-

**veg·eta·ble fat** das pflanzliche Fett

**veg·eta·ble gar·den** der Gemüsegarten

**veg·eta·ble king·dom** das Pflanzenreich

**veg·eta·ble oil** das Pflanzenöl

**veg·etar·ian**[1] [ˌvedʒɪˈteərɪən] der Vegetarier/die Vegetarierin

**veg·etar·ian**[2] [ˌvedʒɪˈteərɪən] vegetarisch

to **veg·etate** ['vedʒɪteɪt] (*übertragen*) [dahin]vegetieren

**veg·eta·tion** [ˌvedʒɪˈteɪʃn] die Vegetation

**veg·gie** ['vedʒi] (*umgangsspr*) ❶ *kurz für* **vegetarian** der Vegetarier/die Vegetarierin ❷ (USA) (*umgangsspr*) *kurz für* **vegetable** das Gemüse

**veg·gie bur·ger** ['vedʒiˌbɜːgəʳ] der Gemüseburger

**ve·he·mence** ['viːəmən(t)s] *kein Plural* die Vehemenz

**ve·he·ment** ['viːəmənt] heftig; *Rede:* leidenschaftlich

**ve·hi·cle** ['viːɪkl] ❶ das Fahrzeug; **motor vehicle** das Kraftfahrzeug ❷ das Medium, das Mittel

**ve·hi·cle reg·is·tra·tion cen·tre** die Kraftfahrzeugzulassungstelle

**ve·hi·cle reg·is·tra·tion num·ber** das Kraftfahrzeugkennzeichen

**veil** [veɪl] der Schleier

**veiled** [veɪld] (*auch übertragen*) verschleiert, versteckt

**vein** [veɪn] ❶ (*auch bei Pflanzen*) die Ader ❷ (*medizinisch auch*) die Vene

**Vel·cro®** ['velkrəʊ] **Velcro fastener** der Klettverschluss®

**ve·loc·ity** [vɪˈlɒsətɪ] die Geschwindigkeit

**vel·vet** ['velvɪt] der Samt

**vel·vety** ['velvɪtɪ] samtweich

**ven·det·ta** [venˈdetə] die Fehde, die Blutrache

**vend·ing ma·chine** ['vendɪŋməˌʃiːn] der Verkaufsautomat, der Warenautomat

**ven·dor** ['vendəʳ] der Verkäufer/die Verkäuferin

**ven·er·able** ['venərəbl] ehrwürdig

**ve·nereal dis·ease** [vəˈnɪərɪəl dɪˈziːz] die Geschlechtskrankheit

**ve·netian blind** [vəˌniːʃnˈblaɪnd] die Jalousie

**Ven·ezue·la** [ˌveneˈzweɪlə] Venezuela

**Ven·ezue·lan**[1] [ˌveneˈzweɪlən] venezolanisch, venezuelisch

**Ven·ezue·lan**[2] [ˌveneˈzweɪlən] der Venezolaner/die Venezolanerin

**venge·ance** ['vendʒəns] die Rache; **to take vengeance [up]on someone** sich an jemandem rächen ▶ WENDUNGEN: **with a vengeance** (*umgangsspr*) wie toll [*oder* verrückt]

**veni·son** ['venɪzn] das Rehfleisch

**ven·om** ['venəm] ❶ das Gift ❷ (*übertragen*) die Bosheit

**ven·om·ous** ['venəməs] ❶ giftig; **venomous snake** die Giftschlange ❷ (*übertragen*) boshaft, bösartig

to **ven·ti·late** ['ventɪleɪt] lüften, entlüften, belüften

**ven·ti·la·tion** [ˌventɪ'leɪʃn] die Belüftung, die Entlüftung

**ven·ti·la·tor** ['ventɪleɪtəʳ] der Ventilator

**ven·trilo·quist** [ven'trɪləkwɪst] der Bauchredner/die Bauchrednerin

**ven·ture** ['ventʃəʳ] das Unternehmen, das Unterfangen, das Projekt; **joint venture** das Gemeinschaftsunternehmen

to **venture out** sich hinauswagen

**venue** ['venju:] ❶ der Treffpunkt, die Begegnungsstätte ❷ (*Sport*) der Austragungsort; (*juristisch*) der Verhandlungsort

**Ve·nus** ['vi:nəs] die Venus

**ve·ran·da(h)** [və'rændə] die Veranda

**verb** [vɜ:b] das Verb, das Zeitwort

**ver·bal** ['vɜ:bl] mündlich

**ver·bal·ly** ['vɜ:bəlɪ] mündlich

**ver·ba·tim** [vɜ:'beɪtɪm] **to quote verbatim** Wort für Wort zitieren

**ver·dict** ['vɜ:dɪkt] ❶ das Urteil; **verdict of guilty** der Schuldspruch; **verdict of not guilty** der Freispruch ❷ die Meinung; **to give one's verdict on** [*oder* **about**] **something** sein Urteil über etwas abgeben; **what is your verdict on this book?** was halten Sie von diesem Buch?; **what is the verdict?** (*humorvoll*) was hältst du davon?

**verge** [vɜ:dʒ] ❶ (*auch übertragen*) der Rand; **on the verge of** (*übertragen*) am Rande, nahe an; **to be on the verge of doing something** nahe daran sein, etwas zu tun ❷ *einer Straße:* der Seitenstreifen

◆ to **verge on** (*übertragen*) grenzen an; **he is verging on sixty** er ist fast sechzig

**veri·fi·able** ['verɪfaɪəbl] nachprüfbar

**veri·fi·ca·tion** [ˌverɪfɪ'keɪʃn] ❶ die Überprüfung ❷ die Bestätigung, der Nachweis

to **veri·fy** ['verɪfaɪ] ❶ [über]prüfen *Echtheit, Richtigkeit* ❷ bestätigen *Aussage* ❸ beglaubigen *Zeugnis*

**ver·mi·cel·li** [ˌvɜ:mɪ'selɪ] *plural* die Fadennudeln

**ver·min** ['vɜ:mɪn] ❶ das Ungeziefer ❷ (*übertragen*) das Gesindel

**ver·ru·ca** [və'ru:kə] <*plural* verrucas *oder* verrucae> die Warze

**ver·sa·tile** ['vɜ:sətaɪl] vielseitig

**ver·sa·til·ity** [ˌvɜ:sə'tɪlətɪ] die Vielseitigkeit

**verse** [vɜ:s] ❶ *eines Liedes:* die Strophe ❷ *eines Gedichtes:* die Dichtung ❸ *der Bibel:* der Vers ❹ **in verse** in Versform

**versed** [vɜ:st] **to be well versed in** bewandert [*oder* versiert] sein in

**ver·sion** ['vɜ:ʃn] ❶ die Version; *von Geschehnis, Text:* die Darstellung ❷ *von Auto, Gerät:* das Modell, die Ausführung ❸ **the French version** die französische Ausgabe

**ver·sus** ['vɜ:səs] gegen

**ver·te·bra** ['vɜ:tɪbrə, *plural* 'vɜ:tɪbri:] <*plural* vertebrae> der Rückenwirbel

**ver·te·brae** ['vɜ:tɪbri:] *Pluralform von* **vertebra**

**ver·te·brate** ['vɜ:tɪbrət] das Wirbeltier

**ver·ti·cal** ['vɜ:tɪkl] senkrecht; **vertical clearance** lichte Höhe; **vertical take-off aircraft** der Senkrechtstarter

**ver·ti·go** ['vɜ:tɪgəʊ] **to suffer from vertigo** nicht schwindelfrei sein

**verve** [vɜ:v] der Schwung

**very** ['verɪ] ❶ sehr; **thank you very much** danke sehr, vielen Dank ❷ äußerste(r, s); **the very best** der/die/das Allerbeste; **at the very latest** allerspätestens; **at the very end** am äußersten Ende ❸ **the very same** genau derselbe; **the very next day** gleich am nächsten Tag; **the very same day** noch am selben Tag; **the very thing** genau das Richtige ❹ **it's very possible** es ist gut möglich ❺ **how very peculiar!** wie eigenartig! ❻ **very well** na, nun gut, sehr wohl ❼ **the very thought** der bloße Gedanke; **the very idea** [**of it**]**!** um Gotteswillen!, wo denkst du hin!

**ves·sel** ['vesl] ❶ (*anatomisch, pflanzlich*) das Gefäß ❷ das Schiff

**vest** [vest] ❶ GB das Unterhemd ❷ USA die Weste

**vest**

Ⓕ Nicht verwechseln mit *die Weste* — *waistcoat!*

**vet** [vet] ❶ der Tierarzt/die Tierärztin ❷ USA (*umgangsspr*) der Veteran/die Veteranin to **vet** [vet] <vetted, vetted> überprüfen *Plan, Projekt*

**vet·er·an**[1] ['vetərən] der Veteran/die Veteranin

**vet·er·an**[2] ['vetərən] *Mensch:* erfahren; *Gerät:* altgedient; **veteran car** der Oldtimer

**vet·eri·nar·ian** [ˌvetərɪ'neərɪən] ⓤⓢⓐ der Tierarzt/die Tierärztin

**vet·eri·nary** ['vetrɪnrɪ] tierärztlich, veterinär-; **veterinary medicine** die Veterinärmedizin; **veterinary surgeon** der Tierarzt/die Tierärztin

**veto** ['viːtəʊ] <*plural* vetoes> ❶ das Veto, der Einspruch ❷ **power** [*oder* **right**] **of veto** das Vetorecht, das Einspruchsrecht

to **veto** ['viːtəʊ] ❶ sein Veto einlegen gegen ❷ verbieten, untersagen

**VHF** [ˌviːeɪtʃ'ef] *Abkürzung von* **very high frequency** UKW

**via** ['vaɪə] ❶ über; **the flight goes via Frankfurt** der Flug geht über Frankfurt ❷ per, via; **sent via email** per Email geschickt

**vi·able** ['vaɪəbl] ❶ lebensfähig ❷ *Plan:* machbar, durchführbar ❸ (*wirtschaftlich*) rentabel, lebensfähig

**via·duct** ['vaɪədʌkt] das Viadukt

**vibes** [vaɪbz] *plural* ❶ das Vibraphon ❷ (*slang*) *eines Ortes:* die Atmosphäre; *eines Menschen:* die Ausstrahlung

**vi·brant** ['vaɪbrənt] ❶ (*übertragen*) *Ort:* pulsierend ❷ *Mensch:* lebhaft ❸ *Farbe:* kräftig

to **vi·brate** [vaɪ'breɪt] ❶ vibrieren, zittern (**with** vor) ❷ **to vibrate with life** vor Leben sprühen; **to vibrate with activity** von regem Treiben erfüllt sein

**vi·bra·tion** [vaɪ'breɪʃn] ❶ die Schwingung, die Vibration ❷ **vibrations** *plural* (*slang*) die Atmosphäre

**vic·ar** ['vɪkəʳ] der Pfarrer/die Pfarrerin, der Pastor/die Pastorin

**vic·ar·age** ['vɪkərɪdʒ] das Pfarrhaus

**vice**[1] [vaɪs] ❶ das Laster ❷ **vice squad** die Sittenpolizei ❸ der Schraubstock; **vice-like grip** der eiserne Griff

**vice**[2] [vaɪs] Vize-

**vice-chair·man** der stellvertretende Vorsitzende

**vice-chan·cel·lor** der Vizekanzler/die Vizekanzlerin; (*an Universität*) der Rektor/die Rektorin

**vice-presi·dent** der Vizepräsident/die Vizepräsidentin

**vice ver·sa** [ˌvaɪsɪ'vɜːsə] umgekehrt

**vi·cin·ity** [vɪ'sɪnətɪ] die Nachbarschaft, die Nä-

he; **in the immediate vicinity** in unmittelbarer Umgebung

**vi·cious** ['vɪʃəs] ❶ *Mensch:* bösartig; *Taten:* boshaft ❷ *Hund:* bissig ❸ *Schmerz:* gemein

**vi·cious cir·cle** der Teufelskreis

**vic·tim** ['vɪktɪm] das Opfer; **to fall victim to** das Opfer werden von

to **vic·tim·ize** ['vɪktɪmaɪz] unfair behandeln, schikanieren

**vic·tor** ['vɪktəʳ] der Sieger/die Siegerin, der Gewinner/die Gewinnerin

**Victoria Cross** [vɪktɔːrɪə'krɒs] *höchste Tapferkeitsauszeichnung in Großbritannien*

**Vic·to·rian** [vɪk'tɔːrɪən] ❶ (*historisch*) viktorianisch ❷ (*übertragen*) spießbürgerlich, prüde

**vic·to·ri·ous** [vɪk'tɔːrɪəs] siegreich (**over** über)

**vic·tory** ['vɪktərɪ] der Sieg; **to gain** [*oder* **win**] **a narrow victory over** einen knappen Sieg erringen über

to **video** ['vɪdɪəʊ] auf Band aufnehmen

**video** ['vɪdɪəʊ] <*plural* videos> der Videorekorder

**video cam·era** die Videokamera

**video cas·sette** die Videokassette

**video game** das Videospiel, das Telespiel

**video·phone** das Bildtelefon

**video re·cord·er** der Videorekorder

**video sur·veil·lance** *kein Plural* die Videoüberwachung

**video tape** die Videokassette

**video trans·mit·ter** der Videosender

**Vi·en·na** [vɪ'enə] Wien

**Vi·en·nese**[1] [ˌvɪə'niːz] <*plural* Viennese> der Wiener/die Wienerin

**Vi·en·nese**[2] [ˌvɪə'niːz] wienerisch, Wiener-

**Vi·et·cong** [ˌvjet'kɒŋ] <*plural* Vietcong> der Vietcong

**Vi·et·nam** [ˌvjet'næm] Vietnam

**Vi·et·nam·ese**[1] [ˌvjetnə'miːz] ❶ der Vietnamese/die Vietnamesin ❷ Vietnamesisch, das Vietnamesische

**Vi·et·nam·ese**[2] [ˌvjetnə'miːz] vietnamesisch

**view** [vjuː] ❶ die Sicht; **to come into view** in Sicht kommen; **out of view** nicht zu sehen; **in full view of all these people** vor den Augen all dieser Leute; **hidden from view** verdeckt ❷ die Aussicht; **in view** zu sehen; **on view** ausgestellt, zur Ansicht; **a view of the mountains** ein Blick auf die Berge ❸ die Meinung, die Ansicht; **in my view** meines Erachtens, meiner Ansicht nach; **he takes the view that ...** er vertritt die Ansicht, dass ...; **to take a dim** [*oder* **poor**] **view of something** etwas nicht gut finden ❹ **with a**

**view to** mit Aussicht auf; **with a view to doing something** mit der Absicht, etwas zu tun ❺ **in view of** (*übertragen*) im Hinblick auf

to **view** [vjuː] ❶ ansehen, betrachten ❷ besichtigen ❸ (*übertragen*) sehen, beurteilen *Problem*

**view·er** ['vjuːəʳ] der [Fernseh]zuschauer/die [Fernseh]zuschauerin

**view·find·er** (*Kamera*) der Sucher

**view·ing** ['vjuːɪŋ] ❶ die Besichtigung ❷ (*im Fernsehen*) **viewing figures** die Einschaltquoten; **peak viewing time** die Haupteinschaltzeit

**view·point** ['vjuːpɔɪnt] der Standpunkt

**vig·il** ['vɪdʒɪl] die Nachtwache; **to keep vigil** Nachtwache halten (**over** bei)

**vigi·lant** ['vɪdʒɪlənt] wachsam

**vig·or** (USA) die Energie, die Vitalität

**vig·or·ous** ['vɪgərəs] energisch

**vig·our** ['vɪgəʳ] die Energie, die Vitalität

**Vi·king** ['vaɪkɪŋ] der Wikinger/die Wikingerin

**vile** [vaɪl] ❶ (*sittlich*) schlecht, gemein ❷ widerlich, ekelhaft ❸ (*umgangsspr*) schlecht, abscheulich

**vil·lage** ['vɪlɪdʒ] das Dorf

**vil·lage green** die Dorfwiese

**vil·lag·er** ['vɪlɪdʒəʳ] der Dorfbewohner/die Dorfbewohnerin

**vil·lain** ['vɪlən] ❶ der Bösewicht ❷ (*humorvoll*) der Schelm, der Schlingel ❸ (*umgangsspr*) der Verbrecher

**vin·dic·tive** [vɪn'dɪktɪv] nachtragend, rachsüchtig

**vine** [vaɪn] ❶ der Weinstock, die Rebe ❷ die Kletterpflanze

**vin·egar** ['vɪnɪgəʳ] der Essig

**vine·yard** ['vɪnjəd] der Weinberg

**vin·tage¹** ['vɪntɪdʒ] (*Wein*) der Jahrgang

**vin·tage²** ['vɪntɪdʒ] ❶ hervorragend; **vintage year** der gute Jahrgang ❷ alt; **vintage car** der Oldtimer

**vio·la** [vɪ'əʊlə] die Bratsche

to **vio·late** ['vaɪəleɪt] ❶ verletzen *Recht, Gesetz;* brechen *Vertrag* ❷ entehren *geweihten Ort;* schänden *Grab* ❸ verletzen *Gefühl, Empfinden* ❹ stören *Stille, Frieden* ❺ vergewaltigen *Frau*

**vio·la·tion** [ˌvaɪə'leɪʃn] ❶ die Verletzung; (*gegen Recht, Gesetz*) das Vergehen; **violation of human rights** die Menschenrechtsverletzung ❷ *von Ort, Grab:* die Schändung ❸ *von Frieden, Stille:* die Störung ❹ *einer Frau:* die Vergewaltigung

**vio·lence** ['vaɪələns] ❶ die Gewalt, die Gewalttätigkeit; **to do violence to someone** jemandem Gewalt antun; **robbery with violence** der Raubüberfall; **an outbreak of violence** ein Ausbruch der Gewalt ❷ *eines Sturms:* die Heftigkeit

**vio·lent** ['vaɪələnt] ❶ gewaltsam, gewalttätig; **to meet with a violent death** eines gewaltsamen Todes sterben; **by violent means** unter Gewaltanwendung ❷ heftig, stark; **violent storm** der heftige Sturm; **to have a violent temper** jähzornig sein

**vio·let¹** ['vaɪələt] das Veilchen

**vio·let²** ['vaɪələt] violett

**vio·lin** [ˌvaɪə'lɪn] die Geige, die Violine; **to play the violin** Geige spielen

**vio·lin·ist** ['vaɪəlɪnɪst] der Geiger/die Geigerin

**V.I.P.**, **VIP** [ˌviːaɪ'piː] *Abkürzung von* **very important person** der/die VIP; **to give someone the VIP treatment** jemanden wie einen Ehrengast behandeln

**vir·gin¹** ['vɜːdʒɪn] die Jungfrau

**vir·gin²** ['vɜːdʒɪn] ❶ jungfräulich ❷ (*übertragen*) *Land, Schnee:* unberührt

**vir·gin·ity** [vəˈdʒɪnətɪ] die Unschuld, die Jungfräulichkeit

**Vir·go** ['vɜːgəʊ] <*plural* Virgos> die Jungfrau

**vir·ile** ['vɪraɪl] ❶ männlich ❷ (*übertragen*) kraftvoll

**vi·ril·ity** [vɪ'rɪlətɪ] ❶ die Männlichkeit ❷ die Potenz, die Manneskraft

**vir·tual** ['vɜːtʃʊəl] ❶ **she was a virtual heroine** sie war praktisch eine Heldin ❷ (*Physik*) virtuell ❸ **virtual reality** die virtuelle Realität

**vir·tu·al·ly** ['vɜːtʃʊəllɪ] praktisch, so gut wie

**vir·tue** ['vɜːtʃuː] ❶ die Tugend ❷ die Tugendhaftigkeit ❸ **the virtue of this plan ...** der Vorteil dieses Plans ... ❹ **by virtue of his office** kraft seines Amtes

**vir·tu·ous** ['vɜːtʃʊəs] tugendhaft

**viru·lent** ['vɪrʊlənt] ❶ (*medizinisch*) bösartig; *Gift:* stark, tödlich ❷ (*übertragen*) boshaft, gehässig

**vi·rus** ['vaɪərəs] <*plural* viruses> das Virus

**visa** ['viːzə] das Visum

**vise** [vaɪs] (USA) der Schraubstock

**vis·ibil·ity** [ˌvɪzə'bɪlətɪ] ❶ die Sichtbarkeit ❷ die Sicht[weite]; **visibility was poor** die Sicht war schlecht

**vis·ible** ['vɪzəbl] ❶ sichtbar, wahrnehmbar ❷ (*übertragen*) sichtlich

**vi·sion** ['vɪʒn] ❶ die Sehkraft, das Sehvermögen; **field of vision** das Gesichtsfeld, das Blickfeld ❷ (*übertragen*) die Vision; **vision of the future** die Zukunftsvision ❸ die Vor-

**visit – voluntary organization**

stellung; **I had visions of having to do it all again** ich sah mich schon das alles noch einmal machen

to **vi·sit** [ˈvɪzɪt] ❶ besuchen ❷ besichtigen *Sehenswürdigkeit* ❸ **we're just visiting** wir sind nur auf Besuch

**vi·sit** [ˈvɪzɪt] ❶ der Besuch (**to** bei); **for** |*oder* **on**| **a visit** auf Besuch; **to pay someone/ something a visit** jemanden/etwas besuchen ❷ (*umgangsspr*) **to have to pay a visit** pinkeln müssen

**vis·it·ing** [ˈvɪzɪtɪŋ] ❶ **to be on visiting terms** sich [gegenseitig] besuchen ❷ **visiting hours** die Besuchszeit ❸ **visiting professor** der Gastprofessor/die Gastprofessorin; **the visiting team** die Gäste

**visi·tor** [ˈvɪzɪtəʳ] ❶ *von Sehenswürdigkeiten:* der Besucher/die Besucherin ❷ der Gast; **visitors' book** das Gästebuch; **to have visitors** Besuch haben

**vi·sor** [ˈvaɪzəʳ] ❶ (*historisch*) das Visier ❷ der Mützenschirm ❸ (*am Auto*) **sun visor** die Sonnenblende

**vis·ual** [ˈvɪʒʊəl] ❶ visuell ❷ Seh- ❸ **visual aids** das Anschauungsmaterial; **visual display unit** das Bildschirmgerät

to **visu·al·ize** [ˈvɪʒʊəlaɪz] sich vorstellen

**vi·tal** [ˈvaɪtl] ❶ lebenswichtig, lebensnotwendig, Lebens-; **vital organs** die lebenswichtigen Organe ❷ (*übertragen*) wesentlich, unerlässlich (**to** für); **of vital importance** äußerst wichtig; **it is vital that ...** es ist unbedingt notwendig, dass ... ❸ **at the vital moment** im entscheidenden [*oder* kritischen] Moment

**vi·tal·ity** [vaɪˈtælətɪ] die Vitalität, die Lebenskraft

**vita·min** [ˈvɪtəmɪn] das Vitamin

**vita·min de·fi·cien·cy** der Vitaminmangel

**vita·min tab·lets** *plural* die Vitamintabletten

**vi·va·cious** [vɪˈveɪʃəs] lebhaft

**viv·id** [ˈvɪvɪd] ❶ lebhaft, lebendig ❷ *Farbe:* kräftig, leuchtend; *Licht:* hell ❸ *Erinnerung:* frisch, lebhaft

**vix·en** [ˈvɪksn] die Füchsin

**V-neck** [ˈviːnek] der V-Ausschnitt

**vo·cabu·lary** [vəˈkæbjʊlərɪ] ❶ das Wörterverzeichnis, das Vokabular ❷ der Wortschatz

**vo·cal** [ˈvəʊkl] ❶ Stimm-; **vocal cords** die Stimmbänder ❷ (*übertragen*) lautstark; **to become vocal** sich zu Wort melden, seine Meinung lautstark kundtun

**vo·cal·ist** [ˈvəʊkəlɪst] der Sänger/die Sängerin

**vo·ca·tion** [vəʊˈkeɪʃn] ❶ die Berufung ❷ die Eignung (**for** für) ❸ der Beruf

**vo·ca·tion·al** [vəʊˈkeɪʃənl] beruflich, Berufs-; **vocational guidance** die Berufsberatung; **vocational training** die Berufsausbildung

**vo·cif·er·ous** [vəˈsɪfərəs] lautstark

**vod·ka** [ˈvɒdkə] der Wodka

**vogue** [vəʊg] die Mode

**voice** [vɔɪs] ❶ die Stimme; **in a loud voice** mit lauter Stimme; **to raise one's voice** lauter sprechen; (*auch übertragen*) seine Stimme erheben (**against** gegen) ❷ das Mitspracherecht ► WENDUNGEN: **with one voice** einstimmig; **to give voice to something** etwas zum Ausdruck bringen

to **voice** [vɔɪs] äußern, zum Ausdruck bringen

**voice mail** die Voicemail

**voice-over** [ˈvɔɪsəʊvəʳ] der Begleitkommentar

**void**[1] [vɔɪd] ❶ leer ❷ (*juristisch*) ungültig, nichtig; **null and void** null und nichtig ❸ **void of** ohne

**void**[2] [vɔɪd] die Leere

**vola·tile** [ˈvɒlətaɪl] ❶ (*in der Chemie*) flüchtig ❷ *Mensch:* impulsiv ❸ *Lage:* gespannt, brisant

**vol·can·ic** [vɒlˈkænɪk] ❶ vulkanisch; **volcanic eruption** der Vulkanausbruch; **volcanic rock** das Eruptivgestein ❷ (*übertragen*) explosiv

**vol·ca·no** [vɒlˈkeɪnəʊ] <*plural* volcanos *oder* volcanoes> der Vulkan

**vole** [vəʊl] ❶ die Feldmaus ❷ **water-vole** die Wasserratte

**vo·li·tion** [vəˈlɪʃn] der Wille; **to do something of one's own volition** etwas aus eigenem Antrieb tun

**vol·ley** [ˈvɒlɪ] ❶ die Salve ❷ (*übertragen*) *von Fragen, Bemerkungen:* der Hagel ❸ (*Sport*) der Flugball, der Volley

to **vol·ley** [ˈvɒlɪ] ❶ eine Salve abfeuern ❷ (*Sport*) **to volley** |**the ball**| einen Volley spielen

**vol·ley·ball** [ˈvɒlɪbɔːl] der Volleyball

**volt** [vəʊlt] das Volt

**volt·age** [ˈvəʊltɪdʒ] die Spannung; **what voltage is it?** wie viel Volt hat es?

**vol·ume** [ˈvɒljuːm] ❶ die Lautstärke ❷ der Rauminhalt, das Volumen; **volume of trade** das Handelsvolumen ❸ der Band, das Buch

**vol·ume con·trol** der Lautstärkeregler

**vol·ume dis·count** der Mengenrabatt

**vol·ume regu·la·tor** der Lautstärkeregler

**vol·un·tary** [ˈvɒləntrɪ] ❶ freiwillig ❷ **voluntary work** die ehrenamtliche Arbeit

**vol·un·tary or·gani·za·tion** die Wohltätigkeitsorganisation

**vol·un·tary re·dun·dan·cy** das freiwillige Ausscheiden aus einem Betrieb
**vol·un·teer** [ˌvɒlənˈtɪəʳ] der/die Freiwillige
to **vol·un·teer** [ˌvɒlənˈtɪəʳ] ❶ anbieten *Hilfe* ❷ machen *Vorschlag;* geben *Auskunft* ❸ sich freiwillig melden, etwas freiwillig tun; **to volunteer for something** sich für etwas zur Verfügung stellen; **to volunteer to do something** anbieten, etwas zu tun
**vom·it** [ˈvɒmɪt] das Erbrochene
to **vom·it** [ˈvɒmɪt] [sich] erbrechen
**voo·doo** [ˈvuːduː] der Voodoo
**vote** [vəʊt] ❶ die Abstimmung; **to put to the vote** zur Abstimmung bringen; **to take a vote on** abstimmen über ❷ die Stimme; **to cast one's vote** seine Stimme abgeben; **by 5 votes to 3** mit 5 gegen 3 Stimmen; **by a majority of 2 votes** mit einer Mehrheit von 2 Stimmen; **casting vote** die ausschlaggebende Stimme ❸ das Wahlrecht, das Stimmrecht; **to have a/the vote** ein/das Stimmrecht haben ❹ der Wahlzettel ❺ **vote of confidence** das Vertrauensvotum; **vote of no confidence** das Misstrauensvotum
to **vote** [vəʊt] ❶ abstimmen ❷ wählen, seine Stimme abgeben (**for** für, **against** gegen)
  ◆ to **vote down** niederstimmen, ablehnen *Vorschlag, Antrag*
  ◆ to **vote in** wählen *Mensch*
  ◆ to **vote on** abstimmen über
  ◆ to **vote out** **to vote someone out of office** jemanden abwählen
**vot·er** [ˈvəʊtəʳ] der Wähler/die Wählerin
**vot·ing** [ˈvəʊtɪŋ] ❶ die Wahlbeteiligung ❷ **voting paper** der Stimmzettel; **voting right** das Stimmrecht
**vot·ing booth** die Wahlkabine
**vot·ing box** <*plural* voting boxes> die Wahlurne
to **vouch** [vaʊtʃ] sich verbürgen (**for** für); **to vouch that ...** dafür bürgen, dass ...
**vouch·er** [ˈvaʊtʃəʳ] der Gutschein; **luncheon voucher** die Essensmarke, der Essensbon; **credit voucher** die Gutschrift; **gift voucher** der Geschenkgutschein
**vow** [vaʊ] das Gelöbnis; **to make a vow to do something** geloben, etwas zu tun; **to take** [*oder* **make**] **a vow** ein Gelöbnis ablegen
to **vow** [vaʊ] geloben, feierlich erklären
**vow·el** [ˈvaʊəl] der Vokal, der Selbstlaut
**voy·age** [ˈvɔɪɪdʒ] ❶ die Reise ❷ (*Raumfahrt*) der Flug; **on the voyage out/home** auf der Hinreise/Rückreise
**vul·gar** [ˈvʌlgəʳ] ❶ vulgär, ordinär ❷ (*in der Mathematik*) *Bruch:* gemein
**vul·ner·able** [ˈvʌlnərəbl] ❶ verwundbar, verletzlich ❷ anfällig; **vulnerable to the cold** kälteempfindlich; **vulnerable to temptation** für Versuchungen anfällig; **to be vulnerable to criticism** keine Kritik vertragen ❸ angreifbar; **to be vulnerable to attack** leicht angreifbar sein; **to be vulnerable to criticism** Kritik ausgesetzt sein
**vul·ture** [ˈvʌltʃəʳ] der Geier

# W

**W** <*plural* W's *oder* Ws>, **w** [ˈdʌblju:] <*plural* w's> W, w
**wad** [wɒd] ❶ der/das Knäuel; *von Watte:* der Bausch ❷ *von Banknoten, Papieren:* das Bündel
to **wad·dle** [ˈwɒdl] watscheln
to **wade** [weɪd] ❶ waten (**through** durch) ❷ (*übertragen*) **to wade through work/a report** sich [mühsam] durch die Arbeit/einen Bericht (hin)durcharbeiten ❸ (*umgangsspr*) sich hineinstürzen (**in/into** in); **to wade into someone** (*umgangsspr*) auf jemanden losgehen
**wad·er** [ˈweɪdəʳ] ❶ der Watvogel ❷ **waders** die [hohen] Gummistiefel
**wa·fer** [ˈweɪfəʳ] ❶ die Waffel ❷ die Oblate ❸ (*in der Kirche*) die Hostie ❹ (*für Mikrochips*) der Wafer
**wa·fer-thin** hauchdünn
**waf·fle** [ˈwɒfl] ❶ die Waffel ❷ ⓖⒷ (*abwertend*) das Gequassel, das Geschwafel
to **waf·fle** [ˈwɒfl] ⓖⒷ (*umgangsspr*) quasseln, schwafeln
**waf·fle iron** das Waffeleisen
to **wag** [wæg] <wagged, wagged> ❶ **to wag its tail** *Hund:* mit dem Schwanz wedeln ❷ **to wag one's finger at someone** jemandem mit dem Finger drohen ▶ WENDUNGEN: **to set tongues wagging** Anlass zu Gerede geben
**wage** [weɪdʒ] *oft plural* der [Arbeits]lohn; **at a wage of** bei einem Lohn von
to **wage** [weɪdʒ] **to wage war** Krieg führen
**wage dis·pute** die Lohnstreitigkeit
**wage earn·er** der Lohnempfänger/die Lohnempfängerin
**wage freeze** der Lohnstopp
**wage in·crease** die Lohnerhöhung

**wage lev·el** das Lohnniveau
**wage ne·go·tia·tion** die Lohnverhandlung
**wage pack·et** die Lohntüte
**wa·ger** ['weɪdʒəʳ] die Wette
to **wa·ger** ['weɪdʒəʳ] wetten
**wage slip** der Lohnstreifen
**wag·gle** ['wægl̩] das Wackeln
to **wag·gle** ['wægl̩] wackeln
**wag·(g)on** ['wægən] ❶ der Wagen ❷ **to be on the wagon** (*umgangsspr*) keinen Alkohol trinken
**wag·on train** (*historisch*) der Zug von Planwagen
to **wail** [weɪl] ❶ wehklagen, jammern (**over** über) ❷ *Wind:* heulen
**wail·ing** ['weɪlɪŋ] das Wehklagen; **Wailing Wall** (*in Jerusalem*) die Klagemauer
**waist** [weɪst] die Taille
**waist·band** ['weɪstbænd] der [Rock]bund, der Hosenbund
**waist·coat** ['weɪstkəʊt] ⒼⒷ die Weste
**waist deep** hüfthoch, bis zur Hüfte
**waist·line** die Taille; **to watch one's waist-line** auf die schlanke Linie achten
**wait** [weɪt] ❶ das Warten, die Wartezeit; **to have a long wait** lange warten müssen ❷ **to lie in wait for someone** jemandem auflauern
to **wait** [weɪt] ❶ warten (**for** auf, **until** bis); **to wait for someone to do something** warten, bis jemand etwas tut; **wait a minute!** Augenblick!; **wait and see** abwarten; **I can't wait** ich kann's kaum erwarten, ich bin gespannt; **to keep someone waiting** jemanden warten lassen; **what are you waiting for?** worauf wartest du? ❷ *Arbeit:* unerledigt bleiben ❸ **to wait [at table] [bei Tisch]** bedienen ❹ **to wait one's turn** abwarten, bis man an der Reihe ist
◆to **wait about**, to **wait around** warten
◆to **wait behind** zurückbleiben [und warten]
◆to **wait in** zu Hause warten
◆to **wait on** ❶ noch länger warten ❷ **to wait on someone** (*beim Essen*) jemanden bedienen; **to wait on someone hand and foot** jemandem jeden Wunsch von den Augen ablesen
◆to **wait out** aussitzen
◆to **wait up** aufbleiben (**for** wegen)
**wait·er** ['weɪtəʳ] der Kellner; **head waiter** der Ober[kellner]; (*Anrede*) Herr Ober!
**wait·ing** ['weɪtɪŋ] ❶ das Warten; **no waiting** (*Schild*) Halteverbot ❷ das Servieren, das Bedienen

**wait·ing game** die Geduldsprobe; **to play a waiting game** zunächst einmal abwarten
**wait·ing list** die Warteliste
**wait·ing room** (*beim Arzt, Zahnarzt*) das Wartezimmer
**wait·ress** ['weɪtrɪs] <*plural* waitresses> die Kellnerin; (*Anrede*) Fräulein!
to **wake** [weɪk] <woke, woken> ❶ **to wake [up]** aufwachen, erwachen; **I woke up at 6** ich wurde um 6 wach; **to wake someone [up]** jemanden [auf]wecken ❷ **to wake up to a problem** auf ein Problem aufmerksam werden, sich eines Problems bewusst werden

Ⓖ Richtiges Konjugieren von **wake**: wake, woke, woken — *on her first day at her new school Lisa woke up early; Peter was woken by a loud clap of thunder.*

**wake** [weɪk] das Kielwasser ▸ WENDUNGEN: **to follow in someone's wake** in jemandes Kielwasser segeln
**Wales** ['weɪlz] Wales
**walk** [wɔːk] ❶ der Spaziergang, die Wanderung; **to go for** [*oder* **take**] **a walk** einen Spaziergang machen ❷ (*Sport*) das Gehen, der Geherwettkampf ❸ der Gang, die Gangart ❹ der Weg; **it's a 5 minute walk** es sind 5 Minuten zu Fuß ❺ **at a walk** *Pferd:* im Schritt ▸ WENDUNGEN: **from all walks of life** aus allen Gesellschaftsschichten
to **walk** [wɔːk] ❶ [zu Fuß] gehen; **it takes 5 minutes to walk there** zu Fuß sind es 5 Minuten bis dahin ❷ wandern, spazieren gehen; **I like to go walking** ich gehe gerne spazieren [*oder* wandern] ❸ **to walk in one's sleep** schlafwandeln ❹ **to walk the dog** mit dem Hund spazieren gehen, den Hund spazieren führen ❺ gehen, laufen *Strecke* ❻ **to walk someone home** jemanden [zu Fuß] nach Hause bringen [*oder* begleiten]; **to walk someone off his feet** jemanden dazu bringen, sich die Beine abzulaufen
◆to **walk away** ❶ weggehen; **he walked away unhurt** er ist unverletzt davongekommen ❷ **to walk away with something** etwas mitnehmen [*oder* leicht gewinnen]
◆to **walk back** zurücklaufen
◆to **walk in** hereinkommen; **to walk in on somebody/something** bei jemandem/etwas hereinplatzen *umgangsspr*
◆to **walk into** ❶ hineingehen in ❷ laufen gegen ❸ (*übertragen*) zufällig treffen *Freund, Bekannten* ❹ (*übertragen*) **to walk**

**into a job** eine Arbeitsstelle mühelos bekommen

◆to **walk off** ❶ weggehen ❷ **to walk off with** mitgehen lassen; kassieren *Preis*

◆to **walk on** ❶ weitergehen ❷ betreten ❸ (*Theater*) auf der Bühne erscheinen

◆to **walk out** ❶ gehen ❷ **to walk out on someone** jemanden im Stich lassen ❸ *Arbeiter:* in Streik treten, die Arbeit niederlegen

◆to **walk over** ❶ leicht besiegen ❷ (*umgangsspr*) **to walk all over someone** jemandem auf der Nase herumtanzen

◆to **walk through** (*umgangsspr*) spielend schaffen, mit links machen *Examen*

◆to **walk up** ❶ [zu Fuß] hinaufgehen ❷ **to walk up to someone** auf jemanden zugehen

**walk·about** ⒼⒷ (*umgangsspr*) der Rundgang ▶ WENDUNGEN: **to go walkabout** (*humorvoll*) verschwinden

**walk·er** [ˈwɔːkəʳ] ❶ der Spaziergänger/die Spaziergängerin ❷ (*Sport*) der Geher/die Geherin

**walkie-talkie** [ˌwɔːkɪˈtɔːkɪ] das Sprechfunkgerät, das Walkie-Talkie

**walk-in** [ˈwɔːkɪn] **walk-in cupboard** begehbarer Schrank

**walk·ing**¹ [ˈwɔːkɪŋ] das Gehen, das Spazierengehen, das Wandern

**walk·ing**² [ˈwɔːkɪŋ] ❶ **at a walking pace** im Schritt; **within walking distance** zu Fuß erreichbar ❷ (*humorvoll*) wandelnd ❸ **the walking wounded** die Leichtverletzten

**walk·ing shoes** *plural* die Wanderschuhe

**walk·ing stick** der Spazierstock

**walk·ing tour** die [Fuß]wanderung

**walk-on** [ˈwɔːkɒn] **walk-on part** die Statistenrolle

**walk·out** [ˈwɔːkaʊt] (*umgangsspr*) ❶ der Ausstand, der Streik ❷ das demonstrative Verlassen des Saales

**walk·over** [ˈwɔːkəʊvəʳ] der leichte Sieg; (*übertragen*) das Kinderspiel

**walk·way** [ˈwɔːkweɪ] der Fußweg

**wall** [wɔːl] die Wand, die Mauer; **the Great Wall of China** die Chinesische Mauer ▶ WENDUNGEN: **with one's back to the wall** in die Enge getrieben; **to drive someone up the wall** jemanden auf die Palme bringen; **to go to the wall** *Unternehmen:* kaputtgehen; **to go up the wall** die Wände hochgehen, ausrasten; **to bang one's head against a brick wall** mit dem Kopf gegen die Wand rennen

◆to **wall in** mit Mauern umgeben; (*über-*

*tragen*) umgeben, einschließen

◆to **wall off** durch eine Mauer abtrennen

◆to **wall up** zumauern

**wall chart** die Schautafel

**wall clock** die Wanduhr

**wal·let** [ˈwɒlɪt] ❶ ⒼⒷ die Brieftasche ❷ ⓊⓈⒶ der Geldbeutel, das Portemonnaie

to **wal·lop** [ˈwɒləp] (*umgangsspr*) schlagen

**wal·lop** [ˈwɒləp] (*umgangsspr*) der Schlag

to **wal·low** [ˈwɒləʊ] ❶ sich wälzen, sich suhlen ❷ (*übertragen*) schwelgen (**in** in); **to wallow in self-pity** in Selbstmitleid schwelgen

**wall·pa·per** [ˈwɔːlpeɪpəʳ] die Tapete

to **wall·pa·per** [ˈwɔːlpeɪpəʳ] tapezieren

**wall sock·et** die Steckdose

**wall-to-wall** [ˌwɔːltəˈwɔːl] **wall-to-wall carpeting** der Teppichboden

**wal·nut** [ˈwɔːlnʌt] ❶ die Walnuss ❷ der Walnussbaum ❸ das Nussbaumholz

**wal·rus** [ˈwɔːlrəs] das Walross

**wal·rus mous·tache** der Hängeschnurrbart

**waltz** [wɔːls] <*plural* waltzes> der Walzer

to **waltz** [wɔːls] Walzer tanzen [mit], herumwirbeln

◆to **waltz about**, to **waltz around** herumtanzen

◆to **waltz in** hereintanzen *umgangsspr*

◆to **waltz off** abtanzen *umgangsspr*

◆to **waltz out** (*umgangsspr*) abrauschen; **to waltz out of the room** aus dem Zimmer rauschen

**wand** [wɒnd] der Zauberstab

to **wan·der** [ˈwɒndəʳ] ❶ umherwandern ❷ **to wander off the topic** vom Thema abschweifen ❸ **to wander [away]** sich verlaufen, sich verirren ❹ *Blick:* umherschweifen ❺ **his mind is wandering** er ist geistig abwesend

◆to **wander about**, to **wander around** herumirren

to **wane** [weɪn] *Mond:* abnehmen

**wane** [weɪn] **to be on the wane** im Abnehmen begriffen sein, schwinden

to **wan·gle** [ˈwæŋgl] ❶ hinkriegen, deichseln ❷ **to wangle something out of someone** etwas aus jemandem herauskitzeln *Geheimnis, Tratsch*

**wan·na** [ˈwɒnə] (*umgangsspr*) Kurzform von **want to**

**want** [wɒnt] ❶ der Mangel (**of** an); **for want of** aus Mangel an, mangels ❷ das Bedürfnis, der Wunsch ❸ **for want of something to do** weil ich nichts zu tun hatte ❹ **it wasn't for want of trying** nicht, dass er sich nicht bemüht hätte

to **want** [wɒnt] ❶ wollen, mögen; **to want to do something** etwas tun wollen; **I want you to do it** ich möchte, dass du das machst; **if you want** [to] wenn Sie möchten ❷ nötig haben, brauchen; **all it wants is a little paint** es braucht nur etwas Farbe; **to feel wanted** das Gefühl haben, dass man gebraucht wird; **she wants for nothing** es fehlt ihr an nichts ❸ sollen, müssen; **you want to get professional advice** Sie sollten einen Fachmann befragen; **your hair wants cutting** du solltest dir die Haare schneiden lassen ❹ **wanted by the police** polizeilich gesucht ❺ **you are wanted on the telephone** Sie werden am Telefon verlangt

◆to **want in** (*umgangsspr*) **to want in** [on something] [bei etwas] dabei sein wollen

◆to **want out** (*umgangsspr*) **to want out** [of something] [aus etwas] aussteigen wollen

**want·ing** ['wɒntɪŋ] ❶ **he's wanting in ...** es fehlt ihm an ... ❷ **to be found wanting** den Ansprüchen nicht genügen

**war** [wɔ:ʳ] ❶ der Krieg; **at war** im Kriegszustand; **to wage war** [up]on Krieg führen gegen ❷ (*übertragen*) der Kampf

**war cor·res·pond·ent** der Kriegsberichterstatter/die Kriegsberichterstatterin

**war crime** das Kriegsverbrechen

**war crimi·nal** der Kriegsverbrecher/die Kriegsverbrecherin

**ward** [wɔ:d] ❶ (*Mensch*) das Mündel ❷ (*im Krankenhaus*) die Station

◆to **ward off** abwehren, fernhalten *Gefahr, Krankheit, Schlag*

**war·den** ['wɔ:dn] ❶ der Herbergsvater/die Herbergsmutter ❷ (*im Museum*) der Aufseher/die Aufseherin ❸ ⓤⓢⓐ der Gefängnisdirektor/die Gefängnisdirektorin ❹ der Heimleiter/die Heimleiterin

**war·der** ['wɔ:dəʳ] der Gefängniswärter/die Gefängniswärterin

**ward·robe** ['wɔ:drəʊb] ❶ die Garderobe ❷ (*Möbel*) der Kleiderschrank

Ⓕ Nicht verwechseln mit *das Warenhaus — warehouse!*

**war·fare** ['wɔ:feəʳ] der Krieg, die Kriegführung

**war·head** ['wɔ:hed] der Sprengkopf

**wari·ly** ['weərɪlɪ] vorsichtig, misstrauisch; **to tread warily** sich vorsehen, vorsichtig sein

**war·lord** der Kriegsherr

**warm** [wɔ:m] warm; **I feel** [*oder* **am**] **warm** mir ist warm

to **warm** [wɔ:m] wärmen, erwärmen; **to warm one's feet** sich die Füße wärmen; **to warm the soup** die Suppe aufwärmen

◆to **warm to** to **warm to someone/an idea** sich mit jemandem/einer Idee anfreunden

◆to **warm up** ❶ [er]wärmen; **the room's warmed up now** das Zimmer ist jetzt wärmer ❷ aufwärmen *Speise* ❸ (*übertragen*) *Stimmung*: in Schwung kommen ❹ *Auto*: warm laufen [lassen] ❺ (*beim Sport*) sich warm laufen [*oder* machen]

**warm-blood·ed** [,wɔ:m'blʌdɪd] warmblütig

**warm front** die Warmluftfront

**warm-heart·ed** [,wɔ:m'hɑ:tɪd] warmherzig, herzlich

**warmth** [wɔ:mθ] die Wärme

**warm-up** ['wɔ:mʌp] das Aufwärmen

to **warn** [wɔ:n] ❶ warnen (**of/about/against** vor); **to warn someone not to do something** jemanden davor warnen, etwas zu tun ❷ Bescheid geben; **to warn someone that ...** jemanden darauf hinweisen, dass ...; **you might have warned us** du hättest uns vorher Bescheid sagen können ❸ (*juristisch*) verwarnen

**warn·ing**¹ [wɔ:nɪŋ] ❶ die Warnung; **without** [**any**] **warning** überraschend, unerwartet; **he's already had two warnings about lack of punctuality** er ist wegen mangelnder Pünktlichkeit schon zweimal verwarnt worden ❷ **give me some days' warning** sagen Sie mir einige Tage vorher Bescheid ❸ (*juristisch*) die Verwarnung ❹ **gale warning** die Sturmwarnung

**warn·ing**² [wɔ:nɪŋ] ❶ warnend, Warn-; **warning light** das Warnlicht; **warning sign** das Warnzeichen; (*übertragen*) das erste Anzeichen

**warped** [wɔ:pt] ❶ verzogen ❷ (*übertragen*) *Ansicht, Sinn für Humor:* verschroben

**war·rant** ['wɒrənt] der Haftbefehl; **death warrant** der Hinrichtungsbefehl; **search warrant** der Durchsuchungsbefehl

**war·ran·ty** ['wɒrəntɪ] die Garantie; **it's under warranty** darauf ist Garantie

**war·ri·or** ['wɒrɪəʳ] der Krieger/die Kriegerin, der Kämpfer/die Kämpferin

**War·saw** ['wɔ:sɔ:] Warschau

**war·ship** ['wɔ:ʃɪp] das Kriegsschiff

**wart** [wɔ:t] die Warze

**wart·hog** ['wɔ:thɒg] das Warzenschwein

**war-torn** ['wɔ:tɔ:n] vom Krieg erschüttert

**wary** ['weərɪ] vorsichtig; *Blick:* misstrauisch; **to be wary of something** sich vor etwas vorsehen; **to keep a wary eye on** ein wachsames Auge haben auf

**war zone** ['wɔːzəʊn] das Kriegsgebiet

**was** [wɒz] 2. *Form von* **be**

**wash** [wɒʃ] <*plural* washes> ① die Wäsche; **to have a wash** sich waschen; **to give something a wash** etwas waschen ② das Kielwasser, der Luftstrudel

to **wash** [wɒʃ] ① waschen; abwaschen, spülen *Geschirr;* aufwischen *Boden;* sich waschen *Körperteil;* **wash your hands!** wasch dir die Hände! ② *Fluss, See:* [weg]spülen; **the body was washed ashore** die Leiche wurde an Land gespült [*oder* geschwemmt] ▸ WENDUNGEN: **to wash one's hands of something** mit etwas nichts mehr zu tun haben wollen; **that won't wash** das kauft dir keiner ab

◆ to **wash away** wegspülen; (*übertragen*) **to wash away somebody's sins** jemanden von seinen Sünden reinwaschen

◆ to **wash down** ① waschen *Auto* ② hinunterspülen *Bissen*

◆ to **wash off** ① sich abwaschen lassen ② abwaschen

◆ to **wash out** ① **it'll wash out** es wird sich auswaschen lassen ② **to be washed out** *Grillfest, Spiel:* wegen schlechten Wetters abgesagt [*oder* abgebrochen] werden ③ (*übertragen*) **he's washed out** er ist todmüde

◆ to **wash over** abwischen *Boden, Tisch*

◆ to **wash up** ① abwaschen, spülen *Geschirr* ② *Meer:* anspülen ③ **to be washed up** (*übertragen*) fertig [*oder* erledigt] sein

**wash·able** ['wɒʃəbl] waschbar

**wash·bag** der Kulturbeutel

**wash·ba·sin** ['wɒʃ,beɪsn] das Waschbecken

**wash·bowl** ['wɒʃbəʊl] die Waschschüssel, das Waschbecken

**wash·cloth** Ⓤ der Waschlappen

**washed-out** [,wɒʃt'aʊt] ① *Farbe:* verwaschen, verblasst ② (*umgangsspr*) *Mensch:* ausgelaugt

**wash·er** ['wɒʃər] ① Ⓤ die Waschmaschine ② (*technisch*) der Dichtungsring

**wash·ing** ['wɒʃɪŋ] ① die Wäsche; **to do the washing** die Wäsche waschen ② **he dislikes washing** er wäscht sich nicht gern

**wash·ing ma·chine** die Waschmaschine

**wash·ing pow·der** das Waschpulver

**wash·ing-up** [,wɒʃɪŋ'ʌp] das Abwaschen, das Geschirrspülen; **to do the washing-up** [das] Geschirr spülen

**wash·ing-up ba·sin** Ⓖ das Spülbecken

**wash·ing-up bowl** die Spülschüssel

**wash·ing-up liq·uid** das [Geschirr]spülmittel

**wash·out** ['wɒʃaʊt] ① das Fiasko ② (*Mensch*) die Niete

**wash·room** ['wɒʃrʊm] der Waschraum

**wasn't** [wɒznt] *Kurzform von* **was not**

**wasp** [wɒsp] die Wespe

**wasp's nest** das Wespennest

**waste¹** [weɪst] ① überschüssig, ungenutzt ② Abfall-

**waste²** [weɪst] ① der Abfall, die Abfallstoffe; **nuclear waste** der Atommüll; **toxic waste** der Giftmüll ② die Verschwendung; **to go** [*oder* **run**] **to waste** umkommen, verkommen; *Fähigkeiten, Geld, Land:* ungenutzt bleiben; *Talent:* verkümmern; **waste of energy/money/time** die Kraft-/Geld-/Zeitverschwendung; **what a waste!** so eine Verschwendung!

to **waste** [weɪst] verschwenden, vergeuden; **you're wasting your time** das ist reine Zeitverschwendung; **you didn't waste much time!** das ging ja schnell!; **all our efforts were wasted** alle Mühe war umsonst [*oder* vergeblich]; **you are wasted on that man** für den Mann bist du viel zu schade; **art is wasted on him** er hat keinen Sinn für Kunst; **you're wasting your breath** du kannst dir deine Worte sparen

◆ to **waste away** dahinsiechen

**waste·bas·ket** der Papierkorb

**waste dis·pos·al** die Müllbeseitigung

**waste-dis·pos·al unit** der Müllschlucker

**waste·ful** ['weɪstfl] verschwenderisch (**of** mit)

**waste·land** ['weɪstlænd] das Ödland

**waste pa·per** ['weɪst 'peɪpər] ① die Papierabfälle ② (*zum Wiederverwerten*) das Altpapier

**waste·pa·per bas·ket** der Papierkorb

**waste pipe** das Abflussrohr

**waste prod·uct** das Abfallprodukt

**waste sepa·ra·tion** *kein Plural* die Mülltrennung

**watch** [wɒtʃ] ① die [Armband]uhr ② die Wache ③ die Wache, die Wachmannschaft; **to be on the watch** auf der Hut sein, Ausschau halten (**for** nach)

to **watch** [wɒtʃ] ① aufpassen (**over** auf); **watch your health** achte auf deine Gesundheit; **watch it** [*oder* **yourself**]! sei vorsichtig! ② zusehen, beobachten; **he needs close watching** man muss ihm auf die Finger sehen ③ Wache halten ④ **to watch one's step** vorsichtig zu Werke gehen; **watch your language!** drück dich bitte etwas gepflegter aus!

◆to **watch for** ❶ to watch for someone/ **something** nach jemandem/etwas Aus- schau halten ❷ (*übertragen*) **to watch for something** etwas abwarten

◆to **watch out** ❶ aufpassen ❷ **to watch out for someone** sich vor jemandem hüten ❸ **watch out!** Vorsicht!

**watch·dog** [ˈwɒtʃdɒg] ❶ der Wachhund ❷ (*übertragen*) das Überwachungsgremium; (*staatseigen*) die Aufsichtsbehörde

**watch·er** [ˈwɒtʃəʳ] der Beobachter/die Beo- bachterin

**watch·ful** [ˈwɒtʃfl] wachsam, aufmerksam (**for** auf)

**watch·man** [ˈwɒtʃmən] <*plural* watchmen> ❶ der Wachmann ❷ **night watchman** der Nachtwächter

**watch·strap** das Uhrarmband

**watch·tow·er** der Wachturm

**wa·ter** [ˈwɔːtəʳ] ❶ das Wasser ❷ **to pass water** Wasser lassen ❸ **waters** das Gewäs- ser ❹ **by water** auf dem Wasserweg ▸ WEN- DUNGEN: **to be in deep water** in Schwierig- keiten stecken; **to get into hot water** in Teufels Küche kommen; **to hold water** was- serdicht sein; **to pour cold water on some- thing** die Begeisterung für etwas dämpfen

to **wa·ter** [ˈwɔːtəʳ] ❶ bewässern, begießen ❷ tränken *Vieh* ❸ *Augen:* tränen ❹ **my mouth is watering** mir läuft das Wasser im Munde zusammen

◆to **water down** [mit Wasser] verdünnen; (*übertragen*) abschwächen, mildern

**wa·ter·borne** [ˈwɔːtəbɔːn] auf dem Wasser- weg befördert; *Seuche:* durch Wasser über- tragen

**wa·ter bot·tle** die Wasserflasche

**wa·ter·col·our**, ⓤⓢⓐ **wa·ter·col·or** ❶ die Was- serfarbe, die Aquarellfarbe ❷ das Aquarell

**wa·ter-cooled** [ˈwɔːtəkuːld] wassergekühlt

**wa·ter·cress** [ˈwɔːtəkres] die Brunnenkresse

**wa·ter·fall** [ˈwɔːtəfɔːl] der Wasserfall

**wa·ter·front** [ˈwɔːtəfrʌnt] ❶ (*in einer Stadt*) der Uferbezirk ❷ das Hafenviertel

**wa·ter heat·er** der Warmwasserbereiter, das Heißwassergerät

**wa·ter hole** das Wasserloch

**wa·ter·ing** [ˈwɔːtərɪŋ] ❶ das Begießen, das Bewässern ❷ *von Vieh:* das Tränken

**wa·ter·ing can** die Gießkanne

**wa·ter lev·el** der Wasserstand, der Pegelstand

**wa·ter lily** die Seerose

**wa·ter main** ❶ das Hauptwasserrohr ❷ **water mains** das Wasserleitungsnetz

**wa·ter·mel·on** [ˈwɔːtəmelən] die Wasserme-

lone

**wa·ter me·ter** der Wasserzähler, die Wasser- uhr

**wa·ter pipe** ❶ das Wasserrohr ❷ die Wasser- pfeife

**wa·ter pis·tol** die Wasserpistole

**wa·ter polo** der Wasserball

**wa·ter pres·sure** der Wasserdruck

**wa·ter·proof**¹ [ˈwɔːtəpruːf] wasserdicht, was- serfest

**wa·ter·proof**² [ˈwɔːtəpruːf] der Regenmantel

**wa·ter-re·pel·lent** Wasser abstoßend

**wa·ter·shed** die Wasserscheide; (*übertragen*) der Wendepunkt

**wa·ter short·age** der Wassermangel

to **wa·ter-ski** Wasserski fahren

**wa·ter-ski·ing** [ˈwɔːtəˌskiːɪŋ] das Wasserski- laufen

**wa·ter sof·ten·er** der Enthärter

**wa·ter sup·ply** die Wasserversorgung

**wa·ter ta·ble** der Grundwasserspiegel

**wa·ter tank** der Wassertank

**wa·ter·tight** [ˈwɔːtətaɪt] ❶ wasserdicht ❷ (*übertragen*) stichhaltig

**wa·ter·way** die Wasserstraße, der Schifffahrts- weg

**wa·ter wings** [ˈwɔːtəwɪŋz] *plural* der Schwimmflügel

**wa·ter·works** [ˈwɔːtəwɜːks] *plural* ❶ das Wasserwerk ❷ (*umgangsspr*) **to turn on the waterworks** auf die Tränendrüsen drü- cken

**wa·tery** [ˈwɔːtəri] ❶ wässerig ❷ *Augen:* trä- nend, feucht ❸ *Licht, Sonne:* fahl

**watt** [wɒt] das Watt

**watt·age** [ˈwɒtɪdʒ] die Wattleistung; **what wattage?** wie viel Watt?

**wave** [weɪv] ❶ die Welle ❷ (*übertragen*) **wave of enthusiasm** die Welle der Begeiste- rung; **wave of strikes** die Streikwelle ❸ **to give someone a wave** jemandem zuwin- ken; **wave of the hand** die Handbewegung

to **wave** [weɪv] ❶ winken; **to wave to some- one** jemandem winken; **to wave one's hand at someone** jemandem winken; **to wave someone goodbye** jemandem zum Abschied winken; **he waved us over to his table** er winkte uns zu sich an seinen Tisch hinüber ❷ *Fahne:* flattern; *Korn:* wogen; *Äste:* sich hin und her bewegen; **to wave the flag** die Fahne schwenken ❸ *Haare:* sich wellen

◆to **wave aside** ❶ zur Seite winken ❷ (*übertragen*) einfach abtun

◆to **wave down** anhalten *Fahrzeug*

◆ to **wave on** weiterwinken
◆ to **wave through** ① durchwinken ② (*übertragen*) ohne Einwände annehmen *Antrag*
**wave-band** das Frequenzband
**wave-length** (*auch übertragen*) die Wellenlänge
**wave pow·er** die Wellenenergie
to **wa·ver** ['weɪvəʳ] ① (*übertragen*) schwanken; *Mut:* wanken; *Unterstützung:* nachlassen ② *Licht:* flackern
**wavy** ['weɪvɪ] wellenförmig, wellig; **wavy line** die Schlangenlinie
**wax** [wæks] ① **beeswax** das [Bienen]wachs ② **earwax** das Ohrenschmalz ③ **sealing wax** der Siegellack
to **wax** [wæks] ① [ein]wachsen, bohnern ② zunehmen; **waxing moon** der zunehmende Mond
**waxed** [wækst] gewachst
**wax·works** ['wækswɜːks] *plural* das Wachsfigurenkabinett
**waxy** ['wæksɪ] wachsartig, wächsern, Wachs-
**way**¹ [weɪ] ① der Weg; **to ask the way** nach dem Weg fragen; **in the way** im Weg, hinderlich; **to lose one's way** sich verlaufen; *Autofahrer:* sich verfahren; **on the way** auf dem Weg, unterwegs (**to** nach); **way in** der Eingang; **way out** der Ausgang; **way home** der Heimweg ② die Entfernung; **a long way from** weit entfernt von; **a long way off** weit weg; **to be out of the way** *Haus, Ort:* abgelegen sein; *Problem:* erledigt sein ③ die Richtung; **which way is it?** in welcher Richtung ist es?; **this way** hierher, hier entlang; "**this way up**" "hier oben"; **to lead the way** vorangehen; (*übertragen*) ein Beispiel geben ④ **to give way** nachgeben, Platz machen; *Auto:* die Vorfahrt beachten; **to have right of way** Vorfahrt haben; **to make way** Platz machen (**for** für) ⑤ (*übertragen*) die Art, die Weise, die Art und Weise; **way of thinking** die Denkweise; **way of life** die Lebensweise; **a good way to ...** eine gute Möglichkeit, ...; **a good way to do something** eine gute Möglichkeit, etwas zu tun; **in a way** in gewisser Weise, gewissermaßen; **one way or another** irgendwie; **this/that way** so, auf diese Weise; **to do something the hard way** sich etwas schwer machen; **to have a way with children/animals/machines** mit Kindern/Tieren/Geräten umzugehen verstehen; **that's the way he wants it** so will er es haben; **to have it both ways** das eine tun und das andere nicht lassen ⑥ **ways** *plural* die

Sitten; **ways and means** die Mittel und Wege ⑦ (*Wille*) **to get** [*oder* **have**] **one's** [**own**] **way** seinen Willen durchsetzen; **have it your own way!** wie du willst!; **if I had my way** wenn es nach mir ginge; **no way!** (*slang*) ich denke nicht daran! ▶ WENDUNGEN: **by the way** übrigens; **to be in a bad way** *Patient:* in schlechtem Zustand sein; *Projekt:* schlecht laufen; **he'll go a long way** er wird es weit bringen; **in the family way** (*umgangsspr*) in anderen Umständen; **to be under way** vorankommen, Fortschritte machen; **to go out of one's way** sich große Mühe geben (**for** wegen)
**way**² [weɪ] (*umgangsspr*) ① **way back** weit zurück; (*zeitlich*) vor langer Zeit; **we're business partners from way back** wir sind alte Geschäftspartner ② **way behind/down/up** ganz hinten/unten/oben; **way out/over** weit draußen/drüben ③ **way to go!** USA (*umgangsspr*) gut gemacht! super!
**way out** [ˌweɪˈaʊt] der Ausgang; (*für Fahrzeuge*) die Ausfahrt
**way-out** [ˌweɪˈaʊt] (*slang*) irre
**way·side** der Straßenrand; **to fall by the wayside** (*übertragen*) auf der Strecke bleiben
**we** [wiː] wir
**weak** [wiːk] ① schwach ② *Spieler:* schlecht ③ *Flüssigkeit:* dünn ④ *Charakter:* labil ⑤ *Argument:* nicht überzeugend
to **weak·en** ['wiːkən] ① schwächen ② schwächer werden ③ (*übertragen*) *Mensch:* nachgeben
**weak·ling** ['wiːklɪŋ] der Schwächling
**weak·ly** ['wiːklɪ] schwach
**weak·ness** ['wiːknɪs] <*plural* weaknesses> (*auch übertragen*) die Schwäche (**for** für)
**wealth** [welθ] ① der Reichtum, das Vermögen ② (*übertragen*) die Fülle (**of** von)
**wealthy**¹ ['welθɪ] vermögend, wohlhabend
**wealthy**² ['welθɪ] **the wealthy** ⚠ *mit Plural* die Reichen
**weap·on** ['wepən] die Waffe
**wear** [weəʳ] ① **wear** [**and tear**] die Abnutzung, der Verschleiß ② **to have had a lot of wear out of something** etwas oft getragen haben; **there is a lot of wear left in this material** dieses Material hält noch lange ③ **for hard wear** strapazierfähig; **to be the worse for wear** *Gegenstand, Auto:* abgenutzt [*oder* in schlechtem Zustand] sein; **I was none the worse for wear** ich war völlig auf der Höhe ④ (*Bekleidung*) **evening wear** die Abendgarderobe; **suit for everyday wear** der Alltagsanzug; **men's wear** die

Herrenbekleidung

to **wear** [weəʳ] <wore, worn> ❶ tragen *Kleidung, Brille, Schmuck;* **what did she wear?** was hatte sie an?; **what shall I wear?** was soll ich anziehen?; **he has nothing to wear** er hat nichts anzuziehen ❷ *Kleidung, Reifen:* sich abnutzen ❸ abtragen *Kleidung;* austreten *Stufen;* abfahren *Reifen;* **to wear a hole in one's trousers** seine Hose durchwetzen ❹ **to wear smooth** *Stufen:* austreten ❺ **to wear [well]** *Stoff, Material:* halten; **he has worn well** (*humorvoll*) er hat sich gut gehalten ▸ WENDUNGEN: **they won't wear it!** (*umgangsspr*) das werden sie nicht annehmen!; **my patience is wearing thin** meine Geduld geht langsam zu Ende; **the excuse is wearing thin** die Ausrede zieht langsam nicht mehr

◆ to **wear away** ❶ *Stein, Fels:* abtragen; austreten *Stufen; Inschrift:* verwischen, verwittern ❷ (*übertragen*) schwächen; zehren an *Geduld* ❸ (*übertragen*) schwinden

◆ to **wear down** ❶ abnutzen *Gegenstand* ❷ ermüden *Mensch* ❸ zermürben *Widerstand* ❹ erschöpfen *Geduld*

◆ to **wear off** *Kopfschmerzen:* vergehen; *Aufregung:* sich legen

◆ to **wear on** *Zeit:* sich hinziehen

◆ to **wear out** ❶ abtragen, abnutzen *Gegenstand* ❷ erschöpfen, ermüden *Mensch*

**wear·ing** ['weərɪŋ] ermüdend

**weary** ['wɪərɪ] ❶ abgespannt, erschöpft (**with** von) ❷ ermüdend, lästig, unangenehm

**wea·sel** ['wiːzl] das [kleine] Wiesel

**weath·er** ['weðəʳ] das Wetter, die Witterung; **in wet weather** bei nassem Wetter; **in all weathers** bei jeder Witterung ▸ WENDUNGEN: **under the weather** (*umgangsspr*) nicht auf dem Posten; **to make heavy weather of something** etwas schwierig finden

to **weath·er** ['weðəʳ] ❶ verwittern ❷ [aus]trocknen, ablagern lassen *Holz* ❸ (*übertragen*) gut überstehen

**weath·er-beat·en** ['weðə,biːtn] ❶ *Wand, Haus, Zaun:* durch Witterungseinflüsse beschädigt ❷ *Haut, Gesicht:* wettergegerbt

**weath·er fore·cast** die Wettervorhersage

**weath·er·man** ['weðəmæn] <*plural* weath­ermen> der Meteorologe

**weath·er re·port** der Wetterbericht

**weath·er sta·tion** die Wetterstation

to **weave** [wiːv] <wove, woven> ❶ weben ❷ [ein]flechten (**into** in) ❸ *Auto:* ständig die Spur wechseln; **to weave one's way**

*Mensch, Auto:* sich durchlavieren (**through** durch); *Weg:* sich schlängeln

> **G** Richtiges Konjugieren von **weave**: weave, wove, woven — *Paul wove a small basket; this cloth is woven from the wool of local sheep*

**Web** [web] →**World Wide Web: the Web** das [World Wide] Web; **on the Web** im Netz

**web** [web] ❶ das Spinnennetz ❷ **web of lies** das Lügengewebe, das Lügengespinst

**web·cam** ['webkæm] die Webcam

**web-foot·ed** [,web'futɪd] mit Schwimmfüßen

**web·log** das Weblog

**web·site** die Website

**web surf·er** der Internetsurfer/die Internetsurferin

**web·zine** ['webziːn] das Webzine

to **wed** [wed] <wedded *oder* wed, wedded *oder* wed> heiraten

**we'd** [wiːd] *Kurzform von* **we had; we would**

**wed·ded¹** ['wedɪd] verheiratet, Ehe-; **wedded bliss** das Eheglück

**wed·ded²** ['wedɪd] *2. und 3. Form von* **wed**

**wed·ding** ['wedɪŋ] die Hochzeit

**wed·ding an·ni·ver·sa·ry** der Hochzeitstag

**wed·ding cake** der Hochzeitskuchen

**wed·ding day** der Hochzeitstag, der Tag der Trauung

**wed·ding dress** das Hochzeitskleid

**wed·ding ring** der Trauring, der Ehering

**wedge** [wedʒ] ❶ der Keil ❷ *von Torte, Kuchen:* das keilförmige Stück ❸ *von Schuh:* der Keilabsatz ❹ (*beim Golf*) der Wedge

to **wedge** [wedʒ] ❶ verkeilen ❷ **to wedge oneself in** sich hineinzwängen; **to be wedged between** eingekeilt sein zwischen

**Wednes·day** ['wenzdɪ] der Mittwoch; **on Wednesday** am Mittwoch; **on Wednesdays** mittwochs

**wee¹** [wiː] winzig [klein]; **a wee bit** ein kleines bisschen, ein wenig

**wee²** [wiː] (*umgangsspr*) das Pipi

to **wee** [wiː] (*umgangsspr*) Pipi machen

**weed** [wiːd] das Unkraut

to **weed** [wiːd] (*im Garten*) [Unkraut] jäten

◆ to **weed out** (*übertragen*) aussondern (**from** aus)

**weed·kill·er** ['wiːdkɪləʳ] das Unkrautvertilgungsmittel

**weedy** ['wiːdɪ] ❶ voller Unkraut ❷ (*übertragen*) schwächlich

**week** [wiːk] die Woche; **by the week** wochenweise, wöchentlich; **for weeks** wochenlang; **tomorrow/Sunday week** morgen/Sonntag in 8 Tagen; **once a week** [einmal] wöchentlich; **week in, week out, week after week** Woche für Woche; **a week or two** ein paar Wochen

**week·day** ['wiːkdeɪ] der Wochentag, der Arbeitstag; **on weekdays** werktags

**week·end** [ˌwiːkˈend] das Wochenende; **long weekend** das verlängerte Wochenende

**week·ly¹** ['wiːklɪ] wöchentlich; **weekly report** der Wochenbericht; **weekly travelcard** die Wochenkarte

**week·ly²** ['wiːklɪ] das Wochenblatt

to **weep** [wiːp] <wept, wept> ❶ weinen (**for** um, **at/over** über); **to weep bitter tears** bittere Tränen weinen ❷ *Wunde:* nässen

**weep·ing** [wiːpɪŋ] ❶ weinend ❷ **weeping willow** die Trauerweide

to **weigh** [weɪ] ❶ wiegen; **to weigh oneself** sich wiegen ❷ (*übertragen*) abwägen (**against** gegen) ❸ *Wort, Meinung:* gelten, Gewicht haben ❹ (*übertragen*) lasten (**on** auf) ❺ **to weigh anchor** den Anker lichten
◆ to **weigh down** (*auch übertragen*) niederdrücken
◆ to **weigh in to weigh in at 80 kilos** 80 Kilo wiegen
◆ to **weigh out** abwiegen
◆ to **weigh up** abwägen; einschätzen *Mensch, Situation*

**weight** [weɪt] ❶ das Gewicht; **by weight** nach Gewicht; **to lose/put on weight** *Mensch:* abnehmen/zunehmen ❷ (*übertragen*) die [schwere] Last [*oder* Bürde] ❸ die Wichtigkeit, die Bedeutung, der Einfluss; **to throw one's weight about** (*umgangsspr*) sich wichtigmachen

to **weight** [weɪt] ❶ (*mit Gewicht*) beschweren ❷ gewichten *Statistik* ❸ **to be weighted against someone** jemanden benachteiligen
◆ to **weight down** ❶ beschweren ❷ (*übertragen*) belasten

**weight·ing** ['weɪtɪŋ] die Zulage

**weight·less** ['weɪtlɪs] schwerelos

**weight·less·ness** ['weɪtlɪsnɪs] die Schwerelosigkeit

**weight·lift·er** ['weɪtlɪftə'] der Gewichtheber/die Gewichtheberin

**weight·lift·ing** ['weɪtlɪftɪŋ] das Gewichtheben

**weighty** ['weɪtɪ] ❶ schwer ❷ (*übertragen*) [ge]wichtig, schwierig

**weir** [wɪə'] das Wehr

**weird** [wɪəd] ❶ unheimlich, übernatürlich ❷ (*umgangsspr*) seltsam

**weirdo** ['wɪədəʊ] <*plural* weirdos> (*abwertend umgangsspr*) die seltsame Person

**wel·come¹** ['welkəm] ❶ *Pause:* willkommen ❷ *Besuch:* gern gesehen ❸ *Nachricht:* erfreulich ❹ **you're welcome to use my car** mein Wagen steht zu Ihrer Verfügung; **you're welcome!** bitte sehr!, gern geschehen!

**wel·come²** ['welkəm] ❶ das Willkommen, der Willkommensgruß; **to give someone a warm welcome** jemandem einen herzlichen Empfang bereiten ❷ **welcome!** herzlich willkommen!; **welcome home!** willkommen zu Hause!

to **wel·come** ['welkəm] ❶ willkommen heißen ❷ (*übertragen*) begrüßen, gern sehen

**wel·com·ing** ['welkəmɪŋ] *Drink, Komitee:* Begrüßungs-; *Stimmung:* freundlich

to **weld** [weld] schweißen

**wel·fare** ['welfeə'] ❶ das Wohlergehen ❷ die Wohlfahrt ❸ (USA) die Sozialhilfe; **to be on welfare** Sozialhilfe beziehen

**wel·fare ser·vic·es** *plural* ❶ die Sozialleistungen ❷ *mit Singular* das Sozialamt

**wel·fare state** der Wohlfahrtsstaat

**wel·fare work** *kein Plural* die Fürsorgearbeit

**wel·fare work·er** der Sozialarbeiter/die Sozialarbeiterin

**we'll** [wiːl] *Kurzform von* **we shall; we will**

**well¹** [wel] ❶ der Brunnen[schacht] ❷ (*Bergbau*) das Bohrloch, die Ölquelle

**well²** [wel] <better, best> ❶ gut; **to do well** seine Sache gut machen, gut vorankommen; **the patient is doing well** der Patient ist wohlauf; **business is doing well** die Geschäfte gehen gut; **to do well out of something** bei etwas profitieren; **to do well by someone** jemandem gegenüber großzügig sein; **to let well alone** die Finger davon lassen ❷ **I can well understand it** ich kann es durchaus verstehen; **he can well afford it** er kann es sich sehr gut leisten; **it was well worth it** es hat sich sehr gelohnt; **he may well have said that** es kann gut sein, dass er das gesagt hat; **you may well ask!** das kann man wohl fragen! ❸ **well past/over/under** weit nach/über/unter ❹ **well done!** bravo!; **well played!** gut gespielt! ❺ **as well** auch; **to go as well** mitgehen; **as well as** ebenso wie; **all** [*oder* **only**] **too well** nur zu gut; **it's well and truly broken!** jetzt ist es wirklich kaputt; **you might as well come** du könntest eigentlich kommen; **I might as well** warum eigentlich nicht?; **I might as well not be there** ich könnte ebenso gut nicht da sein ❺ gesund; **get well soon!** gute Besserung!; **she is not well** es geht ihr nicht gut ❼ **all is not well** es steht gar nicht gut ❽ **that's all very well but ...** das ist ja gut und schön, aber ...; **it's all very well for you to talk** Sie haben gut reden; **just as well you asked** nur gut, dass Sie gefragt haben ❾ **you're well out of it** sei froh, dass du damit nichts zu tun hast ▸ WENDUNGEN: **all's well that ends well** Ende gut, alles gut ⓫ **to wish someone well** jemandem alles Gute wünschen ⓬ **well!** also, tja!; **well, I think so** naja, glaube ich zumindest; **well, well!** na so etwas!; **very well [then]** na schön

**well-ad·vised** [ˌweləd'vaɪzd] **to be well-advised** gut beraten sein

**well-bal·anced** [ˌwel'bælənst] ❶ *Ernährung, Programm:* ausgewogen ❷ *Mensch:* ausgeglichen

**well-be·haved** [ˌwelbɪ'heɪvd] wohlerzogen, artig

**well-be·ing** [ˌwel'biːɪŋ] das Wohl

**well-bred** [ˌwel'bred] wohlerzogen

**well-chos·en** [ˌwel'tʃəʊzn] gut [aus]gewählt, passend

**well-con·nect·ed** [ˌwelkə'nektɪd] mit guten Beziehungen

**well-de·served** [ˌweldɪ'sɜːvd] wohlverdient

**well-de·vel·oped** [ˌweldɪ'veləpt] *Mensch:* gut entwickelt; *Wirtschaft:* hoch entwickelt

**well-done** [ˌwel'dʌn] *Fleisch:* gar, gut durch

**well-dressed** [ˌwel'drest] gut angezogen [*oder* gekleidet]

**well-earned** [ˌwel'ɜːnd] wohlverdient

**well-edu·cat·ed** gebildet

**well-fed** [ˌwel'fed] wohlgenährt

**well-found·ed** [ˌwel'faʊndɪd] [wohl] begründet

**wel·ling·ton** [ˈwelɪŋtən], **wel·ling·ton boot** ⒼⒷ der Gummistiefel

**well-known** [ˌwel'nəʊn] [wohl] bekannt

**well-man·nered** [ˌwel'mænəd] höflich

**well-mean·ing** [ˌwel'miːnɪŋ] wohlmeinend

**well-meant** [ˌwel'ment] gut gemeint

**well-off** [ˌwel'ɒf] <better-off, best-off> ❶ reich, wohlhabend ❷ **to be well-off** gut dran sein

**well-paid** gut bezahlt

**well-read** [ˌwel'red] *Mensch:* belesen

**well-spok·en** höflich; (*gewandt*) beredt

**well-thought-of** [ˌwel'θɔːtɒv] angesehen, von gutem Ruf

**well-timed** [ˌwel'taɪmd] im rechten Augenblick

**well-to-do** [ˌweltə'duː] wohlhabend

**well-wish·er** [ˈwelwɪʃər] der Gönner/die Gönnerin

**well-worn** [ˌwel'wɔːn] ❶ *Kleidung:* abgetragen; *Teppich:* abgelaufen; *Weg:* ausgetreten ❷ (*übertragen*) *Spruch:* abgedroschen

**wel·ly** [ˈwelɪ] ⒼⒷ (*umgangsspr*) der Gummistiefel

**Welsh¹** [welʃ] walisisch

**Welsh²** [welʃ] ❶ (*Sprache*) Walisisch, das Walisische ❷ **the Welsh** (*Volk*) die Waliser

**Welsh·man** [ˈwelʃmən, *plural* ˈwelʃmen] <Welshmen> *plural* der Waliser

**Welsh·wom·an** [ˈwelʃwʊmən, *plural* ˈwelʃwɪmɪn] <Welshwomen> *plural* die Waliserin

**went** [went] *2. Form von* **go**

**wept** [wept] *2. und 3. Form von* **weep**

**were** [wɜːr] ❶ *2. Form von* **be**: **you were** du warst, Sie waren, ihr wart; **we were** wir waren; **they were** sie waren ❷ *zur Bildung des Konditionals* **if I were to do that** wenn ich das tun würde

**we're** [wɪər] *Kurzform von* **we are**

**weren't** [wɜːnt] *Kurzform von* **were not**

**west¹** [west] ❶ der Westen; **in the west** im Westen ❷ (*in den USA*) **the West** die Weststaaten

**west²** [west] ❶ nach Westen; **to travel west** Richtung Westen fahren ❷ **west of London** westlich von London ❸ **to go west** (*umgangsspr*) draufgehen

**west·bound** [ˈwestbaʊnd] nach Westen gehend

**West End¹** *kein Plural* **the West End** das [Londoner] Westend

**West End²** **the West End theatres** die Theater des Londoner Westends

**west·er·ly** [ˈwestəlɪ] westlich

**west·ern¹** [ˈwestən] westlich; **western Germany** der westliche Teil Deutschlands, die alten Bundesländer

**west·ern²** [ˈwestən] der Western

**west·ern·er** [ˈwestənər] der Abendländer/die Abendländerin

to **west·ern·ize** [ˈwestənaɪz] ❶ verwestlichen ❷ sich dem Westen anpassen

**West Ger·ma·ny** Westdeutschland

**West In·dies** [west'ɪndiːz] die Westindischen Inseln

**west·ward(s)** [ˈwestwəd(z)] westwärts, nach Westen

**wet¹** [wet] <wetter, wettest> ❶ nass, feucht (**with** von); **soaking wet** nass bis auf die Haut ❷ *Wetter:* regnerisch ❸ **wet paint!** frisch gestrichen! ❹ ⒼⒷ (*umgangsspr*)

weichlich ▶ WENDUNGEN: **wet blanket** (*abwertend umgangsspr*) der Miesmacher/die Miesmacherin
**wet²** [wet] ❶ die Nässe, die Feuchtigkeit ❷ ⓖⒷ (*abwertend*) der Waschlappen
to **wet** [wet] <wet *oder* wetted, wet *oder* wetted> nass machen; **to wet the bed** ins Bett machen

> ⓖ Richtiges Konjugieren von **wet**: wet, wet/wetted, wet/wetted — *Jenny wet/wetted her hair and put shampoo on it; the puppy has wet the floor.*

**wet sea·son** die Regenzeit
**we've** [wi:v] *Kurzform von* **we have**
to **whack** [(h)wæk] (*umgangsspr*) schlagen
**whack** [(h)wæk] ❶ der Schlag; **to give somebody/an animal a whack** jemandem/einem Tier einen Schlag versetzen ❷ *kein Plural* (*umgangsspr*) **to pay full whack** den vollen Satz bezahlen ❸ *kein Plural* (*umgangsspr*) **a fair whack** ein fairer Handel ▶ WENDUNGEN: **to be out of whack** ⓤⓢⒶ nicht in Ordnung sein; **to have a whack at something** (*umgangsspr*) etwas mal versuchen
**whacked** [wækt] (*umgangsspr*) hundemüde
**whack·ing¹** [ˈ(h)wækɪŋ] riesig, enorm; **a whacking big kiss** ein dicker Kuss
**whack·ing²** [ˈ(h)wækɪŋ] ⓖⒷ die Prügel
**whale** [weɪl] ❶ der Wal[fisch] ❷ **we had a whale of a time** es war fantastisch
**whal·ing** [weɪlɪŋ] der Walfang
**wharf** [wɔ:f, *plural* wɔ:vz] <*plural* wharfs, wharves> der Kai
**what¹** [wɒt] ❶ *fragend und ausrufend* was, wie; **what are you doing?** was tust du?; **what's your name?** wie heißt du?; **what about ...?** (*Vorschlag*) wie wäre es mit ...?; (*nachfragend*) was ist mit ...?; **what for?** wozu?, warum?; **what's this for?** wozu ist das gut?; **what if ...?** was ist, wenn ...?; **what next?** was nun?; **what's that to you?** was geht Sie das an?; **what's up?** was ist los?; **so what?** na und? ❷ *relativ* [das,] was ▶ WENDUNGEN: **and what is more** und außerdem; **to give someone what for** es jemandem tüchtig geben; **she knows what's what** sie kennt sich aus; **Mr what's-his-name** Herr Soundso
**what²** [wɒt] ❶ *fragend* welche(r, s); **what good would that be?** wozu sollte das gut sein?; **what time is it?** wie viel Uhr ist es?; **what sort of ...?** was für ein(e) ...?; **what else?** was noch? ❷ *relativ* der/die/das
❸ *ausrufend* **what glorious weather!** was für ein fantastisches Wetter!; **what an idiot I have been!** was war ich doch für ein Idiot!
**what·ever¹** [wɒtˈevəʳ] was [auch immer], egal was; **whatever does he want?** was will er wohl?; (*ungeduldig*) was will er denn?; **whatever does he mean?** was meint er bloß?
**what·ever²** [wɒtˈevəʳ] ❶ egal welche(r, s); **for whatever reason** warum auch immer ❷ *verneint* überhaupt; **nothing whatever** überhaupt nichts ❸ *fragend* was denn [*oder* wohl]; **whatever good can that be?** was kann das schon helfen?
**what·so·ever¹** [ˌwɒtsəʊˈevəʳ] was [auch immer], egal was
**what·so·ever²** [ˌwɒtsəʊˈevəʳ] ❶ egal welche(r, s) ❷ *verneint* überhaupt; **none whatsoever** überhaupt keine
**wheat** [wi:t] der Weizen
**wheat belt** ⓤⓢⒶ der Weizengürtel (*extensives Weizenanbaugebiet*)
**wheat·germ** [ˈwi:tˌdʒɜ:m] der Weizenkeim
**wheel** [wi:l] ❶ das Rad; **meals on wheels** das Essen auf Rädern ❷ **steering wheel** das Steuer[rad], das Lenkrad; **at the wheel** am Steuer ❸ **spinning wheel** das Spinnrad ❹ **potter's wheel** die Töpferscheibe ❺ **wheels** (*umgangsspr: Auto*) die Mühle, die Kiste
to **wheel** [wi:l] schieben *Fahrrad, Einkaufswagen;* fahren *Rollstuhl*
 ⋄to **wheel in** ❶ hereinfahren ❷ (*umgangsspr*) vorstellen, anschleppen
 ⋄to **wheel round** sich schnell umdrehen
**wheel·bar·row** [ˈwi:lˌbærəʊ] der Schubkarren
**wheel·chair** der Rollstuhl
**wheel clamp** die Parkkralle
**wheelie bin** ⓖⒷ die Mülltonne mit Rollen
**wheel·ing** [ˈwi:lɪŋ] **wheeling and dealing** die Machenschaften
to **wheeze** [wi:z] keuchen
**when¹** [wen] ❶ *fragend* wann ❷ *relativ* als, wo, da; **since/until when?** seit/bis wann?
**when²** [wen] ❶ wenn, als ❷ *mit Verlaufsform* beim; **when using the equipment, ...** beim Benutzen des Gerätes ... ❸ **say when!** (*beim Einschenken*) sag, wenn es genug ist!
**when·ever** [wenˈevəʳ] ❶ wann auch immer ❷ jedes Mal wenn
**where¹** [weəʳ] wo; **where [to]** wohin; **where shall I put it?** wohin damit?; **where from** woher
**where²** [weəʳ] [da,] wo; **this is where we were** da waren wir; **where this is con-**

**whereabouts – white**

**cerned** was das betrifft
**where·abouts¹** [ˌweərə'bauts] wo, wohin
**where·abouts²** ['weərəbauts] ⚠ *plural* der Aufenthalt[sort]
**where·as** [weər'æz] während, wohingegen
**where·by** [weə'baɪ] wodurch, woran
**wher·ever** [ˌweər'evəʳ] ❶ (*Ort*) egal wo, wo auch immer ❷ (*Richtung*) wohin [auch immer] ❸ (*allgemein*) überall, wo
**weth·er** ['weðəʳ] ob; **I don't know whether to go or not** ich weiß nicht, ob ich gehen soll oder nicht
**whew** [fjuː] puh!
**which¹** [wɪtʃ] ❶ *relativ* der/die/das, welche(r, s), was; **a conference in Vienna which ended on Friday** eine Konferenz in Wien, die am Freitag geendet hat ❷ *fragend* welche(r, s), wer; **which is mine?** welches gehört mir?
**which²** [wɪtʃ] welche(r, s); **which doctor did you see?** bei welchem Arzt warst du?; **which button do I press next?** auf welchen Knopf muss ich als Nächstes drücken?
**which·ever** [wɪtʃ'evəʳ] welche(r, s) auch immer
**whiff** [wɪf] ❶ der Duft ❷ (*übertragen*) der Hauch, die Spur
**while¹** [waɪl] die Weile; **a long while ago** vor langer Zeit; **all this while** die ganze Zeit; **for a while** eine Zeit lang; **in a little while** bald, in Kürze; **once in a while** gelegentlich; **a short while** eine kleine Weile
**while²** [waɪl] ❶ während, solange ❷ zwar, obwohl ❸ *gegenüberstellend* während
◆ **to while away** sich vertreiben *Zeit*
**whim** [wɪm] die Laune
to **whim·per** ['wɪmpəʳ] ❶ wimmern ❷ *Hund:* winseln
to **whine** [waɪn] ❶ *Hund:* winseln ❷ jammern (**about** über)
to **whinge** [wɪndʒ] (*umgangsspr*) meckern
**whip** [wɪp] ❶ die Peitsche ❷ (*Süßspeise*) die Creme ❸ (*im britischen Parlament*) der Einpeitscher/die Einpeitscherin
to **whip** [wɪp] <whipped, whipped> ❶ peitschen, schlagen ❷ [steif] schlagen *Sahne, Eiweiß* ❸ (*übertragen umgangsspr*) vernichtend schlagen ❹ (*umgangsspr*) **to whip someone into shape** jemanden auf Vordermann bringen ❺ *Wind:* fegen ❻ 🇬🇧 klauen
◆ **to whip away** wegreißen
◆ **to whip on** ❶ antreiben ❷ schnell anziehen *Kleidung*
◆ **to whip out** herausholen

◆ **to whip up** ❶ antreiben *Pferde* ❷ (*beim Kochen*) schlagen, verrühren; (*umgangsspr*) hinzaubern *Essen* ❸ (*übertragen*) entfachen *Interesse;* mitreißen *Publikum*
**whip·lash whiplash** [**injury**] das Schleudertrauma
**whipped cream** die Schlagsahne
**whip·ping** ['wɪpɪŋ] ❶ die Tracht Prügel ❷ (*übertragen*) die Niederlage
**whip·ping cream** die Schlagsahne
**whip·round** ['wɪpraund] (*umgangsspr*) die [spontane] Geldsammlung
to **whirl** [wɜːl] wirbeln
**whirl** [wɜːl] ❶ der Wirbel ❷ (*übertragen*) der Trubel ❸ **my head is in a whirl** mir schwirrt der Kopf ❹ **to give something a whirl** (*umgangsspr*) etwas versuchen
**whirl·pool** ❶ (*auch übertragen*) der Strudel ❷ (*im Schwimmbad, Badezimmer*) der Jacuzzi®
**whirl·wind** ['wɜːlwɪnd] ❶ der Wirbelwind ❷ (*übertragen*) der Wirbel, der Sturm; **a whirlwind romance** eine stürmische Romanze
**whisk** [wɪsk] der Schneebesen
to **whisk** [wɪsk] ❶ schlagen *Sahne, Eiweiß* ❷ **the horse was whisking its tail** das Pferd wedelte mit dem Schweif
◆ **to whisk away** rasch [weg]nehmen
**whisk·er** ['(h)wɪskəʳ] ❶ *meist plural einer Katze, Ratte:* das Schnurrhaar ❷ **whiskers** *plural* (*beim Mann*) die Bartstoppeln ▸ WENDUNGEN: **by a whisker** um Haaresbreite
**whisk·ers** ['wɪskəz] *plural* ❶ der Backenbart ❷ *einer Katze:* die Schnurrhaare ▸ WENDUNGEN: **by a whisker** fast, um ein Haar
**whis·k(e)y** ['wɪskɪ] der Whisky
to **whis·per** ['wɪspəʳ] ❶ flüstern ❷ *Wind:* rauschen ❸ **to whisper something to someone** jemandem etwas zuflüstern
**whis·per** ['wɪspəʳ] ❶ das Geflüster; **to talk in a whisper** im Flüsterton reden ❷ das Gerücht
to **whis·tle** ['wɪsl] pfeifen *Melodie, Lied*
**whis·tle** ['wɪsl] ❶ die Pfeife ❷ der Pfiff
**white¹** [waɪt] ❶ weiß; **a white person** ein Weißer/eine Weiße ❷ (*übertragen*) *Mensch:* bleich; **white with terror** blass vor Schrecken; **white as a sheet** kreidebleich ❸ **black or white?** *Kaffee:* mit oder ohne Milch?
**white²** [waɪt] ❶ (*Farbe*) das Weiß; **dressed in white** weiß gekleidet ❷ **the white** [**of the eye**] das Weiße [im Auge] ❸ **white of the** [*oder* **an**] **egg** das Eiweiß

**white·col·lar** white-collar worker der/die Büroangestellte

**White·hall** [waɪtˈhɔːl] (*übertragen*) die britische Exekutive

**white horse** ① der Schimmel ② 🇬🇧 **white horses** *plural* die Schaumkronen

**White House** das Weiße Haus (*Regierungssitz des Präsidenten der USA*)

**white lie** die Notlüge

to **whit·en** [ˈwaɪtn] ① weiß machen, bleichen ② weiß [*oder* heller] werden

**white-out** [ˈwaɪtaʊt] das starke Schneegestöber

**white·wash** [ˈwaɪtwɒʃ] ① die Tünche, der Kalk[anstrich] ② (*übertragen*) die Schönfärberei ③ die totale Niederlage

to **white·wash** [ˈwaɪtwɒʃ] ① tünchen, weißen ② (*übertragen*) rein waschen *Ruf* ③ (*übertragen*) zu Null schlagen *Gegner, Mannschaft*

**white water raft·ing** [ˌwaɪtwɔːtəˈrɑːftɪŋ] das Wildwasserrafting

**white wine** der Weißwein

**Whit Mon·day** [ˌwɪtˈmʌndɪ] der Pfingstmontag

**Whit·sun¹** [ˈwɪtsn] Pfingst-

**Whit·sun²** [ˈwɪtsn] Pfingsten

**Whit Sun·day** [ˌwɪtˈsʌndɪ] der Pfingstsonntag

to **whiz(z)** [(h)wɪz] ① (*umgangsspr*) **to whiz by** vorbeijagen ② (*übertragen*) *Zeit:* rasen; **the holidays just whizzed past** die Ferien vergingen im Nu

**whiz(z)** [(h)wɪz] (*umgangsspr*) das Genie; **computer whizz** das Computerass

**whiz(z) kid** [ˈwɪzkɪd] (*übertragen*) der Senkrechtstarter, das Genie

**who** [huː] ① *fragend* wer, wem, wen; **who would have thought it?** wer hätte das gedacht?; **who are you thinking of?** an wen denkst du? ② *relativ* der/die/das, welche(r, s); **I think it was your dad who phoned** ich glaube, das war dein Vater, der angerufen hat; **the other people who live in the house** die anderen Leute, die in dem Haus wohnen

**who·dun·it** [ˌhuːˈdʌnɪt] (*umgangsspr*) der Krimi

**who·ever** [huːˈevər] ① wer/wem/wen auch immer ② *fragend* **whoever's calling at this time of night?** wer ruft denn zu dieser Zeit an? ③ (*ärgerlich*) **whoever did such a stupid thing?** wer zum Kuckuck hat so was Blödes getan? ④ egal wer/wen/wem

**whole¹** [həʊl] ganz

**whole²** [həʊl] das Ganze; **the whole of** der/die/das Ganze, alle(s); [**taken**] **as a whole** als Ganzes, im Ganzen; **on the whole** im Ganzen gesehen, alles in allem

**whole·food** [ˈhəʊlfuːd] die Vollwertkost, die Naturkost, die Biokost

**whole·food shop** der Naturkostladen, der Bioladen

**whole·heart·ed** [-ˈhɑːtɪd] ① aufrichtig; (*freundlich*) herzlich ② engagiert, rückhaltlos

**whole·heart·ed·ly** [ˌhəʊlˈhɑːtɪdlɪ] uneingeschränkt

**whole·meal bread** [ˈhəʊlmiːlˈbred] das Vollkornbrot

**whole·sale¹** [ˈhəʊlseɪl] der Großhandel

**whole·sale²** [ˈhəʊlseɪl] ① Großhandels-; **wholesale trade** der Großhandel ② (*übertragen*) umfassend, massenweise; *Vernichtung, Entlassungen:* Massen-

**whole·sal·er** [ˈhəʊlseɪlər] der Großhändler/die Großhändlerin

**whole·some** [ˈhəʊlsəm] gesund

**who'll** [huːl] *Kurzform von* **who will; who shall**

**whol·ly** [ˈhəʊlɪ] ganz, vollständig, völlig

**whom** [huːm] ① *fragend* wen; **to whom** wem ② *relativ* den, dem

**whoop** [huːp] das Freudengeschrei

to **whoop** [huːp] ① (*vor Freude*) schreien, brüllen ② **to whoop it up** ein großes Fest veranstalten, sich toll amüsieren

**whoo·pee** [(h)wʊˈpiː] hurra; (*ironisch auch*) toll

**whoop·ing cough** [ˈhuːpɪŋkɒf] der Keuchhusten

**whoops** [wʊps] hoppla!

**whoosh** [(h)wʊʃ] (*umgangsspr*) zisch; **no sooner had she arrived than, whoosh, she was off again** kaum war sie gekommen, zack, war sie auch schon wieder weg

**whop·per** [ˈwɒpər] (*umgangsspr*) ① das Riesenbiest, das Mordsding ② die faustdicke Lüge

**whop·ping** [ˈwɒpɪŋ] (*umgangsspr*) ① gewaltig, riesig ② *Lüge:* faustdick

**whore** [hɔːr] die Hure

**who's** [huːz] *Kurzform von* **who is; who has**

**whose** [huːz] ① *fragend* wessen; **whose is this?** wem gehört das? ② *relativ* dessen, deren

**why¹** [waɪ] ① warum, weshalb, wofür ② wieso, aus welchem Grunde

**why²** [waɪ] **the whys and wherefores** das Warum und Wieso

**wick** [wɪk] ① der Docht ② **to get on someone's wick** jemandem auf den Keks gehen

**wick·ed** ['wɪkɪd] ❶ böse ❷ *Sache:* gemein, übel ❸ (*slang*) geil
**wick·er** ['wɪkə<sup>r</sup>] das Flechtwerk, das Geflecht
**wick·er bas·ket** der Weidenkorb
**wick·er chair** der Korbstuhl
**wick·et** ['wɪkɪt] (*beim Kricket*) der Dreistab
**wick·et·keep·er** ['wɪkɪtˌkiːpə<sup>r</sup>] (*beim Kricket*) der Torhüter/die Torhüterin
**wide** [waɪd] ❶ breit, groß; **wide-eyed** mit weit aufgerissenen Augen ❷ (*übertragen*) umfangreich, umfassend; *Interessen:* vielseitig; **wide range** die reiche Auswahl ❸ (*Sport*) **to shoot wide** danebenschießen ❹ **wide of the mark** weit gefehlt; **far and wide** weit und breit
**wide-an·gle**, **wide-an·gle lens** das Weitwinkelobjektiv
**wide-awake** [ˌwaɪdə'weɪk] ❶ ganz wach, hellwach ❷ (*übertragen*) wachsam, aufmerksam (**to** auf)
**wide·ly** ['waɪdlɪ] ❶ weit; **widely known** weit und breit bekannt ❷ in hohem Maße, sehr
to **wid·en** ['waɪdn] ❶ verbreitern ❷ vertiefen *Kluft* ❸ erweitern *Interessen* ❹ breiter werden, sich ausbreiten
**wide-open** ganz offen
**wide·spread** ['waɪdspred] weit verbreitet
**wid·ow** ['wɪdəʊ] die Witwe
**wid·owed** ['wɪdəʊd] verwitwet
**wid·ow·er** ['wɪdəʊə<sup>r</sup>] der Witwer
**width** [wɪdθ] ❶ die Weite, die Breite; **to be 10 metres in width** 10 Meter breit sein ❷ (*übertragen*) die Vielfalt ❸ die [Stoff]breite, die Bahn
to **wield** [wiːld] ❶ führen *Schwert, Feder;* schwingen *Axt* ❷ ausüben *Macht, Einfluss* (**over** über)
**wife** [waɪf, *plural* waɪvz] <*plural* wives> die Frau, die Ehefrau, die Gattin

> **wives** ist die Pluralform von **wife**: *King Henry VIII had six wives.*

**wig** [wɪg] die Perücke
to **wig·gle** ['wɪgl] wackeln [mit]
**wild¹** [waɪld] ❶ wild; *Gebiet:* unbewohnt; **the Wild West** der wilde Westen ❷ *Kind:* unbändig, zügellos ❸ **to go wild** *Mensch:* kein Maß mehr kennen, ausflippen ❹ **to run wild** *Tier:* frei herumlaufen; *Kind:* herumtoben; *Garten:* verwildern; **to let one's imagination run wild** seiner Fantasie freien Lauf lassen ❺ *Wut:* rasend; **to drive someone wild** jemanden zur Raserei bringen ❻ *Laune, Stimmung:* ausgelassen, toll; *Applaus, Wetter:* stürmisch ❼ **she's wild about it** sie ist wild [*oder* ganz versessen] darauf; **he's not exactly wild about the idea** er ist nicht gerade begeistert von der Idee ❽ (*umgangsspr*) *Musik:* fetzig
**wild²** [waɪld] ❶ die Wildnis, die [freie] Natur; **in the wild** in der Wildnis; **in the wilds of Scotland** im tiefsten Schottland ❷ **to observe an animal in the wild** ein Tier in freier Wildbahn beobachten
**wild boar** das Wildschwein
**wil·der·ness** ['wɪldənɪs] <*plural* wildernesses> (*auch übertragen*) die Wildnis
**wild·fire** ['waɪldˌfaɪə<sup>r</sup>] **to spread like wildfire** sich wie ein Lauffeuer verbreiten
**wild goose** <*plural* wild geese> die Wildgans
**wild-goose chase** (*übertragen*) das vergebliche Bemühen
**wild·life** ['waɪldlaɪf] die Tierwelt
**wild·ly** ['waɪldlɪ] *Benehmen:* wütend, stürmisch
**wil·ful** ['wɪlfl] ❶ absichtlich, vorsätzlich ❷ *Kind:* eigensinnig
**will¹** [wɪl] <would, would> ❶ *zur Bildung des Futurs* werden; **I will go there tomorrow** ich werde morgen dort hingehen; **will you come with me?** wirst du mit mir [mit]kommen? ❷ (*Bereitschaft*) **this window won't open** dieses Fenster lässt sich nicht öffnen; **he won't let me in** er lässt mich nicht hinein; **I won't be a minute** ich bin gleich wieder da ❸ *betonend* **he will keep interrupting me** er muss mich dauernd unterbrechen ❹ *mahnend* **will you be quiet!** sei gefälligst ruhig! ❺ *bittend* **open the door, will you?** mach bitte die Tür auf; **will you get me some eggs please?** holst du mir bitte ein paar Eier?

 Die Kurzform für **I will** heißt **I'll**; für **you will — you'll ... they will — they'll**; für **will not - won't**.

**will²** [wɪl] ❶ der Wille; **against someone's will** gegen jemandes Willen; **of one's own free will** aus freiem Willen; **to do someone's will** jemandem seinen Willen tun; **to have a will of one's own** einen eigenen Willen haben; **will to live** Lebenswille ❷ **at will** nach Wunsch [*oder* Belieben] ❸ **last will and testament** der letzte Wille, das Testament ▶ WENDUNGEN: **where there's a will there's a way** wo ein Wille ist, ist auch ein Weg
**will·ful** (USA) ❶ absichtlich, vorsätzlich ❷ *Kind:* eigensinnig

**will·ing** ['wɪlɪŋ] ❶ willig, geneigt ❷ bereitwillig ❸ **God willing** so Gott will
**will·ing·ly** ['wɪlɪŋlɪ] gern[e]; (*aus freien Stücken*) freiwillig
**will·ing·ness** ['wɪlɪŋnɪs] die Bereitwilligkeit, die Bereitschaft
**wil·low** ['wɪləʊ] (*Baum*) die Weide
**wil·lowy** ['wɪləʊɪ] (*übertragen*) Mann, Frau: schlank, graziös
**will·pow·er** ['wɪlˌpaʊəʳ] die Willenskraft
to **wilt** [wɪlt] ❶ [ver]welken ❷ (*übertragen*) müde werden
**wily** ['waɪlɪ] verschlagen
**win** [wɪn] der Sieg
to **win** [wɪn] <won, won> ❶ gewinnen, siegen; erringen *Sieg*; **to win hands down** (*umgangsspr*) leichtes Spiel haben ❷ **you can't win** (*übertragen*) man macht's doch immer falsch ❸ bekommen *Vertrag, Stipendium* ❹ gewinnen *Rohstoff*
♦ to **win over**, to **win round** für sich gewinnen, bekehren
♦ to **win through** ❶ sich durchsetzen ❷ *Patient:* durchkommen ❸ **we'll win through** wir werden es schaffen
to **wince** [wɪns] zusammenzucken (**at** bei)
**wind** [wɪnd] ❶ der Wind ❷ der Atem; **to get one's second wind** wieder zu Atem kommen ❸ die Blähungen; **to break wind** einen fahren lassen ▶ WENDUNGEN: **to get wind of something** von etwas Wind kriegen; **to see which way the wind blows** sehen, woher der Wind weht; **to take the wind out of someone's sails** jemandem den Wind aus den Segeln nehmen; **to put the wind up someone** (*umgangsspr*) jemandem Angst machen
to **wind** [waɪnd] <wound, wound> ❶ drehen, kurbeln ❷ wickeln (**round** um) ❸ aufziehen *Uhr* ❹ *Weg, Straße:* sich winden (**about/around** um), sich schlängeln

**G** Richtiges Konjugieren von **wind**: wind, wound, wound — *Mr Brown wound the wool into a ball; have you wound the old clock?*

♦ to **wind back** zurückspulen *Film*
♦ to **wind down** ❶ herunterkurbeln *Scheibe* ❷ reduzieren *Produktion* ❸ *Uhr:* ablaufen ❹ (*übertragen*) *Mensch:* sich beruhigen
♦ to **wind on** weiterspulen *Film*
♦ to **wind up** ❶ aufwickeln, hochwinden ❷ aufziehen *Uhr* ❸ auflösen *Geschäft* ❹ zu Ende bringen *Diskussion;* abschließen *Rede* ❺ (*umgangsspr*) enden, landen; **you'll wind up losing your job** am Ende hast du keinen Job mehr ▶ WENDUNGEN: **to wind someone up** jemanden aufziehen; **he got wound up about it** er regte sich darüber auf
**wind·break** ['wɪndbreɪk] der Windschutz
**wind en·er·gy** die Windenergie
**wind·fall** ['wɪndfɔːl] ❶ das Fallobst ❷ (*übertragen*) der unverhoffte Glücksfall, der Gewinn
**wind farm** die Windfarm
**wind·ing** ['waɪndɪŋ] sich windend, sich schlängelnd
**wind in·stru·ment** ['wɪnd ˈɪnstrʊmənt] das Blasinstrument
**wind·mill** ['wɪndmɪl] die Windmühle
**win·dow** ['wɪndəʊ] ❶ das Fenster ❷ (*in Theater, Bank*) der Schalter ❸ **shop window** das Schaufenster, die Auslage
**win·dow box** der Blumenkasten
**win·dow clean·er** der Fensterputzer/die Fensterputzerin
**win·dow pane** die Fensterscheibe
**win·dow shop·ping** *kein Plural* der Schaufensterbummel; **to go window shopping** einen Schaufensterbummel machen
**win·dow sill** die Fensterbank, das Fenstersims
**wind pow·er** die Windkraft
**wind·screen** ['wɪndskriːn] die Windschutzscheibe
**wind·screen wip·er** der Scheibenwischer
**wind·shield** (USA) die Windschutzscheibe
**wind·surf·er** ['wɪndsɜːfəʳ] der Windsurfer/die Windsurferin
**wind·surf·ing** ['wɪndsɜːfɪŋ] das Windsurfen; **to go windsurfing** windsurfen
**windy** ['wɪndɪ] ❶ windig ❷ (*übertragen*) *Mensch, Rede:* langatmig
**wine** [waɪn] der Wein
**wine cool·er** der Weinkühler, der Sektkühler
**wine glass** das Weinglas
**wine list** die Weinkarte
**wine tast·ing** die Weinprobe
**wine wait·er** der Weinkellner/die Weinkellnerin
**wing** [wɪŋ] ❶ der Flügel ❷ *Flugzeug:* die Tragfläche ❸ *Auto:* der Kotflügel
**wing·er** ['wɪŋəʳ] der Außenstürmer/die Außenstürmerin, der Flügelstürmer/die Flügelstürmerin
to **wink** [wɪŋk] ❶ [mit den Augen] zwinkern; **to wink at someone** jemandem zuzwinkern [*oder* zublinzeln] ❷ *Stern:* flimmern
**wink** [wɪŋk] das Blinzeln, das Zwinkern ▶ WENDUNGEN: **in the wink of an eye** augenblicklich; **to not sleep a wink** [*oder* **not get a wink of sleep**] kein Auge zutun

**winner – within**

**530**

**win·ner** ['wɪnə'] ❶ der Gewinner/die Gewinnerin, der Sieger/die Siegerin ❷ (*umgangsspr*) a **winner** eine todsichere Sache

**win·ning**[1] ['wɪnɪŋ] ❶ siegreich; **winning ticket** das Gewinnlos ❷ (*übertragen*) *Lächeln:* gewinnend

**win·ning**[2] ['wɪnɪŋ] **winnings** der [Geld]gewinn

**win·ter** ['wɪntə'] der Winter

to **win·ter** ['wɪntə'] überwintern (**in/at** in)

**win·ter coat** ❶ der Wintermantel ❷ *von Tieren:* das Winterfell

**win·ter sea·son** die Wintersaison

**win·ter sports** *plural* der Wintersport

**win·tery, win·try** ['wɪntrɪ] winterlich

**wipe** [waɪp] das [Ab]wischen; **to give something a wipe** etwas abwischen [*oder* putzen]

to **wipe** [waɪp] ❶ [ab]wischen; **to wipe dry** abtrocknen ❷ **wipe your nose** putz dir die Nase

◆ to **wipe down** [nass] abwischen

◆ to **wipe off** wegwischen, abwischen

◆ to **wipe out** ❶ auslöschen, völlig vernichten *Volk* ❷ wegwischen *Schrift*

◆ to **wipe up** abtrocknen *Geschirr*

**wip·er** ['waɪpə'] der Scheibenwischer

**wip·er blade** das Wischerblatt

**wire** ['waɪə'] ❶ der Draht ❷ ⓤⓢⒶ das Telegramm

to **wire** ['waɪə'] ❶ mit Draht befestigen ❷ (*technisch*) eine Leitung legen in ❸ ⓤⓢⒶ **to wire someone** jemandem ein Telegramm schicken

**wire fence** der Drahtzaun

**wire·less**[1] ['waɪələs] <*plural* wirelesses> ⒼⒷ ❶ der Radioapparat, das Radio ❷ *kein Plural* **on the wireless** im Rundfunk

**wire·less**[2] ['waɪələs] drahtlos; (*Radio*) Funk-, Radio-

**wis·dom** ['wɪzdəm] die Weisheit, die Klugheit

**wis·dom tooth** <*plural* wisdom teeth> der Weisheitszahn

**wise** [waɪz] ❶ weise, klug, vernünftig; **to be none the wiser for something** durch etwas nicht schlauer geworden sein ❷ **to be wise to something** (*umgangsspr*) über etwas im Bilde sein; **to get wise to something** (*umgangsspr*) von etwas eine Ahnung bekommen

**wise guy** (*umgangsspr*) der/die Neunmalkluge, der Angeber

to **wish** [wɪʃ] ❶ [sich] wünschen, wollen ❷ **to wish someone** [**good**] **luck** jemandem Glück wünschen; **to wish someone well/ ill** jemandem wohlwollen/übelwollen; **to**

**wish someone happy birthday** jemandem zum Geburtstag gratulieren

**wish** [wɪʃ] <*plural* wishes> der Wunsch; **with best wishes** mit herzlichen Glückwünschen

**wish·ful** ['wɪʃfl] **wishful thinking** das Wunschdenken

**wisp** [wɪsp] *von Gras, Korn:* das [kleine] Büschel; **wisp of hair** die Haarsträhne

**wispy** ['wɪspɪ] klein, dünn

**wist·ful** ['wɪstfl] sehnsuchtsvoll, sehnsüchtig

**wit** [wɪt] ❶ **wits** *plural* der Verstand, die geistigen Fähigkeiten; **to be at one's wits' end** mit seiner Kunst am Ende sein; **to have** [*oder* **keep**] **one's wits about one** einen klaren Kopf behalten; **scared out of one's wits** verrückt vor Angst ❷ der Geist, der Witz ❸ der witzige Kopf

**witch** [wɪtʃ] <*plural* witches> die Hexe

**witch·craft** ['wɪtʃkrɑːft] die Hexerei, die Zauberei

**witch doc·tor** der Medizinmann

**witch-hunt** die Hexenverfolgung

**with** [wɪð, wɪθ] ❶ mit; **his hat doesn't go with his coat** sein Hut passt nicht zu seinem Mantel; **to be in with a group** eng mit einer Gruppe verbunden sein; **are you still with me?** sind Sie mitgekommen?; **with that, he left** und damit ging er weg ❷ bei; **with the window open** bei offenem Fenster; **with all his faults** bei all seinen Fehlern; **have you got a pen with you?** hast du einen Stift dabei? ❸ vor; **with anger/love** vor Ärger/Liebe ❹ **to be with it** (*umgangsspr*) auf Draht sein ❺ **to part with** sich trennen von ❻ **to handle with care** vorsichtig behandeln

to **with·draw** [wɪð'drɔː] <withdrew, withdrawn> ❶ zurückziehen, zurücknehmen *Angebot* ❷ abheben *Geld* ❸ sich zurückziehen ❹ **to withdraw a child from school** ein Kind von der Schule nehmen ❺ zurücktreten

**with·draw·al** [wɪð'drɔːəl] ❶ *von Angebot:* die Zurücknahme, die Zurückziehung ❷ *von Geld:* die Abhebung, die Entnahme ❸ der Rücktritt (**from** von) ❹ (*militärisch*) der Rückzug ❺ (*aus der Gesellschaft*) der Ausstieg

**with·draw·al symp·toms** *plural* die Entzugserscheinungen

to **with·hold** [wɪð'həʊld] <withheld, withheld> ❶ zurückhalten ❷ **to withhold something from someone** jemandem etwas vorenthalten

**with·in** [wɪð'ɪn] ❶ in ❷ *zeitlich* binnen ❸ **within one's income** im Rahmen seines

Einkommens ④ **to be within walking distance** zu Fuß erreichbar sein ⑤ **within reach/sight** in Reichweite/Sichtweite

**with·out** [wɪð'aʊt] ohne; **without saying a word** ohne ein Wort zu sagen

to **with·stand** [wɪð'stænd] <withstood, withstood> sich widersetzen, widerstehen

**wit·less** ['wɪtləs] dumm; *Person auch:* einfältig; **to be scared witless** Todesängste ausstehen

**wit·ness** ['wɪtnɪs] <*plural* witness> ① das Zeugnis ② der Zeuge/die Zeugin (**to** für); **to call as a witness** als Zeugen benennen [*oder* vorladen]

to **wit·ness** ['wɪtnɪs] ① bezeugen ② beglaubigen *Urkunde* ③ Augenzeuge sein

**wit·ness stand**, ⓊⓈⒶ **wit·ness box** der Zeugenstand

**wit·ty** ['wɪtɪ] geistreich, witzig

**wives** [waɪvz] *Pluralform von* **wife**

**wiz·ard** ['wɪzəd] ① der Zauberer, der Hexenmeister ② das Genie

**WMD** [ˌdʌbljuːem'diː] *Abkürzung von* **weapons of mass destruction** die Massenvernichtungswaffen

to **wob·ble** ['wɒbl] wackeln, [sch]wanken

**wob·bly** ['wɒblɪ] schwankend, wack[e]lig

**wok** [wɒk] der Wok

**woke** ['wəʊk] *2. Form von* **wake**

**wok·en** ['wəʊkn] *3. Form von* **wake**

**wolf** [wʊlf, *plural* wʊlvz] <*plural* wolves> der Wolf ▶ WENDUNGEN: **to cry wolf** blinden Alarm schlagen

◆ to **wolf down** hinunterschlingen

**wolves** [wʊlvz] *Pluralform von* **wolf**

**wom·an** ['wʊmən, *plural* 'wɪmɪn] <*plural* women> die Frau

Ⓥ **women** ist die Pluralform von **a woman** (= Frau): *There were four women working in the office.*

**womb** [wuːm] die Gebärmutter

**wom·en** ['wɪmɪn] *Pluralform von* **woman**

**wom·en's lib** (*umgangsspr*) die Frauenrechtsbewegung

**won** [wʌn] *2. und 3. Form von* **win**

**won·der** ['wʌndəʳ] ① die Verwunderung, das Erstaunen; **in wonder** voller Staunen ② das Wunder; **to do** [*oder* **work**] **wonders** Wunder wirken; [**it's**] **no wonder that ...** [es ist] kein Wunder, dass ...; **wonders will never cease!** es geschehen noch Zeichen und Wunder!

to **won·der** ['wʌndəʳ] ① sich fragen, gespannt sein; **to wonder why** sich fragen, warum; **to**

**wonder what/how** gespannt sein, was/wie; **I wonder!** na ja, mal sehen! ② sich wundern; **to wonder at something** sich über etwas wundern ③ **it set him wondering** das gab ihm zu denken; **I was just wondering** das war nur so ein Gedanke; **to wonder about something** sich über etwas Gedanken machen ④ **I was wondering if you would like one** möchten Sie vielleicht eins?

**won·der·ful** ['wʌndəfl] wundervoll, wunderbar

**won·der·land** ['wʌndəlænd] ① das Wunderland, das Zauberland ② (*übertragen*) das Paradies

**won·ky** ['wɒŋkɪ] (*umgangsspr*) wack[e]lig, kipp[e]lig

**won't** [wəʊnt] *Kurzform von* **will not**

to **woo** [wuː] ① (*romantisch werben*) **to woo someone** jemandem den Hof machen ② umwerben; **to woo someone away** jemanden abwerben

**wood¹** [wʊd] ① das Holz ② der Wald ③ **from the wood** *Bier:* vom Fass ▶ WENDUNGEN: **touch wood!** auf Holz geklopft!; **out of the wood[s]** über den Berg

**wood²** [wʊd] hölzern, Holz-

**wood·ed** ['wʊdɪd] bewaldet

**wood·en** ['wʊdn] hölzern; **wooden floor** der Holzfußboden

**wood·land** ['wʊdlænd] das Waldland

**wood·peck·er** ['wʊdˌpekəʳ] der Specht

**wood·wind** ['wʊdwɪnd] ① das Holzblasinstrument ② **the woodwind** die Holzbläser

**wood·work** ['wʊdwɜːk] ① die Holzarbeit; **woodwork classes** ≈ der Werkunterricht ② die hölzernen Bauteile, das Balkenwerk

**wood·worm** ['wʊdwɜːm] <*plural* woodworm> der Holzwurm

**woody** ['wʊdɪ] ① bewaldet ② holzig

to **woof** [wʊf] bellen; **"woof, woof"** „wau, wau"

**wool** [wʊl] die Wolle ▶ WENDUNGEN: **to pull the wool over someone's eyes** jemandem etwas vormachen

**wool·len** ['wʊlən], ⓊⓈⒶ **wool·en** wollen; **woollen goods** *plural* die Wollwaren, die Wollsachen

**wool·ly¹** ['wʊlɪ] ① wollen ② wollig ③ (*übertragen*) nebelhaft; *Gedanke, Äußerung:* verworren

**wool·ly²** ['wʊlɪ] das wollene Kleidungsstück

**Worces·ter sauce** [ˌwʊstəʳ'sɔːs], **Worces·ter·shire sauce** [ˌwʊstəfəʳ'sɔːs] ⓊⓈⒶ die Worcestersoße

**word** [wɜːd] ❶ das Wort; **in a** [*oder* **one**] **word** mit einem Wort; **in other words** mit anderen Worten; **in so many words** ausdrücklich; **to have the last word** das letzte Wort haben; **to put into words** in Worte kleiden ❷ die kurze Äußerung [*oder* Bemerkung] (**about** über); **to have a word with someone** kurz mit jemandem sprechen ❸ (*Versprechen*) **to break/give/keep one's word** sein Wort brechen/geben/halten; **to take someone at his word** jemanden beim Wort nehmen; **he is as good as his word** man kann sich auf ihn verlassen ❹ **by word of mouth** mündlich ❺ (*gehoben*) **to have word from someone** von jemandem Nachricht haben; **to leave word** eine Nachricht hinterlassen (**with** bei) ❻ **to have words with someone** sich mit jemandem streiten ❼ **words** *eines Lieds, Gedichts:* der Text

to **word** [wɜːd] in Worte kleiden, formulieren

**word·ing** [ˈwɜːdɪŋ] die Formulierung, der Wortlaut

**word or·der** die Wortstellung

**word pro·ces·sor** das Textverarbeitungssystem

**wordy** [ˈwɜːdɪ] wortreich

**wore** [wɔːʳ] 2. *Form von* **wear**

**work** [wɜːk] ❶ die Arbeit; **at work** bei der Arbeit; **casual work** die Gelegenheitsarbeit; **clerical** [*oder* **office**] **work** die Schreibarbeit, die Büroarbeit; **fit for work** arbeitsfähig; **to be in work** Arbeit [*oder* eine Stelle] haben; **to be out of work** arbeitslos sein ❷ die [Arbeits]leistung; **his work is very thorough** er arbeitet sehr gründlich ❸ (*geistlich*) das Werk; **works of Shakespeare** die Werke von Shakespeare; **work of art** das Kunstwerk ▸ WENDUNGEN: **to have one's work cut out** schwer arbeiten müssen; **to make light work of something** mit etwas leicht fertig werden; **to make short work of** kurzen Prozess machen mit

to **work** [wɜːk] ❶ arbeiten; **who does he work for?** wo ist er beschäftigt?, bei wem arbeitet er?; **she works at Smith's** sie arbeitet bei Smith's; **to work towards something** auf etwas hinarbeiten; **to work oneself hard** hart arbeiten, sich viel abverlangen; **to work one's way through something** sich durch etwas durcharbeiten ❷ *Gerät, Plan:* funktionieren; **it won't work** das klappt nicht; **he worked it so that we could finish early** (*umgangsspr*) er hat es fertiggebracht, dass wir früher aufhören konnten ❸ *Pläne:* glü-

cken, gelingen ❹ **to work loose** lose werden, abgehen, sich lösen ❺ bedienen *Maschine* ❻ bewirtschaften *Gut*

◆ to **work away** **to work away** [**at something**] [an etwas] vor sich hinarbeiten

◆ to **work in** ❶ **she's worked in well with the team** sie hat sich bei dem Team gut eingearbeitet ❷ einbauen *Idee, Vorschlag* (**with** in)

◆ to **work off** ❶ sich losmachen ❷ abarbeiten; loswerden *Energie, Kopfschmerzen;* abreagieren *Gefühl*

◆ to **work on** ❶ weiterarbeiten ❷ **to work on something** an etwas arbeiten *Projekt, Idee usw.* ❸ **to work [up]on somebody** Einfluss ausüben auf jemanden; **she worked on him until he changed his mind** sie bearbeitete ihn, bis er seine Meinung änderte ❹ ausgehen von *einer Idee, Zahlen*

◆ to **work out** ❶ ausrechnen ❷ ausarbeiten, entwickeln *Plan, Idee* ❸ (*übertragen*) sich zusammenreimen ❹ (*mathematisch*) lösen ❺ (*umgangsspr*) *Aufgabe, Rätsel:* aufgehen ❻ **to work someone out** jemanden verstehen, aus jemandem schlau werden ❼ funktionieren, klappen; **things didn't work out** es ist schiefgegangen ❽ (*sportlich*) trainieren

◆ to **work over** ❶ überarbeiten ❷ **to work someone over** jemanden zusammenschlagen

◆ to **work up** ❶ aufpeitschen; **to work oneself up** sich aufregen; **to get worked up about something** sich über etwas aufregen; **to work up to something** auf etwas hinauswollen, etwas im Sinn haben; **to work up to a climax** sich zu einem Höhepunkt steigern ❷ aufbringen *Begeisterung;* entwickeln *Appetit;* zum Erfolg bringen *Geschäft* ❸ **to work one's way up** sich hocharbeiten

**work·bench** [ˈwɜːkbentʃ] die Werkbank

**work·book** [ˈwɜːkbʊk] das Arbeitsheft

**work·day** [ˈwɜːkdeɪ] der Arbeitstag, der Werktag; **on workdays** an Werktagen, werktags

**work·er** [ˈwɜːkəʳ] der Arbeiter/die Arbeiterin, der Arbeitnehmer/die Arbeitnehmerin; **factory** [*oder* **industrial**] **worker** der Fabrikarbeiter/die Fabrikarbeiterin

**work·force** [ˈwɜːkfɔːs] *eines Werks:* die Belegschaft; *eines Landes:* die Arbeitskräfte

**work·ing** [ˈwɜːkɪŋ] ❶ arbeitend, werktätig, berufstätig ❷ *Bedingungen, Kleidung:* Arbeits-; **working day** der Arbeitstag, der Werktag; **working hours** die Arbeitszeit; **working lunch** das Arbeitsessen; *Hypothese, Modell:*

Arbeits-; *Mehrheit:* arbeitsfähig ❸ **in working order** gebrauchsfähig, betriebsfähig ❹ **a working knowledge of computers** die Grundkenntnisse am Computer
**work·ing-class** der Arbeiterklasse, Arbeiter-
**work·ing class** die Arbeiterklasse
**work·load** ['wɜːkləʊd] die Arbeitslast
**work·man** ['wɜːkmən] <*plural* workmen> der Handwerker
**work·man·like** ['wɜːkmənlaɪk] fachmännisch
**work·man·ship** ['wɜːkmənʃɪp] die Arbeitsausführung, die Qualität
**work of art** das Kunstwerk
**work·out** ['wɜːkaʊt] das Training
**work per·mit** die Arbeitserlaubnis
**work·place** ['wɜːkpleɪs] der Arbeitsplatz
**works** [wɜːks] *plural* ❶ (*technisch*) das Getriebe, das Uhrwerk ❷ ⚠ *mit Singular* die Anlage, das Werk, die Fabrik; **public works** die Stadtwerke, die Versorgungswerke ▶ WENDUNGEN: **the works** (*umgangsspr*) das ganze Drum und Dran
**works com·mit·tee, works coun·cil** der Betriebsrat
**work·sheet** das Arbeitsblatt
**work·shop** ['wɜːkʃɒp] ❶ die Werkstatt, die Werkstätte ❷ die Arbeitsgruppe, der Workshop
**works man·ag·er** der Betriebsleiter/die Betriebsleiterin
**works out·ing** der Betriebsausflug
**work·sta·tion** ['wɜːksteɪʃən] der Arbeitsplatz, die Fertigungsstation; (*Informatik*) die Workstation
**work·top** die Arbeitsplatte
**world** [wɜːld] die Welt; **in the world** auf der Welt; **all over the world** auf der ganzen Welt; **it's not the end of the world** deshalb geht die Welt nicht unter; **to come** [*oder* go] **down in the world** herunterkommen; **to go up in the world** es zu etwas bringen; **to go round the world** eine Weltreise machen; **a man of the world** ein Mann von Welt ▶ WENDUNGEN: **they are worlds apart** zwischen ihnen liegen Welten; **out of this world** (*umgangsspr*) sagenhaft; **to feel on top of the world** sich nicht besser fühlen können; **to have the best of both worlds** auf nichts verzichten müssen [*oder* können]; **to think the world of someone** große Stücke auf jemanden halten; **what in the world?** was in aller Welt?
**World Bank** [ˌwɜːld'bæŋk] die Weltbank
**World Cup** die Fußballweltmeisterschaft

**world-fa·mous** weltberühmt
**world·ly** ['wɜːldlɪ] weltlich, irdisch, diesseitig, weltzugewandt
**world rec·ord** der Weltrekord
**world war** der Weltkrieg
**world·wide** [ˌwɜːld'waɪd] weltweit; **worldwide sales** der Weltumsatz
**world·wide web** ['wɜːldˌwaɪd'web] (*Informatik*) **the World Wide Web** das World Wide Web, das Internet
**worm** [wɜːm] der Wurm
to **worm** [wɜːm] mit einem Wurmmittel behandeln *Tier* ▶ WENDUNGEN: **to worm information out of someone** Informationen aus jemandem herauslocken; **to worm oneself** [*oder* **one's way**] **in**[**to**] sich einschleichen in
**worn** [wɔːn] *3. Form von* **wear**
**worn-out** [ˌwɔːn'aʊt] ❶ *Gegenstand:* verbraucht, abgenutzt ❷ *Kleidung:* abgetragen ❸ *Mensch:* erschöpft ❹ (*übertragen*) *Phrase:* abgedroschen
**wor·ried** ['wʌrɪd] besorgt, beunruhigt (**about** über)
to **wor·ry** ['wʌrɪ] ❶ **to worry someone** jemanden beunruhigen, jemandem Sorgen machen ❷ besorgt sein, sich Sorgen machen (**about** um); **don't worry!** machen Sie sich keine Sorgen! ❸ **to worry someone with something** jemanden wegen etwas stören [*oder* belästigen]
**wor·ry** ['wʌrɪ] die Sorge
**wor·ry·ing** ['wʌrɪɪŋ] beunruhigend
**worse**[1] [wɜːs] *Komparativ von* **bad, badly** ❶ schlechter, übler; **you're worse than I am!** du bist noch schlimmer als ich!; **to go from bad to worse** immer schlimmer werden ❷ **to be worse off** schlechter dran sein
**worse**[2] [wɜːs] das Schlimmere; **he's none the worse for it** es hat ihm nichts geschadet; **a change for the worse** eine Wendung zum Schlechteren
to **wors·en** ['wɜːsn] [sich] verschlimmern, [sich] verschlechtern
**wor·ship** ['wɜːʃɪp] ❶ die Verehrung, die Anbetung ❷ der Gottesdienst
to **wor·ship** ['wɜːʃɪp] <worshipped *oder* 🇺🇸 worshiped, worshipped *oder* 🇺🇸 worshiped> ❶ verehren, anbeten ❷ vergöttern ❸ den Gottesdienst abhalten
**worst**[1] [wɜːst] *Superlativ von* **bad, badly** schlechteste(r, s), übelste(r, s), schlimmste(r, s), am schlimmsten; **she sang the worst** sie sang am schlechtesten
**worst**[2] [wɜːst] das Schlechteste, das Schlimmste; **at** [**the**] **worst** schlimmstenfalls; **we saw**

**worth – wretched**      **534**

him at his **worst** wir sahen ihn im ungün-
stigsten Moment; **if the worst comes to
the worst** im allerschlimmsten Fall; **the
worst of it is that ...** das Schlimmste daran
ist, dass ...; **the worst is yet to come** das di-
cke Ende kommt noch

**worth**¹ [wɜ:θ] der Wert; **a dollar's worth of
apples** für einen Dollar Äpfel; **did you get
your money's worth?** sind Sie auf Ihre Kos-
ten gekommen?

**worth**² [wɜ:θ] wert; **it's worth a lot of
money** es ist viel Geld wert; **it's not worth
it!** es lohnt sich nicht!; **it's worth the
trouble** die Mühe lohnt sich; **it's worth a
lot to me** es ist mir viel wert; (*übertragen*)
es bedeutet mir sehr viel; **worth reading/
seeing/mentioning** lesenswert/sehens-
wert/der Rede wert; **he shouted for all he
was worth** er schrie mit ganzer Kraft

**worth·less** [wɜ:θlɪs] wertlos

**worth·while** [ˌwɜ:θ'waɪl] lohnend; **to be
worthwhile** sich lohnen, der Mühe wert
sein

**worthy** ['wɜ:ðɪ] würdig, wert

**would** [wʊd] ❶ *zur Bildung des Kondi-
tionals* **she would prefer tea** sie hätte lie-
ber Tee; **they said they would leave early**
sie sagten, sie würden früh losfahren; **we
would have eaten it if ...** wir hätten es ge-
gessen, wenn ...; **would he do it?** würde er
es vielleicht tun?; **would he have done it?**
hätte er es getan?; **how would she know?**
wie will sie das wissen?; **I wouldn't know**
was weiß ich ❷ *betont* **but he would do it**
aber er musste es unbedingt machen; **you
would be the one who ...** typisch, dass aus-
gerechnet du ...; **he would, wouldn't
he?** das sieht ihm ähnlich ❸ *vergangene
Gewohnheit* **he would go there every
year** er fuhr jedes Jahr dahin ❹ *Bereitschaft*
**the car wouldn't start** das Auto wollte
nicht anspringen; **they would rather not
speak to him** sie würden lieber nicht mit
ihm sprechen ❺ **who would have thought
it?** wer hätte das gedacht?; **you would
think ...** man sollte meinen ...

> Ⓖ Die Kurzform für **I would** heißt **I'd**; für **you
> would — you'd**; für **they would — they'd**;
> für **would not —wouldn't**.

**would-be** ['wʊdbi:] **a would-be musician**
ein Möchtegernmusiker

**wouldn't** [wʊdnt] *Kurzform von* **would not**

to **wound** [wu:nd] verwunden, verletzen

**wound**¹ [wu:nd] die Wunde

**wound**² [waʊnd] *2. und 3. Form von* **wind**

**wound·ed** ['wu:ndɪd] ❶ (*im Kampf*) ver-
wundet, verletzt ❷ *Eitelkeit:* gekränkt

**wove** ['wəʊv] *2. Form von* **weave**

**wov·en** ['wəʊvn] *3. Form von* **weave**

**wow** [waʊ] (*umgangsspr*) **wow!** wow!, toll!

to **wow** [waʊ] (*umgangsspr*) **to wow some-
body** jemanden hinreißen

**wow** [waʊ] (*umgangsspr*) toll, wow

to **wrap** [ræp] <wrapped, wrapped> ❶ **to
wrap something [up]** etwas einwickeln
[*oder* verpacken] (**in** in) ❷ wickeln (**round**
um)

**wrap** [ræp] das Umschlagtuch; **to take the
wraps off something** etwas der Öffentlich-
keit vorstellen; **under wraps** versteckt, ge-
heim

◆ to **wrap up** ❶ einpacken ❷ (*umgangsspr*)
unter Dach und Fach bringen ❸ **to wrap up
[warm]** sich warm anziehen ❹ **wrap up!**
(*umgangsspr*) halt den Mund! ❺ **to be
wrapped up in something** ganz in etwas
aufgehen, von etwas völlig in Anspruch
genommen sein

**wrap·per** ['ræpə'] ❶ die Verpackung, das Pa-
pier ❷ *von Buch:* der Schutzumschlag

**wrap·ping pa·per** ❶ das Packpapier ❷ das
Geschenkpapier

**wreath** [ri:θ] ⚠ *plural* ri:ðz] der Kranz

**wreck** [rek] ❶ (*Schiff*) das Wrack ❷ (*über-
tragen: Mensch*) das [elende] Wrack

to **wreck** [rek] ❶ zerstören, zertrümmern
❷ (*übertragen*) ruinieren, zu Grunde rich-
ten ❸ vernichten *Pläne*

**wreck·age** ['rekɪdʒ] die Trümmer

**wren** [ren] (*Vogel*) der Zaunkönig

**wrench** [rentʃ] <*plural* wrenches> ❶ (*tech-
nisch*) der Schraubenschlüssel ❷ der
[plötzliche] Ruck ❸ (*übertragen*) der Ab-
schiedsschmerz

to **wrench** [rentʃ] ❶ **to wrench something
away from someone** jemandem etwas ent-
reißen ❷ (*medizinisch*) verrenken, verstau-
chen

to **wres·tle** ['resl] ❶ (*Sport*) wrestle; **to wrestle
[with someone]** [mit jemandem] ringen
❷ (*übertragen*) sich herumschlagen, sich ab-
quälen (**with** mit)

**wres·tler** ['reslə'] der Ringkämpfer/die Ring-
kämpferin

**wres·tling** ['reslɪŋ] das Ringen

**wres·tling match** der Ringkampf

**wretch·ed** ['retʃɪd] ❶ elend, erbärmlich
❷ *Wetter:* scheußlich ❸ (*umgangsspr*) **this
wretched computer!** dieser verdammte

Computer!
to **wrig·gle** ['rɪgl] sich unruhig hin- und herbewegen
♦ to **wriggle out** ►WENDUNGEN: **to wriggle out of something** sich bei etwas drücken
to **wring** [rɪŋ] <wrung, wrung> ① **to wring one's hands** die Hände ringen; (auch übertragen) umdrehen Hals ② **could you wring out the cloth?** kannst du das Tuch auswringen?
**wrin·kle** ['rɪŋkl] ① (auf der Haut) die Falte, die Runzel ② der Kniff
to **wrin·kle** ['rɪŋkl] ① Stoff: [zer]knittern ② runzeln Stirn; rümpfen Nase
**wrin·kled** ['rɪŋkld, 'rɪŋklɪ] ① Haut: runz[e]lig, faltig ② Stoff: zerknittert
**wrin·kly** (umgangsspr: älterer Mensch) der Grufti
**wrist** [rɪst] das Handgelenk
**wrist·band** ① das Armband ② das Schweißband
**wrist·watch** ['rɪstwɒtʃ] die Armbanduhr
to **write** [raɪt] <wrote, written> ① schreiben; **to write in full** ausschreiben ② aufzeichnen, verfassen ③ ausstellen Scheck, Bescheinigung ④ aufsetzen Vertrag
♦ to **write back** zurückschreiben
♦ to **write down** niederschreiben, aufschreiben
♦ to **write in** ① eintragen ② **to write in for something** etwas anfordern ③ (USA) ausfüllen Wahlschein
♦ to **write off** ① **to write off for something** etwas anfordern ② abschreiben Schulden ③ zu Schrott fahren; als Totalschaden abschreiben Auto
♦ to **write out** ① [voll] ausschreiben Namen ② ausstellen Scheck, Quittung
♦ to **write up** ① Journalist: berichten über ② ausarbeiten Notizen
**write-off** ['raɪtɒf] (Auto) der Totalschaden
**writ·er** ['raɪtər] ① von Brief usw.: der Schreiber/die Schreiberin, der Verfasser/die Verfasserin ② der Schriftsteller/die Schriftstellerin
**write-up** ['raɪtʌp] der Pressebericht
**writ·ing** ['raɪtɪŋ] ① das Schreiben, das Schriftstück; **in writing** schriftlich; **to put in writing** niederschreiben ② die Handschrift ③ die Schriftstellerei
**writ·ing desk** der Schreibtisch
**writ·ing pa·per** das Schreibpapier
**writ·ten**[1] ['rɪtn] 3. Form von **write**
**writ·ten**[2] ['rɪtn] schriftlich; Wort: geschrieben; **written language** die Schriftsprache
**wrong**[1] [rɒŋ] ① falsch, nicht richtig; **to do something wrong** etwas falsch [oder verkehrt] machen; **to get something/someone wrong** etwas/jemanden falsch verstehen ② unrecht, unangebracht; **to be wrong** Unrecht haben, sich irren ③ **wrong side out** mit der Innenseite nach außen ④ **there's something wrong with the copier** mit dem Kopierer stimmt etwas nicht; **what's wrong?** stimmt etwas nicht?; **to go wrong** schiefgehen, scheitern, nicht richtig funktionieren ⑤ **sorry, wrong number!** Sie haben sich verwählt!, Entschuldigung, ich habe mich verwählt! ►WENDUNGEN: **to get on the wrong side of someone** sich jemanden zum Gegner machen; **to get on the wrong side of the law** mit dem Gesetz in Konflikt kommen
**wrong**[2] [rɒŋ] das Unrecht, die Ungerechtigkeit; **to be in the wrong** im Unrecht sein; **to do wrong** Unrecht tun, sich etwas zuschulden kommen lassen
**wrong·ful** ['rɒŋfl] ungerechtfertigt; **wrongful dismissal** die unrechtmäßige Entlassung
**wrong·ly** ['rɒŋlɪ] falsch, zu Unrecht, fälschlicherweise
**wrote** [rəʊt] 2. Form von **write**
**wrung** [rʌŋ] 2. und 3. Form von **wring**
**wry** [raɪ] ironisch; **to make a wry face** das Gesicht verziehen; **a wry sense of humour** ein trockener Humor
**WSW** Abkürzung von **west southwest** WSW
**WWW** Abkürzung von **World Wide Web** WWW

# X

**X** <plural X's oder Xs>, **x** [eks] <plural x's> ① X, x; **x marks the spot where ...** die Stelle, an der ..., ist angekreuzt ② (Mathematik) x, die unbekannte Größe ③ (unbekannt) **x number of people** x Leute; **Mrs. X** Frau X ④ (umgangsspr: in Briefen nach Namen) Küsschen
**xeno·pho·bia** [ˌzenə'fəʊbɪə] die Fremdenfeindlichkeit
**Xmas** ['eksməs, 'krɪsməs] <plural xmases> (umgangsspr) Weihnachten
**X-ray** ['eksreɪ] die Röntgenaufnahme; **to take an X-ray of someone** jemanden röntgen; **to have an X-ray** geröntgt werden

X-ray – yodel 536

to **X-ray** ['eksreɪ] röntgen, durchleuchten
**xy·lo·phone** ['zaɪləfəʊn] das Xylophon

**Y** <plural Y's oder Ys>, **y** [waɪ] <plural y's> ① Y, y ② (Mathematik) y, die zweite Unbekannte; **y-axis** die y-Achse
**yacht** [jɒt] die [Segel]jacht, die Motorjacht, die Yacht
**yacht·ing** [jɒtɪŋ] das Segeln; **to go yachting** segeln gehen
**yachts·man** ['jɒtsmən] <plural yachtsmen> der Segler
**yachts·wom·an** ['jɒtswʊmən], plural 'jɒtswɪmɪn] <plural yachtswomen> die Seglerin
**yank** [jæŋk] der Ruck
to **yank** [jæŋk] mit einem Ruck ziehen
**Yank** [jæŋk] (meist abwertend) der Ami
to **yap** [jæp] <yapped, yapped> ① Hund: kläffen ② (umgangsspr) quatschen
**yard** [jɑːd] ① (Maßeinheit) das Yard (= 0,914 m) ② der Hof; **schoolyard** der Schulhof ③ Ⓤ der Garten (ohne Gemüse)
**yard·stick** ['jɑːdstɪk] (übertragen) der Maßstab
to **yawn** [jɔːn] gähnen
**yawn** [jɔːn] das Gähnen
**yawn·ing** [jɔːnɪŋ] gähnend
**yeah** [jeə] (umgangsspr) ja
**year** [jɜːʳ, jɪəʳ] ① das Jahr; **all the year round** das ganze Jahr über; **for years** seit Jahren, jahrelang; **last/this/next year** letztes/dieses/nächstes Jahr; **years ago** vor Jahren; **year in, year out** jahraus, jahrein ② der Jahrgang; **what year were you born?** welcher Jahrgang bist du?; **for his years** für sein Alter; **difference in years** der Altersunterschied; **year of birth** das Geburtsjahr; **year of manufacture** das Baujahr
**year-long** [jɜːˈlɒŋ, 'jɜːlɒŋ] ein volles Jahr lang
**year·ly** ['jɜːlɪ, 'jɪəlɪ] jährlich; **yearly income** das Jahreseinkommen; **yearly output** die Jahresproduktion; **yearly subscription** der Jahresbeitrag
to **yearn** [jɜːn] sich sehnen (**for/after** nach)
**yearn·ing** [jɜːnɪŋ] die Sehnsucht
**yeast** [jiːst] die Hefe
**yell** [jel] der Schrei; **give me a yell when you're ready** sag Bescheid, wenn du fertig bist
to **yell** [jel] **to yell [out]** schreien; **to yell at someone** jemanden anbrüllen
**yel·low¹** ['jeləʊ] ① gelb; **parking on the yellow lines** Parken im Parkverbot ② (umgangsspr) feige
**yel·low²** ['jeləʊ] ① das Gelb ② das Eigelb
to **yel·low** ['jeləʊ] gelb werden, vergilben
**Yel·low Pages®** plural **the Yellow Pages** die Gelben Seiten
to **yelp** [jelp] ① Hund: kläffen, jaulen ② Mensch, Kind: aufschreien
**yelp** [jelp] ① das kurze Bellen ② der Aufschrei
**Yem·en** ['jemən] **the Yemen** der Jemen
**Yem·eni¹** ['jemənɪ] jemenitisch
**Yem·eni²** ['jemənɪ] der Jemenit/die Jemenitin
**yep** [jep] (slang) ja
**yes¹** [jes] ja, jawohl, doch
**yes²** [jes] das Ja
**yes·ter·day¹** ['jestədɪ, 'jestədeɪ] gestern; **the day before yesterday** vorgestern; **yesterday morning/afternoon/night** gestern Morgen/Nachmittag/Nacht; **yesterday week** vor acht Tagen
**yes·ter·day²** ['jestədɪ, 'jestədeɪ] ohne Artikel der gestrige Tag
**yet** [jet] ① zeitlich **not yet** noch nicht; **haven't you finished yet?** bist du immer noch nicht fertig?; **I have yet to see it myself** ich muss es selbst noch sehen ② zeitlich schon; **has she gone yet?** ist sie schon weg? ③ zeitlich bisher; **it's her best book yet** es ist ihr bestes Buch bisher ④ vor Komparativ **it's yet more expensive** es ist sogar noch teurer ⑤ dennoch, trotzdem
**yeti** ['jetɪ] <plural yetis oder yetis> der Yeti
**yew** [juː] **yew [tree]** die Eibe
**Y-fronts®** ['waɪfrʌnts] plural Ⓖ die Herrenunterhose mit Eingriff
**yield** [jiːld] ① der Ertrag, der [erzielte] Gewinn ② die Ernte
to **yield** [jiːld] ① Feld, Baum: hervorbringen, liefern ② Investition: einbringen, abwerfen ③ Mensch, Armee: abtreten, nachgeben
♦ to **yield to** ① **to yield to someone** jemandem nachgeben; **to yield to temptation** der Versuchung nachgeben; **to yield something to someone** etwas an jemanden abtreten ② Ⓤ **to yield to another car** einem anderen Auto Vorfahrt gewähren
**yob** [jɒb], **yob·bo** ['jɒbəʊ] der Lümmel
to **yo·del** ['jəʊdl] <yodelled oder Ⓤ yodeled, yodelled oder Ⓤ yodeled> jodeln

**yoga** ['jəʊɡə] der Yoga, der Joga
**yo·g(h)urt** ['jɒɡət] der Jogurt
**yoke** [jəʊk] (*auch übertragen*) das Joch
**yo·kel** ['jəʊkl] (*abwertend*) der Tölpel
**yolk** [jəʊk] der/das Dotter, das Eigelb
**you** [juː] ❶ du/Sie/ihr; **do you children want an ice cream?** wollt ihr Kinder ein Eis?; **all of you** ihr/Sie alle; **if I were you** ich an deiner/Ihrer/eurer Stelle; **it's you!** du bist es!, ihr seid's!, Sie sind es! ❷ *Akkusativ* dich/Sie/euch ❸ *Dativ* dir/Ihnen/euch; **that hairstyle just isn't you** die Frisur passt einfach nicht zu dir ❹ *unbestimmt* man, einen, einem
**you'd** [juːd] ❶ *Kurzform von* **you had** →**have** ❷ *Kurzform von* **you would** →**would**
**you'll** [juːl] *Kurzform von* **you will, you shall** →**will, shall**
**young**[1] [jʌŋ] ❶ jung; **young people** die jungen Leute, die Jugendlichen ❷ **the night is still young** der Abend hat erst angefangen
**young**[2] [jʌŋ] **the young** die Jungen, die jungen Leute
**young·ster** ['jʌŋ(k)stə[r]] (*umgangsspr*) der/die Jugendliche; **you youngsters** ihr jungen Leute
**your** [jɔː[r], jʊə[r]] ❶ dein/euer; *Höflichkeitsform* Ihr; **one of your friends** einer deiner/Ihrer Freunde ❷ *unbestimmt* sein; **you register and then you get your form** man meldet sich an, und dann bekommt man sein Formular ❸ **your average German** (*umgangsspr*) der Durchschnittsdeutsche
**you're** [jʊə[r]] *Kurzform von* **you are**
**yours** [jɔːz, jʊəz] ❶ deine(r, s), der/die/das Deine; *plural* eure(r, s), der/die/das Eure; *Höflichkeitsform* Ihre(r, s), der/die/das Ihre; **a friend of yours** einer deiner/eurer/Ihrer Freunde; **it's yours!** es gehört dir/euch/Ihnen!; **this book is yours** dies Buch gehört dir/euch/Ihnen ❷ **yours sincerely** [*oder* **faithfully**] mit freundlichen Grüßen
**your·self** [jɔː'self, jə'self] <*plural* yourselves> ❶ *Akkusativ* **you can see yourself in the mirror** du kannst dich im Spiegel sehen ❷ *Dativ* **did you hurt yourself?** hast du dir wehgetan? ❸ *betont* du/ihr/Sie selbst; **will you do it yourself?** machst du/machen Sie das selbst?; **you said it yourself** das hast du/habt ihr/haben Sie selbst gesagt ❹ [**all**] **by yourself** [ganz] allein, ohne Hilfe ❺ **you don't seem to be yourself today** Sie sind heute wohl nicht ganz auf der Höhe
**youth** [juːθ, *plural* juːðz] <*plural* youths> ❶ die Jugend; **the friends of his youth** seine Jugendfreunde ❷ die Jugendlichkeit ❸ *mit Singular oder Plural* die Jugend, die jungen Leute ❹ der junge Mann, der Jugendliche; **youths** (*meist abwertend*) die Jugendlichen
**youth cen·tre, youth club** der Jugendklub, das Jugendzentrum
**youth·ful** ['juːθfl] jugendlich
**youth hos·tel** die Jugendherberge
**youth train·ing scheme** das Ausbildungsförderungsprogramm
**you've** [juːv] *Kurzform von* **you have**
**yo-yo** ['jəʊjəʊ] das Jo-Jo; **up and down like a yo-yo** immer auf und ab; **yo-yo dieting** das Abnehmen und gleich wieder Zunehmen
**yuck** [jʌk] (*umgangsspr*) igitt
**yucky** ['jʌki] <yuckier, yuckiest> (*umgangsspr*) ek[e]lig
**Yu·go·slav**[1] ['juːɡəʊ'slɑːv] (*historisch*) jugoslawisch
**Yu·go·slav**[2] ['juːɡəʊ'slɑːv] (*historisch*) der Jugoslawe/die Jugoslawin
**Yu·go·sla·via** ['juːɡəʊ'slɑːvɪə] (*historisch*) Jugoslawien
**Yu·go·sla·vian** ['juːɡəʊ' slɑːvɪən] (*historisch*) jugoslawisch
**yuk·ky** ['jʌkɪ] (*umgangsspr*) ekelhaft

# Z

**Z** <*plural* Z's *oder* Zs>, **z** [zed] <*plural* z's> Z, z
**Za·ire** [zɑːˈiːə] Zaire
**Za·irean**[1], **Za·irian** [zɑːˈiːərən] zairisch
**Za·irean**[2], **Za·irian** [zɑːˈiːərən] der Zairer/die Zairerin
**Zam·bia** ['zæmbɪə] Sambia
**Zam·bian**[1] ['zæmbɪən] sambisch
**Zam·bian**[2] ['zæmbɪən] der Sambier/die Sambierin
to **zap** [zæp] <zapped, zapped> (*umgangsspr*) ❶ löschen; (*beim Computerspiel*) killen ❷ (*beim Fernsehen*) zappen
**zap·ping** *kein Plural* (*umgangsspr*) das Zappen
**zeb·ra** ['ziːbrə] das Zebra
**zeb·ra cross·ing** der Zebrastreifen
**zero**[1] ['zɪərəʊ] <*plural* zero(e)s> ❶ die Null; **to be at zero** auf Null stehen ❷ *einer Skala:*

**zero – zucchini**

der Nullpunkt ❸ der Gefrierpunkt; **to fall to zero** auf null Grad fallen ❹ (*übertragen*) der Nullpunkt, der Tiefpunkt, der Tiefstand ❺ das Nichts

**zero²** ['zɪərəʊ] ❶ null, Null-; **zero degrees** null Grad ❷ **zero emission vehicle** das abgasfreie Fahrzeug; **zero gravity** die Schwerelosigkeit; **zero growth** das Nullwachstum ❸ **zero hour** die Stunde Null

**zig·zag¹** ['zɪgzæg] der Zickzack, die Zickzacklinie

**zig·zag²** ['zɪgzæg] ❶ im Zickzack ❷ Zickzack-, zickzackförmig; **zigzag path** der Zickzackweg

to **zig·zag** ['zɪgzæg] <zigzagged, zigzagged> im Zickzack [ver]laufen

**Zim·ba·bwe** [zɪm'bɑːbwɪ] Simbabwe

**Zim·ba·bwean¹** [zɪm'bɑːbwɪən] simbabwisch

**Zim·ba·bwean²** [zɪm'bɑːbwɪən] der Simbabwer/die Simbabwerin

**zinc** [zɪŋk] das Zink

**zip** [zɪp] ❶ **zip** [fastener] der Reißverschluss ❷ (*umgangsspr*) die Dynamik, der Schwung

to **zip** [zɪp] <zipped, zipped> **he's just zipped to the shops** er ist eben schnell einkaufen gegangen

◆to **zip up** **zip your jeans up!** mach den Reißverschluss [von deiner Jeans] zu!; **will you zip me up?** würdest du meinen Reißverschluss zumachen?

**zip code, ZIP code** Ⓤ die Postleitzahl

**zip fast·en·er** Ⓖ, **zip·per** ['zɪpə'] Ⓤ der Reißverschluss

**zip·py** ['zɪpɪ] (*umgangsspr*) schwungvoll, schnell

**zo·di·ac** ['zəʊdɪæk] der Tierkreis; **sign of the zodiac** das Tierkreiszeichen

**zom·bie** ['zɒmbɪ] der Zombie; **like a zombie** total im Tran

**zone** [zəʊn] die Zone; **danger zone** die Gefahrenzone

**zoo** [zuː] der Zoo

**zoo·keep·er** ['zuːˌkiːpə'] der Tierpfleger/die Tierpflegerin

**zoo·logi·cal** [ˌzəʊə'lɒdʒɪkl] **zoological gardens** der zoologische Garten, der Tierpark

**zo·olo·gist** [zəʊ'ɒlədʒɪst] der Zoologe/die Zoologin

**zo·ol·ogy** [zəʊ'ɒlədʒɪ] die Zoologie

**zoom** [zuːm] ❶ das Zoom; **zoom lens** das Zoomobjektiv ❷ (*Geräusch*) das Surren

to **zoom** [zuːm] ❶ (*umgangsspr*) sausen, rasen ❷ (*umgangsspr*) **he just zoomed through the work** er hatte die Arbeit im Nu fertig ❸ surren

◆to **zoom in** ❶ (*beim Fotografieren*) nah herangehen ❷ (*umgangsspr*) hereinsausen ❸ **to zoom in on something** (*umgangsspr*) etwas sofort herausgreifen

**zuc·chi·ni** [zuˈkiːnɪ] Ⓤ die Zucchini

# PONS Englische Minigrammatik

| | |
|---|---|
| 541 | **1. Substantiv (Hauptwort)** |
| 541 | Das Geschlecht der Substantive |
| 541 | Die Pluralbildung der Substantive |
| 543 | Die vier Fälle (Nominativ, Akkusativ, Dativ, Genitiv) |
| | |
| 545 | **2. Adjektiv (Eigenschaftswort)** |
| 545 | Steigerung von Adjektiven |
| | |
| 546 | **3. Adverb (Umstandswort)** |
| 547 | Steigerung von Adverbien |
| | |
| 548 | **4. Verb (Zeitwort)** |
| 548 | Präsens (einfache Gegenwart) |
| 549 | Verlaufsform der Gegenwart |
| 550 | Präteritum (einfache Vergangenheit) |
| 551 | Verlaufsform der Vergangenheit |
| 552 | Perfekt (vollendete Gegenwart) |
| 553 | Plusquamperfekt (vollendete Vergangenheit) |
| 553 | Futur (Zukunft) |
| 554 | Verlaufsform |
| | |
| 555 | **5. Modalverben** |
| 555 | will/shall |
| 556 | can |
| 557 | could |
| 557 | would |
| 558 | should |
| 559 | may |
| 560 | might |
| 560 | must |
| 561 | need not |
| | |
| 562 | **6. Pronomen (Fürwort)** |
| 562 | Personalpronomen (persönliches Fürwort) |
| 563 | Possessivpronomen (besitzanzeigendes Fürwort) |

| | |
|---|---|
| 564 | Demonstrativpronomen (hinweisendes Fürwort) |
| 564 | Reflexivpronomen (rückbezügliches Fürwort) |
| 565 | Relativpronomen (bezügliches Fürwort) |
| 564 | Interrogativpronomen (Fragefürwort) |
| 566 | Die unbestimmten Pronomen *some* und *any* |
| | |
| **568** | **7. Präpositionen (Verhältniswörter)** |
| 578 | Präpositionen der Zeit |
| | |
| **584** | **8. Konjunktionen (Bindewörter)** |
| | |
| **585** | **9. Question Tags (Bestätigungsfragen)** |

# Englische Minigrammatik

### ▶ 1. Substantiv (Hauptwort)

**Das Geschlecht der Substantive**

Im Englischen gibt es, wie im Deutschen, drei grammatische Geschlechter:
- Männliche Personen heißen **maskulin**.
- Weibliche Personen heißen **feminin**.
- Alles andere heißt **sächlich**.

Da es jedoch nur einen Artikel gibt (**a/an, the**), erkennt man das Geschlecht nur am Pronomen (persönliches Fürwort):

| | |
|---|---|
| **a/the** girl | **she/her** |
| **a/the** boy | **he/him** |
| **a/the** CD | **it** |

**The girl** bought **a new CD. She** played **it** for **a boy. The boy** thought **it** was cool. **He** bought **it** too.

Babys und Tiere werden als sächlich behandelt, es sei denn, man kennt ihr Geschlecht:

| | |
|---|---|
| A strange **dog** came into the garden and I chased **it** out. | *Ein fremder Hund kam in den Garten, und ich habe ihn rausgejagt.* |
| I called my **dog, Rex,** and **he** came running. | *Ich habe meinen Hund, Rex, gerufen, und er kam angelaufen.* |
| I made a funny face at **a baby** and **it** smiled at me. | *Ich habe vor dem Baby Gesichter geschnitten, und es hat mich angelächelt.* |
| We have **a** new **baby** – **she**'s called Karen. | *Wir haben ein neugeborenes Baby, sie heißt Karen.* |

**Die Pluralbildung der Substantive**

Im **Plural** (Mehrzahl) wird an das Hauptwort ein ·**s** angehängt:

| | |
|---|---|
| cloud – cloud**s** | *Wolke – Wolken* |
| dog – dog**s** | *Hund – Hunde* |
| shoe – shoe**s** | *Schuh – Schuhe* |
| play – play**s** | *Spiel – Spiele* |
| book – book**s** | *Buch – Bücher* |
| cake – cake**s** | *Kuchen – Kuchen* |
| cat – cat**s** | *Katze – Katzen* |

**Englische Minigrammatik**

Bei Wörtern die mit -*s, -ss, -sh, -ch, -x, -z* enden, wird -*es angehängt:*

| bus – bus**es** | *Bus – Busse* |
| boss – bos**ses** | *Boss – Bosse* |
| brush – brus**hes** | *Bürste – Bürsten* |
| church – chur**ches** | *Kirche – Kirchen* |
| box – bo**xes** | *Schachtel – Schachteln* |

Endet ein Wort mit -*y* nach einem Konsonanten, so wird diese Endung umgewandelt zu -*ies:*

| bod**y** – bod**ies** | *Körper – Körper* |
| fl**y** – fl**ies** | *Fliege – Fliegen* |
| lad**y** – lad**ies** | *Dame – Damen* |
| stor**y** – stor**ies** | *Geschichte – Geschichten* |

Ausnahmen:

| boy – bo**ys** | *Junge – Jungen* |
| monkey – monke**ys** | *Affe – Affen* |
| day – da**ys** | *Tag – Tage* |
| play – pla**ys** | *Spiel – Spiele* |
| way – wa**ys** | *Weg – Wege* |

Wörter die mit -*o* nach einem Konsonanten enden, erhalten oft -*es* am Ende:

| hero – her**oes** | *Held – Helden* |
| potato – potat**oes** | *Kartoffel – Kartoffeln* |
| tomato – tomat**oes** | *Tomate – Tomaten* |
| volcano – volcan**oes** | *Vulkan – Vulkane* |

Bei manchen Wörtern ist -*es* oder -*s* möglich:

| mosquito – mosquit**oes** or mosquit**os** | *Fliege – Fliegen* |
| zero – zer**oes** or zer**os** | *Null – Nullen* |

Aber die meisten bekommen einfach ein zusätzliches -*s*:

| radio – radi**os** | *Radio – Radios* |
| studio – studi**os** | *Studio – Studios* |
| video – vide**os** | *Video – Videos* |

Einige auf -*f* oder -*fe* endende Wörter erhalten im Plural die Endung -*ves*:

| | |
|---|---|
| half – hal**ves** | *Hälfte – Hälften* |
| leaf – lea**ves** | *Blatt – Blätter* |
| shelf – shel**ves** | *Regal – Regale* |
| wi**fe** – wi**ves** | *Frau – Frauen* |
| kni**fe** – kni**ves** | *Messer – Messer* |
| thief – thie**ves** | *Dieb – Diebe* |
| wolf – wol**ves** | *Wolf – Wölfe* |

Manche Wörter ändern beim Übergang vom Singular zum Plural ihre Vokale:

| | |
|---|---|
| child – children | *Kind – Kinder* |
| man – men | *Mann – Männer* |
| goose – geese | *Gans – Gänse* |
| woman – women | *Frau – Frauen* |
| mouse – mice | *Maus – Mäuse* |
| foot – feet | *Fuß – Füße* |

Viele Tierbezeichnungen bleiben in der Mehrzahl unverändert:

| | | | |
|---|---|---|---|
| a bison | two **bison** | *ein Bison* | *zwei Bisons* |
| a deer | three **deer** | *ein Reh* | *drei Rehe* |
| a sheep | four **sheep** | *ein Schaf* | *vier Schafe* |
| salmon | five **salmon** | *ein Lachs* | *fünf Lachse* |

### Die vier Fälle (Nominativ, Akkusativ, Dativ, Genitiv)

Nominativ und Akkusativ (*direct object*) haben dieselbe Form:

| | |
|---|---|
| **The song** is totally cool. | *Der Song ist total cool.* |
| **The story** was weird. | *Die Geschichte war unheimlich.* |
| He petted **the dog**. | *Er streichelte den Hund.* |
| Please pass **the ketchup**. | *Bitte gib mal den Ketchup rüber.* |
| We need **a break**. | *Wir brauchen eine Pause.* |
| Give **the cat** its dinner. | *Gib der Katze ihr abendliches Futter.* |

**Englische Minigrammatik**

Der Dativ (*indirect object*) kann mit oder ohne **to** gebildet werden:

| | |
|---|---|
| I sent an email to Barbara. | *Ich habe eine E-Mail an Barbara geschickt.* |
| oder | *oder* |
| I sent Barbara an email. | *Ich habe Barbara eine E-Mail geschickt.* |

Der Genitiv kann gebildet werden mit **of** oder mit **'s** (sächsischer Genitiv); im Allgemeinen wird die Form mit **of** für Gegenstände verwendet und der Genitiv mit **'s** für Personen:

| | |
|---|---|
| What is the name **of** the hotel? | *Wie ist der Name des Hotels/von dem Hotel?* |
| What is George**'s** sister doing? | *Was macht Georgs Schwester?* |
| What is the baby**'s** name? | *Wie ist der Name des Babys/von dem Baby?* |

Im Unterschied zum Deutschen wird bei Ausdrücken wie den Folgenden immer **of** verwendet:

| | |
|---|---|
| a glass **of** water | *ein Glas Wasser* |
| a pair **of** jeans | *eine Jeans* |
| the city **of** London | *die Stadt London* |
| a piece **of** paper | *ein Stück Papier* |
| a herd **of** cattle | *eine Viehherde* |
| the Isle **of** Wight | *die Insel Wight* |

Wörter wie **shop, surgery, church, cathedral, house** werden nach dem sächsischen Genitiv oft weggelassen:

| | |
|---|---|
| at the grocer**'s** | *beim Lebensmittelhändler* |
| (*anstatt:* at the grocer's shop) | |
| at the dentist**'s** | *beim Zahnarzt* |
| (*anstatt:* at the dentist's surgery) | |
| a visit to St. Paul**'s** | *ein Besuch der St. Pauls Kathedrale* |
| (*anstatt:* St. Paul's Cathedral) | |
| at John**'s** | *bei John zu Hause* |
| (*anstatt:* John's house) | |

**Englische Minigrammatik**

## ▶ 2. Adjektiv (Eigenschaftswort)

Der Adjektiv bleibt nach Geschlecht und Zahl immer unverändert:

| | |
|---|---|
| a **nice** postman | *ein netter Postbote* |
| a **cool** song | *ein cooler Song* |
| three **nice** postmen | *drei nette Postboten* |
| some **cool** songs | *ein paar coole Songs* |

### Steigerung von Adjektiven

Einsilbige Adjektive steigert man durch das Anhängen von *-er* oder *-est*:

| | |
|---|---|
| clean, clean**er**, clean**est** | *sauber, sauberer, am saubersten* |

Einsilbige Adjektive, die mit *-e* enden, werden mit *-r* und *-st* gesteigert:

| | |
|---|---|
| saf**e**, saf**er**, saf**est** | *sicher, sicherer, am sichersten* |

Bei einsilbigen Adjektiven mit Endbuchstaben *-d, -g, -n, -t* werden diese bei der Steigerung verdoppelt, wenn ihnen ein kurzes, betontes *a, e, i, o* vorausgeht:

| | |
|---|---|
| bi**g**, bi**gger**, bi**ggest** | *groß, größer, am größten* |
| ho**t**, ho**tter**, ho**ttest** | *heiß, heißer, am heißesten* |
| hi**p**, hi**pper**, hi**ppest** | *hip, hipper, am hippsten* |

Bei zweisilbigen Adjektiven, die mit *-y* enden, wird dieses zu *-ier* und *-iest*:

| | |
|---|---|
| happ**y**, happ**ier**, happ**iest** | *glücklich, glücklicher, am glücklichsten* |

Einige zweisilbige Adjektive, die mit *-le* enden, erhalten zur Steigerung ein *-r* und *-st*:

| | |
|---|---|
| gent**le**, gent**ler**, gent**lest** | *sanft, sanfter, am sanftesten* |
| simp**le**, simp**ler**, simp**lest** | *einfach, einfacher, am einfachsten* |

Einige andere zweisilbige Adjektive bekommen zur Steigerung *-er* und *-est*:

| | |
|---|---|
| clever, clever**er**, clever**est** | *klug, klüger, am klügsten* |
| common, common**er**, common**est** | *häufig, häufiger, am häufigsten* |
| narrow, narrow**er**, narrow**est** | *eng, enger, am engsten* |
| loud, loud**er**, loud**est** | *laut, lauter, am lautesten* |
| quiet, quiet**er**, quiet**est** | *ruhig, ruhiger, am ruhigsten* |

Englische Minigrammatik 546

Andere zweisilbige und alle mehrsilbigen Adjektive werden mit **more** und **most** gesteigert:

| | |
|---|---|
| comfortable, **more** comfortable, **most** comfortable | *bequem, bequemer, am bequemsten* |
| The sofa is **more** comfortable than the chair, and the bed is **the most** comfortable of all. | *Das Sofa ist bequemer als der Stuhl, und das Bett ist am bequemsten.* |

Es gibt auch Adjektive mit unregelmäßiger Steigerung:

| | |
|---|---|
| good, **better, best** | *gut, besser, am besten* |
| bad, **worse, worst** | *schlecht, schlechter, am schlechtesten* |
| far, **farther** or **further** | *weit, weiter, am weitesten* |
| much/many, **more, most** | *viel/viele, mehr, am meisten* |
| little, **less, least** | *wenig, weniger, am wenigsten* |

## ▶ 3. Adverb (Umstandswort)

Adverbien werden gebildet, indem man an ein Adjektiv *-ly* anhängt:

| | |
|---|---|
| That rhymes perfect**ly**. | *Das reimt sich perfekt.* |
| We were total**ly** surprised. | *Wir waren völlig überrascht.* |
| He did his homework careful**ly**. | *Er hat seine Hausaufgaben mit Sorgfalt gemacht.* |
| She smiled confident**ly**. | *Sie lächelte zuversichtlich.* |

Ein Sonderfall ist *well*, das Adverb zu *good*:

| | |
|---|---|
| She speaks English **well**. | *Sie spricht gut Englisch.* |

Adjektive mit der Endung *-y* bekommen *-ily* angehängt:

| | |
|---|---|
| They rushed about happ**ily**, shouting nois**ily**. | *Sie liefen fröhlich herum und riefen sich laut etwas zu.* |

Adjektive mit der Endung *-le* bekommen die Endung *-ly*:

| | |
|---|---|
| Are you sitting comfortab**ly**? | *Sitzt du bequem?* |
| You are simp**ly** great! | *Du bist einfach großartig!* |

An die Endung *-ic,* wird *-ally* angehängt:

| | |
|---|---|
| Josh is phys**ically** fit. | *Josh ist körperlich fit.* |
| He was mag**ically** transformed into a spider. | *Er wurde durch einen Zauber in eine Spinne verwandelt.* |

**Englische Minigrammatik**

Es gibt jedoch auch Adverbien die nicht mit -*ly* gebildet werden:

| | |
|---|---|
| How **far** can you jump? | *Wie weit kannst du springen?* |
| How **fast** can you walk? | *Wie schnell kannst du gehen?* |
| You're doing **fine**. | *Du machst es gut.* |
| Pull **hard**! | *Zieh kräftig!* |
| I've **just** missed the bus. | *Ich habe gerade den Bus verpasst.* |
| You've arrived too **late**. | *Du bist zu spät angekommen.* |
| Money matters very **little**. | *Geld ist kaum wichtig.* |
| Have you been waiting **long**? | *Wartest du schon lange?* |
| You exercise too **much**. | *Du trainierst zu viel.* |
| The train drew **near**. | *Der Zug kam näher.* |
| See you **soon**! | *Bis bald!* |

### Steigerung von Adverbien

Adverbien, die mit -*ly* enden, werden mit *more* und *most* gesteigert:

| | |
|---|---|
| slowly, **more** slowly, **most** slowly | *langsam, langsamer, am langsamsten* |

Adverbien, die nicht mit -*ly* enden, werden mit -*er* und -*est* gesteigert:

| | |
|---|---|
| fast, fast**er,** fast**est** | *schnell, schneller, am schnellsten* |

Manche Adverbien besitzen unregelmäßige Steigerungsformen:

| | |
|---|---|
| badly, **worse, worst** | *schlecht, schlechter, am schlechtesten* |
| far, **farther** or **further, farthest** or **farthest** | *weit, weiter, am weitesten* |
| little, **less, least** | *wenig, weniger, am wenigsten* |
| much, **more, most** | *viel, mehr, am meisten* |
| well, **better, best** | *gut, besser, am besten* |

Englische Minigrammatik

## ▶ 4. Verb (Zeitwort)

**Präsens (einfache Gegenwart)**

| I | ich | knock | hide | stay | go | wash | study |
|---|-----|-------|------|------|-----|------|-------|
| you | du, Sie | knock | hide | stay | go | wash | study |
| he | er | | | | | | |
| she | sie | knocks | hides | stays | goes | washes | studies |
| it | es | | | | | | |
| we | wir | knock | hide | stay | go | wash | study |
| you | ihr, Sie | knock | hide | stay | go | wash | study |
| they | sie | knock | hide | stay | go | wash | study |

- An die 3. Person Singular (**he, she, it**) wird **-s** angehängt. Die anderen Formen bleiben unverändert.

- Ein **-y** nach einem Konsonanten wird zu **-ies**:

| she stud**ies** | sie lernt |
|-----------------|-----------|
| he tr**ies** | er versucht |

- Den Endungen **-s, -ch, -sh, -x, -z** wird **-es** angehängt:

| he wash**es** | er wäscht |
|---------------|-----------|
| she pass**es** | sie geht vorbei |
| it fizz**es** | es sprudelt |

- Der Endung **-o** folgt **-es**:

| he g**oes** | er geht |
|-------------|---------|
| it ech**oes** | es schallt |

Die einfache Gegenwart wird verwendet für:

- Tatsachen:

| The earth **goes** round the sun. | Die Erde dreht sich um die Sonne. |
|-----------------------------------|-----------------------------------|
| I **like** cycling. | Ich fahre gerne Rad. |

- Gewohnheiten:

| I **brush** my teeth after breakfast. | Ich putze mir nach dem Frühstück die Zähne. |
|---------------------------------------|---------------------------------------------|

**Englische Minigrammatik**

- Vorhaben:

| | |
|---|---|
| We **leave** for London next Friday. | *Wir fahren nächsten Freitag nach London.* |

## Verlaufsform der Gegenwart

Die Verlaufsform gibt an, was gerade geschieht. Sie wird gebildet aus:
**am, are, is** + Partizip Präsens (Mittelwort der Gegenwart)

| **Singular** (Einzahl) | | **Plural** (Mehrzahl) | |
|---|---|---|---|
| I **am** (I'**m**) | *ich bin* | we **are** (we'**re**) | *wir sind* |
| you **are** (you'**re**) | *du bist* | you **are** (you'**re**) | *ihr seid* |
| he, she, it **is** (he'**s**, she'**s**, it'**s**) | *er, sie, es ist* | they **are** (they'**re**) | *sie sind* |

| | |
|---|---|
| I **am staying**. | *Ich bleibe (noch).* |
| You **are smiling**. | *Du lächelst gerade.* |
| He **is reading**. | *Er liest gerade.* |

Das Partizip Präsens entsteht durch Anhängen von -**ing** an die Grundform:

| | |
|---|---|
| walk**ing** | *gehend* |
| step**ping** | *schreitend* |
| danc**ing** | *tanzend* |
| l**ying** | *liegend* |
| flee**ing** | *flüchtend* |
| trave**lling** | *reisend* |

- Eine Endung mit -**e** wird gestrichen:

| | |
|---|---|
| arrive, arriv**ing** | *ankommen, ankommend* |

- Die Endung -**ie** ändert sich in -**y**:

| | |
|---|---|
| tie, t**ying** | *binden, bindend* |

- Bei den meisten einsilbigen Verben wird ein Endkonsonant verdoppelt:

| | |
|---|---|
| stop, stop**ping** | *halten, haltend* |

Englische Minigrammatik

Die Verlaufsform wird verwendet für:

• Augenblickliches Geschehen:

| | |
|---|---|
| I'm **watching** TV. | *Ich gucke gerade fern.* |
| You **are talking** too loudly. | *Du sprichst zu laut.* |

• Fortdauerndes Geschehen:

| | |
|---|---|
| I **am learning** how to drive. | *Ich lerne gerade Autofahren.* |
| They're **taking** English in school. | *Sie haben in der Schule Englisch.* |

• Geplante Vorhaben:

| | |
|---|---|
| We **are having** a barbecue tomorrow. | *Wir wollen morgen grillen.* |
| Sally **is buying** the sausages for it and I **am bringing** the drinks. | *Sally kauft die Würstchen, und ich bringe die Getränke mit.* |

## Präteritum (einfache Vergangenheit)

Bei den meisten Verben wird die einfache Vergangenheit gebildet, indem man zur Grundform -**ed** hinzufügt.

| | | | | |
|---|---|---|---|---|
| I | open**ed** | arriv**ed** | stop**ped** | carr**ied** |
| you | open**ed** | arriv**ed** | stop**ped** | carr**ied** |
| he | open**ed** | arriv**ed** | stop**ped** | carr**ied** |
| she | open**ed** | arriv**ed** | stop**ped** | carr**ied** |
| it | open**ed** | arriv**ed** | stop**ped** | carr**ied** |
| we | open**ed** | arriv**ed** | stop**ped** | carr**ied** |
| you | open**ed** | arriv**ed** | stop**ped** | carr**ied** |
| they | open**ed** | arriv**ed** | stop**ped** | carr**ied** |

• Zur Endung -*e* wird nur -*d* angefügt:

| | |
|---|---|
| agree**d** | *stimmte zu* |
| arrive**d** | *kam an* |

• Ein -*y* am Ende wird zu –*ied:*

| | |
|---|---|
| carr**ied** | *trug* |
| cr**ied** | *weinte* |

**Englische Minigrammatik**

- Bei den meisten einsilbigen Zeitwörtern wird der Endkonsonant verdoppelt:

| | |
|---|---|
| he stop**ped** | *er hielt an* |
| we drag**ged** | *wir zogen* |
| she hum**med** | *sie summte* |

Die einfache Vergangenheit wird verwendet für:

- vergangene Ereignisse:

| | |
|---|---|
| They **arrived yesterday**. | *Sie sind gestern angekommen/kamen gestern an.* |
| We **moved** house **last year**. | *Wir sind letztes Jahr umgezogen/zogen letztes Jahr um.* |
| Who **invented** the telephone? | *Wer hat das Telefon erfunden/erfand das Telefon?* |

- Erzählungen:

| | |
|---|---|
| Then he **planted** the magic beans. | *Dann pflanzte er die magischen Bohnen.* |

### Verlaufsform der Vergangenheit

Die Verlaufsform der Vergangenheit wird gebildet mit:
*was, were* + Partizip Präsens (Mittelwort der Gegenwart)

| **Singular** (Einzahl) | | **Plural** (Mehrzahl) | |
|---|---|---|---|
| I **was** | *ich war* | we **were** | *wir waren* |
| you **were** | *du warst* | you **were** | *ihr wart* |
| he, she, it **was** | *er, sie, es war* | they **were** | *sie waren* |

| | |
|---|---|
| I **was staying**. | *Ich blieb.* |
| You **were eating**. | *Du warst beim Essen.* |
| He **was listening**. | *Er hörte zu.* |

Die Verlaufsform der Vergangenheit wird für Tätigkeiten zu einem bestimmten Zeitpunkt in der Vergangenheit verwendet:

| | |
|---|---|
| What **were** you **doing** at midnight on New Year's Eve? | *Was hast Du an Silvester um Mitternacht gemacht?* |
| I **was** just **copying** a file when my computer crashed. | *Ich war gerade dabei, eine Datei zu kopieren, als mein Computer abstürzte.* |
| 'You **weren't listening** to me, **were** you?' 'No, sorry, I **wasn't**.' | *‚Du hast mir nicht zugehört, stimmt's?'* *‚Nein, tut mir Leid, hab ich nicht.'* |
| While he **was eating** lunch, his friends came over. | *Er war gerade beim Mittagessen, als seine Freunde vorbeikamen.* |

# Englische Minigrammatik

**Perfekt (vollendete Gegenwart)**

Das Perfekt wird gebildet mit:
**has, have** + Partizip Perfekt

| Singular (Einzahl) | | Plural (Mehrzahl) | |
|---|---|---|---|
| I **have** (I'**ve**) | ich habe | we **have** (we'**ve**) | wir haben |
| you **have** (you'**ve**) | du hast | you **have** (you'**ve**) | ihr habt |
| he, she, it **has** (he'**s**, she'**s**, it'**s**) | er, sie, es hat | they **have** (they'**ve**) | sie haben |

| | |
|---|---|
| *I have stayed.* | |
| *He has left.* | |

Im Gegensatz zum Deutschen wird das **Perfekt** immer mit **have** gebildet:

| | |
|---|---|
| I **have** been busy lately. | *In letzter Zeit war ich sehr beschäftigt.* |
| Our guests **have** arrived! | *Unsere Gäste sind eingetroffen!* |
| Joan **has** gone already. | *Joan ist schon gegangen.* |

Das Perfekt wird verwendet:

* für Erläuterungen:

| | |
|---|---|
| I can't pay – I'**ve lost** my purse. | *Ich kann nicht bezahlen – ich habe mein Portemonnaie verloren.* |
| I'm staying home today – I'**ve caught** a cold. | *Ich bleibe heute zu Hause – ich habe mir eine Erkältung geholt.* |

* in Folgerungen:

| | |
|---|---|
| Jack **has arrived,** so we can begin. | *Jack ist angekommen, also können wir anfangen.* |

* mit **already, just, yet, ever, never, before**:

| | |
|---|---|
| I'**ve already collected** the mail. | *Ich habe die Post schon geholt.* |
| We'**ve just finished** our breakfast. | *Wir sind gerade mit dem Frühstück fertig.* |
| I **haven't finished** my breakfast **yet.** | *Ich habe noch nicht zu Ende gefrühstückt.* |
| **Have** you **ever seen** the band live? | *Hast du die Band schon mal live gesehen?* |
| I'**ve never surfed** the web. | *Ich habe noch nie im Internet gesurft.* |
| He'**s done** that **before.** | *Er hat das schon mal gemacht.* |

## Plusquamperfekt (vollendete Vergangenheit)

Das Plusquamperfekt wird gebildet mit:
*had* + Partizip Perfekt

| Singular (Einzahl) | | Plural (Mehrzahl) | |
|---|---|---|---|
| I **had** <br> (**I'd**) | *ich hatte* | we **had** <br> (we'**d**) | *wir hatten* |
| you **had** <br> (you'**d**) | *du hattest* | you **had** <br> (you'**d**) | *ihr hattet* |
| he, she, it **had** <br> (he'**d**, she'**d**, it'**d**) | *er, sie, es hatte* | they **had** <br> (they'**d**) | *sie hatten* |

| | |
|---|---|
| I **had stayed.** | *Ich war geblieben.* |
| She **had eaten.** | *Sie hatte gegessen.* |

Im Gegensatz zum Deutschen wird das Plusquamperfekt stets mit *had* gebildet:

| | |
|---|---|
| I **had** been there before. | *Ich war da schon mal gewesen.* |
| She **had** gone already by the time you showed up. | *Sie war schon gegangen, als du aufgetaucht bist.* |
| We **had** just arrived when the film started. | *Wir waren gerade angekommen, als der Film anfing.* |

Die Form des Plusquamperfekt benutzt man, um über Ereignisse zu sprechen, die *vor* einem bestimmten Zeitpunkt in der Vergangenheit stattfanden:

| | |
|---|---|
| 'When I **arrived** at the bus stop the bus **had** already **gone.**' – '**Had** it? Bad luck!' | *„Als ich an der Bushaltestelle ankam, war der Bus schon weg.' –„Tatsächlich? Pech!"* |
| I **broke** my new CD player yesterday because I **hadn't read** the instructions. | *Ich habe gestern meinen neuen CD-Player ruiniert, weil ich die Bedienungsanweisung nicht gelesen hatte.* |

## Futur (Zukunft)

Das Futur wird gebildet mit:
*will* (*shall* – nur zusammen mit *I* und *we*) + Grundform des Verbs.

| Singular (Einzahl) | | Plural (Mehrzahl) | |
|---|---|---|---|
| I **will/shall** <br> (**I'll**) | *ich werde* | we **will/shall** <br> (we'**ll**) | *wir werden* |
| you **will** <br> (you'**ll**) | *du wirst* | you **will** <br> (you'**ll**) | *ihr werdet* |
| he, she, it **will** <br> (he'**ll**, she'**ll**, it'**ll**) | *er, sie, es wird* | they **will** <br> (they'**ll**) | *sie werden* |

**Englische Minigrammatik**

| | |
|---|---|
| I **shall be staying** overnight. | *Ich werde über Nacht bleiben.* |
| He **will be arriving** soon. | *Er wird bald ankommen.* |
| I **shall be working** at home all day tomorrow. | *Ich werde morgen den ganzen Tag zu Hause arbeiten.* |
| You'**ll be sunbathing** on a beach this time tomorrow. | *Du wirst morgen um diese Zeit auf einem Strand in der Sonne liegen.* |
| The new sports centre **will be opening** soon. | *Das neue Sportzentrum wird bald öffnen.* |

Man verwendet die Verlaufsform von *go + to +* **Grundform,** um über Absichten oder wahrscheinliche Ereignisse zu sprechen:

| | |
|---|---|
| I'**m going to learn** how to ski. | *Ich werde Skifahren lernen.* |
| We **are going to go** to France for our vacation. | *Wir fahren im Urlaub nach Frankreich.* |
| I think it'**s going to rain**. | *Ich denke, es wird regnen.* |

### Verlaufsform

Die Verlaufsform wird mit *be* und dem Partizip Präsens (*-ing*) gebildet. Mit der Verlaufsform wird eine Handlung ausgedrückt, die gerade abläuft, noch andauert oder noch nicht abgeschlossen ist, war oder sein wird:

| | |
|---|---|
| I **am working**. | *Ich bin beim Arbeiten.* |
| It **is raining**. | *Es regnet gerade.* |
| I **have been staying** at a hotel. | *Ich habe in einem Hotel gewohnt.* |
| I **have been trying** to call her for the last two hours, but it's no good. | *Ich versuche seit zwei Stunden, sie anzurufen, aber es klappt nicht.* |
| How long **have** you **been living** in Stuttgart? | *Wie lange wohnst du schon in Stuttgart?* |
| She'**s been listening** to rap lately. | *Neuerdings hört sie Rap.* |
| I **had been thinking** about going on holiday. | *Ich hatte dran gedacht, in Urlaub zu fahren.* |
| It had **been raining** during the night. | *Es hat während der Nacht geregnet.* |
| She **had been having** driving lessons for 5 months and felt ready for the test. | *Sie hatte seit 5 Monaten Fahrstunden gehabt und fühlte sich bereit zur Prüfung.* |

**Englische Minigrammatik**

## ▶ 5. Modalverben

Die Verben *will, shall, can, could, would, should, may, might, must* und *need not* werden zusammen mit der Grundform anderer Verben benutzt. Sie ändern ihre Form in der 3. Person Singular nie (→ es wird kein *-s* angehängt).

### will/shall

| **Singular** (Einzahl) | **Plural** (Mehrzahl) |
| --- | --- |
| I **will**/**shall** <br> (I'**ll**) | we **will**/**shall** <br> (we'**ll**) |
| you **will** <br> (you'**ll**) | you **will** <br> (you'**ll**) |
| he, she, it **will** <br> (he'**ll**, she'**ll**, it'**ll**) | they **will** <br> (they'**ll**) |

Die verneinte Kurzform: **won't, shan't** (would **not,** shall **not**)
*will* und *shall* werden in den folgenden Bedeutungen benutzt:

• Vorhaben:

| OK, we **shall** (or we'**ll**) **see** you tomorrow. | *Gut, wir sehen uns dann morgen.* |
| --- | --- |
| I **shall** (or I'**ll**) **make** a list of everything I need. | *Ich werde eine Liste von allem, was ich brauche, machen.* |

• Versprechen:

| I **will remember** to buy milk. | *Ich werde daran denken, Milch zu kaufen.* |
| --- | --- |
| I **won't forget.** | *Ich werde es nicht vergessen.* |

• Abwägen („sollen"):

| **Shall** we **tell** her or **shan't** we? | *Sollen wir es ihr sagen oder nicht?* |
| --- | --- |

• Konsequenz:

| We'**ll be** late if we don't hurry. | *Wir werden zu spät kommen, wenn wir uns nicht beeilen.* |
| --- | --- |
| I **shan't** (or **won't**) **need** these books any more. | *Ich werde diese Bücher nicht mehr brauchen.* |

• Entschiedenheit:

| No, I **won't go** mountain climbing. | *Nein, ich werde nicht zum Bergsteigen gehen.* |
| --- | --- |

Englische Minigrammatik

- Vorhersage:

| | |
|---|---|
| You'**ll love** Scotland. | *Es wird dir in Schottland gut gefallen.* |
| It'**ll be** dark soon. | *Es wird bald dunkel sein.* |
| Your dad **will be** pleased with your marks, **won't** he? | *Dein Vater wird sich über deine Noten freuen, was meinst du?* |

- Erinnerung:

| | |
|---|---|
| You **will water** the flowers, **won't** you? | *Du wirst doch die Blumen gießen?* |

- Weigerung:

| | |
|---|---|
| He **won't eat** his dinner. | *Er will das Abendessen einfach nicht essen.* |
| The car **won't start**. | *Das Auto will einfach nicht starten.* |

## can

| **Singular** (Einzahl) | **Plural** (Mehrzahl) |
|---|---|
| I **can** | we **can** |
| you **can** | you **can** |
| he, she, it **can** | they **can** |

Die verneinte Kurzform: can'**t** (can**not**)
Man verwendet *can* für:

- Fähigkeiten:

| | |
|---|---|
| '**Can** you **ride** a horse?' – 'No, I **can't**.' | *‚Kannst Du reiten?' –‚ Nein, kann ich nicht.'* |
| He **can** really **rap**! | *Rappen, das kann er einfach!* |

- Bitte und Erlaubnis:

| | |
|---|---|
| '**Can** I **borrow** your bike?' – 'Yes, of course you **can**.' | *‚Kann ich mir dein Fahrrad leihen?' ‚Ja, natürlich.'* |

- Bitten:

| | |
|---|---|
| **Can** you **help** me, please? | *Kannst du mir bitte helfen?* |
| **Can** you **tell** me how to get to the bus station? | *Kannst du mir sagen, wie ich zur Bushaltestelle komme?* |

- Vorschläge:

| | |
|---|---|
| **Can** you **ask** your mom for the money? | *Kannst du nicht deine Mutter um das Geld bitten?* |
| **Can't** you **find out** on the Internet? | *Kannst du das nicht übers Internet rausfinden?* |

# could

| Singular (Einzahl) | Plural (Mehrzahl) |
|---|---|
| I **could** | we **could** |
| you **could** | you **could** |
| he, she, it **could** | they **could** |

Die verneinte Kurzform: could**n't** (could **not**)
*could* wird verwendet für:

- Vergangenheitsform von *can*:

| | |
|---|---|
| I asked if he **could ride** a horse, but he said he **couldn't**. | *Ich habe gefragt, ob er reiten könne, aber er sagte, er könne es nicht.* |
| I had lost the key so I **couldn't open** the door. | *Ich hatte den Schlüssel verloren und konnte deshalb die Tür nicht öffnen.* |
| I **couldn't believe** it. | *Ich konnte es nicht glauben.* |

- Vorschläge:

| | |
|---|---|
| We **could go** for a swim this afternoon. | *Wir könnten heute Nachmittag schwimmen gehen.* |
| You **could dye** your hair blue. | *Du könntest dir die Haare blau färben.* |

- Höfliches Bitten:

| | |
|---|---|
| Please **could** I **open** a window? | *Könnte ich vielleicht ein Fenster öffnen?* |
| **Could** we **take** a break? | *Könnten wir eine Pause machen?* |
| Please, **could** you **help** me? | *Könntest du mir bitte helfen?* |

- Konditionalsätze:

| | |
|---|---|
| We **could fly** if we had wings. | *Wir könnten fliegen, wenn wir Flügel hätten.* |

# would

| Singular (Einzahl) | Plural (Mehrzahl) |
|---|---|
| I **would** | we **would** |
| (I'**d**) | (we'**d**) |
| you **would** | you **would** |
| (you'**d**) | (you'**d**) |
| he, she, it **could** | they **would** |
| (he'**d**, she'**d**, it'**d**) | (they'**d**) |

**Englische Minigrammatik**

Die verneinte Kurzform: would**n't** (would **not**)

Man verwendet **would** für:

- Vergangenheitsform von *will*:

| | |
|---|---|
| He promised he **would come** early. | *Er hat versprochen, früh zu kommen.* |
| I knew **we'd be** late if we didn't hurry. | *Ich wusste, dass wir zu spät kommen würden, wenn wir uns nicht beeilten.* |
| I said I **would help** but then I couldn't. | *Ich habe gesagt, ich würde helfen, aber dann konnte ich nicht.* |
| I asked him to lend me his bike, but he **wouldn't**. | *Ich habe ihn gebeten, mir sein Fahrrad zu leihen, aber er wollte nicht.* |

- Höfliches Bitten:

| | |
|---|---|
| Please **would** you **move** your car? | *Würden Sie bitte Ihr Auto wegstellen?* |
| **Would** you **go out** with me? | *Würdest du mit mir ausgehen?* |

- Mit *like*, bei Angeboten, Vermutungen, und Wünschen:

| | |
|---|---|
| **Would** you **like** something to eat? | *Möchtest du etwas zu essen?* |
| I bet you **would like** to see the concert. | *Ich wette, du möchtest zu dem Konzert gehen.* |
| **I'd like** a rest now. | *Ich möchte mich jetzt ausruhen.* |

- Konditionalsätze:

| | |
|---|---|
| I **would buy** a helicopter if I had plenty of money. | *Ich würde einen Hubschrauber kaufen, wenn ich viel Geld hätte.* |
| He **would** never **wear** that! | *Das würde er nie anziehen!* |
| It **would be** lovely to see you again. | *Es wäre sehr schön, dich wiederzusehen.* |

## should

| **Singular** (Einzahl) | **Plural** (Mehrzahl) |
|---|---|
| I should | we should |
| you should | you should |
| he, she, it should | they should |

Die verneinte Kurzform: should**n't** (should **not**)

Man verwendet **should** im Sinne von **ought to**, um Folgendes auszudrücken:

- richtiges Verhalten:

| | |
|---|---|
| You **shouldn't tell** lies, **should** you? | *Du sollst doch nicht lügen!* |

- was sein sollte:

| | |
|---|---|
| Kids **should have** supportive teachers and parents. | *Kinder sollten Lehrer und Eltern haben, die sie unterstützen.* |

- Vorschläge und Ratschläge:

| | |
|---|---|
| **Shouldn't** we **book** tickets? | *Sollten wir nicht Karten vorbestellen?* |
| You really **should check out** this new CD. | *Du solltest dir wirklich diese neue CD mal angucken.* |

- was wahrscheinlich ist:

| | |
|---|---|
| The program **should work** OK. | *Das Programm sollte jetzt laufen.* |
| Phone them – they **should be** awake by now. | *Ruf sie an, jetzt um die Zeit sollten sie wach sein.* |

## may

| **Singular** (Einzahl) | **Plural** (Mehrzahl) |
|---|---|
| I **may** | we **may** |
| you **may** | you **may** |
| he, she, it **may** | they **may** |

Man verwendet *may* für:

- Möglichkeiten:

| | |
|---|---|
| Bring a swimsuit – we **may go** swimming. | *Bring einen Badeanzug mit, wir gehen vielleicht schwimmen.* |
| It **may snow** later today. | *Kann sein, dass es nachher schneit.* |

- Bitte und Erlaubnis:

| | |
|---|---|
| '**May** I **use** your mobile?' – 'Yes, of course you **may**.' | *„Kann ich dein Handy benutzen?" – „Ja, klar kannst du."* |
| You **may unfasten** your seatbelts. | *Sie können jetzt die Sicherheitsgurte öffnen.* |
| You **may** not **take** calculators into the exam. | *Es ist nicht erlaubt, Taschenrechner mit in die Prüfung zu nehmen.* |

Englische Minigrammatik

## might

| Singular (Einzahl) | Plural (Mehrzahl) |
|---|---|
| I might | we might |
| you might | you might |
| he, she, it might | they might |

Die verneinte Kurzform: mightn't (might not)
*might* wird verwendet für:

- Möglichkeiten:

| Take an umbrella – it **might rain**. | *Nimm einen Schirm mit, es könnte regnen.* |
|---|---|
| He **might** change his mind, **mightn't** he? | *Vielleicht ändert er seine Meinung ja noch?* |

- Als Vergangenheitsform von *may*:

| We thought we **might go** swimming. | *Ich dachte, wir würden vielleicht schwimmen gehen.* |
|---|---|

## must

| Singular (Einzahl) | Plural (Mehrzahl) |
|---|---|
| I must | we must |
| you must | you must |
| he, she, it must | they must |

Die verneinte Kurzform: mustn't (must not)
Man verwendet *must* für:

- Verbote („nicht dürfen") und Anordnungen („müssen"):

| You **mustn't move** forward till the light goes green. | *Du darfst nicht losfahren, solange die Ampel nicht grün ist.* |
|---|---|
| The doctor told her that she **must lose** weight. | *Der Arzt hat ihr gesagt, dass sie abnehmen muss.* |

- Unangenehme Entscheidungen:

| I **must get up** early tomorrow. | *Ich muss morgen früh aufstehen.* |
|---|---|

- Notwendigkeiten:

| We **must try** to be fair, **mustn't we**? | *Wir müssen versuchen, fair zu sein, meinst du nicht?* |
|---|---|

- Vorschläge und Einladungen:

| | |
|---|---|
| You **must read** this book! | *Dieses Buch musst du einfach lesen!* |
| You **must come round** one evening. | *Du musst mal abends vorbeikommen.* |

- Wahrscheinlichkeit und Bestimmtheit:

| | |
|---|---|
| Their children **must be** grown up by now. | *Ihre Kinder müssten inzwischen erwachsen sein.* |
| It **must be** nice to live in the country. | *Es muss nett sein, auf dem Land zu leben.* |
| There **must be** a mistake somewhere! | *Da muss irgendwo ein Fehler sein!* |

## need not

| **Singular** (Einzahl) | **Plural** (Mehrzahl) |
|---|---|
| I **need not** | we **need not** |
| you **need not** | you **need not** |
| he, she, it **need not** | they **need not** |

Die Kurzform: need**n't** (need **not**)
*need not* bedeutet „etwas nicht brauchen":

| | |
|---|---|
| We **needn't get up** yet – it's only 6 o'clock. | *Wir brauchen noch nicht aufzustehen, es ist erst 6 Uhr.* |
| You **needn't go** to the trouble – I'll be okay. | *Du brauchst dir die Mühe nicht zu machen, es geht schon in Ordnung.* |

Englische Minigrammatik

562

## ► 6. Pronomen (Fürwort)

### Personalpronomen (persönliches Fürwort)

| Singular (Einzahl) | | | | Plural (Mehrzahl) | | | |
|---|---|---|---|---|---|---|---|
| **Subjekt** | | **Objekt** | | **Subjekt** | | **Objekt** | |
| I | *ich* | me | *mich, mir* | *we* | *wir* | *us* | *uns* |
| you | *du/Sie* | you | *dich, dir/ Sie, Ihnen* | *you* | *ihr/Sie* | you | *euch/Sie, Ihnen* |
| he | *er* | him | *ihn, ihm* | they | *sie* | them | *sie, ihnen* |
| she | *sie* | her | *sie, ihr* | | | | |
| it | *es* | it | *es, ihm* | | | | |

### Subjekt

| | |
|---|---|
| **I** saw a concert last night. | *Ich habe gestern Abend ein Konzert gesehen.* |
| **You** are a fast runner! | *Du bist aber ein schneller Läufer!* |
| **He** doesn't enjoy dancing. | *Er tanzt nicht gerne.* |
| **She** was late as usual. | *Sie war wie immer zu spät.* |
| **It**'s raining. | *Es regnet gerade.* |
| **We** want our lunch. | *Wir wollen unser Mittagessen.* |
| **You** are all welcome. | *Du bist willkommen.* |
| **They** rushed off to the gym. | *Sie machten sich eilig auf zum Fitnessstudio.* |

### Objekt

| | |
|---|---|
| Watch **me**! | *Guck **mich** an!* |
| Show **me** the photo. | *Zeig **mir** das Photo.* |
| I've chosen **you** as captain. | *Ich habe **dich** als Kapitän ausgewählt.* |
| I'm giving **you** the job. | *Ich gebe **dir** den Job.* |
| Mum likes **him**. | *Mama mag **ihn**.* |
| She baked **him** a cake. | *Sie hat **ihm** einen Kuchen gebacken.* |
| Dad scolded **her**. | *Papa hat **sie** gescholten.* |
| Send **her** a present. | *Schick **ihr** ein Geschenk.* |
| Do you like **it**? | *Magst du **es**?* |
| Give **it** some milk. | *Gib **ihm** etwas Milch.* |
| He took **us** to the airport. | *Er hat **uns** zum Flughafen gebracht.* |
| He bought **us** tickets. | *Er hat **uns** Tickets gekauft.* |
| I love **you** all. | *Ich liebe **euch** alle.* |
| We've kept **you** some seats. | *Wir haben **euch** ein paar Sitze freigehalten.* |
| I occasionally write **them** a letter. | *Ich schreibe **ihnen** ab und zu einen Brief.* |
| I miss **them**. | *Ich vermisse sie.* |

Die Präpositionen **to** oder **for** können verwendet werden, wenn das Pronomen besonders hervorgehoben werden soll:

| | |
|---|---|
| Send the document directly **to me**. | *Schicken Sie das Dokument direkt an mich.* |
| I've found just the right present **for you**. | *Ich habe genau das richtige Geschenk für dich gefunden.* |

### Possessivpronomen (besitzanzeigendes Fürwort)

Possessivpronomen werden zusammen mit Substantiven verwendet. Sie sind im Singular und Plural gleich:

| | | | |
|---|---|---|---|
| **my** book | *mein Buch* | **my** books | *meine Bücher* |
| **your** book | *dein/Ihr Buch* | **your** books | *deine/Ihre Bücher* |
| **his** book | *sein Buch* | **his** books | *seine Bücher* |
| **her** book | *ihr Buch* | **her** books | *ihre Bücher* |
| **its** ear | *sein Ohr* | **its** ears | *seine Ohren* |
| **our** car | *unser Auto* | **our** cars | *unsere Autos* |
| **your** car | *euer/Ihr Auto* | **your** cars | *eure/Ihre Autos* |
| **their** car | *ihr Auto* | **their** cars | *ihre Autos* |

Possessivpronomen werden auch allein stehend benutzt:

| | | |
|---|---|---|
| *mine* | That book is **mine**! | *Das ist mein Buch!* |
| *yours* | I'll go my way and you go **yours**. | *Ich gehe meinen Weg, und du gehst deinen.* |
| *his* | If it's **his**, give it to him. | *Wenn es seins ist, gib es ihm.* |
| *hers* | That purse is **hers** – I saw her with it yesterday. | *Das ist ihr Portemonnaie, ich habe sie gestern damit gesehen.* |
| *ours* | You got your share and we want **ours**. | *Du hast deinen Teil, und wir wollen unseren.* |
| *yours* | Hey kids, are these things **yours**? | *Hey Kinder, sind das eure Sachen?* |
| *theirs* | It isn't my car – it's **theirs**. | *Es ist nicht mein Auto, es ist ihres.* |

## Englische Minigrammatik

**564**

### Demonstrativpronomen (hinweisendes Fürwort)

| Singular (Einzahl) | | Plural (Mehrzahl) | |
|---|---|---|---|
| this | *dieser, diese, dieses* | these | *diese* |
| that | *jener, jene, jenes* | those | *jene* |

*This, that, these* und *those* können vor Substantiven oder allein stehend verwendet werden:

| | |
|---|---|
| **These jeans** fit better than **those**. **Those ones** are too tight. | *Diese Jeans passt besser als die andere. Die andere ist zu eng.* |
| **This** is an English book and **that** is a German book. | *Das hier ist ein englisches Buch, und das dort ein deutsches.* |
| **These** are wild flowers and **those** are garden flowers. | *Diese Blumen hier sind wildwachsend, die dort aus dem Garten.* |
| 'Hallo! Who's **that**?' 'Hi, Sam, **this** is Peter.' | *,Hallo! Wer ist da?' – ,Hi, Sam, hier ist Peter.'* |
| **That** was a long time ago. | *Das war vor langer Zeit.* |
| **This** has been a very long day. | *Das war heute ein sehr langer Tag.* |

### Reflexivpronomen (rückbezügliches Fürwort)

| | | |
|---|---|---|
| myself | I enjoyed **myself** at the party. | *Ich habe mich bei der Party gut amüsiert.* |
| yourself | Are **you** talking to **yourself**? | *Sprichst du mit dir selbst?* |
| himself, herself, itself | He helped **himself** to more potatoes. | *Er nahm sich noch ein paar Kartoffeln.* |
| ourselves | We've made **ourselves** at home. | *Wir haben es uns gemütlich gemacht.* |
| yourselves | Give **yourselves** a rest after that long trip. | *Ruht euch nach der langen Reise erst mal aus.* |
| themselves | **They** congratulated **themselves** on a good job. | *Sie beglückwünschten sich zu der guten Arbeit.* |

# Englische Minigrammatik

## Relativpronomen (bezügliches Fürwort)

Relativpronomen haben im Singular und im Plural dieselbe Form:

| | Personen | | Dinge | | Personen oder Dinge | |
|---|---|---|---|---|---|---|
| Nominativ | who | der, die, das | which | der, die, das | that | der, die, das |
| Genitiv | whose | dessen, deren | of which/ whose | dessen, deren | | |
| Dativ | to/for whom | dem, deren, denen | to/for which | dem, deren, denen | | |
| Akkusativ | who/whom | den, die, das | which | den, die, das | that | den, die, das |

| | |
|---|---|
| the lady **who**/**that** entered; | *die Frau, die hereinkam;* |
| people **who**/**that** love animals; | *Leute, die Tiere lieben;* |
| the things **that**/**which** interest me; | *die Dinge, die mich interessieren;* |
| children **whose** parents both work; | *Kinder, deren Eltern beide arbeiten;* |
| the man to **whom** I spoke *or* the man **that** I spoke to; | *der Mann, mit dem ich gesprochen habe;* |
| the girl **whom**/**who**/**that** I love; | *das Mädchen, das ich liebe;* |
| the subject **that**/**which** I hate; | *das Thema, das ich hasse;* |

Das Relativpronomen kann entfallen, wenn es das Objekt eines Verbs oder einer Präposition ist:

| | |
|---|---|
| the girl I love; | *das Mädchen, das ich liebe;* |
| the skates I want; | *die Schlittschuhe, die ich möchte;* |
| the man I spoke to; | *der Mann, mit dem ich gesprochen habe;* |
| the girls I go out with; | *die Mädchen, mit denen ich ausgehe;* |

## Interrogativpronomen (Fragefürwort)

| | | | |
|---|---|---|---|
| **who?** | *wer?* | **Who** said that? | *Wer hat das gesagt?* |
| **whose?** | *wessen?* | **Whose** mobile phone is ringing? | *Wessen Handy klingelt?* |
| **whom?/who?** | *wem?* | **Whom/Who** did you help? | *Wem hast du geholfen?* |
| **whom?/who?** | *wen?* | **Whom/Who** did you see? | *Wen hast du gesehen?* |
| **what?** | *was?* | **What** do you want? | *Was willst du?* |
| | | **What** caused the delay? | *Was hat die Verzögerung verursacht?* |
| **which?** | *welche, welcher, welches?* | **Which** video game has the best graphics? | *Welches Videospiel hat die besten Grafiken?* |
| | | **Which** of them is your boyfriend? | *Welcher von ihnen ist dein Freund?* |

Englische Minigrammatik

Man verwendet *who/whose/whom* um nach Personen zu fragen, *what* um nach Dingen zu fragen, und *which* um nach Personen oder Dingen innerhalb einer Gruppe zu fragen:

| | |
|---|---|
| **What colour** shall I paint the walls? | *In welcher Farbe soll ich die Wände streichen?* |
| **What English songs** do you know? | *Welche englischen Lieder kennst du?* |
| **Which subject** do you like best? | *Welches Thema magst du am liebsten?* |

**Beachte:** Wenn das **wh**-Fragewort das Subjekt eines Verbs ist, benutzt man *nicht do* um die Frage zu bilden:

| | |
|---|---|
| **Who made** that noise? | *Wer hat den Lärm gemacht?* |
| **What goes** 'miaow?' | *Was macht ‚miau'?* |

Präpositionen stehen bei einer Frage normalerweise am Ende:

| | |
|---|---|
| **Where** do you come **from**? | *Wo kommst du her?* |
| **What** are you looking **for**? | *Was suchst du?* |
| **What** do you want this **for**? | *Wofür willst du das?* |
| **What** are you laughing **at**? | *Worüber lachst du?* |
| **Who** are you speaking **to**? | *Mit wem sprichst du?* |

### Die unbestimmten Pronomen *some* und *any*

Man verwendet *some* und seine Verbindungen (*someone/somebody, something*)

• in positiven Sätzen:

| | |
|---|---|
| I'd better buy **some** flowers for her. | *Ich würde besser ein paar Blumen für sie kaufen.* |
| There's **some** food in the fridge. | *Im Kühlschrank ist was zu essen.* |
| Wear **something** cool. | *Zieh was Cooles an.* |
| **Somebody** is knocking at the door. | *Jemand klopft an der Tür.* |
| 'Is that strawberry jam?' 'Yes, do have **some**.' | *‚Ist das Erdbeermarmelade?' – ‚Ja, nimm dir davon.'* |

• in Fragen, auf die man positive Antworten erwartet:

| | |
|---|---|
| 'Could I have **some** more tea?' 'Yes, help yourself.' | *‚Könnte ich noch etwas Tee haben?' – ‚Ja, bedien dich.'* |

Man verwendet *any* und seine Verbindungen (*anyone/anybody, anything*)

• in negativen Sätzen und Sätzen mit negativen Adverbien wie z. B.
*hardly, seldom, barely, rarely*:

| | |
|---|---|
| I **haven't** got **any** friends in London | *Ich habe überhaupt keine Freunde in London.* |
| I **hardly** know **anybody** there. | *Ich kenne dort kaum jemanden.* |

- in Fragen, bei denen die Antwort unbestimmt ist:

| | |
|---|---|
| Does **anybody** here speak Japanese? | *Spricht hier irgendjemand Japanisch?* |
| Are there **any** chocolates left? | *Sind noch ein paar Pralinen übrig?* |
| Can I do **anything** for you? | *Kann ich irgendwas für dich tun?* |

- in Konditionalsätzen:

| | |
|---|---|
| I've probably eaten all the chocolates, but **if** you can find **any,** you're welcome to them. | *Es kann sein, dass ich alle Pralinen gegessen habe, aber wenn du welche findest, dann kannst du sie gerne nehmen.* |

Die unbestimmten Pronomen ***somebody/someone, anybody/anyone, nobody/no-one*** und ***everybody/everyone*** sind zwar Singular, man nimmt aber mit dem Plural ***they, them*** auf sie Bezug:

| | |
|---|---|
| Phone **everybody** and tell **them** about the change of plan. | *Ruf jeden an und informiere sie über die Änderung des Plans.* |

**Englische Minigrammatik**

## ▶ 7. Präpositionen (Verhältniswörter)

### above

| | |
|---|---|
| Your nose is **above** your mouth. | *Deine Nase ist über deinem Mund.* |
| Our plane flew **above** the clouds. | *Unser Flugzeug flog über den Wolken.* |

### across

| | |
|---|---|
| A fallen tree was lying **across** the path. | *Ein umgestürzter Baum lag quer über den Weg.* |
| Can you swim right **across** the river? | *Kannst du über den Fluss schwimmen?* |
| The post office is just **across** the street. | *Die Post ist auf der anderen Straßenseite.* |

### after

| | |
|---|---|
| The dog is running **after** the cat. | *Der Hund läuft der Katze hinterher.* |
| Which letter comes **after** T in the alphabet? | *Welcher Buchstabe kommt im Alphabet nach T?* |

### against

| | |
|---|---|
| Peter is leaning **against** the wall. | *Peter lehnt an der Wand.* |
| Jean and Kate are playing **against** each other in the finals. | *Jean und Kate spielen im Endspiel gegeneinander.* |

### ahead of

| | |
|---|---|
| There are three people **ahead of** me in the queue. | *Es sind drei Leute vor mir in der Schlange.* |
| Jane is well **ahead of** the other runners. | *Jane ist den anderen Läufern weit voraus.* |

### along

| | |
|---|---|
| There are cars parked all **along** the road. | *Entlang der ganzen Straße sind Autos geparkt.* |
| Sue is jogging **along** the track. | *Sue joggt den Weg entlang.* |
| The barges moved slowly **along** the canal. | *Die Lastkähne bewegten sich langsam den Kanal entlang.* |

**Englische Minigrammatik**

## among

| | |
|---|---|
| There's a wolf **among** the sheep. | *Es ist ein Wolf unter den Schafen.* |
| You can share these sweets **among** you. | *Ihr könnt diese Süßigkeiten unter euch aufteilen.* |

## around, round, about

| | |
|---|---|
| We sat **around** (or **round**) the table. | *Wir saßen um den Tisch.* |
| Don't leave your books lying **around** (or **about**) the room. | *Lass deine Bücher nicht im Zimmer herumliegen.* |
| I don't know my way **about** (or **around**) the school yet. | *Ich kenne mich in der Schule noch nicht aus.* |

## as

| | |
|---|---|
| Sam is nearly **as** tall **as** his Dad. | *Sam ist fast so groß wie sein Vater.* |

## at

| | |
|---|---|
| Three people are waiting **at** the bus stop. | *Es warten drei Leute an der Bushaltestelle.* |
| Mum is not **at** home. | *Mama ist nicht zu Hause.* |
| She is **at** a meeting. | *Sie ist in einer Besprechung.* |
| I live **at** 56 Market Street. | *Ich wohne in der Market Street 56.* |
| Four people are sitting **at** the table. | *Es sitzen vier Leute am Tisch.* |
| Tony threw a snowball **at** me. | *Tony warf einen Schneeball nach mir.* |
| You're very good **at** skateboarding! | *Du fährst sehr gut Skateboard!* |
| The CDs are on sale **at** £4.50 each. | *Die CDs sind im Sonderangebot für je £4.50.* |
| She's driving **at** 100 km per hour. | *Sie fährt 100 km/h.* |

**Englische Minigrammatik**

### behind

| | |
|---|---|
| The sun disappeared **behind** a cloud. | *Die Sonne verschwand hinter einer Wolke.* |
| I'm standing **behind** Emma, and Susan is standing **behind** me. | *Ich stehe hinter Emma, und Susan steht hinter mir.* |

### below

| | |
|---|---|
| Your chin is **below** your mouth. | *Dein Kinn ist unter deinem Mund.* |
| The sun sank **below** the horizon. | *Die Sonne verschwand hinter dem Horizont.* |

### beneath, underneath, under

| | |
|---|---|
| There are two stools **beneath** (or **underneath** or **under**) the table. | *Es sind zwei Hocker unter dem Tisch.* |
| Place a mat **beneath** (or **underneath** or **under**) the mug. | *Leg einen Untersetzer unter die Tasse.* |

### beside

| | |
|---|---|
| Sally is sitting on the sofa with Ben **beside** her. | *Sally sitzt auf dem Sofa mit Ben neben sich.* |
| The railway runs **beside** the road. | *Die Eisenbahnlinie verläuft neben der Straße.* |

### between, in between

| | |
|---|---|
| A truck is parked **between** the two cars. | *Ein Lastwagen parkt zwischen den beiden Autos.* |
| Food sometimes gets stuck **in between** your teeth. | *Essen bleibt manchmal zwischen den Zähnen hängen.* |

**Englische Minigrammatik**

## by

| | |
|---|---|
| It's nice to sit **by** the fire in winter. | *Es ist schön, im Winter am Feuer zu sitzen.* |
| Granny lives **by** the sea. | *Oma wohnt am Meer.* |
| Sue travels to work **by** train. | *Susan fährt mit dem Zug zur Arbeit.* |
| Do you prefer to travel **by** sea or **by** air? | *Reist du lieber mit dem Schiff oder mit dem Flugzeug?* |
| A lot of litter was left **by** the tourists. | *Die Touristen hinterließen viel Müll.* |
| Did you build that model **by** yourself? | *Hast du dieses Model selbst gebaut?* |

## close to

| | |
|---|---|
| Don't stand so **close to** me! | *Steh nicht so dicht neben mir!* |

## down

| | |
|---|---|
| Dave jumped **down** the steps two at a time. | *Dave sprang, zwei auf einmal nehmend, die Stufen hinunter.* |
| Please don't drop litter **down** the lift shaft. | *Bitte keinen Müll in den Aufzugschacht werfen.* |

## except

| | |
|---|---|
| I like all kinds of fruit **except** grapefruits. | *Ich mag alle Früchte außer Grapefruits.* |
| Everyone **except** Peter is working hard. | *Alle außer Peter arbeiten hart.* |

# Englische Minigrammatik

**572**

**for**

| | |
|---|---|
| Here's a present **for** you. | *Hier ist ein Geschenk für dich.* |
| I got a computer game **for** my birthday. | *Ich habe zum Geburtstag ein Computerspiel bekommen.* |
| I'm going to Scotland **for** my holidays. | *Ich fahre in meinen Ferien nach Schottland.* |
| What is this tool **for**? | *Wofür ist dieses Werkzeug?* |
| I asked her **for** a packet of crisps. | *Ich habe sie um einer Packung Chips gebeten.* |

**from**

| | |
|---|---|
| Here's a letter **from** Peter. | *Hier ist ein Brief von Peter.* |
| How far is it **from** Oxford to Cambridge? | *Wie weit ist es von Oxford nach Cambridge?* |
| Your bike is different **from** mine. | *Dein Fahrrad ist anders als meins.* |

**in**

| | |
|---|---|
| Jenny is sitting **in** the big armchair. | *Jenny sitzt im großen Sessel.* |
| What is **in** this box? | *Was ist in dieser Kiste?* |
| Dave and Fred are **in** the football team. | *Dave und Fred sind in der Fußballmannschaft.* |
| This computer was made **in** Taiwan. | *Dieser Computer wurde in Taiwan hergestellt.* |
| I saw the advertisement **in** a newspaper. | *Ich habe die Anzeige in einer Zeitung gesehen.* |
| Are you **in** this photograph? | *Bist du auf diesem Foto?* |

**Englische Minigrammatik**

### in front of

| | |
|---|---|
| This is a picture of me **in front of** our house. | *Das ist ein Bild von mir vor unserem Haus.* |
| I had to stand up **in front of** the class and tell a story. | *Ich musste mich vor die Klasse stellen und eine Geschichte erzählen.* |
| I talked to the boy **in front of** me at the checkout. | *Ich sprach mit dem Jungen vor mir an der Kasse.* |

### inside

| | |
|---|---|
| How did that fly get **inside** the balloon? | *Wie ist diese Fliege in den Luftballon gekommen?* |

### instead of

| | |
|---|---|
| Try using a pen **instead of** a pencil. | *Versuch einen Füller statt eines Bleistifts zu benutzen.* |

### into

| | |
|---|---|
| I cut the tart **into** eight pieces. | *Ich schneide den Kuchen in acht Stücke.* |
| He got **into** bed and fell asleep right away. | *Er ging ins Bett und schlief sofort ein.* |
| The bird dived **into** the water. | *Der Vogel tauchte ins Wasser ein.* |

### like

| | |
|---|---|
| I have a bike **like** that. | *Ich habe ein Fahrrad wie dieses.* |
| George is very **like** his Dad. | *George ist seinem Vater sehr ähnlich.* |

### near, close to

| | |
|---|---|
| Our new flat is very **near** (or **close to**) the shopping centre. | *Unsere neue Wohnung ist sehr nahe beim Einkaufs-zentrum.* |

# Englische Minigrammatik

## of

| | |
|---|---|
| Would you like a cup **of** tea and a slice **of** cake? | *Möchtest du eine Tasse Tee und ein Stück Kuchen?* |
| The bucket is full **of** water. | *Der Eimer ist voll Wasser.* |
| I'm afraid **of** spiders. | *Ich habe Angst vor Spinnen.* |

## off

| | |
|---|---|
| Fred fell **off** his stool. | *Fred fiel von seinem Hocker.* |
| Two people got **off** the train. | *Zwei Leute stiegen aus dem Zug aus.* |
| A buckle has come **off** my shoe. | *Mir ist der Schuh aufgegangen.* |
| Please keep **off** the flowerbeds. | *Bitte die Blumenbeete nicht betreten.* |

## on

| | |
|---|---|
| There's a jug of juice **on** the table. | *Es ist ein Krug mit Saft auf dem Tisch.* |
| You've got a dirty mark **on** your face. | *Du hast einen Schmutzfleck im Gesicht.* |
| That's a nice picture **on** the wall. | *Das ist ein hübsches Bild an der Wand.* |
| The diagram you want is **on** page 24. | *Das Schaubild, das du möchtest, ist auf Seite 24.* |
| There's a good film **on** television tonight. | *Sie zeigen heute Abend einen guten Film im Fernsehen.* |
| Dad is **on** the phone. | *Papa ist am Telefon.* |
| I write all my letters **on** my computer. | *Ich schreibe alle meine Briefe auf meinem Computer.* |
| Our neighbours are away **on** holiday. | *Unsere Nachbarn sind im Urlaub.* |

## onto

| | |
|---|---|
| The dog is not allowed to climb onto the bed. | *Der Hund darf nicht aufs Bett klettern.* |
| Sally is getting **onto** the bus. | *Sally steigt in den Bus.* |

## on top of

| | |
|---|---|
| The dirty dishes are piled one **on top of** another in the sink. | *Das schmutzige Geschirr stapelt sich im Waschbecken.* |
| Your spectacles are **on top of** the bookcase. | *Deine Brille ist auf dem Bücherschrank.* |

## opposite

| | |
|---|---|
| Jack is sitting **opposite** Milly. | *Jack sitzt Milly gegenüber.* |
| The school is **opposite** the public library. | *Die Schule ist gegenüber der Bücherei.* |

## out of

| | |
|---|---|
| George is looking **out of** the window. | *George schaut aus dem Fenster.* |
| Zoë is climbing **out of** the swimming pool. | *Zoë steigt aus dem Schwimmbecken.* |
| Steve took some plates **out of** the cupboard. | *Steve nahm Teller aus dem Schrank.* |

## outside

| | |
|---|---|
| I'll wait **outside** the gate for you. | *Ich werde vor dem Tor auf dich warten.* |
| Don't go **outside** the school grounds. | *Verlasst das Schulgelände nicht.* |

## over, all over

| | |
|---|---|
| The horse jumped **over** the gate. | *Das Pferd sprang über das Gatter.* |
| We are now flying **over** the Alps. | *Wir fliegen gerade über die Alpen.* |
| You've got paint **all over** your shirt. | *Du hast überall Farbe auf dem Hemd.* |
| Children **over** 5 must have a ticket. | *Kinder über 5 brauchen einen Fahrschein.* |

# Englische Minigrammatik

## past

| | |
|---|---|
| Harry waved as I walked **past** his house. | *Harry hat gewinkt, als ich an seinem Haus vorbei ging.* |

## through

| | |
|---|---|
| There's a train coming **through** the tunnel. | *Es kommt ein Zug durch den Tunnel.* |
| The window is so dirty you can't see **through** it. | *Das Fenster ist so schmutzig, dass man nicht hindurchsehen kann.* |

## than

| | |
|---|---|
| Dave is already taller **than** his Dad. | *Dave ist schon größer als sein Vater.* |

## to

| | |
|---|---|
| Give it **to** me. | *Gib es mir.* |
| I must write **to** Uncle Robert. | *Ich muss Onkel Robert schreiben.* |
| Who is Mum talking **to**? | *Mit wem spricht Mama?* |
| Does this train go **to** Edinburgh? | *Fährt dieser Zug nach Edinburgh?* |
| Sally has just been **to** the hairdresser. | *Sally war gerade beim Frisör.* |
| I usually walk **to** school in the mornings. | *Normalerweise gehe ich morgens zu Fuß zur Schule.* |
| Peter pinned the badge **to** his pullover. | *Peter steckte das Abzeichen an seinen Pullover.* |
| Do these gloves belong **to** you? | *Gehören diese Handschuhe dir?* |
| Where is the key **to** this cupboard? | *Wo ist der Schlüssel zu diesem Schrank?* |

## towards

| | |
|---|---|
| The cat is crawling **towards** the bird. | *Die Katze kriecht auf den Vogel zu.* |

**Englische Minigrammatik**

## under

| | |
|---|---|
| The key is **under** the doormat. | *Der Schlüssel ist unter der Fußmatte.* |
| How long can you stay **under** the water? | *Wie lange kannst du unter Wasser bleiben?* |
| Children **under** 5 travel free. | *Kinder unter 5 fahren umsonst.* |

## up

| | |
|---|---|
| The cat climbed **up** the tree. | *Die Katze kletterte auf den Baum.* |
| Jane ran **up** the stairs two at a time. | *Jane rannte die Treppe hinauf, zwei Stufen auf einmal nehmend.* |

## with

| | |
|---|---|
| I'm eating my lunch **with** a fork. | *Ich esse mein Mittagessen mit einer Gabel.* |
| Susan is dancing **with** Frank. | *Susan tanzt mit Frank.* |
| The furniture is covered **with** dust. | *Die Möbel sind mit Staub bedeckt.* |
| What's wrong **with** my computer? | *Was stimmt nicht mit meinem Computer?* |
| Dad is very angry **with** us! | *Papa ist sehr wütend auf uns!* |

## within

| | |
|---|---|
| The ball has to land **within** this circle. | *Der Ball muss innerhalb dieses Kreises aufkommen.* |

## without

| | |
|---|---|
| A Manx cat is a cat **without** a tail. | *Eine Manxkatze ist eine Katze ohne Schwanz.* |
| I cannot see very well **without** my glasses. | *Ich kann ohne meine Brille nicht sehr gut sehen.* |

# Englische Minigrammatik

## Präpositionen der Zeit

### about, around

| | |
|---|---|
| I'll call you **about** (or **around**) 11 o'clock. | *Ich rufe dich gegen 11 Uhr an.* |

### after

| | |
|---|---|
| Carol arrived **after** 11 o'clock. | *Carol kam nach 11 Uhr an.* |
| **After** lunch I'll go shopping. | *Nach dem Mittagessen werde ich einkaufen gehen.* |

### at

| | |
|---|---|
| The lesson starts **at** 9 o'clock. | *Die Unterrichtsstunde beginnt um 9 Uhr.* |
| Some animals are active only **at** night. | *Manche Tiere sind nur nachts aktiv.* |
| In Britain children start school **at** the age of five. | *In Großbritannien gehen die Kinder mit 5 Jahren in die Schule.* |

### before

| | |
|---|---|
| You must be home **before** 11 o'clock. | *Du musst vor 11 Uhr zu Hause sein.* |
| Always wash your hands **before** eating. | *Wasche immer deine Hände vor dem Essen.* |

### between ... and

| | |
|---|---|
| The office is open **between** 9 o'clock **and** 11 o'clock today. | *Das Büro ist heute zwischen 9 Uhr und 11 Uhr geöffnet.* |

### by

| | |
|---|---|
| Please hand in your work **by** 11 o'clock. | *Bitte geben Sie ihre Arbeit bis 11 Uhr ab.* |
| We hope the house will be finished **by** the end of May. | *Wir hoffen, das Haus wird Ende Mai fertig sein.* |
| Animals that hunt **by** (or **at**) night are called nocturnal animals. | *Tiere die nachts jagen, nennt man Nachttiere.* |

**for**

| | |
|---|---|
| I've been waiting at this bus stop **for** a quarter of an hour. | *Ich habe an dieser Bushaltestelle eine Viertelstunde gewartet.* |
| Dad's going abroad **for** three weeks. | *Papa geht für drei Wochen ins Ausland.* |

**from … to, till, until**

| | |
|---|---|
| The shop is open **from** 9 o'clock **to** (or **till** or **until**) 11 o'clock today. | *Das Geschäft ist heute von 9 Uhr bis 11 Uhr geöffnet.* |

**during**

| | |
|---|---|
| Pupils only attend school **during** the morning. | *Die Schüler besuchen die Schule nur am Vormittag.* |
| I visited the Tower of London **during** my holiday. | *Während meiner Ferien habe ich den Tower in London besichtigt.* |

**in**

| | |
|---|---|
| I must leave **in** ten minutes. | *Ich muss in zehn Minuten gehen.* |
| Pupils do their homework **in** the afternoon. | *Die Schüler machen Ihre Hausaufgaben am Nachmittag.* |
| We always go abroad **in** the summer. | *Wir fahren im Sommer immer ins Ausland.* |
| We moved to Surrey **in** 1998. | *Wir sind 1998 nach Surrey gezogen.* |

**on**

| | |
|---|---|
| I was born **on** 24th February 1990. | *Ich bin am 24. Februar 1990 geboren.* |
| Do you go to school **on** Saturdays? | *Gehst du samstags in die Schule?* |
| I had an exam **on** Friday. | *Ich hatte am Freitag eine Prüfung.* |
| We open our presents **on** Christmas Eve. | *Wir öffnen unsere Geschenke am Weihnachtsabend.* |

# Englische Minigrammatik

## past

| | |
|---|---|
| The time is a quarter **past** eleven. | *Es ist Viertel nach elf.* |
| Get up! It's half **past** eight! | *Steh auf! Es ist halb neun.* |
| The bus leaves at twenty-five **past** six. | *Der Bus fährt fünfundzwanzig nach sechs.* |

## since

| | |
|---|---|
| Mum has been talking to her friend ever **since** 10 o'clock. | *Mama redet schon seit 10 Uhr mit ihrer Freundin.* |
| We have lived in London **since** 2001. | *Wir wohnen seit 2001 in London.* |

## to

| | |
|---|---|
| The time is a quarter **to** eleven. | *Es ist Viertel vor elf.* |
| Hurry up! It's ten **to** nine! | *Beeil dich! Es ist zehn vor neun!* |

## until, till

| | |
|---|---|
| The doctor will be in her surgery **until** (or **till**) 1 o'clock. | *Der Arzt wird bis 1 Uhr in der Praxis sein.* |

**581**                                                                                    **Englische Minigrammatik**

## ▶ 8. Konjunktionen (Bindewörter)

Konjunktionen sind Wörter wie **and, or** und **but**, die verwendet werden um Wörter, Wendungen oder Sätze miteinander zu verbinden.

Dogs **and** cats are the most popular household pets. *Hunde **und** Katzen sind die beliebtesten Haustiere.*

Would you like tea **or** coffee? *Möchten Sie Tee **oder** Kaffee?*

Our holiday was short **but** enjoyable. *Unser Urlaub war zwar kurz, **aber** nett.*

I tried to open the door **but** it was locked. *Ich versuchte die Tür zu öffnen, **aber** sie war abgeschlossen.*

**Both** Kate **and** Emma want to go to university. *Sowohl Kate **als auch** Emma wollen studieren.*

Simon was **both** a good footballer **and** an expert swimmer. *Simon war **sowohl** ein guter Fußballspieler **als auch** ein erfahrener Schwimmer.*

George **both** looks like his Dad **and** behaves like him. *George sieht aus wie sein Vater **und** benimmt sich auch wie er.*

There's **either** jelly **or** ice cream for dessert. *Es gibt **entweder** Wackelpudding **oder** Eis zum Nachtisch.*

My keys are **either** somewhere in my bag **or** in the car. *Meine Schlüssel sind **entweder** irgendwo in meiner Tasche **oder** im Auto.*

My keys were **neither** in my bag **nor** in the car. *Meine Schlüssel waren **weder** in meiner Tasche **noch** im Auto.*

He **neither** likes sport **nor** takes any kind of exercise. *Er mag **weder** Sport **noch** hält er sich auf irgendeine Weise fit.*

## Englische Minigrammatik

### Konjunktionen der Zeit

| | |
|---|---|
| Remember to water the flowers, **while** you are staying in the apartment. | *Denk daran die Blumen zu gießen, **solange** du in der Wohnung bist.* |
| Call me **as soon as** you arrive. | *Ruf mich an, **sobald** du ankommst.* |
| I hurt my ankle **when** I fell down the stairs. | *Ich habe mir den Knöchel verletzt, **als** ich die Treppe hinunter fiel.* |
| He whistled **as** he walked along the road. | *Er ging pfeifend die Straße entlangging.* |
| Read the document carefully **before** you sign it! | *Lesen Sie das Dokument genau durch, **bevor** Sie es unterschreiben!* |
| **After** you have signed it, return it in the envelope provided. | *Schicken Sie es im beigefügten Umschlag zurück, **nachdem** Sie es unterschrieben haben.* |
| **Once** you have read the instructions properly, you may use the machine. | ***Wenn** du die Anweisungen gründlich gelesen hast, kannst du die Maschine benutzen.* |
| You've grown a lot **since** I last saw you. | *Du bist groß geworden, **seit** ich dich das letzte Mal gesehen habe.* |
| Wait here **until** I call you. | *Warte hier, **bis** ich dich rufe.* |

### Konjunktionen des Ortes

| | |
|---|---|
| This is **where** we live. | *Hier wohnen wir.* |
| These plants will grow **wherever** the soil is sandy. | *Diese Pflanzen wachsen **überall dort, wo** der Boden sandig ist.* |

# Englische Minigrammatik

## Konjunktionen des Grundes

| | |
|---|---|
| Barbara went out for a walk **because** she needed some exercise. | *Barbara ging nach draußen spazieren, **weil** sie etwas Bewegung brauchte.* |
| **Seeing** the weather is so bad, we shall have to cancel the match. | ***Da** das Wetter so schlecht ist, werden wir das Spiel absagen müssen.* |
| You can stay up late tonight, **since** it's your birthday. | *Du darfst heute lange aufbleiben, **weil** du Geburtstag hast.* |
| **As** I didn't have his home telephone number, I rang his mobile. | ***Da** ich seine Festnetznummer nicht hatte, rief ich ihn auf dem Handy an.* |
| Take an umbrella **in case** it rains. | *Nimm einen Schirm mit, **falls** es regnet.* |

## Konjunktionen des Zwecks

| | |
|---|---|
| Wait for an hour or two, **so that** the paint has time to dry. | *Warte eine oder zwei Stunden, **damit** die Farbe trocknen kann.* |
| Keep your comments brief, **in order that** everyone gets a chance to speak. | *Halten Sie Ihre Kommentare kurz, **so dass** jeder die Chance bekommt etwas zu sagen.* |
| Get there early, **in order** to be sure of a seat. | *Sei früh da, **um** sicher einen Platz zu bekommen.* |

## Konjunktionen des Zugeständnisses

| | |
|---|---|
| **Although** I didn't have a map, I found the right street easily. | ***Obwohl** ich keine Karte hatte, habe ich die richtige Straße leicht gefunden.* |
| We completed our walk in good time, **though** the weather was not ideal. | *Wir lagen bei unserer Tour gut in der Zeit, **obwohl** das Wetter nicht optimal war.* |
| I enjoyed the Italian play, **even though** I didn't understand very much. | *Ich habe das italienische Theaterstück genossen, **auch wenn** ich nicht viel verstanden habe.* |
| The spoons are lovely, **even if** they aren't real silver. | *Die Löffel sind sehr hübsch, **auch wenn** sie nicht echt Silber sind.* |

## Englische Minigrammatik

### Konjunktionen der Art und Weise

| | |
|---|---|
| Fred stared at the numbers, **as if** he was trying to memorize them. | *Fred starrte auf die Zahlen, **als ob** er versuchte, sie sich einzuprägen.* |
| It was raining **as though** it would never stop. | *Es regnete, **als ob** es nie mehr aufhören würde.* |
| Andrew laid the table **the way** his mother always did it. | *Andrew deckte den Tisch **so, wie** es seine Mutter immer getan hatte.* |
| Jim shrieked **like** he had seen a ghost. | *Jim schrie, **als** hätte er einen Geist gesehen.* |

### Konjunktionen des Vergleichs

| | |
|---|---|
| I can't walk **as** fast **as** you can. | *Ich kann nicht **so** schnell gehen **wie** du.* |
| Their television has a clearer picture **than** ours does. | *Ihr Fernseher hat ein klareres Bild **als** unserer.* |

### Konjunktionen der Folge

| | |
|---|---|
| It started to rain, **so** we couldn't finish our game. | *Es fing an zu regnen, **so dass** wir unser Spiel nicht beenden konnten.* |
| The moon went behind a cloud, **so that** we could no longer see our way. | *Der Mond verschwand hinter einer Wolke, **so dass** wir unseren Weg nicht mehr sehen konnten.* |
| Charley cycled so fast **that** he got home before the bus. | *Charley fuhr mit dem Rad so schnell, **dass** er vor dem Bus zu Hause war.* |

### Konjunktionen der Bedingung

| | |
|---|---|
| **If** you know the answer, put your hand up. | ***Wenn** ihr die Antwort wisst, hebt die Hand.* |
| You may go out **as long as** you tell me where you are going. | *Du kannst ausgehen, **wenn** du mir sagst, wo du hingehst.* |
| You'll never get to university **unless** you work hard now. | *Du wirst nie studieren können, **wenn** du jetzt **nicht** hart arbeitest.* |

**Indirekte Rede**

Dave told me **that** he was moving to London.

*Dave erzählte mir, **dass** er nach London zieht.*

We wondered **whether** we'd get our exam results before the end of the week.

*Wir haben uns gefragt, **ob** wir unsere Prüfungsergebnisse noch vor Ende der Woche bekommen würden.*

▶ **9. Question Tags (Bestätigungsfragen)**

Nach einer **positiven Aussage**, kommt eine **negative Question Tag** (Bestätigungsfrage).

*I'm a bit late, **aren't I?***
*You're coming with me, **aren't you?***
*Joe is your friend, **isn't he?***
*Everybody was happy, **weren't they?***
*It was a great day, **wasn't it?***
*You've finished, **haven't you?***
*I'd better explain, **hadn't I?***
*You agree with me, **don't you?***
*That fish smells, **doesn't it?***
*They got worried, **didn't they?***
*Lisa can come too, **can't she?***
*You could help me, **couldn't you?***
*You will remember, **won't you?***
*We shall need this map, **shan't we?***
*You must be quick, **mustn't you?***

Nach einer **negativen Aussage**, kommt eine **positive Question Tag** (Bestätigungsfrage).

*I'm **not** too late, **am I?***
*You **aren't** listening, **are you?***
*It **isn't** raining, **is it?***
*There were **no** chips left, **were there?***
*You **haven't** seen this film before, **have you?***
*Harry **hasn't** changed his email address, **has he?***
*I'd better **not** delete this file, **had I?***
*You **don't** like my new shoes, **do you?***
*It **doesn't** matter too much, **does it?***
*Nobody **called** while I was out, **did they?***
*We **can't** get in without a key, **can we?***
*I **couldn't** leave without saying goodbye, **could I?***
*You **won't** forget, **will you?***
*You **wouldn't** think it was summer, **would you?***
*There **shouldn't** be any problems, **should there?***

# Übersicht über die wichtigsten unregelmäßigen englischen Verben

| Infinitiv | Präteritum | Partizip Perfekt | Deutsch |
|---|---|---|---|
| arise | arose | arisen | entstehen |
| awake | awoke | awaked, awoken | aufwachen |
| be | was, were | been | sein |
| bear | bore | borne | ertragen |
| beat | beat | beaten | schlagen |
| become | became | become | werden |
| begin | began | begun | beginnen |
| bend | bent | bent | biegen |
| beseech | besought | besought | anflehen |
| beset | beset | beset | bedrängen |
| bet | bet, betted | bet, betted | wetten |
| bid | bid | bid | bieten |
| bind | bound | bound | binden |
| bite | bit | bitten | beißen |
| bleed | bled | bled | bluten |
| blow | blew | blown | blasen |
| break | broke | broken | brechen |
| breed | bred | bred | züchten |
| bring | brought | brought | bringen |
| build | built | built | bauen |
| burn | burnt, burned | burnt, burned | brennen |
| burst | burst | burst | bersten |
| buy | bought | bought | kaufen |
| can | could | – | können |
| catch | caught | caught | fangen |
| choose | chose | chosen | wählen |
| cling | clung | clung | haften |
| come | came | come | kommen |
| cost | cost | cost | kosten |
| creep | crept | crept | kriechen |
| cut | cut | cut | schneiden |
| deal | dealt | dealt | handeln |
| dig | dug | dug | graben |
| do | did | done | tun |
| draw | drew | drawn | zeichnen |

| Infinitiv | Präteritum | Partizip Perfekt | Deutsch |
|---|---|---|---|
| dream | dreamed, dreamt | dreamed, dreamt | träumen |
| drink | drank | drunk | trinken |
| drive | drove | driven | fahren |
| dwell | dwelt | dwelt | wohnen |
| eat | ate | eaten | essen |
| fall | fell | fallen | fallen |
| feed | fed | fed | füttern; ernähren |
| feel | felt | felt | fühlen |
| fight | fought | fought | kämpfen |
| find | found | found | finden |
| flee | fled | fled | fliehen |
| fling | flung | flung | schleudern |
| fly | flew | flown | fliegen |
| forbid | forbad(e) | forbidden | verbieten |
| forget | forgot | forgotten | vergessen |
| freeze | froze | frozen | (ge)frieren |
| get | got | got, (USA) gotten | bekommen |
| give | gave | given | geben |
| go | went | gone | gehen; fahren |
| grind | ground | ground | mahlen |
| grow | grew | grown | wachsen |
| hang | hung | hung | hängen |
| have | had | had | haben |
| hear | heard | heard | hören |
| hide | hid | hidden | verstecken |
| hit | hit | hit | schlagen |
| hold | held | held | halten |
| hurt | hurt | hurt | verletzen; weh tun |
| keep | kept | kept | halten; aufbewahren |
| kneel | knelt | knelt | knien |
| know | knew | known | wissen |
| lay | laid | laid | legen |

# Unregelmäßige englische Verben

| Infinitiv | Präteritum | Partizip Perfekt | Deutsch |
|-----------|------------|------------------|---------|
| lead | led | led | führen |
| lean | leaned, leant | leaned, leant | sich (an)lehnen |
| leap | leaped, leapt | leaped, leapt | springen, hüpfen |
| learn | learned, learnt | learned, learnt | lernen |
| leave | left | left | verlassen |
| lend | lent | lent | leihen |
| let | let | let | lassen |
| lie | lay | lain | liegen |
| light | lit, lighted | lit, lighted | anzünden |
| lose | lost | lost | verlieren |
| make | made | made | machen |
| may | might | – | dürfen |
| mean | meant | meant | meinen |
| meet | met | met | treffen |
| mistake | mistook | mistaken | missverstehen |
| mow | mowed | mown, mowed | mähen |
| pay | paid | paid | zahlen |
| put | put | put | stellen, legen |
| quit | quit, quitted | quit, quitted | kündigen; verlassen |
| read | read | read | lesen |
| rid | rid | rid | befreien |
| ride | rode | ridden | reiten |
| ring | rang | rung | klingeln |
| rise | rose | risen | aufstehen |
| run | ran | run | rennen |
| saw | sawed | sawed, sawn | sägen |
| say | said | said | sagen |
| see | saw | seen | sehen |
| seek | sought | sought | suchen |
| sell | sold | sold | verkaufen |
| send | sent | sent | schicken |
| set | set | set | setzen |

| Infinitiv | Präteritum | Partizip Perfekt | Deutsch |
|-----------|------------|------------------|---------|
| sew | sewed | sewed, sewn | nähen |
| shake | shook | shaken | schütteln; erschüttern |
| shave | shaved | shaved, shaven | rasieren |
| shed | shed | shed | vergießen |
| shine | shone | shone | scheinen; leuchten |
| shoot | shot | shot | schießen |
| show | showed | shown | zeigen; ausstellen |
| shrink | shrank | shrunk | eingehen |
| shut | shut | shut | schließen, zumachen |
| sing | sang | sung | singen |
| sink | sank | sunk | sinken |
| sit | sat | sat | sitzen |
| sleep | slept | slept | schlafen |
| slide | slid | slid | rutschen |
| sling | slung | slung | schleudern |
| slit | slit | slit | (auf)schlitzen |
| smell | smelled, smelt | smelled, smelt | riechen |
| sow | sowed | sowed, sown | (aus)säen |
| speak | spoke | spoken | sprechen |
| speed | speeded, sped | speeded, sped | sausen, jagen |
| spell | spelled, spelt | spelled, spelt | buchstabieren |
| spend | spent | spent | ausgeben/ verbringen |
| stand | stood | stood | stehen |
| steal | stole | stolen | stehlen |
| swell | swelled | swollen | schwellen |
| swim | swam | swum | schwimmen |
| swing | swung | swung | schwingen; schaukeln |
| take | took | taken | nehmen |

# Unregelmäßige englische Verben

| Infinitiv | Präteritum | Partizip Perfekt | Deutsch |
|-----------|-----------|------------------|---------|
| **teach** | taught | taught | lehren, unterrichten |
| **tear** | tore | torn | zerreißen |
| **tell** | told | told | erzählen |
| **think** | thought | thought | denken |
| **throw** | threw | thrown | werfen, schleudern |
| **thrust** | thrust | thrust | stoßen; drängen |
| **tread** | trod | trodden | schreiten; treten |

| Infinitiv | Präteritum | Partizip Perfekt | Deutsch |
|-----------|-----------|------------------|---------|
| **wake** | woke | woken | aufwachen; wecken |
| **wear** | wore | worn | (*Kleidung*) tragen |
| **weave** | wove | woven | weben |
| **weep** | wept | wept | weinen |
| **win** | won | won | gewinnen |
| **wind** | wound | wound | drehen, kurbeln |
| **wring** | wrung | wrung | auswringen |
| **write** | wrote | written | schreiben |

# Britische und amerikanische Abkürzungen

| | | |
|---|---|---|
| **AA** | ⑱ Automobile Association | ≈ *ADAC* |
| **AC** | alternating current | *AC* |
| **a/c** | account | *Konto* |
| **AD** | anno Domini | *a. D., n. Chr.* |
| **AI** | artificial intelligence | *künstliche Intelligenz* |
| **aids, AIDS** | Acquired Immune Deficiency Syndrome, | *Aids, AIDS* |
| **a. m.** | ante meridiem | *vormittags* |
| **ASAP** | as soon as possibile | *baldmöglichst* |
| **Av(e).** | avenue | *Ave.* |
| | | |
| **BA** | Bachelor of Arts | *Bakkalaureus der philosophischen Fakultät* |
| **B & B** | bed and breakfast | *Zimmer mit Frühstück* |
| **BBC** | British Broadcasting Corporation | *BBC* |
| **BC** | before Christ | *v. Chr.* |
| **bit** | binary digit | *Bit* |
| **BR** | British Rail | *britische Eisenbahngesellschaft* |
| **BSc** | Bachelor of Science | *Bakkalaureus der Naturwissenschaften* |
| **BSE** | bovine spongiform encephalopathy | *BSE* |
| **BST** | British Summer Time | *britische Sommerzeit* |
| | | |
| **c.** | circa | *ca.* |
| **CAD/CAM** | computer-aided design and manufacture | *CAD/CAM* |
| **cc** | cubic centimetres | *cm³* |
| **CCTV** | closed-circuit television | *Überwachungskamera* |
| **ccw.** | counterclockwise | *gegen den Uhrzeigersinn* |
| **CD** | compact disc | *CD* |
| **CD-ROM** | compact disc read-only memory | *CD-ROM* |
| **CEO** | chief executive officer | *Generaldirektor(in)* |
| **CET** | Central European Time | *MEZ* |
| **cf.** | Confer | *vgl.* |
| **CFC** | chlorofluorocarbon | *FCKW* |
| **CIA** ⑭ | Central Intelligence Agency | *CIA* |
| **CID** ⑱ | Criminal Investigation Department | ≈ *Kripo* |
| **CIS** | Commonwealth of Independent States | *GUS* |
| **ckw.** | clockwise | *im Uhrzeigersinn* |
| **cm** | centimetre | *cm* |
| **CPU** | central processing unit | *CPU* |
| **CV** | curriculum vitae | *Lebenslauf* |

**Britische und amerikanische Abkürzungen** 590

| | | |
|---|---|---|
| **cwt.** | hundredweight | ≈ *Zentner* |
| **DC** | direct current | *Gleichstrom* |
| **Dip** | Diploma | *Dipl.* |
| **DIY** | do-it-yourself | *Heimwerken* |
| **DJ** | disc jockey | *DJ* |
| **DNA** | deoxyribonucleic acid | *DNS* |
| **DOS** | Disk Operating System | *DOS* |
| **doz.** | dozen | *Dtzd.* |
| **DP** | data processing | *DV* |
| **DVD** | digital versatile disc | *DVD* |
| | | |
| **E** | east | *O* |
| **ECG** | electrocardiogram | *EKG* |
| **EDP** | electronic data processing | *EDV* |
| **EEG** | electroencephalogram | *EEG* |
| **EFTA** | European Free Trade Association | *EFTA* |
| **e. g.** | (exempli gratia) for example | *z. B.* |
| **ELT** | English language teaching | *ELT (Unterricht des Englischen als Fremdsprache)* |
| **encl.** | enclosure | *Anl.* |
| **ENT** | ear, nose and throat | *HNO* |
| **est.** | established | *gegr.* |
| **etc.** | et cetera | *usw.* |
| **EU** | European Union | *EU* |
| | | |
| **F** | Fahrenheit | Fahrenheit |
| **FA** ⒼⒷ | Football Association | ≈ DFB |
| **FBI** ⓊⓈⒶ | Federal Bureau of Investigation | FBI |
| **ff** | the following | ff. |
| **FIFA** | Federation of International Football Association | FIFA |
| **FO** ⒼⒷ | Foreign Office | AA |
| **ft** | foot or feet | ft |
| | | |
| **g** | gram | *g* |
| **gall.** | gallon | *Gallone* |
| **GATT** | General Agreement on Tariffs and Trade | *GATT* |
| **GBH** ⒼⒷ | grievous bodily harm | *schwere Körperverletzung* |
| **GCSE** | General Certificate of Secondary Education | *Abschluss der Sekundarstufe* |
| **GDP** | Gross Domestic Product | *BIP* |
| **GM** | grant-maintained | *öffentlich bezuschusst* |

# Britische und amerikanische Abkürzungen

| | | |
|---|---|---|
| **GM** | genetically modified | *gentechnisch behandelt* |
| **GMO** | genetically modified organism | *gentechnisch veränderter Organismus* |
| **GMT** | Greenwich Mean Time | *WEZ* |
| **GNP** | Gross National Product | *BSP* |
| **GP** | general practitioner | *Arzt/Ärztin für Allgemeinmedizin* |
| **GPO** | General Post Office | *Hauptpost* |
| | | |
| **h & c** | hot and cold (water) | *kaltes und warmes Wasser* |
| **HIV** | human immunodeficiency virus | *HIV* |
| **hl** | hectolitre | *hl* |
| **HIV** | human immunodeficiency virus | *HIV* |
| **Hon.** | Honorary | *Ehren-* |
| **HOV** ⓊⓈⒶ | high occupancy vehicle | *Fahrzeug mit mindestens zwei Insassen* |
| **HP** | horse power | *PS* |
| **HQ** | headquarters | *Hauptsitz* |
| **HRH** | His/Her Royal Highness | *S.M./I.M.* |
| **ht** | height | *Höhe* |
| **HTML** | hypertext mark-up language | *HTML* |
| **Hz** | hertz | *Hz* |
| | | |
| **IATA** | International Air Transport Association | *IATA* |
| **ibid.** | ibidem (in the same place) | *ibd.* |
| **IC** | integrated circuit | *integrierter Schaltkreis* |
| **ID** | identification | *Personalausweis* |
| **i. e.** | id est | *d. h.* |
| **illus.** | ilustrated or illustration | Abb. |
| **IMF** | International Monetary Fund | *IWF* |
| **Inc.** ⓊⓈⒶ | Incorporated | *AG* |
| **IOC** | International Olympic Committee | *IOK* |
| **IQ** | Intelligence Quotient | *IQ* |
| **IRA** | Irish Republican Army | *IRA* |
| **ISBN** | International Standard Book Number | *ISBN* |
| **ISDN** | Integrated Services Digital Network | *ISDN* |
| **IT** | Information Technology | *IT* |
| **ITV** ⒼⒷ | Independent Television | *englisches Privatfernsehen* |
| | | |
| **JP** ⒼⒷ | Justice of the Peace | *Friedensrichter* |
| **Jr** | Junior | *jun.* |
| | | |
| **KB** | kilobyte | *KB* |
| **kg** | kilogram | *kg* |

# Britische und amerikanische Abkürzungen

| | | |
|---|---|---|
| **KJ** | kilojoule | *kJ* |
| **km** | kilometre | *km* |
| **km/h** | kilometres per hour | *km/h* |
| **KO** | knockout | *K. o.* |
| **kWh** | kilowatt hour | *kWh* |
| | | |
| **l** | litre | *l* |
| **LAN** | local area network | *LAN* |
| **lat.** | latitude | *Br.* |
| **lb** | pound | *lb* |
| **LCD** | liquid crystal display | *LCD- Anzeige* |
| **Ltd** | Limited | *GmbH* |
| **LW** | long wave | *LW* |
| | | |
| **m** | metre | *m* |
| **m** | mile | *Meile* |
| **MA** | Master of Arts | *≈ M.A.* |
| **MB** | megabyte | *MB* |
| **MHR** (USA) | Member of the House of Representatives | *Mitglied des Repräsentantenhauses* |
| **mm** | millimetre | *mm* |
| **MMS** | Multimedia Messaging Service | *MMS* |
| **MOD** (GB) | Minstry of Defense | *Verteidigungsministerium* |
| **MOT** | Ministry of Transport | *TÜV* |
| **MP** | Member of Parliament | *[Parlaments]abgeordnete(r)* |
| **MP3** | MPEG-Audio-Layer-3 | *MP3* |
| **mph** | miles per hour | *Meilen pro Stunde* |
| **Mr** | Mister | *Herr* |
| **Mrs** | Mistress | *Frau* |
| **Ms** | | *Frau* |
| **MW** | medium wave | *MW* |
| | | |
| **N** | north | *Norden* |
| **NASA** (USA) | National Aeronautics and Space Administration | *NASA* |
| **NATO** | North Atlantic Treaty Organisation | *NATO* |
| **NB** | nota bene | *NB* |
| **NE** | northeast | *NO* |
| **NHS** (GB) | National Health Service | *staatlicher Gesundheitsdienst* |
| **no.** | number | *Nr.* |
| | | |
| **OAP** | old-age pensioner | *Rentner* |
| **OAS** | Organization of American States | *OAS* |

| | | |
|---|---|---|
| **OECD** | Organization for Economic Cooperation and Development | *OECD* |
| **OHP** | overhead projector | *Overheadprojektor* |
| **o. n. o.** | or nearest offer | *oder gegen Höchstgebot* |
| **OPEC** | Organization of Petroleum Exporting Countries | *OPEC* |
| **OT** | Old Testament | *AT* |
| **oz** | ounce | *Unze* |
| | | |
| **p** | page | *S.* |
| **p** | penny | *Penny* |
| **PA** | personal assistant | *persönliche(r) Assistent* |
| **PA.** | public address system | *Lautsprecheranlage* |
| **p. a.** | per annum (yearly) | *pro Jahr* |
| **p & p** | postage and packing | *Porto und Verpackung* |
| **PAYE** | Pay As You Earn | *Quellenabzugssystem* |
| **PC** | Police Constable | *Polizeiwachtmeister* |
| **PC** | Personal Computer | *PC* |
| **PC** | political correctness | *politische Korrektheit* |
| **PE** | physical education | *Sport[unterricht]* |
| **PhD** | PhilosophiaeDoctor (Doctor of Philosophy) | *Dr.* |
| **PIN** | personal identification number | *PIN* |
| **plc** ⓖⓑ | public limited company | *AG* |
| **PLO** | Palestine Liberation Organization | *PLO* |
| **PM** ⓖⓑ | Prime Minister | *Premierminister* |
| **p.m.** | post meridiem | *nachm.* |
| **POB** | Post-Office Box | *Postf.* |
| **pp** | pages | *S.* |
| **PR** | public relations | *PR* |
| **Prof.** | Professor | *Prof.* |
| **PS** | postscript | *PS* |
| **PT** | physical training | *Sport[unterricht]* |
| **pt** | pint | *Pint* |
| **pto** | please turn over | *b. w.* |
| | | |
| **QC** ⓖⓑ | Queen's Counsel | *Kronanwalt/Kronanwältin* |
| | | |
| **RAF** | Royal Air Force | *britische Luftwaffe* |
| **RAM** | random access memory | *RAM* |
| **R & B** | rhythm and blues | *Rhythm and Blues* |
| **RC** | Roman Catholic | *rk* |

# Britische und amerikanische Abkürzungen

| | | |
|---|---|---|
| **Rd** | road | *Str.* |
| **RE** | religious education | *Religionslehre* |
| **Rep.** | Republic | *Rep* |
| **RN** ⒼⒷ | Royal Navy | *Königliche Marine* |
| **RNA** | ribonucleic acid | *RNS* |
| **ROM** | read-only memory | *ROM* |
| **RRP** | recommended retail price | *unverbindliche Preisempfehlung* |
| **RSVP** | répondez s'il vous plait | *u. A. w. g.* |
| **RUC** | Royal Ulster Constabulary | *die ehemalige Polizeibehörde Nordirlands* |
| | | |
| **S** | south | *S* |
| **s** | second | *Sek.* |
| **s. a. e.** | stamped addressed envelope | *frankierter Rückumschlag* |
| **SAYE** | Save As You Earn | *staatliches Sparförderungsprogramm* |
| **sci-fi** | science fiction | *Sciencefiction* |
| **Sen.** | ⓊⓈⒶ Senator | *Senator(in)* |
| **SGML** | Standard Generalized Markup Language | *SGML* |
| **SMS** | short message service | *SMS* |
| **Sq.** | square | *Pl.* |
| **St.** | street | *Str.* |
| **st.** | stone | *britische Gewichtseinheit, die 6,35 kg entspricht* |
| | | |
| **t** | tonne | *t* |
| **TB** | tuberculosis | *TB* |
| **tbs.** | tablepoon(ful) | *Essl.* |
| **TUC** | Trades Union Congress | *≈ DGB* |
| | | |
| **UEFA** | Union of European Football Associations | *UEFA* |
| **UFO** | unidentified flying object | *UFO* |
| **UHF** | ultrahigh frequency | *UHF* |
| **UHT** | ultra heat treated | *H-* |
| **UN** | United Nations | *UN* |
| **UNO** | United Nations Organization | *UNO* |
| **UPI** ⓊⓈⒶ | United Press International | *UPI* |
| **USW** | ultrashort waves | *UKW* |
| **UV** | ultraviolet | *UV* |
| | | |
| **VAT** | value-added tax | *MwSt.* |
| **VDU** | visual display unit | *VDU* |
| **VHF** | very high frequency | *UKW* |
| **VIP** | very important person | *VIP* |

| | | |
|---|---|---|
| **vol** | volume | *Bd.* |
| **W** | west | *Westen* |
| **WASP** ⓤⓢⓐ | White Anglo-Saxon Protestant | *weißer amerikanischer Protestant angelsächsischer Herkunft* |
| **w. c.** | water closet | *WC* |
| **WHO** | World Health Organization | *WGO* |
| **WMD** | weapons of mass destruction | *Massenvernichtungswaffen* |
| **w/o** | without | *o.* |
| **WW** | World War | *Weltkrieg* |
| **WWW** | World Wide Web | *WWW* |
| **Xmas** | Christmas | *Weihnachten* |
| **yd** | yard | *Yard* |
| **YHA** | Youth Hostels Association | *≈ DJH* |

Siehe auch den Kommunikationskasten: *Text message abbreviations – SMS Abkürzungen*

## Deutsche Abkürzungen

| | | |
|---|---|---|
| **Abb.** | Abbildung | *illus.* |
| **Abf.** | Abfahrt | *dep.* |
| **Abk.** | Abkürzung | *abbreviation* |
| **ABM** | Arbeitsbeschaffungsmaßnahme | *job creation scheme* |
| **Abs.** | Absatz | *para.* |
| **ABS** | Antiblockiersystem | *anti-lock braking system* |
| **Abt.** | Abteilung | *dep., dept.* |
| **a. D.** | außer Dienst | *retd.* |
| **A. D.** | anno Domini | *A D* |
| **ADAC** | Allgemeiner Deutscher Automobil-Club | *≈ AA* |
| **AG** | Aktiengesellschaft | *plc* ⓖⒷ, *inc.* ⓤⓢⓐ |
| **Aids, AIDS** | Acquired Immune Deficiency Syndrome, erworbene Immunschwäche | *aids, AIDS* |
| **a. M.** | am Main | *on the Main* |
| **Anm.** | Anmerkung | *note* |
| **anschl.** | anschließend | *following, subsequent(ly adv)* |
| **Art.** | Artikel | *article* |
| **ASCII** | American Standard Code for Information Interchange | *ASCII* |
| **A. T.** | Altes Testament | *OT* |

# Deutsche Abkürzungen

| | | |
|---|---|---|
| **Aufl.** | Auflage | *ed.* |
| **BAföG** | Bundesausbildungsförderungsgesetz | *≈ student grant* |
| **B(au)j.** | Baujahr | *year of construction/manufacture* |
| **Benelux** | Belgien, Niederlande, Luxemburg | *Belgium, the Netherlands, and Luxemburg* |
| **bes.** | besonders | *esp.* |
| **Betr.** | Betreff, betrifft | *re* |
| **Bhf.** | Bahnhof | *station* |
| **BIP** | Bruttoinlandsprodukt | *GDP* |
| **BRD** | Bundesrepublik Deutschland | *FRG, GFR* |
| **BRT** | Bruttoregistertonne | *g. r. t.* |
| **BSE** | bovine spongiforme Enzephalopathie | *BSE* |
| **BSP** | Bruttosozialprodukt | *GNP* |
| **b. w.** | bitte wenden | *p. t. o.* |
| **bzgl.** | bezüglich | *with reference to* |
| **bzw.** | beziehungsweise | *respectively* |
| **C** | Celsius | *C* |
| **c** | Cent | *cent* |
| **ca.** | circa, ungefähr | *approximately* |
| **CAD** | Computer Aided/Assisted Design, computergestützter Entwurf und Konstruktion | *CAD* |
| **CAM** | Computer Aided/Assisted Manufacture, computergestützte Fertigung | *CAM* |
| **CD** | Compact Disc | *CD* |
| **CD-ROM** | compact disc read-only memory | *CD-ROM* |
| **CDU** | Christlich-Demokratische Union | *Christian Democratic Union* |
| **cm** | Zentimeter | *cm* |
| **Co.** | Gesellschaft | *Co.* |
| **cos** | Kosinus | *cosine* |
| **CPU** | Central Processing Unit, Zentraleinheit | *CPU* |
| **c. t.** | cum tempore, mit akademischem Viertel | *15 minutes later* |
| **CVJM** | Christlicher Verein Junger Menschen Young Men's/Women's Christian Association | *YMCA/YWCA* |
| **DAAD** | Deutscher Akademischer Austauschdienst | *Academic Exchange Service* |
| **DAX** | Deutscher Aktien Index, DAX | *German share index* |
| **DB** | Deutsche Bahn | *German Railway* |
| **DGB** | Deutscher Gewerkschaftsbund | *Federation of German Trade Unions* |
| **d. h.** | das heißt | *i.e.* |

# Deutsche Abkürzungen

| | | |
|---|---|---|
| **DIN** | Deutsche Industrie-Norm(en) | *German Industrial Standard[s]* |
| **Dipl.** | Diplom | *Dip.* |
| **DNS** | Desoxiribonukleinsäure | *DNA* |
| **dpa** | Deutsche Presse-Agentur | *German Press Agency* |
| **Dr.** | Doktor | *Dr.* |
| **DRK** | Deutsches Rotes Kreuz | *German Red Cross* |
| **Dr. med.** | Doktor der Medizin | *MD* |
| **Dr. phil.** | Doktor der Philosophie | *PhD* |
| **Dr. rer. nat.** | Doktor der Naturwissenschaften | *DSc* |
| **Dr. theol.** | Doktor der Theologie | *DD* |
| **DV** | Datenverarbeitung | *DP* |
| **DVD** | digital versatile disk | *DVD* |
| | | |
| **EAN** | Europäische Artikelnummer | *EAN* |
| **EC** | Eurocity(zug) | *EC* |
| **EDV** | Elektronische Datenverarbeitung | *EDP* |
| **e. G.** | eingetragene Gesellschaft | *registered company* |
| **EKD** | Evangelische Kirche in Deutschland | *Protestant Church in Germany* |
| **EKG** | Elektrokardiogram | *ECG* |
| **EU** | Europäische Union | *EU* |
| **e. V.** | eingetragener Verein | *registered association od society* |
| **ev.** | evangelisch | *Protestant* |
| | | |
| **F** | Fahrenheit | *F* |
| **Fa.** | Firma | *firm* |
| **Fam.** | Familie | *family* |
| **FCKW** | Fluorchlorkohlenwasserstoff | *CFC* |
| **FDP** | Freie Demokratische Partei | *Liberal Democratic Party* |
| **ff.** | folgende Seiten | *PP* |
| **FH** | Fachhochschule | *technical college* |
| | | |
| **g** | Gramm | *gramme* |
| **GATT** | General Agreement on Tarifs and Trade, Allgemeines Zoll- und Handelsabkommen | *GATT* |
| **GAU** | größter anzunehmender Unfall | *MCA* |
| **geb.** | geboren | *b.* |
| **geb.** | geborene | *née* |
| **Gebr.** | Gebrüder | *Bros.* |
| **gez.** | gezeichnet | *signed* |
| **ggf.** | gegebenenfalls | *if need be* |
| **GmbH** | Gesellschaft mit beschränkter Haftung | *Ltd.* ⒼⒷ*; Inc.* ⓊⓈⒶ |

# Deutsche Abkürzungen

| | | |
|---|---|---|
| h | hora (Stunde) | *hour* |
| ha | Hektar | *hectare* |
| Hbf. | Hauptbahnhof | *central station* |
| h. c. | honoris causa, ehrenhalber | *honorary* |
| HIV | Human Immunodeficiency Virus, menschliches Immunschwächevirus | *HIV* |
| hl. | heilig | *holy, St.* |
| Hrsg. | Herausgeber | *ed.* |
| HTML | Hypertext Markup Language | *HTML* |
| Hz | Hertz | *Hz* |
| | | |
| i. A. | im Auftrag | *pp* |
| IC | Intercity(zug) | *IC* |
| ICE | Intercityexpress | *ICE* |
| IHK | Industrie- und Handelskammer | *Chamber of Industry and Commerce* |
| Ing. | Ingenieur | *engineer* ⒼⒷ, *civil engineer* ⓊⓈⒶ |
| inkl. | inklusive | *incl.* |
| i. R. | im Ruhestand | *retd.* |
| IQ | Intelligenzquotient | *IQ* |
| ISBN | Internationale Standardbuchnummer | *ISBN* |
| ISDN | Integrated Services Digital Network, diensteintegrierendes digitales Fernmeldenetz | *ISDN* |
| i. V. | in Vertretung by proxy, on behalf of; in Vorbereitung | *in preparation* |
| IWF | Internationaler Währungsfonds | *IMF* |
| | | |
| J | Joule | *joule* |
| JH | Jugendherberge | *YH* |
| jr., jun. | junior | *jun.* |
| jur. | juristisch | *legal* |
| JVA | Justizvollzugsanstalt | *prison* |
| | | |
| kath. | katholisch | *catholic* |
| Kfz. | Kraftfahrzeug | *motor vehicle* |
| KG | Kommanditgesellschaft | *limited partnership* |
| kg | Kilogramm | *kg.* |
| KI | Künstliche Intelligenz | *AI* |
| km | Kilometer | *kilometre* |
| km/h | Kilometer pro Stunde | *kilometres per hour* |
| Kto.-Nr. | Kontonummer | *a/c no.* |
| KW | Kurzwelle | *SW* |

# Deutsche Abkürzungen

| | | |
|---|---|---|
| kW | Kilowatt | *kw* |
| kWh | Kilowattstunde | *kWh, kwh* |
| l | Liter | *l* |
| LAN | Local Area Network, Lokalnetz | *LAN, lan* |
| LCD | Liquid Crystal Display, Leuchtdioden-anzeige | *LCD* |
| lfd. Nr. | laufende Nummer | *current number* |
| LKW, Lkw | Lastkraftwagen | *HGV* |
| lt. | laut | *according to, as per* |
| LW | Langwelle | *LW* |
| | | |
| m | Meter | *m.* |
| MdB | Mitglied des Bundestages | *member of the (German) Bundestag* |
| MdL | Mitglied des Landtags | *member of the Landtag* |
| MEZ | mitteleuropäische Zeit | *Central European Time* |
| mg | Milligramm | *mg* |
| Min., min | Minute | *min.* |
| mm | Millimeter | *mm* |
| MMS | Multimedia Messaging Service | *MMS* |
| Mrd. | Milliarde(n) | *thousand million(s)* (GB), *billion(s)* (USA) |
| MW | Mittelwelle | *MW* |
| MwSt. | Mehrwertsteuer | *VAT* |
| | | |
| N | Norden | *N* |
| NATO | Nordatlantikpakt-Organisation North Atlantic Treaty Organization | *NATO* |
| n. Br. | nördlicher Breite | *northern latitude* |
| n. Chr. | nach Christus | *AD* |
| N. T. | Neues Testament | *NT* |
| | | |
| O | Osten | *E* |
| OECD | Organization for Economic Cooperation and Development, Organisation für wirtschaftliche Zusammenarbeit und Entwicklung | *OECD* |
| OEZ | osteuropäische Zeit | *time of the East European zone* |
| OHG | offene Handelsgesellschaft | *general partnership* |
| OPEC | Organization of Petroleum Exporting Countries, Organisation der Erdöl exportierenden Länder | *OPEC* |
| orth. | orthodox | *orthodox* |
| | | |
| PC | Personalcomputer | *PC* |

Deutsche Abkürzungen

| PIN | personal identification number | PIN |
|---|---|---|
| PLO | Palastine Liberation Organization, Palästinensische Befreiungsorganisation | PLO |
| pp | per procura | pp |
| Prof. | Professor | Prof. |
| prot. | protestantisch | Protestant |
| PS | Pferdestärke(n) | HP |
| PVC | Polyvinylchlorid | PVC |
| qkm | Quadratkilometer | $km^2$ |
| qm | Quadratmeter | $m^2$ |
| Reg.-Bez. | Regierungsbezirk | administrative district |
| rk. | römisch-katholisch | RC |
| RNS | Ribonukleinsäure | RNA |
| ROM | Read Only Memory, Festwertspeicher | ROM |
| S | Süden | S |
| S. | Seite | p. |
| s. | sieh(e) | v. |
| SB | Selbstbedienung | self-service |
| sFr., sfr | schweizer Franken | Swiss Franc |
| sin | Sinus | sine |
| sm | Seemeile | nautical mile |
| SMS | Short Message Service | SMS, TXT, text message |
| s. o. | siehe oben | see above |
| SOS | save our souls, Internationales Notisignal | SOS |
| Sr. | Senior, der Ältere | senior |
| StVO | Straßenverkehrsordnung | road traffic regulations |
| s. u. | siehe unten | see below |
| t | Tonne | T |
| Tb(c) | Tuberkulose | TB |
| TH | technische Hochschule | technical college/university |
| TU | technische Universität | technical university |
| TÜV | Technischer Überwachungsverein | $\approx MoT$ |
| u. | und | & |
| Ufo | unbekanntes Flugobjekt | UFO |
| UKW | Ultrakurzwelle | UHF |
| UN | United Nations, Vereinte Nationen | UN |

## Deutsche Abkürzungen

| | | |
|---|---|---|
| **UNO** | United Nations Organization, Organisation der Vereinten Nationen | *UNO* |
| **URL** | Uniform Resource Locator | *URL* |
| **usw.** | und so weiter | *etc.* |
| **UV** | Ultraviolett | *UV* |
| | | |
| **V** | Volt | *V* |
| **v. Chr.** | vor Christus | *B. C.* |
| **vgl.** | vergleiche | *cf.* |
| **VHS** | Volkshochschule | *adult education centre* |
| **VIP** | very important person | *VIP* |
| | | |
| **W** | Westen | *W* |
| **WEZ** | westeuropäische Zeit | *GMT* |
| **WG** | Wohngemeinschaft | *shared flat* |
| **WM** | Weltmeisterschaft | *world championship* |
| **WWW** | world wide web | *www* |
| **Wz.** | Warenzeichen | *regd. trademark* |
| | | |
| **z. B.** | zum Beispiel | *e.g.* |
| **z. Hd.** | zu Händen | *attn.* |
| **zz.** | zurzeit | *at present, for the time being* |

## Die Zahlwörter

## Numerals

| | | |
|---|---|---|
| null | 0 | nought, zero |
| eins | 1 | one |
| zwei | 2 | two |
| drei | 3 | three |
| vier | 4 | four |
| fünf | 5 | five |
| sechs | 6 | six |
| sieben | 7 | seven |
| acht | 8 | eight |
| neun | 9 | nine |
| zehn | 10 | ten |
| elf | 11 | eleven |
| zwölf | 12 | twelve |
| dreizehn | 13 | thirteen |
| vierzehn | 14 | fourteen |
| fünfzehn | 15 | fifteen |
| sechzehn | 16 | sixteen |
| siebzehn | 17 | seventeen |
| achtzehn | 18 | eighteen |
| neunzehn | 19 | nineteen |
| zwanzig | 20 | twenty |
| einundzwanzig | 21 | twenty-one |
| zweiundzwanzig | 22 | twenty-two |
| dreiundzwanzig | 23 | twenty-three |
| dreißig | 30 | thirty |
| einunddreißig | 31 | thirty-one |
| zweiunddreißig | 32 | thirty-two |
| vierzig | 40 | forty |
| einundvierzig | 41 | forty-one |
| fünfzig | 50 | fifty |
| einundfünfzig | 51 | fifty-one |
| sechzig | 60 | sixty |
| einundsechzig | 61 | sixty-one |
| siebzig | 70 | seventy |
| einundsiebzig | 71 | seventy-one |
| achtzig | 80 | eighty |
| einundachtzig | 81 | eighty-one |
| neunzig | 90 | ninety |
| einundneunzig | 91 | ninety-one |

| | | |
|---|---|---|
| hundert | 100 | a [*oder* one] hundred |
| hundert(und)eins | 101 | hundred and one |
| hundert(und)zwei | 102 | hundred and two |
| hundert(und)zehn | 110 | hundred and ten |
| zweihundert | 200 | two hundred |
| dreihundert | 300 | three hundred |
| vierhundert(und)einundfünfzig | 451 | four hundred and fifty-one |
| tausend | 1000 | a [*oder* one] thousand |
| zweitausend | 2000 | two thousand |
| zehntausend | 10 000 | ten thousand |
| eine Million | 1 000 000 | a [*oder* one] million |
| zwei Millionen | 2 000 000 | two million |
| eine Milliarde | 1 000 000 000 | a [*oder* one] billion |
| eine Billion | 1 000 000 000 000 | a [*oder* one] trillion |

▶ **Die Ordnungszahlen**                                    **Ordinal numbers**

| | | | |
|---|---|---|---|
| erste | 1. | 1st | first |
| zweite | 2. | 2nd | second |
| dritte | 3. | 3rd | third |
| vierte | 4. | 4th | fourth |
| fünfte | 5. | 5th | fifth |
| sechste | 6. | 6th | sixth |
| siebente | 7. | 7th | seventh |
| achte | 8. | 8th | eighth |
| neunte | 9. | 9th | ninth |
| zehnte | 10. | 10th | tenth |
| elfte | 11. | 11th | eleventh |
| zwölfte | 12. | 12th | twelfth |
| dreizehnte | 13. | 13th | thirteenth |
| vierzehnte | 14. | 14th | fourteenth |
| fünfzehnte | 15. | 15th | fifteenth |
| sechzehnte | 16. | 16th | sixteenth |
| siebzehnte | 17. | 17th | seventeenth |
| achtzehnte | 18. | 18th | eighteenth |
| neunzehnte | 19. | 19th | nineteenth |
| zwanzigste | 20. | 20th | twentieth |
| einundzwanzigste | 21. | 21st | twenty-first |
| zweiundzwanzigste | 22. | 22nd | twenty-second |
| dreiundzwanzigste | 23. | 23rd | twenty-third |

**Die Zahlwörter**

| dreißigste | 30. | 30th | thirtieth |
|---|---|---|---|
| einunddreißigste | 31. | 31st | thirty-first |
| vierzigste | 40. | 40th | fortieth |
| einundvierzigste | 41. | 41st | forty-first |
| fünfzigste | 50. | 50th | fiftieth |
| einundfünfzigste | 51. | 51st | fifty-first |
| sechzigste | 60. | 60th | sixtieth |
| einundsechzigste | 61. | 61st | sixty-first |
| siebzigste | 70. | 70th | seventieth |
| einundsiebzigste | 71. | 71st | seventy-first |
| achtzigste | 80. | 80th | eightieth |
| einundachtzigste | 81. | 81st | eighty-first |
| neunzigste | 90. | 90th | ninetieth |
| hundertste | 100. | 100th | (one) hundredth |
| hundertunderste | 101. | 101st | hundred and first |
| zweihundertste | 200. | 200th | two hundredth |
| dreihundertste | 300. | 300th | three hundredth |
| vierhundert(und)einund-fünfzigste | 451. | 451st | four hundred and fifty-first |
| tausendste | 1000. | 1000th | (one) thousandth |
| tausend(und)einhundertste | 1100. | 1100th | thousand and (one) hundredth |
| zweitausendste | 2000. | 200th | two thousandth |
| einhunderttausendste | 100 000. | 100 000th | (one) hundred thousandth |
| millionste | 1 000 000. | 1 000 000th | millionth |
| zehnmillionste | 10 000 000. | 10 000 000th | ten millionth |

► **Die Bruchzahlen**                                                                 **Fractions**

| ein halb | $^1/_2$ | one [oder a] half |
|---|---|---|
| ein Drittel | $^1/_3$ | one [oder a] third |
| ein Viertel | $^1/_4$ | one [oder a] quarter |
| ein Fünftel | $^1/_5$ | one [oder a] fifth |
| ein Zehntel | $^1/_{10}$ | one [oder a] tenth |
| ein Hundertstel | $^1/_{100}$ | one hundredth |
| ein Tausendstel | $^1/_{1000}$ | one thousandth |
| ein Millionstel | $^1/_{1 000 000}$ | one millionth |
| zwei Drittel | $^2/_3$ | two thirds |
| drei Viertel | $^3/_4$ | three quarters |
| zwei Fünftel | $^2/_5$ | two fifths |
| drei Zehntel | $^3/_{10}$ | three tenths |

| anderthalb | | $1\frac{1}{2}$ | | one and a half |
| zwei(und)einhalb | | $2\frac{1}{2}$ | | two and a half |
| fünf drei achtel | | $5\frac{3}{8}$ | | five and three eighths |
| eins Komma eins | 1,1 | | 1.1 | one point one |
| zwei Komma drei | 2,3 | | 2.3 | two point three |

► **Vervielfältigungszahlen**                                              **Multiples**

| einfach | single | vierfach | fourfold, quadruple |
| zweifach | double | fünffach | fivefold |
| dreifach | threefold, treble, triple | hundertfach | (one) hundredfold |

# Britische und amerikanische Maße und Gewichte

### Längenmaße – Linear Measures

| | | |
|---|---|---|
| 1 inch (in) 1″ | | = 2,54 cm |
| 1 foot (ft) 1′ | = 12 inches | = 30,48 cm |
| 1 yard (yd) | = 3 feet | = 91,44 cm |
| 1 furlong (fur) | = 220 yards | = 201,17 m |
| 1 mile (m) | = 1760 yards | = 1,609 km |
| 1 league | = 3 miles | = 4,828 km |

### Nautische Maße – Nautical Measures

| | | |
|---|---|---|
| 1 fathom | = 6 feet | = 1,829 m |
| 1 cable | = 608 feet | = 185,31 m |
| 1 nautical, sea mile | = 10 cables | = 1,852 km |
| 1 sea league | = 3 nautical miles | = 5,550 km |

### Feldmaße – Surveyors' Measures

| | | |
|---|---|---|
| 1 link | = 7,92 inches | = 20,12 cm |
| 1 rod, perch, pole | = 25 links | = 5,029 m |
| 1 chain | = 4 rods | = 20,12 m |

### Flächenmaße – Square Measures

| | | |
|---|---|---|
| 1 square inch | | = 6,452 cm$^2$ |
| 1 square foot | = 144 sq inches | = 929,029 cm$^2$ |
| 1 square yard | = 9 sq feet | = 0,836 m$^2$ |
| 1 square rod | = 30,25 sq yards | = 25,29 m$^2$ |
| 1 acre | = 4840 sq yards | = 40,47 Ar |
| 1 square mile | = 640 acres | = 2,59 km$^2$ |

### Raummaße – Cubic Measures

| | | |
|---|---|---|
| 1 cubic inch | | = 16,387 cm$^3$ |
| 1 cubic foot | = 1728 cu inches | = 0,028 m$^3$ |
| 1 cubic yard | = 27 cu feet | = 0,765 m$^3$ |
| 1 register ton | = 100 cu feet | = 2,832 m$^3$ |

Britische und amerikanische Maße und Gewichte

▶ **Britische Hohlmaße – Measures of Capacity**

**Flüssigkeitsmaße – Liquid Measures of Capacity**

| 1 gill | | = 0,142 l |
|---|---|---|
| 1 pint (pt) | = 4 gills | = 0,568 l |
| 1 quart (qt) | = 2 pints | = 1,136 l |
| 1 gallon (gal) | = 4 quarts | = 4,546 l |
| 1 barrel | = *(für Öl)* 35 gallons | = 159,106 l |
| | *(Bierbrauerei)* 36 gallons | = 163,656 l |

**Trockenmaße – Dry Measures of Capacity**

| 1 peck | = 2 gallons | = 9,092 l |
|---|---|---|
| 1 bushel | = 4 pecks | = 36,368 l |
| 1 quarter | = 8 bushels | = 290,935 l |

▶ **Amerikanische Hohlmaße – Measures of Capacity**

**Flüssigkeitsmaße – Liquid Measures of Capacity**

| 1 gill | | = 0,118 l |
|---|---|---|
| 1 pint | = 4 gills | = 0,473 l |
| 1 quart | = 2 pints | = 0,946 l |
| 1 gallon | = 4 quarts | = 3,785 l |
| 1 barrel | = *(für Öl)* 42 gallons | = 159,106 l |

▶ **Handelsgewichte – Avoirdupois Weights**

| 1 grain (gr) | | = 0,0648 g |
|---|---|---|
| 1 dram (dr) | = 27,3438 grains | = 1,772 g |
| 1 ounce (oz) | = 16 drams | = 28,35 g |
| 1 pound (lb) | = 16 ounces | = 453,59 g |
| 1 stone | = 14 pounds | = 6,348 kg |
| 1 quarter | = 28 pounds | = 12,701 kg |
| 1 hundredweight (cwt) | = (GB) *long cwt*) 112 pounds | = 50,8 kg |
| | (USA) *short cwt*) 100 pounds | = 45,36 kg |
| 1 ton | = (GB) *long ton*) 20 cwt | = 1016 kg |
| | (USA) *short ton*) 2000 pounds | = 907,185 kg |

## Temperaturumrechnung

| Fahrenheit – Celsius | | Celsius – Fahrenheit | |
|---|---|---|---|
| °F | °C | °C | °F |
| 0 | −17,8 | −10 | 14 |
| 32 | 0 | 0 | 32 |
| 50 | 10 | 10 | 50 |
| 70 | 21,1 | 20 | 68 |
| 90 | 32,2 | 30 | 86 |
| 98,4 | 37 | 37 | 98,4 |
| 212 | 100 | 100 | 212 |

zur Umrechnung 32 abziehen
und durch 1,8 teilen

zur Umrechnung mit 1,8 multiplizieren
und 32 addieren

# Girls

| | | |
|---|---|---|
| Abigail | Diana | Jennifer, Jenny |
| Alexandra, Alex | Donna | Jessica |
| Alice | Dorothy | Joanna |
| Alison | Eileen | Jodie |
| Amanda, Mandy | Elaine | Judith, Judy |
| Amber | Eleanor | Julia, Julie, Juliet |
| Amy | Elizabeth, Lisa | June |
| Andrea | Ella | Karen |
| Angela | Ellen | Katherine, Kate, Katie |
| Anita | Emily | Kathleen |
| Ann, Anna, Anne | Emma | Kelly |
| Annabel | Esme | Kirstie, Kirsty |
| Anthea | Eva, Eve | Kylie |
| Antonia | Faith | Laura, Lauren |
| Arabella | Felicity | Leah |
| Barbara | Fiona | Lesley |
| Beatrice | Frances | Lillian, Lil(l)y |
| Bernadette | Gail | Linda |
| Bethany | Gemma | Lisa |
| Beverley | Georgina | Louise, Louisa |
| Bianca | Gillian, Gill, Jill | Lorna |
| Bonnie | Glenda | Lorraine |
| Brenda | Grace | Lucy |
| Bridget | Hannah | Lynn |
| Bryony | Harriet, Hattie | Margaret, Maggie |
| Carly | Hazel | Marian, Marion, Marianne |
| Carol | Heather | Marilyn |
| Caroline | Helen | Martha |
| Catherine, Kate | Henrietta | Mary |
| Catriona | Hermione | Melanie |
| Celia | Hilary | Melissa |
| Charlotte | Holly | Meryl |
| Cheryl | Isabel | Michelle |
| Chloë | Jacqueline, Jackie | Miranda |
| Christine, Christina, Tina | Jade | Miriam |
| Clare | Jane | Moira |
| Cor(r)inne | Janet | Naomi |
| Daisy | Jasmine | Natalie |
| Deborah, Debbie | Jean | Nicola, Nicky |

**Vornamen**

| | | |
|---|---|---|
| Olivia | Ruth | Teresa |
| Pamela, Pam | Sally | Tessa |
| Patricia, Pat, Trisha | Samantha | Tiffany |
| Paula, Pauline | Sandra | Tina |
| Penelope, Penny | Sarah | Tracy, Tracey |
| Philippa, Pippa | Serena | Una |
| Phoebe | Sharon | Valerie |
| Pia | Sheila | Vanessa |
| Polly | Shirley | Veronica |
| Rachel | Sonia | Victoria, Vicky |
| Rebecca | Sophie | Virginia, Ginny |
| Rita | Stella | Yvonne |
| Rose, Rosie | Stephanie | Zara |
| Rosemary | Susan, Suzanne | Zoë |
| Roxanne | Tamsin | |

## Boys

| | | |
|---|---|---|
| Adam | Connor | Gary |
| Adrian | Damian | Gavin |
| Alan | Daniel, Danny | Geoffrey, Geoff, Jeff |
| Alastair | Darren | George |
| Alexander, Alec, Alex | David, Dave | Gordon |
| Alfred | Dean | Graham, Graeme |
| Alistair | Den(n)is | Gregory, Greg |
| Andrew, Andy | Derek | Guy |
| Angus | Dominic | Harold |
| Anthony, Antony, Tony | Donald, Don | Hayden |
| Arthur | Douglas | Henry, Harry |
| Ashley | Duncan | Hugh |
| Barry | Dylan | Hugo |
| Benjamin, Ben | Edward, Ted | Ian, Iain |
| Boris | Eric | Ivan |
| Brian, Bryan | Ewan | Jack |
| Bruce | Felix | Jacob, Jake |
| Charles | Fergus | James, Jamie, Jim, Jimmy |
| Christopher, Chris | Francis | Jason |
| Clive | Frank | Jeremy, Jerry |
| Colin | Frederick, Fred | John |

| | | |
|---|---|---|
| Jonathan | Mervyn | Ronald, Ronnie |
| Joseph, Joe | Michael, Mike, Mick | Rory |
| Joshua, Josh | Miles, Myles | Ross |
| Julian, Jules | Neil | Roy |
| Justin | Nicholas, Nicolas, Nick | Rupert |
| Keith | Nigel | Russell |
| Kenneth, Ken | Noel | Ryan |
| Kevin | Norman | Samuel, Sam |
| Lance | Oliver | Sean |
| Laurence | Patrick, Paddy | Sebastian |
| Lee | Paul | Simon |
| Leonard, Len | Peter | Stephen, Steven, Steve |
| Lewis | Philip | Stewart, Stuart |
| Liam | Piers | Terence, Terry |
| Luke | Ralph | Thomas, Tom |
| Magnus | Raymond, Ray | Timothy, Tim |
| Malcolm | Richard, Rick, Dick | Tobias, Toby |
| Mark | Robert, Bob, Rob, Robbie | Trevor |
| Martin | Robin | Victor, Vic |
| Matthew, Matt | Roderick, Rod | Wayne |
| Maurice | Roger | William, Bill, Will, Liam |
| Max | Rolf | Zachary, Zach, Zak |

# Meine persönliche Wortliste

| GIRLS Vornahmen | BOYS Vornahmen |
|---|---|
| Ally | Elias |
| Alina | Nico |
| Lilly | Lyon |
| Emma | Philipp |
| Nika | Johannes/Hannsi/Jonny |
| Sophie | Jonny |
| Liz | Collin |
| Karla | Robin |
| Mia | Bruno |
| Emilia/Mila | Nikolas/Niko |
| Ella | Ben |
| Lisa/Liesa | René |
| Constanze/Conni | Sebastian |
| Henriette/Jetta | Jake |
| Pia | Ethan |
| Sue | Sam |
| Henrike | Linus |
| Nelia (Sophie) | Romeo |
| Emma-Sophie | Manuel |
| Maddy | Jack |
| Billi/Billiana | |
| Henrieke/Rieke | |
| Emba | |
| Lola | |

# Meine persönliche Wortliste

| Girls    Vornamen | Boys          Vornamen |
|-------------------|------------------------|
| Lette             |                        |
| Eliane            |                        |
| Fabiana           |                        |
| Fabienne          |                        |
| Franka            |                        |
| Pauline           |                        |
| Natalia           |                        |
| Elina             |                        |
| Estelle           |                        |

## Meine persönliche Wortliste

# Meine persönliche Wortliste

## Meine persönliche Wortliste

# Meine persönliche Wortliste

# Meine persönliche Wortliste

# Meine persönliche Wortliste

## Meine persönliche Wortliste

# Meine persönliche Wortliste

## Meine persönliche Wortliste

# Meine persönliche Wortliste

# Meine persönliche Wortliste

## Modern Communication – Moderne Kommunikation

| | | | | | |
|---|---|---|---|---|---|
| 1 | printer | Drucker | 9 | CD-ROMs | CD-ROMs |
| 2 | headphones | Kopfhörer | 10 | computer | Computer, Rechner |
| 3 | scanner | Scanner | 11 | disk drive | Diskettenlaufwerk |
| 4 | webcam | Webcam | 12 | CD-ROM drive | CD-ROM-Laufwerk |
| 5 | CD-ROMs | CD-ROMs | 13 | MP3 player | MP3-Player |
| 6 | [floppy] disks | Disketten | 14 | keyboard | Tastatur |
| 7 | monitor | Bildschirm | 15 | mouse | Maus |
| 8 | mobile phone, (GB) cell phone (USA) | Handy | 16 | USB Stick | USB-Stick |
| | | | 17 | laptop | Laptop |

# My Desk – Mein Schreibtisch

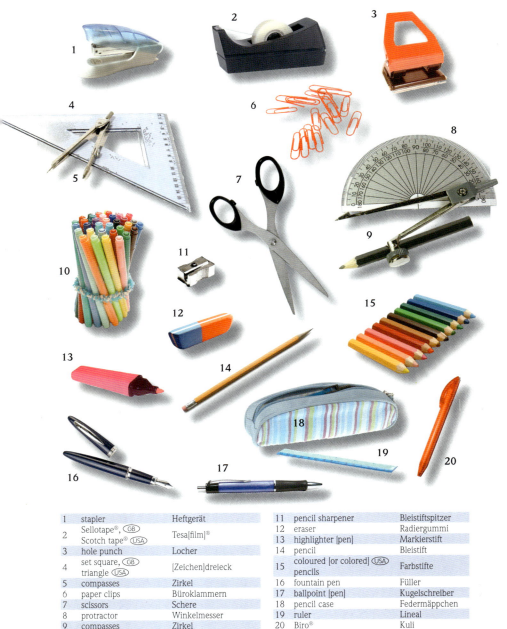

| | | | | | | |
|---|---|---|---|---|---|---|
| 1 | stapler | Heftgerät | | 11 | pencil sharpener | Bleistiftspitzer |
| 2 | Sellotape®, GB Scotch tape® USA | Tesa[film]® | | 12 | eraser | Radiergummi |
| | | | | 13 | highlighter [pen] | Markierstift |
| 3 | hole punch | Locher | | 14 | pencil | Bleistift |
| 4 | set square, GB triangle USA | [Zeichen]dreieck | | 15 | coloured [or colored] USA pencils | Farbstifte |
| 5 | compasses | Zirkel | | 16 | fountain pen | Füller |
| 6 | paper clips | Büroklammern | | 17 | ballpoint [pen] | Kugelschreiber |
| 7 | scissors | Schere | | 18 | pencil case | Federmäppchen |
| 8 | protractor | Winkelmesser | | 19 | ruler | Lineal |
| 9 | compasses | Zirkel | | 20 | Biro® | Kuli |
| 10 | felt-tip pens | Filzstifte | | | | |

## Kitchen Appliances – Küchengeräte

| | | | | | | |
|---|---|---|---|---|---|---|
| 1 | microwave | Mikrowelle | | 7 | blender | Mixgerät |
| 2 | grater | Reibe | | 8 | stove | Herd |
| 3 | fridge, refrigerator | Kühlschrank | | 9 | oven | [Back]ofen |
| 4 | deep-fat fryer | Fritteuse | | 10 | hand whisk | Handrührgerät |
| 5 | toaster | Toaster | | 11 | whisk | Rührgerät |
| 6 | kettle | Wasserkocher | | 12 | frying pan | Bratpfanne |
| | | | | 13 | saucepan | Kochtopf |

## Crockery, Cutlery and Utensils – Geschirr, Besteck und Utensilien

| | | | | | | |
|---|---|---|---|---|---|---|
| 1 | mug | Becher | 10 | corkscrew | Korkenzieher |
| 2 | champagne glass | Sektglas | 11 | ladle | Schöpflöffel |
| 3 | wine glass | Weinglas | 12 | knife | Messer |
| 4 | tumbler | [Trink]glas | 13 | fork | Gabel |
| 5 | plate | Teller | 14 | dessert spoon | Esslöffel |
| 6 | cup and saucer | Tasse und Untertasse | 15 | teaspoon | Teelöffel |
| 7 | bowl, dish | Schüssel, Schale | 16 | bread knife | Brotmesser |
| 8 | bottle opener | Flaschenöffner | 17 | vegetable knife | Gemüsemesser |
| 9 | tin opener | Dosenöffner | 18 | wooden spoons | Kochlöffel |

# Fruit – Obst

| | | | | |
|---|---|---|---|---|
| 1 | apple | Apfel | 13 | blueberries | Blaubeeren |
| 2 | lemon | Zitrone | 14 | walnut | Walnuss |
| 3 | banana | Banane | 15 | hazelnut | Haselnuss |
| 4 | strawberry | Erdbeere | 16 | pear | Birne |
| 5 | cherries | Kirschen | 17 | avocado | Avocado |
| 6 | orange | Orange | 18 | pomegranate | Granatapfel |
| 7 | blackberries | Brombeeren | 19 | almonds | Mandeln |
| 8 | kiwi | Kiwi | 20 | starfruit | Sternfrucht |
| 9 | grapes | Trauben | 21 | coconut | Kokosnuss |
| 10 | pineapple | Ananas | 22 | apricots | Aprikosen, Marillen Ⓐ |
| 11 | lychee | Litschi | 23 | grapefruit | Grapefruit |
| 12 | raspberries | Himbeeren | | | |

## Vegetables – Gemüse

| | | | | | |
|---|---|---|---|---|---|
| 1 | cabbage | Kohl, Kabis ⒞ | 11 | celery | Sellerie |
| 2 | ♦ beetroot | Rote Rübe, Rande ⒞ | 12 | pumpkin | Kürbis |
|   | ♦ white turnip | Weiße Rübe, | 13 | potatoes | Kartoffeln, Erdäpfel Ⓐ |
|   | ♦ swede, ⒢ rutabaga Ⓤ | Kohlrübe | 14 | corncob | Maiskolben |
|   |   |   | 15 | asparagus | Spargel |
| 3 | French beans | Gartenbohnen, Fisolen Ⓐ | 16 | chicory | Chicorée |
| 4 | cucumber | Gurke | 17 | leek | Lauch |
| 5 | [Brussels] sprouts | Rosenkohl, Kohlsprossen Ⓐ | 18 | tomato | Tomate, Paradeiser Ⓐ |
| 6 | courgette, ⒢ zucchini Ⓤ | Zucchini | 19 | fennel | Fenchel |
|   |   |   | 20 | artichoke | Artischocke |
| 7 | radishes | Radieschen | 21 | lettuce | Blattsalat |
| 8 | garlic | Knoblauch | 22 | cauliflower | Blumenkohl, Karfiol Ⓐ |
| 9 | peppers | Paprikas | 23 | carrots | Karotten, Rüebli ⒞ |
| 10 | aubergine, ⒢ eggplant Ⓤ | Aubergine, Melanzani Ⓐ | 24 | parsley | Petersilie |
|   |   |   | 25 | onions | Zwiebeln |

## Clothes – Kleidung

| | | | |
|---|---|---|---|
| 1 | coat | Mantel | |
| 2 | anorak | Anorak | |
| 3 | suit | Anzug | |
| 4 | hooded top, hoodie | Kapuzenjacke | |
| 5 | polo shirt | Polohemd | |
| 6 | T-shirt | T-Shirt | |
| 7 | strappy top | Trägertop | |
| 8 | jumper (GB), sweater | Pullover | |
| 9 | shirt | Hemd | |
| 10 | [pair of] trousers, [pair of] pants (USA) | Hose | |
| 11 | [pair of] jeans | Jeans | |
| 12 | skirt | Rock | |
| 13 | denim skirt | Jeansrock | |

## Accessories – Accessoires

| | | |
|---|---|---|
| 1 | cap | Kappe |
| 2 | top hat | Zylinder |
| 3 | handbag | Handtasche |
| 4 | woolly hat | Wollmütze |
| 5 | gloves | Handschuhe |
| 6 | rucksack | Rucksack |
| 7 | briefcase | Aktentasche |
| 8 | suitcase | Koffer |
| 9 | flip-flops, thongs (USA) | Badeschlappen |
| 10 | trainers (GB), sneakers (USA) | Turnschuhe |
| 11 | lace-up shoes | Schnürschuhe |
| 12 | wellington boots (GB), rubber boots (USA) | Gummistiefel |
| 13 | knee-high boots | Stiefel |
| 14 | trekking sandals | Trekkingsandalen |
| 15 | strappy sandals | Riemchensandalen |
| 16 | high-heels | Schuhe mit hohen Absätzen |
| 17 | walking boots | Wanderschuhe |

## Visual Aids and Appliances – Optische Geräte und Hilfsmittel

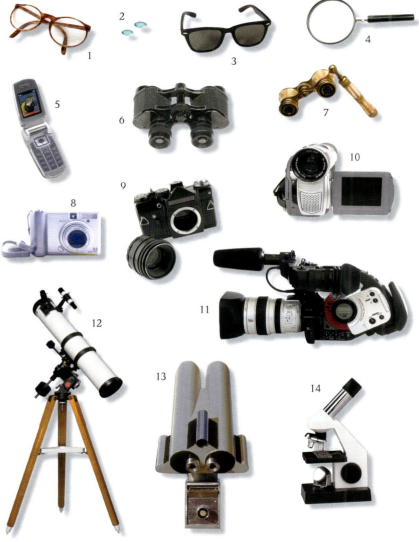

| | | | | | |
|---|---|---|---|---|---|
| 1 | [pair of] glasses | Brille | 8 | digital camera | Digitalcamera |
| 2 | contact lenses | Kontaktlinsen | 9 | reflex camera | Spiegelreflexkamera |
| 3 | [pair of] sunglasses | Sonnenbrille | 10 | video camera | Videokamera |
| 4 | magnifying glass | Lupe | 11 | professional video camera | professionelle Videokamera |
| 5 | camera phone | Fotohandy | 12 | telescope | Teleskop |
| 6 | [pair of] binoculars | Fernglas | 13 | telescope | Aussichtsfernrohr |
| 7 | opera glasses | Opernglas | 14 | microscope | Mikroskop |

# Sports Equipment – Sportartikel

| | | | | | |
|---|---|---|---|---|---|
| 1 | table-tennis bats | Tischtennisschläger | 14 | rugby ball | Rugbyball |
| 2 | table-tennis ball | Tischtennisball | 15 | American football, GB football USA | American Football |
| 3 | shuttlecock | Federball | | | |
| 4 | badminton racket | Badmintonschläger | 16 | ski sticks | Skistöcke |
| 5 | tennis ball | Tennisball | 17 | flippers | Taucherflossen |
| 6 | tennis racket | Tennisschläger | 18 | snorkel | Schnorchel |
| 7 | baseball | Baseball | 19 | in-liners | Inliner |
| 8 | baseball bat | Baseballschläger | 20 | goggles | Schwimmbrille |
| 9 | golf club | Golfschläger | 21 | skateboard | Skateboard |
| 10 | golf ball | Golfball | 22 | snowboard | Snowboard |
| 11 | hockey stick | Hockeyschläger | 23 | skis | Skier |
| 12 | basketball | Basketball | 24 | ski boots | Skistiefel |
| 13 | football, GB soccer ball USA | Fußball | 25 | ski goggles | Skibrille |
| | | | 26 | ice-skates | Schlittschuhe |

# Musical Instruments I – Musikinstrumente I

| | | | | | |
|---|---|---|---|---|---|
| 1 | French horn | Horn | 9 | clarinet | Klarinette |
| 2 | trombone | Posaune | 10 | oboe | Oboe |
| 3 | trumpet | Trompete | 11 | guitar | Gitarre |
| 4 | flute | Querflöte | 12 | electric guitar | E-Gitarre, elektrische Gitarre |
| 5 | recorder | Blockflöte | 13 | cello | Cello |
| 6 | mouth organ, harmonica | Mundharmonika | 14 | violin | Geige, Violine |
| 7 | saxophone | Saxophon | 15 | harp | Harfe |
| 8 | tuba | Tuba | 16 | grand piano | Flügel |

## Musical Instruments II – Musikinstrumente II

| | | | |
|---|---|---|---|
| 17 | drums | Schlagzeug | |
| 18 | kettledrum | Pauke | |
| 19 | xylophone | Xylophon | |
| 20 | tambourine | Tamburin | |
| 21 | accordion | Akkordeon, Ziehharmonika | |
| 22 | triangle | Triangel | |
| 23 | keyboard, sythesizer | Keyboard, Synthesizer | |
| 24 | organ | Orgel | |
| 25 | piano | Klavier | |

## Pets – Haustiere

| | | | | | |
|---|---|---|---|---|---|
| 1 | canary | Kanarienvogel | 6 | dog | Hund |
| 2 | budgie, budgerigar | Wellensittich | 7 | rabbit | Kaninchen |
| 3 | goldfish | Goldfische | 8 | hamster | Hamster |
| 4 | mouse | Maus | 9 | tortoise | Schildkröte |
| 5 | cat | Katze | 10 | guinea pig | Meerschweinchen |

**A, a** ① A, a [eɪ] ② **von A bis Z lesen** to read from A to Z; to read from cover to cover *Buch* ► WENDUNGEN: **wer A sagt, muss auch B sagen** in for a penny, in for a pound; **von A bis Z** everything

der **Aal** eel

**aalen** (*faulenzen*) to laze about *umgangsspr*

**aalglatt** slippery [as an eel]

das **Aas** (*Tierkadaver*) carrion

der **Aasgeier** (*auch übertragen*) vulture

**ab** ① from; **London ab 8.35 Uhr** leaving London 8:35 ② (*räumlich*) **auf und ab gehen** to walk up and down ③ (*örtlich*) **ab Werk** ex works ⚠ *plural* ④ (*zeitlich*) **von nun ab, von jetzt ab** from now on; **ab heute** from today; **ab sofort** as of now; **ab und zu** now and again ⑤ (*entfernt*) off; **der Knopf ist ab** the button has come off

**abändern** to amend *Text*

**abartig** ① abnormal ② (*umgangsspr*) kinky

der **Abbau** ① *von Kohle:* mining; (*über Tage*) quarrying ② (*chemisch*) decomposition ③ *von Fabrikeinrichtung:* dismantling; **Abbau von Arbeitskräften** reduction in labour ⚠ *singular*

**abbauen** ① to mine *Kohle;* (*über Tage*) to quarry ② (*demontieren*) to dismantle ③ (*chemisch*) to decompose ④ (*erlahmen*) to flag, to wilt

**abbekommen** ① (*erhalten*) to get ② to get off *Fleck*

**abbestellen** to cancel; **jemanden abbestellen** to tell someone not to come; **eine Zeitung abbestellen** to cancel a newspaper subscription

**abbezahlen** to pay off

**abbiegen** ① to bend off *Gegenstand* ② to turn off (**in** into) ③ *Straße:* to bend; **nach links abbiegen** to turn [to the] left

die **Abbiegespur** (*Auto*) filter lane

**abbilden** ① to portray ② (*Informatik*) to map

die **Abbildung** ① (*Illustration*) illustration; **mit Abbildungen versehen** to illustrate ② (*Informatik*) mapping

**abblasen** (*umgangsspr*) to call off

das **Abblendlicht** dipped [*oder* 🇺🇸 dimmed] headlights

**abblitzen jemanden abblitzen lassen** (*umgangsspr*) to give someone the brush-off

**abbrechen** ① to break off *Gegenstand* ② to tear down, to demolish *Häuser* ③ (*aufhören mit*) to stop; to break off *Aktivität;* **die Schule abbrechen** to drop out of school ④ (*Informatik*) to abort ► WENDUNGEN: **brich dir [mal] keinen ab!** (*umgangsspr*) don't make such a fuss!; **sich einen abbrechen** (*slang*) to make heavy weather of it

**abbringen** to get off; **jemanden von etwas abbringen** to make someone change his [*oder* her] mind about something

der **Abbruch** ① *von Gebäude:* demolition ② **einer Sache Abbruch tun** to do harm to something

**abbuchen** to debit *Konto*

die **Abbuchung** debit ['dɛbɪt]

das **Abc** alphabet ['ælfəbet]

der **Abc-Schütze,** die **Abc-Schützin** (*umgangsspr*) child just starting school

**abdanken** ① to resign ② *Herrscher:* to abdicate

die **Abdankung** ① resignation ② 🇨🇭 funeral service

**abdecken** ① **ein Haus abdecken** to lift the roof off a house ② to tear the roof off *Haus* ③ to clear *Tisch*

der **Abdeckstift** concealer stick

**abdichten** ① to seal ② to damp-proof *gegen Feuchtigkeit*

die **Abdichtung** ① seal ② (*das Abdichten*) sealing

**abdrehen** ① to turn off *Gas, Wasser* ② *Flugzeug:* to veer off

**abdrosseln** to throttle *Motor*

der **Abdruck** imprint; *von Finger, Fuß:* print

**abdrucken** to print

**abdrücken** to fire, to pull the trigger

der **Abend** ① evening; **am Abend** in the evening; **am nächsten Abend** the next evening; **gegen Abend** towards evening; **heute Abend** this evening ② (*später*) tonight; **gestern Abend** last night ③ **zu Abend essen** to have supper [*oder* dinner]

das **Abendbrot** supper; **Abendbrot essen** to have supper

das **Abendessen** dinner

die **Abendkasse** (*im Theater*) box office

das **Abendkleid** evening dress

der **Abendkurs** evening classes ⚠ *plural*

**abendländisch** western

das **Abendmahl** Holy Communion; **das Abendmahl empfangen** to take communion

das **Abendrot** [red] sunset

**abends** in the evening

die **Abendschule** night school

das **Abenteuer** adventure

**abenteuerlich** adventurous [əd'ventʃərəs]

der **Abenteurer**, die **Abenteurerin** adventurer [əd'vɛntʃʰrɐ], adventuress [əd'vɛntʃʰrəs]
**aber** ❶ but; **oder aber** or else; **aber trotzdem** but still ❷ (*jedoch*) although, though; **schönes Wetter — aber ziemlich kalt** nice weather — rather cold, though ❸ (*verstärkend*) **aber, aber!** come, come!; **aber ja!** oh, yes!; **bist du aber braun!** aren't you brown!; **nun ist aber Schluss!** now that's enough! ❹ **ohne Wenn und Aber** without any ifs and buts
der **Aberglaube** superstition [suːə'stɪʃʰn]
**abergläubisch** superstitious [suːə'stɪʃəs]
**abermals** once again
**abfahrbereit** ready to leave
**abfahren** to leave (**nach** for)
die **Abfahrt** ❶ departure ❷ (*beim Skifahren*) descent
der **Abfahrtslauf** (*mit Ski*) downhill race
die **Abfahrt(s)zeit** time of departure
der **Abfall** ❶ (*allgemein*) waste; (*Hausmüll*) rubbish ⓖⓑ, garbage ⓤⓢⓐ ❷ (*Abfalleimer*) rubbish bin ⓖⓑ, trashcan ⓤⓢⓐ; **in den Abfall kommen** go into the bin [*oder* ⓤⓢⓐ trashcan] ❸ (*auf den Straßen*) litter
der **Abfalleimer** rubbish bin ⓖⓑ, trashcan ⓤⓢⓐ
**abfällig** disparaging, derogatory; **von jemandem abfällig sprechen** to speak disparagingly of someone
das **Abfallprodukt** waste product
die **Abfallverwertung** recycling
**abfärben** ❶ *Wäschestück:* to run ❷ **auf jemanden abfärben** (*übertragen*) to rub off on someone
**abfertigen** ❶ to check [in] *Gepäck* ❷ (*an Grenze*) to clear ❸ to deal with, to attend to *Kundschaft* ❹ **jemanden kurz abfertigen** to snub someone
**abfinden** ❶ to pay off *Person* ❷ **sich mit etwas schwer abfinden** to find it hard to accept something
die **Abfindung** ❶ (*Entschädigung*) compensation, indemnification ❷ *von Mitarbeiter:* redundancy payment
**abflauen** ❶ *Wind:* to die down, to subside ❷ (*übertragen*) to fade ❸ *Nachfrage, Geschäft:* to fall [*oder* drop] off
die **Abflughalle** departure lounge
die **Abflugzeit** departure time
der **Abfluss** (*Rohr*) drainpipe
die **Abfrage** (*Informatik*) inquiry, query
**abfragen** ❶ to question (**über** on) ❷ (*in der Schule*) to test [orally] ❸ (*Informatik*) to query
die **Abfuhr** (*Rüge*) rebuff, snub; **jemandem eine**

**Abfuhr erteilen** to snub someone
**abführen** ❶ to lead away *Mensch* ❷ to pay *Geld* (**an** to) ❸ (*medizinisch*) to have a laxative effect
das **Abführmittel** (*medizinisch*) laxative
**abfüllen** ❶ (*in Flaschen*) to bottle ❷ (*slang: betrunken machen*) to get sloshed *slang*
**abgängig** ⓐ missing
das **Abgangszeugnis** leaving certificate; (*für Mitarbeiter*) reference
die **Abgase** (*Auto*) exhaust fumes
die **Abgasrückführung** exhaust-gas recirculation
**abgeben** ❶ to hand in *Heft, Arbeit, Fundsachen* ❷ (*fortgeben*) to give away ❸ (*im Sport*) to concede *Punkte;* to pass *Ball* ❹ to give *Erklärung, Urteil* ❺ **sich mit etwas abgeben** to bother oneself with something; **sich mit jemandem abgeben** to associate with someone
**abgebrannt** (*umgangsspr*) [stony] broke
**abgebrüht** (*umgangsspr*) hardened
**abgedroschen** hackneyed
**abgehackt** broken; **abgehackte Worte** clipped words; **abgehackt sprechen** to speak in a clipped manner
**abgehärtet** hardy
**abgehen** ❶ *von Schule:* to leave ❷ *Knopf:* to come off ❸ **es ist alles gut abgegangen** everything went [*oder* passed] off well
**abgekartet** **ein abgekartetes Spiel** a put-up job
**abgelaufen** ❶ (*Finanzwesen*) *Wechsel:* due, payable ❷ *Zeit:* expired
**abgelegen** remote
**abgemacht** OK!
**abgeneigt** **abgeneigt sein** to be adverse [*oder* reluctant] to ...; **ich wäre nicht abgeneigt** I wouldn't mind
**abgenutzt** worn; *Reifen:* worn-down
der/die **Abgeordnete** representative; (*im Parlament*) member of parliament
das **Abgeordnetenhaus** parliament ['pɑːləmənt]
**abgerissen** ❶ (*umgangsspr*) *Person:* ragged ❷ *Kleider:* shabby
**abgerundet** rounded
der/die **Abgesandte** delegate, envoy
**abgeschieden** (*abgelegen*) remote, solitary
**abgeschlafft** (*umgangsspr*) whacked, bushed
**abgeschlagen** (*müde*) worn-out
**abgeschlossen** locked
**abgesehen** ❶ **abgesehen von ...** apart from ... ❷ **es auf jemanden abgesehen haben** to have it in for someone ❸ **es auf etwas**

**abgesehen haben** to have one's eye on something
**abgespannt** (*müde*) weary, tired out
**abgestanden** stale; *Bier:* flat
**abgestumpft** ❶ *Gefühl:* dull ❷ (*geistig*) insensitive (**gegenüber** to)
**abgewöhnen sich etwas abgewöhnen** to give up doing something; **jemandem etwas abgewöhnen** to cure someone of something
der **Abgleich** comparison
**abgleichen** to compare
**abgöttisch** idolatrous [aɪˈdɒlətrəs]; **jemanden abgöttisch lieben** to idolize someone
**abgrasen** (*übertragen*) to comb [kəʊm], to scour
**abgrenzen** to fence off; (*übertragen*) to delimit (**gegen** from); **sich gegen jemanden abgrenzen** to dissociate oneself from someone
der **Abgrund** precipice; (*übertragen*) abyss
**abgrundtief** ❶ *Hass:* profound ❷ *See:* bottomless
**abhacken** to chop off *umgangsspr*
**abhaken** (*von Liste*) to tick [*oder* 🇺🇸 check] off
**abhalten** ❶ to keep off ❷ (*verhindern*) to stop; **jemanden davon abhalten, etwas zu tun** to keep someone from doing something; **lass dich nicht abhalten!** don't let me stop you!
**abhandenkommen** to get lost, to go missing
der **Abhang** slope
**abhängen** ❶ to take down *Bild* ❷ to uncouple *Zug* ❸ (*nach dem Überholen*) to shake off *Auto* ❹ (*übertragen*) **abhängen von** to depend on; **das hängt davon ab!** that depends!
**abhängig** *Person:* dependent (**von** on)
**abhärten** ❶ to toughen up ❷ **sich abhärten** (*übertragen*) to harden oneself (**gegen** to)
**abhauen** (*slang: weggehen*) to push off; **hau ab!** get lost!
**abheben** ❶ to withdraw *Geld* ❷ to lift *Hörer* ❸ *Flugzeug:* to take off; *Rakete:* to lift off ❹ **sich von jemandem/etwas abheben** to stand out against someone/something
**abhelfen einer Sache abhelfen** to remedy something
**abhetzen** ❶ to tire out ❷ **sich abhetzen** to wear oneself out
die **Abhilfe** remedy; **Abhilfe schaffen** to take remedial action
**abholen** ❶ to call for *Person;* **jemanden am Bahnhof abholen** to meet someone at the station ❷ to collect, to fetch *Gegenstand;* **etwas abholen lassen** to send for something

der **Abholmarkt** furniture superstore (*where customers transport goods themselves*)
die **Abholzung** deforestation
**abhören** ❶ **einen Schüler abhören** to test a pupil [orally] ❷ to bug *Gespräch*
**abhörsicher** bugproof
das **Abitur** ≈ A Levels ⚠ *plural;* (*in Schottland*) ≈ Highers ⚠ *plural;* (*in USA*) ≈ Highschool Diploma
der **Abiturient**, die **Abiturientin sie ist Abiturientin** she's doing/she's done her A Levels *etc.*
**abkapseln sich abkapseln** to cut oneself off
**abkaufen jemandem etwas abkaufen** to buy something from someone
**abklappern** (*umgangsspr*) to scour (**nach** for)
**abklären** to clarify
der **Abklatsch** (*abwertend*) poor imitation
**abklingen** ❶ *Krankheit:* to ease off ❷ *Effekt, Wirkung:* to wear off
**abknöpfen jemandem etwas abknöpfen** (*umgangsspr*) to get something off someone
**abkochen** to boil; (*sterilisieren*) to sterilize
das **Abkommen** agreement; **ein Abkommen treffen** to come to an agreement
**abkommen** ❶ to get away; **vom Weg abkommen** to lose one's way ❷ **von etwas abkommen** to give up something ❸ **von einem Thema abkommen** to get off a subject
**abkratzen** ❶ to scrape [*oder* scratch] off ❷ (*slang: sterben*) to kick the bucket, to pop off
**abkriegen** ❶ (*bekommen*) to get ❷ (*verletzt werden*) to get hurt
**abkühlen** (*auch übertragen*) to cool down
die **Abkühlung** cooling; **sich eine Abkühlung verschaffen** to cool oneself down
**abkupfern** (*umgangsspr*) to copy
**abkürzen** ❶ to abbreviate *Wort* ❷ (*verkürzen*) to cut short
die **Abkürzung** ❶ (*Grammatik*) abbreviation ❷ (*Weg*) short cut
**abladen** to unload *Last;* to dump *Müll*
die **Ablage** storage place; (*im Büro*) filing
die **Ablagerung** deposit
**ablassen** to let off *Dampf;* to drain off *Motoröl*
der **Ablauf** *einer Frist:* expiry; **nach Ablauf von ... at the end of ...**
**ablaufen** *Frist:* to run out
**ablegen** ❶ to take off *Kleidung, Hut* ❷ to give

up *Gewohnheiten* ❸ to file *Akten;* **eine Prüfung ablegen** to take an examination ❹ *Schiff:* to cast off

**ablehnen** to decline, to reject *Angebot, Stelle*

die **Ablehnung** refusal; *von Angebot, Stelle:* rejection; **auf Ablehnung stoßen** to meet with disapproval

**ableisten seinen Wehrdienst ableisten** to complete one's military service

**ablenken** ❶ (*zerstreuen*) to distract ❷ **vom Thema ablenken** to change the subject

die **Ablenkung** (*Zerstreuung*) diversion

**ablesen** to read

**abliefern** ❶ (*übergeben*) to hand over (**bei** to) ❷ to deliver *Waren*

die **Ablieferung** handing-in; *von Waren:* delivery; **bei Ablieferung** on delivery

**ablösen** ❶ (*entfernen*) to take off ❷ **jemanden ablösen** to take over from someone ❸ **sich ablösen** to come off; *Haut:* to peel off; *Kollegen:* to take turns

die **ABM** *Abkürzung von* **Arbeitsbeschaffungsmaßnahme** job creation scheme

**abmachen** to agree on

die **Abmachung** agreement

**abmehren** Ⓒ (*abstimmen*) to take a vote

**abmelden** to cancel *Abonnement;* **sein Telefon abmelden** to have one's telephone disconnected; **sich bei jemandem abmelden** to tell someone that one is leaving/not coming

**abmessen** (*auch übertragen*) to measure ['mɛʒəʳ]

die **ABM-Stelle** position assisted by job creation scheme [*oder* Ⓤⓢⓐ plan]

**abnabeln sich von jemandem/etwas abnabeln** to become independent of someone/something

die **Abnahme** ❶ (*Verringerung*) decrease ❷ (*wirtschaftlich*) decline ❸ (*TÜV*) inspection

**abnehmen** ❶ to take off; **den Hörer abnehmen** to lift the receiver ❷ (*an Zahl*) to decrease ❸ (*an Gewicht*) to lose weight ❹ **das nehme ich dir nicht ab!** (*umgangsspr*) I don't buy that!

die **Abneigung** dislike (**gegen** of), aversion (**gegen** to)

**abnutzen** to wear out

das **Abonnement** [abɔnəˈmãː] subscription

**abonnieren** to subscribe to

**abordnen** to delegate

die **Abordnung** delegation

**abplagen sich mit etwas abplagen** to slave away at something

**abprallen** (*auch übertragen*) to bounce off

**abputzen** to clean [off] *Schmutz*

**abraten** to warn (**von** against)

**abräumen** to clear away; **den Tisch abräumen** to clear the table

**abreagieren** to work off

**abrechnen** ❶ (*abziehen*) to deduct ❷ (*wirtschaftlich*) to cash up; **mit jemandem abrechnen** to settle up with someone *auch übertragen*

die **Abrechnung** ❶ (*an der Kasse*) cashing up ❷ (*Aufstellung*) statement (**über** for) ❸ (*Rechnung*) bill; (*in der Wirtschaft*) invoice ❹ (*übertragen*) revenge

**abregen sich abregen** (*umgangsspr*) to calm [*oder* cool] down

die **Abreise** departure (**nach** for)

**abreisen** to depart, to leave (**nach** for)

**abreißen** ❶ to tear off ❷ to pull down *Haus*

**abriegeln** to block off *Straße*

**abrufen** ❶ to withdraw *Geld* ❷ to retrieve *Daten*

**abrunden** ❶ (*auch übertragen*) to round off ❷ to round down *Summe*

**abrüsten** to disarm

die **Abrüstung** (*militärisch*) disarmament

**ABS** *Abkürzung von* **Antiblockiersystem** ABS

**absacken** ❶ *Flugzeug:* to drop ❷ (*in der Schule*) *Leistung:* to drop off

die **Absage** refusal; **jemandem eine Absage erteilen** to reject someone

**absagen** ❶ to cancel *Veranstaltung;* to decline *Einladung* ❷ **jemandem absagen** to tell someone that one cannot come

**absägen** to saw off

der **Absatz** ❶ (*Abschnitt*) paragraph ❷ *vom Schuh:* heel ❸ *von Waren:* sales ⚠ *plural* ❹ *einer Treppe:* landing

**abschaffen** to abolish, to do away with, to get rid of

**abschalten** to switch off *auch übertragen*

**abschätzen** to assess; **ein abschätzender Blick** an appraising look

**abschätzig** disparaging; **eine abschätzige Bemerkung** a derogatory remark

**abschauen** ❶ to copy (**bei** from) ❷ (*umgangsspr: in der Schule*) **jemandem etwas abschauen** to copy something from someone

der **Abschaum** (*auch übertragen*) scum

**abscheulich** (*widerlich*) abominable; (*heimtückisch*) heinous ['heɪnəs]

**abschieben** ❶ (*deportieren*) to deport ❷ (*loswerden*) to get rid of ❸ (*umgangsspr*) to push off

der **Abschied** farewell, parting; **von jemandem Abschied nehmen** to say goodbye to someone

**abschirmen** to shield

**abschlachten** (*übertragen*) to butcher

der **Abschlag** ❶ (*beim Fußball*) goal kick ❷ (*im Handel*) reduction ❸ (*Zahlung*) part payment (**auf** of)

**abschlagen** ❶ to cut off *Gegenstand* ❷ (*militärisch*) to beat off *Angriff* ❸ (*verweigern*) to turn down *Bitte*

**abschlägig** negative; **ein abschlägiger Bescheid** a negative reply; **etwas abschlägig bescheiden** to turn down something

die **Abschlagszahlung** part payment (**auf** of)

**abschleppen** ❶ to tow *Auto* ❷ (*umgangssspr*) to pick up *Person*

das **Abschleppseil** towrope

der **Abschleppwagen** recovery vehicle ['viːɪkl]

**abschließen** ❶ to lock up *Tür* ❷ (*beenden*) to complete ❸ **eine Versicherung abschließen** to take out an insurance [ɪnˈʃʊərəns] policy; **einen Vertrag abschließen** to conclude a contract

**abschließend** *Bemerkung:* final

der **Abschluss** ❶ (*Ende*) end ❷ (*wirtschaftlich*) business deal; **kurz vor dem Abschluss stehen** to be in the final stages *plural*

die **Abschlussprüfung** (*in der Schule*) final examination

das **Abschlusszeugnis** (*in der Schule*) leaving certificate, diploma ⓊⓈⒶ

**abschmieren** to grease *Auto*

**abschminken** ❶ **sich abschminken** to take off one's make up ❷ (*umgangssspr*) **sich etwas abschminken** to get something out of one's head

**abschnallen** ❶ to undo ❷ **da schnallst du ab!** (*umgangssspr*) it blows your mind!

**abschneiden** ❶ to cut off; to cut *Haar* ❷ **jemandem das Wort abschneiden** to cut someone short ❸ (*übertragen*) **bei etwas gut/schlecht abschneiden** to do [*oder* come off] well/badly in something

der **Abschnitt** ❶ (*Sektion*) section ❷ (*Mathematik*) segment ❸ (*in Buch*) passage ❹ (*zeitlich*) period

**abschöpfen** to skim off *auch übertragen;* **Gewinn abschöpfen** to skim off the profits

**abschrauben** to unscrew

**abschrecken** to deter

**abschreckend** deterrent; **ein abschreckendes Beispiel** a warning

**abschreiben** ❶ to copy out *Text* ❷ (*bei einer Klassenarbeit*) to copy, to crib *umgangssspr* (**bei** off) ❸ (*wirtschaftlich*) to deduct ❹ **jemanden abschreiben** (*übertragen*) to write someone off

die **Abschrift** copy

die **Abschürfung** graze

**abschüssig** steep

**abschütteln** (*auch übertragen*) to shake off

**abschweifen** to digress; **vom Thema abschweifen** to deviate from the subject

**absehbar** foreseeable; **nicht absehbar** not to be foreseen, not foreseeable

**absehen** ❶ **ein Ende ist noch nicht abzusehen** the end is not yet in sight ❷ **ich will [einmal] davon absehen** I'm going to dispense with it

das **Abseits** (*im Sport*) offside

**abseits** ❶ (*im Sport*) offside ❷ **abseits der Straße** away from the road

**absenden** ❶ to send, to post ⒼⒷ *Brief;* to mail ⓊⓈⒶ *Brief* ❷ to dispatch *Waren*

der **Absender**, die **Absenderin** sender

**absetzbar** *Betrag:* deductible

**absetzen** ❶ (*verkaufen*) to sell ❷ (*entlassen*) to dismiss; to depose *Herrscher* ❸ to drop [off] *Fahrgast* ❹ (*von der Steuer*) to deduct

die **Absicht** intention; **die Absicht haben, etwas zu tun** to intend to do something

**absichtlich** intentional; **etwas absichtlich tun** to do something on purpose

**absolut** absolute

**absondern** ❶ to separate *Personen;* (*isolieren*) to isolate ❷ (*medizinisch*) to secrete ❸ **sich absondern** to cut oneself off

**abspalten** to split off

**abspeichern** (*Informatik*) to save, to file

**absperren** ❶ to block *Straße* ❷ (*technisch*) to turn off *Wasser, Gas* ❸ to lock *Tür*

**abspielen** ❶ to play *Tonmedien* ❷ **sich irgendwo abspielen** to happen somewhere

die **Absprache** arrangement

**absprechen** ❶ to arrange *Termin* ❷ **sich mit jemandem absprechen** to arrange things with someone

der **Absprung** jump; **den Absprung schaffen** (*umgangssspr*) to make the break

**abspülen** ❶ to rinse *Geschirr* ❷ (*Geschirr spülen*) to do the dishes

**abstammen** ❶ *Mensch:* to be descended (**von** from) ❷ (*sprachlich*) to be derived (**von** from)

der **Abstand** ❶ (*räumlich*) distance; **kurzer Abstand** short gap; **Abstand halten** to keep one's distance ❷ (*zeitlich*) interval ❸ (*Ablö-*

**abstauben – Abwechslung**    **618**

*sungssumme*) indemnity **4** **mit Abstand** by far

**abstauben** **1** to dust *Gegenstände* **2** (*umgangsspr*) to cadge, to nick *umgangsspr* (**bei** from)

**abstechen** (*sich abheben*) **von etwas abstechen** to stand out against something

der **Abstecher** **1** (*Reise*) excursion **2** (*übertragen: vom Thema*) digression

**abstehen** to stick out

**absteigen** **1** to get off, to dismount; **vom Fahrrad absteigen** to get off the bike **2** **in einem Hotel absteigen** to put up at [*oder* stay in] a hotel **3** (*im Sport*) to be relegated, to go down

**abstellen** **1** to put down *Gegenstand* **2** (*technisch*) to stop *Maschine;* (*abdrehen*) to turn off *Wasser, Gas* **3** to park *Fahrzeug*

das **Abstellgleis** siding

**abstempeln** **1** to stamp **2** (*übertragen*) to brand (**zu** as)

**absterben** (*auch übertragen*) to die

der **Abstieg** **1** descent [dr'sent] **2** (*übertragen*) decline

**abstimmen** **1** (*in Einklang bringen*) to match (**auf** with); to coordinate *Termine* (**auf** with) **2** (*in der Politik*) to take a vote (**über** on); **über etwas abstimmen lassen** to put something to the vote **3** **sich mit jemandem abstimmen** to come to an agreement with someone

die **Abstimmung** vote

**abstinent** **1** abstinent ['æbstɪnənt]; **abstinent sein** to be a teetotaller **2** **sexuell abstinent** celibate ['selɪbət]

der **Abstoß** **1** shove **2** (*im Fußball*) goal kick

**abstoßen** **1** (*beim Fußball*) to take a goal kick **2** (*übertragen*) to repel; to reject *Organ* **3** (*übertragen*) to be repulsive

**abstoßend** repulsive

**abstottern** (*umgangsspr*) to pay by instalments

**abstrakt** abstract

**abstreiten** (*leugnen*) to deny

**abstumpfen** (*übertragen*) to dull

der **Absturz** **1** fall **2** *von Flugzeug:* crash

**abstürzen** **1** *Mensch:* to fall **2** *Flugzeug:* to crash

**absuchen** **1** to search *Gelände* **2** (*mit Scheinwerfern*) to sweep

**absurd** absurd

der **Abszess** abscess ['æbses]

der **Abt** abbot

**abtanzen** to boogie

**abtasten** **1** to feel; (*medizinisch*) to palpate

**2** (*elektrisch*) to scan

**abtauen** **1** to defrost *Gefrierfach* **2** *Schnee:* to thaw

die **Abtei** abbey

das **Abteil** *von Zug:* compartment

**abteilen** to divide off (**von** from)

die **Abteilung** **1** department **2** (*militärisch*) unit

der **Abteilungsleiter,** die **Abteilungsleiterin** head of department

die **Äbtissin** abbess

**abtragen** **1** to wear out *Kleider* **2** to wash away *Gestein*

**abtreiben** **1** *Schiff, Flugzeug:* to be driven off course **2** (*medizinisch*) **ein Kind abtreiben** to abort a pregnancy; **abtreiben lassen** to have an abortion

die **Abtreibung** (*medizinisch*) abortion

**abtrennen** **1** to take off; to detach *Abschnitt* **2** (*räumlich*) to divide off

**abtreten** **1** to cede *Ansprüche, Gebiet* **2** (*vom Amt*) to resign **3** (*im Theater*) to go off

**abtrocknen** to dry *Geschirr, Haare*

**abtrünnig** **1** renegade **2** *Land:* rebel; **seinem Glauben abtrünnig werden** to renounce one's faith

**abtun** (*von sich schieben*) to dismiss

**abturnend** (*umgangsspr*) repulsive; **das finde ich super abturnend** I think that's a major turn-off

der **Abverkauf** Ⓐ (*Ausverkauf*) [clearance] sale

**abwägen** (*übertragen*) to weigh up

**abwälzen** (*übertragen*) to shift (**auf** onto)

**abwandern** to migrate (**aus** from)

die **Abwärme** waste heat

der **Abwart,** die **Abwärtin** Ⓒ caretaker, janitor

**abwarten** **1** to wait; **warte nur ab!** just you wait!; **abwarten und Tee trinken** to wait and see **2** **etwas abwarten** to wait something out

**abwärts** down; **es geht mit ihm abwärts** he is on the decline

der **Abwasch** **1** (*Geschirr*) dishes ⚠ *plural* **2** Ⓐ (*Spülstein*) sink

**abwaschen** **1** to wash off *Schmutz* **2** to do the washing up

die **Abwaschmaschine** Ⓒ dishwasher

das **Abwasser** sewage

der **Abwasserkanal** sewer

**abwechseln** **1** **sich abwechseln** to alternate, to change, to vary **2** **sich miteinander abwechseln** *Personen:* to take turns

**abwechselnd** alternately

die **Abwechslung** change; **zur Abwechslung** for a change

der **Abweg** auf Abwege geraten to go astray
**abwegig** (*umgangsspr*) off-beat
**abwehren** ❶ to ward off, to repulse *Angriff* ❷ (*abweisen*) to dismiss ❸ (*im Sport*) to clear *Ball* ❹ (*ablehnen*) to refuse
die **Abwehrkräfte** (*medizinisch*) the body's defences
**abweichen** ❶ (*von Kurs*) to deviate ❷ *Meinungen:* to differ
**abweisen** ❶ to turn away *Person* ❷ to reject, to turn down *Antrag*
**abweisend** *Haltung:* cold
**abwenden** ❶ to avert *Unglück* ❷ sich abwenden to turn away *auch übertragen*
**abwerben** to woo away [from]; (*wirtschaftlich*) to headhunt
**abwerfen** (*aus der Luft*) to drop
**abwerten** ❶ (*im Finanzwesen*) to devaluate ❷ (*übertragen*) to cheapen
**abwesend** ❶ absent ❷ (*übertragen*) far-away
die **Abwesenheit** absence
**abwickeln** ❶ (*übertragen*) to deal with *Angelegenheit* ❷ (*wirtschaftlich*) to conclude *Geschäft*
**abwimmeln** (*umgangsspr*) to get rid of
**abwischen** to wipe off *Schmutz;* to wipe *Gesicht;* to dry *Tränen*
**abwürgen** ❶ (*umgangsspr*) to squash, to stifle ❷ to stall *Motor*
**abzahlen** to pay off
**abzeichnen** ❶ to draw, to copy ❷ to initial ❸ sich abzeichnen to stand out, to become apparent
**abziehen** ❶ to take out *Schlüssel* ❷ to strip *Bett* ❸ to take away, to subtract *Zahl;* to take off *Betrag* ❹ *Truppen:* to withdraw
**abzielen** (*übertragen*) abzielen auf to be aimed at
die **Abzocke** (*abwertend umgangsspr*) profiteering, price gouging Ⓤ🇸🇦
**abzocken** (*slang*) to fleece; er hat abgezockt he has cleaned up
der **Abzug** ❶ (*wirtschaftlich*) discount; *vom Lohn:* deduction; nach Abzug der Kosten after deducting costs ❷ *von Fotos:* print ❸ *von Gewehr:* trigger ❹ *von Truppen:* withdrawal
**abzüglich** less
die **Abzugshaube** extractor hood
**abzweigen** to put [*oder* set] aside *Geld*
die **Abzweigung** junction
**ach** ach! oh!; ach so! I see!
die **Achse** ❶ (*Auto*) axle ❷ (*Mathematik*) axis; auf Achse sein (*umgangsspr*) to be on the road

die **Achsel** armpit; die Achseln zucken to shrug one's shoulders
die **Achselhöhle** armpit
die **Acht**[1] außer Acht lassen disregard; sich in Acht nehmen to watch out
die **Acht**[2] ❶ (*Zahl*) [number] eight ❷ die Acht (*Straßenbahn, Bus*) the number eight [tram/bus]
**acht** eight; viertel vor acht a quarter to eight
**achtbar** respectable
**achte(r, s)** ❶ eighth [eɪtθ], 8th ❷ wir haben heute den achten Dezember today is the eighth of December ❸ ich bin in der achten Klasse I'm in Year 8
das **Achtel** eighth part, eighth
**achtel** eighth
**achten** ❶ (*schätzen*) to respect ❷ auf etwas achten to pay attention to something; achte auf deine neuen Schuhe! mind your new shoes!; achte darauf, dass ... be careful [*oder* take care] that ...
der **Achter** ❶ (*Boot*) eight ❷ (*Figur*) figure eight
die **Achterbahn** roller coaster
**achtfach** eightfold
**achtjährig** eight-year-old
**achtlos** careless
**achttägig** lasting a week
die **Achtung** ❶ respect (vor for); sich Achtung verschaffen to gain respect for oneself; alle Achtung! good for you! ❷ Achtung! attention!
**achtzehn** eighteen
**achtzehnte(r, s)** eighteenth
**achtzig** eighty
**achtzigste(r, s)** eightieth
**ächzen** to groan (vor with)
der **Acker** field
der **Ackerbau** agriculture, farming
das **Ackerland** arable land
**ackern** (*umgangsspr*) to slog away
der **Adapter** adapter, adaptor
**adaptieren** Ⓐ (*herrichten*) to fix up
**addieren** to add
die **Addition** addition
der **Adel** nobility
**ad(e)lig** noble
der/die **Ad(e)lige** nobleman *maskulin,* noblewoman *feminin*
die **Ader** ❶ (*anatomisch*) blood vessel ❷ *von Pflanze, von Gestein:* vein; (*elektrisch*) core
das **Adjektiv** adjective
der **Adjunkt**, die **Adjunktin** Ⓐ, Ⓒ🇭 (*Assistent*) junior civil servant
der **Adler** eagle

**adoptieren** to adopt
die **Adoption** adoption
die **Adoptiveltern** adoptive parents
das **Adoptivkind** adopted child
das **Adrenalin** adrenalin
der **Adressat**, die **Adressatin** addressee
das **Adressbuch** directory
die **Adresse** address; **per Adresse ...** care of [*oder* c/o] ...

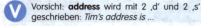

Vorsicht: **address** wird mit 2 ‚d' und 2 ‚s' geschrieben: *Tim's address is ...*

**adressieren** to address (**an** to)
die **Adria** Adriatic Sea
der **Advent** Advent
das **Adverb** adverb
der **Advokat**, die **Advokatin** ❶ advocate ❷ Ⓐ, ⒸⒽ (*Rechtsanwalt*) lawyer
die **Advokatur** ⒸⒽ ❶ (*Büro*) lawyer's office ❷ (*Amt*) legal profession
der **Affe** monkey; (*Menschenaffe*) ape
der **Affekt im Affekt handeln** to act in the heat of the moment
**affektiert** affected
die **Affenhitze** (*umgangsspr*) incredible heat
**affig** affected
der **Afghane**, die **Afghanin** Afghan
**Afrika** Africa
der **Afrikaner**, die **Afrikanerin** African
**afrikanisch** African
der **Afroamerikaner**, die **Afroamerikanerin** Afro-American
**afroamerikanisch** Afro-American
der **After** (*anatomisch*) anus
die **After-Show-Party**, die **Aftershowparty** after show party
die **Agenda** ⒸⒽ ❶ notebook ❷ (*Tagesordnung*) agenda
der **Agent**, die **Agentin** agent
die **Agentur** agency
die **Agglomeration** ⒸⒽ (*Ballungsraum*) conurbation
das **Aggregat** unit; (*für Strom*) power unit
**agieren** to act
die **Agrarwende** [movement for] sustainable agriculture
**Ägypten** Egypt
der **Ägypter**, die **Ägypterin** Egyptian
**ägyptisch** Egyptian
**aha** I see!
das **Aha-Erlebnis** sudden insight
**ahnden** to punish *Verstoß;* to avenge *Verbrechen, Tat*
**ähneln** to be like, to resemble; **sie ähneln sich sehr** they are very alike

**ahnen** to foresee, to know; **das konnte ich doch nicht ahnen!** I couldn't be expected to know that!
**ähnlich** similar; **jemandem ähnlich sehen** to resemble someone; **das sieht ihm ähnlich** (*umgangsspr*) that is just like him
die **Ähnlichkeit** similarity; **mit etwas Ähnlichkeit haben** to resemble something
die **Ahnung** ❶ (*Vorgefühl*) presentiment ❷ (*Wissen*) idea; **hast du eine Ahnung!** [a] fat lot you know about it!; **keine Ahnung!** no idea!
**ahnungslos** unsuspecting
der **Ahorn** (*Laubbaum*) maple [tree]
die **Ähre** ear
**Aids** [e:ts], **AIDS** *Abkürzung von* **Acquired Immune Deficiency Syndrome** aids, AIDS
der/die **Aids-Infizierte** person infected with aids
der **Airbag** ['ɛːɐ̯bɛk] (*Auto*) airbag
der **Airbus** airbus
die **Airline** airline
die **Akademie** academy
der **Akademiker**, die **Akademikerin** (*Hochschulabsolvent*) university graduate
**akademisch** academic
die **Akazie** acacia
**akklimatisieren sich akklimatisieren** to become acclimatized
der **Akkord** ❶ (*Musik*) chord ❷ (*Stücklohn*) piece rate; **im Akkord arbeiten** to do piecework
die **Akkordarbeit** piece-work
das **Akkordeon** (*Musik*) accordion
das **Akkreditiv** letter of credit
der **Akku** (*elektrisch*) accumulator, battery
**akkurat** precise
der **Akkusativ** (*Grammatik*) accusative
die **Akne** acne
der **Akrobat**, die **Akrobatin** acrobat
**akrobatisch** acrobatic
der **Akt** ❶ (*Tat*) act, action ❷ (*im Theater*) act ❸ (*Malerei*) nude ❹ Ⓐ (*Akte*) file, record
die **Akte** file, records *plural*
die **Akten** files, records; **zu den Akten legen** to file away
die **Aktennotiz** memo
der **Aktenordner** file
die **Aktentasche** briefcase
das **Aktenzeichen** reference
der **Akteur**, die **Akteurin** (*Film, Theater*) protagonist
die **Aktie** share; **in Aktien anlegen** to invest in shares ▶ WENDUNGEN: **na, wie stehen die Aktien?** (*humorvoll*) how are things?
die **Aktiengesellschaft** public limited company

**Aktienkapital – Allerheiligen**

das **Aktienkapital** share capital
der **Aktienkurs** (*wirtschaftlich*) share price
die **Aktion** ❶ action; (*Einsatz*) operation; **in Aktion treten** to go into action ❷ **das war eine geniale Aktion!** (*umgangsspr*) that was a great campaign [kæm'peɪn]!
der **Aktionär**, die **Aktionärin** shareholder (GB), stockholder (USA)
**aktiv** active
die **Aktiva** assets; **Aktiva und Passiva** assets and liabilities
das **Aktivgeschäft** *einer Bank:* lending business
**aktivieren** ❶ (*chemisch*) to activate ❷ (*in Bewegung setzen*) to get moving
die **Aktivität** activity
**aktualisieren** to update
die **Aktualität** topicality; **Aktualitäten** current events
der **Aktuar**, die **Aktuarin** (CH) (*Schriftführer*) secretary
**aktuell** ❶ relevant; *Frage, Thema:* topical; **das ist nicht mehr aktuell** that's no longer relevant ❷ (*gegenwärtig*) *Problem, Thema:* current

**F** Nicht verwechseln mit *actual — eigentlich!*

die **Akupunktur** acupuncture
die **Akustik** acoustics △ *plural*
**akustisch** acoustic; **ich habe Sie akustisch nicht verstanden** I didn't catch what you said
**akut** ❶ (*medizinisch*) acute ❷ (*vordringlich*) urgent
der **Akzent** ❶ (*sprachlich*) accent ❷ (*übertragen*) stress (**auf** on)
**akzeptieren** to accept
der **Alarm** alarm; **Alarm schlagen** to sound the alarm
die **Alarmanlage** alarm system
**alarmieren** to alert
der **Albaner**, die **Albanerin** Albanian
**Albanien** Albania
**albanisch** Albanian
**albern** (*kindisch*) silly
der **Albtraum** nightmare
das **Album** album
die **Alge** alga ['ælgə], △ *plural* algae ['ældʒiː]
die **Algebra** (*Mathematik*) algebra ['ældʒɪbrə]
der **Algorithmus** algorithm ['ælgərɪðəm]
das **Alibi** alibi ['ælɪbaɪ]
die **Alibifunktion Alibifunktion haben** to be used as an alibi
die **Alimente** maintenance △ *singular*
**alkalisch** alkaline

der **Alkohol** alcohol
der **Alkoholeinfluss unter Alkoholeinfluss** under the influence of alcohol
**alkoholfrei** non-alcoholic; **alkoholfreie Getränke** soft drinks
**alkoholhaltig** alcoholic
der **Alkoholiker**, die **Alkoholikerin** alcoholic
der **Alkoholismus** alcoholism
das **All** space; (*in der Philosophie*) universe
**alle alle werden** to run out
**alle(r, s)** ❶ all; **alle Eltern sind willkommen** all parents are welcome ❷ (*bestimmte Menge, Anzahl*) **alle Schüler in der Klasse 6c** all the pupils in form 6c; **alles Geld der Welt** all the money in the world; **alle meine Bücher** all [of] my books ❸ everything; **alles, was Sie wollen** anything you like; **alles, was ...** all that ... ❹ **alle 2 Tage** every other day; **alle 8 Tage** once a week ❺ (*substantivisch:* △ *im Englischen oft verneint*) **wir haben alle kein Geld mehr** none of us have any money left; **sie haben mir alle nicht gefallen** I didn't like any of them ▶ WENDUNGEN: **auf alle Fälle** in any case; **vor allem** above all; **ein für allemal** once and for all; **alles in allem** on the whole; **was soll das alles?** what's all this about?; **was es nicht alles gibt!** well, now I've seen everything!
die **Allee** avenue
**allein(e)** ❶ alone; (*einsam*) lonely ❷ **eine allein erziehende Mutter** a single mother; **allein stehend** single ❸ (*selbstständig*) **das habe ich alleine gemacht** I did that by myself; **von allein** by oneself; **das Gerät ist von alleine ausgegangen** the machine switched off by itself; **das weiß ich von allein!** you don't have to tell me that!
der/die **Alleinerziehende**, der **Alleinerzieher**, die **Alleinerzieherin** single parent
der **Alleingang** solo run; **im Alleingang** on one's own
**alleinig** sole
die **Alleinvertretung** sole and exclusive representation
**allemal ein für allemal** once and for all
**allenfalls** if need be; (*höchstens*) at most
**allerbeste(r, s)** best of all, very best
**allerdings** ❶ (*aber*) but ❷ **allerdings!** certainly!
**allererste(r, s)** very first; **zu allererst** first and foremost
die **Allergie** (*medizinisch*) allergy
**allergisch** allergic (**gegen** to)
**Allerheiligen** All Saints' Day

**allerlei – am**     **622**

**allerlei** all sorts of [things]

**allerletzte(r, s)** very last

**allermeiste(r, s)** by far the most; **am allermeisten** most of all

**allerneueste(r, s)** very latest

**allerwenigste(r, s)** least of all; **in den allerwenigsten Fällen** in only a very few cases

**allesamt** all

**allfällig** (CH) ① (*eventuell*) possible ② (*gegebenenfalls*) possibly

**allgemein** general; **im Allgemeinen** generally, in general

die **Allgemeinbildung** general education

die **Allgemeinheit** general public

das **Allheilmittel** panacea [ˌpænəˈsiːə], cure-all [ˈkjʊərɔːl]

die **Allianz** alliance

der/die **Alliierte** ally [ˈælaɪ]; **die Alliierten** the Allies

**alljährlich** annual[ly] [ˈænjuəli], yearly

**allmächtig** omnipotent [ɒmˈnɪpətᵊnt]; **allmächtiger Gott!** heavens above!

**allmählich** ① gradual ② **etwas allmählich tun** to do something gradually [*oder* step by step]

der **Allradantrieb** (*Auto*) all-wheel drive

der **Alltag** (*übertragen*) everyday life

**alltäglich** (*gewöhnlich*) everyday

**allwissend** omniscient [ɒmˈnɪsiənt]

**allzu** **allzu oft** much too often; **allzu sehr** too much; **allzu viel** too much

**Allzweck-** (*in Zusammensetzungen*) all-purpose ...

der **Allzweckreiniger** general-purpose cleaner

die **Alm** alpine pasture

die **Alpen die Alpen** the Alps

das **Alpenveilchen** cyclamen

das **Alphabet** alphabet

**alphabetisch** alphabetical

der **Alptraum** nightmare

**als** ① (*nach Komparativen*) than; **sie ist schöner/größer als Hannah** she is prettier/taller than Hannah ② (*bei Vergleich*) as ... as; **so weit wie möglich** as far as possible ③ (*in Modalsätzen*) as if [*oder* though]; **es sieht so aus, als würde es regnen** it looks as though it might rain ④ (*temporal*) when; **gerade, als ...** just as ... ⑤ (*in der Eigenschaft*) **als Beweis** as proof; **als Kind** as a child ⑥ **alles andere als ...** anything but ...

**also** ① so; **dir geht es also besser** so you are feeling better; **also doch** so ... after all; **du gehst also doch?** so you are going after all? ② (*als Füllwort*) well; **also gut!** well all right then!; **also nein!** oh no!; **also so eine Frechheit!** what a cheek! ③ (*daher*) so,

therefore; **sie bat mich darum, also bin ich gegangen** she asked me to, [and] so I left

**alt** ① *Person:* old; **wie alt bist du?** how old are you?; **ich bin siebzehn Jahre alt** I'm seventeen years old ② (*historisch*) ancient; *Sprachen:* classical ▶ WENDUNGEN: **er ist nicht mehr der Alte** he is not the man he used to be; **alles beim Alten lassen** to leave everything as it was; **alt aussehen** (*umgangsspr*) to look a right fool

der **Altar** altar

**altbacken** ① *Brot:* stale ② *Aussehen:* old-fashioned

der **Altbau** ① (*altes Haus*) old building ② (*Hausteil*) old part of a house

das **Altenheim**, das **Altenpflegeheim** old people's home

das **Alter** age; **im Alter von ...** at the age of ...; **das ist doch kein Alter!** that's no age at all!

**altern** ① *Mensch:* to get older ② *Wein, Spirituosen:* to mature

**alternativ** ① alternative; (*in der Politik*) unconventional ② (*umweltbewusst*) ecologically minded

**Alternativ-** (*in Zusammensetzungen*) alternative

die **Alternative** alternative

das **Altersasyl** (CH) (*Altersheim*) old people's home

die **Altersgruppe** age group

das **Altersheim** old people's home

die **Altersrente**, das **Altersruhegeld** old-age pension

die **Altersschwäche** infirmity

die **Altersteilzeit** pre-retirement part-time employment

die **Altersversorgung** provision for old age

das **Altertum** antiquity

**altertümlich** (*veraltet*) antiquated

die **Alterung** ageing, aging (USA)

der **Altglascontainer** bottle bank

der **Altjahresabend** (CH) (*Silvester*) New Year's Eve

**altklug** precocious

die **Altlasten** poisonous waste

das **Altmaterial** scrap

der **Altmeister** (*im Sport*) ex-champion

**altmodisch** old-fashioned

das **Altpapier** waste paper

die **Altpapiersammlung** wastepaper collection

die **Altstadt** old part of town

der **Altweibersommer** Indian summer

die **Alufolie** tin foil, aluminium foil, aluminum foil (USA)

das **Aluminium** aluminium, aluminum (USA)

**am** ① (*Zeitangabe*) **am 1. November** on November 1st; **Frankfurt am Main** Frankfurt on the Main; **am Abend** in the evening; **am Anfang** at the beginning; **am Tag darauf** on the following day ② (*räumlich, örtlich*) on the; **am Fluss/Meer** by the river/sea; **am Eingang** at the entrance; **am Lager** in stock ③ (*zur Bildung des Superlativs*) **am besten** best; **er war am tapfersten** he was [the] bravest; **am liebsten gehe ich inlineskaten** I like going rollerblading best ④ (*umgangsspr: Verlauf*) **ich war am Arbeiten, als er anrief** I was working when he called; **sie war gerade am Weggehen** she was just about to leave ⑤ (*Zustand*) **am Leben** alive

der **Amateur**, die **Amateurin** [ama'tøːɐ̯] amateur

der **Amboss** anvil

die **Ambulanz** ① (*im Krankenhaus*) outpatients △ *singular* ② (*Krankenwagen*) ambulance ['æmbjələns]

die **Ameise** ant

der **Ameisenbär** anteater

der **Ameisenhaufen** anthill

die **Ameisensäure** formic acid

**amen** amen!

**Amerika** America; **die Vereinigten Staaten von Amerika** the United States of America

der **Amerikaner**, die **Amerikanerin** American

**amerikanisch** American

das **Amiland** (*slang: USA*) Yankland *abwertend*

der **Ammann** ⓒ ① mayor ② (*Beamter des Gerichts*) local magistrat

das **Ammoniak** (*chemisch*) ammonia

die **Amnestie** (*in der Politik*) amnesty

der **Amok** amok ⓖⓑ, amuck ⓤⓢⓐ; **Amok laufen** to run amok

**amortisieren sich amortisieren** to pay for itself

die **Ampel** traffic lights △ *plural*

das **Ampere** (*elektrisch*) ampere ['æmpeəʳ]

das **Amperemeter** amp meter, ammeter

die **Amphibie** amphibian [æm'fɪbiən]

**amputieren** to amputate

die **Amsel** blackbird

das **Amt** ① (*öffentliches*) office; **von Amts wegen** officially ② (*Aufgabe*) duty, task ③ (*Behörde*) department ④ (*Telefonamt*) exchange

**amtlich** official; **amtliches Kennzeichen** registration [*oder* ⓤⓢⓐ license] number

die **Amtsenthebung**, die **Amtsentsetzung** ⓐ dismissal from office

das **Amtsgericht** county court ⓖⓑ, district court ⓤⓢⓐ

der **Amtsrichter**, die **Amtsrichterin** county court judge ⓖⓑ, district court judge ⓤⓢⓐ

das **Amtszeichen** dialling [*oder* ⓤⓢⓐ dial] tone

die **Amtszeit** period of office

**amüsant** amusing

**amüsieren** ① to amuse ② **sich amüsieren** to enjoy oneself ③ **sich über etwas amüsieren** to find something funny

**an** ① (*räumlich*) to; **sie ging ans Fenster** she went to the window; **ans Telefon gehen** to answer the phone ② (*auf*) on; **sie hatte etwas an ihrer Jacke** she had something on her jacket ③ (*zeitlich*) on; **an einem Dienstag** on a Tuesday; **an diesem Abend** that evening; **es ist an der Zeit** the time has come ④ (*Grund*) **jemanden an etwas erkennen** to recognize someone by something; **an etwas schuld sein** to be to blame for something ⑤ (*etwa*) **an die 500 Schüler** about five hundred pupils ⑥ **von nun an** from now on ⑦ (*Ankunft*) **Heidelberg an 16.25** arriving Heidelberg 16:25

**analog** ① analogous ② (*Informatik*) analog ['ænəlɒg]

der **Analphabet**, die **Analphabetin** illiterate [ɪ'lɪtᵊrət]

die **Analyse** analysis [ə'næləsɪs]

**analysieren** to analyze [ænᵊlaɪz]

die **Ananas** pineapple ['paɪnæpl]

die **Anatomie** anatomy [ənætəmi]

**anatomisch** anatomical [ænə'tɒmɪkl]

**anbahnen** (*bevorstehen*) to be in the offing *umgangsspr*

der **Anbau** ① (*Gebäude*) extension ② (*landwirtschaftlich*) cultivation

**anbauen** ① to add, to build on *Gebäude* ② (*landwirtschaftlich*) to cultivate, to grow

die **Anbaufläche** cultivable land; (*bebaute Fläche*) area under cultivation

**anbei** enclosed; **anbei übersenden wir Ihnen ...** please find enclosed ...

**anbelangen** to concern; **was mich/das anbelangt ...** as far as I am/that's concerned ...

**anbeten** ① (*religiös*) to worship ② (*übertragen*) to adore

**anbiedern** (*abwertend*) **sich bei jemandem anbiedern** to curry favour with someone

**anbieten** ① **jemandem etwas anbieten** to offer someone something, to offer something to someone ② *Mensch:* to offer one's services ③ *Gelegenheit:* to present itself

**anbinden** ① to tie [up] ② **kurz angebunden sein** to be curt

der **Anblick** sight

**anblicken** to look at

das **Anbot** ⓐ offer

**anbrennen** *Essen:* to get burnt; **anbrennen lassen** to burn ▸ WENDUNGEN: **nichts anbrennen lassen** (*umgangsspr*) to not miss out on anything; *Torwart:* to keep a clean sheet

**anbringen** ❶ (*installieren*) to install ❷ to make *Bitte, Beschwerde* (**bei** to)

der **Anbruch** beginning

**andächtig** devout

**andauern** to continue

**andauernd** (*ständig*) continuous; (*anhaltend*) continual; **jemanden andauernd unterbrechen** to keep on interrupting someone; **sie erhielt andauernd Anrufe** she kept getting phone calls

das **Andenken** ❶ memory; **zum Andenken an ...** in memory of ... ❷ (*Gegenstand*) keepsake (**an** from); (*von einer Reise*) souvenir

**andere(r, s)** ❶ (*verschieden*) different; **ein anderer Mann/eine andere Bluse** a different man/blouse; (*noch eine(r)*) another man/blouse; **das ist etwas Anderes** that is different; **ein anderes Mal** another time ❷ (*folgend*) **am anderen Morgen** the next morning ❸ (*substantivisch: Person*) **ein anderer/eine andere** a different person; **jeder andere/kein anderer** anyone/no-one else; (*Sache*) a different one ❹ **nichts anderes** nothing else; **nichts anderes als** nothing but; **alles andere als** anything but ❺ **unter anderem** among other things *plural* ❻ **einer nach dem anderen** one at a time

**andererseits** on the other hand

**ändern** ❶ (*wechseln*) to change; **ich kann es nicht ändern** I can't do anything about it ❷ **sich ändern** to change

**andernfalls** otherwise

**anders** ❶ differently; **ich hätte es anders gemacht** I would have done it differently ❷ **jemand anders** someone else ❸ **es sich anders überlegen** to change one's mind ❹ **es geht nicht anders** there's no other way

**andersherum** the other way round

**anderswo** elsewhere

**anderswoher** from elsewhere

**anderswohin** elsewhere

**anderthalb** one and a half

die **Änderung** alteration, change

**anderweitig** (*woanders*) elsewhere

**andeuten** **etwas andeuten** (*erkennen lassen*) to indicate something; (*zu verstehen geben*) to hint at something

die **Andeutung** **eine Andeutung über etwas machen** to hint at something

der **Andrang** *von Menschen:* crowd, rush; *von Blut:* rush

**andrehen** ❶ (*einschalten*) to turn on ❷ (*befestigen*) to tighten, to screw in *Schraube* ❸ **jemandem etwas andrehen** to palm something off on someone

**andrerseits** on the other hand

**anecken** to put people's backs up

**aneignen** **sich etwas aneignen** to acquire something; (*widerrechtlich*) to appropriate something

**aneinander** each other; **sich aneinander gewöhnen** to get used to each other

**anekeln** to disgust

die **Anemone** anemone

**anerkennen** ❶ to recognize, to acknowledge; (*wirtschaftlich*) to accept ❷ (*lobend*) to appreciate; **ein anerkennender Blick** an appreciative look

**anfahren** ❶ *Fahrzeug:* to start, to pull away ❷ (*zusammenstoßen*) to run into, to hit ❸ **jemanden anfahren** (*übertragen*) to shout at someone

die **Anfahrt** (*Reise*) journey

der **Anfall** (*medizinisch*) attack; (*epileptisch*) fit; **in einem Anfall von ...** in a fit of ...

**anfallen** ❶ **jemanden anfallen** to attack someone ❷ *Kosten:* to arise

**anfällig** ❶ (*gesundheitlich*) delicate ❷ **für etwas anfällig sein** to be susceptible to something

der **Anfang** beginning; **Anfang Mai** at the beginning of May; **für den Anfang** for the present; **von Anfang an** right from the beginning; **den Anfang machen** to begin, to start, to make a start

**anfangen** to begin, to start; **von vorn anfangen** begin [*oder* start] again; **fang nicht wieder damit an!** don't start all that again!; **ich weiß nicht, was ich damit anfangen soll** I don't know what to do with it

der **Anfänger**, die **Anfängerin** beginner

**anfänglich** ❶ *Schwierigkeiten:* initial ❷ (*zunächst*) at first

**anfangs** at first

der **Anfangsbuchstabe** first letter; **großer Anfangsbuchstabe** capital initial

das **Anfangsstadium** initial stage

**anfassen** ❶ to touch; **nicht anfassen!** don't touch! ❷ to tackle *Problem*

**anfechtbar** contestable

**anfechten** to contest; to appeal against *Urteil;* to dispute *Vertrag*

**anfertigen** to make

**anflehen** to implore (**um** for)

der **Anflug** *eines Flugzeugs:* approach

**anfordern** to request

die **Anforderung** ❶ (*Belastung*) demand; **hohe Anforderungen an jemanden stellen** to demand a lot of someone; **den Anforderungen genügen** to be able to meet the demands ❷ (*Bedürfnis*) requirement ❸ (*das Anfordern*) request (**von** for)

die **Anfrage** ❶ inquiry ❷ (*im Parlament*) question ❸ (*Informatik*) query

**anfragen** to inquire (**bei** of)

**anfreunden** sich mit jemandem anfreunden to make friends with someone; **sich mit etwas anfreunden** to get to like something

**anführen** ❶ (*als Führer*) to lead ❷ (*zitieren*) to cite, to quote, to give *Beispiel*

der **Anführer**, die **Anführerin** leader; (*Anstifter*) ringleader

die **Anführungszeichen** inverted commas, quotation marks

die **Angabe** ❶ (*Aussage*) statement ❷ (*Auskunft*) information ⚠ *kein Plural* ❸ **nähere** [*oder* **genauere**] **Angaben** details, particulars ❹ **Angaben zur Person** personal details

**angeben**[1] ❶ (*nennen*) to give; **Gründe angeben** to state reasons ❷ (*behaupten*) to maintain

**angeben**[2] (*prahlen*) to boast, to show off

der **Angeber**, die **Angeberin** show-off

**angeblich** ❶ so-called ❷ **er hat angeblich Geld gestohlen** he allegedly stole money

**angeboren** innate

das **Angebot** offer; *von Waren:* supply; **Angebot und Nachfrage** supply and demand

**angebracht** (*sinnvoll*) reasonable

**angebrannt** burnt

**angegossen** wie angegossen sitzen to fit like a glove [glʌv]

**angeheitert** tipsy

**angehen** (*betreffen*) to concern; **das geht Sie nichts an!** that's none of your business!; **was geht das mich an?** what's that got to do with me?; **was mich angeht ...** for my part ...

**angehend** (*zukünftig*) prospective

**angehören** to be a member of

der/die **Angehörige** relative

der/die **Angeklagte** accused, defendant

die **Angel** (*Fischangel*) rod and line ⒼⒷ, fishing pole ⓊⓈⒶ

die **Angelegenheit** matter; **kümmere dich um deine eigenen Angelegenheiten!** mind your own business!

**angelernt** *Arbeiter:* semi-skilled

**angeln** angeln gehen to go fishing; **nach etwas angeln** to fish for something

**angeloben** Ⓐ to swear in

die **Angelobung** Ⓐ swearing in

die **Angelrute** fishing rod

**angemessen** appropriate; *Preis:* reasonable

**angenehm** agreeable, pleasant; **angenehme Reise!** have a pleasant journey!

**angenommen** angenommen, dass ... assuming [*oder* supposing] that ...

**angesehen** respected

**angesichts** in view of, considering

der/die **Angestellte** employee

**angestrengt** (*arbeiten*) hard

**angetan** von jemandem/etwas angetan sein to be impressed by someone/something; **es jemandem angetan haben** to appeal to someone

**angetrunken** inebriated

**angewandt** applied

**angewiesen** angewiesen sein auf to be dependent on

**angewöhnen** to get accustomed to

die **Angewohnheit** habit; **die Angewohnheit haben, etwas zu tun** to be in the habit of doing something

die **Angina** (*medizinisch*) angina

**angleichen** to adapt; **sich jemandem/ etwas angleichen** to adapt oneself to someone/something

der **Angler**, die **Anglerin** angler

die **Anglistik** (*Studienfach*) English studies ⚠ *plural*

**angreifbar** (*übertragen*) open to attack

**angreifen** ❶ (*feindlich*) to attack ❷ (*schwächen*) to weaken; (*beeinträchtigen*) to affect

**angrenzend** ❶ *Gebiet:* adjacent (**an** to) ❷ (*Informatik*) contiguous

der **Angriff** attack (**auf** to); **etwas in Angriff nehmen** to tackle something

**angriffslustig** aggressive

die **Angst** anxiety (**um** about); (*Furcht*) fear (**vor** of); **vor etwas Angst haben** to be afraid of something; **um jemanden Angst haben** to be anxious about someone; **keine Angst!** don't worry!

**ängstigen** ❶ sich ängstigen to worry ❷ jemanden ängstigen to frighten someone

**ängstlich** (*angstvoll*) anxious

der **Angstmacher**, die **Angstmacherin** (*abwertend*) scaremonger

die **Angstmacherei** (*abwertend*) scaremongering

der **Angstzustand** state of panic

**die Angstzustände** (*psychologisch*) state of anxiety ⚠ *singular;* **Angstzustände bekommen** to get in a panic
**angurten** to fasten one's seat belt
**anhaben** ➊ *Kleidungsstücke:* to have on, to be wearing ➋ (*beeinträchtigen*) **sie können mir nichts anhaben** they can't touch me
**anhalten** ➊ to stop; **die Luft anhalten** to hold one's breath; **jemanden zu etwas anhalten** to encourage someone to do something ➋ (*stehen bleiben*) to stop ➌ (*andauern*) to last ➍ **um jemandes Hand anhalten** to propose to someone
**anhaltend** incessant
**der Anhalter,** die **Anhalterin** hitch-hiker; **per Anhalter fahren** to hitch-hike
**der Anhang** ➊ appendix ➋ (*umgangsspr: Familie*) family
**anhängen** ➊ (*hinzufügen*) to add ➋ (*Informatik*) to attach ➌ **jemandem etwas anhängen** (*umgangsspr*) to blame something on someone
**der Anhänger** ➊ (*Person*) follower, supporter ➋ (*für Gepäck*) tag; (*Schmuckstück*) pendant ➌ (*Auto*) trailer
**anhänglich** clinging
**anheben** ➊ to raise *Gehalt* ➋ (*hochheben*) to lift up
**anheuern** to sign on
**der Anhieb auf Anhieb** (*umgangsspr*) straight away [*oder* off]
**anhimmeln** to worship; (*schwärmerisch ansehen*) to gaze adoringly at
**anhören** ➊ to listen to ➋ (*erhören*) **jemanden/jemandes Bitte anhören** to hear someone/someone's request ➌ **das hört sich ja gut an!** that sounds good!
**der Animateur,** die **Animateurin** [anima'tøːɐ] host *maskulin*, hostess *feminin*
**animieren** to encourage
**der Anis** ➊ (*Pflanze*) anise ➋ (*Gewürz*) aniseed
**der Ankauf** purchase
**der Anker** anchor; **vor Anker liegen** to be anchored; **den Anker lichten** to weigh anchor
**anketten** to chain up (**an** to)
**die Anklage** ➊ (*juristisch*) charge; **gegen jemanden Anklage erheben** to bring charges against someone ➋ (*Staatsanwalt*) prosecution
**anklagen** to charge (**wegen** with); **jemanden anklagen, etwas getan zu haben** to accuse someone of having done something
**der Anklang** [**bei jemandem**] **Anklang finden** to be well received [by someone], to meet with approval [from someone]
**anklicken** (*Informatik*) to click on
**anklopfen** to knock (**an** at)
**anknüpfen** ➊ to tie on (**an** to) ➋ (*übertragen*) to start up; **an etwas anknüpfen** to take something up
**ankommen**[1] ➊ to arrive; **ich komme um 8:30 an** I arrive at 8:30 ➋ (*bei Bewerbungen*) to be taken on (**bei** by) ➌ (*Anklang finden*) to go down (**bei** with); **bei jemandem ankommen** (*umgangsspr*) to have success with someone
**ankommen**[2] ➊ (*wichtig sein*) **es kommt darauf an, wie schnell man ist** it depends on how fast you are ➋ **es darauf ankommen lassen** to chance it
**ankündigen** to announce
**die Ankündigung** announcement
**die Ankunft** arrival; **bei Ankunft** on arrival
**die Ankunftszeit** time of arrival
**ankurbeln** (*übertragen*) to boost
**anlächeln** to smile at; **jemanden nett anlächeln** to give someone a nice smile
**anlachen** ➊ to smile at ➋ **sich jemanden anlachen** (*umgangsspr*) to pick someone up, to pull someone 🇬🇧 *slang*
**die Anlage** ➊ (*Fabrik*) plant ➋ (*Park*) public park, gardens ⚠ *plural* ➌ (*Stereoanlage*) system ➍ (*im Finanzwesen*) investment ➎ **als Anlage erhalten Sie ...** enclosed please find ...
**der Anlass** ➊ (*Ursache*) cause (**zu** for); **es besteht kein Anlass** there is no reason; **beim geringsten Anlass** for the slightest reason ➋ (*Gelegenheit*) occasion; **etwas zum Anlass nehmen zu ...** to use something as an opportunity to ...
**anlassen** ➊ (*in Gang setzen*) to start *Auto* ➋ (*nicht ausziehen*) to keep on *Kleidung, Hut* ➌ to leave on *Gerät*
**der Anlasser** starter [motor]
**anlässlich** on the occasion of
**der Anlauf einen Anlauf nehmen** to take a run-up; **erst beim zweiten Anlauf** only at the second go
**anlaufen** ➊ *Film:* to open ➋ (*beschlagen*) *Glas:* to steam up; *Metall:* to tarnish ➌ *Schiff:* to call at *einen Hafen*
**die Anlaufschwierigkeit** teething problem *übertragen,* initial difficulty
**die Anlaufstelle** shelter, refuge
**anlegen** ➊ (*daranlegen*) to lay (**an** next to) ➋ (*anziehen*) to don ➌ (*im Finanzwesen*) to invest ➍ to start *Kartei* ➎ to lay in *Vorräte*

**6** (*Informatik*) to create *Datei* **7** *Schiff:* to berth ▸ WENDUNGEN: **sich mit jemandem anlegen** to pick a quarrel with someone

**anlehnen 1** to lean (**an** against); **die Tür anlehnen** to leave the door ajar **2 sich an etwas anlehnen** to follow something

**anleiern** (*umgangsspr*) **etwas anleiern** (*in die Wege leiten*) to launch something, to get something on the road

die **Anleihe 1** (*Darlehen*) loan **2** (*Wertpapier*) bond

**anleiten** to instruct

die **Anleitung** (*auch technisch*) instructions ⚠ *plural;* **unter Anleitung von ...** under the guidance of ...

das **Anliegen** (*Bitte*) request

**anliegend 1** (*benachbart*) adjacent **2** *Kleider:* tight-fitting **3** (*beiliegend*) enclosed

**anlocken** to attract *auch Kunden;* to lure *Tiere*

**anlügen** to lie to

**anmachen 1** (*befestigen*) to put up (**an** on) **2** to dress *Salat* **3** to turn on *Licht, Radio* **4** (*ansprechen*) to chat up **5** (*umgangsspr: erregen*) to turn on **6** to light *Feuer*

**anmailen jemanden anmailen** to [e-]mail someone

**anmaßend** presumptuous

**anmelden 1** to announce **2 sich anmelden** to announce one's arrival **3** (*für einen Kurs*) **sich/jemanden anmelden** to enrol oneself/someone (**für** for); **jemanden bei einer Schule anmelden** to enrol someone at a school **4 seinen Fernseher anmelden** to get a licence [*oder* ⓊⓈⒶ license] for one's TV set **5** to declare *Abgaben, Zollwaren*

die **Anmeldung 1** (*Ankündigung*) announcement **2** (*zu einem Kurs*) enrolment; (*polizeilich*) registration **3** (*Rezeption*) reception

**anmerken 1** (*bemerken*) to say **2** (*schriftlich*) to note **3 sich nichts anmerken lassen** to keep a straight face

die **Anmerkung 1** (*schriftlich*) note **2** (*Bemerkung*) remark

die **Anmoderation** continuity [*oder* ⓊⓈⒶ voiceover] announcement

die **Anmut** grace

**anmutig** graceful

**annähen** to sew on (**an** to)

**annähernd 1** approximate **2** (*etwa*) about, approximately; **nicht annähernd so viel ...** not nearly as much ...

die **Annäherung** approach (**an** towards)

der **Annäherungsversuch** advances ⚠ *plural*

die **Annahme** acceptance; (*Vermutung*) assump-

tion

**annehmbar** acceptable (**für** to); *Preis:* reasonable

**annehmen 1** to accept *Angebotenes* **2** (*aufnehmen*) to take **3** (*vermuten*) to presume, to assume; **ich nehme an, er wollte ins Kino** I presume he wanted to go to the cinema; **etwas von jemandem annehmen** to expect something of someone **4 sich einer Sache annehmen** to see to a matter

die **Annehmlichkeit** convenience; **die Annehmlichkeiten des Lebens** the comforts of life

**anno** (*im Jahre*) in [the year] ▸ WENDUNGEN: **von anno dazumal** [*oder* **Tobak**] (*humorvoll*) from the year dot

die **Annonce** [a'nõ:sə] advertisement

**anonym** anonymous; **Anonyme Alkoholiker** Alcoholics Anonymous

der **Anorak** anorak

**anordnen 1** (*aufstellen*) to arrange **2** (*befehlen*) to order

**anpacken 1** (*anfassen*) to grab **2** (*übertragen*) to tackle; **kannst du mal mit anpacken?** can you lend me a hand?

**anpassen 1** (*technisch*) to fit [to] **2 sich an etwas anpassen** to adapt oneself to something

**anpassungsfähig** adaptable

die **Anpassungsfähigkeit** adaptability (**an** to)

**anpflanzen** to grow

**anprangern** to denounce

**anpreisen** to extol; **sich** [**als etwas**] **anpreisen** to sell oneself [as something]

die **Anprobe** (*im Kaufhaus*) fitting room

**anprobieren** to try on

**anpumpen** (*umgangsspr*) **jemanden anpumpen** to borrow cash off someone

der **Anrainer**, die **Anrainerin** Ⓐ [local] resident

**anrechnen 1** (*berechnen*) to charge **2** (*gutschreiben*) to take into account **3 jemandem etwas hoch anrechnen** to think highly of someone for something

**anregen 1** (*stimulieren*) to stimulate **2** (*ermuntern*) to prompt (**zu** to)

**anregend** stimulating; (*körperlich*) invigorating

die **Anregung** (*Vorschlag*) idea; **auf Anregung von** on the suggestion of

**anreichern 1** (*auch übertragen*) to enrich **2** (*vergrößern*) to enlarge

die **Anreise** journey

der **Anreiz** incentive

**anrempeln** to bump into; (*böswillig*) to jostle

die **Anrichte 1** sideboard **2** (*Raum*) pantry

**anrichten 1** to prepare *Mahlzeit* **2** (*verursa-*

*chen*) to bring about

**anrüchig** notorious

der **Anruf** call

der **Anrufbeantworter** answering machine, answerphone

**anrufen** to phone, to call, to ring ⑬

**anrühren** to mix *Farbe;* to blend *Sauce*

die **Ansage** announcement

**ansagen** ❶ to announce ❷ **angesagt sein** (*modisch*) to be in fashion; *Lokal, Disco:* to be the place to go; (*erforderlich*) to be the thing to do

der **Ansager**, die **Ansagerin** (*Radio*) announcer

**ansammeln** to accumulate; *Vorräte:* to build up

**ansässig** resident

der **Ansatz** ❶ (*technisch*) attachment; (*zur Verlängerung*) extension ❷ (*Philosophie*) approach

**anschaffen** (*kaufen*) to buy, to purchase

die **Anschaffung** acquisition

**anschalten** to switch on *Gerät, Fernseher*

**anschauen** to look at

**anschaulich** (*klar*) clear, graphic; (*lebendig*) vivid; *Beispiel:* concrete

das **Anschauungsmaterial** visual aids ⚠ *plural*

der **Anschein** appearance; **allem Anschein nach** to all appearances ⚠ *plural;* **sich den Anschein geben** to pretend to be

**anscheinend** apparently

der **Anschlag** ❶ (*Mordversuch*) murderous attempt ❷ (*auf Schreibmaschine*) touch ❸ (*Widerstand*) stop

**anschließen** ❶ (*technisch*) to connect ❷ **sich jemandem anschließen** to join someone ❸ **ich schließe mich Ihnen/ Ihrer Meinung an** I share your opinion, I'm of the same opinion as you

der **Anschluss** ❶ (*Bahn*) connection; **Anschluss haben nach ...** to have a connection to ... ❷ (*Telefonanschluss*) telephone, line ❸ **im Anschluss an** following ► WENDUNGEN: **den Anschluss verpassen** to miss the bus

der **Anschlusszug** connection

**anschmiegen** *Mensch:* to snuggle up (**an** to), to nestle (**an** against)

**anschmiegsam** *Stoff:* smooth

**anschnallen** ❶ to fasten *Sicherheitsgurt;* to clip on *Skier* ❷ **sich anschnallen** to fasten one's seat belt

**anschnauzen** to yell at

**anschneiden** ❶ to cut ❷ to touch on *Thema*

**anschreiben** ❶ (*an Tafel*) to write up ❷ (*zu jemandes Lasten aufschreiben*) to chalk up to someone's account; **anschreiben lassen**

(*umgangsspr*) to buy on tick

**anschreien** to shout at

die **Anschrift** address

**anschuldigen** to accuse (**wegen** of)

die **Anschwellung** (*auch medizinisch*) swelling

**anschwemmen** to wash up

das **Ansehen** (*Achtung*) reputation; **an Ansehen verlieren** to lose face

**ansehen** ❶ to look at ❷ (*besichtigen*) to have a look at; **sich etwas genau ansehen** to take a close look at something ❸ **das sieht man ihr nicht an** she doesn't look it ❹ to watch *Fernsehprogramm, Film* ► WENDUNGEN: **sieh mal [einer] an!** well, I never!

**ansehnlich** (*beträchtlich*) considerable; **ein ansehnlicher Betrag** a tidy sum

**ansetzen** (*übertragen: bestimmen*) to fix; (*veranschlagen*) to estimate *Betrag;* to put on *Fett*

die **Ansicht** ❶ (*übertragen*) opinion; **meiner Ansicht nach** in my opinion ❷ **zur Ansicht** on approval

die **Ansichtskarte** picture [post]card

**ansiedeln** **sich irgendwo ansiedeln** to settle somewhere; *Firma:* to establish itself somewhere

die **Anspannung** strain

**anspielen** ❶ (*Fußball*) to kick off ❷ **auf etwas anspielen** to allude to something

die **Anspielung** allusion (**auf** to)

**anspornen** (*übertragen*) to encourage

die **Ansprache** address

**ansprechen** ❶ to speak to (**auf** about); **ein Mann hat mich auf der Straße angesprochen** a man approached me in the street ❷ (*gefallen*) to appeal to; **das spricht mich nicht so an** that doesn't appeal to me much ❸ (*reagieren*) to respond (**auf** to)

**ansprechend** attractive

der **Ansprechpartner**, die **Ansprechpartnerin** contact

**anspringen** *Auto:* to start

der **Anspruch** ❶ (*Recht*) claim (**auf** to); **auf etwas Anspruch haben** to have a right to something ❷ **jemanden völlig in Anspruch nehmen** to take up all of someone's time

**anspruchslos** *Mensch:* modest; *Arbeit:* simple, easy; *Roman:* light

**anspruchsvoll** (*viel verlangend*) demanding; (*hohe Anforderungen stellend*) ambitious

**anstacheln** **jemanden zu etwas anstacheln** to drive someone to something

die **Anstalt** institution

der **Anstand** decency, propriety; **keinen**

**Anstand haben** to have no manners △ *plural*

**anständig** (*auch übertragen*) decent; (*umgangsspr*) *Essen:* square

**anstandslos** without difficulty

**anstarren** to stare at

**anstatt** instead of

**anstecken** ① **sie hat mich mit ihrer Erkältung angesteckt** she's given me her cold, she's passed on her cold to me ② **sich anstecken** to catch an infection; **ich habe mich bei James angesteckt** I got it from James

**ansteckend** contagious, infectious *auch übertragen*

die **Ansteckmadel** pin

**anstehen** ① (*Schlange stehen*) to queue [up] (**nach** for), to line up ⓊⓈⒶ (**nach** for) ② **was steht noch an?** what's left on the agenda?

**ansteigen** to rise, to go up

**anstelle** instead (**von** of)

**anstellen** ① to turn on *Radio, Gerät* ② (*einstellen*) to employ ③ (*machen*) to manage; **wie stellt sie das nur an?** how does she manage it? ④ **sich anstellen** (*in Schlange*) to queue up (**für** for) ⑤ **sich anstellen** (*sich verhalten*) to act up; **stell dich nicht so an!** don't make such a fuss!

die **Anstellung** employment; **eine feste Anstellung** a permanent position

**anstiften** to incite

der **Anstoß** ① (*im Sport*) kick-off ② **Anstoß erregen** to cause offence

**anstoßen** (*mit Gläsern*) to touch glasses; **auf etwas anstoßen** to drink to something

der **Anstößer**, die **Anstößerin** ⒸⒽ [local] resident

**anstößig** offensive

**anstreichen** ① (*markieren*) to mark ② (*mit Farbe*) to paint

der **Anstreicher**, die **Anstreicherin** painter

**anstrengen** ① to strain; **sein Gedächtnis anstrengen** to rack one's brains △ *plural* ② **sich anstrengen** to make an effort

**anstrengend** ① strenuous; **das ist anstrengend für die Augen** it's a strain on the eyes ② *Mensch:* difficult

die **Anstrengung** effort; (*groß*) strain; **große Anstrengungen machen** to make every effort △ *singular*

der **Anstrich** ① (*Farbschicht*) coat of paint ② (*Note*) touch

der **Ansturm** rush

**ansuchen** Ⓐ **bei jemandem um etwas ansuchen** to ask someone for something, to apply to someone for something

die **Antarktis** Antarctic

**antarktisch** Antarctic

**antasten** to infringe *Rechte*

der **Anteil** ① share (**an** of) ② **an etwas Anteil nehmen** take [*oder* show] an interest in something; (*mitfühlend sein*) be sympathetic over something

**anteilig** proportionate

die **Anteilnahme** interest (**an** in); (*Mitgefühl*) sympathy (**an** with)

die **Antenne** (*Radio*) aerial

**antiautoritär** antiauthoritarian

die **Antibabypille** contraceptive pill

das **Antibiotikum** (*medizinisch*) antibiotic

das **Antiblockiersystem** anti-lock [braking] system, ABS

**antik** ① *Möbel:* antique ② (*aus der Antike*) ancient

die **Antike** antiquity

der **Antikörper** (*medizinisch*) antibody

die **Antilope** antelope

das **Antiquariat** (*Geschäft*) second-hand bookshop

die **Antiquität** antique

die **Antiquitäten** antiques *plural*

**antönen** Ⓐ (*andeuten*) to hint

der **Antrag** application; **einen Antrag auf etwas stellen** to make an application for something; (*juristisch*) to file a petition for something; (*im Parlament*) to propose a motion for something; **auf Antrag von** at the request of

das **Antragsformular** application form

**antreffen** ① to find; (*zufällig*) to come across ② **jemanden irgendwo antreffen** to meet someone somewhere

**antreiben** (*drängen*) to urge

**antreten** ① to begin *Reise;* to take up *neue Stelle* ② (*im Sport*) **gegen jemanden antreten** to compete against someone

der **Antrieb** ① (*übertragen*) drive; (*plötzlicher*) impetus ② *von Auto, Maschine:* drive ③ **aus eigenem Antrieb** on one's own initiative

**antun** ① to do; **warum tust du dir/mir das an?** why are you doing this to yourself/me? ② **tun Sie sich keinen Zwang an!** don't stand on ceremony!

**anturnen** (*slang*) to turn on

die **Antwort** answer, reply; **jemandem eine Antwort geben** to reply to someone; **als Antwort auf etwas** in response to something

**antworten** to answer, to reply; **auf etwas antworten** to answer something

**anvertrauen** **jemandem etwas anvertrauen** to entrust someone with something; (*übertragen*) to confide something to someone

**anwachsen** to increase (**auf** to)

der **Anwalt**, die **Anwältin** lawyer; (*übertragen*) advocate

der **Anwärter**, die **Anwärterin** candidate (**auf** for); (*im Sport*) contender

**anweisen** ❶ to transfer *Geld* ❷ (*anleiten*) to instruct

die **Anweisung** ❶ *von Geld:* transfer ❷ (*Anleitung*) instructions △ *plural* ❸ (*Anordnung*) instruction; **auf Anweisung von ...** on the instructions of ...

**anwendbar** applicable (**auf** to)

**anwenden** to use (**auf** on)

der **Anwender**, die **Anwenderin** user

**anwenderfreundlich** user-friendly

die **Anwendung** ❶ use ❷ (*in der Informatik*) application ❸ (*Kur*) treatment

**anwesend** present

die **Anwesenheit** presence; **in Anwesenheit von ...** in the presence of ...

**anwidern** to disgust; **es widert mich an** it makes me feel sick

die **Anzahl** number; **die Anzahl der Leute** the number of people

die **Anzahlung** deposit; **eine Anzahlung auf etwas machen** to pay a deposit on something

**anzapfen** to tap *Fass, Elektrizität*

die **Anzeige** ❶ (*bei der Polizei*) report (**wegen** of) ❷ (*in der Zeitung*) advertisement ❸ (*Bildschirmanzeige*) display

**anzeigen** ❶ **jemanden anzeigen** to report someone to the police ❷ **etwas anzeigen** (*auf Skala*) to indicate something

**anziehen** ❶ to put on *Kleidung* ❷ (*technisch*) to tighten *Schraube* ❸ (*Auto*) to apply *Handbremse* ❹ to attract *Staub* ❺ **sich anziehen** to get dressed ❻ *Preise:* to go up

**anziehend** attractive

die **Anziehungskraft** ❶ (*physisch*) force of attraction ❷ (*übertragen*) appeal

der **Anzug** suit

**anzüglich** *Bemerkungen:* lewd

**anzünden** to light *Feuer, Streichholz;* to set on fire *Gebäude*

**apart** striking

**apathisch** apathetic

**aper** ⒸⱧ (*schneefrei*) snowless

der **Apfel** apple

der **Apfelbaum** apple tree

der **Apfelsaft** apple juice

die **Apfelsine** orange

der **Apfelwein** cider

der **Apostel** apostle

die **Apostelgeschichte** Acts △ *plural* of the Apostles

der **Apostroph** apostrophe [ə'pɒstrəfi]

die **Apotheke** chemist's [kemɪsts] [shop] Ⓖ🄱, pharmacy ['fɑːməsi] Ⓤ🅂🄰

der **Apotheker**, die **Apothekerin** chemist ['kemɪst], pharmacist ['fɑːməsɪst], druggist ['drʌgɪst] Ⓤ🅂🄰

der **Apparat** ❶ (*auch übertragen*) apparatus [æpᵊ'reɪtəs] ❷ (*Vorrichtung*) appliance [ə'plaɪəns] ❸ (*Gerät*) set ❹ (*Telefon*) telephone; **am Apparat!** speaking!; **bleiben Sie am Apparat!** hold the line, please!

das **Appartement** [apartə'mãː] flat Ⓖ🄱, apartment Ⓤ🅂🄰

der **Appell** appeal

die **Appellation** ⒸⱧ **in die Appellation gehen** to appeal [ə'piːl]

**appellieren** to appeal (**an** to)

der **Appetit** appetite (**auf** for); **Appetit bekommen** to get an appetite; **jemandem den Appetit verderben** to spoil someone's appetite; **Appetit auf etwas haben** to feel like something

> **Ⓛ** Die Briten kennen keinen entsprechenden Ausdruck für „Guten Appetit" oder „Mahlzeit". Den Wunsch „Enjoy your meal" bekommt man nur in einem Restaurant zu hören. Zu Hause sagt man allenfalls auf französisch „Bon appétit!"

**appetitlich** appetizing; (*übertragen*) attractive

die **Appetitlosigkeit** lack of appetite

**applaudieren** to applaud

der **Applaus** applause

die **Aprikose** apricot

der **April** ❶ April; **am 15. April** on 15th April, on April 15 Ⓤ🅂🄰; (*gesprochen*) on the 15th of April, April the 15th Ⓤ🅂🄰; **Anfang April** at the beginning of April; **Ende April** at the end of April ❷ **der 1. April** April Fools' Day; **April, April!** April fool!

der **Aprilscherz** April fool's trick

**apropos** [apro'poː] by the way, that reminds me; **apropos Gesundheit ...** speaking of health ...

der **Aquamarin** aquamarine

das **Aquarell** watercolour [painting]

der **Äquator** equator

die **Ära** era

der **Araber** Arab

die **Araberin** Arabian woman

**arabisch** Arabic

die **Arbeit** ❶ work; **an die Arbeit gehen** to get down to work ❷ (*Lohnarbeit*) labour

**631**          arbeiten – Armaturen

③ (*Stellung, Job*) job; **ohne Arbeit sein** to be out of work ④ (*Klassenarbeit*) test; (*Aufsatz*) Essay; **eine Arbeit schreiben** (*Klassenarbeit*) to do [*oder* sit] a test; **eine Arbeit über etwas schreiben** (*Aufsatz*) to write an essay on something

**arbeiten** ① to work (**an** on) ② *Organ:* to function ③ *Teig:* to rise ④ *Holz:* to warp

der **Arbeiter**, die **Arbeiterin** worker; (*ungelernter*) labourer

der **Arbeitgeber**, die **Arbeitgeberin** employer

der **Arbeitnehmer**, die **Arbeitnehmerin** employee

das **Arbeitsamt** job centre ⑱

die **Arbeitsbedingungen** working conditions

die **Arbeitsbelastung** workload

die **Arbeitsbeschaffungsmaßnahme** job-creation scheme, job scheme

die **Arbeitserlaubnis** work permit

das **Arbeitsessen** working lunch

das **Arbeitsgericht** industrial tribunal

**arbeitsintensiv** labour-intensive

die **Arbeitskleidung** working clothes [klǝʊ(ð)z] △ *plural*

die **Arbeitskraft** worker

die **Arbeitskräfte** labour △ *singular*

der **Arbeitskreis** study group

**arbeitslos** out of work, unemployed

der/die **Arbeitslose** unemployed person

das **Arbeitslosengeld** earnings-related benefit

die **Arbeitslosenhilfe** unemployment benefit

die **Arbeitslosigkeit** unemployment

der **Arbeitsmarkt** labour market

die **Arbeitsniederlegung** walkout

der **Arbeitsplatz** ① (*im Betrieb*) workplace ② (*Stelle*) job

die **Arbeitsplatzteilung** job sharing

der **Arbeitsschutz** health and safety protection at the workplace

der **Arbeitsspeicher** (*Informatik*) main memory

der **Arbeitstag** working day, workday

**arbeitsunfähig** ① (*krank*) unfit for work ② (*dauernd*) unable to work

der **Arbeitsunfall** work-related accident

das **Arbeitsverhältnis** ① (*Stellung*) employment ② **Arbeitsverhältnisse** (*im Betrieb*) working conditions

der **Arbeitsvermittler**, die **Arbeitsvermittlerin** recruitment [*oder* ⑱] recruiting] agency

die **Arbeitsvermittlung** (*Arbeitsamt*) job centre; (*Agentur*) employment agency

der **Arbeitsvertrag** contract of employment

die **Arbeitszeit** working hours △ *plural;* **gleitende Arbeitszeit** flexible working hours △ *plural,* flexitime *umgangsspr*

die **Arbeitszeitverkürzung** reduction of working hours

das **Arbeitszeugnis** reference from one's employer

das **Arbeitszimmer** study

der **Archäologe**, die **Archäologin** archaeologist

die **Archäologie** archaeology

**archäologisch** archaeological

der **Architekt**, die **Architektin** architect

die **Architektur** architecture

das **Archiv** archives △ *plural*

das **Areal** area

die **Arena** arena; (*Zirkusarena*) ring

**arg** ① (*böse*) wicked ② (*stark, schlimm*) terrible; **mein ärgster Feind** my worst enemy ③ (*sehr*) awfully, very

**Argentinien** Argentina

der **Argentinier**, die **Argentinierin** Argentine

**argentinisch** Argentinian

der **Ärger** ① (*Wut*) anger ② (*Unannehmlichkeit*) trouble; **jemandem viel Ärger machen** to cause someone a lot of trouble; **Ärger kriegen** to get into trouble; **mach keinen Ärger!** (*umgangsspr*) cool it!; **so ein Ärger!** what a nuisance!

**ärgerlich** ① (*verärgert*) annoyed, cross ② (*Ärger erregend*) annoying; **das ist ärgerlich** that is a nuisance

**ärgern** ① to annoy, to irritate ② (*belästigen*) to pester ③ **sich über etwas ärgern** to get annoyed [*oder* angry] about something; **sich über jemanden ärgern** to get angry [*oder* annoyed] with someone

das **Argument** argument

**argumentieren** to argue

**argwöhnisch** suspicious

die **Arie** (*Musik*) aria

der **Aristokrat**, die **Aristokratin** aristocrat

**aristokratisch** aristocratic

die **Arithmetik** arithmetic △ *kein Plural*

die **Arktis** Arctic

**arktisch** arctic; (*Kaltluft*) polar

der **Arm** ① (*anatomisch*) arm; **jemanden in den Arm nehmen** to take someone in one's arms △ *plural,* to give someone a hug *umgangsspr* ② *von Leuchter:* branch ③ *von Waage:* beam ▶ WENDUNGEN: **jemanden auf den Arm nehmen** to pull someone's leg *umgangsspr,* to take someone for a ride *umgangsspr*

**arm** ① poor; **die Armen** the poor ② **arm dran sein** (*umgangsspr*) to have a hard time of it

die **Armaturen** ① (*technisch*) fittings; (*am Auto*) controls ② (*Wasserhähne*) taps ⑱, faucets

**Armaturenbrett – Atelier**     **632**

das **Armaturenbrett** (*Auto*) dashboard

das **Armband** ❶ *von Uhr:* strap ❷ (*Schmuck-stück*) bracelet

die **Armbanduhr** wristwatch

die **Armee** army; **bei der Armee sein** to be in the army

der **Ärmel** sleeve ▸ WENDUNGEN: **etwas aus dem Ärmel schütteln** to produce something just like that

der **Ärmelkanal** [English] Channel

die **Armenküche** soup kitchen

die **Armlehne** armrest

**ärmlich** ❶ poor ❷ *Kleidung:* shabby ❸ *Verhältnisse:* humble

**armselig** ❶ (*elend*) miserable ❷ *Ausrede:* pathetic

die **Armut** poverty

das **Aroma** ❶ (*Duft*) aroma ❷ (*Geschmack*) flavour

die **Aromatherapie** aromatherapy [ərəʊmə-'θerəpi]

**aromatisch** ❶ (*duftend*) aromatic ❷ (*würzig*) spicy

der **Arrest** detention

**arrogant** arrogant ['ærəgənt]

die **Arroganz** arrogance ['ærəgəns]

der **Arsch** (*umgangsspr*) arse [ɑːs] ⒼⒷ *umgangsspr,* ass [æs] ⓊⓈⒶ *umgangsspr*

das **Arschloch** arsehole, bastard *slang*

das **Arsen** arsenic

die **Art** ❶ (*Sorte*) kind, sort, type; **eine Art Gemüseeintopf** a type [*oder* sort] of vegetable stew ❷ (*Gattung*) species, *plural* species ❸ (*Benehmen*) behaviour ❹ (*Wesen*) nature; **das ist eigentlich nicht seine Art** he's not usually like this; **es ist eigentlich nicht seine Art, ...** it's not like him to ... ❺ (*Methode*) way; **auf diese Art** [in] this way; **auf die eine oder andere Art** some way or other

der **Artenreichtum** abundance of species △ *kein Plural*

der **Artenschutz** protection of species

die **Artenvielfalt** abundance of species △ *kein Plural*

die **Arterie** artery

**artig** *Kinder:* good, well-behaved

der **Artikel** ❶ (*Grammatik*) article ❷ (*Ware*) article; (*einzelner Posten*) item ❸ (*in der Zeitung*) article, feature

die **Artillerie** (*militärisch*) artillery

die **Artischocke** artichoke ['ɑːtɪtʃəʊk]

der **Artist**, die **Artistin** artiste [ɑːˈtiːst]

die **Arznei** medicine ['medsᵊn]

das **Arzneimittel** drug [drʌg]

der **Arzt** doctor

der **Arzthelfer**, die **Arzthelferin** [doctor's] receptionist [*oder* assistant]

die **Ärztin** [female] doctor

**ärztlich** medical; **in ärztlicher Behandlung sein** be under medical care

das **As** (*in der Musik*) A flat

die **Asche** ash, ashes *plural*

der **Aschenbecher** ashtray

das **Aschenbrödel**, das **Aschenputtel** Cinderella

der **Aschermittwoch** Ash Wednesday

der **ASCII-Code** ASCII code

die **Ascorbinsäure** ascorbic acid

der **Asiat**, der **Asiate**, die **Asiatin** Asian

**asiatisch** Asian

**Asien** Asia

**asozial** *Verhalten:* antisocial

der **Asphalt** asphalt

**asphaltieren** to asphalt

das **Ass** ace *auch übertragen*

**assimilieren** to assimilate

der **Assistent**, die **Assistentin** assistant

**assistieren bei etwas assistieren** to assist in doing something

der **Ast** branch

die **Aster** (*Sternblume*) aster

die **Ästhetik** aesthetics △ *plural* ⒼⒷ, esthetics △ *plural* ⓊⓈⒶ

**ästhetisch** aesthetic[al] ⒼⒷ, esthetic[al] ⓊⓈⒶ

das **Asthma** asthma

**asthmatisch** asthmatic

**astrein** (*umgangsspr*) above board; **nicht ganz astrein** (*umgangsspr*) somewhat fishy *umgangsspr*

der **Astrologe**, die **Astrologin** astrologer

die **Astrologie** astrology

**astrologisch** astrologic[al]

der **Astronom**, die **Astronomin** astronomer

die **Astronomie** astronomy

**astronomisch** astronomic[al]

die **Astrophysik** astrophysics [æstrəʊˈfɪzɪks] △ *mit Singular*

der **Astrophysiker**, die **Astrophysikerin** astrophysicist [æstrəʊˈfɪzɪsɪst]

das **Asyl** ❶ (*in der Politik*) asylum [əˈsaɪləm] ❷ (*übertragen: Schutzort*) sanctuary ['sæŋtʃʊəri]

der **Asylant**, die **Asylantin** asylum seeker [əˈsaɪləm siːkə]

der **Asylbewerber**, die **Asylbewerberin** applicant for political asylum

das **Asylrecht** right of [political] asylum

das **Atelier** [atəˈlieː] studio

der **Atem** breath [breθ]; **wieder zu Atem kommen** to regain [*oder* catch] one's breath; **den Atem anhalten** to hold one's breath; **außer Atem sein** to be out of breath
**atemberaubend** breathtaking ['breθteɪkɪŋ]
**atemlos** breathless ['breθləs]
die **Atemwege** respiratory tract ['rɪspɪrətᵊri trækt] ⚠ *singular*
der **Atemzug** breath [breθ]
der **Atheismus** atheism ['eɪθiɪzᵊm]
der **Atheist**, die **Atheistin** atheist ['eɪθiɪst]
**atheistisch** atheist[ic] [eɪθi'ɪstɪk]
der **Äther** ether ['iːθəʳ]
**ätherisch** ❶ (*auch übertragen*) ethereal [ɪ'θəriəl] ❷ *Öl:* essential
**Äthiopien** Ethiopia [iːθi'əupiə]
der **Äthiopier**, die **Äthiopierin** Ethiopian [iːθi'əupiən]
**äthiopisch** Ethiopian [iːθi'əupiən]
der **Athlet**, die **Athletin** athlete ['æθliːt]
**athletisch** athletic [əθ'letɪk]
der **Atlantik** Atlantic
**atlantisch** Atlantic; **der Atlantische Ozean** the Atlantic Ocean
der **Atlas** ❶ (*geologisch*) Atlas ['ætləs] ❷ (*Kartenwerk*) atlas ['ætləs]
**atmen** to breathe [briːð], to respire [rɪ'spaɪəʳ]; **wieder atmen können** to recover one's breath [breθ]
die **Atmosphäre** atmosphere ['ætməsfɪəʳ]
**atmosphärisch** atmospheric [ˌætməs'ferɪk]
die **Atmung** breathing ['briːðɪŋ], respiration [respᵊ'reɪʃn]
die **Atmungsorgane** respiratory organs
das **Atom** atom ['ætəm]
**atomar** nuclear; **atomar angetrieben sein** to be nuclear-powered
die **Atombombe** atomic bomb [æ'tɒmɪk bɒm], A-bomb ['eɪbɒm]
die **Atomenergie** atomic [*oder* nuclear] energy
die **Atomindustrie** nuclear ['njuːkliəʳ] industry
der **Atomkern** atomic nucleus [ætɒmɪk 'njuːkliəs]
die **Atomkraft** nuclear [*oder* atomic] energy
das **Atomkraftwerk** nuclear power station
die **Atomphysik** nuclear physics [njuːkliəʳ 'fɪzɪks] ⚠ *mit Singular*
das **Atomprogramm** nuclear [*oder* atomic] programme [*oder* ⓤⓢⓐ program]
der **Atomreaktor** atomic [*oder* nuclear] reactor
**atomwaffenfrei** nuclear-free
**ätsch** serves you right!
das **Attentat** attempt on someone's life
der **Attentäter**, die **Attentäterin** assassin, assailant

das **Attest** certificate; **ein Attest ausstellen** to grant a certificate; **sie bekam ein ärztliches Attest** she received a medical [*oder* doctor's] certificate
die **Attrappe** dummy; (*leere Packung*) show piece
**attributiv** (*Grammatik*) attributive
**ätzen** (*slang*) to make catty remarks
**ätzend** ❶ *Substanz:* corrosive, caustic ❷ *Geruch:* biting, pungent ❸ (*umgangsspr*) revolting, sickening; **das ist echt ätzend** (*lästig, nervig*) it's such a pain
**au(a)** ouch!
die **Aubergine** [obɛr'ʒiːnə] aubergine [əubə-ʒiːn], egg-plant ⓤⓢⓐ
**auch** ❶ too [tuː], as well; **das ist auch schön** that's nice too; **ich mag auch Katzen** I like cats too [*oder* as well]; **ich auch!** me too!; **er möchte auch mitkommen** he would like to come too [*oder* as well] ❷ (*verneint*) **auch nicht** not ... either; **sie mag auch keinen Fisch** she doesn't like fish either; **das ist auch nicht besser** that's not better either; **sie möchte kein Eis — [und] ich auch nicht** she doesn't want an ice-cream [and] neither [*oder* me neither] do I; **er geht nicht mit? — ich dann auch nicht** he's not coming? — then neither will I ❸ (*zudem*) also; **es ist auch sehr kalt** it's also very cold ❹ (*sogar*) even; **auch du kannst das** even you can do it ❺ **auch wenn** even if ❻ **sie ist nicht nur schön, sondern auch sehr begabt** not only is she pretty, but she's also very talented ❼ **was auch kommen mag** whatever happens; **wo auch immer** wherever; **was auch immer** whatever ❽ (*fragend*) **wozu auch?** what is the good of it?

Ⓥ **also** klingt im Englischen ziemlich gespreizt und sollte besser durch **as well** oder **too** ersetzt werden: *Susan plays tennis and her sister does as well/too.*

die **Audienz** audience (**bei** with)
die **Audioführung** audio tour
**auf** ❶ (*örtlich*) at, in; **auf der Post** at the post office; **auf dem Land** in the country; **auf der Straße** in [*oder* ⓤⓢⓐ on] the street; **auf der Welt** in the world ❷ (*räumlich*) on; **auf dem Tisch** on the table; **auf der Insel Wight** on the Isle of Wight ❸ (*bei*) **auf Anfrage** on inquiry; **auf Befehl von** by order of ❹ **auf Deutsch** in German ❺ **auf keinen Fall** on no account ❻ **auf diese Weise** in this manner ❼ (*offen*) open; **auf**

**aufatmen – auffüllen** 634

**haben** to have open *Augen, Mund; Laden:* to be open **❽** (*tragen*) **auf haben** to have on, to wear *Hut, Brille* **❾** (*wach*) **noch auf sein** to be still up **❿** **auf und davon** up and away **⓫ auf und ab** up and down **⓬ auf!** come along!

**aufatmen** to breathe a sigh of relief

der **Aufbau** **❶** *einer Organisation:* set-up **❷** (*Struktur*) structure; *eines Kunstwerkes:* composition

**aufbauen ❶** (*errichten*) to put up *Zelt* **❷** (*übertragen*) to build up; to structure *Aufsatz, Organisation* **❸ aufbauen auf** to be based on *Idee, Theorie, Tatsache* **❹** (*übertragen*) **das baut mich jetzt wieder auf** that's making me feel better

**aufbäumen sich aufbäumen** *Tier:* to rear up; (*übertragen*) *Mensch:* to rebel

**aufbekommen** (*umgangsspr*) **❶** (*öffnen*) to get open **❷** (*in der Schule*) to get as homework

**aufbereiten** to process, to condition; to treat *Wasser;* to edit *Daten*

**aufbessern** to improve; to increase *Gehalt*

**aufbewahren** to keep; to store *Lebensmittel*

die **Aufbewahrung** storage ['stɔːrɪdʒ]

**aufblasbar** inflatable

**aufblasen** (*mit Luft füllen*) to blow up *Ballon;* to inflate *Reifen*

**aufbleiben ❶** (*offen bleiben*) to stay open **❷** (*nicht schlafen gehen*) to stay up

**aufblicken zu jemandem aufblicken** to look up to someone

**aufblühen ❶** to blossom **❷** (*gedeihen*) to flourish

**aufbrauchen** to use up

**aufbrechen ❶** to break [*oder* force] open *Tür;* to pick *Schloss* **❷** (*fortgehen*) to leave, to set off (**nach** for)

**aufbringen ❶** (*umgangsspr*) to get open *Tür* **❷** to summon up *Mut* **❸** to raise *Geld* **❹** (*reizen*) to irritate; **jemanden gegen jemanden aufbringen** to set someone against someone

der **Aufbruch** departure

das **Aufbruchsignal** green light

**aufbürden jemandem etwas aufbürden** to burden someone with something

**aufdecken** (*übertragen*) to uncover *Geheimnis;* to show *Karten*

**aufdonnern** (*abwertend umgangsspr*) **sich aufdonnern** to doll oneself up; **aufgedonnert** dolled up

**aufdrängen ❶** **jemandem etwas aufdrängen** to force something on someone **❷** **sich**

**jemandem aufdrängen** to impose on someone

**aufdrehen ❶** to turn on *Hahn* **❷** (*lauter machen*) to turn up *Radio*

**aufdringlich** obtrusive; *Person:* pushy

**aufdrücken** (*umgangsspr*) to impose on *Pflicht, Aufgabe, Arbeit*

**aufeinander ❶** (*folgend*) one after another **❷** (*räumlich*) one on top of each other

**aufeinanderfolgend** successive

der **Aufenthalt** stay (**bei** with); **wie lange haben wir hier Aufenthalt?** how long are we stopping here?

der **Aufenthalter,** die **Aufenthalterin** Ⓒ Ⓗ foreign resident

die **Aufenthaltsgenehmigung** residence permit

der **Aufenthaltsort ❶** whereabouts △ *plural* **❷** [place of] residence

der **Aufenthaltsraum** common-room, recreation room

die **Auferstehung** resurrection

**aufessen** to eat up

die **Auffahrt ❶** (*vor einem Haus*) drive **❷** *Autobahn:* slip road

der **Auffahrunfall** collision

**auffallend ❶** conspicuous, striking **❷ auffallend schön** strikingly beautiful **❸ auffallend gekleidet** showily dressed

**auffällig** striking

**auffangen ❶** to catch [up] **❷** to cushion *Stöße* **❸** to collect *Regenwasser*

**auffassen ❶** (*auslegen*) to understand, to interpret (**als** as); **wie soll ich das auffassen?** how am I to understand that? **❷** (*begreifen*) to grasp; to understand *Zusammenhänge*

die **Auffassung** (*Meinung*) opinion, view

**auffinden** to locate

**auffliegen** (*übertragen*) *Person:* to be busted

**auffordern ❶** (*bitten*) to ask; **jemanden auffordern zu gehen** to ask someone to leave **❷ Ärzte fordern zur Blutspende auf** doctors are appealing for blood [donations]

die **Aufforderung ❶** (*Bitte*) request **❷** (*nachdrücklich*) demand

**auffrischen ❶** *Wind:* to freshen **❷** to replenish *Vorräte* **❸** to brush up [on] *Kenntnisse;* to refresh *Erinnerungen*

der **Auffrischungskurs** (*in der Schule*) refresher course

**aufführen ❶** (*im Theater*) to perform **❷** (*auflisten*) to list **❸ sich unmöglich/schlecht aufführen** to behave abominably/badly; **sich aufführen wie ...** to behave like ...

die **Aufführung** (*im Theater*) performance

**auffüllen ❶** (*nachfüllen*) to top up **❷** (*ergän-*

**635** | Aufgabe – aufladen

*zen*) to replenish

die **Aufgabe ①** task, job; **es ist nicht meine Aufgabe, dich zu korrigieren** it's not my job to correct you **②** (*in der Schule*) exercise; **Aufgaben** (*Hausaufgaben*) homework **③** (*Pflicht*) duty

**aufgabeln** (*umgangsspr*) to pick up

der **Aufgabenbereich** area of responsibility

der **Aufgang ①** *von Sonne, Mond:* rising **②** *von Treppe:* staircase ['steəkeɪs], steps *plural*, stairway ['steəweɪ] ⒰

**aufgeben ①** to give up **②** **Hausaufgaben aufgeben** to give [*oder* set] homework **③** **Gepäck aufgeben** to register ['redʒɪstə<sup>r</sup>] luggage **④** **einen Brief aufgeben** to post [*oder* ⒰ mail] a letter **⑤** **eine Anzeige aufgeben** to place an advert **⑥** **ich hab's satt, ich geb auf!** I've had enough, I give up!

**aufgeblasen** *Mensch:* puffed-up, self-important

**aufgebracht** outraged

**aufgedonnert** (*abwertend*) tarted [*oder* dolled] up *umgangsspr*

**aufgedunsen** bloated

**aufgehen ①** *Sonne, Mond:* to rise **②** *Knopf, Schnürsenkel:* to come undone **③** *Teig:* to rise **④** *Saat:* to come up **⑤** **in Flammen aufgehen** to go up in flames; **jetzt geht mir ein Licht auf!** now it dawns on me!, now the penny's dropped!

**aufgeklärt** enlightened; **sexuell aufgeklärt sein** to know the facts of life

**aufgelegt ①** **gut/schlecht aufgelegt sein** to be in a good/bad mood **②** **ich bin heute nicht zum Spaßen aufgelegt** I'm not in the mood for jokes today

**aufgeregt ①** excited **②** (*nervös*) nervous; (*durcheinander*) flustered

**aufgeschmissen** (*umgangsspr*) in a [right] fix

**aufgetakelt** (*abwertend*) all dolled [*oder* tarted] up *umgangsspr*

**aufgeweckt** (*übertragen*) bright [braɪt], quick-witted

**aufgreifen ①** **jemanden aufgreifen** to apprehend someone **②** (*übertragen*) to take up *Thema, Gedanke*

**aufgrund** because [bɪ'kɒz] of

**aufhaben ①** to have on; to wear [weə<sup>r</sup>] *Hut, Brille* **②** **die Augen/den Mund aufhaben** to have one's eyes/one's mouth open **③** **Schularbeiten aufhaben** to have to do [one's/some] homework **④** *Geschäft, Museum, Schwimmbad:* to be open

**aufhalten ①** **die Tür aufhalten** to keep the door open **②** to stop *Unglück, Person, Auto*

**③** to delay, to hold up; **ich will Sie nicht länger aufhalten** don't let me keep you **④** **sich irgendwo aufhalten** to stay somewhere

**aufhängen ①** **etwas aufhängen** to hang up something **②** **jemanden aufhängen** to hang someone

der **Aufhänger** (*Anknüpfungspunkt*) peg

**aufheben ①** (*vom Boden*) to pick up **②** to keep *als Souvenir* **③** **ein Gesetz aufheben** to abolish [ə'bɒlɪʃ] a law; **ein Urteil aufheben** to reverse [rɪ'vɜːs] a sentence; **eine Vereinbarung aufheben** to cancel an agreement; **ein Exportverbot aufheben** to lift an embargo **④** (*vorzeitig beenden*) **eine Sitzung aufheben** to break up [*oder* close] a meeting

**aufheitern ①** to brighten ['braɪt<sup>ə</sup>n] *Zimmer, Leben* **②** **jemanden aufheitern** to cheer someone up **③** *Wetter:* to clear up

**aufhellen ①** **ein Zimmer aufhellen** to brighten ['braɪt<sup>ə</sup>n] a room; **sich die Haare aufhellen lassen** to have one's hair lightened **②** **sich aufhellen** *Wetter, Miene:* to brighten up

**aufhetzen** to stir [stɜː<sup>r</sup>] up

**aufholen ①** **Zeit aufholen** to make up time **②** **eine Verspätung aufholen** *Zug:* to make up lost time **③** (*in einem Fach*) to catch up **④** (*im Sport*) to make up ground

**aufhorchen** to prick up one's ears

**aufhören ①** to stop; **sie hörte nicht auf zu singen** she kept on singing; **hör doch endlich auf!** will you stop it! **②** (*enden*) to come to an end, to end

**aufklappen** to open [up]; to unfold *Liegestuhl;* to unclasp *Messer*

**aufklären ①** to clear up *Irrtum, Missverständnis* **②** to solve *Verbrechen* **③** **jemanden über etwas aufklären** to inform someone about something **④** **jemanden aufklären** (*sexualkundlich*) to explain the facts of life to someone **⑤** **sich aufklären** *Irrtum:* to be resolved [*oder* cleared up]

**aufklaren es klart auf** it's clearing [up]

der **Aufkleber** sticker

**aufkommen ①** **für den Schaden aufkommen** to pay for the damage **②** (*entstehen*) to arise; **es kam starker Wind auf** a strong wind sprang up **③** **Zweifel aufkommen lassen** to give rise to doubts

**aufkrempeln** to roll up

**aufladen ①** to load **②** **jemandem eine Bürde aufladen** to burden [bɜːd<sup>ə</sup>n] someone with something; **sich etwas aufladen**

**Auflage – aufpassen**　　　　　　　　　　　　　　　**636**

to burden oneself with something ❸ **eine Batterie aufladen** to [re-]charge a battery ❹ **sich aufladen** (*elektrisch*) to become charged

die **Auflage** ❶ *von Buch:* edition [ɪˈdɪʃən]; *von Zeitung:* circulation [ˌsɜːkjəˈleɪʃən] ❷ (*Auflagenhöhe*) number of copies

**auflassen** ❶ **die Tür auflassen** to leave the door open ❷ **den Hut auflassen** to leave on one's hat

**auflauern jemandem auflauern** to lie in wait for someone

der **Auflauf** ❶ crowd ❷ (*Speise*) bake; **morgen essen wir Nudelauflauf** we'll have pasta bake tomorrow

**auflaufen** ❶ *Zinsen:* to accumulate [əˈkjuːmjəleɪt] ❷ *Schiff:* to run aground (**auf on**) ❸ **jemanden auflaufen lassen** (*umgangsspr*) to drop someone in it

**aufleben** to liven up

**auflegen** ❶ to lay *Besteck, Geschirr* ❷ to replace; to put down *Hörer* ❸ to put on *Schallplatte*

**auflehnen sich auflehnen** to revolt (**gegen** against)

**auflesen** to pick up [from the ground]

**aufleuchten** to light [laɪt] up

**auflockern** ❶ **den Boden auflockern** to break [breɪk] up the soil ❷ **den Unterricht [durch etwas] auflockern** to liven up the lesson [with something]

**auflösen** ❶ **etwas [in Wasser] auflösen** to dissolve [dɪˈzɒlv] something [in water] ❷ (*schließen*) **ein Geschäft auflösen** to wind [waɪnd] up a shop/business; **ein Konto auflösen** to close an account ❸ **etwas löst sich [in einer Flüssigkeit] auf** something dissolves [in a liquid] ❹ (*sich aufklären*) **das Missverständnis hat sich aufgelöst** the misunderstanding has been resolved; **Zweifel lösen sich auf** doubts [daʊts] are being dispersed

die **Auflösung** *von Aufgabe, Rätsel:* solution [səˈluːʃən]; *von Problem:* resolution [ˌrezəˈluːʃən]

**aufmachen** ❶ (*öffnen*) to open ❷ (*sich auf den Weg machen*) **sich aufmachen** to set out (**nach** for)

die **Aufmachung** ❶ *einer Person:* rig-out, get-up ❷ *eines Buches:* presentation

**aufmerksam** attentive; **jemanden auf etwas aufmerksam machen** to draw someone's attention to something

die **Aufmerksamkeit** attention, attentiveness; **das ist nur eine kleine Aufmerksamkeit**

that's just a little something

**aufmöbeln** ❶ (*auf Vordermann bringen*) **sein Englisch/seine Mathekenntnisse aufmöbeln** to polish up one's English/ one's [knowledge of] maths ❷ (*aufmuntern*) **jemanden aufmöbeln** to buck someone up

**aufmuntern** to cheer up

**aufmüpfig** (*umgangsspr*) rebellious [rɪˈbeliəs]

die **Aufnahme** ❶ reception [rɪˈsepʃən]; **jemandem eine freundliche Aufnahme bereiten** to give someone a warm reception ❷ reaction [rɪˈækʃən]; **wie war die Aufnahme beim Elternbeirat?** how did the parents' association react? ❸ admission [ədˈmɪʃən] (**in** to) ❹ (*Foto*) photo ❺ (*auf Tonband*) recording ❻ (*das Filmen*) shooting, filming; **Achtung, Aufnahme!** action!

die **Aufnahmebedingung** entry requirement

die **Aufnahmebedingungen** conditions [kənˈdɪʃənz] [*oder* terms] of admission

das **Aufnahmeland** host country

die **Aufnahmeprüfung** entrance examination

**aufnehmen** ❶ (*aufheben*) **einen Gegenstand [vom Boden] aufnehmen** to pick up an object [from the floor], to pick an object up [off the floor] ❷ (*zulassen*) **jemanden [in eine Schule/einen Orden] aufnehmen** to admit someone [to a school/an order] ❸ (*auf etwas reagieren*) **jemanden/etwas [gut/ kritisch] aufnehmen** to receive [rɪˈsiːv] someone/something [well/critically]; **seine Kritik wurde nicht gut aufgenommen** his criticism [ˈkrɪtɪsɪzəm] was not well received ❹ (*in der Tontechnik*) **etwas [auf Band] aufnehmen** to record something ❺ (*etwas beginnen*) to begin; [s]**ein Studium aufnehmen** to take up one's studies ❻ (*niederschreiben*) **ein Protokoll/ein Diktat aufnehmen** to take down minutes/a dictation ❼ (*finanziell*) **Geld aufnehmen** to borrow money; **eine Hypothek aufnehmen** to take out a mortgage [ˈmɔːɡɪdʒ] ❽ **es mit jemandem aufnehmen können** to be a match for someone; **mit dem kannst du es nicht aufnehmen** you're no match for him

**aufopfern** ❶ **sich [für jemanden/etwas] aufopfern** to sacrifice [ˈsækrɪfaɪs] oneself [for someone/something] ❷ [**seine**] **Zeit für etwas aufopfern** to give up [one's] time for something

**aufpassen** to watch out; **pass auf!** watch out!; **pass bloß auf, was du sagst!** watch your language!; **auf jemanden aufpassen** to keep an eye on someone, to watch out for

someone
**aufpeppen** (*umgangsspr*) to jazz up
der **Aufprall** impact
**aufprallen** ❶ auf den Boden aufprallen to hit the floor/ground ❷ aufprallen auf *Fahrzeug:* to collide [kə'laɪd] with, to run into, to hit
der **Aufpreis** surcharge ['sɜːtʃɑːdʒ]
**aufpumpen** to inflate *Luftballon;* to pump up *Reifen, Ball*
das **Aufputschmittel** stimulant ['stɪmjələnt]
**aufputzen** (*herrichten*) to decorate
**aufraffen** ❶ sich [vom Sofa/Bett] aufraffen to pull oneself up [from the settee/one's bed] ❷ (*übertragen umgangsspr*) sich aufraffen, etwas zu tun, sich zu etwas aufraffen to rouse [raʊz] oneself to do something
**aufräumen** ❶ (*Ordnung schaffen*) [sein Zimmer] aufräumen to tidy up [one's room] ❷ (*übertragen: durchgreifen*) mit etwas aufräumen to do away with something
**aufrecht** erect [ɪ'rekt], upright; aufrecht sitzen to sit up
**aufrechterhalten** to maintain *Behauptung;* to keep up *Kontakt;* to uphold *Urteil, Lehre*
**aufregen** ❶ jemanden [tierisch *slang*] aufregen to annoy someone [terribly] ❷ sich [tierisch *slang*] aufregen to get [over]excited (über about)
die **Aufregung** excitement
**aufreiben** ❶ (*etwas erschöpfen*) to wear [weəʳ] down [oder out] ❷ (*etwas wund reiben*) to chafe [tʃeɪf]
**aufreißen** ❶ eine Tüte/ein Geschenk aufreißen to tear [teəʳ] open a bag/a present ❷ eine Tür/ein Fenster aufreißen to fling open a door/ a window ❸ (*slang*) jemanden aufreißen to pull someone
**aufrichten** ❶ etwas aufrichten to set something upright ❷ sich aufrichten to straighten ['streɪtᵊn] up
**aufrichtig** sincere [sɪnsɪəʳ] (zu towards); mein aufrichtiges Beileid my sincere condolences *plural*
die **Aufrichtigkeit** sincerity [sɪn'serəti]
der **Aufruf** ❶ appeal [ə'piːl] (an to); einen Aufruf an jemanden richten to appeal to someone ❷ (*für Passagiere*) call [kɔːl]
**aufrufen** ❶ einen Namen aufrufen to call a name; einen Schüler/eine Schülerin aufrufen to ask a pupil a question ❷ eine Datei aufrufen to call up a file ❸ einen Zeugen/eine Zeugin aufrufen to summon a witness
der **Aufruhr** ❶ rebellion [rɪ'beliən] ❷ (*übertragen*) turmoil ['tɜːmɔɪl]

**aufrührerisch** rebellious [rɪ'beliəs]
**aufrunden** einen Betrag aufrunden to round up a figure
**aufrütteln** (*übertragen*) jemanden aufrütteln to stir [stɜːʳ] someone
**aufsagen** ein Gedicht aufsagen to recite [rɪ'saɪt] a poem
**aufsammeln** die Blätter/Teile aufsammeln to pick up the leaves/the pieces
**aufsässig** rebellious [rɪ'beliəs]
der **Aufsatz** ❶ essay; (*in der Schule*) composition ❷ (*oberer Teil*) top, upper part
**aufschichten** Holz aufschichten to pile up [oder stack] logs
**aufschieben** (*übertragen*) eine Entscheidung/eine Begegnung aufschieben to put off [oder postpone] a decision/an encounter
der **Aufschlag** ❶ (*Aufprall*) impact ❷ (*beim Ballsport*) service ❸ (*Preisaufschlag*) surcharge ['sɜːtʃɑːdʒ]
**aufschlagen** ❶ die Preise haben aufgeschlagen prices have gone up, prices have been raised ❷ (*beim Sport*) wer schlägt auf? whose serve is it?; der Ball schlug hart [auf dem Boden] auf the ball hit the ground hard ❸ ein Zelt aufschlagen to pitch a tent ❹ ein Buch [auf Seite 10] aufschlagen to open a book [on page 10] ❺ sich den Kopf/das Knie aufschlagen to cut open one's head/one's knee
**aufschließen** ❶ die Tür aufschließen to unlock the door ❷ der Fahrer schloss zum Hauptfeld auf the rider caught [kɔːt] up with the main bunch
**aufschlussreich** informative [ɪn'fɔːmətɪv], instructive [ɪn'strʌktɪv]
**aufschnappen** ein Wort/eine Information aufschnappen to pick up a word/a piece of information
**aufschneiden** to cut open; ein Geschwür aufschneiden to lance an ulcer
der **Aufschnitt** sliced cold meat
**aufschrauben** to unscrew
**aufschrecken** ❶ to startle [stɑːtl]; aus dem Schlaf aufschrecken to wake up with a start ❷ jemanden aufschrecken to give someone a start
der **Aufschrei** outcry
**aufschreiben** [sich] einen Namen aufschreiben to put [oder write [raɪt]] down someone's name
der **Aufschub** delay, postponement
**aufschwatzen** (*umgangsspr*) jemandem etwas aufschwatzen to talk someone into taking something; sich etwas aufschwat-

**zen lassen** to get conned into getting/buying something; **warum hast du dir nur den Staubsauger aufschwatzen lassen?** why on earth did you let yourself get talked into buying the Hoover?

der **Aufschwung** ① (*im Sport*) swing-up ② (*Auftrieb*) **etwas gibt jemandem neuen Aufschwung** something gives someone fresh impetus ③ (*Aufwärtstrend*) upswing, upturn

das **Aufsehen Aufsehen erregen** to cause [*oder* create [kri'eɪt]] a sensation; **ohne großes Aufsehen** without any fuss

**aufsetzen** ① **den Hut/die Brille aufsetzen** to put on one's hat/one's glasses; **das Mittagessen/das Abendessen aufsetzen** to put on lunch/dinner ② **Kaffee aufsetzen** to make coffee ③ **einen Brief aufsetzen** to draft a letter ④ *Flugzeug:* to touch down

die **Aufsicht** ① supervision; **unter ärztlicher/polizeilicher Aufsicht stehen** to be under medical/police supervision; **über jemanden/etwas Aufsicht führen** to be in charge of someone/something; **einen Patienten unter ständige Aufsicht stellen** to keep a patient under constant supervision; **ein Kind ohne Aufsicht lassen** to leave a child unsupervised [*oder* without supervision] ② (*Person*) person in charge

der **Aufsichtsrat** board of directors

**aufsperren** to unlock

**aufspielen sich aufspielen** to give oneself airs; **sich als etwas aufspielen** to set oneself up as something

**aufspringen** ① **er sprang auf** he jumped to his feet ② *Mauer:* to crack; *Haut, Lippen:* to chap

**aufspüren** to track down *Verdächtigen*

**aufstacheln jemanden aufstacheln[, etwas zu tun]** to urge someone [to do something], to goad someone [into doing something]

der **Aufstand** rebellion [rɪ'beliən], insurrection

**aufstehen** ① **die Tür steht auf** the door is open ② (*sich erheben*) to get up; **er stand sofort auf** he got up immediately [ɪ'miːdiətli]

**aufstellen** ① to put up; **eine Falle aufstellen** to set a trap; **eine Maschine aufstellen** to install a machine ② **eine Mannschaft aufstellen** to draw up a team; **einen Rekord aufstellen** to set a record ③ **eine Kandidatin aufstellen** to nominate a candidate ④ **sich aufstellen** to stand; **sich hintereinander aufstellen** to line up; **sich im Kreis aufstellen** to form a circle ['sɜːkl]

die **Aufstellung** ① (*einer Mannschaft*) line-up

② *eines Rekords:* setting ③ (*Liste*) list ④ *von Kandidaten:* nominating

der **Aufstieg** ① ascent [ə'sent] ② (*beruflich*) advancement [əd'vɑːnsmənt], promotion

**aufstocken einen Kredit aufstocken** to increase an overdraft (**um** by)

**aufsuchen jemanden aufsuchen** to call [kɔːl] on someone

der **Auftakt** ① (*in der Musik*) up-beat ② (*Eröffnung, Beginn*) prelude; **den Auftakt zu etwas bilden** to mark the start of something

**auftanken das Auto auftanken** to fill up [*oder* refuel] the car

**auftauchen** ① to appear [ə'pɪəʳ]; (*aus dem Wasser*) to surface ['sɜːfɪs]; (*aus dem Nebel*) to emerge [ɪ'mɜːdʒ] ② (*übertragen*) *Probleme, Konflikte, Zweifel:* to arise [ə'raɪz]

**auftauen** ① **ein Hähnchen/einen Laib Brot auftauen** to defrost a chicken/a loaf of bread ② *Gefriergut:* to thaw

**aufteilen** ① (*an Personen*) to share [ʃeəʳ] out (**an** between); **einen Kuchen unter zehn Leuten aufteilen** to share a cake between ten people ② (*einteilen*) to split up (**in** into); **einen Kuchen in zehn Stücke aufteilen** to divide [*oder* cut] a cake into ten pieces

der **Auftrag** ① (*Anweisung*) instructions △ *plural*, orders △ *plural;* **jemandem den Auftrag geben, etwas zu tun** to instruct someone to do something ② (*Bestellung*) order; **etwas [bei einer Firma] in Auftrag geben** to order something [from a company]

**auftragen** ① **Speisen** [*oder* **das Essen**] **auftragen** to serve [sɜːv] food [*oder* the meal] ② **Farbe auftragen** to put on paint ③ **jemandem etwas auftragen** to instruct someone to do something ④ **dick auftragen** (*umgangsspr*) to lay it on thick

der **Auftraggeber**, die **Auftraggeberin** client ['klaɪənt]; *von Firma:* customer ['kʌstəmə]

die **Auftragsbestätigung** confirmation of order

das **Auftragsbuch** order book

**auftragsgemäß** as instructed; (*wie bestellt*) as per order

**auftreiben** to find, to get hold of

das **Auftreten** ① appearance [ə'pɪərəns] ② (*Benehmen*) behaviour [bɪ'heɪvjəʳ]; **ein sicheres Auftreten haben** to have a self-assured manner

**auftreten** ① *Symptome, Schwierigkeiten:* to arise [ə'raɪz] ② (*im Theater*) to make an [*oder* a stage [steɪdʒ]] appearance; (*im Fernsehen*) to appear [*oder* be seen] on television ③ (*sich verhalten*) to behave [bɪ'heɪv]; **sicher/bescheiden/arrogant auftreten** to behave in a self-assured/modest/an arrogant manner

der **Auftritt** ❶ appearance [ə'pɪərᵊns] ❷ (*im Theater*) **er hat seinen Auftritt im dritten Akt** he comes on in the third act ❸ (*Theaterszene*) scene [siːn] ❹ (*übertragen*) **einen Auftritt veranstalten** to make a scene

**auftun** ❶ sich auftun *Möglichkeit:* to open [-up] ❷ (*umgangsspr*) **einen günstigen Kauf auftun** to find a bargain ['baːɡɪn]

**auftürmen** ❶ (*aufstapeln*) to pile up ❷ **sich auftürmen** *Schulden, Schwierigkeiten:* to mount up

**aufwachen** to wake up

**aufwachsen** to grow up

der **Aufwand** ❶ expenditure [ɪk'spendɪtʃər] (**an** of); (*Kosten*) expense (**an** of) ❷ (*Mühe*) effort; **der Aufwand lohnt sich nicht** it's not worth the effort ❸ (*Prunk*) extravagance

**aufwändig** ❶ (*teuer*) costly ❷ (*luxuriös*) lavish ❸ (*arbeitsintensiv*) labour-intensive, requiring a lot of work

die **Aufwandsentschädigung** expense allowance

**aufwärmen** ❶ to heat up *Speisen* ❷ (*übertragen*) to bring up *Thema* ❸ **sich aufwärmen** to warm oneself up

**aufwärts** up, upward[s]

**aufwecken** to wake up

Ⓖ Im Deutschen gibt es den Unterschied zwischen **aufwecken** und **aufwachen**, im Englischen wird beides mit **wake up** übersetzt

**aufweisen** to show; [**keinerlei**] **Verletzungen aufweisen** to show [no] signs of injury; **Fehler aufweisen** to contain [kən'teɪn] mistakes

**aufwenden** to use [juːz]; **Geld aufwenden** to spend money; **Zeit/Energie aufwenden** to expend time/energy; **Mühe aufwenden** to take trouble ['trʌbl], to make an effort

**aufwerfen** **eine Frage aufwerfen** to raise a question; **das wirft viele Fragen auf** this gives rise to a lot of questions

**aufwerten** ❶ (*finanziell*) to revalue, to revaluate Ⓤ ❷ (*übertragen*) to increase the value of

die **Aufwertung** revaluation

**aufwiegeln** **jemanden aufwiegeln** to stir up someone

**aufwischen** to wipe [up]

**aufwühlen** (*übertragen*) to stir up

**aufzählen** to list, to enumerate [ɪ'njuːmᵊreɪt]

die **Aufzeichnung** recording

**aufziehen** ❶ **die Uhr aufziehen** to wind up the clock ❷ **den Vorhang aufziehen** to draw back the curtain[s] ❸ (*übertragen*) **jemanden aufziehen** to make fun of someone (**mit** about) ❹ *Wolken, Gewitter:* to gather

die **Aufzucht** *von Vieh:* rearing

der **Aufzug** ❶ (*Fahrstuhl*) lift Ⓖ, elevator Ⓤ ❷ (*im Theater*) act ❸ (*umgangsspr: Kleidung*) get-up; **in dem Aufzug kommst du mir nicht in die Kirche!** you're not going to church dressed like that!

der **Augapfel** eyeball

das **Auge** eye; **mit den Augen zwinkern** to wink ▸ WENDUNGEN: **jemanden/etwas im Auge haben** to have one's eye on someone/something; **ein Auge zudrücken** (*umgangsspr*) to turn a blind eye [to]; **jemandem etwas aufs Auge drücken** (*umgangsspr*) to impose something on someone; **das kann leicht ins Auge gehen!** (*umgangsspr*) it might easily go wrong!; **unter vier Augen** in private; **jemanden aus den Augen verlieren** to lose sight of someone; **aus den Augen, aus dem Sinn** out of sight, out of mind

der **Augenarzt**, die **Augenärztin** eye specialist ['speʃᵊlɪst]

der **Augenblick** moment; **Augenblick mal!** just a second!; **im letzten Augenblick** at the last moment

**augenblicklich** ❶ (*umgehend*) at once [wʌns] ❷ (*zurzeit*) at present, presently Ⓤ

die **Augenbraue** eyebrow ['aɪbraʊ]

die **Augengläser** Ⓐ glasses ⚠ *plural*

das **Augenlid** eyelid

die **Augentropfen** eye drops

die **Augenweide** feast for the eyes

die **Augenwimpern** eyelashes

der **Augenzeuge**, die **Augenzeugin** eyewitness (**bei** to)

der **August** August; **am 15. August** on 15th August, on August 15 Ⓤ; (*gesprochen*) on the 15th of August, August the 15th Ⓤ; **Anfang August** at the beginning of August; **Ende August** at the end of August

Ⓥ Im Deutschen wird bei **Monaten** der bestimmte Artikel verwendet: *im August, der* August ist ein heißer Monat, im Englischen dagegen nicht: *in August, August is a hot month.*

die **Auktion** auction ['ɔːkʃᵊn]

die **Aula** hall

das **Aus** ❶ (*im Sport*) touch, out of play ❷ (*übertragen: Ende*) end, finish ❸ **vor dem beruflichen Aus stehen** to be at the end of one's career

**aus** ❶ (*örtlich, zeitlich*) from; **ich komme**

**aus Deutschland** I'm from Germany; (*von innen*) out of ❷ (*begründend*) **aus Versehen** by mistake; **aus Spaß** out of fun, for a laugh *umgangsspr;* **aus Liebe** [zu jemandem/etwas] for love [of someone/something]; **aus Erfahrung** from experience [ɪk'spɪərɪəns]; **aus Mitleid** out of sympathy ❸ (*beschaffen*) **aus Stein/Metall** [made out] of stone/metal ❹ (*ausgeschaltet*) off; **das Licht ist aus** the light [laɪt] is off ▶ WENDUNGEN: **was ist aus ihr geworden?** what has become of her?; **von mir aus!** I don't care!; **aus sein** to be over; **aus und vorbei** over and done with

**ausatmen** to breathe [briːð] out

der **Ausbau** ❶ *von Motor, Gerät:* removal ❷ (*Erweiterung*) extension [ɪk'stenʃən]

**ausbauen** ❶ to remove *Motor, Gerät* (**aus** from) ❷ (*erweitern*) to extend

**ausbaufähig** ❶ (*umgangsspr*) promising *Vorschlag* ❷ (*erweiterungsfähig*) expandable

**ausbedingen sich etwas ausbedingen** to make something a condition [kən'dɪʃən]; **ich muss mir ausbedingen, dass du mitkommst** I must make it a condition that you accompany me

**ausbessern** to mend *Kleidung;* to repair *Schaden*

**ausbeulen** to beat out *Autokarosserie*

die **Ausbeute** gain; (*Ertrag*) yield [jiːld] (**an** in)

**ausbeuten** to exploit; **ich bin ausgebeutet worden** I have been exploited

die **Ausbeutung** exploitation

**ausbezahlen** to pay out *Betrag;* to buy out *Miteigentümer(in)*

**ausbilden** ❶ (*beruflich*) to train (**zu** as); **sich in Kfz-Mechanik/als Kfz-Mechaniker ausbilden lassen** to train in car mechanics/ as a car mechanic; (*mit abschließender Qualifikation*) to qualify as a car mechanic; **er ist ausgebildeter Maurer** he is a trained [*oder* qualified ['kwɒlɪfaɪd]] bricklayer ❷ (*geistig, akademisch*) to educate ❸ to form *Gegenstand;* (*plastisch*) to shape; **etwas rund ausbilden** to give something a round shape

der **Ausbilder**, die **Ausbilderin**, der **Ausbildner**, die **Ausbildnerin** instructor

die **Ausbildung** training, instruction; (*mit Qualifikation*) qualification [ˌkwɒlɪfɪ'keɪʃən]; (*geistige Ausbildung*) education

die **Ausbildungsbeihilfe** educational grant

der **Ausbildungsplatz** training place

**ausbitten sich etwas ausbitten** to request something; **ich bitte mir etwas Bedenkzeit aus** I would like some time to think

about it; **das bitte ich mir auch aus!** I should think so too!

**ausbleiben** *Gäste, Kunden:* to fail to appear; *Regen:* to hold off

**ausblenden** to fade out *Musik, Szene*

der **Ausblick** ❶ view [vjuː] (**auf** of) ❷ (*übertragen: berechtigte Hoffnung*) prospect (**auf** for)

**ausbrechen** ❶ **aus dem Gefängnis ausbrechen** to escape from prison ❷ *Vulkan:* to erupt ❸ **in Tränen ausbrechen** to burst into tears; **in Schweiß ausbrechen** to break [breɪk] into a sweat

**ausbreiten** ❶ **ein Handtuch/eine Karte ausbreiten** to spread out a towel/a map ❷ **sich ausbreiten** *Feuer, Nachricht, Klatsch:* to spread [spred]; **sich wie ein Lauffeuer ausbreiten** to spread like wildfire ❸ **sich ausbreiten** *Person:* to spread out

der **Ausbruch** ❶ **Ausbruch aus dem Gefängnis** escape from prison ❷ **der Ausbruch des Kriegs** the outbreak of war ❸ **der Ausbruch eines Vulkans** the eruption [ɪ'rʌpʃən] of a volcano

**ausbüchsen** (*umgangsspr*) to break [breɪk] out, to run away

**ausbürsten** to brush *Kleidungsstück*

die **Ausdauer** ❶ (*körperlich*) endurance [ɪn'djʊərəns] ❷ (*Beharrlichkeit*) perseverance [ˌpɜːsɪ'vɪərəns]

**ausdehnen** ❶ (*räumlich*) to expand; (*zeitlich*) to extend ❷ (*übertragen*) to extend *Macht, Einfluss* (**auf** to) ❸ **sich ausdehnen** *Abend, Besprechung:* to extend; *Material:* to stretch

**ausdenken sich etwas ausdenken** to think something up; (*in der Fantasie*) to imagine something

der **Ausdruck** ❶ (*Begriff*) term ❷ **etwas zum Ausdruck bringen** to express [ɪk'spres] something ❸ (*Computerausdruck*) print-out

**ausdrucken** to print [out]

**ausdrücken sich ausdrücken** to express [ɪk'spres] oneself

**ausdrücklich** expressly [ɪk'spresli]; (*besonders*) particularly

**ausdruckslos** expressionless, inexpressive [ˌɪnɪk'spresɪv]

**ausdrucksvoll** expressive [ɪk'spresɪv]

die **Ausdrucksweise** mode of expression [ɪk'spreʃən]

**auseinander** apart

**auseinanderbringen** jemanden auseinanderbringen to separate somebody

**auseinanderliegen** weit auseinanderliegen to be [*oder* lie] far apart

**auseinanderschreiben** etwas **auseinanderschreiben** to write something as two words

die **Auseinandersetzung** (*Streit*) argument

**auserlesen** select

**ausfahren** ❶ (*spazieren fahren*) to go for a drive ❷ **jemanden ausfahren** to take someone for a drive ❸ **Waren ausfahren** to deliver goods ❹ **das Fahrgestell ausfahren** to lower the landing gear

die **Ausfahrt** (*für Fahrzeuge*) exit

**ausfallen** ❶ (*nicht stattfinden*) to be cancelled; **die Schule fällt morgen aus** there's no school tomorrow ❷ (*nicht funktionieren*) to fail; **der Anlasser fiel aus** the ignition failed

**ausfallend** abusive [ə'bjuːsɪv]

**ausfällig** *Verhalten:* impertinent; *Sprache:* abusive; **ausfällig werden** to become personal

die **Ausfallstraße** main road [leading out of a city]

**ausfertigen** to make out *Auftrag;* to issue *Reisepass, Dokument*

die **Ausfertigung** (*Kopie*) copy; **in doppelter/dreifacher Ausfertigung** in duplicate/triplicate

**ausfindig** jemanden/etwas **ausfindig machen** to find someone/something; (*aufspüren*) to trace someone/something

**ausflippen** (*slang*) to freak out; **flipp doch nicht gleich aus!** cool it!

die **Ausflucht** excuse

der **Ausflug** trip; **einen Ausflug machen** go on a trip

der **Ausfluss** discharge

**ausfragen** jemanden [nach etwas] **ausfragen** to question someone [about something]

**ausfressen** ▸WENDUNGEN: **etwas ausgefressen haben** to have been up to something; **na, was hast du schon wieder ausgefressen?** what have you been up to again?

die **Ausfuhr** export, exportation

**ausführbar** feasible ['fiːzəbl], practicable

die **Ausfuhrbestimmungen** export regulations

**ausführen** ❶ (*exportieren*) to export ❷ to carry out *Bestellung, Auftrag*

**ausführlich** ❶ **ein ausführlicher Bericht** a detailed report ❷ **etwas ausführlich[er] beschreiben** to go into [*oder* describe] something in [greater] detail

**ausfüllen** to fill in [*oder* out] *Formular*

die **Ausgabe** ❶ (*Buch*) edition ❷ (*Verteilung*) distribution ❸ (*Datenausgabe*) output ❹ **Ausgaben** costs

der **Ausgang** ❶ exit ❷ **Ausgang haben** to have the day off ❸ (*Ergebnis*) outcome

die **Ausgangssperre** curfew ['kɜːfjuː]; (*für Solda-*

*ten*) confinement to barracks

**ausgeben** ❶ to spend *Geld* ❷ (*aushändigen*) to issue ['ɪʃuː] *Aktien, Banknoten, Fahrkarten* ❸ to deal *Spielkarten* ❹ (*verteilen*) to give out, to distribute [dɪ'strɪbjuːt] ❺ **einen ausgeben** (*umgangsspr*) to stand a round; **ich gebe einen aus** this one's on me, it's my round ❻ **sich für etwas/als jemand ausgeben** to pass oneself off as something/someone

**ausgebucht** booked up, fully booked

**ausgedehnt** ❶ *Bericht, Recherche:* extensive ❷ *Spaziergang:* long

**ausgefallen** extravagant

**ausgeflippt** (*slang*) flipped, freaked out

**ausgefuchst** (*umgangsspr*) crafty, wily ['waɪli]

**ausgeglichen** balanced

**ausgehen** ❶ (*abends weggehen*) to go out ❷ *Vorräte:* to run out ❸ *Feuer:* to go out ❹ *Haare:* to fall out ❺ **wir können davon ausgehen, dass …** we can assume that … ▸WENDUNGEN: **schlecht ausgehen** to turn out badly; **es ging ja nochmal gut aus** it all turned out for the best; **leer ausgehen** to come away empty-handed

**ausgelassen** ❶ *Kinder, Stimmen:* boisterous ['bɔɪstᵊrəs] ❷ *Stimmung:* mad

**ausgemacht** (*abgemacht*) agreed

**ausgenommen** except

**ausgepowert** (*umgangsspr*) washed [wɒʃd] out, tired [taɪəd]

**ausgeprägt** distinct

**ausgepumpt** (*übertragen*) whacked ⒼⒷ *umgangsspr,* pooped out *umgangsspr*

**ausgerechnet** (*übertragen*) **ausgerechnet du/er/sie!** you/he/she of all people!; **ausgerechnet Bananen!** bananas, of all things!; **ausgerechnet ich musste darauf reinfallen** of all people, I had to fall for it; **ausgerechnet im Juni war das Schwimmbad geschlossen** in June, of all times, the swimming pool was shut

**ausgeschlossen** ❶ (*nicht möglich*) impossible ❷ **er fühlte sich ausgeschlossen** he felt excluded

**ausgeschnitten** *Kleidungsstück:* low-cut

**ausgesprochen** really; **es war ein ausgesprochen kalter Winter** it was an extremely [ɪk'striːmli] cold winter

**ausgestorben** ❶ *Tiergattung, Pflanzengattung:* extinct ❷ (*übertragen*) *Straßen, Dorf:* deserted

**ausgesucht** ❶ **ein ausgesuchtes Stück** a choice [*oder* select] piece ❷ **er war ausge-**

**ausgewählt – auslegen** **642**

**sucht höflich** he was exceptionally polite
**ausgewählt** select
**ausgewogen** balanced
**ausgezeichnet** excellent; **es geht mir aus-gezeichnet!** I'm feeling marvellous!
**ausgiebig** substantial [səb'stænʃ°l]; **ausgie-big frühstücken** to have a substantial break-fast
**ausgießen** to pour out
der **Ausgleich** *von Konto:* balancing; *von Schulden:* settling; *von Verlust:* compensation; **zum Ausgleich für etwas** [in order] to compen-sate for something
**ausgleichen** ❶ to level out *Fläche* ❷ **das Konto ausgleichen** to balance the account ❸ **Schulden ausgleichen** to settle the debts ❹ (*im Sport*) **Manchester United hat aus-geglichen!** Man United have equalized!
der **Ausgleichssport** keep-fit activities
**ausgraben** to dig up
die **Ausgrabungen** excavations
der **Ausguss** (*Spüle*) sink
**aushalten** ❶ (*ertragen*) to bear; to stand *Schmerz;* **es ist nicht zum Aushalten!** it's unbearable!, I can't stand it any more!; **hier lässt es sich aushalten!** (*humorvoll um-gangsspr*) it's not bad here! ❷ (*finanziell*) **jemanden aushalten** to keep someone; **sich aushalten lassen** to be a kept man *maskulin,* to be a kept woman *feminin*
**aushändigen** to hand over
der **Aushang** notice
das **Aushängeschild** sign
**ausharren** to wait
die **Aushebung** Ⓒ (*Einberufung*) conscription
**aushelfen** **jemandem aushelfen** to help someone out (**mit** with, **bei** in)
die **Aushilfe** temporary ['temp°r°ri] worker; (*im Büro*) temp; **als Aushilfe arbeiten** to temp
**aushilfsweise** temporarily
**aushöhlen** (*übertragen*) to undermine
**aushorchen** to sound out
**auskennen** **sich** [**gut**] **auskennen** to know a lot (**in** about), to know one's way around
der **Ausklang** end
**ausklingen** ❶ *Glocken:* to ring out; *Lied:* to die away ❷ (*übertragen*) *Abend, Jahrtau-send:* to come to an end, to end
**ausklopfen** to beat *Teppich*
das **Auskommen** livelihood; **sein Auskommen haben** to get by, to make a living
**auskommen** ❶ **ohne etwas auskommen** to do without something; **mit sehr wenig auskommen** to manage on very little ❷ **mit jemandem gut auskommen** to get along

well with someone
**auskosten** (*übertragen*) to make the most of
**auskundschaften** to find out, to spy out
die **Auskunft** ❶ information ⚠ *kein Plural;* **könnten Sie mir bitte eine Auskunft geben?** could you give me some informa-tion, please? ❷ (*Telefonauskunft*) directory inquiries [də'rektəri ɪnˌkwaɪərɪz] ⚠ *plural* ❸ (*Auskunftsschalter*) information desk
**auslachen** **jemanden** [**wegen etwas**] **ausla-chen** to laugh [lɑːf] at someone [because of something]
**ausladen** to unload *Ladung*
die **Auslage** ❶ (*finanziell*) expense ❷ *von Waren:* display
**auslagern** to export *Daten*
das **Ausland** das Ausland foreign ['fɒrən] coun-tries ⚠ *plural;* **aus dem Ausland** from abroad; **ins Ausland gehen/reisen** to go/travel abroad; **im Ausland sein** to be abroad
der **Ausländer,** die **Ausländerin** foreigner ['fɒrɪnə']; (*in der Rechtssprache*) alien
der/die **Ausländerbeauftragte** *official assigned to the integration of foreign immigrants*
**ausländerfeindlich** hostile to foreigners, xenophobic [ˌzenə'fəʊbɪk]
**ausländisch** foreign ['fɒrən]
der **Auslandsaufenthalt** stay abroad [ə'brɔːd]
der **Auslandseinsatz** foreign [military] deploy-ment
das **Auslandsgespräch** international call
der **Auslandskorrespondent,** die **Auslandskor-respondentin** foreign correspondent [ˌfɒr-ənˌkɒrə'spɒndənt]
die **Auslandsreise** trip abroad
**auslassen** ❶ (*weglassen*) to leave out ❷ (*nicht anziehen*) to leave off *Kleidung* ❸ **sich über etwas auslassen** to go on about something
**auslaufen** ❶ (*Flüssigkeit*) to run out; *Farbe, Stoff:* to run; (*lecken*) to leak ❷ *Schiff:* to sail ❸ (*zum Ende kommen*) **der Vertrag läuft bald aus** the contract expires soon; **die Sai-son läuft bald aus** the season is coming to an end
der **Ausläufer** ❶ *von Pflanzen:* runner ❷ (*Berg-ausläufer*) foothill
**ausleeren** to empty
**auslegen** ❶ **Waren auslegen** to display [*oder* lay out] merchandise ❷ (*interpretie-ren*) **einen Text/eine Stelle/ein Zitat auslegen** to explain a text/a passage/a quo-tation; **etwas falsch auslegen** to misinter-pret something ❸ (*leihen*) **jemandem Geld auslegen** to lend someone [some] money

**④** (*bedecken*) to cover; **einen Raum mit Teppich auslegen** to carpet a room

die **Auslegeware** carpeting, carpets and rugs

**ausleihen jemandem etwas ausleihen** to lend someone something; [**sich**] **etwas von jemandem ausleihen** to borrow something from someone

**G** Im Englischen wird ein Unterschied gemacht zwischen *jemandem* etwas ausleihen = **lend**, und *sich* etwas ausleihen = **borrow**!

**auslernen** (*als Auszubildende*) to finish one's training [*oder* apprenticeship] [əˈprentɪʃɪp]; (*als Schüler oder Student*) to finish school/college/university; **man lernt nie aus** you live and learn

die **Auslese** selection

**auslesen ①** to select, to pick out **②** (*umgangsspr: zu Ende lesen*) to finish reading

**ausliefern ①** **Waren ausliefern** to deliver goods **②** **jemanden an die Behörden ausliefern** to hand someone over to the authorities; **einen Verdächtigen ausliefern** to extradite a suspect **③** (*übertragen*) **jemandem ausgeliefert sein** to be at someone's mercy, to be at the mercy of someone

die **Auslieferung ①** *von Waren:* delivery **②** *von Verdächtigem:* extradition

**auslöschen** (*ein Ende bereiten*) to extinguish [ɪkˈstɪŋgwɪʃ]

**auslosen es wurde ausgelost, wer als erste gehen sollte** they drew lots to see who should go first; **den Gewinner auslosen** to draw the winner

der **Auslöser ①** trigger; (*für Bombe*) release button; (*beim Photoapparat*) shutter release **②** (*übertragen: Anlass*) cause; **seine Worte waren der Auslöser für den Streit** his words triggered the row

die **Auslosung** draw

**ausmachen ①** to put out *Feuer, Zigarette, Kerze* **②** to turn off *Radio, Fernseher;* to switch off *Licht, Motor* **③** (*vereinbaren*) **einen Termin ausmachen** to agree on a [date and] time, to arrange a [date and] time **④** (*bedeuten*) **das macht viel aus** it matters a lot; **das macht nichts aus** that doesn't matter **⑤** **macht es Ihnen etwas aus, wenn ich rauche?** do you mind if I smoke?

**ausmalen sich** [**etwas**] **ausmalen** to imagine [something]; **sich ausmalen, wie es wohl wird** to imagine how it will be

das **Ausmaß ①** (*von räumlicher Größe*) size; **in größerem Ausmaß** on a bigger scale **②** (*übertragen: Tragweite*) extent; **das Aus-**

**maß des Schadens/ihres Verrats/seiner Liebe** the extent of the damage/her deceit/his love; **das Ausmaß der Veränderungen/seines Verlusts** the scale of the changes/his loss

**ausmessen** to measure [ˈmeʒəʳ] out

**ausmisten** (*umgangsspr: säubern*) to tidy out, to sort through

die **Ausnahme** exception; **mit Ausnahme von** with the exception of; **Ausnahmen bestätigen die Regel** the exception proves the rule

der **Ausnahmezustand** state of emergency; **den Ausnahmezustand verhängen** to declare a state of emergency

**ausnahmslos ①** without exception **②** **eine ausnahmslose Zustimmung** a unanimous [juːˈnænɪməs] agreement

**ausnahmsweise** as an exception; „**darf ich mitgehen?**" — "**ausnahmsweise**" "may I go too?" — "just this once!"

**ausnehmen ①** (*Innereien entfernen*) **einen Fisch/einen Hasen ausnehmen** to gut a fish/a hare **②** (*ausschließen*) **jemanden ausnehmen** to make an exception of someone **③** (*übertragen: übers Ohr hauen*) **jemanden ausnehmen** to fleece someone **④** to raid *Verbrechernest*

**ausnehmend** exceptionally

**ausnutzen eine Situation ausnutzen** to exploit a situation; **jemanden ausnutzen** to take advantage of someone

**auspacken ①** **ein Geschenk auspacken** to unwrap a present **②** to unpack *Koffer;* **hast du schon ausgepackt?** have you unpacked yet? **③** (*slang: alles sagen*) to talk; **los, pack aus!** come on, out with it!

**ausplaudern ein Geheimnis ausplaudern** to let out a secret

**ausplündern** to plunder

**ausposaunen** (*umgangsspr*) to broadcast [ˈbrɔːdkɑːst]

**ausprobieren** to try out

der **Auspuff** exhaust [ɪgˈzɔːst]

die **Auspuffgase** exhaust fumes *plural*

das **Auspuffrohr** exhaust [pipe]

**ausquetschen ①** (*ausdrücken*) to squeeze [skwiːz] out **②** (*übertragen*) **jemanden ausquetschen** to grill someone

**ausradieren** (*mit Radiergummi*) to erase

**ausrangieren** to throw out; to scrap *Auto, Lok*

**ausrauben jemanden ausrauben** to mug someone; **eine Bank ausrauben** to rob a bank

**ausräumen ①** **einen Schrank/eine Woh-**

**ausrechnen – ausschütten**                                        **644**

nung **ausräumen** to clear out a cupboard/a flat; **die Möbel ausräumen** to move out the furniture ❷ (*übertragen*) **Missverständnisse ausräumen** to clear up any misunderstandings; **Zweifel ausräumen** to dispel doubts

**ausrechnen** to work out; (*berechnen*) to calculate

die **Ausrede** excuse

**ausreichen** to be enough [ɪˈnʌf]; **keine Sorge, mein Geld reicht aus** don't worry, I've got enough money [to pay for this]

**ausreisen** to leave the country

das **Ausreisevisum** exit visa

**ausreißen** ❶ **einen Faden ausreißen** to pull out a thread [θred]; **sich/jemandem die Haare ausreißen** to tear out one's/someone's hair ❷ (*umgangsspr: weglaufen*) to run away

der **Ausreißer**, die **Ausreißerin** runaway

**ausrenken** to dislocate [ˈdɪsləkeɪt]

**ausrichten** ❶ (*übermitteln*) to tell; **jemandem etwas ausrichten** to give someone a message; **richten Sie ihr [meine] Grüße aus** give her my regards ❷ (*in der Technik*) to align [əˈlaɪn] ❸ **ein Fest/eine Hochzeit ausrichten** to organise a party/a wedding

**ausrotten** ❶ to exterminate *Ungeziefer* ❷ (*übertragen*) to stamp out *Vorurteile, Ideen*

**ausrufen** to exclaim; **jemanden ausrufen lassen** to have a call put out for someone

das **Ausrufezeichen** exclamation mark

**ausruhen sich ausruhen** to have a rest

die **Ausrüstung** equipment

**ausrutschen** to slip

der **Ausrutscher** (*umgangsspr*) gaffe, slip [of the tongue]

die **Aussage** ❶ statement; **nach Aussage von** according to ❷ (*Zeugenaussage*) evidence ⚠ *kein Plural*

**aussagen** to say; (*in der Rechtssprache*) to state; **gegen jemanden aussagen** to testify against someone

**ausschaffen** ⒸⒽ **jemanden ausschaffen** to expel [ɪkˈspel] [*oder* deport] someone

**ausschalten** ❶ **das Gas ausschalten** to turn off the gas; **das Licht/den Fernseher/das Radio ausschalten** to switch off the light/the television/the radio ❷ (*übertragen*) **jemanden ausschalten** to eliminate someone

die **Ausschau nach jemandem Ausschau halten** to be on the lookout for someone

**ausscheiden** ❶ (*weggehen*) **aus einem**

**Verein/einer Firma ausscheiden** to leave a club/a company; **aus einem Amt ausscheiden** to retire from a post ❷ (*im Sport*) to be disqualified, to drop out ❸ (*nicht in Betracht kommen*) to be ruled out ❹ **Gift/Säure ausscheiden** to excrete poison/acid

der **Ausscheidungskampf** qualifying [ˈkwɒlɪfaɪɪŋ] contest

die **Ausschilderung** signposting

**ausschlachten** ❶ **ein Fahrzeug/eine Maschine ausschlachten** to cannibalize a car/a machine ❷ (*übertragen: ausnutzen*) **eine Situation/eine Story ausschlachten** to exploit a situation/a story

**ausschlafen** ❶ (*lange schlafen*) to have a good [night's] sleep ❷ **seinen Rausch ausschlafen** to sleep it off

der **Ausschlag** ❶ (*Hautausschlag*) rash ❷ (*übertragen: entscheidend sein*) **den Ausschlag geben** to be the decisive factor

**ausschlagen** ❶ **ein Angebot ausschlagen** to turn down an offer ❷ **jemandem die Zähne ausschlagen** to knock someone's teeth out

**ausschlaggebend** decisive

**ausschließen** ❶ (*im Sport, Wettbewerb*) **jemanden ausschließen** to disqualify [dɪˈskwɒlɪfaɪ] someone (**von** from) ❷ **eine Möglichkeit/einen Irrtum ausschließen** to rule out a possibility/an error ❸ (*übertragen: ausstoßen*) to expel; **er wurde aus dem Unterricht ausgeschlossen** he was excluded from class

**ausschließlich** exclusively; **ich sag das ausschließlich dir** I am telling you, and you only

der **Ausschluss** ❶ **unter Ausschluss der Öffentlichkeit stattfinden** to be closed to the public ❷ (*im Sport*) disqualification [dɪˈskwɒlɪfɪkeɪʃⁿn]

**ausschneiden** to cut out

der **Ausschnitt** ❶ (*Teil*) part, section ❷ *eines Buches, Films:* excerpt [ekˈsɜːpt] ❸ *eines Kleidungsstücks:* neckline; **V-Ausschnitt** V-neck [ˌviːˈnek]

**ausschöpfen** to exhaust [ɪɡˈzɔːst] *Thema, Ressourcen*

die **Ausschreibung** ❶ *einer offenen Stelle:* advertising [ˈædvətaɪzɪŋ] ❷ *eines Bauvorhabens:* invitation of tenders

die **Ausschreitung** riot [ˈraɪət]

der **Ausschuss** ❶ (*Komitee*) committee ❷ (*minderwertige Ware*) rejects ⚠ *plural*

**ausschütten** ❶ to empty *Behälter;* to tip out *Flüssigkeit* ❷ to distribute *Dividenden*

**③** (*übertragen*) **jemandem sein Herz ausschütten** to pour one's heart out to someone

die **Ausschüttung** distribution

**ausschweifend** *Lebenswandel:* dissipated

das **Aussehen** appearance [əˈpɪərəns]

**aussehen** **①** **chic/schön aussehen** to look smart/lovely; **gut siehst du aus** you're looking well; **du siehst aber schlecht aus** you're not looking well at all **②** **so siehst du aus!** (*ironisch gemeint*) that's what you think!

**außen** **①** (*räumlich*) outside; **von außen** from the outside **②** **etwas außen vor lassen** to ignore something

der **Außenbezirk** outlying district, outskirts ⚠ *plural*

der **Außendienst im Außendienst arbeiten** to work away from the office, work in sales

der **Außendienstmitarbeiter**, die **Außendienstmitarbeiterin** sales representative

der **Außenhandel** foreign [ˈfɒrən] trade

der **Außenminister**, die **Außenministerin** foreign [ˈfɒrən] minister, Foreign Secretary ⓖⓑ, Secretary of State ⓤⓢⓐ

das **Außenministerium** foreign ministry, Foreign Office ⓖⓑ, State Department ⓤⓢⓐ

die **Außenpolitik** foreign policy

**außenpolitisch** foreign policy; **ein außenpolitisch gefährliches Ereignis** a dangerous event with regard to foreign policy

das **Außenquartier** ⓒⓗ suburb

der **Außenseiter**, die **Außenseiterin** outsider

der **Außenspiegel** [out]side mirror

die **Außenstände** debts outstanding

der **Außenstürmer**, die **Außenstürmerin** (*im Sport*) wing

die **Außentemperatur** outside temperature [ˈtemprətʃər]

**außer** **①** (*ausgenommen*) except; **außer montags** except Mondays **②** (*abgesehen von*) apart from; **ich kenne keinen außer ihm** I don't know anybody apart from him **③** **außer Atem sein** to be out of breath; **außer sich sein vor Wut/Freude** to be beside oneself with rage/joy **④** (*räumlich*) **außer Haus sein** to be out

**außerdem** besides

das **Äußere** exterior; *von Personen:* outward appearance [əˈpɪərəns]

**äußere(r, s)** **①** (*außen liegend*) outer; **der äußere Durchmesser** the external diameter **②** (*übertragen*) **der äußere Eindruck** the outward appearance [əˈpɪərəns]

**außerehelich eine außereheliche Affäre** an extramarital affair; **ein außereheliches**

**Kind** an illegitimate [ˌɪlɪˈdʒɪtəmət] child

**außergewöhnlich** **①** (*besondere(r, s)*) **ein außergewöhnlicher Mensch** a remarkable [*oder* an extraordinary] person **②** (*ungewöhnlich*) **eine außergewöhnliche Erscheinung** an unusual appearance [əˈpɪərəns] **③** (*sehr*) extremely [ɪkˈstriːmlɪ]

**außerhalb** **①** (*zeitlich*) outside; **außerhalb der Geschäftszeiten** out of office hours **②** (*räumlich*) outside; **außerhalb wohnen** to live out of town; **von außerhalb kommen** to be from out of town

**äußerlich** **①** (*die Außenseite betreffend*) external **②** (*nach außen hin*) **äußerlich blieb er ganz ruhig, aber innerlich kochte er vor Wut** outwardly he remained completely calm, but inwardly he was seething [with rage]

**äußern** **①** (*sagen*) **etwas äußern** to say something; **Kritik äußern** to voice criticism [ˈkrɪtɪsɪzəm]; **seine Wünsche äußern** to express one's wishes; **seine Meinung äußern** to give one's opinion **②** **sich äußern** to speak; (*Stellung nehmen*) to say something; **ich will mich dazu nicht äußern** I don't want to say anything about that

**außerordentlich** **①** (*ungewöhnlich*) unusual; (*bemerkenswert*) extraordinary [ɪkˈstrɔːdənərɪ] **②** (*sehr*) exceptionally, extraordinarily [ɪkˈstrɔːdənərɪlɪ]; **außerordentlich schön** of exceptional beauty; **der Sommer ist dieses Jahr außerordentlich heiß** this summer has been exceptionally hot

**außerplanmäßig** unscheduled [ʌnˈskedjuːld]

**äußerst** exceedingly [ɪkˈsiːdɪŋlɪ], extremely [ɪkˈstriːmlɪ]

**außerstande außerstande sein** [*oder* **sich außerstande sehen**]**, etwas zu tun** to be incapable of doing something

**äußerste(r, s)** **①** *Planet, Schicht:* outermost; **der äußerste Norden des Landes** extreme [*oder* far] north of the country **②** (*zeitlich*) latest possible **③** (*übertragen: extrem*) extreme, utmost; **im äußersten Falle** if the worst [wɜːst] comes to the worst; **mit äußerster Kraft** with all one's strength

das **Äußerste bis zum Äußersten gehen** to go to extremes

**äußerstenfalls** at most

die **Äußerung** comment, remark

**aussetzen** **①** to abandon *Kind, Haustier* **②** **eine Belohnung aussetzen** to offer a reward **③** (*im Rechtswesen*) **eine Strafe aus-**

setzen to suspend a sentence; **eine Strafe zur Bewährung aussetzen** to give a suspended sentence ❹ (*unterbrechen*) to interrupt; **eine Debatte/eine Verhandlung aussetzen** to adjourn [ə'dʒɜːn] a debate/a trial ❺ (*kritisieren*) **an jemandem etwas auszusetzen haben** to find fault [fɔːlt] with someone; **daran ist doch [nun wirklich] nichts auszusetzen!** there's nothing wrong [rɔŋ] with it [at all]! ❻ (*aufhören*) to stop; **er arbeitet ohne auszusetzen** he keeps on working [wɜːkɪŋ] without a break; (*beim Spiel oder Sport*) **setz mal aus** you'd better sit this one out ❼ *Motor:* to fail

die **Aussicht** ❶ (*Blick*) view [vjuː] (**auf** of) ❷ (*übertragen: Verheißung*) prospect (**auf** of); **jemandem etwas in Aussicht stellen** to promise someone something; **etwas in Aussicht haben** to have good prospects of something; **[das sind ja] schöne Aussichten!** (*umgangsspr: ironisch gemeint*) what a prospect!

**aussichtslos** (*zwecklos*) pointless; (*hoffnungslos*) hopeless

die **Aussichtsplattform** viewing platform

**aussichtsreich** promising

der **Aussichtsturm** lookout [*oder* observation [ˌɒbzə'veɪʃən]] tower

**aussöhnen** to reconcile ['rekənsaɪl]; **sich mit jemandem aussöhnen** to become reconciled with someone; **sie haben sich endlich ausgesöhnt** they have finally made it up [again]

**ausspannen** ❶ (*sich erholen*) to have a break, to relax; **spann mal aus!** have a break!, relax! ❷ **jemandem den Freund/die Freundin ausspannen** to pinch someone's boyfriend/girlfriend *umgangsspr*

**aussperren** to lock out

**ausspielen** ❶ **seine Karten ausspielen** to play one's cards ❷ (*übertragen*) **seine Überlegenheit ausspielen** to display one's superiority [suːˌpɪəri'ɒrəti] ❸ (*manipulieren*) **jemanden gegen jemanden ausspielen** to play someone off against someone; **er hat sie gegeneinander ausgespielt** he played them off against each other

**ausspionieren** to spy out

die **Aussprache** ❶ (*Art des Sprechens*) pronunciation [prəˌnʌnsi'eɪʃən]; (*Artikulation*) articulation [*Akzent*] accent ❸ (*Gespräch*) talk; **wir hatten eine Aussprache** we had a talk

**aussprechen** ❶ **ein Urteil/ein Wort aussprechen** to pronounce [prə'naʊns] [a] sentence/a word; **eine Warnung aussprechen** to give a warning ❷ **sich [mit jemandem] aussprechen** (*ein Problem klären*) to have it out [with someone] ❸ **sich für/gegen etwas aussprechen** to declare oneself in favour of/against something

**ausstaffieren** ❶ to kit out ❷ **sich ausstaffieren** to dress up

der **Ausstand** strike; **in den Ausstand treten** to go on strike

**ausstatten** to equip

die **Ausstattung** equipment

**ausstechen** ❶ to cut out *Plätzchen, Rasen* ❷ to put out *Augen* ❸ (*übertragen: übertrumpfen*) to outdo *Rivale, Gegner*

**ausstehen** ❶ (*ertragen*) to bear [beər]; **Strapazen ausstehen** to endure [ɪn'djʊər] the strain; **ich kann sie nicht ausstehen** I can't stand her ❷ (*nicht eingetroffen sein*) *Geld:* to be due [*oder* outstanding]; **eine Antwort steht noch aus** an answer is still to come

**aussteigen** ❶ **aus dem Auto aussteigen** to get out of the car; **aus dem Bus/dem Zug/dem Schiff steigen** to get off the bus/train/boat ❷ (*umgangsspr: sich absetzen*) to drop out

der **Aussteiger**, die **Aussteigerin** (*umgangsspr*) dropout

**ausstellen** ❶ to exhibit; to show *Bilder;* to display *Waren* ❷ to issue *Pass, Zeugnis;* to write *Rezept;* to make out *Rechnung, Quittung*

die **Ausstellung** exhibition [ˌeksɪ'bɪʃən]

**aussterben** *Tiere, Pflanzen:* to become extinct

die **Aussteuer** dowry ['daʊri]

der **Ausstieg** ❶ exit ❷ (*aus einer Verpflichtung*) withdrawal [wɪð'drɔːəl] (**aus** from)

der **Ausstoß** ❶ (*Produktion*) output ❷ (*Ausschluss*) expulsion ❸ (*Emission*) emission [ɪ'mɪʃən]

**ausstoßen** to eject; to emit *Gas, Dampf*

die **Ausstrahlung** ❶ *von Wärme:* radiation [ˌreɪdi'eɪʃən] ❷ (*im Radio oder Fernsehen*) broadcasting [brɔːdkɑːstɪŋ] ❸ (*übertragen*) charisma [kə'rɪzmə]

**ausstrecken** ❶ (*räumlich*) to extend (**nach** towards); **er streckte seine Hand nach dem Glas aus** he reached out for the glass ❷ (*sich dehnen*) **sich ausstrecken** to stretch oneself out

**aussuchen** to choose, to pick; **darf ich mir etwas aussuchen?** can I pick what I want?

der **Austausch** exchange; *von Ideen:* interchange

**austauschbar** interchangeable [ˌɪntə'tʃeɪndʒəbl]

**austauschen** ① to exchange (**gegen** for) ② (*ersetzen*) to replace (**durch** with)
**austeilen** to distribute (**an** among); **Spielkarten austeilen** to deal out cards; **Essen austeilen** to serve food
die **Auster** oyster ['ɔɪstəʳ]
der **Austernpilz** oyster mushroom
**austoben sich austoben** to let off steam; *Kinder:* to romp about
**austragen** ① to deliver *Briefe, Waren* ② to argue out *Meinungsverschiedenheit* ③ (*im Sport*) **einen Wettkampf austragen** to hold a competition
der **Austragungsort** (*im Sport*) venue ['venjuː]
**austreiben** ① *Pflanzen:* to sprout [spraʊt] ② **den Teufel austreiben** to exorcize the devil
**austreten** ① *Flüssigkeit:* to come out (**aus** of); *Gas:* to escape (**aus** from) ② (*umgangsspr*) **ich muss mal eben austreten** I have to go to the loo ③ **aus der Kirche austreten** to leave the Church
**austricksen** (*umgangsspr*) to outwit
**ausüben** ① **einen Beruf ausüben** to practise a profession [prə'feʃᵊn]; **ein Amt ausüben** to perform an office ② **Druck [auf jemanden/etwas] ausüben** to put [*oder* exert] pressure [on someone/something]
**ausufern** to get out of hand
der **Ausverkauf** [clearance] sale; (*wegen Geschäftsaufgabe*) closing-down sale; **im Ausverkauf** in the sales
**ausverkaufen etwas ausverkauft haben** to have sold out of something
**ausverkauft** sold out
die **Auswahl** ① selection (**an** of); **viel Auswahl haben** to have a large selection; (*Vielfalt*) variety; **eine große Auswahl an Waren** a wide range of goods ② (*im Sport*) **die deutsche Auswahl** the German team
**auswählen** to choose, to select (**unter** from among)
der **Auswanderer**, die **Auswanderin** emigrant
**auswandern** *Einzelne:* to emigrate (**nach** to); *Volk:* to migrate
**auswärtig** ① non-local; **die auswärtigen Schüler** the pupils from out of town ② **der auswärtige Dienst** the foreign service; **das Auswärtige Amt** the Foreign Office ⒼⒷ, the State Department ⓊⓈⒶ
**auswärts** ① (*nach außen*) outwards ② (*außerhalb des Wohnsitzes*) away from home; **auswärts essen** to dine [*oder* eat] out
das **Auswärtsspiel** (*im Sport*) away game
**auswechseln** ① to change *Reifen* (**gegen** for)

② (*austauschen*) to exchange (**gegen** for) ③ (*ersetzen*) to replace (**gegen** by) ④ (*im Sport*) to substitute ['sʌbstɪtjuːt] (**gegen** for)
der **Auswechselspieler**, die **Auswechselspielerin** substitute
der **Ausweg** (*übertragen*) way out (**aus** of); **ich weiß [mir] keinen Ausweg mehr** I don't know any way out
**ausweglos** hopeless
**ausweichen** ① **einem Auto/einem Radfahrer ausweichen** to make way for a car/a cyclist ② **jemandem ausweichen** to avoid someone
**ausweichend** evasive [ɪ'veɪsɪv]; **ausweichend antworten** [*oder* **eine ausweichende Antwort geben**] to give an evasive answer
der **Ausweis** (*Personalausweis, Mitgliedsausweis*) [identity/membership] card, ID *umgangsspr*
**ausweisen** ① (*verweisen*) **jemanden ausweisen** to expel someone; (*aus dem Land*) to deport someone ② **sich ausweisen** to identify oneself; **können Sie sich ausweisen?** have you got any ID on you?
die **Ausweispapiere** identity papers
die **Ausweisung** expulsion [ɪk'spʌlʃᵊn]
**ausweiten** ① (*vergrößern*) to widen ② **sich ausweiten** (*übertragen*) to expand (**zu** into)
**auswendig** by heart [haːt]; **das kenne ich schon auswendig!** I know that inside out!
**auswirken sich auswirken** to have an effect (**auf** on); **sich günstig auswirken** to have a favourable ['feɪvᵊrəbl] effect
die **Auswirkung** ① (*Wirkung*) effect ② (*Folge*) consequence ['kɒnsɪkwəns]
**auswischen** ① (*wegwischen*) to wipe out ② **jemandem eins auswischen** (*umgangsspr*) to get one over on someone
**auswuchten** *Rad:* to balance
**auszahlen** ① **den Lohn auszahlen** to pay out the wages [weɪdʒɪz]; **sie bekommt 1.500 Euro ausgezahlt** her net pay is 1,500 euros ② (*sich bezahlt machen*) **etwas zahlt sich aus** something pays
**auszählen** ① (*im Boxkampf*) **jemanden auszählen** to count someone out ② **Stimmen auszählen** to count votes
die **Auszahlung** ① *von Summe:* payment ② *von Gehalt:* paying off; (*durch Bank*) paying out
**auszeichnen** ① **Waren auszeichnen** to label merchandise ['mɜːtʃᵊndaɪs] ② **jemanden auszeichnen** to honour ['ɒnəʳ] someone ③ **sich auszeichnen** to distinguish oneself; **die Provence zeichnet sich durch**

ihre landschaftliche Schönheit aus what makes Provence so special is the beautiful scenery

die **Auszeichnung** ❶ *von Ware:* labelling ❷ (*Ehrung*) distinction; **eine Prüfung mit Auszeichnung bestehen** to pass an examination with distinction ❸ (*durch einen Orden*) decoration

**ausziehbar** extendable; *Antenne:* telescopic

**ausziehen** ❶ **eine Schublade ausziehen** to pull out a drawer [drɔːʳ]; **den Tisch ausziehen** to extend the table ❷ **den Pulli ausziehen** to take off one's jumper ❸ **sich ausziehen** to undress, to get undressed; (*in einer Bar*) to strip ❹ **von zu Hause ausziehen** to leave home for good; **er zieht aus seiner Wohnung zu seiner Freundin** he is moving out of his flat into his girlfriend's home

der **Ausziehtisch** extending table

der/die **Auszubildende** trainee

der **Auszug** ❶ (*in der Chemie*) extract ❷ (*in der Literatur*) *eines Werkes:* excerpt [ek'sɜːpt]; *des Inhalts:* summary

**auszugsweise** in extracts

**autark** self-sufficient [ˌselfsəˈfɪʃʳnt]

**authentisch** authentic [ɔːˈθentɪk]

**autistisch** autistic

das **Auto** car; **Auto fahren** [**lernen**] to [learn to] drive; **mit dem Auto fahren** to go by car

die **Autoapotheke** first-aid kit

der **Autoatlas** road atlas

die **Autobahn** motorway

das **Autobahndreieck** motorway merging point

die **Autobahngebühr** motorway toll

das **Autobahnkreuz** motorway intersection

die **Autobahnraststätte** motorway service area

der **Autobahnzubringer** approach [əˈprəʊtʃ] road

die **Autobiografie**, die **Autobiographie** autobiography [ˌɔːtəbaɪˈɒɡrəfi]

der **Autobus** bus

der **Autodieb**, die **Autodiebin** car thief

die **Autofähre** car ferry

der **Autofahrer**, die **Autofahrerin** driver

**autogen** autogenous [ɔːˈtɒdʒənəs]; **autogenes Training hat ihm sehr geholfen** relaxation through self-hypnosis helped him a great deal

das **Autogramm** autograph

die **Autoimmunkrankheit** auto-immune disease

die **Autokarte** road map

der **Autolenker**, die **Autolenkerin** Ⓒ︎Ⓗ︎ driver

der **Automat** ❶ (*für Getränke*) vending machine; (*Spielautomat*) slot-machine ❷ (*elektrische Sicherung*) cut-out

der **Automatenverkauf** automatic vending

die **Automatik** ❶ *eines Fahrzeugs:* automatic transmission ❷ *eines Systems:* automatic system

die **Automatikschaltung** automatic gear change [*oder* Ⓤ︎Ⓢ︎Ⓐ︎ shift]

der **Automatikwagen** automatic

**automatisch** automatic

**automatisieren** to automate

das **Automobil** car

die **Automobilausstellung** motor-show

die **Automobilbranche** car industry

der **Automobilist**, die **Automobilistin** Ⓒ︎Ⓗ︎ driver

**autonom** autonomous [ɔːˈtɒnəməs]

die **Autonomie** autonomy

die **Autopsie** (*Leichenuntersuchung*) post-mortem, autopsy

der **Autor**, die **Autorin** author [ˈɔːθəʳ]

das **Autoradio** car radio

der **Autoreifen** car tyre [*oder* Ⓤ︎Ⓢ︎Ⓐ︎ tire) [taɪəʳ]

das **Autorennen** car race

die **Autorin** author [ˈɔːθᵊrɪn]

**autorisieren** authorize [ˈɔːθᵊraɪz]

**autoritär** authoritarian [ˌɔːθɒrɪˈteəriən]

die **Autorität** authority [ɔːˈθɒrəti]

der **Autoschalter** *einer Bank:* drive-in counter

der **Autoverleih**, die **Autovermietung** car hire [*oder* rental] firm

das **Autozubehör** car accessories ⚠ *plural*

**avisieren** to announce

die **Axt** axe Ⓖ︎Ⓑ︎, ax Ⓤ︎Ⓢ︎Ⓐ︎

die **Azoren** the Azores [əˈzɔːz]

der **Azubi** *kurz für* **Auszubildende** trainee

die **Azubine** (*umgangsspr*) [female] trainee

# B

**B, b** ❶ B, b [biː] ❷ (*in der Musik*) B flat

das **Baby** [ˈbeːbi] baby; **meine Frau bekommt ein Baby** my wife is expecting [*oder* going to have] a baby

die **Babyausstattung** baby gear

die **Babyklappe** *hatch or container in which unwanted babies can be left anonymously*

die **Babynahrung** baby food

die **Babypause** (*umgangsspr*) parental leave ⚠ *kein Plural*

die **Babyschuhe** bootees [ˌbuːˈtiːz] *plural*

**babysitten** [ˈbeːbɪzɪtn̩] to babysit

der **Babysitter**, die **Babysitterin** babysitter

der **Bach** brook ▸ WENDUNGEN: **den Bach runter gehen** to go down the tubes; **mit der Firma geht's den Bach runter** (*umgangsspr*) the company is going down the tubes

das **Backblech** baking tray

das **Backbord** (*am Schiff*) port [side]

die **Backe** cheek

**backen** to bake

der **Backenbart** sideburns △ *plural*

der **Backenknochen** cheek bone

der **Backenzahn** molar

der **Bäcker**, die **Bäckerin** baker

die **Bäckerei** bakery

der **Backfisch** fried fish

die **Backform** baking tin

der **Backofen** oven

die **Backpflaume** prune

das **Backpulver** baking powder

der **Backslash** ['bɛkslɛʃ] backslash

das **Bad** ❶ (*in der Wanne*) bath; [sich] **ein Bad einlaufen lassen** to run a bath; **ein Bad nehmen** to have a bath ❷ (*Badezimmer*) bathroom ❸ (*Badeort*) spa

der **Badeanzug** swimsuit ['swɪmsuːt]

die **Badehose** trunks △ *plural*

die **Badekappe** bathing cap

der **Bademantel** beach robe; (*Morgenmantel*) bathrobe

der **Bademeister**, die **Bademeisterin** pool attendant

**baden** ❶ (*in der Wanne*) [warm/kalt] **baden** to have a [hot/cold] bath; **hast du schon gebadet?** have you had your bath yet? ❷ (*im Meer oder Schwimmbad*) to have a swim; **baden gehen** to go swimming, to go for a swim ❸ **jemanden baden** to bathe someone

der **Badeort** ❶ (*Heilbad*) spa ❷ (*Seebad*) resort

der **Badestrand** bathing beach

das **Badetuch** bath towel

die **Badewanne** bathtub

das **Badezimmer** bathroom

**baff** (*umgangsspr*) flabbergasted; **da war ich erst mal baff** I was gobsmacked

die **Bagatelle** trifle ['traɪfl]

der **Bagel** bagel ['beɪɡəl]

der **Bagger** excavator

**baggern** ❶ to excavate *Graben* ❷ (*umgangsspr: arbeiten*) to slog ❸ (*slang: flirten*) to pull

die **Bahamas** Bahamas

die **Bahn** ❶ (*Eisenbahn*) railway ⒼⒷ, railroad ⓊⓈⒶ; **mit der Bahn fahren/reisen** to go/travel by train ❷ (*Weg, Kurs*) path, track ❸ *eines Satelliten:* orbit; *eines Kometen:* path

❹ (*Tapetenbahn*) length ▸ WENDUNGEN: **auf die schiefe Bahn kommen** [*oder* geraten] to get on the wrong track, to go astray

**bahnbrechend** pioneering [ˌpaɪəˈnɪəˈɪŋ]

**bahnen** etwas/jemandem **einen Weg bahnen** to clear the way for something/someone

die **Bahnfahrt** train journey

der **Bahnhof** ❶ railway station ⒼⒷ, railroad station ⓊⓈⒶ ❷ (*übertragen*) **ich versteh [immer] nur Bahnhof** (*umgangsspr*) it's as clear as mud

die **Bahnhofsgaststätte** station buffet

die **Bahnhofshalle** concourse

die **Bahnpolizei** transport police

der **Bahnsteig** platform

der **Bahnübergang** level crossing ⒼⒷ, grade crossing ⓊⓈⒶ

die **Bahnverbindung** train connection

die **Bahre** stretcher; (*Totenbahre*) bier [bɪəˈ]

die **Bai** bay

die **Baisse** slump

die **Bakterien** bacteria *plural*

die **Balance** [baˈlãːsə] balance

**balancieren** [balãˈsiːrən] to balance ['bæləns]

**bald** ❶ (*gleich*) soon; **möglichst bald** as soon as possible; **bis bald!** see you soon! ❷ (*fast*) almost, nearly; **ich hab's bald geschafft!** I'm almost done!

**baldigst** as soon as possible; (*in der Geschäftssprache*) at your earliest convenience

der **Baldrian** (*Pflanze*) valerian

die **Balearen** Balearic [ˌbæliˈærɪk] Islands

der **Balkan** Balkans ['bɔːlkənz] *plural*

der **Balken** (*Holzbalken*) beam; (*Stützbalken*) prop

der **Balkenkode** bar code

der **Balkon** ❶ balcony ❷ (*im Theater*) dress circle ['sɜːkl]

der **Ball**¹ (*zum Spielen*) ball

der **Ball**² (*Tanz*) ball

der **Ballast** ❶ (*schwere Traglast*) ballast ❷ (*übertragen: Belastung*) burden

die **Ballaststoffe** roughage △ *kein Plural,* fibre ['faɪbəˈ] △ *kein Plural*

der **Ballen** (*Stoffballen*) bale

der **Ballermann** beach on the Spanish island of Majorca especially popular with German tourists on cheap package tours

das **Ballett** ballet

der **Balletttänzer**, die **Balletttänzerin** ballet dancer

der **Ballon** balloon

Das Englische **balloon** wird mit 2 ‚l' und 2 ‚o' geschrieben.

das **Ballungsgebiet**, der **Ballungsraum** conurbation [ˌkɒnɜːˈbeɪʃᵊn]
der **Balsam** balm [bɑːm]; **Balsam für die Seele sein** to be like balm for the soul
das **Baltikum** Baltic States
   **baltisch** Baltic
der **Bambus** bamboo
die **Bambussprossen** bamboo shoots
   **banal** trite; **banal klingen, sich banal anhören** to sound banal [bəˈnɑːl]
die **Banane** banana
der **Banause** (*abwertend*) philistine [ˈfɪlɪstaɪn]
das **Band** ① (*Stoffband*) ribbon; (*Maßband*) tape ② (*Tonband*) tape ③ (*Fließband*) conveyor [kənˈveɪəʳ] belt ④ (*Verbindung*) bond, tie; **das Band** [*oder* **die Bande**] **der Freundschaft/der Liebe** the bonds of friendship/love ⑤ **am laufenden Band** (*umgangsspr*) continuously [kənˈtɪnjuəsli]
der **Band** (*Buch*) volume
die **Band** [bænt] (*Musikband*) band
die **Bandage** [banˈdaːʒə] bandage [ˈbændɪdʒ]
   **bandagieren** [bandaˈʒiːrən] to bandage
die **Bandbreite** (*übertragen*) range
die **Bande** (*Verbrecherbande*) gang
die **Banderole** tax seal
der **Bänderriss** torn ligament
   **bändigen** ① to tame *Tier* ② (*unter Kontrolle bringen*) to control *Kinder, Leidenschaft, Wut*
der **Bandit**, die **Banditin** bandit
das **Bandmaß** tape measure [ˈmeʒəʳ]
die **Bandscheibe** intervertebral disc
der **Bandscheibenvorfall** slipped disc
der **Bandwurm** tape-worm
die **Bank**¹ ① (*Sitz- oder Gartenbank*) bench ② (*Untiefe*) sandbank ▶ WENDUNGEN: **etwas auf die lange Bank schieben** to put something off
die **Bank**² (*Geldinstitut*) bank
der/die **Bankangestellte** bank employee
das **Bankett**¹ (*Festessen*) banquet
das **Bankett**² (*an Straßen*) verge 🇬🇧, shoulder 🇺🇸
der **Bankier** [baŋˈki̯eː] banker; **er ist Bankier** [**von Beruf**] he is a banker [by profession]
das **Bankkonto** bank account
die **Bankleitzahl** bank sorting code
der **Bankrott** bankruptcy [ˈbæŋkrʌpsi]; **Bankrott machen** to go bankrupt
   **bankrott** (*wirtschaftlich*) bankrupt; (*gesellschaftlich, moralisch, politisch*) discredited
die **Bankverbindung** bank details ⚠ *plural*
das **Banner** banner

**bar** ① (*Geld*) cash; **bar zahlen** to pay cash [down] ② (*völlig*) pure; **barer Unsinn** utter nonsense ▶ WENDUNGEN: **etwas für bare Münze nehmen** to take something at face value
der **Bär**, die **Bärin** bear
die **Baracke** shack
der **Barcode** bar code
die **Bardame** barmaid
der **Bärendreck** (*Lakritze*) liquorice [ˈlɪkᵊrɪʃ]
   **barfuß** barefoot[ed]
das **Bargeld** cash
   **bargeldlos** non-cash
die **Barkasse** launch [lɔːnʃ]
der **Barkauf** cash purchase
die **Barke** skiff
   **barmherzig** compassionate [kəmˈpæʃᵊnət]
die **Barmherzigkeit** compassion [kəmˈpæʃᵊn]
der **Barmixer**, die **Barmixerin** cocktail waiter *maskulin*, cocktail waitress *feminin*
das **Barock** baroque
   **barock** baroque
das **Barometer** barometer
der **Barren** ① (*Edelmetallbarren*) ingot ② (*im Sport*) parallel bars ⚠ *plural*
die **Barriere** [baˈri̯eːrə] ① (*Hindernis*) barrier [ˈbæriəʳ] ② (*Bahnschranke*) level crossing barrier
die **Barrikade** barricade
der **Barsch** (*Raubfisch*) perch
   **barsch** brusque [bruːsk]
der **Barscheck** open [*oder* uncrossed] cheque
der **Bart** beard [bɪəd]
die **Barzahlung** cash payment
der **Basar** bazaar [bəˈzɑːʳ]
die **Base** (*Chemie*) base
der **Baseball** [ˈbeɪsbɔːl] baseball
   **basieren auf etwas basieren** to be based on something
das **Basilikum** basil
die **Basis** ① (*militärischer Stützpunkt*) base ② (*übertragen: Grundlage*) basis
die **Basisdemokratie** grass-roots democracy
das **Baskenland** Basque region
die **Baskenmütze** beret [ˈbeɪreɪ]
der **Bass** bass [beɪs]
die **Bassgitarre** bass guitar
das **Bassin** pool
   **basteln** to do handicrafts; **ich bastele gern** I love doing handicrafts
der **Batist** cambric
die **Batterie** ① (*in der Technik*) battery ② (*beim Militär*) battery
   **batteriebetrieben** battery operated
das **Batterieladegerät** battery charger

der **Bau** ① (*das Bauen*) construction; **im Bau** under construction ② (*Bauart*) structure ③ (*Gebäude*) building ④ (*Baustelle*) building site; **ich arbeite auf dem Bau** (*umgangsspr*) I'm a construction worker ⑤ (*Kaninchenbau*) burrow

die **Bauarbeiten** construction work ⚠ *singular*

der **Bauarbeiter**, die **Bauarbeiterin** construction worker

der **Bauch** ① (*Körperteil*) stomach ['stʌmək], tummy *umgangsspr;* (*Dickbauch*) paunch [pɔːnʃ]; **einen Bauch haben** to have a potbelly *umgangsspr* ② (*übertragen: instinktiv*) [etwas] **aus dem Bauch heraus** [tun] [to do something] out of a gut feeling; **ich hab das einfach aus dem Bauch heraus getan** I just had a gut feeling

die **Bauchentscheidung** (*umgangsspr*) gut decision

die **Bauchfellentzündung** peritonitis [ˌperɪtə-'naɪtɪs]

das **Bauchgefühl** (*umgangsspr*) gut feeling

**bauchig** bulbous ['bʌlbəs]

der **Bauchnabel** navel

die **Bauchschmerzen** stomach ache ⚠ *singular*

die **Bauchspeicheldrüse** pancreas ['pæŋkriəs]

der **Bauchtanz** belly dance

**bauen** ① to build, to construct [kən'strʌkt] *Haus, Modellauto* ② **wir wollen bauen** we're going to build a house ▶ WENDUNGEN: **Mist bauen** (*umgangsspr*) to mess [something] up

der **Bauer** ① (*in der Landwirtschaft*) farmer ② (*Schachfigur*) pawn ③ (*Kartenfigur*) jack

die **Bäuerin** farmer; (*Frau des Bauern*) farmer's wife

**bäuerlich** rural

das **Bauernhaus** farmhouse

der **Bauernhof** farm

**baufällig** dilapidated

die **Baufirma** building contractor

das **Baugelände** building site

das **Baugerüst** scaffolding

die **Baugrube** excavation

der **Bauherr**, die **Bauherrin** client

das **Bauholz** timber, lumber ⓤ

der **Bauingenieur**, die **Bauingenieurin** civil engineer [ˌendʒɪ'nɪəʳ]

das **Baujahr** *eines Autos:* year of construction, model

der **Baukasten** building kit

das **Bauland** building land

der **Baum** tree

der **Baumarkt** DIY superstore

**baumeln** to dangle (**an** from); **mit den Bei-**

**nen baumeln** to dangle one's legs

die **Baumgrenze** tree line

die **Baumnuss** (*Walnuss*) walnut ['wɔːlnʌt]

die **Baumschule** nursery

der **Baumstamm** tree trunk

das **Baumsterben** dying [off] of trees

der **Baumstumpf** tree stump

die **Baumwolle** cotton

der **Bauplan** building plan

der **Bauplatz** site

der **Bausch** (*Wattebausch*) ball

der **Bauschutt** rubble

**bausparen** to save with a building society

die **Bausparkasse** building society ⓖⓑ, building and loan association ⓤ

der **Bausparvertrag** building society savings agreement ⓖⓑ, savings contract with a building and loan association ⓤ

der **Baustein** ① (*auch Spielzeug*) brick ② (*übertragen: Grundlage*) constituent [kən'stɪtjuənt]

die **Baustelle** (*Hausbaustelle*) building site; (*Straßenbaustelle*) roadworks ⚠ *plural* ⓖⓑ, construction work ⓤ

der **Bauunternehmer**, die **Bauunternehmerin** building contractor

das **Bauwerk** building

der **Bayer**, die **Bayerin** Bavarian

**bay(e)risch** Bavarian

**Bayern** Bavaria

**beabsichtigen** to intend

**beachten** ① (*Aufmerksamkeit schenken*) to pay attention to ② to observe *Vorschrift*

**beachtlich** considerable

die **Beachtung Beachtung finden** to receive attention; **jemandem/etwas keine Beachtung schenken** to take no notice of someone/something

der/die **Beamte**, die **Beamtin** civil servant

**beamtet** permanently appointed as a civil servant

**beängstigend** alarming

**beanspruchen** ① **ein Recht** [zu etwas] **beanspruchen** to claim a right [to something] ② [jemandes] **Aufmerksamkeit beanspruchen** to demand [someone's] attention ③ [viel] **Zeit beanspruchen** to take [a lot of] time; [wenig/viel] **Platz beanspruchen** to take up [little/a lot of] space ④ (*abnutzen*) **etwas stark beanspruchen** to use something heavily

**beanstanden** to complain about

**beantragen** ① (*um Erlaubnis bitten*) to apply for (**bei** to) ② (*vorschlagen*) to propose

**beantworten** to answer

**bearbeiten – beeinträchtigen** 652

**bearbeiten** ❶ (*arbeiten an*) to work on ❷ to edit *Buch* ❸ to cultivate *Land* ❹ to process *Daten, Datei* ❺ **einen Fall bearbeiten** to work on a case ❻ (*umgangsspr*) **jemanden bearbeiten** to work on someone

**beatmen** to give artificial respiration

**beaufsichtigen** to supervise

**beauftragen** ❶ **jemanden/eine Firma [mit etwas] beauftragen** to engage someone/a company [to do something] ❷ **jemanden beauftragen[, etwas zu tun]** to instruct someone [to do something]

der/die **Beauftragte** representative

**bebauen** ❶ to build on *Baugrundstück* ❷ to cultivate *Land*

das **Beben** earthquake

**beben** to tremble

**bebildern** to illustrate

der **Becher** cup; (*aus Glas*) tumbler; (*aus Ton*) mug; (*aus Plastik*) plastic cup

das **Becken** ❶ basin; (*Küchenbecken*) sink; (*Schwimmbecken*) pool ❷ (*Körperteil*) pelvis ❸ (*Musikinstrument*) cymbal

**bedacht** careful, cautious ['kɔ:ʃəs]; **wohl bedacht** well considered

**bedächtig** deliberate

**bedanken** sich [bei jemandem für etwas] **bedanken** to say thank-you [to someone for something], to thank someone [for something]

der **Bedarf** ❶ (*Bedürfnis*) need (**an** for); **bei Bedarf** when required; **je nach Bedarf** according to demand ❷ (*an Waren*) requirements ⚠ *immer plural*

**bedauerlich** unfortunate; *Zustand:* deplorable

**bedauerlicherweise** unfortunately, regrettably

**bedauern** **etwas bedauern** to regret something; **jemanden bedauern** to feel sorry for someone

**bedauernswert, bedauernswürdig** *Mensch:* pitiful

**bedeckt** *Himmel:* clouded, overcast

das **Bedenken** doubts [daʊts] ⚠ *plural;* **ohne Bedenken** without a doubt

**bedenken** to consider

**bedenkenlos** unhesitating

**bedenklich** *Lage:* alarming, serious ['sɪərɪəs]

**bedeuten** to mean; **was bedeutet dieses Wort?** what does this word mean?; **was hat das zu bedeuten?** what does this mean?

**bedeutend** ❶ (*gewichtig*) **ein bedeutender Mensch/eine bedeutende Entscheidung** an important person/an important decision ❷ (*groß*) **eine bedeutende Menge** a

considerable amount ❸ (*sehr, erheblich*) **bedeutend größer/kleiner sein** to be considerably larger/smaller

**bedeutsam** ❶ (*bedeutungsvoll*) meaningful ❷ (*wichtig*) important

die **Bedeutung** ❶ (*Wortsinn*) meaning ❷ (*Wichtigkeit*) importance; **von Bedeutung sein** to be important

**bedeutungslos** (*unwichtig*) insignificant

**bedienen** ❶ (*in einem Geschäft*) **jemanden bedienen** to attend to [*oder* serve] someone; **werden Sie schon bedient?** are you being served? ❷ (*in der Gastronomie*) **jemanden bedienen** to wait on someone ❸ **sich bedienen** to help oneself (**mit** to) ❹ (*beim Kartenspiel*) **eine Farbe bedienen** to follow suit ❺ **eine Maschine bedienen** to operate a machine; **das Telefon bedienen** to answer the telephone

die **Bedienerin** Ⓐ (*Putzfrau*) cleaning lady, cleaner

**bedienstet** (*angestellt*) **bedienstet sein** to be an employee

der/die **Bedienstete** (*im öffentlichen Dienst*) public employee; **seine Bediensteten** his servants

die **Bedienung** ❶ (*im Geschäft*) service; **die Bedienung ist hier ausgezeichnet** the service here is excellent ❷ (*Kellnerin*) waitress ❸ *von Geräten:* operation

die **Bedienungsanleitung** operating instructions ⚠ *plural*

**bedingt** partially ['pɑ:ʃəlɪ]

die **Bedingung** condition; **unter der Bedingung, dass du auch mithilfst** on condition that you help out as well; **unter keiner Bedingung** under no circumstances

**bedingungslos** unconditional

**bedrohen** to threaten ['θretən]

**bedrohlich** threatening

**bedrücken** **jemanden bedrücken** to depress someone, to get someone down

**bedrückt** depressed

der **Beduine**, die **Beduinin** Bedouin ['beduɪn]

das **Bedürfnis** need

**bedürftig** needy

**beeilen** **sich beeilen** to hurry up

**beeindrucken** to impress

**beeinflussen** **jemanden/eine Entscheidung beeinflussen** to influence someone/a decision; **jemanden beeinflussen** to persuade [pə'sweɪd] someone

**beeinträchtigen** **den Wert/den Absatz beeinträchtigen** to reduce the value/the sales; **den Spaß beeinträchtigen** to spoil the fun

**beenden** ❶ (*zu Ende führen*) to finish; **etwas vorzeitig beenden** to cut something short ❷ (*ein Ende setzen*) **einen Streit/ eine Beziehung beenden** to end a quarrel/ a relationship ❸ (*in der Informatik*) to exit, to quit

**beerdigen** to bury ['beri]

die **Beerdigung** ❶ (*Bestattung*) burial ['beriəl] ❷ (*Feier*) funeral

die **Beere** berry

das **Beet** bed

**befähigen** to enable

**befähigt** capable

**befahren** to drive on; **diese Straße ist viel befahren** this road is very busy

**befallen** ❶ *Krankheit, Fieber:* to attack, to strike ❷ **von etwas befallen sein** to be affected by something; **von Schädlingen befallen sein** to be infested with pests

**befangen** ❶ (*scheu*) bashful ❷ (*voreingenommen*) prejudiced

**befassen sich mit etwas befassen** to deal with something

der **Befehl** command, order; (*in der Informatik*) instruction, command

**befehlen** to order

**befestigen** ❶ to fix, to fasten (**an** to) ❷ (*mit Kleber*) to stick (**an** on/onto)

**befinden** ❶ (*sein*) **sich** [**an einem bestimmten Ort**] **befinden** to be [at a certain place] ❷ (*entscheiden*) **über etwas befinden** to decide about something

**beflissen** keen

**befolgen** ❶ **ein Beispiel/einen Ratschlag befolgen** to follow an example/a piece of advice ❷ **die Vorschriften befolgen** to comply with regulations

**befördern** ❶ (*transportieren*) to carry; **Waren befördern** to transport goods ❷ **jemanden befördern** to promote someone; **jemand wird befördert** someone is being promoted

die **Beförderung** ❶ (*Warentransport*) transport ❷ (*im Job*) promotion

**befragen** ❶ (*ausfragen*) to question ❷ (*eine Frage stellen*) to ask (**über/zu** about)

**befreien** to free (**von** from); (*freistellen*) to exempt (**von** from)

die **Befreiung** liberation; (*Erleichterung*) relief; (*Freistellung*) exemption

**befremdend** displeasing

**befreunden sich befreunden** to make friends (**mit** with)

**befreundet miteinander befreundet sein** to be friends

**befriedigen** to satisfy; **Ansprüche/Forderungen befriedigen** to meet expectations/ demands

**befriedigend** ❶ *Ergebnis:* satisfactory; *Gefühl:* satisfying; *Antwort:* adequate ['ædɪkwət]; *Lösung, Vorschlag:* acceptable ❷ *Schulzensur:* fair, satisfactory

**befristen** to restrict (**auf** to)

**befristet** restricted; **befristet sein** to be valid for a limited time; **ein befristetes Arbeitsverhältnis** a temporary ['temprərɪ] appointment

die **Befruchtungsklinik** fertility clinic

**befugt befugt sein, etwas zu tun** to be authorized to do something

der **Befund** (*Ergebnisse*) findings ⚠ *plural;* (*in der Medizin*) diagnosis [ˌdaɪəgˈnəʊsɪs]

**befürchten** to fear

**befürworten** to approve [əˈpruːv], to recommend, to support

der **Befürworter**, die **Befürworterin** supporter

**begabt** talented (**für** at); (*geistig, musisch*) gifted (**für** at)

die **Begabung** talent

**begeben sich begeben** (*aufbrechen nach*) to go [to], to set out [for]

**begegnen** to meet

die **Begegnung** meeting; (*im Sport*) encounter

**begehren** to desire

**begehrenswert** desirable

**begehrt** in demand; *Person:* popular

**begeistern** ❶ **jemanden begeistern** to fill someone with enthusiasm [ɪnˈθjuːziˈæzᵊm]; **ich bin begeistert!** I am over the moon! ❷ **sich** [**für etwas**] **begeistern** to be enthusiastic [about something]

**begeistert** enthusiastic [ɪnˌθjuːziˈæstɪk] (**von** about)

die **Begeisterung** enthusiasm [ɪnˈθjuːziˈæzᵊm]

die **Begier(de)** desire (**nach** for)

**begierig** eager; (*gierig*) greedy

der **Beginn** beginning; **bei Beginn** at the beginning

**beginnen** to begin, to start

Ⓖ Richtiges Konjugieren von **begin**: begin, began, begun — *Suzy began to dance; I have begun my homework.*

**beglaubigen** (*durch Gutachten*) to attest; **etwas beglaubigen lassen** to have something attested; **ein Schriftstück beglaubigen** to witness a document; **eine Kopie beglaubigen** to authenticate [ɔːˈθentɪkeɪt] a copy

**begleichen** (*bezahlen*) to settle

**begleiten – beheben**

**begleiten** (*auch übertragen*) to accompany
der **Begleiter**, die **Begleiterin** companion; (*musikalisch*) accompanist
das **Begleitinstrument** accompanying instrument
das **Begleitschreiben** covering ['kʌvərɪŋ] letter ⓰, cover ['kʌvəʳ] letter ⓤⓢⓐ
die **Begleitung** ❶ (*Gesellschaft*) company; **in Begleitung seiner Mitarbeiter** in the company of his employees ❷ (*Begleiter(in)*) companion; **in Begleitung ihres Mannes** accompanied by her husband ❸ (*musikalisch*) accompaniment [ə'kʌmpənimənt]
**beglückwünschen** to congratulate (**zu** on)
**begnadet** (*Künstler*) gifted
**begnadigen** to reprieve [rɪ'priːv]
**begnügen** ❶ **sich mit etwas begnügen** (*zufrieden sein*) to be satisfied with something ❷ **sich mit etwas begnügen** (*auskommen*) to make do with something
**begraben** ❶ **die Toten begraben** to bury ['berɪ] the dead ❷ (*übertragen*) **die Hoffnung begraben** to abandon all hope
das **Begräbnis** ❶ (*das Begraben*) burial ['berɪəl] ❷ (*Feier*) funeral
**begreifen** to understand; **begreifen, dass/wie etwas geschah** to realize that/how something happened
**begreiflich** understandable; **jemandem etwas begreiflich machen** to make something clear to someone
**begrenzen** ❶ (*räumlich*) to mark the boundary ['baʊndʳrɪ] of ❷ (*übertragen*) to restrict (**auf** to)
der **Begriff** ❶ (*Vorstellung*) idea; **sein Begriff von Freiheit/Liebe** his idea [*oder* notion] of freedom/love; **für meine Begriffe** in my opinion ❷ (*Ausdruck*) term; **was verstehst du unter dem Begriff ‚Gleichheit'?** what do you think the term 'equality' means? ❸ **schwer von Begriff sein** (*abwertend*) to be slow on the uptake; **im Begriff sein, etwas zu tun** to be about to do something
**begriffsstutzig** dense, slow
**begründen** ❶ (*Gründe geben*) **eine Entscheidung begründen** to give reasons for a decision ❷ to establish; to found *Firma, Verein*
**begründet** ❶ justified; **wohl begründet** well-founded; **nicht begründet** unfounded; **ein begründeter Vorwurf** a justified reproach ❷ (*bewiesen*) **eine begründete Tatsache** a proven fact
die **Begründung** reason; *einer Anklage, einer Behauptung:* grounds △ *plural*
**begrüßen** ❶ **jemanden begrüßen** to greet

[*oder* welcome] someone ❷ (*übertragen*) **eine Entscheidung begrüßen** to welcome a decision

**L** Im Englischen ist **hello** oder **hi** als Begrüßung für jede Tageszeit durchaus akzeptiert. Obwohl **hello** oder **hi** in sehr vielen Situationen verwendet wird, hat man auch die Möglichkeit, formeller zu sein. Vormittags kannst du **good morning**, nachmittags **good afternoon** und abends **good evening** sagen. Zum Abschied kann man außerdem **goodbye** bzw. **[bye-]bye** (= auf Wiedersehen) sagen; unter Freunden ist die Floskel **see you!** bzw. **see you soon!** (= bis bald!) durchaus üblich.

die **Begrüßung** welcome
**begünstigen** ❶ (*fördern*) to promote; to favour *Wachstum, Handel* ❷ **jemanden begünstigen** to favour someone ❸ (*im Rechtswesen*) to aid and abet
**begutachten** **etwas begutachten lassen** to get expert advice about something
**begütert** wealthy ['welθɪ]
**behäbig** ⓖⓑ ❶ (*reich*) rich, wealthy ❷ (*stattlich*) splendid, magnificent
das **Behagen** contentment
**behagen** to please; **das behagt mir aber gar nicht** I don't like it at all
**behaglich** ❶ (*gemütlich*) comfortable, cosy ❷ (*zufrieden*) contented
**behalten** ❶ (*aufbewahren*) to keep ❷ **etwas [im Gedächtnis/in Erinnerung] behalten** to remember something ❸ (*nicht loswerden*) **eine Narbe behalten** to be left with a scar ❹ (*übertragen*) **etwas für sich behalten** to keep something to oneself
der **Behälter** container
**behandeln** **eine Krankheit/einen Patienten behandeln** to treat an illness/a patient; **der behandelnde Arzt** the doctor in attendance; **ein Problem/ein Thema behandeln** to deal with a problem/a subject [*oder* topic]
die **Behandlung** treatment
**beharren** **auf seiner Meinung/seinem Standpunkt beharren** to insist on one's opinion/one's point of view [vjuː]
**beharrlich** insistent
**behaupten** ❶ (*aussagen*) to claim ❷ **seine Stellung behaupten** to maintain one's position; **seine Meinung behaupten** to assert one's opinion ❸ **sich behaupten** to assert oneself
die **Behauptung** claim; (*unbewiesen*) assertion
die **Behausung** dwelling
**beheben** ❶ **den Schaden beheben** to re-

pair the damage **2** Ⓒ**ʜ** **Geld beheben** to
withdraw money

der **Behelf** makeshift ['meɪkʃɪft]
**beherbergen** to house [haʊz], to accommo-
date *Gäste*
**beherrschen** **1** to control; to govern, to rule
*Volk;* **den Markt beherrschen** to dominate
the market **2** to master *Fremdsprache,
Instrument* **3** **sich beherrschen** to control
oneself
**beherzigen** to heed
**behilflich jemandem bei etwas behilflich
sein** to help someone with something
**behindern** to hinder (**bei** in)
**behindert** disabled
der/die **Behinderte** disabled person
die **Behinderung** **1** (*Störung*) hindrance **2** (*im
Sport oder Verkehr*) obstruction **3** (*Körper-
behinderung*) disability **4** (*Nachteil*) handi-
cap
die **Behörde** authority
**behutsam** careful, cautious ['kɔːʃəs]
**bei** **1** (*räumlich, örtlich*) at, near, with; **bei
mir/uns zu Hause** at home; **ich war bei
meinen Eltern** I was at my parents' [home];
**beim Bäcker/Friseur** at the baker's/the
hairdresser's **2** (*an der Person*) **hast du
Geld bei dir?** have you any money on you?
**3** (*an*) **jemanden bei der Hand fassen** to
take someone by the hand **4** (*zeitlich*) at,
during, on; **bei Tag/bei Nacht** by day/at
night **5** (*als Bedingung*) **bei zwanzig Grad
unter Null** when it's twenty degrees below
zero; **bei offenem Fenster schlafen** to
sleep with the window open; **bei Feuer/
Gefahr den Alarmknopf drücken** in case
of fire/an emergency press the alarm **6** (*als
Grund*) **bei ihrem Talent/seinem Ausse-
hen** with her talent/his looks
**beibehalten** to keep
**beibringen** **1** (*lehren*) **jemandem etwas
beibringen** to teach [tiːtʃ] someone some-
thing **2** (*mitteilen*) **jemandem etwas
[schonend] beibringen** to break the news
[gently] to someone **3** (*heranschaffen*)
**Dokumente/Informationen beibringen**
to furnish documents/information
die **Beichte** confession; **die Beichte ablegen** to
go to confession; **jemandem die Beichte
abnehmen** to hear someone's confession
**beichten** (*auch übertragen*) to confess; **ich
muss dir etwas beichten** I have to make a
confession
**beide** both, the two; **alle beide** both of them;
**keiner von beiden** neither of them; **beide**

**Male** both times
**beiderlei** both
**beiderseitig** **1** (*auf beiden Seiten*) on both
sides **2** (*gegenseitig*) bilateral
**beides** **1** both [of them]; **beides ist möglich**
both are possible **2** **ich mag beides nicht**
I don't like either [of them]
**beidseits** Ⓒ**ʜ** on both sides
**beieinander** together
der **Beifahrer**, die **Beifahrerin** **1** [front-seat] pas-
senger **2** (*auf einem Motorrad*) pillion
['pɪliən] rider
der **Beifahrersitz** passenger seat
der **Beifall** **1** (*Applaus*) applause [ə'plɔːz]; **Bei-
fall spenden** [*oder* **klatschen**] to applaud
[ə'plɔːd] **2** (*übertragen: Billigung*) approval;
**Beifall finden** to meet with approval
**beifügen** to enclose
die **Beigabe** addition
**beige** [beːʃ] beige [beɪʒ]
**beigeben** **1** (*hinzufügen*) to add; **dem
Gericht Salz beigeben** to add salt to the
dish **2** (*übertragen: aufgeben*) **klein beige-
ben** to give in
der **Beigeschmack** aftertaste
die **Beihilfe** **1** (*finanziell*) financial assistance
**2** (*vom Staat*) allowance, subsidy **3** **Bei-
hilfe zum Mord** accessory [ək'sesəri] to
murder
**beikommen jemandem/etwas beikom-
men** to sort out someone/something
das **Beil** axe; (*klein*) hatchet
die **Beilage** **1** (*in der Zeitung*) insert [ɪn'sɜːt]; (*in
einem Buch*) insertion **2** (*Essensbeilage*)
side-dish, side order
**beiläufig** casual ['kæʒjuəl]; **etwas beiläufig
erwähnen** to mention something in passing
**beilegen** **1** **einem Brief etwas beilegen** to
enclose something in a letter **2** (*schlichten*)
**einen Streit beilegen** to settle a dispute
[dɪ'spjuːt]
das **Beileid mein aufrichtiges Beileid** my heart-
felt condolences △ *plural*
**beiliegend** enclosed
das **Bein** leg; **jemandem ein Bein stellen** to trip
someone up; **die Beine übereinander-
schlagen** to cross one's legs ▶ WENDUNGEN:
**jemandem Beine machen** (*umgangsspr*)
to make someone get a◄move on; **etwas auf
die Beine stellen** (*umgangsspr*) to get
something going [*oder* moving]; **sich für
etwas ein Bein ausreißen** to go out of
one's way for something; **wieder auf den
Beinen sein** (*nach Krankheit*) to be back on
one's feet again

**beinahe – bekommen**

**beinahe** almost, nearly

der **Beinbruch** leg fracture ▶ WENDUNGEN: **das ist kein Beinbruch!** it could be worse!

**beinhalten** ❶ (*enthalten*) to contain ❷ (*besagen*) to express, to say

der **Beipackzettel** instruction leaflet

der **Beirat** advisory council

das/die **Beiried** Ⓐ beef

**beirren sich durch nichts beirren lassen** to not to let oneself be put off by anything

**beisammen** together ▶ WENDUNGEN: **[sie] nicht alle beisammen haben** (*umgangsspr*) to be not quite right in the head

das **Beisammensein** get-together

**beiseite** aside; **Spaß beiseite** seriously ['sɪərɪəsli], joking apart

**beiseitelegen etwas beiseitelegen** to put something aside [*oder* to the side]; to put down *Brille, Buch*

**beiseiteschaffen jemanden/etwas beiseiteschaffen** to get rid of someone/something

das **Beis(e)l** Ⓐ pub ⒼⒷ, bar ⓊⓈⒶ

**beisetzen** (*beerdigen*) to bury ['beri]

die **Beisetzung** funeral

das **Beispiel** ❶ example (**für** of); **zum Beispiel** for instance; **wie zum Beispiel** such as ❷ **sich ein Beispiel an jemandem nehmen** to take someone as an example; **mit gutem Beispiel vorangehen** to set a good example

**beispiellos** ❶ (*nie dagewesen*) unprecedented [ʌn'presɪdentɪd] ❷ (*unerhört*) outrageous [ˌaʊt'reɪdʒəs]

**beispielsweise** for example

**beißen** ❶ to bite (**in** into); **der Hund hat mir ins Bein gebissen** the dog's bitten my leg; **ich habe mir auf die Zunge gebissen** I bit my tongue [tʌŋ] ❷ **sich beißen** *Farben:* to clash

**beißend beißende Kälte** biting cold; **beißender Rauch/beißende Dämpfe** stinging smoke/fumes; **ein beißender Geschmack/Geruch** a pungent [*oder* sharp] taste/smell; **eine beißende Bemerkung** a cutting remark

**beistehen jemandem beistehen** to stand by someone

**beistellen** Ⓐ to make available

der **Beitrag** ❶ (*Geldsumme*) contribution [ˌkɒntrɪ'bjuːʃ⁹n]; (*Mitgliedsbeitrag*) [member's] fee; (*Versicherungsbeitrag*) premium ❷ (*Anteil*) contribution [ˌkɒntrɪ'bjuːʃ⁹n]; **einen Beitrag [zu etwas] leisten** to make a contribution [to something]

**beitragspflichtig** contributory [kən'trɪbjʊtəri]

der **Beitragssatz** rate of subscription

**beitreten** ❶ to join *Partei, Verein* ❷ to accede to *Vertrag*

der **Beitritt** entry (**zu** into); **den Beitritt zu etwas erklären** to become a member of something

das **Beitrittsgespräch** [EU] accession discussion

der **Beiwagen** *von Motorrad:* sidecar

**beizeiten** in good time

**beizen** to stain *Holz*

**bejahen** ❶ (*ja sagen*) to answer in the affirmative ❷ (*übertragen: gutheißen*) to approve of

**bekämpfen** to fight; **Schädlinge bekämpfen** to control pests

**bekannt** well-known (**für/wegen** for); **das ist mir bekannt** I know about that; **es ist [allgemein] bekannt, dass Rauchen krank macht** it is a well-known fact that smoking causes disease; **bekannt geben** to announce; **jemanden mit jemandem bekannt machen** to introduce someone to someone; **etwas bekannt machen** to announce something

der/die **Bekannte** acquaintance [ə'kweɪnt⁹ns]

**bekanntlich** as is [well] known

die **Bekanntschaft seine/ihre Bekanntschaft machen** to make his/her acquaintance; **eine nette Bekanntschaft machen** to meet a nice person; **mit etwas Bekanntschaft machen** to come into closer contact with something

**bekehren** to convert; **sich bekehren** to be converted (**zu** to)

**bekennen** to confess; **sich schuldig bekennen** to admit one's guilt

**bekifft** (*umgangsspr*) stoned, high

**beklagen** ❶ **einen Verlust beklagen** to lament someone's loss; **eine Entscheidung beklagen** to lament a decision ❷ **sich [über jemanden/etwas] beklagen** to complain [about someone/something]

**beklagenswert** pitiable ['pɪtɪəbl]

**bekleckern** ❶ **den Teppich bekleckern** to stain the carpet ❷ **ich habe mir das Hemd total bekleckert!** I've made a mess of my shirt!; **sie hat ihr T-Shirt mit Ketchup bekleckert** she's got [*oder* she's spilled] ketchup on her T-shirt

**bekleiden** ❶ (*anziehen*) to dress (**mit** in) ❷ (*übertragen: innehaben*) **eine Stellung bekleiden** to hold a post

die **Bekleidung** clothes [kləʊ(ð)z] ⚠ plural

**bekloppt** (*slang*) loony, loopy *slang*

**bekommen** ❶ (*erhalten*) **ein Geschenk/eine Nachricht bekommen** to get [*oder* re-

**656**

ceive [rɪ'siːv]] a present/message ❷ (*gut tun*) **jemandem gut bekommen** to do someone good; **wohl bekomm's!** your health!

**F** Nicht verwechseln mit *to become — werden!*

**bekömmlich** *Speisen:* digestible [daɪˌdʒestə'bl]
**bekritteln** (*umgangsspr*) to criticize ['krɪtɪsaɪz]
**bekritzeln** to scribble over
**bekümmert** worried ['wʌrid]
**beladen** ❶ (*voll machen*) **ein Auto/einen Einkaufswagen [mit etwas] beladen** to load a car/a trolley [with something] ❷ **ein [voll] beladenes Auto/ein [voll] beladener Einkaufswagen** a loaded car/trolley; **ein mit Schuld beladener Mensch** a person weighed [weɪd] down with guilt
der **Belag** ❶ (*Überzug*) coating ❷ (*Straßenbelag*) surface ❸ (*Zahnbelag*) plaque [plɑːk]
**belagern** to besiege [bɪ'siːdʒ], to lay siege to
**belämmert** (*slang: betreten*) sheepish
**belangen** (*rechtlich verfolgen*) **jemanden wegen Diebstahls belangen** to sue [*oder* prosecute] someone for theft
**belanglos** irrelevant, trivial
**belassen wollen wir es dabei belassen!** let's leave it at that!
**belasten** ❶ (*mit einem Gewicht*) to put weight on; **ein Fahrzeug belasten** to load a vehicle ['viːɪkl] ❷ (*übertragen: seelisch, geistig*) **jemanden [mit Verantwortung/Problemen] belasten** to burden someone [with responsibility/problems]; **diese Situation belastet mich** I'm finding the situation a real strain ❸ (*in der Rechtssprache*) **jemanden belasten** to incriminate someone ❹ **ein Konto belasten** to charge an account ❺ **sich belasten** (*in der Rechtssprache*) to incriminate oneself
**belästigen** ❶ (*lästig sein*) **etwas belästigt jemanden** something bothers someone, someone is bothered by something ❷ (*zudringlich werden*) **jemanden belästigen** to pester someone
die **Belästigung** ❶ (*Ärgernis*) annoyance ❷ (*Zudringlichkeit*) molesting; **sexuelle Belästigung** sexual harassment
die **Belastung** ❶ (*seelisch, geistig*) burdening; (*körperlich*) strain ❷ *eines Fahrzeugs:* load ❸ *eines Kontos:* charge
**belaufen sich belaufen auf** to amount to
**beleben** ❶ (*anregen*) to liven up *Unterhal-*

*tung,* to stimulate ❷ **sich beleben** to liven up; *Konjunktur:* to be stimulated
**belebend** invigorating
**belebt eine belebte Straße** a crowded [*oder* busy] street
der **Beleg** receipt [rɪ'siːt]
**belegen** ❶ (*nachweisen*) to verify ❷ (*reservieren*) to reserve
die **Belegschaft** staff
**belegt** ❶ *Leitung:* busy ['bɪzi]; *Sitz:* occupied ❷ **ein belegtes Brot mit Käse** a cheese sandwich ❸ *Stimme:* hoarse [hɔːs] ❹ *Zunge:* furred
**belehren** to instruct, to teach
**beleibt** corpulent ['kɔːpjʊlənt], stout [staʊt]
**beleidigen** to insult; *Verhalten:* to offend
die **Beleidigung** insult
**belesen** well-read
**beleuchten** ❶ (*erhellen*) to light [up]; (*festlich auch*) to illuminate ❷ (*übertragen*) to examine *Tatsachen*
die **Beleuchtung** ❶ (*Lichtanlage*) lights ⚠ plural ❷ (*übertragen: Untersuchung*) examination
**Belgien** Belgium ['beldʒəm]
der **Belgier**, die **Belgierin** Belgian ['beldʒən]
**belgisch** Belgian
die **Belichtung** (*Photografie*) exposure [ɪk'spəʊʒəʳ]
der **Belichtungsmesser** exposure meter
**belieben wie es Ihnen beliebt** as you wish
**beliebig** any; **jeder x-beliebige ...** any old ...
**beliebt** popular
die **Beliebtheit** popularity
**beliefern** to supply
**bellen** to bark
die **Belletristik** fiction and poetry
**belohnen** to reward
die **Belohnung** recompense, reward; **zur Belohnung** as a reward
die **Belüftung** (*Anlage*) ventilation
**belügen jemanden belügen** to lie to someone; **sich [selbst] belügen** to deceive [dɪ'siːv] oneself
**bemängeln etwas bemängeln** to find fault [fɔːlt] with something
**bemannt** *Rakete:* manned
**bemerkbar** noticeable ['nəʊtɪsəbl], perceptible
**bemerken** ❶ (*merken*) to notice ❷ (*sagen*) to remark; **nebenbei bemerkt** by the way
**bemerkenswert** remarkable
die **Bemerkung** comment, remark
**bemitleiden** to pity
**bemitleidenswert** pitiable, pitiful
**bemühen** ❶ **jemanden bemühen** to trou-

ble [oder bother] someone ② **sich bemü-
hen** to try; **er bemüht sich sehr** he's trying
hard; **sich um eine Stelle bemühen** to try
for a position; **sich um jemanden bemü-
hen** to try to help someone
die **Bemühung** effort, endeavour [ɪnˈdevəʳ]; **vie-
len Dank für Ihre Bemühungen** thank you
for your trouble
**bemuttern** to mother
**benachbart** neighbouring [ˈneɪbʳrɪŋ]
**benachrichtigen** to inform (**von** of)
die **Benachrichtigung** notification
**benachteiligen jemanden benachteiligen**
to discriminate against someone
die **Benachteiligung** (*Chancenungleichheit*) dis-
crimination
die **Benefizveranstaltung** charity event
das **Benehmen** behaviour [bɪˈheɪvjəʳ]
**benehmen sich benehmen** to behave
**beneiden jemanden um etwas beneiden**
to envy someone something
**beneidenswert** enviable
**benennen** to name
der **Bengel** (*umgangsspr*) rascal
**benommen** dazed [deɪzd]
**benötigen** to need, to require [rɪˈkwaɪəʳ]
**benutzen** to use
der **Benutzer**, die **Benutzerin** user
das **Benutzerhandbuch** user manual
das **Benutzerkonto** (*im Internet*) account
der **Benutzername** (*im Internet*) user name
die **Benutzeroberfläche** (*in der Informatik*) user
[*oder* system [ˈsɪstəm]] interface
die **Benutzung** use; **etwas in Benutzung haben**
to be using something
das **Benzin** petrol ⓖⓑ, gasoline ⓤⓢⓐ
der **Benzintank** fuel tank [ˈfjuːəl] ⓖⓑ, gasoline
tank ⓤⓢⓐ
der **Benzinverbrauch** fuel consumption
**beobachten** to observe, to watch
der **Beobachter**, die **Beobachterin** observer
die **Beobachtung** observation
**bequem** ① (*angenehm*) **ein bequemer
Stuhl** a comfortable [ˈkʌmftəbl] chair; **es
sich bequem machen** to make oneself
comfortable; **machen Sie es sich bequem**
do make yourself feel at home ② (*träge*) **ein
bequemer Mensch** an idle [ˈaɪdl] person
③ (*übertragen: leicht*) easy; **eine bequeme
Ausrede/eine bequeme Methode** a con-
venient excuse/method; **es bequem haben**
to have an easy time of it
die **Bequemlichkeit** ① (*Annehmlichkeit*) com-
fort [ˈkʌmfət] ② (*Faulheit*) idleness
[ˈaɪdlnəs]

**beraten** ① (*Rat geben*) **jemanden beraten**
to advise someone; **sich von jemandem/
einem Anwalt beraten lassen** to con-
sult someone/a lawyer ② (*beratschlagen*)
**etwas beraten** to discuss something ③ **sich
beraten** to discuss; **da müssen wir uns
erst einmal noch beraten** we'll have to dis-
cuss things first
**beratend** advisory
der **Berater**, die **Beraterin** adviser
die **Beratung** ① (*Konsultation*) consultation
② (*Besprechung*) discussion
**berauschend** intoxicating
**berechenbar** ① (*finanziell*) calculable
② (*übertragen: vorauszusehen*) predictable
**berechnen** ① (*auch übertragen*) to calculate
② (*in Rechnung stellen*) to charge
**berechnend** calculating
die **Berechnung** calculation
**berechtigen** to entitle
**berechtigt** legitimate [lɪˈdʒɪtəmət]; **zu etwas
berechtigt sein** to be entitled to something;
**berechtigt sein, etwas zu tun** to be enti-
tled to do something
der **Bereich** ① (*Gebiet*) area ② (*Sachgebiet*) field
[fiːld], area
**bereichern** ① (*übertragen: schöner machen*)
to enrich ② to increase *Wissen* ③ **sich an
etwas bereichern** to make a lot of money
out of something
die **Bereicherung** ① (*übertragen*) enrichment
② *von Wissen:* expansion ③ **unser
Gespräch war mir eine große Bereiche-
rung** I gained a lot from our conversation
**bereinigen** to clear up
**bereisen** to travel
**bereit** ready; (*bereitwillig*) prepared, willing
**bereiten** ① (*zubereiten*) to prepare ② (*verur-
sachen*) to cause [kɔːz]; [**jemandem**]
**Schwierigkeiten bereiten** to cause difficul-
ties [for someone]; **jemandem Ärger/Kum-
mer bereiten** to cause someone trouble/
grief; **es bereitet mir großes Vergnügen
[, etwas zu tun]** it gives me great pleasure
[to do something]
**bereithalten** to have ready [ˈredi]; (*übertra-
gen*) to have in store
**bereits** already [ɔːlˈredi]
die **Bereitschaft** readiness [ˈredɪnəs]
der **Bereitschaftsdienst** emergency service
**bereitstellen** to get ready; (*zur Lieferung*) to
provide, to supply
**bereitwillig** eager
**bereuen** to regret
der **Berg** ① mountain; (*Hügel*) hill ② (*übertra-

*gen: Haufen*) heap, pile; **ich hab einen Berg Wäsche** [**zu waschen**] I've got heaps of washing [to do] ▸ WENDUNGEN: **über alle Berge sein** to be long gone

**bergab** ① (*den Berg hinunter*) downhill; **Achtung, es geht bergab!** we're going downhill! ② (*übertragen*) **mit mir/der Firma geht's bergab** I am going/the company is going downhill

der **Bergarbeiter** miner

**bergauf** ① (*den Berg hoch*) uphill ② (*übertragen*) **es geht mit ihm bergauf** things are looking up for him

die **Bergbahn** mountain railway

der **Bergbau** mining

**bergen** ① (*retten*) **jemanden bergen** to rescue [*oder* save] someone ② **eine Leiche/einen Toten bergen** to recover [rɪ'kʌvəʳ] a body/a dead man; **ein Schiff/eine Ladung bergen** to salvage a ship/a cargo ③ (*beinhalten*) to involve; **Gefahr bergen** to hold danger; **Schätze** [**in sich**] **bergen** to promise treasures

der **Bergführer**, die **Bergführerin** mountain guide

der **Berggipfel** mountain top

die **Bergkette** mountain range

der **Bergkristall** rock crystal [krɪst³l]

das **Bergland** hilly region

der **Bergmann** miner

der **Bergrutsch** landslide

das **Bergsteigen** mountaineering

der **Bergsteiger**, die **Bergsteigerin** mountain climber, mountaineer

die **Bergung** ① (*Rettung*) rescue ['reskjuː], saving ② *einer Leiche:* recovery [rɪ'kʌvərɪ] ③ *von Schiff oder Ladung:* salvage

die **Bergwacht** mountain rescue service

die **Bergwand** mountain face

die **Bergwanderung** hike in the mountains

das **Bergwerk** mine

der **Bericht** report

**berichten** to report

die **Berichterstattung** reporting

**berichtigen** to correct

**Berlin** Berlin ['bɜʳlɪn]

der **Berliner**, die **Berlinerin** (*Mensch aus Berlin*) Berliner

der **Berliner** (*Gebäck*) doughnut ['dəʊnʌt]

der **Bernstein** amber

**berüchtigt** infamous [ɪnfəməs], notorious [nə'tɔːrɪəs]

**berücksichtigen** ① (*in Betracht ziehen*) to consider [kən'sɪdəʳ] ② (*bedenken*) to take into consideration

der **Beruf** ① (*Tätigkeit*) occupation; **was sind Sie**

**von Beruf?** what do you do for a living?; **ich bin von Beruf Ärztin** I'm a doctor by profession ② (*Handwerk*) trade; **ich bin Klempner von Beruf** I'm a plumber by trade

**berufen**[1] ① **jemanden zu etwas berufen** to appoint someone to something ② **sich auf etwas berufen** to refer to something

**berufen**[2] (*zuständig*) competent; **sich zu etwas berufen fühlen** to feel one has a mission to do something

**beruflich** professional [prə'feʃnəl]

die **Berufsausbildung** training

der **Berufsberater**, die **Berufsberaterin** careers adviser

die **Berufsberatung** careers guidance

**berufserfahren** professionally experienced [prə'feʃnəlɪ ɪk'spɪərɪənst]

die **Berufsfachschule** technical college

die **Berufskrankheit** occupational disease [dɪ'ziːz]

das **Berufsleben** professional life

der **Berufspendler**, die **Berufspendlerin** commuter

die **Berufsschule** vocational college; **sie besucht die technische Berufsschule** she goes to technical college

**berufstätig** working

der **Berufsverkehr** commuter traffic

die **Berufung** ① (*starke Neigung*) vocation; (*spirituell*) calling ② **in die Berufung gehen** (*im Rechtswesen*) to appeal

**beruhen** ① (*gründen*) **auf Tatsachen beruhen** to be founded [*oder* based] on facts ② **etwas auf sich beruhen lassen** to let something rest

**beruhigen** ① **jemanden beruhigen** to calm [kɑːm] someone [down]; **ich kann Sie** [**da**] **beruhigen!** I can reassure you! ② **sich beruhigen** to calm down; *Verkehr:* to subside [səb'saɪd]; **so beruhigen Sie sich doch!** do calm down!

das **Beruhigungsmittel** tranquillizer ['træŋkwɪlaɪzəʳ]

**berühmt** famous ['feɪməs]

die **Berühmtheit** celebrity

**berühren** ① (*anfassen*) to touch [tʌtʃ]; **bitte nicht berühren!** don't touch! ② (*übertragen: nahe*) to move; **deine Anteilnahme berührt mich sehr** I am very touched by your compassion

**besagen** to say; **das besagt noch gar nichts** it doesn't mean anything

**besagt** said, aforementioned [ə'fɔːmenʃ³nd]; **es geschah an besagtem Tag** it happened

**besaitet – Beschreibung** 660

that very day
**besaitet zart besaitet sein** to be highly sensitive
**besammeln** Ⓒ❶ to assemble, to gather ❷ **sich besammeln** to assemble
die **Besammlung** Ⓒ assembly [ə'sembli]
**besänftigen** to calm down, to soothe
die **Besatzung** ❶ (*Mannschaft*) crew ❷ (*Verteidigungstruppe*) garrison; (*Besatzungsarmee*) occupying forces △ *plural*
**besaufen sich besaufen** (*slang*) to get plastered
**beschädigen** to damage ['dæmɪdʒ]
die **Beschädigung** damage (**von** to)
**beschaffen** to get hold of; to obtain *Genehmigung*
der **Beschaffungswert** acquisition [ˌækwɪ'zɪʃ⁽ə⁾n] value
**beschäftigen** ❶ **sich beschäftigen mit** to be busy with *Aktivität;* to play with *Kinder;* to deal with *Thema* ❷ **jemanden beschäftigen** to employ someone ❸ (*im Sinne sein*) **jemanden sehr beschäftigen** to weigh [weɪ] heavily on someone's mind
**beschäftigt** busy, occupied; **viel beschäftigt** very busy; **ich bin ein viel beschäftigter Mann** I'm a very busy man
der/die **Beschäftigte** employee
die **Beschäftigung** ❶ (*Tätigkeit*) occupation ❷ (*Beruf*) job, employment
**beschämt** embarrassed
**beschatten** (*übertragen: überwachen*) **jemanden beschatten** to shadow someone; **jemanden beschatten lassen** to have someone followed; **ich werde beschattet!** I am being followed!
**beschaulich** ❶ (*geruhsam*) **ein beschauliches Leben/ein beschaulicher Abend** a quiet [*oder* tranquil] life/evening ❷ (*in sich gekehrt*) **ein beschaulicher Mensch/Charakter** a contemplative [kən'templətɪv] person/character
der **Bescheid** ❶ (*Antwort*) answer ['ɑːnsər], reply; (*Auskunft*) information; **jemandem über etwas Bescheid geben** to let someone know about something ❷ (*Entscheidung*) decision
**bescheiden** ❶ (*genügsam*) modest ❷ (*mittelmäßig*) mediocre [ˌmiːdi'əʊkər]
**bescheinigen** to certify; **den Empfang eines Schreibens bescheinigen** to acknowledge [ək'nɒlɪdʒ] receipt [rɪ'siːt] of a letter; **hiermit wird bescheinigt, dass ...** this is to certify that ...; **können Sie mir das bescheinigen?** can you confirm that in writ-

ing?
die **Bescheinigung** certificate; (*Quittung*) receipt [rɪ'siːt]
**bescheißen** (*slang*) **jemanden um etwas bescheißen** to do someone out of something *umgangsspr*
**beschenken jemanden beschenken** to give someone presents; **sich gegenseitig beschenken** to give each other presents
die **Bescherung** ❶ (*zu Weihnachten*) distribution of Christmas presents; **wir machen die Bescherung an Heiligabend** we open our presents on Christmas Eve ❷ (*ironisch*) [**das ist ja**] **eine schöne Bescherung!** this is a nice mess!; **da haben wir die Bescherung!** what did I tell you!
**bescheuert** (*slang*) dumb [dʌm]
**beschichtet** coated
**beschimpfen** to abuse [ə'bjuːz], to swear [sweər] at
**beschissen** (*slang*) shitty *slang;* **es geht mir beschissen** I feel rotten
der **Beschlag** ❶ (*an Tür*) mounting ❷ (*übertragen: in Anspruch nehmen*) **etwas mit Beschlag belegen** to monopolize something; **jemanden in Beschlag nehmen** to monopolize someone
**beschlagen** *Brille, Scheibe:* steamed up
**beschlagnahmen** ❶ (*im Rechtswesen*) to confiscate ❷ (*übertragen: in Anspruch nehmen*) **jemanden/etwas beschlagnahmen** to monopolize someone/something
**beschleunigen** to accelerate [ək'seləreɪt], to speed [up]
die **Beschleunigung** acceleration [ək'seləreɪʃ⁽ə⁾n], speeding up
**beschließen** ❶ to pass *Gesetz;* to decide on *Resolution* ❷ (*beenden*) to conclude *Sitzung, Veranstaltung*
der **Beschluss** decision, resolution
**beschmutzen** ❶ (*auch übertragen*) to dirty [dɜːti], to soil ❷ **sich beschmutzen** to get oneself dirty
die **Beschneidung** ❶ (*medizinisch*) circumcision ❷ (*übertragen: Einschränkung*) curtailment
**beschönigen** to gloss over
**beschränken** ❶ to limit, to restrict (**auf** to) ❷ **sich [auf etwas] beschränken** to confine oneself [to something]
**beschränkt** ❶ (*eingeschränkt*) limited, restricted ❷ (*geistig*) limited, narrow
die **Beschränkung** limitation, restriction
**beschreiben** (*schildern*) to describe
die **Beschreibung** description; (*Anleitung*) in-

structions ⚠ *plural*

**beschriften** to write [raɪt] on; (*etikettieren*) to label

**beschuldigen** **jemanden [einer Sache] beschuldigen** to accuse [ə'kjuːz] someone [of something]; (*rechtlich, gerichtlich*) **jemanden [einer Straftat] beschuldigen** to charge someone [with an offence]

die **Beschuldigung** accusation; (*rechtlich, gerichtlich*) charge

**beschützen** to protect, shelter (**vor** from)

der **Beschützer** protector

die **Beschützerin** protectress

die **Beschwerde** ① **Beschwerden** (*körperlich*) aches [eɪks] and pains, trouble ['trʌbl] ⚠ *singular* (**mit** with) ② (*Klage*) complaint [kəm'pleɪnt]; **eine Beschwerde einlegen** to lodge a complaint

**beschweren** **sich [über jemanden/etwas] beschweren** to complain [about someone/something]

**beschwerlich** arduous ['ɑːdjuəs]

**beschwichtigen** to appease, to calm

**beschwingt** ① (*lebhaft, munter*) lively, sprightly ② (*rasch, schnell*) swift

**beschwipst** (*umgangsspr*) tipsy

**beschwören** ① (*anflehen*) **jemanden beschwören** to beseech [*oder* implore] someone ② **eine Aussage beschwören** to make a statement under oath

**beseitigen** ① (*entfernen*) **etwas beseitigen** to get rid of [*oder* remove] something ② (*töten*) **jemanden beseitigen [lassen]** to do away with someone

der **Besen** broom

der **Besenstiel** broom-stick

**besessen** obsessed (**von** with)

**besetzen** ① (*einnehmen*) to occupy, to take; **ein Haus besetzen** to squat [skwɒt] [in a house] ② to fill *Stelle;* to cast *Rolle*

**besetzt** ① *Sitzplatz:* taken; **ist dieser Platz besetzt?** is this seat taken? ② *Toilette:* occupied ③ *Telefonleitung:* engaged (GB), busy (USA)

das **Besetztzeichen** engaged tone (GB), busy tone (USA)

**besichtigen** to have a look at; to visit *Stadt*

die **Besichtigung** visit [to]; *von Sehenswürdigkeiten:* sight-seeing tour

**besiedelt** populated

die **Besied(e)lung** settlement

**besinnen** **sich besinnen** (*nachdenken*) to think, to reflect

**besinnlich** contemplative [kən'templətɪv]

die **Besinnung** ① (*Bewusstsein*) consciousness ['kɒnʃəsnəs]; **die Besinnung verlieren** to lose consciousness; **wieder zur Besinnung kommen** to regain consciousness ② (*Reflexion*) reflection, contemplation ③ (*übertragen*) **die Besinnung verlieren** to lose one's senses; **wieder zur Besinnung kommen** to come to one's senses

**besinnungslos** unconscious [ʌn'kɒnʃəs]

der **Besitz** ① (*Eigentum*) possession [pə'zeʃᵊn]; **etwas in Besitz nehmen** take possession of something ② (*Grundbesitz*) property, [real] estate

**besitzanzeigend** (*in der Grammatik*) possessive [pə'zesɪv]

**besitzen** (*haben*) to have; (*gehoben*) to own, to possess

der **Besitzer**, die **Besitzerin** owner, proprietor

**besitzergreifend** possessive [pə'zesɪv]

**besoffen** (*slang*) canned, pissed

**besondere(r, s)** special ['speʃəl]; (*außergewöhnlich*) exceptional [ɪk'sepʃᵊnᵊl]

die **Besonderheit** peculiarity [pɪˌkjuːli'ærəti]

**besonders** ① (*hauptsächlich*) especially [ɪ'speʃəlɪ], particularly; **die Show war sehr gut, besonders die Tänzer** the show was excellent, especially [*oder* in particular] the dancers ② (*sehr*) **besonders schön/groß** particularly beautiful/big; **sie hat besonders hart gearbeitet** she worked particularly hard ③ **nicht besonders lustig/gut** not very funny/good; **der Film war nicht besonders** the film was nothing special

**besonnen** level-headed, considered

**besorgen** ① (*beschaffen*) to get ② (*erledigen*) to see to

**besorgt** anxious ['æŋʃəs], worried ['wʌrid] (**wegen** about)

die **Besorgung** **Besorgungen machen** to do the shopping

**besprechen** ① **etwas besprechen** to discuss something, to talk something over ② (*rezensieren*) to review [rɪ'vjuː] *Buch, Film, Theaterstück*

die **Besprechung** ① (*Unterredung*) discussion ② (*Sitzung*) conference

**besser** better; **umso besser!** so much the better!

**bessern** **sich bessern** *Zustand:* to get better, to improve [ɪm'pruːv]; *Person:* to mend one's ways; **sie hat sich nicht gebessert** she hasn't changed

die **Besserung** improvement [ɪm'pruːvmənt]; **[ich wünsche dir] gute Besserung!** [I hope you] get well soon!

der **Besserwisser**, die **Besserwisserin** (*abwertend*) know-all, know-it-all (USA)

**Bestand – besuchen**

der **Bestand** ❶ (*Fortdauer*) continued existence; **von Bestand sein** to be permanent ❷ (*Lagerbestand*) stock (**an** of)

**beständig** ❶ (*ständig*) constant ['kɒnstənt], continual [kən'trɪnjuəl] ❷ (*gleich bleibend*) constant; *Wetter:* settled ❸ (*dauerhaft*) resistant (**gegen** to)

die **Bestandsaufnahme** (*auch übertragen*) stock-taking

der **Bestandteil** ❶ *eines Ganzen:* component [kəm'pəʊnənt], part ❷ (*übertragen: etwas Dazugehöriges*) integral part

**bestärken** to confirm [kən'fɜ:m]

**bestätigen** ❶ to confirm *Buchung, Flug, Antwort;* **den Empfang bestätigen** to acknowledge [ək'nɒlɪdʒ] receipt ❷ **sich bestätigen** *Verdacht:* to prove true

die **Bestätigung** ❶ confirmation ❷ (*Empfangsbestätigung*) acknowledg[e]ment [ək'nɒlɪdʒmənt] of receipt

**bestatten** to bury ['beri]

die **Bestattung** burial ['beriəl]

das **Bestattungsinstitut** undertaker's ⒼⒷ, mortician's [mɔː'tɪʃᵊnz] ⓊⓈⒶ

**beste(r, s)** best; **besten Dank!** many thanks!; **der erste Beste** the first that comes along

**bestechen** to bribe, to corrupt; **sich bestechen lassen** to take bribes

**bestechlich** bribable, corruptible

die **Bestechung** bribery, corruption

das **Besteck** cutlery, flatware ⓊⓈⒶ

**bestehen** ❶ (*existieren*) **es besteht der Verdacht/die Gefahr, dass ...** there's the suspicion/a risk that ...; **es besteht kein Zweifel, dass ...** there's no doubt that ...; **der Unterschied besteht darin, dass ...** the difference is, that ...; **bestehen bleiben** to remain [rɪ'meɪn] ❷ (*zusammengesetzt sein*) **aus etwas bestehen** to consist of something ❸ (*erfolgreich beenden*) **eine Prüfung bestehen** to pass a test; **einen Kampf bestehen** to win a fight [faɪt] ❹ (*fordern*) **bestehen auf** to insist on

**besteigen** ❶ **einen Berg besteigen** to climb a mountain ❷ **ein Pferd besteigen** to mount a horse

**bestellen** ❶ **Waren bestellen** to order goods ❷ (*ausrichten*) [jemandem] **etwas bestellen** to leave a message [for someone] ❸ (*eine Verabredung treffen*) **jemanden für zehn Uhr bestellen** to make an appointment for someone for ten o'clock; **ich bin für zehn Uhr bestellt** I have an appointment for ten o'clock

die **Bestellnummer** order number

die **Bestellung** (*Auftrag*) order

**bestenfalls** at best

**bestens** very well

die **Bestie** ❶ (*Tier*) beast ❷ (*Mensch*) brute

**bestimmen** ❶ to determine; **eine Zeit/einen Ort bestimmen** to fix [*oder* set] a time/a place ❷ to fix *Preis, Termin* ❸ **über etwas bestimmen** to decide on something ❹ (*prägen*) to characterize ['kærəktᵊraɪz]

**bestimmt** ❶ (*festgelegt*) fixed, set ❷ (*gewiss*) **eine [ganz] bestimmte Art** a certain way [*oder* manner] ❸ (*entschieden*) *Stimme:* firm ❹ (*klar, deutlich*) *Anweisungen:* precise ❺ (*sicher*) certainly, definitely; **ich komme ganz bestimmt** I'm definitely coming; **ich weiß bestimmt, dass ...** I know for certain that ... ❻ (*wahrscheinlich*) **ganz bestimmt kommt er noch** he's bound [baʊnd] to come; **das ist bestimmt für dich!** (*bei Anruf oder Besuch*) it's bound to be for you!; **bestimmt hat sie mein Buch vergessen** she's probably [*oder* bound to have] forgotten my book ❼ **der bestimmte Artikel** the definite article

die **Bestimmung** ❶ (*Vorschrift*) regulation ❷ (*Schicksal*) destiny ['destɪni]

**bestmöglich** best possible

die **Bestnote** **Bestnoten bekommen/vergeben** to get/give top marks

**bestrafen** to punish (**für/wegen** for)

die **Bestrafung** punishment

die **Bestrahlung** radiotherapy

das **Bestreben** effort, endeavour [ɪn'devəʳ]

**bestrebt** **bestrebt sein, etwas zu tun** to endeavour [ɪn'devəʳ] to do something

**bestreiken** **dieser Betrieb wird bestreikt** this factory is on strike

**bestreiten** ❶ (*anfechten*) to contest [kən'test]; to dispute [dɪ'spjuːt] *Entscheidung, Urteil* ❷ (*leugnen*) to deny [dɪ'naɪ]

der **Bestseller** ['bestzelɐ] bestseller

**bestsituiert** Ⓐ (*gut situiert*) well-off

**bestürmen** *mit Fragen:* to bombard

**bestürzt** dismayed (**über** at)

der **Besuch** ❶ visit; **ist das dein erster Besuch in Stuttgart?** is this your first trip to Stuttgart? ❷ (*Teilnahme*) attendance (**bei** at) ❸ **Besuch haben** to have visitors ⚠ *plural* ❹ **bei jemandem zu Besuch sein** to be visiting [*oder* staying with] someone; **meine Tante kommt zu Besuch** my aunt is coming to see me/us

**besuchen** ❶ to visit ❷ (*kurz*) **jemanden besuchen** to go and see someone, to call on someone ❸ (*teilnehmen*) to attend [ə'tend]

*Kurs;* to go to *Schule, Konzert*
der **Besucher,** die **Besucherin** visitor
die **Besucherzahl** attendance
die **Besuchszeit** visiting time
**betagt** aged ['eɪdʒɪd]
**betätigen** ❶ to operate *Maschine* ❷ **sich betätigen** to busy ['bɪzi] oneself
**betäuben** ❶ (*narkotisieren*) to anaesthetize [ə'niːsθətaɪz] ❷ (*benommen machen*) to stun
das **Betäubungsmittel** anaesthetic [ˌænəs'θetɪk]
die **Bete Rote Bete** beetroot
**beteilen** Ⓐ, Ⓒ (*beschenken*) to give presents ['prezənts] to *plural*
**beteiligen** ❶ **sich beteiligen** to participate, to take part (**an** in) ❷ **sich an den Kosten beteiligen** to contribute to the expenses ❸ **jemanden beteiligen** to give someone a share
**beteiligt an etwas beteiligt sein** to be involved in something
die **Beteiligung** ❶ (*an Wettbewerb*) participation (**an** in) ❷ (*an Wahlen*) turnout (**an** in) ❸ (*Anteil*) share (**an** in)
**beten** to pray, to say a prayer (**zu** to, **für** for)
**beteuern** to declare
der **Beton** [be'tɔŋ] concrete ['kɒnkriːt]
**betonen** ❶ to stress *Wort* ❷ (*nachdrücklich sagen*) to emphasize ['emfəsaɪz]
**betonieren** to concrete ['kɒnkriːt]
**betont** ❶ *Wort:* stressed, accented ❷ (*nachdrücklich*) emphatic [ɪm'fætɪk], pronounced
die **Betonung** ❶ *von Wort:* stress ❷ (*Nachdruck*) emphasis ['emfəsɪs]
der **Betracht nicht in Betracht kommen** to be out of the question; **in Betracht ziehen** to take into consideration; **etwas außer Betracht lassen** to disregard something
**betrachten** ❶ (*anschauen*) to look at ❷ (*ansehen als*) to consider, to regard
**beträchtlich** ❶ *Summe, Vorsprung:* considerable ❷ **beträchtlich höher/niedriger/mehr** considerably higher/lower/more
der **Betrag** amount, sum; **Betrag dankend erhalten** payment received [rɪ'siːvd] with thanks
das **Betragen** ❶ (*Verhalten*) behaviour [bɪ'heɪvjə'], behavior ⓊⓈⒶ ❷ (*Führung, auch im Zeugnis*) conduct ['kɒndʌkt]
**betragen** ❶ *Kosten, Rechnung:* to amount to ❷ **sich betragen** to behave [bɪ'heɪv]
der **Betreff** re:
**betreffen** (*angehen*) to concern, to relate to; **was das betrifft** as far as that goes
**betreffend** ❶ (*erwähnt*) concerned, in ques-

tion; **die betreffenden Personen** those [people] concerned ❷ (*gemeint*) referred to
**betreiben** ❶ (*ausüben*) to pursue [pə'sjuː] *Studien;* to carry on *Geschäft* ❷ (*vorantreiben*) to push ahead
die **Betreibung** Ⓒ collection [kə'lekʃən]
**betreten** ❶ (*hineingehen*) to enter; to go into *Raum* ❷ (*gehen auf*) to walk on [to] *Boden;* **Betreten verboten!** keep off!
**betreuen** to look after
der **Betrieb** ❶ (*Geschäft*) business, concern [kən'sɜːn]; **jemand ist im Betrieb/nicht im Betrieb** someone is at work/not at work ❷ (*Tätigkeit*) work; *einer Fabrik, Maschine:* operation ❸ **außer Betrieb** out of order ❹ (*Betriebsamkeit*) bustle ['bʌsl]; **in der Stadt war viel Betrieb** the town was very busy
die **Betriebsanleitung** operating instructions ⚠ *plural*
der **Betriebsarzt,** die **Betriebsärztin** company doctor
der **Betriebsausflug** firm's outing
die **Betriebsferien** annual holiday
das **Betriebskapital** working capital
das **Betriebsklima** working conditions ⚠ *plural*
die **Betriebskosten** ❶ *einer Maschine:* running costs *plural* ❷ *einer Firma:* overheads *plural*
die **Betriebsleitung** management
der **Betriebsrat** (*Institution*) works committee
der **Betriebsrat,** die **Betriebsrätin** (*Angehörige(r) des Betriebsrates*) works committee member
das **Betriebssystem** operating system
der **Betriebsunfall** industrial accident
die **Betriebswirtschaft** business management
**betrinken sich betrinken** to get drunk
**betroffen** ❶ (*bestürzt*) full of consternation (**von** by) ❷ (*in Mitleidenschaft gezogen*) affected (**von** by)
**betrüblich** deplorable
**betrübt** distressed; **tief betrübt** deeply distressed
der **Betrug** ❶ deceit [dɪ'siːt], deception ❷ (*Rechtssprache*) fraud [frɔːd]
**betrügen** ❶ (*beim Spiel*) to cheat, to deceive [dɪ'siːv] ❷ (*in einer Beziehung*) to be unfaithful to
der **Betrüger,** die **Betrügerin** ❶ (*beim Spiel*) cheat; **du Betrüger!** you're a cheat! ❷ (*geschäftlich*) swindler; (*Hochstapler*) con-man
**betrunken** drunk
das **Bett** ❶ bed ❷ (*Bettdecke*) quilt [kwɪlt]
der **Bettanzug** Ⓒ (*Bezug*) quilt-cover
der **Bettbezug** quilt-cover
die **Bettdecke** ❶ (*aus Wolle*) blanket ['blæŋkɪt]

**betteln – Bewerber**     **664**

❷ (*Steppdecke*) quilt
**betteln** to beg (**um** for)
die **Bettflasche** hot-water bottle
**bettlägerig** bed-ridden
das **Bettlaken** sheet
der **Bettler**, die **Bettlerin** beggar
das **Betttuch** sheet
der **Bettvorleger** bedside rug
die **Bettwäsche** bed linen
das **Bettzeug** bedding
**beugen** ❶ to bend; to bow *Kopf* ❷ to inflect;
to conjugate *Verb;* to decline *Substantiv,*
*Adjektiv* ❸ **sich [nach vorne/über etwas]**
**beugen** to bend [forward/over something]
❹ **sich [jemandem] beugen** to submit [to
someone]
die **Beule** ❶ (*am Kopf*) bump; (*Schwellung*)
swelling; (*aus Eiter*) boil ❷ (*im Blech*) dent
**beunruhigen** to worry; (*stärker*) to alarm
**beurkunden** to certify; [**sich**] **etwas beur-**
**kunden lassen** to have something certified
**beurlauben** to give leave; **jemanden für**
**eine Woche beurlauben** to give someone a
week off; **beurlaubt sein** to be on leave;
**sich beurlauben lassen** to take leave; **sich**
**für eine Woche beurlauben lassen** to take
a week off
**beurteilen** to judge (**nach** by)
die **Beurteilung** ❶ judg[e]ment ❷ *eines Buchs,*
*Films:* review
die **Beute** booty, loot, spoil
der **Beutel** bag
der **Beutelschneider**, die **Beutelschneiderin**
(*umgangsspr*) ❶ (*Taschendieb*) pickpocket
❷ (*Wucherer*) extortionist *abwertend*
**bevölkert** populated; **dicht bevölkert** dense-
ly populated
die **Bevölkerung** population
**bevölkerungsreich** populous
**bevollmächtigen jemanden zu etwas**
**bevollmächtigen** to authorize someone to
do something
der/die **Bevollmächtigte** authorized representative
**bevor** before; **ich gehe nicht, bevor du dich**
**entschuldigt hast** I'm not leaving until you
apologise
**bevormunden jemanden bevormunden** to
tell someone what he/she should be doing
**bevorstehen** ❶ *Schwierigkeiten:* to lie ahead
❷ *Gefahr, Unwetter:* to be imminent
**bevorstehend** forthcoming, approaching
**bevorzugen** to prefer; (*begünstigen*) to fa-
vour *Mitbewerber, Mitschüler*
**bewachen** to guard [gɑːd]
**bewaffnet** armed; **schwer bewaffnet** heavi-

ly armed
**bewahren** ❶ (*erhalten*) to keep ❷ (*beschüt-*
*zen*) to protect (**vor** from)
**bewähren** ❶ **sie hat sich als Lehrerin**
**bewährt** she's proved [pruːvd] to be a good
teacher ❷ *Gerät:* to prove [pruːv] worth-
while
**bewahrheiten sich bewahrheiten** to prove
[pruːv] well-founded; *Befürchtungen, Hoff-*
*nungen:* to be confirmed
**bewährt** *Methode:* tried and tested; *Mittel:*
proven ['pruːvn]
die **Bewährung** probation; **eine Strafe zur**
**Bewährung aussetzen** to impose a sus-
pended sentence
der **Bewährungshelfer**, die **Bewährungshelfe-**
**rin** probation officer
**bewaldet** wooded
**bewältigen** ❶ (*meistern*) to manage
❷ (*überwinden*) to get over
**bewandert** expert, knowledgeable ['nɒlɪdʒ-
əbl]; **auf einem Gebiet bewandert sein** to
be an expert in a subject [*oder* an area]
**bewässern** to irrigate
**bewegen** ❶ to move, to set in motion ❷ **je-**
**manden zu etwas bewegen** to induce
someone to do something ❸ **sich bewegen**
to move; (*sich Bewegung verschaffen*) to get
some exercise ❹ **es bewegt sich etwas**
things *plural* are starting to move [*oder* hap-
pen]
der **Beweggrund** motive
**beweglich** ❶ (*bewegbar*) movable ['muːv-
əbl], mobile ['məʊbaɪl] ❷ (*leicht manö-*
*vrierbar*) manoeuvrable [mə'nuːvᵊrəbᵊl]
❸ *Person, Tier:* agile ['ædʒaɪl] ❹ *Verstand:*
nimble
**bewegt** ❶ (*ergriffen*) moved; **tief bewegt**
deeply moved ❷ *Vergangenheit:* eventful
die **Bewegung** ❶ movement, motion ❷ (*körper-*
*lich*) exercise ❸ (*politisch*) movement
**bewegungslos** motionless
der **Beweis** ❶ proof (**für** of) ❷ (*Rechtssprache*)
evidence ['evɪdəns]; **den Beweis erbrin-**
**gen** to provide evidence (**für** of) ❸ (*Mathe-*
*matik*) demonstration
**beweisbar** provable ['pruːvəbl]
**beweisen** ❶ to prove [pruːv]; **jemandem**
**etwas beweisen** to prove something to
someone ❷ (*zeigen*) to show
das **Beweismaterial** evidence ['evɪdəns] △ *sin-*
*gular*
**bewerben sich [um etwas] bewerben** to
apply [for something]
der **Bewerber**, die **Bewerberin** applicant

**665**          Bewerbung – bieder

die **Bewerbung** application
das **Bewerbungsgespräch** [job] interview
das **Bewerbungsschreiben** letter of application
**bewerkstelligen** to manage; **ich werde es schon bewerkstelligen** I'll manage
**bewerten** ❶ to assess [ə'ses] *Aufsatz;* to judge *sportliche Leistung* ❷ (*schätzen auf*) to value; **etwas zu hoch/niedrig bewerten** to overvalue/undervalue something
die **Bewertung** ❶ *eines Aufsatzes:* assessment [ə'sesmənt]; *einer sportlichen Leistung:* judg[e]ment ❷ (*Schätzung*) valuation
**bewilligen** ❶ (*zugestehen*) to allow [ə'laʊ] ❷ to grant *Kredit*
**bewirken** to bring about, to cause
**bewohnbar** habitable
**bewohnen** to live in; **bewohnt sein** to be inhabited
der **Bewohner**, die **Bewohnerin** *eines Hauses:* occupant; *eines Gebiets:* inhabitant
**bewölken** es **bewölkt sich** it's clouding over
**bewölkt** cloudy
der **Bewunderer**, die **Bewunderin** admirer [əd'maɪərər]
**bewundern** to admire [əd'maɪər] (**wegen** for)
**bewundernswert, bewundernswürdig** admirable ['ædmərəbl]
die **Bewunderung** admiration [ˌædmə'reɪʃ°n]
**bewusst** ❶ (*überlegt*) conscious ['kɒnʃəs]; **jemandem etwas bewusst machen** to make someone aware of something ❷ (*absichtlich*) *Beleidigung:* deliberate [dɪ'lɪbᵊrət] ❸ (*mit Absicht*) deliberately [dɪ'lɪbᵊrətli]; **das hast du bewusst getan!** you did that deliberately [dɪ'lɪbᵊrətli]! [*oder* on purpose]
**bewusstlos** unconscious [ʌn'kɒnʃəs]; **bewusstlos werden** to lose consciousness ['kɒnʃəsnəs]
das **Bewusstsein** consciousness ['kɒnʃəsnəs]; **das Bewusstsein verlieren** to lose consciousness; **wieder zu Bewusstsein kommen** to regain consciousness
**bezahlen** to pay

Ⓖ Richtiges Konjugieren von **pay**: pay, paid, paid — *David paid $5 for the book; have you paid for the tickets?*

**bezahlt** sich **bezahlt machen** to pay off; **gut bezahlt** highly-paid
die **Bezahlung** pay
**bezaubern** to charm, to fascinate ['fæsɪneɪt]
**bezaubernd** charming, fascinating
**bezeichnen** ❶ (*beschreiben*) to describe ❷ (*benennen*) to call

**bezeichnend** characteristic (**für** of)
die **Bezeichnung** term
**beziehen** ❶ to cover *Sessel;* **die Betten beziehen** to change the beds ❷ to move into *Haus* ❸ (*bekommen*) to get; to obtain [əb'teɪn] *Gelder, Waren* ❹ **einen Standpunkt beziehen** to adopt a point of view ❺ **etwas auf sich beziehen** to take something personally ❻ **sich beziehen auf ...** to refer to ...
die **Beziehung** ❶ (*Verhältnis*) relationship; **die Beziehung zu meiner Mutter** the relationship with my mother ❷ **diplomatische Beziehungen/intime Beziehungen** diplomatic/intimate relations ❸ (*Verbindung*) connections; **er hat Beziehungen** he knows the right people ❹ **in jeder Beziehung** in every respect
**beziehungsweise** ❶ respectively; **zwei Briefmarken zu einem, beziehungsweise zwei Euro bitte** two stamps please — one for one euro, and one for two euros ❷ (*genauer gesagt*) or rather ❸ (*oder*) or
**beziffern** ❶ (*angeben*) to estimate ❷ **der Schaden beziffert sich auf 1000 Euro** the damage amounts to 1000 euros
der **Bezirk** district
das **Bezirksgericht** district court
die **Bezirksschule** Ⓒ secondary [*oder* Ⓤ high] school
das **Bezirksspital** Ⓒ district hospital
der **Bezug** ❶ (*Überzug*) cover ❷ (*finanziell*) **Bezüge** earnings ❸ **Bezug nehmen auf ...** to refer to ...
der **Bezüger**, die **Bezügerin** Ⓒ ❶ (*Abonnent*) subscriber ❷ (*von Rente*) drawer ❸ (*von Steuern*) collector
**bezüglich** regarding, with regard to
die **Bezugsperson** person to whom one relates
**bezwecken** ❶ (*beabsichtigen*) to aim at ❷ **das bezweckt gar nichts bei mir!** that cuts no ice with me at all!
**bezweifeln** to question, to doubt [daʊt]
der **BH** bra
die **BI** *Abkürzung von* **Bürgerinitiative** [citizens'] action group
die **Bibel** Bible ['baɪbl]
die **Bibelstelle** quotation from the Bible
der **Biber** beaver
die **Bibliografie**, die **Bibliographie** bibliography [ˌbɪbli'ɒgrəfi]
die **Bibliothek** library ['laɪbrᵊri]
der **Bibliothekar**, die **Bibliothekarin** librarian [laɪ'breəriən]
**bieder** ❶ (*rechtschaffen*) honest ❷ (*spießig*)

**biegen – Binnenhafen** 666

conventional
**biegen** ① [sich] biegen to bend ② um die Ecke biegen to turn the corner ③ gerade biegen to straighten ► WENDUNGEN: **das biegen wir schon wieder hin** we'll sort things out
**biegsam** ① *Material:* flexible ② *Körper:* supple
die **Biegung** bend
die **Biene** bee
der **Bienenhonig** natural honey
die **Bienenkönigin** queen bee
der **Bienenstock** beehive
die **Bienenwabe** honeycomb ['hʌnikəʊm]
das **Bienenwachs** beeswax
das **Bier** beer
die **Bierdose** beer can
der **Bierkasten** beer crate
das **Biest** ① (*Tier*) creature ② (*abwertend: Frau*) bitch *slang;* (*Mann*) bastard *slang*
**bieten** ① (*anbieten*) to offer; **hier ist was geboten!** this place rocks! *umgangsspr* ② (*bei Versteigerung*) to bid; **wer bietet mehr?** any more bids? ③ **das lasse ich mir nicht bieten!** I won't stand for that! ④ **so eine Gelegenheit bietet sich nicht wieder** an opportunity like that won't turn up again soon
der **Bikini** bikini
die **Bilanz** ① (*finanzielle Lage*) balance ② (*Abrechnung*) balance sheet ► WENDUNGEN: **die [erschreckende/traurige] Bilanz** the [shocking/sad] outcome; **Bilanz ziehen [aus seinem Leben]** to take stock [of one's life]
die **Bilanzsumme** balance-sheet total
das **Bild** picture; **sich von etwas ein Bild machen** to get an idea of something
**bilden** ① (*gestalten*) to form ② (*schaffen*) to create [kri:'eɪt] ③ to constitute ['kɒnstɪtju:t] *Bestandteil* ④ to form *Regierung* ⑤ (*geistig*) to educate ⑥ **sich bilden** (*wachsen*) to develop, to form; (*intellektuell*) to improve one's mind ⑦ **sich ein Urteil/eine Meinung bilden** to form a judgment/an opinion

 das englische ‚build' bedeutet ‚bauen'!

**bildend** ① **die bildenden Künste** the fine arts ② **eine allgemein bildende Schule** a school providing general education
das **Bilderbuch** picture book
der **Bilderrahmen** picture frame
der **Bildhauer**, die **Bildhauerin** sculptor *maskulin und feminin,* sculptress *feminin*
die **Bildhauerei** sculpture

**bildhübsch** [as] pretty as a picture
**bildlich** ① **bildlich gesprochen** figuratively ['fɪgjərətɪvli] speaking; **sich etwas bildlich vorstellen** to picture something in one's mind
die **Bildplatte** video disc
der **Bildschirm** screen
die **Bildschirmarbeit** on-screen work
das **Bildschirmgerät** visual display unit, VDU
der **Bildschirmschoner** screen saver
der **Bildschirmtext** viewdata
**bildschön** *Kunstwerk:* superb; *Mensch:* gorgeous ['gɔːdʒəs]
das **Bildtelefon** videophone
die **Bildung** ① (*geistig, schulisch*) education ② (*Formung*) formation
die **Bildungslücke** gap in someone's education
der **Bildungsurlaub** educational holiday
die **Bildverarbeitung** image processing
das **Billard** ['bɪljart] billiards △ *singular*
die **Billardkugel** billiard ball
der **Billardstock** billiard cue
das **Billet** [bɪl'jɛ(t)] ① (*für Bahn oder Theater*) ticket ② (*Brief*) letter
der **Billeteur,** die **Billeteuse** (*Schaffner*) conductor
das **Billett** ① Ⓐ note, letter card ② ⒸⒽ ticket
die **Billiarde** thousand trillion
**billig** cheap; *Ausrede:* feeble
**billigen** to approve [of] [ə'pruːv]
die **Billiglinie** low-cost airline
die **Billiglösung** cheap solution
die **Billion** trillion
der **Bimsstein** pumice ['pʌmɪs] stone
**binär** binary
die **Binde** ① bandage ② (*Damenbinde*) sanitary towel [*oder* 🇺🇸 napkin]
das **Bindegewebe** connective tissue
das **Bindeglied** link
die **Bindehaut** conjunctiva [ˌkɒndʒʌŋ'taɪvə]
die **Bindehautentzündung** conjunctivitis [kən-ˌdʒʌŋtɪ'vaɪtɪs]
**binden** ① to tie *Knoten, Schlips* ② to bind *Buch* ③ (*absorbieren*) to absorb ④ **jemanden an sich binden** to tie someone to oneself ⑤ **sich [an jemanden] binden** to commit oneself [to someone]
**bindend** binding
der **Bindestrich** hyphen
der **Bindfaden** piece of string
die **Bindung** ① relationship ② (*Skibindung*) binding
**binnen** within; **binnen kurzem** before long
das **Binnengewässer** inland water
der **Binnenhafen** inland port

**der Binnenhandel** domestic [dəˈmestɪk] trade
**der Binnenmarkt** home [*oder* domestic [dəˈmes-tɪk]] market; **der europäische Binnenmarkt** the EU single market
**das Binnenmeer** inland sea
**die Binnenschifffahrt** inland navigation
**der Bioabfall** organic waste [matter]
**der Biobauer**, **die Biobäuerin** organic farmer
**die Biochemie** biochemistry
**der Biochemiker**, **die Biochemikerin** biochemist
**biodynamisch** biodynamic
**die Biografie**, **die Biographie** biography [baɪˈɒɡrəfi]
**biografisch**, **biographisch** biographical [baɪəˈɡræfɪkəl]
**der Bioladen** whole-food shop
**der Biolandbau** organic farming
**der Biologe**, **die Biologin** biologist [baɪˈɒlədʒɪst]
**die Biologie** biology [baɪˈɒlədʒi]
**biologisch** biological [ˌbaɪəˈlɒdʒɪkəl]; **biologisch abbaubar** biodegradable
**die Biophysik** biophysics [ˌbaɪəˈfɪzɪks] ⚠ *singular*
**die Biotonne** dustbin for organic waste
**die Biowaffe** biological weapon
**BIP** *Abkürzung von* **Bruttoinlandsprodukt** GDP
**die Birke** birch
**Birma** Burma
**der Birmane**, **die Birmanin** Burmese
**birmanisch** Burmese
**der Birnbaum** pear [peəʳ] tree
**die Birne** ➊ (*Frucht*) pear [peəʳ] ➋ (*Glühbirne*) bulb ➌ (*umgangsspr: Kopf*) nut
**bis** ➊ (*räumlich*) to; **bis hierher** [to] here; **bis hierher und nicht weiter** this far and no further ➋ (*zeitlich*) till, until; (*spätestens*) by; **bis einschließlich 2. Oktober** up to and including 2. October ➌ **bis dann/bald/Montag!** see you then/soon/on Monday! ➍ **alle bis auf einen** all except for one ➎ **bis auf die Haut nass** soaked to the skin
**der Bisam** ➊ (*Moschusöl*) musk ➋ (*Pelz*) musquash
**die Bisamratte** muskrat
**der Bischof** bishop
**bischöflich** episcopal [ɪˈpɪskəpəl]
**der Bischofssitz** diocesan [daɪˈɒsɪsən] town
**bisexuell** bisexual [baɪˈsekʃʊəl]
**bisher** until now; **bisher noch nicht** not as yet
**bisherig** previous [ˈpriːviəs]
**Biskaya** Biscay; **der Golf von Biskaya** the Bay of Biscay
**das/der Biskuit** sponge [cake]

**bislang** until now; **bisher noch nicht** not as yet
**der Bison** bison
**der Biss** bite
**bisschen** ➊ **ein bisschen** a little bit; **kein bisschen** not a bit ➋ **ein bisschen Brot** a bit of [*oder* some] bread; **ein bisschen länger** a little longer; **ein bisschen mehr** a little bit more
**der Bissen** mouthful
**bissig** ➊ *Hund:* snappy ➋ *Bemerkung:* biting
**das Bistum** bishopric, diocese [ˈdaɪəsɪs]
**bisweilen** now and then
**das Bit** bit
**die Bitte** request; **ich habe eine Bitte an Sie** I have a favour to ask [of] you
**bitte** ➊ (*bittend, auffordernd*) please!; **gibst du mir bitte die Zeitung?** could you pass me the paper, [please]? ➋ **wie bitte?** sorry?, pardon? ➌ (*nach „danke"*) not at all, you're welcome ➍ (*nach „Entschuldigung"*) it's okay ➎ (*beim Anbieten*) there you go [*oder* are] ➏ (*was möchten Sie?*) **bitte** [**schön**]? can I help you? ➐ **na bitte!** there you are!
**bitten** ➊ to ask; **jemanden um etwas bitten** to ask someone for something ➋ **aber ich bitte Sie!** not at all!
**bitter** bitter; *Wahrheit:* sad
**bitterböse** furious [ˈfjʊəriəs]
**bizarr** bizarre [bɪˈzɑːʳ]
**blähen** ➊ *Segel:* to billow ➋ **Bohnen blähen** beans cause flatulence
**die Blähung** flatulence, wind
**blamabel** disgraceful
**die Blamage** [blaˈmaːʒə] disgrace
**blamieren** ➊ **jemanden blamieren** to disgrace someone ➋ **sich blamieren** to make a fool of oneself
**blank** ➊ (*glänzend*) shining ➋ (*blank gescheuert*) shiny ➌ (*entblößt*) bare ➍ *Unsinn:* sheer ➎ **ich bin blank** I am dead broke
**die Blase** ➊ bubble ➋ (*Hautblase*) blister ➌ (*Harnblase*) bladder
**blasen** to blow
**die Blasenentzündung** bladder infection, cystitis
**blasiert** blasé
**das Blasinstrument** wind instrument
**die Blaskapelle** brass band
**die Blasphemie** blasphemy [ˈblæsfəmi]
**blass** pale
**das Blatt** ➊ *einer Pflanze:* leaf ➋ (*Blatt Papier*) sheet ➌ (*Zeitung*) paper ➍ (*beim Kartenspiel*) hand
**blättern** to browse [braʊz]
**der Blätterteig** puff pastry ⓖⓑ, puff paste ⓤⓢⓐ

**Blattgold – bloß**

das **Blattgold** gold leaf
die **Blattlaus** greenfly
**blau** ❶ (*Farbe*) blue ❷ (*umgangsspr: betrunken*) blotto, canned ❸ **ein blaues Auge** a black eye; **blaue Flecken** bruises
**blauäugig** (*naiv*) naïve [naɪˈiːv]
die **Blaubeere** bilberry, blueberry, huckleberry ⓊⓈⒶ
der **Blauhelm** (*umgangsspr*) Blue Helmet
**bläulich** bluish
das **Blaulicht** flashing blue light
**blaumachen** (*von der Arbeit*) to skip work; (*von der Schule*) to skive off school/college
die **Blaumeise** blue tit
die **Blausäure** prussic acid
der **Blazer** [ˈbleːzɐ] blazer
das **Blech** ❶ metal, tin ❷ (*umgangsspr: Blödsinn*) rubbish
die **Blechbüchse**, die **Blechdose** tin ⒼⒷ, can
**blechen** to cough [kɒf] up; **ganz schön für etwas blechen** to pay through one's nose for something
**blechern** (*im Klang*) tinny
die **Blechlawine** wave of cars
der **Blechschaden** damage to the bodywork
das **Blei** lead [led]
die **Bleibe** place to stay
**bleiben** ❶ to remain, to stay ❷ (*übrig bleiben*) to be left ❸ **bleibt's dabei?** so we'll stick to this?
**bleibend** lasting
**bleich** pale
das **Bleichmittel** bleaching agent
**bleiern** leaden [ˈledᵊn]
**bleifrei** unleaded [ʌnˈledɪd]
der **Bleistift** pencil
der **Bleistiftspitzer** pencil sharpener
die **Blende** ❶ (*Sonnenblende*) blinds *plural* ❷ *einer Kamera:* aperture
**blenden** ❶ **jemanden blenden** to dazzle someone ❷ (*faszinieren*) to dazzle ❸ **das Licht blendet** the light is dazzling
**blendend** (*wunderbar*) splendid
der **Blick** ❶ look; **Liebe auf den ersten Blick** love at first sight ❷ (*Aussicht*) view
**blicken** ❶ to look ❷ **sich blicken lassen** to drop in
der **Blickfang** eye-catcher
der **Blickkontakt** visual [*oder* eye] contact
**blind** ❶ blind; **blind sein/werden** to be/go blind; **sie ist auf einem Auge blind** she's blind in one eye ❷ **blind** [**sein**] **für die Gefahr** [to be] oblivious to the danger; **blind** [**sein**] **vor Wut** [to be] blind with rage ❸ *Alarm:* false [fɔls]

der **Blinddarm** appendix
die **Blinddarmentzündung** appendicitis [əˌpendɪˈsaɪtɪs]
der/die **Blinde** blind man *maskulin,* blind woman *feminin*
der **Blindenhund** guide dog
die **Blindenschrift** Braille
die **Blindheit** blindness
**blindlings** blindly
die **Blindschleiche** slow-worm
**blinken** ❶ *Sterne:* to glitter, to sparkle ❷ (*beim Fahren*) to indicate

Ⓕ Nicht verwechseln mit *to blink — blinzeln!*

der **Blinker**, das **Blinklicht** indicator
**blinzeln** ❶ (*vor Helligkeit*) to squint [skwɪnt] ❷ (*Augenzeichen geben*) to wink
der **Blitz** ❶ lightning ❷ *einer Kamera:* flash

Ⓥ **lightning** wird nie im Plural gebraucht: *there were flashes of lightning; a tall tree was struck by lightning.*

der **Blitzableiter** lightning conductor
**blitzartig** ❶ **eine blitzartige Entscheidung** a snap decision ❷ **etwas blitzartig tun** to do something like lightning [*oder* in a flash]
**blitzblank** spick and span
**blitzen** **es hat gestern Nacht geblitzt** there was lightning last night
das **Blitzgerät** flash gun
das **Blitzlicht** flash
der **Blitzschlag** flash of lightning
**blitzschnell** ❶ **eine blitzschnelle Entscheidung** a snap decision ❷ **etwas blitzschnell tun** to do something like lightning [*oder* in a flash]
der **Block** ❶ (*auch Häuserblock*) block ❷ (*Holzblock*) log ❸ (*Schreibblock*) pad
die **Blockade** blockade
die **Blockflöte** recorder
das **Blockhaus** log cabin
**blockieren** ❶ to block *Straße* ❷ **eine Entscheidung/jemanden blockieren** to block a decision/someone ❸ *Lenkung, Rad:* lock
**blöd** silly, stupid
**blödeln** to fool around
der **Blödmann** idiot, silly ass
der **Blödsinn** nonsense; **mach keinen Blödsinn!** don't mess about!
**blödsinnig** idiotic, stupid
das/der **Blog** *kurz für* **Weblog** blog
**blöken** to bleat
**blond** blond, fair
die **Blondine** blonde
**bloß** ❶ (*nackt*) bare; **mit bloßen Füßen**

barefoot[ed]; **mit bloßem Auge** with the naked eye ❷ (*nichts als*) **bloßes Gerede** empty talk ❸ (*nur*) only; **ich hab bloß Spaß gemacht** I was only joking ❹ **bloß nicht!** God forbid!
**bloßlegen** ❶ to uncover ❷ (*übertragen*) to reveal *Geheimnis*
**bloßstellen jemanden/sich bloßstellen** to show someone/oneself up
**bluffen** ['blʊfn] (*umgangsspr*) to bluff
**blühen** ❶ *Blumen:* to bloom; *Bäume:* to blossom ❷ *Wirtschaft, Geschäfte:* to flourish ['flʌrɪʃ], to prosper, to thrive ❸ (*bevorstehen*) to be in store; **da blüht uns noch was!** we're in for something there!
**blühend** ❶ blooming ❷ (*übertragen*) *Geschäfte, Konjunktur:* flourishing ['flʌrɪʃɪŋ]; *Fantasie:* vivid
die **Blume** ❶ flower ❷ (*Weinbouquet*) bouquet [bʊˈkeɪ]
das **Blumenbeet** flower bed
der **Blumenkohl** cauliflower ['kɒlɪˌflaʊəʳ]
der **Blumenstrauß** bunch of flowers
der **Blumentopf** flowerpot
die **Blumenvase** vase
**blumig** flowery
die **Bluse** blouse
das **Blut** blood [blʌd]
**blutarm** ❶ anaemic [əˈniːmɪk] ❷ (*farblos*) colourless
die **Blutarmut** anaemia [əˈniːmɪə]
das **Blutbad** bloodbath
die **Blutbank** blood bank
**blutbefleckt** bloodstained
das **Blutbild** blood count
der **Blutdruck** blood pressure
die **Blüte** ❶ (*Blumenblüte*) bloom; (*Baumblüte*) blossom ❷ (*umgangsspr: falsche Banknote*) dud
der **Blutegel** leech
**bluten** to bleed (**aus** from)

Ⓖ Richtiges Konjugieren von **bleed**: bleed, bled, bled — *his nose bled for ages.*

das **Blütenblatt** petal
der **Blütenstaub** pollen
der **Bluter**, die **Bluterin** haemophiliac [ˌhiːməˈfɪliæk]
der **Bluterguss** bruise [bruːz], haematoma [ˌhiːməˈtəʊmə]
die **Blütezeit** (*übertragen*) prime
die **Blutfettwerte** plasma lipid concentrations *plural*
das **Blutgefäß** blood vessel
das **Blutgerinnsel** blood clot
die **Blutgruppe** blood group
der **Bluthund** bloodhound
**blutig** bloody; *Anfänger:* absolute
**blutjung** very young
das **Blutkörperchen** [blood] corpuscle ['kɔːpʌsl]
die **Blutorange** blood orange
das **Blutplasma** blood plasma
das **Blutpräparat** blood preparation
die **Blutprobe** blood test
**blutrot** blood-red
**blutrünstig** bloodthirsty
der **Blutsauger** bloodsucker
die **Blutsenkung** sedimentation of the blood
der **Blutspender**, die **Blutspenderin** blood donor
**blutstillend** styptic
**blutsverwandt** related by blood
der/die **Blutsverwandte** blood relation
die **Blutung** ❶ bleeding ❷ (*Monatsblutung*) period
**blutunterlaufen** bloodshot
das **Blutvergießen** bloodshed
die **Blutvergiftung** blood poisoning
der **Blutverlust** loss of blood
die **Blutwäsche** detoxification of the blood
die **Blutwurst** black pudding Ⓖⓑ, blood sausage Ⓤⓢⓐ
der **Blutzucker** blood sugar
die **Bö** gust, sudden squall [skwɔːl]
der **Bock** ❶ (*männlicher Nager, Rotwild*) buck; (*männliches Schaf*) ram; (*männliche Ziege*) he-goat ❷ (*Autogestell*) ramp ❸ (*Sportgerät*) vaulting ['vɒltɪŋ] horse ❹ **ich hab keinen Bock!** I can't be bothered!
das **Bockbier** bock beer
**bocken** ❶ *Pferd:* to refuse ❷ *Kind:* to act up
**bockig** awkward, stubborn
der **Bockshornklee** fenugreek
das **Bockspringen** ❶ (*Sportart*) vaulting ['vɒltɪŋ] ❷ (*Spiel*) leap-frog
die **Bockwurst** bockwurst (*large frankfurter*)
der **Boden** ❶ (*Erdboden*) ground ❷ (*Ackerboden*) soil ❸ (*Fußboden*) floor ❹ (*Dachboden*) loft ❺ *von Gefäß, Meeresboden:* bottom
der **Bodenbelag** floor covering
die **Bodenfreiheit** ground clearance
der **Bodenfrost** ground frost
die **Bodenhaftung** ❶ road holding ❷ (*übertragen*) grounding; **die Bodenhaftung verlieren** to lose one's grounding
**bodenlos** ❶ bottomless ❷ (*unglaublich*) incredible
der **Bodennebel** ground mist
die **Bodenoffensive** ground offensive
das **Bodenpersonal** ground staff [*oder* personnel]
die **Bodenschätze** mineral resources

**Bodensee – Bowle**

der **Bodensee** Lake Constance
**bodenständig** down-to-earth
die **Bodentruppen** ground troops *plural*
der **Body** body stocking [*oder* suit]
das **Bodybuilding** ['bɔdibɪldɪŋ] bodybuilding
der **Bogen** ❶ (*Kurve*) curve ❷ (*Waffe*) bow ❸ (*Papierbogen*) sheet
**bogenförmig** arched
der **Bogengang** arcade
der **Bogenschütze**, die **Bogenschützin** archer
die **Bohle** thick board
**böhmisch** Bohemian
die **Bohne** bean; **dicke Bohnen** broad beans
der **Bohnenkaffee** real coffee
das **Bohnenkraut** savory
die **Bohnenstange** beanpole
**bohnern** to polish
das **Bohnerwachs** floor polish [*oder* wax]
**bohren** ❶ to bore *Tunnel;* (*mit Bohrer*) to drill; **in der Nase bohren** to pick one's nose ❷ (*nachfragen*) to keep on; **so lange bohren, bis ...** to keep on asking until ...
der **Bohrer** (*Kraftbohrmaschine*) drill; (*Handbohrer*) gimlet
die **Bohrinsel** oil rig
das **Bohrloch** drill hole
der **Bohrturm** derrick
**böig** squally [skwɔːli]
der **Boiler** boiler
die **Boje** buoy [bɔɪ]
der **Bolivianer**, die **Bolivianerin** Bolivian [bə'lɪviən]
**Bolivien** Bolivia [bə'lɪviə]
das **Bollwerk** bulwark
der **Bolzen** ❶ (*Schraubbolzen*) bolt ❷ (*Zapfen, Stift*) pin
**bombardieren** ❶ to bomb ❷ (*mit Fragen, Wünschen*) to bombard
**bombastisch** bombastic
die **Bombe** bomb [bɔm]
der **Bombenerfolg** smash hit
das **Bombengeschäft** roaring trade
die **Bombenstimmung** fantastic atmosphere
**bombig** fantastic
der **Bon** [bɔŋ] (*Gutschein*) voucher ['vaʊtʃəʳ]
der/das **Bonbon** [bɔŋ'bɔŋ] sweet ⒼⒷ, candy ⓊⓈⒶ
die **Bonität** creditworthiness
der **Bonus** bonus
**boomen** to boom
das **Boot** boat
die **Bootsfahrt** boat trip
das **Bootshaus** boathouse
der **Bootsmann** ❶ boatswain ❷ (*beim Militär*) petty officer
der **Bootsverleih** boat hire business

das **Bor** boron
das **Bord** (*Regal*) shelf
der **Bord** ❶ *von Schiff, Flugzeug:* board; **an Bord gehen** to board the plane/ship; **von Bord gehen** to disembark ❷ **über Bord werfen** to throw overboard
das **Bordell** brothel
die **Bordkarte** boarding card, boarding pass
das **Bordpersonal** aircrew
der **Bordstein** kerb[stone]
**borgen** to borrow (**von** from)
die **Borke** bark
der **Borkenkäfer** bark beetle
**borniert** narrow-minded
die **Börse** ❶ stock market ❷ (*Gebäude*) stock exchange
der **Börsenbericht** stock market report
der **Börsenkrach** [stock market] crash
der **Börsenkurs** market price
der **Börsenmakler**, die **Börsenmaklerin** stockbroker
die **Borste** bristle ['brɪsl]
die **Borte** trimming
**bösartig** ❶ *Mensch:* malicious [mə'lɪʃəs] ❷ *Tier:* vicious ['vɪʃəs] ❸ *Tumor:* malignant
die **Böschung** ❶ *einer Straße:* embankment ❷ *von Fluss:* bank
**böse** ❶ *Verletzung:* bad ❷ (*moralisch*) evil ❸ *Bemerkung, Beleidigung:* nasty ❹ **böse sein** [**auf jemanden**] to be angry [with someone] ❺ **er meinte es nicht böse** he meant no harm
der **Bösewicht** villain ['vɪlən]
**boshaft** malicious [mə'lɪʃəs], spiteful
die **Boshaftigkeit** maliciousness [mə'lɪʃəsnəs]
die **Bosheit** nastiness
der **Boss** boss
**böswillig** malevolent; **in böswilliger Absicht** with malicious intent
der **Botaniker**, die **Botanikerin** botanist ['bɒtᵊnɪst]
**botanisch** botanical [bə'tænɪkᵊl]; **botanischer Garten** botanic [bə'tænɪk] gardens △ *plural*
der **Bote**, die **Botin** messenger
der **Botengang** errand
die **Botschaft** ❶ (*Nachricht*) message ❷ (*Botschaftsgebäude*) embassy
der **Botschafter**, die **Botschafterin** ambassador
der **Bottich** tub
die **Bouillon** [bʊl'jɔŋ] bouillon
die **Boulevardpresse** popular press
das **Bouquet** bouquet [bʊ'keɪ]
die **Boutique** boutique
die **Bowle** ❶ (*Gefäß*) punchbowl ❷ (*Getränk*)

punch
das **Bowling** [ten-pin] bowling
die **Box** (*Lautsprecher*) speaker
**boxen** to box
die **Boxengasse** pit lane
das **Boxenluder** pit groupie
der **Boxer** (*auch Hunderasse*) boxer
der **Boxhandschuh** boxing glove [glʌv]
der **Boxkampf** boxing match
**boykottieren** to boycott
**brach** ① *Acker:* fallow ② (*ungenutzt*) unexploited ③ **brach liegen** *Acker:* to lie fallow
das **Brainstorming** ['breːnstoːɐ̯mɪŋ] brainstorming session
die **Branche** ['brãːʃə] ① (*Wirtschaftszweig*) branch [brɑːnʃ] ② (*Fach*) department, field
das **Branchenverzeichnis** yellow pages ⚠ *plural*
der **Brand** ① (*Feuer*) fire; **in Brand geraten** to catch fire; **etwas in Brand setzen** to set something on fire, to set fire to something ② (*Fäulnis*) gangrene ['gæŋɡriːn] ③ (*Durst*) raging thirst
die **Brandblase** blister
die **Brandbombe** incendiary [ɪn'sendiᵊri] bomb
**brandeilig** extremely urgent
**branden** to surge
der **Brandherd** ① source of the fire ② (*übertragen*) trouble spot
das **Brandmal** (*Narbe*) brand
**brandmarken** to brand
**brandneu** brand new
der **Brandschaden** fire damage
der **Brandschutz** fire protection
der **Brandstifter**, die **Brandstifterin** arsonist, fire-raiser ⓖⓑ
die **Brandstiftung** arson
die **Brandung** surf, breakers *plural*
die **Brandwache** ⓒⓗ fire service
die **Brandwunde** ① (*durch Verbrennen*) burn ② (*durch Verbrühen*) scald
der **Branntwein** spirits ⚠ *plural*
der **Brasilianer**, die **Brasilianerin** Brazilian [brə'zɪliən]
**brasilianisch** Brazilian [brə'zɪliən]
**Brasilien** Brazil [brə'zɪl]
der **Braten** roast [meat]
**braten** ① (*im Ofen*) to roast ② (*in der Pfanne*) to fry

ⓖ **fry — frying — fried — fried**: *Sally is frying some potatoes; the potatoes have been fried.*

das **Brathähnchen** roast chicken
der **Brathering** fried herring

die **Bratkartoffeln** fried potatoes
die **Bratpfanne** frying pan
die **Bratsche** viola
die **Bratwurst** ① (*gebraten*) fried sausage ② (*zum Braten*) frying sausage
der **Brauch** custom; **das ist bei uns so Brauch** that's traditional with us
**brauchbar** ① (*nützlich*) useful ② (*verwendungsfähig*) usable ③ (*gut, vernünftig*) decent
**brauchen** ① (*nötig haben*) to need, to require; **Zeit brauchen** to take time ② (*gebrauchen*) to use
das **Brauchtum** customs *plural*, traditions *plural*
**brauen** to brew [bruː]
die **Brauerei** brewery ['bruːᵊri]
**braun** ① brown ② *Haut:* tanned; **braun werden** to get a tan, to tan; **braun sein** to have a tan, to be tanned
die **Bräune** *der Haut:* tan
**bräunen** ① (*in Fett*) to brown ② **sich bräunen** to tan
die **Braunkohle** brown coal, lignite
**brausen** ① *Brandung, Wasser:* to foam ② *Beifall:* to thunder ③ *Auto:* to race
die **Brausetablette** effervescent [ˌefə'vesənt] tablet
die **Braut** bride
der **Bräutigam** [bride]groom
die **Brautjungfer** bridesmaid
das **Brautkleid** wedding dress
das **Brautpaar** bride and [bride]groom
der **Brautschleier** wedding veil
**brav** ① (*rechtschaffen*) honest, upright ② (*artig*) good, well-behaved

ⓕ Nicht verwechseln mit *brave — mutig*!

das **Brecheisen** crowbar, jemmy ⓖⓑ, jimmy ⓤⓢⓐ
**brechen** ① (*auch übertragen*) to break *Willen, Menschen, Rekord;* to cut *Steine* ② (*erbrechen*) to bring up, to vomit; **ich musste brechen** I had to be sick ③ *Brücke:* to give
das **Brechmittel** emetic
der **Brechreiz** nausea
der **Brei** mash ▸ WENDUNGEN: **um den heißen Brei herumreden** (*umgangsspr*) to beat about the bush [bʊʃ]
**breit** ① (*weit*) wide, broad; **20 Meter breit** 20 metres wide [*oder* across] ② **breiter machen** to widen ③ *Angebot, Auswahl:* wide ④ **die breite Masse** the masses ⚠ *plural* ⑤ **sich breit machen** to spread [spred] [oneself]; (*übertragen*) to make one-

self at home; **mach dich doch nicht so breit!** don't hog all that space! *umgangsspr*

> **F** Nicht verwechseln mit *bright — hell!*

die **Breite** ❶ breadth [bretθ]; (*bei Maßen*) width; **eine Breite von 10 Metern haben** to be 10 metres in width ❷ (*Breitengrad*) latitude ▶ WENDUNGEN: **in die Breite gehen** to put on weight
der **Breitengrad** latitude
**breitschlagen** (*umgangsspr*) **jemanden breitschlagen** to talk someone round; **sich breitschlagen lassen** to let oneself be talked round
die **Breitseite** broadside
der **Breitwandfilm** wide-screen film
die **Bremsbacke** brake block
der **Bremsbelag** brake lining
die **Bremse**¹ (*Insekt*) horsefly
die **Bremse**² (*an Fahrzeug*) brake; **die Bremsen nachstellen** to adjust the brakes; **auf die Bremse treten** to put on the brakes
**bremsen** ❶ to brake ❷ (*übertragen*) to slow down
die **Bremsflüssigkeit** brake fluid
der **Bremsklotz** brake block
das **Bremslicht** brake light
das **Bremspedal** brake pedal
die **Bremsspur** skid mark
die **Bremstrommel** brake drum
der **Bremsweg** braking distance
**brennbar** combustible; (*entzündlich*) inflammable
**brennen** ❶ *Feuer:* to burn; **es brennt!** fire! fire! ❷ *Gerät:* to be on ❸ *Verletzung:* to sting; *Druckstelle:* to hurt ❹ to bake *Ziegel* ❺ to distil *Schnaps*
**brennend** ❶ *Kerze:* burning; *Pfeife, Zigarette:* lighted ❷ *Hitze:* scorching ❸ *Schmerz:* smarting ❹ *Frage:* urgent
der **Brenner** ❶ (*Schweißbrenner*) welding torch ❷ (*Gasbrenner, Ölbrenner*) burner
die **Brennerei** distillery
das **Brennglas** burning glass
das **Brennholz** firewood
das **Brennmaterial** fuel ['fju:əl]
die **Brennnessel** stinging nettle
der **Brennpunkt** focus
der **Brennspiritus** methylated spirits *plural*
der **Brennstab** fuel rod
der **Brennstoff** fuel
die **Brennstoffzelle** fuel cell
**brenzlig** (*umgangsspr: gefährlich*) dicey, precarious; **die Sache wird für mich zu brenzlig** the matter is getting too hot for me
die **Bresche** breach, gap ▶ WENDUNGEN: **in die Bresche springen** to step into the breach
die **Bretagne** Brittany
der **Bretone**, die **Bretonin** Breton ['bretᵊn]
das **Brett** ❶ board; (*dicker*) plank ❷ (*Spielbrett*) board ❸ (*Essbrettchen*) platter ❹ **die Liste hängt am schwarzen Brett** the list is pinned on the notice board
die **Bretterbude** shack
der **Bretterzaun** wooden fence
das **Brettspiel** board game
die **Brezel** pretzel
der **Brief** letter
der **Briefbeschwerer** paper-weight
der **Briefbogen** sheet of note paper
der **Brieffreund**, die **Brieffreundin** pen-friend
der **Briefkasten** ❶ (*am Haus*) letter box ⓖⒷ, mail box ⓤⓢⒶ ❷ (*in Säule*) pillar box, post box ⓖⒷ, mail box ⓤⓢⒶ
**brieflich** by letter
die **Briefmarke** stamp
der **Briefmarkensammler**, die **Briefmarkensammlerin** stamp collector
der **Brieföffner** letter opener
das **Briefpapier** writing-paper
die **Brieftasche** wallet ⓖⒷ, billfold ⓤⓢⒶ
der **Briefträger**, die **Briefträgerin** postman *maskulin* ⓖⒷ, postwoman *feminin* ⓖⒷ, mailman *maskulin* ⓤⓢⒶ, mailwoman *feminin* ⓤⓢⒶ
der **Briefumschlag** envelope
die **Briefwahl** postal vote
die **Brigade** brigade
das **Brikett** briquette
der **Brillant** [brɪl'jant] diamond
die **Brille** ❶ (*Lesebrille*) glasses ⚠ *plural;* **eine Brille tragen** to wear glasses ❷ (*Schutzbrille*) goggles ⚠ *plural* ❸ *von Toilettensitz:* [toilet] seat

 **glasses** wird im Plural gebraucht: *where are my glasses?*

das **Brillenetui** spectacle [*oder* glasses ⚠ *plural*] case
das **Brillengestell** spectacle frame
das **Brillenglas** lens
die **Brillenschlange** ❶ (*Giftschlange*) cobra ❷ (*abwertend: Brillenträger*) four-eyes
der **Brilli** (*umgangsspr*) [big] diamond
**bringen** ❶ (*herbringen*) to bring; (*wegbringen*) to take ❷ (*veröffentlichen*) to publish ❸ **jemanden dazu bringen, etwas zu tun** to get someone to do something, to make someone do something ❹ **Gewinn bringen** to yield [ji:ld] a profit ❺ **in Er-**

## Bringen 🅐 🅑 🅒

Dafür gibt es auf Englisch zwei Wörter:

I can **take** you home.

Can you **bring** me the ball, please?

*Ich kann dich nach Hause **bringen**.*
(= hinbringen)

*Kannst du mir bitte den Ball **bringen**?*
(= herbringen)

**fahrung bringen** to get to know, to learn ❻ **jemanden wieder zu sich bringen** to bring someone round; **jemanden zur Vernunft bringen** to bring someone to reason ❼ **fertig bringen** (*vollenden*) to get done; (*imstande sein*) to manage ❽ **das bringt nichts!** that's pointless!; **es zu etwas/ nichts bringen** to get somewhere/nowhere

🆅 **to bring** bedeutet etwas herbringen: *Tom, bring me some tea, please*; — **to take** bedeutet dagegen etwas weg- oder hinbringen: *Bill, take your comics to your bedroom, please*; — **to fetch** bedeutet etwas holen: *Jack, fetch me my glasses from the kitchen, please.*

**brisant** explosive
die **Brise** breeze
der **Brite**, die **Britin** Briton; **die Briten** the British
**britisch** British; **die Britischen Inseln** the British Isles
**bröckeln** to crumble
der **Brocken** ❶ (*aus Stein*) chunk ❷ (*Klumpen*) lump
**brodeln** *Lava, Schmelze:* to seethe
der **Brokat** brocade
der **Brokkoli** broccoli
das **Brom** bromine ['brəʊmiːn]
die **Brombeere** blackberry, bramble
der **Brombeerstrauch** bramble bush
der **Bronchialkatarr(h)** bronchial ['brɒŋkɪəl] catarrh
die **Bronchien** bronchi ['brɒŋki], bronchial tubes
die **Bronchitis** bronchitis [brɒŋ'kaɪtɪs]
die **Bronze** bronze [brɒnz]
die **Bronzemedaille** bronze medal
die **Brosche** brooch [brəʊtʃ]
die **Broschüre** booklet
der **Brösel** crumb [krʌm]
das **Brot** ❶ bread ❷ (*Brotlaib*) loaf of bread; **zwei Brote** two loaves of bread
das **Brötchen** [bread] roll [rəʊl]
die **Broteinheit** carbohydrate unit
der **Brotkasten** bread bin
die **Brotrinde** crust
der **Browser** ['braʊzə] browser

der **Bruch** ❶ (*auch übertragen*) break ❷ (*Knochenbruch*) fracture; (*der Eingeweide*) hernia, rupture ❸ (*mathematisch*) fraction ❹ **in die Brüche gehen** *Beziehung:* to break up
das **Bruchband** truss
die **Bruchbude** tumbledown shanty
**bruchfest** unbreakable
**brüchig** ❶ (*zerbrechlich*) fragile ['frædʒaɪl] ❷ (*spröde*) brittle ['brɪtl] ❸ (*rissig*) cracked ❹ *Beziehung:* crumbling
die **Bruchrechnung** fractions ⚠ *plural*
das **Bruchstück** fragment
**bruchstückhaft** fragmentary
der **Bruchteil** fraction; **im Bruchteil einer Sekunde** in a split second
die **Bruchzahl** fraction
die **Brücke** ❶ bridge ❷ (*Zahnbrücke*) bridge ❸ (*Teppich*) rug ❹ (*Gymnastikübung*) bridge
das **Brückengeländer** parapet
der **Brückenpfeiler** pier [pɪəʳ]
der **Bruder** ❶ brother ❷ **unter Brüdern** between friends
**brüderlich** brotherly, fraternal
die **Bruderschaft** brotherhood
die **Brühe** ❶ broth ❷ (*trübe Flüssigkeit*) sludge ❸ (*abwertend: dünnes Getränk*) muck
der **Brühwürfel** stock cube
**brüllen** to roar; *Mensch:* to shout; *Stier:* to bellow; *Kind:* to bawl
der **Brummbär** grouch [graʊtʃ]
**brummen** ❶ (*summen*) to hum ❷ *Käfer, Fliege:* to buzz ❸ *Motor:* to drone, to purr ❹ *Mensch:* to growl [graʊl], to grumble, to snarl ❺ **mir brummt der Kopf** my head is spinning ❻ *Geschäft, Wirtschaft:* to boom
der **Brummer** ❶ (*Fliege*) blue-bottle [fly] ❷ (*LKW*) juggernaut ['dʒʌɡənɔːt]
**brummig** grouchy, grumpy
der **Brummschädel** thick head
**brünett** dark-haired
die **Brünette** brunette
der **Brunnen** ❶ (*Schöpfbrunnen*) well ❷ (*Springbrunnen*) fountain ❸ (*Mineralbrunnen*) spring

die **Brunnenkresse** watercress
der **Brunnenschacht** well-shaft
die **Brunst** (*bei männlichen Tieren*) rut[ting]; (*bei weiblichen Tieren*) heat
**brünstig** (*bei männlichen Tieren*) rutting; (*bei weiblichen Tieren*) in heat
**brüsk** (*kurz angebunden*) brusque; (*barsch*) curt
**brüskieren** to snub
**Brüssel** Brussels ['brʌsᵊlz]
die **Brust** ❶ (*Busen*) breast [brest] ❷ (*Brustkorb*) chest
das **Brustbein** breastbone ['brestbəʊn], sternum
der **Brustbeutel** money bag
**brüsten sich [mit etwas] brüsten** to boast [*oder* brag] [about something]
das **Brustfell** pleura ['plʊərə]
die **Brustfellentzündung** pleurisy ['plʊərəsi]
der **Brustkorb** chest, thorax ['θɔːræks]
der **Brustkrebs** breast cancer
das **Brustschwimmen** breaststroke
die **Brusttasche** ❶ (*außen*) breast pocket ❷ (*innen*) inside pocket
die **Brüstung** parapet
die **Brustwarze** nipple
die **Brut** ❶ (*Nest mit Jungen*) brood ❷ (*abwertend: Leute*) lot, mob, rabble; (*Kinder*) brats *plural*
**brutal** brutal ['bruːtᵊl]
die **Brutalität** brutality
**brüten** ❶ (*ausbrüten*) to brood, to sit ❷ (*nachdenken*) to ponder (**über** over)
der **Brüter** [nuclear] breeder; **schneller Brüter** fast-breeder [reactor]
der **Brutkasten** incubator
die **Brutstätte** (*übertragen*) hotbed
**brutto** gross
das **Bruttoeinkommen** gross income
das **Bruttogewicht** gross weight
das **Bruttoinlandsprodukt** gross domestic product
die **Bruttoregistertonne** gross register ton
das **Bruttosozialprodukt** gross national product
**Btx** *Abkürzung von* **Bildschirmtext** videotext
der **Bub(e)** ❶ (*Junge*) boy, lad ❷ (*bei Kartenspiel*) jack, knave [neɪv]
das **Buch** ❶ book ❷ **über etwas Buch führen** to keep a record of something
die **Buchbesprechung** book review
der **Buchdrucker**, die **Buchdruckerin** printer
die **Buche** beech
die **Buchecker** beechnut
das **Buchenholz** beech wood
die **Bücherei** library ['laɪbrᵊri]
das **Bücherregal** bookshelf

der **Bücherschrank** bookcase
der **Bücherwurm** bookworm
der **Buchfink** chaffinch
die **Buchführung** accounting, bookkeeping
der **Buchhalter**, die **Buchhalterin** bookkeeper
die **Buchhaltung** ❶ (*Sparte*) accounting, bookkeeping ❷ (*Abteilung*) accounts department
der **Buchhandel** book trade
der **Buchhändler**, die **Buchhändlerin** bookseller
die **Buchhandlung** bookshop
der **Buchmacher**, die **Buchmacherin** bookmaker
der **Buchprüfer**, die **Buchprüferin** auditor ['ɔːdɪtəʳ]
die **Buchprüfung** audit ['ɔːdɪt]
der **Buchs(baum)** box[-tree]
die **Buchse** socket
die **Büchse** ❶ (*Dose*) can ❷ (*Konservenbüchse*) tin ❸ (*Sammelbüchse*) collecting box ❹ (*Gewehr*) rifle ['raɪfl]
der **Büchsenöffner** tin opener **GB**, can opener
der **Buchstabe** character, letter
**buchstabieren** to spell; **falsch buchstabieren** to misspell

**G** Richtiges Konjugieren von **spell**: spell, spelt/ spelled, spelt/ spelled — *Jenny spelt 'hippopotamus' correctly; Ziggy's name has been spelt wrong again!*

**buchstäblich** literal
die **Bucht** bay; (*kleiner*) cove
die **Buchtel Ⓐ** *a yeast pastry filled with jam*
die **Buchung** (*Reservierung*) booking, reservation
der **Buchweizen** buckwheat ['bʌkwiːt]
der **Buchwert** book value
der **Buckel** ❶ (*buckliger Rücken*) hump, humpback ❷ (*umgangsspr: Rücken*) back
**buckeln** (*abwertend*) to kowtow [ˌkaʊ'taʊ]; **vor jemandem buckeln** to bow and scrape to someone
**bücken sich bücken** to bend, to stoop
**bucklig** hunchbacked
der **Bückling**[1] (*Hering*) bloater, kipper
der **Bückling**[2] (*umgangsspr: Verbeugung*) bow
**buddeln** to dig
der **Buddhismus** Buddhism ['bʊdɪzᵊm]
der **Buddhist**, die **Buddhistin** Buddhist ['bʊdɪst]
die **Bude** ❶ (*Bretterbude*) hut ❷ (*Verkaufsstand*) booth, stall [stɔːl]; ❸ (*umgangsspr: Zimmer*) room, bedsit[ter]
das **Budget** [bʏ'dʒeː] budget ['bʌdʒɪt]
das **Büfett** [bʏ'feː] ❶ (*Möbel*) sideboard ❷ (*Schanktisch*) bar ❸ (*Essen*) **ein kaltes Büfett** a cold buffet ['bʊfeɪ]
der **Büffel** buffalo
**büffeln** ❶ to swot up [on] *Lernstoff* ❷ [**für**

**eine Mathe-/Chemiearbeit| büffeln** to cram [*oder* swot] [for a maths/chemistry test]

der **Bug** *von Schiff:* bow [baʊ]; *von Flugzeug:* nose

der **Bügel** ① (*Kleiderbügel*) hanger ② (*Steigbügel*) stirrup

das **Bügelbrett** ironing ['aɪənɪŋ] board

das **Bügeleisen** iron ['aɪən]

die **Bügelfalte** crease [kriːs]

**bügelfrei** non-iron

die **Bügelmaschine** rotary iron

**bügeln** to iron *Wäsche;* to press *Hose;* **glatt bügeln** to iron smooth

die **Bühne** ① (*im Theater*) stage ② (*das Theater*) theatre ③ **hinter der Bühne** behind the scenes *plural* ▶ WENDUNGEN: **etwas über die Bühne bringen** to get something done

das **Bühnenbild** stage set

der **Bühnenbildner**, die **Bühnenbildnerin** stage designer

das **Bühnenstück** play

der **Buhruf** boo; **es gab viele Buhrufe** there was a lot of booing

das **Bukett** bouquet [bʊ'keɪ]

der **Bulgare**, die **Bulgarin** Bulgarian [bʌl'geərɪən]

**Bulgarien** Bulgaria [bʌl'geərɪə]

**bulgarisch** Bulgarian [bʌl'geərɪən]

die **Bulimie** bulimia [bʊ'lɪmɪə]

das **Bullauge** porthole

die **Bulldogge** bulldog

der **Bulldozer** bulldozer

der **Bulle** ① (*männliches Rind*) bull ② (*bulliger Mann*) great ox of a man ③ (*slang: Polizist*) cop

die **Bullenhitze** boiling heat

der **Bumerang** boomerang

der **Bummel** stroll [strəʊl]

der **Bummelant**, die **Bummelantin** (*abwertend*) slowcoach ⓖⒷ, slowpoke ⓤⓈⒶ

die **Bummelei** dawdling ['dɔːdlɪŋ]

**bummeln** ① (*umherschlendern*) stroll ② (*trödeln*) dawdle ['dɔːdl]

der **Bummelstreik** go-slow; (*im öffentlichen Dienst*) work-to-rule

der **Bummelzug** (*abwertend*) slow train ⓖⒷ, accommodation train ⓤⓈⒶ

**bumsen** ① (*schlagen*) to thump ② (*slang: Sex haben*) to screw

das **Bund** **ein Bund Karotten/Petersilie** a bunch of carrots/parsley

der **Bund** ① (*Vereinigung*) association ② (*Staatenbund*) alliance [ə'laɪəns] ③ (*umgangsspr: Bundeswehr*) services *plural;* **beim Bund** in the army ④ (*Bundesrepublik*) Federal Government; **Bund, Länder und Gemeinden** Federal Government, federal

states and municipal authorities

das **Bündel** ① *von Kleidern:* bundle; (*Bund*) bunch ② (*an Fragen*) cluster

**bündeln** ① to bundle up *Reisig* ② to focus *Strahlen*

das **Bundesarbeitsgericht** Federal Labour Court

die **Bundesbank** Federal Bank

der **Bundesbürger**, die **Bundesbürgerin** citizen of the Federal Republic [of Germany]

das **Bundesgebiet** federal territory

das **Bundesgericht** ⓒⒽ Federal Appeals Court

der **Bundesgerichtshof** Federal Supreme Court

die **Bundeshauptstadt** capital of the Federal Republic [of Germany]

das **Bundeshaus** ⓒⒽ Federal House of Parliament ['paːləmənt]

das **Bundesheer** Ⓐ [Austrian] Federal Armed Forces △ *plural*

der **Bundesinnenminister**, die **Bundesinnenministerin** Federal Minister of the Interior

der **Bundeskanzler**, die **Bundeskanzlerin** German Chancellor ['tʃɑːnsələ]

das **Bundesland** federal state, Land

die **Bundesliga** National League

der **Bundesnachrichtendienst** Federal Intelligence Service

die **Bundespost** Federal Post Office

der **Bundespräsident**, die **Bundespräsidentin** ① (*in Deutschland*) Federal President ② (*in der Schweiz*) President of the Federal Council

der **Bundesrat** ① (*in Deutschland*) Bundesrat (*Upper House of Parliament*) ② (*in der Schweiz*) Federal Government [ˌgʌvᵊn'mənt] (*executive body*)

der **Bundesrat**, die **Bundesrätin** ⓒⒽ, Ⓐ Minister of State

die **Bundesregierung** Federal Government [ˌgʌvᵊn'mənt]

die **Bundesrepublik** Federal Republic; (*Deutschland*) Federal Republic of Germany

der **Bundesstaat** federal state

die **Bundesstraße** federal highway

der **Bundestag** Bundestag

der **Bundestagspräsident**, die **Bundestagspräsidentin** President of the Bundestag

die **Bundestagswahl** Bundestag election

das **Bundesverfassungsgericht** Federal Constitutional Court

der **Bundesverfassungsrichter**, die **Bundesverfassungsrichterin** Judge of the German Federal Constitutional Court

die **Bundesversammlung** ① (*in Deutschland*) Federal Convention ② (*in der Schweiz*) Federal Assembly

**Bundeswehr – Camion** 676

die **Bundeswehr** Federal Armed Forces *plural*
die **Bundfaltenhose** pleated trousers *plural* ⒼⒷ, pegged [*oder* pleated] pants *plural* ⓊⓈⒶ
**bündig** kurz und bündig concisely
das **Bündnis** alliance [ə'laɪəns]
der **Bündnispartner** alliance partner
das **Bungeejumping** ['bandʒɪdʒampɪŋ] bungee jumping
der **Bunker** bunker; (*Schutzbunker*) air-raid shelter
**bunt** ❶ (*vielfarbig*) colourful ❷ (*farbig*) coloured ❸ (*verschiedenartig*) varied; **ein buntes Durcheinander** a jumble
der **Buntspecht** spotted woodpecker
der **Buntstift** coloured pencil, crayon ['kreɪɒn]
die **Buntwäsche** coloureds ⚠ *plural*
die **Bürde** ❶ (*Last*) load ❷ (*Belastung*) burden
die **Burg** castle
**bürgen** ❶ **für etwas bürgen** to guarantee something ❷ **für jemanden bürgen** to vouch [vaʊtʃ] for someone
der **Bürger**, die **Bürgerin** citizen
die **Bürgerinitiative** citizens' action group
der **Bürgerkrieg** civil war
**bürgerlich** civil; **das bürgerliche Gesetzbuch** the Civil Code
der **Bürgermeister**, die **Bürgermeisterin** mayor [meər]; (*Frau*) mayoress [ˌmeə'res]
die **Bürgerrechtsbewegung** civil rights movement
der **Bürgersteig** pavement ⒼⒷ, sidewalk ⓊⓈⒶ
die **Bürgerversammlung** town meeting
die **Bürgerwehr** militia [mɪ'lɪʃə]
die **Bürgschaft** security, surety; **eine Bürgschaft [für jemanden] stellen** to be a guarantor [ˌgærən'tɔːʳ] [*oder* stand security] for someone
**Burgund** Burgundy
der **Burgunder** (*Wein*) burgundy
das **Büro** office
der/die **Büroangestellte** office worker
die **Büroarbeit** office work
die **Büroklammer** paper clip
der **Bürokram** (*umgangsspr*) [bureaucratic] paperwork
die **Bürokratie** bureaucracy [bjʊ'rɒkrəsi]
**bürokratisch** bureaucratic [ˌbjʊərə'krætɪk]
der **Bursche** ❶ (*Halbwüchsiger*) boy, chap, lad ❷ (*Kerl*) fellow, guy; **ein kluger Bursche** a clever fellow; **ein übler Bursche** a bad lot
**burschikos** tomboyish
die **Bürste** brush
**bürsten** to brush; **sich die Haare bürsten** to brush one's hair *singular*
der **Bus** bus [bʌs]

der **Busbahnhof** bus [*oder* coach [kəʊtʃ]] station
der **Busch** ❶ bush ❷ (*einzelner Strauch*) shrub ❸ (*Dickicht*) copse [kɒps], thicket ['θɪkɪt] ❹ (*Urwald*) jungle ▸ WENDUNGEN: **da ist [et]was im Busch** there's something up
das **Büschel** ❶ (*Haare*) tuft, wisp ❷ (*Stroh*) bundle
**büschelweise** in tufts; **mir gehen büschelweise die Haare aus** I'm losing hair by the handful
der **Busen** breast
der **Busfahrer**, die **Busfahrerin** bus driver
die **Bushaltestelle** bus stop
die **Buslinie** bus route
der **Bussard** (*Greifvogel*) buzzard ['bʌzəd]
die **Buße** penance; **für etwas Buße [ab]leisten** to do penance for something
**büßen** ❶ **das wirst du mir [noch] büßen!** I'll make you pay for that! ❷ ⒸⒽ **jemanden büßen** to fine someone, to impose a fine on someone
das **Bußgeld** fine
die **Büste** bust
der **Büstenhalter** brassiere ['bræsɪəʳ]
das **Butangas** butane
das **Büttenpapier** handmade paper
die **Butter** butter ▸ WENDUNGEN: **alles in Butter!** everything's OK!
die **Butterblume** buttercup
das **Butterbrot** bread and butter
das **Butterbrotpapier** greaseproof paper
die **Buttermilch** buttermilk
das **Butterschmalz** clarified butter
**butterweich** beautifully soft
das **Byte** [baɪt] byte

# C

**C, c** ❶ C, c [siː] ❷ **das hohe C** (*in der Musik*) top C
**C** *Abkürzung von* **Celsius** C, Celsius, centigrade
**ca.** *Abkürzung von* **circa** approx., ca.
**CAD** *Abkürzung von* **computer-aided design** CAD
das **Café** [ka'fe:] café
die **Cafeteria** cafeteria
der **Camcorder** ['kamkɔrdɐ] camcorder
der **Camion** [ka'mjɔ̃] ⒸⒽ heavy goods vehicle ['viːɪkl]

das **Camping** camping
die **Campingausrüstung** camping gear
der **Campingbus** camper, dormobile®
der **Campingplatz** camping [*oder* caravan] site
der **Cappuccino** [kapʊˈtʃiːno] cappuccino
der **Car** [kaːɐ̯] ⓒⓗ coach ⓖⓑ, bus
der **Cartoon** [karˈtuːn] cartoon
der **CB-Funk** citizen's band, CB
die **CD** *Abkürzung von* **Compact Disc** CD [ˌsiːˈdiː], compact disc
der **CD-Brenner** CD rewriter [*oder* burner]
die **CD-ROM** CD-ROM [ˌsiːˈdiːrɔm]
das **CD-ROM-Laufwerk** CD-ROM drive
der **CD-Spieler** compact disc player, CD player
der **CD-Ständer** CD rack
der **Cellist**, die **Cellistin** [tʃɛˈlɪst] cellist [ˈtʃelɪst]
das **Cello** [ˈtʃɛlo] cello [ˈtʃeləʊ]
**Celsius** centigrade
das **Cembalo** [ˈtʃɛmbalo] cembalo [ˈtʃembələʊ], harpsichord [ˈhɑːpsɪkɔːd]
der **Cent** eurocent
das **Chamäleon** [kaˈmɛːleɔn] chameleon [kəˈmiːliən]
der **Champagner** [ʃamˈpanjə] champagne [ʃæmˈpeɪn]
der **Champignon** [ˈʃampɪnjɔŋ] mushroom
die **Chance** [ˈʃãːsə] chance [tʃɑːns]; **eine Chance haben** to stand a chance (**bei** with); **bei der hast du keine Chancen** you don't stand a chance with her
die **Chancengleichheit** equal opportunities ⚠ *plural*
das **Chaos** [ˈkaːɔs] chaos [ˈkeɪɒs]
der **Chaot**, die **Chaotin** [kaˈoːt] ❶ (*politisch*) anarchist ❷ (*slang: unordentlicher Mensch*) chaotic person ❸ (*slang: ausgeflippte Person*) freak
**chaotisch** [kaˈoːtɪʃ] chaotic
der **Charakter** ❶ (*Wesenszüge eines Menschen*) character [ˈkærəktəʳ] ❷ (*Persönlichkeit*) personality ❸ *einer Sache:* nature
die **Charaktereigenschaft** character trait
**charakterfest** of firm character
**charakterisieren** to characterize [ˈkærəktəraɪz]
**charakteristisch** characteristic [ˌkærəktəˈrɪstɪk]
**charakterlos** *Mensch:* unprincipled
der **Charakterzug** characteristic trait
**charmant** [ʃarˈmant] charming
der **Charme** [ʃarm] charm [tʃɑːm]
der **Charterflug** [ˈtʃartɐ-] charter flight
die **Chartermaschine** [ˈtʃartɐ-] charter plane
das **Chassis** [ʃaˈsiː] chassis, frame
der **Chauffeur**, die **Chauffeurin** [ʃɔˈføːɐ̯] chauffeur [ˈʃəʊfəʳ]
die **Chauffeuse** [ʃɔføːzə] female professional driver
der **Chauvi** male chauvinist pig
der **Chauvinist**, die **Chauvinistin** chauvinist
**chauvinistisch** chauvinist
**checken** ❶ (*überprüfen*) to check ❷ (*umgangsspr: begreifen*) to get it; **ich check das nicht!** I just don't get it!
der **Chef**, die **Chefin** ❶ boss ❷ *der Polizei:* chief

**Chef**

Nicht verwechseln mit *chef* — *der Koch!*

der **Chefarzt**, die **Chefärztin** senior consultant
die **Chefetage** executive floor
der **Chefkoch**, die **Chefköchin** chef ⚠ *im Englischen ist ‚chef' der Küchenchef!*
der **Chefredakteur**, die **Chefredakteurin** editor-in-chief
der **Chefsekretär**, die **Chefsekretärin** personal assistant
die **Chemie** chemistry [ˈkemɪstri]
die **Chemiefaser** synthetic fibre
die **Chemikalien** chemicals [ˈkemɪkəlz]
der **Chemiker**, die **Chemikerin** chemist
**chemisch** ❶ chemical; **die chemische Zusammensetzung** the chemical composition ❷ **etwas chemisch reinigen** to dry-clean sth
die **Chemotherapie** chemotherapy [ˌkiːməˈθerəpi]
der **Chicorée** [ˈʃikore] chicory
die **Chiffre** [ˈʃɪfrə] ❶ (*Code*) cipher [ˈsaɪfəʳ] ❷ (*in Zeitungsannoncen*) box number
die **Chiffreanzeige** box number advertisement
**Chile** Chile [ˈtʃɪli]
der **Chilene**, die **Chilenin** Chilean [ˈtʃɪliən]
**chillen** (*slang*) to chill [out]
**China** China [ˈtʃaɪnə]

der **Chinese**, die **Chinesin** Chinese [tʃarˈniːz]
**chinesisch** Chinese; **die Chinesische Mauer** the Great Wall of China
das **Chinin** quinine [ˈkwɪniːn]
der **Chip** [tʃɪp] ❶ (*Kartoffelchip*) crisp GB, potato chip USA ❷ (*Spielmarke, auch in der Informatik*) chip

Chips

F  Nicht verwechseln mit *chips* — *die Pommes frites!*

die **Chipkarte** smart card
der **Chirurg**, die **Chirurgin** surgeon [ˈsɜːdʒən]
die **Chirurgie** surgery
**chirurgisch** surgical; **einen chirurgischen Eingriff vornehmen** to carry out surgery
das **Chlor** chlorine
das **Chloroform** chloroform
das **Chlorophyll** chlorophyll
die **Cholera** cholera
**cholerisch** choleric
das **Cholesterin** cholesterol
der **Cholesterinspiegel** cholesterol level
der **Chor**[1] ❶ (*Musikchor*) choir [kwaɪəʳ] ❷ (*im Theater*) chorus
der **Chor**[2] (*Gestühl*) chancel, choir [kwaɪəʳ]
der **Choral** chant
der **Choreograf**, die **Choreografin** choreographer
die **Choreografie** choreography
**choreografieren** to choreograph
der **Christ**, die **Christin** Christian
der **Christbaum** Christmas tree
das **Christentum** Christianity
das **Christkind** Christ Child
**christlich** Christian
die **Christmesse**, die **Christmette** Christmas mass
der **Christus** ❶ Christ ❷ **vor Christi Geburt** before Christ, B.C.; **nach Christi Geburt** A.D.; **700 nach Christus** in the year 700 of our Lord [*oder* [in] 700 A.D.]
das **Chrom** chrome
das **Chromosom** chromosome
die **Chronik** chronicle
**chronisch** chronic
**chronologisch** chronological
**circa** about, circa
das **Citro** CH lemonade [ˌleməˈneɪd]
**clever** [ˈklɛvɐ] (*umgangsspr*) *Person:* smart; *Plan:* cunning
die **Clique** [ˈklɪkə] group, set
der **Clown** [klaʊn] clown
das **Cockpit** [ˈkɔkpɪt] cockpit
der **Cocktail** [ˈkɔkteːl] cocktail
der **Code** code
**codieren** to codify [ˈkəʊdɪfaɪ], to encode
das/die **Cola** [ˈkoːla] Coke®
das **Comicheft** comic
der **Computer** [kɔmˈpjuːtɐ] computer
der **Computerarbeitsplatz** work station
**computergesteuert** computer-controlled
die **Computergrafik** computer graphics ⚠ *plural*
das **Computernetzwerk** computer network
das **Computerspiel** computer game
die **Computertomografie** computer tomography
der **Container** [kɔnˈteːnɐ] ❶ (*zum Transport*) container ❷ (*für Bauschutt*) skip
das **Containerschiff** container ship
das **Cookie** [ˈkʊki] cookie
**cool** [kuːl] (*umgangsspr*) *Person, Kleidung, Musik:* cool; **ein cooler Typ** a cool guy; **bleib cool, Mann!** chill out, dude!
der **Cord** cord, corduroy
die **Cornflakes** [ˈkoːɐ̯nfleːks] cornflakes
**Costa Rica** Costa Rica
der **Costa-Ricaner**, die **Costa-Ricanerin** Costa Rican
**costa-ricanisch** Costa Rican
die **Couch** [kaʊtʃ] couch
die **Couchgarnitur** suite [swiːt]
der **Couchtisch** coffee table
**couragiert** [kuraˈʒiːɐ̯t] courageous [kəˈreɪdʒəs]
der **Cousin**, die **Cousine** [kuˈzɛ̃ː, kuˈziːnə] cousin [ˈkʌzən]
die **Creme** [kreːm] cream
**cremefarben** cream-coloured
**cremig** creamy
das **Croissant** [krɔaˈsãː] croissant
der **Curry** [ˈkœri] curry
die **Currywurst** curried sausage
das **Cybercafé** [ˈsaɪbɐkafeː] cyber [*oder* Internet] café
der **Cyberspace** [ˈsaɪbɐspeɪs] cyberspace

**D, d** ① (*Buchstabe*) D, d [diː] ② (*in der Musik*) D, d

**da** ① (*dort*) there; **das Haus da** the house over there ② (*hier*) here ③ (*mit dabei*) **hast du deinen Geldbeutel da?** have you got your purse at hand? ④ (*im Anschluss*) **und da sagte er ...** and then he said ... ⑤ (*anwesend*) **da sein** to be there; **ist da jemand?** anybody there? ⑥ **ist die Post schon da?** has the post come yet? ⑦ (*weil*) as, since ⑧ **he, du da!** hey, you there! ⑨ **die da ist es gewesen** it was her who did it ⑩ **da haben wir den Salat!** now we're in for it! ⑪ **siehe da!** lo and behold! ⑫ **sie hatten den Hund gerade eingefangen, da lief er auch schon wieder weg** they had only just caught the dog, when he ran away again ⑬ **ich weiß nicht, ob ich da Zeit habe** I'm not sure, whether I'll have time then ⑭ **was soll man da noch sagen?** what else can you say? ⑮ **nichts da!** nothing doing!

**DAAD** *Abkürzung von* **Deutscher Akademischer Austauschdienst** German Academic Exchange Service

**dabei** ① (*beigefügt*) **ist die Beschreibung dabei?** are the instructions attached? ② **dabei darf man [allerdings] nicht vergessen, dass...** it shouldn't be forgotten here that ... ③ **... und dabei bleibt's!** ... and that's that!; **lassen wir es dabei!** let's leave it at that! ④ **was ist schon dabei?** so what of it?; **ich finde nichts dabei** I can't see any harm in it ⑤ **er aß und rauchte dabei** he ate and smoked at the same time ⑥ **dabei fühle ich mich nicht wohl** it doesn't feel right [to me] ⑦ **dabei kommt doch nichts raus!** but that's completely pointless! ⑧ **sie bleibt dabei** (*Aussage, Meinung*) she sticks with it ⑨ **sie ist nicht gekommen, dabei hat sie's versprochen** she didn't come, although she promised to

**dableiben** to stay; **bleib doch noch was da!** do stay a little longer!

das **Dach** roof ▸ WENDUNGEN: **unter Dach und Fach sein** to be in the bag; **eins aufs Dach kriegen** to get told off

der **Dachboden** attic
der **Dachdecker** tiler
das **Dachfenster** ① dormer window ② (*Dachluke*) skylight
der **Dachfirst** ridge of the roof
der **Dachgepäckträger** roof rack
die **Dachgleiche** Ⓐ (*Richtfest*) topping-out ceremony
der **Dachkännel** CH (*Dachrinne*) gutter
die **Dachluke** skylight
die **Dachorganisation** parent organization
die **Dachpappe** roofing felt
die **Dachrinne** gutter
der **Dachs** badger
der **Dachstuhl** roof truss
der **Dachziegel** roofing tile
der **Dackel** (*Hunderasse*) dachshund

**dadurch** ① (*örtlich*) that way, through there ② (*als Grund*) by that, in that way ③ **dadurch, dass er krank ist, kann er seine neue Stelle nicht antreten** as he's ill, he can't start his new job ④ **dadurch, dass ich ihren Computer benutzen durfte, bekam ich den Aufsatz rechtzeitig fertig** thanks to her letting me use her computer, I managed to finish the essay in time

**dafür** ① (*für diese Sache*) for it, for that; (*für diesen Zweck*) for that; **der Kuchen ist dafür da, gegessen zu werden** the cake is there to be eaten ② **ich werde dafür sorgen, dass ...** I'll see to it that ... ③ **dafür sein** to be [all] for it ④ (*andererseits*) but then; **er ist zwar erfolgreich, dafür aber auch arrogant** he's successful alright, but arrogant with it ⑤ **dafür habe ich kein Verständnis** that's beyond me ⑥ **er ist dafür bekannt, dass er stiehlt** he's known for thieving [ˈθiːvɪŋ]

**dagegen** ① (*gegen etwas*) against that, against it; **ich habe nichts dagegen** I don't object, I've no objections; **haben Sie etwas dagegen, wenn ich gehe?** do you mind if I leave?; **dagegen kann man nichts machen** nothing can be done about it ② (*verglichen mit*) compared with ③ (*andererseits*) on the other hand

**daheim** at home

**daher** ① (*örtlich*) from there ② **das kommt daher, dass ...** that is because ...; [von] **daher ...** that's why ..., hence ③ (*deshalb*) **mein Auto ist kaputt, daher meine Verspätung** there's something wrong with my car, hence the delay

**daherbringen** Ⓐ ① to bring along ② (*abwertend*) to say without thinking

**dahin** ① (*örtlich*) there ② (*zeitlich*) by that time, by then, until then ▸ WENDUNGEN: **mir steht's bis dahin** I've had it [with that]

**dahinten** over there

**dahinter** ① behind that [*oder* it] ② **es steckt**

**Dahlie – darauf**

**etwas dahinter** there is something in it; **sich dahinter klemmen** to put one's back into it; **dahinter kommen** to find out

die **Dahlie** dahlia ['deɪlɪə]

**damalig** at the time, then; **meine damalige Freundin** my then girlfriend, my girlfriend at the time

der **Damast** damask

die **Dame** ❶ (*Frau*) lady; **meine Damen und Herren!** Ladies and Gentlemen! ❷ (*im Damespiel*) king ❸ (*im Kartenspiel*) queen ❹ (*Spiel*) draughts [drɑːfts] △ *mit Singular oder Plural* ⒼⒷ, checkers △ *singular* ⓊⓈⒶ

das **Damebrett** draughtboard ⒼⒷ, checkerboard ⓊⓈⒶ

die **Damenbinde** sanitary towel [*oder* ⓊⓈⒶ napkin]

das **Damenfahrrad** ladies' bicycle

die **Damenunterwäsche** lingerie

das **Damespiel** draughts △ *mit Singular oder Plural* ⒼⒷ, checkers △ *singular* ⓊⓈⒶ

der **Damhirsch** fallow deer

**damit** ❶ (*mit dieser Sache*) **was willst du damit?** what do you want with that?; **was ist damit?** what about it?; **hör auf damit!** stop it!; **sind Sie damit einverstanden?** do you agree to that?; **damit kann ich nichts anfangen** I don't know what to do with it; **warum fängst du schon wieder damit an?** why do you have to drag that up again?; **heraus damit!** out with it! ❷ (*als Begründung*) so that; **ich hab dir nichts davon gesagt, damit du nicht böse wirst** I didn't tell you about it so that you wouldn't get angry

**dämlich** dumb [dʌm], stupid

der **Damm** ❶ (*Uferdamm*) embankment ❷ (*Deich*) dyke [daɪk] ▶ WENDUNGEN: **wieder auf dem Damm sein** to be all right again

der **Dammbruch** breach in a dyke

**dämm(e)rig** (*Beleuchtung*) dim, faint

**dämmern** ❶ es **dämmert** (*morgens*) dawn is breaking; (*abends*) dusk is falling ❷ (*übertragen*) es **dämmerte ihr** it dawned upon her

die **Dämmerung** twilight

der **Dämon** demon

der **Dampf** (*Wasserdampf*) steam; (*Dunst*) vapour ▶ WENDUNGEN: **Dampf ablassen** to let off steam; **jemandem Dampf machen** to make someone get a move on *umgangsspr*

das **Dampfbügeleisen** steam iron

**dampfen** to steam

**dämpfen** ❶ to muffle *Geräusch;* to lower

*Stimme* ❷ to dampen *Freude*

der **Dampfer** steamer, steamship

der **Dampfkessel** steam boiler

die **Dampfmaschine** steam engine

die **Dampfschifffahrt** steam navigation

die **Dampfwalze** steamroller

**danach** ❶ (*zeitlich*) after, after that ❷ (*demgemäß*) accordingly ❸ **mir ist nicht danach zumute** I don't feel like it

der **Däne**, die **Dänin** Dane

**daneben** ❶ (*räumlich*) next to someone/something; **rechts daneben** to the right of someone/it ❷ (*zusätzlich*) in addition

**danebengehen** (*übertragen*) to go wrong

**Dänemark** Denmark

**dänisch** Danish

der **Dank** (*Dankbarkeit*) gratitude; **vielen Dank!** thanks a lot!

**dank** **dank deiner Bemühungen ...** thanks to your efforts ...

**dankbar** ❶ grateful; **jemandem für etwas dankbar sein** to be grateful to someone for something ❷ (*übertragen*) **das ist eine/keine dankbare Aufgabe** that is/isn't a rewarding duty

die **Dankbarkeit** gratitude

**danke** thanks!; **danke schön!** thank you!

**danken** ❶ **jemandem** [**für etwas**] **danken** to thank someone [for something]; **nichts zu danken!** don't mention it! ❷ **dankend ablehnen** to decline with thanks

**dann** ❶ (*danach, also*) then; **und was geschah dann?** and what happened next? ❷ **dann und wann** now and then; **selbst dann nicht, wenn ...** not even if ... ❸ **dann eben nicht!** well, suit yourself!

**daran** ❶ (*an etwas festmachen*) to ❷ (*zeitlich*) **im Anschluss daran** following it ❸ **nahe daran sein, etwas zu tun** very nearly do something ❹ **da ist was dran** there's something to it ❺ **lass mich mal daran riechen** let me smell it ❻ **daran kann ich nichts ändern** I can't do anything about it ❼ **es liegt mir viel daran** it is very important to me ❽ **sie ist daran gestorben** she died of it

**darangehen** **darangehen, etwas zu tun** to set about doing something

**daranmachen** **sich daranmachen, etwas zu tun** (*umgangsspr*) to get down to doing something

**daransetzen** to risk, to stake

**darauf** ❶ (*räumlich*) on ❷ (*zeitlich*) after that; **am Tag darauf** the next day ❸ **etwas darauf sagen** to say something to that

**daraufhin** ① (*als Folge*) as a result ② (*im Hinblick darauf*) with regard to

**daraus** ① (*heraus*) out of ② (*aus Material*) from ③ (*aus etwas folgend*) **daraus ergibt sich, ...** from that it follows that ... ④ **daraus wird nichts!** forget it! ⑤ **daraus mache ich mir nichts** I'm not very keen on that

**darbieten** ① to perform *Aufführung* ② **sich darbieten** present itself

die **Darbietung** performance

**darin** ① (*räumlich*) in ② (*übertragen*) in that respect; **der Unterschied liegt darin, dass ...** the difference is that ...

**darlegen** **jemandem etwas darlegen** to explain something to someone

das **Darlehen** loan (**an/für** to)

der **Darm** (*Körperteil*) bowel, intestines [ɪn'testɪnz] *plural*

die **Darmerkrankung** intestinal [ɪn'testɪnəl] disease

die **Darmgrippe** gastric influenza

die **Darminfektion** bowel infection

der **Darmkrebs** cancer of the intestine

**darstellen** ① (*schildern*) to describe *Tatsachen, Ereignis* ② (*bedeuten*) to constitute, to represent; **was stellt dieses Zeichen dar?** what does this symbol mean?

die **Darstellung** ① (*bildlich*) portrayal ② (*Beschreibung*) description ③ (*grafisch*) graph

**darüber** ① (*räumlich*) over something; (*quer darüber*) across something ② **darüber spreche ich nicht gern** I don't like to talk about it ③ **darüber hinweg sein** to have got over it; **darüber hinaus** over and above that

**darum** ① (*deshalb*) that's why ② **also, es geht darum, dass ich morgen nicht kann** the thing is that I can't make it tomorrow; **darum geht es gar nicht** that isn't the point ③ (*örtlich*) round something; **darum herumfahren** to drive round it

**darunter** ① (*räumlich*) under [*oder* beneath] it, underneath ② (*mit dabei*) among them; **es gab zehn Verletzte, darunter 3 Kinder** there were ten people injured, among them three children ③ (*weniger*) less; **alles was darunter ist ...** anything less than that ...; **Schüler im Alter von 15 und darunter** pupils aged 15 and under ④ **was verstehen Sie darunter?** what do you mean by that?

**das** ① the ② **das ist genau das, was ich meine** this is exactly what I mean ③ **siehst du das Haus, das ich meine?** do you see the house [which] I'm talking about?

das **Dasein** (*Existenz*) existence

**dass** that; **so dass** so that

**dasselbe, dasselbige** the same

die **Datei** file

das **Dateisystem** file system

die **Daten** (*Angaben*) the facts

der **Datenabruf** data retrieval

die **Datenaufbereitung** data preparation

die **Datenautobahn** information superhighway

die **Datenbank** data bank

der **Datenbestand** database

der **Datenhandschuh** data glove [glʌv]

der **Datenmissbrauch** data abuse

der **Datenschutz** data protection

die **Datensicherung** backup

das **Datensichtgerät** visual display unit, VDU

der **Datenträger** data carrier

der **Datentypist**, die **Datentypistin** terminal operator

die **Datenverarbeitung** data processing

**datieren** to date

der **Dativ** dative

die **Dattel** date

die **Dattelpalme** date palm

das **Datum** date

die **Dauer** ① duration ② (*Zeitspanne*) length ③ **für die Dauer von ...** for a period of ...; **auf die Dauer** in the long term; **von kurzer Dauer sein** to be short-lived

der **Dauerauftrag** standing order

**dauergewellt** *Haare:* permed

**dauerhaft** ① durable, lasting ② (*ständig*) permanent

der **Dauerlauf** jogging

**dauern** ① (*lang sein*) to go on, to last; **die Vorstellung dauert zwei Stunden** the performance lasts two hours ② (*Zeitaufwand*) to take; **dauert das noch lange?** will it take much longer?; **das dauert mir zu lange** it takes too long; **das dauert!** this is taking ages!; **es hat zwei Stunden gedauert bis die Feuerwehr kam** it took two hours for the fire brigade to arrive

**dauernd** ① (*andauernd*) lasting; **etwas dauernd tun** to keep doing something ② (*ständig*) permanent

der **Dauerregen** continuous rain

der **Dauerschaden** permanent injury

die **Dauerwelle** permanent wave, perm

der **Dauerzustand** permanent state of affairs

der **Daumen** ① thumb ② **drücken Sie mir die Daumen!** keep your fingers crossed for me!

die **Daune** down [feather]

die **Daunendecke** continental quilt, duvet ['duːveɪ]

die **Daunenjacke** quilted jacket

**davon – dekorativ**

**davon** ① (*räumlich*) from [something]; **Stuttgart liegt nicht weit davon** Stuttgart isn't far from it ② (*dadurch*) from [something]; **davon kriegst du Pickel** you'll get spots from that ③ **das hängt davon ab, ob ...** that depends on whether ... ④ **das kommt davon!** I told you so! ⑤ **davon werde ich nicht satt** I'll still be hungry after that

**davonfliegen** to fly away

**davonkommen** to escape, to get away

**davonlaufen** to run away (**vor** from)

**davonmachen sich davonmachen** to make off

**davontragen** ① (*wegtragen*) to carry away ② (*übertragen*) to suffer *Schaden, Verletzung* ③ to carry off; to win *Preis, Sieg*

**davor** ① (*örtlich*) in front of ② (*zeitlich*) before ③ **hast du Angst davor?** are you afraid of it?

der **DAX** *Abkürzung von* **Deutscher Aktien Index** DAX, German share index

**dazu** ① (*räumlich*) there; **wozu gehört das? — das gehört dazu!** what does this belong to? — it belongs to that! ② (*Zweck*) for that; **wozu dient das? — dazu!** what's this good for? — that! ③ **wie komme ich dazu!** why on earth should I! ④ **ich habe keine Lust dazu** I don't feel like it ⑤ **dazu fällt dir wohl nichts mehr ein?** don't know what to say now? *umgangsspr*

**dazugehören** ① **das gehört mit dazu** it's all part of it ② **es gehört schon einiges dazu** that takes a lot

**dazutun** to add

**dazwischen** ① (*räumlich: zwischen*) between; **es ist kaum noch Platz dazwischen** there's hardly any room left in between ② (*mittendrin*) amongst them

**dazwischenfahren** (*unterbrechen*) **jemandem dazwischenfahren** to rudely interrupt someone

**dazwischenkommen wenn nichts dazwischenkommt** if nothing crops [*oder* comes] up; **mir ist etwas dazwischen gekommen** something came up

**dealen** ['diːlən] to push; **mit Kokain dealen** to push cocaine

der **Dealer**, die **Dealerin** ['diːlɐ] pusher; (*international*) trafficker

die **Debatte** ① debate ② **das steht nicht zur Debatte** that's not the issue

**debattieren** to discuss

der **Deckanstrich** top coat[ing]

das **Deckblatt** overlay

die **Decke** ① (*Wolldecke*) blanket; (*Steppdecke*) quilt ② (*Zimmerdecke*) ceiling ▸ WENDUNGEN: **an die Decke gehen** to blow one's top; **mit jemandem unter einer Decke stecken** to be hand in glove [glʌv] with someone

der **Deckel** ① *von Topf:* cover ['kʌvɐ'], lid ② *von Buch:* cover

**decken** ① to lay; to set *Tisch* ② (*übertragen*) **jemanden decken** to cover ['kʌvɐ'] for someone ③ **sich decken** *Gleichung:* to be congruent; *Aussagen:* to correspond

die **Deckenbeleuchtung** ceiling lighting

der **Deckname** code name

die **Deckung** ① (*Schutz*) cover ['kʌvɐ']; **in Deckung gehen** to take cover ② *eines Schecks, Kredits:* cover

der **Decoder** [deˈkoːdɐ] decoder

der **Defekt** defect [dɪˈfekt], fault [fɒlt]

**defekt** defective, faulty

die **Defensive** defensive

**definieren** to define

die **Definition** definition [ˌdefrˈnɪʃən]

**definitiv** ① (*eindeutig*) definite ② (*endgültig*) definitive [dəˈfɪnətɪv]

das **Defizit** ① (*finanziell*) deficit ['defɪsɪt] ② (*übertragen: Mangel*) deficiency [dɪˈfɪʃ³nsi] (**an** of)

**deftig** *Mahlzeit:* solid

der **Degen** rapier

**degenerieren** to degenerate (**zu** into)

**degradieren** ① to demote; **zum gemeinen Soldaten degradiert werden** to be reduced to the ranks *plural* ② (*übertragen*) **jemanden [zu etwas] degradieren** to reduce someone [to the level of something]

**dehnbar** ① *Stoff:* elastic ② *Begriff:* flexible

**dehnen** to stretch

der **Deich** dyke (GB), dike (USA)

die **Deichsel** shaft

**deichseln** (*umgangsspr*) to wangle

**dein** your

**deine(r, s) das ist deine(r, s)** this is yours [*oder* your one]

**deinerseits** on your part

**deinetwegen** ① (*wegen dir*) because of you ② (*dir zuliebe*) for your sake

das **Dekagramm** Ⓐ 10 [*oder* GB grammes] grams

der **Dekan**, die **Dekanin** dean

**deklinieren** to decline, to inflect

der/das **Dekor** decor

der **Dekorateur**, die **Dekorateurin** [dekoraˈtøːɐ̯] ① (*Schaufensterdekorateur*) window-dresser ② (*Raumausstatter*) interior decorator

die **Dekoration** decoration, set

**dekorativ** decorative ['dekəˌrətɪv]

**dekorieren** ① to decorate ['dekᵊreɪt] ② to dress *Schaufenster*

der/die **Delegierte** delegate

der **Delfin** dolphin

**delikat** ① (*köstlich*) delicious ② (*heikel*) delicate ['delɪkət]

die **Delikatesse** delicacy

das **Delikt** (*Vergehen*) offence; (*Verbrechen*) crime

das **Delirium** delirium

die **Delle** dent

**delogieren** Ⓒʜ, Ⓐ (*raussetzen*) to evict *Mieter*

der **Delphin** dolphin

das **Delta** delta

**dem** wie dem auch sei be that as it may

**dementieren** to deny *Meldung, Aussage*

**dementsprechend** ① jemanden dementsprechend behandeln to treat someone accordingly ② eine dementsprechende Antwort an appropriate answer

**demnach** therefore, according to that

**demnächst** soon

der **Demokrat**, die **Demokratin** democrat

die **Demokratie** democracy [dɪmɒkrəsi]

**demokratisch** democratic

**demolieren** to wreck

der **Demonstrant**, die **Demonstrantin** demonstrator ['demənstreɪtəʳ]

die **Demonstration** demonstration [ˌdemən'streɪʃᵊn]

**demonstrativ** demonstrative [dɪ'mɒnstrətɪv]

das **Demonstrativpronomen** demonstrative pronoun

**demonstrieren** to demonstrate; [für/gegen etwas] demonstrieren to demonstrate [in support of/against something]

**demontieren** to dismantle

das **Demo-Tape**, das **Demotape** demo [tape]

die **Demut** humility

**demütig** humble

**demütigen** to humiliate

die **Demütigung** humiliation

**denkbar** conceivable [kən'siːvəbl]; das ist [durchaus] denkbar that is feasible

die **Denkblockade** mental block

**denken** to think; an etwas denken to think of something; denk nach! think!; sie denkt praktisch she's practically minded; ich kann schon nicht mehr klar denken I can't even think straight anymore; dabei muss man ganz schön denken it requires quite a lot of brainpower ► WENDUNGEN: das habe ich mir gleich gedacht I thought that all along; dachte ich's mir doch! I knew it!;

das kann ich mir denken I can imagine; laut denken to think aloud; den Laden gibt es schon, solange ich denken kann the shop has been there as long as I can remember; ich denke schon I think so; er denkt nur Gutes über sie he only thinks the best of her; ich denke mir die Sache so: ... that's how I imagine it: ...; ich denke gar nicht daran, das zu tun! I wouldn't dream of doing that!

das **Denkmal** ① (*Monument*) monument ② (*Statue*) statue

der **Denkmal(s)schutz** protection of historical monuments; unter Denkmalschutz stehen to be under a preservation order

**denkwürdig** memorable ['memᵊrəbl]

**denn** ① (*weil*) for ② es sei denn unless ► WENDUNGEN: wen meinst du denn? who do you mean?; wieso denn? how come?; warum denn nicht? why not?; was soll das denn? what's all this then?

**dennoch** nevertheless [ˌnevədə'les], still

**denunzieren** to denounce

das **Deo**, das **Deodorant** deodorant

der **Deoroller** roll-on deodorant

der **Deostift** deodorant stick

das **Departement** department [dɪ'pɑːtmənt]

die **Deponie** dump

**deponieren** to deposit

**deportieren** to deport

das **Depot** [de'poː] ① (*in Bank*) strong room ② (*in Lager*) warehouse ['weəhaʊs]

der **Depp** idiot

die **Depression** depression [dɪ'preʃᵊn]

**depressiv** depressive

**deprimieren** to depress

**der** ① the ② der arme Philip! poor Philip! ③ (*derjenige*) the one; das ist der [Typ], von dem ich dir erzählt habe this is the guy I told you about; der mit dem Hut the one with the hat ④ (*als Relativpronomen*) who; jeder, der ein Eis möchte ... anyone who wants an ice-cream ...

**derart** derart, dass ... so much that ...

**derartig** of that kind

**derb** ① (*kräftig*) *Stoff*: strong; *Leder*: tough [tʌf] ② (*grob*) *Witz, Sprache*: coarse, crude

**derentwegen** ① (*wegen einer Person*) on whose account ② (*wegen einer Sache*) on account of which

**dergleichen** of that kind, such; und dergleichen and the like

**derjenige** derjenige, welcher ... he who ...

**dermaßen** dermaßen, dass ... so much that ...

**derselbe – die**

**derselbe** ① *Sache, Gegenstand:* the same ② *Person:* the same person; **das ist derselbe, der mich geschlagen hat** it's the same guy, who hit me
**derzeit** at present
**derzeitig** present
**desertieren** to desert
**desgleichen** likewise
**deshalb** ① therefore ② **deshalb also!** so that's why!
das **Design** [di'zaɪn] design
der **Designer**, die **Designerin** [di'zaɪnɐ] designer
die **Designermode** designer fashion
die **Desinfektion** disinfection [ˌdɪsɪn'fɛkʃ⁹n]
das **Desinfektionsmittel** disinfectant [ˌdɪsɪn'fektənt]
**desinfizieren** to disinfect
**despotisch** despotic
**dessen** ① *einer Person:* of whom, whose [huːz] ② *einer Sache, eines Tieres:* of which
das **Dessert** [dɛ'seːɐ] dessert
**destillieren** to distil
**desto** all the
**destruktiv** destructive [dɪ'strʌktɪv]
das **Detail** [de'taj] detail ['diːteɪl]; **ins Detail gehen** to go into details *plural*
**detailliert** detailed
der **Detaillist** ⒞⒣ retailer, retail trader
der **Detektiv**, die **Detektivin** private investigator
**detonieren** to explode
**deuten** ① **ein Zeichen/die Zukunft deuten** to interpret a sign/predict the future ② *(mit dem Finger zeigen)* **auf etwas deuten** to point something out ③ **alles deutet auf einen Wirtschaftsaufschwung hin** everything seems to indicate an economic upswing
**deutlich** clear; **muss ich deutlicher werden?** have I not made myself plain enough?
die **Deutlichkeit** clarity
**deutsch** ① German; **auf Deutsch heißt das ...** in German it means ... ② **auf gut Deutsch** *(umgangsspr: genau gesagt)* in plain English
das **Deutsche** *(Sprache)* German
der/die **Deutsche** *(Person)* German
die **Deutsche Demokratische Republik** German Democratic Republic, GDR
**Deutschland** Germany
**deutschsprachig** German-speaking
der/die **Deutschstämmige** ethnic German
die **Devise** ① *(Wahlspruch)* motto ② *(Währung)* foreign currency
der **Dezember** December; **am 15. Dezember** on 15th December, on December 15 ⒰⒮⒜;

*(gesprochen)* on the 15th of December, December the 15th ⒰⒮⒜; **Anfang Dezember** at the beginning of December; **Ende Dezember** at the end of December
**dezent** discreet
**dezentralisieren** to decentralize
der **Dezernent**, die **Dezernentin** head of department
die **Dezimalrechnung** calculation with decimals *plural*
**dezimieren** to decimate
das **Dia** slide
der **Diabetes** diabetes
der **Diabetiker**, die **Diabetikerin** diabetic
die **Diagnose** diagnosis
**diagnostizieren** to diagnose
**diagonal** diagonal [daɪ'æɡ⁹n⁹l]
die **Diagonale** diagonal
das **Diagramm** diagram
der **Diakon**, die **Diakonin** deacon
die **Diakonissin** deaconess
der **Dialekt** dialect ['daɪəlekt]
der **Dialer** *(Internet-Einwahlprogramm)* dialer
der **Dialog** dialogue, dialog ['daɪəlɒɡ]
der **Dialogbetrieb** conversational mode
die **Dialyse** dialysis
der **Diamant** diamond
die **Diät** diet ['daɪət]; **Diät halten** to be on a diet
**dich** ① **ich mag dich** I like you ② **magst du dich?** do you like yourself?
**dicht** ① *Haar, Hecke:* thick; *Laub:* dense ② **dicht gefolgt von** closely followed by ③ **dicht besiedelt** densely populated ▸ WENDUNGEN: **du bist wohl nicht ganz dicht!** you must be daft!
der **Dichter**, die **Dichterin** poet[ess]
**dichthalten** *(umgangsspr)* to hold one's tongue [tʌŋ], to keep one's mouth shut
die **Dichtung** *(Technik)* seal
die **Dichtungsscheibe** washer
**dick** ① *Nebel, Baumstamm:* thick ② *Mensch, Brieftasche:* fat ③ *Gehalt, Belohnung:* hefty ④ **dicke Freunde** *(umgangsspr)* close friends
der **Dickdarm** colon
**dickflüssig** thick, viscous
das **Dickicht** thicket
**dickköpfig** *(übertragen)* obstinate, stubborn
die **Dickmilch** soured milk
**die** ① the ② **die arme Conny!** poor Conny! ③ *(diejenige)* the one; **die mit der gelben Tasche** the one with the yellow bag ④ *(als Relativpronomen)* **das ist die, die ich gestern gesehen habe** that's the one, who I saw yesterday

**685**                                  Dieb – direkt

der **Dieb**, die **Diebin** thief
der **Diebstahl** theft
die **Diebstahlsicherung** anti-theft device
   **diejenige diejenige, welche ...** she who ...
die **Diele**[1] (*Brett*) floorboard
die **Diele**[2] (*Hausflur*) hall, hallway
   **dienen** ❶ (*bedienen, ergeben sein*) **jeman-
   dem/einer Sache/seinem Land dienen**
   to serve someone/a cause/one's country
   ❷ **zu etwas dienen** to serve for something;
   **wozu dient das?** what's the use of this?
   ❸ **womit kann ich dienen?** can I help
   you?
der **Diener** ❶ servant ❷ (*Verbeugung*) bow
die **Dienerin** maid
der **Dienst** ❶ service; **der öffentliche Dienst** the
   civil service ❷ (*Berufsausübung*) duty;
   **Dienst haben** *Arzt:* to be on duty; *Apotheke:*
   to be open; **die Dienst habende Ärztin/
   der Dienst habende Beamte** the doctor/
   officer on duty ❸ **Dienst nach Vorschrift**
   work-to-rule
der **Dienstag** Tuesday; **bis Dienstag!** see you [on]
   Tuesday!; [am] **Dienstagabend/Dienstag-
   morgen/Dienstagnachmittag** [on] Tuesday
   night [*oder* evening]/morning/afternoon;
   **dienstagabends/dienstagmorgens** on
   Tuesday evenings [*oder* nights]/mornings
   **dienstags** on Tuesdays
der **Dienstgrad** rank
der **Dienstleister** service provider
die **Dienstleistung** service
   **dienstlich** official; **ist es dienstlich oder pri-
   vat?** is it a business or private matter?
die **Dienstreise** business trip
die **Dienststelle** office
die **Dienststunden** working hours
die **Dienstvorschrift** official regulations *plural*
die **Dienstzeit** period of service
   **diesbezüglich** regarding this
   **diese** ❶ this; **diese Tasche ist zu teuer** this
   bag is too expensive; **diese Frau hat
   mich angesprochen und ...** this woman
   approached [ə'prəʊtʃt] me and ... ❷ this one;
   **welche von diesen Hosen steht mir bes-
   ser? — diese** which one of these trousers
   suits me better? — this one [*oder* that one];
   **ich möchte aber diese** but I want this one
der **Diesel** ❶ (*Motor*) diesel [engine] ❷ **ich fahre
   einen Diesel** I drive a diesel ❸ (*Kraftstoff*)
   diesel
   **dieselbe** ❶ *Gegenstand:* the same ❷ *Person:*
   the same person; **das ist dieselbe, die ich
   im Park gesehen habe** it's the same girl/
   woman, who I saw in the park

der **Dieselmotor** diesel engine
   **dieser** ❶ this; **dieser Mantel ist zu groß**
   this coat is too big; **dieser Mann ist ein
   Dieb** this man is a thief ❷ **dieser ist es** this
   is the one
   **dieses** ❶ (*einzeln*) this; **dieses Pferd
   möchte ich reiten** I want to ride this horse;
   **dieses Haus ist schön** this is a nice house
   ❷ (*mehrere*) these; **diese Schuhe passen**
   these shoes fit ❸ **dieses hier** this one here;
   **dieses ist das Haus, das ich meinte** this is
   the house that I was talking about ▶ WENDUN-
   GEN: **dies und das** this and that
   **diesig** *Wetter:* hazy, misty
   **diesjährig** this year's
   **diesmal** this time
   **diesseits** on this side of ...
der **Dietrich** picklock, skeleton-key
   **differenzieren** to make distinctions
   **diffus** diffuse [dɪ'fjuːz]
   **digital** digital ['dɪdʒɪtᵊl]
die **Digitaluhr** ❶ digital clock ❷ (*Armbanduhr*)
   digital watch
das **Diktat** (*in der Schule*) dictation; **wir schrei-
   ben heute ein Diktat** we've got a dictation
   today
der **Diktator** dictator [dɪk'teɪtᵊʳ]
die **Diktatur** dictatorship
   **diktieren** to dictate
das **Diktiergerät** dictating machine
der **Dill** dill
die **Dimension** dimension [ˌdaɪ'menʃᵊn]
der **Dimmer** dimmer [switch]
   **DIN** *Abkürzung von* **Deutsche Industrie-
   Norm(en)** DIN, German Industrial Stan-
   dard[s]
das **Ding** thing
der/die/das **Dings** thingummy
der **Dinosaurier** dinosaur ['daɪnəsɔːʳ]
die **Diode** diode ['daɪəʊd]
das **Dioxin** dioxin [daɪ'ɒksɪn]
die **Diphtherie** diphtheria [dɪf'θɪərɪə]
das **Diplom** diploma
die **Diplomarbeit** diploma thesis, dissertation
der **Diplomat**, die **Diplomatin** diplomat
der **Diplomatenkoffer** executive case
   **diplomatisch** diplomatic
der **Diplomingenieur**, die **Diplomingenieurin**
   academically qualified engineer
   **dir** [to] you ▶ WENDUNGEN: **mir nichts dir
   nichts** just like that
   **direkt** ❶ *Weg:* direct ❷ *Antwort:* straight
   ❸ **direkt gegenüber** directly [*oder* right]
   opposite ❹ (*unverzüglich*) directly ⑬, right
   [away], straight ⑭; **direkt nach Hause**

**kommen** to come home right away

die **Direktion** (CH) cantonal department

der **Direktor**, die **Direktorin** ① *einer Firma:* director ② *einer Schule:* headteacher (GB), principal (USA) ③ *eines Gefängnisses:* governor (GB), warden (USA)

der **Direktsaft** pressé juice (GB), juice not from concentrate (USA)

die **Direktübertragung** live broadcast

der **Direktzugriff** direct access

der **Direktzugriffsspeicher** random access memory, RAM

der **Dirigent**, die **Dirigentin** conductor

**dirigieren** ① to conduct ② to direct *Verkehr*

der **Discountladen** discount store

die **Diskette** [floppy] disk, diskette

das **Diskettenlaufwerk** disk drive

der **Discjockey**, der **Diskjockey** ['dɪskdʒɔke] disc jockey

der **Diskont** discount

der **Diskontsatz** discount rate

die **Diskothek** discotheque

**diskret** ① (*unauffällig*) discreet ② (*zurückhaltend*) reserved ③ (*behutsam*) cautious ['kɔ:ʃəs]

**diskriminieren** to discriminate

die **Diskriminierung** discrimination

der **Diskus** discus

die **Diskussion** discussion [ˌdɪˈskʌʃ°n]

**diskutieren** to discuss; **über etwas diskutieren** to discuss something

**disponieren** (*Anordnungen treffen*) to make arrangements *plural*

**disqualifizieren** to disqualify (**von** from)

die **Dissertation** (*Doktorarbeit*) thesis

der **Dissident**, die **Dissidentin** dissenter, dissident

die **Distanz** ① distance ② (*übertragen*) **auf Distanz gehen** to become distant

**distanzieren sich von etwas distanzieren** to dissociate oneself from something

die **Distel** thistle

die **Disziplin** discipline

**diszipliniert** disciplined

die **Diva** diva

**divers** diverse, various

die **Diversifizierung** diversification [daɪˌvɜːsɪ-fɪˈkeɪʃ°n]

die **Dividende** dividend

**dividieren** to divide

der **Diwan** divan

der **DJ** ['diːdʒeɪ] (*umgangsspr*) DJ, deejay

die **DNS** *Abkürzung von* **Desoxyribonukleinsäure** DNA, deoxyribonucleic acid

**doch** ① (*dennoch*) nevertheless; **sie ist doch gekommen** she came after all ② (*aber*) but,

and yet; **er wollte gehen, doch er konnte nicht** he wanted to leave, and yet he couldn't ③ **nicht doch!** don't do that!, stop it!; **komm doch!** oh, come-on!; **hör doch auf!** stop it now! ④ **du kommst nicht mit?** — **doch!** you're not coming? — yes, I am!; **möchtest du nicht mitkommen? — doch schon, aber ...** don't you want to come? — I do, but ... ⑤ **sie hat doch Recht** she's right after all ⑥ **wie heißt sie doch noch?** what was her name again?

der **Docht** wick

das **Dock** dock

die **Dogge** mastiff

die **Dohle** jackdaw

**doktern** (*umgangsspr*) **an etwas doktern** to tinker [around] with something

der **Doktor**, die **Doktorin** doctor; **seinen Doktor machen** to do a doctorate

der **Doktorand**, die **Doktorandin** PhD student

die **Doktorarbeit** thesis

der **Doktorvater**, die **Doktormutter** PhD supervisor

das **Dokument** document

der **Dokumentarfilm** documentary

**dokumentarisch** documentary

**dokumentieren** to document

der **Dolch** dagger

der **Dollar** dollar, buck *umgangsspr*

der **Dollarkurs** dollar [exchange] rate

**dolmetschen** to interpret

der **Dolmetscher**, die **Dolmetscherin** interpreter

der **Dom** cathedral

die **Domäne** domain

**dominieren** ① *Eigenschaft:* to be predominant ② *Mensch:* to dominate

die **Dominikanische Republik** Dominican Republic

das **Domino** dominoes △ *plural*

das **Domizil** residence, domicile

der **Dompfaff** bullfinch

der **Dompteur**, die **Dompteurin**, die **Dompteuse** animal trainer

die **Donau** the Danube ['dænjuːb]

der **Döner**, der **Dönerkebab** [doner] kebab

der **Donner** thunder

**donnern** to thunder; **es hat gedonnert und geblitzt** there was thunder und lightning

der **Donnerstag** Thursday; **bis Donnerstag!** see you [on] Thursday!; [am] **Donnerstagabend/Donnerstagmorgen/Donnerstagnachmittag** [on] Thursday night [*oder* evening]/morning/afternoon; **donnerstagabends/donnerstagmorgens** on Thursday evenings [*oder* nights]/mornings

**donnerstags** on Thursdays
**Donnerwetter** (*übertragen*) ① (*anerkennend*) **Donnerwetter!** not bad at all! ② (*wütend*) **Donnerwetter!** damn it!
**doof** daft, thick
die **Dopingsperre** doping ban
das **Doppel** ① (*Duplikat*) duplicate ② (*beim Tennis*) doubles △ plural
der **Doppelagent**, die **Doppelagentin** double agent
das **Doppelbett** double bed
der **Doppeldecker** ① (*Flugzeug*) biplane ② (*Bus*) double-decker
**doppeldeutig** ambiguous
der **Doppelgänger**, die **Doppelgängerin** double
das **Doppelhaus** semi-detached house
das **Doppelkinn** double chin
das **Doppelleben** double life
der **Doppelname** double-barrelled name
der **Doppelpunkt** colon ['kəʊlən]
**doppelt** ① double; **die doppelte Menge** twice [*oder* double] the amount; **doppelt so viel** twice as much ② **etwas doppelt zählen** to count something twice
der **Doppelzentner** 100 kilograms
das **Doppelzimmer** double room
das **Dorf** village ['vɪlɪdʒ]
der **Dorfbewohner**, die **Dorfbewohnerin** villager
die **Dorfschaft** ⒸⒽ hamlet ['hæmlət]
der **Dorn** ① thorn [θɔːn] ② *einer Gürtelschnalle*: tongue
das **Dornröschen** Sleeping Beauty
das **Dörrobst** dried fruit
der **Dorsch** cod
**dort** there
**dorther** from there, thence
**dorthin** there
**dortig die dortige Lage** the situation there
die **Dose** ① (*Konservenbüchse*) tin ⒼⒷ, can ② (*Steckdose*) socket
**dösen** to doze
das **Dosenbier** canned beer
die **Dosenmilch** tinned [*oder* canned] milk
der **Dosenöffner** tin opener ⒼⒷ, can opener
das **Dosenpfand** [beverage] can deposit
**dosieren** to measure ['meʒəʳ] out
die **Dosis** dose
der/das **Dotter** yolk [jəʊk]
das **Double** ['duːbl] substitute
**downloaden** ['daʊnloʊd] to download
der **Dozent**, die **Dozentin** lecturer ⒼⒷ, assistant professor ⓊⓈⒶ
der **Drache** (*Fabeltier*) dragon
der **Drachen** ① (*Papierdrachen*) kite; **einen Drachen steigen lassen** to fly a kite ② (*abwertend: zänkische Frau*) dragon, battle-axe ③ (*Sportgerät*) hang-glider
das **Drachenfliegen** hang-gliding
das **Dragee** coated tablet
der **Draht** wire ▶ WENDUNGEN: **auf Draht sein** be on the ball
die **Drahtbürste** wire brush
das **Drahtgitter** wire netting
**drahtig** wiry
das **Drahtseil** wire cable
**drall** buxom
das **Drama** drama
**dramatisch** dramatic
**dramatisieren** to dramatize; (*hochspielen*) to make a to-do about
**dran du bist dran!** it's your turn! ▶ WENDUNGEN: **sie ist arm dran** she's badly off; **drauf und dran sein, etwas zu tun** to be on the verge of doing something
der **Drang** impulse, urge
**drängeln** (*sich vordrängeln*) to jostle ['dʒɒsl], to push; **drängel doch nicht so!** stop shoving!
**drängen** ① (*sich vordrängen*) to push; **jemanden zur Seite drängen** to push someone aside ② **jemanden [zu etwas] drängen** to pressure someone [into doing something] ③ **die Zeit drängt** time's running out ④ **er drängte darauf, den besten Platz zu bekommen** he insisted on getting the best seat
**drangsalieren** ① (*politisch, gesellschaftlich*) to oppress ② (*belästigen*) to pester, to plague [pleɪg]
**drastisch** drastic
**drauf** (*umgangsspr*) **der hat schwer was drauf!** he knows his trade!
die **Draufgabe** ① Ⓐ (*Zugabe*) encore ② extra, bonus
der **Draufgänger**, die **Draufgängerin** daredevil, go-getter
**draufgehen** ① (*sterben*) to snuff it *slang* ② (*Geld*) to disappear; **bei so einem Auto geht viel Geld drauf** a car like that costs a packet to maintain *umgangsspr*
**draufhaben** to come out with *Sprüche, Antwort*
**draufzahlen** to pay extra
**draußen** ① outside; **Kinder, geht draußen spielen** go and play outside kids ② (*im Freien*) in the open air, out of doors ③ (*irgendwo*) **da draußen** out there
der **Dreck** ① dirt, muck ② (*umgangsspr: Kleinigkeit*) little thing
**dreckig** ① dirty ② **es geht ihm dreckig**

**Dreckspatz – Drogist**     **688**

(*umgangsspr*) he's badly off
der **Dreckspatz** mucky pup
der **Dreh** (*umgangsspr: Trick*) trick; **den Dreh heraushaben** to have got the hang of it
die **Drehbank** lathe [leɪð]
**drehbar** revolving, rotating
der **Drehbleistift** propelling pencil ⓖⓑ, mechanical [məˈkænɪkəl] pencil ⓤⓢⓐ
das **Drehbuch** script
der **Drehbuchautor**,    die **Drehbuchautorin** scriptwriter
**drehen** ❶ to turn *Schraube, Knauf* ❷ (*rotieren*) to rotate ❸ to roll [rəʊl] *Zigarette* ❹ to shoot *Film, Szene* ❺ **ein Ding drehen** (*umgangsspr: Streich*) to pull a prank; (*Verbrechen*) to pull a job ❻ **sich drehen** (*sich wenden*) to turn (**um** about) ❼ **mir dreht sich alles** my head is spinning ❽ **sich im Kreise drehen** to turn round and round; (*übertragen: nicht weiterkommen*) to be going round in circles [ˈsɜːklz] ❾ **es dreht sich um meinen Sohn** it's about my son; **es dreht sich darum, ob ...** the point is whether [ˈweðər] ...
das **Drehkreuz** turnstile
die **Drehorgel** barrel-organ, hurdy-gurdy
der **Drehstuhl** swivel-chair
die **Drehtür** revolving door
die **Drehzahl** revolutions per minute, r. p. m.
die **Drei** ❶ (*Zahl*) [number] three ❷ (*Schulnote*) ≈ C; **eine Drei schreiben** ≈ to get a C ❸ **die Drei** (*Straßenbahn, Bus*) the number three [tram/bus]
**drei** three; **viertel vor drei** a quarter to three; **drei viertel** three quarters
das **Dreieck** triangle [ˈtraɪæŋgl]
**dreieckig** triangular [traɪˈæŋgjələr]
**dreierlei** three sorts of
**dreifach** ❶ threefold, triple ❷ **die dreifache Menge** three times the amount; **Groß, der dreifache Olympiameister** three-times [*oder* triple] Olympic champion Gross
die **Dreifachsteckdose** triple socket
**dreihundert** three hundred
**dreijährig** three-year-old
das **Dreikönigsfest** Epiphany [əˈpɪfəni]
das **Dreirad** tricycle [ˈtraɪsɪkl]
der **Dreisatz** rule of three
**dreißig** thirty [ˈθɜːti]
**dreißigjährig** ❶ thirty years old ❷ **ein dreißigjähriger Mann** a thirty-year-old man ❸ **der Dreißigjährige Krieg** the Thirty Years' War
**dreißigste(r, s)** thirtieth [ˈθɜːtiəθ]
das **Dreißigstel** thirtieth [ˈθɜːtiəθ]

**dreist** ❶ (*kühn*) bold ❷ (*frech*) cheeky, impudent
**dreistellig** *Zahl:* three-figure
**dreitägig** three-day
**dreiteilig** three-piece
**dreizehn** thirteen [θɜːˈtiːn]
**dreizehnte(r, s)** ❶ thirteenth, 13th ❷ **wir haben heute den dreizehnten Dezember** today is the thirteenth of December ❸ **ich bin in der dreizehnten Klasse** I'm in Year 13
die **Dresche** (*umgangsspr*) thrashing; **Dresche kriegen** to get a good hiding
der **Dress** [sports] kit
**dressieren** to train
der **Dressman** male model
die **Dressur** training
**drillen** to drill
die **Drillinge** triplets
**drin** (*umgangsspr*) ❶ (*in etwas*) in it ❷ (*im Haus*) inside ▸ WENDUNGEN: **nichts drin!** no way!; **das ist nicht drin!** that's not on!
**dringen** ❶ to penetrate; **durch das Herz dringen** to penetrate the heart ❷ **in etwas dringen** to get through to something; **das Öl ist ins Grundwasser gedrungen** the oil has got into the ground water; **mit Fragen in jemanden dringen** to bombard someone with questions; **an die Öffentlichkeit dringen** to leak to the public ❸ **auf etwas dringen** to insist on something
**dringend**,   **dringlich** pressing, urgent [ˈɜːdʒənt]
**drinnen** inside
**dritt** **wir waren zu dritt** there were three of us; **wir sind zu dritt hingegangen** three of us went there
**dritte(r, s)** ❶ third [θɜːd], 3rd ❷ **die Dritte Welt** the Third World ❸ **sie war Dritte** she came in third ❹ **wir haben heute den dritten Dezember** today is the third of December
das **Drittel** third; **zwei Drittel** two thirds
**drittel** third
**drittens** thirdly
**droben** up there
die **Droge** drug
**drogenabhängig** drug-addicted, addicted to drugs
die **Drogenberatungsstelle** drug advice [ədˈvaɪs] centre
die **Drogerie** chemist's [ˈkemɪsts] [shop] ⓖⓑ, drugstore ⓤⓢⓐ
der **Drogist**, die **Drogistin** chemist [ˈkemɪst] ⓖⓑ, druggist ⓤⓢⓐ

**Drohbrief – Düngemittel**

der **Drohbrief** threatening [ˈθretᵊnɪŋ] letter

**drohen** ❶ **jemandem drohen** to threaten someone ❷ *Gewitter, Krieg, Streit:* to be imminent ❸ **der Firma droht der Ruin** the company is on the brink of financial [faɪˈnænʃᵊl] ruin; **sie drohte zu erfrieren** she was in danger of freezing to death

**drohend** ❶ *Katastrophe:* imminent ❷ *Gebärde:* threatening, menacing [ˈmenəsɪŋ]

die **Drohne** drone

**dröhnen** ❶ *Triebwerk:* to roar [rɔːʳ] ❷ *Lautsprecher:* to boom ❸ *(widerhallen)* to resound [rɪˈzaʊnd]

die **Drohung** threat [θret]; **eine Drohung aussprechen/wahr machen** to make/carry out a threat

**drollig** ❶ *(komisch)* droll [drəʊl], funny ❷ *(seltsam)* odd

das **Dromedar** dromedary

die **Drossel** thrush

**drosseln** ❶ to choke *Motor* ❷ to turn down *Heizung* ❸ **das Tempo drosseln** to cut down the speed

**drüben** over there

der **Druck¹** ❶ *(auch übertragen)* pressure ❷ **jemanden unter Druck setzen** to put pressure on someone

der **Druck²** ❶ *(Buchdruck)* printing ❷ *(Druckerzeugnis)* copy ❸ *(Schriftart)* print

der **Druckabfall** pressure drop *[oder loss]*

der **Druckausgleich** equalization of pressure

der **Druckbuchstabe** printed letter; **bitte in Druckbuchstaben schreiben** please print

der **Drückeberger** *(umgangsspr)* shirker [ˈʃɜːkəʳ], slacker

**drucken** to print

**drücken** ❶ to press *Türklinke, Hand* ❷ to force down; to lower *Preise* ❸ *Schuhe:* to pinch ❹ **sich [vor etwas] drücken** to shirk [something], to get out of something

**drückend** ❶ *(schwer)* heavy [hevi] ❷ *Hitze:* oppressive [əˈpresɪv]; *Luft:* sultry

der **Drucker** printer

der **Drücker** ❶ [push-]button ❷ *eines Gewehrs:* trigger ▶ WENDUNGEN: **auf den letzten Drücker** at the last minute; **am Drücker sein** to be in charge

die **Druckerei** printing works *plural*

der **Druckfehler** misprint, printer's error

die **Druckkabine** pressurized [ˈpreʃᵊraɪzd] cabin

der **Druckknopf** ❶ *(Klingel, an Instrumentenbrett)* push-button ❷ *(an Kleidung)* press-stud

die **Druckluft** compressed air

das **Druckmittel** means of exerting pressure

**druckreif** ready [ˈredi] for printing

die **Drucksache** printed matter

die **Druckschrift** block capitals

**Drum mit allem Drum und Dran** with all the trimmings *plural*

**drunten** down there

**drunter** underneath ▶ WENDUNGEN: **da ging alles [nur] drunter und drüber** everything was topsy-turvy

die **Drüse** gland

der **Dschungel** jungle

**DTP** *Abkürzung von* **Desktoppublishing** DTP

**du** you; **bist du's?** is that you?; **ich geh jetzt, und du?** I'm off now, what about you?

der **Dübel** plug

**dubios** dubious [ˈdjuːbiəs]

**ducken sich [vor etwas] ducken** to duck [something]

der **Duckmäuser** *(abwertend)* moral coward

der **Dudelsack** bagpipes *plural;* **Dudelsack spielen** to play the bagpipes

das **Duell** duel [djuːəl]

das **Duett** duet [djuˈet]; **im Duett singen** to sing a duet

der **Duft** ❶ *(angenehm)* scent [sent] ❷ *von Kaffee:* smell ❸ *von Blume:* fragrance [ˈfreɪɡrəns] ❹ *von Parfüm:* perfume

**duften** to smell **(nach** of)

**duftend** fragrant [ˈfreɪɡrənt] **(nach** with)

**duftig** *Kleid:* light [laɪt]

**dulden** *(zulassen)* to tolerate [ˈtɒləreɪt]

**dumm** ❶ stupid [ˈstjuːpɪd] **(GB)**, dumb [dʌm] **(USA)** ❷ **das ist gar nicht so dumm** that's not such a bad idea [aɪˈdɪə] ❸ *(unangenehm)* annoying [əˈnɔɪɪŋ]; **so was Dummes!** what a nuisance [ˈnjuːsəns]! ▶ WENDUNGEN: **jemandem dumm kommen** to get funny with someone; **der Dumme sein** to be the sucker; **dummes Zeug reden** to talk nonsense [ˈnɒnsəns]

**dummerweise** ❶ *(aus Dummheit)* foolishly; **ich habe dummerweise abgesagt** I was foolish enough to decline [dɪˈklaɪn] ❷ *(unglücklicherweise)* unfortunately [ʌnˈfɔː-tʃᵊnətli]

die **Dummheit** ❶ *(geistig)* stupidity [stjuːˈpɪdəti] ❷ *(dummer Fehler)* stupid thing; **mach keine Dummheiten!** don't do anything stupid!

der **Dummkopf** *(umgangsspr)* blockhead

**dumpf** ❶ *Ton:* hollow; *Geräusch:* muffled ❷ *Gefühl:* vague [veɪɡ]

die **Düne** dune [dʒuːn]

das **Düngemittel** fertilizer [ˈfɜːtɪlaɪzəʳ]

**düngen – durchmachen**      **690**

**düngen** ① (*natürlich*) to dung ② (*künstlich*) to fertilize

der **Dünger** ① (*natürlicher*) dung ② (*künstlicher*) fertilizer

**dunkel** ① *Farbe, Helligkeit:* dark; **es wird dunkel** it's getting dark ② (*tief*) *Ton:* deep ③ *Erinnerung:* vague [veɪɡ]

**dunkelhäutig** dark-skinned

die **Dunkelheit** darkness; **bei Eintritt der Dunkelheit** at nightfall

die **Dunkelkammer** darkroom

die **Dunkelziffer** [estimated] number of unreported cases

**dünn** ① *Figur:* thin ② *Haar:* fine ③ **dünn besiedelt** sparsely ['spɑːslɪ] settled ④ **sich dünn[e] machen** (*umgangsspr*) to beat it, to make off

der **Dünndarm** small intestine [ɪn'testɪn]

der **Dunst** ① (*Dampf*) steam ② (*diesige Luft*) haze

die **Dunstabzugshaube** extractor hood

**dünsten** to steam

**dunstig** hazy, misty

das **Dur** major ['meɪdʒəʳ]; **G-Dur** G major

**durch** ① (*räumlich*) through [θruː] ② (*mit Hilfe von*) through ③ (*mittels*) by means of; **sie machte ein Vermögen durch den Verkauf ihrer Firma** she made a fortune [by] selling her business ④ (*wegen*) due to, owing to; **die Narbe habe ich durch einen Unfall bekommen** I got the scar [skɑːʳ] from an accident ⑤ **durch Zufall** by chance ⑥ **die ganze Nacht durch** all night [long]

**durcharbeiten** to work through

**durchatmen** to breathe [briːð] deeply

**durchaus** ① **es ist durchaus möglich** it's perfectly possible ② **er ist durchaus nicht dumm** he is by no means stupid

**durchblicken** ① to look through [θruː] ② (*übertragen: verstehen*) to understand; **ich blicke [da] nicht durch** I don't get it ▶ WENDUNGEN: **etwas durchblicken lassen** to hint at something

**durchbraten** to cook thoroughly; **durchgebraten** well-done

**durchbrechen** to break [breɪk]

**durchbrennen** (*umgangsspr: abhauen*) to run away

**durchbringen** ① (*umgangsspr: verschwenden*) to blow *Geld* ② to pull through *einen Kranken, Verletzten*

der **Durchbruch** (*übertragen*) breakthrough ['breɪkθruː]

**durchdacht** **eine gut durchdachte Idee** a well thought-out idea

**durchdenken** to think through

**durchdrehen** (*umgangsspr*) to go berserk [bə'zɜːk], to crack up

**durchdringen** to penetrate ['penɪtreɪt]

das **Durcheinander** mess, muddle

die **Durchfahrt** ① (*das Durchfahren*) thoroughfare ['θʌrəfeəʳ]; **Durchfahrt verboten!** no thoroughfare! ② (*Tor*) gateway ③ (*Durchreise*) way through

der **Durchfall** diarrhoea [ˌdaɪə'rɪə] ⒼⒷ, diarrhea ⓊⓈⒶ

**durchfallen** ① (*durch Öffnung*) to fall [oder drop] through ② (*im Examen*) to fail

**durchfragen** **sich [nach Stuttgart] durchfragen** to ask one's way [to Stuttgart]

**durchführbar** feasible ['fiːzəbl], practicable

der **Durchgang** ① (*Verbindungs*) gateway ② (*Weg*) way; **Durchgang verboten!** no entry!

der **Durchgangsverkehr** through [θruː] traffic ⒼⒷ, thru traffic ⓊⓈⒶ

**durchgeben** **ein Ergebnis durchgeben** to give a result; **eine Meldung durchgeben** to make an announcement

**durchgebraten** well done

**durchgehen** ① (*hindurch*) to go [oder walk] through ② (*umgangsspr: durchpassen*) to go through ③ *Antrag:* to be carried [oder passed] ④ *Pferd:* to bolt

**durchgehend** ① *Zug:* through [θruː] ② **durchgehend geöffnet** open 24 hours

**durchgestylt** fully styled

**durchgreifen** ① (*durchfassen*) to reach through ② (*übertragen: sich durchsetzen*) to take vigorous action

**durchgreifend** drastic

**durchhalten** ① to survive [sə'vaɪv] *Kampf* ② to hold out *Streik* ③ to stand *Belastung* ④ **er hat durchgehalten** he held out

**durchkämmen** to comb [kəʊm] *Gebiet, Haare*

**durchkommen** ① (*hindurch*) to come through ② (*übertragen: Erfolg haben*) to succeed (**mit** with); **damit kommst du mir nicht durch!** I won't let you get away with that! ③ (*genesen*) to pull through ④ (*in Prüfung*) to get through, to pass

**durchkreuzen** (*übertragen*) to foil; to thwart [θwɔːt] *Pläne*

**durchlässig** permeable ['pɜːmiəbl]

der **Durchlauferhitzer** continuous-flow water heater

**durchlesen** to read through

**durchmachen** ① (*erleben*) to go through; **sie hat viel durchgemacht** she's been through a lot ❷ **eine Entwicklung/Wandlung durchmachen** to undergo a development/change ❸ (*durcharbeiten*) to work through ❹ (*feiern*) **wir haben gestern Nacht durchgemacht** we had [*oder* did] an all-nighter last night *umgangsspr*

der **Durchmesser** diameter [daɪˈæmɪtəʳ]

**durchmogeln sich durchmogeln** to fiddle one's way through

**durchnehmen** (*in der Schule*) to go through

**durchqueren** to cross, to traverse [trəˈvɜːs]

das **Durchreisevisum** transit visa

die **Durchsage** announcement [əˈnaʊnsmənt]

**durchsagen** to announce

**durchschauen jemanden durchschauen** to see through someone

**durchschlagen sich durchschlagen** to fight [faɪt] one's way through

**durchschlagend** ❶ *Maßnahmen:* effective [ɪˈfektɪv] ❷ *Erfolg:* sweeping

das **Durchschlagpapier** carbon [kɑːbən] paper

**durchschneiden** to cut in two, to cut through

der **Durchschnitt** average [ˈævəʳrɪdʒ]; **im Durchschnitt** on average

**durchschnittlich** ❶ (*mittelmäßig*) average ❷ (*im Durchschnitt*) on average; **er verdient durchschnittlich 2000 Euro im Monat** he earns an average of 2000 euros a month

die **Durchschnittsgeschwindigkeit** average speed

der **Durchschnittswert** average [*oder* mean] value

die **Durchschrift** [carbon] copy

**durchsehen** ❶ to look through ❷ (*prüfen*) to check through

**durchsetzen** ❶ (*erzwingen*) to push through; **seinen Willen [bei jemandem] durchsetzen** to impose one's will [on someone] ❷ **sich [bei jemandem] durchsetzen** to assert [əˈsɜːt] oneself [with someone]

die **Durchsicht bei Durchsicht der Akten** on checking the files

**durchsichtig** ❶ *Material, Argument:* transparent [trænˈspæʳənt] ❷ *Kleidungsstück:* see-through

**durchstehen** to stand, to bear [beəʳ]

**durchstöbern** to scour [skaʊəʳ] *Gegend* (**nach** for)

**durchstreichen** to cross out, to delete [dɪˈliːt]

**durchsuchen** to search [sɜːtʃ] (**nach** for)

die **Durchsuchung** search (**auf** for)

**durchtrieben** cunning, sly

**durchwachsen durchwachsener Speck** streaky [ˈstriːki] bacon

**durchweg(s)** without exception [ɪkˈsepʃʳn]

**durchwühlen** ❶ (*durchstöbern*) to rummage [through] (**nach** for) ❷ to dig up *Erde*

**durchwursteln sich durchwursteln** (*umgangsspr*) to muddle one's way through

**durchziehen** ❶ (*umgangsspr*) to get on with; to go ahead [əˈhed] with *Plan, Hochzeit;* **das musst du jetzt einfach durchziehen!** you just have to get on with it! ❷ *Truppen:* to go through

**dürfen** ❶ (*Erlaubnis haben*) **darf ich mitgehen?** can I go along?; (*höflicher*) may I go along?; **ich darf nicht auf die Party** I'm not allowed to go to the party; **darf man hier rauchen?** are you allowed to smoke here?; **darf ich rauchen?** may I smoke?, do you mind if I smoke? ❷ (*sollen*) **du darfst es nicht kaputt machen** you mustn't break [breɪk] it; **wir dürfen den Flug nicht verpassen** we mustn't [*oder* can't] miss the flight [flaɪt] ❸ **das dürfte reichen** that should [ʃʊd] be enough

**dürftig** ❶ (*armselig*) *Behausung:* wretched [ˈretʃɪd] ❷ (*unzulänglich*) *Kenntnisse:* scanty

**dürr** ❶ (*trocken*) dry ❷ (*abwertend: mager*) scrawny

die **Dürre** (*Trockenzeit*) drought [draʊt]

der **Durst** thirst [θɜːst] (**nach** for); **Durst haben** to be thirsty; **seinen Durst löschen** to quench [kwentʃ] one's thirst

**durstig** thirsty [ˈθɜːsti]

**durstlöschend, durststillend** thirst-quenching

die **Durststrecke** lean time

die **Dusche** shower [ˈʃaʊəʳ]

**duschen** to take a shower

das **Duschgel** shower gel

die **Duschkabine** shower [cubicle]

der **Duschvorleger** shower mat

die **Düse** ❶ nozzle ❷ (*Kraftstoffdüse*) jet

**duselig** (*umgangsspr*) daft

**düsen** (*umgangsspr*) to dash

der **Düsenantrieb** jet-propulsion

das **Düsenflugzeug** jet [plane]

**duslig** (*umgangsspr*) daft

**düster** ❶ *Miene, Stimmung:* dark, gloomy ❷ (*drohend*) *Wetter:* dismal [dɪzmʳl], sinister [ˈsɪnɪstəʳ]

das **Dutzend** dozen [ˈdʌzʳn]

**dutzendweise** by the dozen

die **DVD** *Abkürzung von* **digital versatile disk** DVD

**dynamisch** dynamic [daɪˈnæmɪk]

das **Dynamit** dynamite [ˈdaɪnəmaɪt]

die **Dynastie** dynasty [ˈdɪnəsti]

# E

**E, e** ① (*Buchstabe*) E, e [iː] ② (*in der Musik*) E, e

die **Ebbe** ① (*sinkender Wasserspiegel*) ebb [tide]; **Ebbe und Flut** ebb and flow, the tides *plural* ② (*gesunkener Wasserspiegel*) low tide

**eben** ① (*gleichmäßig*) even ['iːvən] ② (*von gleicher Höhe*) level ③ (*flach*) flat; **auf ebener Strecke** on the flat ④ (*glatt*) smooth [smuːð] ⑤ (*in der Mathematik*) plane ⑥ (*gerade noch*) just; **er hat es eben noch geschafft** he just made it ⑦ (*genau*) exactly [ɪg'zæktli], precisely [prɪ'saɪsli]; **eben!** exactly!; **das ist es ja eben!** that's precisely the point! ⑧ (*einfach, nun einmal*) just, simply; **so ist das eben** that's just the way it is ⑨ (*kurz*) **ich geh eben mal raus** I'm just going to go out for a little while

das **Ebenbild** image ['ɪmɪdʒ]; **sie ist das genaue Ebenbild ihrer Mutter** she is the spitting image of her mother

**ebenbürtig jemandem ebenbürtig sein** to be someone's equal; **einander ebenbürtig sein** to be equals *plural*

die **Ebene** ① (*Tiefland*) plain; (*Hochland*) plateau ['plætəʊ] ② (*mathematisch*) plane ③ (*übertragen*) level; **auf höchster/gleicher Ebene** at the highest/same level

**ebenerdig** ground-level

**ebenfalls** ① (*bei Bejahung*) too, as well *nachgestellt*; **ich mag das ebenfalls** I like it as well ② (*bei Verneinung*) not ... either ['aɪðəʳ]; **ich mag das ebenfalls nicht** I don't like it either ③ **guten Appetit — ebenfalls!** enjoy your meal — you too!

das **Ebenholz** ebony

**ebenso** ① (*genauso*) just as; **du machst das ebenso gut wie sie** you do it just as well as she does [dʌz] ② (*ebenfalls*) as well; **ebenso sehr** [*oder* **viel**] just as much; **ebenso wenig** just as little

der **Eber** boar [bɔːʳ]

die **Eberesche** mountain ash, rowan

der **EC** *Abkürzung von* **Eurocity**(**zug**) EC

das **Echo** ① (*Widerhall*) echo ['ekəʊ] ② (*übertragen: Reaktion*) response [rɪ'spɒns] (**auf** to)

die **Echse** lizard

**echt** ① (*nicht gefälscht*) genuine ['dʒenjuːɪn]; *Urkunde, Unterschrift:* authentic [ɔː'θentɪk]; *Gold, Marke:* real ② (*wirklich*) real; **du hast echt Glück gehabt** you were really lucky ③ *Freundschaft, Gefühl:* sincere [sɪn'sɪəʳ] ④ (*typisch*) typical ['tɪpɪkəl]; **das ist echt Edgar!** that's typical of Edgar! ⑤ *Blondine:* natural ⑥ (*umgangsspr*) really, so; **das ist echt geil!** (*slang*) that's really wicked! *umgangsspr*

das **Eck** ① (*Ecke*) corner ② (*im Sport*) corner [of the goal]; **das kurze/lange Eck** the near/far corner [of the goal] ▸ WENDUNGEN: **über Eck** diagonally

die **EC-Karte** debit card

der **Eckball** corner

die **Eckbank** corner seat

die **Ecke** ① (*auch im Sport*) corner ② (*Kante, Rand*) edge ▸ WENDUNGEN: **an allen Ecken und Enden sparen** to scrimp and save

das **Eckhaus** corner house

**eckig** ① angular ['æŋgjʊləʳ]; *Klammer:* square [skweəʳ] ② (*übertragen*) *Gesicht, Bewegung:* jerky ['dʒɜːki]

der **Eckstein** (*auch übertragen*) cornerstone

der **Eckzahn** canine ['keɪnaɪn] tooth

**Ecuador** Ecuador

der **Ecuadorianer**, die **Ecuadorianerin** Ecuadorian

**edel** ① (*adlig, vornehm*) noble ['nəʊbl] ② (*hochwertig*) precious ['preʃəs] ③ *Pferd:* thoroughbred ['θʌrəbred]

das **Edelgas** noble ['nəʊbl] gas, inert [ɪ'nɜːt] gas

das **Edelholz** high-grade timber

das **Edelmetall** precious metal

**edelmütig** magnanimous [mæg'nænɪməs]

der **Edelstahl** refined [*oder* high-grade] steel

der **Edelstein** precious stone; (*geschliffen*) gem [dʒem], jewel ['dʒuːəl]

die **Edeltanne** noble fir [fɜːʳ]

das **Edelweiß** edelweiss

**editieren** to edit

der **Editor**, die **Editorin** editor

das **Edutainment** edutainment [ˌedʒʊ'teɪnmənt]

**EDV** *Abkürzung von* **elektronische Datenverarbeitung** EDP, electronic data processing

der **Efeu** ivy ['aɪvi]

der **Effekt** effect [ɪ'fekt]

**effektiv** ① (*wirkungsvoll*) effective ② (*tatsächlich*) actual ['æktʃuəl]

**egal** (*umgangsspr*) **das ist mir ganz egal** it's all the same to me, I couldn't care [keəʳ] less

der **Egoist**, die **Egoistin** egotist ['iːgətɪst]

**egoistisch** egotistical [ˌiːgə'tɪstɪkəl]

**ehe** ① (*bevor*) before; **eh**[**e**] **ich es vergesse ...** before I forget ... ② (*bis*) until; (*bei Verneinungen auch*) before; **ich kann nichts tun, ehe er zurückkommt** I can't do anything before he comes back

**693**          Ehe – eigen

die **Ehe** marriage ['mærɪdʒ]

der **Eheberater**, die **Eheberaterin** marriage [guidance] counsellor

die **Eheberatung** ① (*das Beraten*) marriage guidance ② (*Stelle*) marriage guidance council

der **Ehebruch** adultery [ə'dʌltᵊri]; **Ehebruch begehen** to commit adultery

die **Ehefrau** wife

der **Ehegatte**, die **Ehegattin** spouse [spaʊs]

die **Eheleute** married ['mærid] couple *singular*

**ehelich** ① *Wohnung, Bett:* conjugal ['kɒndʒʊɡᵊl], marital ② *Kind:* legitimate [lɪ'dʒɪtəmət]

**ehemalig** ① *Chef, Schüler:* former, one-time ② **mein ehemaliger Freund** my ex-boyfriend

der **Ehemann** husband

das **Ehepaar** married couple

der **Ehepartner**, die **Ehepartnerin** marriage partner, spouse

**eher** ① (*früher*) earlier ['ɜ:liəᵊ], sooner; **je eher, desto besser** the sooner the better ② (*lieber*) rather; **eher würde ich ins Kino gehen** I'd rather go to the cinema ③ (*vielmehr*) more; **er ist eher ein Bekannter als ein Freund** he's more an acquaintance [ə'kweɪntᵊns] than a friend ④ (*wahrscheinlicher*) more likely; **das wird eher der Grund sein** that's more likely to be the reason ⑤ **umso eher** the more so

der **Ehering** wedding ring

die **Eheschließung** wedding

die **Eheverkündung** ⓒⒽ marriage announcement

**ehrbar** ① (*ehrenhaft*) honourable ['ɒnᵊrəbl] ② (*Respekt einflößend*) respectable

die **Ehre** honour ['ɒnᵊ]; **zu Ehren von ...** in honour of ...

**ehren** to honour ['ɒnᵊ]

**ehrenamtlich** ① *Mitglied:* honorary ['ɒnᵊrəri] ② **etwas ehrenamtlich tun** to do something in an honorary capacity

der **Ehrenbürger**, die **Ehrenbürgerin** honorary citizen [*oder* freeman]

der **Ehrendoktor**, die **Ehrendoktorin** honorary doctor

der **Ehrengast** guest [ɡest] of honour

der **Ehrenkodex** code of honour

das **Ehrenmitglied** honorary member

der **Ehrenplatz** ① (*auf Tribüne*) place of honour ② (*für Geschenk, Medaille*) special place

die **Ehrensache** point of honour

**ehrenvoll**, **ehrenwert** honourable

das **Ehrenwort** word of honour; **ich gebe mein Ehrenwort** I give you my word

**ehrerbietig** ① (*respektvoll*) respectful

② (*rücksichtsvoll*) deferential [,defᵊ'renʃᵊl]

die **Ehrfurcht** ① (*Respekt*) deep respect (**vor** for) ② (*Scheu*) **Ehrfurcht [vor etwas/jemandem] haben** to be in awe [of something/someone]

**ehrfürchtig**, **ehrfurchtsvoll** reverent

das **Ehrgefühl** sense of honour ['ɒnᵊ]

der **Ehrgeiz** ambition

**ehrgeizig** ambitious [æm'bɪʃəs]

**ehrlich** ① honest ['ɒnɪst]; **sei mal ehrlich!** be honest! ② **ehrlich!** honestly!, really!; **ehrlich gesagt ...** to be honest ... ③ (*aufrichtig*) *Zuneigung:* sincere [sɪn'sɪəᵊ]

die **Ehrlichkeit** ① honesty ② (*Aufrichtigkeit*) sincerity

**ehrwürdig** venerable

das **Ei** ① (*Hühnerei*) egg ② **Eier** (*slang: Geld*) quid △ *singular* ⒼⒷ; (*Dollar*) bucks *plural* ⓊⓈⒶ ③ **Eier** (*umgangsspr: Hoden*) balls *plural* ▶ WENDUNGEN: **sich wie ein Ei dem andern gleichen** to be as alike as two peas in a pod; **jemanden wie ein rohes Ei behandeln** to handle someone with kid gloves [ɡlʌvz]

die **Eibe** yew [ju:]

die **Eiche** oak [əʊk]

die **Eichel** (*Frucht der Eiche*) acorn ['eɪkɔ:n]

der **Eichelhäher** jay

**eichen** to calibrate

das **Eichenholz** oak

der **Eichenwald** oak wood

das **Eichhörnchen** squirrel ['skwɪrᵊl]

der **Eid** oath; **einen Eid leisten/schwören** to take/swear an oath (**auf** on)

die **Eidechse** lizard

die **Eidgenossenschaft die Schweizerische Eidgenossenschaft** the Swiss Confederation

der **Eierbecher** eggcup

der **Eierkuchen** pancake

**eiern** (*umgangsspr*) *Rad:* to wobble

die **Eierschale** eggshell

der **Eierschwamm** Ⓐ, ⒸⒽ, das **Eierschwammerl** Ⓐ chanterelle [ʃɑ̃:(n)tə'rel] [mushroom]

der **Eierstock** ovary ['əʊvᵊri]

der **Eifer** ① (*Eifrigkeit*) eagerness, zeal ② (*Begeisterung*) enthusiasm ③ **im Eifer des Gefechts** in the heat of the moment

die **Eifersucht** jealousy ['dʒeləsi] (**auf** of)

**eifersüchtig** jealous ['dʒeləs] (**auf** of)

**eiförmig** egg-shaped

**eifrig** eager, zealous ['zeləs]

das **Eigelb** egg yolk

**eigen** ① **meine eigene Wohnung** my own

flat ❷ **ich brauche mein eigenes Zimmer** I need a room to myself ❸ **eine eigene Meinung** an opinion of one's own; **in eigener Sache** on one's own account ❹ *Eingang:* separate ['sepᵊret] ❺ (*eigentümlich*) *Reiz:* peculiar [prˈkjuːliəʳ], strange ❻ (*pingelig*) fussy, particular; **darin ist sie eigen** she's very particular [*oder* fussy] about that ❼ (*typisch*) **das ist ihr eigen** that's typical ['tɪpɪkᵊl] of her

die **Eigenart** ❶ (*Besonderheit*) peculiarity [pɪˌkjuːliˈærəti] ❷ (*charakteristische Eigenschaft*) characteristic

**eigenartig** ❶ (*sonderbar*) odd, strange ❷ (*eigentümlich*) peculiar

der **Eigenbedarf** [one's own] personal use

das **Eigengewicht** ❶ (*Leergewicht eines LKWs*) unladen weight [weɪt] ❷ *von Produkt:* net weight

**eigenhändig** ❶ (*mit eigener Hand*) with one's own hand ❷ (*persönlich, selbst*) personal

das **Eigenheim** house of one's own

das **Eigenlob** self-praise; **Eigenlob stinkt** don't blow your own trumpet

**eigenmächtig** on one's own authority, without any authorization

die **Eigenmittel** one's own resources

der **Eigenname** proper name

der **Eigennutz** self-interest

**eigennützig** selfish

die **Eigenschaft** ❶ (*positiv*) quality ['kwɒlɪti] ❷ (*Merkmal*) characteristic; **gute und schlechte Eigenschaften** good and bad points ❸ (*physikalisch, chemisch*) property ❹ (*Funktion*) capacity; **in meiner Eigenschaft als ...** in my capacity as ...

das **Eigenschaftswort** adjective

**eigensinnig** obstinate, stubborn

**eigentlich** ❶ (*wirklich*) actually, really; **was ist eigentlich los?** what's actually going on? ❷ **eigentlich wollte ich nicht lange bleiben** I wasn't really going to stay long; **eigentlich nicht** not really ❸ (*überhaupt*) anyway; **was willst du eigentlich hier?** what do you want here anyway?

das **Eigentor** own goal; **ein Eigentor schießen** score an own goal

das **Eigentum** property

der **Eigentümer,** die **Eigentümerin** owner

**eigentümlich** (*sonderbar*) odd, peculiar

die **Eigentumswohnung** owner-occupied flat

**eigenwillig** ❶ (*eigensinnig*) self-willed ❷ (*unkonventionell*) unconventional

**eignen** ❶ **sich eignen für/als** [*oder* zu] to

be suitable ['suːtəbl] for/as ❷ **er würde sich als Kindergärtner eignen** he'd make a good nursery school teacher

das **Eiklar** Ⓐ egg white

der **Eilbrief** express letter ⒼⒷ, special-delivery letter ⓊⓈⒶ

die **Eile** hurry; **in Eile** in a hurry

der **Eileiter** oviduct

**eilen es eilt!** it's urgent!; **es eilt nicht** there's no hurry

**eilig** ❶ (*rasch, hastig*) hasty ['heɪsti], hurried; **ein eiliger Abgang** a hasty retreat ❷ **es eilig haben** to be in a hurry [*oder* rush] ❸ (*dringend*) **es ist eilig!** this is urgent!

der **Eilzug** fast stopping train

die **Eilzustellung** express delivery, special delivery

der **Eimer** bucket, pail; **ein Eimer Wasser** a bucket[ful] of water ❷ (*umgangsspr*) **mein Fahrrad ist im Eimer** my bike's had it *umgangsspr;* **ich bin total im Eimer** I'm totally whacked [wækt] *umgangsspr*

**ein¹** (*auf Elektrogeräten*) **ein/aus** on/off

**ein²**, **eine(r, s)** ❶ (*bei Mengenangaben*) one; **das kostet einen Euro** it costs one euro; **es ist ein Uhr** it is one o'clock ❷ (*unbestimmter Artikel*) a *vor Konsonant,* an *vor gesprochenem Vokal;* **ein Auto** a car; **eine Stunde/ein Ei** an hour/an egg ❸ **ein gewisser Herr ...** a certain ['sɜːtᵊn] Mr ... ❹ (*Person*) **einer von uns** one of us; **einer nach dem anderen** one after the other; **du bist mir eine[r]!** (*umgangsspr*) you're a one! ❺ **das ist ein und dasselbe** it is one and the same thing; **das ist ein und derselbe** this is one and the same person

Ⓥ Der unbestimmte Artikel **an** wird vor Wörter, die mit den Vokalen a, e, i, o, u beginnen, gesetzt: *an apple, an egg, an ice-cream, an oyster, an umbrella;* und auch vor h, wenn man das h nicht hört: *an hour, an honest man.* — Wird aber ein u als [juː] ausgesprochen, dann wird vor das Wort ein **a** gesetzt: *a unit, a university.*

**einander** each other, one another

**einarbeiten** ❶ **jemanden einarbeiten** to train someone ❷ **sich einarbeiten** to get used to the work

die **Einarbeitungszeit** training period ['pɪəriəd]

**einäschern** to cremate *Leichnam*

**einatmen** to breathe in

die **Einbahnstraße** one-way street

**einbalsamieren** to embalm

der **Einband** book cover ['kʌvəʳ], case

**einbändig** one-volume

der **Einbau** installation

**695**        einbauen – einfallen

**einbauen** (*installieren*) to install
die **Einbauküche** fitted kitchen
der **Einbauschrank** built-in cupboard
**einberufen** ① to convene *Versammlung;* to summon *Parlament* ② (*zum Militär*) to call up (GB), to draft (USA)
die **Einberufung** (*zum Militär*) conscription (GB), draft call (USA)
**einbetten** to embed
**einbeziehen** to include (**in** in)
**einbiegen in eine Straße einbiegen** to turn off into a street; **nach links einbiegen** to turn off to the left
**einbilden** ① (*fantasieren*) to imagine; **das bildest du dir alles nur ein!** you're just imagining things! ② **er bildet sich viel auf sein Aussehen ein** he is conceited [kən'siːtɪd] about his looks ③ **bilden Sie sich nur nicht ein, dass …!** don't imagine that …!, don't go thinking that …! ④ **was bildest du dir eigentlich ein?** who do you think you are?
die **Einbildung** ① (*Fantasie*) imagination ② (*Illusion*) illusion [ɪ'luːʒ³n]; **das ist pure Einbildung!** it's just your imagination!
die **Einbildungskraft** imagination
**einbinden** (*übertragen*) to integrate (**in** into)
**einbläuen** (*umgangsspr*) ① (*einschärfen*) to drum into; **ich hab ihr eingebläut, ja nichts zu sagen** I told her time and time again not to say a word ② (*durch Schläge*) to thump into
**einblenden** to slot in *Werbespots*
der **Einblick** (*übertragen*) insight ['ɪnsaɪt] (**in** into); **sich [einen] Einblick in etwas verschaffen** to gain an insight into something
**einbrechen** ① (*Einbruch begehen*) break [breɪk] in, burgle, burglarize (USA); **man hat bei mir eingebrochen** I've been burgled; **in der Schule wurde eingebrochen** the school has been burgled [*oder* broken into] ② **auf dem Eis einbrechen** to fall through [θruː] the ice
der **Einbrecher**, die **Einbrecherin** burglar
**einbringen** ① to introduce *Antrag;* to bring in *Gesetzentwurf* ② to gather in *Ernte* ③ to earn [ɜːn] *Zinsen,* to yield [jiːld] ④ (*beitragen*) to contribute [kən'trɪbjuːt]
der **Einbruch** ① burglary ② **bei Einbruch der Dunkelheit/Nacht** at dusk/nightfall
**einbuchten** (*slang*) to put behind bars
**einbürgern** ① **jemanden einbürgern** to naturalize someone; **sie ist in Kanada eingebürgert worden** she has become a naturalized Canadian; **sich einbürgern lassen**

to become naturalized ② (*übertragen*) *Wort, Sitte:* to become a habit
die **Einbuße** loss (**an** to)
**einbüßen** to lose [luːz]
**einchecken** to check in
**eincremen** to put cream on
**eindämmen** ① to dam *Fluss* ② (*übertragen: aufhalten*) to check *Brand, Hochwasser;* to contain *Seuche, Schaden*
**eindecken sich eindecken** to stock up (**mit** on)
**eindeutig** ① (*nicht mehrdeutig*) unambiguous [ˌʌnæm'bɪgjuəs] ② (*offensichtlich*) clear ③ **das war eindeutig deine Schuld** it was clearly your fault
**eindringen** to penetrate (**in** into)
der **Eindringling** intruder
der **Eindruck** ① impression; **den Eindruck haben, dass …** to be under the impression that … ② **er macht mir einen netten Eindruck** he seems quite nice to me
**eindrücklich** (CH) impressive
**eindrucksvoll** impressive
**einebnen** (*auch übertragen*) to level
**eineiig** *Zwillinge:* identical
**eineinhalb** one and a half; **vor eineinhalb Jahren** a year and a half ago
**einengen** (*auch übertragen*) to constrict
der **Einer** (*Boot*) single scull
das **Einerlei** sameness, monotony [mə'nɒt³ni]
**einerlei das ist mir einerlei** it's all the same to me
**einerseits** on the one hand
**einfach** ① (*nicht schwierig*) simple, easy ② (*schlicht*) *Kleidung, Feier:* plain ③ (*gewöhnlich*) *Mensch:* ordinary ④ *Essen:* plain ⑤ *Knoten, Schleife:* simple ⑥ *Fahrt, Fahrkarte:* single ⑦ (*geradezu*) simply; **das ist einfach spitze!** that's so excellent! ⑧ **so etwas tut man einfach nicht** that simply isn't done
**einfädeln** ① (*umgangsspr*) to set up *Komplott, Intrige* ② to thread [θred] *Nadel, Faden*
**einfahren** ① to drive into *Mauer, Auto* ② to retract *Fahrgestell* ③ to bring in *Ernte, Gewinn* ④ to make *Verluste* ⑤ *Zug:* to come in, to arrive
die **Einfahrt** entrance
der **Einfall** (*Idee*) [sudden] idea
**einfallen** ① **jemandem einfallen** to occur to someone; **mir fällt einfach nichts ein** I just can't think of anything ② **dabei fällt mir ein, wie ich …** that reminds me of how I …; **jetzt fällt mir ein, wie …** I just thought of how … ③ **da musst du dir was/eine**

**einfallslos – Eingriff** **696**

**Ausrede einfallen lassen** you'll have to think of something/an excuse ④ **was fällt Ihnen ein!** how dare you! ⑤ *Licht:* to come in

**einfallslos** unimaginative

**einfältig** ① (*naiv*) simple ② (*dumm*) simple-minded

der **Einfaltspinsel** (*umgangsspr*) simpleton

das **Einfamilienhaus** detached house

**einfangen** (*auch übertragen*) to catch

**einfarbig** *Stoff:* self-coloured, all one colour

**einfassen** ① to edge *Beet, Grab* ② to trim *Knopfloch, Naht* ③ to set *Edelstein* (**mit** in)

**einfinden** **sich einfinden** to turn up, to arrive

**einflößen** **jemandem Wasser einflößen** to give someone water; **jemandem Angst/Vertrauen einflößen** to instil fear/confidence in someone

die **Einflugschneise** approach [ə'prəʊtʃ] path

der **Einfluss** influence ['ɪnfluəns]; **Einfluss auf jemanden haben/ausüben** to have/exert an influence on someone; **sie hat einen schlechten Einfluss auf ihn** she is a bad influence on him

der **Einflussbereich** sphere [sfɪəʳ] of influence

**einflussreich** influential [ˌɪnflu'enʃəl]

**einförmig** (*eintönig*) monotonous [mə'nɒtᵊnəs]

**einfrieren** ① to freeze *Lebensmittel* ② *Rohr:* to freeze up

**einfügen** ① (*einpassen*) to fit (**in** into) ② (*nachträglich hinzufügen*) to insert (**in** in) ③ **sich einfügen** (*sich anpassen*) to adapt (**in** to)

das **Einfühlungsvermögen** empathy

die **Einfuhr** import

die **Einfuhrbestimmungen** import regulations

**einführen** ① (*importieren*) to import ② to introduce *neue Produkte, Ideen* (**in** to) ③ (*hineinstecken*) to insert (**in** into)

die **Einführung** ① (*Einleitung*) introduction (**in** to) ② (*in ein Amt*) installation

der **Einführungspreis** introductory price

der **Einfuhrzoll** import duty

die **Eingabe** ① (*Gesuch*) petition [pə'tɪʃᵊn] (**an** to) ② *von Daten:* input

die **Eingabetaste** return [*oder* enter] key

der **Eingang** ① (*Tür*) entrance (**in** to) ② (*auch übertragen: Zutritt*) entry (**in** into, **zu** to); **Eingang verboten!** no entry! ③ (*Erhalt*) receipt [rɪ'siːt]; *von Waren:* delivery; **nach Eingang** on receipt

**eingangs** initially [ɪ'nɪʃᵊli]

**eingeben** to enter, to feed, to key in *Daten*

**eingebildet** conceited [kən'siːtɪd]; **sie ist total eingebildet** she is full of herself

der/die **Eingeborene** native

die **Eingebung** inspiration

**eingefallen** ① *Wangen, Augen:* sunken ② *Gesicht:* haggard ['hægəd]

**eingefleischt** **ein eingefleischter Junggeselle** a confirmed bachelor

**eingehen** ① *Kleidungsstück, Wäsche:* to shrink ② *Pflanzen:* to die (**an** of) ③ (*umgangsspr*) *Betrieb:* to fold up ④ **auf eine Frage eingehen** to go into a question; **auf etwas näher eingehen** to go into the particulars of something; **auf jemanden eingehen** to devote one's time and attention to someone ⑤ *Post:* to come in ⑥ to make *Wette* ⑦ to take *Risiko*

**eingehend** ① (*ausführlich*) *Bericht:* detailed ② (*gründlich*) *Untersuchung:* thorough ['θʌrə] ③ *Post:* incoming

das **Eingemachte** ① (*Marmelade*) preserves *plural* ② (*in Essig*) pickles ⚠ *plural* ▸ WENDUNGEN: **jetzt geht's ans Eingemachte!** we're really scraping the barrel now

die **Eingemeindung** incorporation

**eingenommen** **von jemandem/etwas eingenommen sein** to be taken with someone/something; **gegen jemanden/etwas eingenommen sein** to be biased against someone/something; **von sich eingenommen sein** to be conceited

**eingeschnappt** (*umgangsspr*) cross, in a huff; **er ist immer gleich eingeschnappt** he goes into a huff easily

**eingeschränkt** limited, restricted

**eingeschrieben** *Brief, Mitglied:* registered

das **Eingeständnis** admission, confession

**eingestehen** to admit to, to confess to *Schuld, Diebstahl*

**eingestellt** ① **auf etwas eingestellt sein** to be prepared for something ② **sozial eingestellt** socially ['səʊʃᵊli] minded [*oder* oriented] ['ɔːrientɪd]

die **Eingeweide** bowels [baʊəlz], entrails

**eingewöhnen** **sich eingewöhnen** to settle down [*oder* in]

**eingießen** to pour [out]

**eingleisig** *Bahnstrecke:* single-track

**eingliedern** ① to incorporate [ɪn'kɔːpᵊreɪt] *Firma* (**in** with/into) ② to integrate *Person* (**in** into) ③ **sich eingliedern** to integrate oneself (**in** into)

**eingreifen** to intervene [ˌɪntə'viːn]

der **Eingriff** ① (*operativer*) operation ② (*übertragen: Einmischung*) intervention

## USEFUL PHRASES

Hier findest du nützliche *phrases*, um auf Englisch zu „**shoppen**".

Excuse me, have you got ...?

I'm looking for ...

Can I try it on, please?

I'd like to try on ... Where are the changing rooms?

How much does it cost?/How much is it?

Sorry, ... too big/expensive/...

Have you got it in S/M/L/XL?

Where do I pay?

---

**eingruppieren** group (**in** in)

der **Einhalt Einhalt gebieten** to put a stop to

**einhalten** ① to keep *Versprechen* ② to keep to *Vereinbarung* ③ to follow *Regeln* ④ **eine Frist/einen Termin einhalten** to meet a deadline ['dedlaɪn] ⑤ **den Kurs einhalten** to stay on course ⑥ (*innehalten*) to pause

**einhandeln** ① **etwas gegen** [*oder* **für**] **etwas einhandeln** to trade something for something ② **sich Ärger einhandeln** to get into trouble

**einheimisch** ① *Tiere, Pflanzen:* native ② *Industrie, Produkt:* local ③ (*Mensch*) **die Einheimischen** the locals

die **Einheit** ① (*staatlich, national*) unity ['juːnəti] ② (*Ganzes*) whole [həʊl] ③ (*Truppe, Maßeinheit, Telefoneinheit*) unit

**einheitlich** ① (*genormt*) standard[ized] ② (*gleichförmig*) uniform ③ (*ein Ganzes bildend*) unified

die **Einheitsgebühr** consolidated [*oder* flat] rate

der **Einheitspreis** standard price [*oder* rate]

der **Einheitstarif** standard tariff

**einheizen** (*heizen*) to put the heating on ▶ WENDUNGEN: **jemandem tüchtig einheizen** (*umgangsspr*) to make things hot for someone

**einhellig** unanimous [juːˈnænɪməs]

**einholen** ① to lower *Fahne, Segel* ② to haul in *Netz, Boot* ③ to take *Rat* ④ **jemanden einholen** to catch up with someone ⑤ **verlorene Zeit einholen** to make up for lost time

**einig** ① in agreement, agreed (**in/über** on) ② **sich nicht einig sein** to disagree (**über** about) ③ **sich** [**über etwas**] **einig werden** to agree [on something] ④ *Paar, Volk:* united [juːˈnaɪtɪd]

**einige(r, s)** ① (*ein paar*) a few; **in einigen Tagen** in a few [*oder* couple of] days ② (*mehrere*) several; **ich hab's einige Male probiert** I tried several times ③ (*ein paar Leute*) some [people]; **einige sind schon vorgegangen** some have gone ahead

[əˈhed] already; **einige andere** several others ④ **in einiger Entfernung** some distance away ⑤ **das wird dich einiges kosten** it's going to cost you

**einigen sich einigen** to agree, to come to an agreement (**über** on/about)

**einigermaßen** ① quite [kwaɪt]; **ein einigermaßen gutes Hotel** a fairly good hotel ② (*nicht schlecht*) so-so

die **Einigkeit** ① (*Eintracht*) unity ['juːnɪti] ② (*Übereinstimmung*) agreement (**in/über** on)

die **Einigung** ① (*Übereinstimmung*) agreement ② (*gerichtlicher Vergleich*) settlement ['setlmənt] ③ (*politisch*) unification [ˌjuːnɪfɪˈkeɪʃən]

**einimpfen** (*übertragen*) **jemandem etwas einimpfen** to instil something into someone

**einjährig** ① (*ein Jahr alt*) one-year-old ② *Pflanze:* annual

**einkalkulieren** to take into account

**einkassieren** to collect

der **Einkauf** ① (*das Kaufen*) buying ['baɪɪŋ] ② **Einkäufe machen** to go [*oder* do some] shopping; **machst du heute den Einkauf?** would you do the shopping today? ③ (*das Gekaufte*) purchase ④ (*Abteilung*) purchasing [*oder* buying] [department]

**einkaufen** to buy ① **etwas einkaufen** to buy something ② **einkaufen gehen** to go shopping ③ **sich** [**in eine Firma**] **einkaufen** to buy one's way [into a company]

die **Einkaufsabteilung** purchasing department

der **Einkaufsbummel einen Einkaufsbummel machen** to go on a shopping expedition

der **Einkaufspalast** retail palace

die **Einkaufspassage** shopping arcade

der **Einkaufswagen** shopping cart, trolley

das **Einkaufszentrum** shopping centre

**einkehren** ① (*in Gasthof*) to stop [off] (**in** at) ② **es ist Ruhe eingekehrt** peace has set in

**einkellern** to store in a cellar

**einklammern** to bracket, to put in brackets

der **Einklang** ① (*Harmonie*) harmony ['haːmə-

**einklemmen – einplanen**

ni]; **in Einklang bringen** to bring into accord, to harmonize ② (*musikalisch*) unison [' juːnɪsən]

**einklemmen** to jam, to trap

**einkochen** ① to preserve *Obst* ② to bottle *Marmelade*

das **Einkommen** income

die **Einkommensteuererklärung** income tax return

die **Einkünfte** income △ *singular,* revenue [ˈrevᵊnjuː] *singular*

**einladen** ① to load *Waren* (**in** into) ② to invite *Gast* (**zu** to) ③ (*bezahlen*) **ich lade Sie ein** I'm treating you, this is my treat

die **Einladung** invitation

die **Einlage** ① (*Spareinlage*) deposit ② (*in Schuh*) support

**einlagern** to store

**einlangen** Ⓐ (*eintreffen*) to arrive

der **Einlass** (*Zutritt*) admission; **jemandem Einlass gewähren** to admit someone

**einlassen** ① (*hereinlassen*) to let in ② **ein Bad einlassen** to run a bath ③ **sich auf etwas einlassen** to let oneself in for something; **sich auf einen Streit einlassen** to get into [*oder* involved in] an argument ④ **sich mit jemandem einlassen** to get mixed up with someone

der **Einlauf** ① (*medizinisch*) enema ② (*im Sport*) finish

**einlaufen** ① *Wasser:* to run in ② *Kleidungsstück, Stoff:* to shrink ③ to wear [weə<sup>r</sup>] in *Schuhe*

**einleben** **sich einleben** to settle down

**einlegen** ① **eine Pause einlegen** to have a break [breɪk] ② **eine Schicht einlegen** to put on an extra shift ③ **ein gutes Wort für jemanden/bei jemandem einlegen** to put in a word for/with someone ④ **den ersten Gang einlegen** to engage first [gear] ⑤ **einen Film einlegen** to load the camera

die **Einlegesohle** insole

**einleiten** ① (*beginnen*) to start ② (*eröffnen*) to open ③ (*in Gang setzen*) to initiate [ɪˈnɪʃeɪt] ④ to take *Schritte, Maßnahmen*

**einleitend** introductory

die **Einleitung** ① *eines Buches:* introduction ② (*musikalisch*) prelude

**einlenken** (*übertragen*) to give way, to yield [jiːld]

**einleuchten** **das leuchtet mir ein** I can see the point

**einleuchtend** clear, plausible [ˈplɔːzɪbl]

**einliefern** (*bringen*) to deliver; **jemanden ins Krankenhaus einliefern** to admit

someone to hospital

**einloggen** to log in

**einlösen** ① to cash [in] *Wechsel, Scheck* ② to keep *Versprechen, Wort*

**einmachen** ① to preserve [prɪˈzɜːv] *Obst;* **etwas in Essig einmachen** to pickle something ② (*in Gläser*) to bottle

das **Einmachglas** bottling jar

**einmal** ① (*nicht zweimal*) once ② (*ehemals*) once [upon a time]; **es war einmal ein Prinz ...** once upon a time there was a prince ... ③ (*in Zukunft*) one day, some time ④ (*jemals*) ever ⑤ **auf einmal** all of a sudden ⑥ **noch einmal** (*wieder*) again, once more; (*ein letztes Mal*) one last time ⑦ **nicht einmal** not even ..., not so much as ...

das **Einmaleins** [multiplication] tables △ *plural;* **das große/kleine Einmaleins** tables over/up to ten

**einmalig** ① (*einzigartig*) unique [juːˈniːk] ② **einmalig!** fantastic! ③ **eine einmalige Zahlung/Gelegenheit** a one-off payment/opportunity

die **Einmannkapelle** one-man band

die **Einmischung** interference [ˌɪntəˈfɪərᵊns], meddling (**in** in)

**einmotorig** *Flugzeug:* single-engine[d]

die **Einmündung** ① *eines Flusses:* confluence [ˈkɒnfluəns] ② *einer Straße:* junction [ˈdʒʌŋʃᵊn]

**einmütig** unanimous [juːˈnænɪməs]

die **Einnahme** **Einnahmen** income △ *singular;* *beim Geschäft:* takings *plural;* (*beim Staat*) revenue △ *singular*

**einnehmen** ① to take *Arznei, Mittel* ② (*verdienen*) to earn *Geld;* to collect *Steuern;* to take *Geschäftseinnahmen* ③ (*auch übertragen*) to occupy *Platz* ④ to take *Stadt, Festung* ⑤ **jemanden für sich einnehmen** to win someone over

**einnehmend** winning, charming

**einnicken** (*umgangsspr*) to drop [*oder* nod] off

die **Einöde** (*auch übertragen*) wasteland

**einordnen** ① to file *Karteikarten* ② (*klassifizieren*) to classify ③ **sich** [**rechts/links**] **einordnen** *Auto:* to get in[to the right/left] lane ④ **ich kann ihn nicht einordnen** I can't place him

**einpacken** ① (*als Geschenk, Paket*) to wrap [ræp] up (**in** in) ② (*in Koffer*) to pack (**in** in) ③ (*in Schule*) to pack one's things

**einparken** to park

**einplanen** ① (*planen*) to include in one's plans ② (*berücksichtigen*) to allow for

**einprägen** jemandem prägt sich etwas ein something makes an impression on someone
**einprägsam** easily remembered
**einprogrammieren** to programme in, to input
**einrahmen** (*auch übertragen*) to frame
**einräumen** ① (*verstauen*) to put away ② to fill *Schrank, Regal* ③ to put [the] furniture in *Zimmer, Wohnung* ④ (*zugeben*) to admit, to concede [kən'si:d] ⑤ (*zugestehen*) to allow [ə'laʊ]
**einrechnen** to include
**einreden** ① jemandem etwas einreden to talk someone into believing something ② jemandem/sich einreden, dass ... to persuade [pə'sweɪd] someone/oneself that ... ③ auf jemanden einreden to keep on and on at someone
**einreichen** ① to submit *Unterlagen* (**bei** to) ② to apply for *Pensionierung, Versetzungsgesuch* (**bei** to)
**einreihen** ① (*einordnen*) to put in ② sich [in etwas] einreihen to join [something]
die **Einreise** entry (**in** to); **bei der Einreise** on entry
die **Einreisebestimmungen** entry regulations
die **Einreisegenehmigung** entry permit
**einreisen** to enter [the country] ['kʌntri]
**einrenken** ① to set *Glieder, Gelenke* ② das renkt sich schon wieder ein (*umgangsspr*) it'll sort itself out
**einrichten** ① to open *Bankkonto* ② (*justieren*) to set up ③ (*möblieren*) to furnish ④ (*ausstatten*) to fit out ⑤ (*hinkriegen*) to arrange [ə'reɪndʒ]; **können Sie es irgendwie einrichten, dass ...?** could you possibly arrange things so that ...? ⑥ sich einrichten (*Wohnung möblieren*) to furnish one's flat ⑦ kannst du dich auf halb acht einrichten? could you get ready for half past seven?
die **Einrichtung** ① (*Möbel*) furnishings *plural* ② (*Ausstattung*) fittings *plural* ③ (*Institution*) institution [ˌɪnstɪ'tjuːʃⁿ]; **kulturelle/öffentliche Einrichtungen** cultural/public facilities
die **Eins** ① (*Zahl*) [number] one ② (*Schulnote*) A; **eine Eins schreiben** to get an A ③ (*beim Würfeln*) one ④ die Eins/der Einser (*Straßenbahn, Bus*) the number one [tram/bus]
**eins** ① (*Zahl*) one; **viertel vor eins** a quarter to one ② eins a (*umgangsspr: erstklassig*) A1 ③ das ist mir alles eins (*umgangsspr*) it's all the same to me
**einsacken** (*umgangsspr: kassieren*) to rake in

**einsam** ① *Mensch, Leben:* lonely ② (*vereinzelt*) ein einsamer Wanderer a solitary hiker ③ (*abgelegen*) *Haus, Insel:* secluded ④ (*leer*) *Strand:* empty
**einsammeln** to collect [in] *Geld*
der **Einsatz** ① (*eingesetztes Stück*) inset ② (*beim Glücksspiel*) stake ③ *von Kapital:* investment ④ (*militärisch, polizeilich*) action ⑤ *von Arbeitskräften:* employment [ɪm'plɔɪmənt] ⑥ (*Hingabe*) commitment (**für** to) ⑦ **unter Einsatz ihres Lebens** at the risk of her life
**einsatzbereit** ① *Gerät:* ready [redi] for use ② *Einsatztruppe:* ready for action
**einschalten** ① to switch on *Maschine, Licht* ② jemanden [in etwas] einschalten to bring someone in [on something]
die **Einschaltquote** audience ['ɔːdɪəns] rating
**einschärfen** jemandem etwas einschärfen to impress something [up]on someone
**einschätzen** ① (*beurteilen*) to assess *Situation, Aufsatz;* to judge [dʒʌdʒ] *Person* ② etwas falsch einschätzen to misjudge something; **etwas richtig einschätzen** to be right [raɪt] about something ③ wie schätzen Sie die Lage ein? how do you judge the situation? ④ das ist schwer einzuschätzen that's difficult to say ⑤ sich einschätzen to rate oneself
**einschenken** to pour [out]
**einscheren** to merge
**einschicken** to send in
**einschiffen** sich einschiffen to embark
**einschlafen** ① *Person, Tier:* to fall asleep ② *Fuß, Arm:* to go to sleep ③ (*übertragen*) *Freundschaft:* to peter out, to cool off
**einschläfern** to put to sleep *Tier*
**einschläfernd** (*narkotisierend*) soporific [ˌsɒpə'rɪfɪk]
**einschlagen** ① to smash *Scheibe, Tür* ② to knock out *Zähne* ③ to hammer in *Nagel* ④ (*einwickeln*) to wrap [ræp] [up] ⑤ to take *Weg, Kurs* ⑥ *Geschoss:* to hit ⑦ *Blitz:* to strike ⑧ (*gut ankommen*) to be a big hit
**einschlägig** ① *Literatur:* relevant ② einschlägig vorbestraft sein to have been previously ['priːvɪəsli] convicted for a similar offence
**einschleichen** sich einschleichen *Fehler:* to creep in
**einschließen** ① (*in Zimmer, Schrank*) to lock up; **sich einschließen** to lock oneself in ② (*militärisch*) to encircle [ɪn'sɜːkl], to surround ③ (*übertragen*) to include
**einschließlich** ① including, inclusive of; **einschließlich** Mehrwertsteuer/Porto

**einschmeicheln – Einstellung** 700

V.A.T./postage included ❷ **von Mittwoch bis einschließlich Freitag** from Wednesday to Friday inclusively [*oder* 🇺🇸 thru Friday]

**einschmeicheln sich [bei jemandem] einschmeicheln** to ingratiate [ɪnˈɡreɪʃɪeɪt] oneself [with someone]

**einschnappen** ❶ *Türschloss:* to click shut ❷ (*umgangsspr: beleidigt sein*) to get peeved (**über** about/at); **sie schnappt immer gleich ein** she goes into a huff easily

**einschneidend** (*übertragen*) ❶ (*drastisch*) drastic ❷ (*weit reichend*) far-reaching

der **Einschnitt** (*übertragen: Wendepunkt*) decisive [dɪˈsaɪsɪv] point

**einschränken** ❶ (*reduzieren*) to reduce *Ausgaben* ❷ (*begrenzen*) to limit *Rechte, Freiheit* ❸ **sich einschränken** to economize

die **Einschränkung** ❶ (*Reduzierung*) reduction ❷ **ohne Einschränkung** without reservations *plural*

der **Einschreib(e)brief,** das **Einschreiben** registered [ˈredʒɪstəd] letter 🇬🇧, certified [ˈsɜːtɪfaɪd] letter 🇺🇸

**einschreiben sich einschreiben** (*an Universität*) to register (**an** at); (*in Verein*) to enrol[l]

**einschreiten** ❶ (*Maßnahmen ergreifen*) to take action (**gegen** against) ❷ (*eingreifen*) to intervene [ˌɪntəˈviːn]

**einschüchtern** to intimidate

die **Einschulung** enrol[l]ment in elementary [*oder* primary] school

**einschweißen** (*in Plastik*) shrink-wrap

die **Einschweißfolie** shrink wrap

**einsehen** ❶ to look at *Akten* ❷ (*begreifen*) to see ❸ **das sehe ich nicht ein** I don't see why ❹ **seine Schuld einsehen** to admit to being guilty [ˈɡɪlti]; **einen Fehler einsehen** to realize a mistake

**einseifen** ❶ (*mit Seife*) to soap ❷ (*umgangsspr: hereinlegen*) to con

**einseitig** ❶ (*auch übertragen: von einer Seite*) one-sided ❷ (*voreingenommen*) bias[s]ed ❸ *Nahrung:* unbalanced ❹ *Abmachung, Kündigung:* unilateral [ˌjuːnɪˈlætᵊrᵊl]

**einsenden** to send in

der **Einsendeschluss** closing date

**einsetzbar** applicable [əˈplɪkəbl], usable [ˈjuːzəbl]

**einsetzen** ❶ (*einfügen*) to put [*oder* fit] in ❷ (*beim Spiel, Wetten*) to stake *Geld* ❸ (*gebrauchen*) to use *Mittel* ❹ to bring into action *Truppen* ❺ *Regen:* to start ❻ **sich [für etwas] einsetzen** to commit oneself [to something] ❼ **sich [für jemanden] einset-**

**zen** to give one's support [to someone]

die **Einsicht** ❶ (*Erkenntnis*) insight [ˈɪnsaɪt] ❷ (*Verständnis*) understanding; **zu der Einsicht kommen, dass ...** to come to realize that ... ❸ **Einsicht in die Akten nehmen** to take a look in the files

**einsichtig** *Mensch:* reasonable

**einsickern** to seep in

der **Einsiedler,** die **Einsiedlerin** hermit

**einsilbig** (*übertragen*) monosyllabic [ˌmɒnəsɪˈlæbɪk]

**einspannen** ❶ to harness *Pferd* ❷ (*umgangsspr: zu Arbeiten heranziehen*) to rope in; **jemanden [für etwas] einspannen** to rope someone in [for something]

der **Einspänner** (*Kaffee mit Sahnehaube*) black coffee with whipped [wɪpt] cream

**einsparen** ❶ to save *Geld* ❷ to reduce *Kosten, Ausgaben*

**einsperren** ❶ (*in Zimmer*) to lock in ❷ (*umgangsspr: ins Gefängnis*) to put away

**einspielen** ❶ to bring in *Geld* ❷ **aufeinander eingespielt sein** to be a good team

die **Einsprache** 🇦, 🇨🇭 (*Einspruch*) objection [əbˈdʒekʃᵊn]; **Einsprache einlegen** to file an objection

**einspringen** (*helfen*) to stand in (**für** for)

der **Einspruch** objection [əbˈdʒekʃᵊn]; **gegen etwas Einspruch erheben** to object to something; (*Rechtssprache*) to file an objection to something

**einspurig** *Straße:* single-lane

**einst** ❶ (*früher*) once [wʌns] ❷ (*künftig*) some day

der **Einstand seinen Einstand geben** to celebrate starting one's new job

**einstecken** ❶ (*hineinstecken*) to put in ❷ (*auch übertragen: in Tasche*) to pocket ❸ **er muss viel einstecken** he has to put up with a lot

**einstehen** (*bürgen*) to vouch [vaʊtʃ] (**für** for)

**einsteigen** ❶ (*ins Auto*) to get in; **einsteigen in** to get into ❷ (*in Zug, Bus*) to get on; **in den Zug einsteigen** to climb aboard [*oder* get on] the train ❸ **in die Politik einsteigen** to go into politics

**einstellen** ❶ to hire *Arbeiter;* to take on *Angestellte* ❷ (*beenden*) to stop; (*zeitweilig*) to suspend ❸ to cease [siːs] *Feuer, Gefecht* ❹ to adjust [əˈdʒʌst] *Gerät* (**auf** to) ❺ to tune in to *Sender* ❻ to focus [ˈfəʊkəs] *Kamera* (**auf** on) ❼ **sich einstellen** (*sich anpassen*) to adapt oneself (**auf** to)

die **Einstellung** ❶ (*Haltung, Ansicht*) attitude ❷ (*Gesinnung*) views [vjuːz] *plural* ❸ *von*

*Arbeitskräften:* employment
der **Einstellungsstopp** freeze on recruitment
**einstufen** to classify
die **Einstufung** classification
**einstürmen** *Fragen, Zweifel, Gefühle:* to assail [ə'seɪl]
der **Einsturz** collapse [kə'læps]; *einer Höhle, eines Stollens:* cave-in
**einstürzen** ❶ (*zusammenfallen*) to collapse ❷ *Decke, Stollen:* to cave in
**einstweilen** ❶ (*in der Zwischenzeit*) in the meantime ❷ (*vorübergehend*) temporarily ['tempᵊrᵊrɪli], for the time being
**einstweilig** ❶ temporary ['tempᵊrᵊri] ❷ **einstweilige Verfügung** interim injunction [order]
**eintägig** one-day
die **Eintagsfliege** ❶ (*Insekt*) mayfly ❷ (*übertragen*) nine-days wonder ['wʌndər]
**eintasten** to key in *Zahlen, Daten*
**eintauchen** ❶ (*in Wasser*) to immerse [ɪ'mɜːs] (**in** to) ❷ *Schwimmer:* to dive
**eintauschen** to exchange [ɪks'tʃeɪndʒ]
**einteilen** ❶ (*aufteilen*) to divide (**in** into) ❷ to organize *Zeit, Arbeit* ❸ to budget ['bʌdʒɪt] *Gelder, Mittel;* **du musst dein Geld besser einteilen** you must learn to budget ❹ **jemanden [zu etwas] einteilen** to assign someone [to something]
die **Einteilung** ❶ (*Aufteilung*) division ❷ (*für bestimmte Aufgabe*) assignment
**eintönig** monotonous [mə'nɒtᵊnəs]
der **Eintopf**, das **Eintopfgericht** stew [stjuː]
**einträchtig** peaceable ['piːsəbl]
der **Eintrag** (*in Buch*) entry (**in** in)
**eintragen** ❶ (*in Liste, Buch*) enter ❷ (*amtlich*) register ['redʒɪstər] ❸ **sich [in eine Liste] eintragen** to put one's name down [on a list]
**einträglich** lucrative, profitable
**eintreffen** ❶ (*ankommen*) to arrive ❷ (*sich bestätigen*) *Voraussage, Ahnung:* to come true ❸ (*geschehen*) to happen
**eintreiben** ❶ to collect *Geld* ❷ to recover *Schulden*
**eintreten** ❶ to kick in *Tür* ❷ **in ein Zimmer eintreten** to enter a room ❸ **in einen Club/eine Partei eintreten** to join a club/party ❹ **für jemanden/eine Sache eintreten** to stand up for someone/a cause ❺ (*geschehen*) to happen; *Tod:* to occur ❻ **ist schon eine Besserung eingetreten?** has there been any improvement [ɪm'pruːvmənt] yet?
der **Eintritt** ❶ (*Zutritt*) admittance ❷ (*Eintritts-*

*geld*) admission (**in** to) ❸ (*Beginn*) onset; **bei Eintritt der Dunkelheit** at nightfall
die **Eintrittskarte** ticket
**eintrudeln** (*umgangsspr*) to drift in
**einüben** ❶ to practise *Lied* ❷ to rehearse [rɪ'hɜːs] *Theaterstück, Rolle*
**einverleiben** **sich einverleiben** annex; to incorporate *Firma;* (*essen*) to put away
die **Einvernahme** Ⓐ, Ⓒ ❶ *von Zeugen, Angeklagten:* examination ❷ *durch die Polizei:* questioning
das **Einvernehmen** ❶ (*Übereinstimmung*) agreement; **in gegenseitigem Einvernehmen** in joint agreement ❷ (*Harmonie*) harmony
**einverstanden** **einverstanden sein** to agree (**mit** with); **einverstanden!** agreed!
das **Einverständnis** ❶ (*Zustimmung*) consent ❷ **Einverständnis mit einer Straftat** connivance [kə'naɪvᵊns] at a criminal act ❸ (*Übereinstimmung*) agreement
der **Einwahlknoten** (*im Internet*) POP, point of presence
die **Einwahlnummer** dial-up number
der **Einwand** objection
der **Einwanderer**, die **Einwanderin** immigrant
**einwandern** to immigrate (**nach/in** to)
**einwandfrei** ❶ (*fehlerfrei*) perfect ❷ (*unanfechtbar*) indisputable ❸ **einwandfrei!** brilliant!
die **Einwegflasche** non-returnable bottle
die **Einwegkamera** disposable camera
der **Einwegrasierer** disposable razor
**einweichen** to soak, to steep
**einweihen** ❶ to inaugurate [ɪ'nɔːgjᵊreɪt] *Museum, Schwimmbad* ❷ **jemanden in etwas einweihen** to initiate [ɪ'nɪʃieɪt] someone into something
**einweisen** ❶ (*in eine Arbeit*) to introduce ❷ (*in eine Klinik*) to admit (**in** to)
**einwenden** to object [əb'dʒekt] (**gegen** to)
**einwerfen** ❶ to post ⒼⒷ, to mail ⓊⓈⒶ *Brief* ❷ to throw in *Ball* ❸ (*einwenden*) to throw in *Bemerkung*
**einwickeln** ❶ to wrap [ræp] up *Geschenk* ❷ **jemanden einwickeln** (*umgangsspr*) to take someone in
**einwilligen** to agree, to consent (**in** to)
**einwirken** ❶ (*Wirkung zeigen*) to have an effect (**auf** on) ❷ **auf jemanden einwirken** to influence ['ɪnfluəns] someone
der **Einwohner**, die **Einwohnerin** inhabitant
das **Einwohnermeldeamt** citizens' registration office
der **Einwurf** (*im Sport*) throw-in
die **Einzahl** singular

**einzahlen** Geld auf ein Konto **einzahlen** to pay money ['mʌni] into an account

die **Einzahlung** deposit [dr'pɒzɪt]

der **Einzahlungsschein** Ⓒ giro transfer form

das **Einzelbett** single bed

der **Einzelfahrschein** single [ticket]

der **Einzelgänger**, die **Einzelgängerin** loner

die **Einzelhaft** solitary confinement

der **Einzelhandel** retail trade

der **Einzelhändler**, die **Einzelhändlerin** retailer

die **Einzelheit** detail; **in allen Einzelheiten** in great detail

das **Einzelkind** only child; **als Einzelkind aufwachsen** to be brought [brɔ:t] up an only child

**einzeln** ❶ (*individuell*) individual [ˌɪndɪˈvɪdʒuəl] ❷ (*abgetrennt*) separate ['sepʰret] ❸ **einzelne** (*einige, wenige*) some ❹ **der/die Einzelne** the individual; **jeder Einzelne** each and every one ❺ **im Einzelnen aufführen** to list in detail; **einzeln aufführen** to list separately ['sepʰretli]

das **Einzelteil** ❶ (*Bestandteil*) component [part] ❷ (*einzelnes Teil*) separate ['sepʰret] part

das **Einzelzimmer** single room

**einziehen** ❶ to retract *Fahrgestell* ❷ to draw in *Bauch* ❸ to lower *Segel, Flagge* ❹ to collect *Steuern, Gebühren* (**bei/von** from) ❺ to withdraw *Geldscheine* ❻ to confiscate ['kɒnfɪskeɪt] *Führerschein* ❼ to call up Ⓖ, to draft ⓊⓈⒶ *Wehrpflichtige* ❽ (*einsaugen*) to suck in ❾ to put in *Wand, Kabel* ❿ **in eine Wohnung einziehen** to move in to an apartment; **bei jemandem einziehen** to move in with someone

**einzig** ❶ **meine einzige Freundin** my only [*oder* sole] friend ❷ **ich habe keinen einzigen Anruf bekommen** I haven't had a single phone call ❸ **einzig und allein** simply and solely ❹ **ein/kein einziges Mal** just once/not once

**einzigartig** unique [juːˈniːk]

der **Einzugsbereich** ❶ *einer Schule:* catchment area ❷ *einer Großstadt:* commuter belt

das **Einzugsgebiet** *eines Flusses:* drainage basin

das **Einzugsverfahren** direct debit

das **Eis** ❶ ice ❷ (*Speiseeis*) ice-cream ❸ **etwas auf Eis legen** (*übertragen*) to put something on ice, to shelve something

die **Eisbahn** ice rink ['aɪsrɪŋk]

der **Eisbär** polar bear

der **Eisbecher** sundae ['sʌndeɪ]

das **Eisbein** knuckle ['nʌkl] of pork

der **Eisberg** iceberg ['aɪsbɜːg]

der **Eisbeutel** ice-pack

der **Eisbrecher** icebreaker ['aɪsbreɪkəʳ]

die **Eiscreme** ice-cream

die **Eisdiele** ice-cream parlour ['pɑːləʳ]

das **Eisen** iron [aɪən] ▶ WENDUNGEN: **ein heißes Eisen sein** to be a hot potato

die **Eisenbahn** railway Ⓖ, railroad ⓊⓈⒶ ▶ WENDUNGEN: **es ist höchste Eisenbahn** (*umgangsspr*) it's high time

der **Eisenbahner** railwayman Ⓖ, railroader ⓊⓈⒶ

der **Eisenbahnwagen** ❶ (*für Personen*) railway carriage ['kærɪdʒ] Ⓖ, railroad car ⓊⓈⒶ ❷ (*Güterwagen*) goods wagon

das **Eisenerz** iron [aɪən] ore

die **Eisenhütte** steel mill, ironworks *plural*

**eisern** ❶ (*aus Eisen*) iron [aɪən] ❷ (*übertragen*) inflexible, iron; **eiserne Nerven** nerves of steel

**eisgekühlt** chilled

die **Eisglätte** black ice

das **Eishockey** ice hockey, hockey ⓊⓈⒶ

**eisig** icy

der **Eiskaffee** iced coffee

**eiskalt** ❶ (*kalt wie Eis*) icy-cold ❷ (*kaltblütig*) cold-blooded ❸ *Blick:* icy ❹ **jemanden eiskalt umbringen** to kill someone in cold blood

der **Eiskasten** Ⓐ refrigerator [rɪˈfrɪdʒʰreɪtəʳ], fridge, icebox ⓊⓈⒶ

der **Eiskunstlauf** figure ['fɪgəʳ] skating

der **Eisläufer**, die **Eisläuferin** ice-skater

der **Eisprung** ovulation [ˌɒvjəˈleɪʃʰn]

der **Eiswürfel** ice cube

der **Eiszapfen** icicle ['aɪsɪkl]

die **Eiszeit** Ice Age

**eitel** vain

die **Eitelkeit** vanity

der **Eiter** pus

**eitern** to fester

das **Eiweiß** ❶ (*beim Kochen*) egg-white ❷ (*in Biochemie*) protein ['prəʊtiːn]

**eiweißreich** rich in proteins

die **Eizelle** egg cell, ovum ['əʊvəm]

der **Ekel** disgust, loathing

das **Ekel** (*umgangsspr: Scheusal*) creep

**ekelhaft**, **ekelig** ❶ (*widerlich*) disgusting, revolting ❷ (*schlimm*) *Wetter, Schmerzen:* nasty ❸ (*gemein*) *Chef:* horrid

**ekeln** **das ekelt mich** it gives me the creeps; **sie ekelt sich vor ihr** she finds her disgusting [*oder* revolting]

**eklig** ❶ (*widerlich*) disgusting, revolting ❷ (*schlimm*) *Wetter, Schmerzen:* nasty ❸ (*gemein*) *Chef:* horrid

die **Ekstase** ecstasy ['ekstəsi]

das **Ekzem** eczema ['eksɪmə]

**elastisch – Empfindung**

der **elastisch** elastic
der **Elch** elk
der **Elefant** elephant ['elɪfənt] ► WENDUNGEN: **aus einer Mücke einen Elefanten machen** to make a mountain out of a molehill; **wie ein Elefant im Porzellanladen** like a bull in a china shop
**elegant** elegant
der **Elektriker**, die **Elektrikerin** electrician [ˌelɪk'trɪʃᵊn]
**elektrisch** *Strom, Licht, Heizung:* electric; *Gerät, System:* electrical
**elektrisieren** (*auch übertragen*) electrify
die **Elektrizität** electricity
das **Elektrizitätswerk** power station
das **Elektroauto** electric car
der **Elektroherd** electric cooker
der **Elektromotor** electric motor
das **Elektron** electron
die **Elektronen** electrons
das **Elektronenmikroskop** electron microscope
die **Elektronik** electronics *singular*
**elektronisch** electronic; **elektronisches Geld** electronic cash
der **Elektrorasierer** electric shaver
der **Elektrosmog** electrochemical smog
die **Elektrotechnik** electrical engineering
der **Elektrozaun** electric fence
das **Element** element
**elementar** elementary
das **Elend** ① (*Unglück*) distress, misery; **ein elendes Leben führen** to lead a miserable life ② (*krank*) awful, wretched; **sich elend fühlen** to feel wretched ③ (*Armut*) poverty ④ **es ist ein Elend mit dir** you're hopeless
**elend** ① (*krank, übel*) awful, ill; **mir ist elend** [zumute] I feel really awful ② (*niederträchtig*) wretched ['retʃɪd]
das **Elendsviertel** slums *plural*
die **Elf** ① (*Zahl*) [number] eleven ② **die Elf** (*Straßenbahn, Bus*) the number eleven [tram/bus]
**elf** eleven; **viertel vor elf** a quarter to eleven
die **Elfe** elf, fairy ['feəri]
das **Elfenbein** ivory ['aɪvᵊri]; **eine Statue aus Elfenbein** an ivory statue
die **Elfenbeinküste** Ivory Coast
der **Elfenbeinturm** (*übertragen*) ivory tower
der **Elfmeter** penalty kick; **einen Elfmeter schießen** to take a penalty
**elfte(r, s)** ① eleventh, 11th ② **wir haben heute den elften Dezember** today is the eleventh of December ③ **ich bin in der elften Klasse** I'm in Year 11
**elitär** elite

die **Elite** elite
das **Elixier** elixir
der **Ellbogen** elbow
die **Ellipse** ellipse
**El Salvador** El Salvador
**Elsass** Alsace [æl'zæs]
der **Elsässer**, die **Elsässerin** Alsatian [æl'seɪʃᵊn]
**elsässisch** Alsatian
die **Elster** magpie
die **Eltern** parents
der **Elternabend** parents' evening
das **Email** [e'maɪ] enamel [ɪ'næmᵊl]
die **E-Mail** ['iːmeːl] email, e-mail; **hast du eine E-Mail-Adresse?** do you have an e-mail address?
die **Emanzipation** emancipation [ɪˌmænsɪ'peɪʃᵊn]
**emanzipieren sich emanzipieren** to emancipate oneself
das **Embargo** embargo
der/das **Embryo** embryo ['embriəʊ]
die **Embryonalentwicklung** embryonic development
der **Embryonenschutz** embryo protection
der **Emigrant**, die **Emigrantin** emigrant
**emigrieren** to emigrate
die **Emission** *von Schadstoffen:* emission
das **Emoticon** emoticon, smiley
die **Emotion** emotion [ɪ'məʊʃᵊn]
**emotional** emotional
der **Empfang** ① *von Personen:* reception [rɪ'sepʃᵊn] ② *von Sachen:* receipt [rɪ'siːt] ③ **in Empfang nehmen** receive [rɪ'siːv]
**empfangen** ① (*erhalten*) to receive ② (*begrüßen*) to greet
der **Empfänger**, die **Empfängerin** ① *von Brief:* addressee ② *von Waren:* consignee [ˌkɒnsaɪ'niː]
**empfänglich** susceptible [sə'septəbl] (**für** to)
die **Empfängnis** conception
die **Empfängnisverhütung** contraception
die **Empfangsbestätigung** [acknowledgement of] receipt [rɪ'siːt]
die **Empfangsdame** receptionist
**empfehlen** to recommend; **es ist nicht zu empfehlen** it's not to be recommended
**empfehlenswert** recommendable
die **Empfehlung** ① (*Rat*) recommendation ② **auf Empfehlung von ...** on the recommendation of ... ③ (*Zeugnis*) reference
**empfinden** to feel
**empfindlich** ① (*empfindungsvoll*) sensitive ② (*leicht gekränkt*) touchy ['tʌtʃi]
**empfindsam** sensitive
die **Empfindung** feeling

**empor – Entdecker**

**empor** upwards
**emporarbeiten sich emporarbeiten** to work one's way up
die **Empore** gallery
**empören** ① to outrage ['aʊtreɪdʒ] ② **sich empören** to be indignant (**über** at)
**empörend** scandalous ['skændələs]
der **Emporkömmling** (*abwertend*) upstart
**empört** indignant (**über** at)
**emsig** (*unermüdlich*) assiduous [ə'sɪdjuəs]
der **Endabnehmer** end customer
der **Endbahnhof** terminus
der **Endbenutzer**, die **Endbenutzerin** end user
das **Ende** ① (*räumlich*) end ② (*zeitlich*) end; **gegen Ende Mai** towards the end of May; **sie ist Ende dreißig** she is in her late thirties ③ **zu Ende sein** to be at an end; **zu Ende gehen** to come to an end; **etwas zu Ende bringen** to finish off something ④ (*Endstück*) piece [piːs]
der **Endeffekt im Endeffekt** in the end
**enden** ① (*zu Ende gehen*) to end, to finish ② **sie endete im Gefängnis** she ended up in prison
das **Endergebnis** final result [rɪ'zʌlt]
**endgültig** definite ['defɪnət]; **jetzt ist endgültig Schluss!** that's it!
die **Endhaltestelle** terminus
die **Endivie** endive ['endaɪv]
das **Endlager** final depot, permanent storage depot ['depəʊ]
**endlich** ① **hör endlich auf!** will you stop that!; **komm jetzt endlich!** get a move on! ② **na endlich!** at last! ③ (*Mathematik, Philosophie*) finite
**endlos** endless
das **Endlospapier** continuous [kən'tɪnjuəs] stationery
die **Endoskopie** endoscopy [en"dɒskəpi]
der **Endspurt** final spurt
die **Endstation** terminus
die **Endung** ending
der **Endverbraucher**, die **Endverbraucherin** consumer
das **Endziel** ultimate ['ʌltɪmət] goal
die **Energie** energy
der **Energiebedarf** energy requirement [rɪ'kwaɪəmənt]
die **Energiegewinnung** generation of energy
**energiesparend** energy-saving
der **Energieverbrauch** energy consumption
die **Energieversorgung** supply of energy
**energisch** ① (*tatkräftig*) energetic ② **energisch durchgreifen** to take vigorous ['vɪgərəs] action

**eng** ① (*schmal*) narrow ② *Kleidungsstück, Schuhe:* tight [taɪt]; **enger machen** to take in ③ *Freundschaft:* close ④ **in der engeren Wahl sein** to be on the short list
das **Engagement** [ãgaʒə'mãː] engagement [ɪn'geɪdʒmənt]
**engagieren** [ãga'ʒiːrən] ① to engage *Mitarbeiter, Schauspieler* ② **sich engagieren** to become committed (**für** to)
**engagiert** committed
die **Enge jemanden in die Enge treiben** to drive someone into a corner, to corner someone
der **Engel** ① angel ② (*als Kosewort*) darling, sweetheart ['swiːthɑːt]
**England** England ['ɪŋlənd]
der **Engländer**, die **Engländerin** Englishman ['ɪŋlɪʃmən] [Englishwoman]
**englisch** English ['ɪŋlɪʃ]

> **G** Es gibt im **American English** ein paar Unterschiede in der Schreibweise zum **British English**: Die meisten Wörter, die im britischen Englisch mit — *our* aufhören, hören im amerikanischen Englisch mit **-or** auf: *colour* —*color*; *humour* — *humor.* Bei einigen Verben, besonders bei denen die auf l oder p enden, verdoppelt sich im britischen Englisch der Endkonsonant, wenn -ed oder -ing angehängt werden. Im amerikanischen Englisch ist das nicht der Fall. Beispiele: *kidnapped — kidnaped; travelling — traveling.* Viele Wörter, die im britischen Englisch mit -re aufhören, werden im amerikanischen Englisch mit -er geschrieben: *centre — center; metre — meter; theatre — theater.* Im amerikanischen Englisch werden einige Wörter verkürzt: *axe→ax; catalogue→catalog; cheque→check; programme→program; doughnut→donut.*

der **Engpass** ① (*in Natur*) defile [dɪ'faɪl], narrow pass ② (*auch übertragen*) bottleneck
**engstirnig** narrow-minded
der **Enkel**, die **Enkelin** grandson *maskulin,* granddaughter *feminin;* (*Enkelkind*) grandchild
**enorm** enormous [ɪ'nɔːməs]
das **Ensemble** [ãː'sãbl] cast
**entbehren** to do without
**entbehrlich** dispensable
die **Entbindung** delivery
die **Entbindungsstation** maternity ward
**entblößen** to bare [beəʳ]
**entblößt** bare
**entdecken** ① to discover [dɪs'kʌvəʳ] *Kontinent* ② (*herausfinden*) to find out ③ (*sehen*) to spot
der **Entdecker**, die **Entdeckerin** discoverer [dɪs'kʌvərəʳ]

die **Entdeckung** discovery [dɪsˈkʌvᵊri]
die **Entdeckungsreise** expedition [ˌekspɪˈdɪʃᵊn]
die **Ente** ➀ (*Schwimmvogel*) duck ➁ (*Zeitungslüge*) canard, hoax [həʊks]
**enteignen** to dispossess [ˌdɪspəˈzes], to expropriate [ɪkˈsprəʊprɪeɪt]
**enterben** to disinherit [ˌdɪsɪnˈherɪt]
die **Entertaste** enter key
**entfachen** (*auch übertragen*) to kindle
**entfalten** **sich entfalten** to develop [dɪˈveləp]
die **Entfaltung** (*übertragen*) development
**entfernen** ➀ to remove [rɪˈmuːv] (**aus/von** from) ➁ **sich entfernen** (*fortgehen*) to go away (**von** from)
**entfernt** ➀ (*räumlich, zeitlich*) distant ➁ (*übertragen*) *Verdacht:* remote [rɪˈməʊt], vague [veɪg] ➌ **entfernt verwandt sein** to be distantly related; **ein entfernter Verwandter** a distant relative
die **Entfernung** ➀ (*Distanz*) distance; **auf eine Entfernung von** at a range of ➁ (*das Entfernen*) removal [rɪˈmuːvᵊl]
der **Entfernungsmesser** rangefinder
**entflammbar** inflammable
**entfremden** **sich entfremden** to become alienated [ˈeɪlɪəneɪtɪd] (**von** from), to become estranged [ɪˈstreɪndʒd] (**von** from)
der **Entfroster** defroster
**entführen** ➀ to kidnap *Person* ➁ to hijack [ˈhaɪdʒæk] *Flugzeug*
der **Entführer**, die **Entführerin** ➀ *einer Person:* kidnapper ➁ *eines Flugzeugs:* hijacker
die **Entführung** ➀ *einer Person:* kidnapping ➁ *eines Flugzeugs:* hijacking
**entgegen** contrary to
**entgegengehen** ➀ (*auf jemanden zugehen*) to go to meet; (*in Richtung*) to go towards; **er ging ihr entgegen** he walked [wɔːkt] towards her ➁ (*übertragen*) to face *Gefahr, Herausforderung*
**entgegengesetzt** ➀ *Richtung:* opposite ➁ (*übertragen*) *Meinung:* opposing
**entgegenhalten** ➀ **jemandem etwas entgegenhalten** to hold out something towards someone ➁ **einer Sache entgegenhalten, dass ...** to object to something that ...
**entgegenkommen** ➀ to come to meet, to meet halfway [ˌhɑːfˈweɪ] ➁ **jemandem entgegenkommen** to oblige someone [əˈblaɪdʒ]
**entgegenkommend** (*übertragen*) obliging
**entgegentreten** (*übertragen*) to counter
**entgegnen** to reply; **ich konnte nichts darauf entgegnen** I didn't know what to say [*oder* reply] to that

**entgehen** ➀ **das ist mir entgangen** I missed that; **mir ist nicht entgangen, dass ...** it didn't escape me that ... ➁ **lass dir das nicht entgehen!** don't miss your chance!, don't miss out on that! ➌ **einer Gefahr entgehen** to escape danger
das **Entgelt** compensation; **gegen Entgelt** for a fee
**entgiften** to detoxicate [ˌdiːˈtɒksɪkeɪt]
**entgleisen** *Zug:* to be derailed, to jump the rails
**entgleiten** to slip away
das **Enthaarungsmittel** hair remover
**enthalten** ➀ (*beinhalten*) to contain ➁ (*fassen*) to hold ➌ **sich enthalten** to abstain
**enthaltsam** ➀ (*von Genussmitteln*) abstemious [æbˈstiːmɪəs] ➁ (*sexuell*) chaste, continent [ˈkɒntɪnənt]
**entheben** **jemanden seines Amtes entheben** to remove [rɪˈmuːv] someone from office
die **Enthüllung** (*übertragen*) disclosure [dɪsˈkləʊʒəʳ], revelation
**enthusiastisch** enthusiastic (**über** about/at)
**entkalken** decalcify [ˌdiːˈkælsɪfaɪ]
**entkoffeiniert** decaffeinated [dɪˈkæfɪneɪtɪd]
**entkommen** escape [ɪˈskeɪp]; **mit knapper Not entkommen** to have a narrow escape
**entkräften** ➀ (*die Kräfte rauben*) to wear [weəʳ] out ➁ (*übertragen*) to invalidate *Argument*
die **Entkriminalisierung** decriminalization
**entladen** **sich entladen** *Batterie:* to discharge [dɪsˈtʃɑːdʒ]; (*übertragen*) *Ärger:* to vent itself
**entlang** along
**entlarven** (*übertragen*) to expose
**entlassen** ➀ (*aus Stellung*) to dismiss ➁ (*aus einer Klinik*) to discharge [dɪsˈtʃɑːdʒ]
das **Entlassungszeugnis** school leaving certificate
**entlasten** ➀ (*von Last befreien*) to relieve ➁ (*übertragen: Arbeit abnehmen*) to relieve [rɪˈliːv] (**von** of) ➌ (*Rechtssprache*) to exonerate [ɪgˈzɒnᵊreɪt]
die **Entlastung** (*Erleichterung*) relief [rɪˈliːf]
**entlaufen** to run away
**entledigen** **sich einer Sache entledigen** to rid oneself of something
**entlegen** remote [rɪˈməʊt]
**entleihen** to borrow (**aus** from)
**entlöhnen** ⒸⱧ **jemanden für eine Sache entlöhnen** to pay someone for something
die **Entlöhnung** ⒸⱧ pay[ment]
**entlüften** to bleed *Bremsen, Heizung*

**entmachten – enttäuschen** 706

**entmachten** to deprive [dɪˈpraɪv] of power
**entmutigen** to discourage [dɪsˈkʌrɪdʒ], to dishearten [dɪsˈhɑːtʰn]
**entnehmen** ❶ (*wegnehmen*) to take out (**aus** of) ❷ (*einem Buch*) to take (**aus** from) ❸ (*übertragen*) **ich entnehme Ihrer Bemerkung, ...** I gather from your comment ...
**entpuppen** **sich entpuppen als ...** to turn out to be ...
**entrahmt** *Milch:* skimmed ⓖⓑ, skim ⓤⓢⓐ
**entreißen** to snatch away from
**entrümpeln** to clear out
**entrüsten** **sich entrüsten** to be outraged [ˈaʊtreɪdʒd] (**über** at)
**entrüstet** indignant, outraged
der **Entsafter** juice [dʒuːs] extractor
die **Entschädigung** compensation, recompense [ˈrekəmpəns]
**entschärfen** to defuse [ˌdiːˈfjuːz] *Bombe, Situation*
der **Entscheid** ⓒⓗ ❶ decision ❷ (*richterlich oder amtlich*) ruling
**entscheiden** to decide [dɪˈsaɪd]; **jetzt wird es sich entscheiden** now we'll see
**entscheidend** decisive [dɪˈsaɪsɪv]
die **Entscheidung** decision [dɪˈsɪʒən]; **eine Entscheidung treffen** to make a decision
das **Entscheidungsspiel** decider [dɪˈsaɪdər]
**entschieden** determined, resolute [ˈrezəˈluːt]
**entschlacken** to detox [ˌdiːˈtɒks] *Körper*
**entschlafen** (*sterben*) to pass away
**entschließen** **sich entschließen[, etwas zu tun]** to decide [to do something]
**entschlossen** ❶ determined, resolute [ˈrezəˈluːt]; **fest entschlossen sein** to be absolutely determined ❷ **kurz entschlossen** without further ado
der **Entschluss** decision [dɪˈsɪʒən], resolution; **einen Entschluss fassen** to make a decision
**entschlüsseln** ❶ to decipher *Geheimschrift* ❷ to decode *Funkspruch*
**entschuldbar** excusable [ɪkˈskjuːzəbl]
**entschuldigen** ❶ **jemanden entschuldigen** to excuse [ɪkˈskjuːz] someone ❷ **entschuldigen Sie bitte!** (*vor Frage oder Bitte; beim Eintreten*) excuse me!; (*als Entschuldigung*) [I am] sorry! ❸ **sich [bei jemandem für etwas] entschuldigen** to apologize [to someone for something] ❹ **würdest du mich entschuldigen?** would you excuse me please?
die **Entschuldigung** ❶ **eine Entschuldigung haben** to have an excuse [ɪkˈskjuːs]

❷ (*Brief*) excuse note ❸ **Entschuldigung!** (*vor Frage oder Bitte; beim Eintreten*) excuse me!; (*als Entschuldigung*) [I'm] sorry!
der **Entschuldigungsbrief** excuse note
die **Entschwefelungsanlage** desulphurization [ˌdiːsʌlfərarˈzeɪʃən] plant
**entsenden** to dispatch, to send off
das **Entsetzen** horror [ˈhɒrər]
**entsetzen** **sich entsetzen** to be horrified (**über** at)
**entsetzlich** ❶ (*furchtbar*) appalling, dreadful [ˈdredfəl] ❷ **entsetzlich kalt** awfully cold
**entsetzt** horrified (**über** at)
**entsinnen** **sich entsinnen** to recollect [ˌrekəˈlekt], to remember [rɪˈmembər]
die **Entsorgung** sewage [ˈsuːɪdʒ] and refuse disposal, waste management
**entspannen** ❶ to relax *Muskeln, Nerven* ❷ **sich entspannen** to relax; *Lage:* to ease
die **Entspannung** ❶ relaxation △ *kein Plural* ❷ *der Lage, an der Börse, in der Politik:* easing of tension △ *kein Plural*
die **Entspannungspolitik** policy of détente [deɪˈtɑ̃t]
die **Entspannungsübung** relaxation exercise
**entsprechen** ❶ (*übereinstimmen mit*) to correspond to ❷ to comply with, to conform to *Anforderung, Vorstellung*
**entsprechend** ❶ (*angemessen*) appropriate [əˈprəʊpriət] ❷ (*notwendig*) necessary [ˈnesəsəri] ❸ **dem Alter entsprechend** according to age; **den Erwartungen entsprechend** as was [oder as we etc.] expected ❹ (*jeweilig*) respective; **das entsprechende englische Wort dafür** the English equivalent [ɪˈkwɪvələnt]
**entstehen** ❶ (*seinen Ursprung haben*) to originate [əˈrɪdʒəneɪt] (**aus** from); **diese Burg entstand im 15. Jahrhundert** this castle was built in the 15th century ❷ *Schwierigkeiten:* to arise (**aus** from) ❸ **durch das Unwetter entstand großer Schaden** the bad weather has caused a great deal of damage ❹ **den Eindruck entstehen lassen, dass ...** to give the impression that ...
die **Entstehung** ❶ (*Ursprung*) origin [ˈɒrɪdʒɪn] ❷ (*Bildung*) formation
**entstellen** ❶ (*verunstalten*) to disfigure [dɪsˈfɪgər] *Gesicht* ❷ (*auch übertragen*) to distort [dɪˈstɔːt] *Gesichtszüge, Tatsachen, Wahrheit*
die **Entstörungsstelle** telephone maintenance service
**enttäuschen** to disappoint

**enttäuscht** disappointed; **von jemandem enttäuscht sein** to be disappointed in someone

die **Enttäuschung** disappointment

**entwaffnend** (*übertragen*) disarming

die **Entwarnung** (*Signal*) all-clear; **Entwarnung geben** to give the all-clear

**entwässern** to drain *Boden*

**entweder entweder ... oder ...** either ['aɪðəʳ] ... or ...

**entwerfen** ❶ to sketch *Zeichnung* ❷ to design [dɪˈzaɪn] *Modell* ❸ draft; to draw up *Schriftstück*

der **Entwerter** ticket[-cancelling] machine

**entwickeln** ❶ to develop *Methode, Film* ❷ to display *Initiative, Mut* ❸ **sich entwickeln** to develop (**zu** into); **das Projekt entwickelt sich gut** the project is coming along ❹ **sich entwickeln** *Gase, Blasen:* to be produced

der **Entwickler** developer

die **Entwicklung** ❶ (*Fortschritt*) development ❷ (*Erzeugung*) generation, production

der **Entwicklungshelfer**, die **Entwicklungshelferin** development aid worker

die **Entwicklungshilfe** foreign [ˈfɒrən] aid

das **Entwicklungsland** developing country

**entwischen** to escape

**entwöhnen** ❶ **einen Säugling entwöhnen** to wean an infant ❷ **einer Sache entwöhnt sein** to be weaned off something

der **Entwurf** ❶ (*Zeichnung, Plan*) outline, sketch ❷ (*Modell*) design [dɪˈzaɪn] ❸ (*schriftlich*) draft

**entziehen** ❶ to take away *Führerschein, Sorgerecht* ❷ (*chemisch*) to extract ❸ **sich einer Sache entziehen** to evade something

die **Entziehungskur** ❶ (*für Drogensüchtige*) cure for drug addiction ❷ (*für Alkoholiker*) cure for alcoholism [ˈælkəhɒlɪzᵊm]

**entziffern** ❶ to decipher [dɪˈsaɪfəʳ] *Geheimschrift* ❷ to decode *Funkspruch*

**entzücken entzückt sein über** to be in raptures over [*oder* about]

**entzückend** charming

der **Entzug** withdrawal [wɪðˈdrɔːᵊl]

die **Entzugserscheinung** withdrawal symptom

**entzündbar** inflammable; **leicht entzündbar** highly inflammable

**entzünden** ❶ to light [laɪt] *Feuer* ❷ **sich entzünden** (*Feuer fangen*) to catch fire [faɪəʳ] ❸ **sich entzünden** *Wunde:* to become inflamed ❹ (*übertragen*) **sich entzünden** *Streit:* to be sparked off

**entzündet** *Wunde:* inflamed

die **Entzündung** inflammation

**entzwei** ❶ (*in zwei Teile zerbrochen*) in two ❷ (*kaputt*) broken

**entzweien sich entzweien** to fall out with each other

**entzweigehen** to break in two

der **Enzian** ❶ (*Gebirgspflanze*) gentian [ˈdʒenʃᵊn] ❷ (*Branntwein*) gentian spirit

die **Enzyklopädie** encyclop[a]edia

das **Enzym** enzyme [ˈenzaɪm]

die **Epidemie** epidemic [ˌepɪˈdemɪk]

die **Epilepsie** epilepsy [ˈepɪlepsi]

der **Epileptiker**, die **Epileptikerin** epileptic [ˌepɪˈleptɪk]

die **Epoche** epoch [ˈiːpɒk]

das **Epos** epic poem [ˈpəʊɪm]

**er** ❶ he ❷ **ich bin größer als er** I am taller than him ❸ **er ist es** it is him

das **Erachten meines Erachtens** in my opinion [əˈpɪnjən]

die **Erbanlage** hereditary [hɪˈredɪtᵊri] disposition

das **Erbarmen** ❶ (*Mitleid*) pity, compassion; **mit jemandem Erbarmen haben** to feel pity for someone ❷ (*Gnade*) mercy [ˈmɜːsi] (**mit** on); **kein Erbarmen mit jemandem kennen** to be merciless [ˈmɜːsɪləs] with someone

**erbärmlich** ❶ (*übertragen: niederträchtig*) *Lügner, Lüge:* miserable [ˈmɪzᵊrəbl] ❷ (*Mitleid erregend*) wretched [ˈretʃɪd]; **in erbärmlichem Zustand** in a wretched state

**erbarmungslos** merciless [ˈmɜːsɪləs], pitiless

**erbauen** to build [bɪld]

der **Erbauer**, die **Erbauerin** builder

der **Erbe** heir [eəʳ]

das **Erbe** ❶ (*Erbteil*) inheritance ❷ **kulturelles Erbe** cultural heritage

**erben** to inherit (**von** from)

**erbeuten** ❶ to get away with *Diebesgut* ❷ to carry off *Tierbeute*

der **Erbfaktor** gene [dʒiːn]

die **Erbfolge** succession [səkˈseʃᵊn]

das **Erbgut** genetic make-up, genotype [ˈdʒenətaɪp]

**erbgutschädigend** genetically damaging [*oder* harmful]

die **Erbin** heiress [ˈeəres]

**erbittert** bitter

die **Erbkrankheit** hereditary [hɪˈredɪtᵊri] disease

**erblassen** to go [*oder* turn] pale (**vor** with)

**erblich** hereditary [hɪˈredɪtᵊri]

**erblinden** to go blind

die **Erbmasse** ❶ (*Erbteil*) inheritance [ɪnˈherɪtᵊns] ❷ (*biologisch*) genetic make-up

**erbrechen** ❶ to throw up *Mageninhalt* ❷ **sich erbrechen** to vomit

**erbringen – erfrieren**      **708**

**erbringen** to produce *Beweis*

die **Erbschaft** inheritance [ɪnˈherɪtᵊns]; **eine Erbschaft machen** to come into an inheritance

die **Erbschaftssteuer** death [deθ] duty

die **Erbse** pea

das **Erbstück** heirloom [ˈeəluːm]

die **Erdachse** earth's axis

die **Erdanziehung** gravitational pull of the earth [ɜːθ]

der **Erdapfel** Ⓐ potato [pəˈteɪtəʊ]

die **Erdarbeiten** excavation *singular*

die **Erdatmosphäre** earth's atmosphere [ˈætməsfɪəʳ]

das **Erdbeben** earthquake [ˈɜːθkweɪk]

die **Erdbeere** strawberry

der **Erdboden** ground, earth ▶ WENDUNGEN: **etwas dem Erdboden gleichmachen** to raze something to the ground; **wie vom Erdboden verschwunden sein** to have disappeared off the face of the earth

die **Erde** ❶ (*Planet*) earth [ɜːθ]; (*Welt*) world [wɜːld]; **auf der Erde** on earth ❷ (*Boden*) ground; **über/unter der Erde** above/below ground ❸ (*Bodenart*) soil

**erdenklich** imaginable [ɪˈmædʒᵊnəbl]; **alles Erdenkliche tun** to do everything imaginable

das **Erdgas** natural gas

das **Erdgeschoss** ground floor Ⓖ, first floor Ⓤ; **im Erdgeschoss** on the ground [*oder* Ⓤ first] floor

die **Erdkruste** earth's crust

die **Erdkugel** globe

die **Erdkunde** geography [dʒiˈɒɡrəfi]

die **Erdnuss** peanut

die **Erdoberfläche** earth's surface

das **Erdöl** oil, petroleum [pəˈtrəʊliəm]

das **Erdreich** earth [ɜːθ], soil

**erdreisten** **sich erdreisten** to have the audacity [ɔːˈdæsəti]

**erdrosseln** to strangle

**erdrücken** (*übertragen*) to overwhelm [ˌəʊvəˈwelm]

der **Erdrutsch** (*auch übertragen*) landslide

der **Erdrutschsieg** landslide [victory]

die **Erdscholle** clod of earth

der **Erdstoß** seismic [ˈsaɪzmɪk] shock

die **Erdstrahlen** field [fiːld] lines

der **Erdteil** continent [ˈkɒntɪnənt]

**erdulden** to endure [ɪnˈdjʊəʳ]

die **Erdumdrehung** rotation of the earth [ɜːθ]

die **Erdumlaufbahn** earth [ɜːθ] orbit

die **Erdung** earthing Ⓖ, grounding Ⓤ

die **Erdwärme** geothermal [ˌdʒiːəˈθɜːməl] energy

das **Erdzeitalter** geological [ˌdʒiəlɒdʒɪkᵊl] era

**ereifern** **sich ereifern** to get worked up (**über** over)

**ereignen** **sich ereignen** to happen, to occur [əˈkɜːʳ]

das **Ereignis** event, occurrence [əˈkʌrəns]

**ereignisreich** eventful

**erfahren**[1] ❶ (*hören*) to hear [hɪəʳ], to learn [lɜːn] (**von** from) ❷ (*herausfinden*) to find out ❸ (*erleben*) to experience [ɪkˈspɪəriəns]

**erfahren**[2] *Person:* experienced [ɪkˈspɪəriənst]

die **Erfahrung** experience; **etwas aus Erfahrung wissen** to know something from experience

**erfahrungsgemäß** as experience shows

**erfassen** ❶ (*begreifen*) to grasp ❷ (*statistisch*) to record, to register ❸ (*einschließen*) to include ❹ to gather *Daten, Information*

**erfinden** ❶ (*eine Erfindung machen*) to invent ❷ (*sich etwas ausdenken*) to fabricate

der **Erfinder**, die **Erfinderin** inventor

**erfinderisch** inventive

die **Erfindung** invention

der **Erfolg** ❶ (*Gelingen*) success [səkˈses] ❷ **viel Erfolg!** good luck!; **Erfolg haben** to be successful; **ein voller Erfolg sein** to be a complete success; **Erfolg versprechend** promising ❸ **mit Erfolg** successfully, with success; **ohne Erfolg** without success, unsuccessfully ❹ (*Ergebnis*) result; **mit dem Erfolg, dass ...** with the result that ...

**erfolgen** *Zahlungen:* to be made

**erfolglos** unsuccessful, without success

**erfolgreich** successful

die **Erfolgsbilanz** record of success

der **Erfolgsdruck** performance pressure

das **Erfolgserlebnis** feeling of success, sense of achievement [əˈtʃiːvmənt]

das **Erfolgsrezept** recipe [ˈresɪpi] for success

**erforderlich** necessary [ˈnesəsᵊri]; **falls erforderlich** if required; **das Erforderliche tun** to do what is necessary

**erfordern** to call for, to require [rɪˈkwaɪəʳ]

**erforschen** ❶ (*erkunden*) to explore ❷ (*untersuchen*) to research [rɪˈsɜːtʃ]; **ein Gebiet erforschen** to do some research into an area

**erfreuen** ❶ to delight [dɪˈlaɪt], to please ❷ **sich [an etwas] erfreuen** to delight [in something]

**erfreulich** pleasant [ˈplezᵊnt]

**erfreulicherweise** fortunately [ˈfɔːtʃᵊnətli], happily

**erfreut** ❶ **sehr erfreut!** pleased to meet you! ❷ **über etwas erfreut sein** to be delighted [dɪˈlaɪtɪd] about something

**erfrieren** ❶ *Mensch:* to freeze to death ❷ *Fin-*

**erfrischen – erklären**

*ger:* to get frostbitten ❸ *Pflanze:* to be killed by frost
**erfrischen** to refresh
**erfrischend** (*auch übertragen*) refreshing
die **Erfrischung** refreshment
das **Erfrischungsgetränk** [cool] soft drink
**erfüllen** ❶ (*ausführen*) to fulfil *Aufgabe, Erwartungen* ❷ to comply with; to meet *Bedingungen* ❸ **jemandem einen Wunsch erfüllen** to grant someone a wish
**ergänzen** to complete, to supplement
die **Ergänzung** ❶ (*Zusatz*) addition ❷ (*zu einem Gesetz*) amendment ❸ (*zu einem Buch*) supplement
**ergattern** (*umgangsspr*) to get hold of
**ergeben** ❶ to amount [*oder* come] to *Betrag, Summe* ❷ *Untersuchung:* to show, to prove [pruːv] ❸ **sich ergeben** (*aufgeben*) to surrender, to yield [jiːld] ❹ (*resultieren*) to result [rɪˈzʌlt] (**aus** from); **hieraus ergibt sich, dass ...** it follows from this that ...
das **Ergebnis** result [rɪˈzʌlt]; **zu keinem Ergebnis führen** to lead nowhere
**ergebnislos** unsuccessful, without result; **ergebnislos bleiben** to come to nothing
**ergehen** ❶ **etwas über sich ergehen lassen** to submit to something ❷ **wie wird es ihm ergehen?** what will become of him?
**ergiebig** (*auch übertragen*) productive
**ergonomisch** ergonomic
**ergreifen** ❶ to grasp, to seize [siːz] ❷ (*übertragen*) to take *Initiative, Maßnahmen;* to take up *Beruf* ❸ (*übertragen*) **das hat mich sehr ergriffen** I was deeply moved by that
**ergreifend** (*übertragen*) moving [ˈmuːvɪŋ]
**ergriffen** (*bewegt*) moved [muːvd]
der **Erhalt** receipt [rɪˈsiːt]
**erhalten** ❶ (*bekommen*) to get, to receive [rɪˈsiːv]; **dankend erhalten** received with thanks ❷ (*bewahren*) to preserve; **gut/schlecht erhalten** well/poorly preserved
**erhältlich** available [əˈveɪləbl], obtainable
**erhärten** (*übertragen*) ❶ to substantiate [səbˈstænʃieɪt] *Verdacht, Behauptung* ❷ to corroborate [kəˈrɒbəreɪt] *Theorie*
**erheben** ❶ to raise *Gegenstand* ❷ to levy *Steuern* ❸ [**gegen jemanden**] **Anklage erheben** to bring a charge [against someone] ❹ **sich** [**gegen jemanden/ein Regime**] **erheben** to revolt [against someone/a regime]
**erheblich** ❶ (*beträchtlich*) considerable ❷ (*ernstlich*) serious [ˈsɪərəs]
**erheitern** to cheer up
**erhellen** ❶ (*durch Licht*) to illuminate

[ɪˈluːmɪneɪt], to light [laɪt] up ❷ (*übertragen: deutlich machen*) to elucidate [ɪˈluːsɪdeɪt]
**erhitzen** to heat up (**auf** to)
**erhoffen** to hope for
**erhöhen** to increase [ɪnˈkriːs]
**erholen sich erholen** (*sich entspannen*) to relax; **ich hab mich im Urlaub so gut erholt** I had such a relaxing holiday; (*von Krankheit, Krise*) to recover [rɪˈkʌvəʳ]
**erholsam** restful
die **Erholung** ❶ (*Ruhe*) rest ❷ (*Entspannung, Genesung*) recovery
das **Erholungsgebiet** recreational [ˌrekriˈeɪʃᵊnᵊl] area
**erinnern** ❶ **jemanden an etwas erinnern** to remind someone of something; **erinnere mich daran, sie anzurufen** remind me to phone her ❷ **sich an jemanden/etwas erinnern** to remember someone/something

> ⓥ Unterschied zwischen **remember** und **remind**: remember something = sich (an etwas) erinnern: *Janet cannot remember his name;* — **remember to do** heißt daran denken, etwas zu tun: *remember to switch off all the lights.* **remind someone** heißt jemanden (daran) erinnern: *remind me to post the letters.*

die **Erinnerung** ❶ memory; **zur Erinnerung an ...** in memory of ... ❷ (*Andenken*) souvenir [ˌsuːvᵊnˈɪəʳ]; (*an eine Person*) keepsake
**erkälten sich erkälten** to catch a cold; **erkältet sein** to have a cold
die **Erkältung** cold; **sich eine Erkältung holen** to catch a cold
**erkämpfen** to win; **sich etwas hart erkämpfen** to fight [faɪt] hard for something
**erkennbar** ❶ (*sichtbar*) visible [ˈvɪzɪbl] ❷ (*wahrnehmbar*) discernible [dɪˈsɜːnəbl]
**erkennen** ❶ (*wiedererkennen*) to recognize [ˈrekəgnaɪz] (**an** by) ❷ (*deutlich sehen*) to see ❸ (*einsehen*) to realize [ˈrɪəlaɪz] *Fehler*
**erkenntlich sich jemandem für etwas erkenntlich zeigen** to show someone one's gratitude [ˈgrætɪtjuːd] for something
die **Erkenntnis** ❶ (*Wissen*) knowledge [ˈnɒlɪdʒ] ❷ (*Einsicht*) realization
der **Erkennungsdienst** (*der Polizei*) police records department
der **Erker** bay [window]
**erklären** ❶ [**jemandem etwas**] **erklären** to explain [something to someone] ❷ to declare *Unabhängigkeit, Bekanntmachung* ❸ (*sagen*) to say; **erklär mir mal, was du dir dabei gedacht hast** tell me what you thought

[θɔːt] you were doing ❹ **das erklärt sich von selbst** that's self-explanatory; **ich kann mir nicht erklären, warum …** I just don't understand why …
**erklärt** declared
die **Erklärung** ❶ (*Begründung*) explanation; **als Erklärung …** by way of explanation … ❷ (*Bekanntgabe*) declaration ❸ (*Aussage*) statement; **eine Erklärung abgeben** to make a statement
**erkranken** to be taken sick, to fall ill
die **Erkrankung** disease [dɪˈziːz]
**erkunden** ❶ (*ausfindig machen*) to find out ❷ (*militärisch*) to reconnoitre [ˌrekəˈnɔɪtəʳ], to scout
**erkundigen** ❶ **sich nach jemandem erkundigen** to enquire [ɪnˈkwaɪəʳ] after someone; **sich über etwas erkundigen** to enquire about something ❷ **erkundige dich mal** try and find out
**erlahmen** *Interesse:* to flag
**erlangen** to achieve [əˈtʃiːv], to attain
der **Erlass** (*Verordnung*) decree [dɪˈkriː], edict [ˈiːdɪkt]
**erlassen** ❶ to release [rɪˈliːs] *Schulden* ❷ to enact *Gesetz*
**erlauben** ❶ (*gestatten*) to allow [əˈlaʊ], to permit; **erlauben Sie mir, …** allow me to … ❷ **was erlauben Sie sich!** how dare [deəʳ] you! ❸ **erlauben Sie mal!** well I must say!, do you mind!
die **Erlaubnis** permission [pəˈmɪʃ°n]; **jemanden um Erlaubnis bitten** to ask permission of someone
**erläutern** ❶ (*erklären*) to explain ❷ (*veranschaulichen*) to illustrate
die **Erläuterung** ❶ (*Erklärung*) explanation ❷ (*Veranschaulichung*) illustration
die **Erle** alder [ˈɒldəʳ]
**erleben** ❶ (*durchmachen*) to experience [ɪkˈspɪərɪəns] *schwere Zeiten, Krise* ❷ to have *Abenteuer, schöne Tage, Urlaub* ❸ (*lebend sehen*) to live to see ❹ **ich möchte mal erleben, dass …** I'd like to see the day … ❺ **du kannst was erleben!** you're going to be in for it!
das **Erlebnis** experience [ɪkˈspɪərɪəns]
**erledigen** ❶ (*ausführen*) to settle ❷ (*umgangsspr: umbringen*) to do in ❸ **er ist erledigt** he's done for; **sie ist für mich erledigt** I'm finished with her ❹ **die Sache hat sich erledigt** it's all been taken care of, it's all sorted now
**erlegen** to shoot *Wild*
**erleichtern** ❶ (*leichter machen*) to make

easier [ˈiːzɪəʳ] ❷ (*übertragen: lindern*) to relieve [rɪˈliːv]; **erleichtert sein** to feel relieved
**erleiden** to suffer
**erlernen** to learn [lɜːn]
**erlesen** select; *Geschmack:* exquisite [ɪkˈskwɪzɪt]
**erleuchten** to illuminate [ɪˈluːmɪneɪt], to light [laɪt] up
**erliegen** to succumb [səˈkʌm] to
das **Erliegen zum Erliegen kommen** to come to a standstill
der **Erlös** proceeds *plural*
**erloschen** *Vulkan:* extinct
**ermächtigen** to authorize [ˈɔːθ°raɪz], to empower
**ermahnen** to reprove [rɪˈpruːv] (**wegen** for)
**ermäßigen** to reduce [rɪˈdjuːs]
die **Ermäßigung** reduction [rɪˈdʌkʃ°n]
das **Ermessen das liegt in Ihrem Ermessen** that's within your discretion [dɪˈskreʃ°n]; **nach menschlichem Ermessen** as far as anyone can judge
die **Ermessensfrage** matter of discretion
**ermitteln** ❶ (*bestimmen*) to determine [dɪˈtɜːmɪn] *Zeitpunkt* ❷ (*feststellen*) to establish *Tatsache, Identität* ❸ (*ausfindig machen*) to trace *Person* ❹ (*polizeilich*) to investigate; **in einem Fall ermitteln** to investigate a case
die **Ermittlung Ermittlungen anstellen** to make enquiries [ɪnˈkwaɪərɪz] (**über** about)
**ermöglichen** to facilitate [fəˈsɪlɪteɪt], to make possible
**ermorden** to murder
**ermüden** to tire
**ermüdend** tiring [ˈtaɪərɪŋ]
die **Ermüdung** fatigue [fəˈtiːg]
**ermutigen** to encourage [ɪnˈkʌrɪdʒ]
**ernähren** ❶ to feed *Kinder, Familie* ❷ **sich ernähren** to live (**von** on)
die **Ernährung** (*Nahrung*) food, nourishment [ˈnʌrɪʃmənt]
der **Ernährungsberater**, die **Ernährungsberaterin** nutritionist [njuːˈtrɪʃ°nɪst]
**ernennen** to appoint; **sie wurde zur Rektorin ernannt** she was appointed headmistress
die **Ernennung** appointment (**zu** as)
**erneuerbar** *Energiequellen:* renewable [rɪˈnjuːəbl]
**erneuern** ❶ to replace [rɪˈpleɪs] *Reifen* ❷ (*übertragen*) to renew *Freundschaft*
**erniedrigen** to humiliate [hjuːˈmɪlɪəɪt]; **erniedrigend** humiliating
der **Ernst** ❶ (*Charakterzug*) seriousness [ˈsɪərɪəs-

nəs] **❷ im Ernst** seriously; **ganz im Ernst** in all seriousness ['sɪərɪəsnəs]; **das ist mein Ernst** I'm serious about it

**ernst** ❶ *Mensch, Gesichtsausdruck:* earnest, serious ['sɪərɪəs] ❷ (*bedrohlich*) *Situation:* serious ❸ **das meinst du doch nicht ernst!** you can't be serious!; **es wird ernst** it's getting serious; **etwas/jemanden ernst nehmen** to take something/someone seriously

der **Ernstfall** emergency [ɪ'mɜːdʒənsi]; **im Ernstfall ...** in case of an emergency ...

**ernsthaft** earnest, serious

die **Ernte** ❶ (*auch übertragen*) harvest ❷ (*Ertrag*) crop

das **Erntedankfest** harvest ['hɑːvɪst] festival

**ernten** ❶ to harvest; to reap *Getreide* ❷ (*übertragen*) to reap *Erfolg, Ruhm* ❸ (*übertragen*) to get *Applaus, Spott, Undank*

**ernüchtern** (*zur Vernunft bringen*) to sober ['səʊbəʳ] up

die **Ernüchterung** disillusionment [ˌdɪsɪ'luːʒənmənt]

**erobern** (*auch übertragen*) to conquer ['kɒŋkəʳ]

die **Eroberung** (*auch übertragen*) conquest ['kɒŋkwest]

die **Eröffnung** ❶ (*Beginn*) opening ❷ (*feierlich*) inauguration [ɪ'nɔːgjə'reɪʃən]

**erörtern** to discuss [dɪ'skʌs]

die **Erörterung** discussion [dɪ'skʌʃən]

die **Erosion** erosion [ɪ'rəʊʒən]

die **Erotik** eroticism [ɪ'rɒtɪsɪzⁱm]

**erotisch** erotic

der **Erpel** drake

**erpicht auf etwas erpicht sein** to be keen on something

**erpressbar** subject to blackmail

**erpressen** ❶ to blackmail *Person* ❷ **von jemandem ein Geständnis/Geld erpressen** to extort a confession/money from someone

der **Erpresser**, die **Erpresserin** blackmailer

**erpresserisch** blackmailing

die **Erpressung** blackmail

**erproben** to test, to try

**erprobt** (*bewährt*) proven ['pruːvⁿn]

**erraten** to guess [ges]

**errechnen** to calculate ['kælkjəleɪt], to work out

**erregen** ❶ (*bewirken*) to cause [kɔːz], to create [kri'eɪt] ❷ to provoke *Mitleid* ❸ to attract *Aufsehen, Neugier* ❹ (*aufregen*) to excite ❺ (*sexuell*) to arouse

der **Erreger** pathogen ['pæθədʒən]

**erreichbar** ❶ **telefonisch erreichbar sein** to be contactable by phone ❷ **nicht erreichbar** *Ziel, Zustand:* unattainable ❸ **er ist nie erreichbar** he is never available

**erreichen** ❶ (*zustande bringen*) to manage ['mænɪdʒ] ❷ to achieve [ə'tʃiːv] *Ziel, Absicht* ❸ to reach *Alter, Gegenstand, Geschwindigkeit* ❹ to catch *Zug* ❺ (*kontaktieren*) to reach, to get hold of; **ich konnte sie nicht erreichen** I couldn't get hold of her

**errichten** ❶ (*bauen*) to erect ❷ (*gründen*) to establish

**erringen** to achieve [ə'tʃiːv], to gain

**erröten** to blush (**vor** with)

die **Errungenschaft** ❶ (*Leistung*) achievement [ə'tʃiːvmənt] ❷ (*Anschaffung*) acquisition [ˌækwɪ'zɪʃən]

der **Ersatz** replacement, substitute; **als Ersatz** as a substitute

die **Ersatzbank** bench

die **Ersatzkasse** private health insurance [ɪn'ʃʊərəns] company

der **Ersatzmann** substitute

die **Ersatzmine** refill

der **Ersatzreifen** spare tyre ['taɪəʳ]

das **Ersatzteil** spare [speəʳ] [part]

**erschaffen** to create [kri'eɪt]

**erscheinen** ❶ (*veröffentlicht werden*) to be published, to come out ❷ (*sichtbar werden*) to appear [ə'pɪəʳ]

die **Erscheinung** ❶ (*Naturerscheinung*) phenomenon [fɪ'nɒmɪnən] ❷ (*Äußeres*) appearance [ə'pɪərəns] ❸ *eines Geistes:* apparition [ˌæpəʳ'rɪʃən] ❹ **in Erscheinung treten** to appear

das **Erscheinungsjahr** year of publication

**erschießen jemanden/sich erschießen** to shoot someone/oneself

**erschlagen**[1] to kill; **vom Blitz erschlagen werden** to be struck by lightning

**erschlagen**[2] (*umgangsspr*) worn out

**erschließen** ❶ to tap *Rohstoffquelle* ❷ to develop; to open up *Gelände, Markt* ❸ to find; to acquire [ə'kwaɪəʳ] *Einnahmequelle*

**erschöpfen** to exhaust [ɪg'zɔːst]

**erschöpfend** ❶ (*ausführlich*) exhaustive [ɪg'zɔːstɪv] ❷ (*ermüdend*) exhausting

die **Erschöpfung** exhaustion

**erschrecken** ❶ **jemanden erschrecken** to frighten ['fraɪtⁿn] [*oder* startle] someone; **hast du mich erschreckt!** you gave me such a fright [*oder* start]! ❷ **erschrick nicht** don't get a fright [fraɪt]; **bin ich erschrocken!** what a fright that gave me! ❸ **es war erschreckend** [*oder* **ich war erschro-**

**erschrocken – erweichen** **712**

cken], ihn so zu sehen it was frightening to
see him like that ❹ sich erschrecken to get
a fright; sie hat sich ganz schön erschro-
cken she got quite a fright
erschrocken startled
erschüttern ❶ (erzittern lassen) to shake
❷ (übertragen: aus der Fassung bringen) to
upset; (umgangsspr) to shatter
erschweren ❶ (schwieriger machen) to
make more difficult ❷ (verschlimmern) to
aggravate ['ægrəveɪt]
erschwinglich within one's means
ersehen to see
ersetzen ❶ to replace [rɪ'pleɪs] Ding ❷ je-
mandem den Schaden ersetzen to com-
pensate someone for the damage ❸ jeman-
den ersetzen to take the place of someone
ersichtlich ❶ obvious ['ɒbvɪəs]; ohne
ersichtlichen Grund for no apparent rea-
son ❷ hieraus ist ersichtlich, dass ... this
shows that ...
ersparen ❶ to save Geld ❷ erspar mir
deine Belehrungen spare me your lectures
❸ mir bleibt auch nichts erspart! why
does everything have to happen to me!
die Ersparnisse savings
erst ❶ (zuerst) at first ❷ ich muss das erst
fertig machen I must finish this first
❸ (nicht eher als) not until; sie fingen erst
an, als wir da waren they didn't start until
we came ❹ erst gestern only yesterday; es
ist erst elf Uhr it's only eleven o'clock
❺ das ist fürs Erste genug that's enough to
begin with
erstatten jemandem seine/ihre Auslagen
erstatten to refund [oder reimburse] some-
one for his/her expenses [ˌriːɪm'bɜːs]
die Erstattung von Kosten: refund ['riːfʌnd], reim-
bursement [ˌriːɪm'bɜːsmənt]
die Erstaufführung first-night [performance]
das Erstaunen astonishment [ə'stɒnɪʃmənt],
amazement; in Erstaunen setzen to amaze
erstaunen ❶ to amaze; to astonish jemanden,
Publikum ❷ erstaunt sein to be astonished
(über at)
erstaunlich amazing, astonishing
erstaunlicherweise amazingly
die Erstausgabe first edition
erste(r, s) ❶ first, 1st ❷ erste Hilfe first aid
❸ er war der Erste, der das gemacht hat
he was the first to do that; er war als Erster
zu Hause he was the first home ❹ in erster
Linie first and foremost ❺ wir haben
heute den ersten Dezember today is the
first of December

der Erste-Hilfe-Kasten first-aid box
ersteigen to climb
ersticken ❶ jemanden ersticken to suffo-
cate someone ❷ sie erstickte she suffoca-
ted; (an einer Gräte) she choked to death
erstklassig first-class, first-rate
die Erstkommunion first communion; Erstkom-
munion feiern to have one's first commun-
ion
erstmalig first
erstmals for the first time
erstrecken ❶ sich erstrecken (räumlich) to
extend, to stretch, to reach (bis to/as far as,
auf/über over) ❷ sich über Jahre erstre-
cken to carry on [oder last] for years
ersuchen jemanden um etwas ersuchen
to request [rɪ'kwest] something of someone
ertappen to catch; auf frischer Tat ertappt
caught [kɔːt] in the act [oder red-handed]
erteilen to give; to grant Erlaubnis
der Ertrag ❶ (Gewinn) proceeds △ plural, return
❷ von Boden: yield [jiːld]
ertragen to bear [beəʳ], to endure
erträglich bearable ['beərəbl], endurable
[ɪn'djʊərəbl]
die Ertragsausschüttung dividend distribution
die Ertragssteigerung increase in profits
ertrinken to drown
erübrigen sich erübrigen Worte, Gesten: to
be superfluous [suː'pɜːfluəs]; alles Weitere
erübrigt sich there's no more to be said
erwachen to awake, to wake [up]
erwachsen¹ (übertragen: entstehen) to arise,
to develop
erwachsen² adult, grown-up
der/die Erwachsene grown-up [person], adult
die Erwachsenenbildung adult education; in
der Erwachsenenbildung tätig sein to
work in adult education
erwägen to consider [kən'sɪdəʳ]
erwähnen to mention ['menʃən]
erwärmen ❶ to heat, to warm [wɔːm]
❷ sich erwärmen to heat up ❸ (übertra-
gen) sich für etwas erwärmen to take to
something
erwarten ❶ (annehmen) to expect ❷ (ent-
gegensehen) to await [ə'weɪt]; ich weiß,
was mich erwartet I know what to expect
die Erwartung expectation; das entspricht ganz
meinen Erwartungen this comes up to my
expectations
erwartungsvoll expectant
erwecken ❶ to raise [reɪz] Hoffnungen ❷ to
arouse [ə'raʊz] Interesse, Verdacht
erweichen (übertragen: milde stimmen) to

move [muːv]; **sich nicht erweichen lassen** to be unmoved

**erweisen** ➊ (*beweisen*) to prove [pruːv] ➋ **jemandem einen Gefallen erweisen** to do someone a favour ➌ **sich als unfähig erweisen** to show oneself to be incompetent; **er erwies sich als fähig** he proved to be competent; **sich als nützlich erweisen** to prove useful; **sich als falsch erweisen** to prove to be wrong ➍ **es hat sich erwiesen, dass ...** it turned out that ...

**erweiterbar** *Computer, Programm:* upgradeable [ˌʌpˈɡreɪdəbl]

**erweitern** ➊ (*vergrößern*) to enlarge ➋ (*verbreitern*) to widen

der **Erwerb** purchase [ˈpɜːtʃəs]

**erwerben** to acquire [əˈkwaɪəʳ]

**erwerbsfähig** fit for gainful employment *nachgestellt,* able to work *nachgestellt*

der/die **Erwerbsfähige** person able to work [*oder* fit for work]

**erwerbslos** unemployed

der/die **Erwerbstätige** gainfully employed person

**erwerbsunfähig** unable to work, incapacitated [ˌɪnkəˈpæsɪteɪtɪd]

**erwidern** ➊ (*antworten*) to answer [ˈɑːnsəʳ], to reply [rɪˈplaɪ]; (*scharf*) to retort ➋ to return *Gefallen, Gruß, Kompliment*

**erwiesenermaßen** as has been proved [pruːvd]

**erwischen** ➊ (*fangen*) to catch ➋ (*zufällig bekommen*) to get hold of

das **Erz** ore

**erzählen** to tell; **gut Geschichten erzählen können** to be a good storyteller ▶ WENDUNGEN: **wem erzählst du das!** you're telling me!

der **Erzähler,** die **Erzählerin** narrator [nəˈreɪtəʳ]

die **Erzählung** story; (*formeller*) tale

der **Erzbischof** archbishop [ˌɑːtʃˈbɪʃəp]

der **Erzengel** archangel [ˌɑːˈkeɪndʒəl]

**erzeugen** to produce [prəˈdjuːs]; to generate [ˈdʒenəreɪt] *Energie*

der **Erzeuger,** die **Erzeugerin** (*Hersteller*) manufacturer

das **Erzeugnis** produce

der **Erzfeind,** die **Erzfeindin** arch-enemy

**erziehbar** **schwer erziehbar** maladjusted [ˌmæləˈdʒʌstɪd]

**erziehen** ➊ (*aufziehen*) **Kinder erziehen** to bring up children; **er ist gut erzogen** he is well brought-up ➋ (*ausbilden*) to educate [ˈedʒʊkeɪt]

die **Erziehung** ➊ (*Erziehungszeit*) upbringing ➋ (*Bildung*) education [ˌedʒʊˈkeɪʃᵊn]

der **Erziehungsurlaub** maternity [*oder* paternity] leave

**erzielen** ➊ to reach [riːtʃ] *Einigung* ➋ to achieve [əˈtʃiːv] *Erfolg* ➌ to obtain [əbˈteɪn] *Ergebnis*

**erzwingen** to force [fɔːs]

**es** ➊ it; (*für Haustiere*) he/she ➋ **es gibt** there is/are; **es gibt keine Milch/Erdbeeren** there is no milk/are no strawberries [ˈstrɔːbᵊrɪz] ➌ **es war niemand da** there was nobody ➍ **es ist kalt** it's cold; **mir ist es kalt** I am cold ➎ **es sei denn, dass ...** unless ... ➏ **ich bin es** it's me ➐ **es regnet** it is raining ➑ **es wurde getanzt** there was dancing

die **Esche** ash [tree]

der **Esel** ➊ (*Tier*) donkey ➋ (*als Schimpfwort*) ass, fool

die **Eselsbrücke** mnemonic [nɪˈmɒnɪk]

das **Eselsohr** (*übertragen*) dog-ear

**eskalieren** to escalate [ˈeskəleɪt]

der **Eskimo** Eskimo

**eskortieren** to escort

die **Espe** aspen

der/das **Essay** [ˈɛse] essay

**essbar** *Pilz:* edible [ˈedɪbl]

das **Essen** ➊ (*Nahrung*) food ➋ (*Mahlzeit*) meal ➌ **komm[t] zum Essen!** lunch/dinner is ready!; **gerade beim Essen sein** to be having lunch/dinner

**essen** ➊ eat; **essen gehen** to eat out ➋ **zu Mittag/Abend essen** to have lunch/dinner ➌ **die Sache ist gegessen** (*umgangsspr*) that's history

> **G** Richtiges Konjugieren von **eat**: eat, ate, eaten — *Robert ate four ham sandwiches; he has eaten nothing for three days.*

die **Essensmarke** meal voucher [ˈvaʊtʃəʳ]

das **Essgeschirr** dinner-service

der **Essig** vinegar; **Essig und Öl** oil and vinegar ▶ WENDUNGEN: **damit ist jetzt Essig** (*umgangsspr*) it's all off!

die **Essiggurke** pickled gherkin [ˈgɜːkɪn]

die **Essigsäure** acetic [əˈsiːtɪk] acid

die **Esskastanie** sweet chestnut

der **Esslöffel** soup [*oder* dessert] spoon

das **Essstäbchen** chopstick

der **Esstisch** dining table

das **Esszimmer** dining room

der **Este,** die **Estin** Estonian [esˈtəʊnɪən]

**Estland** Estonia [esˈtəʊnɪə]

**estnisch** Estonian

der **Estragon** tarragon

der **Estrich** (*Dachboden*) attic

**etabliert – EWS** | **714**

**etabliert** established [ɪˈstæblɪʃt]
die **Etage** [eˈtaːʒə] floor [flɔːʳ]
die **Etagendusche** shared shower
die **Etagenwohnung** flat [occupying an entire floor]
die **Etappe** stage
der **Etat** [eˈtaː] budget [ˈbʌdʒɪt]
**etepetete** (*umgangsspr*) finicky [ˈfɪnɪki]
die **Ethik** ethics [ˈeθɪks] *plural*
**ethisch** ethical [ˈeθɪkᵊl]
das **Etikett** label [ˈleɪbᵊl]
**etliche(r, s) etliche Male** quite a few times; **etliche tausend Tote** several thousand casualties [ˈkæʒjuəltiz]
das **Etui** case
**etwa** ❶ (*ungefähr*) about, approximately [əˈprɒksɪmətli]; **wann etwa?** roughly [ˈrʌfli] when? ❷ **sind Sie etwa nicht einverstanden?** do you mean to say that you don't agree?
**etwaig** possible
**etwas** ❶ **etwas tun** to do something ❷ (*mit Frage, Bedingung, Verneinung*) anything ❸ **etwas Brot/Geld** some bread/money; **hast du etwas Brot/Geld?** have you got any bread/money? ❹ **etwas Nettes** something nice ❺ **kaum etwas** hardly anything ❻ **noch etwas Tee?** some more tea? ❼ **etwas mehr/weniger** a little more/less; **etwas Zeit** a little bit of time
die **EU** *Abkürzung von* **Europäische Union** EU, European Union
**euch** ❶ **sie hat euch gesagt ...** she told you ... ❷ **er hat es euch gegeben** he gave it to you ❸ **für/mit euch** for/with you ❹ **wohnt sie jetzt bei euch?** is she staying with you now?
**euere(r, s)** ❶ your ❷ **sind das eure?** are these yours?
der **Eukalyptus** eucalyptus [ˌjuːkᵊlˈɪptəs]
der **EU-Kommissar**, die **EU-Kommissarin** EU Commissioner
die **EU-Kommission** EU Commission
das **EU-Land** European Union member state
die **Eule** owl
der **EU-Ministerrat** EU Council of Ministers
das **EU-Mitgliedsland** EU member state
die **EU-Norm** EU standard
der **Eunuch** eunuch
**euphemistisch** euphemistic [ˌjuːfəˈmɪstɪk]
die **Euphorie** euphoria [juːˈfɔːriə]
**euphorisch** euphoric [juːˈfɒrɪk]
**eure(r, s)** ❶ your ❷ **sind das eure?** are these yours?
**euretwegen** because of you

**euretwillen** for your sake
**eurige(r, s)** yours
der **Euro** euro; **5 Euro** 5 euro[s]
die **Euro-Banknote** euro banknote
der **Eurocityzug** European Inter-City train
die **Euro-Münze** euro coin
**Europa** Europe
der **Europäer**, die **Europäerin** European [ˌjʊərəˈpiːən]
**europäisch** European
die **Europäische Gemeinschaft** European Community
der **Europäische Gerichtshof** European Court of Justice
das **Europäische Parlament** European Parliament [ˈpɑːləmənt]
die **Europäische Union** European Union
die **Europäische Zentralbank** European Central Bank
der **Europameister**, die **Europameisterin** European champion
das **Europaparlament** European Parliament [ˈpɑːləmənt]
der **Europapokal** European Cup
der **Europarat** Council of Europe
der **Euroscheck** Eurocheque; [jemandem] **einen Euroscheck ausstellen** make out a eurocheque [to someone]
die **Euroscheckkarte** Eurocheque card
der **Euro-Schein** euro note
die **Eurowährung** European currency
die **Eurozone** Eurozone, Euroland
der **EU-Staat** EU country
das **Euter** udder [ˈʌdə]
**evakuieren** to evacuate [ɪˈvækjʊeɪt]
die **Evangelien** gospels
**evangelisch** Protestant [ˈprɒtɪstənt]
das **Evangelium** gospel
**eventuell** ❶ (*etwaig*) possible; **die eventuellen Nachteile** the possible disadvantages ❷ (*nötigenfalls*) if need be; **eventuell könnte ich auch für ihn einspringen** I could cover for him if necessary ❸ (*vielleicht*) perhaps; **eventuell** [schon] (*als Antwort*) possibly; **ich werde eventuell später dazukommen** I'll perhaps join you later

**F** Nicht verwechseln mit *eventually — schließlich!*

die **Evolution** evolution [ˌiːvəˈluːʃn]
**ewig** ❶ eternal [ɪˈtɜːnl], everlasting [ˌevəˈlɑːstɪŋ] ❷ forever; **das dauert ja ewig!** (*umgangsspr*) it's taking ages!
die **Ewigkeit** eternity [ɪˈtɜːnəti]
**EWS** *Abkürzung von* **Europäisches Währungssystem** EMS

**EWU** *Abkürzung von* **Europäische Währungsunion** EMU
**exakt** exact; **exakt arbeiten** to work accurately ['ækjərətli]
das **Examen** examination [ɪgˌzæmɪ'neɪʃn]; (*umgangsspr*) exam; **Examen machen** to take one's exams *plural*
das **Exemplar** ① (*Buch*) copy ② (*Muster*) sample ③ (*Pflanze*) specimen ['spesəmɪn]
das **Exil** exile ['eksaɪl]; **im Exil** in exile
die **Existenz** existence [ɪg'zɪstəns]; **sich eine Existenz aufbauen** to make a life for oneself
die **Existenzangst** fear of being unable to make ends meet
der **Existenzgründer**, die **Existenzgründerin** founder of a new business
die **Existenzgrundlage** basis of one's livelihood
das **Existenzminimum** subsistence [səb'sɪstəns] level
**existieren** ① (*bestehen*) to exist; **davon existiert nur ein Exemplar** there is only one copy of this ② (*leben können*) to live, to subsist [səb'sɪst] (**von** on)
**exklusiv** exclusive [ɪk'sklu:sɪv]
die **Exkursion** excursion [ɪk'skɜ:ʃn]
**exotisch** exotic [ɪg'zɒtɪk]
die **Expedition** expedition [ˌekspɪ'dɪʃn]
das **Experiment** experiment [ɪk'sperɪmənt]
**experimentieren** to experiment [ɪk'sperɪment]
der **Experte**, die **Expertin** expert ['ekspɜ:t] (**für** in)
**explodieren** to explode [ɪk'spləʊd]
die **Explosion** explosion [ɪk'spləʊʒn]
die **Explosionsgefahr** danger of explosion
**explosiv** explosive [ɪk'spləʊsɪv]
der **Export** export [ɪk'spɔ:t]
der **Exportartikel** export article [*oder* commodity]
der **Exporteur** exporter
**exportieren** to export
**express** *Postsendung:* by express
der **Expressionismus** expressionism [ɪk'spreʃnɪzm]
**extern** external
**extra** ① **das kostet extra** there's an extra [*oder* additional] charge for this ② **das hat er extra gemacht** he's done that on purpose ['pɜ:pəs] ③ **ich hätte gerne eine extra Rechnung** I'd like a separate bill, please ④ **das habe ich extra für meine Schwester gebastelt** I made that specially for my sister
das **Extrablatt** special edition
die **Extrafahrt** ⊞ special excursion [*oder* trip]
der **Extrakt** extract ['ekstrækt]

**extravagant** extravagant
der **Extrazug** ⊞ special train
das **Extrem** extreme; **von einem Extrem ins andere fallen** to go from one extreme to the other
**extrem** extreme
der **Extremist**, die **Extremistin** extremist [ɪk'stri:mɪst]
die **Extremitäten** extremities
**extrovertiert** extrovert
**exzellent** excellent ['eksələnt]
**exzentrisch** eccentric
der **Exzess** excess [ɪk'ses]; **etwas bis zum Exzess treiben** to take something to extremes
**exzessiv** excessive [ɪk'sesɪv]
die **EZB** *Abkürzung von* **Europäische Zentralbank** ECB, European Central Bank

# F

**F, f** ① (*Buchstabe*) F, f [ef] ② (*in der Musik*) F, f
die **Fabel** fable
**fabelhaft** (*wunderbar*) fabulous
das **Fabelwesen** mythical creature
die **Fabrik** factory ['fæktri]; (*Werk*) works *singular oder plural;* (*Anlage*) plant

**Fabrik**

Nicht verwechseln mit *fabric — der Stoff!*

der **Fabrikant**, die **Fabrikantin** (*Besitzer*) factory-owner
der **Fabrikarbeiter**, die **Fabrikarbeiterin** factory

worker

das **Fabrikat** (*Marke*) brand, make

das **Fabrikgelände** factory premises ⚠ *plural*

**fabrikneu** brand-new

**fabrizieren** to manufacture

das **Fach** ❶ (*Abteil*) compartment, division ❷ (*Brieffach*) pigeonhole ['pɪdʒənhəʊl] ❸ (*Unterrichtsfach*) subject [sʌbdʒekt] ❹ (*Zweig*) branch; **ein Mann/eine Frau vom Fach** an expert; **er versteht sein Fach** he knows his business

der **Facharbeiter**, die **Facharbeiterin** skilled worker

der **Facharzt**, die **Fachärztin** specialist (**für** in)

der **Fachausdruck** technical ['teknɪkl] term

der **Fächer** fan

die **Fachfrau** expert ['eksp3:t]

das **Fachgebiet** [special] field [of work]

das **Fachgeschäft** specialist shop [*oder* 🇺🇸 store]

der **Fachhändler**, die **Fachhändlerin** specialist retailer

die **Fachhochschule** college, polytechnic

die **Fachkenntnisse** specialized knowledge [nɒl-ɪdʒ]

die **Fachleute** experts ['eksp3:ts]

**fachlich** technical ['teknɪkl]

die **Fachliteratur** technical ['teknɪkl] literature

der **Fachmann** expert ['eksp3:t]

die **Fachmesse** trade fair

**fachsimpeln** (*umgangsspr*) to talk shop

die **Fachsprache** technical language

das **Fachwerkhaus** half-timbered house

das **Fachwissen** expertise [,eksp3:'ti:z]

das **Fachwort** technical word

das **Fachwörterbuch** specialist dictionary

die **Fachzeitschrift** trade journal; (*technisch*) technical journal; (*naturwissenschaftlich*) scientific journal

die **Fackel** torch [tɔ:tʃ]

**fade** ❶ *Essen:* tasteless; **fade schmecken** to have no taste, to not taste of anything ❷ (*langweilig*) dull, flat

der **Faden** thread [θred] ▶ WENDUNGEN: **der rote Faden** the main idea; **den Faden verlieren** to lose the thread

**fadenscheinig** threadbare

das **Fagott** bassoon

**fähig** ❶ (*begabt*) able, capable ❷ (*qualifiziert*) fit, qualified ❸ **er ist zu allem fähig** he is capable of anything

die **Fähigkeit** ability, capability

**fahl** fallow; *Gesicht:* pale

**fahnden** search [s3:tʃ] (**nach** for)

die **Fahndung** search [s3:tʃ] (**nach** for)

die **Fahne** ❶ flag ❷ **eine Fahne haben** (*um-*

*gangsspr*) to reek of alcohol

die **Fahnenstange** flagpole

der **Fahrausweis** ❶ ticket ❷ 🇨🇭 driving licence 🇬🇧, driver's license 🇺🇸

die **Fahrbahn** lane

**fahrbar** (*beweglich*) mobile ['məʊbaɪl]

die **Fähre** ferry

**fahren** ❶ to go (**mit** by); (*mit dem Rad*) to ride; (*mit einem Schiff*) to sail; **mit dem Bus fahren** to go by bus; **Auto/Motorrad fahren** to drive a car/ride a motorcycle; **per Anhalter fahren** to hitch[hike]; **rechts fahren!** keep right! ❷ **dieses Auto fährt mit Diesel** this car runs on diesel ❸ (*befördern*) to take, to drive; **ich fahre dich zum Flughafen** I'll take [*oder* drive] you to the airport ❹ **Peter fährt gut** Peter is a good driver ❺ **Sie fahren besser, wenn ...** you would do better if ...

> **G** Richtiges Konjugieren von **drive**: drive, drove, driven — *Mr Lee drove to Bath; Mrs Lee had driven for many miles.*

der **Fahrer**, die **Fahrerin** driver

die **Fahrerflucht** hit-and-run

die **Fahrerlaubnis** driving licence 🇬🇧, driver's license 🇺🇸

der **Fahrgast** passenger

das **Fahrgeld** fare [feəʳ]

die **Fahrgelegenheit** lift

die **Fahrgemeinschaft** driving pool 🇬🇧, car pool 🇺🇸

das **Fahrgestell** *eines Autos:* chassis ['ʃæsi]; *eines Flugzeugs:* undercarriage 🇬🇧, landing gear 🇺🇸

**fahrig** fidgety ['fɪdʒəti]

die **Fahrkarte** ticket

der **Fahrkartenautomat** ticket machine

der **Fahrkartenschalter** ticket office

**fahrlässig** negligent ['neglɪdʒənt], careless

die **Fahrlässigkeit** negligence ['neglɪdʒəns]; **grobe Fahrlässigkeit** culpable negligence

der **Fahrlehrer**, die **Fahrlehrerin** driving instructor

der **Fahrplan** timetable 🇬🇧, schedule ['ʃedju:l] 🇺🇸

**fahrplanmäßig** according to schedule ['ʃedju:l]; **fahrplanmäßig ankommen** arrive on schedule; **alles verlief fahrplanmäßig** everything went according to schedule

der **Fahrpreis** fare [feəʳ]

die **Fahrprüfung** driving test

das **Fahrrad** bicycle ['baɪsɪkl], cycle; (*umgangsspr*) bike

der **Fahrradkurier**, die **Fahrradkurierin** bicycle

courier

der **Fahrradständer** bicycle stand

der **Fahrradweg** cycle path

der **Fahrschein** ticket

die **Fahrschule** driving school

der **Fahrschüler,** die **Fahrschülerin** learner [*oder* ⑩ student] driver

die **Fahrspur** lane

der **Fahrstuhl** lift ⑬, elevator ['elɪvertə] ⑩

die **Fahrt** ❶ (*im Wagen*) drive, ride ❷ (*Reise*) journey ['dʒɜːni], trip ▶ WENDUNGEN: **in Fahrt kommen** to get into one's stride

die **Fährte** track, trail

das **Fahrtenbuch** driver's log

der **Fahrtenschreiber** tachograph ['tækəgrɑːf]

die **Fahrtkosten** travelling expenses

die **Fahrtrichtung** direction; **in Fahrtrichtung sitzen** to sit facing the engine

**fahrtüchtig** *Fahrzeug:* roadworthy; *Mensch:* fit to drive *nachgestellt*

der **Fahrtwind** headwind

**fahruntüchtig** *Mensch:* unfit to drive *nachgestellt; Fahrzeug:* unroadworthy

der **Fahrwerk** *von Flugzeug:* undercarriage, landing gear

das **Fahrzeug** vehicle ['vɪəkl]

der **Fahrzeughalter,** die **Fahrzeughalterin** owner of a vehicle

**fair** [fɛːᵊ] fair; **fair [zu jemandem] sein** to be fair [to someone]; **das ist nicht fair!** that's not fair!

**faktisch** effective, real

der **Faktor** factor ['fæktəʳ]

die **Fakultät** faculty

der **Falke** falcon ['fɔːlkən]

der **Fall** ❶ (*Sturz*) fall; **jemanden zu Fall bringen** to make somebody fall; (*übertragen*) **etwas zu Fall bringen** to cause the downfall of something ❷ (*Sachverhalt*) case, instance ❸ *eines Anwalts, Arztes:* case ❹ **gesetzt den Fall, dass ...** supposing that ...; **in diesem Fall** in this case [*oder* instance]; **auf jeden/keinen Fall** at any rate/on no account; **für den Fall, dass er ...** in case he ...; **auf alle Fälle** anyway; **im besten/schlimmsten Fall** at best/worst ❺ **klarer Fall!** (*umgangsspr*) sure thing! ❻ **das ist nicht mein Fall** (*umgangsspr*) that's not my cup of tea

die **Falle** ❶ trap ❷ (*umgangsspr: Bett*) sack ❸ **jemandem eine Falle stellen** to set a trap for someone

**fallen** ❶ to fall ❷ *Preise, Temperatur:* to drop ❸ *Schuss:* to be fired ❹ to be made *Entscheidung;* to be passed *Urteil* ❺ **im Krieg**

**fallen** to be killed in action ❻ *Wort:* to be uttered; *Bemerkung:* to be made; *Name:* to be mentioned ❼ **über etwas fallen** to trip over something ▶ WENDUNGEN: **jemandem um den Hals fallen** to fling one's arms around someone's neck; **jemandem in den Rücken fallen** to stab someone in the back

**fällen** ❶ to fell *Bäume* ❷ to make *Entscheidung;* **ein Urteil fällen** to pass sentence ['sentəns]

**fällig** due [djuː]; **fällig zum Ende des Jahres** due by the end of the year; **fällig werden** to fall due

das **Fallobst** windfall

**falls** ❶ (*wenn*) if; **falls du nicht kommen kannst** if you're not able to come ❷ (*für den Fall, dass ...*) in case ...

der **Fallschirm** parachute ['pærəʃuːt]; **mit dem Fallschirm abspringen** parachute

der **Fallschirmjäger** paratrooper

der **Fallschirmspringer,** die **Fallschirmspringerin** parachutist

die **Fallstudie** case study

**falsch** ❶ (*verkehrt*) wrong [rɒŋ]; **etwas falsch aussprechen** to mispronounce something ❷ (*unecht*) *Name, Zähne:* false [fɔːls] ❸ *Pass, Alibi:* fake; *Geld:* counterfeit ['kaʊntəfɪt] ❹ (*unehrlich*) false; **so ein falscher Hund!** (*umgangsspr*) he's such a snake-in-the-grass! ❺ **etwas falsch verstehen** to misunderstand something ❻ **falsch spielen** (*beim Musizieren*) to play the wrong note[s] ❼ **falscher Alarm** false alarm

**fälschen** ❶ to fake, to forge; *Geld:* to counterfeit ['kaʊntəfɪt] ❷ *Rechnung, Bilanz:* to falsify ['fɔːlsɪfaɪ]

**falschgehen** *Uhr:* to be wrong

das **Falschgeld** counterfeit ['kaʊntəfɪt] money

**fälschlich** false [fɔːls], wrong, mistaken

**falschspielen** (*beim Kartenspiel*) to cheat

der **Falschspieler,** die **Falschspielerin** cheat

die **Fälschung** fake, forgery

**fälschungssicher** forgery-proof

das **Faltblatt** leaflet ['liːflət] ⑬, folder ⑩

das **Faltboot** collapsible boat ⑬, foldboat ⑩

das **Faltdach** collapsible [*oder* convertible] top, folding roof

die **Falte** ❶ fold ❷ (*Bügelfalte*) crease; *von Rock:* pleat ❸ (*im Gesicht*) wrinkle ['rɪŋkl]; **Falten werfen** to crease [kriːs], to pucker

**falten** to fold; **die Hände falten** to fold one's hands

der **Faltenrock** pleated skirt

## USEFUL PHRASES

Wenn du auf Englisch über deine **Familie** sprechen möchtest, helfen dir die folgenden *phrases*:

This is my family. My parents are …
I've got … sister(s) and … brother(s).
My sister's/my brother's name is …

Our house/our flat is in …
We've got a big/small garden …
I've got a pet, it's a … and his/her name is …

---

der **Falter** butterfly
  **faltig** creased ['kri:st]; *Haut:* wrinkled
der **Falz** (*Faltung*) fold
  **falzen** to fold
  **familiär** (*zwanglos*) informal
die **Familie** family; **Familie Clark** the Clark family; **es liegt in der Familie** it runs in the family; **eine vierköpfige Familie** a family of four

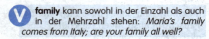
**family** kann sowohl in der Einzahl als auch in der Mehrzahl stehen: *Maria's family comes from Italy; are your family all well?*

der **Familienname** surname ['sɜ:neɪm] ⓖⓑ, last name ⓤⓢⓐ
der **Familienstand** marital status
der **Familienvater** family man
der **Fan** [fɛn] (*umgangsspr*) fan [fæn]
der **Fanatiker**, die **Fanatikerin** fanatic
  **fanatisch** fanatical
die **Fanfare** fanfare ['fænfeə']
der **Fang** ❶ catch *auch übertragen* ❷ (*Fischfang*) fishing ❸ (*Kralle*) talon; **in jemandes Fängen** in someone's clutches
der **Fangarm** *eines Kraken:* tentacle ['tentəkl]
  **fangen** ❶ to catch *auch übertragen;* (*mit einer Falle*) to trap ❷ **sich fangen** to steady oneself
die **Fangfrage** catch question
die **Fangleine** hawser
die **Fantasie** fantasy ['fæntəsi], imagination
  **fantasielos** unimaginative, lacking in imagination
  **fantasieren** ❶ (*sich vorstellen*) to fantasize (**über** about) ❷ (*im Fieber*) to be delirious [dɪlɪrɪəs]
  **fantasievoll** imaginative
  **fantastisch** ❶ fantastic ❷ (*großartig*) excellent, swell ⓤⓢⓐ ❸ (*unglaublich*) incredible
der **Fantasyroman** fantasy novel
das **Fanzine** fanzine
  **FAQ** *Abkürzung von* **frequently asked question** FAQ
der **Farbabzug** coloured print
die **Farbaufnahme** colour photo[graph]
die **Farbe** ❶ colour ⓖⓑ, color ⓤⓢⓐ; (*zum Malen*) paint; (*zum Färben*) dye [daɪ]; *von Gesicht:* complexion; **Farbe bekommen** to get a bit of colour ❷ *von Kartenspiel:* suit ❸ **Farbe bekennen** (*sich entscheiden*) to nail one's colours to the mast; (*gestehen*) to come clean
  **farbecht** colourfast
  **färben** to colour, to dye [daɪ] *Stoff, Haare;* **sich gelb färben** to turn yellow
  **farbenblind** colour-blind
  **farbenfroh** colourful
der **Farb(en)kasten** paintbox
der **Farbfernseher** colour TV
der **Farbfilm** colour film
das **Farbfoto**, die **Farbfotografie** colour photo [*oder* photograph]
  **farbig** coloured
der/die **Farbige** (*Mensch*) black ⚠ *nur im Plural mit Artikel;* **eine Farbige/ein Farbiger** a black woman/a black man

ⓛ Die Bezeichnung **coloured** für eine(n) Farbige(n) gilt allgemein als abwertend. In Großbritannien ist **black** die korrekte Form. Als *politically correct* gilt in den USA zudem die Bezeichnung **African American**, wenn man über Farbige im Allgemeinen spricht.

der **Farbkopierer** colour [photo]copier
  **farblos** colourless
die **Farbskala** colour range
der **Farbstift** coloured pencil [*oder* crayon] ['kreɪɒn]
der **Farbstoff** colouring; (*Pigment*) pigment
der **Farbton** hue [hju:], shade; (*Tönung*) tint
die **Färbung** ❶ (*Farbe*) colour, tinge; (*Schattierung*) shade ❷ (*Tendenz*) slant
die **Farce** ['fɑrsə] farce
der **Farn** fern
der **Fasan** pheasant ['fɛznt]
das **Faschierte** Ⓐ mince[d meat] ⓖⓑ, ground meat ⓤⓢⓐ
der **Fasching** carnival ['kɑ:nɪvl]
der **Faschingsdienstag** Shrove Tuesday
der **Faschismus** fascism ['fæʃɪzm]
der **Faschist**, die **Faschistin** fascist ['fæʃɪst]
  **faseln** ❶ to babble *umgangsspr* ❷ **dummes Zeug faseln** to talk drivel *umgangsspr*
die **Faser** fibre ['faɪbə] ⓖⓑ, fiber ⓤⓢⓐ
  **faserig** fibrous ['faɪbrəs]; *Fleisch, Spargel:*

stringy

das **Fass** barrel ['bærəl]; **Bier vom Fass** draught [drɑːft] beer ▸ WENDUNGEN: **ein Fass ohne Boden** a bottomless pit; **das schlägt dem Fass den Boden aus!** that's the last straw!

**fassen** ❶ (*ergreifen*) to take hold of; (*packen*) to grab; (*festnehmen*) to apprehend ❷ to set *Edelsteine* ❸ (*enthalten*) to hold ❹ (*begreifen*) to grasp, to understand; **es ist nicht zu fassen** it's unbelievable ❺ to take *Entschluss, Mut;* **etwas ins Auge fassen** to contemplate something ❻ **etwas in Worte fassen** to express something in words ❼ (*sich sammeln*) to compose oneself ❽ **sich kurz fassen** to be brief

die **Fassung** ❶ *von Juwelen:* setting; *einer Glühbirne:* socket ❷ *von Mensch:* composure; **jemanden aus der Fassung bringen** to disconcert someone; **die Fassung verlieren** to lose one's composure; **etwas mit Fassung tragen** to take something calmly ❸ (*Version, Bearbeitung*) version

**fassungslos** aghast [ə'gɑːst], stunned

das **Fassungsvermögen** capacity

**fast** ❶ almost, nearly ❷ **fast dasselbe** much the same ❸ **fast nichts** hardly anything ❹ **fast nie** hardly ever

**fasten** to fast

die **Fastenkur** fast

der **Fastenmonat** month of fasting

die **Fastenzeit** Lent ⚠ *ohne Artikel*

der **Fastnachtsdienstag** Shrove Tuesday ⚠ *ohne Artikel*

**faszinieren** to fascinate ['fæsɪneɪt]; **fasziniert sein** to be fascinated (**von** by)

**faszinierend** fascinating

**fatal** ❶ (*verhängnisvoll*) disastrous; **fatale Folgen haben** to have fatal repercussions [ˌriːpə'kʌʃⁿns] ❷ (*peinlich*) embarrassing [ɪm'bærəsɪŋ]; **ein fatales Gefühl** an awkward feeling ⚠ *'fatal' bedeutet im Englischen meistens ‚tödlich'*

**fauchen** hiss

**faul** ❶ (*träge*) idle, lazy ['leɪzi] ❷ (*verdorben*) rotten *auch übertragen; Zahn:* decayed ❸ (*umgangsspr: verdächtig*) fishy; **an der Sache ist etwas faul** there's something fishy about the whole business ▸ WENDUNGEN: **fauler Zauber** humbug

**faulen** to rot

**faulenzen** to laze [*oder* loaf] about

der **Faulenzer**, die **Faulenzerin** lazybones; (*Bummler*) loafer, idler

die **Faulheit** idleness, laziness [leɪzɪnəs]

**faulig** *Obst:* going rotten; *Geruch:* foul [faʊl], putrid ['pjuːtrɪd]; *Wasser:* stale

die **Fäulnis** (*Fäule*) rottenness; (*Krankheit*) putrefaction

der **Faulpelz** (*umgangsspr*) lazybones ⚠ *singular*

das **Faultier** sloth [sləʊθ]; (*fauler Mensch auch*) sluggard *abwertend*

die **Fauna** fauna [fɔːnə]

die **Faust** ❶ fist ❷ **auf eigene Faust** (*umgangsspr*) off one's own bat ▸ WENDUNGEN: **das passt wie die Faust aufs Auge** (*nicht passen*) it clashes horribly; (*genau passen*) it's a perfect match

der **Fausthandschuh** mitt[en]

die **Faustregel** rule of thumb

das **Fax** fax

**faxen** to fax

das **Fazit** result [rɪ'zʌlt]; **ein Fazit aus etwas ziehen** to sum something up

**FCKW** *Abkürzung von* **Fluorchlorkohlenwasserstoff** CFC, chlorofluorocarbon

der **Feber** Ⓐ February ['februᵊri]

der **Februar** February ['februᵊri]; **am 15. Februar** on 15th February, on February 15 Ⓤ; (*gesprochen*) on the 15th of February, February the 15th Ⓤ; **Anfang Februar** at the beginning of February; **Ende Februar** at the end of February

**fechten** to fence, to fight

die **Feder** ❶ feather ['feðə]; (*Hutfeder*) plume ❷ (*in Polsterung*) spring ❸ (*zum Schreiben*) quill [kwɪl]; *von Füller:* nib; (*mit Griff*) fountain pen

der **Federball** ❶ (*Ball*) shuttlecock ❷ (*Federballspiel*) badminton

das **Federbett** quilt Ⓖ🅑, feather comforter ['kʌmfətə] Ⓤ

**federführend** in [overall] charge (**bei**/**für** of)

das **Federgewicht** (*im Boxen*) featherweight

der **Federhalter** pen

**federleicht** light as a feather

**federn** to be springy ['sprɪŋi]

die **Federung** ❶ springs ❷ *von Auto:* [spring] suspension

die **Fee** fairy ['feəri]

das **Feed-back**, das **Feedback** ['fiːtbɛk] feedback; **jemandem [ein] Feed-back geben** to give someone feedback

das **Fegefeuer** purgatory [ˌpɜːgə'triː]

**fegen** ❶ (*mit Besen*) to sweep clean ❷ Ⓒ🅗 (*feucht wischen*) to wipe clean ❸ to sweep [up] ❹ (*umgangsspr: jagen*) to sweep

**fehlbesetzt** *Rolle, Schauspieler:* miscast

der **Fehlbetrag** deficit

**fehlen** ① (*nicht da sein*) to be missing; (*in der Schule*) to be away (**in** from) ② (*mangeln*) to be lacking; **du fehlst mir** I miss you ▶ WENDUNGEN: **das hat uns gerade noch gefehlt!** that was all we needed!; **wo fehlt es?** what's the trouble?; **jetzt fehlt nur noch ... ...** is all we need

der **Fehler** ① mistake; (*Irrtum*) error ['erə]; **das war nicht mein Fehler** that was not my fault ② (*Defekt*) defect ['di:fekt], fault [fɔ:lt] ③ (*im Sport*) **Fehler!** fault!

**fehlerfrei** perfect ['pɜ:fɪkt]; (*makellos*) faultless ['fɔ:ltləs], flawless

**fehlerhaft** defective [dɪ'fektɪv], faulty [fɔ:lti]

die **Fehlermeldung** error ['erə] message

die **Fehlgeburt** miscarriage [ˌmɪs'kærɪdʒ]

der **Fehlgriff** mistake

die **Fehlkonstruktion** bad design

die **Fehlschaltung** faulty circuit

der **Fehlschlag** failure ['feɪljə]

**fehlschlagen** to fail

der **Fehlstart** false start [ˌfɔ:ls'stɑ:t] ⑧, wrong start ⑪

der **Fehltritt** false step, lapse [læps]

die **Fehlzündung** backfiring

die **Feier** ① celebration ② (*zeremonielle Feier*) ceremony ③ (*Party*) party ④ **zur Feier des Tages** in honour of the occasion

der **Feierabend** ① (*Arbeitsschluss*) end of work; (*Geschäftsschluss*) closing time ⑧, quitting time ⑪; **Feierabend machen** to finish work; **machen wir Feierabend für heute!** let's call it a day!; **schönen Feierabend!** have a nice evening! ② **Feierabend!** (*in der Kneipe*) time, please!

**feierlich** ① (*erhebend*) solemn ['sɒləm] ② (*festlich*) festive; **eine feierliche Angelegenheit** a festive occasion ③ (*förmlich*) ceremonious [ˌserə'məʊnɪəs]

die **Feierlichkeiten** celebrations

**feiern** to celebrate ['seləbreɪt]

der **Feiertag** ① holiday; (*kirchlich*) feast ② **der 1. Januar ist ein gesetzlicher Feiertag** the 1st January is a bank [*oder* ⑪] legal ['li:gl] holiday

**feig(e)** ① cowardly ['kaʊədli]; (*umgangsspr*) gutless ② in a cowardly way

die **Feige** fig

das **Feigenblatt** fig leaf

die **Feigheit** cowardice ['kaʊədɪs]

der **Feigling** coward ['kaʊəd]

die **Feile** file

**feilen** to file; **an etwas feilen** to file away at something

**feilschen** to haggle (**um** over)

**fein** ① (*nicht grob*) fine ② (*zart*) delicate ['delɪkət] *auch übertragen* ③ (*erlesen*) excellent ['ekslnt]; *Wein, Zigarre:* choice ④ (*prima, sehr gut*) splendid, great [greɪt] ⑤ (*vornehm*) refined, posh *umgangsspr* ⑥ (*einfühlsam*) sensitive; *Gehör, Geruchssinn:* acute [ə'kju:t] ⑦ **fein säuberlich** nice and neat ⑧ **du hast dich heute aber fein gemacht!** you're dressed up today!

der **Feind**, die **Feindin** enemy ['enəmi], foe [fəʊ]

**feindlich** ① hostile ['hɒstaɪl] (**gegen** to) ② (*gegnerisch*) enemy

die **Feindschaft** enmity ['enməti]

**feindselig** hostile

die **Feindseligkeit** hostility [hɒ'stɪlətɪ]

**feinfühlend** sensitive ['sensətɪv]; (*taktvoll*) tactful

**feinfühlig** sensitive

die **Feinfühligkeit** sensitivity [ˌsensɪ'tɪvəti]

das **Feingefühl** sensitivity; (*Takt*) tact

die **Feinheiten** niceties ['naɪsətiz]

**feinkörnig** fine-grained

das **Feinkostgeschäft** delicatessen [ˌdelɪkə'tesn]

**feinmaschig** fine-meshed

die **Feinmechanik** precision engineering

der **Feinschmecker**, die **Feinschmeckerin** ① gourmet ['gʊəmeɪ] ② (*Kenner*) connoisseur [ˌkɒnəsɜː']

das **Feinschmeckerrestaurant** gourmet restaurant

die **Feinwäsche** (*Waschvorgang*) programme for delicates

das **Feinwaschmittel** mild detergent

**feist** fat, plump

**feixen** (*umgangsspr*) to smirk [smɜ:k]

das **Feld** ① field ② *eines Schachbretts:* square ③ (*Arbeitsbereich*) area, field ④ **auf freiem Feld** in the open country ▶ WENDUNGEN: **jemandem das Feld räumen** to give way to someone

der **Feldmesser** [land] surveyor [sə'veɪə']

der **Feldsalat** lamb's lettuce

der **Feldstecher** pair △ *singular* of field glasses, field glasses △ *plural*

der **Feldwebel** sergeant ['sɑ:dʒnt]

der **Feldweg** path [*oder* track] [across the fields]

der **Feldzug** campaign [kæm'peɪn]

die **Felge** [wheel] rim

die **Felgenbremse** caliper brake

das **Fell** ① coat; (*Vlies*) fleece ② (*Pelz*) fur [fɜ:]; *von kleinen Tieren:* skin; *von großen Tieren:* hide ③ **ein dickes Fell haben** to be thick-skinned, to have a thick skin

der **Fels(en)** rock

der **Felsblock** boulder ['bəʊldə']

**felsenfest** firm as a rock; *Glaube:* unwavering [ʌn'weɪvrɪŋ] ▶ WENDUNGEN: **davon bin ich felsenfest überzeugt** I am dead certain about it

**felsig** craggy, rocky

die **Felswand** rock face

**feminin** feminine ['femənɪn]

der **Feminismus** feminism ['femənɪzm]

der **Feminist**, die **Feministin** feminist ['femənɪst]

**feministisch** feminist ['femənɪst]

der **Fenchel** fennel ['fenl]

das **Fenster** window

die **Fensterbank** window-sill

das **Fensterbrett** window-sill

der **Fensterbriefumschlag** window envelope

der **Fensterflügel** casement

der **Fensterladen** shutter

der **Fensterplatz** window seat

der **Fensterputzer**, die **Fensterputzerin** window cleaner

der **Fensterrahmen** window frame

die **Fensterscheibe** [window] pane

die **Ferien** holidays ⒼⒷ, vacation ⓊⓈⒶ; **die großen Ferien** the summer holidays ⒼⒷ, the long vacation ⓊⓈⒶ; **Ferien haben** to be on holiday [*oder* ⓊⓈⒶ vacation]; **in die Ferien fahren** to go on holiday [*oder* ⓊⓈⒶ vacation]

das **Ferienhaus** holiday cottage ['kɒtɪdʒ]

der **Ferienkurs** holiday course

das **Ferienlager** holiday camp

der **Ferienpark** holiday park ⒼⒷ, tourist resort ⓊⓈⒶ

die **Ferienwohnung** holiday flat ⒼⒷ, vacation apartment ⓊⓈⒶ

die **Ferienzeit** holiday [period]

das **Ferkel** ❶ piglet ['pɪglət] ❷ (*umgangsspr: Dreckspatz*) mucky pup ❸ (*Mensch*) dirty pig

**fern** ❶ (*räumlich*) distant, faraway ❷ (*zeitlich*) far-off ❸ **von fern** from a distance ['dɪstəns], from afar ❹ **fern von** far [away] from

das **Fernamt** telephone exchange

die **Fernbedienung** remote control

**fernbleiben** to stay away; **jemandem/etwas fernbleiben** to stay away from someone/something

**ferner** ❶ (*weiter*) further ❷ (*außerdem*) besides ❸ (*weiterhin*) further[more]

der **Fernfahrer**, die **Fernfahrerin** long-distance lorry [*oder* ⓊⓈⒶ truck] driver

das **Ferngespräch** long-distance call

**ferngesteuert** ❶ *Rakete:* remote-controlled ❷ (*übertragen*) manipulated

das **Fernglas** binoculars ⚠ *plural*

**fernhalten** to keep away (**von** from)

die **Fernheizung** district heating

der **Fernkurs** correspondence course

das **Fernlicht** main beam ⒼⒷ, high beam ⓊⓈⒶ

der **Fernmeldesatellit** telecommunications satellite ['sætəlaɪt]

**Fernost** Far East

das **Fernrohr** ❶ telescope ['telɪskəʊp] ❷ (*Feldstecher*) field glass

der **Fernschreiber** teleprinter, telex

der **Fernsehansager**, die **Fernsehansagerin** television ['telɪˌvɪʒn] announcer

die **Fernsehantenne** television aerial

der **Fernsehapparat** television [set], TV

das **Fernsehen** television ['telɪˌvɪʒn]; **im Fernsehen** on television

**fernsehen** to watch television [*oder* TV]

der **Fernseher** television ['telɪˌvɪʒn], TV

das **Fernsehgerät** television [*oder* TV] set

der **Fernsehkoch**, die **Fernsehköchin** TV chef

das **Fernsehprogramm** ❶ (*Kanal*) channel ⒼⒷ, station ⓊⓈⒶ ❷ (*Sendefolge*) programme ⒼⒷ, program ⓊⓈⒶ ❸ (*Programmzeitschrift*) [television] programme guide

der **Fernsehsender** television station

die **Fernsehsendung** television program[me]

die **Fernsehübertragung** television broadcast

die **Fernsehzeitschrift** TV guide

die **Fernsicht** clear view

der **Fernsprechansagedienst** information services ⚠ *plural*

der **Fernsprechanschluss** telephone

der **Fernsprechauftragsdienst** answering service

die **Fernsprechauskunft** directory enquiries ⚠ *immer plural*

der **Fernsprecher** telephone

die **Fernsteuerung** remote control; (*drahtlos*) radio control

das **Fernstudium** correspondence degree course, Open University course ⒼⒷ

der **Fernverkehr** long-distance traffic

die **Fernwärme** district heating

das **Fernweh** wanderlust

die **Ferse** heel ▶ WENDUNGEN: **jemandem auf den Fersen folgen** to be on someone's heels

**fertig** ❶ (*bereit*) ready ❷ (*vollendet*) finished; (*mit der Ausbildung*) qualified ❸ (*reif*) mature ❹ (*erschöpft*) *Mensch:* done in, shattered ❺ **das Essen ist fertig** dinner is ready; **bist du mit deiner Arbeit fertig?** have you finished your work? ❻ **mit dir bin ich fertig** I am through [*oder* finished] with you ❼ **mit jemandem/etwas fertig werden** to cope with someone/something ❽ **etwas fertig bringen** (*vollenden*) to get something done; (*imstande sein*) to manage

something; **der bringt es glatt fertig und ...**
he's quite capable of ... ❾ **etwas fertig
machen** (*vollenden*) to finish something;
(*bereitmachen*) to get something ready

der **Fertigbau** prefabricated house, prefab *um-gangsspr*

**fertigbringen** (*vollenden*) to get done;
(*imstande sein*) to manage; **der bringt es
glatt fertig und ...** he's quite capable of ...

die **Fertigbauten** prefabricated houses

**fertigbringen** (*vollenden*) to get done;
(*imstande sein*) to manage; **der bringt es
glatt fertig und ...** he's quite capable of ...

**fertigen** to manufacture [ˌmænjʊˈfæktʃə]

die **Fertigerzeugnisse** finished goods [*oder* products]

das **Fertiggericht** ready-to-serve [*oder* instant]
meal

das **Fertighaus** prefab[ricated house] [priːˌfæbrɪˈkeɪtɪdˈhaʊs]

die **Fertigkeit** skill

**fertigmachen jemanden fertig machen**
(*umgangsspr: schlagen*) to lay into someone;
(*erledigen*) to do for someone; (*ermüden*)
*Arbeit, Probleme:* to take it out of someone

das **Fertigteil** finished part

die **Fertigung** production

die **Fertigungsstraße** production line

**fesch** smart

die **Fessel** (*auch übertragen*) fetter, shackle;
**jemandem Fesseln anlegen** to fetter
someone

der **Fesselballon** captive balloon

**fesseln** ❶ (*binden*) to bind; (*mit Fesseln*) to
fetter, to shackle ❷ *Film, Buch:* to grip ▸ WEN-
DUNGEN: **jemanden an sich fesseln** to bind
someone to oneself

**fesselnd** (*packend*) gripping

das **Fest** celebration; (*Party*) party

**fest** ❶ (*hart, stabil*) solid [ˈsɒlɪd] ❷ *Börsen-kurse:* stable ❸ (*nicht nachgebend*) firm;
*Schlag:* hard; *Schuhe:* sturdy ❹ (*nicht locker*)
tight; *Schlaf:* sound ❺ (*ständig*) regular;
*Lohn, Gehalt, Preise:* fixed; *Stellung, Beruf,
Wohnsitz:* permanent [ˈpɜːmənənt] ❻ **fest
angestellt** permanently employed ❼ **fest
versprechen** to promise faithfully; **ich bin
fest entschlossen** I am absolutely deter-
mined ❽ **Anne und Paul sind fest be-
freundet** Anne and Paul are going steady; **sie
hat einen festen Freund** she has a steady
boyfriend ❾ (*umgangsspr: kräftig, tüchtig*)
properly; (*nachdrücklich*) with a will

**festbinden** to tie, to fasten (**an** to)

**festen** ⓒⒽ (*feiern*) to celebrate [seləbreɪt]

das **Festessen** banquet [ˈbæŋkwɪt]

**festfahren** ❶ to get stuck ❷ (*übertragen*)
**festgefahren sein** to be at a deadlock [ˈdedlɒk]

**festhalten** ❶ to hold [tightly] ❷ (*aufnehmen*)
to record ❸ **an etwas festhalten** *Meinung:*
to tick to something ❹ **sich festhalten** to
hold on [*oder* tight]; **sich festhalten an** to
hold onto something ▸ WENDUNGEN: **halt dich
fest!** hold tight!

**festigen** strengthen [ˈstreŋθn]

der **Festiger** setting lotion

**festklammern sich festklammern** to cling
on (**an** to)

das **Festland** ❶ **das europäische Festland** the
Continent ❷ (*keine Insel*) mainland

**festlegen** ❶ (*bestimmen*) to lay down
❷ (*festsetzen*) to fix ❸ (*vorschreiben*) to
stipulate [ˈstɪpjələrt] ❹ (*sich verpflichten*)
to commit oneself (**auf** to); (*sich verbindlich
entscheiden*) to tie oneself down (**auf** to)

**festlich** ❶ festive ❷ (*feierlich*) solemn
[ˈsɒləm]

die **Festlichkeit** festivity

**festliegen** (*bestimmt sein*) to have been laid
down; (*festgesetzt sein*) to have been fixed

**festmachen** ❶ (*festbinden*) to fasten (**an**
onto) ❷ (*befestigen*) to fix (**an** onto) ❸ to
moor *Schiff*

**festnageln** to nail up, to nail down; **etwas an
etwas festnageln** to nail something to
something ▸ WENDUNGEN: **jemanden auf
etwas festnageln** to pin someone down to
something

die **Festnahme** arrest

**festnehmen** to [put under] arrest

die **Festplatte** hard disk

das **Festplattenlaufwerk** hard disk drive

der **Festpreis** fixed price

**festschnallen** to strap

**festschrauben** to screw in tight

**festsetzen** (*bestimmen*) to fix (**auf** at)

**festsitzen** (*nicht weiterkönnen*) to be stuck;
*Schiff:* to be aground

die **Festspiele** festival △ *singular*

**feststehen** ❶ (*gewiss sein*) to be certain
❷ (*endgültig sein*) to be definite

**feststellen** ❶ (*herausfinden*) to ascertain, to
find [out] ❷ (*erkennen*) to tell (**an** from)
❸ (*entdecken*) to discover; (*einsehen*) to re-
alize ❹ (*betonend äußern*) to emphasize
❺ to lock, to stop *Gerät*

die **Feststellung** remark, statement

die **Festung** fort[ress]

der **Festzins** fixed interest

das **Fett** ① fat ② (*Schmiere*) grease ▶ WENDUNGEN: **er hat sein Fett weg** (*umgangsspr*) he's got his come-uppance
**fett** ① fat ② *Gewinn, Beute:* rich ③ *Essen:* fatty ④ **fett gedruckt** printed in bold [face [*oder* type]]
**fettarm** with a low fat content
der **Fettfleck** grease spot
das **Fettgewebe** fatty tissue
**fettig** greasy; *Haut:* oily
**fettleibig** corpulent ['kɔ:pjʊlənt]
das **Fettnäpfchen** ▶ WENDUNGEN: **ins Fettnäpfchen treten** to put one's foot in it
die **Fettsäure** fatty acid
die **Fettsucht** obesity [ə'bi:səti]
der **Fetzen** shred; (*Lumpen*) rag; *von Papier, Gespräch:* scrap
**fetzig** (*slang*) wild, crazy; *Kleidung auch:* racy
**feucht** damp, moist; *Klima:* humid ['hju:mɪd]; *Hände:* sweaty
die **Feuchtigkeit** (*Zustand*) dampness, moistness; *von Klima:* humidity [hju:'mɪdəti]
die **Feuchtigkeitscreme** moisturizing cream
**feuchtwarm** humid
**feudal** ① feudal ['fju:dl] ② (*umgangsspr: prächtig*) plush ⒼⒷ, swell ⓊⓈⒶ
das **Feuer** ① fire ② (*für Zigarette*) light; **können Sie mir Feuer geben?** could you give me a light? ③ (*Glanz, Scheinen*) sparkle ④ (*Glut, Leidenschaft*) ardour ⑤ **am Feuer** by the fire ⑥ **Feuer [an]machen** to light a fire; **Feuer fangen** to catch fire; (*übertragen*) to be really taken
der **Feueralarm** fire alarm
der **Feueranzünder** firelighter
**feuerbeständig** fire-resistant ['faɪə rɪ,zɪstənt]
die **Feuerbestattung** cremation
**feuerfest** fireproof; (*Glas*) heat-resistant
**feuergefährlich** combustible, [in]flammable
die **Feuerleiter** fire escape
der **Feuerlöscher** fire extinguisher [ɪk'stɪŋgwɪʃə]
der **Feuermelder** fire alarm; (*automatisch*) fire detector
**feuern** ① (*heizen*) to heat ② (*umgangsspr: entlassen*) to fire, to sack
**feuerrot** fiery ['faɪri] red
der **Feuerschlucker** fire-eater
**feuersicher** fireproof
die **Feuerspritze** fire hose
der **Feuerstein** flint
die **Feuerstelle** [camp]fire
die **Feuerwache** fire station
die **Feuerwehr** fire brigade ⒼⒷ, fire department ⓊⓈⒶ
das **Feuerwehrauto** fire engine ⒼⒷ, fire truck ⓊⓈⒶ

die **Feuerwehrfrau** firewoman
die **Feuerwehrleiter** fireman's ladder
der **Feuerwehrmann** fireman
das **Feuerwerk** fireworks ⚠ *immer plural*
der **Feuerwerkskörper** firework
das **Feuerzeug** [cigarette] lighter
das **Feuilleton** feature pages *plural*
**feurig** fiery ['faɪri]
der **Fiaker** Ⓐ (*Kutsche*) cab; (*Kutscher*) coachman ['kəʊtʃmən]
die **Fibel** (*Schulfibel*) primer ['praɪmə]
die **Fiche** ⒸⒽ file, record
die **Fichte** ① spruce [spru:s], pine [*oder* fir] tree ② (*Holz*) pine
**ficken** fuck *slang*
die **Fidschiinseln** Fiji Islands
das **Fieber** ① fever ['fi:və] ② (*bei Krankheit*) temperature; **jemandem das Fieber messen** take someone's temperature; [**39 °C**] **Fieber haben** to have a temperature [of 39 °C]
die **Fieberblase** herpes ['hɜ:pi:z] blister
**fieberhaft** feverish ['fi:vərɪʃ]
**fiebern nach etwas fiebern** to long feverishly for something
das **Fieberthermometer** [clinical] thermometer [θə'mɒmɪtə]
**fiebrig** feverish, febrile
**fies** (*umgangsspr*) nasty ['nɑ:sti], horrid, horrible
die **Figur** figure ['fɪgə]
das **Filet** [fi'le:] *von Fleisch, Fisch:* fillet
das **Filetsteak** fillet steak [steɪk]
die **Filiale** branch [brɑ:ntʃ]
der **Filialleiter**, die **Filialleiterin** branch manager
die **Filipina** Filipina
der **Filipino** Filipino
der **Film** ① film; **einen Film [in eine Kamera] einlegen** to load [a film into] a camera ② (*Kinofilm*) film ⒼⒷ, movie ['mu:vi] ⓊⓈⒶ, motion picture; **in einen Film gehen** to go and see a film [*oder* ⓊⓈⒶ movie] ③ (*Filmbranche*) films ⒼⒷ, movies ⓊⓈⒶ; **einen Film drehen** to shoot a film [*oder* ⓊⓈⒶ movie]
der **Filmemacher**, die **Filmemacherin** film-maker
**filmen** to film
die **Filmkamera** film camera ⒼⒷ, movie camera ⓊⓈⒶ
der **Filmprojektor** film projector ⒼⒷ, movie projector ⓊⓈⒶ
der **Filmregisseur**, die **Filmregisseurin** film director ⒼⒷ, movie director ⓊⓈⒶ
der **Filmriss** (*übertragen*) mental blackout
der **Filmschauspieler**, die **Filmschauspielerin** film [*oder* ⓊⓈⒶ movie] actor *maskulin und feminin*, film [*oder* ⓊⓈⒶ movie] actress *feminin*

**Filmvorführgerät – FKK-Strand**       **724**

das **Filmvorführgerät** cine-projector
die **Filmvorführung** film [*oder* USA movie] show
die **Filmvorschau** trailer (**auf** of)
der/das **Filter** filter
der **Filtereinsatz** filter pad
der **Filterkaffee** filter coffee GB, drip coffee USA
**filtern** to filter
das **Filterpapier** filter paper
die **Filterzigarette** filter cigarette
der **Filz** ❶ (*Stoff*) felt ❷ (*Korruption*) corruption,
sleaze; (*Vetternwirtschaft*) nepotism
['nepətɪzm]
**filzen** (*umgangsspr*) ❶ (*berauben*) to do over
❷ (*durchsuchen*) to frisk
der **Filzer** (*umgangsspr*) felt-tip [pen]
der **Filzschreiber**, der **Filzstift** felt-tip pen
das **Finale** ❶ finals ['faɪnlz] △ *plural* ❷ *von
Musikstück:* finale [fɪnɑ:li]
das **Finanzamt** tax [*oder* fiscal] office
die **Finanzen** finances ['faɪnænsɪz]
die **Finanzhilfe** financial [faɪ'nænʃl] assistance
[*oder* aid]
**finanziell** financial [faɪ'nænʃl]
**finanzieren** to finance ['faɪnæns]
die **Finanzierung** financing
der **Finanzmarkt** financial market
der **Finanzminister**, die **Finanzministerin** (*in
GB*) Chancellor of the Exchequer; (*in den
USA*) Secretary of the Treasury ['treʒəri]; (*in
anderen Ländern*) minister ['mɪnɪstə] of fi-
nance ['faɪnæns]
das **Finanzministerium** (*in GB*) the Exchequer;
(*in den USA*) Treasury Department; (*in
anderen Ländern*) ministry of finance
**finden** ❶ to find ❷ (*meinen*) to think; **ich
finde nichts dabei** I think nothing of it;
**etwas gut finden** to think something is good
❸ **sich finden** to be found; (*in Ordnung
kommen*) to sort itself out; **es wird sich
schon alles finden** it will all sort itself out

> **G** Richtiges Konjugieren von **find**: find, found,
> found — *Bill found a snake in the park;
> I have just found what I was looking for.*

der **Finderlohn** finder's reward
**findig** resourceful
die **Finesse** refinement; **mit allen Finessen** with
every refinement
der **Finger** finger ['fɪŋə] ▶ WENDUNGEN: **sich
etwas aus den Fingern saugen** to dream
something up; **jemandem auf die Finger
klopfen** to rap someone's knuckles; **die Fin-
ger von jemandem/etwas lassen** to keep
one's hands off someone/something; **überall
seine Finger drin haben** (*umgangsspr*) to

have a finger in every pie; **für den mache
ich keinen Finger krumm** I won't lift a fin-
ger to help him
der **Fingerabdruck** fingerprint
**fingerfertig** dext[e]rous ['dekstrəs]
der **Fingerhut** ❶ (*Nähutensil*) thimble [θɪmbl]
❷ (*Pflanze*) foxglove
der **Fingernagel** fingernail ['fɪŋgəneɪl]
das **Fingerspitzengefühl** ❶ (*Feingefühl, Takt*)
tact ❷ (*Einfühlungsvermögen*) instinctive
feel[ing]
der **Fink** finch [fɪntʃ]
der **Finne**, die **Finnin** Finn
**finnisch** Finnish
**Finnland** Finland ['fɪnlənd]
**finster** ❶ (*dunkel*) dark ❷ (*unheimlich*) sinis-
ter ❸ (*mürrisch, verdrossen*) grim, sullen
die **Firma** company, firm
der **Firmengründer**, die **Firmengründerin** found-
er of a business [*oder* firm]
der **Firmenwagen** company car
das **Firmenzeichen** logo
der **Firmling** candidate for confirmation
die **Firmung** confirmation
der **First** ❶ (*Dachfirst*) ridge ❷ (*Berg*) crest,
[mountain] ridge
der **Fisch** ❶ fish ❷ (*Sternbild*) Pisces ['paɪsi:z] △
*singular;* **ich bin Fisch** I'm [a] Pisces ▶ WEN-
DUNGEN: **kleine Fische** small fry

> **V** Der Plural von **fish** bleibt in den meisten Fäl-
> len unverändert **fish**: *the fishermen caught
> hundreds of fish;* wenn man jedoch von ver-
> schiedenen Fischarten spricht, verwendet man
> **fishes**: *cod, haddock, herring and other fishes.*

**fischen** to fish
der **Fischer** fisherman ['fɪʃəmən]
der **Fischfang** fishing
der **Fischhändler**, die **Fischhändlerin** fishmonger
GB, fish dealer USA
der **Fischotter** otter ['ɒtəʳ]
das **Fischstäbchen** fish finger
die **Fischzucht** fish culture, fish-farming
die **Fisole** Ⓐ French bean, green bean
**fit** fit, in good shape
die **Fitness** fitness
das **Fitnesscenter** fitness centre, gym [dʒɪm]
das **Fitnessgerät** fitness [*oder* gym] equipment △
*kein Plural*
**fix** ❶ (*feststehend*) fixed ❷ (*umgangsspr:
flink*) quick ❸ **fix und fertig sein** (*um-
gangsspr*) to be finished
**fixieren** CH to fix
**fixiert** fixated (**auf** on)
der **FKK-Strand** nudist ['nju:dɪst] beach

**flach** ❶ (*niedrig*) flat; *Haus:* low ❷ (*nicht tief*) shallow ❸ *Böschung:* gentle ❹ (*seicht*) shallow ❺ **flach machen** to flatten
der **Flachbildschirm** flat screen
das **Flachdach** flat roof
die **Fläche** area; (*Oberfläche*) surface ['sɜːfɪs]
der **Flächeninhalt** area
**flachfallen** (*umgangsspr: nicht stattfinden*) to fall through, to be cancelled
das **Flachland** lowland
der **Flachs** ❶ (*Pflanze*) flax ❷ (*umgangsspr: Jux*) kidding
**flachsen** (*umgangsspr*) to kid around
**flackern** to flicker
das **Fladenbrot** pitta [bread]
die **Flagge** flag
das **Flaggschiff** flagship
der **Flame** Fleming
die **Flamin** Flemish woman, Fleming
der **Flamingo** flamingo
**flämisch** Flemish
die **Flamme** ❶ flame ❷ **etwas auf kleiner Flamme kochen** to cook something on a low flame; (*übertragen*) to let something just tick over
**flammend** blazing; (*feurig*) fiery ['faɪri]
**Flandern** Flanders ⚠ *singular*
der **Flanell** flannel ['flænl]
die **Flaniermeile** (*umgangsspr*) promenade
die **Flanke** ❶ (*beim Fußball*) cross; (*Position*) wing ❷ (*beim Turnen*) side-vault
**flanken** to centre, to cross *Ball*
**flapsen** (*umgangsspr*) to joke
die **Flasche** ❶ bottle ❷ (*umgangsspr: Versager*) dead loss ❸ **in Flaschen füllen** to bottle ▶ WENDUNGEN: **zur Flasche greifen** to take to the bottle
das **Flaschenbier** bottled beer
das **Flaschenkind** bottle-fed baby
der **Flaschenöffner** bottle-opener
der **Flaschenzug** pulley ['pʊli]
die **Flatrate** flat rate
**flatterhaft** fickle
**flattern** ❶ *Vogel, Herz:* to flutter ❷ *Fahne:* to stream, to wave
**flau** ❶ (*schwach*) weak ❷ *Wind:* slack ❸ **mir ist ganz flau** I feel queasy ['kwiːzi]
der **Flaum** down, fluff
**flaumig** downy, fluffy
**flauschig** fluffy
die **Flausen** (*umgangsspr*) fancy ideas
die **Flaute** ❶ (*Windstille*) calm ❷ *der Konjunktur:* slack period
die **Flechte** ❶ (*Algen und Pilzfäden*) lichen ['laɪkən] ❷ (*Krankheit*) herpes ['hɜːpiːz], eczema [eksmə]
**flechten** to plait [plæt] *Haar;* to weave [wiːv] *Korb, Matte*
der **Fleck** ❶ (*Stelle*) spot ❷ (*Schmutzfleck*) blot, stain ❸ **nicht vom Fleck kommen** (*auch übertragen*) to not make any headway ❹ **Flecken machen** to stain ❺ **ein blauer Fleck** a bruise; **er hatte überall blaue Flecken** he was bruised all over
der **Flecken** (*Ort*) market town
**fleckenlos** spotless
der **Fleckentferner** stain-remover
der **Fleckerlteppich** Ⓐ rag rug
**fleckig** stained
die **Fledermaus** bat
der **Flegel** lout [laʊt]
**flegelhaft** loutish [laʊtɪʃ]
das **Flehen** entreaty
**flehen** to entreat; **um etwas flehen** to beg for something; **zu jemandem flehen** to implore someone
**flehentlich** entreating, imploring
das **Fleisch** ❶ (*Nahrung*) meat ❷ (*lebendig*) flesh ❸ **Fleisch fressend** carnivorous [kɑːˈnɪvərəs] ▶ WENDUNGEN: **es ist mir in Fleisch und Blut übergegangen** it has become second nature to me
die **Fleischbrühe** meat stock
der **Fleischbrühwürfel** stock cube
der **Fleischer**, die **Fleischerin** butcher ['bʊtʃə]
das **Fleischklößchen** meat-ball
**fleischlos** meatless
die **Fleischtomate** beef tomato
die **Fleischvergiftung** botulism ['bɒtjʊlɪzm]
der **Fleischvogel** Ⓒ︎H (*Roulade*) beef olive
die **Fleischwaren** meat products
der **Fleischwolf** mincer Ⓖ︎B, meat grinder Ⓤ︎S︎A
die **Fleischwurst** pork sausage
**fleißig** diligent ['dɪlɪdʒənt], industrious; (*arbeitsam*) hard-working
**flennen** to blubber *umgangsspr*
die **Fleppe** (*slang*) driving licence Ⓖ︎B, driver's license Ⓤ︎S︎A
**flexibel** flexible ['fleksəbl]
die **Flexibilität** flexibility
der **Flicken** patch
**flicken** to mend; (*mit Flicken*) to patch

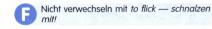
Nicht verwechseln mit *to flick* — *schnalzen mit!*

der **Flickenteppich** rag rug
das **Flickzeug** ❶ (*Nähzeug*) sewing kit ❷ (*für Reifen*) [puncture] repair outfit
der **Flieder** (*Strauch*) lilac ['laɪlək]
**fliederfarben** lilac ['laɪlək]

**Fliege – Flügel**  726

die **Fliege** ❶ (*Insekt*) fly ❷ (*Krawatte*) bow tie
▶ WENDUNGEN: **zwei Fliegen mit einer Klappe schlagen** to kill two birds with one stone; **komm, mach 'ne Fliege!** (*slang*) get lost!

Ⓖ Richtiges Konjugieren von **fly**: fly, flew, flown — *the sparrow flew away; the pilot had never flown a jumbo before.*

**fliegen** ❶ to fly; *Raumschiff:* to travel ❷ (*eilen*) to fly ❸ *Puls:* to race ❹ to fly *Flugzeug* ❺ (*slang: entlassen werden*) to be kicked out (**aus/von** of) ▶ WENDUNGEN: **auf jemanden fliegen** to be mad keen on someone *umgangsspr;* **durch eine Prüfung fliegen** to flunk one's exam *umgangsspr*
das **Fliegengewicht** flyweight [ˈflaɪweɪt]
die **Fliegenklatsche** fly-swat
der **Fliegenpilz** fly agaric [ˈflaɪˌægərɪk]
der **Flieger** ❶ (*Flugzeug*) plane ❷ (*Person*) pilot
**fliehen** to flee (**vor** from); **zu jemandem fliehen** to take refuge with someone
die **Fliese** tile
der **Fliesenleger**, die **Fliesenlegerin** tiler
das **Fließband** assembly line
die **Fließbandfertigung** conveyor belt production
**fließen** to flow
**fließend** ❶ flowing ❷ *Grenze, Übergang:* fluid ❸ **fließendes Wasser** running water ❹ **fließend Englisch sprechen** to speak English fluently [*oder* fluent English]
das **Fließheck** fastback
**flimmern** *Bildschirm:* to flicker; *Hitze:* to shimmer; *Licht:* to glimmer
**flink** (*schnell*) quick
die **Flinte** rifle; (*Schrotflinte*) shot gun ▶ WENDUNGEN: **die Flinte ins Korn werfen** to throw in the towel
der **Flipper(automat)** (*umgangsspr*) pinball machine
**flippern** (*umgangsspr*) to play pinball
**flippig** (*umgangsspr*) kooky, wild
**flirten** [ˈflœɐtn̩] to flirt [flɜːt]
das **Flittchen** slut *abwertend slang*
die **Flitterwochen** honeymoon ⚠ *kein Plural;* **sie fahren in die Flitterwochen** they are going on their honeymoon
**flitzen** (*umgangsspr*) to whizz
die **Flocke** flake; (*Staubflocke*) ball of fluff
**flockig** fluffy
der **Floh** flea [fliː] ▶ WENDUNGEN: **jemandem einen Floh ins Ohr setzen** to put an idea into someone's head
der **Flohmarkt** flea market

der **Flop** flop
**florieren** to bloom, to flourish
die **Floskel** set phrase
das **Floß** raft
die **Flosse** *eines Tauchers:* flipper; (*slang: Hand*) paw
die **Flöte** flute; (*Rohrflöte*) pipe
**flöten** to play [on] the flute ▶ WENDUNGEN: **flöten gehen** (*slang*) to go west
der **Flötist**, die **Flötistin** flautist [ˈflɔːtɪst]
**flott** ❶ (*schnell*) quick ❷ *Kleidung:* smart; *Stil, Artikel:* racy ❸ *Schiff:* afloat [əˈfləʊt] ▶ WENDUNGEN: **mach mal ein bisschen flott!** get on with it!
**flottbekommen** ❶ to float off *Schiff* ❷ to get on the road *Auto*
die **Flotte** fleet
der **Flottenstützpunkt** naval base
**flottmachen** ❶ to float off *Schiff* ❷ to get on the road *Auto*
das **Flöz** seam
der **Fluch** ❶ (*Verfluchung*) curse [kɜːs] ❷ (*Kraftausdruck*) swear word [sweə wɜːd]
**fluchen** to swear [sweəʳ] (**über** about)
die **Flucht** flight; (*erfolgreiche Flucht*) escape; **in die Flucht schlagen** to put to flight; **die Flucht ergreifen** to flee, to take flight; **auf der Flucht sein** *Flüchtling:* to be fleeing; (*vor der Polizei*) to be on the run
**fluchtartig** hasty [ˈheɪsti]
**flüchten** to flee; (*entkommen*) to escape [ɪˈskeɪp]
**flüchtig** ❶ (*auf der Flucht*) fugitive ❷ (*oberflächlich*) cursory [ˈkɜːsri]; **ich habe es nur flüchtig gelesen** I only skimmed through it; **jemanden flüchtig kennen** to know someone slightly; **ein flüchtiger Bekannter** a passing [*oder* nodding] acquaintance ❸ (*sorglos, nachlässig*) careless ❹ *von Chemikalien:* volatile
der **Flüchtigkeitsfehler** careless mistake
der **Flüchtling** refugee [ˌrefjʊˈdʒiː]
der **Flug** ❶ flight ❷ **im Flug** in flight; (*schnell*) in a flash
der **Flugbegleiter**, die **Flugbegleiterin** flight attendant, member of the cabin crew
das **Flugblatt** leaflet [ˈliːflət]
das **Flugboot** flying boat
der **Flugdatenschreiber** flight recorder
die **Flugdauer** flying time
der **Flugdrachen** hang glider
der **Flügel** ❶ *von Vogel, Haus, Tragfläche:* wing ❷ *von Ventilator, Hubschrauber:* blade; *von Windmühle:* vane ❸ *von Fenster:* casement; *von Tür:* leaf, side ❹ (*Piano*) grand piano

[pi'ænəʊ] ▶ WENDUNGEN: **die Flügel hängen lassen** to be downcast
die **Flügelschraube** wing screw
die **Flügeltür** double door
der **Fluggast** [airline] passenger ['pæsɪndʒə]
**flügge** [fully-]fledged; **flügge werden** (*auch übertragen*) to leave the nest
die **Fluggeschwindigkeit** flying speed
die **Fluggesellschaft** airline
der **Flughafen** airport; (*Militärflughafen*) aerodrome GB, airdrome USA
die **Flughöhe** altitude
der **Flugkörper** ❶ flying object ❷ (*Kriegsgerät*) missile
der **Fluglehrer**, die **Fluglehrerin** flight instructor
das **Flugleitsystem** flight control system
der **Fluglotse**, die **Fluglotsin** air traffic controller
der **Flugplatz** airfield
**flugs** instantly, without delay
der **Flugschein** pilot's licence [*oder* USA license]
die **Flugschneise** air corridor
die **Flugsicherung** air traffic control
das **Flugverbot** grounding order
die **Flugverbotszone** area with a flying ban
der **Flugverkehr** air traffic
die **Flugwaffe** CH air force
die **Flugzeit** flying time
der **Flugzettel** A (*Flugblatt*) leaflet
das **Flugzeug** aircraft, plane
die **Flugzeugbesatzung** aircrew
die **Flugzeughalle** hangar
der **Flugzeugträger** aircraft carrier
**flunkern** to tell fibs
das **Fluor** fluorine [flɔːriːn]
der **Fluorchlorkohlenwasserstoff** chlorofluorocarbon [ˌklɔːrəˌflɔːrəˈkɑːbn], CFC
die **Fluppe** (*slang*) fag GB umgangsspr, ciggie umgangsspr
der **Flur** hall; (*Korridor*) corridor
der **Flurschaden** damage to crops
der **Fluss** river ▶ WENDUNGEN: **im Fluss sein** (*sich verändern*) to be in a state of flux
**flussabwärts** downstream
**flussaufwärts** upstream
das **Flussbett** river bed
**flüssig** ❶ (*nicht fest*) liquid; *Metall, Glas:* molten ['məʊltən] ❷ (*umgangsspr: zahlungsfähig*) **flüssig sein** to be solvent [*oder* in funds]
die **Flüssigkeit** ❶ (*flüssiger Stoff*) liquid ❷ (*Zustand*) liquidity
der **Flusskrebs** crayfish GB, crawfish USA
die **Flussniederung** river plain
das **Flusspferd** hippopotamus [ˌhɪpəˈpɒtəməs]
das **Flussufer** riverbank

**Flur**

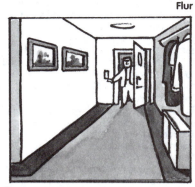

 Nicht verwechseln mit *floor* — *der Fußboden!*

**flüstern** to whisper ▶ WENDUNGEN: **das kann ich dir flüstern** take it from me
die **Flut** ❶ flood [*oder* high] tide; **es ist Flut** the tide is coming in ❷ (*Menge*) floods [flʌdz]
**fluten** to flood
die **Fluthilfe** flood relief
das **Flutlicht** floodlight [flʌdlaɪt]
das **Flutopfer** flood victim
die **Flutwelle** tidal wave [ˌtaɪdlˈweɪv]
das **Fohlen** (*junges Pferd*) foal; (*Hengst*) colt [kəʊlt]; (*Stute*) filly
**fohlen** to foal
der **Föhn**[1] (*Wind*) foehn, föhn
der **Föhn**[2] (*Haartrockner*) hair-dryer
**föhnen** to blow-dry
die **Föhre** (*Nadelbaum*) Scots pine
die **Folge** ❶ (*Aufeinanderfolge*) succession [səkˈseʃn]; (*Reihenfolge*) order; (*Serie*) series △ *singular*; (*in der Mathematik*) sequence ❷ (*im Radio, TV*) episode ❸ (*Konsequenz*) consequence ['kɒnsɪkwəns]; (*Ergebnis*) result; **als Folge davon** in consequence [*oder* as a result]; **dies hatte zur Folge, dass ...** the consequence [*oder* result] of this was that ...; **die Folgen tragen** to take the consequences
**folgen** ❶ (*verstehen*) to follow ❷ (*resultieren*) to follow (**aus** from); **es folgt daraus, dass ...** hence it follows that ... ❸ (*gehorchen*) to do as one is told ❹ **Fortsetzung folgt** to be continued
**folgend** following; **am folgenden Tag** the following day; **Folgendes** the following; **ich möchte noch Folgendes sagen ...** I would like to say the following ...
**folgende(r, s)** following; **am folgenden Tag**

the following day; **er schreibt Folgendes ...**
he writes [as follows] ...; **es handelt sich um
Folgendes ...** the matter is this ...

**folgendermaßen** as follows

**folgenschwer** with serious consequences

**folgerichtig** consistent [kənˈsɪstənt], logical

**folgern** to conclude (**aus** from)

**folglich** consequently [ˈkɒnsɪkwəntlɪ]

**folgsam** obedient

die **Folie** (*Metallfolie, Schicht*) foil; (*Plastikfolie*) film

die **Folklore** folklore

**folkloristisch** folkloric

die **Folter** ❶ torture [ˈbːtʃə] ❷ (*übertragen*) torment ▶ WENDUNGEN: **jemanden auf die Folter spannen** to keep someone in suspense

**foltern** to torture

die **Folterung** torture

das **Fon** ❶ (*umgangsspr*) phone ❷ (*technisch*) phon

der **Fön®** hair-dryer

der **Fond** (*im Auto*) back, rear

der **Fonds** (*Geldreserve*) funds *plural;* (*Schuldverschreibung*) government bond

die **Fontäne** ❶ (*Strahl*) jet ❷ (*Springbrunnen*) fountain [ˈfaʊntɪn]

**foppen** (*umgangsspr*) **jemanden foppen** to make a fool of someone

**forcieren** to force

die **Förderanlage** hauling plant

das **Förderband** conveyor belt

der **Förderkorb** mine cage

**förderlich** beneficial; **jemandem/einer Sache förderlich sein** to be beneficial to someone/something

**fordern** ❶ (*verlangen*) to demand [dɪˈmɑːnd] (**von** of); (*Anspruch erheben*) to claim ❷ (*herausfordern*) to challenge [ˈtʃælɪndʒ] ❸ **richtig** [*oder* **wirklich**] **gefordert werden** to be faced with a real challenge ❹ **etwas fordert Anstrengung** something demands an effort ❺ **der Unfall forderte viele Leben** the accident claimed many lives

**fördern** ❶ (*unterstützen*) to support; (*finanziell*) to sponsor ❷ (*propagieren*) to promote ❸ to extract *Bodenschätze;* to mine *Erz, Kohle* ❹ **zu Tage fördern** to bring to light

der **Förderturm** winding tower

die **Forderung** (*Verlangen*) demand (**nach** for); *von Lohn:* claim (**nach** for)

die **Förderung** ❶ (*Unterstützung*) support; (*finanzielle*) sponsorship ❷ (*Voranbringen*) promotion ❸ (*Bergbau*) extraction; *von Kohle, Erz:* mining

die **Forelle** trout [traʊt]

die **Form** ❶ form; (*Umriss, Gestalt*) shape ❷ (*Gießform*) mould [məʊld]; (*Backform*) baking tin ⒼⒷ, baking pan ⓊⓈⒶ ❸ (*Kondition*) condition, form ❹ **einer Sache Form geben** [*oder* **verleihen**] to shape something; **feste Formen annehmen** to take shape ❺ **der Form wegen** for form's sake

**formal** ❶ formal ❷ (*äußerlich*) technical

die **Formalität** formality

das **Format** ❶ format ❷ (*Niveau*) quality; (*Rang*) stature; **ein Staatsmann von Format** a statesman of high calibre [*oder* ⓊⓈⒶ caliber]

**formatieren** to format

die **Formatierung** formatting

**formbar** malleable [ˈmælɪəbl]

**formbeständig** dimensionally stable

das **Formblatt** [blank] form

die **Formel** ❶ formula ❷ (*Wortlaut*) *von Eid, Brief:* wording ❸ **Formel-1-Rennen** Formula-One race

**formell** formal

**formen** to form, to shape

die **Formenlehre** morphology [mɔːˈfɒlədʒi]

der **Formfehler** flaw [flɔː]

**formieren** ❶ to form *Zug, Kolonne;* to draw up *Truppen* ❷ **sich formieren** to form up

**förmlich** ❶ (*formell*) formal ❷ (*regelrecht*) positive, real

die **Förmlichkeit** formality

**formlos** ❶ (*gestaltlos*) formless ❷ (*zwanglos*) casual ❸ *Antrag:* unaccompanied by any forms

das **Formular** form ⒼⒷ, blank ⓊⓈⒶ; **ein Formular ausfüllen** to fill in a form ⒼⒷ, to fill out a blank ⓊⓈⒶ

**formulieren** to formulate, to word

**forsch** (*nassforsch*) brash

**forschen** ❶ (*suchen*) to search [sɜːtʃ] (**nach** for) ❷ (*wissenschaftlich*) to do research [ˈriːsɜːtʃ] work, to research [rɪˈsɜːtʃ]

der **Forscher**, die **Forscherin** (*Wissenschaftler*) research scientist

die **Forschung** research [rɪˈsɜːtʃ] ⚠ *ohne Artikel;* **Forschung betreiben** to do research [ˈriːsɜːtʃ]

der **Forschungssatellit** research satellite

der **Forst** forest

das **Forstamt** forestry office

der **Forstarbeiter**, die **Forstarbeiterin** forestry worker

der **Förster**, die **Försterin** forester [ˈfɒrɪstə] ⒼⒷ, forest ranger

das **Forsthaus** forester's lodge ⒼⒷ, ranger's lodge

die **Forstwirtschaft** forestry

**Formular**

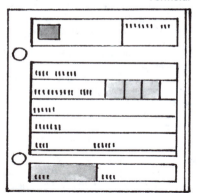

F Nicht verwechseln mit *formula* — *die Formel!*

**fort** ❶ (*verschwunden*) gone; (*weg*) away; **ich muss fort** I must be off ❷ (*weiter*) on; **in einem fort** without a break; **und so fort** and so on, and so forth
**fortbewegen** to move [muːv]
die **Fortbewegung** locomotion
das **Fortbewegungsmittel** means of transport
**fortbilden jemanden/sich fortbilden** to continue someone's/one's education
die **Fortbildung** further education
**fortbringen** ❶ to take away; (*zur Reinigung, Reparatur*) to take in ❷ (*bewegen*) to move [muːv]
**fortdauern** to continue [kənˈtɪnjuː]
**fortfahren** ❶ (*wegfahren*) to go [*oder* drive] away ❷ **mit etwas fortfahren** to continue [kənˈtɪnjuː] with something; **fortfahren, etwas zu tun** to continue doing [*oder* to do] something
**fortfallen** ❶ (*abgeschafft werden*) to be abolished ❷ (*nicht mehr erfolgen*) to be stopped ❸ (*aufhören zu existieren*) to cease [siːs] to exist ❹ (*nicht mehr zutreffen*) to cease to apply
**fortführen** ❶ (*fortsetzen*) to continue [kənˈtɪnjuː], to go on with *Beschäftigung;* to carry on *Geschäft, Krieg* ❷ (*wieder aufnehmen*) to resume
die **Fortführung** continuation [kənˌtɪnjuˈeɪʃn]
**fortgehen** to go away; **von zu Hause fortgehen** to leave home
**fortgeschritten** advanced [ədˈvɑːnst]; (*Stunde*) late
**fortgesetzt** continual [kənˈtɪnjuəl], incessant [ɪnˈsesnt]
**fortjagen** to chase away [*oder* off] [*oder* out]
**fortkommen** ❶ (*wegkommen*) to get away ❷ (*vorankommen*) to get on well ❸ (*abhanden kommen*) to disappear [ˌdɪsəˈpɪəʳ]
**fortlaufen** to run away; **jemandem fortlaufen** to run away from someone
**fortlaufend** ongoing; (*andauernd*) continual [kənˈtɪnjuəl]
**fortleben** to live on
**fortpflanzen** to reproduce [ˌriːprəˈdjuːs]
die **Fortpflanzung** reproduction [ˌriːprəˈdʌkʃn]; *von Pflanzen:* propagation [ˌprɒpəˈgeɪʃn]
die **Fortpflanzungsklinik** IVF [*oder* fertility] clinic
**fortschaffen** to remove
**fortschicken** to send away
der **Fortschritt** ❶ progress [ˈprəʊgres] ❷ (*wissenschaftlich*) advance [ədˈvɑns] ❸ **Fortschritte machen** [*oder* **erzielen**] to make progress
**fortschrittlich** progressive [prəˈgresɪv]
**fortsetzen** (*fortführen*) to continue [kənˈtɪnjuː]; **wird fortgesetzt** to be continued
die **Fortsetzung** instal[l]ment; **Fortsetzung folgt** to be continued
**fortwährend** continual [kənˈtɪnjuəl], incessant [ɪnˈsesnt]
das **Forum** [discussion] forum
das **fossil** (*auch Brennstoff*) fossil [fɒsl]
das **Foto** photo [ˈfəʊtəʊ]; **ein Foto [von jemandem/etwas] machen** to take a photo [of someone/something]
der **Fotoapparat** camera [ˈkæmərə]
die **Foto-CD** photo CD
**fotogen** photogenic
der **Fotograf,** die **Fotografin** photographer [fəˈtɒgəfə]

**Fotograf**

 Nicht verwechseln mit *photograph* — *das Foto!*

**Fotografie – Frauenleiden**

die **Fotografie** ❶ (*Technik*) photography [fə'tɒgrəfi] ❷ (*Foto*) photograph ['fəʊtəgrɑ:f]
**fotografieren** ❶ to take pictures ❷ **jemanden fotografieren** to take a photograph of someone; **sich fotografieren lassen** to have one's photo[graph] taken
die **Fotokopie** photocopy ['fəʊtəˌkɒpi]
**fotokopieren** to photocopy
das **Fotokopiergerät** photocopying machine
der **Fotosatz** photo composition
das **Fotoshooting** [photo] shoot
die **Fotosynthese** photosynthesis [ˌfəʊtə'sɪnθəsɪs]
der **Fötus** fetus
das **Foul** [faʊl] foul; **ein Foul begehen** to commit a foul
**foulen** ['faʊlən] to foul
die **Fracht** ❶ (*Ladung*) freight [freɪt]; (*Schiffsfracht*) cargo ❷ (*Frachtgebühr*) freight[age]
der **Frachtbrief** consignment [kən'saɪnmənt] note; *von Schiff:* bill of lading
der **Frachter** freighter ['freɪtəʳ]
das **Frachtflugzeug** freight plane, freighter
**frachtfrei** carriage ['kærɪdʒ] paid [*oder* free]
das **Frachtgut** freight
der **Frachtraum** ❶ (*Raum für die Fracht*) hold ❷ (*Ladekapazität*) cargo space
das **Frachtschiff** cargo ship, freighter
der **Frack** tail coat; **im Frack** in tails △ *plural*
die **Frage** ❶ question ❷ (*Problem*) problem ❸ **etwas in Frage stellen** to call something into question ❹ **in Frage kommen** to be considered; **nicht in Frage kommen** to be out of the question ❺ **ohne Frage** without doubt
der **Fragebogen** questionnaire [ˌkwestʃə'neə]
**fragen** ❶ to ask; **etwas fragen** to ask a question; **nach jemandem/etwas fragen** to ask after someone/about something ❷ **sich etwas fragen** to wonder ['wʌndə]; **da fragt man sich doch wirklich, ob ...** one can't help wondering if ...
die **Fragerei** (*abwertend*) questions △ *plural;* **was soll diese Fragerei?** what's with all these questions?
der **Fragesatz** interrogative [ˌɪntə'rɒgətɪv] sentence
die **Fragestellung** ❶ (*Formulierung einer Frage*) formulation of a question ❷ (*Problem, Frage*) question
die **Fragestunde** (*im Parlament*) question time
das **Fragewort** interrogative
das **Fragezeichen** question mark
**fraglich** ❶ (*in Frage stehend*) in question;

(*attributiv*) questionable ['kwestʃənəbl] ❷ (*zweifelhaft*) doubtful ['daʊtfl] ❸ (*ungewiss*) uncertain
**fragwürdig** ❶ doubtful ['daʊtfl] ❷ (*dubios*) dubious ['dju:bɪəs]
die **Fraktion** parliamentary party ⒼⒷ, congressional party ⓊⓈⒶ
der **Fraktionsführer**, die **Fraktionsführerin** leader of the parliamentary party
die **Fraktur** fracture
die **Franchise** franchise
das **Franchising** franchising
**frank** frank, open; **frank und frei** frankly, openly
der **Franken** ❶ (*Währung*) [Swiss] franc ❷ (*Land*) Franconia
**frankieren** (*manuell*) to stamp; (*maschinell*) to frank
**franko** (*bei der Postbeförderung*) post-paid, P.P.; (*frei Haus*) *Lieferung:* carriage ['kærɪdʒ] paid
**Frankreich** France
die **Franse** ❶ *von Stoff:* fringe ❷ *von Haar:* strand of hair
der **Franzose** Frenchman; **die Franzosen** the French
die **Französin** Frenchwoman
**französisch** French
der **Fraß** (*abwertend*) muck *umgangsspr*
die **Fratze** ❶ (*Grimasse*) grimace ['grɪməs]; **jemandem Fratzen schneiden** to pull a face at someone ❷ (*umgangsspr: hässliches Gesicht*) ugly face
die **Frau** woman; (*Ehefrau*) wife; (*Anrede*) Mrs[.] ['mɪsɪz]; (*Familienstand unbekannt*) Ms[.] [məz]

> **L** Die Anrede **Ms** zeigt nicht, ob eine Frau verheiratet ist oder nicht. Viele Frauen bevorzugen daher diese Anrede gegenüber **Miss** oder **Mrs**, wenn sie ihren Familienstand nicht unbedingt nennen wollen.

der **Frauenarzt** gynaecologist [ˌgaɪnə'kɒlədʒɪst] ⒼⒷ, gynecologist ⓊⓈⒶ
die **Frauenärztin** gynaecologist [ˌgaɪnə'kɒlədʒɪst] ⒼⒷ, gynecologist ⓊⓈⒶ
der/die **Frauenbeauftragte** official women's representative
die **Frauenbewegung** feminist movement
die **Frauenförderung** promotion of women
das **Frauenhaus** women's refuge ['refju:dʒ], refuge [for battered women]
die **Frauenklinik** gynaecological [ˌgaɪnəkə'lɒdʒɪkl] hospital [*oder* clinic]
das **Frauenleiden** gynaecological ⒼⒷ [*oder* ⓊⓈⒶ gy-

necological] illness

die **Frauenzeitschrift** women's magazine

das **Fräulein** ❶ (*junge Frau*) young lady ❷ (*Anrede*) Miss; (*Kellnerin*) waitress

**frech** ❶ insolent; (*unverschämt*) impudent ❷ (*umgangsspr: keck*) cheeky ⑬, fresh ⑮; **sei nicht so frech!** don't be [so] cheeky! ❸ (*kess*) bold; **eine freche Frisur** a daring hairstyle

der **Frechdachs** (*umgangsspr*) cheeky monkey

die **Frechheit** ❶ (*Verhalten*) cheek[iness], impudence, insolence ❷ (*Bemerkung, Handlung*) bit of impudence [*oder* cheek]; **so eine Frechheit!** what a cheek!

die **Fregatte** frigate ['frɪɡət]

**frei** ❶ (*unabhängig*) free; (*freiberuflich*) freelance; **ich arbeite als freier Mitarbeiter** I work freelance; (*privat, nicht staatlich*) private ❷ *Posten, Amt, Wohnung:* vacant; *Taxi:* for hire ❸ (*kostenlos*) free; **Eintritt frei!** admission free! ❹ (*freisinnig*) liberal; (*freimütig*) free ❺ **frei verfügbar** available ❻ **einen Tag frei haben** to have a day off; **einen Tag frei nehmen** to take a day off; **sie hat heute Abend frei** she is off tonight ❼ **unter freiem Himmel** in the open air; **auf freier Strecke** (*bei einer Bahnfahrt*) between stations *plural* ❽ **aus freien Stücken** of one's own free will ❾ **ich bin so frei** may I? ❿ **eine freie Marktwirtschaft** a free-market economy

das **Freibad** open-air [swimming] pool

**freiberuflich** self-employed; *Journalist, Autor:* freelance

der **Freibetrag** (*bei Steuern*) tax allowance

das **Freie im Freien** in the open [air]

der **Freier** *einer Prostituierten:* punter, client ⑬, john ⑮

**freigeben** ❶ to release (**für** to); to set free *Gefangenen;* to decontrol *Preise* ❷ (*eröffnen*) to open; **für die Öffentlichkeit freigeben** to open to the public ❸ to pass *Film*

das **Freigepäck** baggage allowance

**freig(i)ebig** generous

der **Freihafen** free port

**freihalten** ❶ to save *Platz;* (*reservieren*) to keep ❷ **jemanden freihalten** (*für ihn/sie bezahlen*) to pay for someone

der **Freihandel** free trade

die **Freihandelszone die Europäische Freihandelszone** the European Free Trade Area

**freihändig** (*Zeichnen*) freehand; (*Radfahren*) without hands

die **Freiheit** ❶ freedom; (*als Idealvorstellung*) liberty ['lɪbətɪ] ❷ (*Privileg*) freedom; **sich**

**Freiheiten herausnehmen** to take liberties

**freiheitlich** liberal

die **Freiheitsstrafe** prison ['prɪzn] sentence; **eine Freiheitsstrafe von vier Jahren** four years' imprisonment [ɪm'prɪzənmənt]

die **Freikarte** free [*oder* complimentary] ticket

die **Freikörperkultur** nudism

das **Freilandei** free-range egg

**freilassen** to set free; (*Häftling*) to release [rɪ'liːs] (**aus** from); **gegen Kaution freilassen** to release on bail

**freilegen** (*auch übertragen*) to expose

die **Freileitung** overhead cable

**freilich** ❶ (*natürlich*) certainly, of course, sure ⑮ ❷ (*allerdings*) admittedly ❸ **ja freilich!** to be sure!, yes, of course!

die **Freilichtbühne** open-air theatre

**freimachen** ❶ (*frankieren*) to stamp; (*maschinell*) to frank ❷ (*nicht arbeiten*) to take time off ❸ **sich freimachen** to take one's clothes [kləʊ(ð)z] off

der **Freimaurer** Freemason

**freimütig** candid, frank, open

**freisprechen jemanden von etwas freisprechen** to acquit [ə'kwɪt] someone of something

der **Freispruch** acquittal [ə'kwɪtl]; **die Verteidigung plädierte auf Freispruch** the defence pleaded not guilty

der **Freistaat** free state

**freistehen** ❶ *Wohnung:* to be empty ❷ **etwas steht jemandem frei** something is up to someone

**freistellen** ❶ (*ausnehmen, befreien*) to exempt (**von** from) ❷ to release [rɪ'liːs] *Arbeiter, Angestellte* (**für** for) ❸ **jemandem etwas freistellen** to leave something [up] to someone

der **Freistoß** (*Fußball*) free kick

der **Freitag** Friday ['fraɪdeɪ]; **bis Freitag!** see you [on] Friday!; [am] **Freitagabend/Freitagmorgen/Freitagnachmittag** [on] Friday night [*oder* evening]/morning/afternoon; **freitagabends/freitagmorgens** on Friday evenings [*oder* nights]/mornings

**freitags** on Fridays

der **Freitod** suicide ['suːɪsaɪd]

die **Freitreppe** flight of steps

der **Freiumschlag** stamped envelope; **ein adressierter Freiumschlag** a stamped addressed envelope

das **Freiwild** (*übertragen*) fair game

**freiwillig** voluntary ['vɒləntrɪ]; *Schulbesuch, Krankenversicherung:* optional

der/die **Freiwillige** volunteer [ˌvɒlən'tɪə]

**Freizeichen – frevelhaft** 732

das **Freizeichen** dialling tone

die **Freizeit** leisure ['leʒə] [*oder* free] time

der **Freizeitausgleich** time off in lieu [lju:]

das **Freizeithemd** casual shirt ['kæʒjuəl]

die **Freizeitkleidung** ❶ casual clothes [kləʊ(ð)z] △ *plural* ❷ (*Warengattung*) leisure wear ['leʒəweə]

der **Freizeitpark** amusement park

**freizügig** ❶ (*liberal*) liberal ['lɪbrəl] ❷ (*offen, geradeheraus*) permissive [pə'mɪsɪv]

**fremd** ❶ (*anders, unvertraut*) strange; (*ausländisch*) foreign ❷ **jemandem** [*oder* **für jemanden**] **fremd sein** to be unknown to someone ❸ (*jemand anderem gehörend*) someone else's ❹ **ich bin hier fremd** I am a stranger here

**fremdartig** strange; (*exotisch*) exotic

die **Fremde** foreign ['fɔrən] parts △ *plural;* **in der Fremde** in foreign parts

der/die **Fremde** ❶ (*unbekannte Person*) stranger ❷ (*Ausländer*) foreigner ['fɔrɪnə']

**fremdeln** to be shy with [*oder* towards] strangers

der **Fremdenführer**, die **Fremdenführerin** guide

die **Fremdenlegion** Foreign ['fɔrən] Legion

der **Fremdenverkehr** tourism

das **Fremdenverkehrszentrum** tourist centre [*oder* ⓤⓢⓐ center]

das **Fremdenzimmer** guest [gest] room

der **Fremdkörper** foreign ['fɔrən] body *auch übertragen*

die **Fremdsprache** foreign ['fɔrən] language

der **Fremdsprachensekretär**, die **Fremdsprachensekretärin** bilingual [bar'lɪŋwəl] secretary

**fremdsprachlich fremdsprachlicher Unterricht** [foreign-]language teaching

das **Fremdwort** foreign ['fɔrən] word

**frenetisch** frenetic [frə'netɪk], frenzied ['frenzɪd]

die **Frequenz** (*Häufigkeit*) frequency ['fri:kwənsi]

das **Fresko** fresco

die **Fressalien** (*umgangsspr*) grub △ *singular*

die **Fresse** ❶ (*Mund*) gob *slang*, trap *slang;* **halt endlich deine Fresse!** will you shut your trap! ❷ (*Gesicht*) mug *slang*

das **Fressen** ❶ (*für Tiere*) food ❷ (*Fraß*) grub *umgangsspr* ▶ WENDUNGEN: **ein gefundenes Fressen** a heaven-sent opportunity

**fressen** ❶ *Tiere:* to eat; (*weiden*) to feed; (*slang*) *Menschen:* to eat, to nosh *slang* ❷ **etwas fressen** *Tiere:* to feed on something; (*slang*) *Menschen:* to scoff [*oder* guzzle] something *slang* ❸ (*verbrauchen*) to

gobble up *umgangsspr* ❹ *Hass, Neid:* to eat up *Mensch* ❺ (*sich hineinbohren*) to eat one's way (**durch** through, **in** into)

die **Fresssucht** voracity, gluttony

das **Frettchen** ferret

die **Freude** ❶ joy (**über** at) ❷ (*Entzücken*) delight (**über** at) ❸ (*Vergnügen*) pleasure ['pleʒə'] ❹ **vor Freude außer sich sein** to be mad with joy ❺ **jemandem eine Freude machen** to do something to please someone

das **Freudengeschrei** shrieks [ʃri:ks] △ *plural* of joy

die **Freudentränen** tears [trəz] of joy

**freudestrahlend** beaming with delight

**freudig** ❶ (*froh*) joyful; (*bereitwillig*) willing ❷ (*glücklich, beglückend*) happy; **ein freudiges Ereignis** (*Geburt*) a happy event

**freudlos** joyless

**freuen** ❶ **das freut mich, es freut mich, dass ...** I'm pleased [*oder* glad] that ...; **es freut mich, dir helfen zu können** I'm pleased to be able to help you ❷ **sich über etwas freuen** to be pleased [*oder* glad] about something ❸ **sich auf etwas freuen** to look forward to something; **sich auf jemanden freuen** to look forward to seeing [*oder* meeting] someone

der **Freund** ❶ friend [frend]; **jemanden zum Freund haben** to have someone for a friend, to be friends with someone ❷ (*Liebhaber*) boyfriend ❸ **kein Freund von Katzen** no lover of cats

das **Freundchen** (*umgangsspr: ironisch*) my friend; **Freundchen, Freundchen!** (*als Warnung*) watch it, mate!, just you watch it!

die **Freundin** ❶ friend [frend] ❷ *in Liebesbeziehung:* girlfriend

**freundlich** ❶ (*wohlgesonnen*) friendly ❷ (*gütig, nett*) kind (**zu** to) ❸ (*angenehm*) pleasant ['pleznt]; (*heiter*) cheerful ❹ **wären Sie wohl so freundlich zu ...?** would you be so kind as to ...?

die **Freundlichkeit** ❶ friendliness ['frendlɪnəs] ❷ (*nette Art*) kindliness ❸ (*Heiterkeit*) cheerfulness ❹ (*Gefälligkeit*) favour ['feɪvə'], kindness

die **Freundschaft** friendship [frenʃɪp]; **mit jemandem Freundschaft schließen** to make friends with someone

**freundschaftlich** friendly ['frendli]

das **Freundschaftsspiel** friendly [match] ['frendli]

der **Frevel** ❶ (*Verbrechen*) crime (**an** against) ❷ (*Sakrileg*) sacrilege ['sækrɪlɪdʒ]

**frevelhaft** sacrilegious [ˌsækrɪ'lɪdʒəs], sinful

der **Frieden** ①peace ②(*Ruhe*) tranquillity ③**Frieden schließen** to make peace ▸ WENDUNGEN: **um des lieben Friedens willen** (*umgangsspr*) for the sake of peace and quiet; **lass mich in Frieden!** leave me alone!
die **Friedensbewegung** peace movement
der **Friedenseinsatz** peacekeeping mission
der **Friedensrichter**, die **Friedensrichterin** ①justice of the peace, J.P. ② CH arbitrator, arbiter
der **Friedensstifter**, die **Friedensstifterin** peacemaker
die **Friedensverhandlungen** peace negotiations [nɪˌɡəʊʃiˈeɪʃnz]
der **Friedensvertrag** peace treaty
**friedfertig** peaceable
der **Friedhof** cemetery [ˈsemətri]
**friedlich** ①peaceful [ˈpiːsfl]; (*friedfertig*) peaceable ②**nun sei doch endlich friedlich!** (*umgangsspr*) now, give it a rest!
**friedliebend** peace-loving
**frieren** to freeze; **ich friere** I am [*oder* feel] cold
**frigide** frigid
die **Frikadelle** meatball
das **Frisbee**®, die **Frisbeescheibe**® frisbee disc®
**frisch** ①fresh; *Obst*: fresh-picked; (*noch feucht*) wet ②(*kühl*) chilly [ˈtʃɪli], cool; **ein frischer Wind** a fresh wind; (*übertragen*) a wind of change ③(*munter*) bright, cheery ④**frisch gestrichen!** wet [*oder* USA fresh] paint! ⑤**frisch verheiratet** newly married
das **Frischhaltedatum** sell-by date
die **Frischhaltefolie** cling film
die **Frischhaltepackung** air-tight [*oder* vacuum] pack[age]
der **Frischkäse** cream cheese
die **Frischzelle** live cell
der **Friseur**, die **Friseurin** [friˈzøː ɐ] hairdresser; (*für Herren auch*) barber [ˈbɑːbə]
der **Friseursalon** (*für Damen*) hairdresser's GB, beauty salon USA; (*für Herren auch*) barber's
die **Friseuse** [friˈzøːzə] hairdresser
**frisieren** ①**jemanden frisieren** to do someone's hair; (*kämmen*) to comb [kəʊm] someone's hair ②(*umgangsspr: manipulieren*) to fiddle; **die Bilanz frisieren** (*umgangsspr*) to cook the books ③to hot [*oder* soup] up *Auto* ④**sich frisieren** to do one's hair
der **Frisiersalon** (*für Damen*) hairdressing salon
der **Frisör**, die **Frisörin** hairdresser; (*für Herren auch*) barber [ˈbɑːbə]
die **Frisöse** female hairdresser
die **Frist** ①(*Zeitraum*) period [ˈpɪərɪəd]; **jemandem mit einer Frist von einer Woche**

**kündigen** to give someone a week's notice ②(*Zeitpunkt*) deadline [ˈdedlaɪn]; (**für** for); (*Zahlungsziel*) last date for payment; (*Fristverlängerung, Aufschub*) period of grace; **eine Frist einhalten/versäumen** to meet/miss a deadline
die **Fristenregelung** *law permitting an abortion within the first three months of pregnancy*
**fristgemäß**, **fristgerecht** within the period stipulated
**fristlos** without notice
die **Frisur** hairstyle
die **Fritteuse** deep-fryer
**frittieren** to deep-fry
**frivol** frivolous
**froh** ①glad; (*erfreut*) pleased; **über etwas froh sein** to be glad about [*oder* pleased with] something ②(*erfreulich*) happy ③**frohe Ostern/Weihnachten!** Happy Easter/Merry Christmas [ˈkrɪsməs]!
**fröhlich** cheerful [ˈtʃɪəfl]
die **Fröhlichkeit** cheerfulness
die **Frohnatur** cheerful [ˈtʃɪəfl] nature
der **Frohsinn** cheerfulness
**fromm** (*gläubig*) religious [rɪˈlɪdʒəs]; **ein frommer Christ/Jude** a devout Christian/Jew; *Leben*: pious [ˈpaɪəs]
die **Fronarbeit** CH voluntary work
**frönen** to indulge; **einer Sache frönen** to indulge in something
der **Fronleichnam**, das **Fronleichnamsfest** [Feast of] Corpus Christi
die **Front** ①(*Vorderseite*) front [frʌnt] ②(*Wetterfront*) front ③(*im Krieg*) front; (*Kampflinie*) front line ④(*Spitze*) lead [liːd] ▸ WENDUNGEN: **die Fronten wechseln** to change sides
**frontal** frontal [frʌntl]; **frontal zusammenstoßen** *Auto:* to crash head-on
der **Frontalzusammenstoß** head-on collision
die **Frontscheibe** windscreen GB, windshield USA
der **Frosch** frog ▸ WENDUNGEN: **komm, sei kein Frosch!** (*umgangsspr*) come on, be a sport!
die **Froschperspektive** worm's eye view
der **Froschschenkel** frog's leg
der **Frost** frost; **es herrscht strenger Frost** there's a heavy frost; **bei eisigem Frost** in heavy frost
die **Frostbeule** chilblain [ˈtʃɪlbleɪn]
**frösteln** to shiver
**frostig** frosty
das **Frostschutzmittel** antifreeze [ˈæntɪfriːz]
der/das **Frottee** terry towelling
das **Frotteehandtuch** terry towel
**frotzeln** (*umgangsspr*) to tease; **über jeman**

**Frucht – führen**  734

**den frotzeln** to make fun of someone

die **Frucht** fruit [fruːt]; **Früchte tragen** (*auch übertragen*) to bear fruit

**fruchtbar** ❶ fertile ['fɜːtaɪl]; (*übertragen auch*) prolific ❷ (*nutzbringend*) productive

die **Fruchtbarkeit** fertility [fɜːˈtɪləti]

die **Fruchtblase** amniotic [ˌæmnɪˈɒtɪk] sac

**fruchten** **nichts fruchten** to be fruitless

das **Fruchtfleisch** flesh [of a fruit]

**fruchtlos** fruitless

der **Fruchtsaft** fruit [fruːt] juice

das **Fruchtwasser** amniotic fluid

die **Fruchtwasseruntersuchung** amniocentesis

der **Fruchtwechsel** crop rotation

der **Fruchtzucker** fructose

**früh** ❶ early ['frɪli]; **früh aufstehen** to rise early; **heute/morgen früh** this/tomorrow morning; **es ist noch früh am Tag** it's still early in the day; **von früh bis spät** from morning till night ❷ (*schon in der Kindheit*) at an early age

der **Frühaufsteher**, die **Frühaufsteherin** early ['ɜːli] riser, early bird

die **Frühbuchung** early booking

die **Frühe** **in aller Frühe** at the crack of dawn

**früher** ❶ earlier ['ɜːliəʳ]; **früher am Abend** earlier on in the evening; **früher aufstehen** to get up [*oder* rise] earlier ❷ (*ehemalig*) former; (*vorherig*) previous ['priːvɪəs] ❸ formerly, previously ['priːvɪəsli] ❹ **ich habe ihn früher einmal gekannt** I used to know him; **es ist alles genau wie früher** everything's just as it used to be ❺ **früher oder später** sooner or later

die **Früherkennung** early diagnosis

**frühestens** at the earliest; **wann kannst du frühestens kommen?** what is the earliest you can come?; **das Kleid ist frühestens in zwei Wochen fertig** it will take at least two weeks to make the dress

die **Frühgeburt** ❶ (*zu frühe Geburt*) premature birth [ˌpreˈmətʃəˈbɜːθ] ❷ (*zu früh geborenes Kind*) premature baby

das **Frühjahr** spring

die **Frühjahrsmüdigkeit** springtime lethargy ['leθədʒi]

der **Frühling** spring

**Frühlings-** spring

die **Frühlingsrolle** spring [*oder* ⓤⓢⓐ egg] roll

**frühmorgens** early in the morning

die **Frühpensionierung** early retirement

**frühreif** ❶ (*körperlich*) mature at an early age ❷ (*im Benehmen*) precocious [prɪˈkəʊʃəs]

die **Frühschicht** early shift

das **Frühstück** breakfast ['brekfəst]; **zum Früh-**

stück for breakfast; **Übernachtung und Frühstück** bed and breakfast

**frühstücken** to have breakfast

**frühzeitig** ❶ (*früh*) early ❷ (*vorzeitig*) premature

der **Frust** (*umgangsspr*) frustration

die **Frustration** frustration

**frustrieren** to frustrate

der **Fuchs** ❶ (*auch Pelz*) fox ❷ (*Pferd*) chestnut; (*Rotfuchs*) sorrel

der **Fuchsbau** fox's den

die **Füchsin** vixen ['vɪksn]

die **Fuchsjagd** fox-hunt[ing]

der **Fuchsschwanz** ❶ *eines Fuchses:* fox's tail [*oder* brush] ❷ (*Säge*) handsaw

**fuchsteufelswild** (*umgangsspr*) hopping mad

die **Fuchtel** Ⓐ (*zänkische Frau*) shrew ▶ WENDUNGEN: **unter jemandes Fuchtel stehen** to be under someone's thumb

die **Fuge**[1] ❶ joint [dʒɔɪnt] ❷ (*Falz*) groove ▶ WENDUNGEN: **aus den Fugen geraten** to come apart [at the seams], to go awry [əˈraɪ]

die **Fuge**[2] (*Musikstück*) fugue [fjuːg]

**fügen** ❶ (*platzieren*) to place ❷ (*nachgeben*) **sich fügen** to be obedient; **er fügte sich in sein Schicksal** he resigned himself to his fate

die **Fügung** chance; (*Zusammentreffen*) coincidence [kəʊˈɪnsɪdəns]; **eine [göttliche] Fügung** providence

**fühlbar** ❶ (*greifbar*) palpable ❷ (*deutlich*) marked ❸ (*wahrnehmbar*) perceptible

**fühlen** to feel; (*Puls*) to take

der **Fühler** *von Insekten, Schnecken:* antenna, feeler ▶ WENDUNGEN: **seine Fühler nach etwas ausstrecken** to put out feelers towards something

die **Fuhre** (*Ladung*) load

**führen** ❶ (*anführen, vorangehen*) to lead ❷ (*bringen, geleiten*) to take; to guide *Touristen, Blinde* ❸ (*im Sortiment haben*) to carry, to keep ❹ to drive *Fahrzeug;* to sail *Schiff;* to fly *Flugzeug;* to operate *Fahrstuhl, Bagger* ❺ to run *Unternehmen;* to command *Armee, Kompanie* ❻ (*tragen, transportieren*) to carry ❼ **was führt Sie zu mir?** what brings you here? ❽ (*bewirken*) **zu etwas führen** to lead to something; **zu nichts führen** to come to nothing ❾ (*an der Spitze, in Führung sein*) to lead; (*im Sport*) to be in the lead; **mit zwei Punkten führen** to lead by two points ❿ *Weg, Straße, Fahrstuhl:* to go; *Leitung, Kabel:* to run ⓫ **wohin soll das bloß führen?** where is this leading us? ⓬ **sich gut/schlecht führen** to conduct oneself well/badly

**G** Richtiges Konjugieren von **lead**: lead, led, led — *Anna led her pony into the stable; the old cat has led a pleasant life.*

**führend** leading; *Persönlichkeit:* prominent
der **Führer**, die **Führerin** ❶ leader; (*Oberhaupt, Anführer*) head ❷ *von Fahrzeug:* driver ❸ (*Fremdenführer*) guide ❹ (*Buch*) guide
der **Führerausweis** ⓒⱧ driving licence ⒼⒷ, driver's license ⓊⓈⒶ
die **Führerflucht** ⓒⱧ hit-and-run [driving]
**führerlos** *Partei:* leaderless, without a leader
der **Führerschein** driving licence ⒼⒷ, driver's license ⓊⓈⒶ; **er macht gerade den Führerschein** he is learning to drive
der **Führerscheinentzug** disqualification from driving
die **Führerscheinprüfung** driving test
der **Fuhrpark** fleet [of vehicles]
die **Führung** ❶ (*Vorsprung*) lead; **in Führung liegen** to be in the lead ❷ (*Verantwortung*) direction, guidance; (*Armee*) command [kə'maːnd]; (*Unternehmensführung*) management; (*Parteiführung*) leadership ❸ (*in der Technik*) guide[way] ❹ (*Verhalten*) conduct ❺ (*Besichtigung*) guided tour (**durch** of)
die **Führungskraft** ❶ executive ❷ (*in der Politik*) leader
die **Führungsspitze** top management
das **Führungszeugnis** certificate of conduct
das **Fuhrunternehmen** haulage ['hɔːlɪdʒ] firm
der **Fuhrunternehmer**, die **Fuhrunternehmerin** haulage contractor
die **Fülle** ❶ (*Vollsein*) fullness ❷ (*Körperfülle*) corpulence ❸ (*Überfülle*) abundance [ə'bʌndəns]; **in Hülle und Fülle** in abundance; **eine Fülle von Problemen/Fragen** a whole host of problems/questions
**füllen** ❶ to fill; to stuff *Gans, Huhn* ❷ **eine Lücke füllen** to stop a gap; **etwas voll füllen** to fill something up, to fill up something ❸ **sich füllen** to fill up
der **Füller**, der **Füllfederhalter** fountain pen
das **Füllgewicht** ❶ (*Nettogewicht*) net weight ❷ *einer Waschmaschine:* maximum load
die **Füllung** ❶ filling; *von Essen auch:* stuffing; *von Praline:* centre ⒼⒷ, center ⓊⓈⒶ ❷ (*Türfüllung*) panel ❸ (*Zahnfüllung*) filling
**fummeln** (*umgangsspr*) to fumble (**an** with)
das **Fundament** foundation; **das Fundament für etwas schaffen** to lay the foundations for something
**fundamental** fundamental

der **Fundamentalist**, die **Fundamentalistin** fundamentalist
das **Fundbüro** lost-property office ⒼⒷ, lost and found office [*oder* ⓊⓈⒶ department]
die **Fundgrube** treasure ['trɛʒəʳ] trove
**fundieren** (*begründen*) to found; **gut fundiert** well-founded
die **Fundsache** recovered item; **Fundsachen** lost property △ *ohne Artikel*
die **Fundsachen** lost property △ *nur im Singular*
die **Fünf** ❶ (*Zahl*) [number] five ❷ (*Schulnote*) ≈ E; **eine Fünf schreiben** ≈ to get an E ❸ **die Fünf** (*Straßenbahn, Bus*) the number five [tram/bus]
**fünf** five; **viertel vor fünf** a quarter to five ▶ WENDUNGEN: **fünfe gerade sein lassen** to turn a blind eye
das **Fünfeck** pentagon
**fünffach** fivefold
**fünfhundert** five hundred
**fünfmal** five times
die **Fünftagewoche** five-day week
**fünftausend** five thousand
**fünfte(r, s)** ❶ fifth, 5th ❷ **wir haben heute den fünften Dezember** today is the fifth of December ❸ **ich bin in der fünften Klasse** I'm in Year 5
das **Fünftel** fifth
**fünftel** fifth
**fünftens** in the fifth place
**fünfzehn** fifteen
**fünfzehnte(r, s)** fifteenth
**fünfzig** fifty
**fünfzigste(r, s)** fiftieth
**fungieren** to function; **als Bote fungieren** to act as a messenger
der **Funk** radio
der **Funke** ❶ spark ❷ (*geringes Maß*) scrap; **ein Funke von Anstand** a scrap of decency; **ein Funke Hoffnung** a gleam of hope
**funkeln** to sparkle; *Edelstein:* to glitter; *Augen:* to gleam; (*vor Zorn*) to flash; *Stern:* to twinkle
**funkelnagelneu** (*umgangsspr*) brand-new
der **Funken** spark
**funken** ❶ **SOS funken** to radio an SOS ❷ (*senden*) to radio
das **Funkgerät** ❶ radio set; (*umgangsspr*) walkie-talkie ❷ (*Funkausrüstung*) radio equipment
**funkgesteuert** radio-controlled
das **Funkhaus** broadcasting station
das **Funkkolleg** educational radio broadcasts △ *plural*
der **Funkmast** radio [antenna] mast
das **Funksprechgerät** walkie-talkie

**Funkstation – Fußtritt**     **736**

die **Funkstation** radio station

die **Funkstille** radio silence ▸ WENDUNGEN: **bei den beiden herrscht Funkstille** (*umgangsspr*) they are no longer talking to each other

die **Funktion** (*Amt*) office; **eine Funktion übernehmen** to take up a position

**funktional** functional

der **Funktionär**, die **Funktionärin** functionary

**funktionell** functional ['fʌŋ(k)ʃ(ə)nəl], practical

**funktionieren** to function, to work

die **Funktionstaste** (*an der Tastatur*) function key

der **Funkturm** radio tower

die **Funkverbindung** radio contact

der **Funkverkehr** radio traffic, wireless communication

**für** ❶ for ❷ (*anstatt*) instead of, for ❸ (*zugunsten von*) in favour of, for ❹ (*als Gegenleistung*) [in exchange] for ❺ **was für ein Mann ist er?** what kind of a man is he? ❻ **Schritt für Schritt** step by step; **Tag für Tag** day after day; **Wort für Wort** word for word ❼ **an und für sich** actually

die **Furche** (*Ackerfurche, Falte*) furrow ['fʌrəʊ]

die **Furcht** fear; **Furcht erregend** fearful, terrifying

**furchtbar** awful ['ɔ:fl], dreadful ['dredfl], terrible ['terəbl]

**fürchten** ❶ **etwas fürchten** to be afraid of something, to fear something ❷ to fear (**um/für** for) ❸ **sich vor etwas fürchten** to be afraid of something

**fürchterlich** dreadful ['dredfl], terrible ['terəbl]

**furchtlos** fearless, intrepid

**füreinander** for one another, for each other

das **Furnier** veneer [vəˈnɪəʳ]

**furnieren** to veneer

die **Fürsorge** ❶ (*Betreuung*) care ❷ (*Sozialfürsorge*) welfare ['welfeə] ❸ (*umgangsspr: Fürsorgeunterstützung*) relief [rəˈliːf], assistance

das **Fürsorgeamt** ⒸⒽ social security office

**fürsorglich** careful

der **Fürsprecher**, die **Fürsprecherin** ⒸⒽ barrister

der **Fürst** prince

das **Fürstentum** principality

die **Fürstin** princess [ˌprɪnˈses]

**fürstlich** ❶ princely ❷ (*üppig*) lavish

das **Furunkel** boil

der **Furz** (*umgangsspr*) fart

**furzen** to fart *umgangsspr*

der **Fusel** (*abwertend*) rotgut *abwertend*

die **Fusion** ❶ fusion ❷ (*in der Wirtschaft*) merger

**fusionieren** to merge (**mit** with)

der **Fuß** ❶ (*auch Längenmaß*) foot ❷ *von Stuhl, Tisch:* leg ❸ **zu Fuß** on foot ▸ WENDUNGEN: **Fuß fassen** to establish oneself; **kalte Füße bekommen** to get cold feet; **auf eigenen Füßen stehen** to stand on one's own two feet; **auf großem Fuß leben** to live in style; **jemanden auf freien Fuß setzen** to set someone free

der **Fußabdruck** footprint

der **Fußabstreifer**, der **Fußabtreter** doormat

der **Fußball** ❶ [association] football ⒼⒷ, soccer ⓊⓈⒶ ❷ (*der Ball*) football ⒼⒷ, soccer ball ⓊⓈⒶ

der **Fußballer**, die **Fußballerin** (*umgangsspr*) footballer

die **Fußballmannschaft** football team ⒼⒷ, soccer team ⓊⓈⒶ

der **Fußballplatz** football pitch ⒼⒷ, soccer ground ⓊⓈⒶ

das **Fußballspiel** football match ⒼⒷ, soccer match ⓊⓈⒶ

der **Fußballspieler**, die **Fußballspielerin** footballer

das **Fußballstadion** football stadium

der/das **Fußballtoto** football pools ⚠ *plural*

die **Fußbank** footstool

der **Fußboden** floor

die **Fußbodenheizung** underfloor heating

die/der **Fussel** (*umgangsspr*) fluff

**fusselig** fluffy ▸ WENDUNGEN: **sich den Mund fusselig reden** (*umgangsspr*) to talk till one is blue in the face

**fußen** to rest; **das fußt auf der Annahme, dass ...** this rests on the assumption that ...

das **Fußende** bottom-end, foot

der **Fußgänger**, die **Fußgängerin** pedestrian [pəˈdestrɪən]

der **Fußgängerstreifen** ⒸⒽ pedestrian crossing

der **Fußgängerüberweg** pedestrian crossing

die **Fußgängerzone** pedestrian precinct ['priːsɪŋkt]

das **Fußgelenk** ankle ['æŋkl] joint

das **Fußkettchen** anklet

der **Fußnagel** toenail

die **Fußnote** footnote

die **Fußpflege** chiropody [kɪˈrɒpədi]

der **Fußpfleger**, die **Fußpflegerin** chiropodist [kɪˈrɒpədɪst]

der **Fußpilz** athlete's foot

der **Fußraum** (*im Auto*) footwell

die **Fußschaltung** foot shifter [*oder* gear control]

der **Fußstapfen** footprints ▸ WENDUNGEN: **in jemandes Fußstapfen treten** to follow in someone's footsteps

der **Fußtritt** (*Stoß*) kick

das **Fußvolk** das **Fußvolk** the rank and file
der **Fußweg** (*für Fußgänger*) footpath
**futsch** (*umgangsspr*) ❶ (*weg*) gone ❷ (*kaputt*) bust
das **Futter**¹ (*für Tiere*) food; (*Viehfutter*) fodder
das **Futter**² *von Kleidungsstück:* lining; *von Tür:* casing
das **Futteral** case
**futtern** to scoff *umgangsspr*
**füttern**¹ to feed *Mensch, Tier*

> **G** Richtiges Konjugieren von **feed**: feed, fed, fed — Mrs Cook fed her baby with a spoon; have you fed the dog yet?

**füttern**² to line *Jacke, Rock*
die **Fütterung** feeding
das **Futur** (*Grammatik*) future [tense] ['fju:tʃə]
**futuristisch** futurist[ic]

# G

**G, g** ❶ (*Buchstabe*) G, g [dʒi:] ❷ (*in der Musik*) G, g
die **Gabe** ❶ (*Geschenk*) gift, present ['preznt] ❷ (*Begabung*) gift, talent ['tælənt]

> **V** Das deutsche Wort **Gift** heißt im Englischen **poison**!

die **Gabel** ❶ (*zum Essen*) fork ❷ (*Deichsel*) shafts ⚠ *plural*
**gabeln** to fork
der **Gabelstapler** fork-lift truck
die **Gabelung** fork
**gackern** to cackle
**gaffen** to gape (**nach** at)
die **Gage** ['gaːʒə] fee
**gähnen** to yawn
**galant** gallant
die **Galaxie** galaxy ['gæləksi]
die **Galaxis** Galaxy ['gæləksi]
die **Galeere** galley
die **Galerie** gallery
der **Galgen** gallows ⚠ *immer plural*
die **Galgenfrist** reprieve
der **Galgenhumor** gallows humour ['gæləʊzˌhjuːmə]
die **Galle** ❶ (*Gallenblase*) gall bladder ❷ (*Flüssigkeit*) bile, gall [gɔːl]
die **Gallenblase** gall bladder
die **Gallenflüssigkeit** bile
die **Gallenkolik** biliary colic

der **Gallenstein** gall-stone
der **Galopp** gallop ['gæləp]; **im Galopp** at a gallop
**galoppieren** to gallop (**auf** at)
**gammeln** (*umgangsspr*) to bum around
der **Gammler**, die **Gammlerin** layabout ['leɪəˌbaʊt] *abwertend*
die **Gams** Ⓐ chamois
die **Gämse** chamois ['ʃæmwɑː]
der **Gang** ❶ (*Besorgung*) errand ❷ *von Personen:* gait ❸ (*Flur*) hallway; (*in Eisenbahnwagen*) corridor ❹ (*beim Essen*) course [kɔːs] ❺ (*von Auto*) gear [gɪə]; **in den zweiten Gang schalten** to change [*oder* 🇺🇸] shift] into second [gear] ▶ WENDUNGEN: **etwas in Gang halten** to keep something moving; **etwas in Gang setzen** to set something going
die **Gangart** gait, walk
**gangbar** ❶ *Weg:* passable ❷ *Lösung:* practicable
**gängig** ❶ (*viel verlangt*) in demand ❷ (*gebräuchlich*) current ['kʌrənt]
die **Gangschaltung** gears [gɪəz] ⚠ *plural*
der **Gangster** ['gɛŋstə] gangster
die **Gangway** ['gɛŋveː] steps ⚠ *plural,* gangway
der **Ganove** (*umgangsspr*) crook
die **Gans** goose

> **V** **geese** ist die Pluralform von **a goose** = eine Gans: the geese are making a lot of noise.

das **Gänseblümchen** daisy ['deɪzi]
die **Gänsefüßchen** (*umgangsspr*) inverted commas, quotation marks *plural*
die **Gänsehaut** goose-pimples; **eine Gänsehaut bekommen** to get goose-pimples
der **Gänsemarsch** **im Gänsemarsch** in single file
**ganz** ❶ (*vollständig*) entire, whole ❷ (*umgangsspr: heil*) intact ❸ **die ganze Zeit** all the time ❹ **ich bin ganz deiner Meinung** I quite agree ❺ (*völlig*) quite ❻ (*umgangsspr: wirklich*) really ❼ **ganz und gar nicht** by no means, not at all ❽ **im Großen und Ganzen** on the whole ❾ **ganz wie Sie meinen** just as you think
das **Ganze** whole ▶ WENDUNGEN: **aufs Ganze gehen** to go all out
**ganzheitlich** ❶ (*einheitlich*) integrated ['ɪntɪgreɪtɪd] ❷ (*Sichtweise*) holistic [həˈlɪstɪk]
**gänzlich** completely, totally
die **Ganztagsbetreuung** full-time childcare
die **Ganztagsschule** all-day school
**gar**¹ *Essen:* cooked, done

**gar – Gaul**

**738**

## USEFUL PHRASES

Falls du deine Ferien einmal bei einer **Gastfamilie** in England verbringst, können dir die folgenden *phrases* dabei helfen, höflich nach etwas zu fragen.

Shall I help you with …?

What shall I do with …?

May I have …/take …?

Where/How can I find …?

Could you help me …/tell me/
give me …, please?

Is it OK if I …?

**gar²** (*sogar*) even; **gar nicht/nichts** not/
nothing at all

die **Garage** [ga'ra:ʒə] garage ['gærɪdʒ]

**garagieren** Ⓐ, Ⓒ (*parken*) to park *Auto*

die **Garantie** guarantee

die **Garantiefrist** warranty period

**garantieren** to guarantee [ˌgærn'ti:]

der **Garantieschein** guarantee [ˌgærn'ti:]

die **Garbe** (*Getreidehalme*) sheaf

die **Garde** guard [gɑːd]

die **Garderobe** ❶ (*Kleiderablage*) hall stand;
(*Raum*) cloakroom Ⓖ, checkroom Ⓤ
❷ (*Kleidung*) wardrobe

der **Garderobenständer** hatstand, hall stand

die **Gardine** curtain Ⓖ, drape Ⓤ; **die Gardi-
nen zuziehen** to draw the curtains

die **Gardinenstange** curtain rail

**gären** to ferment [fə'ment]

die **Garette** Ⓒ (*Schubkarren*) barrow

das **Garn** thread; (*Wollgarn*) yarn

die **Garnele** prawn

**garnieren** to garnish *Speisen*

die **Garnitur** (*Satz*) set ▶ WENDUNGEN: **erste/
zweite Garnitur** top/second rank

**garstig** mean

der **Garten** garden

die **Gartenarbeit** gardening

der **Gartenbau** horticulture ['hɔːtɪkʌltʃə]

die **Gartenlaube** arbour ['ɑːbə], bower

das **Gartenlokal** garden café

die **Gartenmöbel** garden furniture

die **Gartenschere** pruning shears ⚠ *immer plu-
ral*

der **Gartensitzplatz** Ⓒ (*Terrasse*) patio

der **Gartenzaun** garden fence

der **Gärtner**, die **Gärtnerin** gardener

die **Gärtnerei** market garden

das **Gas** ❶ gas ❷ **Gas geben** to accelerate
[ək'seləreɪt]; (*im Leerlauf*) to rev up

das **Gasfeuerzeug** gas lighter

die **Gasflasche** gas canister

**gasförmig** gaseous

der **Gashahn** gas tap

der **Gashebel** throttle

die **Gasheizung** gas heating

der **Gasherd** gas cooker [*oder* stove]

der **Gaskocher** camping stove

die **Gasleitung** gas pipe

die **Gasmaske** gas mask

das **Gaspedal** accelerator Ⓖ, gas pedal Ⓤ

die **Gaspistole** gas pistol

die **Gasse** lane

der **Gassenjunge** street urchin

der **Gast** guest; **bei jemandem zu Gast sein** to
be someone's guest

der **Gastarbeiter**, die **Gastarbeiterin** foreign
['fɒrən] worker

das **Gästebuch** visitors' book

das **Gästezimmer** guest room

**gastfreundlich** hospitable [hɒ'spɪtəbl]

die **Gastfreundschaft** hospitality [ˌhɒspɪ'tælətɪ]

der **Gastgeber**, die **Gastgeberin** host [həʊst]
*maskulin*, hostess *feminin*

das **Gasthaus** inn

der **Gasthof** inn

der **Gasthörer**, die **Gasthörerin** (*an Universität*)
observer Ⓖ, auditor ['ɔːdɪtəʳ] Ⓤ

**gastieren** to make a guest [gest] appear-
ance

die **Gastritis** gastritis

die **Gastronomie** gastronomy [gæs'trɒnəmi]

**gastronomisch** gastronomic[al] [ˌgæstrə'nɒ-
mɪk]

das **Gastspiel** guest performance

die **Gaststätte** restaurant ['restərɒnt]

die **Gaststube** lounge, restaurant

der **Gastwirt**, die **Gastwirtin** innkeeper

die **Gastwirtschaft** inn

der **Gaszähler** gas meter

der **Gatte** husband ['hʌzbənd]

das **Gatter** trellis

die **Gattin** wife

die **Gattung** (*Art*) kind, sort; *von Pflanzen:* genus
['dʒiːnəs]

der **GAU** *Abkürzung von* **größter anzunehmen-
der Unfall** MCA, maximum credible acci-
dent; (*übertragen*) worst-case scenario
[wɜːst keɪs sɪnɑːriəʊ] *umgangsspr*

die/das **Gaudi** (*umgangsspr*) fun

der **Gaul** (*abwertend*) nag, hack

**Gaumen – gebunden**

der **Gaumen** palate ['pælət]
der **Gauner** ① (*Schwindler*) crook, spiv ② (*umgangsspr: Schlauberger*) sly customer
die **Gaunerei** cheating, swindling
der **Gazastreifen** Gaza Strip
die **Gazelle** gazelle [gə'zel]
das **Gebäck** pastries ⚠ *plural*
**geballt** concentrated
**gebärden** to behave, to conduct oneself
die **Gebärdensprache** [use of] gestures ['dʒestʃə], sign language
**gebären** to give birth to
die **Gebärmutter** uterus ['ju:tərəs], womb [wu:m]
das **Gebäude** building
der **Gebäudekomplex** [building] complex
die **Gebeine** (*Skelett*) remains ⚠ *immer plural*
das **Gebell** barking
**geben** ① to give ② (*im Theater aufführen*) to put on ③ to deal *Karten* ④ **das gibt's doch nicht!** that can't be true! ⑤ **das wird sich geben** it'll all work out

Ⓖ Richtiges Konjugieren von **give**: give, gave, given — *Dave gave Jenny his phone number; Have you given him the car key?*

das **Gebet** prayer [preəʳ]
das **Gebiet** ① area, region ② (*Arbeitsgebiet*) field
**gebieten** ① [jemandem] etwas gebieten to demand something [of someone] ② (*vorschreiben*) to require; **die Lage gebietet schnelles Handeln** the situation requires quick action
**gebieterisch** ① (*befehlend*) imperious ② (*entschieden*) peremptory
das **Gebilde** ① (*Ding*) object ['ɒbjekt] ② (*Bauwerk*) construction [kən'strʌkʃən]
**gebildet** educated ['edjʊkeɪtɪd]; (*kultiviert*) cultured
das **Gebirge** mountains ['maʊntɪnz] *plural*, mountain range
**gebirgig** mountainous ['maʊntɪnəs]
der **Gebirgszug** mountain range
das **Gebiss** ① (*Zähne*) teeth ② (*künstliches*) dentures ['dentʃəz] ⚠ *plural*; **ein Gebiss tragen** to have false [fɔːls] teeth
**geblümt** flowered; *Tapete:* floral ['flɔːrəl]
**geboren** ① born; **sie ist in Schottland geboren** she was born in Scotland; **tot geboren** still-born ② **Maria Braun, geborene** [*oder* **geb.**] **Schmidt** Maria Braun, née Schmidt ③ (*übertragen*) **sie ist eine geborene Schauspielerin** she's a born actress
**geborgen** safe, secure [sɪ'kjʊə]; **sich** [bei jemandem] **geborgen fühlen** to feel secure

[with someone]
das **Gebot** ① (*Gesetz*) law ② (*Vorschrift*) rule ③ (*das Erforderliche*) requirement [rɪ'kwaɪəmənt]; **das Gebot der Stunde** the order of the day; **etwas ist oberstes Gebot** something is of the utmost importance [*oder* top priority] [praɪ'ɒrəti] ④ (*Auktionsangebot*) bid[ding] ⑤ **die Zehn Gebote** the Ten Commandments
**geboten** advisable [əd'vaɪzəbl]; **dringend geboten** imperative
das **Gebotsschild** mandatory ['mændətʳri] sign
der **Gebrauch** ① (*Benutzung*) use [ju:s]; **von etwas Gebrauch machen** to make use of something; **in Gebrauch sein** to be used; **vor Gebrauch schütteln** shake before use ② *eines Wortes:* usage ['ju:sɪdʒ] ③ (*Brauch*) custom ['kʌstəm]
**gebrauchen** ① (*benutzen*) to use [ju:z] ② (*anwenden*) to apply ③ **ich könnte jetzt einen Kaffee gebrauchen** I could do with a cup of coffee now ④ **er ist zu nichts zu gebrauchen!** he is hopeless [*oder* useless]!
**gebräuchlich** ① (*üblich*) customary ['kʌstəmʳri] ② (*verbreitet*) *Ausdruck, Wort:* common
die **Gebrauchsanweisung** ① (*für Arznei*) directions *plural* for use [ju:s] ② (*für Geräte*) instructions *plural*
**gebrauchsfertig** ready for use
der **Gebrauchsgegenstand** basic commodity
**gebraucht** ① *Papier, Verpackung:* used ② *Auto, Kleidung:* second-hand; **etwas gebraucht kaufen** to buy something second-hand
der **Gebrauchtwagen** second-hand car
das **Gebrechen** affliction [ə'flɪkʃən]; **ein Gebrechen haben** to suffer from an ailment
**gebrechlich** infirm
**gebrochen** broken *auch übertragen*
die **Gebrüder** brothers
die **Gebühr** ① (*für Benutzung*) charge ② (*Beitrag, Honorar*) fee
**gebührend** due; **jemanden mit gebührender Achtung behandeln** to treat someone with the respect he/she deserves
die **Gebühreneinheit** [tariff] unit
**gebührenfrei** free of charge
**gebührenpflichtig** ① chargeable ['tʃɑːdʒəbl] ② **gebührenpflichtige Autobahn** toll road ⒼⒷ, turnpike ⓊⓈⒶ; **gebührenpflichtige Verwarnung** fine
der **Gebührenzähler** meter ['mi:təʳ]
**gebunden** ① *Buch:* bound ② (*festgebunden*) tied (**an** to) ③ (*durch Verpflichtungen*) tied

**Geburt – Gefahr**　　　　　　　　　　　　　　　　　　**740**

down ④ (*vergeben*) *Mann, Frau:* spoken for,
no longer free

die **Geburt** ① birth; **von Geburt an** from birth
② **das war eine schwere Geburt!** (*über-
tragen*) that was a tough job!

**geburtenschwach** *Jahrgang:* with a low birth
rate

**gebürtig** ① **aus München gebürtig sein** to
be born in Munich ② **er ist gebürtiger Ire**
he is Irish by birth

das **Geburtsdatum** date of birth

das **Geburtsjahr** year of birth

der **Geburtsort** birthplace, place of birth

der **Geburtstag** ① birthday; **wann hast du
Geburtstag?** when's your birthday?; **ich
habe am 28. März Geburtstag** my birth-
day is on the 28th of March; **ich habe heute
Geburtstag** it's my birthday today; **herzli-
chen Glückwunsch zum Geburtstag!**
happy birthday!; **was wünschst du dir zum
Geburtstag?** what would you like for
your birthday?; **jemandem etwas zum
Geburtstag schenken** to give someone
something for his/her birthday ② (*auf For-
mular*) date of birth

die **Geburtstagsfeier** birthday party

das **Geburtstagskind** birthday boy *maskulin,*
birthday girl *feminin*

die **Geburtsurkunde** birth certificate [sə'tɪfɪkət]

die **Geburtswehen** labour pains *plural*

das **Gebüsch** bushes ['bʊʃɪz] *plural*

das **Gedächtnis** ① memory; **zum Gedächtnis
an ...** in memory of ... ② **das ist mir im
Gedächtnis geblieben** it stuck in my mind

der **Gedächtnisschwund** loss of [*oder* failing]
memory; **Gedächtnisschwund haben** to
suffer from [a] loss of memory

**gedämpft** ① *Schall:* muffled ② *Stimmung:*
subdued [səb'dju:d]; *Farben auch:* muted

der **Gedanke** ① thought ['θɔ:t]; **ich kann doch
nicht Gedanken lesen!** I'm not a mind-
reader!; **der Gedanke an Milch macht
mich ganz krank** the thought of [*oder*
thinking of] milk makes me ill ② (*Idee*) idea
[aɪ'dɪə]; **da kommt mir ein Gedanke** I've
got an idea; **wer hat dich auf den Gedan-
ken gebracht?** who gave you that idea?
③ **sich Gedanken [zu etwas] machen**
(*nachdenken*) to think [about something];
(*sich sorgen*) to worry [about something];
**mach dir keine Gedanken [darüber]**
don't worry [about it] ④ **auf andere Gedan-
ken kommen** to be distracted [dɪ'stræktɪd];
**dass du mir ja nicht auf dumme Gedan-
ken kommst!** don't get into any mischief!

['mɪstʃɪf] ⑤ **mit dem Gedanken spielen,
etwas zu tun** to toy with the idea of doing
something

**gedankenlos** ① (*rücksichtslos*) thoughtless
② (*zerstreut*) absent-minded

der **Gedankenstrich** dash

die **Gedankenübertragung** telepathy [tə'lepə-
θi]

**gedankenverloren** lost in thought

das **Gedeck** cover; **ein Gedeck auflegen** to lay a
place

**gedeihen** to prosper, to thrive

**gedenken** (*beabsichtigen*) **gedenken,
etwas zu tun** to propose to do something;
**und wann gedenkst du heimzukom-
men?** and when do you mean to come
home?

die **Gedenkfeier** commemoration

die **Gedenkminute** minute's silence

die **Gedenktafel** commemorative [kə'mem-
rətɪv] plaque

der **Gedenktag** remembrance [rɪ'membrəns]
day

das **Gedicht** poem; **ein Gedicht aufsagen** to say
[*oder* recite] a poem ['pəʊɪm] ▶ WENDUNGEN:
**die Suppe ist ein Gedicht** the soup is di-
vine

**gediegen** ① (*solide gearbeitet*) high-quality,
solid ② (*stilvoll*) tasteful

das **Gedränge** ① (*Menschenmenge*) crowd
② (*Drängelei*) jostling ['dʒɒslɪŋ]

**gedrängt** (*voll*) packed

**gedrückt** *Stimmung:* depressed

**gedrungen** *Körper[bau]:* stout, sturdy

die **Geduld** patience ['peɪʃəns]; **Geduld haben**
to be patient ['peɪʃənt]; **keine Geduld
haben** to be impatient; **die Geduld verlie-
ren** to lose one's patience

**gedulden** **würden Sie sich einen Moment
gedulden?** would you mind waiting a mo-
ment?

**geduldig** patient ['peɪʃənt]

die **Geduldsprobe** trial of [one's] patience

**geehrt** ① (*geschätzt*) esteemed ② (*in Rede*)
**Sehr geehrte Damen und Herren!** Ladies
and Gentlemen! ③ (*im Brief*) **Sehr geehrter
Herr ...!** Dear Mr ...,; **Sehr geehrte
Frau ...!** Dear Mrs/Ms ...,

**geeignet** ① (*passend*) suitable ['su:təbl]
② (*fähig*) qualified ③ **er ist für diesen Pos-
ten nicht geeignet** he is not the right per-
son for the job ④ [*Ehe[Mann/[Ehe]Frau:* right
⑤ *Maßnahmen:* appropriate

die **Gefahr** ① danger ['deɪndʒə]; **es besteht die
Gefahr, dass ...** there's the danger that ...;

**außer/in Gefahr sein** to be out of/in danger ② (*Risiko*) risk; **es besteht die Gefahr, dass ...** there's a risk that ...; **Gefahr laufen, etwas zu tun** to run the risk of doing something; **auf eigene Gefahr** at one's own risk

**gefährden** to endanger [ɪn'deɪndʒə]

**gefährlich** dangerous ['deɪndʒərəs]; (*gewagt*) risky

**gefahrlos** safe

der **Gefährte**, die **Gefährtin** companion [kəm'pænjən]

das **Gefälle** ① (*Abhang*) *einer Straße:* slope ② *eines Flusses:* fall ③ (*übertragen: Unterschied*) difference; **das Nord-Süd-Gefälle** the North-South divide

**gefallen** ① **es gefällt mir [nicht]** I [don't] like it; **hat dir der Film gefallen?** did you enjoy the film? ② **wie gefällt dir meine Wohnung?** how do you like my flat? ③ **was mir an ihr gefällt, ist ihr Lächeln** what I like about her is the way she smiles ④ **sich etwas gefallen lassen** to put up with something; **ich lass mir das nicht länger gefallen!** I won't put up with it any longer!

**gefallen** *Krieger, Soldat:* killed in action

der **Gefallen** favour ['feɪvə]; **jemandem einen Gefallen tun** to do someone a favour; **jemanden um einen Gefallen bitten** to ask someone a favour

das **Gefallen** **an etwas Gefallen finden** to get pleasure from something

der/die **Gefallene die Gefallenen** those killed in action

**gefällig** (*angenehm*) pleasing

die **Gefälligkeit** favour ['feɪvə]; **jemandem eine Gefälligkeit erweisen** to do someone a favour

**gefälligst halt gefälligst den Mund!** kindly keep your mouth shut!; **mach gefälligst die Tür zu!** shut the bloody [*oder* 🇺🇸 damn] door!

**gefangen** ① *Flüchtender, Tier:* **gefangen nehmen** to capture; **gefangen genommen** captured ② **ich war [wie] gefangen von seiner Stimme** I was captivated by his voice

der/die **Gefangene** prisoner ['prɪznə]

die **Gefangennahme** ① capture ['kæptʃə] ② (*Verhaftung*) arrest; **bei ihrer Gefangennahme** on her arrest

die **Gefangenschaft** ① captivity [kæp'tɪvəti]; **in Gefangenschaft geboren** born in captivity ② **in Gefangenschaft geraten** to be taken prisoner

das **Gefängnis** ① jail [dʒeɪl], prison ['prɪzᵊn]; **ins Gefängnis kommen** to be sent to prison;

**im Gefängnis landen** to end up in prison ② (*Strafe*) imprisonment; **fünf Jahre Gefängnis bekommen** to get five years' imprisonment [*oder* years in prison]

die **Gefängnisstrafe** prison sentence

der **Gefängniswärter**, die **Gefängniswärterin** prison officer

das **Gefasel** waffle

das **Gefäß** ① (*Behälter*) container, receptacle [rɪ'septəkl] ② (*Blutbahn*) vessel

**gefasst** ① (*ruhig*) calm [kɑːm], composed ② **du kannst dich auf was gefasst machen!** I'll give you something to think about!

das **Gefecht** (*Schlacht*) battle; **außer Gefecht setzen** to put out of action *auch übertragen*

**gefeit gegen etwas gefeit sein** to be immune to something

das **Gefieder** feathers ['feðəz] *plural*

**gefiedert** ① feathered ② *Blätter:* pinnate

**gefinkelt** Ⓐ (*durchtrieben*) cunning, crafty

**gefleckt** spotted

**geflissentlich** (*absichtlich*) intentional

das **Geflügel** poultry ['pəʊltri]

**geflügelt** winged

das **Gefolge** retinue

**gefräßig** gluttonous ['glʌtᵊnəs]

der/die **Gefreite** lance corporal 🇬🇧, private ['praɪvət] first class 🇺🇸

**gefrieren** to freeze

das **Gefrierfach** freezing compartment

**gefriergetrocknet** freeze-dried

der **Gefrierpunkt** freezing point; **unter dem Gefrierpunkt** below zero

der **Gefrierschrank** [upright] freezer

die **Gefriertruhe** deep freeze, freezer

**gefroren** frozen; **hart gefroren** frozen solid

**gefügig** submissive [səb'mɪsɪv]

das **Gefühl** ① (*seelische, körperliche Empfindung*) feeling; **mit gemischten Gefühlen** with mixed feelings; **ich habe kein Gefühl in den Fingern** my fingers are numb ② (*Ahnung*) **ein ungutes Gefühl [bei etwas] haben** to have a funny feeling [about something]; **ich habe das Gefühl, dass ...** I have a feeling that ...; **etwas im Gefühl haben** to have a feel for something ③ (*Gespür*) sense [sens]; **kein Gefühl für Anstand haben** to have no sense of decency ④ **etwas mit Gefühl tun** to do something sensitively

**gefühllos** ① (*herzlos*) unfeeling ② *Körperteil:* numb

der **Gefühlsausbruch** emotional outburst

**gefühlsbetont** emotional

die **Gefühlsduselei** mawkishness ['mɔːkɪʃnəs]

**gefühlsmäßig – gehaltvoll** 742

**gefühlsmäßig** instinctive
**gefühlvoll** sensitive
**gefüllt** ➊ *Paprikaschoten, Tomaten:* stuffed ➋ (*voll*) full; **eine gut gefüllte Brieftasche** a well-stuffed wallet
**gegebenenfalls** if need be
**gegen** ➊ (*Gegenteil von: für*) against [ə'genst]; **gegen etwas sein** to be against something; **ich habe nichts gegen sie** I've got nothing against her ➋ **eine Leiter gegen eine Wand lehnen** to prop a ladder against a wall ➌ **gegen einen Baum fahren** to crash into a tree ➍ **gegen ein Uhr** towards one o'clock ➎ **gegen bar** for cash ➏ **gut gegen Kopfschmerzen** good for headaches
der **Gegenangriff** counter-attack
das **Gegenargument** counter-argument
die **Gegend** area ['eərɪə]; **hier in der Gegend** in this area, around here; **eine schöne Gegend Schottlands** a beautiful part of Scotland
die **Gegendarstellung** reply
**gegeneinander** against one another; **etwas gegeneinander halten** to compare something
die **Gegenfahrbahn** oncoming carriageway
das **Gegengift** antidote (**gegen** to)
die **Gegenleistung** **als Gegenleistung für ...** in return for ...
das **Gegenmehr** Ⓒ vote against
der **Gegensatz** ➊ contrast; **im Gegensatz zu ...** in contrast to ... ➋ **Gegensätze ziehen sich an** opposites attract ➌ **Gegensätze** (*Meinungsverschiedenheiten*) differences
**gegensätzlich** contrasting; *Meinung:* different
die **Gegenseite** other side
**gegenseitig** ➊ mutual ['mjuːtʃuəl], reciprocal [rɪ'sɪprəkəl]; **in gegenseitigem Einverständnis** by mutual agreement ➋ **sich gegenseitig helfen/kaputtmachen** to help/destroy one another
die **Gegenseitigkeit** **das beruht** [ganz] **auf Gegenseitigkeit** the feeling is mutual
der **Gegenspieler**, die **Gegenspielerin** opponent [ə'pəʊnənt]
die **Gegensprechanlage** intercom
der **Gegenstand** ➊ object ['ɒbdʒekt], thing ➋ (*als Thema*) subject ['sʌbdʒekt], topic
**gegenstandslos** ➊ (*hinfällig*) irrelevant [ɪ'reləvənt]; **bitte betrachten Sie dieses Schreiben als gegenstandslos, falls ...** please disregard this letter if ... ➋ (*unbegründet*) unfounded
die **Gegenstimme** vote against; **zehn Gegenstimmen** ten no votes [*oder* votes against];

**ohne Gegenstimmen** unanimously [juː-'nænɪməs]
das **Gegenstück** companion piece; **jemandes Gegenstück sein** to be someone's opposite
das **Gegenteil** opposite ['ɒpəsɪt]; **im Gegenteil** on the contrary ['kɒntrəri]; **ganz im Gegenteil!** quite the reverse!; **das Gegenteil bewirken** have the opposite effect
**gegenteilig** opposite
das **Gegenüber** **mein Gegenüber** [am Tisch/im Zug] the person opposite ['ɒpəsɪt] me [at the table/in the train]
**gegenüber** ➊ opposite; **sie wohnt gegenüber von mir** she lives opposite me [*oder* across from me]; **die Nachbarn von gegenüber** the neighbours opposite ➋ **sie saß mir gegenüber** she sat facing me [*oder* opposite me] ➌ (*auf der anderen Straßenseite*) across the street ➍ **mir gegenüber hat er nichts gesagt** he didn't say anything to me ➎ (*im Vergleich zu*) in comparison with, compared to
**gegenüberliegend** opposite
**gegenüberstehen** to stand opposite
**gegenüberstellen** ➊ to confront [kən'frʌnt]; **man hat ihn seinem Angreifer gegenübergestellt** he was confronted with his attacker ➋ (*vergleichen*) to compare
die **Gegenüberstellung** ➊ (*von Person*) confrontation [kɒnfrʌn'teɪʃən] ➋ (*Vergleich*) comparison
der **Gegenverkehr** oncoming traffic
die **Gegenwart** ➊ (*Anwesenheit*) presence ['prezns] ➋ (*Jetztzeit*) present ['preznt]
**gegenwärtig** ➊ *Minister, Trainer:* present ['preznt] ➋ (*in diesem Moment*) at present
der **Gegenwert** equivalent [ɪ'kwɪvələnt]
der **Gegenwind** headwind; **wir hatten starken Gegenwind** there was a strong headwind
**gegenzeichnen** to countersign
der **Gegner**, die **Gegnerin** ➊ (*im Sport*) adversary ['ædvəsəri], opponent [ə'pəʊnənt] ➋ (*Feind*) enemy ['enəmi], foe [fəʊ] ➌ (*Rivale*) rival ['raɪvl]
**gegnerisch** ➊ (*im Sport*) opposing [ə'pəʊzɪŋ] ➋ (*feindlich*) enemy ['enəmi]
das **Gehabe** affected behaviour
das **Gehalt** salary
der **Gehalt** content
die **Gehaltsabrechnung** salary statement
der **Gehaltsempfänger**, die **Gehaltsempfängerin** salaried employee
die **Gehaltserhöhung** rise in salary
die **Gehaltszulage** salary bonus
**gehaltvoll** nutritious [njuː'trɪʃəs], rich

**gehandikapt** handicapped (**durch** by)
**gehässig** spiteful
das **Gehäuse** ① *von Radio, Kamera:* case ② *von Obst:* core
**gehbehindert** **gehbehindert sein** to have difficulty in walking
das **Gehege** enclosure ▸ WENDUNGEN: **jemandem ins Gehege kommen** to get in someone's way [*oder* under someone's feet]
**geheim** ① secret ['siːkrət]; **streng geheim** top secret ② *Gedanken, Wünsche:* innermost, most private ③ **vor jemandem etwas geheim halten** to keep something secret from someone
der **Geheimagent**, die **Geheimagentin** secret agent
der **Geheimdienst** secret service
das **Geheimnis** ① secret ['siːkrət]; **ein Geheimnis verraten** to disclose a secret; **ein Geheimnis aus etwas machen** to make a big secret about something; **kein Geheimnis aus etwas machen** to make no secret of something ② (*Rätselhaftes*) mystery ['mɪstəri]; **das Ganze war mir ein Geheimnis** it was all one big mystery to me
die **Geheimniskrämerei** secretiveness
**geheimniskrämerisch** secretive
**geheimnisvoll** mysterious [mɪ'stɪərɪəs]; **tu nicht so geheimnisvoll!** don't be so mysterious!
die **Geheimnummer** ① (*Telefonnummer*) secret number ② (*für Bankautomat*) personal identification number, PIN
die **Geheimpolizei** secret police
die **Geheimschrift** code, secret writing
der **Geheimtipp** inside tip
**geheimtun** to be secretive
die **Geheimzahl** personal identification number, PIN
das **Gehen** (*auch als Sport*) walking
**gehen** ① to go; (*zu Fuß*) to walk; **gehen wir!** let's go!; **schwimmen gehen** to go swimming ② (*funktionieren*) to work; *Uhr:* to go, to run ③ *Waren:* to be selling well; **gut gehend** *Geschäft:* flourishing ['flʌrɪʃɪŋ], thriving ④ **was geht hier vor?** what's going on here?; **das geht zu weit** that's going too far ⑤ **worum geht's?** what's the problem?; (*stärker*) what's all this about?; **es geht darum, dass ...** it's about ...; **darum geht es nicht** that's not the point ⑥ **das geht doch nicht!** you can't do that! ⑦ **geht es morgen?** will tomorrow be all right? ⑧ **solange es geht** as long as possible ⑨ **wie geht's?** how are you?; **es geht so-so** ⑩ **sich**

**gehen lassen** to let oneself go
**geheuer** **er/es ist mir nicht ganz geheuer** I feel uneasy about him/it
der **Gehilfe**, die **Gehilfin** assistant
das **Gehirn** brain
die **Gehirnerschütterung** concussion
der **Gehirnschlag** stroke
der **Gehirntumor** brain tumour
die **Gehirnwäsche** brainwashing; **jemanden einer Gehirnwäsche unterziehen** to brainwash someone
das **Gehör** ① hearing; **Gehör [bei jemandem] finden** to gain a hearing [with someone] ② **ein musikalisches Gehör** an ear for music; **nach dem Gehör spielen** to play by ear
**gehorchen** to obey [ə'beɪ]
**gehören** ① to belong; **das gehört mir** this belongs to me, this is mine; **wem gehört der Computer?** whose computer is it?; **gehört er dir?** is it yours? ② **dazu gehört viel/viel Mut** it takes a lot/a lot of courage ③ (*Teil sein von*) to be part of; **das gehört zu meiner Arbeit** it's part of my job ④ (*räumlich*) **das gehört hierhin** this goes here; **der Hund gehört nicht ins Haus!** the house is no place for a dog! ⑤ **das gehört sich einfach nicht!** that's just not done!
der **Gehörgang** auditory ['ɔːdɪtⁿri] canal
**gehörig** ① (*gebührend*) *Respekt:* proper ② **eine gehörige Tracht Prügel** a good [*oder* sound] thrashing ③ **jemandem gehörig die Meinung sagen** to give someone a piece of one's mind
der/die **Gehörlose** deaf person
**gehorsam** obedient [ə'biːdɪənt]
der **Gehörschutz** ear muff, ear protectors *plural*
der **Gehörsturz** [temporary] loss of hearing
der **Gehweg** (*Bürgersteig*) pavement ⓰, sidewalk ['saɪdwɔːk] ⓤ
der **Geier** vulture ['vʌltʃə]
die **Geige** fiddle, violin [,vaɪə'lɪn] ▸ WENDUNGEN: **die erste Geige spielen** to call the tune
**geil** ① (*sexuell*) randy ⓰, horny ⓤ ② (*slang: toll*) ace, brilliant; **das ist echt geil!** that's real[ly] wicked! *slang*
die **Geisel** hostage ['hɒstɪdʒ]; **jemanden als Geisel nehmen** to take someone hostage
der **Geiselnehmer**, die **Geiselnehmerin** hostage-taker
das **Geißblatt** honeysuckle, woodbine
die **Geißel** (*Plage*) scourge [skɜːdʒ]
**geißeln** to whip [(h)wɪp]; (*als Buße*) to flagellate ['flædʒəleɪt]
der **Geist** ① (*Gemüt, Verstand*) mind ② (*Gespenst*) ghost ③ (*Gesinnung*) spirit; **der**

**Geisterbahn – Gelegenheit**     **744**

**Geist der Zeit** the spirit of the times ⚠ *plural* ④ (*Seele*) spirit ⑤ **von allen guten Geistern verlassen sein** to have taken leave of one's senses

die **Geisterbahn** ghost train

der **Geisterfahrer,** die **Geisterfahrerin** *person driving in the wrong direction*

die **Geisterstunde** witching hour

**geistesabwesend** absent-minded

der **Geistesblitz** brainwave

**geistesgegenwärtig** quick-witted

**geistesgestört** mentally deranged

**geisteskrank** mentally ill [‚ment³li'ɪl]

die **Geisteskrankheit** mental illness

die **Geisteswissenschaften** arts; (*als Studium*) humanities

**geistig** ① (*intellektuell*) intellectual [‚ɪntə'lektʃuəl] ② **geistig behindert** mentally disabled ③ (*psychologisch*) mental ['ment³l] ④ (*seelisch*) spiritual ['spɪrɪtʃuəl]

**geistlich** ① *Angelegenheit, Führer:* spiritual ['spɪrɪtʃuəl] ② (*kirchlich*) ecclesiastical [ɪ‚kliːzi'æstɪk³l]

der/die **Geistliche** clergyman *maskulin,* clergywoman *feminin*

**geistlos** ① (*langweilig*) dull ② (*dumm*) stupid ③ (*nichts sagend*) inane [ɪ'neɪn]

**geistreich** witty

**geizen mit etwas geizen** to be mean with something

der **Geizhals** miser

**geizig** ① mean ② (*sparsam, knauserig*) stingy ['stɪndʒi]

der **Geizkragen** miser, skinflint

das **Gejammer** moaning, whingeing

**gekauft viel gekauft** frequently bought, much purchased

das **Gekläff** yapping

das **Gekritzel** ① (*Handschrift*) scrawl ② (*das Kritzeln*) scribbling

**gekünstelt** ① *Sprache, Benehmen:* affected ② *Lächeln:* forced

das **Gel** gel [dʒel]

das **Gelaber** rabbiting on

das **Gelächter** laughter ['laːftə]

**geladen** ① (*elektrisch*) charged [tʃaːdʒd] ② *Gewehr:* loaded ③ **er war ziemlich geladen** he was rather ratty

**gelähmt** paralyzed ['pærəlaɪzd] ② **ich war wie gelähmt vor Angst** I was paralyzed with fear

das **Gelände** ① (*Grundstück*) grounds *plural* ② (*freies Land*) open country

das **Geländefahrzeug** off-road vehicle ['viːɪkl]

das **Geländer** ① *von Treppe:* banisters

['bænɪstəs] *plural* ② (*als Begrenzung*) railing

der **Geländewagen** off-road vehicle ['viːɪkl]

**gelangen** ① [**zu etwas**] **gelangen** to reach [something] ② **ans Ziel gelangen** (*übertragen*) to attain one's goal

**gelassen** calm [kaːm]

die **Gelassenheit** calmness; (*Fassung*) composure

**geläufig** ① common; **das ist durchaus geläufig** that's quite common ② **das ist mir geläufig** I'm familiar with that

**gelaunt gut gelaunt** good-tempered, in a good mood, cheerful, in good spirits *plural;* **schlecht gelaunt** bad-tempered, in a bad mood, ill-humoured

**gelb** ① yellow; *Verkehrsampel:* amber ['æmbə] ② **die Gelben Seiten®** the Yellow Pages®

das **Gelbfieber** yellow fever

die **Gelbsucht** jaundice ['dʒɔːndɪs]

das **Geld** ① money ② **ins Geld gehen** to cost a pretty penny; **Geld wie Heu haben** to have money to burn; **sein Geld wert sein** to be good value; **das ist rausgeschmissenes Geld!** that's money down the drain!

die **Geldanlage** investment

der **Geldautomat** ① (*zum Geldabheben*) cashpoint, cash dispenser, automatic teller ⓊⓈⒶ ② (*zum Geldwechseln*) change machine

die **Geldautomatenkarte** cash[point] card

der **Geldbeutel** purse ⒼⒷ, wallet ⓊⓈⒶ

**geldgierig** avaricious [‚ævə'rɪʃəs]

die **Geldkarte** cash card

der **Geldschein** banknote ⒼⒷ, bill ⓊⓈⒶ

die **Geldstrafe** fine

das **Geldstück** coin [kɔɪn]

die **Geldwäsche** money laundering ['mʌni‚lɔːndərɪŋ]

der **Geldwechsel** foreign exchange; **beim Geldwechsel entfallen Gebühren** commission is charged when changing money

der **Geldwechsler** (*Automat*) change machine

der **Geldwert** *eines Gegenstandes:* cash value

das **Gelee** [ʒe'leː] jelly ['dʒeli]

**gelegen** ① (*örtlich*) situated ⒼⒷ, located ⓊⓈⒶ ② (*günstig*) opportune ['ɒpətjuːn] ③ **Sie kommen mir sehr gelegen** you are just the person I want to see; **das kommt mir gelegen** that suits me [fine]

die **Gelegenheit** ① (*Anlass*) occasion [ə'keɪʒ³n] ② (*günstiger Umstand*) opportunity; **die Gelegenheit ergreifen[, etwas zu tun]** to take the opportunity [to do something]; **sobald sich die Gelegenheit ergibt** as soon as I get the opportunity ③ **bei erster Gelegenheit** at the first opportunity; (*förmlich*) at one's earliest convenience

der **Gelegenheitsarbeiter**, die **Gelegenheitsarbeiterin** casual worker

der **Gelegenheitskauf** bargain ['baːɡɪn]

**gelegentlich** now and again, occasionally [ə'keɪʒ³n³li]; **er raucht gelegentlich ganz gern eine Zigarre** he likes an occasional cigar

**gelehrig** quick to learn

**gelehrt** learned

der/die **Gelehrte** scholar ['skɒlə]

der **Geleitschutz** escort

das **Gelenk** ① (*im Körper*) joint; (*Handgelenk*) wrist [rɪst]; (*Fußgelenk*) ankle ['æŋkl] ② (*mechanisch*) hinge

die **Gelenkentzündung** arthritis [ɑː'θraɪtɪs]

**gelenkig** ① (*geschmeidig*) supple ② (*beweglich*) agile ['ædʒaɪl]

der **Gelenkrheumatismus** rheumatic fever [ruːˌmætɪk 'fiːvəʳ]

**geliebt** beloved [bə'lʌɪd], dear; **viel geliebt** much-beloved

der/die **Geliebte** lover

das **Gelingen** success; **gutes Gelingen!** good luck!

**gelingen** to succeed; **es ist mir gelungen!** I succeeded!, I did it!; **es gelang mir, ihn umzustimmen** I succeeded in changing his mind, I managed to change his mind

**gellend** piercing ['pɪəsɪŋ], shrill

**geloben** to vow [vaʊ]; **ich habe mir gelobt, das Rauchen aufzugeben** I've sworn to give up smoking

das **Gelöbnis** vow

die **Gelse** Ⓐ (*Stechmücke*) gnat [næt], mosquito

**gelten** ① (*Gültigkeit haben*) *Münze:* to be legal tender; *Pass:* to be valid; *Regel:* to apply ② (*eingeschätzt werden*) to go for; **sie gilt als Expertin** she's considered to be an expert ③ *Angebot:* to accept; **das lasse ich gelten!** I accept that! ④ (*im Sport, beim Spiel*) *Tor, Zug:* to count

**geltend** ① [Ansprüche] **geltend machen** to assert [claims] ② **die geltende Meinung** the prevailing opinion

die **Geltung** ① (*Gültigkeit*) validity; **Geltung haben** to be valid ② **sich Geltung verschaffen** to establish one's position ③ **etwas zur Geltung bringen** to show something to advantage

das **Geltungsbedürfnis** need for recognition

die **Geltungsdauer** period of validity

das **Gelübde** vow [vaʊ]; **ein Gelübde ablegen**

to take a vow

**gelungen** ① *Scherz:* capital; *Essen:* excellent ② **das war ein gelungener Abend** the evening was a success

**gemächlich** ① *Tempo:* unhurried; (*langsam*) slow ② **etwas gemächlich tun** to do something at a leisurely ['leʒəli] pace

der **Gemahl**, die **Gemahlin** spouse

das **Gemälde** painting

**gemäß** in accordance with; **gemäß den Bestimmungen** under the regulations

**gemäßigt** ① *Worte:* moderate ['mɒdərət] ② *Klima:* temperate ['tempərət]

das **Gemäuer** ruins *plural*

das **Gemecker** whingeing ['(h)wɪndʒɪŋ]; **hör mit dem Gemecker auf!** stop moaning!

**gemein** ① (*bösartig*) mean, wicked; *Lüge:* dirty ② **das gemeine Volk** the common people ③ **sie haben nichts miteinander gemein** they have nothing in common

die **Gemeinde** ① (*städtische*) community, municipality [mjuːˌnɪsɪ'pæləti] ② (*Kirchengemeinde*) parish ③ (*Anhängerschaft*) following

der **Gemeindeammann** Ⓒⓗ head of the district council

das **Gemeindehaus** parish hall

der **Gemeindepräsident**, die **Gemeindepräsidentin** Ⓒⓗ mayor [meəʳ]

der **Gemeinderat** district council

der **Gemeinderat**, die **Gemeinderätin** district councillor

die **Gemeindeschwester** district nurse

die **Gemeindesteuer** local tax

die **Gemeindesteuern** local rates Ⓖⓑ, local taxes Ⓤⓢⓐ

die **Gemeindeversammlung** Ⓒⓗ district council

die **Gemeindeverwaltung** local authority

das **Gemeindezentrum** community centre

**gemeingefährlich** dangerous to the community

das **Gemeingut** common property

die **Gemeinheit** ① (*Eigenschaft*) meanness ② (*Tat*) dirty trick ③ **so eine Gemeinheit!** what a nasty thing to do/say!

**gemeinnützig** charitable; *Verein:* non-profit-making

**gemeinsam** ① *Eigenschaft, Interesse:* common ② *Freund:* mutual ['mjuːtʃʊəl] ③ *Anstrengung, Ausflug, Erklärung, Konto:* joint ④ **mit jemandem gemeinsame Sache machen** to join up with someone ⑤ **etwas gemeinsam tun** to do something together

die **Gemeinschaft** ① (*Gemeinde*) community ② (*Zusammengehörigkeitsgefühl*) sense of

**gemeinschaftlich – genießen**     **746**

community

**gemeinschaftlich** common

die **Gemeinschaftskunde** social studies *plural*

die **Gemeinschaftspraxis** group practice

der **Gemeinschaftssinn** community spirit

das **Gemeinwohl** public welfare, common good

das **Gemenge** ❶ ([*chemische*] *Mischung*) mixture ❷ (*Menschengewühl*) bustle ['bʌsl]

das **Gemetzel** massacre ['mæsəkə]

das **Gemisch** mixture

**gemischt** mixed

das **Gemüse** vegetables ['vedʒtəblz] *plural;* **ein Gemüse** a vegetable ▶ WENDUNGEN: **junges Gemüse** whippersnappers *plural*

der **Gemüseanbau** market gardening ⒼⒷ, truck farming ⓊⓈⒶ

der **Gemüsegarten** kitchen garden

der **Gemüsehändler**, die **Gemüsehändlerin** ❶ (*Person*) greengrocer; **beim/zum Gemüsehändler** at/to the greengrocer's ❷ (*Laden*) greengrocer's

**gemustert** patterned ['pætənd]

das **Gemüt** ❶ (*Geist*) mind ❷ **sich etwas zu Gemüte führen** to indulge in something *Glas Wein, Speise*

**gemütlich** ❶ (*bequem*) comfortable ['kʌmftəbl], cosy; **es sich gemütlich machen** to make oneself comfortable; **sich [zuhause] einen gemütlichen Abend machen** to have a nice night in ❷ (*gemächlich*) leisurely ❸ (*gelassen*) easy-going

die **Gemütlichkeit** comfortableness, cosiness ['kəuzɪnəs]

der **Gemütsmensch** good-natured person

die **Gemütsruhe** composure [kəm'pəuʒəʳ]

die **Gemütsverfassung**, der **Gemütszustand** frame of mind

das **Gen** gene ['dʒiːn]

**genannt** **der/die oben Genannte** the above-mentioned

**genau** ❶ (*exakt*) exact [ɪg'zækt] ❷ (*detailliert*) detailed ❸ (*sorgfältig*) careful ['keəfəl] ❹ **genau das meine ich!** that's exactly what I mean!; [**stimmt**] **genau!** exactly!; **passt genau!** fits perfectly!, it's a perfect fit! ❺ **etwas genau machen** to do something accurately ['ækjərətli]; **meine Uhr geht genau** my watch keeps accurate time ❻ **genau genommen** strictly speaking

die **Genauigkeit** exactness [ɪg'zæktnəs]

**genauso** ❶ exactly the same; **mir geht es ganz genauso** I feel exactly the same ❷ **genauso gut/viel/wenig wie** just as well/much/little as

der **Gendefekt** genetic defect

**genehmigen** ❶ (*amtlich*) to approve [ə'pruːv] *Antrag, Bauplan* ❷ (*zugestehen*) to grant

die **Genehmigung** ❶ (*amtlich*) *von Antrag, Bauplan:* approval [ə'pruːvəl] ❷ (*Ermächtigung*) authorization

**geneigt** ❶ *Publikum, Zuhörer:* willing ❷ **einer Sache geneigt sein** to be well-disposed towards something

der **General**, die **Generalin** general

der **Generaldirektor**, die **Generaldirektorin** chairperson, chairman *maskulin,* chairwoman *feminin,* president ['prezɪdənt] ⓊⓈⒶ

der **Generalintendant**, die **Generalintendantin** director

der **Generalkonsul**, die **Generalkonsulin** consul general

das **Generalkonsulat** consulate general

die **Generalprobe** dress-rehearsal [rɪ'hɜːsəl]

der **Generalstreik** general strike

**generalüberholen** **etwas generalüberholen** to completely overhaul something

die **Generaluntersuchung** complete check-up

die **Generalversammlung** general meeting

die **Generation** generation

der **Generator** generator

**generell** ❶ *Maßnahme:* general [dʒenərəl] ❷ **generell kann man sagen, ...** generally one can say ...

**genervt** **genervt sein** to be at the end of one's tether

**genesen** to recover

die **Genesung** recovery; **ich wünsche [Ihnen] baldige Genesung** I wish you a speedy recovery

die **Genetik** genetics *plural*

**genetisch** genetic

**Genf** Geneva [dʒə'niːvə]; **der Genfer See** Lake Geneva [*oder* Léman]

die **Genforschung** genetic research

**genial** ❶ (*einfallsreich*) ingenious [ɪn'dʒiːnɪəs] ❷ [*einfach*] **genial!** [just] brilliant!

das **Genick** neck; **sich das Genick brechen** to break one's neck

die **Genickstarre** **Genickstarre haben** to have a stiff neck

das **Genie** [ʒe'niː] genius

**genieren** [ʒe'niːrən] **sich genieren** to be embarrassed [ɪm'bærəst]; **sie geniert sich vor mir** she is shy with me

**genießen** ❶ to enjoy *Leben, Ruf, Vorteil, Wein;* **ich genoss jeden Augenblick** I savoured every moment ❷ **sie genießt es, berühmt zu sein** she enjoys being famous

**747**  Genießer – geräuschempfindlich

der **Genießer**, die **Genießerin** ① connoisseur ② (*Feinschmecker*) gourmet ③ hedonist

der **Genitiv** genitive ['dʒenɪtɪv]

**genormt** standardized

der **Genosse**, die **Genossin** comrade ['kɒmreɪd]

die **Genossenschaft** co-operative [kəʊ'ɒpərətɪv]

die **Genossin** comrade ['kɒmreɪd]

die **Gentechnik** genetic engineering

**gentechnikfrei** GM-free ⒼⒷ, not genetically engineered ⓊⓈⒶ

die **Gentherapie** gene [*oder* genetic] therapy

der **Gentransfer** gene [dʒiːn] transfer

**genug** ① enough [ɪ'nʌf]; **danke, das ist genug** enough, thank you ② **ich hab genug!** I've had enough!

die **Genüge** **das kenne ich zur Genüge** I know that well enough

**genügen** ① (*ausreichen*) to be enough [ɪ'nʌf], to suffice; **das genügt [mir]** that'll do [me] ② to fulfil *Erwartungen, Wünsche*

**genügend** (*ausreichend*) sufficient

**genügsam** undemanding

die **Genugtuung** satisfaction

das **Genus** gender ['dʒendə]

der **Genuss** ① (*Vergnügen*) pleasure ['pleʒə]; **in den Genuss von etwas kommen** to enjoy something ② (*Verbrauch*) consumption

**genüsslich** **er trank genüsslich sein Bier** he drank his beer with great relish

die **Genussmittel** luxury foods, alcohol and tobacco

**genverändert** *Tiere, Pflanzen:* genetically manipulated

**geöffnet** open; **wie lange haben Sie geöffnet?** what time do you close?

die **Geographie** geography [dʒɪ'ɒgrəfi]

**geographisch** geographical

der **Geologe**, die **Geologin** geologist

**geologisch** geological

die **Geometrie** geometry

**geometrisch** geometric

das **Gepäck** luggage ['lʌgɪdʒ], baggage ['bægɪdʒ] ⓊⓈⒶ

die **Gepäckabfertigung** luggage [*oder* ⓊⓈⒶ baggage] check-in

die **Gepäckausgabe** luggage [*oder* ⓊⓈⒶ baggage] reclaim

das **Gepäckschließfach** left luggage [*oder* ⓊⓈⒶ baggage] locker

das **Gepäckstück** piece of luggage [*oder* ⓊⓈⒶ baggage]

der **Gepäckträger** ① (*Person*) porter ⒼⒷ, baggage-handler ⓊⓈⒶ ② (*am Fahrrad*) carrier ['kæriəʳ]

der **Gepäckwagen** luggage van ⒼⒷ, baggage car

ⓊⓈⒶ

**gepfeffert** ① *Steak:* peppered ② *Preise:* steep

**gepflegt** ① *Haus, Rasen:* well cared-for ② *Erscheinung, Person:* well-groomed

**gepropft** **voll gepfropft** crammed, jam packed

die **Gerade** ① (*in Mathematik*) straight [streɪt] line ② (*im Sport*) straight

**gerade** ① *Gelände, Zahl:* even ② (*geradlinig*) straight ③ (*soeben*) **ich wollte gerade gehen** I was just about to leave; **sie war gerade hier** she was here a moment ago ④ **er war nicht gerade freundlich** he wasn't exactly friendly; **das ist es ja gerade!** that's just it! ⑤ (*ausgerechnet*) **gerade heute** today of all days; **warum gerade ich?** why me of all people? ⑥ **gerade sitzen** to sit up [straight] ⑦ **etwas gerade biegen** to straighten something; (*wieder gutmachen*) to sort something out

**geradeaus** straight ahead

**geradebiegen** to straighten out

**geradeheraus** frankly

**geradestehen** ① (*aufrecht*) to stand up straight ② **für etwas geradestehen** (*übertragen*) to answer for something

**geradewegs** straight; **geradewegs auf jemanden zugehen** to walk straight up to someone

**geradezu** ① (*beinahe*) almost ② (*wirklich*) really

**geradlinig** ① straight; *Entwicklung:* linear ['lɪniəʳ] ② *Charakter:* straight

die **Geranie** geranium

das **Gerät** ① (*Apparat*) gadget ② (*Elektro-, Haushaltsgerät*) appliance ③ (*Fernseher, Radio*) set ④ (*Ausrüstung*) equipment

**geraten** ① (*gelangen*) to get, to fall (**in** into) ② (*ausfallen*) to turn out; **nach jemandem geraten** to take after someone ③ (*zufällig*) **an etwas geraten** to come by something; **an jemanden geraten** to find someone ④ **an den Falschen/die Falsche geraten** to pick the wrong man/woman ⑤ **in Vergessenheit geraten** to fall into oblivion [ə'blɪviən]

das **Geräteturnen** apparatus gymnastics [ˌæpə-'reɪtəs dʒɪm'næstɪks] *singular*

das **Geratewohl** **aufs Geratewohl** at random, on the off-chance

**geraum** **vor geraumer Zeit** long ago, a long time ago

**geräumig** roomy, spacious ['speɪʃəs]

das **Geräusch** noise

**geräuscharm** low-noise

**geräuschempfindlich** sensitive to noise

**geräuschlos – Geschäftsführer** 748

**geräuschlos** silent
**geräuschvoll** noisy
**gerben** to tan
**gerecht** ❶ just; *Lohn, Strafe:* fair ❷ **jemandem/einer Sache gerecht werden** to do justice ['dʒʌstɪs] to someone/something
die **Gerechtigkeit** justice ['dʒʌstɪs]
das **Gerede** ❶ talk ❷ (*Geschwätz*) gossip
**gereizt** ❶ (*wütend*) irritated ❷ (*reizbar*) irritable ❸ *Atmosphäre:* strained
das **Gericht¹** (*Essen*) dish
das **Gericht²** ❶ (*Behörde*) court [kɔːt]; **jemanden vor Gericht bringen** to take someone to court; **mit etwas vor Gericht gehen** to take legal action about something ❷ **das Jüngste Gericht** the Last Judgment
**gerichtlich** ❶ *Untersuchung:* judicial [dʒuˈdɪʃ əl] ❷ **gegen jemanden gerichtlich vorgehen** to take legal action against someone
der **Gerichtsbeschluss** court decision
der **Gerichtshof** law court, Court of Justice
der **Gerichtssaal** courtroom
der **Gerichtsschreiber**, die **Gerichtsschreiberin** Ⓒ clerk [klɑːk] of the court
das **Gerichtsverfahren** court [*oder* legal] proceedings *plural;* **gegen jemanden ein Gerichtsverfahren einleiten** to institute legal proceedings *plural* against someone
die **Gerichtsverhandlung** ❶ (*zivilrechtlich*) hearing ❷ (*strafrechtlich*) trial
der **Gerichtsvollzieher**, die **Gerichtsvollzieherin** bailiff
**gering** ❶ (*niedrig*) low; **eine geringe Anzahl/Menge** a small number/amount ❷ (*wenig*) little; **von geringem Wert** of little value ❸ **eine geringe Chance** a slim chance; **nicht das Geringste** nothing at all
**geringfügig** ❶ (*klein*) minor ❷ (*unwichtig*) insignificant
**geringschätzig** contemptuous [kənˈtemtʃuəs]
**gerinnen** ❶ *Blut:* to coagulate [kəʊˈægjəleɪt] ❷ *Milch:* to curdle
das **Gerinnsel** (*Blutgerinnsel*) clot
das **Gerippe** ❶ (*Skelett*) skeleton ['skelɪtən] ❷ *von Gebäude:* frame
**gerissen** crafty, cunning
der **Germane**, die **Germanin** Teuton ['tjuːtən]
**germanisch** Teutonic
der **Germanist**, die **Germanistin** German specialist [*oder* scholar]
die **Germanistik** German studies △ *plural*
**gern(e)** ❶ gladly, with pleasure ['pleʒə] ❷ **aber gern!** of course! ❸ **gern gesche-**

**hen!** you're welcome! ❹ **das glaube ich gern** I can well believe it
**gernhaben** to like; **jemanden gernhaben** to be fond of [*oder* like] someone
das **Geröll** rubble; (*größer*) boulders *plural*
die **Gerste** barley
das **Gerstenkorn** (*im Auge*) sty
der **Geruch** smell; (*stark*) odour ['əʊdəʳ]
**geruchlos** odourless, scentless
der **Geruchssinn** sense of smell
das **Gerücht** rumour
**geruhsam** peaceful
das **Gerümpel** junk
das **Gerundium** gerund ['dʒerənd]
das **Gerüst** ❶ (*für Gebäude*) scaffolding ['skæfəʊldɪŋ]; (*Gestell*) trestle [tresl] ❷ (*übertragen*) framework
**gesalzen** ❶ *Essen:* salted ❷ *Preise:* steep
**gesamt** entire, whole
der **Gesamtbetrag** total
der **Gesamteindruck** general impression
die **Gesamtkosten** overall costs
die **Gesamtschule** comprehensive school [ˌkɒmprɪˈhensɪv skuːl]
die **Gesamtwertung** (*im Sport*) overall placings *plural*
der/die **Gesandte**, die **Gesandtin** envoy
die **Gesandtschaft** legation
der **Gesang** ❶ (*das Singen*) singing ❷ (*Choral*) chant
das **Gesangbuch** hymnbook ['hɪmbʊk]
die **Gesangseinlage** musical insert
der **Gesangverein** choral [kɔːrəl] society
das **Gesäß** buttocks *plural*
das **Geschäft** ❶ (*Laden*) shop ⒼⒷ, store ⓊⓈⒶ ❷ (*Gewerbe*) business; **mit jemandem Geschäfte machen** to do business with someone; **mit etwas Geschäfte machen** to deal in something ❸ **ein gutes Geschäft machen** to make a good deal; **das Geschäft geht gut** business is good ❹ **ins Geschäft gehen** to go to work [*oder* the office]
**geschäftig** busy ['bɪzi]
**geschäftlich** ❶ **eine geschäftliche Angelegenheit** a business matter ❷ **ich muss ihn geschäftlich sprechen** I must see him on business; **geschäftlich unterwegs** [*oder* **verreist**] away on business
der **Geschäftsbrief** business letter
die **Geschäftsfrau** businesswoman
**geschäftsführend** executive; **der geschäftsführende Direktor** the managing director
der **Geschäftsführer**, die **Geschäftsführerin** ❶ (*einer Firma*) managing director ❷ (*eines Vereins*) secretary ['sekrətri]

**749**             Geschäftsleute – Geschrei

die **Geschäftsleute** business people △ *plural*
die **Geschäftsliste** ⒸⒽ agenda [ə'dʒendə], order of the day
der **Geschäftsmann** businessman
der **Geschäftsraum** business premises △ *plural*
die **Geschäftsreise** business trip
der **Geschäftsschluss** closing time; **nach Geschäftsschluss** *eines Ladens:* after closing time
die **Geschäftsstelle** ➊ offices *plural* ➋ (*Zweigstelle*) branch
**geschäftstüchtig** business-minded
die **Geschäftszeit** office hours *plural*
**geschätzt** ➊ *Mensch:* respected; *Freund, Mitarbeiter:* valued ➋ (*berechnet*) estimated
das **Geschehen** events *plural*
**geschehen** ➊ (*passieren*) to happen; **es muss etwas geschehen** something must be done; **was soll damit/mit ihm/mit ihr geschehen?** what's supposed to be done about it/with him/with her? ➋ (*stattfinden*) to take place ➌ **es wird dir nichts geschehen** nothing will happen to you, you'll be all right; **das geschieht dir recht** that serves you right ➍ **gern geschehen!** you're welcome!
**gescheit** clever
das **Geschenk** gift, present ['prezᵊnt]; **jemandem ein Geschenk machen** to give someone a present
der **Geschenkgutschein** gift coupon, gift voucher
die **Geschenkpackung** gift pack
das **Geschenkpapier** wrapping ['ræpɪŋ] paper, gift wrap
die **Geschichte** ➊ (*Erzählung*) story ➋ history ['hɪstri]; **die Geschichte der Menschheit** the history of mankind; **die Geschichte zeigt uns, ...** history tells us ...; **in die Geschichte eingehen** to go down in history ➌ (*Angelegenheit*) affair; **eine schöne Geschichte!** a fine mess!; **eine böse Geschichte** a nasty business; **die Geschichte mit seiner Frau** the trouble [*oder* business] with his wife
**geschichtlich** historical; **von großer geschichtlicher Bedeutung** of great historic importance
das **Geschichtsbuch** history book
das **Geschick¹** (*Schicksal*) fate
das **Geschick²** (*Fertigkeit*) skill
die **Geschicklichkeit** skilfulness, skill
**geschickt geschickt sein** to be skilful
**geschieden** ➊ (*ehelich*) divorced [dɪ'vɔːst] ➋ (*übertragen*) **wir sind geschiedene**

**Leute!** we're through!
das **Geschirr** ➊ (*zum Kochen*) kitchenware, pots and pans *plural* ➋ (*schmutziges*) dishes *plural;* **Geschirr spülen** to do the dishes [*oder* the washing-up] ➌ (*Tafelgedeck*) service, crockery
der **Geschirrschrank** china ['tʃaɪnə] cupboard
der **Geschirrspüler,** die **Geschirrspülmaschine** dishwasher
das **Geschirrspülmittel** washing-up liquid
das **Geschirrtuch** tea towel
die **Geschirrwaschmaschine** ⒸⒽ dishwasher
das **Geschlecht** ➊ sex; **Kinder beiderlei Geschlechts** children of both sexes △ *plural* ➋ *eines Wortes:* gender [dʒendəʳ] ➌ (*Familie, Sippe*) house; **das Geschlecht der Habsburger** the Habsburg dynasty ➍ **das menschliche Geschlecht** the human race
die **Geschlechtskrankheit** venereal disease, VD
die **Geschlechtsteile** genitals
der **Geschlechtsverkehr** sexual intercourse
**geschliffen** ➊ *Glas:* cut ➋ *Rede:* polished
**geschlossen** ➊ (*zu*) closed ➋ **in sich geschlossen** *Charakter:* well-rounded ➌ **geschlossene Gesellschaft** private party ➍ **geschlossene Ortschaft** built-up area ➎ **geschlossen für etwas stimmen** to vote unanimously [juːˈnænɪməslɪ] in favour of something; **geschlossen hinter jemandem stehen** to stand solidly behind someone
der **Geschmack** taste *auch übertragen;* **an etwas Geschmack finden** to acquire a taste for something; **über Geschmack lässt sich streiten** there's no accounting for tastes △ *plural*
**geschmacklos** tasteless *auch übertragen*
die **Geschmacklosigkeit** lack of taste; **ihre Rede/Bemerkung war eine Geschmacklosigkeit** her speech/remark was in bad taste
die **Geschmack(s)sache** matter of taste; **das ist Geschmackssache** that's a matter of taste
der **Geschmacksverstärker** flavour enhancer
**geschmackvoll** tasteful; **geschmackvoll eingerichtet** tastefully furnished
**geschmeidig** ➊ *Haut, Leder:* supple ➋ *Bewegung, Körper:* lissom ['lɪsəm], lithe ['laɪð]
das **Geschöpf** creature
das **Geschoss** ➊ (*Rakete*) missile ➋ (*Kugel*) bullet ➌ (*Stockwerk*) floor, storey, story ⓊⓈⒶ; **im zweiten Geschoss** on the second [*oder* ⓊⓈⒶ third] floor
**geschraubt** (*gekünstelt*) stilted
das **Geschrei** (*Rufen*) shouting; (*stärker*) screaming

**Geschwafel – gespenstisch** 750

das **Geschwafel** waffle ['wɒfl]
das **Geschwätz** ❶ (*abwertend: Unsinn*) nonsense ❷ (*Klatsch*) gossip
  **geschwätzig** gossipy
  **geschweige** **geschweige denn ...** let alone
  ...
  **geschwind** quickly
die **Geschwindigkeit** speed; **mit einer Geschwindigkeit von ...** at a speed of ...
die **Geschwindigkeitsbegrenzung,** die
  **Geschwindigkeitsbeschränkung** speed limit
die **Geschwindigkeitskontrolle** speed [*oder* radar] trap
die **Geschwister** brother[s] and sister[s], siblings; **hast du Geschwister?** have you got any brothers or sisters?; **wir sind vier Geschwister** there are four of us in our family
  **geschwollen** ❶ *Knöchel:* swollen ['swəʊlən] ❷ *Stil:* pompous, bombastic
der/die **Geschworene** juror; **die Geschworenen** the jury
die **Geschwulst** (*Krebs*) tumour ['tjuːmə]
das **Geschwür** ❶ (*auf der Haut*) sore; (*eitrig*) boil ❷ (*im Magen*) ulcer ['ʌlsə]
das **Geselchte** Ⓐ smoked meat
  **gesellen** **sich zu jemandem gesellen** to join someone
  **gesellig** *Mensch:* sociable ['səʊʃəbl]; **ein geselliges Beisammensein** a friendly get-together
die **Geselligkeit** (*Eigenschaft*) sociability
die **Gesellschaft** ❶ (*Gesamtheit*) society ⚠ *ohne Artikel* ❷ (*Kreis von Menschen*) group of people; (*geladene Gäste*) party ❸ (*Begleitung*) company ['kʌmpəni]; **jemandem Gesellschaft leisten** to keep someone company ❹ (*Firma*) company Ⓖ🄱, corporation Ⓤ🅂🄰; **Gesellschaft mit beschränkter Haftung** private limited company Ⓖ🄱, Ltd, incorporated company Ⓤ🅂🄰, Inc
der **Gesellschafter,** die **Gesellschafterin** ❶ (*einer Firma*) partner ❷ (*Begleiter*) escort
  **gesellschaftlich** social ['səʊʃl]
  **gesellschaftsfähig** socially acceptable
das **Gesellschaftsspiel** party game
das **Gesetz** ❶ law (**über** on); **nach dem Gesetz** under the law ❷ (*Gesetzesvorlage*) bill ❸ **ein ungeschriebenes Gesetz** an unwritten rule
das **Gesetzbuch** civil code, statute book
der **Gesetzentwurf** bill
  **gesetzgebend** *Körperschaft:* legislative ['ledʒɪslətɪv]

der **Gesetzgeber** legislator ['ledʒɪsleɪtər]
die **Gesetzgebung** legislation [,ledʒɪˈsleɪʃən]
  **gesetzlich** legal ['liːɡəl]
  **gesetzlos** lawless; **die Gesetzlosen** the lawless
die **Gesetzmäßigkeit** ❶ (*Rechtmäßigkeit*) legitimacy [lɪˈdʒɪtəməsi] ❷ (*Regelmäßigkeit*) regularity
  **gesetzt** **gesetzt den Fall, dass ...** supposing that ...
  **gesichert** ❶ (*finanziell*) safe ❷ (*technisch*) secured; *Schraube:* locked
das **Gesicht** face; **ein [langes] Gesicht machen** to pull [*oder* make] a [long] face; **was machst du für ein Gesicht?** what's up with you? ▸ WENDUNGEN: **jemanden zu Gesicht bekommen** to see someone; **jemandem ins Gesicht schauen** to look someone in the eye; **jemandem ins Gesicht lügen** to lie to someone's face; **ich hab es ihm ins Gesicht gesagt** I told him to his face; **sein wahres Gesicht zeigen** to show one's true nature; **das Gesicht verlieren/wahren** to lose/save face; **den Tatsachen ins Gesicht sehen** to face the facts
der **Gesichtsausdruck** [facial] expression
die **Gesichtscreme** face cream
die **Gesichtsfarbe** complexion
das **Gesichtsfeld** field of vision, visual field
die **Gesichtspflege** facial care *singular*
der **Gesichtspunkt** point of view
die **Gesichtszüge** features
das **Gesindel** rabble, riff-raff
  **gesinnt** disposed, minded; **anders gesinnt sein [als jemand]** to hold different views *plural* [from someone]; **gleich gesinnt sein [wie jemand]** to hold the same views *plural* [as someone]
die **Gesinnung** way of thinking
der **Gesinnungswandel** change of attitude
  **gesittet** well-mannered
das **Gesöff** muck; (*Wein*) plonk
das **Gespann** ❶ (*übertragen: Menschenpaar*) pair; **die beiden geben ein gutes Gespann ab** the two of them make a good pair [*oder* team] ❷ (*von Zugtieren*) team
  **gespannt** ❶ (*straff*) taut ❷ (*belastet*) *Atmosphäre:* strained ❸ (*erwartungsvoll*) eager; (*neugierig*) curious ['kjʊəriəs]; **da bin ich aber gespannt!** that I'd like to see!
das **Gespenst** ❶ ghost [ɡəʊst], spectre ['spektər] *auch übertragen* ❷ **du siehst Gespenster!** you're imagining things!
  **gespenstisch** ❶ *Aussehen:* ghostly; **sie sieht gespenstisch aus** she looks like a ghost

② (*übertragen: schauerlich*) eerie ['ɪəri]
**gesperrt** closed
das **Gespött** mockery; **sich zum Gespött machen** to make oneself a laughing-stock
das **Gespräch** ① conversation, talk; **ein Gespräch mit jemandem führen** to have a talk with someone; [**mit jemandem] ins Gespräch kommen** to get talking [to someone] ② (*Telefongespräch*) call; **ein Gespräch für Sie!** there's a call for you!
**gesprächig** talkative ['b:kətɪv]
die **Gesprächseinheit** unit
**gespreizt** *Wortwahl, Stil:* affected [ə'fektɪd]
**gesprenkelt** speckled
das **Gespür** feel[ing]; **ich hatte das im Gespür** I had a feeling about that
die **Gestalt** ① (*äußere Form*) form; **Gestalt annehmen** to take shape ② (*Körperbau*) build ③ (*im Film, Roman*) character
**gestalten** ① (*formen*) to form, to shape ② **einen Abend gestalten** to arrange an evening; **seine Freizeit gestalten** to organize one's leisure time
die **Gestaltung** arrangement
das **Gestammel** stammering
das **Geständnis** confession; **ein Geständnis ablegen** to make a confession
der **Gestank** stench [stentʃ], stink
**gestatten** ① to allow, to permit [pə'mɪt]; **gestatten [Sie]?** would you mind? ② **sich gestatten, etwas zu tun** to take the liberty of doing something
die **Geste** gesture ['dʒestʃe]
**gestehen** ① to confess ② **offen gestanden** frankly speaking
das **Gestein** rock
das **Gestell** ① (*Regal*) shelf ② (*Ablage*) rack ③ (*Rahmen*) frame
**gestern** yesterday; **die Zeitung/Nachrichten von gestern** yesterday's [news]paper/news; **gestern früh** yesterday morning; **gestern Abend** last night; **gestern vor acht Tagen** a week ago yesterday

 Für gestern Abend sagt man **last night**: what did you do last night?

**gestochen** *Schrift:* neat
das **Gestotter** stuttering
**gestreckt** ① **lang gestreckt** long ② *Galopp:* full
**gestreift** striped; **quer gestreift** cross-striped
**gestrichen** ① painted; **frisch gestrichen!** wet paint! ② **gestrichen voll** full to the brim ③ **ein gestrichener Esslöffel** a level tablespoon ④ **ich hab die Nase gestrichen voll!** I've had it up to here!
**gestrickt** knitted ['nɪtɪd]; **ein selbst gestrickter Pullover** a hand-knitted pullover
**gestrig** yesterday's, of yesterday; **am gestrigen Tag** yesterday; **am gestrigen Abend** yesterday evening
das **Gestrüpp** brushwood
das **Gestüt** stud farm
das **Gesuch** petition; (*Antrag*) application
**gesucht** ① (*polizeilich*) wanted ② (*begehrt*) sought-after ['sɔːt,ɑːftəʳ]
**gesund** ① *Appetit, Klima, Mensch:* healthy ['helθi]; **Milch ist gesund** milk is good for you; **rauchen ist nicht gesund** smoking is unhealthy ② *Ansichten, Firma, Politik:* sound; **wirtschaftlich gesund** financially sound ③ **sich gesund fühlen** to feel well; **gesund werden** to get well; **werd bald wieder gesund!** get well soon!
die **Gesundheit** ① health; **kalt duschen ist gut für die Gesundheit** cold showers are good for your health ② **Gesundheit!** [God] bless you!; **auf deine Gesundheit!** your health! ③ *einer Firma, Wirtschaft:* health
**gesundheitlich ein gesundheitliches Problem** a health problem; **aus gesundheitlichen Gründen** for health reasons; **wie geht's Dir gesundheitlich?** how's your health?; **gesundheitlich geht es ihm gut/schlecht** he's in good/poor health
das **Gesundheitsamt** public health department
die **Gesundheitsversorgung** healthcare *singular*
das **Gesundheitswesen** health system [*oder* service]
**getönt** *Brillengläser:* tinted
das **Getöse** din
**getragen** *Kleidung, Schuhe:* used [juːzd]
das **Getrampel** trampling, stamping
das **Getränk** drink
der **Getränkeautomat** drinks machine
der **Getränkemarkt** drinks cash-and-carry
**getrauen sich getrauen** to dare [deəʳ]; **hast du dich getraut, sie zu fragen?** did you dare [to] ask her?; **ich hab mich nicht getraut[, zu fragen/zu gehen/etwas zu sagen]** I didn't dare [ask/go/say anything]
das **Getreide** grain, cereals *plural*
der **Getreideanbau** cultivation of grain
**getrennt** ① *Zimmer:* separate ['sepərət] ② **getrennt leben** to live apart; **getrennt bezahlen** to pay separately, to go Dutch
**getreu** ① *Abbildung:* faithful, true ② **getreu dem Motto ...** true to the motto ...
das **Getriebe** gears *plural;* (*im Auto*) gearbox

**getrost – gewiss** 752

**getrost sei getrost** to rest assured

**getrübt** cloudy *auch übertragen,* troubled

das **Getto** ghetto

das **Getu,** das **Getue** (*abwertend*) fuss

das **Getümmel** ❶ (*Menschenmenge*) crowd ❷ (*Durcheinander*) turmoil; **sich ins Getümmel stürzen** to mingle with the crowd

**geübt** versed; *Fahrer, Reiter, Segler:* proficient [prə'fɪʃᵊnt]; **geübt im Reden/Schreiben sein** to be a proficient speaker/writer

das **Gewächs** plant

**gewachsen einer Sache gewachsen sein** to be up to something; **jemandem gewachsen sein** to be a match for someone

das **Gewächshaus** hothouse, greenhouse

**gewagt** risky

**gewählt** ❶ *Politiker:* elected ❷ *Sprache:* refined ❸ **sich gewählt ausdrücken** to choose one's words carefully

die **Gewähr ohne Gewähr** no liability [ˌlaɪə'bɪləti] assumed; **für etwas Gewähr leisten** to guarantee [ˌgærən'tiː] something

**gewähren** ❶ to grant *Bitte* ❷ to give *Asyl, Kredit, Rabatt, Vorteil* ❸ **jemanden gewähren lassen** to let someone do as he/she likes

**gewährleisten** to ensure

der **Gewahrsam etwas in Gewahrsam nehmen** to take something into safe-keeping; **in sicherem Gewahrsam** in safe custody

die **Gewalt** ❶ (*Gewaltanwendung*) force; (*stärker*) violence; **Gewalt anwenden** to use force ❷ (*Macht*) power; **jemanden in seiner Gewalt haben** to have someone in one's power ❸ (*Kontrolle*) control (**über** of/over); **sich in der Gewalt haben** to have oneself under control; **keine Gewalt über etwas haben** to have no control over something ❹ *eines Aufpralls, Knalls, Sturms:* force ❺ **mit Gewalt** by force; **mit aller Gewalt** (*umgangsspr*) for all one is worth

die **Gewaltherrschaft** tyranny ['tɪrəni]

**gewaltig** ❶ *Leistung:* tremendous ❷ (*heftig*) violent ❸ (*riesig*) huge; *Fehler, Irrtum:* big ❹ **da täuschst du dich aber gewaltig!** you're way out! *umgangsspr*

**gewaltlos** ❶ *Widerstand:* non-violent ❷ **etwas gewaltlos tun** to do something without force [*oder* violence]

die **Gewaltlosigkeit** non-violence

**gewaltsam** ❶ *Auseinandersetzung, Tod:* violent; **das gewaltsame Vorgehen** the use of force ❷ **gewaltsam eindringen** to enter by force [*oder* forcibly ['fɔːsəbli]]

**gewalttätig** violent

die **Gewalttätigkeit** ❶ (*Eigenschaft*) violence ❷ (*Tat*) act of violence

**gewandt** (*geschickt*) skilful

das **Gewässer** waters *plural,* stretch of water

das **Gewebe** ❶ (*biologisch*) tissue ❷ (*Stoff*) fabric

das **Gewehr** rifle

der **Gewehrkolben** butt

das **Geweih** antlers *plural*

das **Gewerbe** trade; **ein Gewerbe ausüben** to carry out a trade

die **Gewerbesteuer** [local] business tax

**gewerblich** commercial

die **Gewerkschaft** trade union ⒼⒷ, labor union ⓊⓈⒶ

der **Gewerkschaft(l)er,** die **Gewerkschaft(l)erin** trade unionist

das **Gewerkschaftsmitglied** union member

das **Gewicht** ❶ weight [weɪt] ❷ **nicht ins Gewicht fallen** to be of no consequence

**gewichtig** (*übertragen*) important, weighty ['weɪti]

die **Gewichtszunahme** increase in weight

**gewieft** crafty, smart

das **Gewimmel** throng

das **Gewinde** thread [θred]

der **Gewinn** ❶ (*Erlös*) profit; **Gewinn abwerfen** to make a profit; **Gewinn bringend** profitable ['prɒfɪtəbl] ❷ (*Preis*) prize ❸ (*im Glücksspiel*) winnings *plural;* **einen großen Gewinn machen** to win a lot

der **Gewinnanteil** share of the profits

die **Gewinnbeteiligung** ❶ (*Grundsatz*) profit-sharing ❷ (*Ausschüttung*) bonus

**gewinnen** ❶ (*siegen*) to win (**bei** at) ❷ (*profitieren*) to gain ❸ (*erzeugen*) to produce; (*aus Altware*) to reclaim, to recover ❹ to gain *Einfluss, Vorteil, Zeit* ❺ **lieb gewinnen** to grow fond of

**Ⓖ win:** win, won, won — *who won the match?; Emma has won first prize in the drawing competition; that was the year we won the championship*

**gewinnend ein gewinnendes Wesen haben** to have winning ways *plural*

der **Gewinner,** die **Gewinnerin** winner

die **Gewinnung** ❶ *von Energie:* generation ❷ *von Erz, Kohle:* extraction

**gewiss** ❶ (*bestimmt*) certain ❷ **ein gewisser Herr Thum** a certain Mr. Thum; **in gewissem Maß** to some extent; **sie hat das gewisse Etwas** she's got that certain something ❸ (*sicher*) certainly; **aber gewiss doch!** but of course!, why, certainly!

das **Gewissen** ① conscience ['kɒnʃəns] ② **jemandem ins Gewissen reden** to have a serious talk with someone
**gewissenhaft** conscientious [ˌkɒnʃi'enʃəs]
**gewissenlos** unscrupulous [ʌn'skruːpjələs]
die **Gewissensbisse** pangs *plural* of conscience; **er macht sich Gewissensbisse** his conscience is pricking him
die **Gewissensfrage** question of conscience
der **Gewissenskonflikt** moral conflict
**gewissermaßen** as it were, so to speak
die **Gewissheit** certainty; **ich muss mir darüber Gewissheit verschaffen** I must be certain about it
das **Gewitter** thunderstorm; **es ist ein Gewitter im Anzug** a storm is brewing *auch übertragen*
**gewitterig** thundery
**gewittern es gewittert** it's thundering
**gewittrig** thundery
**gewöhnen** ① **etwas gewöhnt sein** to be used to something; **gewöhnt sein, etwas zu tun** to be used to doing something; **jemanden an etwas gewöhnen** to make someone get used to something ② **sich an etwas gewöhnen** to get used to something
die **Gewohnheit** habit; **aus Gewohnheit** by habit; **zur Gewohnheit werden** to grow into a habit
**gewohnheitsmäßig** habitual
der **Gewohnheitsmensch** creature of habit
**gewöhnlich** ① (*üblich*) usual ② (*normal*) ordinary ③ (*unfein*) common
**gewohnt** ① *Arbeit, Gang:* usual ② **etwas gewohnt sein** to be used to something
die **Gewöhnung** acclimatization [əˌklaɪmətaɪ'zeɪʃ°n]
das **Gewölbe** vault [vɔːlt]
**gewölbt** *Decke:* vaulted
das **Gewühl** (*Menschenmenge*) crowd, throng
das **Gewürz** ① spice ② (*Salz und Pfeffer*) seasoning
die **Gewürzgurke** pickled gherkin
**gez.** *Abkürzung von* **gezeichnet** sgd
**gezackt** serrated; *Fels:* jagged
**gezeichnet** ① marked; **er war vom Krebs gezeichnet** cancer had left its mark on him ② **unterschrieben** signed
die **Gezeiten** tides
das **Gezeitenkraftwerk** tidal power station
das **Gezeter** clamour ['klæmə'], yelling
**gezielt** ① *Schuss:* well-aimed ② *Kritik:* pointed ③ **etwas gezielt tun** to do something with a particular aim in mind
**geziert** affected

das **Gezwitscher** chirping [tʃɜːpɪŋ], twitter
**gezwungen** ① forced ② (*unnatürlich*) stiff
**gezwungenermaßen** of necessity
**Ghana** Ghana
der **Ghanaer**, die **Ghanaerin** Ghanaian
**ghanaisch** Ghanaian
das **Ghetto** ghetto
die **Gicht** gout [gaʊt]
der **Giebel** gable
die **Gier** greed (**nach** for)
**gierig** greedy (**nach** for)
**gießen** ① (*in Gefäß*) to pour ② to water *Blumen* ③ to found *Glas* ④ (*regnen*) to pour; **es goss [in Strömen]** it was pouring [with rain]
die **Gießerei** foundry ['faʊndri]
die **Gießkanne** watering can
**GIF** *Abkürzung von* **graphic interchange format** gif
das **Gift** ① poison ['pɔɪzən]; *eines Tieres:* venom ② (*Bosheit*) malice ③ **darauf kannst du Gift nehmen** you can bet your life [*oder* bottom dollar] on it

**Gift**

Nicht verwechseln mit *gift* — *das Geschenk!*

das **Giftgas** poison gas
die **Giftgaskatastrophe** [poison] gas disaster
**gifthaltig, gifthältig** Ⓐ poisonous; *Chemikalien:* toxic
**giftig** ① *Pflanze:* poisonous; *Schlange:* venomous; *Substanz:* toxic ② (*boshaft*) venomous
der **Giftmüll** toxic waste
der **Giftpilz** poisonous mushroom, toadstool
die **Giftschlange** poisonous snake
der **Giftstoff** toxic substance
der **Giftzwerg** nasty little squirt
der **Gigant** giant
**gigantisch** enormous, gigantic [dʒaɪ'gæntɪk]
der **Gimpel** ① (*Singvogel*) bullfinch ['bʊlfɪnʃ]

**②** (*Einfallspinsel*) dunce
der **Ginster** broom; (*Stechginster*) gorse
der **Gipfel** **①** (*Bergspitze*) peak, summit **②** (*Gipfeltreffen*) summit **③** (*Höhepunkt*) height [haɪt] **④ also, das ist doch der Gipfel!** that takes the cake [*oder* biscuit]!
**gipfeln** to culminate ['kʌlmɪneɪt] (**in** in)
das **Gipfeltreffen** summit [meeting]
der **Gips** plaster
der **Gipsabdruck** plaster cast
das **Gipsbein** leg in plaster
**gipsen** to plaster
der **Gipsverband** plaster cast
die **Giraffe** giraffe [dʒɪˈrɑːf]
die **Girlande** garland
das **Giro** giro [ˈdʒaɪrəʊ]
das **Girokonto** [ˈʒiːrokɔnto] current account
die **Gischt** spray
die **Gitarre** guitar [gɪˈtɑːʳ]; **Gitarre spielen** to play the guitar
der **Gitarrist**, die **Gitarristin** guitarist
das **Gitter** **①** (*Eisenstangen*) bars *plural;* **hinter Gittern** behind bars **②** (*vor Türen, Fenstern*) grating, grid **③** (*aus Holz*) lattice, trellis
das **Gitterfenster** barred window
der **Gitterrost** grating
die **Gladiole** gladiola, gladiolus, sword [sɔːd] lily
**glamourös** glamorous [ˈglæmərəs]
der **Glanz** **①** gleam; (*von Oberfläche*) shine; (*von Farben*) brilliance **②** (*Ruhm*) glory

Nicht verwechseln mit *glance* — *der Blick!*

**glänzen** **①** to shine; (*glitzern*) to glisten [ˈglɪsən]; *Augen:* to sparkle; (*vor Fett*) to be shiny **②** (*übertragen*) to be brilliant

Nicht verwechseln mit *to glance* — *kurz ansehen!*

**glänzend** **①** shining; (*glitzernd*) glistening [ˈglɪsənɪŋ]; *Augen:* sparkling; (*vor Fett*) shining **②** (*übertragen*) brilliant **③ glänzend aussehen** to look brilliant; **mir geht es glänzend** I'm doing great
die **Glanzleistung** brilliant achievement [əˈtʃiːvmənt]
**glanzlos** dull *auch übertragen*
das **Glanzpapier** glossy paper
**glanzvoll** brilliant, splendid
das **Glas** **①** glass; **zwei Glas Bier** two glasses of beer **②** (*Fernglas*) binoculars [bɪˈnɒkjələz] *plural* **③** (*Brillenglas*) lens **④** (*Marmeladenglas*) jar; **ein Glas Marmelade/Gurken** a jar of jam/gherkins

der **Glascontainer** bottle bank
der **Glaser**, die **Glaserin** glazier [ˈgleɪzɪə]
die **Glaserei** glazier's workshop
das **Glasfaserkabel** fibre optic cable
die **Glashütte** glassworks *plural*
**glasig** **①** *Speck, Zwiebeln:* transparent **②** *Blick:* glassy
**glasklar** **①** clear as glass **②** (*übertragen*) crystal-clear
die **Glasmalerei** glass painting
die **Glasscheibe** sheet of glass; (*Fenster*) pane of glass
die **Glasscherbe** piece of broken glass
die **Glasur** **①** (*auf Keramik*) glaze **②** (*auf Kuchen*) icing
die **Glaswolle** glass wool
**glatt** **①** (*eben*) smooth [smuːð]; *Fahrbahn:* slippery; *Haar:* straight [streɪt]; *Stoff:* without creases *nachgestellt* **②** *Ablauf, Landung:* smooth; *Absage:* flat; **eine glatte Eins** a straight A **③** (*ausgesprochen*) downright; **eine glatte Lüge** an outright lie **④ glatt ablehnen/leugnen** to flatly refuse/deny; **das habe ich doch glatt vergessen** I clean forgot about it **⑤ glatt bügeln** to iron smooth *Hose* **⑥ glatt rasiert** clean shaven; *Beine:* shaved
**glattbügeln** **①** to iron smooth *Hose* **②** (*übertragen*) to iron out *Probleme*
das **Glatteis** [black] ice ▶ WENDUNGEN: **jemanden aufs Glatteis führen** to take someone for a ride
**glätten** **①** (*glatt machen*) to smooth out **②** (*übertragen: in Ordnung bringen*) to iron [ˈaɪən] out
**glattgehen** to go smoothly; **es wird schon glattgehen!** it'll be all right!
**glattweg etwas glattweg tun** to do something just like that; **etwas glattweg abstreiten** to flatly deny something; **das hab ich glattweg vergessen!** I've completely [*oder* clean] forgotten all about it!
die **Glatze** bald [bɔːld] head; **eine Glatze bekommen** to be going bald; **eine Glatze haben** to be bald
der **Glatzkopf** baldie [bɔːldi]
**glatzköpfig** bald
der **Glaube** **①** (*Vertrauen, religiös*) faith (**an** in); **in gutem Glauben** in good faith; **jemandem Glauben schenken** to believe someone; **den Glauben [an jemanden/etwas] verlieren** to lose faith [in someone/something] **②** (*Meinung, Überzeugung*) belief
**glauben** **①** (*meinen*) to think; **glaubst du?** do you think so?; **ich glaube, ja** [*oder* **schon**] I think so; **ich glaube, nein** I don't

think so ② (*für wahr halten*) **jemandem glauben** to believe someone; **ich glaube ihr kein Wort!** I don't believe a word she's saying!; **an etwas glauben** to believe in something ③ **es ist kaum zu glauben** I can hardly believe it; **ob du es glaubst oder nicht** believe it or not ④ **wer's glaubt, wird selig!** a likely story!; **das glaubst du wohl selbst nicht!** you can't be serious ['sɪəriəs]!

das **Glaubensbekenntnis** creed

**gläubig** religious

der/die **Gläubige** believer; **die Gläubigen** the faithful *plural*

der **Gläubiger**, die **Gläubigerin** creditor

**glaubwürdig** ① *Beweis, Geschichte, Person:* credible ② *Hinweis:* reliable [rɪ'laɪəbl]

die **Glaubwürdigkeit** *einer Person:* credibility

**gleich** ① (*identisch*) same ② (*ähnlich*) similar ③ (*rechnerisch*) equal; **zur gleichen Zeit** at the same time; **in gleichem Abstand** at an equal distance; **zwei mal zwei ist gleich vier** two times two is four ④ **das ist mir gleich** it's all the same to me; (*negativer*) I don't care at all ⑤ (*sofort*) at once; **ich komme gleich** I'll be right there; **bis gleich!** see you [in a minute [*oder* moment]]! ⑥ (*direkt*) **gleich gegenüber/hier** right opposite/here ⑦ (*fast*) **es ist gleich zehn** it is nearly ten o'clock; **wir sind gleich da** we're nearly there ⑧ (*in gleicher Weise*) equally ⑨ **das bleibt sich gleich** it doesn't matter ⑩ **gleich gesinnt sein wie** to hold the same views as; **gleich lautend** identical ⑪ **gleich aussehen** to look the same; **gleich alt/groß sein wie ...** to be the same age/height as ...

**gleichaltrig** of the same age

**gleichartig** ① of the same kind ② (*ähnlich*) similar

**gleichbedeutend das ist gleichbedeutend mit ...** that's tantamount to ...

**gleichberechtigt** with equal rights; **gleichberechtigt sein** to have equal rights

die **Gleichberechtigung** equal rights *plural*

**gleichen** ① to be like ② **sich gleichen** to be alike

**gleichentags** ⒸⒽ [on] the same day

**gleichermaßen** (*in gleicher Weise*) in a similar manner

**gleichfalls** (*auch*) also; **danke, gleichfalls!** thanks, the same to you!

**gleichförmig** (*eintönig*) monotonous [mə-'nɒtⁿəˢ]

das **Gleichgewicht** balance ['bæləns] *auch übertragen;* **das Gleichgewicht verlieren, aus**

**dem Gleichgewicht kommen** to lose one's balance; **jemanden aus dem Gleichgewicht bringen** to throw someone off balance

**gleichgültig** ① indifferent (**gegenüber** towards) ② **das ist mir völlig gleichgültig!** I don't give a damn!

die **Gleichgültigkeit** indifference (**gegenüber** towards)

das **Gleichheitszeichen** equals sign ['iːkwəlz saɪn]

**gleichmachen** ① to level out ② **dem Erdboden gleichmachen** to raze to the ground

**gleichmäßig** ① (*zu gleichen Teilen*) equal ② (*ebenmäßig*) even ③ (*regelmäßig*) *Abstand, Puls:* regular; **in gleichmäßigem Abstand** at regular intervals ⚠ *plural* ④ **gleichmäßig atmen** to breathe regularly; **etwas gleichmäßig auftragen/verteilen** to apply/distribute something evenly

**gleichmütig** composed

das **Gleichnis** parable ['pærəbl]

**gleichsam** as it were, so to speak

**gleichschenk(e)lig** isosceles [aɪ'sɒsⁿliːz]

**gleichseitig** equilateral [ˌiːkwɪ'lætⁿrⁿl]

**gleichsetzen** to equate [ɪ'kweɪt]

der **Gleichstand den Gleichstand erzielen** to draw level

die **Gleichstellung** equality [ɪ'kwɒləti]; **Gleichstellung von Mann und Frau** equality between the sexes *plural*

der **Gleichstrom** direct current, D.C.

die **Gleichung** equation [ɪ'kweɪʒⁿn]

**gleichwertig** ① equal ['iːkwəl] ② (*chemisch*) equivalent [ɪ'kwɪvⁿlənt]

**gleichwinklig** equiangular [ˌiːkwi'æŋgjʊləʳ]

**gleichwohl** nevertheless [ˌnevədə'les]

**gleichzeitig** at the same time

**gleichziehen** to catch up

das **Gleis** ① line, track, rails *plural* ② platform

die **Gleisarbeiten** track repairs

**gleiten** ① to glide ② *Arbeitnehmer:* to be on flexitime

das **Gleitflugzeug** glider

das **Gleitmittel** lubricant ['luːbrɪkənt]

das **Gleitschirmfliegen** paragliding

die **Gleitzeit** flexible working hours *plural,* flexitime

der **Gletscher** glacier ['glæsɪə]

die **Gletscherspalte** crevasse [krə'væs]

das **Glied** ① (*Arm, Bein*) limb [lɪm] ② **an allen Gliedern zittern** to be shaking all over ③ (*einer Kette*) link *auch übertragen*

das **Gliederarmband** expanding bracelet

**gliedern** ① to subdivide (**in** into) ② **sich**

**Gliederschmerzen – golden**

**756**

**gliedern** to be composed, to consist (**in** of)
die **Gliederschmerzen** rheumatic [ruːˈmætɪk] pains
die **Gliederung** (*Struktur*) structure
die **Gliedmaßen** limbs
der **Glimmstängel** fag ⒼⒷ, ciggy
**glimpflich** ❶ *Unfall:* minor; *Urteil:* light, mild ❷ **glimpflich davonkommen** to get off lightly
**glitschig** slippery
**glitzerig** sparkly
**glitzern** to glitter; *Stern:* to twinkle
**global** global [ˈgləʊbᵊl], worldwide
die **Globalisierung** globalization
der **Globalisierungskritiker**, die **Globalisierungskritikerin** critic of globalization
der **Globus** globe
die **Glocke** bell ▶ WENDUNGEN: **etwas an die große Glocke hängen** to shout something from the rooftops ⚠ *plural*
die **Glockenblume** bellflower, bluebell
**glockenförmig** bell-shaped
das **Glockenspiel** ❶ chimes *plural* ❷ (*Instrument*) glockenspiel
der **Glockenturm** bell tower, belfry [ˈbelfrɪ]
**glorifizieren** to glorify
das **Glossar** glossary
die **Glosse** gloss (**zu** on)
die **Glotze** (*Fernseher*) goggle-box
**glotzen** to stare (**auf** at)
das **Glück** ❶ luck; **viel Glück!** good luck!; **was für ein Glück!** what a stroke of luck! ❷ **Glück haben** to be lucky; **kein Glück haben** to be out of luck [*oder* unlucky]; **Glück gehabt!** that was lucky!; **da hast du aber Glück gehabt!** you were lucky there!; **ein Glück, dass …** it's a good thing that …; **zum Glück** fortunately [ˈfɔːtʃᵊnətlɪ] ❸ **auf gut Glück** on the off-chance ❹ **jemandem [zu etwas] Glück wünschen** to congratulate someone [on something] ❺ (*Freude*) happiness; **ihre Kinder sind ihr ganzes Glück** her children are her whole life
die **Glucke** mother hen *auch übertragen*
**glücken** to be a success
**gluckern** *Wasser:* to gurgle
**glücklich** ❶ happy; **glücklich machen** to make happy; **sich glücklich schätzen** to consider oneself lucky ❷ *Gewinner, Zufall:* lucky; **eine glückliche Hand bei etwas haben** to have a knack when it comes to something
**glücklicherweise** fortunately [ˈfɔːtʃᵊnətlɪ], luckily
der **Glücksbringer** lucky charm

der **Glücksfall** stroke of luck ⒼⒷ, lucky break ⓊⓈⒶ
das **Glückskind** lucky person
der **Glücksklee** four-leaf clover
der **Glückspilz** lucky fellow [*oder* beggar]
das **Glücksrad** wheel [wiːl] of fortune
die **Glückssache** matter of luck
das **Glücksspiel** game of chance
der **Glücksspieler**, die **Glücksspielerin** gambler
der **Glückstreffer** ❶ (*auch im Lotto*) stroke of luck ❷ (*beim Schießen*) lucky shot
der **Glückwunsch** congratulations *plural;* **herzlichen Glückwunsch zum Geburtstag!** happy birthday!

Ⓥ **congratulations** = „Herzlichen Glückwunsch" wird im Plural gebraucht: *Congratulations on passing the exam!*

die **Glückwunschkarte** greetings card
die **Glühbirne** light bulb
**glühen** ❶ to glow ❷ **vor Zorn glühen** to burn with anger
**glühend** ❶ (*intensiv*) *Berge, Farben, Gesicht:* glowing ❷ *Hitze:* blazing; **glühend heiß** burning hot; *Metall:* red-hot; **rot glühend** red-hot ❸ *Leidenschaft, Wunsch:* ardent; *Hass:* burning; *Verehrer:* fervent
der **Glühwein** mulled wine
das **Glühwürmchen** glow-worm
das **Glupschauge** goggle eye
die **Glut** embers *plural*
die **Gluthitze** sweltering heat
**glutrot** fiery red
das **Glykol** glycol
die **GmbH** *Abkürzung von* **Gesellschaft mit beschränkter Haftung** Ltd ⒼⒷ, Inc ⓊⓈⒶ
die **Gnade** ❶ mercy; **um Gnade bitten** to beg for mercy; **Gnade vor Recht ergehen lassen** to temper justice with mercy ❷ **Gottes Gnade** God's grace
die **Gnadenfrist** reprieve; **eine Gnadenfrist von zwei Monaten** a two months' reprieve
das **Gnadengesuch** plea for clemency [ˈklemᵊnsɪ]
**gnadenlos** merciless
**gnädig** ❶ (*erbarmend*) merciful ❷ (*herablassend*) condescending
der **Gnom** gnome [nəʊm]
das **Goal** [goːl] Ⓐ, ⒸⒽ goal
der **Gobelin** [Gobelin] tapestry
der **Gockel** cock
das **Gold** gold
der **Goldbarren** gold ingot [ˈɪŋgət]
der **Goldbarsch** redfish
das **Golddoublé** rolled gold
**golden** ❶ *Hochzeit:* golden [ˈgəʊldᵊn]

**757**          goldfarben – Gräte

② *Armband, Uhr:* gold ③ **die goldene Mitte wählen** to strike a happy medium
**goldfarben, goldfarbig** golden
der **Goldfisch** goldfish
**goldgelb** golden
die **Goldgrube** gold-mine *auch übertragen*
der **Goldhamster** golden hamster
**goldig** (*übertragen*) sweet ⑱, cute ⑭
der **Goldklumpen** gold nugget
die **Goldmedaille** gold medal ['medᵊl]
der **Goldmedaillengewinner**, die **Goldmedaillengewinnerin** gold medallist ['medᵊlɪst]; **sie ist dreifache Goldmedaillengewinnerin** she is a triple gold medallist
der **Goldregen** (*Strauch*) laburnum
**goldrichtig** dead right
der **Goldschmied**, die **Goldschmiedin** goldsmith
der **Goldschnitt** gilt edging
das **Goldstück** (*Münze*) gold coin
der **Golf** gulf; **der Golf** the Gulf
das **Golf** golf
der **Golfplatz** golf course
der **Golfschläger** golf club
der **Golfspieler**, die **Golfspielerin** golfer
der **Golfstaat** Gulf state
der **Golfstrom** Gulf Stream
die **Gondel** ① (*Boot*) gondola ['ɡɒndələ] ② (*Seilbahnkabine*) car
**gönnen** ① **sich etwas gönnen** to allow oneself something; **gönn dir was!** spoil yourself! ② **ich gönne es ihm** I am happy [*oder* pleased] for him; **sie gönnt mir den Erfolg nicht** she begrudges me [*oder* is jealous ['dʒeləs] of] my success
**gönnerhaft** patronizing
die **Göre** ① brat ② (*Mädchen*) kid
der **Gorilla** gorilla
die **Gosse** gutter; **in der Gosse landen** to end up in the gutter
die **Gotik** Gothic ['ɡoːtɪk]
**gotisch** Gothic ['ɡoːtɪk]
der **Gott** ① God; **der liebe Gott** the good Lord; **an Gott glauben** to believe in God ② **Gott sei Dank!** thank God!; **um Gottes willen!** for heaven's sake!; (*betroffen*) oh no! ③ **leider Gottes** unfortunately
die **Götterspeise** fruit jelly
der **Gottesdienst** service
das **Gotteshaus** place of worship
die **Gotteslästerung** blasphemy ['blæsfəmi]
die **Gottheit** ① (*Göttlichkeit*) divinity ② (*ein Gott*) godhead
die **Göttin** goddess
**göttlich** divine
**gottlob** gottlob! thank goodness!

**gottlos** (*übertragen: verrucht*) wicked ['wɪkɪd]
**gottverlassen** godforsaken
das **Gottvertrauen** trust in God
das **Grab** grave
der **Grabbeltisch** clearance table
der **Graben** ① (*am Straßenrand*) ditch ② (*Schützengraben*) trench ③ (*geologisch*) rift [valley]
**graben** (*mit Spaten*) to dig (**nach** for)
die **Grabinschrift** epitaph ['epɪtɑːf]
das **Grabmal** monument
der **Grabstein** gravestone
der **Grad** ① degree ② **im höchsten Grade** extremely
der **Graf** ① (*außerhalb Großbritanniens*) count; (*als Titel*) Count ② (*innerhalb Großbritanniens*) earl [ɜːl]; (*als Titel*) Earl
die **Grafik** ① (*Werk*) graphic ['græfɪk] ② (*Gewerbe*) graphic arts *plural* ③ (*Diagramm*) diagram ['daɪəɡræm]
der **Grafiker**, die **Grafikerin** graphic artist
die **Grafikkarte** graphics card
die **Gräfin** countess ['kaʊntɪs]; (*als Titel*) Countess
**grafisch** ① graphic ['græfɪk] ② (*schematisch*) schematic
der **Grafit** graphite ['græfaɪt]
die **Grafschaft** county
das **Gramm** gram[me]
die **Grammatik** grammar
**grammatisch** grammatical
der **Granat** (*Edelstein*) garnet
der **Granatapfel** pomegranate
die **Granate** shell
der **Granatwerfer** trench mortar
**grandios** magnificent [mæɡˈnɪfɪsənt], terrific
der **Granit** granite ['grænɪt]
die **Grapefruit** ['greːpfruːt] grapefruit
die **Graphik** ① (*Werk*) graphic ② (*Gewerbe*) graphic arts *plural* ③ (*Diagramm*) diagram
der **Graphit** graphite
das **Gras** grass ▸ WENDUNGEN: **über etwas Gras wachsen lassen** to let the dust settle over something; **ins Gras beißen** to bite the dust
**grasen** to graze
**grasgrün** grass-green
der **Grashalm** blade of grass
der **Grashüpfer** grasshopper
**grassieren** *Gerücht:* to circulate; *Krankheit:* to rage
**grässlich** ① (*grauenvoll*) hideous, horrible ② (*widerlich*) awful, dreadful
der **Grat** (*Bergrücken*) ridge
die **Gräte** fish-bone

**gratis – grob**      **758**

**gratis** free [of charge]

die **Gratisprobe** free sample

**gratulieren** to congratulate (**zu** on); [**ich**] **gratuliere!** [my] congratulations! *plural;* **jemandem zum Geburtstag gratulieren** to wish someone a happy birthday [*oder* many happy returns *plural*]

das **Grau** grey

**grau** ❶ grey; **graue Haare bekommen** to go grey; **grau meliert** *Haare:* greying ❷ **der graue Alltag** the humdrum everyday life, the dull routine; **in der grauen Vergangenheit** in the misty past

das **Graubrot** rye [*oder* brown] bread

der **Gräuel** ❶ (*Grauen*) horror ❷ (*Schandtat*) outrage

die **Gräueltat** atrocity; **eine Gräueltat begehen** to commit an atrocity

das **Grauen** (*Entsetzen*) horror; **Grauen erregend** gruesome ['gruːsəm], horrid

**grauen** **mir graut es davor** I dread it

**grauenhaft, grauenvoll** gruesome ['gruːsəm], horrid

der **graue Star** cataract

**grauhaarig** grey-haired

**gräulich** ❶ *Farbe:* greyish ❷ abominable, atrocious ['ətrəʊʃəs]

die **Graupe** grain of pearl barley

der **Graupelschauer** sleet

**grausam** cruel ['kruːəl] (**zu** to)

die **Grausamkeit** cruelty ['kruːəlti]

**grausig** horrible

**grauslich** Ⓐ (*unangenehm, ekelhaft*) terrible

die **Gravierung** engraving [ɪn'greɪvɪŋ]

die **Gravitation** gravitation

die **Gravitationskraft** gravitational force

**graziös** graceful

**greifbar** ❶ (*zur Verfügung*) available ❷ **in greifbarer Nähe** within reach

**greifen** ❶ (*ergreifen*) to grasp; **hinter sich/ nach etwas greifen** to reach behind/for something ❷ (*einrasten*) to grip ❸ *Maßnahmen, Strategie:* to have an effect (**bei** on) ❹ (*wirksam werden*) to be effective ❺ **zum Greifen nahe liegen** to be within one's grasp ❻ **zur Flasche greifen** to take to the bottle ❼ **zum Äußersten greifen** to go to extremes △ *plural* ❽ **um sich greifen** *Krankheit, Unsitte:* to spread [spred]

der **Greis**, die **Greisin** old man *maskulin,* old woman *feminin*

**grell** ❶ *Farbe:* loud ❷ *Sonne:* dazzling

das **Gremium** body, committee

die **Grenze** ❶ (*von Staat*) border; **die Grenze zu**

**Dänemark** the border with Denmark ❷ (*von Gemeinde*) boundary ❸ (*privat*) boundary ❹ (*übertragen*) limits *plural;* **sich** [**noch**] **in Grenzen halten** to keep within limits; **sein Mut kennt keine Grenzen** there's no limit to his courage; **alles hat seine Grenzen** there's a limit to everything ❺ **seine Grenzen kennen** to know one's limitations

**grenzen** border *auch übertragen* (**an** on)

**grenzenlos** boundless *auch übertragen*

der **Grenzfall** borderline case

das **Grenzgebiet** border area

die **Grenzlinie** (*im Sport*) line [marking the edge of the playing area]

der **Grenzschutz** frontier guard

die **Grenzstadt** border town

der **Grenzübergang** border [*oder* frontier] crossing

der **Grenzverkehr** border traffic

der **Grenzwert** limit

der **Grieche**, die **Griechin** Greek

**Griechenland** Greece

**griechisch** Greek

der **Grieß**(**brei**) semolina [ˌsemə'liːnə] [pudding]

der **Griff** ❶ (*Stiel*) handle ❷ *von Revolver:* butt ❸ *von Tür:* knob ❹ (*Halten von Hand*) grasp, grip ❺ **etwas im Griff haben** to have got the hang of something [*oder* something under control]; **etwas in den Griff bekommen** to get to grips with something

**griffbereit** handy

das **Griffbrett** *von Musikinstrument:* fingerboard

**griffig** ❶ (*handlich*) handy ❷ (*gut greifend*) non-slip

der **Grill** ❶ (*zum Grillen*) grill ❷ (*am Auto*) grille

die **Grille** cricket

**grillen** ❶ (*in der Küche*) to grill ❷ (*im Garten*) to barbecue ['baːbɪkjuː]

die **Grimasse** grimace ['grɪməs]; **Grimassen schneiden** to pull faces

**grimmig** ❶ (*zornig*) grim ❷ *Kälte:* severe [sɪ'vɪə]

das **Grinsen** grin

**grinsen** to grin

die **Grippe** influenza [ˌɪnflʊ'enzə], flu [fluː] *umgangsspr*

der **Grips** brains △ *plural*

**grob** ❶ (*nicht fein*) coarse [kɔːs]; **grob gemahlen** coarse-ground ❷ (*verletzend*) rude ❸ *Fehler:* serious; **grobe Fahrlässigkeit** gross negligence ['neglɪdʒəns] ❹ **grob geschätzt** at a rough estimate ❺ **aus dem Gröbsten heraus sein** to be over the worst

**759** · grölen – Großunternehmen

---

**USEFUL PHRASES**

Die folgenden *phrases* helfen dir dabei, dich im **Großstadtdschungel** zurechtzufinden.

| | |
|---|---|
| Excuse me, where can I get a Tube ticket? | Let's take the … Line to … |
| Is there a special fare for children? | We must change to the … Line there, and go east/west to … |
| I'd like a ticket to … | It's five stops to … |
| Can you give me a Tube map, please? | We get off at … |

---

**grölen** to bawl
der **Groll** resentment
**grollen** ❶ (*böse sein*) **jemandem grollen** to bear a grudge against someone ❷ *Donner:* to peal, to roll
**Grönland** Greenland ['griːnlənd]
das **Gros** gross [ɡreʊs]
der **Groschenroman** cheap novel ⒼⒷ, dime novel ⓊⓈⒶ
**groß** ❶ (*bedeutend*) great ❷ (*räumlich*) large; (*umfangreich*) big *auch übertragen;* (*riesig*) huge; *Fläche:* extensive, vast ❸ (*hoch gewachsen*) tall ❹ (*großartig*) grand ❺ *Hitze:* intense; *Fehler:* bad ❻ **die großen Ferien** the summer holidays [*oder* ⓊⓈⒶ vacation *singular*] ❼ **das ist jetzt große Mode** that's all the fashion now ❽ [**ganz**] **groß rauskommen** to make the big time ❾ **meine große Schwester** my big sister ❿ **er ist mal wieder in großer Eile** he's in a terrible rush again ⓫ **das war ein großer Irrtum** that was a big mistake ⓬ **die Maschine verursachte großen Lärm** the machine [məˈʃiːn] made a lot of noise ⓭ **großen Hunger haben** to be very hungry; **große Schmerzen haben** to be in a lot of pain △ *singular* ⓮ **sich große Mühe geben** to make a big effort
der **Großabnehmer**, die **Großabnehmerin** bulk purchaser
**großartig** ❶ (*wunderbar*) wonderful ['wʌndəfʰl] ❷ (*hervorragend*) splendid, great
die **Großaufnahme** close-up
**Großbritannien** Great Britain
der **Großbuchstabe** capital
die **Größe** ❶ (*Format, Umfang, von Kleidung, von Schuhen*) size; **welche Größe hast du?** what size are you? [*oder* do you take?] ❷ (*Höhe*) height [haɪt]; **er hat deine Größe** he is your height; **der Größe nach aufstellen** to line up in order of height ❸ (*Ausdehnung*) dimensions [ˌdaɪˈmenʃʰnz] △ *plural* ❹ (*Wichtig-*

*keit*) magnitude ❺ (*Bedeutung*) greatness; (*bedeutende Persönlichkeit*) important figure ❻ **eine unbekannte Größe** an unknown quantity ❼ (*Großartigkeit*) generosity; **er bewies mit seiner Geste menschliche Größe** his gesture showed true human greatness
der **Großeinkauf** bulk purchase
die **Großeltern** grandparents
**großenteils** for the most part, mostly
der **Größenwahn** megalomania [ˌmeɡələʊˈmeɪnɪə]; **an Größenwahn leiden** to be a megalomaniac
die **Großfahndung** dragnet operation, manhunt
die **Großfamilie** extended family
das **Großformat** large size
der **Großgrundbesitzer**, die **Großgrundbesitzerin** big landowner
der **Großhandel** wholesale trade
der **Großhändler**, die **Großhändlerin** wholesaler
**großherzig** generous ['dʒenʲrəs], magnanimous [mæɡˈnænɪməs]
das **Großhirn** cerebrum [səˈriːbrəm]
**großkotzig** swanky
die **Großmama** grandma
das **Großmaul** loudmouth
**großmütig** magnanimous [mæɡˈnænɪməs]
die **Großmutter** grandmother
der **Großonkel** great-uncle
der **Großrat**, die **Großrätin** ⒸⒽ member of a cantonal parliament ['pɑːləmənt]
der **Großraum** conurbation [ˌkɒnɜːˈbeɪʃʰn]
das **Großraumabteil** open carriage
das **Großraumbüro** open-plan office
das **Großraumflugzeug** large-capacity aircraft
**großspurig** boastful ['bəʊstfʰl]
die **Großstadt** city
der **Großstädter**, die **Großstädterin** city-dweller
**großstädtisch** big-city
die **Großtante** great-aunt
der **Großteil** large part; **zum Großteil** for the most part
**größtenteils** for the most part
das **Großunternehmen** big firm, large-scale en-

terprise

der **Großvater** grandfather

die **Großveranstaltung** big event

die **Großwetterlage** ❶ general weather ['weðər] situation ❷ **die politische Großwetterlage** the general political climate

**großziehen** to raise [reɪz]

**großzügig** ❶ (*freigebig*) generous ['dʒenər-əs], liberal ❷ (*weiträumig*) spacious ['speɪʃəs]

die **Großzügigkeit** generosity [ˌdʒenərɒsəti]

**grotesk** grotesque

die **Grotte** grotto

die **Grube** ❶ hole, hollow ❷ (*Bergbau*) mine, pit

**grübeln** to brood (**über** over)

**grüezi** Ⓒ hello

die **Gruft** (*Grabgewölbe*) tomb, vault

der **Gruftie** goth

**grün** ❶ green; **ein grüner Salat** a lettuce ❷ (*unreif*) *Tomaten, Pflaumen:* green; **noch sehr grün sein** to lack experience ▸ WENDUNGEN: **grüne Witwe** grass widow; **grüne Welle** phased traffic lights *plural;* **das ist dasselbe in Grün** (*umgangsspr*) that's one and the same thing; **sie sind sich nicht grün** there's no love lost between them; **jemandem grünes Licht geben** to give someone the go-ahead

die **Grünanlage** park

der **Grund**[1] ❶ (*Ursache*) reason; **aus welchem Grund?** for what reason?; **auf Grund von ...** due to ..., because of ...; **aus gesundheitlichen Gründen** for reasons of health; **ohne jeden Grund** for no apparent reason ❷ (*Anlass*) reason; **einen Grund zum Feiern haben** to have good cause for celebration; **ich habe keinen Grund zum Klagen** I have no reason to complain

der **Grund**[2] ❶ *von Gefäß, Grube:* bottom; **im Grunde meines Herzens** at the bottom of my heart ❷ (*Grundstück*) land ❸ (*Erdboden*) ground ❹ **von Grund auf** completely ❺ **im Grunde** basically ❻ **einer Sache auf den Grund gehen** to get to the bottom of something ❼ **einer Sache etwas zu Grunde legen** to base something on something; **der Anklage liegen Fakten zu Grunde** the accusation is based on facts ❽ **zu Grunde richten** to ruin, to destroy

die **Grundausbildung** basic training

der **Grundbegriff** basic principle

der **Grundbesitz** landed property, real estate

der **Grundbesitzer**, die **Grundbesitzerin** landowner

das **Grundbuch** land register

**gründen** ❶ to found ❷ **sich gründen auf** to be based on

der **Gründer**, die **Gründerin** founder

**grundfalsch** utterly wrong

die **Grundfläche** floor space

die **Grundgebühr** standing charge

das **Grundgesetz** (*bundesdeutsche Verfassung*) **das Grundgesetz** the German Constitution

**grundieren** to prime

die **Grundierfarbe** undercoat

das **Grundkapital** capital stock, equity capital

die **Grundlage** basis, foundation

**grundlegend** ❶ fundamental, basic (**für** to) ❷ **grundlegend falsch** fundamentally wrong

**gründlich** thorough

die **Gründlichkeit** thoroughness

**grundlos** ❶ (*unbegründet*) unfounded ❷ (*sehr tief*) bottomless

das **Grundnahrungsmittel** staple food

der **Gründonnerstag** Maundy Thursday [ˌmɔːndiˈθɜːzdi]

das **Grundrecht** fundamental right

der **Grundriss** ❶ (*eines Gebäudes*) ground plan ❷ (*Skizze*) outline, sketch

der **Grundsatz** principle

**grundsätzlich** ❶ (*im Allgemeinen*) in principle; **grundsätzlich schon** basically yes; **grundsätzlich nicht** absolutely not ❷ (*stets*) always; **grundsätzlich nein sagen** to say no on principle ❸ *Frage, Unterschied:* fundamental

die **Grundschule** elementary [*oder* primary] school

der **Grundschullehrer**, die **Grundschullehrerin** elementary [*oder* primary] school teacher

der **Grundstein** foundation-stone

das **Grundstück** ❶ (*Parzelle*) plot; (*größer*) estate [r'steɪt] ❷ (*Grund und Boden*) property ❸ (*Baugrund*) site

der **Grundstücksmakler**, die **Grundstücksmaklerin** estate agent Ⓖ, realtor Ⓤ

das **Grundübel** (*Grundproblem*) basic problem

die **Gründung** foundation

**grundverschieden** entirely different

das **Grundwasser** ground water

der **Grundwasserspiegel** ground-water level, water table

der **Grundwert** basic value *meist plural*

der **Grundwortschatz** basic [*oder* essential] vocabulary

die **Grundzahl** ❶ (*Kardinalzahl*) cardinal number ❷ (*von Potenz oder Logarithmus*) base number

der/die **Grüne** Green [party member]; **die Grünen**

the Green Party
**grünen** to turn green
der **Grünfink** greenfinch
die **Grünfläche** green [*oder* open] space
das **Grünfutter** green fodder
der **Grünkohl** kale
**grünlich** greenish
der **Grünschnabel** greenhorn
der **Grünspan** verdigris ['vɜ:dɪɡrɪs]
der **Grünstreifen** ❶ (*am Straßenrand*) grass
verge ❷ (*Mittelstreifen*) central reservation
Ⓖ Ⓑ, median strip Ⓤ Ⓢ Ⓐ
**grunzen** to grunt
das **Grünzeug** (*umgangsspr: Salat und Gemüse*)
greens *plural*
die **Gruppe** ❶ group ❷ (*Arbeitsgruppe*) team
die **Gruppenarbeit** teamwork
der **Gruppendruck** peer pressure
**gruppenweise** in groups
**gruppieren** ❶ to group ❷ **sich gruppieren**
to form groups *plural;* **die Häuser gruppie-**
**ren sich um den Marktplatz** the houses
are grouped around the market square
die **Gruppierung** grouping
die **Gruselgeschichte** horror story
**gruselig** gruesome ['ɡruːsəm]
der **Gruß** ❶ greeting; **viele Grüße** best wishes
❷ **jemandem herzliche Grüße bestellen**
to give one's kindest regards to someone;
**jemandem einen Gruß ausrichten** to give
one's regards ⚠ *plural* to someone, to say
hello to someone *umgangsspr*
**grüßen** ❶ to greet; **grüß dich!** hi! ❷ (*beim*
*Militär*) to salute
**gucken** to look; **guck mal!** look!
das **Guckloch** peephole
der **Guerillakrieg** guerrilla war[fare]
**Guinea** Guinea ['ɡɪni]
der **Guineer,** die **Guineerin** Guinean
**guineisch** Guinean
der/das **Gulasch** goulash
der **Gulden** guilder ['ɡɪldə]
**gültig** ❶ *Pass:* valid ❷ *Bestimmungen, Preise:*
current ❸ (*allgemein anerkannt*) universal
die **Gültigkeitsdauer** period of validity
der **Gummi** ❶ (*auch Radiergummi*) rubber
❷ (*Kondom*) rubber
das **Gummiband** rubber band
das **Gummibärchen** jelly baby
der **Gummibaum** rubber plant
die **Gummihandschuhe** rubber gloves [ɡlʌvz]
der **Gummiknüppel** [rubber] truncheon ['trʌn-
ʃ°n]
der **Gummischlauch** tube
der **Gummistrumpf** elastic stocking

die **Gummizelle** padded cell
die **Gunst** favour ['feɪvə]; **zu deinen Gunsten** in
your favour ⚠ *singular;* **zu Gunsten von ...**
in favour ⚠ *singular* of ...
**günstig** ❶ (*vorteilhaft*) favourable ['feɪvər-
əbl]; *Moment:* right; **im günstigsten Falle**
at best; **bei günstiger Witterung** weather
permitting; **günstig gelegen** [für] well
situated [for]; **eine Immobilie in günsti-**
**ger Lage** a well-situated property ❷ (*preis-*
*wert*) cheap; **etwas günstig erstehen/**
**verkaufen** to buy/sell something for a
good price
die **Gurgel** throat
das **Gurgelmittel** gargle
**gurgeln** (*mit Mundwasser*) to gargle
die **Gurke** ❶ (*Salatgurke*) cucumber ❷ (*Essig-*
*gurke*) gherkin ['ɡɜːkɪn]
**gurren** to coo
der **Gurt** ❶ (*Riemen*) strap ❷ (*Gürtel*) belt
der **Gürtel** ❶ (*für Hose*) belt ❷ (*Absperrung*) cor-
don
die **Gürtellinie** waist ▶ WENDUNGEN: **ein Schlag**
**unter die Gürtellinie** a punch below the
belt
die **Gürtelrose** shingles *singular*
die **Gürtelschnalle** buckle
die **Gurtpflicht es besteht Gurtpflicht** wearing
of seat-belts ⚠ *plural* is compulsory
**GUS** *Abkürzung von* **Gemeinschaft unab-**
**hängiger Staaten** CIS, Community of Inde-
pendent States
der **Guss** ❶ (*Wasserguss*) gush ❷ (*Regenguss*)
downpour ❸ (*Zuckerguss*) frosting, icing
❹ **aus einem Guss** (*übertragen*) a unified
whole
das **Gusseisen** cast iron Ⓖ Ⓑ, pig iron Ⓤ Ⓢ Ⓐ
**gusseisern** cast-iron
die **Gussform** mould
das **Gut** ❶ (*Landgut*) estate [ɪ'steɪt] ❷ **Güter**
goods
**gut** ❶ good; *Wetter:* nice; **ein guter Mensch**
a good person; **kein guter Tänzer** not much
of a dancer ❷ **wie geht's? — gut!** how are
you? — fine!; **ganz gut** not bad; **so gut es**
**geht** as best as possible ❸ **gut so!** that's it!;
**gut gemacht!** well done!; **mach's gut!** take
care! ❹ **das ist schön und gut, aber ...** it's
all very well but ... ❺ **schon gut!** all right!,
OK!; **nun gut!** all right then! ❻ **wozu ist**
**das gut?** what's that for?; **das ist gut gegen**
**Grippe** that's good for flu ❼ **du siehst**
**gut aus** (*allgemein*) you're good-looking;
(*heute*) you're looking good [*oder* great];
(*gesundheitlich*) you're looking well ❽ **mir**

## Gutachten – Haar

ist nicht gut I'm not feeling [too] well; **das wird dir gut tun** that will do you good ❾ **du hast gut lachen/reden!** it's easy for you to laugh/say!; **das kann gut sein** that may well be ❿ **jemanden gut finden** to like someone; **das gefällt mir gut** I like it very much ⓫ **gut bezahlt** highly-paid, well-paid; **gut gehend** flourishing ['flʌrɪʃɪŋ]; **gut gelaunt** cheerful; **gut gemeint** well-meaning, well-meant ⓬ **das schmeckt gut** that tastes nice ⓭ **etwas gut können** to be good at something ⓮ **seid ihr gut angekommen?** did you get back alright? ⓯ **jemandem alles Gute wünschen** to wish someone well; (*für Prüfung*) to wish someone luck ⓰ **dabei kann nichts Gutes rauskommen** nothing good can possibly come of it ⓱ **das ist nochmal gut ausgegangen** that was a close shave ⓲ **etwas wendet sich zum Guten** something comes right in the end ⓳ **bis London sind es noch gut 5 Kilometer** it's still a good 5 kilometres to London

 **well — better — best**: *Dave knows me well, my brother knows me better, but my mum knows me (the) best.* — Vorsicht: *he plays the guitar* **well**, aber: *he is a* **good** *guitarist.*

das **Gutachten** expert ['eksp3ːt] opinion
der **Gutachter,** die **Gutachterin** expert
**gutartig** *Geschwulst:* benign [bə'naɪn]
**gutbürgerlich** *Küche:* good plain, home[-style]
das **Gutdünken** discretion [dɪ'skreʃ⁰n]; **nach seinem Gutdünken** at his discretion, as he sees fit
die **Güte** ❶ (*Freundlichkeit*) kindness ❷ (*Qualität*) quality ❸ [ach] **du meine Güte!** goodness me!
das **Gute** *etwas Gutes* something good; **ich habe nur Gutes gehört** I've only heard good things; **jemandem Gutes tun** to be good to someone; **alles Gute!** all the best!; **das Gute daran ...** the good thing about it ...
der **Güterbahnhof** goods depot [ˌdepəʊ] ⒢⒝, freight ['freɪt] depot ⒰⒮⒜
der **Güterfernverkehr** long-distance haulage △ *ohne Artikel*
die **Gütergemeinschaft** community of property
die **Gütertrennung** separation of property
der **Güterwagen** goods truck ⒢⒝, freight [freɪt] car ⒰⒮⒜
der **Güterzug** goods train ⒢⒝, freight train [freɪt] ⒰⒮⒜
das **Gütezeichen** ❶ quality mark ❷ (*übertragen*) hallmark

**gutgläubig** (*leichtgläubig*) credulous ['kredjʊləs], trusting, gullible
das **Guthaben** credit
**gutheißen** *etwas gutheißen* to approve [ə'pruːv] of something
**gütig** ❶ (*freundlich*) friendly ['frendli], kind ❷ (*voller Güte*) generous ['dʒen⁰rəs]
**gutmütig** good-natured
der **Gutsbesitzer,** die **Gutsbesitzerin** landowner
der **Gutschein** ❶ (*als Zahlung*) coupon ['kuːpɒn], voucher ['vaʊtʃ⁰r] ❷ (*für umgetauschte Waren*) credit note
**gutschreiben** to credit ['kredɪt]
die **Gutschrift** ❶ (*Bescheinigung*) credit note ❷ (*Betrag*) credit [item]
der **Gutshof** estate [ɪ'steɪt]
**gutwillig** willing, obliging
der **Gymnasiast,** die **Gymnasiastin** grammar school pupil ⒢⒝, high school student ⒰⒮⒜
das **Gymnasium** grammar school ⒢⒝, high school ⒰⒮⒜; **aufs Gymnasium gehen** to go to grammar [*oder* ⒰⒮⒜ high] school
die **Gymnastik** gymnastics △ *singular*; keep fit; **Gymnastik machen** to do keep-fit exercises
der **Gymnastikanzug** leotard
der **Gynäkologe,** die **Gynäkologin** gynaecologist [ˌgaɪnɪ'kɒlədʒɪst]

# H

**H, h** ❶ H, h [eɪtʃ] ❷ (*Note*) B ❸ **H-Dur** B major; **H-Moll** B minor
**ha¹** *Abkürzung von* **Hektar** ha
**ha²** ha!
das **Haar** ❶ hair; **lange/kurze Haare** long/short hair △ *singular*; **blonde/schwarze Haare** blonde/black hair △ *singular*; **glatte/lockige/krause Haare** straight/curly [*oder* wavy]/frizzy hair △ *singular* ❷ **sich die Haare schneiden lassen** to have one's hair cut; **sich die Haare kämmen** to comb [kəʊm] one's hair; **ich muss [mir] noch die Haare waschen** I've got to wash my hair ▶ WENDUNGEN: **ein Haar in der Suppe finden** to find something to quibble ['kwɪbl] about; **etwas ist an den Haaren herbeigezogen** something is far-fetched; **mir standen die Haare zu Berge** my hair stood on end; **kein gutes Haar an jeman-**

**dem lassen** to pick [*oder* pull] someone to pieces △ *plural;* **sich in die Haare geraten** to pick a quarrel [with each other]; **sich ständig in den Haaren liegen** to be constantly quarrel[l]ing; **um ein Haar** (*beinahe*) within a hair's breadth; **um kein Haar besser** not a whit better

der **Haarausfall** loss of hair; **sie hat Haarausfall** she is losing her hair

die **Haarbürste** hairbrush

**haaren** ❶ *Tier:* to moult, to lose its hair ❷ *Pelz:* to shed hairs *plural*

die **Haarfarbe** colour of hair; **was für eine Haarfarbe hat sie?** what's the colour of her hair?

der **Haarfestiger** [hair] setting lotion

**haarig** hairy *auch übertragen*

die **Haarklammer** hairgrip ⓖⓑ, bobby pin ⓤⓢⓐ

die **Haarnadel** hairpin

die **Haarnadelkurve** hairpin bend

**haarscharf die Kugel ging haarscharf an ihm vorbei** the bullet missed him by a hair's breadth [bredθ]

der **Haarschnitt** haircut

die **Haarspalterei** hair-splitting

die **Haarspange** hair slide

der/das **Haarspray** hair lacquer [*oder* spray]

**haarsträubend** hair-raising

das **Haarteil** hair-piece

der **Haartrockner** hair-dryer

das **Haarwasser** hair lotion

das **Hab mit Hab und Gut** with all one's belongings *plural*

die **Habe** possessions [pə'zeʃᵊnz] *plural,* belongings *plural*

das **Haben** (*Kontostand*) credit [side] ['kredɪt]

**haben** ❶ to have, to have got *umgangsspr* ❷ **Durst/Hunger haben** to be thirsty/hungry; **Ferien haben** to be on holiday; **wann hast du Geburtstag?** when is your birthday?; **ich habe am 22. Februar Geburtstag** my birthday is on the 22nd of February; **ich habe [heute] Geburtstag!** it's my birthday [today]!; ❸ **den wievielten haben wir heute?** what date is it today?; **heute haben wir den …** today is the … ❹ **für etwas zu haben sein** to be keen on something; **das haben Sie davon!** that'll teach you! ❺ **ich kann das eben nicht [ab]haben** (*leiden*) I just can't stand it ❻ **ich hab's!** I've got it!; **etwas fertig haben** to have finished something ❼ **jemanden lieb haben** to love someone ❽ **es gut haben** to be lucky; **lieber haben** to prefer; **nötig haben** to need ❾ **Recht haben** to be right; **Unrecht**

**haben** to be wrong ❿ **etwas haben wollen** (*verlangen*) to ask for something; (*wünschen*) to desire, to want something ⓫ **zu tun haben** (*beschäftigt sein*) to be busy; **was haben Sie?** what's the matter with you?; **hab dich nicht so** don't make such a fuss ⓬ **da haben Sie's!** there you are!; **das haben wir gleich!** we'll have that fixed in a jiffy! ⓭ **und damit hat sich's!** and that's that!

der **Habenichts** have-not, pauper

**habgierig** covetous ['kʌvɪtəs], greedy

der **Habicht** hawk

die **Habseligkeiten** [few] personal belongings [*oder* effects]

die **Habsucht** covetousness ['kʌvɪtəsnəs], greed[iness]

**habsüchtig** covetous ['kʌvɪtəs], greedy

der **Hackbraten** meat loaf

die **Hacke**[1] (*Ferse*) heel

die **Hacke**[2] (*Gerät*) hoe [həʊ]; (*Picke*) pick[axe]

**hacken** ❶ to chop *Holz* ❷ to hoe *Feld, Garten* ❸ (*mit Spitzhacke*) to hack; **klein hacken** to chop up small ❹ (*picken*) *Vogel:* to peck (**nach** at) ❺ (*in Informatik*) to hack (**in** into)

der **Hacker**, die **Hackerin** hacker

das **Hackfleisch** mince[d meat] ⓖⓑ, ground meat ⓤⓢⓐ ▸ WENDUNGEN: **aus jemandem Hackfleisch machen** to make mincemeat of someone

die **Hackordnung** pecking order *auch übertragen*

**hadern** to quarrel ['kwɒrəl], to wrangle ['ræŋgl] (**mit** with, **über** over)

der **Hafen** ❶ harbour, port; **in einen Hafen einlaufen** to enter a harbour ❷ (*übertragen: sicherer Ort*) haven

die **Hafenanlagen** ❶ (*Docks*) docks ❷ (*Hafeneinrichtungen*) port facilities

der **Hafenarbeiter**, die **Hafenarbeiterin** docker ⓖⓑ, longshoreman ⓤⓢⓐ

die **Hafengebühren** harbour-dues

die **Hafenrundfahrt** conducted boat tour of the harbour

die **Hafenstadt** port; (*am Meer*) seaport

der **Hafer** oats △ *plural* ▸ WENDUNGEN: **ihn sticht der Hafer** he's feeling his oats △ *plural*

die **Haferflocken** porridge oats; **grobe Haferflocken** rolled oats

die **Haft** ❶ (*Haftstrafe*) imprisonment; **zu zehn Jahren Haft verurteilt werden** to be sentenced to ten years' imprisonment; **in Haft** in prison ❷ (*vor dem Prozess*) custody ['kʌstədi]; **in Haft** in custody; **in Haft nehmen** to take into custody

**haftbar – Halbwertszeit** 764

**haftbar** [legally] responsible [*oder* liable] (**für** for); **jemanden haftbar machen** to make [*oder* hold] someone liable (**für** for)

der **Haftbefehl** arrest warrant [wɒrənt]

**haften** ① (*kleben*) to adhere, to stick (**an** to); **an etwas haften bleiben** to stick to something ② (*haftbar sein*) to be liable [*oder* responsible] (**für** for)

der **Häftling** prisoner

die **Haftnotiz** self-adhesive note

die **Haftpflicht** (*Schadenersatzpflicht*) liability (**für** for)

die **Haftpflichtversicherung** ① (*für Personen*) personal [*oder* USA public] liability insurance [ɪnˈʃʊərəns] ② (*für KFZ*) third-party insurance

die **Haftschalen** contact lenses

die **Haftung** ① (*Schadenersatz*) liability; **beschränkte Haftung** limited liability ② (*Verantwortung für Personen*) responsibility ③ *von Reifen:* adhesion, grip

der **Hag** CH (*Hecke*) hedge

die **Hagebutte** hip, rosehip

der **Hagebuttentee** rosehip tea

der **Hagel** ① hail ② (*übertragen*) hail, torrent, stream

das **Hagelkorn** hailstone

**hageln** to hail *auch übertragen;* **es hagelt** it's hailing; **es hagelte Kritik** there was a storm of criticism

der **Hagelschauer** hailstorm

**hager** lean, thin

der **Hahn**[1] ① (*Wasserhahn*) tap GB, faucet [ˈfɔːsɪt] USA; (*Sperrhahn*) stopcock ② (*Zapfhahn*) spigot

der **Hahn**[2] (*Gockel*) cock GB, rooster USA ▶ WENDUNGEN: **der Hahn im Korb sein** to be the cock of the walk; **es kräht kein Hahn danach** nobody cares a hoot about it

der **Hahnenschrei** cockcrow; **beim ersten Hahnenschrei** at cockcrow

der **Hahnentritt**, das **Hahnentrittmuster** dogtooth check

der **Hai** shark *auch übertragen*

der **Hain** grove

**Haiti** Haiti

der **Haitianer**, die **Haitianerin** Haitian

**haitianisch** Haitian

**häkeln** to crochet [ˈkrəʊʃeɪ]

die **Häkelnadel** crochet hook

der **Haken** ① (*aus Metall; auch beim Boxen*) hook; (*aus Holz*) peg ② (*Zeichen: Häkchen*) tick GB, check USA ③ **die Sache hat einen Haken** there's a catch; **der Haken daran ist, ...** the thing is, ...

die **Hakennase** hooked nose

**halb** ① half *auch übertragen;* **eine halbe Stunde** half an hour; **ein halbes Jahr** six months △ *plural;* **zum halben Preis** [at] half price ② **es ist halb eins** it is half past twelve ③ **das ist doch halb so schlimm** it's not that bad ④ **machen wir halbe-halbe!** let's go halves!; **nichts Halbes und nichts Ganzes** neither [ˈnaɪðəʳ] one thing nor the other; **wir machen keine halben Sachen** we don't do things by halves ⑤ (*in Zusammensetzungen: zur Hälfte*) half-; (*technisch*) semi-; **halb nackt** half-naked; **halb offen** half-open; **halb tot** half-dead; **halb voll** half-full ⑥ (*beinahe*) almost; **halb so viel** [wie] half as much [as]; **noch ein halbes Kind sein** to be scarcely [ˈskeəsli] more than a child

**halbamtlich** semi-official

**halbautomatisch** semiautomatic

der **Halbbruder** half-brother

**halbfertig** half-finished

**halbflüssig** semi-fluid

der **Halbgott** demigod *auch übertragen*

**halbieren** ① to halve [hɑːv]; (*zerschneiden*) to cut in halves *plural* ② (*in Geometrie*) to bisect

die **Halbinsel** peninsula [pəˈnɪnsjʊlə]

das **Halbjahr** half-year, six months *plural*

**halbjährig** **ein halbjähriger Vertrag** a six months' *plural* contract

**halbjährlich** ① *Bericht:* half-yearly GB, semiannual USA ② (*alle halbe Jahr*) every six months *plural*

der **Halbkanton** CH sub-canton

der **Halbkreis** semicircle [ˈsemɪˌsɜːkl]

die **Halbkugel** hemisphere [ˈhemɪsfɪə]

**halblang** mid-length; **mach's halblang!** hang on a minute!

der **Halbmond** ① (*Himmelskörper*) half-moon ② (*im Wappen*) crescent [ˈkrezᵊnt]

die **Halbpension** half-board

der **Halbschuh** shoe

das **Halbschwergewicht** (*im Boxen*) light-heavyweight

die **Halbschwester** half-sister

**halbtags** **halbtags arbeiten** to work part-time

**halbwegs** ① (*ein bisschen*) a bit; **sich halbwegs normal benehmen** to behave halfway normally ② (*leidlich*) fairly; **es geht mir halbwegs gut** I'm feeling fairly OK *umgangsspr;* **halbwegs in Ordnung** reasonably OK *umgangsspr*

die **Halbwertszeit** half-life

die **Halbzeit** ❶ (*Spielhälfte*) half [haːf] ❷ (*Pause*) half-time

die **Halde** ❶ (*Schuttplatz*) waste dump ❷ (*Kohlenhalde*) pithead stocks △ *plural*, slagheap

die **Hälfte** ❶ half [haːf]; **meine Hälfte** my half [*oder* share] ❷ [**bis**] **zur Hälfte** halfway; **um die Hälfte** by half; **um die Hälfte mehr** half as much again; **mehr als die Hälfte** more than half

die **Halle** ❶ (*großer Raum*) hall ❷ (*Vorhalle*) vestibule ['vestɪbjuːl] ❸ (*Hotelhalle*) lobby, lounge ❹ (*Sporthalle*) gym[nasium]; **in der Halle [spielen]** [to play] indoors

**hallen** to echo ['ekəʊ]; (*widerhallen*) to reverberate *auch übertragen*

das **Hallenbad** indoor swimming pool

**hallo** hello, hallo ['hæləʊ]

der **Halm** ❶ (*einer Blume*) stalk [stɔːk], stem ❷ (*Grashalm*) blade ❸ (*Strohhalm*) straw

der **Halogenscheinwerfer** halogen ['hælədʒən] headlight

der **Hals** ❶ (*Nacken*) neck; **sich den Hals brechen** to break one's neck ❷ (*Kehle*) throat ▶ WENDUNGEN: **Hals über Kopf** in a rush; **jemanden am Hals haben** to be saddled with someone; **sich jemanden/etwas vom Hals schaffen** to get someone/something off one's back; **das hängt mir zum Hals heraus** I am sick and tired of that; **sich jemandem an den Hals werfen** to throw oneself at someone; **er kann den Hals auch nie voll kriegen!** he's never satisfied!; **Hals- und Beinbruch!** break a leg!

der **Halsabschneider** cutthroat

das **Halsband** ❶ (*Schmuck*) necklace ['nekləs] ❷ (*für Tier*) collar ['kɒlə']

**halsbrecherisch** ❶ *Tempo:* breakneck ❷ (*riskant*) daredevil

die **Halsentzündung** sore throat

die **Halskette** (*Schmuck*) necklace ['nekləs]

die **Halsschlagader** carotid [artery]

die **Halsschmerzen** sore throat △ *singular;* **Halsschmerzen haben** to have a sore throat △ *singular*

**halsstarrig** ❶ (*verstockt*) obstinate, stubborn ❷ (*eigensinnig*) wilful ⒼⒷ, stiff-necked ⓊⓈⒶ

das **Halstuch** scarf

der **Halswirbel** cervical vertebra

der **Halt** ❶ (*Festigkeit*) hold; (*innerer Halt*) stability ❷ (*Anhalten, Aufenthalt*) halt, stop; **ohne Halt** non-stop; **Halt machen** to [make a] stop ❸ **vor nichts Halt machen** to stop at nothing

**halt¹** ❶ stop!, hold on! *umgangsspr* ❷ (*beim Militär*) halt!

**halt²** (*umgangsspr: nun einmal*) just, simply; **das ist halt so** that's just the way it is

**haltbar** ❶ *Behauptung, Position:* tenable ['tenəbl]; *Zustand:* tolerable ❷ **haltbar sein** *Lebensmittel:* to keep [well]; **nur begrenzt haltbar** perishable

die **Haltbarkeit** ❶ (*von Lebensmitteln*) shelf life ❷ (*Widerstandsfähigkeit*) durability

das **Haltbarkeitsdatum** best-before date

die **Haltbarkeitsdauer** shelf life

der **Haltegriff** grab handle

**halten** ❶ (*festhalten*) to hold ❷ (*aufrechterhalten*) to maintain *Niveau, Tempo* ❸ (*behalten*) to keep *Festung, Stellung;* to hold *Position, Rekord* ❹ (*beschäftigen, besitzen*) to keep *Chauffeur, Gärtner, Haustier* ❺ (*tragen, stützen*) to hold up, to support ❻ (*veranstalten*) to hold *Bazar, Gottesdienst;* to give *Rede, Vorlesung* ❼ to save *Torschuss; Torwart:* to make a save ❽ (*erfüllen*) to keep *Versprechen* ❾ **halt den Mund!** shut up! ❿ (*haften bleiben*) to hold ⓫ (*anhalten*) to stop ⓬ (*bestehen bleiben*) *Frisur, Preise, Wetter:* to last; *Lebensmittel:* to keep; *Stoffe:* to wear well ⓭ **sich halten** *Blumen, Nahrungsmittel:* to keep; *Wetter:* to last; *Preise:* to hold; (*im Kampf*) to hold out ⓮ **er hat sich gut gehalten** (*er sieht jung aus*) he's aged [*oder umgangssprachlich* kept] well ⓯ **sich links/rechts halten** to keep to the left/right ⓰ **Schwimmen hält fit** swimming keeps you fit ⓱ **zu jemandem halten** to stand by someone ⓲ (*erachten, einschätzen*) **jemanden für einen Freund halten** to regard someone as a friend; **wofür halten Sie mich eigentlich?** really, what do you take me for?; **was halten Sie von ihm?** what do you think of him?; **sich für klug/etwas Besonderes halten** to think oneself very clever/special ⓳ **jemanden auf dem Laufenden halten** to keep someone posted ⓴ **sich an jemanden halten** to turn to someone ㉑ **sich an eine Abmachung halten** to stick to an agreement; **sich an die Spielregeln halten** to play the game; **sich an ein Versprechen halten** to keep a promise

die **Haltestelle** (*Bushaltestelle*) stop

das **Halteverbot** **hier ist Halteverbot** there's no stopping here; **du stehst im Halteverbot** you're in a no-stopping zone

**haltlos** ❶ (*schwach*) unstable, unsteady [ʌn'stedi] ❷ (*hemmungslos*) unrestrained ❸ *Verdacht:* unfounded

die **Haltung** ❶ (*Körperhaltung*) posture ['pɒstʃə] ❷ (*Einstellung*) attitude ❸ (*Auftreten*) bearing; **Haltung bewahren** to maintain one's composure

der **Halunke** ① (*Schuft*) scoundrel ['skaʊndrəl] ② (*humorvoll*) rascal ['rɑːskəl], scamp

**hämisch** ① malicious [məˈlɪʃəs], rancorous ['ræŋkᵊrəs], spiteful; *Lächeln:* sardonic ② **sich hämisch über etwas freuen** to gloat over something

der **Hammel** ① (*Tier*) wether ② (*Fleisch*) mutton ③ (*Dummkopf*) muttonhead *umgangsspr*

das **Hammelfleisch** mutton

der **Hammer** ① hammer; (*aus Holz*) mallet ② (*übertragen: schwerer Schnitzer*) howler; **sich einen Hammer leisten** to drop a clanger ③ **das ist ja 'n Hammer!** (*unerhört*) that's absurd!; (*toll*) that's smashing!

**hämmern** ① to hammer *auch übertragen* ② *Herz, Puls:* to pound

die **Hämorrhoiden**, die **Hämorriden** haemorrhoids ['hemərɔɪdz]

der **Hampelmann** ① (*Spielzeug*) jumping jack ② (*zappelige Person*) fidget ③ (*willensschwache Person*) puppet; **er hat sich zu ihrem Hampelmann gemacht** he lets her push him around

der **Hamster** hamster

**hamstern** (*speichern*) to hoard [hɔːd]

die **Hand** ① hand; **in die Hände klatschen** to clap one's hands; **Hände hoch!** hands up!; **von Hand** by hand; (*in Zusammensetzungen*) manual ['mænjuəl] ② **Hand aufs Herz!** cross your heart!; **das liegt doch wohl auf der Hand** that's obvious, isn't it?; **es lag in ihrer Hand** it was in her hands *plural* ③ **weder Hand noch Fuß haben** to not make sense ④ **etwas in die Hand nehmen** (*anfassen*) to pick something up; (*in Angriff nehmen*) to take something in hand ⑤ **alle Hände voll zu tun haben** to have one's hands full ⑥ **etwas bei der** [*oder* **zur**] **Hand haben** to have something to hand *Gegenstand;* to have something ready *Ausrede, Erklärung* ⑦ **Hand in Hand** hand in hand ⑧ **zu Händen von ...** (*Brief*) [for the] attention of ... ⑨ **eine Hand voll** a handful ▸ WENDUNGEN: **eine Hand wäscht die andere** you scratch my back and I'll scratch yours; **von der Hand in den Mund leben** to live from hand to mouth; **in festen Händen sein** *Person:* to be spoken for; **etwas aus erster Hand wissen** to know something first hand; **die Situation fest in der Hand haben** to have the situation well in hand; **sich mit Händen und Füßen gegen**

**etwas wehren** to fight something tooth and nail

die **Handarbeit** ① (*kunsthandwerklich*) handicraft ['hændɪkrɑːft]; (*nicht Maschinenarbeit*) handiwork; **dieser Tisch ist Handarbeit** this table is handmade ② (*Nähen, Stricken, Häkeln*) needlework

der **Handball** (*Sportart*) [European] handball

die **Handbewegung** ① movement [*oder* sweep] of the hand ② (*Geste*) gesture ['dʒestʃə]

die **Handbremse** handbrake

das **Handbuch** ① (*mit Anweisungen*) handbook, manual ['mænjuəl] ② (*Führer*) guide

das **Händchen** ① little hand ② **Händchen halten** to hold hands ▸ WENDUNGEN: **für etwas ein Händchen haben** to have a knack [næk] for something

der **Händedruck** handshake

der **Handel** ① (*das Handeln*) trade (**mit** in) ② **im Handel** on the market; **Handel treiben** to trade; **etwas in den Handel bringen** to put something on the market ③ (*Abmachung*) deal ④ (*Wirtschaftszweig*) commerce ['kɒmɜːs]

das **Handeln** ① (*Handeltreiben*) trading ② (*Feilschen*) haggling ③ (*Agieren*) action ④ (*Verhalten*) behaviour

**handeln** ① (*agieren*) to act ② (*sich verhalten*) to behave ③ **von etwas handeln** *Buch, Film:* to deal with ④ (*feilschen*) to haggle (**um** about/over) ⑤ (*Handel treiben*) to trade (**mit** in) ⑥ **an der Börse gehandelt werden** to be quoted ⑦ **worum handelt es sich?** what's it about?; **es handelt sich um ...** it is a matter of ..., it concerns ...; **darum handelt es sich nicht** that is not the issue

die **Handelsakademie** Ⓐ commercial college

die **Handelsbank** merchant bank

die **Handelsbeziehungen** trade relations

die **Handelsbilanz** balance of trade; **aktive/passive Handelsbilanz** balance of trade surplus/deficit

das **Handelsdefizit** trade deficit

**handelseinig**, **handelseins** **handelseinig sein/werden** to agree terms

die **Handelsgesellschaft** commercial company

das **Handelsgesetz** commercial law

die **Handelskammer** chamber ['tʃeɪmbə] of commerce Ⓖ Ⓑ, Board of Trade Ⓤ ⓈⒶ

der **Handelspartner**, die **Handelspartnerin** trading partner

das **Handelsregister** Register of Companies

die **Handelsschule** commercial college Ⓖ Ⓑ, business school Ⓤ ⓈⒶ

der **Handelsvertreter**, die **Handelsvertreterin** sales representative

die **Handelsware** commodity, merchandise *singular*

die **Handelswaren** commodities, merchandise ⚠ *singular*

der **Handfeger** brush

die **Handfläche** palm [pɑːm]

das **Handfunkgerät** walkie-talkie

**handgearbeitet** handmade

das **Handgelenk** wrist [rɪst]

das **Handgemenge** (*Schlägerei*) scuffle; **in ein Handgemenge verwickelt werden** to get into a scuffle

das **Handgepäck** hand luggage [oder 🇺🇸 baggage]

das **Handgerät** ❶ small [hand-held] device ❷ (*im Sport*) hand apparatus

**handgeschrieben** handwritten

**handgestrickt** hand-knitted

**handgreiflich** handgreiflich werden to get violent

der **Handgriff** ❶ (*Bewegung*) movement ❷ **mit einem Handgriff** with a flick of the wrist; **das ist doch nur ein Handgriff** that only needs a flick of the wrist

**handhaben** ❶ (*auch übertragen*) to handle *Waffe, Werkzeug, Situation* ❷ to operate *Gerät* ❸ (*übertragen*) to apply *Methode*

**handicapiert** 🇨🇭 (*im Sport*) handicapped

**händisch** Ⓐ (*manuell*) manual ['mænjuəl]

der **Handkarren** handcart

der **Handkoffer** small suitcase

der **Handkuss** ❶ kiss on the hand ❷ **mit Handkuss** (*übertragen*) with pleasure ['pleʒəʳ]

der **Handlanger**, die **Handlangerin** ❶ (*Zuarbeiter*) helper ❷ (*Komplize*) accomplice [əˈkʌmplɪs], henchman

der **Händler**, die **Händlerin** ❶ (*Handeltreibende*) trader, dealer ❷ (*Ladeninhaber*) shopkeeper 🇬🇧, storekeeper 🇺🇸

**handlich** handy

die **Handlung** ❶ action; (*Tat*) act ❷ (*im Buch, Film*) plot

**handlungsfähig** capable of acting

die **Handlungsweise** (*Art und Weise*) manner of acting

das **Handmehr** 🇨🇭 (*Abstimmung durch Handheben*) show of hands ⚠ *plural*

die **Handorgel** 🇨🇭 (*Handharmonika*) accordion

die **Handpflege** care of the hands, manicure ['mænɪkjʊəʳ]

der **Handrücken** back of the hand

die **Handschellen** handcuff

die **Handschrift** ❶ handwriting ['hændˌraɪtɪŋ];

eine leserliche/unleserliche Handschrift haben to have a legible/an illegible hand ❷ (*Text*) manuscript ['mænjʊskrɪpt] ❸ **das trägt ihre Handschrift** it bears her [trade]mark

**handschriftlich** handwritten

der **Handschuh** glove [glʌv]

das **Handschuhfach**, der **Handschuhkasten** glove compartment

der **Handstand** handstand

die **Handtasche** [hand]bag 🇬🇧, purse 🇺🇸

der **Handteller** palm [pɑːm] [of the hand]

das **Handtuch** towel ['taʊəl] ▶ WENDUNGEN: **das Handtuch werfen** to throw in the sponge [oder towel]

das **Handumdrehen** **im Handumdrehen** in a jiffy, in no time

die **Handvoll** handful

das **Handwerk** ❶ (*handgefertigte Arbeit*) [handi]craft ❷ (*Berufsstand*) trade; **sein Handwerk verstehen** to know one's job [oder trade] ▶ WENDUNGEN: **jemandem das Handwerk legen** to put a stop to someone's game

der **Handwerker**, die **Handwerkerin** ❶ [skilled] manual worker ❷ (*Kunsthandwerker[in]*) craftsperson, craftsman *maskulin*, craftswoman *feminin*

der **Handwerksmeister**, die **Handwerksmeisterin** master craftsperson

das **Handwerkszeug** tools ⚠ *plural*

das **Handy** ['hɛndi] mobile [phone] 🇬🇧, cell phone 🇺🇸

der **Handzettel** handbill, leaflet

der **Hanf** hemp

der **Hang** ❶ (*Abhang*) slope ❷ **einen Hang zum Übertreiben haben** to have a tendency to exaggerate

die **Hängebrücke** suspension [səˈspenʃⁿn] bridge

die **Hängelampe** droplight

die **Hängematte** hammock

**hängen** ❶ to hang *Gegenstand, Verbrecher* ❷ **an etwas hängen** to be fond of something ❸ **an jemandem hängen** (*gernhaben*) to be fond of someone; (*wie eine Klette*) to cling to someone ❹ **mit Hängen und Würgen** by the skin of one's teeth ❺ **im Gedächtnis hängen bleiben** to stick in one's memory ❻ **hängen bleiben** (*in der Schule*) to repeat a year ❼ **an mir bleibt ja doch wieder alles hängen!** I'll get stuck with all that again anyway! ❽ **sich an etwas hängen** to hang on to something ❾ **sich an jemanden hängen** to latch on to someone

**hängend** ❶ (*baumelnd*) hanging ❷ *Schul-*

*tern:* sagging

**der Hansdampf [ein] Hansdampf in allen Gassen** a Jack-of-all-trades

**hänseln** to tease

**der Hanswurst** ❶ buffoon [bəˈfuːn]; (*im Zirkus*) clown ❷ **für andere den Hanswurst machen** to do the donkey work for others

**die Hantel** dumbbell [ˈdʌmbel]

**hantieren** ❶ (*arbeiten*) to work ❷ **an etwas hantieren** to be busy [*oder* tinker] with something ❸ **mit etwas hantieren** to handle something

**der Happen** morsel, mouthful, bite

**happig** steep; **das ist ganz schön happig** that's a bit much

**die Harfe** harp

**die Harke** rake

**harken** to rake

**harmlos** ❶ *Mensch, Tier:* harmless ❷ *Vergnügen:* innocent [ˈɪnəsᵊnt] ❸ *Unfall, Verletzung:* minor

**die Harmonie** harmony *auch übertragen*

**harmonieren** to harmonize *auch übertragen* (**mit** with)

**die Harmonika** ❶ (*Ziehharmonika*) concertina [ˌkɒnsəˈtiːnə] ❷ (*Mundharmonika*) mouth organ ❸ (*Handharmonika*) accordion

**harmonisch** ❶ (*in Musik*) harmonic ❷ (*übertragen*) harmonious [hɑːˈməʊnɪəs]

**der Harn** urine; **Harn lassen** to pass water

**die Harnblase** [urinary] bladder

**die Harnröhre** urethra

**die Harnwege** urinary tract ⚠ *singular*

**die Harpune** harpoon

**harsch** harsh

**hart** ❶ hard *auch übertragen* ❷ *Gesichtszüge, Umrisse:* sharp ❸ (*widerstandsfähig*) tough [tʌf] ❹ *Winter:* rough [rʌf] ❺ (*solide, stabil*) stable ❻ (*grausam*) cruel [ˈkruːəl] ❼ (*streng*) severe [sɪˈvɪə]; *Worte:* harsh ❽ **sie ist hart im Nehmen** she's a tough cookie ❾ **hart zu jemandem sein** to be hard on someone; **jemanden hart anpacken** to be hard on someone; **hart [gegenüber jemandem] bleiben** to remain adamant [towards someone]; **hart werden** to harden *auch übertragen* ❿ **hart arbeiten** to work hard ⓫ (*nahe, beinahe*) close; **hart an der Grenze** close to the limit ⓬ **ein hart gekochtes Ei** a hard-boiled egg; **hart gesotten** tough [tʌf]; *Ei:* hard-boiled

**die Härte** ❶ hardness ❷ (*Zähigkeit*) toughness [ˈtʌfnəs] ❸ (*Rauheit*) roughness [ˈrʌfnəs] ❹ (*Strenge*) severity [sɪˈverəti]

**der Härtefall** hardship case

**härten** to harden *auch übertragen;* to temper *Stahl*

**der Härtetest** ❶ endurance test ❷ (*übertragen*) acid test

**die Hartfaserplatte** hardboard **GB**, fiberboard [ˈfaɪbəbɔːd] **USA**

**hartherzig** hard-hearted

**hartnäckig** ❶ (*eigensinnig*) obstinate [ˈɒbstɪnət], stubborn ❷ (*beharrlich*) persistent [pəˈsɪstᵊnt] ❸ *Krankheit:* refractory [rɪˈfræktᵊri]

**das Harz** resin

**harzig** resinous

**das Hasch** (*umgangsspr: Haschisch*) hash, grass, pot

**das Haschisch** hashish

**der Hase** hare ▶ WENDUNGEN: **sehen, wie der Hase läuft** (*umgangsspr*) see which way the wind blows; **da liegt der Hase im Pfeffer** there's the rub

**die Haselnuss** hazel[nut]

**der Hasenfuß** (*Feigling*) coward

**der Hasenpfeffer** jugged hare

**die Hasenscharte** harelip

**der Hass** hate, hatred; **einen Hass auf jemanden kriegen** to become angry with someone; **aus Hass** out of hatred

**hassen** ❶ to hate (**wegen** for) ❷ (*verabscheuen*) to detest (**wegen** for)

**hasserfüllt** ❶ **ein hasserfüllter Blick** a look filled with hatred ❷ **jemanden hasserfüllt ansehen** to look daggers at someone

**hässlich** ❶ (*unschön*) ugly ❷ (*scheußlich*) hideous [ˈhɪdiəs] ❸ (*unangenehm*) unpleasant [ʌnˈplezᵊnt] ❹ (*gemein*) mean, nasty

**die Hässlichkeit** ugliness

**die Hast** ❶ (*Eile*) haste, hurry; **in aller Hast** in a great hurry ❷ (*Überstürzung*) precipitation

**hasten** to hasten [ˈheɪsᵊn], to hurry

**hastig** ❶ (*eilig*) hasty [ˈheɪsti], hurried ❷ (*überstürzt*) precipitate [prɪˈsɪpɪtət]

**hätscheln** (*verzärteln*) to pamper

**die Haube** ❶ cap, hood ❷ (*Motorhaube*) bonnet **GB**, hood **USA** ▶ WENDUNGEN: **unter die Haube kommen** to get spliced

**der Hauch** ❶ (*Atem*) breath ❷ (*Lufthauch*) breeze ❸ (*übertragen*) **ein Hauch von ...** a hint [*oder* touch] of ...

**hauchdünn** ❶ *Kleidung:* filmy ❷ wafer-thin

**hauchen** (*leise sprechen*) to whisper softly

**die Haue** ❶ (*Hacke*) hoe ❷ (*Prügel*) [good] hiding

**hauen** ❶ to chop *Fleisch, Holz* ❷ to break *Kohle, Steine;* to cut *Erz* ❸ (*schlagen*) to hit ❹ **sich hauen** to scrap, to fight [feɪt]

der **Hauer** (*Eberzahn*) tusk
der **Haufen** ❶ heap; (*gleichmäßig*) pile ❷ (*große Menge*) great number; **ein Haufen Arbeit** a pile of work; **ein Haufen Geld** stacks ⚠ *plural* of cash [*oder* money], loads ⚠ *plural* of money *umgangsspr;* **ein Haufen Freunde** lots of friends ❸ (*Ansammlung*) accumulation [ə‚kjuːmjəˈleɪʃ°n] ❹ (*abwertend: Leute*) bunch ▶ WENDUNGEN: **etwas über den Haufen werfen** to mess something up; **jemanden über den Haufen rennen** to send someone flying
**haufenweise** in heaps *plural;* **etwas haufenweise haben** to have piles *plural* of something
**häufig** ❶ (*oft vorkommend*) frequent ❷ (*weit verbreitet*) common, widespread ❸ **etwas häufig tun** to do something frequently [*oder* often]
die **Häufigkeit** frequency
das **Haupt** ❶ head ❷ (*in Zusammensetzungen*) chief, main, principal
der **Hauptaktionär**, die **Hauptaktionärin** major shareholder
der **Hauptaltar** high altar
der **Hauptbahnhof** central [*oder* main] station
**hauptberuflich** as one's main occupation
der **Hauptbestandteil** principal ingredient
der **Hauptdarsteller**, die **Hauptdarstellerin** principal actor, principal actress *feminin*
der **Haupteingang** main entrance
das **Hauptfach** main subject
das **Hauptgebäude** main building
das **Hauptgericht** (*Essen*) main course; **als Hauptgericht** as a main course
die **Hauptgeschäftszeit** main business hours ⚠ *plural*
der **Hauptgewinn** first prize
der **Haupthahn** mains stopcock
die **Hauptleitung** ❶ (*elektrisch*) mains *singular* ❷ (*Rohr*) main pipe
der **Häuptling** chief[tain]
die **Hauptmahlzeit** main meal
die **Hauptperson** ❶ (*auch übertragen*) central figure ❷ (*Schlüsselfigur*) key man *maskulin,* key woman *feminin* ❸ *eines Romans:* hero *maskulin,* heroine *feminin* ❹ (*Film, Theater*) principal character
die **Hauptpost**, das **Hauptpostamt** main post office
das **Hauptquartier** headquarters *plural,* HQ
die **Hauptrolle** ❶ (*Theater, Film*) leading role [*oder* part]; **mit ... in der Hauptrolle** starring ... ❷ **die Hauptrolle spielen** (*Film*) to star; (*übertragen*) to be all-important

die **Hauptsache** main point; **das ist die Hauptsache** that's all that matters
**hauptsächlich** ❶ chief, main, principal ❷ **ich beschäftige mich hauptsächlich mit Kindern** I mainly deal with children
die **Hauptsaison** high season
der **Hauptsatz** main clause
der **Hauptschalter** main switch
die **Hauptschlagader** aorta
die **Hauptschuld** main blame *kein Plural*
die **Hauptschule** secondary modern school ⒼⒷ (⚠ *in GB gibt es diese Art von Schule nicht mehr*), ≈ junior high school ⓊⓈⒶ
der **Hauptspeicher** (*Informatik*) main storage
die **Hauptstadt** capital; **die Hauptstadt von Schottland ist Edinburgh** the capital of Scotland is Edinburgh
die **Hauptstraße** ❶ (*in der Stadt*) high street ⒼⒷ, main street ⓊⓈⒶ ❷ (*für Fernverkehr*) arterial road ⒼⒷ, highway ⓊⓈⒶ
der **Haupttreffer** jackpot
die **Hauptverhandlung** main hearing
die **Hauptverkehrsstraße** ❶ (*in der Stadt*) main street ❷ (*Durchgangsstraße*) main thoroughfare ❸ (*Städteverbindung*) main highway
die **Hauptverkehrszeit** rush hour
der **Hauptwaschgang** main wash
das **Hauptwort** (*Substantiv*) noun
das **Haus** ❶ house; (*Gebäude*) building; (*Heim*) home; **das kommt mir nicht ins Haus** I'm not having that in the house; **nach Hause** home; **ich möchte nach Hause** I want to go home; **zu Hause** at home; **wenn wir wieder zu Hause sind** when we're back [at] home; **er ist in London zu Hause** his home town is London; **fühlen Sie sich wie zu Hause!** make yourself at home!; **Haus und Hof** house and home ❷ *eines Fürsten, einer Firma:* House; **Herr X ist nicht im Hause** Mr X is not in ❸ (*Publikum*) house; (*Theatergebäude*) theatre ⒼⒷ, theater ⓊⓈⒶ; **ein volles Haus** (*im Theater*) a full house ❹ **Lieferung frei Haus** (*in der Wirtschaft*) free delivery ❺ **außer Haus essen** to eat out ▶ WENDUNGEN: **aus gutem Hause** from a good family; **ins Haus stehen** to be in store; **von Haus aus** (*ursprünglich*) originally; (*von Natur aus*) naturally
der **Hausanzug** leisure suit
die **Hausapotheke** medicine cabinet
die **Hausarbeit** ❶ (*Haushalt*) chores ⚠ *plural,* housework ❷ (*in der Schule*) homework
der **Hausarrest** ❶ (*juristisch*) house arrest; **jemanden unter Hausarrest stellen** to

**Hausarzt – heben**

place someone under house arrest ② (*im Internat*) detention ③ (*durch Eltern*) **Tom hat leider Hausarrest** I'm afraid Tom's been grounded

der **Hausarzt**, die **Hausärztin** family doctor

die **Hausaufgabe** (*in der Schule*) homework ⚠ *kein Plural;* **seine Hausaufgaben machen** to do one's homework ⚠ *singular*

**hausbacken** (*abwertend*) drab, homespun, homely Ⓤ

die **Hausbar** cocktail cabinet

der **Hausbesetzer**, die **Hausbesetzerin** squatter

der **Hausbesitzer**, die **Hausbesitzerin** house owner

der **Hausbewohner**, die **Hausbewohnerin** occupant

das **Häuschen** ① (*kleines Haus*) small house ② (*im Grünen*) cottage ▶ WENDUNGEN: **aus dem Häuschen geraten** to go wild with excitement

der **Hauseingang** entrance

**hausen** (*abwertend*) to dwell

der **Häuserblock**, der **Häuserkomplex** block [of buildings]

der **Hausflur** (*Diele*) [entrance] hall Ⓖ, hallway; (*Gang*) corridor

die **Hausfrau** housewife

der **Hausgebrauch** **mein Spanisch reicht gerade für den Hausgebrauch** I just about get by with my Spanish

**hausgemacht** home-made

der **Haushalt** ① (*Hausgemeinschaft*) household ② (*Etat*) budget ③ **jemandem den Haushalt führen** to keep house for someone

der **Haushälter**, die **Haushälterin** housekeeper

die **Haushälterin** housekeeper

das **Haushaltsgeld** housekeeping money

das **Haushaltsgerät** domestic appliance

das **Haushaltsjahr** (*Politik*) fiscal [*oder* financial] year

der **Hausherr**, die **Hausherrin** ① (*Gastgeber*) host *maskulin*, hostess *feminin* ② (*Hauswirt*) landlord *maskulin*, landlady *feminin*

**haushoch** ① gigantic; *Wellen:* mountainous ② *Niederlage:* crushing; *Sieg:* overwhelming; **haushoch gewinnen** to win hands down; **haushoch verlieren** to get a thrashing; **haushoch überlegen** vastly superior

**hausieren** (*auch übertragen*) **mit etwas hausieren** to hawk something

der **Hausierer**, die **Hausiererin** hawker

der **Hauslehrer**, die **Hauslehrerin** private tutor

**häuslich** (*das Zuhause liebend*) home-loving

das **Hausmädchen** [house]maid

der **Hausmann** house-husband

die **Hausmannskost** plain fare

die **Hausmarke** own brand [*oder* label]

der **Hausmeister**, die **Hausmeisterin** caretaker Ⓖ, janitor Ⓤ

das **Hausmittel** (*gegen Krankheiten*) household remedy

die **Hausnummer** house number

die **Hausordnung** rules ⚠ *plural* of the house

der **Hausrat** household effects ⚠ *plural*

die **Hausratversicherung** household contents insurance [ɪnˈʃʊərəns]

der **Hausschlüssel** front-door key

die **Hausschuhe** slippers

das **Haustier** pet

die **Haustür** front door

der **Hauswart** Ⓐ caretaker, janitor

die **Haut** ① skin ② (*zur Lederverarbeitung*) hide ③ *einer Frucht:* peel ④ *von Flüssigkeit:* film; *von Milch:* skin ▶ WENDUNGEN: **eine dicke Haut haben** (*umgangsspr*) to be thick-skinned; **mit Haut und Haaren** (*umgangsspr*) completely, totally; **nur Haut und Knochen sein** to be nothing but skin and bone; **mit heiler Haut davonkommen** to escape without a scratch; **nass bis auf die Haut** soaked to the skin; **ich möchte nicht in seiner Haut stecken** (*umgangsspr*) I wouldn't like to be in his shoes; **das geht einem unter die Haut** (*umgangsspr*) that gets under your skin

die **Hautabschürfung** (*medizinisch*) excoriation

der **Hautarzt**, die **Hautärztin** (*medizinisch*) dermatologist

der **Hautausschlag** rash

die **Hautcreme** skin cream

**häuten** ① to skin *Tier* ② **sich häuten** *Schlange:* to shed skin

**hauteng** skin-tight

die **Hautkrankheit** skin disease

der **Hautkrebs** skin cancer

die **Havarie** accident; (*Schaden*) damage

die **Haxe** knuckle

**HDTV** Abkürzung von **High Definition Television** HDTV

die **Hebamme** midwife

der **Hebel** lever ▶ WENDUNGEN: **alle Hebel in Bewegung setzen** to move heaven and earth; **am längeren Hebel sitzen** to have the whip hand

**heben** ① (*hochheben*) to lift, to raise ② (*übertragen: verbessern*) to improve, to raise *Leistung, Niveau* ③ **sich heben** *Nebel:* to lift; *Vorhang:* to rise ④ **sich heben** *Stimmung:* to improve ▶ WENDUNGEN: **einen heben** (*umgangsspr*) to have a drink, to wet

one's whistle
der **Hebräer**, die **Hebräerin** Hebrew
**hebräisch** Hebrew
der **Hecht** (*Raubfisch*) pike
das **Heck** *von Schiff:* stern; *von Auto:* rear; *von Flugzeug:* tail
die **Hecke** hedge
die **Heckenrose** dog rose
die **Heckklappe** tailgate
der **Heckmotor** rear engine
die **Heckscheibe** (*Auto*) rear window
die **Heckscheibenheizung** rear window heater
der **Heckspoiler** rear spoiler
das **Heer** ❶ (*militärisch*) army ❷ (*übertragen: Schwarm*) swarm ❸ (*umgangsspr: große Menge*) host
die **Hefe** yeast
der **Hefeteig** yeast dough
das **Heft** ❶ (*zum Schreiben*) notebook ❷ (*Übungsheft*) exercise book ❸ (*Broschüre*) booklet ❹ *einer Zeitschrift:* issue, number
**heften** ❶ (*mit Klammer*) to clip (**an** to); (*mit Heftklammer*) to staple (**an** to) ❷ to stitch *Buch* ❸ to baste, to tack *Saum, Naht*
der **Hefter** ❶ (*Mappe*) folder ❷ (*Bürogerät*) stapler
**heftig** ❶ (*stark, gewaltig*) violent ❷ (*Intensität*) intense ❸ *Regen:* lashing, heavy ❹ *Kritik, Kämpfe:* fierce ❺ (*Schmerz*) severe
die **Heftklammer** staple
das **Heftpflaster** (*medizinisch*) adhesive plaster [*oder* ⓊⓈⒶ tape]
die **Heftzwecke** drawing-pin ⒼⒷ, thumbtack ⓊⓈⒶ
die **Hegemonialmacht** hegemonic [ˌhegɪˈmɒːnɪk] power
**hegen** ❶ (*pflegen*) to care for ❷ (*übertragen*) to entertain, to nourish *Gefühle*
der **Heide**, die **Heidin** heathen, pagan
die **Heide** (*Landschaft*) heath
das **Heidekraut** heather
die **Heidelbeere** bilberry, blueberry, huckleberry ⓊⓈⒶ
die **Heidenangst** (*umgangsspr*) **eine Heidenangst haben** to be scared stiff *umgangsspr*
das **Heidengeld** (*umgangsspr*) **ein Heidengeld** a packet
der **Heidenspaß** (*umgangsspr*) terrific fun; **einen Heidenspaß haben** to have a ball
**heidnisch** heathen, pagan
**heikel** *Sache, Thema:* delicate, tricky; *Person:* fussy, particular
**heil** ❶ (*unverletzt*) unhurt, unscathed ❷ (*ganz, intakt*) undamaged ❸ (*geheilt*) cured, healed

**heilbar** ❶ *Wunden:* healable ❷ *Krankheit:* curable
der **Heilbutt** (*Raubfisch*) halibut
**heilen** ❶ (*auch übertragen*) to cure *Krankheit* ❷ *Wunde:* to heal
**heilfroh** (*umgangsspr*) jolly glad
die **Heilgymnastik** physiotherapy
**heilig** ❶ holy ❷ (*vor Namen*) **der Heilige Petrus** Saint Peter ❸ **das ist mir heilig** that is sacred to me
der **Heiligabend** Christmas Eve

> Ⓛ **Christmas Eve** ist in Großbritannien und Irland ein normaler Arbeitstag. Vor dem Schlafengehen hängen die Kinder **Christmas stockings** (große Socken) oder auch Kopfkissenbezüge auf, die in der Nacht mit Geschenken gefüllt werden. Gefeiert wird am **Christmas Day** (25. Dezember). Traditionell isst man einen mit Brät gefüllten Truthahn mit Röstkartoffeln und Preiselbeersoße. Danach gibt es die **Christmas pudding** oder **plum pudding**, einen gedämpften Kuchen mit Korinthen, Rosinen und Sultaninen. **Christmas crackers** sind eine britische Erfindung aus der Mitte des 19. Jhs.: verzierte Papprollen mit einem kleinen Geschenk in der Mitte, einem witzigen Spruch und einer Papierkrone. Sie werden meistens während des Mittagessens von jeweils zwei Personen auseinandergerissen. Ebenfalls seit Mitte des 19. Jhs. ist es in Großbritannien üblich, ab Anfang Dezember **Christmas cards** (Weihnachtskarten) an alle Verwandte, Freunde und Bekannte zu verschicken.

der/die **Heilige** saint
**heiligen** to sanctify; (*heilighalten*) to hallow; **geheiligt werde Dein Name** hallowed be Thy name
die **Heiligkeit** holiness; **Eure/Seine Heiligkeit** Your/His Holiness
**heiligsprechen** to canonize
die **Heiligsprechung** canonization
das **Heiligtum** ❶ (*heiliger Ort*) shrine ❷ (*umgangsspr: heiliger Gegenstand*) most sacred object
die **Heilkraft** ❶ healing power ❷ (*medizinisch*) *einer Pflanze:* medicinal properties *plural*
das **Heilkraut** medicinal herb
die **Heilkunde** medicine
das **Heilmittel** remedy
die **Heilpflanze** medicinal plant
der **Heilpraktiker**, die **Heilpraktikerin** non-medical practitioner ⒼⒷ, naturopathic doctor ⓊⓈⒶ
die **Heilquelle** medicinal spring
**heilsam** (*auch übertragen*) beneficial, salutary
die **Heilsarmee** Salvation Army
die **Heilung** ❶ *einer Wunde:* healing; *eines Kran-*

*ken:* curing **②** (*Gesundung*) cure

der **Heilungsprozess** healing process

das **Heilwasser** mineral [spring] water

das **Heim** home

**heim** home

die **Heimarbeit** outwork

die **Heimat** **①** (*allgemein*) home; **in der Heimat** back home; **aus der Heimat** from back home **②** (*Stadt*) home town **③** (*Heimatland*) native [*oder* home] country

**heimatlich** (*zur Heimat gehörig*) native, home

**heimatlos** homeless

der **Heimatschein** Ⓒ certificate of origin [*oder* domicile]

die **Heimatstadt** home town

**heimfahren** to go home; **er ist heimgefahren** he drove home; **sie hat mich heimgefahren** she drove me home

die **Heimfahrt** return journey; (*mit dem Schiff*) return voyage

**heimisch** **①** (*vertraut*) at home, familiar; *Gewässer:* home; **sich heimisch fühlen in ...** to feel at home in ... **②** *Pflanzen, Tiere:* native

die **Heimkehr** homecoming

**heimkehren** to return home (**aus** from)

**heimlich** **①** (*geheim*) secret **②** (*verstohlen*) furtive

die **Heimlichtuerei** (*umgangsspr*) secretive ways △ *plural* (**mit** about)

die **Heimreise** journey home; (*mit dem Schiff*) homeward voyage; **auf der Heimreise sein** to be homeward-bound

**heimtückisch** **①** (*boshaft*) malicious **②** *Krankheit:* insidious **③** (*gefährlich, trügerisch*) treacherous

**heimwärts** homeward[s]

der **Heimweg** way home; **auf dem Heimweg sein** to be on one's way home; **sich auf den Heimweg machen** to set off [for] home

das **Heimweh** **①** homesickness; **Heimweh haben** to be homesick **②** (*übertragen: Nostalgie*) nostalgia

**heimzahlen** (*übertragen*) **jemandem etwas heimzahlen** to pay someone back for something

die **Heirat** marriage; (*Hochzeitsfeier*) wedding

**heiraten** to get married; **jemanden heiraten** to marry someone

der **Heiratsantrag** proposal [of marriage]; **jemandem einen Heiratsantrag machen** to propose to someone

**heiser** hoarse; (*belegt*) husky

die **Heiserkeit** hoarseness

**heiß** **①** hot; **drückend heiß** oppressively hot; **mir ist heiß** I am hot **②** *Zone:* torrid **③** **etwas heiß machen** (*erhitzen*) to heat something up **④** (*leidenschaftlich*) hot; **etwas heiß ersehnen** to long for something ardently; **heiß geliebt** ardently beloved **⑤** (*slang*) **echt heiß** really cool; **der Typ ist echt heiß** that guy is so gorgeous [*oder* Ⓤ cute] **⑥** **das macht mich nicht heiß** that doesn't really tickle my fancy *umgangsspr*; (*erotisch*) that doesn't turn me on **⑦** **heißer Draht** hot line; **heißer Tipp** hot tip

**heißblütig** hot-blooded

**heißen** **①** to be called; **wie heißen Sie?** what's your name?; **ich heiße Tim** my name's Tim; **wie heißt das?** what do you call this?; **was heißt ... auf Englisch?** what's ... in English?, what's the English [word] for ...?; **nach jemandem heißen** to be called after [*oder* Ⓤ for] someone **②** (*bedeuten*) mean; **was heißt das für uns?** what does that mean for us?; **das soll nicht heißen, dass ...** that's not to say that ... **③** **es heißt ...** (*man sagt*) it is said ..., they say ...; (*es steht geschrieben*) it says ... **④** **das heißt** that is; **d.h.** i.e.; (*mit anderen Worten*) that is to say **⑤** (*nennen*) call **⑥** **jemanden willkommen heißen** to bid someone welcome

der **Heißhunger** craving (**auf** for)

die **Heißluft** hot air

der **Heißluftherd** convection [*oder* fan-assisted] oven

**heiter** **①** (*sonnig, hell*) bright, fair **②** (*fröhlich*) cheerful **③** (*erheiternd*) amusing, funny **④** (*abgeklärt, ausgeglichen*) serene ▶ WENDUNGEN: **aus heiterem Himmel** out of the blue; **das kann ja noch heiter werden!** that'll be a bunch of laughs!

die **Heiterkeit** **①** cheerfulness **②** **zur allgemeinen Heiterkeit** to everyone's amusement

die **Heizanlage** heating system, heater Ⓤ

die **Heizdecke** electric blanket

**heizen** **①** to heat *Wohnung* **②** to fire *Ofen* **③** (*die Heizung in Betrieb haben*) to have the heating on **④** (*Wärme abgeben*) to give off heat **⑤** **mit Öl heizen** to use fuel oil for heating

das **Heizkissen** heating pad

der **Heizkörper** radiator

die **Heizkosten** heating costs

der **Heizlüfter** fan heater

das **Heizmaterial** fuel [for heating]

das **Heizöl** fuel oil

die **Heizung** (*technisch*) heating

der **Heizungskeller** boiler room
das/der **Hektar** hectare
die **Hektik** hectic pace; **nur keine Hektik!** take it easy!
**hektisch** hectic
der **Held**, die **Heldin** hero *maskulin,* heroine *feminin*
**heldenhaft** heroic
die **Heldentat** heroic deed
**helfen** ❶ help (**bei** with); **kann ich irgendwie helfen?** is there anything I can do?; **du kannst mir beim Spülen helfen** you can help me do the washing-up ❷ **jemandem aus der Patsche helfen** (*umgangsspr*) to help someone out of a jam ❸ **sich zu helfen wissen** to be able to take care of oneself ❹ **ich kann mir nicht helfen, ich liebe ihn** I can't help myself, I love him ❺ **es hilft nichts** it's no good
der **Helfer**, die **Helferin** ❶ (*Helfende*) helper ❷ (*Gehilfe*) assistant
**hell** ❶ (*nicht dunkel*) light; **es wird langsam hell** it's slowly getting light; **es ist schon hell** it's light already ❷ *Farbe:* light, pale ❸ *Haut:* fair ❹ *Klang:* clear ❺ (*auch übertragen: leuchtend*) bright ❻ **ein helles Bier** ≈ a lager ❼ (*völlig*) *Wahnsinn, Freude:* sheer; **in helle Wut geraten** to fly into a blind rage
**hellblau** light blue
**hellblond** light blond
**hellhörig** *Wohnung:* poorly soundproofed; *Wand:* thin
die **Helligkeit** ❶ brightness ❷ (*in der Physik auch*) light intensity
**helllicht am helllichten Tage** in broad daylight
der **Hellraumprojektor** Ⓒ overhead projector [prəˈdʒɛktəʳ]
der **Hellseher**, die **Hellseherin** clairvoyant *maskulin,* clairvoyante [ˌkleəˈvɔɪənt] *feminin*
**hellwach** wide-awake
der **Helm** helmet
die **Helmpflicht es besteht Helmpflicht** the wearing of crash helmets is compulsory
das **Hemd** ❶ (*Oberhemd*) shirt ❷ (*Unterhemd*) vest Ⓖ, undershirt Ⓤ
**hemmen** ❶ to hamper, to hinder *Fortschritt* ❷ **sich gegenseitig hemmen** to hold each other back
die **Hemmschwelle** inhibition threshold; **da sinkt die Hemmschwelle** it reduces inhibitions
die **Hemmungen** ❶ inhibitions ❷ (*Bedenken*) scruples
**hemmungslos** ❶ (*ungezügelt*) unrestrained

❷ (*skrupellos*) unscrupulous
das **Hendl** Ⓐ chicken
der **Hengst** stallion Ⓖ, stud Ⓤ
der **Henkel** handle
die **Henkersmahlzeit** (*übertragen*) last meal
das **Henna** henna
die **Henne** hen
die **Hepatitis** hepatitis
**her** ❶ (*örtlich*) here; **von hier her** from here; **von oben her** from above; **kommen Sie her!** come here [to me]! ❷ **her damit!** give it here! *umgangsspr* ❸ (*zeitlich*) ago; **wie lange ist das her?** how long ago was that? ❹ **vom Geld her** as far as money goes ❺ **hinter jemandem her sein** (*umgangsspr*) to be after someone ❻ **mit ihm ist es nicht weit her** (*umgangsspr*) he's no great shakes
**herab** down, downward[s]; **von oben herab** from above; (*herablassend*) condescendingly
**herablassen** ❶ let down, lower; **sich herablassen** to let oneself down ❷ **sich herablassen, etwas zu tun** (*übertragen*) to condescend to do something
**herablassend** condescending
**herabsehen** to look down
**herabsetzen** ❶ to cut [down], to reduce *Preise, Steuern* ❷ (*schlechtmachen*) to belittle, to disparage
**heran** close, near; **komm näher heran** come closer
**herankommen** ❶ (*näher kommen*) to come near ❷ (*übertragen*) *Zeit:* to approach, to draw near ❸ (*erreichen*) to reach; **an jemanden/etwas herankommen** to reach someone/something ❹ **die Dinge an sich herankommen lassen** to wait and see what happens ❺ **man kann nur schwer an ihn herankommen** (*menschlich*) it is difficult to get anywhere near him
**heranwachsen** (*auch übertragen*) to grow up
**heranziehen** ❶ (*näher bringen*) to pull up (**an** to, **zu** toward[s]) ❷ to call in *Arzt* ❸ **jemanden zu etwas heranziehen** to call [up]on someone for something
**herauf** up, upwards; **hier herauf** up here; **von unten herauf** from below
**heraufkommen** to come up
**heraufziehen** ❶ (*nach oben ziehen*) to pull up ❷ *Gewitter:* to approach, to draw near
**heraus** ❶ out; **zum Fenster heraus** out of the window ❷ (*übertragen*) **aus ... heraus** out of ... ❸ **von innen heraus** from within ❹ **heraus damit!** (*umgangsspr: mit der*

**herausbekommen – herholen** 774

*Sprache*) out with it!; (*her damit!*) hand it over! ⑤ **aus dem Alter bin ich heraus** that's all behind me

**herausbekommen** ① to get back *Wechselgeld;* **Sie bekommen einen Euro zwanzig heraus** you get one euro twenty [cents] change ② to get out *Nagel, Flecken* ③ (*herausfinden*) to find out; (*lösen*) to solve; **sie werden nicht viel aus ihm herausbekommen** they won't get much out of him

**herausbringen** ① to bring out *auch Produkt;* to release *CD, Album* ② to get out *Nagel, Flecken* ③ (*übertragen: lösen*) to solve; (*herausfinden*) to find out ④ (*übertragen: hervorbringen, sagen*) to get out; **jemanden/etwas groß herausbringen** to give someone/something a big build-up

**herausfinden** ① (*auch übertragen*) to find out ② **ich finde selber heraus, danke** I'll find my own way out, thanks

der **Herausforderer**, die **Herausfordererin** challenger

**herausfordern** ① (*auch im Sport*) to challenge (**zu** to) ② (*provozieren*) to provoke

**herausfordernd** ① (*frech*) provoking ② (*provokativ*) provocative

die **Herausforderung** ① (*auch im Sport*) challenge ② (*Provokation*) provocation

**herausgeben** ① (*zurückgeben*) to return ② (*aushändigen*) **jemandem etwas herausgeben** to hand over something to someone ③ to deliver, to hand out *Ware* ④ **Wechselgeld herausgeben** to give change (**auf** for); **Sie haben mir zu wenig herausgegeben** you gave me too little change; **können Sie mir herausgeben?** can you give me change? ⑤ (*herausreichen*) to pass out ⑥ to edit *Buch* ⑦ *Verleger:* to publish

der **Herausgeber**, die **Herausgeberin** ① (*Verfasser*) editor ② (*Verleger*) publisher

**heraushalten** to keep out (**aus** of); **das Wild wird aus dem Park herausgehalten** deer is kept out of the park; **ich würde mich da heraushalten** I would keep out of it

**herauskommen** ① (*auch übertragen*) to come out ② *Buch:* to be published, to come out ③ (*als Ergebnis*) to come (**bei** of); (*bei Rechenaufgaben*) to be the answer ④ **groß herauskommen** to be a big hit ⑤ **dabei kommt nichts heraus** that doesn't get us anywhere

**herausnehmen** ① (*auch medizinisch*) to take out ② **sich etwas herausnehmen** (*übertragen*) to take liberties *plural*

**herausragend** outstanding

**herausreden sich aus etwas herausreden** to talk oneself out of something

**herausstellen** ① to put out *Gegenstände* ② (*im Sport*) to turn out *Spieler* ③ (*betonen*) to emphasize ④ **sich herausstellen** to turn out; **wie es sich herausstellte ...** as it turned out ...; **die Aufgabe stellte sich als äußerst schwierig heraus** the exercise turned out to be extremely difficult

**herausstrecken** to stick out

**heraussuchen** to pick out, to choose

**herausziehen** ① to pull out ② (*entfernen*) to remove (**aus** from)

**herb** ① (*bitter*) bitter ② *Kritik:* harsh ③ *Parfüm:* tangy ④ *Wein:* dry

**herbeieilen** to come running [up]

**herbeiführen** ① (*bewirken*) to bring about; (*verursachen*) to cause ② (*nach sich ziehen*) to give rise to *Probleme* ③ to arrange for *Begegnung*

die **Herberge** ① (*Obdach*) shelter ② (*Gasthof*) inn ③ (*Alpenhütte, Jugendherberge*) hostel

die **Herbergsmutter**, der **Herbergsvater** warden

das **Herbizid** herbicide

der **Herbst** (*auch übertragen*) autumn ⑬, fall ⑯; **im Herbst** in the autumn [*oder* ⑯ fall]

**herbstlich** autumnal; (*attributiv*) autumn

der **Herd** (*Küchenherd*) stove, cooker

die **Herde** herd; *von Schafen:* flock

**herein** in, into; **herein!** come in!; **immer nur herein!** roll up!

**hereinbrechen** ① *Dunkelheit:* to close in; *Nacht, Dämmerung:* to fall; *Unwetter:* to break (**über** over) ② **hereinbrechen über** *Unglück:* to befall

**hereinfallen** (*betrogen werden*) to be taken in (**auf** by)

**hereinkommen** to come in [*oder* inside]

**hereinlassen** to let in

**hereinlegen** (*umgangsspr*) **jemanden hereinlegen** to take someone for a ride

**hereinplatzen** to burst in

die **Herfahrt** journey here; **auf der Herfahrt** on the journey [*oder* way] here

**herfallen über jemanden herfallen** (*angreifen*) to set upon someone; (*mit Fragen*) to pitch into someone; (*kritisieren*) to pull someone to pieces; **über etwas herfallen** to pounce upon something

der **Hergang** course of events △ *kein Plural*

**hergeben** to give away, to hand over; **gib es her!** give it to me!; **gib mal her** let's [*oder* let me] have a look

**herholen** to fetch, to go and get

der **Hering** ❶ (*Speisefisch*) herring ❷ (*Zelt-pflock*) [tent] peg

**herkommen** ❶ to come here; (*sich nähern*) to approach ❷ (*abstammen*) to come (**von** from); **von wo kommst du her?** where do you come from?

die **Herkunft** ❶ (*Abstammung*) descent; **britischer Herkunft** of British descent ❷ (*soziale*) background ❸ (*Ursprung*) origin

das **Herkunftsland** country of origin

**hermachen** ❶ **sich über etwas hermachen** (*umgangsspr*) to get stuck into something; (*über Essen*) to dig into something ❷ **sich über jemanden hermachen** to lay into someone ❸ **etwas hermachen** to look impressive

**hernehmen** to get; **und wo soll er das hernehmen?** and where is he supposed to get that from?

das **Heroin** heroine

der **Herpes** (*medizinisch*) herpes

der **Herr** ❶ (*Mann*) gentleman ❷ (*Gebieter*) lord, master ❸ (*Anrede ohne Namen*) sir; **Sehr geehrte Herren** Dear Sirs ❹ (*Anrede mit Namen*) Mr; **Herr Professor Maier** Professor Maier; **Sehr geehrter Herr Beck** Dear Mr Beck ❺ **meine Damen und Herren!** ladies and gentlemen! ❻ **Herren** (*Toilette*) Gentlemen, Men['s room] ▸ WENDUN-GEN: **einer Sache Herr werden** to master something; **Herr seiner Sinne sein** to be in control of one's senses

die **Herrenbekleidung** menswear

**herrenlos** *Sache:* ownerless; *Gepäckstück, Jacke:* abandoned; *Tier:* stray

die **Herrentoilette** gentlemen's [*oder* men's] toilet, gents *umgangsspr*

**herrlich** ❶ (*großartig*) magnificent ❷ (*wunderbar*) marvel[l]ous ❸ (*prächtig*) splendid

die **Herrschaft** ❶ (*Staatsgewalt*) rule; (*eines Monarchen*) reign ❷ (*Macht*) power; (*Kontrolle*) control ❸ **meine Herrschaften!** (*Anrede*) ladies and gentlemen!

**herrschen** ❶ (*die Macht haben*) to rule ❷ (*regieren*) to govern; *König:* to reign ❸ (*vorherrschen*) *Meinung:* to prevail ❹ (*bestehen*) *Tatsache:* to be

**herrschend** ❶ *Klasse, Partei:* ruling; *König:* reigning ❷ *Meinung:* prevailing ❸ (*augenblicklich*) present; *Mode, Trend:* current

der **Herrscher**, die **Herrscherin** ruler (**über** of); (*Fürst*) sovereign

das **Herrscherhaus** [ruling] dynasty

**herrschsüchtig** domineering

**herstellen** (*erzeugen*) to make, to produce

der **Hersteller**, die **Herstellerin** (*Produzent*) producer

die **Herstellung** production

die **Herstellungskosten** production costs

**herüber** over [here]; (*über Grenze*) across

**herum** ❶ about, [a]round; **um die Taille herum** around the waist; **um das Dorf herum** round about the village; **oben herum** round the top; **falsch herum** the wrong way round ❷ (*ungefähr*) **um sechs Uhr herum** round [*oder* at] about six o'clock; **um Weihnachten herum** round about Christmas; **es kostet so um die 10 Euro herum** (*umgangsspr*) it costs somewhere round 10 euros

**herumdrehen** ❶ to turn round ❷ (*wenden*) to turn over

**herumführen** ❶ **jemanden [um etwas] herumführen** to lead someone around [something] ❷ (*bei Besichtigung*) **jemanden [in etwas] herumführen** to show someone around something ❸ **um etwas herumführen** *Straße, Weg:* to go around something

**herumgehen** ❶ (*umhergehen*) **sie gingen in der Stadt herum** they walked around town ❷ (*um Grundstück, Raum*) to go around ❸ (*zirkulieren*) *Gerücht, Foto:* to be passed around

**herumhängen** to hang around

**herumkommandieren** (*umgangsspr*) to boss about; **er kommandiert mich ständig herum** he always bosses me about; **kommandiere nicht herum!** don't give orders!

**herumkommen** ❶ (*reisen*) to get around; **er ist weit herumgekommen** he has seen a lot of the world ❷ **um etwas herumkommen** (*nicht tun müssen*) to get out of something

**herumkriegen** ❶ **sie hat ihn doch noch herumgekriegt** (*umgangsspr*) she finally talked him into it ❷ **wie kriegen wir am besten die Zeit herum?** what's the best way for us to kill the time?

**herumlaufen** ❶ (*umgangsspr*) to run around ❷ **frei herumlaufen** *Verbrecher:* to be at large; *Hund:* to run free

**herumliegen** (*umgangsspr*) to lie around; (*verstreut*) to be scattered about; (*faul*) to laze around

**herumreichen** to pass [*oder* hand] round

**herumschlagen** **sich mit einem Problem herumschlagen** (*umgangsspr*) to struggle with a problem

**herumsitzen** to sit around

**herumsprechen – hetzen** 776

**herumsprechen** sich **herumsprechen** *Gerücht:* to get around

**herumstehen** (*umgangsspr*) to stand around

**herumtreiben** (*umgangsspr: herumhängen*) to hang around

**herunten** Ⓐ (*hier unten*) down here

**herunter** ❶ down; **von oben herunter** from above ❷ **die Treppe herunter** down the stairs; **hier herunter** down here

**herunterfallen** to fall down

**heruntergehen** ❶ to go downstairs ❷ to go down *Treppe* ❸ (*übertragen*) *Preise:* to go down, to fall

**heruntergekommen** ❶ down-and-out ❷ (*äußerlich*) dowdy ❸ (*finanziell*) run-down ❹ (*moralisch*) degenerate ❺ (*verfallen*) dilapidated

**herunterhandeln** to beat down *Preis*

**herunterhängen** to hang down

**herunterkommen** ❶ (*nach unten kommen*) to come down; **komm von der Fensterbank herunter!** come down from [*oder* off] the windowsill! ❷ (*moralisch*) to degenerate

**herunterladen** (*Internet*) to download

**herunterlassen** to let down; to lower *Jalousie*

**heruntermachen** ❶ (*abmachen, wegmachen*) to take down ❷ **etwas heruntermachen** (*umgangsspr*) to tear something to pieces ❸ **jemanden heruntermachen** (*umgangsspr*) to run someone down

**herunterputzen** (*umgangsspr*) to tear strips off

**herunterschlucken** to swallow

**hervor** unter etwas **hervor** from under something

**hervorgehen** ❶ (*als Sieger*) to come out ❷ (*entstehen*) to develop, to spring (**aus** from) ❸ (*folgen, sich ergeben*) to follow (**aus** from); (*herrühren*) to result (**aus** from)

**hervorheben** (*betonen*) to emphasize, to stress

**hervorholen** to get out, to produce

**hervorragen** ❶ (*hervorstehen*) to jut out; (*höher sein*) to tower ❷ (*übertragen: hervorstechen*) to stand out

**hervorragend** (*ausgezeichnet*) excellent, outstanding

**hervorrufen** ❶ (*verursachen*) to cause, to give rise to ❷ to arouse *Bewunderung*

**hervortreten** ❶ (*heraustreten*) to step out ❷ *Augen, Adern:* to protrude ❸ (*auftauchen*) to emerge [from behind]; (*sichtbar werden*) to become evident; **hervortreten lassen** to set off (**vor** against)

das **Herz** ❶ heart ❷ (*Farbe beim Kartenspiel*)

hearts ⚠ *plural;* (*einzelne Spielkarte*) heart ❸ (*als Kosewort*) sweetheart ▸ WENDUNGEN: **ein gutes Herz haben** to be good-hearted; **jemandem das Herz brechen** to break someone's heart; **sein Herz verlieren** to lose one's heart; **das liegt mir [sehr] am Herzen** I am [very] concerned about that; **jemandem etwas ans Herz legen** to recommend [*oder* entrust] something to someone; **jemanden ins Herz schließen** to take someone to one's heart; **schweren Herzens** with a heavy heart; **mit ganzem Herz** wholeheartedly; **jemandem zu Herzen gehen** to touch someone's heart; **sich etwas zu Herzen nehmen** to take something to heart; **ein Herz und eine Seele sein** to be bosom friends

der **Herzanfall** heart attack

der **Herzfehler** heart defect

**herzhaft** (*kräftig*) hearty

**herziehen über etwas herziehen** (*lästern*) to pull something to pieces

**herzig** delightful, sweet

der **Herzinfarkt** heart attack

der **Herzkasper** (*slang*) heart attack

das **Herzklopfen** throbbing of the heart; **ich bekam Herzklopfen** my heart started pounding

**herzkrank** suffering from a heart condition

das **Herzleiden** heart disease

**herzlich** ❶ *Empfang:* warm ❷ *Lachen:* hearty; *Grüße:* kind ❸ **herzlichen Dank!** thank you very much indeed!; **herzliches Beileid!** you have my heartfelt sympathy!; **herzliche Grüße** best regards; (*vertrauter*) love (**an** to) ❹ utterly; **herzlich wenig** precious little ❺ **herzlich lachen** to have a good laugh

die **Herzlichkeit** (*Wärme*) warmth

**herzlos** heartless

der **Herzog** duke

die **Herzogin** duchess

das **Herzogtum** (*Land*) duchy

der **Herzschlag** ❶ heartbeat ❷ (*Herzversagen*) heart failure

der **Herzschrittmacher** pacemaker

der **Herzstillstand** cardiac arrest

die **Herztransplantation** heart transplant

das **Herzversagen** heart failure

**herzzerreißend** heart-rending

der **Hesse**, die **Hessin** Hessian

**hessisch** Hessian

**heterosexuell** heterosexual

**hetzen** ❶ (*jagen*) to chase, to hunt ❷ (*eilen, antreiben*) to hurry, to rush ❸ (*übertragen: Hass schüren*) to agitate, to stir up hatred

(**gegen** against)

die **Hetzkampagne** (*abwertend*) smear campaign [kæm'peɪn]

das **Heu** hay ▶ WENDUNGEN: **Geld wie Heu haben** to be rolling in money *umgangsspr;* to have pots of money *umgangsspr*

die **Heuchelei** hypocrisy

**heucheln** ① to play the hypocrite, to be hypocritical ② **etwas heucheln** to feign something

der **Heuchler**, die **Heuchlerin** hypocrite

**heuchlerisch** hypocritical

**heuer** Ⓐ this year

**heulen** ① to howl; (*laut*) to yell ② *Tiere:* to howl, to yelp ③ *Sirene:* to wail

**heurig** Ⓐ, Ⓒ this year's

der **Heuschnupfen** hay fever

die **Heuschrecke** grasshopper; (*in heißen Ländern*) locust

**heute** today, this day; **heute Abend** this evening, tonight; **heute früh, heute Morgen** this morning; **heute Mittag** today at twelve o'clock Ⓖ, today noon Ⓤ; **heute vor 8 Tagen** a week ago today; **den Wievielten haben wir heute?** what date is it today?; **von heute an** from this day on; **bis heute** until today; **es ist bis heute nicht gekommen** it hasn't arrived to date

**heutig** ① of this day, today's ② (*gegenwärtig*) contemporary; (*neuzeitlich*) modern; **vom heutigen Tag** *Brief:* of today['s date]

**heutzutage** nowadays, these days

die **Hexe** witch; **die alte Hexe** (*abwertend*) the old hag

**hexen** ① to practise witchcraft ② (*Wunder wirken*) to work miracles; **ich kann doch nicht hexen!** (*umgangsspr*) I am not a magician!

der **Hexenschuss** (*umgangsspr*) lumbago [lʌm'beɪɡəʊ]

die **Hexerei** sorcery, witchcraft; **das ist doch keine Hexerei** (*umgangsspr*) that's no magic

der **Hieb** ① (*Schlag*) blow; (*Streich*) stroke ② (*beim Fechten*) slash ③ **Hiebe bekommen** to get a thrashing

**hier** ① (*räumlich*) here; **dieses Buch hier** this book here; **hier im Garten ist es schön** it's lovely here in the garden ② (*hierzulande*) in this country; **ich bin nicht von hier** I'm not from here ③ (*in dem Fall*) here, in this case ④ **hier und da** (*örtlich*) here and there; (*zeitlich*) now and then

die **Hierarchie** hierarchy

**hierauf** ① (*obendrauf*) [on] here; **hierauf lag**

**ein Buch** there was a book here ② (*daraufhin*) thereupon; **hierauf folgte ein Fischgericht** this was followed by a fish dish

**hieraus** ① from [*oder* out of] here; **hieraus kann niemand entkommen** nobody can escape from here ② (*aus diesem Material*) out of this; **hieraus wird die Skulptur geschnitzt** the sculpture is carved out of this ③ **hieraus folgt ...** it follows from this ...

**hierbei** ① (*währenddessen*) while doing this ② (*dabei*) here; **hierbei sind die Regeln zu beachten** attention should be paid to the rules here

**hierbleiben** to stay here

**hierdurch** ① (*hier hindurch*) through here ② (*hiermit*) by this means, hereby, herewith

**hierfür** for it/this

**hierher** ① [over] here; **hierher!** come here!; **das gehört hierher** it goes [*oder* belongs] here ② **bis hierher und nicht weiter** this far and no further

**hierin** ① (*in Gefäß, Raum*) in here ② in this; **hierin sehe ich kein Problem** I don't see a problem in this

**hiermit** ① with this ② **hiermit erkläre ich ...** I herewith declare ...; **hiermit wird bestätigt ...** this is to certify ... ③ **hiermit ist die Sache erledigt** that settles that

**hierüber** ① (*nach hier*) over here ② (*oberhalb dieser Stelle*) over it ③ (*betreffend*) about this

**hiervon** (*von diesem*) from this/it; (*über dieses Thema*) about this/it

**hierzu** ① (*dafür*) for this ② (*dazu*) with this ③ (*zu diesem Thema*) about this, concerning this

**hierzulande** in this country

**hiesige(r, s)** local

die **Hi-Fi-Anlage** ['haɪfi-] stereo system, hi-fi [,haɪ'faɪ]

das **Hightech**, das **High Tech** ['haɪtɛk] high-tech

die **Hilfe** ① help; **erste Hilfe** first aid; **zu Hilfe! help! help!; jemandem zu Hilfe kommen** to come to someone's aid; **Hilfe suchend** imploring, seeking help ② (*finanziell*) aid; (*Beistand*) assistance ③ (*für Notleidende*) relief ④ (*Hilfskraft*) help ⑤ **etwas zu Hilfe nehmen** to make use of something

die **Hilfeleistung** assistance, help

der **Hilferuf** ① cry for help ② (*übertragen*) urgent appeal

**hilflos** helpless

**hilfreich** ① helpful ② (*nützlich*) useful

die **Hilfsaktion** relief action

der **Hilfsarbeiter**, die **Hilfsarbeiterin** unskilled

## USEFUL PHRASES

Möchtest du jemandem auf Englisch deine **Hilfe** anbieten, kannst du die untenstehenden *phrases* verwenden.

Can I help you?

Can I ... for you?

I'm good at/with ...

I can help you to ...

Let me help you with ...

You needn't ... I can do that.

Would you like some help with ...?

Do you want me to ...?

worker

**hilfsbedürftig** ① in need [of help] *nachgestellt* ② **die Hilfsbedürftigen** the needy

**hilfsbereit** ① (*helfend, hilfreich*) helpful ② (*entgegenkommend*) obliging; **er ist stets hilfsbereit** he is always ready to help

die **Hilfsdatei** help file

die **Hilfskraft** assistant

das **Hilfsmittel** ① (*Hilfe*) aid ② (*Maßnahme*) means, measure ['meʒər]

das **Hilfswerk** relief organization

das **Hilfszeitwort** auxiliary verb

die **Himbeere** raspberry ['rɑːzbªri]

der **Himmel** ① sky; **am Himmel** in the sky; **unter freiem Himmel schlafen** to sleep in the open air ② (*religiös*) heaven; (*Paradies*) paradise; (*übertragen: Gott, Schicksal*) Heaven ▶WENDUNGEN: **aus heiterem Himmel** out of the blue; **um Himmels willen!** for Heaven's sake!; **dem Himmel sei Dank!** thank Heaven!; **du lieber Himmel!** great Heavens!

das **Himmelbett** four-poster

**himmelblau** sky-blue

die **Himmelfahrt** Ascension; (*Feiertag*) Ascension Day; **Mariä Himmelfahrt** the Assumption of the Virgin Mary

die **Himmelsrichtung** direction

**himmelweit** (*umgangsspr*) *Unterschied:* considerable; **sich himmelweit unterscheiden** to be completely different; **himmelweit voneinander entfernt** far apart from one another

**himmlisch** ① heavenly ② (*wunderbar*) divine; *Wetter:* gorgeous

**hin** ① (*dorthin*) there; **schau dort hin** look over there; (*zu*) towards; **schieb es zu mir hin** push it towards me ② **hin und her** (*auf und ab*) to and fro; (*hin und zurück*) there and back; **das Hin und Her** the comings and goings △ *plural;* **hin und zurück** there and back ③ **auf seinen Rat hin** on his advice ④ **hin und wieder** [every] now and again ⑤ (*umgangsspr*) *Ruf:* ruined; (*kaputt*)

broken ⑥ **sie war ganz hin [und weg]** (*umgangsspr: hingerissen*) she was really carried away

**hinab** down, downward[s]

**hinarbeiten** to aim (**auf** at)

**hinauf** up; **da hinauf** up there

**hinauffahren** to go up, to drive up

**hinaufgehen** ① to go up; **die Treppe hinaufgehen** to go upstairs ② *Preise:* to rise

**hinaufsteigen** to climb up

**hinaus** ① (*auswärts*) out; **hinaus mit euch!** out you go!; **sie gingen hinaus in die Stadt** they went out into the town ② **ein Zimmer zum Meer hinaus** a room overlooking the sea ③ (*zeitlich*) **auf Jahre hinaus** for years to come ④ (*übertragen*) **über etwas hinaus** on top of something; (*jenseits*) beyond something; **darüber hinaus ...** on top of this ..., in addition [to this] ...

**hinausbefördern** to kick [*oder* throw] out

**hinausbegleiten** to see out (**aus** of)

**hinausgehen** ① (*den Raum verlassen*) to go out ② *Tür, Zimmer, Fenster:* to open (**auf** onto) ③ (*übertragen*) **über etwas hinausgehen** to go beyond something; (*übertreffen, übersteigen*) to exceed something

**hinauslaufen** ① (*hinausrennen*) to run out ② **auf etwas hinauslaufen** (*übertragen*) to come to something

**hinauslehnen** to lean out

**hinausschieben** to put off, to postpone

**hinauswerfen** ① (*aus Fenster*) to throw out ② (*umgangsspr: entfernen*) to chuck out ③ (*umgangsspr: entlassen*) to fire *umgangsspr*, to sack *slang*

**hinauswollen** (*beabsichtigen*) to be driving at; **hoch hinauswollen** to aim high

**hinauszögern** to delay

der **Hinblick** **im Hinblick auf ...** (*in Bezug auf*) with regard to ...; (*angesichts*) in view of ...

**hinbringen** to take there; **ich bringe dich hin** I'll take you there

**hinderlich** **hinderlich sein** to be a hindrance; **du bist mir nur hinderlich** you are just a hindrance to me

**hindern** ① (*aufhalten*) to hinder; (*hemmen*) to hamper, to impede ② **jemanden daran hindern, etwas zu tun** to prevent someone from doing something; **es hindert dich doch niemand** no one's stopping you

> **V** **prevent** wird oft zusammen mit **from** gebraucht: *Jack prevented her from leaving.*

das **Hindernis** ① (*auch übertragen*) obstacle ② (*Erschwernis*) hindrance ③ (*Behinderung*) handicap

das **Hindernisrennen** obstacle race; (*auf Pferden*) steeplechase

**hindeuten hindeuten auf** to indicate

der **Hindu** Hindu

**hindurch** ① (*räumlich*) through; **mitten hindurch** right through ② (*zeitlich*) throughout; **die ganze Nacht hindurch** the whole night through; **die ganze Woche hindurch** throughout the whole week

**hinein** ① (*räumlich*) in, inside, into; **hinein mit euch!** in you go! ② (*zeitlich*) into; **bis in den April hinein** well into April; **bis in die Nacht hinein** well into the night

**hineingehen** ① to go in[to] ② **in mein Auto gehen fünf Leute hinein** my car holds five people

**hineinpassen** to fit

**hineinversetzen sich in jemanden hineinversetzen** to put oneself in someone's place; **sich in eine Rolle hineinversetzen** to acquaint oneself with a role; **sich in eine andere Mentalität hineinversetzen** to try to understand a different mentality

**hinfahren** to go there, to drive there

die **Hinfahrt** ① (*mit Zug, Flugzeug*) outward journey; (*mit dem Schiff*) voyage out ② **auf der Hinfahrt** on the way there

**hinfallen** to fall [down]

der **Hinflug** outward flight

die **Hingabe** ① (*Ergebenheit*) devotion ② (*Begeisterung*) dedication

**hingegen** but

**hingehen** to go there

**hinhalten** ① **jemandem etwas hinhalten** to hold something out to someone ② **jemanden hinhalten** to put someone off

**hinhauen** (*slang*) ① (*ausreichen*) to do ② (*klappen*) to work

**hinhören** to listen

**hinken** ① to limp ② (*unpassend sein*) to be inappropriate; **der Vergleich hinkt** that's a lame comparison

**hinknien** to kneel down

**hinkommen** ① to get there; **wie kommst du hin?** how are you getting there? ② **wo kommen die Teller hin?** where do the plates go? ③ **das dürfte so hinkommen** (*ausreichen*) that should be enough; (*stimmen*) that should be right

**hinkriegen** (*umgangsspr*) ① **etwas gut hinkriegen** to do a good job of something ② **ich kriege das schon wieder hin** (*repariert*) I'll have that fixed again, no problem ③ **wir kriegen das schon wieder hin** (*Problem gelöst*) we'll sort it out, don't worry

**hinlegen** ① (*niederlegen*) to put down; (*flach*) to lay down ② (*umgangsspr*) **dafür habe ich 200 Euro hingelegt!** I had to fork out 200 euros for that! ③ **sich hinlegen** to lie down

**hinnehmen** to accept, to take

die **Hinreise** ① (*mit dem Zug, Flugzeug*) outward journey; (*mit dem Schiff*) voyage out ② **auf der Hinreise** on the way there

**hinreißend** (*bezaubernd*) enchanting

**hinrichten** to execute *Verbrecher*

die **Hinrichtung** execution

der **Hinschied** ⓒ︎ℋ death

**hinschmeißen** ① (*umgangsspr: hinwerfen*) to fling down ② (*umgangsspr: aufgeben*) to chuck in

**hinsetzen** to sit down

die **Hinsicht in jeder Hinsicht** in every respect; **in dieser Hinsicht** in this regard

**hinsichtlich** (*bezüglich*) with regard to

**hinstellen** ① (*absetzen*) to put [down] (**auf** onto) ② **jemanden als jemanden/etwas hinstellen** to make someone out to be someone/something ③ **sich irgendwo hinstellen** to stand somewhere; (*mit dem Auto*) to park somewhere

**hinten** ① (*weiter zurück*) behind; **hinten bleiben** to stay behind; (*übertragen*) to lag behind; **weit hinten** far behind [*oder* back] ② (*auf der Rückseite*) at the back; **hinten im Auto** in the back of the car; **nach hinten** to[wards] the back; **von hinten** from behind ③ **das stimmt hinten und vorne nicht** that's totally wrong

**hinter** ① (*räumlich*) behind; **er stand hinter dem Baum** he stood behind the tree; **hinter meinem Rücken** behind my back; **hinter dem Haus** behind [*oder* at the back of] the house ② (*zeitlich*) **ich habe eine Grippe hinter mir** I've just got over a bout of flu ③ **sich hinter jemanden stellen** to stand behind [*oder* support] someone ④ (*übertragen*) **hinter etwas stecken** to be at the bottom of something; **hinter etwas kommen** (*herausfinden*) to get to the bottom of something

das **Hinterbein** ① hind leg ② **sich auf die Hinterbeine stellen** (*umgangsspr: sich wehren*) to put up a fight; (*sich anstrengen*) to pull one's socks up

der/die **Hinterbliebene** (*juristisch*) surviving relative; **die Hinterbliebenen** the bereaved

**hintere(r, s)** ① back, rear; **das hintere Ende** the back end ② **die hinteren Zimmer** the rooms at the back

**hintereinander** ① (*zeitlich*) one after the other [*oder* another]; **drei Tage hintereinander** three days running ② (*räumlich*) one behind the other

der **Hintergedanke** ulterior motive

**hintergehen** (*betrügen*) to deceive

der **Hintergrund** background; **vor diesem Hintergrund** (*auch übertragen*) against this background

der **Hinterhalt** (*auch übertragen*) ambush; **jemanden aus dem Hinterhalt angreifen** to ambush someone

**hinterhältig** *Methoden:* underhand

**hinterher** ① (*räumlich*) behind; **dem Kind hinterher** after the child ② (*zeitlich*) afterward[s]; **hinterher sind wir ins Kino gegangen** afterwards we went to the cinema

**hinterherlaufen** ① to run behind ② (*umgangsspr*) **jemandem hinterherlaufen** to run after someone

der **Hinterhof** backyard

**hinterlassen** ① **jemandem eine Nachricht hinterlassen** to leave a message for someone ② (*testamentarisch*) **jemandem etwas hinterlassen** to bequeath something to someone ③ **er hinterlässt eine Frau und zwei Kinder** he leaves behind a wife and two children

**hinterlegen** (*als Pfand*) to leave

**hinterlistig** ① (*tückisch*) crafty; (*verschlagen*) cunning ② (*betrügerisch*) deceitful ③ (*falsch*) false, perfidious

der **Hintermann** (*übertragen*) backer

der **Hintern** ① (*umgangsspr*) bottom, bum ⑱, butt ⑰ ② **sich auf den Hintern setzen** (*umgangsspr: hinfallen*) to fall on one's bottom; (*energisch arbeiten*) to pull [*oder* get] one's finger out

das **Hinterrad** rear wheel

**hinterrücks** ① (*von hinten*) from behind ② (*übertragen: heimtückisch*) behind someone's back

**hintersinnen** ⑰ to brood

**hinterste(r, s)** last, back; (*entlegenste*) farthest

das **Hinterteil** rear [rɪəʳ] end *auch umgangsspr*

die **Hintertreppe** back stairs *plural*

die **Hintertür** ① back door ② (*übertragen: Ausweg*) loophole

**hinterziehen** Steuern hinterziehen to evade tax[es]

**hinüber** over; **die Straße hinüber** across the road; **den Fluss hinüber** across the river

**hinunter** down; **bis hinunter nach Spanien** down to Spain

**hinuntergehen** to go down; (*zu Fuß*) to walk down

**hinweg** over

**hinwegkommen** **über etwas hinwegkommen** (*übertragen*) to get over something

**hinwegsetzen** (*übertragen*) **sich über etwas hinwegsetzen** to disregard something

der **Hinweis** ① (*Anhaltspunkt*) indication (**auf** to); (*für Polizei*) clue ② (*Anspielung*) allusion (**auf** to) ③ (*amtlicher Hinweis*) notice; (*Rat*) tip ④ (*Verweisung*) reference (**auf** to)

**hinweisen** ① (*zeigen*) to point (**auf** to) ② **jemanden auf etwas hinweisen** to point something out to someone ③ (*verweisen*) to refer (**auf** to) ④ (*betonen*) **auf etwas hinweisen** to emphasize something

**hinwerfen** ① **jemandem etwas hinwerfen** to throw something down to someone ② (*umgangsspr*) to chuck [in] *Arbeit, Stelle*

der **Hinz** Hinz und Kunz every Tom, Dick and Harry

**hinziehen** ① (*anziehen*) to attract (**zu** to) ② (*in die Länge ziehen*) to drag out ③ **sich hinziehen** *Fluss, Weg:* to stretch (**bis/nach** to) ④ **sich hinziehen** (*zeitlich*) to drag on

**hinzu** in addition, besides; **hinzu kommt, dass er lügt** besides he's lying

**hinzukommen** ① (*herbeikommen*) to arrive ② **bei/zu etwas hinzukommen** (*sich anschließen*) to join something ③ (*beigefügt werden*) to be added (**zu** to); **es kommt noch hinzu, dass ...** to add to this the fact that ...; **hinzu kommt, dass es ständig geregnet hat** on top of that it rained the whole time

**hinzuziehen** to consult *Arzt, Experte*

das **Hirn** ① (*Anatomie*) brain ② (*umgangsspr: Intelligenz*) brains △ *plural*

das **Hirngespinst** (*abwertend*) fantasy

die **Hirnhautentzündung** (*medizinisch*) meningitis

**hirnrissig** (*umgangsspr*) crazy, hare-brained

der **Hirntod** brain death
der **Hirsch** deer; (*männliches Tier*) stag

 Der Plural von **deer** bleibt unverändert deer: we saw ten deer in Richmond Park.

die **Hirschkuh** hind
die **Hirse** (*Getreideart*) millet
der **Hirte** herdsman; (*Schafshirte*) shepherd
**historisch** ❶ (*geschichtlich*) historical ❷ (*übertragen: sehr bedeutsam*) historic
die **Hitze** ❶ heat; (*Wetter*) hot weather; **ist das eine Hitze heute** it's so hot today ❷ **in der Hitze des Gefechts** in the heat of the moment
**hitzebeständig** heat-resistant
**hitzeempfindlich** heat-sensitive
die **Hitzewelle** heat wave
**hitzig** ❶ (*aufbrausend*) hot-headed ❷ *Debatte:* heated
der **Hitzschlag** heatstroke
**HIV** *Abkürzung von* **Human Immunodeficiency Virus** HIV [eɪtʃɑrˈviː]
die **H-Milch** UHT-milk
das **Hobby** hobby
der **Hobel** ❶ (*technisch*) plane ❷ (*Gemüsehobel*) slicer
**hobeln** to plane *Holz;* to slice *Gurke*
das **Hoch** ❶ (*Ruf*) cheer (**auf/für** for) ❷ (*Höhepunkt, Wetterlage*) high
**hoch** ❶ high; (*groß, hoch gewachsen*) tall ❷ *Preise:* high ❸ *Ehre:* great ❹ **das hohe C** (*in der Musik*) top C ❺ **ein hohes Tier** (*umgangsspr*) a big fish ❻ **im hohen Norden** in the far North ❼ **auf hoher See** on the high seas *plural* ❽ **in hohem Maße** to a high degree ❾ (*nach oben*) up; **etwas hoch halten** to hold something up; **Hände hoch!** hands up!; **Kopf hoch!** chin up! ❿ (*Qualität*) highly; **hoch begabt** highly talented; **hoch bezahlt** highly paid; **hoch qualifiziert** highly qualified ⓫ (*Mathematik*) **2 hoch 3, 2³** 2 to the power of 3 ⓬ **es geht hoch her** things are pretty lively
die **Hochachtung** deep respect
**hochachtungsvoll** (*in Briefen*) Yours faithfully
**hocharbeiten sich hocharbeiten** to work one's way up
das **Hochdeutsch** ❶ (*kein Dialekt*) standard German; **Hochdeutsch sprechen** to speak standard German ❷ (*nicht Niederdeutsch*) High German
der **Hochdruck** ❶ high pressure ❷ (*Bluthochdruck*) high blood pressure ❸ **mit Hochdruck arbeiten** to work at full stretch

die **Hochebene** plateau
das **Hochgebirge** high mountains *plural*
das **Hochgefühl** elation
**hochgehen** ❶ (*steigen*) to rise, to go up ❷ (*umgangsspr: zornig werden*) to hit the ceiling [*oder* roof] ❸ (*umgangsspr: explodieren*) to blow up; **etwas hochgehen lassen** to blow something up
der **Hochgeschwindigkeitszug** high-speed train
**hochgradig** extreme
**hochhalten** ❶ to hold up *Gegenstand, Arm* ❷ to uphold *Tradition*
das **Hochhaus** high-rise building; (*Wolkenkratzer*) skyscraper
**hochheben** to lift, to raise, to hold up *Hand, Arm;* to lift up *Kind, Last*
**hochkommen** to come up; **das Abendessen ist mir hochgekommen** I threw up my dinner *umgangsspr*
die **Hochkonjunktur** (*in der Wirtschaft*) boom
das **Hochland** highland; **das schottische Hochland** the Scottish Highlands ⚠ *plural*
die **Hochleistung** first-class performance
**hochmütig** haughty, arrogant
**hochnäsig** (*abwertend*) stuck-up, snooty
der **Hochofen** [blast] furnace
die **Hochrechnung** projection
die **Hochsaison** high season
die **Hochschule** college; (*Universität*) university
der **Hochschullehrer,** die **Hochschullehrerin** university/college lecturer
**hochschwanger** heavily pregnant
die **Hochseefischerei** deep-sea fishing
**hochsensibel** *Gerät, Person:* highly sensitive
der **Hochsommer** midsummer
die **Hochspannung** ❶ (*Elektronik*) high-voltage ❷ (*übertragen*) great suspense
der **Hochspannungsmast** (*Elektronik*) electricity pylon
der **Hochsprung** (*im Sport*) high jump
**höchst** highly, most
der **Hochstapler,** die **Hochstaplerin** (*Schwindler*) confidence trickster
der **Höchstbetrag** maximum amount
**höchste(r, s)** ❶ highest; (*größte*) tallest; **der höchste Berg** the highest mountain; **das höchste Gebäude** the tallest building; **am höchsten** highest; (*am größten*) tallest ❷ (*äußerste*) utmost; (*extrem*) extreme; **im höchsten Maße** to the highest degree; **im höchsten Fall** at the most ❸ (*maximal*) maximum; **höchste Geschwindigkeit** maximum [*oder* top] speed ❹ (*schwerste*) heaviest ❺ **höchste Zeit** high time
**höchstens** ❶ (*bestenfalls*) at best, at [the]

most ② (*nicht mehr als*) not more than …

die **Höchstform** (*auch übertragen*) top form

die **Höchstgeschwindigkeit** top speed; **zulässige Höchstgeschwindigkeit** speed limit

die **Höchstgrenze** upper limit

die **Höchstleistung** ① (*Bestleistung*) best performance ② (*im Sport*) record

das **Höchstmaß** maximum amount

**höchstpersönlich** in person

**höchstwahrscheinlich** in all probability, most likely

die **Hochtouren auf Hochtouren laufen** to operate at full speed; **die Party lief auf Hochtouren** the party was in full swing

**hochtrabend** (*abwertend: aufgeblasen*) pompous

der **Hochverrat** high treason

das **Hochwasser** ① (*Wasserstand*) high water; (*Überschwemmung*) flood ② (*Flut*) high tide

**hochwertig** of high quality, high-quality

die **Hochzahl** (*Mathematik*) exponent

die **Hochzeit** wedding ▸ WENDUNGEN: **auf allen Hochzeiten tanzen** to have a finger in every pie

die **Hochzeitsfeier** wedding reception

die **Hochzeitsreise** honeymoon

der **Hochzeitstag** ① (*Tag der Hochzeit*) wedding day ② (*Jahrestag*) wedding anniversary

**hochziehen** to pull up

die **Hocke** (*beim Turnen*) squat; **in die Hocke gehen** to squat

**hocken** ① to squat ② (*umgangsspr: sitzen*) to sit [around]

der **Hocker** stool ▸ WENDUNGEN: **das reißt mich nicht vom Hocker** (*umgangsspr*) that doesn't bowl me over

der **Höcker** *vom Kamel, auch Buckel:* hump

das **Hockey** ['hɔki] hockey

der **Hoden** (*Anatomie*) testicle

der **Hof** ① (*Platz*) yard; (*Innenhof*) courtyard; (*Hinterhof*) backyard ② (*Bauernhof*) farm ③ (*Fürstenhof*) court; **bei Hofe** at court

**hoffen** to hope; **auf etwas hoffen** to hope for something, to set one's hopes on something; **auf jemanden hoffen** to set one's hopes on someone; **ich hoffe es** I hope so

**hoffentlich** hopefully, I hope so; **hoffentlich nicht** I hope not, hopefully not

die **Hoffnung** hope (**auf** in); **jemandem keine Hoffnungen machen** to not hold out any hopes for someone; **sich Hoffnung machen** to have hopes; **er machte sich Hoffnungen auf den ersten Preis** he had hopes of getting the first prize

**hoffnungslos** hopeless

der **Hoffnungsschimmer** glimmer of hope

**höflich** polite; (*zuvorkommend*) courteous; (*respektvoll*) respectful

das **Hoftor** yard gate

**hohe(r, s)** ① high; (*groß*) tall ② *Preise:* high ③ *Ehre:* great; *Geburt:* noble ④ *Strafe:* heavy, severe

die **Höhe** ① height ② (*Gipfel*) summit; (*kleiner*) hill ③ (*Ausmaß, Größenordnung, Niveau*) level ④ **die Preise in die Höhe treiben** to force up the prices; **in die Höhe gehen** *Preise:* to go up ⑤ *von Umfang, Wert, Betrag:* amount; **ein Betrag in Höhe von …** an amount of … ⑥ (*Mathematik, Flughöhe*) altitude ⑦ (*geographisch*) latitude ⑧ (*Tonhöhe*) pitch; (*von Stereoanlage*) treble

die **Hoheit** ① (*staatlich*) sovereignty (**über** over) ② (*Titel*) Highness; **Seine/Ihre Königliche Hoheit** His/Her Royal Highness

das **Hoheitsgebiet** sovereign territory

der **Höhenmesser** altimeter ['æltɪmiːtəʳ]

die **Höhensonne** ① (*im Gebirge*) mountain sun ② (*UV-Strahler*) sun lamp

der **Höhenunterschied** difference in altitude

der **Höhepunkt** ① high point ② *einer Entwicklung:* apex, summit; *des Tages, einer Veranstaltung:* highlight; *der Karriere, der Macht:* peak, pinnacle; *eines Dramas:* climax ③ (*auch übertragen*) zenith

**höher** ① higher ② *Macht:* superior; *Klasse:* upper ③ **eine höhere Gewalt** an act of God; **eine höhere Instanz** (*juristisch*) a higher court; (*Behörde*) a higher authority; **eine höhere Schule** a secondary school ⒼⒷ, a high school Ⓤ🅂🅰

**hohl** ① hollow; *Wangen, Augen:* sunken ② *Geräusch:* dull, hollow ③ (*übertragen: leer*) empty

die **Höhle** cave, cavern; (*Loch*) hole; (*eines Tiers*) den, hole

der **Hohlraum** hollow space; (*Höhlung*) cavity

der **Hohn** (*Geringschätzung*) scorn; (*Spott*) derision, mockery; **das ist der reinste Hohn** it's sheer mockery

**höhnisch** mocking, scornful, sneering

**holen** ① to fetch, to [go and] get; **ich hole mir ein Bier** I'll [go and] get myself a beer ② (*abholen*) to pick up; **ich hole dich um acht ab** I'll pick you up at eight; **jemanden holen lassen** to send for someone ③ **die Polizei/einen Arzt holen** to call the police/a doctor ④ (*erringen, gewinnen*) **sie holte den ersten Preis** she won first prize

**Holland** Holland

**der Holländer** Dutchman
**die Holländerin** Dutchwoman
**holländisch** Dutch
**die Hölle** hell ▶ WENDUNGEN: **jemandem die Hölle heiß machen** (*umgangsspr*) to give someone hell; **jemandem das Leben zur Hölle machen** (*umgangsspr*) to make someone's life hell
**höllisch** (*umgangsspr: sehr, riesig*) hellish; **höllisch aufpassen** to keep one's eyes skinned; **eine höllische Angst haben** (*umgangsspr*) to be scared stiff; **höllisch weh tun** (*umgangsspr*) to hurt like hell; **höllisch schwer** (*umgangsspr*) hellishly difficult
**holp(e)rig** ❶ *Straße, Weg:* bumpy, uneven ❷ *Sprache, Stil:* clumsy
**der Holunder** (*Strauch*) elder
**die Holunderbeere** elderberry
**das Holz** wood; (*zum Bauen*) timber ⑬, lumber Ⓤ; **aus Holz** made of wood
**hölzern** (*auch übertragen*) wooden
**der Holzfäller** lumberjack, woodcutter
**holzfrei** wood-free
**der Holzhandel** timber [*oder* Ⓤ lumber] trade
**der Holzklotz** wooden block
**die Holzkohle** charcoal
**der Holzschnitt** (*Kunstwerk*) woodcarving
**der Holzschuh** (*Pantine*) clog
**die Holzspäne** wood shavings
**der Holzwurm** woodworm
**die Homepage** ['ho:mpe:tʃ] home page
**die Homo-Ehe** (*umgangsspr*) gay marriage
**homogen** homogen[e]ous [ˌhɔmə'dʒi:niəs]
**homogenisieren** to homogenize [həˈmɒdʒənaɪz]
**homöopathisch** hom[o]eopathic
**homosexuell** homosexual
der/die **Homosexuelle** homosexual
**der Honig** honey
**die Honigbiene** honeybee
**die Honigmelone** honeydew melon
**das Honorar** fee
**honorieren** ❶ to appreciate; **wurde seine Hilfe honoriert?** was his help appreciated? ❷ (*bezahlen*) to pay; **jemandem etwas honorieren** to pay someone for something
**der Hopfen** hop; (*Brauhopfen*) hops ⚠ *plural*
**hoppla** [wh]oops!; **hoppla, jetzt komm ich!** look out, here I come!
**hopsen** (*umgangsspr*) to hop, to skip
**das Hörbuch** audiobook
**horchen** ❶ (*hören*) to listen (**auf** to) ❷ (*an der Tür*) to eavesdrop ['i:vzdrɒp]
**die Horde** (*auch abwertend*) horde [hɔ:d], mob
**hören** ❶ to hear; **hast du das gehört?** did

you hear that?; **schlecht hören** to be hard of hearing ❷ (*zuhören*) to listen (**auf** to); to go to *Vorlesung;* **Radio hören** to listen to the radio; **Musik hören** to listen to music; **hör mal!** listen! ❸ (*mitbekommen*) **ich habe gehört, Sie sind aus Schottland?** I hear you're from Scotland; **ich habe zufällig gehört, wie sie sagte, dass ihr schlecht ist** I overheard her saying that she felt sick ❹ **auf jemanden hören** (*gehorchen*) to obey someone; (*einen Rat befolgen*) to listen to someone; **wenn du nur auf mich gehört hättest!** if only you'd listened to me! ❺ **du gehst jetzt ins Bett, hörst du!** off to bed with you, do you hear! ❻ **also hör mal, was soll das eigentlich?** hang on a minute, what's all this about anyway? ❼ **das hört sich gut an!** that doesn't sound bad, that sounds good ❽ **von sich hören lassen** to keep in touch; **Sie werden noch von mir hören!** (*als Drohung*) you'll be hearing from me!

Ⓖ Richtiges Konjugieren von **hear**: hear, heard, heard — *Yes, I heard what you said; have you heard the good news yet?*

**das Hörensagen vom Hörensagen** from hearsay
**der Hörer, die Hörerin** (*Radio*) listener
**der Hörer** (*Telefonhörer*) receiver
**das Hörgerät** hearing aid
**hörig** sexually dependent; **jemandem hörig sein** to be sexually dependent on someone
**der Horizont** (*auch übertragen*) horizon; **am Horizont** on the horizon
**horizontal** horizontal
**die Horizontale** horizontal [line]
**das Hormon** hormone
**das Horn** ❶ horn ❷ (*Musikinstrument*) horn; (*militärisch*) bugle ▶ WENDUNGEN: **sich die Hörner abstoßen** to sow one's wild oats
**das Hörnchen** croissant
**die Hornhaut** ❶ hard skin ❷ (*im Auge*) cornea
**die Hornisse** hornet
**das Horoskop** horoscope
**der Hörsaal** lecture theatre [*oder* Ⓤ theater]
**das Hörspiel** (*Radio*) radio play
**horten** to hoard
**das Höschen** (*Damenslip*) panties ⚠ *plural,* pair of panties
**die Hose** trousers ⚠ *plural* ⑬, pants ⚠ *plural* Ⓤ; **eine Hose** a pair of trousers [*oder* Ⓤ pants]; **eine kurze Hose** shorts ⚠ *plural,* a pair of shorts; **diese Hose ist zu eng** these trousers are too tight ▶ WENDUNGEN: **tote**

**Hosenanzug – Hungersnot**

**Hose sein** (*slang: langweilig sein*) to be a drag; (*erfolglos sein*) to be a dead loss

> **V** **trousers** wird im Plural gebraucht: *Where are my new trousers?* — **a pair of trousers** wird dagegen im Singular gebraucht: *Here is your new pair of trousers.*

der **Hosenanzug** trouser suit (GB), pantsuit (USA)

der **Hosensack** (CH) trouser pocket

der **Hosenschlitz** fly; **dein Hosenschlitz ist offen** your flies are open

die **Hosentasche** trouser pocket

die **Hosenträger** braces *plural* (GB), suspenders *plural* (USA)

das **Hospital** hospital, infirmary

die **Hostie** host

das **Hotel** hotel; **in welchem Hotel bist du?** which hotel are you staying in?

die **Hotelfachschule** college of hotel management

der **Hotelier** hotelier

die **Hotellerie** hospitality △ *kein Plural*

**HTML** *Abkürzung von* **Hypertext Markup Language** HTML

der **Hubraum** (*Auto*) cubic capacity

**hübsch** ❶ (*gut aussehend*) pretty; (*nett*) nice; **ganz hübsch!** rather pretty! ❷ (*umgangsspr: ironisch*) fine, nice, pretty; **eine hübsche Summe Geld** a tidy sum of money ❸ (*umgangsspr: beträchtlich, ziemlich*) pretty ❹ **Ihr zwei Hübschen** (*umgangsspr*) the two of you

der **Hubschrauber** helicopter

**huckepack** piggyback

**hudeln** (A) to do something sloppily, to do slipshod work

der **Huf** hoof

das **Hufeisen** horseshoe

die **Hüfte** hip

das **Hüftgelenk** hip joint; **ein neues Hüftgelenk** a hip replacement

der **Hügel** hill; (*kleiner*) hillock

**hüg(e)lig** hilly

das **Huhn** chicken; (*Henne*) hen ▶ WENDUNGEN: **wie ein verrücktes Huhn** (*umgangsspr*) like a headless chicken

das **Hühnchen** chicken

das **Hühnerauge** (*medizinisch*) corn

die **Hühnersuppe** chicken soup

die **Hülle** cover; *von Brief:* envelope; *von Schallplatten:* sleeve; **in Hülle und Fülle** in abundance

die **Hülse** ❶ (*Schale*) hull, husk; (*Schote*) pod ❷ (*technisch*) case, shell; *von Geschoss:* case

die **Hülsenfrüchte** pulses *plural*

**human** ❶ humane ❷ (*verständnisvoll*) considerate (**gegenüber** to/towards)

**humanitär** humanitarian

die **Hummel** bumble-bee

der **Hummer** lobster

der **Humor** [sense of] humour; **[Sinn für] Humor haben** to have a sense of humour

**humorlos** humourless

**humorvoll** humorous

**humpeln** ❶ to hobble ❷ (*umgangsspr: hinken*) to limp

der **Humus** humus

der **Hund** ❶ dog; (*Jagdhund*) hound ❷ (*als Schimpfwort*) bastard, swine ▶ WENDUNGEN: **er ist bekannt wie ein bunter Hund** he's a well-known character

die **Hundehütte** [dog-]kennel

die **Hundeleine** dog leash

**hundemüde** (*umgangsspr*) dog tired, dead beat *umgangsspr*

**hundert** a hundred; (*betont*) one hundred

die **Hundert** (*Zahl*) hundred

das **Hundert** hundred; **Hunderte [von Menschen]** hundreds [of people]

**hundertmal** a hundred times

**hundertprozentig** ❶ one hundred per cent; **aus hundertprozentiger Wolle sein** to be one hundred per cent wool; *Alkohol:* pure ❷ (*umgangsspr*) **er ist ein hundertprozentiger Bayer** he's a Bavarian through and through ❸ (*umgangsspr: völlig*) absolute; **du hast hundertprozentig Recht** you're absolutely right; **eine hundertprozentiger Erfolg** a total success; **hundertprozentig sicher sein** to be one hundred per cent certain

**hundertste(r, s)** hundredth

das **Hundertstel** hundredth

**hunderttausend** a hundred thousand

die **Hundesteuer** dog licence [*oder* (USA) license] fee

die **Hündin** bitch

der **Hunger** ❶ hunger (**nach** for); **[großen] Hunger haben** to be [very] hungry; **Hunger bekommen** to get hungry; **ich sterbe vor Hunger!** I'm starving! ❷ (*Verlangen*) craving, yearning (**nach** for)

die **Hungerhilfe** famine relief

der **Hungerlohn** pittance; **für einen Hungerlohn arbeiten** to work for a pittance

**hungern** ❶ (*Hunger leiden*) to go hungry, to starve ❷ (*fasten*) to go without food ❸ (*übertragen: verlangen*) to hunger (**nach** for)

die **Hungersnot** famine

der **Hungerstreik** hunger strike; **in den Hungerstreik treten** to go on hunger strike
**hungrig** (*auch übertragen*) hungry (**nach** for)
die **Hupe** (*Auto*) horn
**hupen** to hoot, to sound one's horn
**hüpfen** to hop; (*springen*) to jump, to skip; *Ball:* to bounce
die **Hürde** (*auch übertragen*) hurdle
der **Hürdenlauf** hurdles △ *mit Singular*
die **Hure** (*abwertend*) whore
**huschen** to dart, to flash
der **Husten** cough [kɒf]; **Husten haben** to have a cough
**husten** to cough; **stark husten** to have a bad cough
der/das **Hustenbonbon** cough sweet
der **Hustensaft** cough mixture
der **Hut** ❶ hat ❷ **Hut ab!** (*vor jemandes Leistung*) I take my hat off to you/her/him/that
**hüten** ❶ to look after, to tend ❷ to keep *Geheimnisse* ❸ **das Bett hüten** to stay in bed ❹ **sich vor etwas/jemandem hüten** to be on one's guard against something/someone ❺ **sich hüten, etwas zu tun** to take care not to do something
die **Hutsche** Ⓐ (*Schaukel*) swing
die **Hütte** hut; (*kleines Häuschen*) cottage; (*Holzkabine, Blockkabine*) cabin; (*Hundehütte*) kennel
der **Hüttenkäse** cottage cheese
die **Hyäne** hyena [haɪˈiːnə]
die **Hyazinthe** hyacinth [haɪəsɪnθ]
der **Hydrant** hydrant [ˈhaɪdrᵊnt]
**hydraulisch** hydraulic [haɪˈdrɔlɪk]
die **Hydrokultur** hydroponics [haɪdrəʊˈpɒnɪks] △ *mit Singular*
die **Hygiene** hygiene [ˈhaɪdʒiːn]
**hygienisch** hygienic [haɪˈdʒiːnɪk]
die **Hymne** hymn [hɪm]
die **Hyperaktivität** hyperactivity
die **Hyperbel** hyperbola
die **Hyperinflation** hyperinflation
die **Hypnose** hypnosis [hɪpˈnəʊsɪs]
**hypnotisieren** to hypnotize [ˈhɪpnətaɪz]
die **Hypothek** (*finanziell*) mortgage [ˈmɔːgɪdʒ]
die **Hypothese** hypothesis [hɪˈpɒθəsɪs]
**hypothetisch** hypothetical [haɪpəʊˈθetɪkᵊl]
die **Hysterie** hysteria [hɪˈstɪəriə]
**hysterisch** hysteric [hɪˈsterɪk]

**I, i** I, i [aɪ]
**i.A.** *Abkürzung von* **im Auftrag** pp, per procurationem, by proxy
der **IC** *Abkürzung von* **Intercity(zug)** intercity
der **ICE** *Abkürzung von* **Intercity Express** high-speed train
das **Ich** self; (*psychologisch*) ego
**ich** I; **ich selbst** I myself; **ich bin es** it's me; **hier bin ich!** here I am!; **du und ich** you and me [*oder* I]; „**wer hat meinen Bleistift?**" — „**ich nicht!**" "who's got my pencil?" — "not me [*oder* I haven't]!"
die **Ich-AG** Me plc ⒼⒷ, Me, Inc. ⓊⓈⒶ (*business start-up grant to promote self-employment among the unemployed*)
der **Ich-Erzähler**, die **Ich-Erzählerin**, der **Icherzähler**, die **Icherzählerin** first-person narrator
das **Icon** [ˈaɪkən] icon
das **Ideal** ideal [ˈaɪdɪəl]
**ideal** ideal [aɪˈdɪəl], perfect
**idealistisch** idealistic [aɪˌdɪəˈlɪstɪk]
die **Idee** ❶ (*Einfall*) idea (**zu** for) ❷ **eine Idee zu kurz** (*umgangsspr*) a trifle too short
**ideenreich** (*einfallsreich*) full of ideas
**identifizieren** ❶ to identify ❷ **sich identifizieren** to identify (**mit** with)
**identisch** identical (**mit** with)
die **Identitätskarte** ⒸⒽ identity card
die **Ideologie** ideology
**ideologisieren** to indoctrinate
**idiomatisch** idiomatic
der **Idiot** (*abwertend*) idiot
**idiotisch** idiotic
das **Idol** idol
**idyllisch** idyllic
der **Igel** hedgehog
**igitt** ugh!, yuk!
die **Ignoranz** ignorance
**ignorieren** to ignore, to take no notice of
**ihm** ❶ (*für Person*) him; **ich habe es ihm gesagt** I told him; **er hat es ihm gegeben** he gave it to him; **ein Buch von ihm** a book of his ❷ (*für Sache*) it
**ihn** ❶ (*für Person*) him; **ich mag ihn nicht** I don't like him ❷ (*für Sache*) it
**Ihnen** (*Anrede*) you; **ich wünsche Ihnen eine gute Fahrt** I wish you a pleasant journey; **wie geht es Ihnen?** how are you?
**ihnen** them; **ein Freund von ihnen** a friend of theirs; **ich gab ihnen Essen** I gave them

**Ihr – importieren** 786

food

**Ihr** ❶ (*Anrede*) your; **ist das Ihres?** is this yours? ❷ (*Briefschluss*) **Ihr Robert Schuster** Yours, Robert Schuster △ *immer großgeschrieben und mit Komma*

**ihr** ❶ (*für Person*) her; **gib es ihr zurück** give it back to her; **ich habe es ihr gesagt** I told her ❷ (*für Sache*) it ❸ (*bezogen auf Plural*) you; **ihr seid zu spät** you're too late ❹ (*einer Person gehörend*) her; **ihr Buch** her book ❺ (*eines Tiers, eines Gegenstands*) its ❻ (*bezogen auf Plural*) their

**ihrerseits** ❶ (*auf eine Person bezogen*) for her part; (*auf eine Sache bezogen*) for its part; (*auf mehrere Personen bezogen*) for their part ❷ (*von ihr*) on her part; **eine Entschuldigung ihrerseits kam nicht** there was no apology on her part; (*von ihnen*) on their part

**Ihrerseits** ❶ **Sie Ihrerseits hatten Unrecht** you for your part were in the wrong ❷ (*von Ihnen*) on your part; **das war ein Fehler Ihrerseits** that was a mistake on your part

**ihretwegen** ❶ (*bei Person*) because of her; (*auf eine Mehrzahl bezogen*) because of them ❷ (*zuliebe*) for her sake; (*auf eine Mehrzahl bezogen*) for their sake ❸ (*bei Sache*) because of it; (*auf eine Mehrzahl bezogen*) because of them

**ihretwillen** (*ihr zuliebe*) for her [sake]; (*ihnen zuliebe*) for their sake

**Ihretwillen** for your sake

**illegal** illegal [ɪˈliːɡəl]

der/die **Illegale** illegal immigrant

**illegitim** illegitimate [ɪlɪˈdʒɪtəmət]

die **Illusion** illusion [ɪˈluːʒən]; **sich Illusionen machen** to have illusions

**illusorisch** illusory

die **Illustration** illustration [ɪləˈstreɪʃən]

der **Illustrator**, die **Illustratorin** illustrator

**illustrieren** to illustrate [ˈɪləstreɪt]: **jemandem etwas illustrieren** to illustrate something for someone

die **Illustrierte** magazine [mægəˈziːn]

**im** ❶ (*räumlich*) in the; **im Bett** in bed; **im Haus** in the house; **im zweiten Stock** on the second floor ❷ **im Fernsehen** on television; **im Radio** on the radio; **im Theater/Kino** in the theatre/cinema ❸ (*zeitlich*) **im Juli** in July; **im nächsten Jahr** next year

**imaginär** imaginary [ɪˈmædʒɪnəri]

der **Imbiss** (*kleine Mahlzeit*) snack, bite to eat

die **Imbissstube** snack bar

**imitieren** to imitate

der **Imker**, die **Imkerin** beekeeper

**immatrikulieren** to register (**an** at)

**immer** ❶ (*häufig*) always; **ich nehme immer ein Käsebrot** I always have a cheese sandwich; (*jedes Mal*) constantly; **er will sich immer vordrängeln** he always wants to push in; **immer unterbricht sie einen** she constantly interrupts people; **immer wenn** every time, whenever; **immer wieder** time [*oder* again] and again ❷ **für immer** for ever ❸ **wie immer** as usual ❹ **schon immer** always ❺ **immer noch** still; **immer noch nicht** still not [yet]; **sie war immer noch nicht fertig** she still hadn't finished ❻ (*in Mengen*) **immer mehr** more and more; **immer größer** bigger and bigger ❼ (*bei Wegangaben*) **immer geradeaus!** keep straight ahead!; **immer weiter, immer zu!** keep on! keep going! ❽ **immer schön langsam!** (*umgangsspr*) take your time! ❾ **was auch immer** what[so]ever; **wie auch immer** how[so]ever

**immergrün** evergreen

**immerhin** ❶ (*wenigstens*) at least ❷ (*schließlich*) after all

**immerzu** all the time

der **Immigrant**, die **Immigrantin** immigrant

der **Immissionsschutz** protection against pollution

die **Immobilien** real estate △ *singular;* property △ *singular*

der **Immobilienmakler**, die **Immobilienmaklerin** [real] estate agent ⒼⒷ, realtor ⓊⓈⒶ

**immun** immune (**gegen** to)

die **Immunabwehr** immune defence [system]

die **Immunisierung** immunization

die **Immunität** immunity (**gegen** to)

die **Immunschwächekrankheit** immune deficiency syndrome

das **Immunsystem** immune system

der **Imperativ** (*Grammatik*) imperative

das **Imperfekt** (*Grammatik*) imperfect [*oder* past] tense

der **Imperialismus** (*Politik*) imperialism

**impfen** to vaccinate (**gegen** against)

der **Impfpass** vaccination card

der **Impfstoff** vaccine

die **Impfung** vaccination

**implantieren** to implant

**implizit** implicit

**imponieren jemandem imponieren** to impress someone

**imponierend** impressive

der **Import** ❶ (*Einfuhr*) import ❷ (*importierte Waren*) imports △ *plural*

**importieren** to import

**imposant** impressive
**impotent** impotent
die **Impotenz** impotence
**imprägnieren** (*wasserdicht machen*) to waterproof
der **Impressionismus** impressionism
**improvisieren** to improvise; (*in der Musik auch*) to extemporize
der **Impuls** impulse
**impulsiv** impulsive
**imstande, im Stande zu etwas imstande sein** to be capable of doing something; **imstande sein, etwas zu tun** to be able to do something
**in** ➊ (*räumlich*) in, at; **in der Schule** at school; **er wohnt in Berlin** he lives in Berlin; **warst du schon in Schottland?** have you ever been to Scotland? ➋ (*hinein in*) into; **er stieg in das Auto** he got into the car ➌ (*zu, nach*) to; **sie geht in die Schule** she goes to school; **gehen wir in die Stadt?** shall we go into town? ➍ (*zeitlich*) in; **in der Nacht** at night, during the night; **im vorigen Jahr** last year; **im Alter von ...** at the age of ...; (*innerhalb*) within; **in den nächsten zwei Tagen** within the next two days; **noch in dieser Woche** by the end of the week ➎ (*Fach, Thema*) **in Englisch ist er ziemlich schwach** he's rather weak at English ➏ (*umgangsspr*) **in sein** to be in, to be the in thing
**inadäquat** inadequate [ɪnˈædɪkwət]
der **Inbegriff** (*Verkörperung*) embodiment, perfect example
**inbegriffen Service inbegriffen** service included, including service
**indem** ➊ (*während*) while; (*in dem Augenblick*) as ➋ (*dadurch, dass*) **er kühlte den Knöchel, indem er Eis drauf legte** he cooled his ankle by putting ice on it
der **Inder**, die **Inderin** Indian
**indes, indessen** ➊ (*inzwischen*) in the meantime, meanwhile ➋ (*jedoch*) however
der **Indianer**, die **Indianerin** American Indian, Native American
**Indien** India
der **Indikativ** (*Grammatik*) indicative
**indirekt** indirect
**indisch** Indian; **der Indische Ozean** the Indian Ocean
**indiskutabel** out of the question
der **Individualist**, die **Individualistin** individualist [ˌɪndɪˈvɪdʒuəlɪst]
**individualistisch** individualistic
**individuell** individual; *Note:* personal; **indivi-**

**duell verschieden sein** to differ from person to person
das **Individuum** individual
das **Indiz** ➊ (*juristisches Beweismittel*) piece of circumstantial evidence ➋ (*Hinweis*) indication (**für** of)
**indogermanisch** Indo-European
**Indonesien** Indonesia
**indonesisch** Indonesian
die **Industrialisierung** industrialization
die **Industrie** industry
das **Industriegebiet** industrial area
**industriell** industrial
die **Industrie- und Handelskammer** Chamber of Commerce
der **Industriezweig** branch of industry
**ineinander** into one another, into each other; **sie haben sich ineinander verliebt** they've fallen in love with one another
**ineinandergreifen** (*technisch*) to mesh [with each other]; (*übertragen: sich überschneiden*) to overlap
die **Infektion** (*medizinisch*) infection
die **Infektionskrankheit** infectious disease
**infiltrieren** to infiltrate
der **Infinitiv** (*Grammatik*) infinitive
**infizieren** ➊ to infect ➋ **sich anstecken** to catch an infection; **sich mit einem Virus infizieren** to get infected with a virus
die **Inflation** (*finanziell*) inflation
die **Inflationsrate** (*finanziell*) rate of inflation
die **Info** (*umgangsspr*) info △ *singular*
**infolge** as a result of, owing to
**infolgedessen** consequently
die **Informatik** computer science
der **Informatiker**, die **Informatikerin** computer scientist
die **Information** information (**über** on/about); **die neuesten Informationen** the latest information △ *singular*

> **V** Das englische **information** ist ein Sammelbegriff; eine einzelne Auskunft wird mit **a piece of information** übersetzt. Das Verb steht im Englischen nach **information** immer im *Singular!*

**informativ** informative
**informieren** ➊ to inform (**über** about, **von** of); **jemanden informieren** to let someone know ➋ **sich informieren** to find out (**über** about)
**infrage** ➊ **infrage kommen** (*möglich sein*) to be possible; (*in Betracht kommen*) to be considered ➋ **für jemanden nicht infrage kommen** to be out of the question for some-

**Infrastruktur – Insel** 788

one; **das kommt nicht infrage** that's out of the question ③ **etwas infrage stellen** to question something
die **Infrastruktur** infrastructure
der **Ingenieur**, die **Ingenieurin** engineer
das **Ingenieurbüro** engineering firm
der **Ingwer** ginger
der **Inhaber**, die **Inhaberin** ① *eines Geschäfts, einer Firma:* owner, proprietor *maskulin*, proprietress *feminin* ② *von Konto, Rekord, Patent:* holder; *von Wertpapier, Urkunde:* bearer
**inhaftieren** to take into custody
**inhalieren** to inhale
der **Inhalt** ① *einer Packung:* contents *plural* ② *von Buch, Film:* content; (*Überschrift im Buch*) contents ⚠ *plural* ③ (*Sinn, Bedeutung*) *des Lebens:* meaning ④ (*Mathematik: von Fläche*) area; (*von Raum*) volume
**inhaltlich** as regards content
die **Inhaltsangabe** (*Zusammenfassung*) précis, summary; *von Film, Roman:* synopsis [sɪˈnɒpsɪs]
das **Inhaltsverzeichnis** table of contents
die **Initiale** initial [ɪˈnɪʃəl]
die **Initiative** ① initiative [ɪˈnɪʃətɪv]; **aus eigener Initiative** on one's own initiative ② ⒞ (*in der Politik*) petition for a referendum
die **Injektion** injection [ɪnˈdʒekʃən]
**inklusive** ① **inklusive Frühstück** including breakfast, breakfast included ② **bis zum 3. August inklusive** up to and including August 3rd
**inkompetent** incompetent
**inkonsequent** inconsistent

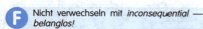
Nicht verwechseln mit *inconsequential — belanglos!*

das **Inland** ① (*das Landesinnere*) inland; **weiter im Inland** further inland ② (*im Gegensatz zum Ausland*) home
der **Inlandflug** domestic flight
**inländisch** domestic, home; *Ware:* home-made
die **Inlineskates** inline skates
**inmitten** in the midst of
**innehaben** to hold
**innen** ① inside; (*im Haus*) indoors ② (*auf Innenseite*) on the inside ③ **nach innen** inward[s] ④ **von innen** from within
der **Innenarchitekt**, die **Innenarchitektin** interior designer
der **Innendienst** office work
der **Innenminister**, die **Innenministerin** minister of the interior; (*in GB*) Home Secretary; (*in den USA*) Secretary of the Interior

das **Innenministerium** ministry of the interior, Home Office ⒢⒝, Department of the Interior ⓊⓈⒶ
die **Innenpolitik** home affairs ⚠ *plural;* (*bestimmte*) domestic policy
**innenpolitisch** concerning home affairs [*oder* ⓊⓈⒶ domestic policy]
der **Innenraum** interior
die **Innenseite** inside
der **Innenspiegel** rear-view mirror
die **Innenstadt** centre [*oder* ⓊⓈⒶ center] of town; (*einer Großstadt*) centre [*oder* ⓊⓈⒶ center] of the city, town/city centre [*oder* ⓊⓈⒶ center]
**innerbetrieblich** internal; **es wird innerbetrieblich entschieden** it will be decided in-house
das **Innere** ① inside; *eines Gebäudes auch:* interior ② **im tiefsten Inneren** (*übertragen*) in one's heart of hearts
**innere(r, s)** ① inner ② *Angelegenheit, Verletzungen:* internal
die **Innereien** innards
**innerhalb** ① **innerhalb dieser Räume** within these rooms; **innerhalb des Hauses** inside the house ② **innerhalb einer Woche** within a week
**innerlich** ① (*körperlich*) internal ② (*übertragen: nach innen*) inwardly ③ (*übertragen: von innen heraus*) inner
das **Innerste** ① (*innerster Teil*) innermost part ② (*übertragen*) **tief im Innersten** in one's heart of hearts
**innert** ⒜, ⒞ (*binnen*) within
**innig** ① (*sehnlich*) heartfelt; **jemanden heiß und innig lieben** to be madly in love with someone ② (*vertraut*) intimate
die **Innovation** innovation
**innovativ** innovative
**inoffiziell** unofficial
**ins** ① (*in das*) **ins Kino** to the cinema; **ins Bett gehen** to go to bed; **ins Nachthemd schlüpfen** to get into one's nightie ② **kannst du das ins Englische übersetzen?** can you translate that into English?
der **Insasse**, die **Insassin** *einer Anstalt:* inmate; (*Fahrgast*) passenger
**insbesondere** [e]specially, in particular, particularly
die **Inschrift** inscription; (*auf Münzen*) legend; (*auf Grabstein*) epitaph
das **Insekt** insect
der **Insektenstich** insect sting
das **Insektizid** insecticide
die **Insel** island, isle; **die Britischen Inseln** the British Isles

das **Inserat** advertisement
der **Inserent**, die **Inserentin** advertiser
**inserieren** to advertise (**in** in)
**insgeheim** secretly
**insgesamt** altogether; **insgesamt kamen 20 Leute** 20 people came altogether; **es beläuft sich auf insgesamt ...** it amounts to a total of ...; **es war insgesamt eine gelungene Veranstaltung** it was all in all a successful event
**insofern, insoweit** ❶ (*was dies betrifft*) in that respect, as far as that goes ❷ **du hast insofern recht, als dass ...** you're right inasmuch as [*oder* in so far as] ...
die **Inspektion** inspection; *von Auto:* service
der **Inspektor**, die **Inspektorin** inspector; (*Aufseher, Verwalter*) superintendent
die **Inspirationsquelle** source of inspiration
der **Installateur**, die **Installateurin** (*Klempner*) plumber; (*Monteur*) fitter; (*für Gas*) gas-fitter
**installieren** (*auch übertragen*) to install
**instand, in Stand** etwas **in Stand halten** (*in Ordnung*) to maintain something; (*funktionsfähig*) to keep something in working order; etwas **in Stand setzen** (*funktionstüchtig machen*) to get something into working order; (*reparieren*) to repair something
**inständig inständig bitten** to beseech, to implore; **inständig hoffen** to hope fervently
die **Instandsetzung** (*Überholung*) overhaul; (*Reparatur*) repair
die **Instanz** ❶ (*juristisch*) court ❷ (*Behörde*) authority ❸ **in erster/letzter Instanz** in the first/last instance
der **Instinkt** instinct
**instinktiv** instinctive
das **Institut** ❶ institute ❷ (*Strafinstitut*) institution
die **Institution** institution
das **Instrument** instrument; (*Werkzeug*) tool
der **Insulaner**, die **Insulanerin** islander
das **Insulin** insulin
**inszenieren** ❶ (*im Theater*) to stage, to put on ❷ to produce *Film;* (*Regie führen*) to direct ❸ to stage *Streit*
die **Inszenierung** production
**intakt** intact
die **Integration** integration
**integrieren** ❶ to integrate (**in** into) ❷ **sich integrieren** to become integrated (**in** into)
der **Intellekt** intellect
**intellektuell** intellectual
der/die **Intellektuelle** intellectual
**intelligent** intelligent
die **Intelligenz** ❶ (*Denkfähigkeit*) intelligence

❷ (*als Kollektivbezeichnung*) intelligentsia [ɪnteˈlɪdʒentsɪə] △ *plural*
die **Intensität** intensity
**intensiv** ❶ *Gefühl, Farbe:* intense ❷ *Arbeit:* intensive
**intensivieren** to intensify
der **Intensivkurs** intensive course
die **Intensivstation** (*medizinisch*) intensive care unit
die **Interaktion** interaction
**interaktiv** (*auch Informatik*) interactive
der **Intercityzug** intercity [train]
**interessant** interesting
das **Interesse** interest (**für/an** in); **Interesse haben an ...** to be interested in ...; **Interesse verlieren an ...** to lose interest in ...; **von allgemeinem Interesse** of general interest
**interessehalber** out of interest
der **Interessent**, die **Interessentin** interested person [*oder* party]
**interessieren** ❶ **jemanden für etwas interessieren** to interest someone in something; **das interessiert doch niemanden** nobody's interested ❷ **sich für etwas interessieren** to be interested in something
**intern** internal
das **Internat** boarding school
**international** international
das **Internet** internet; **im Internet** on the internet; **im Internet surfen** to surf the internet
der **Internetbrowser** Internet explorer
das **Internet-Café** cybercafé
das **Internetforum** Internet [*oder* web] forum
der **Internetserver** Internet server
der **Internetsurfer** Internet surfer
der **Internetzugang** Internet access
der **Interpret**, die **Interpretin** (*Musik*) interpreter, singer
**interpretieren** to interpret; **etwas falsch interpretieren** to misinterpret something
die **Interpunktion** punctuation
das **Intervall** (*auch in der Musik*) interval
das **Interview** [ˈɪntɐvjuː] interview
**interviewen** [ɪntɐˈvjuːən] to interview
**intim** ❶ intimate; *Freund, Bekannter:* close ❷ **mit jemandem intim sein** to be intimate with someone
der **Intimbereich** (*anatomisch*) genital area
die **Intimität** intimacy (**mit** with)
das **Intimleben** sex life
**intolerant intolerant gegenüber jemandem/einer Sache** intolerant toward[s] someone/of something
das **Intranet** (*firmeninternes Netzwerk*) intranet

**intransitiv – irren**

intransitiv (*Grammatik*) intransitive
die **Intrige** intrigue
**introvertiert** introverted
der **Invalide** invalid ['ɪnvəlɪd]; **Invalide sein** to be disabled [*oder* an invalid]
die **Invasion** invasion [ɪn'veɪʒ³n]
das **Inventar** inventory
die **Inventur** stocktaking; **Inventur machen** to stocktake
**investieren** (*auch übertragen*) to invest (**in** in)
die **Investition** investment
**inwendig** inside; **in- und auswendig** inside out
**inwiefern, inwieweit** to what extent
**inzestuös** *Beziehung, Verhältnis:* incestuous
die **Inzucht** inbreeding
**inzwischen** ❶ [in the] meantime, meanwhile; **er hatte inzwischen davon erfahren** he found out about it in the meantime ❷ **es ist inzwischen drei Uhr** it's now three o'clock ❸ **sie hat inzwischen 30 Paar Schuhe** she's got 30 pairs of shoes by now; **inzwischen hätte er da sein müssen** he should have arrived by now
das **Ion** ion ['aɪən]
der **Irak** der **Irak** Iraq [ɪraːk]
der **Iraker**, die **Irakerin** Iraqi [ɪ'raːkɪ]
der **Iran** der **Iran** Iran [ɪ'raːn]
der **Iraner**, die **Iranerin** Iranian [ɪ'reɪnɪən]
der **Ire** Irishman
**irgend** ❶ (*überhaupt*) **wenn irgend möglich** if at all possible ❷ **irgend so ein[e]** ... some ... or other
**irgendein** ❶ some; **irgendein Mensch hat behauptet, Cola macht dumm** some person claims that cola makes you stupid ❷ **gib mir irgendein Blatt Papier** give me any old piece of paper ❸ **gibt es irgendein Problem?** is there any problem? ❹ **irgendein anderer** someone else; (*in verneinten oder Fragesätzen*) anyone else
**irgendeine(r)** (*substantivisch*) ❶ (*bei Personen*) someone, somebody; (*in verneinten oder Fragesätzen*) anyone, anybody; **kann dir irgendeiner helfen?** can anyone help you? ❷ (*bei Sachen*) something; (*in verneinten oder Fragesätzen*) any of them; **welche Schüssel soll ich nehmen? — irgendeine!** which bowl should I use? — any one will do!
**irgendein(e)s** any of them; (*von zweien*) either of them; **welches Bett möchtest du? — irgendeines** which bed do you want? — any of them [*oder* it doesn't matter]; (*von

zweien auch*) ... — either of them
**irgendetwas** something; (*in verneinten oder Fragesätzen*) anything
**irgendjemand** someone, somebody; (*in verneinten oder Fragesätzen*) anyone, anybody, somebody; **ich bin nicht irgendjemand** I'm not just anybody
**irgendwann** ❶ sometime ❷ (*fragend oder bedingend*) ever; **schau doch kurz vorbei, wenn du irgendwann mal in München bist** pop in for a visit if you're ever in Munich ❸ **wirst du mit dem Studium irgendwann weitermachen?** are you going to continue your studies some day? ❹ **irgendwann werden sie dich erwischen!** they'll catch you sooner or later
**irgendwas** anything, something; **irgendwas stimmt da nicht** there's something wrong there
**irgendwie** ❶ at all, possibly; **kannst du dir das irgendwie vorstellen?** can you imagine it at all?, can you possibly imagine it? ❷ somehow [or other]; **ich finde ihn irgendwie komisch** I find him a bit odd somehow; **du tust mir irgendwie Leid** I can't help feeling sorry for you
**irgendwo** somewhere; (*fragend, verneinend oder bedingend*) anywhere; **gibt es irgendwo einen Supermarkt?** is there a supermarket anywhere?
**irgendwoher** from somewhere; (*fragend, verneinend oder bedingend*) from anywhere
**irgendwohin** somewhere; (*fragend, verneinend oder bedingend*) anywhere
die **Irin** Irishwoman
**irisch** Irish
**Irland** Ireland; (*auf Gälisch*) Eire
die **Ironie** irony
**ironisch** ironic
**irrational** (*auch Mathematik*) irrational
**irre** ❶ (*verrückt*) crazy, insane, mad ❷ (*umgangsspr*) **ein irres Erlebnis** an incredible experience; **ein irrer Typ** (*slang*) a really cool guy; **das ist ja echt irr[e]!** (*slang*) that's wicked! *slang,* far out! ⓤⓢⓐ *slang* ❸ (*slang: sehr*) incredibly; **das hat irre viel gekostet** it was incredibly expensive; **irre gut** (*slang*) way-out
der/die **Irre** (*abwertend*) lunatic
**irreal** unreal
**irreführen** ❶ (*falschen Weg zeigen*) to mislead ❷ (*täuschen*) to deceive
**irreführend** misleading
**irrelevant** irrelevant (**für** to)
**irren** ❶ (*herumirren*) to roam, to wander; **er

**irrte durch das Kaufhaus** he wandered about in the department store ② **sich irren** to be mistaken; **sich in etwas irren** to be mistaken about something; **ich kann mich auch geirrt haben** I may have been mistaken; **er hat sich in der Nummer geirrt** he got the wrong number; **jeder kann sich mal irren** anyone can make a mistake

das **Irrenhaus** (*abwertend*) mental asylum ▶ WEN-DUNGEN: **hier geht es zu wie im Irrenhaus** it's like a madhouse in here

die **Irrfahrt** odyssey

**irritieren** ① (*ärgern*) to irritate ② (*verwirren*) to confuse

**irrsinnig** ① (*verrückt*) crazy, insane, mad ② (*umgangsspr: stark, klasse*) incredible, terrific ③ **es war irrsinnig heiß** it was incredibly hot

der **Irrtum** ① error; (*Fehler, Versehen*) mistake; **im Irrtum sein, sich im Irrtum befinden** to be in error; **da muss ein Irrtum vorliegen** there must be some mistake ② **Irrtum, mein Lieber!** you're wrong there, my son! *umgangsspr*

**irrtümlich** ① wrong, mistaken ② (*aus Versehen*) by mistake

die **ISBN** *Abkürzung von* **Internationale Standardbuchnummer** ISBN

das **ISDN** *Abkürzung von* **Integrated Services Digital Network** ISDN

der **Islam** Islam

**islamisch** Islamic

das **Island** Iceland

der **Isländer**, die **Isländerin** Icelander

**isländisch** Icelandic

die **Isolation** ① (*isoliertes Dasein*) isolation ② *von Häftlingen:* [solitary] confinement ③ (*technisch*) insulation

die **Isolationshaft** solitary confinement

das **Isolierband** (*Elektronik*) insulating tape

**isolieren** ① (*absondern*) to isolate ② (*Elektronik*) to insulate *auch Häuser, Fenster* ③ **sich isolieren** to isolate oneself [from the world]

die **Isomatte®** roll [*oder* foam] mat

**Israel** Israel ['ɪzreɪl]

der/die **Israeli** Israeli [ɪzˈreɪlɪ]

**israelisch** Israeli [ɪzˈreɪlɪ]

der **Israelit**, die **Israelitin** (*historisch*) Israelite [ˈɪzrɪəlaɪt]

**israelitisch** (*historisch*) Israelite [ˈɪzrɪəlaɪt]

der **Ist-Zustand**, der **Istzustand** actual state

**Italien** Italy [ˈɪtəlɪ]

der **Italiener**, die **Italienerin** Italian [ɪˈtæljən]

**italienisch** Italian [ɪˈtæljən]

# J

**J, j** J, j [dʒeɪ]

**ja** ① (*zustimmend*) yes; **ja, ich bin es** yes, it's me ② **ja?** (*wirklich?*) really? ③ **ja?** (*beim Abheben vom Telefon*) hello? ④ (*bestätigend*) **ich sehe Sie also morgen, ja?** I'll see you tomorrow, right?; **aber ja!** of course! ⑤ **das ist ja schrecklich!** that's just terrible!; **das ist ja unglaublich!** that's absolutely incredible ⑥ **da bist du ja!** there you are! ⑦ (*schließlich*) after all; **er ist ja nicht mehr der Jüngste** he's no longer the youngest after all ⑧ **ihr wisst ja gar nicht, was für ein Glück ihr habt** you have no idea how lucky you are ⑨ **ich habe es Ihnen ja gesagt!** I told you, didn't I!; **aber du wolltest ja nicht auf mich hören** but you didn't want to listen to me, did you ⑩ **ja und?** so? ⑪ **wage es ja nicht!** don't you dare [do that]!; **geh ja nicht ans Telefon!** don't answer the phone!

das **Ja** yes; **mit Ja antworten** to answer yes

die **Jacht** yacht

die **Jacke** jacket, USA AUCH coat

das **Jackett** [ʒaˈkɛt] jacket

die **Jagd** ① hunt (**nach** for); (*nach Verbrecher auch*) pursuit ② (*das Jagen*) hunting; (*übertragen*) chase (**nach** after); **auf die Jagd gehen** to go hunting ③ **Jagd machen auf ...** to hunt for ...

der **Jagdhund** hound

das **Jagdrevier** shoot

der **Jagdschein** hunting licence [*oder* ⑧ license]

**jagen** ① to hunt *auch Menschen;* to pursue *Verbrecher* ② (*verfolgen, hetzen*) to chase ③ (*auf die Jagd gehen*) to go hunting ▶ WEN-DUNGEN: **damit kann man mich jagen** (*umgangsspr*) I wouldn't touch that with a barge pole ⑧

der **Jäger** ① hunter ② (*militärisch*) rifleman ③ (*Jagdflugzeug*) fighter [plane]

die **Jägerin** huntress

der **Jaguar** (*Raubtier*) jaguar [ˈdʒægjʊə]

das **Jahr** year; **ein halbes Jahr** six months; **alle zwei Jahre** every two years; **Jahr für Jahr** year after year; **im Jahre 2010** in [the year] 2010; **in den besten Jahren** in the prime of one's life; **pro Jahr** a year, per annum; **von Jahr zu Jahr** from year to year

**jahrelang** ① **jahrelanges Warten** years of waiting; **jahrelange Forschung** years of research ② **wir haben jahrelang gewartet**

we waited for years

**Jahres-** annual

die **Jahresbilanz** annual balance sheet

der **Jahrestag** anniversary

der **Jahreswechsel** turn of the year; (*Neujahr*) New Year; **zum Jahreswechsel** at the turn of the year

die **Jahreszahl** date, year

die **Jahreszeit** season

**jahreszeitlich** seasonal

der **Jahrgang** ① (*Altersklasse*) age-group, year ② *von Wein:* vintage

das **Jahrhundert** century

die **Jahrhundertwende** turn of the century

**jährlich** ① annual, yearly; **ein jährliches Einkommen von ...** an annual salary of ... ② annually; **einmal jährlich** once a year

der **Jahrmarkt** fair

das **Jahrtausend** millennium

das **Jahrzehnt** decade

**jähzornig** irascible, violent-tempered

die **Jalousie** [ʒaluˈziː] [Venetian] blind [[və-ˌniːʃn]ˈblaɪnd] ⒼⒷ, shades *plural* ⓊⓈⒶ

**jämmerlich** ① (*elend, erbärmlich*) wretched ② (*Mitleid erregend*) pitiful ③ *Bezahlung:* pathetic, paltry ④ (*umgangsspr*) *Ausrede:* pathetic ⑤ (*umgangsspr*) **sie hat jämmerlich gelitten** she suffered terribly

**jammern** ① (*weinen*) to wail (**über** over) ② (*umgangsspr*) to whinge [wɪndʒ], to whine *abwertend;* **hör auf zu jammern!** stop whingeing [ˈwɪndʒɪŋ]!

**jammerschade** (*umgangsspr*) **es ist jammerschade, dass ...** it's a crying shame that ...

der **Janker** Ⓐ cardigan

der **Jänner** Ⓐ January [ˈdʒænjuəri]

der **Januar** January [ˈdʒænjuəri]; **am 15. Januar** on 15th January, on January 15 ⓊⓈⒶ; (*gesprochen*) on the 15th of January, January the 15th ⓊⓈⒶ; **Anfang Januar** at the beginning of January; **Ende Januar** at the end of January

**Japan** Japan [dʒəˈpæn]

der **Japaner**, die **Japanerin** Japanese [dʒæpəˈniːz]

**japanisch** Japanese [dʒæpəˈniːz]

der **Jargon** [ʒarˈgõː] jargon [ˈdʒɑːgən]

der **Jasmin** (*Pflanze*) jasmine [ˈdʒæzmɪn]

**jäten** to weed; **Unkraut jäten** to do the weeding

die **Jauche** liquid manure [məˈnjʊə]

**jauchzen** to rejoice

**jaulen** (*auch übertragen*) to howl

der **Jazz** jazz

**je** ① (*jeweils*) each, every; **sie kosten je drei**

**Euro** they cost three euros each ② (*jemals*) ever; **schlimmer denn je** worse than ever ③ (*mit Steigerungsformen*) **je eher, desto besser** the sooner the better ④ **je nach ...** depending on ...; **sortiere sie je nach Größe** sort them according to size ⑤ **je nachdem** that depends

die **Jeans** [dʒiːns] jeans *plural*

die **Jeansjacke** denim jacket

der **Jeansrock** denim skirt

**jede(r, s)** ① (*alle*) every; **jeden Tag** every day; **jeden Tag einmal/zweimal** once/twice a day; **jeden zweiten Tag** every other day; **jeder Mensch** every person ② (*einzeln*) **jeder neue Kunde erhält eine Gratisprobe** every new customer receives a free sample; **wir haben 5 Zimmer — jedes hat ein eigenes Bad** we have 5 rooms [to let] — each one has its own bathroom ③ **jedes Mal** each time, every time; **jedes Mal, wenn ich da bin** whenever [*oder* each time] I'm there ④ (*beliebig*) any; **du kannst jedes nehmen** you can take any, any one will do; **jeden Augenblick** any minute; **in jedem Fall** in any case; **bei jedem Wetter** in any kind of weather ⑤ (*alle Personen*) everyone, everybody; **jeder möchte das Hühnchen — keiner nimmt das Steak** everyone wants [the] chicken — no one's having [the] steak; **so was hat doch jeder!** everyone's got one of those! ⑥ (*beliebige Person*) **du kannst jeden fragen** you can ask anybody ⑦ **jeder wird dir das sagen** anyone will tell you that

**jedenfalls** ① (*auf jeden Fall*) in any case; **ich komme jedenfalls mit** I'm coming anyhow ② (*zumindest*) at least; **er war's jedenfalls nicht** it wasn't him, that's for sure ③ (*beim Erzählen*) **jedenfalls wollte er mir das Geld nicht geben** well [*oder* so] anyhow, he didn't want to give me the money

**jedermann** ① (*ein jeder*) everyone, everybody ② (*jeder beliebige*) anyone, anybody

**jederzeit** [at] any time; **Sie können mich jederzeit anrufen** you can call me any time

**jedoch** however △ *meist nachgestellt,* though △ *immer nachgestellt;* **ich habe jedoch sehr wenig Zeit** I have very little time however; **er möchte es jedoch versuchen** he'd like to try though

**jemals** ever; **wirst du mir jemals zuhören?** will you ever listen to me?

**jemand** ① somebody, someone; **jemand hat das Licht angelassen** someone has left the light on ② (*in fragenden und verneinenden*

*Sätzen*) anybody, anyone; **hat jemand Lust auf ein Eis?** does anyone fancy an ice cream?; **sonst noch jemand?** anyone else?; **ist jemand da?** is there anyone here?

**jene(r, s)** ❶ (*substantivisch*) that one, those ones *plural* ❷ **dies und jenes** this and that ❸ (*adjektivisch*) that; (*bezogen auf Plural*) those; **in jenem Sommer** that summer

das **Jenseits** hereafter

**jenseits** ❶ (*räumlich*) on the other side of ❷ **er ist jenseits von Gut und Böse** (*umgangsspr*) he's past it

**Jesus** Jesus ['dʒiːzəs]

**jetzig** (*im Augenblick*) present; (*laufend*) current

**jetzt** ❶ now; **ich möchte jetzt gehen** I'd like to leave now; **jetzt nicht** not now; **erst jetzt** only now ❷ **gerade jetzt** this very moment ❸ **bis jetzt** so far, up to now ❹ **von jetzt an** from now on

**jeweilig** ❶ (*derzeitig*) of the day; (*vorherrschend*) prevailing ❷ (*betreffend*) respective

**jeweils** ❶ (*zur gleichen Zeit*) at a time ❷ (*jedes Mal*) each time; (*jeder einzelne*) each

der **Job** [dʒɔp] ❶ (*umgangsspr*) job ❷ (*in der Informatik*) task

**jobben** ['dʒɔbn̩] (*umgangsspr*) to work, to do casual work

die **Jobbörse** job market; (*Veranstaltung für Hochschulabsolventen*) [graduate] job fair

der **Jockey** jockey

das **Jod** iodine ['aɪədiːn]

der **Joga** yoga

**joggen** ['dʒɔgn̩] to jog

der **Jogger**, die **Joggerin** jogger

der **Jogginganzug** jogging suit

das/der **Joghurt**, der/das **Jogurt** yog[h]urt

die **Johannisbeere** **rote/schwarze Johannisbeere** redcurrant/blackcurrant

das **Jo-Jo** yo-yo

**jonglieren** [ʒɔŋ'liːrən] to juggle

**Jordanien** Jordan ['dʒɔːdn̩]

das **Journal** [ʒʊr'naːl] ❶ (*Tagebuch*) diary ❷ (*Fachzeitschrift*) journal

der **Journalismus** [ʒʊrnaˈlɪsmʊs] journalism

der **Journalist**, die **Journalistin** [ʒʊrnaˈlɪst] journalist

**jubeln** to cheer, to shout with joy; **die Menge jubelte** the crowds cheered

das **Jubiläum** ❶ (*einer bedeutenden Person*) jubilee ['dʒuːbɪliː] ❷ (*sonstiger Jahrestag*) anniversary

**jucken** ❶ to itch; **es juckt überall** I'm itching all over ❷ **sich jucken** (*kratzen*) to

scratch ▶ WENDUNGEN: **das juckt mich doch nicht!** (*umgangsspr*) I don't care!

der **Juckreiz** itch

der **Jude** Jew; **er ist Jude** he's Jewish

das **Judentum** Jewry

die **Jüdin** Jewess; **sie ist Jüdin** she's Jewish

**jüdisch** Jewish

das **Judo** judo ['dʒuːdəʊ]

die **Jugend** ❶ (*Jugendzeit*) youth; **von Jugend an** [*oder* **auf**] from one's youth; **in meiner Jugend** when I was young ❷ (*Jugendlichkeit*) youthfulness ❸ (*junge Menschen*) young people △ *plural*

die **Jugendhaft** juvenile detention

die **Jugendherberge** youth hostel

**jugendlich** ❶ (*jung*) young ❷ (*jung wirkend*) youthful ❸ (*juristisch*) juvenile

der/die **Jugendliche** young person, teenager; (*Minderjähriger*) minor

die **Jugendzeit** youth

**Jugoslawien** Yugoslavia

**jugoslawisch** Yugoslav, Yugoslavian

der **Juli** July [dʒə'laɪ]; **am 15. Juli** on 15th July, on July 15 🇺🇸; (*gesprochen*) on the 15th of July, July the 15th 🇺🇸; **Anfang Juli** at the beginning of July; **Ende Juli** at the end of July

**jung** (*auch übertragen*) young

der **Junge** boy

das **Junge** *generell von Tieren*: young one; *von Hund*: puppy; *von Katze*: kitten; *von Raubtier*: cub; *von Vogel*: nestling; **die Jungen** the young

der **Jünger** (*auch übertragen*) disciple [dɪ'saɪpl]

**jünger** ❶ (*Komparativ von jung*) younger; **sie ist fünf Jahre jünger als ich** she is five years younger than me; **er sieht jünger aus, als er ist** he looks younger than he is ❷ *Entwicklung, Geschichte*: recent

die **Jungfrau** virgin; (*Sternzeichen*) Virgo

der **Junggeselle** bachelor; **ein eingefleischter Junggeselle** a confirmed bachelor

die **Junggesellin** unmarried woman

**jüngst** recently

**jüngste(r, s)** ❶ (*Superlativ von jung*) youngest; **sie ist nicht mehr die Jüngste** (*umgangsspr*) she's no [spring] chicken any more ❷ (*letzte*) latest; *Zeit, Vergangenheit*: [most] recent; **in der jüngsten Zeit** recently; **die jüngsten Ereignisse** the latest events ❸ **der Jüngste Tag** Doomsday; **das Jüngste Gericht** the Last Judg[e]ment

der **Juni** June [dʒuːn]; **am 15. Juni** on 15th June, on June 15 🇺🇸; (*gesprochen*) on the 15th of June, June the 15th 🇺🇸; **Anfang Juni** at the beginning of June; **Ende Juni** at the end of

June
junior (*unveränderlich*) junior, jun., jr.
der **Junior** junior
der **Jupe** ⓒⓗ skirt
der **Jura** (*Geographie*) Jura Mountains *plural*
**Jura** law *singular;* **Jura studieren** to study [*oder* read] law
der **Jurist,** die **Juristin** ❶ (*ausgebildeter*) jurist ❷ (*Jurastudent*) law student
**juristisch** legal; **die juristische Fakultät** the faculty of law ⓖⓑ, the law school ⓤⓢⓐ; **ein juristisches Problem** a juridical problem
die **Jury** [ʒy'riː] jury
das **Jus** Ⓐ law
die **Justiz** justice
der/die **Justizbeamte,** die **Justizbeamtin** judicial officer
der **Justizminister,** die **Justizministerin** minister of justice; (*in GB*) Lord [High] Chancellor; (*in den USA*) Attorney General
das **Justizministerium** Ministry of Justice; (*in den USA*) Department of Justice
das **Juwel** (*auch übertragen*) gem, jewel ['dʒuːəl]
das **Juweliergeschäft** jeweller's [*oder* ⓤⓢⓐ jeweler's] shop
der **Jux** (*umgangsspr*) **aus Jux** for a laugh
die **JVA** *Abkürzung von* **Justizvollzugsanstalt** prison

# K

K, k K, k [keɪ]
das **Kabarett** cabaret ['kæbəreɪ]
das **Kabel** ❶ wire ['waɪər]; (*Telefonkabel*) flex ❷ (*Drahtseil*) cable
der **Kabelanschluss** (*TV*) cable connection; **haben Sie Kabelanschluss?** do you have cable?
das **Kabelfernsehen** cable television
der **Kabeljau** cod
der **Kabelkanal** cable channel
die **Kabine** ❶ (*Umkleidekabine, Duschkabine*) cubicle ❷ (*Telefon*) booth ❸ *von Schiff, Flugzeug:* cabin ❹ *von Drahtseilbahn:* car

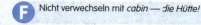
Nicht verwechseln mit *cabin* — *die Hütte!*

das **Kabinett** (*Politik*) cabinet
der **Kabis** ⓒⓗ cabbage ['kæbɪdʒ]
das **Kabriolett** (*Auto*) convertible

die **Kachel** [glazed] tile [taɪl]
der **Kachelofen** tiled stove
der **Kadaver** carcass
der **Kader** cadre ['kɑːdər]
der **Käfer** beetle
das **Kaff** (*abwertend*) dump; **so ein Kaff!** what a dump!
der **Kaffee** ❶ coffee; **Kaffee mit Milch** white coffee ⓖⓑ, coffee with milk ⓤⓢⓐ; **zwei Kaffee, bitte!** two coffees, please!; **Kaffee kochen** to make coffee ❷ **jemanden zum Kaffee einladen** to invite someone for [afternoon] coffee; **ich bin zum Kaffee eingeladen** I've been invited for coffee
die **Kaffeebohne** coffee bean
das **Kaffeehaus** Ⓐ café ['kæfeɪ]
die **Kaffeekanne** coffeepot
der **Kaffeelöffel** coffee spoon
die **Kaffeemaschine** coffee machine
die **Kaffeepause** coffee break
das **Kaffeeservice** coffee set
die **Kaffeetasse** coffee cup
der **Käfig** cage [keɪdʒ]
die **Käfighaltung** caging
**kahl** ❶ (*glatzköpfig*) bald [bɔːld]; **kahl geschoren** *Mensch:* shaven; *Schaf:* shorn; **sich kahl rasieren lassen** to have one's head shaved ❷ *Berg, Landschaft:* barren, bleak ❸ *Baum, Felsen, Raum, Wand:* bare
der **Kahlkopf** ❶ (*Glatze*) bald head ❷ (*abwertend: Person*) bald man *maskulin,* bald woman *feminin*
**kahlköpfig** bald-headed
der **Kahn** ❶ (*kleines Boot*) boat ❷ (*Lastschiff*) barge [bɑːdʒ]
der **Kai** quay [kiː]
der **Kaiser,** die **Kaiserin** emperor ['empərə] *maskulin,* empress ['emprəs] *feminin*
die **Kaiserkrone** ❶ (*eines Kaisers*) imperial crown ❷ (*Liliengewächs*) crown imperial
**kaiserlich** imperial
das **Kaiserreich** empire ['empaɪər]
der **Kaiserschnitt** Caesarean [sɪ'zeərɪən] [section]
das **Kajal** kohl
die **Kajüte** cabin ['kæbɪn]
der **Kakadu** cockatoo
der **Kakao** ❶ (*Bohnen, Pulver*) cocoa ['kəʊkəʊ] ❷ (*Getränk*) hot chocolate ['tʃɒklət] ▶ WENDUNGEN: **jemanden durch den Kakao ziehen** to take the mickey out of someone *umgangsspr*
die **Kakerlake** cockroach ['kɒkrəʊtʃ]
die **Kaktee,** der **Kaktus** cactus ['kæktəs]
das **Kalb** calf [kɑːf]
**kalben** to calve [kɑːv]

das **Kalbfleisch** veal [viːl]
das **Kalb(s)leder** calf[skin]
das **Kalbsschnitzel** veal cutlet
der **Kalender** ❶ (*Wandkalender*) calendar ['kæləndə] ❷ (*Taschenkalender*) diary

> **V** **calendar** wird hinten mit einem a geschrieben: a calendar of Heidelberg for 2006.

das **Kalenderjahr** calendar year
das **Kaliber** (*auch übertragen: Format*) calibre ['kæləbə] ⓰, caliber ⓤ
**Kalifornien** California
das **Kalium** potassium [pə'tæsiəm]
der **Kalk** lime
der **Kalkboden** calcareous [kæl'keəriəs] soil
**kalkhaltig** ❶ *Boden:* chalky ['tʃɔːki] ❷ *Wasser:* hard
der **Kalkstein** limestone
die **Kalkulation** ❶ (*Berechnung*) calculation ❷ (*Kostenvoranschlag*) estimate
**kalkulierbar** calculable
**kalkulieren** to calculate
die **Kalorie** calorie
**kalorienarm** ❶ **das Getränk ist kalorienarm** the drink is low in calories ❷ **ein kalorienarmes Getränk** a low-calorie drink
**kalt** ❶ (*auch übertragen*) cold ❷ **mir ist kalt** I am cold; **mir wird kalt** I'm getting cold ❸ **eine Flasche Wein/den Kaviar kalt stellen** to chill a bottle of wine/the caviar ❹ (*übertragen: unbewegt*) **kalt bleiben** to remain unmoved ▶ WENDUNGEN: **kalt lächelnd** cool as you please; **kalte Füße kriegen** (*umgangsspr*) to get cold feet; **jemandem die kalte Schulter zeigen** to give someone the brush-off
**kaltblütig** ❶ (*gnadenlos*) *Mensch, Mord:* cold-blooded ❷ (*gelassen*) cool ❸ **jemanden kaltblütig umbringen** to kill someone in cold blood
die **Kälte** ❶ *von Wetter:* cold ❷ (*Kälteperiode*) cold spell ❸ (*übertragen*) coldness
**kälteempfindlich** sensitive to cold
das **Kälteschutzmittel** anti-freeze
die **Kaltluft** cold air
**kaltmachen** (*slang*) **jemanden kaltmachen** to do someone in
**kaltschnäuzig** (*umgangsspr*) ❶ (*gefühllos*) callous ['kæləs], cold ❷ (*unverschämt*) insolent
der **Kaltstart** cold start
das **Kalzium** calcium ['kælsiəm]
das **Kamel** ❶ camel ['kæməl] ❷ (*übertragen: Trottel*) dope
das **Kamelhaar** camel-hair ⓰, camel's-hair ⓤ

die **Kamelie** camellia [kə'miːliə]
die **Kamera** camera
der **Kamerad**, die **Kameradin** ❶ (*beim Militär*) comrade ['kɒmreɪd] ❷ (*Gefährte*) companion [kəm'pænjən] ❸ (*umgangsspr: Freund*) chum ⓰, buddy ⓤ
**kameradschaftlich** ❶ comradely ❷ (*rein freundschaftlich*) friendly, platonic ❸ **sich kameradschaftlich verhalten** to act loyally
die **Kamerafrau** camerawoman
die **Kameraführung** camera work
der **Kameramann** cameraman
**Kamerun** Cameroon [ˌkæmə'ruːn]
die **Kamille** camomile
der **Kamillentee** camomile tea [ˌkæməmaɪl'tiː]
der **Kamin** ❶ (*Schornstein, auch von Berg*) chimney ❷ (*im Zimmer*) fireplace, fireside
der **Kaminaufsatz** mantelpiece
der **Kaminfeger**, die **Kaminfegerin** chimney sweep
der **Kamm** ❶ *für Haare:* comb [kəʊm] ❷ *von Vögeln, Wellen:* crest ❸ *von Rind:* neck ❹ *von Berg:* crest, ridge [rɪdʒ] ▶ WENDUNGEN: **du kannst doch nicht alles über einen Kamm scheren!** you can't just lump everything together!
**kämmen** ❶ to comb [kəʊm] *Haare* ❷ to card *Wolle* ❸ **sich kämmen** to comb one's hair
die **Kammer** ❶ (*kleines Zimmer*) small room ❷ *von Parlament:* chamber ['tʃeɪmbə]
die **Kampagne** campaign [kæm'peɪn]; **eine Kampagne starten** to launch a campaign
der **Kampf** ❶ (*auch übertragen*) fight [faɪt] (**um** for) ❷ (*Schlacht*) battle (**um** for) ❸ (*Wettkampf, Wettstreit*) contest ['kɒntest] (**um** for)
der **Kampfeinsatz** combat mission ['mɪʃ°n]
**kämpfen** ❶ to fight (**um/für** for); **gegen jemanden/etwas kämpfen** to fight someone/something ❷ **mit den Tränen kämpfen** to fight back one's tears

> **G** Richtiges Konjugieren von **fight**: fight, fought, fought — *she fought for equal pay for women; he had fought against slavery all his life.*

der **Kampfer** camphor ['kæmfə]
**kämpferisch** aggressive
der **Kampfhund** fighting dog
der **Kampfrichter**, die **Kampfrichterin** ❶ *bei Ballsportarten:* referee ❷ *beim Tennis:* umpire ['ʌmpaɪə] ❸ *beim Schwimmen, Skilaufen:* judge [dʒʌdʒ]
der **Kampfsport** martial ['mɑːʃ°l] art
**kampieren** to camp

**Kanada** Canada ['kænədə]

der **Kanadier**, die **Kanadierin** Canadian [kə'neɪdɪən]

**kanadisch** Canadian

der **Kanal** ❶ (*natürlicher*) channel; (*künstlicher*) canal [kə'næl] ❷ **der Ärmelkanal** the [English] Channel ['tʃænᵊl] ❸ (*Entwässerungskanal*) drain; (*Abwasserkanal*) sewer [suə'] ❹ (*Radio, TV*) channel

der **Kanaldeckel** drain cover

die **Kanalinseln** Channel Islands

die **Kanalisation** *für Abwässer:* sewerage ['suːərɪdʒ] system

das **Kanalrohr** sewer pipe

der **Kanaltunnel** Channel ['tʃænᵊl] Tunnel

die **Kanaren** Canaries [kə'neəriz]

der **Kanarienvogel** canary [kə'neəri]

die **Kanarischen Inseln** Canary [kə'neəri] Islands

der **Kandidat**, die **Kandidatin** ❶ (*Anwärter*) candidate ['kændɪdeɪt] ❷ (*Bewerber*) applicant ['æplɪkənt]

die **Kandidatur** candidature ⓖⒷ, candidacy ⓤⓈⒶ

**kandidieren** to run, to stand (**für** for)

**kandiert** *Früchte:* candied

der **Kandis**, der **Kandiszucker** [sugar] candy

das **Känguru** kangaroo [ˌkæŋgə'ruː]

das **Kaninchen** rabbit

der **Kanister** can

das **Kännchen** ❶ *für Milch:* jug ❷ *für Kaffee:* pot; **ein Kännchen Kaffee, bitte!** a pot of coffee please!

die **Kanne** ❶ *für Öl:* can ❷ *für Kaffee/Tee:* pot ❸ *für Milch:* churn [tʃɜːn]

der **Kannibale**, die **Kannibalin** cannibal

die **Kanone** ❶ gun; (*altertümliches Modell*) cannon ['kænən] ❷ (*umgangsspr: Ass, Könner*) ace [eɪs] ❸ (*slang: Revolver*) piece, rod ▶ WENDUNGEN: **das ist unter aller Kanone!** that's really atrocious [ə'trəʊʃəs]!

das **Kanonenfutter** (*umgangsspr*) cannon fodder

die **Kante** ❶ *bei Fläche/Gegenstand:* edge ❷ (*Rand*) border

**kantig** ❶ *Holz:* edged ❷ *Gesicht:* angular ['æŋgjʊlə]

die **Kantine** canteen [kæn'tiːn]

der **Kanton** canton

die **Kantonsschule** ⓒⒽ ≈ grammar school ⓖⒷ, ≈ high school ⓤⓈⒶ

das **Kanu** canoe [kə'nuː]; **Kanu fahren** to canoe, to go canoeing

die **Kanüle** needle

die **Kanzel** ❶ *in der Kirche:* pulpit ❷ *im Flugzeug:* cockpit

die **Kanzlei** ❶ *einer Behörde:* office ❷ *eines*

*Rechtsanwalts:* chambers ['tʃeɪmbəz] ⚠ *plural*

der **Kanzler**, die **Kanzlerin** chancellor ['tʃɑːnsələ]

das **Kanzleramt** chancellery

das **Kap** cape

die **Kapazität** ❶ (*Volumen*) capacity [kə'pæsəti] ❷ (*übertragen: Experte*) authority [ɔː'θɒrəti] (**auf** on)

die **Kapelle** ❶ (*Kirchlein*) chapel ['tʃæpᵊl] ❷ (*Musikgruppe*) band

der **Kapellmeister**, die **Kapellmeisterin** ❶ (*Leiter einer Musikkapelle*) bandmaster ❷ (*Dirigent*) conductor

die **Kaper** caper

**kapern** to capture, to seize [siːz]

**kapieren** (*umgangsspr*) **etwas kapieren** to get something; **kapiert?** got it?; **er kapiert aber schnell** he really catches on quick

das **Kapital** ❶ (*Geld*) capital ['kæpɪtᵊl]; **aus etwas Kapital schlagen** (*auch übertragen*) to capitalize on something ❷ (*übertragen: Vorzug*) asset ['æset] (**an** in)

die **Kapitalanlage** capital investment

der **Kapitalanleger**, die **Kapitalanlegerin** investor

der **Kapitalertrag** yield on capital

der **Kapitalismus** capitalism ['kæpɪtəlɪzᵊm]

das **Kapitalverbrechen** serious crime; (*mit Todesstrafe*) capital crime

der **Kapitän** captain ['kæptɪn]

das **Kapitel** (*auch übertragen*) chapter [tʃæptə] ▶ WENDUNGEN: **das ist ein Kapitel für sich** that's another story

das **Kapitell** capital

die **Kapitulation** surrender; (*auch übertragen*) capitulation [kəˌpɪtjʊ'leɪʃᵊn] (**vor** to)

**kapitulieren** to surrender, to capitulate [kə'pɪtjʊleɪt]; **kapitulieren angesichts** [*oder* **vor**] **der Gefahr** to capitulate in the face of danger

der **Kaplan** chaplain ['tʃæplɪn]

die **Kappe** ❶ *für Kopf:* cap ❷ *von Flasche:* top ▶ WENDUNGEN: **ich nehme alles auf meine Kappe** (*umgangsspr*) I take [the] full responsibility

**kappen** (*auch übertragen*) to cut

die **Kapsel** capsule ['kæpsjuːl]

**kaputt** (*umgangsspr*) ❶ (*funktionsunfähig, zerbrochen*) broken ❷ *Beziehung, Ehe:* broken ❸ *Nerven:* shattered ❹ *Gesundheit, Leber:* ruined ❺ (*übermüdet*) done in, shattered, knackered ['næk²d] ❻ **mach dich doch nicht kaputt!** don't wear yourself out! ❼ **ein kaputter Typ** (*umgangsspr*) a wreck [rek]

**kaputtgehen** (*umgangsspr*) ➊ (*entzweigehen*) to break [breɪk] ➋ *Auto, Gerät, Maschine:* to break down ➌ *Beziehung, Ehe:* to break up (**an** because of) ➍ **an dem Job geh ich noch kaputt!** this job will be the death of me!

**kaputtlachen sich kaputtlachen** (*umgangsspr*) to die laughing; **da lachst du dich kaputt!** this one'll kill you!

**kaputtmachen** ➊ to break *Gegenstand* ➋ to ruin *Kleidungsstück* ➌ (*übertragen: erschöpfen*) to wear [weəʳ] out; **deine Geldsorgen machen dich noch ganz kaputt** your money worries will be the death of you

die **Kapuze** ➊ *von Jacke, Mantel:* hood ➋ *von Mönchskutte:* cowl

der **Karabiner** ➊ (*Gewehr*) carbine ['kɑːbaɪn] ➋ (*Haken*) karabiner [ˌkærə'biːnəʳ], snap link

die **Karaffe** ➊ (*offen*) carafe [kə'ræf] ➋ (*mit Stöpsel*) decanter [dɪ'kæntəʳ]

die **Karambolage** collision, crash

der **Karamell** caramel

das **Karat** carat

das **Karate** karate [kə'rɑːti]

der/das **Kardamom** cardamom

der **Kardinal** cardinal ['kɑːdɪnəl]

die **Kardinalzahl** cardinal number

das **Kardiogramm** cardiogram

der **Karfiol** Ⓐ cauliflower ['kɒlɪˌflauə]

der **Karfreitag** Good Friday

**karg** ➊ (*mager, spärlich*) meagre ['miːgəʳ], sparse ➋ (*unfruchtbar*) barren

**kärglich** meagre, sparse

die **Karibik** the Caribbean [ˌkærə'biːən]

**kariert** ➊ *Stoff:* checked, chequered, checkered Ⓤ ➋ *Papier:* squared

die **Karies** tooth decay *kein Plural*

die **Karikatur** caricature ['kærɪkətʃʊə]

**karikieren** to caricature

**Karl** Charles; **Karl der Große** Charlemagne ['ʃɑːləmeɪn]

der **Karneval** carnival ['kɑːnɪvəl]

**Kärnten** Carinthia [kə'rɪnθɪə]

das **Karo** ➊ (*Quadrat*) square; (*Raute*) diamond ➋ (*quadratisches Stoffmuster*) check ➌ (*Kartenfarbe*) diamonds △ *plural;* (*Einzelkarte*) diamond

die **Karosse** [state] coach

die **Karosserie** bodywork

die **Karotte** carrot ['kærət]

die **Karpaten** Carpathians

der **Karpfen** carp

der **Karpfenteich** carp pond

die **Karre**, der **Karren** ➊ (*Wagen*) cart ➋ (*Schub-*

*karren*) [wheel-]barrow ➌ (*abwertend: altes Auto*) crate

die **Karriere** career; **Karriere machen** to make a career for oneself

die **Karrierefrau** (*abwertend*) career woman

der **Karrieremacher,** die **Karrieremacherin** (*abwertend*) careerist

die **Karte** ➊ (*Landkarte*) map; (*Seekarte*) chart ➋ (*Eintrittskarte, Fahrkarte*) ticket ➌ (*Postkarte, Spielkarte, Visitenkarte*) card ➍ (*Speisekarte*) menu ['menjuː] ➎ **Karten mischen** to give the cards a shuffle; **Karten spielen** to play cards ➏ **jemandem die Karten legen** to tell someone's fortune from the cards ► WENDUNGEN: **alle Karten in der Hand haben** to hold all the trumps; **alles auf eine Karte setzen** to put all one's eggs in one basket

die **Kartei** card file [faɪl]

die **Karteikarte** file card

das **Kartell** cartel

das **Kartellamt** Monopolies [mə'nɒpəliz] Commission Ⓖ

das **Kartenspiel** ➊ card game ➋ (*die Spielkarten*) pack [*oder* Ⓤ deck] of cards

der **Kartenspieler,** die **Kartenspielerin** card-player

das **Kartentelefon** cardphone

der **Kartenvorverkauf** advance sale of tickets

die **Kartoffel** potato [pə'teɪtəʊ] ► WENDUNGEN: **jemanden wie eine heiße Kartoffel fallen lassen** to drop someone like a hot potato

**V** **potatoes** ist die Pluralform von **potato**: *Norman ate six potatoes.*

der **Kartoffelbrei** mashed potatoes △ *plural*

die **Kartoffelchips** [potato] crisps Ⓖ, [potato] chips Ⓤ

**V** In Großbritannien sind ‚chips' Pommes-Frittes!

der **Kartoffelpuffer** potato fritter

der **Kartoffelsalat** potato salad

die **Kartoffelschale** ➊ (*mitgegart*) potato skin ➋ (*als Abfall*) potato peel

der **Karton** ➊ (*Pappe*) cardboard ➋ (*Schachtel*) cardboard box

**kartoniert** paperback

das **Karussell** car[r]ousel [ˌkærə'sel], merry-go-round, roundabout Ⓖ; **Karussell fahren** to go on the merry-go-round

das **Karzinogen** carcinogen [kɑː'sɪnədʒən]

**kaschieren** ➊ (*übertragen: überdecken*) conceal [kən'siːl] ➋ to laminate *Bucheinband*

**Kaschmir** Kashmir

der **Kaschmir** *kurz für* **Kaschmirwolle** cashmere

**der Käse** ① cheese ② (*umgangsspr: Quatsch*) rubbish

**der Käsekuchen** cheesecake

**der Kasernenhof** barrack square

**käsig** (*umgangsspr*) *Gesichtsfarbe:* pasty ['peɪsti]

**das Kasino** ① (*Spielbank*) casino [kə'siːnəʊ] ② (*Offiziersclub*) [officers'] mess

**die Kaskoversicherung** ① (*Teilkasko*) third-party insurance [ɪn'ʃʊər³n(t)s] ② (*Vollkasko*) fully comprehensive insurance

**der Kasper** ① (*Theaterfigur*) Punch ② (*übertragen*) clown; **den Kasper machen** to play the clown [*oder* fool]

**das Kasperletheater** ① (*Spiel*) Punch and Judy show ② (*Gestell*) Punch and Judy theatre [*oder* ⓊⓈⒶ theater]

**die Kasse** ① (*Geldkasten*) cash box ② *im Laden:* cash desk, till; *in der Bank:* cash desk; *im Supermarkt:* check-out ③ *im Theater:* box office ④ (*Krankenkasse*) medical health insurance [ɪn'ʃʊər³n(t)s] ▸ WENDUNGEN: **Kasse machen** to cash up; **knapp bei Kasse sein** (*umgangsspr*) to be short of cash; **jemanden zur Kasse bitten** to ask someone to pay up

**der Kassenautomat** cash dispenser

**der Kassenbeleg** sales receipt [rɪ'siːt], sales check ⓊⓈⒶ

**der Kassenbon** sales slip ⒼⒷ, sales check ⓊⓈⒶ

**das Kassengestell** (*umgangsspr*) *von Brille:* National Health spectacle frame ⒼⒷ

**der Kassenpatient**, **die Kassenpatientin** health plan patient ['peɪʃ³nt]

**kassenpflichtig** *Medikament, Therapie:* covered by statutory health insurance [ɪn'ʃʊərəns]

**der Kassensturz** cashing-up; **Kassensturz machen** *privat:* to check one's finances; *eines Geschäfts:* to cash up

**der Kassenzettel** sales slip ⒼⒷ, sales check ⓊⓈⒶ

**die Kassette** ① (*Kästchen*) case ② *für Bücher:* box ③ (*Verkaufspackung*) pack, set ④ *Musik, Video:* cassette [kə'set]

**das Kassettendeck** cassette deck

**der Kassettenrekorder** cassette recorder

**kassieren** ① [**bei jemandem**] **kassieren** to collect [from someone] *Geld, Miete* ② (*im Lokal*) **darf ich kassieren?** would you mind settling the bill now? ③ (*umgangsspr: Profit machen*) to make money; **er hat dabei ganz hübsch kassiert** he really cashed in on it ④ (*umgangsspr: wegnehmen*) to take away *Führerschein* ⑤ (*umgangsspr: schnappen, einlochen*) to nab *Person*

**der Kassierer**, **die Kassiererin** ① *in Bank, Geschäft:* cashier [kæ'ʃɪə] ② *im Verein:* treasurer ['treʒərə]

**die Kastanie** chestnut ['tʃesnʌt]

**der Kastanienbaum** chestnut tree

**kastanienbraun** maroon; *Haarfarbe:* chestnut

**der Kasten** ① (*Schachtel*) box; (*Kiste*) case; (*Truhe*) chest ② (*Briefkasten*) letter box ③ (*TV*) box ④ (*Haus*) barrack[s] ⑤ (*altes Auto*) crate ⑥ Ⓐ cupboard ['kʌbəd]

**kastrieren** (*auch übertragen*) to castrate

**der Kasus** case

**der Katalog** catalogue ['kætəlɒg] ⒼⒷ, catalog ⓊⓈⒶ

**der Katalysator** ① (*auch übertragen*) catalyst ['kætəlɪst] ② *von Auto:* catalytic converter

**der Katamaran** catamaran

**der/das Katapult** catapult

**der Katarr(h)** catarrh [kə'tɑː]; **einen Katarr haben** to have catarrh

**katastrophal** catastrophic

**die Katastrophe** catastrophe [kə'tæstrəfi]; **so eine Katastrophe!** what a disaster!

**die Katastrophenhilfe** disaster relief

**die Kategorie** category

**kategorisch** ① *Antwort:* categorical ② **kategorisch nein sagen** to give a categorical no

**der Kater** ① (*männliche Katze*) tomcat ② (*übertragen: Alkoholnachwirkung*) hangover

**die Kathedrale** cathedral [kə'θiːdrəl]

**das Katheter** catheter

**der Katholik**, **die Katholikin** [Roman] Catholic ['kæθlɪk]

**katholisch** [Roman] Catholic

**katzbuckeln** (*abwertend*) **vor jemandem katzbuckeln** to grovel before someone

**das Kätzchen** kitten

**die Katze** cat ▸ WENDUNGEN: **die Katze aus dem Sack lassen** let the cat out of the bag; **wenn die Katze aus dem Haus ist, tanzen die Mäuse** when the cat's away the mice will play; **es war alles für die Katz** it was a sheer waste of time

**das Katzenauge** ① (*Rückstrahler*) reflector ② (*Fahrbahnmarkierung*) cat's-eye

**der Katzenjammer** (*umgangsspr*) ① (*depressive Stimmung*) the blues △ *plural* ② (*nach Alkoholkonsum*) hangover

**der Katzensprung** (*umgangsspr*) stone's throw

**die Katzenstreu** cat litter

**das Kauderwelsch** (*Sprachengemisch*) hotchpotch; (*Fachjargon*) lingo

**kauen** to chew

**kauern** to crouch

**der Kauf** ❶ (*Einkaufen*) buying ['baɪɪŋ], purchase [pɜːtʃəs] ❷ (*das Eingekaufte*) buy [baɪ] **ein guter Kauf** a good buy ❸ **etwas in Kauf nehmen** to accept [ək'sept] something, to put up with something

**kaufen** ❶ (*erwerben*) to buy [baɪ] ❷ (*umgangsspr: bestechen*) to buy off ▶ WENDUNGEN: **na warte, den kauf ich mir!** just you wait and see, I'll give him a piece of my mind!

Ⓖ Richtiges Konjugieren von **buy**: buy, bought, bought — *Mike bought a new bike; have you bought some bread?*

**der Käufer**, **die Käuferin** buyer, purchaser

**die Kauffrau** businesswoman

**das Kaufhaus** department store

**die Kaufkraft** ❶ *des Käufers:* spending power ❷ *von Geld:* purchasing ['pɜːtʃəsɪŋ] power

**der Kaufladen** *als Spielzeug:* toy shop

**käuflich** ❶ (*angeboten*) on [*oder* for] sale, purchasable ['pɜːtʃəsəbl] ❷ (*übertragen: bestechlich*) venal ['viːnəl]; **er ist nicht käuflich** one can't buy him [off]

**der Kaufmann** ❶ (*Einzelhändler*) small shopkeeper; (*Lebensmittelhändler*) grocer ['grəʊsəʳ] ❷ (*Händler*) trader ❸ (*Geschäftsmann*) businessman

**kaufmännisch** commercial [kə'mɜːʃəl], business ['bɪznɪs]; **der kaufmännische Leiter ist für den Vertrieb zuständig** the commercial director is responsible for sales

**der Kaufpreis** purchase price

**der Kaufvertrag** contract of sale, sales contract

**der Kaugummi** chewing gum ['tʃuːɪŋ gʌm]

**die Kaulquappe** tadpole

**kaum** hardly, scarcely ['skeəslɪ]; **das wird wohl kaum passieren** that's scarcely likely to happen

**die Kaution** ❶ (*für Gefangenen*) bail; **gegen Kaution** on bail ❷ (*für Miete*) deposit [dɪ'pɒzɪt]; **eine Kaution hinterlegen** to leave a deposit

**der Kautschuk** India rubber

**der Kauz** (*Eule*) screech owl ▶ WENDUNGEN: **ein komischer Kauz** an odd bird

**der Kavalier** gentleman ['dʒentlmən]

**das Kavaliersdelikt** peccadillo

**der Kaviar** caviar

**keck** ❶ (*kühn*) bold ❷ (*flott*) jaunty ❸ (*frech*) cheeky, saucy

**der Keeper**, **die Keeperin** goalkeeper

**die Kefe** Ⓒⓗ (*Zuckererbse*) mange-tout [ˌmɑ̃(n)ʒ'tuː] [pea]

**der Kegel** ❶ (*geometrische Figur*) cone ❷ (*Figur*

*beim Kegeln*) ninepin, skittle; (*beim Bowling*) pin

**die Kegelbahn** skittle alley; (*für Bowling*) bowling alley ['bəʊlɪŋˌælɪ]

**kegelförmig** conic[al]

**kegeln** to play skittles; (*beim Bowling*) to go bowling

**die Kehle** throat

**der Kehlkopf** larynx ['lærɪŋks]

**die Kehlkopfentzündung** laryngitis

**kehren¹** ❶ (*drehen, wenden*) to turn ❷ **jemandem/einer Sache den Rücken kehren** to turn one's back on someone/something

**kehren²** (*fegen*) to sweep

**der/das Kehricht** Ⓒⓗ rubbish, trash ⓊⓢⒶ

**die Kehrmaschine** ❶ (*für Straße*) road-sweeper ❷ (*für Teppich*) carpet-sweeper

**die Kehrschaufel** dustpan

**die Kehrseite** ❶ (*umgangsspr: Rücken*) back ❷ *von Münze:* reverse [rɪ'vɜːs] ❸ (*übertragen: Nachteil*) drawback; **die Kehrseite der Medaille** the other side of the coin

**kehrtmachen** (*umkehren*) to turn back

**die Kehrwoche** *the cleaning of communal areas in and around an apartment building;* **die Kehrwoche machen** to carry out cleaning duties for a week

**keifen** ❶ (*meckern*) to nag ❷ (*giftig zanken*) to bicker

**der Keil** (*auch übertragen*) wedge [wedʒ]

**die Keilerei** (*umgangsspr*) brawl, punch-up ⒼⒷ

**keilförmig** wedge-shaped

**der Keilriemen** fan belt

**der Keim** ❶ (*Krankheitserreger*) germ [dʒɜːm] ❷ (*Schössling*) shoot, sprout ❸ (*übertragen*) seed; **etwas im Keim ersticken** to nip something in the bud

**keimen** ❶ (*auch übertragen*) to germinate; (*treiben*) *Pflanze:* to shoot, to sprout ❷ (*übertragen*) *Hoffnung, Verdacht:* to awaken

**keimfrei** sterile ['steraɪl]

**der Keimling** (*Spross*) shoot

**keimtötend** antiseptic, germicidal [ˌdʒɜːmɪ'saɪdəl]

**kein(e)** (*vor Substantiv*) ❶ no, not any; **kein Geld/keine Zeit** no money/no time; **ich habe kein Geld** I've got no money, I haven't got any money; **kein Mensch** nobody, not anybody; **kein einziges Mal** not a single time ❷ (*kaum, nicht einmal*) less than; **es hat keine zehn Minuten gedauert** it took less than ten minutes

**keine(r, s)** (*allein stehend*) ❶ *von Menschen:*

## Kein, keine

| | **A** **B** **C** |
|---|---|
| Lisa **can't** speak German. | Lisa kann **kein** Deutsch (sprechen). |
| **No** idea. | **Keine** Ahnung. |
| It's a flat, **not** a house. | Es ist eine Wohnung, **kein** Haus. |
| Mark **hasn't got** a bike. | Mark **hat kein** Fahrrad. |

*als Subjekt:* no-one, nobody; **keiner war da** no-one [*oder* nobody] was there; **ich sah keinen** I saw no-one [*oder* nobody] ➋ *von Menschen: als Subjekt oder Objekt nach Verneinung:* not anyone, not anybody; **keiner war da** there wasn't anyone [*oder* anybody] there; **ich sah keinen** I didn't see anybody [*oder* anyone] ➌ *von Gegenständen: als Subjekt:* not one, none ➍ *von Gegenständen: als Subjekt oder Objekt:* not any, none; **ich hab keins** I haven't got any, I have none ➎ **keiner von uns** none of us; **keiner von uns beiden** neither ['naɪðə**ʳ**] of us
**keinerlei keinerlei Beweise** no proof what[so]ever [*oder* at all]; **keinerlei Rücksicht nehmen** to show no consideration what[so]ever [*oder* at all]
**keinesfalls** on no account, under no circumstances ['sɜːkəmstənsɪz]
**keineswegs** ➊ (*keinesfalls*) by no means, not at all ➋ (*nicht im Geringsten*) not in the least
der/das **Keks** biscuit ['bɪskɪt] **GB**, cookie **USA**
der **Kelch** ➊ (*Trinkgefäß*) goblet ➋ (*Kommunionkelch*) communion cup ➌ *von Blüten:* calyx
die **Kelle** ➊ (*Schöpfkelle*) ladle ['leɪdl] ➋ (*Maurerkelle*) trowel ['traʊəl] ➌ (*Zugführerkelle*) signalling disc
der **Keller** cellar
die **Kellerassel** woodlouse, [*plural* woodlice]
das **Kellergeschoss** basement
die **Kellerwohnung** basement flat
der **Kellner**, die **Kellnerin** waiter *maskulin,* waitress *feminin*
der **Kelte**, die **Keltin** Celt
**keltern** to press
**Kenia** Kenya
**kennen** ➊ to know [nəʊ]; (*bekannt sein mit*) to be acquainted [əˈkweɪntɪd] with ➋ **jemanden kennen lernen, sich kennen lernen** (*zum ersten Mal sehen*) to meet someone; (*näher*) to become acquainted with [*oder* get to know] someone ➌ **jemanden näher kennen lernen** to get to know someone better ➍ **kennst du mich noch?** do you remember me? ➎ **da kennst du**

**mich aber schlecht!** that just shows how little you know me!

**G** Richtiges Konjugieren von **know**: know, knew, known — *Lisa knew the correct answer; I have known Peter for three years.*

der **Kenner**, die **Kennerin** ➊ (*Weinkenner*) connoisseur [ˌkɒnəˈsɜː] ➋ (*Experte*) expert ['ekspɜːt] (**von** in/on)
die **Kennkarte** identity card
die **Kennnummer** identification number
die **Kenntnis** ➊ (*Wissen*) knowledge ['nɒlɪdʒ] ➋ **etwas zur Kenntnis nehmen** to take note of something
die **Kenntnisse** ➊ (*Talente*) attainments ➋ (*Fertigkeiten*) accomplishments ➌ (*Wissen*) knowledge ⚠ *singular;* **gute Kenntnisse in Mathe haben** to have a good knowledge of maths
das **Kennwort** ➊ (*Chiffre*) code name ➋ (*Losungswort*) password
das **Kennzeichen** ➊ (*Charakteristikum*) characteristic [ˌkærəktəˈrɪstɪk] (**für/von** of) ➋ *von KFZ:* number plate **GB**, license plate **USA**
**kennzeichnen** ➊ (*markieren*) to mark; **etwas als zerbrechlich kennzeichnen** to mark something fragile ➋ (*charakterisieren*) to characterize ['kærəktəraɪz]
die **Kennziffer** reference number
**kentern** to capsize [kæpˈsaɪz]
die **Keramik** ceramics ⚠ *plural*
die **Kerbe** notch
der **Kerl** (*umgangsspr*) chap, fellow, bloke **GB**, guy [gaɪ] **USA**
der **Kern** ➊ *von Obst:* pip; *von Kirsche:* stone ➋ *von Atom, Zelle:* nucleus ['njuːklɪəs] ➌ (*übertragen: Hauptsache*) core, heart
die **Kernfusion** nuclear fusion ['fjuːʒ**ə**n]
**kerngesund** as fit as a fiddle
**kernig** robust; *Ausspruch:* earthy
die **Kernkraft** nuclear power
das **Kernkraftwerk** nuclear power station
**kernlos** pipless; *Trauben:* seedless
die **Kernphysik** nuclear physics *singular*
der **Kernreaktor** nuclear reactor
die **Kernspaltung** nuclear fission

das **Kernstück** crucial ['kruːʃəl] part; *einer Sammlung:* main item
das **Kerosin** kerosene
die **Kerze** ❶ (*Wachskerze*) candle ❷ (*Zündkerze*) plug
**kerzengerade** dead straight [streɪt], straight as a die
der **Kerzenhalter** candle-holder
das **Kerzenlicht** candlelight; **bei Kerzenlicht** by candlelight; **ein Essen bei Kerzenlicht** a candlelit dinner
der **Kerzenständer** candle holder, candlestick
**kess** (*umgangsspr*) cheeky, saucy ['sɔːsi]
der **Kessel** ❶ (*Teekessel*) kettle ❷ (*Dampfkessel*) boiler ❸ (*Talkessel*) basin
der **Kesselstein** fur, scale
der/das **Ketchup** ['kɛtʃap] ketchup
die **Kette** ❶ chain; **an die Kette legen** to chain up ❷ (*Halskette*) necklace ['nekləs] ❸ (*Bergkette*) range ❹ **eine Kette von Unfällen** a series [*oder* string] of accidents
das **Kettenfahrzeug** tracked vehicle ['vɪəkl]
das **Kettenglied** [chain-]link
der **Kettenraucher**, die **Kettenraucherin** chain-smoker
die **Kettenreaktion** chain reaction
der **Ketzer**, die **Ketzerin** (*auch übertragen*) heretic ['herətɪk]
**ketzerisch** (*auch übertragen*) heretical [həˈretɪkəl]
**keuchen** to pant [pænt]
der **Keuchhusten** whooping-cough ['huːpɪŋ kɒf]
die **Keule** ❶ (*Schlagwerkzeug*) club, cudgel ['kʌdʒəl] ❷ (*Fleischstück*) leg
**keusch** (*auch übertragen*) chaste
das **Keyboard** ['kiːbɔːɐ̯t] keyboard
**KI** *Abkürzung von* **Künstliche Intelligenz** AI
die **Kichererbse** chickpea
**kichern** to giggle
der **Kickertisch** table football GB, foosball table USA
**kidnappen** ['kɪtnɛpn̩] to kidnap
der **Kidnapper**, die **Kidnapperin** ['kɪtnɛpɐ] kidnapper
der **Kiebitz** (*Vogel*) peewit, lapwing
die **Kiefer** (*Nadelbaum*) pine
der **Kiefer** (*Körperteil*) jaw [dʒɔː]
der **Kieferorthopäde**, die **Kieferorthopädin** orthodontist
der **Kiel**[1] *einer Feder:* quill
der **Kiel**[2] *eines Schiffs:* keel
das **Kielwasser** (*auch übertragen*) wake; **in jemandes Kielwasser segeln** (*übertragen*) to follow in someone's wake
die **Kieme** gill

der **Kies** ❶ gravel ['grævəl] ❷ (*slang:* Geld) dough [dəʊ]
der **Kiesel** pebble
die **Kieselerde** silica
der **Kieselstein** pebble
das **Kilo** kilo, kilogram[me] ['kɪləgræm] GB, kilogram USA; **ein Kilo Bananen** a kilo ['kiːləʊ] of bananas
das **Kilobyte** ['kɪlobaɪt] kilobyte
das **Kilogramm** kilogram[me] GB, kilogram USA
das **Kilohertz** kilohertz
der **Kilometer** kilometre [kɪˈlɒmɪtəʳ] GB, kilometer USA
der **Kilometerzähler** milometer [maɪˈlɒmɪtə] GB, odometer USA
die **Kilowattstunde** kilowatt ['kɪləwɒt] hour
das **Kind** child [tʃaɪld]; **als Kind** as a child; **sie erwartet/bekommt ein Kind** she's expecting/going to have a baby ▶ WENDUNGEN: **sich bei jemandem lieb Kind machen** soft-soap someone *abwertend*

 Nicht verwechseln mit *kind — die Art!*

der **Kinderarzt**, die **Kinderärztin** paediatrician [ˌpiːdɪəˈtrɪʃn̩], pediatrician USA
die **Kinderfahrkarte** child's ticket, half [hɑːf]
der **Kinderfreibetrag** child allowance
der **Kindergarten** kindergarten, nursery school
der **Kindergärtner**, die **Kindergärtnerin** kindergarten [*oder* nursery-school] teacher
das **Kindergeld** child benefit
die **Kinderkrankheit** ❶ children's disease ❷ (*übertragen*) teething troubles ⚠ *plural*
die **Kinderlähmung** polio ['pəʊlɪəʊ][myelitis]
**kinderleicht** dead easy
**kinderlieb** **ein kinderlieber Hund** a dog which is fond of children; **sie sind sehr kinderlieb** they are very fond of children
**kinderlos** childless
das **Kindermädchen** nanny
**kinderreich** **eine kinderreiche Familie** a large family, a family with a lot of children
**kindersicher** *Schloss:* childproof
der **Kindersitz** (*im Auto*) child's safety seat
das **Kinderspiel** ❶ (*Spiel für Kinder*) children's game ❷ (*übertragen*) child's play; **das ist doch ein Kinderspiel!** that's child's play!
der **Kinderspielplatz** children's playground
das **Kinderspielzeug** child's toy
die **Kindertagesstätte** day nursery
der **Kinderteller** *im Restaurant:* child's portion
der **Kinderwagen** pram GB, [baby-]carriage USA
das **Kinderzimmer** child's [*oder* children's] room
**kindgerecht** child-orient[at]ed

**Kindheit – Klapperkiste**

die **Kindheit** childhood
**kindisch** childish
**kindlich** ① *Verhalten:* childlike ② **sich kindlich verhalten** to act like a child; **kindlich wirken** to be childlike
das **Kinn** chin
der **Kinnhaken** (*beim Boxen*) hook to the chin
die **Kinnlade** jaw[-bone]
das **Kino** cinema ['sɪnəmə]; **ins Kino gehen** to go to the cinema [*oder* ⓊⓈⒶ movies] ['nu:viz]
der **Kiosk** kiosk ['ki:ɒsk]
das **Kipferl** Ⓐ croissant ['krwæsɑ̃(ŋ)]
die **Kippe** (*umgangsspr*) ① (*Zigarettenkippe*) stub ② **es steht auf der Kippe[, ob ...]** it's touch and go [whether ...]
**kippen** ① (*umkippen*) to tilt *Behälter, Fenster, Tisch* ② *Mensch:* to tip over; *Fahrzeug:* to topple, to overturn
der **Kippwagen** dump truck, tipper
die **Kirche** church [tʃɜ:tʃ]; **in der Kirche** at church; **in die Kirche gehen** to go to church
der **Kirchenchor** church choir [kwaɪəʳ]
das **Kirchenfest** religious festival [*oder* ⓊⓈⒶ holiday]
die **Kirchengemeinde** parish
das **Kirchenjahr** ecclesiastical [ɪˌkli:zɪˈæstɪkᵊl] year
die **Kirchensteuer** church tax
der **Kirchhof** (*Friedhof*) graveyard
**kirchlich** ① *Feiertag, Musik, Trauung:* church ② *Amt, Gebot, Gericht:* ecclesiastical [ɪˌkli:zɪˈæstɪkᵊl] ③ (*religiös*) *Land, Mensch:* religious [rɪˈlɪdʒəs] ④ **sich kirchlich trauen lassen, kirchlich heiraten** to get married in church
der **Kirchturm** [church] steeple, church tower
die **Kirchweih** (*Volksfest*) fair ⒼⒷ, kermis ⓊⓈⒶ
der **Kirschbaum** cherry tree
die **Kirsche** cherry
das **Kirschwasser** kirsch
das **Kissen** ① (*Sofakissen*) cushion [kuʃᵊn] ② (*Kopfkissen*) pillow
der **Kissenbezug** ① (*für Sofakissen*) cushion cover ② (*für Kopfkissen*) pillow case
die **Kiste** ① (*Behälter*) box; (*Truhe*) chest ② *von Bier, Sprudel:* crate; *von Wein:* case ③ (*umgangsspr: Fernseher*) box
der **Kitsch** (*abwertend*) kitsch
**kitschig** (*abwertend*) kitschy
das **Kittchen** (*umgangsspr*) clink
der **Kittel** ① (*Arbeitskittel*) overall ② (*Arztkittel*) coat
das **Kitz** ① (*Zicklein*) kid ② (*Rehkitz*) fawn
**kitzelig** (*auch übertragen*) ticklish

**kitzeln** (*auch übertragen*) to tickle ['tɪkl]
die **Kiwi** (*Frucht*) kiwi
**klaffen** to gape
**kläffen** to yap
die **Klage** ① (*zivilrechtlich*) action, suit [su:t]; (*strafrechtlich*) charge ② (*Beschwerde*) complaint (**über** about); **keinen Grund zur Klage haben** to have no reason to complain ③ (*Wehklagen*) lament (**über/um** for)
**klagen** ① (*sich beklagen*) to complain (**über** about); **jemandem sein Leid klagen** to pour out one's sorrows to someone ② (*trauern*) **um jemanden/etwas klagen** to mourn someone/something ③ (*gerichtlich*) to sue [su:] (**auf** for)
der **Kläger**, die **Klägerin** plaintiff
**klamm** ① (*feuchtkalt*) clammy ② (*erstarrt*) numb
die **Klammer** ① (*Haarklammer*) [hair]grip ② (*Büroklammer, Wundklammer*) clip; (*Heftklammer*) staple ③ (*Wäscheklammer*) peg ④ (*Rechenzeichen, Satzzeichen*) bracket; **in Klammern setzen** to put in brackets
der **Klammeraffe** (*Computersprache*) 'at' sign
**klammheimlich** (*umgangsspr*) ① *Abreise, Affäre:* clandestine [klænˈdestɪn] ② **etwas klammheimlich tun** to do something on the quiet
die **Klamotten** (*slang*) gear ⚠ *singular*
der **Klang** ① (*Geräusch*) sound ② (*Tonqualität*) tone
**klangvoll** ① *Sprache, Stimme:* sonorous ['sɒnᵊrəs] ② (*übertragen*) *Name:* fine-sounding
**klappbar** ① (*zusammenklappbar*) collapsible [kəˈlæpsɪbl], folding ② (*nach unten oder oben klappbar*) hinged, tipping
das **Klappbett** folding bed
die **Klappe** ① flap; (*Deckel*) lid ② *von Blasinstrument:* key ③ (*Herzklappe, Ventil*) valve ④ (*slang: Mund*) trap; **eine große Klappe haben** to have a big mouth; **die Klappe halten** to pipe down; **halt die Klappe!** shut up!
**klappen** ① to fold; **nach oben/unten klappen** *Bett, Sitz:* to fold up/down; *Kragen:* to turn up/down; **nach vorn/hinten klappen** to tip forward/back ② (*umgangsspr: in Ordnung sein*) to work [wɜ:k] ③ (*übertragen: gut gehen*) to work out; **es hat alles geklappt** everything worked out fine; **alles klappte wie am Schnürchen** everything went like clockwork
die **Klapper** rattle
**klapp(e)rig** rickety
die **Klapperkiste** (*abwertend: altes Auto*) bone-

shaker, rattletrap
**klappern** ❶ *Fenster, Geschirr:* to clatter, to rattle ❷ *mit den Zähnen:* to chatter ❸ *Absatz, Mühle:* to clack
die **Klapperschlange** rattlesnake
das **Klappmesser** jack-knife, clasp knife [naɪf]
das **Klapprad** folding bicycle
der **Klappsitz** folding seat
der **Klappstuhl** folding chair
der **Klaps** (*leichter Schlag*) slap, smack; **jemandem einen Klaps versetzen** to slap [*oder* smack] someone
die **Klapsmühle** (*umgangsspr*) loony bin (GB), bughouse (USA)
**klar** ❶ (*deutlich, offensichtlich*) clear; **klar und deutlich** distinctly, plainly; **es ist klar, dass ...** it is obvious that ...; **ist das klar?** do I make myself plain? ❷ **klar sehen** see clearly ❸ **sich darüber im Klaren sein, dass ...** realize that ... ❹ **klar wie Kloßbrühe!** (*umgangsspr*) clear as mud! ❺ (*fertig*) ready [redi] ❻ **klarer Fall!** (*umgangsspr*) sure thing! ❼ **alles klar?** (*umgangsspr*) everything OK?
die **Kläranlage** sewage plant
**klären** ❶ to purify *Luft, Wasser* ❷ to clarify *Sachlage* ❸ to settle *Angelegenheit, Problem*
**klargehen** (*umgangsspr*) to be OK [*oder* okay]; **geht klar!** that's OK [*oder* okay]!
die **Klarinette** clarinet [ˌklærəˈnet]; **Klarinette spielen** to play the clarinet
**klarkommen** (*umgangsspr*) ❶ (*sein Auskommen haben*) to get by; **ich komm schon klar** I'll get by [*oder* manage] ❷ **mit jemandem/etwas klarkommen** to cope with [*oder* get on with] someone/something
**klarlegen** to make clear, to explain
**klarmachen** ❶ (*erklären*) to make clear ❷ to make ready *Schiff* ❸ **sich etwas klarmachen** to realize something
die **Klarsichtfolie** cling [*oder* clear] film
die **Klarsichthülle** clear plastic folder
der **Klartext im Klartext** in plain language [*oder* (GB) English]; **mit jemandem Klartext reden** to give someone a piece of one's mind
die **Klasse** ❶ (*Kategorie*) class ❷ *beim Sport:* league [liːg] ❸ (*Güteklasse*) grade ❹ (*Schulklasse*) class; **die Klasse ist laut** the class is [*oder* are] noisy; (*Klassenstufe*) form ❺ (*Klassenzimmer*) classroom
die **Klassenarbeit** [class] test
das **Klassenbuch** register [ˈredʒɪstər]
der **Klassenkamerad**, die **Klassenkameradin** classmate
der **Klassenlehrer**, die **Klassenlehrerin** class [*oder* form] teacher
der **Klassensprecher**, die **Klassensprecherin** class [*oder* course] representative
das **Klassenzimmer** classroom
**klassifizieren** to classify
die **Klassik** ❶ *in der Kunst:* classical period ❷ *in der Musik:* classical music
**klassisch** ❶ (*die Klassik betreffend*) classical ❷ (*typisch*) classic
der **Klatsch** (*abwertend: Gerede*) gossip
**klatschen** ❶ to clap *Takt* ❷ **in die Hände klatschen** to clap one's hands ❸ (*umgangsspr: tratschen*) to gossip (**über** about)
der **Klatschmohn** poppy
**klatschnass** (*umgangsspr*) soaking wet
die **Klaue** ❶ *von Raubtier:* claw; *von Raubvogel:* talon ❷ (*umgangsspr: unleserliche Schrift*) scrawl
**klauen** (*slang*) ❶ **jemandem etwas klauen** to nick [*oder* pinch] something from someone ❷ **sie klaut** she pinches things
die **Klausel** ❶ (*Zusatz*) clause ❷ (*Bedingung*) stipulation
die **Klausur** exam, paper; **eine Klausur schreiben** to sit an exam
das **Klavier** piano [prˈænəʊ]; **Klavier spielen** to play the piano
der **Klavierspieler**, die **Klavierspielerin** pianoplayer
**kleben** ❶ (*mit Klebstoff*) to glue, to paste; (*anhaften*) to stick (**an** to); **es klebt nicht** it won't stick ❷ (*übertragen: festhalten*) to cling (**an** to) ❸ **jemandem eine kleben** (*umgangsspr*) to give someone a belting
der **Kleber** ❶ glue ❷ (CH) sticker
der **Kleb(e)streifen** adhesive [ədˈhiːsɪv] tape
**klebrig** sticky
der **Klebstoff** adhesive [ədˈhiːsɪv], glue
**kleckern** (*beim Essen*) to make a mess ▶ WENDUNGEN: **nicht kleckern, sondern klotzen!** think big!
der **Klecks** *Tinte:* blot; *Farbe:* blob
**klecksen** ❶ (*mit Tinte*) to blot ❷ (*abwertend: malen*) to daub [dɔːb]
der **Klee** clover [ˈkləʊvə]
das **Kleeblatt** ❶ (*Pflanze*) cloverleaf; **ein dreiblättriges Kleeblatt** a three-leaf clover ❷ (*übertragen: drei Leute*) threesome
das **Kleid** ❶ dress ❷ (*Kleidung*) **Kleider** clothes [kləʊ(ð)z]

 Zu **clothes** gibt es keine Einzahl: *Susan's clothes are always smart.*

**kleiden** (*auch übertragen*) to clothe [kləʊð], to dress; **sich gut kleiden** to dress well

**Kleiderbügel – klitschnass** 804

der **Kleiderbügel** coat hanger
die **Kleiderbürste** clothes [kləʊ(ð)z] brush
der **Kleiderhaken** coat hook
der **Kleiderkasten** Ⓐ, ⒸⒽ wardrobe ['wɔːdrəʊb]
die **Kleiderordnung** dress code
der **Kleiderschrank** wardrobe
die **Kleidung** clothes [kləʊ(ð)z] ⚠ *plural*, clothing ['kləʊðɪŋ] ⚠ *kein Plural*

 **clothing** wird nie im Plural gebraucht: *in winter we wear warm clothing.*

das **Kleidungsstück** garment
die **Kleie** bran
  **klein** ❶ (*kurz*) *Finger, Zeh:* little; **einen kleinen Moment bitte!** just one moment please! ❷ (*gering*) **das kleinere Übel** the lesser evil ❸ (*unbedeutend*) small; **er ist nur ein kleiner Fisch** he is just small fry; **der kleine Mann** (*übertragen*) the man in the street ❹ (*an Anzahl, Umfang, Wert*) small; **ein klein wenig** a little bit ❺ *Mensch, Schritt:* short ❻ (*nicht gravierend*) *Fehler, Vergehen:* minor ❼ **bis ins Kleinste** in minute detail ❽ **klein hacken** to chop up small ❾ **klein anfangen** to start off in a small way ❿ **meine kleine Schwester** my little sister; **er ist noch klein** he's still young
die **Kleinanzeige** classified ad
  **Kleinasien** Asia Minor
das **Kleinformat** small size
das **Kleingeld** small change
das **Kleinholz** firewood, kindling ▶ WENDUNGEN: **Kleinholz aus jemandem machen** to make mincemeat out of someone; **Kleinholz aus etwas machen** to smash something to pieces
die **Kleinigkeit** ❶ (*kleines Ding*) little thing ❷ (*Bagatelle*) trifling matter; **das ist doch eine Kleinigkeit** that isn't [asking] much ❸ (*Detail*) minor detail ❹ (*ein bisschen*) **eine Kleinigkeit zu essen** a little something to eat, a bite to eat ❺ (*Geschenk*) **ich hab dir eine Kleinigkeit mitgebracht!** I've got you a little something!
  **kleinkariert** (*abwertend*) small-time; **sei doch nicht so kleinkariert!** don't be so small-minded!
das **Kleinkind** infant; **als Kleinkind** as an infant
der **Kleinkram** (*umgangsspr*) odds and ends ⚠ *plural*
  **kleinkriegen** (*umgangsspr*) ❶ to chop up ❷ (*kaputtmachen*) to smash
  **kleinlaut** sheepish, subdued [sʌb'djuːk]; **da wurde er ganz kleinlaut** it took the wind right out of his sails
  **kleinlich** ❶ (*pedantisch*) petty ❷ (*knauserig*) mean ❸ (*engstirnig*) small-minded
das **Kleinod** gem
die **Kleinstadt** small town
  **kleinstädtisch** provincial [prə'vɪnʃəl]
der **Kleinwagen** small car
der **Kleister** paste
die **Klemme** ❶ (*Klammer*) clip ❷ (*übertragen*) fix, jam, tight spot; **in der Klemme sitzen** to be in a fix; **in die Klemme geraten** to get into a jam
  **klemmen** ❶ *Tür:* to jam, to stick ❷ **die Bücher unter den Arm klemmen** to tuck the books under one's arm
der **Klempner**, die **Klempnerin** plumber ['plʌmə]
der **Klepper** (*abwertend*) nag
der **Klerus** clergy ['klɜːdʒi]
die **Klette** ❶ (*Pflanze*) burdock ❷ (*umgangsspr: lästige Person*) pest, nuisance ['njuːsᵊn(t)s]
  **klettern** to climb
die **Kletterpflanze** climbing plant
der **Klettverschluss** Velcro®
das **Klima** ❶ climate ['klaɪmət]; **in Süditalien herrscht warmes Klima** the climate is warm in Southern Italy ❷ (*übertragen*) atmosphere ['ætməsfɪə]; **im Büro herrscht ein schlechtes Klima** there's a bad atmosphere in the office
die **Klimaanlage** air-conditioning [system]
das **Klimakterium** climacteric [klaɪ'mæktᵊrɪk], menopause
  **klimatisiert** air-conditioned
die **Klimaveränderung** climate change
der **Klimmzug** pull-up
  **klimpern** ❶ (*mit Münzen usw.*) to jingle ❷ (*abwertend: Klavier spielen*) to plonk away
die **Klinge** blade
die **Klingel** bell
  **klingeln** ❶ (*läuten*) to ring (**nach** for) ❷ *Motor:* to knock
  **klingen** to sound (**nach** like)
die **Klinik** clinic
das **Klinikum** clinical complex
  **klinisch** clinical
die **Klinke** (*Türklinke*) handle
der **Klinker** clinker
die **Klippe** ❶ *am Steilufer:* cliff ❷ *im Meer:* rock
der **Klips** clip
  **klirren** to clink
das **Klistier** enema
die **Klitsche** (*abwertend*) small-time outfit
  **klitschnass** (*umgangsspr*) sopping wet

das **Klo** (*umgangsspr*) loo (GB), john (USA)
die **Kloake** ① (*Abwasserkanal*) sewer [suəʳ]
② (*übertragen*) cesspool
**klobig** bulky
**klonen** to clone
**klönen** (*umgangsspr*) to have a chat, to natter
(GB)
das **Klopapier** (*umgangsspr*) toilet paper
**klopfen** ① (*an der Tür*) to knock [nɒk] (**an**
at); **es klopft** there is a knock at [*oder* on]
the door; (*sanft*) to tap (**an** at, **auf** on)
② *Herz:* to beat; (*stärker*) to pound ③ *Motor:*
to knock ④ to beat *Fleisch, Teppich*
**klopffest** *Benzin:* anti-knock
der **Klöppel** *von Glocke:* clapper, tongue [tʌŋ]
**kloppen sich kloppen** (*umgangsspr*) to
scrap
der **Klops** (*umgangsspr*) meatball
das **Klosett** lavatory ['lævətᵊri], toilet
der **Kloß** (*Knödel*) dumpling; (*Fleischkloß*) meat-
ball ▶ WENDUNGEN: **einen Kloß im Hals**
**haben** to have a lump in one's throat
das **Kloster** ① *von Mönchen:* monastery
['mɒnəstəri]; **ins Kloster gehen** to enter
a monastery ② (*von Nonnen*) convent
['kɒnvənt]; **ins Kloster gehen** to enter a
convent
der **Klotz** *aus Holz:* block [of wood]
**klotzen** (*slang*) ① (*hart arbeiten*) to slog
[away] ② (*angeben*) to show off ③ (*großzü-
gig ausgeben*) to splash out
der **Klub** club
die **Kluft** ① (*auch übertragen: Lücke*) gap ② **eine**
**Kluft überbrücken** to bridge a gulf
**klug** ① (*intelligent*) clever ② (*verständig*)
sensible, wise ③ **der Klügere gibt nach** dis-
cretion is the better part of valour
der **Klumpen** ① lump ② *Erde:* clod ③ *Gold:* nug-
get
der **Klumpfuß** club-foot
der **Klüngel** (*abwertend*) clique [kliːk]
**knabbern** to nibble
der **Knabe** ① (*Bub*) boy, lad ② **ein alter Knabe**
(*umgangsspr*) an old chap
das **Knäckebrot** crispbread; **zwei Scheiben**
**Knäckebrot** two slices of crispbread
**knacken** ① (*brechen*) to crack ② (*slang:*
*pennen*) to [have a] kip ③ to crack *Nuss, Rät-
sel* ④ (*slang*) to break into *Auto, Tresor*
der **Knackpunkt** (*umgangsspr*) critical point, cru-
cial ['kruːʃᵊl] point
der **Knacks** ① (*Riss, Sprung*) crack ② (*umgangs-
spr*) **einen Knacks haben** *Gerät:* to be play-
ing up; *Ehe:* to be in trouble
der **Knall** bang; *von Kork:* pop; *von Tür:* bang

▶ WENDUNGEN: **Knall auf Fall** all of a sudden;
**einen Knall haben** to be off one's rocker
das **Knallbonbon** cracker
der **Knalleffekt** (*umgangsspr*) surprise twist
**knallen** ① *Tür:* to bang, to slam ② *Sektkorken:*
to [go] pop ③ *Peitsche:* to crack ④ (*umgangs-
spr*) *Sonne:* to blaze down
die **Knallerbse** cap bomb, toy torpedo
**knallhart** (*umgangsspr*) hard as nails
**knallrot** ① scarlet, bright red ② *Gesicht:* as
red as a beetroot, bright red; **knallrot anlau-
fen** to go [*oder* turn] bright red
**knapp** ① (*spärlich*) scarce [skeəs]; (*dürftig*)
meagre (GB), meager (USA) ② *Kleidung:* scanty
③ (*kurz, präzise*) *Stil, Worte:* concise
④ *Geld:* tight; **knapp bei Kasse sein** (*um-
gangsspr*) to be short of money ⑤ (*kaum
ausreichend*) *Geld, Miete, Zeit:* barely suffi-
cient ⑥ *Sieg:* narrow ⑦ (*gerade noch, so
eben*) just; **mit knapper Not** only just; **es
knapp schaffen** to just about manage
⑧ **mit knapper Mehrheit** with a narrow
majority
die **Knarre** (*slang: Gewehr*) shooter
**knarren** to creak
der **Knast** (*slang: Gefängnis*) clink, USA AUCH jug;
**im Knast** in the clink; **Knast schieben** to
do time
**knattern** ① (*rattern*) to rattle ② *Motor:* to
roar
der/das **Knäuel** *Garn:* ball
der **Knauf** *einer Tür:* knob [nɒb]
**knauserig** (*umgangsspr*) stingy ['stɪndʒi]
(**mit** with)
**knausern** (*umgangsspr*) to be stingy (**mit**
with)
**knautschen** (*umgangsspr*) to crumple [up]
die **Knautschzone** crumple zone
der **Knebel** gag
**knebeln** (*auch übertragen*) to gag
der **Knecht** *eines Bauern:* farmhand
die **Knechtschaft** servitude
**kneifen** ① **jemanden kneifen** to pinch
someone ② (*umgangsspr: sich drücken*) to
chicken out (**vor** of)
die **Kneipe** (*umgangsspr*) pub (GB), bar (USA); **in die
Kneipe gehen** to go to the pub
die **Kneipentour** pub [*oder* (USA) bar] crawl
die **Knete** ① (*slang: Geld*) dough [dəʊ] ② (*Knet-
gummi*) plasticine ['plæstəsiːn]
**kneten** to knead [niːd]
der **Knetgummi** plasticine
die **Knetmasse** modelling clay
**knicken** ① (*brechen*) to snap ② (*falten*) to
fold

**knick(e)rig** (*umgangsspr: geizig*) stingy [ˈstɪndʒi]
der **Knicks** curts[e]y
das **Knie** ❶ (*Körperteil*) knee [niː] ❷ *von Fluss:* bend ❸ *von Rohr:* angle ▶ WENDUNGEN: **jemanden in die Knie zwingen** to force someone to his/her/their knees
die **Kniebeuge** knee-bend
**knien** to kneel [niːl] (**vor** before)

> **G** Richtiges Konjugieren von **kneel**: kneel, knelt, knelt — *Steve knelt down to look for his pen under his desk; have you ever knelt on a chair?*

die **Kniescheibe** kneecap
der **Kniestrumpf** knee-length sock
der **Kniff** (*umgangsspr: Trick*) knack [næk], trick; **den Kniff raushaben** to get [*oder* have got] the knack
**knifflig** ❶ (*schwierig*) fiddly ❷ (*heikel*) tricky
der **Knilch** (*abwertend umgangsspr*) bloke, guy 🇺🇸
**knipsen** (*umgangsspr*) ❶ (*fotografieren*) to snap, to take pictures ❷ (*lochen*) to punch
der **Knirps** (*kleiner Junge*) little fellow
**knirschen** ❶ *Schnee:* to crunch ❷ *Getriebe, Zähne:* to grind
**knistern** ❶ *Feuer:* to crackle ❷ *Papier, Seide:* to rustle
**knitterfrei** crease-resistant
**knittern** to crease [ˈkriːs]
**knobeln** ❶ (*würfeln*) to play dice ❷ (*grübeln, nachdenken*) to puzzle [ˈpʌzl] (**an** over)
der **Knoblauch** garlic [ˈɡɑːlɪk]
die **Knoblauchzehe** clove of garlic
der **Knöchel** ❶ *von Fuß:* ankle [ˈæŋkl] ❷ *von Finger:* knuckle [ˈnʌkl]
der **Knochen** bone; **mir tun alle Knochen weh** (*umgangsspr*) every bone in my body is aching [ˈeɪkɪŋ]
die **Knochenarbeit** hard graft
der **Knochenbau** bone structure
der **Knochenbruch** fracture
das **Knochengerüst** skeleton [ˈskelɪtən]
das **Knochenmark** bone marrow
**knochig** bony
der **Knödel** dumpling
die **Knolle** ❶ (*Pflanzenteil*) nodule [ˈnɒdjuːl]; *von Kartoffel:* tuber [ˈtjuːbə] ❷ (*übertragen abwertend: Nase*) conk
der **Knopf** ❶ *an Kleidern:* button ❷ *an Geräten:* [push-]button
das **Knopfloch** buttonhole
die **Knopfzelle** round cell battery

der **Knorpel** ❶ *im menschlichen Körper:* cartilage [ˈkɑːtɪlɪdʒ] ❷ *an Bratenstücken:* gristle [ˈɡrɪsl]
**knorpelig** *Fleisch:* gristly [ˈɡrɪsli]
die **Knospe** bud
der **Knoten** ❶ knot [nɒt] ❷ (*in Fachsprache*) node ❸ (*Geschwulst*) lump
der **Knotenpunkt** junction
**knotig** *Finger, Zweige:* gnarled [nɑːld]
**knülle** (*umgangsspr: betrunken*) sloshed
der **Knüller** (*umgangsspr*) ❶ (*Sensation*) big hit ❷ (*sensationelle Zeitungsmeldung*) scoop
**knüpfen** ❶ to knot [nɒt], to tie *Band, Knoten* ❷ to mesh *Netz*
der **Knüppel** ❶ (*Waffe*) cudgel; (*Polizeiknüppel*) truncheon [ˈtrʌnʃən] ❷ (*Steuerknüppel*) control stick; *an Gangschaltung:* gear stick
die **Knüppelschaltung** floor change 🇬🇧, floor shift 🇺🇸
**knurren** ❶ *Hund:* to growl; (*wütend knurren*) to snarl ❷ *Magen:* to rumble
**knusprig** *Brötchen:* crisp
**knutschen** (*umgangsspr*) to smooch, to snog
der **Knutschfleck** (*umgangsspr*) love bite
die **Koalition** coalition [ˌkəʊəˈlɪʃən]
die **Koalitionsregierung** coalition government
die **Kobra** cobra
der **Koch**, die **Köchin** cook; **viele Köche verderben den Brei** too many cooks spoil the broth
das **Kochbuch** cookbook, cookery book
**kochen** ❶ *Wasser:* to boil ❷ *Essen:* to cook; **er kocht gut** he is a good cook ❸ **vor Wut kochen** (*umgangsspr*) to be boiling with rage ❹ to cook *Essen* ❺ to boil *Suppe, Wasser* ❻ to make *Kaffee*

**kochen**

> **F** Nicht verwechseln mit *to cook* — *zubereiten!*

das **Kochgeschirr** (*im Haushalt*) pots and pans ⚠

*plural*
die **Köchin** cook
der **Kochlöffel** cooking spoon
die **Kochnische** kitchenette
die **Kochplatte** boiling ring, hotplate
das **Kochrezept** recipe [resəpi]
das **Kochsalz** common salt
der **Kochtopf** pot; (*mit Stiel*) saucepan
die **Kochwäsche** washing that can be boiled
der **Köder** (*auch übertragen*) bait
 **ködern** ❶ to lure *Tier* ❷ (*übertragen*) to entice [ɪnˈtaɪs]; **sich ködern lassen** to swallow the bait
der **Kodex** code, codex
das **Koffein** caffeine
 **koffeinfrei** decaffeinated [dɪˈkæfɪneɪtɪd]
der **Koffer** case, bag; **seine Koffer packen** to pack one's bags *auch übertragen*
der **Kofferraum** boot ⒼⒷ, trunk ⓊⓈⒶ
der **Kognak** brandy
der **Kohl** ❶ (*Gemüse*) cabbage [ˈkæbɪdʒ] ❷ (*umgangsspr: Quatsch*) rubbish
die **Kohle** ❶ (*Steinkohle*) coal ❷ (*slang: Geld*) dough [dəʊ], dosh ▶ WENDUNGEN: **wie auf heißen Kohlen sitzen** to be on tenterhooks
das **Kohlendioxid** carbon dioxide [ˌkɑːbən daɪˈɒksaɪd]
das **Kohlenhydrat** carbohydrate [ˌkɑːbəˈhaɪdreɪt]
die **Kohlensäure** carbonic acid
die **Kohlmeise** great tit
 **kohlrabenschwarz** ❶ *Augen, Haar:* jet black ❷ *Nacht:* pitch black
der **Kohlrabi** kohlrabi [ˌkəʊlˈrɑːbi]
die **Kohlsprosse** Ⓐ (*Rosenkohl*) Brussel[s] sprout
die **Koinzidenz** coincidence [kəʊˈɪn(t)sɪdəⁿn(t)s]
die **Koje** berth, bunk ▶ WENDUNGEN: **sich in die Koje hauen** (*slang*) to hit the sack
der **Kojote** ❶ (*Präriewolf*) coyote [kɔˈəʊti] ❷ (*abwertend: Schuft*) cad
das **Kokain** cocaine
die **Kokosflocken** desiccated coconut
die **Kokosnuss** coconut
die **Kokospalme** coconut palm
der **Koks** (*Brennstoff, Droge*) coke
der **Kolben** ❶ (*im Motor*) piston ❷ (*umgangsspr: Nase*) conk
der **Kolibri** humming bird
die **Kolik** colic
der **Kollaps** collapse
der **Kollege**, die **Kollegin** colleague [ˈkɒliːg]
 **kollegial** helpful; **sich kollegial verhalten** to be a good colleague
das **Kollegium** *von Lehrern:* staff

die **Kollegmappe** document case
die **Kollekte** collection, offertory [ˈɒfətⁿri]
 **kollidieren** ❶ (*auch übertragen*) to collide [kəˈlaɪd] (**mit** with) ❷ (*zeitlich*) to clash (**mit** with)
die **Kollision** ❶ (*auch übertragen*) collision [kəˈlɪʒⁿn] (**mit** with) ❷ (*zeitlich*) clash (**mit** with)
 **Köln** Cologne [kəˈləʊn]
das **Kölnischwasser** eau de Cologne [kəˈləʊn], cologne
die **Kolonie** colony [ˈkɒləni]
 **kolonisieren** to colonize
die **Kolonne** ❶ (*Reihe an Wörtern oder Zahlen*) column [ˈkɒləm] ❷ *von Militärfahrzeugen:* convoy ❸ (*Autoschlange*) line ❹ (*Arbeiterkolonne*) gang
der **Koloss** colossus
 **kolossal** ❶ (*riesig*) colossal ❷ (*umgangsspr*) *Fehler:* huge ❸ **sich kolossal irren/verschätzen** (*umgangsspr*) to make a huge mistake/miscalculation
 **Kolumbien** Columbia
die **Kolumne** column [ˈkɒləm]
der **Kolumnist**, die **Kolumnistin** columnist
das **Koma** coma; **im Koma** in a coma
der **Kombi** (*Auto*) estate [car] ⒼⒷ, station wagon ⓊⓈⒶ
die **Kombination** ❶ (*Zusammenstellung*) combination ❷ (*Schlussfolgerung*) deduction ❸ *von Kleidung:* ensemble, suit [suːt]
 **kombinieren** ❶ (*verbinden*) to combine ❷ (*folgern*) to deduce [dɪˈdjuːs] ❸ (*vermuten*) to suppose
der **Kombiwagen** estate car ⒼⒷ, station wagon ⓊⓈⒶ
die **Kombüse** galley
der **Komet** comet
der **Komfort** [kɔmˈfoːɐ̯] ❶ (*Luxus*) luxury [ˈlʌkʃəri]; **eine Wohnung mit allem Komfort** a flat with all mod cons ❷ (*Bequemlichkeiten*) comfort
 **komfortabel** ❶ (*mit Komfort*) luxurious [lʌɡˈzjʊərɪəs] ❷ (*bequem*) comfortable
der **Komiker**, die **Komikerin** comedian [kəˈmiːdɪən]
 **komisch** ❶ (*spaßig*) comic[al], funny; **das Komische daran ist, ...** the funny thing about it is ... ❷ (*merkwürdig*) strange, funny; **komisch, dass er noch nicht da ist** strange [*oder* funny], that he's not here yet
das **Komitee** committee [kəˈmɪti]
das **Komma** ❶ *als Satzzeichen:* comma ❷ (*Dezimalkomma*) decimal point; **drei Komma zwei** [**3,2**] three point two [3.2]; **null**

## Kommandant – komponieren

**Komma vier [0,4]** [nought] point 4 [C.4]
der **Kommandant**, die **Kommandantin** commanding officer
die **Kommanditgesellschaft** limited partnership
das **Kommando** ❶ (*Befehl*) command, order; **auf Kommando** on [the] command ❷ (*Befehlsgewalt*) command (**über** of); **das Kommando führen** to be in command
die **Kommandobrücke** bridge
**kommen** ❶ to come; **ich komme!** [I'm] coming!; **er wird gleich kommen** he won't be long; **es kommt jemand** someone's coming, there's somebody coming; **los, komm!** come on! ❷ (*herüberkommen*) to come over ❸ (*ankommen, hinkommen*) to arrive; **wann kommt der Zug?** when's the train coming in [*oder* due]?; [**zu etwas**] **zu früh/ spät/rechtzeitig kommen** to be early/ late/on time [for something]; **wann soll das Baby kommen?** when's the baby due?; **wer zuerst kommt, mahlt zuerst** first come, first served ❹ (*gelangen, hinkommen*) to get (**nach/zu** to); **wie komme ich zu dir?** how do I get to your place? ❺ (*stammen*) **woher kommst du?** where are you from?; **ich komme aus Edinburgh** I'm from Edinburgh ❻ (*Aufenthalt beginnen*) **ins Gefängnis kommen** to be sent to prison; **ins Krankenhaus kommen** to go into hospital; **bald in die Schule kommen** to be starting school soon ❼ (*aufkommen*) *Gewitter:* to come [up]; *Regen:* to start ❽ (*als Ursache*) **woher kommt es, dass ...?** why [*oder* how] is it that ...?; **das kommt daher, dass ...** it is because ...; **das kommt davon, dass du so dickköpfig bist!** that's what you get for being so pig-headed! ❾ **zu sich kommen** (*aus Ohnmacht erwachen*) to come to one's senses ❿ (*erledigen*) **ich komme einfach nicht dazu** I just don't get round to it ⓫ (*Ziel erreichen*) **so kommst du nie zu etwas** you'll never get anywhere like that ⓬ (*geraten*) **in Schwierigkeiten kommen** to get into trouble ► WENDUNGEN: **zu kurz kommen** to come off badly; **hinter etwas kommen** to find out something; **ich hab es kommen sehen** I could see it coming; **so musste es ja kommen** this was bound to happen
**kommend** *Woche:* next; **in den kommenden Jahren** in the years to come
der **Kommentar** ❶ *bei Sportveranstaltung:* commentary ['kɔməntəri] ❷ (*Bemerkung, Presseerklärung*) comment ['kɔment] ❸ **einen Kommentar abgeben** to make a comment

**kommentieren** to comment on
der **Kommilitone**, die **Kommilitonin** fellow student
der **Kommissar**, die **Kommissarin** ❶ *in Politik, Verwaltung:* commissioner [kə'mɪʃ°nər] ❷ *bei der Polizei:* inspector
der **Kommissär**, die **Kommissärin** ❶ inspector ❷ Ⓐ, ⒸⒽ commissioner
**kommissarisch** (*vorläufig*) temporary
die **Kommission** commission [kə'mɪʃn]
die **Kommode** chest of drawers
**kommunal** ❶ (*örtlich*) local ❷ (*städtisch*) municipal
die **Kommunalpolitik** local [government] politics △ *plural*
die **Kommunalwahl** local [government] elections *plural*
die **Kommunalwahlen** local [*oder* municipal] elections
die **Kommune** ❶ (*Gemeinde, Ortschaft*) community ❷ (*Wohngemeinschaft*) commune
die **Kommunikation** communication
das **Kommunikee** communiqué
die **Kommunion** Communion
der **Kommunismus** communism ['kɔmjʊnɪz°m]
der **Kommunist**, die **Kommunistin** Communist ['kɔmjʊnɪst]
**kommunistisch** communist
die **Komödie** ❶ comedy ['kɔmədi] ❷ (*übertragen*) farce
**kompakt** compact [kəm'pækt]
die **Kompanie** ❶ (*beim Militär*) company ['kʌmpəni] ❷ (*Handelsgesellschaft*) trading company, Co
der **Komparativ** comparative
der **Komparse** ❶ *beim Film:* extra ❷ *beim Theater:* supernumerary
der **Kompass** compass ['kʌmpəs]
**kompatibel** compatible [kəm'pætəbl]
**kompensieren** to compensate (**für** for)
**kompetent** ❶ (*zuständig*) competent ❷ (*fähig*) able
**komplett** complete
der **Komplex** complex ['kɔmpleks]
**komplex** complex
die **Komplikation** complication
das **Kompliment** compliment ['kɔmplɪmənt]; **jemandem ein Kompliment machen** to pay someone a compliment
der **Komplize**, die **Komplizin** accomplice [ə'kʌmplɪs]
**kompliziert** complicated
die **Komplizin** accomplice [ə'kʌmplɪs]
der/das **Komplott** conspiracy [kən'spɪrəsi], plot
**komponieren** to compose [kəm'pəʊz], to

write [raɪt] *Lied*
der **Komponist**, die **Komponistin** composer [kəm'pəʊzə]
der **Kompost** compost
**kompostierbar** degradable [dɪ'greɪdɪbļ]
**kompostieren** to compost
das **Kompott** stewed fruit [ˌstjuːd'fruːt]
die **Kompresse** compress ['kɒmpres]
**komprimieren** ① to compress [kəm'pres] ② (*übertragen*) to condense [kən'dens]
der/das **Kompromiss** compromise ['kɒmprəmaɪz]; **einen Kompromiss schließen** to reach a compromise
**kompromisslos** uncompromising
**kompromittieren** to compromise ['kɒmprəmaɪz]
der **Kondensator** condenser [kən'densəʳ]
**kondensieren** (*auch übertragen*) to condense [kən'dens]
die **Kondensmilch** condensed milk
der **Kondensstreifen** vapour trail
der **Konditor**, die **Konditorin** pastry ['peɪstri] cook
die **Konditorei** cake shop
die **Konditorwaren** cakes and pastries
das **Kondom** condom ['kɒndɒm]
der **Kondor** condor
der **Kondukteur** ⒸⒽ conductor
das **Konfekt** confectionery [kən'fekʃəⁿʳri]
die **Konfektionsgröße** size; **welche Konfektionsgröße haben Sie?** what size are you?
die **Konfektionskleidung** ready-made clothing
die **Konferenz** ① (*Veranstaltung*) conference ['kɒnfrəns] ② (*Besprechung*) meeting
die **Konfession** denomination; **welcher Konfession gehören Sie an?** what is your denomination?
**konfessionell** denominational
**konfessionslos** non-denominational
das **Konfetti** confetti
die **Konfirmation** confirmation ['kɒnfəmeɪʃəⁿn]
die **Konfiserie** ① cake shop, confectionary [kən'fekʃəⁿʳri] ② (*Konditoreiwaren*) confectionery
**konfiszieren** to confiscate
die **Konfitüre** jam
der **Konflikt** conflict ['kɒnflɪkt]
**konform** concurring
die **Konfrontation** confrontation
**konfrontativ** confrontational
**konfrontieren** to confront [kən'frʌnt] (**mit** with)
**konfus** ① *Gedanken, Gerede:* confused, muddled ② **du machst mich ganz konfus!** you're confusing me!

der **Kongress** ① (*politischer*) congress ['kɒŋgres]; (*Fachkongress*) convention ② (*Parlamentskammer in den USA*) Congress
der **König** king; **die Heiligen Drei Könige** the Three Wise Men
die **Königin** queen
**königlich** royal
das **Königreich** kingdom
die **Konjugation** conjugation
**konjugieren** to conjugate
die **Konjunktion** conjunction
der **Konjunktiv** subjunctive [səb'dʒʌŋktɪv]
die **Konjunktur** ① (*Wirtschaftslage*) economic situation ② (*Hochkonjunktur*) boom; **die Wirtschaft hat Konjunktur** the economy is booming
**konkav** concave
**konkret** concrete ['kɒŋkriːt]
**konkretisieren** to put in concrete terms
der **Konkurrent**, die **Konkurrentin** competitor
die **Konkurrenz** ① (*Wettbewerb*) competition [ˌkɒmpə'tɪʃⁿn] ② **Konkurrenz haben** to have competition; **jemandem Konkurrenz machen** to compete with someone ③ (*die Konkurrenten*) competitors, competition
**konkurrenzlos** (*vor Substantiv*) unrivalled [ʌn'raɪvⁿld], unrivaled ⒰ⓢⒶ, without competition *nachgestellt*
**konkurrieren** to compete (**mit** with)
der **Konkurs** bankruptcy ['bæŋkrʌptsi]; **Konkurs anmelden** to declare oneself bankrupt; **in Konkurs gehen** to go bankrupt
die **Konkursmasse** bankrupt's estate
das **Können** (*Fähigkeit*) ability
**können** ① (*beherrschen, verstehen*) to know [nəʊ]; **Klavier spielen können** to know how to play the piano; [**gut**] **Englisch können** to speak English [well]; **kein Englisch können** to speak no English, to not speak any English ② (*vermögen*) can, to be able to; **kannst du morgen kommen? — ich kann leider nicht** can [*oder* will you be able to] you come tomorrow? — unfortunately I won't be able to; **ich konnte gerade noch bremsen** I just about managed to brake; **ich kann nicht mehr** (*mehr essen*) I can't eat any more; (*körperlich erschöpft*) I've had it; (*seelisch erschöpft*) I can't go on, I can't take any more ③ (*dürfen: im Präsens*) may; **kann ich mal?** may I?; (*in allen anderen Zeiten*) to be allowed to; **ich konnte bei ihnen nicht rauchen** I wasn't allowed to smoke at their place ④ (*wahrscheinlich oder möglich sein*) to be likely to, may; **du könn-**

**konsequent – Kontroverse**

test **Recht haben** you could [oder may] [oder might] be right; **kann schon sein** could be, maybe; **keine Sorge, er kann noch rechtzeitig kommen** don't worry, he could [oder may] [oder might] still be on time; **das kann [einfach] nicht sein** that [simply] can't be true ➎ **ich kann nichts dafür** [oder dazu] (umgangsspr) it's not my fault; **du kannst mich mal!** (umgangsspr) get lost [oder stuffed]!; **man kann nie wissen** you never know; **das kannst du mir glauben** [you can] take my word for it; **kannst du gerne machen!** go right ahead!, suit yourself!

**konsequent** consistent

die **Konsequenz** ➊ (Folgerichtigkeit) consistency ➋ (Folge) consequence ['kɒnsɪkwens], result ➌ **Konsequenzen ziehen** to take the appropriate steps

**konservativ** ➊ Einstellung, Kleidung: conservative ➋ (politisch konservativ in GB) Conservative, Tory

die **Konserve** preserved food; (in Büchse) tinned food GB, canned food

die **Konservenbüchse**, die **Konservendose** tin GB, can

**konservieren** to conserve, to preserve [prɪˈzɜːv]

das **Konservierungsmittel** preservative

der **Konsonant** consonant ['kɒnsənənt]

das **Konsortium** consortium

**konstant** ➊ Geschwindigkeit, Größe: constant ['kɒnstənt] ➋ Leistung, Wachstum: steady [stedi]

die **Konstante** constant ['kɒnstənt]

die **Konstitution** constitution

**konstitutionell** constitutional

**konstruieren** ➊ (auch übertragen) to construct ➋ (entwerfen) to design

die **Konstruktion** ➊ (auch übertragen) construction ➋ (Bauweise, Entwurf) design

**konstruktiv** constructive

der **Konsul**, die **Konsulin** consul

das **Konsulat** consulate ['kɒnsjʊlət]

**konsultieren** to consult

der **Konsum** (Verbrauch) consumption

der **Konsument**, die **Konsumentin** consumer [kənˈsjuːm]

die **Konsumgesellschaft** consumer society

die **Konsumgüter** consumer goods

**konsumieren** to consume

der **Konsumismus** consumerism

der **Kontakt** contact ['kɒntækt]; **mit jemandem Kontakt aufnehmen** to contact someone; **in Kontakt mit jemandem stehen** to be in

contact with someone

der **Kontaktbildschirm** touch[-sensitive] screen

**kontaktfreudig** sociable ['səʊʃəbl]

die **Kontaktlinse** contact lens

**kontemplativ** contemplative [kənˈtemplətɪv]

**kontern** to counter

der **Kontext** context

der **Kontinent** continent ['kɒntɪnənt]

das **Kontinentalklima** continental climate ['klaɪmət]

das **Kontingent** ➊ (an Ware usw.) quota ➋ (Zuteilung) allotment

**kontinuierlich** continuous

die **Kontinuität** continuity

das **Konto** ➊ account; **auf ein Konto einzahlen** [oder überweisen] to pay into an account ➋ **das geht auf mein Konto** (ich bezahle) this [one] is on me; (übertragen: ich bin verantwortlich) this is my doing

der **Kontoauszug** [bank] statement

die **Kontoführung** account management

der **Kontoinhaber**, die **Kontoinhaberin** account holder

die **Kontonummer** account number

der **Kontostand** [bank] balance ['bælən(t)s]; **den Kontostand abfragen** to check one's [bank] balance

der **Kontrahent**, die **Kontrahentin** ➊ (Gegenspieler) opponent ➋ (Vertragspartner) contracting party

die **Kontraindikation** contra-indication

**konträr** contrary, opposite

der **Kontrast** contrast ['kɒntrɑːst]

das **Kontrastmittel** contrast medium

das **Kontrastprogramm** alternative program[me]

**kontrastreich** (nach Substantiv) rich in contrast

der **Kontrollabschnitt** counterfoil

die **Kontrolle** ➊ (Überprüfung) check; **jemanden/etwas einer Kontrolle unterziehen** to do a check on someone/something ➋ (Kontrollpunkt) checkpoint ➌ (Aufsicht) inspection; (Kontrolleur) inspector ➍ (Beherrschung, Gewalt) **Kontrolle über jemanden** control of someone; **unter Kontrolle bringen** to get under control

**kontrollierbar** ➊ (beherrschbar) controllable ➋ (überprüfbar) verifiable [ˌverɪˈfaɪəbl]

**kontrollieren** ➊ (nachprüfen) to check (**auf/nach** for) ➋ (beherrschen, lenken) to control

die **Kontrolllampe** ➊ pilot lamp ➋ (am Auto) warning light

der **Kontrollturm** control tower

die **Kontroverse** controversy

die **Kontur** contour, outline
die **Konvention** convention [kən'vɛnʃᵊn]
die **Konventionalstrafe** penalty for breach of contract
**konventionell** conventional [kən'vɛnʃnᵊl]
die **Konvergenz** convergence [kən'vɜːdʒən(t)s]
die **Konversation** conversation
der **Konversionskurs** conversion rate
**konvertierbar** *Währung:* convertible
**konvertieren** to convert (**in** into)
**konvex** convex
der **Konvoi** convoy
das **Konzentrat** (*chemisch*) concentrate
die **Konzentration** concentration (**auf** on)
die **Konzentrationsfähigkeit** powers of concentration, ability to concentrate
das **Konzentrationslager** concentration camp
**konzentrieren** ❶ **seine Aufmerksamkeit/ Bemühungen/Gedanken auf etwas konzentrieren** to concentrate one's attention/ efforts/thoughts on something ❷ **sich auf etwas konzentrieren** to concentrate on something; **er kann sich nur schwer konzentrieren** he has difficulty concentrating
das **Konzept** ❶ (*für Aufsatz*) rough [rʌf] copy; (*für Rede*) notes ⚠ *plural* ❷ (*Rohentwurf*) draft [drɑːft] ❸ (*Plan*) plan, programme ❹ (*Begriff, Vorstellung*) concept ► WENDUNGEN: **jemanden aus dem Konzept bringen** to put someone off; (*bestürzen*) to upset someone; **das passt mir nicht ins Konzept!** it doesn't fit in with my plans!; (*gefällt mir nicht*) I don't like the idea!

**F** Nicht verwechseln mit *concept — der Begriff!*

der **Konzern** group
das **Konzert** ❶ (*Vorstellung*) concert; **ins Konzert gehen** to go to a concert ❷ (*Musikstück*) concerto [kən'tʃeətəʊ]
der **Konzertflügel** concert grand
der **Konzertsaal** concert hall
das **Konzil** council ['kaʊn(t)sᵊl]
**konzipieren** conceive [kən'siːv]
die **Kooperation** cooperation
die **Koordination** coordination
**koordinieren** to coordinate
der **Kopf** ❶ (*Körperteil*) head; **Kopf hoch!** (*umgangsspr*) chin up!; **Kopf und Kragen riskieren** (*umgangsspr*) to risk one's neck; **von Kopf bis Fuß** from top to toe ❷ (*übertragen: Verstand*) brain; **er ist ein kluger Kopf** he's an intelligent person ❸ (*übertragen: Geist, Sinn*) mind; **er geht mir nicht mehr aus dem Kopf** I can't get him out of

my mind; **sich etwas durch den Kopf gehen lassen** to think something over; **sich etwas aus dem Kopf schlagen** to get something out of one's head; **ich habe andere Dinge im Kopf** I have other things on my mind; **sich etwas in den Kopf setzen** to take something into one's head; **sich über etwas den Kopf zerbrechen** to rack one's brains over something ❹ **pro Kopf** [**Einkommen**] per capita [income]; **ein Stück Kuchen pro Kopf** one piece of cake each ❺ (*oberster Teil eines Objekts*) top ❻ (*leitende Persönlichkeit*) leader ► WENDUNGEN: **ich weiß nicht, wo mir der Kopf steht** I don't know whether I'm coming or going; **etwas auf den Kopf stellen** to turn something upside down; **auf dem Kopf stehen** to be upside down; **jemandem den Kopf verdrehen** (*umgangsspr*) to turn someone's head
der **Kopfball** header ['hedə]
die **Kopfbedeckung** headgear
das **Köpfchen** (*umgangsspr*) **Köpfchen haben, ein kluges Köpfchen sein** to have [got] brains
**köpfen** ❶ (*hinrichten*) to behead [bɪ'hed] ❷ (*umgangsspr*) to crack *Flasche Wein, Sekt* ❸ (*beim Fußball*) **ins Tor köpfen** to head a goal, to head the ball in
das **Kopfende** head
die **Kopfhaut** scalp
der **Kopfhörer** headphones ⚠ *plural*
das **Kopfkissen** pillow
**kopflos** (*übertragen*) panicky
das **Kopfrechnen** mental arithmetic
der **Kopfsalat** lettuce ['letɪs]
der **Kopfschmerz** headache ['hedeɪk]; [**leichte/ rasende**] **Kopfschmerzen haben** to have a [slight/splitting] headache ⚠ *singular*
der **Kopfsprung** header ['hedə]; **einen Kopfsprung machen** to take a header, to dive headfirst
der **Kopfstand** headstand; **einen Kopfstand machen** to stand on one's head
der **Kopfsteinpflaster** cobbles ⚠ *plural*
die **Kopfstütze** headrest
das **Kopftuch** [head]scarf
**kopfüber** (*auch übertragen*) headlong
das **Kopfweh** (*umgangsspr*) headache ['hedeɪk]; **Kopfweh haben** to have a headache
die **Kopie** ❶ (*Fotokopie*) copy ❷ (*Durchschlag*) carbon copy ❸ (*eines Fotos oder Films*) print ❹ (*Imitation*) imitation
**kopieren** ❶ (*fotokopieren*) to copy ❷ (*übertragen*) to copy, to imitate ❸ (*durchpausen*)

to trace
der **Kopierer**, das **Kopiergerät** [photo]copier
die **Koppel** (*Weide*) paddock ['pædək]
die **Koralle** coral
der **Koran** Koran; **im Koran steht, dass ...** it says [*oder* is written] in the Koran that ...
der **Korb** ❶ basket ❷ (*Bienenkorb*) hive ❸ (*Förderkorb*) cage ❹ (*Korbgeflecht*) wicker
▶ WENDUNGEN: **jemandem einen Korb geben** to turn someone down; **einen Korb bekommen** to be turned down, to be given the brush-off ['brʌʃɒf]
der **Korbball** netball
der **Korbstuhl** wicker chair
der **Kord** corduroy ['kɔːdərɔɪ]
die **Kordhose** corduroy [*oder* cord] trousers ⚠ *plural*
**Korea** Korea [kəˈrɪə]
der **Koreaner**, die **Koreanerin** Korean [kəˈrɪən]
der **Koriander** coriander
die **Korinthe** currant ['kʌrᵊnt]
der **Kork** cork
der **Korken** ❶ *aus Kork:* cork ❷ *aus Plastik:* stopper
der **Korkenzieher** corkscrew
das **Korn** ❶ *Samen:* seed ❷ *im Bild:* grain ❸ *Pfeffer:* corn ❹ *Getreide:* grain

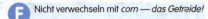
Nicht verwechseln mit *corn* — *das Getreide!*

der **Korn** (*umgangsspr: Kornbranntwein*) corn schnapps
die **Kornblume** cornflower
der **Kornkreis** crop circle ['sɜːkl]
der **Körper** ❶ body ❷ *eines Schiffs:* hull
der **Körperbau** build [bɪld], physique [fɪˈziːk]
**körperbehindert** physically disabled
der/die **Körperbehinderte** disabled [dɪˈeɪbld] person; **die Körperbehinderten** the disabled
das **Körpergewicht** weight [weɪt]
die **Körpergröße** height [haɪt]
**körperlich** *Anstrengung, Arbeit, Schmerzen:* physical ['fɪzɪkl]
die **Körperpflege** personal hygiene ['haɪdʒiːn]
die **Körpersprache** body language
der **Körperteil** part of the body
die **Körperverletzung** physical injury; **schwere Körperverletzung** (*Straftat*) grievous ['griːvəs] bodily harm
**korpulent** corpulent
**korrekt** ❶ (*richtig*) correct [kəˈrekt]; **korrekt antworten** to answer correctly, to give the correct answer ❷ (*angemessen*) proper; **sich korrekt kleiden/verhalten** to dress/behave properly [*oder* decently]

die **Korrektur** ❶ (*Berichtigung*) correction ❷ (*Korrekturlesen*) proof-reading ❸ *von Schularbeiten:* marking
die **Korrekturtaste** correction key
das **Korrekturzeichen** proofreader's mark
der **Korrespondent**, die **Korrespondentin** correspondent [ˌkɒrəˈspɒndənt]
die **Korrespondenz** correspondence
**korrespondieren** ❶ **mit jemandem korrespondieren** to correspond with someone ❷ **mit etwas korrespondieren** to correspond to [*oder* with] something
der **Korridor** corridor; (*Hausflur*) hall
**korrigieren** ❶ (*berichtigen*) to correct ❷ (*Korrektur lesen*) to proofread ❸ to mark *Schularbeiten*
**korrupt** corrupt [kəˈrʌpt]
die **Korruption** corruption
der **Korse**, die **Korsin** Corsican
das **Korsett** corset
**koscher** kosher
der **Kosename** pet name
das **Kosewort** term of endearment
der **Kosinus** cosine
die **Kosmetik** ❶ (*Körperpflege*) beauty treatment ❷ (*kosmetisches Mittel*) cosmetic ❸ (*übertragen: Tünche*) cosmetics [kɒzˈmetɪks] ⚠ *plural*
die **Kosmetika** cosmetics
die **Kosmetikerin** beautician [bjuːˈtɪʃᵊn]; **sie ist Kosmetikerin** she's a beautician
der **Kosmetikkoffer** vanity case
das **Kosmetiktuch** paper tissue ['tɪʃuː]
**kosmetisch** (*auch übertragen*) cosmetic
**kosmisch** cosmic
der **Kosmopolit**, die **Kosmopolitin** cosmopolitan
der **Kosmos** cosmos
die **Kost** ❶ fare, food; **leichte Kost** light food ['daɪət] ❷ **Kost und Logis** board and lodging
**kostbar** precious ['preʃəs], valuable ['væljʊbl]
die **Kostbarkeit** precious object, treasure ['treʒə]; **das Armband ist eine Kostbarkeit** the bracelet is very valuable
die **Kosten** ❶ (*Preis*) cost ⚠ *singular* ❷ (*Ausgaben*) expenses; (*Auslagen*) outlay ⚠ *singular* ❸ **auf jemandes Kosten** at someone's expense *auch übertragen;* **auf seine Kosten kommen** to get one's money's worth *auch übertragen*
**kosten¹** ❶ (*preislich*) to cost; **was** [*oder* **wie viel**] **kostet das?** what [*oder* how much] does it cost? ❷ **koste es, was es wolle** (*auch übertragen*) whatever the cost ❸ (*erfordern*) to take *Mühe, Zeit* ❹ **das hat sie**

**den Sieg/das Leben gekostet** it cost her the victory/her life

> **G** Richtiges Konjugieren von **cost**: cost, cost, cost — *the CD cost £10; in the end the house has cost us more than £500,000.*

**kosten²** (*probieren*) to taste *auch Freuden;* [**von**] **etwas kosten** to taste something
**kostendeckend** cost-effective
**kostenlos** ❶ free ❷ **etwas kostenlos tun** to do something for free [*oder* free of charge]
der **Kostenvoranschlag** estimate
**köstlich** ❶ (*wohlschmeckend*) delicious [dɪ'lɪʃ°s] ❷ (*übertragen: erlesen*) choice, exquisite ❸ (*übertragen: amüsant*) priceless; **sich köstlich amüsieren** to have a ball
die **Kostprobe** ❶ (*Geschmacksprobe*) taste ❷ (*übertragen: Beispiel*) sample
**kostspielig** costly, expensive
das **Kostüm** ❶ (*Zweiteiler*) suit [su:t] ❷ (*Verkleidung*) costume, fancy dress
das **Kostümfest** fancy-dress ball
die **Kostümprobe** dress rehearsal
der **Kot** faeces ['fi:si:z] ⚠ *plural*
das **Kotelett** chop
die **Koteletten** sideburns
der **Kotflügel** wing 🇬🇧, fender 🇺🇸
**kotzen** ❶ (*slang*) to puke *umgangsspr;* **sich die Seele aus dem Leib kotzen** to puke one's guts out *umgangsspr* ❷ **das ist ja zum Kotzen!** (*slang*) it really makes you sick! *umgangsspr;* **du kotzt mich an!** (*slang*) you make me sick! *umgangsspr*
die **Krabbe** ❶ (*Taschenkrebs*) crab ❷ (*Garnele*) shrimp; (*größer*) prawn
**krabbeln** to crawl
der **Krach** ❶ (*Lärm*) din, noise; **Krach machen** to make a noise; **mach nicht so 'nen Krach!** stop making such a racket! ❷ (*Schlag*) bang, crash ❸ (*umgangsspr: Streit*) quarrel, row [raʊ]; **mit jemandem Krach kriegen** to have a row with someone; **sie haben Krach** they're not on speaking terms ❹ (*Aufruhr, Krawall*) racket; **Krach machen** to make a racket
**krachen** ❶ (*Lärm machen*) to crash ❷ *Donner:* to crash; *Holz:* to creak; *Schuss:* to ring out ❸ (*umgangsspr: zusammenstoßen*) to crash; **es hat gekracht** there's been a crash ❹ (*umgangsspr*) **...**, **sonst kracht's!** ... or there'll be trouble!; **..., dass es nur so krachte** ... with a vengeance ['vendʒ°n(t)s]
**krächzen** croak; **mit krächzender Stimme** in a croaking voice

die **Kraft** ❶ (*Körperkraft*) strength; **viel Kraft haben** be very strong; **mit aller Kraft** with all one's strength; **mit |aller|letzter Kraft** with one's [very] last ounce of strength; **nach** [**besten**] **Kräften** to the best of one's ability; **er war am Ende seiner Kräfte** he couldn't take any more; **wieder zu Kräften kommen** to regain one's strength ❷ (*Wirksamkeit*) power ❸ **treibende Kraft** (*übertragen*) driving force ❹ (*Arbeitskraft*) employee, worker ❺ (*Gültigkeit, Rechtmäßigkeit*) force; **in Kraft sein/setzen/treten** to be in/bring into/come into force; **außer Kraft setzen** to annul

> **F** Nicht verwechseln mit *craft — das Handwerk!*

**kraft** by virtue of, on the strength of
der **Kraftakt** (*übertragen*) show of strength
der **Kraftfahrer**, die **Kraftfahrerin** driver
das **Kraftfahrzeug** motor vehicle ['vɪəkl]
der **Kraftfahrzeugbrief** [vehicle] registration document [*oder* book]
das **Kraftfahrzeugkennzeichen** vehicle ['vi:ɪkl] registration
die **Kraftfahrzeugsteuer** motor vehicle tax
die **Kraftfahrzeugversicherung** car insurance [ɪn'ʃʊər°n(t)s]
**kräftig** ❶ (*stark*) strong; *Händedruck:* firm ❷ (*intensiv, kraftvoll*) *Geschmack, Stimme:* powerful; *Farbe:* rich ❸ (*nahrhaft*) nourishing ['nʌrɪʃɪŋ] ❹ **kräftig gebaut** strongly built; **kräftig drücken/treten/zuschlagen** to press/kick/hit hard; **kräftig schütteln** to shake well; **jemanden kräftig verprügeln** to give someone a good beating ❺ (*als Verstärkung: viel, stark, sehr*) really; **die Preise sind kräftig gestiegen** prices really went up; **es hat kräftig geregnet** it rained heavily; **sich kräftig täuschen** to be really [*oder* very much] mistaken
**kraftlos** (*schwach*) feeble ['fi:bl], weak
die **Kraftprobe** (*auch übertragen*) trial of strength
das **Kraftrad** motorcycle
der **Kraftstoff** fuel ['fju:ᵊl]
**kraftvoll** ❶ *Stimme:* powerful ❷ (*tatkräftig*) energetic
der **Kraftwagen** motor car
das **Kraftwerk** power station
der **Kragen** collar; **jemanden am Kragen packen** to grab someone by the collar ▸ WENDUNGEN: **Kopf und Kragen riskieren** to risk one's neck; **jetzt geht es ihr an den Kragen** she's in for it now; **das kann ihn den Kragen kosten** that could be his downfall

**der Kragenknopf** collar button
**die Kragenweite** collar size ▸ WENDUNGEN: **das/ er ist nicht meine Kragenweite** (*umgangsspr*) that's/he's not my cup of tea; **das ist genau meine Kragenweite!** (*umgangsspr*) that's right up my street!
**die Krähe** crow
**die Krähenfüße** (*Fältchen*) crow's-feet
**der Krake** octopus
**krakeelen** (*abwertend umgangsspr*) to kick up a racket
**die Kralle** ❶ claw; (*eines Raubvogels*) talon ❷ (*slang: Hand*) paw ❸ (*Parkkralle*) clamp
**krallen** ❶ **sich an etwas krallen** to cling to something; **die Finger in etwas krallen** to dig one's fingers into something ❷ (*slang: klauen*) **sich etwas krallen** to pinch something
**der Kram** (*umgangsspr*) (*Zeug*) stuff; (*Plunder*) junk ▸ WENDUNGEN: **das passt mir gar nicht in den Kram** that doesn't suit me at all; **den ganzen Kram hinschmeißen** to chuck the whole business in
**der Krämer** grocer ['grəʊsəʳ]
**die Krämerseele** (*abwertend*) petty-minded man *maskulin*, petty-minded woman *feminin*
**der Kramladen** junk shop, tatty little shop
**der Krampen** pick[axe]
**der Krampf** ❶ *von Muskeln:* cramp; (*einzelne Zuckungen*) spasm; (*wiederholte Zuckungen*) convulsion ❷ (*umgangsspr: Getue*) palaver; **so ein Krampf!** what nonsense!
**die Krampfader** varicose vein
**krampfhaft** ❶ *Zuckung:* convulsive ❷ (*umgangsspr*) *Versuch:* desperate, frantic ❸ (*übertragen*) *Lachen:* forced [fɔːst]
**der Kran** crane
**der Kranführer, die Kranführerin** crane operator
**der Kranich** (*Vogel*) crane
**krank** ❶ *Mensch, Tier:* ill, sick; **krank werden** to fall ill; **schwer krank sein** to be seriously [*oder* gravely] ill; **sich krank stellen** to pretend to be ill ❷ *Organ, Pflanze:* diseased [dr'ziːzd]; *Bein, Zahn:* bad ❸ *Firma, Wirtschaft:* ailing ❹ (*übertragen*) **das macht mich ganz krank!** this is getting on my nerves!
**der/die Kranke** sick person; **die Kranken** the sick ⚠ *plural*
**kränkeln** ❶ *Mensch:* to be sickly ❷ *Firma, Wirtschaft:* to be ailing
**kränken** **jemanden kränken** to hurt someone, to hurt someone's feelings
**das Krankengeld** ❶ *vom Staat:* sickness benefit ❷ *von Firma:* sick pay

**die Krankengymnastik** physiotherapy [ˌfɪziə(ʊ)-'θerəpi]
**das Krankenhaus** hospital; **im Krankenhaus liegen** to be in hospital
**die Krankenkasse** health insurance [ɪn'ʃʊərəns] company
**die Krankenpflege** nursing
**der Krankenpfleger** male nurse
**die Krankenschwester** nurse
**der Krankentransport** transportation of sick people
**die Krankenversicherung** health insurance [ɪn'ʃʊərəns]
**der Krankenwagen** ambulance ['æmbjələns]
**krankfeiern** to take a sickie *slang*
**krankhaft** ❶ *Wucherung, Zelle:* diseased ❷ (*seelisch, zwanghaft*) pathological [ˌpæθə'lɒdʒɪkl] ❸ *Eifersucht:* chronic, pathological
**die Krankheit** ❶ (*allgemein*) illness, sickness; **wegen Krankheit** due to illness ❷ (*bestimmte*) disease [dɪ'ziːz]
**kränklich** sickly, in poor health *nachgestellt*
**krankmelden** **sich krankmelden** to report sick; (*telefonisch*) to phone in sick
**die Krankmeldung** notification of illness [to one's employer]
**krankschreiben** to file a medical certificate, to give [*oder* write] a sick note
**die Kränkung** insult, offence; **jemandem eine Kränkung zufügen** to hurt [*oder* offend] someone
**der Kranz** ❶ *auf Grab:* wreath [riːθ] ❷ *als Schmuck oder Preis:* garland ['gaːlənd] ❸ (*kreisförmig Eingefasstes*) ring
**krass** ❶ *Beispiel:* glaring; *Unterschied:* extreme ❷ *Fall, Vorfall:* blatant ['bleɪ³nt] ❸ *Gegensatz:* stark ❹ **krass gesagt** to put it bluntly ❺ (*slang*) [**das war**] **voll krass!** [that was] unreal!
**der Krater** crater ['kreɪtə]
**die Krätze** scabies ⚠ *singular;* **die Krätze haben** to have scabies ⚠ *ohne Artikel*
**kratzen** ❶ **jemanden/sich kratzen** to scratch someone/oneself ❷ (*abkratzen*) to scrape (**von** off) ▸ WENDUNGEN: **das kratzt mich nicht** (*umgangsspr*) I don't give a damn [about that]
**der Kratzer** (*Schramme*) scratch
**kratzfest** scratch-resistant, non-scratch
**kraulen¹** *im Schwimmen:* to do the crawl
**kraulen²** (*liebkosen*) to fondle; **jemandem den Bart/in den Haaren kraulen** to run one's fingers through someone's beard/hair
**kraus** ❶ *Papier:* crinkly ❷ *Haar:* frizzy

**3** *Stirn:* wrinkled; **die Stirn kraus ziehen** to knit one's brow, to frown

das **Kraut** **1** (*Heilkraut, Würzkraut*) herb **2** (*Kohlgemüse*) cabbage ['kæbɪdʒ] **3** (*abwertend: Tabak*) tobacco ▸ WENDUNGEN: **wie Kraut und Rüben** higgledy-piggledy; **dagegen ist kein Kraut gewachsen** there is no remedy for that

der **Kräutertee** herb tea

der **Krautkopf** **Ⓐ** cabbage ['kæbɪdʒ]

der **Krawall** **1** (*Aufruhr*) riot **2** (*Krach, Lärm*) racket; **Krawall machen** to make a racket

die **Krawatte** tie; **eine Krawatte binden** to knot a tie

die **Krawattennadel** tie-pin

**kraxeln** (*umgangsspr*) to clamber

**kreativ** creative [kriːˈeɪtɪv]

die **Kreativität** creativity [ˌkriːeɪˈtɪvətɪ]

der **Krebs** **1** (*Flusskrebs*) crayfish **Ⓖ**, crawfish **Ⓤ**; (*Taschenkrebs*) crab **2** (*Sternzeichen*) Cancer **3** (*Krankheit*) cancer ['kænsə]; **Krebs erregend** carcinogenic

**krebsartig** *Geschwür:* cancerous

das **Krebsgeschwür** **1** (*medizinisch*) carcinoma **2** (*übertragen*) cancer

die **Krebsvorsorge**, die **Krebsvorsorgeuntersuchung** cancer check-up

der **Kredit** credit ['kredɪt], loan; **auf Kredit** on credit; **einen Kredit aufnehmen** to raise a loan

der **Kreditgeber** creditor

die **Kreditkarte** credit card

die **Kreide** chalk [tʃɔːk]

**kreidebleich, kreideweiß** [as] white as chalk *nachgestellt*

die **Kreidezeichnung** chalk drawing

die **Kreidezeit** Cretaceous period

**kreieren** to create

der **Kreis** **1** circle ['sɜːkl]; **im Kreis gehen/sitzen** to walk/sit in a circle; **sich im Kreis[e] drehen** to turn round in a circle; (*übertragen*) to go round in circles ⚠ plural **2** (*Sphäre, Wirkungskreis*) sphere [sfɪəʳ] **3** (*Landkreis, Stadtkreis*) district **4** (*übertragen*) *von Menschen:* circle

**kreischen** to shriek, to screech

der **Kreisel** (*Spielzeug*) spinning top

**kreisen** **1** (*um eine Achse*) to revolve (**um** around) **2** *Planet, Satellit:* to orbit; **der Satellit kreist um den Mond** the satellite is orbiting the moon **3** *Blut:* to circulate (**in** through) **4** (*übertragen*) *Aufmerksamkeit, Gedanken, Gespräch:* to revolve (**um** around)

**kreisförmig** **1** *Bahn:* circular **2** **kreisförmig angeordnet** arranged in a circle

der **Kreislauf** **1** *von Blut, Geld:* circulation **2** *der Natur:* cycle ['saɪkl]

die **Kreislaufstörungen** circulatory disorders; **Kreislaufstörungen haben** to have circulatory problems

die **Kreissäge** circular saw

der **Kreißsaal** delivery room

die **Kreisstadt** district [*oder* county] town **Ⓖ**

der **Kreisverkehr** roundabout [traffic] **Ⓖ**, rotary ['rəʊtərɪ] [traffic] **Ⓤ**

das **Krematorium** crematorium **Ⓖ**, crematory **Ⓤ**

die **Krempe** brim

der **Krempel** (*umgangsspr*) (*Zeug*) stuff; (*Gerümpel*) junk ▸ WENDUNGEN: **du kannst deinen Krempel allein machen!** you can damn well do it yourself!; **den [ganzen] Krempel hinschmeißen** to chuck the whole thing in

der **Kren** **Ⓐ** (*Meerrettich*) horseradish ['hɔːsˌrædɪʃ]

**krepieren** **1** (*abwertend: verenden*) *Tier:* to die [a wretched death] **2** (*slang: sterben*) *Mensch:* to croak [it] **3** (*übertragen*) *Bombe, Granate:* to explode

das **Kreppapier** crepe paper

die **Kreppsohle** crepe sole

die **Kresse** cress

das **Kreuz** **1** cross; (*als Anhänger*) crucifix ['kruːsɪfɪks] **2** **das/ein Kreuz machen** [*oder* **schlagen**] to make the sign [saɪn] of the cross **3** (*Kartenfarbe*) clubs ⚠ plural; (*einzelne Kreuzkarte*) club **4** (*Rücken*) small of the back; **das Kreuz tut mir weh** my back is aching, I've got backache ['bækeɪk] **5** (*Musikvorzeichen*) sharp ▸ WENDUNGEN: **jemanden aufs Kreuz legen** (*umgangsspr*) to take someone for a ride

der **Kreuzer** cruiser ['kruːzəʳ]

die **Kreuzfahrt** cruise [kruːz]; **eine Kreuzfahrt machen** to go on a cruise

das **Kreuzfeuer** (*auch übertragen*) crossfire; **im Kreuzfeuer stehen** to be caught in the crossfire

der **Kreuzgang** cloister

**kreuzigen** to crucify ['kruːsɪfaɪ]

die **Kreuzigung** crucifixion [ˌkruːsəˈfɪkʃən]

die **Kreuzotter** adder

die **Kreuzschlitzschraube** cross-head screw

die **Kreuzschmerzen** backache ['bækeɪk] ⚠ *singular*; **Kreuzschmerzen haben** to have backache

die **Kreuzspinne** cross [*oder* garden] spider

die **Kreuzung** **1** (*Straßenkreuzung*) crossroads ⚠ *singular* **Ⓖ**, intersection **Ⓤ** **2** (*in Biologie*) cross-breeding; (*Geschöpf*) cross-breed, hybrid ['haɪbrɪd]

das **Kreuzverhör** cross-examination; **jemanden ins Kreuzverhör nehmen** to cross-examine someone

der **Kreuzweg** way of the Cross

das **Kreuzworträtsel** crossword puzzle

der **Kreuzzug** (*auch übertragen*) crusade

**kribbeln** ① (*jucken*) to itch, to tickle (**vor** with) ② (*prickeln*) to prickle, to tingle (**vor** with) ③ (*übertragen*) **es kribbelt mir in den Fingern, endlich anzufangen** I'm dying to get started

**kriechen** ① to creep, to crawl ② (*umgangsspr: unterwürfig sein*) to grovel *umgangsspr* (**vor** before)

die **Kriechspur** (*umgangsspr*) slow [*oder* crawler] lane

der **Krieg** ① war; **in den Krieg ziehen** to go to war (**gegen** against); **Krieg führen** to wage war (**mit/gegen** on) ② **Krieg führend** belligerent [bə'lɪdʒ⁹rənt]

**kriegen** (*umgangsspr*) ① (*bekommen*) to get; **den Zug kriegen** to catch the train ② **die Wut kriegen** to get angry

der **Krieger** warrior

**kriegerisch** warlike; *Haltung:* belligerent [bə'lɪdʒ⁹rənt]

der **Kriegsausbruch** outbreak of war

das **Kriegsbeil** tomahawk ▸ WENDUNGEN: **das Kriegsbeil begraben** to bury the hatchet

der **Kriegsdienstverweigerer** conscientious objector [kɒnʃɪˌɛnʃ⁹s əb'dʒektə]

der/die **Kriegsgefangene** prisoner ['prɪznə] of war

die **Kriegsgefangenschaft** captivity; **in Kriegsgefangenschaft geraten/sein** to become/be a prisoner of war

das **Kriegsgericht** court-martial [ˌkɔ:t'mɑ:ʃ⁹l]; **jemanden vor ein Kriegsgericht stellen** to court-martial someone

das **Kriegsschiff** warship

der **Kriegsverbrecher** war criminal ['krɪmɪn⁹l]

**kriegsversehrt** war-disabled

der **Krimi** (*umgangsspr*) [crime] thriller

der/die **Kriminalbeamte**, die **Kriminalbeamtin** detective

die **Kriminalität** ① (*Verbrechertum*) crime ② (*Kriminalitätsrate*) crime rate

die **Kriminalpolizei** Criminal Investigation Department, CID [ˌsi:aɪ'di:] ⓖⒷ, detective force ⓤⓈⒶ

der **Kriminalroman** [crime] thriller, detective novel

**kriminell** criminal ['krɪmɪn⁹l]

der/die **Kriminelle** criminal

der **Krimskrams** (*umgangsspr: Zeug*) odds and ends △ *plural*

der **Kringel** (*umgangsspr*) squiggle

die **Kripo** CID [ˌsi:aɪ'di:], Criminal Investigation Department ⓖⒷ, detective force ⓤⓈⒶ

die **Krippe** ① (*Weihnachtskrippe*) crib; (*in der Bibel*) manger ['meɪndʒə'] ② (*Kinderhort*) crèche [kreʃ]

der **Krippentod** cot death

die **Krise** crisis ['kraɪsɪs]

**kriseln** (*umgangsspr*) **es kriselt** there is a crisis looming

**krisenfest** crisis-proof

der **Krisenherd** flashpoint, trouble spot

der **Kristall** crystal ['krɪstl]

**kristallen** crystal

der **Kristallzucker** refined sugar in crystals

das **Kriterium** criterion; **die Kriterien** the criteria

die **Kritik** ① criticism ['krɪtɪsɪz⁹m]; **Kritik an jemandem/etwas üben** criticize someone/something ② *von Film, Buch, Theaterstück:* review; **der Film hat eine gute Kritik** the film got good reviews △ *plural* ③ (*die Kritiker*) critics △ *plural*

der **Kritiker**, die **Kritikerin** critic ['krɪtɪk]

**kritiklos** uncritical [ʌn'krɪtɪk⁹l]

**kritisch** critical

**kritisieren** to criticize ['krɪtɪsaɪz]

**kritteln** (*abwertend*) to find fault (**an** with)

die **Kritzelei** (*abwertend*) scribble

**kritzeln** to scribble

der **Krokant** praline

die **Krokette** croquette

das **Krokodil** crocodile ['krɒkədaɪl]

die **Krokodilstränen** (*abwertend*) crocodile tears

das **Krokoleder** (*umgangsspr*) crocodile skin [*oder* leather]

der **Krokus** crocus

die **Krone** ① *eines Königs:* crown ② *auf Zahn:* cap, crown ③ *eines Baums:* top, crown ④ (*Währungseinheit*) crown; (*in Schweden*) krona ▸ WENDUNGEN: **einen in der Krone haben** to have had a drop too much; **das setzt dem Ganzen die Krone auf!** now that really takes the biscuit! *umgangsspr*

**krönen** to crown; **jemanden zum König krönen** to crown someone king ▸ WENDUNGEN: **von Erfolg gekrönt** crowned with success; **der krönende Abschluss** the culmination

der **Kronkorken** crown cork

der **Kronleuchter** chandelier [ʃændə'lɪə']

der **Kronprinz** crown prince; (*im Vereinigten Königreich*) Prince of Wales

die **Kronprinzessin** crown princess; (*im Vereinigten Königreich*) Princess Royal [ˌprɪnses'rɔɪəl]

die **Krönung** ❶ coronation [ˌkɒrə'neɪʃ°n]
❷ (*übertragen*) culmination

der **Kropf** goitre ['gɔɪtə]

die **Kröte** ❶ (*Tier*) toad ❷ **Kröten** (*slang: Geld*)
dough [dəʊ] ⚠ *singular slang*

die **Krücke** ❶ (*Gehhilfe*) crutch ❷ (*übertragen*)
prop ❸ (*umgangsspr: Versager*) washout,
dead loss

der **Krug** ❶ jug; **ein Krug Wasser** a jug[ful] of
water ❷ (*Trinkgefäß*) tankard, mug

der **Krümel** crumb [krʌm]

**krümelig** crumbly

**krumm** ❶ crooked ['krʊkɪd]; (*verbogen*)
bent ❷ *Beine:* bandy; *Nase auch:* hooked;
*Rücken:* hunched ❸ (*umgangsspr: unehr-
lich*) crooked; **ein krummes Ding drehen**
to do something crooked

**krümmen** ❶ to bend *Gegenstand, Körperteil*
❷ **sich krümmen** *Fluss, Straße:* to wind;
*Wurm:* to writhe [raɪð]; **sich vor Schmer-
zen krümmen** to writhe with pain

**krummmachen keinen Finger krumm
machen** to not lift a finger

**krummnehmen etwas krummnehmen**
(*umgangsspr*) to take offence at something

die **Krümmung** ❶ (*Biegung*) bend, turn ❷ *von
Rückgrat:* curvature ['kɜːvətʃə]

die **Kruste** ❶ *von Erde:* crust ❷ *von Wunde:* scab
❸ *von Braten:* crackling

das **Krustentier** crustacean [krʌs'teɪʃ°n]

das **Kruzifix** crucifix ['kruːsɪfɪks]

die **Krypta** crypt

**Kuba** Cuba ['kjuːbə]

der **Kubaner**, die **Kubanerin** Cuban

der **Kübel** (*Eimer*) bucket, pail ▸ WENDUNGEN: **es
gießt wie aus Kübeln** it's raining cats and
dogs, it's bucketing down

das **Kubikmeter** cubic ['kjuːbɪk] metre

die **Kubikzahl** cube number

das **Kubikzentimeter** cubic centimetre [*oder* USA]
centimeter]

die **Küche** ❶ (*Raum*) kitchen ['kɪtʃ°n] ❷ (*Koch-
kunst*) cooking, cuisine [kwɪ'ziːn]; **die
schwäbische Küche** Swabian cuisine

der **Kuchen** cake

die **Küchenabfälle** kitchen slops [*oder* waste]

der **Küchenchef**, die **Küchenchefin** chef

die **Küchenform** cake tin

der **Küchenherd** cooker, kitchen range

die **Küchenschabe** cockroach ['kɒkrəʊtʃ]

der **Küchenschrank** [kitchen] cupboard

das **Küchentuch** kitchen towel

der **Kuckuck** ❶ (*Vogel*) cuckoo ['kʊkuː] ❷ (*um-
gangsspr: Pfandsiegel*) bailiff's seal

die **Kuckucksuhr** cuckoo clock

der/das **Kuddelmuddel** (*umgangsspr*) muddle, mess

die **Kufe** ❶ *von Flugzeug:* skid ❷ *von Schlitten:*
runner

die **Kugel** ❶ (*runder Körper*) ball ❷ (*geometri-
sche Figur*) sphere [sfɪə] ❸ (*Geschoss*) bul-
let ['bʊlɪt] ▸ WENDUNGEN: **eine ruhige Kugel
schieben** to have a cushy time

der **Kugelblitz** ball-lightning

**kugelförmig** spherical ['sferɪk°l]

das **Kugellager** ball bearing

**kugeln** to roll

**kugelrund** ❶ *Gegenstand:* as round as a ball
❷ (*umgangsspr: dick*) *Baby:* roly-poly

der **Kugelschreiber** ballpoint pen, biro®

**kugelsicher** bullet-proof

das **Kugelstoßen** shot put [pʌt]

die **Kuh** ❶ cow ❷ **blinde Kuh** (*Spiel*) blind-
man's-buff

der **Kuhhandel** (*umgangsspr*) **das ist doch ein
Kuhhandel** it's a bit of horse-trading

**kühl** ❶ *Temperatur, Wetter:* chilly, cool; **kühl
lagern** to keep in a cool place; **mir wird
etwas kühl** I'm getting rather chilly
❷ (*übertragen: besonnen*) cool; (*abwei-
send*) cold

die **Kühlbox** cool box, cooler

**kühlen** ❶ to cool *Luft, Motor, Stirn* ❷ (*im
Kühlschrank*) to refrigerate [rɪ'frɪdʒəreɪt];
(*auf Eis*) to chill ❸ **Tee kühlt** tea has a cool-
ing effect

der **Kühler** ❶ *im Motor:* radiator ['reɪdɪəɪtə]
❷ (*umgangsspr: Kühlerhaube*) bonnet GB,
hood USA

der **Kühlergrill** radiator ['reɪdɪəɪtə] grille

die **Kühlerhaube** bonnet GB, hood USA

der **Kühlraum** cold-storage room

der **Kühlschrank** refrigerator [rɪ'frɪdʒ°reɪtə'],
fridge GB, icebox USA

die **Kühltruhe** chest freezer, freezer cabinet

das **Kühlwasser** cooling water

**kühn** (*auch übertragen*) bold; **das übertrifft
meine kühnsten Erwartungen/Träume**
this is beyond my wildest hopes/dreams

der **Kuhstall** cowshed

das **Küken** chick

**kulant** obliging [ə'blaɪdʒɪŋ]

der **Kuli** ❶ (*Lastträger*) coolie ❷ (*umgangsspr:
Kugelschreiber*) ballpoint, biro®

**kulinarisch** culinary ['kʌlɪn°rɪ]

die **Kulisse** ❶ scenery ['siːn°rɪ] ❷ (*übertragen:
Hintergrund*) background ▸ WENDUNGEN:
**hinter den Kulissen** behind the scenes; **die
Kulisse für etwas bilden** to provide the
backdrop for something

**kullern – Kunstleder**

**kullern** (*umgangsspr*) to roll

der **Kult** ❶ cult [kʌlt]; **einen Kult mit jeman-
dem/etwas treiben** to make a cult out of
someone/something ❷ (*Verehrung*) wor-
ship

die **Kultfigur** cult figure

**kultig** (*slang*) cult

**kultivieren** to cultivate

**kultiviert** ❶ (*auch übertragen*) cultivated
❷ (*anspruchsvoll, verfeinert*) sophisticated
❸ **kultiviert reisen** to travel in style

die **Kultstätte** place of ritual worship

die **Kultur** ❶ (*Gesamtheit von Kunst und Wissen-
schaft*) culture [ˈkʌltʃə] ❷ (*Gesellschafts-
form, Lebensform*) civilization; **die mor-
genländische Kultur** Eastern civilization

der **Kulturbanause**, die **Kulturbanausin** (*abwer-
tend*) philistine

der **Kulturbeutel** toilet bag, sponge bag ⓖⒷ

**kulturell** cultural

die **Kulturgeschichte** history of civilisation

das **Kultusministerium** ministry of education and
the arts

der **Kümmel** ❶ (*Gewürz*) caraway [ˈkærəweɪ]
❷ (*umgangsspr: Schnaps*) kümmel
(*schnapps flavoured with caraway*)

der **Kummer** ❶ (*Betrübtheit*) grief, sorrow
❷ (*Probleme, Sorgen*) worry [ˈwʌri]; **Kum-
mer haben** to have problems ⚠ *plural;*
**jemandem Kummer bereiten** to cause
someone worry [*oder* trouble]

**kümmerlich** ❶ *Aufsatz, Wissen:* scanty
❷ *Auskommen, Lohn, Mahlzeit:* miserable
[ˈmɪzərəbl], measly [ˈmiːzli], paltry [ˈpɔːltri]
❸ (*mickrig, schwächlich*) puny

**kümmern** ❶ (*betreffen*) to concern; **das
kümmert niemanden** nobody cares about
this; **was kümmert das mich?** what do I
care? ❷ **sich kümmern um** to look after, to
take care of; **kannst du dich um den Ein-
kauf/die Karten kümmern?** would you
see to the shopping/the tickets?

der **Kumpan**, die **Kumpanin** ❶ (*umgangsspr:
Freund*) pal ❷ (*abwertend: Mittäter*) ac-
complice [əˈkʌmplɪs]

der **Kumpel** ❶ (*Bergmann*) miner ❷ (*umgangs-
spr: Freund*) mate ⓖⒷ, pal, buddy ⓤⓈⒶ

der **Kunde**, die **Kundin** ❶ *im Geschäft:* customer
[ˈkʌstəmə] ❷ *einer Bank, Versicherung:* client
[ˈklaɪənt]

der **Kundendienst** ❶ (*Serviceleistung*) after-sales
service ❷ (*Kundendienstabteilung*) service
department ❸ **das Auto muss zum Kun-
dendienst** the car needs a service

die **Kundenkarte** store card

die **Kundennummer** customer account number

der **Kundenstock** Ⓐ customers ⚠ *plural*

**kundgeben** ❶ (*bekannt machen*) to make
known ❷ (*zum Ausdruck bringen*) to ex-
press

die **Kundgebung** (*politisch*) rally

**kundig** ❶ (*informiert*) well-informed; **sich
über etwas kundig machen** to inform one-
self about something ❷ (*erfahren, sachkun-
dig*) expert

**kündigen** ❶ **dem Arbeitgeber** [*oder* **den
Arbeitsplatz**] **kündigen** to hand in one's
notice [to one's employer]; **die Wohnung
zum 1.Januar kündigen** to give in one's
notice for January 1st ❷ to cancel *Kredit, Mit-
gliedschaft;* to terminate *Vertrag* ❸ [**dem
Arbeitnehmer/Mieter**] **zum 1.Juli kün-
digen** to give [the employee/tenant] notice
for July 1st [*oder* as of July 1st]; **man hat uns
die Wohnung gekündigt** we were given
notice to quit ❹ [**die Mitgliedschaft**] **kün-
digen** to cancel one's membership

die **Kündigung** ❶ *von Arbeitsplatz, Wohnung:* no-
tice; **die Kündigung erhalten** *des Arbeits-
platzes:* to be given notice; *der Wohnung:* to
be given notice to quit; **mit der Kündigung
drohen** to threaten to give in one's notice
❷ (*Entlassung*) dismissal ❸ *von Mitglied-
schaft, Vertrag:* cancellation [ˌkænsəˈleɪʃən]

die **Kündigungsfrist** period of notice

der **Kündigungsschutz** protection against unlaw-
ful dismissal

die **Kundin** ❶ *im Geschäft:* customer [ˈkʌstəmə]
❷ *einer Bank, Versicherung:* client

die **Kundschaft** ❶ *von Geschäft:* customers
[ˈkʌstəməz] ⚠ *plural* ❷ *von Dienstleistungs-
betrieb:* clients [ˈklaɪənts] ⚠ *plural*

**künftig** ❶ *Leben, Mann:* future [ˈfjuːtʃə]
❷ *von jetzt an:* in future

die **Kunst** ❶ (*Malerei, Bildhauerei*) art; **die** [**grie-
chische**] **Kunst** [Greek] art ❷ (*Geschicklich-
keit*) skill ❸ (*Kniff*) trick ❹ **die bildenden
Künste** the plastic arts; **die schönen
Künste** the fine arts ❺ (*übertragen*) **das ist
keine Kunst!** that's easy!

die **Kunstakademie** academy of art

die **Kunstausstellung** art exhibition [ˌeksɪˈbɪʃən]

der **Kunstdünger** artificial fertilizer [ˈfɜːtəlaɪzə]

die **Kunsterziehung** (*Schulfach*) art

die **Kunstfaser** synthetic fibre [sɪnˌθetɪkˈfaɪbə]

**kunstfertig** skilful ⓖⒷ, skillful ⓤⓈⒶ

die **Kunstgalerie** art gallery

die **Kunstgeschichte** history of art

der **Kunstgriff** trick

das **Kunstleder** artificial [*oder* imitation] leather

der **Künstler,** die **Künstlerin** ❶ artist ['ɑːtɪst] ❷ (*übertragen: Könner*) genius ['dʒiːniəs] (**in** at)

**künstlerisch** artistic; **künstlerisch wertvoll** of artistic value

der **Künstlername** *von Schauspieler:* stage name; *von Schriftsteller:* pen name

**künstlich** ❶ *Blume, Licht:* artificial ❷ *Faser:* synthetic [sɪn'θetɪk] ❸ *Haar, Fingernägel, Zähne:* false

der **Kunstmaler,** die **Kunstmalerin** painter

die **Kunstsammlung** art collection

die **Kunstseide** artificial silk

der **Kunststoff** plastic ['plæstɪk]; **aus Kunststoff** [made of] plastic

das **Kunststück** ❶ stunt, trick ❷ (*übertragen*) **das ist kein großes Kunststück!** it's no big deal!

das **Kunstturnen** gymnastics [dʒɪm'næstɪks] ⚠ *singular*

das **Kunstwerk** work of art

**kunterbunt** ❶ *Gruppe, Sammlung:* motley ❷ (*vielfarbig*) many-coloured ❸ (*abwechslungsreich*) varied

das **Kupfer** copper

die **Kuppe** ❶ *von Berg:* rounded hilltop ❷ *von Finger:* tip

die **Kuppel** cupola ['kjuːpələ], dome

**kuppeln** ❶ (*im Auto*) to operate the clutch ❷ (*miteinander verbinden*) to couple ['kʌpl], to join; **den Anhänger an das Auto kuppeln** to hitch the trailer to the car

die **Kupplung** clutch; **die Kupplung treten** to depress the clutch; **die Kupplung kommen lassen** to let the clutch out

die **Kur** cure; (*einzelne Behandlung*) treatment; **in Kur fahren** to go for a cure

die **Kür** ❶ *beim Tanzen, Turnen:* free section ❷ *beim Eiskunstlauf:* free skating

das **Kuratorium** ❶ (*Gremium*) board of trustees ❷ (*Komitee, Vereinigung*) committee

die **Kurbel** crank

die **Kurbelwelle** crankshaft

der **Kürbis** ❶ (*Frucht*) pumpkin ❷ (*abwertend: Kopf*) nut

der **Kurgast** patient ['peɪʃᵊnt] at a health resort

der **Kurier** courier ['kʊrɪə]

der **Kurierdienst** courier service; **mit dem** [*oder* **per**] **Kurierdienst** by courier service

**kurieren** to cure

**kurios** (*seltsam*) curious, odd

die **Kuriosität** curiosity

der **Kurort** health resort, spa [spɑː]

die **Kurpackung** (*für Haare*) hair-repair kit

der **Kurpfuscher,** die **Kurpfuscherin** (*abwer-*

*tend*) quack

der **Kurs** ❶ (*auch übertragen*) course [kɔːs]; **Kurs nehmen** to set course (**auf** for) ❷ *von Partei:* line; **ein harter Kurs** a hard line ❸ *von Währungen:* rate of exchange; *von Aktien:* price; **die Aktien stehen hoch im Kurs** shares are high ❹ (*Lehrgang*) course (**für/in** in) ▸ WENDUNGEN: [**bei jemandem**] **hoch im Kurs stehen** to be popular [with someone]

**kursieren** *Gerücht:* circulate

**kursiv** ❶ *Schrift:* italic ❷ **etwas kursiv drucken** to print something in italics

die **Kursivschrift** italics

der **Kursteilnehmer,** die **Kursteilnehmerin** course participant

der **Kurswagen** through coach

die **Kurve** (*auch in Mathematik*) curve; (*Biegung*) bend ▸ WENDUNGEN: **die Kurve kratzen** (*umgangsspr*) to scarper

**kurvenreich** *Straße:* bendy, winding ['waɪndɪŋ]

**kurz** ❶ (*räumlich*) short; **kurze Hose** shorts ⚠ *plural;* **kürzer machen** to shorten ❷ (*zeitlich*) short; **über kurz oder lang** sooner or later; [**bis**] **vor kurzem** [until] recently ['riːsᵊntli]; **vor kurzer Zeit** lately ❸ (*für kurze Zeit*) [**bei jemandem**] **kurz vorbeischauen** to drop in [on someone]; **jemandem kurz schreiben** to drop someone a line; **jemanden kurz anrufen** to give someone a ring [*oder* tinkle] [*oder* bell] ❹ (*bündig*) *Besuch, Brief, Rede, Zusammenfassung:* brief ❺ **kurz vorher/nachher** just [*oder* shortly] before/after; **kurz vor Stuttgart/Weihnachten** just [*oder* shortly] before Stuttgart/Christmas ❻ **für kurze Zeit** briefly; **kurz auf Toilette gehen** to go quickly to the toilet ❼ **kurz und gut, kurz gesagt** in a word, in a nutshell, in short; **kurz und bündig** concisely [kən'saɪsli]; **um es kurz zu machen** to cut a long story short; **sich kurz fassen** to make it brief ▸ WENDUNGEN: **zu kurz kommen** to come off badly; **den Kürzeren ziehen** (*umgangsspr*) to get the worst of it

die **Kurzarbeit** short time; **Kurzarbeit machen** to be on short time

die **kurzarbeiten** to be on short time

**kurzärmelig** short-sleeved

der **Kurzbrief** memo

die **Kürze** ❶ (*geringe Länge*) shortness ❷ *von Aufsatz, Bericht, Besuch:* brevity ❸ **in aller Kürze** very briefly

**kürzen** ❶ (*kürzer machen*) to shorten ❷ **to**

abridge *Buch;* to cut *Film, Rolle, Theaterstück* ❸ to cut [back] *Gelder, Subventionen;* to reduce *Arbeitszeit, Gehalt* ❹ (*in Mathematik*) to reduce, to cancel *Bruch*
**kurzerhand** ❶ (*ohne Umschweife*) without further ado ❷ (*auf der Stelle*) on the spot
die **Kurzfassung** abridged version
der **Kurzfilm** short
die **Kurzform** abbreviated form
**kurzfristig** ❶ *Lösung, Planung:* short-term ❷ *Abreise, Ersatz, Zusage:* immediate ❸ (*für kurze Zeit*) for a short time ❹ (*ohne große Ankündigung*) at short notice; **etwas kurzfristig absagen** to call something off at short notice
die **Kurzgeschichte** short story
**kurzlebig** short-lived
**kürzlich** lately, recently [ˈrɪːsəntli]; **erst kürzlich** just recently, just the other day
die **Kurznachrichten** news summary △ *singular,* the news headlines
der **Kurzschluss** short-circuit
die **Kurzschlusshandlung** rash action
**kurzsichtig** (*auch übertragen*) short-sighted
der **Kurzstreckenflug** short-haul flight
die **Kurzstreckenrakete** short-range missile
die **Kürzung** ❶ shortening ❷ *von Buch:* abridgement ❸ **von Gehältern** cut, reduction
die **Kurzwaren** haberdashery [ˌhæbəˈdæfəri] △ *singular* 🇬🇧, notions 🇺🇸
**kurzweilig** entertaining
die **Kurzwelle** short wave
das **Kurzzeitgedächtnis** short-term memory
**kuscheln** ❶ cuddle; **lass uns kuscheln** let's have a cuddle ❷ **sich an jemanden/etwas kuscheln** to snuggle up to someone/something
der **Kuschelrock** soft rock
**kuschen** (*abwertend*) to knuckle [ˈnʌkl̩] under (**vor** to)
die **Kusine** cousin [ˈkʌzən]
der **Kuss** kiss
**küssen** to kiss; **sie küssten sich** they were kissing
die **Küste** coast; (*unmittelbares Ufer*) shore
das **Küstengewässer** coastal waters
die **Küstenschifffahrt** coastal shipping
der **Küster** sexton, verger [vɜːdʒər]
die **Kutsche** ❶ carriage [ˈkærɪdʒ], coach ❷ (*umgangsspr: Auto*) jalopy
die **Kutte** habit
die **Kutteln** tripe △ *singular*
der **Kutter** cutter
das **Kuvert** [kuˈveːɐ̯] envelope
**Kuwait** Kuwait [kʊˈweɪt]

der **Kuwaiter**, die **Kuwaiterin** Kuwaiti [kʊˈweɪti]
das **KZ** *Abkürzung von* **Konzentrationslager** concentration camp

# L

**L, l** L, l [el]
**labern** to prattle on *abwertend*
**labil** delicate [ˈdelɪkət]; (*psychisch*) weak
das **Labor** laboratory [ləˈbɒrətəri], lab

Labor

 Nicht verwechseln mit *labo(u)r — die Arbeit!*

der **Laborant**, die **Laborantin** lab[oratory] technician [tekˈnɪʃən]
das **Labyrinth** maze
die **Lache** ❶ (*Pfütze*) puddle, pool ❷ (*Gelächter*) laugh [lɑːf], way of laughing [ˈlɑːfɪŋ]
**lächeln** to smile (**über** at)
das **Lachen** laughing [ˈlɑːfɪŋ], laughter [ˈlɑːftər]; **das ist nicht zum Lachen** that's not funny; **Ihnen wird das Lachen noch vergehen!** you'll soon be laughing on the other side of your face! *umgangsspr*
**lachen** ❶ to laugh [lɑːf] (**über** at) ❷ **vor Freude lachen** to laugh with joy; **Tränen lachen** to cry with laughter ▶ WENDUNGEN: **dass ich nicht lache!** don't make me laugh!; **[bei jemandem] nichts zu lachen haben** to have a tough time of it [with someone]; **wer zuletzt lacht, lacht am besten** he who laughs last, laughs longest
**lächerlich** ❶ (*zum Lachen*) ridiculous [rɪˈdɪkjələs] ❷ (*unbedeutend*) petty ❸ je-

**manden lächerlich machen** to make someone look silly [*oder* ridiculous]; **damit machst du dich nur lächerlich** you're just making a fool of yourself with that ④ **etwas ins Lächerliche ziehen** to make a joke out of something

das **Lachgas** laughing ['lɑːfɪŋ] gas

**lachhaft** laughable ['lɑːfəbəl]

der **Lachs** salmon ['sæmən]

der **Lachsschinken** smoked ham

der **Lack** lacquer ['lækəʳ], varnish; (*Autolack*) paint

> Ⓕ Nicht verwechseln mit *lack — der Mangel!*

der **Lackel** Ⓐ (*Tölpel*) oaf [əʊf] *abwertend*

**lackieren** to varnish; to paint *Fingernägel;* to spray *Auto*

das **Lackleder** patent leather ['peɪtənt 'leðəʳ]

der **Lackschuh** patent-leather shoe

das **Ladegerät** battery charger

der **Laden**[1] (*Fensterladen*) shutter

der **Laden**[2] ① (*Geschäft*) shop ⒼⒷ, store ⓊⓈⒶ; **der Laden öffnet um 9 Uhr** the shop opens at 9 o'clock ② (*Kneipe*) place

**laden** ① to load *Fracht* (**auf** onto, **in** into) ② to charge *Batterie* ③ to load *Feuerwaffe, Kamera* ④ **etwas auf sich laden** to burden oneself with something

der **Ladenbesitzer**, die **Ladenbesitzerin** shopkeeper

der **Ladendieb**, die **Ladendiebin** shoplifter

die **Ladenkette** chain of shops

der **Ladenpreis** retail price

der **Ladenschluss** closing time

die **Ladenschlusszeiten** closing hours

die **Laderampe** loading ramp

der **Laderaum** cargo space

**lädieren** to damage

die **Ladung** ① cargo, load *auch übertragen* ② *einer Batterie:* charge

die **Lage** ① (*Situation*) situation [sɪtʃu'eɪʃən]; **ich bin da in einer peinlichen Lage** I'm in a somewhat awkward situation; **lass uns erst mal die Lage peilen** let's check this out first *umgangsspr* ② position [pə'zɪʃən]; **dazu bin ich nicht in der Lage** I'm not in a position to do that ③ (*örtliche Lage*) location; **in günstiger Lage** well-situated ④ (*Schicht*) layer

der **Lageplan** layout plan, site plan; map of the area

das **Lager** ① camp *auch übertragen;* **das Lager abbrechen** to break camp ② (*Warenlager*) store; (*Lagerhaus*) warehouse ['weəʳhaʊs];

(*Vorrat*) stocks ⚠ *plural* ③ (*Ablagerung*) deposit ④ *von Maschine:* bearing ['beəʳɪŋ] ▶ WENDUNGEN: **etwas auf Lager haben** to have something in store; **hast du noch mehr Witze auf Lager?** do you have any more jokes on tap? ⚠ *im Englischen bedeutet 'Lager' = Bier!*

das **Lagerfeuer** campfire

die **Lagerhaltung** storekeeping

das **Lagerhaus** warehouse ['weəʳhaʊs], store

**lagern** ① (*hinlegen*) to lay down ② to store *Waren* ③ *Truppen:* to camp

der **Lagerraum** storeroom

die **Lagerung** storage ['stɔːrɪdʒ]

der **Lagerverwalter**, die **Lagerverwalterin** storekeeper, store supervisor

die **Lagune** lagoon [lə'guːn]

**lahm** ① (*gelähmt*) lame ② *Fete, Typ:* dreary, dull; **du lahme Ente!** you slowcoach!; **das ist eine lahme Ausrede!** that's a lame excuse!

der **Lahmarsch** slowcoach ⒼⒷ *slang*, slowpoke ⓊⓈⒶ *slang*

**lahmarschig** damn slow *slang*

**lahmen** to be lame (**auf** in)

**lähmen** to paralyse ['pærəlaɪz] *auch übertragen*

**lahmlegen etwas lahmlegen** to paralyse something, to bring something to a standstill

die **Lahmlegung**, die **Lähmung** paralysis [pə'rælɪsɪs]

der **Laib** loaf; **ein Laib/zwei Laib Brot** a loaf/ two loaves of bread

der **Laich** spawn

**laichen** to spawn

der **Laie** ① layman ② **in dem Fach bin ich leider nur Laie** I'm afraid I don't know much about that subject

die **Lake** brine

das **Laken** sheet

die **Lakritze** liquorice ['lɪkrɪs]

**lallen** to slur; **sie hat nur noch gelallt** she was slurring her words

das **Lama** llama ['lɑːmə]

die **Lamelle** ① *von Pilzen:* lamella ② *von Jalousien:* slat

die **Lametta** ① tinsel ② (*Orden*) gongs ⚠ *plural*

das **Lamm** lamb [læm]

das **Lammfell** lambskin ['læmskɪn]

die **Lampe** lamp

das **Lampenfieber** stage fright [fraɪt]

der **Lampenschirm** lampshade

der **Lampion** Chinese [tʃaɪ'niːz] lantern

das **Land** ① (*Festland, Gelände*) land; **an Land gehen** to go ashore; **an Land gespült wer-**

**Landadel – langfristig**  822

den to be washed ashore ❷ (*im Gegensatz
zur Stadt*) country ['kʌntri]; **auf dem
Land[e]** in the country; **wir ziehen aufs
Land** we're moving to the countryside
❸ (*Staat*) country; **hier zu Lande** here, in
this country ❹ (*Bundesland der BRD*) Land;
(*in Österreich*) province ▶ WENDUNGEN: **wie-
der Land sehen** to see daylight

der **Landadel** landed gentry

der **Landammann** Ⓒ highest official in a Swiss
canton

der **Landarbeiter**, die **Landarbeiterin** farm [*oder*
agricultural] worker

die **Landbevölkerung** rural population

der **Landeanflug** approach

die **Landebahn** runway, landing-strip

**landeinwärts** inland

**landen** ❶ to land; **weich landen** to make a
soft landing ❷ (*enden*) to end up *umgangs-
spr;* **im Gefängnis landen** to end up in jail
▶ WENDUNGEN: **bei jemandem landen** to get
through to someone; **bei ihm kannst du
damit nicht landen** you won't get any-
where with him with that

die **Landenge** isthmus ['ɪsməs], neck of land

die **Ländereien** estates

das **Länderspiel** international [ˌɪntəˈnæʃᵊnᵊl]

die **Landesgrenze** *eines Staates:* national border,
frontier

das **Landesinnere** interior

die **Landesregierung** government of a Land; (*in
Österreich*) provincial government

der **Landesteg** landing stage

der **Landesverrat** high treason

die **Landeszentralbank** state central bank

die **Landflucht** migration [*oder* drift] from the land

das **Landgericht** district court [kɔːt]

das **Landgut** estate

das **Landhaus** country house

die **Landkarte** map

der **Landkreis** administrative district

**landläufig** popular ['pɒpjələʳ]

das **Landleben** country life

der **Ländler** Ⓐ country dance

**ländlich** rural

die **Landplage** (*nervige Sache*) pest *umgangsspr*

die **Landratte** landlubber

die **Landschaft** ❶ (*ländliche Gegend*) country-
side ['kʌntrɪsaɪd] ❷ (*auf Bildern*) landscape
**landschaftlich** scenic ['siːnɪk]; (*regional*) re-
gional ['riːdʒᵊnᵊl]

der **Landschaftsgärtner**, die **Landschaftsgärt-
nerin** landscape gardener

die **Landstraße** road; (*im Gegensatz zur Auto-
bahn*) ordinary road

der **Landstreicher**, die **Landstreicherin** tramp,
hobo Ⓤ

der **Landtag** federal state parliament
['pɑːləmənt]

die **Landung** landing

die **Landungsbrücke** jetty, landing-stage

die **Landvermessung** land surveying [sɜːˈveɪɪŋ]

der **Landwirt**, die **Landwirtin** farmer

die **Landwirtschaft** agriculture ['ægrɪkʌltʃəʳ],
farming

**landwirtschaftlich** agricultural [ˌægrɪˈkʌl-
tʃᵊrᵊl]

der **Landwirtschaftsminister**, die **Landwirt-
schaftsministerin** minister of agriculture
ⒼⒷ, agriculture secretary Ⓤ

das **Landwirtschaftsministerium** ministry of ag-
riculture ⒼⒷ, Department of Agriculture Ⓤ

die **Landzunge** spit of land

**lang** ❶ long; (*groß*) *Mensch:* tall ❷ **seit lan-
gem** for a long time; **das ist schon lange
her** that's a long time ago ❸ **den ganzen
Tag lang** the whole day long; **sein ganzes
Leben lang** all his life ❹ **lang ersehnt**
longed-for ❺ **etwas lang und breit erzäh-
len** to tell something at great length
['leŋ(k)θ] ❻ **lang gestreckt** long ▶ WENDUN-
GEN: **ein langes Gesicht machen** to pull a
long face; **lange Finger machen** pinch;
**eine lange Leitung haben** to be slow on
the uptake

**langatmig** long-winded

die **Länge** ❶ (*zeitlich, räumlich*) length
['leŋ(k)θ]; **der Länge nach** lengthwise;
**sich in die Länge ziehen** to go on and on
❷ (*Längengrad*) longitude ['lɒndʒɪtjuːd]

**langen** ❶ (*geben*) to give, to hand, to pass
❷ (*genügen*) to be enough [ɪˈnʌf]; **das langt**
it'll [*oder* that'll] do [*oder* suffice [səˈfaɪs]]; **es
langt!** that's enough!; **mir langt's!** I've had
enough! ❸ (*sich [er]strecken*) to reach
(**nach** for)

der **Längengrad** longitude ['lɒndʒɪtjuːd]

das **Längenmaß** linear measure ['meʒəʳ]

**längerfristig** ❶ *Planung:* longer-term ❷ **län-
gerfristig planen** to plan for the longer
term; **längerfristig gesehen** looked at over
a longer period of time

die **Langeweile** boredom ['bɔːdəm]; **Lange-
weile haben** to be bored; **vor lauter Lan-
geweile** out of sheer boredom

**langfädig** Ⓒ long-winded

der **Langfinger** pickpocket

**langfristig** ❶ *Planung:* long-term ❷ in the
long term; **langfristig planen** to plan for the
long term

**langjährig** *Freundschaft, Mitarbeiter:* long-standing, of many years' standing

der **Langlauf** (*Skilanglauf*) cross-country skiing ['skiːɪŋ]

der **Langlaufski** cross-country ski

**langlebig** [*haltbar*] long-lasting

die **Langlebigkeit** *von Mensch, Tier:* longevity [lɒn'dʒevəti]

**länglich** elongated ['iːlɒŋgeɪtɪd], oblong ['ɒblɒŋ]

**längs** ❶ **längs der Linie** along the line ❷ (*der Länge nach*) lengthwise; **etwas längs aufschneiden** to cut something open lengthways

die **Längsachse** longitudinal [ˌlɒndʒɪ'tjuːdɪnᵊl] axis

**langsam** ❶ slow ❷ slowly ❸ (*allmählich*) just about; **langsam reicht es mir** I'm just about fed up with it ❹ **immer schön langsam!** easy does it! ❺ **das geht mir viel zu langsam** that's way too slow for me

die **Langsamkeit** slowness

der **Langschläfer**, die **Langschläferin** late riser

**längst** ❶ (*schon lange*) for a long time ❷ (*vor langer Zeit*) long ago ❸ **noch längst nicht** not by any means ❹ **der Zug war längst weg** the train had long since gone

**längste(r, s)** longest

**längstens** ❶ (*spätestens*) at the latest ❷ (*höchstens*) at the most

der **Langstreckenflug** long-haul [*oder* long-distance] flight

die **Languste** crayfish, crawfish ⓊⓈⒶ

**langweilen** ❶ to bore ❷ **sich langweilen** to be [*oder* get] bored; **sich zu Tode langweilen** to be bored to death

**langweilig** ❶ boring, tedious ['tiːdiəs] ❷ (*langsam, lahm*) slow

die **Langwelle** long wave

**langwierig** lengthy

**Langzeit-** long-term

der/die **Langzeitarbeitslose** long-term unemployed [person]

die **Langzeitarbeitslosigkeit** long-term unemployment

das **Langzeitgedächtnis** long-term memory

die **Langzeitmaßnahme** long-term measure ['meʒər]

die **Langzeitwirkung** long-term effect

die **Lanze** lance [lɑːns] ▶ WENDUNGEN: **für jemanden eine Lanze brechen** to take up the cudgels for someone

**Laos** Laos

der **Lapislazuli** lapis lazuli

die **Lappalie** mere nothing, trifle

der **Lappen** (*Stück Stoff*) cloth, rag ▶ WENDUNGEN: **jemandem durch die Lappen gehen** to slip through someone's fingers *umgangsspr*

**läppisch** ❶ (*dumm*) silly ❷ (*sehr gering*) ridiculous

das **Laptop** ['lɛptɔp] laptop

die **Lärche** (*Baum*) larch [lɑːtʃ]

das **Larifari** airy-fairy ['eəri'feəri] nonsense *abwertend*

der **Lärm** ❶ (*Krach*) noise ❷ (*Radau*) row [raʊ] ❸ (*Aufsehen*) fuss

die **Lärmbelästigung** noise disturbance [*oder* pollution]

**lärmempfindlich** sensitive to noise

**lärmen** to be noisy

der **Lärmpegel** noise level

der **Lärmschutz** ❶ noise prevention ❷ noise barrier

die **Lärmschutzwand** noise barrier

die **Larve** larva

die **Lasagne** [la'zanjə] lasagne, ⓊⓈⒶ lasagna

**lasch** ❶ (*schlaff*) limp ❷ (*zu nachgiebig*) lax

die **Lasche** (*Schlaufe*) loop

der **Laser** ['leɪzɐ] laser

der **Laserdrucker** laser printer

**lassen** ❶ (*erlauben*) to let; **ich möchte so gerne auf die Party gehen - lässt du mich?** I really want to go to the party - will you let me? ❷ (*veranlassen*) **etwas machen lassen** to have something done; **ich lasse meinen Anzug reinigen** I have [*oder* get] my suit [suːt] cleaned ❸ (*belassen*) **lass es doch einfach so, wie es ist** just leave it the way it is ❹ (*unterlassen*) to omit; **lassen Sie das!** stop it!; **lass mich in Ruhe!** leave me alone!; **tu, was du nicht lassen kannst!** do what you think you must!; **sie kann's einfach nicht lassen** she just can't help it ❺ **jemandem etwas lassen** to let someone have something ❻ (*zurücklassen*) to leave ❼ (*hinaus-, hineinlassen*) to let (**aus** out of, **in** into) ❽ **er lässt sich nicht überreden** he will not be persuaded ❾ **sich einen Bart/die Haare wachsen lassen** to grow a beard/one's hair ⚠ *singular* ❿ **jemanden rufen** [*oder* **kommen**] **lassen** to send for someone ⓫ **ich habe mir sagen lassen, ...** I've been told ... ⓬ **das lässt sich machen!** that's possible!; **lass mich nur machen!** leave it to me! ⓭ **etwas offen lassen** to leave something open *auch übertragen*

**lässig** (*ungezwungen*) casual ['kæʒjuəl]

die **Last** ❶ burden, load; **jemandem zur Last fallen** to be a burden on someone; (*jeman-*

*dem lästig sein*) to trouble ['trʌbl̩] someone **②** (*Fracht*) cargo **③** (*Kosten*) charges ⚠ *plural*, costs ⚠ *plural*

**lasten** to weigh [weɪ] [heavily] (**auf** or.); **alle Verantwortung lastet auf mir** all the responsibility rests on me

der **Laster** lorry ⒼⒷ, truck ⓊⓈⒶ

das **Laster** vice

**lasterhaft** depraved

das **Lästermaul** scandalmonger ['skændə‿mʌŋ‿gəʳ]

**lästern ①** to blaspheme *Gott* **②** **über jemanden lästern** to make nasty remarks about someone

**lästig ①** (*belästigend*) troublesome ['trʌbəl‿səm] **②** (*ärgerlich*) annoying; **du kannst wirklich lästig sein** you can be a real nuisance ['nju:səns]; **er wird langsam lästig** he's becoming a nuisance

der **Lastkahn** barge

der **Lastkraftwagen** heavy goods vehicle ['vɪəkəl]

die **Lastschrift ①** (*Anzeige*) debit note **②** (*Buchung*) debit entry

der **Lastwagen** lorry ⒼⒷ, truck ⓊⓈⒶ

der **Lastzug** juggernaut ⒼⒷ, tractor-trailer ⓊⓈⒶ

die **Lasur** glaze, varnish

**Latein** Latin ▸ WENDUNGEN: **ich bin mit meinem Latein am Ende** I'm at my wits' end

**Lateinamerika** Latin America

der **Lateinamerikaner**, die **Lateinamerikanerin** Latin American

**lateinamerikanisch** Latin-American

**lateinisch** Latin; **auf Lateinisch** in Latin

die **Laterne** lantern ['læntən]; (*Straßenlaterne*) streetlight

der **Laternenpfahl** lamppost

das **Latex** latex ['leɪteks]

der **Latschen ①** (*Hausschuh*) slipper **②** (*alter Schuh*) worn-out shoe

**latschen ①** (*herumlaufen*) to traipse [treɪps] *umgangsspr* **②** (*schlurfen*) to slouch [slaʊtʃ] along *umgangsspr*

die **Latte ①** (*Brett*) slat **②** (*beim Hochsprung*) bar; (*beim Fußball*) crossbar ▸ WENDUNGEN: **eine ganze Latte von ...** a whole string of ...

der **Lattenrost** slatted frame

der **Lattenzaun** picket fence, paling [‿peɪlɪŋ]

der **Latz ①** (*Kleiderlatz*) bib **②** (*Hosenlatz*) flap

die **Latzhose** dungarees [‿dʌŋgə'ri:z] ⚠ *plural*

**lau ①** *Wasser:* lukewarm **②** (*mild*) mild [maɪld]

das **Laub** leaves ⚠ *plural*

der **Laubbaum** deciduous [dɪ'sɪdjuəs] tree

die **Laube ①** (*Gang*) arbour ['ɑ:bəʳ] **②** (*Gartenhäuschen*) summerhouse

der **Laubfrosch** tree frog

die **Laubsäge** fretsaw

der **Laubwald** deciduous [dɪ'sɪdjuəs] forest

der **Lauch** leek

die **Lauchzwiebel** spring onion

die **Lauer auf der Lauer liegen** [*oder* **sein**] to lie in wait

**lauern** to lie in wait (**auf** for)

der **Lauf ①** (*schneller Schritt*) run **②** *von Maschine:* operation [ɒpə'reɪʃ‿ə̩n], running **③** *in der Informatik:* run **④** (*Wettlauf*) race **⑤** (*Verlauf*) course [kɔːs]; **der Lauf der Dinge** the way things go; **im Laufe der Jahre** over the years; **den Dingen ihren** [*oder* **freien**] **Lauf lassen** to let things take their course; **seinen Gefühlen freien Lauf lassen** to give way [*oder* give free rein] to one's feelings

die **Laufbahn** (*Beruf*) career [kə'rɪəʳ]; **eine Laufbahn einschlagen** to embark on a career

**laufen ①** (*rennen*) to run; (*zu Fuß gehen*) to walk [wɔːk] **②** (*funktionieren*) to work; *Maschine, Uhr:* to go **③** (*undicht sein*) to leak; *Nase:* to run **④** (*im Gange sein*) to go on; *Film:* to be on; **was läuft im Kino?** what's on at the cinema? **⑤** **die Sache ist gelaufen** it's all wrapped up **⑥** **wie laufen die Geschäfte?** how's business ['bɪznɪs]? **⑦** **die Versicherung läuft auf meinen Namen** the insurance [ɪn'ʃʊəʳə̩n(t)s] is in my name **⑧** **Ski laufen** to ski; **Rollschuh laufen** to roller-skate; **Schlittschuh laufen** to skate **⑨** **sich warm laufen** to warm up **⑩** **laufen lassen** to let go **⑪** **mit diesen Schuhen läuft es sich schlecht** these shoes are uncomfortable

**laufend ①** *Monat, Jahr:* current **②** (*ständig*) regular ['regjələʳ]; (*regelmäßig*) routine [rəʊ'ti:n] **③** **am laufenden Band** continuously [kən'tɪnjuəsli] **④** **auf dem Laufenden bleiben** to keep oneself up-to-date **⑤** **laufend etwas tun** to do something continually; **das passiert laufend** it happens all the time

der **Läufer**, die **Läuferin** runner

der **Läufer ①** *beim Schach:* bishop **②** *auf der Treppe:* runner; *in der Wohnung:* rug

das **Lauffeuer die Nachricht verbreitete sich wie ein Lauffeuer** the news spread like wildfire

das **Laufgitter** playpen

**läufig** *Hündin:* on heat

die **Laufkundschaft** occasional [ə'keɪʒ‿ə̩n‿əl] customers ⚠ *plural*, passing trade

die **Laufmasche** ladder ⒼⒷ, run ⓊⓈⒶ

**der Laufpass** ▸WENDUNGEN: **jemandem den Laufpass geben** give someone his/her marching orders ⚠ *plural*

**der Laufschritt** ❶ (*schneller Schritt*) trot; **im Laufschritt** trotting ❷ (*beim Militär*) at the double ['dʌbl]

**der Laufstall** playpen

**der Laufsteg** *für Models:* catwalk

**der Laufvogel** flightless bird

**das Laufwerk** *eines Computers:* drive

**die Lauge** ❶ *aus Salz:* leach, lye [laɪ] ❷ *aus Seife:* soapy water

**die Laune** ❶ (*Grille, Einfall*) whim; **aus einer Laune heraus** on a whim ❷ (*Stimmung*) mood; (*schlechte Laune*) [bad] temper; **guter/schlechter Laune sein** to be in a good/bad mood

**launisch** ❶ (*launenhaft*) moody ❷ (*unberechenbar*) capricious [kə'prɪʃəs]

**die Laus** louse [laʊs], *plural* lice ▸WENDUNGEN: **eine Laus ist ihm über die Leber gelaufen** he got out of bed on the wrong [rɒŋ] side

**lauschen** ❶ (*zuhören*) to listen ['lɪsᵊn]; **jemandem lauschen** to listen to someone; **auf etwas lauschen** to listen for something ❷ (*heimlich horchen*) to eavesdrop ['iːvzdrɒp]

**lauschig** (*gemütlich*) cosy, snug

**der Lausejunge** rascal [rɑːskᵊl], scamp

**lausen** to delouse ['diːlaʊs]

**lausig** ❶ lousy ['laʊzi] *umgangsspr* ❷ **lausig schlecht** awfully bad

**der Laut** sound [saʊnd]; **keinen Laut von sich geben** to not make a sound

**laut¹** ❶ loud [laʊd]; *Farben:* loud, shrill ❷ (*lärmend*) noisy; **ist es dir hier zu laut?** is it too noisy for you here? ❸ **lauter!** (*Aufforderung an Redner*) speak up! ⒼⒷ, louder! ⓊⓈⒶ ❹ **laut vorlesen** to read out loud ❺ **das Radio lauter stellen** to turn the radio up ❻ **er wird immer gleich laut** he always immediately raises his voice ❼ **laut und deutlich sprechen** to speak loud and clearly

**laut²** **laut meinen Anweisungen** according to my instructions; **laut Gesetz** according to the law

**lauten** *Befehl:* to say; *Inhalt eines Schreibens:* to go, to read; *Name:* to be; *These, Rede:* to go

**läuten** to ring; **bei jemandem läuten** to ring someone's bell; **es hat eben geläutet** the bell just rang

**lautend** **gleich lautend** identical

**lauter** ❶ (*rein*) pure [pjʊəʳ]; **das sind lauter Lügen** that's nothing but lies ❷ (*aufrichtig,*

*ehrbar*) honourable ['ɒnᵊrəbᵊl] ❸ **das sind lauter Freunde** they're friends, all of them; **lauter Lügen!** nothing but lies!; **lauter dummes Zeug reden** to talk sheer nonsense ❹ **vor lauter Krach** for all the noise

**lauthals** at the top of one's voice

**lautlos** silent, soundless ['saʊndləs]

**die Lautschrift** phonetic script

**der Lautsprecher** [loud]speaker

**die Lautsprecherbox** speaker

**lautstark** loudly

**die Lautstärke** volume ['vɒljuːm]

**der Lautstärkeregler** volume control

**lauwarm** slightly warm, lukewarm [ˌluːk'wɔːm] *auch übertragen*

**die Lava** lava

**das Lavabo** Ⓒ︎Ⓗ wash-basin

**der Lavendel** lavender ['lævᵊndəʳ]

**die Lawine** avalanche ['ævᵊlɑːnʃ]

**die Lawinengefahr** danger of avalanches

**lax** lax

**das Lazarett** military hospital; (*Krankenstation*) sick bay

**das LCD** *Abkürzung von* **liquid crystal display** LCD

**der Lebemann** playboy

**das Leben** ❶ life, *plural* lives [laɪvz]; **am Leben bleiben** to stay alive; **am Leben sein** to be alive; **er hat mir das Leben gerettet** he saved my life; **wir fürchten um sein Leben** we fear for his life; **ums Leben kommen** to lose one's life ❷ **ein Kampf auf Leben und Tod** a fight to the death; (*übertragen*) a life-and-death struggle ❸ (*Betriebsamkeit*) activity, life; **Leben in die Bude bringen** to liven the place up ❹ **so ist das Leben** such is life ❺ **etwas ins Leben rufen** to bring something into being ❻ **etwas für sein Leben gernhaben/gern tun** to be mad about something/about doing something ❼ **im Leben stehen** to know what life is all about ❽ **nie im Leben** never ever ❾ **jemandem das Leben zur Hölle machen** to make someone's life hell

**leben** ❶ to live [lɪv] (**für** for) ❷ **lebt er noch?** is he still alive? ❸ **man lebt nur einmal!** you only live once [wʌn(t)s]! ❹ **von etwas leben** to live [*oder* subsist] on something

**lebend** ❶ live [laɪv], alive; **er ist der lebende Beweis für ...** he is living proof of ... ❷ **die lebenden Sprachen** modern languages

**lebendig** ❶ live [laɪv], alive ❷ (*lebhaft*) lively ['laɪvli]; *Erinnerung:* vivid

**Lebendigkeit – ledern** 826

die **Lebendigkeit** liveliness ['laɪvlinəs], vividness

der **Lebensabend** old age

der **Lebensabschnitt** period of life

die **Lebensarbeitszeitverkürzung** shortening of one's working life

die **Lebensart** ❶ (*Lebensweise*) way [*oder* manner] of living ❷ (*Lebensstil*) style, lifestyle, way of life

die **Lebensbedingungen** living conditions

die **Lebensdauer** life

die **Lebenserfahrung** experience of life

das **Lebenserhaltungssystem** (*im Krankenhaus*) life-support system

die **Lebenserwartung** life expectancy

die **Lebensfreude** zest for life

**lebensfroh** full of the joys of life

die **Lebensgefahr** ❶ [mortal] danger ❷ **unter Lebensgefahr** at the risk of one's life ❸ **Vorsicht! Lebensgefahr!** Caution! Danger! ❹ **in Lebensgefahr sein** to be in danger of one's life; **außer Lebensgefahr sein** to be out of danger

**lebensgefährlich** highly dangerous; *Verletzung:* critical

der **Lebensgefährte**, die **Lebensgefährtin** partner

das **Lebensgefühl** awareness of life

die **Lebenshaltungskosten** cost of living ⚠ *singular*

die **Lebenslage** situation [sɪtjuˈeɪʃᵊn]; **in jeder Lebenslage** in any situation

**lebenslänglich** ❶ *Kampf:* lifelong ❷ **er hat lebenslänglich bekommen** he got life

der **Lebenslauf** (*geschriebener*) curriculum vitae [kəˌrɪkjələmˈviːteɪ], CV ⒼⒷ, résumé [ˈrezʊmeɪ] ⓊⓈⒶ

**lebenslustig** lively, fond of life

die **Lebensmittel** food ⚠ *singular*

das **Lebensmittelgeschäft** grocery [ˈgrəʊsᵊri] shop [*oder* ⓊⓈⒶ store]; **im Lebensmittelgeschäft** at the grocer's [*oder* ⓊⓈⒶ grocery store]

die **Lebensmittelvergiftung** food poisoning

die **Lebensqualität** quality of life

der **Lebensraum** environment [ɪnˈvaɪ(ə)rᵊnmənt], habitat

der **Lebensretter**, die **Lebensretterin** rescuer [ˈreskjuəʳ]

der **Lebensstandard** standard of living, living standards ⚠ *plural*

der **Lebensunterhalt** living, livelihood [ˈlaɪvlihʊd]; **sich seinen Lebensunterhalt verdienen** to earn [*oder* make] a living

die **Lebensversicherung** life insurance, GB AUCH life assurance; **eine Lebensversicherung abschließen** to take out life insurance

die **Lebensweise** way of life, habits ⚠ *plural*

die **Lebensweisheit** worldly wisdom

**lebenswert** worth living

**lebenswichtig** essential, vital [ˈvaɪtᵊl]

das **Lebenszeichen** sign of life; **er gab kein Lebenszeichen mehr von sich** he showed no signs of life any more

die **Lebenszeit** ❶ lifetime ❷ **auf Lebenszeit** for life; **Beamter auf Lebenszeit** permanent civil servant

die **Leber** liver [ˈlɪvəʳ]

der **Leberfleck** mole [məʊl]

das **Leberleiden** liver disorder

die **Leberpastete** liver pâté [ˈpæteɪ]

der **Lebertran** cod-liver oil

die **Leberwurst** liver sausage [ˈsɒsɪdʒ] ⒼⒷ, liverwurst [ˈlɪvəwɜːst] ⓊⓈⒶ ▸ WENDUNGEN: **spiel doch nicht immer die beleidigte Leberwurst!** must you always get into a huff?

das **Lebewesen** living being [*oder* creature [ˈkriːtʃəʳ]]

das **Lebewohl** farewell; **jemandem Lebewohl sagen** to bid someone farewell

**lebhaft** ❶ lively [ˈlaɪvli]; (*temperamentvoll*) vivacious [vɪˈveɪʃəs] ❷ *Geschäft:* brisk ❸ *Interesse:* keen ❹ *Verkehr:* heavy, busy [ˈbɪzi] ❺ *Phantasie:* vivid

der **Lebkuchen** gingerbread [ˈdʒɪndʒəˈbred]

**leblos** ❶ (*ohne Leben*) lifeless ❷ (*unbeseelt*) inanimate [ɪˈnænɪmət]

die **Lebzeiten zu seinen Lebzeiten** (*als er noch lebte*) in his lifetime; (*zu seiner Zeit*) in his day

**lechzen** to thirst, to crave (**nach** for)

das **Lecithin** lecithin [ˈlesɪθɪn]

das **Leck** leak

**leck** leaky

**lecken¹** (*undicht sein*) to leak

**lecken²** ❶ (*schlecken*) to lick ❷ **seine Wunden lecken** to lick one's wounds [wuːndz] ❸ **leck mich!** (*slang*) piss off! ▸ WENDUNGEN: **sich die Finger nach etwas lecken** to be dying [ˈdaɪɪŋ] for something

**lecker** delicious [dɪˈlɪʃəs]

der **Leckerbissen** titbit

das **Leder** ❶ leather [ˈleðəʳ]; **zäh wie Leder** as tough as old boots *umgangsspr* ❷ (*der Fußball*) ball ▸ WENDUNGEN: **jemandem ans Leder wollen** to want to get one's hands on someone; **jemandem das Leder gerben** to tan someone's hide

der **Lederhandschuh** leather glove [glʌv]

die **Lederjacke** leather jacket

**ledern** ❶ (*aus Leder*) leather ❷ (*zäh*) leathery

die **Lederwaren** leather goods
**ledig** single
der/die **Ledige** single person
**lediglich** merely ['mɪəli]
**leer** ❶ empty ❷ *Wohnung, Haus:* vacant; (*unmöbliert*) unfurnished ❸ (*unbeschrieben*) blank ❹ **leeres Gerede** idle ['aɪdl̩] talk; **leere Versprechungen** vain [*oder* empty] promises ❺ **mit leeren Händen** empty-handed ❻ **leer ausgehen** to come away empty-handed ❼ **die Straßen waren wie leer gefegt** the streets were deserted
die **Leere** emptiness; **gähnende Leere** a yawning void
**leeren** to empty
das **Leergewicht** unladen weight
das **Leergut** empties ⚠ *plural*
der **Leerlauf** ❶ (*Gang*) neutral ['nju:trəl]; **im Leerlauf** in neutral ❷ (*Untätigkeit*) period of inactivity, slack
die **Leertaste** space bar
die **Leerung** **nächste Leerung** *eines Briefkastens:* next collection
**legal** legal ['li:gəl], lawful
**legalisieren** to legalize ['li:gəlaɪz]
die **Legalität** legality [lɪ'gælɪti]
der **Legastheniker**, die **Legasthenikerin** dyslexic [dɪs'leksɪk]
die **Legebatterie** hen battery

**V** **to lay** heißt legen: *the dog laid back its ears;*
**to lie** heißt liegen: *the dog likes to lie on the couch.*

**legen** ❶ to lay, to put; (*an einen bestimmten Platz*) place ❷ to lay *Teppich, Kabel* ❸ **Wert auf etwas legen** to set great store by something ❹ **Eier legen** to lay eggs ❺ **jemandem das Handwerk legen** to put a stop to someone's game ❻ **die Katze legte sich auf das Sofa** the cat lay down on the sofa ❼ **sich legen** *Staub:* to settle (**auf** on) ❽ **sich legen** (*aufhören, abklingen*) to abate, to die down, to subside; *Zorn, Begeisterung:* to wear off; **das legt sich** that'll sort itself out *umgangsspr*
**legendär** legendary ['ledʒəndəri]
die **Legende** legend ['ledʒənd]
**leger** [le'ʒe:ɐ] casual ['kæʒjuəl]
die **Legierung** alloy
die **Legion** legion ['li:dʒən]
der **Legionär** legionary ['li:dʒənəri]
die **Legislative** legislative ['ledʒɪslətɪv] body, legislature ['ledʒɪslətʃər]
die **Legislaturperiode** legislative period, parliamentary [ˌpɑ:lə'mentəri] term ⒼⒷ, congres-

sional term ⓊⓈⒶ
**legitim** legitimate [lə'dʒɪtəmət]
der **Lehm** loam; (*Ton*) clay
**lehmig** loamy
die **Lehne** (*Rückenlehne*) back[rest]; (*Armlehne*) arm[rest]
**lehnen** ❶ to lean (**an** against) ❷ **sich aus dem Fenster lehnen** to lean out of the window ❸ **sich an etwas lehnen** to lean against something

**G** Richtiges Konjugieren von **lean:** lean, leant/ leaned, leant/ leaned — *Mr Smith leant the ladder against the tree; you seem to have leant against some wet paint.*

der **Lehnsessel**, der **Lehnstuhl** easy chair, armchair
das **Lehramt** **das Lehramt** the teaching profession; **ein Lehramt** a teaching post
der/die **Lehrbeauftragte** assistant lecturer ⒼⒷ, associate lecturer ⓊⓈⒶ
der **Lehrberuf** ❶ (*Beruf eines Lehrers*) teaching profession ❷ (*Beruf mit Lehrzeit*) skilled trade
die **Lehre** apprenticeship [ə'prentɪʃɪp]; **in die Lehre gehen** to serve one's apprenticeship (**bei** with)
**lehren** to teach; *an Universität:* to lecture ['lektʃər]
der **Lehrer**, die **Lehrerin** teacher; (*Privat-, Nachhilfelehrer*) tutor ['tʃu:tər]
das **Lehrfach** subject
der **Lehrgang** course [kɔ:s] (**für** in); **einen Lehrgang besuchen** to take a course
der **Lehrkörper** teaching staff
die **Lehrkraft** teacher
der **Lehrling** apprentice [ə'prentɪs]
das **Lehrmittel** teaching materials
der **Lehrplan** [teaching] curriculum [kə'rɪkjələm]; *einer Klassenstufe:* syllabus ['sɪləbəs]
**lehrreich** (*informativ*) instructive [ɪn'strʌktɪv]
die **Lehrstelle** position as an apprentice [ə'prentɪs]
der **Lehrstuhl** chair (**für** of)
die **Lehrzeit** apprenticeship [ə'prentɪʃɪp]
der **Leib** ❶ (*Körper*) body ❷ (*Unterleib*) abdomen ['æbdəmən] ❸ **er war mit Leib und Seele bei der Sache** he put his heart and soul into it ▸ WENDUNGEN: **halt ihn mir vom Leib!** keep him away from me!
das **Leibgericht** favourite ['feɪvərət] dish
**leiblich** ❶ (*körperlich*) bodily, physical ['fɪzɪkəl] ❷ *Mutter, Vater:* natural ['nætʃərəl] ❸ **jemandes leibliches Wohl** someone's well-being
der **Leibwächter**, die **Leibwächterin** bodyguard

**Leiche – Leinwand**

['bɒdigaːd]

die **Leiche** body, corpse ▶ WENDUNGEN: **über Leichen gehen** to stop at nothing; **nur über meine Leiche!** over my dead body!
**leichenblass** deathly pale
die **Leichenhalle** mortuary ['mɔːtʃuʳri]
das **Leichenschauhaus** morgue [mɔːg]
die **Leichenstarre** rigor mortis [ˌrɪgəˈmɔːtɪs]
**leicht** ❶ light ❷ (*einfach*) easy; **leichter gesagt als getan** easier said than done ❸ (*geringfügig*) slight; **eine leichte Erkältung** a slight cold ❹ **leichte Musik** easy listening; **leichte Unterhaltung** light entertainment ❺ **man hat's nicht leicht** life isn't easy ❻ **leicht gekleidet sein** to be lightly [*oder* thinly] dressed; **leicht bekleidet** scantily dressed ❼ (*schnell*) easily ❽ **es sich leicht machen** to make things easy for oneself ❾ **leicht verdaulich** easily digestible [dɪˈdʒestəbl]; **leicht verderblich** perishable ❿ **leicht verwundet** slightly wounded ['wuːndɪd] ▶ WENDUNGEN: **etwas auf die leichte Schulter nehmen** to take something too lightly
der **Leichtathlet**, die **Leichtathletin** athlete ['æθliːt]
die **Leichtathletik** athletics [æθˈletɪks] ⚠ *plural*
**leichtfallen** jemandem leichtfallen to be easy for someone
**leichtfertig** thoughtless; **er geht leichtfertig mit Waffen um** he is careless with weapons
das **Leichtgewicht** (*im Boxen*) lightweight ['laɪtweɪt]
**leichtgläubig** credulous ['kredjʊləs]
die **Leichtigkeit** (*Mühelosigkeit*) ease; **mit Leichtigkeit** with no trouble at all
das **Leichtmetall** light metal
der **Leichtsinn** carelessness, recklessness, foolishness
**leichtsinnig** careless, reckless, foolish
das **Leid** ❶ (*Sorge, Betrübnis*) grief, sorrow ['sɒrəʊ] ❷ (*Schaden*) harm ❸ **jemandem sein Leid klagen** to tell someone one's troubles ❹ **Freud und Leid mit jemandem teilen** to share one's joys and sorrows with someone ❺ **jemandem etwas zu Leide tun** to do someone harm, to harm someone; **er tut keiner Fliege etwas zu Leide** he wouldn't hurt a fly
**leid** ich bin [*oder* habe] es leid I'm tired of it
das **Leiden** suffering; (*Krankheit*) illness; (*Beschwerden*) complaint [kəmˈpleɪnt]
**leiden** ❶ to suffer (an/unter from); **Not leiden** to suffer hardship ❷ **leiden können** to like; **ich kann ihn nicht leiden** I don't like

him; (*stärker*) I can't stand him
die **Leidenschaft** passion ['pæʃən]
**leidenschaftlich** passionate ['pæʃnət]; **etwas leidenschaftlich gern tun** be passionately fond of doing something, to love [*oder* adore] doing something
**leidenschaftslos** dispassionate [dɪˈspæʃnət]
**leider** unfortunately [ʌnˈfɔːtʃnətli]; **leider muss ich gehen** I'm afraid I have to go; **leider ja!** I'm afraid so!; **leider lässt sich das nicht machen** unfortunately that can't be done
**leidig** tiresome ['taɪəsəm]
**leidlich** reasonable ['riːzʲnəbʲl]; **es geht ihr so leidlich** she is so-so, she's not too bad
der/die **Leidtragende** the one to suffer
**leidtun** es tut mir leid, dass ... [I'm] sorry that ..., I regret that ...; [das] **tut mir leid!** I'm sorry [about that]!
**leidvoll** grievous ['griːvəs], full of suffering; *Erfahrung:* painful
das **Leidwesen** [sehr] **zu meinem Leidwesen** [much] to my regret
der **Leierkasten** hurdy-gurdy ['hɜːdiˌgɜːdi]
die **Leihbibliothek**, die **Leihbücherei** lending library ['laɪbrʲri]
**leihen** ❶ (*ausleihen*) to lend ❷ (*borgen*) to borrow; **ich habe es mir geliehen** I've borrowed it ❸ **jemandem sein Ohr leihen** to lend someone one's ear

**V** Wenn man etwas von jemandem ausleiht, heißt es **to borrow from someone**: Kim borrowed £20 from her friend. — Wenn man aber etwas jemandem verleiht, heißt es **to lend to someone**: Jane lent her mobile phone to Jenny; Dad often lends me money.

die **Leihgabe** loan
das **Leihhaus** pawnshop
die **Leihmutter** surrogate ['sʌrəgət] mother
**leihweise** on loan
der **Leim** ❶ glue ❷ **aus dem Leim gehen** (*auseinanderfallen*) to fall apart ▶ WENDUNGEN: **jemandem auf den Leim gehen** to fall for someone's tricks
**leimen** ❶ (*Kleben*) to glue [together] ❷ (*hereinlegen*) to take for a ride
die **Leine** ❶ rope; *für Wäsche:* line ❷ *für Hund:* leash, lead [liːd]
das **Leinen** ❶ linen ['lɪnɪn]; **ein Kleid aus Leinen** a linen dress ❷ (*Bucheinband*) cloth; **in Leinen gebunden** clothbound
der **Leinsamen** linseed
das **Leintuch** sheet
die **Leinwand** ❶ canvas ❷ *im Kino, für Dias:* screen

**leise** ❶ (*still*) quiet ['kwaɪət]; **sei doch leise!** don't make such a noise!; **sprechen Sie doch bitte etwas leiser!** please keep your voice down a bit! ❷ *Stimme:* soft; *Brise:* gentle ▶ WENDUNGEN: **ich habe nicht die leiseste Ahnung** I haven't got the slightest [*oder* faintest] idea

die **Leiste** ❶ (*Holzleiste*) strip; (*Umrandung*) border ❷ (*Körperteil*) groin

**leisten** ❶ (*vollbringen*) to achieve [ə'tʃiːv]; **gute Arbeit leisten** to do a good job ❷ **sich etwas leisten** (*erlauben*) to allow oneself something; (*gönnen*) to treat oneself to something; **sich etwas leisten können** to be able to afford something; **das kann ich mir nicht leisten** I can't afford that ❸ **jemandem Hilfe leisten** to help someone ❹ **Ersatz leisten** to provide a replacement

die **Leistengegend** groin

die **Leistung** ❶ performance [pə'fɔːməns]; (*geleistete Arbeit*) work; **nach Leistung bezahlt werden** be paid on results △ *plural;* **die Leistungen sind besser geworden** the levels of performance have improved; **schwache Leistung!** poor show! ❷ *von Versicherung, Krankenkasse:* benefit

der **Leistungsdruck** pressure ['preʃəʳ] [to do well], stress of performance

das **Leistungsfach** special subject

**leistungsfähig** ❶ (*tüchtig*) efficient [ɪ'fɪʃ°nt] ❷ (*produktiv*) productive [prə'dʌktɪv]; (*konkurrenzfähig*) competitive [kəm'petətɪv] ❸ *Motor:* powerful ['paʊəf°l] ❹ (*zahlungskräftig*) solvent ['sɒlvənt]

der **Leitartikel** leader ⟨GB⟩, editorial ⟨USA⟩

das **Leitbild** model ['mɒd°l]

**leiten** ❶ (*führen*) to lead [liːd] ❷ (*lenken*) to guide [gaɪd] ❸ (*verantwortlich sein*) to be in charge of; (*als Manager*) to direct [daɪ'rekt], to manage ❹ *in der Technik:* to conduct [kən'dʌkt]

**leitend** ❶ (*führend*) leading ❷ *Stellung:* managerial [mænə'dʒɪərɪəl] ❸ *in der Technik:* conductive; **nicht leitend** non-conductive

der **Leiter**, die **Leiterin** ❶ leader ❷ (*Chef*) head [hed]; (*Geschäftsführer*) manager *maskulin und feminin,* manageress *feminin* ❸ (*Schulleiter*) head teacher ⟨GB⟩, headmaster *maskulin* ⟨GB⟩, headmistress *feminin* ⟨GB⟩, principal ⟨USA⟩

der **Leiter** (*elektrisch*) conductor

die **Leiter** ladder ▶ WENDUNGEN: **die Leiter zum Erfolg** the stairway to success [sək'ses]

der **Leitfaden** guide [gaɪd]; (*einführendes Hand-*

*buch*) introduction

der **Leitgedanke** central idea

das **Leitmotiv** central theme; *in der Musik:* leitmotiv

die **Leitplanke** crash barrier

die **Leitung** ❶ (*das Führen*) leading ❷ (*das Lenken, Steuern*) guiding ['gaɪdɪŋ] ❸ (*Vorsitz*) leadership; (*Management*) management ❹ (*Telefon-, Stromleitung*) wire; (*Gas-, Wasserleitung im Haus*) pipe; (*Zuführungsleitung für Gas und Wasser*) main ❺ (*Verbindung*) line ❻ (*Dirigent*) **unter der Leitung von ...** conducted by ... ▶ WENDUNGEN: **er hat eine ziemlich lange Leitung** he's rather slow on the uptake

das **Leitungsrohr** main; (*im Haus*) pipe

das **Leitungswasser** tap water

der **Leitzins** prime rate, base rate

die **Lektion** lesson; **das wird ihm eine Lektion sein** that'll teach him a lesson

der **Lektor**, die **Lektorin** (*in einem Verlag*) editor

die **Lektüre** (*Lesestoff*) reading matter

die **Lende** loin

der **Lendenwirbel** lumbar vertebra

**lenken** ❶ (*führen, leiten*) to direct [daɪ'rekt], to guide [gaɪd] ❷ to steer [stɪəʳ] *Fahrzeug* ❸ to direct *Aufmerksamkeit, Schritte, Gespräch* (**auf** to)

der **Lenker** steering wheel; *von Fahrrad:* handlebars △ *plural*

das **Lenkrad** steering wheel

die **Lenkstange** handlebars △ *plural*

der **Lenz** (*Frühling*) springtime

der **Leopard** leopard ['lepəd]

die **Lerche** (*Singvogel*) lark

**lernbehindert** with learning difficulties

**lernen** ❶ to learn; **schwimmen lernen** to learn to swim; **von ihr kannst du nur lernen!** she could really teach you a thing or two!; **er lernt gut/schlecht** he learns quickly/slowly, he's a good/bad learner ❷ (*in Lehrberuf*) to train ❸ (*zur Schule gehen*) to go to school; (*studieren*) to study; *für eine Prüfung:* to revise

Ⓥ Eine Sprache oder z.B. das Schwimmen lernen wird mit **to learn** übersetzt: *Did you learn German at school?; Steve learnt to swim when he was four.* Etwas intensiv lernen, studieren, heißt dagegen **to study**: *Fred is studying geography; Jane is studying for her German exam.*

das **Lernerwörterbuch** learner's dictionary

der **Lernfahrausweis** ⟨CH⟩ provisional licence ⟨GB⟩, learners' permit ⟨USA⟩

**lesbar** (*leserlich*) legible ['ledʒəb°l]

die **Lesbe**, die **Lesbierin** lesbian ['lezbiən]
**lesbisch** lesbian
das **Lesebuch** reader
die **Leselampe** reading lamp
**lesen** ① to read; **ein Gedicht laut lesen** to read a poem out loud ② **das Buch liest sich gut** the book is a good read; **bei dem Licht liest es sich nicht gut** this light is not very good for reading

**G** Richtiges Konjugieren von **read**: read, read, read — *Paul read a story to his little brother; have you read her new novel?*

**lesenswert** worth reading
die **Leseprobe** ① *aus Buch:* extract ② *beim Theater:* reading
der **Leser**, die **Leserin** reader
die **Leseratte** bookworm
der **Leserbrief** letter to the editor
**leserlich** legible ['ledʒəbəl]
der **Lesesaal** reading room
der **Lesestoff** reading [matter]
das **Lesezeichen** bookmark
die **Lesung** reading
der **Lette**, die **Lettin** Latvian ['lætviən]
**lettisch** Latvian ['lætviən]
**Lettland** Latvia ['lætviə]
**letzte(r, s)** ① (*zeitlich, räumlich*) last; **er ging als Letzter** he was the last to go; (*abschließend, endgültig*) final; **der letzte Wille** the last will and testament ② (*äußerste*) extreme [ɪk'striːm] ③ (*neueste*) latest; **die letzten Meldungen** [*oder* **Nachrichten**] the latest news ④ **in letzter Zeit** recently ⑤ **bis aufs Letzte** to the last ⑥ **das wäre das Letzte, was ich tun würde** that would be the last thing I would do ▶ WENDUNGEN: **das ist das Letzte!** that's the limit!
**letztendlich** in the end
**letztens** recently
**letztere** the latter
**letztlich** in the end
die **Leuchtboje** light-buoy ['laɪtbɔɪ]
die **Leuchte** ① light; (*Lampe*) lamp ② (*begabter Mensch*) genius, shining star
**leuchten** ① (*scheinen*) to shine; (*glühen*) to glow ② **jemandem mit einer Lampe leuchten** to shine a [*oder* the] lamp for someone (**in** into, **auf** onto)
**leuchtend** shining
der **Leuchter** (*Kerzenleuchter*) candlestick; (*Kronleuchter*) chandelier [ˌʃændə'lɪər]
die **Leuchtrakete** signal rocket
die **Leuchtreklame** neon sign [saɪn]
die **Leuchtschrift** neon letters △ *plural*

der **Leuchtstift** highlighter ['haɪˌlaɪtər]
der **Leuchtturm** lighthouse
**leugnen** deny [dɪ'naɪ]; **es ist nicht zu leugnen, dass ...** it cannot be denied that ...
die **Leukämie** leukaemia [luː'kiːmiə]
die **Leute** people ['piːpəl]
die **Leviten** ▶ WENDUNGEN: **jemandem die Leviten lesen** to read someone the riot ['raɪət] act
das **Lexikon** ① encyclop[a]edia [ɪnˌsaɪklə'piːdiə] ② (*Wörterbuch*) dictionary ['dɪkʃənəri]
das **Lezithin** lecithin ['lesɪθɪn]
der **Libanese**, die **Libanesin** Lebanese [ˌlebə'niːz]
**libanesisch** Lebanese [ˌlebə'niːz]
der **Libanon** the Lebanon ['lebənən]
die **Libelle** ① dragonfly ② (*an Wasserwaage*) spirit level
**liberal** liberal ['lɪbərəl]
**liberalisieren** to liberalize ['lɪbərəlaɪz]
**Liberia** Liberia [laɪ'bɪəriə]
der **Libero** sweeper
**Libyen** Libya ['lɪbiə]
der **Libyer**, die **Libyerin** Libyan ['lɪbiən]
**libysch** Libyan
das **Licht** ① light; **etwas ans Licht bringen** to bring something out into the open; **Licht in eine Situation bringen** to clarify a situation ② **bei Licht betrachtet** (*am Tage*) in the daylight; (*übertragen*) in the cold light of day ③ **etwas ins rechte Licht rücken** (*richtig stellen*) to show something in its true colours; **etwas in rosigem Licht sehen** to look at something through rose-tinted spectacles ④ **grünes Licht für etwas geben** to give permission [pə'mɪʃən] for something ⑤ (*Kerze*) candle ['kændl] ▶ WENDUNGEN: **jemanden hinters Licht führen** to pull the wool over someone's eyes; **ihm ging ihm ein Licht auf** it began to dawn on him; **sein Licht unter den Scheffel stellen** to hide one's light under a bushel
**licht** ① (*hell*) light ② *Haar:* thin; *Wald:* sparse [spɑːs] ▶ WENDUNGEN: **ein lichter Augenblick** a lucid moment
das **Lichtbild** slide
der **Lichtblick** bright spot
**lichtdurchlässig** translucent [trænz'luːsənt]
**lichtempfindlich** sensitive to light; (*technisch*) photosensitive
**lichten**[1] ① (*ausdünnen*) to thin out ② **sich lichten** to thin out; *Nebel:* to clear; *Wolken, Dunkel:* to lift ③ (*schrumpfen*) to dwindle
**lichten**[2] **den Anker lichten** to weigh anchor [wer'æŋkər]
**lichterloh** **lichterloh brennen** to be ablaze

die **Lichtgeschwindigkeit** mit Lichtgeschwindigkeit at the speed of light
das **Lichtjahr** light year
die **Lichtquelle** source [sɔːs] of light
der **Lichtschalter** light switch
der **Lichtschutz** sun protection
der **Lichtschutzfaktor** protection factor
**lichtundurchlässig** opaque [əʊˈpeɪk]
die **Lichtung** clearing, glade
die **Lichtverhältnisse** light[ing] conditions
das **Lid** eyelid
der **Lidschatten** eye-shadow
der **Lidstrich** eye-liner
**lieb** ❶ (*geschätzt*) dear; (*geliebt*) beloved [brˈləʊvɪd] ❷ (*nett*) nice; (*liebenswürdig*) kind ❸ (*artig, brav*) good ❹ **ich würde lieber nach Hause gehen** I'd rather go home; **am liebsten würde ich ...** what I'd like most would be to ... ❺ **ach, du liebe Zeit!** goodness me! ❻ **lieb gewinnen** to grow fond of; **lieb haben** to be fond of, to love
**liebäugeln** **mit etwas liebäugeln** to have one's eye on something; **mit dem Gedanken liebäugeln, etwas zu tun** to be toying with the idea of doing something
die **Liebe** love; **Liebe macht blind** love is blind; **Liebe auf den ersten Blick** love at first sight; **sie ist meine große Liebe** she's the love of my life
**lieben** to love; **etwas nicht lieben** to not like something; **das würde ich liebend gern tun** I'd love to do so
**liebenswert** lovable
**liebenswürdig** ❶ (*liebenswert*) amiable [ˈeɪmiəbᵊl] ❷ (*freundlich*) kind [kaɪnd]; **wären Sie wohl so liebenswürdig, ...?** would you be so kind as to ...?
die **Liebenswürdigkeit** kindness
**lieber** ❶ **er mag Techno lieber als Hip-Hop** he prefers techno to hip hop; **nichts lieber als das** there's nothing I'd rather do ❷ (*eher*) rather; **ich möchte lieber nach Hause gehen** I'd [*oder* I would] rather go home ❸ (*besser*) better; **wir sollten lieber gehen** we'd better be going
der **Liebesbrief** love letter
die **Liebeserklärung** **jemandem eine Liebeserklärung machen** to declare one's love to someone
der **Liebeskummer** **Liebeskummer haben** to be lovesick
das **Liebeslied** love song
die **Liebesmüh** ▶ WENDUNGEN: **es ist vergebliche Liebesmüh** it's all futile [ˈfjuːtaɪl]

das **Liebespaar** lovers
**liebevoll** loving
der **Liebhaber,** die **Liebhaberin** ❶ (*Geliebte*) lover ❷ (*Enthusiast*) enthusiast [ɪnˈθjuːziæst]; (*Kenner*) connoisseur [ˌkɒnəˈsɜːʳ]
**liebkosen** to caress [kəˈres]
**lieblich** ❶ (*anmutig*) lovely ❷ (*reizend*) charming ❸ *Wein:* medium sweet
der **Liebling** ❶ (*Günstling*) favourite [ˈfeɪvᵊrət] ❷ (*Geliebte*) darling
**lieblos** unloving, unfeeling, careless
die **Lieblosigkeit** ❶ (*Charakterzug*) unkindness [ʌnˈkaɪndnəs] ❷ (*Äußerung, Tat*) unkind act
die **Liebschaft** [love] affair [ˈlʌv əˌfeəʳ]
der/die **Liebste** sweetheart
das **Lied** song ▶ WENDUNGEN: **es ist immer das alte Lied** it's always the same old story
das **Liederbuch** songbook
der **Liedermacher,** die **Liedermacherin** singer-songwriter
das **Lieferabkommen** delivery contract
der **Lieferant,** die **Lieferantin** supplier
**lieferbar** (*vorrätig*) available [əˈveɪləbᵊl]; **die Ware ist sofort lieferbar** the article can be supplied at once
die **Lieferbedingungen** terms of delivery
**liefern** ❶ (*versorgen mit*) to supply [səˈplaɪ]; (*ausliefern*) to deliver [dɪˈlɪvəʳ] ❷ (*zur Verfügung stellen*) to furnish [ˈfɜːnɪʃ]; to provide; to produce *Beweis;* to yield *Ertrag, Ernte* ❸ **ein spannendes Spiel liefern** to put on an exciting game ▶ WENDUNGEN: **wir sind geliefert!** we're done for!
der **Lieferschein** delivery [dɪˈlɪvᵊri] note
die **Lieferung** ❶ (*Versorgung*) supply [səˈlaɪ] ❷ (*Auslieferung*) delivery [dɪˈlɪvᵊri]; **zahlbar bei Lieferung** payable on delivery; **Lieferung frei Haus** free delivery
der **Lieferwagen** van (GB), panel truck (USA); (*offener*) pick-up
die **Liege** couch [kaʊtʃ]
**liegen** ❶ to lie; **sich wund liegen** to get bedsores; **im Bett liegen bleiben** to stay [*oder* remain] in bed ❷ (*gelegen sein*) to be situated [ˈsɪtjueɪtɪd]; **wo liegt Leeds?** where is Leeds situated?; (*sein, sich befinden*) to be ❸ (*passen*) to suit [suːt]; **er liegt mir nicht** he's not my type; **das liegt mir absolut nicht** that's absolutely not my line [*oder* thing] ❹ **mir liegt viel daran** it means a lot to me; **daran liegt mir wenig/nichts** that doesn't matter much/at all to me ❺ **an mir soll's nicht liegen** it's all right by [*oder* with] me; **es liegt bei Ihnen, ob ...** it rests with

you whether ... ⑥ **es liegt mir fern, ihn zu verurteilen** it is not my job to judge him ⑦ **liegen bleiben** to remain lying; (*nicht verkauft werden*) to not sell; (*vergessen werden*) to be left behind ⑧ **meine Arbeit ist liegen geblieben** my work was left undone ⑨ **liegen lassen** (*vergessen*) to leave behind; to leave *Arbeit*; **jemanden links liegen lassen** (*umgangsspr*) to ignore [*oder* disregard] someone ⑩ **alles liegen und stehen lassen** to leave everything behind

**G** Richtiges Konjugieren von **lie**: lie, lay, lain — Paul lay in the shade on the beach; John got a sunstroke because he had lain in the sun all day.

der **Liegeplatz** berth [bɜːθ]
der **Liegestuhl** deckchair
der **Liegewagen** couchette coach [kuːˈʃɛtˈkəʊtʃ] GB, couchette car USA
der **Lift** lift GB, elevator [ˈelɪveɪtəʳ] USA
die **Liga** league [liːg]
der **Likör** liqueur [lɪˈkjʊəʳ]
**lila** purple [ˈpɜːpəl], lilac [ˈlaɪlək]
die **Lilie** lily [ˈlɪli]
der **Liliputaner**, die **Liliputanerin** (*kleiner Mensch*) dwarf [dwɔːf]
die **Limonade** ① *aus Zitronen*: lemonade [ˌleməˈneɪd] ② *aus Orangen*: orangeade [ˌɒrənˈdʒeɪd]
die **Limousine** saloon GB, sedan [sɪˈdæn] USA
die **Linde** ① (*Baum*) lime [tree] ② (*Lindenholz*) lime wood
**lindern** ① (*erleichtern*) to ease, to alleviate [əˈliːvieɪt], to relieve [rɪˈliːv] ② (*mildern*) to soothe [suːð]
die **Linderung** relief
das **Lineal** ruler
die **Linie** ① line ② (*Straßenbahnlinie*) number; (*Eisenbahn-, Buslinie*) line ③ **in erster Linie** first of all ④ **auf die schlanke Linie achten** to watch one's waistline ▶ WENDUNGEN: **eine klare Linie** a clear line
der **Linienbus** public service bus, regular bus
der **Linienflug** scheduled [ˈʃedjuːld] flight
der **Linienrichter**, die **Linienrichterin** *beim Fußball*: referee's assistant; *beim Tennis*: line-judge; *beim Rugby*: touch-judge
das **Linienschiff** liner
**liniert** ruled
**link** (*abwertend*) ▶ WENDUNGEN: **ein ganz linker Hund** a real shady character
die **Linke** ① (*Hand*) left hand; *beim Boxen*: left ② (*Seite*) left side ③ *in der Politik*: **die Linke** the left

**linke(r, s)** ① left ② *Politiker(in)*: left-wing; **der linke Flügel von Labour** Labour's left wing ③ **linke Seite** left-hand side; (*Tuchseite*) wrong [rɒŋ] side
**linken jemanden linken** to con someone, to take someone for a ride *umgangsspr*
**linkisch** awkward [ˈɔːkwəd]
**links** ① left; (*auf der Linken*) on the left; (*nach, zur Linken*) to the left; **sich links einordnen** move into the left-hand lane ② *in der Politik*: **links sein** be left-wing ▶ WENDUNGEN: **jemanden links liegen lassen** to ignore [ɪgˈnɔː] someone; **das mach ich mit links** that's kid's stuff for me
der **Linksaußen** ① *im Fußball*: outside left ② *in der Politik*: extreme left-winger [ɪkˈstriːmˈleftwɪŋəʳ]
der **Linkshänder**, die **Linkshänderin** left-hander, left-handed person
**linkshändig** left-handed
die **Linkskurve** left-hand bend
**linksradikal** extreme left-wing; **sie ist linksradikal** she is a left-wing radical
der **Linksverkehr** driving on the left
die **Linse** ① (*Hülsenfrucht*) lentil [ˈlentəl] ② (*aus Glas, Kontaktlinse*) lens; (*Objektiv*) objective [əbˈdʒektɪv]
die **Lippe** lip ▶ WENDUNGEN: **eine [dicke] Lippe riskieren** to boast, to brag
der **Lippenstift** lipstick
die **Liquidität** solvency
**lispeln** to lisp
die **List** ① (*Verschlagenheit*) artfulness, cunning ② (*Trick*) ruse [ruːz], trick; **mit etwas List und Tücke** with a little deception

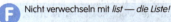
**F** Nicht verwechseln mit *list* — *die Liste!*

die **Liste** ① (*Aufstellung*) list; **eine Liste aufstellen** to draw up a list; **etwas in eine Liste eintragen** to put something down on a list ② (*Register*) register
**listig** cunning
die **Litanei** litany [ˈlɪtəni] ▶ WENDUNGEN: **die alte Litanei** the same old story *umgangsspr*
**Litauen** Lithuania [ˌlɪθjuˈeɪnɪə]
der **Litauer**, die **Litauerin** Lithuanian [ˌlɪθjuˈeɪnɪən]
**litauisch** Lithuanian
der **Liter** litre [ˈliːtəʳ] GB, liter USA
**literarisch** literary
die **Literatur** literature [ˈlɪtrətʃəʳ]
die **Literaturangabe** bibliographical reference
der **Literaturpreis** literary prize
die **Literaturwissenschaft** literary studies ⚠ *plu-*

*ral*

die **Litfaßsäule** advertising column ['ædvətaɪzɪŋ-ˌkɒləm]

**live** [laɪf] live [laɪv]

die **Livesendung** live broadcast ['laɪv,brɔːdkɑːst]

die **Lizenz** licence ['laɪsᵊns] ⒼⒷ, license ⓊⓈⒶ

das **Lob** praise

die **Lobby** lobby

**loben** ❶ to praise ❷ **das lob ich mir** that's what I like

**lobenswert** praiseworthy ['preɪz,wɜːði]

das **Loblied** hymn [hɪm] of praise ▸ WENDUNGEN: **ein Loblied auf jemanden anstimmen** to sing someone's praises ⚠ *plural*

das **Loch** ❶ hole; *im Reifen:* puncture; (*Lücke*) gap; *beim Billard:* pocket ❷ (*schlechte Wohnung*) dump *umgangsspr* ❸ (*Gefängnis*) nick *slang* ❹ **schwarzes Loch** black hole ▸ WENDUNGEN: **auf dem letzten Loch pfeifen** to be on one's last legs

**lochen** ❶ **etwas lochen** to punch a hole into something ❷ to clip *Fahrkarte*

der **Locher** punch

die **Locke** curl [kɜːl], lock; **Locken haben** to have curly hair ⚠ *singular*

**locken¹** to lure, to entice [ɪn'taɪs]; **jemanden in einen Hinterhalt locken** to lure someone into a trap

**locken²** **sich locken** (*kräuseln*) to curl [kɜːl]

der **Lockenstab** curling tongs [ˌkɜːlɪŋ'tɒŋz] ⚠ *plural*

der **Lockenwickler** curler [kɜːləʳ]

**locker** ❶ (*lose*) loose [luːs]; *Seil:* slack ❷ (*gelöst, entspannt*) relaxed ❸ (*lässig, cool*) cool [kuːl]

**lockerlassen** **nicht lockerlassen** to not let up

**lockermachen** to fork [*oder* shell] out *Geld*

**lockern** ❶ (*locker machen*) to loosen ['luːsᵊn], to slacken ❷ (*entspannen*) to relax ❸ **sich lockern** (*im Sport*) to loosen up; (*entspannter werden*) to get more relaxed

**lockig** curly ['kɜːli]

der **Lockvogel** decoy [dɪ'kɔɪ], lure

**lodern** to blaze

der **Löffel** ❶ spoon ❷ (*Löffelvoll*) spoonful ▸ WENDUNGEN: **er hat die Weisheit nicht gerade mit Löffeln gefressen** he's not exactly the brightest guy you'll ever meet, he's no Einstein

die **Loge** ['loːʒə] ❶ *im Theater:* box ❷ *eines Pförtners:* lodge

die **Logik** logic

das **Logis** lodgings ⚠ *plural*

**logisch** ❶ logical ❷ (*selbstverständlich*)

naturally ['nætʃᵊrᵊli]; (*natürlich*) of course ❸ **logisch denken** think logically

**logo** (*slang*) you bet *umgangsspr*

das **Logo** logo

der **Logopäde**, die **Logopädin** speech therapist

der **Lohn** ❶ pay, wage, wages ⚠ *plural* ❷ (*Belohnung*) reward

die **Lohnabrechnung** pay slip

**lohnen** ❶ (*belohnen*) to reward ❷ (*wert sein*) to be worth [wɜːθ] ❸ **sich lohnen** to be worth it, to be worthwhile [wɜːθ'waɪl]; **das lohnt sich doch nicht für dich** it's not really worth your while

**lohnend** ❶ (*einträglich*) profitable ['prɒfɪtəbᵊl] ❷ (*nutzbringend*) worthwhile [wɜːθwaɪl]

die **Lohnerhöhung** wage increase ['ɪnkriːs]

die **Lohnsteuer** income tax

die **Lohnsteuerkarte** [income] tax card

die **Loipe** cross-country ski [skiː] run [*oder* course]

das **Lokal** ❶ (*Kneipe*) pub ⒼⒷ, bar ⓊⓈⒶ ❷ (*Restaurant*) restaurant ['restᵊrɒnt]

**lokalisieren** to locate

die **Lokalnachrichten** local news

die **Lokomotive** engine ['endʒɪn], locomotive [ˌləʊkə'məʊtɪv]

der **Lokomotivführer**, die **Lokomotivführerin** engine driver ⒼⒷ, engineer [ˌendʒɪ'nɪrʳ] ⓊⓈⒶ

der **Lorbeer** (*Gewürz*) bay leaf ▸ WENDUNGEN: [**sich**] **auf seinen Lorbeeren ausruhen** to rest on one's laurels ['lɒrᵊlz]

das **Los** ❶ (*Schicksal*) lot; **sie hat ein schweres Los** her lot is hard ❷ (*Lotterielos*) lottery ticket ❸ **etwas durch das Los entscheiden** to decide something by casting lots; **das große Los** [**ziehen**] to [hit] the jackpot

**los** ❶ (*locker*) loose [luːs] ❷ **jemanden/etwas los sein** to be [*oder* have got] rid of someone/something ❸ **was ist los?** what's up [*oder* wrong]? ❹ **hier ist nichts los** there's nothing going on here; **mit ihm ist aber auch gar nichts los!** he's a dead loss, he is! *umgangsspr* ❺ **los!** (*vorwärts*) come on!; (*weiter, geh*) go on!; (*beweg dich*) get going! ❻ **nun aber los!** off we go!

**losbinden** to untie [ʌn'taɪ] (**von** from)

**losbrechen** ❶ to break [breɪk] off ❷ to break out; **gleich bricht ein Gewitter los** a thunderstorm is about to break

das **Löschblatt** sheet of blotting paper

**löschen¹** ❶ to extinguish [ɪk'stɪŋgwɪʃ] *Feuer* ❷ to quench *Durst* ❸ to erase [ɪ'reɪz] *Daten, Tonband;* to clear [klɪəʳ] *Speicher, Bildschirm;* to cancel ['kænsᵊl] *Information* ❹ to pay off

**löschen – Luftgewehr** 834

*Schuld* ⑤ *Feuerwehr:* to put out a [*oder* the] fire

**löschen**² (*entladen*) to unload

das **Löschpapier** blotting paper

die **Löschtaste** delete key

**lose** loose [luːs]; (*locker*) slack; **etwas lose verkaufen** to sell something loose

das **Lösegeld** ransom ['rænsəm]

**losen** to draw [*oder* cast] lots (**um** for)

**lösen** ① (*entfernen, losmachen*) to remove (**von** from) ② (*lockern*) to loosen [luːsən] ③ to solve [sɒlv] *Problem* ④ to buy [baɪ] *Fahrkarte* ⑤ to cancel ['kænsəl] *Vertrag* ⑥ **sich lösen** to come loose (**von** from); **sich von jemandem lösen** to break away from someone; **der Umschlag hat sich gelöst** the cover has come off ⑦ **sich lösen** *Schuss:* go off

**losfahren** to drive off

**losgehen** ① (*sich lösen, abgehen*) to come off ② (*aufbrechen*) to set off ③ *Gewehr, Bombe:* to go off ④ (*anfangen*) to start; **gleich geht's los!** it's just about to start! ⑤ **auf jemanden losgehen** to go for someone

**loskommen** to get away (**von** from)

**loslassen** ① (*nicht mehr festhalten*) to let go of; **lass mich los! loslassen!** let me go! let go! ② **die Hunde auf jemanden loslassen** to set the dogs on someone ③ **jemanden auf jemanden loslassen** (*übertragen*) to let someone loose on someone

**löslich** soluble ['sɒljəbəl]; *Kaffee:* instant

**losmachen** ① (*lösen*) to unfasten [ʌn'fɑːsən] ② (*ablegen*) to cast off ③ (*sich beeilen*) to get a move on ④ **sich losmachen** to get away; *Hund:* to get loose (**von** from)

**losreißen** ① to tear [teər] off ② **sich losreißen** *Hund:* to break [breɪk] free ③ (*sich trennen können*) to tear oneself away (**von** from)

die **Lösung** solution [sə'luːʃən]

das **Lösungsmittel** solvent

**loswerden** ① (*sich befreien von*) to get rid of ② (*verlieren*) to lose [luːz] *Geld*

**losziehen** (*aufbrechen*) to set out (**nach** for)

das **Lot** ① (*Senkblei*) plumb [plʌm] line ② *in der Mathematik:* perpendicular [ˌpɜːpən'dɪkjʊlər]; **ein Lot fällen** to drop a perpendicular

**löten** to solder

**Lothringen** Lorraine [lə'reɪn]

der **Lothringer,** die **Lothringerin** *person from the Lorraine region of France*

die **Lotion** lotion ['ləʊʃən]

der **Lötkolben** soldering iron [aɪən]

der **Lotos** lotus ['ləʊtəs]

der **Lotse** ① (*Fluglotse*) flight controller; (*Schiffslotse*) pilot ['paɪlət] ② (*Führer*) guide [gaɪd]

**lotsen** to pilot ['paɪlət]

die **Lotterie** lottery

das **Lotterielos** lottery ticket

das **Lotto** lottery; **Lotto spielen** to play the lottery; **im Lotto gewinnen** to win the lottery

der **Löwe** ① lion [laɪən] ② (*Sternzeichen*) Leo ['liːəʊ]

der **Löwenanteil** lion's share

der **Löwenzahn** dandelion ['dændɪlaɪən]

die **Löwin** lioness ['laɪənes]

**loyal** loyal [lɔɪəl]; **jemandem gegenüber loyal sein** to be loyal to someone

die **Loyalität** loyalty ['lɔɪəlti]

der **Luchs** lynx [lɪŋks]

die **Lücke** ① gap ② *in Gesetz:* loophole

**lückenhaft** (*unvollständig*) defective, incomplete; (*fragmentarisch*) fragmentary ['frægməntəri]

**lückenlos** ① (*vollständig*) complete ② (*ununterbrochen*) unbroken

die **Luft** ① air [eər] ② (*Atem*) breath [breθ]; **tief Luft holen** to take a deep breath ③ **dicke Luft!** a pretty bad atmosphere! ④ **die Luft ist rein!** the coast is clear! *umgangsspr* ⑤ **für mich ist er Luft** he doesn't exist as far as I am concerned ⑥ **sich Luft machen** to give vent to one's feelings ⑦ **jetzt halt aber mal die Luft an!** now, come off it! *umgangsspr* ⑧ **da ist die Luft raus** that's off the agenda [ə'dʒendə] *übertragen* ⑨ **in die Luft gehen** to hit the roof, to explode *übertragen* ⑩ **etwas in die Luft jagen** to blow [bləʊ] something up ⑪ **sich in Luft auflösen** to disappear [ˌdɪsə'pɪər] into thin air ⑫ **etwas liegt in der Luft** something is in the air ▸ WENDUNGEN: **jemanden an die Luft setzen** to give someone the push *umgangsspr;* **das ist völlig aus der Luft gegriffen** that's pure invention

der **Luftangriff** air raid ['eəˌreɪd] (**auf** on)

der **Luftballon** balloon [bə'luːn]

die **Luftblase** air bubble ['bʌbl]

**luftdicht** airtight ['eətaɪt]

der **Luftdruck** air pressure

**lüften** ① to air *Betten* ② to let some air in *Raum*

die **Luftfahrt** aviation [ˌeɪvi'eɪʃən]

die **Luftfeuchtigkeit** atmospheric humidity [ˌætməs'ferɪkˌhjuː'mɪdəti]

die **Luftfracht** air freight [freɪt]

das **Luftgewehr** airgun

die **Luftgitarre** (*humorvoll*) air guitar
**luftig** ❶ (*windig*) breezy ❷ *Kleid:* light [laɪt]
das **Luftkissenboot** hovercraft ['hɒvəkrɑːft]
**luftleer** vacuous ['vækjuəs]; **ein luftleerer Raum** a vacuum ['vækjuːm]
die **Luftlinie** (*direkte Verbindung*) **Luftlinie 100 km** 100 km as the crow flies
das **Luftloch** ❶ (*zum Luftholen*) air hole ❷ *beim Flug:* air pocket
die **Luftmatratze** airbed, lilo® ['laɪləʊ]
die **Luftpost mit Luftpost** by airmail
die **Luftpumpe** air pump, [bicycle] pump
der **Luftraum** airspace
die **Luftröhre** windpipe
das **Luftschiff** airship
die **Luftschlange** paper streamer
das **Luftschloss** (*Hirngespinst*) castle in the air
der **Luftsprung** jump in the air; **er machte vor Freude einen Luftsprung** he jumped for joy
die **Lüftung** airing [eərɪŋ]; (*Ventilation*) ventilation [ˌventɪ'leɪʃən]
der **Luftverkehr** air traffic
die **Luftverschmutzung** air pollution [pə'luːʃən]
die **Luftwaffe** air force
der **Luftzug** draught [drɑːft] ⒼⒷ, draft ⓊⓈⒶ
die **Lüge** lie; **das ist eine glatte Lüge** that's an outright lie; **nur Lügen erzählen** to lie through one's teeth *umgangsspr* ▶ WENDUNGEN: **Lügen haben kurze Beine** truth will out
**lügen** lie; **lügen wie gedruckt** to lie like mad *umgangsspr,* to lie through one's teeth *umgangsspr;* **ich müsste lügen, wenn ...** I would be lying if ...

> Ⓖ Richtiges Konjugieren von **lie**: lie, lied, lied — *he lied about his age, has he lied about his job too?*

der **Lügendetektor** lie detector
der **Lügner**, die **Lügnerin** liar ['laɪəʳ]
die **Luke** hatch; (*Dachluke*) skylight
**lukrativ** lucrative
der **Lulatsch langer Lulatsch** beanpole *umgangsspr*
der **Lümmel so ein Lümmel!** what an oaf! [*oder* a lout]; **du Lümmel!** cheeky!
**lümmeln sich lümmeln** to lounge [laʊndʒ] [about]
der **Lump** rogue [rəʊg]

der **Lumpen** rag
**lumpen** ▶ WENDUNGEN: **sich nicht lumpen lassen** to splash out *umgangsspr*
die **Lunge** lungs ⚠ *plural;* (*einzelner Lungenflügel*) lung
der **Lungenbraten** Ⓐ loin roast ['lɔɪnˌrəʊst]
die **Lungenentzündung** pneumonia [njuː'məʊniə]
der **Lungenkrebs** lung cancer
die **Lupe** magnifying ['mægnɪfaɪɪŋ] glass ▶ WENDUNGEN: **jemanden/etwas unter die Lupe nehmen** to scrutinize ['skruːtɪnaɪz] [*oder* examine] someone/something closely
die **Lust** ❶ (*Freude*) joy, pleasure ❷ (*sinnliche Begierde*) desire; (*Sinneslust*) lust [lʌst] ❸ **wenig Lust haben zu etwas** to not be keen on something; **die Lust [an etwas] verlieren** to lose interest [in something]; **ich habe keine Lust dazu** I don't feel like it; **hast du Lust, ins Kino zu gehen?** do you feel like going to the cinema?; **mir ist die Lust vergangen** I no longer feel like it; **bleib, so lange du Lust hast** stay as long as you like
der **Luster** Ⓐ (*Kronleuchter*) chandelier [ˌʃændə'lɪəʳ]
**lustig** ❶ funny; **es wurde später noch ganz lustig** later on things got quite merry ❷ **sich über jemanden lustig machen** to make fun of someone
**lustlos** ❶ (*ohne Begeisterung*) unenthusiastic [ˌʌnɪnˌθjuːzi'æstɪk] ❷ *Markt, Börse:* dull, slack
**lutschen** to suck; **an etwas lutschen** to suck something
der **Lutscher** lollipop
die **Lutschtablette** lozenge ['lɒzɪndʒ]
**Luxemburg** Luxembourg ['lʌksəmbɜːg]
der **Luxemburger**, die **Luxemburgerin** Luxembourger
**luxemburgisch** Luxembourgian
**luxuriös** luxurious [lʌg'ʒʊəriəs]
der **Luxus** luxury ['lʌkʃəri]; (*abwertend*) extravagance [ɪk'strævəgəns]
die **Luxusausführung** de luxe model [də'lʌksˌmɒdəl]
die **Lymphe** lymph [lɪmf]
der **Lymphknoten** lymph [lɪmf] node
**lynchen** to lynch [lɪnʃ]
die **Lyrik** lyric poetry [ˌlɪrɪk'pəʊɪtri]

**M, m** M, m [em]
**m** *kurz für* **Meter** m
**machbar** possible, feasible ['fi:zəbl]
**machen** ① (*tun*) to do; **wie macht man das?** how do you do it?; **ich mache das schon** I'll see to that; **gut, mach ich!** OK, I'll do that!; **was macht sie?** what is she doing?; (*beruflich*) what does she do for a living?; **was macht dein Bruder?** how is your brother? ② (*verursachen*) to make ③ (*ausmachen*) to matter; **das macht nichts!** that doesn't matter!; **das bisschen Regen macht mir nichts** I don't mind a bit of rain ④ **mach's gut!** see you!, take care!; **mach mal!** get a move on! ⑤ **für etwas wie gemacht sein** to be made for something ⑥ **jemanden zum Klassensprecher machen** to make someone class representative ⑦ **das Auto macht's nicht mehr lange** that car is not going to last for much longer ⑧ **der Junge macht sich** the boy is getting on alright ⑨ **die Pflanze macht sich gut in der Ecke** the plant looks good in that corner ⑩ **eine Erfahrung machen** to have an experience; **sich an die Arbeit machen** to get down to work; **wir müssen uns auf den Weg machen** we must be going [*oder* setting off] [*oder* heading off]
der **Macho** ['matʃo] macho ['mætʃəʊ] *umgangsspr*
die **Macht** power [paʊər]; **an die Macht kommen** to come [in]to power; **Macht ausüben** to exercise ['eksəsaɪz] power; **Macht über jemanden haben** to have a hold on someone
der **Machthaber,** die **Machthaberin** ruler
**mächtig** ① powerful ② *Essen:* heavy; *Hunger:* terrific ③ **sich mächtig anstrengen** to make a tremendous effort
der **Machtkampf** struggle for power
**machtlos** powerless
die **Macke** ① *eines Menschen:* quirk [kwɜːk] ② (*Fehler*) fault [fɔːlt], defect
das **Mädchen** girl ▶ WENDUNGEN: **Mädchen für alles sein** to be the general dogsbody
**mädchenhaft** girlish
der **Mädchenname** ① girl's name ② *einer verheirateten Frau:* maiden name
die **Made** maggot ['mægət]
**madig** worm-eaten ['wəːmiːtən]
**madigmachen jemandem etwas madigmachen** to put someone off something
das **Magazin** ① (*Zeitschrift*) magazine [ˌmægə'ziːn] ② (*Lager*) storeroom
der **Magaziner,** die **Magazinerin** CH (*Lagerist*) storekeeper
die **Magd** maid[servant]; *auf dem Bauernhof:* farm girl
der **Magen** stomach ['stʌmək]
die **Magenbeschwerden** stomach ['stʌmək] trouble ⚠ *singular*
der **Magenbitter** bitters ⚠ *plural*
das **Magengeschwür** gastric ulcer [ˌgæstrɪk'ʌlsər]
die **Magenschmerzen** stomach-ache ['stʌməkeɪk] ⚠ *singular*; **ich habe Magenschmerzen** I've got [a] stomach-ache
die **Magenverstimmung** stomach upset
**mager** ① (*dünn*) lean [liːn], thin ② (*dürftig*) meagre ['miːgər], poor [pɔːr]
die **Magermilch** skimmed milk
der **Magerquark** low-fat curd cheese [ˌkɜːd'tʃiːz]
die **Magersucht** anorexia [ˌænər'eksiə]
die **Magie** magic
der **Magier,** die **Magierin** magician [mə'dʒɪʃən]
**magisch** magic[al]
der **Magistrat**¹ municipal [mjuː'nɪsɪpəl] council
der **Magistrat**² CH federal councillor ['kaʊn(t)sələr]
das **Magnesium** magnesium
der **Magnet** magnet ['mægnət]
das **Magnetfeld** magnetic field
**magnetisch** magnetic [mæg'netɪk]
das **Mahagoni** mahogany [mə'hɒgəni]
der **Mähdrescher** combine [harvester] [ˌkɒmbaɪn'hɑːvɪstər]
**mähen** to mow [məʊ] *Rasen;* to cut *Gras*

> **G** Richtiges Konjugieren von **mow**: mow, mowed, mown — *the gardener mowed the lawn; the grass has been mown.*

das **Mahl** meal
**mahlen** to grind; **fein gemahlen** fine[ly] ground [graʊnd]

> **G** Richtiges Konjugieren von **grind**: grind, ground, ground — *she ground the pepper in a pepper mill; the coffee has been finely ground.*

die **Mahlzeit** ① meal ② **Mahlzeit!** enjoy [your meal]!
die **Mähne** mane
**mahnen** ① (*ermahnen*) to admonish [əd'mɒnɪʃ] ② (*an fällige Zahlung erinnern*) **jemanden mahnen** to demand payment from someone; (*schriftlich*) to send a reminder to someone

## Machen | A B C

| to **do** homework | Hausaufgaben **machen** | to **do** the long jump | Weitsprung **machen** |
| to **do** sport | Sport **machen** | to **do** an exercise | eine Übung **machen** |

die **Mahnung** ❶ reminder ❷ (Ermahnung) admonition [,ædmə'nɪʃən]
der **Mai** ❶ May; **am 15. Mai** on 15th May, on May 15 🇺🇸; (gesprochen) on the 15th of May, May the 15th 🇺🇸; **Anfang Mai** at the beginning of May; **Ende May** at the end of May ❷ **der Erste Mai** May Day
das **Maiglöckchen** lily of the valley
der **Maikäfer** cockchafer ['kɒk,tʃeɪfər]
**Mailand** Milan [mɪ'læn]
die **Mailbox** ['meɪlbɒks] mailbox
**mailen** ['me:lən] to email
der **Mais** maize [meɪz] 🇬🇧, corn 🇺🇸
der **Maiskolben** corn cob
die **Majestät** majesty ['mædʒəsti]
**majestätisch** majestic [mə'dʒestɪk]
die **Majonäse** mayonnaise ['meɪə'neɪz]
der **Major**, die **Majorin** major ['meɪdʒər]
der **Majoran** marjoram ['mɑːdʒərəm]
der **Majorz** 🇨🇭 majority [mə'dʒɒrəti] vote
**makaber** macabre [mə'kɑːbr]
der **Makel** flaw [flɔː]
**makellos** ❶ spotless ❷ (ohne Fehler) faultless ['fɔːltləs]; Benehmen: immaculate [ɪ'mækjələt]
das **Make-up** [me:k'ʔap] make-up ['meɪkʌp]; **Make-up auflegen** to put on one's make-up
der **Makler**, die **Maklerin** ❶ (für Immobilien) estate agent 🇬🇧, realtor ['riːəltər] 🇺🇸 ❷ an der Börse: broker ['brəukər]
die **Makrele** mackerel ['mækrəl]
**mal** ❶ **komm mal her!** come here a minute!; **ich bin nun mal so** that's just the way I am ❷ **eine Zahl mal zwei nehmen** to multiply ['mʌltɪplaɪ] a number by two; **das Bild ist 50 mal 20 Zentimeter groß** the picture is 50 centimetres by 20
das **Mal¹** ❶ **ein einziges Mal** once [wʌn(t)s]; **das letzte Mal** [the] last time; **beim ersten Mal** the first time; **nächstes Mal** next time ❷ **das habe ich dir schon x-mal gesagt** I've already told you that countless times before; **ein für alle Mal** once and for all; **er wird von Mal zu Mal schlechter** he's getting worse every time
das **Mal²** ❶ (Zeichen) mark ❷ (Mahnmal) memorial [mə'mɔːrɪəl]
die **Malaria** malaria [mə'leərɪə]
**Malaysia** Malaysia [mə'leɪzɪə]

das **Malbuch** colouring book
**malen** to paint; (zeichnen) to draw [drɔː]
der **Maler**, die **Malerin** painter
die **Malerei** painting
**malerisch** picturesque [,pɪktʃər'esk]
**Malta** Malta ['mɔːltə]
der **Malteser**, die **Malteserin** Maltese [,mɔːl'tiːz]
**maltesisch** Maltese [,mɔːl'tiːz]
das **Malz** malt [mɔːlt]
die **Mama** mum[my] 🇬🇧, mom [mɑːm] 🇺🇸
**man** one; **wie sagt man das auf Englisch?** how do you say that in English?; **man hat mir gesagt** I was told; **man kann nie wissen** you never can tell
das **Management** ['mɛnɪtʃmənt] management
der **Manager**, die **Managerin** ['mɛnɪdʒe] manager ['mænɪdʒər]
**manche(r, s)** some, several; **manch einer** many a person; **so manches** (vieles) a good many things
**mancherlei** various ['veərɪəs]
**manchmal** sometimes
der **Mandant**, die **Mandantin** client
die **Mandarine** mandarin, tangerine [,tændʒər'iːn]
das **Mandat** ❶ (Auftrag) mandate; (von Anwalt auch) brief ❷ (Abgeordnetensitz) seat
die **Mandel** ❶ almond ['ɑːmənd] ❷ (Drüse) tonsil ['tɒnsəl]
die **Mandelentzündung** tonsillitis [,tɒnsəl'aɪtɪs]
die **Manege** arena [ə'riːnə], ring
die **Mangel** mangle; (Heißmangel) rotary iron [aɪən] ▸ WENDUNGEN: **jemanden in die Mangel nehmen** to give someone a grilling umgangsspr
der **Mangel** ❶ (Fehlen) lack; (Knappheit) shortage ['ʃɔːtɪdʒ] ❷ (an of) (Fehler) fault [fɔːlt]; (technisch) defect ['diːfekt]
**mangelhaft** ❶ (Schulnote) unsatisfactory [ʌn,sætɪs'fæktəri]; (unzureichend) insufficient [,ɪnsə'fɪʃənt] ❷ (fehlerhaft) defective [dɪ'fektɪv], faulty ['fɔːlti]
**mangeln¹** to press Wäsche
**mangeln²** (fehlen) to want; **es mangelt an etwas** there is a lack of something; **es mangelt ihr an nichts** she lacks for nothing
**mangels** for lack of
**manierlich** Kind: well-mannered; Aussehen: respectable [rɪ'spektəbəl]

das **Manifest** manifesto
der **Manifestant**, die **Manifestantin** Ⓐ demonstrator
die **Maniküre** manicure ['mænɪkjʊəʳ]
die **Manipulation** manipulation
**manipulieren** to manipulate [mə'nɪpjəleɪt]
der **Mann** man; (*Ehemann*) husband ['hʌzbənd]
das **Mannequin** ['manəkɛ̃] fashion model ['mɒdəl]
**männlich** ❶ male; **ein männliches Meerschweinchen** a male guinea ['gɪni] pig ❷ (*in der Grammatik*) masculine ['mæskjəlɪn] ❸ (*mannhaft*) manly ['mænli]
das **Mannsbild** Ⓐ male
die **Mannschaft** team, crew
der **Mannschaftsführer**, die **Mannschaftsführerin** captain ['kæptɪn]
das **Manöver** manoeuvre [mə'nu:vəʳ] 🇬🇧, maneuver 🇺🇸
die **Mansardenwohnung** attic flat
der **Manschettenknopf** cufflink ['kʌflɪŋk]
der **Mantel** ❶ coat [kəʊt] ❷ *eines Rohrs:* jacket ❸ *eines Reifens:* casing ['keɪsɪŋ]
**manuell** manual
das **Manuskript** manuscript ['mænjəskrɪpt]
das **Mäppchen** (*für Stifte*) pencil case
die **Mappe** ❶ (*Aktentasche*) briefcase ['bri:fkeɪs] ❷ (*Hefter*) folder

**Mappe**

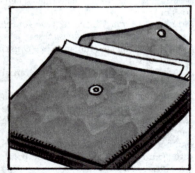

 Nicht verwechseln mit *map* — die *Landkarte!*

der **Marathon** marathon ['mærəθən]
der **Marathonlauf** marathon
das **Märchen** ❶ fairytale ❷ (*Lüge*) tall story
der **Märchenprinz** **der Märchenprinz** Prince Charming
der **Marder** marten ['mɑ:tɪn]
die **Margarine** margarine [,mɑ:dʒə'ri:n]
der **Marienkäfer** ladybird 🇬🇧, ladybug 🇺🇸

das **Marihuana** marijuana [,mærɪ'wɑ:nə]
die **Marille** Ⓐ apricot ['eɪprɪkɒt]
die **Marine** navy
die **Marionette** ❶ (*Holzpuppe*) puppet ['pʌpɪt], marionette [,mæriə'net] ❷ (*willenloser Mensch*) puppet
das **Mark** marrow ['mærəʊ] ▶ WENDUNGEN: **das geht mir durch Mark und Bein** that goes right through me
die **Mark** ❶ (*Währung*) [Deutsch]mark ❷ **mit jeder Mark rechnen müssen** to have to count every penny
**markant** striking
die **Marke** ❶ (*Automarke*) make ❷ (*Warensorte*) brand [brænd] ❸ (*Briefmarke*) stamp; (*Rabattmarke*) trading stamp ❹ (*Essensmarke*) [luncheon] voucher ['lʌnʃən,vaʊtʃəʳ]
der **Markenartikel** branded article
die **Markeneinführung** brand launch [lɔ:n(t)ʃ]
das **Markenzeichen** trademark
das **Marketing** marketing
**markieren** ❶ to mark ❷ (*simulieren*) to play
der **Markierstift** highlighter ['haɪlaɪtəʳ]
die **Markierung** mark
die **Markise** awning
das **Markstück** one-mark piece
der **Markt** ❶ (*in der Wirtschaft*) market; **auf den Markt bringen** to put on the market; **auf dem Markt sein** (*erhältlich sein*) to be on the market ❷ (*Marktplatz*) marketplace; **auf dem Markt** at the market
die **Markteinführung** [market] launch [lɔ:n(t)ʃ]
die **Marktforschung** market research [rɪ'sɜ:tʃ]
der **Marktführer** market leader
die **Marktlücke** gap in the market, opening
der **Marktplatz** marketplace
die **Marktwirtschaft** market economy; **freie Marktwirtschaft** free-market economy
die **Marmelade** jam [dʒæm]

 Nicht verwechseln mit *marmalade* — die *Orangenmarmelade!*

der **Marmor** marble ['mɑ:bəl]
der **Marokkaner**, die **Marokkanerin** Moroccan [mə'rɒkən]
**marokkanisch** Moroccan
**Marokko** Morocco [mə'rɒkəʊ]
die **Marone** [sweet] chestnut ['tʃesnʌt]
die **Marotte** quirk
der **Mars** Mars
der **Marsch** march ▶ WENDUNGEN: **jemandem den Marsch blasen** to give someone a piece of one's mind
die **Marsch** (*Landschaft*) fen, marsh

der **Marschall** marshal ['mɑːʃᵊl]
**marschieren** to march
die **Marschmusik** military marches ⚠ *plural*
die **Marter** torture ['tɔːtʃəʳ]
**martern** to torment [tɔːˈment], to torture ['tɔːtʃəʳ]
der **Marterpfahl** stake
der **Märtyrer**, die **Märtyrerin** martyr ['mɑːtəʳ]
der **Marxismus** Marxism ⚠ *ohne Artikel*
**marxistisch** Marxist
der **März** March; **am 15. März** on 15th March, on March 15 ⓤⓢⓐ; *(gesprochen)* on the 15th of March, March the 15th ⓤⓢⓐ; **Anfang März** at the beginning of March; **Ende März** at the end of March
das **Marzipan** marzipan ['mɑːzɪpæn]
die **Masche** ① *(Strickmasche)* stitch ② *(Netzschlinge)* hole, mesh ▸ WENDUNGEN: **immer die alte Masche!** the same old trick!
der **Maschendraht** wire netting
die **Maschine** ① *(Gerät)* machine [məˈʃiːn] ② *(Auto)* engine ['endʒɪn] ③ *(Flugzeug)* plane ④ **etwas mit der Maschine schreiben** to type something
**maschinell** mechanical [mɪˈkænɪkᵊl]
der **Maschinenbau** mechanical engineering
der **Maschinenbauingenieur**, die **Maschinenbauingenieurin** mechanical engineer
das **Maschinengewehr** machine [məˈʃiːn] gun
der **Maschinenschlosser**, die **Maschinenschlosserin** fitter
die **Masern** measles ['miːzlz] ⚠ *mit Singular*
die **Maserung** grain
die **Maske** ① mask [mɑːsk]; **sie ließ ihre Maske fallen** *(übertragen)* she let her mask slip ② *(im Theater)* make-up ['meɪkʌp]
der **Maskenbildner**, die **Maskenbildnerin** make-up artist
**maskieren** ① to disguise [dɪsˈgaɪz] ② **sich maskieren** to disguise oneself
das **Maskulinum** masculine ['mæskjəlɪn]
das **Maß** ① *(Maßeinheit)* measure ['meʒəʳ] **(für** of) ② *(Maßband)* tape measure ③ *(gemessene Größe)* measurement ['meʒəmənt] ④ *(Ausmaß)* degree [dɪˈgriː], extent [ɪkˈstent]; **ein gewisses Maß an ...** a certain degree of ... ⑤ **in höchstem Maße** extremely [ɪkˈstriːmli] ⑥ **in Maßen** in moderation [ˌmɒdᵊˈreɪʃᵊn]; **Maß halten** to be moderate ['mɒdᵊrət] ▸ WENDUNGEN: **das macht das Maß voll** that does it; **das Maß ist voll!** this takes the biscuit ['bɪskɪt]! *umgangsspr,* enough is enough!
die **Maß** *(Liter Bier)* litre [*oder* ⓤⓢⓐ liter] ['liːtəʳ] of beer

die **Massage** [maˈsaːʒə] massage ['mæsɑːʒ]
das **Massaker** massacre ['mæsəkəʳ]
die **Masse** ① *(ungeformter Stoff)* mass [mæs] ② *(Menge)* lots [*oder* heaps] of *umgangsspr;* **eine ganze Masse von ...** a great deal of ... ③ *(beim Kochen)* mixture ['mɪkstʃəʳ] ④ *(Menschenmenge)* crowd [kraʊd] ⑤ *(in der Physik)* mass
die **Massenarbeitslosigkeit** mass unemployment
**massenhaft** ① on a massive scale ② *(sehr viel)* masses of
die **Massenmedien** mass media [ˌmæsˈmiːdiə] ⚠ *plural*
die **Massentierhaltung** intensive livestock farming
der **Massentourismus** mass tourism ['tʊərɪzᵊm]
die **Massenvernichtungswaffen** weapons of mass destruction *plural*
der **Masseur**, die **Masseurin** [maˈsøːɐ̯] masseur [mæsˈɜːʳ]; *(Frau)* masseuse [mæsˈɜːz]
die **Masseuse** [maˈsøːzə] masseuse [mæsˈɜːz]
**maßgebend**, **maßgeblich** authoritative [ɔːˈθɒrɪtətɪv]; **eine maßgebende Persönlichkeit** a person in authority [ɔːˈθɒrəti]; **deine Meinung ist für mich nicht maßgebend** your opinion carries no weight with me
**massieren** to massage ['mæsɑːʒ]
**massig** ① *Möbel:* massive ['mæsɪv] ② **massig viel** stacks of
**mäßig** ① *(gemäßigt)* moderate ['mɒdᵊrət], temperate ['tempᵊrət] ② *(mittelmäßig)* indifferent ③ *(gering)* moderate
**massiv** ① *(fest, pur)* solid ['sɒlɪd] ② *Beleidigung:* gross [grəʊs]; *Kritik:* heavy [hevi]
**maßlos** ① *(unmäßig)* immoderate [ɪˈmɒdᵊrət] ② *(gewaltig)* extreme [ɪkˈstriːm] ③ *Eifer:* boundless ['baʊndləs]
die **Maßnahme** measure ['meʒəʳ]; **Maßnahmen ergreifen, um etwas zu tun** to take measures to do something
der **Maßstab** ① *(Richtlinie)* standard ['stændəd]; **Maßstäbe setzen** to set standards ② *(Zollstock)* rule ③ *(maßstäbliches Verhältnis)* scale
**maßvoll** moderate ['mɒdᵊrət]
der **Mast**[1] ① *(Strommast)* pylon ['paɪlɒn] ② *(Schiffs-, Antennenmast)* mast [mɑːst]
die **Mast**[2] *(das Mästen)* **die Mast** fattening
**mästen** to fatten
**masturbieren** to masturbate ['mæstəbeɪt]
das **Match** [mɛtʃ] match [mætʃ]
der **Matchball** *(beim Tennis)* match point
das **Material** ① *(Substanz)* material [məˈtɪəriəl]

**②** (*Gerätschaften*) materials △ *plural*
der **Materialismus** materialism [mə'tɪərɪəlɪzᵊm]
**materialistisch** materialist, materialistic *abwertend*
die **Materie** ① matter ② (*Thema*) subject matter; **die Materie beherrschen** to know one's stuff
die **Mathematik** mathematics [mæθə'mætɪks] △ *mit Singular;* maths [mæθ] △ *mit Singular;* **Mathematik ist mein Lieblingsfach** maths is my favourite subject
der **Mathematiker,** die **Mathematikerin** mathematician [mæθəmə'tɪʃᵊn]
**mathematisch** mathematical [,mæθə'mætɪkᵊl]
der **Matjeshering** *lightly cured young herring*
die **Matratze** mattress ['mætrəs]
der **Matrose** ① (*Seemann*) sailor ② (*Dienstgrad*) rating
der **Matsch** ① (*Brei*) mush ② (*Schlamm*) mud; (*Schneematsch*) slush
**matschig** ① (*breiig*) mushy ② (*schlammig*) muddy; (*mit Schneematsch*) slushy
**matt** ① (*glanzlos*) dull ② (*schwach*) weak ③ (*beim Schach*) mate; **jemanden matt setzen** to checkmate someone
die **Matte** mat ▶ WENDUNGEN: **auf der Matte stehen** to be at someone's place; (*bereit sein*) to be there and ready for action
die **Mattscheibe** telly (GB) *umgangsspr;* tube (USA) *umgangsspr* ▶ WENDUNGEN: **Mattscheibe haben** to be not quite with it
die **Maturität** (CH) (*Hochschulreife*) ≈ A Levels *plural* (GB), scholastic aptitude test, S.A.T. (USA)
**mau** poor [pɔːʳ], bad; *Geschäft:* slack
die **Mauer** wall
**mauern** to build [bɪld], to lay bricks
das **Maul** ① mouth; *eines Tieres:* jaws [dʒɔːz] △ *plural* ② **halts Maul!** shut your gob! *umgangsspr* ③ **ein großes Maul haben** to be a big-mouth *umgangsspr* ④ **ein loses Maul haben** to have a cheeky tongue [tʌŋ] ⑤ **sich über jemanden das Maul zerreißen** to dis[s] someone behind their back *umgangsspr* ⑥ **das Maul zu voll nehmen** to bite off more than one can chew
der **Maulesel** mule [mjuːl]
der **Maulkorb** muzzle
die **Maultaschen** *filled pasta squares*
das **Maultier** mule [mjuːl]
der **Maulwurf** mole [məʊl]
der **Maurer,** die **Maurerin** bricklayer
die **Maus** ① (*auch für Computer*) mouse [maʊs], [*plural* mice] ② **Mäuse** (*Geld*) dough [dəʊ] △ *singular slang*

 Die Pluralform von **mouse** ist **mice**: *there were five tiny mice in the attic.*

die **Mausefalle** mousetrap ['maʊstræp]
der **Mausklick** click of the mouse
der **Mauskursor** mouse pointer
das **Mauspad** ['maʊspɛt] mouse pad
die **Maut** toll [təʊl]
**maximal** ① **maximale Geschwindigkeit** maximum ['mæksɪməm] speed ② **zwanzig, maximal dreißig Leute** twenty, at most thirty people
das **Maximum** maximum ['mæksɪməm]
die **Mayonnaise** mayonnaise ['meɪə'neɪz]
**Mazedonien** Macedonia [,mæsɪ'dəʊnɪə]
die **Mechanik** mechanics [mɪ'kænɪks] △ *mit Singular*
der **Mechaniker,** die **Mechanikerin** mechanic [mɪ'kænɪk]
**mechanisch** mechanical [mɪ'kænɪkᵊl]
der **Mechanismus** mechanism ['mekənɪzᵊm]
**meckern** ① *Ziege:* to bleat [bliːt] ② (*nörgeln*) to grouse [graʊs] *umgangsspr* (**über** at)
die **Medaille** [me'daljə] medal ['medᵊl]
die **Medien** media ['miːdɪə] △ *mit Singular oder Plural*
das **Medikament** medicine ['medsᵊn]
die **Meditation** meditation [,medɪ'teɪʃᵊn]
**mediterran** Mediterranean
**meditieren** meditate ['medɪteɪt]
die **Medizin** medicine ['medsᵊn]; **Medizin einnehmen** to take medicine; **Medizin nehmen müssen** to be on medication [,medɪ'keɪʃᵊn]
der **Mediziner,** die **Medizinerin** ① (*Arzt*) doctor ['dɒktəʳ] ② (*Medizinstudent*) medic ['medɪk]
**medizinisch** ① *Behandlung, Forschung:* medical; **jemanden medizinisch behandeln** to give someone medical treatment ② (*heilend*) medicinal; *Shampoo:* medicated
der **Medizinmann** medicine man ['medsᵊn,-mæn]
das **Meer** sea [siː]; **die Meere** the oceans ['əʊʃᵊnz]; **eine Stadt am Meer** a town by the sea
die **Meerenge** straits [streɪts] △ *plural*
die **Meeresalge** seaweed △ *kein Plural*
die **Meeresbiologie** marine biology
die **Meeresfrüchte** seafood ['siːfuːd] △ *singular*
der **Meeresspiegel** sea level; **über/unter dem Meeresspiegel** above/below sea level
der **Meerrettich** horseradish ['hɔːs,rædɪʃ]
das **Meerschweinchen** guinea pig ['gɪni,pɪg]

das **Meerwasser** sea water
das **Megabyte** [mega'bajt] megabyte
das **Megahertz** megahertz
das **Mehl** ❶ flour ['flaʊəʳ]; (*grobes*) meal ❷ (*Pulver*) powder ['paʊdəʳ]
**mehlig** ❶ floury ['flaʊəri] ❷ *Früchte:* mealy
der **Mehltau** mildew ['mɪldjuː]
**mehr** ❶ more; **immer mehr** more and more; **etwas mehr** a little more; **viel[e] mehr** much [many] more; **umso mehr** all the more; **nichts mehr** no more; **noch mehr** even more; **noch mehr?** any more?; **mehr kann man sich doch nicht wünschen** what more could one want?; **zum Kindererziehen gehört mehr als nur ...** there's more to bringing up children than just ... ❷ **reden wir nicht mehr darüber!** let's say no more about it!; **kein Wort mehr!** not another word!; **es war niemand mehr da** everyone had gone; **nicht mehr lange** not much longer
das **Mehr** ⒽⒽ majority [mə'dʒɒrəti] ⚠ *mit Singular oder Plural*
**mehrdeutig** ambiguous [æm'bɪgjuəs]
**mehrere** several ['sevərəl]
**mehrfach** ❶ (*vielfach*) multiple ['mʌltɪpəl] ❷ (*wiederholt*) repeated ❸ (*mehrere Male*) several times
das **Mehrfamilienhaus** house for several families
**mehrfarbig** multicoloured [ˌmʌltɪ'kʌləd]
die **Mehrheit** majority [mə'dʒɒrɪti]; **in der Mehrheit sein** to be in the majority; **mit knapper Mehrheit** by a small majority
**mehrjährig** ❶ of several years; **mehrjährige ...** several years of ... ❷ *Pflanze:* perennial [pə'renɪəl]
die **Mehrkosten** additional costs
**mehrmals** several times
das **Mehrparteiensystem** multiparty system
**mehrsprachig** multilingual
**mehrstündig** **mehrstündige Abwesenheit** an absence of several hours; **nach einem mehrstündigen Gespräch** after talks lasting several hours
**mehrtägig** **ein mehrtägiger Aufenthalt** a stay of several days
die **Mehrwegflasche** deposit [*oder* returnable] bottle
die **Mehrwertsteuer** value added tax, VAT [ˌviːerˈtiː]
**mehrwöchig** **mehrwöchige Verhandlungen** negotiations lasting several weeks; **nach mehrwöchiger Dauer** after several weeks
die **Mehrzahl** ❶ (*Plural*) plural ❷ (*Mehrheit*) majority [mə'dʒɒrɪti]; **die Mehrzahl der Fälle** the majority of cases
**meiden** avoid
die **Meile** mile
der **Meilenstein** milestone
**meilenweit** for miles; **sie liefen meilenweit** they walked for miles; **meilenweite Strände** miles [and miles] of beaches; **meilenweit von ihr entfernt** miles from her
**mein** my; **ich habe meine eigene Wohnung** I've got a flat of my own
**meine, meiner, meines** mine; **seine Freunde sind nicht meine** his friends are not mine
der **Meineid** perjury ['pɜːdʒəri]; **einen Meineid leisten** to commit perjury
**meinen** ❶ (*glauben*) to think; **meinen Sie?** do you think so?; **was meinen Sie?** what do you think?; **meinen Sie nicht auch?** don't you agree? ❷ (*sagen wollen*) to mean ❸ **damit bin ich gemeint** that's meant [ment] for me; **so war das nicht gemeint** it wasn't meant like that; **gut gemeint** well-meant
**meinetwegen** ❶ (*von mir aus*) for my part; **meinetwegen!** that's okay with me!, I don't mind! ❷ (*um meinetwillen*) for my sake
die **Meinung** opinion [ə'pɪnjən]; **der Meinung sein, dass ...** to be of the opinion that ...; **meiner Meinung nach** in my opinion; **seine Meinung äußern** to express an opinion; **seine Meinung ändern** to change one's opinion

 Nicht verwechseln mit *meaning* — *die Bedeutung!*

die **Meinungsforschung** opinion polling
die **Meinungsumfrage** opinion poll, canvassing ['kænvəsɪŋ]
die **Meinungsverschiedenheit** disagreement [ˌdɪsə'griːmənt], difference of opinion
die **Meise** (*kleiner Singvogel*) tit[mouse] ▸ WENDUNGEN: **eine Meise haben** to be nuts *umgangsspr*
der **Meißel** chisel ['tʃɪzəl]
**meißeln** to chisel ['tʃɪzəl]
**meist** mostly, most of the time
**meiste(r, s)** **die meisten** most people; **die meiste Zeit** most of the time; **die meisten sind Studenten** they are mostly students
**meisten am meisten** most of all
**meistens** mostly, most of the time
der **Meister,** die **Meisterin** ❶ *im Handwerk:* master ❷ *im Sport:* champion
**meisterhaft** ❶ masterly ❷ in a masterly manner
**meistern** ❶ to master ❷ **Schwierigkeiten**

**meistern** to overcome difficulties

die **Meisterprüfung** *examination for the master craftsman's diploma*

die **Meisterschaft** championship

die **Melancholie** melancholy ['melənkªli]

**melancholisch** melancholy ['melənkªli]

die **Melanzani** Ⓐ aubergine ['əʊbəʒiːn] ⒼⒷ, eggplant ⓊⓈⒶ

das **Meldeamt** registration office

**melden** ❶ *(ankündigen)* to announce [ə'naʊns] ❷ *(benachrichtigen)* to report ❸ **sich melden** *(in der Schule)* to put one's hand up ❹ **sich zu etwas melden** to put oneself forward for something ❺ *(am Telefon)* to answer ['ɑːnsəʳ]; **er hat sich nicht gemeldet** he didn't answer the phone ❻ **sich bei jemandem melden** to get in touch with someone; **melde dich mal wieder!** keep in touch! ❼ **sich krankmelden** to report [*oder* phone in] sick

die **Meldepflicht** obligation to report something; *beim Einwohnermeldeamt:* obligation to register your address

**meldepflichtig** *Krankheit:* notifiable

die **Meldung** ❶ *in den Medien:* report (**über** on) ❷ *im Sport:* entry ❸ *(dienstlich)* report

die **Melisse** balm [bɑːm]

**melken** ❶ to milk ❷ *(anpumpen)* to fleece *umgangsspr*

die **Melodie** melody ['melədi]

**melodisch** melodic [mə'lɒdɪk], tuneful

die **Melone** ❶ *(Frucht)* melon ['melən] ❷ *(Hut)* bowler ['bəʊləʳ] hat ⒼⒷ, derby ['dɑːbi] ⓊⓈⒶ

die **Memoiren** [me'mɒɑːrən] memoirs ['memwɑːʳz]

die **Menge** ❶ *(bestimmte Anzahl)* quantity ['kwɒntɪti] ❷ **eine Menge** *(viele)* a great many, lots of; **jede Menge** lots and lots ❸ **sich eine Menge einbilden** to think a lot of oneself ❹ *(Menschenmenge)* crowd [kraʊd] ❺ *(in der Mathematik)* set

die **Mensa** canteen, refectory [rɪ'fektəri]

der **Mensch** ❶ man, person; **ich bin auch nur ein Mensch** I'm only human after all; **er ist ein guter Mensch** he's a good soul [səʊl]; **kein Mensch war da** nobody was there ❷ **Menschen** *(Leute)* people ['piːpªl] ⚠ *plural;* **die Menschen** mankind [mæn'kaɪnd] ❸ **Mensch!** *(bewundernd)* wow!

der **Menschenaffe** ape [eɪp]

der **Menschenfresser** cannibal ['kænɪbªl]; *(Löwe)* maneater

der **Menschenhandel** slave trade

die **Menschenkenntnis** **Menschenkenntnis** haben to be a good judge of character ['kærɪtəʳ]

**menschenleer** deserted [dɪ'zɜːtɪd]

die **Menschenmenge** crowd [kraʊd] [of people]

**menschenmöglich das Menschenmögliche tun** to do all that is humanly possible

das **Menschenrechte** human rights

die **Menschenrechtsverletzung** violation of human rights

die **Menschenseele keine Menschenseele war da** not a soul [səʊl] was there

das **Menschenskind Menschenskind!** heavens above!

**menschenunwürdig** inhumane [ˌɪnhjuː-'meɪn]; **jemanden menschenunwürdig behandeln** to treat someone in an inhumane way

der **Menschenverstand gesunder Menschenverstand** common sense

die **Menschenwürde** human dignity

die **Menschheit die Menschheit** humanity [hjuː'mænɪti], mankind [mæn'kaɪnd]

**menschlich** ❶ human ['hjuːmən]; **die menschliche Gesellschaft** the society of man ❷ *(human)* humane [hjuː'meɪn]

die **Menschlichkeit** humanity [hjuː'mænɪti]

die **Menstruation** menstruation [ˌmenstru'eɪʃªn]

die **Mentalität** mentality

das **Menu,** das **Menü** *(auch in der Informatik)* menu ['menjuː]

**menügesteuert** menu-driven

**merci** Ⓒ thanks

**merken** ❶ *(wahrnehmen)* to notice ❷ *(spüren)* to feel; **merkst du was?** can you feel anything?; **ich hab nichts gemerkt** I didn't feel a thing ❸ **sich etwas merken** to remember something

das **Merkmal** characteristic [ˌkærəktə'rɪstɪk]

der **Merkur** Mercury ['mɜːkjəri]

**merkwürdig** *(seltsam)* curious ['kjʊəriəs], strange

**messbar** measurable ['meʒªrəbªl]

der **Messbecher** measuring jug ['meʒªrɪŋ dʒʌg]

die **Messe**¹ *(Gottesdienst)* mass [mæs]

die **Messe**² *(Ausstellung)* [trade] fair

die **Messehalle** exhibition [eksɪ'bɪʃªn] hall

**messen** ❶ to measure ['meʒəʳ]; **können Sie mir den Blutdruck messen?** could you take my blood pressure?; **jemandes Zeit messen** to time someone ❷ **er misst 1,70 m** he measures 1.70 metres, his height is 1.70 metres, he is 1.70 metres tall ❸ **sich mit jemandem messen** to compete with someone

das **Messer** ❶ knife [naɪf] ❷ **ein Kampf bis**

**aufs Messer** a fight to the finish ▶ WENDUNGEN: **unters Messer kommen** to go under the knife *umgangsspr*

 **knives** ist die Pluralform von **knife** (= ein Messer): *Jenny put four knives and forks on the table.*

die **Messerspitze** knife point; **eine Messerspitze Muskat** a pinch of nutmeg
der **Messerstich** stab wound [wu:nd]
der **Messestand** exhibition [eksɪˈbɪʃən] stand ⓖⓑ, booth ⓤⓢⓐ
der **Messias** Messiah [məˈsaɪə]
das **Messing** brass [brɑːs]
das **Messinstrument** measuring gauge [*oder* ⓤⓢⓐ gage] [geɪdʒ]
der **Messwert** measurement [ˈmeʒəmənt]
das **Metall** metal [ˈmetəl]; **aus Metall** made of metal, metallic [meˈtælɪk]
**metallisch** ❶ (*aus Metall*) metal [ˈmetəl] ❷ *Klang:* metallic [meˈtælɪk]
die **Metallverarbeitung** metalworking
die **Metapher** metaphor [ˈmetəfəʳ]
die **Metaphysik** metaphysics *singular*
die **Metastase** metastasis
der **Meteorologe** meteorologist [ˌmiːtiəˈrɒlədʒɪst]
die **Meteorologin** meteorologist
der/das **Meter** metre ⓖⓑ, meter ⓤⓢⓐ
die **Methode** method [ˈmeθəd]
der **Methylalkohol** methyl alcohol [ˌmeθəlˈælkəhɒl], methanol
die **Metropole** metropolis [məˈtrɒpəlɪs]
der **Metzger**, die **Metzgerin** butcher [ˈbʊtʃəʳ]
die **Metzgerei** butcher's [ˈbʊtʃəz]
die **Meute** ❶ (*Jagdhunde*) pack of hounds [haʊndz] ❷ (*Pöbel*) mob
die **Meuterei** mutiny [ˈmjuːtɪni]
der **Meuterer**, die **Meutererin** mutineer [ˌmjuːtɪˈnɪəʳ]
**meutern** ❶ (*rebellieren*) to mutiny [ˈmjuːtɪni] ❷ (*aufmucken*) to moan *umgangsspr*
der **Mexikaner**, die **Mexikanerin** Mexican [ˈmeksɪkən]
**mexikanisch** Mexican [ˈmeksɪkən]
**Mexiko** Mexico [ˈmeksɪkəʊ]
**miauen** to miaow [miːˈaʊ]
**mich** me; (*reflexiv*) myself
**mick(e)rig** ❶ *Pflanze:* stunted ❷ *Betrag:* mingy [ˈmɪndʒi] *umgangsspr* ❸ *Person:* puny [ˈpjuːni]
der **Mief** (*muffige Luft*) fug *umgangsspr*
die **Miene** ❶ expression, face ❷ **ohne eine Miene zu verziehen** without turning a hair ▶ WENDUNGEN: **gute Miene zum bösen Spiel machen** to grin and bear it
**mies** lousy [ˈlaʊzi] *umgangsspr*
**miesmachen jemanden/etwas mies machen** to run someone/something down
die **Miesmuschel** mussel [ˈmʌsəl]
das **Mietauto** rental car, hire car ⓖⓑ
die **Miete** rent; **zur Miete wohnen** to live in rented accommodation
**mieten** to rent *Wohnung;* to rent, to hire *Auto, Fahrrad*
der **Mieter**, die **Mieterin** tenant [ˈtenənt]
die **Mieterhöhung** rent increase
das **Mietshaus** tenement [ˈtenəmənt], block of flats ⓖⓑ, apartment house ⓤⓢⓐ
der **Mietvertrag** lease [liːs], tenancy agreement
der **Mietwagen** rental car, hire[d] car ⓖⓑ
die **Mietwohnung** rented flat, ⓤⓢⓐ apartment
die **Migräne** migraine [ˈmaɪgreɪn]; **Migräne haben** to have a migraine
der **Mikrochip** microchip
das **Mikrofon** microphone [ˈmaɪkrəfəʊn]
das **Mikroskop** microscope [ˈmaɪkrəskəʊp]
**mikroskopisch** microscopic [ˌmaɪkrəˈskɒpɪk]
die **Mikrowelle** microwave [ˈmaɪkrəweɪv]
die **Milbe** mite
die **Milch** milk
die **Milchflasche** milk bottle
der **Milchkaffee** milky coffee
das **Milchprodukt** dairy product
die **Milchprodukte** dairy [*oder* milk] products
das **Milchpulver** powdered milk
der **Milchreis** rice pudding [ˈpʊdɪŋ]
die **Milchsäure** lactic acid
die **Milchstraße** Milky Way [weɪ]
der **Milchzahn** milk tooth
**mild** ❶ (*sanft*) mild [maɪld]; **milde Luft** balmy air ❷ (*nachsichtig*) lenient [ˈliːniənt] ❸ **... und das ist noch milde ausgedrückt** ... to put it mildly
**mildern** ❶ to ease, to soothe [suːð] *Schmerz* ❷ (*mäßigen*) to moderate ❸ **mildernde Umstände** extenuating [eksˈtenjueɪtɪŋ] circumstances
das **Milieu** [miˈljøː] ❶ (*gesellschaftlich*) background ❷ (*Umwelt*) environment [ɪnˈvaɪərənmənt] ❸ (*Atmosphäre*) atmosphere [ˈætməsfɪəʳ]
**militant** militant
das **Militär** armed forces ⚠ *plural*
die **Militärdiktatur** military dictatorship
**militärisch** military [ˈmɪlɪtri]
die **Militärregierung** military government
der **Militärstützpunkt** military base
die **Miliz** militia [mɪˈlɪʃə]

das **Millennium** millennium
der **Milliardär**, die **Milliardärin** multimillionaire
die **Milliarde** billion [bɪliən]
das **Millimeter** millimetre ⓖⒷ, millimeter ⓊⓈⒶ
die **Million** million ['mɪliən]

 **million** wird nach einer Zahl nicht im Plural gebraucht: *fifty million people watched the World Cup Final.*

der **Millionär**, die **Millionärin** millionaire [mɪljə'neəʳ]
die **Millionenstadt** city with over a million inhabitants
die **Milz** spleen
die **Mimik** facial expression
**minder** less; **mehr oder minder** more or less
**minderbemittelt** ❶ (*finanziell*) less well-off ❷ (*geistig*) [mentally] less gifted
die **Minderheit** minority [maɪ'nɒrəti]
**minderjährig minderjährig sein** to be a minor
der/die **Minderjährige** minor
**mindern** ❶ (*vermindern*) to lessen ❷ (*beeinträchtigen*) to detract from ❸ to reduce *Wert*
**minderwertig** inferior [ɪn'fɪərɪəʳ], low-quality
die **Minderwertigkeit** inferiority [ɪn,fɪəri'ɒrɪti]; *von Gütern:* low quality
das **Minderwertigkeitsgefühl** feeling of inferiority
der **Minderwertigkeitskomplex** inferiority complex [ɪn,fɪəri'ɒrɪti ,kɒmpleks]
die **Minderzahl in der Minderzahl sein** to be in the minority [maɪ'nɒrəti]
das **Mindestalter** minimum age
der **Mindestbetrag** minimum amount
**mindeste(r, s)** ❶ least, slightest; **das wäre ja wohl das Mindeste gewesen!** that's the least you could have done! ❷ **nicht im Mindesten** not in the least
**mindestens** at least
die **Mindestgeschwindigkeit** minimum speed
der **Mindestlohn** minimum wage [weɪdʒ]
die **Mine** ❶ *im Krieg:* mine [maɪn] ❷ *eines Bleistiftes:* lead [led]; *eines Kugelschreibers:* refill ❸ *im Bergbau:* mine
das **Mineral** mineral ['mɪnərəl]
das **Mineralöl** mineral oil
die **Mineralölsteuer** tax on oil
das **Mineralwasser** mineral water
die **Minibar** (*in Hotel*) minibar
das **Minigolf** miniature ['mɪnɪtʃəʳ] golf; (*mit Hindernissen*) crazy golf ⓖⒷ
**minimal** minimal ['mɪnɪməl]
das **Minimum** minimum ['mɪnɪməm]
der **Minirock** miniskirt

der **Minister**, die **Ministerin** minister ['mɪnɪstəʳ], secretary
das **Ministerium** ministry ['mɪnɪstri] ⓖⒷ, department ⓊⓈⒶ
der **Ministerpräsident**, die **Ministerpräsidentin** prime minister; **der Ministerpräsident von Bayern** the chief minister [*oder* the premier] of Bavaria
die **Minorität** minority
das **Minus** ❶ (*Mangel*) deficit ['defɪsɪt] ❷ (*Minuspunkt*) bad point ❸ (*Nachteil*) disadvantage
**minus** ❶ **zehn minus vier ist sechs** ten minus ['maɪnəs] four is six ❷ **bei 20 Grad minus** at 20 degrees below zero
das **Minuszeichen** minus sign
die **Minute** ❶ minute ['mɪnɪt]; **zehn Minuten vor sechs** ten minutes to six ❷ **in letzter Minute** at the last moment
**minutenlang** ❶ for several minutes ❷ several minutes of
der **Minutenzeiger** minute hand
die **Minze** mint ⚠ *das englische 'mince' = Gehacktes*
**mir** ❶ to me ❷ **ich habe mir den Arm verletzt** I've hurt my arm ❸ **diese Jacke gehört mir** this jacket is mine ❹ **ein Freund von mir** a friend of mine ❺ **von mir aus!** I don't mind! ❻ **mir nichts, dir nichts** just like that
die **Mirabelle** mirabelle
das **Mischbrot** bread made from rye and wheat flour
**mischen** ❶ to mix ❷ to shuffle *Karten* ❸ **sich mischen** to mix ❹ **sich unters Volk mischen** to mingle [with the crowd]
der **Mischling** ❶ *Tier:* half-breed ❷ *Mensch:* half-caste ['hɑːfkæst] *abwertend*
das **Mischpult** mixing desk
die **Mischung** ❶ (*Mixtur*) mixture; *von Kaffee, Tee, Tabak:* blend ❷ (*Kombination*) combination ['kɒmbɪ'neɪʃən] (**aus** of)
**miserabel** (*mies*) lousy [laʊzi]
die **Misere** plight [plaɪt], dreadful state
**missachten** ❶ (*verachten*) to despise ❷ (*ignorieren*) to disregard, to ignore
die **Missachtung** ❶ (*Verachtung*) disdain [of] ❷ (*Nichtbeachtung*) disregard
**missbehagen etwas missbehagt mir an der Situation** something makes me uneasy about the situation
das **Missbehagen** uneasiness
**missbilligen** to disapprove of
die **Missbilligung** disapproval
der **Missbrauch** ❶ *von Macht, Menschen:* abuse

[əˈbjuːs] ② von Notbremse: improper use
**missbrauchen** ① abuse [əˈbjuːz] ② **jemanden zu** [oder **für**] **etwas missbrauchen** to use someone for something
**missen ich möchte das nicht missen** I wouldn't [like to] do without it
der **Misserfolg** failure [ˈfeɪljər]
der **Missetäter**, die **Missetäterin** (humorvoll) culprit
das **Missfallen jemandes Missfallen erregen** to incur [ɪnˈkɜːʳ] someone's displeasure
**missfallen** to displease [dɪˈspliːz]
die **Missgeburt** ① deformed child ② (Schimpfwort) freak
das **Missgeschick** mishap [ˈmɪʃhæp]; **ihr ist ein kleines Missgeschick passiert** she's had a slight mishap
**missglücken** to fail [feɪl]; **sein Versuch missglückte** he failed in his attempt
**missgönnen jemandem etwas missgönnen** to begrudge [brɪˈɡrʌdʒ] someone something
die **Missgunst** resentment, envy [ˈenvi]
**missgünstig** resentful, envious [ˈenviəs]
**misshandeln** to ill-treat, to maltreat [ˈmælˈtriːt]
die **Misshandlung** maltreatment
die **Mission** mission [ˈmɪʃən]
der **Missionar**, die **Missionarin** missionary [ˈmɪʃənəri]
**missionarisch** missionary
das **Misslingen** failure [ˈfeɪljər]
**misslingen** to fail
**missmutig** morose [məˈrəʊs]
**missraten** to go wrong [rɒŋ]
der **Missstand** deplorable state of affairs; **soziale Missstände** social evils
das **Misstrauen** distrust [dɪˈstrʌst], mistrust [mɪˈstrʌst] (**gegenüber** of); **Misstrauen gegen jemanden hegen** to mistrust someone
**misstrauen** to mistrust
das **Misstrauensvotum** vote of no confidence
**misstrauisch** distrustful
**missverständlich** unclear
das **Missverständnis** misunderstanding [ˌmɪsʌndəˈstændɪŋ]
**missverstehen** to misunderstand
der **Mist** ① (Dung) dung [dʌŋ]; (Dünger) manure [məˈnjʊəʳ]; (Misthaufen) muck heap ② (Blödsinn) rubbish umgangsspr; **was soll der Mist!** oh, for crying out loud! umgangsspr ③ **Mist!** blast! [blɑːst] ④ **da hast du Mist gemacht!** you've screwed up there! umgangsspr ▶ WENDUNGEN: **das ist nicht auf seinem Mist gewachsen** he didn't do that off his own bat, that wasn't his doing

**Mist**

Nicht verwechseln mit mist — der Nebel!

die **Mistel** mistletoe [ˈmɪsəltəʊ]
der **Misthaufen** muck heap
der **Mistkäfer** dung beetle
das **Miststück Miststück!** (zu einem Mann) bastard! [ˈbɑːstəd] umgangsspr; (zu einer Frau) bitch! umgangsspr
**mit** ① with; **was ist mit dir los?** what's the matter with you? ② **bring ein Buch mit** bring a book with you; **ich hab mein Scheckheft nicht mit** I haven't got my cheque book with me; **komm mit!** come along [oder as well]! ③ **mit dem Auto** by car ④ **mit der Zeit** in time ⑤ (ebenfalls) as well; **mit dabei sein** to be there too ⑥ **er ist mit einer der besten Schlagzeuger seiner Generation** he's one of the best drummers of his generation ⑦ **er liegt mit Kopfschmerzen im Bett** he's in bed with a headache
die **Mitarbeit** collaboration; **unter Mitarbeit von ...** in collaboration with ...
**mitarbeiten** ① (bei Projekt) to collaborate [kəˈlæbəreɪt] (**an** on); (mithelfen) to cooperate [kəʊˈɒpəreɪt] (**bei** on) ② **im Unterricht mitarbeiten** to take an active part in lessons
der **Mitarbeiter**, die **Mitarbeiterin** ① (Angestellte) employee [ɪmˈplɔɪiː] ② (Kollege) colleague [ˈkɒliːɡ]
**mitbekommen** ① (verstehen) to get; **ich hab nichts mitbekommen** I didn't get a thing umgangsspr ② (als Gabe) to get to take with one ③ **hast du den Unfall mitbekommen?** did you notice [oder see] the acci-

**mitbenutzen – mitteilen**

dent?

**mitbenutzen** to share

**mitbestimmen** ➊ to have a say (**bei** in) ➋ **etwas mitbestimmen** (*beeinflussen*) to have an influence on something

die **Mitbestimmung** participation

der **Mitbewohner**, die **Mitbewohnerin** flatmate

**mitbringen** ➊ to bring *Geschenk* ➋ to bring along *Person* ➌ (*besitzen*) to have, to possess [pəˈzes] ➍ **kannst du mir etwas mitbringen?** can you bring something back for me?

der **Mitbürger**, die **Mitbürgerin** fellow citizen [ˌfeləʊˈsɪtɪzⁿn]

**mitdenken** **bei etwas mitdenken** to follow something

**miteinander** ➊ with each other ➋ (*gemeinsam*) together; **alle miteinander** one and all ➌ **gut miteinander auskommen** to get along well

**miterleben** to see, to witness

der **Mitesser** blackhead [ˈblækhed]

**mitfahren** to go with; **kann ich mitfahren?** can you give me a lift?

der **Mitfahrer**, die **Mitfahrerin** [fellow] passenger

**mitfühlen** **ich kann das mitfühlen** I can feel for you [*oder* sympathize with you]

**mitfühlend** sympathetic [ˌsɪmpəˈθetɪk]

**mitgeben** **jemandem etwas mitgeben** to give someone something to take with him/her/them

das **Mitgefühl** sympathy [ˈsɪmpəθi]

**mitgehen** ➊ to go along ➋ **etwas mitgehen lassen** to walk off with something *umgangsspr*

**mitgenommen** run-down, worn-out [ˌwɔːnˈaʊt]; **du siehst mitgenommen aus** you look the worse for wear

die **Mitgift** dowry [ˈdaʊri]

das **Mitglied** member (**bei** of)

**mithalten** ➊ to keep pace ➋ (*bei Versteigerung*) to stay in the bidding

**mithelfen** to help

**mithilfe** with the help (**von** of)

**mithören** ➊ (*belauschen*) to listen in on ➋ (*zufällig*) to overhear [ˌəʊvəˈhɪəʳ]; **ich habe alles mitgehört** I heard everything

**mitkommen** ➊ (*begleiten*) to come along (**mit** with); **kommst du mit?** are you coming too? ➋ (*geistig folgen*) to keep up

**mitkriegen** to understand, to realize

der **Mitläufer**, die **Mitläuferin** (*abwertend*) fellow traveller

das **Mitleid** sympathy [ˈsɪmpəθi], compassion [kəmˈpæʃⁿn], pity (**mit** for); **mit jemandem Mitleid haben** to have pity on someone;

**kein Mitleid zeigen** to show no pity, to be pitiless

**mitleidig** sympathetic [ˌsɪmpəˈθetɪk]

**mitmachen** ➊ **etwas** [*oder* **bei etwas**] **mitmachen** to join in [*oder* to take part in] something; **einen Kurs mitmachen** to do a course ➋ (*erleiden*) to go through ➌ **das mache ich nicht länger mit** I won't put up with that/this any longer

der **Mitmensch** fellow creature [ˌfeləʊˈkriːtʃəʳ]

**mitnehmen** ➊ to take along; **kannst du mich mitnehmen?** can you give me a lift? ➋ (*erschöpfen*) to exhaust [ɪgˈzɔːst], to wear [weəʳ] out ➌ (*in Mitleidenschaft ziehen*) to affect

**mitreden** **da kann ich natürlich nicht mitreden** I wouldn't know anything about that

**mitreißen** ➊ (*mitschleppen*) to drag along ➋ (*begeistern*) to carry away

**mitschicken** ➊ (*auch schicken*) to send along ➋ *in einem Brief:* to enclose [ɪnˈkləʊz]

**mitschreiben** ➊ to take down ➋ **ich schreibe immer mit** I always take notes

**mitschuldig** partly to blame (**an** for)

der/die **Mitschuldige** accomplice [əˈkʌmplɪs]

der **Mitschüler**, die **Mitschülerin** ➊ (*Klassenkamerad*) classmate [ˈklɑːsmeɪt] ➋ (*Schulkamerad*) schoolmate

**mitsingen** to sing along

**mitspielen** ➊ (*mitmachen*) to join in ➋ (*im Sport*) to play (**bei** in) ➌ (*so tun als ob*) to play along ▶ WENDUNGEN: **jemandem übel mitspielen** to behave maliciously towards someone

das **Mitspracherecht** right to have a say; **ein Mitspracherecht bei etwas haben** to have a say in something

der **Mittag** ➊ midday, noon, lunchtime; **gegen Mittag** at noon ➋ **zu Mittag essen** to have lunch ➌ **ich mache jetzt Mittag** I'm having my lunch-break

das **Mittagessen** lunch

**mittags** at lunchtime

die **Mittagspause** lunch hour, lunch break

der **Mittagsschlaf** afternoon nap

die **Mittagszeit** lunch time

der **Mittäter**, die **Mittäterin** accomplice [əˈkʌmplɪs]

die **Mitte** ➊ middle ➋ **Mitte Mai** in the middle of May ➌ **sie ist Mitte zwanzig** she is in her mid-twenties ➍ **Mitte des Jahres** halfway through the year

**mitteilen** ➊ to tell ➋ **sich jemandem mitteilen** to communicate [kəˈmjuːnɪkeɪt] with someone

die **Mitteilung** notification [ˌnəʊtɪfɪˈkeɪʃᵊn]; (*Notiz*) memo [ˈmeməʊ]
das **Mittel** ❶ (*Präparat, Zubereitung*) preparation; (*Medizin*) medicine [ˈmedsᵊn] ❷ (*Hilfsmittel*) means ⚠ *mit Singular*; (*Maßnahme, Methode*) method [ˈmeθəd]; **ein Mittel zum Zweck** a means to an end ❸ **Mittel und Wege finden** to find ways and means; **mir ist jedes Mittel recht** I don't care how I do it; **etwas mit allen Mitteln versuchen** to try one's utmost to do something

 Nicht verwechseln mit *middle — die Mitte!*

das **Mittelalter** Middle Ages ⚠ *plural*
**mittelalterlich** medieval [ˌmediˈiːvᵊl]
**Mittelamerika** Central America
**Mitteleuropa** Central Europe [ˈjʊərəp]
**mitteleuropäisch** Central European [ˌjəʊrəˈpiːən]
das **Mittelfeld** midfield
der **Mittelfinger** middle finger
**mittellos** without means
**mittelmäßig** mediocre [ˌmiːdiˈəʊkəʳ]
das **Mittelmeer** Mediterranean [ˌmedɪtᵊrˈeɪniən]
der **Mittelpunkt** centre 🇬🇧, center 🇺🇸; **im Mittelpunkt stehen** to be the centre of attention
**mittels** by means of
die **Mittelschule** 🇨🇭 secondary school 🇬🇧, high school 🇺🇸
der **Mittelstand** middle classes ⚠ *plural*
die **Mittelstreckenrakete** medium-range [*oder* intermediate-range [ɪntəˈmiːdiətˌreɪndʒ]] missile
der **Mittelweg** middle course; **einen Mittelweg einschlagen** to steer a middle course
die **Mittelwelle** medium [ˈmiːdiəm] wave
**mitten** ❶ **mitten auf/in/unter ...** in the midst of ... ❷ **mitten durch ...** right across [*oder* through] ... ❸ **mitten in der Nacht** in the middle of the night; **mitten im Winter** in the depth [depθ] of winter
die **Mitternacht** midnight
**mittlere(r, s)** ❶ middle; **die mittlere Entfernung** the middle distance ❷ (*durchschnittlich*) average [ˈævᵊrɪdʒ] ❸ (*mittelmäßig*) mediocre [ˌmiːdiˈəʊkəʳ], middling ❹ **mittleren Alters** middle-aged
**mittlerweile** in the meantime, meanwhile
der **Mittwoch** Wednesday [ˈwenzdeɪ]; **bis Mittwoch!** see you [on] Wedneday!; **[am] Mittwochabend/Mittwochmorgen/Mittwochnachmittag** [on] Wednesday night [*oder* evening]/morning/afternoon; **mittwochabends/mittwochmorgens** on Wednesday evenings [*oder* nights]/mornings
**mittwochs** on Wednesdays
**mitwirken** ❶ (*mitarbeiten*) to collaborate [kəˈlæbᵊreɪt] (**an/bei** on); (*bei einer Zeitung*) to contribute [kənˈtrɪbjuːt] (**bei** to) ❷ (*beteiligt sein*) to be involved (**an/bei** in) ❸ (*mitspielen*) to take part (**an/bei** in) ❹ (*mit im Spiel sein*) to play a part (**an/bei** in) ❺ (*auftreten bei Aufführung*) to perform [pəˈfɔːm] (**an/bei** in)
die **Mitwirkung** collaboration; **unter Mitwirkung von** in collaboration with
der **Mitwisser**, die **Mitwisserin** accessory [əkˈsesᵊri] [to]
**mitwollen willst du mit?** do you want to come along?
**mitzählen** ❶ (*einrechnen*) to count in ❷ (*eingeschlossen werden*) to be included
**mixen** to mix
der **Mixer** ❶ (*Barmixer*) cocktail waiter, barman ❷ (*Mixgerät*) blender; *zum Rühren:* mixer
die **Mixtur** mixture
**mm** *Abkürzung von* **Millimeter** mm
die **MMS** *Abkürzung von* **Multimedia Messaging Service** MMS
das **Mobbing** [psychological] bullying (*especially in the workplace*)
die **Möbel** furniture [ˈfɜːnɪtʃəʳ] ⚠ *mit Singular*

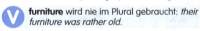 **furniture** wird nie im Plural gebraucht: *their furniture was rather old.*

das **Möbelstück** piece of furniture
**mobil** ❶ (*beweglich*) movable [ˈmuːvəbᵊl], mobile [ˈməʊbaɪl] ❷ (*flink*) nimble [ˈnɪmbᵊl]
der **Mobilfunk** mobile communications ⚠ *plural*
das **Mobiliar** furnishings [ˈfɜːnɪʃɪŋz] ⚠ *plural*
die **Mobilität** mobility [məˈbɪləti]
das **Mobiltelefon** mobile [*oder* 🇺🇸 cellular] phone
**möblieren** furnish [ˈfɜːnɪʃ]; **ein möbliertes Zimmer** a furnished room
die **Mode** ❶ fashion [ˈfæʃᵊn]; **in Mode** in fashion; **es ist große Mode** it's all the fashion; **aus der Mode kommen** to go out of fashion; **die neue[ste] Mode** all the latest style ❷ (*Brauch*) custom

 Nicht verwechseln mit *mode — die Art!*

das **Model** [ˈmɒdl] model
das **Modell** ❶ model [ˈmɒdᵊl] ❷ (*Nachbildung*) mock-up, model ❸ (*Mannequin*) [fashion] model ❹ **jemandem Model stehen** to sit for someone
das **Modem** modem [ˈməʊdem]

**Modenschau – Moral**

die **Modenschau** fashion parade [pə'reɪk]
der **Moderator,** die **Moderatorin** presenter [prɪ'zentəʳ]
**moderig** musty
**modern** ① (*zeitgemäß*) modern ['mɒdᵊn], up-to-date ② (*modisch*) fashionable ['fæʃᵊnəbᵊl]
**modernisieren** to modernize
der **Modeschöpfer,** die **Modeschöpferin** fashion designer
**modisch** fashionable ['fæʃᵊnəbᵊl], stylish ['staɪlɪʃ]
der **Modus** mode
das **Mofa** small moped ['məʊped]
**mogeln** to cheat
**mögen** ① (*gernhaben*) to like; **ich mag ihn nicht** I don't like him; **sie mögen sich** they like each other ② **was möchten Sie trinken?** what would you like to drink? ③ (*können*) may; **da mögen Sie Recht haben** you may be right; **das mag ja sein** that may be so ④ (*wollen*) to want; **ich möchte jetzt allein sein** I wish [*oder* I'd like] to be alone now
**möglich** ① possible ['pɒsəbᵊl]; (*eventuell*) potential [pə'tenʃᵊl]; **möglich ist alles** anything is possible ② **nicht möglich!** never!; **schon möglich** maybe ③ **sein Möglichstes tun** to do one's utmost
**möglicherweise** possibly ['pɒsəbli]
die **Möglichkeit** ① (*das Möglichsein*) possibility [ˌpɒsə'bɪləti] ② (*Aussicht*) chance [tʃɑːns]; **es besteht die Möglichkeit, dass ...** there is a possibility that ... ③ **ist denn das die Möglichkeit!** that's impossible!
**möglichst möglichst ...** as ... as possible
der **Mohn** ① (*Pflanze*) poppy ② (*Samen*) poppy seed
die **Möhre** carrot ['kærət]
der **Mokka** mocha ['mɒkə]
der **Molch** newt [njuːt]
das **Molekül** molecule ['mɒlɪkjuːl]
**molekular** molecular [mə(ʊ)'lekjələʳ]
die **Molke** whey [weɪ]
die **Molkerei** dairy ['deəri]
das **Moll** minor ['maɪnəʳ]
**mollig** ① (*warm*) cosy ['kəʊzi] ② (*dick*) plump
der **Moment** ① moment ['məʊmənt] ② **einen Moment!** just a moment! ③ **im Moment** at the moment ④ **im ersten Moment** for a moment
**momentan** ① **die momentane Lage** the present situation ② **wir haben momentan viel zu tun** we're very busy at the moment

der **Monarch,** die **Monarchin** monarch ['mɒnək]
die **Monarchie** monarchy ['mɒnəki]
der **Monarchist,** die **Monarchistin** monarchist ['mɒnəkɪst]
der **Monat** month [mʌnθ]; **im Monat Mai** in the month of May
**monatlich** monthly
die **Monatsbinde** sanitary towel ['sænɪtᵊri,taʊəl]
der **Mönch** monk [mʌŋk]
der **Mond** moon ▸ WENDUNGEN: **sie lebt hinter dem Mond** she's out of touch
die **Mondfinsternis** eclipse [ɪ'klɪps] of the moon, lunar eclipse
die **Mondrakete** lunar rocket
der **Mondschein** moonlight
die **Mondsichel** crescent ['kresᵊnt] moon
der **Mongole,** die **Mongolin** Mongol ['mɒŋgəl]
die **Mongolei** Mongolia [mɒŋ'gəʊliə] △ *kein Artikel*
der **Monitor** monitor ['mɒnɪtəʳ]
der **Monolog** monologue ['mɒnᵊlɒg]; **einen Monolog halten** to hold a monologue
das **Monopol** monopoly [mə'nɒpᵊli] (**auf/für** on)
**monoton** monotonous [mə'nɒtᵊnəs]
die **Monotonie** monotony
das **Monster** monster
der **Monsun** monsoon
der **Montag** Monday; **bis Montag!** see you [on] Monday!; [**am**] **Montagabend/Montagmorgen/Montagnachmittag** [on] Monday night [*oder* evening]/morning/afternoon; **montagabends/montagmorgens** on Monday evenings [*oder* nights]/mornings
die **Montage** [mɒn'taːʒə] ① (*Aufbau*) installation [ˌɪnstə'leɪʃᵊn] ② (*Zusammenbau*) assembly [ə'sembli]; (*Einbau*) fitting ③ **auf Montage sein** to be away on a job
**montags** on Mondays
der **Monteur,** die **Monteurin** [mɒn'tøːɐ] fitter; (*Mechaniker*) mechanic [mɪ'kænɪk]; (*Elektromonteur*) electrician [ˌelɪk'trɪʃᵊn]
**montieren** ① (*aufbauen*) to install [ɪn'stɔːl] ② (*zusammenbauen*) to assemble ③ to mount [maʊnt] *Schriftsatz*
das **Monument** monument ['mɒnjəmənt]
**monumental** monumental
das **Moor** bog; (*Hochmoor*) moor [mɔːʳ]
das **Moos** moss
das **Moped** moped ['məʊped]
der **Mops** (*Hund*) pug
**mopsen** **jemandem etwas mopsen** to pinch something from someone *umgangsspr*
die **Moral** ① moral ['mɒrᵊl] standards △ *plural* ② *einer Geschichte:* moral ['mɒrᵊl] ③ **eine doppelte Moral** double standards △ *plural*

**848**

**moralisch** moral; **moralisch verpflichtet sein** to be duty-bound

die **Moralpredigt jemandem eine Moralpredigt halten** to give someone a sermon

der **Mord** murder; **[einen] Mord begehen** to commit [a] murder

der **Mordanschlag einen Mordanschlag auf jemanden verüben** to carry out an assassination [ə‚sæsɪ'neɪʃən] attempt on someone

die **Morddrohung** murder threat [θret]

**morden** to kill, to murder

der **Mörder**, die **Mörderin** murderer; (*Frau auch*) murderess

**mörderisch** ❶ (*grässlich*) murderous ['mɜːdərəs] ❷ (*rücksichtslos*) cutthroat ['kʌtθrəʊt]

der **Mordfall** murder case ⓰, homicide ['hɒmɪsaɪd] [case] ⓤ

die **Mordkommission** murder squad [skwɒd] ⓰, homicide division ['hɒmɪsaɪdɪ‚vɪʒən] ⓤ

der **Mordskrach** terrible din *umgangsspr*

**morgen** ❶ tomorrow [tə'mɒrəʊ]; **morgen früh** tomorrow morning; **bis morgen musst du fertig sein** you've got to have finished by tomorrow ❷ **morgen in einer Woche** a week tomorrow; **morgen um diese Zeit** this time tomorrow ❸ **von morgen an** as from tomorrow ❹ **bis morgen!** see you tomorrow!

der **Morgen** morning; **am Morgen** in the morning; **am frühen Morgen** early in the morning; **am nächsten Morgen** the next morning; **heute/gestern Morgen** this/yesterday morning; **guten Morgen!** good morning!

**morgendlich** morning

das **Morgenessen** ⓒⓗ breakfast [‚brekfəst]

das **Morgengrauen** daybreak; **im Morgengrauen** at first light

der **Morgenmuffel** (*umgangsspr*) **ein Morgenmuffel sein** to be terribly grumpy in the morning

**morgens** in the morning

**morgig** ❶ (*von morgen*) tomorrow's ❷ (*am nächsten Tag*) tomorrow; **unser morgiger Ausflug** our trip tomorrow; **der morgige Tag** tomorrow

das **Morphium** morphine

**morsch** rotten, brittle

das **Morsealphabet** Morse code

der **Mörtel** mortar

das **Mosaik** mosaic [mə'zeɪɪk]

**Mosambik** Mozambique

die **Moschee** mosque [mɒsk]

der **Moschus** musk

die **Mosel** Moselle

**Moskau** Moscow ['mɒskəʊ]

der **Moskito** mosquito [mɒs'kiːtəʊ]

das **Moskitonetz** mosquito net

der **Moslem** Muslim ['mʊzlɪm]

**moslemisch** Muslim

der **Most** ❶ (*Saft*) fruit juice ❷ (*Obstwein*) cider

das **Motiv** ❶ (*Beweggrund*) motive ['məʊtɪv] ❷ (*Gegenstand*) subject ❸ *in der Malerei:* motif [məʊ'tiːf]; *in der Musik:* theme

die **Motivation** motivation [‚məʊtɪ'veɪʃən]

**motivieren** to motivate ['məʊtɪveɪt]

die **Motivierung** motivation

der **Motor** motor; (*Verbrennungsmotor*) engine ['endʒɪn]

das **Motorboot** motorboat

die **Motorfahrzeugsteuer** ⓒⓗ motor vehicle tax, road tax ⓰

die **Motorhaube** bonnet ⓰, hood ⓤ

das **Motorrad** motorbike

der **Motorradfahrer**, die **Motorradfahrerin** motorcyclist ['məʊtə‚saɪklɪst]

der **Motorroller** [motor] scooter

der **Motorsport** motor racing

die **Motte** moth

die **Mottenkugel** mothball

das **Motto** motto; *in Buch:* epigraph ['epɪgrɑːf]

**motzen** (*slang*) to whinge

das **Mountainbike** ['maʊntn‚baɪk] mountain bike

der **Mountainbiker**, die **Mountainbikerin** mountain biker

die **Möwe** seagull

**Mozambique** Mozambique

der **MP3-Player** [ɛmpeː'draɪ‚pleːɐ] MP3 Player

die **Mücke** gnat [næt], midge, mosquito [mɒs'kiːtəʊ]

der **Mückenstich** gnat bite, mosquito bite

der **Mucks** (*umgangsspr*) **keinen Mucks sagen** to not make a sound; **ohne einen Mucks** without a murmur

**mucksmäuschenstill** (*umgangsspr*) as quiet as a mouse

**müde** ❶ (*schläfrig*) tired [taɪəd]; **ich bin müde** I'm tired; **er wird langsam müde** he's getting tired now ❷ (*überdrüssig*) tired, weary ['wɪəri]; **er wird es nie müde, über Politik zu sprechen** he never tires of talking about politics

die **Müdigkeit** tiredness ['taɪədnəs]

der **Muffel** (*umgangsspr*) grump, wet blanket

**muffig** ❶ *Geruch:* musty ❷ (*mürrisch*) grumpy

die **Mühe** trouble ['trʌbl]; **sich Mühe geben, etwas zu tun** to make an effort to do something; **das ist nicht der Mühe wert** it's not worth the trouble [*oder* effort]; **jemandem viel Mühe machen** to put someone to a lot of trouble; **mit Müh und Not** with great difficulty

**mühelos** effortless

**mühevoll** laborious [ləˈbɔːriəs]

die **Mühle** ❶ mill ❷ *für Kaffee usw.:* grinder ❸ (*Spiel*) nine men's morris

**mühsam** ❶ arduous [ˈɑːdjuəs] ❷ with difficulty

**mühselig** laborious

der **Mulatte**, die **Mulattin** mulatto

die **Mulde** hollow

der **Müll** refuse [ˈrefjuːs], rubbish ⑬, garbage [ˈgɑːbɪdʒ] ⑭

die **Müllabfuhr** refuse [*oder* ⑭ garbage] collection

die **Müllbeseitigung** waste [*oder* ⑭ garbage] collection

die **Mullbinde** gauze [gɔːz] bandage

der **Müllcontainer** rubbish [*oder* ⑭ garbage] container

die **Mülldeponie** waste disposal site ⑬, sanitary landfill ⑭

der **Mülleimer** rubbish bin ⑬, garbage can ⑭

der **Müllhaufen** rubbish [*oder* ⑭ garbage] heap

die **Mülltonne** dustbin ⑬, garbage can ⑭

die **Mülltrennung** waste separation

> Ⓛ Die Mülltrennung und das Recycling setzen sich auch in Großbritannien immer mehr durch. Heutzutage findet man z.B. überall **bottle banks** (= Altglascontainer). Oft stehen sie zusammen mit Behältern für Blechdosen, Altpapier und manchmal auch für Altkleider. Gebrauchte Kleidung wird jedoch meist den **charity shops** gegeben. Es liegt jedoch oft an dem einzelnen Bürger, seine Wertstoffe selber zu entsorgen, da diese nicht von der Müllabfuhr abgeholt werden.

die **Müllverbrennungsanlage** incineration [ɪnˈsɪnəreɪʃˀn] plant

der **Müllwagen** dustcart ⑬, garbage truck ⑭

**mulmig** (*umgangsspr*) **mir wird ganz mulmig zumute** I'm feeling queasy [ˈkwiːzi]

**multiethnisch** *Gesellschaft, Schulklasse:* multiethnic

**multikulturell** multicultural

**multinational** multinational

die **multiple Sklerose** multiple sclerosis [ˌmʌltɪplˈskləˈrəʊsɪs]

**multiplizieren** (*auch übertragen*) **etwas mit etwas multiplizieren** to multiply something by something

die **Mumie** mummy

der **Mumm** (*umgangsspr*) **die hat Mumm** [in

den Knochen] she's got guts *plural*

der **Mumps** mumps

der **Mund** mouth [maʊθ] ▸ WENDUNGEN: **halt den Mund!** shut up!; **da läuft einem ja das Wasser im Munde zusammen!** that looks really mouth-watering!; **sich etwas vom Munde absparen** to scrimp and save for something; **den Mund ziemlich voll nehmen** to brag

die **Mundart** dialect

**munden sich etwas munden lassen** to savour [ˈseɪvəʳ] something

**münden** ❶ *Wasserlauf:* to flow (**in** into) ❷ (*auch übertragen*) *Weg:* to lead (**auf/in** into)

der **Mundgeruch** bad breath [breθ]

die **Mundharmonika** mouth organ

**mündig** ❶ of age ❷ (*verantwortungsbewusst*) responsible [rɪˈspɒnsəbl]

**mündlich** verbal [ˈvɜːbˀl]; **die mündliche Prüfung** the oral [ˈɔːrˀl] examination, oral test

die **Mundpropaganda** verbal propaganda

die **Mündung** mouth [maʊθ]; *einer Schusswaffe:* muzzle [ˈmʌzl]

das **Mundwasser** mouthwash [ˈmaʊθwɒʃ]

das **Mundwerk ein großes Mundwerk haben** to have a big mouth

die **Mund-zu-Mund-Beatmung** mouth-to-mouth resuscitation [rɪˌsʌsɪˈteɪʃˀn]

die **Munition** (*auch übertragen*) ammunition [ˌæmjəˈnɪʃˀn]

das **Münster** (*Gebäude*) cathedral [kəˈθiːdrəl], minster

**munter** ❶ (*lebhaft*) lively [ˈlaɪvli]; (*lustig*) cheerful ❷ (*wach*) awake ❸ **gesund und munter** fit as a fiddle, hale and hearty

der **Münzautomat** slot machine

die **Münze** coin

der **Münzfernsprecher** ❶ (*Gerät*) payphone ❷ (*Zelle*) callbox

**mürbe** ❶ *Gebäck:* crumbly ❷ *Fleisch:* tender ❸ *Gestein:* brittle ❹ (*übertragen*) worndown; **jemanden mürbe machen** to wear [weəʳ] someone down

der **Mürb(e)teig** short pastry

**murmeln** murmur; (*unverständlich*) mumble, mutter

das **Murmeltier** marmot ⑬, groundhog ⑭ ▸ WENDUNGEN: **wie ein Murmeltier schlafen** (*umgangsspr*) to sleep like a log

**mürrisch** ❶ (*übel gelaunt*) grumpy ❷ (*abweisend*) morose, sullen [ˈsʌlˀn]

die **Muschel** ❶ mussel ❷ (*Muschelschale*) shell ❸ (*Telefonmuschel*) mouthpiece [ˈmaʊθ-

pi:s]
die **Museen** museums [mju:'zi:əmz]
das **Museum** museum [mju:'zi:əm]
die **Musik** music ['mju:zɪk]; **Musik machen** to play some music
**musikalisch** musical ['mju:zɪkəl]
der **Musikant**, die **Musikantin** musician
der **Musiker**, die **Musikerin** musician [mju:'zɪʃən]
die **Musikhochschule** college of music
das **Musikinstrument** musical instrument
die **Musikkapelle** band
der **Musiklehrer**, die **Musiklehrerin** music teacher
der **Musikunterricht** music lessons *plural*
**musizieren** to play instruments *plural*
die **Muskatnuss** nutmeg
der **Muskel** muscle ['mʌsl]
der **Muskelkater** (*umgangsspr*) aching ['eɪkɪŋ] muscles *plural*; **Muskelkater haben** to be stiff
der **Muskelprotz** (*umgangsspr*) muscleman ['mʌslmæn]
die **Muskelzerrung** pulled muscle
die **Muskulatur** muscles *plural*
**muskulös** muscular ['mʌskjələr]
das **Müsli** muesli ['mu:zli]
das **Muss** es ist kein Muss it's not a must
die **Muße** leisure ['leʒər]; **dafür habe ich keine Muße** I don't have the time [for it]
**müssen** ❶ (*gezwungen sein*) to have to, must; **ich muss es nicht tun** I don't have to do it; **ich hätte es tun müssen** I should have done it; **musst du jetzt unbedingt gehen?** do you really have to go now?; **das muss leider sein** I'm afraid it has to be ❷ (*eigentlich sollen*) ought [ɔ:t] to, should; **sein Gesicht hätten Sie sehen müssen** you ought to have seen his face ❸ (*Vermutung*) **ich muss es wohl verloren haben** I must have lost it; **das müsste eigentlich reichen** this should be enough [ɪ'nʌf]; **das Haus muss hier irgendwo sein** the house has got to be somewhere around here ❹ **das musst du wissen** you have to decide that
**müßig** ❶ (*untätig*) idle ['aɪdl] ❷ (*überflüssig*) pointless
das **Muster** ❶ (*Probestück*) sample ❷ *eines Stoffes:* pattern
**mustern** ❶ (*kritisch betrachten*) to scrutinize ['skru:tɪnaɪz] ❷ (*beim Militär*) **jemanden mustern** to give someone his/her medical
die **Musterung** (*Wehrdienst*) medical [examination] [for military service]
der **Mut** ❶ (*Tapferkeit*) courage ['kʌrɪdʒ]; **den Mut verlieren** to lose heart [hɑ:t]; **nur Mut!** take courage!; **jemandem Mut machen** to encourage someone ❷ (*Gefühl*) **mir ist nicht zum Lachen zu Mute** I am not in the mood for laughing ['lɑ:fɪŋ]; **wie ist dir zu Mute?** how do you feel?
**mutig** brave, courageous [kə'reɪdʒəs]
**mutlos** discouraged [dɪ'skʌrɪdʒd]; **jemanden mutlos machen** to discourage someone
die **Mutlosigkeit** despondency, dejection
die **Mutter**[1] *einer Schraube:* nut
die **Mutter**[2] (*Elternteil*) mother ['mʌðər]; **Mutter Gottes** Mother of God
**mütterlich** maternal, motherly
das **Muttermal** birthmark, mole
das **Muttersöhnchen** (*abwertend umgangsspr*) mummy's boy
die **Muttersprache** mother tongue [tʌŋ]
der **Muttersprachler**, die **Muttersprachlerin** native speaker
der **Muttertag** Mother's Day
die **Mutti** (*umgangsspr*) mummy (GB), mommy (USA)
die **Mütze** cap
**MwSt** *Abkürzung von* **Mehrwertsteuer** VAT
**mysteriös** mysterious [mɪ'stɪərɪəs]
die **Mystik** mysticism ['mɪstɪsɪzəm]
**mystisch** mystic[al]
der **Mythos** ❶ (*Gerücht*) myth [mɪθ] ❷ (*Sage*) story, legend ['ledʒənd]

# N

**N, n** N, n [en]
**N** *Abkürzung von* **Norden** N
**na** (*umgangsspr*) well; **na also** [*oder* **bitte**]! there you are!; **na und?** so what?; **na, und ob!** you bet!; **na warte!** just you wait!; **na so was!** well, I never!; **na endlich!** at last!; **na, siehst du!** well, there you are!
der **Nabel** navel, umbilicus [ʌm'bɪlɪkəs]
die **Nabelschnur** umbilical [ʌm'bɪlɪkl] cord
**nach** ❶ (*zeitlich*) after; **nach zwanzig Minuten** after twenty minutes; **zwei Minuten nach eins** two minutes past [*oder* (USA) after] one; **einer nach dem anderen** one after the other ❷ (*die Richtung angebend*) to; **gehen Sie bitte nach hinten/vorn** please go [*oder* move] to the back/front; **der Zug nach Manchester** the train for [*oder* to]

nachahmen – Nachmittag

Manchester; **nach Hause** home ③ (*gemäß*) according [ə'kɔːdɪŋ] to; (*in Anlehnung an*) after; **nach dem Gesetz** according to the law; **nach einem Roman von Bowles** after a novel by Bowles ④ **nach und nach** little by little; **nach wie vor** still ⑤ **wir müssen ihm nach** we must follow him

**nachahmen** to imitate ['ɪmɪteɪt]

die **Nachahmung** imitation

der **Nachbar**, die **Nachbarin** neighbour ['neɪbəʳ]

das **Nachbarhaus** neighbouring house, house next door

die **Nachbarschaft** neighbourhood ['neɪbəhʊd]

**nachbeten** (*umgangsspr*) to parrot

**nachdem** after; **je nachdem** it [all] depends; **je nachdem, wie ...** depending on how ...

**nachdenken** to think (**über** about)

**nachdenklich** pensive, thoughtful ['θɔːtfəl]

der **Nachdruck** (*Betonung*) emphasis ['emfəsɪs], stress

**nachdrücklich** emphatic [ɪm'fætɪk]

**nacheifern** **jemandem nacheifern** to emulate ['emjəleɪt] someone

**nacheinander** ① (*räumlich*) one after another ② (*zeitlich*) in succession [sək'seʃⁿn]

**nachempfinden** to feel; **das kann ich Ihnen nachempfinden** I can understand your feelings

**nacherzählen** to retell

**nachfahren** to follow [on]

die **Nachfolge** succession [sək'seʃⁿn]; **jemandes Nachfolge antreten** to succeed [sək'siːd] someone

der **Nachfolger**, die **Nachfolgerin** successor

die **Nachforschung** enquiry [ɪn'kwaɪərɪ] ⓖⒷ, inquiry [ɪn'kwaɪərɪ] ⓤⓈⒶ; *der Polizei:* investigation; **Nachforschungen anstellen** to make enquiries

die **Nachfrage** (*Verlangen*) demand (**nach** for)

**nachfragen** to ask, to enquire [ɪn'kwaɪəʳ] ⓖⒷ, to inquire ⓤⓈⒶ

**nachfühlen** to feel; **das kann ich dir nachfühlen** I can understand your feelings

**nachfüllen** ① to refill ② (*nachschenken*) to top up

der **Nachfüllpack**, die **Nachfüllpackung** refill [pack]

**nachgeben** ① (*federn*) to give ② (*übertragen*) **jemandem/einer Sache nachgeben** to give way to someone/something ③ *Börsenkurse:* to drop, to fall

**nachgehen** ① (*folgen*) to follow ② (*ausüben*) to practise; *Studium, Interessen:* to pursue [pə'sjuː] ③ (*erforschen*) to investigate, to look into ④ **jemandem nachgehen**

*Ereignisse, Tod:* to haunt [hɔːnt] someone ⑤ *Uhr:* to be slow

**nachgiebig** ① (*weich*) soft; (*entgegenkommend*) compliant [kəm'plaɪənt] ② (*biegsam*) pliable ['plaɪəbl]

**nachgucken** (*umgangsspr*) to check, to have a look

**nachhaltig** lasting, sustained [sə'steɪnd]

**nachhelfen** **jemandem/einer Sache nachhelfen** to give someone/something a helping hand

**nachher** ① (*später*) later ② (*womöglich*) **nachher sagt er noch, dass ...** he might just claim that ... ③ **bis nachher!** so long!, see you later!

die **Nachhilfe** extra [*oder* private] tuition [tjuː'ɪʃⁿn]

die **Nachhilfestunde** private lesson

**nachholen** ① (*Versäumtes aufholen*) to make up [for] ② (*nachkommen lassen*) **jemanden nachholen** to let someone [*oder* get someone to] join one

**nachjagen** ① to chase after ② (*übertragen*) **einer Sache nachjagen** to pursue [pə'sjuː] something

**nachkaufen** ① (*zeitlich*) to buy later ② (*als Ersatz*) to buy replacements [for]

der **Nachkomme** descendant [dɪ'sendənt]

**nachkommen** ① (*später kommen*) to come later; (*folgen*) to follow ② (*Schritt halten*) to keep up (**mit** with)

die **Nachkriegszeit** post-war period

der **Nachlass** ① (*Preisnachlass*) discount, reduction (**auf** on) ② (*Erbschaft*) estate

**nachlassen** ① to reduce *Preis* ② (*abnehmen*) to decrease [dɪ'kriːs] ③ (*sich abschwächen*) to ease off; *Sturm:* to abate

**nachlässig** careless, negligent ['neglɪdʒənt]

die **Nachlässigkeit** carelessness ['keələsnəs], negligence ['neglɪdʒəns]

**nachlaufen** **jemandem/einer Sache nachlaufen** (*auch übertragen*) to run after someone/something

**nachlösen** **eine Fahrkarte nachlösen** to buy a ticket on the train

**nachmachen** ① (*nachahmen*) to copy, to imitate [ɪmɪteɪt] ② (*fälschen*) to forge [fɔːdʒ]; (*kopieren*) to copy ③ (*parodieren*) to mimic ▶ WENDUNGEN: **das soll mir mal jemand nachmachen!** I'd like to see someone else do that!

**nachmessen** to check

der **Nachmittag** afternoon; **am Nachmittag** in the afternoon; **am Nachmittag des 10. März** on the afternoon of March 10th;

**heute Nachmittag** this afternoon; **gestern Nachmittag** yesterday afternoon

**nachmittags** in the afternoon

die **Nachnahme** cash [*oder* 🇺🇸 collect] on delivery

die **Nachnahmegebühr** COD charge

der **Nachname** last name, surname ['sɜ:neɪm]

**nachprüfen** to check; (*auf Richtigkeit*) to verify ['verɪfaɪ]

**nachreichen** to hand in later

die **Nachricht** ❶ (*Mitteilung*) message ['mesɪdʒ] ❷ (*Meldung*) news ❸ (*Bestätigung*) confirmation [ˌkɒnfəˈmeɪʃⁿn] ❹ **die Nachrichten** the news

> **V** **news** wird meist im Singular gebraucht: *the news is good; is there any news of Norman?; here is today's news*

die **Nachrichtenagentur** news agency

der **Nachrichtendienst** intelligence service

der **Nachrichtensprecher**, die **Nachrichtensprecherin** newsreader ['nju:z,ri:də'] 🇬🇧, newscaster ['nju:zkɑ:stə'] 🇺🇸

**nachrüsten** ❶ to refit *Gerät, Auto* ❷ *Armee:* to rearm [ˌri:'ɑ:m], to deploy new arms

**nachsagen** ❶ (*wiederholen*) to repeat [rɪ'pi:t] ❷ **jemandem etwas nachsagen** (*behaupten*) to say something of someone

die **Nachsaison** off season, low season 🇬🇧

**nachschauen** ❶ (*prüfen*) to have a look ❷ **jemandem/einer Sache nachschauen** to gaze after someone/something ❸ to look up *Wort*

**nachschicken** to forward ['fɔ:wəd] *Briefe*

**nachschlagen** ❶ to look up *Wort* ❷ (*ähneln*) **jemandem nachschlagen** to take after someone

der **Nachschub** ❶ (*Verstärkung*) reinforcements [ˌri:ɪn'fɔ:smənts] *plural* ❷ (*Verpflegung*) supplies *plural* (**an** of)

**nachschwätzen** 🇦 to parrot

das **Nachsehen das Nachsehen haben** to be left standing

**nachsehen** ❶ to look up *Information* ❷ **jemandem etwas nachsehen** to forgive [fə'gɪv] someone for something ❸ (*überprüfen*) to check ❹ **jemandem/einer Sache nachsehen** to gaze after someone/something ❺ (*prüfen*) to have a look

**nachsenden** to forward *Briefe*

die **Nachsicht** forbearance [fɔ:'beərəns], leniency ['li:nɪənsi]; **Nachsicht üben** to be lenient [*oder* forbearing]

**nachsichtig** ❶ (*geduldig*) forbearing [fɔ:'beərɪŋ] (**mit** with) ❷ (*mild*) lenient

['li:nɪənt] (**mit** towards)

**nachsitzen** to be kept in, to get detention

die **Nachspeise** dessert [dɪ'zɜ:t]

das **Nachspiel** ❶ (*im Theater*) epilogue ['epɪlɒg] ❷ (*eines Musikstücks*) closing section ❸ (*übertragen*) sequel ['si:kwəl]

**nachspielen** ❶ to play *Musikstück* ❷ (*beim Fußball*) to play extra time

**nachsprechen jemandem etwas nachsprechen** to repeat [rɪ'pi:t] something after someone; **jemandem nachsprechen** to repeat what someone says

**nächst nächst zu jemandem** beside someone

der/die **Nächste** ❶ next one ❷ (*Mitmensch*) neighbour ['neɪbə']

**nächste** ❶ nearest ❷ (*zeitlich oder räumlich folgend*) next; **nächsten Mittwoch** next Wednesday ❸ *Verwandte:* closest ❹ **aus nächster Nähe** from close by

**nachstellen** ❶ (*neu justieren*) to readjust [ˌri:ə'dʒʌst]; to put back *Uhr* ❷ **jemandem nachstellen** (*ihn verfolgen*) to pursue [pə'sju:] someone; (*ihn belästigen*) to pester someone

die **Nächstenliebe** compassion; **Nächstenliebe üben** to love one's neighbour [*oder* 🇺🇸 neighbor] ['neɪbə'] [as oneself]

**nächstliegend** most plausible

das **Nächstliegende** (*übertragen*) **das Nächstliegende** the most obvious ['ɒbvɪəs] thing

die **Nacht** (*auch übertragen*) night [naɪt]; **bei** [*oder* **in der**] **Nacht** at night; **bei Nacht und Nebel** (*umgangsspr*) at dead of night; **die ganze Nacht hindurch** all night [long]; **über Nacht** (*auch übertragen*) overnight; **diese Nacht** tonight [tə'naɪt]; **über Nacht bleiben** to stay the night; **gute Nacht!** good night

die **Nachtarbeit** night work

der **Nachteil** ❶ disadvantage [ˌdɪsəd'vɑ:ntɪdʒ] ❷ (*Schaden*) detriment

**nachteilig** ❶ (*von Nachteil*) disadvantageous [ˌdɪs,ædvən'teɪdʒəs] ❷ (*ungünstig*) unfavourable [ʌn'feɪvⁿrəbl]

**nächtelang** for nights on end

**nachten** 🇨🇭 to grow dark

das **Nachtessen** 🇨🇭 supper, evening meal

die **Nachteule** (*umgangsspr*) nightbird ['naɪt,bɜ:d]

das **Nachthemd** (*für Damen*) nightdress ['naɪtdres]; (*umgangsspr*) nightie ['naɪti]; (*für Herren*) nightshirt ['naɪtʃɜ:t]

die **Nachtigall** nightingale ['naɪtɪŋgeɪl]

der **Nachtisch** dessert [dɪ'zɜ:t]

**Nachtklub – nahebringen**

der **Nachtklub** night club

das **Nachtleben** night life

das **Nachtlokal** nightspot

der **Nachtrag** ❶ *zu einem Buch:* supplement ['sʌplɪmənt]; *zu einem Manuskript:* addendum [ə'dendəm] ❷ *zu einem Brief:* postscript ['pəʊstskrɪpt]

**nachtragen** ❶ (*hinterhertragen*) to carry after ❷ (*hinzufügen*) to add ❸ **jemandem etwas nachtragen** (*übertragen*) to bear someone a grudge for something

**nachtragend** unforgiving [ˌʌnfə'ɡɪvɪŋ]

**nachträglich** ❶ (*zusätzlich*) additional [ə'dɪʃənəl] ❷ (*später*) later ❸ (*verspätet*) belated [bɪ'leɪtɪd]; **nachträglich herzlichen Glückwunsch** belated best wishes *plural*

**nachtrauern** **jemandem/einer Sache nachtrauern** to mourn [mɔːn] the loss of someone/something

**nachts** at night [naɪt] ⓖⓑ, nights ⓤⓢⓐ; **bis 2 Uhr nachts** till two in the morning

die **Nachtschicht** nightshift; **Nachtschicht haben** to be on nightshift

die **Nachtschwester** night nurse

der **Nachttisch** bedside table

die **Nachtwache** night duty △ *ohne Artikel*

der **Nachtwächter**, die **Nachtwächterin** ❶ night guard ❷ (*früher in Städten*) [night] watch

die **Nachuntersuchung** follow-up examination

**nachvollziehbar** comprehensible [ˌkɒmprɪ'hensɪbl]

**nachvollziehen** to comprehend [ˌkɒmprɪ'hend]

**nachweinen** **jemandem/einer Sache nachweinen** to shed tears [tɪəz] over someone/something

der **Nachweis** ❶ (*Beweis*) proof (**für/über** of) ❷ (*Bescheinigung*) certificate [sə'tɪfɪkət]

**nachweisbar** ❶ (*beweisbar*) provable ['pruːvəbl] ❷ (*auffindbar*) detectable

**nachweisen** ❶ (*beweisen*) to prove [pruːv] ❷ to detect *Fehler*

**nachwerfen** **jemandem etwas nachwerfen** to throw [θrəʊ] something after someone; (*umgangsspr*) to give someone something on the cheap

die **Nachwirkung** ❶ (*spätere Wirkung*) aftereffect ❷ (*Auswirkung*) consequence ['kɒnsɪkwəns]

der **Nachwuchs** ❶ (*beruflich*) young [jʌŋ] people *plural* ❷ (*humorvoll: Nachkommen*) offspring *plural*

**nachzahlen** ❶ (*mehr zahlen*) to pay extra ❷ (*später zahlen*) to pay later

die **Nachzahlung** back payment

**nachziehen** ❶ to drag behind one *Bein* ❷ to pencil over *Augenbrauen* ❸ to tighten ['taɪtⁿn] up *Schraube* ❹ (*hinterherziehen*) to follow

der **Nachzügler**, die **Nachzüglerin** (*auch übertragen*) latecomer

der **Nacken** neck

**nackt** ❶ *Person:* naked ['neɪkɪd], nude [njuːd] ❷ *Körperteil:* bare [beəʳ]; **die nackte Wahrheit** the naked truth

die **Nacktheit** ❶ *von Mensch:* nakedness ['neɪkɪdnəs], nudity ['njuːdɪti] ❷ (*Kahlheit*) bareness ['beənəs]

die **Nadel** needle; (*Anstecknadel*) pin

der **Nadelbaum** conifer

der **Nagel** nail; (*großer*) spike; (*hölzerner*) peg
  ▶ WENDUNGEN: **den Nagel auf den Kopf treffen** to hit the nail on the head; **Nägel mit Köpfen machen** to do the job properly; **etwas an den Nagel hängen** to chuck something in *umgangsspr*; **sich etwas unter den Nagel reißen** to pinch something *umgangsspr*

die **Nagelfeile** nail file

der **Nagellack** nail varnish

der **Nagellackentferner** nail polish [*oder* varnish] remover

**nageln** to nail (**an** to)

**nagelneu** (*umgangsspr*) brand-new

**nagen** ❶ (*auch übertragen*) to gnaw [nɔː] (**an** at); (*knabbern*) to nibble (**an** at) ❷ (*zerfressen*) to eat (**an** into)

**nagend** ❶ *Hunger:* gnawing [nɔːɪŋ] ❷ *Zweifel:* nagging

das **Nagetier** rodent

**nah** ❶ (*räumlich*) close, near (**an/bei** to), nearby; **von Nahem** from close up ❷ **nahe der Kirche** close to [*oder* near] the church ❸ (*zeitlich*) approaching [ə'prəʊtʃɪŋ], near; **die nahe Zukunft** the near future ❹ **ich war den Tränen nahe** I was on the verge [vɜːdʒ] of tears ❺ (*eng, befreundet*) close; **einander** [*oder* **sich**] **nahe kommen** to become close ❻ **der Nahe Osten** the Middle East

die **Nähe** ❶ (*räumlich*) nearness, proximity; (*Nachbarschaft*) neighbourhood ['neɪbəhʊd], vicinity [və'sɪnəti]; **es ist ganz in der Nähe** it is quite near; **in unmittelbarer Nähe** in close proximity; **in der/unserer Nähe** close by [us]; **aus der Nähe** from close up ❷ (*zeitlich*) closeness

**nahebei** nearby

**nahebringen** **jemandem etwas nahebringen** to bring something home to someone

**nahegehen** jemandem nahegehen to upset someone

**nahekommen** einander [*oder* sich] nahekommen to become close

**nahelegen** jemandem etwas nahelegen to suggest [sə'dʒest] something to someone

**naheliegend** obvious ['ɒbvɪəs]

**nahen** to approach [ə'prəʊtʃ]

**nähen** to sew [səʊ]

**G** Richtiges Konjugieren von **sew**: sew, sewed, sewn — *Jenny sewed the badge on to her jeans; have you sewn my button on yet?*

**näher** ❶ (*räumlich*) nearer [nɪərəʳ]; **einer Sache näher sein** to be closer [*oder* nearer] to something ❷ (*zeitlich*) closer ❸ (*eingehender*) more detailed; **können Sie das näher beschreiben?** could you describe that in more detail? ❹ (*enger*) closer; **die nähere Umgebung** the immediate vicinity [və'sɪnəti] ❺ (*räumlich, zeitlich*) closer, nearer; **bitte treten Sie näher!** please step up!; **näher kommen** to come nearer; **jemandem näher kommen** to get closer to someone ❻ (*genauer*) more closely; **näher kennen lernen** to get to know better

das **Nähere** details *plural*; **ich möchte Näheres darüber erfahren** I would like to know more about it

die **Näherin** seamstress

**nähern** sich jemandem/einer Sache nähern to approach [ə'prəʊtʃ] someone/something, to get closer to someone/something

**nahetreten** jemandem nahetreten to offend someone

**nahezu** almost, nearly

das **Nähgarn** [sewing] thread [θred]

der **Nahkampf** ❶ *im Krieg:* close combat ❷ *im Sport:* clinch

die **Nähmaschine** sewing machine ['səʊɪŋmə,ʃiːn]

die **Nähnadel** [sewing] needle

**nähren** ❶ (*ernähren*) to feed ❷ (*übertragen*) to cherish, to foster, to nourish ❸ (*nahrhaft sein*) to be nourishing ['nʌrɪʃɪŋ]

**nahrhaft** ❶ *Essen:* nourishing ['nʌrɪʃɪŋ], nutritious [nju:'trɪʃəs] ❷ *Boden:* fertile ['fɜːtaɪl]

der **Nährstoff** nutrient ['njuːtriənt]

die **Nahrung** food

das **Nahrungsmittel** foodstuff

die **Nahrungsmittelindustrie** food industry

die **Nahrungsmittelvergiftung** food poisoning

der **Nährwert** nutritional value

die **Naht** ❶ (*Saum*) seam ❷ (*in der Chirurgie*) suture ['suːtʃəʳ] ❸ (*in der Technik*) joint

der **Nahverkehr** local traffic

der **Nahverkehrszug** local train, commuter train

**naiv** naive [naɪ'iːv]

die **Naivität** naivety [naɪ'iːvəti]

der **Name** ❶ name; **unter dem Namen xy** under the name of xy; **seinen Namen nennen** to give one's name; **dem Namen nach** by name; **im Namen der Gerechtigkeit** in the name of justice ❷ (*Ruf*) name, reputation [,repjə'teɪʃᵊn] ▸ WENDUNGEN: **in Gottes Namen, ja!** (*umgangsspr*) for heaven's sake, yes!

**namenlos** ❶ (*ohne Namen*) nameless; (*anonym*) anonymous [ə'nɒnɪməs] ❷ (*äußerst*) unutterably

**namens** ❶ (*genannt*) by the name of, named ❷ (*im Auftrag von*) in the name of, on behalf [bɪ'hɑːf] of

der **Namenstag** name day, saint's day

**nämlich** ❶ (*und zwar*) namely ❷ (*umgangsspr: weil*) because; **ich kann nicht kommen, ich habe nämlich noch zu tun** I can't come because I've still got some work to do

der **Napf** bowl

die **Narbe** ❶ (*auch übertragen*) scar [skɑːʳ] ❷ (*Ledernarbe*) grain ❸ *einer Pflanze:* stigma

die **Narkose** an[a]esthesia [,ænəs'θiːziə]

der **Narr** ❶ fool ❷ (*Hofnarr*) jester ▸ WENDUNGEN: **jemanden zum Narren halten** to make a fool of someone; **einen Narren an jemandem/etwas gefressen haben** to dote on someone/something

die **Närrin** fool

**närrisch** foolish, crazy

die **Narzisse** narcissus [nɑː'sɪsəs]

**naschen** ❶ (*Süßigkeiten essen*) to eat sweet things [secretly] ❷ (*verstohlen probieren*) to pinch a bit ❸ **etwas naschen** to nibble something

die **Naschkatze** (*umgangsspr*) **eine Naschkatze sein** to have a sweet tooth

die **Nase** (*auch übertragen*) nose ▸ WENDUNGEN: **auf der Nase liegen** (*umgangsspr: hingefallen sein*) to be flat on one's face; (*krank sein*) to be laid up; **jemanden vor die Nase gesetzt bekommen** (*umgangsspr*) to have someone put above [*oder* appointed over] one; **jemandem etwas unter die Nase reiben** (*umgangsspr*) to rub someone's nose in something; **jemandem auf der Nase herumtanzen** (*umgangsspr*) to play someone up; **seine Nase in anderer Leute Angelegenheiten stecken** to poke one's nose into other people's business; **jemanden an der Nase herumführen** to lead some-

**Nasenbluten – nehmen** 856

one by the nose; **jemandem die Tür vor
der Nase zuschlagen** to slam the door in
someone's face; **die Nase voll haben von
...** (*umgangsspr*) to be fed up with ...

das **Nasenbluten** nosebleed; **er hat Nasenblu-
ten** his nose is bleeding

das **Nashorn** rhinoceros [raɪˈnɒsʰrəs]

**nass** wet; **nass bis auf die Haut** soaked to
the skin

die **Nässe** wetness; **vor Nässe schützen** to keep
dry

**nasskalt** chilly and damp

das **Nastuch** ⒸⒽ handkerchief [ˈhæŋkətʃiːf]

das **Natel** ⒸⒽ ❶ mobile [ˈməʊbaɪl] phone, cell-
phone ⓊⓈⒶ ❷ (*Mobilfunknetz*) cellular net-
work

die **Nation** nation [ˈneɪʃʰn]

**national** national [ˈnæʃʰnʰl]

die **Nationalhymne** national anthem

die **Nationalität** nationality [ˌnæʃʰnˈæləti]

die **Nationalmannschaft** national team

der **Nationalrat** National Assembly; Ⓐ, ⒸⒽ Na-
tional Council

der **Nationalrat**, die **Nationalrätin** Deputy to the
National Council; Ⓐ, ⒸⒽ Member of the
National Council

der **Nationalsozialismus** National Socialism
[ˈsəʊʃʰlɪzʰm]

das **Natrium** sodium

das **Natron** sodium bicarbonate

die **Natter** (*auch übertragen*) adder, viper

die **Natur** ❶ (*auch Naturzustand*) nature
[ˈneɪtʃəʳ] ❷ (*freie Natur, Land*) countryside
[ˈkʌntrɪsaɪd] ❸ **von Natur aus schüchtern**
shy by nature; **das geht mir wider die
Natur** that goes against the grain [with me]

das **Naturdenkmal** natural monument

das **Naturereignis** natural phenomenon [fɪˈnɒ-
mɪnən]

der **Naturfreund**, die **Naturfreundin** nature lover

**naturgetreu** lifelike, true to life

die **Naturheilkunde** naturopathy

die **Naturkatastrophe** natural disaster

der **Naturkostladen** health [helθ] food shop

die **Naturkunde** natural history

**natürlich** ❶ natural ❷ (*selbstverständlich*) of
course; **natürlich!** of course!, sure!

die **Natürlichkeit** naturalness

das **Naturprodukt** natural product

der **Naturschutz** nature conservation

das **Naturschutzgebiet** nature reserve [rɪˈzɜːv]

die **Naturwissenschaften** natural sciences
[ˈsaɪənsɪz] *plural*

der **Naturwissenschaftler**, die **Naturwissen-
schaftlerin** natural scientist [ˈsaɪəntɪst]

**naturwissenschaftlich** scientific [ˌsaɪənˈtɪfɪk]

die **Navigation** navigation [nævɪˈɡeɪʃʰn]

der **Nazi** Nazi

der **Nebel** ❶ fog; (*dünn*) mist ❷ (*übertragen*)
haze ❸ *eines Sterns:* nebula [ˈnebjələ]

**neb(e)lig** foggy, misty

der **Nebelscheinwerfer** fog lamp [*oder* ⓊⓈⒶ light]

**neben** ❶ (*örtlich*) beside, next to ❷ (*außer*)
apart [*oder* ⓊⓈⒶ aside] from ❸ (*im Vergleich
zu*) compared with

**nebenan** next door

**nebenbei** ❶ (*zu gleicher Zeit*) at the same
time ❷ (*außerdem*) besides [bɪˈsaɪdz],
moreover [mɔːˈʳəʊvəʳ] ❸ (*beiläufig*) inci-
dentally [ˌɪnsɪˈdentʰli]; **nebenbei bemerkt**
by the way

die **Nebenbeschäftigung** sideline

der **Nebeneffekt** side effect

**nebeneinander** ❶ (*räumlich*) side by side
❷ (*zeitlich*) at the same time

der **Nebeneingang** side entrance

das **Nebenfach** subsidiary [səbˈsɪdɪʳri] subject
ⒼⒷ, minor ⓊⓈⒶ

der **Nebenfluss** tributary [ˈtrɪbjətʰri]

das **Nebengebäude** outbuilding

**nebenher** ❶ (*gleichzeitig*) at the same time
❷ (*zusätzlich*) in addition

die **Nebenklage** ancillary suit [ænˈsɪlʰri,suːt]

die **Nebenkosten** additional costs *plural*

die **Nebenrolle** minor part

die **Nebensache** minor matter, trifle [ˈtraɪfl]

**nebensächlich** minor, unimportant

die **Nebensaison** off-season

**nebenstehend** in the margin [ˈmɑːdʒɪn];
**nebenstehende Abbildung** the illustration
opposite

die **Nebenstelle** ❶ (*Telefon*) extension ❷ (*Ver-
tretung*) agency [ˈeɪdʒʰnsi]; (*Filiale*) branch

die **Nebenstraße** ❶ (*innerhalb einer Stadt*) side
street ❷ (*außerhalb der Stadt*) minor road

der **Nebenverdienst** additional income

die **Nebenwirkung** side effect

das **Nebenzimmer** next [*oder* adjoining
[əˈdʒɔɪnɪŋ]] room

**nebst** together [təˈɡeðəʳ] with

**necken** ❶ **jemanden mit etwas necken** to
tease someone about something ❷ **sich
necken** to have a tease

der **Neffe** nephew [ˈnefjuː]

das **Negativ** negative

**negativ** negative

**nehmen** ❶ to take ❷ (*wegnehmen*) to take;
to take away *Schmerz* ❸ **man nehme ...**
take ...; **sich einen Anwalt nehmen** to get
a lawyer [ˈlɔɪəʳ] ❹ **etwas zu sich nehmen**

to take [*oder* have] something ⑤ **jemanden zu sich nehmen** to take someone in; **etwas auf sich nehmen** to take something upon oneself; **wie viel nehmen Sie dafür?** how much do you take for that? ⑥ **die Dinge nehmen, wie sie kommen** to take things as they come; **sie weiß ihn zu nehmen** she knows how to take him; **wie man's nimmt** (*umgangsspr*) that depends [on your point of view] ⑦ **etwas in die Hand nehmen** to take something in hand; **eine Hürde nehmen** to clear a hurdle *auch übertragen;* **es sich nicht nehmen lassen, etwas zu tun** to insist on doing something

der **Neid** envy (**auf** of)

**neiden jemandem etwas neiden** to envy someone something

der **Neider**, die **Neiderin** envious ['enviəs] person

**neidisch** envious, jealous ['dʒeləs] (**auf** of)

die **Neige bis zur bitteren Neige** right to the bitter end; **zur Neige gehen** to draw to an end

**neigen** ① (*beugen*) to bend; (*senken*) to lower; (*kippen*) to tilt ② **zu etwas neigen** to tend [*oder* to have a tendency] to something ③ **sich neigen** *Ebene:* to slope; *Person:* to bend ④ (*sich verneigen*) to bow [baʊ]

die **Neigung** ① (*Gefälle*) incline ['ɪnklaɪn] ② (*Tendenz*) tendency; (*Hang*) inclination [ˌɪnklɪ'neɪʃ°n]

**nein** no; **da sage ich nicht Nein/nein** I wouldn't say no; **nein und nochmals nein!** for the last time: no!; **nein, so was!** well I never!

die **Neinstimme** no[-vote]

der **Nektar** nectar

die **Nektarine** nectarine

die **Nelke** ① (*Blume*) pink; (*gefüllt*) carnation ② (*Gewürz*) clove

**nennen** ① to call ② (*aufzählen, angeben*) to name ③ (*erwähnen*) to mention ④ **jemanden/etwas nach jemandem nennen** to name someone/something after [*oder* USA) for] someone ⑤ **und der nennt sich Musiker!** and he calls himself a musician!

der **Nenner** denominator [dɪ'nɒmɪneɪtəʳ]; **etwas auf einen gemeinsamen Nenner bringen** (*auch übertragen*) to reduce something to a common denominator

der **Neofaschismus** neo-fascism [ˌniəʊ'fæʃɪz°m]

das **Neon** neon

der **Neonazi** neo-Nazi

der **Neonazismus** neo-Nazism

**neonazistisch** neo-Nazi

das **Neonlicht** neon light

der **Nerv** nerve [nɜːv]; **jemandem auf die Nerven gehen** (*umgangsspr*) to get on someone's nerves; **die Nerven verlieren** to lose control, to lose one's cool *umgangsspr;* **Sie haben Nerven!** (*umgangsspr*) you've got a nerve!

**nerven** (*umgangsspr*) to irritate; **jemanden nerven** to get on someone's nerves

**nervenaufreibend** nerve-[w]racking

das **Nervenbündel** (*umgangsspr*) bundle of nerves

die **Nervensäge** (*abwertend umgangsspr*) pain in the neck

das **Nervensystem** nervous system

der **Nervenzusammenbruch** nervous breakdown

**nervös** nervous ['nɜːvəs]

die **Nervosität** nervousness ['nɜːvəsnəs]

der **Nerz** mink

die **Nessel** nettle ▶ WENDUNGEN: **sich in die Nesseln setzen** to put oneself in a [tight] spot

das **Nest** nest; (*abwertend: Kleinstadt*) little place; (*Dorf*) dump

die **Netikette** (*Internet-Benimmregeln*) netiquette ['netɪkət]

**nett** ① (*freundlich*) nice ② (*hübsch*) cute [kjuːt], pretty

**netto** net

das **Nettoeinkommen** net income

das **Nettogewicht** net weight

der **Nettolohn** net salary

das **Netz** ① net; *einer Spinne:* web ② *Telefon, Computer:* network; (*elektrisch*) grid ③ *für Gepäck:* rack

der **Netzanschluss** mains connection

die **Netzhaut** retina ['retɪnə]

die **Netzspannung** line [*oder* GB) mains] voltage

der **Netzstecker** power plug

das **Netzteil** mains adapter GB), power supply unit USA), power pack

das **Netzwerk** network

der **Netzzugang** Internet access

**neu** ① new; **neueste Nachrichten** latest news; **das ist mir neu** that's new[s] to me ② (*frisch*) fresh, recent ['riːs°nt] ③ **aufs Neue, von neuem** anew [ənjuː] ④ **jemandem ein gutes Neues Jahr wünschen** to wish someone a Happy New Year

der **Neuankömmling** newcomer ['njuːˌkʌməʳ]

die **Neuanschaffung** recent acquisition; **wir erwägen die Neuanschaffung eines Autos** we are thinking of buying a new car

**neuartig** new

die **Neuauflage** new edition

der **Neubau** new building

**Neubaugebiet – nicken**    **858**

das **Neubaugebiet** development area; (*schon bebaut*) area of new housing

die **Neubauwohnung** newly-built flat [*oder* 🇺🇸 apartment]

der **Neueinsteiger** newcomer

**neuerdings** recently ['riːsəntli]

die **Neuerscheinung** new publication

die **Neuerung** ❶ innovation ❷ (*Reform*) reform

**Neufundland** Newfoundland

**neugeboren** newborn; **ich fühle mich wie neugeboren** I feel like a new man/woman ['wʊmən]

das **Neugeborene** newborn

die **Neugier(de)** curiosity [,kjʊəri'ɒsəti]; **aus Neugierde** out of curiosity

**neugierig** curious ['kjʊəriəs] (**auf** about)

die **Neuheit** novelty

die **Neuigkeit** [piece of] news *plural*

das **Neujahr** New Year; **Prost Neujahr!** here's to the New Year!

**Neukaledonien** New Caledonia

**neulich** recently ['riːsəntli], the other day

der **Neuling** newcomer ['njuː,kʌmər]

**neumodisch** (*umgangsspr*) newfangled

der **Neumond** new moon

die **Neun** ❶ (*Zahl*) [number] nine ❷ **die Neun** (*Straßenbahn, Bus*) the number nine [tram/ bus]

**neun** nine; **viertel vor neun** a quarter to nine

**neunte(r, s)** ❶ ninth [eɪtθ], 9th ❷ **wir haben heute den neunten Dezember** today is the ninth of December ❸ **ich bin in der neunten Klasse** I'm in Year 9

das **Neuntel** ninth

**neuntel** ninth

**neunzehn** nineteen

**neunzehnte(r, s)** nineteenth

**neunzig** ninety

**neunzigste(r, s)** ninetieth

die **Neurodermitis** neurodermatitis

der **Neurologe**, die **Neurologin** neurologist [njʊə'rɒlədʒɪst]

die **Neurose** neurosis [njʊə'rəʊsɪs]

**neurotisch** neurotic [njʊə'rɒtɪk]

der **Neuschnee** fresh snow

**Neuseeland** New Zealand [,njuː'ziːlənd]

der **Neuseeländer**, die **Neuseeländerin** New Zealander

**neuseeländisch** New Zealand

**neutral** neutral ['njuːtrəl]

die **Neutralität** neutrality [njuː'trælətɪ]

das **Neutrum** (*auch übertragen*) neuter ['njuːtər]

**neuwertig** as [good as] new

der **Newbie** (*Neuling im Internet*) newbie

die **Newsgroup** ['njuːzgruːp] (*im Internet*) newsgroup

**nicht** ❶ (*Verneinung*) not; **er tanzt nicht** he's not dancing; (*nie*) he doesn't dance; **sie wohnt nicht mehr hier** she no longer lives here, she doesn't live here anymore; **nicht mehr als ...** no more than ...; **noch nicht** not yet; **nicht einmal das** not even that; **durchaus nicht/ganz und gar nicht** not at all/by no means; **nicht, dass ich wüsste** not that I know of ❷ **du kommst nicht? — ich auch nicht!** you're not coming? — me neither!; **ich rauche auch nicht** I don't smoke either ❸ (*rhetorisch*) **schön, nicht?** nice, isn't it?; **du kommst/liebst mich doch, nicht wahr?** you're coming, aren't you?/you love me, don't you?; **es ist nicht zu glauben** it is unbelievable [,ʌnbɪ'liːvəbl]; **was du nicht sagst!** you don't say! ❹ **nicht essbar** non-edible; **nicht rostend** stainless; **nicht Zutreffendes streichen** delete where not applicable

der **Nichtangriffspakt** non-aggression pact

die **Nichte** niece [niːs]

**nichtig** ❶ invalid [ɪn'vælɪd], void ❷ (*leer*) empty; (*unbedeutend*) trifling

die **Nichtigkeit** ❶ (*Ungültigkeit*) invalidity [,ɪnvə'lɪdətɪ], voidness ['vɔɪdnəs] ❷ (*Leere, Eitelkeit*) emptiness, vanity; (*Kleinigkeit*) trifle ['traɪfl]

der **Nichtraucher**, die **Nichtraucherin** non-smoker

das **Nichts** ❶ nothingness ['nʌθɪŋnəs] ❷ (*Geringfügigkeit*) trifle ['traɪfl] ❸ (*unbedeutender Mensch*) nobody

**nichts** ❶ nothing; **ganz und gar nichts**, **überhaupt nichts** nothing at all; **nichts zu machen!** nothing doing!; **so viel wie nichts** next to nothing ❷ (*in fragenden oder bedingenden Sätzen*) **nichts als ...** nothing [*oder* not anything] but ...; **haben Sie nichts anderes?** don't you have anything else?; **er hatte nichts bei sich** he didn't have anything on him ► WENDUNGEN: **es macht nichts** it doesn't matter; **nichts zu danken!** don't mention it!; **nichts da!** no chance!; **das ist nichts für mich** that's not my kind of thing; **wenn es weiter nichts ist!** if that's all there is to it!; **nichts sagend** meaningless

der **Nichtschwimmer**, die **Nichtschwimmerin** non-swimmer

**nichtsdestoweniger** nevertheless

der **Nichtsnutz** good-for-nothing

das **Nickel** nickel

**nicken** ❶ (*auch übertragen*) to nod ❷ (*umgangsspr: schlafen*) to snooze

**859**                                                        **Nickerchen – noch**

das **Nickerchen** (*umgangsspr*) nap, snooze; **ein Nickerchen machen** to have a nap

**nie** never; **fast nie** hardly ever; **nie und nimmer** never ever; **nie wieder** never again

**nieder** ❶ low ❷ *Triebe:* base ❸ *Herkunft:* humble ❹ *Arbeiten:* menial ❺ **der niedere Adel** the lesser nobility

**niederdrücken** ❶ to press down ❷ (*bedrücken*) to depress

**niederfallen** to fall down

der **Niedergang** decline

**niedergehen** ❶ *Regen:* to fall ❷ *Lawine:* to descend [dɪ'send] ❸ *Gewitter:* to break

der/die **Niedergelassene** ⓒⒽ official resident

**niedergeschlagen** dejected, depressed

**niederknien** to kneel [niːl] down

die **Niederlage** (*auch übertragen*) defeat [dɪ'fiːt]; **eine Niederlage erleiden** to suffer a defeat

die **Niederlande die Niederlande** the Netherlands ['neðələnds] ⚠ *singular oder plural*

der **Niederländer**, die **Niederländerin** Dutchman/Dutchwoman; **die Niederländer** the Dutch *plural*

**niederländisch** Dutch

**niederlassen** ❶ (*gehoben: sich setzen*) to sit down ❷ (*seinen Wohnsitz nehmen*) **sich irgendwo niederlassen** to settle down somewhere ❸ (*Geschäft eröffnen*) to establish oneself; *Arzt, Anwalt:* to set up a practice

die **Niederlassung** ❶ *eines Rechtsanwalts:* establishment ❷ (*Geschäftsniederlassung*) registered ['redʒɪstəd] office; (*Zweigstelle*) branch

die **Niederlassungsbewilligung** ⓒⒽ residence permit [pɜːmɪt]

**niederlegen** ❶ (*hinlegen*) to lay down ❷ to resign [rɪ'zaɪn] *Amt* ❸ **die Arbeit niederlegen** (*übertragen*) to stop work

die **Niederlegung** *eines Amtes:* resignation

der **Niederschlag** (*Regen, Schnee*) precipitation [prɪˌsɪpɪ'teɪʃᵊn]

**niederschlagen** ❶ to knock down *Gegner* ❷ to cast down *Augen* ❸ to suppress [sə'pres] *Aufstand* ❹ to dismiss [dɪs'mɪs] *Gerichtsverfahren* ❺ **sich in etwas niederschlagen** to result [rɪ'zʌlt] in something

**niederschmetternd** (*übertragen*) shattering

**niederstrecken** ❶ to lay low ❷ **sich niederstrecken** to stretch out

die **Niedertracht** despicableness [dɪ'spɪkəblnəs], vileness

**niederträchtig** despicable [dɪ'spɪkəbl], vile, mean

**niedertreten** to trample down

**niedlich** sweet ⒼⒷ, cute [kjuːt] ⓊⓈⒶ

**niedrig** (*auch übertragen*) low

der **Niedriglohnsektor** low-wage sector

**niemals** never

**niemand** nobody, no one; **ich sehe niemanden** I don't see anybody; **niemand anders** nobody else; **niemand außer ihm** nobody but him

das **Niemandsland** no man's land

die **Niere** kidney ['kɪdni]

der **Nierenstein** kidney stone

**·nieseln** to drizzle

der **Nieselregen** drizzle

**niesen** to sneeze

die **Niete** ❶ (*Los*) blank ❷ (*umgangsspr: Versager*) dead loss, failure ['feɪljəʳ]; (*Reinfall*) flop ❸ (*Stift*) rivet; (*an Hosen*) stud

**nieten** to rivet

**niet- und nagelfest** (*umgangsspr*) nailed down

der **Nikolaus** ❶ (*Name*) Nicholas ['nɪkᵊləs] ❷ (*Heiliger*) St Nicholas; (*Fest*) St Nicholas' Day ⚠ *wird aber in Großbritannien nicht gefeiert*

das **Nikotin** nicotine

**nikotinarm** low-nicotine

**nikotinfrei** nicotine-free

der **Nikotingehalt** nicotine content

das **Nilpferd** hippopotamus [ˌhɪpə'pɒtəməs]

**nimmer** never

der **Nimmersatt** glutton ⒼⒷ, grab-all ⓊⓈⒶ

**nippen** to sip (**an** at)

**nirgends** nowhere; **es ist nirgends zu finden** we can't find it anywhere

**nirgendwo** nowhere; **es ist nirgendwo zu finden** we can't find it anywhere

die **Nische** niche [niːʃ]

**nisten** ❶ to nest ❷ (*übertragen*) to lodge

der **Nistplatz** nesting site

das **Nitrat** nitrate ['naɪtreɪt]

das **Nitrit** nitrite ['naɪtraɪt]

das **Niveau** ❶ (*auch übertragen*) level ❷ **das Theaterstück hat Niveau** the play is of a high standard; **das ist unter meinem Niveau** that's beneath me

**niveaulos** mediocre [ˌmiːdi'əʊkəʳ]

**niveauvoll** high-class

die **Nixe** water sprite

**nobel** ❶ (*edelmütig*) noble ['nəʊbl] ❷ *Geste:* generous ['dʒenᵊrəs] ❸ (*elegant, kostspielig*) posh

Ⓕ Nicht verwechseln mit *noble — edel, adlig!*

der **Nobelpreis** Nobel prize

**noch** ❶ **weder A noch B** neither A nor B

**nochmalig – Note** 860

②(*weiterhin*) still; **bist du noch da?** are you still there?; **noch immer, immer noch** still; **noch nicht** not yet; **er ist noch nicht da** he's not here yet ③**ich möchte gerne noch bleiben** I'd like to stay on longer ④**noch am selben Tag** on the very same day; **noch heute** this very day; **ich werde noch heute damit anfangen** I'll get started on it today ⑤**noch nie** never [before] ⑥(*außerdem, sonst*) [**wünschen Sie**] **noch etwas?** [do you wish] anything else? ⑦**noch einen Kaffee bitte** another cup of coffee, please; **Geld noch und noch** (*umgangssprr*) heaps and heaps of money ⑧(*bei Steigerungsformen*) **noch besser** even better; **noch mehr** even more; **noch jetzt** even now ⑨**noch vor zwei Tagen** no more than two days ago ⑩**gerade noch** [only] just; **da haben wir noch Glück gehabt** we were lucky there ⑪**nur noch** only; **ich habe nur noch einen Freund** I have only one friend left ⑫**wie war doch noch Ihr Name?** what was your name again? ⑬**noch obendrein** on top of everything

**nochmalig** renewed [rɪ'nju:d]
**nochmals** again
der **Nomade,** die **Nomadin** nomad
der **Nominativ** nominative
**nominieren** to nominate
die **Nonne** nun
das **Nonnenkloster** convent ['kɒnvənt]
**Nordamerika** North America
das **Nordatlantische Verteidigungsbündnis** NATO Alliance
der **Norden** ①(*Himmelsrichtung*) north; **im Norden von ...** in the north of ...; **aus dem** [*oder* **von**] **Norden** from the north; **nach Norden** north; *Verkehr:* north bound ②(*Landesteil*) North; **im Norden Deutschlands** in the North of [*oder* in Northern] Germany; **ich komme aus dem Norden** I'm from the North
**Nordeuropa** northern Europe
die **Nordhalbkugel** Northern Hemisphere ['hemɪsfɪəʳ]
**Nordirland** Northern Ireland ['aɪələnd]
**nordisch** ①(*nördlich*) northern ②(*skandinavisch*) Nordic
**nördlich** ①northern; **der nördliche Polarkreis** the Arctic Circle ['sɜːkl] ②north (**von** of) ③**nördlich der Stadt** to the north of the town
der **Nordosten** north-east; **aus Nordosten** from the north-east
**nordöstlich** ①north-eastern ②north-east

(**von** of) ③**nordöstlich der Kirche** to the north-east of the church
der **Nordpol** North Pole
die **Nordsee** North Sea
der **Nordwesten** north-west; **aus Nordwesten** from the north-west
**nordwestlich** ①north-western ②north-west (**von** of) ③**nordwestlich der Straße** to the northwest of the street
der **Nordwind** north wind
die **Nörgelei** grumbling
**nörgeln** ①(*murren*) to grumble ②(*kritisieren*) to carp (**an** about)
die **Norm** standard; **die Norm sein** to be the usual thing
**normal** normal; *Maß, Gewicht:* standard
das **Normalbenzin** regular [petrol]
der **Normalfall** normal case; **das ist der Normalfall** that's the norm; **im Normalfall** normally, usually ['ju:ʒəli]
der **Normalverbraucher** average ['ævʳrɪdʒ] consumer ▸ WENDUNGEN: **Otto Normalverbraucher** (*umgangssprr*) Mr Average
**normen** to standardize
**normieren** to standardize
die **Normierung,** die **Normung** standardization
**Norwegen** Norway ['nɔːweɪ]
der **Norweger,** die **Norwegerin** Norwegian [nɔː'wiːdʒən]
**norwegisch** Norwegian
die **Nostalgie** nostalgia [nɒs'tældʒə]
**nostalgisch** nostalgic [nɒs'tældʒɪk]
die **Not** ①(*Mangel*) want; (*Elend*) neediness; **aus Not** out of poverty ②(*Notwendigkeit*) necessity [nə'sesəti] ③(*Schwierigkeit*) difficulty, trouble ['trʌbl] ④(*Bedrängnis*) distress; **ich bin in großer Not** I'm in dire straits ⑤**zur Not** (*falls nötig*) if necessary ['nesəsʳri]; (*so eben noch*) at a pinch ▸ WENDUNGEN: **seine liebe Not haben mit ...** to have a hard time with ...; **aus der Not eine Tugend machen** to make a virtue ['vɜːtjuː] of necessity; **Not macht erfinderisch** necessity is the mother of invention
der **Notar,** die **Notarin** notary
das **Notariat** notary's office
der **Notarzt,** die **Notärztin** emergency [ɪ'mɜːdʒʳnsi] doctor
die **Notaufnahme** casualty ['kæʒjuəlti] [unit]
der **Notausgang** emergency exit
die **Notbremse** emergency brake
der **Notdienst** **Notdienst haben** (*Apotheke*) to be open 24 hours; (*Arzt*) to be on call
die **Note** ①mark ②*in der Musik:* note; **nach Noten singen/spielen** to sing/play from

music

das **Notebook** ['noʊtbʊk] notebook

das **Notenblatt** sheet of music

der **Notenschlüssel** clef

der **Notfall** emergency [ɪ'mɜːdʒᵊnsi]; **im Notfall** if needs be; **bei einem Notfall** in case of emergency

**notfalls** if need be

die **Notfallstation** ⓒⒽ casualty ['kæʒjuəlti]

**notgedrungen** ❶ imperative [ɪm'perətɪv] ❷ perforce [pə'fɔːs]

**notieren** ❶ (*Notizen machen*) to make a note of, to note [down] ❷ (*an der Börse*) to quote [kwəʊt] (**mit** at)

**nötig** ❶ (*notwendig*) necessary ['nesəsᵊri]; **etwas** [**bitter**] **nötig haben** to need something [badly]; **nur das Nötigste** only the bare necessities [nə'sesətiz] *plural* ❷ (*dringend*) urgently ['ɜːdʒᵊntli]; **ich muss mal ganz nötig** I'm dying to go ▸ WENDUNGEN: **Sie haben's gerade nötig, sich zu beschweren!** (*umgangsspr*) you're a fine one to complain!

die **Notiz** ❶ *in der Zeitung:* item ❷ (*Vermerk*) note ❸ [**keine**] **Notiz nehmen von** to take [no] notice of

Ⓕ Nicht verwechseln mit *note — die Benachrichtigung!*

der **Notizblock** notepad, memo pad

die **Notlage** (*Elend*) plight; **in einer Notlage sein** to be in serious ['sɪəriəs] difficulties *plural*

die **Notlandung** forced [*oder* emergency] landing

die **Notlösung** temporary ['tempᵊrᵊri] solution

**notorisch** notorious [nə'tɔːriəs]

der **Notruf** emergency call

der **Notstand** [state of] emergency

das **Notstandsgebiet** disaster area

das **Notstromaggregat** emergency generator

die **Notunterkunft** emergency accommodation

die **Notwehr** self-defence ⒼⒷ, self-defense ⓊⓈⒶ

**notwendig** necessary ['nesəsᵊri]; **notwendig brauchen** to need urgently ['ɜːdʒᵊntli]; **das Notwendigste** (*das Nötigste*) the bare necessities [nə'sesətiz] *plural;* (*das Wesentliche*) the essentials *plural*

die **Notwendigkeit** necessity [nə'sesəti]

der **Nougat** nougat

der **November** November; **am 15. November** on 15th November, on November 15 ⓊⓈⒶ; (*gesprochen*) on the 15th of November, November the 15th ⓊⓈⒶ; **Anfang November** at the beginning of November; **Ende November** at the end of November

der **Nu** im Nu in a flash [*oder* a jiffy]

**nüchtern** ❶ (*nicht betrunken*) sober ❷ (*vernünftig*) down-to-earth, rational ❸ (*fade, trocken*) dry, insipid ❹ **auf nüchternen Magen** on an empty stomach ['stʌmək]

die **Nudel** ❶ noodle ❷ **Nudeln** pasta ⚠ *singular;* (*in einer Suppe*) noodles ❸ (*umgangsspr*) **komische Nudel** funny character

der **Nugat** nougat

**nuklear** nuclear

der **Nuklearabfall** nuclear waste

die **Nuklearindustrie** nuclear industry

der **Nukleartest** nuclear test

die **Null** ❶ (*Ziffer*) nought [nɔːt]; *auf Skalen, Thermometer:* zero ❷ (*umgangsspr: Versager*) washout

**null** ❶ zero ❷ *im Sport:* nil; *beim Tennis:* love [lʌv]; **40 zu null** 40-love ❸ **es ist null Uhr zwanzig** it's twenty past [*oder* ⓊⓈⒶ] after] midnight ▸ WENDUNGEN: **null und nichtig** null and void; **in null Komma nichts** (*umgangsspr*) in no time at all; **null Ahnung haben von etwas** (*slang*) to not have a clue [kluː] about something

der **Nullpunkt** ❶ zero ❷ **die Stimmung sank unter den Nullpunkt** the atmosphere ['ætməs'fɪəʳ] froze; **den Nullpunkt erreicht haben** to have reached rock bottom

die **Nummer** ❶ *auch von Zeitung:* number ❷ (*Größe*) size ❸ (*umgangsspr: Typ*) character ▸ WENDUNGEN: **auf Nummer Sicher gehen** (*umgangsspr*) to play it safe

**nummerieren** to number

die **Nummerierung** numbering

das **Nummernschild** number plate ⒼⒷ, license ['laɪsəns] plate ⓊⓈⒶ

**nun** ❶ (*jetzt*) now; **nun, da ...** now that ...; **was nun?** what now?; **von nun an** from now on; **nun erst recht!** just for that! ❷ (*dann*) then; **nun gut** all right then ❸ (*also*) well ❹ **nun ja, aber ...** all right, but ...; **das habe ich nun davon** serves me right; **hat sich das nun gelohnt?** was that supposed to be worth it?

**nur** ❶ (*einschränkend*) only; **wenn nur ...** if only ...; **nicht nur ..., sondern auch ...** not only ...[,] but also ... ❷ (*nichts außer*) nothing but; **immer nur Ärger** nothing but trouble ['trʌbl] ❸ (*mit Verneinung*) **alle kommen, nur er nicht** everyone's coming except for him ❹ (*bloß*) just; **nur weil** just because; **nur einmal** just once; **du brauchst es nur zu sagen** just say the word ❺ (*fragend*) **warum tut er das nur?** why on earth [ɜːθ] does he do that?; **was hat er nur?** I wonder ['wʌndər] what's wrong with him?

> **only** steht meistens vor dem Verb: *I only wanted to help; I've only got three pills left.* **Only** kann auch direkt vor dem Wort, auf das es sich bezieht, stehen: *only Emma saw the dog* = nur Emma sah den Hund — sonst sah ihn niemand; *Emma only saw the dog* = Emma hat den Hund nur gesehen — sie hat ihn nicht gestreichelt; *Emma saw only the dog* = Emma sah nur den Hund — sonst nichts.

**nuscheln** (*umgangsspr*) to mumble ['mʌmbl]
die **Nuss** nut ▸ WENDUNGEN: **eine harte Nuss zu knacken haben** to have a tough [tʌf] nut to crack; **er ist eine harte Nuss** he's a tough nut to crack
der **Nussbaum** ❶ walnut ['wɔːlnʌt] tree ❷ (*Holz*) walnut
**nussig** *Geschmack:* nutty
die **Nüster** nostril ['nɒstrəl]
die **Nutte** (*abwertend slang*) whore [hɔːr] ⒼⒷ, hooker ⓊⓈⒶ
der **Nutz** **sich etwas zu Nutze machen** (*verwenden*) to utilize ['juːtɪlaɪz] something; (*ausnutzen*) to take advantage [ədˈvɑːntɪdʒ] of something
**nütze zu etwas/nichts nütze sein** to be useful for something/to be of no use for anything
der **Nutzen** ❶ (*Vorteil*) advantage [ədˈvɑːntɪdʒ], benefit; (*Gewinn*) profit ❷ (*Nützlichkeit*) usefulness ['juːsfəlnəs]; **jemandem von Nutzen sein** to be useful ['juːsfəl] to someone
**nutzen, nützen** ❶ (*gebrauchen*) to make use [juːs] of, to use ❷ **jemandem nützen** to be of use to someone; **zu etwas nützen** to be of use for something ❸ **es nützt nichts** it's no use; **das nützt wenig** that's not much use
**nützlich** ❶ useful ['juːsfəl] ❷ (*hilfreich*) helpful
die **Nützlichkeit** usefulness
**nutzlos** useless ['juːsləs]
die **Nutzlosigkeit** uselessness ['juːsləsnəs]
die **Nutzung** ❶ (*Gebrauch*) use ❷ (*das Ausnutzen*) exploitation
das **Nylon** nylon
die **Nymphe** nymph

O¹, o O, o [əʊ]
o² oh!
die **Oase** (*auch übertragen*) oasis [əʊˈeɪsɪs]
**ob** ❶ (*Frage einleitend*) if, whether ['weðər]; **frage sie einfach, ob sie Lust hat** just ask her whether [*oder* if] she feels like it ❷ (*vergleichend*) **als ob** as if ❸ **ob sie mich wohl liebt?** I wonder ['wʌndər] if she loves me ❹ **ich weiß nicht, ob sie kommen** I don't know whether [or not] they're coming ❺ (*umgangsspr*) **und ob!** you bet!
das **Obdach** shelter
**obdachlos** homeless
der/die **Obdachlose** homeless person
das **Obdachlosenasyl,** das **Obdachlosenheim** shelter [*oder* hostel] for the homeless
die **Obduktion** post-mortem
die **O-Beine** (*umgangsspr*) bandy [*oder* bow] legs
**oben** ❶ (*in der Höhe*) up; **hier/dort oben** up here/there ❷ (*hoch oben, am oberen Ende*) at the top; **ganz oben** (*auch übertragen*) right [raɪt] at the top; **von oben herab** [down] from above [əˈbʌv]; (*übertragen*) condescendingly [ˌkɒndɪˈsendɪŋli] ❸ (*im oberen Stock*) upstairs; **nach oben** upwards; (*im Haus*) upstairs ❹ (*an der Oberfläche*) on the surface ['sɜːfɪs] ❺ (*vorher: in Brief*) above [əˈbʌv]; **oben erwähnt** above-mentioned; **siehe oben** see above; **wie oben erwähnt** as mentioned above ❻ **von oben bis unten** from top to bottom; (*bei Person*) from head [hed] to toe ❼ **oben ohne** (*umgangsspr*) topless
**obenan** at the top
**obenauf** on the top; **wieder obenauf sein** (*umgangsspr: wieder gesund sein*) to be back on form
**obendrein** (*umgangsspr*) on top of everything
der **Ober** waiter; **Herr Ober!** waiter!
der **Oberarm** upper arm
der **Oberarzt,** die **Oberärztin** senior consultant
der **Oberbefehl den Oberbefehl haben** to be in supreme command (**über** of)
der **Oberbefehlshaber,** die **Oberbefehlshaberin** commander-in-chief
der **Oberbegriff** generic term
der **Oberbürgermeister,** die **Oberbürgermeisterin** mayor
**obercool** (*slang*) totally cool
**obere(r, s)** ❶ upper ❷ **die oberen Zehntausend** (*umgangsspr*) the upper crust

die **Oberfläche** ① (*auch übertragen*) surface ['sɜːfɪs]; **an die Oberfläche kommen** to [come to the] surface; (*übertragen*) to emerge [ɪ'mɜːdʒ] ② *eines Körpers:* surface area
**oberflächlich** (*auch übertragen*) superficial [ˌsuːpə'fɪʃəl]
die **Oberflächlichkeit** superficiality [ˌsuːpəˌfɪʃi'æləti]
das **Obergeschoss** upper floor; **im dritten Obergeschoss** on the third [*oder* ⓤⓢⓐ fourth] floor
**oberhalb** above [ə'bʌv]
das **Oberhaupt** head [hed]
das **Oberhaus** Upper House, House of Lords ⒼⒷ
**oberirdisch** above ground; *Leitungen:* overhead
der **Oberkörper** upper part of the body
der **Oberleutnant** lieutenant [lef'tenənt] ⒼⒷ, first lieutenant ⓤⓢⓐ
die **Oberlippe** upper lip
**oberpeinlich** (*umgangsspr*) cringeworthy ['krɪndʒwɜːði]
das **Obers** Ⓐ cream
der **Oberschenkel** thigh [θaɪ]
die **Oberschicht** upper class
die **Oberseite** top side
der **Oberst** colonel ['kɜːnəl]
der **Oberstaatsanwalt**, die **Oberstaatsanwältin** senior public prosecutor ⒼⒷ, attorney general ⓤⓢⓐ
**oberste(r, s)** ① topmost, uppermost ② (*übertragen*) supreme [suː'priːm]; **der Oberste Gerichtshof** the High Court of Justice ⒼⒷ, the Supreme Court ⓤⓢⓐ
die **Oberstufe** ≈ sixth [sɪksθ] form
das **Oberverwaltungsgericht** Higher Administrative Court
**obgleich** although [ɔːl'ðəʊ], even though
**obige(r, s)** above [ə'bʌv]
das **Objekt** object ['ɒbdʒekt]
das **Objektiv** lens [lenz], objective
**objektiv** objective [əb'dʒektɪv]
die **Objektivität** objectivity [ˌɒbdʒɪk'tɪvəti]
die **Oblate** wafer ['weɪfər]
die **Obligation** [debenture] bond; **Obligationen aufrufen/tilgen** to call in/redeem bonds
**obligatorisch** obligatory [ə'blɪɡətəri]; *Schulfächer:* compulsory [kəm'pʌlsəri]
das **Obst** fruit [fruːt]

> Ⓥ **fruit** wird in der Einzahl gebraucht: *I like fresh fruit with my muesli; the old pear tree still produces fruit* — **fruits** wird für verschiedene Obstsorten gebraucht: *Kate likes apples, bananas, cherries and other fruits.*

der **Obstbaum** fruit tree
die **Obsternte** ① (*das Ernten*) fruit-gathering [*oder* -picking] ⚠ *ohne Artikel* ② (*geerntetes Obst*) fruit crop [*oder* harvest]
die **Obsthandlung** fruiterer's ⒼⒷ, fruit store ⓤⓢⓐ
der **Obstkuchen** fruit tart [*oder* cake]
der **Obstsalat** fruit salad
die **Obsttorte** fruit flan [*oder* tart]
**obszön** obscene [əb'siːn]
**obwohl** although
der **Ochse** bullock ['bʊlək], ox
**öde** ① (*leer, verlassen*) abandoned [ə'bændənd], empty; (*unbewohnt*) bleak, desolate ['desələt]; (*unbebaut*) waste ② (*langweilig*) dreary ['drɪəri], dull
**oder** ① or; **entweder ... oder** either ... or; **oder aber** or else ② **Sie kommen doch, oder?** you're coming, aren't you?; **sie kommt nicht, oder doch?** she won't come, or will she?
der **Ofen** ① (*Herd*) stove [stəʊv]; (*Backofen*) oven ['ʌvən] ② (*Brennofen*) kiln; (*Heizofen*) heater ▸ WENDUNGEN: **jetzt ist der Ofen aus!** (*umgangsspr*) that does it!
**offen** ① open; **Tag der offenen Tür** open day ② **offen halten** (*auch übertragen*) to keep open; **die Ohren offen halten** to keep one's ear to the ground; **offen lassen** (*auch übertragen*) to leave open ③ **offen stehen** *Tür, Fenster:* to be open ④ (*frei*) vacant ['veɪkənt]; **eine offene Stelle** a vacant post, a vacancy ['veɪkənsi] ⑤ (*unerledigt*) *Rechnung:* outstanding ⑥ (*unentschieden*) **es ist noch alles offen** nothing's been decided as yet; **offen bleiben** to remain [rɪ'meɪn] open; **wir haben das noch offen gelassen** we left the matter open ⑦ (*aufrichtig*) **zu jemandem offen sein** to be open with someone; **ein offenes Wort mit jemandem reden** to have a frank talk [tɔːk] with someone; **seine Meinung offen sagen** to speak one's mind; **offen gesagt ...** to tell you the truth ..., to be honest ... ⑧ **ich bin offen für alles** I'm open to everything ⑨ **auf offener See** on the open sea ⑩ *Wein:* by the carafe [kə'ræf]
**offenbar** ① obvious ['ɒbviəs] ② (*vermutlich*) apparently [ə'pærəntli]
die **Offenheit** candour ['kændər], frankness, openness
**offenherzig** ① (*freimütig*) candid, frank, open-hearted ② (*humorvoll*) *Kleid, Bluse:* revealing
**offenkundig** clear, obvious ['ɒbviəs]
**offenlassen** (*übertragen*) **etwas offenlassen** to leave something open *Entscheidung*

**offensichtlich – online**

**offensichtlich** obvious ['ɒbviəs]
**offenstehen** *Rechnung:* to be outstanding; **jemandem offenstehen** (*zugänglich sein*) to be open to someone
**öffentlich** public; **etwas öffentlich bekannt machen** to make something public; **ein öffentliches Geheimnis** an open secret; **die öffentliche Meinung** public opinion
die **Öffentlichkeit** public; **in aller Öffentlichkeit** in public; **an die Öffentlichkeit gelangen** to become known; **die Öffentlichkeit scheuen** to shun publicity
**offiziell** official [ə'fɪʃ⁰l]
der **Offizier** officer ['ɒfɪsəʳ]
**offline** ['ɔflaɪn] (*in der Informatik*) offline
der **Offlinebetrieb** offline mode
**öffnen** to open
die **Öffnung** opening
die **Öffnungszeiten** hours [aʊəz] of business
**oft** ➊ frequently ['friːkwəntli], often ➋ **des Öfteren** quite often
**öfter(s)** (*gelegentlich*) [every] once in a while
**oftmals** frequently, often
**oh** oh!
**ohne** ➊ without [wɪ'ðaʊt]; **sei ohne Sorge** don't worry; **ohne mich!** count me out! ➋ **ohne weiteres** just like that; **so ohne weiteres geht das nicht** it doesn't work that easily ➌ **die Sache ist nicht ohne** (*umgangsspr*) it's not quite that easy; **er ist gar nicht so ohne** (*umgangsspr*) he's got what it takes ➍ **ohne etwas zu tun** without doing anything; **ohne dass ich es bemerkte, ...** without my noticing it ...
die **Ohnmacht** ➊ (*Bewusstlosigkeit*) faint, swoon; **in Ohnmacht fallen** to faint (**vor** from) ➋ (*Machtlosigkeit*) powerlessness ['paʊələsnəs]
**ohnmächtig** ➊ (*bewusstlos*) unconscious [ʌn'kɒnʃəs]; **ohnmächtig werden** to faint (**vor** from) ➋ (*machtlos*) powerless ➌ **ohnmächtige Wut** helpless rage
das **Ohr** ear [ɪəʳ]; **jemandem zu Ohren kommen** to reach someone's ears ▶ WENDUNGEN: **sich aufs Ohr legen** to have a nap; **viel um die Ohren haben** to have a lot on one's plate; **jemanden übers Ohr hauen** to pull a fast one on someone; **bis über beide Ohren in jemanden verliebt sein** to be head over heels in love with someone; **die Ohren steifhalten** to keep one's chin up; **die Ohren spitzen** to prick up one's ears
**ohrenbetäubend** deafening ['defⁿɪŋ]
die **Ohrfeige** box on the ears; **jemandem eine Ohrfeige geben** to slap someone's face

**ohrfeigen** to slap
das **Ohrläppchen** [ear]lobe
der **Ohrring** earring ['ɪəɪŋ]
der **Ohrstecker** ear stud, stud earring
der **Ohrstöpsel** earplug
**Öko-** eco-
der **Öko** environmental activist
der **Ökologe**, die **Ökologin** ecologist
die **Ökologie** ecology
**ökologisch** ecological [ˌiːkə'lɒdʒɪk⁰l]
der **Ökonom**, die **Ökonomin** economist
die **Ökonomie** economy
**ökonomisch** ➊ economic ➋ (*sparsam*) economical
die **Ökosteuer** environmental tax
das **Ökosystem** ecosystem
die **Oktave** octave
der **Oktober** October; **am 15. Oktober** on 15th October, on October 15 (USA); (*gesprochen*) on the 15th of October, October the 15th (USA); **Anfang Oktober** at the beginning of October; **Ende Oktober** at the end of October
**ökumenisch** ecumenical [ˌiːkjʊ'menɪk⁰l]
das **Öl** ➊ oil ➋ **in Öl malen** to paint in oils *plural*
das **Ölbild** oil painting
der **Oldtimer** ['oːlttaɪmə] classic [*oder* vintage] car
**ölen** to oil
die **Ölfarbe** oil paint [*oder* colour] ['kʌləʳ]
das **Ölgemälde** oil painting
die **Ölgewinnung** oil extraction
die **Ölheizung** oil-fired heating
**ölig** (*auch übertragen*) oily
die **Olive** olive
das **Olivenöl** olive oil
**olivgrün** olive green
die **Ölleitung** pipeline
die **Ölpest** oil pollution
die **Ölquelle** oil well
die **Ölsardine** sardine [saː'diːn]
der **Öltanker** oil tanker
der **Ölwechsel** oil change
die **Olympiade** Olympics [ə'lɪmpɪks] *plural*
die **Olympiamannschaft** Olympic team
das **Olympiastadion** Olympic stadium ['steɪdiəm]
**olympisch** **die Olympischen Spiele** the Olympic Games
die **Oma** (*umgangsspr*) grandma, granny
das **Omelett**, die **Omelette** omelette ['ɒmlət]
der **Omnibus** bus; **mit dem Omnibus fahren** to go by bus
der **Onkel** uncle ['ʌŋkl]
**online** ['ɔnlaɪn] (*in der Informatik*) online; **online gehen** to go online

die **Onlinebank** Internet bank
das **Onlinebanking** online banking
der **Onlinebetrieb** online mode
der **Onlinedienst** online service
das **Onlinelernen** internet-based learning
das **Onlineshopping** teleshopping ['telɪˌʃɒpɪŋ]
der **Opa** (*umgangsspr*) grandad, grandpa
die **Oper** ➊ opera ['ɒpᵊrə] ➋ (*Opernhaus*) opera house
die **Operation** operation [ˌɒpᵊr'eɪʃᵊn]
der **Operationssaal** operating theatre ['θiːətᵊr] **GB**, operating room **USA**
**operativ** ➊ (*in der Medizin*) operative, surgical ['sɜːdʒɪkᵊl]; **etwas operativ entfernen** to remove something surgically; **ein operativer Eingriff** surgery ['sɜːdʒᵊri] ➋ (*in der Wirtschaft*) *Verluste:* operational; **sie schreiben operativ rote Zahlen** they are operating in the red
die **Operette** operetta
**operieren** (*auch übertragen*) to operate; **jemandem am Magen operieren** to operate on someone's stomach
der **Opernsänger**, die **Opernsängerin** opera singer
das **Opfer** ➊ (*auch übertragen*) sacrifice ['sækrɪfaɪs]; **ein Opfer [für jemanden] bringen** to make a sacrifice [for someone]; **kein Opfer scheuen** to consider [kən'sɪdᵊr] no sacrifice too great ➋ (*Geschädigter*) victim; **jemandem/einer Sache zum Opfer fallen** to fall victim to someone/something
**opfern** ➊ (*auch übertragen*) to sacrifice ➋ **sich opfern** to sacrifice oneself; (*humorvoll*) to be a martyr ['mɑːtᵊr]
das **Opium** opium ['əʊpiəm]
der **Opportunismus** opportunism
der **Opportunist**, die **Opportunistin** opportunist
**opportunistisch** opportunist[ic]
die **Opposition** opposition [ˌɒpə'zɪʃᵊn]
der **Oppositionsführer**, die **Oppositionsführerin** Leader of the Opposition
die **Optik** ➊ optics *singular* ➋ (*Aussehen*) look, appearance
der **Optiker**, die **Optikerin** optician [ɒp'tɪʃᵊn]
**optimal** optimal
**optimieren** to optimize
der **Optimismus** optimism ['ɒptɪmɪzᵊm]
der **Optimist**, die **Optimistin** optimist ['ɒptɪmɪst]
**optimistisch** optimistic [ˌɒptɪ'mɪstɪk]
**optisch** visual ['vɪʒuəl]; *Täuschung:* optical
das **Orakel** oracle ['ɒrəkl]
die **Orange** [o'rã:ʒə] (*Frucht*) orange ['ɒrɪndʒ]
das **Orange** (*Farbe*) orange
**orangefarben, orangefarbig** orange

die **Orangenmarmelade** marmalade
der **Orangensaft** orange juice [dʒuːs]
die **Orangenschale** orange peel
der **Orang-Utan** orang-utan
das **Orchester** orchestra ['ɔːkɪstrə]
die **Orchidee** orchid
der **Orden** ➊ (*Mönchsorden*) order ➋ (*Auszeichnung*) decoration [ˌdekᵊ'reɪʃᵊn]; **jemandem einen Orden für etwas verleihen** to decorate someone for something
**ordentlich** ➊ (*aufgeräumt*) orderly, tidy ➋ *Verhältnisse, Familie:* respectable [rɪ'spektəbl] ➌ *Preis, Leistung:* reasonable ['riːzᵊnəbl] ➍ (*umgangsspr: tüchtig, gehörig*) proper, real; **eine ordentliche Tracht Prügel** a proper hiding
**ordinär** vulgar ['ɔːdᵊnᵊri]

**F** Nicht verwechseln mit *ordinary — gewöhnlich!*

**ordnen** ➊ (*organisieren*) to order, to organize ➋ (*in Ordnung bringen*) to put in order ➌ (*sortieren*) to arrange [ə'reɪndʒ] ➍ **sich ordnen** to get into order ➎ **sich zu etwas ordnen** to form something
der **Ordner** file
die **Ordnung** ➊ order; **Ordnung halten** to keep things in order; **Ordnung muss sein!** we must have order! ➋ (*Regelung*) rules *plural* ➌ (*Gesetzmäßigkeit*) routine [ruː'tiːn] ➍ (*Rang*) order ➎ **in Ordnung** all right, OK; **das bringen Sie wieder in Ordnung!** you'll sort this out!; **können Sie diese Maschine wieder in Ordnung bringen?** can you fix this machine? [mə'ʃiːn]; **die Maschine ist [wieder] in Ordnung** the machine is fixed [again]; **mit meinem CD-Spieler ist etwas nicht in Ordnung** there's something wrong with my CD-player; **klar, geht in Ordnung!** (*umgangsspr*) sure, that's OK!
das **Ordnungsamt** regulatory agency (*municipal authority responsible for registration, licensing, and regulating public events*)
**ordnungsgemäß** in accordance with the rules [*oder* regulations]
die **Ordnungsstrafe** fine
**ordnungswidrig** illegal
die **Ordnungswidrigkeit** infringement
die **Ordnungszahl** ordinal number
das **Organ** ➊ organ ➋ (*Zeitung*) organ ➌ (*Amt, Stelle*) instrument, organ
der **Organhandel** trade in human organs
die **Organisation** organization [ˌɔːgᵊnaɪ'zeɪʃᵊn]
das **Organisationstalent** organizing ability

**organisatorisch – Ouvertüre**

**organisatorisch** organizational [ˌɔːgᵊnaɪˈzeɪ-ʃᵊnᵊl]; **organisatorisches Talent besitzen** to have a gift for organization

**organisch** ❶ organic ❷ (*körperlich*) physical [ˈfɪzɪkᵊl]

**organisieren** ❶ to organize [ˈɔːgᵊnaɪz] ❷ **sich organisieren** to organize

der **Organismus** organism [ˈɔːgᵊnɪzᵊm]

der **Organist**, die **Organistin** organist [ˈɔːgᵊnɪst]

die **Organspende** organ donation

der **Organspender**, die **Organspenderin** organ donor

die **Organtransplantation**, die **Organverpflanzung** organ transplantation

der **Orgasmus** orgasm [ˈɔːgæzᵊm]

die **Orgel** organ

das **Orgelkonzert** (*Musikstück*) organ concerto; (*Konzert*) organ recital [rɪˈsaɪtᵊl]

die **Orgie** orgy [ˈɔːdʒi]

der **Orient** Orient [ˈɔːriənt]

der **Orientale**, die **Orientalin** man from the Middle East *maskulin,* woman from the Middle East *feminin*

**orientalisch** Middle Eastern

**orientieren** ❶ **sich orientieren** to orientate [ˈɔːriənteɪt] oneself (**an/nach** by) ❷ (*auch übertragen*) to orientate (**auf/nach** towards)

die **Orientierung** orientation [ˌɔːriənˈteɪʃᵊn]; **die Orientierung verlieren** to lose one's bearings *plural*

der **Orientierungssinn** sense of direction

das **Original** ❶ original [əˈrɪdʒᵊnᵊl] ❷ (*origineller Mensch*) character, original

**original** original

die **Originalfassung** original [version]; **in der englischen Originalfassung** in the original English version

**originell** ❶ (*geistvoll*) witty ❷ (*neu*) novel

der **Orkan** ❶ hurricane ❷ (*übertragen*) storm

**orkanartig** hurricane force

das **Ornament** ornament

der **Ort** ❶ (*Platz, Stelle*) place; **am Ort des Verbrechens** at the scene of the crime; **Ort der Handlung** scene [siːn] of the action ❷ (*Ortschaft*) place ▸ WENDUNGEN: **an Ort und Stelle** on the spot; **an Ort und Stelle ankommen** to arrive at one's destination

die **Orthographie**, die **Orthografie** orthography [ɔːˈθɒgrəfi]

der **Orthopäde**, die **Orthopädin** orthopaedist [ˌɔːθə(ʊ)ˈpiːdɪst]

die **Orthopädie** orthopaedics [ˌɔːθə(ʊ)ˈpiːdɪks] *singular*

**orthopädisch** orthopaedic [ˌɔːθə(ʊ)ˈpiːdɪk]

**örtlich** local

die **Ortschaft** (*Stadt*) town; (*Dorf*) village; **eine geschlossene Ortschaft** a built-up area [ˈeəriə]

**ortsfremd** non-local

das **Ortsgespräch** local call

der **Ortsname** place name

die **Ortsnetzkennzahl** dialling [*oder* Ⓤ] area] code

das **Ortsschild** place name sign

der **Ortstarif** local rate

der **Ortsteil** district

die **Ortszeit** local time

der **O-Saft** (*Orangensaft*) OJ

die **Öse** eyelet [ˈaɪlət]

der **Ost** East
**Ostafrika** East Africa
**Ostasien** Eastern Asia [ˈeɪʃə]
**Ostdeutschland** ❶ (*Region*) Eastern Germany ❷ (*DDR*) East Germany

der **Osten** ❶ (*Himmelsrichtung*) east; **im Osten von ...** in the east of ...; **aus dem** [*oder* **von**] **Osten** from the east ❷ (*Landesteil*) the East ❸ **der Nahe Osten** the Near East; **der Mittlere Osten** the Middle East; **der Ferne Osten** the Far East

das **Osterei** Easter egg

die **Osterglocke** daffodil [ˈdæfədɪl]

der **Osterhase** Easter bunny

**österlich** [of] Easter

der **Ostermontag** Easter Monday

das **Ostern** Easter; **frohe Ostern!** Happy Easter!
**Österreich** Austria [ˈɒstriə]

der **Österreicher**, die **Österreicherin** Austrian [ˈɒstriən]

**österreichisch** Austrian

der **Ostersonntag** Easter Sunday

die **Ost-Erweiterung** eastward expansion [of the EU]
**Osteuropa** Eastern Europe

der **Ostfriese**, die **Ostfriesin** East Frisian [ˈfriːʒᵊn]

**ostfriesisch** East Frisian
**Ostfriesland** East Frisia [ˈfriːʒᵊ]

**östlich** ❶ easterly ❷ **östlich von ...** [to the] east of ...; **östlich des Turms** [to the] east of the tower

die **Ostsee die Ostsee** the Baltic [Sea]

die **Oststaaten** (*in USA*) Eastern states *plural*

die **Ost-West-Beziehungen** East-West relations *plural*

**oszillieren** to oscillate [ˈɒsɪleɪt]

die **Otter** (*Schlange*) adder, viper [ˈvaɪpᵊ]

der **Otter** (*Fischotter*) otter

**outen** [ˈaʊtən] **sich outen** to out oneself

die **Ouvertüre** overture

**oval** oval
das **Oxid** oxide
die **Oxidation** oxidation △ *ohne Artikel*
**oxidieren** to oxidize
der **Ozean** ocean ['əʊʃən]
der **Ozelot** ocelot
das **Ozon** ozone ['əʊzəʊn]
die **Ozonbelastung** ozone build-up [in the lower atmosphere]
das **Ozonloch** hole in the ozone layer
die **Ozonschicht** ozone layer
der **Ozonsmog** ozone smog

# P

**P, p** P, p [piː]
das **Paar** ① pair; **ein Paar Schuhe** a pair of shoes ② (*zwei Menschen*) couple ['kʌpl]; **die beiden sind ein ungleiches Paar** the two of them make an odd couple
**paar** **ein paar** a few; (*zwei, drei*) a couple of; **ein paar Mal** a few [*oder* couple of] times; **vor ein paar Tagen** a few days ago
**paaren** *Tiere:* to mate
**paarweise** in pairs *plural*
die **Pacht** ① (*Pachtverhältnis*) lease [liːs] ② (*Entgelt*) rent
**pachten** ① to lease ② **etwas für sich gepachtet haben** (*umgangsspr*) to have the [*oder* a] monopoly on something
der **Pächter**, die **Pächterin** tenant
das **Päckchen** ① package; (*Postpäckchen*) small parcel ② (*Schachtel*) packet
**packeln** Ⓐ (*paktieren*) to make a deal
**packen** ① (*festhalten*) to grab, to seize [siːz]; **jemanden am Kragen packen** to grab someone by the collar ② (*begeistern*) to grip, to thrill ③ (*einpacken*) to pack; to make up *Paket* ④ (*umgangsspr: hinkriegen*) to manage; **der Zug geht in zehn Minuten, packen wir das noch?** the train leaves in ten minutes, can we still make it? ⑤ (*umgangsspr: gehen*) **packen wir's!** let's get going! ⑥ (*umgangsspr: kapieren*) **ich pack's nicht!** I don't get it!
**packend** gripping, thrilling
das **Packpapier** wrapping ['ræpɪŋ] paper
die **Packung** ① (*Schachtel*) packet; **eine Packung Zigaretten** a pack[et] of cigarettes ② (*Kompresse*) compress

die **Packungsbeilage** *information leaflet included in medicine packets*
der **Pädagoge**, die **Pädagogin** ① teacher ② (*Erziehungswissenschaftler*) education[al]ist
die **Pädagogik** educational theory △ *ohne Artikel*
die **Pädagogin** ① teacher ② (*Erziehungswissenschaftler*) education[al]ist
**pädagogisch** educational
das **Paddel** paddle
das **Paddelboot** canoe [kə'nuː]
**paddeln** to canoe, to paddle
der **Page** bellboy ⒼⒷ, bellhop ⓊⓈⒶ
das **Paket** ① parcel ② (*Packung*) packet ③ (*übertragen*) package
**Pakistan** Pakistan
der **Pakt** agreement, pact
der **Palast** (*auch übertragen*) palace
**Palästina** Palestine ['pæləstaɪn]
der **Palästinenser**, die **Palästinenserin** Palestinian [ˌpælə'stɪniən]
**palästinensisch** Palestinian
die **Palatschinke** Ⓐ stuffed pancake
der **Palm** palmtop
die **Palme** palm [pɑːm] [tree] ▶ WENDUNGEN: **so etwas bringt mich wirklich auf die Palme!** (*umgangsspr*) things like that really drive me mad!
der **Palmsonntag** Palm Sunday
die **Pampelmuse** grapefruit
das **Pamphlet** (*abwertend*) defamatory pamphlet
**panieren** to coat with breadcrumbs *plural*
das **Paniermehl** breadcrumbs *plural*
die **Panik** panic; **in Panik geraten** to get into a panic
**panisch** panic-stricken; **eine panische Angst vor etwas haben** to be terrified of something
die **Panne** ① breakdown; (*Reifenpanne*) puncture; **er hatte eine Panne** his car broke down; (*eine Reifenpanne*) he had a puncture ② (*umgangsspr: Schnitzer*) blunder ⒼⒷ, goof ⓊⓈⒶ
der **Pannendienst** breakdown service
das **Panorama** panorama
der **Panter**, der **Panther** panther
der **Pantoffel** slipper ▶ WENDUNGEN: **unterm Pantoffel stehen** *Mann:* to be henpecked
der **Pantoffelheld** (*umgangsspr*) henpecked husband
**pan(t)schen** to adulterate [ə'dʌltəreɪt] *Wein, Whisky*
der **Panzer** ① tank ② *einer Schildkröte:* shell
der **Papa** (*umgangsspr*) dad, daddy; (*als Anrede*) Dad

**Papagei – passen** 868

der **Papagei** parrot

der **Papi** (*umgangsspr*) daddy

das **Papier** ❶ (*auch Schriftstück*) paper ['peɪpəʳ]; **ein Blatt Papier** a sheet of paper ❷ (*Wertpapier*) security, bond ❸ **Papiere** (*Ausweise*) [identity] papers; (*Dokumente*) documents

der **Papierkorb** wastepaper [ˌweɪst'peɪpəʳ] basket ⒼⒷ, wastebasket ⓊⓈⒶ

das **Papiertaschentuch** paper handkerchief

die **Papiertüte** paper bag

der **Pappbecher** paper cup

die **Pappe** cardboard

die **Pappel** poplar

**pappig** sticky

der **Pappkarton** cardboard box

die **Pappschachtel** cardboard box

der **Pappteller** paper plate

der **Paprika**[1] (*Gewürz*) paprika ['pæprɪkə]

die **Paprika**[2] (*Gemüse*) **eine rote/grüne Paprika** a red/green pepper

der **Papst** pope; (*übertragen*) high priest

**päpstlich** papal

der **Paradeiser** Ⓐ tomato [təˈmɑːtəʊ]

das **Paradies** (*auch übertragen*) paradise ['pærədaɪs]

**paradox** paradoxical [ˌpærəˈdɒksɪkᵊl]

der **Paragraph** paragraph; *eines Gesetzes:* section

**parallel** (*auch übertragen*) parallel (**zu** to)

die **Parallele** (*auch übertragen*) parallel (**zu** to)

die **Parallelstraße** parallel street

die **Paranuss** Brazil nut

der **Parasit** parasite

**parat** ready ['redi]; **etwas parat haben/halten** to have/keep something ready

das **Parfum**, das **Parfüm** perfume, scent [sent]

die **Parfümerie** perfumery [pəˈfjuːməri]

**parfümieren** ❶ to perfume ['pɜːfjuːm], to scent [sent] ❷ **sich parfümieren** to put perfume on

der **Pariser** Parisian [pəˈrɪziən]

die **Pariserin** Parisienne

der **Park** park

der **Parka** parka

die **Parkbank** park bench

**parken** ❶ to park ❷ „**Parken verboten!**" "No Parking!"

das **Parkett** ❶ parquet ['pɑːkeɪ] [flooring] ❷ (*im Theater*) stalls ⒼⒷ, parquet ⓊⓈⒶ

die **Parkgebühr** parking fee

das **Parkhaus** multi-storey [*oder* ⓊⓈⒶ multi-story] car park

**parkieren** ⒸⒽ to park

die **Parklücke** parking space

der **Parkplatz** car park ⒼⒷ, parking lot ⓊⓈⒶ

die **Parkplatznot** lack of parking spaces

die **Parkscheibe** parking disc (*a plastic dial with a clockface that drivers place in the windscreen to show the time from when the car has been parked*)

der **Parkstreifen** lay-by, parking bay

der **Parksünder**, die **Parksünderin** parking offender

die **Parkuhr** parking meter

das **Parkverbot** parking ban

das **Parlament** parliament ['pɑːləmənt]

der **Parlamentarier**, die **Parlamentarierin** parliamentarian

das **Parlamentsgebäude** parliament building

das **Parlamentsmitglied** member of parliament

die **Parlamentssitzung** sitting of parliament

die **Parlamentswahl** parliamentary election

der **Parmesan** Parmesan [cheese]

die **Partei** ❶ party; **die Partei wechseln** to change parties △ *plural* ❷ (*Mieter*) tenant ❸ **für jemanden Partei ergreifen** to take someone's side

der **Parteiführer**, die **Parteiführerin** party leader

die **Parteiführung** party leadership

**parteiisch** biased

**parteilos** independent

das **Parteimitglied** party member

die **Parteipolitik** party politics △ *singular*

der **Parteitag** party convention [*oder* conference]

der/die **Parteivorsitzende** party chair, party chairman *maskulin*, party chairwoman *feminin*

das **Parterre** ❶ ground [*oder* ⓊⓈⒶ first] floor ❷ (*im Theater*) pit ⒼⒷ, parterre ⓊⓈⒶ

die **Partie** game; **eine Partie Schach** a game of chess ▶ WENDUNGEN: **eine gute Partie machen** to marry well; **mit von der Partie sein** to be in on it

das **Partizip** participle [pɑːˈtɪsɪpl]; **Partizip Präsens/Perfekt** present/past participle

der **Partner**, die **Partnerin** partner

die **Partnerschaft** partnership

die **Partnerstadt** twin town

die **Party** party; **eine Party geben** to have a party

der **Partyservice** party catering service

der **Pass** ❶ passport ❷ (*Gebirgspass*) pass ❸ (*beim Fußball*) pass

die **Passage** [pɑˈsɑːʒə] (*Einkaufspassage*) arcade

der **Passagier** [pɑsaˈʒiːɐ̯] passenger ['pæsᵊndʒəʳ]; **blinder Passagier** stowaway

die **Passagierliste** passenger list

der **Passant**, die **Passantin** passer-by

der **Passat**(**wind**) trade wind

das **Passbild** passport photo[graph]

**passen** ❶ (*einpassen*) to fit (**in** in/into) ❷ *Fußballspieler:* to pass ❸ (*von der Größe her*) to fit; **das Kleid passt wie angegos-**

**sen** the dress fits like a glove [glʌv] **④ zu etwas passen** to go with something; **diese Farben passen nicht gut zueinander** these colours don't go together well; **zu jemandem passen** to be suited ['suːtɪd] to someone; **sie passen gut zueinander** they are well suited to each other **⑤** (*angenehm sein*) to suit; **wann passt es Ihnen?** what time would suit you? **⑥** (*beim Quiz, Kartenspiel*) to pass

**passend ①** *Größe:* fitting **②** *Farbe, Stil:* matching; **dazu passende Schuhe** shoes to match **③** (*[an]genehm*) suitable ['suːtəbl] **④** *Bemerkung, Worte:* appropriate [ə'prəʊpriət], fitting **⑤ haben Sie es passend?** *Geldbetrag:* have you got the right money?

das **Passfoto** passport photo

**passieren ①** (*vorbeifahren*) to pass **②** (*durch ein Sieb*) to strain **③** (*sich ereignen*) to happen; **was ist mit ihr passiert?** what happened to her?

die **Passionsfrucht** passion fruit

das **Passiv** passive [voice]

**passiv** passive

die **Passivität** passivity

das **Passivrauchen** passive smoking

die **Passkontrolle** passport control

das **Passwort** password

die **Paste** paste

die **Pastellfarbe** pastel

die **Pastete** pie

der **Pastor** (*anglikanisch*) vicar; (*freikirchlich*) minister

der **Pate** godfather

das **Patenkind** godchild

der **Patenonkel** godfather

die **Patenschaft** (*auch übertragen*) sponsorship ['spɒnsəʃɪp]; (*für Täufling*) godparenthood

das **Patent ①** patent; **ein Patent anmelden** to apply for a patent (**auf** on) **② CH** permit ['pəːmɪt], licence ['laɪsᵊns] **GB**, license **USA**

**patent ①** (*glänzend*) ingenious [ɪn'dʒiːniəs] **②** (*praktisch*) handy **③** (*prima*) great [greɪt]

das **Patentamt** patent office

die **Patentante** godmother

**patentieren** to patent; **[sich] etwas patentieren lassen** to take out a patent on something

das **Patentrecht** patent law

der **Patient**, die **Patientin** patient ['peɪʃᵊnt]

die **Patin** godmother ['gɒdmʌðəʳ]

der **Patriarch** (*auch übertragen*) patriarch ['peɪtriɑːk]

der **Patriot**, die **Patriotin** patriot

**patriotisch** patriotic

der **Patriotismus** patriotism

die **Patrone** cartridge

**patsch** (*beim Schlag*) smack

die **Patsche** (*umgangsspr*) **in der Patsche sitzen** to be in a fix; **jemandem aus der Patsche helfen** to get someone out of a jam

**patschnass** (*umgangsspr*) soaking wet

der **Patzer** (*umgangsspr*) boob **GB**, goof **USA**

**patzig** (*umgangsspr*) snotty

die **Pauke** kettledrum ► WENDUNGEN: **mit Pauken und Trompeten durchfallen** to fail miserably ['mɪzᵊrəbli]; **auf die Pauke hauen** (*umgangsspr*) to paint the town red

**pauken ①** (*umgangsspr: büffeln*) to swot; **etwas pauken** to swot up on something **②** to drum

der **Pauker ①** drummer **②** (*umgangsspr: Lehrer*) teacher

**pausbäckig** chubby-cheeked

**pauschal ①** (*alles inbegriffen*) inclusive **②** (*einheitlich*) flat-rate; **jemandem etwas pauschal berechnen** to charge someone a flat rate for something

der **Pauschalbetrag** lump sum

die **Pauschale** flat rate

der **Pauschalpreis** all-inclusive price

die **Pause ①** break [breɪk]; (*kurzes Innehalten*) pause [pɔːz]; (*Unterbrechung*) interval; (*Rast*) rest; **eine Pause machen** (*zur Erholung, Entspannung*) to make [*oder* take] a break; (*rasten*) to have a rest; (*innehalten*) to pause; **die große Pause** (*in der Schule*) break **GB**, recess **USA** **②** (*in der Musik*) rest

**pausenlos** incessant [ɪn'sesᵊnt], non-stop; **pausenlos arbeiten** to work incessantly [*oder* non-stop]

der **Pavian** baboon [bə'buːn]

das **Pay-TV** ['peɪtiːviː] pay TV

der **Pazifik** Pacific

der **Pazifismus** pacifism

der **Pazifist**, die **Pazifistin** pacifist

**pazifistisch** pacifist

der **PC** [peː'tseː] *Abkürzung von* **Personal Computer** PC

das **Pech ①** (*Material*) pitch **②** (*umgangsspr: Missgeschick*) bad luck; **vom Pech verfolgt sein** to be dogged by bad luck ► WENDUNGEN: **wie Pech und Schwefel zusammenhalten** to be as thick as thieves [θiːvz]

der **Pechvogel** (*umgangsspr*) unlucky person

das **Pedal** pedal

**pedantisch** pedantic

**peelen** to exfoliate

der **Pegel ①** (*Wasserstand*) water level gauge [geɪdʒ] **②** (*Radio*) level recorder

**peilen** (*umgangsspr*) **die Lage peilen** to see how the land lies; **über den Daumen peilen** to guess [*oder* estimate] roughly ['rʌfli]

**peinlich** ❶ (*unangenehm*) embarrassing [ɪm'bærəsɪŋ]; **es ist mir sehr peinlich, aber ich muss es Ihnen einmal sagen** I don't know how to put it, but you really ought [ɔːt] to know ❷ (*genau, gewissenhaft*) meticulous [mə'tɪkjələs]; **er vermied es peinlichst, zu ...** he was at great pains not to ...; **er achtet peinlichst auf sein Äußeres** he takes great pains over his appearance

**die Peitsche** whip [wɪp]

**der Pelikan** pelican

**die Pelle** (*umgangsspr*) skin; **jemandem auf die Pelle rücken** to badger [*oder* pester] someone

**pellen** ❶ (*umgangsspr*) to peel, to skin ❷ **sich pellen** to peel

**die Pellkartoffeln** *potatoes boiled in their skins*

**der Pelz** ❶ (*gegerbt*) fur ❷ (*ungegerbtes Fell*) hide, skin ► WENDUNGEN: **jemandem auf den Pelz rücken** (*umgangsspr*) to crowd someone

**der Pelzmantel** fur coat

**das Pendel** pendulum

**pendeln** ❶ **hin und her pendeln** to swing to and fro, to oscillate ['ɒsɪleɪt] ❷ *Personen:* to commute

**der Pendelverkehr** ❶ shuttle service ❷ (*Berufsverkehr*) commuter traffic

**pendent** ⒞Ⓗ pending

**die Pendenz** ⒞Ⓗ pending matter

**der Pendler, die Pendlerin** commuter

**penetrant** ❶ *Gestank:* penetrating ['penɪtreɪtɪŋ] ❷ (*aufdringlich*) pushing

**peng Peng!** bang

**penibel** meticulous

**der Penis** penis ['piːnɪs]

**das Penizillin** penicillin [ˌpenɪ'sɪlɪn]

**pennen** (*umgangsspr*) to doss down, to kip

**der Penner, die Pennerin** (*abwertend umgangsspr*) ❶ tramp ❷ (*Schlafmütze*) sleepyhead

**die Pension** [pã'zjoːn] ❶ (*Ruhegehalt*) pension ['penʃ°n] ❷ (*Ruhestand*) retirement [rɪ'taɪəmənt]; **in Pension gehen** to retire ❸ (*Gästehaus*) guesthouse ['gesthaʊs]

**pensionieren** [pãzjo'niːrən] to pension off; **sich pensionieren lassen** to retire

**pensioniert** retired

**das Pensum** workload; **sein tägliches Pensum erledigen** to do one's daily stint

**die Peperoni** chilli ⒼⒷ, chili ⓊⓈⒶ

**peppig** (*umgangsspr*) lively, upbeat

**per** ❶ (*bis, am, mittels*) by; **per Post** by post ❷ (*pro*) per ❸ **sie sind per du** [miteinander] (*umgangsspr*) they're on first-name terms [with each other] ❹ **per se** per se [ˌpɜː'seɪ]

**das Perfekt** perfect [tense]

**perfekt** ❶ (*vollkommen*) perfect ❷ (*abgemacht*) settled

**die Perfektion** perfection [pə'fekʃ°n]

**das Pergamentpapier** greaseproof paper

**die Periode** ❶ (*Zeitabschnitt*) period ['pɪəriəd] ❷ (*Menstruation*) period ❸ (*Elektrizität*) cycle ['saɪkl]

**das Periodensystem** periodic table

**periodisch** periodic[al]

**die Peripherie** periphery [pə'rɪf°ri]

**die Perle** ❶ pearl [pɜːl]; (*aus Holz, Glas*) bead ❷ (*übertragen*) gem [dʒem] ❸ *Wasser, Schweiß:* bead ❹ (*Luftblase*) bubble

**perlen** ❶ *Flüssigkeit:* to sparkle, to effervesce [ˌefə'ves] ❷ (*rinnen*) to trickle

**die Perlenkette** string of pearls

**das Perlhuhn** guinea ['gɪni] fowl

**das Perlmutt** mother-of-pearl

**permanent** permanent

**perplex** dumbfounded [ˌdʌm'faʊndɪd]

**der Perser, die Perserin** Persian ['pɜːʒən]

**Persien** Persia ['pɜːʒə]

**persisch** Persian

**die Person** ❶ (*Mensch*) person ['pɜːsən] ❷ (*Einzelwesen*) individual; **ich für meine Person** I for my part ❸ (*im Film*) character ❹ (*Grammatik*) person

**das Personal** ❶ (*die Angestellten*) personnel, staff ❷ (*Dienerschaft*) servants △ *plural*

**der Personalausweis** identity card

**der Personalberater, die Personalberaterin** personnel consultant

**der Personal Computer** personal computer

**die Personalien** particulars *plural*

**das Personalpronomen** personal pronoun

**die Personalvermittlung** employment agency

**persönlich** ❶ personal; (*auf Brief*) private ❷ personally; **nehmen Sie doch nicht immer alles persönlich!** don't always take everything personally! ❸ **ich persönlich meine ...** I for my part think ... ❹ **der Kaiser persönlich** the Emperor himself

**die Persönlichkeit** ❶ personality ❷ **eine Persönlichkeit des öffentlichen Lebens** a public figure

**die Perspektive** ❶ (*optisch*) perspective [pə'spektɪv] ❷ (*Aussichten*) prospects △ *plural* ❸ (*Gesichtspunkt*) angle

**perspektivlos** without prospects

**Peru** Peru
der **Peruaner**, die **Peruanerin** Peruvian
**peruanisch** Peruvian
die **Perücke** wig
**pervers** perverted [pəˈvɜːtɪd]
der **Pessimismus** pessimism
der **Pessimist**, die **Pessimistin** pessimist
**pessimistisch** pessimistic; **da bin ich ziemlich pessimistisch** I'm rather pessimistic about it
die **Pest** plague [pleɪg] ▶ WENDUNGEN: **wie die Pest stinken** (*umgangsspr*) to stink to high heaven
die **Petersilie** parsley [ˈpɑːsli]
das **Petroleum** paraffin (GB), kerosene (USA)

Nicht verwechseln mit *petrol — das Benzin!*

**petzen** (*umgangsspr*) to tell tales
der **Pfad** path
der **Pfadfinder** boy scout
die **Pfadfinderin** girl guide [gaɪd] (GB), girl scout (USA)
der **Pfahl** (*Zaunpfahl*) stake; (*Pfosten*) post
die **Pfalz die Pfalz** the Palatinate [pəˈlætɪnət]
das **Pfand** ❶ (*auch übertragen*) pledge ❷ (*Flaschenpfand*) deposit; **auf dieser Flasche sind 50 Cent Pfand** there's a deposit of 50 cents on this bottle
der **Pfandbrief** mortgage bond
**pfänden** ❶ (*beschlagnahmen*) to distrain upon ❷ **jemanden pfänden** to impound someone's possessions; **jemanden pfänden lassen** to get the bailiffs onto someone
die **Pfandflasche** returnable bottle
die **Pfanne** ❶ pan ❷ (*Dachpfanne*) pantile ▶ WENDUNGEN: **jemanden in die Pfanne hauen** to do the dirty [ˈdɜːti] on someone (GB), to play a mean trick on someone
der **Pfannkuchen** pancake
das **Pfarramt** vicarage [ˈvɪkərɪdʒ]
die **Pfarrei** ❶ (*Gemeinde*) parish ❷ (*Pfarramt*) priest's office
der **Pfarrer** (*anglikanisch*) vicar; (*von Freikirchen*) minister; (*katholisch*) parish priest
der **Pfau** peacock
der **Pfeffer** pepper ▶ WENDUNGEN: **er kann bleiben, wo der Pfeffer wächst!** (*umgangsspr*) he can take a running jump!
die **Pfefferminze** peppermint
der **Pfefferminztee** peppermint tea
die **Pfeffermühle** pepper mill
**pfeffern** ❶ (*mit Pfeffer würzen*) to add pepper [to] ❷ (*umgangsspr: schmeißen*) to hurl
die **Pfeife** ❶ whistle [ˈwɪsl]; (*Querpfeife*) fife; einer *Orgel:* pipe ❷ (*Tabakspfeife*) pipe; **Pfeife rauchen** to smoke a pipe ❸ (*umgangsspr: Versager*) washout ❹ **nach jemandes Pfeife tanzen** to dance to someone's tune
**pfeifen** ❶ to whistle [ˈwɪsl]; (*als Schiedsrichter*) to ref ❷ *Wind:* to howl ▶ WENDUNGEN: **ich pfeife darauf!** (*umgangsspr*) I couldn't care [keəʳ] less!
der **Pfeil** ❶ arrow; **Pfeil und Bogen** bow and arrow ❷ (*Wurfpfeil*) dart
der **Pfeiler** (*auch übertragen*) pillar
der **Pfennig** penny
das **Pferd** ❶ horse; **zu Pferde** on horseback ❷ (*Schachfigur*) knight [naɪt] ▶ WENDUNGEN: **keine zehn Pferde bringen mich dahin** wild horses won't drag me there; **man kann mit ihm Pferde stehlen** he's a real sport!; **aufs falsche Pferd setzen** to back the wrong [rɒŋ] horse; **er arbeitet wie ein Pferd** he works like mad
die **Pferderennbahn** racecourse
das **Pferderennen** ❶ horse-race; **zum Pferderennen gehen** to go to the races ❷ (*Sportart*) horse-racing
der **Pferdeschwanz** horse's tail; (*Frisur*) ponytail
der **Pferdestall** stable [ˈsteɪbl]
der **Pfiff** ❶ (*Pfeifen*) whistle [ˈwɪsl] ❷ (*Flair*) flair [ˈfleəʳ]
der **Pfifferling** ❶ chanterelle [ˌʃɑː(n)təˈrel] ❷ **keinen Pfifferling wert** (*umgangsspr*) not worth a straw
**pfiffig** cute, sharp
das **Pfingsten** Whitsun [ˈwɪtsən]
der **Pfirsich** peach
die **Pflanze** plant
**pflanzen** to plant
der **Pflanzenfresser** herbivore
das **Pflanzenschutzmittel** pesticide
**pflanzlich** vegetable [ˈvedʒtəbl] △ *nur vor dem Substantiv*
das **Pflaster** ❶ (*Straßenpflaster*) pavement ❷ (*Heftpflaster*) sticking plaster ▶ WENDUNGEN: **ein teures Pflaster** a pricey [ˈpraɪsi] place; **ein heißes Pflaster** a dangerous [ˈdeɪndʒərəs] place
**pflastern** to pave *Straße;* (*mit Kopfsteinpflaster*) to cobble
der **Pflasterstein** paving stone; (*Kopfstein*) cobble
die **Pflaume** ❶ plum; (*getrocknet*) prune ❷ (*umgangsspr*) twat (GB) *slang*
die **Pflege** ❶ care; **jemanden/etwas in Pflege geben** to have someone/something looked after ❷ (*Krankenpflege*) nursing ❸ *von Kunst, Garten:* cultivation ❹ (*Instandhal-*

**pflegebedürftig – pickelig**

*tung*) maintenance ['meɪntᵊnəns]
**pflegebedürftig** ❶ in need of care ⚠ *immer nachgestellt;* **pflegebedürftig sein** to need looking after ❷ **die Instrumente sind sehr pflegebedürftig** the instruments need a lot of care and attention
die **Pflegeeltern** foster parents *plural*
der **Pflegefall** **er ist ein Pflegefall** he needs constant nursing care; **zum Pflegefall werden** to become completely dependent
das **Pflegeheim** nursing home
das **Pflegekind** foster child
**pflegeleicht** *Kleidung:* easy-care; (*übertragen*) easy to handle
**pflegen** ❶ to care for, to look after; to tend *Garten;* to nurse *Kranke* ❷ to cultivate *Kunst, Beziehungen* ❸ (*in Stand halten*) to maintain ❹ (*gewöhnlich tun*) **etwas zu tun pflegen** to be accustomed [əˈkʌstəmd] to doing something ❺ **sich pflegen** to care about one's appearance [əˈpɪərəns]
die **Pflegespülung** conditioner
die **Pflicht** ❶ duty; **seine Pflicht [gegenüber jemandem] erfüllen** to do one's duty [by someone]; **seine Pflicht verletzen/vernachlässigen** to fail in/neglect one's duty ❷ (*im Sport*) compulsory [kəmˈpʌlsᵊri] exercises *plural*
**pflichtbewusst** conscious [ˈkɒnʃəs] of one's duties *plural*
das **Pflichtfach** compulsory subject [kəmˈpʌlsᵊri]
das **Pflichtgefühl** sense of duty
die **Pflichtübung** compulsory exercise
**pflücken** to pick *Obst, Blumen*
der **Pflug** plough [plaʊ] GB, plow USA
**pflügen** (*auch übertragen*) to plough [plaʊ] GB, to plow USA
die **Pforte** gate
der **Pförtner,** die **Pförtnerin** porter; (*in Industriebetrieb*) gateman
der **Pfosten** post
die **Pfote** ❶ paw ❷ (*slang: Hand*) mitt ▶ WENDUNGEN: **jemandem eins auf die Pfoten geben** (*umgangsspr*) to rap someone's knuckles; **sich die Pfoten verbrennen** (*umgangsspr*) to burn one's fingers [ˈfɪŋɡəz]; **er hat überall seine Pfoten drin** (*umgangsspr*) he's got a finger in every pie
**pfui** (*Ausdruck des Ekels*) ugh; (*der Empörung*) boo; (*der Missbilligung*) tut! tut!
das **Pfund** ❶ pound; (*geschrieben nach Zahl*) lbs [paʊndz] ❷ **Pfund [Sterling]** pound [sterling]
**pfuschen** (*umgangsspr*) ❶ (*in der Schule, beim Spiel*) to cheat ❷ (*schlampen*) **bei etwas pfuschen** to bungle something ❸ **jemandem ins Handwerk pfuschen** (*umgangsspr*) to interfere [ˌɪntəˈfɪəʳ] with someone
die **Pfütze** puddle
das **Phänomen** phenomenon [fɪˈnɒmɪnən]
**phänomenal** phenomenal [fɪˈnɒmɪnəl]
die **Phantasie** imagination; **sie hat Phantasie** she's got imagination
**phantasielos** unimaginative, lacking in imagination
**phantasieren** to fantasize; *bei Krankheit:* to be delirious [dɪˈlɪriəs]
**phantasievoll** highly imaginative
**phantastisch** fantastic
das **Phantombild** identikit [picture]
die **Pharmaindustrie** pharmaceutical [ˌfɑːməˈsjuːtɪkᵊl] industry
die **Philippinen die Philippinen** the Philippines [ˈfɪlɪpiːnz]
der **Philippiner** Filipino [ˌfɪlɪˈpiːnəʊ]
die **Philippinerin** Filipina [ˌfɪlɪˈpiːnə]
**philippinisch** Philippine [ˈfɪlɪpiːn]
die **Philologie** philology
der **Philosoph,** die **Philosophin** philosopher [fɪˈlɒsəfəʳ]
die **Philosophie** philosophy [fɪˈlɒsəfi]
**philosophieren** to philosophize
**philosophisch** philosophical [ˌfɪləˈsɒfɪkᵊl]
die **Phobie** phobia [ˈfəʊbiə]
die **Phonetik** phonetics *singular*
das **Phosphat** phosphate [ˈfɒsfeɪt]
der **Phosphor** phosphorus [ˈfɒsfᵊrəs]
die **Photosynthese** photosynthesis
die **Phrase** ❶ phrase [freɪz] ❷ **eine abgedroschene Phrase** a hackneyed [ˈhækniːd] phrase
der **pH-Wert** pH value
die **Physik** physics [ˈfɪzɪks] *singular*
**physikalisch** physical [ˈfɪzɪkᵊl]
der **Physiker,** die **Physikerin** physicist [ˈfɪzɪsɪst]

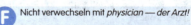
Nicht verwechseln mit *physician — der Arzt!*

der **Physiotherapeut,** die **Physiotherapeutin** physiotherapist [ˌfɪziə(ʊ)ˈθerəpɪst]
die **Physiotherapie** physiotherapy [ˌfɪziə(ʊ)ˈθerəpi]
**physisch** physical [ˈfɪzɪkᵊl]
das **Pi** pi
der **Pianist,** die **Pianistin** pianist [ˈpiːənɪst]
das **Piano** piano [piˈænəʊ]
der **Pickel**¹ (*Spitzhacke*) pickaxe
der **Pickel**² (*im Gesicht*) spot GB, pimple
**pickelig** spotty, pimply

**Pickel**

**F** Nicht verwechseln mit *pickles* — *das eingelegte Gemüse!*

**picken** to peck (**nach** at)
das **Picknick** picnic; **Picknick machen** to have a picnic

**V** **picnicking** und **picnicked** werden mit einem ‚k' geschrieben.

**piepen** ❶ *Vögel:* to cheep; *Mäuse, Kinder:* to squeak [skwiːk] ❷ **bei dir piept's doch!** you must be off your head! *umgangsspr*
das **Pigment** pigment
das **Pik** (*Kartenfarbe*) spades ⚠ *plural*; **Pik-Ass** ace of spades
**pikant** piquant ['piːkənt], spicy ['spaɪsɪ]
**pikiert** (*umgangsspr*) put out (**über** by); **ein pikiertes Gesicht machen** to look put out
**piksen** (*umgangsspr*) to prick
der **Pilger**, die **Pilgerin** pilgrim
**pilgern** to go on a pilgrimage
die **Pille** ❶ pill; **ich nehme die Pille** I'm on the pill ❷ **eine bittere Pille** a bitter pill
der **Pilot**, die **Pilotin** pilot
das **Pils** pilsner [beer]
der **Pilz** ❶ mushroom; (*Giftpilz*) toadstool ❷ (*biologisch*) fungus
die **Pilzerkrankung** fungal disease
die **Pilzvergiftung** fungus poisoning ['pɔɪzᵊnɪŋ]
**PIN** *Abkürzung von* **personal identification number** pin
der **Pinguin** penguin ['peŋgwɪn]
die **Pinie** (*Nadelbaum*) pine [tree]
**pink** bright pink ⚠*das englische 'pink' bedeutet ‚rosa'*
das **Pink** bright pink
**pinkeln** (*umgangsspr*) to pee
die **Pinnwand** notice board
der **Pinscher** (*Hunderasse*) pinscher

der **Pinsel** brush; (*zum Malen auch*) paint brush
**pinseln** (*umgangsspr*) to paint
die **Pinzette** tweezers ⚠ *plural*, pair of tweezers
der **Pionier** pioneer [ˌpaɪə'nɪəʳ]
der **Pirat** pirate
die **Pisse** piss
**pissen** ❶ (*urinieren*) to piss ❷ (*regnen*) to piss down
die **Pistazie** pistachio [pɪ'stæʃɪəʊ]
die **Piste** ❶ runway; (*Rennpiste*) circuit ['sɜːkɪt] ❷ (*Skipiste*) piste [piːst]
die **Pistole** pistol
**plädieren** to plead (**auf/für** for)
die **Plage** ❶ (*Seuche*) plague [pleɪg] ❷ (*übertragen*) nuisance ['njuːsəns]; **es ist wirklich eine Plage mit ihm** he's a real nuisance
**plagen** ❶ (*quälen*) to harass, to plague [pleɪg]; (*belästigen*) to bother ❷ (*heimsuchen*) to haunt [hɔːnt]; **von Zweifeln geplagt werden** to be plagued by doubts ❸ **sich plagen** (*sich herumschlagen*) to be bothered (**mit** by); (*sich abmühen*) to slog away (**mit** at)
das **Plakat** ❶ (*zum Ankleben*) bill, poster; „**Plakate ankleben verboten!**" "Bill posters will be prosecuted!" ❷ (*zum Aufstellen*) placard
die **Plakette** ❶ (*Ansteckknopf*) badge ❷ (*amtliche Plakette*) plaque [plæk]
der **Plan** ❶ (*Vorhaben*) plan ❷ (*Fahr-, Stundenplan*) schedule ['ʃedjuːl], timetable ❸ (*Stadtplan*) map ❹ (*Grundriss*) plan
die **Plane** ❶ (*wasserdichter Stoff*) tarpaulin [tɑː'pɔːlɪn] ❷ (*Planendach*) awning ['ɔːnɪŋ] ❸ (*LKW-Plane*) hood [hʊd]
**planen** to plan
der **Planet** planet
das **Planetarium** planetarium
**planieren** to level *Erdboden*
die **Planke** plank; (*Leitplanke*) crash barrier ['bærɪəʳ]
das **Plankton** plankton
**planlos** ❶ (*ohne System*) unsystematic [ˌʌnsɪstə'mætɪk] ❷ (*ohne Ziel*) random
**planmäßig** ❶ (*wie geplant*) according to plan ❷ (*fahrplanmäßig*) on schedule ['ʃedjuːl]
die **Plantage** [plan'taːʒə] plantation
das **Plan(t)schbecken** paddling pool
**plan(t)schen** to splash around
die **Planung** planning; [**noch**] **in Planung sein** to be [still] being planned
das **Plappermaul** (*umgangsspr*) babbler
**plappern** to blab
**plärren** (*umgangsspr*) ❶ (*heulen, weinen*) to

**Plastik – pochen**    **874**

howl ② (*schlecht singen*) to screech ③ *Radio:* to blare

das **Plastik** plastic

der **Plastikbecher** plastic cup

die **Plastikfolie** plastic film

die **Plastiktüte** plastic bag; (*Tragetasche*) carrier ['kæriə'] bag

das **Platin** platinum

**platonisch** platonic

**plätschern** *Bach, Quelle:* to ripple, to splash

**platt** ① (*eben, flach*) flat ② (*abgeschmackt*) flat; (*gewöhnlich*) dull ③ (*umgangsspr: überrascht*) flabbergasted ④ **einen Platten haben** (*umgangsspr*) to have a flat [tyre]

**plattdeutsch** Low German

die **Platte** ① (*aus Metall, Glas*) sheet; (*Tischplatte*) [table]top; (*Steinplatte*) flag[stone]; (*aus Holz*) board [bɔːd]; (*Felsenplatte*) ledge, slab ② (*Schallplatte*) record, disc ⒼⒷ, disk ⓊⓈⒶ ③ (*Essen*) dish; (*Servierteller*) platter

das **Plattencover** record sleeve

die **Plattenfirma** record company

das **Plattenlabel** record label

der **Plattenspieler** record player

die **Plattform** ① platform ② (*Basis*) basis ['beɪsɪs]

der **Platz** ① place; **etwas [wieder] an seinen Platz stellen** to put something [back] in its place ② (*freier Raum*) room, space; **Platz machen** to make room (**für** for); (*aus dem Weg gehen*) to get out of the way ③ (*öffentlicher Platz*) square [skweə'] ④ (*Sitzplatz*) seat; **Platz nehmen** to take a seat; **ist hier noch ein Platz frei?** is there a free seat here?; **dieser Platz ist besetzt** this seat's taken ⑤ (*Spielfeld*) playing field; (*Tennis-, Handballplatz*) court [kɔːt]; (*Fußballplatz*) field [fiːld], pitch ▸ WENDUNGEN: **fehl am Platze sein** to be out of place; **auf die Plätze, fertig, los!** ready ['redɪ], steady, go!; **das erste Haus am Platz** the best hotel in town

die **Platzangst** claustrophobia [ˌklɔːstrə'fəʊbɪə]; **Platzangst bekommen** to get claustrophobic

das **Plätzchen** [Christmas] biscuit ⒼⒷ, cookie ['kʊki] ⓊⓈⒶ

**platzen** ① (*bersten*) to burst [bɜːst] ② (*aufreißen*) to split ③ (*umgangsspr: fehlschlagen*) to fall through; (*Freundschaft:*) to break up; **die Party ist geplatzt** the party is off; **einen Termin platzen lassen** to call off an appointment [ə'pɔɪntmənt] ④ (*umgangsspr) Wechsel, Scheck:* to bounce ⑤ (*umgangsspr*) **er platzte ins Zimmer** he burst into the room

**platzieren** ① (*hinstellen, hinsetzen, hinlegen*) to put ② (*zielen*) to place ③ **sich platzieren** (*im Sport*) to be placed; (*umgangsspr: sich stellen, sich setzen, sich legen*) to plant oneself

der **Platzregen** downpour ['daʊnpɔː']

die **Platzreservierung** reservation [of a seat]

**platzsparend** space-saving, saving space

die **Platzwunde** cut, laceration [ˌlæsᵊr'eɪʃᵊn]

die **Plauderei** chat; (*über Nichtssagendes*) small talk

**plaudern** ① (*plauschen*) to chat (**über/von** about) ② (*ausplaudern*) to talk

**plausibel** plausible ['plɔːzɪbl]

das **Playback** ['pleːbɛk] (*bei Schallplattenaufnahme*) double tracking; (*bei Fernsehaufnahme*) miming

die **Pleite** (*umgangsspr*) ① bankruptcy ['bæŋkrəpsɪ]; **Pleite machen** to go bust ② (*übertragen*) to flop

**pleite** (*umgangsspr*) broke, bust; **ich bin pleite** I'm broke

**pleitegehen** to go bust

die **Plenarsitzung** plenary session

das **Plenum** plenum

die **Plombe** ① (*Verplombung*) lead [led] seal ② (*Zahnplombe*) filling

**plombieren** ① (*versiegeln*) to seal [siːl] ② to fill *Zahn*

**plötzlich** ① *Tot, Entschluss:* sudden ② all of a sudden, suddenly; **plötzlich krachte es** suddenly there was a bang; **es kam alles so plötzlich** it all happened so suddenly

**plump** ① (*ungeschickt*) awkward ['ɔːkwəd]; (*unbeholfen*) clumsy ② (*taktlos, roh*) crude ③ (*unschön, unansehnlich*) ungainly

der **Plunder** junk

**plündern** ① to loot, to plunder ② (*humorvoll*) to raid *Kühlschrank*

der **Plural** plural

das **Plus** ① plus ② (*Mehrumsatz*) increase ['ɪnkriːs]; (*Überschuss*) surplus; (*schwarze Zahlen*) credit ③ (*Pluspunkt*) advantage [əd'vɑːntɪdʒ]

**plus** plus; **wir haben plus 15 Grad** it's 15 degrees plus

das **Plüschtier** soft toy

das **Plusquamperfekt** past perfect, pluperfect

der **Pneu** ⒸⒽ tyre ['taɪə']

der **Po** bum *umgangsspr*

**pochen** ① (*klopfen*) to knock (**an** at); (*leicht, leise*) to tap ② *Herz:* to pound; *Blut, Schläfen:* to throb ③ **auf etwas/sein gutes Recht pochen** to insist on something/one's rights

die **Pocke** pock; **die Pocken** smallpox
das **Podest** ❶ (*Rednerbühne*) platform ❷ (*Sockel*) pedestal
die **Poesie** poetry ['pəʊɪtri]
**poetisch** poetic [pəʊ'etɪk]
die **Pointe** ['pŏɛ̃:tə] ❶ *von Witz:* punchline ❷ (*Hauptsache*) [main] point
der **Pokal** ❶ goblet ❷ (*im Sport*) cup
der **Pokalsieger** cup winner
das **Poker** poker
**pokern** ❶ to play poker ❷ (*feilschen*) to haggle (**um** over)
der **Pol** pole ▶ WENDUNGEN: **der ruhende Pol** the calming influence
**polar** polar
der **Polarkreis** polar circle ['sɜːkl]; **der nördliche Polarkreis** the Arctic Circle; **der südliche Polarkreis** the Antarctic Circle
der **Polarstern** Pole Star
der **Pole**, die **Polin** Pole [pəʊl]
**polemisch** polemical
**Polen** Poland ['pəʊlənd]
**polieren** to polish ['pɒlɪʃ]
die **Politesse** [female] traffic warden ⓖⓑ, meter maid ⓤⓢⓐ
die **Politik** ❶ politics ⚠ *singular* ❷ (*bestimmte Richtung*) policy ❸ (*politischer Standpunkt*) politics ⚠ *plural*
der **Politiker**, die **Politikerin** politician [pɒlɪ'tɪʃᵊn] **politisch** ❶ political ❷ (*diplomatisch, klug*) politic
der **Politologe**, die **Politologin** political scientist
die **Polizei** police [pə'liːs] ⚠ *plural*

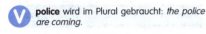
**police** wird im Plural gebraucht: *the police are coming.*

der/die **Polizeibeamte**, die **Polizeibeamtin** police officer
die **Polizeibuße** ⓒⓗ fine
die **Polizeidienststelle** police station
der **Polizeihund** police dog
**polizeilich** ❶ police; **polizeiliche Ermittlungen** police investigations ❷ **polizeilich überprüft werden** to be checked by the police; **polizeilich gemeldet sein** to be registered with the police
der **Polizeiposten** ⓒⓗ police station
der **Polizeipräsident**, die **Polizeipräsidentin** chief constable ⓖⓑ, chief of police ⓤⓢⓐ
das **Polizeipräsidium** police headquarters ⚠ *mit Singular oder Plural*
das **Polizeirevier** ❶ (*Wache*) police station ⓖⓑ, station house ⓤⓢⓐ ❷ (*Bezirk*) police district ⓖⓑ, precinct ['priːsɪŋkt] ⓤⓢⓐ
der **Polizeischutz** **unter Polizeischutz stehen** to be under police protection
die **Polizeistreife** police patrol
der **Polizist** policeman
die **Polizistin** police woman
die **Polizze** ⒶⒶ [insurance [ɪn'ʃʊərəns]] policy
der **Pollen** pollen
der **Pollenflug** pollen count
**polnisch** Polish ['pəʊlɪʃ]
das **Polster** ❶ upholstery ❷ (*Wattierung bei Kleidung*) pad[ding] ❸ (*Kissen*) cushion ['kʊʃᵊn]
die **Polstergarnitur** living room suite
die **Polstermöbel** upholstered furniture ⚠ *singular*
der **Polstersessel** [upholstered] armchair, easy chair
der **Polterabend** *party on the eve of a wedding*
**poltern** ❶ (*laut sein*) to bang [about] ❷ (*rumpeln*) to rumble
der **Polyester** polyester
der **Polyp** ❶ (*Nesseltier*) polyp ❷ (*medizinisch*) **Polypen** adenoids ['ædᵊnɔɪdz] ❸ (*slang: Polizist*) cop
die **Pomade** pomade
die **Pommes** (*umgangsspr*), die **Pommes frites** [pɔm'frɪt] chips ⓖⓑ, French fries ⓤⓢⓐ
das **Pony** pony
der **Pool** [puːl] pool
der **Popo** bum *umgangsspr*
**populär** popular ['pɒpjələʳ] (**bei** with)
die **Pore** pore [pɔːʳ]
der **Porno** porn
der **Pornofilm** blue movie
die **Pornografie**, die **Pornographie** pornography [pɔː'nɒgrəfi]
**porös** ❶ (*mit Poren*) porous ['pɔːrəs] ❷ (*brüchig*) perished
das **Portal** portal
das **Portemonnaie** purse
der **Portier** [pɔr'ti̯eː] porter
die **Portion** ❶ (*beim Essen*) portion ['pɔːʃᵊn]; **eine Portion Kaffee** a pot of coffee ❷ (*umgangsspr: Anteil*) amount ▶ WENDUNGEN: **eine halbe Portion** (*Schwächling*) a half-pint
das **Portmonee** purse
das **Porto** postage ['pəʊstɪdʒ] (**für** on)
**portofrei** postage paid, post free
**portopflichtig** liable to postage
das **Porträt** [pɔr'trɛː] portrait ['pɔːtreɪt]
**Portugal** Portugal
der **Portugiese**, die **Portugiesin** Portuguese
**portugiesisch** Portuguese
der **Portwein** port [wine]
das **Porzellan** china ['tʃaɪnə]; (*dünnes Porzellan*) porcelain ['pɔːsᵊlɪn]

die **Posaune** trombone [trɒm'bəʊn]

die **Pose** pose

die **Position** position [pə'zɪʃ°n]; (*auf einer Liste*) item

**positiv** positive

das **Positiv** positive

**possierlich** comical, funny

die **Post** ❶ post [pəʊst], mail; **auf die Post warten** to be waiting for the post [*oder* mail] to come; **ist die Post schon da?** has the post [*oder* mail] come yet?; **du hast Post** you've got post [*oder* mail]; **seine Post lesen** to go through one's post [*oder* mail] ❷ (*Postgebäude*) post office; **zur Post gehen** to go to the post office ❸ **etwas auf** [*oder* in] **die Post geben** to post [*oder* mail] something; **jemandem etwas mit der Post schicken** to post [*oder* mail] something to someone; **mit getrennter Post** under separate cover

das **Postamt** post office

der/die **Postbeamte**, die **Postbeamtin** post office official

der **Postbote**, die **Postbotin** postman ['pəʊstmən] *maskulin* ⓖⒷ, postwoman ['pəʊst‚wʊmən] *feminin* ⓖⒷ, mailman *maskulin* ⓊⓈⒶ, mailwoman *feminin* ⓊⓈⒶ

der **Posten** ❶ (*Anstellung*) job, position; **einen Posten neu besetzen** to fill a vacancy ❷ (*Streikposten*) picket ❸ (*Wachtposten*) guard [gɑːd], sentry ▶ WENDUNGEN: **auf verlorenem Posten stehen** to be fighting a lost cause; **ich bin heute noch nicht ganz auf dem Posten** I'm not feeling quite up to par today

das **Postfach** post office box, PO box

das **Postgeheimnis** postal secrecy

die **Postkarte** postcard ⓖⒷ, postal card ⓊⓈⒶ

der **Postkasten** letterbox ⓖⒷ, pillar box ⓖⒷ, mailbox ⓊⓈⒶ

**postlagernd** ❶ to be called for *nachgestellt* ❷ **etwas postlagernd schicken** to send something poste restante [‚pəʊst'restaːnt]

die **Postleitzahl** post code ⓖⒷ, zip code ⓊⓈⒶ

das **Postpaket** parcel

der **Poststempel** postmark

die **Postüberweisung** Girobank transfer

die **Postzustellung** postal delivery

die **Potenz** ❶ (*des Mannes*) potency ['pəʊt°nsi] ❷ *einer Zahl:* power [paʊə']; **zweite/dritte Potenz** square/cube

**potenzieren** (*in der Mathematik*) **6 potenziert mit 3** 6 [raised] to the power of 3, cube 6; **6 potenziert mit 4/5** 6 [raised] to the power of 4/5

der **Pott** pot

das **Poulet** ⒸⒽ chicken

die **Powerfrau** (*humorvoll*) superwoman

das **Powidl** Ⓐ (*Pflaumenmus*) plum jam

die **Pracht** splendour; **in seiner ganzen Pracht** in all its splendour

das **Prachtexemplar** [real] beauty

**prächtig** ❶ (*auch als Ausruf*) splendid ❷ **wir verstehen uns prächtig** we're getting [*oder* we get] on like a house on fire *umgangsspr*

das **Prachtstück** [real] beauty

das **Prädikat** predicate ['predɪkət]

die **Präferenz** preference

der **Präfix** prefix ['priːfɪks]

**Prag** Prague [prɑːg]

**prägen** ❶ to stamp (**auf** on) ❷ to mint *Münze* ❸ (*übertragen*) to coin *Wendung* ❹ (*übertragen: formen*) to shape *Charakter* ❺ (*übertragen: Einfluss haben*) to have a deep influence on ❻ (*übertragen: kennzeichnen*) to characterize *Landschaft, Stadtbild*

**pragmatisch** pragmatic; **etwas pragmatisch sehen** to view something pragmatically

**prähistorisch** prehistoric

**prahlen** to boast, to brag

der **Prahler**, die **Prahlerin** boaster

**prahlerisch** boastful, bragging

die **Praktik** practice

der **Praktikant**, die **Praktikantin** trainee [‚treɪ'niː]

das **Praktikum** work placement, internship ⓊⓈⒶ; **ein Praktikum machen** to do a work placement

**praktisch** ❶ *Erfahrung, Rat:* practical; (*nützlich*) handy ❷ *Beispiel:* concrete ❸ **praktischer Arzt** general practitioner, GP ❹ **praktisch veranlagt** practically minded ❺ (*fast, so gut wie*) virtually; **praktisch nie** hardly ever; **ich bin praktisch fertig** I'm as good as ready

**praktizieren** ❶ **etwas praktizieren** to put something into practice; **seinen Glauben praktizieren** to practise one's religion ❷ to practise; **praktizierender Arzt** practising doctor

die **Praline**, das **Praliné** chocolate ⓖⒷ, chocolate candy ⓊⓈⒶ

**prall** ❶ (*üppig*) *Hüften, Po:* well-rounded; *Brüste:* full; *Arme, Schenkel:* strong ❷ (*fest*) *Tomaten:* firm ❸ *Sonne:* blazing ❹ **prall gefüllt mit** bulging [*oder* bursting] with

**prallen** ❶ *Ball:* to bounce (**gegen** against) ❷ (*zusammenstoßen*) *Auto:* to collide (**gegen** with) ❸ *Sonne:* to blaze down (**auf** on)

die **Prämie** ❶ (*Preis*) award, prize ❷ (*Beloh-*

## Präpositionen  Ⓐ Ⓑ Ⓒ

Je nachdem, bei welchem Wort Präpositionen stehen, können sie völlig unterschiedliche Übersetzungen haben.

| | | |
|---|---|---|
| at work *bei der Arbeit* | with a pen *mit einem Füller* | to go to school *zur Schule gehen* |
| at 3 o'clock *um 3 Uhr* | I'm with Lisa. *Ich bin bei Lisa.* | to go to London *nach London fahren* |
| at Thomas Tallis School *an der Thomas Tallis Schule* | | to send a letter to someone *einen Brief an jemandem schicken* |

*nung)* bonus; *(für Mitgliederwerbung)* reward ③ *(Versicherungsprämie)* premium ['priːmiəm]
**prämieren** to give an award; **prämiert werden** *Buch, Film:* to be given an award
die **Pranke** *von Tier:* paw
das **Präparat** ① *(Substanz)* preparation ② *(für Mikroskop)* slide
die **Präposition** preposition [ˌprepə'zɪʃᵊn]
die **Prärie** prairie ['preəri]
der **Präsens** present ['prezᵊnt] [tense]
die **Präsentation** presentation
**präsentieren** present; **jemandem etwas präsentieren** to present someone with something
der **Präsenzdiener** Ⓐ *(Soldat im Grundwehrdienst)* military service recruit
der **Präsenzdienst** Ⓐ *(Grundwehrdienst)* military service
der **Präser** johnny
das **Präservativ** condom ⚠ *das englische Wort ,preservative' bedeutet Konservierungsstoff*
der **Präsident**, die **Präsidentin** ① *eines Staates:* president ['prezɪdᵊnt]; **Herr Präsident** Mister President; **Frau Präsidentin** Madam President ② *(Vorsitzende(r))* chairperson, chairman *maskulin*, chairwoman *feminin*
das **Präsidium** *(Hauptquartier)* headquarters *singular oder plural*
**prasseln** *Regen:* to drum
**prassen** to live it up
das **Präteritum** preterite, past tense
**präventiv** preventive
die **Praxis** ① **in der Praxis** in practice ['præktɪs]; **etwas in die Praxis umsetzen** to put something into practice ② *eines Arztes oder Rechtsanwalts:* practice ③ *(Sprechzimmer eines Arztes)* surgery ⒼⒷ, doctor's office ⓊⓈⒶ ④ *(Sprechzimmer eines Rechtsanwalts)* office
**präzis(e)** precise [prɪ'saɪs]
die **Präzision** precision [prɪ'sɪʒᵊn]

die **Präzisionsbombe** smart bomb
**predigen** ① *(in Kirche)* to preach ② **jemandem etwas predigen** *(umgangsspr)* to lecture someone on something
der **Prediger**, die **Predigerin** preacher
die **Predigt** sermon ['sɜːmən]; [jemandem] **eine Predigt halten** to give [someone] a sermon (**über** on/about)
der **Preis** ① *(Kaufpreis)* price (**für** of); **zum halben Preis** at half-price; **zum Preis von** at a price of ② *(bei Wettbewerb)* prize [praɪz]; *(Auszeichnung)* award ③ *(Belohnung)* reward ▸ WENDUNGEN: **um jeden Preis** at any price
das **Preisausschreiben** competition
die **Preiselbeere** cranberry
die **Preisempfehlung** **unverbindliche Preisempfehlung** recommended price
**preisen** to praise [praɪz]
die **Preiserhöhung** price increase
die **Preisermäßigung** price reduction
die **Preisfrage** ① *(Frage des Preises)* question of price ② *(Quizfrage)* prize question
**preisgeben** ① **ein Geheimnis preisgeben** to divulge a secret ② *(ausliefern)* to expose; **jemanden der Lächerlichkeit preisgeben** to expose someone to ridicule ③ *(aufgeben)* to abandon; to surrender *Gebiet*
das **Preis-Leistungs-Verhältnis** cost effectiveness; **da stimmt das Preis-Leistungsverhältnis** it is good value for money
die **Preisliste** price list
der **Preisnachlass** price reduction
das **Preisrätsel** puzzle competition
das **Preisschild** price tag
der **Preisträger**, die **Preisträgerin** award winner
**preiswert** ① inexpensive [for money] ② **preiswert einkaufen** to get value for money, to get one's money's worth; **hier kann man preiswert übernachten** they have rooms [oder accommodation] at reasonable prices

**prellen – probieren** 878

**prellen** ① (*im Ballsport*) to bounce [baʊns] ② (*betrügen*) **jemanden um etwas prellen** to cheat [*oder* swindle] someone out of something; **die Zeche prellen** to go [*oder* run] off without paying

die **Prellung** bruise [bruːz]

die **Premiere** première ['premiəᵊ'], opening night

der **Premierminister**, die **Premierministerin** prime minister

die **Presse** press

die **Presseagentur** press [*oder* news] agency

das **Pressebüro** press office

die **Pressefreiheit** freedom of the press

die **Pressekonferenz** press conference

die **Pressemeldung** press report

**pressen** ① to press, to squeeze ② (*zwängen*) to force (**in** into) ③ to press CD

der **Presserummel** (*umgangsspr*) feeding-frenzy in the press

**pressescheu** media-shy

der **Pressesprecher**, die **Pressesprecherin** press officer

die **Pressezensur** censorship of the press

**pressieren** ⒞⒣, ⒜ **es pressiert** it's urgent; **mir pressiert's** I'm in a hurry

der **Pressluftbohrer** pneumatic [njuːˈmætɪk] drill

der **Presslufthammer** pneumatic [njuːˈmætɪk] hammer

das **Prestige** prestige

der **Preuße**, die **Preußin** Prussian ['prʌʃᵊn]

**Preußen** Prussia ['prʌʃə]

**preußisch** Prussian ['prʌʃᵊn]

**prickeln** (*kribbeln*) to tingle

**prickelnd** ① *Gefühl:* tingling ② *Humor:* piquant ['piːkənt] ③ *Sekt:* bubbly ④ (*erregend*) thrilling

der **Priester** priest

die **Priesterin** priestess

**prima** ① (*erstklassig*) first-class ② (*toll*) fantastic, great, swell ⓊⓈⒶ

**primär** primary; **sich primär seinem Beruf widmen** to concentrate primarily on one's work

der **Primararzt**, die **Primarärztin** ⒜ (*leitender Arzt*) [senior] consultant, medical director ⓊⓈⒶ

der **Primarius**, die **Primaria** ⒜ (*Chefarzt*) [senior] consultant, medical director ⓊⓈⒶ

die **Primarschule** ⒞⒣ primary school ⒼⒷ, elementary school ⓊⓈⒶ

die **Primel** primrose

**primitiv** primitive ['prɪmɪtɪv]

der **Prinz** prince; **Prinz Charles** Prince Charles

die **Prinzessin** princess [prɪnˈses]; **Prinzessin Anne** Princess Anne

das **Prinzip** ① principle ['prɪnsəpᵊl] ② **im Prinzip** in principle; **aus Prinzip** as a matter of principle, on principle

**prinzipiell** ① *Unterschiede, Erwägungen:* fundamental ② (*im Prinzip*) in principle; **prinzipiell ist das möglich** in principle this is possible; **ich lüge prinzipiell nicht** I don't lie on principle; **etwas prinzipiell ablehnen** to reject something on principle

die **Priorität** priority; **Prioritäten setzen** to set [one's] priorities

die **Prise** **eine Prise Salz** a pinch of salt

**privat** ① private ['praɪvət] ② **privat versichert sein** to be privately insured

die **Privatadresse** home address

die **Privatangelegenheit** private ['praɪvət] matter; **das ist meine Privatangelegenheit** that's my business

der **Privatdetektiv**, die **Privatdetektivin** private detective [dɪˈtektɪv], private eye *umgangsspr*

das **Privatgrundstück** private property

das **Privatleben** private life

der **Privatpatient**, die **Privatpatientin** private patient ['peɪʃᵊnt]

das **Privatrecht** private [*oder* civil] law

die **Privatschule** private school

die **Privatsphäre** privacy; **die Privatsphäre von jemandem verletzen** to invade someone's privacy

das **Privileg** privilege ['prɪvᵊlɪdʒ]

das **Pro** **das Pro und Kontra** the pros and cons ⚠ *plural*

**pro** per; **pro Jahr** a year; (*formeller*) per annum; **pro Kopf** [*oder* **Person**] per capita [*oder* person]; **drei Euro pro Stück** three euros each

die **Probe** ① (*Prüfung, Versuch*) test; **eine Probe machen** to do a test; **die Probe bestehen** to pass the test; **jemanden auf die Probe stellen** to put someone to the test ② (*Beispiel, Kostprobe, Warenprobe*) sample ③ (*Theaterprobe*) rehearsal [rɪˈhɜːsᵊl] ▶ WENDUNGEN: **die Probe aufs Exempel machen** to put it to the test

der **Probealarm** practice alarm

das **Probeexemplar** specimen [copy [*oder* issue]]

die **Probefahrt** test drive; **eine Probefahrt machen** to do a test drive [*oder* run]

**proben** to rehearse [rɪˈhɜːs]

die **Probezeit** probationary period

**probieren** ① to try *auch Essen* ② **probier es noch mal** try again, have another go [*oder* try]

## USEFUL PHRASES

Wenn du mit anderen ein **Projekt** vorbereitest, könnt ihr die folgenden *phrases* verwenden.

Let's work together.

Come and join our group!

Why don't we talk about ...?

I think it's interesting because ...

I've got a book/brochure/
film/... about ...

We can look for more information
on the Internet.

Who is going to talk about ...?

What have you found/written?

Have you found any interesting
information?

I've looked at their home page.

I've written the vocabulary box.

Have you made the poster yet?

I haven't done my part because ...

---

das **Problem** problem ['prɒbləm]; **kein Problem!** no problem!

die **Problematik die Problematik erkennen** to recognize the problems; **auf die Problematik hinweisen** to point out difficulties

**problematisch** problematic, difficult

**problemlos** ① *Sache:* unproblematic ② **problemlos ablaufen** to run smoothly

das **Produkt** product ['prɒdʌkt]

die **Produktion** production [prə'dʌkʃ³n]

**produktiv** productive [prə'dʌktɪv]

die **Produktivität** productivity

der **Produzent**, die **Produzentin** producer [prə'dju:sə<sup>r</sup>]

**produzieren** to produce

**professionell** professional [prə'feʃ³n³l]

der **Professor**, die **Professorin** professor [prə'fesə<sup>r</sup>]

der **Profi** ① (*Experte*) pro *umgangsspr* ② (*im Sport*) professional

das **Profil** ① *vom Gesicht:* profile ['prəʊfaɪl] ② *von Reifen, Schuhsohle:* tread

der **Profit** profit ['prɒfɪt]; **Profit machen** to make a profit; **Profit aus etwas schlagen** to profit from something; **Profit bringend** profitable

**profitabel** profitable

**profitieren** to profit ['prɒfɪt] (**von** from/by)

die **Prognose** ① (*in Medizin, Wirtschaft*) prognosis [prɒg'nəʊsɪs] ② (*Wettervorhersage*) forecast

das **Programm** ① programme ['prəʊgræm] ⒼⒷ, program ⓊⓈⒶ ② (*Computerprogramm*) program ③ (*Theaterveranstaltungen*) bill ④ (*Sendekanal*) channel; **was kommt im anderen Programm?** what's on the other channel? ⑤ (*Programmheft*) program[me] guide ⑥ (*Tagesordnung*) agenda; **was steht für heute auf dem Programm?** (*Pläne haben*) what's the program[me] for today?;

(*Tagesordnung*) what's on today's agenda?

der **Programmfehler** program error

**programmieren** to program ['prəʊgræm] *Computer*

der **Programmierer**, die **Programmiererin** programmer ['prəʊgræmə<sup>r</sup>]

die **Programmiersprache** programming language

**progressiv** progressive

das **Projekt** project ['prɒdʒekt]

die **Projektion** projection

der **Projektleiter**, die **Projektleiterin** project leader

der **Projektor** projector [prə'dʒektə<sup>r</sup>]

**projizieren** to project (**auf** onto)

**proklamieren** to proclaim

das **Pro-Kopf-Einkommen** income per capita

der **Pro-Kopf-Verbrauch** per capita consumption

der **Prolet** prole [prəʊl] *umgangsspr*

der **Proletarier**, die **Proletarierin** proletarian

der **Prolog** prologue

die **Promenade** promenade

die **Promenadenmischung** (*humorvoll*) mongrel

die **Promille** ① (*Tausendstel*) thousandth ② (*Blutalkohol*) alcohol level; **er hatte 2,6 Promille** he had an alcohol level of 260 millilitres

die **Promillegrenze** legal [alcohol] limit

**prominent** ① prominent ② *Schauspieler, Künstler:* well-known

der/die **Prominente** ① (*in Politik*) prominent figure, VIP [ˌviːaɪ'piː] ② (*im Showbusiness*) celebrity

die **Prominenz** ① prominent figures ⚠ *plural* ② (*aus der Medienwelt*) celebrities

**promovieren** ① to do a doctorate; **sie promovierte über Bach** she did her doctorate on Bach ② (*den Doktorgrad erwerben*) to

## Pronomen

| Personalpronomen | Objektpronomen | Possessivbegleiter | Reflexivpronomen |
|---|---|---|---|
| I | me | my | myself |
| you | you | your | yourself |
| he/she/it | him/her/it | his/her/its | himself/herself/itself |
| we | us | our | ourselves |
| you | you | your | yourselves |
| they | them | their | themselves |

obtain a doctorate; **sie hat in Harvard promoviert** she obtained her doctorate from Harvard; **ein promovierter Kunstwissenschaftler** an art historian with a doctorate

**prompt** ① *Antwort:* prompt ② **prompt antworten** to reply promptly

das **Pronomen** pronoun ['prəʊnaʊn]

die **Propaganda** ① (*politisch*) propaganda [ˌprɒpə'gændə] ② (*Werbung*) publicity

der **Propeller** propeller [prə'pelə]

der **Prophet**, die **Prophetin** prophet ['prɒfɪt]

**prophezeien** to prophesy; **jemandem ein langes Leben prophezeien** to prophesy [*oder* predict] that someone will enjoy a long life; **sie haben der Firma ein gutes Jahr prophezeit** they have predicted a good year for the company

die **Prophezeiung** prophecy

die **Proportion** proportion

**proportional** proportional; **die Kosten steigen proportional zur Größe** the costs increase in proportion to the size

der **Proporz** ⒞Ⓗ, Ⓐ proportional representation △ *ohne Artikel*

die **Prosa** prose [prəʊz]

**pros(i)t** cheers!, here's to you [*oder* your health]!; **prosit Neujahr!** here's to the New Year!

der **Prospekt** ① (*Werbeprospekt*) brochure ['brəʊʃə'] ② (*einzelner Zettel*) leaflet

**prost** cheers

die **Prostituierte** prostitute ['prɒstɪtjuːt]

die **Prostitution** prostitution [ˌprɒstɪ'tjuːʃ°n]

das **Protein** protein

der **Protest** protest ['prəʊtest]; **aus Protest** in protest; **gegen etwas Protest einlegen** to make a protest against something

der **Protestant**, die **Protestantin** Protestant ['prɒtɪst°nt]

**protestieren** to protest [prəʊ'test] (**gegen** against)

die **Prothese** ① (*künstliches Gliedmaß*) prosthesis ['prɒsθəsɪs], artificial limb ② (*Zahnpro-*

*these*) dentures △ *plural,* false teeth *umgangsspr*

das **Protokoll** ① (*Niederschrift*) record ② (*Sitzungsprotokoll*) minutes ['mɪnɪts] △ *plural;* **wer schreibt Protokoll?** who's taking the minutes? ③ (*Polizeiprotokoll*) **etwas zu Protokoll geben** to make a statement

**protokollieren** to record; to minute *Sitzung*

**protzen** to show off; **vor jemandem mit etwas protzen** to show something off to someone

**protzig** showy, swanky *umgangsspr*

der **Proviant** provisions △ *plural*

die **Provinz** ① (*Teil eines Landes*) province ['prɒvɪns] ② (*kulturell zweitrangige Gebiete*) **die Provinz** the provinces *plural;* **das ist ja die finsterste Provinz hier** we're out in the sticks here *umgangsspr*

**provinziell** provincial [prə(ʊ)'vɪn(t)ʃ°l]

der **Provinzler**, die **Provinzlerin** provincial [prə'vɪnʃ°l]

die **Provision** *von Verkäufer, Makler:* commission △ *das englische Wort ,provision' bedeutet Vorkehrung, Bereitstellung!*

**provisorisch** provisional [prə'vɪʒ°n°l], temporary

das **Provisorium** provisional solution

die **Provokation** provocation [ˌprɒvə'keɪʃ°n]

**provozieren** to provoke [prə'vəʊk]

die **Prozedur** procedure [prə(ʊ)'siːdʒə']

das **Prozent** ① (*in Mathematik*) per cent [pə'sent]; **wie viel Prozent?** what percentage?; **zehn Prozent** ten per cent ② (*Preisnachlass*) **ich bekomme hier Prozente** I get a discount here; **zehn Prozent bekommen** to get a ten percent discount ③ (*Alkoholgehalt*) alcohol content; **wie viel Prozent hat dieser Weinbrand?** what's the alcohol content of this brandy?

der **Prozentsatz** percentage

**prozentual** **ein prozentualer Anteil von 7%** a percentage of 7; **sich prozentual an den Kosten beteiligen** to share a percentage of the costs

der **Prozess** ① (*Gerichtsverfahren*) trial; (*Rechtsfall*) case; **seinen Prozess gewinnen/verlieren** to win/lose one's case; **einen Prozess gegen jemanden führen** to take legal action against someone ② (*Vorgang, Verfahren*) process ['prəʊses] ▸ WENDUNGEN: **mit jemandem/etwas kurzen Prozess machen** to make short work of someone/something

die **Prozession** procession [prə'seʃᵊn]

der **Prozessor** processor

**prüde** ① prudish ['pruːdɪʃ] ② **sei doch nicht so prüde** don't be such a prude

**prüfen** ① (*Kenntnisse abfragen*) to examine [ɪɡ'zæmɪn] ② (*proben, ausprobieren*) to test ③ (*besichtigen, mustern*) to inspect ④ (*nachprüfen, überprüfen*) to check Ölstand (**auf** for); **prüfen, ob ...** to check whether ... ⑤ to audit *Bilanz, Bücher* ⑥ (*erwägen, betrachten*) to consider *Angebot, Vorschlag*

der **Prüfer**, die **Prüferin** examiner

die **Prüfung** ① (*Examen*) exam [ɪɡ'zæm], examination; **eine Prüfung bestehen/machen** to pass/take an exam[ination] ② (*Musterung*) inspection [ɪn'spekʃᵊn] ③ (*Nachprüfung, Überprüfung*) check[ing] ④ (*Wirtschaftsprüfung*) audit ⑤ (*Erwägung, Betrachtung*) consideration

die **Prüfungsangst** exam nerves ⚠ *plural;* **Prüfungsangst haben** to suffer from exam nerves

die **Prüfungsaufgabe** exam question

das **Prüfungsergebnis** exam results ⚠ *plural*

das **Prüfungszeugnis** exam [*oder* examination] certificate

die **Prügel eine Tracht Prügel [bekommen]** [to get] a thrashing

die **Prügelei** brawl, fight

**prügeln** ① to beat *Mensch, Tier* ② **sich [mit jemandem] prügeln** to fight [someone] (**um** for)

der **Prunk** splendour

das **Prunkstück** showpiece ['ʃəʊpiːs]

**prusten** to snort; **vor Lachen prusten** to snort with laughter ['lɑːftər]

das **PS** *Abkürzung von* **Pferdestärke** hp, horse power

**PS** (*am Briefende*) *Abkürzung von* **Postskriptum** PS, postscript

der **Psalm** psalm [sɑːm]

das **Pseudonym** pseudonym ['sjuːdənɪm]

die **Psyche** psyche ['saɪki]

der **Psychiater**, die **Psychiaterin** psychiatrist [ˌsaɪ'kaɪətrɪst], shrink *umgangsspr*

**psychiatrisch** psychiatric [ˌsaɪki'ætrɪk]

**psychisch** ① (*psychologisch*) psychological [ˌsaɪkəˈlɒdʒɪkəl] ② (*übersinnlich*) *Erscheinung, Phänomen:* psychic ['saɪkɪk]

die **Psychoanalyse** psychoanalysis [ˌsaɪkəʊə'næləsɪs]

der **Psychoanalytiker**, die **Psychoanalytikerin** psychoanalyst [ˌsaɪkəʊ'ænəlɪst]

der **Psychologe**, die **Psychologin** psychologist [saɪ'kɒlədʒɪst]

**psychologisch** psychological [ˌsaɪkəˈlɒdʒɪkəl]

der **Psychopath**, die **Psychopathin** psychopath ['saɪkəpæθ]

der **Psychoterror** psychological blackmail; **Psychoterror gegen jemanden ausüben** to psychologically blackmail someone

der **Psychotherapeut**, die **Psychotherapeutin** psychotherapist [ˌsaɪkə'θerəpɪst]

die **Pubertät** puberty ['pjuːbəti]; **in die Pubertät kommen** to reach puberty; **sie ist mitten in der Pubertät** she is going through her adolescence

die **Publikation** publication

das **Publikum** ① (*Zuhörerschaft, Zuschauer*) audience ['ɔːdiəns] ② (*im Sport*) spectators ⚠ *plural*

**publizieren** to publish

der **Pudding** blancmange [blə'mɒnʒ]; (*zum kalt Anrühren*) instant whip

**Pudding**

ⓕ Nicht verwechseln mit *pudding* — die *Nachspeise!*

der **Pudel** poodle ▸ WENDUNGEN: **was stehst du da wie ein begossener Pudel?** why are you looking so sheepish?

**pudelwohl sich pudelwohl fühlen** to feel on top of the world

der **Puder** powder ['paʊdər]

**pudern – Pyrenäen**

**pudern** to powder ['paʊdə']; **sich die Nase pudern** to powder one's nose

der **Puderzucker** icing sugar

der **Puff** ① (*Stoß*) thump ② (*vertraulicher Stoß in die Seite*) nudge ③ (*slang: Bordell*) brothel

der **Puffer** ① buffer ② (*aus Kartoffeln*) potato fritter

der **Pulli**, der **Pullover** jersey, GB AUCH jumper, pullover ['pʊləʊvə'], sweater

der **Puls** pulse [pʌls]; **hoher/niedriger Puls** high/low pulse rate; **jemandem den Puls fühlen** to feel someone's pulse

die **Pulsader** artery

der **Pulsschlag** pulse-beat

das **Pult** desk

das **Pulver** ① powder ['paʊdə'] ② (*Schießpulver*) gunpowder

**pulverig** powdery ['paʊdəri]

der **Pulverkaffee** instant coffee

der **Pulverschnee** powder snow

der **Puma** puma (GB), cougar (USA)

**pummelig** chubby

der **Pump etwas auf Pump kaufen** (*umgangsspr*) to buy something on tick *umgangsspr*

die **Pumpe** ① (*Wasserpumpe*) pump [pʌmp] ② (*Herz*) ticker *umgangsspr*

**pumpen** ① to pump [pʌmp] *Wasser* ② **jemandem Geld pumpen** (*umgangsspr*) to lend someone money; **kann ich mir 10 Euro von dir pumpen?** can I borrow 10 euros off you? *umgangsspr*

der **Punker**, die **Punkerin** punk

der **Punkt** ① (*zur Bewertung, auch im Sport*) point; (*beim Kartenspiel*) pip; **einen Punkt machen** to win a point; **Sieger nach Punkten** (*im Sport*) winner on points ② (*Satzzeichen*) full stop (GB), period ['pɪəriəd] (USA); (*i-Punkt*) dot ③ (*Ort, Zeitpunkt*) point, spot; **an diesem Punkt** at this point ④ (*bei Bericht, Diskussion, Liste*) item, point; **Punkt für Punkt** point by point; **ein strittiger Punkt** a disputed point ⑤ **der springende Punkt** the crucial point ⑥ **bis zu einem gewissen Punkt** up to a certain point ⑦ **Punkt 10 Uhr** at ten sharp ⑧ **nun mach aber mal einen Punkt!** come off it! *umgangsspr*

das **Pünktchen** little dot

**pünktlich** ① *Person:* punctual ② **pünktlich sein** to be on time; **nicht pünktlich sein** to be late; **pünktlich ankommen** to arrive on time

die **Pünktlichkeit** punctuality

die **Punktzahl** score

der **Punsch** punch [pʌnʃ]

die **Pupille** pupil ['pju:pəl]

die **Puppe** ① (*Kinderspielzeug*) doll; (*Marionette*) puppet ['pʌpɪt] ② (*Schaufensterpuppe*) dummy ③ (*Insektenlarve*) pupa ['pju:pə] ④ (*Mädchen*) doll *umgangsspr*

das **Puppentheater** puppet theatre

**pur** ① (*rein*) pure [pjʊə'] ② (*völlig*) sheer; **eine pure Lüge** a blatant lie; **die pure Wahrheit** the plain truth; **die pure Wahrheit** the plain truth

das **Püree** purée ['pjʊəreɪ]

der **Purpur** purple ['pɜ:pəl]

**purpurn**, **purpurrot** crimson

der **Purzelbaum** somersault; **einen Purzelbaum machen** to [do a] somersault

**purzeln** to tumble (**über** over)

die **Puste** breath; **außer Puste sein** to be out of breath

die **Pustel** ① (*Pickel*) pimple ② (*eitrige Beule*) pustule ['pʌstju:l]

**pusten** to blow, to puff

die **Pute** turkey [hen]

der **Puter** turkey [cock]

der **Putsch** coup d'état [ˌku:deɪˈtɑ:], revolt

**putschen** to revolt, to organize a coup d'état [ˌku:deɪˈtɑ:]

der **Putz** (*Verputz*) plaster; (*Rauputz*) roughcast ['rʌfkɑ:st] ▶ WENDUNGEN: **auf den Putz hauen** (*groß feiern*) to have a rave-up; (*prahlen*) to show off; (*Krach schlagen*) to kick up a fuss

**putzen** ① (*reinigen*) to clean; (*abwischen*) to wipe; **putzen gehen** to work as a cleaner; **ich putze gerade** I'm doing the cleaning ② to blow, to wipe *Nase;* **sich die Nase putzen** to blow one's nose ③ to brush *Zähne;* **sich die Zähne putzen** to brush one's teeth ④ to polish, to shine (USA) *Schuhe* ⑤ **sich putzen** *Katze:* to clean itself

die **Putzfrau** cleaning lady (GB), cleaner, scrubwoman (USA)

**putzig** ① (*merkwürdig*) funny ② (*süß, niedlich*) cute

der **Putzlappen**, der **Putzlumpen** [polishing] cloth

das **Putzmittel** cleanser

das **Puzzle** ['pʊzl] jigsaw ['dʒɪgsɔ:] puzzle; **ein Puzzle machen** to do a jigsaw [puzzle]

der **Pyjama** [py'dʒa:ma] pyjamas [pɪ'dʒɑ:məz] △ *plural* (GB), pajamas [pə'dʒɑ:məz] △ *plural* (USA); **wo ist mein Pyjama?** where are my pyjamas?

die **Pyramide** pyramid ['pɪrəmɪd]

die **Pyrenäen** the Pyrenees *plural*

**Q, q** Q, q [kju:]
das **Quadrat** square
  **quadratisch** ① (*Gleichung*) quadratic [kwɒd'rætɪk] ② (*quadratförmig*) square
der **Quadratkilometer** square kilometre [*oder* USA kilometer]
der **Quadratmeter** square metre [*oder* USA meter]
der **Quadratzentimeter** square centimetre [*oder* USA centimeter]
  **quaken** ① *Ente:* to quack; *Frosch:* to croak ② *Mensch:* to squawk
  **quäken** to screech
die **Qual** ① (*körperlich*) pain ② (*seelisch*) anguish
  **quälen** ① (*peinigen*) to torment [tɔ:'ment], to torture ['tɔ:tʃəʳ] ② (*jemandem zusetzen*) to pester ③ **sich quälen** (*sich abmühen*) to struggle (**mit** with); (*seelisch*) to torture oneself (**mit** over)
  **quälend** *Erinnerung:* tormenting; *Schmerz:* excruciating [ɪk'skru:ʃieɪtɪŋ]; *Ungewissheit, Zweifel:* agonizing
die **Quälerei** ① (*körperlich*) torture ['tɔ:tʃəʳ] ② (*seelisch*) torment ['tɔ:ment] ③ (*Mühsal*) struggle
die **Qualifikation** qualification [,kwɒlɪfɪ'keɪʃ°n]; (*Abschluss, Kompetenz*) qualifications ⚠ plural; **um die Qualifikation für die WM spielen** to play to qualify for the World Cup
  **qualifizieren** (*auch im Sport*) to qualify ['kwɒlɪfaɪ] (**für** for)
die **Qualität** ① (*Güte*) quality ['kwɒləti]; **hervorragende/schlechte Qualität** excellent [*oder* top]/poor quality ② (*gute Seiten*) **er hat auch seine Qualitäten** he does have his good points
  **qualitativ** qualitative, in quality; **eine qualitative Verbesserung** an improvement in quality; **eine qualitativ bessere Wohnung** a better-quality flat; **qualitativ hochwertige Bücher** high-quality books
die **Qualle** jellyfish
der **Qualm** dense smoke
  **qualmen** ① (*Zigaretten rauchen*) to puff away *umgangsspr;* **er qualmt mal wieder eine** he's having another fag *umgangsspr* ② *Motor, Ofen, Schornstein:* to give off smoke
  **qualmig** smoky
  **qualvoll** agonizing, painful
die **Quantität** quantity
  **quantitativ** in quantity; **eine quantitative Steigerung** an improvement in quantity
die **Quarantäne** [karan'tɛ:nə] quarantine ['kwɒrᵊnti:n]; **unter Quarantäne stellen** to put in quarantine; **in Quarantäne kommen** to be put into quarantine
der **Quark** ① soft curd cheese ② (*Quatsch*) rubbish *umgangsspr*
das **Quartal** quarter ['kwɔ:təʳ]
die **Quarte** fourth
das **Quartett** quartet[te]
das **Quartier** ① (*Unterkunft*) accommodation ② (*beim Militär*) billet, quarters ['kwɔ:təz] ⚠ plural; **Quartier beziehen** to take up [one's] quarters ③ CH (*Stadtteil*) district, quarter
der **Quarz** quartz [kwɔ:ts]
die **Quarzuhr** quartz clock [*oder* watch]
  **quasi** almost
  **quasseln** to blether *umgangsspr;* **hör auf zu quasseln!** stop blathering!
die **Quasselstrippe** blether *umgangsspr,* chatterbox *umgangsspr*
die **Quaste** *von Pinsel:* brush
der **Quatsch** ① (*Unsinn, dummes Geschwätz*) rubbish *umgangsspr,* twaddle *umgangsspr;* **so ein Quatsch!** what a load of rubbish!; **red keinen Quatsch!** stop talking such rubbish! ② (*Unüberlegtheiten, Dummheiten*) nonsense; **lass den Quatsch!** stop that nonsense!, stop it!; **mach keinen Quatsch!** don't be silly!
  **quatschen** ① **Blödsinn quatschen** to talk twaddle *umgangsspr* ② (*dumm daherreden*) to gab *umgangsspr* ③ (*plaudern, quasseln*) to blether *umgangsspr,* to have a blether ④ (*sich unterhalten*) to have a chat (**über** about) ⑤ (*slang: etwas ausplaudern*) to blab; **hast du wieder mal gequatscht?** have you been blabbing again?
der **Quatschkopf** ① (*Schwätzer*) windbag *umgangsspr* ② (*Blödmann*) fool
das **Quecksilber** mercury, quicksilver ['kwɪk,sɪlvəʳ]
die **Quelle** ① *eines Flusses:* spring ② (*Ölquelle*) well ③ (*Ursprung*) source [sɔ:s] ▶ WENDUNGEN: **an der Quelle sitzen** to have direct access
  **quellen** ① (*herausquellen*) *Wasser:* to well up ② (*aufquellen*) *Hülsenfrüchte:* to swell [up]
die **Quellenangabe** reference
das **Quellwasser** spring water
  **quengelig** whining; **quengelig sein** to whine
  **quengeln** to whine
  **quer** crossways, crosswise; **kreuz und quer**

**Quere – Radio**

[durchs Land] all over [the country]

die **Quere** ▸ WENDUNGEN: **jemandem in die Quere kommen** to get in someone's way

die **Querflöte** flute

der **Querschnitt** cross section

**querschnitt(s)gelähmt** paraplegic [ˌpærə-ˈpliːdʒɪk], paralysed [ˈpærəlaɪzd] below the waist *nachgestellt*

**querstellen** sich querstellen to be awkward

die **Querstraße** side street, turning; **bei der zweiten Querstraße** at the second turning; **zwei Querstraßen entfernt wohnen** to live two blocks away; **die Schulstraße ist eine Querstraße zur Sonnenbergstraße** Schulstraße runs at right angles to Sonnenbergstraße

die **Querverbindung** direct connection

**quetschen** ① (*drücken*) to squeeze ② (*zerquetschen*) to crush, to squash ③ (*einklemmen*) to crush; **sich den Finger quetschen** to squash one's finger ④ (*sich klemmen*) **sich quetschen** to be crushed ⑤ (*sich zwängen*) **sich in etwas quetschen** to squeeze into something

**quieken** *Maus:* to squeak; *Schwein:* to squeal

**quietschen** ① (*knarren*) to creak, to squeak ② *Mensch, Reifen:* to squeal

die **Quinte** fifth

das **Quintett** quintet[te]

der **Quirl** (*Küchengerät*) beater, whisk

**quirlig** lively

**quitt** jetzt sind wir quitt now we're even [*oder* quits]

die **Quitte** quince

**quittieren** ① (*bescheinigen*) to give a receipt [rɪˈsiːt] for *Empfang, Sendung* ② (*kündigen*) to quit *Dienst*

**F** Nicht verwechseln mit *to quit — kündigen!*

die **Quittung** ① (*Beleg*) receipt [rɪˈsiːt]; **eine Quittung ausstellen** to give a receipt (**über** for) ② (*übertragen: Strafe*) penalty, price

das **Quiz** quiz [kwɪz]; **ein Quiz machen** to do a quiz

der **Quizmaster**, die **Quizmasterin** quizmaster [ˈkwɪzmaːstər]

die **Quote** ① (*Quantum*) quota ② (*statistischer Anteil*) proportion

der **Quotient** quotient

# R

**R, r** R, r [ɑːʳ]; **das R rollen** to roll the r

der **Rabatt** (*Preisnachlass*) discount [ˈdɪskaʊnt]; **5 % Rabatt auf etwas geben/bekommen** to give/get a 5% discount on something

der **Rabbi**, der **Rabbiner** rabbi [ˈræbaɪ]

der **Rabe** (*Vogel*) raven ▸ WENDUNGEN: **stehlen wie ein Rabe** to thieve like a magpie

**rabenschwarz** pitch-black

**rabiat** violent, rough [rʌf]; **rabiat werden** to get [*oder* turn] violent

die **Rache** ① revenge [rɪˈvendʒ]; **aus Rache** out of revenge; **Rache an jemandem nehmen** to take revenge on someone (**für** for) ② (*Vergeltung*) vengeance [ˈvendʒᵊns]; **Rache schwören** to swear vengeance

der **Rachen** ① *von Mensch:* throat ② *von Tier:* jaws ⚠ *plural*

**rächen** ① to avenge [əˈvendʒ] *Toten, Unrecht* ② **sich [an jemandem] rächen** to take revenge [on someone] (**für** for)

der **Rächer**, die **Rächerin** avenger [əˈvendʒəʳ]

die **Rachitis** rickets ⚠ *singular*

die **Rachsucht** vindictiveness

**rachsüchtig** vindictive

das **Rad** ① wheel ② (*Fahrrad*) bicycle, bike *umgangsspr;* **Rad fahren** to ride a bicycle [*oder* bike] ③ (*im Sport*) cartwheel; **ein Rad schlagen** to [do [*oder* turn] a] cartwheel ▸ WENDUNGEN: **das fünfte Rad am Wagen sein** to be in the way

der **Radar** radar [ˈreɪdaːʳ]

die **Radarkontrolle** radar speed check

der **Radau** din, row [raʊ] *umgangsspr;* **Radau machen** to kick up a row

der **Raddampfer** paddle steamer

**radeln** to bike, to pedal

das **Radfahren** cycling

der **Radfahrer**, die **Radfahrerin** cyclist

der **Radfahrweg** cycle track

**radieren** ① to erase, to rub out ② (*Grafiktechnik*) to etch

der **Radiergummi** rubber ⑬, eraser ⑪

das **Radieschen** radish

**radikal** ① *Gegner:* radical [ˈrædɪkᵊl] ② **etwas radikal ablehnen** to reject something categorically; **radikal vorgehen** to take drastic action (**gegen** against)

das **Radio** radio [ˈreɪdiəʊ]; **Radio hören** to listen to the radio; **das kam gestern im Radio** that was on the radio yesterday; **im Radio übertragen werden** to be broadcast on the radio

**radioaktiv** radioactive [ˌreɪdiəʊˈæktɪv]; **radioaktiv verseucht** contaminated by radioactivity; **radioaktive Strahlung** radiation
die **Radioaktivität** radioactivity [ˌreɪdiəʊækˈtɪvəti]
der **Radiowecker** radio alarm [clock]
das **Radium** radium
der **Radius** radius [ˈreɪdiəs]
die **Radkappe** hub cap
der **Radl** Ⓐ radish [ˈrædɪʃ]
der **Radler** (*Fahrradfahrer*) cyclist
das **Radler** (*Getränk*) shandy
das **Radrennen** cycle race
der **Radrennfahrer**, die **Radrennfahrerin** racing cyclist
der **Radsport** cycling
die **Radtour** cycle tour
der **Radwechsel einen Radwechsel machen** to change a wheel
der **Radweg** cycle path
**raffen** ①*etwas an sich raffen* to grab [*oder* snatch] something ②(*verstehen*) **raffst du das jetzt endlich?** do you get it?; **ich raff das nicht** I just don't get it; **ich hab's gerafft!** I've got it!
die **Raffgier** greed
**raffgierig** grasping
die **Raffinerie** refinery [rɪˈfaɪnᵊri]
die **Raffinesse** ①(*abwertend*) cunning ②(*Feinheit*) refinement
**raffiniert** ①*Öl, Zucker*: refined ②(*schlau*) cunning; **raffiniert!** very clever!, crafty! ③(*chic*) stylish
**ragen** to loom, to tower [ˈtaʊəʳ] (**über** over)
der **Rahm** cream
der **Rahmen** ①(*für Bild*) frame; (*für Dia*) mount ②(*übertragen: Bereich*) framework; **im Rahmen des Möglichen** within the bounds of possibility ▶ WENDUNGEN: **aus dem Rahmen fallen** (*anders sein*) to be different [from the rest]; (*sich daneben benehmen*) to step out of line
**rahmen** ①to frame *Bild* ②to mount *Dia*
die **Rakete** ①(*in Raumfahrt*) rocket ②(*beim Militär*) missile
die **Rallye** [ˈrali] rally
das **RAM** *Abkürzung von* **random access memory** RAM
**rammen** ①to ram *Pfahl* ②to hit *Schiff*; **ein Auto rammen** to bump into [*oder* to hit] a car
die **Rampe** ①(*Verladerampe*) ramp ②(*auf Theaterbühne*) apron ③(*Raketenrampe*) missile base
das **Rampenlicht** ▶ WENDUNGEN: **im Rampenlicht**

**Rakete**

Ⓕ Nicht verwechseln mit *racket* — *der Schläger!*

**stehen** to be in the limelight
**ramponieren** ①to bash; to ruin *Auto, Kleidung* ②**ramponiert aussehen** *auch Mensch*: to look the worse for wear
der **Ramsch** junk, rubbish
der **Ramschladen** junk shop
der **Rand** ①*eines Abgrundes*: brink ②(*Begrenzung*) border; *von Straße*: side, verge; *von Stadt*: outskirts ⚠ *plural*; **am Rande der Stadt** on the outskirts of the city; **am Rande des Waldes** at the edge of the forest ③*von Hut*: brim, rim ④*von Tasse*: brim; **voll bis zum Rand** full to the brim ⑤*von Teller*: edge ⑥*von Buchseite*: margin; **etwas an den Rand schreiben** to write something in the margin ▶ WENDUNGEN: **mit etwas zu Rande kommen** to cope with something; **ich komme damit einfach nicht zu Rande** I simply can't manage [*oder* cope with] it; **du treibst mich an den Rand des Wahnsinns!** you're driving me mad!
**randalieren** to go on the rampage
die **Rande** ⓒⒽ beetroot
die **Randgruppe** fringe group [gruːp]
der **Randstein** kerb
der **Rang** ①(*Rangstufe*) rank; **hohen Ranges** high ranking; **ein Offizier höchsten Ranges** an officer of the highest rank ②(*Stellung*) position; **von hohem Rang** of high standing ③(*im Theater*) circle [ˈsɜːkᵊl]; **vor leeren/überfüllten Rängen spielen** to play to an empty/a packed house; **auf dem obersten Rang** in the gallery ④(*im Stadion*) **auf den Rängen** in the stands
die **Rangelei** ①(*Balgerei*) scrapping ②(*übertragen*) wrangling [ˈræŋlɪŋ]
**rangeln** (*übertragen*) to wrangle [ˈræŋgᵊl] (**um** for)

der **Rangierbahnhof** marshalling yard
**rangieren** ❶ (*übertragen: Stellung einnehmen*) to rank; **an erster Stelle rangieren** to come first; **etwas rangiert ganz oben** something has top priority ❷ (*manövrieren*) to shunt (GB), to switch (USA) *Zug*
die **Rangliste** ranking[s] list
die **Rangordnung** (*Hierarchie*) hierarchy ['haɪrɑːki]
**ranhalten sich ranhalten** (*eilen*) to get a move on
**ranken sich ranken** *Pflanze:* to entwine itself (**um** around)
**ranklotzen** (*schwer arbeiten*) to get stuck in *umgangsspr*
der **Ranzen** ❶ (*Schulmappe*) satchel ❷ (*Bauch*) paunch
**ranzig** rancid
der **Rap** [rɛp] rap
**rappelvoll** jam-packed, chock-a-block *nachgestellt*
**rappen** ['ræpn̩] to rap
der **Rappen** (CH) [Swiss] centime, rappen
der **Rapper**, die **Rapperin** ['ræpɐ] rapper
der **Raps** rape
**rar** (*selten*) rare, scarce [skeəs]
die **Rarität** rarity
**rarmachen sich rarmachen** to make oneself scarce
**rasant** ❶ (*sehr schnell*) fast, rapid ['ræpɪd] ❷ *Aufstieg, Erfolg:* meteoric
**rasch** ❶ speedy, swift ❷ **rasch!** quick!

 Nicht verwechseln mit *rash — voreilig!*

das **Rascheln** rustling ['rʌslɪŋ]
**rascheln** to rustle ['rʌʃl̩]
der **Rasen** ❶ (*Grasfläche*) grass, lawn ❷ (*Sportfeld*) field
**rasen** ❶ (*sich schnell bewegen*) to race, to tear [teəʳ]; **gegen einen Laternenpfahl rasen** to crash into a lamp post ❷ (*wüten, toben*) to rave
**rasend** ❶ (*sehr schnell*) tearing ['teərɪŋ] ❷ (*sehr wütend*) furious ['fjʊəriəs], raging; **rasend vor Wut sein** to be raging with fury ❸ (*intensiv*) *Schmerz:* excruciating [ɪk'skruːʃieɪtɪŋ]; **rasende Kopfschmerzen** a splitting headache ❹ **rasend eifersüchtig** madly jealous ❺ **du machst mich rasend!** you're driving me crazy!
der **Rasenmäher** lawnmower
der **Raser**, die **Raserin** (*mit Auto*) speed merchant *umgangsspr*
der **Rasierapparat** razor

die **Rasiercreme** shaving cream
**rasieren** ❶ to shave; **jemanden rasieren** to give someone a shave ❷ **sich rasieren** to shave; **sich trocken rasieren** to use an electric shaver; **sich nass rasieren** to have a wet shave; **sich rasieren lassen** to have a shave; **sich die Beine/unter den Armen rasieren** to shave one's legs/armpits
die **Rasierklinge** razorblade
das **Rasiermesser** [open [*oder* cut-throat]] razor
der **Rasierpinsel** shaving brush
der **Rasierschaum** shaving lather, shaving foam
das **Rasierwasser** aftershave
die **Raspel** grater
**raspeln** to grate
die **Rasse** ❶ (*Menschenrasse*) race ❷ (*Tierrasse*) breed
**rasseln** [**mit** [*oder* **an**] **etwas**] **rasseln** to rattle [something] ► WENDUNGEN: **durch eine Prüfung rasseln** (*umgangsspr*) to flunk an exam *umgangsspr*
die **Rassendiskriminierung** racial discrimination
der **Rassenhass** racial hatred
die **Rassentrennung** racial segregation
**rassig** ❶ (*heißblütig*) *Frau, Mann:* hot-blooded ❷ *Erscheinung, Gesichtszüge:* striking ❸ (*schnittig*) *Auto, Pferd:* sleek
der **Rassismus** racialism ['reɪʃəlɪzm̩], racism ['reɪsɪsəm]
der **Rassist**, die **Rassistin** racist
**rassistisch** racist
die **Rast** rest; **Rast machen** to stop; (*beim Wandern*) to stop for a rest; (*beim Autofahren*) to stop for a break; **ohne Rast** without respite
**rasten** to rest; **ohne zu rasten** without a rest
der **Rasthof** (*an Autobahn*) service area
**rastlos** ❶ (*unermüdlich*) untiring ❷ (*innerlich unruhig*) restless
der **Rastplatz** parking place, picnic area
die **Raststätte** (*an Autobahn*) service area; (*mit Restaurant*) motorway restaurant
die **Rasur** shave; **eine glatte Rasur** a close shave
der **Rat** ❶ (*Ratschlag*) advice [əd'vaɪs]; **jemandem einen Rat geben** to give someone a piece of advice; **jemandem Ratschläge geben** to give someone advice; **jemanden um Rat fragen** to ask someone's advice, to ask someone for advice; **jemanden/etwas zu Rate ziehen** to consult someone/something ❷ (*Versammlung*) council ❸ (CH) cantonal parliament ['pɑːləmənt]
die **Rate** ❶ (*Teilzahlung*) instalment (GB), installment (USA); **auf Raten kaufen** to buy on instalment terms; **in Raten zahlen** to pay in instalments ❷ *von Inflation:* rate

**raten** ❶ (*einen Rat geben*) to advise [əd'vaɪz], to give advice [əd'vaɪs]; **jemandem raten, etwas zu tun** to advise someone to do something; **zu einer Operation raten** to recommend an operation ❷ (*erraten*) to guess; **rate mal!** have a guess!; **dreimal darfst du raten** I'll give you three guesses

der **Ratenkauf** hire purchase ⒼⒷ, installment plan ⓊⓈⒶ

die **Ratenzahlung** payment in instalments

das **Ratespiel** guessing game, quiz

das **Rathaus** town hall; *von größerer Stadt:* city hall

**ratifizieren** to ratify

die **Ration** ration ['ræʃ°n]; **eiserne Ration** iron rations ⚠ *plural*

**rational** rational ['ræʃ°n°l]

**rationalisieren** to rationalize

die **Rationalisierung** rationalization ⚠ *kein Plural*

**rationell** *Arbeitsweise:* efficient [ɪ'fɪʃ°nt]

Ⓕ Nicht verwechseln mit *rational — vernünftig!*

**rationieren** to ration

**ratlos** ❶ helpless; **ein ratloses Gesicht machen** to look helpless ❷ **ratlos sein** to be at a loss

die **Ratlosigkeit** helplessness

das **Rätoromanische** Rhaeto-Romanic

**ratsam** advisable; **etwas für ratsam halten** to believe something advisable

**ratschen** to [have a] blether *umgangsspr*

der **Ratschlag** piece of advice

das **Rätsel** ❶ (*Denkaufgabe*) riddle ❷ (*Kreuzworträtsel*) puzzle ❸ (*Geheimnis*) mystery ['mɪstri], riddle; **das ist mir ein Rätsel** it baffles me; **sie ist mir ein Rätsel** she is a mystery to me

**rätselhaft** ❶ (*geheimnisvoll*) mysterious [mɪ'stɪərɪəs] ❷ (*undurchschaubar*) enigmatic

**rätseln** to speculate (**über** about/on)

die **Ratte** rat

**rattern** to clatter, to rattle

**rau** ❶ (*uneben*) rough [rʌf] ❷ (*wund*) *Hals:* sore; *Hände, Lippen:* chapped; *Haut:* raw ❸ *Stimme:* hoarse [hɔːs] ❹ *Sitten:* rude ❺ *Klima, Wetter:* harsh, raw ❻ **in rauen Mengen** by the ton, masses of

der **Raub** ❶ (*Räuberei*) robbery ❷ (*Geraubtes*) booty

der **Raubbau** ❶ (*an Natur*) overexploitation ❷ **mit seiner Gesundheit Raubbau trei-**

**ben** to ruin one's health

**rauben** ❶ to steal *Geld;* **jemandem etwas rauben** to rob someone of something ❷ (*entführen*) to abduct; to kidnap *Kind*

der **Räuber**, die **Räuberin** robber

die **Raubkatze** big cat

die **Raubkopie** pirate copy

der **Raubmord** murder with robbery as a motive

das **Raubtier** predator

der **Raubüberfall** robbery ⒼⒷ, hold-up ⓊⓈⒶ

der **Raubvogel** bird of prey [preɪ]

der **Rauch** smoke

das **Rauchen** smoking; **Rauchen verboten!** no smoking!

**rauchen** ❶ to smoke *Pfeife, Zigarre;* **eine rauchen [gehen]** to [go and] have a smoke ❷ (*dampfen*) *Kamin, Lok:* to [give off] smoke

der **Raucher**, die **Raucherin** smoker

das **Raucherabteil** smoking compartment

der **Räucherlachs** smoked salmon ['sæmən]

**räuchern** to smoke

**rauchig** smoky

das **Rauchverbot** smoking ban; **hier herrscht Rauchverbot** there's no smoking here

die **Rauchvergiftung** smoke poisoning; **eine Rauchvergiftung erleiden** to be overcome by fumes

**raufen** ❶ **sich mit jemandem raufen** to have a scrap with someone *umgangsspr* (**um** over) ❷ **sich die Haare raufen** to tear [teəʳ] one's hair

die **Rauferei** scrap *umgangsspr;* scuffle

der **Raum** ❶ (*Weltall*) space ❷ (*Zimmer*) room ❸ (*Gebiet*) area; **im Raum München** in the Munich area; (*größer*) region ❹ (*übertragen: Spielraum*) scope

**räumen** ❶ to vacate *Gebiet, Posten, Stellung;* **das Feld räumen** to quit the field ❷ to clear *Gebäude, Lager, Straße* ❸ to move out of *Wohnung* ❹ to check out of, to vacate *Hotelzimmer* ❺ to clear *Mine* ❻ **etwas vom Tisch räumen** to clear something off the table; **etwas in den Schrank räumen** to put something away into the wardrobe ▸ WENDUNGEN: **jemanden aus dem Weg räumen** to get rid of someone

die **Raumfähre** space shuttle

die **Raumfahrt die [bemannte] Raumfahrt** [manned] space travel

die **Raumkapsel** ❶ space capsule ❷ (*Sonde*) space probe

**räumlich räumlich beengt wohnen** to live in cramped conditions

der **Raummangel** lack of room [*oder* space]

das **Raumschiff** spaceship

**Raumsonde – rechnen** 888

die **Raumsonde** space probe

die **Raumstation** space station

die **Räumung** ❶ *von Warenbestand:* clearance ❷ *einer Wohnung:* vacation ❸ (*Evakuierung*) evacuation

der **Räumungsverkauf** clearance sale

**raunen** to whisper

**raunzen** to grouch [graʊtʃ]

die **Raupe** caterpillar

das **Raupenfahrzeug** caterpillar®

**rausbekommen** ❶ (*Geld zurückerhalten*) to get [some] change; **Sie bekommen noch drei Euro raus** here's three euros change ❷ (*herausfinden*) **etwas rausbekommen** to find out something; **haben Sie rausbekommen, wer es war?** did you find out who did it?

der **Rausch** ❶ (*Trunkenheit*) intoxication; **sie hat einen Rausch** she is drunk; **seinen Rausch ausschlafen** to sleep it off ❷ (*Ekstase*) ecstasy ['ekstəsi]

**rauschen** ❶ *Brandung, Wasser:* to roar ❷ *Wind:* to murmur ['mɜːməʳ] ❸ *Blätter, Stoff:* to rustle ['rʌsəl]

**rauschfrei** free of background noise

das **Rauschgift** drugs △ *plural;* **Rauschgift nehmen** to take drugs

der **Rauschgifthändler,** die **Rauschgifthändlerin** drug trafficker

**rauschgiftsüchtig rauschgiftsüchtig sein** to be a drug addict

der/die **Rauschgiftsüchtige** drug addict

**rausekeln** to freeze out

**rausfliegen** ❶ (*aus einer Firma*) to get one's marching orders ❷ (*aus einem Lokal oder der Schule*) to be chucked out *umgangsspr*

**rausgeben** to give change; **Sie haben mir zu wenig rausgegeben!** you've given me too little change!; **auf zwanzig Euro kann ich nicht rausgeben** I haven't got change for twenty euros

**raushalten sich aus etwas raushalten** to stay out of something; **halt dich da raus!** stay out of it!

**rauskriegen** ❶ (*herausfinden*) to find out ❷ (*entfernen*) to get out *Fleck*

**räuspern sich räuspern** to clear one's throat

**rausschmeißen** (*umgangsspr*) ❶ to chuck [*oder* sling] out *Gegenstand, Müll* ❷ (*entlassen*) **jemanden rausschmeißen** to give someone the boot ❸ **das ist rausgeschmissenes Geld!** that's money down the drain!

die **Raute** (*in Geometrie*) rhombus

die **Razzia** bust, raid; **eine Razzia durchführen** [*oder* **machen**] to carry out a raid

das **Reagenzglas** test tube

**reagieren** ❶ to react (**auf** to); **empfindlich reagieren** to be sensitive (**auf** to); **verärgert reagieren** to react angrily (**auf** to); **schnell reagieren** to react instantly ❷ (*auf Behandlung*) to respond (**auf** to)

die **Reaktion** ❶ reaction [ri'ækʃən] (**auf** to) ❷ (*auf Behandlung*) response (**auf** to)

der **Reaktor** reactor [ri'æktəʳ]

das **Reaktorunglück** reactor accident

**real** real

**realisierbar** realizable

**realisieren** ❶ to realize ❷ to carry out *Plan, Idee*

**realistisch** realistic

die **Realität** reality

die **Realschule** secondary modern school ⒼⒷ

die **Rebe** ❶ (*Rebstock*) vine ❷ (*Weinranke*) shoot

der **Rebell,** die **Rebellin** rebel ['rebəl]

**rebellieren** to rebel [rɪ'bel], to revolt

die **Rebellion** rebellion [rɪ'beliən]

**rebellisch** rebellious; **rebellisch werden** to become agitated

das **Rebhuhn** partridge

der **Rechen** rake

die **Rechenaufgabe** sum, [arithmetical] problem ['prɒbləm]

der **Rechenfehler** arithmetical error, miscalculation [mɪskælkjə'leɪʃən]

die **Rechenmaschine** calculator

die **Rechenschaft jemanden zur Rechenschaft ziehen** to call someone to account; **über etwas Rechenschaft ablegen müssen** to be held to account for something

der **Rechenschritt** calculation

die **Recherchen** investigation △ *singular;* **Recherchen über jemanden/etwas anstellen** to investigate someone/something

**recherchieren** to investigate

das **Rechnen** ❶ arithmetic, sums △ *plural* ❷ (*als Schulfach*) arithmetic

**rechnen** ❶ (*berechnen*) to calculate, to work out; **von heute an gerechnet** counting from today ❷ (*in der Schule*) to do sums; **gut rechnen können** to be good at sums ❸ (*einkalkulieren*) to estimate, to reckon; **die Kinder nicht gerechnet** not counting the children ❹ (*erwarten*) **ich hatte mit einer Woche gerechnet** I was reckoning on one week; **ich rechne mit zehn Gästen** I'm expecting ten people; **damit/mit dir hatte ich nicht gerechnet** I wasn't expecting that/you; **kann ich mit dir rech-**

**nen?** are you on?, can I count you in?; **du kannst mit mir rechnen!** count me in!; **mit mir brauchst du nicht zu rechnen!** count me out! ⑤ (*sparsam sein*) **rechnen müssen** to have to economize

der **Rechner** ① (*Taschenrechner*) calculator ② (*Computer*) computer [kəm'pjuːtəʳ]

die **Rechnung** ① (*im Restaurant*) bill ⑱, check ⑮; **die Rechnung bitte!** can I have the bill, please?; **das geht auf meine Rechnung** (*zum Ober*) I'm paying; (*zum Eingeladenen*) this one's on me ② *von Firma:* invoice ['ɪnvɔɪs] ③ (*Schätzung*) calculation; **nach meiner Rechnung müsste er Sonntag ankommen** by my calculations he will [*oder* should] arrive on Sunday

das **Rechnungsdatum** billing date, date of invoice

der **Rechnungsprüfer**, die **Rechnungsprüferin** auditor

das **Rechnungswesen** accountancy

das **Recht** ① (*Anspruch*) right (**auf** to); **das Recht haben, etwas zu tun** to have the right to do something; **das ist mein gutes Recht** I'm within my rights ② (*Gesetz*) law; **von Rechts wegen** by rights △ *plural;* **nach französischem Recht** under French law; **Recht und Ordnung** law and order; **gleiches Recht für alle** equal rights for all ③ **im Recht sein** to be in the right ④ (*Übereinstimmung*) **Sie haben ganz Recht** you're quite right; **da gebe ich dir Recht** I agree with you there

**recht** ① (*richtig*) properly; **wenn ich Sie recht verstehe ...** if I get you right ...; **ich weiß nicht recht** I don't really know; **wenn ich mich recht erinnere ...** if I remember correctly ... ② (*ziemlich*) quite; **es war recht nett, aber ...** it was quite nice but ... ③ (*sehr*) very; **recht herzlichen Dank** thank you very much indeed ④ **jetzt erst recht** now more than ever; **jetzt erst recht nicht** now I really won't [do it]; **da war ich erst recht wütend** that really got me angry ⑤ **geschieht dir recht!** serves you right! ⑥ (*gelegen*) **ist es dir recht?** do you mind?; **mir ist's recht so** I don't mind; **mir wäre es recht, wenn ihr morgen kommen würdet** I'd rather you came tomorrow; **es war ihr nicht recht** she wasn't at all pleased

**rechte(r, s)** ① (*Richtung*) right; **das rechte Gebäude** the building on the right; **auf der rechten Straßenseite** on the right-hand side of the street ② (*korrekt, moralisch richtig*) right; **du bist auf dem rechten Weg**

you're on the right track; **es ist nur recht und billig, dass ...** it's only right that ... ③ **die rechte Hand des Direktors** the director's right-hand man

die **Rechte** ① (*Hand*) right hand; (*beim Boxen*) right ② (*politisch*) **die Rechte** the right

der/die **Rechte** (*politisch*) right-winger

das **Rechteck** rectangle ['rɛktæŋgəl]

**rechteckig** rectangular [rɛk'tæŋgjələʳ]

**rechtfertigen** ① to justify *Entscheidung, Handlung* ② **sich rechtfertigen** to justify oneself

die **Rechtfertigung** justification; **was brachte er zu seiner Rechtfertigung vor?** how did he justify himself?

**rechthaberisch** **sie ist so rechthaberisch** she is such a know-all

**rechtlich** ① legal ② **jemanden rechtlich belangen** to take someone to court

**rechtlos** without rights

**rechtmäßig** ① *Ehefrau:* lawful; *Anspruch:* legitimate [lɪ'dʒɪtəmət] ② *Besitzer, Erbe, Thronfolger:* rightful

**rechts** ① on the right; **nach/von rechts** to/from the right; **zweite Straße rechts** second road on your right; **rechts von** to the right of; **rechts oben/unten** top/bottom right ② **rechts abbiegen** to turn right; **sich rechts halten** to keep right; **sich rechts einordnen** to move into the right-hand lane ③ (*politisch*) **rechts sein** [*oder* **stehen**] to be right-wing ④ **rechts stricken** to knit plain

die **Rechtsabteilung** legal department

der **Rechtsanwalt**, die **Rechtsanwältin** lawyer ⑱, attorney [ə'tɜːni] ⑮; **sich einen Rechtsanwalt nehmen** to get a lawyer [*oder* an attorney]

der **Rechtsaußen** ① (*im Sport*) outside right ② *einer Partei:* extreme right-winger

das **Rechtschreiben** spelling

der **Rechtschreibfehler** spelling mistake

die **Rechtschreibreform** spelling reform

die **Rechtschreibung** spelling

der **Rechtsextremismus** right-wing extremism [ɪk'striːmɪzəm]

der **Rechtsextremist**, die **Rechtsextremistin** right-wing extremist [ɪk'striːmɪst]

der **Rechtshänder**, die **Rechtshänderin** right-handed person; **ich bin Rechtshänderin** I am right-handed

**rechtsherum** to the right, clockwise

die **Rechtslage** legal position

die **Rechtsnorm** legal rule, rule of law

die **Rechtsprechung** dispensation of justice

**rechtsradikal** radical right-wing
die **Rechtsschutzversicherung** legal costs insurance [ɪnˈʃuərəns]
der **Rechtsstaat** state under the rule of law
der **Rechtsverkehr** driving on the right; **in Österreich ist Rechtsverkehr** in Austria they drive on the right
**rechtswidrig** illegal [rˈliːgəl]
**rechtwinklig** right-angled
**rechtzeitig** ① (*früh genug*) timely; (*pünktlich*) punctual ② **rechtzeitig zu Weihnachten** in time for Christmas; **rechtzeitig da sein/ankommen** (*früh genug*) to be there/to arrive in due [*oder* good] time; **gerade noch rechtzeitig ankommen** to arrive just in time
das **Reck** horizontal bar
**recken** ① **die Glieder recken** to stretch one's limbs; **den Hals recken** to crane one's neck ② **sich recken und strecken** to have a good stretch
**recyceln** [riˈsaɪkl̩n] to recycle [ˌriːˈsaɪkəl]
das **Recycling** [riˈsaɪklɪŋ] recycling [ˌriːˈsaɪklɪŋ]
der **Redakteur**, die **Redakteurin** [redakˈtøːɐ] editor [ˈedɪtəʳ]
die **Redaktion** ① (*die Redakteure*) editorial staff ② (*Büro*) editorial office ③ (*das Redigieren*) editing
die **Rede** ① (*Vortrag*) speech; (*Ansprache*) address [əˈdres]; **eine Rede halten** to make a speech ② (*das Reden, Gespräch*) talk; **wovon ist die Rede?** what are you talking about?; **es ist die Rede davon, dass er zurücktreten will** there is some talk [*oder* mention] of him resigning ③ **davon kann keine Rede sein** that's out of the question ④ [**jemandem**] **Rede und Antwort stehen** to justify oneself [to someone]; **jemanden zur Rede stellen** to take someone to task ⑤ **nicht der Rede wert!** don't mention it! ⑥ **direkte Rede** direct [ˈdaɪrekt] speech; **indirekte Rede** indirect [ˈɪndɪrekt] speech
**redefaul** uncommunicative
**redegewandt** eloquent
**reden** ① to speak, to talk (**mit** with/to, **über** about); **miteinander reden** to talk to each other [*oder* one another]; **sie reden nicht mehr miteinander** they're not on speaking terms anymore; **sie hat kein Wort geredet** she didn't say a word ② **du hast gut reden!** it's easy for you to talk!; **wie redest du denn mit mir!** don't talk to me like that!; **reden wir nicht mehr davon!** let's drop it!; **darüber lässt sich reden** that's a possibility; **er lässt sich nicht mit sich reden** (*ist entschlossen*) he's adamant; (*ist uneinsichtig*) he won't listen [ˈlɪsən] ③ **lauter reden** to speak up
die **Redensart** saying
die **Redewendung** idiomatic expression
der **Redner**, die **Rednerin** speaker
**redselig** talkative [ˈtɔːkətɪv]
**reduzieren** to reduce (**auf** to)
der **Reeder**, die **Reederin** shipowner
die **Reederei** shipping company
**reell** ① *Chance:* real ② *Angebot, Preis:* fair
das **Referat** ① (*auf der Uni*) seminar paper; **ein Referat halten** to present a paper (**über** on) ② (*in der Schule*) project; **ein Referat halten** to present a project (**über** on)
der **Referendar**, die **Referendarin** ① (*Gerichtsreferendar*) articled clerk ② (*Lehranwärter*) trainee teacher
der **Referent**, die **Referentin** ① (*Sprecher*) speaker ② (*Sachbearbeiter*) consultant
die **Referenz** reference
die **Reflation** reflation
**reflektieren** ① to reflect; **ein reflektierendes Nummernschild** a reflector number plate ② (*nachdenken*) to reflect (**über** upon)
der **Reflex** ① *von Nerven:* reflex [ˈriːfleks] ② *von Licht:* reflection
die **Reflexbewegung** reflex [movement]
die **Reflexion** reflection
das **Reflexivpronomen** reflexive pronoun
die **Reform** reform [rɪˈfɔːm]
die **Reformation** reformation [ˌrefəˈmeɪʃən]
**reformbedürftig** in need of reform ⚠ *immer nachgestellt*
das **Reformhaus** health food shop [*oder* 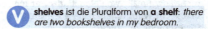 store]
**reformieren** to reform [rɪˈfɔːm]
die **Reformkost** health food
der **Refrain** [reˈfrɛː] refrain [rɪˈfreɪn], chorus [ˈkɔːrəs]
das **Regal** (*für Bücher*) shelf; **etwas ins Regal stellen** [*oder* **räumen**] to put something on the shelf

> **shelves** ist die Pluralform von **a shelf**: *there are two bookshelves in my bedroom.*

**rege** ① (*betriebsam*) active; *Anteilnahme, Beteiligung:* lively [ˈlaɪvli]; **um 16.30 herrscht ein reger Verkehr** traffic is very busy at 4.30 pm ② (*rührig*) active; **ein reger Geist** a lively soul ③ (*flink*) agile [ˈædʒaɪl]
die **Regel** ① (*Vorschrift*) rule ② **in der Regel** as a rule; **sich etwas zur Regel machen** to make a habit of something ③ (*Menstruation*) period [ˈpɪəriəd]
**regelbar** adjustable [əˈdʒʌstəbəl]

der **Regelfall** rule; **im Regelfall** as a rule
**regelmäßig** ❶ regular ❷ (*immer*) as a rule; **sich regelmäßig treffen** to meet regularly; **er kommt regelmäßig zu spät** he is always late
die **Regelmäßigkeit** regularity
**regeln** ❶ (*einstellen*) to regulate ❷ (*in Ordnung bringen*) to settle; **ich werde das schon regeln** I'll see to it; **das wird sich schon regeln** it'll sort itself out
**regelrecht** ❶ real [riəl]; *Beleidigung, Betrug:* downright ['daʊnraɪt] ❷ (*sehr*) really; **sie wurde regelrecht frech** she was getting downright cheeky
die **Regelschmerzen** period pains
die **Regelung** ❶ (*Abmachung*) arrangement [ə'reɪndʒmənt]; **eine Regelung treffen** to make an arrangement ❷ (*Vorschrift*) regulation, rule ❸ *von Gerät:* controls △ *plural*
**regelwidrig** ❶ against the rules △ *immer nachgestellt* ❷ **regelwidrig spielen** to foul
der **Regen** rain; **im Regen** in the rain; **bei strömendem Regen** in the pouring rain; **es sieht nach Regen aus** it looks like rain ▶ WENDUNGEN: **vom Regen in die Traufe kommen** to jump out of the frying pan into the fire
**regen** ❶ **sich regen** *Person:* to move; **ich kann mich kaum noch regen** I'm hardly able to move ❷ **sich regen** *Geräusch:* to stir; **nichts regte sich** nothing stirred, everything was still ❸ **sich regen** (*sich bemerkbar machen*) *Gewissen, Zweifel:* to stir
der **Regenbogen** rainbow ['reɪnbəʊ]
der **Regenmantel** raincoat, mac *umgangsspr*
der **Regenschauer** shower ['ʃaʊəʳ]
der **Regenschirm** umbrella
der **Regent**, die **Regentin** (*Herrscher*) ruler, sovereign ['sɒvᵊrɪn]
der **Regentropfen** raindrop
der **Regenwald** rainforest
der **Regenwurm** earthworm ['ɜːθwɜːm]
die **Regenzeit** rainy season
die **Regie** [re'ʒiː] (*im Theater, beim Film*) direction, production; [**bei einem Film/Theaterstück**] **Regie führen** to direct [a film/play]; **unter der Regie von** directed by
**regieren** ❶ *Herrscher:* to reign [reɪn] (**über** over) ❷ (*beherrschen*) to govern, to rule; **einen Staat regieren** to rule over [*oder* to govern] a state
die **Regierung** ❶ (*Kabinett*) government ['gʌvᵊnmənt] *singular oder plural* ❷ **an die Regierung kommen** to come to office; **an der Regierung sein** to be in office ❸ (*Herr-*

*schaft*) rule; *von Monarch:* reign [reɪn]
der **Regierungschef**, die **Regierungschefin** head of the government ['gʌvᵊnmənt]
die **Regierungserklärung** government statement
die **Regierungspartei** ruling party
der **Regierungssprecher**, die **Regierungssprecherin** government spokesperson
der **Regierungswechsel** change of government
die **Regierungszeit** term of office
das **Regime** [re'ʒiːm] (*abwertend*) regime
das **Regiment** regiment ▶ WENDUNGEN: **das Regiment führen** to be the boss; **ein strenges Regiment führen** to be a strict master
die **Region** region ['riːdʒᵊn]
**regional** regional ['riːdʒᵊnᵊl]; **regional verschieden** varying from region to region
der **Regionalteil** local news section
der **Regisseur**, die **Regisseurin** [reʒɪ'søːɐ̯] director
das **Register** ❶ (*Stichwortverzeichnis*) index ❷ (*amtliche Liste*) register ['redʒɪstəʳ] ❸ (*musikalisch*) register ▶ WENDUNGEN: **alle Register ziehen** to pull out all the stops *umgangsspr*
**registrieren** ❶ (*verzeichnen*) to register ['redʒɪstəʳ] ❷ (*wahrnehmen*) to note [nəʊt]
das **Reglement** Ⓒⓗ statute ['stætjuːt], rules △ *plural*
der **Regler** ❶ (*an Fernseher, HiFi*) control ❷ *von Motor:* governor
**reglos** motionless
**regnen** to rain; **es regnet** it's raining; **es regnet in Strömen** it's pouring ['pɔːrɪŋ]
**regnerisch** rainy
**regulär** (*normal*) normal ['nɔːmᵊl]
**regulieren** ❶ (*technisch einstellen*) to adjust ❷ to settle *Rechnung, Schaden*
die **Regulierungsbehörde** regulatory authority
die **Regung** (*sachte Bewegung*) movement
**regungslos** motionless
das **Reh** deer
das **Rehabilitationszentrum** rehabilitation centre
**rehabilitieren** to rehabilitate
der **Rehbock** roebuck ['rəʊbʌk]
der **Rehbraten** roast venison
die **Rehkeule** leg of venison
der **Reibach** **einen** [**kräftigen**] **Reibach machen** to make a killing *umgangsspr*
die **Reibe** grater
**reiben** ❶ to rub; **an etwas reiben** to rub something ❷ to grate *Käse, Obst* ❸ **sich reiben** to rub oneself (**an** on/against); **sich die Augen/Nase reiben** to rub one's eyes/nose ▶ WENDUNGEN: **jemandem etwas unter die Nase reiben** to rub someone's nose in some-

thing

die **Reibereien** friction ⚠ *singular;* **es gab Reibereien zwischen ...** there was friction between ...

die **Reibung** (*in Physik*) friction

**reibungslos** ❶(*in Physik*) frictionless ❷(*übertragen*) trouble-free; **das ging ja reibungslos** that went off smoothly ['smu:ðli]

das **Reich** ❶(*Kaiserreich*) empire; (*Königreich*) kingdom ❷(*übertragen: Bereich*) realm [reɪm]

**reich** ❶(*wohlhabend, üppig*) rich, wealthy (**an** in) ❷**eine reiche Partie** a good catch; **reich heiraten** to marry into money ❸(*umfassend*) large; *Auswahl, Kenntnisse:* wide (**an** of) ❹**jemanden reich belohnen** to give someone a rich reward; **jemanden reich beschenken** to shower someone with presents

der/die **Reiche** rich man *maskulin,* rich woman *feminin;* **die Reichen** the rich *plural*

**reichen** ❶(*geben*) to hand; (*herüberreichen*) to pass ❷(*genügen*) to be enough [r'nʌf], to do, to suffice [sə'faɪs]; **danke, das reicht!** thanks, that's enough!; **reicht die Milch?** is there enough milk? ❸(*sich erstrecken*) to stretch (**bis** to); **bis zu etwas** [**hin**] **reichen** to reach something ❹(*es satthaben*) **jetzt reicht's mir aber!** that's the last straw!; **mir reicht's, ich gehe jetzt nach Hause!** I've had enough, I'm going home!

**reichlich** ❶(*groß, umfangreich*) *Vorrat:* ample; *Portion, Trinkgeld:* generous ❷(*sehr viel*) amply; (*reichlich vorhanden*) plentiful; **reichlich Zeit haben** to have plenty of time; **es gab reichlich zu Essen** there was plenty of food ❸(*ziemlich*) pretty; **er kam reichlich spät** he was rather late

der **Reichtum** ❶(*Wohlstand*) wealth [welθ], riches ⚠ *plural* ❷(*übertragen: Überfluss*) abundance [ə'bʌndəns] (**an** of)

die **Reichweite** ❶*eines Geschosses, Radios:* range ❷(*nächste Nähe*) **in/außer Reichweite** within/out of reach

der **Reif** ❶(*Raureif*) hoar [hɔːʳ] [*oder* white] frost ❷(*Armreif*) bangle

**reif** ❶*Alter, Früchte:* ripe ❷(*gereift*) *auch Mensch:* mature [mə'tʃʊəʳ] ❸**reif für etwas sein** to be ready for something; **ich bin reif für die Insel!** I am ready for a holiday! ❹**wenn die Zeit reif ist** when the time is ripe

die **Reife** ❶(*das Reifsein*) ripeness ❷**mittlere Reife** General Certificate of Secondary Education, GCSE ⚠ *meist plural* ⓖⒷ; **ich mache die mittlere Reife** I'm doing my GCSEs ❸*von Mensch:* maturity [mə'tʃʊərəti]

der **Reifen** ❶(*Gummireifen*) tyre ⓖⒷ, tire ⓊⓈⒶ ❷(*Armreifen*) bangle

**reifen** ❶*Obst:* to ripen ❷(*übertragen*) to mature [mə'tʃʊəʳ]

der **Reifendruck** tyre pressure

die **Reifenpanne** flat, puncture

der **Reifenwechsel** change of tyres

**reiflich** ❶careful, thorough ['θʌrə] ❷**sich etwas reiflich überlegen** to give careful consideration [*oder* thought] to something

die **Reihe** ❶(*Aufreihung, Reihenfolge*) line, row [rəʊ]; **in einer Reihe** in a line; **sich der Reihe nach aufstellen** to line up; **immer der Reihe nach!** one after the other!; **du bist an der Reihe!** it's your turn! ❷(*Sitzreihe*) tier [tɪəʳ]; **in der ersten/letzten Reihe** in the front/back row ❸(*Anzahl*) number (**von** of); (*Serie*) series ['sɪəriːz] (**von** of) ▶ WENDUNGEN: **aus der Reihe tanzen** to step out of line; **etwas auf die Reihe kriegen** to put something straight

die **Reihenfolge** order

das **Reihenhaus** terraced house ⓖⒷ, row [rəʊ] house ⓊⓈⒶ

**reihenweise** ❶(*in Reihen*) in rows [rəʊz] ❷(*in Mengen*) by the dozen

der **Reim** rhyme [raɪm] ▶ WENDUNGEN: **kannst du dir einen Reim darauf machen?** can you make sense of it [all]?; **darauf kann ich mir keinen Reim machen** I can't make head [n]or tail of it

**reimen** [**sich**] **reimen** to rhyme [raɪm] (**auf/ mit** with)

das **Rein** Ⓐ (*Topf*) casserole ['kæsᵊrəʊl]

**rein¹** ❶(*umgangsspr*) →**herein** in, into; **herein!** come in!; **immer nur herein!** roll up! ❷(*umgangsspr*) →**hinein** (*räumlich*) in, inside, into; **hinein mit euch!** in you go! ❸(*umgangsspr*) →**hinein** (*zeitlich*) into; **bis in den April hinein** well into April; **bis in die Nacht hinein** well into the night

**rein²** ❶(*sauber*) clean ❷(*unschuldig*) pure; **reines Gewissen** clear conscience ['kɒnʃəns] ❸(*völlig*) pure; **der reinste Blödsinn!** sheer nonsense! ❹(*verstärkend*) **reine Bosheit** malice pure and simple; **der reinste Wahnsinn** sheer madness; **die reine Wahrheit** the plain truth ❺**reine Wolle** pure wool ❻**reiner Zufall** pure coincidence ❼(*völlig*) absolutely; **rein gar nichts** absolutely nothing; **rein zufällig** by sheer chance ▸ WENDUNGEN: **etwas ins Reine bringen** to sort something out; **mit jemandem ins Reine kommen** to get things straightened out with someone

das **Reindl** Ⓐ (*kleiner Topf*) small casserole ['kæsᵊrəʊl]

der **Reinfall** disaster [dɪˈzɑːstəʳ], flop *umgangsspr* **reinfallen auf etwas reinfallen** to be taken in by something; **auf jemanden reinfallen** to fall for someone's line

der **Reingewinn** net profit

**reinhauen** ①(*viel essen*) **hau rein!** dig in! *umgangsspr* ②(*verprügeln*) **jemandem eine reinhauen** to punch [*oder* hit] someone in the face

**reinigen** ①to clean ②(*chemisch reinigen*) to dry-clean ③**sich reinigen** to cleanse [klenz] oneself

die **Reinigung** ①(*Vorgang*) cleaning ②(*Anstalt*) dry cleaner's; **etwas in die Reinigung bringen** to take something to the dry cleaner's

die **Reinigungskraft** cleaner

die **Reinmachefrau** cleaning lady

**reinrassig** ①*Pferd:* thoroughbred ['θʌrəbred] ②*Hund:* pedigree

**reinvestieren** to reinvest

der **Reis** rice

die **Reise** ①(*mit festem Ziel*) journey ['dʒɜːni]; **gute Reise!** have a pleasant journey!; **eine Reise machen** to go on a journey; **wohin geht die Reise?** where are you off to? *umgangsspr* ②(*Schiffsreise*) voyage ['vɔɪɪdʒ] ③(*kurze Reise*) trip; **gute Reise!** have a nice trip! ④**auf Reisen sein** to be away travelling

die **Reiseapotheke** first aid kit

das **Reisebüro** travel agency

der **Reiseführer** (*Buch*) guidebook ['gaɪdbʊk]

das **Reisegepäck** luggage ['lʌgɪdʒ] ⒼⒷ, baggage ⓊⓈⒶ

die **Reisekrankheit** travel sickness

der **Reiseleiter**, die **Reiseleiterin** courier ['kʊriəʳ]

**reiselustig** keen on travel[ling] *nachgestellt*

**reisen** to travel; **ins Ausland reisen** to go abroad [əˈbrɔːd]

der/die **Reisende** traveller ⒼⒷ, traveler ⓊⓈⒶ

der **Reisepass** passport ['pɑːspɔːt]

der **Reiseprospekt** travel brochure

der **Reisescheck** traveller's cheque [tʃek] ⒼⒷ, traveler's check ⓊⓈⒶ

die **Reisetasche** holdall, travel bag

der **Reiseveranstalter**, die **Reiseveranstalterin** tour operator

der **Reiseverkehr** holiday traffic

die **Reiseversicherung** travel insurance [ɪnˈʃʊər-əns]

das **Reiseziel** destination

das **Reisfeld** paddy field

der **Reißaus** ▸ WENDUNGEN: **Reißaus nehmen** to clear off *umgangsspr*, to take to one's heels *umgangsspr*

**reißen** ①(*zerren*) **[an etwas] reißen** to drag [something] ②(*fortreißen*) to pull, to tear [teəʳ]; **er riss das Blatt vom Kalender** he ripped the page off the calendar; **sie riss es mir aus der Hand** she tore it out of my hand ③(*zerreißen*) to tear [teəʳ] ④**an sich reißen** to seize [siːz] hold of, to usurp; to seize *Macht;* to monopolize *Unterhaltung* ⑤to break, to tear [teəʳ]; **Seide reißt leicht** silk is easily torn ▸ WENDUNGEN: **wenn alle Stricke reißen** if all else fails, if the worst comes to the worst; **sich um etwas reißen** to scramble for something

**reißend** ①*Fluss:* raging ②(*umgangsspr*) **die neuen Videospiele finden reißenden Absatz** the new video games are selling like hot cakes

der **Reißer** ①(*Verkaufsschlager*) [top] seller ②(*Film*) cheap thriller

der **Reißverschluss** zip ⒼⒷ, zipper ⓊⓈⒶ

die **Reißzwecke** drawing pin

**reiten** to ride; **reiten gehen** to go riding, to go for a ride; **gut/schlecht reiten** to be a good/bad rider; **auf einem Pferd reiten** to ride a horse

der **Reiter**, die **Reiterin** rider, horseman *maskulin,* horsewoman *feminin*

das **Reitpferd** saddle horse

die **Reitschule** riding school

der **Reitstiefel** riding boot

das **Reitturnier** riding tournament ['tɔːnəmənt], horse show

der **Reitunterricht Reitunterricht nehmen** to take riding lessons

der **Reitweg** bridle path

der **Reiz** ①(*Anziehung*) attraction; **der Reiz des Neuen** the novelty [appeal]; **einen Reiz auf jemanden ausüben** to hold great attraction for someone ②(*physiologisch*) stimulus

**reizbar** sensitive, touchy ['tʌtʃi]

**reizen** ①to irritate *Haut* ②(*verlocken*) to appeal to; **reizt es dich nicht, mal was ganz anderes zu tun?** aren't you tempted to do something completely different?; **es reizt mich schon, etwas anderes zu tun** I like the idea of doing something different ③(*provozieren*) to provoke; **jemanden bis aufs Blut reizen** to make someone's blood boil

**reizend** charming, delightful [dɪˈlaɪtfᵊl]

**reizlos** dull
die **Reizung** (*leichte Entzündung*) irritation
**reizvoll** attractive, charming
die **Reklamation** complaint [kəmˈpleɪnt]

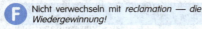
Nicht verwechseln mit *reclamation — die Wiedergewinnung!*

die **Reklame** ① (*Reklamewesen, Werbung*) advertising [ˈædvətaɪzɪŋ] ② **Reklame machen für** to advertise [ˈædvətaɪz] ③ (*Anzeige*) advertisement [ədˈvɜːtɪsmənt] ④ (*im Fernsehen*) advert [ˈædvɜːt] 🇬🇧, commercial [kəˈmɜːʃəl] 🇺🇸; **ich hasse Reklame** I hate adverts
**reklamieren** ① (*bemängeln*) to query *Fehler* ② (*sich beschweren*) [etwas] **reklamieren** to make a complaint [about something]

Nicht verwechseln mit *reclaim — wiedergewinnen!*

**rekonstruieren** to reconstruct (**aus** from)
der **Rekord** record [ˈrekɔːd]; **einen Rekord aufstellen/brechen** to establish/break a record
der **Rekordinhaber**, die **Rekordinhaberin** record holder
die **Rekordzeit** record time
der **Rekrut** recruit [rɪˈkruːt]
**rekrutieren** to recruit [rɪˈkruːt]
der **Rektor**, die **Rektorin** ① (*an Universität*) vice-chancellor 🇬🇧, rector 🇺🇸 ② (*an Schule*) head teacher, principal 🇺🇸
das **Relais** relay
die **Relation** relation; **in keiner Relation zu etwas stehen** to bear no relation to something
**relativ** relative
die **Relativitätstheorie** the theory of relativity
**relevant** relevant [ˈreləvənt]
die **Religion** ① religion [rɪˈlɪdʒən] ② (*Glaube*) faith ③ (*Schulfach*) religious instruction [*oder* education]
die **Religionsfreiheit** freedom of worship
die **Religionsgemeinschaft** religious community
der **Religionsunterricht** religious instruction
**religiös** religious [rɪˈlɪdʒəs]
das **Remis** (*im Schach*) draw
die **Remoulade** tartar sauce [ˌtɑːtəʳˈsɔːs]
**rempeln** to jostle [ˈdʒɒsəl]
die **Renaissance** [rənɛˈsɑ̃ːs] Renaissance [rəˈneɪsəns]
das **Rendezvous** ① (*Verabredung*) rendezvous [ˈrɒndeɪvuː] ② (*im Weltall*) docking
die **Rennbahn** racetrack
das **Rennboot** speedboat
das **Rennen** race; **zum Rennen gehen** (*Pferde-*

rennen) to go to the races; (*Autorennen*) to go to the racing ▸ WENDUNGEN: **gut im Rennen liegen** to be well placed; **das Rennen machen** to come out on top; **aus dem Rennen sein** to be out of the running; **das Rennen ist gelaufen** it's all over
**rennen** ① (*laufen*) to run; **um die Wette rennen** to have a race ② **gegen jemanden rennen** (*anrempeln*) to bump into someone
der **Renner** (*Verkaufsschlager*) winner
der **Rennfahrer**, die **Rennfahrerin** ① (*auf Fahrrad*) racing cyclist ② (*Auto*) racing driver
das **Rennpferd** racehorse
das **Rennrad** racing bike
der **Rennsport** racing
die **Rennstrecke** ① (*für Autos, Pferde*) track ② (*für Läufer*) distance
der **Rennwagen** racing car
**renovieren** ① to renovate [ˈrenəveɪt] ② (*streichen, tapezieren*) to redecorate [ˌriːˈdekəreɪt]
die **Renovierung** ① renovation [ˌrenəˈveɪʃən] ② (*Streichen, Tapezieren*) redecorating [ˌriːˈdekəreɪtɪŋ]
**rentabel** profitable [ˈprɒfɪtəbəl]; **das ist eine rentable Sache** it will pay [off]
die **Rente** [old age] pension [ˈpenʃən]; **Rente beziehen** to get a pension; **in Rente gehen** to retire; **in Rente sein** to be retired ⚠ *das englische Wort ‚rent' bedeutet Miete!*
das **Rentenalter** retirement age; **im Rentenalter sein** to have reached retirement age
der **Rentenempfänger**, die **Rentenempfängerin** pensioner [ˈpenʃənəʳ]
die **Rentenversicherung** pension scheme 🇬🇧, retirement insurance [ɪnˈʃʊərəns] 🇺🇸
das **Rentier** reindeer [ˈreɪndɪəʳ]
**rentieren das rentiert sich** [**nicht**] it's [not] worth it

Nicht verwechseln mit *to rent — mieten!*

der **Rentner**, die **Rentnerin** [old age] pensioner, OAP
die **Reparatur** repair; **etwas in Reparatur geben** to have something repaired
**reparaturbedürftig** in need of repair ⚠ *immer nachgestellt*
**reparieren** to repair; (*ausbessern*) to mend
die **Reportage** [repɔrˈtaːʒə] report
der **Reporter**, die **Reporterin** reporter [rɪˈpɔːtəʳ]
der **Repräsentant**, die **Repräsentantin** representative
das **Repräsentantenhaus** House of Representatives 🇺🇸

**repräsentativ** representative
**repräsentieren** ❶ (*darstellen*) to represent ❷ (*öffentlich*) to perform official and social duties; **die Prinzessin muss viel repräsentieren** the princess has to perform many official duties
die **Reproduktion** reproduction
**reproduzieren** to reproduce
das **Reptil** reptile ['reptaɪl]
die **Republik** republic [rɪ'pʌblɪk]
der **Republikaner**, die **Republikanerin** republican
die **Requisiten** (*im Theater*) props
**resch** Ⓐ (*knusprig*) crisp, crunchy
das **Reservat** ❶ (*für Menschen*) reservation ❷ (*für Tiere und Pflanzen*) [nature] reserve
die **Reserve** ❶ reserve [rɪ'zɜːv] (**an** of); **in Reserve haben** to have in reserve ❷ (*an Geld*) reserve fund ❸ (*übertragen: Zurückhaltung*) reserve; **jemanden aus der Reserve locken** to bring someone out of his/her shell
die **Reservebank** substitutes bench
der **Reservekanister** spare tank
das **Reserverad** spare wheel
der **Reservespieler**, die **Reservespielerin** substitute
**reservieren** to reserve [rɪ'zɜːv]
die **Residenz** residence
**resignieren** to give up ⚠ *das englische Wort ‚resign' bedeutet kündigen!*
**resolut** resolute
die **Resonanz** ❶ (*musikalisch*) resonance ['rezᵊnəns] ❷ (*übertragen*) response [rɪ'spɒns]; **große Resonanz finden** to get a good response
der **Respekt** respect [rɪ'spekt] (**vor** for); **vor jemandem/etwas Respekt haben** to respect someone/something; **bei allem Respekt** with all due respect
**respektieren** to respect [rɪ'spekt]
**respektlos** disrespectful [ˌdɪsrɪ'spektfᵊl]
**respektvoll** respectful [rɪ'spektfᵊl]
die **Ressource** resource
der **Rest** ❶ (*Überbleibsel*) rest; **der letzte Rest** the last bit ❷ (*Trinkgeld*) **der Rest ist für Sie!** keep the change! ❸ *eines Gebäudes:* remains [rɪ'meɪnz] ⚠ *plural* ❹ **die Reste** (*vom Essen*) the leftovers ⚠ *plural* ❺ *einer Gleichung:* remainder [rɪ'meɪndəʳ] ❻ (*Stoffrest*) remnant ▶ WENDUNGEN: **jemandem den Rest geben** to finish someone off; **das hat ihm den Rest gegeben** that was the final straw for him
das **Restaurant** restaurant ['restᵊrɒnt]

**restaurieren** to restore
**restlich** remaining; **die restlichen ...** the rest of the ...
**restlos** restlos **ausverkauft/begeistert/erledigt** completely sold out/bowled over/knackered
der **Restposten** remaining stock
das **Resultat** (*Ergebnis*) result; **zu einem Resultat kommen** to arrive at a conclusion
**resultieren** to result (**aus** from)
das **Retourbillett** ['rətuːɐ̯bɪljɛt] Ⓒⓗ (*Rückfahrkarte*) return ticket, round-trip ticket ⓊⓢⒶ
das **Retourgeld** Ⓒⓗ (*Wechselgeld*) change
**retournieren** Ⓒⓗ to return, to give back
**retten** ❶ (*erretten*) to save (**vor** from); **jemandem das Leben retten** to save someone's life; **jemanden vor dem Ersticken retten** to save someone from suffocating ❷ (*befreien*) to rescue ['reskjuː] ❸ **sich retten** to escape ▶ WENDUNGEN: **sich vor etwas nicht retten können** to be swamped [*oder* snowed under] with something
der **Retter**, die **Retterin** rescuer ['reskjuːəʳ], saviour ['seɪvjəʳ]
der **Rettich** radish ['rædɪʃ]
die **Rettung** ❶ rescue ['reskjuː] ❷ **du bist meine letzte Rettung** you're my last hope
das **Rettungsboot** lifeboat
die **Rettungsinsel** inflatable life raft
**rettungslos** ❶ *Lage:* hopeless ❷ **rettungslos verliebt sein** to be hopelessly in love (**in** with)
der **Rettungsring** lifebelt
der **Rettungsschwimmer**, die **Rettungsschwimmerin** lifeguard
der **Rettungswagen** ambulance, rescue vehicle ['viːɪkl]
die **Return-Taste** [rɪ'tøːɐ̯ntastə] (*in der Informatik*) return key
die **Reue** remorse (**über** of); (*religiös*) repentance (**über** of)
**reuevoll, reumütig** remorseful, contrite, repentant
die **Revanche** [re'vãːʃə] ❶ (*Rache*) revenge [rɪ'vendʒ] ❷ (*im Sport*) return match ❸ (*im Spiel*) **ich will eine Revanche** I want a chance to get even
**revanchieren** [revã'ʃiːrən] ❶ **sich [bei jemandem] revanchieren** to take one's revenge [on someone] (**für** for) ❷ **ich werde mich bei Gelegenheit revanchieren** (*sich erkenntlich zeigen*) I'll make it up to you another time
das **Revier** ❶ (*humorvoll*) patch ❷ *eines Tiers:* territory ❸ (*Jagdgründe*) hunting ground

❹ (*Polizeiwache*) beat 🇬🇧, precinct ['priː-sɪnt] 🇺🇸 ❺ (*Polizeistation*) police station 🇬🇧, station house 🇺🇸

die **Revision** ❶ (*im Recht*) appeal; **in die Revision gehen** to appeal ❷ *von Meinung, Politik, eines Absatzes:* revision

die **Revolution** revolution [revᵊˈluːʃᵊn]
**revolutionär** revolutionary [revᵊˈluːʃᵊnᵊri]

der **Revolver** gun, revolver [rɪˈvɒlvəʳ] 🇬🇧

das **Revolverblatt** (*Skandalblatt*) scandal sheet

die **Revue** (*Show*) revue [rɪˈvjuː]

die **Rezension** review

das **Rezept** ❶ (*für Arznei*) prescription (**für** for); **etwas auf Rezept bekommen** to get something on prescription ❷ (*Kochrezept*) recipe [ˈresɪpi] (**für** for) ❸ (*übertragen*) cure (**für/gegen** for)

**Rezept**

🇫 Nicht verwechseln mit *receipt* — *die Quittung!*

**rezeptfrei** ❶ *Medikament:* non-prescription, available without prescription *nachgestellt* ❷ **das ist rezeptfrei** you can get this without a prescription

die **Rezeption** (*in Hotel*) reception [rɪˈsepʃᵊn]

**rezeptpflichtig** available on prescription *nachgestellt*

der **Rhabarber** rhubarb [ˈruːbɑːb]

der **Rhein** Rhine
**Rheinland-Pfalz** Rhineland-Palatinate

der **Rhesusfaktor** rhesus factor
**rhetorisch** rhetorical

das **Rheuma** rheumatism [ˈruːmətɪzᵊm]

das **Rhinozeros** rhinoceros [raɪˈnɒsᵊrəs]
**rhythmisch** rhythmical [ˈrɪðmɪkᵊl]

der **Rhythmus** rhythm [ˈrɪðᵊm]

das **Ribisel** 🅰 (*Johannisbeere*) **rote/schwarze Ribisel** redcurrant/blackcurrant

**richten¹** ❶ (*lenken*) to direct [daˈrekt] (**auf** towards) ❷ to turn *Augen, Aufmerksamkeit,*

*Blicke, Lichtstrahl* (**auf** on) ❸ (*zielen*) to point *Kamera, Waffe* (**auf** at) ❹ (*in Ordnung bringen*) **ich richte das schon wieder** I'll fix it ❺ (*zubereiten, vorbereiten*) to prepare *Essen* ❻ **sich richten** (*sich wenden*) *Aufmerksamkeit:* to be turned (**auf** towards); *Kritik, Protest:* to be directed [*oder* aimed] (**gegen** at/against) ❼ **sich richten** (*sich herrichten*) to get ready; **die Haare richten** to do one's hair ❽ **sich nach den Regeln richten** to comply with the rules ❾ **sich an jemanden richten** (*herantreten an*) to consult someone ❿ **diese Frage richtet sich an Sie** this question is aimed at you ⓫ **ich richte mich ganz nach dir** I'll fit in with you

**richten²** (*urteilen*) **über jemanden richten** to judge someone

der **Richter**, die **Richterin** judge [dʒʌdʒ]

die **Richter-Skala** Richter scale [ˈrɪktəˌskeɪl]

**richtig** ❶ (*nicht falsch*) correct, right; **sehe ich das richtig?** am I right?; **bin ich hier richtig nach Coventry?** is this the right way to Coventry? ❷ **richtig!** (*stimmt!*) that's right! ❸ (*wirklich*) proper, real ❹ (*auf korrekte Weise*) right, correctly; **etwas richtig machen** to do something the right way; **geht deine Uhr richtig?** is your watch right?; **wenn ich mich richtig erinnere ...** if I remember correctly ... ❺ (*geradezu*) really; **das ist richtig lecker!** this is really tasty! ❻ **du kommst [mir] gerade richtig!** (*gelegen*) you're the very person I need!; (*ironisch*) you're all I need! ❼ **etwas richtig stellen** (*berichtigen*) to correct something ▶ WENDUNGEN: **du bist wohl nicht ganz richtig!** you must be out of your mind!

die **Richtlinien** guidelines [ˈgaɪdlaɪnz]

die **Richtung** ❶ direction [dɪˈrekʃᵊn]; **ich fahre Richtung Berlin** I'm heading for Berlin; **in Richtung Norden** towards the north; (*auf Autobahn*) on the northbound carriageway; **in jeder Richtung** each way; (*übertragen*) in every respect; **in alle/allen Richtungen** in all directions ❷ *einer Ansicht, Meinung, Tendenz:* trend ❸ **etwas in dieser Richtung** something along those lines

**riechen** to smell; **an/nach etwas riechen** to smell at/of something; **gut/schlecht riechen** to smell good/bad ▶ WENDUNGEN: **er kann mich nicht riechen** he hates my guts; **das konnte ich doch nicht riechen!** how was I to know?

**riechend** **übel riechend** evil-smelling

der **Riecher** ▶ WENDUNGEN: **einen Riecher für**

**897**            **Riegel – roh**

etwas haben to have a good nose for something; **ich hab den richtigen Riecher gehabt** I knew it all along

der **Riegel** ① (an Türschloss) bolt ② (Stück) bar; **ein Riegel Schokolade** a bar of chocolate ▶ WENDUNGEN: **einer Sache einen Riegel vorschieben** to put a stop to something

der **Riemen** ① (Gürtelriemen) strap; **den Riemen enger schnallen** to tighten one's belt ② (Treibriemen) belt ▶ WENDUNGEN: **sich am Riemen reißen** to get a grip on oneself

der **Riese** giant [dʒaɪənt]

**rieseln** ① Flüssigkeit: to trickle ② Schnee: to float down

der **Riesenfehler** huge blunder

**riesengroß** gigantic [dʒaɪ'gæntɪk]

das **Riesenrad** Ferris wheel

der **Riesenslalom** giant slalom

**riesig** ① gigantic [dʒaɪ'gæntɪk], enormous ② **sich riesig freuen** to be delighted (**über** at) ③ (super) brilliant ['brɪliənt]

das **Riff** reef [ri:f]

die **Rille** groove

das **Rind** ① (Tier) cow [kaʊ]; **Rinder** cattle ⚠ plural ② (Rindfleisch) beef

die **Rinde** ① von Käse: rind [raɪnd] ② (Baumrinde) bark ③ (Brotrinde) crust

der **Rinderbraten** ① (Bratstück) joint of beef ② (Braten) roast beef [ˌrəʊst'biːf]

das **Rinderfilet** fillet of beef

der **Rinderwahnsinn** mad cow disease, BSE

das **Rindfleisch** beef

das **Rindvieh** ① cattle ⚠ plural ② (Schimpfwort) ass

der **Ring** ① (auch im Sport) ring ② (Straße) ring road

die **Ringelblume** marigold

das **Ringelspiel** Ⓐ (Karussell) roundabout ['raʊndəˌbaʊt] ⒼⒷ, merry-go-round

das **Ringen** wrestling ['reslɪŋ]

**ringen** ① (Ringkampf machen) to wrestle ['resəl] (**mit** with) ② (kämpfen) to struggle (**um** for); **nach Atem ringen** to gasp for breath; **um Fassung ringen** to struggle to keep one's composure; **mit den Tränen ringen** to struggle to fight back the tears; **nach Worten ringen** to struggle for words ③ |verzweifelt| **die Hände ringen** to wring one's hands [in despair]

der **Ringer**, die **Ringerin** wrestler ['resləʳ]

der **Ringfinger** ring finger

der **Ringkampf** wrestling ['reslɪŋ] match

**ringsumher** around [ə'raʊnd]

die **Rinne** ① (Rille) groove ② (Abflussrinne) channel

**rinnen** (fließen) to run

der **Rinnstein** gutter

das **Rippchen** spare ribs ⚠ plural

die **Rippe** rib ▶ WENDUNGEN: **nichts auf den Rippen haben** to be just skin and bones

das **Risiko** risk; **ein Risiko eingehen** to take a risk; **auf eigenes Risiko** at one's own risk

die **Risikogruppe** [high] risk group

**riskant** risky

**riskieren** to risk; **sein Leben riskieren** to risk one's life; **du musst schon was riskieren** you'll have to take a risk; **du riskierst deine Stelle** you'll risk losing your job

der **Riss** ① (in Stoff) rip, tear [teəʳ]; **einen Riss bekommen** to get ripped [oder torn] ② (Sprung) crack ③ (Spalt) crevice ['krevɪs] ④ (übertragen: Kluft) rift

**rissig** ① Wand: cracked; **rissig werden** to crack ② Haut, Lippen: chapped

der **Ritt** ride

der **Ritter** knight [naɪt]; **jemanden zum Ritter schlagen** to knight someone

die **Ritterburg** knight's castle ['kɑːsəl]

die **Ritterrüstung** knight's armour ['ɑːməʳ]

das **Ritual** ritual ['rɪtʃuəl]

der **Ritz** (Spalte) crack

die **Ritze** ① (Spalte) crack ② (Fuge) join, gap

**ritzen** ① (kratzen) to scratch ② (einritzen) to carve

der **Rivale**, die **Rivalin** rival ['raɪvəl]

**rivalisieren mit jemandem rivalisieren** to compete with someone

die **Rivalität** rivalry ['raɪvəlri]

**RNS** Abkürzung von **Ribonukleinsäure** RNA ⚠ ohne Artikel

die **Robbe** seal

die **Robe** ① (Amtsrobe) robe [rəʊb] ② (Abendkleid) gown

der **Roboter** robot ['rəʊbɒt]

**robust** ① (widerstandsfähig) tough [tʌf] ② (kräftig gebaut) robust [rəʊ'bʌst]

**röcheln** to groan

der **Rock** ① (Kleidungsstück) skirt [skɜːt] ② (Musik) rock

das **Rockfestival** rock festival

**rockig** rocky

der **Rodel** sleigh [sleɪ], toboggan [tə'bɒgən]

die **Rodelbahn** toboggan run

**rodeln** to sledge, to toboggan [tə'bɒgən]

die **Rodung** clearing

der **Roggen** rye [raɪ]

das **Roggenbrot** rye bread

**roh** ① (ungebraten) raw; Schinken: uncooked ② (unbearbeitet) rough [rʌf]; Diamant: uncut ③ (grob) Mensch: rough; **mit roher**

**R**

**Gewalt** with brute force ▸ WENDUNGEN: **jemanden wie ein rohes Ei behandeln** to handle someone with kid gloves [glʌvz]

der **Rohbau** shell

der **Rohfassung** rough [rʌf] draft

der **Rohgewinn** gross profit

die **Rohheit** ❶ (*Grobheit*) rudeness ❷ (*Brutalität*) brutality

die **Rohkost** raw fruit and vegetables △ *plural*

das **Rohöl** crude oil

das **Rohr** ❶ (*Röhre*) pipe ❷ (*Schilf*) reed

der **Rohrbruch** burst pipe

das **Röhrchen** **ich musste ins Röhrchen blasen** I was breathalysed ['breθəlaɪzd]

die **Röhre** ❶ (*Rohr*) tube [tʃuːb] ❷ (*Backofen*) oven ['ʌvən] ▸ WENDUNGEN: **in die Röhre gucken** (*leer ausgehen*) to be left out; (*fernsehen*) to watch telly [*oder* ⓤⓈⒶ the tube]

die **Rohrleitung** pipe, conduit

der **Rohrzucker** cane sugar ['ʃʊɡəʳ]

die **Rohseide** raw silk △ *ohne Artikel*

der **Rohstoff** raw material

der **Rohstoffmangel** lack of raw materials

der **Rohstoffpreis** price of raw materials, commodity price

die **Rollbahn** ❶ (*Startbahn*) runway ❷ (*Zubringerbahn*) taxiway

die **Rolle** ❶ (*Zusammengerolltes*) roll [rəʊl] ❷ (*Garnrolle*) reel ❸ (*Möbelroller*) castor ❹ (*im Sport*) forward roll; **eine Rolle rückwärts machen** to do a backward roll ❺ (*im Film, Theater*) part, role [rəʊl] ❻ [*das*] **spielt keine Rolle!** never mind!; **das spielt hier keine Rolle!** that doesn't concern us now!; **Geld spielt keine Rolle!** money is no object! ▸ WENDUNGEN: **ich bin ganz von der Rolle** I feel like I've been hit over the head

**rollen** ❶ (*kugeln*) to roll [rəʊl]; **die Augen rollen** to roll one's eyes ❷ (*aufrollen*) to roll up ❸ *Donner:* to rumble ❹ **sich in eine Decke rollen** to curl up in a blanket ▸ WENDUNGEN: **den Stein ins Rollen bringen** to start the ball rolling; **etwas kommt ins Rollen** something is gathering momentum

das **Rollenspiel** role play

der **Roller** ❶ (*Spielzeug*) scooter; **Roller fahren** to ride a scooter ❷ (*Motorroller*) motor scooter; **Roller fahren** to ride a motor scooter

der **Rollerblader**, die **Rollerbladerin** in-line skater

das **Rollfeld** runway

der **Rolli** (*umgangsspr*) polo neck, turtleneck ⓤⓈⒶ

der **Rollkragen** polo neck, turtleneck ⓤⓈⒶ

der **Rollkragenpulli** polo neck, turtleneck [sweater] ⓤⓈⒶ

der **Rollladen** shutter

das **Rollo** blind

der **Rollschuh** roller skate; **Rollschuh laufen** to roller-skate

der **Rollschuhläufer**, die **Rollschuhläuferin** roller skater

der **Rollstuhl** wheelchair; **an den Rollstuhl gefesselt** confined to a wheelchair

der **Rollstuhlfahrer**, die **Rollstuhlfahrerin** wheelchair user

**rollstuhlgerecht** suitable for wheelchairs *nachgestellt*

die **Rolltreppe** escalator

**ROM** *Abkürzung von* **Read Only Memory** ROM

der **Roman** novel ['nɒvəl]

**romanisch** ❶ **die romanischen Sprachen** the Romance [rəʊ'mæns] languages ❷ **romanischer Stil** Romanesque [ˌrəʊmən'esk] style

die **Romantik** Romanticism [rəʊ'mæntɪsɪzəm]

**romantisch** ❶ *Kunstepoche:* Romantic [rəʊ'mæntɪk] ❷ *Mensch, Stimmung:* romantic

der **Römer**, die **Römerin** Roman ['rəʊmən]

**römisch** Roman ['rəʊmən]; **römisch 12** 12 in Roman numerals

**röntgen** to X-ray ['eksreɪ]

die **Röntgenaufnahme** X-ray

das **Röntgenbild** X-ray

die **Röntgenstrahlen** X-rays

das **Rosa** pink

**rosa** pink ▸ WENDUNGEN: **etwas durch die rosarote Brille sehen** to see something through rose-coloured glasses

die **Rose** rose [rəʊz]

der **Rosenkohl** Brussels sprouts △ *plural*

der **Rosenkranz** rosary

der **Rosenmontag** *Monday before Shrove Tuesday, climax of the German carnival celebrations*

**rosig** rosy

die **Rosine** raisin ['reɪzən] ▸ WENDUNGEN: **Rosinen im Kopf haben** to have big ideas; **sich die Rosinen herauspicken** to take the pick of the bunch

der **Rost** ❶ (*auf Metall*) rust; **Rost ansetzen** to start to rust ❷ (*Bratrost*) grill

der **Rostbraten** ≈ roast [joint]

**rosten** to get rusty, to rust

**rösten** ❶ to toast *Brot* ❷ to roast *Fleisch, Kaffee* ❸ to fry *Kartoffeln*

**rostfrei** stainless

das **Rösti** ⒸⒽ (*Bratkartoffeln nach Schweizer Art*)

≈ hash browns ⚠ *plural*

**rostig** rusty

die **Röstkartoffeln** fried potatoes

das **Rot** ❶ red ❷ **die Ampel stand auf Rot** the lights were red; **bei Rot über die Ampel fahren** to jump the lights

**rot** ❶ red; **eine rote Nase** a red nose ❷ **rot werden** to blush ▸ WENDUNGEN: **rot sehen** to see red ❹ (*Ampel*) red; **es ist rot** it's red

**rotblond** strawberry blonde; **rotblond sein** to be sandy-haired

**rotbraun** reddish brown

die **Röteln** German measles ['miːzᵊlz] ⚠ *singular*

**röten sich röten** to turn red

**rothaarig** red-haired

**rotieren** to rotate ▸ WENDUNGEN: **ich bin voll am Rotieren!** I don't know whether I'm coming or going!

**rötlich** reddish

das **Rotlichtviertel** red-light district

der **Rotstift** red pencil ▸ WENDUNGEN: **den Rotstift ansetzen** to make cut[back]s ⚠ *plural*

der **Rotwein** red wine

der **Rotz** ▸ WENDUNGEN: **Rotz und Wasser heulen** to cry one's eyes out *umgangsspr*

**rotzfrech** insolent

die **Roulade** [ruˈlaːdə] beef olive

das **Roulette** roulette [ruˈlet]

die **Route** ['ruːtə] route [ruːt]

die **Routine** [ruˈtiːnə] routine [ruːˈtiːn]

**routiniert** experienced

der **Rowdy** ['rau̯di] hooligan

**rubbeln** to rub, to scratch

die **Rübe gelbe Rübe** carrot; **rote Rübe** beetroot; **weiße Rübe** turnip ▸ WENDUNGEN: **eins auf die Rübe bekommen** to get a bash on the nut *umgangsspr*

der **Rubel** rouble ['ruːbᵊl] ▸ WENDUNGEN: **da rollt der Rubel** the money [*oder umgangsspr* dosh] is rolling in

das **Rubin** ruby ['ruːbi]

die **Rubrik** category

der **Ruck** ❶ (*Stoß*) jerk, start; **mit einem Ruck** at one go ❷ *von Fahrzeugen:* jolt ▸ WENDUNGEN: **sich einen Ruck geben** to make an effort

die **Rückantwort** reply

**ruckartig** jerky

der **Rücken** back; **mir tut der Rücken weh** I have a sore back, my back is aching ▸ WENDUNGEN: **hinter jemandes Rücken** behind someone's back; **jemandem in den Rücken fallen** to stab someone in the back; **jemandem den Rücken zuwenden** to turn one's back on someone; **es lief mir kalt den Rücken herunter** it sent shivers down my spine

**rücken** ❶ (*Platz machen*) to move [over]; **könnten Sie ein bisschen rücken?** could you move over a bit? ❷ **an etwas rücken** to move something ❸ **näher rücken** to come closer; **in weite Ferne rücken** to recede into the distance

das **Rückenmark** spinal cord

die **Rückenschmerzen Rückenschmerzen haben** to have got a backache ['bækeɪk]

das **Rückenschwimmen** backstroke; **kannst du Rückenschwimmen?** can you do the backstroke?

der **Rückenwind** tail wind; **wir haben Rückenwind** we've got the wind behind us

die **Rückerstattung** refund

die **Rückfahrkarte** return ticket ⒼⒷ, round-trip ticket ⓊⓈⒶ

die **Rückfahrt** return journey; **auf der Rückfahrt** on the way back

der **Rückfall** (*bei Krankheit*) relapse ['riːlæps] **rückfällig rückfällig werden** to relapse; *Straftäter:* to reoffend; **ein rückfälliger Täter** a repeat offender

das **Rückfenster** rear window

der **Rückflug** return flight [flaɪt]

das **Rückflugticket** return [air] ticket

die **Rückfrage** query

die **Rückgabe** return

der **Rückgang** drop, fall (**an** in) **rückgängig rückgängig machen** to cancel *Auftrag, Termin;* to call off *Verlobung*

das **Rückgrat** backbone, spine ▸ WENDUNGEN: **jemandem das Rückgrat brechen** to ruin someone; **kein Rückgrat haben** to have got no backbone

der **Rückhalt** support ⚠ *ohne Artikel* ▸ WENDUNGEN: **ohne Rückhalt** unreservedly

die **Rückhand** (*beim Tennis*) backhand

die **Rückkehr** return; **bei seiner Rückkehr** (*in Vergangenheit*) on his return; (*in Zukunft*) when he gets back

die **Rücklage** ❶ savings *plural* ❷ (*Reserve*) reserve fund

**rückläufig** declining

das **Rücklicht** rear light

die **Rückmeldung** ❶ (*an der Universität*) re-registration ❷ (*Reaktion*) reaction, response

das **Rückporto** return postage

die **Rückreise** return journey

der **Rucksack** backpack, rucksack ['rʌksæk] ⒼⒷ

der **Rucksacktourist**, die **Rucksacktouristin** backpacker

die **Rückschau** ❶ (*in Medien*) review ❷ **Rückschau halten** to look back

**Rückschlag – Ruhetag**

der **Rückschlag** ❶ *von Schusswaffe:* recoil ['riːkɔɪl] ❷ (*Rückfall*) relapse ['riːlæps]; **einen Rückschlag erleiden** to suffer a relapse ❸ (*übertragen*) setback; **einen Rückschlag erleiden** to suffer a setback

die **Rückseite** ❶ *von Blatt, Zeitung:* back page ❷ *von Banknote:* reverse [rɪ'vɜːs] ❸ *von Gebäude:* rear [rɪəʳ]; **auf der Rückseite** at the rear

die **Rücksicht** consideration; **mit Rücksicht auf jemanden** out of consideration for someone; **keine Rücksicht auf jemanden nehmen** to show no consideration for someone

**rücksichtslos** ❶ (*unüberlegt*) inconsiderate [ˌɪnkən'sɪdəʳrət]; *Verhalten:* reckless ❷ (*skrupellos*) ruthless

die **Rücksichtslosigkeit** thoughtlessness ⚠ *ohne Artikel*

**rücksichtsvoll** considerate [kən'sɪdəʳrət], thoughtful ['θɔːtfəl] (**gegenüber** towards)

der **Rücksitz** ❶ (*im Auto*) backseat ❷ *von Zweirad:* pillion; **auf dem Rücksitz mitfahren** to ride pillion

der **Rückspiegel** rear[-view] mirror

das **Rückspiel** return match

der **Rückstand** ❶ (*Außenstände*) arrears [ə'rɪəʳz] ⚠ *plural* ❷ (*Verzug*) delay; **er ist mit der Miete 3 Monate im Rückstand** his rent is 3 months in arrears ❸ (*im Sport*) **mit drei Punkten im Rückstand sein** to be three points down; **einen Rückstand aufholen** to close the gap ❹ *von Chemikalien:* residue ['rezɪdjuː]

**rückständig** ❶ (*überfällig*) overdue [ˌəʊvə'djuː] ❷ (*zurückgeblieben*) backward

die **Rücktaste** backspace [key]

der **Rücktritt** ❶ (*vom Amt*) resignation [rezɪg'neɪʃən]; **seinen Rücktritt einreichen/erklären** to hand in/announce one's resignation ❷ (*vom Vertrag*) withdrawal [wɪð'drɔːəl]

die **Rücktrittbremse** back-pedal [*oder* coaster] brake

der **Rückumschlag** self-addressed stamped envelope

die **Rückwand** rear wall

**rückwärts** backwards

**rückwärtsfahren** to reverse

der **Rückwärtsgang** reverse gear; **im Rückwärtsgang** in reverse

der **Rückweg** way back; **auf dem Rückweg** on the way back; **sich auf den Rückweg machen** to head back

die **Rückzahlung** repayment

der **Rückzieher** **einen Rückzieher machen** to

climb down, to back out

der **Rückzug** retreat [rɪ'triːt]

der **Rüde** (*Hund*) male dog

das **Rudel** ❶ (*Hunde, Wölfe*) pack ❷ (*Wild*) herd [hɜːd]

das **Ruder** ❶ (*Bootsruder*) oar [ɔːʳ] ❷ (*Steuerruder*) rudder ['rʌdəʳ]

das **Ruderboot** rowing boat ['rəʊɪŋbəʊt], rowboat ⓊⓈⒶ

**rudern** ❶ to row [rəʊ] ❷ **mit den Armen rudern** to wave one's arms about

das **Rüebli** ⒸⒽ (*Karotte*) carrot ['kærət]

der **Ruf** ❶ call, shout [ʃaʊt]; (*Schrei*) cry; **ein Ruf nach Frieden** a cry for peace ❷ (*Ansehen*) reputation [repjuː'teɪʃən]; **einen guten Ruf haben** to have a good reputation; **ist er wirklich so schlimm wie sein Ruf?** is he really as bad as people make him out to be?

**rufen** ❶ (*herbeirufen*) to call ❷ **rufen lassen** to send for *Arzt* ❸ (*schreien*) to cry, to shout [ʃaʊt]; **um Hilfe rufen** to cry [*oder* call] for help ❹ **du kommst mir wie gerufen** you are just what I needed ❺ **die Arbeit ruft** duty calls

der **Rufmord** character ['kærɪktəʳ] assassination

der **Rufname** forename ['fɔːneɪm]

die **Rufnummer** telephone number

das **Rufzeichen** Ⓐ (*Ausrufezeichen*) exclamation [ˌeksklə'meɪʃən] mark

das **Rugby** ['rʌkbi] rugby

**rügen** to reprimand ['reprɪmɑːnd] (**wegen** for)

die **Ruhe** ❶ (*Schweigen*) quiet ['kwaɪət]; **Ruhe bitte!** quiet please! ❷ (*Stille*) silence ❸ (*innere Ruhe*) calm [kɑːm], calmness; **er ist immer die Ruhe selbst** he's as cool as a cucumber; **er hat die Ruhe weg!** he's unflappable!; **immer mit der Ruhe!** keep calm!; **zur Ruhe kommen** to get some peace ❹ (*Erholung*) rest; **viel Ruhe brauchen** to need a lot of rest ❺ (*Frieden*) **in Ruhe lassen** to leave alone; **lass mich in Ruhe!** stop bothering me! ❻ (*Ungestörtheit*) peace, quiet; **ich brauche meine Ruhe** I need a bit of peace

**ruhelos** restless

**ruhen** ❶ to rest ❷ *Antrag:* to be suspended

die **Ruhepause** **eine Ruhepause einlegen** to take [*oder* have] a break

der **Ruhestand** retirement; **im Ruhestand [sein]** [to be] retired; **in den Ruhestand treten** to retire; **jemanden in den Ruhestand versetzen** to retire someone

die **Ruhestörung** disturbance of the peace

der **Ruhetag** ❶ *von Arbeit:* day off ❷ *von Restau-*

*rant:* closing day; **Montag Ruhetag** closed on Mondays

**ruhig** ① *auch Meer:* calm [kɑːm]; **bleib ruhig!** keep calm! ② (*geräuscharm*) quiet ['kwaɪət]; **ruhig wohnen** to live in a quiet area ③ (*als Verstärkung*) **ihr könnt ruhig dableiben** feel free to stay here; **komm ruhig rein** do come in; **das darfst du mir ruhig glauben!** take my word for it! ④ *Gewissen:* clear [klɪə<sup>r</sup>] ⑤ *Hand:* steady ['stedi]

der **Ruhm** glory; **Ruhm erlangen** to come to fame

**rühmen** ① (*loben*) to praise [preɪz] ② **sich einer Sache rühmen** to boast of something

das **Rührei** scrambled eggs ⚠ *plural*

**rühren** ① (*umrühren*) to stir ② (*innerlich*) to move, to touch [tʌtʃ]; **jemanden zu Tränen rühren** to move someone to tears; **das rührt mich nicht im Mindesten** that leaves me cold ③ **sich rühren** (*sich bewegen*) to stir; **sich nicht vom Fleck rühren** to not budge ④ **sich rühren** (*sich melden*), **sie hat sich seit Jahren nicht gerührt** she hasn't been in touch for years

**rührend** ① *Film:* touching ['tʌtʃɪŋ] ② **das ist rührend von dir!** that's sweet of you!

die **Rührung** emotion [ɪ'məʊʃ<sup>ə</sup>n]; **vor Rührung nicht sprechen können** to be choked with emotion

der **Ruin** ruin ['ruːɪn]; **jemanden in den Ruin stürzen** to ruin someone; **vor dem Ruin stehen** to be on the brink [*oder* verge] of ruin

die **Ruine** ruin ['ruːɪn]

**ruinieren** ① to ruin ['ruːɪn] *Firma, Menschen* ② to spoil *Kleider* ③ **sich ruinieren** to ruin oneself

**rülpsen** to belch [beltʃ] *umgangsspr,* to burp *umgangsspr*

der **Rülpser** burp *umgangsspr*

der **Rum** rum [rʌm]

der **Rumäne**, die **Rumänin** Romanian [rʊ'meɪniən]

**Rumänien** Romania [rʊ'meɪniə]

**rumkriegen jemanden rumkriegen** to talk someone round *umgangsspr*

der **Rummel** ① (*Jahrmarkt*) fair; **auf den Rummel gehen** to go to the fair ② (*Betriebsamkeit*) bustle ['bʌs<sup>ə</sup>l] ③ (*Aufhebens*) fuss [fʌs]

der **Rummelplatz** fairground

der **Rumpf** ① (*Körper, Leib*) trunk; (*Torso*) torso ② *eines Schiffs:* hull; *eines Flugzeugs:* fuselage ['fjuːz<sup>ə</sup>lɑːʒ]

**rümpfen** ▸ WENDUNGEN: **die Nase rümpfen** to turn up one's nose (**über** at)

das **Rumpsteak** rump steak

**rund** ① *Form, Summe:* round [raʊnd] ② (*rundherum*) [a]round; **rund um die Welt** [a]round the world; **rund um die Uhr** [a]round the clock ③ (*etwa*) about ④ **heute Nacht geht's rund** there'll be a lot happening tonight

die **Runde** ① (*im Rennsport*) lap ② (*beim Boxen*) round ③ **über die Runden kommen** (*im Sport*) to go the distance ④ (*Polizeirundgang*) round ⑤ (*Runde Bier usw.*) round; **eine Runde ausgeben** to stand a round ⑥ (*Leute, Gesellschaft*) company ['kʌmpəni] ▸ WENDUNGEN: **über die Runden kommen** to pull through

die **Rundfahrt** tour

der **Rundflug** sightseeing flight

der **Rundfunk** broadcasting; **im Rundfunk** on the radio

der **Rundfunksender** radio station

die **Rundfunksendung** radio programme

der **Rundgang** ① (*Besichtigung*) tour (**durch** of); **einen Rundgang machen** to do a tour ② (*Spaziergang*) walk; **einen Rundgang machen** to go for a walk ③ (*zur Inspektion*) rounds ⚠ *plural;* **einen Rundgang machen** to do one's rounds

**rundlich** plump

die **Rundreise** tour (**durch** of)

das **Rundschreiben** circular

die **Rundung** curve [kɜːv]

**runterhauen jemandem eine runterhauen** to give someone a clip [a]round the ear

**runzelig** wrinkled ['rɪŋk<sup>ə</sup>ld]

**runzeln die Stirn runzeln** to frown [fraʊn]

**rupfen** ① to pull up *Unkraut* ② to pluck *Huhn*

**ruppig** gruff

die **Rüsche** (*an Kleidung*) frill, ruche [ruːʃ]

der **Ruß** soot

der **Russe**, die **Russin** Russian ['rʌʃ<sup>ə</sup>n]

der **Rüssel** ① (*auch übertragen: Nase*) snout [snaʊt] ② *von Elefant:* trunk ③ *von Insekt:* proboscis [prə'bɒsɪs]

**rußig** sooty

**russisch** Russian ['rʌʃ<sup>ə</sup>n]

**Russland** Russia ['rʌʃə]

**rüsten** (*militärisch*) to arm

**rüstig** sprightly ['spraɪtli]

Nicht verwechseln mit *rusty — rostig!*

**rustikal** rustic

die **Rüstung** ① (*Ritterrüstung*) armour ['ɑːmə<sup>r</sup>] ② (*Aufrüstung*) armament

die **Rute** ① (*Stock*) rod; (*Gerte*) switch ② (*Tier-*

**Rutsch – Sackgasse** 902

*schwanz*) tail; *von Fuchs:* brush **3** (*Penis von Tier*) penis ['pi:nɪs]

der **Rutsch** **1** (*Abrutsch*) slide **2** (*Erdrutsch*) landslide **3** (*politisch*) shift ▶ WENDUNGEN: **einen guten Rutsch [ins neue Jahr]!** Happy New Year!

die **Rutschbahn** (*für Kinder*) slide

**rutschen** **1** (*gleiten*) to slide **2** (*nicht gut sitzen*) *Hose, Rock, Strumpf:* to slip down **3** (*ausrutschen*) *Mensch:* to slip; *Auto:* to skid **4** **rutsch mal!** move up a bit!

der **Rutscher** Ⓐ **1** (*Ausflug*) short trip; **ich mache mal einen Rutscher zur Maria** I'm just going to pop over to Maria's [house] **2** (*kurze Distanz*) a stone's throw away; **es ist doch nur ein Rutscher bis zur Bushaltestelle** the bus stop is just a stone's throw away

**rutschfest** non-slip

**rutschig** slippery

**rütteln** **an etwas rütteln** to shake something ▶ WENDUNGEN: **daran gibt's nichts zu rütteln!** (*ist unbestritten*) there's no doubt about that!; (*ist unabänderlich*) that's the way it is!

# S

**S, s** **1** S, s [es] **2** (*Mehrzahl*) S[']s, s's

**s.** *Abkürzung von* **siehe** see

**S** *Abkürzung von* **Süden** S

der **Saal** **1** hall **2** (*Theatersaal*) auditorium [ɔ:dɪ'tɔ:rɪəm] **3** (*für Konferenz, Sitzung*) room

die **Saat** **1** (*das Säen*) sowing ['səʊɪŋ] **2** (*das Ausgesäte*) seed **3** (*Getreide*) young crops △ *plural*

der **Sabbat** Sabbath ['sæbəθ]

**sabbern** to dribble

der **Säbel** sabre ⒼⒷ, saber ⓊⓈⒶ ▶ WENDUNGEN: **mit dem Säbel rasseln** to rattle one's sabre

die **Sabotage** sabotage ['sæbətɑ:ʒ]

der **Sachbearbeiter**, die **Sachbearbeiterin** **1** specialist **2** (*in einer Behörde*) official in charge

die **Sachbeschädigung** criminal damage

das **Sachbuch** non-fiction book

die **Sache** **1** (*Ding*) thing; (*Gegenstand*) object **2** **Sachen** (*Besitz*) things; (*Kleider*) clothes [kləʊ(ð)z]; **seine Sachen packen** to pack

one's bags **3** (*Angelegenheit*) matter; **kommen wir zur Sache!** let's get to the point!; **das ist Ihre Sache** that's your problem; **das ist meine Sache** that's my business; **das ist nicht deine Sache!** that's none of your business! *umgangsspr* **4** (*Frage, Problem*) **das gehört nicht zur Sache** that's beside the point; **das tut nichts zur Sache** it's of no account **5** **das ist nicht jedermanns Sache** that's not to everybody's taste **6** **bei der Sache sein** to be on the ball; **bei der Sache bleiben** to keep to the point **7** **sich seiner Sache sicher sein** to be sure of one's ground **8** **seine Sache gut machen** to do a good job

das **Sachgebiet** [specialized] field

die **Sachkenntnis** expert knowledge ['nɒlɪdʒ]; **Sachkenntnisse haben** to have expert knowledge

**sachkundig** **1** well-informed, knowledgeable ['nɒlɪdʒəbʰl] **2** **sich sachkundig machen** to inform oneself

**sachlich** **1** (*sachbezogen*) relevant ['reləvənt] **2** (*objektiv*) objective [əb'dʒektɪv]; **bleiben Sie mal sachlich!** don't get personal! **3** (*nüchtern*) matter-of-fact **4** (*schmucklos*) functional ['fʌnkʃʰnʰl] **5** (*unparteiisch*) impartial

**sächlich** neuter ['nju:tər]

der **Sachschaden** damage to property; **am Haus entstand großer Sachschaden** there was significant damage to the property; **Sachschaden in Höhe von ...** damage amounting to ...

der **Sachse** Saxon

**Sachsen** Saxony

die **Sächsin** Saxon

**sächsisch** Saxon

**sacht(e)** **1** (*sanft*) gentle; **sachte mit jemandem umgehen** to be gentle on someone **2** (*vorsichtig*) cautious; **sachte mit etwas umgehen** to be careful with something **3** **sachte, sachte!** easy does it!

der **Sachverhalt** circumstances ['sɜ:kəmstænsɪz] △ *plural*, facts △ *plural*

der/die **Sachverständige** **1** expert ['ekspɜ:t], specialist ['speʃʰlɪst] **2** (*vor Gericht*) expert witness

der **Sack** (*aus Jute*) sack [sæk]; (*aus Papier*) bag ▶ WENDUNGEN: **die Katze im Sack kaufen** to buy a pig in a poke; **fauler Sack!** lazy bugger!

die **Sackgasse** blind alley, dead end ▶ WENDUNGEN: **wir stecken in einer Sackgasse** we've come to a dead end

**das Sacktuch** Ⓐ, 🇨🇭 (*Taschentuch*) handkerchief ['hæŋkətʃiːf]

**der Sadismus** sadism ['seɪdɪzᵊm]

**der Sadist, die Sadistin** sadist ['seɪdɪst]
  **sadistisch** sadistic [sə'dɪstɪk]
  **säen** to sow [səʊ] *Saat* ▶ WENDUNGEN: **dünn gesät** few and far between

**die Safari** safari [sə'fɑːri]

**der Saft** ① (*Obstsaft*) juice [dʒuːs] ② (*Pflanzensaft*) sap ③ (*Flüssigkeit*) liquid ▶ WENDUNGEN: **jemanden im eigenen Saft schmoren lassen** to let someone stew in his/her own juice
  **saftig** ① (*voll von Saft*) juicy ['dʒuːsi] ② (*übertragen*) *Farbe, Wiese:* lush ③ (*übertragen*) *Preise, Rechnung, Strafe:* steep, hefty

**der Saftladen** dump *umgangsspr*

**die Sage** legend ['ledʒənd]

**die Säge** saw

**das Sagen** ▶ WENDUNGEN: **das Sagen haben** to have the final say
  **sagen** ① (*äußern*) to say; **sag mal ...** say, ...; **was sagst du dazu?** what do you say to that?; **sag bloß!** you don't say!; **das kann man** [*oder* **kannst du**] **wohl sagen!** you can say that again!; **ich sagte mir ...** I said to myself ... ② (*mitteilen*) to tell; **wem sagen Sie das!** you don't need to tell me that!; **das kann man wohl sagen!** you're telling me!; **das sagt mir alles** that tells me all I need to know; **das hab ich dir doch gleich gesagt** I told you so ③ (*bedeuten*) to mean; **was hat das zu sagen?** what does that mean?; **das hat nichts zu sagen** it's of no account ④ (*bestimmen*) **sie hat nichts zu sagen** she has no say in the matter; **Sie haben mir nicht zu sagen, was ich tun soll!** don't you tell me what to do! ⑤ **er lässt sich nichts sagen** he won't listen to reason ⑥ **ich habe mir sagen lassen ...** I've been told ... ⑦ **das sagst du** [*oder* **sagt sich**] **so leicht** easier said than done

> Ⓖ Richtiges Konjugieren von **say**: say, said, said — *Jane said "Yes"; have you said anything about it?*

  **sägen** ① to saw ② (*schnarchen*) to snore
  **sagenhaft** ① legendary ['ledʒəndri] ② (*enorm*) fabulous ③ (*super*) fantastic ④ (*sehr*) **sagenhaft schön** incredibly beautiful

**die Sahne** cream

**die Saison** [zɛ'zõː] season ['siːzᵊn]; **außerhalb der Saison** in [*oder* during] the off-season

**der Saisonarbeiter, die Saisonarbeiterin** seasonal worker

**die Saite** string ▶ WENDUNGEN: **andere Saiten aufziehen** to get tough

**das Saiteninstrument** stringed instrument

**das Sakko** sports jacket [*oder* 🇺🇸 coat]

**die Salami** salami [sə'lɑːmi]

**das Salär** Ⓐ, 🇨🇭 (*Lohn*) salary

**der Salat** ① (*Gericht*) salad ['sæləd] ② (*Pflanze*) lettuce ['letɪs] ▶ WENDUNGEN: **da haben wir den Salat!** now we're in a right pickle! *umgangsspr*

**die Salatschüssel** salad bowl

**die Salatsoße** salad dressing

**die Salbe** ointment

**der Saldo** balance

**die Salmonellenvergiftung** salmonella poisoning

**der Salon** ① (*Gesellschaftszimmer*) drawing room 🇬🇧, parlor 🇺🇸 ② (*Friseursalon*) salon ['sælɒn]
  **salopp** ① (*nachlässig*) sloppy, slovenly ② *Ausdruck, Sprache:* slangy ③ **saloppe Kleidung** casual wear

**der Salto** somersault ['sʌməsɒlt]; **einen Salto** [**vorwärts/rückwärts**] **machen** to do a [forward/backward] somersault
  **salü** 🇨🇭 ① (*zur Begrüßung*) hi, hello ② (*zum Abschied*) bye[-bye]

**das Salz** salt [sɒlt]
  **salzen** to salt [sɒlt]

**der Salzgehalt** salt content
  **salzig** salty ['sɒlti]

**die Salzkartoffeln** boiled potatoes

**die Salzsäure** hydrochloric [ˌhaɪdrə'klɒrɪk] acid

**die Salzstange** pretzel ['pretsᵊl] stick

**der Salzstreuer** salt cellar 🇬🇧, salt shaker

**das Salzwasser** saltwater

**der Samen** ① *von Pflanze:* seed ② *von Tier:* sperm ③ *vom Mann:* semen ['siːmᵊn]
  **sammeln** ① (*auflesen, ernten*) to gather ② to collect *Briefmarken usw.* ③ **Kräfte sammeln** to gather one's strength ④ **sich sammeln** (*sich konzentrieren*) to collect one's thoughts

**der Sammler, die Sammlerin** collector

**die Sammlung** ① *von Sammelstücken:* collection ② *von Geld:* **eine Sammlung durchführen** to hold a collection (**für** for) ③ *von Gedichten:* anthology

**der Samstag** Saturday ['sætədeɪ]; **bis Samstag!** see you [on] Saturday!; [**am**] **Samstagabend/Samstagmorgen/Samstagnachmittag** [on] Saturday night [*oder* evening]/morning/afternoon; **samstagabends/samstagmorgens** on Saturday evenings

**samstags – saublöd**     **904**

[*oder* nights]/mornings
**samstags** on Saturdays
der **Samt** velvet
**samt** along [*oder* together] with ▶ WENDUNGEN:
**samt und sonders** all and sundry
die **Samthandschuhe** ▶ WENDUNGEN: **jemanden mit Samthandschuhen anfassen** to handle someone with kid gloves [glʌv]
**sämtlich** (*alle*) all; **sämtliche Kinder** all the children
der **Sand** sand [sænd] ▶ WENDUNGEN: **etwas in den Sand setzen** to muck something up; **im Sande verlaufen** to come to nothing
die **Sandale** sandal ['sændəl]
die **Sandbank** sandbank, sandbar
**sandig** sandy
der **Sandkasten** sandpit ⒢Ⓑ, sandbox ⓊⓈⒶ
das **Sandkorn** grain of sand
der **Sandkuchen** ≈ Madeira cake
der **Sandmann** sandman ['sændmæn]
das **Sandpapier** sandpaper
der **Sandstrand** sandy beach
der **Sandsturm** sandstorm
das/der **Sandwich** ['zɛntvɪtʃ] sandwich
**sanft** ❶ (*weich*) soft; **mit sanfter Stimme** softly, in a soft voice; **jemanden mit sanften Augen anschauen** to look at someone tenderly ❷ (*leicht*) gentle ❸ (*mild*) mild ❹ **mit sanfter Gewalt** gently but firmly
**sanftmütig** gentle
der **Sänger**, die **Sängerin** singer; (*Jazz, Pop auch*) vocalist
**sang- und klanglos sang- und klanglos verschwinden** to just simply disappear
**sanieren** ❶ to redevelop [ˌriːdɪˈveləp] *Stadtgebiet* ❷ to rescue, to turn round *Firma* ❸ to clean up *Fluss, Umwelt*
die **Sanierung** ❶ *von Stadtgebiet:* redevelopment [ˌriːdɪˈveləpmənt] ❷ *von Firma:* rescue operation, turnround ❸ *der Umwelt:* cleaning up
**sanitär** sanitary; **die sanitären Anlagen** the sanitation [*oder* sanitary] facilities
die **Sanität** ⒸⒽ, Ⓐ (*Krankenwagen*) ambulance ['æmbjələns]
der **Sanitäter**, die **Sanitäterin** paramedic
**Sankt** saint [seɪnt], St[.]; **Sankt Nikolaus** Santa [Claus]
die **Sanktion** sanction; **Sanktionen verhängen** to impose sanctions
**sanktionieren** to sanction
die **Sardelle** anchovy ['æntʃəvi]
die **Sardine** sardine [sɑːˈdiːn]
der **Sarg** coffin, casket ⓊⓈⒶ
der **Sarkasmus** sarcasm

**sarkastisch** sarcastic
der **Satan** Satan ['seɪtᵊn]
der **Satellit** satellite ['sætᵊlaɪt]
die **Satellitenantenne** satellite dish
das **Satellitenfernsehen** satellite television
die **Satellitenschüssel** satellite dish
der **Satin** satin ['sætɪn]
die **Satire** satire ['sætaɪəʳ] (**auf** on)
**satt** ❶ (*gesättigt*) full; **bist du satt** [geworden]? have you had enough to eat?; **ich bin satt** I've had enough to eat; **das macht satt** it is very filling ❷ (*kräftig*) *Farbe:* rich
der **Sattel** saddle
die **Satteltasche** saddle bag
**satthaben etwas satthaben** to be fed up with something, to be sick and tired of something *umgangsspr*
**sättigen** ❶ to satiate *Person* ❷ (*stillen*) to satisfy *Hunger, Neugierde* ❸ **das sättigt** this is filling
**sättigend** filling
**sattsehen ich kann mich nicht daran sattsehen** I can't see enough of it
der **Saturn** [der] Saturn Saturn ['sætɜːn]
der **Satz** ❶ (*Sprache*) sentence ❷ (*im Druckwesen: das Gesetzte*) type ❸ (*beim Tennis*) set; **Hewitt gewinnt mit 3:1 Sätzen** Hewitt wins 3 sets to 1 ❹ **ein Satz Briefmarken** a set of stamps ❺ (*Sprung*) jump, leap; **einen Satz machen** to jump, to leap ❻ (*Gebühr*) charge
der **Satzball** set point
der **Satzbau** syntax ['sɪntæks]
die **Satzung** constitution
das **Satzzeichen** punctuation mark
die **Sau** ❶ (*weibliches Schwein*) sow [saʊ] ❷ (*Schimpfwort*) [dirty] swine!; (*für Mann*) bastard! *umgangsspr;* (*für Frau*) bitch! *umgangsspr* ▶ WENDUNGEN: **jemanden zur Sau machen** to have a go at someone *umgangsspr;* **wie eine gesengte Sau fahren** to drive like a maniac; **unter aller Sau** lousy ['laʊzi]
**sauber** ❶ (*rein*) clean; **ist der Hund auch sauber?** is the dog house-trained? ❷ (*gut gearbeitet*) accurate ['ækjərət] ❸ **etwas sauber halten** to keep something clean ▶ WENDUNGEN: **du bist wohl nicht ganz sauber!** you must be off your head!
die **Sauberkeit** ❶ (*Reinheit*) cleanness ❷ (*im Hause*) cleanliness ['klenlinəs]
**säuberlich fein säuberlich** neatly and tidily
**säubern** ❶ (*reinigen*) to clean ❷ (*übertragen*) **etwas von etwas säubern** to purge something of something
**saublöd** bloody stupid *umgangsspr*

**die Sauce** sauce [sɔ:s]
**Saudi-Arabien** Saudi Arabia [ˌsaʊdɪəˈreɪbiə]
**saudiarabisch** Saudi Arabian [ˌsaʊdɪəˈreɪbiən]
**sauer** ❶ sour [ˈsaʊəʳ]; **saure Gurken** pickled cucumber; **sauer werden** to turn sour ❷ (*chemisch*) acidic; **saurer Regen** acid rain ❸ (*übertragen: ärgerlich*) cross (**auf** with); **sauer werden** get annoyed; **sauer auf etwas reagieren** to take something amiss ❹ **sauer verdientes Geld** hard-earned money
**der Sauerbraten** braised beef ⒼⒷ, sauerbraten ⓊⓈⒶ
**die Sauerei** ❶ (*Unordnung*) **eine Sauerei machen** to make a bloody mess *umgangsspr;* **so eine Sauerei!** what a bloody mess! *umgangsspr* ❷ (*Gemeinheit*) **so eine Sauerei!** it's a bloody scandal [*oder* disgrace]! *umgangsspr*
**das Sauerkraut** pickled cabbage, sauerkraut
**die Sauermilch** sour milk
**der Sauerstoff** oxygen [ˈɒksɪdʒən]
**der Sauerstoffmangel** lack of oxygen
**die Sauerstoffmaske** oxygen mask
**der Sauerteig** sourdough
**saufen** ❶ (*slang: Alkohol trinken*) to booze *umgangsspr;* **wie ein Loch saufen** to drink like a fish *umgangsspr* ❷ *Tier:* to drink
**der Säufer, die Säuferin** heavy drinker, boozer *umgangsspr*
**die Sauferei** ❶ (*Saufgelage*) booze-up *umgangsspr* ❷ (*Trinkgewohnheit*) boozing *umgangsspr*
**saugen** ❶ (*einsaugen*) to suck ❷ (*mit Staubsauger*) to vacuum [ˈvækjuːm], to hoover *umgangsspr* ❸ **an etwas saugen** to suck something ▶ WENDUNGEN: **sich etwas aus den Fingern saugen** to conjure something up
**säugen** to suckle
**der Säuger** mammal
**der Sauger** (*auf Flasche*) teat
**das Säugetier** mammal
**der Säugling** baby
**saukalt** damn [dæm] cold *umgangsspr*
**der Saukerl** bloody bastard *umgangsspr*
**die Säule** column [ˈkɒləm]
**der Saum** ❶ (*Nähsaum*) seam ❷ (*Einfassung*) hem
**saumäßig** ❶ (*schlecht*) bloody awful *umgangsspr,* lousy [ˈlaʊzi] *umgangsspr* ❷ (*sehr, extrem*) bloody, damn *umgangsspr*
**säumen** (*einfassen*) to hem
**die Sauna** sauna [ˈsɔ:nə]
**die Säure** (*chemische*) acid

**die Sauregurkenzeit** (*für Medien*) silly season
**säurehaltig** acidic
**der Saurier** dinosaur [ˈdaɪnəsɔ:ʳ]
**säuseln** ❶ *Wind:* to whisper ❷ *Stimme:* to purr
**sausen** ❶ *Fahrzeug:* to roar [rɔ:ʳ] ❷ *Mensch:* to tear [teəʳ]; **ich saus mal schnell zum Metzger!** I'll just nip round to the butcher's! *umgangsspr* ❸ *Wind:* to whistle [ˈwɪsəl] ▶ WENDUNGEN: **etwas sausen lassen** to drop something
**der Saustall** pigsty [ˈpɪgstaɪ]
**das Sauwetter** **so ein Sauwetter!** awful [*oder* lousy] weather! *umgangsspr*
**sauwohl** **sich sauwohl fühlen** to feel really great
**das Saxophon, das Saxofon** saxophone [ˈsæksəfəʊn]; **Saxofon spielen** to play the saxophone
**SB** *Abkürzung von* **Selbstbedienung** self-service
**die S-Bahn** ❶ (*System*) suburban railway ❷ (*Zug*) suburban train
**der S-Bahnhof** suburban railway station
**die SB-Bank** self-service bank
**scannen** [ˈskɛnən] to scan
**der Scanner** [ˈskɛnɐ] scanner
**die Schabe** cockroach
**schaben** to scrape
**der Schabernack** **jemandem einen Schabernack spielen** to play a prank on someone
**schäbig** ❶ (*unansehnlich*) shabby, tacky ⓊⓈⒶ; **schäbig aussehen** to look shabby ❷ (*gemein*) mean ⒼⒷ
**die Schablone** stencil ▶ WENDUNGEN: **jemanden in eine Schablone zwängen** to stereotype someone
**das Schach** ❶ (*Spiel*) chess; **eine Partie Schach** a game of chess; **spielst du Schach?** can you play chess? ❷ (*Spielstellung: Schach bieten*) check!; **Schach und matt!** checkmate! ▶ WENDUNGEN: **jemanden in Schach halten** to stall someone; (*mit Waffe*) to keep someone covered
**das Schachbrett** chessboard
**die Schachfigur** ❶ chessman ❷ (*übertragen*) pawn; (*politisch*) figurehead [ˈfɪɡəhed]
**schachmatt** ❶ (*im Spiel*) **schachmatt!** checkmate! ❷ (*übertragen: erledigt*) knackered [ˈnækəd] *umgangsspr*
**der Schachspieler, die Schachspielerin** chess player
**der Schacht** ❶ (*im Bergwerk*) shaft ❷ (*im Kanal*) drain ❸ (*Einstiegsschacht*) manhole
**die Schachtel** ❶ box ❷ **eine Schachtel Ziga-**

**Schachzug – schallend**

retten a packet of cigarettes ❸ (*abwertend*) alte Schachtel! old bag!
der **Schachzug** (*auch übertragen*) move
**schade** ❶ wie schade! that's a shame!; es ist sehr schade it's a great pity; schade, dass du nicht bleiben kannst what [*oder* it's] a pity you can't stay ❷ es ist schade um ihn it is a pity about him; um die ist es nicht schade she's no great loss ❸ sich für etwas zu schade sein to consider oneself too good for something
der **Schädel** ❶ *von Skelett:* skull ❷ (*Kopf*) head; mir brummt der Schädel my head is throbbing; jemandem den Schädel einschlagen to knock out someone's brains
der **Schaden** ❶ damage (an to) ❷ Schaden verursachen to cause damage (an to); großen Schaden anrichten to do a lot of damage (an to); jemandem Schaden zufügen to do someone harm; den Schaden wieder gutmachen to make good the damage
**schaden** ❶ (*Schaden zufügen*) to damage ❷ (*schädlich sein*) to harm; Rauchen schadet der Gesundheit smoking can damage your health ▶ WENDUNGEN: was kann denn das schaden? where's the harm in that?; ein Versuch kann nicht[s] schaden there's no harm in trying; das schadet dir gar nichts (*geschieht dir recht*) it serves you right; (*tut dir gut*) it won't do you any harm [at all]
der **Schadenersatz** compensation
die **Schadenfreude** malicious [məˈlɪʃəs] joy [*oder* delight]; voller Schadenfreude gleefully, gloatingly
**schadenfroh** ❶ gloating ❷ schadenfroh lachen to laugh with malicious delight [*oder* glee]
der **Schadensersatz** compensation
**schädigen** to damage; to harm *Person*
**schädlich** damaging, harmful (*für* to)
der **Schädling** pest
das **Schädlingsbekämpfungsmittel** pesticide
**schadlos** sich an jemandem schadlos halten to make someone pay
der **Schadstoff** pollutant
**schadstoffarm** *Auto:* low-emission
die **Schadstoffbelastung** pollution
**schadstofffrei** emission-free
das **Schaf** ❶ (*Tier*) sheep ❷ du dummes Schaf! silly twit! ▶ WENDUNGEN: das schwarze Schaf der Familie the black sheep of the family

 Die Pluralform von **sheep** ist ebenfalls **sheep**: *a flock of a hundred sheep.*

der **Schäfer**, die **Schäferin** shepherd [ˈʃepəd]; (*Frau auch*) shepherdess [ˈʃepəˈdes]
der **Schäferhund** Alsatian [ælˈseɪʃən] GB, German shepherd [ˈʃepəd dog] USA
**schaffen** ❶ (*erzeugen*) to create ❷ (*erreichen*) to manage; to pass *Prüfung*; ich hab's geschafft! I did it!; wie hast du das bloß geschafft? how did you do it?; es schaffen, etwas zu tun to manage to do something; das wäre geschafft! there, that's done! ❸ etwas aus der Welt schaffen to settle something; schaff mir den Hund fort! get that dog out! ❹ er macht sich im Garten zu schaffen he's pottering about in the garden; sich an etwas zu schaffen machen to fiddle about with something; damit hatte ich nichts zu schaffen this had nothing to do with me, I had nothing to do with this ▶ WENDUNGEN: jemandem zu schaffen machen to give someone trouble; diese Sache macht mir zu schaffen this is really giving me a headache
der **Schaffner**, die **Schaffnerin** ❶ (*im Bus*) conductor ❷ (*im Zug*) conductor, guard [ɡɑːd] GB
die **Schafherde** flock of sheep
das **Schafott** scaffold
der **Schafskäse** feta, sheep's milk cheese
die **Schafwolle** sheep's wool
der **Schafzüchter** sheep breeder [*oder* farmer]
der **Schal** scarf

 **scarves** ist die Pluralform von **a scarf**: *I have four knitted scarves.*

**schal** *Getränk:* flat; *Geschmack:* stale
die **Schale** ❶ (*Gefäß*) bowl [bəʊl] ❷ (*äußere Hülle von Obst*) skin; (*geschälte Hülle von Obst*) peel ❸ *von Schalentieren:* shell ▶ WENDUNGEN: sich in Schale werfen to get dressed up
**schälen** ❶ to pare *Apfel* ❷ to shell *Ei* ❸ to skin *Kartoffel* ❹ to peel *Orange* ❺ sich schälen *Haut, Lack:* to peel
der **Schall** sound
**schalldämmend** noise-reducing, sound-absorbing
die **Schalldämmung** sound-absorption
der **Schalldämpfer** ❶ (*am Auto*) silencer GB, muffler USA ❷ (*an Waffe*) silencer
**schalldicht** soundproof
**schallen** ❶ (*tönen*) to sound ❷ (*erschallen*) to ring out ❸ (*widerhallen*) to resound [rɪˈzaʊnd]
**schallend** ❶ mit schallendem Gelächter with a gale of laughter [ˈlɑːftər]; eine schal-

**lende Ohrfeige** a resounding [rɪˈzaʊndɪŋ] slap ② **schallend lachen** to roar [rɔːʳ] with laughter

die **Schallgeschwindigkeit** speed of sound

die **Schallplatte** record [ˈrekɔːd]

die **Schallwelle** sound wave

das **Schaltbrett** switchboard, control panel

**schalten** ① (im KFZ) to change gear; **in den dritten [Gang] schalten** to change [oder ⓤⓢⓐ shift] into third [gear] ② (per Schalter) to switch (**auf** to) ③ (reagieren) to react; **schnell schalten** to be quick on the uptake; **ich hab nicht geschaltet** I didn't get the message [oder it]

der **Schalter** ① (Hebel) switch ② (in Bank, Post) counter ③ (Fahrkartenschalter) ticket window

die **Schalterstunden** business hours [ˈaʊəʳz]

das **Schaltgetriebe** manual gearbox [oder transmission]

der **Schalthebel** gear lever [ˈgɪəˌliːvəʳ]

das **Schaltjahr** leap year

der **Schaltknüppel** gear stick

die **Schaltung** ① (im KFZ) gear change ② (Verkabelung) wiring

die **Scham** shame [ʃeɪm]; **vor Scham rot werden** to go red with shame; **nur keine falsche Scham!** no need to be embarrassed!

**schämen sich schämen** to be ashamed (**wegen** of); **schäm dich!** you should be ashamed of yourself!, shame on you!; **sich vor jemandem schämen** to feel ashamed in front of someone

das **Schamhaar** pubic [ˈpjuːbɪk] hair

**schamlos** shameless

die **Schande** ① disgrace; **so eine Schande!** this is a disgrace! ② **jemandem Schande machen** to put someone to shame; **mach uns keine Schande!** don't disgrace us!; **zu meiner Schande** to my shame

**schänden** to desecrate Friedhof, Kirche

der **Schandfleck** eyesore

**schändlich** disgraceful

die **Schandtat zu jeder Schandtat bereit sein** (humorvoll) to be game for anything

die **Schänke** inn

die **Schanze** ski jump

die **Schar** ① (Menge) crowd [kraʊd]; **in Scharen** in droves ② (Vögel) flock ③ (Gruppe) band

**scharen sich um jemanden scharen** to gather around someone

**scharenweise** in droves

**scharf** ① (schneidend) auch Zunge, Bemerkung: sharp ② Essen: hot ③ (beißend) caus-

tic; Hund: fierce [fɪəs] ④ (streng) severe [səˈvɪəʳ], tough [tʌf]; [**gegen jemanden**] **scharf durchgreifen** to get tough [with someone] ⑤ (klar) sharp; Auge: keen ⑥ (slang: geil) horny slang, randy ⑦ (slang: sexy) Film usw.: hot ⑧ **scharfer Verstand** keen intellect ⑨ **scharf nachdenken** to think hard ⑩ **scharf nach links abbiegen** to turn a sharp left ⑪ **scharf schießen** to shoot with live ammunition ⑫ **scharf auf jemanden/etwas sein** to be very keen on someone/something

die **Schärfe** ① von Messerschneide, Bild: sharpness ② (Strenge) severity [səˈverɪti] ③ von Gewürz, Speise: spiciness

**schärfen** to sharpen

**scharfmachen** to incite, to egg on Person, Hund

der **Scharfmacher**, die **Scharfmacherin** rabble-rouser

der **Scharfschütze** marksman

der **Scharfsinn** acumen [ˈækjʊmən], keen perception

**scharfsinnig** astute [əˈstjuːt], perceptive

das **Scharlach** ① (Farbe) scarlet ② (Krankheit) scarlet fever

das **Scharnier** hinge [hɪndʒ]

das **Schaschlik** shashlik

der **Schatten** ① shade; **30° im Schatten** 30 degrees in the shade ② eines Menschen oder Gegenstandes: shadow [ˈʃædəʊ]; **im Schatten** in the shadow ▶ WENDUNGEN: **in jemandes Schatten stehen** to be in someone's shadow; **jemanden in den Schatten stellen** to put someone in the shade; **über seinen eigenen Schatten springen** to force oneself to do something; **niemand kann über seinen eigenen Schatten springen** the leopard cannot change its spots

**V** **shade** ist der Schatten, in den man geht, wenn es in der Sonne zu heiß ist: *I prefer to sit in the shade rather than in the sun; the tree provided some shade from the sun*. **Shadow** dagegen ist der Schatten, den jemand oder ein Gegenstand wirft: *just before the sun sets our shadows are very long.*

die **Schattenseite** ① shady side ② (Nachteil) drawback; **die Schattenseite[n] des Lebens** the dark side[s] of life

**schattig** shady

der **Schatz** ① treasure [ˈtreʒəʳ] ② **Schätze** (Reichtümer) riches; **ein Schatz an Erfahrungen** (übertragen) a wealth [welθ] of experience ③ (Kosewort) sweetheart ⓖⓑ, cutie ⓤⓢⓐ; [**mein**] **Schatz** (als Anrede) love,

## schätzen – Scheidung

sweetie
**schätzen** ❶ *(hoch achten)* to think highly of;
**etwas zu schätzen wissen** to appreciate
[ə'priːʃiert] something; **schätzen lernen** to
learn to appreciate; **jemanden gering
schätzen** *(verachten)* to think little of some-
one; **etwas gering schätzen** *(nicht würdi-
gen)* to not properly appreciate something
❷ *(ehren)* to respect ❸ *(veranschlagen)* to
assess, to estimate ['estɪmeɪt] **(auf** at); **grob
geschätzt** at a rough estimate; **wie alt
schätzt du ihn?** how old would you say he
is? ❹ *(meinen)* to think ❺ **sich glücklich
schätzen** to count oneself lucky
die **Schätzung** ❶ *(Werteinschätzung)* valuation
❷ *(Veranschlagung)* estimate ['estɪmət];
**meiner Schätzung nach** in my estimation
**schätzungsweise** approximately [ə'prɒksɪ-
mətli], roughly ['rʌfli]; **schätzungsweise
3000 Zuschauer** an estimated 3000 view-
ers; **es wird schätzungsweise länger dau-
ern** I reckon *[oder* think] it'll take longer
die **Schau** ❶ *(Vorführung)* show; **etwas zur
Schau stellen** to exhibit ['egzɪbɪt] some-
thing ❷ *(übertragen)* **das ist nur Schau** it's
just for show; **es war alles nur Schau** it was
all show; **eine Schau abziehen** to put on a
show
das **Schaubild** diagram ['daɪəgræm]
der **Schauder** shiver, shudder; **ein Schauder
überlief sie** a shudder ran through her body
**schauderhaft** ghastly
**schaudern** to shudder
**schauen** ❶ *(blicken)* to look **(auf** at)
❷ *(nachsehen)* to have a look; **ich schau
mal nach** I'll [go and] have a look ❸ **schau
zu, dass ...** see that ...
der **Schauer** shower ['ʃaʊəʳ]; **vereinzelte
Schauer** scattered showers
das **Schauermärchen** horror story
die **Schaufel** shovel ['ʃʌvəl]
**schaufeln** to shovel ['ʃʌvəl]
das **Schaufenster** shop window
der **Schaufensterbummel** ▸WENDUNGEN: **einen
Schaufensterbummel machen** to go win-
dow-shopping
die **Schaufensterpuppe** shop[-window] dummy,
mannequin ['mænəkɪn]
die **Schaukel** swing
**schaukeln** ❶ *(auf Schaukel)* to swing ❷ *(auf
Stuhl)* to rock ❸ *(pendeln)* to sway to and fro
▸WENDUNGEN: **wir werden das Kind schon
schaukeln** we'll manage to work it out
das **Schaukelpferd** rocking horse
der **Schaukelstuhl** rocking chair

**schaulustig** curious, gawping *abwertend* um-
gangsspr
der/die **Schaulustige** onlooker
der **Schaum** ❶ foam ❷ *(Seifenschaum)* lather
❸ *(Bierschaum)* froth
**schäumen** ❶ to foam, to froth ❷ *Seife:* to
lather ❸ *Sekt, Sprudel:* to bubble ▸ WENDUN-
GEN: **vor Wut schäumen** to foam with rage
**schaumig** frothy; *Seife, Shampoo:* lathery
der **Schaumschläger** *(übertragen)* show-off
der **Schaumstoff** foam material
der **Schauplatz** scene [siːn]
**schaurig** ❶ *(entsetzlich)* gruesome ['gruː-
səm] ❷ *(schlimm)* dreadful
das **Schauspiel** ❶ *(Theateraufführung)* drama,
play ❷ *(Anblick)* sight, spectacle ['spektəkᵊl]
der **Schauspieler** actor
die **Schauspielerin** actress
**schauspielern** to act
das **Schauspielhaus** theatre Ⓖ️Ⓑ️, theater Ⓤ️Ⓢ️Ⓐ️
die **Schauspielkunst** dramatic art, drama
die **Schauspielschule** drama school
der **Scheck** cheque [tʃek] Ⓖ️Ⓑ️, check Ⓤ️Ⓢ️Ⓐ️ **(über**
for); **einen Scheck ausstellen** to write a
cheque; **jemandem einen Scheck ausstel-
len** to make a check out *[oder* payable] to
someone; **einen Scheck einlösen** to cash a
cheque; **mit Scheck bezahlen** to pay by
cheque
das **Scheckheft** chequebook ['tʃekbʊk] Ⓖ️Ⓑ️,
checkbook Ⓤ️Ⓢ️Ⓐ️
die **Scheckkarte** cheque [guarantee] card Ⓖ️Ⓑ️,
check cashing card Ⓤ️Ⓢ️Ⓐ️
die **Schecknummer** cheque *[oder* Ⓤ️Ⓢ️Ⓐ️ check]
number
die **Scheibe** ❶ disc ❷ *(Schießscheibe)* target
❸ *(Glasscheibe)* pane ❹ *(Brotscheibe)* slice
▸ WENDUNGEN: **von ihr könntest du dir eine
Scheibe abschneiden!** you could take a
leaf out of her book!
der **Scheibenwischer** windscreen *[oder* Ⓤ️Ⓢ️Ⓐ️
windshield] wiper
der **Scheich** sheik[h] [ʃeɪk]
die **Scheide** ❶ *von Messer:* sheath ❷ *(Körperteil)*
vagina [və'dʒaɪnə]
**scheiden** ❶ **sich scheiden lassen** to get di-
vorced [dɪ'vɔːsd]; **sie lassen sich scheiden**
they are getting divorced *[oder* a divorce];
**ich will mich scheiden lassen** I want to
get a divorce *[oder* get divorced]; **sich von
jemandem scheiden lassen** to get a di-
vorce from someone, to divorce someone
❷ **hier scheiden sich die Wege/Geister**
here the roads part/opinions differ here
die **Scheidung** divorce [dɪ'vɔːs]; **die Scheidung**

**einreichen** to file a petition for divorce

das **Scheidungskind** child from a broken home

der **Schein** ❶ (*Bescheinigung*) certificate [sə'tɪ-fɪkət] ❷ (*Geldschein*) note [nəʊt] ⓖⒷ, bill ⓊⓈⒶ ❸ (*Anschein*) appearances [ə'pɪərˀnsɪz] ⚠ *plural;* **um den Schein zu wahren** for the sake of appearances; **der Schein trügt** appearances are deceptive; **etwas zum Schein tun** to pretend to do something ❹ (*Lichtschein*) light; (*Schimmer*) gleam

**scheinbar** ❶ (*anscheinend*) *Widerspruch:* apparent, seeming ❷ (*falsch, vorgeblich*) feigned [feɪnd] ❸ (*allem Anschein nach*) seemingly, apparently; **es macht dir scheinbar nichts aus** you don't seem to mind

**scheinen** ❶ (*leuchten*) to shine ❷ (*den Anschein haben*) to appear, to seem; **mir scheint ...** it seems to me ...; **es scheint mir, dass ...** it appears to me that ...; **wie es scheint** as it seems; **es scheint fast so, als ob ...** it would seem that ...; **es schien ihn nicht zu stören** he didn't seem bothered [by it]

Ⓖ Richtiges Konjugieren von **shine**: shine, shone, shone — *the sun shone all morning.*

die **Scheinfirma** bogus company

**scheinheilig** ❶ hypocritical [ˌhɪpə'krɪtɪkˀl] ❷ (*arglos*) **tu nicht so scheinheilig!** stop acting the innocent!

der **Scheinwerfer** ❶ (*am Auto*) headlamp, headlight ❷ (*zur Beleuchtung im Stadion*) floodlight ['flʌdlaɪt]

das **Scheinwerferlicht** headlight ▸WENDUNGEN: **im Scheinwerferlicht stehen** to be in the glare of publicity, to be [very much] in the public eye

der **Scheiß** ▸WENDUNGEN: **red keinen Scheiß!** don't talk crap! *slang;* **mach keinen Scheiß!** stop messing about! *umgangsspr*

die **Scheiße** ❶ (*Kot*) shit *slang* ❷ (*als Ausruf*) shit! *slang* ▸WENDUNGEN: **in der Scheiße sitzen** to be up shit creek *slang*

**scheißen** to shit *slang* ▸WENDUNGEN: **auf etwas scheißen** to not give a shit about something *slang*

der **Scheitel** parting ⓖⒷ, part ⓊⓈⒶ ▸WENDUNGEN: **vom Scheitel bis zur Sohle** from top to toe

der **Scheiterhaufen** stake

**scheitern** ❶ (*fehlschlagen*) to fail (**an** because of); **sein Versuch scheiterte** he failed in his attempt; **die Verhandlungen sind gescheitert** the negotiations have broken down; **zum Scheitern verurteilt** doomed to failure; **etwas zum Scheitern bringen** to

**scupper** something ❷ (*im Sport*) to be defeated (**an** by)

**schellen** ⒼⒽ (*läuten*) **bei jemandem schellen** to ring at someone's door; **es hat geschellt** there was a ring at the door

die **Schelte** **Schelte bekommen** to get a scolding

das **Schema** ❶ (*Muster*) pattern ['pætˀn] ❷ (*Plan*) scheme [skiːm] ❸ (*Diagramm*) diagram ['daɪəgræm] ▸WENDUNGEN: **nach Schema F vorgehen** to follow the rules

Ⓕ Nicht verwechseln mit *scheme — der Plan!*

**schematisch** schematic [skiː'mætɪk]

der **Schemel** stool

der **Schenkel** ❶ (*Oberschenkel*) thigh [θaɪ]; **sich auf den** [*oder* **die**] **Schenkel klopfen** to slap one's thigh[s] ❷ (*Griff*) arm ❸ *von Winkel:* side

**schenken** ❶ to give; **was schenkst du ihm zum Geburtstag?** what will you get him for his birthday?; **sie hat mir das geschenkt** she gave this to me as a present; **das habe ich geschenkt bekommen** I got it as a present; **wir schenken uns dieses Jahr nichts** we're not giving each other presents this year ❷ **jemandem [keine] Aufmerksamkeit schenken** to pay [no] attention to someone ❸ **das ist ja geschenkt!** (*sehr billig*) that's a real bargain! ▸WENDUNGEN: **das Museum können wir uns schenken** we can give the museum a miss; **deine Versprechungen kannst du dir schenken** keep your promises

die **Scherbe** fragment; **eine Glasscherbe** a splinter of glass; **eine Porzellanscherbe** a broken piece of china; **in Scherben gehen** to break, to shatter; (*übertragen*) *Ehe:* to fall to pieces

die **Schere** ❶ scissors ['sɪzəz] ⚠ *plural;* **eine Schere** a pair (*singular*) of scissors; **wo ist meine Schere?** where are my scissors? ❷ (*große Schere*) shears [ʃɪərz] ⚠ *plural*

Ⓥ **scissors** werden immer im Plural gebraucht: *Where are the scissors? — a pair of scissors* wird aber im Singular verwendet: *This is my pair of scissors.*

**scheren¹** ❶ to crop *Hecke usw.* ❷ to shear [ʃɪər] *Schaf, Teppich* ❸ **kurz geschorenes Haar** cropped short

**scheren²** (*umgangsspr: sich kümmern*) **was schert mich/dich das?** what do I/you care?; **scher dich um deinen eigenen Kram!** mind your own business!

**scheren³** (*weggehen*) **scher dich fort!** beat

**Scherereien – Schikane**     **910**

it! *umgangsspr*, get lost! *umgangsspr*

die **Scherereien** trouble ['trʌbəl] △ *singular;* **nichts als Scherereien** nothing but trouble; **jemandem viel Scherereien machen** to cause [*oder* give] someone a lot of trouble

die **Schermaus** Ⓐ, ⒸⒽ (*Maulwurf*) mole [məʊl]

der **Scherz** ❶ joke; **zum Scherz** for a joke; **im Scherz** jokily; **ich bin nicht zu Scherzen aufgelegt** I'm not in a joking mood ❷ **mach keine Scherze!** you're joking!; **Scherz beiseite!** no kidding! *umgangsspr*

**scherzen** to joke; **Sie scherzen!** you can't be serious!; **ich scherze nicht** I'm not joking; **mit ihr ist nicht zu scherzen** she is not to be trifled with

**scherzhaft** jocular

**scheu** shy; (*zaghaft*) timid ['tɪmɪd]

**scheuchen** ❶ to drive; **das Vieh aus dem Stall scheuchen** to shoo the cattle out of the shed ❷ (*umgangsspr*) to chase; **jemanden aus dem Bett scheuchen** to chase someone out of bed

**scheuen** ❶ (*fürchten*) to shy away from ❷ (*vermeiden*) to shun; **keine Mühe scheuen** to go to endless trouble; **keine Kosten scheuen** to spare no expense ❸ (*zurückschrecken*) **sich nicht scheuen, etwas zu tun** to be not afraid of doing something ❹ (*von Pferden*) to shy (**vor** at)

das **Scheuermittel** scouring agent

**scheuern** ❶ (*putzen*) to scour [skaʊər]; (*schrubben*) to scrub ❷ (*reiben*) to chafe [tʃeɪf] (**an** at)

die **Scheune** barn

**scheußlich** ❶ (*schlimm*) dreadful ❷ (*ekelhaft*) hideous ['hɪdɪəs] ❸ *Wetter, Geschmack:* ghastly

die **Schicht** ❶ (*Lage, Staubschicht*) layer ❷ (*auf Flüssigkeiten*) film ❸ (*Farbschicht*) coat ❹ (*Gesellschaftsschicht*) [social] class ❺ (*Arbeitsabschnitt*) shift ❻ (*Arbeitsgruppe*) gang [gæŋ]

der **Schichtarbeiter**, die **Schichtarbeiterin** shift worker

der **Schichtwechsel** change of shift

**schick** (*elegant*) elegant ['elɪgənt]; (*modisch reizvoll*) stylish, chic; **ein schickes Kleid** a smart dress

**schicken** ❶ to send ❷ **jemanden einkaufen schicken** to send someone to do the shopping

Ⓖ Richtiges Konjugieren von **send**: send, sent, sent — *my aunt sent me a parcel for my birthday; the parcel was sent by airmail.*

das **Schicksal** ❶ fate ❷ **das ist Schicksal!** such is life! ▸ WENDUNGEN: **jemanden seinem Schicksal überlassen** to leave someone to his/her fate

der **Schicksalsschlag** stroke of fate

das **Schiebedach** sunroof

**schieben** to push; (*mit mehr Kraft*) to shove [ʃʌv]

die **Schiebetür** sliding door

die **Schiebung** (*Begünstigung*) string-pulling; (*im Sport*) rigging; **Schiebung!** fix!

das **Schiedsgericht** arbitration tribunal

der **Schiedsrichter**, die **Schiedsrichterin** ❶ referee; (*bei Ballspielen, Hockey*) umpire ['ʌmpaɪər] ❷ (*Preisrichter*) judge

**schief** ❶ (*krumm*) crooked ['krʊkɪd] ❷ (*geneigt*) tilted; **das Bild hängt schief** the picture isn't straight [streɪt]

**schiefgehen** to go wrong [rɒŋ]; **irgendwas muss schiefgegangen sein!** something must have gone wrong! ▸ WENDUNGEN: **keine Sorge, wird schon schiefgehen!** don't worry, it'll turn out OK!

**schielen** ❶ to squint ❷ **nach etwas schielen** (*verstohlen*) to sneak a look [*oder* to steal a glance] at something; (*offen*) to eye something up

das **Schienbein** shin [ʃɪn]

die **Schiene** ❶ (*Bahnschiene*) rail ❷ (*für gebrochene Knochen*) splint

**schier** pure ▸ WENDUNGEN: **das ist der schiere Wahnsinn!** that's sheer madness! *umgangsspr*

**schießen** ❶ to shoot; to fire *Kugel;* to kick *Ball;* to score *Tor* ❷ to shoot (**auf** at); (*mit Schusswaffe*) to fire (**auf** at) ❸ (*sich schnell bewegen*) to shoot *umgangsspr*

Ⓖ Richtiges Konjugieren von **shoot**: shoot, shot, shot — *the gangster shot the sheriff; has he been shot in the arm?*

die **Schießerei** shoot-out

das **Schiff** ship; **Schiff ahoi!** ship ahoy!

der **Schiffbau** shipbuilding

der **Schiffbruch** shipwreck ['ʃɪprek]; **Schiffbruch erleiden** to be shipwrecked ▸ WENDUNGEN: **Schiffbruch erleiden** to fail

die **Schifffahrt** ❶ (*Navigation*) navigation [ˌnævɪ'geɪʃən] ❷ (*das Schifffahren*) shipping

die **Schiffsladung** cargo

der **Schiffsrumpf** hull

die **Schikane** ❶ harassment ['hærəsmənt] ❷ (*im Sport*) chicane [ʃɪ'keɪn] ❸ **eine Wohnung mit allen Schikanen** a flat with all the modern conveniences [*oder* ⒼⒷ all mod cons]

**4** **das war reine Schikane** it was sheer bloody-mindedness

**schikanieren** to harass ['hærəs]; (*tyrannisieren*) to bully ['bʊli]

der **Schild**[1] **1** (*Schutzschild*) shield **2** (*Tierpanzer*) shell ▶ WENDUNGEN: **etwas im Schilde führen** to be up to something

das **Schild**[2] **1** (*Zeichen*) sign; (*an Tür*) nameplate **2** (*Aufkleber*) label; (*Preisschild*) ticket

**schildern** to describe; (*umreißen*) to sketch

die **Schilderung** **1** (*Beschreibung*) description **2** (*Bericht*) account

die **Schildkröte** (*Seeschildkröte*) turtle; (*Landschildkröte*) tortoise ['tɔːtəs]

das **Schilf** reeds △ *plural*

der **Schimmel** **1** (*Pferd*) white horse **2** (*Schimmelpilz*) mould [məʊld]

**schimmelig** **1** (*verschimmelt*) mouldy ['məʊldi] **2** (*moderig*) mildewed ['mɪldjuːd]

**schimmeln** to go mouldy ['məʊldi]

der **Schimmer** to gleam, to glimmer, to glitter ▶ WENDUNGEN: **keinen [blassen] Schimmer von etwas haben** to not have the foggiest idea about something *umgangsspr*

**schimmern** to shimmer

der **Schimpanse** chimpanzee [ˌtʃɪmpənˈziː]

**schimpfen** to curse (**auf** at); **mit jemandem schimpfen** to tell someone off

das **Schimpfwort** swear word

der **Schinken** ham

der **Schirm** umbrella; (*Sonnenschirm*) parasol, sunshade

der **Schiss** ▶ WENDUNGEN: **Schiss haben** to be in a blue funk *slang;* **Schiss vor etwas haben** to be shit-scared of something *slang*

die **Schlacht** battle

**schlachten** **1** to slaughter ['slɔːtər] **2** to break into *Sparschwein*

das **Schlachtfeld** battlefield

der **Schlachthof** slaughterhouse ['slɔːtəhaʊs]

der **Schlaf** sleep; **keinen Schlaf finden** to be unable to sleep; **einen festen/leichten Schlaf haben** to be a sound/light sleeper

der **Schlafanzug** pyjamas [pɪˈdʒɑːməz] △ *plural* **GB**, pajamas [pəˈdʒɑːməz] △ *plural* **USA**

> **V** **pyjamas** wird im Plural gebraucht: *Where are my pyjamas?* — Aber **a pair of pyjamas** (= Schlafanzug) wird im Singular gebraucht: *Is this my pair of pyjamas?*

die **Schläfe** temple

**schlafen** **1** to sleep **2** **schlafen wir erst einmal darüber!** let's sleep on it! **3** **bei jemandem schlafen** to stay overnight with

someone **4** **mit jemandem schlafen** to sleep with someone

> **G** Richtiges Konjugieren von **sleep**: sleep, slept, slept — *I slept very well last night; have you ever slept in a bunk bed?*

**schlaff** **1** (*herabhängend*) slack **2** (*welk, matt*) flabby **3** (*kraftlos*) limp **4** (*Grundsätze*) lax [læks]

die **Schlaflosigkeit** sleeplessness, insomnia [ɪnˈsɒmniə]

das **Schlafmittel** sleeping drug

**schläfrig** drowsy ['draʊzi], sleepy

der **Schlafsaal** dormitory ['dɔːmɪtəri]

der **Schlafsack** sleeping bag

die **Schlaftablette** sleeping pill

der **Schlafwagen** sleeping car, sleeper

der **Schlafwandler**, die **Schlafwandlerin** sleep-walker

das **Schlafzimmer** bedroom

der **Schlag** **1** blow [bləʊ] **2** (*übertragen*) **das ist ein harter Schlag** that's a hard blow **3** (*Herzschlag*) beat **4** (*Schlaganfall*) stroke **5** (*elektrischer Schlag*) shock **6** **ein Schlag ins Gesicht** a slap in the face **7** **mit einem Schlag** all at once **8** **vom gleichen Schlag sein** to be cast in the same mould [məʊld] ▶ WENDUNGEN: **einen Schlag haben** to have a screw loose *umgangsspr;* **ich dachte, mich trifft der Schlag!** I was thunderstruck!

die **Schlagader** artery ['ɑːtəri]

der **Schlaganfall** stroke

die **Schlagbohrmaschine** hammer drill

**schlagen** **1** to strike **2** (*prügeln*) to beat; **jemanden bewusstlos schlagen** to beat someone unconscious **3** (*treffen*) to hit **4** (*mit Werkzeug*) to knock **5** (*besiegen*) to beat, to defeat; **jemanden im Tennis schlagen** to beat someone at tennis **6** **gegen die Tür schlagen** to beat on the door **7** *Herz:* to beat **8** *Turmuhr:* to strike **9** **ich gebe mich geschlagen** I admit defeat **10** **sich mit jemandem schlagen** to have a fight with someone **11** **sich gut schlagen** to do well

der **Schlager** **1** (*Lied*) pop song **2** (*Hit*) hit **3** (*Buch*) bestseller

der **Schläger**[1] racquet ['rækɪt] **GB**, racket **USA**; (*für Hockey*) stick; (*für Tischtennis*) bat

der **Schläger**[2] (*Rauflustiger*) thug

die **Schlägerei** brawl [brɔːl], fight

**schlagfertig** quick-witted; **schlagfertig antworten** to be quick with an answer

das **Schlaginstrument** percussion instrument

das **Schlagobers** Ⓐ whipped cream
der **Schlagrahm** Ⓒ whipped cream
die **Schlagsahne** whipped cream
das **Schlagwort** slogan
die **Schlagzeile** headline
das **Schlagzeug** drums △ *plural*
der **Schlagzeuger**, die **Schlagzeugerin**, der **Schlagzeugspieler**, die **Schlagzeugspielerin** drummer
der **Schlamassel** mess *umgangsspr*; **im Schlamassel stecken** to be in a fine mess *umgangsspr*
der **Schlamm** mud
die **Schlammlawine** mudslide
die **Schlampe** slut *slang*
**schlampen** (*umgangsspr*) to do a sloppy job
**schlampig** ❶ (*unordentlich*) untidy ❷ *Arbeit, Tätigkeit:* slipshod
die **Schlange** ❶ snake ❷ (*Menschenschlange*) queue [kjuː] Ⓖ, line Ⓤ; **Schlange stehen** to queue up Ⓖ, to stand in line Ⓤ
**schlängeln** **sich schlängeln** to wind one's way; *Fluss auch:* to meander
der **Schlangenbiss** snake bite
die **Schlangenlinie** wavy line; **Schlangenlinien fahren** to zigzag
**schlank** ❶ *Wuchs:* slim ❷ *Körperteil, Gegenstand:* slender
die **Schlankheitskur** diet; **eine Schlankheitskur machen** to be on a diet
**schlapp** shattered, worn out
das **Schlaraffenland** land of milk and honey
**schlau** ❶ (*verschlagen*) cunning, wily ❷ (*klug*) clever, smart ❸ **können Sie daraus schlau werden?** what do you make of this?
der **Schlauch** ❶ (*Wasserschlauch*) hose ❷ (*im Reifen*) tube
das **Schlauchboot** rubber dinghy ['dɪŋgi]
**schlauchen** ❶ to fag [*oder* wear] [someone] out *umgangsspr* ❷ **ich bin vielleicht geschlaucht!** I feel so worn out! *umgangsspr*
die **Schlaufe** loop
der **Schlaumeier** clever dick *umgangsspr*, smart alec *umgangsspr*
**schlecht** ❶ (*nicht gut*) bad; (*ungenügend*) poor ❷ (*verdorben: Milch*) off; **die Milch ist schlecht** the milk is [*oder* has gone] off ❸ **mir ist schlecht** I feel sick ❹ **schlecht abschneiden** to do badly ❺ **schlecht für jemanden sein** to be bad for someone ❻ **er spielt schlecht Tennis** he's bad at tennis; **ich kann schlecht lügen** I'm very bad at telling lies; **sie war immer schlecht in Sprachen** she was always poor at languages ❼ **mehr schlecht als recht** after a fashion ❽ **schlecht über jemanden reden** to speak ill of someone ❾ **das geht schlecht** that's not really possible; **das kann man schlecht machen** one can't very well do that ❿ **schlecht gelaunt** bad-tempered
**schlechtmachen** to run down, to disparage
**schleichen** ❶ (*langsam gehen*) to creep ❷ (*im Dunkeln herumschleichen*) to prowl [praʊl] about ❸ **sich um eine Ecke schleichen** to creep [*oder* sneak] [a]round a corner ❹ **schleich dich!** get lost! *umgangsspr*
der **Schleier** veil [veɪl] ▸ WENDUNGEN: **den Schleier lüften** to reveal the secret
**schleierhaft** mysterious; **das ist mir völlig schleierhaft** it's a complete mystery to me
die **Schleife** bow [bəʊ]; (*Schlaufe*) loop
**schleifen¹** ❶ (*ziehen*) to drag ❷ **die Kupplung schleifen lassen** to slip the clutch ▸ WENDUNGEN: **alles schleifen lassen** to let everything slide
**schleifen²** ❶ (*zuschleifen*) to cut ❷ (*schärfen*) to sharpen, to whet
der **Schleim** ❶ slime; (*Körperflüssigkeit*) mucus ['mjuːkəs] ❷ (*Haferschleim*) gruel [gruəl]
**schleimig** (*auch übertragen*) slimy
**schlemmen** to have a feast
**schlendern** to saunter ['sɔːntəʳ], to stroll
**schlenkern** to dangle, to swing
**schleppen** ❶ (*schwer tragen*) to lug ❷ (*hinter sich herschleppen*) to drag along; (*abschleppen*) to tow [təʊ] ❸ **sich schleppen** to drag oneself
**schleppend** (*zögernd*) sluggish; **schleppend in Gang kommen** to be slow in getting started
der **Schlepplift** ski tow ['skiːtəʊ]
die **Schleuder** ❶ (*Steinschleuder*) sling Ⓖ, slingshot Ⓤ ❷ (*Wäscheschleuder*) spin drier
die **Schleudergefahr** risk of skidding
**schleudern** ❶ (*werfen, stoßen*) to hurl; (*mit Schleuder*) to sling ❷ *Auto:* to skid; **ins Schleudern kommen** to go into a skid
der **Schleudersitz** ❶ ejector seat ❷ (*übertragen*) hot seat
**schleunigst** right away
die **Schleuse** ❶ (*Kanalschleuse*) lock ❷ (*Wehrschleuse*) sluice [sluːs] gate
**schlicht** simple; **das ist schlicht und einfach falsch** that is just simply wrong
**schlichten** ❶ to settle *Streit* ❷ **in etwas schlichten** to mediate in something

**G** Richtiges Konjugieren von **shut**: shut, shut, shut — *Paul shut the window; have you shut the front door?*

**schließen** ① (*zumachen*) to close, to shut ② (*beenden*) to close ③ to conclude; **Frieden schließen** to make peace; **einen Vertrag schließen** to conclude [*oder* enter into] a contract; (*zwischen Staaten*) to sign a treaty ④ **eine Lücke schließen** to close a gap ⑤ (*zumachen*) to close [*oder* shut] down ⑥ (*schlussfolgern*) to infer [ɪnˈfɜːʳ] ⑦ **die Tür schließt nicht richtig** the door doesn't close properly ⑧ **die Hunde wurden in den Zwinger geschlossen** the dogs were locked in the kennel ⑨ **der Kongress schloss mit einem Konzert** the convention finished with a concert ⑩ **diese Wunde schließt sich langsam** this wound [wuːnd] is closing [up] slowly

das **Schließfach** ① (*Postschließfach*) post office box, PO box ② (*Bankschließfach*) safe-deposit box ③ (*Gepäckschließfach*) left-luggage locker

**schließlich** ① (*endlich*) eventually, finally ② (*immerhin*) after all

**schlimm** ① (*auch übertragen*) bad ② **es hätte schlimmer kommen können** it could have been worse; **es kommt noch schlimmer** there is worse to come ③ **umso schlimmer!** so much the worse! ④ **es könnte schlimmer sein** worse things happen at sea *umgangsspr* ⑤ **ist doch halb so schlimm** it's not as bad as all that ⑥ **das Schlimmste ist vorbei** the worst is over; **das Schlimmste daran ist ...** the worst of it is ...

die **Schlinge** ① (*Schleife, Öse*) loop ② (*zum Fangen*) snare ③ (*Binde*) sling

**schlingen**¹ ① (*binden*) to tie [taɪ] ② (*umschlingen*) to wrap [ræp] ③ **sich um etwas schlingen** *Pflanze:* to coil [kɔɪl] around something

**schlingen**² (*herunterschlingen*) **schling nicht so!** don't bolt your food like that!

der **Schlips** tie, necktie ['nektaɪ] ⓊⓈⒶ

der **Schlitten** ① sledge ⒼⒷ, sled ⓊⓈⒶ; **Schlitten fahren** to go tobogganing [təˈbɒɡ³nɪŋ] ② (*umgangsspr: Wagen*) motor ['məʊtəʳ], wheels *umgangsspr* ▸ WENDUNGEN: **mit jemandem Schlitten fahren** to give someone a hard time

der **Schlittschuh** [ice] skate

die **Schlittschuhbahn** ice rink

der **Schlittschuhläufer**, die **Schlittschuhläuferin** skater

der **Schlitz** slit; (*Einwurfschlitz*) slot

das **Schlitzohr** sly fox *umgangsspr*

der **Schlögel** Ⓐ leg; (*vom Wild*) haunch [hɔːn(t)ʃ]

das **Schloss** ① (*Burg*) castle [ˈkɑːsl]; (*Palast*) palace [ˈpælɪs] ② (*Verschluss*) lock; (*Kofferschloss*) fastener [ˈfɑːsˀnəʳ]

der **Schlosser**, die **Schlosserin** locksmith; (*Bauschlosser*) fitter

die **Schlosserei** metalworking shop

der **Schlot** ① (*Schornstein*) chimney; (*Fabrikschlot*) smokestack ② (*Vulkanöffnung*) vent ▸ WENDUNGEN: **rauchen wie ein Schlot** to smoke like a chimney *umgangsspr*

die **Schlucht** gorge [gɔːdʒ], ravine [rəˈviːn]

**schluchzen** to sob

der **Schluck** gulp; **ein Schluck Wasser** a mouthful of water; **ein kleiner Schluck** a sip

der **Schluckauf** hiccups [ˈhɪkʌpz] ⚠ *plural*

**schlucken** ① (*auch übertragen*) to swallow [ˈswɒləʊ]; (*herunterwürgen*) to gulp down ② to swallow; **das schluckt meine ganzen Ersparnisse** that swallows up all my savings

die **Schluckimpfung** oral vaccination

**schlummern** to slumber

der **Schlund** ① gullet ② (*Abgrund*) abyss [əˈbɪs], chasm [ˈkæzˀm]

**schlüpfen** ① to slip ② *Küken:* to hatch out

der **Schlüpfer** panties ⚠ *plural*

**schlürfen** to slurp

der **Schluss** ① (*Ende, Halt*) end ② (*Abschluss*) ending ③ **jetzt ist aber Schluss!** that's enough now!; **Schluss damit!** stop it! ④ **Schluss für heute!** that's it for today! ⑤ **Schluss machen** (*mit der Arbeit*) to call it a day; (*Selbstmord begehen*) to end it all; **mit jemandem Schluss machen** to finish with someone ⑥ **zum Schluss** in the end ⑦ **welchen Schluss ziehen Sie daraus?** what conclusion do you draw from this?; **ein voreiliger Schluss** a rash conclusion

der **Schlüssel** ① (*auch übertragen*) key (**zu** to) ② (*Schraubenschlüssel*) spanner [ˈspænəʳ] ⒼⒷ, wrench [renʃ] ⓊⓈⒶ ③ (*Notenschlüssel*) clef [klef]

das **Schlüsselbein** collarbone

der **Schlüsselbund** bunch of keys

das **Schlüsselloch** keyhole; **durchs Schlüsselloch gucken** to spy through the keyhole

die **Schlussfolgerung** conclusion; **aus etwas Schlussfolgerungen ziehen** to draw conclusions from something

das **Schlusslicht** ① rear light ② (*übertragen*) **das Schlusslicht bilden** to bring up the rear [rɪəʳ]

**S**

**Schlussverkauf – Schnabel**

der **Schlussverkauf** sales ⚠ *plural*
**schmächtig** frail [freɪl], slight [slaɪt]
**schmackhaft** tasty; **jemandem etwas schmackhaft machen** to make something tempting to someone
**schmal** ① (*eng*) narrow ['nærəʊ]; **er hat schmale Lippen** he has thin lips ② (*schlank*) slender, slim
**schmälern** to diminish *Wert;* to belittle *Verdienste*
die **Schmalspur** narrow gauge
das **Schmalz** lard
**schmalzig** *Musik, Film:* slushy *umgangsspr,* schmaltzy ['ʃmɔːltsi] *umgangsspr*
der **Schmarotzer** ① (*Mensch*) sponger ['spʌndʒəʳ] ⓖⒷ, freeloader ⓤⓈⒶ ② (*Tiere, Pflanzen*) parasite ['pærəsaɪt]
der **Schmarren** Ⓐ *pancake broken up with a fork* ▶ WENDUNGEN: **erzähl mir keinen Schmarren** don't give me that [old] rubbish
**schmatzen** to eat noisily
**schmecken** ① (*Geschmack haben*) to taste (**nach** of); **gut schmecken** to taste good [*oder* nice] ② **das schmeckt mir nicht** I don't like the taste of it; **das schmeckt nicht schlecht** it tastes all right to me; **das hat geschmeckt!** that was good!; **wie schmeckt's?** how do you like it?
die **Schmeichelei** flattery
**schmeichelhaft** (*auch übertragen*) flattering
**schmeicheln** to flatter
**schmeißen** to throw [θrəʊ] *Ball* ▶ WENDUNGEN: **eine Sache** [*oder* **den Laden**] **schmeißen** to run the show
**schmelzen** to melt; *Schnee auch:* to thaw [θɔː]
der **Schmelzkäse** cheese spread
der **Schmelzpunkt** melting point
der **Schmerz** ① pain ② **Schmerzen haben** to be in pain; **hast du noch Schmerzen?** is it still hurting? ③ **er schrie vor Schmerzen** he screamed in pain
**schmerzempfindlich** *Körperteil:* sensitive; *Mensch:* sensitive to pain
**schmerzen** (*wehtun*) to hurt; **sein Arm schmerzt noch immer** his arm is still giving him pain
das **Schmerzensgeld** compensation
**schmerzhaft** painful
**schmerzlich** painful; **ein schmerzlicher Verlust** a severe [sɪ'vɪəʳ] loss
**schmerzlos** ① painless ② **kurz und schmerzlos** short and sweet
das **Schmerzmittel** painkiller
die **Schmerztablette** painkiller

der **Schmetterling** butterfly
**schmettern** to smash; **etwas in die Ecke schmettern** to fling something into the corner
der **Schmied** smith
**schmiegen** **sich an jemanden schmiegen** to snuggle up to someone
**schmieren** ① to smear [smɪəʳ] ② to lubricate *Maschinen* ③ (*schlecht schreiben*) to scrawl [skrɔːl] ④ (*schmierig sein*) to smear ⑤ (*bestechen*) **jemanden schmieren** to grease someone's palm ▶ WENDUNGEN: **es läuft wie geschmiert** it's going like clockwork
das **Schmiergeld** bribe
die **Schmiergelder** bribe ⚠ *singular;* **Schmiergelder nehmen** to take bribes [*oder* a bribe]
das **Schmierpapier** scrap paper
die **Schmierseife** soft soap
der **Schmierzettel** piece of jotting paper
die **Schminke** make-up ['meɪkʌp]
**schminken** **sich schminken** to put on make-up
das **Schmirgelpapier** sandpaper
**schmökern** **in einem Buch schmökern** to bury ['beri] oneself in a book
**schmollen** to sulk
der **Schmollmund** pout [paʊt]
**schmoren** to braise [breɪz] ▶ WENDUNGEN: **jemanden schmoren lassen** to leave someone to stew [stjuː]
der **Schmuck** ① (*Juwelen*) jewellery ['dʒuːəlri] ⓖⒷ, jewelry ⓤⓈⒶ, ⚠ ‚schmuck‘ *bedeutet im amerikanischen Englisch ‚Idiot‘!* ② (*Dekoration*) decoration [ˌdekəˈreɪʃ°n]
**schmücken** ① to adorn, to decorate ['dekəreɪt] ② **sich schmücken** to adorn oneself
**schmuddelig** messy, dirty
der **Schmuggel** smuggling ['smʌglɪŋ]
**schmuggeln** to smuggle ['smʌgəl]
die **Schmuggelware** contraband, smuggled ['smʌgəld] goods
der **Schmuggler,** die **Schmugglerin** smuggler ['smʌgləʳ]
**schmunzeln** to grin
**schmusen** to have a cuddle; **mit jemandem schmusen** to cuddle someone
der **Schmutz** dirt ▶ WENDUNGEN: **jemandes Namen durch den Schmutz ziehen** to blacken someone's name
**schmutzig** dirty; **etwas schmutzig machen** to get something dirty
der **Schnabel** ① beak, bill ② (*Mund*) gob *umgangsspr,* trap *umgangsspr;* **halt den Schnabel!** shut your trap! *umgangsspr*

**die Schnake** gnat [næt], midge
**die Schnalle** buckle
**schnallen** ① to strap (**an** to) ② (*slang*) **etwas schnallen** to get something
**das Schnäppchen** bargain ['bɑːɡɪn]
**der Schnäppchenmarkt** bargain basement
**schnappen** ① (*etwas ergreifen, erwischen*) to grab, to snatch ② **Luft schnappen gehen** to go and get some fresh air ③ (*fangen*) to nab *umgangsspr;* **die Polizei hat ihn dabei geschnappt, wie er ...** the police nabbed him when [*oder* as] he ... ④ **nach Luft schnappen** to gasp for breath
**der Schnappschuss** snapshot
**der Schnaps** booze (GB), liquor ['lɪkəʳ] (USA)
**schnarchen** to snore
**schnattern** ① *Gans, Ente:* to quack ② (*viel reden*) to gabble, to prattle
**schnauben** *Pferd:* to snort ▸ WENDUNGEN: **vor Wut schnauben** to snort with rage
**schnaufen** to puff, to wheeze
**der Schnauz** (CH) moustache [mə'stɑːʃ]
**der Schnauzbart** moustache [mə'stɑːʃ]
**die Schnauze** ① muzzle ② (*Mund*) trap *umgangsspr;* **halt die Schnauze!** shut your trap! *umgangsspr* ③ *von Flugzeug:* nose; *von Auto:* front
**schnäuzen sich schnäuzen** to blow [bləʊ] one's nose
**die Schnecke** snail ▸ WENDUNGEN: **jemanden zur Schnecke machen** to give someone a dressing-down
**das Schneckentempo** ▸ WENDUNGEN: **im Schneckentempo** at a snail's pace
**der Schnee** ① snow [snəʊ] ② (*Heroin, Kokain*) snow ▸ WENDUNGEN: **Schnee von gestern sein** to be ancient history
**der Schneeball** snowball
**die Schneeballschlacht** snowball fight; **eine Schneeballschlacht machen** to have a snowball fight
**der Schneebesen** whisk
**die Schneeflocke** snowflake
**das Schneeglöckchen** snowdrop
**die Schneegrenze** snowline
**die Schneeketten** snow chains *plural*
**der Schneemann** snowman
**der Schneematsch** slush
**der Schneeregen** sleet
**der Schneesturm** snowstorm
**das Schneewittchen** Snow White
**schneiden** ① to cut ② **sich die Nägel schneiden** to cut one's nails ③ **sich schneiden** to cut oneself; **sich am Finger schneiden** to cut one's finger ④ **sich die Haare**

**schneiden lassen** to have one's hair cut ⑤ (*ignorieren*) **jemanden schneiden** to cut someone dead ▸ WENDUNGEN: **da hast du dich aber geschnitten!** you're very much mistaken here!

**G** Richtiges Konjugieren von **cut**: cut, cut, cut — *Kate cut the cake into eight pieces; has Tom cut himself?*

**schneidend** ① (*beißend*) biting ② (*durchdringend*) piercing
**der Schneider**, **die Schneiderin** tailor; (*Damenschneider*) dressmaker
**der Schneidezahn** incisor [ɪn'saɪzəʳ]
**schneien** to snow [snəʊ]
**schnell** ① fast [fɑːst]; (*rasch*) quick ② **mach schnell!** hurry up!; **schnell, schnell!** quick, quick! ③ quickly, fast; **er arbeitet schnell** he is a fast worker
**der Schnellhefter** loose-leaf binder
**die Schnelligkeit** speed; **mit großer Schnelligkeit** at top speed
**der Schnellimbiss** snack bar
**schnellstens** as quickly as possible
**der Schnellzug** fast train
**schniefen** to sniffle
**das Schnippchen** ▸ WENDUNGEN: **jemandem ein Schnippchen schlagen** to outsmart someone
**der/das Schnipsel** shred
**der Schnitt** ① cut ② (*Längs-, Querschnitt*) section ['sekʃən] ③ **im Schnitt** on average ['ævərɪdʒ]
**die Schnittblumen** cut flowers *plural*
**die Schnitte eine Schnitte Brot** a slice of bread
**der Schnittlauch** chives [tʃaɪvz] ⚠ *plural*
**die Schnittmenge** intersection
**der Schnittpunkt** point of intersection
**die Schnittstelle** interface
**die Schnittwunde** cut; (*tiefe Schnittwunde*) gash
**das Schnitzel** pork [*oder* veal] cutlet
**schnitzen** to carve
**der Schnorchel** snorkel ['snɔːkəl]
**schnorren** to scrounge [skraʊndʒ] *umgangsspr;* **etwas bei jemandem schnorren** to cadge [*oder* scrounge] something off someone
**der Schnorrer**, **die Schnorrerin** scrounger [skraʊndʒəʳ] *umgangsspr,* sponger [spʌndʒəʳ] *umgangsspr*
**schnüffeln** ① (*schnuppern*) to sniff (**an** at) ② *Detektiv:* to snoop around
**der Schnuller** dummy (GB), pacifier (USA)
**die Schnulze** tearjerker ['tɪəˌdʒɜːkəʳ] *umgangsspr*
**der Schnupfen** cold; **Schnupfen haben** to have

**schnuppern – Schraube**

a cold

**schnuppern** to sniff (**an** at)

die **Schnur** string; (*Kordel*) cord; (*Leitungs-schnur*) flex

**schnüren** to tie together; to lace up *Schuhe*

**schnurlos** cordless

der **Schnurrbart** moustache [məˈstɑːʃ] ⒼⒷ, mustache [ˈməstɑːʃ] ⓊⓈⒶ

**schnurren** ❶ (*surren*) to whir [wɜːʳ] ❷ *Katze:* to purr [pɜːʳ]

der **Schnürsenkel** shoelace

der **Schober** Ⓐ (*Scheune*) barn

der **Schock** shock

**schockieren** to shock

die **Schokolade** chocolate [ˈtʃɒkələt]

die **Scholle** ❶ (*Fisch*) plaice ❷ (*Eisbrocken*) [ice] floe

**schon** ❶ (*bereits*) already; **ich lebe schon seit 2 Jahren in Berlin** I have been living in Berlin for 2 years; **das habe ich schon oft gehört** I've heard that often; **ich bin schon lange fertig** I've been ready for ages; **wartest du schon lange?** have you been waiting long?; **schon immer** always ❷ (*jemals*) ever; **sind Sie schon mal in Spanien gewesen?** have you ever been to Spain? ❸ (*bloß*) just [dʒʌst]; **wenn ich das schon höre!** if I even hear that! ❹ **na wenn schon!** so what! ❺ **was ist das schon!** that's nothing! ❻ **ja, schon ...** yes, well ... ❼ **das ist schon möglich** that's quite possible ❽ **mach schon!** get a move on! ❾ **morgen schon gar nicht** tomorrow least of all

**schön** ❶ (*hübsch*) beautiful, lovely ❷ (*angenehm*) nice; **hier ist es schön warm** it's nice and warm here ❸ **heute Nachmittag wird es schön** it's going to be fine this afternoon ❹ **eines schönen Tages** one fine day ❺ **das ist ja eine schöne Ausrede** that's a fine excuse; **du bist mir ein schöner Freund!** a fine friend you are! ❻ **das ist ja alles schön und gut, aber ...** that's all very well, but ... ❼ (*gut*) well; **schlaf schön!** sleep well! ❽ (*ziemlich*) pretty; **ganz schön lange** quite a while ❾ **das wäre ja noch schöner!** whatever next!

**schonen** ❶ (*verschonen*) to spare ❷ (*sorgfältig behandeln*) to look after, to take care of ❸ **sich schonen** to take care of oneself

**schonend** ❶ (*vorsichtig*) gentle ❷ (*mild*) mild [maɪld] ❸ **etwas schonend behandeln** to treat something with care; **jemandem etwas schonend beibringen** to break something to someone gently

der **Schongang** (*an Waschmaschine*) gentle action wash

die **Schönheit** ❶ beauty ❷ (*schöne Frau*) beautiful woman, beauty

der **Schönheitsfehler** blemish

die **Schonkost** light diet [daɪət]

die **Schonung** ❶ (*vorsichtige Behandlung*) saving; **zur Schonung der Möbel** for the protection of the furniture ❷ **sie braucht noch Schonung** she still needs to take it easy

**schonungslos** ❶ (*ohne Gnade*) merciless ❷ bluntly

der **Schopf** shock of hair ▸ WENDUNGEN: **die Gelegenheit beim Schopf packen** to seize the opportunity

**schöpfen** ❶ to scoop; to ladle *Suppe* (**aus** from) ❷ to summon up *Mut, Kraft;* **Verdacht schöpfen** to become suspicious

der **Schöpfer**, die **Schöpferin** ❶ creator [kriˈeɪtəʳ] ❷ (*Gott*) **der Schöpfer** the Creator

die **Schöpfung** ❶ (*Kreation, Werk*) creation [kriˈeɪʃ³n] ❷ (*Erfindung*) invention ❸ (*in Bibel*) **die Schöpfung** the Creation

der **Schöps** Ⓐ (*Hammel*) wether [ˈweðəʳ]

der **Schorf** scab

der **Schornstein** chimney; (*von Schiff*) funnel; (*Fabrikschornstein*) smokestack

der **Schornsteinfeger**, die **Schornsteinfegerin** [chimney]sweep

der **Schoß** lap; **auf jemandes Schoß sitzen** to sit on someone's lap

der **Schoßhund** lapdog

der **Schotte** Scot, Scotsman; **die Schotten** the Scots

der **Schottenrock** kilt

die **Schottin** Scotswoman; **die Schottinnen** Scottish women

**schottisch** Scottish

**Schottland** Scotland

**schraffieren** to hatch

**schräg** ❶ (*ungerade*) oblique [əˈbliːk] ❷ (*geneigt*) sloping ❸ (*quer laufend*) diagonal [darˈæg³n³l] ❹ (*nicht parallel*) obliquely ❺ (*diagonal*) diagonally ▸ WENDUNGEN: **jemanden schräg ansehen** to look askance at someone

die **Schräge** slope

der **Schrägstrich** slash, oblique

die **Schramme** scratch

der **Schrank** cupboard ⒼⒷ, closet [ˈklɒzɪt] ⓊⓈⒶ; (*Kleiderschrank*) wardrobe [ˈwɔːdrəʊb]

die **Schranke** (*auch übertragen*) barrier

**schrankenlos** unlimited

die **Schraube** screw ▸ WENDUNGEN: **bei ihm ist**

**eine Schraube locker** he has a screw loose *umgangsspr*

**schrauben** to screw; **etwas fester schrauben** to screw something tighter

der **Schraubendreher** screwdriver

der **Schraubenschlüssel** spanner

der **Schraubenzieher** screwdriver

der **Schraubverschluss** screw top [*oder* cap]

der **Schrebergarten** allotment [ə'lɒtmənt]

der **Schreck** ① fright [fraɪt], scare; **einen Schreck bekommen** to get a fright; **jemandem einen Schreck|en| einjagen** to give someone a fright ② **mit dem Schrecken davonkommen** to escape with no more than a fright

**schrecken** ① to frighten ② **aus dem Schlaf schrecken** to be startled out of one' sleep

**schreckhaft** easily startled

**schrecklich** ① (*furchtbar*) terrible ② **du bist wirklich schrecklich!** you're awful! *umgangsspr* ③ (*sehr*) **er ist schrecklich eingebildet** he's awfully conceited

der **Schrei** cry; (*lauter*) shout; (*gellend*) yell [jel]; (*kreischend*) scream [skriːm], shriek [ʃriːk] ▶ WENDUNGEN: **der letzte Schrei** the latest thing

der **Schreibblock** writing pad

das **Schreiben** letter

**schreiben** ① to write [raɪt]; **wie schreibt man das?** how do you spell that? ② **jemandem schreiben** to write to someone

**G** Richtiges Konjugieren von **write**: write, wrote written — Anne wrote her friend a long letter; this book was written by Charles Dickens.

die **Schreibmaschine** typewriter ['taɪpraɪtəʳ]; **Schreibmaschine schreiben** to type; **mit der Schreibmaschine geschrieben** typewritten

der **Schreibtisch** desk

die **Schreibwarenhandlung** stationer's

**schreien** to shout; (*laut schreien*) to scream [skriːm]

der **Schreihals** bawler [bɔːləʳ]

der **Schreiner**, die **Schreinerin** carpenter

die **Schreinerei** carpenter's workshop

**schreiten** ① to stride ② **zur Tat schreiten** to get down to action

die **Schrift** ① (*Handschrift*) handwriting ② (*in der Typografie*) type [taɪp] ③ (*Bibel*) **die Heilige Schrift** the Holy Scriptures *plural*

die **Schriftart** type[face]

**schriftlich** ① written [rɪtᵊn]; **die schriftliche Prüfung** the written exam ② **jemandem**

**etwas schriftlich geben** to give someone something in writing

der **Schriftsteller** author ['ɔːθəʳ], writer ['raɪtəʳ]

die **Schriftstellerin** author ['ɔːθəʳ], writer ['raɪtəʳ]

**schrill** shrill [ʃrɪl]

der **Schritt** ① (*auch übertragen*) step; **es sind nur ein paar Schritte** it's only a few steps ② (*Gang*) gait [geɪt], walk ③ (*einer Hose*) crotch ④ **mit jemandem Schritt halten** to keep up with someone ⑤ **Schritt für Schritt** step by step ⑥ (*den Anfang machen*) **den ersten Schritt tun** to take the first step

die **Schrittgeschwindigkeit** walking speed

das **Schritttempo im Schritttempo fahren** to crawl [krɔːl] along

**schrittweise** gradually ['grædʒuəli]

**schroff** ① (*steil abfallend*) steep; (*jäh*) precipitous [prɪ'sɪpɪtəs] ② (*zerklüftet*) rugged ③ (*barsch*) curt [kɜːt] ④ (*groß*) **ein schroffer Gegensatz** a sharp contrast

die **Schrotflinte** shotgun

der **Schrott** scrap metal

der **Schrottplatz** scrapyard

**schrottreif** ready for the scrap heap

**schrubben** ① (*putzen*) to scrub ② **sich schrubben** to scrub oneself

**schrullig** odd

**schrumpfen** ① (*auch übertragen*) to shrink ② *Firma:* to decline

**G** Richtiges Konjugieren von **shrink**: shrink, shrank, shrunk — Bob's pullover shrank when he washed it in hot water; these socks are too small — they must have shrunk.

die **Schubkarre**, der **Schubkarren** wheelbarrow ['wiːlˌbærəʊ]

die **Schublade** drawer ['drɔːʳ]

der **Schubs jemandem einen Schubs geben** to give someone a shove [ʃʌv]

**schubsen** to push [pʊʃ], to shove [ʃʌv]

**schüchtern** *Versuch:* shy, timid ['tɪmɪd]

die **Schüchternheit** shyness

**schuften** to slave away *umgangsspr*

der **Schuh** shoe; **Schuhe putzen** to clean [*oder* (USA) shine] shoes ▶ WENDUNGEN: **jemandem etwas in die Schuhe schieben** to put the blame for something on someone

die **Schuhcreme** shoe polish

die **Schuhgröße** shoe size

der **Schuhmacher**, die **Schuhmacherin** shoemaker

die **Schuhsohle** sole

die **Schularbeit** ① (*Hausaufgaben*) homework △ *kein Plural* ② (A) (*Klassenarbeit*) [class] test

**Schularbeiten – Schulung** 918

die **Schularbeiten**, die **Schulaufgaben** homework *singular;* **wir haben Schulaufgaben auf** we've got homework to do

der **Schulausflug** school outing ['aʊtɪŋ]

die **Schulbildung** [school] education

das **Schulbuch** school book ['skuːlˌbʊk]

der **Schulbus** school bus

die **Schuld** ① (*moralische Schuld*) guilt [gɪlt] ② **jemandem die Schuld an etwas geben** to blame someone for something; **die Schuld auf sich nehmen** to take the blame; **ihn trifft keine Schuld** he's not to blame; **sie hat keine Schuld** she's not to blame ③ (*finanziell*) **eine Schuld begleichen** (*auch übertragen*) to pay off a debt [det]

**schuld** ① **daran bin ich schuld** I'm to blame for this; **wer ist schuld?** whose fault [fɔːlt] is it?; **er ist schuld** it's his fault; **wer ist schuld an dem Unfall?** who is to blame for this accident?; **du bist schuld, wenn wir den Zug verpassen** it's your fault if we miss the train ② **ich bin nicht schuld, wenn ...** it won't be my fault if ... ③ **du bist selbst schuld** that's your own fault

**schuldbewusst** **schuldbewusst sein** to feel guilty ['gɪlti]

die **Schulden** ① debts [dets] ② **er hat Schulden bei mir** he is in my debt [det]; **Schulden machen** to get [*oder* run] into debt ▸ WENDUNGEN: **sich etwas zu Schulden kommen lassen** to do something wrong [rɒŋ]

**schulden** ① (*auch übertragen*) to owe [əʊ] ② **jemandem etwas schulden** to owe someone something

**schuldenfrei** free of debt *nachgestellt*

das **Schuldgefühl** feeling of guilt

**schuldig** ① (*auch moralisch*) guilty ['gɪlti] ② **was bin ich [Ihnen] schuldig?** what do I owe [əʊ] you?; **ich bin dir noch ein Essen schuldig** I owe you a meal

**schuldlos** blameless

der **Schuldner**, die **Schuldnerin** debtor

die **Schule** school [skuːl]; **in der Schule** at school; **in die Schule gehen** to go to school; **die Schule wechseln** to change schools; **die Schule schwänzen** to play truant ['truːənt] ▸ WENDUNGEN: **durch eine harte Schule gehen** to learn the hard way; **Schule machen** to become the accepted thing

🅛 Im amerikanischen Schulsystem beginnen die Schüler mit der **elementary school** (1.–6./8. Klasse). In manchen Gegenden geht man nach der **sixth grade** (6. Klasse) schon in

eine andere Schule, die **junior high school** (7.–9. Klasse) heißt. Danach besuchen die Schüler 3 Jahre lang die **high school**. In Gegenden ohne **junior high school** geht man nach 8 Jahren **elementary school** direkt zur **high school**, die dann mit der **ninth grade** (9. Klasse) anfängt. Die Schule endet für alle Schüler nach der **twelfth grade** (12. Klasse). (Zu den verschiedenen Arten von Schulen Großbritanniens und der USA siehe→**school, boarding school, comprehensive school, elementary school, high school, junior school.**)

das **Schulenglisch** **dazu reicht mein Schulenglisch gerade noch** the English I learnt at school is just about good enough for that

der **Schüler** schoolboy; **alle Schüler dieser Schule** all the pupils ['pjuːpᵊlz] of this school

der **Schüleraustausch** school exchange

der **Schülerausweis** student ['stjuːdᵊnt] card

die **Schülerin** schoolgirl

das **Schulfach** subject

die **Schulferien** school holidays ⒼⒷ, vacation [vɜˈkeɪʃᵊn] ⓊⓈⒶ

**schulfrei** **morgen ist schulfrei** there's no school tomorrow

der **Schulfreund**, die **Schulfreundin** school friend

das **Schulgeld** school fees ⚠ *plural*

das **Schulheft** exercise book

der **Schulhof** school playground, schoolyard

das **Schuljahr** ① school year [jɪəʳ] ② (*Jahrgang*) year

die **Schulkenntnisse** school knowledge ⚠ *singular*

das **Schulkind** schoolchild

die **Schulklasse** class [klɑːs]

der **Schulleiter**, die **Schulleiterin** head teacher, principal ['prɪnsəpᵊl] ⓊⓈⒶ

die **Schulmedizin** orthodox medicine

die **Schulpflicht** compulsory school attendance **schulpflichtig** **schulpflichtig sein** to be required to attend school; **Kinder im schulpflichtigen Alter** children of school age

der **Schulschluss** end of school

der **Schulschwänzer**, die **Schulschwänzerin** pupil who plays truant

der **Schulsprecher**, die **Schulsprecherin** head boy *maskulin,* head girl *feminin*

die **Schulter** ① shoulder ['ʃəʊldəʳ] ② **mit den Schultern zucken** to shrug one's shoulders ▸ WENDUNGEN: **etwas auf die leichte Schulter nehmen** to take something lightly

**schulterlang** *Haare:* shoulder-length ['ʃəʊldəʳ]

die **Schulung** ① training ② (*Kurs*) [training] course; **an einer Schulung für Manager**

**teilnehmen** to do a course in management
der **Schulunterricht** school lessons ⚠ *plural*
der **Schulverweis** exclusion; (*befristet*) suspension
der **Schulweg** way to school
das **Schulwesen** school system
die **Schulzeit während meiner Schulzeit** when I was in school
das **Schulzeugnis** school report
**schummeln** to cheat [tʃiːt]
die **Schuppe** ❶ *von Fisch:* scale ❷ (*auf der Kopfhaut*) **Schuppen haben** to have dandruff ['dændrʌf] ► WENDUNGEN: **es fiel mir wie Schuppen von den Augen** the scales fell from my eyes
der **Schuppen** ❶ (*Verschlag*) shed 🇬🇧, shack 🇺🇸 ❷ (*Lokal*) dive *umgangsspr*
**schüren** ❶ to poke, to rake *Feuer* ❷ (*übertragen*) to stir up *Streit, Zwietracht*
die **Schürfwunde** abrasion, graze
der **Schurke** rascal ['rɑːskəl], rogue [rəʊg]
die **Schurwolle** virgin wool
die **Schürze** apron ['eɪprən]; **sich eine Schürze umbinden** to put an apron on
der **Schuss** ❶ (*mit einer Waffe*) shot; **einen Schuss abfeuern** to fire a shot ❷ (*Torschuss*) shot ❸ (*kleine Menge einer Flüssigkeit*) dash; **ein Schuss Whisky** a shot of whisky ❹ (*Heroininjektion*) fix *umgangsspr*, shot *umgangsspr;* **sich einen Schuss setzen** to shoot up ► WENDUNGEN: **nicht zum Schuss kommen** to not get a look in; **weit ab vom Schuss sein** to be miles from where the action is; **gut in Schuss sein** to be in good shape
die **Schüssel** ❶ bowl [bəʊl] ❷ (*Toilettenschüssel*) pan
**schusssicher** bulletproof
die **Schusswunde** bullet wound ['bʊlɪtˌwuːnd]
der **Schuster**, die **Schusterin** shoemaker
der **Schutt** rubble
der **Schuttabladeplatz** [rubbish [*oder* 🇺🇸 garbage]] dump
der **Schüttelfrost** shivering fit
**schütteln** ❶ to shake ❷ **jemandem die Hand schütteln** to shake hands with someone ❸ **sich schütteln** to shiver; **sich vor Lachen schütteln** to shake with laughter
**schütten** ❶ (*gießen*) to pour [pɔːʳ] ❷ **es schüttet** it is pouring with rain
der **Schüttstein** 🇨🇭 sink
der **Schutz** ❶ protection (**gegen** from) ❷ (*Obdach, Zuflucht*) shelter (**gegen/vor** from) ❸ **jemanden in Schutz nehmen** to stand up for someone ❹ **im Schutz des Felsens**

in the shelter of the rock; **im Schutz der Dunkelheit** under cover of darkness
der **Schutzanzug** protective clothes [kləʊ(ð)z] ⚠ *plural*
**schutzbedürftig** in need of protection *nachgestellt*
das **Schutzblech** mudguard
der **Schütze** ❶ marksman ❷ (*Dienstgrad in der Armee*) private ['praɪvɪt] ❸ (*Sternzeichen*) Sagittarius [ˌsædʒɪ'teərɪəs]
**schützen** ❶ to protect (**gegen** against) ❷ (*Schutz bieten*) to offer protection (**vor** from, **gegen** against) ❸ **sich schützen** to protect oneself
der **Schutzengel** guardian angel
der **Schutzfilm** protective coat
der **Schutzhelm** safety helmet
die **Schutzimpfung** vaccination [ˌvæksɪ'neɪʃən], inoculation [ɪˌnɒkjə'leɪʃən]
**schutzlos** ❶ (*ungeschützt*) unprotected ❷ (*wehrlos*) defenceless; **einer Sache schutzlos ausgeliefert sein** to be defenceless against something; **jemandem schutzlos ausgeliefert sein** to be at someone's mercy
die **Schutzmaßnahme** precaution
der **Schutzmechanismus** protective mechanism
der **Schutzumschlag** *von Buch:* dust cover [*oder* jacket]
die **Schutzvorrichtung** safety device
der **Schutzweg** Ⓐ (*Fußgängerüberweg*) pedestrian [pɪ'destrɪən] crossing
die **Schutzweste** bulletproof vest
der **Schwabe**, die **Schwäbin** Swabian ['sweɪbɪən]
**schwäbisch** Swabian
**schwach** ❶ (*körperlich*) weak [wiːk] ❷ (*gering, schlecht*) poor [pɔːʳ] ❸ **ich fühl mich ganz schwach vor Hunger** I feel faint with hunger ❹ **mit schwacher Stimme** in a feeble voice ❺ **ein schwacher Trost** a poor consolation [ˌkɒnsə'leɪʃən]; **eine schwache Ausrede** a lame excuse ❻ **schwach auf den Beinen sein** to feel weak at the knees ❼ **sie ist schwach in Mathematik** her maths is weak ❽ **das schwache Geschlecht** the weaker sex ► WENDUNGEN: **mach mich nicht schwach!** don't tempt me!
die **Schwäche** (*auch übertragen*) weakness; **sie hat eine Schwäche für Schokolade** she's got a weakness for chocolate
**schwächen** to weaken
der **Schwachkopf** dimwit *umgangsspr*
der **Schwächling** weakling

**Schwachsinn – schweigen** 920

der **Schwachsinn** mental deficiency ▶ WENDUN-
GEN: **das ist doch Schwachsinn!** that's a
mug's game! *umgangsspr*

**schwachsinnig** ❶ *Geisteszustand:* mentally
deficient [dɪˈfɪʃ°nt] ❷ **das ist doch total
schwachsinnig!** that's idiotic! *umgangsspr*

die **Schwachstelle** weak point

der **Schwachstrom** weak current

**schwafeln** to blether [ˈblɛðəʳ] on *umgangs-
spr*

der **Schwager** brother-in-law

die **Schwägerin** sister-in-law

die **Schwalbe** swallow [ˈswɒləʊ]

der **Schwall** torrent; *von Wasser auch:* gush

der **Schwamm** ❶ sponge [spʌndʒ]; **etwas mit
dem Schwamm abwischen** to sponge
something ❷ (*Hausschwamm*) dry rot
▶ WENDUNGEN: **Schwamm drüber!** let's for-
get it!

**schwammig** ❶ spongy ❷ (*vage*) vague
[veɪg]

der **Schwan** swan [swɒn]

**schwanger** pregnant; **sie ist im 5. Monat
schwanger** she's five months pregnant

die **Schwangerschaft** pregnancy

der **Schwangerschaftsabbruch** abortion

der **Schwangerschaftstest** pregnancy [ˈpreg-
nənsi] test

**schwanken** ❶ (*wanken*) to stagger ❷ (*zö-
gern*) to hesitate [ˈhezɪteɪt] ❸ (*fluktuieren*)
to fluctuate [ˈflʌktʃueɪt]

der **Schwanz** *von Tier, Flugzeug:* tail

**schwänzen** to skip; **die Schule schwänzen**
to play truant [ˈtruːənt] ⒼⒷ *umgangsspr,* to
play hooky [ˈhʊki] ⓊⓈⒶ *umgangsspr*

der **Schwarm** ❶ swarm [swɔːm] ❷ (*Person*)
heart-throb, crush *umgangsspr;* **Peter ist ihr
neuer Schwarm** she's got a crush on Peter
now

**schwärmen** ❶ *Bienen:* to swarm [swɔːm]
❷ **für jemanden schwärmen** to be crazy
about someone ❸ **ins Schwärmen geraten**
to go into raptures

die **Schwärmerei** passion

**schwarz** ❶ (*Farbe*) black ❷ (*illegal*) illegal
[ɪˈliːgəl], illicit [ɪˈlɪsɪt]; **etwas schwarzver-
dienen** to earn something on the side ❸ **ich
habe es schwarz auf weiß** I've got it in
black and white ❹ **in den schwarzen Zah-
len** in the black ❺ **schwarz werden** to
blacken ❻ **ihm wurde schwarz vor
Augen** he had a blackout ❼ (*im Universum*)
**ein schwarzes Loch** a black hole ▶ WENDUN-
GEN: **da kannst du warten, bis du
schwarz wirst!** you can wait till the cows
come home!

die **Schwarzarbeit** illicit work, moonlighting *um-
gangsspr*

**schwarzarbeiten** to work illegally, to moon-
light *umgangsspr*

der **Schwarzarbeiter**, die **Schwarzarbeiterin**
person doing illicit work

das **Schwarzbrot** black bread

der/die **Schwarze** (*Person*) black person

**schwärzen** to blacken

**schwarzfahren** to dodge paying one's fare

das **Schwarzgeld** illegal earnings ⚠ *plural*

**schwarzhaarig** black-haired

der **Schwarzhandel** black market trading

der **Schwarzmarkt** black market

der **Schwarzmarktpreis** black market price

**schwarzsehen** to be pessimistic

der **Schwarzwald** ❶ **der Schwarzwald** the
Black Forest ❷ **Schwarzwälder Kirsch-
torte** Black Forest gateau

der **Schwarzweißfilm** black-and-white film

**schwatzen** ❶ (*sich unterhalten*) to talk
❷ (*plappern*) to prattle *umgangsspr*
❸ **dummes Zeug schwatzen** to talk a load
of rubbish

**schwatzhaft** ❶ (*redselig*) talkative
❷ (*klatschsüchtig*) gossipy *umgangsspr*

die **Schwebebahn** overhead railway

der **Schwebebalken** balance beam

**schweben** ❶ (*an etwas schweben*) to be sus-
pended; (*hängen*) to hang [hæn] ❷ (*in der
Luft*) to float [fləʊt]; (*auf der Stelle in der
Luft*) to hover [ˈhɒvəʳ] ❸ (*noch unentschie-
den*) to be undecided ❹ **in Lebensgefahr
schweben** to be in danger of dying; (*im
Krankenhaus*) to be in a critical condition

der **Schwede** Swede [swiːd]

**Schweden** Sweden

die **Schwedin** Swede, Swedish woman

**schwedisch** Swedish

der **Schwefel** sulphur [ˈsʌlfəʳ] ⒼⒷ, sulfur [ˈsʌlfəʳ]
ⓊⓈⒶ

das **Schwefeldioxid** sulphur dioxide

**schwefelhaltig** sulphur[e]ous

**schweifen** ❶ to roam [rəʊm], to rove [rəʊv],
to wander about ❷ **den Blick schweifen
lassen** to let one's gaze wander

das **Schweigegeld** hush money

die **Schweigeminute** **eine Schweigeminute
einlegen** to observe a minute of silence

das **Schweigen** silence [ˈsaɪləns] ▶ WENDUNGEN:
**jemanden zum Schweigen bringen** to si-
lence someone

**schweigen** ❶ (*still sein*) to be silent ❷ **ganz
zu schweigen von ...** let alone ..., to say

nothing of ...

die **Schweigepflicht** die ärztliche Schweigepflicht a doctor's duty of confidentiality; **der Schweigepflicht unterliegen** to be bound to maintain confidentiality

**schweigsam** ❶ (*still*) quiet ❷ (*wortkarg*) taciturn ['tæsɪtɜːn] ❸ (*verschwiegen*) discreet [dɪ'skriːt]

die **Schweigsamkeit** quietness

das **Schwein** ❶ (*Tier*) pig ⒼⒷ, hog ⓊⓈⒶ ❷ (*Schimpfwort*) **du Schwein!** you bastard! *umgangsspr* ❸ **armes Schwein!** poor sod! *umgangsspr* ▸ WENDUNGEN: **Schwein haben** to be lucky

der **Schweinebraten** roast pork

das **Schweinefleisch** pork

der **Schweinehund** (*Schimpfwort*) stinker *umgangsspr*, swine *umgangsspr* ▸ WENDUNGEN: **seinen inneren Schweinehund überwinden** to overcome one's weaker self

das **Schweinekotelett** pork chop

die **Schweinerei** ❶ (*Unordnung*) mess ❷ (*Gemeinheit*) dirty trick; **so eine Schweinerei!** that's scandalous!

der **Schweinestall** (*auch übertragen*) pigsty ['pɪgstaɪ], pigpen ⓊⓈⒶ

der **Schweiß** ❶ sweat [swet], perspiration [ˌpɜːspə'reɪʃ°n] ❷ **in Schweiß ausbrechen** to break out in a sweat ▸ WENDUNGEN: **im Schweiße seines Angesichts** in the sweat of his brow [braʊ]

der **Schweißausbruch** sweating ⚠ *kein Plural*

**schweißen** to weld

die **Schweißfüße** sweaty [sweti] feet

**schweißgebadet** bathed in sweat [swet]

der **Schweißtropfen** bead of sweat

die **Schweiz** die Schweiz Switzerland ⚠ *ohne Artikel*

der **Schweizer** ❶ Swiss ❷ **Schweizer Käse** Swiss cheese

das **Schweizerdeutsch** Swiss German

die **Schweizerin** Swiss woman [*oder* girl]

**schweizerisch** Swiss

**schwelgen** ❶ to indulge [ɪn'dʌldʒ] oneself (**in** in) ❷ **im Luxus schwelgen** to wallow ['wɒləʊ] in luxury

die **Schwelle** ❶ (*auch übertragen*) threshold ['θreʃhəʊld]; **an der Schwelle** on the threshold ❷ (*Bahnschwelle*) sleeper ⒼⒷ, tie [taɪ] ⓊⓈⒶ

**schwellen** to swell

die **Schwellung** swelling

die **Schwemme** glut (**an** of)

**schwemmen** etwas an Land schwemmen to wash something ashore

**schwenken** ❶ to wave *Fahne* ❷ (*in Butter*) to toss ❸ **die Kamera schwenkte auf das Haus** the camera panned in to the house

**schwer** ❶ (*von Gewicht*) heavy ['hevi] ❷ (*drückend, lästig*) oppressive [ə'presɪv] ❸ *Situation:* difficult, hard ❹ (*schwerwiegend*) serious ❺ **schweren Herzens** with a heavy heart ❻ **es ist schwer, mit ihm auszukommen** he is hard to get on with; **es war nicht allzu schwer, ihn zu finden** there was not much difficulty in finding him ❼ **schwer zu sagen** difficult to say ❽ **jemandem das Leben schwer machen** to make life difficult for someone ❾ (*sehr*) really; **ich muss schwer aufpassen** I must be very careful; **da hast du dich aber schwer getäuscht!** you are seriously mistaken there!; **ich werd mich schwer hüten!** no way! ❿ **schwer bewaffnet** heavily armed; **schwer erziehbar** maladjusted [ˌmælə'dʒʌstɪd]; **schwer krank** seriously ill; **schwer verdaulich** indigestible [ˌɪndɪ'dʒestəb°l]; **schwer verletzt** seriously injured; **schwer verständlich** hard to understand

die **Schwerarbeit** heavy work

der/die **Schwerbehinderte** person with serious disabilities

der/die **Schwerbeschädigte** seriously disabled person

**schwerelos** weightless

**schwerfallen** to be difficult; **das dürfte dir doch nicht schwerfallen** you shouldn't find that too difficult; **es fällt mir schwer, das zu glauben** I find it difficult to believe that

**schwerfällig** ❶ (*körperlich*) heavy ❷ (*geistig*) dull, slow [sləʊ]

das **Schwergewicht** (*im Boxen*) heavyweight

**schwerhörig** ❶ hard of hearing ❷ **bist du schwerhörig oder was?** are you deaf [def] or what? *umgangsspr* ▸ WENDUNGEN: **auf dem Ohr ist sie schwerhörig** when it comes to that sort of thing, she doesn't want to know

die **Schwerkraft** gravity

**schwerlich** hardly

das **Schwermetall** heavy metal

die **Schwermut** melancholy

**schwermütig** melancholy ['melənk°li]

**schwernehmen** etwas schwernehmen to take something hard

der **Schwerpunkt** ❶ (*in Physik*) centre [*oder* ⓊⓈⒶ center] of gravity ❷ (*übertragen*) main emphasis ['emfəsɪs], stress

das **Schwert** sword [sɔːd]

**Schwerverbrecher – sechste**     **922**

der **Schwerverbrecher**, die **Schwerverbreche-rin** serious offender

der/die **Schwerverletzte** serious casualty ['kæʒjuəlti]

**schwerwiegend** serious

die **Schwester** ❶ sister ❷ (*Nonne*) nun ❸ (*Krankenschwester*) nurse

die **Schwesterfirma** sister [*oder* associate] company

die **Schwiegereltern** parents-in-law

die **Schwiegermutter** mother-in-law

der **Schwiegersohn** son-in-law

die **Schwiegertochter** daughter-in-law

der **Schwiegervater** father-in-law

**schwierig** difficult; **es ist schwierig, mit ihm auszukommen** he is difficult to get on with; **das ist nicht schwierig** there's nothing difficult about it

die **Schwierigkeit** ❶ difficulty ❷ **in Schwierigkeiten geraten** to get into difficulties; **Schwierigkeiten überwinden** to get out of difficulties; **jemanden in Schwierigkeiten bringen** to create difficulties for someone; **jemandem Schwierigkeiten machen** to make things difficult for someone

das **Schwimmbad** swimming pool

das **Schwimmbecken** pool

**schwimmen** ❶ to swim; **schwimmen gehen** to go swimming [*oder* for a swim]; **ich gehe gern schwimmen** I like to [*oder* a] swim ❷ *Dinge:* to drift, to float [fləʊt] ❸ **mir schwimmt's vor den Augen** I feel dizzy ▸ WENDUNGEN: **ins Schwimmen geraten** to begin to flounder ['flaʊndəʳ]

Ⓖ Richtiges Konjugieren von **swim**: swim, swam, swum — *Mike swam across the river; have you ever swum in the sea?*

der **Schwimmer**, die **Schwimmerin** swimmer

die **Schwimmflosse** *von Fisch:* fin; *von Taucher, Wal, Robben:* flipper

der **Schwimmlehrer**, die **Schwimmlehrerin** swimming instructor

die **Schwimmweste** life jacket

der **Schwindel** ❶ (*Gefühl*) dizziness ❷ **Schwindel erregend** causing giddiness ❸ (*Täuschung*) swindle; (*Betrug, Schwindelei*) fraud [frɔːd]; **das ist ja alles Schwindel!** it's all lies!; **auf den Schwindel falle ich nicht herein!** I'm not falling for that!

der **Schwindelanfall** **einen Schwindelanfall haben** to have a dizzy turn

**schwindelfrei** **schwindelfrei sein** to have a good head for heights [haɪts]

**schwind(e)lig** dizzy, giddy; **mir ist schwindelig** I feel dizzy

**schwindeln**[1] ❶ (*aus Schwindelgefühl*) **mir schwindelt** I feel dizzy ❷ **in schwindelnder Höhe** at a dizzy[ing] height

**schwindeln**[2] (*lügen*) to lie

der **Schwindler**, die **Schwindlerin** ❶ (*Betrüger*) swindler ❷ (*Lügner*) liar

**schwingen** ❶ to swing ❷ *Pendel:* to swing ❸ (*vibrieren*) to vibrate [vaɪˈbreɪt] ❹ **sich aufs Fahrrad schwingen** to jump onto one's bike

Ⓖ Richtiges Konjugieren von **swing**: swing, swung, swung — *suddenly the door swung open; have you ever swung on a rope?*

die **Schwingung** oscillation; **etwas in Schwingung versetzen** to set something swinging

der **Schwips** **einen Schwips haben** to be tipsy

**schwirren** ❶ (*sausen*) to whizz ❷ (*surren*) to buzz ❸ **mir schwirrt der Kopf** my head is buzzing

**schwitzen** to sweat [swet], to perspire [pəˈspaɪəʳ] ▸ WENDUNGEN: **wegen etwas ins Schwitzen geraten** to get into a sweat about something

**schwören** ❶ to swear [sweəʳ] ❷ **ich könnte schwören, dass ...** I could swear to it that ...; **ich habe mir geschworen, nie wieder zu rauchen** I swore to myself I'd never smoke again

**schwul** gay *umgangsspr*

**schwül** close, sultry [sʌltri]

der **Schwule** gay *umgangsspr*

der **Schwung** ❶ (*Elan*) zest ❷ **etwas in Schwung bringen** to get something going ❸ (*Bewegung*) swing

**schwungvoll** ❶ (*mit Bewegung*) sweeping ❷ *Mensch:* with plenty of drive; **schwungvoll sein** to have plenty of drive ❸ **eine schwungvolle Rede** a stirring speech

der **Schwur** oath [əʊθ]; **einen Schwur leisten** to take an oath

die **Sechs** ❶ (*Zahl*) [number] six ❷ (*Schulnote*) ≈ F; **eine Sechs schreiben** ≈ to get an F ❸ **die Sechs** (*Straßenbahn, Bus*) the number six [tram/bus]

**sechs** six; **viertel vor sechs** a quarter to six

das **Sechseck** hexagon ['heksəgən]

**sechshundert** six hundred

**sechsjährig** six-year-old; **ein sechsjähriges Kind** a six-year-old child

**sechstausend** six thousand

**sechste(r, s)** ❶ sixth, 6th ❷ **wir haben heute den sechsten Dezember** today is the sixth of December ❸ **ich bin in der sechsten Klasse** I'm in Year 6

das **Sechstel** sixth part, sixth
**sechstel** sixth
**sechstens** sixthly
**sechzehn** sixteen
**sechzehnte(r, s)** sixteenth
**sechzig** sixty
die **Sechzigerjahre in den Sechzigerjahren** in the sixties
**sechzigste(r, s)** sixtieth
das **Sechzigstel** sixtieth part
der **Secondhandladen** [zɛkn̩t'hɛnt-] second-hand shop
der **See** (*Binnensee*) lake

**See**

 Nicht verwechseln mit *sea* — *das Meer!*

die **See** (*Weltmeer*) sea [siː]; **wir leben an der See** we live by the sea
der **Seefahrer** seafarer
die **Seefahrt** seafaring ⚠ *ohne Artikel*
der **Seehund** seal [siːl]
der **Seeigel** sea urchin ['ɜːtʃɪn]
**seekrank** seasick; **ich werde immer seekrank** I always get seasick
der **Seelachs** coley
die **Seele** ❶ soul [səʊl] ❷ **von ganzer Seele** with all one's heart ▶ WENDUNGEN: **nun hat die arme Seele Ruh!** that'll put him out of his misery!; **du sprichst mir aus der Seele!** that's exactly what I think!
**seelenruhig** as cool as a cucumber ['kjuːkʌmbəʳ] *umgangsspr*
**seelisch** ❶ *Schaden:* psychological [ˌsaɪkə'lɒdʒɪkᵊl]; **seelisch bedingt sein** to have psychological causes ❷ *Gleichgewicht, Grausamkeit, Qual, Entwicklung:* mental ❸ *Belastung, Qual, Entwicklung:* emotional
der **Seelöwe** sea lion
die **Seelsorge** pastoral care
der **Seelsorger**, die **Seelsorgerin** pastor ['pɑːstəʳ]

die **Seeluft** sea air
der **Seemann** sailor ['seɪləʳ], seaman ['siːmən]
die **Seemeile** nautical mile
die **Seenot** distress; **in Seenot geraten** to get into distress
der **Seenotruf** nautical distress signal
das **Seepferd**, das **Seepferdchen** sea horse
der **Seeräuber** pirate ['paɪrət]
die **Seereise** voyage; (*Kreuzfahrt*) cruise
die **Seerose** water lily
der **Seestern** starfish
der **Seetang** seaweed
das **Seeufer** lakeside
der **Seevogel** sea bird
die **Seewarte** naval [*oder* marine] observatory
die **Seezunge** sole
das **Segel** sail [seɪl] ▶ WENDUNGEN: **jemandem den Wind aus den Segeln nehmen** to take the wind out of someone's sails
das **Segelboot** sailing boat, sailboat 🇺🇸
**segelfliegen** to glide
das **Segelflugzeug** glider
der **Segelklub** sailing club
**segeln** to sail [seɪl]
die **Segelohren** jug ears *umgangsspr*
die **Segelregatta** sailing regatta
das **Segelschiff** sailing ship [*oder* vessel]
der **Segen** blessing; **das war ein wahrer Segen** that was a real godsend ▶ WENDUNGEN: **jemandem seinen Segen erteilen** to give someone one's blessing
das **Segment** segment
**segnen** to bless
das **Sehen ich kenne sie nur vom Sehen** I know her only by sight
**sehen** ❶ to see ❷ **ich habe gesehen, wie es passiert ist** I saw it happen ❸ **es war nichts zu sehen** there was nothing to be seen ❹ **sie will mich nicht mehr sehen** she doesn't want to see me anymore ❺ **sehe ich richtig, ist das nicht …?** am I seeing things or is that …? ❻ **ich sehe mich nicht in der Lage, das zu tun** I can't see my way to doing that; **ich sah mich gezwungen, …** I felt obliged [ə'blaɪdʒd] to … ❼ **mal sehen, ob wir helfen können** we'll see if we can help; **wollen wir mal sehen, was passiert** let's just see what happens ❽ **er sah kurz auf die Uhr** he took a quick look at his watch ❾ **darf ich mal sehen?** can I have a look?; **lass mal sehen!** let's have a look! ❿ **sieh mal!** just look! ⓫ **so gesehen** seen [*oder* looked at] in this way ⓬ **sich sehen lassen** to appear [ə'pɪəʳ]; do come again! ⓭ **so kannst du dich sehen lassen** like

that you're presentable [prɪˈzentəbᵊl]; **diese Arbeit kann sich sehen lassen** this piece of work is not bad at all ⓴ **nach jemandem sehen** to come [*oder* go] to see someone

Ⓖ Richtiges Konjugieren von **see**: see, saw, seen – *I saw you in the park yesterday; Emma has seen this film before.*

**sehenswert** ➊ (*interessant*) worth seeing ➋ (*bemerkenswert*) remarkable

die **Sehenswürdigkeit** sight
der **Sehfehler** visual defect
die **Sehkraft** [eye]sight
die **Sehne** ➊ sinew [ˈsɪnjuː], tendon ➋ (*Bogensehne*) string

**sehnen sich nach etwas/jemandem sehnen** to long for something/someone

die **Sehnenzerrung** pulled tendon
die **Sehnsucht** ➊ longing; (*stärker*) yearning [jɜːnɪŋ] (**nach** for) ➋ **Sehnsucht haben** to have a longing [*oder* yearning]

**sehnsüchtig** ➊ longing; (*stärker*) yearning [jɜːnɪŋ] ➋ **sehnsüchtig auf jemanden warten** to long for someone

**sehr** ➊ very; **ich mag ihn sehr** I like him very much; **sie mag ihn so sehr** she likes him so much ➋ **das ist sehr gut möglich** that's very possible ➌ **ihr Haus ist sehr viel größer als unseres** their house is very much bigger than ours ➍ **ich bin nicht sehr musikalisch** I'm not much of a musician ➎ **sie war sehr verlegen** she was very embarrassed ➏ **wie sehr er sich auch bemüht, ...** however much he tries, ... ➐ **danke sehr!** thank you very much! ➑ **das ist wirklich sehr nett von dir** that's really very kind of you

die **Sehstörung** visual defect
der **Sehtest** eye test

**seicht** ➊ (*flach, nicht tief*) shallow [ˈʃæləʊ] ➋ *Film, Buch:* trivial [ˈtrɪviəl]

die **Seide** silk; **aus reiner Seide sein** to be [made of] pure silk

**seidenweich** silky soft
**seidig** silky

die **Seife** soap [səʊp]; **ein Stück Seife** a cake of soap

die **Seifenoper** soap opera *umgangsspr*
das **Seil** rope; (*Kabel*) cable
die **Seilbahn** cable railway

**seilhüpfen, seilspringen** to skip
der **Seiltänzer**, die **Seiltänzerin** tightrope walker [ˈtaɪtrəʊpˌwɔːkəʳ]

**sein** ➊ to be; **ich bin ja so müde!** I'm so tired!; **du bist ja betrunken!** you're drunk!;

**er ist Deutscher** he is German ➋ **ist was?** is something wrong?; **was ist?** what's the matter? ➌ **wer ist das?** who is that?; **ich bin's** it's me ➍ **sei so nett und ...** be so kind as to ... ➎ **das kann schon sein** that may well be ➏ **sie ist jetzt wer** she's made it now ➐ **danke, mir ist jetzt nicht nach Alkohol** thanks, but I don't feel like drinking right now ➑ **wie wär's mit einem Spaziergang?** how about going for a walk? ➒ **wann ist die Prüfung noch mal?** when is the exam again? ➓ (*in Vergangenheit*) **sie ist schon gegangen** she's already gone ⓫ **wie lange bist du schon da?** how long have you been here?

**sein** (*männlich*) his; **er liegt in seinem Bett** he's lying in his bed; (*bei Mädchen*) her; **das Mädchen sucht seinen Schirm** the girl is looking for her umbrella; (*bei Tieren*), its, his/her; **der Hund kaut auf seinem Knochen** the dog is chewing on his [*oder* its] bone; (*bei Sachen*) its; **der Baum hat seine Blätter verloren** the tree has lost its leaves; (*allgemeines 'man'*) one's/his/their; **jeder hat seine Sorgen** everybody has his [*oder* their] problems

**seinerseits er seinerseits** he for his part
**seinetwegen** ➊ (*wegen ihm*) on account of him, on his account ➋ (*für ihn*) on his behalf [bɪˈhɑːf]

**seinetwillen um seinetwillen** for his sake
**seit** ➊ (*Zeitpunkt*) since; **ich bin seit 3 Uhr hier** I've been here since 3 o'clock; **ich komme schon seit 2001 hierher** I've been coming here since 2001 ➋ (*Zeitraum*) for; **wir leben seit 5 Jahren in Bonn** we've been living in Bonn for 5 years now; **ich habe sie seit 2 Jahren nicht gesehen** I haven't seen her for 2 years; **ich kenne ihn schon seit Jahren** I've known him for years ➌ **ich jogge erst seit kurzem** I only recently started jogging; **sie kennen sich schon seit langem** they've known each other for a long while; **seit neuestem steht er auf Klassik** he's become a classic fan lately ➍ **seit wann?** (*von wann an?*) since when?; (*wie lange?*) how long?

Ⓥ **since** wird bei genauen Zeitangaben gebraucht: *Vivian has been waiting since two o'clock; we have lived here since 2003;* — **for** wird dagegen für Zeiträume gebraucht: *Vivian has been waiting for two hours; we have lived here for three years.*

**seitdem** ➊ **seitdem er auf die Schule geht, er ist ganz brav geworden** since he's been at school, he has become very good ➋ **seit-**

**dem war sie nicht mehr im Kino** she hasn't gone to the cinema since
die **Seite** ① side ② (*Flanke*) flank ③ (*Richtung*) direction; **er kam von dieser Seite** he came from that direction [dɪ'rekʃⁿn] ④ *von Buch usw.*: page; **auf Seite 17** on page 17 ⑤ *von Kleidungsstück*: **rechte/linke Seite** right/wrong side ⑥ **er trat zur Seite** he moved [*oder* stood] aside [*oder* to one side] ⑦ **Seite an Seite** side by side ⑧ **jemandem zur Seite stehen** to stand by someone ⑨ **von väterlicher Seite** from the paternal [pə'tɜːnᵊl] side ⑩ **alles hat seine zwei Seiten** there are always two sides to every story ⑪ **er ist auf unserer Seite** he's on our side ⑫ **die Seiten wechseln** to change sides ⑬ **von meiner Seite aus** as far as I'm concerned ⑭ **Schokolade ist meine schwache Seite** I have a weakness for chocolate; **Fremdsprachen sind nicht gerade meine starke Seite** I'm pretty useless at foreign languages ▶ WENDUNGEN: **jemanden auf die Seite schaffen** to get rid of someone
der **Seitenairbag** side airbag
die **Seitenangabe** page reference
der **Seitenausgang** side exit
der **Seiteneingang** side entrance
der **Seitenhieb jemandem einen Seitenhieb geben** to sideswipe someone
**seitenlang** several pages long; **seitenlange Briefe schreiben** to write endless letters
die **Seitenlinie** (*Fußball*) touchline; (*Tennis*) sideline
**seitens** on the part of
der **Seitensprung einen Seitensprung machen** to have a bit on the side *umgangsspr*
das **Seitenstechen Seitenstechen haben** to have a stitch [in one's side]
die **Seitenstraße** side street [*oder* road]
der **Seitenwechsel** (*im Sport*) changeover
die **Seitenzahl** ① (*Zahl auf der Seite*) page number ② (*Gesamtzahl*) number of pages
**seither** since then; **seither war ich nicht mehr im Schwimmbad** I haven't been to the swimming pool since
**seitwärts** sideways
der **Sekretär** ① [male] secretary ['sekrətʰri] ② (*Möbelstück*) bureau ['bjʊərəʊ]
das **Sekretariat** office
die **Sekretärin** secretary ['sekrətʰri]
der **Sekt** sparkling wine
die **Sekte** sect
**sekundär** secondary
der **Sekundarlehrer**, die **Sekundarlehrerin** Ⓒ🄷 secondary [*oder* 🅄🅂🄰] high school teacher

die **Sekundarschule** Ⓒ🄷 secondary [*oder* 🅄🅂🄰 high] school
die **Sekunde** second ['sekʰnd]; **auf die Sekunde genau** to the second; **im Bruchteil einer Sekunde** in a split second
der **Sekundenzeiger** second hand
**selbst** ① **ich selbst habe es gesehen!** I saw it myself!; **ich selbst habe nicht mit ihr gesprochen** I haven't spoken to her personally ② (*statt jemand anders*) okay, **ich mache es selbst** OK, I'll do it myself ③ (*Handarbeit*) **das habe ich selbst gemacht** I made it myself; **selbst gestrickt** hand-knitted; **selbst gemachte Marmelade** home-made jam ④ **das muss sie selbst entscheiden** she's got to decide that by herself; **das muss sie selbst wissen** that's her business ⑤ (*sogar*) **selbst Peter war da** even Peter was there ⑥ **selbst wenn ich Lust hätte, ...** even if I wanted to, ... ⑦ **das versteht sich von selbst** that goes without saying
der **Selbstauslöser** (*beim Fotoapparat*) delay timer, delayed-action shutter release
die **Selbstbedienung** self-service
der **Selbstbedienungsladen** self-service shop
die **Selbstbefriedigung** masturbation [ˌmæstə'beɪʃⁿn]
die **Selbstbeherrschung die Selbstbeherrschung verlieren/wahren** to lose/keep one's self-control
das **Selbstbestimmungsrecht** right to self-determination
**selbstbewusst** self-assured [ˌselfə'ʃʊəd], self-confident [ˌself'kɒnfɪdᵊnt]
das **Selbstbewusstsein** self-confidence [ˌself'kɒnfɪdᵊns]; **kein Selbstbewusstsein haben** to have no self-confidence
das **Selbstgespräch Selbstgespräche führen** to talk to oneself
die **Selbsthilfegruppe** self-help group
**selbstklebend** self-adhesive [əd'hiːsɪv]
die **Selbstkontrolle** self-restraint, self-control
der **Selbstkostenpreis** cost price; **zum Selbstkostenpreis** at cost price
die **Selbstkritik** self-criticism
der **Selbstlaut** vowel [vaʊəl]
**selbstlos** unselfish
die **Selbstmedikation** self-medication
das **Selbstmitleid** self-pity
der **Selbstmord** suicide ['suːɪsaɪd]; **Selbstmord begehen** to commit suicide
der **Selbstmörder**, die **Selbstmörderin** suicide ['suːɪsaɪd]
**selbstmordgefährdet** suicidal [ˌsuːɪ'saɪdᵊl]

der **Selbstmordversuch** suicide attempt

**selbstsicher** self-confident

**selbstständig** ① independent ② (*nicht angestellt*) **sich selbstständig machen** to start up one's own business, to set up on one's own ▶ WENDUNGEN: **sich selbstständig machen** to grow legs *humorvoll*

**selbstverständlich** ① **jemandem zu helfen, das ist doch selbstverständlich** it's perfectly natural to help other people ② **es ist doch selbstverständlich!** it goes without saying ③ **etwas für selbstverständlich halten** to take something for granted ④ **kommst du? — selbstverständlich!** are you coming? — of course!

die **Selbstverständlichkeit** **das war doch eine Selbstverständlichkeit!** that was only natural; (*nach Hilfe*) not at all!

die **Selbstverteidigung** self-defence

das **Selbstvertrauen** self-confidence; **kein Selbstvertrauen haben** to have no self-confidence

das **Selbstwertgefühl** self-esteem

**selig** ① (*in der Religion*) blessed ['blesɪd] ② (*wonnig*) blissful ③ (*gestorben*) **meine selige Mutter** my late mother ▶ WENDUNGEN: **wer's glaubt, wird selig!** tell me another! *umgangsspr*

der/die **Sellerie** ① (*Sellerieknolle*) celeriac [sə'leriæk] ② (*Stangensellerie*) celery ['selᵊri]

**selten** ① *Tiere, Pflanzen, Vorkommnisse:* rare [reəʳ] ② (*knapp*) scarce [skeərs] ③ (*ungewöhnlich*) unusual; **seltenes Exemplar** (*eines Buches*) rare copy ④ **das ist ein selten guter Wein** this wine is exceptionally good ⑤ (*nicht oft*) rarely, seldom; **ich gehe selten ins Theater** I rarely go to the theatre; **wir sehen uns höchst selten** we hardly ever meet ▶ WENDUNGEN: **selten so gelacht!** what a laugh [lɑːf]! *umgangsspr*

die **Seltenheit** rarity

**seltsam** strange; (*sonderbar*) odd, queer [kwɪəʳ]

das **Semester** term (GB), semester [sə'mestəʳ] (USA); **im 10. Semester sein** to be in one's fifth year

die **Semesterferien** vacation [və'keɪʃᵊn] ⚠ *singular*

das **Semikolon** semicolon [ˌsemɪ'kəʊlən]

das **Seminar** ① (*Fakultätsabteilung*) department ② (*Kurs*) seminar ['semɪnɑːʳ] ③ (*Priesterseminar*) seminary ['semɪnᵊri] ④ (*Studienseminar*) teacher training college

die **Semmel** roll [rəʊl]

der **Senat** senate ['senɪt]

der **Senator**, die **Senatorin** senator ['senətəʳ]

**senden**[1] (*schicken*) to send (**an** to); **jemandem etwas senden** to send someone something

**senden**[2] (*Radio, TV*) to broadcast ['brɔːdkɑːst]; (*Funksignal*) to transmit

die **Sendepause** intermission

der **Sender** ① (*Anlage*) transmitter ② (*Fernsehen*) channel ['tʃænᵊl] (GB), station ['steɪʃᵊn] (USA)

der **Sendeschluss** closedown, end of broadcasts

die **Sendezeit** broadcasting time; **zur besten Sendezeit** at prime time

die **Sendung** ① (*von Gütern*) consignment ② (*im Fernsehen*) programme ['prəʊgræm]; **auf Sendung** on air

der **Senf** mustard ['mʌstəd] ▶ WENDUNGEN: **seinen Senf dazu geben** to have one's say

**senil** senile ['siːnaɪl]

der **Senior** ① **der Senior einer Gruppe** the eldest of a group ② (*umgangsspr: Chef*) boss ③ (*älterer Mitbürger*) senior citizen; **Senioren** senior citizens

das **Seniorenheim** old people's home

die **Seniorin** senior citizen

**senken** ① to lower [ləʊəʳ] *Stimme, Preise* ② (*in der Technik*) to sink ③ **sich senken** (*sinken*) to sink; (*absacken*) to sag; *Nacht, Nebel:* to fall

**senkrecht** vertical ['vɜːtɪkᵊl], perpendicular [ˌpɜːpᵊn'dɪkjʊləʳ]

die **Senkung** ① *von Preis, Ausgaben:* reduction; **eine Senkung der Kosten** a reduction in costs; **eine Senkung der Steuern vorschlagen** to propose lowering taxes ② *von Boden, Straße:* subsidence; *des Wasserspiegels:* fall

die **Sensation** sensation [sen'seɪʃᵊn]

**sensationell** sensational [sen'seɪʃᵊnᵊl]

**sensationslüstern** sensation-seeking

**sensibel** sensitive ['sensɪtɪv]

> **F** Nicht verwechseln mit *sensible — vernünftig!*

die **Sensibilität** sensitivity

der **Sensor** sensor

die **Sensortaste** sensor control

**sentimental** sentimental [ˌsentɪ'mentᵊl]

die **Sentimentalität** sentimentality

**separat** separate; *Wohnung, Zimmer:* self-contained

der **September** September [sep'tembəʳ]; **am 15. September** on 15th September, on September 15 (USA); (*gesprochen*) on the 15th of September, September the 15th (USA); **Anfang**

September at the beginning of September;
**Ende September** at the end of September
der **Serbe**, die **Serbin** Serbian ['sɜːbiən]
**Serbien** Serbia ['sɜːbiə]
**serbisch** Serbian ['sɜːbiən]
die **Serie** ❶ (*im Fernsehen, Radio*) series ['sɪəriːz] ❷ (*von Briefmarken usw.*) set ❸ **in Serie hergestellt werden** to be mass-produced

 **series** wird zusammen mit einem Verb im Singular gebraucht: *a new television series begins today.*

**serienmäßig** *Ausstattung*: standard; **serienmäßig sein** to be a standard feature
der **Serienmord** serial killing
die **Seriennummer** serial number
der **Serientäter**, die **Serientäterin** repeat offender
**seriös** ❶ *Angebot*: serious ['sɪəriəs] ❷ **eine seriöse Firma** a reputable company ❸ (*anständig*) **er ist sehr seriös** he's very respectable

**F** Nicht verwechseln mit *serious — ernst!*

der **Server** ['sœːrvɐ] server
der **Service**[1] ['zœgvɪs] (*Dienstleistung*) service
das **Service**[2] [zɛrˈviːs] (*Geschirr*) dinner service; (*Gläserservice*) set
**servieren** to serve; **das Abendessen servieren** to serve dinner
die **Serviererin** waitress
die **Serviertochter** Ⓒ waitress
der **Serviervorschlag** serving suggestion
die **Serviette** napkin, serviette [ˌsɜːviˈet]
die **Servolenkung** power-assisted steering
**Servus** Ⓐ (*zur Begrüßung*) hello!; (*beim Abschied*) [good]bye!
der **Sessel** easy chair; (*Lehnstuhl*) armchair
der **Sessellift** chairlift
**sesshaft** **sesshaft werden** to settle down; **er war in Paris sesshaft** he lived in Paris
**setzen** ❶ **sich setzen** to sit down; *Vogel*: to perch [pɜːtʃ]; *Schwebestoffe*: to settle ❷ **darf ich mich zu Ihnen setzen?** may I join you?; **setz dich zu mir/neben mich** sit by/with me!; **sich auf einen Stuhl setzen** to sit down in a chair ❸ **to plant** [plɑːnt] *Pflanze* ❹ (*in Setzerei*) to set ❺ **jemandem eine Frist von drei Tagen setzen** to set someone a time limit of three days ❻ **Geld auf etwas setzen** to bet on something ❼ **sich den Hut auf den Kopf setzen** to put one's hat on one's head ❽ **seine Unterschrift unter ein Schriftstück setzen** to put one's signature to a document ❾ **etwas**

**auf die Tagesordnung setzen** to put something on the agenda; **etwas in die Zeitung setzen** to put something in the paper ❿ (*springen*) to jump (**über** over) ⓫ **auf jemanden setzen** to put one's money on someone ⓬ **sich etwas in den Kopf setzen** to put [*oder* take] something into one's head
die **Seuche** epidemic [ˌepɪˈdemɪk]
**seufzen** to sigh [saɪ] (**vor** with); **seufzend** with a sigh
der **Seufzer** groan, sigh [saɪ]; **einen Seufzer ausstoßen** to heave a sigh
der **Sex** sex
die **Sexualität** sexuality [ˌsekʃʊˈæləti]
die **Sexualkunde** sexual education
**sexuell** sexual
das **Shampoo** [ˈʃampu] shampoo [ʃæmˈpuː]
die **Shorts** [ʃoːɐ̯ts] shorts *plural*, pair of shorts

 **shorts** werden im Englischen immer im Plural gebraucht: *Where are my blue shorts?* — **a pair of shorts** wird aber im Singular verwendet: *This is Peter's pair of shorts.*

das **Showbusiness** ['ʃoːbɪznɪs] show business
**siamesisch** Siamese; **siamesische Zwillinge** Siamese [ˌsaɪəˈmiːz] twins
**Sibirien** Siberia [saɪˈbɪəriə]
**sich** ❶ (*im Akkusativ: männlich*) himself; (*weiblich*) herself; (*sächlich*) itself; (*in Mehrzahl*) themselves; **sie hat sich geschnitten** she's cut herself; **er hat sich das Bein gebrochen** he has broken his leg ❷ (*im Dativ*) himself/herself/itself/themselves; **er hatte kein Geld bei sich** he had no money on him; **mit sich reden** to talk to oneself ❸ **außer sich sein** to be beside oneself ❹ **wieder zu sich kommen** to regain consciousness ['kɒnʃəsnəs] ▶ WENDUNGEN: **an sich ist die Sache ganz einfach** basically it's no problem at all; **an sich ist er ganz nett** he's quite nice really; **an und für sich** on the whole; **das ist eine Sache für sich** that is another story
die **Sichel** ❶ sickle ❷ (*Mondsichel*) crescent [ˈkresᵊnt]
**sicher** ❶ (*vor Gefahr*) safe; (*geborgen*) secure ❷ (*gewiss*) certain, sure; **sie sind sicher bald wieder zurück** I'm sure they'll be back soon ❸ (*selbstbewusst*) self-assured [ˌselfəˈʃʊəd] ❹ **sind Sie sich [dessen] sicher?** are you sure of that?; **ich bin mir nicht ganz sicher, aber ...** I don't know for certain, but ...; **es ist absolut sicher, dass ...** it's an absolute certainty that ...; **ich bin**

**Sicherheit – siebzig**

**928**

mir da ganz sicher I'm perfectly sure; **da bin ich mir nicht so sicher** I'm not so sure about that; **das ist sicher** that's for sure ⑤ **sich seiner Sache sicher sein** to be sure of what one is doing/saying ⑥ **das meinst du doch sicher nicht so, oder?** surely you don't mean it? ⑦ **aber sicher!** take it from me! ⑧ **vor etwas sicher sein** to be safe from something; **etwas sicher aufbewahren** to keep something safe ⑨ **es ist so gut wie sicher** it's a safe guess ⑩ **ich weiß aus sicherer Quelle, dass ...** I'm reliably informed that ... ⑪ **sicher ist sicher** better safe than sorry

die **Sicherheit** ① (*vor Gefahr*) safety; **sich in Sicherheit bringen** to get oneself to safety ② (*bei der Bank*) security ③ (*Gewissheit*) certainty ['sɜːtˀnti]; **mit Sicherheit wissen, dass ...** to know for certain that ...; **wird das passieren? - ja, mit Sicherheit** will it happen? - yes, for sure; **das ist mit Sicherheit richtig** that's definitely right ④ **zur Sicherheit** for security

der **Sicherheitsgurt** safety [*oder* seat] belt

**sicherheitshalber** to be on the safe side

die **Sicherheitsmaßnahme** safety precaution

die **Sicherheitsnadel** safety pin

der **Sicherheitsrat** Security Council

die **Sicherheitsvorschrift** safety regulation

**sicherlich** certainly, sure

**sichern** ① (*sicher machen*) to secure [sɪˈkjʊəʳ] ② (*schützen*) to safeguard ③ to save *Software* ④ to put the safety catch on *Gewehr* ⑤ **sich etwas sichern** to secure something for oneself ⑥ **sich gegen etwas sichern** to guard oneself against something

**sicherstellen** ① (*garantieren*) to guarantee [ˌɡærˀnˈtiː] ② *Polizei:* to take possession of

die **Sicherung** ① fuse [fjuːz]; **die Sicherung ist durchgebrannt** I've fused the lights ② (*Sicherstellung*) safeguarding ③ (*Vorrichtung*) safety mechanism ['mekənɪzˀm] ④ (*beim Computer*) backup

die **Sicherungskopie** (*beim Computer*) backup [copy]

die **Sicht** ① (*Aussicht*) view [vjuː] ② (*Sichtverhältnisse*) visibility [ˌvɪzəˈbɪləti]; **gute/ schlechte Sicht** good/poor visibility; **die Sicht beträgt nur 100 Meter** visibility is down to only 100 metres ③ **in Sicht sein** to be within sight [saɪt]; **die Küste kam in Sicht** we came in sight of the coast ④ **auf lange Sicht** in the long run

**sichtbar** ① visible ['vɪzəbˀl]; **sichtbar werden** to appear [əˈpɪəʳ] ② (*deutlich werden*)

**sichtbar werden** to become apparent

**sichten** ① (*sehen*) to sight [saɪt] ② (*durchsehen*) to examine [ɪɡˈzæmɪn] ③ (*aussuchen*) to sift, to sort out

**sichtlich** obvious ['ɒbviəs]; **sie war sichtlich beeindruckt** she was visibly impressed

die **Sichtverhältnisse** visibility [ˌvɪzəˈbɪləti] ⚠ *singular;* **die Sichtverhältnisse waren sehr schlecht** visibility was very bad ⚠ *ohne Artikel und im Singular*

die **Sichtweite** **außer Sichtweite** out of sight [saɪt]; **in Sichtweite kommen** to come into sight

**sickern** to seep

das **Sickerwasser** *surface water seeping through the ground*

**Sie** ① you; **was möchten Sie trinken?** what would you like to drink? ② **gehen Sie schon!** go!

**sie** ① (*als Subjekt*) she; **sie mag gerne Schokolade** she loves chocolate; **sie war's nicht, ich war's** it wasn't her, it was me ② (*als Objekt*) her; **ich mag sie** I like her; **kann ich sie bitte sprechen?** can I talk to her please? ③ **ich bin größer als sie** I'm taller than her ④ (*für Objekte*) it; **wo ist die Vase? — sie ist auf dem Tisch** where's the vase [vɑːz]? — it's on the table ⑤ (*im Plural*) they; **sie sind im Urlaub** they are on holiday; **ich kann sie nicht sehen** I can't see them

das **Sieb** sieve [sɪv]; (*Teesieb*) strainer; (*für Salat*) colander ['kʌləndəʳ]

**sieben**[1] to sieve [sɪv], to sift *Speisen*

**sieben**[2] seven ['sevˀn]; **viertel vor sieben** a quarter to seven

die **Sieben** ① (*Zahl*) [number] seven ② **die Sieben** (*Straßenbahn, Bus*) the number seven [tram/bus]

**siebenhundert** seven hundred

**siebenjährig** seven-year-old

der **Siebenschläfer** fat dormouse

**siebte**(r, s) ① seventh, 7th ② **wir haben heute den siebten Dezember** today is the seventh of December ③ **ich bin in der siebten Klasse** I'm in Year 7 ▶ WENDUNGEN: **im siebten Himmel sein** to be in seventh heaven

das **Siebtel** seventh part, seventh

**siebtel** seventh

**siebtens** in the seventh place

**siebzehn** seventeen [ˌsevˀnˈtiːn]

**siebzehnte**(r, s) seventeenth

das **Siebzehntel** seventeenth

**siebzig** seventy ['sevˀnti]

**929**                                                                     **Siebzigerjahre – Sitz**

die **Siebzigerjahre in den Siebzigerjahren** in the seventies
**siebzigste(r, s)** seventieth ['sevᵊntiəθ]
der **Siedepunkt** boiling point
der **Siedler**, die **Siedlerin** settler
die **Siedlung** ❶ (*Ansiedlung*) settlement ❷ (*Wohnsiedlung*) housing estate
der **Sieg** victory (**über** over); **den Sieg erringen** to be victorious
das **Siegel** seal [si:l]
**siegen** to win; (*im Krieg*) to be victorious [vɪk'tɔ:riəs]
der **Sieger**, die **Siegerin** ❶ victor ❷ (*bei Wettkampf*) winner; **der zweite Sieger** the runner-up; **Sieger sein** to be the winner
die **Siegerehrung** presentation ceremony ['serɪməni]
**siegreich** victorious [vɪk'tɔ:riəs]
das **Signal** ❶ (*für Bahn*) signal ['sɪgnᵊl] ❷ (*Zeichen*) sign [saɪn]
die **Signalanlage** signals △ *plural*
die **Signatur** signature
**signieren** to sign [saɪn]
die **Silbe** syllable ['sɪləbᵊl]
die **Silbentrennung** syllabification [sɪˌlæbɪˈfɪˈkeɪʃᵊn]
das **Silber** ❶ silver ❷ (*Silberzeug*) silverware
**silberfarben**, **silberfarbig** silver[-coloured]
die **Silberhochzeit** silver wedding
die **Silbermedaille** silver medal [ˌsɪlvəˈmedᵊl]
die **Silbermünze** silver coin
**silbern** silver
die **Silhouette** [zi'lʊɛtə] silhouette [ˌsɪlu'et]
der/das **Silvester** New Year's Eve
**simpel** ❶ (*einfach*) plain, simple ❷ (*dumm*) stupid
der/das **Sims** (*Fenstersims*) sill; (*vorspringender Rand*) ledge; (*Kaminsims*) mantelpiece
**simsen** (*umgangsspr*) to text, to send a text message
**simulieren** ❶ to malinger; **Blindheit simulieren** to pretend to be blind ❷ (*in der Informatik*) to [computer-]simulate
**simultan** simultaneous [ˌsɪmᵊl'teɪniəs]; **simultan dolmetschen** to interpret simultaneously
die **Sinfonie** symphony ['sɪmfəni]
das **Sinfoniekonzert** symphony concert
**Singapur** Singapore [ˌsɪŋə'pɔ:ʳ]
**singen** ❶ to sing ❷ (*slang: gestehen*) to squeal [skwi:l] *umgangsspr*

---

Ⓖ Richtiges Konjugieren von **sing**: sing, sang, sung — *Tom sang an old Welsh song; have you sung this song before?*

---

die **Single** ['zɪŋl] (*CD, Schallplatte*) single
der **Single** ['zɪŋl] (*Lediger*) single person
die **Singular** singular ['sɪŋgjələʳ]
der **Singvogel** songbird
**sinken** ❶ to sink; *Preise:* to drop, to fall ❷ **in jemandes Achtung sinken** to sink in someone's estimation
der **Sinn** ❶ (*Sinnesorgan*) sense; **die fünf Sinne** the five senses ❷ (*Verstand*) mind; **sich etwas aus dem Sinn schlagen** to put something out of one's mind; **das geht mir nicht aus dem Sinn** I can't get it out of my mind; **was hast du im Sinn?** what do you have in mind? ❸ (*Bedeutung*) meaning; **im übertragenen Sinn** in the figurative sense ❹ **das hat keinen Sinn** that's pointless ❺ **in gewissem Sinne** in a sense ❻ **mein Leben hat keinen Sinn** my life is meaningless ▸ WENDUNGEN: **von Sinnen sein** to be out of one's senses
das **Sinnesorgan** sense organ
die **Sinnestäuschung** illusion [ɪ'lu:ʒᵊn]
der **Sinneswandel** change of mind
**sinngemäß etwas sinngemäß wiedergeben** to give the gist [dʒɪst] of something
**sinnlich** ❶ (*auf die Sinne bezüglich*) sensuous ['sensjʊəs] ❷ (*den Sinnengenuss betreffend*) sensual ['sensjʊəl]; **ein sinnlicher Mensch** a sensualist ['sensjʊəlɪst]
die **Sinnlichkeit** sensuality [ˌsensjuˈæləti]
**sinnlos** ❶ (*zwecklos*) useless ❷ (*absurd, verrückt*) absurd [əb'zɜ:d] ❸ (*ohne Bedeutung*) meaningless ❹ **sinnlos betrunken** dead [ded] drunk ❺ **es ist einfach sinnlos** (*unverständlich*) it just doesn't make sense; (*zwecklos*) it's totally pointless
die **Sinnlosigkeit** senselessness
**sinnvoll** ❶ (*zweckmäßig*) convenient [kən'vi:niənt] ❷ (*klug*) ingenious [ɪn'dʒi:niəs] ❸ **es wäre sinnvoll, jetzt darüber zu reden** it would be a good idea to talk about it now
die **Sintflut** ❶ (*in Bibel*) Flood [flʌd] ❷ (*übertragen*) deluge ['delju:dʒ]
die **Sippe** ❶ (*von Menschen*) family ❷ (*Art*) species ['spi:ʃi:z]
die **Sirene** (*auch übertragen*) siren ['saɪrən]
der **Sirup** (*Zuckersaft*) treacle ['tri:kᵊl]; (*Fruchtsaft mit Zucker*) syrup ['sɪrəp]
die **Sitte** custom ['kʌstəm]
der **Sittich** parakeet [ˌpærə'ki:t]
das **Sittlichkeitsverbrechen** sex crime
die **Situation** situation [ˌsɪtju'eɪʃᵊn]
der **Sitz** ❶ seat; **verstellbarer Sitz** adjustable seat ❷ (*Wohnsitz*) residence ['rezɪdᵊns]; **mit**

Sitz in Berlin with headquarters [ˌhedˈkwɔːtəz] in Berlin ❸ *von Kleidern:* fit

**G** Richtiges Konjugieren von **sit**: sit, sat, sat — David sat on a wall; he had sat there yesterday too.

**sitzen** ❶ to sit; **bleib [doch] sitzen!** don't get up!; **sitzen bleiben** to remain seated ❷ **die Firma sitzt in Hamburg** the company has its headquarters in Hamburg ❸ *Kleider:* to fit; **das Kleid sitzt nicht** the dress doesn't fit properly ❹ (*im Gefängnis*) to do time *umgangsspr;* **im Gefängnis sitzen** to be in prison; **er musste fünf Jahre sitzen** he had to do five years *umgangsspr* ❺ (*in der Schule*) **sitzen bleiben** to repeat a year ❻ **auf einer Ware sitzen bleiben** to be left with a product ❼ **diese Beleidigung lasse ich nicht auf mir sitzen!** I am not going to take that insult lying down! ❽ **jemanden sitzen lassen** (*im Stich lassen*) to leave someone in the lurch GB ❾ **das hat gesessen!** that hit home!; **die Bemerkung saß** the remark was very apt ▶ WENDUNGEN: **einen sitzen haben** to have had one too many
die **Sitzgelegenheit** seating; **es gab keine Sitzgelegenheiten** there was no seating; **eine Sitzgelegenheit suchen** to look for a seat
der **Sitzplatz** seat
die **Sitzung** ❶ (*Konferenz*) meeting ❷ (*Gericht*) session [ˈseʃ°n]
der **Sitzwürfel** cube footstool
**Sizilien** Sicily [ˈsɪsɪli]
die **Skala** ❶ scale [skeɪl] ❷ (*übertragen*) range
der **Skandal** ❶ scandal [ˈskænd°l] ❷ (*Lärm*) fuss, row [raʊ]
**skandalös** scandalous [ˈskænd°ləs]
**Skandinavien** Scandinavia [ˌskændɪˈneɪviə]
**skandinavisch** Scandinavian [ˌskændɪˈneɪviən]
der **Skat** skat [skæt]
das **Skateboard** [ˈskeːtboːɐ̯t] skateboard
der **Skateboardfahrer**, die **Skateboardfahrerin** skateboarder
das **Skelett** skeleton [ˈskelɪtn]
die **Skepsis** scepticism [ˈskeptɪsɪz°m]
**skeptisch** sceptical [ˈskeptɪk°l]
der **Ski** ski [skiː]; **Ski fahren** [*oder* **laufen**] to ski
der **Skianzug** ski suit
die **Skiausrüstung** ski equipment
der **Skifahrer**, die **Skifahrerin** skier
der **Skilauf**, das **Skilaufen** skiing
der **Skiläufer**, die **Skiläuferin** skier
der **Skilehrer**, die **Skilehrerin** skiing instructor
der **Skilift** ski lift

der **Skinhead** [ˈskɪnhɛt] skinhead
die **Skipiste** ski run
das **Skispringen** ski jumping △ *ohne Artikel*
die **Skizze** ❶ (*Abriss*) sketch ❷ (*Entwurf*) draft; (*Plan*) outline
**skizzieren** ❶ (*umreißen*) to sketch ❷ to outline *Plan*
der **Sklave** slave
der **Sklavenhandel** slave trade
der **Sklaventreiber**, die **Sklaventreiberin** (*auch übertragen*) slave-driver
die **Sklaverei** slavery
die **Sklavin** slave
das/der **Skonto** [cash] discount
der **Skorpion** ❶ scorpion [ˈskɔːpiən] ❷ (*Sternzeichen*) Scorpio [ˈskɔːpiəʊ]
der **Skrupel** ❶ scruple [ˈskruːp°l] ❷ **ohne jeden Skrupel** without the slightest scruple; **keine Skrupel haben** to have no scruples
**skrupellos** unscrupulous [ʌnˈskruːpjələs]

**F** Nicht verwechseln mit *scrupulous — gewissenhaft!*

die **Skulptur** sculpture [ˈskʌlptʃəʳ]
der **Slalom** slalom [ˈslɑːləm]
der **Slang** [slɛŋ] slang
der **Slawe**, die **Slawin** Slav [slɑːv]
**slawisch** Slavonic [sləˈvɒnɪk]
der **Slip** ❶ briefs △ *plural* ❷ (*für Frauen*) panties △ *plural*

**F** Nicht verwechseln mit *slip — der Zettel!*

die **Slipeinlage** panty liner
der **Slowake**, die **Slowakin** Slovak [ˈsləʊvæk]
die **Slowakei** Slovakia [sləˈvækɪə]
**slowakisch** Slovak, Slovakian [sləˈvækiən]
**Slowenien** Slovenia [sləˈviːniə]
der **Slum** [slam] slum
der **Smog** smog [smɒg]
der **Smogalarm** smog alert
der **Smoking** dinner jacket GB, tuxedo [tʌkˈsiːdəʊ]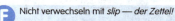

**F** Nicht verwechseln mit *smoking — das Rauchen!*

die **SMS** *Abkürzung von* **Short Message Service** sms; **eine SMS[-Nachricht] senden** to send a text[-message]
das **Snowboard** [ˈsnoːboːɐ̯t] snowboard
**snowboarden** [ˈsnoːboːɐ̯dn̩] to snowboard
**so** ❶ so ❷ (*auf diese Art*) like this, thus ❸ **so!** (*da!*) there you are! ❹ (*ja?*) **so?** is that so? ❺ **ach so!** oh, I see! ❻ **so oder so** one way or another ❼ **heute ist es nicht mehr so warm wie gestern** it's colder than yes-

terday; **er ist so alt wie mein Bruder** he's the same age as my brother; **ich bin noch nicht so weit** I'm not ready yet ⑧ **na so was!** well I never! *umgangsspr* ⑨ **ich will mal nicht so sein** all right, but just this once ⑩ **er war so dumm und hat es ihnen gesagt** he was so stupid as to tell them ⑪ **ich bin ja so müde** I'm so very tired; **ich wünsche es mir so sehr** I want it so much; **er redet immer so viel!** he's always talking so much! ⑫ **so kam es, dass ...** so it was that ... ⑬ **der so genannte ...** the so-called ... ⑭ **und was machst du so?** and what are you up to these days? *umgangsspr* ⑮ **so dass ...** so that ... ⑯ **so reich er auch ist** however rich he may be

**sobald** as soon as; **ich komme, sobald ich fertig bin!** I'll come as soon as I'm finished

die **Socke** sock

der **Sockel** base; (*von Statue*) pedestal ['pedɪstəl]

das **Sodawasser** soda [water]

das **Sodbrennen** heartburn ['hɑːtbɜːn]

**soeben** just; **soeben habe ich gehört ...** I have just heard ...

das **Sofa** sofa ['səʊfə]; (*kleines Sofa*) settee [set'iː]

**sofern** provided [that]

**sofort** at once, immediately [ɪ'miːdiətli]; **sofort!** (*komme sofort!*) coming!

die **Soforthilfe** emergency relief ⚠ *ohne Artikel*

die **Software** ['sɔftvɛːɐ̯] software

das **Softwarepaket** software package

**sogar** even; **sie ist sogar allein gekommen** she even came on her own

**sogleich** immediately

die **Sohle** sole [səʊl]

der **Sohn** son [sʌn]

die **Sojabohne** soybean

**solang(e)** so long as; **solange ich lebe** for the rest of my life; **solange du hier bist, ist alles gut** as long as you're here, everything is fine

die **Solarenergie** solar ['səʊləʳ] energy

das **Solarium** solarium [sə'leəriəm]

**solch** such; **solch ein Glück** such luck

**solche(r, s)** such; **sie mag solche Filme nicht** she doesn't like that kind of film; **ich hab solchen Durst!** I'm so thirsty!

der **Soldat**, die **Soldatin** soldier ['səʊldʒəʳ]

**solid(e)** ① (*fest gebaut*) solid ['sɔlɪd] ② **er hat solide Kenntnisse in Geschichte** he's got a sound knowledge of history ③ (*anständig*) respectable [rɪ'spektəbəl]

**solidarisch eine solidarische Haltung** an attitude of solidarity; **sich mit jemandem solidarisch erklären** to declare one's soli-

darity with someone

**solidarisieren sich solidarisieren** to show [one's] solidarity

die **Solidarität** solidarity; **aus Solidarität** out of solidarity

der **Solidaritätszuschlag** *surcharge on income tax to finance the economic rehabilitation of former East Germany*

der **Solidarpakt** solidarity pact

der **Solist** soloist ['səʊləʊɪst]

**sollen** ① **was soll ich mit ihm machen?** what shall I do with him?; **soll ich dir helfen?** shall I help you? ② (*bei Ratschlägen*) **du solltest das nicht tun!** you shouldn't do that! ③ (*bei Anweisungen*) **du sollst deine Mutter anrufen** you are to call your mother; **ich soll hier aufräumen** I'm supposed to clean up here ④ (*angeblich*) **sie soll ihn verlassen haben** she's supposed [*oder* said] to have left him; **er soll sehr reich sein** he is said to be very rich; **hier soll bald ein Einkaufszentrum entstehen** they're planning to build a shopping mall here ⑤ **was soll das [bedeuten]?** what's that supposed to mean? ⑥ **was soll [denn] das?** what do you think you're doing?; [he], **was soll das?** (*Ausruf*) [hey], what's that all about?; (*Vorwurf*) what's the point of that? ⑦ **was soll ich hier?** what am I here for?; **was soll ich dazu sagen?** what am I supposed to say? ⑧ **was soll's?** so what?, what the heck! *umgangsspr* ⑨ **was soll das heißen?** what does that mean? ⑩ **was soll ich tun?** what am I to do? ⑪ **man sollte meinen, ...** one would think ... ⑫ **sollte er es vergessen haben?** can he have forgotten it? ⑬ **das hätten Sie nicht glauben sollen** you shouldn't have believed it ⑭ **sie weiß nicht, was sie tun soll** she doesn't know what to do ⑮ **so etwas soll es geben** these things happen

das **Solo** solo ['səʊləʊ]

**somit** consequently ['kɒnsɪkwentli], therefore

der **Sommer** summer; **im Sommer** in [the] summer; **im nächsten Sommer** next summer

**sommerlich** (*sommerlich warm*) summery; **sommerlich warme Temperaturen** warm, summer-like temperatures

die **Sommersprossen** freckles

das **Sonderangebot** special offer

die **Sonderausführung** custom-built model

**sonderbar** odd, strange

die **Sonderbedingungen** special terms *plural*

die **Sonderbeilage** *einer Zeitung:* special supplement

## USEFUL PHRASES

Nach den **Sommerferien** gibt es meistens viel zu erzählen, z. B., wo ihr im Urlaub wart oder was du zu Hause alles erlebt hast. Hier die wichtigsten *Useful phrases* zum Thema Ferien und Urlaub.

| | |
|---|---|
| What did you do in the holidays? | It was very warm./It rained a lot. |
| I went to .../I was at home. | We visited/saw ... |
| We got there by ... | I liked ... |
| There was a beach/there were mountains ... | ... was fun/boring/terrible because ... |

der **Sonderfall** special case

das **Sonderkommando** special unit

der **Sondermüll** hazardous ['hæzədəs] waste

**sondern** ❶ **das ist nicht schwarz, sondern blau** it's not black but blue ❷ **sondern was?** what then? ❸ **das ist nicht nur dumm, sondern auch gefährlich** it's not only stupid but also dangerous

der **Sonderpreis** special price

die **Sonderregelung** special provision

die **Sonderschule** special school

die **Sonderstellung** special position

der **Sonderurlaub** special leave; (*im Todesfall*) compassionate leave ⒼⒷ

die **Sondervergütung** fringe [*oder* supplementary] benefits ⚠ *plural*

der **Sonderzug** special train

das **Sonett** sonnet ['sɔnɪt]

der **Sonnabend** Saturday

**sonnabends** on Saturdays

die **Sonne** sun

**sonnen sich sonnen** to sun oneself ▸ WENDUNGEN: **sich in etwas sonnen** to bask [bɑːsk] in something

der **Sonnenaufgang** sunrise; **bei Sonnenaufgang** at sunrise

das **Sonnenbad** sunbathing ⚠ *ohne Artikel;* **ein Sonnenbad nehmen** to sunbathe

die **Sonnenblume** sunflower

das **Sonnenblumenöl** sunflower oil

der **Sonnenbrand** sunburn; **ich habe mir einen Sonnenbrand geholt** I've got sunburn

die **Sonnenbrille** sunglasses ⚠ *plural*

die **Sonneneinstrahlung** insolation

die **Sonnenenergie** solar ['səʊləʳ] energy

die **Sonnenfinsternis** eclipse [ɪ'klɪps] of the sun

das **Sonnenlicht** sunlight

die **Sonnenmilch** suntan lotion

das **Sonnenöl** suntan oil

der **Sonnenschein** sunshine

der **Sonnenschirm** (*für Garten*) sunshade; (*für Straße*) parasol ['pærəsɒl]

das **Sonnenschutzmittel** sunscreen agent ['eɪdʒ°nt]

der **Sonnenstich** sunstroke

der **Sonnenstrahl** sunbeam

das **Sonnensystem** solar ['səʊlə] system

der **Sonnenuntergang** sunset, sundown ⓊⓈⒶ; **bei Sonnenuntergang** at sunset

**sonnig** sunny

der **Sonntag** Sunday; **bis Sonntag!** see you [on] Sunday!; [**am**] **Sonntagabend/Sonntagmorgen/Sonntagnachmittag** [on] Sunday night [*oder* evening]/morning/afternoon; **sonntagabends/sonntagmorgens** on Sunday evenings [*oder* nights]/mornings

**sonntags** on Sundays

die **Sonn- und Feiertage** Sundays and public holidays

**sonst** ❶ (*im Übrigen*) otherwise; **mach schon, sonst kommen wir zu spät!** hurry up or we'll be late! ❷ (*außerdem*) else; **sonst noch Fragen?** any other questions?; **sonst noch etwas?** anything else?; **sonst nichts** nothing else ❸ (*gewöhnlich, üblicherweise*) usually ['juːʒ°li]; **sonst essen wir immer um zwölf** we usually have lunch at twelve ❹ **sonst nirgends** nowhere else ❺ **wenn es sonst nichts ist** if that is all ❻ **wie sonst** as usual ['juːʒ°l] ❼ **wer sonst soll schuld sein?** who's fault could it have been otherwise?

**sonstig** other

der **Sopran** soprano [sə'prɑːnəʊ]

die **Sorge** ❶ (*Kummer*) care ❷ (*quälende Sorge*) worry ['wʌri] ❸ **keine Sorge!** don't worry! ❹ **Sorgen haben** to have problems ❺ **jemandem Sorgen machen** to worry someone ❻ **sich um jemanden Sorgen machen** to worry about someone; **sich über etwas keine Sorgen machen** to not bother ['bɒðəʳ] about something ❼ **lass das mal meine Sorge sein!** leave that to me!

**sorgen** ❶ (*sich kümmern um*) **für jemanden sorgen** to look after someone; **ich sorge fürs Essen** I'll take care of the food ❷ **bitte sorgen Sie dafür, dass ...** please see that ... ❸ **dafür werde ich schon sor-**

**gen!** I'll see to that! ④ **sich sorgen** to worry ['wʌri]; **sich um jemanden sorgen** to be worried about someone

das **Sorgerecht** custody ['kʌstədi]

die **Sorgfalt** care; **mit großer Sorgfalt** with great care

**sorgfältig** careful

**sorglos** ① (*unachtsam*) careless ② (*unbe-kümmert*) carefree

**sorgsam** careful ['keəfᵊl]

die **Sorte** ① (*Art*) kind [kaɪnd], sort; (*Klasse*) grade ② (*Marke*) brand [brænd] ③ (*Wäh-rungen*) **Sorten** foreign currency ['fɒrɪn-'kʌrᵊnsi] △ *singular* ④ **erste Sorte** best quality ['kwɒləti], A 1

**sortieren** to sort

das **Sortiment** range [of goods]; **ein großes Sorti-ment an Tee** a wide range of tea

die **Soße** sauce [sɔːs]; (*Bratensauce*) gravy

das **Souvenir** [zuvə'niːɐ̯] souvenir [ˌsuːvᵊn'ɪəʳ]

der **Souvenirladen** souvenir shop

**souverän** [zuvəˈrɛːn] ① (*selbstständig*) sov-ereign ['sɒvʳrɪn] ② (*überlegen*) superior [suːˈpɪəriəʳ]

der **Souverän** Ⓒ voting public

die **Souveränität** ① sovereignty ② (*Überlegen-heit*) superior ease

**soviel** ① **soviel ich weiß, ...** as far as I know ... ② **soviel er auch arbeitete, ...** however much he worked ...

**soweit** as [*oder* so] far as; **soweit ich weiß** as far as I know

**sowie** ① (*sobald als*) as soon as; **sowie er gegangen war, ...** as soon as he had left, ... ② (*und auch*) as well as

**sowieso** ① anyhow, in any case, anyway; **ich wollte sowieso nicht kommen** I didn't want to come anyway ② **sowieso!** (*geht klar*) that's understood! *umgangsspr*

**sowohl ich mag sowohl Peter als auch Ralf** I like Peter as well as Ralf [*oder* both Pe-ter and Ralf]

**sozial** social ['səʊʃᵊl]

die **Sozialabgaben** social security contributions *plural*

das **Sozialamt** social welfare office

der **Sozialarbeiter**, die **Sozialarbeiterin** social worker

die **Sozialausgaben** public expenditure △ *sin-gular*

der **Sozialdemokrat**, die **Sozialdemokratin** so-cial democrat ['deməkræt]

**sozialdemokratisch** social-democratic

die **Sozialhilfe** income support Ⓖ, welfare [aid] Ⓤ; **von der Sozialhilfe leben** to live off so-cial security

der **Sozialhilfeempfänger**, die **Sozialhilfeemp-fängerin** person receiving income support

die **Sozialisation** socialization

der **Sozialismus** socialism ['səʊʃᵊlɪzᵊm]

der **Sozialist**, die **Sozialistin** socialist

**sozialistisch** socialist

die **Sozialkompetenz** social competence

die **Sozialleistungen** social security benefits

die **Sozialpolitik** social policy

der **Sozialstaat** welfare state

die **Sozialversicherung** National Insurance [ɪnˈʃʊərəns] Ⓖ, Social Security Ⓤ

die **Sozialwissenschaften** social sciences *plural*

die **Sozialwohnung** council flat [*oder* house]

der **Soziologe**, die **Soziologin** sociologist

die **Soziologie** sociology

die **Soziologin** sociologist

**sozusagen** so to speak

die **Spaghetti**, die **Spagetti** spaghetti [spə'geti] △ *singular oder plural*

**spähen aus dem Fenster spähen** to peer out of the window; **durch etwas spähen** to peep through something

der **Spalt** ① (*Felsspalt*) crevice ['krevɪs], fissure ['fɪʃəʳ] ② (*Riss*) crack ③ (*Öffnung*) opening ④ **die Tür einen Spalt öffnen** to open the door slightly

die **Spalte** ① (*in Zeitung*) column ['kɒləm] ② (*Gletscherspalte*) crevasse [krɪ'væs] ③ (*in Holz, Wand*) crack

**spalten** ① to split, to chop, to cleave *Holz* ② to crack *Chemikalien* ③ **die Meinungen über diese Frage sind gespalten** opinions are divided on this question

die **Spaltung** ① (*auch übertragen*) splitting ② (*von Atom*) fission ['fɪʃᵊn] ③ (*von Partei*) split

die **Spammail** spam [mail]

das **Spanferkel** sucking pig

die **Spange** ① (*Schließe*) clasp [klɑːsp] ② (*Haar-spange*) hair slide Ⓖ, barrette [bə'ret] Ⓤ

**Spanien** Spain [speɪn]

der **Spanier**, die **Spanierin** Spaniard ['spænjəd]; **die Spanier** the Spanish

**spanisch** Spanish ['spænɪʃ]

das **Spannbetttuch** fitted sheet

die **Spanne** (*Verdienstspanne*) margin

**spannen** ① (*strecken*) to stretch ② to tight-en ['taɪtᵊn] *Saiten* ③ to draw [drɔː] *Bogen* ④ to cock *Flinte* ⑤ *Kleider:* to be too tight, to be a tight fit

**spannend** exciting [ɪk'saɪtɪŋ]; (*aufregend*) thrilling

der **Spanner** peeping Tom *umgangsspr*

**Spannkraft – Speicher** 934

die **Spannkraft** tension; *von Muskel:* tone

der **Spannteppich** Ⓒ [fitted] carpeting

die **Spannung** ❶ tension ❷ (*elektrische Spannung*) tension voltage ['vəʊltɪdʒ]; **unter Spannung stehen** to be live ❸ (*Erregung*) excitement [ɪk'saɪtmənt]; (*Ungewissheit*) suspense [sə'spens]; **voller Spannung warten** to wait in suspense

der **Spannungsmesser** voltmeter

die **Spannweite** ❶ (*von Flügeln*) wingspan ❷ (*in der Architektur*) span

die **Spanplatte** chipboard

das **Sparbuch** savings book

die **Sparbüchse** moneybox

**sparen** ❶ to save *Geld* ❷ (*sparsam sein*) to economize [ɪ'kɒnəmaɪz] ❸ **an etwas sparen** to be sparing with something ❹ **auf etwas sparen** to save up for something ▶ WENDUNGEN: **das kannst du dir sparen!** save your breath [breθ] *umgangsspr*

der **Sparer**, die **Sparerin** saver

der **Spargel** asparagus [ə'spærəgəs]

das **Sparguthaben** savings ⚠ *plural*

das **Sparheft** Ⓒ bankbook, passbook

die **Sparkasse** savings bank

**spärlich** ❶ *Einkünfte, Ausbeute:* scanty ['skænti] ❷ *Haarwuchs, Vegetation:* sparse [spɑːs] ❸ **spärlich bekleidet** scantily dressed ❹ **spärlich bevölkert** sparsely populated ❺ **ein spärlicher Gewinn** a meagre ['miːgə] profit ❻ **spärlich vorhanden** scarce [skeəs]

die **Sparmaßnahme** cost-cutting measure ['meʒəʳ]

der **Sparpreis** budget [*oder* economy] price

**sparsam** ❶ *Mensch:* thrifty [θrɪfti] ❷ (*haushaltend*) economical [ˌiːkə'nɒmɪkəl] ❸ **sparsam mit etwas umgehen** to use something sparingly

die **Sparsamkeit** ❶ *von Mensch:* thrift [θrɪft] ❷ (*sparsame Lebensführung*) economizing [ɪ'kɒnəmaɪzɪŋ]

das **Sparschwein** piggy bank *umgangsspr*

der **Spartarif** budget tariff Ⓖ🅱, budget rate 🆄🆂🅰

der **Spaß** ❶ (*Scherz*) joke; **ich hab doch nur Spaß gemacht** [I was] only joking; **er versteht keinen Spaß** he can't take a joke; **ich bin nicht zu Späßen aufgelegt** I'm not in a joking mood; **Spaß beiseite!** joking apart! ❷ (*Vergnügen*) fun; **aus Spaß** for fun; **Schwimmen macht mir Spaß** I enjoy swimming; **viel Spaß!** enjoy yourself!; **es macht Spaß** it's fun; **du hast mir den ganzen Spaß verdorben** you've spoilt my fun!

das **Spaßbad** waterpark

**spaßen** ❶ to jest [dʒest], to joke ❷ **du spaßt wohl!** you must be joking! ❸ **er lässt nicht mit sich spaßen** he is not to be trifled ['traɪfld] with; **damit ist nicht zu spaßen** that is no joking matter

**spaßig** droll [drəʊl], funny

der **Spaßverderber**, die **Spaßverderberin** spoilsport

der **Spaßvogel** joker

**spät** ❶ late ❷ **zu spät kommen** to be late; **ich kam zu spät fürs Kino** I was late for the cinema ❸ **ich bin heute Morgen zu spät aufgestanden** I was late in getting up this morning ❹ **er bezahlt seine Miete immer zu spät** he is always late with his rent ❺ **es ist schon spät** it's getting late ❻ **er geht sehr spät ins Bett** he keeps very late hours ❼ **spät zu Abend essen** to have a late dinner ▶ WENDUNGEN: **besser spät als nie** better late than never

der **Spaten** spade

**später** ❶ later ❷ **bis später!** see you later! ❸ **früher oder später** sooner or later ❹ **komm um sechs und keine Minute später** come at six and no later

**spätestens** at the latest

die **Spätschicht** late shift

die **Spätvorstellung** late show

der **Spatz** sparrow

**spazieren** ❶ to stroll [strəʊl] ❷ **spazieren gehen** to go for a walk ❸ **spazieren fahren** (*im Auto*) to go for a drive; (*auf Zweirad*) to go for a ride

der **Spaziergang** stroll [strəʊl], walk [wɔːk]; **einen Spaziergang machen** to go for a stroll [*oder* walk]

der **Spaziergänger**, die **Spaziergängerin** stroller [strəʊəʳ]

der **Specht** woodpecker

der **Speck** ❶ (*Schweinespeck*) bacon ['beɪkən] ❷ (*Fettpolster*) **Speck ansetzen** to put on weight

der **Spediteur**, die **Spediteurin** ❶ (*Fuhrunternehmer*) haulage contractor ❷ (*Schiffsfracht*) shipping agent ❸ (*Möbel*) furniture ['fɜːnɪtʃəʳ] remover

die **Spedition** haulage company

die **Speditionskosten** haulage costs *plural*

**speditiv** Ⓒ swift, speedy

das **Speerwerfen** javelin ['dʒævəlɪn] [throwing]

die **Speiche** spoke

der **Speichel** spittle, saliva ['sælvɪə]

die **Speichelprobe** saliva sample

der **Speicheltest** saliva test

der **Speicher** ❶ (*Lager*) storehouse; (*Boden*) at-

**935** speichern – spielen

tic ['ætɪk], loft; **auf dem Speicher** in the loft ② (*Wasserspeicher*) reservoir ['rezəvwɑːʳ] ③ (*Computer*) memory ['meməri]
**speichern** ① to store *Waren* ② (*beim Computer*) to save (**auf** onto)
der **Speicherplatz** (*Computer*) storage space
die **Speicherung** storage ['stɔːrɪdʒ]
die **Speise** ① (*Nahrung*) food [fuːd] ② (*Gericht*) dish
das **Speiseeis** ice cream
die **Speisekarte** menu ['menjuː]; **Herr Ober, bitte die Speisekarte!** excuse me, may I have the menu ['menjuː], please!
**speisen** ① (*essen*) to eat ② to charge *Akku*
das **Speiseöl** edible oil
die **Speiseröhre** oesophagus [iːˈsɒfəgəs]
der **Speisewagen** dining ['daɪnɪŋ] car ⒼⒷ, diner ['daɪnəʳ] ⓊⓈⒶ
**spektakulär** spectacular [spekˈtækjələʳ]
die **Spekulation** speculation [ˌspekjəˈleɪʃən]; **das sind reine Spekulationen** that's pure speculation
**spekulieren** ① to speculate; **über sein Alter kann man nur spekulieren** one can only speculate about his age; **an der Börse mit Aktien spekulieren** to speculate in shares on the stock market ② **auf etwas spekulieren** to have hopes of something
**spendabel** open-handed
die **Spende** donation [dəˈneɪʃən]
**spenden** to donate; **für einen guten Zweck spenden** to give to a good cause

**F** Nicht verwechseln mit *to spend — ausgeben*!

der **Spender**, die **Spenderin** ① donator ② (*Blut-, Organspender*) donor ['dəʊnəʳ]
**spendieren jemandem etwas spendieren** to buy something for someone; **er spendierte seinen Freunden eine Runde Bier** he treated his friends to a round of beer
das **Sperma** sperm [spɜːm]
die **Sperre** ① (*Straßensperre*) roadblock ② (*Bahnhofssperre*) barrier ['bæriəʳ] ⒼⒷ, gate ⓊⓈⒶ ③ (*Blockierung*) blockade [blɒkˈeɪd]
**sperren** ① to cut off *Licht, Gas* ② to close *Straße* ③ to disqualify [dɪˈskwɒlɪfaɪ] *Sportler* ④ **einen Scheck sperren** to stop a cheque [tʃek] ⑤ **sich gegen etwas sperren** to jib [dʒɪb] at something
die **Sperrfrist** qualifying period
das **Sperrgut** bulky freight
**sperrig** bulky
der **Sperrmüll** bulky refuse

die **Sperrmüllabfuhr** bulky waste collection
die **Sperrstunde** ① (*im Lokal*) closing time ⒼⒷ ② (*Armee*) curfew ['kɜːfjuː]
die **Spesen** expenses [ɪkˈspensɪz]
die **Spezialausbildung** specialist training
das **Spezialgebiet** special field
**spezialisieren sich auf etwas spezialisieren** to specialize ['speʃəlaɪz] in something
die **Spezialisierung** specialization
der **Spezialist**, die **Spezialistin** specialist ['speʃəlɪst]
die **Spezialität** speciality [ˌspeʃiˈæləti], specialty ['speʃəlti] ⓊⓈⒶ
**speziell** special
**spezifisch** specific
die **Spezifizierung** specification
die **Sphäre** sphere [sfɪəʳ]
die **Sphinx** sphinx
**spicken** ① to lard *Braten* ② (*abschreiben*) **bei jemandem spicken** to crib from someone *umgangsspr*
der **Spiegel** mirror ['mɪrəʳ]
das **Spiegelbild** ① mirror image ② (*übertragen*) reflection [rɪˈflekʃən]
das **Spiegelei** fried egg
**spiegeln** ① to reflect [rɪˈflekt] ② **sich spiegeln** to be reflected
die **Spiegelreflexkamera** reflex camera
der **Spiegelschrank** mirrored cabinet [*oder* wardrobe]
das **Spiel** ① (*das Spielen*) play ② (*Karten, Billard, Sport*) game; (*sportlicher Wettkampf*) match ③ (*Schach-, Kegelspiel*) set ④ **das Spiel abbrechen** to abandon [əˈbændən] play ▸ WENDUNGEN: **jemanden aus dem Spiel lassen** to keep someone out of it; **auf dem Spiel stehen** to be at stake; **etwas aufs Spiel setzen** to risk something; **jemandem das Spiel verderben** to ruin someone's plans; **leichtes Spiel mit jemandem haben** to have an easy job of it with someone; **das Spiel ist aus!** the game's up!
der **Spielautomat** slot machine
die **Spielbank** casino [kəˈsiːnəʊ]
**spielen** ① to play ② *Schauspieler:* to act, to play ③ **der Film spielt in Amerika** the film is set in America ④ **spiel doch nicht immer den Idioten!** stop playing the idiot! ⑤ **sie spielte mit dem Gedanken, ins Ausland zu gehen** she toyed [tɔɪd] with the idea of going abroad ⑥ **seine Freude war nur gespielt** he was only pretending to be happy ⑦ **um Geld spielen** to play for money ⑧ **er spielt nur mit dir** he is just playing you along

**spielend – Sportbericht**                                   **936**

**spielend** ① playing ② **das schaffen wir spielend!** we'll manage easily

der **Spieler**, die **Spielerin** ① player ② (*Glücks-spieler*) gambler

**spielerisch** ① (*verspielt*) playful ② (*mit Leichtigkeit*) **er tat es mit spielerischer Leichtigkeit** he did it with the greatest of ease ③ (*im Sport*) **die spielerische Leistung** the playing

der **Spielerwechsel** substitution

das **Spielfeld** field, court [kɔːt]

der **Spielfilm** feature film

der **Spielkamerad**, die **Spielkameradin** play-mate

die **Spielkarte** playing card

das **Spielkasino** casino [kəˈsiːnəʊ]

der **Spielleiter**, die **Spielleiterin** ① (*beim Film, Theater, Fernsehen*) director ② (*im Sport*) organizer

der **Spielplatz** ① (*von Schule*) playground ② (*Sport*) playing field

der **Spielraum** scope; **wir brauchen Spielraum für Veränderungen** we need scope for changes

die **Spielregel** ① rule [of a game] ② **sich an die Spielregeln halten** to stick to the rules *auch übertragen*

die **Spielsachen** playthings, toys [tɔɪz]

der/die **Spielsüchtige** compulsive gambler

das **Spielverbot** ban; **Spielverbot haben** to be banned

der **Spielverderber**, die **Spielverderberin** spoil-sport

die **Spielzeit** ① season ② (*im Sport*) playing time

das **Spielzeug** toy [tɔɪ]

der **Spieß** ① (*Waffe*) spear [spɪəʳ] ② (*für Essen*) spit ► WENDUNGEN: **den Spieß umdrehen** to turn the tables

**spießbürgerlich** narrow-minded *abwertend*

der **Spießer**, die **Spießerin** petit bourgeois [ˌpetiˈbɔːʒwɑː]

**spießig** narrow-minded *abwertend*

die **Spießigkeit** (*abwertend umgangsspr*) nar-row-mindedness

der **Spinat** spinach [ˈsɪnɪtʃ]

die **Spinne** spider

**spinnen** ① to spin *Garn* ② (*verrückt sein*) to be mad *umgangsspr*; **spinnst du?** are you crazy?; **du spinnst wohl!** you must be kidding!

der **Spinner**, die **Spinnerin** nutcase ⓖⒷ, screwball ⓊⓈⒶ

das **Spinn(ge)webe** cobweb

der **Spion** ① spy ② (*Türspion*) spyhole

die **Spionage** espionage [ˈespɪənɑːʒ]

**spionieren** ① to spy ② (*übertragen*) to snoop [snuːp] about

die **Spirale** ① spiral [ˈspaɪərəl] ② (*für Verhütung*) coil [kɔɪl]

die **Spirituosen** spirits

das **Spital** ⒸⒽ hospital [ˈhɒspɪtəl]

**spitz** ① pointed; *Winkel:* acute ② *Schrei:* shrill ③ (*scharf*) keen; **auf jemanden spitz sein** to be keen on someone

der **Spitzbart** goatee [ɡəʊˈtiː] ⒼⒷ

**spitzbekommen etwas spitzbekommen** to get wise to something

der **Spitzbube** ① (*Schurke*) knave [neɪv], rascal [ˈrɑːskəl], rogue [rəʊɡ] ② (*frecher Bengel*) scamp *umgangsspr*

die **Spitze** ① (*von Gegenständen*) point; (*von Finger*) tip; (*von Gebäuden*) top ② (*Führungsschicht*) leaders △ *plural*; (*führende Persönlichkeit*) head [hed]; **an der Spitze eines Unternehmens stehen** to be at the head of a company ③ (*Zigarettenspitze*) holder ► WENDUNGEN: **etwas auf die Spitze treiben** to carry something too far; **das ist ja Spitze!** that's great! ⑤ (*an Geweben*) lace [leɪs]

der **Spitzel** ① (*Schnüffler*) snooper [snuːpəʳ] *umgangsspr* ② (*Polizeispitzel*) police informer

**spitzen** ① to sharpen *Bleistift* ② **die Lippen spitzen** to pucker one's lips ► WENDUNGEN: **die Ohren spitzen** to prick up one's ears

der **Spitzenkandidat** favourite [ˈfeɪvʳɪt] candi-date

die **Spitzenleistung** top performance

die **Spitzenqualität** top quality

der **Spitzenreiter** ① (*Hit*) hit ② (*im Sport*) leader [ˈliːdəʳ] ③ (*Verkaufshit*) top seller

**spitzfindig** oversubtle [ˈsʌtl]

der **Spitzname** nickname

**spitzzüngig** sharp-tongued

der **Splitter** ① (*aus Holz, Metall*) splinter ② (*Bruchstück*) fragment

der **Sponsor**, die **Sponsorin** sponsor [ˈspɒnsəʳ]

**spontan** spontaneous [spɒnˈteɪnɪəs]

**sporadisch** sporadic [spəˈrædɪk]; **ich gehe nur sporadisch aus** I don't go out very of-ten

der **Sport** sport [spɔːt]; **Sport treiben** to go in for sport; **sie treibt sehr viel Sport** she does a lot of sport ► WENDUNGEN: **sich einen Sport aus etwas machen** to get a kick out of something

das **Sportabzeichen** sports certificate

die **Sportart** kind of sport; **ich liebe alle Sport-arten** I like all kinds of sport

der **Sportbericht** sports report

**das Sportgeschäft** sports shop [*oder* ⓊⓈ store]
**die Sporthalle** sports hall
**der Sportlehrer, die Sportlehrerin** ❶ (*in der Schule*) PE [*oder* physical [ˈfɪzɪkəl] education] teacher ❷ (*in Verein*) sports instructor
**der Sportler** sportsman
**die Sportlerin** sportswoman
**sportlich** ❶ (*trainiert*) athletic [æθˈletɪk] ❷ *Erfolg:* sporting ❸ *Auto:* sporty ❹ **sportliche Kleidung** casual wear [ˈkæʒuəlˌweəʳ]
**die Sportnachrichten** (*in Zeitung*) sports news
**der Sportplatz** sports field ⒼⒷ, sporting ground ⓊⓈ; (*in der Schule*) playing field
**die Sportveranstaltung** sport[ing] event
**der Sportverein** sports club
**der Sportwagen** sports car; (*Zweisitzer*) open two-seater ⒼⒷ, roadster [ˈrəʊdstəʳ] ⓊⓈ
**der Spott** ❶ mockery ❷ (*Verachtung ausdrückend*) derision [dɪˈrɪʒən]
**spotten** to mock

**F** Nicht verwechseln mit *to spot — entdecken!*

**spöttisch** ❶ (*spottend*) mocking ❷ (*satirisch*) satirical [səˈtɪrɪkəl]
**sprachbegabt** **sprachbegabt sein** to be good at languages
**die Sprache** ❶ language [ˈlæŋgwɪdʒ] ❷ (*Sprechweise*) speech ❸ **etwas zur Sprache bringen** to mention something ❹ **wir sprechen die gleiche Sprache** we speak the same language ▶ WENDUNGEN: **mir verschlug es die Sprache** it took my breath away
**der Sprachfehler** speech defect
**die Sprachkenntnisse** linguistic proficiency [lɪŋˈgwɪstɪkˌprəˈfɪʃənsi] *singular;* **Bewerber mit deutschen Sprachkenntnissen** applicants with a knowledge of German
**der Sprachkurs** language course
**die Sprachlehre** grammar
**der Sprachlehrer, die Sprachlehrerin** language teacher
**sprachlos** ❶ **einfach sprachlos sein** to be simply speechless ❷ **jemanden sprachlos machen** to strike someone dumb [dʌm]
**das Sprachstudium** course of study in languages
**die Sprachwissenschaft** linguistics [lɪŋˈgwɪstɪks] ⚠ *mit Singular*
**der/das Spray** [ʃpreɪ] spray
**sprechen** ❶ to speak [spiːk] (**mit** to/with, **über** of/about); **sprichst du Deutsch?** do you speak German?; **mit dir spreche ich nicht mehr!** I'm not speaking to you!; **antworte, wenn man mit dir spricht!** speak

when you're spoken to!; **kann ich bitte Herrn X. sprechen?** could I talk to Mr X please? ❷ (*sich unterhalten*) to talk [tɔːk] (**mit** with/to, **von** about/of) ❸ **es spricht vieles dafür, dass ...** there's every reason to believe that ...; **was spricht dagegen?** what's there to be said against it?; **das spricht für sich** that speaks for itself ❹ **kann ich dich einen Moment sprechen?** can I see you for a moment? ❺ **er hat davon gesprochen, dass er ins Ausland fahren will** he's been talking of going abroad ❻ **er ist nicht zu sprechen** he's not in ▶ WENDUNGEN: **schlecht auf jemanden zu sprechen sein** to be on bad terms with someone; **wir sprechen uns noch!** you haven't heard the last of this!

**G** Richtiges Konjugieren von **speak**: speak, spoke, spoken — *the teacher spoke to Mrs Brown yesterday; have you spoken to Bill about that?*

**der Sprecher, die Sprecherin** ❶ (*Redner*) speaker ❷ *einer Firma:* spokesperson ❸ (*Ansager*) announcer [əˈnaʊnsəʳ]
**das Sprechfunkgerät** walkie-talkie
**die Sprechstunde** consulting hours [aʊəz] ⚠ *plural;* **Sprechstunde samstags von ... bis ...** surgery from ... to ... on Saturdays
**die Sprechstundenhilfe** doctor's receptionist [rɪˈsepʃənɪst]
**das Sprechzimmer** consulting room ⒼⒷ, doctor's office ⓊⓈ
**spreizen** to spread [spred]
**sprengen**[1] ❶ (*mit Sprengstoff*) to blow [bləʊ] up ❷ **die Bank sprengen** to break [breɪk] the bank
**sprengen**[2] (*besprengen*) to sprinkle; to water *Rasen*
**der Sprengkörper** explosive device [ɪkˈspləʊsɪvˌdɪˈvaɪs]
**der Sprengstoff** explosive [ɪkˈspləʊsɪv]
**der Sprengstoffanschlag** bomb [bɒm] attack
**das Sprichwort** proverb [ˈprɒvɜːb]
**sprießen** ❶ *Triebe:* to sprout [spraʊt] ❷ (*aus dem Boden sprießen*) to shoot, to spring up
**der Springbrunnen** fountain [ˈfaʊntɪn]
**springen** ❶ to jump; **die Lokomotive sprang aus den Schienen** the engine jumped the track ❷ (*ins Wasser*) to dive ❸ (*mit einem Satz*) to leap [liːp] ❹ *Ball:* to bounce [baʊns] ❺ (*platzen*) to burst [bɜːst]; (*Risse bekommen*) to crack; **dünnes Glas springt leicht** thin glass cracks easily
**springend** **der springende Punkt** the cru-

**Springer – Staatsanwalt** | **938**

cial ['kru:ʃəl] [*oder* salient ['seɪliənt]] point

der **Springer** (*beim Schach*) knight [naɪt]

der **Springer**, die **Springerin** ❶ jumper ❷ (*beim Stabhochsprung*) vaulter ['vɔːltəʳ]

die **Springflut** spring tide

die **Spritze** ❶ (*Instrument*) syringe [sɪ'rɪnʒ] ❷ **jemandem eine Spritze geben** to give someone an injection [ɪn'dʒekʃən]; **eine Spritze bekommen** to get [*oder* have] an injection ❸ (*Feuerspritze*) hose [həʊz]

**spritzen** ❶ to inject [ɪn'dʒekt] *Medikament* ❷ **jemanden spritzen** to give someone an injection ❸ (*lackieren*) to spray ❹ to splash *Wasser* ❺ (*slang*) to shoot *Heroin* ❻ (*herausspritzen*) to spurt [spɜːt]

der **Spritzer** splash

**spritzig** ❶ (*lebendig*) lively ❷ *Wein:* tangy ['tæŋi]

die **Spritztour** spin *umgangsspr;* **eine Spritztour machen** to go for a spin *umgangsspr*

**spröde** ❶ (*brüchig*) brittle ❷ *Haut:* rough [rʌf] ❸ (*verschlossen*) aloof [ə'luːf]

der **Spross** (*bei Pflanze*) shoot, sprout [spraʊt] ❷ (*Nachkomme*) scion [saɪən]

die **Sprosse** (*Leitersprosse*) rung, step

der **Sprössling** (*humorvoll: Abkömmling*) offspring

der **Spruch** ❶ (*Ausspruch*) saying; (*Lehrspruch*) aphorism ['æfʳrɪzʳm] ❷ **das sind doch alles nur Sprüche!** that's just talk! ▶ WENDUNGEN: **Sprüche klopfen** to talk fancy *umgangsspr*

der **Sprudel** ❶ (*Mineralwasser*) sparkling mineral water ❷ (*süß*) fizzy drink

**sprudeln** ❶ *Wasser:* to bubble ❷ (*durch Kohlensäure*) to fizz ▶ WENDUNGEN: **vor Begeisterung sprudeln** to bubble with enthusiasm [ɪn'θjuːziæzʳm]

die **Sprühdose** aerosol ['eərəsɒl]

**sprühen** ❶ (*auch lackieren*) to spray ❷ *Funken:* to fly

der **Sprung** ❶ jump; (*ins Wasser*) dive ❷ (*Riss*) crack

das **Sprungbrett** (*auch übertragen*) springboard

**sprunghaft** ❶ *Mensch:* volatile ['vɒlətaɪl] ❷ *Anstieg:* rapid ['ræpɪd]

die **Sprungschanze** ski jump

das **Sprungtuch** (*von Feuerwehr*) jumping sheet ⒼⒷ, life net ⓊⓈⒶ

der **Sprungturm** diving platform

die **Spucke** spittle

**spucken** ❶ (*speien*) to spit ❷ (*sich erbrechen*) to puke [pjuːk] *umgangsspr* ▶ WENDUNGEN: **große Töne spucken** to talk big

**spuken** ❶ to haunt [hɔːnt] ❷ **hier spukt's**

this place is haunted

die **Spüle** sink unit

**spülen** ❶ to flush *WC* ❷ to wash up *Geschirr* ❸ *Waschmaschine:* to rinse

der **Spülkasten** (*bei Toilette*) cistern ['sɪstən]

der **Spüllappen** dishcloth

die **Spülmaschine** dishwasher

das **Spülmittel** washing-up liquid ['lɪkwɪd]

die **Spülung** *von Toilette:* flush

das **Spülwasser** dishwater

die **Spur** ❶ (*Bodenabdruck*) trace; (*Fährte*) track; **jemandem auf der Spur sein** to be on someone's track ❷ (*winzige Menge*) trace; *von Gewürz:* touch [tʌtʃ] ❸ (*Fahrbahnspur*) lane; **die Spur wechseln** to change lanes; **auf der rechten Spur fahren** to drive in the right-hand lane ▶ WENDUNGEN: **auf der falschen Spur sein** to be on the wrong track; **nicht die Spur!** not at all!

**spürbar** noticeable ['nəʊtɪsəbʳl]; **heute ist es spürbar wärmer als gestern** it's noticeably warmer than yesterday

**spüren** ❶ (*fühlen*) to feel ❷ **etwas zu spüren bekommen** to feel the effects of something

das **Spurenelement** trace element

der **Spürhund** ❶ (*für Drogen*) sniffer dog ❷ (*für Verschüttete*) tracker dog

**spurlos** ❶ **spurlos verschwinden** to disappear [ˌdɪsə'pɪəʳ] without a trace ❷ **spurlos an jemandem vorübergehen** to have no effect on someone

der **Spurt** spurt

**spurten** *Sportler:* to spurt [spɜːʳt]

das **Squash** [skvɔʃ] squash

die **Squashhalle** squash courts ⚠ *plural*

der **Staat** ❶ (*Staatswesen*) state ❷ (*Land*) country ['kʌntri] ❸ **zum Wohle des Staates** in the national interest

der **Staatenbund** confederation [of states]

**staatlich** ❶ (*staatsbezüglich*) state; (*national*) national ['næʃʳnʳl] ❷ (*öffentlich*) public ['pʌblɪk] ❸ **staatlich anerkannt** state-approved [ə'pruːvd]; **staatlich geprüft** state-certified ['sɜːtɪfaɪd] ❹ **staatliches Hoheitsgebiet** state territory ['terɪtʳri] ❺ **staatliche Unterstützung** state allowance [ə'laʊəns]

der **Staatsakt** state ceremony

der/die **Staatsangehörige** **ein deutscher Staatsangehöriger sein** to be a German national ['næʃʳnʳl]

die **Staatsangehörigkeit** nationality [ˌnæʃʳn'æləti]

der **Staatsanwalt** public prosecutor [ˌpʌblɪk'prɒsɪkjuːtəʳ] ⒼⒷ, district attorney [ə'tɜːni] ⓊⓈⒶ

die **Staatsausgaben** public expenditure ⚠ *kein Plural*

der/die **Staatsbeamte**, die **Staatsbeamtin** civil servant [ˌsɪvᵊl'sɜːvᵊnt]

der **Staatsbesuch** state visit ['vɪzɪt]

der **Staatsbürger**, die **Staatsbürgerin** citizen ['sɪtɪzᵊn]

der **Staatsdienst** civil service

das **Staatseigentum** state property

das **Staatsexamen** state exam[ination]

das **Staatsgebiet** national territory

das **Staatsgeheimnis** state secret ▶ WENDUNGEN: **ein Staatsgeheimnis aus etwas machen** to be very secretive ['siːkrətɪv] about something

der **Staatshaushalt** national budget

die **Staatskasse** treasury, public purse ⒼⒷ

die **Staatskosten** public expenses *plural;* **auf Staatskosten** at public expense

der **Staatsminister**, die **Staatsministerin** state minister

das **Staatsoberhaupt** head [hed] of state

der **Staatspräsident**, die **Staatspräsidentin** president ['prezɪdᵊnt]

die **Staatsschuld** national debt

der **Staatssekretär**, die **Staatssekretärin** state secretary ⒼⒷ, undersecretary ⓊⓈⒶ

der **Stab** ❶ (*leitende Gruppe*) panel ['pænᵊl] ❷ (*Stange*) rod; (*Stock*) stick

das **Stäbchen mit Stäbchen essen** to eat with chopsticks ['tʃɒpstɪks]

der **Stabhochsprung** pole vault ['pəʊlvɔːlt]

**stabil** ❶ (*nicht schwankend*) stable ❷ (*fest*) firm ❸ *Mensch:* sturdy

**stabilisieren** ❶ to stabilize ['steɪbᵊlaɪz] ❷ to consolidate [kənˈsɒlɪdeɪt] *Macht*

die **Stabilität** stability [stəˈbɪləti]

der **Stachel** ❶ *von Pflanzen:* prickle ❷ (*Dorn*) thorn [θɔːn] ❸ *von Insekten:* sting ❹ *von Igel:* spine

die **Stachelbeere** gooseberry ['ɡʊzbᵊri]

der **Stacheldraht** barbed wire [ˌbɑːbd'waɪᵊ]

der **Stacheldrahtzaun** barbed-wire fence [ˌbɑːbd'waɪᵊ]

**stachelig** ❶ *Pflanzen:* prickly, thorny [θɔːni] ❷ *Tiere:* spiny

das **Stachelschwein** porcupine ['pɔːkjəpaɪn]

der **Stadel** ⒸⒽ, Ⓐ (*Scheune*) barn; ⒸⒽ, Ⓐ (*Schuppen*) shed

das **Stadion** stadium ['steɪdiəm]

das **Stadium** stage; **in diesem Stadium** at this stage

die **Stadt** (*kleinere*) town; (*Großstadt*) city; **in die Stadt ziehen** to move into town/the city; **in die Stadt gehen** to go into town; **in**

**der Stadt wohnen** to live in town/in the city; **die Stadt München** the city of Munich

der **Stadtammann** ⒸⒽ mayor [meᵊʳ]

die **Stadtautobahn** urban motorway

die **Stadtbevölkerung** urban population [ˌpɒpjə'leɪʃᵊn]

die **Stadtbibliothek** city library ['laɪbrᵊri]

der **Städtebau** urban development [dɪ'veləpmənt]

die **Städtepartnerschaft** town twinning

der **Städter**, die **Städterin** city dweller

die **Stadtflucht** exodus ['eksədəs] from the cities

der **Stadtführer** (*Buch*) city guidebook ['ɡaɪdbʊk]

der **Stadtführer**, die **Stadtführerin** (*Person*) city guide [ɡaɪd]

das **Stadtgebiet** ❶ *von Kleinstadt:* municipal area ❷ *von Großstadt:* city zone

**städtisch** ❶ town *vor Substantiv,* city *vor Substantiv* ❷ **die städtische Bevölkerung** the urban population; **die städtische Lebensweise** the urban way of life

die **Stadtmauer** city wall

die **Stadtmitte** town [*oder* city] centre

der **Stadtplan** [street] map

der **Stadtrand** outskirts ⚠ *plural* of a town/city

der **Stadtrat** (*Gremium*) town/city council; **sie ist im Stadtrat** she's a member of the town council

der **Stadtrat**, die **Stadträtin** town/city councillor ['kaʊnsᵊlᵊ]

die **Stadtrundfahrt** sightseeing tour [of a/the city/town]; **eine Stadtrundfahrt machen** to go on a sightseeing tour of the town/city

der **Stadtstreicher**, die **Stadtstreicherin** town/city vagrant, tramp

der **Stadtteil** ❶ part of town/the city ❷ (*Verwaltungsbezirk*) district

das **Stadttor** city gate

der **Stadtverkehr** city [*oder* town] traffic

die **Stadtverwaltung** municipal authority [mjuːˌnɪsɪpᵊlɔː'θɒrəti], town council

das **Stadtviertel** ❶ part of town ❷ (*Verwaltungsbezirk*) district

die **Stadtwerke** municipal [*oder* council] services *plural*

das **Stadtzentrum** town/city centre

die **Staffel** ❶ (*Flugstaffel*) squadron ['skwɒdrᵊn] ❷ (*im Sport*) relay; **Staffel laufen** to run in a relay

die **Staffelei** easel ['iːzᵊl]

der **Staffellauf** relay race ['riːleɪˌreɪs]

der **Staffelläufer**, die **Staffelläuferin** relay runner

**staffeln** ❶ to graduate ['ɡrædʒʊeɪt]; to grade *Gehälter, Preise, Tarife* ❷ to stagger *Arbeitszei-*

**Stagnation – Standlicht** 940

*ten, Mieten*

die **Stagnation** stagnation

**stagnieren** to stagnate

der **Stahl** steel; **so hart wie Stahl** as hard as steel
▸ WENDUNGEN: **Nerven aus Stahl** iron [aɪən]
nerves, nerves of steel

der **Stahlbeton** reinforced [ˌriːɪnˈfɔːst] concrete

**stahlhart** ❶ *Muskeln:* as hard as steel ❷ *Blick:*
steely

der **Stahlhelm** steel helmet [ˈhelmɪt]

die **Stahlindustrie** steel industry

**staken** to pole; to punt *Stechkahn*

**staksen** ❶ to stalk [stɔːk] ❷ (*unsicher
gehen*) to totter

**staksig** gawky [ɡɔːki]

der **Stall** ❶ (*für Pferde*) stable ❷ (*für Kühe*) cow-
shed [ˈkaʊʃed] **GB**, cow barn **USA** ❸ (*für
Schweine*) pigsty [ˈpɪɡstaɪ] **GB**, [pig]pen **USA**

der **Stallknecht** stableman

der **Stamm** ❶ (*Baumstamm*) trunk ❷ (*Kund-
schaft*) regulars [ˈreɡjələz] ⚠ *plural*
❸ (*Volksstamm*) tribe ❹ *eines Wortes:* root

die **Stammaktie** ordinary share, common stock
**USA**

der **Stammbaum** ❶ (*Abstammung*) family [*oder*
genealogical] tree [ˌdʒiːnɪəlɒdʒɪkəl] ❷ *von
Zuchttieren:* pedigree

das **Stammbuch** family register

**stammeln** to stammer

**stammen** ❶ (*abstammen*) to come [kʌm], to
stem (**aus/von** from); **woher stammen
Sie?** where do you come from? ❷ (*zeitlich*)
to date (**aus/von** from); **das Bild stammt
aus den frühen 70er Jahren** the picture
goes [*oder* dates] back to the early seventies
❸ **das Rezept stammt von meiner Tante**
I've got this recipe from my aunt ❹ **das Bild
stammt von mir** this painting is by me

der **Stammgast** regular [ˈreɡjələʳ]

der **Stammhalter** son and heir [eəʳ]

**stämmig** (*kräftig*) sturdy, husky

das **Stammkapital** ordinary share capital

die **Stammkneipe** local

der **Stammkunde**, die **Stammkundin** regular
customer

das **Stammlokal** favourite café/restaurant

der **Stammplatz** usual [ˈjuːʒʊəl] seat

der **Stammtisch** ❶ (*Runde*) group of regulars
❷ **er ist zum Stammtisch gegangen** he's
gone off for a drink with his mates [to the lo-
cal]; **montags hat er seinen Stammtisch**
every Monday he meets up with his mates at
their local *umgangsspr*

**stampfen** ❶ (*mit dem Fuß*) to stamp; (*stap-
fen*) to trudge ❷ (*feststampfen*) to stamp;

**Kartoffeln stampfen** to mash potatoes

der **Stampfer** pounder

der **Stand** ❶ (*das Stehen*) standing position
❷ (*Halt für Fuß*) foothold, footing ❸ (*Bude,
Marktstand*) booth [buːð], stand ❹ (*Was-
serstand*) level ❺ (*der Sterne*) position
[pəˈzɪʃən]; (*der Sonne*) height [haɪt] posi-
tion ❻ *von Barometer:* level; *von Thermome-
ter:* reading [ˈriːdɪŋ] ❼ (*im Sport*) score;
(*Tabellenstand*) standings ⚠ *plural* ❽ (*Lage,
Zustand*) condition [kənˈdɪʃən], state
❾ (*Entwicklungsstufe*) stage; **beim jetzi-
gen Stand der Dinge** the way things stand
at the moment ❿ (*Beruf, Gewerbe*) profes-
sion [prəˈfeʃən], trade ⓫ (*soziale Stellung*)
status ⓬ **einen schweren Stand haben** to
have a tough [tʌf] job ⓭ **etwas auf den
neuesten Stand bringen** to bring some-
thing up to date

der **Standard** standard [ˈstændəd]

die **Standardausführung** basic model

**standardisieren** to standardize

das **Standbein** (*beim Sport*) pivot leg

das **Ständchen** serenade [ˌserəˈneɪd]; **jeman-
dem ein Ständchen bringen** to serenade
someone

der **Ständer** ❶ (*Gestell*) stand ❷ (*Erektion*)
hard-on

der **Ständerat** **CH** upper chamber of the Swiss
parliament [ˈpɑːləmənt]

das **Standesamt** registry office [ˈredʒɪstriˌɒfɪs]

**standesamtlich** **eine standesamtliche
Trauung** a registry office wedding **GB**, a civil
wedding **USA**; **standesamtlich heiraten,
sich standesamtlich trauen lassen** to get
married in a registry office

der/die **Standesbeamte**, die **Standesbeamtin** regis-
trar [ˌredʒɪˈstrɑːʳ]

**standfest** ❶ (*stabil*) stable [ˈsteɪbl] ❷ (*über-
tragen*) steadfast [ˈstedfɑːst]

**standhaft** steadfast; **sich standhaft weigern**
to staunchly [ˈstɔːnʃli] refuse

die **Standhaftigkeit** ❶ steadfastness [ˈsted-
fɑːstnəs] ❷ (*Entschlossenheit*) resolution
[ˌrezəˈluːʃən]

**standhalten** ❶ *Bauwerk:* to hold ❷ (*wider-
stehen*) to stand firm; **der Versuchung
standhalten** to resist temptation

**ständig** ❶ (*dauernd*) permanent ❷ (*laufend*)
constant, continual [kənˈtɪnjʊəl]; **ein stän-
diges Einkommen** a regular income ❸ (*im-
mer*) constantly; **mit ihr haben wir ständig
Ärger** she's a constant nuisance

der **Standl** **A** stand

das **Standlicht** sidelights ⚠ *plural* **GB**, parking

lights ⚠ *plural* 🇺🇸

der **Standort** ❶ (*Aufenthalt*) location, site ❷ (*Position*) position [pə'zɪʃᵊn] ❸ *von Pflanzen:* habitat

die **Standpauke** **jemandem eine Standpauke halten** to give someone a telling-off

der **Standpunkt** standpoint, point of view [vjuː]; **auf dem Standpunkt stehen, dass ...** to take the view that ...; **von meinem Standpunkt aus** from my point of view

die **Standspur** hard shoulder ['ʃəʊldəʳ]

die **Standuhr** grandfather clock

die **Stange** ❶ (*Stab*) pole ❷ (*Gardinenstange, Gitterstange*) bar, rod ❸ **ein Anzug von der Stange** a suit off the peg ❹ **eine Stange Geld** a tidy sum ❺ **eine Stange Zigaretten** a carton of cigarettes ▶ WENDUNGEN: **jemandem die Stange halten** to stand up for someone; **bei der Stange bleiben** to stick at it *umgangsspr*

der **Stängel** stalk [stɔːk], stem

das **Stangenbrot** French loaf

**stänkern** to stir [stɜːʳ] things up

das **Stanniolpapier** silver paper

**stanzen** ❶ (*ausstanzen*) to punch ❷ (*einstanzen*) to stamp

der **Stapel** ❶ (*Haufen*) pile, stack ❷ **vom Stapel laufen** *Schiff:* to be launched [lɔːnʃt] ❸ **etwas vom Stapel lassen** (*von sich geben*) to come out with something

der **Stapellauf** launch[ing]

**stapeln** to stack up; **sich stapeln** to pile up

**stapelweise** piles [*oder* heaps] *plural* of

**stapfen** to plod, to trudge

der **Star¹** (*Singvogel*) starling

der **Star²** [staːɐ̯] (*im Showgeschäft*) star

**stark** ❶ *Mensch, Kaffee, Tabak:* strong ❷ *Staat, Stimme:* powerful ['paʊəfᵊl] ❸ (*beleibt*) large ❹ *Raucher, Regen:* heavy ['hevi] ❺ (*slang: großartig*) great [greɪt]; **ein starker Typ** a great guy ❻ (*beträchtlich*) greatly; **er hat mich stark beeindruckt** I was greatly impressed by him ❼ (*mit Verb*) a lot; **stark rauchen** to smoke a lot [*oder* heavily] ['hevɪli] ❽ (*mit Adjektiv*) very; **stark gesalzen** very salty; **stark befahrene Straße** busy road; **ich bin stark erkältet** I have got a bad cold; **stark gefragt** *Ware:* in great demand ❾ (*slang: hervorragend*) **stark singen** to be a great singer

die **Stärke** ❶ (*Speisestärke*) starch ❷ (*Kraft*) strength [strɛŋθ] ❸ (*Intensität*) intensity ❹ (*Macht*) power ❺ *von Werkstoffen:* thickness ❻ *einer Mannschaft, Truppe:* size ❼ **Englisch gehört nicht [gerade] zu mei-**

**nen Stärken** English is not [exactly] one of my strong points

**stärken** ❶ (*kräftigen*) to strengthen ['strɛŋθᵊn]; **jemandes Selbstvertrauen stärken** to give a boost to someone's confidence ❷ (*zu Kräften bringen*) to fortify ❸ to starch *Wäsche* ❹ **sich stärken** (*zu Kräften kommen*) to fortify oneself; **komm, stärk dich erst mal** come and have a bite [*oder* something] to eat

der **Starkstrom** power [*oder* heavy] current

die **Stärkung** (*Erfrischung*) refreshment [rɪ'frɛʃmənt]; **eine kleine Stärkung zu sich nehmen** to have a light [laɪt] snack

**starr** ❶ (*steif*) stiff (**vor** with) ❷ (*unbeweglich*) rigid ['rɪdʒɪd] (**vor** with) ❸ (*bewegungslos*) motionless ['məʊʃᵊnləs] (**vor** with); *Blick:* fixed; **starr vor Schrecken** paralysed ['pærᵊlaɪzd] with terror ❹ (*unbeugsam*) *Haltung:* intransigent

**starren** (*starr blicken*) to stare (**auf** at)

**starrsinnig** stubborn

der **Start** ❶ (*auch beim Sport*) start; **ein guter Start ins Leben** a good start in life; **einen guten/schlechten Start haben** to get off to a good/bad start ❷ *von Flugzeug:* take-off ❸ *von Rakete:* launch [lɔːnʃ]

die **Startbahn** runway

**startbereit** ❶ (*beim Sport*) ready ['redi] to start ❷ *von Flugzeug:* ready for take-off ❸ **bist du startbereit?** are you all set [*oder* ready] to go?

**starten** ❶ (*auch beim Sport*) to start; (*teilnehmen*) to take part; **drei Läufer/ Schwimmer starteten für Deutschland** three athletes ran/swam for Germany ❷ *Auto, Motor, Unternehmen:* to start ❸ *Flugzeug:* to take off ❹ *Rakete:* to lift off ❺ (*abreisen*) to set off (**nach** for) ❻ to launch *Rakete, Satellit* ❼ (*in Gang setzen*) to start *Auto*

die **Starterlaubnis** ❶ (*beim Sport*) permission [pə'mɪʃᵊn] to take part ❷ (*für Flugzeug*) clearance [for take-off] ['klɪərᵊns]

das **Starthilfekabel** jump leads ⚠ *plural,* jumper cables ⚠ *plural* 🇺🇸

das **Startkapital** starting capital

die **Startlinie** starting line

der **Startschuss** starting signal; **den Startschuss geben** to fire the [starting] pistol

das **Startsignal** start signal *auch übertragen* (**zu** for) ▶ WENDUNGEN: **das Startsignal geben** to give the green light (**zu** for)

das **Startup** start-up

die **Statik** ❶ (*von Gebäuden*) structural stability ❷ (*in der Technik*) statics *singular*

**Station – stecken**      **942**

die **Station** ❶ (*Abschnitt*) stage; (*des Lebens*) phase [feɪz] ❷ (*Haltestelle*) stop; **Station machen** to stop over ❸ (*im Krankenhaus*) ward [wɔːd]; **auf Station zwei** in ward two

**stationär** ❶ *Abteilung:* inpatient ❷ **stationär behandeln** to treat in hospital

**stationieren** to station

die **Stationsschwester** ward sister

der **Statist** ❶ (*beim Theater*) supernumerary [ˌsuːpə'njuːmªrªri] ❷ (*beim Film*) extra

die **Statistik** statistics ⚠ *plural*

**statistisch** statistical; **statistische Angaben** statistical returns

das **Stativ** tripod ['traɪpɒd]

die **Statt jemanden an Kindes Statt annehmen** to adopt someone

**statt** instead of; **statt zur Schule zu gehen** instead of going to school

**stattdessen** instead [ɪn'sted]

die **Stätte** place

**stattfinden** *Spiel, Treffen:* to take place; *Konzert:* to be held

**stattlich** ❶ (*ansehnlich*) *Gebäude:* stately ❷ *Erscheinung, Frau, Mann:* imposing ❸ (*prächtig*) magnificent [mæg'nɪfɪsªnt] ❹ (*beträchtlich*) *Summe:* considerable [kən'sɪdªrebl]

die **Statue** statue ['stætʃuː]

die **Statur** build, stature ['stætʃəʳ]

der **Status** status ['steɪtəs]

das **Statussymbol** status symbol ['steɪtəsˌsɪmbªl]

der **Stau** ❶ (*Verkehrsstau*) traffic jam ❷ (*Wasserstau*) build-up

der **Staub** dust; **Staub wischen** to dust; **Staub saugen** to vacuum ['vækjuːm], to hoover *umgangsspr* ▶ WENDUNGEN: **sich aus dem Staub machen** to make off, to do a runner

das **Staubecken** reservoir ['rezəvwɑːʳ]

**stauben** ❶ (*staubig sein*) to be dusty ❷ (*Staub aufwirbeln*) to make dust

**staubig** dusty

**staubsaugen** to vacuum ['vækjuːm], to hoover *umgangsspr*

der **Staubsauger** vacuum cleaner, Hoover *umgangsspr*

das **Staubtuch** duster

die **Staubwolke** cloud of dust

die **Stauchung** compression [kəm'preʃªn]

der **Staudamm** dam

**stauen** ❶ to dam up *Wasser* ❷ **sich stauen** *Verkehr:* to become congested; *Menschenmenge:* to crowd; *Wasser:* to build [bɪld] up; **der Verkehr staut sich an der Ampel** there is a tailback at the traffic lights

die **Staugefahr** risk of congestion [kən'dʒestʃªn]

die **Staumauer** dam wall

das **Staunen** astonishment [ə'stɒnɪʃmənt], amazement; **jemanden in Staunen versetzen** to amaze [*oder* astonish] someone; **wir sind aus dem Staunen nicht mehr herausgekommen** we could scarcely believe our ears/eyes

**staunen** ❶ to be astonished [*oder* amazed] (**über** at) ❷ **sie sah mich staunend an** she looked at me in astonishment ❸ **da staunst du, was?** you didn't expect that, did you?; **da hat sie nicht schlecht gestaunt** she was gobsmacked *umgangsspr*

der **Stausee** reservoir ['rezəvwɑːʳ]

die **Stauung** ❶ traffic jam, tailback ❷ (*das Aufstauen*) build-up

das **Steak** [steːk] steak

das **Stechen** (*Schmerz*) sharp [*oder* stabbing] pain

**G**   Richtiges Konjugieren von **sting**: sting, stung, stung — *the bee stung Kate; David was stung by a wasp.*

**stechen** ❶ *Dorn:* to prick ❷ *Biene:* to sting; *Mücke:* to bite ❸ (*mit Waffe*) to stab (**nach** at) ❹ (*im Kartenspiel*) to take, to trump; **mit der Dame den Buben stechen** to take the jack with the queen ❺ **Torf stechen** to cut peat ❻ **in See stechen** to put to sea ❼ **sich stechen** to prick oneself (**an** on); **ich hab mich in den Daumen gestochen!** I've pricked my thumb!

**stechend** ❶ *Blick:* piercing ['pɪəsɪŋ] ❷ *Geruch:* pungent ❸ *Schmerz:* sharp

der **Stechginster** furze, gorse

die **Stechkarte** time [*oder* ⒢ᴮ clocking] card

die **Stechmücke** gnat [næt], mosquito [məs'kiːtəʊ]

die **Stechpalme** holly

die **Stechuhr** time clock

der **Steckbrief** ❶ (*Poster*) 'wanted' poster ❷ (*Beschreibung*) description [of the wanted person]

**steckbrieflich steckbrieflich gesucht werden** to be on the wanted list

die **Steckdose** socket

**stecken** ❶ (*hineintun*) to put ❷ (*befestigen*) to pin (**an** onto) ❸ (*feststecken*) to be stuck; **steckt der Schlüssel?** is the key in the lock? ❹ **was steckt dahinter?** what's behind it? ❺ **es steckt viel Arbeit dahinter** there's a lot of work in it ❻ **stecken bleiben** to get stuck, to stick fast; (*in einer Rede*) to falter ['fɔːltəʳ] ❼ **die Kugel blieb ihr im Arm stecken** the bullet lodged in her arm ❽ **den Schlüssel stecken lassen** to leave the key in the lock

der **Stecken** (*Stock*) stick

der **Stecker** plug

die **Stecknadel** pin

die **Steckrübe** swede [swiːd], turnip

der **Steckschlüssel** box spanner

der **Steg** ① (*Laufbrett*) gangplank ② (*Fußgänger-brücke*) footbridge ③ (*Landesteg*) jetty ['dʒeti] ④ (*an Instrument*) bridge

der **Stegreif** **aus dem Stegreif** off the cuff; **aus dem Stegreif reden** to make an ad-lib [*oder* impromptu] speech [ɪm'prɒmtjuː], to ad-lib *umgangsspr;* **aus dem Stegreif spielen** to improvise ['ɪmprəvaɪz]

das **Stehen** im Stehen standing; [zu viel] **Stehen ist ungesund** standing up [for too long] is not good for you

**F** Nicht verwechseln mit *to stay* — bleiben!

**G** Richtiges Konjugieren von **stand**: stand, stood, stood — *a big dog stood at the door; I have stood here for over an hour*

**stehen** ① to stand; (*sich befinden*) *Buch im Regal:* to be; **wo stehst du?** (*mit dem Auto*) where have you parked? ② *von Kleidern:* to suit [suːt]; **das steht dir** that suits you ③ **Wache stehen** to stand guard ④ **sich gut stehen** to be well-off ⑤ **darauf steht Gefängnis** that's punishable by imprisonment; **darauf steht eine Belohnung** there's a reward for it ⑥ **wie stehst du dazu?** what's your opinion on that? ⑦ **wie steht's?** how's things?; **es steht nicht gut für ihn** things don't look too bright for him ⑧ **wo steht das?** where does it say that?; **was steht im Brief?** what does the letter say? ⑨ **mir steht's bis hier** I'm sick and tired of it ⑩ **stehen bleiben** *Fahrzeuge, Kolonne:* to come to a standstill; *Person:* to stop; (*nicht umfallen*) to remain standing; *Motor:* to cut out ⑪ **stehen lassen** (*dalassen*) to leave; (*vergessen*) to leave behind; **er ließ die Suppe stehen** he left the soup untouched ⑫ **jemanden draußen stehen lassen** to leave someone standing outside

**stehend** *Wasser:* stagnant

der **Stehimbiss** snack bar

der **Stehkragen** stand-up collar

die **Stehlampe** standard lamp (GB), floor lamp (USA)

die **Stehleiter** stepladder

**stehlen** ① to steal ② **jemandem die Zeit stehlen** to waste someone's time ③ **sich in das/aus dem Haus stehlen** to sneak into/out of the house

**G** Richtiges Konjugieren von **steal**: steal, stole, stolen — *the thief stole all their money from their hotel room; someone must have stolen his wallet.*

der **Stehplatz** ① (*in Bus usw.*) standing room; **einen Stehplatz haben** to have to stand ② (*für Konzert*) standing ticket

die **Steiermark** Styria ['stɪrɪə]

**steif** ① (*unbeweglich*) stiff; (*erstarrt*) numb [nʌm] ② (*geziert*) strained; (*förmlich*) formal ③ **steif gefroren** frozen stiff ④ **steif und fest behaupten, dass ...** to insist stubbornly that ... ⑤ **halt die Ohren steif!** keep your chin up! *umgangsspr*

die **Steifheit** ① (*Unbeweglichkeit*) stiffness ② (*Starrheit*) numbness [nʌmnəs] ③ (*übertragen*) formality

der **Steigbügel** stirrup ['stɪrəp]

das **Steigeisen** (*zum Klettern*) crampon

**steigen** ① (*hinaufklettern*) to climb (**auf** onto); **Treppen steigen** to climb stairs; **auf einen Baum/Berg/eine Leiter steigen** to climb [up] a tree/mountain/ladder ② **aufs Pferd steigen** to mount the [*oder* one's] horse; **aufs Fahrrad/Motorrad steigen** to get on[to] the [*oder* one's] bicycle/motorbike ③ *Preise, Temperatur:* to rise ④ *Chancen, Gehalt, Ungeduld:* to increase [ɪn'kriːs] ⑤ *Flugzeug:* to climb [klaɪm]; **sich hochschlängeln** *Straße:* to climb up ⑥ **einen Drachen steigen lassen** to fly a kite ⑦ **die Spannung steigt** the tension is mounting; **die Stimmung stieg** the mood improved ⑧ **aus dem Bett steigen** to climb out of bed; **auf die Bremse steigen** to slam on the brakes △ *plural* ⑨ (*umgangsspr: stattfinden*) **wann steigt deine Fete?** when are you having your party?

**steigend** ① *Inflation, Preise:* rising ② *Tendenz:* upward

**steigern** ① to increase [ɪn'kriːs] ② (*intensivieren*) to intensify ③ (*bei Auktionen*) to bid (**um** for) ④ **sich steigern** to increase; (*sich verbessern*) to improve [ɪm'pruːv]; **du kannst dich/er kann sich noch steigern** there's room for improvement

die **Steigerung** ① increase ['ɪnkriːs] (**um** of) ② (*Intensivierung*) intensification ③ (*Verbesserung*) improvement

die **Steigung** ① (*Hang*) slope ② *einer Straße:* gradient ['greɪdɪənt], grade (USA)

**steil** steep; **steil abfallen** to plunge

der **Steilhang** steep slope

die **Steilküste** steep coast, cliffs △ *plural*

das **Steilufer** steep bank

der **Stein** ① stone ② (*Spielstein*) piece [pi:s] ③ *von Obst:* stone ▶ WENDUNGEN: **da fällt mir ein Stein vom Herzen!** that's a load off my mind!; **jemandem Steine in den Weg legen** to put obstacles ['ɒbstəklz] in someone's way; **den Stein ins Rollen bringen** to start the ball rolling; **ich hab bei ihr einen Stein im Brett** I'm well in with her

der **Steinadler** golden eagle

der **Steinbock** ① (*Tier*) ibex ['aɪbeks] ② (*Sternzeichen*) Capricorn

der **Steinbruch** quarry ['kwɒri]

der **Steinbutt** turbot ['tɜ:bət]

das **Steingut** stoneware ["stəʊnweəʳ]

**steinhart** [as] hard as a rock *nachgestellt*

**steinig** stony ['stəʊni]

**steinigen** to stone

die **Steinkohle** hard coal

das **Steinkohlenbergwerk** coal mine, colliery ['kɒljəri]

der **Steinpilz** cep, boletus [bə'li:təs] edulis

**steinreich** stinking [*oder* filthy] rich, loaded *umgangsspr*

der **Steinschlag** rockfall; **Achtung Steinschlag!** beware of falling rocks! △ *plural*

die **Steinzeit** Stone Age

der **Steinzeitmensch** der Steinzeitmensch Stone Age man

das **Steißbein** coccyx ['kɒksɪks]

die **Steißlage** (*medizinisch*) breech presentation

die **Stellage** Ⓐ shelves [ʃelvz] △ *plural,* shelving

die **Stelle** ① (*Ort*) place ② (*Fleck*) spot ③ (*Anstellung*) job; **sich um eine Stelle bewerben** to apply for a vacancy ['veɪkənsi]; **offene** [*oder* **freie**] **Stelle** vacancy ④ (*Buchstelle*) passage; (*Zitat*) quotation [kwə'teɪʃ°n] ⑤ (*Behörde*) authority [ɔ:'θɒrəti], agency ['eɪdʒ°nsi] Ⓤ🇸🇦 ⑥ (*in Mathematik*) digit ⑦ **an erster Stelle** in the first place; **an meiner Stelle** in my place; **an dieser Stelle** in this place; **wenn ich an Ihrer Stelle wäre** if I were you ⑧ **an Stelle von** in place of, instead of ⑨ **zur Stelle sein** to be at hand, to be present; **sie war sofort zur Stelle** she was there like a shot ⑩ **auf der Stelle** at once; **auf der Stelle tot sein** to be dead on the spot ⑪ **auf der Stelle treten** to not get anywhere

**stellen** ① (*setzen, hinstellen*) to put ② (*besorgen, zur Verfügung stellen*) to provide [prə'vaɪd] ③ (*regulieren, einstellen*) to set (**auf** at); **das Radio leiser/lauter stellen** to turn the radio down/up; **eine Uhr stellen** to set a watch/clock (**auf** for) ④ **etwas**

**kalt/warm stellen** to keep something refrigerated/heated ⑤ **eine Frage stellen** to ask a question ⑥ **sich schlafend stellen** to pretend to be asleep ⑦ **auf sich selbst gestellt sein** to have to fend for oneself ⑧ **sich in die Ecke stellen** to [go and] stand in the corner ⑨ **sich der Polizei stellen** to give oneself up to the police ⑩ **sich gut mit jemandem stellen** to get on someone's good side

der **Stellenabbau** reduction [*oder* shedding] of staff

das **Stellenangebot** job offer

die **Stellenanzeige** job advertisement, job ad *umgangsspr*

die **Stellenbeschreibung** job description

das **Stellengesuch** "employment wanted" advertisement

die **Stellensuche** job search; **auf Stellensuche sein** to be looking for a job, to be job-hunting *umgangsspr*

die **Stellenvermittlung** employment [ɪm'plɔɪmənt] agency

**stellenweise** in places *plural;* **stellenweise Regen** rain in places *plural,* scattered rain; **stellenweise Nebel** patchy fog

der **Stellplatz** (*für Auto*) parking space

die **Stellung** ① (*Körperstellung*) position [pə'zɪʃ°n] ② (*Ansehen*) standing ③ (*Rang*) status ④ (*Posten*) job, position ⑤ **zu etwas Stellung nehmen** to express one's opinion on something; **möchten Sie dazu Stellung nehmen?** would you like to comment on that?

die **Stellungnahme** statement; **eine Stellungnahme zu etwas abgeben** to make a statement on something

**stellvertretend** ① (*vorübergehend*) acting; **stellvertretend für** in place of, on behalf [bɪ'hɑ:f] of ② *von Amts wegen:* deputy ['depjəti]; **stellvertretende Geschäftsführerin** deputy managing director; **stellvertretender Vorsitzender** vice-chairman

der **Stellvertreter**, die **Stellvertreterin** ① (*vorübergehender*) representative [ˌreprɪ'zentətɪv] ② (*für Arzt*) locum ③ (*amtlicher*) deputy ④ (*militärischer*) second in command

das **Stemmeisen** crowbar

**stemmen** ① (*hochstemmen*) to lift ② (*stützen*) to press

der **Stempel** ① stamp ② (*Stempelabdruck*) stamp ③ (*Poststempel*) postmark ④ (*Echtheitsstempel*) hallmark

**stempeln** ① to stamp ② (*postalisch*) to postmark

die **Stenographie** shorthand

**stenographieren** ① to do shorthand ② **etwas stenographieren** to take something down in shorthand

der **Stenotypist**, die **Stenotypistin** shorthand typist

die **Steppdecke** quilt [kwɪlt], comforter Ⓤ🇸🇦

die **Steppe** steppe [step]

**steppen** (*tanzen*) to tap-dance

der **Stepptanz** tap-dancing

die **Steppweste** quilted ['kwɪltɪd] waistcoat

der **Sterbefall** death [deθ]

die **Sterbehilfe** (*Euthanasie*) euthanasia [ˌjuːθəˈneɪziə]; **jemandem Sterbehilfe geben** to help someone to die

das **Sterben** death; **die Angst vorm Sterben** fear of death; **im Sterben liegen** to be dying

**sterben** ① to die [daɪ] (**an** of); **eines gewaltsamen/natürlichen Todes sterben** to die a violent/natural death ② (*übertragen*) **daran wirst du nicht sterben!** it won't kill you!; **ich bin vor Langeweile fast gestorben** I was bored to tears; **die ist für mich gestorben!** I'm through [*oder* I've had it] with her!

**sterbenselend** mir ist sterbenselend I feel wretched ['retʃɪd]

**sterbenskrank** mortally ['mɔːtəli] ill

die **Sterberate** death [deθ] [*oder* mortality] rate

die **Sterbesakramente** last rites

die **Sterbeurkunde** death certificate

**sterblich** mortal; **ihre sterblichen Überreste** her mortal remains

der/die **Sterbliche** mortal

die **Sterblichkeit** mortality

die **Sterblichkeitsrate** mortality rate

das **Stereo** stereo ['steriəʊ]

die **Stereoanlage** stereo [system]

**stereotyp** (*übertragen*) *Antwort, Bild:* stereotypical, stereotyped

**steril** sterile ['steraɪl]

die **Sterilisation** sterilization [ˌsterəlaɪˈzeɪʃ°n]

**sterilisieren** to sterilize ['sterəlaɪz]

der **Stern** (*Himmelskörper*) star ▶ WENDUNGEN: **unter einem guten Stern geboren sein** to be born under a lucky star; **es steht in den Sternen** it's in the lap of the gods; **das steht noch in den Sternen** it's still written in the stars; **nach den Sternen greifen** to reach for the stars

das **Sternbild** ① (*in Astronomie*) constellation [ˌkɒnstəˈleɪʃ°n] ② (*in Astrologie*) sign

das **Sternchen** (*im Text*) asterisk ['æst°rɪsk]

das **Sternenbanner** Star-Spangled Banner, Stars and Stripes *plural*

**sternenklar** starlit; *Himmel, Nacht:* starry ['stɑːri]

**sternförmig** star-shaped

**sternhagelvoll** plastered ['plɑːstəd], legless

**sternhell** starlit

die **Sternschnuppe** shooting star

die **Sternsinger** carol singers

die **Sternstunde** (*übertragen*) ① (*Erfolgsmoment*) great moment [in one's life] ② **die Mondlandung war eine wahre Sternstunde der Menschheit** landing on the moon was a real turning point in the history of mankind

die **Sternwarte** observatory [əbˈzɜːvətri]

das **Sternzeichen** star sign, sign of the zodiac ['zəʊdiæk]; **was bist du für ein Sternzeichen?** what star sign are you?; **im Sternzeichen Fische geboren** born under the sign of Pisces ['paɪsiːz]

das **Stethoskop** stethoscope ['steθəskəʊp]

**stetig** steady ['stedi]

**stets** (*immer*) always ['ɔːlweɪz]; **stets zu Diensten** ever at your service

das **Steuer** ① *von Auto:* steering wheel; **am Steuer sitzen** to be at [*oder* behind] the wheel ② *von Flugzeug:* controls [kənˈtrəʊlz] ⚠ *plural;* **am Steuer sitzen** to be at the controls ⚠ *plural* ③ *von Schiff:* helm; **am Steuer stehen** to be at the helm ④ **das Steuer übernehmen** to take over *auch übertragen;* **das Steuer [fest] in der Hand haben** to be [firmly] in control *übertragen*

die **Steuer** ① tax; **nach/vor Abzug der Steuern** after/before tax; **Steuern zahlen** to pay tax ⚠ *singular;* **Steuern eintreiben/erheben/hinterziehen** to collect/levy/evade taxes ② (*umgangsspr: Behörde*) the tax people; **sie arbeitet bei der Steuer** she works at the Inland Revenue

die **Steuerbelastung** tax burden

der **Steuerberater**, die **Steuerberaterin** tax consultant

der **Steuerbescheid** tax assessment

**steuerbord** starboard

die **Steuereinnahmen** tax revenue ['rev°njuː] ⚠ *singular*

die **Steuererhöhung** tax increase ['ɪnkriːs]

die **Steuererklärung** tax return [*oder* declaration] [ˌdekləˈreɪʃ°n]; **die Steuererklärung abgeben** to submit one's tax return

der **Steuererlass** remission of tax

die **Steuerermäßigung** tax reduction

die **Steuererstattung** tax refund

die **Steuerfahndung** investigation of tax evasion

**steuerfrei – Stifter**

der **steuerfrei** exempt [ɪgˈzempt] from tax *nach-gestellt*

der **Steuerfreibetrag** tax-free allowance [*oder* amount]

der **Steuerfuß** Ⓒ rate of taxation

die **Steuergelder** taxes

das **Steuergerät** ❶ controller, control unit ❷ (*in der Rundfunktechnik*) receiver

die **Steuerhinterziehung** tax evasion [ɪˈveɪʒᵊn]

die **Steuerklasse** tax category

der **Steuerknüppel** control column [ˈkɒləm] Ⓖ❷, control stick Ⓤ❷❷

der **Steuermann** ❶ helmsman [ˈhelmzmən] ❷ (*Schiffsoffiziersrang*) first mate ❸ (*im Rudersport*) cox[swain]

**steuern** ❶ to drive *Auto* ❷ to pilot *Flugzeug* ❸ to steer *Schiff* ❹ (*regulieren*) to control

das **Steuerparadies** tax haven

**steuerpflichtig** liable [ˈlaɪəbl] to tax *nachgestellt*

der **Steuerprüfer**, die **Steuerprüferin** tax inspector

das **Steuerpult** control [kənˈtrəʊl] desk

das **Steuerrad** [steering] wheel

das **Steuerruder** rudder

der **Steuersatz** rate of taxation

die **Steuerschuld** tax owing *kein art*

die **Steuersenkung** tax cut

die **Steuerung** (*im Flugzeug*) controls [kənˈtrəʊlz] ⚠ *plural*

der **Steuerzahler**, die **Steuerzahlerin** taxpayer

das **Steuerzeichen** (*in der Informatik*) control [kənˈtrəʊl] character

der **Steward** [ˈstjuːət] steward

die **Stewardess** [ˈstjuːədɛs] stewardess

**stibitzen** to nick, to pinch

der **Stich** ❶ (*Nadelstich*) prick; (*Messerstich*) stab ❷ *einer Mücke:* bite; *einer Biene:* sting ❸ (*Nähstich*) stitch ❹ (*Schmerz*) piercing [ˈpɪəsɪŋ] pain; **Stiche in der Seite haben** to have a stitch ⚠ *singular* ❺ (*Kupferstich*) engraving ❻ **die Milch hat einen Stich** the milk's gone off ▶ WENDUNGEN: **jemanden im Stich lassen** to let someone down; **du hast wohl einen Stich!** you must be nuts!

**sticheln** (*übertragen*) to make sneering remarks *plural* (**gegen** about)

der **Stichentscheid** (*in der Politik*) casting vote

die **Stichfrage** tiebreak question [ˈtaɪbreɪk]

**stichhaltig** ❶ *Argument, Grund:* sound, valid ❷ *Beweis:* conclusive [kənˈkluːsɪv]

**stichhältig** Ⓐ sound, valid

die **Stichprobe** spot check; **Stichproben machen** to do [*oder* carry out] spot checks

der **Stichpunkt** note, keyword

der **Stichtag** qualifying [ˈkwɒlɪfaɪɪŋ] date

die **Stichwaffe** stabbing weapon [ˈwepən]

das **Stichwort** ❶ (*im Wörterbuch*) headword [ˈhedwɜːd] ❷ (*schriftliches*) keyword; **sich ein paar Stichworte aufschreiben** to jot down [*oder* take] a few notes ❸ (*im Theater*) cue [kjuː]

die **Stichwunde** stab wound [wuːnd]

**sticken** to embroider [ɪmˈbrɔɪdəʳ]

**stickig** (*muffig*) close, stuffy

die **Sticknadel** embroidery needle [ɪmˈbrɔɪdᵊri]

das **Stickoxid**, das **Stickoxyd** nitric oxide [ˌnaɪtrɪkˈɒksaɪd]

der **Stickstoff** nitrogen [ˈnaɪtrədʒən]

der **Stiefbruder** stepbrother

der **Stiefel** boot ▶ WENDUNGEN: **das sind zwei Paar Stiefel** they are quite different

die **Stiefeltern** step-parents

das **Stiefkind** stepchild

die **Stiefmutter** stepmother

das **Stiefmütterchen** (*Pflanze*) pansy [ˈpænzi]

die **Stiefschwester** stepsister

der **Stiefsohn** stepson

die **Stieftochter** stepdaughter [ˈstepˌdɔːtəʳ]

der **Stiefvater** stepfather

die **Stiege** (*schmale Treppe*) narrow flight of stairs

das **Stiegenhaus** Ⓐ staircase

der **Stieglitz** goldfinch

der **Stiel** ❶ (*Griff*) handle ❷ (*Besenstiel*) broomstick ❸ *von Glas:* stem ❹ *von Pflanze:* stalk [stɔːk]; (*Stängel*) stem ❺ **Eis am Stiel** ice lolly

die **Stielaugen** **Stielaugen bekommen** [*oder* machen] to gape, to gawk, to goggle; **er hat vielleicht Stielaugen gemacht!** his eyes nearly popped out of his head!

der **Stier** ❶ (*Rind*) bull ❷ (*Sternzeichen*) Taurus [ˈtɔːrəs] ▶ WENDUNGEN: **den Stier bei den Hörnern packen** to take the bull by the horns

**stieren** to stare (**auf** at)

der **Stierkampf** bullfight

der **Stierkämpfer**, die **Stierkämpferin** bullfighter

der **Stift** ❶ (*Bleistift*) pencil; (*Kugelschreiber*) pen; (*Malstift*) crayon [ˈkreɪɒn] ❷ (*Holzstift*) peg; (*Nagel*) tack

das **Stift** (*Theologiestift*) seminary [ˈsemɪnᵊri]

**stiften** ❶ (*geben, schenken*) to donate [dəˈneɪt] ❷ (*gründen*) to found ❸ (*verursachen*) to bring about, to cause [kɔːz]; **Frieden stiften** to make peace; **Unfrieden stiften** to sow discord

der **Stifter**, die **Stifterin** ❶ (*Schenkender*) donator ❷ (*Gründer*) founder

die **Stiftskirche** collegiate [kə'liːdʒiət] church
die **Stiftung** ❶ (*Schenkung*) donation [də'neɪʃᵊn] ❷ (*Gründung*) foundation
der **Stil** style [staɪl]; **alles in großem Stil tun** to do everything on a grand scale
**stilgetreu** in the original style
**stilisieren** to stylize
**stilistisch** stylistic [staɪ'lɪstɪk]; **dein Aufsatz ist stilistisch gut** your essay is stylistically very good
**still** ❶ (*ruhig*) quiet, silent; **sei still!** be quiet!; **still werden** to go quiet, to fall silent ❷ (*unbewegt*) still [stɪl]; **bleib/halt still!** keep still!, don't move! ❸ *Gesellschafter, Teilhaber:* dormant, silent ❹ **sich im Stillen denken** to think to oneself
die **Stille** ❶ (*Ruhe*) quietness ['kwaɪətnəs]; **er wurde in aller Stille begraben** he was given a quiet burial ❷ (*Schweigen*) silence ❸ *von Luft:* stillness
**stillen** ❶ (*befriedigen*) to satisfy ['sætɪsfaɪ] ❷ to quench [kwenʃ] *Durst* ❸ to satisfy *Hunger, Neugierde, Verlangen* ❹ to ease [iːz] *Schmerz* ❺ to staunch [stɔːnʃ] *Blut* ❻ to breast-feed *Baby*
**stillhalten** ❶ to keep still ❷ (*schweigen*) to keep quiet [kwaɪət]
das **Stillleben** (*in Malerei*) still life
**stilllegen** ❶ to close [*oder* shut] down *Betrieb* ❷ to lay up *Fahrzeug*
**stillliegen** ❶ *Verkehr:* to have come to a standstill ❷ *Fabrik:* to be closed [*oder* shut] down
**stillschweigend stillschweigendes Einvernehmen** tacit ['tæsɪt] understanding; **stillschweigendes Übereinkommen** tacit agreement
**stillsitzen** to sit still
der **Stillstand** ❶ (*Halt*) standstill ❷ **zum Stillstand kommen** *Verkehr, Wirtschaft:* to come to a standstill; *Blutung, Maschine, Motor:* to come to a stop ❸ **zum Stillstand bringen** to bring to a stop [*oder* standstill] *Verkehr, Wirtschaft;* **die Produktion zum Stillstand bringen** to bring production to a standstill ❹ (*Unterbrechung*) interruption [ɪntə'rʌpʃᵊn]
**stillstehen** ❶ to be at a standstill ❷ (*stehen bleiben*) to stop; **die Zeit schien stillzustehen** time seemed to be standing still
das **Stilmöbel** period ['pɪəriəd] furniture ⚠ *singular*
die **Stimmabgabe die Stimmabgabe** voting
die **Stimmbänder** vocal cords
**stimmberechtigt** entitled to vote *nachgestellt;* **nicht stimmberechtigt** non-voting

der/die **Stimmberechtigte** person entitled to vote
die **Stimmbeteiligung** Ⓒ poll
der **Stimmbruch er ist im Stimmbruch** his voice is breaking
der **Stimmbürger**, die **Stimmbürgerin** Ⓒ person entitled to vote
die **Stimme** ❶ voice; **mit tiefer Stimme** in a deep voice ❷ (*Wahlstimme*) vote; **jemandem seine Stimme geben** to give one's vote to a person; **er gewann mit einer Mehrheit von 150 Stimmen** he won by 150 votes ❸ (*in Musik*) part ❹ (*Pressestimme*) comment
**stimmen** ❶ (*richtig sein*) to be right; (*wahr sein*) to be true; **stimmt das?** is that true [*oder* right] [*oder* correct]?; **stimmt's?** right?; **stimmt!** right!; **stimmt's oder hab' ich Recht?** am I right or am I right? ❷ **stimmt so!** (*beim Geben von Trinkgeld*) keep the change! ❸ **das stimmt nicht** that's wrong ❹ (*abstimmen*) to vote (**für** for, **gegen** against); **mit Ja/Nein stimmen** to vote for/against ❺ **ein Instrument [höher/niedriger] stimmen** to tune an instrument [up/down] ❻ **bei dem stimmt's wohl nicht!** he's got a screw loose!
die **Stimmengleichheit** tie; **bei Stimmengleichheit** in the event of a tie
die **Stimmenmehrheit** majority of votes; **über eine Stimmenmehrheit verfügen** to have the majority
die **Stimmenthaltung** abstention
der **Stimmenverlust** loss of votes
die **Stimmgabel** tuning fork
**stimmhaft** *Konsonant:* voiced
**stimmig** *Argument:* coherent [kə'hɪərᵊnt]
die **Stimmlage** register ['redʒɪstər]
**stimmlos** *Konsonant:* unvoiced
das **Stimmrecht** right to vote
die **Stimmung** ❶ (*Gemütsstimmung*) mood; **in guter/schlechter Stimmung sein** to be in a good/bad mood; **ich bin nicht in der richtigen Stimmung [dazu]** I'm not in the mood [for it] ❷ (*Atmosphäre*) atmosphere ['ætməsfɪər]; **Stimmung machen** to get things *plural* going ❸ (*der Truppe*) morale [mə'rɑːl] ❹ (*öffentliche Meinung*) public opinion
die **Stimmungskanone sie ist eine echte Stimmungskanone** she's the life and soul of the party
das **Stimmungstief** low [period]
der **Stimmungsumschwung** ❶ change of atmosphere ❷ (*politisch*) swing ❸ *von Börse, Markt:* change of tendency

**stimmungsvoll – stolzieren**

**stimmungsvoll** (*idyllisch*) idyllic [ɪˈdɪlɪk]
der **Stimmzettel** ballot paper
**stimulieren** to stimulate
**stinkbesoffen** legless, sloshed
die **Stinkbombe** (*umgangsspr*) stink bomb [bɒm]
**stinken** to stink *auch übertragen* (**nach** of); **hier stinkt's!** what a smell [*oder* pong]! *umgangsspr* ► WENDUNGEN: **die ganze Sache stinkt!** the whole business stinks!; **mir stinkt's!** I'm fed up [*oder slang* pissed off]!; **mir stinkt es, dass ...** it pisses me off that ... *slang*

> **G** Richtiges Konjugieren von **stink**: stink, stank, stunk — *he hadn't washed for days, and he stank; the harbour area had always stunk of fish.*

**stinkfaul** bone idle
**stinkig** ❶ smelly ❷ (*übertragen: verärgert*) pissed off *slang;* **sei doch nicht so stinkig!** don't be like that!
**stinklangweilig** dead boring
**stinknormal** perfectly ordinary [ˈɔːdᵊnᵊri]
**stinkreich** stinking rich
**stinksauer** fuming
das **Stinktier** skunk
**stinkvornehm** [dead] posh
die **Stinkwut** **eine Stinkwut haben** to be livid (**auf** with)
das **Stipendium** ❶ (*als Auszeichnung*) scholarship [ˈskɒləʃɪp] ❷ (*Studienbeihilfe*) grant
die **Stirn** forehead [ˈfɔːhed], brow; **hohe/niedrige Stirn** high/low forehead; **die Stirn runzeln** to frown ► WENDUNGEN: **jemandem/etwas die Stirn bieten** to defy someone/something
das **Stirnband** headband
die **Stirnhöhle** frontal sinus
die **Stirnhöhlenvereiterung** sinusitis [ˌsaɪnəˈsaɪtɪs]
das **Stirnrunzeln** frown
**stöbern** to rummage (**nach** for)
**stochern** ❶ to poke (**in** at) ❷ **im Essen stochern** to pick at one's food ❸ **im Feuer stochern** to poke the fire
der **Stock** ❶ stick; (*Spazierstock*) cane; **am Stock gehen** to walk with a stick ❷ (*Billardstock*) cue [kjuː] ❸ (*Stab*) staff ❹ (*Stockwerk*) floor [flɔːʳ], storey ⓖⓑ, story ⓤⓢⓐ; **im ersten Stock** on the first [*oder* ⓤⓢⓐ second] floor; **einen Stock höher/tiefer** one floor up/down ► WENDUNGEN: **am Stock gehen** (*umgangsspr*) to be on one's last legs
**stockbesoffen** pissed *slang*

das **Stockbett** bunk bed
**stockdunkel** pitch-dark
der **Stöckelschuh** stiletto [stɪˈletəʊ]
**stocken** ❶ (*zögern*) to hesitate [ˈhezɪteɪt] ❷ (*innehalten*) to break off, to stop short; **mir stockte das Herz** my heart skipped a beat ❸ (*nicht weitergehen*) to make no progress; *Verkehr:* to be halted [ˈhɔːltɪd] ❹ **ins Stocken geraten** to begin to flag
**stockend** hesitant [ˈhezɪtənt]
das **Stockerl** ⓐ (*Hocker*) stool
der **Stockfisch** dried cod
**stockkonservativ** arch-conservative [ˌɑːtʃkənˈsɜːvətɪv], ultra conservative
**stocknüchtern** stone-cold sober [ˈsəʊbəʳ]
**stocksauer** pissed off ⓖⓑ *slang* (**auf** with), dead mad *umgangsspr* (**auf** at)
**stocksteif** stiff as a poker
die **Stockung** ❶ *von Verhandlungen:* breakdown ❷ (*Unterbrechung*) interruption ❸ *von Verkehr:* traffic jam
das **Stockwerk** floor [flɔːʳ], storey ⓖⓑ, story ⓤⓢⓐ; **im oberen Stockwerk** upstairs; **ein Stockwerk höher/tiefer** one floor up/down
der **Stockzahn** ⓐ, ⓒⓗ (*Backenzahn*) molar [ˈməʊləʳ], back tooth
der **Stoff** ❶ (*Gewebe*) fabric, material [məˈtɪəriəl]; **aus was für einem Stoff ist das Kleid?** what material is the dress [made of]? ❷ (*Materie, Unterrichtsstoff*) [subject] matter; (*Thema*) topic ❸ (*Gesprächsstoff*) subject ❹ (*slang: Rauschgift*) dope, stuff; **sich Stoff beschaffen** to score some stuff ❺ (*Substanz*) substance [ˈsʌbstəns]
das **Stofftier** soft toy
der **Stoffwechsel** metabolism [məˈtæbᵊlɪzᵊm]
**stöhnen** to groan
der **Stollen¹** (*Kuchen*) fruit [fruːt] loaf ⓖⓑ, stollen ⓤⓢⓐ
der **Stollen²** (*Bergbau*) gallery
**stolpern** to stumble, to trip (**über** over) ► WENDUNGEN: **über etwas stolpern** (*etwas entdecken*) to stumble across something
der **Stolz** pride; **ihr ganzer Stolz** her pride and joy
**stolz** ❶ proud (**auf** of); **zu stolz sein, etwas zu tun** to have too much pride to do something; **darauf kannst** [*oder* darfst] **du stolz sein** that's something to be proud of; **das ist nichts, worauf man stolz sein kann** that's nothing to be proud of ❷ (*imposant*) majestic [məˈdʒestɪk], stately ❸ *Preis, Summe:* princely
**stolzieren** ❶ (*hochmütig*) to stalk [stɔːk] ❷ (*angeberisch*) to strut

der **Stopfen** stopper; (*Korken*) cork
**stopfen** ① to fill *Loch, Lücke, Pfeife* ② (*hineinstopfen*) to stuff ③ to darn; to mend *Strümpfe* ④ (*zustopfen*) to plug; to stop up *auch Leck* ⑤ *Essen:* to be filling ▶ WENDUNGEN: **jemandem den Mund stopfen** to silence ['saɪləns] someone
das **Stopfgarn** darning cotton [*oder* thread [θred]]
die **Stopfnadel** darning needle
der **Stopp** (*Halt*) halt, stop
der **Stoppelbart** stubbly beard
das **Stoppelfeld** stubble field
**stoppelig** stubbly
**stoppen** ① (*anhalten*) to stop; **stopp!** stop right there! ② (*mit der Stoppuhr*) **jemanden stoppen** to time someone
das **Stoppschild** stop sign
die **Stopptaste** stop button
die **Stoppuhr** stopwatch
der **Stöpsel** ① (*Pfropfen*) stopper ② (*für Waschbecken*) plug ③ (*übertragen: kleiner Junge*) runt, shortie
der **Stör** sturgeon ['stɜːdʒən]
der **Storch** stork
**stören** ① to disturb *Frieden, Schlaf;* to spoil *Harmonie, Verhältnis* ② (*unangenehm berühren*) to disturb; **was mich an ihr stört, ist ...** what I don't like about her is ... ③ (*lästig sein*) to disturb; **störe ich?** am I intruding?; **ich hoffe, ich störe [Sie] nicht** I hope I'm not bothering you; **stört es dich, wenn ich rauche?** do you mind if I smoke?; **das stört** this is annoying ④ (*unterbrechen*) to interrupt; (*stärker*) *Schüler:* to disrupt; **darf ich kurz stören?** may I interrupt you for a moment? ⑤ (*im Weg sein*) to be in the way; **du störst** you're in the way ⑥ **bitte nicht stören** please do not disturb ⑦ **etwas als störend empfinden** to find something bothersome ['bɒðəsᵊm]
der **Störenfried** troublemaker ['trʌbl̩ˌmeɪkəʳ]
**stornieren einen Auftrag stornieren** to cancel an order; **eine Buchung stornieren** to reverse [rɪˈvɜːs] an entry
die **Stornierung** *eines Auftrags:* cancellation; *einer Buchung:* reversal [rɪˈvɜːsᵊl]
der **Storno** reversal
**störrisch** ① obstinate ['ɒbstɪnət] ② *Kind:* refractory [rɪˈfræktᵊri] ③ *Pferd:* restive **störrische Haare** unmanageable [ʌnˈmænɪdʒəbl̩] hair ⚠ *singular*
die **Störung** ① (*Beeinträchtigung*) disturbance [dɪˈstɜːbᵊns] ② (*Unterbrechung*) disruption [dɪsˈrʌpʃᵊn]; **entschuldigen Sie bitte die**

**Störung!** pardon the intrusion! ③ (*im Radio*) interference [ˌɪntəˈfɪərᵊns] ④ (*in Gerät, Maschine*) trouble ['trʌbl̩]; (*Fehler*) fault [fɔːlt]; **eine Störung beseitigen** to remove a fault
der **Störungsdienst** faults service
**störungsfrei** trouble-free; *Radio:* free from interference *nachgestellt*
der **Stoß** ① push, shove [ʃʌv]; **jemandem einen Stoß versetzen** to give someone a push ② (*leichter Schlag*) nudge ③ (*Erschütterung*) shock ④ (*Stich*) stab ⑤ (*Fechtstoß*) thrust ⑥ (*Schwimmstoß*) stroke ⑦ (*Haufen*) pile; (*größerer Haufen*) stack; (*Aktenstoß*) file [of deeds]; (*Papierstoß*) bundle
der **Stoßdämpfer** shock absorber
**stoßen** ① *einen Stoß geben:* to push; (*leicht*) to poke; (*mit der Faust*) to punch; (*mit dem Fuß*) to kick ② (*mit einer Waffe*) to thrust ③ (*Stich versetzen*) to stab ④ **sich stoßen** (*anstoßen*) to bump [*oder* knock] oneself [nɒk]; **sich den Kopf stoßen** to hit one's head; **sich an etwas stoßen** to bump against something ⑤ **an/gegen etwas stoßen** to hit/run into something ⑥ **an etwas stoßen** (*angrenzen an*) to border on ⑦ **auf Widerstand stoßen** to meet with resistance [rɪˈzɪstᵊns] ▶ WENDUNGEN: **sich an etwas stoßen** to take offence at [*oder* exception [ɪkˈsepʃᵊn] to] something
die **Stoßstange** bumper
die **Stoßzeit** (*im Verkehr*) rush hour
**stottern** ① *Mensch:* to stutter ② *Auto:* to splutter
die **Strafandrohung** warning of criminal proceedings
die **Strafanstalt** penal ['piːnᵊl] institution
die **Strafanzeige Strafanzeige gegen jemanden erstatten** to bring a charge against someone
die **Strafarbeit** homework given as a punishment ['pʌnɪʃmənt], extra work ⓊⓈⒶ
die **Strafbank** penalty bench, sin bin *umgangsspr*
**strafbar** punishable ['pʌnɪʃəbl̩]; **eine strafbare Handlung** an offence [*oder* Ⓤ️ⓈⒶ offense]; **strafbar sein** to be an offence; **sich strafbar machen** to commit an offence
die **Strafe** ① (*Bestrafung*) punishment ['pʌnɪʃmənt]; **zur Strafe** as a punishment; **das ist die Strafe dafür, dass ...** that's the penalty you pay for ...; **seine gerechte Strafe bekommen** to get one's just deserts [dɪˈzɜːts] ⚠ *plural* ② (*Geldstrafe*) fine; **sie musste 50 Dollar Strafe dafür zahlen** she had to pay a 50 dollar fine for it ③ (*Gefäng-*

**strafen – strapaziert**     **950**

*nisstrafe*) sentence ④ (*im Sport*) penalty
**strafen** ① to punish (**für** for) ② **jemanden mit Verachtung strafen** to treat someone with contempt
der **Straferlass** ① (*Amnestie*) amnesty ['æmnəsti] ② (*Strafnachlass*) remission [of a sentence]
**straff** ① *Seil:* taut [tɔ:t] ② *Haut:* firm ③ (*eng sitzend*) close-fitting, tight [taɪt] ④ *Disziplin, Kontrolle, Organisation:* tight, strict
**straffällig straffällig werden** to commit a criminal offence
die **Straffälligkeit** delinquency, criminal activity
**straffen** ① (*enger machen*) to tighten [taɪtən] ② to tauten [tɔ:tən] *Seil* ③ **sich straffen** (*sich spannen*) to become taut
**straffrei straffrei ausgehen** [*oder* **bleiben**] to go unpunished
die **Straffreiheit** immunity from criminal prosecution
der/die **Strafgefangene** prisoner ['prɪzənər]
das **Strafgesetzbuch** criminal code
**sträflich** ① (*zu bestrafend*) criminal ② (*unverzeihlich*) unpardonable [ʌn'pɑ:dənəbl]
der **Sträfling** ① prisoner ['prɪzənər] ② (*Zuchthäusler*) convict
das **Strafmaß** sentence
**strafmildernd** extenuating [ɪk'stenjueɪtɪŋ]
die **Strafminute fünf Strafminuten erhalten** to be sent off for five minutes
die **Strafpredigt jemandem eine Strafpredigt halten** to give someone a dressing-down [*oder* lecture]
der **Strafprozess** criminal case, criminal proceedings ⚠ *plural*
der **Strafpunkt** penalty point
der **Strafraum** penalty area
das **Strafrecht** criminal law
**strafrechtlich** criminal
das **Strafregister** criminal records ⚠ *plural*
der **Strafstoß** penalty kick
die **Straftat** criminal offence [*oder* ⓤⓢⓐ offense]
der **Strafverteidiger**, die **Strafverteidigerin** counsel for the defence [dɪ'fens]
der **Strafvollzug** penal system
der **Strafwurf** penalty throw
der **Strafzettel** ticket
der **Strahl** ① (*Lichtstrahl*) ray ② (*Elektronenstrahl*) beam ③ (*Wasserstrahl*) jet
**strahlen** ① *Wärme:* to radiate ['reɪdieɪt] ② *Sonne:* to shine ③ *Uran:* to be radioactive [,reɪdiəʊ'æktɪv] ④ *Gesicht:* to beam; **sie strahlte übers ganze Gesicht** her face was beaming with joy
die **Strahlenbelastung** radiation exposure

**strahlend** ① *Braut:* radiant [*oder* glowing]; *Gesicht:* beaming; *Lächeln:* bright [braɪt], radiant ② *Tag:* bright [*oder* glorious ['glɔ:riəs]] ③ (*radioaktiv verseucht*) radioactive
die **Strahlendosis** dose of radiation [,reɪdi'eɪʃən]
das **Strahlenrisiko** radiation risk
der **Strahlenschutz** radiation protection
**strahlensicher** radiation-proof
die **Strahlentherapie** radiotherapy
**strahlenverseucht** contaminated [kən'tæmɪneɪtɪd] [with radiation]
die **Strahlung** radiation [,reɪdi'eɪʃən]
**strahlungsarm** *Bildschirm:* low-radiation
die **Strähne** ① (*Haarsträhne*) strand ② (*gefärbte Haarsträhne*) streak, highlights ['haɪlaɪts] ⚠ *plural;* **sich Strähnen** [**ins Haar**] **machen lassen** to have highlights ⚠ *plural* put in[to one's hair]
**stramm** ① (*eng sitzend*) close-fitting, tight [taɪt]; **stramm sitzen** *Kleidung:* to be a tight fit ② *Seil:* taut [tɔ:t] ③ *Beine:* sturdy ['stɜ:di]
**strammstehen** to stand at attention
die **Strampelhöschen** rompers ⚠ *plural*
**strampeln** ① *Baby:* to thrash about; **das Baby strampelte mit den Beinen** the baby was kicking its feet ② (*auf dem Fahrrad*) to pedal
der **Strand** ① (*Ufer*) seashore; **am Strand** on the shore ② (*sandiger Strand, Badestrand*) beach; **am Strand** on the beach

> **F** Nicht verwechseln mit *strand* — *die Strähne!*

das **Strandcafé** seaside café
**stranden** *Schiff:* to be stranded, to run aground [ə'graʊnd]
der **Strandkorb** canopied ['kɒnəpi:d] beach-chair
der **Strandläufer** (*Vogel*) sandpiper
die **Strandwache er/sie ist bei der Strandwache** he/she is a lifeguard
**strangulieren** to strangle
die **Strapaze** hardship, strain; **die Strapazen des Alltags** the strain ⚠ *singular* of everyday life
**strapazieren** ① (*abnützen*) to wear [weər] out *Möbel, Schuhe;* **das Sofa sieht sehr strapaziert aus** the sofa looks really worn ② (*belasten*) to strain *Augen:* to be hard on *Haare, Haut;* **seine Nerven strapazieren** to strain one's nerves ③ **strapazier nicht meine Geduld!** don't test my patience to the limit!
**strapazierfähig** ① *Kleidung, Teppich:* hardwearing ② *Schuhe:* sturdy
**strapaziert** ① *Kleidung, Schuhe, Teppich:* worn ② *Beziehung, Nerven:* strained

**③** *Haare, Haut:* damaged **④ strapaziert aus-sehen** to look worn out [*oder* exhausted [ɪgˈzɔːstɪd]]

**strapaziös** tiring [ˈtaɪərɪŋ], wearing [ˈweərɪŋ]

der **Straps** suspender [seˈspendəʳ] belt ⒼⒷ, garter belt ⓊⓈⒶ

die **Straße ❶** street; **die Straßen von München** the streets of Munich; **auf der Straße spie-len** to play in the streets △ *plural;* **durch die Straßen fahren** to drive through the streets; **über die Straße gehen** to cross the street **❷** (*Verkehrsstraße*) road; **auf der Straße** on the road; **die Straße zur Post** the road to the post office; **die Straße nach London** the London road, the road to Lon-don; **über die Straße gehen** to cross the road; **eine stark befahrene Straße** a busy [ˈbɪzi] road **❸** (*Meerenge*) straits △ *plural;* **die Straße von Dover/Gibraltar** the Straits △ *plural* of Dover/Gibraltar **❹ der Mann auf der Straße** the man in the street

> **Ⓥ road** wird für Verkehrsstraßen außerhalb der Städte und Dörfer gebraucht: *we were on the road to London;* — **street** wird für Stra-ßen mit Häusern und Geschäften in Städten und Dörfern gebraucht: *John met his friend in the street.*

die **Straßenarbeiten** road works

der **Straßenarbeiter**, die **Straßenarbeiterin** road worker

die **Straßenbahn** tram ⒼⒷ, streetcar ⓊⓈⒶ; **mit der Straßenbahn fahren** to go by tram/street-car

die **Straßenbahnhaltestelle** tram stop ⒼⒷ, streetcar stop ⓊⓈⒶ

die **Straßenbahnlinie** tram route [ruːt] ⒼⒷ, streetcar line ⓊⓈⒶ

das **Straßenbahnnetz** tramway system [ˈsɪstəm] ⒼⒷ, streetcar system ⓊⓈⒶ

der **Straßenbau** road construction

der **Straßenbelag** road surfacing [ˈsɜːfəsɪŋ] △ *kein Plural*

die **Straßenbeleuchtung** street lighting [ˈlaɪtɪŋ]

die **Straßenbenutzungsgebühr** toll

das **Straßencafé** street cafe

die **Straßenecke** street corner; **eine Straßen-ecke weiter** one block [further] up

die **Straßenfeger**, die **Straßenfegerin** road sweeper

der **Straßengraben** [road] ditch

der **Straßenjunge** street urchin [ˈɜːtʃɪn] ⒼⒷ, dead-end kid ⓊⓈⒶ

der **Straßenkampf** street fight

die **Straßenkarte** road map

die **Straßenkreuzung** crossroads △ *singular oder plural;* **an einer Straßenkreuzung** at a crossroads

der **Straßenlärm** road noise

die **Straßenmarkierung** (*Mittellinie*) road mark-ing

der **Straßenmusikant**, die **Straßenmusikantin** street musician [mjuːˈzɪʃ^ən], busker

der **Straßenrand** kerb [kɜːb], curb ⓊⓈⒶ

der **Straßenräuber** mugger

die **Straßenreinigung** street cleaning

das **Straßenschild** street sign

die **Straßenschlacht** street riot [ˈraɪət]

die **Straßensperre** roadblock

die **Straßenüberführung ❶** (*für Fahrzeuge*) fly-over ⒼⒷ, overpass ⓊⓈⒶ **❷** (*für Fußgänger*) pedestrian [pəˈdestriən] bridge, viaduct [ˈvaɪədʌkt]

die **Straßenunterführung** underpass, subway

die **Straßenverhältnisse** road conditions [kən-ˈdɪʃ^əns]

der **Straßenverkehr** traffic

die **Straßenverkehrsordnung** Highway Code

das **Straßenverzeichnis** street directory [dɪˈrek-t^əri]

die **Strategie** strategy [ˈstrætədʒi]

**strategisch** strategic [strəˈtiːdʒɪk]

**sträuben ❶** *Fell, Haare:* to stand on end; **mir sträubten sich die Haare** my hair stood on end **❷ sich sträuben** *Mensch:* to be reluc-tant; **sich gegen etwas sträuben** to fight against something

der **Strauch** shrub; (*Busch*) bush

der **Strauß**[1] (*Blumenstrauß*) bunch of flowers *plu-ral*

der **Strauß**[2] (*Laufvogel*) ostrich

**strawanzen** Ⓐ (*sich herumtreiben*) to hang around

die **Strebe ❶** (*Stütze, Pfeiler*) prop **❷** (*Verstre-bung*) strut

**streben** (*sich mühen um*) to strive (**nach** for/after)

der **Streber**, die **Streberin** swot ⒼⒷ, grind ⓊⓈⒶ

**strebsam** (*fleißig*) industrious [ɪnˈdʌstriəs], ambitious [æmˈbɪʃ^əs]

die **Strecke**[1] **❶** (*Distanz*) distance; **eine Strecke zurücklegen** to cover a distance; **es ist noch eine ganze Strecke** it's quite a long way yet **❷** (*in Geometrie*) line **❸** (*Strecken-abschnitt*) stretch **❹** (*Route*) route [ruːt]; **die Strecke Stuttgart-Hamburg** the Stutt-gart-Hamburg route; **es hat auf der ganzen Strecke geregnet** it rained all the way there **❺ der Zug hielt auf freier Strecke an** the train stopped between stations △ *plural*

## USEFUL PHRASES

Vielleicht kommt es ja mal vor, dass du auf Englisch einen **Streit** schlichten musst. Mit diesen *phrases* fällt es dir bestimmt leichter.

Hey, stop it!

Hey, that's nasty/that's not nice.

Leave him/her alone.

Don't be a bully!

Why are you hitting him/her?

What's the problem?

Tell me what the problem is.

I can ask for help.

---

⑥ (*im Sport*) track ▸ WENDUNGEN: **auf der Strecke bleiben** to fall by the wayside
die **Strecke²** **zur Strecke bringen** to bag *Tier;* to hunt down *Menschen*
**strecken** ① (*dehnen*) to stretch; **die Beine strecken** to stretch one's legs ② (*verlängern*) to eke out *Geld, Vorräte;* (*Speisen verdünnen*) to thin down ③ **die Zunge aus dem Mund strecken** to stick out one's tongue ④ **sich strecken** to have a stretch
die **Streckenstilllegung** line closure
**streckenweise** ① (*räumlich*) here and there ② (*zeitlich: ab und zu*) at times
der **Streckmuskel** extensor [ɪk'stensəʳ] [muscle]
der **Streckverband** traction bandage
der **Streich** trick; **jemandem einen Streich spielen** to play a trick on someone ▸ WENDUNGEN: **auf einen Streich** in one go
die **Streicheleinheit** (*Zärtlichkeit*) **ich brauche ein paar Streicheleinheiten** I need some tender loving care ⚠ *singular*
**streicheln** ① (*liebkosen*) to caress [kə'res] ② (*streichen*) to stroke; **jemandem die Hände streicheln** to stroke someone's hands
**streichen** ① (*mit Hand, Gegenstand*) to stroke; **über etwas streichen** (*mit der Hand*) to stroke something; **sich die Haare aus der Stirn streichen** to brush one's hair out of one's face ② (*mit Farbe*) to paint ③ to spread [spred] *Butter usw.* ④ (*löschen*) to delete; **von einer Liste streichen** to cross [*oder* scratch] off a list ⑤ to cancel *Auftrag, Flug, Programm, Veranstaltung* ⑥ to cut *Gelder, Subventionen* ⑦ (*umherstreichen*) to ramble; *Verbrecher:* to prowl; **durch die Gegend streichen** to stroll around
das **Streichholz** match
die **Streichholzschachtel** matchbox
das **Streichinstrument** string[ed] instrument
der **Streichkäse** cheese spread [spred]
das **Streichquartett** string quartet [kwɔː'tet]
die **Streichwurst** meat paste, pâté
der **Streifen** ① stripe; (*breiter*) streak [striːk]

② (*Stück*) strip ③ (*Klebestreifen*) tape
**streifen** ① (*leicht berühren*) to brush, to touch [tʌtʃ]; (*mit Auto, Flugzeug*) to scrape; **die Kugel streifte ihn nur/ihn nur am Kopf** the bullet only grazed him/his head ② (*hinwegstreifen*) to glide (**über** over) ③ (*im Gespräch*) to touch upon ④ **den Ring vom Finger streifen** to slip the ring off one's finger ⑤ (*angrenzen*) to border (**an** upon) ⑥ (*umherstreifen*) to ramble, to roam; **durch die Wälder streifen** to roam the woods
der **Streifendienst** patrol duty
der **Streifenwagen** patrol car ⒼⒷ, squad [skwɒd] car
der **Streifschuss** graze; **einen Streifschuss abbekommen** to be grazed [by a bullet]
der **Streik** strike; **einen Streik abbrechen** to call off a strike; **einen Streik ausrufen** to call a strike; **in den Streik treten** to go on strike
der **Streikaufruf** call for strike action
der **Streikbrecher**, die **Streikbrecherin** strikebreaker
**streiken** ① to be on strike, to strike ② (*humorvoll*) **ich streike!** I'm out!, count me out! ③ *Gerät:* to pack up; **der Fernseher streikt mal wieder** the telly has packed up again *umgangsspr*
der/die **Streikende** striker
der **Streikposten** picket; **Streikposten aufstellen** to set up a picket line; **Streikposten stehen** to picket
das **Streikrecht** freedom to strike
der **Streit** ① (*Wortstreit*) dispute [dɪ'spjuːt], argument ['ɑːgjəmənt]; **Streit haben** to have an argument [*oder* a row]; **ich habe Streit mit meinem Freund** my boyfriend and I are having an argument; **sie haben Streit** they're having an argument; **Streit anfangen** to start an argument; **einen Streit vom Zaun brechen** to kick up a row ② (*Gezänk*) squabble ['skwɒbl] ③ (*heftiger, auch handgreiflich*) fight [faɪt]
**streiten** ① (*zanken*) to quarrel ['kwɒrəl]; (*mit*

**953**                                          **Streiterei – Strohhut**

*Worten*) to argue (**über** about, **wegen** over); **mit jemandem über etwas streiten** to have an argument with someone over something ❷ **darüber lässt sich streiten** this is open to argument ❸ **sich streiten** to quarrel; (*mit Worten*) to argue; **sie streiten sich ständig** they're constantly arguing; **wir wollen uns nicht darüber streiten** let's not have a quarrel about it

die **Streiterei** ❶ (*Zank*) quarrelling ❷ (*Wortgefecht*) arguing ❸ (*Auseinandersetzung*) argument

der **Streitfall** dispute; **im Streitfall** in case of dispute

die **Streitfrage** [disputed] issue

streitig ❶ (*juristisch*) **streitig sein** to be under dispute ❷ **jemandem ein Recht streitig machen** to contest someone's right to do something

die **Streitkräfte** forces ['fɔ:sɪz]

streitlustig (*aggressiv*) aggressive [ə'gresɪv]

streitsüchtig quarrelsome

der **Streitwert** amount in dispute

streng ❶ (*unnachsichtig*) severe [sɪ'vɪəʳ]; **jemanden streng bestrafen** to punish someone severely ❷ (*unnachgiebig, ernst*) stern; **mit strenger Miene** with a stern face ❸ *Kälte:* intense ❹ (*bestimmt*) strict; **es wird streng auf Pünktlichkeit geachtet** they are very strict about punctuality ❺ *Regeln:* stringent ['strɪndʒənt] ❻ *Charakter, Sitten:* austere [ɒs'tɪəʳ] ❼ *Geschmack:* sharp ❽ **streng geheim** top secret; **streng genommen** strictly speaking; **streng verboten!** strictly forbidden! ❾ Ⓒ︎Ⓗ︎, Ⓐ︎ (*anstrengend*) strenuous, exhausting

die **Strenge** ❶ (*Unnachsichtigkeit*) severity [sɪ'verɪti] ❷ (*Ernst*) sternness ❸ (*von Sitten, Charakter*) austerity [ɒs'terəti] ❹ (*Bestimmtheit*) strictness

der **Stress** stress [stres]; **Stress haben** to be under [a lot of] stress; **das ist so ein Stress!** this is really stressful!; **ich bin schwer im Stress** I'm really stressed out

stressen ❶ **jemanden stressen** to stress someone, to put someone under stress ❷ **gestresst sein** to be under a lot of pressure; **die Arbeit stresst mich** work is stressing me out

stressfrei stress-free

stressig stressful

streuen ❶ (*verstreuen*) to scatter ❷ (*bestreuen*) to sprinkle *Salz, Zucker* ❸ to grit *Straße*; (*mit Salz*) to salt [sɒlt] ▶ WENDUNGEN: **jemandem Sand in die Augen streuen** to throw dust in someone's eyes

das **Streufahrzeug** gritter

streunen ❶ *Mensch:* to roam ❷ *Tier:* to stray; **ein streunender Hund** a stray dog

das **Streusalz** road salt

der **Streusand** grit

das **Streusel** crumble mixture

der **Streuselkuchen** crumble-topped cake

der **Strich** ❶ (*Pinselstrich*) stroke ❷ (*Linie*) line ❸ (*kurzer Strich, Gedankenstrich*) dash ▶ WENDUNGEN: **jemanden nach Strich und Faden betrügen** to sell someone down the river; **jemandem einen Strich durch die Rechnung machen** to put a spoke in someone's wheel; **keinen Strich machen** to not lift a finger; **es geht mir gegen den Strich** it goes against the grain; **auf den Strich gehen** to go on the game

der **Strichcode** bar code

stricheln **eine gestrichelte Linie** a dotted line

der **Stricher** rent boy

der **Strichjunge** rent boy

das **Strichmädchen** streetwalker ['stri:t,wɔ:kəʳ]

das **Strichmännchen** stick figure

der **Strichpunkt** semicolon [ˌsemɪ'kəʊlən]

strichweise here and there

der **Strick** cord; (*dicker*) rope ▶ WENDUNGEN: **jemandem einen Strick aus etwas drehen** to trip someone up with something; **wenn alle Stricke reißen** if all else fails

stricken to knit [nɪt]

das **Strickgarn** knitting ['nɪtɪŋ] wool

die **Strickjacke** cardigan

die **Strickleiter** rope ladder

die **Stricknadel** knitting needle

die **Strickwaren** knitwear ['nɪtweəʳ] ⚠ *singular*

das **Strickzeug** knitting

striegeln to curry *Pferd*

die **Strieme**, der **Striemen** weal

strikt strict [strɪkt]; **etwas strikt einhalten** to be strict about something

strippen to [do a] strip

der **Stripper**, die **Stripperin** stripper ['strɪpəʳ]

strittig controversial [ˌkɒntrə'vɜ:ʃəl], debatable [dɪ'beɪtəbl]

das **Stroh** straw [strɔ:]; **aus Stroh** [made] of straw

strohblond straw-coloured; **sie ist strohblond** she is flaxen-haired

die **Strohblume** strawflower

das **Strohdach** thatched roof

der **Strohhalm** straw ▶ WENDUNGEN: **sich an einen Strohhalm klammern** to clutch at straws ⚠ *plural*

der **Strohhut** straw hat

**Strohmann – Studienanfänger** 954

der **Strohmann** (*übertragen*) frontman
der **Strohsack** palliasse ['pæliæs]
die **Strohwitwe** grass widow
der **Strohwitwer** grass widower ['wɪdəʊəʳ]
der **Strolch** scamp, rogue [rəʊg], bum ⓊⓈⒶ
die **Strolchenfahrt** ⒸⒽ joyride ['dʒɔɪraɪd]
der **Strom**¹ ❶ (*Fluss*) large river ❷ (*Strömung*) current; **mit/gegen den Strom** with/against the current ▶ WENDUNGEN: **gegen den Strom schwimmen** to go against the tide [of opinion/fashion]; **es gießt in Strömen** it's pouring ['pɔːrɪŋ] [with rain]

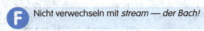
Nicht verwechseln mit *stream* — *der Bach!*

der **Strom**² (*Elektrizität*) current; **mit Strom versorgen** to provide electricity; **etwas steht unter Strom** something is live; **ein Strom führendes Kabel** a live wire
der **Stromabnehmer**, die **Stromabnehmerin** electricity consumer
**stromabwärts** downstream
**stromaufwärts** upstream
der **Stromausfall** power failure ['feɪljəʳ]
**strömen** ❶ to stream ❷ **strömender Regen** pouring rain
die **Stromerzeugung** power generation [dʒen-əˈreɪʃn]
das **Stromkabel** power cable
der **Stromkreis** circuit ['sɜːkɪt]
das **Stromnetz** power supply system
die **Stromquelle** source [sɔːs] of power
die **Stromrechnung** electricity [ˌelɪkˈtrɪseti] bill
die **Stromstärke** strength of the electric [ɪˈlektrɪk] current
der **Stromstoß** electric shock
die **Strömung** ❶ (*in Wasser, Luft*) current ❷ (*Tendenz, Richtung*) trend
der **Stromverbrauch** power consumption [kənˈsʌmpʃən]
die **Stromversorgung** power supply
der **Stromzähler** electricity [ˌelɪkˈtrɪseti] meter
die **Strophe** ❶ (*in Lied*) verse [vɜːs] ❷ (*in Gedicht*) stanza
**strotzen** to abound (**vor** with); **vor Gesundheit/Kraft strotzen** to be bursting with health/strength; **vor Fehlern nur so strotzen** to be littered with mistakes
**strubbelig** *Fell, Haar:* tousled ['taʊzld]
der **Strudel** ❶ (*Wasser*) whirlpool ❷ (*übertragen*) whirl ❸ (*Gebäck*) strudel
die **Struktur** ❶ structure ['strʌktʃəʳ] ❷ *von Gewebe:* texture ['tekstʃəʳ]
**strukturell** structural
**strukturschwach** economically underdeveloped
der **Strumpf** ❶ (*Herrenstrumpf*) sock ❷ (*Damenstrumpf*) stocking
das **Strumpfband**, der **Strumpfhalter** suspender [səˈspendəʳ] ⒼⒷ, garter ⓊⓈⒶ
die **Strumpfhose** tights [taɪts] ⚠ *plural* ⒼⒷ, pantyhose ⓊⓈⒶ; **eine Strumpfhose** a pair of tights ⒼⒷ, a pantyhose ⓊⓈⒶ
die **Strumpfwaren** hosiery ['həʊziəri] ⚠ *singular*
**struppig** ❶ *Bart, Haare:* unkempt ❷ *Tier:* shaggy
die **Stube** living room; (*gute Stube*) parlour [pɑːləʳ]
der **Stubenhocker**, die **Stubenhockerin** stay-at-home
**stubenrein** *Hund:* house-trained ⒼⒷ, housebroken ⓊⓈⒶ
der **Stuck** stucco
das **Stück** ❶ piece [piːs]; **ein Stück Brot** a piece of bread; **zwei Stück Kuchen** two pieces of cake; **ich möchte drei Stück von diesen** [*oder* **davon**] I'll take three of these; **ein Stück Seife** a bar of soap; **Stück für Stück** piece by piece ❷ (*Streckenabschnitt*) part; **er kam ein Stück mit** he came along part of the way; **jemanden ein Stück im Wagen mitnehmen** to give someone a lift; **ein Stück spazieren gehen** to go for a walk ❸ (*Bruchstück*) fragment; **in Stücke gehen** to break into pieces; **in Stücke schlagen** to smash to pieces ❹ (*Theaterstück*) play ❺ (*musikalisch*) piece ❻ **2 Euro das Stück** 2 euros each ❼ **ein schönes Stück Geld** a pretty penny; **ein ganzes Stück größer** quite a bit taller ❽ **ein freches Stück sein** to be a cheeky devil; **du mieses Stück!** (*für Mann*) you rotten bastard!; (*für Frau*) you bitch!
das **Stückchen** ❶ little piece [*oder* bit] ❷ (*des Weges*) part of the way
der **Stückpreis** price for one
die **Stückzahl** number of pieces
der **Student**, die **Studentin** student
der **Studentenausweis** student card
das **Studentenfutter** nuts and raisins *plural*
das **Studentenheim** student hostel; (*auf dem Campus*) hall of residence
das **Studentenwohnheim** hall of residence ⒼⒷ, dormitory ['dɔːmɪtəri] ⓊⓈⒶ
**studentisch** student *vor dem Substantiv*
die **Studie** ❶ (*Abhandlung*) essay (**über** on) ❷ (*Untersuchung*) report (**über/zu** on)
der **Studienanfänger**, die **Studienanfängerin** first year student

die **Studienbeihilfe** educational grant
der **Studiendirektor** deputy head, vice principal
das **Studienfach** subject ['sʌbdʒekt]
die **Studienfahrt** (*in Schule*) educational trip
die **Studiengebühren** tuition [tju'ɪʃᵊn] fee *plural*
der **Studienplatz** place at university
der **Studienrat**, die **Studienrätin** teacher at a secondary school
die **Studienreise** study trip
**studieren** to study; **Medizin studieren** to study medicine; **sie studiert noch** she's still a student
das **Studio** studio ['stju:diəʊ]
das **Studium** study ['stʌdi]; **ein Studium aufnehmen** to begin one's studies ⚠ *plural;* **sein Studium abschließen** to finish one's degree; **was macht dein Studium?** how are you getting on at university?, how are your studies coming along?
die **Stufe** ➊ (*Treppenstufe*) step; **Vorsicht Stufe!** mind the step! ➋ (*Stadium*) stage ➌ (*Rang*) grade ► WENDUNGEN: **sich mit jemandem auf eine Stufe stellen** to place oneself on a level with someone
der **Stufenbarren** asymmetric [ˌeɪsɪ'metrɪk] bars ⚠ *plural*
**stufenlos stufenlos verstellbar** fully adjustable [ə'dʒʌstəbl]
der **Stufenschnitt** (*Haarschnitt*) layered ['leɪəd] cut
**stufenweise** step by step
der **Stuhl** ➊ chair ['tʃeəʳ]; **ist der Stuhl noch frei?** is this chair taken? ➋ **der Heilige Stuhl** the Holy See ➌ **der elektrische Stuhl** the electric chair; **jemanden auf dem elektrischen Stuhl hinrichten** to electrocute someone ➍ (*Stuhlgang*) stool ► WENDUNGEN: **das haut dich glatt vom Stuhl!** it knocks you sideways!
das **Stuhlbein** chair leg
die **Stuhllehne** back of a chair
die **Stulle** sandwich ['sænwɪdʒ], sarnie *umgangsspr*
**stülpen etwas über etwas stülpen** to put something over something; **nach außen stülpen** to turn inside out
**stumm** ➊ (*sprechunfähig*) dumb [dʌm] ➋ (*schweigend*) silent ['saɪlənt]; **stumm dasitzen** to sit in silence
der **Stummel** stub
der **Stummfilm** silent movie ['mu:vi]
der **Stümper**, die **Stümperin** botcher, bungler **stümperhaft** bungled; **stümperhafte Arbeit** botched job
der **Stumpf** stump

**Stuhl**

Nicht verwechseln mit *stool* — *der Hocker!*

**stumpf** ➊ *Bleistift, Messer:* blunt ➋ *Winkel:* obtuse [əb'tju:s] ➌ (*geistig abgestumpft*) dull
der **Stumpfsinn so ein Stumpfsinn!** how tedious! ['ti:diəs]
**stumpfsinnig** ➊ (*geistig*) mindless ➋ (*elend langweilig*) tedious ['ti:diəs]
die **Stunde** ➊ hour [aʊəʳ]; **eine halbe Stunde** half an hour; **eine Dreiviertelstunde** three quarters ⚠ *plural* of an hour; **jede volle Stunde** every hour on the hour; **er kriegt 30 Euro die Stunde** he is paid 30 euros an hour ➋ (*Unterrichtsstunde*) lesson; **in der ersten Stunde habe ich Mathe** my first lesson is maths ⚠ *singular* ► WENDUNGEN: **die Stunde der Wahrheit** the moment of truth
**stunden jemandem etwas/eine Schuld stunden** to give someone time to pay something/his/her debt
die **Stundenkilometer** kilometres [*oder* 🇺🇸 kilometers] per hour
**stundenlang** lasting for hours; **er telefoniert stundenlang** he's on the phone for hours
der **Stundenlohn** hourly wage
der **Stundenplan** timetable 🇬🇧, schedule ['ʃedju:l] 🇺🇸; **ein voller Stundenplan** a heavy timetable; **wie sieht dein Stundenplan aus?** what's your timetable like?
der **Stundensatz** hourly rate
**stundenweise** ➊ *ein paar Stunden lang:* for a few hours at a time ➋ (*pro Stunde*) **stundenweise bezahlt werden** to be paid by the hour ➌ **eine stundenweise Beschäftigung** a casual ['kæʒjuəl] job
der **Stundenzeiger** hour hand
**stündlich** ➊ *Bus, Zug:* hourly ['aʊəli] ➋ **stündlich fahren** to run every hour

**Stunk – suchen**

der **Stunk** **Stunk machen** to kick up a row; **es gab Stunk** all hell broke loose

**stupide** (*geistlos*) mindless

**stupsen** to nudge

die **Stupsnase** snub nose

**stur** ❶ (*eigensinnig*) stubborn; **ein sturer Bock sein** to be pig-headed ❷ (*unnachgiebig*) obdurate ['ɒbdjᵊrət]

die **Sturheit** ❶ (*Eigensinn*) stubbornness ❷ (*Unnachgiebigkeit*) obdurateness ['ɒbdjᵊrətnəs]

der **Sturm** ❶ (*Unwetter*) storm; **die Ruhe vor dem Sturm** (*auch übertragen*) the calm before the storm *auch übertragen* ❷ (*Angriff*) assault [ə'sɔːlt] ❸ (*beim Fußball*) forward line ► WENDUNGEN: **Sturm läuten** to keep one's finger on the doorbell

der **Sturmangriff** assault (**auf** on)

**stürmen** ❶ *Wind:* to blow; *Orkan:* to rage; **es stürmt!** it's blowing a gale! ❷ (*eilen*) to storm ❸ to invade *Geschäft, Museum* ❹ to storm *Bühne, Feindesstellung, Feld*

der **Stürmer**, die **Stürmerin** forward

die **Sturmflut** storm tide

**sturmfrei** **sturmfreie Bude haben** to have got the place to oneself

**stürmisch** ❶ *Überfahrt, Wetter:* stormy; **stürmische See** rough [rʌf] sea ❷ (*ungestüm*) impetuous [ɪm'petʃuəs]; *Liebhaber:* ardent, passionate ['pæʃᵊnət]; **nicht so stürmisch!** take it easy! ❸ (*unausgeglichen*) *Beziehung, Ehe:* turbulent ['tɜːbjələnt]

der **Sturmschaden** storm damage

der **Sturmvogel** petrel ['petrᵊl]

die **Sturmwarnung** gale warning

der **Sturz** ❶ (*Hinfallen*) fall ❷ *einer Regierung:* overthrow; *eines Politikers:* downfall ❸ *einer Währung:* collapse [kə'læps]

**stürzen** ❶ (*kippen*) to turn upside down ❷ to overthrow *Regierung* ❸ (*fallen*) to fall [down], to tumble; **sie ist gestürzt** she fell [*oder* had a fall]; **ins Meer stürzen** *Auto, Flugzeug:* to crash into the sea ❹ (*rennen*) **er kam ins Zimmer gestürzt** he came bursting into the room ❺ *Regierung:* to fall ❻ **sich auf jemanden stürzen** to rush upon someone ❼ **sich auf die Arbeit stürzen** to throw oneself into work; **sich auf die Zeitung stürzen** to grab the newspaper; **sich in Schulden stürzen** to plunge into debt ⚠ *singular;* **sich ins Unglück stürzen** to plunge into misery; **sich in Unkosten stürzen** to go to great expense ⚠ *singular*

der **Sturzflug** nosedive

der **Sturzhelm** crash helmet

der **Stuss** (*umgangsspr*) rubbish; **so ein Stuss!**

what a load of rubbish!

die **Stute** mare [meəʳ]

der **Stutz** ⒞ʜ (*steiles Wegstück*) steep slope

die **Stütze** ❶ support; (*Pfeiler*) pillar ❷ (*Hilfe*) aid, help; **er ist mir eine große Stütze** he is my mainstay ❸ (*slang: Arbeitslosenunterstützung*) dole money; **von der Stütze leben** to be on the dole

der **Stutzen** connecting piece

**stutzen**[1] (*beschneiden*) to trim; to clip *Flügel, Hecke*

**stutzen**[2] ❶ (*zögern*) to hesitate ['hezɪteɪt] ❷ (*stehen bleiben*) to stop short ❸ (*zweimal hinschauen*) to do a double take

**stützen** ❶ to support; (*abstützen*) to shore up ❷ (*finanziell*) to back ❸ (*übertragen*) to back up ❹ **sich stützen** to lean (**auf** on) ❺ **sich stützen** *Verdacht:* to be based (**auf** on)

**stutzig** **jemanden stutzig machen** to make someone suspicious [sə'spɪʃᵊs]; **stutzig werden** to begin to wonder

die **Stützmauer** supporting wall

der **Stützpunkt** base

das **Styropor**® polystyrene [‚pɒlɪ'staɪriːn]

das **Subjekt** subject ['sʌbdʒekt]

**subjektiv** subjective [səb'dʒektɪv]

die **Subkultur** subculture ['sʌbˌkʌltʃəʳ]

das **Substantiv** noun

die **Substanz** ❶ (*Stoff*) substance ['sʌbstəns] ❷ (*innerer Gehalt*) essence ❸ **seine ewige Kritik geht mir langsam an die Substanz** his constant criticism is beginning to get to me

**subtrahieren** to subtract

die **Subtraktion** subtraction [səb'trækʃᵊn]

**subtropisch** subtropical

der **Subunternehmer**, die **Subunternehmerin** subcontractor

die **Subvention** (*vom Staat*) subsidy ['sʌbsɪdi]

**subventionieren** to subsidize ['sʌbsɪdaɪz]; **staatlich subventioniert** state-subsidized

die **Suchaktion** search [sɜːtʃ]; **eine Suchaktion durchführen** to carry out a search

die **Suche** search (**nach** for); **auf der Suche sein** to be looking (**nach** for); **auf die Suche nach etwas/jemandem gehen** to go in search of something/someone; **sich auf die Suche nach etwas machen** to start looking for something; **vergebliche Suche** wild goose chase

**suchen** ❶ to look; (*intensiver*) to search (**nach** for) ❷ (*humorvoll*) **du wirst gesucht** you're wanted; **da kannst du lange suchen!** you'll never find it! ❸ **Streit**

**suchen** to be looking for trouble; **Abenteuer suchen** to go out in search of adventure ④ **sein Recht suchen** to seek redress; **seinen Vorteil suchen** to look out for oneself; **Schutz/Zuflucht suchen** to seek shelter/refuge ⑤ **was suchst du hier?** what are you doing here?; **du hast hier nichts zu suchen** you've got no business being here

der **Sucher** *von Kamera:* viewfinder

die **Suchfunktion** (*im Internet*) search function

das **Suchgerät** locating equipment

der **Suchlauf** search

die **Suchmaschine** (*im Internet*) search engine

der **Suchscheinwerfer** searchlight

die **Sucht** ① (*medizinisch*) addiction [ə'dɪkʃən] (**nach** to) ② (*übertragen*) obsession [əb'seʃən] (**nach** with); **es wird bei ihm zur Sucht** it is becoming an obsession with him

die **Suchtgefahr** danger of addiction

**süchtig** ① addicted (**nach** to), hooked *umgangsspr* (**nach** on) ② **etwas macht süchtig** something is addictive; **davon wirst du süchtig** that's addictive

der/die **Süchtige** addict ['ædɪkt]

die **Suchtklinik** addiction clinic

der/die **Suchtkranke** addict

das **Suchtmittel** addictive substance

**Süd** south [saʊθ]; **Köln Süd** South Cologne

**Südafrika** South Africa

der **Südafrikaner**, die **Südafrikanerin** South African

**südafrikanisch** South African

**Südamerika** South America

der **Südamerikaner**, die **Südamerikanerin** South American

**südamerikanisch** South American

**Sudan** [der] Sudan [the] Sudan [suː'dɑːn]

das **Süddeutsch** South German

der/die **Süddeutsche** South German

**Süddeutschland** South Germany

der **Süden** ① (*Himmelsrichtung*) south; **im Süden von ...** in the south of ...; **aus dem** [*oder* **von**] **Süden** from the south; **nach Süden** south; *Verkehr:* southbound ② (*Landesteil*) South; **im Süden Deutschlands** in the South of [*oder* in Southern] Germany; **ich komme aus dem Süden** I'm from the South

**Südengland** the South of England

**Südeuropa** Southern Europe

die **Südfrüchte** citrus ['sɪtrəs] and tropical fruit
△ *singular*

die **Südhalbkugel** southern hemisphere ['hemɪsfɪəʳ]; **auf der Südhalbkugel** in the southern hemisphere

**Südkorea** South Korea

die **Südküste** south coast

**südlich** ① southern ['sʌðən] *vorangestellt;* **Wind aus südlicher Richtung** southerly wind; **in südlicher Richtung** southwards; *Verkehr:* southbound ② **südlich von** to the south of; **weiter südlich sein** to be further south

**südlichste(r, s) der südlichste Punkt Großbritanniens** Britain's southernmost point

der **Südosten** southeast; **aus Südosten** from the south-east

**südöstlich** ① south-eastern ② south-east (**von** of) ③ **südöstlich der Kirche** to the south-east of the church

der **Südpol** South Pole

die **Südsee** South Pacific

die **Südstaaten** Southern States

**Südtirol** South Tyrol

der **Südtiroler**, die **Südtirolerin** South Tyrolean

**südwärts** southward[s]

der **Südwesten** south-west; **aus Südwesten** from the south-west

**südwestlich** ① south-western ② south-west (**von** of) ③ **südwestlich der Kirche** to the south-west of the church

der **Südwind** south wind

der **Suff im Suff wird er böse** when he's had a few he turns nasty; **das hat sie im Suff getan** she was drunk when she did that

**süffig** light [laɪt] and sweet; **der Wein ist süffig** this wine is going down well

**suggerieren** to suggest [sə'dʒest]; **wie der Titel suggeriert** as the title suggests; **jemandem wird suggeriert, dass ...** someone is given the impression that ...

die **Suggestivfrage** leading question

**suhlen sich suhlen** to wallow

**sühnen ein Verbrechen sühnen** to atone for a crime

das **Sulfat** sulphate

der **Sultan** sultan ['sʌltən]

die **Sultanine** sultana [sʔl'tɑːnə] ⑱, seedless raisin

die **Sülze** brawn

das **Sümmchen ein hübsches Sümmchen** a tidy little sum

die **Summe** ① (*beim Rechnen*) sum ② (*Gesamtsumme*) total ③ (*Betrag*) amount

**summen** ① to hum; **vor sich hin summen** to be humming away to oneself ② *Insekt, Motor:* to buzz

**summieren sich summieren auf** to amount to, to come to; **es summiert sich** it all adds up

der **Sumpf** ❶ marsh; (*in den Tropen*) swamp [swɒmp] ❷ (*Ölsumpf im Motor*) sump

das **Sumpffieber** malaria [mə'leəriə]

das **Sumpfgebiet** marshland; (*in den Tropen*) swampland

**sumpfig** marshy; (*in den Tropen*) swampy

die **Sumpfpflanze** marsh plant

die **Sünde** ❶ sin; **eine Sünde begehen** to sin ❷ (*übertragen*) **das ist noch lange keine Sünde!** that's by no means a crime!

der **Sündenbock** scapegoat ['skeɪpɡəʊt]; **jemanden zum Sündenbock machen** to use someone as [*oder* to make someone] a scapegoat

der **Sünder**, die **Sünderin** sinner

**sündhaft** ❶ *Leben:* sinful ❷ **sündhaft teuer** prohibitively [prə'hɪbətɪvli] expensive

**sündig** sinful

**sündigen** ❶ to sin (**gegen** against) ❷ (*humorvoll: essen*) to indulge [ɪn'dʌldʒ]

**super** great [ɡreɪt], super

das **Super**, das **Superbenzin** four-star petrol ⒼⒷ, premium ['priːmiəm] ⓊⓈⒶ

die **Superfrau** superwoman; **ich bin doch keine Superfrau!** I'm no superwoman!

der/die **Supergescheite** know-all

der **Superlativ** superlative [suː'pɜːlətɪv]

**superleicht** dead easy

die **Supermacht** superpower

der **Supermann** superman ['suːpəmæn]; **ich bin doch kein Supermann!** I'm no superman!

der **Supermarkt** supermarket; **im Supermarkt** at the supermarket

die **Supermarktkette** supermarket chain

die **Suppe** (*dünne Suppe*) soup [suːp]; (*dicke Suppe*) broth ▶ WENDUNGEN: **da hast du dir eine schöne Suppe eingebrockt** you've got yourself into a right pickle; **die Suppe auslöffeln müssen** to have to face the music; **jemandem die Suppe versalzen** to queer ['kwɪəʳ] someone's pitch

das **Suppenfleisch** meat for making soup

das **Suppengrün** herbs and vegetables for flavouring soup

das **Suppenhuhn** boiling fowl

die **Suppenschüssel** tureen [tə'riːn]

der **Suppenteller** soup plate

das **Surfbrett** ['søːɐ̯fbrɛt] surfboard

**surfen** ['zøːɐ̯fn̩] to surf

der **Surfer**, die **Surferin** ['søːɐ̯fɐ] (*auch im Internet*) surfer

**surren** to buzz

**suspekt** suspicious [sə'spɪʃ°s], dodgy *umgangsspr;* **das ist mir suspekt** that seems

suspicious to me; **sie ist mir suspekt** she seems a bit dodgy to me *umgangsspr*

**suspendieren** to suspend

**süß** ❶ (*im Geschmack*) sweet ❷ (*goldig*) sweet, cute [kjuːt]; **süß aussehen** to look sweet [*oder* cute] ❸ **er ist ein Süßer** (*ist lieb*) he's a sweetie; (*isst gern Süßes*) he's got a sweet tooth

**süßen** to sweeten

die **Süßigkeiten** sweets ⒼⒷ, candy △ *singular* ⓊⓈⒶ

die **Süßkirsche** sweet cherry

**süßlich** ❶ (*im Geschmack*) sweetish ❷ (*widerlich*) mawkish ['mɔːkɪʃ] ❸ (*rührselig*) maudlin ['mɔːdlɪn], sugar-coated

**süßsauer** ❶ *Gericht:* sweet-and-sour ❷ *Lächeln:* forced

die **Süßspeise** sweet ⒼⒷ, dessert [dɪ'zɜːt]

der **Süßstoff** sweetener

das **Süßwasser** freshwater

der **Swimmingpool** [swimming] pool

das **Symbol** symbol ['sɪmb°l]

**symbolisch** symbolic [sɪm'bɒlɪk] (**für** of)

**symbolisieren** to symbolize ['sɪmb°laɪz]

die **Symmetrie** symmetry ['sɪmətri]

**symmetrisch** symmetrical [sɪ'metrɪk°l]

die **Sympathie** (*Zuneigung*) liking ['sɪmpəθi]

> **F** Nicht verwechseln mit *sympathy — das Mitleid!*

der **Sympathisant**, die **Sympathisantin** sympathizer [ˌsɪmpə'θaɪzəʳ]

**sympathisch** ❶ *Lächeln:* pleasant ['plez°nt], lovely ['lʌvli]; *Mensch:* nice ❷ **er ist mir sympathisch** I think he's nice, I like him; **sie ist mir nicht sehr sympathisch** I don't really like her △ *im Englischen bedeutet ‚sympathetic' mitfühlend!*

> **F** Nicht verwechseln mit *sympathetic — mitfühlend!*

die **Symphonie** symphony ['sɪmfəni]

das **Symptom** symptom ['sɪmtəm]

**symptomatisch** symptomatic (**für** of)

die **Synagoge** synagogue ['sɪnəgɒg]

**synchronisieren** ❶ to synchronize ['sɪŋkrənaɪz] *auch übertragen* ❷ to dub *Film;* **synchronisiert** dubbed

der **Synchronsprecher**, die **Synchronsprecherin** dubbing actor

die **Synchronstimme** dubbing voice

das **Syndikat** syndicate

der **Synergieeffekt** synergetic effect

die **Synode** synod

das **Synonym** synonym ['sɪnənɪm]

die **Syntax** syntax

die **Synthese** synthesis (**aus** of)
**synthetisch** synthetic [sɪn'θetɪk]
die **Syphilis** syphilis
**Syrien** Syria
der **Syrer**, die **Syrerin** Syrian
**syrisch** Syrian
das **System** ❶ (*Anlage*) system ['sɪstəm] ❷ (*Methode*) method; **das hat alles kein System!** there's no system to it!
**systematisch** systematic
der **Systemfehler** system error
der **Systemkritiker**, die **Systemkritikerin** (*politisch*) critic of the system
das **Szenario** scenario
die **Szene** ❶ (*Bühne*) stage ❷ (*auch übertragen: Auftritt*) scene [siːn]; [**jemandem**] **eine Szene machen** to make a scene [in front of somebody]; **sich in Szene setzen** to draw attention to oneself ❸ (*umgangsspr*) scene; **sich in der Szene auskennen** to know the scene
der **Szeneladen** trendy bar
der **Szenenwechsel** scene change

# T

**T, t** T, t [tiː]
**t** *Abkürzung von* **Tonne** ton
der **Tabak** tobacco [tə'bækəʊ]
die **Tabaksteuer** duty on tobacco
die **Tabakwaren** tobacco ⚠ *singular*
**tabellarisch** tabular ['tæbjələˈ]
die **Tabelle** table; (*als Grafik*) chart
die **Tabellenform** in **Tabellenform** in tabular form
der **Tabellenführer** league [liːg] leaders ⚠ *plural;* **Tabellenführer sein** to be at the top of the league [table]
der **Tabellenletzter Tabellenletzter sein** to be at the bottom of the league [table]
der **Tabellenplatz** place [*oder* position] in the league
der **Tabellenstand** league situation
der **Tabernakel** tabernacle ['tæbə,nækl]
das **Tablar** ⒞ shelf
das **Tablett** tray
die **Tablette** pill, tablet
**tabu** taboo
das **Tabuwort** taboo word
der **Tacho**, der **Tachometer** speedo, speedometer

**Tablett**

🄵 Nicht verwechseln mit *tablet* — die *Tablette!*

der **Tadel** ❶ (*Vorwurf*) reproach [rɪ'prəʊtʃ] ❷ (*Kritik*) censure ['sensʃəˈ] ❸ (*Verweis*) reprimand ['reprɪmɑːnd]
**tadellos** ❶ *Benehmen:* irreproachable [ˌɪrə'prəʊtʃəbl]; *Deutsch:* faultless ['fɔːltləs]; *Manieren:* impeccable [ɪm'pekəbl] ❷ (*vollkommen*) perfect; **was willst du denn, das ist doch tadellos** what are you on about, there's nothing wrong with it
**tadeln** ❶ (*zurechtweisen*) to rebuke, to reprimand ❷ (*kritisieren*) to criticize ['krɪtɪsaɪz]
**tadelnd** *Blick:* reproachful [rɪ'prəʊtʃfəl]
die **Tafel** ❶ (*Schultafel*) blackboard; **an die Tafel schreiben** to write on the blackboard ❷ **eine Tafel Schokolade** a bar of chocolate ❸ (*Tabelle*) index, list ❹ (*festlicher Tisch*) [dinner] table
das **Tafelobst** dessert fruit
die **Tafelrunde** round table
die **Täfelung** panelling, wainscoting ['weɪnskətɪŋ]
das **Tafelwasser** table water
der **Taft** taffeta ['tæfɪtə]
der **Tag** ❶ day; **Tag für Tag** day after day; **auf den Tag** [**genau**] to the day; **in acht Tagen** a week today, in a week's time; **er kommt in 3 Tagen** he's coming in 3 days; **er muss jeden Tag kommen** he will arrive any day now; **welcher Tag ist heute?** what day is it today?; **zweimal am Tag** twice a day; **von dem Tag an** from that day on; **den ganzen Tag** all day; **irgendwann im Laufe des Tages** some time during the day; **am folgenden Tag** the next day; **eines Tages** one day; **eines schönen Tages** one fine day ❷ **tags darauf** the next day; **tags zuvor** the day before ❸ (*als Gruß*) **guten Tag!** (*morgens*) good morning!; (*nachmittags*) good after-

**tagaus – Tankdeckel** 960

noon!; (*beim Vorstellen*) how do you do?; **jemandem guten Tag sagen** to say hello to someone; **schönen Tag noch!** have a nice day! ❹ **heute ist nicht mein Tag** it's not my day today; **seinen guten/schlechten Tag haben** to be in a good/bad mood ❺ (*Tageslicht*) daylight ['deɪlaɪt]; **es ist Tag** it is light; **es wird Tag** it is getting light; **bei Tage** in the daytime ❻ **zu Tage fördern** to unearth [ʌn'ɜːθ]; **zu Tage kommen** [*oder* **treten**] to come to light ❼ **Tag der offenen Tür** open day ❽ (*übertragen: Periode*) **sie hat ihre Tage** she has got her period; **wann kriegst du deine Tage?** when will you get your period? ▶ WENDUNGEN: **ein Unterschied wie Tag und Nacht** as different as chalk and cheese; **man soll den Tag nicht vor dem Abend loben** don't count your chickens before they're hatched; **zu Tage fördern** (*enthüllen*) to bring to light

**tagaus tagaus, tagein** day in, day out
der **Tagebau** open-cast mining
das **Tagebuch** diary ['daɪəri]; **Tagebuch führen** to keep a diary
**tagelang** lasting for days [on end] *nachgestellt;* **nach tagelangem Warten** after days of waiting
der **Tagelöhner**, die **Tagelöhnerin** day labourer
**tagen** *Gericht, Parlament:* to sit
der **Tagesablauf** course [kɔːs] of the day
der **Tagesanbruch** **bei Tagesanbruch** at daybreak
die **Tagescreme** day cream
das **Tagesgeschehen** events of the day ⚠ *plural*
die **Tageskarte** ❶ (*für Bus, Straßenbahn*) day ticket ❷ (*Speisekarte*) menu of the day, today's menu ['menjuː]
der **Tageskurs** current rate
das **Tageslicht** daylight ['deɪlaɪt]; **bei Tageslicht** in [the] daylight ▶ WENDUNGEN: **ans Tageslicht bringen/kommen** to bring/come to light
die **Tagesmutter** child minder
die **Tagesordnung** agenda [ə'dʒendə]; **was steht heute auf der Tagesordnung?** what's today's agenda?
die **Tagesration** daily rations ['ræʃⁿnz] ⚠ *plural*
die **Tagesschau** [television] news ⚠ *singular;* **die Tagesschau kommt um 8 Uhr** the news is on at 8 o'clock
die **Tagesstätte** day-care centre
die **Tagestour** day trip
die **Tageszeit** time of day; **um diese Tageszeit** at this time of day; **zu jeder Tageszeit** at any hour

die **Tageszeitung** daily paper
**täglich** ❶ *Arbeit, Brot, Pflichten:* daily ❷ **etwas täglich tun** to do something every day; **einmal/zweimal/dreimal täglich** once/twice/three times a day
**tagsüber** during the day
**tagtäglich** (*jeden Tag*) every single day
die **Tagung** ❶ conference ❷ *von Ausschuss, Gericht:* sitting
der **Taifun** typhoon [taɪ'fuːn]
die **Taille** ['taljə] waist [weɪst]
der **Takt** ❶ (*Rhythmus*) time ❷ (*Takteinheit*) bar ❸ *von Auto:* stroke ❹ (*Taktgefühl*) tact; **sie hat überhaupt keinen Takt** she hasn't got an ounce of tact, she's completely tactless ▶ WENDUNGEN: **ein paar Takte mit jemandem reden** to give someone a piece of one's mind
das **Taktgefühl** [sense of] tact
**taktieren** to manoeuvre [mə'nuːvəʳ]
die **Taktik** tactics ⚠ *plural;* **eine gute Taktik** good tactics ⚠ *plural*
der **Taktiker**, die **Taktikerin** tactician [tæk'tɪʃⁿn]
**taktisch** tactical; **taktisch vorgehen** to use tactics *plural*
**taktlos** tactless
die **Taktlosigkeit** tactlessness; **so eine Taktlosigkeit!** what a tactless thing to say!
der **Taktstock** baton
**taktvoll** tactful
das **Tal** valley; (*poetisch*) vale
das **Talent** gift, talent ['tælənt] (**zu** for); **großes** [*oder* **viel**] **Talent haben** to be very talented; **ein echtes Talent sein** to have real talent
die **Talfahrt** ❶ (*beim Skifahren*) descent [dɪ'sent] ❷ *von Aktien, Währung:* decline [dɪ'klaɪn]
der **Talisman** [lucky] charm
die **Talkshow** ['tɔːkʃəʊ] chat [*oder* talk] show
die **Talsperre** ❶ (*Staumauer*) river dam ❷ (*Speichersee*) storage reservoir ['rezəvwɑːʳ]
die **Talstation** *von Skilift:* station at the bottom end
**talwärts** down into the valley
der **Tampon** tampon ['tæmpɒn]
das **Tandem** tandem ['tændəm]; **Tandem fahren** to ride a tandem
der **Tandler**, die **Tandlerin** Ⓐ (*Trödler*) junk dealer
der **Tang** seaweed
die **Tangente** tangent ['tændʒⁿnt]
**tangieren das tangiert mich nicht** it's got nothing to do with me
der **Tango** tango ['tæŋgəʊ]; **Tango tanzen** to do [*oder* dance] the tango
der **Tank** (*Behälter, auch Panzer*) tank [tæŋk]
der **Tankdeckel** filler cap

**tanken** ① to tank [oder fill] up Benzin; **voll tanken** to fill up with petrol; **wo kann man hier tanken?** where can I get petrol round here? ② **Sonne/frische Luft tanken** to get some sunshine/fresh air ③ (slang: viel trinken) **sie hat ganz schön getankt** she's really tanked up

der **Tanker** tanker ['tæŋkəʳ]

die **Tankstelle** service [oder filling] [oder petrol] station ⒼⒷ, gas station ⓊⓈⒶ

der **Tankwart**, die **Tankwartin** petrol pump attendant ⒼⒷ, gas station attendant ⓊⓈⒶ

die **Tanne** fir [fɜːʳ], pine

der **Tannenbaum** ① fir [oder pine] tree ② (Weihnachtsbaum) Christmas tree

der **Tannenzapfen** fir [oder pine] cone

**Tansania** Tanzania

der **Tansanier**, die **Tansanierin** Tanzanian

**tansanisch** Tanzanian

die **Tante** aunt [ɑːnt], auntie [ɑːnti] umgangsspr

der **Tante-Emma-Laden** corner shop

der **Tanz** dance

**tanzen** to dance; **Walzer tanzen** to do a waltz [wɒlts]; **tanzen gehen** to go dancing

der **Tänzer**, die **Tänzerin** dancer

die **Tanzfläche** dance floor

der **Tanzkurs** dancing course

das **Tanzlokal** café with dancing

die **Tanzmusik** dance music

der **Tanzpartner**, die **Tanzpartnerin** [dancing] partner

die **Tanzschule** dancing school

die **Tanzstunde** dancing lesson

das **Tanzturnier** dancing contest

die **Tapete** wallpaper ['wɔːlˌpeɪpəʳ]

der **Tapetenwechsel** change of scenery ['siːnəri]

**tapezieren** to paper

**tapfer** ① (beherrscht) brave; **etwas tapfer ertragen** to put on a brave front ② (mutig) bold, courageous [kəˈreɪdʒəs]

die **Tapferkeit** (Mut) boldness, courage ['kʌrɪdʒ]

**tappen** (tapsen) to go [oder come] falteringly ▸ WENDUNGEN: **im Dunkeln tappen** to grope in the dark

die **Tarantel** tarantula

der **Tarif** ① (Lohntarif) rate ② (Zolltarif) tariff ['tærɪf]

die **Tarifgruppe** wage group

**tariflich** agreed

der **Tariflohn** standard wage

die **Tarifverhandlungen** collective wage negotiations [nɪˌɡəʊʃɪˈeɪʃ ənz] plural

der **Tarifvertrag** wage agreement

die **Tarifzone** (im öffentlichen Verkehr) fare zone

**tarnen** ① to camouflage ['kæməflɑːʒ] ② to disguise [dɪsˈɡaɪz] Absichten

die **Tarnung** ① (militärisch) camouflage ['kæməflɑːʒ] ② von Agenten: disguise [dɪsˈɡaɪz]

die **Tasche** ① (bei Kleidungsstücken) pocket; [sich] **etwas in die Tasche stecken** to pocket something, to put something into one's pocket ② (Beutel) pouch [paʊtʃ] ③ (Handtasche) bag ⒼⒷ, purse [pɜːs] ⓊⓈⒶ ④ (Aktentasche) briefcase ⑤ (übertragen) **etwas aus eigener Tasche bezahlen** to pay for something out of one's own pocket; **tief in die Tasche greifen** to dig deep into one's pockets ▸ WENDUNGEN: **sich in die eigene Tasche lügen** to kid oneself

das **Taschenbuch** paperback

der **Taschendieb** pickpocket

das **Taschengeld** pocket money

der **Taschenkrebs** common crab

die **Taschenlampe** torch ⒼⒷ, flashlight ⓊⓈⒶ

das **Taschenmesser** pocket knife ⒼⒷ, jackknife ⓊⓈⒶ; (kleines) penknife

der **Taschenrechner** pocket calculator ['kælkjəleɪtəʳ]

der **Taschenschirm** collapsible umbrella

der **Taschenspiegel** pocket mirror

das **Taschentuch** handkerchief ['hæŋkətʃiːf]

die **Taschenuhr** pocket watch

das **Taschenwörterbuch** pocket dictionary ['dɪkʃ ənəri]

die **Tasse** cup; **eine Tasse Tee** a cup of tea ▸ WENDUNGEN: **sie hat nicht alle Tassen im Schrank** (umgangsspr) she's not quite the full shilling

die **Tastatur** keyboard ['kiːbɔːd]

die **Taste** ① von Klavier, Computer: key; **eine Taste drücken** to press a key ② von Telefon, Radio: button

> **F** Nicht verwechseln mit taste — der Geschmack!

**tasten** ① to feel; **nach etwas tasten** to grope for something ② **sich an der Wand entlang tasten** to feel one's way along the wall

das **Tastentelefon** push-button telephone

der **Tastsinn** sense of touch

die **Tat** ① (das Handeln) action; **ein Mann der Tat** a man of action; **in die Tat umsetzen** to put into action ② (Heldentat, Untat) act, deed ③ **eine gute Tat** a good deed ④ (Leistung) feat ⑤ **auf frischer Tat ertappen** to catch in the act ⑥ **in der Tat** indeed

der/die **Tatbeteiligte** accomplice

**tatenlos** **ich konnte nur tatenlos zusehen** I could only stand and watch

**Täter – täuschen**

der **Täter**, die **Täterin** perpetrator ['pɜːpɪtreɪtəʳ]; **unbekannte Täter** persons unknown

**tätig** ➊ active; **in einer Sache tätig werden** to take action in a matter ➋ **als Journalist tätig sein** to work as a journalist; **sie ist an der Börse tätig** she's in stockbroking

die **Tätigkeit** ➊ (*Aktivität*) activity; (*Beschäftigung*) occupation ➋ (*Arbeit*) work; (*Beruf*) job

die **Tatkraft** drive, energy ['enədʒi], vigour ['vɪgəʳ]

**tatkräftig** energetic [ˌenə'dʒetɪk]

der **Tatort** scene [siːn] of the crime

die **Tatortspur** sample taken from a crime scene

**tätowieren** to tattoo; **sich tätowieren lassen** to have [*oder* get] oneself tattooed

die **Tätowierung** tattooing

die **Tatsache** fact; **Tatsache ist, ...** the fact is, ...; **den Tatsachen ins Auge blicken** to face the facts

der **Tatsachenbericht** documentary [ˌdɒkjə-'mentʳri]

**tatsächlich** ➊ *Wert:* actual, real ➋ (*in Wirklichkeit*) actually, really; **er ist es tatsächlich** it really is him; **tatsächlich?** really?

**tätscheln** to pat; **jemandem die Wange tätscheln** to pat someone on the cheek

die **Tatze** paw [pɔː]

das **Tau** (*Seil*) rope

der **Tau** (*Niederschlag*) dew [djuː]

**taub** ➊ (*ohne Gehör*) deaf [def]; **auf einem/dem rechten Ohr taub** deaf in one/the right ear ➋ **sich taub stellen** to pretend not to hear ➌ (*gefühllos*) numb [nʌm]; **meine Hände waren taub vor Kälte** my hands were numb with cold

die **Taube** ➊ dove [dʌv], pigeon ['pɪdʒən] ➋ (*als Symbol*) dove

die **Taubheit** ➊ (*Gehörlosigkeit*) deafness ['defnəs] ➋ (*Erstarrung von Körperteil*) numbness ['nʌmnəs]

**taubstumm** deaf and dumb

der/die **Taubstumme** deaf mute

**tauchen** ➊ to dive (**nach** for) ➋ (*mit Tauchgerät*) to scuba-dive (**nach** for) ➌ **die Hand ins Wasser tauchen** to dip one's hand into the water

der **Taucher**, die **Taucherin** diver

der **Taucheranzug** diving suit

die **Taucherausrüstung** diving equipment [ɪ'kwɪpmənt]

die **Taucherbrille** diving goggles △ *plural*

die **Taucherflosse** flipper

die **Taucherkrankheit** diver's paralysis [pə-'ræləsɪs]

die **Tauchermaske** diving mask

der **Tauchsieder** portable immersion [ɪ'mɜː.ʃən] heater

**tauen** to melt; *Schnee auch:* to thaw [θɔː]; **es taut** it is thawing

das **Taufbecken** font

die **Taufe** ➊ (*das Sakrament*) baptism ➋ (*Vorgang*) christening

**taufen** ➊ to baptize *Gläubigen;* **sich taufen lassen** to be baptized ➋ (*nennen*) to christen *Kind, Schiff, Hund;* **jemanden/ein Schiff auf den Namen ... taufen** to christen someone/a ship ...

der **Taufpate** godfather; **meine Taufpaten** my godparents

die **Taufpatin** godmother

**taugen** ➊ (*wert sein*) to be good; **taugt es was?** is it any good?; **es taugt nichts** it's no good; **zu etwas taugen** to be fit for something; **er taugt nichts** he is no good ➋ (*geeignet sein*) to be suitable (**zu/für** for); **sie taugt zu nichts** she's useless

der **Taugenichts** good-for-nothing

**tauglich** ➊ (*geeignet*) suitable ['suːtəbl] (**zu/für** for) ➋ (*fürs Militär*) fit [for service]

der **Taumel** ➊ (*Schwindel*) giddiness ['gɪdinəs] ➋ (*übertragen: Rausch*) frenzy; **im Taumel der Gefühle** in the whirl of emotions

**taumeln** to stagger

der **Tausch** ➊ exchange [ɪks'tʃeɪndʒ], swop [swɒp] *umgangsspr;* **im Tausch gegen** in exchange for; **einen guten Tausch machen** to get a good deal ➋ (*Tauschhandel*) barter

**tauschen** ➊ (*umtauschen*) to exchange [ɪks'tʃeɪndʒ] (**gegen** for) ➋ to barter *Güter* ➌ to exchange *Blicke, Worte* ➍ **mit jemandem tauschen** to do a swop with someone; **mit dir möchte ich nicht tauschen** I wouldn't want [*oder* like] to be in your shoes *plural*

**täuschen** ➊ (*hintergehen*) to deceive [dɪ'siːv]; **so leicht können Sie mich nicht täuschen!** you won't fool me so easily! ➋ (*irreführend sein*) to be deceptive [dɪ'septɪv]; **es täuscht** it's deceptive; **sich täuschen lassen** to let oneself be deceived [*oder* fooled] ➌ **sich täuschen** to be wrong [rɒŋ], to be mistaken (**über** about); **da täuschst du dich** [*aber gewaltig*] you're [very] wrong there; **wenn mich nicht alles täuscht** if I'm not [very much] mistaken ➍ **sich in jemandem täuschen** (*positiv*) to be wrong [*oder* mistaken] about someone; (*negativ*) to be disappointed in someone; **wir**

**haben uns in ihr sehr getäuscht** she was a great disappointment to us

**täuschend** ① *Ähnlichkeit:* striking ② **jemandem täuschend ähnlich sehen** to bear a striking resemblance to someone, to look just like someone

die **Täuschung** ① (*das Täuschen*) deception [dɪ'sepʃⁿn] ② (*Irrtum*) mistake

**tausend** a [*oder* one] thousand; **viele Tausende** thousands of; **tausend Dank** thanks a million

der **Tausendfüß(l)er** millipede ['mɪlɪpiːd]

**tausendmal** a thousand times *plural*

das **Tausendstel** thousandth; **eine Tausendstel Sekunde** one thousandth of a second

das **Tauwetter** thaw [θɔː]; **es herrscht Tauwetter** it's thawing

das **Tauziehen** tug of war *auch übertragen*

die **Taxcard** ⓒⱧ phonecard

das **Taxi** cab, taxi[cab] ['tæksi]; **mit dem Taxi fahren** to come/go by taxi

der **Taxifahrer**, die **Taxifahrerin** taxi [*oder* cab] driver

der **Taxistand** taxi rank

das **Team** [tiːm] team; **im Team arbeiten** to work as part of a team, to work in a team

die **Teamarbeit** teamwork

die **Technik** ① (*Technologie*) technology [tek'nɒlədʒi] ② (*Funktionsweise eines Geräts*) mechanics [mɪ'kænɪks] △ *plural* ③ (*auch als Fach: Ingenieurwissenschaft*) engineering [ˌendʒɪ'nɪərɪŋ] ④ (*Verfahren, auch in Kunst oder im Sport*) technique [tek'niːk] ⑤ **verstehst du etwas von Technik?** are you any good at [*oder* do you know anything about] technical matters? *plural;* **ich verstehe nichts von Technik** I am hopeless when it comes to technical matters

der **Techniker**, die **Technikerin** ① [technical] engineer [ˌendʒɪ'nɪəʳ] ② (*im Sport*) technician [tek'nɪʃⁿn]

**technisch** ① (*technologisch*) technological [ˌteknə'lɒdʒɪkᵊl]; **technische Hochschule** institute of technology ② (*die Ausführung betreffend*) technical; **die technischen Daten** the specifications ③ **er ist technisch begabt** he is technically minded; **technischer Zeichner** engineering draughtsman ['drɑːftsmən] *maskulin;* **technische Zeichnerin** engineering draughtswoman *feminin*

der **Technische Überwachungsverein** →**TÜV** Technical Control Board

die **Technologie** technology [tek'nɒlədʒi]

der **Tee** tea; **eine Tasse Tee** a cup of tea

der **Teebeutel** tea bag

das **Tee-Ei** infuser ⒼⒷ, tea ball ⓊⓈⒶ

der **Teefilter** tea filter

die **Teekanne** teapot

der **Teelöffel** teaspoon; **zwei Teelöffel Milch** two teaspoons of milk

der **Teenager** ['tiːneɪdʒə] teenager

der **Teenie** ['tiːni] young teenager

die **Teepause** tea break

der **Teer** tar

das **Teeservice** tea set

das **Teesieb** tea strainer

der **Teich** pond

der **Teig** ① (*Brot- oder Nudelteig*) dough [dəʊ] ② (*Blätter- oder Mürbeteig*) pastry ['peɪstri]

**teigig** doughy ['dəʊi]

die **Teigwaren** pasta ['pæstə] △ *singular*

der **Teil** ① (*Bruchteil, Teil von etwas*) part; **in zwei Teile zerschneiden** to cut in two ② (*Anteil*) share ③ **ein Teil der Leute** some of the people ④ **5 Teile Sand auf einen Teil Zement** 5 parts of sand to 1 of cement ⑤ **zum Teil** partly; **zum größten Teil** for the most part; **zum Teil war es recht gut** there were some quite good bits △ *plural;* **ich war zum Teil selbst schuld** it was partly my fault ⑥ **ich für meinen Teil** I for my part; **sich seinen Teil denken** to draw one's own conclusions △ *plural*

der **Teilabschnitt** section, segment

**teilbar** divisible [dɪ'vɪzəbl] (**durch** by)

das **Teilchen** (*auch in Physik*) particle ['pɑːtɪkl]

**teilen** ① (*in Teile zerlegen*) to divide [dɪ'vaɪd] (**in** into) ② **10 durch 5 teilen** to divide 10 by 5 ③ (*aufteilen*) to share [ʃeəʳ] (**unter** amongst, **mit** with); **du teilst wohl nicht gern?** you don't like sharing, do you? ④ (*teilhaben*) to share *Erfahrung, Freude* ⑤ **sich teilen** *Fluss, Straße:* to fork; *Vorhang:* to part ⑥ **sich [in Gruppen] teilen** to split up [into groups] ⑦ **die Meinungen teilen sich [in diesem Punkt]** opinions are divided [*oder* differ] [on this point]; **geteilter Meinung sein** to be of different opinions △ *plural*

der **Teilerfolg** partial ['pɑːʃᵊl] success

der **Teilhaber**, die **Teilhaberin** partner, associate; **als Teilhaber eintreten** to join a partnership

die **Teilnahme** ① (*Beteiligung*) participation [pɑːˌtɪsɪ'peɪʃⁿn] (**an** in) ② (*Anwesenheit*) attendance (**an** at) ③ (*Mitgefühl*) sympathy ['sɪmpəθi]

**teilnahmslos** (*gleichgültig*) apathetic, indifferent (**gegenüber** towards)

**teilnahmsvoll** sympathetic (**gegenüber**

## USEFUL PHRASES

In einer Fremdsprache zu **telefonieren** ist manchmal schwieriger, als sich mit jemandem direkt zu unterhalten. Aber mit diesen *phrases* wird es dir ganz leicht fallen.

Hi./Hello. This is … How are you?

Can we … on Saturday?

Let's go to …!

How about …?

Hi./Hello, … I'm fine, thanks. And you?

OK, great idea! Fine!/Cool! When can we meet?

No, sorry, I can't, I've always got … on Saturdays.

Yes. That's fine./See you at …/soon. Bye.

towards)

**teilnehmen ❶** (*sich beteiligen*) to participate [pɑ:ˈtɪsɪpeɪt], to take part (**an** in) **❷ an einem Lehrgang teilnehmen** to do a course; **an einem Wettbewerb teilnehmen** to take part in a competition, to enter a competition **❸** (*anwesend sein*) to attend; **am Unterricht teilnehmen** to attend class[es] **❹** (*sich interessieren*) to take an interest (**an** in)

der **Teilnehmer**, die **Teilnehmerin ❶** (*Beteiligte*) participant [pɑ:ˈtɪsɪpənt] **❷** (*im Sport*) competitor

**teils** partly; **wie geht's dir? — teils, teils** how are you? — so-so

die **Teilung** division [dɪˈvɪʒ°n]

**teilweise ❶** partly; (*manchmal*) sometimes; **der Roman ist teilweise gut** the novel is good in parts *plural* **❷** *Besserung:* partial [ˈpɑ:ʃ°l]

die **Teilzahlung ❶** (*Teilzahlungskauf*) hire purchase **❷** (*Rate*) instal[l]ment; **auf Teilzahlung kaufen** to buy on hire-purchase

die **Teilzeitarbeit** part-time employment

die **Teilzeitkraft** part-time worker

der **Teint** complexion [kəmˈplekʃ°n]

das **Telebanking** [ˈteːləbɛŋɪŋ] (*im Internet*) homebanking

das **Telefon** telephone, phone *umgangsspr;* **ans Telefon gehen** to answer the phone; **am Telefon sein** to be on the phone

der **Telefonanruf** phone call

das **Telefonat** telephone call

die **Telefonauskunft** directory enquiries [dɪˌrektəriːnˈkwaɪərɪz] △ *plural* ⒼⒷ, directory information ⓊⓈⒶ

das **Telefonbuch** phone book

das **Telefongespräch ❶** (*Anruf*) [telephone] call; **ein Telefongespräch führen** to make a call **❷** (*Unterhaltung am Telefon*) telephone conversation

**telefonieren** to make a telephone call; **sie telefoniert den ganzen Tag** she's on the phone all day long; **mit jemandem telefo-**

**nieren** to speak to someone on the phone; **er telefoniert gerade mit Edgar** he's on the phone to Edgar; **telefonieren gehen** to make a phone call

**telefonisch telefonisch anfragen** to inquire [ɪnˈkwaɪərʳ] by telephone; **er ist telefonisch erreichbar** he can be contacted by phone

der **Telefonist**, die **Telefonistin** (*in Firma*) switchboard operator

die **Telefonkarte** phonecard

die **Telefonleitung** telephone line

die **Telefonnummer** telephone [*oder umgangsspr* phone] number; **eine Telefonnummer wählen** to dial a number

die **Telefonrechnung** phone bill

die **Telefonseelsorge** crisis line, Samaritans *plural*

die **Telefonzelle** telephone box [*oder* ⓊⓈⒶ booth]

die **Telefonzentrale** switchboard; **über die Telefonzentrale** through the switchboard

**telegrafieren** to telegraph, to wire [waɪərʳ], to cable

das **Telegramm** telegram [ˈtelɪɡræm] ⒼⒷ, wire [waɪərʳ] ⓊⓈⒶ

die **Telekommunikation** telecommunications △ *plural*

das **Teleobjektiv** telephoto lens

die **Telepathie** telepathy [tɪˈlepəθi]

das **Teleskop** telescope [ˈtelɪskəup]

das **Telex** telex [ˈteləks]

der **Teller** plate; **ein Teller/zwei Teller Suppe** a plate of/two plates of soup; **ein Teller/zwei Teller** (**voll**) **Lasagne** a plateful of/two platefuls of lasagne

der **Tempel** temple

das **Temperament ❶** (*Wesensart*) temper, temperament [ˈtempºrəmənt]; **mein Temperament ist mit mir durchgegangen** I lost my temper [*oder umgangsspr* cool] **❷** (*Lebhaftigkeit*) vivacity [vɪˈvæsəti]; **Temperament haben** (*anerkennend*) to be very vivacious [vɪˈveɪʃºs]

**temperamentvoll** lively, vivacious

die **Temperatur** temperature [ˈtemprətʃərʳ];

**jemandes Temperatur messen** to take someone's temperature; **erhöhte Temperatur haben** to have a temperature

das **Tempo** ① speed ② **Tempo!** hurry up!

das **Tempo®** paper handkerchief

das **Tempolimit** speed limit

**temporär** temporary ['tɛmpᵊrᵊri]

der **Temposünder**, die **Temposünderin** speeder

das **Tempotaschentuch®** paper handkerchief

die **Tendenz** ① (*in Wirtschaft*) trend ② (*Neigung*) tendency; **die Tendenz haben[,] zu ...** to tend [*oder* have a tendency] to ...

**tendieren** to tend (**zu** towards)

**Teneriffa** Tenerife [ˌtenᵊrˈiːf]

das **Tennis** tennis

die **Tennishalle** indoor tennis centre

der **Tennisplatz** tennis court

der **Tennisschläger** tennis racket

das **Tennisspiel** game of tennis

der **Tenor** tenor ['tenɒ']

der **Teppich** carpet; **etwas unter den Teppich kehren** to sweep something under the carpet *auch übertragen*

der **Teppichboden** fitted carpet

der **Termin** ① (*für Fertigstellung*) date, deadline ['dedlaɪn]; **einen Termin einhalten** to meet a deadline ② (*Liefertag*) delivery [dɪˈlɪvᵊri] date ③ (*bei Arzt, Besprechung*) appointment ④ **schon einen anderen Termin haben** to have a prior [praɪɒ'] engagement ⑤ (*bei Gericht*) hearing

das **Terminal** ['tøːɡmɪnl] terminal

die **Terminbörse** futures △ *plural* market

der **Terminkalender** [appointments] diary

der **Terminplan** [time] schedule ['ʃedjuːl]

die **Terminplanung** time scheduling

die **Termite** termite ['tɜːmaɪt], white ant

das **Terpentin** turpentine

das **Terrain** ① land, terrain [tᵊˈreɪn] ② (*übertragen*) territory

die **Terrasse** terrace ['terɪs]

die **Terrine** tureen [tᵊˈriːn]

das **Territorium** territory

der **Terror** ① terror ['terᵊ'] ② (*slang*) **Terror machen** to raise hell *umgangsspr;* **mach keinen Terror!** lay off the pressure, will you! *umgangsspr*

der **Terroranschlag** terrorist attack

**terrorisieren** to terrorize ['terᵊraɪz]

der **Terrorismus** terrorism ['terᵊrɪzᵊm]

der **Terrorist**, die **Terroristin** terrorist ['terᵊrɪst]

**terroristisch** terrorist

das **Terroropfer** victim of terror[ism]

das **Terzett** trio ['triːəʊ]

der **Tesafilm®** Sellotape® ⒼⒷ, Scotch tape® ⓊⓈⒶ

der **Test** test

das **Testament** ① (*Nachlass*) will; **sein Testament machen** to make a will ② **das Alte/Neue Testament** the Old/New Testament ③ (*übertragen: Vermächtnis*) legacy

die **Testamentseröffnung** reading of the will

das **Testbild** (*im Fernseher*) test card

**testen** to test (**auf** for)

das **Testergebnis** test results △ *plural*

der **Tetanus** tetanus

die **Tetanusschutzimpfung** tetanus vaccination

**teuer** ① (*kostspielig*) expensive; **wie teuer ist es?** how much is it?; **das Heizöl ist schon wieder teurer geworden!** fuel oil has gone up again! ② (*lieb*) dear ▶ WENDUNGEN: **das wird ihn teuer zu stehen kommen** that will cost him dear; **da ist guter Rat teuer** it's hard to know what to do

die **Teuerungsrate** rate of price increase

der **Teufel** ① devil; **der Teufel** the Devil, Satan ② (*zur negativen Verstärkung*) **wer/wo/was zum Teufel ...?** who/where/what the devil ...?; **weiß der Teufel!** God knows!; **pfui Teufel!** how disgusting! ③ (*beschimpfend*) **jemanden zum Teufel wünschen** to wish someone in hell; **den Teufel werd ich tun!** I'll be damned if I will! ▶ WENDUNGEN: **in Teufels Küche kommen** to get into a hell of a mess; **wenn man vom Teufel spricht** talk of the devil; **etwas auf Teufel komm raus tun** to be doing something like mad [*oder* crazy]

der **Teufelskreis** vicious [ˌvɪʃᵊsˈsɜːkl] circle

**teuflisch** ① *Plan:* devilish, diabolical [ˌdaɪᵊˈbɒlɪkᵊl], fiendish ['fiːndɪʃ] ② (*umgangsspr: sehr*) **es tut teuflisch weh** it hurts like hell

der **Text** ① *von Buch usw.:* text ② *von Lied:* words △ *plural; von Schlager:* lyrics ['lɪrɪks] △ *plural* ③ (*unter Bild*) caption

der **Texter**, die **Texterin** ① ad writer, copywriter ['kɒpiˌraɪtᵊ'] ② (*für Lieder*) lyricist ['lɪrɪsɪst]

das **Textilgeschäft** clothes [kləʊ(ð)z] shop

die **Textilien** textiles ['tekstaɪlz]

die **Textilindustrie** textile industry

die **Textstelle** passage

die **Textverarbeitung** word processing

das **Textverarbeitungsprogramm** word processor [*oder* processing program]

das **Textverarbeitungssystem** word processing system

das **Theater** ① theatre ['θɪətᵊ'] ⒼⒷ, theater ⓊⓈⒶ; **im Theater** at the theatre; **ins Theater gehen** to go to the theatre; **ich bin beim Theater** I work for the theatre ② (*übertra-*

*gen*) fuss; **Theater spielen** to put on an act; **mach kein Theater!** don't make a fuss!; **es ist immer das gleiche Theater!** it's always the same old story

die **Theateraufführung** performance [pə'fɔ:-məns]

der **Theaterbesuch** visit to the theatre

der **Theaterbesucher**, die **Theaterbesucherin** theatregoer ['θɪətə'gəʊəʳ]

die **Theaterkasse** box office

die **Theaterprobe** rehearsal [rɪ'hɜːsᵊl]

das **Theaterstück** [stage] play

**theatralisch** theatrical [θiːˈætrɪkᵊl]

die **Theke** ❶ (*im Lokal*) bar ❷ (*im Laden*) counter

das **Thema** ❶ *eines Gesprächs:* subject, topic; **Thema Nummer eins** the number one topic; **kommen wir zum Thema!** let's get to the point!; **kein Thema sein** to be no subject for discussion; **das Thema wechseln** to change the subject; **zum Thema werden** to become an issue ❷ (*Leitgedanke*) theme ❸ (*in Schule*) **das Thema verfehlen** to not answer the question

die **Thematik** topic

der **Themenpark** theme [*oder* amusement] park

die **Themse** Thames [temz]

der **Theologe**, die **Theologin** theologian [ˌθiːəˈləʊdʒᵊn]

die **Theologie** theology [θiˈɒlədʒi]

**theologisch** theological

**theoretisch** ❶ theoretical [θɪəˈretɪkᵊl] ❷ **theoretisch stimmt das** that's right in theory

die **Theorie** theory ['θɪəri]; **in der Theorie** in theory

der **Therapeut**, die **Therapeutin** therapist

die **Therapie** therapy

**therapieren** to give therapy to, to treat

das **Thermalbad** thermal bath [ˌθɜːmᵊl'bɑːθ]

die **Thermalquelle** thermal spring [ˌθɜːmᵊl'sprɪŋ]

**thermisch** thermal ['θɜːmᵊl]

das **Thermometer** thermometer [θəˈmɒmɪtəʳ]

der **Thermometerstand** thermometer reading

die **Thermosflasche** thermos ['θɜːməs] [*oder* vacuum] flask

der **Thermostat** thermostat ['θɜːməstæt]

die **These** thesis ['θiːsɪs]

der **Thon** ⒞⒣ tuna ['tjuːnə]

die **Thrombose** thrombosis [θrɒm'bəʊsɪs]

der **Thron** throne; **den Thron besteigen** to ascend to the throne

**thronen** ❶ (*auf dem Thron sitzen*) to sit enthroned ❷ (*übertragen*) to sit in state

die **Thronfolge** line of succession

der **Thronfolger**, die **Thronfolgerin** heir [eəʳ] to the throne

der **Thunfisch** tuna[fish]

**Thüringen** Thuringia

der **Thüringer**, die **Thüringerin** Thuringian

**thüringisch** Thuringian

der **Thymian** thyme [taɪm]

**Tibet** Tibet

der **Tick** (*Schrulle*) quirk [kwɜːk]; **der Kerl hat doch einen Tick!** that fellow's just crazy!

**ticken** *Uhr:* to tick ▶ WENDUNGEN: **du tickst wohl nicht richtig!** you're off your rocker [*oder* head]!

der **Tie-Break** (*im Tennis*) tiebreak[er]

das **Tief** ❶ (*Wettertief*) depression [dɪ'preʃᵊn] ❷ (*Stimmungstief*) low; **ich bin in einem echten Tief** I've hit a real low [point]; **er hat gerade ein Tief** he's feeling rather down at the moment, he's feeling quite low right now

**tief** ❶ deep; **der Teich war 3 Meter tief** the pond was 3 metres deep; **einen Stock tiefer** one floor down ❷ (*tiefgründig*) profound [prə'faʊnd]; **tief schürfend** profound ❸ (*niedrig*) low; **die tief stehende Sonne** the sun low down on the horizon ❹ (*dunkel*) deep ❺ *Schlaf:* deep, sound ❻ **im tiefsten Winter** in the depths *plural* of winter ❼ **tief [durch]atmen** to draw a deep breath ❽ (*sehr*) **tief betrübt/bewegt** deeply distressed/moved; **tief greifend** far reaching; **tief in Gedanken** deep in thought △ *singular* ▶ WENDUNGEN: **bis tief in die Nacht** until the small hours △ *plural;* **tief im Innern** in one's heart of hearts *plural;* **tief in jemandes Schuld stehen** to be deeply indebted to someone; **das lässt tief blicken** this is very revealing

der **Tiefbau** civil engineering [ˌendʒɪ'nɪərɪŋ]

**tiefblau** deep blue

das **Tiefdruckgebiet** low-pressure area

die **Tiefe** ❶ depth; **in hundert Metern Tiefe** at a depth of a hundred meters ❷ (*Tiefgründigkeit*) deepness, profundity [prə'fʌndɪti]

die **Tiefebene** lowlands △ *plural,* plain

der **Tiefflieger** low-flying aircraft

der **Tiefgang** (*übertragen*) depth

die **Tiefgarage** underground car park

**tiefgekühlt** frozen ['frəʊzᵊn]

**tiefgründig** deep, profound

das **Tiefkühlfach** deep-freeze compartment

die **Tiefkühlkost** frozen food

die **Tiefkühltruhe** freezer

das **Tiefland** lowlands △ *plural*

der **Tiefpunkt** low point; **ich bin auf einem Tiefpunkt** I've reached [*oder* hit] a low

**tiefschwarz** jet-black
die **Tiefsee** deep sea
**tiefsinnig** profound
der **Tiefstand** low *auch übertragen*
die **Tiefsttemperatur** minimum temperature
das **Tier** ❶ animal; (*großes Tier*) beast ❷ (*brutale Person*) brute ▸ WENDUNGEN: **ein hohes Tier** a big shot
die **Tierart** animal species ['spiːʃiːz]
der **Tierarzt**, die **Tierärztin** veterinary surgeon [ˌvetᵊrɪnᵊriˈsɜːdʒən], veterinarian [ˌvetᵊrɪ-ˈneᵊriən] ⓊⓈⒶ, vet ⒼⒷ *umgangsspr*
die **Tierfabrik** (*abwertend umgangsspr*) factory farm
das **Tierheim** animal shelter
**tierisch** ❶ *Fett:* animal ❷ (*roh*) bestial ['bestiəl] ❸ (*slang: unerträglich*) beastly; **es tut tierisch weh** it hurts like mad ❹ (*slang: sehr, riesig*) **ich hab mich tierisch gelangweilt** I was bored out of my mind; **ich hab mich tierisch gefreut** I was dead pleased; **ich hatte tierisch Angst** I was dead scared ❺ (*slang: super*) **tierisch!** brill!, ace!
die **Tierklinik** animal hospital
der **Tierkreis** zodiac ['zəʊdiæk]
das **Tierkreiszeichen** sign of the zodiac
die **Tierkunde** zoology [zuˈɒlədʒi]
**tierlieb(end)** fond of animals *plural nachgestellt*
die **Tiermedizin** veterinary science [ˌvetᵊrɪnᵊri-ˈsaɪəns]
das **Tiermehl** meat and bone meal
die **Tiernahrung** pet food
der **Tierpark** zoo
die **Tierquälerei** cruelty ['kruːəlti] to animals *plural*
der **Tierschutz** protection of animals
der **Tierschützer**, die **Tierschützerin** animal conservationist
der **Tierschutzverein** society for the prevention of cruelty to animals *plural*, RSPCA ⒼⒷ
der **Tierversuch** animal experiment
die **Tierzucht** stockbreeding
der **Tiger**, die **Tigerin** tiger ['taɪgəʳ]; (*weiblich auch*) tigress ['taɪgres]
das **Tigerbaby** baby tiger, tiger cub
**tigern durch die Gegend/Straßen tigern** to mooch about the place/around town
**tilgen** to pay off *Schulden*
die **Tilgung** *von Schulden:* repayment [rɪˈpeɪmənt]
die **Tilgungsrate** repayment instalment
das **Timing** ['taɪmɪŋ] timing
die **Tinktur** tincture ['tɪŋktʃəʳ]
die **Tinte** ink ▸ WENDUNGEN: **in der Tinte sitzen** to

be in the soup
der **Tintenfisch** cuttlefish/octopus/squid [skwɪd]
der **Tintenkiller** ink eraser pen
der **Tintenstrahldrucker** inkjet [printer]
der **Tipp** ❶ (*Rat*) tip ❷ (*Andeutung*) hint ❸ (*an Polizei*) tip-off ❹ (*im Lotto*) bet
der **Tippelbruder** gentleman ['dʒentlmən] of the road
**tippeln** ❶ (*kurze Schritte machen*) to trip ❷ *Kind:* to patter
**tippen** ❶ (*auf Schreibmaschine*) to type [taɪp] ❷ (*leicht berühren*) to tap, to touch [tʌtʃ] lightly; **jemandem auf die Schulter tippen** to tap someone on the shoulder ❸ (*raten*) to bet, to guess; **auf jemanden/ eine Mannschaft tippen** to put one's money on someone/a team ❹ (*Tippzettel ausfüllen*) to fill in the pools [*oder* lottery] coupon; **ich tippe im Lotto** I do the lottery
der **Tippfehler** typing ['taɪpɪŋ] error
**tipptopp** ❶ (*ausgezeichnet*) first-class ❷ **tipptopp sauber** spotless ❸ **er hat tipptopp ausgeschaut** he was immaculately [ɪˈmækjələtli] dressed
**Tirol** the Tyrol
der **Tiroler**, die **Tirolerin** Tyrolese, Tyrolean
der **Tisch** table; **am Tisch** at the table; **sich zu Tisch setzen** to sit down at table; **wer saß bei Ihnen am Tisch?** who was at your table?; **den Tisch decken** to set [*oder* lay] the table; **bitte zu Tisch!** dinner/lunch is served! ▸ WENDUNGEN: **etwas unter den Tisch fallen lassen** to drop something; **reinen Tisch machen** to get things straight [streɪt]
die **Tischdecke** tablecloth
das **Tischgebet** grace; **das** [*oder* **ein**] **Tischgebet sprechen** to say grace
die **Tischlampe** table lamp
der **Tischler**, die **Tischlerin** joiner; (*Möbeltischler*) cabinetmaker; (*Bautischler*) carpenter
die **Tischlerei** joiner's workshop
der **Tischnachbar**, die **Tischnachbarin** fellow diner
die **Tischplatte** tabletop
die **Tischrede** after-dinner speech
das **Tischtennis** table tennis
die **Tischtennisplatte** table-tennis table
der **Tischtennisschläger** table-tennis bat
das **Tischtuch** tablecloth
der **Titel** title; **einen Titel führen** to have a title
das **Titelbild** cover ['kʌvəʳ] [picture], frontispiece
das **Titelblatt** (*einer Zeitschrift*) cover
die **Titelmusik** theme music
die **Titelrolle** lead role

die **Titelseite** front page; (*einer Zeitschrift*) cover

der **Titelsong** title song [*oder* track]

der **Titelverteidiger**, die **Titelverteidigerin** title holder

die **Titten** (*slang*) tits, boobs

**tja** hm, well

der **Toast**[1] [to:st] (*Trinkspruch*) toast; **einen Toast auf jemanden ausbringen** to propose a toast to someone

der **Toast**[2] [to:st] (*Toastbrot*) toast; **Toast machen** to make some toast

der **Toaster** ['to:stɐ] toaster

der **Tobel** Ⓐ, ⒸⒽ (*Schlucht*) ravine [rəvi:n]

**toben** ❶ (*wüten*) to rage ❷ *Kind:* to rollick about

**tobsüchtig** raving mad

der **Tobsuchtsanfall** maniacal [mə'naɪək<sup>ə</sup>l] fit; **einen Tobsuchtsanfall bekommen** to throw a fit [*oder* tantrum]

die **Tochter** daughter ['dɔ:tə<sup>r</sup>]

die **Tochtergesellschaft** subsidiary [səb'sɪdi<sup>ə</sup>ri] company

der **Tod** ❶ death [deθ]; **bei einem Unfall] zu Tode kommen** to die [in an accident]; **sich vor dem Tod fürchten** to be afraid of death; **zum Tode verurteilen** to sentence to death ❷ **zu Tode** to death *auch übertragen;* **sich zu Tode schämen** to be utterly ashamed of oneself; **jemanden zu Tode erschrecken** to scare the [living] daylights out of someone; **zu Tode erschrocken sein** to be frightened to death, to get the fright of a lifetime; **zu Tode betrübt** in the depths of despair ❸ **sich den Tod holen** (*vor Kälte*) to catch one's death of cold

**todernst** ❶ **mit todernster Mine** looking dead[ly] serious ['stɪərɪəs] ❷ **ich meine es todernst** I am dead[ly] serious

die **Todesangst** ❶ mortal agony ❷ **Todesängste ausstehen** to be scared to death, to be frightened out of one's mind

die **Todesanzeige** obituary [ə'bɪtʃʊəri]

der **Todesfall** death [deθ]

die **Todesgefahr** mortal danger ['deɪndʒə<sup>r</sup>]; **sich in Todesgefahr begeben** to put one's life at risk

der **Todeskampf** death throes [θrəʊz] ⚠ *plural*

der **Todeskandidat** (*Verurteilter*) condemned [kən'demd] man

das **Todesopfer** casualty ['kæʒjʊəlti], death [deθ]

die **Todesstrafe** ❶ (*als Urteil*) death penalty ❷ **die Todesstrafe |abschaffen/wiedereinführen|** [to abolish/reintroduce] capital punishment

der **Todestag** ❶ (*Sterbetag*) day of someone's death ❷ (*Jahrestag*) anniversary [ˌænɪ-'vɜ:s<sup>ə</sup>ri] of someone's death

die **Todesursache** cause [kɔ:z] of death

das **Todesurteil** death sentence

**todkrank** dangerously ['deɪndʒ<sup>ə</sup>rəsli] ill

**todlangweilig** dead boring

**tödlich** ❶ *Gefahr:* deadly ['dedli], mortal; *Dosis, Gift, Waffe:* lethal ['li:θ<sup>ə</sup>l]; *Unfall:* fatal ['feɪt<sup>ə</sup>l] ❷ **tödlich verunglücken** to be killed in an accident ❸ (*übertragen: übel*) **es war tödlich!** it was the pits! *plural*

**todmüde** dead tired

die **Todsünde** mortal sin

**todtraurig** dreadfully sad

**todunglücklich** desperately unhappy

das **Töff** ⒸⒽ (*Motorrad*) motorbike, motorcycle

die **Toilette** (*WC*) lavatory, toilet ['tɔɪlət], loo *um-gangsspr;* **auf die Toilette gehen** to go to the toilet; **auf der Toilette sein** to have gone to the toilet

das **Toilettenpapier** toilet paper

**Tokio** Tokyo

**tolerant** tolerant ['tɒlərənt] (**gegen** of)

die **Toleranz** tolerance ['tɒlərəns] (**gegen** of)

**tolerieren** to tolerate

**toll** ❶ (*super*) groovy, terrific ❷ (*verrückt*) crazy, mad ❸ **das Tollste dabei ist ...** the most incredible part about it is ...

die **Tolle** quiff [kwɪf]

die **Tollkirsche** belladonna [ˌbelə'dɒnə], deadly ['dedli] nightshade

**tollkühn** recklessly daring, daredevil *vorge-stellt*

der **Tollpatsch** clumsy creature ['kri:tʃə<sup>r</sup>]

**tollpatschig** clumsy

die **Tollwut** rabies ['reɪbi:z]

der **Tölpel** fool

die **Tomate** tomato [tə'ma:təʊ] ▸ WENDUNGEN: **rot wie eine Tomate** red as a beetroot

der/das **Tomatenketschup** tomato ketchup

das **Tomatenmark** tomato purée

die **Tombola** tombola

die **Tomographie**, die **Tomografie** tomography [tə'mɒgrəfi]

der **Ton** (*Erdart*) clay

der **Ton** ❶ (*Laut*) sound; **lass keinen Ton darüber verlauten!** don't say a word about it!; **sie hat keinen Ton herausgebracht** she couldn't say a word; **keinen Ton von sich geben** to not utter a sound; **jemanden in den höchsten Tönen loben** to praise someone to the skies ❷ (*Umgangston*) tone; **das gehört zum guten Ton** that's how the best people do it; **der Ton macht die Musik** it's not what you say but the way you say it;

**ich verbitte mir diesen Ton!** I won't be spoken to like that!; **sich im Ton vergreifen** to hit the wrong note ③ (*Farbton*) tone

**tonangebend tonangebend sein** to set the tone

der **Tonarm** *von Plattenspieler:* pickup arm

die **Tonart** ① (*in Musik*) key [kiː] ② (*Tonfall*) tone ▸ WENDUNGEN: **eine andere Tonart anschlagen** to change one's tune

das **Tonband** ① (*Magnetband*) tape ② (*Tonbandgerät*) tape recorder

die **Tonbandaufnahme** tape recording

**tönen** ① (*erklingen*) to sound ② (*großspurig reden*) to hold forth, to sound off ③ to tint *Haare;* **sich die Haare tönen** to tint one's hair △ *singular*

der **Tonfall** ① tone of voice ② (*Intonation*) intonation [ˌɪntəˈneɪʃᵊn]

der **Tonfilm** sound film

das **Tongeschirr** earthenware [ˈɜːðᵊnweəʳ]

die **Tonhöhe** pitch

die **Tonlage** pitch [level]

die **Tonleiter** scale

**tonlos** ① (*ohne einen Laut*) toneless ② *Stimme:* flat; **mit tonloser Stimme** in a flat voice

die **Tonne** ① (*Behälter*) cask, barrel ② (*Mülleimer*) bin ③ (*dicker Mensch*) fatty ④ (*Gewichtseinheit*) ton

das **Tonsignal** dial tone

die **Tonstörung** sound interference

das **Tonstudio** recording [rɪˈkɔːdɪŋ] studio

die **Tonsur** tonsure [ˈtɒnʃəʳ]

der **Tontechniker**, die **Tontechnikerin** sound technician [tekˈnɪʃᵊn]

der **Tonträger** sound carrier [ˈkæriəʳ]

die **Tönung** ① (*das Tönen*) tinting; **sich eine Tönung ins Haar machen lassen** to have one's hair tinted ② (*Farbton*) shade, tone

die **Tönungscreme** colouring [ˈkʌlᵊrɪŋ] cream

der **Topact** (*Band*) headline act

der **Topas** topaz

der **Topf** pot; (*Kochtopf*) saucepan [ˈsɔːspən] ▸ WENDUNGEN: **alles in einen Topf werfen** to lump everything together

der **Topfen** Ⓐ (*Quark*) curd cheese, quark [kwaːk]

die **Töpferei** pottery

die **Töpferscheibe** potter's wheel

die **Töpferwaren** earthenware [ˈɜːðᵊnweəʳ] △ *singular*

**topfit topfit sein** to be in top form

der **Topflappen** ovencloth [ˈʌvənklɒθ]

die **Topfpflanze** potted plant

der **Tor** (*Narr*) fool

das **Tor** ① gate *auch übertragen* ② (*Durchfahrt*) gateway ③ (*beim Fußball*) goal; **ein Tor erzielen** to score a goal; **immer noch kein Tor** no score yet; **im Tor stehen** to keep goal

der **Torbogen** archway [ˈɑːtʃweɪ]

die **Torchance** scoring chance

der **Torf** peat; **Torf stechen** to cut peat

der **Torhüter**, die **Torhüterin** goalkeeper, goalie *umgangsspr*

**töricht** foolish

der **Torjäger** striker

**torkeln** to reel, to stagger

die **Torlatte** crossbar

die **Torlinie** goal line

**torlos** goalless; **torlos enden** to end in a goalless draw

der **Törn** cruise [kruːz]; **einen Törn machen** to go on a cruise

der **Tornado** tornado [tɔːˈneɪdəʊ]

**torpedieren** to torpedo *auch übertragen*

der **Torpedo** torpedo [tɔːˈpiːdəʊ]

der **Torpfosten** ① gatepost ② (*im Sport*) goalpost

der **Torraum** goal area

die **Torschlusspanik** fear of being left on the shelf

der **Torschütze**, die **Torschützin** scorer

der **Torso** torso [ˈtɔːsəʊ]

die **Torte** ① (*Sahnetorte*) gateau [ˈgætəʊ] ② (*Obsttorte*) flan

der **Torwart**, die **Torwartin** goalkeeper

**tosen** ① *Meer:* to roar ② *Sturm:* to rage

**tot** ① *Mensch, auch Leitung usw.:* dead [ded]; **sie war sofort tot** she died instantly; **tot geboren** stillborn; **tot umfallen** to drop dead *auch übertragen* ② **das Tote Meer** the Dead Sea

**total** (*völlig*) total [ˈtəʊtᵊl]; **ich war total überrascht** it came [to me] as a complete surprise; **total falsch** all wrong; **ich hab alles total falsch gemacht** I did it all wrong; **total betrunken** plastered; **total pleite** flat broke

**totalitär** totalitarian [teˌtælɪˈteəriən]

der **Totalschaden** write-off [ˈraɪtɒf]; **Totalschaden haben** to be a [complete] write-off

**totärgern sich totärgern** to be livid (**über** at); **ich könnte mich totärgern!** (*über sich selber*) I could kick myself!

der/die **Tote** ① deceased [dɪˈsiːst], dead person; (*Leiche*) corpse ② (*bei Krieg, Unfall*) casualty [ˈkæʒuəlti]; **es gab 50 Tote** fifty people were killed

**töten** ① (*umbringen*) to kill ② to deaden [ˈdedᵊn] *Nerv*

die **Totenfeier** funeral [ˈfjuːnᵊrəl] ceremony

der **Totengräber** gravedigger

der **Totenkopf** ① skull ② (*zur Warnung*) skull and crossbones △ *singular*

der **Totenschein** death certificate [sə'tɪfɪkət]

die **Totenstille** deathly ['deθli] silence; **es herrschte Totenstille** there wasn't a sound

**totfahren** to knock [nɒk] down and kill

**totkriegen er ist nicht totzukriegen** there's no stopping him

**totlachen ich lach mich tot** you're so funny; **ich hab mich fast totgelacht** I nearly killed [*oder* wet] myself laughing

der **Toto** (*Fußballtoto*) football pools △ *plural;* **Toto spielen** to play the [football] pools △ *plural;* **im Toto gewinnen** to win the [football] pools △ *plural*

**totschießen jemanden totschießen** to shoot someone dead

der **Totschlag** manslaughter ['mæn,slɔːtə<sup>r</sup>] ⑬, homicide ['hɒmɪsaɪd] ⑭

**totschlagen** to kill *auch übertragen*

**totschweigen** to hush up

die **Tötung** ① (*das Töten*) killing ② **fahrlässige Tötung** (*juristisch*) manslaughter ['mæn,slɔːtə<sup>r</sup>] through culpable negligence, involuntary manslaughter

der **Touchscreen** ['tatʃskriːn] touch screen

das **Toupet** [tu'peː] toupee ['tuːpeɪ]

**toupieren** to backcomb ['bækəʊm]

die **Tour** [tuːɐ̯] ① (*Ausflug*) tour [tʊə<sup>r</sup>]; (*Fahrt*) trip ② **komm mir ja nicht auf die Tour!** don't you try that one on me!; **in einer Tour** non-stop ③ (*Motorenumdrehung*) revolution

der **Tourismus** tourism ['tɔːrɪzᵊm]

der **Tourist**, die **Touristin** tourist ['tɔːrɪst]

die **Touristenklasse** tourist class

das **Touristenvisum** tourist visa

die **Tournee** tour [tʊə<sup>r</sup>]; **auf Tournee gehen/sein** to go/be on tour

**toxisch** toxic

der **Trab** (*Gangart*) trot; **im Trab** at a trot ▶ WENDUNGEN: **jemanden auf Trab bringen** to get someone moving, to make someone get a move on; **auf Trab sein** to be on the move

die **Trabantenstadt** satellite ['sætəlaɪt] town

**traben** to trot

die **Tracht** ① (*Kleidung*) dress, garb ② (*Schwesterntracht*) uniform ['juːnɪfɔːm] ▶ WENDUNGEN: **eine Tracht Prügel** a good hiding

**trachten** (*streben*) to strive (**nach** for/after); **jemandem nach dem Leben trachten** to seek to kill someone

**trächtig** pregnant

die **Tradition** tradition [trə'dɪʃᵊn]

**traditionell** traditional

der **Trafik** Ⓐ tobacconist's [tə'bækənɪsts] shop

der **Trafikant**, die **Trafikantin** Ⓐ tobacconist [tə'bækənɪst]

die **Tragbahre** stretcher

**tragbar** ① *Gerät:* portable ② (*erträglich*) bearable ['beərəbl] (**für** to)

**träge** sluggish

**tragen** ① to carry *Kind, Last, Rucksack;* **in der Hand tragen** to carry in one's hand; **auf dem Rücken tragen** to carry on one's back; **etwas bei sich tragen** to carry something with one; **trägst du deinen Ausweis bei dir?** do you carry your ID card around with you? ② to bear *Kosten, Namen, Schulden* ③ to produce [prə'djuːs] *Ernte;* to bear [beə<sup>r</sup>] *Früchte;* to yield [jiːld] *Zinsen* ④ (*anhaben*) to have on; to wear [weə<sup>r</sup>] *Kleidung* ⑤ **die Haare kurz/lang tragen** to wear one's hair short/long; **einen/keinen Bart tragen** to have/not have a beard ⑥ **die Verantwortung tragen** to bear the responsibility ⑦ (*erdulden*) to endure [ɪn'djʊə<sup>r</sup>] ⑧ (*stützen*) to support ⑨ *Eis:* to bear [beə<sup>r</sup>] ⑩ *Acker, Baum:* to crop ⑪ **sich tragen** *Kleid, Stoff:* to wear [weə<sup>r</sup>]; **Kaschmir trägt sich himmlisch gut** cashmere ['kæʃmɪə<sup>r</sup>] feels heavenly to wear ⑫ **sich mit dem Gedanken tragen, etwas zu tun** to entertain the idea of doing something

**Ⓖ** Richtiges Konjugieren von **wear**: wear, wore, worn — *Susy wore a red dress at the party; Mrs Cook has never worn glasses.*

der **Träger** ① (*Gepäckträger*) porter ② *von Namen:* bearer ['beərə<sup>r</sup>] ③ *von Kleidung:* wearer ['weərə<sup>r</sup>] ④ (*Balken*) beam; (*Eisenträger*) girder ['gɜːdə<sup>r</sup>] ⑤ (*an Kleidung*) strap ⑥ (*Hosenträger*) braces ['breɪsɪz] △ *plural* ⑦ (*Kulturträger, Staat*) representative; (*Veranstaltungsträger*) sponsor

**trägerlos** *BH, Kleid:* strapless

die **Tragetasche** carrier ['kæriə<sup>r</sup>] bag

die **Tragfähigkeit** load-bearing capacity

die **Tragfläche** wing

die **Trägheit** ① (*Antriebslosigkeit*) sluggishness ② (*Faulheit*) idleness ['aɪdlnəs], laziness ['leɪzinəs]

die **Tragik** tragedy ['trædʒədi]

**tragisch** tragic ['trædʒɪk]; **das ist nicht so tragisch** that's not the end of the world; **nimm's nicht so tragisch** don't take it to heart like that

die **Tragödie** tragedy ['trædʒədi] *auch übertragen*

die **Tragweite** ① (*Reichweite*) range ② (*Aus-*

*maß*) scope ❸ (*Konsequenzen*) consequences ['kɒnsɪkwənsɪz] ⚠ *plural*

der **Trainer**, die **Trainerin** ['trɛːnɐ] coach, trainer

**trainieren** [trɛ'niːrən] ❶ (*üben*) to train, to practise (**zu** for); **Hochsprung trainieren** to practise the high jump; **da musst du schon noch etwas trainieren!** you'll have to practise that a bit more! ❷ to coach *Mannschaft* (**zu** for)

das **Training** ['trɛːnɪŋ] ❶ (*im Sport*) training; **zum Training gehen** to go training ❷ (*Übung*) practice

der **Trainingsanzug** tracksuit [træksuːt]

die **Trainingshose** tracksuit trousers [*oder* bottoms] ⚠ *plural*

die **Trainingsjacke** tracksuit top

der **Trakt** (*Gebäudetrakt*) part, wing

die **Traktandenliste** 🇨🇭 agenda [ə'dʒendə], order of the day

das **Traktandum** 🇨🇭 item on the agenda

der **Traktor** tractor ['træktɐ]

die **Tram** 🇨🇭 tram[way] [træm]

**trampeln** to trample, to stamp one's feet

das **Trampeltier du Trampeltier!** clumsy beggar!

**trampen** [trɛmpn] to hitchhike

der **Tramper**, die **Tramperin** ['trɛmpɐ] hitch-hiker

das **Trampolin** trampoline [,træmpə'liːn]

**tranchieren** to carve

die **Träne** tear ['trɛːɐ]; **in Tränen ausbrechen** to burst into tears; **Tränen lachen** to laugh till one cries; **den Tränen nah** on the verge of tears ▶WENDUNGEN: **mir kommen [gleich] die Tränen** (*ironisch*) my heart bleeds for you/him/etc.

**tränen mir tränen die Augen** my eyes are watering

das **Tränengas** tear gas

der **Trank** beverage ['bevᵊrɪdʒ], drink

die **Tränke** watering place

**tränken** ❶ to water *Tier* ❷ (*durchnässen*) to soak

die **Transaktion** transaction [træn'zækʃᵊn]

**transatlantisch** transatlantic

**transchieren** to carve

der **Transfer** transfer ['trænsfɐ]

die **Transfersumme** transfer fee

der **Transformator** transformer

die **Transfusion** transfusion [,træns'fjuːʒᵊn]

der **Transistor** transistor [træn'zɪstɐ]

der **Transit** transit

die **Transitgüter** transit goods

**transitiv** transitive

der **Transitverkehr** ❶ transit traffic ❷ (*Handel*) transit trade

das **Transitvisum** transit visa

**transparent** transparent [,træn'spærᵊnt]

**transpirieren** to perspire [pə'spaɪɐ]

der **Transport** transport ['trænspɔːt]

**transportabel** transportable [,træn'spɔːtəbl]

das **Transportband** conveyor [kən'veɪɐ] belt

der **Transporter** ❶ (*Schiff*) cargo ship ❷ (*Flugzeug*) transport plane ❸ (*Fahrzeug*) van

**transportfähig** moveable ['muːvəbl]

**transportieren** ❶ to transport *Güter* ❷ to move [muːv] *Patient* ❸ *Förderband:* to move ❹ *Kamera:* to wind on

die **Transportkosten** transport costs *plural*

das **Transportmittel** means of transport

das **Transportunternehmen** haulage contractor

der **Transportunternehmer** haulage contractor

der **Transportweg** (*Route*) transport route; (*Entfernung*) distance

die **Transuse** slowcoach

der **Transvestit** transvestite [trænz'vestaɪt]

das **Trapez** ❶ (*im Zirkus*) trapeze [trə'piːz] ❷ (*in Geometrie*) trapezium [trə'piːzɪəm]

**tratschen** to gossip

die **Traube** ❶ (*Fruchtstand*) bunch of grapes; *einzelne Beere:* grape ❷ (*Haufen, Gruppe*) bunch, cluster

der **Traubensaft** grape juice [dʒuːs]

der **Traubenzucker** dextrose, glucose

**trauen** ❶ (*verheiraten*) to marry; **sich trauen lassen** to get married ❷ (*vertrauen*) to trust; **ich traute meinen Ohren nicht** I couldn't believe my ears ❸ **sich trauen** (*wagen*) to dare; **du traust dich ja sowieso nicht!** you wouldn't dare anyway!

die **Trauer** ❶ (*Gram*) grief [griːf], sorrow ❷ (*um einen Verstorbenen*) mourning ['mɔːnɪŋ] (**um** over); **in tiefer Trauer ...** (*in Traueranzeige*) much loved and sadly missed by ...

die **Traueranzeige** death [deθ] notice

das **Traueressen** 🇨🇭 funeral meal

der **Trauerfall** death [deθ], bereavement [bɪ'riːvmənt]

die **Trauerfamilie** 🇨🇭 mourners [mɔːnɐz] ⚠ *plural*

die **Trauerkleidung** mourning ['mɔːnɪŋ]

der **Trauerkloß** (*umgangsspr*) wet blanket

**trauern** to mourn [mɔːn] (**um** for)

die **Trauerweide** weeping willow

das **Trauerzirkular** 🇨🇭 *letter announcing someone's death*

der **Traum** dream *auch übertragen;* **mein Traum ging in Erfüllung** my dream came true; **ich denke nicht im Traum daran!** I wouldn't dream of it!

das **Trauma** trauma ['trɔːmə] *auch übertragen*

**traumatisch** traumatic *auch übertragen*

**träumen – Trendscout**     **972**

**träumen** ① to dream *auch übertragen;* **schlecht träumen** to have bad dreams [*oder* a bad dream]; **von etwas träumen** to dream about something; **etwas Schönes/Schlimmes träumen** to have a pleasant/nasty dream ② **ich träume davon, Schriftstellerin zu werden** it is my dream to be a writer ③ **das hätte ich mir nicht träumen lassen** I'd never have thought it possible ④ (*nicht aufpassen*) to daydream; **träum nicht!** wake up!

> **G** Richtiges Konjugieren von **dream**: dream, dreamt/dreamed, dreamt — *Lisa dreamt about a red dragon; I have never dreamt about a dragon.*

der **Träumer**, die **Träumerin** [day]dreamer
**träumerisch** ① (*verträumt*) dreamy ② (*schwärmerisch*) wistful
die **Traumfrau meine Traumfrau** the woman of my dreams
**traumhaft** ① (*wunderbar*) fantastic ② **traumhaft schön** absolutely beautiful
der **Traummann mein Traummann** the man of my dreams
die **Traumnote** perfect mark; **mit der Traumnote Eins abschließen** to achieve a perfect score of straight As *plural*
das **Traumpaar** perfect couple
die **Traumwelt** dream world
**traurig** ① sad (**über** at) ② (*beklagenswert*) sorry
die **Traurigkeit** sadness
der **Trauring** wedding ring
die **Trauung** marriage ['mærɪdʒ] ceremony, wedding; **eine kirchliche Trauung** a church wedding; **eine standesamtliche Trauung** a registry office wedding
der **Trauzeuge**, die **Trauzeugin** witness
der **Treck** trek
der **Treff** ① (*Treffen*) meeting ② (*Treffpunkt*) haunt [hɔːnt]
das **Treffen** ① meeting; **ein Treffen ausmachen** to arrange to meet ② (*im Sport*) encounter [ɪnˈkaʊntəʳ]
**treffen** ① (*schlagen*) to hit, to strike ② (*begegnen*) to meet; (*stoßen auf*) to hit upon, to run into ③ (*kränken*) to hurt; **das hat dich sehr getroffen, nicht?** you took it very hard, didn't you? ④ to take *Maßnahmen* ⑤ **das Richtige treffen** to choose just the right thing; **du bist gut getroffen** (*auf Foto*) that's a really nice picture of you ⑥ *Schlag:* to hit; **nicht treffen** to miss ⑦ **auf etwas/jemanden treffen** to meet something/

someone ⑧ **sich treffen** (*geschehen*) to happen; **es hat sich so getroffen, dass ...** it so happened that ...; **es trifft sich gut, dass ...** it is convenient [*oder* good] that ... ⑨ **sich [mit jemandem] treffen** to meet [up with someone]; **wir trafen uns zufällig** we met [*oder* ran into each other] by chance

> **G** Richtiges Konjugieren von **meet**: meet, met, met — *Terry met Fred in the cinema; have you met him before?*

**treffend** (*passend*) apt
der **Treffer** ① hit; **einen Treffer erzielen** to score a hit ② (*Tor*) goal; **einen Treffer erzielen** to shoot a goal ③ (*in der Lotterie*) winner
der **Treffpunkt** meeting place; (*auf Flughafen, Bahnhof*) meeting point; **sollen wir einen Treffpunkt ausmachen?** shall we arrange a place to meet?
das **Treibeis** drift ice
das **Treiben** activity; **ein buntes Treiben** hustle ['hʌsl] and bustle
**treiben** ① (*in Bewegung setzen*) to drive ② to do *Geschäfte, Handel, Sport* ③ to sprout [spraʊt] *Blüten, Knospen* ④ **du treibst mich noch zum Wahnsinn!** you're driving me mad!; **etwas auf die Spitze treiben** to carry something too far; **es zu weit treiben** to go too far; **jemanden zur Verzweiflung treiben** to drive someone to despair ⑤ (*im Wasser*) to drift ⑥ **sich treiben lassen** to drift; **die Dinge treiben lassen** to allow things to drift, to let things drift ⑦ *Baum, Pflanze:* to sprout ⑧ (*harntreibend sein*) to have a diuretic [ˌdaɪjʊˈretɪk] effect ⑨ **na, was treibt er denn so?** well, what's he been up to lately?; **was hat dich dazu getrieben?** what made you do that? ⑩ **es [mit jemandem] treiben** to have it off with someone; **sie treiben es [miteinander]** they're doing it
**treibend die treibende Kraft** the driving force
das **Treibgut** flotsam
das **Treibhaus** hothouse
der **Treibhauseffekt** greenhouse effect
das **Treibhausklima** global warming
der **Treibsand** quicksand
der **Treibstoff** fuel ['fjuːəl]
der **Treibstoffverbrauch** fuel consumption
der **Trend** trend (**zu** toward[s])
der **Trendforscher**, die **Trendforscherin** trend analyst
**trendig** (*umgangsspr*) trendy
der **Trendscout** trendspotter

**trennbar** separable ['sepᵊrəbl]
**trennen** ❶ to separate ['sepᵊreɪt] (**von** from) ❷ to undo *Naht* ❸ to disconnect; to interrupt *Leitung* ❹ (*unterscheiden*) to distinguish [dɪ'stɪŋgwɪʃ] (**zwischen** between) ❺ (*auseinanderbringen*) to come between; **uns kann nichts trennen** nothing can come between us ❻ **sich von jemandem trennen** (*Abschied nehmen*) to part with [*oder* from] someone; **sich von etwas trennen** to part with something, to give something up; **von der Uhr kann ich mich nicht trennen** I can't bear to part with this watch ❼ **sich [von jemandem] trennen** (*für immer auseinandergehen*) to split up [with someone]; **sie haben sich getrennt** they separated [*oder* split up]
die **Trennung** ❶ *auch von Paar:* separation [ˌsepᵊr'eɪʃᵊn]; **sie entschlossen sich zur Trennung** they decided to split up [*oder* separate] ['sepᵊreɪt] ❷ (*Abschied*) parting ❸ (*Auflösung*) dissolution
der **Trennungsstrich** hyphen ['haɪfən]
die **Trennwand** partition wall
die **Treppe** staircase ['steəkeɪs] ⒼⒷ, stairs ⚠ *plural*, stairway ⓊⓈⒶ; **eine Treppe** a flight [flaɪt] of stairs; **die Treppe hinaufgehen** to go upstairs, to go up the stairs ⚠ *plural;* **die Treppe hinuntergehen** to go downstairs, to go down the stairs ⚠ *plural;* **eine Treppe höher/tiefer** one floor up/down
das **Treppengeländer** banister
das **Treppenhaus** ❶ stairwell ['steəwel], staircase ['steəkeɪs] ❷ (*Eingangsbereich*) hall[way]
die **Treppenstufe** stair [steəʳ], step
der **Tresen** ❶ (*Theke*) bar ❷ (*Ladentisch*) counter
der **Tresor** ❶ safe ❷ (*Raum in einer Bank*) vault [vɔːlt]
das **Tretboot** pedal boat, pedalo
**treten** ❶ (*in Kuhfladen, Pfütze*) to step, to tread [tred] ❷ **in die Pedale treten** to pedal hard ❸ (*mit Fuß anstoßen*) to kick; **gegen etwas treten** to kick something; **nach etwas treten** to kick [out] at something; (*Fußtritt geben*) to kick; **nach jemandem/etwas treten** to take a kick at someone/something; **gegen das Bein getreten werden** to get kicked in the leg ❹ **in den Streik treten** to go on strike ▶ WENDUNGEN: **ich glaub, mich tritt ein Pferd!** well, I'll be blowed!
**treu** ❶ *Ehepartner:* faithful ['feɪfᵊl] ❷ (*loyal*) *Freund, Kunde:* loyal [lɔɪəl] ❸ (*ergeben*) *Die-*

*ner:* devoted [dɪ'vəʊtɪd] ❹ **seinen Grundsätzen treu bleiben** to stick to one's principles
die **Treue** ❶ (*eheliche Treue*) fidelity, faithfulness ['feɪθfᵊlnəs] ❷ (*Ergebenheit*) loyalty ['lɔɪəlti]
der **Treuhänder** fiduciary [fɪ'djuːʃəri], trustee
**treuherzig** innocent ['ɪnəsᵊnt]; (*vertrauensselig*) trusting
**treulos** ❶ faithless ['feɪθləs], disloyal [dɪs'lɔɪəl] ❷ **du treulose Tomate!** some friend you are!
der **Triathlon** triathlon [traɪ'æθlɒn]
die **Tribüne** ❶ (*Rednertribüne*) platform, rostrum ❷ (*Zuschauertribüne*) gallery, stand
der **Trichter** funnel
der **Trick** ❶ (*Kniff*) trick; **ein ganz gemeiner Trick** a dirty trick; **da ist ein Trick dabei** there's a special trick to it; **den Trick heraushaben** to have got the knack [næk] ❷ (*im Film, Theater*) special ['speʃᵊl] effect
der **Trickbetrüger**, die **Trickbetrügerin** confidence trickster
der **Trickfilm** (*Zeichentrickfilm*) cartoon
der **Trickfilmzeichner**, die **Trickfilmzeichnerin** cartoonist
die **Trickkiste** (*übertragen*) bag of tricks ⚠ *plural;* **in die Trickkiste greifen** to resort [rɪ'zɔːt] to tricks ⚠ *plural*
der **Trieb** ❶ (*Naturtrieb*) drive; (*Geschlechtstrieb*) sex drive ❷ (*Drang, Verlangen*) desire [dɪ'zaɪəʳ], urge [ɜːdʒ] ❸ (*Selbsterhaltungstrieb*) instinct ❹ *einer Pflanze:* shoot
**triebhaft** ❶ *Handlung:* compulsive [kəm'pʌlsɪv] ❷ *Mensch:* ruled by one's physical urges *plural nachgestellt*
der **Triebtäter**, die **Triebtäterin** sex[ual] offender
das **Triebwerk** engine ['endʒɪn]
**triefen** ❶ **ich triefe!** I'm dripping wet!; **vor Nässe triefen** to be soaking wet ❷ (*rinnen*) to drip; **meine Nase trieft** I've got a runny nose ❸ **vor Selbstmitleid nur so triefen** to ooze [*oder* gush with] self-pity
**triftig** ❶ *Argument:* convincing [kən'vɪnsɪŋ] ❷ *Grund:* good
das **Trikot** [tri'koː] ❶ (*Sporthemd*) jersey ['dʒɜːzi]; **das gelbe Trikot** the yellow jersey ❷ (*enger Turnanzug*) leotard ['liːətɑːd] ❸ *eines Fußballspielers:* shirt
**trillern** ❶ to trill ❷ *Vögel:* to warble ['wɔːbl]
die **Trillerpfeife** whistle ['wɪsl]
**trimmen** ❶ to trim *auch Hund* ❷ **sich trimmen** to do keep-fit exercises *plural* ❸ **sich auf alt/jung trimmen** to do oneself up to look old/young

**trinkbar** drinkable

**trinken** ① to drink; **jemandem etwas zu trinken geben** to give someone a drink; **möchtest du etwas zu trinken?** would you like something to drink? ② **Kaffee/Tee trinken** to have a cup of [*oder* some] coffee/tea; **einen Saft trinken** to have a glass of [*oder* some] juice ③ **zu trinken anfangen** (*Alkohol*) to take to drink; **einen trinken gehen** to go out drinking

**G** Richtiges Konjugieren von **drink**: drink, drank, drunk — *Peter drank five glasses of water; he had never drunk alcohol before.*

der **Trinker**, die **Trinkerin** drinker
die **Trinkflasche** sports bottle
das **Trinkgeld** tip; **jemandem ein Trinkgeld geben** to tip someone
der **Trinkspruch** toast; **einen Trinkspruch auf jemanden ausbringen** to propose a toast to someone
das **Trinkwasser** drinking water
die **Trinkwasseraufbereitung** drinking water purification
die **Trinkwasserknappheit** drinking-water shortage
die **Trinkwasserversorgung** drinking water supply
der **Tritt** ① (*Schritt*) step; **Tritte hören** to hear footsteps ② (*Gang*) tread [tred] ③ (*Fußtritt*) kick; **jemandem einen Tritt geben** [*oder* **versetzen**] to give someone a kick; **ein Tritt in den Hintern** a kick up the backside
die **Trittleiter** stepladder
der **Triumph** triumph ['traɪəmf]
der **Triumphbogen** triumphal arch
**triumphieren** (*frohlocken*) to exult [ɪg'zʌlt]
**triumphierend** triumphant
**trivial** trivial ['trɪvɪəl]
die **Trivialliteratur** light [laɪt] fiction
**trocken** ① dry [draɪ] ② (*dürr*) arid ③ *Husten:* hacking ▶ WENDUNGEN: **auf dem Trockenen sitzen** to be broke
die **Trockenheit** ① dryness ['draɪnəs] ② (*Dürre*) drought [draʊt]
**trockenlegen** ① to drain *Land* ② to change *Baby*
die **Trockenmilch** dried [draɪd] milk
das **Trockenobst** dried fruit
die **Trockenperiode** dry spell
die **Trockenzeit** ① *von Wäsche:* drying ['draɪɪŋ] time ② (*Jahreszeit*) dry season
**trocknen** to dry
der **Trockner** [tumble] drier ['draɪə']
der **Trödel** (*umgangsspr*) junk

der **Trödelmarkt** flea [fliː] market
**trödeln** to dawdle [dɔːdl̩]; **trödel nicht so rum!** stop dawdling!
der **Trödler**, die **Trödlerin** ① (*Händler*) junk dealer ② (*Bummler*) dawdler ['dɔːdlə']
die **Trommel** ① drum; **Trommel spielen** to play the drums △ plural ② *von Waschmaschine:* barrel ③ *von Revolver:* revolving [rɪ'vɒlvɪŋ] breech
das **Trommelfell** eardrum ['ɪədrʌm]
**trommeln** to drum
der **Trommler** drummer
die **Trompete** trumpet ['trʌmpɪt]; **Trompete spielen** to play the trumpet
der **Trompeter** trumpeter ['trʌmpɪtə']
die **Tropen** tropics
der **Tropenhelm** sun helmet
die **Tropenkrankheit** tropical disease [dɪ'ziːz]
der **Tropf** ① (*Infusion*) drip; **am Tropf hängen** to be on a drip ② **armer Tropf!** poor devil!
der **Tropfen** ① (*auch als Medikament*) drop; **ein Tropfen Wasser** a drop of water ② (*Schweißtropfen*) bead
**tropfen** to drip; **deine Nase tropft!** your nose is running!
**tropfnass** dripping wet
die **Tropfsteinhöhle** stalactite ['stæləktaɪt] cave
die **Trophäe** trophy ['trəʊfi]
**tropisch** tropical
der **Trost** ① comfort ['kʌmfət]; **jemandem Trost spenden** to comfort someone; **Trost suchen** to look for a shoulder to cry on ② (*Entschädigung*) consolation [ˌkɒnsə'leɪʃᵊn]; **zum Trost** as a consolation; **das ist ein schöner Trost!** some consolation that is! ▶ WENDUNGEN: **du bist wohl nicht ganz bei Trost!** you must be out of your mind!
**trösten** ① to comfort ['kʌmfət], to console [kən'səʊl] ② (*aufmuntern*) to cheer up; **sich trösten** to cheer up, to console oneself (**mit** with); **trösten Sie sich!** never mind!; **tröste dich, ich hab auch nichts gewonnen** if it's any consolation, I didn't win anything either
**tröstlich** comforting ['kʌmfətɪŋ]
**trostlos** ① (*hoffnungslos*) hopeless ② (*freudlos*) cheerless ③ (*elend*) wretched ['retʃɪd] ④ (*öde*) dreary ['drɪəri]
die **Trostlosigkeit** ① (*Elend*) wretchedness ['retʃɪdnəs] ② (*Hoffnungslosigkeit*) hopelessness
der **Trostpreis** consolation [ˌkɒnsə'leɪʃᵊn] prize
der **Trott** ① (*Gangart*) trot ② (*übertragen*) routine [ruː'tiːn], rut; **der alte Trott** the same old rut

der **Trottel** fool, idiot ['ɪdiət], dope
**trotten** to trot along
das **Trottinett** ⓒⒽ (*Roller*) scooter
das **Trottoir** (*Bürgersteig*) pavement ⒼⒷ, sidewalk ['saɪdwɔːk] ⓊⓈⒶ
der **Trotz** ❶ defiance [dɪ'faɪəns]; **aus Trotz** out of spite ❷ (*Trotzköpfigkeit*) contrariness [kən'treərinəs]
**trotz** despite [dɪ'spaɪt], in spite of; **trotz alledem** for all that
das **Trotzalter** **er befindet sich gerade im Trotzalter** he's going through a defiant phase
**trotzdem** nevertheless [ˌnevədə'les]; **sie tat es trotzdem** she did it anyway
**trotzen** ❶ **jemandem trotzen** to defy [dɪ'faɪ] someone ❷ (*trotzig sein*) to be awkward ['ɔːkwəd], to be contrary [kən'treəri]; **er trotzt mal wieder** he's going through one of his awkward phases *plural* again
**trotzig** ❶ (*die Stirne bietend*) defiant [dɪ'faɪənt] ❷ *Kind:* awkward ['ɔːkwəd] ❸ (*trotzköpfig*) contrary [kən'treəri]
der **Trotzkopf sei doch nicht so ein Trotzkopf!** don't be so stubborn!
die **Trotzreaktion** act of defiance [dɪ'faɪəns]
**trübe** ❶ (*glanzlos*) dim, dull ❷ *Flüssigkeit:* muddy ❸ *Himmel:* cloudy ['klaʊdi], overcast ❹ *Stimmung:* gloomy, pretty bleak ▸ WENDUNGEN: **trübe Tasse** drip, wet blanket
der **Trubel** hurly-burly
**trüben** ❶ to dull *Glas, Metall* ❷ (*übertragen*) to mar; to spoil *Freude, Verhältnis* ❸ to strain *Beziehungen;* **sie sieht aus, als könnte sie kein Wässerchen trüben** she looks as if butter wouldn't melt in her mouth ❹ **sich trüben** *Flüssigkeit:* to go cloudy ['klaʊdi] ❺ **sich trüben** *Beziehungen, Verhältnis:* to become strained
**trübselig** ❶ (*betrübt*) gloomy ❷ (*trostlos*) bleak, depressing [dɪ'presɪŋ]
**trübsinnig** gloomy, melancholy ['melənkəli]
die **Trübung** clouding
die **Trüffel** truffle ['trʌfl]
das **Trugbild** delusion [dɪ'luːʒən]
**trügen** ❶ **wenn mich nicht alles trügt** unless I am very much mistaken ❷ **der Schein trügt** appearances are deceptive [dɪ'septɪv]
die **Truhe** chest, trunk
die **Trümmer** ❶ *von Gebäude:* ruins ['ruːɪnz]; **in Trümmern liegen** to be in ruins ❷ *von Flugzeug usw.:* wreckage ['rekɪdʒ] ⚠ *singular*
das **Trümmerfeld** (*übertragen*) scene of devastation [ˌdevə'steɪʃən]
der **Trumpf** trump [card]; **was ist Trumpf?** what's trumps?

die **Trunkenheit** [**wegen**] **Trunkenheit am Steuer** [for] drunken driving
die **Trunksucht** alcoholism ['ælkəhɒlɪzəm]
die **Truppe** ❶ (*beim Theater*) company ['kʌmpəni], troupe ❷ (*Armee*) troops ⚠ *plural;* (*Einheit*) unit ['juːnɪt] ▸ WENDUNGEN: **er ist nicht gerade [einer] von der schnellen Truppe** he's pretty slow on the uptake
der **Truppenabzug** withdrawal [wɪð'drɔːəl] of troops
die **Trute** ⓒⒽ (*Truthenne*) turkey ['tɜːki]
der **Truthahn** turkey [cock]
die **Truthenne** turkey [hen]
der **Tschad** Chad
der **Tscheche**, die **Tschechin** Czech [tʃek]
**Tschechien** the Czech Republic
**tschechisch** Czech
die **Tschechische Republik** Czech Republic
die **Tschechoslowakei** (*ehemalige*) Czechoslovakia [ˌtʃekəslə'vækiə]
das **T-Shirt** ['tiːʃøːɐ̯t] T-shirt
der **Tsunami** tsunami
die **Tube** tube [tjuːb]; **eine Tube Zahnpasta/Tomatenmark** a tube of toothpaste/tomato purée ▸ WENDUNGEN: **auf die Tube drücken** (*umgangsspr*) to get a move on; (*im Auto*) to put one's foot down
die **Tuberkulose** tuberculosis [tjuːˌbɜːkjə'ləʊsɪs]
das **Tuch** cloth
**tüchtig** ❶ (*fähig*) capable ['keɪpəbl]; (*leistungsfähig*) efficient [ɪ'fɪʃənt] ❷ (*fleißig*) good ❸ (*umgangsspr: sehr*) **tüchtig arbeiten** to work hard; **tüchtig essen** to eat heartily ['hɑːtəli]
die **Tücke** ❶ (*Gefahr*) peril ❷ **so seine Tücken haben** to be tricky
**tuckern** *Fahrzeug:* to chug along
**tückisch** ❶ (*boshaft*) malicious [mə'lɪʃəs] ❷ (*gefährlich*) treacherous ['tretʃərəs] ❸ (*unberechenbar*) pernicious [pə'nɪʃəs]
**tüfteln an etwas tüfteln** to fiddle about with something; (*an Denkaufgabe*) to try to work out something
der **Tüftler**, die **Tüftlerin** tinkerer; **er ist ein Tüftler** he likes fiddling about with things
die **Tugend** virtue ['vɜːtjuː]; **aus der Not eine Tugend machen** to make a virtue of necessity
**tugendhaft** virtuous ['vɜːtʃuəs]
der **Tüll** tulle [tjuːl]
die **Tulpe** tulip
**tummeln sich tummeln** (*umhertollen*) to romp about
der **Tumor** tumour [tjuːməʳ]; **ein gutartiger/**

**Tümpel – Turnlehrer** 976

**bösartiger Tumor** a benign [bɪˈnaɪn]/malignant tumour

der **Tümpel** pool

der **Tumult** ❶ *(Bewegung in Menschenmenge)* commotion [kəˈməʊʃ°n] ❷ *(innerer Aufruhr)* tumult [ˈtjuːmʌlt], turmoil

das **Tun** conduct [ˈkɒndʌkt], doings ⚠ *plural;* **mein ganzes Tun** everything I do

**tun** ❶ *(machen)* to do; **es gibt [noch] viel zu tun** there's a lot [still] to be done; **wir müssen da etwas tun** we'll have to do something about it; **und was soll ich da tun?** and what do you want me to do about it?; **sein Möglichstes tun** to do one's best [*oder* utmost] [ˈʌtməʊst]; **sie tut es gern** she loves doing it; **er tut es ungern** he hates doing it ❷ **zu tun haben** to have things to do; **alle Hände voll zu tun haben** to have one's hands full (**mit** with) ❸ **jemandem etwas tun** to touch [tʌtʃ] someone; *(stärker)* to hurt someone; **ich tu dir nichts** I won't hurt [*oder* touch] you; **jemandem Unrecht tun** to do someone an injustice ❹ *(legen, stellen)* to put [pʊt]; **tu's da hin** put it over there ❺ **nichts mit jemandem zu tun haben wollen** to want nothing to do with someone ❻ **es mit jemandem zu tun bekommen** to get into trouble with someone ❼ **was hat das damit zu tun?** what's that got to do with it?; **das hat damit nichts zu tun** it's got nothing to do with it ❽ **das tut's auch** this will do; **20 Euro tun's auch!** 20 euros should do! ❾ **es tut mir sehr Leid** I am very sorry; **er tut mir Leid** I am sorry for him; **tut mir Leid!** sorry! ❿ **tut das weh?** does it hurt?; **es tut [mir] weh** it hurts ⓫ **tut das gut?** does that feel good?; **das tut gut** that feels good ⓬ **es tut sich was** something is going on ⓭ **so tun als ob** to pretend [prɪˈtend]; **sie tut nur so** she's only pretending; **tu doch nicht so!** stop pretending!; **er tut sehr überlegen** he acts very aloof; **tu doch nicht so doof!** stop acting such a fool! ▶ WENDUNGEN: **gesagt, getan** no sooner said than done

**tünchen** to whitewash

der **Tuner** tuner amplifier

**Tunesien** Tunisia [tjuːˈnɪzɪə]

der **Tunesier**, die **Tunesierin** Tunisian [tjuːˈnɪzɪən]

**tunesisch** Tunisian [tjuːˈnɪzɪən]

der **Tunfisch** tuna [ˈtjuːnə]

der **Tunichtgut** good-for-nothing

**tunken** to dip

**tunlichst** ich werde es tunlichst vermei-

den, ... I'll do my best to avoid ...

der **Tunnel** tunnel [ˈtʌnəl]

die **Tunte** poof[ter]

das **Tüpfelchen** dot ▶ WENDUNGEN: **das Tüpfelchen auf dem „i"** the icing on the cake

**tüpfeln** to dot, to spot

der **Tupfen** spot; *(kleiner Tupfen)* dot

**tupfen** to dab

der **Tupfer** swab [swɒb]

die **Tür** ❶ door [dɔːʳ]; **es ist jemand an der Tür** there's someone at the door; **gehst du bitte an die Tür?** would you answer the door?; **ich komme gerade zur Tür rein** I've just this minute come [*oder* got] in; **vor der Tür stehen** to be on the doorstep; **jemandem die Tür vor der Nase zuschlagen** to slam the door in someone's face ❷ **Tür an Tür mit jemandem leben** to live next door to someone; **zwei Türen weiter wohnen** to live two doors further down/up; **Tag der offenen Tür** open day ▶ WENDUNGEN: **Ostern steht vor der Tür** Easter is just around the corner; **mit der Tür ins Haus fallen** to blurt it out; **zwischen Tür und Angel** in passing

die **Türangel** door hinge [hɪndʒ]

der **Turbinenantrieb** turbine drive

**turbulent** turbulent [ˈtɜːbjələnt]

der **Türgriff** door handle

der **Türke**, die **Türkin** Turk

die **Türkei** Turkey [ˈtɜːki]

der **Türkis** turquoise [ˈtɜːkwɔɪz]

**türkisch** Turkish [ˈtɜːkɪʃ]

**Türkisch** Turkish; **das Türkische** Turkish

die **Türklinke** door handle

der **Turm** ❶ tower [ˈtaʊəʳ] ❷ *(Kirchturm)* steeple ❸ *(Schachfigur)* castle [ˈkæsl], rook

**türmen** sich türmen to tower [ˈtaʊəʳ]; *Rechnungen, Bücher:* to pile up

das **Turmspringen** high diving

das **Turnen** ❶ *(Sportart)* gymnastics [dʒɪmˈnæstɪks] ⚠ *plural* ❷ *(Schulfach)* physical [ˈfɪzɪkl] education, PE, PT

**turnen** ❶ to do gymnastics ⚠ *plural* ❷ *(herumturnen)* to climb [klaɪm] about; *Kinder:* to romp

der **Turner**, die **Turnerin** gymnast [ˈdʒɪmnæst]

die **Turnhalle** gymnasium [dʒɪmˈneɪzɪəm]

die **Turnhose** gym shorts ⚠ *plural*

das **Turnier** ❶ *(Sportturnier)* tournament [ˈtɔːnəmənt] ❷ *(Tanzturnier)* competition

das **Turnierpferd** competition horse

der **Turnierreiter**, die **Turnierreiterin** competition rider

der **Turnlehrer**, die **Turnlehrerin** gym [*oder* PE]

[*oder* PT] teacher
der **Turnschuh** trainer 🇬🇧, sneaker 🇺🇸
die **Turnstunde** gym [*oder* PE] [*oder* PT] lesson
die **Turnübung** gymnastic exercise
der **Turnunterricht** gymnastic instruction; (*Turnstunde*) gym, PE, PT
der **Turnverein** gymnastics club
das **Turnzeug** gym kit
der **Türöffner** buzzer
der **Türrahmen** door [dɔːʳ] frame
das **Türschild** doorplate
die **Türschnalle** Ⓐ (*Türgriff*) door handle
der **Tusch** (*musikalischer*) flourish [ˈflʌrɪʃ]
die **Tusche** Indian [ˈɪndiən] ink
**tuscheln** to whisper [ˈwɪspəʳ]; **hinter jemandes Rücken tuscheln** to talk behind someone's back
die **Tüte** bag; **in Tüten verpacken** to put in bags ▶ WENDUNGEN: **kommt nicht in die Tüte!** no way [José]!
**tuten** to toot
der **TÜV** *Abkürzung von* **Technischer Überwachungsverein** MOT; **mein Auto muss zum TÜV** I need to take my car for its MOT
die **TÜV-Plakette** MOT certificate 🇬🇧 (*disc on number plate showing that a car has a technical seal of approval*)
der **TV** *Abkürzung von* **Turnverein** sports club
das **TV** *Abkürzung von* **Television** TV
der **Twen** person in his/her twenties, twentysomething *umgangsspr*
der **Twist** (*Tanz*) twist; **Twist tanzen** to do the twist
der **Typ** ❶ (*Modell*) model ❷ (*Menschenart*) type; **sie sind vom Typ her völlig verschieden** they are totally different types of people ❸ **nicht mein Typ** not my type; **sie ist nicht mein Typ** she's my type ❹ (*Kerl*) bloke; **der Typ da** the guy over there; **kaputter Typ** bum
der **Typhus** typhoid [ˈtaɪfɔɪd] fever
**typisch** typical [ˈtɪpɪkəl] (**für** of); **typisch deutsch** typically German
die **Typografie**, die **Typographie** typography [taɪˈpɒgrəfi]
**typografisch**, **typographisch** typographic[al] [taɪpəˈgræfɪkəl]
der **Tyrann** tyrant [ˈtaɪrənt]
**tyrannisch** tyrannical [taɪˈrænɪkəl]
**tyrannisieren** to tyrannize [ˈtɪrənaɪz]

# U

**U, u** U, u [juː]
**u.** *Abkürzung von* **und** and, &
die **U-Bahn** underground, tube [tjuːb] 🇬🇧 *umgangsspr*, subway 🇺🇸; **mit der U-Bahn fahren** to go by underground [*oder* subway]; **wann kommt die nächste U-Bahn?** when is the next tube?; **hier kommt meine U-Bahn** there's my tube
der **U-Bahnhof** underground [*oder* 🇬🇧 tube] station
das **Übel** (*Missstand*) evil [ˈiːvəl]; **ein notwendiges Übel** a necessary evil; **das kleinere Übel sein** to be the lesser evil; **zu allem Übel** to make matters △ *plural* worse
**übel** ❶ bad; *Krankheit, Wunde, Trick:* nasty; **das schmeckt gar nicht so übel** it doesn't taste bad at all ❷ (*Befinden*) **mir ist übel** I feel sick; **davon kann einem ja übel werden!** it's enough to make you feel sick! ❸ *Person, Charakter:* wicked; **ein übler Bursche** a bad lot ❹ **nicht übel** not bad; **das wäre gar nicht so übel** that wouldn't be such a bad thing ❺ **in eine üble Lage geraten** to fall on evil [ˈiːvəl] days ❻ **übel dran sein** to be in a bad way ❼ (*schlecht, schlimm*) badly ❽ **übel gelaunt** ill-humoured [ˌɪlˈhjuːməd] ▶ WENDUNGEN: **nehmen Sie es mir nicht übel, aber ...** don't take it the wrong way but ...; **ich nehme es Ihnen nicht übel** I do not blame you for it; **jemandem etwas übel auslegen** to take something amiss; **er wird es wohl oder übel tun müssen** he'll have to do it whether he likes it or not; **ich hätte nicht übel Lust ...** I wouldn't mind ...
die **Übelkeit** nausea [ˈnɔːʒə]
der **Übeltäter**, die **Übeltäterin** offender
**üben** to practise [*oder* 🇺🇸 practice]; **ich übe 20 Stunden in der Woche Klavier** I practise [playing] the piano for 20 hours every week; **Kritik an etwas/jemandem üben** to criticize [ˈkrɪtɪsaɪz] something/someone
**über** ❶ (*räumlich*) over; (*oberhalb*) above [əˈbʌv], on top of; **über Bord** overboard; (*darüber hinaus*) across, beyond; (*auf*) on, upon ❷ (*zeitlich*) over; **über Mittag bleiben** to stay over lunch; **über Nacht** during the night ❸ (*betreffend*) about, on; **ein Buch über ...** a book on ... ❹ (*bei Zahlenangaben*) for; **ein Scheck über 2.000 Euro** a cheque for 2,000 euros ❺ (*mehr als*) over; **über**

**fünfzig Jahre alt** over [*oder* past] fifty **❻** via; **über München fliegen** to fly via Munich **❼ es geht nichts über ...** there is nothing better than ... **❽ über den Dingen stehen** to be above it all **❾ über und über** all over
**überall** everywhere ⓖⒷ, all over ⓤⓢⒶ
**überängstlich** overanxious [ˌəʊvəˈrˈænʃəs]
**überanstrengen** to overexert, to overstrain
**überarbeiten ❶** to go over; to revise *Buch* **❷ sich überarbeiten** to overwork [oneself]
die **Überarbeitung ❶** *von Buch, Artikel:* revision **❷** (*Überanstrengung*) overwork
**überaus** exceedingly [ɪkˈsiːdɪŋli], extremely
**überbacken etwas mit Käse überbacken** to top something with cheese and brown it in the oven [*oder* under the grill]; **ein überbackener Pfannkuchen** pancake au gratin
**überbelasten** to overload
**überbelichten** to overexpose *Film*
**überbevölkert** overpopulated
**überbewerten** to overestimate
die **Überbezahlung** overpayment
**überbieten ❶** (*übertragen*) to outdo [ˈaʊtduː]; **das ist nicht mehr zu überbieten!** (*umgangsspr*) that beats everything! **❷ sich überbieten** to surpass oneself
das **Überbleibsel** (*Rest*) remnant [ˈremnənt]; (*Speiserest*) leftover
der **Überblick ❶** (*freie Sicht*) view [vjuː] **❷ sich einen Überblick über etwas verschaffen** to get a general idea of something; **den Überblick verlieren** to lose track; **ihm fehlt der Überblick** he doesn't know what's going on
**überbrücken die Zeit mit Lesen überbrücken** to fill the time by reading
**überdenken** to consider [kənˈsɪdəʳ], to think over; **etwas noch einmal überdenken** to reconsider [ˌriːkəʳnˈsɪdəʳ] something
**überdimensional** oversize[d]
die **Überdosis** overdose; **eine Überdosis Schlaftabletten nehmen** to take an overdose of sleeping pills; **sich eine Überdosis Heroin verpassen** to overdose on heroin
**überdreht** (*umgangsspr*) wound [waʊnd] up
**überdrüssig jemandes/einer Sache überdrüssig sein** to be tired of someone/something; **er wurde des neuen Spiels schnell überdrüssig** he soon grew tired of the new game
**überdurchschnittlich** above-average
**übereifrig** overzealous [ˌəʊvəˈzeləs], overenthusiastic
**übereinander ❶** (*räumlich*) on top of each other **❷** (*einander betreffend*) about each other

**übereinanderlegen etwas übereinanderlegen** to lay [*oder* put] something one on top of the other
**übereinanderschlagen die Beine übereinanderschlagen** to cross one's legs
die **Übereinkunft** agreement; **eine Übereinkunft erzielen** to come to an agreement
**übereinstimmen ❶** *Personen:* to agree; **mit jemandem in etwas übereinstimmen** to agree with someone on something **❷** *Messdaten, Rechnungen:* to correspond; (*zusammenpassen*) to match
die **Übereinstimmung** agreement (**in** on)
**überempfindlich** oversensitive (**gegen** to); *Haut:* hypersensitive [ˌhaɪpəˈsensətɪv]
**überfahren ❶** to run over *Tier* **❷** to go through *Ampel* **❸** (*umgangsspr: übertölpeln*) to stampede [stæmˈpiːd]; **jemanden überfahren** to walk all over someone
die **Überfahrt** crossing
der **Überfall** (*Angriff*) attack (**auf** on); *auf eine Bank:* hold-up; *auf eine Person:* mugging; **keine Bewegung, dies ist ein Überfall!** freeze, this is a hold-up!
**überfallen ❶** (*angreifen*) to attack; to hold up *Bank;* to mug *Person* **❷** *Schlaf:* to come over
**überfliegen ❶** to fly over **❷** (*übertragen*) to glance over
der **Überfluss ❶** abundance, plenty (**an** of); **im Überfluss leben** to live in luxury [ˈlʌkʃəʳri]; **im Überfluss vorhanden** in plentiful supply **❷ zu allem Überfluss** superfluously [suːˈpɜːflʊəsli]; (*obendrein*) into the bargain
**überflüssig** superfluous [suːˈpɜːflʊəs]; (*unnötig*) unnecessary [ʌnˈnesəsəʳri]; **überflüssig zu sagen, dass ...** it goes without saying that ...
**überfluten** (*auch übertragen*) to flood
**überfordern** to overtax; **damit ist er überfordert** that's asking too much of him
**überführen jemanden einer Sache überführen** to convict someone of something
die **Überführung ❶** flyover, overpass ⓤⓢⒶ; *für Fußgänger:* footbridge **❷** *eines Täters:* conviction
**überfüllt** *Zug:* overcrowded; *Schublade:* crammed; *Kurs:* oversubscribed
die **Übergabe ❶** handing over; **bei der Übergabe des Wagens war sie nicht dabei** she was not present when the car was handed over **❷** (*Auslieferung*) surrender
der **Übergang ❶** crossing **❷** (*Wechsel*) transition; **für den Übergang** in the interim
die **Übergangszeit** transitional [trænzɪʃəʳnəl] period
**übergeben ❶** (*abliefern*) to hand over **❷** to

hand over *Amt, Würde* (**an** to) ❸ **eine Sache einem Anwalt übergeben** to place a matter in the hands of a lawyer ❹ **sich übergeben** to vomit

**übergehen** ❶ (*zu einer Partei*) to go over ❷ (*sich verändern*) to change, to turn (**in** into); *Farben:* to merge [mɜːdʒ] (**in** into) ❸ **zum nächsten Punkt übergehen** to go on to the next point ❹ **jemandes Einwände übergehen** to ignore someone's objections

das **Übergepäck** excess [ɪk'ses] baggage

das **Übergewicht** ❶ overweight [ˌəʊvə'weɪt]; **an Übergewicht leiden** to be overweight ❷ (*übertragen*) predominance [prɪ'dɒmɪnəns]

**überglücklich** overjoyed [ˌəʊvə'dʒɔɪd]

die **Übergröße** *von Kleidung:* outsize; *von Reifen:* oversize

**überhängen** ❶ (*hinausragen*) to hang over ❷ **jemandem/sich eine Jacke überhängen** to put a jacket round someone's/one's shoulders; **sich eine Tasche umhängen** to hang a bag over one's shoulder

**überhäufen** ❶ to overwhelm [ˌəʊvə'welm] (**mit** with); **jemanden mit Geschenken überhäufen** to shower someone with gifts ❷ **jemanden mit Vorwürfen überhäufen** to heap reproaches upon someone's head

**überhaupt** ❶ (*sowieso*) in general ❷ **woher weißt du das überhaupt?** where did you get that from anyway? ❸ **überhaupt nicht** not at all ❹ **hast du dir darüber überhaupt Gedanken gemacht?** did you actually think it through? ❺ **ich denke überhaupt nicht daran, ...** I've no intention whatsoever of ...; **weißt du überhaupt, ...?** do you realize ...?; **weißt du überhaupt, ob sie kommt?** do you even know if she's coming?

die **Überheblichkeit** arrogance

**überhitzen** to overheat

**überhöht** *Preise:* excessive [ɪk'sesɪv]

**überholen** ❶ (*auch übertragen*) to overtake, to pass ⓊⓈⒶ ❷ to overhaul ['əʊvəhɔːl] *Gegenstände:* to recondition *Motor* ❸ **überholen verboten!** no overtaking!, no passing! ⓊⓈⒶ

die **Überholspur** overtaking lane ⒼⒷ, passing lane ⓊⓈⒶ

**überholt** (*veraltet*) outdated

das **Überholverbot** restriction on passing [*oder* ⒼⒷ overtaking]

**überhören** ❶ **das letzte Wort habe ich überhört** I didn't catch the last word; (*absichtlich*) I'll ignore that last word ❷ **also das will ich ja wohl überhört haben!**

I can't believe I heard that!

**Ⓕ** Nicht verwechseln mit *to overhear — zufällig hören!*

**überkochen** to boil over ▸ WENDUNGEN: **das brachte sie zum Überkochen** that made her blow her top

**überladen** ❶ *Fahrzeug:* overloaded ❷ *Stil:* ornate ❸ *Bild:* cluttered

**überlassen** ❶ **jemandem etwas überlassen** to let someone have something; (*übertragen*) to leave it up to someone ❷ **jemanden sich selbst überlassen** to leave someone to his/her own devices

die **Überlastung** *eines Menschen:* overtaxing; (*zu großer Stress*) overstress; (*Zustand*) strain

der **Überlauf** overflow

**überlaufen**¹ (*sehr überfüllt*) overcrowded; **völlig mit Touristen überlaufen** totally overrun with tourists *umgangsspr*

**überlaufen**² *Wasser:* to overflow; *kochende Milch:* to boil over; **zum Überlaufen voll** full to overflowing ▸ WENDUNGEN: **das Fass zum Überlaufen bringen** to be the last straw

**überleben** ❶ (*länger leben als*) to outlive, to survive (**um** by) ❷ (*durchstehen*) to live through ❸ **das überlebe ich nicht!** (*umgangsspr*) that'll be the death of me!; **du wirst es schon überleben** (*humorvoll*) it won't kill you

der/die **Überlebende** survivor

der **Überlebenskünstler**, die **Überlebenskünstlerin** [born] survivor

**überlegen**¹ ❶ (*nachdenken*) to think ❷ (*durchdenken*) to think over [*oder* about]; **das werde ich mir überlegen** I'll give it some thought ❸ **sie hat es sich anders überlegt** she's changed her mind

**überlegen**² **jemandem überlegen sein** to be superior [suː'pɪəriəʳ] to someone (**an** in)

**überlegt** **wohl überlegt** well-considered

die **Überlegung** consideration, reflection

**überleiten** **zu etwas überleiten** to lead to something

die **Überlieferung** tradition; **mündliche Überlieferung** oral tradition

**überlisten** to outwit

das **Übermaß** excess [ɪk'ses] (**an/von** of); **im Übermaß** in excess

**übermorgen** the day after tomorrow

**übermüdet** overtired

der **Übermut** high spirits △ *plural*

**übermütig** high-spirited

**übernächste(r, s)** next ... but one; **über-**

übernachten – Überstunden 980

nächste Woche the next week but one, the week after next; **am übernächsten Tag** two days later
**übernachten** to sleep; **bei jemandem übernachten** to stay at someone's place
die **Übernachtung** overnight stay; **vier Übernachtungen mit Frühstück** for nights with breakfast; **was berechnen Sie für die Übernachtung?** what do you charge for the night?
die **Übernahme** ❶ taking over; **er war zur Übernahme der Wohnung bereit** he agreed to take over the flat ❷ *von Amt, Verantwortung:* assumption ❸ *einer Firma:* takeover
**übernehmen** ❶ (*fortführen*) to take over ❷ (*annehmen*) to take on; to undertake *Arbeit;* to assume *Amt, Verantwortung* ❸ **sich übernehmen** to overdo it; **sich mit Arbeit übernehmen** to take on too much work
**überprüfen** to check (**auf** for); to screen *Person;* to inspect *Maschine*
**überqueren** to cross
**überragen¹** ❶ to tower above; **sie überragt sie um einen Kopf** she is a head taller than her ❷ (*übertreffen*) to outclass
**überragen²** to project; **der Ast ragt über den Zaun** the branch sticks out over the fence
**überraschen** ❶ to surprise ❷ **sie wurden vom Sturm überrascht** they were caught [kɔːt] in the rain ❸ **lass dich überraschen!** wait and see!
**überraschend** surprising; (*unerwartet*) unexpected
die **Überraschung** surprise
**überreden** to persuade [pəˈsweɪd]
**überreichen** to hand over; (*feierlich*) to present
der **Überrest** remains ⚠ *plural*
**überrumpeln jemanden überrumpeln** to take someone by surprise
das **Überschallflugzeug** supersonic jet
die **Überschallgeschwindigkeit** supersonic speed
**überschätzen** ❶ **sein Beitrag wird überschätzt** his contribution is overrated ❷ to overestimate *Entfernung*
**überschlagen** ❶ (*berechnen*) to estimate roughly ❷ **sich überschlagen** *Person:* to do a somersault [ˈsʌməsɔːlt]; *Fahrzeug:* to turn over; *Stimme:* to crack ❸ **sie überschlägt sich immer vor Freundlichkeit** she's always falling over herself to be friendly
**überschneiden sich überschneiden** *Linien:* to intersect; (*übertragen*) to overlap
**überschreiten** ❶ (*überqueren*) to cross ❷ to exceed *Maß;* to transgress *Grenze* ❸ **er hat die Sechzig schon überschritten** he's past sixty already
die **Überschrift** heading; *einer Zeitung:* headline
der **Überschuss** surplus (**an** of)
**überschüssig** surplus
**überschwänglich** effusive
**überschwemmen** (*auch übertragen*) to flood [flʌd]
die **Überschwemmung** flood
der **Überseehandel** overseas trade
**übersehbar** *Schaden, Kosten, Dauer:* assessable
**übersehen** ❶ to look over *Gegend;* **die Lage übersehen** to be in full command of the situation ❷ (*ignorieren*) to overlook; (*nicht bemerken*) to fail to notice

 Nicht verwechseln mit *to oversee* — *überwachen!*

**übersetzen** to translate; **aus dem Englischen ins Deutsche übersetzen** to translate from English into German ⚠ *ohne Artikel*
der **Übersetzer**, die **Übersetzerin** translator
die **Übersetzung** translation
die **Übersicht** ❶ (*Überblick*) overall view; **die Übersicht verlieren** to lose track of things ❷ (*Zusammenfassung*) survey [ˈsɜːveɪ]; (*in Tabellenform*) table

 Nicht verwechseln mit *oversight* — *das Versehen!*

**übersichtlich** ❶ clear ❷ *Gelände:* open
**überspannt** *Ideen:* eccentric [ɪkˈsentrɪk], extravagant
**überspitzt** ❶ *Bemerkung:* oversubtle [ˌəʊvəˈsʌtl] ❷ (*übertrieben*) exaggerated [ɪɡˈzædʒəreɪtɪd]
**überspringen** ❶ to jump *Hindernis* ❷ (*auslassen*) to skip
**überstehen** ❶ (*durchstehen*) to get through; **ich habe das Schlimmste jetzt überstanden** I'm over the worst now ❷ (*überwinden*) to overcome ❸ (*überleben*) to survive [səˈvaɪv] *auch übertragen* ❹ **das wäre überstanden!** thank heavens that's over!
**übersteigen** ❶ to exceed [ɪkˈsiːd] *Erwartungen* ❷ **das Projekt übersteigt seine Fähigkeiten** the project is beyond him [*oder* his abilities]
**überstimmen** to outvote
die **Überstunden** overtime ⚠ *singular;* **Über-**

stunden machen to work overtime; **fünf Überstunden machen** (*umgangsspr*) to do five hours overtime

**überstürzen** ❶ to rush into ❷ **sich überstürzen** *Ereignisse:* to happen in a rush

**überstürzt** overhasty [ˌəʊvəˈheɪstɪ], rash

**übertölpeln jemanden übertölpeln** to dupe someone, to take someone in

**übertragbar** ❶ *Rechte, Fahrkarte:* transferable (**auf** to) ❷ *Krankheit:* communicable; **diese Grippeart ist nicht auf Menschen übertragbar** this strain of flue cannot be passed on to humans ❸ (*anwendbar*) applicable (**auf** to)

**übertragen** ❶ to transfer (**auf** to) ❷ **das kann man auch auf andere Situationen übertragen** you can equally apply that to other situations ❸ **seine Zuversicht hat sich auf das ganze Team übertragen** his confidence has spread throughout the team ❹ *Radio, TV:* to broadcast ❺ **das Virus überträgt sich durch Blut** the virus is passed on [*oder* transmitted] through blood

**übertreffen** ❶ to surpass [səˈpɑːs] (**an** in) ❷ **alle Erwartungen bei weitem übertreffen** to exceed all expectations by far; **das übertrifft alles** that beats everything; **nicht zu übertreffen sein** to be unsurpassable

**übertreiben** ❶ to exaggerate [ɪgˈzædʒ³rˈeɪt] ❷ (*zu weit treiben*) to overdo; **man kann's auch übertreiben** you can overdo things; **er übertreibt es mit seinen Bemerkungen** he goes too far with his comments

die **Übertreibung** exaggeration [ɪgˌzædʒ³rˈeɪʃ³n]

**übertreten**[1] **zu einer anderen Religion übertreten** to convert to another religion; **zu einer anderen Partei übertreten** to go over to another party

**übertreten**[2] to break *Gesetz, Verbot*

die **Übertretung** violation

**übertrieben** ❶ exaggerated [ɪgˈzædʒ³reɪtɪd] ❷ (*unmäßig*) excessive [ɪkˈsesɪv]

**übervölkert** overpopulated

die **Übervölkerung** overpopulation

**überwachen** ❶ (*kontrollieren*) to supervise ❷ (*beobachten*) to keep under surveillance ❸ *auf Monitor:* to monitor [ˈmɒnɪtə³r]

die **Überwachung** ❶ (*Kontrolle*) supervision ❷ (*Beobachtung*) observation; *eines Verdächtigen:* surveillance

**überwältigen** ❶ to overpower ❷ to overcome *Angst* ❸ **von Hass überwältigt werden** to be overwhelmed [ˌəʊvəˈwelmd] by hate

**überwältigend** ❶ (*überragend*) overwhelming [ˌəʊvəˈwelmɪŋ]; *Schönheit:* stunning ❷ **seine Leistung war nicht gerade überwältigend** his performance was nothing to write home about

**überweisen** ❶ to transfer *Geld;* **die Firma hat uns das Geld überwiesen** the company has transferred the money to our account ❷ to refer *Patienten* (**an** to)

die **Überweisung** ❶ *von Geld:* transfer ❷ (*Formular*) payment order ❸ *an Facharzt:* referral (**an** to)

der **Überweisungsauftrag** transfer order

**überwiegend** ❶ predominant; **die überwiegende Mehrheit** the vast majority ❷ **es waren überwiegend Rentner** it was mainly pensioners

**überwinden** ❶ to overcome; to get over *Schwierigkeiten* ❷ (*hinter sich lassen*) to outgrow ❸ **sich überwinden, etwas zu tun** to bring oneself to do something

die **Überwindung** overcoming; **eine Methode zur Überwindung von Schwierigkeiten** a method to overcome problems; **es hat ihn viel Überwindung gekostet, sie anzurufen** it took him a lot of will power to ring her

**überwintern** to winter; *Tiere:* to hibernate [ˈhaɪbəneɪt]

**überwuchern** to overgrow

**überzeugen** ❶ to convince [kənˈvɪns] ❷ (*überreden*) to persuade [pəˈsweɪd] ❸ **überzeugen können** to be convincing [kənˈvɪnsɪŋ] ❹ **überzeugen Sie sich selbst davon!** go and see for yourself!

**überzeugend** convincing

die **Überzeugung** conviction [kənˈvɪkʃ³n]; **es ist meine feste Überzeugung** it's my firm conviction; **der Überzeugung sein, dass ... to** be convinced that ...

die **Überzeugungskraft** persuasiveness [pəˈsweɪsɪvnəs], persuasive powers

**überziehen**[1] ❶ (*bedecken*) to cover; (*mit Belag*) to coat ❷ to overdraw *Konto* (**um** by) ❸ **sich überziehen** to become overcast

**überziehen**[2] ❶ (*anziehen*) to put on ❷ **sie hätte mir fast eins übergezogen** she almost whacked me *umgangsspr*

der **Überziehungskredit** overdraft provision

der **Überzug** ❶ (*Schicht*) coat[ing] ❷ (*Hülle*) cover

**üblich** ❶ usual; **wie üblich** as usual ❷ (*herkömmlich*) customary; **allgemein üblich sein** to be common practice ❸ (*normal*) normal; **nicht üblich** unusual ❹ **das ist bei uns so üblich** that's normal for us

das **U-Boot** submarine

**übrig – Umdrehungszahl** · **982**

**übrig** ❶ left, remaining; **übrig bleiben** to be left [over]; **jemandem etwas übrig lassen** to leave something for someone ❷ **das Übrige** the remainder; **im Übrigen** by the way ❸ **hast du eine Zigarette übrig?** could you spare me a cigarette? ❹ **zu wünschen übrig lassen** to leave something to be desired

**übrigbleiben es bleibt ihm nichts anderes übrig** he has no other choice

**übrigens** by the way, incidentally

**übrighaben für jemanden nichts übrighaben** (*umgangsspr*) to have no time for someone; **für jemanden etwas übrighaben** (*umgangsspr*) to have a soft spot for someone

die **Übung** ❶ exercise ❷ (*praktische Ausübung*) practice ['præktɪs]; **aus der Übung** out of practice ⚠ *ohne Artikel*

das **Ufer** *eines Flusses:* bank; *am Meer:* shore [ʃɔːʳ]; **direkt am Ufer** right on the waterfront; **etwas ans Ufer spülen** to wash something ashore; **das rettende Ufer erreichen** to reach terra firma [ˌterəˈfɜːmə]

das **Ufo** *Abkürzung von* **unbekanntes Flugobjekt** UFO

die **Uhr** ❶ (*Wand-, Standuhr*) clock; (*Armband-, Taschenuhr*) watch [wɒtʃ]; **meine Uhr geht vor/nach** my watch is fast/slow; **meine Uhr geht genau** my watch keeps exact time ❷ (*Anzeigeinstrument*) gauge [geɪdʒ] ❸ (*bei Zeitangaben*) **wie viel Uhr ist es?** what time is it?; **es ist zehn Uhr** it's ten o'clock; **um wie viel Uhr?** at what time?; **der Laden ist rund um die Uhr geöffnet** the shop is open 24 hours

**ⓥ** Im Englischen unterscheidet man zwischen **clock** — *there's a clock above the sideboard* und **watch** — *let me have a look at your watch*, und **time** — *what time is it?*.

der **Uhrzeiger** hand
der **Uhrzeigersinn im Uhrzeigersinn** clockwise; **im entgegengesetzten Uhrzeigersinn** anticlockwise, counterclockwise ⓊⓢⒶ
die **Uhrzeit** time; **haben sie die genaue Uhrzeit?** do you have the correct time?
der **Uhu** eagle owl
**ulkig** (*umgangsspr*) funny
die **Ulme** elm
das **Ultimatum** ultimatum; **jemandem ein Ultimatum stellen** to give someone an ultimatum
die **Ultrakurzwelle** ultra-high frequency, ultra-short wave
der **Ultraschall** ultrasound
das **Ultraschallbild** ultrasound picture

die **Ultraschalluntersuchung** ultrasound
**ultraviolett** ultraviolet
**um** ❶ (*räumlich*) [a]round; **um die Ecke** [a]round the corner; **um die Welt** [a]round the world ❷ (*ungefähr*) about, around ❸ (*Maße*) **um 6 Uhr** at six [o'clock]; **um einen Kopf größer** taller by a head; **um diese Zeit** at this time; **etwa um 6 Uhr** round about six ❹ **um jeden Preis** at any price; **um keinen Preis** not at any price; **um alles in der Welt** for anything in the world; **um ein Haar** by a hair ❺ (*wegen*) because of ..., for ..., for the sake of ...; **um Himmels willen!** for heaven's sake!; **es tut mir Leid um ihn!** I'm sorry for him! ❻ **um zu** [in order] to ❼ (*ungefähr*) about; **so um Ostern** about Easter; **so um acht** [**Uhr**]? around about eight [o'clock]? ❽ **deine Zeit ist um** your time is up
**umändern** to alter
**umarmen** to embrace [ɪmˈbreɪs]; (*fester*) to hug
die **Umarmung** embrace; (*fester*) hug
**umbauen** to rebuild [ˌriːˈbɪld] *Gebäude;* to change *Kulissen*
**umbenennen etwas** [**in etwas**] **umbenennen** to rename something [something]
**umbesetzen** to recast *Rolle;* to reassign *Posten, Stelle, Amt*
**umbiegen** ❶ to bend ❷ (*umkehren*) to turn round
**umbilden** to reshuffle *Kabinett*
**umblättern** to turn [over] the page
**umblicken sich umblicken** to look back; **sich nach jemandem/etwas umblicken** to turn round to look at someone/something; **sich nach allen Seiten umblicken** to look in all directions
**umbringen** to kill
der **Umbruch** radical change
**umbuchen** ❶ to transfer *Betrag* (**auf** to) ❷ **eine Reise umbuchen** to change one's booking (**auf** for)
**umdefinieren** to redefine
**umdenken** to change one's ideas/views
**umdrehen** ❶ (*auf andere Seite*) to turn over; **sich im Bett umdrehen** to turn over in bed; (*auf den Kopf stellen*) to turn upside down ❷ (*um die Achse*) to turn round; to turn *Schlüssel* ❸ **sich nach etwas umdrehen** to turn round to look at something ❹ to wring [rɪŋ] *Hals;* to twist *Arm* ▸ WENDUNGEN: **den Spieß umdrehen** to turn the tables
die **Umdrehungszahl** number of revolutions per minute/second

**umeinander – umlernen**

**umeinander** about each other; (*räumlich*) [a]round each other

**umfahren** (*niederfahren*) to run down

die **Umfahrung** Ⓒ, Ⓐ bypass, beltway Ⓤ̲S̲A̲

**umfallen** ❶ to fall down; *Gerüst:* to collapse [kəˈlæps], to fall over ❷ **tot umfallen** to drop dead ❸ **ich bin zum Umfallen müde** I'm knackered *umgangsspr*

der **Umfang** ❶ (*Größe*) size; *der Erde:* circumference [səˈkʌmfərəns] ❷ (*Anzahl*) amount [əˈmaʊnt] ❸ (*Ausmaß*) extent; *von Arbeit:* scope; **in großem Umfang** on a large scale; **in vollem Umfang** fully ❹ **solchen Umfang annehmen, dass ...** to assume such proportions that ...

**umfangreich** extensive [ɪkˈstensɪv]

**umfassen** ❶ to clasp, to grasp ❷ (*enthalten*) to contain; to cover *Zeitperiode* ❸ (*bestehen aus*) to consist [kənˈsɪst] of, to comprise [kəmˈpraɪz]

**umfassend** ❶ *Lexikon:* comprehensive [ˌkɒmprɪˈhensɪv] ❷ *Suche:* extensive [ɪkˈstensɪv] ❸ (*vollständig*) complete, full

das **Umfeld** environment [ɪnˈvaɪrənmənt]

die **Umfrage** survey [ˈsɜːveɪ], poll; **eine Umfrage machen** to conduct [*oder* carry out] a survey

**umfüllen** to transfer into another container/bottle; **Wein in eine Karaffe umfüllen** to decant wine

der **Umgang** ❶ company; **sie ist wirklich kein Umgang für dich** she's really no fit company for you, hanging out with her really won't do you any good *umgangsspr* ❷ (*Bekanntenkreis*) acquaintances [əˈkweɪntənsɪz] ⚠ *plural*

**umgänglich** ❶ (*verträglich*) affable [ˈæfəbl] ❷ (*entgegenkommend*) obliging [əˈblaɪdʒɪŋ]

die **Umgangsformen** manners

die **Umgangssprache** colloquial [kəˈləʊkwiəl] speech

der **Umgangston** tone

**umgeben** to surround

die **Umgebung** ❶ surroundings ⚠ *plural;* **London und Umgebung** London and surroundings ❷ (*Nachbarschaft*) neighbourhood [ˈneɪbəhʊd] ❸ (*Milieu*) background

**umgehen**[1] ❶ *Gerücht:* to circulate [ˈsɜːkjəleɪt] ❷ *Gespenst:* to walk [wɔːk] ❸ **mit jemandem umgehen** to handle someone; **er weiß mit ihr umzugehen** he knows how to handle her ❹ **mit etwas umgehen** to use something

**umgehen**[2] ❶ to go round *Hindernis* ❷ to by-

pass *Ansiedlung* ❸ to evade [ɪˈveɪd]; to circumvent [ˌsɜːkəmˈvent] *Verordnung*

die **Umgehung** avoidance; *von Gesetz, Vorschrift:* circumvention; **durch Umgehung des Themas ...** by avoiding the subject ...; **unter Umgehung der Vorschriften** by getting round the regulations

die **Umgehungsstraße** bypass

**umgekehrt** ❶ reversed; *Reihenfolge:* reverse ❷ (*gegenteilig*) contrary ❸ (*anders herum*) the other way round ❹ (*am Satzanfang: dagegen*) conversely ❺ (*anders herum*) the other way round; **gerade umgekehrt!** quite the contrary!

**umgraben** to dig over

**umgucken** (*umgangsspr*) **sich nach etwas umgucken** to look about for something

der **Umhang** cape

**umhängen** **sich etwas umhängen** to put something on

die **Umhängetasche** shoulder bag

**umher** about, around; **rings umher** all around

**umhören** to ask around

**umkehrbar** reversible; **nicht umkehrbar** irreversible

**umkehren** to turn back

**umkippen** ❶ to tip over; to knock over *Vase* ❷ to tip over; *Getränk:* to be spilled

**umklammern** to clasp; **sie umklammerte ihre Tasche fest mit den Fingern** she clutched her bag tightly

der **Umkleideraum** changing room

**umkommen** to be killed, to die; **ich komme um vor Hitze!** (*umgangsspr*) the heat is killing me!; **vor Langeweile umkommen** (*umgangsspr*) to be bored to death

der **Umkreis** (*Umgebung*) surroundings ⚠ *plural;* **im Umkreis von** within a radius of

**umkreisen** to circle [ˈsɜːkl] *Tier, Mensch;* to revolve round *Gegenstand;* to orbit *Planet*

**umkrempeln** to turn up *Hose, Ärmel*

die **Umlage** share of the cost

der **Umlauf** ❶ circulation [ˌsɜːkjəˈleɪʃən]; **im Umlauf sein** to circulate; **Geld in Umlauf bringen** to put money into circulation ❷ *von Erde usw.:* rotation

die **Umlaufbahn** orbit

der **Umlaut** umlaut, vowel mutation

**umlegen** **jemanden umlegen** to bump someone off *umgangsspr*

**umleiten** to divert [daɪˈvɜːt] *Verkehr*

die **Umleitung** detour, diversion

**umlernen** ❶ to retrain ❷ (*Ansichten ändern*) to change one's views

**umpacken** to repack
**umrahmen** to frame
der **Umranden** to circle ['sɜ:kl]
**umräumen** ① *(anders anordnen)* to rearrange; *(an anderen Platz bringen)* to shift ② *Möbel:* to rearrange
der **Umrechnungskurs** exchange rate
**umrennen** to knock down
der **Umriss** outline; *(Kontur)* contour ['kɒntʊəʳ]
**umrühren** to stir [stɜ:ʳ]
der **Umsatz** turnover
die **Umsatzbeteiligung** commission [kə'mɪʃᵊn]
der **Umsatzrückgang** drop in turnover
die **Umsatzsteigerung** increase in turnover
die **Umsatzsteuer** sales tax
**umschalten** ① to switch over ② *Radio, TV:* to change over (**auf** to) ③ *Auto:* to shift (**in** to)
die **Umschalttaste** *am Computer:* shift key
**umschauen** sich **umschauen** to look around (**nach** for); *(nach hinten)* look back
der **Umschlag** ① envelope; *(Hülle)* cover ['kʌvə] ② *eines Buches:* jacket ['dʒækɪt] ③ **kalter Umschlag** cold compress
der **Umschlagbahnhof** transfer station
**umschlagen** ① to turn over *Seite;* to turn down *Kragen* ② *Wetter:* to change; *Wind:* to veer round
**umschließen** ① *(umgeben)* to enclose ② **jemanden/etwas mit den Armen umschließen** to take someone/something in one's arms
**umschlingen** to embrace; **jemanden/etwas mit den Armen umschlingen** to hold someone/something tightly in one's arms
**umschreiben** ① to paraphrase *Wort;* to talk around *Sachverhalt* ② *(festlegen)* to outline; **klar umschriebene Pflichten** clearly outlined duties ③ to transfer *Vermögen* (**auf** to)
die **Umschrift** transcription
die **Umschuldung** rescheduling of debts [dets]
**umschulen** ① *(auf andere Schule)* to transfer to another school ② *(auf etwas Neues)* to retrain
der **Umschulungskurs** retraining course
**umschütten** ① *(ausschütten)* to spill ② *(in ein anderes Gefäß)* to decant
der **Umschwung** ① *(plötzliche Veränderung)* drastic change ② *(ins Gegenteil)* reversal [rɪ'vɜ:sᵊl] ③ ⓒⱨ estate
**umsehen** to look around (**nach** for); *(zurück)* to look back; **sich in der Stadt umsehen** to have a look around the town
**umsetzen** ① to turn over *Waren* ② **etwas in die Tat umsetzen** to translate something into action ③ **sich umsetzen** to change

seats
der **Umsiedler**, die **Umsiedlerin** resettler
**umso** ① **umso besser** all the better, so much the better ② **je mehr ..., umso weniger ...** the more ... the less ...; **umso mehr, als ...** all the more considering ...
**umsonst** ① *(vergeblich)* in vain ② *(erfolglos)* without success ③ *(ohne Bezahlung)* for nothing, free of charge
die **Umstände** ① *(Situation)* circumstances ['sɜ:-kəmstænsɪz]; **es geht ihr den Umständen entsprechend gut** she is as well as can be expected under the circumstances ② **unter Umständen** under certain circumstances; **unter keinen Umständen** under no circumstances; **unter allen Umständen** at all costs ③ *(Förmlichkeiten)* fuss △ *singular;* **ohne große Umstände** without much fuss; **machen Sie sich meinetwegen keine Umstände!** don't trouble ['trʌbl] yourself on my account! ④ *(Schwierigkeiten)* trouble △ *singular*
**umständlich** ① *Arbeitsweise:* awkward ['ɔ:kwəd] and involved ② *Vorbereitungen:* elaborate ③ *Erklärung:* long-winded
**umsteigen** ① *Bahn, Bus:* to change (**nach** for) ② *(umgangsspr)* to switch (**auf** to)
**umstellen** ① to rearrange [,ri:ə'reɪndʒ] *Möbel* ② to switch over *Betrieb, Hebel* ③ **sich auf etwas umstellen** to adjust to something
die **Umstellung** ① rearrangement [,ri:ə'dʒeɪndʒ-mənt] ② *(Anpassung)* adjustment [ə'dʒʌst-mənt] (**auf** to) ③ **das wird eine große Umstellung für ihn sein** it will be a big change for him ④ **Umstellung auf Computer** computerization [kəm,pju:tᵊraɪ'zeɪʃᵊn]; **Umstellung auf Erdgas** conversion [kən'vɜ:ʃᵊn] to natural gas
**umstimmen** **jemanden umstimmen** to change someone's mind; **er lässt sich nicht umstimmen** he's not to be persuaded [pə'sweɪdɪd]
**umstoßen** to knock over [*oder* down]; to upset *Pläne*
**umstritten** ① *(noch nicht ausdiskutiert)* disputed [dɪ'spju:t] ② *(fraglich)* controversial [,kɒntrə'vɜ:ʃᵊl]
die **Umstrukturierung** restructuring
der **Umsturz** overthrow
**umstürzen** ① to overthrow *Regierung* ② *(umfallen)* to fall over; *Fahrzeug:* to overturn
der **Umtausch** exchange; **Badehosen sind vom Umtausch ausgeschlossen** swimming trunks cannot be exchanged

**umtauschen** ① to exchange; **kann ich das umtauschen?** is it possible to exchange this? ② to change *Geld* (**in** into)

**umtriebig** dynamic [daɪˈnæmɪk], go-getting

die **Umwälzung** radical change

**umwandeln** to change, to convert (**in** into); to commute *Strafe*

**umwechseln** to change *Geld* (**in** into)

der **Umweg** ① detour [ˈdiːtʊəʳ]; **einen Umweg machen** (*unabsichtlich*) to go the long way round; (*absichtlich*) to make a detour ② (*übertragen*) roundabout way; **auf Umwegen** indirectly

die **Umwelt** environment [ɪnˈvaɪʳənmənt]

die **Umweltbedingungen** environmental conditions *plural*

die **Umweltbelastung** environmental damage

das **Umweltbewusstsein** environmental awareness

die **Umwelteinflüsse** environmental influences *plural*

**umweltfreundlich** non-polluting, ecologically friendly

die **Umweltgefährdung** environmental threat

die **Umweltkatastrophe** ecological disaster

die **Umweltpolitik** environment[al] policy

die **Umweltschäden** environmental damage

der **Umweltschutz** environmental conservation

der **Umweltschützer**, die **Umweltschützerin** environmentalist [ɪnˌvaɪʳənˈmentʳlɪst], conservationist

das **Umweltschutzgesetz** environmental protection law

die **Umwelttechnologie** green technology

die **Umweltverschmutzung** pollution of the environment

**umweltverträglich** *Produkte, Stoffe:* ecologically compatible

die **Umweltvorschrift** environmental regulation

die **Umweltzerstörung** destruction of the environment

**umwerfen** ① to overturn ② (*ändern*) to upset ③ **das hat mich völlig umgeworfen!** that really threw me! *umgangsspr*

**umziehen** ① to move (**nach** to) ② **sich umziehen** to change one's clothes [klaʊ(ð)z]

**umzingeln** to surround

der **Umzug** ① (*Festzug*) procession ② (*Wohnungswechsel*) move, removal

der **Umzugskarton** removal [*oder* ⒰ⓢⓐ moving] box

**unabhängig** ① independent (**von** of) ② **unabhängig davon, was Sie meinen** irrespective [ˌɪrɪˈspektɪv] of what you think

die **Unabhängigkeit** independence

**unabsehbar** unforeseeable

**unabsichtlich** unintentional

**unachtsam** ① (*unaufmerksam*) inattentive ② (*nicht sorgsam*) careless [ˈkeələs]

die **Unachtsamkeit** carelessness

**unähnlich** dissimilar; **jemandem unähnlich sein** to be unlike someone

**unanfechtbar** irrefutable

**unangemeldet** unannounced; *Besucher:* unexpected

**unangemessen** ① *Preis:* unreasonable ② *Benehmen, Bemerkung:* inappropriate

**unangenehm** ① unpleasant [ʌnˈplezʳnt] ② **er kann unangenehm werden** he can get quite nasty ③ **es wäre mir unangenehm zu fragen** I'd feel awkward [ˈɔːkwəd] about asking

**unannehmbar** unacceptable

die **Unannehmlichkeit** trouble [ˈtrʌbl] ⚠ *singular;* **Unannehmlichkeiten haben/bekommen** to be in/get into trouble

**unanschaulich** abstract

**unanständig** ① *Kleidung:* indecent [ɪnˈdiːsʳnt] ② (*obszön*) dirty

**unantastbar** sacrosanct

**unappetitlich** (*auch übertragen*) unappetizing

**unartig** naughty [ˈnɔːti]

**unauffällig** ① inconspicuous [ˌɪnkənˈspɪkjuəs] ② (*unscheinbar*) unobtrusive ③ *Kleidung:* nondescript ④ **er verhielt sich unauffällig** he kept a low profile

**unaufgefordert** ① unsolicited ② without being asked

**unaufhörlich** incessant [ɪnˈsesʳnt]

**unaufmerksam** ① inattentive ② **das war wirklich unaufmerksam von dir!** that was really thoughtless of you!

die **Unaufmerksamkeit** inattentiveness

**unaufrichtig** insincere [ˌɪnsɪnˈsɪəʳ] (**gegenüber** towards)

**unaussprechlich** inexpressible

**unausstehlich** intolerable

**unausweichlich** inevitable [ɪˈnevɪtəbl]

**unbarmherzig** merciless

**unbeabsichtigt** unintentional

**unbedenklich** completely harmless

**unbedeutend** ① (*unwichtig*) insignificant, unimportant ② (*geringfügig*) minor

**unbedingt** ① (*absolut*) absolute ② (*bedingungslos*) unconditional ③ (*auf jeden Fall*) really ④ (*erforderlich*) absolutely; **das ist nicht unbedingt nötig** that's not absolutely necessary [ˈnesəsʳri] ⑤ **Sie müssen**

**unbefangen – undicht**     **986**

**unbedingt kommen!** you really must come!

**unbefangen** uninhibited [ˌʌnɪn'hɪbɪtɪd]

**unbefriedigend** unsatisfactory [ˌʌnˌsætɪs'fæktəri]

**unbefristet** lasting for an indefinite period; *Arbeitsvertrag, Visum:* permanent; **unbefristet sein** to be valid indefinitely

**unbefugt** unauthorized; **unbefugt hereinkommen** to enter without authorization

**unbegabt** untalented

**unbegreiflich** ❶ (*unverständlich*) incomprehensible [ɪnˌkɒmprɪ'hensəbl] ❷ (*unergründlich*) inscrutable [ɪn'skruːtəbl] ❸ **das ist mir unbegreiflich** I can't understand that

**unbegrenzt** unlimited

**unbegründet** groundless, unfounded

**unbehaglich** ❶ (*körperlich*) uncomfortable [ʌn'kʌmftəbl] ❷ (*gefühlsmäßig*) uneasy

**unbeholfen** awkward ['ɔːkwəd], clumsy

**unbekannt** unknown; *Gegend:* unfamiliar [ˌʌnfə'mɪljə']

der/die **Unbekannte** unknown person, stranger ['streɪndʒə]

**unbekümmert** ❶ (*unbesorgt*) unconcerned ❷ (*sorglos*) happy-go-lucky

**unbelastet** unencumbered [ˌʌnɪŋ'kʌmbəd]

**unbeleuchtet** *Straße:* unlit

**unbeliebt** unpopular (**bei** with); **er ist ziemlich unbeliebt bei den Studenten** he's quite unpopular with the students

**unbemannt** *Rakete:* unmanned

**unbemerkt** unnoticed

**unbenutzt** unused [ʌn'juːzd]; *Taschentuch:* clean

**unbeobachtet** unobserved; **in einem unbeobachteten Augenblick** when nobody was looking

**unbequem** ❶ (*lästig*) awkward ['ɔːkwəd] ❷ (*ungemütlich*) uncomfortable [ʌn'kʌmftəbl]

**unberechenbar** unpredictable [ˌʌnprɪ'dɪktəbl]

**unberührt** ❶ untouched [ʌn'tʌtʃt] ❷ **die unberührte Natur** unspoilt [ʌn'spɔɪlt] nature △ *ohne Artikel*

**unbeschädigt** undamaged [ʌn'dæmɪdʒd]

**unbeschränkt** ❶ unrestricted ❷ *Macht:* absolute ❸ **jemandem unbeschränkte Vollmacht geben** to give someone carte blanche

**unbeschreiblich** ❶ indescribable [ˌɪndɪ'skraɪbəbl] ❷ **unbeschreiblich schön** unbelievably [*oder* incredibly] beautiful

**unbeschwert** (*sorglos*) carefree ['keəfriː]

**unbesiegbar** invincible [ɪn'vɪnsəbl]

**unbesorgt** ❶ unconcerned ❷ **seien Sie unbesorgt!** don't worry!; **Sie können ganz unbesorgt sein** you can set your mind at ease

**unbeständig** *Wetter:* changeable ['tʃeɪndʒəbl]

**unbestechlich** *Person:* incorruptible

**unbestimmt** ❶ (*ungewiss*) uncertain ❷ (*unklar*) vague [veɪg] ❸ *Artikel:* indefinite ❹ **auf unbestimmte Zeit** for an indefinite period

**unbestritten** ❶ undisputed ❷ **es ist unbestritten, dass ...** nobody denies that ...

**unbeteiligt** ❶ (*gleichgültig*) indifferent, unconcerned ❷ (*nicht teilnehmend*) uninvolved (**an/bei** in)

**unbetont** unstressed

**unbewacht** unguarded [ʌn'gaːdɪd]; *Parkplatz:* unattended

**unbewaffnet** unarmed

**unbeweglich** ❶ (*nicht bewegbar*) immovable [ɪ'muːvəbl] ❷ (*still stehend*) motionless ❸ *Körper:* stiff ❹ (*geistig unbeweglich*) inflexible

**unbewohnt** *Gegend:* uninhabited [ˌʌnɪn'hæbɪtɪd]; *Haus:* unoccupied

**unbewusst** ❶ unconscious [ʌn'kɒnʃəs] ❷ (*nicht gewollt*) involuntary [ɪn'vɒləntəri]

**unbezahlbar** ❶ (*zu teuer*) unaffordable ❷ (*sehr nützlich*) invaluable [ɪn'væljuəbl] ❸ **ihr Humor ist unbezahlbar** nothing beats her sense of humour *umgangsspr*

**unbezahlt** ❶ unpaid ❷ *Rechnung:* unsettled

**unblutig** bloodless; **der Kampf verlief unblutig** it was a battle without bloodshed

**unbrauchbar** useless; (*nicht zu verwenden*) unusable

**und** ❶ and ❷ **und so weiter** and so forth [*oder* so on] ❸ **und das tat ich auch** which I did ❹ **seien Sie so gut und ...** be so kind as to ... ❺ **und wenn ...** even if ...; **und wenn du noch so bettelst** no matter how much you beg ❻ **und?** so what? ❼ **und dann?** (*danach*) and then?; (*was dann*) then what?

**undankbar** ❶ *Mensch:* ungrateful (**gegen** to) ❷ *Aufgabe:* thankless

die **Undankbarkeit** ungratefulness, ingratitude

**undefinierbar** indefinable

**undenkbar** unthinkable

**undeutlich** ❶ indistinct ❷ **er spricht undeutlich** he mumbles

**undicht** ❶ (*gegen Luft*) not airtight; (*gegen Wasser*) not watertight ❷ **undicht sein** to leak; **eine undichte Stelle** (*auch übertragen*) a leak

das **Unding** absurdity [əb'sɜːdəti]

**undiszipliniert** undisciplined [ʌn'dɪsɪplɪnd]

**undurchlässig** impermeable [ɪm'pɜːmiəbl]

**undurchsichtig** ① opaque [ə'peɪk] ② (*obskur*) obscure [əb'skjʊəʳ] ③ **er ist ein undurchsichtiger Typ** he's a shady character *umgangsspr*

**uneben** uneven; (*rau*) rough [rʌf]

**unecht** ① *Diamanten:* fake; *Haare:* artificial [ˌɑːtɪ'fɪʃ°l] ② (*unaufrichtig*) false; *Freundlichkeit:* insincere

**unehelich** illegitimate

**unehrlich** dishonest

die **Unehrlichkeit** dishonesty

**uneigennützig** selfless

**uneingeschränkt** absolute; *Rechte, Handel:* unlimited; **uneingeschränkt zustimmen** to agree without qualification

**uneinheitlich** non-uniform; *Öffnungszeiten, Systeme, Gesellschaft:* varied; **uneinheitlich sein** to vary

**uneinig** ① divided ② **mit jemandem uneinig sein** to disagree with someone

die **Uneinigkeit** disagreement

**unempfindlich** ① insensitive (**gegen** to) ② (*strapazierfähig*) hard-wearing; *Pflanzen:* hardy

**unendlich** ① infinite ② (*zeitlich*) endless, never-ending ③ **unendlich viele Blumen** countless flowers ④ **unendlich traurig** incredibly sad ⑤ **auf unendlich eingestellt** *Kamera:* focused on infinity ⑥ **unendlich viele Bestellungen** no end of orders

die **Unendlichkeit** die **Unendlichkeit** infinity ⚠ *ohne Artikel;* (*zeitlich*) endlessness

**unentbehrlich** ① indispensable (**für** to) ② *Wissen:* essential

**unentgeltlich** free of charge; **die unentgeltliche Benutzung von etwas** the free use of something; **unentgeltlich arbeiten** to work for free

**unentschieden** ① undecided; *Frage:* open ② *Spiel:* drawn; **unentschieden enden** to end in a draw; **unentschieden spielen** to draw

die **Unentschlossenheit** indecision

**unentschuldbar** inexcusable

**unerfahren** inexperienced

**unerfreulich** unpleasant [ʌn'plezᵊnt]

**unergründbar, unergründlich** puzzling

**unerhört** ① (*empörend*) outrageous [ˌaʊt'reɪdʒəs] ② **unerhört!** bloody cheek! *umgangsspr;* **das ist ja unerhört!** that's the

limit! ③ **unerhört groß** incredibly big; **unerhört viel** [**davon**] an incredible amount [of it]

**unerklärbar, unerklärlich** inexplicable

**unerlaubt** without permission; (*ungesetzlich*) illegal

**unermüdlich** tireless ['taɪələs], untiring

**unerreichbar** ① (*übertragen*) unattainable ② (*unzugänglich*) inaccessible

**unersättlich** insatiable [ɪn'seɪʃəbl]

**unerschwinglich** exorbitant [ɪg'zɔːbɪtᵊnt], prohibitive; **für jemanden unerschwinglich sein** to be beyond someone's means

**unersetzlich** irreplaceable [ˌɪrɪ'pleɪsəbl]

**unerträglich** unbearable [ʌn'beərəbl]; *Frechheit:* insufferable

**unerwartet** unexpected

**unerwünscht** ① unwelcome; *Kind:* unwanted ② **Hunde sind hier nicht erwünscht** dogs aren't welcome here

**unfähig** ① (*untüchtig*) incompetent ② (*nicht fähig*) incapable (**zu** of)

**unfair** unfair; **das war wirklich unfair** that really wasn't fair

der **Unfall** accident; **er hat seinen Finger bei einem Unfall verloren** he lost his finger in an accident

der **Unfallarzt,** die **Unfallärztin** [medical] specialist for accident injuries

die **Unfallflucht** hit-and-run [driving]; **Unfallflucht begehen** to commit a hit-and-run-offence

der **Unfallschaden** accident damage

der **Unfallschutz** prevention of accidents

die **Unfallversicherung** accident insurance [ɪn'ʃʊərəns]

der **Unfallwagen** car involved in an accident

**unfassbar** ① incomprehensible [ɪnˌkɒmprɪ'hensəbl] ② **es war für ihn unfassbar** he just couldn't believe it [*oder umgangsspr* take it in]

**unfreiwillig** ① (*unbeabsichtigt*) unintentional ② (*gezwungen*) compulsory [kəm'pʌlsᵊri]

**unfreundlich** ① *Person:* unfriendly ② *Wetter:* inclement

**unfruchtbar** infertile; (*fruchtlos*) fruitless

die **Unfruchtbarkeit** infertility; *von Boden auch:* barrenness

der **Unfug** nonsense; **Unfug treiben** to get up to mischief ['mɪstʃɪf]; **lass den Unfug!** stop that nonsense!

der **Ungar,** die **Ungarin** Hungarian [hʌŋ'geəriən]

**ungarisch** Hungarian

**Ungarn** Hungary ['hʌŋgᵊri]

**ungebildet** uneducated; (*unkultiviert*) uncul-

tured
**ungeboren** unborn
**ungebräuchlich** uncommon
**ungebunden frei und ungebunden** foot-
loose and fancy-free
die **Ungeduld** impatience [ɪm'peɪʃəns]; **vor
Ungeduld** with impatience
**ungeduldig** impatient
**ungeeignet** unsuitable [ʌn'suːtəbl] (**für** for);
**sie ist für diesen Beruf ungeeignet** she's
unsuited to this profession
**ungefähr ❶** approximately [ə'prɒksɪmətli],
roughly [rʌfli] **❷ ungefähr um zehn**
around ten **❸ das kommt schon nicht von
ungefähr** that's certainly no accident **❹** ap-
proximate [ə'prɒksɪmət]; **nach ungefähren
Schätzungen** at a rough [rʌf] guess ⚠ *sin-
gular*
**ungefährlich ❶** (*sicher*) safe **❷** (*harmlos*)
harmless
das **Ungeheuer** monster *auch übertragen*
**ungeheuer ❶** (*riesig*) enormous, immense;
**ungeheuere Ausmaße annehmen** to take
on enormous dimensions **❷** (*genial, kühn*)
tremendous **❸** (*vermessen*) outrageous
[ˌaʊtreɪdʒəs] **❹** (*monströs*) monstrous
**❺** (*sehr*) enormously **❻** (*negativ*) terribly
**ungehorsam** disobedient (**gegenüber** to)
der **Ungehorsam** disobedience (**gegenüber** to)
**ungeklärt** *Frage, Verbrechen:* unsolved
**ungelegen** inconvenient [ˌɪnkən'viːniənt];
**das kommt mir ungelegen** that's incon-
venient for me; **komme ich ungelegen?** is
this an inconvenient time for you?
**ungelernt** unskilled
**ungeliebt** unloved
**ungemütlich ❶** uncomfortable [ʌn'kʌmf-
təbl] **❷** *Person:* uncomfortable to be with
**❸** *Wetter:* unpleasant [ʌn'plezᵊnt]
**ungenau ❶** imprecise; (*nicht fehlerlos*) inac-
curate **❷** (*nicht wahrheitsgetreu*) inexact
die **Ungenauigkeit ❶** inaccuracy **❷** (*durch
Abweichung von Tatsachen*) inexactitude
**ungenießbar ❶** (*nicht essbar*) inedible
[ɪ'nedɪbl]; (*nicht trinkbar*) undrinkable
**❷** (*umgangsspr*) *Angelegenheit:* unpalatable
[ʌn'pælətəbl] **❸** (*umgangsspr*) *Mensch:* un-
bearable [ʌn'beərəbl]
**ungenügend** insufficient [ˌɪnsə'fɪʃᵊnt]; *Schul-
note:* unsatisfactory
**ungenutzt** unused; *Ressourcen:* unexploited;
**etwas ungenutzt lassen** to not take advan-
tage of something
**ungepflegt** *Rasen:* neglected; *Mensch:* untidy
**ungerade** *Zahl:* odd *vor Substantiv*

**ungerecht** unfair, unjust
die **Ungerechtigkeit** injustice
**ungern** unwillingly, reluctantly; **das tue ich
nur höchst ungern** I really dislike doing it
**ungeschickt** *Person:* clumsy; *Bemerkung:* tact-
less
**ungeschliffen ❶** *Edelstein:* uncut; *Messer:*
blunt **❷** *Benehmen:* uncouth [ʌn'kuːθ]
**ungeschminkt ❶** without make-up **❷** (*über-
tragen*) unvarnished; **die ungeschminkte
Wahrheit** the plain truth
**ungeschoren jemanden ungeschoren
davonkommen lassen** to let someone off
scot-free; **ungeschoren davonkommen** to
escape unscathed [ʌn'skeɪθd]
**ungesellig** unsociable [ʌn'səʊʃəbl]
**ungesetzlich** illegal, unlawful
**ungestört** undisturbed
**ungestraft** with impunity
**ungesund** unhealthy [ʌn'helθi]
**ungeübt** unpractised
**ungewiss** uncertain; **die haben mich ganz
schön im Ungewissen gelassen** they real-
ly kept me in the dark
die **Ungewissheit** uncertainty
**ungewöhnlich** unusual
**ungewohnt ❶** (*fremd*) unfamiliar; **das ist
ungewohnt für mich** I am not used to it
**❷** (*unüblich*) unusual
**ungewollt** unintentional; *Schwangerschaft:*
unwanted
das **Ungeziefer** pests *plural,* vermin *plural*
**ungezogen** naughty ['nɔːti]
**ungezwungen** relaxed; **sich ungezwungen
bewegen** to feel quite free
**ungläubig ❶** disbelieving **❷** (*nicht religiös*)
unbelieving
**unglaublich** incredible
**unglaubwürdig ❶** *Sache:* implausible
[ɪm'plɔːzəbl] **❷** *Zeuge:* unreliable; **sich
unglaubwürdig machen** to lose credibility
**ungleich ❶** (*nicht gleichwertig*) unequal
**❷** (*unähnlich*) dissimilar, unlike; **unglei-
ches Paar** odd couple **❸** (*verschieden*) dif-
ferent; *Strümpfe:* odd
**ungleichmäßig** uneven
das **Unglück ❶** (*Unheil*) misfortune; **das bringt
Unglück!** that's unlucky! **❷** (*Unfall*) acci-
dent; (*Missgeschick*) mishap **❸** (*Schicksals-
schlag*) disaster; **sich ins Unglück stürzen**
to rush headlong into disaster; **so ein
Unglück!** what a disaster! **❹** (*Pech*) bad
luck **❺** (*seelisch*) unhappiness **❻ zu allem
Unglück** to top it all
**unglücklich ❶** (*bedauerlich*) unfortunate

**2** (*glücklos*) unlucky **3** (*traurig*) unhappy **4** *Liebe:* unrequited [ˌʌnrɪˈkwaɪtɪd]; **unglücklich verliebt** crossed in love **5** **unglücklich ausgehen** to turn out badly
**unglücklicherweise** unfortunately [ʌnˈfɔː-tʃ°nətli]
der **Unglücksfall** **1** accident **2** (*unglückliche Begebenheit*) mishap
**ungültig** **1** (*nichtig*) void; **etwas für ungültig erklären** to declare something null and void **2** (*nicht gültig*) invalid; *Tor:* disallowed **3** **ungültig werden** *Pass:* to expire
**ungünstig** **1** *Situation:* unfavourable [ʌnˈfeɪv°rəbl] **2** *Termin:* inconvenient [ˌɪnkənˈviːniənt] **3** *Wetter:* bad
**ungut ein ungutes Gefühl haben** to have an uneasy feeling; **nichts für ungut!** no offence!
**unhandlich** unwieldy [ʌnˈwiːldi]
**unheilbar** incurable; **unheilbar krank sein** to have a terminal illness
**unheimlich** **1** (*beängstigend*) frightening [ˈfraɪt°nɪŋ]; (*nicht geheuer*) uncanny **2** (*umgangsspr: hervorragend*) tremendous **3** **mir ist unheimlich** I have an uncanny feeling; **er ist mir unheimlich** he gives me the creeps **4** **mir ist unheimlich kalt** I'm incredibly cold
**unhöflich** impolite
die **Unhöflichkeit** impoliteness
**unhygienisch** unhygienic [ʌnhaɪˈdʒiːnɪk]
die **Uniform** uniform
**uninteressant** uninteresting; **das ist doch völlig uninteressant!** that's of absolutely no interest!
**uninteressiert** **1** (*nicht interessiert*) uninterested (**an** in) **2** (*gleichgültig*) disinterested
die **Universität** university
das **Universum** universe
**unklar** **1** (*unverständlich*) unclear [ʌnˈklɪəʳ] **2** (*ungeklärt*) unclarified **3** (*undeutlich*) indistinct **4** **über etwas im Unklaren sein** to be in the dark about something **5** **es war ihm völlig unklar, woher die Katze kam** he didn't have the faintest idea where the cat had come from
die **Unklarheit** uncertainty
**unklug** unwise
**unkompliziert** straightforward, uncomplicated
**unkonzentriert** lacking in concentration; **unkonzentriert arbeiten** to lack concentration in one's work
die **Unkosten** costs, expenses; **die laufende Unkosten** the running costs

das **Unkraut** weed *meist plural*
**unkündbar** *Stellung:* not subject to notice *nachgestellt; Vertrag:* not subject to termination *nachgestellt*
**unleserlich** unreadable [ʌnˈriːdəbl]
**unlogisch** illogical
**unlösbar** **1** *Problem:* insoluble **2** (*untrennbar*) indissoluble
**unlöslich** *Substanz:* insoluble
der **Unmensch** brute
**unmenschlich** inhuman
**unmissverständlich** unequivocal [ˌʌnɪˈkwɪvək°l]
**unmittelbar** **1** (*direkt*) direct **2** *Nachbarschaft:* immediate [ɪˈmiːdiət]
**unmöglich** **1** *Mensch, Benehmen:* impossible **2** **jemanden/sich unmöglich machen** to make someone/oneself look ridiculous; **sie hat sich auf der Party unmöglich gemacht** she made a fool of herself at the party
**unmoralisch** immoral
**unmündig** under age
**unmusikalisch** unmusical
**unnachgiebig** **1** *Material:* inflexible **2** (*übertragen*) intransigent [ɪnˈtrænsɪdʒ°nt], unyielding [ʌnˈjiːldɪŋ]
**unnachsichtig** severe [sɪˈvɪəʳ]; (*gnadenlos*) unrelenting (**gegenüber** towards)
**unnahbar** unapproachable [ˌʌnəˈprəʊtʃəbl]
**unnatürlich** unnatural
**unnötig** unnecessary; **sich unnötig aufregen** to get unnecessarily excited
**unordentlich** **1** *Lebenswandel:* disorderly **2** *Zimmer:* untidy
die **Unordnung** disorder; (*Durcheinander*) mess
**unparteiisch** impartial
**unpassend** inappropriate [ˌɪnəˈprəʊpriət], unsuitable [ʌnˈsuːtəbl]; *Zeitpunkt auch:* inopportune
**unpersönlich** impersonal
**unpraktisch** **1** *Mensch:* unpractical **2** *Maschine:* impractical
**unpünktlich** *Mensch:* unpunctual; *Zug:* not on time
**unrasiert** unshaven
das **Unrecht** **1** injustice, wrong [rɒŋ]; **zu Unrecht** unjustly; **nicht zu Unrecht** not without good reason; **ihr ist viel Unrecht geschehen** she has been deeply wronged [rɒŋd] **2** **im Unrecht sein** to be wrong
**unrechtmäßig** illegal; **der unrechtmäßige Besitzer** the unlawful owner
**unregelmäßig** irregular
**unreif** **1** unripe **2** *Mensch:* immature

**unrentabel – Unterbewusstsein** 990

**unrentabel** unprofitable
**unrichtig** incorrect
die **Unruhe** ❶ (*innere Unruhe*) restlessness ❷ (*Krach*) noise ❸ **Unruhe stiften** to make trouble ['trʌbl] *übertragen*, to create [kri'eɪt] unrest ❹ **politische Unruhen** political unrest △ *singular*
**unruhig** ❶ restless ❷ (*laut*) noisy ❸ *Meer, Schlaf, Zeit:* troubled ['trʌbld] ❹ (*nervös*) fidgety ['fɪdʒɪti]
**uns** ❶ (*im Akkusativ*) us; **lass uns da raus!** leave us out of it! ❷ (*im Dativ*) [to] us; **sie haben es uns geschenkt** they gave it [to] us ❸ (*in Verbindung mit reflexivem Verb*) [to] ourselves; **wir haben uns einen Urlaub geleistet** we have treated ourselves to a holiday
**unsachgemäß** improper; **etwas unsachgemäß behandeln** to treat something improperly
**unsachlich** unobjective; **unsachlich werden** to become personal
**unsanft** rough; **unsanft geweckt werden** to be rudely awoken
**unsauber** dirty
**unschädlich** harmless, innocuous [ɪ'nɒkjuəs]
**unscharf** *Foto:* blurred
**unscheinbar** inconspicuous [ˌɪnkən'spɪkjuəs]; (*unattraktiv*) unprepossessing
**unschlagbar** unbeatable
**unschlüssig** undecided; **sich über etwas unschlüssig sein** to be undecided about something
die **Unschuld** innocence
**unschuldig** ❶ innocent ❷ **an etwas unschuldig sein** to be not guilty ['gɪlti] of something; **an dem Unfall bin ich völlig unschuldig** I am completely without blame in the accident
**unselbstständig** dependent
**unser** ❶ our ❷ (*1. Person plural*) of us
**unsereiner, unsereins** (*umgangsspr*) the likes of us
**unseresgleichen** people like us
**uns(e)rige** ❶ ours ❷ **die Unsrigen** our people; **wir haben das Unsrige getan** we have done our part
**unsertwegen** ❶ for our sake ❷ **unsertwegen haben sie jetzt das Konzert verpasst** because of us they've missed the concert now
**unsicher** ❶ (*gefährlich*) unsafe ❷ (*verunsichert*) shaky, unsure ❸ (*zweifelhaft*) uncertain [ʌn'sɜːtən] ❹ **unsicher auf den Beinen** unsteady [ʌn'stedi] on one's feet ❺ **er**

**ist sich unsicher, ob er kommen kann** he's not sure whether he'll be able to come
die **Unsicherheit** ❶ (*Ungeübtheit*) unsureness ❷ (*Ungewissheit*) uncertainty ❸ *Mensch:* self-consciousness [ˌself'kɒnʃəsnəs]
der **Unsinn** ❶ nonsense, rubbish; **Unsinn reden** to talk nonsense; **Unsinn!** nonsense! ❷ **lass den Unsinn!** stop fooling about!
**unsinnig** ❶ (*sinnlos*) nonsensical ❷ (*ungerechtfertigt*) absurd [əb'sɜːd]
**unsittlich** indecent [ɪn'diːsənt]
**unsozial** *Maßnahme:* unsocial [ʌn'səʊʃəl]; *Einstellung:* antisocial
**unsportlich** unathletic
**unsresgleichen** people like us
**unsretwegen** ❶ for our sake ❷ **unsretwegen haben sie jetzt das Konzert verpasst** because of us they've missed the concert now
**unsrige(r, s)** ❶ ours ❷ **die Unsrigen** our people; **wir haben das Unsrige getan** we have done our part
**unsterblich** immortal
die **Unsterblichkeit** immortality
**unsympathisch** disagreeable [ˌdɪsə'griːəbl], unpleasant [ʌn'plezənt]; **der ist mir unsympathisch** I don't like him

> **F** Nicht verwechseln mit *unsympathetic — gefühllos!*

**untätig** idle; **untätig zusehen** to stand idly by
**untauglich** unfit (**für** for)
**unteilbar** indivisible
**unten** ❶ (*unterhalb*) below, underneath ❷ **von oben bis unten** from top to bottom ❸ **hier unten** down here ❹ (*im Haus*) downstairs ❺ (*am unteren Ende, im unteren Teil*) at the bottom ❻ **unten am Fluss** down by the river; **unten im Keller** down in the cellar
**unter** ❶ under; (*unterhalb*) below, underneath ❷ (*zwischen*) among, amongst, between; **unter Freunden** among friends [frendz]; **unter uns gesagt** between you and me ❸ **wir sind unter uns** we are by ourselves [ˌaʊə'selvz] ❹ (*weniger als*) below, under; **unter dem Durchschnitt** below average ❺ **unter anderem** among other things ❻ **unter der Woche** during the week
der **Unterarm** forearm ['fɔːrɑːm]
**unterbelichtet** *Foto:* underexposed
das **Unterbewusstsein** subconscious [sʌb'kɒnʃəs]; **im Unterbewusstsein** subconscious-

ly
**unterbrechen** ① to interrupt ② **wir sind unterbrochen worden** we've been cut off ③ **verzeihen Sie, dass ich Sie unterbreche** forgive me for interrupting
**unterbringen** ① (*verstauen*) to put ② (*beherbergen*) to accommodate; (*bei sich zu Hause*) to put up
der **Unterbruch** ⓒⒽ interruption
**unterdessen** meanwhile
**unterdrücken** ① (*beherrschen*) to oppress; to suppress *Aufstand, Freiheit* ② to hold back *Bemerkung, Gefühl, Tränen;* to suppress *Lachen, Neugierde*
die **Unterdrückung** *von Menschen:* oppression; *eines Aufstands:* suppression
**untere(r, s)** lower
**untereinander** ① (*räumlich*) one below the other ② (*gegenseitig*) each other; (*miteinander*) among one another
**unterernährt** malnourished [ˌmæl'nʌrɪʃt]
die **Unterführung** underpass
der **Untergang** ① *der Sonne:* setting ② *eines Schiffs:* sinking ③ (*Zugrundegehen*) decline, ruin
der/die **Untergebene** subordinate
**untergehen** ① *Sonne:* to set ② *Schiff:* to sink ③ (*zugrunde gehen*) to decline, to be ruined; *Menschen:* to perish ④ **im Lärm untergehen** to be drowned out by the noise ▶ WENDUNGEN: **davon geht die Welt nicht unter!** that isn't the end of the world!
**untergeordnet** subordinate
das **Untergeschoss** basement
das **Untergewicht Untergewicht haben** to be underweight [ˌʌndə'weɪt]
der **Untergrund** ① (*Farbschicht*) undercoat ② (*politisch*) underground
**unterhalb** below
der **Unterhalt** ① keep ② (*für Exehepartner, Kinder*) maintenance ③ *von Auto, Wohnung:* upkeep
**unterhalten** ① to entertain *Gäste* ② (*ein Gespräch führen*) **sie haben sich unterhalten** they were talking to each other; **sich mit jemandem über etwas unterhalten** to talk with [*oder* to] someone about something; **ich würde mich gern mal mit dir unterhalten** I should like to have a little talk with you ③ **sich unterhalten** (*sich vergnügen*) to amuse oneself, to enjoy oneself; **ich hoffe, dass Sie sich gut unterhalten** I hope you're having a good time
**unterhaltend, unterhaltsam** entertaining
die **Unterhaltspflicht** obligation to pay mainte-

nance
die **Unterhaltung** ① (*Amüsement*) entertainment ② (*Gespräch*) conversation
das **Unterhaus** Lower House; *in GB:* House of Commons; **im Unterhaus** in the Commons ⚠ *plural;* **Mitglied des Unterhauses** member of parliament ['pɑːləmənt] ⒼⒷ, MP ⒼⒷ
das **Unterhemd** vest ⒼⒷ, undershirt ⓊⓈⒶ
das **Unterholz** undergrowth
die **Unterhose** ① underpants ⚠ *plural,* briefs [briːfs] ⚠ *plural* ② *für Damen:* pants ⚠ *plural,* panties ⚠ *plural* ⓊⓈⒶ
**unterirdisch** underground, subterranean [ˌsʌbtə'reɪniən]
der **Unterkiefer** lower jaw
**unterkriegen** (*umgangsspr*) ① **er lässt sich nicht unterkriegen** he doesn't give in ② **lass dich nicht unterkriegen** don't let it get you down
die **Unterkühlung** hypothermia
die **Unterkunft** accommodation; **Unterkunft und Verpflegung** board and lodging
die **Unterlage** ① *zum Schreiben:* pad ② (*Schriftstück*) document
**unterlassen** ① (*versäumen*) to omit ② (*nicht durchführen*) to not carry out; (*nicht tun*) to refrain from ③ **unterlassen Sie das!** stop that!
die **Unterlassung** omission
**unterlegen** ① (*schwächer*) inferior [ɪn'fɪəriəʳ]; **jemandem unterlegen sein** to be inferior to someone ② (*im Kampf*) defeated
der **Unterleib** abdomen
die **Unterleibsschmerzen** abdominal pain ⚠ *singular*
**unterliegen jemandem unterliegen** to lose to someone
die **Unterlippe** lower lip
das **Untermenü** *von Computern:* submenu
die **Untermiete zur Untermiete wohnen** to be a subtenant [*oder* lodger]
der **Untermieter,** die **Untermieterin** lodger ⒼⒷ, roomer ⓊⓈⒶ
das **Unternehmen** ① (*Firma*) company ② (*Vorhaben*) enterprise
**unternehmen** ① (*tun*) to do; (*durchführen*) to undertake ② **Schritte gegen jemanden unternehmen** to take steps against someone; **dagegen müssen wir etwas unternehmen** we must take some action against that
der **Unternehmensberater,** die **Unternehmensberaterin** management consultant
die **Unternehmensberatung** management [*oder*

business] consultancy

die **Unternehmensgründung** business start-up

die **Unternehmensgruppe** group [of companies], consortium

der **Unternehmer**, die **Unternehmerin** entrepreneur [ˌɒntrəprə'nɜːʳ]; (*Arbeitgeber*) employer

**F** Nicht verwechseln mit *undertaker — der Leichenbestatter!*

**unternehmerisch** entrepreneurial [ˌɒntrəprə'nɜːriəl]

der **Unternehmerverband** employer's association

die **Unternehmung** Ⓒ company

**unternehmungslustig** enterprising; **sie ist ziemlich unternehmenslustig** she's pretty adventurous

der **Unteroffizier** non-commissioned officer, NCO, non-com Ⓤ

**unterordnen** ❶ to subordinate to ❷ **sich jemandem unterordnen** to subordinate oneself to someone

**unterprivilegiert** underprivileged [ˌʌndə-'prɪvᵊlɪdʒd]

der **Unterricht** ❶ classes △ *plural*, lessons △ *plural;* **am Unterricht teilnehmen** to attend classes; **theoretischer Unterricht** theoretical [θɪə'retɪkᵊl] instruction; **Unterricht geben** to teach; **während des Unterrichts** in [*oder* during] class ❷ (*Lehren*) teaching

**unterrichten** ❶ **jemanden in etwas unterrichten** to teach someone something; **er unterrichtet in einer Grundschule** he teaches in a primary school ❷ (*informieren*) to inform (**von/über** about); **sich von jemandem über etwas unterrichten lassen** to be informed by someone about something; **gut unterrichtete Kreise** well-informed circles

der **Unterrichtsstoff** subject matter

die **Unterrichtsstunde** lesson Ⓖ, period ['pɪərɪəd] Ⓤ

der **Unterrock** slip, petticoat

**untersagen jemandem etwas untersagen** to forbid someone something; **jemandem untersagen etwas zu tun** to forbid someone to do something

der **Untersatz** mat; *für Blumentopf:* saucer ['sɔːsə]

**unterschätzen** to underestimate

**unterscheiden** ❶ to distinguish (**zwischen** between) ❷ (*auseinanderhalten*) to tell apart; **können Sie die beiden unterscheiden?** can you tell which is which?; **man kann John einfach nicht von Paul unter-**

**scheiden** you simply can't tell John from Paul ❸ **sich unterscheiden** to differ (**von** from); **worin unterscheiden sich die beiden?** what is the difference between the two of them?

der **Unterschenkel** lower leg

**unterschieben** (*unterstellen*) **jemandem etwas unterschieben** to falsely attribute something to someone

der **Unterschied** ❶ difference; **das ist kein großer Unterschied** that makes no difference ❷ (*Unterscheidung*) distinction; **einen Unterschied zwischen ... und ... machen** to make a distinction between ... and ... ❸ **im Unterschied zu jemandem/etwas** unlike someone/something

**unterschiedlich** ❶ different ❷ (*veränderlich*) variable ['veəriəbl]; **das ist sehr unterschiedlich** it varies a lot; **Beiträge von unterschiedlicher Qualität** contributions of varying quality

**unterschlagen** to embezzle *Geld;* to withhold *Briefe, Beweise;* to suppress *Testament*

die **Unterschlagung** embezzlement

**unterschreiben** to sign

die **Unterschrift** signature; **seine Unterschrift unter etwas setzen** to put one's signature to something

**unterschwellig** subliminal

die **Unterseite** underside

**unterste(r, s)** lowest; **die unterste Schublade** the bottom drawer

**unterstellen**¹ ❶ (*unterbringen*) to keep ❷ **sich unterstellen** to take shelter

**unterstellen**² ❶ (*unterschieben*) to insinuate [ɪn'sɪnjueɪt]; **wollen Sie mir Fahrlässigkeit unterstellen?** are you insinuating that I was negligent? ❷ **14 Mitarbeiter sind mir unterstellt** I'm in charge of 14 employees

die **Unterstellung** insinuation

**unterstreichen** (*auch übertragen*) to underline

die **Unterstufe** lower grade

**unterstützen** (*auch übertragen*) to support (**bei/in** in); (*finanziell*) to subsidize; (*fördern*) to sponsor

die **Unterstützung** ❶ (*Tätigkeit*) support ❷ (*Zuschuss*) aid, assistance; (*Beihilfe*) benefit payment

der **Untersuch** Ⓒ examination [ɪgˌzæmɪ'neɪʃᵊn]

**untersuchen** ❶ to examine (**auf** for); (*genau prüfen*) to scrutinize ['skruːtɪnaɪz] ❷ to investigate *Verbrechen* ❸ to survey ['sɜːveɪ] *Thema* ❹ to test *Blut* (**auf** for) ❺ (*überprüfen*) to check; to verify *Angaben*

die **Untersuchung** ① examination ② *eines Verbrechens:* investigation (**über** into) ③ *eines Themas:* survey ['sɜ:veɪ] ④ *einer Substanz:* test ⑤ **eine ärztliche Untersuchung** a medical examination

die **Untersuchungshaft** custody; **in Untersuchungshaft sein** to be on remand

der **Untersuchungsrichter**, die **Untersuchungsrichterin** examining magistrate

die **Untertasse** saucer ['sɔ:sə]

**untertauchen** ① to immerse [ɪ'mɜ:s] *Gegenstand;* to duck *Person* ② to dive; *U-Boot auch:* to submerge [səb'mɜ:dʒ] ③ (*verschwinden*) to disappear

die **Unterteilung** subdivision

der **Untertitel** ① subtitle ② *eines Films:* caption

die **Untertreibung** understatement

**untervermieten** to sublet

die **Unterversorgung** shortage

die **Unterwäsche** underwear ['ʌndəweə$^r$]

**unterwegs** ① on the way ② (*außer Haus*) out ③ **geschäftlich unterwegs** away on business ['bɪznɪs]

die **Unterwelt** (*auch übertragen*) underworld

**unterwerfen** ① to subjugate *Land, Volk* ② **sich jemandem/einer Sache unterwerfen** to submit to someone/something

**unterwürfig** (*abwertend*) servile

**unterzeichnen** to sign [saɪn]

**untragbar** intolerable

**untrennbar** inseparable

**untreu** unfaithful; **bin ich dir jemals untreu gewesen?** have I ever been unfaithful to you?; **sich selbst untreu werden** to be untrue to oneself

die **Untreue** unfaithfulness; (*in Partnerschaft*) infidelity

**untröstlich** inconsolable (**über** about)

**untypisch** atypical (**für** of)

**unübersichtlich** ① *Kurve:* blind ② *Organisation:* confused

**unübertroffen** unsurpassed

**unumstritten** undisputed

**ununterbrochen** ① (*nicht unterbrochen*) uninterrupted ② (*unaufhörlich*) continuous [kən'tɪnjuəs], incessant; **sie kichert ununterbrochen** she never stops giggling

**unveränderlich** unchanging

**unverändert** ① unchanged ② **er war unverändert freundlich** he was as friendly as ever; **auch morgen ist es wieder unverändert kalt** it will remain just as cold tomorrow

**unverantwortlich** irresponsible [ˌɪrɪ'spɒnsəbl]

**unverbesserlich** incorrigible

**unverbindlich** ① *Angebot, Aussage:* non-binding ② without obligation; **etwas unverbindlich reservieren** to book something without obligation ③ (*distanziert*) *Verhalten, Mensch:* detached

**unverbleit** lead-free, unleaded

**unverdaulich** indigestible [ˌɪndɪ'dʒestəbl]

**unverdorben** (*auch übertragen*) unspoilt

**unvereinbar** incompatible; **miteinander unvereinbar sein** to be incompatible

**unvergänglich** ① *Gefühl, Eindruck, Erinnerung:* abiding [ə'baɪdɪŋ] ② *Ruhm, Kunstwerk:* immortal

**unvergesslich** unforgettable

**unvergleichlich** incomparable [ɪn'kɒmp$^ə$rəbl]

**unverhältnismäßig** ① disproportionately [ˌdɪsprə'pɔ:ʃ$^ə$nətli] ② (*übermäßig*) excessively

**unverheiratet** unmarried

**unverhofft** unexpected; **völlig unverhofft** out of the blue

**unverhohlen** undisguised [ˌʌndɪs'gaɪzd], open; **jemanden unverhohlen kritisieren** to criticise someone openly

**unverkäuflich** ① unmarketable ② **unverkäufliches Muster** free sample ③ „**unverkäuflich**" "not for sale"

die **Unverletzlichkeit** inviolability

**unverletzt** unhurt, uninjured [ʌn'ɪndʒəd]; *Körperteil:* undamaged [ʌn'dæmɪdʒd]

**unvermeidlich** inevitable [ɪ'nevɪtəbl]; (*nicht zu umgehen*) unavoidable

**unvermutet** unexpected

**unvernünftig** ① unreasonable ② (*töricht*) stupid

**unverschämt** ① impertinent; *Benehmen:* impudent; **die sind vielleicht unverschämt!** the bloody nerve they've got! *umgangsspr;* **grins nicht so unverschämt!** take that cheeky grin off your face! ② *Lüge:* blatant ['bleɪt$^ə$nt] ③ *Preis:* exorbitant [ɪg'zɔ:bɪt$^ə$nt] ④ **unverschämt gut aussehen** to be incredibly good looking

die **Unverschämtheit** ① (*Benehmen*) impertinence [ɪm'pɜ:tɪnəns], impudence ['ɪmpjəd$^ə$ns] ② **die Unverschämtheit haben, zu ...** to have the nerve [*oder* face] to ...; **so eine Unverschämtheit!** it's outrageous [aʊt'reɪdʒəs]!

**unverschuldet** ① (*ohne Schulden*) free from debt [det]; *Grundstück:* unencumbered ② (*ohne Schuld*) through no fault of one's own

**unverständlich – Urintest**

**994**

**unverständlich** ❶ (*unbegreifbar*) incomprehensible [ɪnˌkɒmprɪˈhensəbl] ❷ (*kaum zu hören*) inaudible [ɪˈnɔːdəbl]

**unverträglich** ❶ (*streitsüchtig*) quarrelsome [ˈkwɒrəlsəm] ❷ (*unbekömmlich*) intolerable; *Essen:* indigestible [ˌɪndɪˈdʒestəbl]

**unverwechselbar** unmistakable [ˌʌnmɪsˈteɪkəbl]

**unverwundbar** invulnerable [ɪnˈvʌlnərəbl]

**unverwüstlich** indestructible [ˌɪndɪˈstrʌktəbl]; *Gesundheit:* robust

**unverzeihlich** unpardonable

**unvollkommen** ❶ (*fehlerhaft*) imperfect ❷ (*unvollständig*) incomplete

**unvollständig** incomplete

**unvorbereitet** unprepared (**auf** for)

**unvoreingenommen** unbiased [ʌnˈbaɪəst], unprejudiced

**unvorhergesehen** unforeseen [ˌʌnfɔːˈsiːn]; *Besuch:* unexpected

**unvorsichtig** careless [ˈkeələs]; (*voreilig*) rash

**unvorstellbar** inconceivable [ˌɪnkənˈsiːvəbl]

**unwahr** untrue

**unwahrscheinlich** ❶ improbable, unlikely ❷ **unwahrscheinliches Glück** incredible luck ❸ **unwahrscheinlich kalt** incredibly cold

**unweigerlich** ❶ inevitable ❷ (*grundsätzlich*) invariably [ɪnˈveəriəbli] ❸ (*unvermeidlich*) inevitably

das **Unwesen sein Unwesen treiben** to be up to one's tricks

das **Unwetter** storm

**unwichtig** unimportant; (*unbedeutend*) insignificant; (*ohne Belang*) irrelevant

**unwiderstehlich** irresistible

**unwillig** reluctant

**unwillkommen** unwelcome

**unwillkürlich** ❶ (*spontan*) spontaneous [spɒnˈteɪniəs] ❷ (*instinktiv*) instinctive ❸ **ich musste unwillkürlich lachen** I couldn't help laughing

**unwirklich** unreal [ʌnˈrɪəl]

**unwirksam** ineffective

**unwirtschaftlich** uneconomical

die **Unwissenheit** ignorance; **Unwissenheit schützt vor Strafe nicht** ignorance is no excuse

**unwohl** ❶ (*unpässlich*) indisposed, unwell; **ich fühle mich unwohl** I don't feel well ❷ (*unbehaglich*) uneasy ❸ **sich bei jemandem unwohl fühlen** to feel uncomfortable with someone [ʌnˈkʌmftəbl]

das **Unwohlsein** [slight] nausea

das **Unwort Unwort des Jahres** taboo [*oder* worst] word of the year

**unwürdig** ❶ unworthy; **jemandes/einer Sache unwürdig sein** to be unworthy of someone/something ❷ *Verhältnisse, Situation:* disgraceful

**unzählig** countless, innumerable [ɪˈnjuːmərəbl]

die **Unze** ounce [aʊn(t)s]

**unzerbrechlich** unbreakable [ʌnˈbreɪkəbl]

**unzerkaut** unchewed

**unzertrennlich** inseparable

**unzufrieden** discontented, dissatisfied; (*unglücklich*) unhappy

die **Unzufriedenheit** discontent, dissatisfaction

**unzugänglich** ❶ *Gebäude:* inaccessible [ˌɪnəkˈsesəbl] ❷ *Person:* unapproachable [ˌʌnəˈprəʊtʃəbl]

**unzulänglich** inadequate; *Erfahrungen, Kenntnisse:* insufficient

**unzulässig** inadmissible

**unzumutbar** unreasonable

**unzurechnungsfähig** not responsible for one's actions; **er wurde für unzurechnungsfähig erklärt** he was certified insane

**unzureichend** inadequate; *Erfahrungen, Kenntnisse:* insufficient

**unzusammenhängend** disjointed, incoherent [ˌɪnkəˈhɪərənt]

**unzuverlässig** unreliable

**unzweifelhaft** ❶ undoubted [ʌnˈdaʊtɪd] ❷ undoubtedly, without doubt

**üppig** ❶ *Lebensstil:* luxurious [lʌɡˈjʊəriəs] ❷ *Fantasie:* rich ❸ *Ausstattung, Essen:* sumptuous [ˈsʌmtʃuəs] ❹ *Frau:* voluptuous [vəˈlʌptʃuəs] ❺ *Vegetation, Wachstum:* luxuriant [lʌɡˈʒʊəriənt]

die **Urabstimmung** strike ballot

**uralt** ancient [ˈeɪnʃənt], very old

das **Uran** uranium

die **Uraufführung** first night [*oder* performance], premiere [ˈpremieər]; *eines Films:* first showing

der **Ureinwohner**, die **Ureinwohnerin** native, original inhabitant

der **Urenkel** great-grandson

die **Urenkelin** great-granddaughter

die **Urgeschichte** prehistory

die **Urgroßeltern** great-grandparents

die **Urgroßmutter** great-grandmother

der **Urgroßvater** great-grandfather

das **Urheberrecht** copyright

**urheberrechtlich urheberrechtlich geschützt** copyright[ed]

der **Urin** urine [ˈjʊərɪn]

der **Urintest** urine test

### USEFUL PHRASES

Wenn du im **Urlaub** bist und deinen Freunden/Freundinnen eine Postkarte oder einen Brief schicken möchtest, ist es gut, folgende *phrases* zu kennen.

Excuse me, please. Where can I buy stamps?
Is there a post office near here?
How much is a postcard/letter to Germany/…?
Have you got any special stamps?
I'd like five stamps for Germany, please.
Where is the nearest postbox?

---

die **Urkunde** ❶ document; *eines Kaufes:* deed ❷ (*Bescheinigung*) certificate
die/der **URL** *Abkürzung von* **Uniform Resource Locator** URL
der **Urlaub** holiday ⓖⓑ, vacation ⓤⓢⓐ; **drei Wochen Urlaub** three weeks' holiday [*oder* ⓤⓢⓐ vacation]; **im Urlaub** on holiday [*oder* ⓤⓢⓐ vacation]; **in Urlaub fahren** to go on holiday [*oder* ⓤⓢⓐ vacation]; **Urlaub haben** to be on holiday [*oder* ⓤⓢⓐ vacation]; **Urlaub nehmen** to take a holiday [*oder* ⓤⓢⓐ vacation]; **einen Tag Urlaub nehmen** to take a day off
**urlauben** (*umgangsspr*) to [go on] holiday [*oder* ⓤⓢⓐ vacation]
der **Urlauber**, die **Urlauberin** holidaymaker ⓖⓑ, vacationer ⓤⓢⓐ
das **Urlaubsgeld** holiday pay
die **Urlaubszeit** holiday season
die **Ursache** ❶ cause [kɔːz] ❷ (*Grund*) reason; **ohne jede Ursache** for no reason at all ❸ (*Beweggrund*) motive; **ich habe dazu keine Ursache** I have no reason for that ❹ **keine Ursache!** (*nach Dank*) you're welcome!; (*nach Entschuldigung*) that's all right!
der **Ursprung** ❶ origin ❷ (*übertragen*) source [sɔːs] ❸ (*Herkunft*) extraction ❹ **seinen Ursprung haben** to originate (**in** in)
**ursprünglich** ❶ original ❷ (*anfänglich*) initial [ɪˈnɪʃəl] ❸ *Natur:* unspoilt ❹ originally ❺ (*anfänglich*) at first
das **Urteil** ❶ judgement [ˈdʒʌdʒmənt]; **ein Urteil fällen** to pass judgement (**über** on); **darüber können Sie sich überhaupt kein Urteil erlauben!** you're in no position to judge that! ❷ (*Ansicht*) opinion [əˈpɪnjən]; **sich ein Urteil bilden** to form an opinion (**über** about) ❸ (*Strafmaß*) sentence
**urteilen** ❶ **über etwas/jemanden urteilen** to judge something/someone; **urteilen Sie nicht zu hart über ihn** don't judge him too harshly ❷ **man sollte nie vorschnell urteilen** one should never jump to conclusions
der **Urwald** jungle [ˈdʒʌŋɡl]
**urwüchsig** ❶ (*ursprünglich*) native, original

❷ (*unverbildet*) natural, unspoilt ❸ (*derb*) sturdy
die **Urzeit** ❶ primeval times ⚠ *plural* ❷ **seit Urzeiten** (*umgangsspr*) for donkey's years; **vor Urzeiten** ages ago
der **Urzustand** original state
das **Utensil** utensil
die **Utopie** utopia
**utopisch** utopian
die **UV-Strahlen** UV rays

---

# V

**V, v** V, v [viː]
**V** *Abkürzung von* **Volt** V
**vage** vague [veɪɡ]
die **Vagina** vagina
das **Vakuum** vacuum [ˈvækjuːm]
**vakuumverpackt** vacuum-packed
der **Valentinstag** Valentine's Day
die **Valuta** foreign currency
der **Vampir** vampire
der **Vandale** vandal, hooligan
der **Vandalismus** vandalism
die **Vanille** vanilla
das **Vanilleeis** vanilla ice cream
die **Vanillesauce** vanilla sauce; *mit Ei:* custard
**variabel** variable
die **Variante** variant
**variieren** to vary
die **Vase** vase [vɑːz]
der **Vater** father
das **Vaterland** fatherland, native [*oder* mother [ˈmʌðəʳ]] country; **mein Vaterland** my country
**väterlicherseits** on one's father's side; **meine Großmutter väterlicherseits** my paternal grandmother
das **Vaterunser** **das Vaterunser** the Lord's Prayer [ˈpreəʳ]
der **Vati** (*umgangsspr*) dad[dy], USA AUCH pop

**Vatikan – Verband** | **996**

der **Vatikan** Vatican
der **V-Ausschnitt** **ein Pullover mit V-Aus-schnitt** a V-neck [‚viːˈnek] sweater
der **Veganer**, die **Veganerin** vegan
der **Vegetarier**, die **Vegetarierin** vegetarian [‚vedʒɪˈteəriən]
**vegetarisch** vegetarian
die **Vegetation** vegetation [‚vedʒɪˈteɪʃⁿn]
**vegetieren** ❶ to vegetate ❷ (*kümmerlich leben*) to eke [iːk] out a miserable existence
das **Veilchen** ❶ violet [ˈvaɪələt] ❷ (*umgangsspr: blaues Auge*) shiner, black eye
das **Velo** Ⓒ bicycle [ˈbaɪsɪkl], bike *umgangsspr*
der **Velours** velours
die **Vene** vein [veɪn]
**Venezuela** Venezuela
das **Ventil** ❶ valve ❷ (*übertragen*) outlet
der **Ventilator** fan, ventilator
**verabreden** ❶ (*arrangieren*) to arrange [əˈreɪndʒ]; to fix *Zeitpunkt;* **verabredet sein** to have a date ❷ **sich mit jemandem verabreden** to arrange to meet someone
die **Verabredung** ❶ appointment ❷ (*Vereinbarung*) arrangement [əˈreɪndʒmənt] ❸ (*Treffen*) engagement; *mit Freund, Freundin:* date; **ich habe heute Abend eine Verabredung** I've got a date tonight
**verabschieden** ❶ **sich von jemandem verabschieden** to say goodbye to someone ❷ to pass *Gesetz*
**verachten** ❶ to despise [dɪˈspaɪz] ❷ (*ironisch*) **ein Kaffee wäre jetzt nicht zu verachten** I wouldn't mind a cup of coffee now
**verächtlich** contemptuous [kənˈtemtʃuəs]; *Blick:* scornful
die **Verachtung** contempt [kənˈtemt], disdain [dɪsˈdeɪn], scorn; **sie strafen ihn mit Verachtung** they treat him with contempt
**verallgemeinern** to generalize
**veraltet** ❶ (*ungebräuchlich*) obsolete ❷ *Ansichten:* antiquated [ˈæntɪkweɪtɪd] ❸ (*aus der Mode*) out-of-date *vor Substantiv;* **das ist veraltet** that is out of date
die **Veranda** porch, veranda
**veränderlich** changeable
**verändern** ❶ to change ❷ **sich beruflich verändern** to change one's job
die **Veränderung** change
**verängstigt** frightened, scared
**veranlagt** ❶ **künstlerisch veranlagt sein** to have an artistic bent ❷ **er ist eben so veranlagt** that's just the way he is ❸ **ich bin überhaupt nicht praktisch veranlagt** I'm not practically minded at all
die **Veranlagung** ❶ *charakterlich:* disposition

❷ *körperlich:* predisposition ❸ (*Hang*) tendency ❹ (*Talent*) bent
**veranlassen** **jemanden dazu veranlassen, etwas zu tun** to cause [kɔːz] someone to do something; **dieser Artikel veranlasst mich dazu, Ihnen zu schreiben** this article has made me want to write to you
die **Veranlassung** ❶ **auf Veranlassung von jemandem** at someone's instigation ❷ (*Anlass*) reason, cause; **keine Veranlassung zu etwas haben** to have no reason for something
**veranschaulichen** to illustrate
**veranstalten** ❶ to arrange [əˈreɪndʒ], to organize ❷ **eine Sammlung veranstalten** to take up a collection
der **Veranstalter**, die **Veranstalterin** organizer; *von Konzerten, Shows:* promoter
die **Veranstaltung** event
der **Veranstaltungskalender** calendar of events
der **Veranstaltungsort** venue
**verantworten** ❶ to accept the responsibility [rɪˌspɒnsəˈbɪləti] for ❷ **etwas vor jemandem verantworten** to answer [ˈɑːnsər] for something to someone
**verantwortlich** ❶ responsible ❷ (*haftbar*) liable [ˈlaɪəbl] ❸ **jemanden für etwas verantwortlich machen** to hold someone responsible for something
die **Verantwortung** responsibility (**für** for); **die volle Verantwortung für etwas übernehmen** to take full responsibility for something; **zur Verantwortung ziehen** to call to account; **auf Ihre Verantwortung!** you take the responsibility!
**verantwortungsbewusst** responsible [rɪˈspɒnsəbl]
das **Verantwortungsbewusstsein** sense of responsibility
**verantwortungslos** irresponsible [‚ɪrɪˈspɒnsəbl]
**verarbeiten** ❶ **Leder zu Schuhen verarbeiten** to make leather into shoes ❷ to process *Rohstoffe, Daten* (**zu** into) ❸ (*verbrauchen*) to consume ❹ (*geistig verarbeiten*) to assimilate, to digest [daɪˈdʒest]
**verärgern** to annoy, to vex
die **Verarmung** impoverishment
**verarschen** (*umgangsspr*) **jemanden verarschen** to take the piss out of someone
**verarzten** (*umgangsspr: versorgen*) to fix up
die **Verätzung** burn
das **Verb** verb [vɜːb]
**verbal** verbal
der **Verband** ❶ (*für Verletzung*) dressing; *mit Bin-*

## Verben und Nomen

Im Englischen sehen sich manche **Nomen** und **Verben** sehr ähnlich und manchmal handelt es sich sogar um dasselbe Wort. In der folgenden Liste findest du verschiedene Beispiele.

| work | *arbeiten, Arbeit* | dance, dancer | *tanzen, Tänzer/-in* |
|------|----|----|----|
| drink | *trinken, Getränk* | speak, speaker | *sprechen, Sprecher/-in* |
| call | *anrufen, Anruf* | play, player | *spiel, Spieler/-in* |
| help | *helfen, Hilfe* | drive, driver | *fahren, Fahrer/-in* |
| answer | *antworten, Antwort* | | |

*den:* bandage ['bændɪdʒ] ❷ (*Einheit*) unit ❸ (*Vereinigung*) association [ə,səʊʃi'eɪʃᵊn], federation

der **Verbandskasten** first-aid box

das **Verbandzeug** first-aid kit

die **Verbannung** exile

**verbauen** ❶ to spoil *Stadtteil* ❷ **sich/jemandem den Weg verbauen** to bar one's/someone's way (**zu** to)

**verbergen** ❶ to conceal [kən'siːl], to hide (**vor** from) ❷ **sich verbergen** to conceal [*oder* hide] oneself (**vor** from)

**verbessern** ❶ to improve [ɪm'pruːv] *Lage;* **sie konnte ihren Rekord verbessern** she was able to improve on her record ❷ to correct *Fehler* ❸ **sich verbessern** *Lage:* to get better, to improve; *Schüler:* to do better ❹ (*sich berichtigen*) to correct oneself

die **Verbesserung** ❶ improvement ❷ *eines Fehlers:* correction

**verbesserungsfähig** capable of improvement *nachgestellt*

**verbeugen** to bow [baʊ] (**vor** to)

die **Verbeugung** bow; **eine Verbeugung machen** to bow

**verbiegen** ❶ to bend ❷ **sich verbiegen** to bend; *Holz:* to warp [wɔːp]

**verbieten** ❶ to forbid [fə'bɪd]; **viele Ärzte verbieten ihren Patienten das Rauchen** many doctors forbid their patients to smoke ❷ (*besonders amtlicherseits*) to prohibit ❸ **jemandem den Mund verbieten** to forbid someone to speak

> **G** Richtiges Konjugieren von **forbid**: forbid, forbade, forbidden — *Mrs Lee forbade her son to play with matches; his mother had forbidden him to play with matches.*

**verbilligt** reduced

**verbinden** ❶ (*auch übertragen: verknüpfen*) to connect, to link ❷ (*gefühlsmäßig*) to join together, to unite [juː'naɪt] ❸ (*am Telefon*) **jemanden mit jemandem verbinden** to put someone through to someone; **Sie sind leider falsch verbunden!** I'm sorry you've got the wrong number! ❹ to dress *Wunde;* (*mit Binden*) to bandage ['bændɪdʒ] ❺ (*kombinieren*) to combine [kəm'baɪn] ❻ **sich zu einer Gruppe verbinden** to join together to form a group

**verbindlich** ❶ (*entgegenkommend*) obliging [ə'blaɪdʒɪŋ] ❷ (*verpflichtend*) obligatory [ə'blɪɡətᵊri]; (*bindend*) binding; **verbindlich zusagen** accept definitely ❸ **verbindlichsten Dank!** my best thanks!, thank you ever so much!

die **Verbindung** ❶ (*Kombination*) combination ❷ (*Vereinigung*) association [ə,səʊʃi'eɪʃᵊn]; **studentische Verbindung** fraternity [frə'tɜːnɪti] ❸ (*Beziehung, Kontakt*) contact (**zu/mit** with); **ich werde meine Verbindungen spielen lassen** I'll use my connections ❹ **sich mit jemandem in Verbindung setzen** to get in touch with someone, to contact someone; **mit jemandem/etwas in Verbindung stehen** to be in touch with someone/something; **mit jemandem in Verbindung bleiben** to keep in touch with someone ❺ *Telefon:* connection (**nach** to); **eine Verbindung zwischen ... und ... herstellen** (*auch übertragen*) to establish a connection between ... and ... ❻ *chemisch:* compound (**aus** of) ❼ **Ihr Name wird mit dem Skandal in Verbindung gebracht** your name is mentioned in connection with the scandal

**verbissen** dogged ['dɒɡɪd], grim

**verbittert** embittered, bitter

**verblassen** to pale, to fade; **neben etwas verblassen** to pale into insignificance beside something

**verbleit** *Benzin:* leaded ['ledɪd]

**verblöden** (*umgangsspr*) to become a zombie

**verblüffen** ❶ (*erstaunen*) to amaze, to stun ❷ (*verwirren*) to baffle, to stupefy ['stjuːpɪfaɪ]

**verblühen – verdattert**

**verblühen** (*auch übertragen*) to fade, to wither [wɪdə<sup>r</sup>]
**verbluten** to bleed to death
**verbohrt** ❶ (*eigensinnig*) obdurate ['ɒbdjə-rət], stubborn ❷ (*unflexibel*) inflexible
**verborgen** hidden; **im Verborgenen** secretly; **sich verborgen halten** to hide
das **Verbot** ban, prohibition [ˌprəʊɪ'bɪʃ<sup>ə</sup>n]
**verboten** ❶ forbidden [fə'bɪd<sup>ə</sup>n]; **das ist hier verboten** you're not allowed to do that here ❷ (*amtlich*) prohibited [prə'hɪbɪtɪd]; (*ungesetzlich*) illegal [ɪ'liːg<sup>ə</sup>l] ❸ **Zutritt verboten!** keep out!, no admittance!; **Rauchen verboten** no smoking
das **Verbotsschild** sign [prohibiting something]
der **Verbrauch** ❶ consumption (**von/an** of) ❷ **sparsam im Verbrauch** economical
**verbrauchen** to consume [kən'sjuːm]; (*aufbrauchen*) to use up
der **Verbraucher**, die **Verbraucherin** consumer [kən'sjuːmə<sup>r</sup>]
die **Verbraucherberatung** consumer advice
**verbraucherfreundlich** consumer-friendly
die **Verbrauchsgüter** consumer goods
**verbraucht** ❶ used up, finished ❷ *Luft:* stale ❸ *Mensch:* worn-out
das **Verbrechen** (*auch übertragen*) crime (**gegen/an** against)
der **Verbrecher**, die **Verbrecherin** criminal
**verbreiten** ❶ to spread [spred] ❷ **sich verbreiten** to spread
**verbreitern** to widen
**verbreitet** common ['kɒmən], widespread ['waɪdspred]
die **Verbreitung** ❶ spreading; **die Verbreitung der Nachricht ist verboten** it is prohibited to spread the news ❷ (*Ausbreitung*) spread; **die Verbreitung der Krankheit** the spread of the disease
**verbrennen** ❶ to burn [bɜːn]; **ich habe mir die Finger verbrannt** I've burnt my fingers; **sich an etwas die Finger verbrennen** (*übertragen*) to burn one's fingers in something ❷ to cremate [krɪ'meɪt] *Leiche* ❸ (*versengen*) to scorch ❹ **er verbrannte** he burned to death ❺ **sich verbrennen** to burn oneself
die **Verbrennung** ❶ burning; *von Leiche:* cremation ❷ (*Verletzung*) burn; **sie trug nur leichte Verbrennungen davon** she was not seriously ['sɪərɪəsli] burned
der **Verbrennungsmotor** combustion engine
**verbrühen** ❶ to scald [skɔːld] ❷ **sich verbrühen** to scald oneself
**verbuchen** to mark up; **etwas als Erfolg**

**verbuchen** to mark something up as a success
**verbummeln** (*umgangsspr*) ❶ (*vertrödeln*) to idle ['aɪdl] away ❷ (*verlieren*) to lose [luːz] ❸ (*verpassen*) to miss ❹ (*vergessen*) to forget
**verbunden** ❶ (*verknüpft*) connected ❷ **damit sind Gefahren/Kosten verbunden** that involves dangers/costs ❸ **falsch verbunden!** sorry, wrong number!
**verbünden sich verbünden** to form an alliance
die **Verbundenheit** closeness
der/die **Verbündete** ally ['ælaɪ]
**verbüßen** to serve
**verchromt** chrome-plated
der **Verdacht** ❶ suspicion [sə'spɪʃ<sup>ə</sup>n]; **Verdacht erregen** to arouse suspicion; **in Verdacht haben** to suspect [sə'spekt]; **ich habe den Verdacht, dass ...** I have a suspicion that ...; **mein Verdacht hat sich bestätigt** I was right in my suspicion; **unter Verdacht stehen** to be under suspicion; **der Verdacht fiel auf ihn** suspicion fell on him ❷ **auf Verdacht** (*umgangsspr*) on spec
**verdächtig** ❶ suspicious [sə'spɪʃəs] ❷ **sich verdächtig machen** to lay oneself open to suspicion ❸ **der Verdächtige** the suspect ['sʌspekt]
der/die **Verdächtige** suspect
**verdächtigen** to suspect [sə'spekt]; **der Schiedsrichter wird verdächtigt, Bestechungsgelder angenommen zu haben** the referee is suspected of having taken bribes
die **Verdächtigung** suspicion
**verdammt** ❶ **verdammt [nochmal]!** damn [dæm] [it all]!, blast! ❷ **die verdammte Tür geht nicht auf** the bloody ['blʌdi] door won't open *umgangsspr* ❸ **das war verdammtes Pech** that was damn unlucky ❹ **mir tun die Füße verdammt weh** my feet hurt like hell *umgangsspr*
**verdampfen** to evaporate [ɪ'væp<sup>ə</sup>reɪt], to vaporize
**verdanken** ❶ **jemandem etwas zu verdanken haben, jemandem etwas verdanken** to owe [əʊ] something to someone ❷ **das haben wir nur dir zu verdanken** (*als Vorwurf*) we've got you to thank for it; **das hat er sich selbst zu verdanken** he's only got himself to blame
die **Verdankung** ⓒⒽ, Ⓐ thanks △ *plural* (**an** to)
**verdattert** (*umgangsspr*) flabbergasted ['flæbəgaːstɪd]

998

**verdauen** ❶ (*auch übertragen*) to digest [daɪˈdʒest]; to come to terms with *Schicksalsschlag* ❷ to digest one's food
**verdaulich** ❶ digestible [daɪˈdʒestəbl] ❷ **leicht verdaulich** easy to digest, easily digestible; (*übertragen*) light [laɪt]; **schwer verdaulich** hard to digest, indigestible [ˌɪndɪˈdʒestəbl]; (*übertragen*) heavy-going
die **Verdauung** digestion
**verdecken** to cover [ˈkʌvə] up *Absichten*
**verderben** ❶ to spoil *Geschäft, Spaß;* **jemandem die Freude an etwas verderben** to spoil someone's enjoyment of something ❷ (*ruinieren*) to ruin [ˈruːɪn] ❸ **sich den Magen verderben** to upset one's stomach; **sich die Augen verderben** to ruin one's eyesight ❹ **es sich mit jemandem verderben** to fall out with someone ❺ *Nahrungsmittel:* to go off ❻ *Ernte:* to be ruined [ˈruːɪnd] ❼ *Material:* to become spoiled
**verderblich** *Lebensmittel:* perishable
**verdeutlichen** ❶ to show clearly ❷ (*klarmachen*) to clarify ❸ (*erklären*) to explain
**verdichten sich verdichten** *Nebel, Wolken:* to become thicker; *Eindruck:* to intensify; *Verkehr:* to increase
**verdienen** ❶ (*einnehmen*) to earn [ɜːn]; *Gewinn:* to make; **er hat daran Millionen verdient** he has made millions from this ❷ (*wert sein*) to deserve [dɪˈzɜːv]; **er verdient es, bestraft zu werden** he deserves to be punished; **er bekam, was er verdiente** he got what he deserved
der **Verdienst** income
das **Verdienst** achievement; **seine Verdienste um die Musik** his contributions to music; **es ist sein Verdienst, dass ...** it's thanks to him that ...
der **Verdienstausfall** loss of earnings
**verdoppeln** ❶ to double [ˈdʌbl]; to redouble *Anstrengungen* ❷ **sich verdoppeln** to double
**verdorben** ❶ *Laune, Freude, Party:* spoilt ❷ **der Fisch ist verdorben** the fish has gone off ❸ *Magen:* upset ❹ *Charakter:* corrupt
**verdrängen** ❶ (*vertreiben*) to drive out; **jemanden aus dem Amt verdrängen** to oust [aʊst] someone from office ❷ to drive away *Sorgen;* (*ins Unterbewusstsein*) to suppress
**verdrehen** ❶ to twist ❷ to roll *Augen;* to contort *Glieder* ❸ to distort *Tatsache* ❹ **jemandem den Kopf verdrehen** to turn someone's head

**verdreifachen** to triple
**verdrücken** (*umgangsspr*) ❶ to polish off *Essen* ❷ **sich verdrücken** to slink away; **verdrücken wir uns!** let's beat it!
**verdunkeln** ❶ to darken ❷ to black out *Theater* ❸ to obscure [əbˈskjʊəʳ] *Beweggründe* ❹ **sich verdunkeln** to get dark
die **Verdunk(e)lung** black-out
**verdünnen** ❶ to dilute; **mit Wasser verdünnen** to water down ❷ to thin down *Farbe*
der **Verdünner** *für Farben:* thinner
**verdunsten** to evaporate [ɪˈvæpəreɪt]
der **Verdunster** humidifier
**verdursten** to die of thirst
**verdutzt** (*umgangsspr*) ❶ (*erstaunt*) taken aback ❷ (*verwirrt*) baffled
**veredeln** to refine; **veredelt** refined
**verehren** ❶ (*anbeten*) to honour [ˈɒnəʳ] ❷ (*bewundern*) to admire [ədˈmaɪəʳ] ❸ **verehrte Anwesende!** Ladies and Gentlemen!
der **Verehrer,** die **Verehrerin** admirer
die **Verehrung** admiration
**vereidigen** to swear in
**vereidigt** sworn; **gerichtlich vereidigt** certified before the court
der **Verein** ❶ association [əˌsəʊʃiˈeɪʃn]; **ein eingetragener Verein** a registered society ❷ *Sport:* club
**vereinbar** compatible [kəmˈpætɪbl]; (*logisch*) consistent [kənˈsɪstənt]
**vereinbaren** ❶ (*absprechen*) to agree ❷ to arrange [əˈreɪndʒ] *Termin, Treffen* ❸ **etwas mit etwas vereinbaren** to reconcile [ˈrekənsaɪl] something with something
**vereinbart** agreed
die **Vereinbarung** agreement, arrangement [əˈreɪndʒmənt]; **eine Vereinbarung treffen** to make an agreement
**vereinen** to unite
**vereinfachen** to simplify
**vereinheitlichen** to standardize
**vereinigen** ❶ to unite [juːˈnaɪt] ❷ (*verbinden*) to combine [kəmˈbaɪn] ❸ (*fusionieren*) to merge [mɜːdʒ] (**zu** into, **mit** with)
**vereinigt** united [juːˈnaɪtɪd]; **die Vereinigten Staaten [von Amerika]** the United States [of America]
die **Vereinigung** ❶ (*Organisation*) organization ❷ *von Firmen usw.:* amalgamation
**vereinsamen** to become lonely
**vereinsamt** isolated [ˈaɪsəleɪtɪd], lonely
die **Vereinsamung** loneliness
das **Vereinsmitglied** club member
die **Vereinssatzung** club rules *plural*

**vereint – vergangen** 1000

**vereint** united [juːˈnaɪtɪd]; **die Vereinten Nationen** the United Nations
**vereinzelt** occasional [əˈkeɪʒᵊnᵊl] ⚠ *vor Substantiv,* sporadic
**vereisen** ❶ to freeze ❷ *Straße:* to freeze over ❸ *Scheibe:* to ice over ❹ *Tragfläche:* to ice up
**vereitern** to go septic; **vereitert sein** to be septic
**vererben** ❶ **jemandem etwas vererben** to leave [*oder* bequeath [bɪˈkwiːð]] something to someone ❷ to transmit *Krankheit* ❸ to pass on *Eigenschaften* ❹ **diese Krankheit vererbt sich** this illness is hereditary [hɪˈredɪtᵊri]; **diese Krankheit vererbt sich von der Mutter auf den Sohn** this illness is passed on from mother to son
**vererblich** hereditary
**verewigen** ❶ (*unsterblich machen*) to immortalize ❷ **sich auf einer Wand verewigen** to scrawl one's name on a wall
das **Verfahren** ❶ (*Methode*) method ❷ (*Gericht*) proceedings ❸ (*technisch*) process, technique [tekˈniːk]
**verfahren**¹ (*umgangsspr*) **eine verfahrene Angelegenheit** a bungle, a muddle
**verfahren**² ❶ (*vorgehen*) to proceed ❷ **sich verfahren** to lose [luːz] one's way
die **Verfahrenstechnik** process engineering
die **Verfahrensweise** procedure [prəˈsiːdʒəʳ]
der **Verfall** decline; *eines Gebäudes:* dilapidation; **der Verfall der Moral** the decline in morals
**verfallen**¹ ❶ (*zerfallen*) to decay [dɪˈkeɪ], to go to ruin [ruːɪn]; (*körperlich, geistig, kulturell*) to decline ❷ *Scheck, Fahrkarte:* to expire ❸ **jemandem verfallen** to become a slave to someone; **dem Alkohol verfallen** to become addicted to alcohol
**verfallen**² ❶ *Häuser:* dilapidated ❷ *Scheck:* expired [ɪkˈspaɪəd]
das **Verfallsdatum** best-before date
**verfälschen** to falsify; **die Wahrheit verfälschen** to distort the truth
**verfangen sich verfangen** to become entangled
**verfärben** ❶ to change colour ❷ **die Wäsche hat sich verfärbt** something in the washing has run and stained it
**verfassen** to write
der **Verfasser**, die **Verfasserin** author [ɔːθəʳ], writer
die **Verfassung** ❶ *eines Staates:* constitution ❷ (*Zustand*) state; **ich bin nicht in der Verfassung, zu ...** I'm in no fit state to ...
**verfassungsmäßig** constitutional, according to the constitution

**verfassungswidrig** unconstitutional
**verfaulen** to decay, to rot
der **Verfechter**, die **Verfechterin** advocate
**verfehlen** ❶ to miss *Ziel* ❷ **sich verfehlen** to miss each other
**verfeinden sich mit jemandem verfeinden** to make an enemy of someone
**verfeinern** ❶ to refine; (*verbessern*) to improve [ɪmˈpruːv] ❷ to round off *Essen* ❸ **sich verfeinern** to become refined; (*sich verbessern*) to improve [ɪmˈpruːv]
die **Verfilmung** ❶ (*das Filmen*) filming ❷ (*der Film*) film version
**verfilzt** ❶ (*übertragen*) entangled ❷ *Wolle:* felted; *Haare:* matted
**verfluchen** to curse [kɜːs]
**verfolgen** ❶ to pursue [pəˈsjuː] *Person, Ziel, Idee* ❷ to follow *Entwicklung, Spur, Unterricht* ❸ (*politisch*) to persecute; (*gerichtlich*) to prosecute ❹ **diese Ereignisse verfolgen mich noch immer** these events still haunt me
der **Verfolger**, die **Verfolgerin** pursuer [pəˈsjuːəʳ]
der/die **Verfolgte** victim of persecution
die **Verfolgung** ❶ pursuit [pəˈsjuːt]; **die Verfolgung aufnehmen** to take up the pursuit ❷ (*politisch usw.*) persecution
die **Verfolgungsjagd** chase, pursuit [pəˈsjuːt]
der **Verfolgungswahn** persecution complex
**verfressen** (*abwertend umgangsspr*) greedy
**verfügbar** available; *Einkommen:* disposable
**verfügen** ❶ **über etwas verfügen** to have something [at one's disposal] ❷ **über jemanden/etwas verfügen** to be in charge of someone/something; **Sie können über ihr Erbe frei verfügen** your inheritance can be used however you like; **du kannst nicht über mich verfügen!** you can't tell me what to do!
die **Verfügung** ❶ **sich zur Verfügung halten** to be available ❷ **jemandem zur Verfügung stehen** to be at someone's disposal; **jemandem etwas zur Verfügung stellen** to put something at someone's disposal
**verführen** ❶ (*in Versuchung führen*) to tempt; **jemanden zu etwas verführen** to encourage someone to do something ❷ (*sexuell*) to seduce [sɪˈdjuːs]
**verführerisch** ❶ enticing ❷ *Person:* seductive
die **Verführung** seduction
**vergammelt** (*abwertend umgangsspr*) scruffy
**vergangen** ❶ (*früher*) bygone, past; **in längst vergangenen Zeiten** in times long past ❷ (*letzte*) last; **vergangenes Jahr** last

year

die **Vergangenheit** ❶ past ❷ *in der Grammatik:* past tense ❸ (*Geschichte*) history

die **Vergangenheitsbewältigung** coming to terms with the past

**vergänglich** transient, transitory

**vergeben** ❶ to award [ə'wɔːd] *Auftrag, Preis* (**an** to); **ist die Stelle schon vergeben?** has the vacancy been filled already? ❷ **jemandem etwas vergeben** to forgive someone for something ❸ to throw away *Chancen* ❹ **er würde sich nichts vergeben, wenn er sich einmal bedanken würde** it wouldn't hurt him to say thank you once in a while ❺ **der Sitz ist schon vergeben** this seat has been taken already; **nein, ich glaube sie ist noch nicht vergeben** no, I don't think she's spoken for, yet

> **G** Richtiges Konjugieren von **forgive**: forgive, forgave, forgiven — *Mrs Lee forgave her son for telling lies; our teacher has forgiven us for being naughty.*

**vergebens** in vain, vainly

**vergeblich** ❶ futile ❷ in vain

die **Vergeblichkeit** futility ⚠ *ohne Artikel*

die **Vergebung** forgiveness; [**jemanden**] **um Vergebung bitten** to ask for [someone's] forgiveness

**vergehen** ❶ (*vorbeigehen*) to pass; *Liebe:* to die; **wie die Zeit vergeht!** how time flies! ❷ (*dahinschwinden*) to fade, to waste away ❸ (*nachlassen*) to wear [weəʳ] off; **das vergeht!** (*umgangsspr*) it'll pass! ❹ **dem wird das Lachen schon noch vergehen** he'll be laughing on the other side of his face in the end ❺ **sich an jemandem vergehen** (*sexuell*) to indecently assault [ə'sɔːlt] someone

die **Vergeltung** revenge; **Vergeltung üben** to take revenge

der **Vergeltungsschlag** retaliatory strike

**vergessen** ❶ to forget ❷ (*liegen lassen*) to leave [behind] ❸ **das werde ich Ihnen nie vergessen** I won't ever forget that; **das kannst du vergessen!** forget it! ❹ **sich vergessen** to forget oneself

> **G** Richtiges Konjugieren von **forget**: forget, forgot, forgotten — *Anna forgot to ring me yesterday; Mandy has forgotten his name.*

**vergesslich** forgetful

**vergeuden** to waste

die **Vergeudung** waste

**vergewaltigen** ❶ to rape ❷ to violate *Sprache*

die **Vergewaltigung** rape; (*übertragen*) violation

**vergewissern** **sich vergewissern, ob ...** to make sure that ...

**vergiften** (*auch übertragen*) to poison

die **Vergiftung** poisoning

**vergilbt** yellowed

das **Vergissmeinnicht** forget-me-not

der **Vergleich** ❶ comparison ❷ **das ist ja wirklich kein Vergleich!** there's really no comparison! ❸ **im Vergleich zu** compared with, in comparison with

**vergleichbar** comparable ['kɒmpᵊrəbl] (**mit** to/with)

**vergleichen** ❶ to compare (**mit** to/with) ❷ **sich mit jemandem vergleichen** to compare oneself with [*oder* to] someone; **wollen Sie sich etwa mit ihm vergleichen?** don't tell me you mean to compare yourself to him!

**vergleichsweise** comparatively

das **Vergnügen** ❶ (*Genuss*) pleasure ['pleʒəʳ]; **mit Vergnügen** with pleasure ❷ (*Freude*) joy; **das macht mir Vergnügen** I enjoy it ❸ (*Amüsement*) amusement; **viel Vergnügen!** enjoy yourself!, have a good time!; **etwas zu seinem Vergnügen tun** to do something for one's own amusement; **ich mache das nicht zu meinem Vergnügen** I'm not doing it for the fun of it ❹ (*Spaß*) fun; [**nur**] **zum Vergnügen** [just] for fun ❺ **das wird ein teures Vergnügen** that's going to be an expensive bit of fun

**vergnügen** **sich vergnügen** to amuse oneself, to enjoy oneself; **sich mit jemandem/etwas/einer Tätigkeit vergnügen** to amuse oneself with someone/something/by doing something

**vergnügt** cheerful

der **Vergnügungspark** amusement park

**vergöttern** (*übertragen*) to idolize ['aɪdᵊlaɪz]

**vergraben** ❶ to bury ['berɪ] ❷ **sich vergraben** (*sich zurückziehen*) to hide oneself away ❸ **sie vergräbt sich in ihren Büchern** she buries herself in her books

**vergriffen** *Ware:* out of stock; *Buch:* out of print

**vergrößern** ❶ to enlarge ❷ to increase [ɪn'kriːs] *Anzahl, Umfang* ❸ (*ausdehnen*) to extend; to expand *Absatzmärkte, Unternehmen* ❹ (*technisch*) to magnify; to blow up *Negativ* ❺ **sich vergrößern** to grow; (*anwachsen*) to increase ❻ (*sich ausdehnen*) to expand; *Pupille:* to dilate [daɪ'leɪt]

die **Vergrößerung** ❶ (*auch Foto*) enlargement ❷ (*zahlenmäßig*) increase ['ɪnkriːs]

**Vergrößerungsglas – verinnerlichen** 1002

das **Vergrößerungsglas** magnifying glass
die **Vergünstigung** ❶ (*Vorteil*) perk; **in meinem neuen Job gibt es viele Vergünstigungen** my new job comes with many perks ❷ (*Ermäßigung*) reduction
die **Vergütung** ❶ *von Unkosten:* refunding ❷ (*Bezahlung*) payment
**verhaften** to arrest [ə'rest]; **Sie sind verhaftet!** you are under arrest!
die **Verhaftung** arrest
das **Verhalten** ❶ (*Benehmen*) behaviour [bɪ'heɪvjəʳ] ❷ (*Haltung*) attitude ❸ (*Vorgehen*) conduct
**verhalten** ❶ **sich verhalten** (*sich benehmen*) to behave [bɪ'heɪv]; (*handeln*) to act; **er wusste nicht, wie er sich verhalten sollte** he didn't know what to do ❷ **sich ruhig verhalten** to keep quiet [kwaɪət] ❸ **die Sache verhält sich folgendermaßen** the matter is as follows
die **Verhaltensforschung** behavioural [bɪ'heɪvjəʳəl] research
**verhaltensgestört** disturbed, maladjusted [ˌmæləˈdʒʌstɪd]
die **Verhaltensweise** behaviour [bɪ'heɪvjəʳ]
das **Verhältnis** ❶ proportion [prə'pɔːʃən], relation; **in keinem Verhältnis zu etwas stehen** to be out of all proportion to something ❷ [love] affair [əˈfeəʳ]; **mit jemandem ein Verhältnis haben** to have an affair with someone ❸ **Verhältnisse** (*Lage*) conditions *plural,* situation △ *singular;* **bei den derzeitigen Verhältnissen** under present conditions ❹ **Verhältnisse** (*Umstände*) circumstances [ˈsɜːkəmstænsɪz]; **in gesicherten Verhältnissen** in easy circumstances; **er lebt über seine Verhältnisse** he lives beyond his means ❺ (*menschliche Beziehung*) relationship [rɪ'leɪʃəⁿʃɪp] (**zu** with) ❻ **wir müssen klare Verhältnisse schaffen** we must get things straight; **ich bin für klare Verhältnisse** I want to know how we stand
**verhältnismäßig** ❶ (*proportional*) proportionally [prə'pɔːʃəⁿli] ❷ (*ziemlich*) relatively
das **Verhältniswahlrecht** [system of] proportional representation
**verhandeln** to negotiate [nɪ'gəʊʃieɪt] (**über** about)
die **Verhandlungen** negotiations [nɪˌgəʊʃiˈeɪʃənz]; **Verhandlungen aufnehmen** to enter into negotiations (**mit** with)
**verhandlungsbereit** ready [*oder* prepared] to negotiate *nachgestellt*

das **Verhängnis** disaster; **jemandem zum Verhängnis werden** to be someone's undoing
**verhängnisvoll** ❶ fatal, fateful ❷ (*katastrophal*) disastrous [dɪ'zɑːstrəs]
**verharmlosen** to belittle, to play down
**verharren** to pause
**verhaspeln sich verhaspeln** to get into a tangle
**verhasst** hated
**verhätscheln** to pamper; (*verderben*) to spoil
**verhauen** (*umgangsspr*) ❶ (*prügeln*) to beat up ❷ **ich hab den Aufsatz [gründlich] verhauen** I've made a [complete] mess [*oder* hash] of the essay
**verheddern sich verheddern** to get into a tangle
**verheerend** ❶ devastating ['devəsteɪt] ❷ (*umgangsspr: schrecklich*) frightful ['fraɪtfᵊl], ghastly ['gɑːstli]
**verheimlichen** to conceal [kən'siːl]; **sie hat es ihr verheimlicht** she kept it a secret from her
**verheiraten** ❶ to marry (**mit** to) ❷ **sich [mit jemandem] verheiraten** to get married [to someone]
**verheiratet** married (**mit** to)
die **Verheißung** promise
**verheißungsvoll** promising
**verhelfen jemandem zu etwas verhelfen** to help someone to [get] something
**verherrlichen** to glorify
**verhexen** to bewitch; **das ist doch wie verhext!** (*umgangsspr*) there must be a jinx [dʒɪnks] on it!
**verhindern** to prevent [prɪ'vent]; to avert [ə'vɜːt] *Unheil*
**verhöhnen** to deride [dɪ'raɪd], to scoff at
das **Verhör** ❶ (*Befragung*) interrogation, questioning ❷ *vor Gericht:* examination
**verhüllen** to cover ['kʌvəʳ], to veil [veɪl]
**verhungern** to die of starvation, to starve to death; **jemanden verhungern lassen** to let someone starve to death
**verhüten** ❶ to prevent [prɪ'vent]; **das möge Gott verhüten!** God forbid! ❷ (*beim Geschlechtsverkehr*) to use contraception; **sie verhüten nicht** they don't use any contraception
die **Verhütung** ❶ (*Verhinderung*) prevention [prɪ'venʃən] ❷ (*Empfängnisverhütung*) contraception [ˌkɒntrəsepʃən]
das **Verhütungsmittel** contraceptive [ˌkɒntrə'septɪv]
**verifizieren** to verify
**verinnerlichen** to internalize

**verirren sich verirren** to lose [luːz] one's way, to get lost; (*übertragen*) to go astray
**verjagen** (*auch übertragen*) to chase away
die **Verjährung** limitation
**verkabeln** ❶ to cable *Drähte* ❷ to connect up *Apparate* ❸ to link up to the cable network *TV*
**verkalken** ❶ (*Kalk ansetzen*) to calcify ['kælsɪfaɪ]; *Arterien:* to get hardened; *Wasserleitung:* to fur up ❷ (*umgangsspr*) *Person:* to become senile
die **Verkalkung** ❶ (*das Kalkansetzen*) calcification [ˌkælsɪfɪ'keɪʃᵊn]; *einer Wasserleitung:* furring ❷ (*umgangsspr: Vergreisung*) senility
**verkatert** (*umgangsspr*) hung-over
der **Verkauf** ❶ sale; **etwas zum Verkauf anbieten** to put something up for sale ❷ (*das Verkaufen*) selling ❸ (*Verkaufsabteilung*) sales department
**verkaufen** ❶ (*auch übertragen*) to sell (**für** for) ❷ **zu verkaufen** for sale; **gegen bar verkaufen** to sell for cash; **dieses Produkt lässt sich nicht verkaufen** there's just no market for this product ❸ **sich verkaufen** *Ware:* to sell; *Person:* to sell oneself

> **G** Richtiges Konjugieren von **sell**: sell, sold, sold — *Mr Cole sold his motorbike; has Paul sold all his computer games?*

der **Verkäufer**, die **Verkäuferin** ❶ seller ❷ *im Laden:* shop assistant ⒼⒷ, salesclerk ⓊⓈⒶ
**verkäuflich** ❶ for sale ❷ **leicht/schwer verkäuflich** easy/hard to sell
die **Verkaufsabteilung** sales department
das **Verkaufsangebot** sales offer
die **Verkaufsbedingungen** conditions of sale, terms and conditions
der **Verkaufserlös** sales revenue
der **Verkaufsleiter**, die **Verkaufsleiterin** sales manager
der **Verkaufspreis** retail price
der **Verkehr** ❶ traffic; **den Verkehr umleiten** to divert [daɪ'vɜːt] the traffic ❷ (*Umlauf*) circulation [ˌsɜːkjə'leɪʃᵊn]; **etwas aus dem Verkehr ziehen** to withdraw something from circulation; (*aus dem Straßenverkehr*) to withdraw something from service ❸ (*Geschlechtsverkehr*) intercourse
**verkehren** ❶ to run; to fly *Flugzeug* ❷ **bei jemandem verkehren** to visit someone regularly; **sie verkehrten in teuren Bars** they frequented expensive nightclubs; **in Akademikerkreisen verkehren** to mix with academics
die **Verkehrsampel** traffic lights △ *plural*

das **Verkehrsaufkommen** volume of traffic
**verkehrsberuhigt** traffic-calmed
das **Verkehrschaos** traffic chaos [ˌkeɪɒs]
die **Verkehrsdurchsage** traffic announcement
der **Verkehrsfunk** radio traffic service
die **Verkehrsinsel** traffic island ⒼⒷ, safety isle ⓊⓈⒶ
der **Verkehrsknotenpunkt** traffic junction
die **Verkehrskontrolle** traffic control; **bei jemandem eine Verkehrskontrolle machen** to stop someone
der **Verkehrsminister**, die **Verkehrsministerin** transport minister ⒼⒷ, Secretary of Transportation ⓊⓈⒶ
das **Verkehrsmittel** ❶ means of transport [*oder* ⓊⓈⒶ transportation] ❷ **öffentliche Verkehrsmittel** public transport [*oder* ⓊⓈⒶ transportation] △ *singular*
das **Verkehrsnetz** transport system
der **Verkehrspolizist** traffic policeman ⒼⒷ, speed cop ⓊⓈⒶ
die **Verkehrspolizistin** traffic policewoman ⒼⒷ, [female] speed cop ⓊⓈⒶ
die **Verkehrsregel** traffic regulation
**verkehrsreich** *Gegend:* busy ['bɪzi]; **eine verkehrsreiche Straße** a busy street
das **Verkehrsschild** road sign
die **Verkehrssicherheit** road safety
die **Verkehrstote** road fatalities [*oder* deaths]
der **Verkehrsunfall** road accident
die **Verkehrsverbindung** [transport] link
**verkehrswidrig** contrary to road traffic regulations
das **Verkehrszeichen** road sign, traffic sign
**verkehrt** ❶ (*falsch*) wrong [rɒŋ] ❷ wrongly [rɒŋli] ❸ **etwas verkehrt machen** to do something the wrong way ❹ **etwas verkehrt herum anhaben** (*umgangsspr*) to have something on back to front; (*innen nach außen*) to have something on inside out ❺ **du hältst das Bild verkehrt rum** you're holding the picture the wrong way round ❻ **das Verkehrteste, was du tun konntest** the worst thing you could do
**verklagen** to sue [suː] (**wegen** for); **jemanden auf etwas verklagen** to take someone to court for something
**verkleben** ❶ (*zusammenkleben*) to stick together ❷ (*zukleben*) to cover ['kʌvᵊr] (**mit** with)
**verkleiden sich verkleiden** to disguise [dɪs'gaɪz] oneself, to dress up
die **Verkleidung** disguise
**verkleinern** ❶ to make smaller ❷ to scale down *Maßstab;* to reduce *Foto* ❸ (*optisch*) to make everything [seem] smaller ❹ **sich ver-**

**kleinern** to become smaller ⑤ (*sich verrin-gern*) to decrease [dɪ'kriːs]; (*übertragen*) to become less

die **Verkleinerungsform** diminutive

**verklemmt** *Person:* inhibited

die **Verklemmtheit** inhibitedness

**verkneifen** (*umgangsspr*) **sich etwas ver-kneifen** to stop oneself from doing/saying something

**verkniffen** ① (*angestrengt*) strained ② (*ver-bissen*) pinched

**verknittern** to crumple

**verknoten** ① to knot [nɒt] *Schnur* ② to tie up *Paket*

**verknüpfen** ① (*verknoten*) to tie [together] ② (*verbinden*) to combine; **sie verknüpfte den Ausflug mit einem Museumsbesuch** she combined the trip with a visit to the mu-seum ③ (*in Zusammenhang bringen*) to link (**mit** to); **Ruhm und Macht sind eng ver-knüpft** glory and power are closely linked

**verkohlen** to char [tʃɑːr]; *Braten:* to burn to a cinder ['sɪndər] ▸ WENDUNGEN: **du willst mich wohl verkohlen?** you're trying to have me on, aren't you?

**verkommen¹** ① (*zugrunde gehen*) to go to the dogs; (*sittlich*) to become dissolute ② *Gebäude:* to become dilapidated ③ *Le-bensmittel:* to go off

**verkommen²** ① *Person:* depraved [dɪ'preɪvd] ② *Gebäude:* dilapidated

**verkorkst** (*umgangsspr*) ① *Magen:* upset; *Mensch:* screwed up ② **die Sache ist völlig verkorkst** it's a real mess

**verkörpern** to personify

**verkrachen** (*umgangsspr*) **sich mit jeman-dem verkrachen** to fall out with someone

**verkraften** to come to terms with, to cope with

**verkrampft** ① *Sitzhaltung:* cramped; *Lächeln:* forced [fɔːst] ② (*übertragen*) tense

**verkriechen** ① **sich verkriechen** to hide oneself away ② **verkriech dich!** get lost! *umgangsspr*

**verkrüppelt** crippled

**verkrustet** ① *Wunde:* scabby ② *Strukturen:* decrepit

**verkühlen sich verkühlen** to catch a chill

**verkümmern** ① *Instinkt:* to become stunted ② *Person:* to waste away ③ *Talent:* to go to waste ④ *Glieder:* to atrophy ['ætrəfi]

**verkürzen** ① to shorten ② (*beschränken, herabsetzen*) to cut down, to reduce ③ **sich die Zeit mit Lesen verkürzen** to pass the time reading

die **Verkürzung** ① shortening ② (*zeitlich*) reduc-tion; **die Verkürzung der Wartezeiten** the reduction in waiting time

**verladen** to load

die **Verladerampe** loading ramp

der **Verlag** publishing house, publisher's △ *plural*

**verlagern** to move

das **Verlagshaus** publishing house

das **Verlangen** ① (*Forderung*) demand ② (*Wunsch*) desire [dɪ'zaɪə']; **ich habe kein Verlangen, ihn zu sehen** I have no desire [*oder* wish] to see him ③ request; **auf Verlangen der Lehrer** at the request of the teachers ④ (*Sehnsucht*) longing, yearning ['jɜːnɪŋ] ⑤ (*Begierde*) craving ['kreɪvɪŋ] (**nach** for)

**verlangen** ① (*fordern*) to demand, to insist on; **er verlangte nach einer Erklärung** he demanded [*oder* insisted on] an explanation ② (*wünschen*) to desire [dɪ'zaɪə'] ③ (*haben wollen*) to ask for, to want ④ (*erfordern*) to require [rɪ'kwaɪə'] ⑤ (*beanspruchen*) to claim [kleɪm] ⑥ **am Telefon verlangt wer-den** to be wanted ['wɒntɪd] on the phone ⑦ (*sich sehnen*) to long (**nach** for) ⑧ **das ist zu viel verlangt** that's asking too much

**verlängern** ① (*länger machen*) to lengthen ② to extend, to prolong *Frist* ③ **sich verlän-gern** (*räumlich*) to be lengthened; (*zeitlich*) to be prolonged

die **Verlängerung** ① *einer Frist:* prolongation ② *von Spielzeit:* extra time ⒼⒷ, overtime Ⓤ̲Ⓢ̲Ⓐ̲

die **Verlängerungskabel** extension lead

**verlangsamen** ① to reduce *Tempo* ② to slow down *Fahrt, Verkehr* ③ **sich verlangsamen** to slow [down]

**verlassen¹** ① to leave ② (*im Stich lassen*) to abandon, to desert, to forsake [fə'seɪk] ③ **sich auf etwas/jemanden verlassen** to count [*oder* rely [rɪ'laɪ]] on something/some-one; **Sie können sich darauf verlassen** you can count on it

**verlassen²** ① (*im Stich gelassen*) deserted, forsaken [fə'seɪkᵉn] ② (*einsam*) lonely ③ (*öde*) desolate

**verlässlich** reliable [rɪ'laɪəbl]

der **Verlauf** course; **im Verlauf der Verhandlun-gen** in the course of negotiations; **einen guten/schlechten Verlauf nehmen** to go well/badly

**verlaufen** ① *Zeit:* to pass ② (*vor sich gehen*) to proceed, to run; **alles ist gut verlaufen** everything went well ③ (*auseinanderflie-ßen*) to run ④ (*sich erstrecken*) to run ⑤ **im Sande verlaufen** to peter out ⑥ **sich ver-**

**laufen** (*sich verlieren*) to disappear; (*sich verirren*) to get lost, to lose one's way

die **Verlaufsform** continuous form

**verlegen**[1] ① (*an falschen Platz legen*) to mislay, to misplace ② to move [muːv]; **sie haben ihre Firmenzentrale nach Paris verlegt** they have moved their company headquarters to Paris ③ (*zeitlich*) to postpone (**auf** until) ④ to publish *Buch* ⑤ to lay *Kabel, Fliesen*

**verlegen**[2] embarrassed

die **Verlegenheit** ① embarrassment ② **jemanden in Verlegenheit bringen** to embarrass someone

der **Verleger**, die **Verlegerin** publisher

die **Verlegung** ① *eines Termins:* postponement ② (*Ortswechsel*) transfer ③ *von Kabeln, Rohren:* laying ⚠ *ohne Artikel*

**verleiden jemandem etwas verleiden** to put someone off something

der **Verleih** ① hiring [out] ② (*Firma*) rental company

**verleihen** ① (*verborgen*) to lend [out] ⑬, to loan ⓊⓈⒶ; (*gegen Entgelt*) to rent [out] ② to bestow *Titel;* to confer *Amt* ③ to award [ə'wɔːd] *Auszeichnung*

**verleiten** ① (*verlocken*) to tempt [tempt] ② (*verführen*) to lead astray ③ **du hast sie dazu verleitet mitzugehen** you've talked her into coming along

**verlernen** to forget, to unlearn [ʌn'lɜːn]

**verletzbar** (*auch übertragen*) vulnerable ['vʌlnərəbl]

**verletzen** ① **sich verletzen** to get hurt [hɜːt] ② to hurt, to injure ['ɪndʒəʳ]; **sich am** [*oder das*] **Bein verletzen** to injure one's leg ③ (*übertragen*) **jemanden verletzen** to hurt someone's feelings; **es verletzte ihn sehr** it was very hurtful ['hɜːtfʰl] to him ④ **seine Pflicht verletzen** to fail in one's duty

**verletzend** *Bemerkung:* hurtful, offending

**verletzlich** vulnerable

der/die **Verletzte** injured person; *bei Unfall:* casualty ['kæʒjuəltɪ]

die **Verletzung** ① (*Wunde*) injury; (*das Verletzen*) injuring, wounding ['wuːndɪŋ] ② (*übertragen*) hurting, wounding

**verleugnen** to deny [dɪ'naɪ]; **sich verleugnen lassen** to pretend not to be there

**verleumden** to slander; (*schriftlich*) to libel ['laɪbʰl]

die **Verleumdung** ① (*das Verleumden*) slandering ② (*Wort, Bemerkung*) slander; (*in Schriftform*) libel

**verlieben sich verlieben** to fall in love (**in** with)

**verliebt** ① **in jemanden verliebt sein** to be in love with someone ② **bis über beide Ohren verliebt** head over heels in love

**verlieren** ① to lose [luːz] ② to shed *Blätter, Haare* ③ **den Verstand verlieren** to go out of one's mind ④ **wir wollen kein Wort mehr darüber verlieren** let's not waste [weɪst] another word on it ⑤ **du kannst nichts verlieren** you can't lose

> **G** Richtiges Konjugieren von **lose**: lose, lost, lost — *Tim lost his key; have you lost my phone number?*

der **Verlierer**, die **Verliererin** loser ['luːzəʳ]; **ein schlechter Verlierer sein** to be a bad loser

**verlinken etwas mit etwas verlinken** (*im Internet*) to link something to something

**verloben sich mit jemandem verloben** to become engaged to someone

die **Verlobte** fiancée [fɪ'ɑ̃ː(n)seɪ]

der **Verlobter** fiancé [fɪ'ɑ̃ː(n)seɪ]

die **Verlobung** engagement

**verlockend** tempting

**verlogen** ① *Person:* mendacious [men'deɪ-ʃʰs] ② *Moral:* hypocritical [ˌhɪpə'krɪtɪkʰl]

die **Verlogenheit** ① *einer Person:* mendacity [men'dæsətɪ] ② *von Moral:* hypocrisy [hɪ'pɒkrəsɪ]

**verloren** ① lost ② (*hilflos*) forlorn ③ **verloren gehen** to get lost

**verlosen** to raffle

die **Verlosung** draw, raffle

**verlottert** (*umgangsspr*) ① (*moralisch*) dissolute ② *Erscheinung:* scruffy ③ (*heruntergewirtschaftet*) run-down

der **Verlust** loss; **mit Verlust verkaufen** to sell at a loss

die **Verlustmeldung** ① report of the loss; **hast du eine Verlustmeldung für dein Fahrrad gemacht?** have you reported the loss of your bicycle? ② (*beim Militär*) casualty report

**vermachen jemandem etwas vermachen** to bequeath [bɪ'kwiːð] something to someone

das **Vermächtnis** legacy

**vermählen sich** [*mit jemandem*] **vermählen** to marry [someone]; **frisch vermählt** newly married

**vermarkten** ① to market ② (*übertragen*) to commercialize [kə'mɜːʃʰlaɪz]

**vermasseln** (*umgangsspr*) to mess up

**vermehren** to increase [ɪn'kriːs]; (*fortpflan-*

## Vermehrung – vernünftig

*zen*) to breed

**die Vermehrung ①** increase **②** (*Fortpflanzung*) reproduction

**vermeiden** to avoid; **es lässt sich nicht vermeiden** it cannot be helped

**der Vermerk** note, remark

**vermessen ①** to measure ['meʒər] **②** to survey *Land*

**vermieten ①** to let ⑱, to rent ⑭ **②** **Zimmer zu vermieten** rooms to let ⑱, rooms for rent ⑭

**der Vermieter** landlord

**die Vermieterin** landlady

**die Vermietung** letting △ *ohne Artikel*, renting out △ *ohne Artikel; von Auto, Boot:* renting [*oder* ⑱ hiring] [out] △ *ohne Artikel*

**vermindern ①** to reduce **②** **sich vermindern** to decrease; **sich um 10 % vermindern** to be reduced by 10 %

**vermischen ①** to mix; to blend *Whisky, Tee, Tabak* **②** **sich vermischen** to mix; (*übertragen*) to mingle

**vermissen ①** to miss; **vermisst werden** to be missing **②** **jemanden als vermisst melden** to report someone missing **③** **er wird sehr vermisst** we miss him a lot; *Verstorbener:* we miss him deeply

**der/die Vermisste** missing person

**vermitteln ①** **jemandem eine Stelle/Wohnung vermitteln** to find someone a job/flat; to arrange *Auftrag, Geschäft* **②** (*weitergeben*) to convey *Gefühl, Bild, Idee;* to pass on *Kenntnisse, Wissen* **③** [**in etwas**] **vermitteln** to mediate [in something]; **er vermittelte zwischen den beiden Ländern** he mediated between the two countries

**die Vermittlung ①** *einer Stelle, Wohnung:* finding △ *ohne Artikel* **②** (*Schlichtung*) mediation

**das Vermögen ①** fortune; **ein Vermögen kosten** to cost a fortune **②** (*Fähigkeit*) capability

**vermögend** (*reich*) wealthy ['welθi], well-off

**der Vermögensberater, die Vermögensberaterin** financial consultant

**die Vermögenssteuer** net worth tax

**vermummt ①** (*verkleidet*) cloaked, disguised [dɪs'ɡaɪzd] **②** (*eingemummt*) muffled-up

**vermuten ①** (*annehmen*) to presume [prɪ'zju:m], to suppose, to reckon **②** (*mutmaßen*) to suspect [sə'spekt], to guess [ɡes]

**vermutlich ①** presumed; *Täter:* suspected; **sie ist vermutlich unschuldig** she is presumed innocent; **es war vermutlich ein Tumor** presumably it was a tumour **②** **vermutlich ist er zu Tisch** I presume [*oder* presumably]

he's gone to lunch

**die Vermutung ①** (*Annahme*) assumption, supposition [ˌsʌpə'zɪʃ°n]; (*Mutmaßung*) conjecture **②** (*Verdacht*) suspicion [sə'spɪʃ°n]

**vernachlässigen ①** to neglect **②** (*nicht berücksichtigen*) to ignore **③** **sich vernachlässigt fühlen** to feel neglected **④** **sich vernachlässigen** (*äußerlich*) to neglect one's appearance

**die Vernachlässigung** neglect

**vernähen** to stitch up *Wunde*

**vernarben** to heal up

**vernarrt** infatuated (**in** with), crazy (**in** about)

**vernaschen** (*umgangsspr*) **er hat sie vernascht** he managed to get her into bed

**vernehmen ①** (*hören*) to hear; **hast du das vernommen?** did you hear that? **②** (*erfahren*) to learn, to understand **③** (*vor Gericht*) to examine **④** (*verhören*) to question

**die Vernehmlassung** ⑰ **①** (*Bekanntmachung*) notice, announcement **②** (*Stellungnahme*) opinion

**die Vernehmung ①** *vor Gericht:* examination **②** (*Verhör*) questioning

**verneigen sich verneigen** to bow (**vor** to)

**verneinen ①** (*leugnen*) to deny [dɪ'naɪ] **②** **etwas verneinen** to answer in the negative

**die Verneinung ①** (*Leugnung*) denial [dɪ'naɪəl] **②** **die Verneinung einer Frage** answering a question in the negative

**vernetzen ①** to connect (**mit** up to) **②** (*in Informatik*) to network, to integrate into a network

**vernetzt** networked

**die Vernetzung** (*in Informatik*) networking

**vernichten ①** (*ausrotten*) to exterminate **②** (*zerstören*) to destroy

**vernichtend ①** *Blick:* withering **②** *Kritik:* scathing ['skeɪðɪŋ] **③** *Niederlage, Schlag:* crushing **④** *Urteil:* devastating **⑤** **jemanden vernichtend schlagen** (*im Sport*) to beat someone hollow **⑥** **eine Armee vernichtend schlagen** to destroy an army utterly

**die Vernichtung ①** (*Ausrottung*) extermination **②** (*Zerstörung*) destruction

**die Vernichtungswaffe** weapon of mass destruction

**verniedlichen** to play down

**die Vernunft** good sense, reason; **Vernunft annehmen** to see reason; **nimm doch endlich Vernunft an!** won't you see reason!; **jemanden zur Vernunft bringen** to bring someone to his/her senses △ *plural*

**vernünftig ①** (*einsichtig*) sensible; **sei doch**

**vernünftig!** be reasonable [*oder* sensible]! ② (*rational*) rational ③ (*akzeptabel*) *Preis, Vorschlag:* reasonable ④ (*ordentlich*) decent ⑤ (*einigermaßen*) **vernünftig kochen** to cook reasonably well

**veröden** ① *Landschaft:* to become desolate ② to atrophy; to obliterate *Krampfadern*

**veröffentlichen** to publish

die **Veröffentlichung** publication

**verordnen jemandem ein Medikament verordnen** to prescribe medication for someone

**verpachten** to lease (**an** to); **verpachtet sein** to be under lease (**an** to)

**verpacken** ① (*in Karton, Paket*) to pack ② (*einwickeln*) to wrap

die **Verpackung** ① packing; (*aus Papier*) wrapping ② (*übertragen*) packaging

die **Verpackungskosten** packaging charges *plural*

das **Verpackungsmaterial** packaging

**verpäppeln** to pamper, to mollycoddle

**verpassen** ① to miss *Bus, Gelegenheit* ② **jemandem eine verpassen** to clout someone

**verpennen** ① (*verschlafen*) to oversleep; **ich hab den Tag total verpennt** I slept right through the day ② to forget *Geburtstag, Termin, Verabredung;* **ich hab's total verpennt** I totally forgot

**verpesten** to contaminate, to pollute

**verpetzen** to sneak [*oder* tell] on (**bei** to)

**verpfänden** ① to pawn ② (*in Rechtssprache*) to mortgage *Hypothek*

**verpfeifen jemanden [bei der Polizei] verpfeifen** to grass on someone *umgangssprachlich*

**verpflanzen** to transplant *auch übertragen*

**verpflegen** ① to feed; **sich selbst verpflegen** to cook for oneself ② to ration *Armee*

die **Verpflegung** ① (*das Verpflegen*) catering ② *einer Armee:* rationing ③ (*Essen*) food; *in der Armee:* rations ⚠ *plural*

die **Verpflegungskosten** cost of food ⚠ *singular*

**verpflichten** ① **sich verpflichtet fühlen, etwas zu tun** to feel obliged to do something; **sich jemandem verpflichtet fühlen** to feel under an obligation to someone; **jemandem zu Dank verpflichtet sein** to be obliged to someone ② to engage *Mitarbeiter, Schauspieler* ③ **sich verpflichten** (*vertraglich*) to commit oneself

die **Verpflichtung** ① (*moralische*) obligation ② **dienstliche Verpflichtungen haben** to have official duties; **seinen Verpflichtungen nachkommen** to fulfil one's obligations ③ (*Einstellung*) *eines Mitarbeiters, Schau-*

*spielers:* engagement

**verpfuschen** to make a mess of, to bungle

**verpissen verpiss dich!** piss off!

**verplant das Wochenende hab ich schon verplant** I have already planned the weekend

**verplappern sich verplappern** to open one's mouth too wide

**verplempern ich verplempere hier nur meine Zeit** I'm just wasting my time here

**verplomben** to seal

**verpönt** frowned on (**bei** by)

**verprassen** to dissipate, to squander (**für** on)

**verprügeln** to thrash

der **Verputz** plaster[work]; (*Rauputz*) roughcast

**verputzen** ① to plaster ② (*essen*) to polish off

**verqualmen verqualm mir ja nicht die Wohnung!** don't pollute my flat with your cigarettes!

**verqualmt** filled with [*oder* full of] smoke

**verquollen** ① *Gesicht:* bloated ② *Augen:* puffy

**verrammeln** to barricade *Tür*

**verramschen** (*billig abgeben*) to flog

der **Verrat** ① betrayal (**an** of); **an jemandem Verrat begehen** to betray someone ② *in Rechtssprache:* treason (**an** against); **an seinem Land Verrat begehen** to commit treason against one's country

**verraten** ① to betray *Geheimnis, Freund, Land* ② **verraten und verkauft sein** to have been sold down the river ③ (*ausplaudern*) to tell; **nichts verraten!** don't say a word!; **hast du das etwa verraten?** have you given it away? ④ **verrate mir mal, wie das gehen soll!** just tell me how that's supposed to work! ⑤ **sich verraten** to give oneself away

der **Verräter**, die **Verräterin** traitor (**an** to)

**verrechnen** ① (*gegeneinander aufrechnen*) to set off against ② (*Scheck einziehen*) to clear ③ **sich verrechnen** to miscalculate; (*sich täuschen*) to be mistaken; **da hast du dich aber schwer verrechnet!** you're very much mistaken there!

der **Verrechnungsscheck** crossed cheque ⒼⒷ, voucher check Ⓤ🄢🄐

**verrecken** ① *Tier:* to die ② **die/der kann von mir aus verrecken** she/he can go to hell as far as I'm concerned ③ **nicht ums Verrecken!** not on your life!

**verregnet** ① *Tag, Wochenende:* rainy ② *Urlaub:* spoiled by rain

**verreisen** to go out of town, to go away [*oder*

on a journey]; **verreist sein** to be away

**verrenken** ❶ **sich die Schulter verrenken** to dislocate one's shoulder ❷ **sich den Hals verrenken** to crane one's neck

die **Verrenkung** *der Schulter usw.:* dislocation

**verrennen sich in etwas verrennen** to get stuck on something

**verrichten** to perform

**verriegeln** to bolt

**verringern** ❶ to reduce [rɪˈdjuːs] ❷ **sich verringern** (*abnehmen*) to decrease

die **Verringerung** ❶ reduction ❷ (*Abnahme*) decrease ❸ (*Verschlechterung*) deterioration

**verrinnen** *Zeit:* to elapse

**verrohen brutale Filme verrohen die Menschen** violent films have a brutalizing effect on people; **die Menschen verrohen** people become brutalized (**durch** by)

**verrosten** to rust

**verrostet** rusty

**verrotten** ❶ (*verfaulen*) to rot ❷ (*zu Kompost werden*) to decompose

**verrottet** rotten

**verrucht** despicable, loathsome

**verrücken** (*verschieben*) to shift

**verrückt** ❶ (*geisteskrank*) insane, mad ❷ (*umgangsspr*) **wie verrückt** like mad; **jemanden verrückt machen** to drive someone mad; **ich werd verrückt!** I'll be blowed!; **du bist wohl verrückt!** you must be crazy!; **bist du total verrückt geworden?** have you gone raving mad? ❸ **verrückt spielen** to be acting up; **der Fernseher spielt verrückt** the telly is acting up ❹ **ich bin verrückt nach ihr** I'm crazy about her

die **Verrücktheit** ❶ (*Zustand*) craziness ❷ (*Handlung*) crazy thing ❸ (*Geisteskrankheit*) madness

das **Verrücktwerden es ist zum Verrücktwerden!** it's enough to drive you round the bend!

der **Verruf in Verruf geraten/bringen** to fall/bring into disrepute

**verrufen** disreputable

**verrühren** to mix

**verrußt** sooty

**verrutschen** to slip

der **Vers** ❶ (*Lied, Strophe*) verse ❷ (*Zeile*) line

das **Versagen** ❶ (*Fehlschlag*) failure ❷ *von Maschine:* breakdown ⑬, slip-up ⑭ ❸ **menschliches Versagen** human error

**versagen** ❶ (*verweigern*) to refuse; **jemandem etwas versagen** to deny someone something ❷ *Person:* to fail; **ich habe ver-**

**sagt** I failed ❸ *Bremse:* to fail; *Gewehr:* to go off; *Maschine:* to break down

der **Versager,** die **Versagerin** failure

**versalzen** ❶ to oversalt *Speise;* **die Suppe ist versalzen** there's too much salt in the soup ❷ **jemandem etwas versalzen** to spoil something for someone

**versammeln sich versammeln** *Klasse:* to assemble; *Parlament:* to sit; *Mitglieder:* to meet

die **Versammlung** ❶ (*Veranstaltung*) meeting; **eine Versammlung abhalten** to hold a meeting; **eine Versammlung einberufen/vertagen** to convene/adjourn [əˈdʒɜːn] a meeting ❷ (*versammelte Menschen*) assembly

die **Versammlungsfreiheit** freedom of assembly

der **Versand** dispatch

die **Versandabteilung** despatch department

der **Versandhandel** mail-order △ *ohne Artikel*

das **Versandhaus** mail order company

der **Versandhauskatalog** mail order catalogue

die **Versandkosten** delivery [*oder* shipping] costs

**versauen** to mess up; **jemandem den Tag versauen** to ruin someone's day

**versäumen** ❶ (*vernachlässigen*) to neglect ❷ [es] **versäumen, etwas zu tun** to fail to do something ❸ to miss *Unterricht* ❹ **da hast du nichts versäumt!** you didn't miss much! ❺ to lose *Zeit*

**verschaffen** ❶ **jemandem etwas verschaffen** to procure something for someone, to provide someone with something ❷ **sich etwas verschaffen** to get [*oder* obtain] something ❸ **sich Klarheit verschaffen** to clarify the/a matter

die **Verschalung** casing, panelling

**verschämt** embarrassed

**verschanzen sich verschanzen** to entrench oneself (**hinter** behind)

**verschärfen** ❶ (*erhöhen*) to increase ❷ (*verschlimmern*) to aggravate *Lage* ❸ to tighten up *Vorschriften* ❹ **sich verschärfen** (*sich steigern*) to increase; *Krise:* to intensify ❺ **sich verschärfen** (*sich verschlimmern*) to become aggravated

**verschaukeln du willst mich wohl verschaukeln?** are you taking me for a ride?

**verschenken** ❶ to give away *auch übertragen* ❷ **sein Herz an jemanden verschenken** to give someone one's heart

**verscherbeln** to flog

**verscherzen sich etwas verscherzen** to forfeit [*oder* lose] something; **sich [die] Sympathien verscherzen** to lose popularity

**verscheuchen** to frighten [*oder* scare] away

**verschicken** (*versenden*) to dispatch
**verschieben** ❶ (*verrücken*) to move, to shift ❷ (*aufschieben*) to defer, to postpone, to put off (**um** for) ❸ to traffic in *Devisen, Waren* ❹ **sich verschieben** *Möbel usw.:* to move out of place ❺ **sich verschieben** *Feier, Termin:* to be postponed (**um** for)
die **Verschiebung** (*Aufschiebung*) postponement
**verschieden** ❶ (*unterschiedlich*) different (**von** from); **verschieden sein** to differ, to vary; **verschieden groß sein** to differ in size; *von Kleidern, Schuhen:* to be a different size ❷ (*auseinandergehend*) differing; **verschiedener Meinung sein** to differ, to disagree; **wir waren verschiedener Meinung** we disagreed (**über** on/about) ❸ (*mehrere, einige*) several, various ❹ **Verschiedenes** several things ⚠ *plural* ❺ **das ist verschieden** (*hängt davon ab*) that depends
**verschiedenartig** ❶ (*unterschiedlich*) different ❷ (*mannigfaltig*) various
die **Verschiedenheit** ❶ (*Unterschiedlichkeit*) difference ❷ (*Unähnlichkeit*) dissimilarity; *in der Meinung:* discrepancy ❸ (*Mannigfaltigkeit*) diversity, variety
**verschießen** ❶ to use up *Munition* ❷ to miss *Ball*
**verschiffen** to ship
**verschimmeln** to get mouldy
**verschlafen**[1] ❶ to miss by oversleeping *Termin* ❷ to sleep through *Tag* ❸ to sleep away *Leben* ❹ **ich hab verschlafen** I overslept
**verschlafen**[2] ❶ (*beim Aufwachen*) drowsy, sleepy ❷ (*trottelig*) dozy
**verschlagen** sly, wily ['waɪli]
**verschlampen** (*verlieren*) to go and lose
**verschlechtern** ❶ to make worse *Lage, Zustand* ❷ to impair *Qualität* ❸ **sich verschlechtern** *Lage, Zustand:* to deteriorate, to get worse ❹ **ich will mich nicht verschlechtern** (*finanziell*) I don't want to be worse off financially
die **Verschlechterung** deterioration
**verschleiern** ❶ (*mit Schleier*) to veil ❷ to cover up *Absichten* ❸ **sich verschleiern** *Mensch:* to veil oneself ❹ **ihr Blick verschleierte sich** her gaze became blurred; **der Himmel verschleierte sich** the sky became hazy
**verschleiert** ❶ *Mensch:* veiled ❷ *Blick:* blurred ❸ *Himmel:* hazy
der **Verschleiß** ❶ (*Abnutzung*) wear and tear ❷ (*Verbrauch*) consumption; **einen hohen Verschleiß an Klopapier haben** to go through an awful lot of toilet paper

**verschleißen** to wear out
**verschleppen** ❶ to abduct *Menschen* ❷ (*verzögern*) to draw out ❸ to protract *Krankheit*
**verschleudern** ❶ (*vergeuden*) to squander ❷ to sell dirt cheap *Ware*
**verschließbar** ❶ *Flasche:* closable ❷ *Tür, Zimmer:* lockable
**verschließen** ❶ (*abschließen*) to lock ❷ (*wegschließen*) to lock away ❸ (*zumachen*) to close ❹ **sich verschließen** *Person:* to shut oneself off (**vor** from)
**verschlimmern** ❶ to aggravate; to make worse *Situation usw.* ❷ **sich verschlimmern** to get worse, to worsen
die **Verschlimmerung** worsening
**verschlingen** ❶ (*verknoten*) to entwine ❷ (*herunter schlucken*) to devour, to swallow; (*gierig*) to gobble up
**verschlissen** *Kleider:* worn
**verschlossen** ❶ (*zu*) closed, shut ❷ (*mit Schlüssel*) locked; **vor verschlossener Tür stehen** to be left standing on the doorstep ❸ (*übertragen: reserviert*) reserved
die **Verschlossenheit** reserve
**verschlucken** ❶ to swallow ❷ **sich verschlucken** to swallow the wrong way, to choke on one's food
**verschlungen** entwined
der **Verschluss** ❶ (*Schloss*) lock; **unter Verschluss** under lock and key ❷ (*Deckel*) top; *von Flasche:* stopper ❸ *von Kamera:* shutter ❹ (*an Waffe*) breechblock
**verschlüsseln** to [en]code
die **Verschlüsselung** *in der Informatik:* encryption
**verschmähen** to spurn
**verschmelzen** to fuse *Metalle*
**verschmerzen** to get over; **das wirst du doch noch verschmerzen** you'll get over it
**verschmieren** ❶ to fill in *Loch, Riss* ❷ (*verstreichen*) to spread (**in** over) ❸ (*schmierig machen*) to smear; **wie siehst du denn aus, du bist ja ganz verschmiert!** look at you, you've got stuff smeared all over you *umgangsspr*
**verschmitzt** mischievous ['mɪstʃɪvəs]
**verschmort** ❶ *Fleisch:* burned ❷ *Leitung:* charred
**verschmust** **meine Tochter ist sehr verschmust** my daughter likes being cuddled
**verschmutzen** ❶ to dirty, to soil ❷ to pollute *Umwelt* ❸ *Gegenstand, Person:* to get dirty ❹ *Umwelt:* to become polluted
**verschmutzt** ❶ *Gegenstand, Person:* dirty, soiled ❷ *Umwelt:* polluted
**verschnaufen** to draw a breath

**Verschnaufpause – versetzen** **1010**

die **Verschnaufpause** breather
**verschneit** snow-covered
**verschnörkelt** ornate
**verschnupft verschnupft sein** (*erkältet*) to have a cold
**verschnüren** to tie up
**verschollen** ❶ *Flugzeug, Mensch:* missing ❷ (*in Rechtssprache*) presumed dead
**verschonen jemanden von etwas verschonen** to spare someone something; **verschon mich mit deinem Geschwätz!** no more of your nonsense!; **von etwas verschont bleiben** to be spared something
**verschönern** to brighten up, to embellish
**verschränken** ❶ to fold *Arme* ❷ to cross *Beine*
**verschreiben** ❶ (*verordnen*) to prescribe ❷ **sich verschreiben** (*falsch schreiben*) to make a slip of the pen ❸ **sich einer Sache [ganz] verschreiben** to dedicate oneself [wholly] to something
**verschreibungspflichtig** only available on prescription
**verschroben** eccentric, odd
**verschrotten** to scrap
**verschüchtert** intimidated, timid
das **Verschulden** fault; **ohne mein Verschulden** through no fault of mine
**verschulden** ❶ **das hast du verschuldet** you're to blame for this ❷ **sich verschulden** to get into debt [det]
**verschuldet bei jemandem verschuldet sein** to be indebted to someone
die **Verschuldung** indebtedness [ɪn'detɪdnəs]
**verschütten** ❶ to spill *Flüssigkeit* ❷ **er war drei Tage lang verschüttet** he had been trapped for three days

Ⓖ Richtiges Konjugieren von **spill**: spill, spilt/ spilled, spilt/ spilled — *Steve spilt milk over his jacket; Daisy has just spilt all the orange juice on the floor.*

**verschwägert** related by marriage (**mit** to)
**verschweigen jemandem etwas verschweigen** to conceal [*oder* hide] something from someone
**verschweißen** to weld together
**verschwenden** ❶ to waste ❷ to squander *Geld* (**an**/**für** on)
der **Verschwender**, die **Verschwenderin** spendthrift, squanderer
**verschwenderisch** ❶ spendthrift, wasteful ❷ (*extravagant*) extravagant
die **Verschwendung** wastefulness; **so eine Verschwendung!** what a waste!

die **Verschwendungssucht** extravagance
**verschwiegen** *Person:* discreet
die **Verschwiegenheit** *von Person:* discretion
**verschwimmen** (*undeutlich werden*) to become blurred
das **Verschwinden** disappearance
**verschwinden** ❶ to disappear, to vanish ❷ **verschwinde!** clear off!
**verschwitzen ich hab's total verschwitzt!** I completely forgot about it!
**verschwitzt** sweaty ['sweti]
**verschwommen** ❶ (*vage*) vague [veɪg] ❷ *Sicht:* blurred; **ich sehe alles nur verschwommen** everything looks hazy to me
**verschwören sich verschwören** to conspire, to plot (**mit** with, **gegen** against)
die **Verschwörung** conspiracy, plot
die **Verschwörungstheorie** conspiracy theory
das **Versehen** ❶ (*unabsichtlich*) mistake, slip; **aus Versehen** by mistake ❷ (*Irrtum*) error
**versehen** ❶ (*ausstatten*) to provide, to supply (**mit** with) ❷ **das Kleid ist mit Schleifen versehen** the dress has bows on it ❸ **sich versehen** to be mistaken
**versehentlich** ❶ (*unabsichtlich*) inadvertent; (*irrtümlich*) erroneous [ɪ'rəʊnɪəs] ❷ (*irrtümlicherweise*) by mistake, inadvertently
**versenden** ❶ to send ❷ to forward *Ware* ❸ (*verfrachten*) to ship
**versenken** ❶ to send to the bottom; to sink *Schiff* ❷ **sich ganz in etwas versenken** to become absorbed in something
die **Versenkung in der Versenkung verschwinden** (*vergessen werden*) to sink into oblivion; **aus der Versenkung auftauchen** to re-emerge on the scene
**versessen auf etwas versessen sein** to be crazy [*oder* mad] about something; **darauf versessen sein, etwas zu tun** to be desperate to do something
die **Versessenheit** keenness (**auf** on)
**versetzen** ❶ *von einer Stelle zu einer andern:* to move, to shift ❷ to transplant *Pflanze* ❸ to transfer *Mitarbeiter* ❹ (*in höhere Schulklasse*) to move up; **Bernhard wird nicht versetzt** Bernhard won't be moved up ❺ **jemandem einen Schlag versetzen** to deal someone a blow ❻ **jemanden versetzen** (*nicht erscheinen*) to stand someone up; **ihr Freund hat sie versetzt** her friend stood her up ❼ **jemanden in die Lage versetzen, etwas zu tun** to put someone in a position to do something ❽ **versetzen Sie sich in meine Lage!** put yourself in my place! ❾ **jemanden in den vorzeitigen Ruhe-**

**stand versetzen** to pension someone off ⑩ **jemanden in Angst versetzen** to terrify someone; **jemanden in Wut versetzen** to send someone into a rage

die **Versetzung** ① *im Beruf:* transfer ② *in der Schule:* moving up

**verseuchen** ① (*infizieren*) to infect ② (*vergiften*) to contaminate

die **Verseuchung** ① (*Infektion*) infection ② (*mit Giftstoff*) contamination

**versichern** ① (*beteuern*) to affirm; (*bestätigen*) to assure; **ich versichere dir, dass ...** I can assure you that ... ② to assure *Leben;* to insure *Eigentum;* **sich versichern** to insure oneself ③ **sich [einer Sache] versichern** (*sich vergewissern*) to make sure [of something]

der/die **Versicherte** insured [*oder* assured] party

die **Versicherung** ① *von Eigentum:* insurance [ɪnˈʃʊərəns]; *von Leben:* assurance ② (*Bekräftigung*) affirmation; (*Bestätigung*) assurance

der **Versicherungsbeitrag** insurance premium

die **Versicherungsdauer** term of an insurance policy

der **Versicherungsfall** insurance job

die **Versicherungspflicht** compulsory insurance [*oder* statutory] ⚠ *ohne Artikel*

die **Versicherungspolice** insurance policy

die **Versicherungsprämie** insurance premium

der **Versicherungsschutz** insurance cover

die **Versicherungssumme** sum insured [*oder* assured]

der **Versicherungsvertreter,** die **Versicherungsvertreterin** insurance agent

**versickern** to seep away

**versieben** (*verpatzen*) to blow it

**versiegeln** to seal

**versilbern** to silver-plate

**versinken** ① (*untergehen*) to sink; *Schiff:* to founder ② **die Sonne versank am Horizont** the sun sank beneath the horizon ③ (*übertragen*) to lose oneself; **in Gedanken versunken sein** to be lost in thought

**versklaven** to enslave *auch übertragen*

das **Versmaß** metre

**versöhnen** ① to reconcile *auch übertragen* (**mit** to) ② **sich versöhnen** to become reconciled (**mit** to)

die **Versöhnung** reconciliation

**versorgen** ① (*sich kümmern um*) to look after, to take care of ② (*finanziell oder materiell unterhalten*) to provide for ③ (*beliefern*) to provide, to supply (**mit** with) ④ **sich mit Proviant versorgen** to provide oneself

with food ⑤ **sich selbst versorgen** to take care of oneself

die **Versorgung** ① (*Pflege*) care; **ärztliche Versorgung** medical care ② (*Belieferung*) supply; **Versorgung mit Energie** power supply ③ **die Versorgung seiner Familie** providing for his family

das **Versorgungsnetz** ① *von Strom:* supply grid ② *von Waren:* supply network

**verspachteln** to fill in

**verspannen sich verspannen** *Muskel:* to tense up; **du bist ja ganz verspannt** you're all tensed up

die **Verspannung** tenseness

**verspäten sich verspäten** (*zu spät kommen*) to be late; (*aufgehalten werden*) to be delayed

**verspätet** ① belated, late ② *Zug, Flug:* delayed

die **Verspätung** ① delay; **alle Züge haben Verspätung** there are delays ⚠ *plural* to all trains; **[15 Minuten] Verspätung haben** to be [15 minutes] late ② *von Person:* late arrival

**verspekulieren** ① **sich verspekulieren** (*finanziell*) to ruin oneself by speculation ② **sich verspekulieren** (*übertragen*) to be out in one's calculations *plural*

**versperren** ① (*blockieren*) to bar, to block; **Sie versperren mir die Sicht!** you're obstructing my view! ② (*verschließen*) to lock up

**verspielen** ① to gamble away *auch übertragen* ② **der hat bei mir verspielt!** I've had quite enough of him! ③ **sich verspielen** (*beim Musizieren*) to make a mistake

**verspielt** playful

**verspotten** to mock

**versprechen** ① to promise; **versprochen?** promise? ② **was versprichst du dir davon?** what do you expect to gain by it? ③ (*sich verplappern*) to make a slip of the tongue

das **Versprechen** promise

**verspritzen** ① (*versprühen*) to spray ② (*durch Planschen*) to spatter, to splash

**verstaatlichen** to nationalize

die **Verstaatlichung** nationalization

die **Verstädterung** urbanization

der **Verstand** ① (*Intellekt*) intellect, mind; **ein scharfer Verstand** a keen mind ② (*Denkfähigkeit*) reason ③ **den Verstand verlieren** to go out of one's mind; **hast du den Verstand verloren?** have you gone mad?, are you out of your mind? ④ (*Vernunft*) [common] sense; **der Verstand sagt uns, ...** com-

**verstandesmäßig – verstohlen** 1012

mon sense tells us ..., it is common sense ... ⑤ (*Urteilsfähigkeit*) judgement ⑥ **ohne [Sinn und] Verstand** mindlessly
**verstandesmäßig** rational, intellectual
der **Verstandesmensch** rational person
**verständig** ① (*einsichtig*) understanding ② (*vernünftig*) reasonable, sensible
**verständigen** ① (*informieren*) to inform, to notify (**von** of) ② **sich [mit jemandem] verständigen** (*kommunizieren*) to communicate [with someone]
die **Verständigung** ① (*Informieren*) information, notification ② (*Kommunikation*) communication ③ (*Übereinkunft*) agreement, understanding
**verständlich** ① (*einsichtig, deutlich*) *Aussprache:* intelligible ② (*begreiflich*) understandable; **schwer verständlich** difficult to understand ③ (*begreifbar*) comprehensible ④ (*hörbar*) audible ['ɔːdəbl]; **kaum verständlich** barely audible ⑤ **sich verständlich machen** to make oneself heard
**verständlicherweise** understandably
das **Verständnis** ① (*Begreifen*) comprehension, understanding (**für** of) ② (*Mitgefühl*) sympathy (**für** for) ③ (*Sinn für etwas*) appreciation (**für** of) ④ **dafür/für solche Leute habe ich kein Verständnis** I have no time for that kind of thing/people
**verständnislos** ① (*nicht verstehend*) uncomprehending ② (*ohne Einfühlungsvermögen*) unsympathetic (**für** towards)
**verständnisvoll** ① (*verstehend*) understanding ② (*mitfühlend*) sympathetic (**für** towards)
**verstärken** ① to reinforce *auch übertragen,* to strengthen *auch übertragen* ② (*durch Lautsprecher*) to amplify ③ (*steigern*) to intensify ④ (*vermehren*) to increase ⑤ **sich verstärken** (*sich vermehren*) to increase ⑥ **sich verstärken** (*intensiver werden*) to intensify, to strengthen
der **Verstärker** amplifier
die **Verstärkung** ① reinforcement, support ② (*Intensivierung*) intensification ③ (*Vermehrung*) increase ④ *durch Truppen:* reinforcements △ *plural*
**verstaubt** dusty
**verstauchen** to sprain; **ich habe mir die Hand/den Knöchel verstaucht** I've sprained my hand/my ankle ['æŋkl]
**verstauen** to pack *Gepäck* (**in** into)
das **Versteck** ① hiding ['haɪdɪŋ] place ② **Versteck spielen** to play hide-and-seek
**verstecken** ① to conceal, to hide (**vor** from)

② **sich verstecken** to conceal oneself, to hide (**vor** from)

**G** Richtiges Konjugieren von **hide**: hide, hid, hidden — *Sandra hid in the loft; where have you hidden your report?*

**versteckt** ① (*verborgen*) concealed, hidden ② (*verstohlen*) furtive
**verstehen** ① (*begreifen*) to understand; **verstanden?** do you understand me?, got the idea?, OK?; **ich verstehe!** I see! ② (*deuten*) to interpret ③ (*einsehen*) to see ④ **was verstehen Sie unter „exzentrisch"?** what do you understand by "eccentric"?; **wie verstehen Sie seine Bemerkungen?** what do you understand by his remarks?; **jemandem zu verstehen geben, dass ...** to give someone to understand that ... ⑤ **ich verstehe nichts!** (*vor Lärm*) I can't hear a word! ⑥ **falsch verstehen** to misunderstand ⑦ **sie verstehen sich** they understand each other; (*kommen miteinander aus*) they get along with each other ⑧ **das versteht sich von selbst** that goes without saying

**G** Richtiges Konjugieren von **understand**: understand, understood, understood — *Tim understood the foreigners; have you understood everything?*

**versteifen** ① (*verstärken*) to reinforce, to strengthen ② **sich versteifen** *Gelenk:* to become stiff ③ **sich auf etwas versteifen** to become set on something
**versteigern** to auction [off]; **etwas versteigern lassen** to put something up for auction
die **Versteigerung** auction
**versteinert wie versteinert dastehen** to be rooted to the spot
die **Versteinerung** ① (*Vorgang*) petrifaction ② (*Fossil*) fossil ['fɒsəl]
**verstellbar** adjustable
**verstellen** ① (*in Unordnung bringen*) to misplace, to put in the wrong place ② to shift *Möbel* ③ (*versperren*) to block; **das Sofa verstellt mir den Weg** the settee is in [*oder* is blocking] my way ④ **wer hat den Fernseher verstellt?** who's been fiddling with the television? ⑤ to disguise *Handschrift, Stimme* ⑥ **sich verstellen** (*vorgeben*) to dissemble, to hide one's true feelings *plural*
**versteuern** to pay duty [*oder* tax] on
die **Versteuerung** taxation
**verstimmt** ① *Klavier:* out of tune ② *Mensch:* put out ③ *Magen:* upset
**verstockt** obstinate, stubborn
**verstohlen** *Blick:* furtive, surreptitious

[ˌsʌrəpˈtɪʃəs]

**verstopfen** ① to stop up *Loch* ② to block

**verstopft** ① *Abfluss:* blocked ② *Darm:* constipated ③ *Nase:* blocked [up]

die **Verstopfung** ① (*Blockierung*) blockage ② *von Darm:* constipation; **Verstopfung haben** to be constipated

**verstorben** deceased, late *vorangestellt*

**verstört** disturbed; (*vor Angst*) distraught [dɪˈʃtrɔːt]; **einen verstörten Eindruck machen** to look distraught

der **Verstoß** offence (**gegen** against), violation (**gegen** of)

**verstoßen** ① (*vertreiben*) to expel (**aus** from) ② (*sich vergehen*) to offend (**gegen** against); **das verstößt gegen die Regel** this is against the rule

**verstrahlt** contaminated by radiation

**verstreichen** ① *Zeit:* to elapse, to pass [by]; *Frist:* to expire ② (*auftragen*) to put on; to spread *Farbe, Salbe* (**auf** to)

**verstreuen** to scatter

die **Verstümmelung** mutilation

**verstummen** to fall silent

der **Versuch** ① attempt; **ein Versuch, etwas zu tun** an attempt at doing [*oder* to do] something; **es ist einen Versuch wert** it's worth a try; **beim ersten Versuch** at the first try; **er unternahm keinen Versuch, uns zu helfen** he made no attempt to help us; **alle Versuche scheiterten** all attempts failed ② (*Experiment*) experiment; (*Test*) test; **einen Versuch durchführen** to conduct [*oder* carry out] an experiment

**versuchen** ① to attempt, to try; **es versuchen** to have a try; **versuch es doch mal!** have a go!; **versuch es noch mal!** have another try!; **versuch es mal mit Geduld** try a little patience; **versuchen, etwas zu tun** to attempt [*oder* try] to do something; **lass mich mal versuchen!** let me have a try!; **ich werd es mal versuchen** I'll give it a try ② (*sich sehr bemühen*) to strive ③ (*kosten, probieren*) to taste; **versuch mal!** have a taste! ④ **sich an etwas versuchen** to try one's hand at something

Ⓖ Richtiges Konjugieren von **try**: try, tried, tried — *Florence tried to answer all the questions; have you ever tried surfing?*

das **Versuchskaninchen** guinea [ˈgɪni] pig *übertragen*

die **Versuchsperson** test person; **die Versuchspersonen** the test group △ *singular*

die **Versuchsreihe** series *singular* of experiments

das **Versuchstier** laboratory animal

**versuchsweise** (*als Versuch*) on a trial basis

die **Versuchung** temptation; **in Versuchung führen** to lead into temptation; **in Versuchung kommen** to be tempted

**versumpfen** (*übertragen: zechen*) to go on a bender *umgangsspr*

**versunken** ① *Schiff:* sunken ② *Kultur:* submerged ③ (*vertieft*) absorbed, immersed; **in Gedanken versunken** lost in thought

**versüßen** jemandem etwas versüßen to make something more pleasant for someone

**vertagen** ① to adjourn *Sitzung, Verhandlung* (**auf** until/till) ② (*verschieben*) to postpone (**auf** until/till) ③ **sich vertagen** to be adjourned; *Gericht:* to adjourn (**auf** until/till)

die **Vertagung** ① *von Sitzung, Verhandlung:* adjournment ② *im Parlament:* prorogation

**vertauschen** (*verwechseln*) to mix up; **man hat unsere Jacken vertauscht!** they got our jackets mixed up!

**verteidigen** to defend; **sich verteidigen** to defend oneself; **sich selbst verteidigen** (*vor Gericht*) to conduct one's own defence

der **Verteidiger**, die **Verteidigerin** ① (*auch beim Sport*) defender ② (*Befürworter*) advocate ③ (*Anwalt*) counsel [*oder* 🇺🇸 attorney] for the defence

die **Verteidigung** (*auch im Fußball*) defence 🇬🇧, defense 🇺🇸

der **Verteidigungsminister**, die **Verteidigungsministerin** Minister of Defence

das **Verteidigungsministerium** Ministry of Defence

**verteilen** ① to distribute (**an** to, **unter** among) ② (*ausstreuen*) to spread (**über** over) ③ **sich verteilen** *Personen:* to spread out ④ **sich verteilen** (*zeitlich*) to be spread (**über** over)

die **Verteilung** ① (*Austeilung*) distribution ② (*Zuteilung*) allocation

**verteuern** ① to make dearer ② **sich verteuern** to become dearer

die **Verteuerung** increase in price

**verteufelt** ① *Angelegenheit:* devilish ② **verteufeltes Glück haben** be damned lucky ③ **verteufelt weh tun** to hurt like mad

**vertiefen** ① to deepen *auch übertragen* ② **sich in etwas vertiefen** to become absorbed in something

die **Vertiefung** ① deepening ② *in Oberfläche:* depression ③ *von Kenntnissen usw.:* consolidation △ *ohne Artikel*

**vertikal** vertical [ˈvɜːtɪkᵊl]

das **Vertilgungsmittel** ① *gegen Insekten:* pesti-

**vertippen – vertrösten**     **1014**

cide ② *gegen Unkraut:* weedkiller
**vertippen sich vertippen** (*mit Schreibmaschine*) to make a typing error
**vertrackt** tricky; **so eine vertrackte Sache** what an awkward business
der **Vertrag** ① (*Arbeitsvertrag*) contract ② (*Abkommen*) agreement; (*politisch*) treaty
**vertragen** ① (*aushalten*) to endure, to stand, to tolerate; **ich kann alles vertragen, nur keine Schlamperei** I can tolerate anything except sloppiness ② (*bekömmlich sein*) **er kann keinen Fisch vertragen** fish does not agree with him; **ich kann keine Sonne vertragen** I can't take the sun; **er kann keinen Spaß vertragen** he can't take a joke; **sie kann nichts vertragen** (*Alkohol*) she can't take her drink ③ (*brauchen*) **ich könnte einen vertragen** (*Alkohol*) I could do with a drink ④ **sich [mit jemandem] vertragen** to get along [with someone]; **wir vertragen uns wieder** we've made up, we're friends again
**vertraglich** ① *Regelung:* contractual ② **vertraglich gebunden** bound by contract
**verträglich** ① (*umgänglich*) *Mensch:* easy-going, amicable, peaceable ② (*bekömmlich*) wholesome; *Speisen:* digestible [dɪˈdʒestəbl]
der **Vertragsabschluss** completion of a contract
die **Vertragsbedingungen** terms [*oder* conditions] of a contract
der **Vertragsbruch** breach of contract
die **Vertragsdauer** contractual period
der **Vertragspartner**, die **Vertragspartnerin** partner to a contract [*oder* treaty]
die **Vertragsverletzung** breach of contract
**vertragswidrig** ① *Handlung usw.:* contrary to the agreement ② **jemandem vertragswidrig kündigen** to make someone redundant contrary to the terms of contract
das **Vertrauen** ① confidence, trust (**zu/in/auf** in) ② **im Vertrauen [gesagt]** strictly in confidence; **zu jemandem Vertrauen haben** to be confident in someone, to trust someone; **jemanden ins Vertrauen ziehen** to admit [*oder* take] someone into one's confidence; **er ist ein Vertrauen erweckender Mensch** he is a person who inspires confidence
**vertrauen** ① jemandem [*oder* auf jemanden] vertrauen to trust [*oder* have confidence] in someone ② **auf die Zukunft vertrauen** to have faith in the future
der **Vertrauensarzt**, die **Vertrauensärztin** independent examining doctor
der **Vertrauensbruch** breach of trust

**vertrauensvoll** trusting
**vertrauenswürdig** trustworthy
**vertraulich** ① (*geheim*) confidential ② (*freundschaftlich*) familiar
**verträumt** ① (*träumerisch*) dreamy ② (*idyllisch*) sleepy
**vertraut** ① (*intim*) intimate ② *Freund:* close ③ *Gesicht:* familiar ④ **sich mit dem Gedanken vertraut machen, dass ...** to get used to the idea that ...; **sich mit etwas vertraut machen** to acquaint oneself with something
der/die **Vertraute** intimate friend
die **Vertrautheit** ① (*Intimität*) intimacy ② (*Bekanntheit*) familiarity
**vertreiben** ① to drive away; (*aus Land*) to expel (aus from); **Menschen aus ihrer Heimat vertreiben** to drive people out of their native land ② (*handeln mit*) to sell ③ **sich die Zeit [mit etwas] vertreiben** to while [*oder* pass] away one's time [doing something]
die **Vertreibung** expulsion
**vertretbar** justifiable; **nicht vertretbar** (*unhaltbar*) untenable
**vertreten** ① (*als Bevollmächtigter*) to represent; **er vertritt die Firma in Edinburgh** he represents the firm in Edinburgh ② (*zeitweilig ersetzen*) to replace ③ (*einstehen*) to answer for ④ **jemanden [vor Gericht] vertreten** to plead someone's case ⑤ to attend to *Interessen* ⑥ **ich vertrete die Ansicht ...** I take the view ... ⑦ **sich die Beine vertreten** to stretch one's legs
der **Vertreter**, die **Vertreterin** ① (*Repräsentant*) representative ② (*Stellvertreter*) deputy; (*für Arzt oder Geistlichen*) locum [tenens] ③ (*Fürsprecher*) advocate ④ (*Handelsvertreter*) sales representative, sales rep *umgangsspr*
die **Vertretung** ① *in der Schule:* supply teacher ② (*Ersatz*) replacement; **für jemanden die Vertretung übernehmen** to take the place of someone ③ (*Agentur*) agency
der **Vertrieb** sales, marketing
die **Vertriebsabteilung** sales department
die **Vertriebskosten** marketing [*oder* distribution] costs
der **Vertriebsleiter**, die **Vertriebsleiterin** sales manager
das **Vertriebsnetz** network of distributors
**vertrocknen** ① *Quelle:* to dry up ② *Pflanze:* to wither ③ *Lebensmittel:* to go dry
**vertrösten** jemanden von einem Tag auf den nächsten vertrösten to put someone

off from day to day
**vertrottelt** dopy
**vertun ich hab mich [schwer] vertan** I've made a [big] mistake
**vertuschen** to hush up
**verübeln jemandem etwas verübeln** to take something amiss; **ich kann's dir nicht verübeln** I can't blame you [for that]
**verulken** to make fun of, to tease
**verunfallen** ⓒⒽ to have an accident
**verunglücken** ❶ *Auto, Person:* to have an accident; *Flugzeug:* to crash; **mit dem Auto verunglücken** to have a car accident; **mit dem Flugzeug verunglücken** to be in a plane crash; **tödlich verunglücken** to be killed in an accident ❷ (*misslingen*) to go wrong; **der Kuchen ist mir verunglückt** I fluffed the cake *umgangsspr*
**verunmöglichen** ⓒⒽ to make impossible
**verunsichern** to make uncertain (**in** of)
**verunsichert** uncertain
**verunstalten** to disfigure
**veruntreuen** to embezzle
**verursachen** to cause; **Beschwerden verursachen** to give rise to trouble △ *singular*
der **Verursacher**, die **Verursacherin** culprit
**verurteilen** ❶ to condemn *auch übertragen* ❷ **jemanden zu drei Jahren Gefängnis verurteilen** to sentence someone to three years imprisonment; **jemanden zu einer Geldstrafe verurteilen** to impose a fine on someone
die **Verurteilung** ❶ condemnation *auch übertragen* ❷ (*Schuldspruch*) conviction
**vervielfältigen** to duplicate
**vervollständigen** to complete
die **Vervollständigung** completion △ *ohne Artikel*
**verwackeln** to blur *Foto*
**verwählen sich verwählen** to dial the wrong number; **Verzeihung, ich habe mich verwählt!** sorry, [I've dialled the] wrong number!
**verwahren** (*aufheben*) to have in safekeeping, to keep [safe]; **etwas an einem sicheren Ort verwahren** to put something away safely
**verwahrlost** ❶ (*vernachlässigt*) neglected ❷ *Äußeres einer Person:* unkempt ❸ (*moralisch*) decadent
die **Verwahrlosung** ❶ *von Person:* neglect of oneself ❷ *von Gebäude:* dilapidation ❸ (*moralisch*) depravity
**verwaist** ❶ (*ohne Eltern*) orphaned ❷ (*verlassen*) deserted

**verwalten** ❶ to administer *Erbe, Vermögen* ❷ to manage; to run *Firma* ❸ to govern *Gebiet, Staat* ❹ to hold *Amt*
der **Verwalter**, die **Verwalterin** administrator
die **Verwaltung** ❶ administration ❷ *einer Firma:* management
der **Verwaltungsapparat** administrative machinery
der/die **Verwaltungsbeamte**, die **Verwaltungsbeamtin** civil servant
der **Verwaltungsbezirk** administrative district
die **Verwaltungskosten** administrative costs [*oder* expenses] *plural*
**verwandeln** ❶ to change ❷ **sich verwandeln** to turn (**in** into) ❸ **einen Elfmeter/ Eckball verwandeln** to score from a penalty/corner
die **Verwandlung** change, transformation
**verwandt** related (**mit** to)

 **related** wird zusammen mit **to** gebraucht: *Peter is not related to Paul; they are just friends.*

der/die **Verwandte** relation, relative
die **Verwandtschaft** ❶ (*das Verwandtsein*) relationship ❷ (*die Verwandten*) relations △ *plural*
**verwandtschaftlich** family
die **Verwarnung** caution, warning; **jemandem eine Verwarnung erteilen** to give someone a warning; (*gebührenpflichtig*) to fine someone; (*im Fußball*) to give [*oder* show] someone a yellow card
**verwechseln** to mix up; **ich hab eure Mäntel verwechselt** I got your coats mixed up; **jemanden mit jemand anderem verwechseln** to take someone for someone else; **zum Verwechseln ähnlich** as like as two peas
die **Verwechslung** ❶ confusion; **es gab eine Verwechslung** there's been a mix-up ❷ (*Irrtum*) mistake
**verwegen** daring, bold
**verwehen** to drift *Schnee*
die **Verwehung** *von Schnee, Sand:* drift
die **Verweichlichung** softness
**verweigern** ❶ **jemandem etwas verweigern** to deny [*oder* refuse] someone something ❷ **das Essen verweigern** to refuse to eat ❸ **den Wehrdienst verweigern** to refuse to do one's military service
die **Verweigerung** denial, refusal
**verweint** ❶ *Gesicht:* tear-stained ❷ *Augen:* tear-swollen
der **Verweis** ❶ (*Rüge*) rebuke, reprimand;

**verweisen – verzerren** 1016

**jemandem einen Verweis erteilen** to reprimand [*oder* rebuke] someone ② (*Hinweis in Buch usw.*) reference (**auf** to)
**verweisen** ① (*hinweisen*) to refer; **auf etwas verweisen** to refer to something; **jemanden auf etwas/an jemanden verweisen** to refer someone to something/someone ② **jemanden des Landes/von der Schule verweisen** to expel someone from the country/from school
**verwelken** ① *Blume:* to wilt ② *Schönheit:* to fade
**verwendbar** usable ['juːzəbl] (**zu** for)
**verwenden** ① to use; (*benutzen*) to employ; **viel Zeit verwenden** to spend a lot of time (**auf** on) ② (*verwerten*) to utilize
die **Verwendung** ① employment, use ② *von Geld, Zeit:* expenditure (**auf** on)
der **Verwendungszweck** purpose, use
**verwerten** ① to make use of, to utilize ② to exploit *Rohstoff*
die **Verwertung** using, utilization
**verwesen** ① *Blätter, Leichnam:* to decay ② *Fleisch:* to rot
die **Verwestlichung** Westernization
die **Verwesung** decomposition; **in Verwesung übergehen** to start to decay
**verwickeln** ① to tangle up *Fäden* ② **jemanden in etwas verwickeln** to involve someone in something ③ **sich verwickeln** to become tangled
**verwickelt** (*übertragen*) complicated, intricate
die **Verwicklung** involvement (**in** in)
**verwildert** ① *Tier:* wild ② *Garten:* overgrown ③ *Aussehen:* unkempt
**verwinkelt** full of corners *plural*
**verwirklichen** ① to realize ② **sich verwirklichen** (*in Erfüllung gehen*) *Traum, Wunsch:* to be realized, to come true ③ **sich [selbst] verwirklichen** to fulfil oneself
**verwirren** to confuse; **verwirrt dich das?** does that confuse you?
**verwirrt** ① (*durcheinander*) confused ② (*verlegen*) embarrassed
die **Verwirrung** confusion; **Verwirrung stiften** to cause confusion; **jemanden in Verwirrung bringen** to confuse someone
**verwittert** weathered
**verwitwet** widowed; **Frau Braun, verwitwete Schwarz** Mrs Braun, the widow of Mr Schwarz
**verwöhnen** ① to spoil; **ich lasse mich gern verwöhnen** I like to be spoilt ② (*verzärteln*) to pamper

**verwöhnt** ① *Kind:* spoiled ② *im Geschmack:* discriminating ③ **vom Schicksal verwöhnt** smiled upon by fate
**verworren** ① *Lage:* complicated, intricate ② *Gedanken:* confused
**verwundbar** vulnerable *auch übertragen*
**verwunden** to injure, to wound [wuːnd]
**verwunderlich** ① (*erstaunlich*) amazing, surprising; **es ist nicht verwunderlich, dass ...** it is no wonder that ...; **das ist kaum verwunderlich** it's hardly to be wondered at ② (*sonderbar*) strange
die **Verwunderung** astonishment; **zu meiner Verwunderung** to my astonishment
**verwundet** wounded ['wuːndɪd] *auch übertragen;* **leicht verwundet** slightly wounded
der/die **Verwundete** wounded [*oder* injured] person
die **Verwundung** wound [wuːnd], injury
**verwünschen** ① (*verzaubern*) to cast a spell on ② (*verfluchen*) to curse
**verwurzelt** (*übertragen*) deeply rooted (**in/mit** in)
**verwüsten** to devastate, to ravage
die **Verwüstung** devastation
**verzagt** despondent, disheartened
**verzählen sich verzählen** to miscount
**verzaubern** ① to put a spell on; **jemanden in etwas verzaubern** to turn someone into something ② (*bezaubern*) to enchant
**verzehnfachen** to increase tenfold
der **Verzehr** consumption
**verzehren** ① to consume *auch übertragen* ② **sich verzehren** to eat one's heart out (**vor** with); **sich vor Kummer verzehren** to be consumed with grief; **sich vor Sehnsucht nach jemandem verzehren** to pine for someone
das **Verzeichnis** ① (*Liste*) list ② (*Register*) register ['redʒɪstəʳ] ③ (*Telefonverzeichnis*) directory
**verzeigen** ⓒⒽ **jemanden verzeigen** to report someone to the police
**verzeihen** ① (*vergeben*) to forgive ② (*entschuldigen*) to excuse, to pardon ③ (*vor Frage, Störung*) **verzeihen Sie!** excuse me!, I beg your pardon! ④ (*bei Anrempelung*) **verzeihen Sie!** sorry!
**verzeihlich** ① forgivable ② (*entschuldbar*) excusable, pardonable
die **Verzeihung** ① (*Vergebung*) forgiveness; **jemanden um Verzeihung bitten** to apologize to someone ② (*wie bitte?*) pardon?; *vor Frage, Störung:* excuse me!; *bei Anrempelung:* sorry!
**verzerren** ① (*auch übertragen*) to distort

*Klang, Tatsachen* ② to contort *Gesicht* ③ **sich verzerren** to become contorted [*oder* distorted] (**zu** in)
**verzerrt** ein verzerrtes Bild von der Wirklichkeit a distorted view of life
die **Verzerrung** distortion *auch übertragen*
der **Verzicht** renunciation (**auf** of); **Verzicht auf etwas üben** to renounce [*oder* forego] something
**verzichten** ① (*auskommen ohne*) to do without; **danke, ich verzichte!** thanks, but no thanks! ② **auf eine Erbschaft/ein Eigentum verzichten** to renounce an inheritance/a possession; **auf einen Anspruch verzichten** to waive a right
**verziehen** ① to spoil *Kind* ② **den Mund verziehen** to twist one's mouth (**zu** into); **das Gesicht verziehen** to pull a face; **keine Miene verziehen** to not bat an eyelid ③ **sich verziehen** *Holz:* to warp ④ **sich verziehen** (*verschwinden*) to disappear; *Gewitter:* to pass; *Wolken:* to disperse ⑤ **los, verzieh dich!** shove off!
**verzieren** to decorate
die **Verzierung** decoration; **die Verzierungen** the decoration △ *singular*
**verzinsen** to pay interest on; **mit 8 % verzinst sein** to bear interest at 8 %; **verzinstes Darlehen** loan with interest
**verzinslich** verzinsliches Darlehen loan with interest
**verzogen** ① *Holz:* warped ② *Kind:* spoiled ③ (*aus Wohnung*) moved away; „**Empfänger verzogen**" "no longer at this address"
**verzögern** ① to delay; (*verlangsamen*) to slow down ② **sich verzögern** to be delayed
die **Verzögerung** ① delay ② (*das Verzögern*) delaying ③ (*Verlangsamung*) slowing down
**verzollen** etwas verzollen to pay duty on something; **haben Sie etwas zu verzollen?** have you anything to declare?
**verzollt** duty-paid
die **Verzückung** in Verzückung über etwas geraten to go into raptures △ *plural* over something
der **Verzug** ① (*Aufschub*) delay; **ohne Verzug** without delay; **in Verzug geraten** to fall behind (**mit** with); ② **es ist Gefahr im Verzug** there is danger ahead
**verzweifeln** to despair (**an** of); **nur nicht gleich verzweifeln!** hang in there! *umgangsspr;* **es ist zum Verzweifeln!** it's maddening!
**verzweifelt** ① *Situation:* despairing ② *Lage:* desperate ③ **er ist verzweifelt** he is in despair; **ich bin völlig verzweifelt!** I just don't know what to do! ④ **verzweifelt kämpfen** to fight desperately
die **Verzweiflung** ① (*als Gemütszustand*) despair; **in Verzweiflung geraten** to despair ② (*Ratlosigkeit*) desperation ③ **aus reiner Verzweiflung** in sheer desperation; **jemanden zur Verzweiflung bringen** to drive someone to distraction
die **Verzweiflungstat** act of desperation; **sich zu einer Verzweiflungstat hinreißen lassen** to do something desperate
**verzweigen** sich verzweigen to branch out
**verzweigt** ramified *auch übertragen*
die **Verzweigung** ⒞ ① (*Autobahndreieck*) motorway junction ② *einer Straße:* branching [off]
**verzwickt** knotty, tricky, complicated
der **Veteran** veteran ['vetərən] *auch übertragen*
das **Veto** veto ['viːtəʊ]; **sein Veto gegen etwas einlegen** to veto something
das **Vetorecht** power of veto; **das Vetorecht haben** to have a veto
der **Vetter** cousin
die **Vetternwirtschaft** nepotism
die **VHS** *Abkürzung von* **Volkshochschule** adult education centre
**via** via [vaɪə]
der **Viadukt** viaduct ['vaɪədʌkt]
die **Vibration** vibration [vaɪ'breɪʃən]
**vibrieren** to vibrate
die **Videoaufzeichnung** video recording
der **Videogerät** video set
die **Videokamera** video camera
die **Videokassette** video cassette
der **Videorekorder** video [recorder]
die **Videoschaltung** video link
der **Videoschocker** video nasty
die **Videothek** videotape library ['laɪbrəri]; (*Laden*) video shop [*oder* store]
das **Vieh** livestock △ *singular oder plural;* (*Rinder*) cattle *plural;* **500 Stück Vieh** 500 head of cattle ▶ WENDUNGEN: **jemanden wie ein Stück Vieh behandeln** to treat someone like dirt

 **cattle** ist im Englischen ein Plural: *the cattle are in the field.*

das **Viehfutter** fodder
die **Viehzucht** cattle [*oder* stock] breeding
**viel** ① a great deal, a lot of, much; **so viel** so much; **so viel du willst** as much as you like; **halb so viel** half as much; **so viel wie gestern** as much as yesterday; **wie viel** how much; **zu viel** too much; **noch einmal so**

**vieldeutig – Viertelstunde** 1018

**viel** as much again; **viel besser** much better; **ziemlich viel** a good deal [of] **2** **viel Vergnügen!** have a good time!; **viel Glück!** good luck!; **vielen Dank!** thanks a lot! **3** **viele** a lot of, many; **so viele** so many; **wie viele** how many; **sehr viel[e]** very much, a great many; **davon gibt es nicht mehr viele** there aren't a lot left; **ziemlich viele** a good many **4** **die Straße ist viel befahren** this street is very busy; **viel beschäftigt** very busy; **viel gekauft** much-purchased; **viel geliebt** much-loved; **viel gereist** much-travelled; **ein viel sagender Blick** a meaningful look; **viel versprechend** [very] promising **5** **sich nicht viel aus etwas machen** to not make much of something

> **V** **many** wird für zählbare Dinge, Tiere und Personen gebraucht: *many people make that mistake.* — **much** wird für nicht zählbare Dinge und Mengen gebraucht: *Norman has eaten too much ice-cream.*

**vieldeutig** ambiguous
**vielerlei** *Dinge:* all sorts of, various
**vielfach** **1** **vielfacher Millionär** multimillionaire **2** **auf vielfache Weise** in many ways △ *plural;* **auf vielfachen Wunsch** at the request of many people
die **Vielfalt** great variety
**vielfältig** diverse, varied
**vielleicht** **1** (*möglicherweise*) maybe, perhaps; **könnten Sie mir vielleicht behilflich sein?** could you by any chance be able to help? **2** (*ungefähr*) **er war vielleicht um die 30** he may have been about 30 **3** **glaubst du mir vielleicht nicht?** you do believe me, don't you?; **kannst du mir vielleicht sagen, wie das gehen soll?** (*aggressiv*) do you think you could tell me how that's supposed to work, then? **4** (*wirklich*) really; **der ist vielleicht ein Idiot!** he really is an idiot!; **das war vielleicht gut/peinlich!** it was so good/embarrassing!; **die hat vielleicht [doof] geguckt!** you should have seen her [stupid] face!
**vielmal(s)** **1** (*viele Male*) many times *plural;* **ich danke Ihnen vielmals** many thanks *plural* **2** (*sehr*) a lot, very much; **ich bitte vielmals um Entschuldigung** I'm awfully sorry
**vielmehr** **er ist, vielmehr war, Soldat** he is, or rather was, a soldier
**vielseitig** **1** *Bildung, Können:* all-round **2** *Interessen:* varied **3** *Mensch:* versatile **4** **auf**

**vielseitigen Wunsch** by popular request
die **Vielzahl** **1** (*Menge*) multitude **2** (*Fülle*) abundance
die **Vier** **1** (*Zahl*) [number] four **2** (*Schulnote*) ≈ D; **eine Vier schreiben** ≈ to get a D **3** **die Vier** (*Straßenbahn, Bus*) the number four [tram/bus]
**vier** **1** four; **viertel vor vier** a quarter to four **2** **unter vier Augen** face to face; **jemanden unter vier Augen sprechen** to speak to someone privately **3** **auf allen vieren** on all fours
das **Viereck** quadrangle, square
**viereckig** quadrangular, square
der **Vierer** (*Ruderboot*) four
**vierfach** **1** *Mord:* fourfold, quadruple **2** **die vierfache deutsche Meisterin** the four time German champion **3** **in vierfacher Ausfertigung** in quadruplicate
**vierhändig** **vierhändig spielen** to play something for four hands
**vierhundert** four hundred
**vierjährig** **1** (*vier Jahre alt*) four-year-old **2** (*vier Jahre lang*) four-year
die **Vierlinge** quadruplets
**viermal** four times; **viermal so viele** four times as many
der **Vierradantrieb** four-wheel drive
**vierspurig** *Straße:* four-lane
**vierstellig** **eine vierstellige Zahl** a four-figure number
das **Viersternehotel** 4-star hotel
**vierte(r, s)** **1** fourth, 4th **2** **wir haben heute den vierten Dezember** today is the fourth of December **3** **ich bin in der vierten Klasse** I'm in Year 4 **4** **im vierten Gang fahren** to drive in fourth
**vierteilig** **1** **ein vierteiliger Roman/Film** a four-part novel/film **2** **ein vierteiliges Service** a four piece set
**viertel** quarter; **ein viertel Pfund** a quarter of a pound
das **Viertel** **1** (*Maß*) fourth [part] **2** **Viertel nach elf** [a] quarter past eleven; **Viertel vor zwölf** [a] quarter to twelve **3** **ein Viertel[e]** (*Wein*) a glass of wine **4** (*Stadtteil*) district, quarter
das **Vierteljahr** quarter [of a year], three months *plural;* **in einem Vierteljahr** in three month's *plural* time
**vierteljährlich** **1** *Rechnung usw.:* quarterly **2** **vierteljährlich erscheinen** to be published every three months [*oder* quarterly]
der **Vierteliter** quarter of a litre
die **Viertelstunde** quarter of an hour ⑧, quarter hour ⑧; **in einer Viertelstunde** in quarter

of an hour

**viertelstündlich der Bus/die Bahn fährt viertelstündlich** the bus/train runs every quarter of an hour

der **Viertürer** four-door model

**vierzehn** fourteen; **vierzehn Tage** a fortnight; **in vierzehn Tagen** in a fortnight's time ⓖⓑ, in two weeks ⓤⓢⓐ

**vierzehntägig** fortnightly

**vierzehnte(r, s)** fourteenth

das **Vierzehntel** fourteenth

**vierzig** forty

**vierzigste(r, s)** fortieth

die **Vierzimmerwohnung** four-room flat [*oder* ⓤⓢⓐ apartment]

**Vietnam** Vietnam

der **Vietnamese,** die **Vietnamesin** Vietnamese

**vietnamesisch** Vietnamese

der **Vikar** curate

die **Villa** villa

**violett** violet ['vaɪələt]

die **Violine** violin; **Violine spielen** to play the violin

der/die **VIP** *Abkürzung von* **very important person** VIP

die **Viper** (*Giftschlange*) adder, viper ['vaɪpə']

die **Virenwarnung** *im Internet:* virus warning

**virtuell** virtual; **virtuelle Realität** virtual reality

das **Virus** virus ['vaɪrəs]

die **Viruskrankheit** viral disease

der **Visagist,** die **Visagistin** make-up artist

das **Visier** ① *von Helm:* visor ② *von Gewehr:* sight

**visieren** ⓒⓗ (*abzeichnen*) to certify

die **Vision** vision ['vɪʒᵊn]

die **Visite** ① *im Krankenhaus:* round; **wann ist hier auf Station Visite?** when are the doctors going on their round on this ward? ② *zu Hause:* house call, visit

die **Visitenkarte** (*auch übertragen*) visiting card ⓖⓑ, calling card ⓤⓢⓐ

die **Viskose** viscose ['vɪskəʊs]

**visuell** visual

das **Visum** visa

**vital** vigorous

die **Vitalität** vitality

das **Vitamin** vitamin ['vɪtəmɪn]

der **Vitaminmangel** vitamin deficiency

**vitaminreich** rich in vitamins *plural*

die **Vitamintabletten** vitamin tablets

die **Vitrine** ① (*Schaukasten*) showcase ② (*Glasschrank*) glass cabinet

der **Vize** number two

der **Vizemeister,** die **Vizemeisterin** ① (*Einzelathlet*) runner-up ② (*Mannschaft*) runners-

up ⚠ *plural*

der **Vizepräsident,** die **Vizepräsidentin** ① *in der Politik:* vice-president ② *einer Firma:* deputy chair, deputy chairman *maskulin,* deputy chairwoman *feminin*

der **Vizeweltmeister,** die **Vizeweltmeisterin** ① (*Einzelathlet*) runner-up in the World Cup ② (*Mannschaft*) runners-up ⚠ *plural* in the World Cup

der **V-Mann** contact

der **Vogel** bird ▶ WENDUNGEN: **ein seltsamer Vogel** a strange customer; **jemandem den Vogel zeigen** to tap one's forehead; **einen Vogel haben** to have a screw loose

das **Vogelbauer** birdcage

das **Vogelfutter** birdseed

das **Vogelnest** bird's nest

die **Vogelscheuche** (*auch übertragen umgangsspr*) scarecrow

die **Vogelwarte** ornithological station

der **Vogerlsalat** Ⓐ lamb's lettuce

die **Vogesen** the Vosges [vəʊʒ]

die **Vokabel** word ⚠ *das englische Wort 'vocabulary' bedeutet 'Wortschatz'*

das **Vokabelheft** vocabulary book

das **Vokabular** vocabulary

der **Vokal** vowel [vaʊəl]

das **Volk** ① (*Nation*) people, nation; **das litauische Volk** the Lithuanian people; **ein Mann aus dem Volk** a man of the people; **die Stimme des Volkes** the voice of the nation; **zum Volk sprechen** to address the nation ② (*Menge*) crowd ③ (*die unteren Schichten*) the lower classes ⚠ *plural* ④ **das ist ein Volk für sich** they're a race apart

der **Völkerbund** League of Nations

die **Völkergemeinschaft** international community

die **Völkerkunde** ethnology

der **Völkermord** genocide

das **Völkerrecht** international law

die **Völkerverständigung** international understanding

die **Volksabstimmung** plebiscite ['plebɪsaɪt]

die **Volksbefragung** public opinion poll

der **Volksentscheid** referendum

das **Volksfest** funfair

der **Volksheld,** die **Volksheldin** popular hero *maskulin,* popular heroine *feminin*

die **Volkshochschule** adult education centre

die **Volksinitiative** ⒸⒽ petition for a referendum

die **Volkskunde** folklore

das **Volkslied** folk song

die **Volksrepublik** people's republic; **die Volksre-**

**Volksstamm – Volt**

**publik China** the People's Republic of China

der **Volksstamm** tribe

der **Volkstanz** folk dance

die **Volkstracht** national costume

**volkstümlich** ① traditional ② (*beim Volk beliebt*) popular

der **Volksvertreter**, die **Volksvertreterin** representative of the people

der **Volkswirt**, die **Volkswirtin** economist

die **Volkswirtschaft** ① (*Nationalökonomie*) national economy ② (*Studienfach*) economics ⚠ *plural*

die **Volkszählung** census

**voll** ① (*angefüllt*) full (**von** of); **der Saal ist voll[er Leute]** the hall is full of people ② (*gedrängt*) crowded ③ (*ganz*) complete, entire, whole; **die volle Summe** the entire sum; **die volle Wahrheit** the whole truth; **drei volle Jahre** three whole years ④ (*vollzählig*) complete ⑤ (*gefüllt*) filled; **mit vollem Mund sprechen** to speak with one's mouth full ⑥ (*betrunken*) plastered ⑦ (*satt*) full ⑧ **mit vollem Mund** with one's mouth full ⑨ **aus dem Vollen schöpfen** to draw on unlimited resources *plural* ⑩ **etwas voll verstehen** to understand something completely ⑪ **voll dahinter stehen** to be fully behind something ⑫ **jemanden für voll nehmen** to take someone seriously ⑬ **voll füllen** to fill [up] ⑭ **den Hals nicht voll kriegen können** (*umgangsspr*) to be a greedy git ⑮ **voll machen** *Gefäß:* to fill up; (*vervollständigen*) to complete; **die Windeln voll machen** to fill the nappies ⑯ **voll pumpen** to fill with air; **voll schreiben** to fill with writing ⑰ **voll stopfen** to cram full ⑱ **voll tanken** to fill up ⑲ **voll gepfropft/ gestopft** crammed, packed

**vollautomatisch** fully automatic

das **Vollbad** [proper] bath

der **Vollbart** [full] beard

das **Vollblut** (*Pferd*) thoroughbred [horse] **(GB)**, blooded horse **(USA)**

die **Vollbremsung** emergency stop; **eine Vollbremsung machen** to do an emergency stop

**vollbringen** to accomplish, to achieve; **ein Wunder vollbringen** to perform a miracle

**vollbusig** full-bosomed

der **Volldampf mit Volldampf** full steam ahead

das **Völlegefühl** unpleasant feeling of fullness

**vollenden** ① (*abschließen*) to complete ② (*vervollkommnen*) to make complete

**vollendet** ① (*vollkommen*) completed

② *Schönheit:* perfect

die **Vollendung** ① completion; **vor Vollendung des 30. Lebensjahres** before completion of the 30th year of one's life ② (*Vervollkommnung, Vollkommenheit*) perfection

der **Volleyball** ['vɔlibal] volleyball

**vollführen** to execute, to perform

das **Vollgas mit Vollgas** at full throttle, full tilt *umgangsspr;* **Vollgas geben** to open it right up, to step on the gas *umgangsspr*

die **Vollglatze eine Vollglatze haben** to be entirely bald

**völlig** complete; **völliger Blödsinn!** utter nonsense!

**volljährig** of age; **volljährig werden** to come of age

die **Volljährigkeit** majority

die **Vollkaskoversicherung** fully comprehensive insurance

**vollklimatisiert** fully air-conditioned

**vollkommen** ① (*perfekt*) perfect ② (*völlig*) complete

die **Vollkommenheit** perfection

das **Vollkornbrot** wholemeal bread

die **Vollmacht** ① power, authority ② *juristisch:* power of attorney; **jemandem eine Vollmacht ausstellen** [*oder* **erteilen**] to give someone power of attorney

die **Vollmilch** full-cream milk

die **Vollmilchschokolade** milk chocolate

der **Vollmond** full moon

die **Vollpension** full board

**vollschlank** (*füllig*) full-figured

**vollständig** ① complete, entire ② **etwas vollständig machen** to complete something

die **Vollständigkeit** completeness; **der Vollständigkeit halber** to complete the picture

**vollstopfen sich den Bauch vollstopfen** to stuff oneself

die **Vollstreckung** execution

der **Volltreffer** bull's eye *auch übertragen*

die **Vollversammlung** plenary meeting

das **Vollwaschmittel** detergent

**vollwertig** *Ersatz:* fully adequate

die **Vollwertkost** wholefood

**vollzählig** ① *Versammlung:* complete ② **wir sind vollzählig erschienen** everyone of us came

**vollziehen** to carry out

die **Vollzugsanstalt** penal institution

der **Volontär**, die **Volontärin** trainee

das **Volontariat** unpaid internship; **ein Volontariat bei der Zeitung machen** to do an unpaid internship with a newspaper

das **Volt** volt

das **Volumen** volume *auch übertragen*
**von ❶** of; **das ist lieb von dir** that's kind of you; **eine Freundin von mir** a friend of mine **❷** (*durch*) by **❸** (*räumlich*) from; **von rechts/links** from the right/left; **von oben/unten** from the top/bottom; **von hinten/vorne** from behind/the front **❹** (*zeitlich*) **von ... an** from ... on; **von ... bis** from ... until; **von nun an** henceforth; **von morgen an** from tomorrow; **von Zeit zu Zeit** from time to time; **von vornherein** from the [very] beginning **❺ von klein auf** from childhood **❻ von selbst** automatically **❼ von wegen!** no way!; **von mir aus!** I don't mind! **❽ dieses Gedicht ist von Milton** this poem is by Milton; **das hab ich von dir** I got that from you **❾ das hängt vom Wetter ab** that depends on the weather **❿ grüßen Sie ihn von mir** my best regards to him
**voneinander** from [*oder* of] each other
**vor ❶** (*örtlich*) before; **vor dem Hause** in front of the house; **das tut man nicht vor Leuten** it's not done in front of people **❷** (*zeitlich*) **vor ihrer Ankunft** before [*oder* prior to] her arrival; **vor zwei Jahren** two years ago **❸** (*bei Uhrzeit*) **fünf [Minuten] vor zehn** five [minutes] to ten ⒢, five minutes of ten; **nicht vor** not till; **vor der Zeit** before time ⒢, ahead of time ⓤ **❹ vor allem** above all, first of all **❺** (*ursächlich*) **vor Angst** with fear; **vor lauter Arbeit** with all this work; **vor Lachen** for laughing **❻ vor Aufregung** for excitement **❼ vor Zeugen** in presence of witnesses **❽ vor sich hin** to oneself **❾ vor und zurück** backwards and forwards **❿ nach wie vor** still
**vorab** first of all, to begin with
der **Vorabend** (*der vorhergehende Abend*) the evening before
die **Vorahnung** premonition, presentiment
**voran ❶** (*vorn*) first, in front of **❷** (*vorwärts*) forwards
**vorangehen ❶** to go in front; **jemandem vorangehen** to go ahead of someone **❷ mit gutem Beispiel vorangehen** to set a good example **❸ es geht gut voran mit der Arbeit** work is coming along well
**vorankommen ❶ im Beruf vorankommen** to get on in one's career; **im Leben vorankommen** to get on in life; **wie kommst du voran?** how are you getting on? **❷** (*Fortschritte erzielen*) to make progress
die **Voranmeldung** appointment
der **Voranschlag** estimate
die **Voranzeige ❶** *für Theaterstück:* advance notice **❷** *für Film:* trailer ⒢, preview ⓤ

der **Vorarbeiter,** die **Vorarbeiterin** foreman *maskulin,* forewoman *feminin*
**voraus ❶** (*voran*) in front; **jemandem [weit] voraus sein** to be [streets] ahead of someone; **Joyce war seiner Zeit voraus** Joyce was ahead of his time **❷ im Voraus** in advance
**vorausahnen** to anticipate
**vorausgehen** to go in front
**vorausgesetzt vorausgesetzt, dass ...** provided [that] ...
die **Voraussage** prediction; *für Wetter:* forecast
**voraussagen jemandem etwas voraussagen** to predict something for someone
**voraussehbar** foreseeable
**voraussetzen** to presuppose; **als selbstverständlich voraussetzen** to take for granted
die **Voraussetzung ❶** (*Vorbedingung*) prerequisite; **unter der Voraussetzung, dass ...** on condition that ... **❷** (*Annahme*) premise
die **Voraussicht** foresight; **aller Voraussicht nach** in all probability
**voraussichtlich ❶** *Ankunft usw.:* expected **❷** (*wahrscheinlich*) probably
die **Vorauszahlung** advance payment; **[nur] gegen Vorauszahlung!** cash in advance!
der **Vorbau** porch; (*Balkon*) balcony
der **Vorbehalt** reservation; **große Vorbehalte haben** to have grave reservations; **unter dem Vorbehalt, dass ...** with the reservation that ...
**vorbehaltlos** unconditional
die **Vorbehandlung** pretreatment
**vorbei ❶** (*räumlich*) past; **kommst du vorbei?** can you get past?; (*zum Besuch*) will you drop by? **❷** (*zeitlich*) gone, over; **es ist vier [Uhr] vorbei** it's past [*oder* gone] four [o'clock]; **das ist jetzt alles vorbei** all that is over now; **was vorbei ist, ist vorbei** what's past, is past; **die Traurigkeit ist vorbei** the sadness is gone
**vorbeifahren an jemandem/etwas vorbeifahren** to drive past someone/something; **der Wagen ist eben hier vorbeigefahren** the car drove past here a few moments ago
**vorbeigehen ❶ an jemandem vorbeigehen** (*auch übertragen*) to go past [*oder* pass by] someone; **im Vorbeigehen** in passing *auch übertragen* **❷** (*kurz besuchen*) **ich gehe nachher mal bei ihm vorbei** I'll look in on him later in the day **❸** (*aufhören*) to pass; **das geht schon wieder vorbei** it'll pass
**vorbeikommen** (*besuchen*) **bei jemandem**

**vorbeilassen – Vorführung** 1022

**vorbeikommen** to drop in on someone; **komm doch mal vorbei** why don't you drop in [*oder* come round] some time

die **vorbeilassen** to let pass

**vorbeireden** aneinander vorbeireden to talk at cross purposes *plural*

**vorbeischießen** ❶ (*vorbeisausen*) [an jemandem/etwas] **vorbeischießen** to shoot past [someone/something] ❷ [am Ziel] **vorbeischießen** to miss the target

**vorbelastet** at a disadvantage; **da ist er/sie erblich vorbelastet** it runs in his/her family

die **Vorbemerkung** preface

**vorbereiten** ❶ to prepare ❷ **sich vorbereiten** to prepare [oneself] (**auf/für** for) ❸ **vorbereitet sein** to be ready [*oder* prepared] (**auf** for)

die **Vorbereitung** preparation

der **Vorbesitzer**, die **Vorbesitzerin** previous owner

**vorbestellen** ❶ to order in advance *Ware* ❷ to book *Tisch, Zimmer*

die **Vorbestellung** ❶ *von Ware:* advance order ❷ *von Zimmer:* booking ⟨GB⟩, reservation ⟨USA⟩

**vorbestraft** previously convicted; **vorbestraft sein** to have a criminal record

**vorbeugen** ❶ (*vermeiden*) to prevent; **vorbeugen ist besser als heilen** prevention is better than cure ❷ **sich vorbeugen** to bend forward

**vorbeugend** preventive, prophylactic

die **Vorbeugung** ❶ prevention (**von/gegen** of); **zur Vorbeugung gegen** for the prevention of ❷ (*medizinisch*) prophylaxis; **zur Vorbeugung gegen** as a prophylaxis against

das **Vorbild** ❶ model; **jemanden als Vorbild hinstellen** to hold someone up as a model; **sich jemanden zum Vorbild nehmen** to model oneself on someone ❷ (*Beispiel*) example; **sich jemanden zum Vorbild nehmen** to take someone as an example

**vorbildlich** exemplary; **ein vorbildlicher Schüler** a model pupil

die **Vorbildung** *schulisch:* educational background

der **Vorbote** harbinger

**vorbringen** ❶ (*sagen*) to say; to express *Forderung, Meinung* ❷ to bring forward *Beweise*

**vorchristlich** pre-Christian

die **Vorderachse** front axle

die **Vorderansicht** front view

**Vorderasien** Near East

das **Vorderbein** foreleg

**vordere** front

die **Vorderfront** frontage

der **Vordergrund** ❶ foreground; **im Vordergrund** in the foreground ❷ (*übertragen*) **sich in den Vordergrund schieben** to push oneself to the fore

der **Vordermann** person in front

das **Vorderrad** front wheel

der **Vorderradantrieb** front-wheel drive

der **Vorderschinken** shoulder ham

die **Vorderseite** front

der **Vordersitz** front seat

**vorderste** frontmost; **die vorderste Reihe** the front row

das/der **Vorderteil** front, front part

das **Vordiplom** intermediate exam

**vordränge(l)n** sich vordrängen to push to the front; **sich in einer Schlange vordrängen** to jump a queue ⟨GB⟩, to push to the front of a line ⟨USA⟩

**vordringen** to advance; **in den Weltraum vordringen** to penetrate into space

der **Vordruck** (*Formular*) form ⟨GB⟩, blank ⟨USA⟩

**vorehelich** premarital

**voreilig** rash; **voreilige Schlüsse ziehen** to jump to conclusions

**voreingenommen** prejudiced (**gegen** against); **die Prüfer waren mir gegenüber voreingenommen** the examiners were biased against me

die **Vorentscheidung** preliminary decision

die **Vorentscheidungsrunde** preliminary round

**vorerst** for the time being

der **Vorfahr** ancestor, forefather

die **Vorfahrt** right of way; **die Vorfahrt beachten/nicht beachten** to observe/ignore the right of way

**vorfahrtsberechtigt** ich war/war nicht **vorfahrtsberechtigt** I had/didn't have the right of way

das **Vorfahrtsschild** give way sign ⟨GB⟩, yield sign ⟨USA⟩

die **Vorfahrtsstraße** major road

der **Vorfall** ❶ (*Geschehnis*) incident, occurrence ❷ *von Bandscheibe:* prolapse

**vorfallen** (*geschehen*) to happen, to occur; **es ist etwas vorgefallen** something has happened

**vorfinden** to discover, to find

die **Vorfreude** anticipation (**auf** of)

**vorführen** ❶ to show; **jemandem etwas vorführen** to show something to someone *auch Film* ❷ (*präsentieren*) to present ❸ to model *Kleidung* ❹ to demonstrate *Gerät* ❺ to bring forward *Angeklagten*

die **Vorführung** ❶ *von Film:* show ❷ *von Theaterstück, Show:* performance ❸ *von Mode:* presentation

der **Vorgang** ❶ (*Ereignis*) event ❷ (*Hergang*) course of events ❸ (*Prozess*) process

der **Vorgänger**, die **Vorgängerin** predecessor

der **Vorgarten** front garden Ⓖ🇧, dooryard 🇺🇸🇦

**vorgeben** ❶ *im Sport:* to give ❷ (*vortäuschen*) to pretend

das **Vorgebirge** foothills ⚠ *plural*

**vorgefasst** vorgefasste Meinung prejudice

**vorgefertigt** prefabricated

**vorgeheizt** preheated

das **Vorgehen** ❶ (*Verfahren*) procedure ❷ **ein gemeinsames Vorgehen** a concerted action

**vorgehen** ❶ (*nach vorn gehen*) to go forward; **sie ging vor, zur Anmeldung/zur Lehrerin** she went right up to the reception desk/the teacher ❷ (*früher gehen*) to go on ahead; (*als Erster gehen*) to go first; **wir gehen schon vor und treffen euch dann am Bahnhof** we'll leave now and we'll see you at the station ❸ (*handeln*) to act, to proceed ❹ (*juristisch*) to take legal proceedings (**gegen** against) ❺ (*wichtiger sein*) to have priority; **die Arbeit geht vor** work comes first ❻ (*sich ereignen*) to go on, to happen; **was geht hier vor?** what's going on here? ❼ **meine Uhr geht [drei Minuten] vor** my watch is [three minutes] fast

die **Vorgeschichte** ❶ (*Urgeschichte*) prehistory ❷ (*vorausgegangener Verlauf*) [past] history

der **Vorgeschmack** foretaste

der/die **Vorgesetzte** superior

**vorgestern** the day before yesterday

**vorgreifen** **einer Sache vorgreifen** to anticipate something; **jemandem vorgreifen** to forestall someone

das **Vorhaben** ❶ (*Plan*) plan ❷ (*Absicht*) intention

**vorhaben** ❶ (*beabsichtigen*) to have in mind, to intend; **ich habe vor, mit ihr zu sprechen** I intend to speak to her; **mit jemandem Großes vorhaben** to have great plans for someone ❷ (*geplant haben*) to have planned; **was hast du heute vor?** what do you have planned for today?, what are you up to today? *umgangsspr;* **wenn Sie nichts anderes vorhaben** unless you are otherwise engaged; **haben Sie morgen [schon] etwas vor?** do you have any plans for tomorrow?; **ich habe vor, nach Schottland zu fahren** I am planning to go to Scotland; **was hast du damit vor?** what are you going to do with that?

die **Vorhalle** entrance hall, vestibule; *im Parla-*

*ment:* lobby

**vorhalten** ❶ (*als Beispiel*) **er hält ihr ständig ihren Bruder vor** he keeps holding up her brother as an example to her ❷ (*vorwerfen*) **jemandem etwas vorhalten** to reproach someone with something ❸ **die Hand vor den Mund halten** to put one's hand in front of one's mouth ❹ (*ausreichen*) to last; **das hält noch lange vor** this will last for a good while longer

die **Vorhaltungen** reproaches; **jemandem Vorhaltungen machen** to reproach someone; **jemandem Vorhaltungen dafür machen, dass er/sie etwas getan hat** to reproach someone for having done something

die **Vorhand** *im Tennis:* forehand

**vorhanden** ❶ (*verfügbar*) available ❷ (*existierend*) existing; **ein Bad war nicht vorhanden** there was no bathroom

der **Vorhang** curtain Ⓖ🇧, shade 🇺🇸🇦; **den Vorhang zuziehen** to draw the curtain; **den Vorhang aufziehen** to draw back the curtain

das **Vorhängeschloss** padlock

die **Vorhaut** foreskin

**vorher** (*früher*) before now; **am Tag vorher** the day before, the previous day; **kurz vorher** a short time before

**vorherbestimmen** to predetermine

**vorherbestimmt** predestined

**vorhergehen** (*übertragen*) to precede [pri'si:d]

**vorherig** ❶ (*früher*) previous ❷ (*ehemalig*) former

die **Vorherrschaft** ❶ predominance ❷ *politisch:* hegemony

**vorherrschend** ❶ (*tonangebend*) predominant ❷ (*weit verbreitet*) prevailing

die **Vorhersage** ❶ prediction ❷ *von Wetter:* forecast

**vorhersagen** ❶ to foretell, to predict ❷ to forecast *Wetter*

**vorhersehbar** foreseeable

**vorhersehen** to foresee

Ⓖ **foresee — foresaw — foreseen**: *she foresaw what would happen; the problems had been foreseen.*

**vorheucheln** **[jemandem] etwas vorheucheln** to feign [feɪn] something [to someone]

**vorhin** just now

der **Vorhof** ❶ forecourt ❷ *von Herz:* vestibule

**vorig** ❶ (*früher*) previous ❷ (*vergangen*) last

das **Vorjahr** previous year

die **Vorkehr** Ⓒ🇭 precaution [prɪˈkɔːʃən]

**Vorkehrung – vornehmen**

die **Vorkehrung** precaution [prɪ'kɔːʃən]; **die nötigen Vorkehrungen treffen** to take the necessary precautions

die **Vorkenntnisse** ① (*Wissen*) previous knowledge △ *singular* (**in** of) ② (*Erfahrung*) previous experience △ *singular* (**in** in); **Vorkenntnisse nicht erforderlich** no previous experience △ *singular* necessary

das **Vorkommen** ① (*das Auftreten*) occurrence ② *von Bodenschätzen:* deposit

**vorkommen** ① (*geschehen*) to happen; **so was soll vorkommen!** that's life!; **das kann schon mal vorkommen** that can happen to anybody ② **so etwas ist mir noch nicht vorgekommen** I've never heard of such a thing ③ (*auftreten*) to be found; **Bären kommen nur in Wäldern vor** bears are only to be found in woodlands △ *plural* ④ (*den Anschein haben*) to seem; **es kommt mir so vor** so it seems to me; **das kommt dir nur so vor** you're just imagining it ⑤ (*sich fühlen*) **ich komme mir dumm vor** I feel stupid; **du kommst dir wohl sehr klug vor?** I suppose you think you're very clever?

die **Vorkriegszeit** pre-war years *plural*

die **Vorladung** summons △ *singular*

die **Vorlage** ① (*das Vorlegen*) presentation ② (*Muster*) model, pattern; **etwas als Vorlage nehmen** to copy from something ③ (*Gesetzesvorlage*) bill

**vorlassen** (*vorgehen lassen*) **jemanden vorlassen** to let someone go in front

der **Vorläufer** (*übertragen*) precursor

**vorläufig** ① *Regelung usw.:* temporary ② (*provisorisch*) provisional ③ (*vorerst*) temporarily; (*fürs Erste*) for the time being

**vorlaut** cheeky ⑬, fresh ⑭; **vorlautes Wesen** pertness; **werd mir nur nicht vorlaut!** don't get fresh with me!

**vorlegen** ① *bei Tisch:* to serve ② (*zeigen*) to produce, to show ③ to submit *Schriftstück* ④ to present *Vorschlag*

**vorlesen** to read aloud [*oder* out loud]; **jemandem etwas vorlesen** to read something to someone

die **Vorlesung** lecture

**vorletzt** last but one, penultimate; **vorletztes Jahr** the year before last

die **Vorliebe** preference; **ich habe eine Vorliebe für Gorgonzola** I like Gorgonzola a lot; **sie redet mit Vorliebe über Politik** she loves talking politics

**vorliegen** ① (*eingereicht sein*) to be in; *Gesetzesvorlage:* to be before the house ② (*vorhanden sein*) to be, to exist; **da muss ein Irrtum vorliegen** there must be some mistake ③ **was liegt vor?** what's up?

**vorliegend** ① *Akten:* on hand ② *Gründe:* existing ③ **im vorliegenden Fall** in the present case

**vorlügen jemandem etwas vorlügen** to tell someone lies *plural*

**vormachen** ① **jemandem etwas vormachen** (*zeigen*) to show someone how to do something; **machst du mir das mal vor?** can you show me [how to]? ② **jemandem etwas vormachen** (*täuschen*) to fool someone; **machen Sie sich nichts vor!** don't fool [*oder* kid] yourself!; **ich lass mir nichts vormachen!** I won't be taken for a ride!

die **Vormachtstellung** supremacy (**gegenüber** over)

**vormalig** former

**vormals** formerly

der **Vormann** foreman

der **Vormarsch** advance; **auf dem Vormarsch sein** to be on the advance

**vormerken** ① to make a note of, to note down ② **einen Platz vormerken** to book [*oder* reserve] a seat ③ **sich vormerken lassen** to have one's name put down

der **Vormittag** morning

**vormittags** in the morning; [**um**] **11 Uhr vormittags** [at] 11 am

der **Vormund** guardian

die **Vormundschaft** guardianship

**vorn** ① in front; (*am Vorderende*) at the front; **nach vorn** forward; **ganz vorn** right in the front; **vorn in** at the front of; **weit vorn** a long way ahead; **vorn liegen** to be ahead; (*im Rennen*) to lead, to be in the lead ② (*am Anfang*) at the beginning; **von vorn** from the beginning; **noch einmal von vorn** all over again; **von vorn anfangen** (*neues Leben*) to start afresh ③ **das ist von vorn bis hinten erstunken und erlogen!** this is all a pack of lies!

der **Vorname** Christian name ⑬, first name ⑭

**vornehm** ① (*kultiviert*) distinguished ② (*edel*) noble ③ (*sozial hochgestellt*) high-ranking; (*adlig*) aristocratic ④ (*elegant*) fashionable ⑤ **vornehm tun** to act posh

**vornehmen** ① (*durchführen*) to carry out; to make *Änderungen* ② **sich etwas vornehmen** (*in Angriff nehmen*) to get to work on something ③ **sich etwas vornehmen** (*planen*) to intend to do something ④ **sich jemanden vornehmen** to have a word with someone

**vornherein** von vornherein from the start
**vornüber** forwards
**Vor-Ort-** (in Zusammensetzungen) on-site ...;
**Vor-Ort-Montage** on-site assembly
der **Vorort** suburb
der **Vorplatz** forecourt
**vorprogrammiert** ❶ (automatisch) automatic ❷ (vorbestimmt) predetermined
der **Vorrang** ❶ (Vordringlichkeit) priority (**vor** over) ❷ (Reihenfolge) precedence (**gegenüber** over) ❸ **den Vorrang vor jemandem haben** to have precedence over someone
**vorrangig** primary, [having] priority
der **Vorrat** stock, supply; **einen Vorrat anlegen** to lay in stocks ⚠ plural; **auf Vorrat haben** to keep in stock; **auf Vorrat kaufen** to buy in supplies ⚠ plural
**vorrätig** ❶ (auf Lager) in stock; **nicht vorrätig** out of stock ❷ (verfügbar) available
der **Vorratsraum** store room; im Laden: stock room
der **Vorraum** (Foyer) foyer
das **Vorrecht** prerogative
der **Vorredner**, die **Vorrednerin** previous speaker; **mein Vorredner** the previous speaker
der **Vorreiter**, die **Vorreiterin** forerunner
die **Vorrichtung** device, gadget ['gædʒɪt]
**vorrücken** ❶ to move forward; to move on Schachfigur; ❷ Armee: to advance
der **Vorruhestand** early retirement; **in den Vorruhestand treten** to take early retirement; **jemanden in den Vorruhestand versetzen** to retire someone early
die **Vorrunde** preliminary round
**vorsagen** jemandem etwas vorsagen to tell someone something
die **Vorsaison** early season
der **Vorsatz** ❶ intention; **mit guten Vorsätzen** with good intentions; **mit dem Vorsatz zu ...** with the intention of ...; **den Vorsatz fassen, etwas zu tun** to resolve to do something ❷ (in Rechtssprache) **mit Vorsatz** with intent
**vorsätzlich** ❶ deliberate, intentional; (willentlich) wilful; **etwas vorsätzlich tun** to do something deliberately ❷ (in Rechtssprache) premeditated; **etwas vorsätzlich tun** to do something with intent
**vorschicken** to send forward
**vorschieben** ❶ (davorschieben) to push in front ❷ (nach vorn schieben) to push forward; to stick out Kinn, Kopf ❸ (vorschützen) to put forward as a pretext Ausrede, Grund ❹ **sich vorschieben** Person: to press forward; Wolken: to move forward

**vorschießen** to advance Geld
der **Vorschlag** ❶ proposal ⒢ᴮ, proposition ⒰ˢᴬ; [jemandem] **einen Vorschlag machen** to propose something [to someone] ❷ (Anregung) suggestion; **auf meinen Vorschlag** at my suggestion; **mein Vorschlag lautet ...** my suggestion is ...
**vorschlagen** ❶ to propose, to suggest [sə'dʒest]; **ich schlage vor, wir gehen** I suggest going; **was schlagen Sie vor?** what do you suggest we do? ❷ (nominieren) **jemanden für etwas vorschlagen** to nominate someone for something
**vorschnell** rash
**vorschreiben** ❶ (anordnen) to stipulate ❷ (diktieren) to dictate; **ich lasse mir nichts vorschreiben!** I won't be told what to do! ❸ to prescribe Dosis
die **Vorschrift** ❶ (Bestimmung) regulation; **laut Vorschrift** according to regulation; **das verstößt gegen die Vorschriften** that is contrary to the regulations ❷ (Anweisung) instruction, order; **ich lasse mir von niemandem Vorschriften machen** I don't take orders from anyone
**vorschriftsmäßig** ❶ regulation; **die vorschriftsmäßige Kleidung** regulation clothing ❷ (korrekt) correct ❸ Dosis: prescribed ❹ **etwas vorschriftsmäßig tun** to do something according to [the] regulations [oder as instructed]
das **Vorschulalter** pre-school age; **im Vorschulalter** at pre-school age; **er ist jetzt im Vorschulalter** he has reached pre-school age
die **Vorschule** nursery school
der **Vorschuss** advance (**auf** on)
**vorschweben** mir schwebt ... vor I'm thinking of ...
**vorschwindeln** jemandem etwas vorschwindeln to lie to someone
**vorsehen** ❶ der Vertrag sieht vor, dass ... the contract [oder treaty] stipulates that ... ❷ **wie vorgesehen** according to plan; **so war das nicht vorgesehen** it wasn't planned to happen that way ❸ **sich vorsehen** to beware (**vor** of), to take care; **sieh dich vor, was du sagst!** watch what you say!
die **Vorsehung** providence
**vorsetzen** ❶ (nach vorn) to put forward ❷ (davorsetzen) to put in front ❸ (anbieten) **jemandem etwas vorsetzen** to offer someone something
die **Vorsicht** ❶ care; **Vorsicht walten lassen** to take care ❷ (Umsicht) prudence; **Vorsicht walten lassen** to be prudent ❸ (Behutsam-

**vorsichtig – Vorstellungsgespräch** · 1026

*keit*) wariness ④ (*bei Gefahr*) caution; **Vorsicht walten lassen** to be cautious; **Vorsicht! beware!**, take care!, watch out!; *auf Kisten:* [handle] with care!; **Vorsicht Stufe!** mind the step!; **Vorsicht bissiger Hund!** beware of the dog!

**vorsichtig** careful; (*besonnen*) cautious

**vorsichtshalber** as a precaution; **etwas vorsichtshalber tun** to take the precaution of doing something

die **Vorsichtsmaßnahme** precaution; **es ist eine reine Vorsichtsmaßnahme** it's purely precautionary; **Vorsichtsmaßnahmen treffen** to take precautions

die **Vorsilbe** prefix

**vorsingen** ① **jemandem etwas vorsingen** to sing something to someone ② *beim Theater:* to audition

der **Vorsitz** chairmanship; (*Präsidentenamt*) presidency

der/die **Vorsitzende** ① chairperson, chairman *maskulin*, chairwoman *feminin;* **der Vorsitzende Deng** Chairman Deng ② *von Verein:* president

die **Vorsorge Vorsorge treffen** to take precautions △ *plural; fürs Alter:* to make provisions △ *plural*

**vorsorgen** [**für etwas**] **vorsorgen** to provide [for something], to make provisions [for something]

die **Vorsorgeuntersuchung** preventive medical check-up

die **Vorspeise** starter

die **Vorspiegelung unter Vorspiegelung falscher Tatsachen** under false pretences

das **Vorspiel** ① *in der Musik:* prelude ② *beim Theater:* prologue ['prəʊlɒg] ③ *beim Geschlechtsverkehr:* foreplay

**vorspielen** ① (*musikalisch*) **jemandem etwas vorspielen** to play something for someone ② (*beim Theater*) **jemandem etwas vorspielen** to act something for someone ③ (*übertragen*) **jemandem etwas vorspielen** to act out a sham of something in front of someone; **spiel mir doch nichts vor!** don't bother putting on an act for me! ④ *von Musik:* to play ⑤ (*als Theater- oder Musikprobe*) to audition; **jemanden vorspielen lassen** to audition someone

**vorspringen** ① to leap forward ② (*hervorragen*) *Kinn, Nase:* to jut out, to project, to protrude

**vorspringend** ① projecting ② *Kinn, Nase:* prominent

der **Vorsprung** ① (*Vorteil*) advantage (**über** of)

② *im Sport:* lead (**vor** over); **er hat 10 m Vorsprung** he is in the lead by ten meters; **sie hat eine Sekunde Vorsprung** she leads by one second; **jemandem Vorsprung geben** to give someone a head start; **jemandem 15 Minuten Vorsprung geben** to give someone a 15-minute start

die **Vorstadt** suburb

der **Vorstand** ① (*Gremium*) board ② *von Verein:* committee ③ (*Person*) chief executive, managing director

die **Vorstandssitzung** board meeting

der/die **Vorstandsvorsitzende** chair of the board of directors

**vorstehend** *Ecken, Zähne:* prominent, protruding

der **Vorsteher**, die **Vorsteherin** ① *von Büro:* [office] manager ② *von Bahnhof:* stationmaster

**vorstellen** ① **die Uhr [um eine Stunde] vorstellen** to put one's watch/the clock forward [an hour] ② **jemandem etwas vorstellen** to present [*oder* show] someone something ③ **darf ich Ihnen Herrn X vorstellen?** allow me to introduce Mr X, I'd like you to meet Mr X ④ **sich jemanden/etwas vorstellen** (*in der Phantasie*) to imagine someone/something; (*sich ausmalen*) to picture someone/something; **ich hab dich mir anders vorgestellt** I had a different picture of you, I imagined you looked different ⑤ **stell dir vor!** fancy that!; **wie stellst du dir das vor?** how do you think that's going to work?; **du kannst dir nicht vorstellen wie ...** you can't imagine how ...; **was stellst du dir darunter vor?** what do you mean by that?; **ich kann mir nicht viel darunter vorstellen** it doesn't mean much to me ⑥ **sich [jemandem] vorstellen** to introduce oneself [to someone] ⑦ **sich vorstellen** (*bei Bewerbung*) to go for an interview

die **Vorstellung** ① *Theaterstück:* performance; *Film:* showing ② (*Gedanke*) idea, notion; **sich eine Vorstellung von etwas machen** to form an idea of something; **du hast vielleicht Vorstellungen!** you've got funny ideas!, you don't know a thing! △ *singular;* **du machst dir keine Vorstellung!** you wouldn't believe it!, you have no idea! ③ (*Vorstellungskraft*) imagination; **bei der Vorstellung allein schaudert mich** the thought alone [*oder* just thinking about it] makes me shudder ④ *von Person:* introduction; *von Produkt:* presentation

das **Vorstellungsgespräch** interview

die **Vorstellungskraft,** das **Vorstellungsvermögen** imagination

die **Vorsteuer** prior [turnover] tax, input tax ⒼⒷ

die **Vorstrafe** previous conviction

der **Vortag** day before; **am Vortag** [on] the previous day

**vortäuschen** to feign [feɪn]

die **Vortäuschung** pretence; **unter Vortäuschung falscher Tatsachen** under false pretences

der **Vorteil** ❶ advantage; **Vorteile bringen** to be advantageous; **für jemanden von Vorteil sein** to be advantageous to someone; **es hat den Vorteil, dass es billig ist** it has the advantage of being cheap ❷ **die Vor- und Nachteile** the pros and cons ❸ **damit sind Sie mir gegenüber im Vorteil** that gives you an advantage over me; **jemandem gegenüber im Vorteil sein** to have the advantage over someone ❹ **Vorteile aus etwas ziehen** to benefit from something; **du bist ja nur auf den eigenen Vorteil bedacht** you're only after your own interests ⚠ *plural*

**vorteilhaft** advantageous; **es ist [nicht] vorteilhaft für mich ...** it is [not] to my advantage to ...; **es wirkte sich vorteilhaft für uns aus** it worked out to our advantage

der **Vortrag** ❶ (*Lesung*) lecture; **einen Vortrag halten** to give a lecture ❷ (*Standpauke*) **jemandem einen Vortrag halten** to give someone a good talking-to

**vortragen** ❶ (*berichten*) to report ❷ (*darlegen*) to present ❸ **ein Gedicht vortragen** to recite a poem

**vortrefflich** excellent, splendid

**vortreten** ❶ to step forward ❷ (*hervorragen*) *Klippe, Kinn, Nase:* to jut out, to project

der **Vortritt** ❶ precedence; **jemandem den Vortritt lassen** to let someone go first ❷ ⒸⒽ (*Vorfahrt*) right of way

**vorüber** over, past

**vorübergehen** ❶ (*vorbeigehen*) **an jemandem/etwas vorübergehen** to go past [*oder* pass by] someone/something ❷ (*zeitlich*) to pass ❸ (*zu Ende gehen*) to be over; **das geht vorüber** it'll pass

**vorübergehend** ❶ (*momentan*) momentary ❷ (*zeitweilig*) temporary

die **Vorübung** preliminary exercise

der **Vor- und Zuname** first name and surname

die **Voruntersuchung** preliminary investigation

das **Vorurteil** bias, prejudice; **ein Vorurteil haben** to be prejudiced, to have a prejudice (**gegen** against); **keine Vorurteile haben** to be unbiased (**gegen** against); **es gibt eine Menge Vorurteile** there's a lot of prejudice ⚠ *singular* (**hinsichtlich** about)

**vorurteilsfrei** ❶ *Mensch:* unprejudiced; *Entscheidung:* unbiased ❷ **vorurteilsfrei handeln/denken** to act/think without prejudice [*oder* bias]

die **Vorverkaufsstelle** advance booking office

**vorverlegen** ❶ *Termin* to bring forward ❷ to push forward *Front*

der **Vorverstärker** preamplifier

die **Vorverurteilung** rush to judgement; **Vorverurteilung durch die Medien** trial by media

**vorwagen** **sich vorwagen** to venture forward

die **Vorwahl** ❶ *politisch:* preliminary election ⒼⒷ, primary ⓊⓈⒶ ❷ *Telefon:* dialling code ⒼⒷ, area code ⓊⓈⒶ

der **Vorwand** pretext; **unter dem Vorwand, dass ...** under the pretext that ...; **sie sucht nur nach einem Vorwand** she's only making excuses ⚠ *plural*

**vorwärts** forward, onward; **vorwärts!** let's go!, forward march!

**vorwärtsbringen** to advance; **jemanden vorwärtsbringen** to help someone to get on

der **Vorwärtsgang** forward gear

**vorwärtsgehen** **vorwärtsgehen** to progress; **geht es vorwärts mit deinem Projekt/ deiner Arbeit?** how is your project/work coming on?

**vorwärtskommen** **in/mit etwas vorwärtskommen** to make progress in/with something; **wir kamen im Schlamm nur langsam vorwärts** we made slow progress through the mud; **im Leben vorwärtskommen** to get on in life

die **Vorwäsche** pre-wash

**vorwegnehmen** to anticipate

**vorweisen** ❶ to produce, to show ❷ (*übertragen*) **etwas vorweisen können** to have something to show for

**vorwerfen** ❶ (*hinwerfen*) **jemandem etwas vor die Füße werfen** to chuck something in front of someone's feet *umgangsspr* ❷ (*tadeln*) **jemandem etwas vorwerfen** to reproach someone for something ❸ (*beschuldigen*) **jemandem etwas vorwerfen** to accuse someone of something; **er hat mir vorgeworfen, dass ich unehrlich sei** he accused me of being dishonest ❹ **sich nichts vorzuwerfen haben** to have nothing to reproach oneself with

**vorwiegend** ❶ *Meinung:* predominant ❷ (*vor allem*) chiefly, mainly, predominantly

**vorwitzig** ① (*vorlaut*) forward, pert ② (*keck*) cheeky
das **Vorwort** foreword, preface
der **Vorwurf** ① (*Vorhaltung*) reproach; **jemandem etwas zum Vorwurf machen** to reproach someone with something ② (*Beschuldigung*) accusation; **jemandem etwas zum Vorwurf machen** to accuse someone of something
**vorwurfsvoll** reproachful
das **Vorzeichen** ① omen; **kein gutes Vorzeichen** a bad omen ② *von Krankheit:* preliminary symptom ③ *in der Musik:* key signature
**vorzeigbar** presentable
**vorzeigen** to produce, to show
das **Vorzeigeobjekt** showpiece
die **Vorzeit** ① (*Urzeit*) prehistoric times ⚠ *plural* ② (*weit zurückliegende Zeit*) dim and distant past
**vorzeitig** ① (*zu früh*) early ② *Altern, Tod:* premature
der **Vorzeitmensch** prehistoric man
**vorziehen** ① (*hervorziehen*) to pull out; to draw *Vorhang* ② (*lieber mögen*) to prefer; **was ziehen Sie vor?** which do you prefer?; **ich ziehe das Leben auf dem Land vor** my preference is for country life ③ (*bevorzugen*) to favour; **sie wird immer vorgezogen** she's always the favourite ④ (*bevorzugt abfertigen*) to give priority to *Gepäck, Passagier*
das **Vorzimmer** *von Büro:* outer office
der **Vorzug** ① (*Vorteil*) advantage; **den Vorzug haben, dass ...** to have the advantage that ... ② **einer Sache den Vorzug geben** to prefer something; (*Vorrang geben*) to give precedence (**über** over)
**vorzüglich** excellent, superb; *Qualität:* exquisite
die **Vorzugsbehandlung** special treatment
der **Vorzugspreis** special price
das **Votum** ⒸⒽ (*Diskussionsbeitrag im Parlament*) contribution to the debate
der **Voyeur** voyeur, peeping Tom *umgangssprachlich*
**vulgär** vulgar
der **Vulkan** volcano
der **Vulkanausbruch** volcanic eruption
**vulkanisch** volcanic

**W, w** W, w ['dʌbljuː]
**W** *Abkürzung von* **Westen** W
die **Waage** ① (*Gerät*) balance, scales ⚠ *plural,* pair of scales *singular;* **sich auf die Waage stellen** to step on the scales ⚠ *plural* ② (*Sternbild*) Libra
**waagerecht** horizontal, level
**wabbelig** *Person:* flabby
die **Wabe** honeycomb ['hʌniˌkaʊm]
**wabenförmig** honeycombed
**wach** ① awake; **wach liegen** to lie awake; **wach werden** to wake up; **ist er schon wach?** has he woken up yet? ② (*wachsam, aufgeweckt*) alert, wide-awake
die **Wache** ① (*Polizeiwache*) police station ② (*Wachdienst*) guard ③ (*Posten*) sentinel, sentry ④ **Wache haben** to be on watch [*oder* guard duty]; **die Wache ablösen** to relieve the guard
**wachen** ① (*aufpassen*) to watch (**über** over) ② (*Wache halten*) to keep watch
der **Wacholder** juniper
**wachrufen** to call to mind, to evoke
das **Wachs** wax
**wachsam** ① vigilant, watchful ② (*vorsichtig*) on one's guard
**wachsen¹** ① (*größer werden*) to grow; **du bist aber gewachsen!** have you grown! ② (*zunehmen*) to increase, to mount ③ **sich einen Bart wachsen lassen** to grow a beard; **sich die Haare wachsen lassen** to let one's hair grow ④ (*übertragen*) **jemandem gewachsen sein** to be a match for someone ⑤ **wild wachsend** wild[-growing]

Ⓖ Richtiges Konjugieren von **grow**: grow, grew, grown — *She grew roses in her garden; you have grown tall since I last saw you.*

**wachsen²** (*mit Wachs*) to wax
das **Wachsfigurenkabinett** waxworks ⚠ *plural*
das **Wachstuch** oilcloth
das **Wachstum** ① growth ② (*übertragen*) increase
**wachstumsfördernd** growth-promoting
**wachstumshemmend** growth-inhibiting
die **Wachstumsrate** growth rate
der **Wächter**, die **Wächterin** (*Aufseher*) attendant
der **Wachtmeister** constable ['kʌn(t)stəbl] 🇬🇧, patrolman 🇺🇸
der **Wachturm** watchtower

**wack(e)lig** ❶ *Zahn:* wobbly ❷ *Stuhl:* rickety ❸ *Unternehmen:* shaky ❹ **wackelig auf den Beinen sein** to be shaky on one's legs

der **Wackelkontakt** loose connection

**wackeln** ❶ to wobble ❷ (*zittern*) to shake ❸ *Zahn:* to be loose ❹ **mit dem Kopf/den Ohren wackeln** to shake one's head/wiggle [*oder* waggle] one's ears

**wacker** ❶ **sich wacker halten** to hold one's ground ❷ (*tüchtig*) upright

die **Wade** calf [kɑ:f]

der **Wadenkrampf** cramp in the [*oder* one's] calf [kɑ:f]

der **Wadenwickel** leg compress

die **Waffe** weapon *auch übertragen;* (*Schusswaffe*) gun; **Waffen tragen** to bear arms

die **Waffel** ❶ waffle ❷ (*Eiswaffel*) wafer

die **Waffengewalt mit Waffengewalt** by force of arms ⚠ *plural*

der **Waffenhandel** arms traffic

der **Waffeninspektor**, die **Waffeninspektorin** weapons inspector

der **Waffenschein** firearms licence (GB), gun license (USA)

der **Waffenstillstand** armistice

der **Wagemut** daring

**wagemutig** daring

der **Wagen** ❶ (*PKW*) car ❷ (*Wagon*) carriage (GB), car (USA) ❸ (*Sternbild*) **der Große Wagen** the Plough [plaʊ], the Great Bear, the Big Dipper; **der Kleine Wagen** the Little Bear [*oder* Dipper]

**wagen** ❶ to venture; **sich vor die Tür wagen** to venture out of doors ⚠ *plural* ❷ (*aufs Spiel setzen*) to risk; **wer nicht wagt, der nicht gewinnt** nothing ventured, nothing gained ❸ (*sich getrauen*) to dare; **wie wagst du es!** how dare you!; **das wagt er nicht!** he daren't do it! ❹ **es wagen** to take a chance; **ich hab es nicht gewagt** I didn't have the nerve

der **Wagenheber** jack

die **Wagenladung** *von Lastwagen:* truckload

der **Waggon** ❶ (*Bahn*) wag[g]on (GB), freight car (USA) ❷ (*Ladung*) wag[g]onload (GB), carload (USA); **ein Waggon [voll] Kohlen** a wag[g]onload of coal

**waghalsig** daredevil

das **Wagnis** ❶ (*Risiko*) risk ❷ (*waghalsiges Unternehmen*) hazardous business ['bɪznɪs]

das **Wagniskapital** venture capital

der **Wagon** →**Waggon** wag[g]on (GB), freight car (USA)

die **Wahl** ❶ *in der Politik:* election; **zur Wahl gehen** to go to the polls ⚠ *plural;* **in die**

**engere Wahl kommen** to be shortlisted ❷ (*Auswahl, Möglichkeit*) choice; **ich habe keine andere Wahl** I have no choice; **keine andere Wahl haben, als ...** to have no alternative but ...; **wenn ich die Wahl hätte ...** if I could choose ...; **es stehen vier Themen zur Wahl** there are four topics to choose from [*oder* you can choose from] ❸ (*Qualität*) **erste Wahl** top quality

**wählbar** eligible ['elɪdʒəbl]

**wahlberechtigt** entitled [ɪn'taɪtld] to vote

der/die **Wahlberechtigte** person entitled to vote

die **Wahlbeteiligung** poll; **eine hohe/niedrige Wahlbeteiligung** a high/low turnout

der **Wahlbetrug** electoral fraud

der **Wahlbezirk** ward

**wählen** ❶ (*Stimme abgeben*) to vote ❷ (*Wahl abhalten*) to hold elections *plural;* **wählen gehen** to go to the polls *plural* ❸ **jemanden wählen** to elect [*oder* vote for] someone; **sie wurde zur Vorsitzenden/Präsidentin gewählt** she was elected chairwoman/president ❹ (*auswählen*) **jemanden/etwas wählen** to choose someone/something ❺ to dial *Telefonnummer*

der **Wähler**, die **Wählerin** voter

das **Wahlergebnis** election result

**wählerisch** discriminating, particular, choosy

das **Wahlfach** *in der Schule:* optional subject

die **Wahlheimat** country of one's choice

der **Wahlhelfer**, die **Wahlhelferin** electoral assistant

die **Wahlkabine** polling booth

der **Wahlkampf** election campaign [kæm'peɪn]; **einen Wahlkampf führen** to fight an election campaign

der **Wahlkreis** constituency (GB), district (USA)

das **Wahllokal** polling station

**wahllos** ❶ (*gedankenlos*) indiscriminate ❷ (*ohne zu überlegen*) indiscriminately ❸ (*zufälligerweise*) at random, haphazardly

die **Wahlniederlage** election defeat

das **Wahlplakat** election poster

das **Wahlprogramm** election manifesto

das **Wahlrecht** right to vote; **das allgemeine Wahlrecht** universal suffrage

der **Wahlschein** postal vote form (GB), absentee ballot (USA)

der **Wahlsieg** electoral victory

der **Wahlspruch** motto

der **Wählton** dialling tone

die **Wahlurne** ballot box

**wahlweise** alternatively

der **Wahn** (*Manie*) mania

der **Wahnsinn** ❶ insanity ❷ (*umgangsspr*) mad-

**wahnsinnig – Walnuss** 1030

ness; **das ist reiner Wahnsinn!** this is sheer madness! ③ **Wahnsinn!** wow!, that's incredible!

**wahnsinnig** ① (*als Krankheit*) insane ② (*umgangsspr*) crazy, mad (**vor** with); **jemanden wahnsinnig machen** to drive someone crazy [*oder* mad]; **du machst mich noch wahnsinnig!** you're driving me mad!, you're driving me round the bend!; **wahnsinnig werden** to go crazy [*oder* mad] (**vor** with); **wie wahnsinnig** like mad ③ (*super*) terrific ④ (*arg*) awful, dreadful; **wahnsinnige Schmerzen** awful pain ⑤ (*sehr*) incredibly; **sich wahnsinnig freuen** to be absolutely delighted, to be as pleased as Punch *umgangsspr*; **es ist mir wahnsinnig peinlich** I feel dreadful about it

der/die **Wahnsinnige** lunatic

**wahr** ① (*nicht falsch*) true; **nicht wahr?** right?; **echt wahr?** really?; **wie wahr!** too true! ② **das darf doch nicht wahr sein!** you're joking!, I don't believe it!; **da hast du ein wahres Wort gesprochen** you're not wrong there! ③ (*echt, wirklich*) real; **der wahre Grund** the real reason; **die wahre Liebe** true love ④ **das ist das Wahre!** that's the genuine article!; **das ist nicht das Wahre** it's not the real thing ⑤ **so wahr ich hier stehe** as God is my witness

**währen** to last

**während** ① **während der Schulstunde** during the lesson ② (*vor Nebensatz*) while; **während wir Pause hatten, ...** while we were on our break, ... ③ (*bei Gegensätzen*) whereas; **sie ging, während ich dablieb** she went off, while I stayed on

**wahrhaben** **etwas nicht wahrhaben wollen** to not want to admit something

**wahrhaft** *Freund:* real, true

**wahrhaftig** ① (*wahr*) really ② (*tatsächlich*) actually

die **Wahrheit** truth; **die Wahrheit sagen** to tell the truth; **in Wahrheit** in reality; **sie nimmt es mit der Wahrheit nicht so genau** she's not the most honest of people

**wahrheitsgetreu** truthful

**wahrnehmbar** noticeable, perceptible; **nicht wahrnehmbar** imperceptible

**wahrnehmen** ① (*sinnlich*) to perceive; (*bemerken*) to be aware of ② to take *Gelegenheit;* to observe *Frist, Termin* ③ to look after *Interessen*

die **Wahrnehmung** (*sinnlich*) perception

**wahrsagen** ① **die Zukunft wahrsagen** to predict the future; **jemandem die Zukunft**

**wahrsagen** to predict someone's future ② (*aus Karten*) **sie kann wahrsagen** she can tell fortunes; **jemandem wahrsagen** to tell someone's fortune

der **Wahrsager**, die **Wahrsagerin** fortune-teller

die **Wahrsagung** prediction

**währschaft** ⓒⒽ ① *Mensch:* down to earth ② *Material, Ware:* reliable ③ *Essen:* wholesome

**wahrscheinlich** ① *Kandidat:* likely, probable; **das ist [nicht] sehr wahrscheinlich** that is very [un]likely ② (*wie es scheint*) probably; **es ist nicht sehr wahrscheinlich, dass er kommt** he is not very likely to come, he probably won't come

die **Wahrscheinlichkeit** likelihood, probability; **aller Wahrscheinlichkeit nach** in all probability; **wie groß ist die Wahrscheinlichkeit, dass ...?** how likely is it that ...?

die **Wahrscheinlichkeitsrechnung** probability calculus

die **Währung** currency

der **Währungsfonds** monetary fund

die **Währungsreform** currency reform

die **Währungsunion** monetary union

das **Wahrzeichen** ① emblem ② *einer Stadt:* symbol

die **Waise** orphan; **sie ist Waise** she's an orphan

das **Waisenhaus** orphanage

der **Wal** whale

der **Wald** wood; (*Forst*) forest ▶ WENDUNGEN: **den Wald vor lauter Bäumen nicht sehen** to miss the wood for the trees

der **Waldbrand** forest fire

die **Walderdbeere** wild strawberry

das **Waldhorn** French horn

der **Waldlehrpfad** nature trail

der **Waldmeister** woodruff

der **Waldrand** edge of the forest

**waldreich** densely wooded

das **Waldsterben** dying of the forests

der **Waldweg** forest path

**Wales** [weɪlz] Wales

der **Walfang** whaling

der **Waliser**, die **Waliserin** Welshman *maskulin,* Welsh woman *feminin;* **die Waliser** the Welsh *plural*

**walisisch** Welsh

der **Walkman**® ['vɔːkmɛn] walkman®

der **Wall** ① embankment ② *zum Schutz:* rampart

**wallend** *Haar:* flowing

der **Wallfahrer**, die **Wallfahrerin** pilgrim

die **Wallfahrt** pilgrimage; **eine Wallfahrt machen** to go on a pilgrimage

die **Walnuss** walnut

die **Walpurgisnacht** Walpurgis [væl'pʊəgɪs] night

das **Walross** walrus

**walten** über etwas walten to rule over something; **Vernunft walten lassen** to let reason prevail

die **Walze** ❶ (*Rolle*) roller ❷ *in Spieluhr:* cylinder, drum

**walzen** to roll

**wälzen** ❶ (*rollen*) to roll ❷ to pore over *Akten, Bücher;* **Probleme wälzen** to turn over problems in one's mind ❸ **sich [im Schlamm] wälzen** to roll [*oder* wallow] [in the mud] ❹ **sich vor Schmerzen wälzen** to writhe with pain △ *singular* ❺ **die Schuld auf jemanden wälzen** to put the blame on someone

der **Walzer** waltz; [einen] **Walzer tanzen** to dance the waltz

der **Wälzer** (*dickes Buch*) heavy tome

die **Wampe** paunch

die **Wand** ❶ wall; **eine Wand hochziehen** to put up a wall ❷ (*Scheidewand*) partition ❸ *von Gefäß:* side ▸ WENDUNGEN: **weiß wie die Wand sein** to be as white as a sheet; **die Wände haben Ohren** walls have ears; **die Wände hochgehen** to go up the wall △ *singular;* **da redet man gegen eine Wand!** it's like talking to a brick wall!

der **Wandbehang** wall hanging

der **Wandel** (*Änderung*) change; **im Wandel der Zeiten** throughout the ages

**wandelbar** changeable

**wandeln**[1] to stroll, to walk

**wandeln**[2] **sich wandeln** to change

die **Wanderausstellung** touring [*oder* travelling] exhibition

der **Wanderer**, die **Wanderin** hiker ['haɪkəʳ]

die **Wanderkarte** trail map

**wandern** ❶ (*gehen*) to roam, to wander ❷ (*als Freizeitgestaltung*) to hike, to ramble; **ich wandere gern** I like hiking [*oder* hillwalking] ❸ **in den Müll wandern** to end up in the bin

der **Wanderpokal** challenge cup

die **Wanderschaft** travels △ *plural;* **auf Wanderschaft gehen** to go off on one's travels △ *plural*

die **Wanderung** (*Ausflug*) walk; **eine Wanderung machen** to go on a walk [*oder* hike]

die **Wandkarte** wall map

der **Wandschrank** wall cupboard

der **Wandteppich** tapestry

die **Wanduhr** wall clock

die **Wandverkleidung** *aus Holz:* panelling

die **Wange** cheek

**wankelmütig** fickle, inconstant

**wanken** to sway; **ins Wanken geraten** to begin to rock [*oder* sway]

**wann** ❶ when ❷ **seit wann?** how long?; (*entrüstet oder bezweifelnd*) since when?; **seit wann weißt du das?** how long have you known?

die **Wanne** ❶ *zum Baden:* tub ❷ *für Öl:* sump ⓖⒷ, oil pan ⓤⓢⒶ

der **Wanst** paunch

die **Wanze** bug

das **Wappen** ❶ *einer Familie:* [coat of] arms ❷ *auf Münze:* heads △ *plural;* **Wappen oder Zahl?** heads or tails? △ *plural*

**wappnen sich wappnen** to prepare [oneself] (**gegen** for)

die **Ware** ❶ (*als Produkt*) product ❷ (*Artikel*) article ❸ (*als Verkaufsware*) merchandise; **Waren** goods

das **Warenangebot** range of goods for sale

der **Wareneingang** ❶ (*Abteilung*) incoming goods department ❷ (*gelieferte Waren*) goods received

das **Warenhaus** [department] store

> Ⓕ Nicht verwechseln mit *warehouse* — *das Lagerhaus!*

der **Warenkorb** basket of goods

die **Warenprobe** trade sample

die **Warenumsatzsteuer** ⓒⓗ value-added tax

das **Warenzeichen** trademark

**warm** ❶ warm *auch übertragen; Essen, Trinken, Wetter:* hot; **warm werden** to get hot; **komm rein ins Warme** come into the warm ❷ **das Essen warm stellen** to keep the food warm; **warm werden** to warm up ❸ **sich warm laufen** *Auto, Sportler:* to warm up

die **Wärme** ❶ warmth *auch übertragen* ❷ *in der Physik:* heat

**wärmen** ❶ to warm ❷ **sich wärmen** to warm oneself; **sich die Hände wärmen** to warm one's hands ❸ *Kleidung:* to be warm; **der Schal wärmt schön** this scarf keeps you nice and warm

der **Wärmeregler** thermostat

die **Wärmflasche** hot-water bottle

**warmhalten sich jemanden warmhalten** to keep in with someone

**warmherzig** warm-hearted

die **Warmluft** warm air

der **Warmstart** *in der Informatik:* warm start

der **Warmwasserspeicher** hot-water tank

**warmwerden mit jemandem warmwer-**

**Warnblinkanlage – Wasser**           **1032**

**den** to warm to someone

die **Warnblinkanlage** warning flasher device

das **Warndreieck** warning triangle

**warnen** to warn; **sie hat mich davor gewarnt** she warned me against it; **jemanden davor warnen, etwas zu tun** to warn someone not to do something; **ich warne dich!** I'm warning you!

der **Warnhinweis** warning label

das **Warnlicht** warning light

der **Warnlichtschalter** hazard warning switch

das **Warnschild** warning sign

der **Warnschuss** warning shot

der **Warnstreik** token strike

die **Warnung** warning (**vor** about)

**Warschau** Warsaw

die **Wartehalle** departure lounge

die **Warteliste** waiting list

**warten¹** ❶ to wait (**auf** for); **warte mal** wait a minute; **worauf wartest du denn noch?** well, what are you waiting for?; **darauf habe ich schon lange gewartet** I've been waiting for that [to happen]; **ich warte schon seit einer Ewigkeit!** I've been waiting for ages! ❷ **da kannst du lange warten!** I wouldn't dream of it!; **na warte!** just you wait!

**warten²** (*pflegen*) to service, to maintain

der **Wärter**, die **Wärterin** ❶ attendant ❷ *im Gefängnis:* warder *maskulin* ⓖⒷ, wardress *feminin* ⓖⒷ, guard ⓊⓈⒶ

der **Warteraum** waiting room

die **Warteschlange** queue [kjuː]

die **Warteschleife** **Warteschleifen ziehen** to circle ['sɜːkl]

die **Wartezeit** waiting period

das **Wartezimmer** waiting room

die **Wartung** ❶ *von Gerät:* maintenance ❷ *von Auto:* servicing

**wartungsarm** low-maintenance

**warum** why; **warum auch nicht!** and why not!; **warum nicht gleich so?!** that's more like it!; **das Warum und Weshalb** the whys and wherefores △ *plural*

die **Warze** wart

**was¹** ❶ (*als Frage*) what; **was?** what?; **was ist denn?** what is it now?; **was ist los?** what's the matter?, what's going on?; **was für ein …?** what kind of …?; **was weiß ich?** how should I know?; **ist gut, was?** good, isn't it?; **nicht schlecht, was?** not bad, is it?; **schmeckt gut, was?** tastes good, doesn't it? ❷ **weißt du was, …** tell you what, …, you know what, …; **und was weiß ich** and what have you; **was du nicht sagst!** you don't say!; **was auch immer!** whatever! ❸ **alles,**

**was ich habe** everything I've got; **das, was ich dir gesagt habe** what I told you; **du weißt, was ich meine** you know what I mean

**was²** →**etwas** ❶ (*als Frage*) **ist was?** something the matter?; **weißt du was?** do you know anything? ❷ **na, so was!** well, I never! ❸ **ich will dir mal was sagen, …** I'll tell you what, …, I'll tell you something, …

die **Waschanlage** ❶ *für Auto:* car wash ❷ *für Scheiben:* windscreen wiper ⓖⒷ, windshield washer ⓊⓈⒶ

**waschbar** washable

der **Waschbär** raccoon

das **Waschbecken** washbasin

die **Wäsche** ❶ (*Bettwäsche*) linen ❷ (*das Waschen*) washing; **in der Wäsche sein** to be in the wash; **Wäsche waschen** to do the washing ▸ WENDUNGEN: **schmutzige Wäsche waschen** to wash one's dirty linen in public; **da hat er aber dumm aus der Wäsche geschaut!** you should have seen the look on his face!

**waschecht** ❶ *Farbe:* fast ❷ (*typisch*) genuine, pukka; **sie ist eine waschechte Schwäbin** she's a born and bred Swabian

die **Wäscheklammer** clothes [kləʊ(ð)z] peg

der **Wäschekorb** dirty-clothes basket

die **Wäscheleine** [clothes] line

**waschen** ❶ to wash; **Wäsche waschen** to do the washing; **sie hat mir die Haare gewaschen** she washed my hair ❷ **sich waschen** to have a wash; **sich die Haare/ Hände waschen** to wash one's hair △ *singular*/hands

die **Wäscherei** laundry

die **Wäscheschleuder** spin drier [*oder* dryer]

der **Wäscheständer** clothes horse

der **Wäschetrockner** tumble drier [*oder* dryer]

die **Waschküche** laundry

der **Waschlappen** ❶ flannel ⓖⒷ, washrag ⓊⓈⒶ ❷ (*abwertend: Schwächling*) sissy, softy

die **Waschmaschine** washing machine

das **Waschmittel** detergent

das **Waschpulver** washing powder

der **Waschraum** washroom

der **Waschsalon** launderette ⓖⒷ, laundromat ⓊⓈⒶ

die **Waschstraße** car-wash plant

das **Waschweib** (*abwertend: Tratschtante*) gossip

das **Waschzeug** toilet things △ *plural*

das **Wasser** ❶ water; **unter Wasser stehen** to be under water, to be flooded ❷ **mir lief das Wasser im Munde zusammen** my mouth watered ▸ WENDUNGEN: **der Ausflug ist ins Wasser gefallen** the excursion is off; **sich**

**über Wasser halten** to stay above water; **jemandem das Wasser abgraben** to steal someone's thunder; **er kann ihr nicht das Wasser reichen** he doesn't measure ['meʒəʳ] up to her
der **Wasseranschluss** water connection
die **Wasseraufbereitungsanlage** water treatment plant
der **Wasserball** ① (*Ball*) beach ball ② (*Spiel*) water polo
das **Wasserbett** waterbed
der **Wasserdampf** steam
**wasserdicht** ① *Alibi, Kleidung:* waterproof ② *Uhr, Zelt:* watertight
der **Wasserfall** waterfall ▶ WENDUNGEN: **reden wie ein Wasserfall** to talk nineteen to the dozen
die **Wasserfarbe** watercolour
das **Wasserflugzeug** seaplane
das **Wasserglas** tumbler, water glass
der **Wasserhahn** water tap (GB), faucet (USA)
**wässerig** ① watery ② (*übertragen*) **jemandem den Mund wäss[e]rig machen** to make someone's mouth water
der **Wasserkessel** ① *im Heizraum:* boiler ② *im Haushalt:* kettle
die **Wasserkraft** water power
das **Wasserkraftwerk** hydroelectric power station
die **Wasserleitung** ① (*Rohr*) water pipe ② (*Anlagen*) plumbing ['plʌmɪŋ]
der **Wassermann** (*Sternzeichen*) Aquarius; **Petra ist Wassermann** Petra is an Aquarian
die **Wassermelone** watermelon
**wässern** ① to soak *Sardellen* ② to water *Pflanze*
die **Wasserpflanze** aquatic plant
die **Wasserpistole** water pistol
die **Wasserratte** ① *Mensch:* water baby ② *Tier:* water rat
das **Wasserrohr** water pipe
**wasserscheu** scared of water
das **Wasserschutzgebiet** protected water-gathering grounds △ *plural*
der **Wasserski** waterski; **Wasserski fahren** to go [*oder* do] waterskiing
der **Wasserspeicher** reservoir
der **Wassersport** water sports △ *plural*
der **Wasserstand** water level; **hoher/niedriger Wasserstand** high/low water
der **Wasserstoff** hydrogen
die **Wasserstoffbombe** hydrogen bomb, H-bomb
der **Wasserstoffverbrennungsmotor** hydrogen-[-fuelled] internal combustion engine
der **Wasserstrahl** jet of water
der **Wasserturm** water tower

die **Wasseruhr** water meter
der **Wasserverbrauch** water consumption
die **Wasserversorgung** water supply
die **Wasserwaage** spirit level
der **Wasserweg** waterway; **auf dem Wasserweg** by water [*oder* sea]
das **Wasserwerk** waterworks △ *mit Singular*
das **Wasserzeichen** watermark
**waten** to wade
**watscheln** to waddle
die **Watschen** Ⓐ (*Ohrfeige*) slap on the face
das **Watt**¹ (*Wattlandschaft*) mudflats △ *plural*
das **Watt**² (*elektrische Einheit*) watt; **500 Watt** 500 watts
die **Watte** cotton wool (GB), cotton (USA)
der **Wattebausch** cotton-wool ball
das **Wattestäbchen** cotton bud
**wattieren** ① (*füttern*) to line with padding ② (*absteppen*) to quilt
das **Web** Web
**weben** to weave
die **Weberei** ① *Betrieb:* weaving mill ② (*das Weben*) weaving
der **Weblog** blog
die **Webseite** web page
die **Website** ['wɛbˌsaɪt] web site
der **Webstuhl** loom
der **Wechsel** ① change ② **ein Wechsel zwischen ... und ...** an alternation between ... and ...; **im Wechsel** alternately ③ *von Geld:* exchange ④ *im Bankwesen:* bill [of exchange]; **einen Wechsel ausstellen** to draw a draft ⑤ *von Spieler:* substitution; *beim Staffellauf:* baton change
die **Wechselbeziehung** correlation, interrelation; **in Wechselbeziehung zueinander stehen** to be correlated
das **Wechselgeld** change
**wechselhaft** changeable
die **Wechseljahre** menopause △ *singular*; **in die Wechseljahre kommen** to start the menopause △ *singular*; **in den Wechseljahren sein** to be in one's menopause △ *singular*
der **Wechselkurs** rate of exchange
**wechseln** ① **die Arbeit/das Zimmer wechseln** to change jobs △ *plural*/rooms △ *plural*; **die Wohnung wechseln** to move house; **das T-Shirt/die Kleider wechseln** to change into a clean T-shirt/some clean clothes [kləʊ(ð)z] ② **sie hat den Freund gewechselt** she's got a new boyfriend ③ (*umwechseln*) to change (**in** into); **können Sie mir einen Euro wechseln?** can you give me change for a euro?; **Euro in Dollar wechseln** to exchange euros for dol-

wechselnd – weggeben          **1034**

---

**USEFUL PHRASES**

Mit den folgenden *phrases* fragst du auf Englisch nach dem Weg oder gibst eine **Wegbeschreibung**.

Excuse me, how can I get to …?     You can go by bus/by Underground/by …/
                                 You can take bus number …/You can walk.

Can you tell me the way to …, please?     Go down …/Then turn left/right (into)/
                                 Go straight on./… is on your left/right.

Can you repeat that, please?     …

Thank you.     You're welcome!

---

lars ④ to exchange *Ersatzteil*

**wechselnd** ① changing; (*abwechselnd*) alternating ② (*unterschiedlich*) variable

**wechselseitig** (*gegenseitig*) mutual

das **Wechselspiel** interplay

der **Wechselstrom** alternating current, A.C.

die **Wechselstube** bureau de change

**wechselweise** alternately, in turn

die **Wechselwirkung** interaction

der **Wecken** Ⓐ ① (*Brot*) loaf ② (*Gebäck*) Viennese roll

**wecken** to wake [up], to waken; **jemanden wecken** to wake someone up; **hab ich dich geweckt?** did I wake you up?; **sich wecken lassen** to have someone wake one up

der **Wecker** alarm clock; **sich den Wecker auf 7 Uhr stellen** to set the alarm [*oder* one's alarm clock] for 7 o'clock ▶ WENDUNGEN: **jemandem auf den Wecker gehen** to get on someone's nerves △ *plural*

**wedeln** ① **mit etwas wedeln** (*winken*) to wave something ② **der Hund wedelt mit dem Schwanz** the dog wags its tail ③ (*beim Skifahren*) to wedel

**weder** weder … noch … neither … nor; **weder in dem einen, noch in dem anderen Fall** in neither case

**weg** ① **ich muss weg** I must be off; **ich kann jetzt nicht weg** I can't leave now; **er ist schon weg** he has already gone ② **weg da!** out of the way!; **weg mit euch!** scram!; **los, weg von hier!** let's get out of here!; **Hände** [*oder* **Finger**] **weg!** hands off! ③ **ich war** [**hin und**] **weg** (*begeistert*) I loved it ④ **bist du über ihn weg?** (*verkraftet*) are you [*oder* have you got] over him?

der **Weg** ① path *auch übertragen* ② (*Richtung, Route*) way; **auf dem Weg hierher** on the way here; **ich bin** [**schon**] **auf dem Weg!** I'm on my way!; **wir müssen uns auf den Weg machen** we must be making tracks △ *plural*, we must get going; **jemanden nach**

**dem Weg nach … fragen** to ask someone the way to … ③ (*Art und Weise*) way; **es gibt viele Wege, das Problem zu lösen** there are many ways of solving this problem ④ **aus dem Weg!** out of my way!; **geh mir aus dem Weg!** get out of my way!; **du bist mir im Weg!** you're in my way! ⑤ **jemanden aus dem Weg räumen** to get someone out of the way; **jemandem aus dem Weg gehen** to keep out of someone's way; **jemandem nicht über den Weg trauen** to not trust someone an inch ⑥ **etwas zu Wege bringen** to manage [*oder* accomplish] something

der **Wegbereiter**, die **Wegbereiterin** forerunner, precursor; **Wegbereiter für etwas sein** to pave the way for something; **Wegbereiter für jemanden sein** to prepare the way for someone

**wegblasen** to blow away

**wegbleiben** ① to stay away ② (*nicht mehr kommen*) to stop coming ③ (*ausgelassen werden*) to be omitted

**wegbringen** ① to take away ② (*zur Reparatur*) to take in ③ to get off *Fleck* (**von** from)

**wegdrücken** to push away

**wegdürfen** to be allowed [to go] out

**wegen** ① because of, on account of; **wegen seiner Mutter** on account of his mother; **jemanden wegen etwas bestrafen** to punish someone for something ② **wegen was?** why? ③ **von wegen!** nothing of the sort!

**wegfahren** ① *Zug:* to leave ② (*mit Auto*) to drive away ③ (*verreisen*) to go away

**wegfallen** (*überflüssig werden*) to no longer become necessary

**wegfegen** to sweep away *auch übertragen*

**wegfliegen** ① *Vogel:* to fly away ② *Flugzeug:* to fly out (**von** of)

**wegführen** ① to lead away ② *vom Thema:* to lead off

**weggeben** ① (*verschenken*) to give away

**2** *Kind:* to give away **3** (*zum Reparieren bringen*) to take in

**weggehen** **1** (*sich entfernen*) to go, to leave; **geh weg!** [just] go away! **2** (*ausgehen*) to go out **3** *Fleck:* to come off **4** *Waren:* to sell; **wie warme Semmeln weggehen** to sell like hot cakes **5** *Schmerz, Trauer:* to go away; **das geht so schnell nicht weg** this will take time

**weghaben** **1** (*erledigt haben*) to have got done; **was ich weg hab, hab ich weg** what's done is done **2** **einen weghaben** (*betrunken sein*) to be tight; (*verrückt sein*) to be off one's head

**wegjagen** to chase [*oder* drive] away

**wegkommen** **1** (*weggehen können*) to get away **2** (*abhandenkommen*) to disappear, to get lost **3** **mach, dass du wegkommst!** make yourself scarce [skeəs]! **4** **gut bei etwas wegkommen** to come off well with something

**weglassen** **1** (*gehen lassen*) to let go **2** (*auslassen*) to leave out

**weglaufen** to run away (**vor** from)

**weglegen** to put away; (*zur Seite*) to put aside

**wegmüssen** (*fortgehen müssen*) to have to be off

**wegnehmen** to take away

**wegräumen** to clear away

**wegschaffen** **1** (*beseitigen*) to get rid of **2** (*wegräumen*) to clear away

**wegscheren** **sich wegscheren** to shove off

**wegschicken** **1** (*um etwas zu holen*) to send off **2** (*abschicken*) to send away

**wegschmeißen** to chuck away

**wegschütten** to pour away

**wegsehen** to look away

**wegstecken** to put away

**wegstellen** to put away

**wegstoßen** to push away; (*mit Fuß*) to kick away

**wegtragen** to carry away

**wegtun** to put away

der **Wegweiser** sign[post]

**wegwerfen** to throw away

die **Wegwerfwindel** disposable nappy [*oder* (USA) diaper]

**wegwischen** **1** to wipe off **2** to dismiss *Einwand, Kritik*

**wegziehen** **1** (*fortziehen*) to pull away **2** (*beiseiteziehen*) to draw back **3** (*umziehen*) to move away

**weh** **1** **o weh!** oh dear! **2** (*wund*) sore; **mir tut alles weh** I'm aching all over; **es tut mir**

**weh, zu ...** it grieves me to ...

die **Wehen** **1** labour pains; **die Wehen fangen bei ihr an** she's going into labour **2** (*übertragen*) birth pangs

**wehen** **1** *Fahne:* to wave **2** *Haare:* to blow about **3** *Geruch, Klang:* to drift **4** *Wind:* to blow

**wehklagen** to lament (**über** over)

**wehleidig** **1** (*überempfindlich*) oversensitive to pain; **sei nicht so wehleidig!** don't be such a sissy! **2** (*voller Selbstmitleid*) self-pitying

**wehmütig** **1** (*melancholisch*) melancholy **2** (*sehnsüchtig*) wistful

die **Wehr** **sich zur Wehr setzen** to defend oneself

das **Wehr** weir [weɪəʳ]

der **Wehrdienst** military service; **jemanden zum Wehrdienst einberufen** to call someone up (GB), to draft someone (USA)

der **Wehrdienstverweigerer** conscientious [ˌkɒn(t)ʃiːˈen(t)ʃəs] objector

**wehren** **1** **sich wehren** (*sich widersetzen*) to [put up a] fight; **sich gegen etwas wehren** to fight something; **sich mit Händen und Füßen wehren** to put up a real fight **2** (*sich verteidigen*) to defend oneself (**gegen** against)

**wehrlos** **1** defenceless **2** (*hilflos*) helpless

der **Wehrmann** (CH), (A) soldier

die **Wehrpflicht** **allgemeine Wehrpflicht** conscription

**wehrpflichtig** liable for military service

der/die **Wehrpflichtige** **1** (*vor der Erfassung*) person liable for military service **2** (*Eingezogener*) conscript (GB), draftee (USA)

**wehtun** to hurt; **es tut weh** it hurts; **mein Kopf/Rücken tut weh** I have a sore head/back; **mir tut alles weh** I'm aching all over

das **Weib** woman

das **Weibchen** *Tier:* female, mate

der **Weiberheld** ladykiller, womanizer

**weibisch** effeminate

**weiblich** **1** female **2** (*feminin*) feminine

die **Weiblichkeit** (*feminine Eigenschaft*) femininity

**weich** **1** soft *auch übertragen;* **ein weich gekochtes Ei** a soft-boiled egg **2** *Fleisch:* tender **3** **weich werden** to soften; (*nachgeben*) to give in; **du wirst doch wohl nicht weich werden?** you're not going to give in, are you?; (*gerührt werden*) to be moved **4** **ich bekam weiche Knie** my knees turned to jelly

die **Weiche** points *plural*

**die Weichen** points *plural* **GB**, switch △ *singular* **USA**; **die Weichen stellen** to switch the points ▶ WENDUNGEN: **die Weichen stellen** to set the course

**weichen** ① to give way *auch übertragen* ② (*zurückweichen*) to retreat (**vor** from) ③ (*nachlassen*) to ease ④ (*verschwinden*) to go

**weichherzig** soft-hearted

**der Weichkäse** soft cheese

**weichlich** ① (*weich*) soft ② (*schwächlich*) weak ③ (*verweichlicht*) effeminate

**der Weichling** softy, weakling

**die Weichsel** ① *Fluss:* Vistula ② **A**, **CH** sour cherry

**der Weichspüler** softener

**die Weide** ① *Pflanze:* willow ② *für Vieh:* pasture

**weiden** ① *Reh usw.:* to graze ② to put out to pasture *Vieh* ③ **sich an etwas weiden** to revel in something; (*schadenfroh*) to gloat over something

**das Weidengeflecht** wickerwork

**weigern sich weigern** to refuse

**die Weigerung** refusal

**die Weihe** (*kirchlich*) consecration

**weihen** to consecrate

**der Weiher** pond

**das Weihnachten** Christmas; **fröhliche Weihnachten!** merry Christmas!; **etwas zu Weihnachten bekommen** to get something for Christmas; **was hast du ihr zu Weihnachten geschenkt?** what did you get her for Christmas?

**weihnachtlich** *Stimmung:* Christmassy

**der Weihnachtsabend** Christmas Eve

**der Weihnachtsbaum** Christmas tree

**die Weihnachtsfeier** Christmas party

**der Weihnachtsfeiertag erster Weihnachtsfeiertag** Christmas Day; **zweiter Weihnachtsfeiertag** Boxing Day

**das Weihnachtsfest** Christmas

**das Weihnachtsgeld** Christmas money

**das Weihnachtsgeschenk** Christmas present [*oder* gift]

**das Weihnachtslied** carol

**der Weihnachtsmann** Father Christmas, Santa Claus

**der Weihnachtsmarkt** Christmas fair

**der Weihrauch** incense

**das Weihwasser** holy water

**weil** because

**die Weile eine Weile** a [little] while; **eine ganze Weile** a good while

**weilen** (*bleiben*) to stay

**der Weiler** hamlet

**der Wein** wine ▶ WENDUNGEN: **jemandem reinen Wein einschenken** to tell someone the plain truth

**die Weinbeere A**, **CH** (*Rosine*) raisin

**der Weinberg** vineyard

**die Weinbergschnecke** ① *Tier:* snail ② *als Speise:* escargot

**der Weinbrand** brandy

**weinen** to cry; (*bitterlich*) to weep (**um** for, **über** over, **aus/vor** with); **jemanden zum Weinen bringen** to make someone cry

**G** Richtiges Konjugieren von **weep**: weep, wept, wept — *Mrs Lee wept when she heard the sad news; she had not wept so much since she was a child.*

**weinerlich** whining

**der Weinessig** wine vinegar

**die Weinflasche** wine bottle

**das Weinglas** wineglass

**das Weingut** winegrowing estate

**die Weinhandlung** wine shop

**die Weinkarte** wine list

**die Weinlese** grape harvest, vintage

**die Weinprobe** wine tasting

**die Weinrebe** vine

**weinrot** wine-red

**der Weinstock** vine

**die Weinstube** wine bar

**die Weintraube** grape

**die Weise** ① (*Art, Verfahren*) manner, way; **die Weise wie ...** the way in which ... ② **auf diese Weise** that way; **auf irgendeine Art und Weise** in one way or another; **in gewisser Weise** in a way; **in keinster Weise!** under no circumstances! △ *plural*, no way! *umgangsspr* ③ (*Melodie*) melody, tune

**weise** wise

**weisen jemandem den Weg weisen** to show someone the way

**die Weisheit** wisdom

**der Weisheitszahn** wisdom tooth

**weismachen jemandem etwas weismachen** to make someone believe something; **lassen Sie sich nichts weismachen!** don't be taken in!

**weiß** ① white; **weiß werden** to turn white ② **sie ist ganz weiß geworden** she turned white as a sheet ③ **das Weiße Haus** the White House ④ **weiß glühend** incandescent, white-hot

**die Weissagung** prophecy

**das Weißblech** tinplate

**das Weißbrot** white bread

**die Weißglut jemanden zur Weißglut bringen**

to make someone livid

das **Weißgold** white gold

der **Weißkohl** Ⓐ white cabbage ['kæbɪdʒ]

der **Weißwein** white wine

**weit** ❶ (*lang gezogen*) wide ❷ (*breit*) broad ❸ (*lang*) long ❹ (*Entfernung*) far; **von weitem** from a long way off ❺ **weit gefehlt!** far from it!; **bei weitem** by far ❻ **wie weit bist du?** how far have you got?; **ich bin gleich so weit** I'm almost ready [*oder* done] *umgangsspr;* **es ist gleich so weit** it'll soon be time; **so weit fertig sein** to be more or less ready ❼ **das geht zu weit** that's going too far ❽ **weit blickend** far-sighted ❾ **das ist weit gehend richtig** this is largely true, this is true to a large extent ❿ **weit gereist** widely travelled; **weit hergeholt** far-fetched ⓫ **weit reichend** *Waffen:* long-range; *Konsequenzen:* far-reaching ⓬ **weit verbreitet** widespread; **weit verzweigt** with many branches *plural*

**weitab** far away (**von** from)

**weitaus** far; **weitaus der beste ...** by far the best ...

der **Weitblick** (*übertragen*) far-sightedness

die **Weite** ❶ (*Entfernung*) distance ❷ (*als Maß*) width ❸ (*Größe*) expanse ▶ WENDUNGEN: **das Weite suchen** to take to one's heels △ *plural*

**weiten** ❶ to widen; to stretch *Schuhe* ❷ **sich weiten** to widen, to broaden *auch übertragen*

**weiter** ❶ (*Steigerungsform von weit*) farther ❷ (*zusätzlich*) further ❸ (*zudem*) furthermore ❹ (*noch hinzu*) further ❺ (*sonst*) otherwise; **weiter nichts?** is that all? ❻ **immer weiter** on and on; **und so weiter** and so on

**weiterbilden sich weiterbilden** to continue one's education

die **Weiterbildung** continuation of one's education, further education

**weiterbringen** to advance, to take further

das **Weitere** ❶ **das Weitere** the rest; **alles Weitere** everything else ❷ (*Genaueres*) **Weiteres** further details △ *plural* ❸ **ohne weiteres** just like that; **bis auf weiteres** for the time being

**weiterempfehlen** to recommend

**weiterführen** ❶ (*fortsetzen*) to carry on, to continue ❷ **das führt uns nicht weiter** that doesn't get us anywhere

**weitergeben** ❶ to pass on ❷ to transmit *Nachricht*

**weitergehen** ❶ to go on ❷ **so kann es nicht weitergehen** things can't go on like this; **wie soll es nun weitergehen?** what's going to happen now?

**weiterhelfen jemandem weiterhelfen** to help someone along

**weiterhin** furthermore

**weiterkommen** ❶ (*auf dem Weg*) to get further ❷ (*Fortschritte machen*) to make headway

**weitermachen** ❶ [etwas] **weitermachen** to carry on [with something] ❷ **mach weiter so!** (*als Ermutigung*) keep it up!; **mach nur weiter so!** (*als Warnung*) just see where it'll get you!

die **Weiterreise gute Weiterreise!** hope the rest of your journey goes well!

**weitersagen** to pass on; **jemandem etwas weitersagen** to pass something on to someone

die **Weiterverarbeitung** processing

**weither** from far away

**weithin weithin bekannt/beliebt** widely known/popular

**weitläufig** ❶ *Gebäude:* spacious ['speɪʃəs] ❷ (*verzweigt*) rambling

**weitsichtig** ❶ long-sighted Ⓖ, far-sighted Ⓤ ❷ (*übertragen*) far-sighted

der **Weitsprung** long jump Ⓖ, broad jump Ⓤ

das **Weitwinkelobjektiv** wide-angle lens

der **Weizen** wheat

**welch welch ein Glück/Anblick** what luck/a sight

**welche(r, s)** ❶ (*als Frage*) which ❷ (*Ding*) that, which; **ich habe verschiedene Kuchen, welchen möchtest du?** I've got different kinds of cake, which one would you like? ❸ (*Mensch*) who; **siehst du den Mann? — welchen meinst du?** do you see that man? — who do you mean?; **welcher von den beiden?** which of the two?

**welk** ❶ *Blume:* faded, wilted ❷ *Blatt:* dead ❸ *Haut:* flaccid ['flæksɪd]

**welken** to fade, to wilt

das **Wellblech** corrugated iron

die **Welle** ❶ wave ❷ *Radio:* wavelength ❸ *für Maschine:* shaft ▶ WENDUNGEN: **Wellen schlagen** to create a stir △ *singular;* **grüne Welle** traffic pacer, linked traffic lights △ *plural* Ⓖ, synchronized traffic lights △ *plural* Ⓤ

**wellen sich wellen** to become wavy

der **Wellenbrecher** breakwater

**wellenförmig** wave-like, wavy

die **Wellenlänge** ❶ *in der Physik:* wavelength ❷ (*übertragen*) **auf gleicher** [*oder* **einer**] **Wellenlänge liegen** to be on the same wavelength

**Wellenlinie – Wendung** 1038

die **Wellenlinie** wavy line
das **Wellenreiten** surfing
der **Wellensittich** budgerigar ['bʌdʒ³rɪgɑːr], bud-
gie *umgangsspr*
**wellig** ❶ *Oberfläche:* undulating ❷ *Haar:*
wavy
die **Wellpappe** corrugated cardboard
der **Welpe** whelp
der **Wels** (*Fisch*) catfish
**welsch** Ⓒ Swiss-French
die **Welschschweiz** Ⓒ French Switzerland
der **Welschschweizer,** die **Welschschweizerin**
Ⓒ French Swiss
**welschschweizerisch** Ⓒ Swiss-French
die **Welt** ❶ world; **auf der Welt** on earth; **in
aller Welt** all over the world; **die Welt ist
klein!** it's a small world!; **du bist in der
Welt herumgekommen** you've travelled
about a fair bit; **der schnellste Läufer der
Welt** the fastest runner in [all] the world
❷ **zur Welt bringen** to bring into the world,
to give birth to; **zur Welt kommen** to be
born ❸ **aus der Welt schaffen** to do away
with, to eliminate ❹ **alle Welt** all the world,
everybody ❺ **das kostet doch nicht die
Welt!** it won't cost the earth!; **davon geht
die Welt nicht unter!** it's not the end of the
world!; **nicht um alles in der Welt!** not for
a million dollars!, not on your life!
das **Weltall** universe; **im Weltall** in space
die **Weltanschauung** philosophy of life
die **Weltausstellung** world exhibition
die **Weltbank** World Bank
**weltberühmt** world-famous
der/die **Weltbeste** *Sportler:* world record holder
die **Weltbevölkerung** world population
das **Weltbild** view of life
der **Weltenbummler,** die **Weltenbummlerin**
globetrotter
**weltfremd** unworldly
die **Weltgeschichte** universal history
die **Weltkarte** map of the world
das **Weltklima** global climate
der **Weltkrieg** **der Erste/Zweite Weltkrieg**
World War One/Two; **während des zwei-
ten Weltkriegs** during the Second World
War
**weltlich** ❶ mundane, worldly ❷ (*nicht kirch-
lich*) secular
die **Weltliteratur** world literature
die **Weltmacht** world power
**weltmännisch** sophisticated, urbane
der **Weltmarkt** world market
das **Weltmeer** ocean
der **Weltmeister,** die **Weltmeisterin** world cham-

pion
die **Weltmeisterschaft** world championship
die **Weltoffenheit** cultural openness
die **Weltpremiere** world premiere
der **Weltrang** **von Weltrang** world-famous
die **Weltrangliste** world ranking
der **Weltraum** space; **im Weltraum** in space
die **Weltraumfähre** space shuttle
die **Weltraumfahrt** space travel
die **Weltraumforschung** space research
die **Weltreise** journey round the world; **eine
Weltreise machen** to go on a trip around
the world
der **Weltrekord** world record
der **Weltsicherheitsrat** UN Security Council
die **Weltsprache** world language
die **Weltstadt** metropolis
die **Welttournee** world tour
der **Weltuntergang** end of the world *auch über-
tragen*
**weltweit** global, worldwide
die **Weltwirtschaft** world economy
der **Weltwirtschaftsgipfel** world economic sum-
mit
das **Weltwunder** **die sieben Weltwunder** the
Seven Wonders of the World
die **Weltzeit** world time, universal time
**wem** ❶ to whom [huːm]; **wem glaubst du,
ihr oder mir?** who[m] do you believe, her or
me?; **wem hast du es gegeben?** who[m]
did you give it to? ❷ **von wem hat er das?**
(*bekommen*) who gave him that?; (*gehört*)
who told him that?
**wen** who, whom; **wen meinst du?** who do
you mean?; **an wen hast du das
geschickt?** who did you send it to?, to
whom did you send it?; **wen auch im-
mer ...** whoever ...
die **Wende** (*Wandel*) change
die **Wendefläche** turning area
die **Wendeltreppe** spiral staircase
**wenden** ❶ to turn; (*in entgegengesetzte
Richtung*) to turn [a]round; (*auf die andere
Seite*) to turn over; **bitte wenden!** [please]
turn over!, PTO ❷ (*umkehren*) to turn
[a]round ❸ **sich an jemanden wenden**
(*um Hilfe*) to turn to someone; (*um Aus-
kunft*) to consult someone ❹ **sich gegen
jemanden wenden** to come out against
someone
der **Wendepunkt** turning point
**wendig** ❶ (*behände*) agile ['ædʒaɪl], nimble
❷ *Auto:* manoeuvrable ❸ *Person:* agile
die **Wendung** ❶ turn ❷ (*Änderung*) change
❸ (*Redewendung*) expression, phrase

**wenig** ❶ (*ein bisschen*) little; **ein wenig Salz** a little salt ❷ **ich habe wenig Zeit** I haven't got much time; **zu wenig** not enough ❸ **wenige** few, some, not many
**weniger** ❶ (*unzählbar*) *Zeit:* less; **es wird immer weniger** it's getting less and less; **noch weniger** even less ❷ (*zählbar*) *Leute:* fewer ❸ **du wirst ja immer weniger!** you're fading away!

> **less** = **weniger** wird für Mengen gebraucht: *There is less juice in your glass than in my glass; Lisa has eaten less than her brother,* — **fewer** wird für zählbare Dinge oder Personen gebraucht: *there are fewer pages in this book than in that one.*

**wenigste(r, s)** ❶ (*unzählbar*) least *plural;* **und das ist noch das wenigste!** and that's the least of it! ❷ (*zählbar*) fewest; **am wenigsten** fewest
**wenigstens** at least; **du könntest dich wenigstens entschuldigen** at the very least you could apologize, the least you could do is apologize
**wenn** ❶ (*falls*) if, in case; **na, wenn das so ist!** well, in that case! ❷ (*zeitlich*) when; **immer wenn ...** whenever ... ❸ **wenn man bedenkt, dass ...** considering ... ❹ **außer wenn** unless ❺ **na, wenn schon!** so, what of it!
**wenngleich** although, even though
**wer** ❶ (*relativ*) **wer das glaubt, ...** he [*oder* anyone] who believes that ... ❷ (*als Frage*) who?; (*auswählend: welcher*) which?; **wer von den beiden?** which of the two? ❸ (*umgangsspr: jemand*) somebody, someone; **da ist wer** [**für dich**] there's someone [*oder* someone] [to see you]; **wer sein** to be somebody ❹ (*in Fragen oder Bedingungssätzen*) anybody, anyone; **ist da wer?** is anybody there? ❺ **wer auch immer ...** whoever ...
die **Werbeagentur** advertising agency
der **Werbebanner** *im Internet:* banner
die **Werbebranche** advertising industry
das **Werbefernsehen** television commercials ⚠ *plural*
der **Werbefilm** advertising film; (*Werbespot*) commercial
die **Werbefläche** advertising space
das **Werbegeschenk** [promotional] gift
die **Werbekampagne** advertising campaign [kæm'peɪn]
das **Werbekonzept** advertising concept
das **Werbematerial** advertising material
**werben** ❶ (*kommerziell*) [**für etwas**] **werben** to advertise something ❷ **neue Leser werben** to attract new readers
der **Werbeprospekt** advertising leaflet
der **Werbeslogan** advertising slogan
der **Werbespot** commercial
die **Werbestrategie** advertising strategy
der **Werbetext** advertising copy
**werbewirksam** effective [for advertising purposes]
die **Werbung** ❶ (*Reklame*) advertising; **für etwas Werbung machen** to advertise something ❷ (*Werbeabteilung*) publicity department
der **Werdegang** (*beruflicher*) career
**werden** ❶ **wir werden sehen** we shall [*oder* we will] [*oder* we'll] see ❷ **es wird schon richtig sein** it'll be okay; **es wird schon gut gehen** it'll be all right ❸ **das Abendessen wird kalt** dinner is getting cold ❹ **Schreiner/Lehrerin werden** to become a carpenter/teacher ❺ **alt/müde werden** to get old/tired; **blind/grau werden** to go blind/grey ❻ (*sich verwandeln in*) to turn into; **vom Frosch zum Prinzen werden** to turn from a frog into a prince ❼ **anders werden** to change ❽ **was soll das werden?** what's that going to be?; **was willst du mal werden?** what would you like to become later?; **ich werde mal Schriftstellerin** I'm going to be a writer ❾ **Erster werden** to come in first
**werfen** ❶ to throw (**nach** at); **mit etwas werfen** to throw something ❷ (*Junge kriegen*) to have, to throw ❸ **einen Blick auf etwas werfen** to cast one's eyes ⚠ *plural* over something
die **Werft** shipyard
das **Werk** ❶ (*Buch, Kunstwerk*) work; **ein literarisches Werk** a work of literature ❷ (*Gesamtwerk*) works ⚠ *plural* ❸ (*Fabrik*) works *plural;* **ab Werk** ex works *plural* ❹ **am Werk sein** to be at work
die **Werkbank** workbench
der/die **Werksangehörige** works [*oder* factory] employee
der **Werksarzt,** die **Werksärztin** company doctor
**werkseigen** company
das **Werksgelände** works premises *plural*
die **Werkstatt** ❶ workshop ❷ *für Autos:* garage ❸ *eines Künstlers:* studio
der **Werkstoff** material
das **Werkstück** workpiece
der **Werktag** work[ing] day
**werktags** on workdays
**werktätig** working; **er ist werktätig** he works [*oder* has got a job]; **die werktätige**

Bevölkerung the working population
das **Werkzeug** tool *auch übertragen;* **mein ganzes Werkzeug** all my tools ⚠ *plural*
der **Werkzeugkasten** toolbox
der **Werkzeugmacher**, die **Werkzeugmacherin** toolmaker
die **Werkzeugmaschine** machine tool
der **Werkzeugschrank** tool cabinet
der **Wermut** ❶ *Pflanze:* wormwood ❷ *Wein:* vermouth
der **Wert** ❶ *(Geldwert, Bedeutung)* value; **im Wert steigen** to increase in value; **im Wert sinken** to decrease in value; **Juwelen im Wert von einer Million Euro** jewels worth a million euros ❷ *(Wertgegenstand)* article of value ❸ *(Ergebniswert, Testwert)* results ❹ **sittliche Werte** moral standards ❺ **Wert auf etwas legen** to attach value to something; **hat das einen Wert?** *(Sinn)* is there a point?; **das hat keinen Wert** this is pointless
**wert** **es ist sein Geld wert** it's good value!; **was ist das wert?** what's this worth?; **das ist nichts wert** this is worthless; **ob es der Mühe wert ist?** is it worth the trouble?
**wertbeständig** stable in value *nachgestellt*
**werten** ❶ *(beurteilen)* to judge ❷ *(einstufen)* to rate (**als** as) ❸ *(Punkte geben)* to give a score ❹ *(benoten)* to grade
**wertfrei** unbiased, without prejudice
die **Wertgegenstände** valuables ['væljuəb|z]
das **Wertkartenhandy** mobile phone using a payment card
**wertlos** ❶ valueless, worthless ❷ *(nutzlos)* useless
die **Wertminderung** depreciation [,dɪpri:ʃɪ'eɪʃ°n]
das **Wertpapier** bond, security
der **Wertpapierhandel** securities ⚠ *plural* trading
die **Wertsachen** valuables
die **Wertschätzung** esteem, high regard
die **Wertschöpfung** increase in value, added value
die **Wertschrift** (CH) security, bond
die **Wertung** ❶ assessment, evaluation ❷ *(Beurteilung)* judging ❸ *im Sport:* scoring
der **Wertverlust** depreciation [,dɪpri:ʃɪ'eɪʃ°n]
**wertvoll** ❶ precious, valuable ❷ *(ethisch)* worthy
die **Wertvorstellung** moral concept
der **Wertzuwachs** capital appreciation
das **Wesen** ❶ *(Geschöpf)* being; *(tierisch)* creature; **menschliches Wesen** human being ❷ *(Grundzüge)* nature; **sie hat nicht gerade ein angenehmes Wesen** she does not have a pleasant nature
der **Wesenszug** characteristic
**wesentlich** ❶ *(essenziell)* essential [ɪ'senʃ°l] ❷ *(grundlegend)* fundamental; **das macht keinen wesentlichen Unterschied** that doesn't make a big difference; **das Wesentliche** the essential part; *(Kern)* the gist; **im Wesentlichen** essentially [ɪ'senʃ°li] ❸ *(beträchtlich)* considerably ❹ *(grundlegend)* fundamentally ❺ **es ist mir wesentlich lieber, wenn wir ...** I'd much rather we ...
**weshalb** ❶ *(Frage)* why [waɪ] ❷ *(relativ)* for which reason
die **Wespe** wasp
**wessen** ❶ *(von wem)* whose [huːz] ❷ *(wovon)* of what
die **Weste** ❶ *(Herrenweste)* waistcoat ❷ *(Strickweste)* cardigan

Weste

F Nicht verwechseln mit *vest* — *das Unterhemd!*

der **Westen** ❶ *(Himmelsrichtung)* west; **im Westen von ...** to the west of ...; **aus dem** [*oder* **von**] **Westen** from the west ❷ *(Landesteil)* the West ❸ **der Wilde Westen** the Wild West
die **Westentasche** waistcoat [*oder* (USA) vest] pocket ▶ WENDUNGEN: **etwas wie seine Westentasche kennen** *(umgangsspr)* to know something like the back of one's hand
der **Western** western
**Westfalen** Westphalia
die **Westküste** west coast
**westlich** ❶ western ⚠ *nur vor Substantiv* ❷ *Regierungen usw.:* Western ⚠ *nur vor Substantiv* ❸ *Wind:* westerly ❹ **das Dorf liegt westlich vom Fluss** the village lies to the west of the river ❺ **westlich des Dorfes** west of the village
**westwärts** westward[s], [to the] west
**weswegen** ❶ *(Frage)* why ❷ *(relativ)* for

which reason
die **Wettannahme** betting office
der **Wettbewerb** competition
der **Wettbewerber**, die **Wettbewerberin** competitor
die **Wettbewerbsfähigkeit** competitiveness
die **Wette** bet; **ich gehe jede Wette ein, dass ...** I'll bet you anything that ...; **was gilt die Wette?** what will you bet me?; **mit dir renne ich nicht um die Wette** I'm not going to race you
**wetten** ① to bet (**auf** on) ② **ich habe mit ihm gewettet, dass ...** I have a bet with him that ...; **ich habe mit ihm um 10 Euro gewettet** I bet him 10 euros ③ **wetten, dass ich das tue!** bet you I do!; **ich wette, es schneit** I bet it's going to snow

Ⓖ Richtiges Konjugieren von **bet**: bet, bet(ted), bet(ted) — *he bet all his money on one horse; have you bet on a race before?*

das **Wetter** ① weather ['weðə$^r$] ② **bei** [**diesem**] **kalten Wetter** in [this] cold weather; **bei jedem Wetter** in all weathers ⚠ *plural*
die **Wetteraussichten** weather ['weðə$^r$] outlook ⚠ *singular*; weather prospects *plural*
der **Wetterbericht** weather report
der **Wetterdienst** weather service
die **Wetterkarte** weather chart [*oder* map]
die **Wetterlage** weather situation
**wettern** to curse and swear [sweə$^r$]; **gegen** [*oder* **auf**] **etwas wettern** to rail against something
der **Wettersatellit** weather ['weðə$^r$] satellite
der **Wetterumschwung** sudden change in the weather
die **Wettervoraussage**, die **Wettervorhersage** weather forecast
der **Wettkampf** competition [ˌkɒmpəˈtɪʃ(ə)n]
der **Wettlauf** ① race; **einen Wettlauf machen** to run a race ② **das Projekt war ein unglaublicher Wettlauf mit der Zeit** the project was an unbelievable race against the clock
das **Wettrennen** race
**wetzen** ① (*schärfen*) to sharpen, to whet ② (*umgangsspr: rennen*) to scoot
die **WG** *Abkürzung von* **Wohngemeinschaft** flat share
**wichsen seine Schuhe wichsen** to polish [*oder* 🇺🇸] shine] one's shoes
**wichtig** ① important; **nicht** [**besonders**] **wichtig sein** to be of no [great] importance ② **sich wichtig vorkommen** to be full of oneself
**wichtigmachen** to put on airs; **sie will sich nur wichtigmachen** she's just putting on airs [*oder* giving herself airs]
**wickeln** ① (*einwickeln*) to wrap [ræp] (**in** in) ② (*schlingen*) to wind [waɪnd] (**um** [a]round) ③ to coil *Spule* ④ **jemanden um den Finger wickeln** to twist someone round one's finger ⑤ **einen Säugling wickeln** to put on a baby's nappy [*oder* 🇺🇸 diaper ['daɪpə$^r$] ⑥ **sich wickeln** to wrap [ræp] oneself [*oder* itself] (**in** in, **um** around)
der **Widder** ① (*Schafbock*) ram ② (*Sternzeichen*) Aries ['eəriːz]
**wider** ① **wider Erwarten** contrary to expectations ② **das Für und Wider** the pros and cons ⚠ *plural* ③ **er hat die Aufgabe wider Willen übernommen** he accepted the job against his will
**widerfahren jemandem widerfahren** to happen to someone; to befall someone *Unglück*
**widerlegen** to refute
**widerlich** ① (*eklig*) disgusting ② *Person:* repulsive
**widerrechtlich** unlawful
die **Widerrede ohne Widerrede** without protest; **keine Widerrede!** don't argue!
der **Widerruf** revocation
**widerrufen** to recant
**widersetzen sich jemandem/einer Sache widersetzen** to oppose someone/something; to resist someone/something *Angreifern, Festnahme*
**widerspiegeln** ① (*auch übertragen*) to reflect ② **sich widerspiegeln** to be reflected
**widersprechen** ① to contradict ② **sich selbst widersprechen** to contradict oneself; **sie widersprachen einander** they contradicted each other; **diese Aussagen widersprechen sich** these statements are inconsistent
der **Widerspruch** ① contradiction; **im Widerspruch zu etwas stehen** to be contradictory to something ② **keine Widersprüche!** no arguments!
**widersprüchlich** contradictory
der **Widerstand** ① (*Widersetzung*) resistance; **jemandem/gegen etwas keinen Widerstand leisten** to offer no resistance to someone/something ② **auf Widerstand stoßen** to meet with resistance ③ *im Stromkreis:* resistor
**widerstandsfähig** resistant (**gegen** to)
die **Widerstandskraft** robustness
**widerstandslos** without resistance
**widerstehen** to resist; (*standhalten*) to with-

## Wie viel? **A** **B** **C**

| | | | |
|---|---|---|---|
| **How much ...?** | *Wie viel ...?* | **a bag of** apples | *eine Tüte Äpfel* |
| **How many ...?** | *Wie viele ...?* | **a bottle of** water | *eine Flasche Wasser* |
| **a lot of** money | *viel Geld* | **a box of** eggs | *eine Schachtel Eier* |
| **a packet of** sugar | *ein Päckchen Zucker* | **a bar of** chocolate | *eine Tafel Schokolade* |
| | | **no** chocolate | *keine Schokolade* |

stand

**widerstreben es widerstrebt mir, so etwas zu tun** I am reluctant to do anything like that

**widerwillig** ❶ reluctant, unwilling ❷ **sie ging widerwillig mit** she went along reluctantly

**widmen** ❶ **jemandem etwas widmen** to dedicate something to someone ❷ **jemandem/etwas seine Aufmerksamkeit widmen** to devote one's attention to someone/something ❸ **sich seinen Gästen widmen** to attend to one's guests

die **Widmung** dedication (**an** to)

**widrig** adverse

**wie** ❶ (*fragend*) how; **wie geht's?** how are you?; **wie geht's im Büro?** how are things at the office?; **wie viele?** how many?; **wie viel** how much; **um wie viel größer** how much bigger; **wie kommt es, dass ...?** how is it that ...?; **wie ist das möglich?** how can that be?; **wie wäre es damit?** how about it? ❷ (*welcher Art, was*) what; **wie ist er?** what's he like?; **wie sind die Zimmer?** what are the rooms like? ❸ (*vergleichend bei Adjektiv/Adverb*) as; (*vergleichend bei Substantiv*) like; **wie verrückt** (*umgangsspr*) like anything ❹ (*als*) **er sah, wie sie runterfiel** he saw her fall/falling down ❺ **wie z.B.** such as ▶ WENDUNGEN: **wie bitte?** pardon?; **na, und wie!** and how!; **wie man's nimmt** that depends

**wieder** ❶ again; **komm doch mal wieder vorbei!** you must come round again! ❷ **immer wieder** time and again; **schon wieder!** not again!; **da bin ich wieder** it's me again ❸ **wieder einführen** to reintroduce [ˌriːɪntrəˈdjuːs]; **wieder gutmachen** to make good, to compensate for

der **Wiederaufbau** reconstruction

**wiederbekommen** to get back

**wiederbeleben** to revive

der **Wiederbelebungsversuch** ❶ attempt at resuscitation [rɪˌsʌsɪˈteɪʃn] ❷ (*übertragen*) attempt at revival

**wiederbringen** to bring back

**wiedererkennen** to recognize [ˈrekəgnaɪz]

**wiedereröffnen** to reopen [ˌriːˈəʊpən]

die **Wiedereröffnung** reopening

**wiedererzählen** to retell

**wiederfinden** to find again

die **Wiedergabe** ❶ *eines Bildes:* reproduction ❷ (*übertragen*) rendering

**wiedergeben** ❶ (*zurückgeben*) to give back ❷ (*beschreiben*) to describe ❸ (*reproduzieren*) to reproduce

**wiedergewinnen** (*auch übertragen*) to regain; to win back *Person*

die **Wiedergutmachung** compensation; **als Wiedergutmachung für mein schlechtes Benehmen** to make up for my bad behaviour; **als Wiedergutmachung des Unrechts** to rectify the wrong

**wiederhaben** ❶ **er hat es wieder** he's got it back ❷ **etwas wiederhaben wollen** to want something back

**wiederherstellen** to restore

**wiederholen** ❶ (*noch einmal tun*) to repeat [rɪˈpiːt]; (*mehrmals*) to reiterate [riˈɪtəreɪt] ❷ **sich wiederholen** *Person:* to repeat oneself; *Ereignis:* to recur

**wiederholt** repeated; **wiederholte Male** repeatedly

die **Wiederholung** ❶ repetition [ˌrepɪˈtɪʃn]; *mehrmalig:* reiteration [riˌɪtəˈreɪʃn] ❷ *im Radio, TV:* repeat ❸ *von Lernstoff:* revision ❹ *von Spiel:* replay; *von Strafstoß:* retake

das **Wiederhören auf Wiederhören!** goodbye!

der **Wiederkäuer** ruminant

die **Wiederkehr** return

**wiederkehren** to return

**wiederkommen** to come back

**wiedersehen jemanden wiedersehen** to see someone again; **wann sehen wir uns wieder?** when can we meet again?

das **Wiedersehen Auf/auf Wiedersehen!** goodbye!, see you again!

**wiederum** ❶ again ❷ (*andererseits*) on the other hand

**wiedervereinigen** to reunify

die **Wiedervereinigung** *in Deutschland:* [Ger-

man] reunification [ˌriːjuːnɪfɪˈkeɪʃən]
die **Wiederverwertung** recycling
die **Wiederwahl** re-election
die **Wiederzulassung** readmission; *von Auto:* relicensing
die **Wiege** cradle [ˈkreɪdl]
**wiegen¹** to weigh [weɪ]; **Gepäck wiegen lassen** to weigh in luggage; **was wiegt er jetzt?** how much does he weigh now?
**wiegen²** ❶ (*schaukeln*) to rock ❷ to shake slowly *Kopf* ❸ **sich wiegen** *Boot:* to rock gently; *Bäume, Personen:* to sway
**wiehern** ❶ to neigh [neɪ] ❷ (*abwertend: lachen*) to bray
**Wien** Vienna [viˈenə]
der **Wiener**, die **Wienerin** ❶ Viennese [ˌviəˈniːz]; **er ist Wiener** he is from Vienna ❷ **Wiener Schnitzel** veal cutlet, Wiener schnitzel; **Wiener Würstchen** frankfurter [ˈfræŋkfɜːtəʳ] 🇬🇧, wiener 🇺🇸
die **Wiese** meadow [ˈmedəʊ]
das **Wiesel** weasel [ˈwiːzəl]
**wieso** why; **wieso weißt du das?** how do you know that?
**wievielt** ❶ **den Wievielten haben wir heute?** what day of the month [mʌnθ] is it?; **am Wievielten hat er Geburtstag?** when is his birthday exactly? ❷ **zum wievielten Mal ist die Vase jetzt schon umgefallen?** how many times has that vase [vɑːz] fallen down now? ❸ **zu wievielt wart ihr auf der Weihnachtsfeier?** how many of you were there at the Christmas do?
das **Wild** ❶ game; (*Rotwild*) deer [dɪəʳ] ❷ (*Fleisch*) venison
**wild** ❶ wild; **wild wachsend** wild[-growing] ❷ (*unzivilisiert*) savage ▶ WENDUNGEN: **das ist doch halb so wild!** (*umgangsspr*) it's not all that bad!; **er ist ganz wild auf Eis** he's crazy about ice cream; **es macht ihn wild, wenn er angelogen wird** he gets mad when he is lied to; **sie hüpfte wie wild durch die Gegend** she jumped around like crazy
**wildfremd** (*umgangsspr*) **ein wildfremder Mann/eine wildfremde Frau** a complete stranger [ˈstreɪndʒəʳ]
das **Wildleder** suede [sweɪd]
die **Wildnis** wilderness
das **Wildschwein** wild boar [ˌwaɪldˈbɔːʳ]
die **Wille** ❶ will ❷ **seinen Willen durchsetzen** to get one's own way ❸ (*Absicht*) intention ❹ **beim besten Willen nicht** not with the best will in the world; **das geschah gegen meinen Willen** that was done against

[əˈgenst] my will; **ich kann mich beim besten Willen nicht erinnern** I can't for the life of me remember ❺ **jemands letzter Wille** someone's last will and testament
**willenlos** spineless; **willenlos sein** to have no will of one's own
die **Willenskraft** willpower
**willig** willing
**willkommen** welcome; **herzlich willkommen!** welcome!; **jemanden bei sich willkommen heißen** to welcome someone to one's house
**willkürlich** arbitrary
**wimmeln** to swarm [swɔːm], to teem (**von** with)
**wimmern** to whimper [ˈwɪmpəʳ]
der **Wimpel** pennant
die **Wimper** eyelash; **ohne mit der Wimper zu zucken** without batting an eyelid
die **Wimperntusche** mascara [məˈskɑːrə]
der **Wind** wind [wɪnd] ▶ WENDUNGEN: **jemandem den Wind aus den Segeln nehmen** to take the wind out of someone's sails; **von etwas Wind bekommen** to get wind of something; **mach nicht so viel Wind!** (*umgangsspr*) don't make such a fuss!
die **Windel** nappy 🇬🇧, diaper [ˈdaɪpəʳ] 🇺🇸
**winden** ❶ (*wickeln*) to wind [waɪnd] ❷ **sich winden** *Pflanze, Schlange:* to wind [itself]; *Fluss:* to meander [miˈændəʳ]; *Weg:* to wind ❸ **sich vor Schmerz winden** to writhe [raɪð] with [*oder* in] pain
die **Windenergie** wind power
**windgeschützt** sheltered [from the wind]
der **Windhund** ❶ greyhound [ˈgreɪhaʊnd] ❷ (*abwertend: Luftikus*) careless [ˈkeələs] and unreliable sort, jack the lad
**windig** ❶ windy [ˈwɪndi] ❷ (*abwertend: unsicher*) dubious [ˈdjuːbɪəs]
die **Windjacke** windcheater
die **Windmühle** windmill
die **Windpocken** chickenpox ⚠ *mit Singular*
die **Windrichtung** wind direction
die **Windschutzscheibe** windscreen 🇬🇧, windshield [ˈwɪnʃiːld] 🇺🇸
die **Windstärke** wind force
die **Windung** meander [miˈændəʳ]; *von Schraube:* threat
der **Winkel** ❶ angle; **spitzer Winkel** acute angle; **stumpfer Winkel** obtuse angle; **rechter Winkel** right angle ❷ (*Werkzeug*) square [skweəʳ] ❸ (*Stelle, Ecke*) corner ❹ **toter Winkel** dead angle [*oder* space]
**winken** ❶ **jemandem winken** to wave to someone; **jemandem zum Abschied win-

**winklig – Wirtschaftszweig**
**1044**

**ken** to wave someone goodbye ❷ **mit etwas winken** to wave something ❸ (*in Aussicht stehen*) to be in store

**winklig** *Gässchen:* twisty; *Altstadt:* full of winding ['waɪndɪŋ] streets

**winseln** *Hund:* to whine [waɪn]; (*abwertend*) *Mensch:* to whimper ['wɪmpəʳ]; (*um Gnade*) to grovel

der **Winter** winter ⚠ *ohne Artikel;* **es wird Winter** winter is coming; **im Winter** in winter; **mitten im Winter** in the depth of winter

der **Wintergarten** conservatory

die **Winterkleidung** winter clothing

**winterlich** wintry

der **Winterreifen** winter tyre

der **Winterschlaf** hibernation [ˌhaɪbəˈneɪʃᵊn]; **Winterschlaf halten** to hibernate

der **Winterschlussverkauf** winter [clearance] sales

der **Wintersport** winter sports ⚠ *plural;* **Schlittschuhlaufen ist ein Wintersport** ice skating is a winter sport

der **Winzer,** die **Winzerin** winegrower

**winzig** ❶ (*sehr klein*) tiny ['taɪni]; **winzig klein** minute [maɪˈnjuːt] ❷ (*unbedeutend*) petty

der **Winzling** (*abwertend*) mite

die **Wippe** seesaw

**wippen** ❶ to seesaw ❷ (*auf und ab*) to bob up and down; (*hin und her*) to teeter

**wir** ❶ we ❷ **wir beide/drei** the two/three of us; **wer ist da? — wir sind's!** who's there? — it's us!

der **Wirbel** ❶ (*auch übertragen*) whirl [wɜːl] ❷ *im Wasser:* eddy, whirlpool ❸ *im Rücken:* vertebra, *plural* vertebrae ❹ *am Scheitel:* crown ❺ (*umgangsspr*) commotion [kəˈməʊʃᵊn]

**wirbeln** to whirl [wɜːl]; *Staub, Laub:* to swirl; *Trommel:* to roll [rəʊl]

die **Wirbelsäule** spine

der **Wirbelsturm** whirlwind ['wɜːlwɪnd]

das **Wirbeltier** vertebrate ['vɜːtɪbreɪt]

**wirken** ❶ (*wirksam sein*) to have an effect (**auf** on) ❷ **und das soll wirken?** and that's going to work, is it? ❸ **er wirkt jünger** he appears [*oder* seems] younger ❹ (*am Werk sein*) to be at work ❺ **Wunder wirken** to work wonders

**wirklich** ❶ really ❷ **ach wirklich?** (*als Antwort*) [what,] really?; **hat er das wirklich gesagt?** did he actually say that? ❸ **ein wirklicher Löwe!** a real lion!

die **Wirklichkeit** ❶ reality [rɪˈæləti] ⚠ *ohne Artikel* ❷ **in Wirklichkeit war es ganz anders**

the reality was quite different

**wirksam** effective; **wirksam werden** to take effect; **wirksam bleiben** to remain in effect

der **Wirkstoff** active substance

die **Wirkung** ❶ effect (**bei/auf** on) ❷ **seine Wirkung verfehlen** to not have the desired effect

**wirkungslos** ineffective

**wirkungsvoll** effective

die **Wirkungsweise** *eines Medikaments:* [mode of] action; **die Wirkungsweise von Sekten** the way sects work

**wirr** ❶ (*durcheinander*) confused ❷ (*unordentlich*) tangled ❸ *Geschichten:* weird [wɪəd]; *Ideen:* wild [waɪld] ❹ **er ist ein wirrer Kopf** he has crazy ideas

der **Wirrwarr** confusion

der **Wirt** landlord

die **Wirtin** landlady

die **Wirtschaft** ❶ (*Volkswirtschaft*) economy ❷ (*Gastwirtschaft*) pub ⑱, bar ⑰

**wirtschaften** to budget ['bʌdʒɪt]; **sparsam wirtschaften** to economize

**wirtschaftlich** (*sparsam*) economical

die **Wirtschaftlichkeit** economy

das **Wirtschaftsabkommen** economic agreement

der **Wirtschaftsaufschwung** economic upturn

die **Wirtschaftsbeziehungen** economic [*oder* trade] relations *plural*

das **Wirtschaftsdelikt** economic crime

die **Wirtschaftsentwicklung** economic development

das **Wirtschaftsgymnasium** *grammar school where the emphasis is on business studies, economics and law*

die **Wirtschaftshilfe** economic aid ⚠ *ohne Artikel*

die **Wirtschaftslage** economic situation

der **Wirtschaftsminister,** die **Wirtschaftsministerin** Minister for Economic Affairs ⑱, Secretary of Commerce ⑰

das **Wirtschaftsministerium** Ministry of Trade and Commerce ⑱, Department of Commerce ⑰

die **Wirtschaftspolitik** economic policy

der **Wirtschaftsprüfer,** die **Wirtschaftsprüferin** accountant

der **Wirtschaftsteil** business section

die **Wirtschafts- und Währungsunion** economic and monetary union

das **Wirtschaftswachstum** economic growth

die **Wirtschaftswissenschaft** economics *singular*

das **Wirtschaftswunder** economic miracle

der **Wirtschaftszweig** branch of industry

das **Wirtshaus** (*Lokal*) pub (GB), bar (USA); (*Gasthof*) inn
der **Wisch** (*abwertend*) bumf *umgangsspr*
**wischen** to wipe; (*reinigen*) to wipe clean ▶ WENDUNGEN: **von jemandem eine gewischt bekommen** to get a clout from someone; **einen gewischt bekommen** (*einen Stromschlag bekommen*) to get a shock
der **Wischlappen** cloth
**wispern** to whisper ['wɪspə']
**wissbegierig** eager to learn; **ein wissbegieriger Schüler** a pupil who is eager to learn
**wissen** ❶ to know (**von** about); **woher weiß sie das?** how does she know? ❷ (*sich erinnern*) **weißt du noch?** do you remember? ❸ **Bescheid wissen** to be well informed ❹ (*rhetorisch*) **was weiß ich?** who knows?; **weiß ich doch nicht!** how should I know?; **nicht, das ich wüsste** not that I know of; **soviel ich weiß** as far as I know; **man kann nie wissen** you never know ❺ **jemanden etwas wissen lassen** to tell someone something, to let someone know something ❻ **ich will von ihm nichts mehr wissen** I don't want anything more to do with him
das **Wissen** knowledge ['nɒlɪdʒ]; **meines Wissens** to the best of my knowledge
die **Wissenschaft** science ['saɪəns]
der **Wissenschaftler**, die **Wissenschaftlerin** scientist ['saɪəntɪst]; (*Geisteswissenschaftler*) academic
**wissenschaftlich** scientific [ˌsaɪən'tɪfɪk]
**wissenswert** worth knowing
die **Witfrau** (CH) widow ['wɪdəʊ]
**wittern** (*auch übertragen*) to scent [sent]
die **Witterung** weather
die **Witterungsverhältnisse** weather conditions *plural*
die **Witwe** widow ['wɪdəʊ]; **Witwe werden** to be widowed
der **Witwer** widower ['wɪdəʊə']
der **Witz** ❶ joke; **einen Witz über etwas machen** to make a joke about something; **das soll wohl ein Witz sein!** you must be joking!; **mach keine Witze!** you're joking! ❷ (*geistvolle Schärfe*) wit
**witzig** ❶ (*spaßig*) funny ❷ (*geistreich*) witty
die **WM** *Abkürzung von* **Weltmeisterschaft** world championship
**wo** ❶ where; **wo seid ihr?** where are you? ❷ **... wo doch alles so schön gelaufen ist** ... when everything was running so smoothly ['smuːðli] ❸ **wo er nun schon mal da ist** ... since he's here already ❹ **jetzt, wo sie in Rente geht ...** now that she's going to retire ...
**woanders** elsewhere [ˌels'weə'], somewhere else
**wobei** ❶ (*Frage*) how; (*bei was*) at what ❷ **wobei mir gerade einfällt, dass ...** which reminds [rɪ'maɪndz] me now that ... ❸ **wobei ich denke, dass ...** although I think that ...
die **Woche** week; **in einer Woche** in a week; **Woche für Woche** week in, week out; **dreimal die Woche** three times a week; **morgen in einer Woche** a week tomorrow
die **Wochenarbeitszeit** working week
das **Wochenblatt** weekly
das **Wochenende** weekend; **am Wochenende** at [*oder* (USA) on] the weekend; **schönes Wochenende!** have a nice weekend!; **übers Wochenende verreisen** to go away for the weekend; **ein langes Wochenende machen** to take a long weekend
die **Wochenkarte** week's travelcard
**wochenlang** for weeks; **nach wochenlanger Warterei** after weeks of waiting
der **Wochentag** ❶ weekday ❷ (*bestimmter*) day of the week
**wöchentlich** weekly; **einmal wöchentlich** once [wʌn(t)s] a week; **sich wöchentlich abwechseln** to take turns every week
die **Wochenzeitschrift** weekly [magazine]
**wodurch** ❶ (*Frage*) how; **wodurch kam das?** how did it come about? ❷ (*Relativpronomen*) through which; **wodurch ich Probleme bekam** which caused me problems
**wofür** ❶ (*Frage*) for what, what ... for; **wofür halten Sie mich?** what do you take me for? ❷ (*relativ*) for which, which ... for; **wofür er sich interessiert** what he's interested in; **wofür ich dir sehr dankbar bin** for which I'm very grateful to you
**wogegen** ❶ (*gegen was*) against [ə'geɪnst] what ❷ (*relativ*) against which, which ... against
**woher** ❶ (*Frage*) from where, where ... from; **woher wissen Sie das?** how do you know that? ❷ (*wie*) how ❸ (*relativ*) from which, where ... from ❹ **ach, woher!** (*umgangsspr*) nonsense!
**wohin** ❶ (*Frage*) where [to]; **wohin gehst du?** where are you going to? ❷ (*relativ*) where; **der Ort, wohin ich gehe** the place where I'm going ❸ **ich muss mal wohin** (*umgangsspr*) I've got to pay a visit
das **Wohl** ❶ well-being ❷ **auf Ihr Wohl!** here's to you! your health!; **zum Wohl!** cheers!

**wohl** ❶ (*gut, gesund*) well; **ich fühle mich nicht wohl** I don't feel well ❷ (*zwar, freilich*) all right, it is true, to be sure; **ich habe es wohl gewusst, aber was konnte ich machen?** it's true that I knew but what could [kʊd] I have done? ❸ (*wahrscheinlich*) probably; **sie ist wohl krank** she's probably ill; **das ist wohl das Beste** I suppose [səˈpəʊz] it's the best thing; **du bist wohl verrückt!** you must be mad! ❹ (*gut*) **wohl durchdacht** well thought [θɔːt] out; **wohl geordnet** well-ordered; [**jemandem**] **wohl tun** to do [someone] good; **wohl überlegt** well-considered ▶ WENDUNGEN: **wohl bekomm's!** your health [helθ]!; **wohl oder übel** like it or not

**wohlauf wohlauf sein** to be well
das **Wohlbefinden** well-being
das **Wohlbehagen** feeling of well-being
das **Wohlergehen** welfare [ˈwelfeəʳ]
der **Wohlfahrtsstaat** welfare state
**wohlgemerkt** mind [maɪnd] [you]; **die waren wohlgemerkt die Ersten** mind you, they were the first ones
**wohlhabend** prosperous [ˈprɒspərəs], well-to-do
**wohlig** pleasant [ˈplezənt]; (*heimelig*) cosy [ˈkəʊzi]
der **Wohlstand** affluence [ˈæfluəns], prosperity
die **Wohlstandsgesellschaft** affluent society
die **Wohltat das ist eine wahre Wohltat!** oh, that feels good!
der **Wohltäter**, die **Wohltäterin** benefactor
**wohltätig** charitable; **für einen wohltätigen Zweck** for a good cause [kɔːz]
die **Wohltätigkeitsveranstaltung** charity performance
der **Wohnanhänger** caravan ⒢⒝, trailer ⒰⒮
die **Wohnanlage** housing development [*oder* estate]
der **Wohnblock** block of flats
**wohnen** ❶ to live [lɪv] ❷ (*vorübergehend*) to stay (**bei** with); **im Hotel wohnen** to stay at a hotel
die **Wohnfläche** living space
das **Wohngebiet** residential [ˌrezɪˈdenʃəl] area
das **Wohngeld** housing benefit
die **Wohngemeinschaft** flat share
das **Wohnhaus** residential building
das **Wohnheim** ❶ *für Rentner:* residential [ˌrezɪˈdenʃəl] home ❷ *für Obdachlose:* hostel ❸ *für Studenten:* hall [of residence] ⒢⒝, dorm[itory] ⒰⒮
die **Wohnküche** kitchen-cum-living room
die **Wohnlage** residential area

**wohnlich** cosy [ˈkəʊzi]
das **Wohnmobil** camper, motor caravan, recreation vehicle [ˌrekriˈeɪʃənˌviːɪkl] ⒰⒮
der **Wohnort** [place of] residence [ˈrezɪdəns]
das **Wohnrecht** right of residence
der **Wohnsitz** domicile; **wo hast du deinen ersten Wohnsitz?** where is your main address?; **ohne festen Wohnsitz** of no fixed abode
die **Wohnung** flat ⒢⒝, apartment ⒰⒮
der **Wohnungsmangel** housing shortage
der **Wohnungsmarkt** housing market
die **Wohnungsnot** serious housing shortage
die **Wohnungssuche auf Wohnungssuche sein** to be flat-hunting
das **Wohnviertel** residential area
der **Wohnwagen** caravan ⒢⒝, trailer ⒰⒮
das **Wohnzimmer** living room
der **Wolf** wolf [wʊlf] ▶ WENDUNGEN: **ein Wolf im Schafspelz** a wolf in sheep's clothing

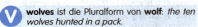 **wolves** ist die Pluralform von **wolf**: *the ten wolves hunted in a pack.*

die **Wolke** (*auch übertragen*) cloud [klaʊd] ▶ WENDUNGEN: **aus allen Wolken fallen** to be flabbergasted [ˈflæbəgɑːstɪd]
der **Wolkenbruch** cloudburst [ˈklaʊdbɜːst]
der **Wolkenkratzer** skyscraper
**wolkenlos** cloudless [ˈklaʊdləs]
**wolkig** cloudy [ˈklaʊdi]
die **Wolldecke** [woollen] blanket
die **Wolle** wool; **reine Wolle** pure wool ▶ WENDUNGEN: **sich in die Wolle kriegen** to be at each other's throats
**wollen**[1] (*aus Wolle*) woollen
**wollen**[2] ❶ (*beabsichtigen*) to want; **ich will später Medizin studieren** I want to study medicine [ˈmedsən] ❷ **ich wollte dich mal was fragen** I just wanted [ˈwɒntɪd] to ask you something ❸ **was ich damit sagen wollte, ist ...** what I meant [ment] to say is ... ❹ **er wollte nur helfen** he only meant to help ❺ **der Knopf will nicht zugehen** the button won't do up; **das Kind will nicht hören** the child won't listen ❻ **na, dann wollen wir mal!** all right, let's get started!
**wollen**[3] ❶ (*wünschen*) to want; **sie will ein Fahrrad** she wants a bike ❷ **ich will nicht ins Kino** I don't want to go to the cinema ❸ **mach, was du willst** do what you like ❹ **was will er von mir?** what does he want from me? ❺ **du kannst sagen, was du willst** (*umgangsspr*) you can say what you like
die **Wolljacke** cardigan

**womit** ① (*Frage*) with what, what ... with; **womit hat er das gemacht?** what did he do that with?; **womit kann ich dienen?** what can I do for you? ② (*relativ*) with which; **womit ich** (*bei Bezug auf ganzen Satz*) by which

**womöglich** possibly

**wonach** ① (*Frage*) **wonach ist dir?** what do you feel like?; **wonach suchst du?** what are you looking for? ② (*relativ: zufolge*) according to which

**woran** ① what; **woran arbeiten Sie?** what are you working on? ② **woran kann man das erkennen?** how can you tell? ③ **sie weiß nicht genau, woran sie mit ihrer Chefin ist** she doesn't know exactly where she stands with her boss ④ (*relativ, mit Bezug auf vorausgehenden Satz*) by which

**worauf** ① (*Frage*) what; **worauf wartest du?** what are you waiting for? ② (*relativ: zeitlich*) whereupon [ˌweərəˈpɒn]; **worauf sie ging** whereupon she left; **worauf du dich verlassen kannst!** just you wait and see!

**woraus** ① (*Frage*) [out of] what, what ... of ② (*relativ*) out of which, from which

**worin** ① (*Frage*) in what, what ... in ② (*relativ*) in which

das **Wort** ① word [wɜːd]; **Wort für Wort** word for word ② (*Versprechen*) word; **sein Wort halten** to keep one's word; **ich gebe dir mein Wort darauf** I give you my word on it; **sein Wort brechen** to break [breɪk] one's word ③ (*beim Sprechen*) **mir fehlen die Worte** words fail me; **jemandem ins Wort fallen** to interrupt someone; **zu Wort kommen** to get a chance to speak ④ (*Formulierung*) **mit einem Wort** in a word; **mit anderen Worten** in other words ⑤ **für jemanden ein gutes Wort einlegen** to put in a word for someone

die **Wortart** part of speech
das **Wörterbuch** dictionary [ˈdɪkʃənəri]
der **Wortlaut** wording

**wörtlich** ① literal; **etwas wörtlich übersetzen** to translate something literally ② *Wiedergabe:* word-for-word ③ **wörtliche Rede** direct speech

**wortlos** ① silent [ˈsaɪlənt] ② **sie ging wortlos aus dem Zimmer** she left the room without saying a word

die **Wortmeldung** request to speak
der **Wortschatz** vocabulary [vəˈkæbjələri]
das **Wortspiel** pun, play on words
**wortwörtlich** ① word for word, verbatim [vɜːˈbeɪtɪm] ② **er nimmt einfach alles wortwörtlich** he takes absolutely everything literally ③ **das habe ich wortwörtlich so gehört** that was exactly what I heard

**worüber** ① (*Frage*) about what, what ... about; **worüber habt ihr gesprochen?** what did you talk about? ② (*relativ*) about which, which ... about

**worum** ① about what, what ... about; **worum handelt es sich?** what's it about? ② (*relativ*) about which, which ... about

**worunter** **worunter leidet sie?** what does she suffer from?

**wovon** ① from what, what ... from; **wovon lebst du?** what do you live on? ② **wovon redet er?** what is he talking [ˈtɔːkɪŋ] about?; **wovon handelt der Film?** what is the film about? ③ (*relativ*) from which, which ... from; (*bei Bezug auf vorausgehenden Satz*) about which, which ... about

**wovor** ① before what, what ... before; **wovor fürchtest du dich?** what are you afraid of? ② (*relativ*) before which, which ... before

**wozu** ① to what, what ... to; **wozu soll das gut sein?** what is that supposed to be good for? ② (*warum*) why; **wozu denn?** why?; (*warum sollte ich?*) why should I? ③ (*relativ*) to which, which ... to

das **Wrack** (*auch übertragen*) wreck [rek]
der **Wucherpreis** extortionate price
die **Wucherung** (*Geschwür*) growth
die **Wucht** ① force [fɔːs]; (*Stoßkraft*) momentum [məˈmentəm] ② **das Auto ist mit voller Wucht gegen den Baum gefahren** the car crashed into the tree at full throttle [ˈθrɒtl] ③ **du bist eine Wucht!** you're a star! *umgangsspr*

**wuchtig** massive

**wühlen** ① *Nager:* to burrow [ˈbʌrəʊ] ② (*stöbern*) **nach etwas wühlen** to root [*oder* rummage [ˈrʌmɪdʒ]] for something ③ **sich durch etwas wühlen** to burrow one's way through something

der **Wühltisch** bargain [ˈbɑːgɪn] counter
der/die **Wulst** bulge

**wulstig** bulged [bʌldʒd]; *Lippen:* thick [θɪk]
**wund** ① sore [sɔːr]; **ein wunder Punkt** a sore point ② **sich wund reiben** to rub oneself sore; **sich wund liegen** to get bedsores; **sie hat sich gestern die Füße wund gelaufen** her feet are sore from all that walking she did yesterday

die **Wunde** (*auch übertragen*) wound [wuːnd]
das **Wunder** ① (*überraschendes Ereignis*) wonder [ˈwʌndər] ② (*Übernatürliches*) miracle

**wunderbar – Wüste**     **1048**

['mɪrəkl] ❸ (*Person*) marvel ❹ **das ist kein Wunder** no wonder; **er wird sein blaues Wunder erleben** (*umgangsspr*) he won't know what's hit him

**wunderbar** ❶ marvellous ['mɑːvˀləs], wonderful ['wʌndəfˀl] ❷ (*übernatürlich*) miraculous [mɪˈrækjələs]

das **Wunderkind** child prodigy ['prɒdɪdʒi]

**wundern** ❶ **es würde mich nicht wundern, wenn ...** I wouldn't be surprised [səˈpraɪzd] if ...; **das wundert mich jetzt wirklich** now that really does surprise me ❷ **ich hab mich gewundert, was das sollte** I wondered what all that was about ❸ **sich wundern** to be surprised [*oder* astonished [əˈstɒnɪʃd]] (**über** at)

**wunderschön** lovely ['lʌli], wonderful ['wʌndəfˀl]

**wundervoll** ❶ marvellous ['mɑːvˀləs], wonderful ['wʌndəfˀl] ❷ (*übernatürlich*) miraculous [mɪˈrækjələs]

der **Wunsch** ❶ wish; (*sehnliches Verlangen*) desire [dɪˈzaɪəʳ] ❷ (*Bitte*) request [rɪˈkwest]; **haben Sie noch einen Wunsch?** is there anything else you'd like?; **dein Wunsch sei mir Befehl** your wish is my command ❸ **es ging alles nach Wunsch** everything was going smoothly

das **Wunschdenken** wishful thinking

**wünschen** ❶ to wish; **was wünscht er sich zu Weihnachten?** what does he want for Christmas?; **er wünscht sich ein Fahrrad** he would like [*oder* wants] a bike ❷ **sie wünscht sich, dass ihr Vater wieder gesund wird** she wishes her father would recover from his illness ❸ **sie hat alles, was man sich nur wünschen kann** she has everything she could wish for ❹ **jemandem alles Gute wünschen** to wish someone all the best; **jemandem frohe Weihnachten wünschen** to wish someone a merry Christmas ❺ **das lässt zu wünschen übrig** that leaves something to be desired

**wünschenswert** desirable

das **Wunschkonzert** musical request programme

der **Wunschzettel** wish list; *an Weihnachten:* letter to Santa Claus

die **Würde** dignity; **unter jemandes Würde** beneath someone's dignity

**würdelos** undignified

**würdevoll** dignified

**würdig** ❶ (*wert*) worthy ['wɜːði] ❷ (*würdevoll*) dignified

**würdigen** ❶ **etwas zu würdigen wissen** to appreciate [əˈpriːʃiert] something ❷ **sie**

**haben uns keines Blickes gewürdigt** they didn't deign [deɪn] to look at us

der **Wurf** ❶ throw [θrəʊ]; *beim Handball:* shot ❷ (*das Werfen*) throwing ❸ **ein Wurf Welpen** a litter of puppies

der **Würfel** ❶ dice, *plural* dice; **Würfel spielen** to play [at] dice ❷ *in der Mathematik:* cube

der **Würfelbecher** shaker

**würfelförmig** cube-shaped

das **Würfelspiel** ❶ dice game ❷ (*eine Partie*) game of dice ❸ (*Brettspiel*) board game

der **Würfelzucker** cube sugar, lump sugar; **zwei Stück Zucker** two lumps [of sugar]

die **Wurfsendung** ❶ circular ['sɜːkjələ'] ❷ **Wurfsendungen** junk mail ⚠ *singular*

**würgen** ❶ (*gewaltsam*) to strangle, to throttle ❷ (*beim Essen*) to choke (**an** on) ❸ to retch ► WENDUNGEN: **mit Hängen und Würgen** by the skin of one's teeth

der **Wurm** ❶ worm [wɜːm]; (*Made, Larve*) maggot ❷ (*umgangsspr: Kind*) [little] mite ► WENDUNGEN: **da ist der Wurm drin!** (*umgangsspr*) there's something wrong [rɒŋ] somewhere!

**wurmen** (*umgangsspr*) **es wurmt mich** it's getting to me

**wurmstichig** *Holz:* full of wormholes

die **Wurst** sausage ['sɒsɪdʒ] ► WENDUNGEN: **das ist mir Wurst** (*umgangsspr*) it is all the same to me *umgangsspr,* I don't give a hang 🇺🇸 *umgangsspr;* **jetzt geht's um die Wurst!** (*umgangsspr*) and now for the moment of truth!

das **Würstchen** ❶ [small] sausage ❷ (*abwertend: ein Niemand*) squirt [skwɜːt] ❸ **armes Würstchen** poor devil

die **Würstchenbude,** der **Würstchenstand** hot dog stand

**wursteln** (*umgangsspr*) to muddle along

die **Würze** seasoning ['siːzˀnɪŋ], spice *auch übertragen*

die **Wurzel** ❶ root ❷ **Wurzeln schlagen** to take root; (*sich einleben*) to put down roots; **der will wohl hier Wurzeln schlagen!** looks like he intends to hang around here all day!

**würzen** ❶ to season ['siːzˀn] ❷ (*übertragen*) to add spice to

**würzig** ❶ *Speisen:* tasty; (*scharf*) spicy ❷ (*aromatisch*) aromatic ❸ *Luft:* fragrant ['freɪɡrənt]

der **Wust** ❶ (*unordentlicher Haufen*) heap ❷ (*Menge*) pile (**an** of)

**wüst** chaotic [keɪˈɒtɪk]; **wüst aussehen** to look a real mess; **ein wüstes Durcheinander** complete chaos

die **Wüste** ❶ desert ['dezət] ❷ (*Öde*) wilderness

❸ **jemanden in die Wüste schicken** (*umgangsspr*) to send someone packing
die **Wut** ❶ fury ['fjʊəri], rage; **jemanden in Wut bringen** to infuriate [ɪnˈfjʊərieɪt] someone; **in Wut geraten** to fly into a rage; **eine Wut auf jemanden haben** to be mad at someone ❷ **er kochte vor Wut** (*umgangsspr*) he was boiling with rage; **er sieht so aus, als würde er gleich vor Wut platzen** he looks like he's going to hit the roof any minute now ❸ **ich hab vielleicht eine Wut im Bauch!** I'm absolutely livid!
der **Wutausbruch** outburst of rage, tantrum
**wüten** to rage
**wütend** ❶ enraged, furious ['fjʊrɪəs] ❷ **wütend sein** to be in a rage; **auf jemanden wütend sein** to be mad at someone; **über etwas wütend sein** to be furious about something ❸ **eine wütende Menschenmenge** an angry [*oder* rioting] mob
**WWW** *Abkürzung von* **World Wide Web** the Web

# X

**X** ❶ X, x [eks] ❷ (*unbekannt*) **Herr X** Mr X ❸ (*viele*) **x Leute/Anfragen/Briefe** umpteen people/requests/letters
die **x-Achse** x axis
die **X-Beine** knock knees ['nɒkniːz]; **X-Beine haben** to be knock-kneed
**x-beliebig** (*umgangsspr*) any [old]
**x-mal** (*umgangsspr*) **ich hab dir schon x-mal gesagt** I've told you umpteen times
das **Xylophon**, das **Xylofon** xylophone ['zaɪləfəʊn]

# Y

**Y, y** Y, y [waɪ]
die **y-Achse** y axis
die **Yacht** yacht [jɒt]
der/das **Yoga** yoga
das **Ypsilon** ❶ (*Buchstabe*) Y, y [waɪ] ❷ (*griechischer Buchstabe*) upsilon

# Z

**Z, z** Z, z [zed]
**Zack** (*umgangsspr*) **auf Zack sein** to be on the ball; **er hat das Auto wieder auf Zack gebracht** he knocked the car back into shape again
**zack zack, zack!** chop, chop!; **zack, schon war sie da** snap, and there she was
**zackig** ❶ (*gezackt*) jagged ['dʒægɪd]; *Blätter:* serrated [sɪˈreɪtɪd] ❷ (*umgangsspr*) *Mensch:* smart ❸ (*umgangsspr*) *Rhythmus:* brisk
**zaghaft** timid
**zäh** ❶ tough [tʌf] ❷ **er ist ein zäher Hund** he is pretty damn tough *umgangsspr*
**zähflüssig** thick; *Verkehr:* slow-moving
die **Zahl** ❶ number; **eine dreistellige Zahl** a three-figure number ❷ (*Ziffer*) figure ['fɪɡəʳ], numeral ['njuːməʳəl] ❸ (*Zahlzeichen*) cipher ['saɪfəʳ] ❹ **eine große Zahl von Leuten** large numbers of people ❺ **der Zahl nach** in number
**zahlen** ❶ to pay; **bar zahlen** to pay cash; **auf Rechnung zahlen** to pay on account ❷ **dieses Mal zahle ich!** this one's on me! ❸ **Herr Ober, bitte zahlen!** waiter, the bill [*oder* 🇺🇸 check] please! ❹ **die Firma zahlt gut** the company pays well
**zählen** ❶ to count [kaʊnt]; **bis zehn zählen** to count to ten ❷ (*dazugehören*) **er zählt zu den bekanntesten Malern unserer Zeit** he ranks as one of the best-known painters of our time; **Spinnen zählen nicht zu den Insekten** spiders don't belong to the class of insects ❸ (*gültig sein*) **komm, das zählt nicht!** come on, that doesn't count! ❹ (*wichtig sein*) **für sie zählt nur ihre Arbeit** her work is all she cares about ❺ (*sich verlassen*) **du kannst auf mich zählen** you can count on me
das **Zahlenschloss** combination lock
das **Zahlenverhältnis** [numerical] ratio
der **Zähler** ❶ *in der Mathematik:* numerator ['njuːməʳreɪtəʳ] ❷ (*Ablesegerät*) meter ['miːtəʳ]
der **Zählerstand** meter reading
die **Zahlkarte** giro transfer form
**zahllos** countless, innumerable [ɪˈnjuːməʳəbl]
**zahlreich** numerous ['njuːməʳəs]
der **Zahltag** payday
die **Zahlung** ❶ payment ['peɪmənt] ❷ **etwas in Zahlung geben** to trade something in; **in**

**Zählung – Zehn** 1050

**Zahlung nehmen** to take as a trade-in

die **Zählung** count

der **Zahlungsauftrag** payment order

**zahlungsfähig** solvent

die **Zahlungsfrist** period allowed for payment

**zahlungskräftig** wealthy

das **Zahlungsmittel** means of payment △ *mit Singular*

**zahlungspflichtig** obliged [*oder* liable] to pay *nachgestellt*

der **Zahlungsverkehr** payment transactions *plural*

das **Zählwerk** counter

das **Zahlwort** numeral

**zahm** (*auch übertragen*) tame

**zähmen** ① to tame ② to control *Leidenschaft*

die **Zähmung** taming

der **Zahn** ① tooth [tuːθ], *plural* teeth [tiːθ]; **sich einen Zahn ziehen lassen** to have a tooth out; **sich die Zähne putzen** to brush one's teeth ② **falsche Zähne** false [fɔːls] teeth ▸ WENDUNGEN: **jemandem auf den Zahn fühlen** (*scharf befragen*) to grill someone; **Haare auf den Zähnen haben** (*abwertend*) to be a Tartar; **bis an die Zähne bewaffnet sein** to be armed to the teeth; **die Zähne zeigen** to show one's teeth; **der Zahn der Zeit** the ravages ['rævɪdʒɪz] of time; **einen Zahn zulegen** (*slang*) to get a move on

der **Zahnarzt**, die **Zahnärztin** dentist

die **Zahnbürste** tooth brush

das **Zahnfleisch** gum ▸ WENDUNGEN: **auf dem Zahnfleisch gehen** (*umgangsspr*) to be on one's last legs

das **Zahnfleischbluten** bleeding of the gums

die **Zahnpasta** tooth paste

die **Zahnschmerzen** toothache ['tuːθeɪk] △ *singular*; **ich habe Zahnschmerzen** I have a toothache

die **Zahnseide** dental floss

die **Zahnspange** brace

der **Zahnstocher** tooth pick

die **Zange** ① pliers ['plaɪəz] △ *plural*, a pair of pliers ② *von Krebs:* pincers ['pɪnsəz] △ *plural* ▸ WENDUNGEN: **jemanden in die Zange nehmen** to put the screws [skruːz] on someone

**zanken sich zanken** to quarrel ['kwɒrəl], to row [raʊ], to squabble ['skwɒbl]; **sich mit jemandem zanken** to have a row with someone

das **Zäpfchen** suppository [səpɒzɪtʰri]

der **Zapfen** *eines Nadelbaums:* cone

die **Zapfsäule** petrol [*oder* USA gas] pump

**zappelig** fidgety ['fɪdʒɪti], wriggly ['rɪgli]; **zappelig werden** to get the fidgets

**zappeln** *Kind:* to fidget ['fɪdʒɪt]; *Fisch:* to wriggle ['rɪgl] ▸ WENDUNGEN: **jemanden zappeln lassen** to keep someone on tenterhooks

**zappen** ['tsapn] (*umgangsspr*) to channel-hop

**zart** ① tender ② *Haut:* soft ③ *Farbe:* pale

**zartfühlend** ① (*taktvoll*) tactful ② (*empfindlich*) sensitive

**zärtlich** ① *Mutter:* loving ② *Kuss:* tender

die **Zärtlichkeit** ① (*Zärtlichsein*) tenderness ② (*Liebkosung*) caress [kə'res] ③ (*Gefühl*) affection [ə'fekʃən]

der **Zauber** ① magic ['mædjɪk] ② (*Reiz*) charm ③ (*Bann*) spell ▸ WENDUNGEN: **fauler Zauber** humbug

die **Zauberei** magic, sorcery ['sɔːsʰri]; **wie durch Zauberei** as if by magic

der **Zauberer** ① (*Magier*) magician [mə'dʒɪʃən]; (*Hexer*) sorcerer ['sɔːsʰrəʳ], wizard ② (*Zauberkünstler*) conjurer ['kʌndʒʳəʳ]

**zauberhaft** enchanting

die **Zauberin** sorceress ['sɔːsʰrɪs]

der **Zauberkünstler**, die **Zauberkünstlerin** conjurer ['kʌndʒʳəʳ]

**zaubern** ① (*Magie ausüben*) to do magic ② (*Zauberkunststücke zeigen*) to do magic tricks ③ **ich kann doch nicht zaubern!** (*umgangsspr*) I'm not a magician [mə'dʒɪʃən]! ④ **sie hat aus Resten ein tolles Abendessen gezaubert** she conjured up a great [greɪt] dinner out of leftovers

der **Zauberspruch** [magic] spell

der **Zauberstab** [magic] wand [wɒnd]

der **Zaubertrank** magic potion

der **Zaum** bridle ['braɪdl]; **im Zaum halten** to keep a tight [taɪt] rein on

der **Zaun** fence

der **Zaunpfahl** [fence] post

**z. B.** *Abkürzung von* **zum Beispiel** e.g.

das **Zebra** zebra ['zebrə]

der **Zebrastreifen** zebra crossing ⒼⒷ, crosswalk ⓊⓈⒶ

die **Zecke** tick

die **Zeckenimpfung** vaccination for tick bites

der **Zeh**, die **Zehe** ① toe [təʊ]; **große Zehe** big toe ② *Knoblauch:* clove ③ **jemandem auf die Zehen treten** (*umgangsspr*) to tread [tred] on someone's toes

der **Zehennagel** toe nail

die **Zehenspitze** tip of the toe; **auf** [den] **Zehenspitzen gehen** to [walk on] tiptoe

die **Zehn** ① (*Zahl*) [number] ten ② **die Zehn** (*Straßenbahn, Bus*) the number ten [tram/

bus]

**zehn** ten; **viertel vor zehn** a quarter to ten

der **Zehner** ❶ *in der Mathematik:* ten ❷ (*umgangsspr: Geldschein*) tenner

die **Zehnerkarte** *für Bus usw.:* ten-journey ticket; *für Museum usw.:* ten-visit ticket

die **Zehnerpackung** packet of ten

**zehnjährig** ten-year-old

der **Zehnkampf** decathlon [dɪˈkæθlɒn]

**zehnmal** ten times

**zehntausend** ❶ ten thousand ❷ **die oberen Zehntausend** the upper crust

**zehnte(r, s)** ❶ tenth, 10th ❷ **wir haben heute den zehnten Dezember** today is the tenth of December ❸ **ich bin in der zehnten Klasse** I'm in Year 10

das **Zehntel** tenth

**zehntel** tenth

**zehren** ❶ **an jemandem/etwas zehren** to wear someone/something out; **an jemandes Nerven/Gesundheit zehren** to ruin someone's nerves/health ❷ **von etwas zehren** to live on something

das **Zeichen** ❶ sign [saɪn] ❷ (*Hinweis, Signal*) signal; **ein Zeichen geben** to give a sign [*oder* signal] ❸ **als Zeichen der Verehrung** as a token of respect; **zum Zeichen, dass ...** to show that ... ❹ (*Anzeichen*) indication ❺ (*Schriftzeichen*) character [ˈkærəktəʳ]

der **Zeichenblock** drawing pad

das **Zeichenbrett** drawing board

das **Zeichendreieck** setsquare ⒢Ⓑ, triangle ⓊⓈⒶ

die **Zeichenerklärung** *auf Landkarte:* legend [ˈledʒənd]; *auf Fahrplänen:* key to the symbols

der **Zeichenlehrer**, die **Zeichenlehrerin** art teacher

das **Zeichenpapier** drawing paper

die **Zeichensetzung** punctuation [pʌŋktʃuˈeɪʃⁿn] ⚠ *ohne Artikel*

die **Zeichensprache** sign language [ˈsaɪnˌlæŋgwɪdʒ]

der **Zeichentisch** drawing table

der **Zeichentrickfilm** [animated] cartoon

der **Zeichenunterricht** art lesson

**zeichnen** to draw

der **Zeichner**, die **Zeichnerin** draughtsman *maskulin*, draughtswoman *feminin*

die **Zeichnung** drawing [ˈdrɔːɪŋ]

der **Zeigefinger** forefinger [ˈfɔːˌfɪŋgəʳ], index finger

**zeigen** ❶ to show; **er zeigte uns die Wohnung** he showed us around the flat; **zeig mal, was du geschrieben hast** let me see what you have been writing [raɪtɪŋ] ❷ **dir**

**werd ich's zeigen!** (*umgangsspr*) I'll show you! ❸ (*anzeigen, deuten*) to point (**auf** at); **kannst du mir zeigen, wer von ihnen Daniel ist?** could you point Daniel out to me? ❹ **es zeigt den Luftdruck an** it shows the air pressure ❺ **sich zeigen** (*sichtbar werden*) to appear [əˈpɪəʳ]; (*sich herausstellen*) to prove [pruːv], to turn [tɜːn] out ❻ **da zeigt sich mal wieder, dass ...** it all goes to prove that ... ❼ **sich dankbar zeigen** to show one's gratitude ❽ **so kannst du dich nicht zeigen** you can't go out like that

Ⓖ Richtiges Konjugieren von **show**: show, showed, shown — *Sandra showed her friend her new bicycle; the movie was shown on television.*

der **Zeiger** ❶ indicator, pointer ❷ *einer Uhr:* hand

die **Zeile** ❶ line ❷ **du solltest ihm ein paar Zeilen schreiben** you should drop him a line

der **Zeilenabstand** line spacing

die **Zeilenlänge** line length

die **Zeit** ❶ time; **morgen um diese Zeit** this time tomorrow; **wie die Zeit vergeht!** how time flies! ❷ **das hat Zeit** there's no hurry about it; **sich bei etwas Zeit lassen** to take one's time over something ❸ **von Zeit zu Zeit** from time to time; **die ganze Zeit** all the time; **eine Zeit lang** [for] a while [waɪl]; **in letzter Zeit** lately; **Zeit raubend** time-consuming; **Zeit sparend** time-saving ❹ **alles zu seiner Zeit!** there's a time and a place for everything! ❺ **das wird aber auch Zeit!** about time too!; **es wird langsam Zeit, dass sie kommt** it's about time she was here ❻ (*Ära, Epoche*) age; **zur Zeit Kaiser Wilhelms I.** at the time of Emperor William I; **das waren noch Zeiten!** those were the days! ❼ *in der Grammatik:* tense ❽ *beim Sport:* **jemandes Zeit auf 100 Meter stoppen** to time someone over 100 metres

das **Zeitalter** age [eɪdʒ], era [ɪərə]

die **Zeitangabe** (*Uhrzeit*) time; (*Datum*) date

die **Zeitansage** ❶ *im Radio:* time check ❷ *per Telefon:* speaking clock

die **Zeitarbeit** temporary [ˈtempəʳʳri] work

die **Zeitbombe** time bomb [bɒm]

der **Zeitdruck** time pressure [ˈpreʃəʳ]; **unter Zeitdruck** under pressure

die **Zeiteinteilung** time management

der **Zeitgeist** Zeitgeist

**zeitgemäß** up-to-date

der **Zeitgenosse**, die **Zeitgenossin** ❶ contempo-

**zeitgenössisch – zerbrechlich** 1052

rary [kən'tempərri] ❷ **seltsamer Zeitgenosse** (*abwertend*) oddball

**zeitgenössisch** contemporary

die **Zeitgeschichte** contemporary history

**zeitig** early ['ɜːli]

die **Zeitkarte** season ['siːzən] ticket GB, commutation ticket USA

**zeitlich** ❶ temporal ['tempərəl] ❷ **passt dir das zeitlich?** is the time convenient for you? ❸ **zeitlich zusammenfallen** to coincide [ˌkəʊɪn'saɪd] ❹ **Dinge zeitlich aufeinander abstimmen** to synchronize ['sɪŋkrənaɪz] things

**zeitlos** timeless

die **Zeitlupe** **etwas in Zeitlupe zeigen** to show something in slow motion

das **Zeitlupentempo** ❶ slow motion ❷ **im Zeitlupentempo** at a snail's pace

der **Zeitplan** schedule ['ʃedjuːl]

der **Zeitpunkt** ❶ (*Termin*) time ❷ (*Augenblick*) moment

der **Zeitraum** period ['pɪəriəd] of time

die **Zeitschaltuhr** time switch

die **Zeitschrift** magazine; (*wissenschaftlich*) journal ['dʒɜːnəl], periodical [ˌpɪəri'ɒdɪkəl]

das **Zeitschriftenabonnement** magazine subscription

die **Zeitschriftenbeilage** pull-out section

die **Zeitspanne** period of time

die **Zeittafel** chronological table

der **Zeittakt** unit length

die **Zeitung** [news]paper; **eine Zeitung abonnieren** to subscribe [səb'skraɪb] to a newspaper; **das steht aber in der Zeitung!** but it's in the paper!

die **Zeitungsanzeige** newspaper advertisement

der **Zeitungsartikel** newspaper article; (*kurzer Artikel*) item

der **Zeitungsausschnitt** newspaper cutting

der **Zeitungsausträger**, die **Zeitungsausträgerin** paper boy *maskulin*, paper girl *feminin*, newspaper deliverer

die **Zeitungsbeilage** newspaper supplement

der **Zeitungsjargon** journalese [ˌdʒɜːnəl'iːz]

die **Zeitungsmeldung** newspaper report

das **Zeitungspapier** newsprint; (*als Altpapier, zum Einwickeln*) newspaper

der **Zeitungsverkäufer**, die **Zeitungsverkäuferin** newsvendor

die **Zeitverschiebung** time lag

die **Zeitverschwendung** waste [weɪst] of time

der **Zeitvertreib** ❶ (*Hobby*) pastime ['pɑːstaɪm] ❷ **zum Zeitvertreib** to pass the time

**zeitweilig** ❶ occasional ❷ (*vorübergehend*) temporary

**zeitweise** ❶ occasionally ❷ (*vorübergehend*) temporarily

das **Zeitwort** verb

das **Zeitzeichen** time signal

**zelebrieren** to celebrate

die **Zelle** ❶ cell [sel] ❷ (*Telefonzelle*) telephone box GB, booth [buːð] USA

das **Zellgewebe** cell tissue

der **Zellkern** nucleus

das **Zellophan®** cellophane ['seləfeɪn]

der **Zellstoff** cellulose

die **Zellteilung** cell division

das **Zelt** ❶ tent ❷ *von Indianern:* teepee ['tiːpiː], wigwam ❸ *von Zirkus:* big top ▶ WENDUNGEN: **seine Zelte abbrechen** to pack one's bags

**zelten** to camp

das **Zeltlager** camp

der **Zement** cement [sɪ'ment]

der **Zenit** zenith

**zensieren** ❶ to censor ❷ (*benoten*) to mark

der **Zensor**, die **Zensorin** censor

die **Zensur** ❶ (*Kontrolle*) censorship; **der Zensur unterliegen** to be censored ❷ (*Note*) mark; **gute Zensuren** good marks

**zensurieren** Ⓐ, CH to censor

das **Zentimeter** centimetre ['sentɪˌmiːtər] GB, centimeter USA

der **Zentner** hundredweight

**zentnerweise** by the hundredweight

**zentral** (*auch übertragen*) central

die **Zentralbank** central bank

die **Zentrale** ❶ *einer Firma:* head office ❷ *von Militär, Polizei:* headquarters [ˌhed'kwɔːtəz] ⚠ plural ❸ (*Telefonzentrale*) exchange [ɪks'tʃeɪndʒ]; *in Firma:* switchboard

die **Zentraleinheit** central processing unit, CPU

die **Zentralheizung** central heating

**zentralisieren** to centralize

die **Zentralregierung** central government

die **Zentralverriegelung** central locking

**zentrieren** to centre [oder USA center]

die **Zentrifugalkraft** centrifugal force

die **Zentrifuge** centrifuge

das **Zentrum** (*auch übertragen*) centre GB, center USA; **im Zentrum New Yorks** in the centre of New York GB, in downtown New York USA

**zerbeißen** **etwas zerbeißen** to chew [tʃuː] something to pieces

**zerbombt** bombed out

**zerbrechen** ❶ to break into pieces ['piːsɪz] ❷ **sich den Kopf zerbrechen** to rack one's brains

**zerbrechlich** fragile ['frædʒaɪl]; **Vorsicht, zerbrechlich** fragile, handle with care

**zerbröckeln – Zeugenaussage**

**zerbröckeln** to crumble
**zerdrücken** to crush; (*zu Brei*) to mash
die **Zeremonie** ceremony [serɪmənɪ]
**zeremoniell** ceremonial
der **Zerfall** disintegration; *von Gebäude, Material usw.:* decay; *von Kultur, Land:* decline
**zerfallen**[1] ① *Häuser:* to decay, to fall into ruin ② (*übertragen*) to decline ③ **zu Staub zerfallen** to crumble into dust
**zerfallen**[2] *Gebäude:* tumbledown
das **Zerfallsprodukt** daughter product
der **Zerfallsprozess** decomposition
**zerfetzen** (*auch übertragen*) to tear to pieces ['piːsɪz]
**zerfetzt** tattered; *Kleidung:* ragged
**zerfleischen** ① to tear [teəʳ] to pieces *Tier* ② (*übertragen*) **sich zerfleischen** (*sich quälen*) to torment oneself; (*einander fertigmachen*) to tear each other apart
**zerfressen** ① (*übertragen*) to consume ② **von Motten zerfressen** moth-eaten; **von Würmern zerfressen** worm-eaten ['vɜːmˌiːtᵊn]
**zergehen** ① (*sich auflösen*) to dissolve ② **auf der Zunge zergehen** to melt in the mouth
**zerhacken** to chop up
**zerkleinern** (*zerhacken*) to chop up
**zerknittern** to crease [kriːs], to crumple
**zerknüllen** to crumple [*oder* scrunch] up
**zerkratzen** to scratch [badly]
**zerlegbar** **etwas ist zerlegbar** something can be dismantled [*oder* taken apart]
**zerlegen** ① (*auseinandernehmen*) to take apart ② **etwas in seine Einzelteile zerlegen** to take something to pieces
**zerlumpt** (*abwertend*) ragged ['rægɪd], tattered
**zermalmen** (*auch übertragen*) to crush
**zermartern** **sich den Kopf zermartern** to rack one's brains (**über** over)
**zermürbend** trying
**zerquetschen** to crush, to squash
**zerreiben** (*auch übertragen*) to crumble, to crush; (*im Mörser*) to grind
**zerreißen** ① (*versehentlich*) to tear [teəʳ]; (*absichtlich*) to tear up ② (*in Stücke*) to dismember ③ *Papier, Stoff:* to tear; *Faden, Seil:* to break ▸ WENDUNGEN: **ich kann mich doch nicht zerreißen!** I can't be in two places at once!
die **Zerreißprobe** real test
**zerren** ① (*reißen*) to tear (**an** at); **an etwas zerren** to tug at something ② **sich einen Muskel zerren** to pull [*oder* strain] a muscle

die **Zerrung** strain, pulling
**zerschlagen**[1] ① to smash; (*zerschmettern*) to shatter ② **sich zerschlagen** (*übertragen*) to fall through, to come to nothing
**zerschlagen**[2] (*erschöpft*) washed [wɒʃd] out
**zerschmettern** (*auch übertragen*) to shatter
**zerschneiden** to cut up
**zersetzen** **sich zersetzen** to decompose
**zersetzend** (*abwertend*) subversive
der **Zersetzungsprozess** decomposition; (*übertragen*) decline, decay
**zersplittern** to shatter; *Holz:* to splinter
**zerspringen** ① (*in Stücke gehen*) to shatter ② (*Sprünge bekommen*) to crack
**zerstampfen** ① to pound; to mash *Kartoffeln* ② (*zertrampeln*) to trample on
**zerstechen** **von Mücken zerstochen** bitten all over by midges [mɪdʒɪz]
**zerstören** ① (*auch übertragen*) to destroy ② (*ruinieren*) to ruin ['ruːɪn] ③ **jemandes Hoffnungen zerstören** to wreck [rek] someone's hopes
**zerstörerisch** destructive
die **Zerstörung** ① destruction ② (*Ruin*) ruin
**zerstreuen** ① to scatter *Asche* ② (*auflösen, vertreiben*) to disperse ③ **jemandes Zweifel zerstreuen** to dispel someone's doubts [daʊts]
**zerstreut** (*übertragen*) absent-minded
die **Zerstreuung** diversion; **zur Zerstreuung** as a distraction
**zerstückeln** ① to cut up ② to dismember *Leiche*
**zerteilen** (*aufteilen*) to split up
**zertrampeln** to trample on
**zertreten** to crush
**zertrümmern** to smash [up], to destroy, to wreck [rek]
**zerzaust** *Haar:* dishevelled
**zetern** ① (*schreien*) to clamour ['klæməʳ]; (*keifen*) to nag ② (*jammern*) to moan
der **Zettel** piece [piːs] of paper; (*beschrieben*) note
das **Zeug** (*umgangsspr*) ① stuff ② (*Kleider, Dinge*) things △ *plural* ③ (*Quatsch*) rubbish; **red kein dummes Zeug!** don't talk drivel! ▸ WENDUNGEN: **das Zeug zu etwas haben** to have got what it takes to be something; **sie hat das Zeug dazu** she's got what it takes; **sich ins Zeug legen** to put one's shoulder to the wheel
der **Zeuge**, die **Zeugin** (*auch übertragen*) witness; **als Zeuge aussagen** to [bear] witness
die **Zeugenaussage** testimony

**Zeugenstand – Zinsen** **1054**

der **Zeugenstand** witness box [*oder* 🇺🇸 stand]
die **Zeugin** witness
das **Zeugnis** ❶ *in der Schule:* report ❷ *vom Arbeit-geber:* reference; **jemandem ein Zeugnis ausstellen** to give someone a reference
**zeugungsfähig** fertile
**zeugungsunfähig** sterile
**z.H**(**d**). *Abkürzung von* **zu Händen** attn.
**zicken** (*slang*) to kick up a fuss *umgangsspr*
der **Zickzack** ❶ zigzag ❷ **im Zickzack fahren** [*oder* **gehen**] to zigzag
die **Ziege** ❶ goat ❷ **blöde Ziege!** (*abwertend*) stupid cow!
der **Ziegel** ❶ brick ❷ (*Dachziegel*) tile
der **Ziegelstein** brick
der **Ziegenbock** billy goat
der **Ziegenkäse** goat's cheese
der **Ziegenpeter** (*umgangsspr*) mumps ⚠ *singular*
**ziehen** ❶ to pull; **nach oben ziehen** to pull up ❷ (*zerren*) to tug ❸ to grow *Pflanzen;* to breed *Tiere* ❹ **einen Zahn ziehen** to pull out a tooth ❺ **es zieht** there's a draught [dra:ft]; **zieht's dir?** are you in a draught? ❻ **sich in die Länge ziehen** to drag on ❼ **etwas nach sich ziehen** to lead to [*oder* entail] something ❽ **an seiner Zigarette ziehen** to pull at one's cigarette ❾ (*zu einem Wohnort*) to move [mu:v]; **er zieht nach München** he's moving to Munich ['mju:nik]; **zu jemandem ziehen** to move in with someone ❿ **was zieht dich denn nach Chicago?** what is it that draws you to Chicago?, what's the attraction of Chicago [for you]?; **da zieht's mich gar nicht hin** I wouldn't want to go there at all ▸ WENDUN-GEN: **das zieht bei mir nicht!**(*umgangsspr*) that doesn't wash [wɒʃ] with me!; **so was zieht immer!** that sort of thing always goes down well!; **den Kürzeren ziehen** (*umgangsspr*) to come off worst [wɜ:st], to get the worst of it
die **Ziehharmonika** concertina
die **Ziehung** draw
das **Ziel** ❶ *einer Reise:* destination ❷ (*Zweck, Absicht*) aim, goal [gəʊl], objective; **sein Ziel verfehlen** to miss one's aim; **sich hohe Ziele setzen** to aim high ❸ *im Rennsport:* finish; **durchs Ziel gehen** to cross the finish-ing line ❹ (*Zielscheibe*) target
**zielen** ❶ to aim (**auf** at) ❷ *Bemerkung:* to be aimed (**auf** at)
die **Zielgerade** home straight
**zielgerichtet** purposeful
die **Zielgruppe** target group

**ziellos** aimless, purposeless
der **Zielort** destination
die **Zielscheibe** ❶ target ❷ *von Angriffen:* object
die **Zielsetzung** target
**zielsicher** unerring
**zielstrebig** single-minded
**ziemlich** ❶ quite; **ziemlich groß** quite big; **ziemlich viele Leute** quite a few people ❷ **das ist so ziemlich dasselbe** it's pretty much the same ❸ **eine ziemliche Enttäu-schung** quite a disappointment
**zieren** ❶ (*schmücken*) to adorn ❷ **sich zie-ren** (*Umstände machen*) to make a fuss; (*beim Essen*) to need some coaxing
**zierlich** *Hand:* delicate; *Frau:* petite
die **Zierpflanze** ornamental plant
die **Ziffer** ❶ figure ['fɪgər], number ❷ **vier Zif-fern hinter dem Komma** four digits behind the point ❸ **römische Ziffern** Roman numerals
das **Zifferblatt** ❶ dial ['daɪəl], [clock]face ❷ *einer Armbanduhr:* [watch]face
**zig** (*umgangsspr*) umpteen; **ich habe es dir zigmal gesagt** I've told you umpteen times
die **Zigarette** cigarette [,sɪgəˈret]
der **Zigarettenautomat** cigarette machine
die **Zigarettenpackung** cigarette packet [*oder* pack]
die **Zigarre** cigar
der **Zigeuner**, die **Zigeunerin** gipsy ['dʒɪpsi]
das **Zimmer** room; **Zimmer frei** vacancies ['veɪkᵊnsiz] *plural*
die **Zimmerantenne** indoor aerial ['eəriəl]
die **Zimmerdecke** ceiling
das **Zimmermädchen** chambermaid ['tʃeɪmbə-meɪd]
der **Zimmermann** carpenter
**zimmern** **etwas zimmern** to make some-thing from wood
die **Zimmerpflanze** indoor plant
die **Zimmertemperatur** room temperature ['temprətʃər]
die **Zimmervermittlung** accommodation [əˌkɒ-məˈdeɪʃᵊn] agency
**zimperlich** ❶ (*zart besaitet*) squeamish ['skwi:mɪʃ] ❷ (*geziert*) affected ❸ **sei nicht so zimperlich!** don't make such a fuss!
der **Zimt** cinnamon
das **Zink** zinc
**zinken** (*umgangsspr*) to mark *Karten*
das **Zinn** tin
der **Zinnbecher** pewter ['pju:tər] tankard
der **Zinnsoldat** tin soldier
die **Zinsen** interest ⚠ *singular;* **Zinsen tragen** to bear interest; **ein Darlehen zu 5 % Zinsen**

a loan at 5 % interest

die **Zinserhöhung** rise in interest rates

der **Zinsertrag** interest yield

der **Zinseszins** compound interest

der **Zinsfuß** rate of interest

**zinslos** interest-free

der **Zinssatz** interest rate, rate of interest

der **Zipfel** ① *von Stoff:* corner ② *von Wurst:* end

die **Zipfelmütze** pointed cap

**zirka** about, circa

der **Zirkel** ① (*Gerät*) compasses △ *plural* ② (*Personenkreis*) circle ['sɜːkl]

die **Zirkulation** circulation

der **Zirkus** ① circus ② (*umgangsspr: Getue*) to-do; **der macht wieder einen Zirkus!** he's kicking up such a fuss again!

das **Zirkuszelt** big top

**zischeln** to whisper ['wɪspər]

**zischen** ① (*sprechen*) to hiss ② *Fett:* to sizzle; *Limonade:* to fizz ③ (*umgangsspr*) **er zischte durch die Gegend** he whizzed around; **die Kugel zischte durch die Luft** the bullet whizzed [wɪzd] through the air

das **Zitat** quotation

die **Zither** zither ['zɪðər]

**zitieren** ① (*Zitat angeben*) to quote [kwəʊt] (**aus** from) ② (*vorladen*) to summon (**vor** before)

das **Zitronat** candied lemon peel

die **Zitrone** lemon

die **Zitronenschale** lemon peel

die **Zitrusfrucht** citrus fruit [fruːt]

**zitterig** shaky

**zittern** ① (*vor Wut, Furcht*) to tremble ['trembl] (**vor** with); (*vor Kälte*) to shiver (**vor** with) ② (*vibrieren*) to quiver ['kwɪvər] ③ **am ganzen Körper zittern** to tremble all over; **mit zitternder Stimme** with a shaky voice ④ **er zittert vor ihr** he's terrified of her

**zittrig** shaky

die **Zitze** teat

das **Zivil in Zivil** in plain clothes [kləʊ(ð)z]; **ein Polizist in Zivil** a plain clothes policeman

**zivil** ① (*nicht militärisch*) civilian [sɪ'vɪliən] ② (*umgangsspr: anständig, angemessen*) civil; *Preise:* reasonable ['riːzⁿəbl]

die **Zivilbevölkerung** civilian population

die **Zivilcourage** courage [of one's convictions]

der **Zivildienst** community service for conscientious [ˌkɒnʃi'enʃəs] objectors

die **Zivilisation** civilization [ˌsɪvɪlaɪ'zeɪʃⁿn]

**zivilisiert** civilized ['sɪvⁿlaɪzd]

der **Zivilist**, die **Zivilistin** civilian [sɪ'vɪliən]

der **Zivilprozess** civil action

das **Zivilrecht** civil law

**zocken** (*slang*) to gamble

der **Zoff** (*slang*) trouble ['trʌbl], strife; **sie hatte Zoff mit ihrer Mutter** she had a row [raʊ] with her mother

**zögern** ① to hesitate ② **er hat ohne zu zögern ja gesagt** he said yes without hesitating

der/das **Zölibat** celibacy ['seləbəsi]; **im Zölibat leben** to be celibate

der **Zoll** ① customs duty ['djuːti]; **Zoll auf etwas zahlen** to pay duty on something ② (*Amt, Behörde*) customs △ *plural* ③ (*altes Längenmaß*) inch

die **Zollabfertigung** customs clearance

das **Zollamt** customs office

der/die **Zollbeamte**, die **Zollbeamtin** customs officer

die **Zollbegleitpapiere** customs documents *plural*

die **Zollbehörde** customs [authority]

die **Zollerklärung** customs declaration

die **Zollfahndung** customs investigation department

**zollfrei** duty-free

die **Zollinhaltserklärung** customs declaration

die **Zollkontrolle** customs check

**zollpflichtig** dutiable ['djuːtiəbl] Ⓖ, customable ⓊⓈⒶ

der **Zollstock** folding rule

der **Zombie** (*auch übertragen*) zombie ['zɒmbi]

die **Zone** zone

der **Zoo** zoo [zuː]

die **Zoologie** zoology [zuː'ɒlədʒi]

das **Zoom** [zuːm] zoom lens

**zoomen jemanden/etwas zoomen** to zoom in on someone/something

der **Zopf** ① plait [plæt] ② (*nicht geflochten*) pigtail ③ (*Gebäck*) plaited loaf

der **Zorn** anger; (*Wut*) rage; **seinen Zorn an jemandem auslassen** to vent one's anger on someone

der **Zornesausbruch** fit of anger [*oder* rage]

**zornig** angry; **zornig auf jemanden/über etwas sein** to be angry with someone/about something

die **Zote** smutty joke

**zottelig** *Haar:* shaggy

**zu¹** ① (*hin*) to [tuː]; **zur Bank gehen** to go to the bank; **zur Schule gehen** to go to school ② (*in Richtung*) towards [tə'wɔːdz]; **er kam zu mir herüber** he walked [wɔːkt] over towards me ③ (*daneben*) **setz dich zu mir** come and sit with me; **darf ich mich zu dir setzen?** can I sit next to you? ④ (*Lage*) at; **zu Hause** at home ⑤ (*zeitlich*) at; **zu**

**Beginn** at the beginning; **zu Weihnachten** at Christmas; **was wünschst du dir zu Weihnachten?** what would [wʊd] you like for Christmas? ⑥ (*um etwas zu tun*) **zum Reiten/Schwimmen gehen** to go horse riding/swimming ⑦ (*für*) for; **ein Buch zum Lesen** a book [bʊk] to read ⑧ (*mit*) **was sollen wir zum Essen trinken?** what shall we drink with our meal? ⑨ (*als*) **zur Belohnung** as a reward; **zur Probe** on approval [ə'pruːvᵊl] ⑩ (*mittels*) **zu Fuß** on foot ⑪ **es steht 3 : 1** the score is three-one ⑫ **zu Ende gehen** to come to a close ⑬ (*mit Infinitiv*) to; **das ist noch zu prüfen** that's still to be checked ⑭ **es ist zum Verrücktwerden!** it's enough to drive you mad! ⑮ **sie waren zu fünft** there were five of them

**zu²** (*allzu*) too; **es ist zu heiß/kalt** it's too hot/cold

**zu³** (*geschlossen*) **die Tür ist zu** the door is closed [*oder* shut]

**zuallererst** first [fɜːst] of all

**zuallerletzt** last of all

das **Zubehör** accessories [ək'sesᵊriz] ⚠ *plural*

**zubeißen** to bite; *Hund:* to snap

**zubereiten** to prepare; to mix *Getränk*

die **Zubereitung** preparation

**zubilligen jemandem etwas zubilligen** to grant someone something

**zubinden** to tie up; to lace up *Schuhe*

**zubleiben** (*umgangsspr*) to stay shut

**zubringen** ① to pass, to spend *Zeit* ② (*umgangsspr*) **etwas zubringen** (*zumachen können*) to get something shut

der **Zubringer** ① (*Straße*) feeder road ② (*Bus*) airport bus

die **Zucchini** [tsʊ'kiːniː] courgettes [kɔː'ʒets] ⚠ *plural* 🇬🇧, zucchini *singular oder plural* 🇺🇸

**züchten** ① to breed *Tiere;* to keep *Bienen* ② to grow *Pflanzen*

**zucken** ① (*nervös, krampfhaft*) to twitch; (*vor Schmerz*) to wince ② (*zusammenfahren*) to start ③ *Blitz:* to flash ④ **mit den Achseln zucken** to shrug one's shoulders

**zücken** ① to draw *Messer* ② (*umgangsspr*) to pull [*oder* whip] out *Brieftasche*

der **Zucker** sugar ['ʃʊgəʳ]; **zwei Löffel Zucker** two spoons of sugar

die **Zuckerdose** sugar bowl

der **Zuckerguss** icing 🇬🇧, frosting 🇺🇸

**zuckerig** sugary ['ʃʊgəri]

**zuckerkrank** diabetic [ˌdaɪə'betɪk]

der/die **Zuckerkranke** diabetic

das **Zuckerrohr** sugar [ʃʊgəʳ] cane

die **Zuckerrübe** sugar beet

der **Zuckerstreuer** sugar caster [*oder* sprinkler]

**zuckersüß** (*auch übertragen*) sugar-sweet, [as] sweet as sugar

**zudecken** to cover ['kʌvəʳ] [up]

**zudem** in addition, moreover [mɔː'ʳəʊvəʳ]

**zudrehen** ① to turn [tɜːn] off *Wasserhahn* ② (*zuwenden*) to turn ③ **jemandem den Rücken zudrehen** to turn one's back on someone

**zudringlich** ① intrusive ② **zudringlich werden** to make advances

**zudrücken** to press shut ▶ WENDUNGEN: **ein Auge zudrücken** (*umgangsspr*) to turn a blind eye

**zueinander** ① (*gegenseitig*) to each other ② (*zusammen*) together ③ **zueinander passen** *Farben:* to go together, to match; *Personen:* to suit [suːt] each other

**zuerkennen jemandem etwas zuerkennen** to award something to someone; **wem wurde der Oskar zuerkannt?** who was awarded the Oscar?

**zuerst** ① (*als erster*) first [fɜːst] ② (*zunächst*) at first ③ (*als nächstes*) **zuerst gehe ich schwimmen** first of all I'm going swimming ④ (*zum ersten Mal*) first, for the first time ⑤ **wer zuerst kommt, mahlt zuerst** first come, first served

die **Zufahrt** entrance

die **Zufahrtsstraße** approach road

der **Zufall** ① accident ['æksɪdᵊnt], chance; **durch Zufall** by chance; **es war reiner Zufall, dass ...** it was pure [pjʊəʳ] coincidence that ... ② **welch [ein] Zufall!** what a coincidence!

**zufallen** ① *Tür:* to close, to shut ② **jemandem zufallen** *Aufgabe, Rolle:* to fall to someone

**zufällig** ① *Ergebnis, Zusammentreffen:* chance, accidental ② by chance ③ **das war rein zufällig** it was pure chance; **ich war zufällig da** I happened to be there ④ **haben Sie zufällig ihre Telefonnummer?** have you got her phone number by any chance?

die **Zufallsbekanntschaft** chance acquaintance

der **Zufallstreffer** fluke, lucky goal

**zufliegen** ① (*umgangsspr*) *Tür:* to slam shut ② **auf jemanden zufliegen** *Vogel:* to fly to[wards] someone

die **Zuflucht** (*auch übertragen*) refuge, shelter (**vor** from)

der **Zufluss** ① inflow ② (*Nebenfluss*) tributary

**zuflüstern jemandem etwas zuflüstern** to whisper [wɪspəʳ] something to someone

**zufolge** ① (*gemäß*) according to ② (*auf-*

*grund*) as a consequence ['kɒnsɪkwəns] of
**zufrieden** ❶ satisfied; **mit etwas zufrieden
sein** to be satisfied with something ❷ **er ist
damit zufrieden** he's happy with it *um-
gangsspr* ❸ **zufrieden stellen** to satisfy;
**schwer zufrieden zu stellen** difficult to
please; **zufrieden stellend** satisfactory
**zufriedengeben** sich mit etwas zufrieden-
geben to be content with something
die **Zufriedenheit** ❶ contentedness ❷ (*Befriedi-
gung*) satisfaction
**zufriedenlassen** to let alone, to leave in
peace
**zufrieren** to freeze up [*oder* over]
**zufügen** jemandem etwas zufügen (*antun*)
to cause [kɔːz] [*oder* do] someone something;
to inflict something [up]on someone *Böses*
die **Zufuhr** supply
**zuführen** ❶ to supply; **dem Körper Flüssig-
keit zuführen** to supply the body with
liquids ❷ **auf etwas zuführen** to lead to
something
der **Zug** ❶ train; **mit dem Zug fahren** to go by
train; **im Zug** on the train; **jemanden zum
Zug bringen** to see someone off at the sta-
tion ❷ (*Charakterzug*) characteristic, trait
❸ (*Gesichtszug*) feature ['fiːtʃər] ❹ **das war
kein schöner Zug von ihm** that wasn't
very nice of him ❺ (*Zugluft*) draught [drɑːft]
🇬🇧, draft 🇺🇸 an Zigarette: drag, pull;
**einen Zug machen** to take a pull ❼ **ich
gehe vor dem Abendessen noch ein paar
Züge schwimmen** I'm off for a quick swim
before dinner ❽ *beim Spiel:* **du bist am Zug!**
it's your move! ▶ WENDUNGEN: **Zug um Zug**
step by step; **in einem Zug** in one go; [**nicht**]
**zum Zug kommen** to [not] get a look-in; **in
den letzten Zügen liegen** to be at one's last
gasp; **etwas in vollen Zügen genießen** to
enjoy something to the full
die **Zugabe** ❶ *im Theater:* encore ['ɒŋkɔːʳ]
❷ (*zusätzlich zu etwas*) **als Zugabe** into the
bargain ['bɑːgɪn]
das **Zugabteil** train compartment
der **Zugang** ❶ (*auch übertragen: Zutritt*) access;
**zu etwas Zugang haben** to have access to
something; **kein Zugang!** no entry, no ad-
mittance ❷ (*Eingang, Einfahrt*) entrance
❸ *von Waren:* receipt [rɪ'siːt]; *von Schülern:*
intake; *von Patienten:* admission
**zugänglich** ❶ (*erreichbar*) accessible
[ək'sesəbl] ❷ (*benutzbar*) available; *Biblio-
theken:* open; **der Allgemeinheit zugäng-
lich** open to the public ❸ *Personen:* ap-
proachable [ə'prəʊtʃəbl]

die **Zugbrücke** drawbridge
**zugeben** (*eingestehen*) to admit; **gib's zu!**
admit it!
**zugegen** **bei etwas zugegen sein** to be
present at something
**zugehen** (*umgangsspr*) ❶ (*schließen*) to
shut ❷ **auf jemanden/etwas zugehen** to
approach [*oder* go towards] someone/some-
thing ❸ **es geht auf den Winter zu** winter
is drawing [drɔːɪŋ] near ❹ **er geht auf die
50 zu** he's coming on for 50 ❺ **hier geht es
nicht mit rechten Dingen zu** there's some-
thing fishy around here; **dort ging's sehr
lustig zu** we had a great time there
**zugehören** jemandem/einer Sache zuge-
hören to belong to someone/something
**zugehörig** accompanying
die **Zugehörigkeit** affiliation △ *ohne Artikel;* **ein
Gefühl der Zugehörigkeit** a sense of be-
longing
**zugeknöpft** (*abwertend*) reserved [rɪ'zɜːvd],
uncommunicative
der **Zügel** (*auch übertragen*) rein [reɪn]; **die
Zügel anziehen** to draw in the reins; (*über-
tragen*) to keep a tighter rein (**bei** on)
**zugelassen** ❶ *Auto, Arzt:* licensed [laɪ'sⁿnst]
❷ **amtlich zugelassen** authorized
['ɔː'θəraɪzd] ❸ **für Jugendliche nicht zuge-
lassen** adults only
**zügellos** unrestrained
die **Zügellosigkeit** lack of restraint
**zügeln** ❶ to rein in *Pferd* ❷ (*übertragen*) to
check, to curb ❸ **sich zügeln** to restrain
oneself
das **Zugeständnis** concession
**zugestehen** ❶ (*einräumen*) to concede
[kən'siːd], to grant ❷ (*zugeben*) to admit
**zugetan** *einer Person:* fond [of]; *dem Essen:*
partial ['pɑːʃəl] to
die **Zugfahrkarte** train ticket
der **Zugführer**, die **Zugführerin** guard 🇬🇧, con-
ductor 🇺🇸
**zugig** draughty ['drɑːfti] 🇬🇧, drafty 🇺🇸
**zugkräftig** (*übertragen*) catchy, eye-catching
**zugleich** ❶ (*ebenso*) both ❷ (*zur gleichen
Zeit*) at the same time
die **Zugluft** draught [drɑːft] 🇬🇧, draft 🇺🇸
die **Zugmaschine** traction engine
das **Zugpferd** (*übertragen*) crowd puller
**zugreifen** ❶ (*schnell nehmen*) to grab it/
them; *Angebot:* to go for it ❷ (*bei Tisch*) to
help oneself; **greifen Sie zu!** help yourself!
das **Zugrestaurant** dining car
die **Zugriffsberechtigung** access authorization
**zugrunde**, **zu Grunde** ❶ **er legte seiner**

**Zugschaffner – zum**     **1058**

Rede die aktuellsten Ergebnisse **zugrunde** he based his speech on the latest findings ❷ **zugrunde richten** to ruin, to destroy

der **Zugschaffner**, die **Zugschaffnerin** train conductor

**zugunsten**, **zu Gunsten** in favour ['feɪvə'] of; (*für Hilfsbedürftige*) in aid of

**zugutehalten jemandem etwas zugutehalten** to make allowances for something

**zugutekommen jemandem zugutekommen** to be of benefit to someone

die **Zugverbindung** train connection

der **Zugvogel** migratory [maɪ'greɪtə'ri] bird

**zuhalten** ❶ to keep closed [*oder* shut]; **sich die Ohren zuhalten** to put one's hands over one's ears ❷ **auf etwas zuhalten** to make straight for something

der **Zuhälter** pimp, ponce

**zuhauen** (*umgangsspr*) ❶ to slam *Tür* ❷ (*jemanden schlagen*) to strike out

das **Zuhause** home

**zuhause** Ⓐ, Ⓒ Ⓗ ❶ at home ❷ **er ist in Paris zuhause** he is [*oder* comes] from Paris ❸ **fühl dich wie zuhause!** make yourself at home!

**zuhören** ❶ **jemandem zuhören** to listen ['lɪsⁿn] to someone ❷ **nun hören Sie mal zu!** now listen! ❸ **ich höre sehr genau zu!** I'm all ears [ɪə'z]! ❹ **da hast du eben schon wieder nicht zugehört!** well, you just weren't listening again!

der **Zuhörer**, die **Zuhörerin** listener ['lɪsⁿnə']; **die Zuhörer** the audience ['ɔːdiəns] ⚠ *singular*

**zujubeln** to cheer

**zukehren jemandem den Rücken zukehren** (*auch übertragen*) to turn one's back [-up]on someone

**zuknöpfen** to button up

**zukommen** ❶ **auf jemanden zukommen** to come towards [tə'wɔːdz] someone ❷ **jemandem etwas zukommen lassen** to let someone have something ❸ **etwas auf sich zukommen lassen** to wait and see ❹ **sie wusste nicht, was mit diesem Projekt auf sie zukam** she didn't know what she was in for with this project

die **Zukunft** ❶ future ['fjuːtʃə']; **in Zukunft** in future; **in naher Zukunft** in the near future ❷ *in der Grammatik:* future tense

**zukünftig** ❶ future ❷ **mein Zukünftiger**, **meine Zukünftige** (*humorvoll*) my intended ❸ in future; **zukünftig machst du deine Hausaufgaben gewissenhafter** you'll make more effort with your homework in fu-

ture

die **Zukunftsaussichten** future prospects

die **Zukunftsmusik** (*umgangsspr*) pie [paɪ] in the sky

die **Zukunftsperspektive** future prospects *plural*

**zulächeln jemandem zulächeln** to smile at someone

die **Zulage** bonus [payment]

**zulangen** ❶ (*bei Tisch*) to help oneself ❷ (*aushelfen*) to lend a hand

**zulassen** ❶ to leave shut *Tür* ❷ (*Zugang gewähren*) to admit ❸ (*dulden*) to allow, to permit [pə'mɪt] ❹ (*amtlich*) to authorize ['ɔːθəraɪz]; to register ['redʒɪstə'] *Arzt, Heilpraktiker;* to license ['laɪsəns] *Kraftfahrzeug* ❺ **sie ist zum Studium zugelassen worden** she got a place at university

**zulässig** permissible

die **Zulassung** ❶ admission ❷ (*Lizenz*) licence; **jemandem die Zulassung entziehen** to revoke someone's licence ❸ *von Auto:* registration [document]

die **Zulassungsbedingungen** conditions of admission *plural*

die **Zulassungsbeschränkung** restriction on admission[s]

die **Zulassungsprüfung** entrance exam

die **Zulassungsstelle** registration office

der **Zulauf großen Zulauf haben** to be very popular; *Film, Ausstellung:* to draw large crowds

**zulegen** ❶ (*hinzufügen*) to add ❷ **einen Zahn zulegen** (*umgangsspr*) to get a move [muːv] on ❸ *Gewicht:* to put on weight [weɪt] ❹ (*umgangsspr*) **sich etwas zulegen** to get oneself something, to treat oneself to something; **sich einen Bart zulegen** to grow a beard

**zuleide**, **zu Leide jemandem etwas zuleide tun** to do someone harm, to harm someone; **er tut keiner Fliege etwas zuleide** he wouldn't hurt a fly

**zuleiten** ❶ **jemandem etwas zuleiten** to forward something to someone ❷ to supply *Wasser, Strom*

die **Zuleitung** (*zuleitendes Rohr*) supply pipe

**zuletzt** ❶ (*als Letzter*) last; **bis zuletzt** till the very end ❷ (*endlich*) in the end

**zuliebe jemandem zuliebe** for someone's sake

der **Zulieferer** supplier

die **Zulieferindustrie** component supplying industry

**zum** (*zu dem*) **zum Beispiel** for instance [*oder* example]; **zum Glück** fortunately;

**zum Teil** partially

**zumachen** ① (*schließen*) to close, to shut; to stop up *Loch;* to seal *Brief* ② (*umgangsspr: sich beeilen*) to get a move on ③ (*umgangsspr: den Laden zumachen*) to close down

**zumal** particularly as

**zumeist** for the most part, mostly

**zumindest** at least

**zumute, zu Mute mir ist nicht zum Lachen zumute** I am not in the mood for laughing ['lɑːt̩ɪŋ]; **wie ist dir zumute?** how do you feel?

**zumuten jemandem etwas zumuten** to expect [ɪk'spekt] something of someone; **jemandem zu viel zumuten** to expect too much of someone

die **Zumutung** unreasonable [ʌn'riːzᵊnəbl] demand; **das ist eine Zumutung!** that's a bit much!

**zunächst** ① (*vor allem*) first of all ② (*vorläufig*) for the time being ③ (*anfangs*) at first

die **Zunahme** increase

**zünden** ① (*Feuer fangen*) to catch fire [faɪəʳ] ② *Pulver:* to ignite; *Streichholz:* to light [laɪt] ③ to detonate *Bombe* ④ **na, hat's gezündet?** well, has the penny dropped? *umgangsspr*

**zündend** *Rede:* stirring ['stɜːrɪŋ]; *Vorschlag:* exciting; *Idee:* ingenious [ɪn'dʒiːniəs]

das **Zündholz** match

die **Zündholzschachtel** matchbox

die **Zündkerze** sparking plug ⒼⒷ, spark plug

der **Zündschlüssel** ignition key

der **Zündstoff** (*übertragen*) dynamite ['daɪnəmaɪt]

die **Zündung** ignition

**zunehmen** ① to gain weight [weɪt]; **5 Kilo zunehmen** to gain 5 kilos ② (*anwachsen*) to increase [ɪn'kriːs] (**an** in) ③ **zunehmender Mond** waxing moon

die **Zuneigung** affection; **Zuneigung für jemanden empfinden** to feel affection for someone

die **Zunge** ① tongue [tʌŋ]; **jemandem die Zunge herausstrecken** to stick one's tongue out at someone ② **eine scharfe Zunge haben** to have a sharp tongue ③ **ich hab's auf der Zunge!** (*umgangsspr*) it's on the tip of my tongue!

der **Zungenbrecher** tongue-twister

der **Zungenkuss** French kiss

**zunutze, zu Nutze sich etwas zunutze machen** (*verwenden*) to utilize something

**zuordnen** ① **etwas/jemanden einer Sache zuordnen** to assign something/

someone to something; **jedem wurde ein Platz zugeordnet** everybody was assigned a seat; **sie wird den Kubisten zugeordnet** she is classified as a cubist ② **die Antworten sollen den Fragen zugeordnet werden** the answers have to be matched with the questions

**zupacken** (*umgangsspr*) ① (*bei einer Gelegenheit*) to grasp ② (*bei der Arbeit*) to get down to it ③ (*helfen*) to lend a hand

**zupfen** ① to pluck *Saite, Augenbraue* ② **jemanden am Ärmel zupfen** to tug at someone's sleeve

**zur** (*zu der*) **zur See fahren** to go to sea

**zurechnungsfähig** of sound mind

**zurechtfinden sich zurechtfinden** to find one's way (**in** around)

**zurechtkommen** ① (*auskommen*) to manage ['mænɪdʒ] (**mit** on) ② (*bewältigen*) to cope (**mit** with) ③ **mit jemandem auskommen** to get on with someone

**zurechtlegen** ① to get ready ['redi] ② **sich etwas zurechtlegen** (*übertragen*) to work [wɜːk] something out

**zurechtmachen** ① to prepare [prɪ'peəʳ] ⒼⒷ, to fix ⓊⓈⒶ *Zimmer* ② **sich zurechtmachen** to get dressed; (*sich schminken*) to put on one's make-up

**zurechtweisen** to reprimand

**zureden jemandem zureden** (*überreden*) to keep on at someone; (*ermutigen*) to encourage [ɪn'kʌrɪdʒ] someone

**zurichten** ① (*beschädigen*) to make a mess of ② (*verletzen*) to injure; **jemanden übel zurichten** to beat someone up

**zurück** ① back; **hin und zurück** there and back; **Bonn hin und zurück, bitte** a return to Bonn, please ② (*im Rückstand*) behind ③ **zurück!** back off!

**zurückbekommen** to get back

**zurückbezahlen** to pay back, to repay

**zurückbleiben** ① to stay [*oder* remain] behind ② (*auch übertragen: nicht Schritt halten*) to fall behind ③ (*übrig bleiben*) to be left [behind] ④ *Schaden:* to remain

**zurückblicken** to look back (**auf** to)

**zurückbringen** ① (*wieder herbringen*) to bring back ② (*wieder wegbringen*) to take back

**zurückdenken** to think back (**an** to)

**zurückdrängen** ① to drive [*oder* force [fɔːs]] [*oder* push] back ② (*übertragen*) to repress

**zurückerstatten** to refund; to reimburse [ˌriːɪm'bɜːs] *Ausgabe*

**zurückfahren** ① to drive [*oder* go] back

**zurückfallen – zusammen** 1060

**2** (*plötzlich zurückweichen*) to start back
**zurückfallen 1** (*in einen Fehler, in ein Laster*) to relapse ['ri:læps] (**in** into) **2** (*im Sport*) to drop back **3** (*an Besitzer*) to revert [rɪ'vɜːt] (**an** to) **4** (*leistungsmäßig*) to fall behind
**zurückfinden** to find one's way back
**zurückfordern** to demand back
**zurückführen etwas auf etwas zurückführen** to attribute something to something; **das ist darauf zurückzuführen, dass ...** that is attributable to the fact that ...
**zurückgeben 1** to give back **2** (*erwidern*) to return [rɪ'tɜːn]
**zurückgeblieben** retarded
**zurückgehen 1** to go back (**nach/in** to) **2** (*zurückweichen*) to retreat **3** *Geschäft:* to fall off **4** *Tradition:* **auf etwas zurückgehen** to go back to something **5** **zurückgehen lassen** to return, to send back
**zurückgezogen 1** *Leben:* secluded **2** *Person:* withdrawn **3** in seclusion [sɪ'klu:ʒªn]
**zurückgreifen** to fall back (**auf** upon)
**zurückhalten 1** (*nicht fortlassen*) to hold [*oder* keep] back **2** (*aufhalten*) to hold up **3** (*übertragen: unterdrücken*) to repress **4** (*hindern*) to keep **5** (*verheimlichen*) **etwas zurückhalten** to hold something back **6** **sich zurückhalten** (*sich beherrschen*) to contain oneself; (*bescheiden sein*) to keep in the background
**zurückhaltend 1** (*beherrscht*) restrained **2** (*vorsichtig*) cautious ['kɔ:ʃəs] **3** (*reserviert*) reserved [rɪ'zɜːvd]
die **Zurückhaltung** reserve ⚠ *ohne Artikel*
**zurückholen 1** to fetch back **2** **jemanden zurückholen** (*übertragen*) to ask someone to come back
**zurückkehren** to come back, to return (**von/aus** from)
**zurückkommen** (*auch übertragen*) to come back, to return
**zurücklassen 1** (*hinterlassen*) to leave **2** (*liegen lassen*) to leave behind
**zurücklegen 1** (*an seinen Platz*) to put back **2** to lay back *Kopf* **3** (*aufbewahren, reservieren*) to put aside **4** to lay aside *Geld* **5** to cover ['kʌvəʳ] *Strecke*
**zurückliegen 1** (*örtlich*) to be behind **2** (*zeitlich*) **das liegt zehn Jahre zurück** that was ten years ago
**zurücknehmen** to take back *auch Behauptung, Vorwurf*
**zurückrufen 1** to call back **2** (*zurückbeordern*) to recall [rɪ'kɔ:l]

**zurückschalten in den 1. Gang zurückschalten** to change down into 1st gear
**zurückschauen** (*auch übertragen*) to look back (**auf** at/on)
**zurückschicken** to send back
**zurückschlagen 1** to beat back; to repulse *Angriff, Feind* **2** to return *Ball* **3** (*auch übertragen*) to hit [*oder* strike] back **4** *Pendel:* to swing back
**zurückschrecken 1** to shrink [*oder* start] back (**vor** from) **2** **vor nichts zurückschrecken** to stop at nothing
**zurücksenden** to send back
**zurückstecken 1** to lower one's expectations; (*weniger ausgeben*) to cut back **2** (*nachgeben*) to backtrack
**zurückstehen** (*hintanstehen*) to take second place
**zurückstellen 1** to put back *auch Uhr* **2** (*beiseitestellen*) to put aside **3** (*hintanstellen*) to defer [dɪ'fɜːʳ]
**zurückstufen** to downgrade
**zurücktreiben** to drive back
**zurücktreten 1** to step back; **bitte zurücktreten!** stand back, please! **2** (*beim Fußball*) to kick back **3** (*übertragen*) *Regierung:* to resign [rɪ'zaɪn] **4** (*von einem Vertrag*) to withdraw (**von** from)
**zurückverlangen** to demand back
**zurückversetzen sich in etwas zurückversetzen** to be transported back to something
**zurückweichen 1** (*erschrocken*) to shrink back (**vor** from) **2** (*übertragen*) to retreat
**zurückweisen** (*auch übertragen*) to reject [rɪ'dʒekt]
**zurückwerfen 1** to throw back **2** (*wirtschaftlich*) to set back (**um** by)
**zurückzahlen** to pay back, to repay
**zurückziehen 1** (*zurücknehmen*) to withdraw **2** **sich zurückziehen** to retire [rɪ'taɪəʳ]; (*auch übertragen*) to withdraw (**von/aus** from)
**zurufen jemandem zurufen** to call [out to] someone; **jemandem etwas zurufen** to shout something to someone
**zurzeit** at the moment
die **Zusage 1** (*Versprechen*) promise **2** (*Bestätigung*) confirmation [ˌkɒnfə'meɪʃªn] **3** (*Annahme*) acceptance
**zusagen 1** (*versprechen*) to promise ['prɒmɪs] **2** (*auf Einladung*) to accept, to promise to come **3** (*behagen, gefallen*) to appeal [ə'pi:l] to
**zusammen 1** together **2** **zusammen sein** to be together **3** **sollen wir den Vorspei-**

**senteller zusammen bestellen?** shall we order the starter platter between us?

die **Zusammenarbeit** ① cooperation ② *mit dem Feind:* collaboration ③ *einer Gemeinschaft:* team work

**zusammenarbeiten** ① to cooperate, to work together ② (*mit dem Feind*) to collaborate

**zusammenbauen** to put together, to assemble; **etwas wieder zusammenbauen** to reassemble something

**zusammenbeißen die Zähne zusammenbeißen** to grit one's teeth

**zusammenbleiben** to stay together

**zusammenbrechen** ① (*zusammenfallen*) to cave in ② *Wirtschaft:* to collapse ③ *Mensch:* to break [breɪk] down ④ **der Verkehr ist völlig zusammengebrochen** traffic has come to a complete standstill

**zusammenbringen** ① to bring together [*oder* into contact with each other] *Leute* ② (*umgangsspr: zustande bringen*) to manage; to put together *Gedanken, Sätze* ③ to raise *Geld*

der **Zusammenbruch** breakdown, collapse [kə'læps]

**zusammendrücken** to press together; (*verdichten*) to compress

**zusammenfahren** ① (*erschrecken*) to start ② *Verkehrsopfer:* to run over ③ *Fahrzeuge:* to collide [kə'laɪd]

**zusammenfallen** ① (*einstürzen*) to collapse ② (*sich decken*) to coincide [ˌkəʊɪn'saɪd]

**zusammenfalten** ① to fold [up] ② **sie faltete ihre Hände zusammen** she folded her hands

**zusammenfassen** ① (*vereinigen*) to unite [juː'naɪt] ② (*in Bericht*) to summarize ③ (*als Fazit*) to sum up; **lassen Sie mich [kurz] zusammenfassen** just to sum up

die **Zusammenfassung** ① (*Vereinigung*) union ['juːnjən] ② (*Abriss, Auszug*) *eines Textes:* abstract, summary

**zusammenfügen** to fit together

**zusammenführen** to bring together; (*nach Trennung*) to reunite

**zusammengehören** ① to belong together ② *Einzelteile:* to go together

die **Zusammengehörigkeit** unity

**zusammengesetzt** composed [kəm'pəʊzd]

der **Zusammenhalt** solidarity

**zusammenhalten** ① to hold together ② to hold on to *Geld* ③ *Freunde:* to stick together

der **Zusammenhang** ① connection [kə'nekʃᵊn] (**von/zwischen** between); **im Zusammen-**

**hang mit etwas** in connection with something ② *in einem Text:* context ③ (*Wechselbeziehung*) correlation (**von/zwischen** between) ④ **etwas aus dem Zusammenhang reißen** to detach something from its context; **in diesem Zusammenhang** in this context

**zusammenhängen** ① (*übertragen*) to be connected ② **das hängt nicht damit zusammen** that has got nothing to do with it

**zusammenhängend** coherent [kə'hɪərᵊnt]; (*ununterbrochen*) continuous [kən'tɪnjuəs]

**zusammenhang(s)los** incoherent; **etwas zusammenhanglos darstellen** to give an incoherent account of something

**zusammenklappbar** ① folding ② *Tisch, Stuhl:* collapsible [kə'læpsɪbl]

**zusammenklappen** ① to fold up *Messer, Stuhl;* to shut *Schirm* ② (*umgangsspr: kollabieren*) *Person:* to collapse; (*durch Ermüdung*) to flake out

**zusammenkleben** to stick together; *Buchseiten:* to be stuck together

**zusammenknüllen** to crumple up

**zusammenkommen** ① to come together ② (*sich treffen*) to meet ③ *Umstände:* to combine; **da kommt mal wieder alles zusammen** and everything is happening at the same time again ④ (*umgangsspr: sich ansammeln*) to accumulate [ə'kjuːmjəleɪt]

**zusammenkrachen** ① (*umgangsspr*) *Gebäude:* to come crashing down ② (*umgangsspr*) *Fahrzeuge:* to crash into each other

**zusammenlaufen** to flow together *Flüsse;* to gather *Menschen*

**zusammenleben** to live together

das **Zusammenleben** living together ⚠ *ohne Artikel*

**zusammenlegen** ① (*zusammenfalten*) to fold ② *Spender:* to club together

**zusammennehmen** ① (*sich anstrengen*) to make an effort ② (*im Benehmen*) to control oneself, to pull oneself together; **nimm dich zusammen!** pull yourself together! ③ **alles zusammengenommen** all in all ④ **er nahm seinen ganzen Mut zusammen** he mustered all his courage

**zusammenpacken** ① to pack up ② (*umgangsspr: aufgeben*) to pack it all in

**zusammenpassen** ① *Personen:* to suit [suːt] each other ② *Dinge:* to go together

der **Zusammenprall** collision

**zusammenprallen** ① to collide [kə'laɪd] ② (*übertragen*) to clash

## zusammenpressen – zuspielen

**zusammenpressen** to squeeze [skwiːz] together; (*verdichten*) to compress
**zusammenrechnen** to add up, to total; **alles zusammengerechnet** all together; (*übertragen*) all in all
**zusammenreißen** sich **zusammenreißen** to pull oneself together
**zusammenrücken** ❶ *Personen:* to move [muːv] up closer ❷ *Dinge:* to move together
**zusammenschlagen** ❶ (*zerschlagen*) to smash up ❷ to clap *die Hände* ❸ (*verprügeln*) to beat up
**zusammenschließen** sich [zu etwas] **zusammenschließen** to join together [to form something]
der **Zusammenschluss** amalgamation; *von Firmen auch:* merger ['mɜːdʒəʳ]
**zusammenschreiben** ❶ to write [raɪt] together *Wörter* ❷ **völligen Mist zusammenschreiben** to write a lot of nonsense
**zusammenschrumpfen** ❶ to shrivel ['ʃrɪvəl] up ❷ (*übertragen*) to dwindle (**auf** to)
das **Zusammensein** ❶ being together ❷ (*Treffen*) get-together
**zusammensetzen** ❶ to put together; (*aus Teilen*) to assemble ❷ (*Personen nebeneinandersetzen*) to seat together ❸ **sich zusammensetzen** to sit together; (*bestehen aus*) to consist of, to be composed of
die **Zusammensetzung** ❶ (*Aufbau*) composition ❷ (*Kombination*) combination
**zusammenstellen** ❶ to put together ❷ (*arrangieren*) to arrange ❸ to draw up *Liste* ❹ to assemble *Gruppe*
der **Zusammenstoß** (*auch übertragen*) collision [kə'lɪʒəʳn], crash
**zusammenstoßen** ❶ to knock [nɒk] together ❷ *Autos:* to collide
**zusammenstürzen** to collapse [kə'læps], to tumble down
**zusammentreffen** ❶ to meet ❷ (*gleichzeitig geschehen*) to coincide [ˌkəʊɪn'saɪd]
**zusammentun** ❶ (*umgangsspr*) to put together ❷ **sich zusammentun** to combine forces, to get together
**zusammenzählen** to add [*oder* sum] up
**zusammenziehen** ❶ to draw together ❷ (*in eine Wohnung*) to move in together ❸ *Muskel:* to contract ❹ **ein Gewitter zieht sich zusammen** (*auch übertragen*) a storm is brewing [bruːɪŋ]
der **Zusatz** ❶ addition; **durch Zusatz von ...** by adding ... ❷ (*Nahrungszusatz*) additive; **ohne Zusatz von Farbstoffen** without the addition of artificial colouring

die **Zusatzklausel** additional clause
die **Zusatzkosten** additional costs *plural*
**zusätzlich** ❶ additional [ə'dɪʃəʳnəl]; (*ergänzend*) supplementary [ˌsʌplə'mentəri] ❷ **das hat er noch zusätzlich gekauft** he bought [bɔːt] that in addition to the other things
**zuschauen** jemandem bei etwas **zuschauen** to watch someone do/doing something
der **Zuschauer**, die **Zuschauerin** ❶ spectator ❷ *im Theater:* member of the audience ❸ *am Fernseher:* viewer ['vjuːəʳ] ❹ (*neugieriger Zuschauer*) bystander, onlooker
der **Zuschauerraum** auditorium
**zuschicken** ❶ jemandem etwas **zuschicken** to send someone something [*oder* something to someone] ❷ **sich etwas zuschicken lassen** to send for something
**zuschießen** (*beitragen*) to contribute
der **Zuschlag** *im Zug:* supplement
**zuschlagen** ❶ to slam *Tür;* to shut *Buch* ❷ **die Tür schlug zu** the door banged shut ❸ (*schlagen*) to strike ❹ (*umgangsspr: zugreifen*) to get in quickly
**zuschließen** to lock
**zuschneiden** ❶ to cut to size ❷ **auf jemanden/etwas genau zugeschnitten sein** to be tailor-made for someone/something
**zuschnüren** to lace up; **die Angst schnürte ihr die Kehle zu** she was choked with fear
**zuschreiben** ❶ jemandem etwas **zuschreiben** to ascribe something to someone ❷ **er schrieb ihnen die Schuld am Bankrott zu** he blamed them for the bankruptcy
die **Zuschrift** reply
**zuschulden**, **zu Schulden** sich **etwas zuschulden kommen lassen** to do something wrong
der **Zuschuss** ❶ grant, subsidy ❷ **dafür habe ich von meinen Eltern einen Zuschuss bekommen** my parents gave me something towards it
**zusehen** ❶ (*beobachtend*) to watch [wɒtʃ] ❷ (*unbeteiligt*) to look on ❸ **zusehen, dass ...** to see to it that ... ❹ **ich kann doch nicht [einfach] zusehen, wie sie...** I can't sit back and watch her ...
**zusperren** to lock; **vergiss nicht zuzusperren** don't forget to lock up
**zuspielen** ❶ jemandem den Ball **zuspielen** to pass the ball to someone ❷ **jemandem etwas zuspielen** to pass something on to someone

**zuspitzen** die Lage spitzt sich zu the situation [ˌsɪtjuˈeɪʃⁿn] is coming to a head [*oder* getting critical]

der **Zuspruch** ① sich großen Zuspruchs erfreuen to be very popular ② ermutigender/tröstender Zuspruch words of encouragement/comfort

der **Zustand** ① (*Beschaffenheit*) condition, state ② der gegenwärtige Zustand the status quo ③ in gutem/schlechtem Zustand in good/bad shape; *Gebäude:* in good/bad repair ④ in angetrunkenem Zustand under the influence of alcohol ⑤ Zustände kriegen (*umgangsspr*) to hit the roof *umgangsspr*

**zustande, zu Stande** ① zustande bringen to achieve [əˈtʃiːv], to manage ② zustande kommen (*geschehen*) to come about; (*erreicht werden*) to be achieved

**zuständig** ① (*verantwortlich*) responsible ② dafür bin ich nicht zuständig that's not in my department

**zustecken** jemandem etwas [heimlich] zustecken to slip someone something

**zustehen** etwas steht jemandem zu someone is entitled to something; es steht ihm nicht zu, darüber zu urteilen he has no right to judge that

**zustellen** ① [jemandem] etwas zustellen to deliver something [to someone] ② (*umgangsspr: blockieren*) to block

die **Zustellgebühr** delivery charge

die **Zustellung** delivery

**zustimmen** ① to agree ② (*einwilligen*) to consent

die **Zustimmung** ① (*Einverständnis*) agreement, assent ② allgemeine Zustimmung finden to meet with general approval [əˈpruːvⁿl]

**zustoßen** ① to push shut *Tür* ② jemandem zustoßen to happen to someone

**zutage, zu Tage** ① zutage fördern to unearth [ʌnˈɜːθ]; (*übertragen*) to bring to light [laɪt] ② zutage kommen [*oder* treten] (*auch übertragen*) to come to light

die **Zutaten** ingredients [ɪnˈɡriːdiənts]

**zuteilen** (*zuweisen*) to allocate [ˈæləkeɪt], to allot

**zutiefst** deeply

das **Zutrauen** ① confidence (zu in) ② Zutrauen zu jemandem haben to trust someone; Zutrauen zu jemandem fassen to begin to trust someone

**zutrauen** ① jemandem etwas zutrauen to credit someone with something; (*für fähig halten*) to believe someone capable of some-

thing ② sich zu viel zutrauen (*sich übernehmen*) to take on too much ③ dem ist alles zuzutrauen! I can well believe it of him! ④ das trau ich mir zu I think I can manage that

**zutraulich** *Mensch:* trusting; *Tier:* friendly [frendli]

**zutreffen** ① (*richtig sein*) to be correct; das trifft genau auf mich zu that's me spot on ② (*gelten*) to apply (für to)

**zutreffend** ① (*richtig*) correct, right [raɪt] ② (*auf etwas zutreffend*) applicable ③ Zutreffendes bitte ankreuzen mark with a cross where applicable

der **Zutritt** ① access; kein Zutritt!, Zutritt verboten! no admittance!, no entry! ② sich zu einem Raum Zutritt verschaffen to gain admission to a room

**zutun** kein Auge zutun to not sleep a wink

**zuverlässig** ① reliable [rɪˈlaɪəbl] ② sie ist zuverlässig she is reliable ③ ich weiß aus zuverlässiger Quelle, dass ... I am reliably informed that ...

die **Zuverlässigkeit** reliability [rɪˌlaɪəˈbɪləti]

die **Zuversicht** confidence

**zuversichtlich** confident; ich bin ganz zuversichtlich, dass ... I have every confidence that ...

**zuvor** ① before ② (*zuerst*) beforehand ③ kurz zuvor shortly before ④ am Tag zuvor the day before

**zuvorkommen** ① to anticipate [ænˌtɪsɪˈpeɪt] ② (*verhindern*) to forestall ③ er ist mir schon wieder zuvorgekommen he beat me to it again

**zuvorkommend** obliging, courteous [ˈkɜːtiəs]

der **Zuwachs** ① increase [ˈɪnkriːs] (an of) ② Zuwachs bekommen (*umgangsspr*) to have an addition to the family

**zuwachsen** *Wunde:* to heal up, to close

die **Zuwachsrate** growth rate

**zuwandern** to immigrate

**zuwege, zu Wege** zuwege bringen to manage; (*erreichen*) to accomplish [əˈkʌmplɪʃ]

**zuweisen** jemandem etwas zuweisen to assign someone something

**zuwenden** ① (*auch übertragen*) to turn towards ② sich jemandem zuwenden to turn to face someone; (*sich widmen*) to devote oneself to someone

die **Zuwendung** ① love and care ② *Geld:* contribution

**zuwerfen** ① to slam *Tür* ② jemandem einen Blick zuwerfen to cast a glance at someone ③ jemandem den Ball zuwerfen to throw someone the ball

**zuwider** **das ist mir zuwider** I detest that

**zuzahlen** **20 Euro zuzahlen** to pay another 20 euros

**zuziehen** ① to draw *Vorhang* ② (*schließen*) to close ③ **sich eine Krankheit zuziehen** to contract an illness; **sich Verletzungen zuziehen** to sustain [səˈsteɪn] injuries ④ (*in Ortschaft*) **wir sind neu zugezogen** we've just recently moved here

**zuzüglich** plus

der **Zwang** ① (*Notwendigkeit*) compulsion [kəmˈpʌlʃ°n] ② (*moralischer*) constraint ③ (*Gewalt*) force [fɔːs] ④ **tu dir keinen Zwang an!** feel free! ⑤ **etwas unter Zwang tun** to be forced to do something

**zwängen** to squeeze [skwiːz] (**in** into, **durch** through)

**zwanglos** ① (*locker*) casual [ˈkæʒjʊəl] ② (*ungezwungen*) free and easy ③ (*ohne Förmlichkeit*) informal

die **Zwangsarbeit** hard labour

die **Zwangsjacke** (*auch übertragen*) straitjacket

die **Zwangslage** predicament; **in eine Zwangslage geraten** to get into a predicament

**zwangsläufig** inevitable; **dazu musste es ja zwangsläufig kommen** it was inevitable that that would happen

die **Zwangsräumung** eviction

die **Zwangsversteigerung** compulsory sale

**zwanzig** twenty

**zwanzigfach** twentyfold

**zwanzigjährig** twenty-year-old

**zwanzigste(r, s)** twentieth

**zwar** ① (*erklärend*) it is true [truː], to be sure [ʃʊəʳ] ② **und zwar** namely [*oder* that is] ③ **ich hab zwar keine Lust, aber ...** I don't really feel like it, but ... ④ **komm her, und zwar sofort!** come here, and I mean right now!

der **Zweck** ① (*Verwendung*) purpose [ˈpɜːpəs] ② (*Sinn, Nutzen*) point; **es hat keinen Zweck!** it's no use!; **es hat keinen Zweck zu bleiben** there's no point in staying; **zu welchem Zweck?** to what end?; **Sinn und Zweck ist ...** the point is that ...; **jemandes Zwecken dienen** to serve someone's purposes

die **Zwecke** drawing pin ⑬, thumbtack ⑭

**zwecklos** ① (*unnütz*) useless ② (*sinnlos*) pointless

**zweckmäßig** ① (*geeignet*) suitable ② (*sinnvoll*) appropriate

**zwecks** for the purpose of

die **Zwei** ① (*Zahl*) [number] two ② (*Schulnote*)

≈ B; **eine Zwei schreiben** ≈ to get a B ③ **die Zwei** (*Straßenbahn, Bus*) the number two [tram/bus]

**zwei** ① two; **viertel vor zwei** a quarter to two ② **zu zweien** in twos, two by two ③ [nur] **wir zwei** [just] the two of us

das **Zweibettzimmer** twin room

**zweideutig** ① ambiguous [æmˈbɪɡjʊəs], equivocal [ɪˈkwɪvəkəl] ② (*obszön*) suggestive [səˈdʒestɪv]

**zweidimensional** two-dimensional

die **Zweidrittelmehrheit** two-thirds majority; **mit Zweidrittelmehrheit** with a two-thirds majority

der **Zweier** (*umgangsspr: Schulnote*) good, B ⑬

**zweierlei** two kinds of; **zweierlei Sorten** two different kinds

**zweifach** ① (*doppelt*) double [ˈdʌbl] ② (*zweimal*) twice [twaɪs] ③ **in zweifacher Ausfertigung** in duplicate [ˈdjuːplɪkət]

das **Zweifamilienhaus** two-family house ⑬, duplex [ˈdjuːpleks] house ⑭

**zweifarbig** two-colour, two-tone

der **Zweifel** doubt [daʊt] (**an** about); **etwas in Zweifel ziehen** to cast doubt on something; **es steht außer Zweifel, dass ...** it's beyond doubt that ...; **ohne jeden Zweifel** without question; **jemandem gegenüber Zweifel hegen** to be dubious about someone

**zweifelhaft** ① doubtful [ˈdaʊtfəl] ② (*verdächtig*) dubious [ˈdjuːbiəs]

**zweifellos** ① undisputed ② without doubt [daʊt]; (*als Antwort*) undoubtedly

**zweifeln** ① to doubt [daʊt] ② **ich zweifle nicht daran** I don't doubt it ③ **an sich selbst zweifeln** to lose faith in oneself

der **Zweifelsfall** ① doubtful [ˈdaʊtfəl] case ② **im Zweifelsfall** in case of doubt; (*gegebenenfalls*) if necessary [ˈnesəsᵊri]

der **Zweig** (*auch übertragen*) branch; (*kleiner*) twig ▶ WENDUNGEN: **auf keinen grünen Zweig kommen** (*umgangsspr*) to get nowhere

die **Zweigniederlassung** branch, subsidiary [səbˈsɪdiᵊri]

die **Zweigstelle** branch

**zweihundert** two hundred

**zweijährig** ① (*zwei Jahre alt*) two-year-old ② *Pflanze:* biennial [barˈeniəl]

die **Zweiklassengesellschaft** divided society

**zweimal** ① twice ② **sich etwas nicht zweimal sagen lassen** to not have to be told something twice

**zweimalig** two times over *nachgestellt*

**zweireihig** ① (*in zwei Reihen*) double-row ② *Jacke:* double-breasted

**zweisprachig** *Wörterbuch, Land:* bilingual [baɪ'lɪŋgwəl]; *Vertrag:* in two languages ['læŋgwɪdʒəz]

**zweit** ① zu zweit in twos ② das Leben zu zweit living with someone ③ wir sind zu zweit there are two of us ④ gehen wir doch zu zweit hin let's go there together

**zweitbeste(r, s)** second best

**zweite(r, s)** ① second, 2nd ② (*nächster*) next ③ Zweite[r] runner-up ④ an zweiter Stelle in second place ⑤ zweiter Klasse fahren to go second class ⑥ wir haben heute den zweiten Dezember today is the second of December

**zweiteilig** ① *Kleidungsstück:* two-piece ② *Fernsehserie:* two-part

**zweitens** secondly

**zweitklassig** (*übertragen*) second-rate

**zweitletzte** last but one

**zweitrangig** second-rate

die **Zweitstimme** second vote

der **Zweitürer** two-door car

das **Zwerchfell** diaphragm ['daɪəf ræm]

der **Zwerg**, die **Zwergin** ① dwarf [dwɔːf]; (*Gartenzwerg*) gnome [nəʊm] ② (*Knirps*) midget ③ (*abwertend*) squirt [skwɜːt]

die **Zwetschge** plum

**zwicken** ① (*kneifen*) to pinch; sie hat mich ins Ohr gezwickt she pinched my ear ② das zwickt mich that's pinching me

die **Zwickmühle** in der Zwickmühle sitzen to be in a dilemma [dɪ'lemə]

der **Zwieback** rusk ⒢Ⓑ, cracker ⓊⓈⒶ

die **Zwiebel** ① onion ['ʌnjən] ② *einer Blume:* bulb

die **Zwiebelsuppe** onion soup

der **Zwiebelturm** onion dome

das **Zwiegespräch** dialogue ['daɪəlɒg]

das **Zwielicht** ① twilight ['twaɪlaɪt] ② (*abends*) dusk; (*morgens*) half-light

**zwielichtig** (*abwertend*) shady ['ʃeɪdɪ]

der **Zwiespalt** conflict; in einen Zwiespalt geraten to get into a conflict

**zwiespältig** *Charakter:* ambivalent; *Gefühle:* mixed

der **Zwilling** ① twin; eineiige Zwillinge identical twins ② (*Sternzeichen*) Zwillinge Gemini ['dʒemɪnaɪ]

der **Zwillingsbruder** twin brother

die **Zwillingsschwester** twin sister

**zwingen** ① to compel, to force [fɔːs]; sie haben mich zum Reden gezwungen they forced me to talk ② sich zwingen to force oneself; sich zwingen, etwas zu tun to force oneself to do something

der **Zwinger** kennels △ *plural*

**zwinkern** ① to blink ② (*als Zeichen*) to wink

**zwischen** ① between [bɪ'twiːn] ② (*unter einer Anzahl*) among, amongst [ə'mʌŋst]

die **Zwischenbemerkung** interjection

die **Zwischenbilanz** ① interim balance ② (*übertragen*) provisional appraisal [prə‚vɪʒənəl-ə'preɪzəl]; eine Zwischenbilanz ziehen to take stock provisionally [prə'vɪʒənli]

das **Zwischending** cross; ein Zwischending zwischen ... und ... sein to be halfway between ... and ...

**zwischendurch** ① in between [bɪ'twiːn] ② etwas zwischendurch machen (*nebenher*) to fit something in

das **Zwischenergebnis** ① provisional [*oder* interim] result ② *im Sport:* latest score

der **Zwischenfall** incident; ohne Zwischenfälle without incidents, smoothly ['smuːðli]

die **Zwischengröße** in-between size

der **Zwischenhalt** ⒸⒽ intermediate stop

der **Zwischenhändler** middleman

die **Zwischenlagerung** temporary storage

die **Zwischenlandung** stopover; ohne Zwischenlandung non-stop

die **Zwischenmahlzeit** snack

**zwischenmenschlich** ① between people ['piːpl] ② zwischenmenschliche Beziehungen interpersonal relations

die **Zwischenprüfung** intermediate [‚ɪntə'miːdiət] examination

der **Zwischenraum** ① (*zeitlich*) interval ['ɪntəvəl] ② (*Lücke*) gap

der **Zwischenruf** interruption; Zwischenrufe heckling △ *singular*

das **Zwischenspiel** (*auch übertragen*) interlude ['ɪntəluːd]

die **Zwischenstation** intermediate stop; Zwischenstation machen to stop off

die **Zwischenzeit** ① (*Zeitraum*) interval ② *im Sport:* intermediate time ③ in der Zwischenzeit in the meantime

das **Zwischenzeugnis** interim report

**zwitschern** to chirp [tʃɜːp], to twitter

der **Zwitter** hermaphrodite [hɜː'mæfrədaɪt]

die **Zwölf** ① (*Zahl*) [number] twelve ② die Zwölf (*Straßenbahn, Bus*) the number twelve [tram/bus]

**zwölf** ① twelve ② zwölf Uhr [mittags] twelve noon ▶ WENDUNGEN: fünf Minuten vor zwölf at the eleventh hour

der **Zwölfkampf** twelve-exercise event

**zwölfte – Zyste**

**zwölfte(r, s)** ❶ twelfth [twelfθ], 12th ❷ **wir haben heute den zwölften Dezember** today is the twelfth of December ❸ **ich bin in der zwölften Klasse** I'm in Year 12

die **Zwölftonmusik** twelve-tone music

das **Zyankali** potassium cyanide [pə,tæsiəm-'saɪənaɪd]

der **Zyklon** cyclone ['saɪkləʊn]

der **Zyklus** cycle ['saɪkl]

der **Zylinder** ❶ cylinder ['sɪlɪndəʳ] ❷ (*Hut*) top hat, topper

der **Zyniker**, die **Zynikerin** cynic ['sɪnɪk]

**zynisch** cynical [sɪnɪkᵊl]

**Zypern** Cyprus ['saɪprəs]

die **Zypresse** cypress ['saɪprəs]

der **Zypriot**, die **Zypriotin** Cypriot ['sɪpriət]

die **Zyste** cyst [sɪst]

1067

# Bildquellen

**Modern Communication – Moderne Kommunikation**
Bilder 1–15: iStock International Inc.

**My Desk – Mein Schreibtisch**
Bilder 1, 3, 4, 5, 6, 7, 8, 9, 10, 11, 12, 13, 14, 15, 17, 18, 19, 20: iStock International Inc.
Bilder: 2, 16: Klett Mediendatenbank

**Kitchen Appliances – Küchengeräte**
Bilder 1, 5, 6, 8, 9, 13: iStock International Inc.
Bild 3: Klett Mediendatenbank
Bilder 2, 4, 7, 10, 11, 12: Otto (GmbH & Co KG)

**Crockery, Cutlery and Utensils – Geschirr, Besteck und Utensilien**
Bilder 1, 3, 5, 6, 7: iStock International Inc.
Bilder 2, 4, 8, 9, 10, 11, 12, 13, 14, 15, 16, 17, 18: Klett Mediendatenbank

**Fruit – Obst**
Bilder 7, 11, 20: iStock International Inc.
Bilder 1, 2, 3, 4, 5, 6, 8,.9, 10, 12, 13, 14, 15, 16, 17, 18, 19, 21, 22, 23: Klett Mediendatenbank

**Vegetables – Gemüse**
Bilder 10, 14, 16, 21: iStock International Inc.
Bilder 1, 2, 3, 4, 5, 6, 7, 8, 9, 11, 12, 13, 15, 17, 18, 19, 20, 22, 23, 24, 25: Klett Mediendatenbank

**Clothes – Kleidung**
Bild 2: BigStockPhoto.com
Bilder 6, 11: iStock International Inc.
Bilder 1, 3, 7, 9, 10, 12, 13: JupiterImages Corporation
Bilder 4, 5, 8: Otto (GmbH & Co KG)

**Accessories – Accessoires**
Bilder 3, 5, 11, 13: Dreamstime.com
Bilder 2, 4, 9, 10, 12, 14, 15, 16: iStock International Inc.
Bilder 1, 6, 7, 8, 17: JupiterImages Corporation

**Visual Aids and Appliances – Optische Hilfsmittel und Geräte**
Bilder 1, 2, 4, 6, 8, 9, 10: iStock International Inc.
Bilder 3, 5, 7, 11, 12, 13, 14: Klett Mediendatenbank

**Sports Equipment – Sportartikel**
Bilder 5, 6, 7, 8, 15, 18, 20, 21, 25: iStock International Inc.
Bilder 1, 2, 3, 4, 9, 10, 11, 12, 13, 14, 16, 17, 19, 22, 23, 24, 26: Klett Mediendatenbank

**Musical Instruments – Musikinstrumente**

**Tafel I**
Bilder 1–16: Klett Mediendatenbank

**Tafel II**
Bild 24: iStock International Inc.
Bilder 17, 18, 19, 20, 21, 22, 23, 25: Klett Mediendatenbank

**Pets – Haustiere**
Bild 8: Dreamstime.com
Bilder 3, 5, 7, 9, 10: iStock International Inc.
Bilder 1, 2, 4, 6: Klett Mediendatenbank

# Meine persönliche Wortliste

# Meine persönliche Wortliste

# Meine persönliche Wortliste

# Meine persönliche Wortliste

# Meine persönliche Wortliste

# Meine persönliche Wortliste

# Meine persönliche Wortliste

# Meine persönliche Wortliste

# Meine persönliche Wortliste